Karpenstein/Mayer
EMRK
Konvention zum Schutz der
Menschenrechte und Grundfreiheiten

Konvention zum Schutz der Menschenrechte und Grundfreiheiten

Kommentar

von

Dr. Ulrich Karpenstein
Rechtsanwalt in Berlin

und

Prof. Dr. Franz C. Mayer, LL.M. (Yale)
o. Professor an der Universität Bielefeld

3. Auflage 2022

www.beck.de

ISBN 978 3 406 75964 2 (C. H. Beck)
ISBN 978 3 7190 4104 5 (Helbing Lichtenhahn)

© 2022 Verlag C. H. Beck oHG
Wilhelmstraße 9, 80801 München

Satz: Jung Crossmedia Publishing GmbH
Gewerbestraße 17, 35633 Lahnau
Druck und Bindung: Friedrich Pustet GmbH & Co. KG
Gutenbergstraße 8, 93051 Regensburg
Umschlaggestaltung: Druckerei C.H.Beck, Nördlingen

chbeck.de/nachhaltig

Gedruckt auf säurefreiem, alterungsbeständigem Papier
(hergestellt aus chlorfrei gebleichtem Zellstoff)

Vorwort zur 3. Auflage

Das berühmteste Vorwort zu einer 3. Auflage stammt wohl von Otto Mayer. Mit dem Satz „Verfassungsrecht vergeht, Verwaltungsrecht besteht" hält er zu seinem Werk über das Deutsche Verwaltungsrecht 1924 lapidar fest, dass „groß Neues" seit 1914 und 1917 nicht nachzutragen sei, ohne auf Weltkrieg, Revolution, Untergang des Kaiserreichs und Gründung der Republik einzugehen. Derartig Dramatisches haben wir seit der 2. Auflage nicht erlebt. Aber Entwicklungen in der Wirklichkeit seit 2015 wie die Flüchtlingskrise, der Brexit, das Erstarken autoritärer Tendenzen in und außerhalb von Europa und nun die Covid19-Pandemie haben den überstaatlichen Menschenrechtsschutz, und damit auch die Europäische Menschenrechtskonvention (EMRK), nicht unberührt gelassen, den Wert und die Fragilität von Grund- und Menschenrechtsschutz besonders spürbar gemacht.

Seit mehr als 70 Jahren bietet die EMRK für immer mehr Bürger in Europa ein letztes Sicherheitsnetz im Falle von Grund- und Menschenrechtsverletzungen. In Deutschland erschien die EMRK lange Zeit in Praxis wie in Ausbildung von eher nachgeordneter Bedeutung. Erst in jüngerer Zeit haben die EMRK und die Rechtsprechung des Europäischen Gerichtshofs für Menschenrechte (EGMR) in Straßburg einen deutlichen Aufmerksamkeitsschub erfahren. Menschenrechte und internationaler Menschenrechtsschutz sind keine Konzepte vergangener Zeiten, im Gegenteil.

Der vorliegende Kommentar soll einen Beitrag zur weiteren Verbreitung und zur besseren Zugänglichkeit des Rechts der EMRK leisten. Das Werk richtet sich zum einen an die Rechtspraxis in Deutschland. Insbesondere für Justiz, Verwaltung und Anwaltschaft stellt es eine kompakte, aber zugleich wissenschaftlich fundierte Kommentierung der EMRK zur Verfügung. Es soll daneben aber auch allen Studierenden und Interessierten des Konventionsrechts den Zugang zur Rechtsprechung des EGMR und der konventionsbezogenen Rechtsprechung der deutschen Gerichte erleichtern, gerade mit Blick auf die Thematisierung der EMRK in der Juristenausbildung.

Die Idee zu diesem Kommentar ging zurück auf Gespräche und Überlegungen am Rande des Fußballplatzes in unserer gemeinsamen Zeit als Freizeitkicker in Berlin. Um der genannten Zielsetzung gerecht zu werden, war die Entscheidung für ein Team von Autoren fast zwingend. Eine bunte Autorenmannschaft aus der Justiz, der Parlaments- und Ministerialverwaltung, der Anwaltschaft und der Wissenschaft hat sich, auch für die 3. Auflage, ihrer Aufgabe mit großem Engagement gewidmet.

Allen Mitautoren gilt unser tiefempfundener Dank, ohne sie hätten wir unsere Idee so nicht realisieren können. Danken möchten wir darüber hinaus unserer Nicole Wagner und Gabriele Atzenhofer vom Verlag C.H. Beck, deren Professionalität uns ein weiteres Mal beeindruckt hat. Ein besonderer Dank gilt daneben unseren Mitarbeitern in Berlin und Bielefeld, insbesondere Heike Hermann (Berlin) sowie Marina Osterloff, Simon Thies und Moritz Kleist (Bielefeld).

Wir hoffen, dass auch die 3. Auflage dieses Kommentars eine freundliche Aufnahme findet. Wir freuen uns über Hinweise und Vorschläge zur Verbesserung.

Berlin/Bielefeld, im Oktober 2021   Ulrich Karpenstein   Franz Mayer

Inhaltsverzeichnis

Vorwort zur 3. Auflage ... V
Bearbeiterverzeichnis ... XIII
Abkürzungsverzeichnis ... XV
Verzeichnis der abgekürzt zitierten Literatur ... XXIII

1. Teil. Einleitung und Präambel

Einleitung ... 1
Präambel ... 41

2. Teil. Rechte und Freiheiten der Konvention

Art. 1 EMRK	Verpflichtung zur Achtung der Menschenrechte	46
Art. 2 EMRK	Recht auf Leben	68
Art. 3 EMRK	Verbot der Folter	93
Art. 4 EMRK	Verbot der Sklaverei und Zwangsarbeit	110
Art. 5 EMRK	Recht auf Freiheit und Sicherheit	125
Art. 6 EMRK	Recht auf ein faires Verfahren	171
Art. 7 EMRK	Keine Strafe ohne Gesetz	303
Art. 8 EMRK	Recht auf Achtung des Privat- und Familienlebens	317
Art. 9 EMRK	Gedanken-, Gewissens- und Religionsfreiheit	354
Art. 10 EMRK	Freiheit der Meinungsäußerung	383
Art. 11 EMRK	Versammlungs- und Vereinigungsfreiheit	415
Art. 12 EMRK	Recht auf Eheschließung	438
Art. 13 EMRK	Recht auf wirksame Beschwerde	445
Art. 14 EMRK	Diskriminierungsverbot	466

3. Teil. Rechte und Freiheiten der Zusatzprotokolle

Art. 1 EMRKZusProt	Schutz des Eigentums	490
Art. 2 EMRKZusProt	Recht auf Bildung	508
Art. 3 EMRKZusProt	Recht auf freie Wahlen	529
Art. 1 4. EMRKProt	Verbot der Freiheitsentziehung wegen Schulden	542
Art. 2 4. EMRKProt	Freizügigkeit	544
Art. 3 4. EMRKProt	Verbot der Ausweisung eigener Staatsangehöriger	551
Art. 4 4. EMRKProt	Verbot der Kollektivausweisung ausländischer Personen	552
Art. 1 7. EMRKProt	Verfahrensrechtliche Schutzvorschriften in Bezug auf die Ausweisung von Ausländern	555
Art. 2 7. EMRKProt	Rechtsmittel in Strafsachen	559
Art. 3 7. EMRKProt	Recht auf Entschädigung bei Fehlurteilen	563

Inhaltsverzeichnis

Art. 4 7. EMRKProt	Recht, wegen derselben Sache nicht zweimal vor Gericht gestellt oder bestraft zu werden	566
Art. 5 7. EMRKProt	Gleichberechtigung der Ehegatten	572
Art. 1 12. EMRKProt	Allgemeines Diskriminierungsverbot	576
Art. 1 6. EMRKProt	Abschaffung der Todesstrafe	579
Art. 2 6. EMRKProt	Todesstrafe in Kriegszeiten	579
Art. 1 13. EMRKProt	Abschaffung der Todesstrafe	579

4. Teil. Allgemeine Schranken

Art. 15 EMRK	Abweichen im Notstandsfall	584
Art. 16 EMRK	Beschränkungen der politischen Tätigkeit ausländischer Personen	590
Art. 17 EMRK	Verbot des Missbrauchs der Rechte	592
Art. 18 EMRK	Begrenzung der Rechtseinschränkungen	597

5. Teil. Verfahrensrecht

Art. 19 EMRK	Errichtung des Gerichtshofs	601
Art. 20 EMRK	Zahl der Richter	603
Art. 21 EMRK	Voraussetzungen für das Amt	604
Art. 22 EMRK	Wahl der Richter	606
Art. 23 EMRK	Amtszeit und Entlassung	610
Art. 24 EMRK	Kanzlei und Berichterstatter	611
Art. 25 EMRK	Plenum des Gerichtshofs	614
Art. 26 EMRK	Einzelrichterbesetzung, Ausschüsse, Kammern und Große Kammer	615
Art. 27 EMRK	Befugnisse des Einzelrichters	619
Art. 28 EMRK	Befugnisse der Ausschüsse	621
Art. 29 EMRK	Entscheidungen der Kammern über die Zulässigkeit und Begründetheit	623
Art. 30 EMRK	Abgabe der Rechtssache an die Große Kammer	625
Art. 31 EMRK	Befugnisse der Großen Kammer	627
Art. 32 EMRK	Zuständigkeit des Gerichtshofs	628
Art. 33 EMRK	Staatenbeschwerden	629
Art. 34 EMRK	Individualbeschwerden	633
Art. 35 EMRK	Zulässigkeitsvoraussetzungen	668
Art. 36 EMRK	Beteiligung Dritter	725
Art. 37 EMRK	Streichung von Beschwerden	732
Art. 38 EMRK	Prüfung der Rechtssache	742
Art. 39 EMRK	Gütliche Einigung	746
Art. 40 EMRK	Öffentliche Verhandlung und Akteneinsicht	752
Art. 41 EMRK	Gerechte Entschädigung	754
Art. 42 EMRK	Urteile der Kammern	776
Art. 43 EMRK	Verweisung an die Große Kammer	776

Inhaltsverzeichnis

Art. 44 EMRK	Endgültige Urteile	777
Art. 45 EMRK	Begründung der Urteile und Entscheidungen	779
Art. 46 EMRK	Verbindlichkeit und Vollzug der Urteile	779
Art. 47 EMRK	Gutachten	812
Art. 48 EMRK	Gutachterliche Zuständigkeit des Gerichtshofs	813
Art. 49 EMRK	Begründung der Gutachten	814
Art. 50 EMRK	Kosten des Gerichtshofs	814
Art. 51 EMRK	Privilegien und Immunitäten der Richter	818

6. Teil. Schlussvorschriften

Art. 52 EMRK	Anfragen des Generalsekretärs	821
Art. 53 EMRK	Wahrung anerkannter Menschenrechte	822
Art. 54 EMRK	Befugnisse des Ministerkomitees	827
Art. 55 EMRK	Ausschluss anderer Verfahren zur Streitbeilegung	827
Art. 56 EMRK	Räumlicher Geltungsbereich	829
Art. 57 EMRK	Vorbehalte	832
Art. 58 EMRK	Kündigung	836
Art. 59 EMRK	Unterzeichnung und Ratifikation	839
Nach Art. 59 EMRK	[Verhältnis der Zusatzprotokolle zur Konvention]	852

Verfahrensordnung 857

Sachverzeichnis 905

Die Autoren des Kommentars

Prof. Dr. Valentin Aichele, LL.M. (Adelaide)
Professor an der Hochschule des Bundes für öffentliche Verwaltung
(Fachbereich Sozialversicherung)

Felix Arndt
Ministerialrat, Verwaltung des Deutschen Bundestages, Berlin

Dr. Stephan Bitter
Richter, Verwaltungsgericht, Frankfurt

Prof. Dr. Marten Breuer
Inhaber des Lehrstuhls für Öffentliches Recht
mit internationaler Ausrichtung an der Universität Konstanz

Dr. Björn Elberling
Rechtsanwalt, Kiel/Leipzig

Dr. Christian Johann
Rechtsanwalt, Kanzlei Redeker Sellner Dahs, Berlin

Dr. Karen Kaiser
Rechtsreferentin, Europäische Zentralbank, Frankfurt am Main

Dr. Ulrich Karpenstein
Rechtsanwalt, Kanzlei Redeker Sellner Dahs, Berlin

Edgar Lenski
Referatsleiter, Bundeskanzleramt, Berlin

Prof. Dr. Franz C. Mayer, LL.M. (Yale)
Inhaber des Lehrstuhls für Öffentliches Recht, Europarecht, Völkerrecht,
Rechtsvergleichung und Rechtspolitik an der Universität Bielefeld

Dr. Christian Mensching, LL.M. (Columbia)
Rechtsanwalt, Kanzlei Redeker Sellner Dahs, Bonn

Prof. Dr. Frank Meyer, LL.M. (Yale)
Inhaber des Lehrstuhls für Strafrecht und Strafprozessrecht unter Einschluss
des Internationalen Strafrechts an der Universität Zürich
Rechtsanwalt (Of Counsel), Kanzlei Redeker Sellner Dahs, Bonn

Dr. Anna von Oettingen
Richterin, Verwaltungsgericht, Berlin
derzeit abgeordnet an das Bundespräsidialamt,
Referat Verfassung und Recht, Berlin

Autoren

Dr. Juliane Pätzold
Richterin, Verwaltungsgericht, Berlin

Prof. Dr. Heiko Sauer
Inhaber des Lehrstuhls für deutsches und europäisches Verfassungs- und
Verwaltungsrecht an der Rheinischen Friedrich-Wilhelms-Universität Bonn

Dr. Patrick Schäfer
Sektionsleiter, Abteilung für die Umsetzung der Urteile des
Europäischen Gerichtshofs für Menschenrechte, Europarat, Straßburg

Dora Schaffrin
Juristischer Dienst, Europäische Kommission, Brüssel

Prof. Dr. Isabel Schübel-Pfister
Richterin am Bundesverwaltungsgericht, Leipzig sowie
Honorarprofessorin an der Universität Bayreuth

Dr. Stefan Sinner
Richter am Bundesverwaltungsgericht, Leipzig

Dr. Tobias Thienel, LL.M. (Edinburgh)
Rechtsanwalt, Kanzlei Weißleder Ewer, Kiel

Prof. Dr. Antje von Ungern-Sternberg, M.A.
Inhaberin des Lehrstuhls für deutsches und ausländisches öffentliches Recht,
Staatskirchenrecht und Völkerrecht, Trier

Dr. Nicola Wenzel, LL.M. (Köln/Paris)
Ministerialrätin, Verfahrensbevollmächtigte der Bundesregierung vor dem EGMR,
Bundesministerium der Justiz und für Verbraucherschutz, Berlin

Im Einzelnen haben bearbeitet:

Prof. Dr. Valentin Aichele, LL.M. (Adelaide) . . . . Art. 4, 57
Felix Arndt . . . . Art. 11, 58, 59; nach Art. 59;
Art. 3 EMRKZusProt
Dr. Stephan Bitter . . . . Art. 2 EMRKZusProt
Prof. Dr. Marten Breuer . . . . Art. 13, 46; Art. 3 7. EMRKProt
Dr. Björn Elberling . . . . Art. 5; Art. 1 4. EMRKProt
Dr. Christian Johann . . . . Art. 1, 15, 18, 32, 33, 56
Dr. Karen Kaiser . . . . Art. 1 EMRKZusProt
Dr. Ulrich Karpenstein . . . . Art. 18, 32, 33
Edgar Lenski . . . . Art. 19–23
Prof. Dr. Franz C. Mayer, LL.M. (Yale) . . . . Einleitung, Präambel
Dr. Christian Mensching, LL.M. (Columbia) . . . . . . Art. 10, 16, 17
Prof. Dr. Frank Meyer, LL.M. (Yale) . . . . Art. 6
Dr. Anna von Oettingen . . . . Art. 11, Art. 2–4 4. EMRKProt;
Art. 1 7. EMRKProt
Dr. Juliane Pätzold . . . . Art. 8, 12; Art. 5 7. EMRKProt
Prof. Dr. Heiko Sauer . . . . Art. 14; Art. 1 12. EMRKProt
Dr. Patrick Schäfer . . . . Art. 34, 35
Dora Schaffrin . . . . Art. 24–31, 42–45
Prof. Dr. Isabel Schübel-Pfister . . . . Art. 2; Art. 1, 2 6. EMRKProt;
Art. 1 13. EMRKProt
Dr. Stefan Sinner . . . . Art. 3, 7; Art. 2 7. EMRKProt;
Art. 4 7. EMRKProt
Dr. Tobias Thienel, LL.M. (Edinburgh) . . . . Art. 40, 47–55
Dr. Antje von Ungern-Sternberg, M.A. . . . . Art. 9
Dr. Nicola Wenzel, LL.M. (Köln/Paris) . . . . Art. 36–39, 41

Abkürzungsverzeichnis

aA	anderer Ansicht
aaO	am angegebenen Ort
aE	am Ende
aF	alter Fassung
ABl.	Amtsblatt der Europäischen Union
Abs.	Absatz
AEMR	Allgemeine Erklärung der Menschenrechte vom 10. Dezember 1948
AEUV	Vertrag über die Arbeitsweise der Europäischen Union
AfP	Archiv für Presserecht
AfV	Archiv für Völkerrecht
AJDA	Actualité juridique Droit administratif
AJP	Aktuelle Juristische Praxis (= PJA, Pratique Juridique Actuelle)
AJIL	American Journal of International Law
ALB	Albanien
AllER	All England Law Reports
AmMRK	Amerikanische Menschenrechtskonvention
AND	Andorra
Anm.	Anmerkung
AnwBl	Anwaltsblatt
AöR	Archiv des öffentlichen Rechts
arg.	Argumentum
ARM	Armenien
Art.	Artikel (bei Vorschriftenzitaten)
Aufl.	Auflage
ausf.	ausführlich
AUT	Österreich
AVR	Archiv des Völkerrechts
AZE	Aserbaidschan
BaöRV	Beiträge zum ausländischen öffentlichen Recht und Völkerrecht
Bd.	Band
Bde.	Bände
BeitrittAbkEU-E	revidierter Entwurf des Abkommens über den Beitritt der EU zur EMRK
BEL	Belgien
Ber.	Bericht
Bf.	Beschwerdeführer
BG	(Schweizerisches) Bundesgericht
BGE	Entscheidungen des Bundesgerichts
BGBl.	Bundesgesetzblatt
BGHSt	Entscheidungen des Bundesgerichtshofs in Strafsachen (Band, Seite)
BIH	Bosnien und Herzegowina
BT	Bundestag
Bsp.	Beispiel
bspw.	beispielsweise

Abkürzungsverzeichnis

BUL	Bulgarien
BV	(Schweizerische) Bundesverfassung
BVerfG	Bundesverfassungsgericht
BVerfGE	Entscheidungen des Bundesverfassungsgerichts (Band, Seite)
BVerfGG	Gesetz über das Bundesverfassungsgericht
BVerfGK	Kammerentscheidungen des BVerfG (amtliche Sammlung)
BVerwG	Bundesverwaltungsgericht
BVerwGE	Entscheidungen des Bundesverwaltungsgerichts (Band, Seite)
BWG	Bundeswahlgesetz
BYBIL	The British Year Book of International Law
bzgl.	bezüglich
bzw.	beziehungsweise
CD	Collections of Decisions, Sammlung der Entscheidungen der EKMR (bis 1975)
CMLR	Common Market Law Review
CRO	Kroatien
CYP	Zypern
CZE	Tschechische Republik
dh	das heißt
DEN	Dänemark
ders.	derselbe
DÖV	Die öffentliche Verwaltung
DR	Decisions and Reports, Sammlung der Entscheidungen der EKMR (seit 1975)
DRiZ	Deutsche Richterzeitung
Drs.	Drucksache
DVBl	Deutsches Verwaltungsblatt
EG	Europäische Gemeinschaft(en)
EGV-Nizza	Vertrag zur Gründung der Europäischen Gemeinschaft i. d. F. des Vertrags v. Nizza
EGMR	Europäischer Gerichtshof für Menschenrechte
EGMR-E	Deutschsprachige Sammlung der Rechtsprechung des Europäischen Gerichtshofs für Menschenrechte im N. P. Engel Verlag
EGMRVerfO	Verfahrensordnung des Europäischen Gerichtshofs für Menschenrechte
EHRLR	European Human Rights Law Review
EJIL	European Journal of International Law
EKMR	Europäische Kommission für Menschenrechte
ELR	European Law Review
EMRK	Konvention zum Schutz der Menschenrechte und Grundfreiheiten
[...]. EMRKProt	[...]. Protokoll zur Konvention zum Schutz der Menschenrechte und Grundfreiheiten
EMRKZusProt	Zusatzprotokoll zur Konvention zum Schutz der Menschenrechte und Grundfreiheiten vom 20. März 1952
engl.	englisch(e, er, es)
Entsch.	Entscheidung
EP	Europäisches Parlament

Abkürzungsverzeichnis

ER-PV	Parlamentarische Versammlung des Europarates
Erl.	Erläuterung(en)
ESP	Spanien
EST	Estland
etc	et cetera
ETS	European Treaties Series
EU	Europäische Union
EuGH	Europäischer Gerichtshof
EuGRZ	Europäische Grundrechte Zeitschrift
EuPP-VO	VO (EU, Euratom) Nr. 1141/2014 über das Statut und die Finanzierung europäischer politischer Parteien und europäischer politischer Stiftungen
EuR	Zeitschrift Europarecht
Europarat-Satzung	Satzung des Europarates vom 5. Mai 1949
EUV-Nizza	Vertrag über die Europäische Union i. d. F. des Vertrags v. Nizza
EUV	Vertrag über die Europäische Union
EuZW	Europäische Zeitschrift für Wirtschaftsrecht
f. (ff.)	und der (die) folgende(n)
FIN	Finnland
Fn.	Fußnote(n)
FRA	Frankreich
frz.	französisch(e, er, es)
FS	Festschrift
G	Gesetz
GA	Goltdammer's Archiv für Strafrecht
GBR	Großbritannien
GEO	Georgien
GER	Deutschland
GG	Grundgesetz für die Bundesrepublik Deutschland
ggf.	gegebenenfalls
GK	Große Kammer (des EGMR)
GLJ	German Law Journal
GPR	Zeitschrift für Gemeinschaftsprivatrecht
GRCh	Charta der Grundrechte der Europäischen Union
grds.	grundsätzlich
GRE	Griechenland
GS	Gedächtnisschrift, Gedenkschrift
GVG	Gerichtsverfassungsgesetz
GYIL	German Yearbook of International Law
Halbbd.	Halbband
HbStR	Handbuch des Staatsrechts der Bundesrepublik Deutschland
HRA	Human Rights Act
HRLJ	Human Rights Law Journal
HRLR	Human Rights Law Review
HRRS	Onlinezeitschrift für Höchstrichterliche Rechtsprechung im Strafrecht (www.hrr-strafrecht.de)
Hrsg.	Herausgeber

Abkürzungsverzeichnis

Hs.	Halbsatz
HUN	Ungarn
idF	in der Fassung
idR	in der Regel
idS	in diesem Sinne
iE	im Ergebnis bzw. im Erscheinen
ieS	im engeren Sinn
insbes.	insbesondere
IntVG	Integrationsverantwortungsgesetz
iRv	im Rahmen von
iSd	im Sinne des
iSv	im Sinne von
iVm	in Verbindung mit
iZm	in Zusammenhang mit
IAGMR	Interamerikanischer Gerichtshof für Menschenrechte
ICLQ	International and Comparative Law Quarterly
IJHR	International Journal of Human Rights
ILC	International Law Commission
ILR	International Law Reports
InfAuslR	Informationsbrief Ausländerrecht
IPBPR	Internationaler Pakt über bürgerliche und politische Rechte 1966
IPWSKR	Internationaler Pakt über wirtschaftliche, soziale und kulturelle Rechte
IRL	Irland
ISL	Island
ITA	Italien
JBl	Juristische Blätter
JGG	Jugendgerichtsgesetz
JöR	Jahrbuch des Öffentlichen Rechts der Gegenwart
JRP	Journal für Rechtspolitik
JuS	Juristische Schulung
JZ	Juristenzeitung
Kammerbeschl.	Kammerbeschluss
Kap.	Kapitel
KirchE	Entscheidungen in Kirchensachen seit 1996
KritV	Kritische Vierteljahresschrift für Gesetzgebung und Wissenschaft
LAT	Lettland
LIE	Liechtenstein
lit.	Litera
LKV	Landes- und Kommunalverwaltung
LTU	Litauen
LUX	Luxemburg
m.	mit
maW	mit anderen Worten
mwN	mit weiteren Nachweisen

Abkürzungsverzeichnis

MDA	Moldawien
MJ	Maastricht Journal of European and Comparative Law
MKD	Mazedonien
MLT	Malta
MNE	Montenegro
MON	Monaco
MRK	Menschenrechtskonvention
Ms.	Manuskript
NED	Niederlande
NILR	Netherlands International Law Review
NJ	Neue Justiz
NJW	Neue Juristische Wochenschrift
NLMR	Newsletter Menschenrechte
NOR	Norwegen
NordÖR	Zeitschrift für öffentliches Recht in Norddeutschland
Nr.	Nummer
NStZ	Neue Zeitschrift für Strafrecht
NVwZ	Neue Zeitschrift für Verwaltungsrecht
OVG	Oberverwaltungsgericht
P.	Plenum (des EGMR)
PKH	Prozesskostenhilfe
POL	Polen
POR	Portugal
RabelsZ	Rabels Zeitschrift für ausländisches und internationales Privatrecht
RDA	Revue de Droit Administratif
RDP	Revue de droit public
RdC	Recueils des Cours de l'Académie de Droit International de la Haye
RDH	Revue des droits de l'homme
RdJB	Recht der Jugend und des Bildungswesens
RFDC	Revue française de droit constitutionnel
RGBl.	Reichsgesetzblatt
RGDIP	Revue Générale de Droit International Public
RIDC	Revue Internationale de Droit Comparé
RIW	Recht der Internationalen Wirtschaft
RJD	Reports of Judgments and Decisions; Entscheidungssammlung des EGMR (seit 1996)
Rn.	Randnummer(n)
ROM	Rumänien
ROW	Recht in Ost und West
RR	Rechtsprechungs-Report (zB NVwZ-RR)
Rs.	Rechtssache
Rspr.	Rechtsprechung
RTDH	Revue trimestrielle des droits de l'homme
RUDH	Revue universelle des droits de l'homme
RUS	Russland

Abkürzungsverzeichnis

S.	Satz; Seite(n)
s.	siehe
s. a.	siehe auch
SDÜ	Schengener Durchführungsübereinkommen
Serie A	Série A des publications de la Cour européenne des droits de l'homme: Arrêts et décisions (bis Ende 1995)
Slg.	Sammlung
SLO	Slowenien
SMR	San Marino
sog.	so genannte(e, er, es)
SRB	Serbien
StF	Stammfassung
StGH	Staatsgerichtshof
stRspr	ständige(r) Rechtsprechung
StV	Strafverteidiger
SUI	Schweiz
SVK	Slowakei
SWE	Schweden
Travaux Préparatoires	Conseil de l'Europe, Recueil des Travaux Préparatoires de la Convention Européenne des Droits de l'Homme (1985, Bd. I bis VIII)
TUR	Türkei
u.	und
ua	und andere; unter anderem
uU	unter Umständen
UKR	Ukraine
UN	United Nations, Vereinte Nationen
UNTS	United Nations Treaty Series
Urt.	Urteil
v.	von, vom
VA	Verwaltungsarchiv
VBl.	Verwaltungsblätter
verb.	verbunden(e, er)
VfGH	(österreichischer) Verfassungsgerichtshof
VfSlg	Sammlung der Erkenntnisse und wichtigsten Beschlüsse des Verfassungsgerichtshofs
VG	Verwaltungsgericht
VGH	Verwaltungsgerichtshof
vgl.	vergleiche
Vol.	Volume
VVDStRL	Veröffentlichungen der Vereinigung der Deutschen Staatsrechtslehrer
VVE	Vertrag über eine Verfassung für Europa, ABl. 2004 C 310/01
WRV	Verfassung des Deutschen Reichs (Weimarer Reichsverfassung) v. 11.8.1919, RGBl. S. 1383
WVK	Wiener Übereinkommen über das Recht der Verträge, BGBl. 1985 II 927; Österreich: BGBl. 1980/49

Abkürzungsverzeichnis

Yb	Yearbook
YEL	Yearbook of European Law
Ziff.	Ziffer
zB	zum Beispiel
ZaöRV	Zeitschrift für ausländisches öffentliches Recht und Völkerrecht
ZAR	Zeitschrift für Ausländerrecht und Ausländerpolitik
ZBJV	Zeitschrift des Bernischen Juristenvereins
ZEuS	Zeitschrift für europarechtliche Studien
ZfV	Zeitschrift für Verwaltung
ZGB	Zivilgesetzbuch (Schweiz)
ZIAS	Zeitschrift für ausländisches und internationales Arbeits- und Sozialrecht
ZLW	Zeitschrift für Luft- und Weltraumrecht
ZÖR	Zeitschrift für öffentliches Recht
ZRP	Zeitschrift für Rechtspolitik
ZSR	Zeitschrift für Schweizerisches Recht
ZStR	Schweizerische Zeitschrift für Strafrecht
ZStW	Zeitschrift für die gesamte Strafrechtswissenschaft
ZUM	Zeitschrift für Urheber- und Medienrecht
ZVglRWiss	Zeitschrift für Vergleichende Rechtswissenschaft
ZVR	Zeitschrift für Verkehrsrecht

Verzeichnis der abgekürzt zitierten Literatur

Clements/Mole/ Simmons European Human Rights	Clements/Mole/Simmons, European Human Rights, Handbuch, 2. Aufl. 1998
de Salvia/Villiger Birth of European Human Rights Law	de Salvia/Villiger, The Birth of European Human Rights Law, Handbuch, 1. Aufl. 1998
Bearbeiter in Dreier	Dreier, Grundgesetz-Kommentar, Kommentar, Band 1, 2, 3, 3. Aufl. 2013 ff.
Bearbeiter in Dörr/Grote/ Marauhn	Dörr/Grote/Marauhn, EMRK/GG Konkordanzkommentar zum europäischen und deutschen Grundrechtsschutz, Kommentar, 3. Aufl. 2021
Bearbeiter in Ehlers GuG ..	Ehlers, Europäische Grundrechte und Grundfreiheiten, Monografie, 4. Aufl. 2015
Bearbeiter FS Lambert, 2000	de Fontbressin, Les droits de l'homme au seuil du troisième millénaire, Mélanges en hommage à Pierre Lambert, Festschrift, 1. Aufl. 2000
Bearbeiter in Frowein/ Peukert	Frowein/Peukert, Europäische Menschenrechtskonvention – EMRK-Kommentar, Kommentar, 3. Aufl. 2009
Bearbeiter FS Wiarda, 1990	Matscher/Petzold, Protecting Human Rights: The European Dimension/Protection des droits de l'Homme: la dimension européene: Studies in honour of/Melanges en l'honneur de Gérard J. Wiarda, Festschrift, 1. Aufl. 1990
Bearbeiter FS Wildhaber, 2007	Breitenmoser/Ehrenzeller/Sassòli/Stoffel/Wagner-Pfeifer, Human rights, democracy and the rule of law: liber amicorum Luzius Wildhaber = Menschenrechte, Demokratie und Rechtsstaat, Festschrift, 1. Aufl. 2007
Gerards/Fleuren European Convention on Human Rights	Gerards/Fleuren, Implementation of the European Convention on Human Rights and of the judgments of the ECtHR in national case law, Handbuch, 1. Aufl. 2014
Grabenwarter/Pabel EMRK	Grabenwarter/Pabel, Europäische Menschenrechtskonvention, Lehrbuch, 7. Aufl. 2021
Grabenwarter/Thienel EMRK	Grabenwarter/Thienel, Kontinuität und Wandel der EMRK, Handbuch, 1. Aufl. 1998

Verzeichnis der abgekürzt zitierten Literatur

Grabenwarter European Convention for Protection of Human Rights	Grabenwarter, European Convention for the Protection of Human Rights and Fundamental Freedoms, Kommentar, 1. Aufl. 2014
Bearbeiter GS Ryssdal, 2000	Mahoney/Matscher/Petzold/Wildhaber, Protecting Human Rights: The European Perspective, Gedächtnisschrift, 1. Aufl. 2000
Harris/O'Boyle/Warbrick European Convention on Human Rights	Harris/O'Boyle/Warbrick, Law of the European Convention on Human Rights, Handbuch, 4. Aufl. 2018
Bearbeiter in HK-EMRK . .	Meyer-Ladewig/Nettesheim/v. Raumer, EMRK, Kommentar, 4. Aufl. 2017
Ichim European Convention on Human Rights . .	Ichim, Just Satisfaction under the European Convention on Human Rights, Handbuch, 1. Aufl. 2014
Bearbeiter in IntKommEMRK	Pabel/Schmahl, Internationaler Kommentar zur Europäischen Menschenrechtskonvention, Kommentar, 1. Aufl. 2009
Jacobs/White/Ovey The European Convention on Human Rights	Jacobs/White/Ovey, The European Convention on Human Rights, Handbuch, 7. Aufl. 2017
Bearbeiter in Jarass/Pieroth	Jarass/Pieroth, Grundgesetz für die Bundesrepublik Deutschland: GG, Kommentar, 16. Aufl. 2020
Leutheusser-Schnarrenberger Menschenwürde . .	Leutheusser-Schnarrenberger, Vom Recht auf Menschenwürde, Monografie, 1. Aufl. 2013
Bearbeiter Liber Amicorum Wildhaber	Caflisch/Callewaert/Liddell/Mahoney/Villiger, Liber Amicorum Luzius Wildhaber – Human Rights – Strasbourg Views, Festschrift, 1. Aufl. 2007
MacDonald/Matscher/Petzold Protection of Human Rights	MacDonald/Matscher/Petzold, The European System for the Protection of Human Rights, Handbuch, 1. Aufl. 1993
Mowbray European Convention on Human Rights	Mowbray, Cases, Materials, and Commentary on the European Convention on Human Rights, Handbuch, 3. Aufl. 2012
Peters/Altwicker EMRK	Peters/Altwicker, Europäische Menschenrechtskonvention, Lehrbuch, 2. Aufl. 2012
Pettiti/Decaux/Imbert Droits de l'Homme	Pettiti/Decaux/Imbert, La Convention européenne des Droits de l'Homme, Handbuch, 1. Aufl. 1999

Verzeichnis der abgekürzt zitierten Literatur

Reid ECHR	Reid, A Practitioner's Guide to the European Convention on Human Rights, Handbuch, 6. Aufl. 2019
Travaux Préparatoires I ..	Council of Europe, Collected Edition of the 'Travaux Preparatoires' of the European Convention on Human Rights – Volume I: Preparatory Commission of the Council of Europe, Committee of Ministers, Consultative Assembly (11 May-13 July 1949), Handbuch, 1. Aufl. 1975
Travaux Preparatoires II ..	Council of Europe, Collected Edition of the 'Travaux Preparatoires' of the European Convention on Human Rights – Volume II: Consultative Assembly, Second Session of the Committee of Ministers, Standing Committee of the Assembly (10 August-19 November 1949), Handbuch, 1. Aufl. 1975
Travaux Preparatoires III ..	Council of Europe, Collected Edition of the 'Travaux Preparatoires' of the European Convention on Human Rights Volume III – Committee of Experts (2 February-10 March 1950), Handbuch, 1. Aufl. 1976
Travaux Préparatoires IV ..	Council of Europe, Collected Edition of the 'Travaux Preparatoires' of the European Convention on Human Rights – Volume IV: Third and Fourth Sessions of the Committee of Ministers, Conference of Senior Officials (30 March-17 June 1950), Handbuch, 1. Aufl. 1978
Travaux Preparatoires V ..	Council of Europe, Collected Edition of the 'Travaux Preparatoires' of the European Convention on Human Rights – Volume V: Legal Committees, Ad Hoc Joint Committee, Committee of Ministers, Consultative Assembly (23 June-28 August 1950), Handbuch, 1. Aufl. 1979
Travaux Preparatoires VI ..	Council of Europe, Collected Edition of the 'Travaux Preparatoires' of the European Convention on Human Rights – Volume VI, Handbuch, 1. Aufl. 1985
Travaux Preparatoires VII	Council of Europe, Collected Edition of the 'Travaux Preparatoires' of the European Convention on Human Rights – Volume VII, Handbuch, 1. Aufl. 1985
Travaux Preparatoires VIII	Council of Europe, Collected Edition of the 'Travaux Preparatoires' of the European Convention on Human Rights – Volume VIII, Handbuch, 1. Aufl. 1985
Bearbeiter in v. Münch/ Kunig	von Münch/Kunig, Grundgesetz: GG, Kommentar, Band 1, 2, 7. Aufl. 2021
vande Lanotte/Haeck EVRM	vande Lanotte/Haeck, Handboek EVRM, Handbuch, 1. Aufl. 2005
van Dijk/van Hoof/ van Rijn/Zwaak European Convention on Human Rights	van Dijk/van Hoof/van Rijn/Zwaak, Theory and Practice of the European Convention on Human Rights, Handbuch, 4. Aufl. 2006

Verzeichnis der abgekürzt zitierten Literatur

Velu/Ergec Droits de
l'homme . . . . Velu/Ergec, La Convention européenne des droits de l'homme, Handbuch, 2. Aufl. 2014

Bearbeiter in Villiger
EMRK-HdB . . . . Villiger, Handbuch der Europäischen Menschenrechtskonvention (EMRK), Handbuch, 3. Aufl. 2020

1. Teil. Einleitung und Präambel*

Europäische Konvention zum Schutz der Menschenrechte und Grundfreiheiten[1]

Convention for the Protection of Human Rights and Fundamental Freedoms

Convention de sauvegarde des droits de l'homme et des libertés fondamentales

Einleitung

Literatur: *Abel,* Menschenrechtsschutz und Individualbeschwerdeverfahren: Ein regionaler Vergleich aus historischer, normativer und faktischer Perspektive, AVR 2013, 369; *Alber/Widmaier,* Die EU-Charta der Grundrechte und ihre Auswirkungen auf die Rechtsprechung, EuGRZ 2000, 497; *Baumann,* Auf dem Weg zu einem doppelten EMRK-Schutzstandard?, EuGRZ 2011, 1; *Breuer,* Karlsruhe und die Gretchenfrage: Wie hast du's mit Straßburg?, NVwZ 2005, 412; *Brummer,* Der Europarat, 2008; *Callewaert,* Die EMRK und die EU-Grundrechtecharta, EuGRZ 2003, 198; *Cot,* Margin of Appreciation, in Wolfrum (Hrsg.), The Max Planck Encyclopedia of Public International Law (s. auch http://www.mpepil.com), Bd. VI, 2012, S. 1012; *Delzangles,* Les enjeux institutionnels de la première demande d'avis consultatif adressée à la Cour européenne des droits de l'homme, RDP 2020, 171; *Frowein,* European Convention for the Protection of Human Rights and Fundamental Freedoms, in Wolfrum (Hrsg.), The Max Planck Encyclopedia of Public International Law (s. auch http://www.mpepil.com), Bd. III, 2012, S. 882; *Gerhardt,* Europa als Rechtsgemeinschaft: Der Beitrag des Bundesverfassungsgerichts, ZRP 2010, 161; *Grabenwarter,* Europäisches und nationales Verfassungsrecht, VVDStRL 60 (2001), 290; *ders.,* Entwicklungen zu einer Europäischen Verfassung – Die Frage der Grundrechte, in Hohloch (Hrsg.), Wege zum Europäischen Recht, 2002, S. 87; *ders.,* Die Menschenrechtskonvention und Grundrechte-Charta in der europäischen Verfassungsentwicklung, in Cremer (Hrsg.), FS Steinberger, 2002, S. 1129; *ders.,* Die Europäische Union als Grundrechtsgemeinschaft, die EMRK und die Grundrechte der Mitgliedstaaten, in Zentrum für Europäisches Wirtschaftsrecht, Schriftenreihe, Nr. 200/2, 2012, S. 23; *ders.,* Deutschland und die Menschenrechtskonvention – eine Außensicht, in Leutheusser-Schnarrenberger (Hrsg.), Vom Recht auf Menschenwürde. 60 Jahre Europäische Menschenrechtskonvention, 2013, S. 109; *Grewe,* Vergleich zwischen den Interpretationsmethoden europäischer Verfassungsgerichte und des Europäischen Gerichtshofes für Menschenrechte, ZaöRV 2001, 459; *Heer-Reißmann,* Die Letztentscheidungskompetenz des Europäischen Gerichtshofs für Menschenrechte in Europa, 2008;

---

* Der Verfasser dankt *Marina Osterloff, Simon Thies* und *Moritz Kleist* für ihre Mitarbeit.
[1] Vom 4.11.1950 (BGBl. 1952 II 685), in der Fassung der Bekanntmachung vom 22.10.2010 (BGBl. 2010 II 1198), seit dem 1.8.2021 in der Fassung des Protokolls Nr. 15 vom 24.6.2013 (BGBl. 2014 II 1034).

Einleitung

I. Hoffmann, Der Grundsatz der Subsidiarität im Rechtsschutzsystem der Europäischen Menschenrechtskonvention, 2007; *Hoffmann-Riem*, Kohärenz der Anwendung europäischer und nationaler Grundrechte, EuGRZ 2002, 473; *Hong*, Caroline von Hannover und die Folgen – Meinungsfreiheit im Mehrebenensystem zwischen Konflikt und Kohärenz, in ders./Matz-Lück (Hrsg.), Grundrechte und Grundfreiheiten im Mehrebenensystem – Konkurrenzen und Interferenzen, 2012, S. 251; *Jacobs*, Between Luxembourg and Strasbourg: Dialogue between the European Court of Human Rights and the European Court of Justice, in Epiney/Haag/Heinigmann (Hrsg.), FS Bieber, 2007, S. 205; *Janik*, Die EMRK und internationale Organisationen, ZaöRV 2010, 127; *Keller/Kühne/Fischer*, Statut-Entwurf für den Europäischen Gerichtshof für Menschenrechte, EuGRZ 2011, 341; *Keller/Kühne*, Zur Verfassungsgerichtsbarkeit des Europäischen Gerichtshofs für Menschenrechte, ZaöRV 2016, 245; *Keller/Walter*, The Bell of Görgülü Cannot Be Unrung – Can It?, GCYILJ 2019, 83; *E. Klein*, Anmerkung, JZ 2004, 1176; *ders.*, Das Verhältnis des Europäischen Gerichtshofs zum Europäischen Gerichtshof für Menschenrechte, in Merten/Papier, Handbuch der Grundrechte, Bd. VI/1, 2010, § 167; *O. Klein*, Straßburger Wolken am Karlsruher Himmel, NVwZ 2010, 221; *Klocke*, Die dynamische Auslegung der EMRK im Lichte der Dokumente des Europarats, EuR 2015, 148; *Kokott/Sobotta*, Protection of Fundamental Rights in the European Union: On the Relationship between EU Fundamental Rights, the European Convention and National Standards of Protection, Yearbook of European Law 34 (2015), 60; *Krämer*, Änderungen im Grundrechtsschutz durch den Beitritt der Europäischen Union zur EMRK, ZöR 2014, 235; *Krenc*, La décision Senator Lines ou l'ajournement d'une question délicate, RTDH 2005, 120; *Krüger/Polakiewicz*, Vorschläge für ein kohärentes System des Menschenrechtsschutzes in Europa, EuGRZ 2001, 92; *Lavranos*, Das Solange-Prinzip im Verhältnis EGMR und EuGH, EuR 2006, 79; *Letsas*, A theory of interpretation of the European Convention on Human Rights, 2007; *Lörcher*, Soziale Menschenrechte im individuellen Arbeitsrecht nach Demir und Baykara, AuR 2011, 88; *Loth*, Der Weg nach Europa: Geschichte der europäischen Integration 1939–1957, 1996; *Lübbe-Wolff*, Der Grundrechtsschutz nach der Europäischen Menschenrechtskonvention bei konfligierenden Individualrechten – Plädoyer für eine Korridor-Lösung, in Hochhuth (Hrsg.), Nachdenken über Staat und Recht – Kolloquium zum 60. Geburtstag von Dieter Murswiek, 2010, S. 193; *Madsen*, The Challenging Authority of the European Court of Human Rights: From Cold War Legal Diplomacy to the Brighton Declaration and Backlash, iCourts Working Paper Series, No. 20, 2015; *Marguery*, Je t'aime moi non plus. The Avotiņš v. Latvia judgment: an answer from the ECrtHR to the CJEU, Review of European Administrative Law 10 (2017), 113; *F. C. Mayer*, Der Europarat und die Europäische Union, in Kadelbach (Hrsg.), 60 Jahre Integration in Europa, 2011, S. 17; *ders.*, Grundrechtsvielfalt und Grundrechtskonflikte im europäischen Mehrebenensystem, EuGRZ 2011, 234; *ders.*, Verfassung im Nationalstaat: Von der Gesamtordnung zur europäischen Teilordnung?, VVDStRL 75 (2016), 7; *ders.*, Grundrechtsschutz und rechtsstaatliche Grundsätze (Nach Art. 6 EUV), in Grabitz/Hilf/Nettesheim (Hrsg.), Das Recht der Europäischen Union, 72. Aufl. 2021; *Nußberger*, Die Europäische Menschenrechtskonvention – eine Verfassung für Europa?, JZ 2019, 421; *Obwexer*, Der Beitritt der EU zur EMRK, Rechtsgrundlagen, Rechtsfragen und Rechtsfolgen, EuR 2012, 115; *Ophüls*, Juristische Grundgedanken des Schumanplans, NJW 1951, 289; *Pache/Rösch*, Die neue Grundrechtsordnung der EU nach dem Vertrag von Lissabon, EuR 2009, 769; *Papier*, Koordination des Grundrechtsschutzes in Europa – die Sicht des Bundesverfassungsgerichts, ZSR 2005, 113; *Partsch*, Die Rechte und Freiheiten der europäischen Menschenrechtskonvention, 1966; *Polakiewicz*, Der Abkommensentwurf über den Beitritt der Europäischen Union zur Europäischen Menschenrechtskonvention, EuGRZ 2013, 472; *Prepeluh*, Die Entwicklung der Margin of Appreciation-Doktrin im Hinblick auf die Pressefreiheit, ZaöRV 2001, 771; *Ress*, Konsequenzen des Beitritts der EU zur EMRK, EuZW 2010, 841; *Robertson*, Le Conseil de l'Europe: sa structure, ses fonctions et ses réalisations, 1962; *Sauer*, Die neue Schlagkraft der gemeineuropäischen Grundrechtsjudikatur, ZaöRV 2005, 35; *ders.*, Jurisdiktionskonflikte in Mehrebenensystemen, 2008; *P. Schäfer*, Verletzungen der Europäischen Menschenrechtskonvention durch Europäisches Gemeinschaftsrecht und dessen Vollzug, 2006; *Schmahl*, Der Beitritt der EU zur Europäischen Menschenrechtskonvention: Wo liegt das Problem?, JZ 2016, 921; *Skouris*,

Einleitung

Koordination des Grundrechtsschutzes in Europa – Die Perspektive des Gerichtshofs der Europäischen Gemeinschaften, ZSR 2005, 31; *Tomuschat,* Der Verfassungsstaat im Geflecht der internationalen Beziehungen, VVDStRL 36 (1978), 7; *von Ungern-Sternberg,* Die Konsensmethode des EGMR, AVR 2013, 312; *Wendel,* Renaissance der historischen Auslegungsmethode im europäischen Verfassungsrecht?, ZaöRV 2008, 803; *ders.,* Der EMRK-Beitritt als Unionsrechtsverstoß, NJW 2015, 921; *Wildhaber,* Europäischer Grundrechtsschutz, EuGRZ 2005, 689; *Winkler,* Die Vermutung des „äquivalenten" Grundrechtsschutzes im Gemeinschaftsrecht nach dem Bosphorus-Urteil des EGMR, EuGRZ 2007, 641.

Übersicht

	Rn.
A. Entstehungsgeschichte	1
B. Rechtsnatur, Struktur und Fortentwicklung der EMRK	12
C. Der Europäische Gerichtshof für Menschenrechte (EGMR)	21
D. Überblick über das Verfahren der Individualbeschwerde	31
E. Methodenfragen	45
I. Auslegungsgrundsätze und Auslegungsmethoden	45
1. Objektive Auslegung	45
2. Teleologische und dynamische Auslegung	48
3. Systematische Auslegung	51
4. Gleichheit der Staaten	53
5. Grundsatz der Subsidiarität	54
II. Sprachenregime	55
III. Kontrolldichte	60
F. Rang und Geltung der EMRK in Deutschland	68
I. Allgemeines	68
II. Die Sicht des Ratifikationsgesetzgebers	72
III. Die Spruchpraxis des BVerfG	77
1. EMRK im Range eines einfachen Bundesgesetzes	78
2. Berücksichtigungspflicht	80
3. Auslegungshilfe für das Grundgesetz	89
4. Innerstaatliche Folge einer Konventionsverletzung	92
IV. Normhierarchische Rätsel? Zur Kritik an der Rspr. des BVerfG	101
1. Verfassungsunmittelbare Verpflichtung auf den internationalen Menschenrechtsschutz aus Art. 1 Abs. 2 GG	103
2. Korridorlösung	107
G. EMRK und EU	110
I. Allgemeines	110
II. EuGH und EGMR	115
III. Unterschiede in der Rechtsqualität	118
IV. Die EMRK als inhaltliche Klammer	122
V. Übersicht über die EU-Rechtsprechung des EGMR	126
VI. Das Verhältnis der Höchstgerichte EGMR und EuGH zueinander	149
VII. Beitritt der EU zur EMRK	154
1. Beitrittsvoraussetzungen auf EU-Seite	154
2. Beitrittsvoraussetzungen auf EMRK-Seite	157
3. Verlauf und Stand der Beitrittsverhandlungen	157a
4. Beitrittsbedingte Rechtsfragen	158
5. Ausblick	163
VIII. Die Europäische Grundrechteagentur im Verhältnis zur EMRK	166

Einleitung

A. Entstehungsgeschichte

1   Die Europäische Menschenrechtskonvention (EMRK) ist bis heute das **am weitesten entwickelte überstaatliche Menschenrechtsschutzsystem der Welt.** Die starke Verrechtlichung kommt vor allem in der obligatorischen Gerichtsbarkeit zum Ausdruck. Die Mitgliedschaft im Europarat, dem 47 Vertragsstaaten angehören, verbindet sich mit der Verpflichtung auf die EMRK. Sie hat ihren **Ursprung in der politischen Umbruchlage nach Ende des Zweiten Weltkriegs** und steht im Kontext der Bemühungen jener Zeit, unter dem Eindruck des in Europa Geschehenen, überstaatliche Zusammenarbeit gerade in dieser Weltregion voran zu bringen (zum Vergleich mit Entwicklungen in Afrika und Amerika *Abel* AVR 2013, 369). Als ein zunächst auf westeuropäische Staaten beschränktes Projekt ist sie angelegt als gegenseitige Versicherung und zugleich Verpflichtung der europäischen Staaten auf zivilisatorische Grundlagen nach innen wie nach außen.

2   Der historische Rückblick führt auf zwei sich nach 1945 diametral gegenüberstehende Positionen im Hinblick auf die zukünftige Organisation Europas und den **Gegensatz zwischen Föderalisten,** die für den Bundesstaat Europa eintraten, und **Unionisten,** die diesen Bundesstaat ablehnten (vgl. *Loth* Der Weg nach Europa S. 28 ff.; *Ophüls* NJW 1951, 289).

3   In den Jahrzehnten nach 1945 fanden diese grundverschiedenen Positionen Niederschlag in den unterschiedlichen institutionellen Konfigurationen europäischer Zusammenarbeit (vgl. *Robertson* Conseil de l'Europe S. 19 f.). Das Bekenntnis zu den Menschenrechten wirkte dabei anfänglich als Klammer für die divergierenden Vorstellungen zur künftigen Organisation Europas. Aus den historischen Wegmarken hat der im Mai 1948 abgehaltene **Haager Kongress** besondere Bedeutung: Überwiegend von gesellschaftlichen Bewegungen animiert stand der Kongress mit seinen mehr als 700 Teilnehmern im Zeichen der Überwindung rein staatlicher Zusammenarbeit. Die Forderung nach einer Menschenrechtskonvention nahm unter den Ergebnissen des Kongresses eine hervorgehobene Stellung ein, mit dem konkreten Auftrag zur Ausarbeitung eines Textes.

4   Die im Dezember 1948 auf Ebene der Vereinten Nationen als rechtlich unverbindliche Resolution feierlich verkündete **Allgemeine Erklärung der Menschenrechte** verstärkte das Anliegen einer menschenrechtlichen Fundierung der Nachkriegsordnung weiter und war zugleich Ansporn zu einer verbindlicheren, rechtsförmigeren Garantie für Europa.

5   Im Kontrast zu den europaföderalen Tendenzen des Haager Kongresses stand der **Brüsseler Pakt** vom März 1948 für das Konzept einer lediglich staatlichen Zusammenarbeit. Aus diesem Zusammenhang ist der Europarat entstanden (vgl. *Brummer* Der Europarat S. 21 ff.): Im Januar 1949 beschloss der Konsultativrat des Brüsseler Paktes die Schaffung eines europäischen Ministerrats mit einer Beratenden Versammlung in einem Europarat. Die **Satzung des Europarates** wurde am **5. 5. 1949** in London unterzeichnet. Die weitreichenden Vorstellungen des Haager Kongresses zur Einigung Europas finden sich hier nicht wieder. Mit der **Schuman-Erklärung** vom **9. 5. 1950** (ZaöRV 1950, 651) sollte ein Jahr später die verdichtete europäische Einigung einen neuen Anlauf nehmen, die letztlich bis zur heutigen EU führte.

6   Parallel zu den Bemühungen um eine verstärkte europäische Integration wurde ein halbes Jahr nach der französischen Schuman-Erklärung, am **4. 11. 1950** in Rom, nach **Beschlussfassung im Ministerkomitee des Europarates,** insoweit dann doch an den Haager Kongress anschließend, die **EMRK unterzeichnet** (zu den

A. Entstehungsgeschichte **Einleitung**

historischen Abläufen *Partsch* Rechte und Freiheiten S. 11 ff.; Travaux Préparatoires Bd. 1 S. XXIII ff.).

Sie war noch von Zurückhaltung geprägt, da anfänglich anders als heute eine Befassung des Gerichtshofs mit Individualbeschwerden von der Zustimmung des betroffenen Staates abhing und die Europäische Kommission für Menschenrechte (EKMR) eine Filterfunktion ausübte. Die Tendenz der neuen Konvention lässt sich auch an der Ratifikationsgeschichte ablesen, in der Großbritannien 1951 als erster Staat und Frankreich erst 1974 ratifizierte. Nach Ratifikation in zehn Staaten (nach Großbritannien am 8.3.1951, Norwegen am 15.1.1952 und Schweden am 4.2.1952 ratifizierte die **Bundesrepublik Deutschland** am **5.12.1952**) konnte die EMRK am **3.9.1953 in Kraft** treten. 7

Das **Ratifikationsverfahren in Deutschland** verlief weitgehend unspektakulär, insbesondere erfolgte keine verfassungsgerichtliche Überprüfung des EMRK-Beitritts durch das BVerfG. Die fundamentale Bedeutung der EMRK und die Tragweite des völkerrechtlichen Paradigmenwechsels stand den Abgeordneten klar vor Augen (s. 135. Sitzung v. 18.4.1951, Sten.Ber. 5267D und 217. Sitzung v. 10.6.1952, Sten. Ber. 9510C). Der Bundestag war 1950 bereits vor Unterzeichnung der Konvention aufgrund von unmittelbar durch den Präsidenten des Europarates übersandten Entschließungen der Beratenden Versammlung des Europarates unterrichtet worden (1. BT-Drs. 1502). Ein „Entwurf eines Gesetzes über die Konvention zum Schutze der Menschenrechte und Grundfreiheiten" wurde interfraktionell (ohne KPD) im **April 1951** eingebracht und in den Ausschüssen im Verlaufe der folgenden 12 Monate behandelt (1. BT-Drs. 2110). Parallel dazu prüfte der Bundesrat, inwieweit Landesrecht mit der neuen Konvention kollidieren würde (ua wegen Länderbestimmungen zur Schutzhaft, BR-Rechtsausschuss R 44/52, 6 f.; s. auch BR-Rechtsausschuss R 13/52 und BR-Sitz.Ber. Nr. 100, 64B). Die förmliche **Zustimmung des Bundesrates war nicht erforderlich** (BT-Rechtsausschuss R 44/52, 7). Der Vorschlag der Zentrumsfraktion, Verhandlungen für eine Ergänzung der EMRK um ein **Recht auf Heimat** aufzunehmen, fand keine Mehrheit (1. BT-Drs. 2197). 8

Der für das Gesetzgebungsverfahren im Bundestag federführende Auswärtige Ausschuss schlug in seinem schriftlichen Bericht (1. BT-Drs. 3338, 5) vor, das Rückwirkungsverbot des Art. 103 Abs. 2 GG durch einen **Vorbehalt zu Art. 7 Abs. 2 EMRK** zu sichern. Zuletzt mit der Erfahrung der Durchbrechung des Rückwirkungsverbotes begründet finden sich in der Debatte auch Stimmen, die einen Vorbehalt fordern, um einer in dieser Bestimmung vermuteten nachträglichen Legalisierung der Alliiertentribunale entgegenzutreten (BR-Rechtsausschuss R 24/52, 12). Die Bundesregierung erklärte anlässlich der Hinterlegung der Ratifikationsurkunde am 5.12.1952 den Vorbehalt (BGBl. 1954 II 14, s. auch ZaöRV 1963, 185), er wurde erst **2001 zurückgenommen** (→ Art. 7 Rn. 28). Der Vorbehalt wie auch die Beratungen im Bundestag lassen Rückschlüsse über die beim Ratifikationsgesetzgeber bestehenden **weitreichenden Vorstellungen zum Vorrang der EMRK in Deutschland** zu. (→ Rn. 72). 9

Die weitere Abfolge der Beitritte und Ratifikationen spiegelt die wechselvolle Geschichte Europas in der zweiten Hälfte des 20. Jahrhunderts wider: **1953:** Saarland, Irland, Griechenland, Dänemark, Island, Luxemburg; **1954:** Niederlande, Türkei; **1955:** Italien, Belgien; **1958:** Österreich; **1962:** Zypern; **1967:** Malta; **1974:** Frankreich, erneut Griechenland nach Ende des Obristenregimes, Schweiz; **1978:** Portugal; **1979:** Spanien; **1982:** Liechtenstein; **1989:** San Marino; **1990:** Finnland; **1992:** Slowakei, Ungarn, Tschechische Republik, Bulgarien; **1993:** Polen; **1994:** Rumänien, Slowenien; **1995:** Litauen; **1996:** Albanien, Andorra, Est- 10

Einleitung

land; **1997:** Lettland, Kroatien, Ukraine, Nordmazedonien, Moldawien; **1998:** Russland; **1999:** Georgien; **2002:** Armenien, Aserbaidschan, Bosnien und Herzegowina; **2004:** Serbien und Montenegro; **2005:** Monaco; **2006:** Montenegro (Nachweise auf http://conventions.coe.int). Die Konvention ist erst ab dem Beitritt für den jeweiligen Staat verbindlich. Zur Frage der extraterritorialen Wirkung der EMRK → Art. 1 Rn. 20 ff.

11 Auf dem **Gebiet der DDR** wurde die EMRK erst mit dem Beitritt am 3.10.1990 wirksam. Die **Geltung der EMRK auch für Berlin** wurde bereits 1952 vom Bundestag beschlossen (217. Sitzung v. 10.6.1952, Sten.Ber. 9512B), in der Verkündung des Ratifikationsgesetzes im BGBl. indessen zunächst vergessen (Berichtigung in BGBl. 1952 II 953).

B. Rechtsnatur, Struktur und Fortentwicklung der EMRK

12 Die EMRK ist ein **multilateraler völkerrechtlicher Vertrag,** für den die Regeln der Wiener Vertragsrechtskonvention (WVK) gelten (EGMR 12.12.2001 (GK) – 52207/99 Rn. 55–58, NJW 2003, 413 – Banković ua). Sie gliedert sich in drei Abschnitte. Der erste Abschnitt (Art. 2–18) behandelt Rechte und Freiheiten, der zweite (Art. 19–51) organisiert den Europäischen Gerichtshof für Menschenrechte (EGMR) und der letzte Abschnitt (Art. 52–59) enthält diverse sonstige Bestimmungen (Überblick bei *Frowein* MPEPIL Bd. III S. 882).

13 Entsprechend einer verbreiteten Strategie bei mehrseitigen Verträgen verständigte man sich mit dem Beschluss über die EMRK sogleich auf die Ausarbeitung eines **Zusatzprotokolls,** in dem die offenen und streitigen Fragen gebündelt werden konnten (Nachweise zu den Zusatzprotokollen auf http://conventions.coe.int). Damit wurde einzelnen Staaten eine umfassendere Bindung ermöglicht **(Fakultativprotokoll).** Daneben sind im Laufe der Zeit etliche Zusatzprotokolle als **Änderungsprotokolle** vereinbart worden, die von allen Vertragsstaaten zu ratifizieren waren, weil sie die EMRK nicht nur ergänzen, sondern ändern (insbesondere 11. EMRKProt und 14. EMRKProt).

14 Die **Zahl der Zusatzprotokolle** ist mittlerweile auf **16** angewachsen. Das **EMRKZusProt** (in Kraft getreten am 18.5.1954) behandelt den Schutz des Eigentums, das Recht auf Bildung und freie Wahlen. Mit dem **2. EMRKProt** (in Kraft getreten am 21.9.1970) wurde dem EGMR die Zuständigkeit zur Erstattung von Gutachten übertragen. Mit dem **3. EMRKProt** (in Kraft getreten am 21.9.1970) wurden die Art. 29, 30 und 34 EMRK geändert. Das **4. EMRKProt** (in Kraft getreten am 2.5.1968) brachte die Gewährleistung gewisser Rechte und Freiheiten, die nicht bereits in der EMRK oder EMRKZusProt enthalten waren (ua Freizügigkeit und Verbot der Ausweisung eigener Staatsangehöriger). Das **5. EMRKProt** (in Kraft getreten am 20.12.1971) änderte die damaligen Regeln zur Wahl der EGMR- und EKMR-Mitglieder in Art. 22 und 40 EMRK. Das **6. EMRKProt** (in Kraft getreten am 1.3.1985) beinhaltet die Abschaffung der Todesstrafe. Das **7. EMRKProt** (in Kraft getreten am 1.11.1988) behandelt verfahrensrechtliche Schutzvorschriften in Bezug auf die Ausweisung von Ausländern, Rechtsmittel in Strafsachen, das Recht auf Entschädigung bei Fehlurteilen, das Recht, wegen derselben Sache nicht zweimal vor Gericht gestellt oder bestraft zu werden sowie die Gleichberechtigung der Ehegatten. Das Verfahrensverbesserungen behandelnde **8. EMRKProt** (in Kraft getreten am 1.1.1990) ebenso wie das **9. EMRKProt** (in Kraft getreten am 1.10.1994) wurden durch das 11. EMRKProt

B. Rechtsnatur, Struktur und Fortentwicklung der EMRK   **Einleitung**

abgelöst. Auch das **10. EMRKProt** wurde durch das 11. EMRKProt gegenstandslos. Das **11. EMRKProt** (in Kraft getreten am 1.11.1998) brachte eine grundlegende Umgestaltung des durch die EMRK eingeführten Kontrollmechanismus. Dies erfolgte insbesondere durch Abschaffung der bis dahin bestehenden Dualität von Menschenrechtskommission und EGMR zugunsten eines einheitlichen Kontrollorgans, des neuen EGMR. Das **12. EMRKProt** (in Kraft getreten am 1.4.2005) betrifft Garantien im Bereich der Gleichberechtigung und Diskriminierungsverbote. Das **13. EMRKProt** (in Kraft getreten am 1.7.2003) bezieht sich erneut auf die Abschaffung der Todesstrafe und schränkt deren ausnahmsweise Zulässigkeit weiter ein. Das **14. EMRKProt** (in Kraft getreten am 1.6.2010) schließlich sieht neben einigen Änderungen des Kontrollsystems vor allem die Möglichkeit vor, dass auch die EU als Nicht-Staat der EMRK beitreten kann. Das **14bis. EMRKProt** setzte einige Verfahrensverbesserungen des 14. EMRKProt vorab um und ist heute gegenstandslos. Schließlich ist mit dem **16. EMRKProt** (in Kraft getreten am 1.8.2018) den höchsten Gerichten eines Vertragsstaats die Möglichkeit eingeräumt worden, den EGMR um ein Gutachten über Prinzipienfragen betreffend die Auslegung oder Anwendung der Rechte und Freiheiten, die in der Konvention und den Protokollen definiert sind, zu ersuchen. Sein erstes Gutachten auf Basis des 16. EMRKProt, das vom französischen Cour de cassation zur konventionsrechtlichen (Art. 8 EMRK) Überprüfung der französischen Gesetzeslage im Hinblick auf Leihmutterschaftskonstellationen beantragt worden war (zu den strategischen Gründen des Antrags *Delzangles* RDP 2020, 171), veröffentlichte der EGMR am 10.4.2019 (EGMR 10.04.2019 – P16-2018-001). Ein zweites Gutachten folgte am 29.5.2020 auf ein Ersuchen des Armenischen Verfassungsgerichtes im Zuge eines Verfahrens gegen den ehemaligen Staatspräsidenten Robert Kocharyan (EGMR 29.5.2020 – P16-2019-001). Dabei lehnte der EGMR die Beantwortung von zwei der drei gestellten Fragen mangels Erkennbarkeit eines direkten Zusammenhanges mit dem anhängigen Gerichtsverfahren gemäß Art. 1 Abs. 2 16. EMRKProt als unzulässig ab, ebenso eine Gutachtenanfrage des Slowakischen Obersten Gerichtshofes vom 19.11.2020 (EGMR 14.12.2020 – P16-2020-001). Gutachtenaufträge des Litauischen Obersten Verwaltungsgerichtes, des Armenischen Kassationsgerichtes und des französischen Conseil d'État ließ der EGMR in der Folge zu (EGMR 28.1.2021 – P16-2020-002, EGMR 10.5.2021 – P16-2021-001 und EGMR 31.5.2021 – P16-2021-002), inhaltliche Stellungnahmen stehen jeweils noch aus.

Daneben besteht bereits das **15. EMRKProt** vom 24.6.2013. Es ist am 1.8.2021 **14a** in Kraft getreten. Das 15. EMRKProt verankert das **Subsidiaritätsprinzip** und den Beurteilungsspielraum (**„margin of appreciation"**) zugunsten der Staaten in der Präambel (→ Rn. 67, → Präambel Rn. 9 ff.). Ferner ist zwecks Effizienzverbesserung eine **Verkürzung der Frist,** innerhalb der eine Beschwerde beim Gerichtshof eingereicht werden kann, vorgesehen **(von sechs auf vier Monate).**

Weitere Reformvorschläge betreffen ein **Statut für den EGMR.** Ein solches **14b** Statut ist 2006 von einer „Gruppe der Weisen" (damaliges deutsches Mitglied: Jutta Limbach) empfohlen worden, auf die auch das 16. EMRKProt zurückgeht (vgl. Report of the Group of Wise Persons to the Committee of Ministers v. 15.11.2006, COM(2006) 203 Rn. 44 ff.). Anders als bei anderen internationalen Gerichtssystemen ist das Normengefüge des EGMR nicht dreigliedrig (Vertrag, Satzung bzw. Statut, Verfahrensordnung), sondern bisher lediglich zweigliedrig (EMRK und Verfahrensordnung des EGMR (EGMRVerfO)). Mit der Einführung eines EGMR-Statuts sollen Reformen flexibler gestaltet werden können, mit dem

Einleitung

Ziel, die Effizienz des EGMR zu gewährleisten, indem zukünftige Änderungen des Statuts lediglich dem vereinfachten Änderungsverfahren unterliegen würden. Das Statut, in normsystematischer Sicht zwischen EMRK und EGMRVerfO zu verorten, soll dazu Bestimmungen aus der EMRK und der EGMRVerfO sowie neu geschaffene Artikel enthalten (vgl. zum Ganzen *Keller/Kühne/Fischer* EuGRZ 2011, 341 ff. mit Abdruck des Statut-Entwurfs). Weil das Statut Regelungen der EMRK übernehmen würde, wäre ein Änderungsprotokoll zur EMRK erforderlich, das von allen Vertragsstaaten ratifiziert werden müsste. Die Einführung des Statuts steht damit in einem politischen Prozess von ungewisser Dauer und ungewissem Ausgang (*Keller/Kühne/Fischer* EuGRZ 2011, 341 (344)).

15 **Deutschland** ist allen Zusatzprotokollen mit Ausnahme des 7. EMRKProt und des 12. EMRKProt (sowie des 14bis EMRKProt) beigetreten. Die Gründe für den Nichtbeitritt sind teils offenkundig (14bis EMRKProt ist zwischenzeitlich überholt), teilweise lassen sie sich heute nicht mehr eindeutig rekonstruieren (7. EMRKProt) und stoßen entsprechend auf Unverständnis (so *Grabenwarter* zur ausbleibenden Ratifizierung des 7. EMRKProt, Deutschland und die Menschenrechtskonvention, S. 109, 111). Das 15. EMRKProt wurde von Deutschland im Dezember 2014 ratifiziert (BGBl. 2014 II 1034). Das 16. EMRKProt, das bereits mit zehn Ratifikationen in Kraft getreten ist, wurde von Deutschland bisher noch nicht unterzeichnet. Abhängig von der weiteren Entwicklung der Anzahl der Verfahren vor dem EGMR steht zu erwarten, dass weitere Verfahrensoptimierungen diskutiert und in diese Richtung entsprechende Zusatzprotokolle für erforderlich gehalten werden.

16 Die **Rechtsprechungsstatistik** (Quelle für alle Angaben die Webseite des EGMR, http://www.echr.coe.int) lässt befürchten, dass der EGMR als Menschenrechtsgericht für 837 Mio. Individuen aus 47 Staaten (Stand: 1.1.2020) bereits seit einiger Zeit an den **Grenzen der Leistungsfähigkeit** arbeitet oder diese Grenzen bereits überschritten hat. **2020** sind **41.700 neue Verfahren** beim EGMR anhängig gemacht worden. Diese Zahl stellt gegenüber dem Wert des Vorjahres (44.500) einen leichten Rückgang in Höhe von 6 % dar, verglichen mit dem Wert aus der Vorauflage von 2014 (56.250) zeigt sich jedoch ein deutlicher Rückgang von über 20 %. Nachdem in den Jahren vor 2014 ein stetiger Anstieg anhängig gemachter Verfahren festzustellen war, zeigt sich in dem Rückgang der Zahl in 2014 ein erstes Ergebnis der Neufassung des Art. 47 Abs. 1 der EGMRVerfO zum 1.1.2014 und den damit verbundenen strikteren Anforderungen an die Einreichung einer Beschwerde an den EGMR (s. EGMR Analysis of Statistics 2014, S. 4; zur Neufassung des Art. 47 Abs. 1 EGMRVerfO → Rn. 36). 1999 lag die Zahl der jährlich eingehenden Verfahren noch bei 8.400. Seit der umfassenden EMRK-Reform von 1998 ist die Anzahl der Verfahren deutlich gestiegen. Kaum zehn Jahre nach eben dieser Reform hat der EGMR sein zehntausendstes Urteil gesprochen. Zwischen 1998 und 2009 sind mehr als 90 % der Urteile des seit 1959 arbeitenden EGMR gefällt worden.

17 Gegen **Deutschland sind 2020 insgesamt 569 Verfahren** anhängig gemacht worden. Im selben Zeitraum wurden 559 als unzulässig verworfen bzw. aus dem Register gestrichen. Es ergingen **elf Urteile**, in vier davon wurde mindestens eine Konventionsverletzung festgestellt (s. im Einzelnen dazu die Übersicht „Violations by Article and State" auf der Webseite des EGMR, http://www.echr.coe.int).

18 Nachdem der EGMR lange Jahre eine immer höher werdende **Bugwelle unerledigter Verfahren** vor sich hergeschoben hatte, konnte er 2012 erstmals eine positive Bilanz neuer gegenüber abgeschlossener Verfahren aufstellen. Diese Kehrtwende setzte sich auch bis 2015 fort, nach einem erneuten Anstieg 2016 stagnieren die Zahlen seit 2017, als der EGMR durch die Rückführung von Fällen in das nationale System die Zahl unerledigter Verfahren erheblich reduzieren konnte, nun in etwa auf einem konstanten Level mit leicht steigender Tendenz: 39.190 Verfahren konnte der EGMR 2020 abschließen. Dem stehen 41.700 neue Verfahren gegenüber. Es verbleiben **62.000** anhängige noch nicht erledigte Verfahren (Stand: Januar 2021). 1999 betrug die Zahl unerledigter Verfahren noch 12.600. Vereinfachungen im Bereich von Organisation und Verfahren zeigen hier möglicherweise Ergebnisse (näher dazu EGMR Analysis of Statistics 2013, S. 5), die Nachhaltigkeit der Entwicklung bleibt indessen abzuwarten.

Die enorme Belastung des EGMR verbindet sich mit einigen bestimmten Vertragsstaaten. Allein aus **Russland** sind **13.645 unerledigte Verfahren** anhängig (22% aller offenen Verfahren). Es folgen die **Türkei** mit **11.750 Verfahren** (19%), die **Ukraine** mit **10.408** (16,8%) und **Rumänien** mit **7.561** (12,2%). Die absoluten Zahlen sind dabei freilich nur begrenzt aussagekräftig. Setzt man die **Anzahl der in 2020 neu anhängig gemachten Verfahren in Relation zur Bevölkerung**, erscheint zB die hohe Zahl neu anhängig gemachter Verfahren aus Russland (8.923) weniger singulär (0,62 Verfahren pro 10.000 Einwohner in 2020): 22 Staaten haben hier 2020 höhere Werte als Russland, Spitzenreiter ist Montenegro, ein offizieller EU-Beitrittskandidat, mit 3,5, gefolgt von Serbien (2,65) und Bosnien und Herzegowina (2,49). Lässt man Kleinststaaten wie Liechtenstein (2,31) oder San Marino (1,71) einmal beiseite, ergeben sich gleichwohl noch ernüchternde Zahlen gerade für EU-Mitgliedstaaten (Lettland (2,17), Rumänien (1,55), Kroatien (1,52), Litauen (1,42), Ungarn (1,06), Estland (0,96), Bulgarien (0,87), Slowenien (0,86), Malta (0,78), Island (0,77)). Für Deutschland liegt der Wert bei 0,07.

Aber auch diese statistischen Angaben in Relation zur Bevölkerung sind nur begrenzt aussagekräftig, weil sie **nichts über die Art der beanstandeten Menschenrechtsverletzung** aussagen. Bei aller Relevanz sämtlicher in der EMRK niedergelegten Rechte wird sich nicht leugnen lassen, dass es einen kategorialen Unterschied gibt zwischen Beanstandungen beispielsweise überlanger Verfahren oder Enteignungsfragen gegenüber Verfahren, in denen es um existenzielle Gefahren für Leib und Leben oder Folter geht (s. dazu „Violations by Article and by State", http://www.echr.coe.int). Jedenfalls ergeben die Zahlen, dass die **Menschenrechtslage in Europa** noch immer **alles andere als konsolidiert** ist (s. zur Belastung des EGMR insbesondere wegen Russland und der Türkei bereits die Erklärungen der High Level Conference on the Future of the European Court of Human Rights von Interlaken (19.2.2010) und von Izmir (27.4.2011)).

C. Der Europäische Gerichtshof für Menschenrechte (EGMR)

Nachdem die Konvention am 3.9.1953 in Kraft getreten war und auch die Einrichtung eines Gerichtshofs vorsah, fand am 21.1.1959 die erste Wahl der Mitglieder des Gerichtshofs durch die Beratende Versammlung des Europarats statt. Es hatte lange Jahre gedauert, die nach Art. 56 EMRK aF erforderliche Zahl von acht Erklärungen von Vertragsstaaten über die Anerkennung einer Gerichtsbarkeit zu erreichen. Die erste Sitzung des EGMR fand vom 23.–28.2.1959 statt, das **erste Urteil erließ er am 14.11.1960** (EGMR 14.11.1960 – 332/57 – Lawless).

Neben dem EGMR sah die EMRK ursprünglich eine **Europäische Kommission für Menschenrechte (EKMR)** vor, die bei Individualbeschwerden eine Filterfunktion hatte, so dass zahlreiche Fälle gar nicht erst zum EGMR gelangten.

Einleitung

Einleitung und Präambel

23 Mit dem **11. EMRKProt** (in Kraft getreten am 1.11.1998) wurde der EGMR durch den neu gefassten Art. 19 EMRK als **ständiger Gerichtshof** mit hauptamtlich tätigen Richtern konzipiert, bei gleichzeitiger Abschaffung der Dualität von Menschenrechtskommission und Gerichtshof. Auf eine Unterwerfung unter die Gerichtsbarkeit dieses Gerichts kommt es nicht an, der EGMR ist heute der seltene Fall einer obligatorischen internationalen Gerichtsbarkeit, die nicht auf eine vorherige Anerkennung der Jurisdiktion angewiesen ist (anders zB der IGH in Den Haag, s. Art. 36 IGH-Statut).

24 Der EGMR ist das zentrale Organ zur Durchsetzung der Konvention (zur historischen Entwicklung des EGMR *Madsen* The Challenging Authority of the European Court of Human Rights). Daneben erfolgen die **Anwendung** und **Durchsetzung dezentral auch durch die nationalen Gerichte.** Da die Konvention von den Staaten, die sich zum Schutz der in ihr enthaltenen Rechte verpflichtet haben, in die jeweilige nationale Rechtsordnung integriert wurde, sind grundsätzlich auch die nationalen Gerichte verpflichtet, die EMRK anzuwenden (zur Situation in Deutschland näher → Rn. 68 ff.).

25 Die **Organisation des EGMR** ergibt sich aus den Bestimmungen der EMRK sowie der EGMRVerfO, die nach Art. 25 EMRK vom Plenum beschlossen wird. Der **Haushalt des Gerichtshofs** wird vom Europarat getragen und betrug 2020 etwas über 73,3 Mio. EUR. **Sitz des EGMR** ist **Straßburg.** Unter http://www.echr.coe.int finden sich zahlreiche weiterführende Hinweise zu Organisation und Verfahren des EGMR. Ferner eröffnet dort die HUDOC-Datenbank den Zugang zu EGMR-Entscheidungen im Volltext in den verbindlichen Sprachfassungen (Englisch und Französisch). Eine private Dokumentation der nicht-offiziellen deutschen Übersetzungen von EGMR-Entscheidungen findet sich unter http://egmr.org.

26 Entsprechend der Zahl der Konventionsstaaten sind derzeit **47 Richter** am EGMR tätig, Art. 20 EMRK. Nach *Renate Jaeger* und *Angelika Nußberger* ist seit Januar 2020 *Anja Seibert-Fohr* als **deutsche Richterin am EGMR** tätig. Nach Art. 21 Abs. 3 EMRK dürfen die Richter keine Tätigkeit ausüben, die mit ihrer Unabhängigkeit, ihrer Unparteilichkeit oder mit den Erfordernissen der Vollzeitbeschäftigung in diesem Amt unvereinbar ist. Sie werden nach den Art. 22, 23 EMRK von der Parlamentarischen Versammlung des Europarats für die Dauer von **neun Jahren** gewählt. Eine **Wiederwahl ist unzulässig.** Aufgaben und Organisation werden in der EGMRVerfO näher festgelegt. Der Gerichtshof wird in seiner Tätigkeit von dem Mitarbeiterstab der Kanzlei rechtlich und administrativ unterstützt.

27 Nach Art. 26 Abs. 1 EMRK tagt der Gerichtshof in Einzelrichterbesetzung, in Ausschüssen mit drei Richtern, in Kammern mit sieben Richtern und in einer Großen Kammer mit siebzehn Richtern. Der **Einzelrichter** kann seit Inkrafttreten des 14. EMRKProt bei offensichtlicher Unzulässigkeit einer Rechtssache eine Entscheidung treffen, Art. 27 EMRK.

28 **Ausschüsse** können unter den Voraussetzungen des Art. 28 EMRK zeitnah Urteile fällen. Gemäß Art. 27 Abs. 1 EGMRVerfO werden die Ausschüsse aus drei derselben Sektion angehörenden Richtern gebildet.

29 Die in Art. 25 lit. b EMRK vorgesehenen **Kammern** werden gemäß Art. 25 EGMRVerfO aus Sektionen gebildet. Sie werden für drei Jahre auf Vorschlag des Präsidenten vom Plenum festgelegt. Jeder Richter ist Mitglied einer der derzeit fünf Sektionen. Die in einer Rechtssache zuständige Kammer setzt sich jeweils nach Art. 26 EGMRVerfO aus sieben Richtern der jeweiligen Sektion zusammen. Die übrigen Richter sind nach Abs. 1c in der Rechtssache dann Ersatzrichter. Sektionen sind also Verwaltungseinheiten, während die Kammern juristische Spruchkörper des Gerichtshofs innerhalb einer Sektion sind. Ist die Rechtssache einer Kammer zugewiesen, so entscheidet sie in der Regel durch Mehrheitsentscheidung gleichzeitig über die Zulässigkeit und Begründetheit einer Beschwerde.

Die **Große Kammer** besteht aus dem Präsidenten und dem Vize-Präsidenten 30 des Gerichtshofs, dem Sektionspräsidenten und dem nationalen Richter sowie weiteren Richtern, die durch Los bestimmt werden, Art. 24 EGMRVerfO. Wird eine Rechtssache an die Große Kammer verwiesen, so sind diejenigen Richter ausgeschlossen, die mit dem Fall bereits in der Kammer befasst waren. Sie kann durch Abgabe der Kammer nach Art. 30 EMRK oder nach einem Urteil der Kammer durch Verweisung gemäß Art. 43 EMRK auf Antrag der Parteien mit der Sache befasst werden. Sie entscheidet demnach über **Rechtssachen von besonderer Tragweite.** Dem **Plenum aller Richter** kommt nach Art. 25 EMRK lediglich organisatorische Funktion zu.

D. Überblick über das Verfahren der Individualbeschwerde

Die EMRK stellt folgende Verfahren zur Verfügung: Die **Staatenbeschwerde** 31 nach Art. 33 EMRK, die **Individualbeschwerde** nach Art. 34 EMRK sowie das **Gutachtenverfahren** nach Art. 47 EMRK. Den Kern des Konventionsrechts bildet heute das Verfahren der Individualbeschwerde zum EGMR.

Nach Art. 34 EMRK kann **jede natürliche oder juristische Person** eine Indi- 32 vidualbeschwerde an den EGMR mit der Behauptung richten, durch einen der Vertragsstaaten in einem ihrer Rechte aus der Konvention oder den Protokollen verletzt zu sein. Individualbeschwerden sind erst nach **Erschöpfung aller innerstaatlichen Rechtsbehelfe** und nur innerhalb einer **Frist von vier Monaten** (→ Rn. 14a; bis zum Inkrafttreten des 15. EMRKProt am 1.8.2021 sechs Monate) nach der endgültigen innerstaatlichen Entscheidung zulässig. Die EMRK ist ein Sicherheitsnetz, eine Reserve, falls das primärzuständige Grund- und Menschenrechtsschutzsystem in einem Staat versagt. Die EMRK bietet damit **überstaatlichen Menschenrechtsschutz gegen staatliche Akte,** nicht etwa gegen Akte des Europarates – anders der Grundrechtsschutz der EU, der sich vor allem auf Schutz gegen Akte der EU selbst richtet (im Einzelnen → Rn. 110 ff. zu EMRK und EU).

Art. 35 EMRK enthält die wesentlichen Zulässigkeitsvoraussetzungen für Indi- 33 vidualbeschwerden (im Einzelnen → Art. 35 Rn. 1 ff.). Für potentielle Beschwerdeführer sind hierzu die vom EGMR herausgegebenen **Merkblätter** hilfreich (abrufbar auf der Internetseite des EGMR unter http://www.echr.coe.int).

Beschwerden müssen sich stets auf Rechte beziehen, die sich aus der Konvention 34 oder den Protokollen ergeben und Vorgänge betreffen, denen die Ratifikation durch den betreffenden Vertragsstaat **vorausgegangen** ist. Die Beschwerdeführer müssen behaupten, **persönlich und unmittelbar** Opfer einer Verletzung dieser Rechte durch Akte einer Behörde der Konventionsstaaten zu sein.

Im Einzelnen werden die Zulässigkeitsvoraussetzungen weiter in der **EGMR-** 35 **VerfO** konkretisiert. So müssen alle Individualbeschwerden **schriftlich** eingereicht und vom Beschwerdeführer oder seinem Vertreter **unterzeichnet** werden. Die **Amtssprachen** des Gerichtshofs sind gemäß Art. 34 Abs. 1 EGMRVerfO **Englisch und Französisch,** jedoch kann gemäß Abs. 2 die Beschwerde selbst auch in einer der Amtssprachen der Vertragsparteien erhoben werden.

Nach Art. 47 Abs. 1 EGMRVerfO ist die Beschwerde grundsätzlich unter Ver- 36 wendung eines von der Kanzlei des EGMR zur Verfügung gestellten **Formulars**

Einleitung

einzureichen, dessen erforderlicher Inhalt sich nach Art. 47 Abs. 1 lit. a–g EGMR-VerfO bestimmt, und kann nach Art. 47 Abs. 2 lit. b EGMRVerfO durch einen bis zu 20-seitigen Anhang unterstützt werden.

37 Der Beschwerdeführer hat alle **Unterlagen** beizufügen, die sich auf den Gegenstand der Beschwerde beziehen und die die Überprüfung der Erfüllung der Zulässigkeitsvoraussetzungen ermöglichen, Art. 47 Abs. 3 Nr. 1 EGMRVerfO. Hält der Beschwerdeführer diese Voraussetzungen nicht ein, kann dies dazu führen, dass seine Beschwerde nicht geprüft wird. Der Beschwerdeführer kann nach Art. 47 Abs. 4 EGMRVerfO die Wahrung seiner **Anonymität** beantragen.

Der EGMR hat in englischer Sprache einen aktuellen Leitfaden zu den Zulässigkeitskriterien zur Verfügung gestellt (Practical Guide on Admissibility Criteria, 30. 4. 2020, abrufbar unter https://www.echr.coe.int/documents/admissibility_guide_eng.pdf; die deutsche Version (Stand 2014) ist abrufbar unter https://www.echr.coe.int/Documents/Admissibility_guide_DEU.pdf).

38 Ist eine Individualbeschwerde für zulässig erklärt worden, so kann die erkennende EGMR-Kammer oder ihr Präsident gemäß Art. 59 Abs. 1 EGMRVerfO die Parteien auffordern, weitere **Beweismittel** oder **schriftliche Stellungnahmen** vorzulegen. Die Kammer kann beschließen, eine **mündliche Verhandlung** über die Begründetheit durchzuführen, wenn sie der Auffassung ist, dass dies zur Erfüllung ihrer Aufgaben nach der Konvention erforderlich ist. Diese ist grundsätzlich **öffentlich.**

39 Der EGMR erlässt lediglich **Feststellungsurteile,** die die angegriffenen nationalen Rechtsakte nicht umgestalten.

40 Will der Beschwerdeführer erreichen, dass der Gerichtshof im Falle der Feststellung einer Konventionsverletzung ihm nach Art. 41 EMRK eine gerechte **Entschädigung** zuspricht, so muss er die entsprechenden Ansprüche nach Art. 60 EGMRVerfO ausdrücklich geltend machen. Sollte eine Konventions- oder Protokollverletzung festgestellt werden, ist dann im demselben Urteil über diese Frage zu entscheiden, ist es spruchreif ist. Andernfalls behält sich die Kammer die Entscheidung darüber vor und bestimmt das weitere Verfahren.

41 Sofern eine bei einer Kammer anhängige Rechtssache **schwerwiegende Auslegungsfragen** aufwirft oder die Kammer von der früheren Rspr. abweichen will und keine der Parteien widerspricht, ist die **Zuständigkeit der Großen Kammer** gegeben. Daneben kann jede Partei innerhalb von drei Monaten nach dem Erlass des Urteils der Kammer die **Verweisung** an die Große Kammer beantragen. Die Große Kammer kann eine andere Feststellung treffen als die zunächst befasste Kammer (s. etwa zunächst EGMR 3.11.2009 – 30814/06, BeckRS 2010, 90137 – Lautsi (Kruzifix in der Schule als Verstoß gegen die Konvention), dann EGMR 18.3.2011 (GK) – 30814/06, BeckRS 2011, 08242 – Lautsi (kein Verstoß)).

42 **Sondervoten** bis hin zu abweichenden Meinungen sind möglich. Von dieser Möglichkeit wird regelmäßig Gebrauch gemacht.

43 Die Verfahren sind gerichtsseitig **kostenfrei.** Prozesskostenhilfe kann nach den Art. 100–105 EGMRVerfO gewährt werden.

44 Neu durch 14. EMRKProt hinzugekommen ist das **Verfahren des Art. 46 Abs. 4 und 5** (sog. **infringement procedure**). Danach kann das Ministerkomitee – nach einer vorherigen Mahnung – den EGMR mit Zweidrittelmehrheit anrufen, sofern ein verurteilter Vertragsstaat sich **weigert, ein Urteil des EGMR zu befolgen.** Zwar kann der Gerichtshof hier ebenfalls nur eine Konventionsverletzung (Art. 46 Abs. 1) feststellen und die Rechtssache zur Prüfung der zu treffenden Maßnahmen an das Ministerkomitee zurückverweisen, jedoch hat sich aus dieser

Regelung eine neue Dynamik entwickelt. So führte die erste Anwendung des neuen Verfahrens zu einem (späten) Erfolg: Nachdem der EGMR im Fall *Mammadov* eine Verletzung von Art. 46 Abs. 1 EMRK durch Aserbaidschan festgestellt hatte (EGMR 29.5.2019 (GK) – 15172/13), hob der oberste Gerichtshof Aserbaidschans im April 2020 die menschenrechtswidrige Verurteilung auf und entschädigte den zu Unrecht Inhaftierten. Das Ministerkomitee zeigte sich zufrieden und schloss daraufhin den Fall (Ministerkomitee 3.9.2020, CM/ResDH(2020)178).

E. Methodenfragen

I. Auslegungsgrundsätze und Auslegungsmethoden

1. Objektive Auslegung. Die EMRK selbst enthält kaum Hinweise zu ihrer 45 Auslegung. Der EGMR legt die EMRK **objektiv** aus, nicht nach dem Verständnis, das im Zeitpunkt ihrer Schaffung vorherrschte (vgl. EGMR 21.2.1975 – 4451/70 Rn. 35, 36, BeckRS 1975, 107576 – Golder).

Nur sehr vereinzelt stellt der EGMR auf den **Willen des Konventionsgebers** 46 ab (Nachweise bei *Grewe* ZaöRV 2001, 459 (462)). Durch die Veröffentlichung der Vorarbeiten zur EMRK ab Mitte der 70er Jahre haben sich die Möglichkeiten zur historischen Auslegung verbessert (Conseil de l'Europe, **Recueil des Travaux préparatoires**). Zu bedenken ist dabei freilich, dass die weit überwiegende Zahl der heutigen Vertragsstaaten an der Ausarbeitung der Konvention nicht beteiligt war (vgl. bereits *Partsch* Rechte und Freiheiten S. 87). Die historische Auslegung von völkerrechtlichen Verträgen greift gewöhnlich ohnehin nur ergänzend bzw. subsidiär, vgl. Art. 32 WVK. Während die Grundrechtecharta des Unionsrechts von Erläuterungen des Konventspräsidiums ergänzt wird, die zwar selbst keinen rechtsverbindlichen Status haben aber gemäß Art. 52 Abs. 7 GRCh bei der Auslegung der Charta gebührend zu berücksichtigen sind (dazu *Wendel* ZaöRV 2008, 803 (815ff.)), kennt die EMRK einen vergleichbaren Begleittext nicht.

Als „**living instrument**" ist die EMRK abhängig von den jeweiligen Zeit- 47 umständen zu interpretieren (vgl. EGMR 25.4.1978 – 5856/72 Rn. 31, BeckRS 1978, 108297 – Tyrer). Dabei sind gewandelte wirtschaftliche und soziale Verhältnisse sowie Veränderungen in Bezug auf ethische Vorstellungen zu berücksichtigen. Der EGMR sucht dabei nach einem Konsens, der sich ausgehend von anderen einschlägigen Völkerrechtsinstrumenten und der Praxis der Vertragsstaaten im Allgemeinen bildet (EGMR (GK) 12.11.2008 – 34503/97 Rn. 85, BeckRS 2009, 18510 – Demir und Baykara; zur „**Konsensmethode**" eingehend *von Ungern-Sternberg* AVR 2013, 312 (316ff.)).

2. Teleologische und dynamische Auslegung. Die in der EMRK fest- 48 geschriebenen Rechte müssen nicht nur theoretisch oder illusorisch, sondern **praktisch und wirksam** geschützt werden (vgl. EGMR 9.10.1979 – 6289/73 Rn. 24, BeckRS 1979, 108525 – Airey). Hierzu gehört auch, dass die Begrifflichkeiten der Konvention unabhängig vom jeweiligen nationalen Verständnis **autonom** interpretiert werden. Ansonsten hätte der Vertragsstaat die Bestimmung der Reichweite des jeweiligen Rechts in der Hand. Die autonome Interpretation erklärt sich auch durch den Charakter der **EMRK als law-making treaty** (*Cremer* in Dörr/Grote/Marauhn Kap. 4 Rn. 18ff.).

Bei der Auslegung der EMRK durch den EGMR steht die **teleologische Aus-** 49 **legungsmethode im Vordergrund** (vgl. *Grabenwarter/Pabel* EMRK S. 35ff.). Der

Einleitung

EGMR begründet dies mit der Natur der EMRK als „living instrument" (→ Rn. 47) und dem Erfordernis eines effektiven Menschenrechtsschutzes (vgl. EGMR 23.3.1995 (GK) – 15318/89, BeckRS 2013, 89662 – Loizidou).

50 Die Befugnis, die Konvention **dynamisch** auszulegen (dazu *Klocke* EuR 2015, 148), entnimmt der EGMR zum einen der **Präambel** – insbesondere dort, wo von dem Vorrang des Rechts, der Entwicklung der Menschenrechte und dem Wachsen der Integration die Rede ist (→ Präambel Rn. 1) –, zum anderen aber auch Einzelbestimmungen der EMRK (näher dazu *Grewe* ZaöRV 2001, 459 (467)).

51 **3. Systematische Auslegung.** Die EMRK ist möglichst **im Einklang mit anderen völkerrechtlichen Grundsätzen und Verträgen** auszulegen. Hierbei spielen insbesondere die **UN-Konventionen zum Schutz der Menschenrechte** (→ Präambel Rn. 4) eine wichtige Rolle. Dies gilt selbst dann, wenn der beklagte Vertragsstaat den fraglichen völkerrechtlichen Vertrag nicht ratifiziert hat (*Meyer-Ladewig/Nettesheim* in HK-EMRK EMRK Einleitung Rn. 35 unter Hinweis auf EGMR 12.11.2008 (GK) – 34503/97 Rn. 69 ff., 78, NJOZ 2010, 1897 – Demir u. Baykara; zur Anerkennung sozialer Rechte, s. auch *Lörcher* AuR 2011, 88; vgl. auch EGMR 12.12.2001 (GK) – 52207/99 Rn. 55–58, NJW 2003, 413 – Banković ua). Der EGMR hat dies im Hinblick auf das Verhältnis der EMRK zum **humanitären Völkerrecht** entsprechend festgehalten (EGMR 16.9.2014 (GK) – 29750/09 Rn. 104 ff., BeckRS 2015, 15311 – Hassan, dazu ausführlich → Art. 5 Rn. 28 c).

52 Als **einheitliche Auslegung** ist die Auslegung der EMRK als Teil eines umfassenden Menschenrechtsschutzsystems bezeichnet worden (*Grewe* ZaöRV 2001, 459 (470), unter Betonung der objektiven Dimension der EMRK).

53 **4. Gleichheit der Staaten.** Grundsätzlich wendet der EGMR die EMRK **auf alle Vertragsstaaten gleich** an (vgl. EGMR 8.4.2004 (GK) – 71503/01 Rn. 142 – Assanidzé). Eine Ausnahme kommt allenfalls dann in Betracht, wenn in einem Vertragsstaat eine ganz besondere Sachlage vorliegt (beispielsweise Übergang von Diktatur zur Demokratie, *Meyer-Ladewig/Nettesheim* in HK-EMRK EMRK Einleitung Rn. 47).

54 **5. Grundsatz der Subsidiarität.** Der EGMR betont den **subsidiären Charakter des Beschwerdemechanismus** an den Gerichtshof (*Meyer-Ladewig/Nettesheim* in HK-EMRK EMRK Einleitung Rn. 36 unter Hinweis auf EGMR 26.10.2000 (GK) – 30210/96 Rn. 152, BeckRS 9998, 94553 – Kudla). Diesen entnimmt er zum einen Art. 1 EMRK, der für die Einhaltung der EMRK in erster Linie die Vertragsstaaten, also auch deren Gerichte, in die Pflicht nimmt. Daneben geben Art. 13 EMRK (Recht auf Einlegung einer Beschwerde vor nationalen Stellen) und Art. 35 EMRK („nach Erschöpfung aller innerstaatlichen Rechtsbehelfe") eindeutige Hinweise auf die Nachrangigkeit des Konventionsrechtsschutzes. Mit dem am 1.8.2021 in Kraft getretenen 15. EMRKProt haben die Vertragsstaaten das **Subsidiaritätsprinzip** in der Präambel verankert (→ Präambel Rn. 9 ff.).

II. Sprachenregime

55 Die Sprachenproblematik wird in Bezug auf die EMRK und den EGMR bisher wenig thematisiert, anders als im Bereich der EU (vgl. dazu *F. C. Mayer* Der Staat 2005, 367 mwN; *Jaekel* VBlBW 2009, 445). Im Kontext der **Wortlautinterpretation** kehrt die Sprachenfrage regelmäßig wieder.

E. Methodenfragen

Einleitung

Maßgeblich für die Interpretation der EMRK sind allein die **authentischen** 56
Sprachen, dies sind im Fall der EMRK die **englische und die französische**
Sprache (s. Schlussklausel EMRK). Für die Wortlautauslegung der EMRK ist
Art. 33 WVK maßgeblich (vgl. dazu *Grabenwarter/Pabel* EMRK S. 30 f.). **Deutsche**
Übersetzungen der EMRK haben allenfalls den Charakter von Hilfsmitteln (s.
bereits *Partsch* Rechte und Freiheiten S. 84).

Im Ratifikationsverfahren 1951/52 war die Sprachenfrage schon deswegen vor- 57
rangig thematisiert worden, weil **zunächst sechs unterschiedliche deutsche**
Versionen kursierten (ua aus dem Saarland, Österreich und der Schweiz). Im
BGBl. wurde daraufhin mit dem Ratifikationsgesetz eine **konsolidierte deutsch-**
sprachige Fassung veröffentlicht (BGBl. 1952 II 685). Den Abgeordneten war dabei sehr wohl bewusst, dass deutsche Behörden und Gerichte nach dem französischen und englischen Text zu verfahren haben würden (1. BT-Drs. 3338, 3; Bsp.
dafür etwa BVerfGE 128, 326 (396) – Sicherungsverwahrung).

Nach Art. 33 Abs. 3 WVK gilt eine Vermutung, dass im Zweifel den Begriffen in 58
allen authentischen Sprachen dieselbe Bedeutung zukommt. Hat der Vertragstext in
den verschiedenen Sprachen verschiedene Bedeutungen, so muss nach Art. 33
Abs. 4 WVK das Auslegungsergebnis gewählt werden, das dem **Sinn und Zweck**
des Vertrags am Nächsten kommt.

Ein Beispiel für die sich hier stellenden Probleme ist der **Wortlaut des Art. 6** 59
EMRK (Recht auf ein faires Verfahren). Nach der englischen Fassung betrifft diese
Garantie Gerichtsverfahren um „**civil rights** and obligations", in der französischen
Fassung geht es um „droits et obligations **de caractère civil**". Der EGMR dehnt
diese Garantie im Wege der Auslegung und gerade auch mit Blick auf den englischen Wortlaut, der nicht nur Zivilrechtliches im kontinentaleuropäischen Sinne
beschreibt, **auch auf öffentlich-rechtliche Streitigkeiten** aus (näher dazu
→ Art. 6 Rn. 1 ff.).

III. Kontrolldichte

Die Kontrolldichte des EGMR variiert. In bestimmten Fällen gesteht der 60
EGMR den Akteuren in den Vertragsstaaten einen Beurteilungsspielraum zu
(***margin of appreciation*-Doktrin,** Überblick bei *Prepeluh* ZaöRV 2001, 771; *Cot*
MPEPIL Bd. VI S. 1012). Damit hat der EGMR ein Instrument geschaffen, mit
dem sich Spielräume für die Vertragsstaaten begründen lassen. Unter grundsätzlicher Aufrechterhaltung einer Menschenrechtsgewährleistung kann der EGMR
eine Einmischung in rechtlich-faktische Besonderheiten von Vertragsstaaten vermeiden.

Die *margin of appreciation*-Doktrin geht zurück auf die ersten Urteile des EGMR 61
(s. bereits der Sache nach EGMR 1.7.1961 – 332/57 – Lawless; ausdrücklich dann
EGMR 18.6.1971 – 2832/66 ua, BeckRS 1971, 105667 – De Wilde, Ooms und
Versyp; zur Kodifizierung → Rn. 67). Sie beeinflusst den Maßstab für die Kontrolldichte im jeweiligen Fall. Der EGMR setzt sie nicht mehr wie anfänglich nur im
Kontext von Notstandsmaßnahmen ein, sondern wendet sie inzwischen bezogen
auf **alle Konventionsrechte** einschließlich der Zusatzprotokolle an.

Sie wird im Rahmen der **Rechtfertigung** eines Eingriffs thematisiert. Bei der 62
Frage, ob der Eingriff in das Konventionsrecht **notwendig** ist, räumt der EGMR
dem betroffenen Vertragsstaat einen **Beurteilungsspielraum** ein.

Das **Bestehen europäischer Standards (common ground)** spielt in diesem 63
Kontext eine wichtige Rolle. Für die Anerkennung eines solchen Standards ver-

gleicht der Gerichtshof die Rechtssysteme und -praxis der Vertragsstaaten. Es reicht dabei aus, wenn in den Vertragsstaaten ähnliche Lösungsansätze gewählt worden sind.

64 Ist ein solcher Standard gegeben, können daraus Rückschlüsse für die Frage der Notwendigkeit des Eingriffs gezogen werden. Die Prüfung des EGMR weist in diesem Fall eine sehr **hohe Kontrolldichte** auf. Weicht der betroffene Vertragsstaat negativ von dem europäischen Standard ab, kann er dies nur noch rechtfertigen, wenn ganz andere Lebensverhältnisse und Rechtstraditionen herrschen. Der EGMR ist in der **Anerkennung von europäischen Standards** allerdings sehr **zurückhaltend** (vgl. EGMR 5.11.2002 – 38743/97 – Demuth). Daraus folgt eine reduzierte Kontrolldichte.

65 Es lässt sich fragen, warum der EGMR nicht stärker auf die Formulierung europäischer Standards hinwirkt (*Grewe* ZaöRV 2001, 459 (465)). Nicht selten geht es freilich um Bereiche, in denen der EGMR einen europäischen Standard deswegen nicht thematisieren möchte, weil es um **sensible und umstrittene Fragen** geht (vgl. EGMR 24.5.1988 – 10737/84 – Müller; EGMR 29.10.1992 – 14234 u. 14235/88 – Open Door u. Dublin Well Women). Der EGMR würde bei weitreichenden Festlegungen die Nichtbefolgung seiner Urteile sowie Autoritäts- und Legitimationsverluste riskieren.

66 **Weitere Kriterien,** die der EGMR ua zur Bestimmung der Weite des Beurteilungsspielraums der Vertragsstaaten einsetzt (dazu auch *Grabenwarter* Grundrechtsgemeinschaft S. 23, 55), sind die **Widerspruchsfreiheit** im Vertragsstaat bei der Anwendung der gerügten Maßnahmen (s. etwa EGMR 7.12.1976 – 5493/72, EuGRZ 1977, 38 – Handyside), die **Bedeutung des eingeschränkten Grundrechts für den Einzelnen** (s. etwa EGMR 25.9.1996 – 20348/92 – Buckley (Art. 8 EMRK, Recht auf Wohnung, Schutz vor Immissionen)) **und die Gesellschaft** (s. etwa EGMR 20.10.1997 – 19736/92 – Radio ABC (Meinungsfreiheit – Beitrag zur politischen Diskussion zu Angelegenheiten von öffentlichem Interesse, gesellschaftliche Relevanz)) sowie das **Eingriffsziel** (s. etwa EGMR 29.8.1997 – 22714/93 – Worm (Einflussnahme auf Strafverfahren, Meinungsfreiheit); EGMR 26.4.1979 – 13166/87 – Sunday Times (Pressefreiheit gegen Unabhängigkeit der Rechtspflege); EGMR 26.10.1988 – 10581/83 – Norris (strafrechtliches Verbot einer homosexuellen Beziehung zwischen Erwachsenen)).

67 **Kritisch** ist vermerkt worden, dass **kaum vorhersehbar** sei, unter welchen Voraussetzungen den Vertragsstaaten Spielräume zugestanden werden (Nachweise bei *Letsas* Theory of interpretation S. 80 ff.). Beachtung verdient jedenfalls die Überlegung, dass die Orientierung am Konsens (→ Rn. 47) tendenziell den **Schutz von Minderheitenpositionen vernachlässigt** (*Letsas* Theory of interpretation S. 120 ff.), obwohl Grund- und Menschenrechtsschutzkonzepte typischerweise gerade auf diesen Schutz ausgerichtet sind – Mehrheiten vermögen ihre Rechte in aller Regel ohne weiteres zu sichern. Insgesamt schien die Tendenz der EGMR-Rspr. für die meisten Bereiche seit einiger Zeit eher auf eine **zunehmende Einengung der *margin of appreciation*-Doktrin** hinzudeuten (s. *Prepeluh* ZaöRV 2001, 771 (831)). In eine andere Richtung weist die ausdrückliche Aufnahme der Doktrin vom Beurteilungsspielraum in die Präambel der EMRK mit dem 15. EMRKProt (→ Präambel Rn. 9). Und in jüngerer Zeit haben namentlich die weithin beachteten Urteile des EGMR zum Burka bzw. Niqab-Verbot in Frankreich und Belgien erkennen lassen, wie der EGMR ein weites Verständnis vom Beurteilungsspielraum zugunsten der Vertragsstaaten zugrunde legt (EGMR 1.7.2014 – 43835/11 Rn. 129 u. 155, BeckRS 2014, 14932 – S. A. S./Frankreich; EGMR 11.7.2017 – 37798/13 Rn. 51, 60–61 – Belcacemi u. Oussar/Belgien).

Insbesondere auch im Hinblick auf Entscheidungen im Bereich der nationalen Sicherheit räumt der EGMR den Konventionsstaaten einen weiten Beurteilungsspielraum ein (s. etwa EGMR 28.2.2019 – 4755/16 Rn. 95, BeckRS 2019, 51857 – Beghal/Vereinigtes Königreich), der jedoch nicht grenzenlos ist, sondern einer europäischen Kontrolle unterliegt (vgl. EGMR 20.3.2018 – 13237/17 Rn. 91 – Mehmet Hasan Altan/Türkei). Zuletzt wurde ua auch im Bereich des Umweltschutzes, einer „zunehmend wichtige[n] Überlegung in der heutigen Gesellschaft", ein besonders weiter Beurteilungsspielraum eingeräumt (EGMR 7.6.2018 – 44460/16 Rn. 109, 124, 128 – O'Sullivan McCarthy Mussel Development Ltd/Irland; so auch bereits EGMR 10.2.2011 – 30499/03 Rn. 141, BeckRS 2011, 145349 – Dubetska ua/Ukraine).

F. Rang und Geltung der EMRK in Deutschland

I. Allgemeines

Die EMRK erschien in Praxis und Ausbildung in Deutschland lange Jahre von eher nachgeordneter Bedeutung. Dies erklärt sich nicht zuletzt mit dem vom BVerfG auf der Grundlage einer starken Grundrechtsorientierung schon früh signalisierten **hohen Grundrechtsschutzstandard in Deutschland** mit enormer Reichweite bis in alle Verästelungen der Rechtsordnung (BVerfGE 6, 32 – Elfes; BVerfGE 7, 198 – Lüth). **68**

Auch wenn bereits früher gelegentliche Verurteilungen der Bundesrepublik die Existenz des EMRK-Schutzes in Deutschland in Erinnerung gerufen haben (s. etwa EGMR 28.11.1978 – 6210/73, BeckRS 1978, 108298 – Luedicke, Belkacem und Koç/Deutschland (Dolmetscherkosten im Strafverfahren) oder EGMR 26.9.1993 – 7/1994/454/535, BeckRS 9998, 94869 – Vogt/Deutschland (Entlassung eines Beamten wegen Aktivitäten für die DKP)), so haben doch erst **in jüngerer Zeit** die EMRK und die Rspr. des EGMR einen **Aufmerksamkeitsschub** erfahren. Dies erklärt sich allgemein mit der kontinuierlich steigenden Mitgliederzahl und der großen EMRK-Reform durch das 11. EMRKProt und der damit einhergehenden Hervorhebung des EGMR als zentralen Menschenrechtsakteur in Europa ab 1998. Eine Rolle dürfte ferner die immer dichtere Verwebung des EU-Grundrechtsschutzes mit der EMRK gespielt haben (im Einzelnen → Rn. 122). **69**

Auch hat eine Reihe von EGMR-Entscheidungen in Deutschland größeres Aufsehen in Fachkreisen und darüber hinaus erregt. Erwähnung verdienen hier EGMR 24.6.2004 – 59320/00, BeckRS 2005, 154718 – **Caroline von Hannover/Deutschland** (Caroline von Monacos Persönlichkeitsrechte und die Medien); EGMR 26.2.2004 – 74969/01, BeckRS 9998, 94446 – **Görgülü/Deutschland** (Rechte des leiblichen Vaters); EGMR 30.6.2005 (GK) – 46720/99, 72203/01 u. 72552/01, BeckRS 9998, 94421 – Jahn ua/Deutschland (**Enteignung in der DDR** vererbten Bodenreformlands); EGMR 30.6.2008 – 22978/05, BeckRS 2008, 12844 – **Magnus Gäfgen/Deutschland** (Androhung von Folter durch Polizeibeamte); EGMR 17.12.2009 – 19359/04, BeckRS 2010, 15473 – M./Deutschland (Rückwirkende Verlängerung der **Sicherungsverwahrung**); EGMR 1.12.2011 – 8080/08 u. 8577/08, BeckRS 2012, 01134 – Schwabe u. M.G./Deutschland (Grenzen des polizeilichen Unterbindungsgewahrsams, **G8-Gipfel Heiligendamm**). Fälle wie EGMR 3.11.2009 – 30814/06, BeckRS 2010, 90137 – Lautsi/Italien (**Kruzifixe in Klassenzimmern** staatlicher Schulen); EGMR 21.1.2011 (GK) – **70**

30696/09, BeckRS 2011, 03848 – M.S.S./Belgien u. Griechenland (**EU-Asylpolitik**); EGMR 3.2.2011 – 18136/02, BeckRS 2011, 80469 – Siebenhaar/Deutschland (**Entlassung katholischer Arbeitnehmerin durch die evangelische Kirche**) oder EGMR 1.7.2014 – 43835/11, BeckRS 2014, 14932 – S. A.S./Frankreich (**Burka-Verbot**) haben europaweit für Aufsehen gesorgt.

71 Da der EMRK-Schutz zwingend die Erschöpfung des innerstaatlichen Rechtswegs voraussetzt, bedeutet die Feststellung eines Verstoßes gegen die EMRK in Deutschland meist zugleich eine **Feststellung unzureichenden Grundrechtsschutzes durch das BVerfG**, weil dieses in aller Regel zuvor mit dem entsprechenden Fall befasst war. Das **Verhältnis von BVerfG und EGMR** ist dementsprechend **nicht reibungsfrei** (s. dazu etwa *Sauer* Jurisdiktionskonflikte S. 281 ff.; *O. Klein* NVwZ 2010, 221 ff.). Hier besteht ein Spannungsverhältnis zwischen dem Sinn und Zweck der EMRK als Reserve- und Auffangordnung gegenüber innerstaatlichen Verfassungsgarantien und dem Selbstverständnis eines Verfassungsgerichts als Letztentscheidungsinstanz in Fragen der verfassungsrechtlichen Grundordnung.

II. Die Sicht des Ratifikationsgesetzgebers

72 Die Gesetzgebungsmaterialien zum Ratifikationsgesetz von 1952 lassen erkennen, dass im Ratifikationsgesetzgebungsverfahren zur EMRK die Auffassung herrschte, dass durch die Ratifikation der EMRK in der Bundesrepublik **unmittelbar geltendes Recht** geschaffen und entgegenstehendes Recht „automatisch ohne besondere Gesetzesänderung geändert" würde (Rechtsausschuss Prot. Nr. 146 v. 16.1.1952, S. 5; s. auch 1. BT-Drs. 3338, 3 f.).

73 Die in Abschnitt I der EMRK niedergelegten Rechte sah man als **allgemeine Regeln des Völkerrechts** nach Art. 25 GG an, die den innerdeutschen Gesetzen vorgehen. Dabei ging man davon aus, dass **Gesetz iSd Art. 25 GG auch das Verfassungsgesetz** ist, und verneinte deswegen die Erforderlichkeit einer deutschen Ausführungsgesetzgebung (1. BT-Drs. 3338, 4).

74 Unter der Annahme eines **Vorrangs der EMRK vor dem innerstaatlichen Recht gleich welcher Rangstufe** war die Einlegung eines Vorbehalts im Hinblick auf Ausnahmen vom Rückwirkungsverbot folgerichtig (→ Rn. 9). Das in Art. 103 GG niedergelegte Rückwirkungsverbot wäre aus Sicht des Ratifikationsgesetzgebers ansonsten gegenüber der EMRK gegenstandslos geworden. Nur durch einen **Vorbehalt** sah man die Anwendbarkeit des Art. 103 GG gesichert. Von einer Unterordnung der EMRK unter die Verfassung, wie sie mehr als fünf Jahrzehnte später in der Rspr. des BVerfG angenommen wird (→ Rn. 77 ff.), war damals keine Rede.

75 Leitgedanke war damals eben noch der **„Abbau der nationalen Souveränität"** zur „Behauptung der Souveränität des Individuums gegen die Omnipotenz der Nationalstaaten" (217. Sitzung des Bundestags v. 10.6.1952, 1. Sten.Ber. 9511A).

76 Bemerkenswert ist vor diesem Hintergrund der Wortlaut des Ratifikationsgesetzes: „Die Konvention wird nachstehend **mit Gesetzeskraft** veröffentlicht" (BGBl. 1952 II 685 (953)). Dies ist einerseits ein Hinweis auf einen Überfassungsrang, zugleich steht diese Formel aber auch nicht ohne weiteres in Einklang mit der vom BVerfG vorgeschlagenen Unterscheidung von Konvention und gesetzlichem Rechtsanwendungsbefehl. Später ist eine solche Formulierung – auch für Menschenrechtsverträge (s. etwa BGBl. 1973 II 1553 für den IPBPR) – nicht mehr verwendet worden, es wird den Verträgen heute schlicht zugestimmt.

F. Rang und Geltung der EMRK in Deutschland   Einleitung

III. Die Spruchpraxis des BVerfG

Aus den jüngeren Entscheidungen des BVerfG, insbes. dem *Görgülü*-Beschluss 77
von 2004 (BVerfGE 111, 307) und dem Urteil zur Sicherungsverwahrung von
2011 (BVerfGE 128, 326 – Sicherungsverwahrung), wird die erhebliche Bedeutung
sichtbar, die der Konvention mittlerweile für die deutsche Rechtspraxis zukommt
(→ Art. 46 Rn. 47 ff.).

1. EMRK im Range eines einfachen Bundesgesetzes. Der innerstaatliche 78
Rang der EMRK entspricht nach Ansicht des BVerfG mit Blick auf Art. 59 GG
dem **Rang eines einfachen Bundesgesetzes,** die EMRK selbst ist damit aus Sicht
des BVerfG gleichwohl nicht Gesetz, EGMR-Entscheidungen besitzen keine Gesetzesqualität (BVerfGE 128, 326 (367, 402 f.) – Sicherungsverwahrung). Die
EMRK ist **Teil des geltenden Bundesrechts,** das unmittelbar gilt und ohne weiteres vor deutschen Gerichten und Behörden geltend gemacht werden kann. Als
Teil der verfassungsmäßigen Ordnung ist die Konvention bei der Auslegung des innerstaatlichen Rechts zu beachten und anzuwenden (vgl. BVerfGE 111, 307 (317 u.
329); näher zur normhierarchischen Stellung der EMRK → Art. 46 Rn. 48; *Sauer*
ZaöRV 2005, 35 (38 f.)). Sie ist daher als **Prüfungsmaßstab für Rechtsverordnungen und Satzungen** heranzuziehen (→ Art. 46 Rn. 64 ff.). Hingegen stellt
die EMRK in Deutschland **keinen direkten verfassungsrechtlichen Prüfungsmaßstab** dar (vgl. demgegenüber den Verfassungsrang der EMRK etwa in Österreich und ähnlich auch in den Niederlanden). Nach stRspr des BVerfG ist es nicht
möglich, eine Verfassungsbeschwerde unmittelbar auf eine behauptete Verletzung
der EMRK zu stützen (BVerfGE 111, 307 (317); BVerfGK 3, 4 (8), jeweils unter
Verweis auf Art. 93 Abs. 1 Nr. 4 a GG, § 90 Abs. 1 BVerfGG; vgl. auch BVerfGE 74,
102 (128)).

Die EMRK ist in Deutschland indessen nicht schlicht ein Gesetz unter vielen, 79
gegenüber dem nach dem *lex posterior*-Grundsatz alle im Verhältnis zum Ratifikationsgesetz von 1952 jüngeren Gesetze vorgehen müssten. Das BVerfG stellt die
übergeordnete Stellung der EMRK mit einer Reihe von Mechanismen sicher
(Berücksichtigungspflicht, Auslegungshilfe für das GG).

2. Berücksichtigungspflicht. Das BVerfG spricht von einer „**Verpflichtung** 80
aller an der Entscheidungsfindung beteiligten staatlichen Organe, die Gewährleistungen der Europäischen Menschenrechtskonvention und die Entscheidungen des
Gerichtshofs im Rahmen methodisch vertretbarer Gesetzesauslegung **zu berücksichtigen**" (BVerfGK 11, 153 (161), unter Verweis auf BVerfGE 111, 307
(315 u. 323)). „**Berücksichtigen**" meint, dass das befasste Gericht bzw. die Verwaltungsbehörde die jeweilige Konventionsbestimmung in ihrer Auslegung durch
den EGMR zur Kenntnis nehmen sowie auf den Fall anwenden muss, dh die
EMRK-Norm jedenfalls im Sinne einer gebührenden Auseinandersetzung mit ihr
in die Entscheidungsfindung einbeziehen muss (BVerfGE 111, 307 (324 u. 329);
→ Art. 46 Rn. 50).

Das BVerfG fordert „**keine schematische Vollstreckung**" der EGMR-Urteile 81
(BVerfGE 111, 307; vgl. auch BVerfGE 128, 326 (370) – Sicherungsverwahrung). Die nationalen Gerichte müssen die EGMR-Urteile berücksichtigen, auch
über die den konkreten Entscheidungen zugrunde liegenden Lebenssachverhalte
hinaus (BVerfGE 128, 326 (368 f.) – Sicherungsverwahrung), es besteht aber aus
Sicht des BVerfG **keine Beachtungspflicht.** In konkreten Entscheidungen wird
freilich deutlich, dass die Berücksichtigungspflicht einer schematischen Vollstre-

Einleitung
Einleitung und Präambel

ckung im Ergebnis sehr nahe kommen kann (s. etwa BVerfGE 128, 326 – Sicherungsverwahrung).

82 Die Instanzgerichte sind damit **in der Regel an die Urteile des EGMR gebunden** (vgl. BVerfGE 111, 307 (319 f., 323 f., 327 u. 329); ausführlich *Sauer* ZaöRV 2005, 35 (41 ff.)), auch wenn man nicht von einer absoluten Bindung sprechen kann (*Sauer* ZaöRV 2005, 35 (44)). Dies verdeutlichen zahlreiche Beispiele in der Rspr. des BVerfG (vgl. BVerfGE 74, 358 (370); vgl. insbes. auch die Kammerbeschlüsse BVerfG 3. 9. 2008 – 2 BvR 1794/08 Rn. 2, BeckRS 2010, 54355; BVerfGK 12, 37 (40 u. 42 f.); BVerfGK 11, 153 (159 ff.)).

83 In Fällen, in denen der EGMR in einem konkreten Beschwerdeverfahren bereits einen **Konventionsverstoß** Deutschlands festgestellt hat, welcher zudem noch fortdauert, ist die Berücksichtigungspflicht besonders konkret: Die zuständigen Behörden bzw. Gerichte müssen sich in diesen Fällen mit der entsprechenden Entscheidung des EGMR **erkennbar auseinandersetzen** und eine ausnahmsweise **Abweichung von dieser nachvollziehbar begründen** (BVerfGE 111, 307 (324); ungeschriebene verfassungsrechtliche Soll-Vorschrift: *Sauer* ZaöRV 2005, 35 (45)).

84 Konkret kann sich die Berücksichtigung der EGMR-Rechtsprechung bereits auf die **Bestimmung des Schutzbereichs** eines Grundrechts auswirken. Ein Beispiel für diese Form der Berücksichtigung findet sich im Kontext der Frage nach einem Anspruch des Einzelnen auf Strafverfolgung eines Dritten durch den Staat. Grundsätzlich gibt es nach der stRspr des BVerfG keinen solchen Anspruch (BVerfGE 51, 176 (187)). In Übereinstimmung mit der Rechtsprechung des EGMR zu Art. 2 EMRK ist indessen Art. 2 Abs. 2 GG dahingehend auszulegen, dass er den Staat dazu verpflichtet, wirksame amtliche Ermittlungen anzustellen, wenn ein Mensch zu Tode gekommen ist (vgl. BVerfG 4. 2. 2010 – 2 BvR 2307/06, BeckRS 2010, 46477).

85 Ferner schlägt sich die Pflicht zur Berücksichtigung der vom EGMR in Bezug genommenen Entscheidungsaspekte in der **Verhältnismäßigkeitsprüfung** durch das jeweils beachtete deutsche Gericht nieder; auch muss sich dieses bei seiner Entscheidungsfindung mit dem **Abwägungsergebnis des EGMR auseinandersetzen** (BVerfGE 111, 307 (324); vgl. insbes. auch BVerfGK 11, 153 (162 f.); BVerfGK 3, 4 (8 f.); BVerfGE 128, 326 (374 f., 391, 393 f.) – Sicherungsverwahrung).

86 Zur Frage seiner **eigenen Bindung an EGMR-Urteile** hat das BVerfG in seiner Entscheidung zur **Sicherungsverwahrung** Stellung bezogen (BVerfGE 128, 326 (364 ff.) – Sicherungsverwahrung). Danach stehen EGMR-Urteile, die neue Aspekte für die Auslegung des GG enthalten, **rechtserheblichen Änderungen** gleich, die zu einer **Überwindung der Rechtskraft** einer Entscheidung des BVerfG führen können.

87 Das BVerfG bekräftigt in diesem Kontext, dass es – soweit verfassungsrechtlich entsprechende Auslegungsspielräume eröffnet sind – wegen des Grundsatzes der **Völkerrechtsfreundlichkeit** des GG versucht, Konventionsverstöße zu vermeiden (BVerfGE 128, 326 (364 f.) – Sicherungsverwahrung). Diese Völkerrechtsfreundlichkeit des GG sei „Ausdruck eines **Souveränitätsverständnisses,** das einer Einbindung in inter- und supranationale Zusammenhänge sowie deren Weiterentwicklung nicht nur nicht entgegensteht, sondern diese voraussetzt und erwartet" (BVerfGE 128, 326 (368 f.) – Sicherungsverwahrung). Vor diesem Hintergrund stehe das „letzte Wort" der deutschen Verfassung einem internationalen und europäischen **Dialog der Gerichte** nicht entgegen, sondern sei „dessen normative Grundlage" (BVerfGE 128, 326 (368 f.) – Sicherungsverwahrung).

F. Rang und Geltung der EMRK in Deutschland

In der Entscheidung zur Sicherungsverwahrung von 2011 tritt das BVerfG dem 88 Konventionsrecht und dem EGMR damit deutlich aufgeschlossener gegenüber als noch sechs Jahre zuvor in der *Görgülü*-Entscheidung. Es betont freilich auch als **Grenzen der Völkerrechtsfreundlichkeit** die methodische **Vertretbarkeit** der EGMR-Rspr. und die **Vorgaben des GG** (BVerfGE 128, 326 (366f., 371f.) – Sicherungsverwahrung). Diesen Rechtsprechungsansatz des BVerfG hat der EGMR ausdrücklich begrüßt (vgl. EGMR 9.6.2011 – 30493/04 Rn. 41, BeckRS 2012, 10522 – Schmitz/Deutschland; EGMR 19.1.2012 – 21906/09 Rn. 59, BeckRS 2013, 03403 – Kronfeldner/Deutschland). Problematisch bleibt, dass das BVerfG mit der *Görgülü*-Entscheidung einen Präzendenzfall geschaffen hat, mit dem die Grundidee der EMRK negiert werden kann. Wegen der Erschöpfung des innerstaatlichen Rechtswegs verbindet sich mit einer EGMR-Entscheidung in aller Regel die Korrektur höchstrichterlicher nationaler Rechtsprechung. Beanspruchen nun genau diese Höchstgerichte ihrerseits eine Überprüfungsbefugnis gegenüber einer EGMR-Entscheidung, kann der Menschenrechtsschutz ins Leere laufen. So hat der Präsident des russischen Verfassungsgerichts *Zorkin* die *Görgülü*-Rechtsprechung zum Anlass genommen, über einen **Abwehrmechanismus** gegen solche Urteile des EGMR nachzudenken, die aus russischer Sicht geeignet sind, die Souveränität Russlands zu gefährden (Rossijskaja Gazeta 2010, Ausgabe Nr. 5325 (246)). Entsprechende Gesetzgebungsvorhaben („*Torschin*-Gesetzesinitiative") sind in der Folge zunächst nicht weiter verfolgt worden. Neben dem russischen **Verfassungsgericht** haben auch die **Verfassungs- und Höchstgerichte anderer Vertragsstaaten** die Aussagen der Görgülü-Entscheidung aufgegriffen (dazu ausführlich *Keller/Walter* GCYILJ 2019, 83ff.). All dies zeigt, dass der Streit um das letzte Wort keineswegs ausgefochten ist (*Nußberger* JZ 2019, 421 (427)); s.a. → Art. 46 Rn. 38.

3. Auslegungshilfe für das Grundgesetz. Der EMRK kommt die Funktion 89 einer **„Auslegungshilfe" für das GG** zu (BVerfGE 111, 307 (317 u. 329); vgl. BVerfGE 74, 358 (370)). Die Auslegung der EMRK durch den EGMR spielt va dann eine wichtige Rolle, wenn es um die **„Bestimmung von Inhalt und Reichweite von Grundrechten und rechtsstaatlichen Grundsätzen des Grundgesetzes"** (BVerfGE 111, 307 (317); BVerfGK 3, 4 (8); s. bereits BVerfGE 74, 358 (370)) geht (vgl. von den Kammerbeschlüssen insbes. auch BVerfGK 11, 153 (159ff.); vgl. auch BVerfGG 3.9.2008 – 2 BvR 1794/08 Rn. 2, BeckRS 2010, 54355; BVerfGK 12, 37 (40 u. 42f.); *Meyer-Ladewig/Nettesheim* in HK-EMRK Einleitung Rn. 19, Art. 46 Rn. 18).

Das staatliche Organ muss in seine Rechtsanwendung die **Auswirkungen** der 90 EGMR-Entscheidung auf die nationale Rechtsordnung mit einbeziehen. Dies gilt nach Auffassung des BVerfG insbesondere dann, wenn es im konkreten Fall „um ein in seinen Rechtsfolgen **ausbalanciertes Teilsystem des innerstaatlichen Rechts"** zum Ausgleich verschiedener Grundrechtspositionen miteinander geht (BVerfGE 111, 307 (327, vgl. auch 329), zugleich 2. Leitsatz des Beschlusses). Beispiele für solche **mehrpoligen Grundrechtsverhältnisse** finden sich im Familien- und Ausländerrecht sowie im Recht der Meinungsfreiheit und dem Recht zum Schutz der Persönlichkeit (BVerfGE 111, 307 (327), vgl. zu Letzterem die bereits erwähnte Caroline-Entscheidung, EGMR 24.6.2004 – 59320/00, BeckRS 2004, 06032).

Die vom BVerfG nicht ausdrücklich offen gelegte **rechtsdogmatische Herlei-** 91 **tung** der so **auf das Verfassungsrecht ausgedehnten Berücksichtigungspflicht** und ihrer Grenzen lässt sich aus einer Zusammenschau des im Ratifikationsgesetz zur EMRK enthaltenen Rechtsanwendungsbefehls, der Bindung an Recht und Gesetz aus Art. 20 Abs. 3 GG, dem Grundsatz der Völkerrechtsfreundlichkeit des GG sowie Art. 52 EMRK zusammenfügen (*Sauer* ZaöRV 2005, 35 (45); vgl. BVerfGE 111, 307 (322f.); BVerfGE 128, 326 (365ff.) – Sicherungsverwahrung).

92 **4. Innerstaatliche Folge einer Konventionsverletzung.** Während im Strafprozessrecht mit **§ 359 Nr. 6 StPO** vergleichsweise früh ein Wiederaufnahmegrund für strafrechtliche Verfahren eingeführt wurde (→ Art. 46 Rn. 70), fehlte es in anderen Verfahrensordnungen an einer abschließenden Beantwortung der Frage, wie im Falle einer Verurteilung durch den EGMR weiter zu verfahren ist, wenn das entsprechende nationale Gerichtsverfahren **rechtskräftig abgeschlossen** ist (so noch zum Zeitpunkt der Entscheidung *Görgülü,* vgl. BVerfGE 111, 307 (326f.); ausführlich zu diesem Problem *Sauer* ZaöRV 2005, 35 (57ff.)). Im Zivilprozessrecht greift in diesen Fällen nunmehr **§ 580 Nr. 8 ZPO** ein (→ Art. 46 Rn. 70f.).

93 In Bezug auf eine deutsche **Rechtsnorm, die vom EGMR für konventionswidrig erklärt** worden ist, können zwei Wege gewählt werden: Zum einen besteht die Möglichkeit einer **völkerrechtskonformen (konventionskonformen) Auslegung** in der Rechtsanwendungspraxis; zum anderen kann der Gesetzgeber eine beanstandete Vorschrift ändern (BVerfGE 111, 307 (325); im Einzelnen → Art. 46 Rn. 55ff.).

94 Für einen **behördlichen Konventionsverstoß** durch den **Erlass eines Verwaltungsaktes** greift die Aufhebungsmöglichkeit nach **§ 48 VwVfG** ein (BVerfGE 111, 307 (325); im Einzelnen zu konventionswidrigen Verwaltungsakten → Art. 46 Rn. 65ff.), wobei die festgestellte Verletzung der EMRK und die die Verwaltungsbehörde treffende verfassungsrechtliche Umsetzungspflicht zu einer Ermessensreduzierung auf Null führen (*Sauer* ZaöRV 2005, 35 (57ff.)).

95 Schließlich gilt für eine **konventionswidrige Verwaltungspraxis** eine durch die Gerichte feststellbare Änderungspflicht (BVerfGE 111, 307 (325)).

96 Die verfassungsrechtlich garantierte **Unabhängigkeit der Richter** wird nach Rspr. des BVerfG durch die Berücksichtigungspflicht nicht beeinträchtigt (BVerfGE 111, 307 (325 u. 331)). Auch liegt in ihr kein Zwang des befassten Gerichts, eine Entscheidung des EGMR unreflektiert zu vollziehen (BVerfGE 111, 307 (331)).

97 Denn nach Auffassung des BVerfG kann ebenso wie eine **fehlende Auseinandersetzung** mit der Rspr. des EGMR auch eine gegen vorrangiges Recht verstoßende **schematische „Vollstreckung"** von dessen Entscheidungen einen Verstoß gegen Grundrechte iVm dem Rechtsstaatsprinzip darstellen (BVerfGE 111, 307 (323f.), zugleich 1. Leitsatz des Beschlusses). Die Berücksichtigungspflicht findet ihre **Grenzen** danach im **höherrangigen Recht**, insbes. dem Verfassungsrecht (BVerfGE 111, 307 (329); im Einzelnen → Art. 46 Rn. 50ff.; höherrangig wäre freilich auch das Völkergewohnheitsrecht nach Art. 25 GG, in Teilen spiegelt die EMRK auch völkergewohnheitsrechtliche Gehalte, etwa im Hinblick auf das Folterverbot).

98 Auch wenn die Gewährleistungen der EMRK keinen unmittelbaren verfassungsrechtlichen Prüfungsmaßstab darstellen (→ Rn. 78), kann die Konvention im Rahmen von Verfassungsbeschwerden eine Rolle spielen, wenn deutsche Behörden oder Gerichte ihrer Berücksichtigungspflicht nicht nachgekommen sind. Eine entsprechende Verfassungsbeschwerde wegen unrichtiger Anwendung der EMRK etwa durch die Fachgerichte stützt sich dann auf das **einschlägige Grundrecht aus dem GG iVm dem im Rechtsstaatsprinzip verankerten Vorrang des Gesetzes nach Art. 20 Abs. 3 GG** (BVerfGE 111, 307 (329f.); → Art. 46 Rn. 49,

F. Rang und Geltung der EMRK in Deutschland

61; für eine Heranziehung auch der Völkerrechtsfreundlichkeit als objektivem Verfassungsgrundsatz *Sauer* ZaöRV 2005, 35 (49f.)).

Während es für die Feststellung der Verfassungswidrigkeit durch das BVerfG 99 grundsätzlich darauf ankommt, dass die in Frage stehende fachgerichtliche Auslegung und Anwendung einfachen Gesetzesrechts willkürlich erfolgt ist, Geltung und Umfang der grundrechtlichen Gewährleistungen grundsätzlich verkannt oder die judikativen Funktionsgrenzen überschritten hat (s. etwa *Meyer* in v. Münch/Kunig GG Art. 93 Rn. 60), zeichnet sich in Bezug auf die Anwendung der EMRK ein anderer Maßstab ab: Wegen des besonders verankerten Schutzes des Kernbestands internationaler Menschenrechte in **Art. 1 Abs. 2 GG** stellt das BVerfG darauf ab, dass – **grundsätzlich** – **einer konventionsgemäßen Auslegung der Vorrang** zu geben ist, solange dabei die geltenden methodischen Standards gewahrt bleiben (BVerfGE 111, 307 (328f.); BVerfGE, 128, 326 (369) – Sicherungsverwahrung; kritisch in Bezug auf den Lösungsansatz des BVerfG *Sauer* ZaöRV 2005, 35 (51ff.)). Das BVerfG versteht sich damit selbst als „mittelbar im Dienst der Durchsetzung des Völkerrechts" stehend (BVerfGE 111, 307 (328)).

Dagegen hat ein vom EGMR festgestellter Konventionsverstoß durch eine in- 100 nerstaatliche Gerichtsentscheidung für sich betrachtet nicht die Wirkung, dass die Rechtskraft dieser Entscheidung beseitigt würde (BVerfGE 111, 307 (325); *Frowein* in Frowein/Peukert EMRK Art. 46 Rn. 3).

IV. Normhierarchische Rätsel? Zur Kritik an der Rspr. des BVerfG

Die EMRK-Rspr. des BVerfG ist nicht ohne **Kritik** geblieben (s. etwa *E. Klein* 101 JZ 2004, 1176; *Breuer* NVwZ 2005, 412 (413f.); *Ruffert* EuGRZ 2007, 245 (251 ff.)). Die These vom nur einfachgesetzlichen Rang der EMRK in Deutschland (→ Rn. 78) wirft nicht nur die Frage danach auf, wie bei einer solchen Konstruktion das als Reserverecht angelegte EMRK-System effektiv funktionieren soll, wo doch die Erschöpfung des innerstaatlichen Rechtswegs einschließlich verfassungsrechtlicher Schutzmechanismen Zulässigkeitsvoraussetzung für den Zugang zum EGMR ist. Zwar spricht derzeit vieles dafür, dass die besagte Konstruktion vor dem Hintergrund einer mittlerweile gefestigten Grundrechtskultur in Deutschland im Ergebnis kaum Verwerfungen erzeugen wird. Sie birgt gleichwohl ein **Gefahrenpotenzial für die Effektivität des Konventionsrechts** im Falle der Nachahmung durch andere, weniger menschenrechtsstabile Konventionsstaaten und deren Gerichte.

Die Argumentation des BVerfG mit einer grundsätzlichen Berücksichtigungs- 102 pflicht, die bis zur Auslegung der Verfassung reicht, erscheint als **normhierarchisches Rätsel** (*Hong* Meinungsfreiheit S. 251, 257). Die Frage ist, wie die einfachgesetzlich verankerte EMRK Auswirkungen auf die Auslegung der Verfassung als ihr gegenüber höherrangiger Norm haben kann. Zu dieser Frage lassen sich grundsätzlichere Überlegungen zum Rang der Menschenrechte im GG anstellen (Verfassungsunmittelbarkeit der EMRK), es lässt sich aber auch über pragmatisch-konkrete Lösungen für die zwischen BVerfG und EGMR als besonders problematisch erscheinenden Falltypen nachdenken (Korridorlösung, → Rn. 107).

1. Verfassungsunmittelbare Verpflichtung auf den internationalen Men- 103 **schenrechtsschutz aus Art. 1 Abs. 2 GG.** Eine mögliche Auflösung des normhierarchischen Rätsels (→ Rn. 102) ergibt sich aus dem Bekenntnis des GG zu den

Einleitung

Menschenrechten, das in **Art. 1 Abs. 2 GG** normiert ist und damit wegen Art. 79 Abs. 3 GG zum änderungsfesten Verfassungskern gehört (dazu *Bryde* in v. Münch/ Kunig GG Art. 79 Rn. 36). Nach einem weiten Verständnis öffnet Art. 1 Abs. 2 GG die Verfassungsordnung des GG für **menschenrechtliche Gewährleistungen auf Verfassungsebene**. Wer einen so begründeten Verfassungsrang für die EMRK über das Einfallstor des Art. 1 Abs. 2 GG ablehnt (so BVerfGE 128, 326 (369) – Sicherungsverwahrung), wird gleichwohl nicht leugnen können, dass Art. 1 Abs. 2 GG zwischen den deutschen Grundrechten und der allgemeinen Entwicklung des Menschenrechtsschutzes ein normatives Verwandtschaftsverhältnis statuiert (*Hong* Meinungsfreiheit S. 251, 258; vgl. aus der Rspr. BVerfGE 74, 358 (370)). Jedenfalls ist ein **normhierarchischer Schwebezustand** der EMRK damit gut begründbar. Die Konventionsnormen rücken damit von ihrem einfachrechtlichen Status ab und nähern sich dem des GG (*Hong* Meinungsfreiheit S. 251, 259; weniger weitgehend etwa *Jarass* in Jarass/Pieroth GG Art. 1 Rn. 28, der nur auf die Bedeutung des Art. 1 Abs. 2 GG als Beitrag zur Völkerrechtsfreundlichkeit des GG verweist; zur „faktischen" Hochzonung über den Grundsatz der Völkerrechtsfreundlichkeit *Sauer* ZaöRV 2005, 35 (39 u. 48); → Art. 46 Rn. 48).

104 Selbst eine verfassungsrechtliche Inkorporation der EMRK über Art. 1 Abs. 2 GG würde freilich keinen unbedingten Vorrang der EMRK gegenüber dem Verfassungsrecht bedeuten, sondern regelmäßig eine Gleichordnung – mit der Möglichkeit von Kollisionen auf der Ebene des Verfassungsrechts. Dann ließe sich auf Art. 1 Abs. 2 GG bzw. den Gesichtspunkt der ‚Menschenrechtsfreundlichkeit' des GG – in bestimmten Fällen – auch ein **Abweichungsvorbehalt** gegenüber dem EGMR stützen (*Hong* Meinungsfreiheit S. 251, 264 ff.).

105 Durch das Günstigkeitsprinzip des **Art. 53 EMRK** (→ Art. 53 Rn. 2) werden die EMRK-Rechte als Mindeststandards ausgestaltet (*Lübbe-Wolff* Grundrechtsschutz S. 193, 195). Angesichts **grundrechtlicher Schutzpflichten** können die Schutzrichtungen des Art. 53 EMRK und des Verfassungsvorbehalts entgegenstehender Grundrechte, welcher eine Grenze für die Pflicht zur konventionskonformen Auslegung der Grundrechte des GG darstellt, auseinanderfallen; es besteht zwischen beiden mithin keine Gleichsinnigkeit mehr (ausführlich dazu *Hong* Meinungsfreiheit S. 251, 264 f.). **(Nur) in diesen Fällen individueller Grundrechtskollisionen** wäre auf Grundlage des Art. 1 Abs. 2 GG ein Aktivierungsvorbehalt denkbar (*Hong* Meinungsfreiheit S. 251, 267).

106 Für diese Situation wird ein **„Anspruch auf Fehlertoleranz"** zugunsten des EGMR diskutiert, ähnlich dem in Bezug auf den EuGH durch das BVerfG anerkannten Anspruch im Rahmen einer ultra vires-Kontrolle von Akten der EU (*Hong* Meinungsfreiheit S. 251, 266, unter Bezugnahme auf BVerfGE 126, 286 (307) – Honeywell). Dagegen lässt sich einwenden, dass EuGH und EGMR im Hinblick auf Fehlertoleranz nicht vergleichbar sind, wenn man BVerfG und EGMR beide auf gleicher Höhe als für den Grundrechtsschutz zuständig ansieht und dazu dem EGMR zuvörderst die Zuständigkeit für die Garantie eines Mindeststandards zumisst.

107 **2. Korridorlösung.** Ein anderer Lösungsansatz kommt im Bereich individueller Grundrechtskollisionen ohne grundsätzliche Aussage zu Art. 1 Abs. 2 GG aus. Er operiert mit einem Konzept, das bereits auf **Konfliktvermeidung** zielt und nimmt die Fallkonstellationen in den Blick, in denen **Rechtsprechungsdivergenzen im Mehrebenensystem** besonders wahrscheinlich sind (näher dazu *F. C. Mayer* EuGRZ 2011, 234).

G. EMRK und EU

Ausgangspunkt solcher Fälle ist das Verhältnis zweier Grundrechtspositionen zueinander: Werden zwei entgegengesetzte Konventionsrechte vom EGMR als kontradiktorisch aufgefasst, kann der Grundsatz des Minimalstandards des Art. 53 EMRK seine Funktion nicht erfüllen; es entstehen mitunter Kollisionen mit den innerstaatlich geltenden – und in verschiedenen Konventionsstaaten zudem ggf. ganz unterschiedlich gezogenen – **Trennlinien zwischen einander gegenüberstehenden Grundrechten in mehrpoligen Grundrechtsverhältnissen** (vgl. *Lübbe-Wolff* Grundrechtsschutz S. 193, 196 u. 199). Ein Beispiel bildet der Fall *Görgülü* (→ Rn. 70), in dem sich das Umgangs- und Sorgerecht des Vaters und die Rechte des Kindes sowie der Pflegeeltern gegenüberstehen. Auch in der Entscheidung zur Sicherungsverwahrung betont das BVerfG die besondere Problematik mehrpoliger Grundrechtsverhältnisse (BVerfGE 128, 326 (371) – Sicherungsverwahrung; → Art. 53 Rn. 5 ff.). 108

Ein daraus erwachsender Konflikt zwischen dem nationalen und dem durch die EMRK vermittelten Grundrechtsschutz lässt sich indes durch die Möglichkeit einer **„Korridorlösung"** (Begriff sowie ausführliche Darstellung des Konzepts bei *Lübbe-Wolff* Grundrechtsschutz S. 193, 199 ff.) entschärfen: Anstelle einer durch den Minimalschutz vorgegebenen Trennlinie zwischen sich gegenüber stehenden Konventionsnormen wurden ein Raum für **spezifische innerstaatliche Lösungen** eröffnet und so möglicherweise ungewollte Harmonisierungstendenzen vermieden (*Lübbe-Wolff* Grundrechtsschutz S. 193, 198 f.). Der Sache nach geht es um einen innerstaatlichen „margin of appreciation", einen nationalen Beurteilungsspielraum (*Lübbe-Wolff* Grundrechtsschutz S. 193, 203 f.). 109

G. EMRK und EU

I. Allgemeines

EMRK und Europäische Union stehen für im Grundsatz **getrennte und unterschiedliche Formen überstaatlicher Zusammenarbeit** in Europa. Der Modus im **Europarat,** zu dem die EMRK gehört, ist im Vergleich zur EU überwiegend der Modus der Koordinierung und der Regierungsinteraktion, unter Zuhilfenahme einer Dachstruktur für weitere Zusammenarbeit. Dies wird auch in der Formulierung der Präambel der EMRK deutlich, aus der die Sicht der „Regierungen europäischer Staaten" spricht. Die EU ist dagegen insbesondere auf supranationale Integration ausgerichtet. Der EGMR erkennt die besondere Qualität der EU an und spricht von einer gesonderten Rechtsordnung („special legal order": EGMR 18.2.1991 – 12313/86 Rn. 49, EuGRZ 1993, 552 – Moustaquim; EGMR 7.8.1996 – 21794/93 Rn. 38 – C, beide zur Rechtfertigung der unterschiedlichen Behandlung von Unionsbürgern – die im Unionsrecht eigenen Staatsangehörigen im Wesentlichen gleich gestellt sind – und sonstigen Drittstaatsangehörigen). 110

Missverständnisse in diesem Kontext rühren von Unübersichtlichkeiten **faktisch-symbolischer** oder **terminologischer Natur** zwischen der EU bzw. den vormaligen Europäischen Gemeinschaften und dem Europarat, unter dessen Dach die EMRK angesiedelt ist. 111

So wird die **Europa-Flagge** (zwölf goldene Sterne auf blauem Grund) heute von EU und EU-Mitgliedstaaten als EU-Flagge geführt (vgl. Resolution des Europäischen Parlaments bzgl. der Annahme einer Fahne für die Europäische Gemeinschaft v. 11.4.1983, Beschluss der Staats- und Regierungschefs im Juni 1985, Bulle- 112

Einleitung

tin der Europäischen Gemeinschaften. April 1986, Nr. 4, S. 54, 57; Beflaggungserlass der Bundesregierung v. 22.3.2005, IV (1) b). Dabei handelt es sich ursprünglich um die Flagge des Europarates (CM/Res(55)32 (8 December 1955)). Ähnliches gilt für die **Europahymne** (Resolution 492 (1971) of the Consultative Assembly of the Council of Europe on a European anthem (8 July 1971)). Der Europarat gab immerhin sowohl zur Nutzung der Hymne als auch zur Nutzung der Europaflagge seine Erlaubnis (CM/Dek/Concl (86) 393, Item 4, p. 13, Council of Europe Archives).

113 Auch die **Bezeichnung „Europarat"** gibt Anlass zu Missverständnissen; im Hinblick auf den „Europäischen Rat" – die Benennung für das aus der Konferenz der Staats- und Regierungschefs der Mitgliedstaaten der EU entstandene Organ (Art. 13 Abs. 1 EUV iVm Art. 15 EUV) – und, ebenfalls eine Einrichtung der EU, den Rat bzw. Ministerrat (Art. 13 Abs. 1 EUV iVm Art. 16 EUV).

114 Im Hinblick auf Mitgliederstruktur, Aufnahmekriterien, institutionelle Ausstattung, Arbeitsmodus, Handlungsformen, Kompetenzen und Reichweite unterscheiden sich Europarat (47 Mitglieder) und Europäische Union (27 Mitglieder) deutlich (im Einzelnen dazu *F. C. Mayer* Europarat und die Europäische Union S. 17 ff.). Der **EMRK** kommt allerdings heute eine **Brücken- und Klammerfunktion zwischen den beiden verschiedenen institutionellen Welten** zu (→ Rn. 122). Alle Mitgliedstaaten der EU sind auch Vertragsstaaten der EMRK, so dass die EMRK-Garantien zugleich einen gemeinsamen Grundrechtsschutzstandard beschreiben. Folgerichtig ermöglicht der Vertrag von Lissabon seit 2009 den Beitritt der EU zur EMRK (→ Rn. 155).

II. EuGH und EGMR

115 Verwechslungen ergeben sich in regelmäßigen Abständen auch im Hinblick auf das **EMRK-Gericht in Straßburg: den Europäischen Gerichtshof für Menschenrechte (EGMR).** Immer wieder ist selbst in der Qualitätspresse vom „EuGH in Straßburg" die Rede, obgleich **EuGH** die etablierte und unzweideutige Abkürzung für den **Gerichtshof der Europäischen Union** in **Luxemburg** ist. Das Straßburger Gericht unterscheidet sich in Funktion, Verfahren, Wirkmodus und Aufgabenspektrum deutlich vom EuGH der EU. Insbesondere handelt es sich beim EGMR nicht um „das" Gericht des Europarates, seine Tätigkeit ist auf den Radius der EMRK, auf das Thema Menschenrechte, beschränkt (zur Rolle des EGMR als „Quasi-Verfassungsgericht" siehe jedoch *Keller/Kühne* ZaöRV 2016, 245).

116 Der **Gerichtshof der Europäischen Union (EuGH)** erscheint gegenüber dem EGMR als **Aliud.** Dies nicht nur, weil sich unter der Dachbezeichnung EuGH eine zunehmende Ausdifferenzierung von Spruchkörpern mit einem eigenständigen Gericht erster Instanz (nach Vertrag von Lissabon: Gericht, Art. 19 Abs. 1 EUV) neben dem Gerichtshof ergeben hat. Unterschiede resultieren aus der weitreichenden Zuständigkeit des EuGH, der ua eine **umfassende Rechtmäßigkeitskontrolle** der Rechtsakte der EU vornimmt und über Auslegungsfragen der vertraglichen Grundlagen der EU und des abgeleiteten Rechts befindet.

117 Auch der **Wirkmodus der Entscheidungen** unterscheidet sich. EGMR-Urteile haben lediglich **feststellenden Charakter,** es sind keine Gestaltungsurteile. Sie bleiben zudem im Unterschied zu EuGH-Entscheidungen Urteile von „außen". Die Judikate des EuGH können demgegenüber gestalten. Daneben nutzen EuGH-Urteile, die im **Vorlageverfahren nach Art. 267 AEUV** ergehen,

G. EMRK und EU **Einleitung**

einen besonderen Effektivitätsmechanismus. Sie führen nämlich zu **Schlussentscheidungen von Gerichten der Mitgliedstaaten,** werden damit gleichsam aus den Staaten heraus wirksam und bleiben gerade nicht Urteile von „außen". Damit erlangt die Zuhilfenahme des Einzelnen zur Durchsetzung des EU-Rechts im Vergleich zum EMRK-Kontext eine gesonderte Qualität.

III. Unterschiede in der Rechtsqualität

Konventionsrecht und Unionsrecht unterscheiden sich im Hinblick auf Rechtsqualität und Wirkprinzipien. Unionsrecht ist in hohem Maße effektiv und als unmittelbar in den Mitgliedstaaten geltendes Recht in gewissem Sinne unentrinnbar. 118

Das zentrale Unterscheidungsmerkmal zwischen EU und Europarat ist der **Anwendungsvorrang des Unionsrechts** vor dem nationalen Recht jedweder Rangstufe (vgl. EuGH 17.12.1970 – 11/70, Slg. 1970, 1125 – Internationale Handelsgesellschaft; s. dazu näher *F. C. Mayer* VVDStRL 75 (2016), 7 (41 ff.)). Vergleichbares besteht für die unter dem Dach des Europarates ausgehandelten Konventionen nicht, die ohnehin mit dem Begriff „Europaratsrecht" nicht angemessen beschrieben wären. 119

Eine **Besonderheit der EMRK** gegenüber sonstigem Völkervertragsrecht besteht insoweit, als sie **in einzelnen Vertragsstaaten mit Verfassungsrang** ausgestattet ist. Dies gilt beispielsweise für Österreich (dazu *Grabenwarter/Pabel* EMRK S. 16 f.) und in gewissem Sinne auch für Großbritannien (*Grabenwarter/Pabel* EMRK S. 18). In diesen Fällen ist das Konzept der EMRK als Nebenverfassungsrecht oder Komplementärverfassung zur nationalen Verfassung im Raum des Europarates (zur **Komplementärverfassung** s. *Grabenwarter/Pabel* EMRK S. 6; zur **„Nebenverfassung"** vgl. *Tomuschat* VVDStRL 36 (1978), 7 (51 ff.)) durchaus plausibel. 120

Die – nicht nur im Vergleich mit dem Recht der EMRK – spezifische Qualität des Unionsrechts (Dichte, Adressatenrichtung, Effektivität) zeigt sich im Übrigen darin, dass die **EU Grundrechtsschutz gegen ihre eigenen Rechtsakte** bietet (vgl. dazu Art. 51 GRCh) und bieten muss (vgl. Art. 23 Abs. 1 S. 2 GG), da sie – anders als der Europarat – unmittelbar geltendes Recht setzt. Vergleichbares lässt sich bislang für keine andere überstaatliche Einrichtung sagen. 121

IV. Die EMRK als inhaltliche Klammer

Für die EU hat die EMRK als **Bezugsgröße** für die **auf EU-Ebene anzuerkennenden Grundrechtsgewährleistungen** im Laufe der Zeit immer mehr an Bedeutung gewonnen (s. dazu *Grabenwarter* VVDStRL 60 (2001), 290 (325 ff.)). Alle EU-Mitgliedstaaten sind auch Mitglieder des Europarates und im EMRK-System. Damit liegt es nahe, bei der Frage nach den gemeinsamen Verfassungsüberlieferungen der EU-Mitgliedstaaten, auf deren Grundlage der EuGH auf EU-Ebene europäische **Grundrechte als allgemeine Rechtsgrundsätze des Unionsrechts** ermittelt, auch auf die gemeinsamen völkerrechtlichen Menschenrechtsverpflichtungen der EU-Mitgliedstaaten zu blicken, zuvörderst auf die EMRK. Die EMRK ist insoweit **Rechtserkenntnisquelle.** 122

Nachdem seitens des **EuGH die EMRK erstmals 1975** in der **Rs. Rutili** zur Auslegung des Begriffes „öffentliche Sicherheit und Ordnung" im Lichte der Grundrechte herangezogen wurde (EuGH 28.10.1975 – 36/75, Slg. 1975, 1219 Rn. 32 – Rutili), orientierte sich die Prüfung einer **Eigentumsverletzung** in der 123

Einleitung

Rs. *Hauer* unmittelbar an Art. 1 EMRKZusProt (EuGH 13.12.1979 – 44/79, Slg. 1979, 3727 Rn. 17 ff. – Hauer). Weitere Beispiele finden sich in EuGH 15.5.1986 – 222/84, Slg. 1986, 1651 Rn. 18 – Johnston und EuGH 15.10.1987 – 222/86, Slg. 1987, 4097 Rn. 14 – Heylens. Dort ging es um den Anspruch auf **effektiven Rechtsschutz** nach Art. 6 und 13 EMRK. In den Fällen EuGH 18.6.1991 – C-260/89, Slg. 1991, I-2925 Rn. 44 f. – ERT und EuGH 4.10.1991 – C-159/90, Slg. 1991, I-4685 Rn. 30 f. – SPUC/Grogan wurde die **Meinungsfreiheit** nach Art. 10 EMRK zumindest thematisiert. Die Streitigkeiten in EuGH 10.7.1984 – 63/83, Slg. 1984, 2689 Rn. 22 – Regina/Kirk drehten sich um den Grundsatz **ne bis in idem** nach Art. 7 EMRK. In EuGH 5.10.1994 – C-404/92 P, Slg. 1994, I-4737 Rn. 17 – Aidstest ging es um die **Achtung des Privatlebens** nach Art. 8 EMRK. EuGH 21.9.1989 – verb. Rs. 46/87 u. 227/88, Slg. 1989, 2859 Rn. 18 – Hoechst betraf die **Unverletzlichkeit der Wohnung** nach Art. 8 EMRK. In EuGH 3.9.2008 – verb. Rs. C-402/05P u. C-415/05, Slg. 2008, I-6351 Rn. 283 ff. – Kadi und Al Barakaat ging es abermals um das Recht auf **effektiven gerichtlichen Rechtsschutz** nach Art. 6 und 13 EMRK sowie das **Eigentumsrecht** nach Art. 1 EMRKZusProt.

124 Die Anlehnung an die EMRK in der EuGH-Rspr. wurde durch die Gemeinsame Erklärung von EP, Rat und Kommission v. 5.4.1977 (ABl. 1977 C 103, 1) und durch die Erklärung der Grundrechte und Grundfreiheiten des Europäischen Parlamentes v. 12.4.1989 (EuGRZ 1989, 204) flankiert. Mit dem Vertrag von Maastricht 1992 fand die EMRK erstmals Erwähnung im Primärrecht (Art. F Abs. 2 EUV-Maastricht). Heute behandelt **Art. 6 Abs. 3 EUV** die Nähe zur EMRK, indem diese dort ausdrücklich als Rechtserkenntnisquelle für die Ermittlung allgemeiner Rechtsgrundsätze des Unionsrechts genannt wird.

125 Auch die **Charta der Grundrechte** (Art. 6 Abs. 1 EUV) orientiert sich in weiten Teilen an der EMRK (näher dazu *F. C. Mayer* in Grabitz/Hilf/Nettesheim EUV Nach Art. 6 Rn. 83 f.).

V. Übersicht über die EU-Rechtsprechung des EGMR

126 Die Rspr. des EGMR zu seiner Zuständigkeit im Hinblick auf Akte, die von der EU (früher den Europäischen Gemeinschaften) ausgehen, handelt im Kern von der **Suche nach einem Grenzverlauf.** Einerseits muss es dem EGMR um die **Verhinderung einer Flucht aus dem Konventionsrecht** gehen. Auf der anderen Seite besteht mit Blick auf anderweitige internationale Verpflichtungen der Vertragsstaaten für den EGMR ein rechtlich-politisches Zurückhaltungsgebot **(Respekt vor anderen überstaatlichen Rechtskreisen).** Der EGMR kann nicht zulassen, dass die Vertragsstaaten sich durch Errichtung einer überstaatlichen Entität wie beispielsweise der EU mit einer Übertragung von Hoheitsrechten an diese Entität ihrer unmittelbaren Verantwortung für hoheitliche Menschenrechtsverletzungen entziehen. Zugleich kann der EGMR nicht schon die Beteiligung eines Vertragsstaates an einer überstaatlichen Einrichtung als solche ohne weiteres als Anknüpfungspunkt für eine EMRK-Bindung dieser Einrichtung ansehen, wenn diese selbst keine Partei der EMRK ist. Hier bestehen für die Anwendung der EMRK Grenzen, die sich bereits aus dem Wortlaut der Konvention ergeben.

127 Der EGMR hat sich einer Beschreibung des Grenzverlaufs über eine Serie von Entscheidungen angenähert. Letzte Klarheit über den genauen Grenzverlauf besteht noch immer nicht. Mit den Entscheidungen **Bosphorus** von 2005 (→ Rn. 135 ff.), **Boivin** von 2008 (→ Rn. 141), **Michaud** von 2012 (→ Rn. 144a)

G. EMRK und EU

und **Avotiņš** von 2016 (→ Rn. 144b) sind die Dinge immerhin so weit geklärt, dass es darauf ankommt, ob der Vertragsstaat in irgendeiner Form **durch eigenes Handeln oder Unterlassen einen konkreten Anknüpfungspunkt für eine Zurechnung** bietet, ob ein Akt **vollständig der internen Rechtsordnung einer überstaatlichen Einrichtung mit eigener Rechtspersönlichkeit** zuzurechnen ist und inwieweit diese interne Rechtsordnung einer überstaatlichen Einrichtung allgemein und im Einzelfall **einen der EMRK mindestens äquivalenten (vergleichbaren) Schutz** bietet, dessen **Potential im Einzelfall vollumfänglich ausgeschöpft** wurde (näher dazu *Janik* ZaöRV 2010, 127; *Sauer* Jurisdiktionskonflikte S. 303 ff.; s. allg. auch *P. Schäfer* Verletzungen der EMRK S. 32 ff.).

Die Rspr. des EGMR bezieht sich dabei nicht nur auf die EU, sondern auch auf andere überstaatliche Einrichtungen wie die **UN** (EGMR 2.5.2007 (GK) – 71412/01 u. 78166/01, BeckRS 2008, 03371 – Behrami und Saramat), **NATO** (EGMR 12.5.2009 – 10750/03 – Gasparini) und **EUROCONTROL** (EGMR 9.9.2008 – 73250/01 – Boivin) oder das **Europäische Patentamt** (EGMR 16.6.2009 – 40382/04 – Rambus). Die folgenden Entscheidungen können als maßgeblich für den EU-Kontext gelten: **128**

C.F.D.T. (1978)/Dufay (1989): Die EKMR erklärte sich in diesen ersten Klagen, die gegen die Europäischen Gemeinschaften, hilfsweise gegen die Gesamtheit der Mitgliedstaaten und die einzelnen Mitgliedstaaten gerichtet waren (Klage einer Gewerkschaft auf Mitwirkung im Beratenden Ausschuss der EGKS, Klage einer Bediensteten gegen das EP), ratione personae für unzuständig, da die EG kein Mitglied der EMRK seien. Sie ließ jedoch offen, inwiefern in der Zukunft die Gesamtverantwortlichkeit der Mitgliedstaaten eine Rolle spielen könnte (EKMR 10.7.1978 – 8030/77, EuGRZ 1979, 431 – C.F.D.T; EKMR 19.1.1989 – 13539/88 – Dufay). **129**

Melchers & Co. (1990): Hier ging es um einen deutschen Vollzugsakt zu Gemeinschaftsrecht (Bußgeld in einem Kartellverfahren). Dieses Mal bejahte die EKMR ihre Zuständigkeit ratione personae. Sie hielt jedoch auch fest, dass ein EG-Mitgliedstaat durch die Befolgung völkerrechtlicher Verpflichtungen aus dem EG-Vertrag keinen EMRK-Verstoß begeht, solange das Gemeinschaftsrecht seinerseits einen hinreichenden Schutz der Grundrechte gewährleistet (EKMR 9.2.1990 – 13258/87, ZaöRV 1990, 865 – Melchers & Co.). **130**

Cantoni (1996): Prüfungsgegenstand war hier ein französisches Strafgesetz, das auf einer EG-Richtlinie beruhte und den Verkauf von Arzneimitteln in Supermärkten unter Strafe stellte. Dieser Fall gelangte über die EKMR bis zum EGMR, der feststellte, dass die nationale Maßnahme unabhängig von ihrem Ursprung vollständig überprüfbar war (EGMR 15.11.1996 – 17862/91, EuGRZ 1999, 193 – Cantoni). **131**

Matthews (1999): Noch deutlicher wurde der Kontrollanspruch des EGMR im Fall *Matthews*. Dort stellte der EGMR klar, dass eine mitgliedstaatliche Verantwortung für Menschenrechtsverletzungen im Bereich des von den Mitgliedstaaten geschaffenen Primärrechts und primärrechtsgleichen Rechts besteht. Die Mitgliedstaaten haben bei der Übertragung von Hoheitsrechten an eine überstaatliche Einrichtung darauf zu achten, dass die Struktur und das Verfahren der internationalen Organisation zumindest grundsätzlich mit der EMRK in Einklang stehen (EGMR 18.2.1999 (GK) – 24833/94, EuGRZ 1999, 200 – Matthews; weitere Nachweise → Art. 1 Rn. 12). Großbritannien verstieß hier gegen Art. 3 EMRKZusProt, da die Bewohner der britischen Kolonie Gibraltar von den Wahlen zum Europäischen Parlament ausgeschlossen waren. **132**

Einleitung

133 **Senator Lines (2004):** Ein weiterer Rechtsstreit um ein Bußgeld im Kartellverfahren bot dem EGMR Gelegenheit klarzustellen, ob Mitgliedstaaten auch dann für Konventionsverstöße verantwortlich sind, wenn nicht das Primärrecht, sondern europäisches Sekundärrecht gegen die EMRK verstößt (EGMR 10.3.2004 (GK) – 56672/00, EuGRZ 2004, 279 – Senator Lines; davor EuG 21.7.1999 – T-191/98 R, Slg. 1999, II-2531 – DSR-Senator Lines GmbH und EuGH 14.12.1999 – C-364/99 P (R), Slg. 1999, I-8733 – DSR-Senator Lines GmbH). Der EGMR hatte bereits allen Mitgliedstaaten die Beschwerdeschrift zugestellt, aber kurz vor der mündlichen Verhandlung erklärte das EuG die Entscheidung der Kommission über die Verhängung einer kartellrechtlichen Geldbuße für nichtig, so dass der EGMR sich – mangels Beschwer – für unzuständig erklären konnte (s. dazu *Krenc* RTDH 2005, 120).

134 **Emesa Sugar (2005):** Auch in diesem Fall vermied der EGMR eine Entscheidung über die Zurechnung des Handelns von EU-Organen an die Mitgliedstaaten. In der Sache ging es um eine Beschwerde wegen fehlender Möglichkeit, in einem Verfahren vor dem EuGH auf die Schlussanträge des Generalanwalts zu erwidern. Der EGMR verneinte die Zulässigkeit ratione materiae (EGMR 13.1.2005 – 62023/00, EuGRZ 2005, 234 – Emesa Sugar).

135 **Bosphorus (2005):** Diese nach sieben Jahren Anhängigkeit fast schon nicht mehr erwartete Grundsatzentscheidung des EGMR enthält eine Reihe von Klarstellungen zum Verhältnis zwischen EU und EMRK (EGMR 30.6.2005 (GK) – 45036/98, EuGRZ 2007, 662 – Bosphorus Airways).

136 Inhaltlich ging es um eine Beschwerde gegen die Beschlagnahme eines Flugzeugs durch die irischen Behörden. Die Beschlagnahme beruhte auf einer EG-Verordnung, die ihrerseits eine Resolution des UN-Sicherheitsrates im Kontext des Bosnien-Konfliktes umsetzte. Das von den irischen Behörden beschlagnahmte Flugzeug gehörte zu einer jugoslawischen Fluggesellschaft, war jedoch von einer türkischen Fluglinie geleast worden, so dass die Maßnahme in erster Linie diese traf.

137 Die Frage nach der Verantwortlichkeit der Mitgliedstaaten für Gemeinschaftsrechtsakte beantwortete der EGMR knapp und eindeutig. Die irische Behörde hatte durch die Beschlagnahme Hoheitsgewalt ausgeübt und war damit formal verantwortlich für die Maßnahme. Dadurch war der Anwendungsbereich der Konvention eröffnet. In der Begründetheit prüfte der EGMR nicht – wie üblich – ob für die entschädigungslose Beschlagnahme eine Rechtfertigung gegeben ist, sondern untersuchte vielmehr, ob die Europäischen Gemeinschaften einen „äquivalenten" Schutz gewährleisten. In diesem Rahmen entwickelte er die folgende Formel: Staatliches Handeln zur Einhaltung völkerrechtlicher Verpflichtungen ist solange gerechtfertigt, wie die fragliche Organisation einen äquivalenten Grundrechtsschutz biete. Das Bestehen eines äquivalenten Schutzes stellt dabei eine widerlegliche Vermutung dar und kann im Einzelfall verneint werden, wenn das Schutzniveau sich als offensichtlich unzureichend erweist. Dies sei eine Frage der Begründetheit (anders noch EKMR 9.2.1990 – 13258/87, ZaöRV 1990, 865 – Melchers & Co.).

138 Die EGMR-Zuständigkeit ist so mit einer Art Solange-Vorbehalt konditioniert (vgl. BVerfGE 73, 339), wobei anders als unter der Solange-Formel des BVerfG in der Gestalt des Bananenmarktbeschlusses (BVerfGE 102, 147) eine Einzelfallprüfung möglich bleibt.

139 Offen ist gleichwohl in dieser Entscheidung, was genau der EGMR unter äquivalentem Schutz versteht. Offen sind ferner die Voraussetzungen für die Widerlegung der Vermutung ausreichenden Grundrechtsschutzes im Einzelfall, dh wann

G. EMRK und EU **Einleitung**

ein offenkundig unzureichender Grundrechtsschutz gegeben sein soll (vgl. *Winkler* EuGRZ 2007, 641 (647 ff.)).

Die Kritik an der Entscheidung des EGMR beanstandete, dass nun doppelte **140** Standards in den EMRK-Schutz Eingang gefunden hätten. Auch biete die EU wegen erheblicher Rechtsschutzlücken gar keinen äquivalenten Grundrechtsschutz, dies werde allenfalls durch die nationalen Schutzsysteme aufgefangen (vgl. zu der Problematik *Papier* ZSR 2005, 113; *Lavranos* EuR 2006, 79; *Wildhaber* EuGRZ 2005, 689; *Skouris* ZSR 2005, 31).

Boivin (2008): Mit dieser Entscheidung gab der EGMR wichtige Hinweise für **141** die Frage nach der Verantwortlichkeit der Mitgliedstaaten für rein unionsrechtliches Handeln. Die Beschwerde richtete sich gegen eine Personalentscheidung der europäischen Flugsicherheitsagentur EUROCONTROL, die keine Einrichtung der EU ist. Der EGMR wies die Beschwerde als unzulässig ratione personae zurück, da sie die Entscheidung eines Organs einer internationalen Organisation mit eigenständiger Rechtspersönlichkeit betreffe, es um einen vollständig im internen Recht von EUROCONTROL zu verortenden Arbeitsrechtsstreit gehe, kein Vertragsstaat direkt oder indirekt in den Streit eingegriffen habe und auch kein sonstiges Handeln oder Unterlassen der Vertragsstaaten ersichtlich sei, das eine Verantwortlichkeit auslösen könnte (EGMR 9.9.2008 – 73250/01 – Boivin; eine Verantwortung hingegen bejahend *Winkler* EuGRZ 2007, 641 (652 f.)).

Connolly (2008): In einem Rechtsstreit um die publizistische Tätigkeit eines **142** Kommissionsbediensteten übertrug der EGMR die Grundsätze der *Boivin*-Entscheidung auf die EU (EGMR 9.12.2008 – 73274/01 – Connolly).

Nederlandse Kokkelvisserij (2009): In einem erneuten (→ Rn. 134) Rechts- **143** streit um die fehlende Erwiderungsmöglichkeit nach den Schlussanträgen des Generalanwalts im Rahmen des Verfahrens vor dem EuGH entwickelte der EGMR seine *Boivin*-Rspr. weiter (EGMR 20.1.2009 – 13645/05, EuGRZ 2011, 11 – Nederlandse Kokkelvisserij). Weil im Primärrecht (EuGH-Satzung) keine Aussage zur Frage der Erwiderungsmöglichkeit gemacht wird, geht es um einen abgeleiteten Rechtsakt (Art. 59 EuGHVerfO idF von 1991), der kein Primärrecht darstellt (vgl. dazu heute Art. 253 Abs. 6 AEUV).

Als Anknüpfungspunkt für eine mitgliedstaatliche Verantwortlichkeit (Handeln **144** oder Unterlassen, s. oben, *Boivin*) reicht dem EGMR die Vorlage des nationalen Gerichts an den EuGH aus. In der Begründetheit stellt der EGMR fest, dass das nationale Gericht an die Entscheidung des EuGH gebunden ist und damit keine Möglichkeit hat, den Konventionsverstoß auszugleichen, so dass die *Bosphorus*-Formel Anwendung findet. Der EGMR setzt sich intensiv mit der Widerlegung der Vermutungsregelung auseinander. Im Ergebnis verneint er jedoch einen Konventionsverstoß, und zwar mit Blick auf die Möglichkeit der Wiedereröffnung des Verfahrens nach Art. 61 EuGHVerfO idF von 1991 (s. im Einzelnen *Baumann* EuGRZ 2011, 1 (6 f.)).

Michaud (2012): Ausgangspunkt in *Michaud* (EGMR 6.12.2012 – 12323/11, **144a** BeckRS 2013, 18336 – Michaud/Frankreich) war die Anwendung eines französischen Rechtsaktes, der wiederum als Umsetzung einer EU-Richtlinie konzipiert war. Im Gegensatz zum Fall *Bosphorus* (Verordnung → Rn. 136) bestand hier also ein Umsetzungsspielraum. Vor allem aber war hier im Gegensatz zu *Bosphorus* keine Vorlage an den EuGH erfolgt, obwohl dieser bis dahin keine Möglichkeit hatte, sich mit der Frage einer Verletzung von Grundrechten auseinanderzusetzen. Der Conseil d'État entschied also, „ohne das volle Potenzial der relevanten internationalen Maschinerie zur Überwachung von Grundrechten" auszunutzen, das im Prinzip

Einleitung

Einleitung und Präambel

gleichwertig dessen der EMRK sei. In der Folge versagte der EGMR die Anwendung der Gleichwertigkeitsvermutung.

144b **Avotiņš (2016):** Anders als in *Michaud* war in *Avotiņš* (EGMR 23.5.2016 – 17502/07, BeckRS 2016, 13748 – Avotiņš/Lettland) eine EU-Verordnung entscheidungserheblich (wie im Fall *Bosphorus* → Rn. 136), es lag also kein Handlungsspielraum hinsichtlich der konkreten Ausgestaltung aufseiten Lettlands bzw. des lettischen obersten Gerichts vor. Zwar erfolgte auch hier, wie im Fall *Michaud,* keine Vorlage an den EuGH, nach Ansicht des EGMR sei dies allerdings auch nicht in jedem Fall nötig – ein „exzessiver Formalismus" müsse vermieden und es müsse jeweils die konkrete Fallgestaltung zugrundegelegt werden. Da in diesem konkreten Fall keine Vorlage erforderlich gewesen sei, fand die *Bosphorus*-Formel hier Anwendung. Der EGMR betonte allerdings, dass Gerichtsurteile nicht „automatisch und mechanisch" zum Nachteil von Grundrechten gegenseitig anerkannt werden dürfen. Ernsthafte und begründete Beschwerden dürften nicht unter bloßem Verweis auf die Anwendung von EU-Recht unberücksichtigt bleiben. In einem Sondervotum zeigte sich Richter *Sajó* kritisch: Konventionsrechte sollten nicht für internationale Kooperation „geopfert" werden und die Rolle des EGMR sei hinsichtlich des EU-Rechts keine andere als hinsichtlich nationaler Verfassungssysteme, darüber hinaus gebe es auch keine vergleichbare Gleichwertigkeitsvermutung im Hinblick auf Rechtsakte der Vereinten Nationen. Auch sprach sich Richter Sajó gegen eine „Ausdehnung" der *Bosphorus*-Formel auf Sachverhalte, in denen nationale Gerichte keinen Spielraum zur Berücksichtigung von Konventionsrechten haben und auf Fragen gegenseitiger Anerkennung von Gerichtsentscheidungen aus.

145 **Zusammenfassend** lässt sich der Stand der Rspr. des EGMR zur Bindung an die EMRK im Kontext der EU wie folgt beschreiben: Vollziehen die Mitgliedstaaten EU-Recht, bei dem ihnen ein Umsetzungs- oder Vollzugsspielraum zukommt, so sind sie voll verantwortlich *(Cantoni).* Auf die Konventionstreue anderer Mitgliedstaaten darf ein Staat sich dabei nicht ohne weiteres verlassen und muss uU unionsrechtliche Spielräume nutzen, um die Einhaltung der EMRK zu sichern (EGMR 21.1.2011 (GK) – 30696/09, BeckRS 2011, 03848 – M.S.S./Belgien u. Griechenland im Kontext konventionsrechtlich unzureichender griechischer Asylstandards). Fehlt es an einem Umsetzungs- oder Vollzugsspielraum, so gilt die eingeschränkte Verantwortlichkeit nach der Bosphorus-Formel *(Bosphorus),* sofern im konkreten Fall das volle Potential des EU-Grundrechteschutz-Überwachungsregimes ausgeschöpft wurde (vgl. *Michaud, Avotiņš*).

146 Steht Primärrecht auf dem Prüfstand, so ist eine mitgliedstaatliche Verantwortung zu bejahen, weil die Vertragsstaaten bei anderweitigem überstaatlichem Zusammenwirken darauf zu achten haben, dass die Verpflichtungen aus der EMRK nicht verletzt werden *(Matthews).*

147 Bei rein unionsrechtlichen Akten (Realakte oder abgeleitete Rechtsakte mit Schwerpunkt im Binnenrecht einer überstaatlichen Einrichtung, etwa im Dienstrecht, aber auch solche mit Außenwirkung wie im Kartellrecht oder Beihilfenrecht) war die Anwendbarkeit der EMRK lange ungeklärt. Der Beitritt der EU zur EMRK (→ Rn. 154 ff.) würde diese Frage eindeutig beantworten, weil die EU dann selbst auf die EMRK verpflichtet wäre.

148 Bis dahin scheint nun gesichert zu sein, dass rein unionale Akte nicht in den Anwendungsbereich der Konvention fallen. Der EGMR verweist in diesem Kontext auf die eigene Rechtspersönlichkeit der überstaatlichen Einrichtung. Voraussetzung ist aber, dass Mitgliedstaaten weder mittelbar noch unmittelbar in die Streitigkeit involviert sind und dass kein Handeln oder Unterlassen der Mitgliedstaaten ersichtlich ist, das deren Verantwortlichkeit nach der EMRK auslöst (*Boivin/Connolly*). Als Beteiligung an der Streitigkeit kann freilich bereits die Vorlage an den EuGH ausreichen *(Nederlandse Kokkelvisserij)*. Spielräume für eine Zurechnung verbleiben dem EGMR in dieser Fallkonstellation daneben vor allem deswegen, da auch ein EU-mitgliedstaatliches Unterlassen die konventionsrechtliche Verantwortung begründen kann. Möglicherweise würde ein grob menschenrechtswidriges Agieren der EU dann doch eine Handlungspflicht der Mitgliedstaaten auslösen, bei deren Verletzung (Unterlassen) der EGMR aktiviert werden könnte.

VI. Das Verhältnis der Höchstgerichte EGMR und EuGH zueinander

Das Verhältnis der beiden europäischen Höchstgerichte zueinander ist konsolidiert, aber insbesondere wegen der Perspektive eines EU-Beitritts zur EMRK nicht abschließend geklärt. **149**

Eine **Beteiligung des EGMR an Verfahren des EuGH** ist **nicht möglich** (Art. 40 EuGH-Satzung). Die **Europäische Kommission** kann indessen an **Verfahren vor dem EGMR beteiligt** werden (vgl. Art. 36 Abs. 2 EMRK). Dies ist beispielsweise geschehen in den Verfahren zu EGMR 10.3.2004 (GK) – 56672/00, EuGRZ 2004, 279 – Senator Lines; EGMR 13.1.2005 – 62023/00, EuGRZ 2005, 234 – Emesa Sugar; sowie EGMR 30.6.2005 (GK) – 45036/98, EuGRZ 2007, 662 – Bosphorus Airways. **150**

Urteile des EGMR sind für den EuGH nicht rechtsverbindlich. Anfänglich bezog der EuGH sich gar nicht auf die Rspr. des EGMR, sondern auf den EMRK-Normtext (Bsp. EuGH 21.9.1989 – verb. Rs. 46/87 u. 227/88, Slg. 1989, 2859 Rn. 18 – Hoechst, dort freilich mangels einschlägiger Rspr.). Die beiden Gerichte gehen heute öffentlich freundlich miteinander um und **zitieren sich gegenseitig** (vgl. EuGH 19.9.2006 – C-506/04, Slg. 2006, I-8613 Rn. 51, 53, 57 – Graham J. Wilson; EGMR 30.6.2005 (GK) – 45036/98 Rn. 145, NJW 2006, 197 = BeckRS 2015, 10385 – Bosphorus Airways). Der EGMR lässt erkennen, dass er um eine **einheitliche Auslegung** von wortlautidentischen oder wortlautähnlichen Gewährleistungen in der **Charta der Grundrechte der EU und der EMRK** bemüht ist, wenn er die Charta als Auslegungshilfe für den Wortlaut der EMRK heranzieht (vgl. EGMR 11.7.2002 (GK) – 25680/94 Rn. 80 – I; EGMR 11.7.2002 (GK) – 28957/95 Rn. 100, BeckRS 9998, 79007 – Goodwin). Eine **Vermeidung von Auslegungsdivergenzen** der durch beide Gerichte herangezogenen EMRK-Bestimmungen konnte bisher einerseits durch Berücksichtigung der EGMR-Rspr. in den Urteilen des EuGH sowie andererseits durch die Rücksichtnahme des EGMR hinsichtlich der Besonderheiten der EU sichergestellt werden. Hier ist von einem **Dialog der Gerichtshöfe** gesprochen worden (dazu ausführlich *Jacobs* FS Bieber, 2007, 205 ff.; *E. Klein* in Merten/Papier Grundrechte-HdB § 167 Rn. 62 f.). **151**

Teils wird allerdings befürchtet, dass der EuGH die **Vorreiterrolle des EGMR** in Menschenrechtsfragen nach dem Vertrag von Lissabon **nicht mehr** in der Weise **anerkennen wird,** wie er es zuvor getan hat (vgl. *Grabenwarter* Wege zum Europäischen Recht S. 87 (90 ff.); s. bereits *Callewaert* EuGRZ 2003, 198; *Krüger/Polakiewicz* EuGRZ 2001, 92 ff.; optimistisch hingegen *Kokott/Sobotta* YEL 34 (2015), 60). Die Verbindlichkeit der Grundrechte-Charta führe zu einer **Stärkung des EuGH in Grundrechtsfragen** und einem Kompetenzzuwachs in diesem Bereich (*Hoffmann-Riem* EuGRZ 2002, 473 (478)). Abhilfe könne nur der Beitritt der EU **152**

Einleitung

zur EMRK schaffen, da mit dem Beitritt die Rspr. des EGMR in Menschenrechtsfragen für den EuGH bindend werde (vgl. *Alber/Widmaier* EuGRZ 2000, 497 (505 ff.)).

153 Möglicherweise bewirkt die durch den Vertrag von Lissabon eröffnete Beitrittsperspektive der EU mit einer möglichen Unterordnung des EuGH unter den EGMR aber erst recht Absetzbewegungen des EuGH gegenüber der EMRK bzw. dem EGMR. So lässt sich jedenfalls das Gutachten des EuGH zum EMRK-Beitritt vom Dezember 2014 deuten (→ Rn. 157 b ff.).

VII. Beitritt der EU zur EMRK

154 1. **Beitrittsvoraussetzungen auf EU-Seite.** Ohne explizite Rechtsgrundlage in den Gründungsverträgen der Europäischen Gemeinschaften bzw. Union konnte die EU der EMRK wegen der „verfassungsrechtlichen Dimension" eines solchen Schrittes nicht beitreten. Dies hatte der EuGH 1994 entschieden (**EuGH 28.3.1996 – Gutachten 2/94, Slg. 1996, I-1759** Rn. 35 – **EMRK,** s. auch die Mitteilung der Kommission über den Beitritt der Gemeinschaft zur EMRK – SEK (90) 2087 endg., und die Entschließung des Europäischen Parlamentes 18.1.1994 – A3 – 0421/93, EuGRZ 1994, 191).

155 Mit dem **Vertrag von Lissabon** steht nun in **Art. 6 Abs. 2 EUV** eine Rechtsgrundlage für den Beitritt zur Verfügung. Im **Protokoll Nr. 8 zu EUV und AEUV** (idF des Vertrags von Lissabon) über den Beitritt der EU zur EMRK haben die EU-Mitgliedstaaten weitere Vorgaben für einen Beitritt der EU zur EMRK festgemacht. Im Vergleich zum Verfassungsvertrag (ABl. 2004 C 310, 1) wurden die Beitrittsvoraussetzungen verschärft. So hat der Abschluss des Beitrittsvertrags im Rahmen des völkerrechtlichen Vertragsabschlussverfahrens des Art. 218 AEUV **einstimmig** zu erfolgen. Der Verfassungsvertrag hatte noch eine qualifizierte Mehrheit ausreichen lassen (Art. III-325 VVE). Neben dem einstimmigen Ratsbeschluss ist zudem die **Zustimmung des Europäischen Parlaments** notwendig. Schließlich tritt der Ratsbeschluss auch erst dann in Kraft, wenn dieser **in allen 27 Mitgliedstaaten** nach deren verfassungsrechtlichen Bestimmungen **ratifiziert** worden ist (Art. 218 Abs. 8 UAbs. 2 S. 2 AEUV).

156 Inhaltlich verlangt das Protokoll Nr. 8 zudem, dass die **Zuständigkeiten der EU und die Befugnisse ihrer Organe durch den Beitritt unberührt** bleiben und die besonderen Merkmale der Union und des Unionsrechts bewahrt werden müssen. Dies gilt insbesondere hinsichtlich der Beteiligung der EU an den Kontrollgremien der EMRK.

157 2. **Beitrittsvoraussetzungen auf EMRK-Seite.** Der Beitritt der EU erforderte auch rechtliche **Anpassungen auf EMRK-Seite.** Die Änderung der EMRK, der bisher nur Staaten beitreten konnten, wurde bis Anfang 2010 durch Russland blockiert; dies aus Gründen, die nichts mit dem Beitritt der EU zu tun haben. Nach Ratifikation aller Vertragsstaaten ist Art. 59 EMRK heute durch das **14. EMRKProt** (unterzeichnet am 13.5.2004, CETS-Nr. 194) um einen zweiten Absatz ergänzt, der wie folgt lautet: „Die Europäische Union kann dieser Konvention beitreten".

157a 3. **Verlauf und Stand der Beitrittsverhandlungen.** Nachdem der Europarat und die EU im Juli 2012 Verhandlungen über den Beitritt der EU zur EMRK aufgenommen hatten, konnten diese bereits ein knappes Jahr später mit einem vorläufigen Ergebnis abgeschlossen werden. Geführt wurden die Verhandlungen vom

G. EMRK und EU **Einleitung**

Lenkungsausschuss für Menschenrechte (CDDH) bzw. einer vom CDDH beauftragten informellen 14-köpfigen Gruppe von EU- und Nicht-EU-Staaten unter Vorsitz der Norwegerin *Tonje Meinich* für die Europaratsseite und der Europäischen Kommission für die EU. Neben dem **Entwurf eines Vertrags über den Beitritt der EU zur EMRK (Beitrittsübereinkunft)** verständigte man sich auch auf den Entwurf einer Bestimmung, die den Regeln des Ministerkomitees zur Überwachung der Durchführung der Urteile und gütlichen Einigungen hinzuzufügen wäre, sowie auf den Entwurf eines erläuternden Berichts zur Beitrittsübereinkunft (CDDH-UE (2011) 16 v. 19.7.2011; inoffizielle deutsche Übersetzung in BR-Drs. 563/11). Dieses Verhandlungsergebnis stieß jedoch auf deutliche **Kritik** einzelner EU-Mitgliedstaaten (vgl. Rat der EU, Dok. 18117/11 v. 6.12.2011). Daraufhin wurden die Verhandlungen zwischen EU und Europarat zunächst ausgesetzt, um eine gemeinsame EU-interne Position zu den ersten Verhandlungsergebnissen zu ermitteln (zum Ganzen ausführlicher, *Obwexer* EuR 2012, 115 (123 f.); *Polakiewicz* EuGRZ 2013, 472 (473 f.)).

Im **Juni 2013** erfolgte die Einigung über einen **endgültigen Entwurf eines** 157b **Übereinkommens über den Beitritt der EU zur EMRK** (Final report to the CDDH, 47+1(2013)008 v. 10.6.2013). Dieser Entwurf wurde vom EuGH gemäß Art. 218 Abs. 11 AEUV ab dem 4.7.2013 auf Antrag der Kommission in einem **Gutachtenverfahren** auf seine Vereinbarkeit mit den Verträgen geprüft; eine Anhörung dazu fand am 5.5.2014 statt. Die Veröffentlichung des Gutachtens erfolgte im **Dezember 2014 (EuGH 18.12.2014 – Gutachten 2/13, ECLI:EU:C:2014:2454).** Das Gutachten ergab, dass dem Beitritt der EU zur EMRK **erhebliche unionsrechtliche Hindernisse** entgegenstehen (dazu *Wendel* NJW 2015, 921). Diese unionsrechtlichen Einwände treten neben die allgemeinen Hürden des Beitrittsverfahrens auf EU-Seite (dazu schon → Rn. 155).

Der EuGH prüfte neben dem **Entwurf einer Übereinkunft über den Bei-** 157c **tritt der Europäischen Union** zur Konvention zum Schutz der Menschenrechte und Grundfreiheiten und den Entwurf einer bei der Unterzeichnung der Übereinkunft über den Beitritt abzugebenden **Erklärung der Europäischen Union** sowie einen **Entwurf von Regeln zur Ergänzung der Regeln des Ministerkomitees** für die Überwachung des Vollzugs der Urteile und der Durchführung gütlicher Einigungen in Rechtssachen, in denen die Europäische Union Partei ist. Ferner wurde ein **Entwurf für einen erläuternden Vermerk zu dem Vertrag zwischen der Europäischen Union und einem Staat, der nicht Mitglied der Europäischen Union** ist, überprüft sowie ein **Entwurf für einen erläuternden Bericht zur Übereinkunft über den Beitritt der Europäischen Union** zur Konvention zum Schutz der Menschenrechte und Grundfreiheiten. Im Kern ging es um Inhalt, Regelung, Tragweite und Wirkungen des Beitritts; dies vor dem Hintergrund der Besonderheiten der Unionsrechtsordnung einerseits und der Wahrung der substantiellen Gleichheit der Vertragsparteien der EMRK andererseits. Rechtliche Aspekte betreffen die Zuständigkeiten der Union, die Zurechnung von Handlungen und Unterlassungen der Union und der Mitgliedstaaten, den Begriff des weiteren Beschwerdegegners, die Zuständigkeit des Gerichtshofs und dabei insbesondere den Mechanismus der vorherigen Befassung. Es stellen sich auch Fragen zur **Beteiligung der Europäischen Union an den Kontrollgremien der Konvention** (namentlich am Europäischen Gerichtshof für Menschenrechte, an der Parlamentarischen Versammlung des Europarates und am Ministerkomitee).

Im Ergebnis stellte der EuGH eine **Unvereinbarkeit** mit Art. 6 Abs. 2 EUV und 157d Protokoll Nr. 8 zu Artikel 6 Absatz 2 EUV fest. Zur Begründung führt er eine

Einleitung

Beeinträchtigung von **Art. 344 AEUV** (dazu → Art. 59 Rn. 23) und eine **Beeinträchtigung des Vorabentscheidungsverfahrens** durch das 16. EMRKProt (→ Art. 59 Rn. 23a) an. Zudem wurde die Ausgestaltung des Mitbeschwerdegegner-Mechanismus gerügt (→ Art. 59 Rn. 20a ff.). Ferner sah er den **Grundsatz des gegenseitigen Vertrauens** zwischen den Mitgliedstaaten gefährdet, wenn die Mitgliedstaaten verpflichtet würden, die Beachtung der Grundrechte durch einen anderen Mitgliedstaat zu prüfen. Hierzu enthalte der Beitrittsvertrag keine hinreichenden Vorkehrungen (EuGH 18.12.2014 – Gutachten 2/13, ECLI:EU:C:2014:2454 Rn. 191 ff.). Auch dürfe der EGMR nicht zur **gerichtlichen Kontrolle von Maßnahmen im Bereich der GASP** befugt sein, wenn diese der Zuständigkeit des EuGH entzogen seien (EuGH 18.12.2014 – Gutachten 2/13, ECLI:EU:C:2014:2454 Rn. 249 ff.; → Art. 59 Rn. 9c).

157e Wie nach dem Gutachten des EuGH vom Dezember 2014 der Beitritt der EU zur EMRK bewerkstelligt werden kann, erscheint offen. Gegenüber einer Neuverhandlung des Beitrittsabkommens erscheint eine **Änderung des EU-Primärrechts** als vorzugswürdige Lösung (→ Art. 59 Rn. 9d; vgl. auch *Wendel* NJW 2015, 921 (925)). Misslich ist, dass die Argumentation des EuGH von genau den gleichen Schwierigkeiten einer Einordnung in einen übergeordneten Zusammenhang beseelt zu sein scheint, wie sie Gerichte der Mitgliedstaaten gegenüber der EMRK haben erkennen lassen (→ Rn. 88, 101 ff.). Zwar hätte der EGMR nun durchaus Anlass, seine in der Bosphorus-Formel zum Ausdruck kommende **Privilegierung des Unionsrechts** zu **überdenken** – einiges spricht dafür, bis auf weiteres auch für die Unionsrechtsordnung und den EuGH eine Vollkontrolle durch den EGMR vorzunehmen (→ Art. 59 Rn. 9d) – ein solcher Paradigmenwechsel ist aber bisher nicht erkennbar (so auch *Marguery* REAL 10 (2017), 113). In seinem **Avotiņš-Urteil** aus dem Jahr 2016 sah der EGMR den Grundrechtsschutz der EU weiterhin als mit dem der EMRK vergleichbar an und betonte seine Bereitschaft zur europäischen Kooperation (EGMR 23.5.2016 – 17502/07 Rn. 104, 113, BeckRS 2016, 13748 – Avotiņš/Lettland; siehe aber Sondervotum Sajó).

157f In ähnlicher Weise lässt der EGMR an seiner **Akzeptanz anderer internationaler Gerichte** (vgl. im Hinblick auf den Internationalen Strafgerichtshof für das ehemalige Jugoslawien EGMR 4.5.2000 – 51891/99 Rn. 1b – Naletilić/Kroatien) und internationaler Kooperationen im Allgemeinen (EGMR 30.6.2005 (GK) – 45036/98 Rn. 150 mwN, EuGRZ 2007, 662 – Bosphorus Airways; EGMR 6.12.2012 – 12323/11 Rn. 102–103, BeckRS 2013, 18336 – Michaud/Frankreich; EGMR 23.05.2016 – 17502/07 Rn. 112, BeckRS 2016, 13748 – Avotiņš/Lettland) keinen Zweifel aufkommen.

158 **4. Beitrittsbedingte Rechtsfragen.** Etliche sich aus einem EU-Beitritt ergebende Rechtsfragen erfordern Nachjustierungen sowohl im Bereich der Konvention als auch der Union. Diese Fragen wurden auf EU-Seite im Rahmen einer **Ratsarbeitsgruppe** (Gruppe „Grundrechte, Bürgerrechte und Freizügigkeit", s. Ratsdok. ST 5688/11 Rev 1 v. 1.2.2011) behandelt. Manche Fragen bleiben dabei solche des innerunionalen Rechts. Dies betrifft beispielsweise die Frage, ob die Europäische Kommission oder der Ministerrat über die Kandidatenliste für den EU-Richter im EGMR befinden soll und welche Rolle dem EP hier zukommt. Andere Fragen berühren den Europarat.

158a So ist eine Regelung zu **Vertretung und Stimmrecht der EU innerhalb des Ministerkomitees des Europarats** zu treffen. Hierzu finden sich im Entwurf

G. EMRK und EU

eines Beitrittsabkommens von 2013 (Final report to the CDDH, 47+1(2013)008 v. 10.6.2013) differenzierte Regelungen (ausführlich dazu *Polakiewicz* EuGRZ 2013, 472 (479 ff.)). Bei Abstimmungen, die die Überwachung des Vollzugs von Urteilen des EGMR und der Bedingungen von gütlichen Einigungen (Art. 39 und 46 EMRK) betreffen, sieht Art. 7 Abs. 4 des Entwurfs vor, dass die Verfahrensregelungen des Ministerkomitees geändert werden müssen, um dem Problem zu begegnen, dass EU und Mitgliedstaaten aufgrund der EU-Verträge einheitlich abstimmen, gleichzeitig aber Urteile gegen die EU oder auch ihre Mitgliedstaaten in Rede stehen. „Rule 18" der Verfahrensregelungen des Ministerkomitees sieht in einem solchen Fall geänderte Mehrheitsverhältnisse vor (Final report to the CDDH, 47+1 (2013)008 v. 10.6.2013, Appendix III). Daneben ist nach Art. 7 Abs. 2 eine gleichrangige eigene Beteiligung der EU mit Stimmrecht im Ministerkomitee vorgesehen, wenn dieses ausdrücklich in der EMRK vorgesehene Kompetenzen wahrnimmt (vgl. Final report to the CDDH, 47+1(2013)008 v. 10.6.2013, Appendix V, Draft explanatory report, Rn. 78). Schließlich gilt für die Beteiligung der EU in Bezug auf Aufgaben des Ministerkomitees, die nicht ausdrücklich in der EMRK vorgesehen sind, Art. 7 Abs. 3 mit der Maßgabe, dass die EU vor der Annahme von Instrumenten oder Texten zu konsultieren ist. Dies bezieht sich allerdings nur auf Instrumente und Texte, die direkt die Funktionsfähigkeit des Konventionssystems betreffen (vgl. Final report to the CDDH, 47+1(2013)008 v. 10.6.2013, Appendix V, Draft explanatory report, Rn. 81). Diese Grenzziehung ist insofern erforderlich, als dass die EU gerade nicht dem Europarat als solchem, sondern lediglich der EMRK beitritt (vgl. *Polakiewicz* EuGRZ 2013, 472 (480 ff.)).

Auch hinsichtlich der Auswahl und Tätigkeit des **„EU-Richters"** am EGMR sind im Grundsatz Vorkehrungen erforderlich (vgl. *Krüger/Polaciewicz* EuGRZ 2001, 92 (102)). Die Frage nach einem „EU-Richter" am EGMR wird indessen durch den Entwurf eines Beitrittsabkommens von 2013 nicht ausdrücklich geregelt. Der Explanatory Report erläutert dazu, dass die Konvention schlicht keiner diesbezüglichen Änderung bedarf, da Art. 22 iVm Art. 20 EMRK vorsieht, dass für jede Vertragspartei ein Richter zu wählen ist. Folglich hat der EU-Richter den gleichen Status und die gleichen Aufgaben wie die übrigen Richter am EGMR (vgl. Final report to the CDDH, 47+1(2013)008 v. 10.6.2013, Appendix V, Draft explanatory report, Rn. 77). Art. 6 des Entwurfs eines Beitrittsabkommens von 2013 sieht vor, dass eine Delegation des EP an der Parlamentarischen Versammlung des Europarats stimmberechtigt teilnehmen kann, wenn die Versammlung gemäß Art. 22 EMRK Richter des EGMR wählt. Die Größe der Delegation des EP entspricht dabei der des Vertragsstaats mit der größten Anzahl an Vertretern. **158b**

Der Umgang mit **Staatenbeschwerden der Mitgliedstaaten der EU untereinander** oder auch **Staatenbeschwerden gegenüber der EU** muss geregelt werden (vgl. *Krüger/Polaciewicz* EuGRZ 2001, 92 (103); *Grabenwarter* FS Steinberger, 2002, 1129 (1148 ff.)). Art. 4 des Entwurfs eines Beitrittsabkommens von 2013 hält fest, dass Staatenbeschwerden nun ebenfalls die EU treffen können, indem der in der englischen Konventionsfassung verwendete Begriff der „Inter-State cases" in „Inter-Party cases" geändert wird. Weitere Regelungen in diesem Kontext sieht der Entwurf nicht vor. Offen bleibt im Wortlaut des Entwurfs eines Beitrittsabkommens von 2013, ob das EU-Recht Staatenbeschwerden zwischen Mitgliedstaaten der EU untereinander und gegenüber der EU verbietet, die Fragen des EU-Rechts betreffen (vgl. Final report to the CDDH, 47+1(2013)008 v. 10.6.2013, Appendix V, Draft explanatory report, Rn. 72). Art. 5 BeitrittAbkEU-E enthält dazu eine Klarstellung (→ Art. 59 Rn. 22). Der EuGH hat im Übrigen in seinem **158c**

Einleitung

Gutachten zum EMRK-Beitritt gefordert, dass die Möglichkeit einer Staatenbeschwerde zwischen den EU-Mitgliedstaaten auch in der EMRK ausdrücklich ausgeschlossen werden müsse (EuGH 18.12.2014 – Gutachten 2/13, ECLI:EU:C:2014:2454 Rn. 208 ff.), obwohl ein solcher expliziter Ausschluss wohl nicht erforderlich ist (näher dazu → Art. 59 Rn. 23, s. auch Stellungnahme der Generalanwältin *Kokott* 13.6.2014 – Gutachten 2/13, ECLI:EU:C:2014:2475 Rn. 118).

158d Der Entwurf eines Beitrittsabkommens von 2013 sieht in Art. 3 den **Mechanismus des Mitbeschwerdegegners** vor (→ Art. 59 Rn. 20ff.). Die EU kann gemäß Art. 3 Abs. 2 im Fall einer Beschwerde gegen einen Mitgliedstaat Mitbeschwerdegegner werden, die Mitgliedstaaten gemäß Art. 3 Abs. 3 im umgekehrten Fall. Voraussetzung ist im ersteren Fall, dass die behauptete Konventionsverletzung die Frage betrifft, ob eine Vorschrift des Unionsrechts mit den Rechten aus der Konvention oder den Protokollen vereinbar ist. Das betrifft in der Regel den Fall, dass ein EU-Rechtsakt einem Mitgliedstaat keine Wahl bei der Umsetzung auf nationaler Ebene lässt (*Polakiewicz* EuGRZ 2013, 472 (477); vgl. auch Final report to the CDDH, 47+1(2013)008 v. 10.6.2013, Draft explanatory report, Rn. 48). Ob davon auch die mitgliedstaatliche Umsetzung von Unionsrecht erfasst werden wird, bei der die Mitgliedstaaten über einen begrenzten Umsetzungsspielraum verfügen, ist fraglich (vgl. *Polakiewicz* EuGRZ 2013, 472 (477 f.)). Mitgliedstaaten werden Mitbeschwerdegegner in Verfahren gegen die EU, wenn die behauptete Konventionsverletzung die Frage aufwirft, ob Vorschriften des Primärrechts der EU mit der EMRK oder den Protokollen vereinbar sind; also Vorschriften, die nur durch eine Vereinbarung zwischen den Mitgliedstaaten geändert werden könnten (vgl. *Polakiewicz* EuGRZ 2013, 472 (478)). Durch den Mechanismus des Mitbeschwerdegegners soll vermieden werden, dass der EGMR über die Zuständigkeiten zwischen EU und Mitgliedstaaten entscheidet, denn die Urteile des EGMR binden ebenfalls den Mitbeschwerdegegner (vgl. Final report to the CDDH, 47+1(2013) 008 v. 10.6.2013, Appendix V, Draft explanatory report, Rn. 39, 62), sodass alle Beschwerdegegner gemeinsam und in Solidarität gebunden sind, was die Umsetzung der Urteile erleichtert (*Polakiewicz* EuGRZ 2013, 472 (476 f.)). Der EuGH hat die **Voraussetzungen für die Anwendung des Mitbeschwerdegegner-Mechanismus** in seinem Gutachten vom Dezember 2014 kritisch geprüft (EuGH 18.12.2014 – Gutachten 2/13, ECLI:EU:C:2014:2454 Rn. 242 f. sowie die Stellungnahme der Generalanwältin *Kokott* 13.6.2014 – Gutachten 2/13, ECLI:EU: C:2014:2475 Rn. 133; dazu → Art. 59 Rn. 20a).

159 Auch die Einrichtung und Ausgestaltung eines **Verfahrens zur Vorbefassung des EuGH** in Fällen mit unionsrechtlichem Bezug wurden intensiv diskutiert (→ Art. 59 Rn. 20b; EuGH 18.12.2014 – Gutachten 2/13, ECLI:EU:C:2014: 2454 Rn. 238ff.). Das Verfahren soll sicherstellen, dass der EuGH in jedem Fall Gelegenheit erhält, vor einer Entscheidung des EGMR selbst über die Gültigkeit eines Unionsrechtsaktes zu entscheiden, insbesondere wenn ein Vorabentscheidungsverfahren (ggf. unionsrechtswidrig) unterblieben ist (**Timmermans-Vorschlag,** vgl. Ratsdok. 10568/10 v. 2.6.2010). Festgehalten wurde im Entwurfs eines Beitrittsabkommens von 2013 dazu Folgendes: Gemäß Art. 3 Abs. 6 ist dem EuGH die Gelegenheit zu geben, eine interne Überprüfung durchzuführen. Dabei ist die EU jedoch gehalten, dafür Sorge zu tragen, dass eine solche Vorbefassung des EuGH zügig geschieht, so dass das Verfahren vor dem EGMR nicht unnötig verzögert wird. Der Final report to the CDDH, 47+1(2013)008 v. 10.6.2013, Appendix V, Draft explanatory report, Rn. 69 verweist insofern auf die Möglichkeiten eines beschleunigten Verfahrens. Außerdem stellt Art. 3 Abs. 6 klar, dass diese Regelung

G. EMRK und EU

keinen Einfluss auf die Kompetenzen des EGMR haben darf und den EGMR nicht bindet (Final report to the CDDH, 47+1(2013)008 v. 10.6.2013, Appendix V, Draft explanatory report, Rn. 66). Es obliegt also dem Unionsrecht, das Vorabbefassungsverfahren einzuführen und auszugestalten (*Krämer* ZöR 2014, 235 (250)).

Fraglich erscheint, auf welcher **Rangstufe** die EMRK unionsintern zu verorten sein wird. Einerseits legt die herkömmliche Einordnung von völkerrechtlichen Bindungen der EU nahe, die EMRK nach einem Beitritt im Range **zwischen Primär- und Sekundärrecht** einzuordnen und damit unterhalb der primärrechtlicher Ebene verankerten Charta der Grundrechte der EU (*Pache/Rösch* EuR 2009, 769 (785); *Krämer* ZöR 2014, 235 (248)). Den Unionsgrundrechtsschutz über der EMRK einzuordnen erzeugt freilich ähnliche Probleme wie sie in Deutschland für das Verhältnis des GG zur EMRK auftreten (→ Rn. 68 ff.), weil die EMRK als Reservegewährleistung konzipiert ist. Dies legt die Einordnung mindestens auf der obersten Normebene einer Rechtsordnung (Verfassungsebene) nahe (→ Rn. 78, 103). Zur Rangfrage äußert sich Art. 6 Abs. 2 EUV nicht. Ein Gesichtspunkt mag hier gleichwohl sein, dass die EMRK, anders als andere Abkommen der EU, in Art. 6 EUV unmittelbar angesprochen wird, der Beitritt dabei nicht lediglich als Option erscheint und sowohl Art. 6 Abs. 1 wie auch Art. 6 Abs. 3 von der obersten Primärrechtsebene handeln. Auch die notwendige Ratifikation aller Mitgliedstaaten gemäß Art. 218 Abs. 8 AEUV lässt eine Einordnung der EMRK im Range des Primärrechts zu (so auch *Uerpmann-Wittzack* in Bogdandy/Bast EurVerfassungsR S. 117 (223)). Zum Primärrechtsrang der EMRK → Art. 59 Rn. 8. 160

In den EU-Mitgliedstaaten würde sich der Rang der EMRK für bestimmte Konstellationen verändern: Diese wären in **zweifacher Weise an die EMRK gebunden,** zum einen als EMRK-Vertragsstaaten, wobei die jeweilige Einordnung in die nationale Normenhierarchie unberührt bliebe. Im Anwendungsbereich des Unionsrechts wären sie zum anderen auch über ihre EU-Mitgliedschaft an die EMRK gebunden (Art. 216 Abs. 2 AEUV). In dieser Konstellation würde die **EMRK** als **Teil des Unionsrechts** im innerstaatlichen Recht in Fällen mit Europarechtsbezug wegen des Anwendungsvorrangs des Unionsrechts in manchen Mitgliedstaaten eine faktische Rangaufwertung erfahren (vgl. *E. Klein* in Merten/Papier Grundrechte-HdB § 167 Rn. 68). 161

In Deutschland gelangen aus Sicht des BVerfG sowohl das Unionsrecht als auch das Konventionsrecht **im Range einfacher Bundesgesetze** in die nationale Rechtsordnung; die jeweiligen Zustimmungs- und Ratifikationsgesetze wirken dabei als Brücke. Die unionsrechtlich vermittelte EMRK würde freilich **durch den Anwendungsvorrang des Unionsrechts verstärkt.** Das BVerfG hat den Vorrang des Unionsrechts gegenüber dem Unterverfassungsrecht im *Lissabon*-Urteil bestätigt und – möglicherweise darüber hinausgehend auch für das Verfassungsrecht unterhalb der Ewigkeitsgarantie des Art. 79 Abs. 3 GG – wiederholt, dass der Vorrang „im Grundsatz" anerkannt ist (BVerfGE 123, 267 (398), 402) – Lissabon, unter Hinweis auf BVerfGE 31, 145 (174) – Milchpulver). Aus Sicht des Unionsrechts gilt der Vorrang gegenüber der Verfassung sogar uneingeschränkt (EuGH 17. 12. 1970 – 11/70, Slg. 1970, 1125 – Internationale Handelsgesellschaft, → Rn. 119). 162

5. Ausblick. Wann und ob die EU der EMRK beitreten wird, erscheint offener denn je. Das Gutachten des EuGH zum Beitritt der EU vom Dezember 2014 hat so nicht erwartete Hürden errichtet, daneben lassen sich in einzelnen EU-Mitgliedstaaten zunehmend Vorbehalte gegen gefühlte weitere Souveränitätsverluste beobachten. Befürworter eines Beitritts betonen, dass es durch einen Beitritt zur EMRK 163

Einleitung

zu einem **kohärenteren Menschenrechtsschutzsystem** kommen würde (*Krämer* ZöR 2014, 235 (253)), da sodann auch gegen Akte der Union, ua gegen Urteile des EuGH, eine Beschwerde an den EGMR zulässig wäre (*Obwexer* EuR 2012, 115 (148)). Der EGMR hätte dann europaweit das letzte Wort in Menschenrechtsfragen (*Hoffmann-Riem* EuGRZ 2002, 473 (478)). Mit Letztentscheidungsansprüchen bestehen indessen schon im Verhältnis nationaler Höchstgerichte zum EuGH ungeklärte Fragen (vgl. nur den Ultra vires-Kontrollanspruch des BVerfG nach dem *Lissabon*-Urteil, BVerfGE 123, 267). Ein EMRK-Beitritt könnte zum jetzigen Zeitpunkt insofern gar einen destabilisierenden Effekt auf die EU haben (vgl. *Schmahl* JZ 2016, 921 (927)).

164 Fraglich ist, ob nach einem Beitritt der EU zur EMRK der Solange-Vorbehalt aus der *Bosphorus*-Entscheidung (→ Rn. 135 ff.) wieder zurückgenommen, die EU also wie jedes andere Mitglied behandelt werden würde (näher *Ress* EuZW 2010, 841). Eine **Sonderrolle der EU** bedürfte einer **besonderen Rechtfertigung** (vgl. *Baumann* EuGRZ 2011, 1 (10)). Diese ist möglicherweise bereits nach dem EuGH-Gutachten vom Dezember 2014 **nicht mehr plausibel** (→ Rn. 157 e; → Art. 59 Rn. 9 d). Alternativ dazu wird die Ausdehnung der Bosphorus-Formel auf solche Staaten diskutiert, die über ein gut funktionierendes Grundrechtsschutzsystem verfügen. Dies hätte zugleich den Vorzug, die Arbeitsbelastung des EGMR zu reduzieren (s. EuGRZ 2010, 368; *Gerhardt* ZRP 2010, 161 (162); gegen eine Ausdehnung *Baumann* EuGRZ 2011, 1 (10)).

165 Diskutiert wird auch die **Umkehrung des Regel-Ausnahme-Verhältnisses.** Dann fände grundsätzlich eine vollumfängliche Überprüfung des EU-Rechts statt, es sei denn, besondere Bedürfnisse der internationalen Zusammenarbeit würden etwas anderes gebieten (*Baumann* EuGRZ 2011, 1 (11)).

VIII. Die Europäische Grundrechteagentur im Verhältnis zur EMRK

166 Die Schaffung einer **EU-Grundrechteagentur** im Jahre 2007 mit Sitz in Wien (Verordnung (EG) Nr. 168/2007 zur Errichtung einer Agentur der EU für Grundrechte) ist Ausdruck einer verstärkten Menschenrechtspolitik der EU.

167 Als **Informationsagentur** ist sie darauf ausgelegt, externe Akteure einzubinden, ua auch den Europarat. In der Gründung der Agentur wurde die **Gefahr einer Dopplung** der Zuständigkeiten des Europarats in Menschenrechtsfragen gesehen. Die enge Kooperation mit dem Europarat bei eindeutiger Ausgestaltung und Aufgabenbeschreibung der Agentur hat diese Befürchtungen allerdings weitestgehend entkräftet. So erscheint es sogar vorstellbar, dass die Grundrechteagentur die Arbeitsbelastung des EGMR reduzieren könnte (ausführlich dazu *von Bogdandy* in Merten/Papier Grundrechte-HdB § 166 Rn. 1 ff.).

Präambel

Die Unterzeichnerregierungen, Mitglieder des Europarats –

in Anbetracht der Allgemeinen Erklärung der Menschenrechte, die am 10. Dezember 1948 von der Generalversammlung der Vereinten Nationen verkündet worden ist;

in der Erwägung, dass diese Erklärung bezweckt, die universelle und wirksame Anerkennung und Einhaltung der in ihr aufgeführten Rechte zu gewährleisten;

in der Erwägung, dass es das Ziel des Europarats ist, eine engere Verbindung zwischen seinen Mitgliedern herzustellen, und dass eines der Mittel zur Erreichung dieses Zieles die Wahrung und Fortentwicklung der Menschenrechte und Grundfreiheiten ist;

in Bekräftigung ihres tiefen Glaubens an diese Grundfreiheiten, welche die Grundlage von Gerechtigkeit und Frieden in der Welt bilden und die am besten durch eine wahrhaft demokratische politische Ordnung sowie durch ein gemeinsames Verständnis und eine gemeinsame Achtung der diesen Grundfreiheiten zugrunde liegenden Menschenrechte gesichert werden;

entschlossen, als Regierungen europäischer Staaten, die vom gleichen Geist beseelt sind und ein gemeinsames Erbe an politischen Überlieferungen, Idealen, Achtung der Freiheit und Rechtsstaatlichkeit besitzen, die ersten Schritte auf dem Weg zu einer kollektiven Garantie bestimmter in der Allgemeinen Erklärung aufgeführter Rechte zu unternehmen;

in Bekräftigung dessen, dass es nach dem Grundsatz der Subsidiarität in erster Linie Aufgabe der Hohen Vertragsparteien ist, die Achtung der in dieser Konvention und den Protokollen dazu bestimmten Rechte und Freiheiten zu gewährleisten, und dass sie dabei über einen Ermessensspielraum verfügen, welcher der Kontrolle des durch diese Konvention errichteten Europäischen Gerichtshofs für Menschenrechte untersteht –

haben Folgendes vereinbart:

The governments signatory hereto, being members of the Council of Europe,

Considering the Universal Declaration of Human Rights proclaimed by the General Assembly of the United Nations on 10th December 1948;

Considering that this Declaration aims at securing the universal and effective recognition and observance of the Rights therein declared;

Considering that the aim of the Council of Europe is the achievement of greater unity between its members and that one of the methods by which that aim is to be pursued is the maintenance and further realisation of human rights and fundamental freedoms;

Reaffirming their profound belief in those fundamental freedoms which are the foundation of justice and peace in the world and are best maintained on the one hand by an effective political democracy and on the other by a common understanding and observance of the human rights upon which they depend;

Präambel

Being resolved, as the governments of European countries which are likeminded and have a common heritage of political traditions, ideals, freedom and the rule of law, to take the first steps for the collective enforcement of certain of the rights stated in the Universal Declaration;

Affirming that the High Contracting Parties, in accordance with the principle of subsidiarity, have the primary responsibility to secure the rights and freedoms defined in this Convention and the Protocols thereto, and that in doing so they enjoy a margin of appreciation, subject to the supervisory jurisdiction of the European Court of Human Rights established by this Convention,

Have agreed as follows:

Les gouvernements signataires, membres du Conseil de l'Europe,

Considérant la Déclaration universelle des Droits de l'Homme, proclamée par l'Assemblée générale des Nations Unies le 10 décembre 1948;

Considérant que cette déclaration tend à assurer la reconnaissance et l'application universelles et effectives des droits qui y sont énoncés;

Considérant que le but du Conseil de l'Europe est de réaliser une union plus étroite entre ses membres, et que l'un des moyens d'atteindre ce but est la sauvegarde et le développement des droits de l'homme et des libertés fondamentales;

Réaffirmant leur profond attachement à ces libertés fondamentales qui constituent les assises mêmes de la justice et de la paix dans le monde et dont le maintien repose essentiellement sur un régime politique véritablement démocratique, d'une part, et, d'autre part, sur une conception commune et un commun respect des droits de l'homme dont ils se réclament;

Résolus, en tant que gouvernements d'Etats européens animés d'un même esprit et possédant un patrimoine commun d'idéal et de traditions politiques, de respect de la liberté et de prééminence du droit, à prendre les premières mesures propres à assurer la garantie collective de certains des droits énoncés dans la Déclaration universelle;

Affirmant qu'il incombe au premier chef aux Hautes Parties contractantes, conformément au principe de subsidiarité, de garantir le respect des droits et libertés définis dans la présente Convention et ses protocoles, et que, ce faisant, elles jouissent d'une marge d'appréciation, sous le contrôle de la Cour européenne des Droits de l'Homme instituée par la présente Convention,

Sont convenus de ce qui suit:

Literatur: *Conseil de l'Europe* (Hrsg.), Recueil des travaux préparatoires de la Convention européenne des droits de l'homme, 8 Bde., 1975–1985; *Frowein,* European Convention for the Protection of Human Rights and Fundamental Freedoms, in Wolfrum (Hrsg.), The Max Planck Encyclopedia of Public International Law (s. auch http://www.mpepil.com), Bd. III, 2012, S. 882; *Mbengue,* Preamble, in Wolfrum (Hrsg.), The Max Planck Encyclopedia of Public International Law (s. auch http://www.mpepil.com), Bd. VIII 2012; *Robertson,* Le Conseil de l'Europe: sa structure, ses fonctions et ses réalisations, 1962.

1 Präambeln als feierliche oder grundsätzliche Vorsprüche, die dem eigentlichen Vertragstext vorangestellt sind, finden sich in den allermeisten völkerrechtlichen Verträgen. Sie haben – meist wegen der allgemein gefassten Inhalte – nicht die gleiche Rechtsverbindlichkeit wie der eigentliche Vertragstext, leiten jedoch seine

Anwendung und Auslegung an. Art. 31 Abs. 2 der Wiener Vertragsrechtskonvention bestimmt ausdrücklich, dass auch die **Präambel** bei der **Interpretation eines Übereinkommens maßgeblich für dessen Auslegung** ist.

In der Präambel der EMRK wird zunächst die **Anbindung an den Europarat** 2 an zwei Stellen deutlich gemacht. Einmal wird gleich einleitend festgehalten, dass die Vertragsstaaten der EMRK Mitglieder des Europarates sind. Zum anderen wird im dritten Erwägungsgrund die **EMRK auf Zielsetzungen des Europarates bezogen.** Die EMRK dient der Erfüllung des Ziels, eine **engere Verbindung** zwischen den Mitgliedern des Europarates herzustellen – wird aber ausdrücklich als lediglich eines der Mittel zur Erreichung dieses Ziels bezeichnet. An dieser Stelle wird zugleich einmal mehr ein Unterschied zur EU deutlich, wo es nicht lediglich um „greater unity", sondern um eine „ever closer union" (immer engere Union) geht (s. Erwägungsgrund 13 der Präambel des EUV, Art. 1 Abs. 2 EUV und den ersten Erwägungsgrund der Präambel der Grundrechte-Charta). Ein solches dynamisches Finalitätselement fehlt dem Europarat.

Dass die EMRK nicht auf eine europäische Einigung oder auch supranationale 3 Integration mit entsprechenden eigenen Strukturen ausgerichtet ist (→ Einl. Rn. 2 zum Gegensatz zwischen Föderalisten und Unionisten), wird auch im fünften Erwägungsgrund deutlich. Danach sind nicht Völker (vgl. der frühere Art. 189 Abs. 1 EGV) oder Staaten oder gar die Einzelnen (vgl. Art. 14 Abs. 2 EUV), sondern die **Regierungen** („gouvernements", „governments") die für die EMRK zusammenwirkenden Akteure. Dem entsprach die institutionelle Ausgangskonfiguration der EMRK mit einer dem Zugang zum EGMR vorgeschalteten Menschenrechtskommission und einer im Vergleich zu heute größeren Bedeutung von politischen Gesichtspunkten und intergouvernementalen Verhandlungslösungen.

Prominent wird auch gleich zu Beginn der Präambel im ersten Erwägungsgrund 4 auf die Vereinten Nationen und die **Allgemeine Erklärung der Menschenrechte von 1948,** eine rechtlich nicht bindende Resolution der UN-Generalversammlung, Bezug genommen. Der Hinweis darauf wird im zweiten Erwägungsgrund nochmals bekräftigt. Die EMRK wird im fünften Erwägungsgrund als **regionale rechtsverbindliche Umsetzung** des in der Allgemeinen Erklärung liegenden unverbindlichen Schutzauftrages konzipiert. Auf UN-Ebene sollte eine verbindliche Verpflichtung auf die Menschenrechte erst 16 Jahre später gelingen, 1966 mit dem Internationalen Pakt über bürgerliche und politische Rechte (BGBl. 1973 II 1553) sowie dem Internationalen Pakt über wirtschaftliche, soziale und kulturelle Rechte (BGBl. 1973 II 1569). Mangels obligatorischer Gerichtsbarkeit reichen diese beiden Pakte freilich nicht an die Rechtsförmigkeit der EMRK heran.

Die Präambel der EMRK hat **bisher nur vereinzelte rechtliche Bedeutung** 5 entfaltet. EGMR-Urteile, die sich auf die Präambel beziehen, sind vergleichsweise selten.

Die Formulierung vom „**gemeinsamen Erbe** an politischen Überlieferungen, 6 Idealen, Achtung der Freiheit und der Rechtsstaatlichkeit" findet sich in der *Söring-*Entscheidung (EGMR 7.7.1989 (Plenum) – 14038/88 Rn. 88, NJW 1990, 2183 – Soering); s. auch EGMR 8.7.2004 – 48787/99 Rn. 317, NJW 2005, 1849 – Ilașcu, in der es nicht zuletzt auch um eine Abgrenzung zu den USA vor dem Hintergrund einer *Söring* in den USA drohenden Todesstrafe ging.

In einem jüngeren Fall, der die Frage nach dem passiven Wahlrecht für Minder- 7 heiten in Bosnien-Herzegowina zum Gegenstand hatte, bezieht sich der EGMR auf das in der Präambel niedergelegte **Ziel der Wiederherstellung des Friedens**

Präambel

(EGMR 22.12.2009 (GK) – 27996/06 u. 34836/06 Rn. 45, NJOZ 2011, 428 = BeckRS 2011, 2094 – Sejdić u. Finci).

8 Eine hervorgehobene Rolle hat die Formulierung von der **„kollektiven Garantie"** („garantie collective", „collective enforcement") in der Präambel gespielt. Der EGMR hat damit nämlich den **besonderen Charakter der EMRK begründet.** In der „kollektiven Garantie" sei nicht nur eine einfache „mehr oder weniger rhetorische Mahnung" zu sehen, die für die Auslegung der Konvention ohne Interesse wäre, sondern eine besondere Verpflichtung auf Rechtsstaatlichkeit (EGMR 21.2.1975 (Plenum) – 4451/70 Rn. 34, BeckRS 1975, 107576 – Golder; aufgegriffen in EGMR 18.1.1978 – 5310/71 Rn. 239, BeckRS 1978, 108300 – Irland; EGMR 6.10.2006 – 8196/02 Rn. 68 – Salah).

9 Mit dem am 1.8.2021 in Kraft getretenen 15. EMRKProt verankern die Vertragsstaaten die Lehre vom **Beurteilungsspielraum** und das **Subsidiaritätsprinzip** in der Präambel. Dazu wurde der Präambel am Ende ein weiterer Erwägungsgrund hinzugefügt.

10 Die Lehre vom Beurteilungsspielraum und das Subsidiaritätsprinzip sind insofern eng miteinander verknüpft, als dass Menschenrechtsschutz zunächst auf nationaler Ebene stattfinden soll und vor dem Hintergrund der Lehre des Beurteilungsspielraums auch muss, um lokalen Erfordernissen und Bedingungen gerecht zu werden (vgl. Explanatory Report zu ZP XV Rn. 9, http://conventions.coe.int). Dies stimmt mit dem im 15. EMRKProt verfolgten Ziel, die Effektivität des EGMR zu gewährleisten, überein. Die nachdrückliche Betonung der Nachrangigkeit der EMRK lässt sich aber auch als Ausdruck einer zunehmenden Distanz einiger Vertragsstaaten zur EMRK einordnen (→ Rn. 14). Für diese Deutung sprechen die **Hintergründe der Präambelergänzung.** Auf Initiative des Vereinigten Königreichs, das zu diesem Zeitpunkt die Präsidentschaft des Ministerkomitees inne hatte, fand im April 2012 nach den Konferenzen in Interlaken und Izmir eine weitere High Level Conference on the Future of the European Court of Human Rights in Brighton statt. Deren Ertrag ist in der **Brighton-Erklärung** niedergelegt, Teilaspekte davon finden sich im 15. EMRKProt wieder (vgl. Explanatory Report zu ZP XV, Rn. 4, http://conventions.coe.int). Im britischen Entwurf der Brighton-Erklärung v. 23.2.2012 wurde noch gefordert, Beurteilungsspielraum und Subsidiaritätsprinzip im eigentlichen Konventionstext zu verankern (vgl. Entwurf der Brighton-Erklärung v. 23.2.2012, Rn. 19b). Die Verortung lediglich in der Präambel stellt demgegenüber eine Abschwächung dar. Der seinerzeitige Präsident des EGMR, *Sir Nicolas Bratza,* zeigte sich in seiner Rede auf der Brighton-Konferenz skeptisch zur Erforderlichkeit einer Verankerung des Beurteilungsspielraums in der Präambel (Rede v. 20.4.2012, S. 6, abrufbar unter http://www.echr.coe.int/Documents/Speech_20120420_Bratza_Brighton_ENG.pdf). Entsprechend hat der EGMR in seiner Stellungnahme zum Entwurf des 15. EMRKProt auch ausgeführt, dass die Formulierungen zum Subsidiaritätsprinzip im 15. EMRKProt keine sachlichen Änderungen ergeben (Opinion of the Court on the Draft Protocol No. 15 to the European Convention on Human Rights v. 6.2.2013, Rn. 5).

11 Die **Nennung des Subsidiaritätsprinzips verblüfft.** Das ursprünglich aus der katholischen Soziallehre stammende Prinzip ist im rechtlichen Kontext in jüngerer Zeit aus dem Recht der Europäischen Union zuvörderst als Kompetenzausübungsschranke bei der **Rechtsetzung** bzw. allgemeiner bei Entscheidungen bekannt (s. Art. 5 EUV bzw. Präambel zum EUV). Seine Justitiabilität ist für das Unionsrecht noch nicht abschließend geklärt. Vieles spricht dafür, dass auch im Rahmen des hochgradig verrechtlichten Subsidiaritätsprinzips des Unionsrechts ein gerichtlich nicht oder nur eingeschränkt überprüfbarer politischer Einschätzungsspielraum verbleibt. Umso erstaunlicher ist es, dass ein Prinzip, das sich wahrscheinlich nicht vollständig rechtlich auflösen lässt, im EMRK-Kontext für das Verhältnis von Konventionsrecht zu Vertragsparteienrecht eine Rolle spielen soll. Etwaige Spielräume werden schließlich bereits durch die *margin of appreciation*-Doktrin erfasst.

Soweit es schlicht um Nachrangigkeit geht, so hat der EGMR in der Vergangenheit den **subsidiären Charakter des Beschwerdemechanismus** an den Gerichtshof bestätigt (*Meyer-Ladewig* in HK-EMRK EMRK Einleitung Rn. 36 unter Hinweis auf EGMR 26.10.2000 (GK) – 30210/96 Rn. 152, NJW 2001, 2694 – Kudla). Diesen entnimmt er zum einen Art. 1 EMRK, der für die Einhaltung der EMRK in erster Linie die Vertragsstaaten, also auch deren Gerichte, in die Pflicht nimmt. Daneben geben Art. 13 EMRK (Recht auf Einlegung einer Beschwerde vor nationalen Stellen) und Art. 35 EMRK („nach Erschöpfung aller innerstaatlichen Rechtsbehelfe") eindeutige Hinweise auf die Nachrangigkeit des Konventionsrechtsschutzes. Der EGMR hat den subsidiären Charakter der EMRK (**„the subsidiary character of the Convention"**) namentlich im Kontext von Pilotverfahren betont, und zwar im Hinblick auf die in den Vertragsstaaten aus dem festgestellten EMRK-Verstoß zu ziehenden Konsequenzen für gleichgelagerte Fälle und im Hinblick auf die Höhe von Entschädigungszahlungen (EGMR 22.6.2004 – 31443/96 Rn. 193, EuGRZ 2004, 472 – Broniowski/Polen; EGMR 28.9.2005 – 31443/96 Rn. 34 ff., EuGRZ 2005, 563 – Broniowski/Polen; EGMR 19.6.2006 – 35014/97 Rn. 232, 236 – Hutten-Czapska/Polen; EGMR 12.3.2014 – 26828/06 Rn. 141, NJOZ 2015, 819 = BeckRS 2015, 6850 – Kurić ua/Slovenia; zum Subsidiaritätsprinzip in der Rechtsprechung des EGMR umfassend *Hoffmann* Der Grundsatz der Subsidiarität im Rechtsschutzsystem der Europäischen Menschenrechtskonvention). Der EGMR hat die Ergänzung der Präambel insoweit als **Kodifizierung** seiner Rspr. gedeutet (Opinion of the Court on Draft Protocol No. 15 to the European Convention on Human Rights v. 6.2.2013, Rn. 5). Ob dem Subsidiaritätsprinzip nach Verankerung in der Präambel auch in der Rspr. des EGMR ein gesteigertes Gewicht zukommen wird, erscheint fraglich.

Mit der **Verankerung der in der Rspr. des EGMR entwickelten Lehre vom Beurteilungsspielraum** (margin of appreciation) soll diese Doktrin transparenter werden (vgl. Explanatory Report zu ZP XV, Rn. 7, http://conventions.coe.int). Ob die bloße Erwähnung des Grundsatzes für sich genommen hierzu geeignet ist, kann jedoch bezweifelt werden. Denkbar sind aber durchaus langfristig mittelbare Effekte auf die Rspr. (s. *Grabenwarter* Grundrechtsgemeinschaft S. 23, 56, der erwartet, dass der EGMR die Kriterien seiner Kontrolldichte detaillierter darlegen wird als bisher).

Die am 1.8.2021 in Kraft getretenen Zusätze zur Präambel stehen im größeren Zusammenhang von verschiedenen jüngeren **Absetzbewegungen gegenüber der EMRK** (→ Rn. 10). Diese reichen von britischen Überlegungen zum Austritt aus der EMRK (→ Einl. Rn. 114) bis zu russischen Gesetzgebungsvorhaben zur Kontrolle von EGMR-Urteilen (zur *Torschin*-Gesetzesinitiative → Einl. Rn. 88). Präambelzusätze dürften indes nicht ausreichen, diese Fliehkräfte einzudämmen. Zugleich tragen sie unnötigerweise zu einer Schwächung der unabdingbaren und unbedingten Autorität des überstaatlichen Menschenrechtsschutzes in Europa bei.

2. Teil. Rechte und Freiheiten der Konvention

Art. 1 Verpflichtung zur Achtung der Menschenrechte

Die Hohen Vertragsparteien sichern allen ihrer Hoheitsgewalt unterstehenden Personen die in Abschnitt I bestimmten Rechte und Freiheiten zu.

The High Contracting Parties shall secure to everyone within their jurisdiction the rights and freedoms defined in Section I of this Convention.

Les Hautes Parties contractantes reconnaissent à toute personne relevant de leur juridiction les droits et libertés définis au titre I de la présente Convention.

Literatur: *Biehl,* Die Europäische Menschenrechtskonvention in internationalen und nichtinternationalen bewaffneten Konflikten, 2020; *Bleier,* Die extraterritoriale Anwendbarkeit der EMRK, 2019; *Coomans/Kamminga* (Hrsg.), Extraterritorial Application of Human Rights Treaties, 2004; *Direk,* Responsibility in Peace Support Operations: Revisiting the Proper Test for Attribution Conduct and the Meaning of the ‚Effective Control' Standard, NILR 61 (2014), 1 ff.; *Dröge,* Positive Verpflichtungen der Staaten in der Europäischen Menschenrechtskonvention, 2003; *Erberich,* Auslandseinsätze der Bundeswehr und Europäische Menschenrechtskonvention, 2004; *Fleck,* Schutz der Menschenrechte bei Auslandseinsätzen: eine Herausforderung für Friedenstruppen, Entsendestaaten und internationale Organisationen, NZWehrr 2008, 164 ff.; *Friedrich,* Die extraterritoriale Geltung von Grund- und europäischen Menschenrechten, 2020; *Hafner,* The ECHR torn between the United Nations and the States. The Behrami and Saramati case, in Fischer-Lescano/Gasser/Marauhn/Ronzitti (Hrsg.), Frieden in Freiheit, FS Bothe, 2008, 103 ff.; *Holzinger,* EMRK und internationale Organisationen, 2010; *Jankowska-Gilberg,* Extraterritorialität der Menschenrechte. Der Begriff der Jurisdiktion im Sinne von Art. 1 EMRK, 2008; *Johann,* Menschenrechte im internationalen bewaffneten Konflikt. Zur Anwendbarkeit der Europäischen Menschenrechtskonvention und des internationalen Paktes über bürgerliche und politische Rechte auf Kriegshandlungen, 2012; *King,* The Extraterritorial Human Rights Obligations of States, HRLR 9 (2009), 521 ff.; *Krieger,* Die Verantwortlichkeit Deutschlands nach der EMRK für seine Streitkräfte im Auslandseinsatz, ZaöRV 62 (2002), 669 ff.; *Larsen,* Attribution of Conduct in Peace Operations: The ‚Ultimate Authority and Control' Test, EJIL 19 (2008), 509 ff.; *Lorenz,* Der territoriale Anwendungsbereich der Grund- und Menschenrechte – Zugleich ein Beitrag zum Individualschutz in bewaffneten Konflikten, 2005; *Mallory,* Human rights imperialists: the extraterritorial application of the European Convention on Human Rights, 2020; *Messineo,* The House of Lords in Al-Jedda and Public International Law: Attribution of Conduct to UN-Authorized Forces and the Power of the Security Council to Displace Human Rights, NILR 2009, 35 ff.; *Milanović,* From Compromise to Principle: Clarifying the Concept of State Jurisdiction in Human Rights Treaties, HRLR 8 (2008), 411 ff.; *Milanović/Papić,* As bad as it gets: The European Court of Human Rights's Behrami and Saramati Decision and General International Law, ICLQ 58 (2009), 267 ff.; *Peters,* Die Anwendbarkeit der EMRK in Zeiten komplexer Hoheitsgewalt und das Prinzip der Grundrechtstoleranz, AVR 48 (2010), 1 ff.; *Rensmann,* Die Anwendbarkeit von Menschenrechten im Auslandseinsatz, in Weingärtner (Hrsg.), Einsatz der Bundeswehr im Ausland – Rechtsgrundlagen und Praxis, 2007, S. 49 ff.; *Ress,* The Duty to Protect and to Ensure Human Rights Under the European Convention on Human Rights, in Klein (Hrsg.), The Duty to Protect and to Ensure Human Rights, 2000, S. 165 ff.; *Sari,* Jurisdiction and International Responsibility in Peace Support Operations: The Behrami and Saramati Cases, HRLR 8 (2008), 151 ff.; *Schmidt-Radefeldt,* Die Menschenrechtsverpflichtungen von Streitkräften bei

Verpflichtung zur Achtung der Menschenrechte **Art. 1 EMRK**

antiterroristischen Maßnahmen im Ausland, in Fleck (Hrsg.), Rechtsfragen der Terrorismusbekämpfung durch Streitkräfte, 2004, S. 101 ff.; *Schütze*, Die Zurechenbarkeit von Völkerrechtsverstößen im Rahmen mandatierter Friedensmissionen der Vereinten Nationen, 2011; *Simma*, Das Reziprozitätselement im Zustandekommen völkerrechtlicher Verträge, 1972; *Stoltenberg*, Auslandseinsätze der Bundeswehr im menschenrechtlichen Niemandsland?, ZRP 2008, 111 ff.; *Streuer*, Die positiven Verpflichtungen des Staates, 2003; *Talmon*, Der Begriff der „Hoheitsgewalt" in Zeiten der Überwachung des Internet- und Telekommunikationsverkehrs durch ausländische Nachrichtendienste, JZ 2014, 783 ff.; *Thallinger*, Grundrechte und extraterritoriale Hoheitsakte. Auslandseinsätze des Bundesheeres und Europäische Menschenrechtskonvention, 2008; *Wallace*, The application of the European Convention on Human Rights to military operations, 2019.

Übersicht

	Rn.
A. Allgemeines und innerstaatliche Bedeutung	1
B. Geltungsbereich der EMRK	3
I. Charakter der Verpflichtung	3
1. Unmittelbare und objektive Verpflichtung	3
2. Positive Verpflichtungen	5
3. Keine Drittwirkung	9
II. Adressat der Verpflichtung	10
1. Bindung der Vertragsparteien	10
2. Internationale Organisationen	12
III. Berechtigte der Verpflichtung	16
1. Alle Personen	16
2. Jurisdiktion (Hoheitsgewalt)	18

A. Allgemeines und innerstaatliche Bedeutung

Art. 1 bestimmt – zusammen mit den Rechten und Freiheiten des Abschnitts I **1** und Art. 56 – den **Geltungsbereich** der Konvention *ratione personae, materiae* und *loci* (EGMR 18.1.1978 – 5310/71 Rn. 238, EuGRZ 1979, 149 – Irland/Vereinigtes Königreich; EGMR 30.1.1998 (GK) – 19392/92 Rn. 29 – United Communist Party of Turkey ua; *Fastenrath* in IntKommEMRK Art. 1 Rn. 4). Es handelt sich um eine **Rahmenregelung,** die für sich genommen nicht verletzt werden kann (EGMR 22.3.2001 (GK) – 34044/96, 35532/97 u. 44801/98 Rn. 112, NJW 2001, 3035 – Streletz, Kessler u. Krenz; EGMR 14.5.2002 – 38621/97 – Zehnalova u. Zehnal; EGMR 10.1.2008 – 13670/03 – Akhmadova ua). Sie kommt stets nur in Verbindung mit den betroffenen materiellen Schutzbestimmungen zur Anwendung (EGMR 18.1.1978 – 5310/71 Rn. 238, EuGRZ 1979, 149 – Irland/Vereinigtes Königreich; EGMR 14.5.2002 – 38621/97 – Zehnalova u. Zehnal; *Fastenrath* in IntKommEMRK Art. 1 Rn. 4). Kann die Beeinträchtigung eines Konventionsrechts keiner Vertragspartei zugerechnet werden, ist die Konvention unanwendbar *ratione personae*. Erfolgt die Beeinträchtigung gegenüber einer Person, die nicht der Jurisdiktion einer Vertragspartei untersteht, ist die Konvention ebenfalls unanwendbar *ratione personae*. Bei extraterritorialen Sachverhalten kann die Konvention darüber hinaus als unanwendbar *ratione loci* angesehen werden (zu den Einzelheiten → Rn. 18 ff.). Zu beachten ist ggf. auch die Sonderregelung für bestimmte Gebiete in der sog. „Kolonialklausel" in Art. 56. Wird eine Beeinträchtigung geltend gemacht, die von keinem Konventionsrecht erfasst wird, ist die Konvention unanwendbar *ratione materiae*. Der EGMR prüft die Zurechenbarkeit einer Handlung zu einem Vertragsstaat von Amts wegen und unabhängig davon, ob der Vertragsstaat die Rüge der Unzulässigkeit erhoben hat (EGMR 21.4.2009 – 11956/07 Rn. 45 – Stephens; EGMR 2.5.2017 – 15944/11 Rn. 22 – Vasiliciuc).

2 In der innerstaatlichen Praxis spielt Art. 1 keine hervorgehobene Rolle, da seine Voraussetzungen regelmäßig unproblematisch erfüllt sind. Bedeutung erlangt die Regelung insbesondere im Zusammenhang mit **Auslandseinsätzen** von Streitkräften sowie bei Handlungen, die Vertragsparteien in ihrer Eigenschaft als Mitglied einer **internationalen oder supranationalen Organisation** vornehmen. Anhand von Art. 1 ist gegebenenfalls zu prüfen, ob in diesen Fällen die **extraterritoriale Geltung** der Konvention gegeben ist (→ Rn. 20ff.) und/oder eine Handlung einer Vertragspartei oder aber der involvierten internationalen Organisation **zurechenbar** ist (→ Rn. 12ff.). Praktisch bedeutsam können ferner die aus Art. 1 abgeleiteten **positiven Handlungsverpflichtungen** der Vertragsparteien sein (→ Rn. 5ff.). Der konkrete Inhalt und die Reichweite solcher Verpflichtungen folgen allerdings nicht aus Art. 1 selbst, sondern können nur im Wege der Auslegung der einzelnen Konventionsrechte ermittelt werden.

B. Geltungsbereich der EMRK

I. Charakter der Verpflichtung

3 **1. Unmittelbare und objektive Verpflichtung.** Aus der Formulierung *„shall secure"/„reconaissent"* folgt, dass die Vertragsparteien völkerrechtlich **unmittelbar** verpflichtet sind, die Rechte und Freiheiten der Konvention gegenüber allen Personen, die ihrer Jurisdiktion unterstehen, zu gewährleisten (EGMR 18.1.1978 – 5310/71 Rn. 239, EuGRZ 1979, 149 – Irland/Vereinigtes Königreich; vgl. auch BGHZ 45, 46 (49)). Eine nur mittelbare Verpflichtung, die lediglich darauf gerichtet gewesen wäre, dem Einzelnen die Rechte und Freiheiten der Konvention zu verschaffen *("undertake to secure"),* wurde von den Vertragsparteien verworfen (vgl. EGMR 18.1.1978 – 5310/71, EuGRZ 1979, 149 – Irland/Vereinigtes Königreich; siehe auch Travaux Préparatoires Band V S. 34; *Frowein* in Frowein/Peukert EMRK Art. 1 Rn. 2). Eine Verpflichtung zur **Umsetzung** der EMRK in innerstaatliches Recht besteht nicht (EGMR 21.2.1986 – 8793/79 Rn. 84, EuGRZ 1988, 341 – James ua; EGMR 11.7.2002 (GK) – 28957/95 Rn. 113, NJW-RR 2004, 289 – Goodwin; EGMR 27.3.2003 – 36813/97 – Scordino; EGMR 17.9.2013 – 32357/09 Rn. 37 – Juncal). Die Vertragsparteien sind vielmehr frei, auf welche Weise sie die Konventionsrechte sichern.

4 Anders als völkerrechtliche Verträge klassischer Art beinhaltet die Konvention mehr als rein gegenseitige Verpflichtungen zwischen Vertragsstaaten. Sie schafft, über ein Geflecht von wechselseitigen bilateralen Verpflichtungen hinaus, **objektive Verpflichtungen,** welche – wie sich aus der Präambel ergibt – von einer „kollektiven Garantie" profitieren. Die Vertragsparteien können daher gem. Art. 33 von anderen Vertragsparteien die Einhaltung der Konventionsverpflichtungen verlangen, ohne hierfür ein besonderes eigenes Interesse nachweisen zu müssen (EGMR 18.1.1978 – 5310/71 Rn. 239, EuGRZ 1979, 149 – Irland/Großbritannien; EGMR 4.2.2005 (GK) – 46827/99 u. 46951/99 Rn. 100, EuGRZ 2005, 357 – Mamatkulov u. Askarov; EGMR 10.3.2009 (GK) – 39806/05 Rn. 84 – Paladi; EGMR 30.8.2011 – 46559/06 u. 22921/06 Rn. 199 – Knaggs u. Khachik;

EGMR 18.11.2020 (GK) – 54155/16 Rn. 60 – Slowenien/Kroatien; vgl. auch EKMR 11.1.1961 – 788/60, YBECHR 4, 116 (139) – Österreich/Italien; siehe zum Ganzen auch *Simma*, Reziprozitätselement, S. 176 ff.).

2. Positive Verpflichtungen. a) Allgemeines. Art. 1 enthält die **negative** **5** **Verpflichtung,** rechtswidrige Eingriffe in die von der Konvention geschützten Rechtsgüter zu unterlassen (vgl. EGMR 30.6.2009 (GK) – 32772/02 Rn. 79, NJW 2010, 3699 – Verein gegen Tierfabriken Schweiz; EGMR 12.9.2011 (GK) – 28955/06 ua Rn. 58, NZA 2012, 1421 – Sánchez ua; EGMR 16.6.2015 (GK) – 40167/06 Rn. 129, NLMR 2015, 256 – Sargsyan). Die Pflicht, die Rechte und Freiheiten der Konvention zu „sichern", kann darüber hinaus **positive Handlungsverpflichtungen** mit sich bringen, welche „der Gewährleistung der effektiven Ausübung der in der Konvention garantierten Rechte inhärent sind" (EGMR 22.6.2004 (GK) – 31443/96 Rn. 143, NJW 2005, 2521 – Broniowski; vgl. auch EGMR 11.1.2006 (GK) – 52562/99 u. 52620/99 Rn. 57, ÖJZ 2006, 550 – Sørensen u. Rasmussen; EGMR 30.6.2009 (GK) – 32772/02 Rn. 79, NJW 2010, 3699 – Verein gegen Tierfabriken Schweiz; EGMR 16.12.2009 – 23883/06 Rn. 31 – Khurshid Mustafa u. Tarzibachi; EGMR 16.7.2014 (GK) – 60642/08 Rn. 100, NJOZ 2015, 1984 – Ališić ua; EGMR 27.2.2020 – 14460/16 ua Rn. 61 – Strezovski ua; zur Herleitung siehe *Krieger* in Dörr/Grote/Marauhn Kap. 6 Rn. 29 ff.; *Streuer,* Positive Verpflichtungen, S. 196 ff.). Ob und inwieweit im Einzelfall positive Verpflichtungen bestehen, ist im Rahmen des jeweils betroffenen Rechts zu prüfen. Bei dieser Prüfung ist ein „gerechter Ausgleich" zwischen dem Allgemeininteresse und den Interessen des Einzelnen zu erstreben (EGMR 8.7.2004 (GK) – 48787/99 Rn. 332, NJW 2005, 1849 – Ilaşcu ua; EGMR 30.6.2009 (GK) – 32772/02 Rn. 81, NJW 2010, 3699 – Verein gegen Tierfabriken Schweiz; EGMR 16.7.2014 (GK) – 60642/08 Rn. 101, NJOZ 2015, 1984 – Ališić ua; EGMR 16.6.2015 (GK) – 40167/06 Rn. 220, NLMR 2015, 256 – Sargsyan). Der Umfang der positiven Verpflichtungen kann mit Blick auf die Vielfältigkeit der in den Vertragsstaaten denkbaren Konstellationen variieren (EGMR 8.7.2004 (GK) – 48787/99 Rn. 332, NJW 2005, 1849 – Ilaşcu ua; EGMR 30.6.2009 (GK) – 32772/02 Rn. 81, NJW 2010, 3699 – Verein gegen Tierfabriken Schweiz; EGMR 16.7.2013 – 1562/10 Rn. 63 – Remuszko). Zu berücksichtigen ist, dass die Vertragsstaaten bei den Maßnahmen zur Umsetzung ihrer Verpflichtung eine Auswahl nach Maßgabe der Dringlichkeit und der zur Verfügung stehenden Ressourcen zu treffen haben. Die Verpflichtung ist nicht so auszulegen, dass sie den Vertragsparteien eine unmögliche oder unverhältnismäßige Last auferlegt (EGMR 8.7.2004 (GK) – 48787/99 Rn. 332, NJW 2005, 1849 – Ilaşcu ua; EGMR 30.6.2009 (GK) – 32772/02 Rn. 81, NJW 2010, 3699 – Verein gegen Tierfabriken Schweiz; EGMR 16.7.2013 – 1562/10 Rn. 63 – Remuszko; EGMR 2.2.2021 (GK) – 22457/16 Rn. 182 – X ua; siehe auch EGMR 28.10.1998 (GK) – 23452/94 Rn. 116 – Osman; EGMR 16.3.2000 – 23144/93 Rn. 43 – Özgür Gündem).

b) Einzelne Verpflichtungen. Zu den positiven Verpflichtungen der Vertrags- **6** parteien gehört es ua, die **organisatorischen** und **verfahrensrechtlichen Rahmenbedingungen** für die Gewährleistung der Konventionsrechte zu schaffen (vgl. *Streuer,* Positive Verpflichtungen, S. 56). So können sich etwa übergeordnete Behörden nicht darauf beschränken, die Konventionsrechte selbst zu beachten, sie müssen darüber hinaus aktiv dafür sorgen, dass diese auch auf den ihnen untergeordneten Ebenen eingehalten werden (EGMR 18.1.1978 – 5310/71 Rn. 239,

EMRK Art. 1

EuGRZ 1979, 149 – Irland/Vereinigtes Königreich; EGMR 8.4.2004 (GK) – 71503/01 Rn. 146, NJW 2005, 2207 – Assanidze). Die Vertragsparteien haben ferner nicht nur rechtswidrige Eingriffe in das Recht auf Leben (Art. 2) zu unterlassen, sondern müssen zum Schutz dieses Rechtsguts auch für effektive Strafrechtsnormen und deren Durchsetzung sorgen (EGMR 14.3.2002 – 46477/99 Rn. 54 – Paul u. Audrey Edwards; EGMR 7.1.2010 – 25965/04 Rn. 218, NJW 2010, 3003 – Rantsev; EGMR 30.4.2014 – 13596/05 Rn. 67 – Tikhonova; EGMR 7.9.2020 – 62439/12 Rn. 66 – Kotilainen ua) sowie die Durchführung effektiver, amtlicher Untersuchungen von Verstößen sicherstellen (EGMR 27.9.1995 (GK) – 18984/91 Rn. 161, ÖJZ 1996, 233 – McCann ua; EGMR 27.5.2014 (GK) – 4455/10 Rn. 125, NLMR 2014, 245 – Marguš; siehe dazu auch BVerfG 6.10.2014 – 2 BvR 1568/12 Rn. 16 – Gorch Fock; EGMR 7.9.2020 – 62439/12 Rn. 66 – Kotilainen ua). Das gleiche gilt für die Durchsetzung der Verbote aus Art. 3 (EGMR 21.11.2001 (GK) – 35763/97 Rn. 38 mwN, EuGRZ 2002, 403 – Al-Adsani) und des Verbots der Sklaverei und Zwangsarbeit aus Art. 4 (EGMR 26.7.2005 – 73316/01 Rn. 65 – Siliadin; EGMR 7.1.2010 – 25965/04 Rn. 284 ff. mwN, NJW 2010, 3003 – Rantsev). Art. 6 erfordert ua die Einrichtung eines rechtlich und praktisch effektiven Systems zur Durchsetzung von Urteilen (EGMR 19.10.2006 – 36496/02 Rn. 64 f. – Kesyan; EGMR 27.1.2009 – 37763/04 ua Rn. 47 – Cebotari ua; EGMR 4.10.2011 – 35032/09 Rn. 46 – Agache). Aus Art. 3 EMRKZusProt folgt die positive Verpflichtung, freie Wahlen abzuhalten (EGMR 15.3.2012 (GK) – 42202/07 Rn. 67 – Sitaropoulos ua; siehe auch EGMR 2.3.1987 – 9267/81 Rn. 50, EGMR-E 3, 376 – Mathieu-Mohin). Darüber hinaus können positive Handlungsverpflichtungen ein aktives Tätigwerden zur Gewährleistung von Konventionsrechten im **Einzelfall** erfordern, zB die Sicherstellung, dass Verwaltungsentscheidungen zugunsten eines Einzelnen auch durchgesetzt werden (vgl. EGMR 25.11.2008 – 41760/04 – Kostić; EGMR 28.4.2009 – 11890/05 Rn. 79 ff. – Bijelić).

7   Die positiven Verpflichtungen beinhalten ferner **Schutzpflichten** der Vertragsparteien. Diese müssen im Rahmen ihrer Möglichkeiten dafür Sorge tragen, dass die Rechte des Einzelnen nicht durch **Eingriffe Privater** verletzt werden (dazu ausführlich *Dröge*, Positive Verpflichtungen, S. 11 ff.). Das Bestehen von solchen Schutzpflichten hat der EGMR insbesondere im Bereich des Rechts auf Leben (EGMR 28.10.1998 (GK) – 23452/94 Rn. 115 – Osman; EGMR 24.3.2011 (GK) – 23458/02 Rn. 244 – Giuliani u. Gaggio; EGMR 4.8.2020 – 48756/14 Rn. 147 – Tërshana), des Folterverbots (EGMR 23.9.1998 – 25599/94 Rn. 22 – A.; EGMR 28.1.2000 – 22535/93 Rn. 115 – Mahmut Kaya; EGMR 10.5.2001 (GK) – 29392/95 Rn. 73 – Z. ua; EGMR 13.12.2012 (GK) – 39630/09 Rn. 198, NVwZ 2013, 631 – El-Masri; EGMR 28.1.2014 (GK) – 35810/09 Rn. 144, NVwZ 2014, 1641 – O'Keeffe; EGMR 25.6.2019 (GK) – 41720/13 Rn. 115 – Nicolae Virgiliu Tănase), der Rechte aus Art. 8 (EGMR 26.3.1985 – 8978/80 Rn. 23, NJW 1985, 2075 – X. u. Y.; EGMR 24.6.2004 – 59320/00 Rn. 57, NJW 2004, 2647 – v. Hannover; EGMR 5.6.2014 – 31021/08 Rn. 70, NJW 2015, 2319 – I.S.; EGMR 5.9.2017 (GK) – 61496/08 Rn. 108, EuZW 2018, 169 – Bărbulescu), der Meinungsfreiheit (EGMR 16.12.2009 – 23883/06 Rn. 32 – Khurshid Mustafa u. Tarzibachi; EGMR 16.7.2013 – 1562/10 Rn. 62 – Remuszko), der Versammlungs- (EGMR 3.5.2007 – 1543/06 Rn. 64 – Bączkowski) und Vereinigungsfreiheit (EGMR 11.1.2006 (GK) – 52562/99 u. 52620/99 Rn. 57, ÖJZ 2006, 550 – Sørensen u. Rasmussen; EGMR 6.11.2012 – 47335/06 Rn. 43 – Redfearn; EGMR 16.7.2019 – 12200/08 ua Rn. 162 – Zhdanov) und

Verpflichtung zur Achtung der Menschenrechte **Art. 1 EMRK**

des Schutzes des Eigentums (EGMR 7.6.2005 – 71186/01 Rn. 91 – Fuklev; EGMR 1.4.2010 – 11989/03 Rn. 38 – Margushin; EGMR 20.9.2011 – 17854/04 Rn. 79 – Shesti Mai Engineering OOD ua; EGMR 30.8.2016 – 66209/10 Rn. 25 – Hunguest Zrt) angenommen. Eine Schutzpflicht besteht auch gegenüber den Handlungen der **Organe von Drittstaaten** im Gebiet einer Vertragspartei. Auch wenn Rechtsverletzungen im ausschließlichen Verantwortungsbereich ausländischer Amtsträger erfolgen und die Behörden keine Kenntnis hinsichtlich der Einzelheiten der Rechtsverletzungen besitzen, sind sie insoweit aus Art. 1 iVm dem betroffenen Konventionsrecht verpflichtet, geeignete Maßnahmen zu ergreifen, um zu gewährleisten, dass die Konventionsrechte der ihrer Jurisdiktion unterstehenden Personen (zur Reichweite der Jurisdiktion → Rn. 18ff.) nicht verletzt werden (EGMR 24.7.2014 – 28761/11 Rn. 509 u. 517, NVwZ 2015, 955 – Al Nashiri; EGMR 24.7.2014 – 7511/13 Rn. 502 u. 512 – Husayn (Abu Zubaydah) – jeweils zu Verstößen gegen Art. 3 durch Angehörige des US-amerikanischen Geheimdienstes CIA auf polnischem Boden; vgl. auch EGMR 13.12.2012 (GK) – 39630/09 Rn. 211, NVwZ 2013, 631 – El-Masri; EGMR 23.2.2016 – 44883/09 Rn. 241 – Nasr u. Ghali; EGMR 31.5.2018 – 46454/11 Rn. 581 – Abu Zubaydah; EGMR 31.5.2018 – 33234/12 Rn. 594 – Al Nashiri).

Es besteht außerdem eine positive Verpflichtung der Vertragsparteien, sich im 8 Falle des **Verlustes der Kontrolle über einen Teil ihres Staatsgebietes** (zB im Falle der militärischen Besetzung durch einen anderen Staat oder in einer Bürgerkriegssituation) mit allen rechtlichen und diplomatischen Mitteln, die ihnen zur Verfügung stehen, um die Gewährleistung der Konventionsrechte in einem solchen Gebiet zu bemühen (EGMR 8.7.2004 (GK) – 48787/99 Rn. 333, NJW 2005, 1849 – Ilaşcu ua; EGMR 19.10.2012 (GK) – 43370/04 Rn. 110, NVwZ 2014, 203 – Catan ua; EGMR 23.2.2016 (GK) – 11138/10 Rn. 100 – Mozer; EGMR 17.7.2018 – 21034/05 Rn. 32ff. – Sandu ua; vgl. auch *Krieger* in Dörr/Grote/Marauhn Kap. 6 Rn. 55). Diese Verpflichtung kann sich darüber hinaus nach zwei Kammerentscheidungen des EGMR sogar auf Gebiete **außerhalb der Grenzen** der Vertragsparteien erstrecken (EGMR 3.3.2005 – 60861/00 Rn. 101 – Manoilescu u. Dobrescu; EGMR 29.6.2006 – 26937/04 – Treska). Auch insoweit hätten diese nach Art. 1 alle in ihrer Macht stehenden diplomatischen, wirtschaftlichen, gerichtlichen und anderen Maßnahmen zur Gewährleistung der Konventionsrechte zu ergreifen, die im Einklang mit dem Völkerrecht stehen (EGMR 3.3.2005 – 60861/00 Rn. 101 – Manoilescu u. Dobrescu; EGMR 29.6.2006 – 26937/04 – Treska). Die betreffenden Entscheidungen dürften indes kaum verallgemeinerungsfähig sein. Die Konvention regelt grundsätzlich weder die Handlungen von Nichtvertragsparteien, noch gibt sie vor, ein Instrument zu sein, das die Vertragsstaaten dazu verpflichtet, die Konventionsstandards gegenüber anderen Staaten durchzusetzen (EGMR 7.7.1989 – 14038/88 Rn. 86, NJW 1990, 2183 – Soering; EGMR 7.7.2011 (GK) – 55721/07 Rn. 141, NJW 2012, 283 – Al-Skeini). Ein weltweiter Geltungsanspruch der Konvention besteht nach Art. 1 gerade nicht (EGMR 12.12.2001 (GK) – 52207/99 Rn. 80, NJW 2003, 413 – Banković ua; dazu auch → Rn. 19ff.). Die beiden Entscheidungen dürften daher allein im Lichte der ihnen zugrundeliegenden besonderen Konstellation verständlich sein. Gegenstand waren hier jeweils Restitutionsansprüche wegen der Enteignung von Gebäuden im Staatsgebiet einer Vertragspartei (Rumänien bzw. Albanien) zu Zeiten der kommunistischen Herrschaft, die anschließend von einer anderen Vertragspartei (Russland bzw. Italien) als Botschaftsgebäude genutzt wurden. Die Beschwerdeführer hatten vor diesem Hintergrund nicht nur gegenüber Rumänien bzw. Albanien, sondern

EMRK Art. 1   Rechte und Freiheiten der Konvention

auch gegenüber Russland bzw. Italien Ansprüche geltend gemacht. Nur aufgrund dieser Verknüpfung dürfte hier überhaupt eine (im Ergebnis vom EGMR jeweils verneinte) Verantwortlichkeit auch der letztgenannten Vertragsparteien in Betracht gezogen worden sein.

9   **3. Keine Drittwirkung.** Eine **Drittwirkung** im Sinne der **unmittelbaren** Bindung Privater an die Konventionsrechte wird allgemein verneint (*Frowein* in Frowein/Peukert EMRK Art. 1 Rn. 16; Grabenwarter/Pabel EMRK § 19 Rn. 8; *Harris/O'Boyle/Warbrick* S. 26; *Meyer-Ladewig/Nettesheim* in HK-EMRK EMRK Art. 1 Rn. 19; *Röben* in Dörr/Grote/Marauhn Kap. 5 Rn. 147; vgl. auch EGMR 28. 6. 2001 – 24699/94 Rn. 46, ÖJZ 2002, 855 – VgT Verein gegen Tierfabriken; BGH 18. 6. 2019 – VI ZR 80/18 Rn. 41, BGHZ 222, 196 zur Unschuldsvermutung gem. Art. 6 Abs. 2). Aus völkerrechtlicher Perspektive ist dies auch konsequent, da vor dem EGMR eine Rechtsdurchsetzung nur gegen die Vertragsparteien, nicht aber gegen Private möglich ist (vgl. EGMR 26. 8. 2003 – 47748/99 – Mihăilescu; EGMR 29. 9. 2005 – 23405/03 Rn. 18 – Reynbakh; EGMR 20. 6. 2017 – 13812/09 Rn. 38 – Bogomolova; siehe auch *Harris/O'Boyle/Warbrick* S. 26; *Lemmens* in van Dijk/van Hoof/van Rijn/Zwaak S. 26 f.). Eine Berufung auf die Konventionsrechte in zivilrechtlichen Streitigkeiten (zB über die „Einfallstore" der §§ 138, 242 BGB) kommt gleichwohl in Betracht (vgl. *Zwaak* in van Dijk/van Hoof/van Rijn/Zwaak S. 27; zurückhaltend *Krieger* in Dörr/Grote/Marauhn Kap. 6 Rn. 81 f.; siehe dazu aus der Rechtsprechung LG Berlin 30. 11. 2004 – 65 S 229/04, Archiv für Presserecht 2005, 87 – Drittwirkung der Informationsfreiheit eines Mieters aus Art. 10 und daraus folgender Anspruch auf Installation einer Satellitenschüssel; BAG 8. 9. 2011 – 2 AZR 543/10 Rn. 18: Abwägung zwischen den Rechten des Arbeitnehmers aus Art. 8 einerseits und den Rechten eines kirchlichen Arbeitgebers aus Art. 9 und Art. 11 andererseits bei einer Kündigung aus kirchenspezifischen Gründen; dazu auch BVerfGE 137, 273 Rn. 180; BGH 23. 9. 2014 – VI ZR 358/13 Rn. 25, BGHZ 202, 242: Abwägung zwischen Art. 8 und Art. 10 Abs. 1 bei der Beurteilung eines Ärztebewertungsportals; dazu auch BGH 20. 2. 2018 – VI ZR 30/17 Rn. 13, BGHZ 217, 340).

II. Adressat der Verpflichtung

10   **1. Bindung der Vertragsparteien.** Völkerrechtlich verpflichtet zur Sicherung der Konventionsrechte sind nach Art. 1 die **Vertragsparteien** als **Völkerrechtssubjekte** (vgl. *Röben* in Dörr/Grote/Marauhn Kap. 5 Rn. 74). Eine direkte völkerrechtliche Bindung der einzelnen staatlichen Organe besteht demgegenüber nicht (vgl. Grabenwarter/Pabel EMRK § 17 Rn. 6). Eine Vertragspartei ist für ihr zurechenbare Verletzungen der Konvention völkerrechtlich verantwortlich, unabhängig davon, welches innerstaatliche Organ für die Verletzung ursächlich ist (EGMR 8. 4. 2004 (GK) – 71503/01 Rn. 146, NJW 2005, 2207 – Assanidze; EGMR 6. 12. 2017 – 39388/05 Rn. 103 – Maumousseau u. Washington; EGMR 31. 5. 2018 – 46454/11 Rn. 581 – Abu Zubaydah; EGMR 31. 5. 2018 – 33234/12 Rn. 593 – Al Nashiri; vgl. auch EGMR 30. 1. 1998 (GK) – 19392/92 Rn. 29 – United Communist Party of Turkey ua). Die dessen ungeachtet gegebene **Bindung sämtlicher staatlicher Organe** an die EMRK folgt daher nicht aus der Konvention selbst (**aA** wohl *Ehlers* in Ehlers GuG § 2 Rn. 36), sondern in Deutschland aus Art. 20 Abs. 3 GG iVm Art. 59 Abs. 2 GG (vgl. BVerfGE 111, 307 (316 f.); 112, 1

Verpflichtung zur Achtung der Menschenrechte **Art. 1 EMRK**

(24 f.); 128, 326 (368); BVerfGE 141, 1 (25); *Röben* in Dörr/Grote/Marauhn Kap. 5 Rn. 89).

Die Übertragung von Verpflichtungen auf **private Einrichtungen** oder **Pri- 11 vatpersonen** kann den Staat nicht von seiner Verantwortlichkeit nach der Konvention entlasten (EGMR 25.3.1993 – 13134/87 Rn. 27 – Costello-Roberts – Privatschule; EGMR 1.3.2005 – 22860/02 Rn. 60 – Woś – Stiftung Polnisch-Deutsche Aussöhnung; EGMR 11.10.2005 – 4773/02 Rn. 53 –Sychev – Gläubigerausschuss *("liquidation commission")* im Konkursverfahren; EGMR 3.4.2012 (GK) – 54522/00 Rn. 92ff., NJOZ 2013, 1355 – Kotov – Keine Verantwortlichkeit für Tätigkeit eines Insolvenzverwalters; EGMR 28.1.2014 (GK) – 35810/09 Rn. 150, NVwZ 2014, 1641 – O'Keeffe – Organisation des Schulsystems; EGMR 18.10.2016 – 61838/10 Rn. 47 – Vukota-Bojić – Versicherungsunternehmen im Sozialversicherungssystem der Schweiz). Ebenso wenig kann sich ein Vertragsstaat seiner Verantwortlichkeit für Handlungen, die seine Organe in Ausübung ihres Amtes vornehmen, mit dem Argument entledigen, diese hätten eigenmächtig in ihrer Eigenschaft als Privatpersonen gehandelt (EGMR 5.2.2008 (GK) – 74420/01 Rn. 63 – Ramanauskas – angeblich nicht autorisiertes Handeln eines *agent provocateur;* vgl. auch EKMR 27.5.1997 – 28396/95 – Wille; EGMR 19.7.2011 – 52442/09 Rn. 75 – Đurđević). Zurechnen lassen müssen sich die Vertragsparteien auch die Handlungen von „Verwaltungshelfern", die außerhalb der eigentlichen Behördenorganisation stehen, aber für den Staat tätig werden (EGMR 6.10.2009 – 30742/03 Rn. 35 – Seyfettin Acar ua – „Dorfwächter", die vom Staat bezahlt und bewaffnet wurden). Keine Verantwortlichkeit besteht demgegenüber für die Handlungen, die seine Organe eindeutig **außerhalb** ihrer Amtsausübung vornehmen (EGMR 27.5.2010 – 39326/02 Rn. 33 – Çelik – Körperverletzung durch Polizisten außer Dienst; siehe auch EGMR 12.7.2016 – 45104/05 Rn. 93 – Kotelnikov; EGMR 9.5.2017 – 68516/14 Rn. 36 – Fergec). Unbeachtlich ist schließlich, ob der Staat sich **öffentlich-rechtlicher** oder **privatrechtlicher** Handlungsformen bedient (Grabenwarter/Pabel EMRK § 17 Rn. 7). Der EGMR hat dies zwar – soweit ersichtlich – bislang nur für den Staat als Arbeitgeber im Verhältnis zu seinen Arbeitnehmern ausdrücklich festgestellt (EGMR 6.2.1976 – 5614/72 Rn. 37, EuGRZ 1976, 62– Swedish Engine Drivers' Union; EGMR 21.2.2006 – 28602/95 Rn. 29 – Tüm Haber Sen; EGMR 12.11.2008 (GK) – 34503/97 Rn. 109, NZA 2010, 1425 – Demir u. Baykara). Es ist jedoch kein Grund erkennbar, der gegen die Verallgemeinerungsfähigkeit dieser Aussage sprechen könnte (für einen dahingehenden allgemeinen Grundsatz wohl EKMR 30.6.1993 – 15153/89 Rn. 46 – Vereinigung Demokratischer Soldaten Österreichs u. Berthold Gubi – Bindung an Art. 10 bei Ausübung des Hausrechts). Ferner sind die Vertragsparteien auch verantwortlich für die Handlungen, welche die **Organe von Drittstaaten** mit ihrer ausdrücklichen oder stillschweigenden Billigung in ihrem Hoheitsgebiet vornehmen (EGMR 13.12.2012 (GK) – 39630/09 Rn. 206, NVwZ 2013, 631 – El-Masri; EGMR 24.7.2014 – 28761/11 Rn. 452 u. 517, NVwZ 2015, 955 – Al Nashiri; EGMR 24.7.2014 – 7511/13 Rn. 449 u. 512 – Husayn (Abu Zubaydah); EGMR 31.5.2018 – 46454/11 Rn. 581 – Abu Zubaydah; EGMR 31.5.2018 – 33234/12 Rn. 594 – Al Nashiri; siehe dazu auch BVerwG NJW 2021, 1610 Rn. 33 – Keine Verantwortlichkeit Deutschlands für Drohneneinsätze der US-Streitkräfte durch das bloße zur-Verfügung-stellen der Infrastruktur eines Militärflughafens nach dem NATO-Truppenstatut – Ramstein). Steht in Frage, ob das Handeln des Organs eines Vertragsstaates einem anderen Staat zuzurechnen ist, weil es diesem – zB im Rahmen eines multinationalen Militäreinsatzes – unterstellt wurde, greift der EGMR auf die in Art. 6 der von der International Law Commission verabschiedeten Draft Articles on the Responsibility of States for Internationally Wrongful Acts (UN Doc. A/RES/56/83) zurück (EGMR (GK) 20.11.2014 – 47708/08 Rn. 151, NJOZ 2016, 76 – Jaloud; siehe auch EGMR 13.9.2018 – 58170/13 ua Rn. 420 – Big Brother Watch ua).

12 **2. Internationale Organisationen. a) Allgemeines.** Eine **unmittelbare Bindung** internationaler oder supranationaler Organisationen an die Konvention, in denen die Vertragsparteien Mitglied sind, besteht **nicht.** Solange eine solche Organisation nicht selbst Vertragspartei ist (zur nunmehr bestehenden Möglichkeit des Beitritts der EU → Art. 59 Rn. 5 ff.), ist sie auch dann nicht nach der Konvention für das Handeln ihrer Organe verantwortlich, wenn ihnen von den Vertragsparteien Hoheitsbefugnisse übertragen wurden (EGMR 18.2.1999 – 24833/94 Rn. 32, NJW 1999, 3107 – Matthews; EGMR 30.6.2005 (GK) – 45036/98 Rn. 152, NJW 2006, 197 – Bosphorus; EGMR 9.9.2008 – 73250/01 – Boivin). Die Übertragung von Hoheitsbefugnissen an internationale oder supranationale Organisationen ist grundsätzlich zulässig (EGMR 18.2.1999 – 24833/94 Rn. 32, NJW 1999, 3107 – Matthews; EGMR 30.6.2005 (GK) – 45036/98 Rn. 152, NJW 2006, 197 – Bosphorus; EGMR 26.11.2013 – 5809/08 Rn. 114 – Al-Dulimi u.Montana Management Inc.). Die Vertragsparteien können sich auf diese Weise aber nicht von ihren Verpflichtungen aus der Konvention befreien. Die Verpflichtung, die Konventionsrechte zu gewährleisten, besteht vielmehr grundsätzlich fort (EGMR 18.2.1999 (GK) – 28934/95 Rn. 57 – Beer u. Regan; EGMR 18.2.1999 (GK) – 24833/94 Rn. 32, NJW 1999, 3107 – Matthews; EGMR 18.2.1999 (GK) – 26083/94 Rn. 67, NJW 1999, 1173 – Waite u. Kennedy; EGMR 12.7.2001 (GK) – 42527/98 Rn. 48, NJW 2003, 649 – Prince Hans Adam II of Liechtenstein; EGMR 11.6.2013 – 65542/12 Rn. 139 – Stichting Mothers of Srebrenica ua; Grabenwarter/Pabel EMRK § 17 Rn. 8; siehe dazu auch BVerfGE 149, 346 Rn. 38 ff.). Es kann daher auch die Verantwortlichkeit der Vertragsparteien für die Rechtsfolgen eines von ihnen geschlossenen völkerrechtlichen Vertrags gegeben sein (EGMR 18.2.1999 (GK) – 24833/94 Rn. 33, NJW 1999, 3107 – Matthews).

13 **b) „Solange-Rechtsprechung" des EGMR.** Nach Art. 1 ist jede Vertragspartei grundsätzlich für alle Handlungen und Unterlassungen seiner **eigenen Organe** verantwortlich, und zwar auch dann, wenn ein solches Handeln oder Unterlassen der Einhaltung völkerrechtlicher Verpflichtungen dient (EGMR 30.6.2005 (GK) – 45036/98 Rn. 153, NJW 2006, 197 – Bosphorus; EGMR 2.3.2010 – 61498/08 Rn. 128 – Al-Saadoon u. Mufdhi; EGMR 12.9.2012 (GK) – 10593/08 Rn. 168, NJOZ 2013, 1183 – Nada; EGMR 21.6.2016 (GK) – 5809/08 Rn. 95, NJOZ 2017, 1572 – Al-Dulimi u. Montana Management Inc.). Ein Rechtseingriff, der in Erfüllung einer aus der Mitgliedschaft in einer internationalen oder supranationalen Organisation folgenden Verpflichtung vorgenommen wird, ist nach der Rechtsprechung des EGMR aber **solange gerechtfertigt,** wie die Organisation die Grundrechte – sowohl hinsichtlich der getroffenen materiellen Regelungen als auch der Mechanismen zur Kontrolle ihrer Beachtung – in einer Weise schützt, die **mindestens als gleichwertig** mit dem von der Konvention gewährten Schutz anzusehen ist (EGMR 30.6.2005 (GK) – 45036/98 Rn. 155, NJW 2006, 197 – Bosphorus – EG; EGMR 9.9.2008 – 73250/01 – Boivin – Eurocontrol; EGMR 16.6.2009 – 40382/04, EuGRZ 2010, 174 – Rambus – Europäische Patentorganisation; EGMR 16.6.2009 – 36099/06 – Beygo – Verwaltungstribunal des Europarates; EGMR 21.1.2011(GK) – 30696/09 Rn. 338, EuGRZ 2011, 243 – M.S.S. –

Verpflichtung zur Achtung der Menschenrechte **Art. 1 EMRK**

EU; EGMR 9.10.2012 – 33917/12 Rn. 76 ff. – Djokaba Lambi Longa – Internationaler Strafgerichtshof (ICC); EGMR 4.11.2014 (GK) – 29217/12 Rn. 88, NVwZ 2015, 127 – Tarakhel – Assoziierungsabkommen EU/Schweiz; EGMR 6.1.2015 – 415/07 Rn. 88, NLMR 2015, 17 – Klausecker – Europäisches Patentamt; EGMR 6.1.2015 – 15521/08 Rn. 63 ff., NLMR 2015, 13 – Perez – UNDP/UNAT; EGMR 23.5.2016 (GK) – 17502/07 Rn. 101 ff., NJOZ 2018, 1515 – Avotiņš – EU; EGMR 5.11.2019 – 47341/15 Rn. 42 – Konkurrenten.no AS – EFTA; vgl. auch EKMR 9.2.1990 – 13258/87 – M & Co – EG). Gleichwertigkeit bedeutet insoweit Vergleichbarkeit, nicht aber notwendigerweise Identität des Rechtsgüterschutzes (EGMR 30.6.2005 (GK) – 45036/98 Rn. 155, NJW 2006, 197 – Bosphorus; EGMR 6.12.2012 – 12323/11 Rn. 103, NJW 2013, 3423 – Michaud). Bietet die Organisation einen gleichwertigen Schutz, gilt die **Vermutung,** dass sich die Vertragspartei den Anforderungen der Konvention nicht entzogen hat, wenn sie lediglich den rechtlichen Verpflichtungen nachkommt, die sich für ihn aus seiner Mitgliedschaft in der Organisation ergeben (EGMR 6.12.2012 – 12323/11 Rn. 103, NJW 2013, 3423 – Michaud; EGMR 26.11.2013 – 5809/08 Rn. 114 – Al-Dulimi u. Montana Management Inc.). Stellt sich im Einzelfall aber heraus, dass der Schutz von Konventionsrechten im Bereich der Organisation **offenkundig unzureichend** ist, wird diese widerlegt (EGMR 30.6.2005 (GK) – 45036/98 Rn. 156, NJW 2006, 197 – Bosphorus; vgl. auch EGMR 12.5.2009 – 10750/03 – Gasparini – Kein offenkundig unzureichender Schutz im Falle der NATO). Eine Rechtfertigung mit dem Verweis auf völkerrechtliche Verpflichtungen kommt dann nicht in Betracht. Für Handlungen **außerhalb enger völkerrechtlicher Verpflichtungen** bleibt eine Vertragspartei grundsätzlich voll verantwortlich (EGMR 30.6.2005 (GK) – 45036/98 Rn. 157, NJW 2006, 197 – Bosphorus), insbesondere bei der Ausübung staatlichen Ermessens (EGMR 21.1.2011(GK) – 30696/09 Rn. 338, EuGRZ 2011, 243 – M.S.S.; EGMR 4.11.2014 (GK) – 29217/12 Rn. 88, NVwZ 2015, 127 – Tarakhel). Sofern im Bereich der betreffenden internationalen Organisation kein gleichwertiger Rechtsschutz gegeben ist, kann es allerdings auch dann bei der Verantwortlichkeit der Vertragspartei bleiben, wenn die Vertragspartei bei der Ausführung völkerrechtlicher Verpflichtungen über kein Ermessen verfügt (EGMR 26.11.2013 – 5809/08 Rn. 117 ff. – Al-Dulimi u. Montana Management Inc.). Verneint hat eine Kammer des EGMR die Existenz eines gleichwertigen Rechtsschutzmechanismus mit Blick auf Sanktionsmaßnahmen nach Ziff. 23 der Resolution Nr. 1483 (2003) des Sicherheitsrats der Vereinten Nationen (EGMR 26.11.2013 – 5809/08 Rn. 120 – Al-Dulimi u. Montana Management Inc. – Einfrieren von Vermögenswerten des ehemaligen Baath-Regimes im Irak). Die Große Kammer hat diese Frage offengelassen, weil aus ihrer Sicht keine sich widersprechenden Verpflichtungen aus der Konvention und der UN-Charta gegeben waren (EGMR 21.6.2016 (GK) – 5809/08 Rn. 149, NJOZ 2017, 1572 – Al-Dulimi u. Montana Management Inc.).

Andere Maßstäbe sollen nach der Rechtsprechung des EGMR für Handlungen und Unterlassungen der Vertragsparteien gelten, welche in Ausübung **delegierter Befugnisse** auf Grundlage von Resolutionen des **Sicherheitsrates** der Vereinten Nationen nach **Kap. VII der UN-Charta** vorgenommen werden. Die Konvention könne nicht dahingehend ausgelegt werden, dass Handlungen im Vorfeld oder im Zuge von dergestalt autorisierten Missionen der Überprüfung durch den EGMR unterworfen seien. Dies würde nämlich nicht nur eine Einmischung in eine Kernaufgabe der Vereinten Nationen bedeuten, sondern auch die effektive Durchführung derartiger Operationen beeinträchtigen. Hiervon erfasst seien auch 14

freiwillige Akte wie zB die Zustimmung eines ständigen Mitglieds des Sicherheitsrats zu einer Resolution nach Kap. VII der UN-Charta oder die Bereitstellung von Truppenkontingenten (EGMR 2.5.2007 – 71412/01 u. 78166/06 Rn. 149, NVwZ 2008, 645 – Behrami u. Saramati; EGMR 11.6.2013 – 65542/12 Rn. 154 – Stichting Mothers of Srebrenica ua; krit. hierzu Grabenwarter/Pabel EMRK § 17 Rn. 10; *Sari* HRLR 8 (2008), 151 (165 ff.)). Die gleichen Erwägungen hielt der EGMR auch hinsichtlich der Handlungen des Hohen Repräsentanten in Bosnien und Herzegowina (EGMR 16.10.2007 – 36357/04 Rn. 30 – Berić ua) und des Internationalen Strafgerichtshofes für das ehemalige Jugoslawien (ICTY) in Den Haag für einschlägig (EGMR 9.6.2009 – 49032/07 Rn. 39 – Blagojević; EGMR 9.6.2009 – 22617/07 Rn. 39 – Galić). Handelt eine Vertragspartei im eigenen Namen und setzt Resolutionen des Sicherheitsrates auf nationaler Ebene um, soll es demgegenüber bei der Verantwortlichkeit der Vertragspartei bleiben (vgl. EMGR 12.9.2012 (GK) – 10593/08 Rn. 120, NJOZ 2013, 1183 – Nada; EGMR 26.11.2013 – 5809/08 Rn. 90 – Al-Dulimi u. Montana Management Inc.; EGMR 21.6.2016 (GK) – 5809/08 Rn. 95, NJOZ 2017, 1572 – Al-Dulimi u. Montana Management Inc.). Die Frage, ob Bestimmungen einer Sicherheitsratsresolution nach Kap. VII in der Lage sind, einzelne Konventionsrechte zu **verdrängen,** ist nicht abschließend geklärt. Voraussetzung für einen aus Art. 103 der UN-Charta folgenden Vorrang der Verpflichtungen aus Sicherheitsratsresolutionen wäre jedenfalls das Bestehen eines **Normenkonflikts,** dh ein Vertragsstaat müsste zu einem Verhalten **verpflichtet** sein, das mit der Konvention unvereinbar ist (EGMR 7.7.2011 (GK) – 27021/08 Rn. 101 – Al-Jedda). Einen solchen Konflikt hat der EGMR mit Blick auf die bloße Ermächtigung zu bestimmten Handlungen durch den Sicherheitsrat verneint (EGMR 7.7.2011 (GK) – 27021/08 Rn. 102 ff. – Al-Jedda). Ebenso wenig hat der EGMR einen Normenkonflikt zwischen den Konventionsverpflichtungen und den Verpflichtungen aus der Resolution 1483 (2003) des UN-Sicherheitsrates gesehen (EGMR 21.6.2016 (GK) – 5809/08 Rn. 149, NJOZ 2017, 1572 – Al-Dulimi u. Montana Management Inc.).

15   **c) Zurechnung.** Greifen Organe der Vertragsparteien im Rahmen ihrer Mitgliedschaft in internationalen Organisationen – zB im Zuge eines kollektiven Friedenssicherungseinsatzes – in die Rechte Einzelner ein, kann sich die Frage stellen, welchem Völkerrechtssubjekt die betreffende Handlung **zuzurechnen** ist. Der EGMR hat insoweit auf die von der *International Law Commission* erarbeiteten *Draft Articles on the Responsibility of International Organizations* zurückgegriffen (vgl. EGMR 2.5.2007 – 71412/01 u. 78166/06 Rn. 29 f. u. 121, NVwZ 2008, 645 – Behrami u. Saramati; EGMR 16.10.2007 – 36357/04 Rn. 27 – Berić ua). Nach Art. 5 der vom EGMR in Bezug genommenen Fassung der *Draft Articles* ist die Handlung eines staatlichen Organs, das einer internationalen Organisation zur Verfügung gestellt wird, nach dem Völkerrecht als eine Handlung der internationalen Organisation anzusehen, wenn die Organisation über die Handlung **effektive Kontrolle** ausübt (vgl. UN Doc. A/CN. 4/L.648 v. 27.5.2004; dazu ausführlich *Schütze,* Zurechenbarkeit, S. 169 ff.; in der aktuellen Fassung der *Draft Articles* findet sich diese Regelung in Art. 7, vgl. UN Doc. A/CN. 4/L.778 v. 30.5.2011). Auf dieser Grundlage hat der EGMR Handlungen der Truppenkontingente von Konventionsstaaten im Rahmen der *Kosovo Force* der NATO (KFOR) und der Mission der Vereinten Nationen im Kosovo (UNMIK) jeweils allein den Vereinten Nationen zugerechnet (vgl. EGMR 2.5.2007 – 71412/01 u. 78166/06 Rn. 141 u. 143, NVwZ 2008, 645 – Behrami u. Saramati; EGMR 5.7.2007 – 6974/05 – Kasumaj;

EGMR 5.11.2013 – 11209/09 Rn. 44 – Azemi; krit. hierzu *Hafner* FS Bothe, 2008, 103 (111 ff.); *Fastenrath* in IntKommEMRK EMRK Art. 1 Rn. 65 f.; *Larsen* EJIL 19 (2008), 509 (512 ff.); *Milanovic/Papic* ICLQ 58 (2009), 267 ff.; *Sari* HRLR 8 (2008), 151 ff.; *Schütze*, Zurechenbarkeit, S. 148 ff.) und die hiergegen gerichteten Menschenrechtsbeschwerden als unzulässig *ratione personae* zurückgewiesen (siehe auch EGMR 11.12.2008 – 45267/06 – Stephens, zur *United Nations Peacekeeping Force in Cyprus* (UNFICYP)). Nach dem gleichen Maßstab rechnete der EGMR die Tätigkeit des auf Grundlage des *Dayton*-Abkommens geschaffenen Hohen Repräsentanten für Bosnien und Herzegowina den Vereinten Nationen zu (EGMR 16.10.2007 – 36357/04 – Berić ua) und verneinte die Verantwortlichkeit der Niederlande für Handlungen des Internationalen Strafgerichtshofes für das ehemalige Jugoslawien (ICTY) in Den Haag (EGMR 9.6.2009 – 49032/07 Rn. 31 ff. – Blagojević; EGMR 9.6.2009 – 22617/07 Rn. 31 ff. – Galić). Das Verhalten britischer Besatzungstruppen im Irak im Jahr 2003 rechnete der EGMR demgegenüber trotz des Vorliegens einer Reihe von UN-Sicherheitsratsresolutionen, die das Vereinigte Königreich zu bestimmten Handlungen ermächtigten, nicht den Vereinten Nationen zu, sondern allein dem Vereinigten Königreich (EGMR 7.7.2011 (GK) – 27021/08 Rn. 75 ff. – Al-Jedda; dazu *Direk* BILR 61 (2014), 1 ff.). Grundsätzlich zuzurechnen sind den Vertragsparteien auch im eigenen Namen vorgenommene Maßnahmen zur Durchführung von Sicherheitsratsresolutionen auf nationaler Ebene (EMGR 12.9.2012 (GK) – 10593/08 Rn. 120, NJOZ 2013, 1183 – Nada; EGMR 26.11.2013 – 5809/08 Rn. 90 – Al-Dulimi u. Montana Management Inc.; vgl. auch → Rn. 14; EGMR 21.6.2016 (GK) – 5809/08 Rn. 95, NJOZ 2017, 1572 – Al-Dulimi u. Montana Management Inc.).

III. Berechtigte der Verpflichtung

1. Alle Personen. a) Unbeachtlichkeit der Staatsangehörigkeit. Die Vertragsparteien sichern die Rechte und Freiheiten der Konvention **allen Personen** zu, die ihrer Jurisdiktion unterstehen. Die **Staatsangehörigkeit** des Einzelnen ist deshalb grundsätzlich unbeachtlich (EKMR 11.1.1961 – 788/60, YBECHR 4, 116 (139) – Österreich/Italien; EKMR 19.1.1989 – 14038/88 Rn. 149 – Soering; siehe auch VG Schleswig 27.1.1995 – 3 A 387/93 Rn. 21). Es können sich damit neben den Angehörigen anderer Vertragsstaaten auch Angehörige von Drittstaaten und Staatenlose auf die Konvention berufen (vgl. EKMR 11.1.1961 – 788/60, YBECHR 4, 116 (140) – *Österreich/Italien*; *Röben* in Dörr/Grote/Marauhn Kap. 5 Rn. 23). Von Bedeutung kann die Staatsangehörigkeit aber im Falle von Konventionsrechten sein, in deren Natur es liegt, dass sie nur den eigenen Staatsangehörigen des betreffenden Vertragsstaates (Art. 3 4. EMRKProt) bzw. nur ausländischen Staatsangehörigen zustehen können (Art. 4 4. EMRKProt, Art. 1 7. EMRKProt). Ferner kann die Staatsangehörigkeit Anknüpfungspunkt für Differenzierungen sein (Beschränkung der politischen Tätigkeit ausländischer Personen gem. Art. 16, mglw. auch Beschränkung des Rechts auf freie Wahlen gem. Art. 3 EMRKZusProt auf eigene Staatsangehörige, dazu → EMRKZusProt Art. 3 Rn. 7; vgl. auch Grabenwarter/Pabel EMRK § 23 Rn. 111). 16

b) Natürliche und juristische Personen. Berechtigte der Konvention sind sowohl **natürliche** als auch **nichtstaatliche juristische Personen** und **Personenvereinigungen** (vgl. *Ehlers* in Ehlers GuG § 2 Rn. 34; Grabenwarter/Pabel EMRK § 17 Rn. 5; *Röben* in Dörr/Grote/Marauhn Kap. 5 Rn. 40 ff.). Dies ergibt 17 sich aus Art. 34, nach dem all diese Gruppen befugt sind, mit der Behauptung, in einem Konventionsrecht verletzt zu sein, eine Beschwerde beim Gerichtshof einzureichen (zu den Einzelheiten → Art. 34 Rn. 31 ff.).

18 **2. Jurisdiktion (Hoheitsgewalt). a) Allgemeines.** Die Vertragsparteien sichern die Konventionsrechte nur denjenigen Personen zu, die ihrer **Jurisdiktion** (Hoheitsgewalt) unterstehen (zu den verschiedenen Übersetzungsmöglichkeiten, vgl. *Krieger* ZaöRV 62 (2002), 669 (671) mwN). Das Erfordernis der Jurisdiktion wirkt damit als **Anwendungsschwelle** (*„threshold criterion"*, EGMR 7.7.2011 (GK) – 55721/07 Rn. 130, NJW 2012, 283 – Al-Skeini; EGMR 7.7.2011 (GK) – 27021/08 Rn. 74 – Al-Jedda; EGMR 19.10.2012 (GK) – 43370/04 ua Rn. 103, NVwZ 2014, 203 – Catan ua; EGMR 29.1.2019 (GK) – 36925/07 Rn. 178 – Güzelyurtlu ua; EGMR 21.1.2021 (GK) – 38263/08 Rn. 129, BeckRS 2021, 389 – Georgien/Russland (II)). Die Ausübung von Jurisdiktion ist notwendige Voraussetzung (*„conditio sine qua non"*) für die Verantwortlichkeit eines Vertragsstaates für ihm zurechenbare Handlungen oder Unterlassungen (EGMR 5.5.2020 (GK) – 3599/18 Rn. 97, EuGRZ 2020, 538 – M.N. ua). Sie begrenzt die Verpflichtung der Vertragsparteien aus Art. 1 auf den Bereich, in dem sie rechtlich und tatsächlich zur Gewährleistung der Konventionsrechte in der Lage sind (vgl. BGHZ 45, 46 (54)). Fehlt es an Jurisdiktion, ist die Konvention – wegen des personellen Anknüpfungspunktes des Art. 1 (dazu Grabenwarter/Pabel EMRK § 17 Rn. 11 und 1 ff.) – grundsätzlich unanwendbar *ratione personae* (siehe zB EGMR 3.3.2005 – 60861/00 Rn. 108 – Manoilescu u. Dobrescu). Ist die Verneinung von Jurisdiktion in der Extraterritorialität der betreffenden Maßnahme begründet (zu den Einzelheiten → Rn. 20 ff.), kann die Konvention zusätzlich als unanwendbar *ratione loci* angesehen werden (zur Unanwendbarkeit *ratione loci* → Art. 56 Rn. 3). Genau betrachtet bewirkt die Extraterritorialität in diesem Fall allerdings nur das Fehlen von Jurisdiktion *ratione loci,* welches dann seinerseits den Grund für die Unanwendbarkeit der Konvention *ratione personae* darstellen kann. Der Umstand, dass in einem **bewaffneten Konflikt** in Gestalt des Kriegsvölkerrechts ein weiteres Rechtsregime Anwendung findet, schließt die Ausübung von Jurisdiktion im Sinne von Art. 1 nicht aus; die Konvention und das Kriegsvölkerrecht finden in einer solchen Situation vielmehr kumulativ Anwendung (EGMR 16.9.2014 (GK) – 29750/09 Rn. 77 u. 104, NLMR 2014, 496 – Hassan; siehe auch EGMR 30.1.2020 – 35746/11 Rn. 36 ff. – Saribekyan and Balyan; EGMR 21.1.2021 (GK) – 38263/08 Rn. 93, BeckRS 2021, 389 – Georgien/Russland (II)).

19 **b) Geltung im Staatsgebiet der Vertragsparteien.** Es besteht die Vermutung, dass die Vertragsstaaten stets in ihrem gesamten **eigenen Staatsgebiet** Jurisdiktion ausüben (EGMR 8.7.2004 (GK) – 48787/99 Rn. 312, NJW 2005, 1849 – Ilaşcu; EGMR 16.11.2004 – 31821/96 Rn. 67 – Issa; EGMR 11.12.2006 – 5853/06 – Ben El Mahi ua; EGMR 7.7.2011 (GK) – 55721/07 Rn. 131, NJW 2012, 283 – Al-Skeini; EGMR 19.10.2012 (GK) – 43370/04 ua Rn. 103, NVwZ 2014, 203 – Catan ua; EGMR 5.5.2020 (GK) – 3599/18 Rn. 98, EuGRZ 2020, 538 – M.N. ua; vgl. auch BVerfGE 116, 243 (247), *Röben* in Dörr/Grote/Marauhn Kap. 5 Rn. 76). Sie sind daher in diesem Gebiet grundsätzlich für die Gewährleistung der Konventionsrechte in ihrer gesamten Bandbreite verantwortlich. Die Vermutung der Jurisdiktion im eigenen Staatsgebiet kann jedoch ausnahmsweise widerlegt werden, wenn ein Vertragsstaat sein Staatsgebiet oder einen Teil seines Staatsgebietes nicht unter Kontrolle hat, zB wegen der militärischen Besetzung durch einen anderen Staat (EGMR 8.7.2004 (GK) – 48787/99 Rn. 312, NJW

2005, 1849 – Ilaşcu; EGMR 5.11.2013 – 11209/09 Rn. 41ff. – Azemi – Keine Kontrolle des Kosovo durch Serbien nach Einrichtung der UNMIK; Grabenwarter/Pabel EMRK § 17 Rn. 12). In einer solchen Situation greift aber die positive Verpflichtung, sich mit allen rechtlichen und diplomatischen Mitteln, die einer Vertragspartei Verfügung stehen, um die Gewährleistung der Konventionsrechte in einem solchen Gebiet zu bemühen (→ Rn. 8). Keine Ausnahme hat der EGMR für Flächen anerkannt, die sich jenseits eines **Grenzzauns,** aber noch auf dem Staatsgebiet der Vertragspartei befinden (EGMR 13.2.2020 (GK) – 8675/15 u. 8697/15 Rn. 104ff., NVwZ 2020, 697 – N.D. u. N.T. – Grenzanlagen der spanischen Enklave Melilla). Die Ausübung von Jurisdiktion kann auch nicht mit Argument verneint werden, eine Person habe sich nur **wenige Stunden** im Staatsgebiet aufgehalten (EGMR 23.7.2020 – 40503/17 ua Rn. 131 – M.K. ua – Verweigerung der Einreise). Zum Staatsgebiet gehören insbesondere auch die **Transitzonen** internationaler Flughäfen (EGMR 21.11.2019 (GK) – 61411/15 ua Rn. 130f., NVwZ 2020, 777 – Z.A. ua).

c) Extraterritoriale Geltung. Die Jurisdiktion der Vertragsparteien nach Art. 1 ist nicht notwendigerweise auf ihr eigenes Staatsgebiet beschränkt (EGMR 18.12.1996 (GK) – 15318/89 Rn. 52, EuGRZ 1997, 555 – Loizidou; EGMR 8.7.2004 (GK) – 48787/99 Rn. 314, NJW 2005, 1849 – Ilaşcu; EGMR 16.11.2004 – 31821/96 Rn. 68 – Issa). Nach der Rechtsprechung des EGMR besteht allerdings eine **Vermutung gegen die extraterritoriale Geltung** der EMRK. Nach der gewöhnlichen Bedeutung des Begriffs im Völkerrecht sei die Jurisdiktion eines Staates in erster Linie **gebietsbezogen** *(„primarily territorial")*. Zwar schließe das Völkerrecht die Ausübung extraterritorialer Jurisdiktion nicht aus, die Ausübung sei jedoch grundsätzlich durch die souveränen Rechte der anderen Staaten bestimmt und begrenzt (EGMR 12.12.2001 (GK) – 52207/99 Rn. 59, NJW 2003, 413 – Banković ua; EGMR 14.12.2006 (GK) – 1398/03 Rn. 49, NJOZ 2008, 1086 – Marković ua; EGMR 20.11.2014 (GK) – 47708/08 Rn. 139, NJOZ 2016, 76 – Jaloud; EGMR 29.1.2019 (GK) – 36925/07 Rn. 178 – Güzelyurtlu ua; EGMR 5.5.2020 (GK) – 3599/18 Rn. 98, EuGRZ 2020, 538 – M.N. ua). Die Ausübung von extraterritorialer Jurisdiktion bedürfe daher einer besonderen Rechtfertigung in jedem Einzelfall (EGMR 12.12.2001 (GK) – 52207/99 Rn. 61, NJW 2003, 413 – Banković ua; EGMR 21.4.2009 – 11956/07 Rn. 49 – Stephens). Eine solche komme aber nur im **Ausnahmefall** in Betracht (EGMR 12.12.2001 (GK) – 52207/99 Rn. 67, NJW 2003, 413 – Banković ua; EGMR 30.6.2009 – 61498/08 Rn. 85 – Al-Saadoon u. Mufdhi; EGMR 29.3.2010 (GK) – 3394/03 Rn. 64, NJOZ 2011, 231 – Medvedyev ua; EGMR 7.7.2011 (GK) – 55721/07 Rn. 131, NJW 2012, 283 – Al-Skeini; EGMR 19.10.2012 (GK) – 43370/04 ua Rn. 103, NVwZ 2014, 203 – Catan ua; EGMR 5.5.2020 (GK) – 3599/18 Rn. 101, EuGRZ 2020, 538 – M.N. ua). Ob außergewöhnliche Umstände vorliegen, die die Annahme rechtfertigen, dass ein Vertragsstaat extraterritoriale Jurisdiktion ausgeübt hat, muss stets unter Berücksichtigung der **besonderen Umstände des Einzelfalls** entschieden werden (EGMR 7.7.2011 (GK) – 55721/07 Rn. 132, NJW 2012, 283 – Al-Skeini; EGMR 19.10.2012 (GK) – 43370/04 ua Rn. 105, NVwZ 2014, 203 – Catan ua; EGMR 5.5.2020 (GK) – 3599/18 Rn. 102, EuGRZ 2020, 538 – M.N. ua).

Als völkerrechtlich allgemein anerkannten Fall der zulässigen Ausübung extraterritorialer Jurisdiktion sieht der EGMR die Tätigkeit von **diplomatischem** und **konsularischem Personal** im Ausland an (vgl. dazu EKMR 25.9.1965 –

1611/62 – X.; EKMR 15.12.1977 – 7547/76 – X.; EKMR 14.10.1992 – 17392/90 – W. M.), soweit sie in Ausübung ihres Amtes ihre Befugnisse gegenüber Staatsangehörigen ihres Vertragsstaates oder deren Eigentum ausüben oder sich Personen in ihrer physischen Gewalt befinden (EGMR 5.5.2020 (GK) – 3599/18 Rn. 106, EuGRZ 2020, 538 – M.N. ua). Die Beantragung eines Visums in der Botschaft eines Vertragsstaates begründet für sich genommen nicht die Jurisdiktion des Vertragsstaates im Sinne von Art. 1 (EGMR 5.5.2020 (GK) – 3599/18 Rn. 110ff., EuGRZ 2020, 538 – M.N. ua). Weitere anerkannte Fälle sind Handlungen in **Flugzeugen,** die im betreffenden Vertragsstaat registriert sind, oder auf **Schiffen,** welche die Flagge des Vertragsstaates führen (EGMR 12.12.2001 (GK) – 52207/99 Rn. 73, NJW 2003, 413 – Banković ua; EGMR 30.6.2009 – 61498/08 Rn. 85 – Al-Saadoon u. Mufdhi; EGMR 29.3.2010 (GK) – 3394/03 Rn. 65, NJOZ 2011, 231 – Medvedyev ua; EGMR 23.2.2012 (GK) – 27765/09 Rn. 75ff., NVwZ 2012, 809 – Hirsi Jamaa ua; EGMR 31.5.2016 – 11167/12 Rn. 63 – Bakanova; vgl. auch *Röben* in Dörr/Grote/Marauhn Kap. 5 Rn. 125ff.).

22   Auch in der Konstellation, in der die **Auslieferung** oder **Abschiebung** einer Person in einen Nichtvertragsstaat in Rede steht, in dem ihr eine Verletzung der Rechte aus Art. 3 droht (siehe dazu EGMR 7.7.1989 – 14038/88, NJW 1990, 2183 – Soering; EGMR 20.3.1991 – 15576/89, NJW 1991, 3079 – Cruz Varas ua; EGMR 30.10.1991 – 13163/87 ua, NVwZ 1992, 869 – Cruz Varas ua; EGMR 25.10.1996 (GK) – 22414/93, NVwZ 1997, 1093 – Chahal; vgl. auch VG Gießen 16.11.1997 – 5 E 30393/97.A (2), NVwZ 1998, Beilage Nr. 6, 60), hat der EGMR einen Fall der beschränkten extraterritorialen Anwendung der Konvention gesehen (EGMR 23.3.1995 (GK) – 15318/89 Rn. 62 – Loizidou; EGMR 21.11.2001 (GK) – 35763/97 Rn. 39, EuGRZ 2002, 403 – Al-Adsani, vgl. auch *Röben* in Dörr/Grote/Marauhn Kap. 5 Rn. 119). Allerdings handelt es sich bei dieser Fallgestaltung nicht im eigentlichen Sinne um die Ausübung extraterritorialer Jurisdiktion, da sich der Betroffene im entscheidenden Zeitpunkt regelmäßig im Staatsgebiet der betreffenden Vertragspartei befindet und schon deshalb unproblematisch ihrer Jurisdiktion untersteht (vgl. EGMR 12.12.2001 (GK) – 52207/99 Rn. 68, NJW 2003, 413 – Banković ua).

23   Als Ausnahme von der grundsätzlichen Beschränkung der Jurisdiktion auf das eigene Staatsgebiet hat der EGMR den Fall der **effektiven Kontrolle eines Gebiets** eines anderen Staates durch eine Vertragspartei anerkannt, wie sie zB im Falle einer militärischen Besetzung gegeben sein kann. Ob die Ausübung einer solchen Kontrolle **rechtmäßig oder unrechtmäßig** erfolgt, ist unbeachtlich (EGMR 23.3.1995 (GK) – 15318/89 Rn. 62 – Loizidou; EGMR 10.5.2001 (GK) – 25781/94 Rn. 76f. – Zypern/Türkei; EGMR 12.12.2001 (GK) – 52207/99 Rn. 70, NJW 2003, 413 – Banković ua; EGMR 8.7.2004 (GK) – 48787/99 Rn. 314, NJW 2005, 1849 – Ilaşcu; EGMR 16.11.2004 – 31821/96 Rn. 69 – Issa; EGMR 30.6.2009 – 61498/08 Rn. 85 – Al-Saadoon u. Mufdhi; EGMR 29.3.2010 (GK) – 3394/03 Rn. 64, NJOZ 2011, 231 – Medvedyev ua; EGMR 7.7.2011 (GK) – 55721/07 Rn. 138, NJW 2012, 283 – Al-Skeini; EGMR 19.10.2012 (GK) – 43370/04 ua Rn. 106, NVwZ 2014, 203 – Catan ua; EGMR 16.6.2015 (GK) – 13216/05 Rn. 168, NVwZ 2016, 1149 – Chiragov ua; EGMR 23.2.2016 (GK) – 11138/10 Rn. 98 – Mozer; EGMR 16.12.2020 (GK) – 20958/14 u. 38334/18 Rn. 303 – Ukraine/Russland; EGMR 21.1.2021 (GK) – 38263/08 Rn. 116, BeckRS 2021, 389 – Georgien/Russland (II)). Wird ein Gebiet von einer Vertragspartei effektiv kontrolliert, muss diese Vertragspartei grundsätzlich die **gesamte Bandbreite** *("entire range")* der Konventionsrechte in diesem Ge-

Verpflichtung zur Achtung der Menschenrechte **Art. 1 EMRK**

biet gewährleisten. Insbesondere beschränkt sich ihre Verantwortlichkeit nicht auf die Handlungen ihrer eigenen Organe. Sie muss vielmehr auch für die Handlungen der örtlichen Behörden einstehen (EGMR 10.5.2001 (GK) – 25781/94 Rn. 77 – Zypern/Türkei; EGMR 12.12.2001 (GK) – 52207/99 Rn. 70, NJW 2003, 413 – Banković ua; EGMR 24.6.2008 – 36832/97 Rn. 47 – Solomou ua; EGMR 7.7.2011 (GK) – 55721/07 Rn. 138, NJW 2012, 283 – Al-Skeini; EGMR 19.10.2012 (GK) – 43370/04 ua Rn. 106, NVwZ 2014, 203 – Catan ua).

Ein allgemeingültiger **Maßstab** zur Beurteilung, ob ein Vertragsstaat in einem Gebiet die effektive Kontrolle ausübt, lässt sich der Rechtsprechung des EGMR noch nicht entnehmen. Der EGMR hat einerseits angenommen, es sei kennzeichnend für effektive Kontrolle, dass ein Staat in einem Gebiet die **Gesamtheit oder einen Teil der öffentlichen Gewalt** ausübe, die normalerweise von der Regierung des anderen Staates ausgeübt würde (EGMR 12.12.2001 (GK) – 52207/99 Rn. 71, NJW 2003, 413 – Banković ua; EGMR 12.12.2002 – 59021/00, NJW 2004, 273 – Kalogeropoulou; EGMR 3.3.2005 – 60861/00 Rn. 101 – Manoilescu u. Dobrescu). Andererseits hat er zum Ausdruck gebracht, es sei nicht notwendig, festzustellen, ob eine Vertragspartei tatsächlich eine ins Einzelne gehende Kontrolle über die örtlichen Behörden in einem solchen Gebiet ausübe, da auch eine **allgemeine Kontrolle** *("overall control")* die Verantwortlichkeit der Vertragspartei für die Gewährleistung der Konventionsrechte begründen könne (EGMR 18.12.1996 (GK) – 15318/89 Rn. 56, EuGRZ 1997, 555 – Loizidou; EGMR 8.7.2004 (GK) – 48787/99 Rn. 312, NJW 2005, 1849 – Ilaşcu; EGMR 16.11.2004 – 31821/96 Rn. 70 – Issa; EGMR 7.7.2011 (GK) – 55721/07 Rn. 138, NJW 2012, 283 – Al-Skeini, hier allerdings unter Verwendung des Begriffs *"detailed control";* vgl. auch EGMR 19.10.2012 (GK) – 43370/04 ua Rn. 106, NVwZ 2014, 203 – Catan ua). Nicht entscheidend ist für sich genommen, ob eine Vertragspartei in einem Gebiet den Status einer Besatzungsmacht im Sinne von Art. 42 der Haager Landkriegsordnung innehat (EGMR (GK) 20.11.2014 – 47708/08 Rn. 142, NJOZ 2016, 76 – Jaloud).

Richtschnur für die Frage, ob effektive Kontrolle ausgeübt wird, ist in erster Linie die **Stärke der militärischen Präsenz** in dem betroffenen Gebiet. Darüber hinaus können auch weitere Indikatoren Bedeutung haben, wie etwa das Ausmaß, in dem eine Vertragspartei aufgrund militärischer, wirtschaftlicher und politischer Unterstützung der untergeordneten örtlichen Verwaltung Einfluss und Kontrolle über die Region ausübt (EGMR 7.7.2011 (GK) – 55721/07 Rn. 139, NJW 2012, 283 – Al-Skeini; EGMR 19.10.2012 (GK) – 43370/04 ua Rn. 107, NVwZ 2014, 203 – Catan ua; EGMR 21.1.2021 (GK) – 38263/08 Rn. 164, BeckRS 2021, 389 – Georgien/Russland (II)). Für die Beurteilung der Stärke der militärischen Präsenz in einem Gebiet kann insbesondere das Zahlenverhältnis zwischen den dort anwesenden Truppen eines Vertragsstaates und der dort lebenden Bevölkerung von Bedeutung sein. Die effektive Kontrolle des im Jahr 1974 besetzten Nordzyperns durch die Türkei wurde vor dem Hintergrund bejaht, dass dort zum relevanten Zeitpunkt mehr als 30.000 türkische Soldaten stationiert waren, die sich über das gesamte besetzte Gebiet verteilten, dort patrouillierten und sämtliche Kommunikationslinien kontrollierten (EGMR 18.12.1996 (GK) – 15318/89 Rn. 16, EuGRZ 1997, 555 – Loizidou; vgl. auch EGMR 10.5.2001 (GK) – 25781/94 Rn. 13 – Zypern/Türkei). Geringere Anforderungen genügten dem EGMR für die Annahme, Inhaftierte in der „Moldawischen Republik Transnistrien" unterstünden neben der Jurisdiktion Moldawiens auch der Jurisdiktion Russlands (vgl. EGMR 8.7.2004 (GK) – 48787/99 Rn. 394, NJW 2005, 1849 –

EMRK Art. 1 Rechte und Freiheiten der Konvention

Ilașcu; siehe aber das abweichende Votum der Richter *Ress* und *Kovler*). Es waren hier lediglich rund 2.000 russische Soldaten in einem über 4.000 km² großen Gebiet mit 750.000 Einwohnern stationiert (EGMR 8.7.2004 (GK) – 48787/99 Rn. 355, NJW 2005, 1849 – Ilașcu; nach erneuter ausführlicher Prüfung bestätigt durch EGMR 19.10.2012 (GK) – 43370/04 ua Rn. 111 ff., NVwZ 2014, 203 – Catan ua; siehe auch EGMR 23.2.2016 (GK) – 11138/10 Rn. 101 ff. – Mozer). Maßgeblich auf das Zahlenverhältnis zwischen Besatzungstruppen und örtlicher Bevölkerung haben auch die britischen Gerichte abgestellt, welche die Anwendbarkeit der EMRK (bzw. des *Human Rights Act*) in der britischen Besatzungszone im Südirak im Jahr 2003 zu beurteilen hatten. Angesichts von rund 8.000 Soldaten, die ca. 2,7 Mio. Irakern gegenüberstanden, wurde eine effektive Kontrolle hier verneint (*Divisional Court* 14.12.2004 – EWHC 2911 (Admin) Rn. 42 – Al Skeini; *Court of Appeal* 21.12.2005 – (2005)EWCA Civ 1609 Rn. 113 ff. – Al Skeini). Der EGMR hat diese Frage indes offen gelassen und für die Frage der Verantwortlichkeit allein auf das Kriterium der Ausübung unmittelbarer Gewalt („*state agent authority and control*", → Rn. 28 u. 31) abgestellt (EGMR 7.7.2011 (GK) – 55721/07 Rn. 149 f., NJW 2012, 283 – Al-Skeini). Im Zusammenhang mit dem internationalen bewaffneten Konflikt zwischen Georgien und Russland im Jahr 2008 hat der Gerichtshof die effektive Kontrolle Südossetiens durch Russland auf Grundlage der Annahme bejaht, dass zwischen rund 4.000 und rund 15.000 russische Soldaten einer Bevölkerung von 30.000 Einwohnern gegenüberstanden (EGMR 21.1.2021 (GK) – 38263/08 Rn. 165, BeckRS 2021, 389 – Georgien/Russland (II)). Relevanter Faktor für die Beurteilung der militärischen Stärke kann außer der Anzahl der Truppen auch deren **militärische Fähigkeit** („*military capacity*") sein (EGMR 16.12.2020 (GK) – 20958/14 u. 38334/18 Rn. 322 – Ukraine/Russland – Elitetruppen). Neben der Stärke der militärischen Präsenz können auch noch **andere Indikatoren** für die Annahme der effektiven Kontrolle eines Gebietes relevant sein, zB in welchem Maße militärische, wirtschaftliche und politische Unterstützung einem Vertragsstaat Einfluss und Kontrolle („*influence and control*") über die betroffene Region verleiht (EGMR 8.7.2004 (GK) – 48787/99 Rn. 388 ff., NJW 2005, 1849 – Ilașcu; EGMR 7.7.2011 (GK) – 55721/07 Rn. 139, NJW 2012, 283 – Al-Skeini ua; EGMR 16.6.2015 (GK) – 13216/05 Rn. 168; NVwZ 2016, 1149 – Chiragov ua; EGMR 21.1.2021 (GK) – 38263/08 Rn. 165, BeckRS 2021, 389 – Georgien/Russland (II)).

26 An die für die Annahme effektiver Kontrolle erforderliche **Zeitdauer** dürften keine allzu hohen Anforderungen zu stellen sein. Der EGMR hat insoweit bereits eine nur vier Wochen andauernde Militäroperation türkischer Truppen im Nordirak für prinzipiell geeignet gehalten, um die vorübergehende effektive Kontrolle der Türkei in diesem Gebiet zu begründen (EGMR 16.11.2004 – 31821/96 Rn. 73 – Issa). Im Rahmen der Krimkrise 2014 betrachtete der Gerichtshof zunächst einen Zeitraum von ca. drei Wochen und bejahte insoweit die effektive Kontrolle der Halbinsel Krim durch Russland (EGMR 16.12.2020 (GK) – 20958/14 u. 38334/18 Rn. 304 ff. – Ukraine/Russland). Im georgisch-russischem Konflikt des Jahres 2008 nahm der Gerichtshof eine effektive Kontrolle der Gebiete Südossetien, Abchasien und einer „Pufferzone" durch Russland für einen Zeitraum von knapp zwei Monaten an (EGMR 21.1.2021 (GK) – 38263/08 Rn. 174, BeckRS 2021, 389 – Georgien/Russland (II)).

27 Von Bedeutung bei der Bestimmung der extraterritorialen Geltung der Konvention kann ferner die Zugehörigkeit des betroffenen Gebiets zum sog. europäischen **„espace juridique"** sein. Hiernach ergibt sich aus dem Charakter der Konvention

Verpflichtung zur Achtung der Menschenrechte **Art. 1 EMRK**

als europäischem *ordre public,* dass die Besetzung eines Vertragsstaates der Konvention durch einen anderen Vertragsstaat nicht zu einem „rechtlichen Vakuum" in dem besetzten Staat führen darf (EGMR 10.5.2001 (GK) – 25781/94 Rn. 78 – Zypern/Türkei; vgl. auch EGMR 12.12.2001 (GK) – 52207/99 Rn. 79, NJW 2003, 413 – Banković ua – keine Gefahr eines „rechtlichen Vakuums" im ehemaligen Jugoslawien, das seinerzeit noch kein Mitglied des Europarats war). Gehört ein Gebiet zum *„espace juridique",* spricht dies also positiv für die Bindung des besetzenden Staates an die Konvention in diesem Gebiet (vgl. *Lawson* in Coomans/Kamminga S. 83, 114). Daraus folgt aber nicht, dass *a contrario* in Gebieten außerhalb des *„espace juridique",* keine Jurisdiktion im Sinne von Art. 1 ausgeübt werden könnte (EGMR 7.7.2011 (GK) – 55721/07 Rn. 142, NJW 2012, 283 – Al-Skeini).

Als weitere Ausnahme von der grundsätzlichen Beschränkung der Jurisdiktion **28** auf das eigene Staatsgebiet ist in der Rechtsprechung des EGMR die Ausübung der **unmittelbaren Gewalt über eine Person** durch Organe einer Vertragspartei (*„state agent authority and control"*) anerkannt (EGMR 12.3.2003 – 46221/99 Rn. 93, EuGRZ 2003, 472 – Öcalan; EGMR 12.5.2005 (GK) – 46221/99 Rn. 91, NVwZ 2006, 1267 – Öcalan; EGMR 16.11.2004 – 31821/96 Rn. 71 – Issa; EGMR 28.6.2007 – 60167/00 Rn. 53 – Pad ua; EGMR 24.6.2008 – 36832/97 Rn. 45 – Solomou ua; EGMR 7.7.2011 (GK) – 55721/07 Rn. 133 ff., NJW 2012, 283 – Al-Skeini; vgl. auch EGMR 30.6.2009 – 61498/08 Rn. 87 – Al-Saadoon u. Mufdhi, zu einem britischen Militärgefängnis im Südirak). Es handelt sich hierbei um einen **eigenständigen Anknüpfungspunkt,** der unabhängig von der Ausübung effektiver (territorialer) Kontrolle besteht (vgl. EGMR 16.11.2004 – 31821/96 Rn. 71 – Issa; EGMR 28.6.2007 – 60167/00 Rn. 53 – Pad ua). Auf die völkerrechtliche **Rechtmäßigkeit oder Unrechtmäßigkeit** des extraterritorialen Handels der Organe der Vertragspartei kommt es nicht an (EGMR 28.6.2007 – 60167/00 Rn. 53 – Pad ua). Typischer Fall ist die **Inhaftierung** oder die sonstige **Ingewahrsamnahme** einer Person durch eine Vertragspartei. Entscheidend ist grundsätzlich, dass sich eine Person in der **physischen Gewalt** einer Vertragspartei befindet (EGMR 7.7.2011 (GK) – 55721/07 Rn. 136, NJW 2012, 283 – Al-Skeini; EGMR 16.9.2014 (GK) – 29750/09 Rn. 76, NLMR 2014, 496 – Hassan). Für die Begründung von Jurisdiktion im Sinne von Art. 1 kann es insoweit ausreichen, wenn im Falle nicht identifizierter Täter lediglich der **Verdacht** besteht, dass es sich um Angehörige staatlicher Organe eine Vertragspartei handelt (EGMR 19.11.2019 – 75734/12 ua Rn. 161 – Razvozzhayev u. Udaltsov). Eine Person kann außerdem auch dann der Jurisdiktion einer Vertragspartei unterstehen, wenn sie aufgrund eines **Auslieferungsgesuchs** oder eines **internationalen Haftbefehls** dieser Vertragspartei von einem **anderen** Staat in Haft genommen wird (EGMR 21.4.2009 – 11956/07 Rn. 53 – Stephens; EGMR 2.5.2017 – 15944/11 Rn. 23 f. – Vasiliciuc).

Als unzureichend für die Begründung von Jurisdiktion im Sinne von Art. 1 erachtet **29** der EGMR die bloße Betroffenheit des eines Einzelnen von einer extraterritorialen Handlung einer Vertragspartei. Eine solche allein auf **„Ursache und Wirkung"** (*„cause and effect"*) beruhende Vorstellung von Jurisdiktion sei mit Art. 1 unvereinbar (EGMR 12.12.2001 (GK) – 52207/99 Rn. 75, NJW 2003, 413 – Banković ua; EGMR 29.3.2010 – 3394/03 Rn. 64, NJOZ 2011, 231 – Medvedyev ua; EGMR 5.5.2020 (GK) – 3599/18 Rn. 112, EuGRZ 2020, 538 – M.N. ua). In seiner kontrovers diskutierten (vgl. etwa *Jankowska-Gilberg,* Extraterritorialität, S. 42 ff.; *Johann,* Menschenrechte im internationalen bewaffneten Konflikt, S. 89 ff.; *Lorenz,* Territorialer Anwendungsbereich, S. 62 ff.; *Thallinger,* Grundrechte,

S. 134ff. jeweils mwN) Entscheidung zur Bombardierung des Gebäudes des Belgrader Radio- und Fernsehsenders RTS während des Kosovo-Konfliktes im Jahre 1999 hat der EGMR daher die hiergegen gerichtete Menschenrechtsbeschwerde der Opfer des Angriffs bzw. deren Angehöriger mangels anderer Anknüpfungspunkte als unzulässig zurückgewiesen (EGMR 12.12.2001 (GK) – 52207/99 Rn. 85, NJW 2003, 413 – Banković ua; zust. OLG Köln 28.7.2005 – 7 U 8/04, NJW 2005, 2860 (2861)). Zur Begründung führte er ua an, das Erfordernis der Jurisdiktion in Art. 1 würde **überflüssig,** wenn allein die Betroffenheit von einer Handlung eines Vertragsstaates genügte, um die Anwendbarkeit der Konvention zu begründen (EGMR 12.12.2001 (GK) – 52207/99 Rn. 75, NJW 2003, 413 – Banković ua). Das gleiche gelte für die separat zu prüfende Voraussetzung der Opfereigenschaft gem. Art. 34 (EGMR 12.12.2001 (GK) – 52207/99 Rn. 75, NJW 2003, 413 – Banković ua). Daraus folgt, dass Personen, die sich nicht in einem von einer Vertragspartei effektiv kontrollierten Gebiet aufhalten oder sich unmittelbar in der Gewalt ihrer Organe befinden, sich – abgesehen von den bei → Rn. 21 geschilderten Fällen – grundsätzlich nicht auf die Konvention berufen können, selbst wenn sie von der Handlung einer Vertragspartei unmittelbar beeinträchtigt werden.

30 Insbesondere mit Blick auf das Kriterium der „unmittelbaren Gewalt über eine Person" kann dies im Einzelfall zu **Abgrenzungsschwierigkeiten** und **Wertungswidersprüchen** führen, da die Übergänge hier nicht selten fließend sein dürften (vgl. zu diesen Schwierigkeiten anschaulich *Court of Appeal* 21.12.2005 – (2005)EWCA Civ 1609 Rn. 108f. – Al Skeini; siehe auch Sondervotum d. Richters Bonello zu EGMR 7.7.2011 – 55721/07, NJW 2012, 283 – Al-Skeini). Es überrascht deshalb nicht, dass der EGMR die Linie der *Banković*-Entscheidung in der Folgezeit nicht strikt durchgehalten hat. So erachtete er es bereits im Jahr 2007 in der Sache *Pad ua* für ausreichend zur Begründung der Jurisdiktion der Türkei, dass deren Sicherheitskräfte von einem Kampfhubschrauber aus auf kurdische Kämpfer im türkisch-iranischem Grenzgebiet schossen, weil die Beschießung der Türkei eindeutig **zurechenbar** war. Dem Umstand, dass nicht feststand, ob sich das Ereignis im türkischen oder im iranischen Hoheitsgebiet zugetragen hatte, maß er keine Bedeutung mehr bei (EGMR 28.6.2007 – 60167/00 Rn. 53f. – Pad ua). Daraus ist zu schließen, dass in diesem Fall – im Gegensatz zur *Banković*-Entscheidung – das bloße Betroffensein von der Handlung einer Vertragspartei als hinreichender **„jurisdictional link"** angesehen worden sein muss (vgl. *King* HRLR 9 (2009), 521 (555); **aA** *Fastenrath* in IntKommEMRK EMRK Art. 1 Rn. 106). Später hat der EGMR klargestellt, es habe sich hier um einen Fall gehandelt, der isolierte und spezifische Handlungen betroffen habe, die ein **Element der Nähe** *(„element of proximity")* beinhaltet (EGMR 21.1.2021 (GK) – 38263/08 Rn. 132, BeckRS 2021, 389 – Georgien/Russland (II)).

31 In seinem Urteil in der Rechtssache *Al-Skeini* ließ der EGMR die Frage offen, ob britische Besatzungstruppen im Jahr 2003 im Südirak „effektive Kontrolle" ausübten, bejahte aber gleichwohl die Verantwortlichkeit des Vereinigten Königreichs für die Tötung irakischer Zivilisten, die bei Schießereien auf offener Straße bzw. bei Hausdurchsuchungen durch Schusswaffengebrauch britischer Soldaten ums Leben gekommen waren. Auch hier hat der EGMR die unbestrittene Kausalität des Handelns britischer Soldaten als ausreichend für die Annahme eines *„jurisdictional link"* angesehen und daher angenommen, dass sich die Betroffenen in der unmittelbaren Gewalt *(„authority and control")* britischer Organe befanden (EGMR 7.7.2011 (GK) – 55721/07 Rn. 150, NJW 2012, 283 – Al-Skeini). Zugleich maß der EGMR allerdings auch dem Umstand entscheidungserhebliche Bedeutung bei,

Verpflichtung zur Achtung der Menschenrechte **Art. 1 EMRK**

dass das Vereinigte Königreich zum Zeitpunkt des Geschehens – vor der Rückübertragung der Hoheitsbefugnisse auf die irakische Interimsregierung am 28.6.2004 – als Besatzungsmacht (zusammen mit den Vereinigten Staaten von Amerika) **„die Gesamtheit oder einen Teil der öffentlichen Gewalt"** ausgeübt habe, „die normalerweise von der Regierung des anderen Staates ausgeübt wird" (EGMR 7.7.2011 (GK) – 55721/07 Rn. 149, NJW 2012, 283 – Al-Skeini; siehe auch dazu EGMR 21.1.2021 (GK) – 38263/08 Rn. 118, BeckRS 2021, 389 – Georgien/Russland (II)). Der EGMR hat demnach im Bereich der Fallgruppe *„authority and control"* auf einen Aspekt abgestellt, auf den er in seiner früheren Rechtsprechung nur bei der Frage, ob ein Vertragsstaat die „effektive Kontrolle" eines Gebiets ausübt, zurückgegriffen hat (→ Rn. 24). Hiermit könnte der Grundstein für eine **weitere Fallgruppe** gelegt sein, die sich durch folgende Merkmale auszeichnet: Einerseits besteht zwar mangels „effektiver Kontrolle" keine Pflicht zur Gewährleistung der Konventionsrechte in ihrer gesamten Bandbreite (→ Rn. 23). Andererseits trägt aber – wie etwa im Falle einer Besatzungsmacht – ein Vertragsstaat in gewissem Umfang eine Verantwortlichkeit für das Wohlergehen der Bevölkerung in dem betroffenen Gebiet. In einer solchen Situation erscheint es wiederum – ohne den Ausnahmecharakter der extraterritorialen Geltung der Konvention in Frage zu stellen – gerechtfertigt, die bloße Betroffenheit von einer Handlung dieser Vertragspartei grundsätzlich als *„jurisdictional link"* ausreichen zu lassen, und zwar auch dann wenn die betroffene Person sich nicht in der physischen Gewalt ihrer Organe befindet (vgl. dazu auch *Fastenrath* in IntKommEMRK EMRK Art. 1 Rn. 106; *Johann*, Menschenrechte im internationalen bewaffneten Konflikt, S. 93).

In seinem Urteil zum **internationalen bewaffneten Konflikt** zwischen Georgien und Russland im Jahr 2008 hat der EGMR seine Rechtsprechung dahingehend präzisiert, dass Ereignisse, die sich während der **aktiven Phase von Feindseligkeiten** *(„active phase of hostilities")* zutragen grundsätzlich keine Jurisdiktion des handelnden Vertragsstaates im Sinne von Art. 1 begründeten (EGMR 21.1.2021 (GK) – 38263/08 Rn. 144, BeckRS 2021, 389 – Georgien/Russland (II)). Die Verpflichtung der Vertragsstaaten aus Art. 1, gegenüber jeder Person, die ihrer Jurisdiktion unterstehe, die durch die Konvention garantierten Rechte und Freiheiten zu gewährleisten sei eng mit dem Begriff der „Kontrolle" verbunden, sei es die unmittelbare Gewalt über eine Person *(„authority and control")* oder die effektive Kontrolle *(„effective control")* eines Gebietes (EGMR 21.1.2021 (GK) – 38263/08 Rn. 136, BeckRS 2021, 389 – Georgien/Russland (II)). Die schiere Realität einer bewaffneten Konfrontation und Kämpfen zwischen feindlichen militärischen Kräften, die in einem chaotischen Umfeld *(„context of chaos")* das Erlangen der Kontrolle über ein Gebiet anstreben, bedeute nicht nur, dass es an der effektiven Kontrolle *(„effective control")* eines Gebiets fehle, sondern auch, dass jede Form der unmittelbaren Gewalt über individuelle Personen *(„state agent authority and control")* ausgeschlossen sei (EGMR 21.1.2021 (GK) – 38263/08 Rn. 137, BeckRS 2021, 389 – Georgien/Russland (II)). Diese Schlussfolgerung werde durch die Praxis der Vertragsparteien bestätigt, im Falle internationaler bewaffneter Konflikte außerhalb ihres eigenen Staatsgebiets keine Derogation nach Art. 15 zu erklären; hieraus sei zu schließen, dass die Vertragsparteien davon ausgingen, in diesen Fällen keine Jurisdiktion im Sinne von Art. 1 auszuüben (EGMR 21.1.2021 (GK) – 38263/08 Rn. 139, BeckRS 2021, 389 – Georgien/Russland (II)). Diese Auslegung des Art. 1 möge zwar aus Perspektive der Betroffenen von Handlungen und Unterlassungen einer Vertragspartei in einem solchen Kontext unbefriedigend erscheinen. In Anbetracht der großen Anzahl von Betroffenen und Ereignissen, der Menge des Beweismateri-

32

als, der Schwierigkeiten, die relevanten Umstände zu ermitteln sowie des Umstandes, dass solche Situationen vornehmlich Regelungsgegenstand des humanitären Völkerrechts bzw. des Kriegsvölkerrechts seien, sehe sich der Gerichtshof aber nicht imstande, den Begriff der Jurisdiktion über sein bisheriges Verständnis hinaus weiterzuentwickeln. Solle der Gerichtshof mit der Aufgabe betraut werden, Kriegshandlungen und aktive Feindseligkeiten im Rahmen eines internationalen bewaffneten Konflikts außerhalb des Hoheitsgebiets eines beklagten Staates zu beurteilen, sei es Sache der Vertragsparteien, die erforderliche Rechtsgrundlage für eine solche Aufgabe zu schaffen (EGMR 21.1.2021 (GK) – 38263/08 Rn. 140ff., BeckRS 2021, 389 – Georgien/Russland (II); kritisch zur Verneinung von Jurisdiktion hier insbes. das gemeinsame abweichende Votum der Richter Yudkivska, Wojtyczek und Chanturia sowie das abweichende Votum des Richters Pinto de Albuquerque).

33   Leitet ein Vertragsstaat bei einem **Todesfall,** der sich **außerhalb seiner Jurisdiktion** ereignet hat, nach Maßgabe seines nationalen Rechts (zB aufgrund des Universalitätsprinzips oder des aktiven oder passiven Personalitätsprinzips) strafrechtliche **Ermittlungs- oder Gerichtsverfahren** ein, kann dies für sich genommen für die Begründung eines *„jurisdictional link"* ausreichen und gem. Art. 1 die Anwendbarkeit der Konvention eröffnen (EGMR 29.1.2019 (GK) – 36925/07 Rn. 188 – Güzelyurtlu ua; EGMR 19.7.2019 – 8351/17 Rn. 37 – Romeo Castaño; vgl. auch EGMR 16.2.2021 (GK) – 4871/16 Rn. 135, NJW 2021, 1291 – Hanan) und die Verpflichtung des Vertragsstaates zu einer den Vorgaben des Art. 2 entsprechenden effektiven Untersuchung begründen (EGMR 29.1.2019 (GK) – 36925/07 Rn. 189 – Güzelyurtlu ua). Dies soll dem Gerichtshof zufolge jedoch nicht unbeschränkt gelten: Wenn die bloße Tatsache der Einleitung eines strafrechtlichen Ermittlungsverfahrens zu einem beliebigen Todesfall irgendwo auf der Welt (*„any death which has occurred anywhere in the world"*) ohne weitere Voraussetzungen für die Begründung eines *„jurisdictional link"* ausreichte, führte dies zu übermäßigen Ausweitung des Anwendungsbereichs der Konvention (EGMR 16.2.2021 (GK) – 4871/16 Rn. 135, NJW 2021, 1291 – Hanan). Zu betrachten seien daher die Besonderheiten (*„special features"*) des jeweiligen Falls, die nicht abstrakt definiert werden könnten (EGMR 16.2.2021 (GK) – 4871/16 Rn. 136, NJW 2021, 1291 – Hanan; siehe auch EGMR 29.1.2019 (GK) – 36925/07 Rn. 190 – Güzelyurtlu ua). Mit Blick auf die Untersuchung des von der Bundeswehr veranlassten Luftangriffs bei Kunduz/Afghanistan im Jahr 2009 nahm der Gerichtshof insoweit an, dass die Einleitung der Ermittlungen zwar für sich genommen nicht ausreichend war, um die Jurisdiktion Deutschlands zu begründen, weil es sich um eine extraterritoriale Militäroperation im Rahmen eines UN-Mandats gehandelt habe (EGMR 16.2.2021 (GK) – 4871/16 Rn. 135, NJW 2021, 1291 – Hanan). Im Ergebnis hat er einen hinreichenden *„jurisdictional link"* gleichwohl bejaht, weil Deutschland nach dem humanitären Völkergewohnheitsrecht und seinem innerstaatlichen Recht zur Durchführung von Untersuchungen verpflichtet gewesen sei und zugleich die afghanischen Behörden ihrerseits keine Möglichkeit gehabt hätten, Untersuchungen durchzuführen (EGMR 16.2.2021 (GK) – 4871/16 Rn. 137ff., NJW 2021, 1291 – Hanan).

34   Als für sich genommen nicht ausreichend für die Begründung eines *„jurisdictional link"* im Sinne von Art. 1 erachtet der EGMR die Einleitung eines behördlichen oder gerichtlichen Verfahrens zur **Erlangung eines Visums** durch eine Privatperson (EGMR 5.5.2020 (GK) – 3599/18 Rn. 123, EuGRZ 2020, 538 – M.N. ua; siehe auch EGMR 28.1.2014 – 11987/11 Rn. 28 – Abdul Wahab Khan). Eine an-

Verpflichtung zur Achtung der Menschenrechte **Art. 1 EMRK**

dere Sichtweise würde nach Auffassung des EGMR darauf hinauslaufen, eine nahezu universelle Anwendung der Konvention auf der Grundlage der einseitigen Entscheidungen eines jeden Einzelnen anzuerkennen, unabhängig davon, wo in der Welt die Person sich befindet; und somit eine unbegrenzte Verpflichtung für die Vertragsstaaten schaffen, Personen die Einreise zu gestatten, die außerhalb ihrer Jurisdiktion der Gefahr einer konventionswidrigen Misshandlung ausgesetzt sein könnten (EGMR 5.5.2020 (GK) – 3599/18 Rn. 123, EuGRZ 2020, 538 – M.N. ua).

Noch nicht abschließend geklärt ist in der Rechtsprechung des EGMR die **35** Frage, ob Personen, die von **Maßnahmen zur Überwachung des Internets und des Telekommunikationsverkehrs** betroffen werden, die eine Vertragspartei außerhalb ihres Hoheitsgebietes einer Vertragspartei oder grenzüberschreitend vornimmt, der Jurisdiktion dieser Vertragspartei unterliegen. Der EGMR hat ein Massenüberwachungsprogramm des Vereinigten Königreichs zwar ausführlich am Maßstab der Konvention gemessen, ohne dabei zu problematisieren, dass ein Teil der Beschwerdeführer weder Wohnsitz noch ständigen Aufenthalt im Vereinigten Königreich hatte (EGMR 13.9.2018 – 58170/13 ua – Big Brother Watch ua; EGMR 25.5.2021 (GK) – 58170/13 ua – Big Brother Watch ua; vgl. dazu auch BVerfGE 154, 152 Rn. 98; siehe außerdem EGMR 25.5.2021 (GK) – 35252/08 – Centrum för rättvisa). Allerdings unterblieb eine nähere Prüfung der Voraussetzungen des Art. 1 hier vor allem deshalb, weil das Vereinigte Königreich vor dem Hintergrund, dass zumindest ein Teil der Beschwerdeführer eindeutig seiner Jurisdiktion unterworfen gewesen sei, insoweit keine Unzulässigkeitseinrede erhoben hatte (EGMR 25.5.2021 (GK) – 58170/13 ua Rn. 272 – Big Brother Watch ua). Es spricht gleichwohl einiges dafür, dass Maßnahmen zur Überwachung des Internets und des Telekommunikationsverkehrs auch gegenüber Personen als Ausübung von Jurisdiktion im Sinne von Art. 1 aufgefasst werden können, die sich außerhalb des Hoheitsgebiets der Vertragspartei aufhalten (vgl. BVerfGE 154, 152 Rn. 98). Solche Maßnahmen dürften zwar regelmäßig unter keine der bislang etablierten Fallgruppen (dazu → Rn. 21 ff.) fallen (vgl. *Talmon* JZ 2014, 783 (784 ff.)). Nach Maßgabe des Urteils des EGMR in der Rechtssache *Al-Skeini* könnte aber in Betracht kommen, dass bei diesen Maßnahmen das bloße Betroffensein für die Annahme eines hinreichenden „*jurisdictional link*" ausreichen könnte. Es ließe sich hier etwa – in Fortführung des im *Al-Skeini*-Urteils geäußerten Rechtsgedankens – die Frage aufwerfen, ob eine Vertragspartei, die für sich in Anspruch nimmt, außerhalb ihres Hoheitsgebiets bzw. grenzüberschreitend Überwachungsmaßnahmen durchzuführen, nicht „einen Teil der öffentlichen Gewalt" ausübt, der „normalerweise von der Regierung des anderen Staates ausgeübt wird" (vgl. EGMR 7.7.2011 (GK) – 55721/07 Rn. 149, NJW 2012, 283 – Al-Skeini; auch → Rn. 31) und auf diese Weise einen hinreichenden Anknüpfungspunkt dafür schafft, dass Betroffene in gleicher Weise ihrer Jurisdiktion unterliegen wie dies bei Maßnahmen des Aufenthaltsstaates der Fall wäre. Des Weiteren wäre insoweit zu erwägen, ob bei Überwachungsmaßnahmen ohne Konventionsbindung, die im Hoheitsgebiet einer anderen Vertragspartei – also im Bereich des europäischen **„espace juridique"** – durchgeführt werden bzw. sich dort auswirken, nicht ein „rechtliches Vakuum" drohte, welches im Widerspruch zum Charakter der Konvention „europäischer ordre public" stünde (dazu → Rn. 27). Unabhängig davon gilt, dass auch dann, wenn mit Blick auf extraterritoriale oder grenzüberschreitende Überwachungsmaßnahmen die Ausübung von Jurisdiktion im Sinne von Art. 1 verneint wird, die **positive Verpflichtung** des Staates gilt, in dessen Staatsgebiet Überwachungsmaßnahmen durchgeführt werden bzw. sich auswirken, die seiner Jurisdiktion unterstehenden Personen gegen Überwachungsmaßnahmen durch Drittstaaten zu schützen (vgl. *Talmon* JZ 2014, 783 (786f.); ferner → Rn. 11).

Art. 2 Recht auf Leben

(1) **Das Recht jedes Menschen auf Leben wird gesetzlich geschützt. Niemand darf absichtlich getötet werden, außer durch Vollstreckung eines Todesurteils, das ein Gericht wegen eines Verbrechens verhängt hat, für das die Todesstrafe gesetzlich vorgesehen ist.**

(2) **Eine Tötung wird nicht als Verletzung dieses Artikels betrachtet, wenn sie durch eine Gewaltanwendung verursacht wird, die unbedingt erforderlich ist, um**
a) jemanden gegen rechtswidrige Gewalt zu verteidigen;
b) jemanden rechtmäßig festzunehmen oder jemanden, dem die Freiheit rechtmäßig entzogen ist, an der Flucht zu hindern;
c) einen Aufruhr oder Aufstand rechtmäßig niederzuschlagen.

(1) Everyone's right to life shall be protected by law. No one shall be deprived of his life intentionally save in the execution of a sentence of a court following his conviction of a crime for which this penalty is provided by law.

(2) Deprivation of life shall not be regarded as inflicted in contravention of this Article when it results from the use of force which is no more than absolutely necessary:
a) in defence of any person from unlawful violence;
b) in order to effect a lawful arrest or to prevent the escape of a person lawfully detained;
c) in action lawfully taken for the purpose of quelling a riot or insurrection.

(1) Le droit de toute personne à la vie est protégé par la loi. La mort ne peut être infligée à quiconque intentionnellement, sauf en exécution d'une sentence capitale prononcée par un tribunal au cas où le délit est puni de cette peine par la loi.

(2) La mort n'est pas considérée comme infligée en violation de cet article dans le cas où elle résulterait d'un recours à la force rendu absolument nécessaire:
a) pour assurer la défense de toute personne contre la violence illégale;
b) pour effectuer une arrestation régulière ou pour empêcher l'évasion d'une personne régulièrement détenue;
c) pour réprimer, conformément à la loi, une émeute ou une insurrection.

Literatur: *Altermann,* Ermittlungspflichten der Staaten aus der Europäischen Menschenrechtskonvention, 2006; *Blau,* Neuere Entwicklungen in der Schutzpflichtdogmatik des EGMR am Beispiel des Falles „Vo/Frankreich", ZEuS 2005, 397; *Carazo,* Enhancing Human Rights Protection through Procedure: Procedural Rights and Guarantees Derived from Substantial Norms in Human Rights Treaties, in Miller/Bratspies (Hrsg.), Progress in International Law, 2008, 793; *Irmscher,* Menschenrechtsverletzungen und bewaffneter Konflikt: Die ersten Tschetschenien-Entscheidungen des Europäischen Gerichtshofs für Menschenrechte, EuGRZ 2006, 11; *Jaeckel,* Schutzpflichten im deutschen und europäischen Recht, Eine Untersuchung der deutschen Grundrechte, der Menschenrechte und Grundfreiheiten der EMRK sowie der Grundrechte und Grundfreiheiten der Europäischen Gemeinschaft, 2001; *Koutnatzis/Weilert,* Fragen der menschlichen Reproduktion vor dem EGMR – Zugleich eine kritische Würdigung der

Recht auf Leben **Art. 2 EMRK**

Lehre vom staatlichen Beurteilungsspielraum (Margin of Appreciation), AVR 51 (2013), 72; *Krieger,* Positive Verpflichtungen unter der EMRK: Unentbehrliches Element einer gemeineuropäischen Grundrechtsdogmatik, leeres Versprechen oder Grenze der Justiziabilität?, ZaöRV 2014, 187; *Lagodny,* Schutz des Lebens durch Strafverfahren im Lichte von Art. 2 EMRK und Folgerungen für das Legalitätsprinzip, in Renzikowski (Hrsg.), Die EMRK im Privat-, Straf- und Öffentlichen Recht, 2004, 83; *Lux-Wesener,* Die Frage nach dem Beginn des Lebens: EGMR umgeht eine Antwort, EuGRZ 2005, 558; *Meyer-Ladewig,* Der Europäische Gerichtshof für Menschenrechte und der Kampf gegen Terrorismus und Separatismus, NVwZ 2009, 1531; *Müller-Terpitz,* Der Schutz des pränatalen Lebens, Eine verfassungs-, völker- und gemeinschaftsrechtliche Statusbetrachtung an der Schwelle zum biomedizinischen Zeitalter, 2007; *Nußberger,* Terrorismus und Menschenrechte: Zur Rechtsprechung des Europäischen Gerichtshofs für Menschenrechte, EuGRZ 2017, 633; *Pabel,* Recht auf Abtreibung – Reproduktive Rechte der Frau? – Europäische Perspektiven –, ZfL 2011, 74; *Pöschl,* Sterben mit Würde, EuGRZ 2021, 12; *Seibert-Fohr,* Prosecuting Serious Human Rights Violations, 2009; *Tomuschat/Lagrange/Oeter* (Hrsg.), The right to life, 2010.

Übersicht

	Rn.
A. Allgemeines	1
I. Art. 2 als Schlüsselnorm der EMRK	1
II. Bedeutung im innerstaatlichen Bereich	3
1. Ermittlungspflichten	3
2. Prozessuale Geltendmachung	5
B. Sachlicher Anwendungsbereich	6
I. Überblick	6
II. Besondere Situationen	8
1. Lebensbeginn	9
2. Lebensende	12
3. Kompensationsmechanismen	14b
C. Eingriffe	15
I. Überblick	15
II. Lebensgefährdung	18
1. Aktuelle und potentielle Lebensgefährdung	19
2. Verschwindenlassen	20
3. Ausweisung, Abschiebung und Auslieferung	21
III. Tötung im Krieg und bei militärischen Aktionen	22
1. Verhältnis zum humanitären Völkerrecht	22
2. Geltungsbereich der EMRK	23
D. Rechtfertigung	24
I. Überblick	24
II. Schranken: Legitime Zwecke der Gewaltanwendung	25
1. Verteidigung eines Menschen	25
2. Festnahme	27
3. Niederschlagung eines Aufruhrs oder Aufstands	28
III. Schranken-Schranke: Unbedingte Erforderlichkeit	29
E. Schutzpflichten	30
I. Überblick	30
1. Schutzpflichtkonzept des EGMR	30
2. Arten von Schutzpflichten	31
II. Präventive Schutzpflichten	34
1. Erlass und Anwendung von (Straf-)Rechtsnormen	34
2. Garantenstellung in Sonderrechtsverhältnissen	39
3. Umweltrecht und Gesundheitswesen	39a

	Rn.
III. Nachträgliche Schutzpflichten	40
1. Ermittlungspflichten	41
2. Anspruch auf Strafverfolgung	44
F. **Prozessuale Geltendmachung**	46
I. Verfahren vor dem EGMR	46
II. Verfahren in Deutschland	48

A. Allgemeines

I. Art. 2 als Schlüsselnorm der EMRK

1   Als Schlüsselnorm der EMRK steht Art. 2 an der Spitze der Rechte und Freiheiten aus der Konvention, für deren Ausübung sie Vorbedingung ist (vgl. zur Entstehungsgeschichte *Ramcharan,* The Drafting History of Article 2 of the European Convention on Human Rights, in Ramcharan, The Right to Life in International Law, 1985, S. 57 ff.; *Guillaume* in Pettiti/Decaux/Imbert S. 143 f.). Auch die Parallelnormen in anderen Kodifikationen sind an exponierter Stelle platziert (vgl. Art. 2 Abs. 2 S. 1 GG, Art. 2 GRCh). Zusammen mit Art. 3 (→ Art. 3 Rn. 1) enthält Art. 2 **grundlegende Werte** des demokratischen Rechtsstaats, die das Fundament des Europarats bilden (EGMR 17.9.2014 (GK) – 10865/09 ua Rn. 315, BeckRS 2015, 17134 – Mocanu ua/Rumänien). Die **herausgehobene Bedeutung** dieser Gewährleistung zeigt sich weiter in ihrer grundsätzlichen Notstandsfestigkeit nach Art. 15 Abs. 2 (→ Rn. 22). Art. 2 Abs. 1 S. 1 bestimmt, dass das Recht jedes Menschen auf Leben gesetzlich geschützt wird. Dieser Formulierung lässt sich zweierlei entnehmen: Zum einen kommt in ihr ein **naturrechtliches Verständnis** zum Ausdruck, das die überpositive Existenz und Fundierung des Lebensrechts voraussetzt. Zum anderen lässt die Wendung „gesetzlich geschützt" bereits das Schwergewicht der Rechtsprechung des EGMR erahnen, das – über die abwehrrechtliche Dimension des Art. 2 hinaus – auf der Entwicklung staatlicher Schutzpflichten für das Leben liegt. Verstärkend wirkt hierbei die allgemeine Verpflichtung des Staates aus Art. 1, allen seiner Hoheitsgewalt unterstehenden Personen die Rechte und Freiheiten der EMRK „zuzusichern" („secure", „reconnaître").

2   Die vergleichsweise junge, aber ausgesprochen reiche und dynamische Judikatur des Gerichtshofs zu Art. 2 (vgl. *Harris/O'Boyle/Warbrick* S. 66 f.) hat in den letzten fünfzehn Jahren mit zahlreichen Entscheidungen zum Tschetschenien-Konflikt neue Schubkraft erhalten, in denen vor allem die eigenständige **prozedurale Bedeutung** des Art. 2 – jenseits der originären prozeduralen Konventionsgarantien – gestärkt wurde. In zahlreichen Fällen wurde Russland wegen der Verletzung von Art. 2 zu Entschädigungszahlungen bzw. Schmerzensgeldleistungen verurteilt (vgl. zB EGMR 27.3.2012 – 56765/08 – Inderbiyeva/Russland; EGMR 30.1.2014 – 61536/08 ua – Mikiyeva ua/Russland; dazu *von Gall* OstEuR 2012/1, 40). Für die in Deutschland vornehmlich diskutierten Fragen wie Schwangerschaftsabbruch, Embryonenschutz, Sterbehilfe und Todesbegriff liefert die Straßburger Rechtsprechung allerdings keinen unmittelbaren Mehrwert, weil der Gerichtshof den Konventionsstaaten sowohl hinsichtlich des Lebensbeginns (→ Rn. 9) als auch hinsichtlich des Lebensendes (→ Rn. 18) einen großzügigen **Beurteilungsspielraum** gewährt und bislang keine eigenen eindeutigen Festlegungen vorgenommen hat. Umgekehrt gewendet bedeutet dies, dass es jedenfalls nicht zu einer Absenkung der hohen deutschen Schutzstandards kommt.

Recht auf Leben **Art. 2 EMRK**

II. Bedeutung im innerstaatlichen Bereich

1. Ermittlungspflichten. Aus deutscher Sicht liegt die besondere Bedeu- 3
tung des Art. 2 in seiner vom EGMR ausgeformten **Schutzpflichtdimension**
(→ Rn. 30), die sich unter anderem in der Anerkennung staatlicher Ermittlungspflichten bei verdächtigen Todesfällen niederschlägt. Nach der überkommenen Rechtsprechung des Bundesverfassungsgerichts besteht im Allgemeinen bei der Verletzung grundrechtlich geschützter Rechtsgüter durch Private kein grundrechtlicher Anspruch auf Strafverfolgung durch den Staat (BVerfGE 51, 176 (187); BVerfG (K) 9.4.2002 – 2 BvR 710/01, NJW 2002, 2861f.; vgl. *Löffelmann* in Jahn/Krehl/Löffelmann/Güntge, Die Verfassungsbeschwerde in Strafsachen, 2. Aufl. 2017, Rn. 828). Zwar kennt auch die EMRK in Art. 6 kein generelles Recht auf Strafverfolgung (vgl. *Meyer-Ladewig/Harrendorf/König* in HK-EMRK EMRK Art. 6 Rn. 57), jedoch folgt aus der besonderen Bedeutung der Schutzpflicht für das Leben aus Art. 2 in Verbindung mit der allgemeinen Gewährleistungsverpflichtung des Staates aus Art. 1 die Pflicht zu wirksamen amtlichen – in der Regel strafrechtlichen – Ermittlungen, wenn ein Mensch durch Gewalteinwirkung zu Tode gekommen ist (grundlegend EGMR 27.9.1995 (GK) – 18984/91 Rn. 161, ÖJZ 1996, 233 – McCann ua/Vereinigtes Königreich; → Rn. 41).

In jüngerer Zeit hat das Bundesverfassungsgericht vor dem Hintergrund des 4
grundlegenden Werts des Rechtsguts Leben und unter Berücksichtigung der Judikatur des EGMR anerkannt, dass aus der grundrechtlichen Pflicht aus Art. 2 Abs. 2 S. 1 iVm Art. 1 Abs. 1 S. 2 GG, sich schützend und fördernd vor das Leben zu stellen (BVerfGE 46, 160 (164); 121, 317 (356)), ausnahmsweise ein **Anspruch auf effektive Untersuchung von Todesfällen** und damit auf **Strafverfolgung** durch den Staat folgen kann (BVerfG (K) 4.2.2010 – 2 BvR 2307/06, EuGRZ 2010, 145 (147f.)). Dies gilt in bestimmten vom Bundesverfassungsgericht näher ausdifferenzierten Fallgruppen, nämlich bei den für das Gewaltmonopol des Staates bedeutsamen Straftaten, bei Straftaten hoheitlich handelnder Amtsträger sowie in strukturell asymmetrischen „Sonderrechtsverhältnissen" mit einer spezifischen Fürsorge- und Obhutspflicht des Staats (BVerfG (K) 26.6.2014 – 2 BvR 2699/10, NJW-Spezial 2015, 57; 6.10.2014 – 2 BvR 1568/12, NJW 2015, 150; kritisch *Gärditz* JZ 2015, 896ff.; → Rn. 44f.). Relevant wird dies im Rahmen von auf die Wiederaufnahme strafrechtlicher Ermittlungen gerichteten **Klageerzwingungsverfahren** nach §§ 172ff. StPO. Hier bedarf es, sofern keine Anklage erhoben wird, einer detaillierten und vollständigen Dokumentation des Ermittlungsverlaufs sowie einer nachvollziehbaren Begründung der Einstellungsentscheidung (BVerfG (K) 26.6.2014 – 2 BvR 2699/10, NJW-Spezial 2015, 57; 6.10.2014 – 2 BvR 1568/12, NJW 2015, 150). Insoweit verweist die Kammer ausdrücklich auf die weitgehend deckungsgleichen Anforderungen der EMRK (BVerfG (K) 23.3.2015 – 2 BvR 1304/12 Rn. 18, DVBl 2015, 700). Jüngst hat das Gericht das Recht auf effektive Strafverfolgung auf die Konstellation der rechtswidrigen Zwangsfixierung erstreckt (BVerfG (K) 15.1.2020 – 2 BvR 1763/16 Rn. 37ff., NJW 2020, 675; dazu *Schemmel* NJW 2020, 651). Die Einstellung des Ermittlungsverfahrens wegen des Luftangriffs in Kunduz hat das Bundesverfassungsgericht im Ergebnis nicht beanstandet (BVerfG (K) 19.5.2015 – 2 BvR 987/11 Rn. 19ff., NJW 2015, 3500); die diesbezügliche Beschwerde hat der EGMR zurückgewiesen (EGMR 16.2.2021 (GK) – 4871/16, NJW 2021, 1291 – Hanau/Deutschland).

2. Prozessuale Geltendmachung. Im Zusammenhang mit der Anerkennung 5
von Schutzpflichten steht die Frage, wie diese Pflichten bzw. die ihnen korrespon-

Schübel-Pfister

dierenden Rechte durchgesetzt werden können. Nicht eindeutig geklärt ist, ob und inwieweit **Familienangehörige** des zu Tode gekommenen Menschen eine Verletzung des Rechts auf Leben, die der Grundrechtsträger nicht mehr selbst rügen kann, ihrerseits prozessual geltend machen können. Der EGMR hat – zunächst ohne nähere Begründung – Beschwerden von Verwandten getöteter oder gefolterter Personen nach Art. 2 und Art. 3 zugelassen, wobei er je nach den Umständen bei Entführungen und Tötungen die Verwandten der betroffenen Personen selbst als **„Opfer"** (vgl. Art. 34) einer Verletzung nach Art. 3 angesehen hat (vgl. etwa EGMR 12.2.2009 – 20727/04 Rn. 99 – Bantayeva/Russland; dazu *Meyer-Ladewig* NVwZ 2009, 1531; → Art. 3 Rn. 20). In jüngerer Zeit hat der Gerichtshof das Erfordernis der Opfereigenschaft flexibilisiert (→ Rn. 46). In Verfahren vor deutschen Gerichten wird die prozessuale Geltendmachung im Wege einer Ausweitung des sachlichen Anwendungsbereichs des Rechts auf Leben oder im Wege der Prozessstandschaft diskutiert. Das Bundesverfassungsgericht hat die Frage zunächst (offengelassen (BVerfG (K) 4.2.2010 – 2 BvR 2307/06, EuGRZ 2010, 145 (147)), später aber klargestellt, dass der Anspruch auf effektive Strafverfolgung bei Kapitaldelikten auf der Grundlage von Art. 6 Abs. 1, Abs. 2 GG iVm Art. 2 Abs. 2 S. 1 und Art. 1 Abs. 1 GG auch nahen Angehörigen zustehen kann (BVerfG (K) 23.3.2015 – 2 BvR 1304/12 Rn. 14, DVBl 2015, 700; 19.5.2015 – 2 BvR 987/11 Rn. 20, NJW 2015, 3500; kritisch *Gärditz* JZ 2015, 896 ff.; → Rn. 48).

B. Sachlicher Anwendungsbereich

I. Überblick

6   Der Begriff des Lebens in Art. 2 ist für die Bestimmung des sachlichen und damit zugleich auch des persönlichen Anwendungsbereichs entscheidend, weil die Begriffe **„Mensch"** und **„Leben"** in Art. 2 Abs. 1 S. 1 in einem unauflöslichen Zusammenhang stehen. Unbestritten ist, dass Art. 2 jedenfalls jedes geborene menschliche Leben schützt. Alter oder Geschlecht, mentale oder körperliche Fähigkeiten sind ebenso wenig wie andere Kriterien für den Schutzumfang maßgeblich. Der Schutz des Art. 2 endet mit dem Tod (vgl. *Bergmann,* Das Menschenbild der Europäischen Konvention für Menschenrechte, 1995, S. 132).

7   Ob und inwieweit Art. 2 Abs. 1 auch das **ungeborene Leben** schützt, lässt sich dem Wortlaut dieser Gewährleistung nicht eindeutig entnehmen. Die Spruchpraxis der Konventionsorgane kreist um die Auslegung der Begriffe „Leben" einerseits und „jedes Menschen" andererseits, wobei der Wortlaut der beiden verbindlichen Sprachfassungen der EMRK maßgeblich ist (zur Auslegung mehrsprachiger völkerrechtlicher Verträge allgemein *Schübel-Pfister,* Sprache und Gemeinschaftsrecht, 2004, S. 136 ff.). Nach dem Verständnis der Europäischen **Kommission** für Menschenrechte ergibt sich aus dem Terminus „Leben" nicht ohne Weiteres die Erstreckung auf den Schutz ungeborenen Lebens (EKMR 12.7.1977 – 6959/75 Rn. 60 ff., EuGRZ 1978, 199 – Brüggemann und Scheuten/Deutschland; EKMR 13.5.1980 – 8416/78 Rn. 5 ff., EuGRZ 1981, 20 – Paton/Vereinigtes Königreich). Nach Ansicht der Kommission legt die französische Fassung „toute personne" ebenso wie die deutsche Übersetzung eine Einschränkung auf geborene Personen nahe, die der gleichermaßen verbindlichen englischen Sprachfassung („everyone") nicht unbedingt zu entnehmen sei. Der Wortlaut des Art. 2 lasse somit offen, wann das „Leben" „jedes Menschen" im Sinne der EMRK beginnen solle, wobei die

Recht auf Leben **Art. 2 EMRK**

Systematik – die Schranken des Art. 2 passten nur auf bereits Geborene – eher gegen eine Anwendung des Art. 2 auf Ungeborene spreche (EKMR 13.5.1980 – 8416/78 Rn. 5ff., EuGRZ 1981, 20 – Paton/Vereinigtes Königreich). Die Rechtsprechung des Gerichtshofs liegt in der Konsequenz dieser textlichen Offenheit – sowie der Vielfalt der hierzu in den Konventionsstaaten vertretenen Meinungen (→ Rn. 9).

II. Besondere Situationen

Unterschiedliche Auffassungen über die Reichweite des Schutzguts Leben zeigen sich vor allem in besonderen Situationen (*Rixen* in Heselhaus/Nowak EU-Grundrechte-HdB § 14 Rn. 15ff.), nämlich bei den Grenzen des Schutzbereichs am Lebensanfang und am Lebensende. Am **Lebensbeginn** betrifft dies vor allem die Frage des Schwangerschaftsabbruchs, verbunden mit der Vorfrage des Status pränatalen Lebens. Am **Lebensende** stellen sich Fragen des Todeszeitpunkts sowie der Zulässigkeit von Sterbehilfe bzw. des Rechts auf Selbsttötung. Die Fragestellungen werden vom Gerichtshof teils am Maßstab von Art. 2, in jüngerer Zeit aber häufiger (auch) am **Maßstab von Art. 8** (Recht auf Achtung des Privat- und Familienlebens) diskutiert. Dies gilt gleichermaßen bezüglich des Lebensbeginns (EGMR 3.11.2011 (GK) – 57813/00, NJW 2012, 207 – S.H. ua/Österreich, zum Verbot der In-vitro-Fertilisation; EGMR 16.12.2010 (GK) – 25579/05 Rn. 212ff., NJW 2011, 2107 – A., B. und C./Irland sowie EGMR 30.10.2012 – 57375/08 – P. und S./Polen, jeweils zum Schwangerschaftsabbruch) wie auch hinsichtlich des Lebensendes (EGMR 19.7.2012 – 497/09, NJW 2013, 2953 – Koch/Deutschland; EGMR 14.5.2013 – 67810/10 – Gross/Schweiz (von EGMR 30.9.2014 (GK) – 67810/10, NJW 2016, 143 wegen Missbrauchs des Beschwerderechts für ungültig erklärt) und EGMR 13.11.2012 – 47039/11 ua Rn. 122ff., NJW 2014, 447 – Hristozov ua/Bulgarien jeweils zum Schutz von Menschen vor sich selbst). Art. 2 wird dabei meist weniger in seiner abwehrrechtlichen Dimension, sondern vielmehr in seinem Schutzpflicht-Aspekt – bei der Abwägung mit dem Selbstbestimmungsrecht aus Art. 8 – relevant (EGMR 5.6.2015 (GK) – 46043/14 Rn. 124ff., NJW 2015, 2715 – Lambert ua/Frankreich; → Rn. 13).

1. Lebensbeginn. a) Beurteilungsspielraum. Es besteht **kein gemeineuropäischer Konsens** darüber, wann das „Leben" im Sinn des Art. 2 Abs. 1 beginnt (vgl. *Müller-Terpitz*, Der Schutz des pränatalen Lebens, S. 401ff.). Im Anschluss an die Spruchpraxis der Kommission (→ Rn. 7) überlässt der EGMR den Vertragsstaaten bei der Bestimmung des Schutzbereichs des Rechts auf Leben einen Beurteilungsspielraum für die jeweiligen nationalen Regelungen. Dies hat der Gerichtshof zunächst in einem Fall betreffend die **Beendigung der Schwangerschaft** gegen den Willen der Mutter durch ärztliche Fahrlässigkeit entschieden (EGMR 8.7.2004 (GK) – 53924/00 Rn. 75ff., NJW 2005, 727 – Vo/Frankreich) und später in weiteren Entscheidungen bestätigt (EGMR 10.4.2007 (GK) – 6339/05 Rn. 54ff., NJW 2008, 2013 – Evans/Vereinigtes Königreich; EGMR 16.12.2010 (GK) – 25579/05 Rn. 229ff., NJW 2011, 2107 – A., B. und C./Irland). Der nahezu durchweg kritischen Rezeption dieser Rechtsprechung in der Literatur (vgl. statt vieler *Lux-Wesener* EuGRZ 2005, 558; *Koutnatzis/Weilert* AVR 51 (2013), 72) ist entgegenzuhalten, dass die richterliche Zurückhaltung der Realität fortbestehender Divergenzen in **komplexen ethisch-moralischen Grundfragen** zwischen den und innerhalb der Einzelstaaten Rechnung trägt und so eine

EMRK Art. 2 Rechte und Freiheiten der Konvention

Verwässerung der nationalen Schutzstandards verhindert (ähnlich *Groh/Lange-Bertalot* NJW 2005, 713; vgl. auch *Krieger* ZaöRV 2014, 187 (211 f.): Respekt des EGMR vor den nationalen demokratischen Prozessen).

10 **b) Vorwirkender Schutz.** Auch wenn die Schutzpflicht des Staates nach Art. 2 Abs. 1 (→ Rn. 30) das pränatale Leben mangels Konsenses der Konventionsstaaten nicht umfasst, hat der EGMR dem ungeborenen Leben nicht jeglichen Schutz durch die EMRK abgesprochen, indem er mit rechtsvergleichenden Erwägungen entschied, dass der Schutz des Embryos um der **Würde des Menschen** willen erforderlich sei (EGMR 8.7.2004 (GK) – 53924/00 Rn. 84, NJW 2005, 727 – Vo/ Frankreich). Der Embryo wird damit zwar ausdrücklich nicht als durch Art. 2 geschützter „Mensch" angesehen; er wird aber in einer Art Vorwirkung unter den – nicht näher konkretisierten – Schutz der EMRK gestellt, dessen Ausgestaltung den Vertragsstaaten überlassen bleibt. In den Schwangerschaftsabbruchfällen fordert der Gerichtshof eine Abwägung des Rechts der schwangeren Frau auf Achtung ihres Privatlebens aus Art. 8 gegen andere Rechte und Freiheiten, zu denen auch die – vom ihm nicht normativ verorteten – **Rechte des ungeborenen Kindes** gehören (EGMR 16.12.2010 (GK) – 25579/05 Rn. 213, NJW 2011, 2107 – A., B. und C./ Irland; dazu *Kretschmer* GA 2011, 514; *Pabel* ZfL 2011, 74; anders *Hoffmann-Klein* ZfL 2013, 80: Abwägung nur mit dem Leben der Mutter).

11 Umstritten ist, welche Folgen daraus für den **Embryonenschutz**, insbesondere in der Fortpflanzungsmedizin und der Embryonenforschung, zu ziehen sind (vgl. *Haßmann,* Embryonenschutz im Spannungsfeld internationaler Menschenrechte, staatlicher Grundrechte und nationaler Regelungsmodelle zur Embryonenforschung, 2003, S. 57 ff.; *Müller-Terpitz* AVR 51 (2013), 42; *Rixen* in Heselhaus/Nowak EU-Grundrechte-HdB § 14 Rn. 22 ff.; *Rütsche,* Rechte von Ungeborenen auf Leben und Integrität, 2009, S. 477 ff.; *Steinweg,* Der universelle Schutz des menschlichen Embryos in vitro, 2012, S. 73 ff.). Insbesondere zu der in Deutschland lange diskutierten Frage einer begrenzten Zulassung der **Präimplantationsdiagnostik** lassen sich daher mit Blick auf die EMRK keine rechtsprechungsnahen Aussagen treffen. Nachdem der BGH (6.7.2010 – 5 StR 386/09, BGHSt 55, 206 = NJW 2010, 2672) die Strafbarkeit der Präimplantationsdiagnostik nach früherem Recht verneint hatte, wurde das Embryonenschutzgesetz durch das Gesetz zur Regelung der Präimplantationsdiagnostik (Präimplantationsdiagnostikgesetz – PräimpG) vom 21.11.2011 (BGBl. 2011 I 2228) dahingehend geändert, dass die Präimplantationsdiagnostik grundsätzlich verboten, aber in Ausnahmefällen zulässig sein ist. Das vom Europarat ausgearbeitete „Übereinkommen zum Schutz der Menschenrechte und der Menschenwürde im Hinblick auf die Anwendung von Biologie und Medizin: Übereinkommen über Menschenrechte und Biomedizin" vom 4.4.1997 (ETS Nr. 164) schreibt in Art. 18 einen „angemessenen Schutz" des Embryos vor und verbietet die Erzeugung menschlicher Embryonen für Forschungszwecke. Der EuGH hat die **Patentierbarkeit** der Verwendung **embryonaler Stammzellen** zur Therapie neuraler Defekte, auch zum Zwecke der wissenschaftlichen Forschung, **verneint** und dabei den Begriff des menschlichen Embryos unter Betonung der Achtung der Menschenwürde weit ausgelegt (EuGH 18.10.2011 (GK) – C-34/10, EuZW 2011, 908 – Brüstle/Greenpeace eV mAnm *Groh* EuGRZ 2011, 576; kritisch *Taupitz* NJW-Editorial 46/2011; vgl. aber auch EuGH 18.12.2014 (GK) – C-364/13, EuZW 2015, 321 – Stem Cell mAnm *Frenz* DVBl 2015, 236: „Menschwerdungspotential" maßgeblich). In einem nach Art. 8 geprüften Fall der **Embryonenspende** hat der EGMR ebenfalls auf den weiten Ermessensspielraum

der Konventionsstaaten bei fehlendem europäischem Konsens in schwierigen ethisch-moralischen Grundfragen verwiesen (EGMR 27.8.2015 (GK) – 46470/11 Rn. 168ff., NJW 2016, 3705 – Parrillo/Italien).

2. Lebensende. a) Todesbegriff. Am Lebensende stellt sich die Frage der Qualifikation bestimmter schwersthirngeschädigter Menschen als noch lebend oder schon tot, die vor allem für die Transplantationsmedizin von Bedeutung ist. Nach der heute überwiegenden Meinung im juristischen Schrifttum soll das menschliche Leben – und damit auch das Recht auf Leben – mit dem **Hirntod,** also mit dem vollständigen und endgültigen Ausfall der gesamten Hirnfunktionen, enden (vgl. die Nachweise bei *Alleweldt* in Dörr/Grote/Marauhn Kap. 10 Rn. 27). Der EGMR hatte bislang keinen Anlass, zu dieser Frage Stellung zu nehmen. 12

b) Recht auf den Tod. Eine negative Komponente des Art. 2 Abs. 1 als Recht zur Beendigung des Lebens – entsprechend der anerkannten negativen Meinungs- oder Vereinigungsfreiheit – hat der EGMR verneint (EGMR 29.4.2002 – 2346/02 Rn. 40, NJW 2002, 2851 – Pretty/Vereinigtes Königreich zum Fall einer unheilbar unterhalb des Kopfes gelähmten Frau; EGMR 5.6.2015 (GK) – 46043/14 Rn. 137f., NJW 2015, 2715 – Lambert ua/Frankreich zu einem Wachkomapatienten). Daher sah der Gerichtshof in der Verweigerung der Zusicherung von Straffreiheit für **Sterbehilfe** keinen Verstoß gegen Art. 2. Aus dem vom Recht auf Privatleben nach Art. 8 umfassten Recht des Menschen, über den Zeitpunkt seines Todes zu entscheiden, lässt sich keine positive Verpflichtung des Staates ableiten, ein nicht verschreibungspflichtiges tödliches Präparat für eine würdige und schmerzfreie Lebensbeendigung zur Verfügung zu stellen (EGMR 20.1.2011 – 31322/07 Rn. 55, NJW 2011, 3773 – Haas/Schweiz). Zur Begründung verweist der EGMR – ebenso wie bei der spiegelbildlichen Problematik des Lebensbeginns – auf die in den Konventionsstaaten bestehenden unterschiedlichen Auffassungen zum Lebensende und ihren daraus resultierenden **Beurteilungsspielraum.** Dieser bezieht sich sowohl auf das **Ob** nationaler Regelungen zur Lebensbeendigung als auch auf das **Wie,** also die Art und Weise, in der die Staaten einen Ausgleich zwischen dem Selbstbestimmungsrecht des Einzelnen und der staatlichen Schutzpflicht für das Leben schaffen (EGMR 5.6.2015 (GK) – 46043/14 Rn. 143ff., NJW 2015, 2715 – Lambert ua/Frankreich; EGMR 27.6.2017 – 39793/17 – Gard/Vereinigtes Königreich). 13

Im Verfahren eines Witwers betreffend die von den deutschen Behörden versagte Erlaubnis zum Erwerb einer tödlichen Medikamentendosis für seine unheilbar kranke Frau hat sich der EGMR wegen der unterbliebenen Sachprüfung der deutschen Gerichte auf den verfahrensrechtlichen Aspekt von Art. 8 (→ Rn. 49) beschränkt, zugleich aber seine bisherige Judikatur bestätigt, wonach es vor allem **Angelegenheit der Konventionsstaaten** ist, die von diesen mehrheitlich verneinte – Frage der Zulässigkeit assistierter Selbsttötung zu beurteilen (EGMR 19.7.2012 – 497/09 Rn. 70, NJW 2013, 2953 – Koch/Deutschland; dazu *Höfling* NJW-Editorial 34/2012). Allerdings verpflichtet Art. 2 die Behörden, eine Person an einer Selbsttötung zu hindern, wenn sie die **Entscheidung** dazu nicht **frei** und in Kenntnis aller Umstände getroffen hat (EGMR 20.1.2011 – 31322/07 Rn. 54, NJW 2011, 3773 – Haas/Schweiz). Die vom Gerichtshof bislang nicht ausdrücklich entschiedene Frage, ob die Konventionsstaaten wegen der Schutzpflicht aus Art. 2 Abs. 1 (→ Rn. 30) verpflichtet sind, die Sterbehilfe zu verbieten und Verstöße dagegen zu sanktionieren, ist nach alledem zu verneinen (vgl. bereits *Kneihs* EuGRZ 2002, 242 (243); zur Rechtslage in Österreich VfGH 11.12.2020 – G 139/2019, 14

EuGRZ 2021, 55; dazu *Pöschl* EuGRZ 2021, 12). Das Übereinkommen über Menschenrechte und Biomedizin des Europarats vom 4.4.1997 fordert in Art. 9 die Berücksichtigung früherer Wünsche des Patienten, was der deutsche Gesetzgeber hinsichtlich der Patientenverfügung aufgegriffen hat (§ 1904 Abs. 2–4 BGB idF des Dritten Gesetzes zur Änderung des Betreuungsrechts vom 29.7.2009, BGBl. 2009 I 2286).

14a In **Deutschland** hat sich eine lebhafte Diskussion um den Grundrechtsschutz der **Selbsttötung,** insbesondere beim **ärztlich assistierten Suizid,** entwickelt. Das Bundesverfassungsgericht hat bereits vor einigen Jahren – auch unter Berufung auf die EMRK und die Rechtsprechung des EGMR – anerkannt, dass eine **medizinische Zwangsbehandlung** gegen den freien Willen eines Menschen ausgeschlossen ist (BVerfGE 142, 313 Rn. 92ff.). Im Jahr 2015 hat der Gesetzgeber in § 217 StGB die geschäftsmäßige Förderung der Selbsttötung unter Strafe gestellt. Diese Norm wurde vom Bundesverfassungsgericht mit der Begründung für nichtig erklärt, dass sie die Möglichkeiten einer assistierten Selbsttötung faktisch weitgehend entleere; dies verstoße gegen das Recht des Einzelnen aus Art. 2 Abs. 1 iVm Art. 1 Abs. 1 GG, sein Leben **selbstbestimmt** zu beenden (BVerfGE 153, 182; dazu etwa *Rixen* BayVBl 2020, 397). Bereits zuvor hatte das Bundesverwaltungsgericht entschieden, dass das allgemeine Persönlichkeitsrecht auch das Recht eines schwer und unheilbar kranken Menschen umfasst, zu entscheiden, wie und zu welchem Zeitpunkt sein Leben enden soll, vorausgesetzt, er kann seinen Willen frei bilden und entsprechend handeln (BVerwG 2.3.2017 – 3 C 19.15 Rn. 22ff., BVerwGE 158, 142 = NVwZ 2017, 1452). Beide deutschen Gerichte haben dabei die Rechtsprechung des EGMR herangezogen, um den – insoweit zu den EMRK-Rechten parallellaufenden – Schutzbereich der grundrechtlichen Gewährleistungen des Grundgesetzes zu begründen (BVerfGE 153, 182 Rn. 302ff.; BVerwGE 158, 142 Rn. 25). Ein Anspruch auf Zugang zu einem Betäubungsmittel zum Zweck der Selbsttötung **ohne krankheitsbedingte Notlage** besteht nicht; dementsprechend verstößt die Erlaubnisversagung auch nicht gegen die EMRK (BVerwG 28.5.2019 – 3 C 6.17 Rn. 24ff., NJW 2019, 2789). Die hiergegen gerichtete Verfassungsbeschwerde wurde nicht zur Entscheidung angenommen (BVerfG 10.12.2020 – 1 BvR 1837/19, NJW 2021, 1086).

14b **3. Kompensationsmechanismen.** Zum Ausgleich fehlender (homogener) materieller Beurteilungskriterien in den genannten Sondersituationen hat der Gerichtshof verschiedene Strategien entwickelt (vgl. *Koutnatzis/Weilert* AVR 51 (2013), 72). Zum einen verfolgt er einen **Prozeduralisierungsansatz,** wonach die rechtlichen Rahmenbedingungen in den Konventionsstaaten, wiewohl uneinheitlich, zumindest klar, verbindlich und sorgfältig abgewogen sein müssen (EGMR 30.10.2012 – 57375/08 – P. und S./Polen zum Schwangerschaftsabbruch). Zwischen theoretisch gewährten Rechten und ihrer praktischen Anwendung darf kein Widerspruch bestehen (EGMR 16.12.2010 (GK) – 25579/05 Rn. 244ff., NJW 2011, 2107 – A., B. und C./Irland: Erfordernis kohärenter Durchführungsbestimmungen). Zum anderen argumentiert der Gerichtshof im Zusammenhang mit dem konventionsstaatlichen Beurteilungsspielraum zum Erlass bzw. zur Aufrechterhaltung von Verbotsnormen mit der **Freiheit** der Beschwerdeführer, die im Inland verbotenen Methoden stattdessen ohne Sanktionsgefahr durch den Heimatstaat in einem **anderen Konventionsstaat** zu praktizieren (EGMR 16.12.2010 (GK) – 25579/05 Rn. 239ff., NJW 2011, 2107 – A., B. und C./Irland zum Schwangerschaftsabbruch außerhalb von Irland; EGMR 3.11.2011 (GK) – 57813/00 Rn. 114,

Recht auf Leben **Art. 2 EMRK**

NJW 2012, 207 – S.H. ua/Österreich zur In-vitro-Fertilisation außerhalb von Österreich). Insoweit etabliert der EGMR die **„gegenseitige Anerkennung"** anstelle der – in den hochumstrittenen ethischen Fragen zwischen den Konventionsstaaten nicht möglichen – konsensualen Harmonisierung als „neue Methode".

C. Eingriffe

I. Überblick

Das Recht auf Leben stellt zunächst ein **Abwehrrecht** gegen Eingriffe seitens 15 des Staates dar. Auch wenn der Wortlaut des Art. 2 in den verbindlichen Sprachfassungen („deprivation of life", „mort") eher an faktische Eingriffe denken lässt, kommen neben Eingriffen tatsächlicher Art (typisch: polizeilicher Todes- bzw. Rettungsschuss, → Rn. 35) auch Eingriffe rechtlicher Art (Todesurteile, → 6. EMRK-Prot Art. 1 Rn. 1 ff. und → 13. EMRKProt Art. 1 Rn. 1 ff.) in Betracht. Eingriffe in das Recht auf Leben liegen nicht nur bei gezielten, sondern auch bei unbeabsichtigten Tötungen vor (grundlegend EGMR 27.9.1995 (GK) – 18984/91 Rn. 148, ÖJZ 1996, 233 – McCann ua/Vereinigtes Königreich).

Häufig ist problematisch, ob der Eingriff dem Staat **zugerechnet** werden kann. 16 Wenn Menschen in staatlichem Gewahrsam sterben, behilft sich der Gerichtshof mit **Beweiserleichterungen** (Überblick bei *Meyer-Ladewig/Huber* in HK-EMRK EMRK Art. 2 Rn. 35 ff.) dahingehend, dass der Staat eine plausible **Erklärung** für den Todesfall liefern muss (EGMR 27.6.2000 (GK) – 21986/93 Rn. 99, NJW 2001, 2001 – Salman/Türkei; EGMR 13.6.2002 – 38361/97 Rn. 110 f., Rep. 2002-IV, 355 – Anguelova/Bulgarien; ähnlich beim „Verschwindenlassen" von Personen, → Rn. 20). Ist der Staat hierzu nicht in der Lage, geht der Gerichtshof von der unmittelbaren staatlichen Verantwortlichkeit für den Tod aus. Ein Beispiel hierfür ist die Verantwortlichkeit von Konventionsstaaten im Fall sogenannter „extraordinary" oder „secret renditions", also außergerichtlicher Überstellungen von einem Staat in einen anderen im Rahmen der Terrorismusbekämpfung; hier ist eine Beweisführung durch hinreichend überzeugende, klare und übereinstimmende **Indizien** möglich (EGMR 24.7.2014 – 28761/11 Rn. 400, NVwZ 2015, 955 – Al Nashiri/Polen und EGMR 24.7.2014 – 7511/13 – Husayn (Abu Zubaydah)/Polen, jeweils zu geheimen CIA-Gefängnissen in Polen; näher *Ambos* StV 2014, 646; *Nußberger* EuGRZ 2017, 633 (637)). Das abgesenkte Beweismaß stellt die „erste Stufe" des vom Gerichtshof entwickelten **Kompensationsmechanismus**' für die Nichtaufklärbarkeit der tatsächlichen (Todes-)Umstände dar; die „zweite Stufe" wird bei der – von der direkten staatlichen Verantwortung für den Todeseintritt zu unterscheidenden – weiteren Frage der Verletzung staatlicher Schutzpflichten relevant (→ Rn. 30).

Bereits der Wortlaut des Art. 2 Abs. 1 geht über die Abwehrdimension des 17 Rechts auf Leben hinaus, indem er den **gesetzlichen Schutz** des Rechts auf Leben vorsieht. Anhaltspunkte für eine unmittelbare Drittwirkung des Rechts auf Leben im Sinne einer direkten Verpflichtung Privater aus Art. 2 sind der Rechtsprechung des Gerichtshofs nicht zu entnehmen. Vielmehr hat der EGMR weitreichende Schutzpflichten der Konventionsstaaten auch im Fall von nichtstaatlichen Lebensgefährdungen entwickelt (→ Rn. 30).

II. Lebensgefährdung

18 Ein Eingriff in das Recht auf Leben liegt nicht erst bei vollendeten Tötungen vor, sondern kann bereits bei Lebensgefährdungen gegeben sein. Der Gerichtshof hat dabei den Schutz des Art. 2 in verschiedener Hinsicht und verschiedenen Konstellationen **vorverlagert**.

19 **1. Aktuelle und potentielle Lebensgefährdung.** Ursprünglich hielt der Gerichtshof Art. 2 beim Einsatz von Gewalt ohne tödliche Folgen nur unter außergewöhnlichen Umständen für einschlägig, wobei er auf Art, Ausmaß und Absicht der Gewaltanwendung abstellte (EGMR 28.10.1998 (GK) – 23452/94 Rn. 115 ff., Rep. 1998-VIII – Osman/Vereinigtes Königreich; EGMR 27.6.2000 (GK) – 22277/93, Rep. 2000-VII Rn. 76 – İlhan/Türkei; EGMR 1.3.2001 – 22493/93 Rn. 153 ff. – Berktay/Türkei). In späteren Entscheidungen wird dies unter formaler Bestätigung der bisherigen Rechtsprechung (vgl. EGMR 20.12.2004 (GK) – 50385/99 Rn. 51 f., NJW 2005, 3405 – Makaratzis/Griechenland zu **lebensgefährlichen Verletzungen;** ähnlich EGMR 14.6.2011 – 30812/07 Rn. 55 ff., NVwZ 2012, 1017 – Trévalec/Belgien) tendenziell großzügiger gesehen, so dass nunmehr selbst **potentielle Lebensgefährdungen,** die zu keinen körperlichen Verletzungen führen, als tatbestandsmäßig eingestuft werden. Als Beispiel hierfür sind insbesondere die ersten Tschetschenien-Entscheidungen des EGMR zu nennen (EGMR 24.2.2005 – 57947/00 ua, EuGRZ 2006, 32 – Isayeva ua/Russland; EGMR 24.2.2005 – 57950/00, EuGRZ 2006, 41 – Isayeva ua/Russland; EGMR 24.2.2005 – 57942/00 ua, EuGRZ 2006, 47 – Kashiyev ua/Russland). Diese Rechtsprechung wird vor dem Hintergrund einer Verwischung der Grenzen zwischen Art. 2 und Art. 3 kritisch beurteilt (*Meyer-Ladewig/Huber* in HK-EMRK EMRK Art. 2 Rn. 5). In jüngerer Zeit scheint die Tendenz wieder in Richtung einer Prüfung am Maßstab des Art. 3 zu gehen (vgl. EGMR 30.4.2013 – 39872/11, NJW 2014, 283 – Timoschenko/Ukraine: Rüge von Art. 2 wegen des Fehlens angemessener medizinischer Behandlung während der Haft, die nach Art. 3 geprüft wird).

20 **2. Verschwindenlassen.** Ähnliche Kriterien gelten für das „Verschwindenlassen" einer Person unter lebensbedrohenden Umständen, wo nach Ablauf eines gewissen Zeitraums bei entsprechenden Indizien der staatlich verantwortete Tod der vermissten Person **vermutet** wird (EGMR 13.6.2000 – 23531/94 Rn. 82 ff., Rep. 2000-VI, 303 – Timurtaş/Türkei; EGMR 10.5.2001 (GK) – 25781/94 Rn. 132, Rep. 2001-IV, 1 – Zypern/Türkei). In den letzten 15 Jahren hat der Gerichtshof häufig die Verantwortlichkeit Russlands für sog. Disappearance-Fälle in Tschetschenien bejaht (vgl. etwa EGMR 9.11.2006 – 69480/01 ua – Luluyev ua/Russland; EGMR 27.3.2012 – 5432/07, 56765/08 – Kadirova ua/Russland; EGMR 31.10.2013 – 26960/06 ua – Tovbulatova ua/Russland; EGMR 30.1.2014 – 39436/06 ua, NVwZ 2015, 43 – Khatuyeva ua/Russland). Neben dieser unmittelbaren **Zurechnung** des Eingriffs zur Verantwortung des Staates und der damit einhergehenden Verletzung des Art. 2 in seiner abwehrrechtlichen Dimension kommt des Weiteren eine Verletzung staatlicher (prozeduraler) Schutzpflichten in Betracht (→ Rn. 40).

21 **3. Ausweisung, Abschiebung und Auslieferung.** Ausweisungen, Abschiebungen und Auslieferungen in Staaten, in denen es mit einer hohen Wahrscheinlichkeit – sei es durch staatliche Behörden, private Dritte oder lebensbedrohliche

Krankheiten – zum Tod des Betroffenen kommt, stellen eine weitere Fallgruppe möglicher Eingriffe in Art. 2 dar (eingehend *Nußberger* NVwZ 2013, 1305; *Nußberger* NVwZ 2016, 815 (818ff.); *Zimmermann/Elberling* in Dörr/Grote/Marauhn Kap. 27 Rn. 64ff.; bei drohender Todesstrafe → 13. EMRKProt Art. 1 Rn. 7ff.; zur Ausweisung im Übrigen Art. 3 und 4 6. EMRKProt, Art. 1 7. EMRKProt). Auch hier wird die **Verantwortlichkeit** des Konventionsstaats auf das Stadium der Lebensgefährdung **vorverlagert,** indem dem Konventionsstaat das (potentielle) Verhalten des Zielstaats zugerechnet wird (EGMR 15.3.2000 – 46553/99 – S. C. C./Schweden; EGMR 8.11.2005 – 13284/04 Rn. 42, 48, Rep. 2005-XI – Bader ua/Schweden; EGMR 5.9.2013 – 886/11 Rn. 73 – K. A. B./Schweden; zur Abschiebung nach Syrien EGMR 15.10.2015 – 40081/14 ua Rn. 108ff., NVwZ 2016, 1779 – L. M. ua/Russland). Eine Verletzung von Art. 2 kommt nur in Betracht, wenn dem Betroffenen im Falle der Auslieferung bzw. Abschiebung mit an Sicherheit grenzender Wahrscheinlichkeit der Tod droht (vgl. EGMR 19.2.1998 – 25894/94 Rn. 78 – Bahaddar/Niederlande). Im Übrigen liegt der Prüfungsschwerpunkt in derartigen Fällen regelmäßig bei Art. 3 (→ Art. 3 Rn. 24; vgl. etwa EGMR 28.6.2011 – 8319/07 Rn. 199, NVwZ 2012, 681 – Sufi und Elmi/Vereinigtes Königreich; EGMR 13.12.2016 (GK) – 41738/10 Rn. 207, NVwZ 2017, 1187 – Paposhvili/Belgien; näher *Lorz/Sauer* EuGRZ 2010, 389; vgl. auch BVerwG 13.6.2013 – 10 C 13.12, BVerwGE 147, 8 (19) = NVwZ 2013, 1489). Behauptete Verletzungen von Art. 2, die in der Sache eine Rüge nach Art. 3 betreffen, weist der Gerichtshof wegen offensichtlicher Unbegründetheit zurück (zB EGMR 10.9.2015 – 4601/14 Rn. 76f., NVwZ 2016, 1785 – R. H./Schweden). Dies gilt auch in den Fällen der Rückführung von Asylbewerbern in Erstaufnahmestaaten nach dem Dublin-System, in denen regelmäßig Art. 2 und Art. 3 gerügt werden. In einer Grundsatzentscheidung hat der EGMR die Überstellung nach Griechenland aufgrund der dortigen Lebensbedingungen für Asylbewerber und der erheblichen strukturellen Mängel im Asylverfahren als Verstoß gegen Art. 3 gewertet und nicht mehr nach Art. 2 geprüft (EGMR 21.1.2011 (GK) – 30696/09, NVwZ 2011, 413 – M.S.S./Belgien und Griechenland; dazu *von Arnauld* EuGRZ 2011, 238; vgl. auch EGMR 6.9.2011 – 51599/08, NVwZ 2012, 1233 – N.I./Belgien mAnm *Meyer-Ladewig/Petzold*).

III. Tötung im Krieg und bei militärischen Aktionen

1. Verhältnis zum humanitären Völkerrecht. Staatlich veranlasste Tötungen 22 auch und gerade im Krieg und bei militärischen Aktionen müssen sich am Recht auf Leben messen lassen (eingehend *Alleweldt* in Dörr/Grote/Marauhn Kap. 10 Rn. 45; *Karpenstein,* Von Belfast bis Tiflis – Die EMRK im bewaffneten Konflikt, in Leutheusser-Schnarrenberger, Vom Recht auf Menschenwürde, 60 Jahre Europäische Menschenrechtskonvention, 2013, S. 209, 212ff.; jeweils mwN). Die Verfahrenspflicht nach Art. 2 besteht auch unter schwierigen Sicherheitsverhältnissen einschließlich eines bewaffneten Konflikts (EGMR 7.7.2011 (GK) – 55721/07 Rn. 164, NJW 2012, 283 – Al-Skeini ua/Vereinigtes Königreich; EGMR 17.9.2014 (GK) – 10865/09 ua Rn. 319, BeckRS 2015, 17134 – Mocanu ua/Rumänien; EGMR 20.11.2014 (GK) – 47708/08 Rn. 186, NJOZ 2016, 76 – Jaloud/Niederlande; → Rn. 43). An die Bedeutung des Art. 2 bei Militäraktionen hat der EGMR in einem Dringlichkeitsbeschluss im Rahmen einer Staatenklage der Ukraine gegen Russland erinnert (EGMR 13.3.2014 – 20958/14 – Ukraine/Russland; vgl. auch EGMR 21.1.2021 – 38263/08 – Georgien/Russland). Sie ergibt sich auch aus der für **Notstandsfälle** maßgeblichen Brückennorm des Art. 15 Abs. 2, die durch den Verweis auf „rechtmäßige Kriegshandlungen" deutlich macht, dass die menschenrechtlichen Garantien nur zugunsten der spezifischen Schutzvorschriften des humanitären Völkerrechts zurücktreten (vgl. *Irmscher* EuGRZ 2006, 11 (16); → Art. 15 Rn. 12). Art. 15 Abs. 2 tritt neben die Rechtfertigungsgründe des Art. 2 (→ Rn. 24) und ist bei der Prüfung gegebenenfalls zu berücksichtigen (*Zwaak* in van Dijk/van Hoof/van Rijn/Zwaak European Convention on Human Rights S. 403).

23 **2. Geltungsbereich der EMRK.** Allerdings ist, wenn es etwa um die Beurteilung von **Auslandseinsätzen der Bundeswehr** geht (vgl. *Beck,* Auslandseinsätze deutscher Streitkräfte, Materiell-rechtliche Bindungen aus Völkerrecht und Grundgesetz, insbesondere zum Schutz des Lebens, 2008; *Erberich,* Auslandseinsätze der Bundeswehr und Europäische Menschenrechtskonvention, 2004; *Stam,* Strafverfolgung bei Straftaten von Bundeswehrsoldaten im Auslandseinsatz, 2014), der **örtlich** begrenzte Geltungsbereich der EMRK zu beachten (→ Art. 1 Rn. 18 ff.). Nach der umstrittenen *Banković*-Rechtsprechung (EGMR 12.12.2001 (GK) – 52207/99 Rn. 59 ff., NJW 2003, 413 – Banković ua/17 NATO-Staaten) sollte der Begriff **„Hoheitsgewalt"** („jurisdiction") in Art. 1 im Wesentlichen nur das Territorium der Konventionsstaaten und von diesen kontrollierten Gebieten umfassen. Die Ausnahmefälle, in denen Handlungen von Konventionsstaaten außerhalb ihres Hoheitsgebiets – auch und gerade bei der Tötung von Zivilisten in Militäraktionen – als Ausübung von Hoheitsgewalt im Sinn von Art. 1 anzusehen sind, hat der Gerichtshof inzwischen näher präzisiert (EGMR 7.7.2011 (GK) – 55721/07 Rn. 130 ff., NJW 2012, 283 – Al-Skeini ua/Vereinigtes Königreich; dazu *Wittinger* NZWehrr 2013, 133 ff.) und damit auf Kritik an der inkonsistenten Handhabung des *Banković*-Kriteriums (vgl. etwa *Breuer* EuGRZ 2005, 471 (472)) reagiert. Das Bundesverwaltungsgericht hat auch unter Hinweis auf Art. 1 und 2 eine Mitverantwortung der Bundesregierung für Grundrechtsgefährdungen durch die Einbeziehung der Air Base Ramstein in die Durchführung von US-amerikanischen Drohneneinsätzen verneint (BVerwG 25.11.2020 – 6 C 7.19, NVwZ 2021, 800; kritisch *Payandeh/Sauer* NJW 2021, 1570).

23a Für die Prüfung von Ereignissen vor Inkrafttreten der EMRK bzw. vor dem Beitritt eines Staates zur EMRK ist der Gerichtshof **ratione temporis** nicht zuständig. Etwas anderes gilt allerdings bei der Rüge einer Verletzung von Verfahrenspflichten aus Art. 2 (→ Rn. 30 ff.), etwa bei Verstößen gegen die Ermittlungspflicht, wenn Menschen unter lebensgefährdenden Umständen verschwinden und ihr Schicksal nach wie vor nicht aufgeklärt ist (grundlegend EGMR 18.9.2009 (GK) – 16064/90 ua Rn. 136 ff., NVwZ-RR 2011, 251 – Varnava ua/Türkei zur türkischen Invasion in Zypern 1974). Die prozessuale Verpflichtung stellt eine gegenüber der materiellen Verpflichtung aus Art. 2 eigenständige und unabhängige, gleichsam **„abtrennbare" Verpflichtung** dar, die auch für Todesfälle vor Inkrafttreten der Konvention gilt und eine fortdauernde Verletzung der Konvention begründet (EGMR 9.4.2009 – 71463/01, Rep. 2009-III, 153 – Silih/Slowenien). Voraussetzung für das zeitliche Eingreifen der Ermittlungspflicht soll nach der jüngsten Rechtsprechung eine wirkliche Verbindung (**„genuine connection"**) zwischen dem Ereignis und dem Inkrafttreten der Konvention sein (EGMR 21.10.2013 (GK) – 55508/07 ua, NJOZ 2014, 1270 – Janowiec ua/Russland zum Massaker von Katyn 1940).

D. Rechtfertigung

I. Überblick

Für die Rechtfertigung von Eingriffen enthält die EMRK eine differenzierte **Schrankenregelung**. Art. 2 Abs. 1 verbietet zunächst jede absichtliche Tötung, ausgenommen die Vollstreckung eines Todesurteils, das ein Gericht wegen eines Verbrechens verhängt hat, für das die **Todesstrafe** gesetzlich vorgesehen ist (→ 13. EMRKProt Art. 1 Rn. 1 ff.). Daneben enthält Art. 2 Abs. 2 eine abschließende Aufzählung von Fällen, in denen Gewaltanwendung auch dann als konventionsgemäß eingestuft wird, wenn sie zum Tod eines Menschen führt. Hierbei kann es sich grundsätzlich um **absichtliche oder unabsichtliche Tötungen** handeln. Die todesverursachende Gewaltanwendung muss zu einem der in lit. a–c aufgezählten **legitimen Zwecke** erfolgen und hierzu „**unbedingt erforderlich**" sein. In allen drei Schranken-Varianten wird durch die Verwendung der Begriffe „rechtmäßig" bzw. „rechtswidrig" die Bezugnahme auf das innerstaatliche Recht hergestellt. Auch wenn letzteres vom Gerichtshof nur eingeschränkt überprüfbar ist, konnte er zur Tötung unbewaffneter Flüchtlinge an der innerdeutschen Grenze doch festhalten, dass die Tötung nach dem Recht der DDR nicht rechtmäßig war (EGMR 22. 3. 2001 (GK) – 34044/96 ua Rn. 96, NJW 2001, 3035 – Streletz, Kessler und Krenz/Deutschland; dazu *Schroeder* NJW 2017, 3053). Die Rechtfertigungsgründe des Art. 2 Abs. 2 gelten nur für die abwehrrechtliche Dimension des Art. 2, nicht auch für seine Schutzpflichtdimension (vgl. EGMR 20. 12. 2004 (GK) – 50385/99 Rn. 72, NJW 2005, 3405 – Makaratzis/Griechenland). Neben den in Art. 2 aufgezählten Rechtfertigungsgründen ist zudem an die Konstellation der „rechtmäßigen Kriegshandlungen" im Notstandsfall gemäß Art. 15 Abs. 2 zu denken (→ Rn. 22). 24

II. Schranken: Legitime Zwecke der Gewaltanwendung

1. Verteidigung eines Menschen. Abs. 2 lit. a lässt die Anwendung tödlicher Gewalt zum Zweck der **Notwehr** oder **Nothilfe** (nur) zur Verteidigung eines Menschen gegen rechtswidrige Gewalt zu. Die Geltung dieser Schrankenregelung für Notwehrhandlungen zwischen Privatpersonen ist umstritten (vgl. einerseits *Frowein* in Frowein/Peukert EMRK Art. 2 Rn. 2 und Rn. 12; andererseits *Alleweldt* in Dörr/Grote/Marauhn Kap. 10 Rn. 66 f.). Die erstgenannte, bejahende Auffassung hat zur Konsequenz, dass der Gesetzgeber Notwehrregelungen treffen muss, die dem Ausnahmetatbestand entsprechen (Grabenwarter/Pabel EMRK § 20 Rn. 15). Da die Anwendung tödlicher Gewalt zum Schutz von Sachwerten nach deutschem **Notwehrrecht** denkbar ist, wird dessen Vereinbarkeit mit der EMRK teilweise verneint (so etwa *Lagodny* in IntKommEMRK EMRK Art. 2 Rn. 3; zur Diskussion näher *Bülte* GA 2011, 145; *Frister* GA 1985, 553; *Kaspar* RW 2013, 40; *Koriath*, Einschränkung des deutschen Notwehrrechts (§ 32 StGB) durch Art. 2 II a EMRK?, in Ranieri, Europäisierung der Rechtswissenschaft, 2002, S. 47; *Zieschang* GA 2006, 415). 25

Eine gezielte polizeiliche Tötung, zB bei Geiselnahmen, kann nach lit. a oder lit. b gerechtfertigt sein, wobei für das deutsche **Polizeirecht** mit Blick auf die prozeduralen Anforderungen des EGMR (vgl. EGMR 20. 12. 2004 (GK) – 50385/99 Rn. 57 ff., NJW 2005, 3405 – Makaratzis/Griechenland; EGMR 6. 7. 2005 (GK) – 43577/98 ua Rn. 93 ff., EuGRZ 2005, 693 – Nachova ua/Bulgarien; → Rn. 35) 26 eine ausdrückliche und hinreichend bestimmte gesetzliche Regelung gefordert wird (*Arzt* DÖV 2007, 230). Das Bundesverfassungsgericht hat die im **Luftsicherheitsgesetz** vorgesehene gezielte Tötung Unbeteiligter in einem entführten Verkehrsflugzeug angesichts des Rechts auf Leben und der Menschenwürde für verfassungswidrig erklärt (BVerfGE 115, 118 (153 f.); dazu etwa *Franz* Der Staat 2006, 501 (502 ff.)). Der EGMR hat hinsichtlich der Betroffenheit unschuldiger Dritter das Kriterium der Unterschiedslosigkeit der Maßnahme entwickelt (EGMR 24.2.2005 – 57950/00 Rn. 173, EuGRZ 2006, 41 – Isayeva/Russland; EGMR 20.12.2011 – 18299/03 Rn. 231 f., NJOZ 2013, 137 – Finogenov ua/Russland). Ob dieser Ansatz mit der Rechtsprechung des Bundesverfassungsgerichts übereinstimmt, auf die der EGMR ausdrücklich verweist, wird in der Literatur bezweifelt (*Schmahl*, „Freiheit und Sicherheit". Maßnahmen der Terrorismusbekämpfung im Spiegel der EMRK, in Leutheusser-Schnarrenberger, Vom Recht auf Menschenwürde, 60 Jahre Europäische Menschenrechtskonvention, 2013, S. 183, 186 ff.).

27 **2. Festnahme.** Abs. 2 lit. b betrifft Gewaltanwendung zur rechtmäßigen Festnahme oder zur Verhinderung der Flucht einer Person, der rechtmäßig die Freiheit entzogen ist. Der Gebrauch der **Schusswaffe** zum Ziel der Festnahme oder Fluchtverhinderung darf grundsätzlich nicht mit einer Tötungsabsicht verbunden sein, da dies unverhältnismäßig wäre (vgl. Grabenwarter/Pabel EMRK § 20 Rn. 16; *Frowein* in Frowein/Peukert EMRK Art. 2 Rn. 13; jeweils mit Nachweisen auch zur gegenteiligen Praxis der Europäischen Kommission für Menschenrechte). Nach der Rechtsprechung des Gerichtshofs lässt sich die Benutzung von Schusswaffen nicht nach Abs. 2 lit. b rechtfertigen, wenn feststeht, dass eine verfolgte Person keine Gefahr für Leib oder Leben darstellt und keiner Gewalttat verdächtig ist (EGMR 6.7.2005 (GK) – 43577/98 ua Rn. 93 ff., EuGRZ 2005, 693 – Nachova ua/Bulgarien mAnm *Thürer/Dold*).

28 **3. Niederschlagung eines Aufruhrs oder Aufstands.** Nach Abs. 2 lit. c stellt die rechtmäßige Niederschlagung eines Aufruhrs oder Aufstands einen weiteren legitimen Zweck für die tödliche Gewaltanwendung dar. Der Gerichtshof hat die Begriffe „Aufruhr" und „Aufstand" nicht näher definiert. Als **„Aufruhr"** („riot", „émeute") ist eine Situation anzusehen, bei der eine Menschenmenge Gewalttaten in größerem Umfang begeht oder zu begehen droht (*Frowein* in Frowein/Peukert EMRK Art. 2 Rn. 15). Unter **„Aufstand"** („insurrection") ist die einem revolutionären Geschehen gleichkommende Erhebung eines Teils der Bevölkerung gegen die Staatsgewalt zu verstehen (Grabenwarter/Pabel EMRK § 20 Rn. 17). Zu Abs. 2 lit. c gibt es in der Rechtsprechung des EGMR kaum Beispielsfälle; auch in den grundlegenden Tschetschenien-Entscheidungen wird sie nicht erwähnt (vgl. *Irmscher* EuGRZ 2006, 11 (12 f.)). In den ersten entschiedenen Fällen von Gewaltanwendung in Tschetschenien hat der EGMR eine Verletzung von Art. 2 durch die infolge mangelnder Planung in Kauf genommene Tötung vieler Zivilisten bei dem Einsatz schwerer Waffen festgestellt, ohne eine Rechtfertigung nach Abs. 2 lit. c überhaupt zu erörtern. Die Regierung hatte sich nur (erfolglos) auf Abs. 2 lit. a berufen (EGMR 24.2.2005 – 57950/00, EuGRZ 2006, 41 – Isayeva/Russland; EGMR 24.2.2005 – 57942/00 ua, EuGRZ 2006, 47 – Kashiyev ua/Russland). In neueren Entscheidungen spricht der EGMR vom „insurgency" (EGMR 8.1.2009 – 43170/04 Rn. 88 – Dzhamayeva ua/Russland; EGMR 12.5.2010 – 9191/06 Rn. 81 – Suleymanova/Russland; → Art. 15 Rn. 5).

Recht auf Leben Art. 2 EMRK

III. Schranken-Schranke: Unbedingte Erforderlichkeit

Die für alle drei Varianten geltende Schranken-Schranke des unbedingt Erforderlichen ist angesichts ihres Wortlauts („absolutely necessary", „absolument nécessaire") und der fundamentalen Bedeutung des Rechts auf Leben enger auszulegen als das Notwendigkeitskriterium bei den übrigen EMRK-Garantien (vgl. Art. 8–11) und gebietet eine **besonders strenge Verhältnismäßigkeitsprüfung** (grundlegend EGMR 27.9.1995 (GK) – 18984/91 Rn. 149, 200, ÖJZ 1996, 233 – McCann ua/Vereinigtes Königreich; des Weiteren EGMR 27.6.2000 (GK) – 21986/93 Rn. 97f., NJW 2001, 2001 – Salman/Türkei; EGMR 24.3.2011 (GK) – 23458/02 Rn. 176ff., NVwZ 2011, 1441 – Giuliani und Gaggio/Italien; näher zur Verhältnismäßigkeitsprüfung *Nußberger* NVwZ-Beilage 1/2013, 36 (39ff.)). Hierbei berücksichtigt der Gerichtshof die gesamten Umstände des Falls (vgl. *Meyer-Ladewig/Huber* in HK-EMRK EMRK Art. 2 Rn. 47), unter anderem das Verhalten des Betroffenen (EGMR 6.7.2005 (GK) – 43577/98 ua Rn. 95, 107, EuGRZ 2005, 693 – Nachova ua/Bulgarien) sowie etwaige Versäumnisse staatlicher Repräsentanten bei der Vorbereitung, Durchführung und Kontrolle der Operation (EGMR 20.5.1999 (GK) – 21594/93 Rn. 78ff., NJW 2001, 1991 – Ogur/Türkei; EGMR 20.12.2011 – 18299/03 ua, NJOZ 2013, 137 – Finogenov ua/Russland). Zur Verletzung diesbezüglicher Schutzpflichten → Rn. 36ff.

29

E. Schutzpflichten

I. Überblick

1. Schutzpflichtkonzept des EGMR. Neben die Abwehrdimension des Rechts auf Leben tritt seine **Schutzfunktion,** die bereits in der Formulierung des Art. 2 Abs. 1 („Das Recht jedes Menschen auf Leben wird gesetzlich geschützt") deutlicher als in anderen Konventionsgarantien, im Grundgesetz und in der Europäischen Grundrechte-Charta zum Ausdruck kommt. In Verbindung mit der Verpflichtung der Konventionsstaaten aus Art. 1, die Menschenrechte „zuzusichern", folgt hieraus die staatliche Pflicht, das Leben auch gegenüber **Gefährdungen durch Dritte** zu schützen. Auch wenn sich der Wortlaut des Art. 2 Abs. 1 explizit nur auf den Schutz des Rechts auf Leben durch die Legislative bezieht, hat ihn der Gerichtshof zum Ausgangspunkt für die Entwicklung eines – bei aller Einzelfallbezogenheit – ebenso umfassenden wie facettenreichen Schutzpflichtkonzepts genommen, das Schutzpflichten aller Akteure – der Legislative, Exekutive und Judikative – umfasst (vgl. die Darstellungen bei *Blau* ZEuS 2005, 397; *Dröge,* Positive Verpflichtungen der Staaten in der Europäischen Menschenrechtskonvention, 2003; *Jaeckel,* Schutzpflichten im deutschen und europäischen Recht, 2001).

30

2. Arten von Schutzpflichten. Inhaltlich werden **materielle und prozedurale Schutzpflichten** unterschieden, wobei der Übergang zwischen beiden Kategorien oftmals fließend ist. Die **materielle Verpflichtung** der Konventionsstaaten, wirksame Maßnahmen zum Schutze des Rechts auf Leben zu ergreifen, wurde vom Gerichtshof vor allem als Ausgleich für die grundsätzliche Verneinung einer unmittelbaren Drittwirkung dieser Garantie zwischen Privaten entwickelt. Die Reichweite der materiellen Schutzpflichten ist hinsichtlich der sensiblen Fälle des Schutzes ungeborenen Lebens und der Sterbehilfe weitgehend ungeklärt (→ Rn. 6 und → Rn. 13ff.), so dass es insoweit für die deutsche Rechtsordnung bei der zu Art. 2

31

Abs. 2 GG entwickelten Schutzpflichtdogmatik verbleibt (dazu etwa *Jarass* in Jarass/Pieroth GG Art. 2 Rn. 91 ff.).

32 Besondere Bedeutung entfalten namentlich in der jüngeren Judikatur die **prozeduralen Schutzpflichten,** die der EGMR zunehmend als **Kompensationsmechanismus** für die ansonsten oft nicht gegebenen oder nicht erfolgversprechenden materiellen Kontrollmöglichkeiten und als Reaktion auf Beweisschwierigkeiten entwickelt. Typisch hierfür sind die Fälle, in denen der Eintritt des Todes einer „verschwundenen" Person nicht nachweisbar ist oder eine festgestellte Tötung dem Staat nicht eindeutig zugerechnet werden kann (zur „ersten Stufe" des vom EGMR entwickelten Ausgleichsmechanismus → Rn. 16). Allerdings kommt die Verletzung prozeduraler Schutzpflichten, namentlich von **Ermittlungspflichten** (→ Rn. 41) nicht nur dann in Betracht, wenn eine materielle Verletzung von Art. 2 – also die Feststellung der Verantwortlichkeit des beklagten Staates für den Tod des Menschen – ausscheidet. Vielmehr prüft der Gerichtshof beide Kategorien unabhängig voneinander und stellt gegebenenfalls eine **Verletzung des Art. 2 in zweifacher Hinsicht** fest (vgl. zB EGMR 20.5.1999 (GK) – 21594/93, NJW 2001, 1991 – Ogur/Türkei; EGMR 12.11.2013 – 23502/06, NJOZ 2014, 1874 – Benzer ua/Türkei mAnm *Meyer-Ladewig/Petzold* NVwZ 2014, 1647; EGMR 27.3.2012 – 56765/08, 5432/07 – Inderbiyeva/Russland; EGMR 30.1.2014 – 61536/08 ua – Mikiyeva ua/Russland; EGMR 30.1.2014 – 39436/06 ua, NVwZ 2015, 43 – Khatuyeva ua/Russland). Auch in seiner Statistik weist der Gerichtshof die Kategorien „Right to life – deprivation of life" und „lack of effective investigation" gesondert aus. Die prozedurale Verpflichtung stellt eine gegenüber der materiellen Verpflichtung aus Art. 2 eigenständige und unabhängige Verpflichtung dar, die auch hinsichtlich ihres Anwendungsbereichs ratione temporis eigenen Regeln folgt (→ Rn. 23a). Vor diesem Hintergrund sollte die Gefahr einer inflationären Feststellung der Verletzung von Art. 2 (so die Bedenken von *Meyer-Ladewig/Huber* in HK-EMRK EMRK Art. 2 Rn. 31) nicht überbewertet werden.

33 Hinsichtlich des zeitlichen Eingreifens des Schutzes lassen sich **präventive und nachträgliche Schutzpflichten** unterscheiden. Während präventive Schutzpflichten den Eintritt der Verletzung des Lebensrechts verhindern sollen und damit zumindest auch subjektiv-individualschützenden Charakter haben, kommt den nachträglichen Schutzpflichten objektive, „generalpräventive" Wirkung für die Zukunft zu. Die zunehmende Bedeutung der nachträglichen Schutzpflichten in der Rechtsprechung des Gerichtshofs mag sich vor dem Hintergrund erklären, dass es in den Verfahren vor dem EGMR nicht nur um Einzelfallgerechtigkeit, sondern vor allem um die Sicherung des demokratischen Rechtsstaats geht. Die Konventionsstaaten sind gehalten, die ihnen nach Art. 2 zukommende Ordnungsfunktion wahrzunehmen und nicht dadurch das Lebensrecht zu untergraben, dass rein faktisch – befördert durch Nichtverfolgung – Tötungen jenseits der in Art. 2 vorgesehenen Schranken vorgenommen werden (*Lagodny* in Renzikowski, Die EMRK im Privat-, Straf- und Öffentlichen Recht, S. 83, 88 f.). Zudem stellt die Statuierung von Ermittlungspflichten der Konventionsstaaten einen Ausgleich dafür dar, dass dem Gerichtshof eigene Ermittlungen faktisch kaum (noch) möglich sind (dazu *Meyer-Ladewig/Huber* in HK-EMRK EMRK Art. 2 Rn. 32 ff.).

II. Präventive Schutzpflichten

34 **1. Erlass und Anwendung von (Straf-)Rechtsnormen.** Die vom Gerichtshof entwickelten präventiven Schutzpflichten gegenüber Lebensbedrohungen um-

Recht auf Leben **Art. 2 EMRK**

fassen sowohl **rechtliche Regelungen** als auch **tatsächliche Schutzvorkehrungen**. Insoweit wird zwischen dem primären Schutz durch den Erlass gesetzlicher Ge- und Verbote sowie dem sekundären Schutz durch deren präventiv-polizeiliche Durchsetzung unterschieden (vgl. *Szczekalla,* Die sogenannten grundrechtlichen Schutzpflichten im deutschen und europäischen Recht, 2002, S. 733).

a) Primärer Schutz. Zunächst ist der Staat nach ständiger Rechtsprechung 35 verpflichtet, **wirksame strafrechtliche Bestimmungen** zum Schutz des Lebens zu erlassen (EGMR 22.3.2001 (GK) – 34044/96 ua Rn. 86, NJW 2001, 3035 – Streletz, Kessler und Krenz/Deutschland; EGMR 24.10.2002 (GK) – 37703/97, NJW 2003, 3259 – Mastromatteo/Italien; EGMR 17.1.2008 – 59548/00, NJW-RR 2009, 1394 – Dodov/Bulgarien). Die positiven Verpflichtungen des Staates aus Art. 2, Art. 3 und Art. 8 umfassen die Pflicht, angemessene Rechtsvorschriften zum Schutz vor Gewalt zu schaffen und anzuwenden, wobei für besonders schwerwiegende Taten wirksame strafrechtliche Vorschriften erforderlich sind (EGMR 12.11.2013 (GK) – 5786/08 Rn. 80ff., NJW 2014, 607 – Söderman/ Schweden).

Für den **Schusswaffengebrauch** der Polizei müssen klare gesetzliche und administrative Regelungen bestehen (EGMR 20.12.2004 (GK) – 50385/99 Rn. 57ff., NJW 2005, 3405 – Makaratzis/Griechenland; EGMR 6.7.2005 (GK) – 43577/98 ua Rn. 93ff., EuGRZ 2005, 693 – Nachova ua/Bulgarien). Dies ist für die in Deutschland meist unter dem Stichwort des „finalen Rettungsschusses" bzw. „polizeilichen Todesschusses" geführte Diskussion relevant (vgl. *Arzt* DÖV 2007, 230ff.; *Jakobs* DVBl 2006, 83 (85)).

b) Sekundärer Schutz. Des Weiteren müssen Polizei- und Justizeinrichtungen 36 sicherstellen, dass Straftaten gegen das Leben im Rahmen des Möglichen und Zumutbaren verhindert werden. Allerdings ist Art. 2 nur in eindeutigen Fällen verletzt, wenn nämlich die Behörden vorsätzlich oder fahrlässig eine **tatsächliche und unmittelbare Lebensgefahr** („real and immediate risk to life") ignoriert haben (EGMR 24.3.2011 (GK) – 23458/02 Rn. 244ff., NVwZ 2011, 1441 – Giuliani und Gaggio/Italien). Hierbei kommt es stark auf die Umstände des Einzelfalls an, wie etwa die Rechtsprechung zur Tötung von Menschen durch Strafgefangene zeigt (vgl. einerseits EGMR 24.10.2002 (GK) – 37703/97, NJW 2003, 3259 – Mastromatteo/Italien: keine konkrete Sorgfaltspflichtverletzung der Behörden bei Mord durch Strafgefangenen im Hafturlaub; andererseits EGMR 15.12.2009 – 28634/06 – Maiorano/Italien: Verletzung bejaht bei Ermordung zweier Personen durch rückfälligen Strafgefangenen im offenen Vollzug).

Neben der allgemeinen Pflicht zum Schutz der gesamten Bevölkerung vor Ge- 37 waltakten kann auch eine konkrete Pflicht zum **Schutz von Einzelpersonen** vor Attentaten, Entführungen etc bestehen. So hat der Gerichtshof eine Verletzung von Art. 2 beim Verschwinden eines ukrainischen Journalisten, der die Staatsanwaltschaft zuvor erfolglos um Schutz ersucht hatte, bejaht (EGMR 8.11.2005 – 34056/02, NJW 2007, 895 – Gongadze/Ukraine; ähnlich EGMR 14.10.2010 – 2668/07 ua, NJOZ 2011, 1067 – Dink/Türkei betreffend die Ermordung eines türkischen Journalisten armenischer Abstammung). Auch insoweit sind die konkreten Fallumstände bzw. Verhältnismäßigkeitsgesichtspunkte maßgeblich (vgl. EGMR 28.10.1998 (GK) – 23452/94 Rn. 115ff., Rep. 1998-VIII, 3214 – Osman/Vereinigtes Königreich: keine Verletzung von Art. 2 bei nicht vorhersehbarer Tötung des Vaters eines Schülers durch einen psychisch kranken Lehrer; vgl. weiter EGMR 9.6.2009 – 33401/02 – Opuz/Türkei: Verletzung bejaht wegen unzurei-

Schübel-Pfister

chenden Schutzvorkehrungen für Opfer **häuslicher Gewalt**). Im letztgenannten Fall müssen die Behörden mittels autonomer, proaktiver und umfassender Risikoanalyse feststellen, ob eine echte und unmittelbar bevorstehende Gefahr für das Leben einzelner oder mehrerer Opfer vorliegt (EGMR 15.6.2021 – 62903/15). Bei außerdienstlichen Gewalttaten von Polizisten bejaht der Gerichtshof die staatliche und staatshaftungsrechtliche Zurechnung, wenn nach dem äußeren Erscheinungsbild eine Dienstausübung vorliegt (EGMR 19.4.2012 – 49382/06 – Sašo Gorgiev/Mazedonien). Das aus dem deutschen Amtshaftungsrecht (§ 839 Abs. 1 BGB iVm Art. 34 GG) bekannte Kriterium der inneren Verbindung zwischen amtlicher Funktion und schädigender Handlung findet keine Erwähnung. Staatliche Schutzpflichten bestehen auch und gerade dann, wenn der Staat selbst die Gefahr für das Leben des Betroffenen geschaffen hat (EGMR 13.11.2012 – 7678/09, NJOZ 2014, 717 – Van Colle ua/Vereinigtes Königreich: Ladung einer Person als Zeuge, die vom Angeklagten bedroht und später erschossen wurde).

38 Im Einzelfall hat der Gerichtshof die Schutzanforderungen weit vorverlagert. Bei der Durchführung von Polizei- oder Militäroperationen muss menschliches Leben soweit wie möglich durch ausreichende Planung und Organisation im Vorfeld geschützt werden. Ein derartiges **„Organisationsverschulden"** hat der EGMR bei der Tötung von drei IRA-Mitgliedern in Gibraltar wegen mangelhafter Sachverhaltsaufklärung bejaht (EGMR 27.9.1995 (GK) – 18984/91 Rn. 213, ÖJZ 1996, 233 – McCann ua/Vereinigtes Königreich). Ähnliche Planungs- und Durchführungsmängel konstatierte der EGMR bei der versuchten Rettung von Opfern einer Geiselnahme in einem Moskauer Theater im Jahr 2002, bei der 130 Geiseln, auch infolge fehlender medizinischer Versorgung, an den Wirkungen eines betäubenden Gases starben (EGMR 20.12.2011 – 18299/03, NJOZ 2013, 137 – Finogenov ua/Russland; →Rn. 26). Auch in seinem Urteil zum Geiseldrama von Beslan warf der Gerichtshof den russischen Behörden schwere Verfehlungen vor (EGMR 13.4.2017 – 26562/07 ua Rn. 562ff. – Tagayeva ua/Russland; dazu *Nußberger* EuGRZ 2017, 633 (637)). Bei einer fehlgeschlagenen Geiselbefreiung in Zypern konnte der Gerichtshof hingegen keine Vorbereitungs- oder Durchführungsmängel feststellen (EGMR 9.10.1997 – 25052/94 Rn. 181ff., Rep. 1997-VI, 2059 – Andronicou und Constantinou/Zypern).

39 **2. Garantenstellung in Sonderrechtsverhältnissen.** Eine Garantenstellung obliegt dem Staat für Personen in Sonderrechtsverhältnissen bzw. besonderen „Obhutsverhältnissen" (Haft, Polizeigewahrsam, Wehr- bzw. Militärdienst, Gesundheitseinrichtungen etc), die sich in einer **verletzlichen Lage** befinden und deshalb vor Selbsttötung und Angriffen Dritter geschützt werden müssen (EGMR 3.4.2001 – 27229/95 Rn. 91, Rep. 2001-III, 93 – Keenan/Vereinigtes Königreich; EGMR 14.3.2002 – 46477/99 Rn. 56ff., Rep. 2002-II, 137 – Edwards/Vereinigtes Königreich; EGMR 1.6.2006 – 39922/03 – Taïs/Frankreich; dazu *Pohlreich* NStZ 2011, 560). So ist der Staat verpflichtet, geeignete Maßnahmen zur Verhinderung von Drogenhandel im Gefängnis zu ergreifen (EGMR 30.4.2014 – 29100/07 – Marro ua/Italien). Bei systematischen Schikanen gegenüber jungen Wehrdienstleistenden ist besondere Aufmerksamkeit des Staates zur Gewährleistung ihrer physischen und psychischen Integrität geboten (EGMR 24.4.2014 – 39583/05 – Perevedentsevy/Russland). Die Zwangsernährung von Häftlingen im Hungerstreik verstößt nicht gegen Art. 2 und 3 (EGMR 26.3.2013 – 73175/10 – R./Schweiz; zur deutschen Rechtslage s. § 101 StVollzG bzw. die landesrechtlichen Parallelvorschriften).

Recht auf Leben   **Art. 2 EMRK**

3. Umweltrecht und Gesundheitswesen. Schutzpflichten betreffen nicht nur **39a**
vorsätzliche Tötungen, sondern auch Krankheiten und Umweltgefahren sowie sonstige unpersonale Lebensbedrohungen. Art. 2 wird daher häufig im **Umweltrecht** herangezogen (vgl. *Brouers* ZUR 2012, 81; *Stubenrauch* ZUR 2010, 521). So hat der Gerichtshof eine grundsätzliche staatliche Pflicht zum vorbeugenden Schutz vor **lebensgefährlichen (Umwelt-)Katastrophen** anerkannt (EGMR 30.11.2004 – 48939/99 Rn. 89f., 109f., Rep. 2004-XII – Öneryıldız/Türkei: Methangasexplosion auf Mülldeponie in Slumsiedlung; EGMR 28.2.2012 – 17423/05 ua Rn. 157ff., NVwZ 2013, 993 – Kolyadenko/Russland: Überschwemmung durch Öffnen eines Wasserspeichers). Diese Pflicht gilt auch für sonstige vermeidbare Lebensgefährdungen (EGMR 9.6.1998 – 23413/94 Rn. 36ff., Rep. 1998-III, 1403 – L.C.B./Vereinigtes Königreich: im konkreten Fall nicht nachgewiesene Kausalität zwischen Atomtests und Leukämieerkrankung; zum Ganzen eingehend *Zwaak* in van Dijk/van Hoof/van Rijn/Zwaak European Convention on Human Rights S. 358ff.). Der Staat ist in diesen Fällen aufgrund der – sich überschneidenden – Schutzpflichten aus Art. 2 und Art. 8 verpflichtet, alles Notwendige zum Schutz des Lebens zu veranlassen und die Betroffenen entsprechend zu **informieren** (EGMR 24.7.2014 – 60908/11 ua Rn. 79ff., NVwZ-RR 2016, 121 – Brincat ua/Malta: Tod und Gesundheitsschäden durch Asbest am Arbeitsplatz). Die Beeinträchtigungen infolge der nicht funktionierenden Müllabfuhr in Süditalien hat der EGMR entgegen dem Vorbringen der Beschwerdeführer nicht am Maßstab von Art. 2, sondern anhand Art. 8 geprüft (EGMR 10.1.2012 – 30765/08 Rn. 94ff., NVwZ 2013, 415 – Di Sarno ua/Italien); ähnlich verfuhr der Gerichtshof bei der Prüfung von Gesundheits- und Umweltgefahren aufgrund von Emissionen eines Stahlwerks (EGMR 24.1.2019 – 54414/13 Rn. 94, NVwZ 2020, 451 – Cordella ua/Italien). Eine Verletzung von Art. 2 wegen Gesundheitsgefährdung durch eine Genehmigung für die Errichtung von Ställen für Legehennen hat der Gerichtshof als offensichtlich unbegründet eingestuft (EGMR 29.5.2012 – 53126/07 Rn. 49ff., NJW 2013, 47 – Taron/Deutschland). Die Bedeutung von Art. 2 und 8 im Bereich des **Klimaschutzes** ist derzeit nicht abschließend geklärt. Den ersten sogenannten Klimaklagen etwa mit dem Ziel einer Verschärfung der Emissionsziele in Deutschland war in der Fachgerichtsbarkeit wegen des weiten staatlichen Beurteilungsspielraums kein Erfolg beschieden (vgl. unter Hinweis (auch) auf Art. 2 EMRK VG Berlin 31.10.2019 – 10 K 412/18 Rn. 79, NVwZ 2020 1289; zur Problematik näher *Wegener* ZUR 2019, 3; *Voland* NVwZ 2019, 114; *Hänni* EuGRZ 2019, 1; *Oexle/Lammers* NVwZ 2020, 1723). Das Bundesverfassungsgericht hat in seinem „Klima-Beschluss" im Rahmen der Schutzpflicht-Dogmatik auch auf die positiven Verpflichtungen aus Art. 2 Bezug genommen, aber eine Verletzung der verfassungsrechtlichen Schutzpflichten letztlich verneint (BVerfG 24.3.2021 – 1 BvR 2656/18 ua Rn. 147, NJW 2021, 1723; zu diesem Aspekt *Frenz* DVBl 2021, 810 (811)). Die Klagen hatten letztlich wegen einer Verletzung der Freiheitsgrundrechte – unter einem Gesichtspunkt der Vorwirkung – (teilweise) Erfolg (kritisch dazu etwa *Faßbender* NJW 2021, 2085; *Sachs* JuS 2021, 708).

Im **Gesundheitswesen** und im **Arzthaftungsrecht** spielt das Recht auf Leben **39b**
naturgemäß eine wichtige Rolle (vgl. EGMR 5.3.2009 – 77144/01 und 35493/05, NJW 2010, 1865 – Colak und Tsakiridis/Deutschland: Verschweigen einer Aidserkrankung durch den Arzt). Die Handlungspflicht nach Art. 2 verlangt vom Staat, Vorschriften zu erlassen, wonach Krankenhäuser, ob privat oder öffentlich, angemessene Maßnahmen zum Schutz des Lebens ihrer Patienten ergreifen müssen und wonach Verstöße gegen die Rechte des Patienten mit entsprechenden Rechts-

behelfen sanktioniert werden (EGMR 20.9.2011 – 27294/08 Rn. 35 ff., NJW 2012, 3565 – Konczelska/Polen; EGMR 13.11.2012 – 47039/11 ua Rn. 106 ff., NJW 2014, 447 – Hristozov ua/Bulgarien; EGMR 5.6.2015 – 46043/14 Rn. 140, NJW 2015, 2715 – Lambert ua/Frankreich; vgl. auch EGMR 17.7.2014 (GK) – 47848/08 Rn. 130 ff., NJW 2015, 2635 – Centre de Ressources juridiques au nom de Valentin Câmpeanu/Rumänien zu einem geistig behinderten Patienten). Zu diesen Maßnahmen gehören auch Regelungen für den Umgang mit Patienten, die eine lebensnotwendige Behandlung verweigern (EGMR 5.12.2013 – 45076/05 – A./Ukraine). Art. 2 kann aber nicht so ausgelegt werden, dass die Staaten den Zugang zu nicht zugelassenen **Medikamenten** für Kranke im Endstadium in einer bestimmten Weise regeln müssen (EGMR 13.11.2012 – 47039/11 ua Rn. 108, NJW 2014, 447 – Hristozov ua/Bulgarien; → Art. 3 Rn. 30). Hat ein Konventionsstaat für Ärzte und das ärztliche Personal sowie für den Schutz des Lebens der Patienten hohe Anforderungen festgelegt, reichen eine falsche Diagnose, ein Kunstfehler oder eine nachlässige Abstimmung unter dem Personal bei der Behandlung eines Patienten allein nicht aus, um den Staat unter dem Gesichtspunkt seiner Schutzpflicht nach Art. 2 zur Verantwortung zu ziehen (EGMR 20.9.2011 – 27294/08 Rn. 35 ff., NJW 2012, 3565 – Konczelska/Polen; EGMR 19.12.2017 – 56080/13 – L./Portugal). Der Gerichtshof differenziert also zwischen **„systemischen Mängeln"** und einzelnen „Ausreißern" im Gesundheitssystem.

III. Nachträgliche Schutzpflichten

40   Von Mehrwert und besonderer Bedeutung für die deutsche Rechtsordnung ist die Judikatur des Gerichtshofs zur Anerkennung nachträglicher Schutzpflichten namentlich in Form von effektiven Ermittlungspflichten (→ Rn. 3, → Rn. 33). Bei diesbezüglichen Rügen kann der Beginn der Sechsmonatsfrist des Art. 35 Abs. 1 schwierig zu bestimmen sein (vgl. *Meyer-Ladewig* NJW 2011, 1559; → Art. 35 Rn. 52 ff.). Bei andauernden Situationen und darauf bezogenen Schutzpflichtverletzungen dürfte – in Anlehnung an die Rechtsprechung zu Art. 8 – die Frist erst bei Beendigung der Situation zu laufen beginnen (vgl. EGMR 24.1.2019 – 54414/13 Rn. 131, NVwZ 2020, 451 – Cordella ua/Italien).

41   **1. Ermittlungspflichten. a) Herleitung und Anwendungsbereich.** Aus Art. 2 in Verbindung mit Art. 1 folgt die Verpflichtung des Staates, für eine **amtliche und wirksame Untersuchung von Amts wegen** zu sorgen. Die Ermittlungspflicht folgt unmittelbar aus dem materiellen Konventionsrecht des Art. 2, ohne dass es der Heranziehung originärer Verfahrensgarantien der EMRK bedürfte; Art. 1 wird häufig als verstärkender Begründungsstrang mitzitiert (zB EGMR 14.6.2011 – 30812/07 Rn. 88, NVwZ 2012, 1017 – Trévalec/Belgien; vgl. *Szczekalla*, Die sogenannten grundrechtlichen Schutzpflichten im deutschen und europäischen Recht, 2002, S. 727). Soweit es um die Frage effektiver Rechtsbehelfe geht, wird mitunter auch Art. 13 herangezogen (vgl. zB EGMR 27.3.2012 – 56765/08 – Inderbiyeva/Russland). Zunächst wurden die Ermittlungspflichten für den Fall entwickelt, dass ein Mensch durch Gewaltanwendung von Repräsentanten des Staates zu Tode kam (grundlegend EGMR 27.9.1995 (GK) – 18984/91 Rn. 161, ÖJZ 1996, 233 – McCann ua/Vereinigtes Königreich: gezielte Tötung von drei IRA-Mitgliedern in Gibraltar). Später erstreckte der Gerichtshof die Ermittlungspflichten auf Todesfälle, bei denen die staatliche Beteiligung ungeklärt war, und schließlich auf **alle gewaltsamen Tötungen und Tötungsversuche,**

Recht auf Leben **Art. 2 EMRK**

unabhängig von der materiellen staatlichen Verantwortlichkeit (vgl. zB EGMR 2.9.1998 – 22495/93 Rn. 100, Rep. 1998-VI, 2411 – Yaşa/Türkei). Jenseits gewaltsamer Tötungen findet die Untersuchungspflicht zB auch auf von Privaten verursachte Todesfälle in Krankenhäusern Anwendung, wenn ärztliche Behandlungsfehler in Rede stehen (EGMR 4.5.2000 – 45305/99, Rep. 2000-V, 397 – Powell/Vereinigtes Königreich; EGMR 17.1.2008 – 59548/00, NJW-RR 2009, 1394 – Dodov/Bulgarien).

b) Effektivitätsprinzip. Hinsichtlich der Art und Weise der Ermittlungen gilt 42 ein generelles **Effektivitätsprinzip.** Die daraus resultierenden Anforderungen hat der Gerichtshof namentlich in den gegen die Türkei (wegen des Kurdenkonflikts) und gegen das Vereinigte Königreich (wegen des Nordirlandkonflikts) gerichteten Fällen entwickelt und vor allem in seiner Tschetschenien-Rechtsprechung weiter ausdifferenziert (vgl. im Einzelnen *Altermann* Ermittlungspflichten S. 1 ff.; *Meyer-Ladewig* NVwZ 2009, 1531 ff.). Erfasst sind polizeiliche und staatsanwaltliche Ermittlungen ebenso wie gerichtliche (Straf-)Verfahren (EGMR 28.1.2014 – 54241/08 – Camekan/Türkei). In außergewöhnlichen Umständen, bei extrem unzureichenden Ermittlungen, ordnet der Gerichtshof nach Art. 46 die Durchführung neuer Ermittlungen unter Überwachung des Ministerkommitees des Europarats an (EGMR 12.11.2013 – 23502/06, NJOZ 2014, 1874 – Benzer ua/Türkei mAnm *Meyer-Ladewig/Petzold* NVwZ 2014, 1647).

Die Ermittlungen müssen prompt, umfassend, zügig, unvoreingenommen und 43 gründlich sein (EGMR 27.9.1995 (GK) – 18984/91 Rn. 162, ÖJZ 1996, 233 – McCann ua/Vereinigtes Königreich). Dies setzt neben der hierarchischen und institutionellen Unabhängigkeit auch die **tatsächliche Unabhängigkeit** der Verantwortlichen voraus (EGMR 20.5.1999 (GK) – 21594/93 Rn. 91 f., NJW 2001, 1991 – Ogur/Türkei; EGMR 14.6.2011 – 30812/07 Rn. 89, NVwZ 2012, 1017 – Trévalec/Belgien; EGMR 12.11.2013 – 23502/06, NJOZ 2014, 1874 – Benzer ua/Türkei mAnm *Meyer-Ladewig/Petzold* NVwZ 2014, 1647). Ermittlungen zur Tötung von Zivilisten bei (extraterritorialen) Militäraktionen entsprechen nicht den Anforderungen, wenn sie innerhalb der militärischen Hierarchie bleiben (EGMR 7.7.2011 (GK) – 55721/07 Rn. 167 ff., NJW 2012, 283 – Al-Skeini ua/Vereinigtes Königreich). Die Ermittlungen müssen **von Amts wegen** erfolgen (EGMR 14.3.2002 – 46477/99 Rn. 69, Rep. 2002-II, 137 – Edwards/Vereinigtes Königreich) und eine **effektive Beweissicherung** ermöglichen (EGMR 27.6.2000 (GK) – 21986/93, NJW 2001, 2001 – Salman/Türkei; EGMR 10.4.2001 – 26129/95 Rn. 149, Rep. 2001-III, 211 – Tanli/Türkei). Verzögerungen sind zu vermeiden (EGMR 6.11.2008 – 33185/04 Rn. 95 – Magamadova/Russland). Eine erstinstanzliche Verfahrensdauer von über elf Jahren verletzt die prozessuale Pflicht aus Art. 2, das Strafverfahren effektiv und schnell durchzuführen (EGMR 28.1.2014 – 54241/08 – Camekan/Türkei). Zu einer wirksamen Ermittlung gehören auch die Ermöglichung **öffentlicher Kontrolle** sowie eine ausreichende Beteiligung der Angehörigen der Opfer von Amts wegen (EGMR 4.5.2001 – 24746/94 Rn. 106 ff. – Jordan/Vereinigtes Königreich; EGMR 4.5.2001 – 30054/96 Rn. 98 – Kelly ua/Vereinigtes Königreich; EGMR 26.3.2013 – 10425/09 Rn. 31 ff. – Acatrinei ua/Rumänien). Das Verfahren muss insgesamt angemessen und fair sein (EGMR 5.10.1999 – 33677/96, NJW 2001, 1989 – Grams/Deutschland).

2. Anspruch auf Strafverfolgung. Nicht einheitlich ist die Rechtsprechung 44 des EGMR zu der Frage, ob sich aus der Anerkennung von Ermittlungspflichten auch ein Anspruch gerade auf Strafverfolgung ableiten lässt. Während der EGMR bei fahrlässigen Tötungen bloße **zivil-, verwaltungs- oder disziplinarrechtliche Ermittlungen** für gegebenenfalls ausreichend zu halten scheint (EGMR 17.1.2002 (GK) – 32967/96 Rn. 51, Rep. 2002-I, 1 – Calvelli und Ciglio/Italien; EGMR 24.10.2002 (GK) – 37703/97 Rn. 90, NJW 2003, 3259 – Mastromatteo/Italien), fordert er in anderen Fällen regelmäßig die **Durchführung eines Strafverfahrens** (so zB EGMR 20.5.1999 (GK) – 21554/93 Rn. 88, NJW 2001, 1991 – Ogur/Türkei; EGMR 14.3.2002 – 46477/99 Rn. 69ff., Rep. 2002-II, 137 – Edwards/Vereinigtes Königreich; EGMR 28.2.2012 – 17423/05 Rn. 190, NVwZ 2013, 993 – Kolyadenko/Russland). Jedenfalls sollen erfolgreiche zivil- oder verwaltungsgerichtliche Verfahren ausreichen, um einem Beschwerdeführer die Opfereigenschaft nach Art. 34 für die Geltendmachung von Verstößen gegen Art. 2 zu nehmen (EGMR 20.9.2011 – 27294/08 Rn. 39, NJW 2012, 3565 – Konczelska/Polen). Ein Anspruch des Opfers auf strafrechtliche **Verurteilung** eines Dritten bzw. auf dessen Verurteilung zu einer bestimmten Strafe besteht nicht (EGMR 18.6.2013 – 48609/06 ua Rn. 115 – Nencheva ua/Bulgarien; EGMR 22.5.2014 – 49278/09 Rn. 93 – Gray/Deutschland zum deutschen Strafbefehlsverfahren).

45 Die Folgerungen aus dieser Rechtsprechung sind in der juristischen Literatur umstritten. Während die Frage eines Anspruchs auf Strafverfolgung auf der Basis der bisherigen Rechtsprechung teilweise zurückhaltend beurteilt wird (*Seibert-Fohr* Human Rights Violations S. 111ff.), sehen andere unter Bezugnahme auf einschlägige Entscheidungen das Recht auf Strafverfolgung als logische Folge der Pflicht zu wirksamen Ermittlungen an (*Carazo* in Miller/Bratspies, Progress in International Law, S. 793, 809, unter rechtsvergleichender Auseinandersetzung mit der Praxis des UN-Menschenrechtsausschusses und des Inter-Amerikanischen Gerichtshofs; rechtsvergleichend auch *Rusinova,* The Duty to Investigate the Death of Persons Arrested and/or Detained by Public Authorities, in Tomuschat/Lagrange/Oeter, The right to life, 2010, S. 65ff.). Von einem Anspruch auf Strafverfolgung im Rahmen der staatlichen Ermittlungspflicht bei ungeklärten Todesfällen geht in bestimmten Fallgruppen auch das Bundesverfassungsgericht aus (→ Rn. 4).

F. Prozessuale Geltendmachung

I. Verfahren vor dem EGMR

46 Sowohl nach dem Verständnis der EMRK (vgl. nur Grabenwarter/Pabel EMRK § 17 Rn. 4, § 20 Rn. 2) als auch nach deutschem Verständnis (vgl. etwa *Benda/Klein,* Verfassungsprozessrecht, 4. Aufl. 2020, Rn. 533) endet der Schutz eines Grundrechts grundsätzlich mit dem Tod des Grundrechtsträgers, wobei das Bundesverfassungsgericht bislang allein eine Ausnahme für das postmortale Persönlichkeitsrecht zugelassen hat (BVerfGE 30, 173 (194); BVerfG (K) 22.8.2006 – 1 BvR 1168/04, NJW 2006, 3409; vgl. *Spilker* DÖV 2014, 637). Der EGMR geht in ständiger Rechtsprechung ohne Weiteres davon aus, dass **Familienangehörige** von Betroffenen eine Verletzung von Art. 2 und 3 rügen können und unter Umständen auch selbst **Opfer** (vgl. Art. 34) einer Verletzung von Art. 3 sind (EGMR 5.6.2015 – 46043/14 Rn. 89ff., NJW 2015, 2715 – Lambert ua/Frankreich → Rn. 5). Dies erstaunt vor dem Hintergrund einer Zulässigkeitsentscheidung, in der der Gerichtshof Art. 2 als höchstpersönliches, nicht übertragbares Recht eingestuft hat mit der Folge, dass ein Dritter die Verletzung des Rechts nach dem Tod des Rechtsinhabers nicht vor dem EGMR rügen könne (EGMR 26.10.2000 – 48335/99, Rep. 2000-XI, 479 – Sanles-Sanles/Spanien). In jüngerer Zeit hat der Gerichtshof klargestellt, dass unabhängig von der Übertragbarkeit des in Rede stehenden Anspruchs die dem Beschwerdeführer Nahestehenden angesichts der grundlegenden Bedeutung des Rechts auf Leben und der damit zusammenhängenden allgemeinen **Grundsatzfragen** ein **berechtigtes Interesse** daran haben können, ein Urteil noch nach seinem Tod zu erhalten (EGMR 13.11.2012 – 47039/11 ua Rn. 73, NJW 2014, 447 – Hristozov ua/Bulgarien; ähnlich EGMR 19.7.2012 – 497/09 Rn. 43 ff., NJW 2013, 2953 – Koch/Deutschland zu der nach Art. 8 geprüften Sterbehilfe; → Rn. 48). Unter außergewöhnlichen Umständen kann eine **Nichtregierungsorganisation** befugt sein, Individualbeschwerde beim EGMR trotz zwischenzeitlichen Todes des Opfers einzureichen (EGMR 17.7.2014 (GK) – 47848/08 Rn. 96 ff., NJW 2015, 2635 – Centre de ressources juridiques au nom de Valentin Câmpeanu/Rumänien; dazu kritisch *Meyer-Ladewig/Petzold* NJW 2015, 2642).

Zur Reichweite des Begriffs der Familienangehörigen bzw. Verwandten macht **47** der EGMR keine Ausführungen; er zieht den in Betracht kommenden Personenkreis allerdings ausgesprochen weit (vgl. die Nachweise bei *Klugmann,* Europäische Menschenrechtskonvention und antiterroristische Maßnahmen, 2002, S. 81). Der Umstand, dass der EGMR nicht klar zwischen der Verletzung **eigener Rechte der Angehörigen** und der Geltendmachung **fremder Rechte des Verstorbenen** unterscheidet, zeigt sich auch daran, dass er bei Bejahung einer Verletzung von Art. 2 Schadensersatz teilweise für eigene, auf die Erben übergegangene Schäden des Verstorbenen (zB Behandlungs- und Bestattungskosten) und teilweise für Schäden der Angehörigen selbst (zB Schmerzensgeld wegen des Verlustes einer nahestehenden Person) zuspricht. Eine derartige Entschädigung ist sogar bei Staatenbeschwerden möglich (EGMR 12.5.2014 (GK) – 25781/94, BeckRS 2015, 01342 – Zypern/Türkei; → Art. 41 Rn. 8).

II. Verfahren in Deutschland

Hieran anknüpfend stellt sich in Verfahren vor deutschen Gerichten die – in **48** der Rechtsprechung des Bundesverfassungsgerichts zunächst offen gebliebene (→ Rn. 5) – Frage, wie die Verletzung der staatlichen Schutzpflichten bzw. der ihnen korrespondierenden Rechte in verfassungs- und fachgerichtlichen Verfahren geltend gemacht werden kann. Dies kann etwa bei den auf die Wiederaufnahme strafrechtlicher Ermittlungen gerichteten Klageerzwingungsverfahren nach §§ 172 ff. StPO relevant werden. Die **Geltendmachung** des Rechts auf Leben lässt sich sowohl als **prozessuale Frage** (der Prozessfähigkeit) als auch als **materielle Frage** (der Grundrechtsberechtigung) begreifen (vgl. einerseits Grabenwarter/Pabel EMRK § 17 Rn. 4; andererseits *Ehlers* in Ehlers GuG § 2 Rn. 24, 43, 91).

Die Überlegung, dass die Angehörigen nachträglich das Recht auf Leben geltend machen, das bis zur Grundrechtsverletzung dem Getöteten zustand (so Grabenwarter/Pabel EMRK § 17 Rn. 4), dürfte allerdings der Judikatur des Bundesverfassungsgerichts widersprechen, wonach fremde Rechte nicht in eigenem Namen wahrgenommen werden dürfen (BVerfGE 2, 292 (293 f.); 77, 263 (269)). Auch das postmortale Persönlichkeitsrecht wird prozessual nicht über die Figur der **Prozessstandschaft** realisiert, welche die Aktivlegitimation eines lebenden Rechtsträgers voraussetzt, sondern offenbar dadurch, dass die Angehörigen des Verstorbenen „in

EMRK Art. 2 Rechte und Freiheiten der Konvention

dessen Namen" eigene, auf sie als Erben übergegangene Rechte einklagen (vgl. *Bethge* in Maunz/Schmidt-Bleibtreu/Klein/Bethge BVerfGG § 90 Rn. 365). Das Bundesverfassungsgericht hat es – ebenso wie die Vorinstanzen – abgelehnt, eine vermeintliche Verletzung der Menschenwürde durch die Versagung der Möglichkeit zum Suizid postmortal feststellen zu lassen (BVerfG (K) 4.11.2008 – 1 BvR 1832/07, NJW 2009, 979 mwN). Der EGMR hat die diesbezügliche Weigerung der deutschen Gerichte, eine Sachprüfung durchzuführen, als Verstoß gegen den verfahrensrechtlichen Aspekt von Art. 8 qualifiziert, da der Beschwerdeführer aufgrund der engen persönlichen Verbundenheit zu seiner verstorbenen Frau ein **„starkes und fortbestehendes Interesse"** an der gerichtlichen Prüfung seiner Beschwerde gehabt habe (EGMR 19.7.2012 – 497/09 Rn. 65ff., NJW 2013, 2953 – Koch/Deutschland). In dem nach dem EGMR-Urteil wiederaufgenommenen Verfahren hat das Bundesverwaltungsgericht der prozeduralen Aufladung des Art. 8 dadurch Rechnung getragen, dass es die Klagebefugnis des Witwers unter kurzem Hinweis auf „Art. 8 in Verbindung mit der einschlägigen Rechtsprechung des EGMR" bejaht hat (BVerwG 2.3.2017 – 3 C 19.15 Rn. 12, BVerwGE 158, 142 = NVwZ 2017, 1452). Dies ist konsequent, weil die vom Gerichtshof festgestellte Konventionsverletzung gerade in der Ablehnung der Klagebefugnis im vorangegangenen Verwaltungsgerichtsprozess lag (vgl. dazu die Vorinstanz: OVG Münster 19.8.2015 – 13 A 1299/14, DVBl 2015, 1588). Hieran anknüpfend erscheint es für Art. 2 erwägenswert, die Grundrechtsberechtigung auf die nahen Angehörigen des Getöteten insoweit zu erstrecken, als ihnen aus der Schutzpflichtdimension des Rechts auf Leben ein eigenes Recht auf Durchsetzung der Schutzpflichten zustehen könnte. Damit werden die nahen Angehörigen de facto zum Sachwalter der persönlichen Interessen des eigentlich Betroffenen erhoben, wobei die Unterscheidung zur Geltendmachung des übergegangenen Rechts des Erblassers nicht immer klar wird (EGMR 19.7.2012 – 497/09 Rn. 43 einerseits und Rn. 44 andererseits; dazu kritisch *Brade/Tänzer* NJW 2017, 1435f.). Im Zusammenhang mit dem Anspruch auf effektive Strafverfolgung bei Kapitaldelikten hat das Bundesverfassungsgericht nunmehr anerkannt, dass dieses Recht auf der Grundlage von Art. 6 Abs. 1, Abs. 2 GG iVm Art. 2 Abs. 2 S. 1 und Art. 1 Abs. 1 GG auch nahen Angehörigen zustehen kann (BVerfG (K) 23.3.2015 – 2 BvR 1304/12 Rn. 14, DVBl 2015, 700; 19.5.2015 – 2 BvR 987/11 Rn. 20, NJW 2015, 3500).

50 Die deutsche Rechtsordnung sah Schmerzensgeld für den Verlust von Angehörigen in §§ 253, 844f. BGB aF grundsätzlich nur dann vor, wenn dieser Verlust zu einer eigenen nachweisbaren physischen oder psychischen Erkrankung des Hinterbliebenen in Gestalt eines **Schockschadens** führte (vgl. etwa BGH 27.1.2015 – VI ZR 548/12, NJW 2015, 1451 Rn. 7). Ansprüche von lediglich mittelbar – dh nicht in einem eigenen absoluten Recht – geschädigten Deliktsopfern waren grundsätzlich ausgeschlossen; dies galt auch für den Staatshaftungsanspruch aus § 839 Abs. 1 BGB iVm Art. 34 GG. Im Jahr 2017 wurde unter ausdrücklichem Hinweis auf die Rechtsprechung des EGMR (BT-Drs. 18/11397, 8) in § 844 BGB ein neuer Abs. 3 angefügt, der eine Entschädigung für die Angehörigen von Todesopfern (**„Hinterbliebenengeld"**) vorsieht. Voraussetzung ist, dass der Hinterbliebene zur Zeit der Verletzung in einem besonderen persönlichen Näheverhältnis zum Getöteten stand. Dies entspricht den konventionsrechtlichen Vorgaben in der Auslegung durch den EGMR. Seiner Judikatur lässt sich zwar keine allgemeine Aussage entnehmen, wonach in den Fällen staatlicher (Mit-)Verantwortung für den Tod eines Menschen ein Schmerzensgeldanspruch stets konventionsrechtlich

geboten ist. Jedenfalls in den Fällen einer spezifischen staatlichen Mitverantwortung (etwa in Sonderrechtsverhältnissen → Rn. 39 ff.) verstößt das Fehlen der Möglichkeit, einen finanziellen Ausgleich für den erlittenen immateriellen Schaden zu erhalten, aber gegen die Anforderungen aus Art. 13 iVm Art. 2 (EGMR 13.3.2012 – 2694/08 – Reynolds/Vereinigtes Königreich; EGMR 19.7.2018 – 58240/07 – S.-B./Georgien).

Art. 3 Verbot der Folter

Niemand darf der Folter oder unmenschlicher oder erniedrigender Behandlung oder Strafe unterworfen werden.

No one shall be subjected to torture or to inhuman or degrading treatment or punishment.

Nul ne peut être soumis à la torture ni à des peines ou traitements inhumains ou dégradants.

Literatur: *Alleweldt,* Schutz vor Abschiebung bei drohender Folter oder unmenschlicher oder erniedrigender Behandlung oder Strafe, 1996; *Berg,* Folter, unmenschliche und erniedrigende Behandlung in der Rechtsprechung des EGMR und die strafprozessualen Konsequenzen, 2019; *Grabenwarter,* Androhung von Folter und faires Strafverfahren – Das (vorläufig) letzte Wort aus Straßburg, NJW 2010, 3128; *Hailbronner,* Art. 3 EMRK – ein neues europäisches Konzept der Schutzgewährung?, DÖV 1999, 617 ff.; *Hassemer,* Unverfügbares im Strafprozeß, FS Maihofer, 1988, 183; *Hinterberger/Klammer,* Abschiebungsverbote aus gesundheitlichen Gründen: Die aktuelle EGMR- und EuGH-Rechtsprechung zu Non-Refoulement und deren Auswirkung auf die deutsche Rechtslage, NVwZ 2017, 1180; *Krieger,* Positive Verpflichtungen unter der EMRK: Unentbehrliches Element einer gemeineuropäischen Grundrechtsdogmatik, leeres Versprechen oder Grenze der Justiziabilität?, ZaöRV 2014, 187; *Lehnert,* Menschenrechtliche Vorgaben an das Aufenthaltsrecht in der jüngeren Rechtsprechung des EGMR, NVwZ 2016, 896; *ders.,* Menschenrechtliche Vorgaben an das Migrationsrecht in der jüngeren Rechtsprechung des EGMR, NVwZ 2020, 766; *Lorz/Sauer,* Wann genau steht Art. 3 EMRK einer Auslieferung oder Ausweisung entgegen?, EuGRZ 2010, 389; *McGlynn,* Rape, Torture and the European Convention on Human Rights, ICLQ 2009, 565; *Nußberger,* Terrorismus und Menschenrechte: Zur Rechtsprechung des Europäischen Gerichtshofs für Menschenrechte, EuGRZ 2017, 633; *Pösl,* Das Verbot der Folter in Art. 3 EMRK, 2015; *Prosenjak,* Der Folterbegriff nach Art. 3 EMRK, 2011; *Sauer,* Völkerrechtliche Folgenbeseitigung im Strafverfahren, JZ 2011, 23; *Schneider,* Schutz vor Folter durch einstweilige Maßnahmen bzw. durch diplomatische Zusicherungen, EuGRZ 2014, 168.

Übersicht

	Rn.
A. Allgemeines	1
I. Stellung der Vorschrift im Schutzsystem der EMRK	1
II. Vergleichbare Regelungen	2
III. Bedeutung im innerstaatlichen Bereich	3
B. Sachlicher Anwendungsbereich	5
C. Einzelne Gewährleistungsbereiche	9
I. Unterlassungspflichten	9
1. Allgemeines	9
2. Strafe	10
3. Inhaftierung	11

EMRK Art. 3

Rechte und Freiheiten der Konvention

	Rn.
4. Medizinische Eingriffe zu Beweiszwecken	17
5. Behandlung von Asylsuchenden	18
6. Zerstörung der Lebensgrundlage	19
7. Angehörige von Opfern	20
II. Schutzpflichten	21
1. Allgemeines	21
2. Inhaftierung	22
3. Psychiatrische Behandlung	23
4. Auslieferung, Abschiebung	24
5. Asylverfahren	29
6. Weitere Schutzpflichten	30
III. Ermittlungspflicht (verfahrensrechtlicher Aspekt)	31
IV. Folgenbeseitigungspflicht	33
D. Eingriffe und ihre Rechtfertigung	34

A. Allgemeines

I. Stellung der Vorschrift im Schutzsystem der EMRK

1   Das in Art. 3 EMRK verankerte Verbot der Folter oder unmenschlicher oder erniedrigender Behandlung oder Strafe **(Folterverbot)** nimmt zusammen mit dem Recht auf Leben (Art. 2 EMRK) einen herausragenden Platz im Schutzsystem der Konvention ein. Es gewährleistet einen der wichtigsten Grundwerte der demokratischen Gesellschaften, nämlich die Wahrung der psychischen und physischen Integrität im Falle **staatlicher Strafe oder Behandlung.** Nach Art. 15 Abs. 2 EMRK ist vom Folterverbot – wie vom Recht auf Leben, vom Sklavereiverbot sowie vom Gesetzlichkeitsprinzip und dem Verbot der Doppelbestrafung – auch im Falle eines Krieges oder Notstandes keine Abweichung zulässig. Art. 3 EMRK unterliegt als einzige Gewährleistung der EMRK **keinerlei Beschränkungen oder Ausnahmen.**

II. Vergleichbare Regelungen

2   **Art. 5 AEMR** formulierte erstmals das Folterverbot und das Verbot von grausamer, unmenschlicher und erniedrigender Behandlung oder Strafe. **Art. 7 IPBPR** enthält wie **Art. 4 GRCh** eine entsprechende Gewährleistung. Art. 19 Abs. 2 GRCh verbietet zusätzlich die Auslieferung an einen Staat, in dem Folter droht. Zu beachten sind ferner das **Europäische Übereinkommen zur Verhütung von Folter und unmenschlicher oder erniedrigender Behandlung oder Strafe** vom 26.11.1987 (BGBl. 1989 II 946) und das **UN-Übereinkommen gegen Folter und andere grausame, unmenschliche oder erniedrigende Behandlung oder Strafe** vom 10.12.1984 (BGBl. 1990 II 246). Die Notwendigkeit und die Bedeutung des Folterverbots werden auch daran deutlich, dass sich die internationale Gemeinschaft nicht nur um die Kodifizierung entsprechender Regelungen, sondern auch um die Schaffung wirksamer **Durchsetzungsmechanismen** bemüht (so zB das UN-Komitee gegen die Folter und der Ausschuss des Europarates zur Verhütung der Folter (European committee for the prevention of torture and inhuman or degrading treatment or punishment, CPT), hierzu *Bank* in Dörr/Grote/Marauhn Kap. 11 Rn. 3 mwN; *Grabenwarter/Pabel* EMRK § 20 Rn. 72).

III. Bedeutung im innerstaatlichen Bereich

Das **Grundgesetz** enthält kein ausdrückliches Verbot der Folter. Es ergibt sich 3 aber aus Art. 1 Abs. 1 GG (Schutz der Menschenwürde), Art. 2 Abs. 2 GG (Recht auf Leben und körperliche Unversehrtheit, Freiheit der Person) und Art. 104 Abs. 1 S. 2 GG (Rechtsgarantien bei Freiheitsentziehung). Einfachgesetzlich verbieten landesrechtliche Regelungen im Gefahrenabwehrrecht und § 136a StPO sowie § 69 Abs. 3 StPO (Verbotene Vernehmungsmethoden) die Anwendung physischer oder psychischer Gewalt (nur) bei Vernehmungen. Das Verbot wird durch den Straftatbestand der Aussageerpressung (§ 343 StGB) abgesichert. Zudem besteht bei drohenden Verletzungen des Art. 3 EMRK ein **Auslieferungshindernis** nach § 73 S. 2 IRG iVm Art. 6 EUV sowie ein **Abschiebungsverbot** nach § 60 Abs. 5 AufenthG. Die Tatbestände der Folter, unmenschlichen oder erniedrigen Behandlung oder Strafe begründen einen subsidiären Schutz nach § 60 Abs. 2 AufenthG iVm § 4 Abs. 1 S. 2 Nr. 2 AsylG (zum subsidiären Schutz bei schlechter humanitärer Situation im Herkunftsland vgl. BVerwG 20. 5. 2020 – 1 C 11.19 Rn. 10 ff., NVwZ 2021, 327). Die gleichen Verbote gelten für **Abschiebungsanordnungen nach § 58a AufenthG** (vgl. hierzu BVerwG 13. 7. 2017 – 1 VR 3.17 Rn. 84 ff., NVwZ 2017, 1531; BVerfG 26. 7. 2017 – 2 BvR 1606/17 Rn. 21, NVwZ 2017, 1530; EGMR 7. 11. 2017 – 54646/17 Rn. 27 ff., NVwZ 2018, 715 – X.).

Art. 3 EMRK in der Auslegung des EGMR unterstreicht in positiver Verstär- 4 kung des Regelungsgehalts der Vorschriften des GG, dass es **keinerlei Ausnahmen vom Folterverbot** gibt (EGMR 1. 6. 2010 (GK) – 22978/05 Rn. 107, NJW 2010, 3145 – Gäfgen mAnm *Grabenwarter* NJW 2010, 3128 ff.; *Sauer* JZ 2011, 23 ff.; *Weigend* StV 2011, 325 ff.). Es gilt ohne Rücksicht auf die Umstände, das Verhalten des Opfers und die ihm begangenen Straftaten (EGMR 13. 5. 2008 – 52515/99 Rn. 69, NVwZ 2009, 1547 – Juhnke; EGMR 21. 1. 2011 (GK) – 30696/09 Rn. 218, NVwZ 2011, 413 – M.S.S.; EGMR 2. 6. 2015 – 26417/10 Rn. 64 – Ouabour; EGMR 15. 10. 2015 – 40081/14 Rn. 115, NVwZ 2016, 1779 – L.M. ua). Das Folterverbot gilt auch für den Fall, dass ein Verdächtiger Informationen geben könnte, die Gefahr von Leib und Leben einer oder vieler Personen abwenden könnten (sog. Rettungsfolter). Die durch die Menschenwürdegarantie geschützte Subjektqualität des Menschen ist unverfügbar (kurz und klar *Hassemer* FS Maihofer, 1988, 183 (202 f.)). Die an diesem Prinzip im Anschluss an die Entscheidung des BVerfG zur Abschussermächtigung des § 14 Abs. 3 Luftsicherheitsgesetz (BVerfGE 115, 118 (151 ff.)) geäußerte Kritik des „Verfassungsautismus" (*Depenheuer,* Selbstbehauptung des Rechtsstaats, 2. Aufl. 2008, S. 26 ff.) hat damit auch vor der EMRK keinen Bestand. Gleiches gilt für die auf das Notstandsargument gestützte Auffassung, das Folterverbot (und damit die Menschenwürde) müsse in bestimmten Bereichen einer Abwägung und Begrenzung zugänglich sein (vgl. *Brugger* Der Staat 1996, 67 ff.; *Brugger* JZ 2000, 165 ff.; *Wittreck* DÖV 2003, 873 (879 ff.); *Miehe* NJW 2003, 1219 f.; differenzierend, aber gleichwohl relativierend *Eser* FS Hassemer, 2010, 713 (714 ff.); *Amelung* JR 2012, 18 ff.; klar ablehnend *G. Herbert* EuGRZ 2014, 661 ff.; *Berg* S. 44 ff.). Dagegen steht die eindeutige Aussage des EGMR, Art. 3 EMRK dulde auch im Bereich der **Terrorismusabwehr** oder der **Verfolgung organisierter Kriminalität** keinerlei Ausnahme (EGMR 6. 4. 2000 (GK) – 26772/95 Rn. 119 – Labita; EGMR 4. 6. 2006 (GK) – 59450/00 Rn. 115 – Ramirez Sanchez; EGMR 28. 2. 2008 (GK) – 37201/06 Rn. 127, NVwZ 2008, 1330 – Saadi; EGMR 13. 12. 2012 (GK) – 39630/09 Rn. 195, NVwZ 2013, 631 – El-Masri; EGMR 17. 7. 2014 (GK) – 32541/08 Rn. 137, NJW 2015, 3423 – Svinarenko und Slyadnev; EGMR 29.4.2019 – 12148/18 Rn. 112, NVwZ 2020, 535 – A.M.; EGMR 15.4.2021 – 5560/19 Rn. 119, NLMR 2021, 147 – K.I.; zum Ganzen *Nußberger* EuGRZ 2017, 633).

B. Sachlicher Anwendungsbereich

5   Art. 3 EMRK schützt vor **Folter** sowie **unmenschlicher oder erniedrigender Behandlung oder Strafe**. Er setzt diese Begriffe voraus. **Strafen** sind Maßnahmen mit Sanktionscharakter, **Behandlungen** alle sonstigen Formen des staatlichen Handelns (*Grabenwarter/Pabel* EMRK § 20 Rn. 42). Die Unterscheidung der drei genannten Formen der Misshandlung ist graduell (*Grabenwarter/Pabel* EMRK § 20 Rn. 43; *Meyer-Ladewig/Lehnert* in HK-EMRK EMRK Art. 3 Rn. 20; aA *Kau* in IntKommEMRK EMRK Art. 3 Rn. 9, 11). Eine schwere Form der erniedrigenden Behandlung ist als unmenschliche Behandlung, eine besonders schwere unmenschliche (und damit auch erniedrigende) Handlung ist als Folter zu qualifizieren (sog. vertikaler Ansatz, s. *Bank* in Dörr/Grote/Marauhn Kap. 11 Rn. 17).

6   Art. 3 EMRK erfasst – auch mit Blick auf den absoluten Charakter seiner Gewährleistungen (*Pösl* S. 49 ff.; *Berg* S. 94 ff.) – **keine geringfügigen Misshandlungen**, sondern nur solche Sachverhalte, in denen die Misshandlung ein Mindestmaß an Schwere erreicht und körperliche Verletzungen oder intensives physisches oder psychisches Leid mit sich bringt (EGMR 29.4.2002 – 2346/02 Rn. 52, NJW 2002, 2851 – Pretty (Pflicht zur Straflosstellung der Sterbehilfe im Falle eines qualvollen und entwürdigenden Krankheitsverlaufs); EGMR 16.7.2013 – 44827/08 Rn. 47 ff. – Abdullah Yaşa ua (direkt auf Menschen gezielte Tränengas-Granate); EGMR 10.4.2012 – 9829/07 Rn. 43, NVwZ 2013, 1599 – Ali Güneş (Tränengaseinsatz); EGMR 25.6.2019 (GK) – 41720/13 Rn. 116 ff. – Nicolae Virgiliu Tănase (keine unmenschliche Behandlung bei Verletzung aus fahrlässigem Verhalten)). Die Beurteilung dieses Mindestmaßes ist relativ und hängt von den Umständen des jeweiligen Falles ab (*Grabenwarter/Pabel* EMRK § 20 Rn. 44, 54), wie zB der Art und Dauer sowie den physischen und psychischen Auswirkungen der Behandlung, in manchen Fällen auch vom Geschlecht, dem Alter und dem Gesundheitszustand des Opfers (EGMR 13.5.2008 – 52515/99 Rn. 69, NVwZ 2009, 1547 – Juhnke (gynäkologische Untersuchung einer Festgenommenen); EGMR 16.12.2010 (GK) – 25579/05 Rn. 164 – A., B., C. (Beschränkung der Abtreibung in IRL), insoweit in NJW 2011, 2107 nicht abgedr.; EGMR 26.5.2011 – 27617/04 Rn. 148, 153 ff. – R.R. (Verzögerung notwendiger Untersuchungen bei einer Schwangeren); EGMR 8.11.2011 – 18968/07 Rn. 101, 106 ff. – V.C. (Sterilisation ohne medizinische Notwendigkeit, ausreichende Informationen und Überlegungsmöglichkeit); EGMR 30.12.2012 – 57375/08 Rn. 157 ff., NJOZ 2014, 709 – P. und S. („erbärmliche" Behandlung im Zusammenhang mit einem Schwangerschaftsabbruch nach Vergewaltigung)).

7   Der EGMR hat für die Definition der **Folter** als der schwersten Form der Misshandlung die Begriffsbestimmung in **Art. 1 des UN-Übereinkommens gegen Folter** herangezogen und die Abgrenzung zu den anderen Formen der Misshandlung im Laufe der Zeit weiter konkretisiert (ausf. zur Entwicklung der Rspr. *Prosenjak* Folterbegriff S. 38 ff., 81 ff.). Art. 1 des UN-Übereinkommens gegen Folter lautet:

„Im Sinne dieses Übereinkommens bezeichnet der Ausdruck „Folter" jede Handlung, durch die einer Person vorsätzlich große körperliche oder seelische Schmerzen oder Leiden zugefügt werden, zum Beispiel um von ihr oder einem Dritten eine Aussage oder ein Geständnis

Verbot der Folter   **Art. 3   EMRK**

zu erlangen, um sie für eine tatsächlich oder mutmaßlich von ihr oder einem Dritten begangene Tat zu bestrafen oder um sie oder einen Dritten einzuschüchtern oder zu nötigen, oder aus einem anderen, auf irgendeiner Art von Diskriminierung beruhenden Grund, wenn diese Schmerzen oder Leiden von einem Angehörigen des öffentlichen Dienstes oder einer anderen in amtlicher Eigenschaft handelnden Person, auf deren Veranlassung oder mit deren ausdrücklichem oder stillschweigendem Einverständnis verursacht werden. Der Ausdruck umfasst nicht Schmerzen oder Leiden, die sich lediglich aus gesetzlich zulässigen Sanktionen ergeben, dazu gehören oder damit verbunden sind."

Ob diese Kriterien erfüllt sind, ermittelt der EGMR anhand eines flexiblen Maßstabs. Jedenfalls eine **vorsätzliche unmenschliche Behandlung, die ein intensives und grausames Leiden verursacht,** ist Folter (EGMR 18.1.1978 – 5310/71 Rn. 167 – Irland/Großbritannien, bestätigt durch EGMR 20.3.2018 – 5.310/71, NLMR 2018, 166). Dabei betont der EGMR, dass er wegen der zunehmend hohen Anforderungen an den Schutz der Menschenrechte und Grundfreiheiten in Zukunft eher bereit sein könnte, Folter anzunehmen (EGMR 28.7.1999 (GK) – 25803/94 Rn. 101, NJW 2001, 56 – Selmouni (Folter in französischer Polizeihaft); EGMR 7.7.2011 – 18280/04 Rn. 87 – Shishkin; vgl. EGMR 26.10.2017 – 28923/09 Rn. 126 ff., 137 – Azzolina ua). Die **Androhung von Folter** kann ihrerseits Folter sein, wobei es von der Gesamtheit aller Umstände des Falles, insbesondere von der Intensität des ausgeübten Drucks und des dadurch ausgelösten psychischen Leidens abhängt, ob die Androhung körperlicher Folter seelische Folter oder eine unmenschliche oder erniedrigende Behandlung ist (EGMR 1.6.2010 (GK) – 22978/05 Rn. 108, NJW 2010, 3145 – Gäfgen (Drohung mit massiven Schmerzen keine Folter, sondern unmenschliche Behandlung) mAnm *Grabenwarter* NJW 2010, 3128 ff.). Soweit Entscheidungen des EGMR das intentionale Element („vorsätzlich") auf das Ziel verengen, mit den Misshandlungen ein Geständnis zu erzwingen (zB EGMR 21.12.2000 – 30873/96 Rn. 78 – Egmez; EGMR 21.1.2021 – 15367/14 Rn. 363, BeckRS 2021, 347 – Shmorgunov ua), entspricht das nicht dem vom Gericht herangezogenen Art. 1 des UN-Übereinkommens gegen Folter (*Bank* in Dörr/Grote/Marauhn Kap. 11 Rn. 35; vgl. auch EGMR 17.7.2014 (GK) – 32541/08 Rn. 114, NJW 2015, 3423 – Svinarenko und Slyadnev; EGMR 28.9.2015 (GK) – 23380/09 Rn. 86, NJOZ 2017, 703 – Bouyid).

Unmenschlich ist eine Behandlung, wenn sie absichtlich ist, für mehrere Stunden am Stück angewandt wird und entweder eine Körperverletzung oder intensives psychisches oder physisches Leid verursacht (EGMR 6.4.2000 – 26772/95 Rn. 120 – Labita; EGMR 15.7.2002 – 47095/99 Rn. 95, NVwZ 2005, 303 – Kalashnikov; EGMR 7.7.2011 – 20999/05 Rn. 51, NJW 2012, 2173 – Hellig; EGMR 25.6.2019 (GK) – 41720/13 Rn. 116 ff. – Nicolae Virgiliu Tănase (keine unmenschliche Behandlung bei Verletzungen aus fahrlässigem Verhalten)). Wenn eine Behandlung eine Person erniedrigt oder entwürdigt, indem sie es an Achtung für die Menschenwürde fehlen lässt oder diese angreift oder Gefühle der Angst, des Schmerzes oder der Unterlegenheit erweckt, die geeignet sind, den moralischen und körperlichen Widerstand der Person zu brechen, kann die Behandlung als **erniedrigend** angesehen werden und damit unter das Verbot von Art. 3 EMRK fallen (EGMR 26.10.2000 (GK) – 30210/96 Rn. 92, NJW 2001, 2694 – Kudła; EGMR 29.4.2002 – 2346/02 Rn. 521, NJW 2002, 285 – Pretty; EGMR 12.5.2005 (GK) – 46221/99 Rn. 181, NVwZ 2006, 1267 – Öcalan; EGMR 28.9.2015 (GK) – 23380/09 Rn. 87 ff., 100 ff., NJOZ 2017, 703 – Bouyid; EGMR 30.4.2020 – 43270/16 Rn. 59, BeckRS 2021, 5966 – Castellani; zur Menschenwürde in der EGMR-Rspr. vgl. *Pösl* S. 162ff.). Eine diskriminierende Behandlung kann eine erniedrigende Behandlung sein, wenn sie ein solches Maß an Schwere erreicht, dass sie die Menschenwürde verletzt (EGMR 7.10.2014 – 28490/02 Rn. 100f. – Begheluri). Auch gesetzliche Regelungen können erniedrigend sein (vgl. EGMR 13.6.1979 – 6833/74 Rn. 66 – Marckx). Überwiegend ist dabei für den EGMR von Bedeutung, ob mit der Behandlung die Erniedrigung oder Demütigung des Opfers **beabsichtigt** war (EGMR 13.12.2012 (GK) – 39630/09 Rn. 196, NVwZ 2013, 631 – El-Masri; EGMR 24.7.2014 – 28761/11 Rn. 508, NVwZ 2015, 955 – Al Nashiri; relativierend EGMR 6.10.2015 – 80442/12 Rn. 92, NVwZ 2016, 1387 – Lecomte; krit. hierzu *Bank* in Dörr/Grote/Marauhn Kap. 11 Rn. 27f.). Teilweise lässt er es aber auch ausreichen, wenn sich das Opfer selbst als gedemütigt oder erniedrigt ansieht (EGMR 27.9.1999 – 33985/96 Rn. 120, NJW 2000, 2089 – Smith ua). Art. 3 EMRK kann auch verletzt sein, wenn dieser subjektive Einschlag fehlt, zB im Falle objektiv unmenschlicher oder erniedrigender Haftbedingungen (EGMR 15.7.2002 – 47095/99 Rn. 95, NVwZ 2005, 303 – Kalashnikov). Besonders bei Handlungen Dritter auf Grund religiöser Intoleranz beschränkt sich Art. 3 EMRK nicht auf physische Misshandlungen, sondern erfasst auch psychisches Leid (EGMR 24.2.2015 – 30587/13 Rn. 73, NVwZ 2016, 1071 – Karaahmed). Abgesehen von diesen Leitlinien kommt es immer auf den Einzelfall an (Rspr.-Übersicht bei *Meyer-Ladewig/Lehnert* in HK-EMRK EMRK Art. 3 Rn. 22ff.).

C. Einzelne Gewährleistungsbereiche

I. Unterlassungspflichten

1. Allgemeines. Art. 3 EMRK begründet im Sinne eines **Abwehrrechts** zunächst die Verpflichtung der Konventionsstaaten zur **Unterlassung von Misshandlungen** durch ihre Organe. Zu den darüber hinaus bestehenden **Schutzpflichten** → Rn. 21ff.

2. Strafe. Eine **unverhältnismäßig hohe Strafe** kann unter Art. 3 EMRK fallen, wobei der EGMR die Eingriffsschwelle hierfür sehr hoch legt (EGMR 27.7.2010 – 28221/08 Rn. 7ff., 29 – Gatt (keine Konventionsverletzung bei 5 J. 3 M. Freiheitsentzug nach Zuwiderhandlung gegen eine Haftverschonungsauflage); EGMR 7.6.2016 – 20672/15 Rn. 36 – Findikoglu). Die lebenslange Freiheitsstrafe ist konventionswidrig, wenn sie sich gegen Minderjährige richtet oder bei Erwachsenen keine Aussicht auf bedingte Entlassung besteht. Hierfür reicht es indes aus, dass die Strafe rechtlich oder tatsächlich reduziert werden kann, zB nach der Staatspraxis durch den Staatspräsidenten (EGMR 12.2.2008 (GK) – 21906/04 Rn. 97, 101ff., NJOZ 2010, 1599 – Kafkaris). Die **Möglichkeit einer Überprüfung** anhand inhaltlicher Kriterien und innerhalb bestimmter Fristen muss im Zeitpunkt der Verurteilung bestehen (EGMR 9.7.2013 (GK) – 66069/09 Rn. 122, NJOZ 2014, 1582 – Vinter ua; EGMR 18.3.2014 – 24069/03 Rn. 203, NJOZ 2015, 234 – Öcalan (No. 2); EGMR 13.6.2019 – 77633/16 Rn. 95ff., 137f., NLMR 2019, 197 – Marcello Viola (No. 2) (*ergastolo ostativo* nach it. Recht)). Die Prüfung muss nach spätestens 25 Jahren erfolgen (EGMR 4.10.2016 – 37871/14 Rn. 38ff. – T.P. und A.T.; EGMR 17.1.2017 (GK) – 57592/08 Rn. 88, BeckRS 2017, 163584 – Hutchinson). Art. 3 EMRK ist verletzt, wenn ein zu lebenslanger Freiheitsstrafe Verurteilter eine Behandlung, die im Urteil als Bedingung für die

Verbot der Folter **Art. 3 EMRK**

Resozialisierung angesehen wurde, nicht erhält, so dass Anträge auf vorzeitige Entlassung oder Begnadigung keine Aussicht auf Erfolg haben (EGMR 26.4.2016 (GK) – 10511/10 Rn. 103, NLMR 2016, 110 – Murray). Die lebenslange Freiheitsstrafe nach deutschem Recht ist wegen der Möglichkeit der Aussetzung des Strafrests (§ 57a StGB) nicht konventionswidrig; die Ablehnung einer entsprechenden Strafrestaussetzung verletzt Art. 3 EMRK wegen der fortbestehenden Überprüfungsmöglichkeit des § 57a Abs. 4 StGB nicht (EGMR 3.11.2009 – 26958/07, NJOZ 2011, 237 – Meixner). Die **Sicherungsverwahrung** nach deutschem Recht verstößt nicht gegen Art. 3 EMRK, weil sie dem Verwahrten eine Überprüfungsmöglichkeit und damit die Aussicht auf eine Entlassung belässt (EGMR 13.1.2011 – 27360/04, 42225/07 Rn. 79 – Schummer; EGMR 13.1.2011 – 6587/04 Rn. 111, NJW 2011, 3423 – Haidn; aber → Art. 5 Rn. 35ff., 69ff. und → Art. 7 Rn. 22ff.). Die Verhängung der **Todesstrafe** unter Verletzung der Garantien des Art. 6 EMRK ist für sich genommen eine unmenschliche Behandlung (EGMR 12.5.2005 (GK) – 46221/99 Rn. 175, NVwZ 2006, 1267 – Öcalan). Weil die Todesstrafe in den Vertragsstaaten geächtet ist (→ 13. EMRKProt Rn. 1 Rn. 3, vgl. auch Art. 102 GG; *Kau* in IntKommEMRK Art. 3 Rn. 50ff.), konzentriert sich die Diskussion auf die Fälle, in denen dem Betroffenen durch Abschiebung oder Auslieferung in einen Drittstaat die Todesstrafe droht (→ Rn. 24).

3. Inhaftierung. Jede unnötige und unverhältnismäßige **Gewaltanwendung** 11 gegen Häftlinge in Polizei-, Untersuchungs- oder Strafhaft verletzt Art. 3 EMRK. Neben Schlägen und anderen Misshandlungen wie Vergewaltigung (EGMR 25.9.1997 (GK) – 23178/94 Rn. 83 – Aydin, hierzu *McGlynn* ICLQ 2009, 565ff.) oder dem sog. *Palestinian Hanging* (vgl. EGMR 18.12.1996 – 21987/93 Rn. 23, 64 – Aksoy (Aufhängen des Opfers an den hinter dem Rücken zusammengebundenen Armen)) zählen dazu **unmenschliche Verhörmethoden** wie die sog. fünf Techniken (langes Stehen in unbequemer Stellung, Tragen einer Kapuze in Vernehmungspausen, hoher Geräuschpegel, starke Reduzierung von Essen und Trinken sowie Schlafentzug, vgl. *Frowein* in Frowein/Peukert EMRK Art. 3 Rn. 3). War die Gewaltanwendung notwendig, um eine Flucht zu verhindern, die Ordnung in der Anstalt aufrecht zu erhalten oder andere Häftlinge bzw. sonstige Personen zu schützen oder Gewalt durch Häftlinge zu verhindern, so prüft der EGMR, ob die Notwendigkeit der Gewaltanwendung durch die Behörden selbst verursacht worden ist (EGMR 12.4.2005 – 36378/02 Rn. 380 – Shamayev ua (Täuschung von Häftlingen über ihre bevorstehende Auslieferung)).

Die **Haftbedingungen** können eine unmenschliche oder erniedrigende Be- 12 handlung darstellen, auch wenn sie nicht bezwecken, den Inhaftierten zu demütigen oder zu erniedrigen (EGMR 7.7.2011 – 20999/05 Rn. 57, NJW 2012, 2173 – Hellig (7-tägige Unterbringung ohne Kleidung in einem besonders gesicherten Haftraum); vgl. auch BVerfG 18.3.2015 – 2 BvR 1111/13, NJW 2015, 2100 Rn. 32ff. (Unterbringung eines vollständig entkleideten Strafgefangenen über mehr als einen Tag in einem durchgängig videoüberwachten besonders gesicherten Haftraum); EGMR 20.1.2011 – 891/05 Rn. 39 – Kashavelov (Fesselung); EGMR 31.5.2011 – 5829/04 Rn. 123ff., NJOZ 2012, 1902 – Chodorkowski; EGMR 17.7.2014 (GK) – 32541/08 Rn. 122ff., NJW 2015, 3423 – Svinarenko und Slyadnev (Unterbringung in einem Metallkäfig während der Hauptverhandlung); EGMR 4.10.2016 – 2653/13 Rn. 120ff. – Yaroslav Belousov (überfüllte Glaskabine, Zurschaustellung an mehreren Tagen pro Woche über mehrere Monate); EGMR 17.7.2018 – 38004/12 Rn. 143ff., NJOZ 2020, 50 – Mariya

Alekhina (Glaskäfig, Beobachtung durch bewaffnete Polizisten und Gerichtsdiener, Anwesenheit abgerichteter Hunde im Gerichtssaal)). Das kann auch bei kurzer Haftdauer gelten, wobei der EGMR die Dauer bei der Beurteilung der Schwere des dem Inhaftierten zugefügten Leids bzw. der Erniedrigung berücksichtigt (EGMR 2.12.2008 – 22390/05 Rn. 55 – Mkhitaryan). Die Haftbedingungen verletzen Art. 3 EMRK, wenn sie erhebliches psychisches oder physisches Leiden verursachen, die Menschenwürde beeinträchtigen oder Gefühle von Demütigung und Erniedrigung hervorrufen (EGMR 15.7.2002 – 47095/99 Rn. 95, NVwZ 2005, 303 – Kalashnikov; EGMR 12.5.2017 (GK) – 21980/04 Rn. 88 ff., BeckRS 2017, 162295 – Simeonovi). Der EGMR berücksichtigt hier ua die Belegung, sanitäre Verhältnisse, Schlaf- und Bewegungsmöglichkeiten und die Gelegenheit zu Außenkontakten. Unzureichende Ernährung in Haft verletzt für sich genommen Art. 3 EMRK (EGMR 6.11.2007 – 8207/06 Rn. 55 – Stepuleac). Der zielgerichtete Einsatz furchtbarer Haftbedingungen, um den Willen der Inhaftierten zu brechen, ist iSd neueren Rspr. des EGMR (→ Rn. 7) nicht bloß als unmenschliche Behandlung, sondern als Folter zu qualifizieren (so auch *Bank* in Dörr/Grote/Marauhn Kap. 11 Rn. 25).

13   **Überbelegung einer Vollzugsanstalt** kann für sich genommen eine erniedrigende Behandlung sein. Im Anschluss an das CPT geht der EGMR von einem Regelwert von 4 qm je Inhaftierten aus. Stehen weniger als 3 qm zur Verfügung, verletzt das in der Regel Art. 3 EMRK, falls es sich nicht lediglich um eine kurze, gelegentliche und unerhebliche Reduzierung des persönlichen Raums handelt, ausreichende Bewegungsfreiheit und Aktivitäten außerhalb des Haftraumes gewährleistet sind und die Strafe in einer geeigneten Haftanstalt vollzogen wird, wobei es keine die Haft erschwerenden Bedingungen geben darf (EGMR 20.10.2016 (GK) – 7334/13 Rn. 104 ff., BeckRS 2016, 121215 – Muršić; vgl. auch BVerfG 19.12.2017 – 2 BvR 424/17, NJW 2018, 686 Rn. 54 ff.; BVerfG 17.2.2020 – 1 BvR 1624/16, NJW 2020, 3373 Rn. 19 ff.; s. auch EGMR 10.1.2012 – 42525/07 Rn. 139 ff., NVwZ-RR 2013, 284 – Ananyev ua (Piloturteil zu RUS); EGMR 3.7.2014 (GK) – 13255/07 Rn. 192 ff., NVwZ 2015, 569 – Georgien/Russland [I]; EGMR 25.4.2017 – 61467/12 Rn. 106 ff., BeckRS 2017, 110183 – Rezmiveş (Piloturteil zu ROM)). Liegt der persönliche Raum zwischen 3 qm und 4 qm, nimmt der EGMR die sonstigen Haftbedingungen in den Blick (EGMR 31.5.2011 – 5829/04 Rn. 102, 117 f. – Chodorkowski; EGMR 17.1.2012 (GK) – 36760/06 Rn. 206 ff., NJOZ 2013, 1190 – Stanev; EGMR 24.11.2020 – 31623/17 Rn. 48 ff., NLMR 2020, 442 – Bardali; BVerfG 8.12.2020 – 1 BvR 117/16 Rn. 16, BeckRS 2020, 39624). Für **Polizei-Zellen** sieht der EGMR im Anschluss an das CPT 7 qm je Festgehaltenen als erstrebenswerte Richtlinie *(desirable guideline)* an (EGMR 15.7.2002 – 47095/99 Rn. 96 f., NVwZ 2005, 303 – Kalashnikov; EGMR 24.5.2007 – 57847/00 Rn. 126 – Navushtanov). Bei Gefangenentransporten sind jedenfalls 0,8 qm je Gefangenen nach den Kriterien des CPT zu wenig (EGMR 8.11.2005 – 6847/02 Rn. 117 ff. – Khudoyorov; EGMR 22.5.2012 (GK) – 5826/03 Rn. 103 – Idalov; EGMR 17.7.2018 – 38004/12 Rn. 135, NJOZ 2020, 50 – Mariya Alekhina).

14   **Einzelhaft** ist für sich genommen kein Verstoß gegen Art. 3 EMRK, unterliegt aber strengen Voraussetzungen (EGMR 7.1.2010 – 24407/04 Rn. 70 – Onouriou; EGMR 13.4.2017 – 66357/14 Rn. 109 – Podeschi). Einschränkungen von Kontakten können aus Gründen der Sicherheit, der Disziplin oder zum Schutz von Gefangenen gerechtfertigt sein. Weil die vollständige sensorische und soziale **Isolation** die Persönlichkeit zerstört und daher auch nicht mit Sicherheitserwägungen

Verbot der Folter

oder aus anderen Gründen gerechtfertigt werden kann, verstößt sie gegen das Folterverbot (EGMR 27.5.2004 – 25143/94 u. 27098/95 Rn. 47 – Yurttas; EGMR 4.7.2006 (GK) – 59450/00 Rn. 120ff., EGHR 2006-IX – Ramirez Sanchez; EGMR 7.6.2011 – 30042/08 Rn. 30f., 38 – Csüllög, zu Kumulationseffekten; EGMR 10.4.2012 – 24027/07 Rn. 205ff., NVwZ 2013, 925 – Babar Ahmad ua). Bestehen Kontakte zum Personal oder zu Mitgefangenen, stellt das keine vollständige Isolation dar. Ob Art. 3 EMRK verletzt ist, hängt auch hier von den jeweiligen Umständen des Einzelfalles ab (Beispiele bei *Frowein* in Frowein/Peukert EMRK Art. 3 Rn. 12ff.; *Meyer-Ladewig/Lehnert* in HK-EMRK EMRK Art. 3 Rn. 37f.).

Die **Inhaftierung von Kindern** kann als unmenschliche Behandlung anzusehen sein (EGMR 12.10.2006 – 13178/03 Rn. 50ff., NVwZ-RR 2008, 573 – Mubilanzila Mayeka ua (zweimonatiges Festhalten eines fünfjährigen unbegleiteten ausländischen Kindes in einem Unterbringungszentrum für Erwachsene am Flughafen ohne besondere Schutzmaßnahmen); vgl. auch EGMR 13.12.2011 – 15297/09 Rn. 61ff. – Kanagaratnam ua; EGMR 19.1.2012 – 39472/07 Rn. 90ff. – Popov). In der Haft muss ihre Gesundheit gemäß dem für Minderjährige in der Gemeinschaft anerkannten Standard gewährleistet werden (EGMR 23.3.2016 (GK) – 47152/06 Rn. 138, NLMR 2016, 118 – Blokhin). Die **Haft betagter Gefangener** ist zwar nicht grundsätzlich konventionswidrig. Der EMGR berücksichtigt bei seiner Prüfung, ob die Haftfortdauer angemessen ist, aber ua den Gesundheitszustand des Inhaftierten, die Haftbedingungen und die Möglichkeit einer Haftverschonung (EGMR 7.6.2001 – 64666/01, Slg. 2001-VI – Papon (No. 1); EGMR 5.4.2001 – 48799/99 – Priebke; EGMR 2.12.2004 – 4672/02 Rn. 53 – Priebke). Für **kranke Gefangene** bestehen besondere Schutzpflichten (→ Rn. 22f.). Kriegsgefangene unterliegen dem besonderen Schutz durch das humanitäre Völkerrecht, weshalb ihre unmenschliche Behandlung besonderes Gewicht hat (EGMR 21.1.2021 (GK) – 38263/08 Rn. 278, NLMR 2021, 19 – Georgien/Russland [II]). 15

Körperliche Untersuchungen in der Haft sind mit Art. 3 EMRK vereinbar, wenn sie zu einem berechtigten Zweck (Verhinderung von Straftaten oder Aufrechterhaltung von Sicherheit und Ordnung in der Anstalt, vgl. EGMR 24.7.2001 – 44558/98 Rn. 117 – Valasinas) angeordnet und in angemessener Art und Weise unter Achtung der Menschenwürde durchgeführt werden (EGMR 22.2.2007 – 2293/03 Rn. 39, ÖJZ 2007, 792 – Wieser; EGMR 20.1.2011 – 51246/08 Rn. 33ff. – El Shennawy; EGMR 12.3.2015 – 31305/09 Rn. 75, 78 – Lyalyakin; EGMR 22.10.2020 – 6780/18 Rn. 65ff., NLMR 2020, 329 – Roth; Rspr.-Übersicht bei *Meyer-Ladewig/Lehnert* in HK-EMRK Art. 3 Rn. 34f.). 16

4. Medizinische Eingriffe zu Beweiszwecken. Diese sind nicht grundsätzlich konventionswidrig. Der Eingriff muss jedoch überzeugend gerechtfertigt sein; die Art des Zwangs muss unter der Schwelle des Art. 3 EMRK liegen. Dem genügt die zwangsweise **Verabreichung von Brechmitteln** durch die Nase zur Ausscheidung von Rauschgiftbeuteln nicht (EGMR 11.7.2006 (GK) – 54810/00 Rn. 67ff., NJW 2006, 3117 – Jalloh; vgl. auch OLG Frankfurt a. M. 11.10.1996 – 1 Ss 28/96, NJW 1997, 1647; BGH 29.4.2010 – 5 StR 18/10, NStZ-RR 2011, 54; s. dagegen EGMR 7.10.2008 – 35228/03 Rn. 81 – Bogumil (Operation zur Entfernung von Rauschgiftbeuteln kein Konventionsverstoß)). Gleiches gilt für eine **zwangsweise Katheterisierung,** obwohl wegen des Verdachts einer Trunkenheitsfahrt schon eine Blutprobe genommen worden war (EGMR 2.7.2019 – 65290/14 Rn. 56ff., NJOZ 2021, 701 – R.S.). Zur strafprozessualen Verwertbarkeit unter Verstoß gegen Art. 3 EMRK erlangter Beweismittel s. *Berg* S. 289ff.; *Pösl* S. 323ff. sowie → Art. 6 Rn. 269ff. 17

18   **5. Behandlung von Asylsuchenden.** Die Nichteinhaltung von Mindestnormen für die Aufnahme von Asylsuchenden in Mitgliedstaaten iSd **Aufnahmerichtlinie** 2013/33/EU vom 26.6.2013 (ABl. 2013 L 180, 96) kann ein Verstoß gegen Art. 3 EMRK sein (EGMR 21.1.2011 (GK) – 30696/09 Rn. 223 ff., NVwZ 2011, 413 – M.S.S. (Verstoß bejaht); EGMR 15.12.2016 (GK) – 16483/12 Rn. 158 ff. – Khlaifia ua; EGMR 25.1.2018 – 22696/16 Rn. 136 ff., NVwZ 2018, 1375 – J.R. ua (kein Verstoß)), ebenso das lang andauernde Festhalten von Asylsuchenden in **Transitzonen** von Flughäfen unter erbärmlichen Bedingungen (EGMR 21.11.2019 (GK) – 61411/15 Rn. 181 ff., NVwZ 2020, 777 – Z.A. ua). Gleiches gilt für die Bedingungen der **Auslieferungshaft**, insbesondere gegenüber unbegleiteten minderjährigen Asylsuchenden (EGMR 28.2.2019 – 19951/16 Rn. 166 ff. – H.A. ua; EGMR 13.6.2019 – 14165/16 Rn. 48 ff. – SH.D. ua). Zwar besteht keine Verpflichtung der Konventionsstaaten zur finanziellen Unterstützung Asylsuchender. Gleichgültigkeit gegenüber einer mit der Menschenwürde unvereinbaren Mangel- oder Notsituation kann aber eine Verantwortlichkeit des Staates nach Art. 3 EMRK begründen (EGMR 2.3.2021 – 36037/17 Rn. 50, NLMR 2021, 134 – R. R. ua).

19   **6. Zerstörung der Lebensgrundlage.** Die **Zerstörung eines Hauses** oder seiner Einrichtung bzw. der Ernte auf dem Feld im Rahmen einer Polizeiaktion verletzt Art. 3 EMRK, wenn dem Betroffenen dadurch intensives Leid zugefügt wird (EGMR 16.11.2000 – 23819/94 Rn. 103 – Bilgin). Gleiches gilt bei Untätigkeit staatlicher Organe angesichts eines **Pogroms** (EGMR 6.11.2018 – 3289/10 Rn. 119 ff. – Burlya ua).

20   **7. Angehörige von Opfern.** Wenn die konventionswidrige Behandlung eines Menschen (Tötung, Todeskampf, Verschwindenlassen oder Folterung) bei nahen Angehörigen **eigenes Leid** verursacht, das über das mit den primären Menschenrechtsverletzungen zwangsläufig verbundene Maß hinausgeht, hat der EGMR – vor allem im Hinblick auf die Reaktion der verantwortlichen Behörden – eine Verletzung von Art. 3 EMRK angenommen (EGMR 27.2.2001 – 25704/94 Rn. 173 – Cicek; EGMR 18.9.2009 (GK) – 16064/90 Rn. 200, NJOZ 2011, 516 – Varnava ua; EGMR 14.3.2013 – 28005/08 Rn. 199 ff. – Salakhov ua; EGMR 12.11.2013 – 23502/06 Rn. 208 ff., NJOZ 2014, 1874 – Benzer ua; EGMR 30.1.2014 – 39436/06 Rn. 70 ff., NVwZ 2015, 43 – Z. ua; EGMR 23.2.2016 – 44883/09 Rn. 314, BeckRS 2016, 10500 – Nasr (alias Abu Omar) und Ghali; → Art. 2 Rn. 20). Dies gilt nicht ohne Weiteres für vor Inkrafttreten der EMRK begangene Tötungen (EGMR 21.10.2013 (GK) – 55508/07 Rn. 182 ff., NJOZ 2014, 1270 – Janowiec ua (Angehörige von Katyn-Opfern)). Es stellt eine erniedrigende Behandlung einer Person dar, wenn ihrem verstorbenen Ehepartner Gewebe für eine gerichtsmedizinische Untersuchung entnommen wird, ohne dass sie zuvor um Zustimmung gefragt wird (EGMR 13.1.2015 – 61243/08 Rn. 140 ff., ECHR CR 2015-I – Elberte). Eine unzureichende, für sich gesehen gegen Art. 3 EMRK verstoßende Behandlung eines Häftlings verletzt auch die Rechte der Mutter aus Art. 3 EMRK, wenn eine enge Bindung besteht, eine Hilfe durch sie unmöglich gemacht wird und sie deshalb tatenlos dem Tod ihres Sohnes zusehen muss (EGMR 14.3.2013 – 28005/08 Rn. 204 f., BeckRS 2013, 203716 – Salakhov und Islyamova).

Verbot der Folter **Art. 3 EMRK**

II. Schutzpflichten

1. Allgemeines. Neben den negativen Unterlassungspflichten folgen aus Art. 1 **21** und 3 EMRK **positive Schutzpflichten** der Konventionsstaaten (zum Schutzpflichten-Konzept → Art. 2 Rn. 30 ff.; *Krieger* ZaöRV 2014, 187 ff.; krit. *Hailbronner* DÖV 1999, 617 ff.). Sie müssen sicherstellen, dass Personen, die ihrer Hoheitsgewalt unterstehen, nicht Folter oder unmenschlicher oder erniedrigender Behandlung oder Strafe unterworfen werden, und zwar auch nicht durch Privatpersonen (EGMR 28.10.2014 – 25018/10 Rn. 25, NJW 2015, 3771 – Demirtaş). **Gesetzgebung und Gesetzesvollzug** müssen effektiv vor Handlungen schützen, die Art. 3 EMRK verletzen (EGMR 23.9.1998 – 25599/94 Rn. 22, ÖJZ 1999, 617 – A.; EGMR 29.4.2002 – 2346/02 Rn. 51, NJW 2002, 2851 – Pretty).

2. Inhaftierung. Personen in Haft oder Polizeigewahrsam sind dem Staat in be- **22** sonderem Maße ausgeliefert, was besondere Schutzpflichten begründet. Art. 3 EMRK verpflichtet die Konventionsstaaten, sich zu vergewissern, dass die Haftbedingungen mit der Achtung der Menschenwürde vereinbar sind und dass der Vollzug der Maßnahme den Gefangenen nicht Leid oder Härten unterwirft, die das mit einer Haft unvermeidbar verbundene **Maß an Leiden übersteigt.** Hierzu zählen ua anwaltliche Hilfe, der Zugang zu Familienmitgliedern und die Möglichkeit, sich von einem Arzt des Vertrauens untersuchen zu lassen (EGMR 22.10.2002 – 32574/96 Rn. 44 – Algür). Die **Gesundheit** eines Inhaftierten und sein Wohlbefinden sind unter Berücksichtigung der praktischen Erfordernisse der Haft angemessen sicherzustellen, insbesondere in Fällen von schwerer Krankheit oder Behinderung (EGMR 26.10.2000 (GK) – 30210/96 Rn. 94, NJW 2001, 2694 – Kudła; EGMR 10.3.2009 (GK) – 39806/05 Rn. 72 – Paladi; EGMR 21.1.2011 (GK) – 30696/09 Rn. 221, NVwZ 2011, 413 – M.S.S.; EGMR 19.2.2015 – 10401/12 Rn. 49 ff., 56 ff., BeckRS 2015, 128921 – Helhal (Querschnittslähmung); EGMR 9.7.2015 – 20378/13 Rn. 64 ff., NLMR 2015, 312 – Martzaklis ua (Behandlung von HIV-Positiven); EGMR 5.10.2017 – 60429/12 Rn. 61, 72, BeckRS 2017, 161029 – Abele (gehörloser Häftling)). Erhöhte Schutzpflichten bestehen wegen ihrer Verletzbarkeit und ggf. verminderten Ausdrucksfähigkeit gegenüber psychisch kranken Gefangenen (EGMR 11.7.2006 – 33834/03 Rn. 62 ff., NJOZ 2007, 2934 – Rivière; EGMR 23.2.2012 – 27244/09 Rn. 39 – G.; EGMR 10.4.2012 – 24027/07 Rn. 215, NVwZ 2013, 925 – Babar Ahmad ua; EGMR 31.1.2019 (GK) – 18052/11 Rn. 144 ff. – Rooman; EGMR 31.3.2020 – 82284/17 Rn. 99 – Jeanty). Eine nach anerkannten Grundsätzen der Medizin erforderliche **therapeutische Maßnahme in der Haft** kann grundsätzlich nicht als unmenschlich und erniedrigend angesehen werden. Der EGMR prüft dann aber, ob eine medizinische Notwendigkeit überzeugend nachgewiesen ist und hinreichende Verfahrensgarantien für den Eingriff, zB eine zwangsweise Ernährung (EGMR 5.4.2005 – 54825/00 Rn. 93 ff. – Nevmerzhitsky), bestehen und eingehalten worden sind (EGMR 13.5.2008 – 52515/99 Rn. 71, NVwZ 2009, 1547 – Juhnke; vgl. auch BVerfG 23.3.2011 – 2 BvR 882/09, NJW 2011, 2113 (2117 f.)). Die Grenze der Sorgfaltspflicht ist zwar erreicht, wenn der Betroffene sich kooperationsunwillig zeigt; jedoch ist auch hier die Schranke der Gefahr des Eintritts großer oder andauernder Gesundheitsschäden zu beachten (*Villiger* Rn. 344). Wenn ein Langzeitdrogenabhängiger im Strafvollzug keine weitere Substitutionsbehandlung erhält, obwohl er in der Haft zuvor jahrelang auf diese Weise behandelt wurde, kann das eine Schutzpflichtverletzung darstellen (EGMR

EMRK Art. 3   Rechte und Freiheiten der Konvention

1.9.2016 – 62303/13 Rn. 54 ff., 80, NJOZ 2018, 464 – Wenner). Bei **Einzelhaft** ist die körperliche und geistige Gesundheit regelmäßig zu untersuchen und die weitere Angemessenheit dieser Haftform zu prüfen (EGMR 7.1.2010 – 24407/04 Rn. 70 – Onoufriou). Der Gesundheitszustand des Inhaftierten und seine Behandlung sind umfassend zu dokumentieren (EGMR 18.12.2008 – 30628/02 Rn. 74 – Ukhan). Musste die Behörde wissen, dass ein Gefangener der Gefahr einer Misshandlung durch Mithäftlinge ausgesetzt ist, hat sie – wie stets in Sonderrechtsverhältnissen (→ Art. 2 Rn. 39) – dagegen angemessene Vorsorge zu treffen (EGMR 3.6.2003 – 33343/96 Rn. 189 – Pantea; EGMR 10.2.2011 – 44973/04 Rn. 87 ff. – Premininy; EGMR 29.10.2013 – 11160/07 Rn. 81 ff. – D.F.).

23   **3. Psychiatrische Behandlung.** Die Hilflosigkeit von Patienten in psychiatrischen Krankenhäusern erfordert erhöhte Wachsamkeit, ob die Anforderungen der EMRK eingehalten werden. So dürfen nur medizinisch notwendige **Zwangsmaßnahmen** – wie etwa Fesselungen – angeordnet werden (EGMR 24.9.1992 – 10533/83 Rn. 82, EuGRZ 1992, 535 – Herczegfalvy; EGMR 19.2.2015 – 75450/12 Rn. 98, 103, NJOZ 2016, 1375 – M.S.; EGMR 7.5.2015 – 20136/11 Rn. 41 ff., BeckRS 2015, 130863 – Ilievska; vgl. auch BVerfG 24.7.2018 – 2 BvR 309/15, 502/16, NJW 2018, 2619 Rn. 86 ff. am Maßstab des Art. 104 Abs. 2 GG unter Berücksichtigung der EGMR-Rspr.).

24   **4. Auslieferung, Abschiebung.** Die EMRK garantiert zwar keinen Anspruch auf Aufenthalt oder politisches Asyl in einem Konventionsstaat, mangels Territorialität iSd Art. 1 EMRK auch nicht auf Ausstellung „humanitärer Visa" zur kurzzeitigen Einreise für einen Asylantrag im Zielland (EGMR 5.3.2020 (GK) – 3599/18 Rn. 96 ff., EuGRZ 2020, 538 – M.N.). Auslieferung und Abschiebung können aber für den Aufenthaltsstaat konventionsrechtlich relevant sein, wenn begründete Anhaltspunkte dafür vorliegen, dass die betroffene Person im Empfangsstaat einem tatsächlichen **Risiko der Folter** oder unmenschlicher oder erniedrigender Behandlung oder Bestrafung unterworfen wird (EGMR 7.7.1989 – 14038/88 Rn. 91, NJW 1990, 2183, Würdigung der Entscheidung durch *Grabenwarter* NJW 2017, 3052 – Soering (Auslieferung bei drohender **Todesstrafe** und absehbarem Todeszellensyndrom; zu letzterem EGMR 29.4.2003 – 38812/97 Rn. 135 – Poltoratskiy); EGMR 4.4.2019 – 36538/17 Rn. 81, NVwZ-RR 2020, 457 – G.S. (drohende Folter durch **Auspeitschung** im Empfangsstaat); EGMR 23.2.2012 (GK) – 27765/09 Rn. 113, 146 f., NVwZ 2012, 809 – Hirsi Jamaa ua (**Refoulement** nach Libyen und daraus folgendes Risiko willkürlicher Rückführung nach Eritrea und Somalia); EGMR 23.7.2020 – 40503/17 Rn. 171, 178 ff., BeckRS 2020, 16815 – M. K. ua (Refoulement nach Belarus mit dem Risiko willkürlicher Rückführung über Russland nach Tschetschenien); zu sog. **extraordinary renditions** an die USA vgl. EGMR 13.12.2012 (GK) – 39630/09 Rn. 215 ff., NVwZ 2013, 631 – El-Masri; EGMR 24.7.2014 – 28761/11 Rn. 517 f., NVwZ 2015, 955 – Al Nashiri; EGMR 23.2.2016 – 44883/09 Rn. 262 ff., 280 ff., BeckRS 2016, 10500 – Nasr (alias Abu Omar) und Ghali (hierzu *Staffler* EuGRZ 2016, 344 mwN); EGMR 31.5.2018 – 46454/11 Rn. 628 ff. – Husayn (alias Abu Zubaydah); EGMR 31.5.2018 – 33234/12 Rn. 664 ff., NLMR 2018, 215 – Al Nashiri). Es spielt keine Rolle, ob der Person der Aufenthalt gestattet war (*Grabenwarter/Pabel* EMRK § 20 Rn. 78; *Zimmermann/Elberling* in Dörr/Grote/Marauhn Kap. 27 Rn. 12, 15). Weil es allein um die tatsächliche Gefahr geht, dass Art. 3 EMRK verletzt wird, kommt es nicht darauf an, ob die betreffende Person hierzu ursächlich beigetragen hat (*Kau* in IntKommEMRK Art. 3 Rn. 79; *Zimmermann/Elberling* in

Verbot der Folter   **Art. 3 EMRK**

Dörr/Grote/Marauhn Kap. 27 Rn. 18f.). So kann die Auslieferung Art. 3 EMRK verletzen, wenn im Empfangsstaat eine **lebenslange Freiheitsstrafe** ohne Möglichkeit der Prüfung einer Strafaussetzung verhängt zu werden droht (EGMR 4.9.2014 – 140/10 Rn. 136ff., NJOZ 2016, 389 – Trabelsi; EGMR 12.12.2017 – 30614/15 Rn. 71ff., BeckRS 2018, 52695 – López Elorza). Dagegen stellt die Auslieferung trotz drohender Verhängung der Todesstrafe wegen terroristischer Straftaten keinen Verstoß gegen Art. 3 EMRK dar, wenn eine Umwandlung in eine lebenslange Freiheitsstrafe und Strafrestaussetzung nach objektiven und vorher bestimmten Kriterien möglich ist (Todesstrafen-Moratorium, EGMR 4.9.2018 – 17675 Rn. 32ff., EuGRZ 2019, 308 – Saidani; zuvor BVerfG 4.5.2018 – 2 BvR 632/18, NVwZ 2018, 1390). Die bei der Anwendung des Unionsrechts durch die Konventionsstaaten bestehende Vermutung eines gleichwertigen Grundrechtsschutzes im Rahmen der Unionsrechtsordnung kann widerlegt werden, wenn der Grundrechtsschutz im Einzelfall offenkundig unzureichend ist. Dies trifft zu, wenn die für die **Vollstreckung eines Europäischen Haftbefehls** zuständige Behörde über eine ausreichende solide Faktenbasis verfügt, um erkennen zu können, dass die Vollstreckung für die vom Haftbefehl betroffene Person eine reale Gefahr mit sich bringen würde, im Ausstellungsstaat einer gegen Art. 3 EMRK verstoßenden Behandlung unterworfen zu werden, den Haftbefehl aber dennoch vollstreckt (EGMR 25.3.2021 – 40324/16 Rn. 96ff., BeckRS 2021, 5322 – Bivolaru und Moldovan; vgl. auch EGMR 9.7.2019 – 8351/17 Rn. 82ff., NJOZ 2021, 696 – Romeo Castaño; BVerfG 1.12.2020 – 2 BvR 1845/18 Rn. 45ff., NJW 2021, 1518 mAnm *Müller-Metz* NStZ-RR 2021, 90f.).

In der Übergabe des Betroffenen in die Gewalt des Empfangsstaates liegt eine **24a** dem übergebenden Staat unmittelbar zurechenbare, seine Unterlassungspflicht nach der EMRK begründende Handlung (*Grabenwarter/Pabel* EMRK § 20 Rn. 78; *Frowein* in Frowein/Peukert EMRK Art. 3 Rn. 20). Auch die **Einreiseverweigerung** kann als wirkungsgleiche Maßnahme unter Art. 3 EMRK fallen (*Zimmermann/Elberling* in Dörr/Grote/Marauhn Kap. 27 Rn. 14ff.). Weil es unerheblich ist, von wem die Bedrohung für Leib oder Leben des Betroffenen ausgeht, lässt der EGMR auch eine Bedrohung durch **Bürgerkriegsparteien** oder eine **nicht vom Staat ausgehende Gefährdung** genügen (EGMR 28.6.2011 – 8319/07 Rn. 213, NVwZ 2012, 681 – Sufi u. Elmi; EGMR 23.8.2016 (GK) – 59166/12 Rn. 80 – J.K.; EGMR 17.11.2020 – 889/19 Rn. 61ff., NLMR 2020, 439 – B. und C. (Risiko der Misshandlung als homosexuelle Person); ebenso zu § 60 Abs. 5 AufenthG BVerwG 13.6.2013 – 10 C 13/12 Rn. 25, NVwZ 2013, 1489), stellt dann aber höhere Anforderungen an die Darlegungen des Betroffenen, der die Unwilligkeit bzw. das Unvermögen des betroffenen Staates nachweisen muss, effektiven Schutz zu gewährleisten (EGMR 17.7.2008 – 25904/07 Rn. 110 – NA.; EGMR 15.5.2012 – 52077/10 Rn. 62ff. – S.F.; EGMR 10.9.2015 – 4601/14 Rn. 57, NVwZ 2016, 1785 – R.H.; EGMR 12.1.2016 – 13442/08 Rn. 54, NVwZ 2017, 293 – A.G.R.; Länderübersichten bei *Thienel* ÖJZ 2017, 715f.; *Thienel* ÖJZ 2018, 999; *Thienel* ÖJZ 2019, 646f.; *Thienel* ÖJZ 2020, 586f.).

Der Schutz des Art. 3 EMRK setzt voraus, dass der Betroffene stichhaltige **25** Gründe für die Annahme beibringt, im Falle seiner Abschiebung dem tatsächlichen Risiko einer Misshandlung ausgesetzt zu sein. Über die Vollstreckung der Ausweisung muss rechtskräftig entschieden, die Ausreise in ein drittes Land ausgeschlossen sein. **Maßgeblicher Zeitpunkt** für die Bewertung ist der Moment der Abschiebung bzw. – falls der Bf. noch nicht ausgeliefert oder abgeschoben wurde – der Zeitpunkt der Verhandlung vor dem EGMR (zu den Voraussetzungen im Einzelnen s. EGMR 30.10.1991 – 13163/87 Rn. 107f., NVwZ 1992, 869 – Vilvarajah ua; EGMR 15.11.1996 (GK) – 22414/93 Rn. 95ff. – Chahal; EGMR 20.1.2009 – 32621/06 Rn. 96ff. – F.H.; EGMR 28.6.2011 – 8319/07 Rn. 215, NVwZ 2012, 681 – Sufi u. Elmi; EGMR 4.4.2019 – 36538/17 Rn. 83, NVwZ-RR 2020, 457 – G.S.; EGMR 5.11.2019 – 32218/17 Rn. 39ff., NVwZ 2020, 538 – A.A.; *Alleweldt*, Schutz vor Abschiebung, S. 26ff.). **Diplomatische Zusicherungen** (hierzu ausf. *Lorz/Sauer* EuGRZ 2010, 389 (402ff.); *Schneider* EuGRZ 2014, 168 (172ff.)) und grundrechtsschützende nationale Vorschriften des Aufnahmestaates entbinden weder den Konventionsstaat noch den EGMR von seiner Verpflichtung, das tatsächliche Risiko einer Misshandlung zu prüfen (EGMR 28.2.2008 (GK) – 37201/06 Rn. 147f., NVwZ 2008, 1330 – Saadi; EGMR 5.4.2011 – 25716/09 Rn. 50ff., NVwZ 2012, 1159 – Toumi; EGMR 17.1.2012 – 8139/09 Rn. 187ff., NVwZ 2013, 487 – Othman (Abu Qatada); EGMR 4.4.2019 – 36538/17 Rn. 89ff., NVwZ-RR 2020, 457 – G.S.; vgl. auch BVerfG 8.5.2017 – 2 BvR 157/17, NVwZ 2017, 1196 Rn. 14ff.; BVerfG 18.12.2017 – 2 BvR 2259/17, NVwZ 2018, 318 Rn. 17ff.).

25a Der Bf. trägt die **Beweislast**, muss also die erhebliche Wahrscheinlichkeit einer aktuellen, ernsthaften bzw. gewichtigen Gefahr schlüssig nachweisen. Es müssen – möglichst anhand objektiver Unterlagen – Gründe für die Annahme vorliegen, dass er im Falle seiner Auslieferung oder Abschiebung im Aufnahmestaat dem realen Risiko einer Art. 3 EMRK verletzenden Behandlung ausgesetzt sein wird (EGMR 7.7.1989 – 14038/88 Rn. 91, NJW 1990, 2183 – Soering; EGMR 8.10.2013 – 56102/12 Rn. 28ff., EuGRZ 2014, 529 – Halit Aktas; hierzu ausf. *Lorz/Sauer* EuGRZ 2010, 389 (395ff.)). Nachweislich **falsche Angaben** oder gefälschte Beweismittel schaden nicht nur der Glaubwürdigkeit des Bf., sondern vor allem der Beweiskraft der Beweismittel, die für ein substantiiertes Vorbringen nicht mehr oder nur noch eingeschränkt berücksichtigt werden können. Hat der Bf. seine Behauptung belegt, muss die Regierung den so begründeten Verdacht einer Konventionsverletzung ausräumen (EGMR 28.2.2008 (GK) – 37201/06 Rn. 129, NVwZ 2008, 1330 – Saadi; EGMR 5.11.2019 – 32218/17 Rn. 44, NVwZ 2020, 538 – A.A.). Liegen Informationen über eine **allgemeine Gefährdungslage** aus einer großen Zahl frei verfügbarer Quellen vor, müssen die Behörden von Amts wegen eine Einschätzung des Risikos vornehmen. Hat sich jedoch der Bf. entschlossen, einen spezifischen individuellen Asylgrund nicht offenzulegen, kann von dem betroffenen Staat nicht verlangt werden, diesen Grund selbst aufzudecken. Wird der Konventionsstaat hingegen auf Tatsachen aufmerksam gemacht, die sich auf eine bestimmte Person beziehen und diese im Fall ihrer Abschiebung in das fragliche Land einem gegen Art. 3 EMRK verstoßenden Misshandlungsgefahr aussetzen würden, müssen die Behörden von Amts wegen eine Einschätzung der Gefahr vornehmen (EGMR 23.3.2016 (GK) – 43611/11 Rn. 127, NLMR 2016, 105 – F.G.).

26 Die **Abschiebung in einen Konventionsstaat** kann ebenso konventionswidrig sein (EGMR 21.1.2011 (GK) – 30696/09 Rn. 223ff., NVwZ 2011, 413 – M.S.S.; EGMR 4.11.2014 (GK) – 29217/12 Rn. 93ff., NVwZ 2015, 127 – Tarakhel mAnm *Tiedemann* NVwZ 2015, 121ff.; s. aber auch EGMR 13.1.2015 – 51248/10 Rn. 28ff. – A.M.E.; EGMR 30.6.2015 – 39530/13 Rn. 25ff., 35ff. – A.S.; zu Art. 4 GRCh s. EuGH 19.3.2019 – C-163/17 Rn. 91ff., NJOZ 2019, 1063 – Abubacarr Jawo) wie sog. **Kettenabschiebungen** und indirekte Rückführungen (zumal durch Staaten, die nicht Konventionsstaaten sind, EGMR 23.2.2012 (GK) – 27765/09 Rn. 146f., NVwZ 2012, 809 – Hirsi Jamaa; EGMR

Verbot der Folter **Art. 3 EMRK**

11.12.2018 – 59793/17 Rn. 102 ff., NVwZ 2019, 865 – M.A. ua; EGMR 21.11.2019 (GK) – 47287/15 Rn. 129 ff., NVwZ 2020, 937 – Ilias und Ahmed) oder das „Hin- und Herschieben" zwischen Staaten ohne Aussicht auf eine dauerhafte Aufnahme (*Zimmermann/Elberling* in Dörr/Grote/Marauhn Kap. 27 Rn. 55 ff., 149). Eine **interne Fluchtalternative** kann zwar in der Gefährdungsbeurteilung durch den Konventionsstaat berücksichtigt werden, das setzt aber voraus, dass die auszuweisende Person überhaupt in das betreffende Gebiet reisen, dort Zutritt erhalten und sich niederlassen kann (EGMR 23.8.2016 (GK) – 59166/12 Rn. 81 f., insoweit in NLMR 2016, 338 nicht abgedr. – J.K.).

Ein drohendes **Strafverfahren** oder bevorstehende **Untersuchungshaft** im Empfangsstaat bildet kein Hindernis für die Abschiebung oder Auslieferung. Das gilt auch für die drohende **Inhaftierung** wegen einer strafrechtlichen Verurteilung, wenn die Haft selbst nicht gegen Art. 3 EMRK verstößt (EGMR 4.2.2005 (GK) – 46827/99 Rn. 67, 71 ff. – Mamatkulov ua). Die **Auslieferung eines Schwerkranken** in ein Land ohne angemessene medizinische Behandlungsmöglichkeiten kann in besonderen Ausnahmefällen als Verstoß gegen Art. 3 EMRK zu qualifizieren sein. Hierfür muss die reale Gefahr einer schweren, raschen und irreversiblen Gesundheitsverschlechterung drohen, die mit intensivem Leiden oder einer signifikanten Verkürzung der Lebenserwartung verbunden wäre und auch nicht durch die Zusicherung einer angemessenen Behandlung durch den Aufnahmestaat auszuschließen ist (EGMR 2.5.1997 – 146/1996/767/964 = Slg. 1997-III Rn. 50 ff., NVwZ 1998, 161 – D. (Aids-Erkrankung in fortgeschrittenem Stadium); EGMR 27.5.2008 (GK) – 26565/05 Rn. 42, NVwZ 2008, 1334 – N., EGMR 13.12.2016 (GK) – 41738/10 Rn. 183, NVwZ 2017, 1187 – Paposhvili; EGMR 1.10.2019 – 57467/15 Rn. 43 ff. – Savran (an die GK überwiesen); *Hinterberger/Klammer* NVwZ 2017, 1180). 27

Für die Effektivität des gegen eine Auslieferung oder Abschiebung gerichteten **Rechtsschutzes** sind besondere Beschleunigung und automatisch eintretende aufschiebende Wirkung erforderlich (EGMR 21.1.2011 (GK) – 30696/09 Rn. 293, NVwZ 2011, 413 – M.S.S.; EGMR 2.10.2012 – 33210/11 Rn. 90 ff. – Singh; EGMR 13.10.2016 – 11981/15 Rn. 59, NVwZ 2018, 557 – B.A.C.), eines Instanzenzuges bedarf es allerdings ebenso wenig wie einer automatisch eintretenden aufschiebenden Wirkung bei Einlegung eines Rechtsmittels (EGMR 5.7.2016 – 29094/09 Rn. 61 ff., 70 – A.M., am Maßstab des Art. 13 EMRK). Eine staatliche Verpflichtung, durchsetzbare Rechtsbehelfe gegen einen anderen Staat zu schaffen, ergibt sich aus Art. 3 EMRK nicht (EGMR 21.11.2001 (GK) – 35763/97 Rn. 37 ff., EuGRZ 2002, 403 – Al-Adsani). 28

5. Asylverfahren. Die **Unterbringung von Asylsuchenden,** die wegen der vorausgegangenen Flucht besonders verletzlich sind, kann ua eine erniedrigende Behandlung darstellen bei Überbelegung der Einrichtung, Mangel an Licht oder Belüftung, starker Einschränkung der Bewegungs- und Kommunikationsmöglichkeiten über längere Zeit, beklagenswerten hygienischen oder sanitären Verhältnissen sowie fehlendem Freizeit- oder Essensbereich (EGMR 21.1.2011 (GK) – 30696/09 Rn. 223 ff., NVwZ 2011, 413 – M.S.S.; EGMR 23.7.2013 – 55352/12 Rn. 88 ff. – Aden Ahmed; EGMR 1.8.2013 – 70427/11 Rn. 41 ff. – Horshill; EGMR 2.7.2020 – 28820/13 Rn. 155 ff., NVwZ 2021, 1121 – N.H. ua). Art. 3 iVm Art. 1 EMRK (Verpflichtung zur Achtung der Menschenrechte) verlangt einen wirksamen Schutz insbesondere für Kinder und andere verletzliche Personen. Geht es um die Aufnahme von begleiteten oder unbegleiteten **minderjährigen** 29

Asylsuchenden, muss für die Behörden und Gerichte die extreme Verletzlichkeit des Kindes im Vordergrund stehen. Sie überwiegt gegenüber seinem Status als Ausländer, der sich illegal im Land aufhält (EGMR 24.5.2018 – 68862/13 Rn. 44, 47, NJOZ 2020, 152 mwN – N.T.P. ua; EGMR 28.2.2019 – 12267/16 Rn. 72ff., NVwZ 2020, 617 – Khan; EGMR 2.3.2021 – 36037/17 Rn. 49, NLMR 2021, 134 – R.R.). Der EGMR nimmt hier das Alter, die Dauer der Unterbringung sowie die Angemessenheit der Einrichtung für die Unterbringung von Kindern zum Maßstab. Zusammengefasst enthält Art. 3 EMRK somit in diesem Zusammenhang das Recht auf Schutz vor erzwungener Rückkehr in dieser Vorschrift widersprechende Zustände sowie die impliziten Rechte, während der Prüfung des Schutzgesuchs und eines Rechtsbehelfsverfahrens im Land bleiben zu dürfen sowie auf eine Art. 3 EMRK entsprechende Behandlung in diesem Zeitraum (*Lehnert* NVwZ 2016, 896 (898)).

30   **6. Weitere Schutzpflichten.** Besteht die **Gefahr des Missbrauchs eines Kindes** in der Familie (EGMR 10.10.2002 – 38719/97 Rn. 109 – D.P. & J.C.; EGMR 27.9.2011 – 29032/04 Rn. 111 – M. und C.; EGMR 12.11.2013 (GK) – 5768/08 Rn. 81, NJW 2014, 607 – Söderman) oder in der Schule (EGMR 28.1.2014 (GK) – 35810/09 Rn. 144ff., NVwZ 2014, 1641 – O'Keefe), so hat der Staat, wenn er hiervon Kenntnis erlangt, konkrete Schutzmaßnahmen zu ergreifen und geeignete Regelungen zu treffen, um einem Missbrauch vorzubeugen oder zu begegnen. Gleiches gilt für den **Schutz vor häuslicher Gewalt** (EGMR 28.5.2013 – 3564/11 Rn. 56, NJOZ 2014, 1995 – Eremia ua; EGMR 22.3.2016 – 646/10 Rn. 76ff. – M.G.; EGMR 2.3.2017 – 41237/14 Rn. 98ff., 126ff., BeckRS 2017, 163151 – Talpis; EGMR 9.7.2019 – 41261/17 Rn. 76ff., BeckRS 2019, 48847 – Volodina; EGMR 11.2.2020 – 56867/15 Rn. 60ff. – Buturugă (Schutz vor Cyberviolence)) wegen den Schutz eines Behinderten vor Verletzungen, Einschüchterungen und Belästigungen durch Schüler (EGMR 24.7.2012 – 41526/10 Rn. 139ff. – Đorđević). Zur Abwehr besonders schwerer Eingriffe in die körperliche oder seelische Unversehrtheit von Personen nimmt der EGMR eine **Pflicht des Staates zum Erlass von Strafvorschriften** und der **effektiven Verfolgung von Straftaten** an (EGMR 4.12.2003 – 39272/98 Rn. 149ff. – M. C.; EGMR 7.4.2015 – 6884/11 Rn. 204ff., NVwZ-RR 2016, 735 – Cestaro; EGMR 15.3.2016 – 61495/11 Rn. 54 – M.G.C.). Zudem erkennt er Schutzpflichten der Konventionsstaaten in sozialen Zuständen schwerer **Vernachlässigung** an (EGMR 10.5.2001 (GK) – 29392/95 Rn. 73f. – Z. ua; EGMR 26.11.2002 – 33218/96 Rn. 88 – E. ua; *Frohwerk,* Soziale Not in der Rechtsprechung des EGMR, 2012, S. 150ff.; *Schmahl/Winkler* AVR 2010, 405 (422f., 427ff.)). Eine staatliche Pflicht zur Bereitstellung nicht zugelassener Medikamente zur Krebsbehandlung lässt sich aus Art. 3 EMRK indes nicht ableiten (EGMR 13.11.2012 – 47039/11 Rn. 110ff., NJW 2014, 447 – Hristozov ua). Mit der letztgenannten Entscheidung ist der EGMR zu Recht einem zu weit verstandenen Schutzpflichten-Konzept entgegengetreten.

III. Ermittlungspflicht (verfahrensrechtlicher Aspekt)

31   Neben den genannten Unterlassungspflichten und präventiven Schutzpflichten besteht die **nachträgliche Verpflichtung** der Konventionsstaaten, im Falle der glaubhaften Behauptung einer Verletzung von Art. 3 EMRK für eine unabhängige und unparteiische, einer öffentlichen Kontrolle unterliegende und von den zustän-

Verbot der Folter **Art. 3 EMRK**

digen Behörden schnell und sorgfältig geführte Untersuchung unter Beteiligung des Opfers zu sorgen (EGMR 6.4.2000 (GK) – 26772/95 Rn. 131 – Labita; EGMR 4.3.2008 – 42722/02 Rn. 67 – Stoica; EGMR 13.12.2012 (GK) – 39630/09 Rn. 182, NVwZ 2013, 631 – El-Masri; EGMR 17.9.2014 (GK) – 10865/09 Rn. 314ff., NJOZ 2016, 1383 – Mocanu ua; EGMR 5.7.2016 (GK) – 44898/10 Rn. 103ff., NLMR 2016, 323 – Jeronovičs; EGMR 26.10.2017 – 28923/09 Rn. 147ff. – Azzolina ua; EGMR 9.11.2017 – 47274/15 Rn. 79ff., NJW 2018, 3763 – Hentschel und Stark; EGMR 2.2.2021 (GK) – 22457/16 Rn. 184ff., BeckRS 2021, 873 – X ua). Das gilt auch dann, wenn die Art. 3 EMRK widersprechende Handlung auf einem anderen Staatsgebiet und durch Akteure eines anderen Staates begangen wird – wie zB im Fall der sog. *extraordinary renditions* durch die CIA (→ Rn. 24) – und Bedienstete des Konventionsstaates daran potenziell beteiligt sind (EGMR 23.2.2016 – 44883/09 Rn. 284ff., BeckRS 2016, 10500 – Nasr (alias Abu Omar) und Ghali). Die Ermittlungspflicht ist auch dann nicht ausgeschlossen, wenn Fragen der nationalen Sicherheit betroffen sind (EGMR 24.7.2014 – 28761/11 Rn. 485f., 494, 498, NVwZ 2015, 955 – Al Nashiri). Diese Pflicht, die von der Verpflichtung der Konventionsstaaten gemäß Art. 13 EMRK unabhängig ist, dient der wirksamen **Durchsetzung des Folterverbots** in den Konventionsstaaten sowohl in repressiver als auch in präventiver Hinsicht (vgl. EGMR 20.7.2000 – 33951/96 Rn. 89 – Caloc; EGMR 7.7.2011 – 18280/04 Rn. 93, 102f. – Shishkin; EGMR 12.3.2015 – 31305/09 Rn. 83ff. – Lyalyakin; sehr weitgehend EGMR 28.10.2014 – 25018/10 Rn. 26ff., NJW 2015, 3771 mAnm *Meyer-Ladewig/Petzold* – Demirtas). Sie beschränkt sich nicht auf die Einleitung eines Ermittlungsverfahrens, sondern schließt die Verpflichtung ein, überführte Täter nicht straflos zu lassen oder zu gering zu bestrafen (EGMR 1.6.2010 (GK) – 22978/05 Rn. 123f., NJW 2010, 3145 – Gäfgen; EGMR 25.1.2018 – 33349/10 Rn. 83ff. – Sidiropoulos und Papakostas). Ein subjektives Recht des Verletzten auf Bestrafung des mutmaßlichen Täters enthält Art. 3 EMRK indes nicht. Auch wenn das Verfahren eingestellt oder der Täter freigesprochen wird, kann der Ermittlungspflicht genügt sein (vgl. EGMR 7.7.2009 – 58447/00 Rn. 34 – Zavaloka; EGMR 7.7.2011 – 18280/04 Rn. 95 – Shishkin; *Meyer-Ladewig/Huber* in HK-EMRK EMRK Art. 2 Rn. 29).

Im Zusammenhang mit der Ermittlungspflicht hat die **Beweislast** eine besondere Bedeutung (→ Art. 2 Rn. 16). Wird eine Person bei guter Gesundheit inhaftiert und ist sie bei der Entlassung verletzt, muss der Konventionsstaat eine plausible Erklärung für die Verletzungen geben; kann er das nicht, steht seine Verantwortung für den Konventionsverstoß fest (EGMR 28.7.1999 (GK) – 25803/94 Rn. 87, NJW 2001, 56 – Selmouni; EGMR 9.11.2017 – 47274/15 Rn. 70, NJW 2018, 3763 – Hentschel und Stark). Umgekehrt kann eine ärztliche Aufnahmeuntersuchung beweisen, dass eine Verletzung vor der Haft entstanden ist. Unterbleibt eine Aufnahmeuntersuchung, kann der Staat sich hingegen nicht darauf berufen, die Verletzung stamme aus der Zeit vor der Festnahme (EGMR 13.7.2010 – 45661/99 Rn. 113 – Carabulea). 32

IV. Folgenbeseitigungspflicht

Aus einem nicht mehr rückgängig zu machenden Verstoß gegen das Folterverbot auf **Primärebene** ergibt sich eine nachträgliche Folgenbeseitigungspflicht für den Konventionsstaat auf der **Sekundärebene.** Der beklagte Staat muss den Konventionsverstoß ausdrücklich oder der Sache nach anerkennen und ihn wiedergut- 33 machen. Die Nichterfüllung dieser Verpflichtungen lässt die Opfereigenschaft iSd Art. 34 EMRK fortbestehen (vgl. ausf. *Sauer* JZ 2011, 23 ff.; *Pösl* S. 63 ff., 248 ff. im Anschluss an EGMR 1.6.2010 (GK) – 22978/05 Rn. 115 ff., NJW 2010, 3145 – Gäfgen sowie LG Frankfurt a. M. 9.4.2003 – 5/22 Ks 2/03 – 3490 Js 230118/02 ua, StV 2003, 325 ff.; das LG Frankfurt a. M. hat *Gäfgen* 3.000 EUR Schadensersatz zugesprochen (LG Frankfurt a. M. 4.8.2011 – 2/4 O 521/05, NJOZ 2012, 54; die Berufung des bekl. Landes hiergegen blieb erfolglos, OLG Frankfurt a. M. 10.10.2012 – 1 U 201/11, NJW 2013, 75); zur Kompensation s. auch EGMR 7.7.2011 – 18280/04 Rn. 105 ff. – Shishkin; zur Amtshaftung wegen menschenrechtswidrigen Strafvollzugs vgl. BGHZ 198, 1 (3 ff.)).

D. Eingriffe und ihre Rechtfertigung

34 Art. 3 EMRK enthält **keine Schranken.** Jede Feststellung der Folter, unmenschlichen oder erniedrigenden Behandlung oder Strafe enthält zugleich die Feststellung eines Konventionsverstoßes. Für eine Verletzung des Art. 3 EMRK gibt es keine Rechtfertigung. Dies gilt für präventive wie repressive Maßnahmen, auch im Bereich der Terrorismusabwehr (→ Rn. 4). Eine Abwägung staatlicher Interessen – etwa der Schwierigkeit der Staaten an den EU-Außengrenzen, infolge der seit dem 1.1.2014 unmittelbar anzuwendenden Dublin III-Verordnung (ABl. 2013 L 180, 31) mit der wachsenden Zahl von Migranten und Asylsuchenden umzugehen (zur Dublin II-Verordnung: EGMR 21.1.2011 (GK) – 30696/09 Rn. 223, NVwZ 2011, 413 – M.S.S.; vgl. auch EGMR 23.2.2012 (GK) – 27765/09 Rn. 122, NVwZ 2012, 809 – Hirsi Jamaa; *Allewedt* Schutz vor Abschiebung S. 56 ff.) – gegen das durch Art. 3 EMRK geschützte Individualinteresse findet nicht statt (vgl. aber auch EGMR 13.2.2020 (GK) – 8675/15 Rn. 231, NVwZ 2020, 697 – N.D. und N.T.: kein Verstoß gegen Art. 4 4. EMRKProt bei einer sofortigen Zurückschiebung ohne individualisierte Abschiebungsanordnung, falls die Migranten selbst eine schwer zu kontrollierende Situation an der Grenze hervorgerufen haben; krit. hierzu *Lehnert* NVwZ 2020, 766 (770 f.)).

Art. 4 **Verbot der Sklaverei und Zwangsarbeit**

(1) **Niemand darf in Sklaverei oder Leibeigenschaft gehalten werden.**

(2) **Niemand darf gezwungen werden, Zwangs- oder Pflichtarbeit zu verrichten.**

(3) **Als „Zwangs- oder Pflichtarbeit" im Sinne dieses Artikels gilt nicht:**
- **(a) jede Arbeit, die normalerweise von einer Person verlangt wird, die unter den von Artikel 5 der vorliegenden Konvention vorgesehenen Bedingungen in Haft gehalten oder bedingt freigelassen worden ist;**
- **(b) jede Dienstleistung militärischen Charakters, oder im Falle der Verweigerung aus Gewissensgründen in Ländern, wo diese als berechtigt anerkannt ist, eine sonstige an Stelle der militärischen Dienstpflicht tretende Dienstleistung;**
- **(c) jede Dienstleistung im Falle von Notständen und Katastrophen, die das Leben oder das Wohl der Gemeinschaft bedrohen;**
- **(d) jede Arbeit oder Dienstleistung, die zu den normalen Bürgerpflichten gehört.**

Verbot der Sklaverei und Zwangsarbeit **Art. 4 EMRK**

(1) No one shall be held in slavery or servitude.

(2) No one shall be required to perform forced or compulsory labour.

(3) For the purpose of this article the term „forced or compulsory labour" shall not include:
(a) any work required to be done in the ordinary course of detention imposed according to the provisions of Article 5 of this Convention or during conditional release from such detention;
(b) any service of a military character or, in case of conscientious objectors in countries where they are recognised, services exacted instead of compulsory military service;
(c) any service exacted in case of an emergency or calamity threatening the life or well-being of the community;
(d) any work or service which forms part of normal civic obligations.

(1) Nul ne peut être tenue en esclavage ni en servitude.

(2) Nul ne peut être astreint à accomplir un travail forcé ou obligatoire.

(3) N'est pas considéré comme „travail forcé ou obligatoire" au sens du présent article:
(a) tout travail requis normalement d'une personne soumise à la détention dans les condition prévues par l'article 5 de la présente Convention, ou durant so mise en liberté conditionelle;
(b) tout service de caractère militaire ou, dans le cas d'objecteurs de conscience dans les pays où l'objection de conscience est reconnue comme légitime, à un autre service à la place du service militaire obligatoire;
(c) tout service requis dans le cas de crises ou de calamités qui menacent la vie ou le bien-être de la communauté;
(d) tout travail ou service formant partie des obligations civiques normales.

Literatur: *Allain,* Slavery in international law. Of human exploitation and trafficking, 2013; *Fischer,* Rheinischer Kommentar zur Europäischen Menschenrechtskonvention. Grundlagen, Präambel, Artikel 1 bis 12 mit gesamteuropäischem Menschenrechtsindex, 3. Aufl. 2020;*Gallagher,* The international law of human trafficking, 2012; *Gerards,* General principles of the European Convention on Human Rights, 2019; *Gollwitzer,* MRK, IPBPR. 25. Aufl. 2011; *Grabenwarter,* European Convention on Human Rights, 2014; *Köhler,* Opferschutz im Bereich des Menschenhandels, Eine Analyse der völker- und europarechtlichen Vorgaben zum Aufenthalt, 2016; *Lindner,* Die Effektivität transnationaler Maßnahmen gegen Menschenhandel in Europa, Eine Untersuchung des rechtlichen Vorgehens gegen die moderne Sklaverei in der Europäischen Union und im Europarat, 2014; *Nowak,* UNO-Pakt über bürgerliche politische Rechte und Fakultativprotokoll. CCPR-Kommentar, 1989; *Renzikowski,* Menschenhandel als Menschenrechtsverletzung – und was daraus folgt, in Kappler/Vogt (Hrsg.), Gender im Völkerrecht, Konfliktlagen und Errungenschaften, 2019, S. 65; *Schabas,* The European Convention on Human Rights, 2017; *Stoyanova,* Human trafficking and slavery reconsidered, Conceptual limits and states' positive obligations in European law, 2017; *Taylor,* A commentary on the International Covenant on Civil and Political Rights. The UN Human Rights, 2020.

Übersicht

	Rn.
A. Grundverständnis von Art. 4	1
B. Die Verbote	7
I. Sklaverei (Abs. 1 Alt. 1)	7
II. „Servitude" („Leibeigenschaft") (Abs. 1 Alt. 2)	8

	Rn.
III. Zwangs- oder Pflichtarbeit (Abs. 2 und 3)	11
1. Rechtsprechung des Gerichtshofs	11
2. Fallgruppen außerhalb der Zwangs- oder Pflichtarbeit	14
3. Nach Abs. 3 abzugrenzende Arbeit und Dienstleistungen, die keine Zwangs- oder Pflichtarbeit sind	16
4. Fallgruppen und -beispiele	20
IV. Menschenhandel (Trafficking)	21
C. Staatliche Pflichten	24
I. Negativen Pflichten	24
II. Positive Pflichten	25
1. Verpflichtungen eines spezifischen Rechtsrahmens zu Art. 4	26
2. Operative Pflichten	29
3. Verfahrensrechtliche Pflichten	33
4. Spezifische Pflichten grenzüberschreitender Tatbestände	34
D. Schutz vor Diskriminierung (Anwendbarkeit von Art. 14)	36

A. Grundverständnis von Art. 4

1 Während die klassische Form der Sklaverei mittlerweile weltweit rechtlich geächtet ist und in Europa praktisch als abgeschafft gilt, haben sich im Geltungsbereich der Europäischen Menschenrechtskonvention (EMRK) andere Formen extremer Ausbeutung erhalten. **Moderne Formen der Sklaverei** („modern forms of slavery") wie sklavereiähnliche Einrichtungen und Praktiken, die Zwangsarbeit und auch der Menschenhandel erleben im Zuge der Globalisierung einen Aufschwung.

2 Art. 4 schützt Menschen vor einem fundamentalen Angriff auf die Würde des Menschen und den Kern der Persönlichkeit, insbesondere vor **Formen der Verdinglichung zum Zwecke der Ausbeutung**. Sklaverei insbesondere steht begrifflich für die Vernichtung der Rechtspersönlichkeit. Der Mensch wird auf ein rein rechtliches Objekt reduziert. Bei den sklavereiähnlichen Praktiken und anderen Formen dagegen bleibt zwar die Rechtspersönlichkeit formal unangetastet. Das Maß an Unfreiheit und Verdinglichung zur wirtschaftlichen oder sexuellen Ausbeutung jedoch stehen jeweils für einen Grad des konzentrierten Verlusts elementarer Rechte, der ebenfalls evident menschenunwürdig ist. Der Gerichtshof misst dem Konventionsartikel für die Konvention wie die europäische Rechtsgemeinschaft eine fundamentale Bedeutung zu (EGMR 25.6.2020 (GK) – 60561/14 Rn. 55, BeckRS 2020, 13490 – S.M.). Er sieht in den Rechten aus Art. 4 zusammen mit denen aus Art. 2 (Recht auf Leben) und Art. 3 (Folterverbot) die „Grundwerte der demokratischen Gesellschaften" verkörpert, die zu den Grundsteinen des Europarates gehören (EGMR 13.11.2012 – 4239/08 Rn. 65 – C.N.; EGMR 26.7.2005 – 73316/01 Rn. 82, BeckRS 9998, 129756 – Saliadin). Aufgrund seiner Verankerung im internationalen Rechtsbewusstsein kommt dem Sklavereiverbot der völkerrechtliche Status als ius cogens zu (*Taylor* Art. 8, S. 224).

3 Art. 4 umfasst nach neuerer Rechtsprechung des Gerichtshofs **vier Verbote**: Das Verbot der Sklaverei (Abs. 1 Alt. 1), das Verbot der „servitude" (in der deutschen Übersetzung „Leibeigenschaft") (Abs. 1 Alt. 2), das Verbot von Zwangs- oder Pflichtarbeit (nach Abs. 2 und 3 im Sinne eines einheitlichen Verbotstatbestands) und als vierter eigenständiger Tatbestand – so in Anerkennung durch den Gerichtshof seit der Leitentscheidung im Jahr 2010 Rantsev (EGMR 7.1.2010 – 25965/04 Rn. 282, BeckRS 2010, 20980; erneut bekräftigt mit

EGMR 16.2.2021 – 77587/12 und 74603/12 Rn. 148 – V.C.L. und A.N.) – auch das Verbot von Menschenhandel („trafficking in human beings"). Rechtsträger dieser vier eigenständigen Rechte sind nur natürliche Personen.

Als **absolut** sind diese Rechte zu klassifizieren, weil sie keine Schrankenbestimmungen kennen und bezüglich Sklaverei und sklavenähnlichen Praktiken auch notstandsfest sind (*Gerards* S. 19). Allein auf der tatbestandlichen Ebene entscheidet sich, ob der Anwendungsbereich eröffnet ist und das staatliche Tun oder Unterlassen gegen die Konvention verstößt. Entsprechend dieser spezifischen Dogmatik stellt ein Eingriff in den Tatbestand stets denknotwendig eine Rechtsverletzung und damit einen Konventionsverstoß dar. Die Frage nach Rechtfertigung vergleichbar mit den mit einem Schrankenvorbehalt versehenen Rechten stellt sich bei diesem Konventionsartikel gar nicht. Fremd ist ihm auch eine Verhältnismäßigkeitsprüfung, auch in der für die Konvention spezifisch entwickelten Form. 4

Nach dem eindeutigen Wortlaut genießen die beiden Verbote des Abs. 1 den Rang der **Notstandsfestigkeit** im Sinne der Konvention. Der Wortlaut des Art. 15 Abs. 2, wonach von den Rechtsgewährleistungen nach Art. 4 Abs. 1 „in keinem Falle abgewichen werden" darf, schließt das Sklavereiverbot und das Verbot der „servitude" ein, nicht aber so die Absätze 2 und 3 (EGMR 9.2.2016 – 10109/14 Rn. 62 – Meier). 5

Ein **Vorbehalt** irgendeines Mitgliedstaates zu diesem Artikel besteht nicht. 6

B. Die Verbote

I. Sklaverei (Abs. 1 Alt. 1)

Sklaverei (Abs. 1 Alt. 1) („slavery"/"esclavage") ist „der Zustand oder die Stellung einer Person, an der die mit dem Eigentumsrecht verbundenen Befugnisse oder einzelne davon ausgeübt werden". Für die Bestimmung des Verbots der Sklaverei greift der Gerichtshof damit ausdrücklich auf die in der VN-Konvention enthaltene Definition die Sklaverei betreffend zurück (EGMR 31.7.2012 – 40020/03 Rn. 149 – M. ua). Seine Rechtsprechung fügt sich in das fest etablierte menschenrechtliche Normgefüge der Vereinten Nationen (VN) ein: Die Allgemeine Erklärung der Menschenrechte von 1948 (AEMR) enthält den schlichten Satz „Niemand darf in Sklaverei oder Leibeigenschaft gehalten werden; Sklaverei und Sklavenhandel in allen ihren Formen sind verboten" (Art. 4), und der Internationale Pakt über bürgerliche und politische Rechte vom 19. Dezember 1966 (IPBPR) (BGBl. 1973 II 1533) verwendet in Art. 8 eine wortgleiche Formulierung. Die Nähe und bisweilen offenkundigen Übereinstimmungen zur Konvention rühren daher, dass der Art. 8 des IPBPR in der Verhandlungsphase in Europa bereits entworfen war und Modell für die Konventionsbestimmung stand (vgl. zur Entstehungsgeschichte *Schabas* S. 203–205). Die Praxis des zum IPBPR gehörenden VN-Menschenrechtsausschusses ist grds. von hoher Relevanz für das Verständnis des hiesigen Art. wie auch die zahlreichen rechtswissenschaftlichen Kommentierungen zum IPBPR (statt vieler *Taylor*; *Nowak*). Der Gerichtshof hat allerdings über die Jahrzehnte in keinem Fall einen Verstoß gegen das Verbot der Sklaverei nach Art. 4 Abs. 1 Alt. 1 festgestellt (anders Grabenwarter ECHR Art. 4 Rn. 2; vgl. auch die Ausführungen in der abweichenden Begründung des Richters Pinto in EGMR 17.1.2017 – 58216/12, BeckRS 2017, 16305 – J. und andere). Sein Festhalten am klassischen Sklaverei-Begriff war vor der Anerkennung von Menschen- 7 handel durch den Gerichtshof immer wieder der Kritik ausgesetzt (*Cullen* HRLR 2006, 585).

II. „Servitude" („Leibeigenschaft") (Abs. 1 Alt. 2)

8   Der Gerichtshof erkennt in **„servitude"** („Leibeigenschaft") **(Abs. 1 Alt. 2)** eine „besonders ernste Form der Freiheitsverweigerung" (EGMR 11.10.2012 – 67724/09 Rn. 89, BeckRS 2012, 214729 – C.N. und V.). Diese umfasst eine wie auch immer begründete Verpflichtung, in einer Situation extremer Einschränkung der persönlichen Freiheit und unter Zwang höchstpersönliche Dienste für einen anderen erbringen zu müssen. „Servitude" kennzeichnet dabei einen mit der Sklaverei vergleichbaren Grad des Zwangs, persönliche Arbeit leisten zu müssen, ohne dass Sklaverei vorliegt. Die für Sklaverei typische Negation der Rechtspersönlichkeit oder die Ausübung der damit einhergehenden rechtlichen Verfügungsmacht liegen gerade nicht vor (EGMR 11.10.2012 – 67724/09 Rn. 89, BeckRS 2012, 214729 – C.N. und V.; EGMR 26.7.2005 – 73316/01 Rn. 124, BeckRS 9998, 129756 – Saliadin). Objektiv gesehen muss keine echte Zwangslage bestehen; vielmehr genügt, dass die betroffene Person es so wahrnimmt, dass die persönliche Lebenslage von Dauer sei und sich nicht mehr zu eigenen Gunsten wenden oder gewendet werden könne (EGMR 11.10.2012 – 67724/09 Rn. 91, BeckRS 2012, 214729 – C.N. und V.). Die Rechtsprechung nimmt überdies Anleihen beim Zusatzübereinkommen über die Abschaffung der Sklaverei, des Sklavenhandels von 1956, die die „VN-Konvention betreffend die Sklaverei" ergänzt und in diesem Zuge das Verbot auf sklavereiähnliche Einrichtungen und Praktiken erweitert. Dessen Anwendungsbereich erstreckt sich wörtlich sowohl auf die „Schuldknechtschaft" und „Leibeigenschaft" als auch auf das Verbot von Zwangsheirat und Kinderhandel. Die Bundesrepublik Deutschland ist dem Zusatzübereinkommen beigetreten (BGBl. 1958 II 203). Dass der IPBPR im entsprechenden Absatz dem Verbot „servitude" einen eigenen Abs. widmet, unterstreicht einerseits den qualitativen Unterschied zu Sklaverei. Andererseits betont die Struktur des hiesigen Art. 4 eher die inhaltliche Nähe beider Verbote (*Nowak* Art. 8 Rn. 9 mwN).

9   Der Begriff „servitude" deckt im Grunde alle **sklavenähnlichen Einrichtungen und Praktiken** ab. Neben der Leibeigenschaft („serfdom") gehört die Schuldknechtschaft („debt bondage") genauso dazu wie Einrichtungen und Praktiken, die sich spezifisch gegen Frauen richten. Das Zusatzübereinkommen 1956 benennt in Art. 1 beispielsweise solche, durch die „eine Frau, ohne ein Weigerungsrecht zu besitzen, gegen eine an ihre Eltern, ihren Vormund, ihre Familie oder eine andere Person oder Gruppe gegebene Geld- oder Naturalleistung zur Ehe versprochen oder verheiratet wird", „der Ehemann einer Frau, seine Familie oder seine Sippe berechtigt ist, sie gegen Entgelt oder in anderer Weise an eine andere Person abzutreten" oder „eine Frau beim Tode ihres Ehemanns zwangsläufig an eine andere Person vererbt wird". Hinzuzurechnen sind auch gegen Kinder und Jugendliche gerichtete Praktiken, etwa wiederum gemäß Art. 1 des Zusatzübereinkommens von 1956, „durch die ein Kind oder ein Jugendlicher unter achtzehn Jahren von seinen natürlichen Eltern oder einem Elternteil oder seinem Vormund entgeltlich oder unentgeltlich an eine andere Person übergeben werden, in der Absicht, das Kind oder den Jugendlichen oder seine Arbeitskraft auszunutzen" (vgl. auch *Taylor* Art. 8, S. 225–229 mit weiteren Beispielen aus der Praxis des VN-Menschenrechtsausschusses).

10 Die **amtliche deutsche Übersetzung** überträgt den – allein verbindlichen – Begriff „servitude" irreführend und zu eng in Leibeigenschaft (so bereits *Frowein* in

Frowein/Peukert EMRK Art. 4 Rn. 2). Der Schutzbereich des Verbots von „servitude" ist im Deutschen besser eigenständig mit sklavereiähnliche Praktiken umrissen.

III. Zwangs- oder Pflichtarbeit (Abs. 2 und 3)

1. Rechtsprechung des Gerichtshofs. Für die Definition von **Zwangs- und** 11 **Pflichtarbeit (Abs. 2 und Abs. 3)** („forced and compulsory labour"/„travail forcé ou obligatoire") greift der Gerichtshof „als Ausgangspunkt" seiner Überlegungen auf das ILO-Übereinkommen Nr. 29 von 1930 zu (EGMR 18.10.2011 – 31950/06 Rn. 36, BeckRS 2012, 21704 – Graziani-Weiss; EGMR 26.7.2005 – 73316/01 Rn. 116, BeckRS 9998, 129756 – Saliadin; EGMR 23.11.1983 – 8919/80 Rn. 32 – van der Mussele). Zwangs- und Pflichtarbeit ist demnach „jede Art von Arbeit oder Dienstleistung, die von einer Person unter Androhung irgendeiner Strafe verlangt wird und für die sie sich nicht freiwillig zur Verfügung gestellt hat" (dort in Art. 2 Nr. 1). Der Gerichtshof differenziert entgegen dem Wortlaut von Art. 4 begrifflich nicht weiter zwischen Zwangs- oder Pflichtarbeit. Beides behandelt er einheitlich. Eine vormals eingeführte Unterscheidung hält er nicht weiter aufrecht (*Gollwitzer* MRK Art. 4 (Art. 8 IPBPR) Rn. 15). Weitere ILO-Konventionen flankieren diese Rechtsprechung (ILO Konventionen Nr. 105 (zur Abschaffung der Zwangsarbeit) und Nr. 182 (gegen die schlimmsten Formen von Kinderarbeit)). Auf der VN-Ebene verbietet Art. 8 IPBPR die Zwangs- oder Pflichtarbeit. Dessen Abs. 3 enthält, abgesehen von Zwangsarbeit als Strafe, teilweise wortgleiche und nach bisheriger Auslegungspraxis inhaltlich übereinstimmende Ansatzpunkte zur Schutzbereichsbestimmung. Schutz vor allen übermäßigen Formen unfreiwilliger Arbeitsausbeutung versprechen außerdem Art. 6 und 7 des Internationalen Paktes über wirtschaftliche, soziale und kulturelle Rechte (IPWSKR) (BGBl. 1973 II 1570). Auf der europäischen Ebene formuliert die Europäische Sozialcharta von 1961 in Art. 1 § 2 EUSozCh– allerdings im Vergleich zu Art. 6 IPWSKR stark abgeschwächt – das Recht eines Arbeitnehmers, seinen Lebensunterhalt durch eine frei übernommene Tätigkeit zu verdienen. Die EU-Grundrechte-Charta greift das Verbot von Zwangs- oder Pflichtarbeit in Art. 5 GRCh auf.

Der **Arbeitsbegriff** umfasst jede Art von Arbeit oder Dienstleistung (EGMR 12 24.10.2017 – 57818/10, 57822/10, 57825/10, 57827/10 und 57829/10 Rn. 67, BeckRS 2017, 160831 – Tibet Mentes; EGMR 23.11.1983 – 8919/80 Rn. 32 – van der Mussele). Körperliche und geistige Arbeit sind gleichermaßen geschützt (EGMR 18.10.2011 – 31950/06 Rn. 36, BeckRS 2012, 21704 – Graziani-Weiss; EGMR 23.11.1983 – 8919/80 Rn. 32 – van der Mussele). Das Merkmal der Androhung einer Strafe („any form of penalty") legt der Gerichtshof bewusst weit aus (EGMR 24.10.2017 – 57818/10, 57822/10, 57825/10, 57827/10 und 57829/10 Rn. 67, BeckRS 2017, 160831 – Tibet Mentes). Verlangt wird ein **Zwangsmoment** entweder in Form von körperlichem oder geistigem Zwang oder eine Kombination aus beidem (EGMR 31.7.2012 – 40020/03 Rn. 149 – M. und andere). Der Zwang muss sich auf die Überwindung eines Widerwillens oder einer fehlenden Zustimmung der Person richten (EGMR 31.7.2012 – 40020/03 Rn. 149 – M. und andere). Die betroffene Person muss die darin liegende ernsthafte Drohung oder Ankündigung empfindlicher Nachteile durch den Profiteur erkennen (EGMR 26.7.2005 – 73316/01 Rn. 118, BeckRS 9998, 129756 – Saliadin). Der Nachteil muss nicht als „Bestrafung" gekennzeichnet sein und muss erst recht keinen gesetzlichen Straftatbestand erfüllen (EGMR 24.10.2017 – 57818/10, 57822/10, 57825/10, 57827/10 und 57829/10 Rn. 67, BeckRS 2017, 160831 – Tibet Mentes). Ergänzend zu den zu leistenden körperlichen oder geistigen Diensten unter Androhung empfindlicher Nachteile muss außerdem die **Unfreiwilligkeit** treten. Das Merkmal gilt als Hauptmerkmal dieses Verbots und ermöglicht die Abgrenzung zu den Verboten nach Abs. 1. Nicht jeder Zwang oder jede Strafandrohung führen zwangsläufig zur Annahme einer Unfreiwilligkeit, wenn die betroffene Person anfangs freiwillig einen Arbeitsvertrag eingegangen ist oder ihr die Arbeit zunächst frei angeboten worden ist (EGMR 24.10.2017 – 57818/10, 57822/10, 57825/10, 57827/10 und 57829/10 Rn. 67, BeckRS 2017, 160831 – Tibet Mentes). Dies gilt insbesondere, wenn die Person von ihrem vertraglichen Kündigungsrecht Gebrauch machen könnte, obgleich die daraus folgende Arbeitslosigkeit sie in große wirtschaftliche Schwierigkeiten führt (EGMR 24.10.2017 – 57818/10, 57822/10, 57825/10, 57827/10 und 57829/10 Rn. 67, BeckRS 2017, 160831 – Tibet Mentes). Anders liegt der Fall, wenn die Person nach dem freiwilligen Eintritt in die Dienste überhaupt keine Möglichkeit mehr hat, ihre Situation zu verändern (EGMR 26.7.2005 – 73316/01 Rn. 119, BeckRS 9998, 129756 – Saliadin).

13 Der Gerichtshof begreift beide Absätze 2 und 3 als einen **einheitlichen Tatbestand**. Der 3. Absatz der Konventionsbestimmung dient ihm als Auslegungshilfe (EGMR 18.10.2011 – 31950/06 Rn. 37, BeckRS 2012, 21704 – Graziani-Weiss; EGMR 23.11.1983 – 8919/80 Rn. 38 – van der Mussele). Der Abs. beschreibt, was von Anfang an nicht dem Schutzbereich der Zwangs- und Pflichtarbeit zugeordnet worden ist (EGMR 18.7.1994 – 13580/88 Rn. 22 – Karlheinz Schmidt). Erst zusammen präzisieren beide Absätze den sachlichen Schutzbereich dieses Verbotstatbestandes. Entsprechend geht der Versuch einer dogmatischen Einordnung fehl, der in der Auflistung des Abs. 3 einen „Katalog von Ausnahmen" erkennen will (etwa Grabenwarter/Pabel EMRK § 20 Rn. 95 ff.; Villinger EMRK-HdB § 14 Rn. 385; *Meyer-Ladewig/Huber* in HK-EMRK Art. 4 Rn. 11; *Krebber/Birk* in IntKommEMRK Art. 4 Rn. 81; anders dagegen *Schabas* Art. 4 S. 212; ebenfalls den Begriff vermeidend *Taylor*). Nichts kann ausgenommen werden oder als Ausnahme deklariert werden, was von vornherein nicht dazugehört. Die in Abs. 3 beschriebenen Tatbestände fußen nach der Rechtsprechung auf der regulativen Idee, dem Gemeinwohlgedanken, der Solidarität und den öffentlichen Gepflogenheiten in den Staaten durch entsprechende Regelungen und Praktiken Rechnung tragen zu können (EGMR 18.7.1994 –13580/88 Rn. 22 – Karlheinz Schmidt; EGMR 23.11.1983 – 8919/80 Rn. 38 – van der Mussele).

14 **2. Fallgruppen außerhalb der Zwangs- oder Pflichtarbeit.** Staatliche **Regelungen und Praktiken** können nach der Rechtsprechung des Gerichtshofs außerhalb der Zwangs- oder Pflichtarbeit liegen, ohne dass einer der in Abs. 3 spezifischen Tatbestände näher geprüft werden müsste. Dazu gehören beispielsweise diejenigen Pflichten, die eine Profession im landeseigenen Kontext und deren Ausbildung mit sich bringen. Diese werfen die Frage nach einer Prüfung am Maßstab von Art. 4 gar nicht erst auf, weil sie – so die Tendenz der Begründung der Rechtsprechung – die Berufsträger mit der Berufswahl freiwillig getroffen haben (EGMR 18.10.2011 – 31950/06 Rn. 38, BeckRS 2012, 21704 – Graziani-Weiss).

15 Relevant dagegen sind staatliche Regelungen und Praktiken, die außerhalb der normalen beruflichen Tätigkeit liegen oder die das Übliche überschreiten. Dasselbe gilt insbesondere auch für die „üblichen Bürgerpflichten" nach Abs. 3 (EGMR

Verbot der Sklaverei und Zwangsarbeit **Art. 4 EMRK**

26.6.2006 – 17209/02 Rn. 44 – Zarb Adami), die auch mit beruflichen Pflichten zusammenfallen können (vgl. etwa EGMR 18.10.2011 – 31950/06 – Graziani-Weiß). In diesen Fällen ist im Zuge einer Art **Intensitätsprüfung** zu ermitteln, ob diese staatlich begründeten Pflichten oder Dienste das Potential haben, in eine Zwangs- oder Pflichtarbeit umzuschlagen (EGMR 18.10.2011 – 31950/06 Rn. 38 – Graziani-Weiss; EGMR 14.9.2010 – 29878/07 S. 5 – Steindel; EGMR 23.11.1983 – 8919/80 Rn. 38 – van der Mussele). Der Gerichtshof berücksichtigt dabei – unter Konzentration auf die drei Kriterien Arbeit, Androhung eines empfindlichen Nachteils und Unfreiwilligkeit – alle Umstände des Einzelfalls. So hat er sich im Zuge entsprechender Intensitätsprüfungen damit befasst, ob diese staatlicherseits geforderten Dienste entgeltlich oder unentgeltlich erbracht werden müssen, ob es eine andere Form der Entschädigung gibt, ob die Verpflichtung im Grundsatz der sozialen Solidarität begründet ist und insbesondere, ob die damit auferlegte Bürde für die betroffene Person zumutbar ist („disproportionate") (EGMR 27.3.2018 – 75577/17 Rn. 19 – Barbarov). Zumutbar ist die Heranziehung zu Diensten, wenn kein Missverhältnis zum Nutzen im mit Blick auf den Gemeinwohlgedanken, die Solidarität und die öffentlichen Gepflogenheiten besteht. Bei der Prüfung berufsbezogener Belastungen stellt der Gerichtshof zusätzlich auf die Konzeption der jeweiligen Professionalität ab (EGMR 14.9.2010 – 29878/07 S. 5 – Steindel). Schlagen die Dienste wegen ihrer Intensität in eine Zwangs- oder Pflichtarbeit um, ist in einem zweiten Schritt zu prüfen, ob diese unter eine der Fallvarianten des Abs. 3 fallen und im Umkehrschluss doch keine Zwangs- oder Pflichtarbeit darstellen. Die Logik des Art. 4 mit absoluten Rechten schließt eine den Freiheitsrechten vergleichbare Verhältnismäßigkeitsprüfung aus. Dass der Gerichtshof mit diesem Prüfprogramm allerdings den Charakter kompromittieren könnte, ist zu Recht kritisch angemerkt worden (*Stoyanova* S. 266).

3. Nach Abs. 3 abzugrenzende Arbeit und Dienstleistungen, die keine 16
Zwangs- oder Pflichtarbeit sind. Nicht als Zwangs- oder Pflichtarbeit im Sinne dieses Artikels gilt „eine Arbeit, die üblicherweise von einer Person verlangt wird, der unter den Voraussetzungen des Art. 5 die Freiheit entzogen oder die bedingt entlassen worden ist" (Fallgruppe **„Arbeit in Situationen des Freiheitszentzugs" (Abs. 3 Alt. 1)**). Üblicherweise heißt dabei, wenn die Arbeit der Resozialisierung verpflichtet ist (EGMR 18.6.1971 – 2832/66, 2835/66 und 2899/66 Rn. 90, BeckRS 1971, 105667 – de Wilde, Ooms und Versyp; EGMR 24.6.1982 – 7906/77 Rn. 59 – van Droogenbroeck), dagegen nicht, wenn es sich um extrem schwere oder gefährliche Arbeit handelt. Die willkürliche Heranziehung zu Sonderarbeiten, insbesondere Arbeit zur Sanktionierung eines Gefangenen, ist nicht zulässig (*Gollwitzer* MRK Art. 4 (Art. 8 IPBPR) Rn. 22). Das Übliche ist nach allgemein europäischen Maßstäben zu bestimmen.

Ebenfalls nicht als Zwangs- oder Pflichtarbeit im Sinne dieses Artikels gilt „(b) 17 eine Dienstleistung militärischer Art oder eine Dienstleistung, die an die Stelle des im Rahmen der Wehrpflicht zu leistenden Dienstes tritt, in Ländern, wo die Dienstverweigerung aus Gewissensgründen anerkannt ist" (Fallgruppe **„Militär- oder Militärersatzdienst" (Abs. 3 Alt. 2)**). Die Pflicht zum Militärdienst und zum Militärersatzdienst sind von der konventionswidrigen Zwangs- oder Pflichtarbeit abzugrenzen. Berufssoldaten sind keine Wehrpflichtigen, da sie sich freiwillig zu dieser Tätigkeit entscheiden. Auch für die im Militär anderweitig Beschäftigten, die gar keine Wehrpflicht erfüllen, ist Abs. 3 nicht einschlägig (EGMR 4.6.2015 – 51637/12 Rn. 87, BeckRS 2016, 80249 – Chitos). Eine Prüfung eines Verstoßes gegen die Verbote nach Abs. 1 und Abs. 2 kann für diese Personengruppen dennoch veranlasst sein. Was für die Wehrpflicht gilt, gilt auch für den Wehrersatzdienst, wenn der Vertragsstaat diesen verpflichtend eingeführt hat. Die Sanktionierung einer Wehrersatzdienstverweigerung („Totalverweigerung") wäre mit dieser Bestimmung vereinbar (Villiger EMRK-HdB § 14 Rn. 387). Eine Pflicht des Staates, anstelle des Militärdienstes den Ersatzdienst anzubieten, kann aus Art. 4 nicht abgleitet werden.

18 Als Zwangs- oder Pflichtarbeit im Sinne dieses Artikels gilt nicht „(c) eine Dienstleistung, die verlangt wird, wenn Notstände oder Katastrophen das Leben oder das Wohl der Gemeinschaft bedrohen" (Fallgruppe **„Örtlicher Notstand und Katastrophen" (Abs. 3 Alt. 3))**. Die Fallpraxis zu dieser Variante ist äußerst spärlich. Beim einzigen dokumentierten Fall lässt die Kommission in der Begründung offen, ob die Fallvariante überhaupt zum Tragen gekommen wäre (EMRK 4.10.1984 – 9686/82 – S.). Die Entstehungsdokumente selbst geben keinen Aufschluss. Wegen der Wortwahl „Gemeinschaft" greift die Variante bereits beim örtlichen oder regionalen Notstand (*Gollwitzer* MRK Art. 4 (Art. 8 IPBPR) Rn. 26). Eine Orientierung bietet außerdem die ILO Konvention Nr. 29. Diese benennt in Art. 2 Nr. 2 lit. d als örtlichen Notstand oder Katastrophen die Fälle höherer Gewalt, Krieg, oder wenn Unglücksfälle eingetreten sind oder drohen, wie Feuersbrunst, Überschwemmung, Hungersnot, Erdbeben, verheerende Menschen- und Viehseuchen, plötzliches Auftreten von wilden Tieren, Insekten- oder Pflanzenplagen und überhaupt in alle Fälle, „in denen das Leben oder die Wohlfahrt der Gesamtheit oder eines Teiles der Bevölkerung bedroht ist".

19 Die Erledigung **„üblicher Bürgerpflichten" (Abs. 3 Alt. 4)** gilt auch nicht als Zwangs- oder Pflichtarbeit im Sinne dieses Artikels. Nach Abs. 3 ist „ (d) eine Arbeit oder Dienstleistung, die zu den üblichen Bürgerpflichten gehört", von Zwangs- oder Pflichtarbeiten ausgeschlossem. Zu den üblichen Bürgerpflichten rechnet der Gerichtshof die Verpflichtung eines Apothekers als Geschworener eines Gerichts zu wirken, auch bei einem viermaligen Einsatz über eine Zeitspanne von 17 Jahren (EGMR 26.6.2006 – 17209/02 Rn. 47 – *Zarb Adami*). Unter die üblichen Pflichten subsumiert er auch die als Ersatz für die Feuerwehrpflicht erhobene Feuerwehrabgabe in Deutschland (EGMR 18.7.1994 – 13580/88 Rn. 23 und 28 – *Karlheinz Schmidt*). Die Literatur nennt darüber hinaus den Einsatz von Hand- und Spanndiensten (*Guradze*, Die Europäische Menschenrechtskonvention, S. 66), Deichschutzarbeiten (*Marauhn* in Dörr/Grote/Marauhn Kap. 12 Rn. 24) oder Straßenreinigungs-, Streu- oder Räumpflichten im Interesse der Gemeinschaft (*Krebber/Birk* in IntKommEMRK Art. 4 Rn. 102 f. mwN).

20 **4. Fallgruppen und -beispiele.** In Bezug auf **berufsbezogene Pflichten** hat der Gerichtshof entschieden, dass die Verpflichtung eines Anwalts, eine rechtliche Betreuung zu übernehmen, nicht in den Zusammenhang von Arbeits- oder Pflichtarbeit fällt (EGMR 18.10.2011 – 31950/06 – *Graziani-Weiss*). Gleiches gilt für die Pflicht eines Arztes, ärztlichen Notdienst zu leisten, (EGMR 14.10.2010 – 29878/07 – *Steindel*). Den Fall eines angehenden Anwalts, der nach der Berufsordnung ein bestimmtes Quantum an Pflichtverteidigung ableisten musste, sieht der Gerichtshof ebenfalls außerhalb des Verbotsbereichs (EGMR 23.11.1983 – 8919/80 – *van der Mussele*). Die zeitgebundene, staatlich veranlasste Übernahmeverpflichtung einer zahnärztlichen Stelle im ländlichen Raum, soweit diese Perspektive im Zeitpunkt der Aufnahme des Studiums bekannt war, unterfällt ebenfalls nicht der Zwangs- oder Pflichtarbeit (EKMR 17.12.1963 – 1468/62 – I.). Andere

durch ein nationales Gesetz auferlegte sozialrechtliche Mitwirkungspflichten, zum Beispiel die Pflicht eines Arbeitgebers, **Sozialabgaben** abzuführen, führen nicht zur Qualifizierung der Beschäftigungsverhältnisse als Zwangs- oder Pflichtarbeit (EGMR 27. 9. 1976 – 7427/76 – Four Companies). Tatbestandlich ebenfalls nicht erfasst ist eine aus erzieherischen Gründen angeordnete Sozialarbeit eines noch nicht Volljährigen zu einer zumutbaren Arbeit (*Gollwitzer* MRK Art. 4 (Art. 8 IPBPR) Rn. 17). Eine Arbeit ohne soziale Absicherung rechnet der Gerichtshof dem Tatbestand der Zwangs- oder Pflichtarbeit nicht zu. So hat er in Gefängnisarbeit, die selbst nach jahrzehntelanger Ausübung zu keinerlei Rentenanwartschaften geführt hatte, keine Zwangs- oder Pflichtarbeit erkannt (EGMR 7. 7. 2011 – 37452/02, BeckRS 2012, 16689 – Stummer). Entsprechend entschied er in Bezug auf Strafgefangene, die für eine private Firma arbeiten mussten, ohne selbst den vollen Lohn zu erhalten. Auch im **Wegfall sozialer Leistungen** in Ansehung eines zumutbaren Arbeitsangebots hat der Gerichtshof bislang keine Zwangs- oder Pflichtarbeit erkannt. Die Kommission hatte in einem frühen Fall gegen die Niederlande die Kürzung der Arbeitslosenunterstützung bei Ablehnung eines vertretbaren Arbeitsangebotes außerhalb von Zwangs- oder Pflichtarbeit bewertet, weil darin lediglich der Wegfall einer Vergünstigung liege (EKMR 13. 12. 1976 – 7662/76 – X.). Diese Entscheidung ist in der Literatur vereinzelt kritisiert worden, etwa soweit die versagte Leistung die Existenz sichert (*Fischer* Art. 4 Rn. 13). Der IPBPR-Ausschuss fasste bei einer vergleichbaren Sachlage die Arbeitsaufnahme unter „die zu den normalen Bürgerpflichten" gehörende Tätigkeit und verneinte damit in diesem Punkt einen Verstoß gegen Zwangs- oder Pflichtarbeit iSv Art. 8 Zivilpakt (CCPR 25. 11. 2005 – CCPR/C/85/D/1036/2001). Das BVerfG billigte 2019 die Mitwirkungspflichten im Sozialrecht trotz existenzeinschneidender Wirkung verfassungsrechtlich – unter Referenz auf Art. 4 der Konvention (BVerfG 5. 11. 2019 – 1 BvL 7/16 Rn. 151).

IV. Menschenhandel (Trafficking)

Seit der Leitentscheidung Rantsev (7. 1. 2010 – 25965/04 Rn. 279, BeckRS 2010, 20980 – Rantsev) sieht der Gerichtshof **Menschenhandel als eigenständigen Tatbestand** innerhalb des Anwendungsbereichs von Art. 4 an. Menschenhandel ist „die Anwerbung, Beförderung, Verbringung, Beherbergung oder Aufnahme von Personen durch die Androhung oder Anwendung von Gewalt oder anderen Formen der Nötigung, durch Entführung, Betrug, Täuschung, Missbrauch von Macht oder Ausnutzung besonderer Hilflosigkeit oder durch Gewährung oder Entgegennahme von Zahlungen oder Vorteilen zur Erlangung des Einverständnisses einer Person, die Gewalt über eine andere Person hat, zum Zweck der Ausbeutung. Ausbeutung umfasst mindestens die Ausnutzung der Prostitution anderer oder andere Formen sexueller Ausbeutung, Zwangsarbeit oder Zwangsdienstbarkeit, Sklaverei oder sklavereiähnliche Praktiken, Leibeigenschaft oder die Entnahme von Organen" (vgl. EGMR 7. 1. 2010 – 25965/04 Rn. 281 f., BeckRS 2010, 20980 – Rantsev; EGMR 31. 7. 2012 – 40020/03 Rn. 151 – M. ua). Demnach müssen **drei Elemente kumulativ** vorliegen: die Ausbeutung oder beabsichtigte Ausbeutung als Zweck sowie die in der Definition genannten bestimmten Handlungen unter Anwendung der bestimmten Mittel. Eine etwaige Einwilligung eines Opfers des Menschenhandels in die beabsichtigte Ausbeutung ist nach dem Protokoll unerheblich, soweit eines der in der Definition genannten Mittel angewendet wurde (EGMR 25. 6. 2020 – 60561/14 Rn. 79, BeckRS 2020, 13490 – S.M.). Anders im

Falle eines Kindes, also einer Person unter 18 Jahren. Dann gilt die Anwerbung, Beförderung, Verbringung, Beherbergung oder Aufnahme zum Zweck der Ausbeutung auch dann schon als Menschenhandel, wenn keines dieser Mittel genutzt wurde (vgl. Übereinkommen des Europarats zur Bekämpfung des Menschenhandels, Art. 4 lit. c). Bei Menschenhandel werden Menschen nicht als, sondern wie Waren gehandelt (EGMR 25.6.2020 – 60561/14 Rn. 56, BeckRS 2020, 13490 – S.M.; EGMR 7.1.2010 – 25965/04 Rn. 279–282, BeckRS 2010, 20980 – Rantsev). Die Betroffenen werden eng überwacht, ihre Bewegungsfreiheit ist regelmäßig massiv eingeschränkt. Die Händler wenden Gewalt an. Sie arbeiten mit Drohungen. Die Lebens- und Arbeitsbedingungen der betroffenen Person sind ärmlich und sie erhalten für ihre Arbeit nur die geringste oder gar keine Bezahlung. Menschenhandel setzt überhaupt keinen Grenzübertritt voraus. Ist Menschenhandel grenzüberschreitend, muss dieser nicht illegal sein. Menschenhandel grenzt sich vielmehr von Menschenschmuggel („smuggeling") dadurch ab, dass bei Menschenschmuggel für Profit befördert werden, ohne dass Gewalt, Täuschung, Ausnutzen einer verletzlichen Lage etc. gegeben sind (vgl. auch Europarat, Explanatory Report to the Council of Europe Convention on Action against Trafficking in Human Beings, 2005, Rn. 77).

22 Zur **Fundierung seines Begriffsverständnisses** stützt sich der Gerichtshof (EGMR 31.7.2012 – 40020/03 Rn. 151 – M. und andere) auf das Übereinkommen des Europarats zur Bekämpfung des Menschenhandels. Dieses ist 2008 international und in Deutschland am 1.4.2013 in Kraft getreten (BGBl. 2012 II 1107). Bis auf Russland haben sich alle Europaratsmitglieder diesem Übereinkommen angeschlossen (Stand Mai 2021). Das Übereinkommen sattelt auf das internationale Zusatzprotokoll zur Verhütung, Bekämpfung und Bestrafung des Menschenhandels, insbesondere des Frauen- und Kinderhandels von 2000 („Palermo Protokoll") (BGBl. 2005 II 995) zum „Übereinkommen gegen die grenzüberschreitende organisierte Kriminalität der Vereinten Nationen" (auch „Palermo Übereinkommen" genannt) (BGBl. 2005 II 954) auf. Beide Übereinkommen – das Palermo-Protokoll und das Europaratsübereinkommen – enthalten identische Definitionen. Das Europarats-Übereinkommen setzt allerdings keinen Grenzübertritt voraus (siehe dort Art. 2). Auch die Charta der Grundrechte der Europäischen Union (EU) rückt Menschenhandel in Art. 5 Abs. 3 in den Bereich absoluter Verbote (vgl. dazu Jarass GRCh Art. 5 Rn. 1 ff.).

23 Dass der Gerichtshof unabhängig vom Wortlaut einen weiteren Verbotstatbestand im Kontext des Konventionsartikels eingeführt hat, ist im Schrifttum nicht ohne **Kritik** geblieben. In dieser Vorgehensweise liege eine Überschreitung der Grenzen der Auslegung eines Grundrechts (so noch Grabenwarter/Pabel EMRK § 20 Rn. 58). Für das Palermo-Protokoll werde damit ein Durchsetzungsmechanismus bereitgestellt, wie das von den Konventionsstaaten nicht vorhergesehen worden war. Das Gleiche kann auch für das Übereinkommen des Europarates gegen Menschenhandel angeführt werden. Dieser Kritik ist nur grds. zuzustimmen. Ihr steht entgegen, dass der Gerichtshof nicht nur pragmatisch entschieden hat. Menschenhandel widerspricht der Menschenwürde und ist mit den Grundwerten der demokratischen Staatengemeinschaft in Europa nicht in Einklang zu bringen (EGMR 25.6.2020 – 60561/14 Rn. 54, BeckRS 2020, 13490 – S.M.). Zwar wiegt Menschenhandel so schwer wie die drei tatbestandlichen Verbote des Artikels, diese werden jedoch weder einzeln noch in Kombination dem neuen wie vielfältigen Phänomen des Menschenhandels gerecht. Mit diesem Schritt, den wirksamen Menschenrechtsschutz im Bereich der Existenzrechte der Konvention (Art. 2, 3

Verbot der Sklaverei und Zwangsarbeit **Art. 4 EMRK**

und 4) innerhalb eines erweiterten Europas sicherzustellen, begegnet der Gerichtshof der Gefahr, dass der Konvention ihre „Raison d'etre" schleichend abhandenkommt.

C. Staatliche Pflichten

I. Negativen Pflichten

Die in Art. 4 genannten **Formen staatlicher Herrschaft** der Sklaverei, skla- 24
venähnlicher Praktiken („servitude"), Zwangs- oder Pflichtarbeit und Menschenhandel dürfen nicht ausgeübt werden (Villiger EMRK-HdB § 11 Rn. 268). Unmittelbarer Ansatzpunkt zur Bestimmung dafür, ob ein Staat gegen seine negativen Pflichten verstoßen hat, ist das staatliche Verhalten in Form von Tun oder Unterlassen (EGMR 17.1.2017 – 58216/12 Rn. 107, BeckRS 2017, 16305 – J. und andere; EGMR 11.10.2012 – 67724/09 Rn. 69, BeckRS 2012, 214729 – C.N. und V.).

II. Positive Pflichten

Art. 4 verlangt zum Schutz der von ihm gewährleisteten Rechte die Einhaltung 25
positiver Pflichten (EGMR 16.2.2021 – 77587/12 und 74603/12 Rn. 15–156 – V. C.L. und A.N.; EGMR 11.10.2012 – 67724/09 Rn. 69, BeckRS 2012, 214729 – C.N. und V.; EGMR 26.7.2005 – 73316/01 Rn. 112, BeckRS 9998, 129756 – Saliadin). Der Gerichtshof unterscheidet Verpflichtungen 1. zu einem gesetzlichen und administrativen Rahmen („legal and administrative framework"), 2. operative Pflichten („operational obligations") und 3. verfahrensrechtliche Pflichten („procedural obligations") (zur Systematik zuletzt EGMR 16.2.2021 – 77587/12 und 74603/12 Rn. 156 – V.C.L. und A.N). Zur Spezifizierung der Verpflichtungen innerhalb dieser Pflichtenbereiche rekurriert er im Wesentlichen zwei Quellen: mit Abweichungen (*mutatis mutandis*) überträgt er die zu Art. 2 und Art. 3 entwickelten Verpflichtigungen in den Kontext der hiesigen Konventionsbestimmung (EGMR 16.2.2021 – 77587/12 und 74603/12 Rn. 152 – V.C.L. und A.N). Insbesondere bezüglich des Menschenhandels greift er zur Spezifizierung positiver Pflichten auf einzelnen Bestimmungen des Übereinkommens des Europarats zur Bekämpfung von Menschenhandel zurück (EGMR 16.2.2021 – 77587/12 und 74603/12 Rn. 150 – V.C.L. und A.N; EGMR 30.3.2017 – 21884/15 Rn. 104, BeckRS 2017, 149973 – Chowdury).

1. Verpflichtungen eines spezifischen Rechtsrahmens zu Art. 4. Gemäß 26
Art. 4 unterliegen Staaten der Verpflichtung, einen **rechtlichen und administrativen Rechtsrahmen** zu Prävention und Bekämpfung von Sklaverei, sklavenähnlichen Praktiken, Zwangs- oder Pflichtarbeit und Menschenhandel zu schaffen und zu unterhalten (EGMR 16.2.2021 – 77587/12 und 74603/12 Rn. 151 – V.C.L. und A.N.; EGMR 30.3.2017 – 21884/15 Rn. 105, BeckRS 2017, 149973 – Chowdury; EGMR 7.1.2010 – 25965/04 Rn. 285, BeckRS 2010, 20980 – Rantsev). Verbunden damit ist der Anspruch, einen Regelungsansatz im ganzheitlichen Sinne zu schaffen, der begrifflich gute Praxis von staatlichen Stellen einschließt (EGMR 25.6.2020 (GK) – 60561/14 Rn. 58, BeckRS 2020, 13490 – S.M.; EGMR 7.1.2010 – 25965/04 Rn. 285, BeckRS 2010, 20980 – Rantsev). Der Gerichtshof verbindet damit keine Anforderungen, die ein Staat nicht zu leisten im

Stande wäre oder einen unverhältnismäßig hohen Aufwand abverlangen würde (EGMR 17.1.2017 – 58216/12 Rn. 107, BeckRS 2017, 16305 – J. ua; EGMR 7.1.2010 – 25965/04 Rn. 287, BeckRS 2010, 20980 – Rantsev).

27 Zum Rechtsrahmen rechnet der Gerichtshof die **Strafbewährung** der einzelnen von den in Art. 4 genannten Verbote (EGMR 7.1.2010 – 25965/04 Rn. 285, BeckRS 2010, 20980 – Rantsev; EGMR 26.7.2005 – 73316/01 Rn. 112, BeckRS 9998, 129756 – Saliadin). Nicht erforderlich ist die Schaffung eines Strafrechts mit universeller Jurisdiktion (EGMR 17.1.2017 – 58216/12 Rn. 114, BeckRS 2017, 16305 – J. ua). Ein Verstoß gegen positive Pflichten aus Art. 4 kann dagegen festgestellt werden, wenn überhaupt kein Straftatbestand gegen Sklaverei, sklavenähnliche Praktiken oder Zwangs- oder Pflichtarbeit zur geltenden nationalen Rechtslage gehört (EGMR 7.1.2010 – 25965/04 Rn. 285, BeckRS 2010, 20980 – Rantsev). Erforderlich sind Vorkehrungen, die eine wirksame Strafverfolgung sowie für eine wirksame Bestrafung der Täter oder Profiteure gewährleisten (EGMR 7.1.2010 – 25965/04 Rn. 285, BeckRS 2010, 20980 – Rantsev; EGMR 26.7.2005 – 73316/01 Rn. 112, BeckRS 9998, 129756 – Saliadin). Auch die Strafverfolgungspraxis muss eine für potenzielle Täter hinreichend abschreckende Wirkung haben (EGMR 25.6.2020 – 60561/14 Rn. 75, BeckRS 2020, 13490 – S.M.). Zu treffen sind Vorkehrungen, die dem nach Art. 4 unzulässigen Verhalten wirksam vorbeugen (Prävention) (EGMR 16.2.2021 – 77587/12 und 74603/12 Rn. 151 – V.C.L. und A.N). Mittel und Möglichkeiten des nationalen Rechts sind auszuschöpfen mit dem Ziel, sklavenähnliche Praktiken und Zwangsarbeit zu bekämpfen (EGMR 11.10.2012 – 67724/09 Rn. 108, BeckRS 2012, 214729 – C.N. und V.).

28 Den spezifischen Anforderungen aus Art. 4 genügt ein solcher Rahmen erst, wenn auch die **Regelungen zu Einreise-, Einwanderung- und Aufenthalt** dahin gehend geändert werden, dass sie die Tatbestände aus Art. 4, insbesondere die legale Einreise zum Zwecke der Ausbeutung nicht befördern (EGMR 7.1.2010 – 25965/04 Rn. 293, BeckRS 2010, 20980 – Rantsev). Bestimmte Visaformen sind kritisch zu hinterfragen (EGMR 7.1.2010 – 25965/04 Rn. 293, BeckRS 2010, 20980 – Rantsev). Zum administrativen Rahmen gehören außerdem **Sensibilisierungs- und Trainingsprogramme** für Beschäftigte der Rechtsdurchsetzungsbehörden („law-enforcement"), einschließlich derjenigen, die Entscheidungen im Bereich Einwander- und Aufenthalt treffen (EGMR 25.6.2020 – 60561/14 Rn. 58 – S.M., EGMR 7.1.2010 – 25965/04 Rn. 287, BeckRS 2010, 20980 – Rantsev). **Unternehmensregelungen** sind kritisch zu prüfen (EGMR 7.1.2010 – 25965/04 Rn. 284, BeckRS 2010, 20980 – Rantsev).

29 **2. Operative Pflichten.** Mit den Verpflichtungen zu operativen Maßnahmen verknüpft der Gerichtshof **zwei Hauptziele**: der Schutz des (vermeintlichen) Opfers vor weiterem Schaden und dessen Rechte an Erholung in physischer, psychischer und sozialer Hinsicht (EGMR 16.2.2021 – 77587/12 und 74603/12 Rn. 159 – V.C.L. und A.N.). Was operativ geboten ist, ist eine Frage des Einzelfalls. Darunter fällt die Pflicht zur Gefahrenabwehr (EGMR 16.2.2021 – 77587/12 und 74603/12 Rn. 152 – V.C.L. und A.N.). Schlüsselerfordernis operativer Maßnahmen bildet die Identifizierung, also die Prüfung und Feststellung, ob eine Person als Betroffene eines Tatbestandes nach Art. 4, insbesondere als Opfer von Menschenhandel gelten kann (EGMR 16.2.2021 – 77587/12 und 74603/12 Rn. 160 – V.C.L. und A.N.). Besondere Sorgfalt ist bei der Bestimmung gefordert, ob die Menschenhandel betroffene Person minderjährig ist (EGMR 16.2.2021 – 77587/12 und 74603/12 Rn. 171, 175 – V.C.L. und A.N.).

Verbot der Sklaverei und Zwangsarbeit **Art. 4 EMRK**

Um die vielfältigen staatlichen Verpflichtungen zur Prüfung, Schutz und Unter- 30 stützung auszulösen, reicht für den Gerichtshof ein **glaubwürdiger Hinweis** („credible suspicion"), der eine Behörde erreicht (EGMR 25.6.2020 (GK) – 60561/14 Rn. 59, BeckRS 2020, 13490 – S.M.). Einmal bekannt geworden, ist ein Handeln von Amts wegen geboten (EGMR 25.6.2020 (GK) – 60561/14 Rn. 60, BeckRS 2020, 13490 – S.M.; EGMR 7.1.2010 – 25965/04 Rn. 288, BeckRS 2010, 20980 – Rantsev) unabhängig von einem Antrag und unabhängig von der Mitwirkungsbereitschaft der möglich betroffenen Person (EGMR 16.2.2021 – 77587/12 und 74603/12 Rn. 155 – V.C.L. und A.N.). Bei Kooperation mit der betroffenen Person sind deren berechtigten Interessen auf Schutz zu berücksichtigen (EGMR 7.1.2010 – 25965/04 Rn. 288, BeckRS 2010, 20980 – Rantsev).

Die **Untersuchung (Ermittlungen)** ist unabhängig, unparteilich, unver- 31 züglich und angemessener Gründlichkeit durchzuführen (EGMR 17.1.2017 – 58216/12 Rn. 107, BeckRS 2017, 16305 – J. ua). Ermittlungsbehörden und Gerichte, aber auch andere Akteure, etwa zivilgesellschaftliche Organisation sollen gut zusammenwirken (EGMR 16.2.2021 – 77587/12 und 74603/12 Rn. 153 – V.C.L. und A.N.). Diese Maßnahmen zielen darauf, eine effektive Beweissicherung und Gefahrenabwehr für die betroffene Person zu erreichen (EGMR 7.1.2010 – 25965/04 Rn. 286, BeckRS 2010, 20980 – Rantsev). Nicht ein spezifisches Ergebnis wie die zwingende Identifizierung der Person als Opfer oder eine Verurteilung des Täters entspricht der Pflicht aus Art. 4, sondern dass das Mögliche staatlicherseits getan wurde (keine Erfolgs-, sondern Verhaltenspflichten) (EGMR 17.1.2017 – 58216/12 Rn. 107, BeckRS 2017, 16305 – J. ua).

Der Gerichtshof hat im **Fall J. und andere gegen Österreich** (EGMR 32 17.1.2017 – 58216/12 Rn. 108–113, BeckRS 2017, 16305) anerkannt, den positiven Verpflichtungen aus Art. 4 ist soweit Genüge getan worden, dass den betroffenen Personen eine Unterkunft organisiert wurde; die Betroffen in langen Gesprächen die Möglichkeit erhalten haben, ihre Sicht und Erlebnisse darzulegen; für diese Gespräche speziell geschulte und trainiertes Personal zum Einsatz kam; ein Aufenthaltstitel und eine Arbeitserlaubnis gewährt wurde; die Personen über das Einwohnermelderegister nicht ausfindig gemacht werden konnten; eine Zusammenarbeit mit zivilgesellschaftlichen Organisation gepflegt wurde sowie die Betroffenen Integrationshilfen sowie einen Rechtsbeistand erhalten haben. Dagegen widerspricht der aus Art. 4 fließenden Schutzpflicht eine Inhaftierung (EGMR 16.2.2021 – 77587/12 und 74603/12 Rn. 159 – V.C.L. und A.N.).

3. Verfahrensrechtliche Pflichten. Der Zweig des Art. 4 zu verfahrensrecht- 33 lichen Pflichten umfasst im Wesentlichen die **förmlichen Untersuchungs- und Ermittlungspflichten** sowie die damit verbundene Praxis (EGMR 16.2.2021 – 77587/12 und 74603/12 Rn. 155 – V.C.L. und A.N.; EGMR 25.6.2020 (GK) – 60561/14 Rn. 59, 73–80 BeckRS 2020, 13490 – S.M.; EGMR 7.1.2010 – 25965/04 Rn. 288, BeckRS 2010, 20980 – Rantsev). Ausgelöst werden diese Verpflichtungen gleich wie bei den operativen Pflichten durch den glaubwürdigen Hinweis (EGMR 25.6.2020 – 60561/14 Rn. 60, BeckRS 2020, 13490 – S.M.). Eingehende Hinweise müssen dazu führen, dass ein Verdachtsfall unverzüglich und mit vernünftiger Gründlichkeit untersucht wird (EGMR 25.6.2020 – 60561/14 Rn. 60, BeckRS 2020, 13490 – S.M.). Problematisch ist, die Person unangemessen durch die Ermittlungen zu belasten (EGMR 16.2.2021 – 77587/12 und 74603/12 Rn. 159 – V.C.L. und A.N.), sie gar zu kriminalisieren (EGMR 16.2.2021 – 77587/12 und 74603/12 Rn. 159 – V.C.L. und A.N.). Die betroffene Person, soweit dies ihrem Schutz dient, in die Ermittlungen einzubinden (EGMR 25.6.2020 – 60561/14 Rn. 60, BeckRS 2020, 13490 – S.M.). Das behördliche Verhalten muss wirksam darauf gerichtet sein, die Täter zu identifizieren und zu bestrafen (EGMR 25.6.2020 – 60561/14 Rn. 60, BeckRS 2020, 13490 – S.M.). Völlig unzulänglich befand der Gerichtshof das Unterlassen, das nähere soziale Umfeld der betroffenen Person als Zeugen zu befragen (EGMR 25.6.2020 (GK) – 60561/14 Rn. 78, BeckRS 2020, 13490 – S.M.).

34 **4. Spezifische Pflichten grenzüberschreitender Tatbestände.** Der Gerichtshof begründet im Fall des grenzüberschreitenden Menschenhandels (innerhalb des Geltungsbereichs der Konvention) zunächst die **Pflicht der internationalen behördlichen Zusammenarbeit** (EGMR 17.1.2017 – 58216/12 Rn. 105, BeckRS 2017, 16305 – J. ua; EGMR 7.1.2010 – 25965/04 Rn. 289, BeckRS 2010, 20980 – Rantsev). Die Konvention ändert jedoch nach der Rechtsprechung nichts an dem Umstand, dass die Behörden keine Zuständigkeit für andere Hoheitsgebiete haben (EGMR 17.1.2017 – 58216/12 Rn. 117–118, BeckRS 2017, 16305 – J. ua). Amtshilfeersuchen mit dem anderen Staat können geboten sein (EGMR 17.1.2017 – 58216/12 Rn. 112, BeckRS 2017, 16305 – J. ua). Ermittlungen sind nicht geboten, wenn die strafbaren Handlungen außerhalb des Hoheitsbereichs liegen (EGMR 17.1.2017 – 58216/12 Rn. 112, BeckRS 2017, 16305 – J. ua). Unterlassen Behörden des Herkunftsstaates innerhalb des Geltungsbereichs etwa die Untersuchung der Umstände der Rekrutierung und auch die wirksame Strafverfolgung, ist darin – auch auf der Basis des Palermo Protokolls – ein Verstoß gegen Art. 4 zu erkennen (EGMR 7.1.2010 – 25965/04 Rn. 307, BeckRS 2010, 20980 – Rantsev). Eine menschenrechtliche Verantwortlichkeit statuiert der Gerichtshof für Herkunft- und Zielstaaten, aber auch für Transitstaaten (EGMR 7.1.2010 – 25965/04 Rn. 307, BeckRS 2010, 20980 – Rantsev) innerhalb des Geltungsbereichs.

35 Bei **über den Geltungsbereich der Konvention hinausreichende Sachverhalte** kann ein Unterlassen, die Sachaufklärung mithilfe einer internationalen Zusammenarbeit weiter zu betreiben, einen Verstoß begründen; dazu gehört allerdings nicht, wenn wie im Fall J. und andere die Behörden im Rahmen ihres sachgemäßen Ermessens die Entscheidung treffen, einen außerhalb Europas begangenen Menschenhandels nicht weiter zu verfolgen (EGMR 17.1.2017 – 58216/12 Rn. 117, BeckRS 2017, 16305 – J. ua). Bezüglich der Rücküberführung einer von Menschenhandel betroffenen Person aus Europa in den außereuropäischen Herkunftsstaat ist vor und bis zum Zeitpunkt der Ausreise besondere Sorgfalt geboten; insbesondere ist zu prüfen, ob eine Gefahr besteht, dass die Person am Zielort wieder in Fänge desselben Händlerrings gerät (EGMR 29.11.2011 – 7196/10 S. 12 – V.F.).

D. Schutz vor Diskriminierung (Anwendbarkeit von Art. 14)

36 Die Anwendbarkeit des Art. 14 als **akzessorisches Diskriminierungsverbot** (für Einzelheiten → Art. 14 Rn. 1 ff.) setzt auch im Zusammenhang des Art. 4 voraus, dass der „Genuss der in dieser Konvention anerkannten Rechte und Freiheiten" gegeben ist (EGMR 18.7.1994 – 13580/88 Rn. 22 f. – Karlheinz Schmidt; EGMR 26.6.2006 – 17209/02 Rn. 42–49 – Zarb Adami; EGMR 18.10.2011 – 31950/06 Rn. 47 und 55 – Graziani-Weiß; seine Anwendbarkeit lediglich geprüft aber abgelehnt hat der Gerichtshof im Fall von EGMR 23.11.1983 – 8919/80

Rn. 42f. – van der Mussele). Die Anwendbarkeit ist unproblematisch gegeben, wenn eines der Rechte des Art. 4 verletzt ist. Ob die Anwendbarkeit von Art. 14 iVm Art. 4 eröffnet sein kann, selbst wenn der sachliche Schutzbereich der Konventionsbestimmung nicht eröffnet ist (im Fall einer Nichtverletzung), wird nicht einheitlich beantwortet. Die besondere Problematik erklärt sich zum einen aus dem absoluten Charakter des Art. 4, zum anderen aus dessen Abs. 3, insbesondere für die Fallgruppe (d) der üblichen Bürgerpflichten, welche die Feststellung eines Verstoßes gegen Zwangs- oder Pflichtarbeit gerade ausschließen.

Der Gerichtshof hat diese Frage der Anwendbarkeit in der Vergangenheit **37 mehrheitlich bejaht** (EGMR 18.7.1994 – 13580/88 Rn. 22f. – *Karlheinz Schmidt*; EGMR 26.6.2006 – 17209/02 Rn. 42–49 – *Zarb Adami*; EGMR 18.10.2011 – 31950/06 Rn. 47 und 55 – *Graziani-Weiß*; seine Anwendbarkeit lediglich geprüft, aber abgelehnt hat der Gerichtshof im Fall von EGMR 23.11.1983 – 8919/80 Rn. 42f. – *van der Mussele*). Der Gerichtshof lässt damit einen Bezug des Sachverhalts zum **Regelungsbereich des Art. 4 ("ambit")** ausreichen. Der Schutzbereich muss nicht eröffnet sein (*Krebber/Birk* in IntKommEMRK Art. 4 Rn. 106). Rechtlich kann dieser Ansatz schwerlich überzeugen. Dass zumindest die Begründung dafür unausgereift ist, zeigen diverse Sondervoten in den Urteilen (EGMR 18.7.1994 – 13580/88 – *Karlheinz Schmidt*; EGMR 26.6.2006 – 17209/02 – *Zarb Adami*). Zur Begründung kann dienen, dass der Konvention auch hier eine maximale Wirksamkeit verschafft werden soll und die Gerichtsbarkeit nicht zurücksteckt; so sei der Diskriminierungsanspruch immer auch dort zu prüfen, wo es der Art. 4 über den Abs. 3 den Staaten eine entsprechende Regelungsmacht überlässt. In der Umsetzung überzeugen kann das allerdings nur, wenn in einem ersten Schritt die tatbestandlichen Voraussetzungen von Zwangs- oder Pflichtarbeit geprüft und begrifflich voll erfüllt sind.

Art. 5 Recht auf Freiheit und Sicherheit

(1) **Jede Person hat das Recht auf Freiheit und Sicherheit. Die Freiheit darf nur in den folgenden Fällen und nur auf die gesetzlich vorgeschriebene Weise entzogen werden:**
(a) **rechtmäßige Freiheitsentziehung nach Verurteilung durch ein zuständiges Gericht;**
(b) **rechtmäßige Festnahme oder Freiheitsentziehung wegen Nichtbefolgung einer rechtmäßigen gerichtlichen Anordnung oder zur Erzwingung der Erfüllung einer gesetzlichen Verpflichtung;**
(c) **rechtmäßige Festnahme oder Freiheitsentziehung zur Vorführung vor die zuständige Gerichtsbehörde, wenn hinreichender Verdacht dafür besteht, dass die betreffende Person eine Straftat begangen hat, oder wenn begründeter Anlass zu der Annahme besteht, dass es notwendig ist, sie an der Begehung einer Straftat oder an der Flucht nach Begehung einer solchen zu hindern;**
(d) **rechtmäßige Freiheitsentziehung bei Minderjährigen zum Zweck überwachter Erziehung oder zur Vorführung vor die zuständige Behörde;**
(e) **rechtmäßige Freiheitsentziehung mit dem Ziel, eine Verbreitung ansteckender Krankheiten zu verhindern, sowie bei psychisch Kranken, Alkohol- oder Rauschgiftsüchtigen und Landstreichern;**

(f) rechtmäßige Festnahme oder Freiheitsentziehung zur Verhinderung der unerlaubten Einreise sowie bei Personen gegen die ein Ausweisungs- oder Auslieferungsverfahren im Gange ist.

(2) Jeder festgenommenen Person muss innerhalb möglichst kurzer Frist und in einer ihr verständlichen Sprache mitgeteilt werden, welches die Gründe für ihre Festnahme sind und welche Beschuldigungen gegen sie erhoben werden.

(3) Jede Person, die nach Absatz 1 Buchstabe c von Festnahme oder Freiheitsentziehung betroffen ist, muss unverzüglich einem Richter oder einer anderen gesetzlich zur Wahrnehmung richterlicher Aufgaben ermächtigten Person vorgeführt werden; sie hat Anspruch auf ein Urteil innerhalb angemessener Frist oder auf Entlassung während des Verfahrens. Die Entlassung kann von der Leistung einer Sicherheit für das Erscheinen vor Gericht abhängig gemacht werden.

(4) Jede Person, die festgenommen oder der die Freiheit entzogen ist, hat das Recht zu beantragen, dass ein Gericht innerhalb kurzer Frist über die Rechtmäßigkeit der Freiheitsentziehung entscheidet und ihre Entlassung anordnet, wenn die Freiheitsentziehung nicht rechtmäßig ist.

(5) Jede Person, die unter Verletzung dieses Artikels von Festnahme oder Freiheitsentziehung betroffen ist, hat Anspruch auf Schadenersatz.

(1) Everyone has the right to liberty and security of person. No one shall be deprived of his liberty save in the following cases and in accordance with a procedure prescribed by law:
(a) the lawful detention of a person after conviction by a competent court;
(b) the lawful arrest or detention of a person for non-compliance with the lawful order of a court or in order to secure the fulfilment of any obligation prescribed by law;
(c) the lawful arrest or detention of a person effected for the purpose of bringing him before the competent legal authority on reasonable suspicion of having committed an offence or when it is reasonably considered necessary to prevent his committing an offence or fleeing after having done so;
(d) the detention of a minor by lawful order for the purpose of educational supervision or his lawful detention for the purpose of bringing him before the competent legal authority;
(e) the lawful detention of persons for the prevention of the spreading of infectious diseases, of persons of unsound mind, alcoholics or drug addicts or vagrants;
(f) the lawful arrest or detention of a person to prevent his effecting an unauthorised entry into the country or of a person against whom action is being taken with a view to deportation or extradition.

(2) Everyone who is arrested shall be informed promptly, in a language which he understands, of the reasons for his arrest and of any charge against him.

(3) Everyone arrested or detained in accordance with the provisions of paragraph 1.c of this article shall be brought promptly before a judge or other officer authorised by law to exercise judicial power and shall be entitled to trial within a reasonable time or to release pending trial. Release may be conditioned by guarantees to appear for trial.

(4) Everyone who is deprived of his liberty by arrest or detention shall be entitled to take proceedings by which the lawfulness of his detention shall be decided speedily by a court and his release ordered if the detention is not lawful.

(5) Everyone who has been the victim of arrest or detention in contravention of the provisions of this article shall have an enforceable right to compensation.

(1) Toute personne a droit à la liberté et à la sûreté. Nul ne peut être privé de sa liberté, sauf dans les cas suivants et selon les voies légales:
(a) s'il est détenu régulièrement après condamnation par un tribunal competent;
(b) s'il a fait l'objet d'une arrestation ou d'une détention régulières pour insoumission à une ordonnance rendue, conformément à la loi, par un tribunal ou en vue de garantir l'exécution d'une obligation prescrite par la loi;
(c) s'il a été arrêté et détenu en vue d'être conduit devant l'autorité judiciaire compétente, lorsqu'il y a des raisons plausibles de soupçonner qu'il a commis une infraction ou qu'il y a des motifs raisonnables de croire à la nécessité de l'empêcher de commettre une infraction ou de s'enfuir après l'accomplissement de celle-ci;
(d) s'il s'agit de la détention régulière d'un mineur, décidée pour son éducation surveillée ou de sa détention régulière, afin de le traduire devant l'autorité compétente;
(e) s'il s'agit de la détention régulière d'une personne susceptible de propager une maladie contagieuse, d'un aliéné, d'un alcoolique, d'un toxicomane ou d'un vagabond;
(f) s'il s'agit de l'arrestation ou de la détention régulières d'une personne pour l'empêcher de pénétrer irrégulièrement dans le territoire, ou contre laquelle une procédure d'expulsion ou d'extradition est en cours.

(2) Toute personne arrêtée doit être informée, dans le plus court délai et dans une langue qu'elle comprend, des raisons de son arrestation et de toute accusation portée contre elle.

(3) Toute personne arrêtée ou détenue, dans les conditions prévues au paragraphe 1 c) du présent article, doit être aussitôt traduite devant un juge ou un autre magistrat habilité par la loi à exercer des fonctions judiciaires et a le droit d'être jugée dans un délai raisonnable, ou libérée pendant la procédure. La mise en liberté peut être subordonnée à une garantie assurant la comparution de l'intéressé à l'audience.

(4) Toute personne privée de sa liberté par arrestation ou détention a le droit d'introduire un recours devant un tribunal, afin qu'il statue à bref délai sur la légalité de sa détention et ordonne sa libération si la détention est illégale.

(5) Toute personne victime d'une arrestation ou d'une détention dans des conditions contraires aux dispositions de cet article a droit à réparation.

Literatur: *Graebsch,* Die Gefährder des Rechtsstaats und die Europäische Menschenrechtskonvention. Von Sicherungsverwahrung und „unsound mind" zum Pre-Crime-Gewahrsam?, in Goeckenjan ua (Hrsg.), Für die Sache – Kriminalwissenschaften aus unabhängiger Perspektive, FS Ulrich Eisenberg zum 80. Geburtstag, 2019, 312–325; *Killinger,* Staatshaftung für rechtswidrige Untersuchungshaft in Deutschland und Österreich im Lichte von Art. 5 Abs. 5 EMRK, 2015; *Heidebach,* Der polizeiliche Präventivgewahrsam auf konventionsrechtlichem Prüfstand, NVwZ 2014, 554–558; *Kinzig,* Die Neuordnung des Rechts der Sicherungsverwahrung, NJW 2011, 177–182; *Kreuzer,* Sicherungsverwahrung nach Jugendstrafrecht angesichts divergierender Urteile des BGH und EGMR, NStZ 2010, 473–479; *Lehnert,* Menschenrechtliche Vorgaben an das Migrationsrecht in der jüngeren Rechtsprechung des EGMR, NVwZ 2020, 766–771; *Mead,* Kettling Comes to the Boil Before the Strasbourg Court: Is it a Deprivation of Liberty to Contain Protesters En Masse?, Cambridge Law Journal 2012, 472–475; *Pöschl,* Wieviel Prävention verträgt Art 5 EMRK?, in Bernat ua (Hrsg.), FS Christian Kopetzki zum 65. Geburtstag, 2019, 499–513.

Übersicht

	Rn.
A. Bedeutung im innerstaatlichen Bereich	1
B. Das Recht auf persönliche Freiheit (Abs. 1)	3
I. Sachlicher Anwendungsbereich, Eingriffe	4
1. Anwendungsbereich – Fortbewegungsfreiheit	4
2. Eingriff – Freiheitsentziehung	6
3. Drittwirkung, positive Verpflichtung etc.	13
II. Rechtfertigung von Eingriffen – allg. Voraussetzungen	17
III. Rechtfertigung von Eingriffen – Haftgründe	28
1. Haft nach gerichtlicher Verurteilung (lit. a)	29
2. Erzwingungs- und Beugehaft (lit. b)	39
3. Untersuchungshaft (lit. c)	49
4. Überwachte Erziehung Minderjähriger (lit. d)	58
5. Psychisch Kranke und ähnliche Gruppen (lit. e)	62
6. Abschiebe- und Auslieferungshaft (lit. f)	81
C. Rechte inhaftierter Personen (Abs. 2–4)	90
I. Das Recht auf Information (Abs. 2)	91
II. Das Recht auf gerichtliche Haftprüfung (Abs. 4)	99
III. Spezifische Rechte von Untersuchungsgefangenen (Abs. 3)	109
1. Das Recht auf unverzügliche Vorführung	110
2. Beschränkung der Dauer von Untersuchungshaft	115
D. Entschädigung für rechtswidrige Haft (Abs. 5)	130

A. Bedeutung im innerstaatlichen Bereich

1 Art. 5 schützt die persönliche Freiheit, die Voraussetzung für die ungestörte Ausübung vieler spezifischer Freiheitsrechte ist. Der Gerichtshof verortet Art. 5 neben den Art. 2–4 im „**ersten Rang der grundlegenden Rechte,** die die physische Sicherheit des Individuums schützen", und misst ihm daher größte Bedeutung zu (EGMR 3.10.2006 (GK) – 543/03 Rn. 30, NJW 2007, 3699 – McKay). Beschwerden über Verletzungen von Art. 5 können daher nicht nach der „kein erheblicher Nachteil"-Regel des Art. 35 Abs. 3 lit. b der EMRK (zu dieser → Art. 35 Rn. 145 ff.) behandelt werden (EGMR 28.4.2016 – 42906/12 Rn. 80 – Čamans u. Timofejeva). Ebenso sind **Derogationen** iSd Art. 15 betreffend Art. 5 nur eingeschränkt zulässig – insbesondere die Anordnung von Untersuchungshaft trotz Fehlen eines entsprechenden Tatverdachts stellt auch nach Derogation einen Konventionsverstoß dar, da sie nicht durch „die Lage unbedingt erfordert" ist (EGMR 20.3.2018 – 13237/17 Rn. 140 – Mehmet Hasan Altan; vgl. auch → Art. 15 Rn. 10). Gerade in den letzten Jahren hat der EGMR zudem in einer ganzen Reihe von Fällen (vermutlich) politisch motivierter Strafverfolgung und Inhaftierung von Oppositionellen eine Verletzung von Art. 5 iVm Art. 18 geprüft und mitunter festgestellt.

2 Für **Deutschland** hat Art. 5 zwar nicht zu besonders vielen Urteilen des Gerichtshofs geführt. Die qualitative Bedeutung ist dafür umso höher. So beziehen sich

Recht auf Freiheit und Sicherheit **Art. 5 EMRK**

deutsche Gerichte regelmäßig direkt auf Art. 5 (etwa OVG Bremen 6.7.1999 – 1 HB 498/98, NVwZ 2001, 221 zu polizeirechtlicher Freiheitsentziehung; zu Abs. 5, der ohnehin unmittelbar anwendbare Anspruchsgrundlage ist, → Rn. 135 f.). Zudem haben die Straßburger Urteile zu Art. 5 regelmäßig erheblichen Einfluss va auf das Straf- und Strafprozessrecht, insbes. die Reform der Sicherungsverwahrung 2011 geht ganz maßgeblich auf den EGMR zurück (→ Rn. 35 ff., 69 ff.).

B. Das Recht auf persönliche Freiheit (Abs. 1)

Abs. 1 ist der **materielle Kern** des Art. 5, der durch die Verfahrens- und Entschädigungsvorschriften der Abs. 2–5 ergänzt wird. S. 1 beschreibt in programmatischer Form das durch Art. 5 geschützte Recht, die persönliche (Fortbewegungs-) Freiheit. Entscheidend ist S. 2, aus dem sich ergibt, dass Eingriffe in dieses Recht nur zu einem der dort abschließend aufgezählten Zwecke und unter den dort genannten Voraussetzungen zulässig sind. 3

I. Sachlicher Anwendungsbereich, Eingriffe

1. Anwendungsbereich – Fortbewegungsfreiheit. Art. 5 Abs. 1 schützt allein die Freiheit iS **körperlicher Fortbewegungsfreiheit** (EGMR 2.8.2001 – 44955/98 Rn. 16 – Mancini). Die Freizügigkeit wird durch Art. 5 nicht geschützt (28.11.2002 – 58442/00 Rn. 62 – Lavents), sondern durch Art. 2 4. EMRKProt. 4

Der Erwähnung von **Sicherheit** im Normtext ist **kein eigener Schutzbereich** zu entnehmen (EGMR 1.6.2004 – 24561/94 Rn. 57 – Altun). Sie ist als Betonung der Bedeutung von Rechtssicherheit zu verstehen; der Gerichtshof verweist daher auf den Aspekt „Sicherheit" nur ergänzend bei willkürlicher Freiheitsentziehung (zB EGMR 12.5.2005 (GK) – 46221/99 Rn. 83 ff., NVwZ 2006, 126 – Öcalan), insbes. bei „Verschwindenlassen" von Personen durch Staatsorgane (zB EGMR 25.5.1998 – 24276/94 Rn. 123 ff. – Kurt). Ein „Recht auf Sicherheit", das Eingriffe in andere Rechte rechtfertigen könnte, ist Art. 5 nicht zu entnehmen (so auch *Gaede* in MüKoStPO EMRK Art. 5 Rn. 3). 5

2. Eingriff – Freiheitsentziehung. Art. 5 beschreibt den Eingriff mit den Begriffen Festnahme und Freiheitsentziehung. Die Verwendung verschiedener Begriffe ist ohne rechtliche Bedeutung, es geht immer um **Freiheitsentziehung.** Diese lässt sich definieren als die **„Begrenzung eines Individuums gegen seinen Willen und unter Anwendung staatlichen Zwangs auf einen eng begrenzten Raum für eine gewisse Dauer"** (*Dörr* in Dörr/Grote/Marauhn Kap. 13 Rn. 120). Der Unterschied zur bloßen Einschränkung der Bewegungsfreiheit, die nicht unter Art. 5 fällt, ist ein gradueller, im Zweifel sind alle Umstände des Einzelfalles, insbes. Art, Dauer, Auswirkungen und Durchführung der Maßnahme, zu betrachten (EGMR 6.11.1980 – 7367/76 Rn. 92, NJW 1980, 544 – Guzzardi). Ob das nationale Recht die Maßnahme als Freiheitsentziehung charakterisiert, ist ohne Belang (EGMR 23.2.2012 (GK) – 29226/03 Rn. 92 – Creangă). Die bloße Existenz eines Haftbefehls stellt allerdings noch keine Freiheitsentziehung dar, sondern erst dessen tatsächlicher Vollzug (EGMR 4.4.2019 – 28932/14 Rn. 36 mwN, BeckRS 2019, 51160 – Hodžić). 6

In **räumlicher Hinsicht** stellt die bloße Beschränkung auf das Gebiet einer Gemeinde noch keine Freiheitsentziehung dar (EGMR 12.9.2012 (GK) – 10593/08 Rn. 228–233, NJOZ 2013, 1183 – Nada; vgl. auch EGMR 6.11.1980 – 7367/76 7

Elberling 129

Rn. 95, NJW 1984, 544 – Guzzardi: Verbannung auf teilweise bewohnte Insel nur wegen weiterer Umstände Freiheitsentziehung). Damit sind etwa die Residenzpflicht nach § 56 AsylVerfG oder die Anweisung/Weisung (§ 116 StPO bzw. § 68b StGB), die Stadt nicht zu verlassen, keine Freiheitsentziehung (→ 4. EMRKProt Art. 2 Rn. 10). Dagegen ist das Festhalten von Einreisewilligen im Transitbereich eines Flughafens – jedenfalls bei Asylsuchenden und ab einer gewissen Dauer – eine Freiheitsentziehung (EGMR 25.6.1996 – 19776/92 Rn. 41 ff., NVwZ 1997, 1102 – Amuur; bestätigt in EGMR 21.11.2019 Rn. 154 f., NVwZ 2020, 777 – 61411/15 – Z.A. ua). Dass die Betroffenen jederzeit in ihr Herkunftsland zurückfliegen können, das ihnen zugewiesene Gebiet also „nach außen offen" ist, ändert hieran nichts, da sie von dort ja gerade geflohen sind (EGMR 25.6.1996 – 19776/92 Rn. 48, NVwZ 1997, 1102 – Amuur; ähnl. EGMR 27.11.2003 – 45355/99 Rn. 44 ff., BeckRS 2002, 164355 – Shamsa). Anders entschied die Große Kammer im Falle einer „Transitzone" an der Landgrenze und stufte das Festhalten von Asylsuchenden in einem engen Lager über mehrere Wochen nicht als Freiheitsentziehung ein ua mit der Begründung, sie hätten dieses jederzeit über die Landgrenze verlassen können (EGMR 21.11.2019 (GK) – 47287/15 Rn. 231 ff., NVwZ 2020, 937 – Ilias u. Ahmed) – und das, obwohl ihnen im Nachbarstaat möglicherweise eine Kettenausweisung in Art. 3-widrige Zustände gedroht hätte. Diese Entscheidung lässt sich mit der sonstigen Rechtsprechung des Gerichtshofs zur Definition einer Freiheitsentziehung schwerlich in Einklang bringen (zur Kritik vgl. ebda., abweichende Meinung des Richters *Bianku;* kritisch auch *Lehnert* NVwZ 2020, 766), der EGMR hat sie in einer Folgeentscheidung, in der die Beschwerdeführenden in derselben Transitzone, allerdings deutlich länger, festgehalten wurden, teilweise wieder aufgegeben (EGMR 2.3.2021 – 36037/17 Rn. 74 ff. – R.R. ua).

8 In **zeitlicher Hinsicht** kann schon ein wenige Minuten dauerndes Festhalten ausreichen (EGMR 24.1.2012 – 61485/08 Rn. 19, 43, BeckRS 2012, 214524 – Brega ua: 8 Minuten), etwa die Mitnahme auf die Polizeiwache zur Identitätsfeststellung (EGMR 4.12.2003 – 47244/99 Rn. 2 – Novotka) oder zur zwangsweisen Durchsetzung einer Blutprobe (EKMR 13.12.1978 – 8278/78 Rn. 2 – X.) oder das Festhalten während einer Hausdurchsuchung (EGMR 1.3.2001 – 22493/93 Rn. 197 ff. – Berktay).

9 Das Festhalten muss **durch Zwang** geschehen. Dies setzt nicht körperlichen Zwang – etwa in Form einer abgeschlossenen Zellentür – voraus; es reicht auch das Verbot, sich zu entfernen, gekoppelt mit Überwachung oder Androhung von Sanktionen (EGMR 28.11.2002 – 58442/00 Rn. 63 – Lavents; EGMR 28.5.1985 – 8225/78 Rn. 24 u. 42, NJW 1986, 2173 – Ashingdane).

10 Die betroffene Person muss **gegen (oder zumindest ohne) ihren Willen** festgehalten werden. Eine wirksame Einwilligung schließt einen Eingriff aus, wenn sie deutlich geäußert wird und die betreffende Person einwilligungsfähig ist (EGMR 16.6.2005 – 61603/00 Rn. 74, 76, NJW-RR 2006, 308 – Storck, vgl. dazu *Cremer* EuGRZ 2008, 562 (568 ff.); EGMR 5.10.2004 – 45508/99 Rn. 90 – H. L.). Eine einmal erteilte Einwilligung kann jederzeit zurückgenommen werden (vgl. EGMR 18.6.1971 (Pl.) – 2832/66 ua Rn. 68 f., BeckRS 1971, 105667 – De Wilde ua). Nachdem er früher vereinzelt paternalistische Erwägungen angestellt hat (EGMR 26.2.2002 – 39187/98 Rn. 45–48 – H. M.) und zT auf die Einwilligung von rechtlichen Vertretern der untergebrachten Person abgestellt hat (EGMR 18.11.1988 – 10929/84 Rn. 61, 63 ff., EGMR-E 4, 171 – Nielsen), stellt der Gerichtshof inzwischen deutlich auf den natürlichen Willen der betroffenen Person ab, auch wenn

Recht auf Freiheit und Sicherheit **Art. 5 EMRK**

diese zB unter Betreuung steht (EGMR 14.2.2012 – 13469/06 Rn. 147–152 – D. D.; EGMR 17.1.2012 (GK) – 36760/06 Rn. 130, NJOZ 2013, 1190 – Stanev).

Die **Motivation** für eine Maßnahme (Schutz Dritter/der Allgemeinheit, Schutz **10a** der Person, sonstige Gründe) ist für die Frage, ob diese eine Freiheitsentziehung darstellt, ohne Bedeutung (so etwa EGMR 19.2.2009 – 3455/05 Rn. 166, NJOZ 2010, 1903 – A. ua).

Ein besonderes Problem stellt sich bei **Gefahrenabwehrmaßnahmen** wie etwa **10b** Zoll- oder Taschenkontrollen, die eher beiläufig mit einer relativ kurzen Einschränkung der Fortbewegungsfreiheit verbunden sind. Mit Ausnahme des lit. b, der aber die wenigsten dieser Fälle umfasst, befasst sich keiner der Haftgründe des Art. 5 mit solchen Maßnahmen, so dass diese, stuft man sie als Freiheitsentziehung ein, nicht zu rechtfertigen sind. Andererseits sind sie in den Mitgliedsstaaten verbreitet und stellen auch nicht per se ein menschenrechtliches Problem dar. Dieser Situation gerecht zu werden, ohne die Systematik des Art. 5 insgesamt in Frage zu stellen, stellt eine besondere Herausforderung dar. Der EGMR hat eine klare Stellungnahme lange vermieden (vgl. etwa EGMR 12.1.2010 – 4158/05 Rn. 56 f. – Gillan u. Quinton: Taschenkontrolle; EGMR 20.6.2013 – 73455/11 Rn. 208 f., BeckRS 2013, 202994 – Sidikovy: Zeugenaussage auf Polizeirevier; auch nach den sogleich zitierten Entscheidungen wieder in EGMR 28.2.2019 – 4755/16 Rn. 113, BeckRS 2019, 51857 – Beghal und EGMR 14.1.2021 – 59648/13 Rn. 69–71 – Vig). In einer Zulässigkeitsentscheidung aus 2013 hat er indes zu einer mehrstündigen Einzelkontrolle eines Flugreisenden entschieden, dass diese dann schon keine Freiheitsentziehung darstelle, wenn sie nicht mehr Zeit in Anspruch nehme, als für die Überprüfung absolut notwendig sei (EGMR 15.10.2013 – 26291/06 Rn. 40 ff., BeckRS 2014, 17652 – Gahramanov; ähnlich EGMR 14.1.2014 – 35807/05 Rn. 1, BeckRS 2014, 126622 – Chosta). Wirklich überzeugen kann das nicht – wenn der EGMR feststellt, das mehrstündige Festhalten („detention") eines Fluggastes in einem kleinen Raum im Sicherheitsbereich des Flughafens sei keine Freiheitsentziehung, liegt der Gegensatz zu den oben (→ Rn. 7–10a) dargestellten Kriterien klar auf der Hand. Diese Entscheidung – die nicht einstimmig ergangen ist – ist als Praxis zum Umgang mit einer Leerstelle des Art. 5 anzusehen, ihre Übertragung auf andere Konstellationen verbietet sich. Zur Parallelproblematik von polizeilichen Freiheitsentziehungen in Massensituationen → Rn. 28 a, zum Unterbindungsgewahrsam → Rn. 41 a, 56.

Partielle Einschränkungen der Fortbewegungsfreiheit sind idR keine Frei- **11** heitsentziehungen. Dies gilt etwa für die Verpflichtung einer psychisch kranken Person, regelmäßig zu ambulanter Behandlung zu erscheinen (EKMR 3.10.1988 – 10801/84 Rn. 75 – L.), oder für Meldepflichten (EGMR 10.2.2000 – 28046/95 Rn. 1 – Poninski). Ebenfalls keine Freiheitsentziehung ist ein nächtliches Ausgangsverbot, auch in Kombination mit Meldepflichten (EGMR 23.2.2017 (GK) – 43395/09 Rn. 84, BeckRS 2017, 148381 – De Tommaso, vgl. allerdings die dortigen abw. Meinungen. Vgl. auch EGMR 13.1.2011 – 6587/04 Rn. 82, NJW 2011, 3423 – Haidn: Verpflichtung, in einem Seniorenheim zu wohnen und es nur mit Zustimmung des Betreuers zu verlassen. Hausarrest iS eines vollständigen Verbotes, das eigene Haus zu verlassen, ist Freiheitsentziehung (EGMR 28.11.2002 – 58442/00 Rn. 63 – Lavents), auch wenn einzelne Ausnahmen für Arztbesuche, Gottesdienste oÄ zugelassen werden (EGMR 2.11.2006 – 69966/01 Rn. 13, 42 – Dacosta Silva). Disziplinarmaßnahmen gegen Militärangehörige stellen (nur) dann eine Freiheitsentziehung dar, wenn sie deutlich über die mit dem Militärdienst ohnehin einhergehenden Freiheitseinschränkungen hinausgehen (EGMR 8.6.1976 (Pl.) –

5100/71 ua Rn. 57ff., EuGRZ 1976, 221 – Engel ua); in Deutschland dürfte dies zwar nicht für die (einfache) Ausgangsbeschränkung (§ 25 Abs. 1 S. 1 WDO), aber für den Disziplinararrest (§ 26 WDO) gelten. Auch in **„Lockdown"-Maßnahmen zur Eindämmung der Corona-Pandemie** – im konkreten Fall war gut sieben Wochen lang das Verlassen der Wohnung zwischen 22 und 6 Uhr verboten und zwischen 6 und 22 Uhr nur aus bestimmten, aufgezählten Gründen erlaubt – sah der Gerichtshof angesichts der Allgemeinheit der Maßnahmen, der Möglichkeit, das Haus aus den genannten Gründen zu verlassen, und des Verbleibens sozialer Kontakte keine Freiheitsentziehung (EGMR 13.4.2021 – 49933/20 Rn. 41 ff. – Terhes). Zu weiteren Maßnahmen in diesem Kontext → Rn. 80.

12 Mit **Haftbedingungen bzw. Abstufungen von Freiheitsentziehungen** befasst sich Art. 5 grds. nicht (zum Einfluss anderer EMRK-Rechte hierauf *Pohlreich* NStZ 2011, 560). Daher stellt bei Inhaftierten eine Verschärfung der Haftbedingungen (Einzelhaft, Verweigerung von Hofgang) keine zusätzliche Freiheitsentziehung dar (EGMR 4.5.2000 – 42117/98 Rn. 2 – Bollan); ebenso wenig die Notierung von Überhaft (vgl. *Meyer-Goßner/Schmitt* StPO vor § 112 Rn. 13), selbst wenn sie zu Verschärfungen der Haftbedingungen führt (EKMR 12.3.1981 – 8626/79 Rn. 1c – X.). Gleiches gilt für den verzögerten Übergang von einer Hochsicherheitsanstalt in eine Anstalt mit weniger scharfen Haftbedingungen (EGMR 28.5.1985 – 8225/78 Rn. 42 u. 47f., NJW 1986, 2173 – Ashingdane). Anderes gilt bei grundlegend verschiedenen Haftarten, etwa bei verzögerter Entlassung aus Untersuchungshaft in Hausarrest oder beim Übergang von Hausarrest in ein psychiatrisches Krankenhaus (EGMR 2.8.2001 – 44955/98 Rn. 18 – Mancini; EGMR 6.11.2008 – 73281/01 Rn. 67ff. – Gulub Atanasov). Eine neuerliche Freiheitsentziehung liegt vor, wenn eine vormals inhaftierte Person nach Entlassung wieder in Haft genommen wird, etwa bei Widerruf von Strafrestaussetzung (EGMR 2.3.1987 (Pl.) – 9787/82 Rn. 40, NJW 1989, 647 – Weeks). Zum Einfluss von Haftbedingungen auf die Rechtmäßigkeit der Haft → Rn. 25.

12a Wo jemand behauptet, inhaftiert gewesen zu sein, der Staat dies aber abstreitet, hat der Gerichtshof die folgende **Beweisregel** aufgestellt: kann die Person beweisen, dass sie unter der Kontrolle staatlicher Organe war, insbes. von diesen geladen wurde, zu erscheinen, so geht der Gerichtshof im Zweifel von einer Freiheitsentziehung aus, solange nicht der Staat durch geeignete, detaillierte Unterlagen das Gegenteil beweist (EGMR 23.2.2012 (GK) – 29226/03 Rn. 88–90 – Creangă).

13 **3. Drittwirkung, positive Verpflichtung etc.** Eingriffe in Art. 5 können nicht nur in staatlich angeordneter Freiheitsentziehung in staatlichen Einrichtungen bestehen: Auch die **Unterstützung privater Freiheitsentziehung** durch staatliche Stellen stellt einen Eingriff dar, so wenn die Polizei Sektenmitglieder zur „Deprogrammierung" durch Private in ein Hotel verbringt und bewacht (EGMR 14.10.1999 – 37680/97 Rn. 29 – Riera Blume), eine aus einer Privatklinik entflohene Patientin dorthin zurückbringt (EGMR 16.6.2005 – 61603/00 Rn. 91, NJW-RR 2006, 308 – Storck) oder eine Zwangsprostituierte auf der Polizeiwache festhält, bis ihr „Arbeitsgeber" sie abholt (EGMR 7.1.2010 – 25965/04 Rn. 319ff., NJW 2010, 3003 – Rantsev). Auch die ausdrückliche Zulassung privater Freiheitsentziehung durch innerstaatliches Recht (§ 127 Abs. 1 StPO) stellt einen staatlichen Eingriff in Art. 5 Abs. 1 dar (vgl. *Harris/O'Boyle/Warbrick* S. 145, dort als Fall positiver Verpflichtung angesehen). Eine ähnliche Konstellation kann auch zwischenstaatlich etwa in Auslieferungsfällen entstehen, wenn ein nicht Art. 5 genügender Haftbefehl des Zielstaats zu Auslieferungshaft im Aufenthaltsstaat führt – die entstehende Verletzung von Art. 5 kann dann (auch) dem Zielstaat zugerechnet werden (EGMR 2.5.2017 – 15944/11 Rn. 21 ff. – Vasiliciuc). Umgekehrt findet eine **Zurechnung verletzenden Handelns von Privaten oder Drittstaaten** (genauer: eine Feststellung, dass deren Verhalten die Rechtmäßigkeit der Inhaftierung betrifft) nur unter engen Voraussetzungen statt (→ Rn. 26 f.). Inhaftierung durch einen **internationalen Gerichtshof** ist jedenfalls nicht ohne weiteres dessen Sitzstaat zuzurechnen (EGMR 9.10.2012 – 33917/12 – Djokabi Lambi Longa).

Die staatlichen Gerichte sind zudem im Wege **mittelbarer Drittwirkung** ver- 14 pflichtet, Art. 5 Abs. 1 bei der Auslegung nationalen Rechtes zu berücksichtigen (EGMR 16.6.2005 – 61603/00 Rn. 93 ff., NJW-RR 2006, 308 – Storck). Schließlich enthält Art. 5 Abs. 1 eine **positive Verpflichtung** staatlicher Organe, Betroffene vor Freiheitsentziehungen durch Private zu schützen. Die Reichweite dieser Pflicht hängt von den Gegebenheiten des Falles ab – bei Privatkliniken etwa muss die Behörde ausreichende Aufsichts- und Kontrollfunktionen ausüben, nur nachträglich wirkende Maßnahmen wie die Strafbarkeit der Freiheitsberaubung oder die Existenz von Schadensersatzansprüchen reichen nicht aus (EGMR 16.6.2005 – 61603/00 Rn. 102 ff., NJW-RR 2006, 308 – Storck; vgl. zu beiden Schutzwirkungen *Cremer* EuGRZ 2008, 562 (574–579)).

Weitere Handlungspflichten ergeben sich aus der Gefahr willkürlicher Verlet- 15 zung durch Staatsorgane. Sind Personen spurlos verschwunden und erscheint plausibel, dass staatliche Organe verantwortlich sind, ergibt sich eine **Pflicht zur gründlichen Untersuchung** nicht nur aus Art. 13, sondern auch aus Art. 5 Abs. 1 (EGMR 25.5.1998 – 24276/94 Rn. 124–129 – Kurt). Auch muss der Staat, um solchen Fällen vorzubeugen, **Vorkehrungen durch Verfahren** treffen, etwa ein Haftregister mit Angaben zu Ort, Zeit und Grund der Inhaftierung sowie Namen der inhaftierten und der inhaftierenden Person anlegen (EGMR 25.5.1998 – 24276/94 Rn. 125 – Kurt). Kann er hinsichtlich dieser Tatsachen keinen Nachweis erbringen, ist schon deswegen Art. 5 Abs. 1 verletzt (EGMR 13.6.2002 – 38361/97 Rn. 154 f. – Angeluova).

Art. 5 steht auch einer **Abschiebung** oder **Auslieferung** entgegen, wenn im 16 Zielstaat besonders schwerwiegende Verletzungen („flagrant denial") des Art. 5 drohen (EGMR 22.6.2004 – 17341/03 Rn. 2 – F.; ähnl. bereits EKMR 14.10.1992 – 17392/90 Rn. 2 – W. M.). In Fällen sog. **„extraordinary rendition",** also der gezielten Zuführung von Personen zu geheimen CIA-Gefängnissen, hat der Gerichtshof mit deutlichen Worten eine Verantwortlichkeit der Ausgangsstaaten für den Art. 5-Verstoß durch die USA bejaht (vgl. nur EGMR 13.12.2012 (GK) – 39630/09 Rn. 238 f., NVwZ 2013, 631 – El Masri). Das BVerwG hat angedeutet, drohender „Verlust der Freiheit (Art. 4 MRK)" im Zielstaat könne zu einem Abschiebungshindernis nach § 53 Abs. 4 AuslG (entspr. § 60 Abs. 5 AufenthG) führen (BVerwG 22.3.1994 – 9 C 443.93, NVwZ 1994, 1112 (1113)). Möglicherweise war damit Art. 5 EMRK gemeint, es handelt sich aber um ein *obiter dictum,* das zum anzuwendenden Maßstab nichts aussagt. Wenn eine **Überstellung zur Strafvollstreckung** zu einer Verlängerung der tatsächlichen Verbüßungsdauer führt, stellt dies bei „krasser Unverhältnismäßigkeit" ebenfalls eine Verletzung des Art. 5 dar (vgl. EGMR 15.3.2005 – 38704/03 Rn. B.3 – Veermäe) – was der EGMR wohl nur annimmt, wenn die tatsächliche Verbüßungsdauer um deutlich mehr als 1/3 steigt (EGMR 27.6.2006 – 22318/02 – Csoszanski; EGMR 23.10.2012 – 1997/11, BeckRS 2012, 214728 – Giza).

Haftentscheidungen, die auf **diskriminierenden Erwägungen** beruhen, kön- 16a nen Art. 5 iVm Art. 14 der EMRK verletzen (etwa EGMR 27.3.2018 – 14431/06

Rn. 21 ff. – Aleksandr Aleksandrov). In einer nationalen Regelung, wonach eine fakultative lebenslange Freiheitsstrafe nur bei Männern zwischen 18 und 65 Jahren verhängt werden darf, sah eine Mehrheit der Großen Kammer allerdings weder eine Alters- noch eine Geschlechtsdiskriminierung – letzteres wohl va, weil man eine Angleichung nach unten, also die Wiedereinführung dieser Strafe für Frauen, befürchtete (EGMR 24.1.2017 (GK) – 60367/08 ua, BeckRS 2017, 163429 – Khamtokhu u. Aksenchik, vgl. die dortigen Sondervoten).

II. Rechtfertigung von Eingriffen – allg. Voraussetzungen

17 Die Rechtfertigung einer Freiheitsentziehung nach Abs. 1 setzt zum einen voraus, dass einer der Haftgründe des Abs. 1 S. 2 vorliegt (dazu → Rn. 28 ff.). Daneben muss die Inhaftierung bestimmten weiteren Voraussetzungen (dogmatisch gesehen: **Schranken-Schranken**) gerecht werden. Insbes. muss sie rechtmäßig sein, dh auf eine gesetzliche Grundlage bestimmter Qualität gestützt sein, und sie muss auf die gesetzlich vorgeschriebene Weise erfolgen, dh die anwendbaren innerstaatlichen Vorschriften müssen eingehalten sein. Die Entscheidung muss weiter frei von Willkür sein. In aller Regel ist auch die Verhältnismäßigkeit zu prüfen.

18 Die **Rechtmäßigkeit** einer Freiheitsentziehung setzt zunächst voraus, dass überhaupt eine **gesetzliche Grundlage** im nationalen Recht existiert (EGMR 14.10.1999 – 37680/97 Rn. 31 – Riera Blume; EGMR 7.1.2010 – 25965/04 Rn. 323, NJW 2010, 3003 – Rantsev), deren Voraussetzungen auch im konkreten Fall erfüllt sind. Diese kann sich auch erst aus der Auslegung der anwendbaren Normen durch die nationalen Gerichte ergeben (EGMR 9.7.2009 (GK) – 11364/03 Rn. 91–93, StV 2010, 490 – Mooren; EGMR 8.11.2001 – 43626/98 Rn. 48 ff., BeckRS 2001, 164594 – Laumont), solange diese ausreichend klar und sicher ist (vgl. EGMR 31.7.2000 – 34578/97 Rn. 57 ff. – Jecius); eine bloße Übung der Gerichte reicht nicht aus (EGMR 28.3.2000 – 28358/95 Rn. 53 ff. – Baranowski). Die Rechtsgrundlage kann sich grds. auch aus dem Völkerrecht ergeben (EGMR 4.12.2014 – 46695/10 ua Rn. 61 ff., BeckRS 2014, 126384 – Hassan ua: Resolution des UN-Sicherheitsrates zur Pirateriebekämpfung iVm Festnahmerecht aus der UN-Seerechtskonvention).

19 Um dem rechtsstaatlichen Gehalt des Art. 5 gerecht zu werden, muss die **gesetzliche Grundlage ausreichend zugänglich, präzise formuliert und in ihrer Anwendung vorhersehbar** sein (EGMR 9.7.2009 (GK) – 11364/03 Rn. 76 u. 90 ff., StV 2010, 490 – Mooren; EGMR 7.7.2009 – 25336/04 Rn. 153 ff. – Grori). Dies entspricht den Anforderungen, die auch Art. 8–11 an die Eingriffsgrundlage stellen (etwa → Art. 8 Rn. 91–95). Eine Verletzung liegt zB vor, wenn Grundlage für die Inhaftierung bloße Verwaltungsrichtlinien sind (EGMR 25.6.1996 – 19776/92 Rn. 53, NVwZ 1997, 1102 – Amuur) oder wenn die entscheidenden Normen zu unklar sind (EGMR 19.5.2004 – 70276/01 Rn. 62 ff. – Gusinskiy). Die gesetzliche Grundlage muss auch ausreichend Schutz gegen willkürliches Handeln der Behörden bieten (EGMR 25.6.1996 – 19776/92 Rn. 53, NVwZ 1997, 1102 – Amuur). Ein Gesetz, das der Polizei verdachtsloses Anhalten und Durchsuchen von Personen ohne weitere Voraussetzungen erlaubt, entspricht diesen Anforderungen nicht (EGMR 12.1.2010 – 4158/05 Rn. 76 ff. – Gillan u. Quinton, zu Art. 8).

20 Die Inhaftierung muss auf die **gesetzlich vorgeschriebene Weise** geschehen. Dies setzt die Einhaltung anwendbarer nationaler Vorschriften, und zwar sowohl materieller als auch formeller Art, voraus. Da die Anwendung nationalen Rechts

Recht auf Freiheit und Sicherheit **Art. 5 EMRK**

zuvörderst Aufgabe der nationalen Behörden ist, nimmt der EGMR nur eine eingeschränkte Überprüfung vor. Auch macht eine spätere Aufhebung der Haftentscheidung die auf sie gestützte Haft nicht immer rechtswidrig, sondern nur dann, wenn der Rechtsfehler schon nach nationalem Recht zur Unwirksamkeit der Entscheidung führt oder wenn ein „offensichtlicher und schwerwiegender Verfahrensfehler" („gross and obvious irregularity") vorliegt (zuletzt EGMR 9.7.2009 (GK) – 11364/03 Rn. 74 f. mwN, 82 ff., StV 2010, 490 – Mooren). Zur Begründung dieser Einschränkung zieht der EGMR eine Parallele zur Aufhebung eines Strafurteils in der Revision oder Wiederaufnahme, die anerkanntermaßen den zwischenzeitlichen Vollzug der Freiheitsstrafe nicht im Nachhinein unrechtmäßig macht (EGMR 10.6.1996 (GK) – 19380/92 Rn. 42, ÖJZ 1996, 915 – Benham). Ob diese Parallele überzeugt, ist zweifelhaft (vgl. EGMR 10.6.1996 (GK) – 19380/92 Rn. 42, ÖJZ 1996, 915 – Benham, abw. Meinungen), gilt doch der eingeschränkte Prüfungsmaßstab des lit. a (→Rn. 31) nicht auch für andere Haftgründe. Die Beschränkung auf Nichtigkeit und offensichtliche und schwerwiegende Fehler dürfte aber inzwischen ständige Rechtsprechung sein, wenngleich die genaue Bedeutung dieses Maßstabs auch innerhalb des Gerichtshofs nicht restlos geklärt scheint (→Rn. 22).

Nicht rechtmäßig in diesem Sinne sind etwa Haftentscheidungen, die die Befugnisse des entscheidenden Gerichts überschreiten (EGMR 10.6.1996 (GK) – 19380/92 Rn. 43 ff., ÖJZ 1996, 915 – Benham), deren gesetzliche Grundlage ersichtlich nicht einschlägig ist (EGMR 7.6.2007 – 38411/02 Rn. 89 – Garabayev: Auslieferungshaft trotz eindeutigen Auslieferungsverbots), die ohne jedes rechtliche Gehör gefällt wurden (EGMR 9.7.2009 (GK) – 11364/03 Rn. 75, StV 2010, 490 – Mooren) oder die relevante Fakten ignorieren, die dem Staat hätten bekannt sein müssen (EGMR 19.9.2013 – 16880/08 Rn. 54 ff., BeckRS 2013, 202351 – Velinov: Erzwingungshaft trotz Erfüllung der Verpflichtung). Nicht rechtmäßig sind weiter willkürliche Entscheidungen (EGMR 9.7.2009 (GK) – 11364/03 Rn. 78, StV 2010, 490 – Mooren), also etwa solche, die eine vollkommen unzureichende (EGMR 8.11.2005 – 6847/02 Rn. 157 – Khudoyorov) oder gar keine Begründung enthalten (EGMR 2.3.2006 – 55669/00 Rn. 70 – Nakhmanovich) oder bei denen sich Behörden und Gerichte nicht einmal bemüht haben, das nationale Recht fehlerfrei anzuwenden (EGMR 10.6.1996 (GK) – 19380/92 Rn. 47, ÖJZ 1996, 915 – Benham). Ist die Haftentscheidung dagegen bloß „einfach" fehlerhaft und werden festgestellte Fehler in relativ kurzer Zeit behoben, bleibt die Haftentscheidung trotz Fehlerhaftigkeit eine ausreichende Grundlage für die Inhaftierung (EGMR 9.7.2009 (GK) – 11364/03 Rn. 80 f. mwN, StV 2010, 490 – Mooren; EGMR 28.10.2003 – 38223/97 Rn. 43 ff. – Minjat). 21

Wo in etwa die **Grenze zwischen hinnehmbarer Gesetzesauslegung und fehlender gesetzlicher Grundlage** (→Rn. 18) sowie **zwischen bloßer Fehlerhaftigkeit und „offensichtlichem und schwerwiegenden Verstoß"** (→Rn. 20) liegt, zeigt ein Urteil aus 2009 im Fall *Mooren:* Der Beschwerdeführer war auf Basis eines Haftbefehls inhaftiert worden, der so gut wie keine Begründung enthalten hatte, zudem war dem Verteidiger über Monate jede Akteneinsicht verweigert worden. Das OLG befand auf die (weitere) Beschwerde hin, der Haftbefehl sei rechtswidrig, aber nicht unwirksam, und verwies den Fall an das Amtsgericht zurück. Der Wortlaut des § 309 Abs. 2 StPO fordert eine eigene Sachentscheidung des OLG, es gab aber einige obergerichtliche Urteile zu Ausnahmen hiervon. Der Beschuldigte blieb auf Grund des fehlerhaften Haftbefehls in Haft, das Amtsgericht besserte die fehlende Begründung nach. Dieses Vorgehen wurde von der Großen 22

Kammer mit 9:8 Stimmen als nicht konventionswidrig angesehen (EGMR 9.7.2009 (GK) – 11364/03 Rn. 91 ff., StV 2010, 490 – Mooren). Die überstimmte Minderheit sah zum einen keine ausreichende gesetzliche Grundlage für die Inhaftierung nach dem OLG-Beschluss, zum anderen stufte sie die Kombination aus fast völlig fehlender Begründung des Haftbefehls und Verweigerung von Akteneinsicht als „offensichtlichen und schwerwiegenden Verstoß" ein (StV 2010, 490, gem. teilw. abw. Meinung).

23 Schließlich kann auch eine Haftentscheidung, die formell die anwendbaren nationalen Vorschriften einhält, willkürlich und damit unrechtmäßig sein, wenn dem Vorgehen der nationalen Behörden ein **Element der Täuschung oder der Bösgläubigkeit** innewohnt. Letzteres ist insbes. bei einem Versuch, die gesetzlichen Anforderungen an ein bestimmtes Vorgehen zu umgehen, der Fall, etwa wenn eine inhaftierte Person entlassen und sofort wieder inhaftiert wird, um gesetzliche Höchstfristen für die Haft zu umgehen (EGMR 10.5.2007 – 199/05 Rn. 33 – John; weitere Bsp. u. → Rn. 86). Willkürlich ist auch eine Inhaftierung, die ein **verfahrensfremdes Ziel** verfolgt (EGMR 10.4.2012 – 34320/04 Rn. 123 – Hakobyan ua: Verhinderung der Teilnahme an legalen Demonstrationen). Auch das **Fehlen jeglicher Dokumentation** einer Inhaftierung führt wegen der entstehenden Gefahr willkürlichen Handelns ohne weiteres zur Feststellung der Rechtswidrigkeit (EGMR 15.11.2012 – 33627/06 Rn. 76–78 – Grinenko).

24 Hinsichtlich der **Verhältnismäßigkeit** der Inhaftierung hängt der anzulegende Prüfungsmaßstab vom Haftgrund ab (vgl. EGMR 29.1.2008 (GK) – 37201/06 Rn. 70–73, NVwZ 2009, 375 – Saadi). Bei Strafhaft nach lit. a findet praktisch keine Verhältnismäßigkeitsprüfung statt, bei den anderen Haftgründen eine Prüfung unterschiedlicher Intensität, wobei der Gerichtshof gerade bei lit. b und lit. f die Anforderungen in den letzten Jahren erheblich verschärft hat. Näheres bei den einzelnen Haftgründen.

25 Schließlich ist Voraussetzung für die Rechtmäßigkeit der Haft auch, jedenfalls bei lit. d–f, dass die **Haftbedingungen** in einem gewissen Einklang mit dem behaupteten Haftzweck stehen (→ Rn. 60, 68, 71, 87 und 89 a). Wird etwa ein zu Erziehungszwecken (lit. d.) inhaftierter Jugendlicher in einem für Erziehung völlig ungeeigneten Untersuchungsgefängnis untergebracht, ist die Haft schon deswegen unrechtmäßig (EGMR 29.2.1988 – 9106/80 Rn. 50 ff., EGMR-E 4, 1 – Bouamar).

26 Besondere Fragen entstehen bei **Involvierung von Drittstaaten oder Privaten** in die Inhaftierung und bei sonstigen Fällen **grenzüberschreitender Inhaftierung**. Die Kommission war hier sehr weitgehend dem Grundsatz „male captus, bene detentus" gefolgt und hatte behauptete Verletzungen im Zusammenwirken zwischen Konventionsstaat und Drittstaat nicht ernsthaft überprüft (vgl. etwa EGMR 4.7.1984 – 10689/83 – Altmann (Barbie); EGMR 2.10.1989 – 14009/88 Rn. 2 – Reinette; krit. *Trechsel* in Macdonald/Matscher/Petzold S. 295 mwN).

27 Der Rechtsprechung des EGMR lassen sich einige Einschränkungen dieses Grundsatzes entnehmen. Eine **Festnahme** durch Behörden des Konventionsstaates **auf dem Gebiet eines Drittstaates** ist dann rechtswidrig, wenn nachgewiesenermaßen die Rechte des Drittstaates verletzt sind (EGMR 12.5.2005 (GK) – 46221/99 Rn. 90, 93 ff., NVwZ 2006, 1267 – Öcalan; ähnl. EGMR 20.2.2007 – 35865/03 Rn. 81, 87, NVwZ 2008, 761 – Al-Moayad). In einem Fall, der das Aufbringen eines unter fremder Flagge fahrenden Schiffes auf Hoher See und die Inhaftierung der Besatzung betraf, führte dieses Erfordernis im Ergebnis zu einer Ver-

Recht auf Freiheit und Sicherheit **Art. 5 EMRK**

letzung, da die völkerrechtliche Grundlage, eine diplomatische Note des Flaggenstaates, nicht den oben (→ Rn. 19) dargestellten Anforderungen an die Qualität der Rechtsgrundlage genügte (EGMR 29.3.2010 (GK) – 3394/03 Rn. 94ff., NJOZ 2011, 231 – Medvedyev ua). Zur Inhaftierung im Rahmen von Anti-Piraterie-Missionen vgl. *Fischer-Lescano/Kreck* AVR 2009, 481 (499ff.). Die **Beteiligung Dritter** an der Inhaftierung, etwa durch Entführung über die Grenze in den Konventionsstaat, kann zu einer Verletzung führen, wenn sie mit Wissen der Behörden erfolgt (EGMR 19.3.1991 – 11755/85 Rn. 54 – Stocké) oder wenn die Dritten schwere Menschenrechtsverletzungen begehen (vgl. EGMR 20.2.2007 – 35865/03 Rn. 88, NVwZ 2008, 761 – Al-Moayad).

III. Rechtfertigung von Eingriffen – Haftgründe

Eine Inhaftierung kann nur rechtmäßig sein, wenn sie auf einem der in Abs. 1 S. 2 genannten Haftgründe beruht. Die Auflistung ist abschließend; eine Freiheitsentziehung, die auf keinen der nachfolgend dargestellten Gründe gestützt werden kann, ist schon deswegen rechtswidrig (EGMR 15.3.2012 (GK) – 39692/09 Rn. 60, NJW-RR 2013, 785 – Austin ua). Diese Gründe sind als Ausnahmen vom Grundsatz umfassender persönlicher Freiheit **eng auszulegen** (EGMR 6.4.2000 (GK) – 26772/95 Rn. 170 – Labita). Sie schließen sich aber nicht gegenseitig aus, eine Freiheitsentziehung kann gleichzeitig auf mehrere (EGMR 27.7.2010 – 28221/08 Rn. 35 – Gatt mwN) oder nacheinander auf verschiedene Haftgründe (EGMR 24.9.1992 – 11613/85 Rn. 35f., EuGRZ 1993, 118 – Kolompar) gestützt werden. **28**

Die Liste der Haftgründe des Abs. 1 eine Leerstelle, da keiner davon (mit Ausnahme des lit. b für wenige Konstellationen) sich mit **gefahrenabwehrrechtlich motivierter Freiheitsentziehung** befasst (zum Sonderfall des Unterbindungsgewahrsams vgl. → Rn. 41a und 56). Nachdem der EGMR eine Auseinandersetzung mit dieser Problematik lange vermieden hatte (→ Rn. 10b), sah sich die Große Kammer im Fall Austin ua direkt damit konfrontiert. Der Fall betraf die siebenstündige **Einkesselung einer Demonstration** auf einer Straßenkreuzung, von der sowohl Demonstrierende als auch zufällig anwesende Dritte betroffen waren. Grund war laut Polizei die Gefahr eines gewalttätigen Verlaufs der Demonstration, der Leib und Leben sowie Eigentum Dritter gefährdet hätte. Der Gerichtshof entschied mit großer Mehrheit, es habe schon keine Freiheitsentziehung iSd Art. 5 vorgelegen: die Maßnahme habe der Abwendung der genannten Gefahren für Dritte gedient, die auch über die gesamte Zeit bestanden hätten, die Einkesselung sei die mildeste effektive Maßnahme gewesen, diesen Gefahren zu begegnen, und die Polizei habe eine geordnete Entlassung von Personen aus dem Kessel zumindest versucht (EGMR 15.3.2012 (GK) – 39692/09 Rn. 66–68, NJW-RR 2013, 785 – Austin ua). **28a**

Vor dem Hintergrund der Systematik zu Art. 5 ist diese Entscheidung alles andere als überzeugend: die Argumente, die der Gerichtshof bemüht, betreffen sämtlich die Motivation für die Freiheitsentziehung, die er sonst ausdrücklich für unbeachtlich erklärt (→ Rn. 10a), sowie Aspekte der Verhältnismäßigkeit, die erst im Rahmen der Rechtfertigung einer Freiheitsentziehung zu berücksichtigen sind. Dementsprechend scharf kritisierte die überstimmte Minderheit die Mehrheitsentscheidung – und beschrieb, worauf diese zurückzuführen sein dürfte: bei Annahme einer Freiheitsentziehung wäre kein Haftgrund einschlägig und die Freiheitsentziehung daher automatisch rechtswidrig gewesen – eine Konsequenz, die die Mehr- **28b** heit nicht ziehen wollte (vgl. EGMR 15.3.2012 (GK) – 39692/09 Rn. 9, NJW-RR 2013, 785 – Austin ua, gem. abw. Meinung; ähnlich *Mead* Cambridge Law Journal 2012, 472). Die Minderheit warnte vor einer deutlichen Aufweichung des Rechts auf persönliche Freiheit, wenn diese Entscheidung auf andere Konstellationen übertragen würde (EGMR 15.3.2012 (GK) – 39692/09 Rn. 5, 7, NJW-RR 2013, 785 – Austin ua, gem. abw. Meinung). Der Gerichtshof hat die Entscheidung später bestätigt (EGMR 14.1.2014 – 3626/10 Rn. 87 ff. – Birgean), hat sich aber einer Übertragung auf andere Konstellationen versperrt und selbst bei ähnlichen Fallgestaltungen seine Entscheidung auf andere Gesichtspunkte gestützt (vgl. die sogleich genannten Entscheidungen). Praktisch gesehen handelt es sich letztlich um die Einführung eines de facto-Haftgrundes für gefahrenabwehrrechtliche Freiheitsentziehungen in Massensituationen. Dessen Voraussetzungen sind noch nicht endgültig bestimmt, jedenfalls muss eine unmittelbare Gefahr für gewichtige Rechtsgüter Dritter vorliegen (EGMR 23.7.2013 – 41872/10 Rn. 192 – M.A.), die Freiheitsentziehung muss der Abwehr dieser Gefahr dienen (und nicht zB der Personalienfeststellung zur Strafverfolgung, vgl. EGMR 11.2.2014 – 6315/09 ua Rn. 51 f. – Donat u. Fassnacht-Albers) und eine strenge Verhältnismäßigkeitsprüfung angestellt werden.

28c Zur Rechtmäßigkeit von **Freiheitsentziehung im Krieg** (oder anders gesagt: zum Verhältnis der Konvention zum humanitären Völkerrecht) musste sich der Gerichtshof überraschenderweise erst 2014 äußern. Die Große Kammer entschied mit großer Mehrheit, dass Art. 5 durch das humanitäre Völkerrecht nicht verdrängt, aber modifiziert wird (EGMR 16.9.2014 (GK) – 29750/09 Rn. 104 ff. – Hassan). Demnach sind **Freiheitsentziehungen, die nach humanitärem Völkerrecht gerechtfertigt sind** (im konkreten Fall: nach Art. 4A, 21 der Dritten bzw. Art. 42, 78 der Vierten Genfer Konvention), auch nach Art. 5 gerechtfertigt, wenn die Voraussetzungen, die das humanitäre Völkerrecht aufstellt, im Einzelfall erfüllt sind und die Entscheidung im Einzelfall auch die allgemeinen Rechtmäßigkeitsvoraussetzungen (→ Rn. 20 ff.) erfüllt. Diese „Modifizierung" des Art. 5 durch das humanitäre Völkerrecht findet allerdings nur dann Anwendung, wenn sich der betroffene Staat gegenüber dem Gerichtshof ausdrücklich darauf beruft (EGMR 16.9.2014 (GK) – 29750/09 Rn. 107 – Hassan). Die Minderheit von vier Mitgliedern des Gerichtshofs kritisierte die Mehrheitsentscheidung scharf: den Staaten stehe es offen, im Kriegsfall eine Derogationserklärung nach Art. 15 abzugeben, sähen sie davon ab, sei auch kein Raum für eine „Modifizierung" der Konvention, zumal deren Maßstäbe sehr unklar seien (EGMR 16.9.2014 (GK) – 29750/09 – Hassan, gem. abw. Meinung).

29 **1. Haft nach gerichtlicher Verurteilung (lit. a).** Die Rechtmäßigkeit von (va) Freiheitsstrafe erfordert zunächst eine **Verurteilung,** dh eine gerichtliche Entscheidung, die wegen einer schuldhaft begangenen Tat eine Strafe auferlegt. Es muss nicht zwingend ein Urteil sein, ein Strafbefehl reicht grds. aus (EGMR 23.11.2010 – 14579/05 Rn. 1 – Wenner). Die Tat muss keine Straftat ieS sein; lit. a erfasst auch Disziplinarstrafen (EGMR 8.6.1976 – 5100/71 ua Rn. 68, EuGRZ 1976, 221 – Engel ua), Verwaltungsstrafen (EGMR 15.11.2007 – 26986/03 Rn. 47 ff. – Galstyan) und Ordnungshaft wegen Ungebühr iSd § 178 GVG (EGMR 6.9.2005 – 61406/00 Rn. 39 – Gurepka). Die Verurteilung muss auf der Feststellung von Schuld beruhen (EGMR 24.6.1982 (Pl.) – 7906/77 Rn. 35, EuGRZ 1984, 6 – Van Droogenbroeck). Daher sind zwar auch Maßregeln, insbes. die Sicherungsverwahrung, von lit. a erfasst (EGMR 17.12.2009 –

Recht auf Freiheit und Sicherheit **Art. 5 EMRK**

19359/04 Rn. 93f. mwN, NJW 2010, 2495 – M.; EGMR 21.10.2010 – 24478/03 Rn. 46ff., EuGRZ 2011, 20 – Grosskopf). Werden sie aber nach Feststellung von Schuldunfähigkeit verhängt (insbes. § 63 StGB), ist nur lit. e einschlägig (EGMR 23.2.1984 – 9019/80 Rn. 25, NJW 1986, 765 – Luberti).

Die Verurteilung muss durch ein **Gericht,** nicht durch die Staatsanwaltschaft 30 oder militärische Vorgesetzte, erfolgt sein. In Disziplinarfällen reicht aber eine Anordnung durch Vorgesetzte aus, wenn ein Rechtsmittel zum Gericht mit aufschiebender Wirkung besteht (EGMR 8.6.1976 – 5100/71 Rn. 68 ua, EuGRZ 1976, 221 – Engel ua; vgl. § 42 WDO). Die Verurteilung darf auch durch ein ausländisches Gericht erfolgt sein (EKMR 14.12.1963 – 1322/62 – X.; EGMR 26.6.1992 – 12747/87 Rn. 110 – Drozd u. Janousek). Die **Umsetzung** des Urteils darf grds. **durch eine Verwaltungsbehörde** erfolgen, soweit diese den durch das Urteil gesteckten Rahmens einhält (EGMR 24.6.1982 (Pl.) – 7906/77 Rn. 40, EuGRZ 1984, 6 – Van Droogenbroeck; → Rn. 34f.). Sie darf etwa eine Geldstrafe in Ersatzfreiheitsstrafe umwandeln, wenn Voraussetzungen und Maßstäbe im Urteil oder im Gesetz festgelegt sind (*Trechsel* bei Macdonald/Matscher/Petzold S. 296), darf aber zB nicht (vermeintliche oder tatsächliche) Fehler des Gerichts bei der Berechnung der Strafänge selbst „korrigieren" (EGMR 26.3.2013 – 12811/07 Rn. 43 – Barborski).

Nach dem Wortlaut des lit. a ist die Rechtmäßigkeit der Haft, aber **nicht** die 31 **Rechtmäßigkeit der Verurteilung** zu prüfen. Eine Überprüfung des Urteils und des Strafverfahrens auf sachliche oder rechtliche Fehler findet daher grds. nicht statt, selbst Urteilsaufhebung im Rechtsmittel- oder Wiederaufnahmeverfahren macht die zwischenzeitlich erfolgte Freiheitsentziehung nicht im Nachhinein unzulässig (zuletzt EGMR 12.2.2013 – 152/04 Rn. 101f. – Yefimenko). Der EGMR hat aber Ausnahmen von diesem Grundsatz gemacht (etwa EGMR 29.5.1997 – 19233/91 ua Rn. 58 – Tsirlis u. Kouloumpas). Er hat diese nunmehr unter Verweis auf die Parallelproblematik bei anderen Haftgründen dahingehend systematisiert, dass ein Urteil, das auf einem „**offensichtlichen und schwerwiegenden Verstoß**" gegen nationale Rechtsnormen (→ Rn. 20, 22) beruht, keine taugliche Grundlage für Haft nach lit. a ist (EGMR 12.2.2013 – 152/04 Rn. 103ff. – Yefimenko, etwa bei klarer Unzuständigkeit des Gerichts – EGMR 5.1.2016 – 44925/06 Rn. 28f. – Kleyn). Eine **Verhältnismäßigkeitsprüfung** iS einer Prüfung der Angemessenheit der Strafe hat der EGMR bisher selbst in krassen Fällen abgelehnt (EGMR 2.3.1987 (Pl.) – 9787/82 Rn. 50, NJW 1989, 647 – Weeks); nach der neueren Rechtsprechung dürfte auch hier eine Ausnahme für offensichtliche und schwerwiegende Unangemessenheit zu machen sein. Ebenso führt zwar nicht jede Verletzung anderer Konventionsrechte (zB Art. 6) im Strafverfahren automatisch zu einer Verletzung des Art. 5 durch die Strafhaft (EGMR 30.5.2013 – 36673/04 Rn. 95 – Malofeyeva), jedenfalls aber ein schwerwiegender oder willkürlicher Konventionsverstoß (EGMR 24.3.2005 – 9808/02 Rn. 51, 53ff. – Stoichkov; EGMR 9.3.2006 – 59261/00 Rn. 92 – Menesheva). Wo ein Urteil aus einem Drittstaat vollstreckt wird, prüft der Gerichtshof dieses nur auf besonders schwerwiegende Rechtsverletzungen („flagrant violations") (EGMR 26.6.1992 – 12747/87 Rn. 110 – Drozd u. Janousek; EGMR 8.1.2013 – 43759/10 ua Rn. 94ff. – Willcox u. Hurford).

Das dem Wortlaut nach separate Erfordernis der **Zuständigkeit des Gerichts,** 32 dh der Einhaltung nationaler Zuständigkeits- und Geschäftsverteilungsvorschriften (dazu bereits EKMR 18.12.1980 – 8603/79 Rn. 8 u. 26 – Crociani ua), dürfte in dem so verstandenen allgemeinen Rechtmäßigkeitserfordernis weitgehend aufgegangen und nach demselben Maßstab zu prüfen sein (vgl. EGMR 12.2.2013 – 152/04 Rn. 109, 111 – Yefimenko). Bei Verurteilung wegen im Ausland begangener Straftaten ist unter diesem Stichwort aber auch zu prüfen, ob nationales Strafrecht anwendbar ist (EGMR 12.7.2007 – 74613/01 Rn. 72, NJOZ 2008, 3605 – Jorgic).

33 Die Freiheitsentziehung muss **nach Verurteilung** erfolgen. Dies setzt zunächst die rein zeitliche Abfolge voraus, dh das Urteil muss bereits gesprochen sein (die schriftlichen Urteilsgründe müssen aber noch nicht vorliegen – EKMR 18.12.1980 – 8603/79 Rn. 26 – Crociani ua). Die Rechtskraft des Urteils ist nicht erforderlich – der Gerichtshof hält sich an den Wortlaut, der nur eine Verurteilung, nicht eine rechtskräftige Verurteilung fordert (EGMR 27.6.1986 – 2122/64 Rn. 9, EGMR-E 1, 54 – Wemhoff). Die Haft muss aber nicht nur zeitlich auf die Verurteilung folgen, sie muss auch **auf Grund bzw. in Vollziehung der Verurteilung** (EGMR 24.6.1982 (Pl.) – 7906/77 Rn. 35, EuGRZ 1984, 6 – Van Droogenbroeck) erfolgen. Daher fällt etwa eine nach Verurteilung im Ausland angeordnete Auslieferungshaft nicht unter lit. a, sondern unter lit. f. (EGMR 18.12.1986 – 9990/82 Rn. 53, NJW 1987, 3066 – Bozano). Dagegen ist die Haft zwischen dem erstinstanzlichen Urteil und dem Urteil in der Rechtsmittelinstanz auch in solchen Staaten nach lit. a zu behandeln, in denen sie – wie in Deutschland – innerstaatlich als Untersuchungshaft behandelt wird (EGMR 27.6.1986 – 2122/64 Rn. 9, EGMR-E 1, 54 – Wemhoff). Dies gilt selbst dann, wenn ihre Anrechnung auf die Freiheitsstrafe verweigert werden kann (EGMR 2.3.1987 – 9562/81 Rn. 42ff., EGMR-E 3, 415 – Monnell u. Morris) oder wenn die Dauer der Untersuchungshaft die Höhe der verhängten Freiheitsstrafe übersteigt (EGMR 4.6.2016 – 5425/11 Rn. 52ff. – Ruslan Yakovenko; dann aber idR Verstoß mangels Rechtmäßigkeit der Haft: Rn. 62ff.); anders bei Anordnung andauernder Untersuchungshaft trotz Verurteilung zu „nur" einer Bewährungsstrafe (EGMR 9.4.2019 – 43734/14 Rn. 59 – Navalnyy (Nr. 2)).

33a Im Hinblick auf die **Strafvollstreckung** gilt das allgemeine Rechtmäßigkeitskriterium, wonach das nationale Strafvollstreckungsrecht die üblichen Anforderungen an Vorhersehbarkeit usw. (→ Rn. 18f.) erfüllen und auch entsprechend angewandt werden muss. Insbes. enthält lit. a zwar kein Recht auf eine vorzeitige Entlassung, aber ein Recht darauf, dass die Entscheidung über vorzeitige Entlassung auf Grundlage und unter Einhaltung des anwendbaren nationalen Rechts gefällt wird (EGMR 21.10.2013 (GK) – 42750/09 Rn. 125f. mwN – Del Rio Prado). Verzögerte Freilassung wegen zu langsamer Prüfung etwa nach § 57a StGB indes führt auch dann, wenn sie gegen Abs. 4 verstößt, nicht zur Rechtswidrigkeit der zwischenzeitlichen Haft nach lit. a (vgl. EGMR 6.10.2016 – 68909/13 Rn. 44f. – Daniel Faulkner).

34 Erforderlich ist zudem eine **ausreichend enge Verknüpfung** zwischen dem Urteil und der Inhaftierung. Diese Verknüpfung ist va in zwei Fallgruppen zu überprüfen. Die erste betrifft **lebenslange** oder sonst unbestimmte **Freiheitsstrafen.** Hier darf das weitere Schicksal der verurteilten Person recht weitgehend durch erst nach dem Urteil gefällte behördliche Entscheidungen bestimmt werden, die Person darf auch nach zwischenzeitlicher Freilassung erneut inhaftiert werden, solange diese Entscheidung den Rahmen einhält, der durch das Gesetz und die Strafzumessungserwägungen des Urteils gesteckt ist. Diesen Rahmen versteht der Gerichtshof recht weit (vgl. etwa EGMR 2.3.1987 (Pl.) – 9787/82 Rn. 49ff., NJW 1989, 647 – Weeks; EGMR 10.12.2002 – 53236/99 Rn. 65ff. – Waite – Verstoß nur unter den extremen Umständen des Falles; EGMR 28.5.2002 – 46295/99 Rn. 81f. – Staf-

Recht auf Freiheit und Sicherheit **Art. 5 EMRK**

ford). Die Möglichkeit extrem langer Verbüßungsdauer bis hin zu echter lebenslanger Freiheitsstrafe stellt für den EGMR kein Problem des lit. a dar (vgl. EGMR 11.4.2006 – 19324/02 Rn. 67 ff. – Leger; krit. dortige abw. Meinungen; lapidar: EGMR 12.2.2008 (GK) – 21906/04 Rn. 119 f., NJOZ 2010, 1599 – Kafkaris; zum deutschen Recht etwa EGMR 10.5.2012 – 22919/07 Rn. 68 ff. – Bräunig). Zur Frage, inwieweit langjährige Freiheitsstrafen bzw. Sicherungsverwahrung Art. 3 tangieren, → Art. 3 Rn. 10.

Das zweite Problemfeld sind Maßregeln, insbes. die Sicherungsverwahrung. Der **35** EGMR hat in einer Reihe von Urteilen seit 2009 das **bis Ende 2010 geltende Recht der Sicherungsverwahrung** (§§ 66 ff. StGB aF) in entscheidenden Punkten für konventionswidrig erklärt, insbes. die **nachträgliche Entfristung der Sicherungsverwahrung** (§ 67 d Abs. 1, 3 StGB aF) durch das Gesetz vom 26.1.1998 bei Verurteilten, die vor 1998 verurteilt worden waren (EGMR 17.12.2009 – 19359/04 Rn. 99–101, NJW 2010, 2495 – M.) sowie die **nachträglich angeordnete Sicherungsverwahrung** nach § 66 b StGB aF (etwa EGMR 19.4.2012 – 61272/09 Rn. 72 f., EuGRZ 2012, 383 – B.). Er hat den hierauf folgenden Erlass des bundesverfassungsgerichtlichen Urteils vom 4.5.2011 ausdrücklich begrüßt (EGMR 9.6.2011 – 31047/04 ua Rn. 54, NJW 2012, 2093 – Mork).

Die Unterbringung in sog. **„Altfällen"** nachträglicher bzw. nachträglich verlän- **36** gerter Sicherungsverwahrung nach Maßgabe der Fortgeltungsanordnungen im Urteil des BVerfG bzw. der Art. 316 e, 316 f EGStGB ist mangels ausreichender Verknüpfung zwischen Strafurteil und Freiheitsentzug nicht nach lit. a zu rechtfertigen (EGMR 7.1.2016 – 23279/14 Rn. 104, NJW 2017, 1007 – Bergmann; EGMR 4.12.2018 (GK) – 10211/12 ua Rn. 144, NJOZ 2019, 1445 – Ilnseher). Gleiches gilt für die Unterbringung nach dem **Therapieunterbringungsgesetz** (vgl. bereits EGMR 13.1.2011 – 6587/04 Rn. 86, 88, NJW 2011, 3423 – Haidn zum strukturell vergleichbaren BayStrUBG). Zu Voraussetzungen einer Rechtfertigung nach lit. e → Rn. 70.

Auch das **reformierte Sicherungsverwahrungsregime** ist in Teilen Zweifeln **37** an seiner Konventionskonformität ausgesetzt: So ist bei der **vorbehaltenen Sicherungsverwahrung** (§ 66 a StGB nF) fraglich, ob die Verknüpfung zwischen einer im Urteil nur für möglich erachteten Maßregel und ihrer späteren Anordnung nach dem Ende der Verbüßung ausreichend eng iSd lit. a ist (vgl. *Kinzig* NJW 2011, 177 (179 f.) mwN; aA *Kreuzer* NStZ 2010, 473 (479)). Der EGMR hat dies bisher nicht zu entscheiden gehabt, hat aber wiederholt geäußert, Grundlage für Haft nach lit. a könne nur ein verurteilendes Urteil, keine viel später im zeitlichen Rahmen der Strafvollstreckung getätigte Entscheidung sein (EGMR 19.4.2012 – 61272/09 Rn. 72, EuGRZ 2012, 383 – B.) – genau eine solche Entscheidung, mag sie auch vom Tatgericht getroffen werden, löst aber bei § 66 a StGB nF die tatsächliche Freiheitsentziehung aus. Auch die Möglichkeit der **nachträglichen Anordnung der Unterbringung in der Sicherungsverwahrung** (§ 66 b StGB) ist wohl mangels ausreichender Verknüpfung zwischen ursprünglichem Urteil und Anordnung der Unterbringung nicht nach lit. a zu rechtfertigen (vgl. EGMR 28.6.2012 – 3300/10 Rn. 86–89, JR 2013, 78 – S.). Nach der neueren Rechtsprechung des Gerichtshofs zu den „Altfällen" ist indes zu erwarten, dass er die Sicherungsverwahrung auch in Fällen der §§ 66 a und 66 b StGB nF nach lit. e für zulässig halten wird, solange im Einzelfall eine psychische Erkrankung festgestellt wird (vgl. → Rn. 70).

Schließlich ergeben sich aus der neueren Rechtsprechung des Gerichtshofs **38** diverse konventionsrechtliche Kautelen für die **Durchführung der Sicherungs-**

verwahrung. Zum einen muss die Notwendigkeit der (weiteren) Vollstreckung der Sicherungsverwahrung regelmäßig überprüft werden: Die sog. **faktische Sicherungsverwahrung,** also die Freiheitsentziehung zwischen Vollverbüßung der Strafe und der Entscheidung über den tatsächlichen Vollzug angeordneter Sicherungsverwahrung, wie auch Überschreitungen der Überprüfungsfristen des § 67e StGB sind jedenfalls nur für kurze Zeiträume (max. etwa 1 Monat) und nur bei unvorhersehbarer Schwierigkeit des Verfahrens zulässig (EGMR 24.11.2011 – 48038/06 Rn. 103ff., DÖV 2012, 201 – Schönbrod; EGMR 19.9.2013 – 17167/11 Rn. 75ff. – H. W.). Die Entscheidung über die (weitere) Vollstreckung muss auf einem relativ **aktuellen wissenschaftlichen Gutachten** basieren (EGMR 19.9.2013 – 17167/11 Rn. 109ff. – H.W.), wobei ein mehrere Jahre altes Gutachten ausreicht, wenn sich seitdem nichts geändert hat, insbes. die sicherungsverwahrte Person alle Therapieangebote abgelehnt hat (EGMR 22.1.2013 – 2894/08 – Dörr). Dabei müssen auch **hohes Alter und körperliche Erkrankungen,** die die Gefährlichkeit herabsetzen können, ausreichend gewürdigt werden – müssen aber nicht ohne weiteres oder sofort zur Entlassung führen (EGMR 24.11.2011 – 48038/06 Rn. 94ff. – Schönbrod; EGMR 19.1.2012 – 28527/08 Rn. 97f. – Reiner). Schließlich ist immer zu prüfen, ob durch **Zeitablauf** die Verknüpfung zwischen Verurteilung und andauernder Sicherungsverwahrung abgerissen ist – der EGMR ist hier allerdings sehr großzügig (EGMR 19.1.2012 – 28527/08 Rn. 95f. – Reiner). Wenn – wie häufig – die Gefährlichkeitsprognose nur durch eine erfolgreiche Therapie beseitigt werden kann, müssen auch **Therapiemöglichkeiten** zur Verfügung gestellt werden, sonst wird eine ursprünglich rechtmäßig angeordnete Sicherungsverwahrung rechtswidrig (EGMR 22.3.2012 – 36035/04 Rn. 74ff., NJW 2013, 3709 – Ostermünchner). Unterschiede im Zugang zu Therapien auf Grund der Nationalität bzw. wegen bevorstehender Ausweisung nichtdeutscher Sicherungsverwahrter verletzen Art. 5 iVm Art. 14 EMRK (EGMR 22.3.2012 – 5123/07 Rn. 89ff., NJW 2013, 2095 – Rangelov). Ähnliche Maßstäbe gelten auch für die Vollstreckung der Maßregel nach § 63 StGB bei (vermindert) Schuldfähigen (EGMR 18.2.2016 – 62054/12 Rn. 46ff., NJW 2017, 2395 – Blühdorn).

39   **2. Erzwingungs- und Beugehaft (lit. b).** Lit. b erlaubt zum einen Inhaftierung wegen **Nichtbefolgung einer** – bereits ergangenen – **rechtmäßigen gerichtlichen Anordnung.** Eine Einschränkung auf bestimmte Anordnungen enthält die Norm nicht. So ist etwa grds. zulässig die Durchsetzung einer gerichtlichen Ladung durch zwangsweise Vorführung (EKMR 16.10.1996 – 32206/96 Rn. II. – G.K.; bei Vorführung Angeklagter ist auch lit. c und damit Abs. 3 einschlägig – EGMR 11.7.2006 – 2192/03 Rn. 34f. – Harkmann), die Ersatzhaft bei Nichtzahlung von Geldstrafen/-bußen und Gerichtskosten (EGMR 27.7.2010 – 28221/08 Rn. 37ff. – Gatt; aber → Rn. 44), die Zwangs- bzw. Beugehaft, um die Befolgung einer gerichtlich angeordneten Handlungspflicht zu erreichen (EGMR 3.12.2002 – 30218/96 Rn. 62 – Nowicka: psychiatrische Untersuchung; EGMR 4.7.2007 – 4065/04 Rn. 1, EuGRZ 2007, 678 – Paradis ua: Auskunftspflicht; EKMR 13.12.1978 – 8278/78 Rn. 2 – X.: Blutprobe). Freiheitsentziehung ist – das zeigt schon der Wortlaut des lit. b – nur zulässig, wenn die Person die Befolgung der Anordnung (zumindest implizit) verweigert hat, nachdem ihr diese bekannt gemacht wurde (EGMR 29.11.2011 – 30954/05 Rn. 49f. – Beiere; EGMR 2.5.2013 – 28796/07 Rn. 58ff. – Petukhova). Der Staat muss zudem vor Inhaftierung prüfen, ob die Anordnung zwischenzeitlich doch noch befolgt wurde, und

darf sich nicht darauf verlassen, die Person werde das mitteilen (EGMR 19.9.2013 – 16880/08 Rn. 56, BeckRS 2013, 202351 – Velinov).

Die **Rechtmäßigkeit der Anordnung** ist nach den üblichen Maßstäben **40** (→ Rn. 20 ff.) zu prüfen. Dabei kann die Anordnung auch wegen Verletzung anderer EMRK-Normen unrechtmäßig sein (EKMR 13.10.1992 – 16002/90 Rn. 59, Ser. A No. 255-B – K.: Beugehaft wegen Verweigerung einer Zeugenaussage, wenn Aussagepflicht gegen Art. 10 EMRK verstieß). Die aus der Anordnung erwachsende Verpflichtung muss **ausreichend genau bestimmt** sein – eine Verpflichtung, „to be of good behaviour and to keep the peace" war dies nur, weil sie auf konkretes, als „breach of the peace" vorgeworfenes Verhalten folgte (EGMR 23.9.1998 – 24838/94 Rn. 76 – Steel ua). Schließlich muss auch die Haftanordnung rechtmäßig sein, auch hier gelten die üblichen Maßstäbe (→ Rn. 20 ff.). Lit. b fordert nicht ausdrücklich, dass auch die Haftanordnung vom Gericht getroffen wird, die darf also durch eine Behörde erfolgen, wenn und soweit eine Ermächtigung in der zu Grunde liegenden gerichtlichen Anordnung (so Frowein/Peukert EMRK Art. 5 Rn. 67) oder der gesetzlichen Grundlage (so *Dörr* in Dörr/Grote/Marauhn Kap. 13 Rn. 164) enthalten ist.

Daneben erlaubt lit. b Inhaftierung zur **Durchsetzung einer gesetzlichen** **41** **Verpflichtung.** Ein Problem dieser zweiten Alternative ist ihre Unbestimmtheit – angesichts der Fülle gesetzlicher Verpflichtungen und der Tatsache, dass der Wortlaut auch eine drohende Verletzung ausreichen lässt, scheint weitgehende Präventivhaft ohne effektive Kontrollmöglichkeiten möglich zu sein. Der Gerichtshof hat lit. b daher einschränkend ausgelegt und Versuchen, insbes. bei Inhaftierung von „Terror"-Verdächtigen die spezifischen Voraussetzungen des lit. c und Abs. 3 zu umgehen, eine Absage erteilt. Er fordert das Bestehen einer **„konkreten und spezifischen Pflicht",** die die inhaftierte Person **bisher nicht eingehalten** hat (EGMR 8.6.1976 (Pl.) – 5100/71 ua Rn. 69, EuGRZ 1976, 221 – Engel ua; EGMR 6.11.1980 (Pl.) – 7367/76 Rn. 101, NJW 1984, 544 – Guzzardi; EGMR 22.2.1989 (Pl.) – 11152/84 Rn. 36, EGMR-E 4, 239 – Ciulla).

Damit stellt sich die Frage, wie mit Freiheitsentzug umzugehen ist, der jemand **41a** daran hindern soll, gegen **Unterlassungspflichten** zu verstoßen – denn vor einem tatsächlichen Verstoß kann ja nicht davon gesprochen werden, dass die Person die Pflicht bisher nicht eingehalten habe. Der Gerichtshof entschied dies 2013 in einem Fall, der **Unterbindungsgewahrsam** nach deutschem Polizeirecht betraf. Er entschied, dass solche Freiheitsentziehungen grds. unter lit. b fallen, stellte aber detaillierte und strenge Voraussetzungen auf: Erstens muss die Pflicht im Hinblick auf das zu unterlassende Verhalten spezifiziert sein – die Pflicht, nicht an einer geplanten Schlägerei rivalisierender Fangruppen teilzunehmen, war spezifisch genug, da Beteiligte (konkrete Fangruppen), Zeit (innerhalb weniger Stunden) und Ort (eine Stadt und deren Umgebung) feststanden (EGMR 7.3.2013 – 15598/08 Rn. 93, NVwZ 2014, 43 – Ostendorf; krit. etwa *Pöschl* FS Kopetzki, 2019, 503–506). Zweitens muss die Person konkret auf die zu unterlassende Handlung hingewiesen worden sein und muss eindeutig durch Worte oder konkrete Vorbereitungshandlungen deutlich gemacht haben, dass sie der so konkretisierten Unterlassungspflicht nicht nachkommen werde (EGMR 7.3.2013 – 15598/08 Rn. 94 ff., NVwZ 2014, 43 – Ostendorf) – eine allgemeine Feststellung von „Gewaltbereitschaft" oÄ reicht also nicht aus. Drittens muss der Person selbst nach solchen Äußerungen bzw. Handlungen die Gelegenheit gegeben werden, die Unterlassungspflicht anders zu erfüllen, zB durch Verlassen des entsprechenden Ortes (EGMR 7.3.2013 – 15598/08 Rn. 99 f., NVwZ 2014, 43 – Ostendorf). Schließlich ist eine strenge Verhältnismäßigkeitsprüfung erforderlich (EGMR 7.3.2013 – 15598/08 Rn. 101 f., NVwZ 2014, 43 – Ostendorf). Seit der Rechtsprechungsänderung von 2018, wonach Unterbindungsgewahrsam nunmehr auch nach lit. c gerechtfertigt sein kann, dürfte lit. b insofern an Bedeutung verlieren, da sich lit. c in der neuen Auslegung als erheblich weiter herausstellt als lit. b in der soeben skizzierten (vgl. EGMR 22.10.2018 (GK) – 35553/12 Rn. 84, NVwZ 2019, 135 – S., V. u. A.; EGMR 5.3.2019 – 57884/17 Rn. 39, BeckRS 2019, 51767 – Eiseman-Renyard ua).

42 **Ausreichend bestimmte Verpflichtungen** sind etwa die Pflichten, in der Zwangsvollstreckung eine eidesstattliche Versicherung abzugeben (EKMR 18.12.1971 – CD 39, 95 (97) = Yb 14 (1971), 692 (696) – X.), Militär- oder Ersatzdienst abzuleisten (EKMR 14.10.1985 – 10600/83 Rn. 1 – Johansen), sich auf Verlangen gegenüber Polizeibeamten auszuweisen (EGMR 4.11.2003 – 47244/99 Rn. 2 – Novotka) oder Residenzpflichten einzuhalten (EGMR 22.2.1989 (Pl.) – 11152/84 Rn. 36, EGMR-E 4, 239 – Ciulla). Nicht bestimmt genug ist etwa die Pflicht Militärangehöriger, die Regeln militärischer Disziplin einzuhalten (EGMR 8.6.1976 (Pl.) – 5100/71 ua Rn. 69, EuGRZ 1976, 221 – Engel ua). Die Verpflichtung kann auch erst durch Anordnungen einer Behörde konkretisiert werden (EGMR 24.3.2005 – 77909/01 Rn. 36, NVwZ 2006, 797 – Epple: Platzverweis).

43 Weiter ist die **Rechtmäßigkeit der gesetzlichen Verpflichtung,** inklusive der Einhaltung anderer EMRK-Rechte, zu überprüfen (EGMR 4.11.2003 – 47244/99 Rn. 2 – Novotka; EKMR 18.3.1981 – 8022/77 ua Rn. 176 – McVeigh ua; EGMR 14.10.1985 – 10600/83 Rn. 1 – Johansen). Auch die Haftanordnung ihrerseits muss rechtmäßig sein, es gelten die üblichen Maßstäbe (→ Rn. 20 ff.).

44 Bei beiden Alternativen muss die Inhaftierung **verhältnismäßig** sein. Der EGMR folgt hier in der Regel dem Wortlaut und fordert (nur) bei der zweiten Alternative („zur Erzwingung der Erfüllung") auch die **Eignung** der Haft – diese muss der Durchsetzung der Verpflichtung und **nicht** bloß der **Bestrafung** der Nichtbefolgung dienen (EGMR 25.9.2003 – 52792/99 Rn. 36 – Vasileva; EGMR 24.3.2005 – 77909/01 Rn. 37, NVwZ 2006, 797 – Epple). Bei der ersten Alternative („wegen Nichterfüllung") stellt er diese Voraussetzung nicht auf (EGMR 4.7.2007 – 4065/04 Rn. 1, EuGRZ 2007, 678 – Paradis; so auch *Dörr* in Dörr/Grote/Marauhn Kap. 13 Rn. 162; Frowein/Peukert EMRK Art. 5 Rn. 51). Wo die zu Grunde liegende Pflicht eine Zahlungsverpflichtung war, hat er zunächst auch bei der zweiten Alternative keine Eignung, die inhaftierte Person zur Zahlung anzuhalten, gefordert (EGMR 10.6.1996 (GK) – 19380/92 Rn. 39 ff., ÖJZ 1996, 915 – Benham; vgl. aber die abw. Meinungen). Ein Urteil aus dem Jahr 2010 scheint eine teilweise Änderung dieser Rechtsprechung anzudeuten. Die Umwandlung einer fällig gewordenen Kaution in eine mehrjährige Freiheitsstrafe bemängelte der Gerichtshof – anhand beider Alternativen des lit. b – sowohl mit dem Argument, der Verurteilte sei zur Zahlung gar nicht in der Lage gewesen (EGMR 27.7.2010 – 28221/08 Rn. 40, 42 u. 48 – Gatt), als auch wegen der unverhältnismäßigen Dauer der Inhaftierung (EGMR 27.7.2010 – 28221/08 Rn. 43 u. 50 – Gatt). Der Gerichtshof dürfte also die „archaische Praxis" (EGMR 27.7.2010 – 28221/08 Rn. 39 – Gatt) einiger Staaten, neben Geldstrafen auch weitere Zahlungsverpflichtungen aus Strafverfahren einfach in Freiheitsstrafe umzurechnen, in Zukunft deutlich strenger beurteilen als bisher.

45 Dient die Haft der Durchsetzung einer Handlungs- bzw. Unterlassungsplicht, ist weiter die **Erforderlichkeit** zu prüfen. Mildere Mittel, insbes. die Androhung oder Festsetzung von Zwangsgeld, gehen vor (EGMR 4.7.2007 – 4065/04 Rn. 1, EuGRZ 2007, 678 – Paradis). Weiter muss die Haftdauer zur Erzwingung der Pflicht-

Recht auf Freiheit und Sicherheit **Art. 5 EMRK**

erfüllung notwendig sein – eine Inhaftierung zur Durchführung einer psychiatrischen Untersuchung ist unzulässig, wenn die Untersuchung erst nach mehreren Tagen Haft beginnt (EGMR 3.12.2002 – 30218/96 Rn. 63 – Nowicka); sofortige Erzwingung der Pflichterfüllung ist aber auch nicht erforderlich (EGMR 22.5.2008 – 65755/01 Rn. 75 – Stefanov). Dass die Haft nach Erfüllung der Verpflichtung sofort zu beenden ist (EGMR 3.12.2002 – 30218/96 Rn. 64 – Nowicka; EGMR 25.9.2003 – 52792/99 Rn. 36 – Vasileva), versteht sich von selbst.

In allen Fällen ist die **Verhältnismäßigkeit ieS** zu prüfen – die Dauer der Frei- 46 heitsentziehung darf nicht außer Verhältnis zur Bedeutung der verletzten Pflicht stehen (EGMR 4.7.2007 – 4065/04 Rn. 1, EuGRZ 2007, 678 – Paradis). So war etwa Unterbindungsgewahrsam über 19 Stunden zur Verhinderung einer Ordnungswidrigkeit (Teilnahme an den „Lindauer Chaostagen") unverhältnismäßig (EGMR 24.3.2005 – 77909/01 Rn. 43–45, NVwZ 2006, 797 – Epple), ebenso 13-stündiger Polizeigewahrsam, weil die Beschwerdeführerin sich nicht ausweisen wollte (EGMR 25.9.2003 – 52792/99 Rn. 37–42 – Vasileva). Wo Zahlungsverpflichtungen zu Grunde liegen, ist der Gerichtshof weniger streng (EGMR 27.7.2010 – 28221/08 Rn. 43 – Gatt).

Die in den deutschen Prozessordnungen vorgesehenen **Zwangs- bzw. Beuge-** 47 **haften** (etwa §§ 390, 888, 901 ZPO, § 98 Abs. 2 InsO, § 70 Abs. 2 StPO) dürften grds. Art. 5-konform sein, da sie gerade der Durchsetzung von nicht befolgten Gerichtsbeschlüssen bzw. gesetzlichen Pflichten dienen. Gleiches gilt für **Ordnungshaft nach § 890 ZPO**, die wegen Nichtbefolgung einer gerichtlich angeordneten Unterlassungspflicht angeordnet wird. Problematisch ist der **persönliche Arrest des Schuldners** nach § 918 ZPO, da er seinem Wortlaut nach nur eine – nicht unbedingt vom Verhalten des Schuldners abhängige – Gefahr und keine Pflichtverletzung fordert (so auch *Dörr* in Dörr/Grote/Marauhn Kap. 13 Rn. 169). Angesichts der Auslegung als subsidiär gegenüber anderen Sicherungsmaßnahmen (vgl. *Drescher* in MüKoZPO ZPO § 918 Rn. 3 f.) dürfte § 918 ZPO allerdings in der Praxis nur Anwendung finden, wenn auch die Voraussetzungen des lit. b vorliegen. **Gefahrenabwehrrechtlicher Unterbindungsgewahrsam** dagegen ist nur unten den oben (→ Rn. 41 a) dargestellten strengen Voraussetzungen zulässig.

Ordnungshaft nach § 178 GVG fällt nur dann unter lit. b, wenn die Ungebühr 48 in der Verletzung einer gesetzlichen Pflicht liegt oder wenn eine Warnung durch das Gericht vorausgegangen ist, die als gerichtliche Anordnung verstanden werden kann. Wo dies nicht der Fall ist, ist aber lit. a einschlägig (→ Rn. 29). Die **Ersatzfreiheitsstrafe** nach § 43 StGB ist grds. unproblematisch, da durch sie nur die Geldstrafe, nicht aber andere Zahlungsverpflichtungen aus dem Strafverfahren abgegolten werden (vgl. auch § 459 b StPO) und durch das Tagessatzprinzip auch die Verhältnismäßigkeit ieS grds. gewahrt ist. Auch die **Erzwingungshaft nach dem OWiG** dürfte angesichts der Tatsache, dass sie nur bei Zahlungsfähigkeit zulässig ist (§ 96 Abs. 1, 2 OWiG), und angesichts der Begrenzung ihrer Dauer (§ 96 Abs. 3 OWiG) grds. EMRK-konform sein.

3. Untersuchungshaft (lit. c). Lit. c umfasst Haft im Zusammenhang mit 49 Strafverfahren, insbes. **Untersuchungshaft und vorläufige Festnahme,** nach neuerer Auslegung des EGMR auch **Präventivhaft** (→ Rn. 56). (Nur) für Haft nach lit. c enthält Abs. 3 spezifische Garantien; beide Normen sind zusammen zu lesen (EGMR 22.2.1989 (Pl.) – 11152/84 Rn. 38 ff., EGMR-E 4, 239 – Ciulla). Lit. c ist eine der schlechtestformulierten Vorschriften der gesamten EMRK (*Trechsel* in Macdonald/Matscher/Petzold S. 302).

50 Kern der Vorschrift ist die **erste Alternative (Vorführung vor die zuständige Gerichtsbehörde bei hinreichendem Verdacht einer Straftat).** **Hinreichender Verdacht** einer (bereits begangenen) Straftat erfordert „Tatsachen oder Informationen, die einen objektiven Beobachter überzeugen würden, dass die Person möglicherweise die Tat begangen hat" (EGMR 16.10.2001 – 37555/97 Rn. 34, BeckRS 2001, 164669 – O'Hara; EGMR 30.8.1990 – 12244/86 ua Rn. 32 – Fox ua). Der EGMR verlässt sich hier nicht so sehr auf die nationalen Instanzen, sondern stellt auf Grundlage der vorliegenden Unterlagen eine eigene Prüfung an (EGMR 6.4.2000 (GK) – 26772/95 Rn. 152 ff. – Labita; sehr deutlich in EGMR 24.1.2012 – 61485/08 Rn. 42 – Brega ua). Die Beweismittel müssen nicht für eine Verurteilung oder Anklageerhebung ausreichen, eine Inhaftierung wird auch nicht nachträglich unzulässig, wenn keine Anklageerhebung oder Verurteilung erfolgt (EGMR 29.11.1988 (Pl.) – 11209/84 ua Rn. 52 f., EGMR-E 4, 166 – Brogan ua). Umgekehrt reicht aber auch nicht die subjektive Überzeugung der Strafverfolgungsorgane, die Person habe eine Straftat begangen (EGMR 30.8.1990 – 12244/86 ua Rn. 35 – Fox ua). Der hinreichende Verdacht kann nicht alleine auf eine frühere Verurteilung wegen ähnlicher Taten (EGMR 30.8.1990 – 12244/86 Rn. 35 – Fox ua) und – jedenfalls auf Dauer – auch nicht allein auf die Aussage eines Kronzeugen gestützt werden (EGMR 6.4.2000 (GK) – 26772/95 Rn. 157 ff. – Labita).

51 Der Begriff **„Straftat"** ist relativ **weit zu verstehen** und umfasst etwa das englische „breach of the peace" (EGMR 23.9.1998 – 24838/94 Rn. 48 f. – Steel ua), Ungebühr vor Gericht (EKMR 13.3.1980 – 8083/77 Rn. 1 – X.) sowie jedenfalls schwerwiegende militärische Disziplinarvergehen (EGMR 18.2.1999 (GK) – 27267/95 Rn. 51, NVwZ 2001, 304 – Hood). Um Inhaftierung zu rechtfertigen, muss die vorgeworfene Tat aber mit freiheitsentziehenden Sanktionen bedroht sein (vgl. EGMR 19.5.2004 – 44568/98 Rn. 87 – R. L. u. M.-J. D.); eine Ordnungswidrigkeit reicht nicht aus (ebenso *Meyer-Ladewig/Harrendorf/König* in HK-EMRK EMRK Art. 5 Rn. 44 mwN, aA *Dörr* in Dörr/Grote/Marauhn Kap. 13 Rn. 183).

52 Die Inhaftierung muss dem Zweck dienen, die Person **der zuständigen Gerichtsbehörde vorzuführen.** Hiermit ist nicht, wie der Wortlaut „vorzuführen" nahelegt, nur das Haftgericht iSd Abs. 3 gemeint, sondern auch das Tatgericht. Voraussetzung für Freiheitsentziehung nach lit. c ist also, dass sie mit dem **Ziel der Durchführung eines Strafverfahrens** bzw. der Aufklärung der gegen die inhaftierte Person bestehenden Verdachtsgründe durchgeführt wird (vgl. etwa EGMR 29.11.1988 (Pl.) – 11209/84 ua Rn. 53, EGMR-E 4, 166 – R. L. u. M.-J. D.). Damit sind auch freiheitsentziehende Maßnahmen wie die Identitätsfeststellung nach § 163b StPO, die häufig nicht auf die Vorführung vor den Haftrichter abzielen, nach lit. c zu rechtfertigen (EGMR 27.11.1997 – 25629/94 Rn. 61 f., NJW 1999, 775 – K.-F.). Auch die vorläufige Festnahme nach § 127 StPO fällt unter lit. c (EKMR 18.5.1977 – 7755/77 – X.). Dagegen ist das Festhalten einer Person unter einem Vorwand, zB um in der Zeit anderweitig Beweise gegen sie sammeln zu können, unzulässig (vgl. EGMR 7.12.1999 – 40451/98 Rn. 1A – Kerr). Auslieferungshaft fällt nicht unter lit. c, sondern unter lit. f; wird allerdings ausnahmsweise nicht die Verantwortlichkeit des inhaftierenden, sondern diejenige des die Auslieferung fordernden und damit mittelbar die Inhaftierung herbeiführenden Staates geprüft (→ Rn. 13), so stellt sich diese aus diesem Blickwinkel als Untersuchungshaft iSd lit. c dar (EGMR 2.5.2017 – 15944/11 Rn. 37 f. – Vasiliciuc).

53 Die **Rechtmäßigkeit** setzt zunächst eine ausreichende rechtliche Grundlage voraus (→ Rn. 18 f.). Hinsichtlich deren Einhaltung gilt an sich der übliche Prü-

Recht auf Freiheit und Sicherheit **Art. 5 EMRK**

fungsmaßstab (→ Rn. 20ff.), wobei der Gerichtshof mitunter auch eine eingehendere Prüfung anstellt (vgl. EGMR 15.4.2014 – 8933/05 Rn. 137 – Tomaszewsky). Er prüft insbesondere auch, ob das vorgeworfene Verhalten nach innerstaatlichem Recht überhaupt strafbar ist (EGMR 20.3.1997 – 21915/93 Rn. 43f. – Lukanov; EGMR 23.9.1998 – 24838/94 Rn. 63f. – Steel ua) oder ob eine Amnestie eingreift (EGMR 23.9.2008 – 54334/00 Rn. 122ff. – Lexa). Die Entscheidung muss auch **willkürfrei** sein – so liegt etwa ein Verstoß vor, wenn ein Haftbefehlsantrag abgelehnt wird und die Polizei den Beschuldigten am nächsten Tag wegen eines praktisch identischen Tatverdachts erneut vorläufig festnimmt, um die gerichtliche Kontrolle zu unterlaufen (EGMR 3.7.2014 – 48929/08 Rn. 46f. – Dubinskiy), wenn einfachgesetzliche Höchstfristen grundlos komplett ausgeschöpft werden (EGMR 16.5.2013 – 9607/06 Rn. 91ff. – Barilo) oder wenn die Behörden den Tatverdacht nur mit „formelhaften" Floskeln begründen (etwa EGMR 19.1.2012 – 39884/05 Rn. 34 – Korneykova).

Die Existenz eines Haftgrundes ieS, also etwa iSd §§ 112f. StPO (vgl. zu den 54 vom Gerichtshof anerkannten Haftgründen im Einzelnen → Rn. 118ff.) ist nach dem Wortlaut des lit. c keine Voraussetzung für Haft nach lit. c, in seiner älteren Rechtsprechung hat der Gerichtshof sie erst bei über „eine gewisse Dauer" hinaus andauernder Haft nach Abs. 3 für erforderlich gehalten. In seiner neueren Rechtsprechung, in der er lit. c und Abs. 3 immer mehr als Einheit liest, hat er hier die Anforderungen verschärft: Er hat zunächst allgemein die **Verhältnismäßigkeit** (vgl. hierzu → Rn. 123ff.) der Haft von Anfang an (EGMR 4.5.2006 – 38797/03 Rn. 31ff. – Armbruszkiewicz; EGMR 18.3.2008 – 11036/03 Rn. 55 – Ladent; EGMR 14.10.2010 – 38717/04 Rn. 28 – Khayredinov) und schließlich auch das Vorliegen eines Haftgrundes „umgehend" nach Festnahme, dh zum Zeitpunkt der ersten Anordnung des Vollzugs von Untersuchungshaft, für erforderlich erklärt (EGMR 5.7.2016 (GK) – 23755/07 Rn. 92ff. – Buzadji – dort anhand von Abs. 3 überprüft, der aber eben eine Einheit mit lit. c bildet – ebenda, Rn. 86).

Untersuchungshaft ist **nur solange rechtmäßig,** wie sie sich noch auf eine ge- 55 richtliche oder gesetzliche Anordnung stützen kann; wenn die Person freigesprochen wurde (EGMR 8.4.2004 (GK) – 71503/00 Rn. 172, NJW 2005, 2207 – Assanidze; dies gilt auch, wenn die Staatsanwaltschaft Rechtsmittel gegen das Urteil einlegen kann oder eingelegt hat: EGMR 6.10.2020 – 60202/15 Rn. 48ff. – I. S.), das Gericht ihre Entlassung angeordnet hat (EGMR 1.7.1997 – 19218/91 Rn. 25 – Giulia Manzoni) oder die Dauer der gerichtlich angeordneten U-Haft abgelaufen ist, ist sie sofort zu entlassen. Eine Verzögerung von einigen Stunden hat der Gerichtshof akzeptiert, wenn diese Zeit (nur) für Entlassungsformalitäten benötigt wurde (EGMR 6.4.2000 (GK) – 26772/95 Rn. 172f. – Labita) und diese zügig durchgeführt wurden (EGMR 1.7.1997 – 19218/91 Rn. 25 – Giulia Manzoni). Sieht das nationale Recht zeitliche Begrenzungen für bestimmte Freiheitsentziehungen vor, sind diese strikt einzuhalten (EGMR 27.11.1997 – 25629/94 Rn. 71f., NJW 1999, 775 – K.-F.).

Zur **zweiten Alternative** des lit. c **(Hinderung an der Begehung einer** 56 **Straftat)** hat der EGMR bis 2018 in stRspr vertreten, dass diese, wie der Zweck der Vorführung vor Gericht und das in Abs. 3 geforderte „Urteil in angemessener Zeit" zeigen, nur Inhaftierung im Rahmen eines Strafverfahrens gestattet, nicht aber allgemeine Präventivhaft, die auf die Gefährlichkeit der Person oder die Gefahr zukünftiger Straftaten gestützt ist (etwa EGMR 22.2.1989 (Pl.) – 11152/84 Rn. 38ff., EGMR-E 4, 239 – Ciulla). Damit konnte insbes. der gefahrenabwehrrechtliche **Unterbindungsgewahrsam** nicht nach lit. c gerechtfertigt werden, wie der Gerichtshof noch 2013 in einem Urteil gegen Deutschland ausdrücklich festgestellt hat (EGMR 7.3.2013 – 15598/08 Rn. 67f., 77ff., NVwZ 2014, 43 – Ostendorf). Diese Rechtsprechung hat der Gerichtshof in einem Urteil der Großen Kammer von 2018 aufgegeben (EGMR 22.10.2018 (GK) – 35553/12 Rn. 96ff., NVwZ 2019, 135 – S., V. u. A.). Präventivhaft ist demnach nunmehr zulässig, wenn konkrete Anhaltspunkte bestehen für eine bevorstehende Tat, die nach Tatort, Tatzeit und Opfer bestimmt und nur durch Inhaftierung zu verhindern ist (Rn. 127). Es muss sich um eine drohende schwere Tat mit Gefahr für Leib oder Leben oder „erhebliche Sachschäden" handeln, die Haft darf nur so lange dauern, wie zu deren Verhinderung notwendig ist (Rn. 161). Der Gewahrsam muss nicht dem Zweck der Vorführung vor ein Gericht dienen, eine solche ist aber erforderlich, wenn die Person nicht nach kurzer Zeit („eher Stunden als Tage") entlassen wird (Rn. 134). Das Urteil, das sich vor allem auf die travaux préparatoires und längst überholt geglaubte Rechtsprechungsstränge bezieht und – etwas überraschend für einen Menschenrechtsgerichtshof – mit Topoi wie der Notwendigkeit eines „Ermessensspielraums der Polizei bei Einsatzentscheidungen" begründet ist (Rn. 123), überzeugt dogmatisch nicht (vgl. etwa die abw. Meinung der Richter De Gaetano u. Wojtyczek; *Hoffmann* NVwZ 2019, 141 (141–143); *Pöschl* FS Kopetzki, 2019, 506–508). Es begründet die Gefahr von Folgeentscheidungen, die schlicht der Polizeilogik folgen und die aufgestellten Voraussetzungen für Präventivhaft in der Praxis wirkungslos werden lassen. So hat der Gerichtshof etwa eine Präventivhaft für friedliche Demonstrierende für rechtmäßig erachtet, die von der Polizei auf die Gefahr „feindlicher Reaktionen" anders gesinnter Umstehender gestützt worden war (EGMR 5.3.2019 – 57884/17 Rn. 13, BeckRS 2019, 51767 – Eiseman-Renyard ua). Als mit großer Mehrheit gefällte Entscheidung der Großen Kammer wird das Urteil aber die zukünftige Rechtsprechung des EGMR bestimmen.

57 Die **dritte Alternative (Hinderung an der Flucht nach Begehung einer Straftat)** hat neben der ersten **keinen eigenen Anwendungsbereich,** ist doch die Voraussetzung „Begehung einer strafbaren Handlung" insoweit deckungsgleich mit dem in der ersten Alternative geforderten „hinreichenden Verdacht" (vgl. *Gaede* in MüKoStPO EMRK Art. 5 Rn. 41).

58 **4. Überwachte Erziehung Minderjähriger (lit. d).** Art. 1 lit. d enthält spezifische Zwecke, die die Inhaftierung Minderjähriger rechtfertigen können. Er schließt aber eine Inhaftierung Minderjähriger aus einem anderen in Abs. 1 genannten Grund nicht aus (EGMR 12.10.2006 – 13178/03 Rn. 100, NVwZ-RR 2008, 573 – Mubilanzila Mayeka u. Kaniki Mitunga). Lit. d. fordert keine Gerichtsentscheidung, lässt also auch behördlich angeordnete Unterbringung zu. Minderjährigkeit definiert das nationale Recht, unterliegt allerdings der Überprüfung durch den Gerichtshof darauf, ob die Altersgrenze zu hoch festgesetzt wurde; die Obergrenze dürfte bei **18 Jahren** liegen (vgl. EGMR 12.10.2000 – 33679/96 Rn. 1 – Koniarska).

59 Minderjährige dürfen inhaftiert werden zum Zwecke „überwachter Erziehung" sowie zur „Vorführung vor die zuständige Behörde", dh vor die Stelle, die über die Anordnung überwachter Erziehung zu befinden hat (Frowein/Peukert EMRK Art. 5 Rn. 75). Der Begriff **„Erziehung"** *(education, éducation)* umfasst dabei nicht nur Schulbildung, sondern jede Form von Einflussnahme auf die Entwicklung von Kindern und Jugendlichen (EGMR 12.10.2000 – 33679/96 Rn. 1 – Koniarska; EGMR 23.3.2016 (GK) – 47152/06 Rn. 166 – Blokhin). Ein (strafbares) Fehlver-

Recht auf Freiheit und Sicherheit **Art. 5 EMRK**

halten ist nicht Voraussetzung, lit. d erlaubt auch die Unterbringung von Minderjährigen, deren Entwicklung aus sonstigen Gründen in Gefahr ist (EGMR 29.11.2011 – 51776/08 Rn. 66 – A. ua), und Haft zur reinen Bestrafung oder „Verhaltenskorrektur" ist gar nicht nach lit. d zu rechtfertigen (EGMR 23.3.2016 (GK) – 47152/06 Rn. 171 – Blokhin). Der Gerichtshof prüft auch durchaus, ob die staatlicherseits angeführten Gründe eine Freiheitsentziehung rechtfertigen können (EGMR 30.10.2012 – 57375/08 Rn. 148, NJOZ 2014, 709 – P. u. S.: Unterbringung einer 15-jährigen Schwangeren zur Verhinderung einer Abtreibung nicht rechtmäßig; EGMR 19.5.2016 – 7472/14 Rn. 77 ff. – D.L.: Unterbringung einer 13-jährigen zur Verhinderung von Kinderprostitution als ultima ratio zulässig).

Die **Rechtmäßigkeit** erfordert zum einen eine ausreichende Rechtsgrundlage 60 und die Einhaltung nationaler Rechtsvorschriften nach den üblichen Maßstäben (→ Rn. 18 f., 20 ff.). Als Ausdruck des Verhältnismäßigkeitsgrundsatzes fordert der Gerichtshof zudem ausdrücklich, dass freiheitsentziehende Maßnahmen ultima ratio sind, diese sind nur zulässig, wenn sie im Interesse des Kindeswohls und zur Verhinderung erheblicher Fehlentwicklungen angeordnet werden (EGMR 19.5.2016 – 7472/14 Rn. 74 – D.L.). Zum anderen müssen die **Bedingungen der Unterbringung** dem erzieherischen Zweck der Haft angemessen sein. Inhaftierung in pädagogisch ungeeigneter Umgebung, zB in einer Untersuchungshaftanstalt, ist nur ausnahmsweise nach lit. d zulässig, wenn sie eine geeignete Unterbringung vorbereitet und zügig von dieser abgelöst wird (EGMR 23.3.2016 (GK) – 47152/06 Rn. 166 – Blokhin) im Übrigen muss auch dann grundsätzlich Schulunterricht angeboten werden (EGMR 23.3.2016 (GK) – 47152/06 Rn. 170 – Blokhin).

In Deutschland dürften neben der **Unterbringung nach § 1631 b BGB** und 61 nach dem SGB VIII wohl auch **fürsorgerische jugendstrafrechtliche Maßnahmen** wie die Anordnung der Heimerziehung nach §§ 10 oder 12 JGG (jeweils soweit sie mit einer Freiheitsentziehung verbunden sind) unter lit. d. fallen. Sanktionen wie der Jugendarrest und erst recht die Jugendstrafe dagegen dürften – trotz des dem JGG insgesamt immanenten Erziehungsgedankens – nicht unter lit. d, sondern unter lit. a fallen.

5. Psychisch Kranke und ähnliche Gruppen (lit. e). Der Wortlaut des lit. e 62 macht es schwer, die verschiedenen Gruppen, deren Inhaftierung er zulässt, unter einem gemeinsamen Kriterium zusammenzufassen, zT lässt er auch an antiquierte Vorstellungen von „Sozialkontrolle" denken. Der Gerichtshof hat die Norm präzisiert und auf einen einheitlichen Nenner gebracht: Alle genannten Personen dürfen nur inhaftiert werden, weil und soweit sie eine **Gefahr für sich selbst oder für die Allgemeinheit** darstellen, **die nicht anders behoben werden kann**. Auch lit. e ist neu auszulegen – die Inhaftierung einer Person mit dem Argument, sie sei „noch gefährlicher" als die hier genannten Gruppen, ist unzulässig (EGMR 6.11.1980 – 7367/76 Rn. 98, NJW 1984, 544 – Guzzardi). Wie auch lit. d. fordert lit. e keine Gerichtsentscheidung, lässt also behördlich angeordnete Unterbringung zu, solange eine periodische Überprüfung (→ Rn. 67, 100) gewährleistet ist.

Auch lit. e setzt die Rechtmäßigkeit der Haft voraus (→ Rn. 18 ff.), also jeden- 62a falls die Existenz ausreichend klarer usw nationaler Normen (vgl. etwa EGMR 3.9.2013 – 22398/05 Rn. 94 ff. – Ümit Bilgic) sowie deren Einhaltung im Einzelfall (vgl. etwa EGMR 6.12.2011 – 8595/06 Rn. 105 – De Donder u. De Clippel; EGMR 22.1.2013 – 33117/02 Rn. 111 ff. – Lashin). Die weiteren Voraussetzungen hängen davon ab, zu welcher der in lit. e genannten Gruppe die inhaftierte Person gehört:

EMRK Art. 5   Rechte und Freiheiten der Konvention

63   **a) Psychisch Kranke.** Am meisten beschäftigt hat sich der Gerichtshof mit psychisch Kranken. Eine erschöpfende **Definition** dieses Begriffs hat er nicht erarbeitet, sondern darauf verwiesen, dass der Wissensstand der psychiatrischen Forschung und die gesellschaftliche Einstellung zu psychischen Krankheiten ständiger Wandlung unterworfen sind. Die Definition ist daher dem nationalen Recht und der psychiatrischen Wissenschaft überlassen (EGMR 24.10.1979 – 6301/73 Rn. 37, EuGRZ 1979, 650 – Winterwerp). Eine Inhaftierung kann jedoch nicht allein damit begründet werden, Verhalten und Vorstellungen einer Person wichen von den in der Gesellschaft vorherrschenden ab (EGMR 24.10.1979 – 6301/73 Rn. 37, EuGRZ 1979, 650 – Winterwerp; EGMR 12.6.2003 – 44672/98 Rn. 47, NJW 2004, 2209 – Herz). Auch eine bloße Gefährlichkeitsprognose ist nicht ausreichend, lit. e betrifft nur Fälle „echter Geistesstörung" („true mental disorder", EGMR 13.1.2011 – 6587/04 Rn. 77, NJW 2011, 3423 – Haidn). Eine solche liegt nur vor, wenn die Störung so schwerwiegend ist, dass sie Behandlung in einem Krankenhaus oder einer ähnlichen Institution erfordert (EGMR 28.11.2013 – 7345/12 Rn. 85 – Glien). Im Fall *Winterwerp* hat der Gerichtshof drei grundlegende Voraussetzungen für die Unterbringung psychisch Kranker, die sog. **„Winterwerp-Kriterien"**, entwickelt: Zuverlässiger Nachweis einer psychischen Krankheit; Verhältnismäßigkeit der Unterbringung zur Abwehr einer aus der Krankheit erwachsenden Gefahr; periodische Überprüfung und Beendigung, sobald die Voraussetzungen nicht mehr vorliegen (EGMR 24.10.1979 – 6301/73 Rn. 39, EuGRZ 1979, 650 – Winterwerp). Diese Voraussetzungen müssen in jedem Fall vorliegen, sie können insbes. nicht durch die Einwilligung des Betreuers der inhaftierten Person ersetzt werden (EGMR 27.3.2008 – 44009/05 Rn. 115 – Shtukaturov; EGMR 22.1.2013 – 33117/02 Rn. 116 – Lashin).

64   Der **zuverlässige Nachweis** einer psychischen Krankheit setzt ein ärztliches Gutachten voraus, das den aktuellen Zustand der Person beschreibt (EGMR 12.6.2003 – 44672/98 Rn. 50, NJW 2004, 2209 – Herz) und grds. auf persönlicher Untersuchung beruht; ein Gutachten auf Aktenbasis ist nur ausnahmsweise bei Untersuchungsverweigerung durch die betroffene Person zulässig (EGMR 5.10.2000 – 31365/96 Rn. 47f. – Varbanov). Eine – auch vorläufige – Unterbringung ohne vorheriges Gutachten ist nur bei erwiesener Eilbedürftigkeit zulässig, das Gutachten ist dann sobald wie möglich danach einzuholen (EGMR 12.6.2003 – 44672/98 Rn. 46, NJW 2004, 2209 – Herz). Mit Blick auf das gerichtliche **Verfahren** für die Feststellung einer psychischen Erkrankung muss eine aktive Beteiligung der betroffenen Person möglich sein (EGMR 2.5.2013 – 11737/06 Rn. 62 – Zagidulina) und dieser ein effektiver rechtlicher Beistand zur Seite gestellt werden (etwa EGMR 19.2.2015 – 75450/12 Rn. 154ff. – M.S. (Nr. 2); EGMR 10.1.2019 – 55942/15 Rn. 48f., 52ff. – Cutura).

65   Die Krankheit muss von ihrer Art oder ihrem Ausmaß her die Unterbringung rechtfertigen (EGMR 24.10.1979 – 6301/73 Rn. 39, EuGRZ 1979, 650 – Winterwerp). Der Sache nach bedeutet dies eine **Verhältnismäßigkeitsprüfung:** Auf Grund der Krankheit muss eine ernstzunehmende Gefahr für die Person oder die Allgemeinheit bestehen, die nicht durch andere Maßnahmen hinreichend verhindert werden kann (EGMR 5.10.2000 – 31365/96 Rn. 45f. – Varbanov; EGMR 2.10.2012 – 41242/08 Rn. 66ff. – Plesó). Die Anforderungen an die Verhältnismäßigkeitsprüfung steigen mit der Dauer der Unterbringung (EGMR 19.3.2013 – 48057/10 Rn. 60 mwN – Klouten, zu § 63 StGB).

66   Die **Beweislast** für das Vorliegen einer Krankheit, die daraus erwachsende Gefahr und die Unzulänglichkeit alternativer Maßnahmen liegt bei den anordnenden

Stellen (vgl. EGMR 20.3.2003 – 50272/99 Rn. 71 f. – Hutchison Reid). Die Würdigung ärztlicher Gutachten, insbesondere bei Vorliegen mehrerer sich widersprechender Gutachten, obliegt in erster Linie den nationalen Stellen und wird vom EGMR idR nur begrenzt überprüft (EGMR 27.9.1990 – 12535/86 Rn. 25 – Wassink; vgl. EGMR 12.6.2003 – 44672/98 Rn. 51 ff., NJW 2004, 2209 – Herz). Wenn die Gutachten aber erkennbar von schlechter Qualität sind, setzt sich der Gerichtshof durchaus kritisch damit auseinander.

Schließlich darf die Unterbringung nur solange andauern, wie die Krankheit **67** fortbesteht und weiter eine Unterbringung erfordert (EGMR 24.10.1979 – 6301/73 Rn. 39, EuGRZ 1979, 650 – Winterwerp). In Verbindung mit Art. 5 Abs. 4 ergibt sich ein Recht auf **periodische Überprüfung** der Unterbringung (→ Rn. 100). Dabei ist mit steigender Dauer der Unterbringung eine immer strengere Überprüfung und auch eine **Abwägung** zwischen dem Freiheitsinteresse der untergebrachten Person und dem Schutzinteresse der Allgemeinheit angezeigt (EGMR 28.9.2010 – 32705/06 Rn. 1b – Frank). Auch hier haben die Behörden einen gewissen Beurteilungsspielraum, insbes. dürfen sie auch bei Besserung des psychischen Zustands zunächst sorgfältig prüfen, ob die Gefahr ausgeräumt ist (EGMR 23.2.1984 – 9019/80 Rn. 29, NJW 1986, 765 – Luberti), und ggf. zunächst Vollzugslockerungen anordnen oder eine Freilassung nur unter gewissen Bedingungen erlauben (EGMR 24.10.1997 – 22520/93 Rn. 63 f. – Johnson; EGMR 21.6.2005 – 517/02 Rn. 69 f. – Kolanis).

Wie bei lit. d ist auch eine Unterbringung wegen psychischer Erkrankung nur **68** zulässig, wenn die **Bedingungen der Unterbringung** ihrem Grund entsprechen. Insoweit hat der Gerichtshof im Laufe der Zeit der „therapeutischen Funktion" der Unterbringung mehr Gewicht beigemessen und 2019 ausdrücklich ein **Recht** untergebrachter Personen **auf angemessene und individualisierte Therapie** mit dem Ziel der Behandlung der Erkrankung und/oder der daraus folgenden Gefährlichkeit anerkannt (EGMR 31.1.2019 (GK) – 18052/11 Rn. 205 ff. – Rooman). Stehen Plätze in angemessenen Einrichtungen nicht zur Verfügung, dürfen psychisch Kranke nur ausnahmsweise und für kurze Zeit anderweitig untergebracht werden (EGMR 11.5.2004 – 49902/99 Rn. 66 – Brand: 6 Monate zu lang). Dass Untergebrachte, deren Zustand sich verbessert hat, die aber noch ambulanter Therapie bedürfen, mangels entsprechender Kapazitäten nicht entlassen werden, duldet der EGMR nur bis zu einem gewissen Punkt und fordert jedenfalls Anstrengungen der Behörden, einen ambulanten Therapieplatz zu finden (EGMR 24.10.1997 – 22520/93 Rn. 66 ff. – Johnson; EGMR 21.6.2005 – 517/02 Rn. 71 – Kolanis).

Sicherungsverwahrung fällt im Grundsatz nicht unter lit. e, sondern unter **69** lit. a, da ihre Anordnung nicht eine Feststellung zur psychischen Gesundheit, sondern zur Gefährlichkeit der Person voraussetzt (etwa EGMR 19.4.2012 – 61272/09 Rn. 79 mwN, EuGRZ 2012, 383 – B.; EGMR 19.1.2012 – 21906/09 Rn. 17 mwN, NJW 2013, 1791 – Kronfeldner). Gleiches galt für Unterbringung nach dem bis 2004 geltenden BayStrUBG (EGMR 13.1.2011 – 6587/04 Rn. 91–93, NJW 2011, 3423 – Haidn).

Unterbringung nach dem **Therapieunterbringungsgesetz** (ThUG) und die **70 Sicherungsverwahrung in sog. Altfällen** ist nach der inzwischen gefestigten Rechtsprechung des EGMR indes durchaus nach lit. e zu rechtfertigen, und zwar dann, wenn im Einzelfall festgestellt wurde, dass die betroffene Person tatsächlich an einer psychischen Krankheit leidet („of unsound mind" ist). Die gesetzliche Definition der „psychischen Störung" isd § 1 ThUG bzw. Art. 316 f Abs. 2 EGStGB idF vom 1.6.2013 dürfte zwar weiter sein als der Begriff der „psychischen Krankheit" in lit. e, der EGMR hat es aber ausreichen lassen, wenn die im Einzelfall festgestellte Erkrankung auch dem strengeren Konventionsmaßstab genügte (EGMR 4.12.2018 (GK) – 10211/12 ua Rn. 150, NJOZ 2019, 1445 – Ilnseher; EGMR 7.1.2016 – 23279/14 Rn. 113f., NJW 2017, 1007 – Bergmann; vgl hierzu *Gaede* in MüKoStPO EMRK Art. 5 Rn. 58). Insofern dürften auch mit Bezug auf § 1 ThuG die vom BVerfG mit Beschluss vom 11.7.2013 aufgestellten Grundsätze für eine verfassungskonforme Auslegung der Anordnungsvoraussetzungen (BVerfG 11.7.2013 – 2 BvR 2302/11 ua Rn. 69, 92, NJW 2013, 3151) gleichzeitig auch den Weg für eine konventionskonforme Auslegung dieser Norm geebnet haben.

71 Ähnlich wie für die nach lit. a zu behandelnde Sicherungsverwahrung (hierzu → Rn. 38) hat der EGMR auch für Fälle, die unter lit. e fallen, Anforderungen an den **Vollzug** aufgestellt, die sich im Wesentlichen aus der Einstufung der Untergebrachten als psychisch krank ergeben. Dies betrifft neben den Anforderungen an den ausreichenden Nachweis einer Erkrankung (vgl. → Rn. 64) insbesondere die Notwendigkeit der Unterbringung in einem **medizinisch-therapeutischen Umfeld** (EGMR 7.1.2016 – 23279/14 Rn. 99, NJW 2017, 1007 – Bergmann; EGMR 4.12.2018 (GK) – 10211/12 ua Rn. 164ff., NJOZ 2019, 1445 – Ilnseher), und zwar auch bei Therapieverweigerung (EGMR 28.11.2013 – 7345/12 Rn. 96 – Glien). Der Gerichtshof sieht als ein solches Umfeld allerdings auch die in der Regel an JVAen angeschlossenen Einrichtungen für Sicherungsverwahrte an, die in Umsetzung des Gesetzes zur bundesrechtlichen Umsetzung des Abstandsgebotes im Recht der Sicherungsverwahrung vom 5.12.2012 geschaffen wurden, und dies, obwohl in diesen Einrichtungen mehrheitlich „normale" Sicherungsverwahrte, die gerade keine medizinische Behandlung erfahren, untergebracht sind (zur Kritik vgl. EGMR 4.12.2018 (GK) – 10211/12 ua – Ilnseher, abw. Meinung des Richters Pinto De Albuquerque). Er prüft insoweit nur, ob im Einzelfall ausreichend medizinisches/psychologisches Personal vorhanden ist und ausreichende und passende Therapieangebote gemacht werden (EGMR 7.1.2016 – 23279/14 Rn. 118ff., NJW 2017, 1007 – Bergmann). Es handelt sich hier um parallele Erwägungen zu denen, mit denen der EGMR seine Rechtsprechung zur Sicherungsverwahrung als Strafe iSd Art. 7 EMRK in „Altfällen" aufgibt (→ Art. 7 Rn. 22–26). Auch nach lit. e prüft der Gerichtshof zudem die Angemessenheit der Dauer der Unterbringung, legt aber auch hier einen sehr großzügigen Maßstab an (vgl. EGMR 7.1.2016 – 23279/14 Rn. 129ff., NJW 2017, 1007 – Bergmann).

72 Auch die Unterbringung nach **§ 1906 BGB** sowie nach den **Ländergesetzen für psychisch Kranke** fällt grds. unter lit. e und ist hiernach gerechtfertigt, wenn durch das Gesetz selbst oder dessen Anwendung im Einzelfall gesichert ist, dass die Winterwerp-Kritieren eingehalten sind.

73 **b) Andere Gruppen.** Auch auf die anderen in lit. e genannten Gruppen ist die oben dargestellte gefahrenorientierte Auslegung anzuwenden. Als **Alkoholsüchtige** versteht der Gerichtshof etwa nicht nur Personen, die im medizinischen Sinne an Alkoholabhängigkeit leiden, sondern auch Personen, die in akut alkoholisiertem Zustand eine Gefahr für sich oder die Allgemeinheit darstellen (EGMR 4.4.2000 – 26629/95 Rn. 60f. – Witold Litwa). Diese Auslegung geht zwar über den Wortlaut des lit. e hinaus und steht auch systematisch im Widerspruch zu den restlichen dort genannten Haftgründen, die einen andauernden und nicht bloß akuten Zustand fordern (EGMR 4.9.2000 – 26629/95 – Witold Litwa, zust. Meinungen). Sie ist aber inzwischen ständige Rechtsprechung.

Der Gerichtshof fordert auch bei Alkoholsüchtigen die Einhaltung der **Winter-** 74
werp-Kriterien (→ Rn. 63 ff.), insbes. eine genaue Prüfung, ob tatsächlich eine Gefahr auf Grund von Alkoholisierung vorliegt, und eine strenge Verhältnismäßigkeitsprüfung (EGMR 4.4.2000 – 26629/95 Rn. 77 ff. – Witold Litwa). Allerdings war seine Ausfüllung dieser Kriterien in Ausnüchterungsfällen wenig überzeugend. So prüfte er – möglicherweise unter dem Eindruck der recht kurzen Haftdauer – nicht immer sorgfältig, ob die alkoholisierte Person tatsächlich gefährlich und nicht nur lästig war (insbes. EGMR 3.2.2011 – 37345/03 Rn. 43 ff. – Kharin; sehr krit. dortige abw. Meinung) und den Alternativen zur Inhaftierung bestanden (EGMR 3.2.2011 – 37345/03 Rn. 44 – Kharin; EGMR 8.6.2004 – 40905/98 Rn. 52 – Hilda Hafsteinsdóttir; sorgfältiger dagegen in EGMR 15.4.2014 – 14920/05 Rn. 95 – Djindiks).

Dieselben Kriterien, die für Alkoholsüchtige bzw. alkoholisierte Personen gel- 75
ten, dürften auch auf **„Rauschgiftsüchtige"** bzw. – folgt man insoweit der oben (→ Rn. 73) dargestellten Rechtsprechung – für akut berauschte Personen Anwendung finden. Der Gerichtshof hatte sich mit dieser Fallgruppe noch nicht zu beschäftigen, er hat nur klargestellt, dass strafrechtliche Programme, die die „Therapie statt Freiheitsstrafe" für drogenabhängige Straftäter erlauben (vgl. §§ 35 f. BtMG), grds. nicht nach lit. e, sondern als Haft nach strafrechtlichem Urteil iSd lit. a zu behandeln sind, wenn die Therapie mit einer Freiheitsentziehung einhergeht (EGMR 28.10.1996 – 76/1995 Rn. 33 f., ÖJZ 1997, 583 – Bizzotto).

Vollständig überholten Vorstellungen von Sozialkontrolle verhaftet ist die letzte 76
Alt. des lit. e zur Inhaftierung von **„Landstreichern."** Im sog. Belgischen Landstreicherfall hatte der EGMR noch eine Definition dieser Gruppe vorgenommen als „Personen, die keinen festen Wohnsitz, keine Mittel zum Bestreiten ihres Unterhaltes und keine regelmäßige Berufstätigkeit haben" (EGMR 18.6.1971 (Pl.) – 2832/66 ua Rn. 68 f., EGMR-E 1, 107 – De Wilde ua), hat dann aber bald ausdrücklich anerkannt, dass die bloße Tatsache, dass eine Person keinen geregelten Beruf hat und im Verdacht steht, ihren Lebensunterhalt durch Straftaten zu bestreiten, nicht ihre Inhaftierung als „Landstreicher" gestattet (EGMR 6.11.1980 – 7367/76 Rn. 98, NJW 1984, 544 – Guzzardi).

Dabei hat er in einem *obiter dictum* geäußert, auch „Landstreicher" dürften nur 77
zum Schutz der Allgemeinheit oder im eigenen Interesse inhaftiert werden (EGMR 6.11.1980 – 7367/76 Rn. 98, NJW 1984, 544 – Guzzardi), so dass auch hier die **Winterwerp-Kriterien** (→ Rn. 63 ff.) anzulegen sind. Diese wiederum werden nie allein wegen der „Landstreicher"-Eigenschaft erfüllt sein, sondern nur, wenn noch ein weiterer Grund für Unterbringung (zB eine psychische Krankheit) vorliegt (ähnl. *Dörr* in Dörr/Grote/Marauhn Kap. 13 Rn. 200). Letztlich ist diese Alternative des lit. e obsolet.

Selten hatte der Gerichtshof bisher auch über eine Unterbringung zur Verhinde- 78
rung der **Verbreitung ansteckender Krankheiten** zu entscheiden. Im Gegensatz zu den anderen Kategorien des lit. e wird hier nicht eine Personengruppe („Infizierte"), sondern eine zu verhindernde Gefahr beschrieben. Daraus folgt zweierlei: Zum einen erlaubt diese Alternative nur Inhaftierung im Interesse der Allgemeinheit (Vermeidung von Epidemien), nicht im (vermeintlichen) Interesse der untergebrachten Person (vgl. aber das bedenkliche *obiter dictum* in EGMR 25.1.2005 – 56529/00 Rn. 42 f., NJW 2006, 2313 – Enhorn). Zum anderen darf nicht nur Infizierten, sondern auch anderen Personen, die die Krankheit verbreiten könnten, die Freiheit entzogen werden (*Meyer-Ladewig/Harrendorf/König* in HK-EMRK EMRK Art. 5 Rn. 49), also etwa Krankheits- und Ansteckungsverdächtigen sowie Aus-

EMRK Art. 5   Rechte und Freiheiten der Konvention

scheidenden (vgl. § 2 Nr. 5–7 IfSG). Hinsichtlich dieser Personen ist aber eine besonders strenge Verhältnismäßigkeitsprüfung durchzuführen.

79 Überhaupt gelten die **Winterwerp-Kriterien** (→ Rn. 63 ff.) auch in solchen Fällen (vgl. EGMR 25.1.2005 – 56529/00 Rn. 44 ff., NJW 2006, 2313 – Enhorn): Die Krankheit – genauer: die Ansteckungsgefahr – muss durch ein medizinisches Gutachten festgestellt sein, angesichts der besonderen Gefahrenlage dürfte bei hochinfektiösen Krankheiten aber auch vorläufige Unterbringung bei begründetem Verdacht zulässig sein. Die Ansteckungsgefahr muss eine Gefahr für die Allgemeinheit darstellen und die Verhältnismäßigkeit muss gewahrt sein. Dies bedeutet insbes., dass Unterbringung nur bei schwerwiegenden und leicht übertragbaren Krankheiten (etwa den in § 30 Abs. 1 IfSG genannten) und grds. nur für kurze Zeit zulässig ist und nur dann, wenn alle alternativen Maßnahmen (etwa Unterweisung in Hygienemaßnahmen zur Vermeidung von Ansteckung) zur Ausräumung der Gefahr nicht ausreichen. Weiter ist periodisch zu überprüfen, ob die Ansteckungsgefahr weiter besteht.

80 Der Gerichtshof hatte noch keine Gelegenheit zu einer Entscheidung über die Rechtmäßigkeit von Maßnahmen im Zuge der Eindämmung der Verbreitung der Corona-Pandemie. Soweit für die entsprechenden Maßnahmen keine wirksame Derogation vorliegt (vgl. → Art. 15 Rn. 1), dürfte Folgendes gelten: An die Unterbringung ieS von Einzelpersonen – etwa die Absonderung in speziellen Einrichtungen – dürften die o. g. Maßstäbe anzulegen sein. Maßnahmen, die ganze Gruppen von Personen treffen, etwa die Abriegelung von Geflüchtetenunterkünften uä nach aufgetretenen COVID 19-Fällen ohne Unterscheidung zwischen dort untergebrachten Personen, dürften einer besonders strengen Überprüfung anheimfallen. Schließlich dürfte zwar nicht die Anordnung von Lockdown-Maßnahmen wie Ausgangssperren (vgl. → Rn. 11), aber jedenfalls die Anordnung von Quarantäne für Personen nach Gruppenzugehörigkeit, etwa für Einreisende aus Risikogebieten oder für Kontaktpersonen, eine Freiheitsentziehung darstellen. Angesichts der erheblichen Infektiosität des Corona-Virus – insbes. auch vor Eintritt irgendwelcher Symptome – sowie angesichts der idR recht kurzen Dauer solcher Freiheitsentziehung dürfte der Gerichtshof diese aber für im Grunde konventionskonform erklären (so etwa VGH Mannheim 9.4.2021 – 1 S 1108/21, BeckRS 2021, 7228 Rn. 39 ff. am Maßstab des GG, Rn. 92 zu Art. 5 EMRK) und sich dabei ua darauf stützen, dass die Formulierung des lit. e eben nicht Erkrankung der Person, sondern die Verhinderung der Verbreitung der Krankheit in den Blick nimmt (→ Rn. 78). Die ersten beiden Entscheidungen zu Art. 5 und COVID-19 zeigen jedenfalls eine angesichts der von der Pandemie ausgehenden Gefahr recht verständnisvolle Sicht des Gerichtshofs auf die staatlichen Maßnahmen (EGMR 13.4.2021 – 49933/20 Rn. 39 f. – Terhes; EGMR 23.3.2021 – 19090/20 Rn. 88 ff. – Fenech zur Aufschiebung von Haftprüfungen wegen lockdownbedingter Einstellung der Gerichtstätigkeit).

81 **6. Abschiebe- und Auslieferungshaft (lit. f).** Lit. f erlaubt die Inhaftierung von ausländischen Personen in zwei verschiedenen Fällen. Der erste betrifft die **Verhinderung unerlaubter Einreise.** Der Gerichtshof hat sich hiermit va im Zusammenhang mit Asylbewerbern befasst. Die Mehrheit der Großen Kammer hat den Haftgrund sehr weit ausgelegt und es für zulässig erachtet, einen Asylbewerber, der nach legaler Einreise „temporären Einlass" erhalten hatte und sich danach ordnungsgemäß bei den Behörden gemeldet hatte, bis zur Entscheidung über sein Asylgesuch für 7 Tage in einem „Durchgangslager" zu inhaftieren. Da der Be-

schwerdeführer noch keinen Aufenthaltstitel gehabt habe, sei er noch nicht berechtigt auf das Staatsgebiet gewesen; eine Beschränkung auf Fälle heimlicher Einreise sei der Norm nicht zu entnehmen (EGMR 29.1.2008 (GK) – 37201/06 Rn. 64f., NVwZ 2009, 375 – Saadi). Diese Auslegung überrascht, kann doch das beschriebene Verhalten nur schwerlich unter den Wortlaut „unerlaubte Einreise" subsumiert werden und spricht einiges dafür, den Aufenthalt bereits auf Grund des Status als Asylbewerber nach der GFK für (zunächst) berechtigt zu halten. Die überstimmte Minderheit kritisierte die Entscheidung scharf (EGMR 28.2.2008 (GK) – 37201/06 – Saadi, gem. teilw. abw. Meinung) und forderte für die Inhaftierung von Asylbewerbern einen konkreten Hinweis, dass diese sich dem weiteren Verfahren entziehen wollen; eine Inhaftierung zur Arbeitserleichterung für die Ausländerbehörden erlaube lit. f nicht.

Was die **Rechtmäßigkeit** angeht, stellt sich insbes. bei Freiheitsentziehungen 82 im Transitbereich von Flughäfen mitunter die Frage nach der Qualität der **gesetzlichen Grundlage** (vgl. EGMR 25.6.1996 – 19776/92 Rn. 50ff., NVwZ 1997, 1102 – Amuur; EGMR 24.1.2008 – 29787/03 ua Rn. 71ff. – Riad u. Idiab). Die Prüfung der **Willkürfreiheit** ist relativ streng, der Gerichtshof hat in *Saadi* vier Kriterien aufgestellt: Die Inhaftierung muss „in gutem Glauben vorgenommen werden und strikt auf den Zweck abgestellt sein, eine unerlaubte Einreise des Betroffenen zu verhindern", Ort und Bedingungen müssen der Tatsache angemessen sein, dass sie Personen betrifft, die nicht Straftaten begangen haben, sondern „die häufig unter Angst um ihr Leben aus ihren Heimatländern geflohen sind", und ihre Dauer muss zum Erreichen des Zweckes notwendig sein (EGMR 29.1.2008 (GK) – 37201/06 Rn. 74, NVwZ 2009, 375 – Saadi). Die zulässige Höchstdauer dürfte eher in Wochen als in Monaten zu bemessen sein (vgl. EGMR 23.7.2013 – 42337/12 Rn. 102 mwN, BeckRS 2013, 202704 – Suso Musa).

Die zahlenmäßig relevantere Alternative des lit. f betrifft die Ausweisungs- bzw. 83 **Abschiebehaft** und die **Auslieferungshaft.** Sie umfasst nicht nur die Haft während des laufenden Ausweisungs- bzw. Auslieferungsverfahrens, sondern auch die mit der Aufenthaltsbeendigung selbst einhergehende Freiheitsentziehung (EGMR 18.12.1986 – 9990/82 Rn. 60, NJW 1987, 3066 – Bozano). „Ausweisung" und „Auslieferung" werden weit verstanden und erfassen auch den Fall, dass die Person auf dem Staatsgebiet an die Behörden eines anderen Staates übergeben wird, die dann mit der Person das Staatsgebiet verlassen (EKMR 12.5.1986 – 10427/83 Rn. 1 – C.).

Das Ausweisungs- oder Auslieferungsverfahren muss nur „im Gange" sein, dh 84 lit. f setzt nur ein **Vorhaben** des Staates voraus, die Person abzuschieben bzw. auszuliefern. Ein solches kann in Auslieferungsfällen auch gegeben sein, wenn der Zielstaat einen Auslieferungsantrag noch nicht gestellt, aber angekündigt hat (EKMR 9.12.1980 – 9012/80 Rn. 2 – X.). Spekulationen, dass eine Ausweisung/Auslieferung in Betracht komme, reichen nicht aus (EGMR 27.4.2006 – 11919/03 Rn. 23 – Mohd); erst recht nicht die unzutreffende Überzeugung der Behörden, eine Ausweisungsanordnung gelte fort (EGMR 4.8.2005 – 55764/00 Rn. 41 – Zeciri). Die Aussetzung der aufenthaltsbeendenden Maßnahme nach einstweiliger Anordnung des EGMR (Art. 39 EGMRVerfO) lässt das Vorhaben nicht ohne weiteres entfallen (EGMR 26.4.2007 – 25389/05 Rn. 73f. – Gebremedhin (Gaberamadhien)); steht jedoch fest, dass die Abschiebung/Auslieferung zumindest auf absehbare Zeit unzulässig ist, ist Haft nach lit. f unzulässig (EGMR 8.10.2009 – 10664/05 Rn. 65 – Mikolenko; dies gilt auch für als gefährlich eingestufte Personen: EGMR 19.2.2009 (GK) – 3455/05 Rn. 170f., NJOZ 2010, 1903 – A. ua).

Damit ist insbes. die Inhaftierung von Personen unzulässig, die sich im Verfahren zur Überprüfung ihrer Flüchtlingseigenschaft nach der **Genfer Flüchtlingskonvention** befinden (EGMR 25.9.2012 – 50520/09 Rn. 139 – Ahmade).

85 Die **Rechtmäßigkeit der geplanten Ausweisung bzw. Auslieferung** nach nationalem Recht oder der Konvention ist **keine Voraussetzung,** ebenso wenig ihre tatsächliche Umsetzung (EGMR 9.10.2003 (GK) – 48321/99 Rn. 146, EuGRZ 2006, 560 – Slivenko; EGMR 15.11.1996 (GK) – 22414/93 Rn. 112, NVwZ 1997, 1093 – Chahal). Etwas anderes gilt, wenn die geplante Aufenthaltsbeendigung offensichtlich rechtswidrig ist (vgl. EKMR 3.3.1978 – 6871/75 Rn. 2c – Caprino; EGMR 21.10.1986 – 9862/82 Rn. 57, EuGRZ 1988, 523 – Sanchez-Reisse), oder die Rechtswidrigkeit den Behörden bekannt ist (EGMR 4.10.2001 – 39964/98 Rn. 2 – Agnissan sowie die Nachw. Rn. 84). Wo das nationale Recht die Rechtmäßigkeit der geplanten Maßnahme voraussetzt, wird diese über diesen Umweg auch Voraussetzung der Haft nach lit. f (EGMR 18.12.1986 – 9990/82 Rn. 58, NJW 1987, 3066 – Bozano).

86 In jedem Fall zu prüfen ist die **Rechtmäßigkeit der Haft,** dh zunächst die Existenz einer ausreichenden gesetzlichen Grundlage und die Einhaltung nationaler Verfahrensvorschriften (→ Rn. 18 f., 20 ff.; vgl. etwa EGMR 9.10.2003 (GK) – 48321/99 Rn. 147, EuGRZ 2006, 560 – Slivenko; EGMR 12.4.2005 – 36378/02 Rn. 397 – Shamayev ua). Gerade bei Abschiebe- und Auslieferungshaft können auch Verhaltensweisen, die formell die nationalen Vorschriften einhalten, missbräuchlich und damit willkürlich sein, etwa wenn Behörden Asylsuchende unter dem Vorwand, man wolle ihren Asylantrag vervollständigen, auf eine Polizeiwache locken und dort in Abschiebehaft nehmen (EGMR 5.2.2002 – 51564/99 Rn. 40–42 – Conka) oder wenn sie ein Auslieferungsverbot durch „Abschiebung" in einen Drittstaat, der dann an den Zielstaat ausliefert, umgehen (EGMR 18.12.1986 – 9990/82 Rn. 60, NJW 1987, 3066 – Bozano).

87 Auch bei lit. f müssen schließlich die **Haftbedingungen** in angemessenem Verhältnis zum Anlass der Haft stehen; jedenfalls Abschiebehaft unter Bedingungen, die Art. 3 verletzen, verletzt wohl auch Art. 5 Abs. 1 (vgl. etwa EGMR 25.9.2012 – 50520/09 Rn. 144 – Ahmade).

88 Die **Verhältnismäßigkeit** der Haft hat der Gerichtshof zunächst nur sehr eingeschränkt überprüft. Bis heute fordert er insbes. keine Erforderlichkeit der Inhaftierung im Sinne eines klassischen Haftgrunds, etwa weil die Person droht, sich der Aufenthaltsbeendigung zu entziehen (EGMR 15.11.1996 (GK) – 22414/93 Rn. 112, NVwZ 1997, 1093 – Chahal).

89 Ansonsten nimmt der Gerichtshof aber inzwischen durchaus eine – wenn auch nicht die Prüfungsdichte etwa bei Untersuchungshaft erreichende – Verhältnismäßigkeitsprüfung vor. Er fordert die Einhaltung der in *Saadi* für die erste Alternative des lit. f entwickelten Kriterien (→ Rn. 82) auch bei Abschiebe- und Auslieferungshaft (etwa EGMR 8.10.2009 – 10664/05 Rn. 60 – Mikolenko; eine Übersicht der zögerlichen Ansätze, Verhältnismäßigkeitserwägungen einfließen zu lassen, samt Kritik daran, dass der Gerichtshof der Tendenz der Staaten, auf Migration nur nach der Logik der Verbrechensbekämpfung zu reagieren, nicht genug entgegensetzt, findet sich im Sondervotum des Richters Pinto De Albuquerque in EGMR 22.11.2016 – 25794/13 ua – Abdullahi Elmi ua). So sind insbes. bei vulnerablen Gruppen **Alternativmaßnahmen** zur Inhaftierung zu prüfen (EGMR 8.10.2009 – 10664/05 Rn. 67 f. – Mikolenko; EGMR 20.12.2011 – 10486/10 Rn. 124 – Yoh-Ekale Mwanje). Auch die oft erschreckende **Haftdauer** kann auf verschiedenen Wegen zur Rechtswidrigkeit der Haft führen: Wird das Auswei-

Recht auf Freiheit und Sicherheit **Art. 5 EMRK**

sungs- bzw. Auslieferungsverfahren nicht zügig betrieben, wird die Haft insgesamt unzulässig (so bereits EGMR 15.11.1996 (GK) – 22414/93 Rn. 113, NVwZ 1997, 1093 – Chahal) – dies kann sich aus konkreten den Behörden zurechenbaren Verzögerungen wie auch aus einer unangemessenen Gesamtdauer ergeben (etwa EGMR 8.10.2009 – 10664/05 Rn. 64 – Mikolenko; EGMR 2.10.2012 – 14743/11 Rn. 184ff. – Abdulkhakov). Zudem kann bei sehr langer Haft ohne Aussicht auf baldige Aufenthaltsbeendigung nicht mehr davon gesprochen werden, eine Ausweisung/Auslieferung sei „im Gange" iSd lit. f (EGMR 8.10.2009 – 10664/05 Rn. 66 – Mikolenko: gut 3½ Jahre; vgl. EGMR 9.4.2013 – 27770/08 Rn. 71ff. – Abdi: knapp 2½ Jahre). Schließlich kann die Rechtmäßigkeit von Abschiebehaft auch daran scheitern, dass das zu Grunde liegende Gesetz keinerlei zeitliche Begrenzung vorsieht und daher mangels Vorhersehbarkeit keine ausreichende gesetzliche Grundlage für die Haft ist (EGMR 24.4.2012 – 48883/07 Rn. 70f. – Mathloom).

Besonders streng überprüft der Gerichtshof die **Inhaftierung von Kindern** **89a** **und Jugendlichen** nach lit. f: Zum einen müssen die Haftbedingungen im Einklang mit dem Grund der Inhaftierung stehen und die Verletzlichkeit von Kindern berücksichtigen – die Inhaftierung von Kleinkindern in Einrichtungen für Erwachsene ist unzulässig, auch wenn sie zusammen mit ihren Eltern untergebracht sind (EGMR 19.1.2010 – 41442/07 Rn. 74f. – Muskhadzhiyeva ua). Zudem ist eine besonders strenge Prüfung der Verhältnismäßigkeit anzustellen, eine Inhaftierung ist nur als ultima ratio und nach Überprüfung aller anderen geeigneten Maßnahmen zulässig (EGMR 5.4.2011 – 8687/08 Rn. 108f. – Rahimi; EGMR 19.1.2012 – 39472/07 ua Rn. 119 – Popov).

C. Rechte inhaftierter Personen (Abs. 2–4)

Abs. 2–4 enthalten **Verfahrensrechte für inhaftierte Personen.** In den Genuss der Rechte auf Information (Abs. 2) und auf gerichtliche Haftprüfung (Abs. 4) kommen alle inhaftierten Personen. Für Untersuchungsgefangene iSd Abs. 1 lit. c werden diese ergänzt durch Abs. 3, der spezifische Verfahrensgarantien und materielle Einschränkungen hinsichtlich der Dauer von Untersuchungshaft enthält. **90**

I. Das Recht auf Information (Abs. 2)

Abs. 2 gewährt das Recht auf Informationen über den Grund der Inhaftierung. Dieses Recht dient zum einen zur **Beseitigung der Ungewissheit** der inhaftierten Person über ihre Lage (*Gaede* in MüKoStPO EMRK Art. 5 Rn. 62). Zum anderen soll es ihr va ermöglichen, **Rechtsschutz nach Abs. 4** zu suchen (EGMR 21.2.1990 – 11509/85 Rn. 27f. – Van der Leer; EGMR 30.8.1990 – 12244/86 ua Rn. 40 – Fox ua). Folgerichtig schließt der Gerichtshof mitunter aus der Tatsache, dass die Person in der Lage war, einen (substantiierten) Antrag iSd Abs. 4 zu stellen, dass die ihr mitgeteilten Informationen den Anforderungen des Abs. 2 genügt hatten (EGMR 5.4.2001 – 26899/95 Rn. 48 – H. B.; ähnlich EGMR 23.7.2013 – 41872/10 Rn. 234, BeckRS 2013, 202706 – M. A., wo der Bf. einen Antrag nach Art. 39 EGMRVerfO gestellt hatte). **91**

Auch wenn der Wortlaut („Beschuldigungen … erhoben") etwas strafrechtslastig formuliert ist, gilt Abs. 2 für **alle Haftgründe** des Abs. 1 (EGMR 21.2.1990 – 11509/85 Rn. 27 – Van der Leer). Voraussetzung ist eine tatsächliche Freiheitsent- **92**

Elberling 157

ziehung; der bloße Erlass eines Haftbefehls reicht nicht aus (EGMR 25.10.1990 – 12228/86 Rn. 22 – Keus). Eine erneute Mitteilung wird erforderlich, wenn jemand nach Entlassung erneut inhaftiert wird (vgl. EGMR 5.11.1981 – 7215/75 Rn. 64ff., Ser. A No. 46 – X.), sich die wesentlichen Umstände der Inhaftierung ändern (EGMR 22.9.2009 – 30471/08 Rn. 173, InfAuslR 2010, 47 – Abdolkhani u. Karimnia: Wechsel des Haftgrundes) oder bei Untersuchungshaft relevante neue Tatvorwürfe hinzukommen (EGMR 15.12.2009 – 12444/05 Rn. 59ff. – Leva). Abs. 2 gilt auch für Freiheitsentziehungen nach humanitärem Völkerrecht (EGMR 16.9.2014 (GK) – 29750/09 Rn. 106, 110 – Hassan).

93 Die Information muss in **möglichst kurzer Frist** erfolgen, wenn auch nicht bereits im Moment der Festnahme im Detail (EGMR 30.8.1990 – 12244/86 ua Rn. 40 – Fox ua). Der EGMR fordert inzwischen außer in krassen Ausnahmefällen eine Mitteilung „einige Stunden" nach der Festnahme (EGMR 19.2.2013 – 16262/05 Rn. 83f. – Zuyev: 14 Stunden zu lang; EGMR 20.11.2012 – 55421/10 Rn. 97 – Ghiurau: 8 Stunden noch nicht zu lang). Verzögerungen, die auf dem Verhalten der inhaftierten Person beruhen, begründen keinen Verstoß (EGMR 11.7.2000 – 20869/92 Rn. 56 – Dikme: Versuch, die Identität zu verschleiern).

94 Der **Inhalt der Mitteilung** muss nicht dem von Art. 6 Abs. 3 lit. a (vgl. →Art. 6 Rn. 191) geforderten entsprechen, es müssen aber die rechtlichen und tatsächlichen Grundlagen der Haft so genau mitgeteilt werden, dass die inhaftierte Person in der Lage ist, eine Haftprüfung nach Abs. 4 einzuleiten (EGMR 12.4.2004 – 36378/02 Rn. 427 – Shamayev ua; EGMR 5.2.2002 – 51564/99 Rn. 50 – Conka). Die genauen Anforderungen hängen von den Umständen des Einzelfalls (EGMR 30.8.1990 – 12244/86 ua Rn. 40 – Fox ua) nicht auch vom Haftgrund ab. Nicht ausreichend sind ein Formblatt (EGMR 29.1.2008 (GK) – 37201/06 Rn. 84f., NVwZ 2009, 375 – Saadi), die Wiedergabe des Gesetzeswortlauts oder die Nennung des vorgeworfenen Straftatbestands (EGMR 28.10.1994 (GK) – 14310/88 Rn. 76, EuGRZ 1996, 587 – Murray). Nicht erforderlich ist jedoch eine vollständige Aufzählung aller Vorwürfe und Beweismittel (EGMR 8.2.2005 – 49491/99 Rn. 56 – Bordovskiy) oder die Gewährung von Akteneinsicht zu diesem Zeitpunkt (EGMR 12.4.2004 – 36378/02 Rn. 427 – Shamayev ua). Bei Auslieferungshaft muss mindestens mitgeteilt werden, welcher Staat wegen welcher Straftaten die Auslieferung verlangt (EGMR 8.2.2005 – 49491/99 Rn. 56f. – Bordovskiy); bei Ausweisungshaft dürfte ebenfalls mehr zu fordern sein als nur die Angabe, dass die Person ausgewiesen werden soll (vgl. EGMR 5.2.2002 – 51564/99 Rn. 51 – Conka; EGMR 2.10.2008 – 34082/02 Rn. 37ff., ÖJZ 2009, 426 – Rusu).

95 Eine **bestimmte Form** ist **nicht vorgeschrieben** (EGMR 8.2.2005 – 49491/99 Rn. 56 – Bordovskiy); die Mitteilung kann mündlich (EKMR 13.12.1978 – 8098/77 – X.) oder schriftlich (etwa durch Überreichung des Haftbefehls, EGMR 30.3.1989 – 10444/83 Rn. 32 – Lamy, vgl. § 114a StPO) erfolgen.

96 Der Gerichtshof hat in der Vergangenheit mitunter ausgeführt, inhaftierte Personen hätten aus dem Inhalt von Verhören (zB EGMR 28.10.1994 (GK) – 14310/88 Rn. 77, EuGRZ 1996, 587 – Murray) oder sogar aus Morddrohungen (!) durch Polizeibeamten, die ein Geständnis erpressen wollten (EGMR 11.7.2000 – 20869/92 Rn. 55f. – Dikme), ausreichend erfahren, was ihnen vorgeworfen werde. Eine Mitteilung sei gänzlich unnötig, wenn sich der Grund der Inhaftierung der Person ohne weiteres (EGMR 11.7.2000 – 20869/92 Rn. 54 – Dikme – Festnahme direkt nach Vorzeigen falscher Personenpapiere) oder auf Grund ihres **Sonderwissens** (EGMR 5.4.2001 – 26899/95 Rn. 49 – H.B.) erschließe. Diese Rechtsprechung ist auf einige Kritik gestoßen (etwa *Trechsel* in Macdonald/Matscher/Petzold

Recht auf Freiheit und Sicherheit **Art. 5 EMRK**

S. 317f.), auch innerhalb des EGMR (EGMR 28.10.1994 (GK) – 14310/88, EuGRZ 1996, 587 – Murray, abw. Meinungen). In jüngeren Entscheidungen ist der Gerichtshof strenger, sieht etwa allgemeine aufenthaltsrechtliche Belehrungen nicht mehr als ausreichend an (EGMR 15.12.2016 (GK) – 16483/12 Rn. 118 – Khlaifia ua) oder führt zum Inhalt von Verhören aus, diese hätten bei den Bf. nur noch mehr Unsicherheit über die Gründe ihrer Festnahme ausgelöst (EGMR 18.12.2012 – 39804/04 Rn. 65 – Baiusev u. Anzorov). Zudem betont er nunmehr – richtigerweise –, die Information der inhaftierten Person sei eine dem Staat auferlegte Aufgabe; ob die Person anderweitig informiert sei, sei daher unerheblich (EGMR 30.5.2013 – 36673/04 Rn. 70 – Malofeyeva; EGMR 31.1.2017 – 18232/11 ua Rn. 62 – Vakhitov ua).

Die Mitteilung muss in einer für die inhaftierte Person **verständlichen Sprache** 97 erfolgen. Dies setzt zum einen voraus, dass sie ggf. in eine Sprache übersetzt wird, die die Person spricht (vgl. EGMR 5.2.2002 – 51564/99 Rn. 52 – Conka; es muss nicht die Muttersprache sein: EGMR 26.5.2005 – 45097/04 Rn. 2 – Parlanti). Zum anderen bezieht sich dies auf die Formulierung der Mitteilung – diese muss in **„einfacher nichttechnischer Sprache"** gehalten sein, so dass die inhaftierte Person sie verstehen kann (EGMR 30.8.1990 – 12244/86 ua Rn. 40 – Fox ua; EGMR 5.4.2001 – 26899/95 Rn. 47 – H. B.). Bei Menschen mit psychischen Krankheiten sollte die Informierung tunlichst durch entsprechend geschultes Personal geschehen (EKMR 16.7.1980 – 6998/75 Rn. 107 – X.). Bei Personen, die **Schwierigkeiten** haben, **die Mitteilung zu verstehen** (zB wegen sensorischer oder geistiger Behinderungen), muss der Staat „angemessene Schritte" unternehmen, ihnen den Inhalt verständlich zu machen (EGMR 8.11.2012 – 28973/11 Rn. 42f. – Z. H.: Gehörloser, der auch die „offizielle" Gebärdensprache nicht versteht).

Kann die Mitteilung auch mit solchen Schritten nicht verständlich gemacht wer- 98 den, ist ein gesetzlicher Vertreter oä zu unterrichten (EKMR 16.7.1980 – 6998/75 Rn. 106f., 111 – X.; vgl. auch EGMR 5.11.1981 – 7215/75 Rn. 65, EuGRZ 1982, 101 – X.). In allen Fällen reicht auch die **Information des Rechtsbeistands** der inhaftierten Person aus (vgl. EGMR 29.1.2008 (GK) – 37201/06 Rn. 84, NVwZ 2009, 375 – Saadi), wenn anzunehmen ist, dass dieser die Information unverzüglich weiterleiten wird (EGMR 30.5.2013 – 36673/04 Rn. 70 – Malofeyeva: Information einer Pflichtverteidigerin, die keinen Kontakt zur inhaftierten Person hat, nicht ausreichend). Abs. 2 gewährleistet aber nicht selbst das Recht, einen Rechtsbeistand oder Angehörige über die Inhaftierung zu informieren (EKMR 5.10.1982 – 8828/79 – X.).

II. Das Recht auf gerichtliche Haftprüfung (Abs. 4)

Abs. 4 enthält ein Recht auf Haftprüfung *(habeas corpus)*, das auf **alle Haftgründe** 99 des Abs. 1 Anwendung findet. Abs. 4 ist allerdings nicht auf alle Haftsituationen anwendbar: Wird nach sehr kurzer Zeit (jedenfalls unter 48 Stunden) die inhaftierte Person wieder entlassen (EGMR 9.10.2003 (GK) – 48321/99 Rn. 158, EuGRZ 2006, 560 – Slivenko) oder die Freiheitsentziehung in eine andere, ihrerseits überprüfbare Form überführt (EGMR 13.12.2016 – 36188/09 Rn. 49f. – Tiba; krit. zu dieser Erweiterung die dortige abw. Meinung), greift die Norm nicht. Bei längerer Dauer muss Haftprüfung auf Antrag gewährt werden, auch wenn die inhaftierte Person nach einigen Tagen entlassen werden soll (EGMR 20.6.2002 – 29296/95 Rn. 34f. – Igdeli). Zudem besteht bei Antragstellung vor Entlassung auch ein Anspruch auf nachträgliche Überprüfung der Rechtmäßigkeit (EGMR 5.2.2002 – 51564/99 Rn. 55 – Conka; EGMR 6.11.2012 – 67604/10 Rn. 48 ff. – Osmanovic). Beruht die Haft auf gerichtlicher Entscheidung, ist idR die (erste) Überprüfung nach Abs. 4 in diese Entscheidung inkorporiert (EGMR 10.12.2002 – 53236/99 Rn. 56 mwN – Waite). Insbes. bei Freiheitsstrafe besteht daher ein Anspruch auf erneute gerichtliche Prüfung nur ausnahmsweise, zum einen bei willkürlicher Rechtsverweigerung durch das verurteilende Gericht (EGMR 24.10.1995 – 16462/90 Rn. 32 – Iribarne Perez), zum anderen, wenn im Nachhinein neue die Rechtmäßigkeit der Haft betreffende Fragen auftreten, die im Urteil nicht behandelt werden konnten, etwa bei möglicher Vollstreckungsverjährung (EGMR 24.3.2005 – 9808/02 Rn. 66 – Stoichkov) oder nach dem Widerruf einer (Reststrafen-) Aussetzung zur Bewährung (EGMR 30.1.2018 – 18233/16 Rn. 27 ff. – Etute). Stuft das nationale Recht Haft nach einer nicht rechtskräftigen erstinstanzlichen Verurteilung als Untersuchungshaft ein, müssen dementsprechende Möglichkeiten der erneuten Überprüfung gewährt werden, auch wenn die Haft nach der EMRK unter lit. a fällt (vgl. EGMR 8.7.2020 – 8844/12 Rn. 36 – Stollenwerk).

100 Andererseits gewährt Abs. 4 nicht nur ein Recht auf einmalige Prüfung – bei länger Dauer der Haft muss eine **periodische Überprüfung** stattfinden (oder die Möglichkeit erneuter Anträge bestehen), ob sich die Umstände geändert haben (EGMR 12.5.1992 – 13770/88 Rn. 23, NJW 1992, 2945 – Megyeri, zu Unterbringung nach lit. e; EGMR 28.10.1998 – 24760/94 Rn. 31 – Assenov ua zu Untersuchungshaft). Gleiches gilt bei lebenslanger oder sonst unbestimmter Freiheitsstrafe nach Ablauf der Mindestverbüßungsdauer (vgl. § 57a Abs. 1 StGB) (EGMR 10.12.2002 – 53236/9 Rn. 56 – Waite mwN; anders, wenn das nationale Recht nur „echte" lebenslange Freiheitsstrafen vorsieht: EGMR 21.6.2011 – 9644/09 Rn. 59 ff., NJW 2012, 2415 – Kafkaris) und für Sicherungsverwahrte (EGMR 9.5.2007 – 12788/04, NJW 2008, 2320 – Homann). Die zulässigen zeitlichen Abstände zwischen den Überprüfungen hängen va vom Haftgrund ab, die obere Grenze dürfte bei lit. a deutlich unter 2 Jahren liegen (etwa EGMR 24.7.2001 – 40787/98 Rn. 40 ff. – Hirst: 21 Monate zu lang), bei lit. e bei einem Jahr (EGMR 24.9.1992 – 10533/83 Rn. 77, EuGRZ 1992, 535 – Herczegfalvy: 15 Monate zu lang; EGMR 12.5.1992 – 13770/88, NJW 1992, 2945 Rn. 26 – Megyeri: 1 Jahr jedenfalls nicht zu kurz), bei Untersuchungshaft unter drei Monaten (vgl. EGMR 15.6.2006 – 70923/01 Rn. 61–63 – Jurjevs: gut 3 Monate zu lang; EGMR 25.10.1989 – 11400/85 Rn. 21 – Bezicheri: 1 Monat jedenfalls nicht zu kurz), bei Auslieferungshaft einige Monate (EGMR 2.10.2012 – 14743/11 Rn. 214 mwN – Abdulkhakov); bei Vorliegen konkreter neuer Umstände verkürzen sich die Fristen entsprechend (EGMR 2.10.2012 – 14743/11 Rn. 216 – Abdulkhakov).

100a Da eine Haftprüfung nach Abs. 4 einen Antrag der inhaftierten Person voraussetzt, besteht eine besondere Hürde für Personen, die nach innerstaatlichem Recht **nicht geschäftsfähig** sind und deren rechtliche Vertretung sich weigert, einen Antrag zu stellen (oft, weil die Vertretung selbst die Unterbringung initiiert hat). Ist ein natürlicher Wille der inhaftierten Person festzustellen, die Haft anzugreifen, muss ihr Gelegenheit gegeben werden, einen entsprechenden Antrag zu stellen, und ihr wenn nötig hierfür ein spezieller Beistand zur Seite gestellt werden (EGMR 14.2.2012 – 13469/06 Rn. 166 – D. D.; vgl. auch EGMR 17.1.2012 (GK) – 36760/06 Rn. 172 ff., NJOZ 2013, 1190 – Stanev).

101 Die Prüfung muss durch ein **Gericht** (das zudem gewisse Anforderungen an Unabhängigkeit und Unparteilichkeit erfüllen muss, vgl. EGMR 29.3.2001 (GK) – 271547/95 Rn. 42 ff., ÖJZ 2002, 516 – D. N.) durchgeführt werden, in

Recht auf Freiheit und Sicherheit **Art. 5 EMRK**

Deutschland ist dies institutionell durch Art. 104 GG gewährleistet. Das Gericht muss nicht nur prüfen, sondern auch eine ausdrückliche Entscheidung fällen (vgl. EGMR 20.1.2004 – 39753/98 Rn. 20 f. – König) und diese ausreichend begründen (EGMR 25.3.1999 (GK) – 31195/96 Rn. 61, NJW 2000, 2883 – Nikolova).

Der **Prüfungsumfang** ergibt sich aus dem Wortlaut: Das Gericht prüft die **102** Rechtmäßigkeit der Haft in formeller wie in materieller Hinsicht nach nationalem Recht (EGMR 29.11.1988 (Pl.) – 11209/84 ua Rn. 65, EGMR-E 4, 166 – Brogan ua; EGMR 25.3.1999 (GK) – 31195/96 Rn. 58, NJW 2000, 2883 – Nikolova) wie auch nach der Konvention (EGMR 10.5.2012 – 20116/08 Rn. 75 – Rahmani u. Dineva). Ist dem Gericht also etwa bei Untersuchungshaft die Überprüfung des Tatverdachts verwehrt, genügt die Prüfung nicht Abs. 4 (EGMR 25.3.1999 (GK) – 31195/96 Rn. 59, NJW 2000, 2883 – Nikolova; ähnlich für Abschiebehaft EGMR 12.7.2016 – 56324/13 Rn. 41 ff. – A. M.). Beruht die Anordnung der Haft auf einer Ermessensentscheidung, reicht eine Prüfung auf Ermessensfehler (EGMR 12.9.2009 – 3455/05 Rn. 202, NJOZ 2010, 1903 – A. ua). Das Gericht muss befugt sein, direkt und verbindlich, nicht nur in Form einer Feststellung oder Empfehlung die Freilassung anzuordnen, wenn es die Haft für unrechtmäßig befindet (EGMR 15.11.1996 (GK) – 22414/93 Rn. 130, NVwZ 1997, 1093 – Chaha; EGMR 25.10.2012 – 30241/11 Rn. 36 ff. – Buishvili).

Aus dem Erfordernis einer gerichtlichen Entscheidung folgen auch Anforderun- **103** gen an die **Justizförmigkeit des Verfahrens** der Haftprüfung (Übersicht in EGMR 12.9.2009 – 3455/05 Rn. 202 ff., NJOZ 2010, 1903 – A. ua). Das Verfahren muss die Anforderungen des Art. 6 soweit erfüllen, wie dies unter den Umständen einer laufenden Ermittlung möglich ist (EGMR 19.2.2009 – 3455/05 Rn. 217 – A. ua). Der **Zugang zum Gericht** darf nicht übermäßig eingeschränkt werden, etwa durch zu kurze Antragsfristen oder durch Aufstellen erheblicher praktischer Hindernisse (EGMR 9.5.2007 – 12788/04, NJW 2008, 2320 – Homann; EGMR 5.2.2002 – 51564/99 Rn. 43–46, 55 – Conka). Eine **persönliche Anhörung** ist jedenfalls bei U-Haft geboten (EGMR 25.3.1999 (GK) – 31195/96 Rn. 58, NJW 2000, 2883 – Nikolova; anders nur, wenn die Person wenige Tage zuvor bereits vom selben Gericht angehört worden war, EGMR 19.11.2011 – 31610/08 Rn. 54–56 – Altinok), eine öffentliche Verhandlung allerdings nicht erforderlich (EGMR 15.11.2005 – 67175/01 Rn. 41, NStZ 2008, 145 – Reinprecht). Die Verhandlung muss in halbwegs geordneter und die Würde der inhaftierten Person wahrender Form ablaufen (EGMR 27.1.2009 – 1704/06 Rn. 129 ff. – Ramishvili u. Kokhreidze). Ist die Sachlage nicht einfach oder die inhaftierte Person nicht in der Lage, ihre Interessen selbst wahrzunehmen (dies wird jedenfalls bei lit. d und e idR der Fall sein), hat sie Recht auf **anwaltlichen Beistand** (EGMR 12.5.1992 – 13770/88 Rn. 22 ff., NJW 1992, 2945 – Megyeri; EGMR 29.2.1988 – 9106/80 Rn. 60, EGMR-E 4, 1 – Bouamar) ihrer Wahl (EGMR 24.8.2010 – 40451/06 Rn. A.3 – Prehn) und auf ungestörte Kommunikation mit diesem (EGMR 13.3.2007 – 23393/05 Rn. 49 ff. – Castravet).

Es muss **Waffengleichheit** zwischen der inhaftierten Person und der Behörde, **104** die ihre (weitere) Inhaftierung fordert, bestehen, insbes. muss effektives **rechtliches Gehör** (EGMR 25.3.1999 (GK) – 31195/96 Rn. 61–63, NJW 2000, 2883 – Nikolova) sowie möglichst weitgehende **Akteneinsicht** gewährt werden, mindestens aber müssen ihrem Rechtsbeistand die für die Beurteilung der Rechtmäßigkeit der Freiheitsentziehung wesentlichen Informationen in geeigneter Weise zugänglich gemacht werden (vgl. EGMR 9.7.2009 (GK) – 11364/03 Rn. 124 f., StV 2010, 490 – Mooren mwN sowie § 147 Abs. 2 S. 2 StPO, dessen Existenz und Wortlaut auf Verurteilungen Deutschlands wegen Verletzung des Art. 5 Abs. 4 zurückzuführen ist, dazu *Michalke* NJW 2010, 17 (18)). Beweismittel, die mit einiger Wahrscheinlichkeit Einfluss auf die Haftentscheidung haben, sind beizuziehen (EGMR 4.10.2005 – 9190/03 Rn. 72–76 – Becciev; EGMR 23.10.2007 – 39835/05 Rn. 67–70 – Turcan u. Turcan). Entscheidungen, die weitere Haft anordnen, sind ausreichend zu begründen (EGMR 9.3.2006 – 66820/01 Rn. 134 – Svipsta) und müssen sich mit dem wesentlichen Vorbringen der inhaftierten Person auseinandersetzen (EGMR 5.6.2012 – 28523/03 Rn. 45–47 – Ademovic). Auch muss der inhaftierten Person bzw. Beistand vor Entscheidung die Gelegenheit gegeben werden, Vorbringen der Staatsanwaltschaft zur Kenntnis zu nehmen und inhaltlich zu beantworten, und zwar grds. auch dann, wenn dieses nach Ansicht des entscheidenden Gerichts nichts Neues enthält (vgl. im Einzelnen EGMR 8.7.2020 – 8844/12 Rn. 40–45 – Stollenwerk, wo mit 4:3 Stimmen gegen die der deutschen Richterin eine Verletzung festgestellt wurde, vgl. auch die abw. Meinung).

105 **Ausnahmen** von diesen Anforderungen aus Gründen der **Staatssicherheit** lässt der EGMR, seiner Rechtsprechung zu Art. 6 folgend, zu, verlangt aber, dass die damit verbundenen Einschränkungen durch geeignete Mechanismen ausgeglichen und jedenfalls ausreichend Informationen mitgeteilt werden, um sinnvolle Anfechtung der Haft zu ermöglichen (EGMR 12.9.2009 – 3455/05 Rn. 220, NJOZ 2010, 1903 – A. ua). Bei **Freiheitsentziehungen nach humanitärem Völkerrecht** wird Art. 5 Abs. 4 durch die anwendbaren Regeln des humanitären Völkerrechts modifiziert. Im Kriegsfall kann es zulässig sein, dass die Überprüfungen nicht durch ein Gericht ieS durchgeführt werden, solange die entsprechende Institution unparteiisch und das angewendete Verfahren ausreichend willkürfeindlich ausgestaltet ist (EGMR 16.9.2014 (GK) – 29750/09 Rn. 106, 110 – Hassan).

106 Die Haftprüfung muss innerhalb **kurzer Frist** durchgeführt werden – gemeint ist hier die Frist zwischen Eingang des Antrags beim Gericht und dessen Entscheidung (EGMR 12.6.2003 – 44672/98 Rn. 73, NJW 2004, 2209 – Herz). Wie lang die Frist sein darf, hängt vom Einzelfall ab (EGMR 3.6.2003 – 33343/96 Rn. 253 – Pantea); als Faustformel lässt sich in Fällen ohne besondere Schwierigkeiten eine Höchstgrenze von 2 Wochen ausmachen (vgl. EGMR 12.6.2003 – 44672/98 Rn. 73, NJW 2004, 2209 – Herz: 11 Tage zulässig; EGMR 9.1.2003 – 55263/00 Rn. 44 f. – Kadem: 17 Tage zu lang). Bei (jungen) Kindern ist ganz besondere Eile geboten (EGMR 17.10.2019 – 4633/15 Rn. 166 – G. B. ua betr. Abschiebehaft). Die Frist verlängert sich, wenn ein psychologisches oder medizinisches Gutachten eingeholt werden muss (EGMR 25.3.1999 (GK) – 24557/94 Rn. 43 ff., NJW 2000, 2727 – Musial; vgl. aber EGMR 4.10.2001 – 27504/95 Rn. 80 – Ilowiecki: 3 Monate auch dann zu lang). Zudem muss die Entscheidung in jedem Fall ohne dem Staat vorzuwerfende Verzögerung ergehen (EGMR 19.5.2005 – 76024/01 Rn. 32 – Rapacciuolo; EGMR 7.11.2017 – 58182/14 Rn. 62 f. – K. I.: Verzögerung durch gerichtlich beauftragte Übersetzungsagenturen sind dem Gericht zuzurechnen; EGMR 8.3.2018 – 22692/15 Rn. 37 – Patalakh: Verzögerungen durch Befangenheitsgesuche sind dem Bf. zuzurechnen) und es müssen etwaige Fristen des innerstaatlichen Rechts eingehalten werden (EGMR 23.4.2013 – 34236/03 Rn. 92–94 – Lauruc). Der Staat muss das Verfahren so organisieren, dass möglichst wenige Verzögerungen eintreten (EGMR 20.1.2005 – 63378/00 Rn. 49 – Mayzit). Bei **Freiheitsentziehungen nach humanitärem Völkerrecht** muss die erste Überprüfung „kurz nach" der Inhaftierung vorgenommen werden, weitere Überprüfungen in kurzen Zeitabständen (EGMR 16.9.2014 (GK) – 29750/09 Rn. 106 – Hassan).

Abs. 4 verlangt die **praktische Effektivität** von Anträgen auf Haftprüfung; staatliche Maßnahmen, die Anträge faktisch wirkungslos machen, stellen eine Verletzung dar. Werden Inhaftierte nicht von den Gründen ihrer Inhaftierung informiert, ist daher nicht nur Abs. 2, sondern auch Abs. 4 des Art. 5 verletzt (EGMR 15.12.2016 (GK) – 16483/12 Rn. 132f. – Khlaifia ua). Auch die Abschiebung von Abschiebehäftlingen am Tag nach Einlegung eines Rechtsbehelfs gegen die Haft war eine Verletzung des Abs. 4 (EGMR 12.10.2006 – 13178/03 Rn. 112f., NVwZ-RR 2008, 573 – Mubilanzila Mayeka u. Kaniki Mitunga). Das Erfordernis der Einholung einer Verwaltungsentscheidung vor Anrufung des Gerichts ist nur zulässig, wenn dies die gerichtliche Entscheidung nicht wesentlich verzögert (EGMR 8.12.2015 – 6232/09 ua Rn. 61ff. – Mäder). Eine Verletzung liegt auch vor, wenn eine von einem Pflichtverteidiger ohne Absprache eingelegte Haftbeschwerde eine spätere Beschwerde der inhaftierten Person gegen den Haftbefehl sperrt (EGMR 5.9.2019 – 20983/12 Rn. 52ff. – Rizzotto (Nr. 2)) oder wenn sich Haftbeschwerden wegen ständig wechselnder Zuständigkeiten erledigen (EGMR 26.9.1997 – 19800/92 Rn. 42ff. – R. M. D.). In Deutschland können ähnliche Verletzungen auftreten, wenn Beschuldigte nach Inhaftierung zunächst dem nächsten Amtsgericht nach § 115a StPO vorgeführt werden und dann im Wege einer uU Wochen dauernden „Verschubung" zum zuständigen Gericht transportiert und so der Möglichkeit effektiver Haftprüfung in ihrer Anwesenheit beraubt werden. 107

Ein **Rechtsmittel** muss zwar nicht gewährt werden; wenn jedoch das nationale Recht ein solches vorsieht, muss es (mit gewissen Einschränkungen, die aus dem Charakter als Rechtsmittelinstanz folgen) grds. den Anforderungen des Abs. 4 genügen (EGMR 12.12.1991 – 11894/85 Rn. 84 – Toth; EGMR 10.10.2000 – 37975/97 Rn. 32 – Grauzinis; EGMR 19.5.2005 – 76024/01 Rn. 31 – Rapacciuolo; EGMR 7.6.2011 – 277/05 Rn. 43ff., NJW 2012, 2331 – S. T. S.). Gleiches gilt für Rechtsmittel zu nationalen Verfassungsgerichten (EGMR 6.12.2011 – 7711/06 Rn. 71ff. mwN, BeckRS 2011, 143009 – Zubor). Sieht das nationale Recht mehrere verschiedene Möglichkeiten vor, eine Freiheitsentziehung anzugreifen, ist es ausreichend, wenn nur eine davon die Anforderungen des Abs. 4 erfüllt (EGMR 17.9.2013 – 48078/09 Rn. 24ff. – Ismail). Auch für Rechtsmittel gilt zudem das Erfordernis praktischer Effektivität – eine Entscheidung über ein Rechtsmittel darf nicht mit dem Argument unterbleiben, dass der angegriffene Haftbeschluss in der Zwischenzeit durch einen neuen ersetzt wurde (EGMR 20.12.2011 – 44068/07 Rn. 80 mwN – Poghosyan). 108

III. Spezifische Rechte von Untersuchungsgefangenen (Abs. 3)

Abs. 3 enthält spezifische **Rechte für Untersuchungsgefangenen.** Er findet ausschließlich auf Untersuchungshaft nach lit. c Anwendung, nicht auf andere Formen der Inhaftierung, auch nicht auf Auslieferungshaft (EGMR 22.3.1995 – 18580/91 Rn. 53, ÖJZ 1995, 593 – Quinn). 109

1. Das Recht auf unverzügliche Vorführung. Abs. 3 S. 1 Hs. 1 gewährt ein Recht auf unverzügliche Vorführung vor Gericht. Dieses Recht besteht **einmalig zu Beginn der Haft,** Ansprüche auf weitere Vorführungen zu einem späteren Zeitpunkt ergeben sich nicht aus Abs. 3, sondern aus Abs. 4 (EGMR 31.7.2000 – 34578/97 Rn. 84, 86 – Jecius; EGMR 10.10.2000 – 37975/97 Rn. 25 – Grauzinis). Eine Vorführung muss nicht erfolgen, wenn die Person entlassen wird, bevor eine Vorführung möglich ist, dh jedenfalls in unter 48 Stunden (EGMR 110

29.11.1988 (Pl.) – 11209/84 Rn. 58 ua, EGMR-E 4, 166 – Brogan ua). Abs. 3 S. 1 Hs. 1 gewährt also in Wirklichkeit ein „Recht auf unverzügliche Freilassung oder Vorführung" (*Dörr* in Dörr/Grote/Marauhn Kap. 13 Rn. 52).

111 Vorführung bedeutet **tatsächliche körperliche Begegnung** zwischen Gericht und inhaftierter Person. Sie muss **von Amts wegen** geschehen, setzt also keinen Antrag voraus. Diese Erfordernisse sollen vor willkürlicher Freiheitsentziehung, das Erfordernis der körperlichen Verbringung daneben auch vor körperlichen Misshandlungen in der Haft schützen (EGMR 29.4.1999 (GK) – 25642/94 Rn. 49, NJW 2001, 51 – Aquilina). Daher besteht ein Anspruch auf Vorführung auch dann, wenn der Haftbefehl durch das Gericht und in Anwesenheit eines anwaltlichen Beistands erlassen wurde (EGMR 26.10.1984 – 9017/80 Rn. 27, NJW 1986, 1413 – McGoff).

112 Die inhaftierte Person muss einem **Richter** oder „einer anderen gesetzlich zur Wahrnehmung richterlicher Aufgaben ermächtigten Person" vorgeführt werden. Letztere Person muss in puncto Unabhängigkeit – insbes. von Ermittlungs- und Anklagebehörde – und Unparteilichkeit die richterlichen Standards erfüllen (vgl. etwa EGMR 25.3.1999 (GK) – 31195/96 Rn. 49, NJW 2000, 2883 – Nikolova; EGMR 18.2.1999 (GK) – 27267/95 Rn. 57 f., NVwZ 2001, 304 – Hood). In Deutschland ist dies mit der Garantie des gesetzlichen Richters in institutioneller Hinsicht gewährleistet.

113 Aus der richterlichen Funktion ergeben sich auch bei der Vorführung **Verfahrensgarantien:** Das Gericht muss die inhaftierte Person grds. persönlich anhören (EGMR 29.4.1999 (GK) – 25642/94 Rn. 50, NJW 2001, 51 – Aquilina). Es muss befugt sein, eine umfassende Prüfung aller für oder gegen die (weitere) U-Haft sprechenden rechtlichen wie tatsächlichen Gründe vorzunehmen und ggf. rechtlich bindend die Entlassung anzuordnen (EGMR 29.4.1999 (GK) – 25642/94 Rn. 47, 52, NJW 2001, 51 – Aquilina; EGMR 25.3.1999 (GK) – 31195/96 Rn. 49, NJW 2000, 2883 – Nikolova; soweit im nationalen Recht ein Antrag auf Haftverschonung gegen Kaution *(release on bail)* ein getrennter Rechtsbehelf ist, darf dies bis zur Haftprüfung nach Abs. 4 vertagt werden – EGMR 3.10.2006 (GK) – 543/03 Rn. 36 ff., NJW 2007, 3699 – McKay). Hierzu gehört auch die Prüfung eines Haftgrundes ieS (EGMR 5.7.2016 (GK) – 23755/07 Rn. 92–102 – Buzadji). In Deutschland wird die Prüfungskompetenz des sog. nächsten Amtsgerichts (§ 115 a Abs. 2 S. 3 StPO) diesen Maßstäben nicht gerecht (zu einer sehr ähnlichen Regelung im türkischen Strafprozessrecht EGMR 5.3.2013 – 22077/10 Rn. 26 ff. – Salih Salman Kilic); ob die Möglichkeit, dass dieses nach Einwendungen bzw. Bedenken gegen die Haft an das zuständige Gericht weiterleitet (§ 115 a Abs. 2 S. 4 StPO), genügt, um von einer „Vorführung" iSd Abs. 3 zu sprechen, ist eher fraglich.

114 Die Vorführung muss **unverzüglich** geschehen, dh idR maximal 48 Stunden nach Festnahme (vgl. EGMR 29.4.1999 (GK) – 25642/94 Rn. 51, NJW 2001, 51 – Aquilina; EGMR 10.10.2000 – 37975/97 Rn. 25 – Grauzinis); 4 Tage sind die absolute Obergrenze, dürfen aber auch in „Terrorismusfällen" uä idR nicht ausgeschöpft werden (EGMR 29.11.1988 (Pl.) – 11209/84 ua Rn. 61 f., EGMR-E 4, 166 – Brogan ua), nur ganz ausnahmsweise, etwa bei Notwendigkeit weiten Transports zum zuständigen Gericht (EGMR 10.11.2016 – 70474/11 ua Rn. 52 – Kiril Zlatkov Nikolov). Eine Zeitspanne von über 4 Tagen ist nur ganz ausnahmsweise zulässig, wenn unverzügliche Vorführung „physisch unmöglich" ist. So hat die Große Kammer im Fall einer Schiffsbesatzung, die auf hoher See inhaftiert und 13 Tage später nach Ankunft des Schiffes im Hafen einem Richter vorgeführt wurde, mit knapper Mehrheit eine Verletzung des Abs. 3 abgelehnt (EGMR 29.3.2010

Recht auf Freiheit und Sicherheit   Art. 5 EMRK

(GK) – 3394/03 Rn. 130–134, NJOZ 2011, 231 – Medvedyev ua). Allerdings dürfte selbst bei Festnahme auf hoher See die unverzügliche Herbeiführung einer ersten richterlichen Entscheidung – mag sie auch ausnahmsweise nicht in körperlicher Anwesenheit der inhaftierten Person gefällt werden – in aller Regel technisch möglich sein (vgl. EGMR 12.1.1999 – 37388/97 – Rigopoulos). Ob die in RiStBV Nr. 51 vorgesehene „symbolische Vorführung" bei Kranken durch Vorlage der Akten dem Abs. 3 genügt, ist sehr zweifelhaft (ebenso *Esser* S. 276f.).

2. Beschränkung der Dauer von Untersuchungshaft. Abs. 3 S. 1 Hs. 2 gewährt das Recht auf „ein Urteil innerhalb angemessener Frist oder auf Entlassung während des Verfahrens"; nach S. 2 kann Haftentlassung von Kautionszahlung abhängig gemacht werden. Wie auch Abs. 1 S. 2 lit. c, ist diese Norm recht schlecht formuliert. Insbes. besteht zwischen Haftentlassung und schneller Aburteilung kein Alternativverhältnis – natürlich hat auch eine Person, die aus der U-Haft entlassen wurde, einen Anspruch auf ein Urteil in angemessener Frist (vgl. EGMR 27.6.1986 – 2122/64 Rn. 4f., EGMR-E 1, 54 – Wemhoff; → Art. 6 Rn. 82ff.). Es geht also um die Angemessenheit der Dauer der Untersuchungshaft. 115

Auch reicht die bloße Tatsache, dass ein Urteil in angemessen kurzer Frist ergeht, nicht, (weitere) Untersuchungshaft zu rechtfertigen, sondern es ist eine **volle Verhältnismäßigkeitsprüfung** durchzuführen: Die Haft muss weiter dem Zweck des Abs. 1 S. 2 lit. c dienen, es muss also der Tatverdacht fortbestehen. Sie muss erforderlich sein, um die Durchführung der Hauptverhandlung oder andere Allgemeininteressen zu sichern, es muss also ein Haftgrund ieS vorliegen. Auch dieser rechtfertigt die Haft nur, wenn er nicht durch weniger einschneidende Maßnahmen ausgeräumt werden kann, hier sind neben der in S. 2 genannten Kaution auch weitere Alternativmaßnahmen zwingend in Betracht zu ziehen. Schließlich muss die Dauer der Untersuchungshaft erforderlich und angemessen sein, insbes. müssen die Behörden ihrer Beschleunigungspflicht nachkommen. Aus Abs. 3 iVm Abs. 1 lit. c ergibt sich, dass auch Entscheidungen über Verlängerung von U-Haft den Rechtmäßigkeitsanforderungen des Abs. 1 lit. c genügen müssen (EGMR 26.6.2009 – 39298/04 ua Rn. 90ff. – Krejcir). 116

U-Haft darf – natürlich – nur aufrechterhalten werden, solange weiter ein **Tatverdacht** besteht (EGMR 3.10.2006 (GK) – 543/03 Rn. 44, NJW 2007, 3699 – McKay). Die Anforderungen an diesen steigen mit Dauer der Haft – mag etwa die bloße Aussage eines Kronzeugen eine Festnahme noch rechtfertigen, so gilt dies für eine längere Inhaftierung nur, wenn sie durch weitere Ermittlungen bestätigt wird (EGMR 6.4.2000 (GK) – 26772/95 Rn. 157ff. – Labita). Zudem kann der Tatverdacht allein die Aufrechterhaltung von Untersuchungshaft nicht rechtfertigen. Vielmehr müssen „relevante und ausreichende" Gründe hinzukommen, die Person weiter in Haft zu behalten (EGMR 3.10.2006 (GK) – 543/03 Rn. 44, NJW 2007, 3699 – McKay), maW es muss ein **Haftgrund ieS** bestehen, und zwar bereits ab Beginn der Inhaftierung (EGMR 5.7.2016 (GK) – 23755/07 Rn. 92–102 – Buzadji). Dabei sind die Anforderungen an den Haftgrund auch in den Fällen nicht geringer, in denen „nur" Hausarrest angeordnet wird (EGMR 5.7.2016 (GK) – 23755/07 Rn. 111–114 – Buzadji). 117

Der Haftgrund der **Fluchtgefahr** darf nicht alleine mit der Straferwartung begründet werden (EGMR 24.7.2003 – 46133/99 ua Rn. 60 – Smirnova), zumal bei länger andauernder Untersuchungshaft deren Anrechnung auf die Strafe die zu erwartende Reststrafe bei Verurteilung senkt (EGMR 27.6.1986 – 2122/64 Rn. 14, EGMR-E 1, 54 – Wemhoff). Vielmehr sind alle relevanten Umstände, ins- 118 besondere die Lebensumstände der inhaftierten Person sowie ihr Verhalten im Verfahren, umfassend zu würdigen (EGMR 24.7.2003 – 46133/99 ua Rn. 60 – Smirnova; EGMR 26.6.1991 – 12369/86 Rn. 40ff., ÖJZ 1991, 789 – Letellier). Dabei können auch fluchtbegünstigende Faktoren berücksichtigt werden (EGMR 5.7.2001 – 38321/97 Rn. 44, NJW 2003, 1439 – Erdem; EGMR 26.10.2006 – 65655/01 Rn. 40, EuGRZ 2006, 648 – Chraidi – Auslandskontakte; fehlende soziale Bindung im Inland), diese dürfen aber nicht schematisch bewertet werden – so reicht etwa die Arbeits- und Wohnungslosigkeit alleine nicht zur Begründung von Fluchtgefahr aus (EGMR 15.2.2005 – 55939/00 Rn. 64 – Sulaoja). Die Anforderungen an die Begründung von Fluchtgefahr steigen mit der Dauer der Untersuchungshaft (EGMR 26.10.2000 (GK) – 30210/96 Rn. 113 ff., NJW 2001, 2694 – Kudla). Ein besonders schwerer Tatvorwurf allein kann keine Untersuchungshaft rechtfertigen, kann aber ganz maßgeblich zur Begründung von Fluchtgefahr herangezogen werden (vgl. etwa EGMR 26.4.2016 – 12301/12 Rn. 95 ff. mwN – Merčep).

119 Ähnliches gilt für den Haftgrund der **Verdunkelungsgefahr**. Auch für diese müssen konkrete Anhaltspunkte angeführt werden, die sich insbes. aus dem Verhalten der inhaftierten Person ergeben können (EGMR 24.9.1998 – 27143/95 Rn. 61 – Contrada; EGMR 26.6.1991 – 12369/86 Rn. 38f., ÖJZ 1991, 789 – Letellier). Verdunkelungsgefahr wird in aller Regel nur zu Beginn einer Ermittlung Haft rechtfertigen können und nicht mehr, wenn die Ermittlungen vorangeschritten sind, insbes. Zeuginnen und Zeugen ausgesagt haben (EGMR 26.6.1991 – 12369/86 Rn. 39, ÖJZ 1991, 789 – Letellier; für einen Ausnahmefall vgl. EGMR 26.1.1993 – 14379/88 Rn. 35f., EuGRZ 1993, 384 – W.).

120 Im Gegensatz zu den vorgenannten dient der Haftgrund der **Wiederholungsgefahr** nicht dem Schutz der Durchführung des Strafverfahrens, sondern dem Schutz der Allgemeinheit vor (weiteren) Straftaten. Auch hier müssen konkrete Gründe für die Annahme von Wiederholungsgefahr vorliegen; eine frühere Verurteilung (EGMR 17.3.1997 – 21802/93 Rn. 44 – Muller) oder die Tatsache, dass die inhaftierte Person wohnungs- und arbeitslos ist (EGMR 15.2.2005 – 55939/00 Rn. 64 – Sulaoja), reichen alleine nicht aus. Ein Tatverdacht hinsichtlich Serientaten dagegen kann ausreichen (EGMR 28.10.1998 – 24760/94 Rn. 156 – Assenov ua). Basiert die Wiederholungsgefahr auf psychischer Krankheit, ist längere Untersuchungshaft nur gerechtfertigt, wenn sie mit psychotherapeutischer Behandlung zur Minderung der Rückfallgefahr einhergeht (EGMR 12.12.1991 – 12718/87 Rn. 40, ÖJZ 1992, 420 – Clooth).

121 Den Haftgrund der Gefahr für die **öffentliche Ordnung** hat der EGMR zwar abstrakt anerkannt, jedoch hierfür strenge Voraussetzungen aufgestellt (etwa EGMR 23.9.1998 – 28213/95 Rn. 104 – I. A.); er hat nur ganz ausnahmsweise einmal eine Untersuchungshaft aus diesem Grund für rechtmäßig befunden (EGMR 16.7.2013 – 142/04 Rn. 69 f. – Balteanu: 10 Monate Untersuchungshaft bei Polizisten wegen Verdachts von Korruptionsdelikten rechtmäßig bei regelmäßiger Überprüfung und ausführlicher Begründung). Auch der Haftgrund **Schutz des Beschuldigten** dürfte in der Praxis kaum je einschlägig sein (vgl. EGMR 23.9.1998 – 28213/95 Rn. 108 – I. A.).

122 Der Gerichtshof legt seiner Prüfung von Tatverdacht und Haftgrund die vorliegenden Entscheidungen der nationalen Gerichte zu Grunde (vgl. etwa EGMR 3.10.2006 (GK) – 543/03 Rn. 43, NJW 2007, 3699 – McKay), prüft aber auf dieser Grundlage durchaus kritisch und ohne Einräumung eines besonderen Beurteilungsspielraums. Insbesondere längere Untersuchungshaft ist nur auf Basis einer

Recht auf Freiheit und Sicherheit **Art. 5 EMRK**

eingehenden und nachvollziehbaren Prüfung aller Tatsachen durch die nationalen Gerichte (EGMR 26.7.2001 – 33977/96 Rn. 83 – Ilijkov) und einer **eingehenden Begründung** anhand rechtlicher Maßstäbe (EGMR 24.7.2003 – 46133/99 ua Rn. 70 – Smirnova) zulässig. „Stereotype" (EGMR 26.6.1991 – 12369/86 Rn. 35, ÖJZ 1991, 789 – Letellier) oder „abstrakte" Begründungen (EGMR 12.12.1991 – 12718/87 Rn. 44, ÖJZ 1992, 420 – Clooth) oder die bloße Wiederholung früherer Entscheidungen (EGMR 12.12.1991 – 12718/87 Rn. 44, ÖJZ 1992, 420 – Clooth; EGMR 5.7.2001 – 38321/97 Rn. 45, NJW 2003, 1439 – Erdem) reichen nicht. Wegen des hohen Werts der persönlichen Freiheit und der Unschuldsvermutung muss **Freiheit die Regel und Inhaftierung die Ausnahme** sein (EGMR 3.10.2006 (GK) – 543/03 Rn. 41ff., NJW 2007, 3699 – McKay); daher trägt die Beweislast der Staat (EGMR 26.7.2001 – 33977/96 Rn. 85 – Ilijkov). Gründe, auf die sich die nationalen Gerichte in ihren Entscheidungen nicht bezogen haben, können nicht zur Rechtfertigung anhand von Abs. 3 herangezogen werden (EGMR 26.7.2001 – 33977/96 Rn. 86f. – Ilijkov).

Liegt ein Haftgrund vor, muss weiter geprüft werden, ob dieser durch **Alternativmaßnahmen** ausgeräumt werden kann. Entgegen dem Wortlaut der S. 2 ist insbes. Entlassung gegen **Kaution** nicht in das Ermessen der Behörden gestellt, sondern zwingend und in allen Fällen als Alternative zu weiterer Inhaftierung zu prüfen (EGMR 26.6.1991 – 12369/86 Rn. 46, ÖJZ 1991, 789 – Letellier). Führt die Haft zu gesundheitlichen Problemen bei der inhaftierten Person, ist eine Überprüfung möglicher Alternativmaßnahmen besonders dringlich (EGMR 19.3.2012 – 43888/08 Rn. 40f. – X. Y.). Die Höhe der Kaution ist danach zu bemessen, welche Summe angesichts der persönlichen Verhältnisse der inhaftierten Person ausreicht, um diese von der Flucht abzuhalten (EGMR 22.12.2004 – 45114/98 Rn. 60f. – Bojilov; EGMR 15.11.2001 – 25196/94 Rn. 66 – Iwanczuk). Ausnahmsweise, insbes. wenn Dritte die Kaution zahlen, kann auch der angerichtete Schaden und das durch die Tat ausgelöste öffentliche Aufsehen berücksichtigt werden (EGMR 28.9.2010 (GK) – 12050/04 Rn. 81 mwN (Rn. 82ff.), NJOZ 2011, 1064 – Mangouras; krit. dort gem. abw. Meinung). Der Verhältnismäßigkeitsgrundsatz verlangt weiter, dass die Gerichte nicht nur eine Kaution, sondern auch **andere Maßnahmen** (vgl. etwa § 116 StPO) auf die Eignung zur Ausräumung der Haftgründe überprüfen (EGMR 21.12.2000 – 33492/96 Rn. 83f. – Jablonski; EGMR 10.11.1969 – 1602/62 Rn. 15, EGMR-E 1, 83 – Stögmüller). Die Prüfung solcher Alternativmaßnahmen muss in einem dem Abs. 3 S. 1 entsprechenden Verfahren und relativ zügig ablaufen (EGMR 28.9.2010 (GK) – 12050/04 Rn. 79f., NJOZ 2011, 1064 – Mangouras mwN; EGMR 15.11.2001 – 25196/94 Rn. 66ff. – Iwanczuk). 123

Schließlich muss die **Dauer der Untersuchungshaft** (erforderlich und) angemessen sein. Der **zu berücksichtigende Zeitraum** beginnt mit Festnahme, bei Auslieferung aus dem Ausland erst wenn diese erfolgt ist (EKMR 14.12.1972 – 5078/71 – K.). Er endet, wenn die Person entlassen wird; bei Entlassung gegen Kaution ist idR der Tag der Entlassung, nicht der der Kautionsbewilligung entscheidend (EGMR 13.7.1995 – 19382/92 Rn. 58 – van der Tang). Auch Zeiträume, in denen die Haft auf andere Gründe als lit. c gestützt wird, sind nicht zu berücksichtigen, etwa bei Auslieferungshaft (EGMR 22.3.1995 – 18580/91 Rn. 53 – Quinn). Bei Verurteilung greift auch schon vor Rechtskraft lit. a (→ Rn. 33); wird das Urteil auf ein Rechtsmittel hin aufgehoben und der Fall zurückverwiesen, beginnt wieder Untersuchungshaft (EGMR 26.10.2000 (GK) – 30210/96 Rn. 104, NJW 2001, 2694 – Kudla). Unterbringung zur Begutachtung 124 des psychischen Zustandes ist zu berücksichtigen, wenn sie der Vorbereitung des Strafverfahrens dient (vgl. EGMR 13.11.2012 – 34421/09 Rn. 57ff. – J. M.). Bei Freiheitsentziehung, die auf mehreren Gründen basiert (etwa Überhaft), kommt es darauf an, welcher Grund konkret kausal für die Freiheitsentziehung ist, was ggf. aus deren Umständen (etwa der Abteilung der JVA, in der die Person sich befindet, den Haftbedingungen usw) zu schließen ist (EGMR 25.9.2012 – 67341/10 ua Rn. 122f. – Dervishi). Haft, die nicht als Untersuchungshaft zu berücksichtigen ist, aber im Zusammenhang mit dieser steht, kann in jedem Fall bei der Prüfung der Angemessenheit der Haftdauer in die Gesamtwürdigung einbezogen werden (EGMR 8.6.1995 – 16026/90 Rn. 51 – Mansur).

125 Welche Haftdauer (noch) angemessen ist, lässt sich nicht abstrakt in Zahlen ausdrücken (EGMR 27.6.1986 – 2122/64 Rn. 10, EGMR-E 1, 54 – Wemhoff). Es gibt **keine feste Untergrenze,** auch bei sehr kurzer Haft muss deren Angemessenheit überprüft werden (zB EGMR 6.11.2012 – 67604/10 Rn. 38 – Osmanovic: 8 Tage). Auch eine feste Obergrenze gibt es nicht, jedoch Orientierungswerte – der EGMR hat in einem besonders schwierigen und umfangreichen Verfahren, das Terrorismusvorwürfe betraf, eine Haftdauer von 5 1/2 Jahren für noch angemessen erachtet (EGMR 26.10.2006 – 65655/01 Rn. 46f., EuGRZ 2006, 648 – Chraidi), ansonsten liegt die absolute Schmerzgrenze auch bei sehr aufwändigen Verfahren bei etwa 4 Jahren (vgl. EGMR 26.1.1993 – 14379/88 Rn. 30ff., EuGRZ 1993, 384 – W.; EGMR 18.10.2012 – 60468/08 Rn. 80ff. – Rossi; EGMR 26.3.2013 – 43808/07 Rn. 45ff. – Lukovic mit sehr krit. abw. Meinung).

126 Statt auf die Dauer als solche kommt es aber vor allem auf die **Erforderlichkeit der Haftdauer** an. Haftsachen müssen **mit besonderer Sorgfalt und beschleunigt bearbeitet** werden, allerdings auch wieder nicht so schnell, dass die Gründlichkeit der Sachaufklärung und die Fairness des Verfahrens leiden (EGMR 5.7.2001 – 38321/97 Rn. 39, 46 mwN, NJW 2003, 1439 – Erdem). Eine Verletzung des Abs. 3 liegt daher schon vor, wenn ungerechtfertigte Verzögerungen eintreten, etwa wegen häufigen Hin- und Hersendens der Akten (EGMR 12.12.1991 – 11894/85 Rn. 77 – Toth), monatelanger Bearbeitung von Zuständigkeitsfragen (EGMR 16.11.2000 – 41852/98 Rn. 43 – Vaccaro), häufigen Wechsels der Zuständigen bei Gericht oder Staatsanwaltschaft (vgl. EGMR 17.3.1997 – 21802/93 Rn. 48 – Muller), unangemessenem Abstand zwischen Hauptverhandlungsterminen (EGMR 29.7.2004 – 49746/99 Rn. 50f., NJW 2005, 3125 – Cevizovic: 4 Termine im Monat zu wenig) oder sonst längerem Ruhen des Verfahrens (EGMR 28.10.1998 – 24760/94 Rn. 157 – Assenov ua).

127 **Verzögerungen, die auf das Verhalten der inhaftierten Person zurückgehen,** mögen im Einzelfall die Länge der Haft erklären (EGMR 13.2.2001 – 34947/97 Rn. 67 – Richet), dies gilt aber nur sehr bedingt für solche, die auf der Geltendmachung von Verfahrensrechten oder auf der Verweigerung nicht geschuldeter Kooperation beruhen (EGMR 29.7.2004 – 49746/99 Rn. 47, NJW 2005, 3125 – Cevizovic; EGMR 13.9.2005 – 66224/01 Rn. 34 – Gosselin). Gegen Verzögerungen, die niemand verschuldet hat oder die auf das Konto Dritter gehen, müssen Behörden und Gerichte ausreichende Vorkehrungen treffen (EGMR 29.7.2004 – 49746/99 Rn. 54, NJW 2005, 3125 – Cevizovic: Hinzuziehung von Ergänzungsschöffen, um Aussetzung der Hauptverhandlung im Krankheitsfall zu vermeiden; EGMR 11.7.2000 – 25792/94 Rn. 68 – Trzaska: Ordnungsmittel, wenn Zeuginnen und Zeugen der Ladung nicht Folge leisten).

128 Schließlich ist auch die **Angemessenheit der Haftdauer** iS einer **Verhältnismäßigkeit ieS** erforderlich. Der EGMR lässt dieses Kriterium in unterschiedlicher

Recht auf Freiheit und Sicherheit **Art. 5 EMRK**

Weise in die Prüfung einfließen: Mal stellt er fest, dass Tatverdacht und Haftgrund vorliegen (und uU dass keine Verzögerung durch die Behörden festzustellen sind), dass aber die angeführten Haftgründe nicht ausreichen, um Untersuchungshaft auch von dieser Dauer zu rechtfertigen (EGMR 5.7.2001 – 38321/97 Rn. 44 ff., NJW 2003, 1439 – Erdem; EGMR 5.4.2005 – 54825/00 Rn. 138 – Nevmerzhitsky; EGMR 6.4.2000 (GK) – 26772/95 Rn. 161 ff. – Labita); mal schließt er direkt aus der Dauer der Haft auf mangelnde Beschleunigung, ohne im Einzelnen auf konkrete Verzögerungen zu prüfen (EGMR 18.12.1996 – 21335/93 ua Rn. 83 – Scott); mal stellt er nach „umfassender Würdigung" der Umstände eine Verletzung fest (EGMR 2.8.2005 – 61441/00 Rn. 45 – Sadegül Özdemir).

Bei der Prüfung der Haftdauer sind immer **alle Umstände des Einzelfalles** 129 zu betrachten. Gegen die Zulässigkeit längerer Haft sprechen ua Minderjährigkeit (EGMR 6.5.2008 – 20817/04 Rn. 30 ff. – Nart: nur als ultima ratio ausnahmsweise und für möglichst kurze Zeit zulässig), Krankheit (EGMR 5.4.2005 – 54825/00 Rn. 136 – Nevmerzhitsky) und weitere persönliche Umstände der inhaftierten Person (EGMR 26.10.2006 – 59696/00 Rn. 108 – Khudobin), ein überschaubarer Sachverhalt (EGMR 18.12.1996 – 21335/93 Rn. 83 – Scott) oder ein Geständnis (EGMR 15.2.2005 – 55939/00 Rn. 66 – Sulaoja). Auch längere Haft mag dagegen zulässig sein bei komplexen Fällen mit mehreren Beschuldigten (EGMR 13.7.1995 – 19382/92 Rn. 74 f. – van der Tang), bei Fällen mit erheblichem Auslandsbezug (EGMR 29.7.2004 – 49746/99 Rn. 44, NJW 2005, 3125 – Cevizovic) und bei Verfahren aus dem Bereich der Mafia (EGMR 24.9.1998 – 27143/95 Rn. 67 – Contrada) oder des „internationalen Terrorismus" (EGMR 26.10.2006 – 65655/01 Rn. 43, 47 f., EuGRZ 2006, 648 – Chraidi).

D. Entschädigung für rechtswidrige Haft (Abs. 5)

Abs. 5 normiert einen Schadenersatzanspruch für Personen, die von konven- 130 tionswidriger Haft betroffen waren. Er ist die einzige Konventionsnorm, die explizit einen **Entschädigungsanspruch auf nationaler Ebene** für eine Konventionsverletzung anordnet bzw. einräumt (Art. 3 7. EMRKProt ordnet einen Anspruch an, setzt aber keine Konventionsverletzung voraus, vgl. → 7. EMRKProt Art. 3 Rn. 6; zu Entschädigungsansprüchen nach → Art. 13 Rn. 37).

Voraussetzung ist eine **Verletzung von** mindestens einem der in **Abs. 1–4** nie- 131 dergelegten Rechte (EGMR 27.9.1990 – 12535/86 Rn. 38 – Wassink), die durch ein nationales Gericht oder durch den EGMR selbst festgestellt wurde (EGMR 18.12.2002 – 24952/94 Rn. 49 – N.C.). Eine Verletzung des nationalen Rechts ist nicht erforderlich (EGMR 29.11.1988 (Pl.) – 11209/84 ua Rn. 67, EGMR-E 4, 166 – Brogan ua), umgekehrt kann sich aber eine Verletzung insbes. des Abs. 1 ergeben, wenn wegen Verletzung des nationalen Rechts die Haft nicht rechtmäßig (→ Rn. 20 ff.) ist (EGMR 27.6.2013 – 9096/09 Rn. 37 – Abashev; so auch BGH 14.7.1971 – III ZR 181/69, NJW 1971, 1986 = BGHZ 57, 33). Nicht umfasst ist aber rechtmäßige Untersuchungshaft in einem Verfahren, das mit Freispruch endet (EKMR 10.12.1975 – 6724/74 – X.).

Dass die Verletzung ursächlich für eine (andauernde) Inhaftierung war, ist nicht 132 erforderlich (vgl. EGMR 21.6.2005 – 59512/00 Rn. 51 – Blackstock). Sie muss allerdings **ursächlich für einen Schaden** gewesen sein (EGMR 27.9.1990 – 12535/86 Rn. 38 – Wassink). Dabei ist **auch Nichtvermögensschaden** (Schmerzen, emotionales Leid) ersatzfähig (EGMR 27.9.1990 – 12535/86 Rn. 38 – Wassink); an dessen Nachweis dürfen keine zu hohen Anforderungen gestellt werden (EGMR 2.9.2010 – 9411/05 Rn. 33 ff. – Danev), vielmehr kann bei rechtswidriger Haft regelmäßig von seinem Vorliegen ausgegangen werden (EGMR 31.3.2016 – 6095/11 ua Rn. 84 f. – Dzhabarov ua). Ein Verschulden der staatlichen Organe ist nicht Voraussetzung (so auch BGH 31.1.1966 – III ZR 118/64, NJW 1966, 1021 (1023 f.) = BGHZ 45, 58).

133 Liegen diese Voraussetzungen vor, muss das nationale Recht einen **gerichtlich durchsetzbaren Anspruch auf (in aller Regel finanzielle) Entschädigung** gewähren (EGMR 29.11.1988 (Pl) – 11209/84 ua Rn. 67, EGMR-E 4, 166 – Brogan ua); auslegungsfähige Normen müssen ggf. entsprechend ausgelegt werden (EGMR 17.3.2009 – 22945/07 Rn. 44 ff. – Houtmann ua). Die Höhe der Entscheidung ist im Wesentlichen den nationalen Behörden überlassen, sie muss aber der Bedeutung des verletzten Rechtes aus Art. 5 angemessen sein (EGMR 28.9.2000 – 46750/99 – Attard; EGMR 27.11.1996 – 28779/95 Rn. 1 – Cumber – umgerechnet 230 EUR in Malta bzw. 570 EUR in England für einige Stunden auf der Polizeiwache noch angemessen; EGMR 27.9.2011 – 25688/09 Rn. 43, 49 – Cristina Boicenco: 478 EUR für 11 Tage Polizeihaft in Moldawien zu wenig, EGMR spricht 6.000 EUR zu). Die Entschädigung muss nicht notwendig in Geld gewährt werden, bei Verletzung von Abs. 1–4 iRv Strafverfahren ist auch Entschädigung durch Strafnachlass möglich (EGMR 8.10.2019 – 36391/16 Rn. 18 ff. – Porchet). Die reine Anerkennung der Verletzung indes reicht nicht aus (vgl. EGMR 29.5.2012 – 28260/07 Rn. 22 ff. – Emin).

134 Für das **innerstaatliche Recht** hat Abs. 5 eine **zweifache Bedeutung:** Zum einen stellt er eine **Verpflichtung der Mitgliedsstaaten** auf – wird im Falle einer Verletzung der Abs. 1–4 keine ausreichende Entschädigung gewährt, ist Abs. 5 verletzt. Für diese Verletzung kann nach Art. 41 eine gerechte Entschädigung festgesetzt werden, was der EGMR nach anfänglicher Zurückhaltung (vgl. *Trechsel* in Macdonald/Matscher/Petzold S. 342) inzwischen auch tut (etwa EGMR 17.3.2009 – 22945/07 Rn. 51 – Houtmann ua; EGMR 16.5.2002 – 39474/98 Rn. 123 ff. – D.G.; EGMR 2.9.2010 – 9411/05 Rn. 46 – Danev). Die Verletzung des Abs. 5 kann vor dem EGMR zeitgleich mit der Verletzung der Abs. 1–4 geltend gemacht werden (EGMR 22.2.1989 (Pl.) – 11152/84 Rn. 43–45, EGMR-E 4, 239 – Ciulla), der EGMR prüft dann, ob im konkreten Fall mit ausreichender Sicherheit eine ausreichende Entschädigung hätte erlangt werden können (EGMR 22.02.1989 – 11152/84 Rn. 43–45, Ser. A No. 148 – Ciulla; EGMR 18.12.2002 (GK) – 24952/94 Rn. 52 ff. – N.C.).

135 Zum anderen ist Abs. 5 in den Staaten, in denen die EMRK innerstaatlich anwendbar ist, wie etwa **in Deutschland, unmittelbar anwendbare Anspruchsgrundlage,** die selbst Schadensersatzansprüche gewährt (BGH 19.9.2013 – III ZR 405/12 Rn. 13 mwN, NJW 2014, 67). Art. 5 Abs. 5 gewährt hier „echten Schadensersatz", nicht nur eine angemessene Entschädigung (BGH 31.1.1966 – III ZR 118/64, NJW 1966, 1021 (1024) = BGHZ 45, 58); und auch Ersatz immateriellen Schadens (BGH 19.9.2013 – III ZR 405/12 Rn. 13 mwN, NJW 2014, 67). Ein Verschulden der Behörden wird nicht vorausgesetzt (BGH 19.9.2013 – III ZR 405/12 Rn. 13 mwN, NJW 2014, 67). Frühere Rechtsprechung, die den Anspruch auf Fälle willkürlichen Handelns begrenzen wollen (etwa OLG Hamm 22.4.1988 – 11 W 133/87, NStZ 1989, 327 (328)), basierten auf einem Missverständnis des Kriteriums „Rechtmäßigkeit" iSd Art. 5 (ausdrücklich BGH 18.5.2006 – III ZR 183/05 Rn. 17, NVwZ 2006, 960, vgl. auch → Rn. 20 ff.). Für menschenunwürdige Haftbedingungen wird dagegen keine Entschädigung nach Art. 5 Abs. 5 EMRK gewährt, aber ggf. nach § 839 BGB (BGH 4.7.2013 – III ZR 342/12 Rn. 29 ff., NJW 2013, 3176 mwN zu abw. untergerichtlicher Rspr.).

Die **Eingliederung** dieses Anspruchs **ins deutsche Rechtssystem** geschieht im Wesentlichen durch eine analoge Anwendung der auf deliktische Ansprüche anwendbaren Normen (BGH 31.1.1966 – III ZR 118/64, NJW 1966, 1021 (1024f.) = BGHZ 45, 58). Der Anspruch verjährt wie deliktische Ansprüche nach §§ 195, 199 Abs. 1, 2 BGB (vgl. BGH 31.1.1966 – III ZR 118/64, NJW 1966, 1021 (1025f.) = BGHZ 45, 58). Ob auch die Schadensminderungspflicht des § 839 Abs. 3 BGB bzw. § 254 BGB anzuwenden ist, hat der BGH bisher offen gelassen (BGH 4.7.2013 – III ZR 342/12 Rn. 33 mwN, NJW 2013, 3176) – hiergegen spricht, dass diese Vorschriften ein Mitverschulden des Verletzten betreffen und daher auf den Anspruch aus Art. 5 Abs. 5 EMRK, der ja völlig verschuldensunabhängig ist, nicht passen. Der Rechtsweg ist zu den ordentlichen Gerichten eröffnet, und zwar zu den Zivilgerichten (OLG München 5.7.1995 – 1 Ws 289/95, NStZ-RR 1996, 125). Sachlich zuständig sind analog § 71 Abs. 2 Nr. 2 GVG die Landgerichte (OLG Schleswig 26.11.2001 – 11 W 23/2001, NVwZ 2002, 118). Richtiger Beklagter ist der Rechtsträger, dessen Behörde für die Freiheitsentziehung verantwortlich ist, bei gerichtlich angeordneter Freiheitsentziehung also das Land (BGH 19.9.2013 – III ZR 405/12 Rn. 24f. mwN, NJW 2014, 67), bei Vollziehung eines konventionswidrigen Bundesgesetzes daneben gesamtschuldnerisch auch der Bund (OLG Hamm 14.11.2014 – 11 U 80/13 Rn. 63, BeckRS 2014, 126952), bei Abschiebehaft (auch) die Kommune als Träger der Ausländerbehörde (OLG München 22.8.2013 – 1 U 1488/13, BeckRS 2013, 15717). Als Maßstab für den Ersatz immateriellen Schadens dürfte der Tagessatz des § 7 Abs. 3 StrEG (der ja keine Rechtswidrigkeit der Haft voraussetzt) die Untergrenze darstellen (vgl. BGH 29.4.1993 – III ZR 3/92 Rn. 48, NJW 1993, 2927 (2930f.); 18.5.2006 – III ZR 183/05, NVwZ 2006, 960; *Kies* Schleswig-Holsteinische Anzeigen 2012, 201, (203f.)). Die Aufrechnung mit staatlichen Forderungen gegen die zu entschädigende Person ist untersagt (*Meyer-Ladewig/Harrendorf/König* in HK-EMRK Art. 5 Rn. 112 mwN). 136

Der Anspruch aus Abs. 5 besteht neben anderen Anspruchsgrundlagen wie etwa § 839 BGB. Er hat **in der Praxis** auch für solche Rechtsgebiete eine konkrete Bedeutung, für die bereits spezifische Entschädigungsregeln bestehen. So tritt er etwa im Strafrecht neben das StrEG, das Entschädigung va für bestimmte Konstellationen rechtmäßiger Haft gewährt und nicht unbedingt analog auf rechtswidrige Haft anzuwenden ist (OLG München 5.7.1995 – 1 Ws 289/95, NStZ-RR 1996, 125). 137

Art. 6 Recht auf ein faires Verfahren

(1) Jede Person hat ein Recht darauf, dass über Streitigkeiten in Bezug auf ihre zivilrechtlichen Ansprüche und Verpflichtungen oder über eine gegen sie erhobene strafrechtliche Anklage von einem unabhängigen und unparteiischen, auf Gesetz beruhenden Gericht in einem fairen Verfahren, öffentlich und innerhalb angemessener Frist verhandelt wird. Das Urteil muss öffentlich verkündet werden; Presse und Öffentlichkeit können jedoch während des ganzen oder eines Teiles des Verfahrens ausgeschlossen werden, wenn dies im Interesse der Moral, der öffentlichen Ordnung oder der nationalen Sicherheit in einer demokratischen Gesellschaft liegt, wenn

die Interessen von Jugendlichen oder der Schutz des Privatlebens der Prozessparteien es verlangen oder – soweit das Gericht es für unbedingt erforderlich hält – wenn unter besonderen Umständen eine öffentliche Verhandlung die Interessen der Rechtspflege beeinträchtigen würde.

(2) Jede Person, die einer Straftat angeklagt ist, gilt bis zum gesetzlichen Beweis ihrer Schuld als unschuldig.

(3) Jede angeklagte Person hat mindestens folgende Rechte:

a) innerhalb möglichst kurzer Frist in einer ihr verständlichen Sprache in allen Einzelheiten über Art und Grund der gegen sie erhobenen Beschuldigung unterrichtet zu werden;
b) ausreichende Zeit und Gelegenheit zur Vorbereitung ihrer Verteidigung zu haben;
c) sich selbst zu verteidigen, sich durch einen Verteidiger ihrer Wahl verteidigen zu lassen oder, falls ihr die Mittel zur Bezahlung fehlen, unentgeltlich den Beistand eines Verteidigers zu erhalten, wenn dies im Interesse der Rechtspflege erforderlich ist;
d) Fragen an Belastungszeugen zu stellen oder stellen zu lassen und die Ladung und Vernehmung von Entlastungszeugen unter denselben Bedingungen zu erwirken, wie sie für Belastungszeugen gelten;
e) unentgeltliche Unterstützung durch einen Dolmetscher zu erhalten, wenn sie die Verhandlungssprache des Gerichts nicht versteht oder spricht.

(1) In the determination of his civil rights and obligations or of any criminal charge against him, everyone is entitled to a fair and public hearing within a reasonable time by an independent and impartial tribunal established by law. Judgement shall be pronounced publicly but the press and public may be excluded from all or part of the trial in the interest of morals, public order or national security in a democratic society, where the interests of juveniles or the protection of the private life of the parties so require, or the extent strictly necessary in the opinion of the court in special circumstances where publicity would prejudice the interests of justice.

(2) Everyone charged with a criminal offence shall be presumed innocent until proved guilty according to law.

(3) Everyone charged with a criminal offence has the following minimum rights:

a) to be informed promptly, in a language which he understands and in detail, of the nature and cause of the accusation against him;
b) to have adequate time and the facilities for the preparation of his defence;
c) to defend himself in person or through legal assistance of his own choosing or, if he has not sufficient means to pay for legal assistance, to be given it free when the interests of justice so require;
d) to examine or have examined witnesses against him and to obtain the attendance and examination of witnesses on his behalf under the same conditions as witnesses against him;
e) to have the free assistance of an interpreter if he cannot understand or speak the language used in court.

(1) Toute personne a droit à ce que sa cause soit entendue équitablement, publiquement et dans un délai raisonnable, par un tribunal indépendant et impartial, éta-

Recht auf ein faires Verfahren **Art. 6 EMRK**

bli par la loi, qui décidera, soit des contestations sur ses droits et obligations de caractère civil, soit du bien-fondé de toute accusation en matière pénale dirigée contre elle. Le jugement doit être rendu publiquement, mais l'accès de la salle d'audience peut être interdit à la presse et au public pendant la totalité ou une partie du procès dans l'intérêt de la moralité, de l'ordre public ou de la sécurité nationale dans une société démocratique, lorsque les intérêts des mineurs ou la protection de la vie privée des parties au procès l'exigent, ou dans la mesure jugée strictement nécessaire par le tribunal, lorsque dans des circonstances spéciales la publicité serait de nature à porter atteinte aux intérêts de la justice.

(2) Toute personne accusée d'une infraction est présumée innocente jusqu'à ce que sa culpabilité ait été légalement établie.

(3) Tout accusé a droit notamment à:
a) être informé, dans le plus court délai, dans une langue qu'il comprend et d'une manière détaillée, de la nature et de la cause de l'accusation portée contre lui;
b) disposer du temps et des facilités nécessaires à la préparation de sa défense;
c) se défendre lui-même ou avoir l'assistance d'un défenseur de son choix et, s'il n'a pas les moyens de rémunérer un défenseur, pouvoir être assisté gratuitement par un avocat d'office, lorsque les intérêts de la justice l'exigent;
d) interroger ou faire interroger les témoins à charge et obtenir la convocation et l'interrogation des témoins à décharge dans les mêmes conditions que les témoins à charge;
e) se faire assister gratuitement d'un interprète, s'il ne comprend pas ou ne parle pas la langue employée à l'audience.

Literatur: *Albrecht,* Unschuldig schuldig – zur Unschuldsvermutung in der EU, StV 2016, 257; *A.H. Albrecht,* Schweigen ist Silber, Reden ist Gold, ZStW 131 (2019), 97; *A.H. Albrecht,* Wechselwirkungen zwischen Art. 6 EMRK und nationalem Strafverfahrensrecht, 2020; *Ambos,* Der EGMR und die Verfahrensrechte, ZStW 115 (2003), 583; *ders.,* Die transnationale Verwertung von Folterbeweisen, StV 2009, 151; *ders.,* Art. 6, in Radtke/Hohmann (Hrsg.), StPO-Kommentar, 2011; *ders.,* Internationales Strafrecht, 5. Aufl. 2018, § 10; *Anders,* Internal Investigations – Arbeitsvertragliche Auskunftspflicht und der nemo-tenetur-Grundsatz, wistra 2014, 329; *Arslan,* Die Aussagefreiheit des Beschuldigten in der polizeilichen Befragung, 2015; *ders.,* The Right to Examination of Prosecution Witnesses, ZIS 2018, 218; *Ashworth,* Human Rights, Serious Crime and Criminal Procedure, 2002; *Asselineau,* Agenda 2020: A new Roadmap on minimum standards of certain procedural safeguards, NJECL 2018, 184; *Augustin,* Das Recht des Beschuldigten auf effektive Verteidigung, 2013; *Barthe* in Karlsruher Kommentar zur StPO (KK-StPO), 8. Aufl. 2019, § 199 GVG; *Berndt/Theile,* Unternehmensstrafrecht und Unternehmensverteidigung, 2016; *Börner,* Das Verwerfungsverbot aus § 329 Abs. 1 S. 1 StPO i. V. m. Art. 6 Abs. 1, Abs. 3 lit. c) EMRK in der Revision, HRRS 2014, 132; *Boucht,* Civil Asset Forfeiture and the Presumption of Innocence, in Rui/Sieber (Hrsg.), Non-conviction-based confiscation in Europe, 2015, 151; *Broß,* Verfahrensdauer und Verfassungsrecht, StraFo 2009, 10; *Brunhöber,* Für ein Grundrecht auf ein faires Verfahren in der strafprozessualen Praxis, ZIS 2010, 761; *Byczyk,* Zum Begriff des fairen Verfahrens und der Unverletzlichkeit der Wohnung nach Art. 6 I, Art. 8 I, II EMRK bei unrechtmäßiger Durchsuchung, HRRS 2016, 481; *Çali/Koch,* Foxes Guarding the Foxes? The Peer Review of Human Rights Judgments by the Committee of Ministers of the Council of Europe, HRLR 2014, 301; *Cassani/Gless/Popp/Roth,* Schweizerisches Internationales Strafrecht und Rechtshilfe in Strafsachen, Die Schweiz und Europäisches Strafrecht, SZIER 2009, 47; *Chen,* Der Verzicht auf Verfahrensrechte durch die beschuldigte Person im Schweizerischen Strafprozess, 2014; *Cornelius,* Konfrontationsrecht und Unmittelbarkeitsgrundsatz, NStZ 2008, 244; *Cras/Erbeznik,* The Directive on the Presumption of Innocence and the Right to Be Present at Trial, eucrim 2016, 25; *Christl,* Europäische Mindeststandards für Beschuldigtenrechte – Zur Umsetzung der EU-Richtlinien über Sprachmittlung und Information im Strafverfahren, NStZ 2014, 376; *C. Dannecker*, Die Beweisaufnahme im Kartellordnungswidrigkeitenverfahren: Verfassungsrechtliche Anmerkungen zum Unmittelbarkeitsgrundsatz, Beweisantragsrecht und kontradiktorischen Charakter der Beweisaufnahme, NZKart 2015, 30; *ders.*, Der nemo tenetur-Grundsatz – prozessuale Fundierung und Geltung für juristische Personen, ZStW 127 (2015), 370; *ders.*, Konturierung prozessualer Gewährleistungsgehalte des nemo tenetur-Grundsatzes anhand der Rechtsprechung des EGMR, ZStW 127 (2015), 991; *G. Dannecker*, Der Grundrechtsschutz im Kartellordnungswidrigkeitenrecht im Lichte der neueren Rechtsprechung des EuGH, NZKart 2015, 25; *Demko*, Zur Unschuldsvermutung nach Art. 6 Abs. 2 EMRK bei Einstellung des Strafverfahrens und damit verknüpften Nebenfolgen, HRRS 2007, 286; *dies.*, Die gerichtliche Fürsorgepflicht zur Wahrung einer „tatsächlichen und wirksamen" Verteidigung im Rahmen des Art. 6 Abs. 3 lit. c EMRK, HRRS 2006, 250; *dies.*, Das Recht des Angeklagten auf unentgeltlichen Beistand eines staatlich bestellten Verteidigers und das Erfordernis der „interest of justice", HRRS-Festgabe f. Fezer, 2008, 1; *dies.*, „Menschenrecht auf Verteidigung" und Fairness des Strafverfahrens auf nationaler, europäischer und internationaler Ebene, 2014; *Diemer* in Karlsruher Kommentar zur StPO (KK-StPO), 8. Aufl. 2019, § 136 StPO; *Diener/Muresan*, Ein „Recht auf Schweigen" auch in Verbands-Sanktionsverfahren?, CaS 2018, 358; *Diggelmann/Altwicker*, Finanzielle Gerichtszugangsschranken in Zivilprozessen im Licht von Art. 6 Abs. 1 EMRK, DÖV 2012, 781; *Doege*, Die Bedeutung des nemo-tenetur-Grundsatzes in nicht von Strafverfolgungsorganen geführten Befragungen, 2016; *Eidam*, Anmerkung zu BGH, Urteil vom 10.6.2015 – 2 StR 97/14, StV 2016, 129; *Duttig*, Comfortably satisfied? Das Beweismaß in internationalen Doping- und Spielmanipulationsverfahren vor dem Internationalen Sportschiedsgerichtshof CAS unter besonderer Berücksichtigung des Standards comfortable satisfaction, 2018; *Eisele*, Die Berücksichtigung der Beschuldigtenrechte der EMRK im deutschen Strafprozess aus dem Blickwinkel des Revisionsrechts, JR 2004, 12; *El-Ghazi/Zerbes*, Geschichten von staatlicher Komplizenschaft und evidenten Rechtsbrüchen, HRRS 2014, 209; *Esser* in Löwe/Rosenberg, StPO-Kommentar, Art. 6 EMRK, 26. Aufl. 2012; *ders.*, Auf dem Weg zu einem europäischen Strafverfahrensrecht, 2002; *ders.*, Anmerkung zu EGMR, Entsch. v. 17.11.2005 – 73047/01, NStZ 2007, 106; *ders.*, EGMR in Sachen Gäfgen v. Deutschland (22978/05) Urt. v. 30.6.2009, NStZ 2008, 657; *ders.*, (Nichts) Neues aus Straßburg – Effektive Verteidigung bei Nichterscheinen des Angeklagten zu Beginn der Hauptverhandlung in der Berufungsinstanz (§ 329 Abs. 1 S. 1 StPO), StV 2013, 331; *ders.*, A Civil Asset Recovery Model – The German Perspective and European Human Rights, in Rui/Sieber (Hrsg.), Non-conviction-based confiscation in Europe, 2015, 69; *ders.*, Widerruf der Strafaussetzung zur Bewährung nach widerrufenem Geständnis im Lichte der Unschuldsvermutung (Art. 6 Abs. 2 EMRK), NStZ 2016, 697; *ders.*, Independence and Impartiality of Courts – Human Rights Standards: Reflections on European Union Law, the Jurisprudence of the ECtHR and the „soft law" of the Council of Europe, in Glaser (Hrsg.), Constitutional Jurisprudence, 2016, 89; *ders.*, Verwertbarkeit unkonfrontierter Zeugenaussagen, NStZ 2017, 604; *ders./Gaede/Tsambikakis*, Übersicht zur Rechtsprechung des EGMR in den Jahren 2008 bis Mitte 2010 – Teil II, NStZ 2011, 140; *Fezer*, Der Beschleunigungsgrundsatz als allgemeine Auslegungsmaxime im Strafverfahrensrecht?, FS Widmaier, 2008, 177; *Frisch*, Verwerfung der Berufung ohne Sachverhandlung und Recht auf Verteidigung. Zur Änderung des § 329 StPO, NStZ 2015, 69; *ders.*, Zum Recht des abwesenden Angeklagten auf Verteidigung, insbesondere in der Berufungsinstanz, FS Paeffgen, 2015, 589; *Frowein*, Bedeutung der Unschuldsvermutung in Art. 6 (2) EMRK, FS H. Huber, 1981, 553; *Gaede*, Die Landshut Entführung: Belastungszeugen, Beweisaufnahme und Beweiswürdigung – unfaire Strafverfahren nach Art. 6 EMRK?, JR 2006, 292; *ders.*, Fairness als Teilhabe – Das Recht auf konkrete und wirksame Teilhabe durch Verteidigung gemäß Art. 6 EMRK, 2007; *ders.*, Beweisverbote zur Wahrung des fairen Strafverfahrens in der Rechtsprechung des EGMR insbesondere bei verdeckten Ermittlungen, JR 2009, 493; *ders.*, Ungehobene Schätze in der Rechtsprechung des EGMR für die Verteidigung? Argumentationspotentiale und Verteidigungschancen des Art. 6 EMRK, HRRS-Festgabe f. Fezer, 2008, 21; *ders.*,

Der neue Minimalismus bei der Achtung des Konfrontationsrechts – von tatsächlichen Einschränkungen und vermeintlichen Hintertüren, StV 2018, 175; *ders.,* Sanktion durch Verfahren, ZStW 129 (2017), 911; *ders./Buermeyer,* Beweisverwertungsverbote und „Beweislastumkehr" bei unzulässigen Tatprovokationen nach der jüngsten Rechtsprechung des EGMR, HRRS 2008, 279; *Gärditz* in Menzel/Pierlings/Hoffmann (Hrsg.), Völkerrechtsprechung, Nr. 89, S. 533; *Galneder/Ruppert,* Abwarten und … vernehmen? Die zeitlichen Grenzen der Pflichtverteidigerbestellung nach neuem Recht (§§ 141, 141a StPO) im Lichte des Art. 6 EMRK, StV 2021, 202; *Gehm,* Das Recht auf Akteneinsicht im Steuerstraf- sowie im Besteuerungsverfahren, StV 2016, 185; *Geneuss/Werkmeister,* Faire Strafverfahren vor systemisch unabhängigen Gerichten?, ZStW 132 (2020), 102; *Gercke/Heinisch,* Auswirkungen der Verzögerungsrüge auf das Strafverfahren, NStZ 2012, 300; *Gerdemann,* Die Verwertbarkeit belastender Zeugenaussagen bei Beeinträchtigungen des Fragerechts des Beschuldigten, 2010; *Gerson,* Das Recht auf Beschuldigung, 2016; *Gerst,* Die Konventionsgarantie des Art. 6 IIIc und die Abwesenheitsverwerfung gemäß § 329 I 1 StPO – Ein kleiner Schritt für Straßburg, ein zu großer für Deutschland?, NStZ 2013, 310; *Gless,* Internationales Strafrecht, Grundriss für Studium und Praxis, 2. Aufl. 2015; *dies.,* Ohn(e)macht – Abschied von der Fiktion einer Waffengleichheit gegenüber europäischer Strafverfolgung?, StV 2013, 317; *dies.,* Nemo tenetur se ipsum accusare und verwaltungsrechtliche Auskunftspflichten, FS Beulke, 2015, 723; *Grabenwarter,* Die Revisionsbegründungsfrist nach § 345 I StPO und das Recht auf angemessene Vorbereitung der Verteidigung, NJW 2002, 109; *ders.,* Androhung von Folter und faires Strafverfahren – Das (vorläufig) letzte Wort aus Straßburg, NJW 2010, 3128; *Grabenwarter/Pabel,* Europäische Menschenrechtskonvention, 6. Aufl. 2016; *Grabenwarter/Struth* in Ehlers (Hrsg.), Europäische Grundrechte und Grundfreiheiten, 4. Aufl. 2014, § 6; *Godenzi,* Private Beweisbeschaffung im Strafprozess, 2008; *dies.,* Das strafprozessuale Verbot staatlicher Beweismittelhehlerei: Königsweg oder Luftschloss, GA 2008, 500; *Graf,* Das neue Gesetz über den Rechtsschutz bei überlangen Gerichtsverfahren und strafrechtlichem Ermittlungsverfahren, NZWiSt 2012, 121; *Greco/Caracas,* Internal investigations und Selbstbelastungsfreiheit, NStZ 2015, 7; *Guder,* Die repressive Hörfalle im Lichte der Europäischen Menschenrechtskonvention, 2007; *Haas,* Internationale Sportgerichtsbarkeit und EMRK, SchiedsVZ 2009, 73; *Hassemer,* Vorverurteilung durch die Medien, NJW 1985, 1921; *Hauck,* Lauschangriff in der U-Haft – Anmerkungen zu BGH, Urt. v. 29.4.2009 (1 StR 701/08) und Versuch einer dogmatischen Klärung, NStZ 2010, 17; *Hailbronner,* Internationale Gemeinschaft und Menschenrechte, FS Ress, 2005, 997; Hauschka/Moosmayer/Lösler (Hrsg.), Corporate Compliance. Handbuch der Haftungsvermeidung in Unternehmen, 3. Aufl. 2016; *Heermann,* Freiwilligkeit von Schiedsvereinbarungen in der Sportgerichtsbarkeit, SchiedsVZ 2014, 66; *Heine,* Zur Verwertbarkeit von Aussagen im Ausland möglicherweise gefolterter Zeugen, Besprechung der El Haski-Entscheidung des EGMR, NStZ 2013, 680; *Heinz,* Steuerrechtliche Mitwirkungspflichten und der Nemo-tenetur-Grundsatz, 2017; *Heyder/Romerio,* Waffengleichheit und Digitalisierung, in Lehmkuhl/Meyer (Hrsg.), Das Unternehmen im Brennpunkt nationaler und internationaler Strafverfahren, 2020, 219; *Jacobs/White/Ovey,* The European Convention on Human Rights, 7. Aufl. 2017; *Jahn,* Ermittlungen in Sachen Siemens/SEC, StV 2009, 41; *ders.,* Strafprozessrecht: Lockspitzeleinsatz, JuS 2014, 371; *ders.,* Fair trial als strafprozessuales Leitprinzip im Mehrebenensystem, ZStW 127 (2015), 549; *ders./Kirsch* Beschlagnahmefreiheit von Unterlagen bei internen Erhebungen, NZWiSt 2016, 39; *ders./Kudlich,* Rechtsstaatswidrige Tatprovokation als Verfahrenshindernis: Spaltprozesse in Strafsachen beim Bundesgerichtshof, JR 2016, 54; *Jung,* Europäische Menschenrechtskonvention und das deutsche Strafrecht, EuGRZ 1996, 370; *Kierzkowski,* Die Unparteilichkeit des Richters im Strafverfahren unter Berücksichtigung von Art. 6 Abs. 1 S. 1 EMRK, 2016; *Kieschke,* Die Praxis des Europäischen Gerichtshofs für Menschenrechte und ihre Auswirkungen auf das deutsche Strafverfahrensrecht, 2003; *Kirchberg,* Staatlicher Rechtsschutz in Kirchensachen, NVwZ 2013, 612; *Kissel,* Ungebühr vor Gericht (§ 178 GVG) – vorbei?, NJW 2007, 1109; *Kirchhoff,* Das Recht auf konfrontative Befragung im Ermittlungsverfahren, HRRS 2015, 506; *Kloth,* Immunities and the Right of Access to Court under Article 6 of the European Convention on Human Rights, 2010; *Knauer/Gaul,* Internal Investigations und fair trial – Überlegungen zu einer Anwendung des Fairnessgedankens, NStZ 2013, 192; *ders./Buhlmann,* Unternehmensinterne (Vor-)Ermittlungen – was bleibt von nemotenetur und fair trial?, AnwBl. 2010, 387; *Kolleck-Feser,* Verfahrensverzögerungen im Strafverfahren und die Untätigkeitsbeschwerde der Staatsanwaltschaft, 2015; *Korn,* Defizite bei der Umsetzung der EMRK im deutschen Strafverfahren, 2005; *Kottek,* Die Kooperation von deutschen Unternehmen mit der US-amerikanischen Börsenaufsicht SEC: Grenzen strafprozessualer Verwertbarkeit unternehmensinterner Ermittlungen, 2012; *ders.,* Unternehmensinterne Compliance-Ermittlungen – Arbeitsrechtliche Vernehmungen (Interviews), Einführung ins Strafverfahren und deren strafprozessuale Verwertbarkeit, wistra 2017, 9; *Kraatz,* Die neue „Vollstreckungslösung" und ihre Auswirkungen, JR 2008, 189; *Kraft,* Der Einfluss des Art. 6 EMRK auf die deutsche Verwaltungsgerichtsbarkeit, EuGRZ 2014, 666; *Krausbeck,* Konfrontative Zeugenbefragung, 2010; *Krauß,* V-Leute im Strafprozeß und die Europäische Menschenrechtskonvention, 1999; *Krehl/Eidam,* Die überlange Dauer von Strafverfahren, NStZ 2006, 1; *Kreicker,* Medienübertragungen von Gerichtsverhandlungen im Lichte der EMRK. Zur Vereinbarkeit der geplanten Änderungen des § 169 GVG mit europäischen Grundrechten, ZIS 2017, 85; *ders.,* Völkerrechtliche Immunitäten und die Ahndung von Menschenrechtsverletzungen, JR 2015, 298; *Kühne,* Strafprozessrecht, 9. Aufl. 2015; *ders.,* Anwaltlicher Beistand und das Schweigerecht des Beschuldigten im Strafverfahren, EuGRZ 1996, 571; *Gleß/Wahl/Zimmermann* in Lagodny/Schomburg, Internationale Rechtshilfe in Strafsachen, 6. Aufl. 2020, § 73; *Liebhart,* Das Beschleunigungsgebot in Strafsachen – Grundlagen und Auswirkungen, NStZ 2017, 254; *Lohse/Jakobs* in Karlsruher Kommentar zur StPO (KK-StPO), 8. Aufl. 2019, Art. 6 EMRK; *Lonati,* Anonymous Witness Evidence before the European Court of Human Rights: Is it Still Possible to Speak of «Fair Trial»?, EuCLR 2018, 116; *Lubig/Sprenger,* Beweisverwertungsverbote aus dem Fairnessgebot des Art. 6 EMRK in der Rechtsprechung des EGMR, ZIS 2008, 433; *Lungstras,* Das Berufungsverfahren vor dem Court of Arbitration for Sport (CAS) im Lichte der Verfahrensgarantien gemäß Art. 6 EMRK, 2019; *Maier/Percic,* Aus der Rechtsprechung zur Verletzung des Beschleunigungsgebots aus Art. 6 Abs. 1 EMRK/1. Teil, NStZ-RR 2009, 297; *dies.,* Aus der Rechtsprechung zur Verletzung des Beschleunigungsgebots aus Art. 6 Abs. 1 EMRK/2. Teil, NStZ-RR 2009, 329; *Mansdörfer,* Das Recht des Beschuldigten auf ein unverzögertes Ermittlungsverfahren, GA 2010, 153; *Martín/Blumenberg,* Das Prinzip nemo tenetur se ipsum accusare und der europäische Strafprozess, FS Beulke, 2015, 855; *Meyer,* Zur Strafrechtsähnlichkeit des Kartellrechts und ihrer Bedeutung im Gefüge europäischen Rechts, ZDAR 2014, 100; *ders.,* Neues zu den Rechtsfolgen unzulässiger Tatprovokation, forumpoenale 2015, 176; *ders.,* Anfechtbarkeit einer Einstellungsbegründung wegen Verstosses gegen die Unschuldsvermutung, forumpoenale 2015, 116; *ders.,* Praxis und Reform der Absprache im Strafverfahren, StV 2015, 790; *ders.,* Das zulässige Mass beim Zwang – Grenzen zulässigen Verhaltens bei verdeckter Fahndung und Ermittlung, ZStrR 134 (2016), 445; *ders.,* Verbundstrafverfolgung in der EU. Funktionelle und verfahrensrechtliche Vermessung eines neuen Phänomens, GS Weßlau, 2016, 193; *ders.,* Die Bindung der EU-Mitgliedstaaten an die Grundrechtecharta in einer europäisierten Strafrechtspflege, ZStW 128 (2016), 1089; *ders.,* Die Rechtsprechung des EGMR in Strafsachen im Jahr 2016, forumpoenale 2017, 263; *ders.,* Plea Bargaining und EMRK, FS Donatsch, 2017, 427; *ders.,* Die selbstständige Einziehung nach § 76a StGB-E, oder: Don't bring a knife to a gunfight, StV 2017, 343; *ders.,* Whistleblowing – Zwischen Selbstregulierung und effektiver Rechtsdurchsetzung, HRRS 2018, 322; *ders.,* Abschöpfung von Vermögen unklarer Herkunft, NZWiSt 2018, 246; *ders.,* Systematischer Kommentar zur StPO (SK-StPO), 5. Aufl. 2019; *ders.,* § 15 Nemo tenetur – Geltung und Ausübung in einem künftigen Unternehmensstrafverfahren, in Lehmkuhl/Wohlers (Hrsg.), Unternehmensstrafrecht, 2020, 333; *ders.,* Recognizing the Unknown – the New Confiscation Regulation, EuCLR 2020, 140; *ders./Wieckowska,* Die Rechtsprechung des EGMR in Strafsachen im Jahr 2011, forumpoenale 2012, 116; *dies.,* Die Rechtsprechung des EGMR in Strafsachen im Jahr 2012, forumpoenale 2013, 241; *dies.,* Die Rechtsprechung des EGMR in Strafsachen im Jahr 2013 (Teil 1), forumpoenale 2014, 369; *dies.,* Die Rechtspre-chung des EGMR in Strafsachen im Jahr 2014, forumpoenale 2015, 367; *dies.,* Die Rechtsprechung des EGMR in Strafsachen im Jahr 2015, forumpoenale 2016, 376; *Meyer/Wohlers,* Tatprovokation – Quo vadis? Zur Verbindlichkeit der Rechtsprechung des EGMR (auch) für das deutsche Strafprozessrecht, JZ 2015, 761; *Meyer/Hölscheidt,* Charta der Grundrechte der Europäischen Union, 5. Aufl. 2019; *Meyer-Goßner/Schmitt,* StPO-Kommentar, 63. Aufl. 2020; *Meyer-Mews/Rotter,* Absehen von der Revisionshauptverhandlung – eine konventionswidrige Besonderheit im deutschen Strafverfahrensrecht?, StraFo 2011, 14; *Momsen/Willumat,* Ergänzungsrichter, der Grundsatz des gesetzlichen Richters und das Beschleunigungsgebot, NStZ 2018, 369; *Morscher/Christ,* Grundrecht auf öffentliche Verhandlung gem. Art. 6 EMRK, EuGRZ 2010, 272; *Mosbacher,* Straßburg locuta – § 329 I StPO finita?, NStZ 2013, 312; *Nanopoulos,* European Human Rights Law and the Normalisation of the «Closed Material Procedure»: Limit or Source?, MLR 78 (2015), 913; *Neuling,* Strafjustiz und Medien – mediale Öffentlichkeit oder „justizielle Schweigepflicht" im Ermittlungsverfahren?, HRRS 2006, 94; *Nourousian,* Heimliches Vorgehen und aktive Täuschung, 2015; *Ohrloff,* Der Rechtsschutz bei überlangen Gerichtsverfahren, 2014; *Petzsche,* Anmerkung zum Urteil des EGMR vom 23.10.2014 (54648/09): Zur Kompensierung einer unzulässigen Tatprovokation, JR 2015, 88; *Paeffgen,* Zur historischen Entwicklung des «Beschleunigungsdenkens» im Straf(prozeß)recht, GA 2014, 275; *Payandeh,* EMRK: Agent provocateur und faires Strafverfahren, JuS 2021, 185; *Reinel,* Der „nemo tenetur"-Grundsatz als Grenze steuerrechtlicher Informationshilfe in der Europäischen Union, 2015; *Rogall* in Systematischer Kommentar zur StPO, 5. Aufl. 2016 *Rostalski,* Der Geltungsbereich der Unschuldsvermutung bei (freisprechendem) Urteil, HRRS 2015, 315; *Roxin, C.,* Strafrechtliche und strafprozessuale Probleme der Vorverurteilung, NStZ 1991, 153; *Roxin, I.,* Die Rechtsfolgen schwerwiegender Rechtsverstöße in der Strafrechtspflege, 4. Aufl., 2004; *Rzepka,* Zur Fairness im deutschen Strafverfahren, 2000; *Safferling,* Audiatur et altera pars – die prozessuale Waffengleichheit als Prozessprinzip, NStZ 2004, 181; *ders.,* Verdeckte Ermittler im Strafverfahren – deutsche und europäische Rechtsprechung im Konflikt?, NStZ 2006, 75; *Sauer,* Völkerrechtliche Folgenbeseitigung im Strafverfahren, JZ 2014, 23; *Scheel,* Unionsrechtlicher Schadensersatzanspruch bei unangemessener Verfahrensdauer, EuZW 2014, 138; *Schilling,* Internationaler Menschenrechtsschutz: das Recht der EMRK und des IPbpR, 3. Aufl. 2016; *Schilling/Hübner,* „Non-conviction-based confiscation" – Ein Fremdkörper im neuen Recht der strafrechtlichen Vermögensabschöpfung?, StV 2018, 49; *Schlothauer,* Europäische Prozesskostenhilfe und notwendige Verteidigung, StV 2018, 169; *Carolin Schmidt,* Grenzen des Lockspitzeleinsatzes: Eine rechtsvergleichende Betrachtung am Maßstab der EMRK, 2016; *Johanna Schmidt,* Überlange Strafverfahren im Lichte der §§ 198 ff. GVG. Verzögerungsrüge, Entschädigung und andere Möglichkeiten des Rechtsschutzes, 2018; *Schneider,* Beschlagnahmefreie Unterlagen, NStZ 2016, 309; *H. Schneider,* Zur audio-visuellen Unterrichtung des aus der Hauptverhandlung zeitweise entfernten Angeklagten über das in seiner Abwesenheit Verhandelte, NStZ 2018, 128; *Schroeder,* Die Gesamtprüfung der Verfahrensfairness durch den EGMR, GA 2003, 293; *Schuska,* Die Rechtsfolgen von Verstößen gegen Art. 6 und ihre revisionsrechtliche Geltendmachung, 2006; *Schwarze,* Rechtsstaatliche Grenzen der gesetzlichen und richterlichen Qualifikation von Verwaltungssanktionen im europäischen Gemeinschaftsrecht, EuZW 2003, 261; *Seher,* Bewährungswiderruf wegen Begehung einer neuen Straftat: Konsequenzen der Rechtsprechung des EGMR zur Unschuldsvermutung, ZStW 118 (2006), 101; *Sinn/Maly,* Zu den strafprozessualen Folgen einer rechtsstaatswidrigen Tatprovokation, NStZ 2015, 379; *Sobota,* Die Nebenfolge im System strafrechtlicher Sanktionen, 2015; *ders.,* Die „Nebenfolge" – Eigenständige Rechtsfolge oder Auffangbecken des Sanktionenrechts?, ZIS 2017, 248; *Sommer,* Das Fragerecht der Verteidigung, seine Verletzung und die Konsequenzen, NJW 2005, 1240; *ders.,* Gespenstergeschichten – Wann ist die Anwesenheit eines Angeklagten in der Berufungshauptverhandlung «erforderlich»?, StV 2016, 55; *Staffler,* Das Recht auf Sprachunterstützung im Strafverfahren nach Art. 6 Abs. 3 lit. e EMRK, ZStrR 138 (2020), 21; *ders.,* Opferschutz und Verjährung im Spiegel der EGMR-Judikatur: Überlegungen zu den opferbezogenen Schutzpflichten im staatlichen Strafrechtssystem, in Abraham/Bublitz/Geneuss/Krell/Wegner (Hrsg.), Verletzte im Strafrecht, 2020, 53; *ders./Jany,* Künstliche Intelligenz und Strafrechtspflege – eine Orientierung, ZIS 2020, 164; *Steinbeiß-*

Winkelmann/Sporrer, Rechtsschutz bei überlangen Verfahren – Eine Zwischenbilanz anhand der Rechtsprechung, NJW 2014, 177; *Streng,* Strafabschlag oder Anrechnung als Strafersatz, JZ 2008, 979; *Stuckenberg,* Untersuchungen zur Unschuldsvermutung, 1997; *ders.,* Unschuldsvermutung und Verdacht, in Fischer/Hoven (Hrsg.), Verdacht, 2016, 63; *Summers,* Überlegungen zur Unparteilichkeit und der richterlichen Befragung, FS Donatsch, 2017, 443; *Theile,* Internal Investigations und Selbstbelastung – Zum Verantwortungstransfer bei Akkumulation privater und staatlicher Ermittlungen, StV 2011, 381; *Thienel,* The Admissibility of Evidence Obtained by Torture under International Law, EJIL 17 (2006), 349; *Thörnich,* Art. 6 Abs. 3 lit. d EMRK und der unerreichbare (Auslands-)Zeuge: Appell zur Stärkung des Konfrontationsrechts bei präjudizierender Zeugenvernehmung im Ermittlungsverfahren, ZIS 2017, 39; *Trechsel,* Human Rights in Criminal Proceedings, 2005; *Trüg,* Medienarbeit der Strafjustiz – Möglichkeiten und Grenzen, NJW 2011, 1040; *Tubis,* Die Öffentlichkeit des Verfahrens nach Art. 6 I EMRK, NJW 2010, 415; *Tyszkiewicz,* Tatprovokation als Ermittlungsmaßnahme: rechtliche Grenzen der Beweiserhebung und Beweisverwertung beim Einsatz polizeilicher Lockspitzel im Strafverfahren, 2014; *Ujkašević,* Die Kompensation von Verfahrensrechtsverstößen in der Rechtsprechung des Europäischen Gerichtshofs für Menschenrechte, 2018; *Unfried,* Die Freiheits- und Sicherheitsrechte nach Art. 5 EMRK, 2006; *Verrel,* Selbstbelastungsfreiheit und Täuschungsverbot bei verdeckten Ermittlungen, FS Puppe, 2011, 1629; *Vogel,* „In camera"-Verfahren als Gewährung effektiven Rechtsschutzes? Neue Entwicklungen im europäischen Sicherheitsrecht, ZIS 2017, 28; *Vogel/Burchard* in Grützner/Pötz/Kreß/Gazeas, Internationaler Rechtshilfeverkehr in Strafsachen, Vor § 1, 41. Aktual. Juli 2017; *Volkmer,* Geldentschädigung für überlanger Verfahrensdauer? – Die Kompensation rechtsstaatswidriger Verfahrensverzögerung als Fallgruppe des öffentlich-rechtlichen Folgenbeseitigungsanspruchs –, NStZ 2008, 608; *Vondung,* Die Architektur des europäischen Grundrechtsschutzes nach dem Beitritt der EU zur EMRK, 2012; *Walther,* Zur Frage eines Rechts des Beschuldigten auf „Konfrontation von Belastungszeugen", GA 2003, 204; *Wang,* Einsatz verdeckter Ermittler zum Entlocken des Geständnisses eines Beschuldigten, 2015; *Warg,* Der Begriff der Akte und ihre Vorlage im Strafverfahren, NJW 2015, 3195; *Warnking,* Strafprozessuale Beweisverbote in der Rechtsprechung des Europäischen Gerichtshofs für Menschenrechte und ihre Auswirkungen auf das deutsche Recht, 2009; *Weigend,* Das Konfrontationsrecht des Angeklagten – wesentliches Element eines fairen Verfahrens oder Fremdkörper im deutschen Strafprozess?, FS Wolter, 2013, 1145; *Weiß,* Der Schutz des Rechts auf Aussageverweigerung durch die EMRK, NJW 1999, 2236; *ders.,* Compliance der Compliance – Strafbarkeitsrisiken bei Internal Investigations, CCZ 2014, 136; *Weisser,* The European Convention on Human Rights and the European Court of Human Rights as Guardians of Fair Criminal Proceedings in Europe, in Brown/Turner/Weisser (Hrsg.), The Oxford Handbook of Criminal Process, 2020, 89; *Weratschnig,* Waffengleichheit und Digitalisierung, in Lehmkuhl/Meyer (Hrsg.), Das Unternehmen im Brennpunkt nationaler und internationaler Strafverfahren, 2020, 203; *Wettley/Nöding,* Akteneinsicht in Telekommunikationsdaten, NStZ 2016, 633; *Wewerka,* Internal Investigations, 2012; *Wildhaber,* Verwaltungsstrafen, Art. 6 EMRK und „Heilung von Verfahrensmängeln", FS Jaeger, 2011, 823; *Wohlers,* Rechtsfolgen prozeßordnungswidriger Untätigkeit von Strafverfolgungsorganen, JR 1994, 138; *ders.,* Art. 6 Abs. 3 lit. d EMRK als Grenze der Einführung des Wissens anonym bleibender Zeugen, FS Trechsel, 2002, 813; *ders.,* Das Strafverfahren in Zeiten der „Eilkrankheit", NJW 2010, 2470; *ders.,* Aktuelle Fragen des Zeugenschutzes – zur Vereinbarkeit der im Strafprozessrecht des Kantons Zürich anwendbaren Zeugenschutznormen mit Art. 6 Abs. 3 lit. d EMRK, ZStrR 123 (2005), 144; *ders.,* Fair Trial – Grundpfeiler oder Feigenblatt?, forumpoenale 2019, 207; *ders./Schlegel,* Zum Umfang des Rechts der Verteidigung auf Akteneinsicht gemäß § 147 I StPO – Zugleich Besprechung von BGH-Urteil vom 18.06.2009 – 3 StR 89/09, NStZ 2010, 486; *Zehetgruber,* Zur Unvereinbarkeit von § 329 Abs. 1 S. 1 StPO mit der EMRK, HRRS 2013, 397; *Zerbes,* Unternehmensinterne Untersuchungen, ZStW 125 (2013), 551; *Ziegenhahn,* Der Schutz der Menschenrechte bei der grenzüberschreitenden Zusammenarbeit in Strafsachen, 2002; *Ziemann,* Akteneinsicht und Aktenverwertung im Kinderpornografieverfahren – ein neues Strafbarkeitsrisiko für effektive Verteidigung?, StV 2014, 299.

Recht auf ein faires Verfahren **Art. 6 EMRK**

Übersicht

	Rn.
A. Einführung	1
I. Bedeutung und Inhalte des Rechts auf ein faires Verfahren	1
II. Bedeutung im innerstaatlichen Bereich	9
B. Sachlicher und zeitlicher Anwendungsbereich	13
I. Zivilrechtliche Ansprüche und Verpflichtungen	14
II. Strafrechtliche Verfahren	24
C. Art. 6 Abs. 1 EMRK	48
I. Einzelrechte	48
1. Recht auf Verhandlung der Rechtssache durch ein auf Gesetz beruhendes, unabhängiges und unparteiisches Gericht	49
2. Recht auf ein öffentliches Verfahren	70
3. Recht auf Verhandlung in angemessener Frist	82
4. Effektiver Vollzug gerichtlicher Entscheidungen	107
II. Recht auf ein faires Verfahren	110
1. Allgemeine ungeschriebene Teilrechte	110
2. Besondere strafrechtliche Gewährleistungen	140
D. Art. 6 Abs. 2 EMRK – Unschuldsvermutung	177
I. Beweislastverteilung	179
II. Unvoreingenommenheit	180
III. Öffentliche Vorverurteilung	182
IV. Folgeentscheidungen	186
V. Anknüpfung negativer Folgen	188
E. Art. 6 Abs. 3 EMRK	189
I. Schutzzweck und Stellung der strafrechtlichen Garantien	189
II. Die Rechte im Einzelnen	191
1. Unterrichtung über die Anklage (lit. a)	191
2. Vorbereitung der Verteidigung (lit. b)	196
3. Verteidigung durch sich selbst oder einen Anwalt (lit. c)	202
4. Konfrontationsrecht und Waffengleichheit beim Zeugenbeweis (lit. d)	225
5. Unentgeltliche Beiziehung eines Dolmetschers (lit. e)	257
F. Folgen eines Verstoßes gegen Verfahrensrechte in Art. 6 EMRK	265

A. Einführung

I. Bedeutung und Inhalte des Rechts auf ein faires Verfahren

Art. 6 EMRK gewährleistet das Recht auf ein faires Verfahren *(fair trial)*. In seiner praktischen, rechtlichen und symbolischen Relevanz ist dieses **fundamentale Rechtsprinzip** (*Esser* S. 401) die wichtigste Norm der EMRK. Es verkörpert die gemeinsame rechtsstaatliche Tradition der Vertragsstaaten und verbürgt als wandlungsfähiges *living instrument* die Gewährleistung elementarer Mindestverfahrensgarantien in der nationalstaatlichen Verfahrenspraxis. Damit soll Art. 6 EMRK sicherstellen, dass Bürger nicht zum Objekt staatlicher Verfahren degradiert werden, sondern insb. in Strafverfahren als **autonome Prozesssubjekte** wirksam ihre Interessen vertreten können. Damit trägt Art. 6 EMRK zugleich wesentlich zur Absicherung der materiellen Konventionsrechte bei, die ohne effektiven Rechtsschutz Gefahr liefen, im Alltag entwertet zu werden. Die Gewährleistung des Rechts auf ein faires Verfahren trägt entscheidend zum **Schutz des gemeinsamen Funda-**

ments von Rechtsstaatlichkeit und Demokratie in Europa bei, indem es staatlicher Willkür und der Majorisierung von Individual- und Teilhaberechten entgegenwirkt.

Keine andere Norm bildet häufiger die Grundlage einer Individualbeschwerde und macht einen vergleichbar hohen Anteil an den festgestellten Verletzungen aus. 51 % der Verurteilungen Deutschlands betrafen Art. 6 EMRK. Europaweit wurde 2019 in 884 Urteilen in 334 Fällen (25 % der festgestellten Verletzungen) auf eine Verletzung von Art. 6 EMRK erkannt. Davon betrafen allein 106 Verletzungen eine überlange Verfahrensdauer, ECHR Annual Report 2019, 134 f.).

2 Als fundamentales Element gemeineuropäischer Rechtsstaatlichkeit verbrieft und schützt das Recht auf ein faires Verfahren ähnlich den Parallelnormen in Art. 14 Abs. 1–3 IPBPR, Art. 8 AMRK menschenrechtliche Mindeststandards, die sich in **Organisationsgarantien** und **Verfahrensrechte** untergliedern lassen. Sie verbürgen einerseits subjektive Rechte auf Zugänge zum Rechtssystem und Rechtsfindung unter bestimmten Verfahrensbedingungen durch besonderen Anforderungen genügende Entscheidungsorgane. Andererseits gewähren sie Teilhaberechte und Mittel zur effektiven Rechtswahrnehmung. Um ihre Praxisadäquanz, Effektivität und (schutzerhaltende) Adaptivität fortwährend sicherstellen zu können, werden die *fair trial*-Mindestrechte vom Gerichtshof autonom, dynamisch and wirksamkeitsorientiert ausgelegt (*Meyer* in SK-StPO Methodik der Grundrechtsanwendung Rn. 85 ff.).

Noch unterbelichtet sind die **positiven Gewährleistungsgehalte** (iSv *positive obligations*) des Rechts auf ein faires Verfahren (dazu *Meyer* in SK-StPO Methodik der Grundrechtsanwendung Rn. 55 ff., 135 f.; Art. 6 Rn. 575 ff.). Art. 6 EMRK verlangt von den Mitgliedstaaten nicht nur negativ, Justizzugänge und Verfahrensteilhabe nicht unzulässig zu beeinträchtigen, sondern auch die Schaffung einer hinreichenden Gerichtsorganisation und Infrastruktur. Für die Einrichtung von Entscheidungskörpern („established by law"), Entscheidungsfindung in angemessener Frist und Rechtsbehelfe (EGMR 8.6.2006 – 75529/01 Rn. 129 – Sürmeli; EGMR 25.11.1992 – 12728/87 Rn. 24 – Abdoella; EGMR (GK) 27.6.2000 – 30979/96 Rn. 45 – Frydlender) ist das anerkannt. Darüberhinausgehend verlangt die Verwirklichung des Schutzzwecks der fair trial-Garantie, dass Grundrechtsträger umfassend vor missbräuchlicher Anwendung und Auslegung von Verfahrensvorschriften und willkürlichen Verfolgungspraktiken geschützt werden. Daher bedürfen nach dem Grundsatz **nullum judicium sine lege** nicht nur Gerichtszuständigkeiten und Rechtsbehelfe einer effektiven Regelung, sondern auch die Anwendbarkeit von Verfahrensarten und verfahrensrechtlichen Regimen, Verjährung, Divergenzbereinigungsverfahren (EGMR 22.6.2000 – 32492/96 ua Rn. 99, 102, 107 f. – Coëme ua; EGMR 9.1.2013 – 21722/11 Rn. 137, 139, 143 – Oleksandr Volkov), aber auch von Verfahrensregeln für zentrale Prozessinstitute wie **Absprachen,** Hinweisgeberschutz **(Whistleblowing)** oder **internal investigations.**

Diese Pflichten aus Art. 6 EMRK treffen die Vertragsstaaten und ihre Organe. Private werden nicht gebunden. Eine unmittelbare horizontale Drittwirkung hat der EGMR wiederholt ausgeschlossen (EGMR 28.6.2001 – 24699/94 Rn. 46 – Verein gegen Tierfabriken; EGMR 11.2.2020 – 526/18 Rn. 36 ff. – Platini). Anerkannt ist dagegen eine verkappte Form der **mittelbaren Drittwirkung,** die sich im Zusammenhang mit Art. 6 EMRK darin ausdrückt, dass der Staat (im Sinne einer positiven Verpflichtung) gewährleisten muss, dass bei privat-rechtlichen Ermittlungs- und Sanktionsverfahren **(internal investigations, Sportjustiz)** Verfahrensrechte garantiert sind, die den widerstreitenden privaten Interessen und der Eigenart und Schwere der Handlungen funktional adäquat sind. Dies kann grundsätzlich durch involvierte Behörden oder Gerichte geschehen. Schafft die Praxis der Exekutive oder Judikative aber keine hinreichende Rechtssicherheit, ist der Gesetzgeber zum Handeln aufgerufen. Derartige Reglementierungspflichten können insbes. im Sportrecht erwachsen, wo durch **privatrechtlich organisierte Verbände** (zB FIFA, IOC) oder Agenturen (zB WADA) **Sanktionsverfahren** für ihre Mitglieder oder Athleten geschaffen und Sanktionen angeordnet werden. Zwar fehlt es an der Ausübung hoheitlicher Gewalt, doch können private Rechte abhängig vom Wesen der Maßnahmen massiv betroffen sein und vom Sitzstaat erfordern, für die Einhaltung von Mindestgarantien im Privatrechtsverhältnis zu sorgen; insbes. dann, wenn ein Verband wie eine internationale Behörde agiert (EGMR 11.2.2020 – 526/18 – Platini). Schafft ein Verband selbstregulierend eine adäquate Verfahrensordnung, genügt der Staat seiner Pflicht, wenn er sich durch Monitoring und Gewährung von Rechtsschutz vergewissert, dass das Verbandsrecht EMRK-Anforderungen genügt.

Auf den ersten Blick ist dieser Schutzumfang auf Zivil- und Strafverfahren beschränkt. Die herausragende Bedeutung des fairen Verfahrens in einer demokratischen Gesellschaft wirkt jedoch einer restriktiven Anwendung entgegen (EGMR 17.1.2008 – 14810/02 Rn. 37, NJW 2009, 2873 – Ryakib Biryukov; EGMR 13.5.1980 – 6694/74 Rn. 33, EuGRZ 1980, 662 – Artico; EGMR 17.1.1970 – 2689/65 Rn. 25 – Delcourt; *Peukert* in Frowein/Peukert EMRK Art. 6 Rn. 2). Die autonome, untechnische Interpretation der Rechte und ihrer Anwendungsfelder durch den EGMR (*Grabenwarter/Pabel* in Dörr/Grote/Marauhn Kap. 14 Rn. 13ff.) hat dem sachlichen Schutzbereich von Art. 6 EMRK enorme Weite und Entwicklungsdynamik verliehen, so dass eine **Vielzahl von Verfahrensarten** einbezogen ist, die in den Vertragsstaaten weder als zivil- noch strafrechtlich eingestuft werden.

Art. 6 EMRK verhält sich grundsätzlich nur zur **Fairness des Verfahrensgangs.** Seine Anwendung zielt nicht auf die Erreichung eines objektiv richtigen Ergebnisses ab (EGMR 11.1.2005 – 58580/00 Rn. 56 – Blücher). Der EGMR fungiert nicht als Sonderrechtsmittelinstanz und hat entsprechende richterliche Zurückhaltung *(judicial self-restraint)* zu üben. Er darf Folgerungen nationaler Gerichte zu Tatsachen und zur Anwendung des nationalen Rechts grds. nicht durch eigene Schlüsse ersetzen (sog. *fourth instance doctrine:* EGMR (GK) 21.1.1999 – 30544/96 Rn. 28, NJW 1999, 2429 – Garcia Ruiz). Aus Fairnessgründen werden **nationale Rechtsanwendung,** Tragfähigkeit der Beweiswürdigung und Angemessenheit der Strafe grundsätzlich lediglich einer **Willkürkontrolle** unterzogen (EGMR 4.10.2001 – 60350/00 – Canela Santiago). Eine Erstreckung der Prüfungskompetenz auf Einzelheiten der gerichtlichen Entscheidungsfindung wird nur dann für zulässig erachtet, wenn diese *arbitrary or manifestly unreasonable* war (EGMR 23.3.1994 – 14220/88 Rn. 33, ÖJZ 1994, 706 – Ravnsborg; EGMR 12.6.2003 – 35968/97 Rn. 46, NJW 2004, 2505 – van Kück). In diversen Bereichen verfährt der EGMR aber strenger und prüft die Einhaltung nationalen Rechts, spezifischer inhaltlicher und struktureller Konkretisierungen der Verfahrensfairness oder die konkrete richterliche Beweiswürdigung (zB beim Konfrontationsrecht) sorgfältig nach.

Der Fairness des Verfahrens wohnt ein hoher **legitimatorischer Eigenwert** inne (**Gerechtigkeit durch Verfahren,** Gaede S. 339ff., 387ff., 397ff., 425f.). Durch Gewährleistung prozessualer Fairness verleiht Art. 6 EMRK Verfahrensgang und -ausgang erhöhte Akzeptanz bei Verfahrensbeteiligten und Allgemeinheit.

EMRK Art. 6   Rechte und Freiheiten der Konvention

Allerdings scheint sich deren gedanklicher Anknüpfungspunkt zu verschieben. Lag der Schwerpunkt ursprünglich auf Beschränkung und struktureller Einhegung staatlicher Rechtspflege, steht heute die flexible Gesamtbetrachtung des Einzelfalls im Vordergrund (*Meyer* in SK-StPO EMRK Art. 6 Rn. 4). Das hat zur Folge, dass Grundrechtsgrenzen und schützende Formen in komplexen Globalerwägungen zur Generierung von Einzelfallgerechtigkeit aufgehen und dadurch aufgeweicht werden. Zudem macht der Gerichtshof sich nur noch selten die Mühe, prinzipiengeleitet grundlegende Strukturvorgaben und Verfahrensleitsätze zu entwerfen. Damit gehen zum einen Einbußen am objektiven Eigenwert solcher Fairnesselemente als auch Leitpfosten für die Gesamtabwägung verloren. Die Zurückhaltung mag aus Gründen der Subsidiarität und der nationalen Verfahrensvielfalt sachlich vertretbar sein, doch büßt Art. 6 EMRK darüber an kritischem Gehalt und Stringenz ein.

4 Keine Aussagen lassen sich Art. 6 EMRK mit wenigen Ausnahmen zur **Rechtmäßigkeit einzelner Ermittlungsmaßnahmen** entnehmen. Diese Frage ist anhand der speziellen (materiellen) Abwehrrechte der EMRK zu beurteilen. Ferner sollen Betroffene ihren Opferstatus bei Verfahrenseinstellungen oder Freisprüchen einbüßen (EGMR 11.7.2013 – 28975/05 Rn. 103 – Khlyustov), womit vorherige *fair trial*-Verstöße nicht mehr gerügt werden können. Zu prüfen wäre ggf. eine immanente Verletzung materieller Rechte. Anders als die materiellen Rechte der EMRK bewirkt Art. 6 EMRK auch grundsätzlich **keine Limitierung der nationalstaatlichen Strafgewalt.** Lediglich dann, wenn eine Strafvorschrift den Kern einer Mindestgarantie aushöhlt, begrenzt Art. 6 EMRK auch die Kriminalisierungsbefugnis der nationalen Legislative. Art. 6 EMRK gewährt schließlich kein Recht auf Strafverfolgung (EGMR 5.10.1999 – 33677/96, NJW 2001, 1989 – Grams). Eine Untersuchungs- und ggf. Verfolgungspflicht kann sich im Einzelfall aber aus materiellen Konventionsrechten ergeben (*Meyer* in SK-StPO EMRK Art. 2 Rn. 99 ff., Art. 3 Rn. 149 ff.).

5 Konkret verbrieft **Art. 6 Abs. 1** EMRK den Zugang zu einem Gericht, verbunden mit bestimmten Mindestanforderungen an den Entscheidungskörper, und verpflichtet die Nationalstaaten zur Einrichtung solcher Spruchkörper auf gesetzlicher Grundlage. Er enthält des Weiteren Verfahrensgarantien, die eine öffentliche mündliche Verhandlung, eine angemessene Verfahrensdauer und die Gewährleistung eines fairen Verfahrens insgesamt verbürgen. Als Konkretisierungen dieser allgemeinen Garantie hat der EGMR Art. 6 EMRK in einer Gesamtschau rechtsfortbildend weitere Rechte entnommen; insbes. die Grundsätze der Waffengleichheit und Selbstbelastungsfreiheit oder das Recht auf Anwesenheit.

Abs. 2 und 3 ergänzen besondere beschuldigtenbezogene Teilrechte des allgemeinen Fairnessgrundsatzes, namentlich die Unschuldsvermutung, das Recht auf Information über die Vorwürfe, effektive Vorbereitung der Verteidigung, Verteidigerbeistand und effektive Verteidigung, konfrontative Befragung von Zeugen und einen Dolmetscher.

6 Diese Grundsätze beanspruchen sowohl für **natürliche** als auch (nicht-staatliche) **juristische Personen** (EGMR 24.9.1997 – 18996/91 Rn. 28 ff. – Garyfallou AEBE; *Esser* in Löwe/Rosenberg EMRK Art. 6 Rn. 23) sowie für alle Deliktsbereiche gleichermaßen Geltung. Hinzuweisen ist aber darauf, dass es für diverse Teilrechte (insbes. nemo tenetur) noch an Präzedenzfällen für juristische Personen fehlt (*Meyer* in Lehmkuhl/Wohlers S. 333 (345)).

7 **Grundrechtsdogmatisch** weist die **Prüfung der Beeinträchtigung** von Justizgrundrechten und Verfahrensgarantien Besonderheiten auf (*Meyer* in SK-StPO Methodik der Grundrechtsanwendung Rn. 55 ff.). In Abwesenheit eines allgemeinen Eingriffsvorbehalts konzentriert sich die Prüfung auf den Normtext der jeweiligen Garantie (zB Art. 6 Abs. 1 S. 2 EMRK zum Ausschluss der Öffentlichkeit), Natur und Kerngehalt des Verfahrensrechts und richterrechtlich entwickelte Kriterien, woraus variierende, unterschiedlich ausdifferenzierte Prüfprogramme für einzelne Rechte resultieren. Als sehr komplex erweist sich bei der Prüfung der Beschuldigtenrechte das Verhältnis von Teilrechten und Gesamtrecht. Diverse Entscheidungsmuster sind auszumachen: **Beurteilung der Gesamtfairness** ohne Eingehen auf die Verletzung spezieller Teilgarantien (EGMR 12.6.2003 – 35968/97 Rn. 55 ff., 62 ff., NJW 2004, 2505 – van Kück), Prüfung tangierter Teilrechte in einer Zusammenschau (EGMR 20.10.2005 – 69889/01 Rn. 29 – Groshev), Prüfung der Teilaspekte nach Feststellung eines in seiner Gesamtheit unfairen Charakters des Verfahrens (EGMR (GK) 11.7.2006 – 54810/00 Rn. 109 ff., NJW 2006, 3117 – Jalloh). Am häufigsten prüft der EGMR beide Absätze zusammen (EGMR 27.9.1990 – 12489/86 Rn. 23, StV 1991, 193 – Windisch; EGMR 15.6.1992 – 12433/86 Rn. 43, NJW 1992, 3088 – Lüdi) oder kumuliert unterschiedliche prozessuale Ereignisse und tangierte Teilrechte in einer Gesamtschau zwecks Prüfung einer Verletzung des Gesamtrechts; oft ohne sich dabei konkret feststellend zur jeweils isolierten Verletztheit der involvierten Teilrechte zu äußern (EGMR 24.11.1986 – 1/1985/87/134 Rn. 28 ff., EuGRZ 1987, 147 – Unterpertinger; EGMR 19.12.2001 – 43373/98 Rn. 35 ff. – C.G. gegen Vereinigtes Königreich; EGMR 6.12.1988 – 10588/83, 10589/83 u. 10590/83 Rn. 67 ff., 89 – Barberà, Messegué u. Jabardo; für eine ganzheitliche Auslegung *Krausbeck* S. 39 f.). Dies kann zu einer Stärkung des Grundrechtsschutzes führen, denn der EGMR leitet die Verletzung des Gesamtrechts im Einzelfall auch aus einer additiven Gesamtschau einzelner (mitunter disparater) Verfahrensmängel ab (EGMR 17.11.2005 – 73047/01, NJW 2006, 2753 – Haas; zu Beeinträchtigungen unterschiedlicher Rechte EGMR 6.12.1988 – 10590/83 Rn. 89 – Barberà, Messegué u. Jabardo; *Gaede* FG Fezer, 2008, 21 (35 ff.)). Umgekehrt hat der EGMR den Verfahrensgang in einer Reihe von Fällen insgesamt als fair qualifiziert, obwohl einzelne spezielle Minimalgarantien wohl verletzt worden waren (vgl. EGMR 26.4.1991 – 12398/86, EuGRZ 1992, 474 – Asch; EGMR 23.2.1994 – 16757/90 Rn. 26, 32, ÖJZ 1994, 600 – Stanford), anstatt den Umfang der Teilgarantien zu überdenken oder besser zu konkretisieren. Dem stehen Fälle gegenüber, in denen in Ansehung eines verletzten Teilrechts eine weitere Prüfung der Gesamtfairness als überflüssig erachtet wird (EGMR 25.4.1983 – 8398/78 Rn. 42 – Pakelli). **Teilrechte** wurden darin zu ausdrücklichen **Mindestgarantien** erklärt, die nicht als Illustration von Erwägungen, die in die Gesamtbetrachtung der Verfahrensfairness iSd Abs. 1 einzustellen sind, missverstanden werden dürften (so noch EGMR 20.1.2009 – 26766/05 u. 22228/06 Rn. 26 – Al-Khawaja u. Tahery; idS auch *Trechsel* S. 86; *Gaede* JR 2006, 292 ff.; anders aber seither EGMR (GK) 2.11.2010 – 21272/03 Rn. 94 – Sakhnovskiy: Teilaspekte der allgemeinen Garantie). Die Große Kammer will jedoch auch bei Einschränkungen von zentralen Mindestgarantien einen Ausgleich durch externe Schutzmechanismen zulassen und aus der Nichtgewährleistung selbst essenzieller Teilrechte nicht folgern, dass das Verfahren insgesamt nicht mehr fair sein kann. Den Teilrechten wird somit nur ein quantitativ, nicht qualitativ stärkerer Mindestschutzgehalt zugestanden. Der **Gesamtbetrachtungsansatz** (*„overall fairness of the proceedings"*) scheint Art. 6 EMRK damit vollständig erfasst zu haben (EGMR 12.3.2020 – 53791/11 Rn. 51 – Chernika; EGMR (GK) 13.9.2016 – 50541/08 ua Rn. 250 f. – Ibrahim ua; EGMR (GK) 9.11.2018 – 71409/10 Rn. 120 – Beuze; krit. Sondervotum Sajó u. Karaka,

EGMR (GK) 15.12.2011 – 26766/05 u. 22228/06 – Al-Khawaja u. Tahery; vgl. ferner *Ujkasevic* S. 210ff.).

Dies leistet einer spürbaren Partikularisierung des Rechtsschutzes Vorschub, da mit dem Ansatz eine Öffnung für Eigenheiten und spezifische Kompensationsformen der nationalen Verfahrenssysteme einhergeht. Umgekehrt schließt die Beachtung der speziellen Schutzgarantien insofern aber auch nicht aus, dass das Verfahren mit Blick auf das Gesamtrecht aufgrund anderer Erwägungen und Rechtsverkürzungen nicht doch unfair war (EGMR 24.11.1986 – 9120/80, EuGRZ 1987, 147 – Unterpertinger). Die Einhaltung der Teilrechte garantiert nicht die Gesamtfairness (*Trechsel* S. 86).

Die Prüfung, ob positive Gewährleistungspflichten zur Schaffung bestimmter (grundrechtsermöglichender) Organisations- und Verfahrensstrukturen erfüllt wurden, folgt einer anderen Struktur (*Meyer* in SK-StPO Methodik der Grundrechtsanwendung Rn. 55ff., 135f.), die Leistungscharakter und Verfahrensoffenheit der Pflicht Rechnung trägt und den Staaten daher einen weiten margin of appreciation belässt.

8 Es ist weder Ziel von Art. 6 EMRK noch Aufgabe des EGMR, die bestehende **Vielfalt der Gerichtssysteme** in den Vertragsstaaten zu vereinheitlichen. Die Wahl des Verfahrenssystems liegt außerhalb der Prüfungskompetenz des EGMR, soweit die Mindestgarantien aus Art. 6 EMRK gewahrt sind (EGMR (GK) 16.11.2010 – 926/05 Rn. 83 – Taxquet). Trotz der **adversatorischen Grundausrichtung** der Rechte in Art. 6 lässt sich der EMRK keine Präferenz für ein bestimmtes Verfahrensmodell entnehmen. Dies gilt für die Gerichtsorganisation ebenso wie für die Rollenverteilung unter den Prozessbeteiligten, prozessuale Gestaltungsinstrumente, das Rationalisierungsmodell (prozessuale oder materielle Wahrheit), das strafjustiziellen Entscheidungen legitimierend zugrunde liegt (*Gaede* S. 252ff., 290ff.) und das ultimative Verfahrensziel (zB Rechtsfrieden). Auszumachen ist allerdings ein **Nukleus von Teilhaberechten und schützenden Formen,** der die Subjektstellung des Beschuldigten und bestimmte adversatorische Prozesse in jedem Prozessmodell absichert. Infolge ihrer nationalen Einbettung können sie aber temporal und substanziell divergierende Ausgestaltungen, Handhabungen, Eingriffs- und Ausgleichsmaßnahmen erfahren (vgl. *Albrecht* S. 233ff.).

II. Bedeutung im innerstaatlichen Bereich

9 Das **Grundgesetz** gewährleistet (in dieser Hinsicht weitergehend als Art. 6 EMRK) für alle Verfahrensarten einen Anspruch auf ein faires, rechtsstaatliches Verfahren (BVerfG 8.6.2010 – 2 BvR 432/07 u. 2 BvR 507/08, NJW 2011, 591 (592); BVerfGE 26, 66 (71); 86, 288 (317); *Rzepka* S. 116ff.). Dieses nach Auffassung des BVerfG im Rechtsstaatsprinzip iVm Freiheitsrechten und Menschenwürde wurzelnde Prozessgrundrecht enthält aber keine in allen Einzelheiten bestimmten Gebote und Verbote (BVerfGE 38, 105 (111); BVerfGE 63, 45 (61); 86, 288 (317); *Jahn* ZStW 127 (2015), 549 (563ff.)), sondern bedarf der Konkretisierung je nach den sachlichen Gegebenheiten (BVerfG 8.6.2010 – 2 BvR 432/07 u. 2 BvR 507/08, NJW 2011, 591 (592)), wobei einzelne Bestandteile des Rechts auf ein faires Verfahren wie rechtliches Gehör (Art. 101 GG), Unabhängigkeit der Justiz (Art. 97 GG) und das Gebot effektiven Rechtsschutzes (Art. 19 Abs. 4 GG) verfassungsrechtlich besonders geregelt sind. Die Aufgabe der fairen, rechtsstaatlichen Ausgestaltung des Verfahrensrechts weist das BVerfG in erster Linie dem Gesetzgeber und die anwendungsbezogene Konkretisierung und Rechtsfortbildung den

Gerichten zu (vgl. BVerfGE 63, 45 (61); 122, 248 (272); 133, 168 (200)). Dabei folgt die höchstrichterliche Rspr. einem Gesamtbetrachtungsansatz, wonach das Recht auf ein faires Verfahren erst dann als verletzt gilt, wenn eine Gesamtschau des Verfahrens ergibt, dass „rechtsstaatlich zwingende Folgerungen nicht gezogen worden sind oder rechtsstaatlich Unverzichtbares preisgegeben worden ist" (BVerfG 17.5.1983 – 2 BvR 731/80, BVerfGE 64, 135 (145f.); BGH 18.2.2020 – 3 StR 430/19 Rn. 26). Dabei ist die EGMR-Rspr. vermittelt über die Bindung der Gerichte an Gesetz und Recht (Art. 20 Abs. 3 GG) zu berücksichtigen.

Art. 6 EMRK genießt selbst **keinen Verfassungsrang,** hat aber die Interpretation einzelner Verfassungsbestimmungen entscheidend angereichert, angeleitet oder schlicht bestätigt (BVerfGE 138, 296 (355f.): Auslegungshilfe; zur zentralen Bedeutung der Konvention auf nationaler Verfassungsebene s. *Meyer* in SK-StPO Einleitung Rn. 108ff.; *Jahn* ZStW 127 (2015), 549 (578f., 593ff.)). In der Spruchpraxis von BVerfG und BGH wird das jeweils einschlägige Teilrecht neben den Grundgesetznormen abrundend mitzitiert (s. BVerfG 1.12.2020 – 2 BvR 1853/20 Rn. 25) oder zur Absicherung gegen Individualbeschwerden sogar kursorisch durchgeprüft (BVerfG 1.12.2020 – 2 BvR 916/11 u. 2 BvR 636/12 Rn. 342ff.; BGH 28.1.2020 – 4 StR 608/19 Rn. 5).

Als normgeprägtes Grundrecht wird Art. 6 EMRK selbst inhaltlich zunächst durch die nationale Legislative ausgestaltet (eingehend *Brunhöber* ZIS 2010, 761 (763ff.); *Marauhn/Merhof* in Dörr/Grote/Marauhn Kap. 7 Rn. 62). Will der Gesetzgeber Einschränkungen des Rechts auf ein faires Verfahren vornehmen und dieses mit kollidierenden Verfassungswerten in Ausgleich bringen, wird sein **Gestaltungsspielraum** über die völkerrechtskonforme Auslegung anhand von Art. 6 EMRK (und damit durch das gleichzeitig einzugrenzende und zu konkretisierende Recht selbst) begrenzt. Obgleich das Recht auf ein faires Verfahren bei der gesetzlichen Konkretisierung verfassungskonform in Abwägung mit gegenläufigen Interessen wie der Funktionstüchtigkeit der Strafrechtspflege gebracht werden kann, sind seine konventionsrechtlich anerkannten Einschränkungsmöglichkeiten, Mindestgarantien und Wesensgehalt bei der Grundrechtsprufung wie eine Schranken-Schranke zu beachten. Sie erfordern eine Anpassung nationaler Grundrechtsschranken an das aus EMRK-Sicht unbedingt gebotene Maß. Von den Gerichten ist Art. 6 EMRK bei der Anwendung verfahrensrechtlicher Vorschriften zu gewährleisten (BVerfGE 111, 307 (317); explizit für die StPO BGHSt 45, 321 (328f.); 46, 93 (97)). Die Berücksichtigungspflicht endet für die Gerichte aber an der Grenze des methodisch Zulässigen (BGH 10.6.2015 – 2 StR 97/14; ausf. *Meyer* in SK-StPO Einleitung Rn. 129). Ab diesem Punkt ist der Gesetzgeber gefordert.

Infolge dieser spannungsreichen Wechselbeziehung kann es in der Praxis zu **Kollisionen** von **EMRK** und einfachem **Verfahrensrecht** kommen. Zum einen kann die Rechtslage eine konventionskonforme Auslegung methodisch unmöglich machen. Zum anderen kann die konkrete Rechtsanwendung mit Art. 6 EMRK unvereinbar sein. Die rechtsfehlerfreie Anwendung deutschen Verfahrensrechts genügt Art. 6 EMRK nicht automatisch (so wohl Lohse/Jakobs in KK-StPO EMRK Art. 6 Rn. 34). Nicht nur dort, wo der Gesetzgeber noch keine Regelung getroffen hat, sondern auch in prozessrechtlich und -dogmatisch umfassend erschlossenen Bereichen entfaltet die EMRK kritische Kraft, die wie bei überlangen Verfahren (→ Rn. 82ff.), Lockspitzeln (→ Rn. 163ff.), Brechmitteleinsatz (→ Rn. 150) oder Hörfalle (→ Rn. 154) per Individualbeschwerde auch gegen tradierte gegenläufige nationale Begründungsmuster und Konkretisierungen des Rechtsstaatsprinzips zu entfalten ist. Von der EMRK kann daher erheblicher Gestaltungsdruck ausgehen;

va, wenn punktuelle rechtsfortbildende Interventionen des EGMR zwingend konkrete Mindestelemente fordern. Subtilere Bruchlinien können sich infolge divergierender verfassungsdogmatischer Verankerungen einzelner Rechte auftun, wenn Konkretisierungen und Fortbildungen von *fair trial* von unterschiedlichen Begründungsansätzen angeleitet werden. So spielt die Menschenwürde-Dimension für die EGMR-Rspr. abweichend vom BVerfG keine nennenswerte Rolle.

12 Aus Binnensicht der Mitgliedstaaten können sich in Straf- oder Rechtshilfeverfahren **Verpflichtungen aus der EMRK mit EU-Recht überlappen,** wenn mitgliedstaatliche Behörden Unionsrecht anwenden (vgl. Art. 51 GRCh). Sie wirken meist parallel, was das Unionsrecht über Art. 6 Abs. 3 EUV sowie über die Kohärenzklausel in Art. 52 Abs. 3 GRCh sicherzustellen sucht. Die EMRK-Garantien bestimmen hierüber den materiellen Mindestgehalt gleichlautender **Justizgrundrechte der GRCh** (*Schwerdtfeger* in NK-EuGRCh GRCh Art. 52 Rn. 29 ff.). Art. 47 Abs. 2, 3 und Art. 48 GRCh können in ihrem Schutzgehalt aber über Art. 6 EMRK hinausreichen. Konfliktpotenzial ergibt sich für die Mitgliedstaaten vor allem, wenn unionsrechtliche Instrumente der strafrechtlichen Zusammenarbeit Gefahr laufen, hinter der EMRK zurückzubleiben. Dies kann Ausgleichsbemühungen erfordern, die sich im Einzelfall aber als kompliziert erweisen können, wenn das Unionsrecht hierfür prima vista keinen Raum lässt, wie die Problematik der ungeschriebenen Ablehnungsgründe bei drohenden Menschenrechtsverletzungen gegenüber einem europäischen Haftbefehl dokumentiert hat (dazu *Meyer* in Ambos/König/Rackow IRG Vor §§ 78 ff. Rn. 772 ff.). Der EGMR sieht die Mitgliedstaaten in der Pflicht, auch bei der Anwendung von Unionsrecht für Konventionskonformität zu sorgen (EGMR (GK) 23.5.2016 – 17502/07 – Avotiņš: Urteilsvollstreckung in EU-Mitgliedstaat nach Brüssel I-VO; EGMR 17.4.2018 – 21055/11 Rn. 60 f. – Pirozzi: Vollstreckung EuHB).

Andererseits betreffen die GRCh-Rechte insbes. auch die **transnationale Geltungsdimension** von Grundrechten, welche in der EMRK unterentwickelt bzw. konstitutionell gar nicht vorgesehen ist, weil die EMRK Mindestgarantien in Nationalstaaten verbürgt, aber keine umfassende, integrierende Grundrechtsordnung für einen supranationalen Raum verkörpert (*Meyer* in SK-StPO Einleitung Rn. 194 f.).

An dieser Gemengelage würde auch der 2014 vorerst gescheiterte (EuGH Gutachten 2/13, ECLI:EU:C:2014:2454 Rn. 194), aber nicht aufgegebene (sondern seit 2019 wieder im Verhandlungsprozess befindliche) **Beitritt der EU zur EMRK** nichts ändern. Er würde zu einer unmittelbaren Bindung der Unionsorgane an die EMRK führen und eine direkte Menschenrechtsbeschwerde gegen Handeln von Unionsorganen eröffnen, aber nichts am materiellen Geltungsumfang der EMRK ändern. Damit unterläge auch nach einem Beitritt nicht jedes grundrechtsrelevante Handeln im Unionsraums der Individualbeschwerde. Wesentliche, für die Union prägende Bereiche blieben unerfasst.

B. Sachlicher und zeitlicher Anwendungsbereich

13 In den sachlichen Schutzbereich von Art. 6 EMRK fallen Streitigkeiten über zivilrechtliche Ansprüche und Verpflichtungen sowie die Erhebung strafrechtlicher Anklagen. Obwohl die Einzelelemente jeder Fallgruppe vom EGMR oft zusammengezogen werden, erfolgt die Prüfung grundsätzlich zweistufig. Für die erste Kategorie ist zunächst in materieller Hinsicht zu prüfen, ob es in dem betroffenen

Recht auf ein faires Verfahren **Art. 6 EMRK**

Verfahren um zivilrechtliche Ansprüche und Verpflichtungen geht. Im Folgeschritt ist dann zu klären, ob eine Streitigkeit über diese vorliegt, für deren Ausgang das betroffene Verfahren entscheidend ist. In der zweiten Fallgruppe ist zunächst der strafrechtliche Charakter des Verfahrens festzustellen, bevor es zu prüfen gilt, ob in dieser Sache auch schon eine Anklage iSd Art. 6 Abs. 1, 2 EMRK vorliegt. In rein verwaltungsrechtlichen Verfahren ist Art. 6 EMRK nicht anwendbar. Anders als Art. 47 Abs. 2 GRCh statuiert Art. 6 EMRK keine allgemeine Rechtsweggarantie.

I. Zivilrechtliche Ansprüche und Verpflichtungen

Der Begriff der zivilrechtlichen Ansprüche und Verpflichtungen (**civil rights** 14 **and obligations**) ist **autonom** zu bestimmen und weder durch den Charakter der ausschlaggebenden Rechtsvorschriften noch den Charakter der Entscheidungsinstanz bedingt. Das Merkmal *civil* dient dabei der Abgrenzung zum Strafrecht und den Rechten des Einzelnen im Staat-Bürger-Verhältnis. Es ist kein Synonym für Privatrecht. Anders als im Strafrecht (zu den *Engel*-Kriterien → Rn. 24) bietet sich aber keine Leitentscheidung mit einem Kriterien-Katalog, der die – in der Gerichtspraxis extensive – Qualifikation als zivilrechtlich determiniert. Unstreitig muss es im Kern stets um (materielle oder immaterielle) private Rechte (iSv Zivilrechtspositionen) gehen, wofür **materieller Gehalt, Charakter und Wirkung eines Rechts** entscheidend sind (*Jacobs/White/Ovey* S. 275; mit zahlreichen Beispielen *Peukert* in Frowein/Peukert EMRK Art. 6 Rn. 17 ff.). Anspruch oder Verpflichtung müssen sich zudem aus nationalem Recht ergeben können. Aus Art. 6 EMRK lassen sich keine Ansprüche ableiten, für die sich im nationalen Recht keine Grundlage findet (EGMR 8.7.1986 – 9006/80 Rn. 192, EuGRZ 1988, 350 – Lithgow; mit Beispielen *Peukert* in Frowein/Peukert EMRK Art. 6 Rn. 8 ff.). Erwiesen sein muss das Bestehen eines Anspruchs im nationalen Recht für die Anwendbarkeit von Art. 6 EMRK aber noch nicht. Die Vertretbarkeit einer aufgestellten Rechtsbehauptung *(arguable claim)* im nationalen Recht ist dagegen unerlässlich (*Meyer-Ladewig/Harrendorf/König* in HK-EMRK Art. 6 Rn. 7).

Rechte und Verpflichtungen lassen sich umgekehrt aber nicht abschließend nach nationalen Kategorien bemessen, um den autonomen Charakter der Auslegung zum Schutz vor Aushöhlung der Verfahrensrechte zu erhalten. Hinsichtlich der Existenz oder Einstufung eines Rechts nach nationalem Recht enthält sich der EGMR weitgehend einer Bewertung und lässt starke Zurückhaltung gegenüber nationalen Gerichten walten (EGMR (GK) 14.12.2006 – 1398/03 Rn. 95, NJOZ 2008, 1086 – Markovic).

Ferner muss bzgl. der Existenz solcher Ansprüche oder Verpflichtungen (in tatsächlicher oder rechtlicher Hinsicht) ein **ernsthafter und erheblicher** (*„genuine and of a serious nature"*, EGMR 23.9.1982 – 7151/75 u. 7152/75 Rn. 81 – Sporrong u. Lönnroth) **Streit** (*„dispute"/„contestation"*) bestehen (EGMR 5.10.2000 – 33804/96 Rn. 22 – Mennitto). Das vor dem EGMR gerügte Verfahren muss zudem **entscheidungsrelevant** für das Bestehen des Rechts sein (EGMR (GK) 15.3.2018 – 51357/07 Rn. 106 – Naït-Liman).

Erfasst sind unstreitig privatrechtliche Ansprüche und Verpflichtungen zwischen 15 Privatpersonen; vor allem aus Eigentumsrecht, Berufs- oder Erwerbsfreiheit (EGMR 23.6.1981 – 6878/75 ua Rn. 47, NJW 1982, 2714 – Le Compte ua: Berufsverbot nach Disziplinarverfahren; EGMR 8.1.2004 – 47169/99 Rn. 44, NJW 2005, 41 – Voggenreiter; *Peters/Altwicker* EMRK § 19 Rn. 7); zB durch **Sanktionen gegen Sportler** (disziplinarische Verhängung von Schadensersatzleistung

Meyer 187

oder Wettkampfsperre, EGMR 2.10.2018 – 40575/10 u. 67474/10 Rn. 57f. – Mutu u. Pechstein).

Einziehungen von privat-rechtlich geschützten Vermögensgegenständen können in den Anwendungsbereich fallen (Al-Dulimi), soweit sie nicht durch die speziellere Eigentumsgarantie in Art. 1 EMRKZusProt mit eigenen *fair trial*-Vorgaben geschützt sind oder infolge ihrer etwaigen strafrechtlichen Rechtsnatur dem strafrechtlichen Aspekt der Garantie zuzuordnen wären. Auch die Kommunikation mit Rechtsanwälten zur **Rechtsberatung im Gefängnis** (EGMR 9.4.2019 – 11236/09 – Altay (Nr. 2)) und **Beschränkungen von Gefangenenrechten** (EGMR (GK) 23.2.2017 – 43395/09 Rn. 154 – De Tommaso; EGMR (GK) 17.9.2009 – 74912/01 Rn. 107 – Enea; EGMR 30.10.2003 – 41576/98 Rn. 20ff. – Ganci) wie Urlaubs- und Reintegrationsansprüche sind erfasst. Bei ihnen handelt es sich nicht um öffentlich-rechtliche Angelegenheiten, sondern die Ausübung von Rechten persönlicher Natur im Vollzug. Auch Strafgefangene haben dazu Anspruch auf ungestörte und unüberwachte Kommunikation mit einem Rechtsanwalt, die ab der Verurteilung aber nicht mehr als Strafverteidigung von Art. 6 Abs. 3 EMRK geschützt wird. Eine zivilrechtliche Streitigkeit kann auch die Geltendmachung immaterieller Ansprüche wegen Missachtung des Rechts auf Schutz der Wohnung, Schädigung des guten Rufs oder aus sonstigen persönlichkeits- oder familienrechtlichen Gründen sein.

16 Wortlaut und Telos lassen daneben die Erstreckung auf Rechte und Verpflichtungen zu, die **im öffentlichen Recht verankert** sind und öffentliche Instanzen involvieren. Eine klare Trennlinie zwischen öffentlichem und privatem Bereich lässt sich zur Eingrenzung des Schutzbereichs im Wege der Rechtsvergleichung auch den Rechtsordnungen der Vertragsstaaten nicht entnehmen. Der EGMR hat die Anwendbarkeit im Zuge einer weiten, zweckgetragenen Rechtsprechung ungeachtet verwaltungsrechtlicher Zuständigkeiten auch auf öffentlich-rechtliche Verfahren und Verwaltungsmaßnahmen erstreckt, die **unmittelbare Auswirkungen** auf Vertragsbeziehungen (EGMR 28.6.1978 – 6232/73 Rn. 90, NJW 1979, 477 – König), Privatleben oder vermögenswerte Positionen (EGMR 19.3.1997 – 20416/92 Rn. 30 – Paskhalides; EGMR 26.3.1992 – 11760/85 Rn. 40, ÖJZ 1992, 771 – Editions Périscope) haben (sog. Auswirkungsjudikatur; EGMR 27.10.1987 – 10930/84, EuGRZ 1989, 452 – Bodén; *Grabenwarter/Struth* in Ehlers GuG § 6 Rn. 35; zur Anfechtung von Verwaltungsakten, *Peukert* in Frowein/Peukert EMRK Art. 6 Rn. 56f.).

Als zivilrechtlich gelten daher auch öffentlich-rechtliche Regelungen, die das Recht auf private Berufstätigkeit, das Eigentumsrecht (einschließlich öffentlichrechtlicher Nutzungsregelungen und Eingriffe) oder Schadensersatzforderungen gegen den Staat betreffen; unabhängig davon, ob die **Anspruchsgrundlage im öffentlichen Recht** geregelt ist. Diese Rechtsprechung führt zur **Anwendbarkeit** von Art. 6 EMRK in **deutschen verwaltungsgerichtlichen Verfahren** (*Kraft* EuGRZ 2014, 669ff.). Die Bedeutung öffentlich-rechtlicher Erwägungen für Beurteilungs- und Ermessensspielräume schließt die Anwendbarkeit von Art. 6 EMRK nicht aus; die Relevanz des Verfahrens für Rechte iSd Abs. 1 genügt. Die EMRK entfaltet dabei normative Leitfunktion bei der Auslegung des einfachen Verwaltungsrechts und gilt zB bei abstrakten Normkontrollen gem. § 47 VwGO (BVerfGE 110, 203 (210ff.); BVerwG 30.7.2001 – 4 BN 41/01, NVwZ 2002, 87). Sogar anschließende verfassungsgerichtliche Verfahren sind erfasst, soweit ihr Ausgang unmittelbar entscheidend für zivilrechtliche Rechte oder Verpflichtungen ist (EGMR 23.6.1993 – 12952/87 Rn. 59, EuGRZ 1993, 453 – Ruiz-Mateos;

EGMR 16.9.1996 – 20024/92 Rn. 39ff., EuGRZ 1996, 514 – Süßmann; EGMR 8.1.2004 – 47169/99 Rn. 32f., NJW 2005, 41 – Voggenreiter).

Auch **immaterielle private Rechte** wie der Schutz der persönlichen Ehre (*right to enjoy a good reputation;* EGMR 21.2.1997 – 4451/70 Rn. 27, EuGRZ 1975, 91 – Golder; EGMR 13.7.1995 – 18139/91 Rn. 58, ÖJZ 1995, 949 – Tolstoy Miloslavsky: auch für Beklagte, wenn zivilrechtliche Ansprüche maßgeblich vom Verfahrensausgang abhängen; EGMR 29.10.1991 – 11826/85 Rn. 27, NJW 1992, 1813 – Helmers), das Recht auf Bildung (EGMR (GK) 16.3.2010 – 15766/03 Rn. 104ff. – Orsus ua) bzw. Zugang zu Bildungseinrichtungen (EGMR 23.9.2008 – 9907/02 Rn. 18, ÖJZ 2009, 93 – Araç) oder das Recht auf Freiheit sind *civil rights* iSd Abs. 1. So ist zB für bestimmte Strafvollzugsfragen wie Urlaubs- und Reintegrationsansprüche zumindest der zivilrechtliche Teil des Art. 6 EMRK anwendbar (EGMR 14.12.2010 – 37575/04 – Boulois). 17

Streitigkeiten aus dem **Kernbereich des öffentlichen Rechts** liegen **außerhalb des Schutzbereichs** von Art. 6 EMRK. Dies schließt staatsbürgerliche Angelegenheiten, Steuer- und Zollverfahren, asyl-, Immigrations- und ausländerrechtliche Verfahren sowie Verfahren betreffend Wahlen und Abstimmungen ein (vgl. zB EGMR (GK) 5.5.2020 – 3599/18 – M.N. ua; EGMR (GK) 12.7.2001 – 44759/98, NJW 2002, 3453 – Ferrazzini; *Grabenwarter/Pabel* EMRK § 24 Rn. 13; *Meyer* in SK-StPO EMRK Art. 6 Rn. 29; aA bezüglich diverser steuerrechtlicher Streitigkeiten *Peukert* in Frowein/Peukert EMRK Art. 6 Rn. 23). Nicht unter diese Ausnahme fallen in der Regel sozialversicherungsrechtliche Ansprüche und in jüngerer Zeit auch beamtenrechtliche Ansprüche (→ Rn. 20f.). Schwierigkeiten bereiten wegen der Autonomie des kirchlichen Amts- und Dienstrechts **kirchenrechtliche Streitigkeiten** (zu ihren Besonderheiten *Meyer-Ladewig/Harrendorf/König* in HK-EMRK Art. 6 Rn. 20; *Kirchberg* NVwZ 2013, 612 (613)). Ist ein zivilrechtlicher Anspruch bei zumindest vertretbarer Auslegung nach innerstaatlichem Recht anerkannt, gilt Art. 6 EMRK auch in diesen Fällen (EGMR 6.12.2011 – 12986/04, KirchE 58, 398 – Müller); dies gilt auch für verkappte Statusverfahren (zu kirchenprozessrechtlich begründeten Kostenerstattungsansprüchen vgl. OVG Münster 29.4.2014 – 5 A 1385/12, DÖV 2014, 715); der konkrete Prüfungsumfang kann ggf. aus religiösen Gründen eingeschränkt sein. Die Beurteilung der nationalen Rechtslage durch den EGMR im Einzelfall wird damit zur kritischen Schlüsselfrage (vgl. EGMR 6.12.2011 – 12986/04, KirchE 58, 398 – Müller). Betrifft die streitgegenständliche Frage das Selbstbestimmungsrecht der Kirchen, bleibt der Weg vor den EGMR verschlossen (EGMR 30.1.2001 – 40224/98 – Duda u. Dudová: Beendigung des aktiven Dienstzeit; EGMR 23.9.2008 – 48907/99 Rn. 38f., NVwZ 2009, 897 – Ahtinen: Versetzung eines Pastors). Selbst bei innergemeinschaftlichen Angelegenheiten stünde eine EMRK-Kontrolle aber jedenfalls bei Willkür und Verstoß gegen gute Sitten oder *ordre public* offen (EGMR 6.12.2011 – 12986/04, KirchE 58, 398 – Müller; BGH 11.2.2000 – V ZR 271/99, NJW 2000, 1555 (1556f.)). 18

Die Anwendung des Art. 6 EMRK auf **Sozialrechtsstreitigkeiten** bestimmt sich nach einer Abwägung zwischen privatrechtlichen und öffentlichrechtlichen Aspekten des Streitgegenstandes (sog. Abwägungsjudikatur; EGMR 9.12.1994 – 19005/91 Rn. 51, ÖJZ 1995, 395 – Schouten u. Meldrum; EGMR 29.5.1986 – 9384/81 Rn. 60ff., NJW 1989, 652 – Deumeland). Trotz öffentlichrechtlicher Regelung eines Anspruchs kann dieser aufgrund seines persönlichen und wirtschaftlichen Charakters, insbes. wenn er mit dem Arbeitsvertrag verknüpft war oder als Verlängerung oder **Ersatz des vertraglichen Arbeitsentgelts** anzusehen ist, 19 oder aufgrund der Ähnlichkeit zu Versicherungssystemen mit privater Versicherung als zivilrechtlich zu qualifizieren sein (EGMR 29.5.1986 – 8562/79 Rn. 39, EuGRZ 1988, 14 – Feldbrugge). Die Beteiligung des Staates an der Finanzierung einer Sozialleistung schließt die Anwendbarkeit von Art. 6 EMRK aber nicht aus. Auch bei Sozialleistungen, die unabhängig von Versicherungsbeiträgen oder sonstiger vorheriger Einzahlung gewährt werden, ist im Anschluss an die „Salesi"-Entscheidung (EGMR 26.2.1993 – 13023/87 Rn. 19, ÖJZ 1993, 669 – Salesi) eine Einstufung als zivilrechtlich unter den Voraussetzungen vorzunehmen, dass ein individueller Anspruch im nationalen Recht gewährt wird, der nicht vollständig vom Ermessen des Staates abhängt, und eine Versagung der Leistung in den Lebensunterhalt eingreift (vgl. EGMR 26.2.1993 – 13023/87 Rn. 17 ff., ÖJZ 1993, 669 – Salesi).

20 Bei **beamtenrechtlichen Ansprüchen** ist es zuletzt zu einer signifikanten Ausweitung des Anwendungsbereichs von Art. 6 EMRK gekommen. Streitigkeiten im öffentlichen Dienst waren ursprünglich ausgeschlossen, weil öffentlich Bediensteten allgemein die Erfüllung von Aufgaben übertragen ist, die dem Schutz der allgemeinen Interessen des Staates dienen. Die unterschiedliche Ausgestaltung des Rechtsschutzes im öffentlichen Dienst und der Wahrnehmung öffentlicher Aufgaben in den Konventionsstaaten (vgl. EGMR 24.8.1993 – 14399/88 Rn. 26, ÖJZ 1994, 214 – Massa) hatte aber bei der Anwendung der Verfahrensgarantien auf private Arbeitnehmer und öffentliche Bedienstete bei ähnlich gelagerten arbeitsrechtlichen Streitigkeiten zu erheblichen Zufälligkeiten und Inkohärenzen geführt. Der EGMR ersann daraufhin ein funktionelles, autonom zu handhabendes Abgrenzungskriterium. Wegen der Natur der ausgeübten Funktion und ihrer Nähe zur staatlichen Souveränität wurde ein zivilrechtlicher Charakter danach verneint, wenn aus der Ermächtigung zur Ausübung hoheitlicher Befugnisse ein besonderes Verhältnis von Loyalität und Vertrauen resultierte (EGMR 8.12.1999 – 28541/95 Rn. 66, NVwZ 2000, 661 – Pellegrin). Dieses funktionelle Konzept wurde mit der neuen Leitentscheidung „Eskelinen" aufgegeben (EGMR (GK) 19.4.2007 – 63235/00 Rn. 62 – Eskelinen). Der Ausschluss der Anwendbarkeit von Art. 6 EMRK auf gewöhnliche arbeitsrechtliche Streitigkeiten im öffentlichen Dienst führe zu sachwidrigen Ergebnissen. So berührt die **Entlassung leitender Staatsanwälte** deren persönliche und berufliche Situation iSv Art. 8 und ist daher grundsätzlich als arbeitsrechtliche Streitigkeit zu behandeln (EGMR 5.5.2020 – 3594/19 – Kövesi; sa EGMR (GK) 19.9.2017 – 35289/11 – Regner: Entziehung von Sicherheitsfreigabe). Damit ein Staat öffentlich Bedienstete vom Schutz des Art. 6 EMRK ausschließen kann, müssen zwei Bedingungen erfüllt sein (sog. **Eskelinen-Test**). Der Vertragsstaat muss nach innerstaatlichem Recht den Zugang zu einem Gericht für die fragliche Kategorie von Bediensteten ausdrücklich ausgeschlossen haben und nachweisen, dass ein auf objektiven Gründen beruhendes, überwiegendes staatliches Interesse (zB effektives Funktionieren des Staates) am Ausschluss bestand. Der EGMR übt diesbezüglich eine subsidiäre Überwachungsfunktion aus.

21 Künftig wird bei arbeits- und dienstrechtlichen Streitigkeiten zwischen Beamten und dem Staat die **Anwendbarkeit** von Art. 6 EMRK **vermutet.** Zu deren gewöhnlichen Gegenständen zählen Gehalt, Zulagen, Pensionsansprüche, aber auch Disziplinarmaßnahmen wegen Vergehen im Dienst. Etwas anderes gilt nur dann, wenn die Vertragspartei dartut, dass der Beamte nach staatlichem Recht keinen Zugang zu einem nationalen Gericht hatte und dieser Ausschluss von den Verfahrensgarantien (zB bei bestimmten beamtenrechtlichen Personalentscheidungen wie

Umsetzung oder Versetzung, *Peters/Altwicker* EMRK § 19 Rn. 11) gerechtfertigt ist (bestätigt in EGMR 16.7.2009 – 8453/04 Rn. 37, NVwZ 2010, 1015 – Bayer).

Der **sachliche Schutzbereich** umfasst **nicht alle Verfahrensphasen**, sondern 22 nur diejenigen, die auf die unmittelbare **Entscheidung der Streitigkeit** über ein Recht *(determination of rights, contestations sur des droits et obligations)* **ausgerichtet** sind (EGMR 21.11.1995 – 19248/91 Rn. 47 – Acquaviva; EGMR 23.6.1981 – 6878/75 Rn. 47, NJW 1982, 2714 – Le Compte ua; EGMR 23.10.1985 – 5548/80 Rn. 32, NJW 1987, 2141 – Benthem). Ansonsten mangelt es einer Individualbeschwerde schon an der Beschwer. Auch dieses Kriterium wird vom EGMR autonom interpretiert. Dabei herrscht ein materielles Verständnis vor, wonach jedes Verfahren erfasst wird, dessen Ausgang für Rechte und Verpflichtungen privatrechtlicher Natur entscheidend ist (EGMR 16.7.1971 – 2614/65 Rn. 94 – Ringeisen; EGMR 5.10.2000 – 33804/96 Rn. 27 – Mennitto). Die Einräumung einer Parteistellung im nationalen Recht ist nicht erforderlich. Nach der Rechtsprechung des EGMR begründet Art. 6 EMRK ein Recht auf verfahrensrechtlichen Schutz bereits dann, wenn dem Betroffenen ein Verlust an Rechten oder die Auferlegung von Pflichten droht und das Verfahren maßgeblich für den Bestand des Rechts ist. Dies nimmt Untersuchungsverfahren oder Sondierungen aus, die lediglich in ein späteres Verfahren einmünden könnten, selbst aber keine rechtlich relevanten Entscheidungen vorsehen (EGMR 21.9.1994 – 17101/90 Rn. 61 f., ÖJZ 1995, 436 – Fayed). Die Voraussetzungen dürfen zur Verwirklichung des Schutzanspruchs der Verfahrensgarantie nicht zu eng und technisch interpretiert werden (*Grabenwarter/ Pabel* EMRK § 24 Rn. 14).

Im Zivilverfahren wird die Anwendbarkeit des Art. 6 Abs. 1 EMRK mit der 23 **Klageerhebung** ausgelöst. Auf **Maßnahmen des vorläufigen Rechtsschutzes** fand Art. 6 EMRK früher grundsätzlich keine Anwendung, weil keine zivilrechtlichen Rechte und Pflichten festgestellt werden (*Peters/Altwicker* EMRK § 19 Rn. 14; *Meyer-Ladewig/Harrendorf/König* in HK-EMRK Art. 6 Rn. 6). Dies sollte nur dann nicht gelten, wenn vorläufige Maßnahmen die Hauptsacheentscheidung (faktisch) vorwegnahmen und damit auch (teilweise) über das Bestehen von Rechten und Pflichten bestimmten (EGMR 23.10.2001 – 51591/99 Rn. 39 f. – Markass Car Hire Ltd.). Auch eine vorläufige Beschlagnahme konnte insofern genügen (*Peukert* in Frowein/Peukert EMRK Art. 6 Rn. 51). Heute geht der EGMR mit Blick auf die rechtspraktische Bedeutung und Wirkung des einstweiligen Rechtsschutzes und im Anschluss an die europäische Rechtsentwicklung von einer grundsätzlichen Anwendbarkeit aus, soweit die vorläufige Maßnahme (zumindest implizit) auf eine wirksame *(effectively)* Feststellung des Anspruchs gerichtet ist (EGMR (GK) 15.10.2009 – 17056/06 Rn. 78 ff., 84 ff. – Micallef). Einschränkungen sind unter besonderen Umständen zulässig, um den Erfordernissen einstweiligen Rechtsschutzes nachzukommen (EGMR (GK) 15.10.2009 – 17056/06 Rn. 86 – Micallef). Das **Zwangsvollstreckungsverfahren** liegt außerhalb des sachlichen Schutzbereichs, es sei denn, die Wirksamkeit eines Rechts hängt von diesem ab (EGMR 17.9.2009 – 74912/01 Rn. 97 – Enea).

Im Verwaltungsprozess kann der Schutzbereich schon vor Klageerhebung eröffnet sein und sich auf das vorgerichtliche Widerspruchsverfahren erstrecken (EGMR 20.12.2001 – 23959/94 Rn. 40 ff. – Janssen). Bei Disziplinarverfahren zählt die Eröffnung des förmlichen Disziplinarverfahrens (EGMR 16.7.2009 – 8453/04 Rn. 44, NVwZ 2010, 1015 – Bayer).

II. Strafrechtliche Verfahren

24 Obgleich die Terminologie zwischen den einzelnen Absätzen variiert (Abs. 1 – strafrechtliche Anklage/*criminal charge/accusation en matière pénale;* Abs. 2 – einer Straftat angeklagt/*charged with a criminal offence/accusé d'une infraction*), bestimmt sich der Anwendungsbereich bei strafrechtlichen Verfahren für alle drei Absätze nach denselben Maßstäben. Welche Qualität eine staatliche Maßnahme aufweisen muss, um die strafrechtlichen Verfahrensgarantien auszulösen, geben die verwendeten Begrifflichkeiten nicht preis. Der EGMR nimmt in seiner Spruchpraxis zur Festlegung des strafrechtlichen Bereichs eine autonome Auslegung unabhängig von nationalen Strafrechtsverständnissen vor (EGMR 26.3.1982 – 8269/78 Rn. 30, EuGRZ 1982, 297 – Adolf; EGMR 27.2.1980 – 6903/75 Rn. 42, EuGRZ 1980, 667 – Deweer; EGMR 27.6.1968 – 1936/63 Rn. 18, EuGRZ 1975, 393 – Neumeister). Dabei lässt er sich funktional von der Frage leiten, welche prozessualen Schutzstandards für die betreffenden Verfahren und Rechtsfolgen geboten sind.

In seiner **Leitentscheidung „Engel"** identifizierte der EGMR drei Kriterien, die als Richtmaß für den kriminalrechtlichen Charakter einer Rechtssache heranzuziehen sind (EGMR 8.6.1976 – 5100/71 Rn. 80ff., EuGRZ 1976, 221 – Engel; aus jüngerer Zeit EGMR 2.9.1998 – 27061/95 Rn. 50ff. – Kadubec; EGMR (GK) 23.11.2006 – 73053/01 Rn. 30f. – Jussila; ferner *Meyer* in SK-StPO EMRK Art. 6 Rn. 33ff.; *Trechsel* S. 16ff.): Maßgeblich sind die Zuordnung einer Tat zum Kriminalstrafrecht nach nationalem Recht *(classification of the offence under national law)*, die Natur des Vergehens *(nature of the offence/nature de l'infraction)* sowie Schweregrad und Natur der Sanktion *(nature and degree of severity of the penalty)*. Diese Kriterien gelten alternativ und können einen strafrechtlichen Charakter eigenständig begründen (EGMR (GK) 23.11.2006 – 73053/01 Rn. 31 – Jussila; EGMR 9.10.2003 – 39665/98 u. 40086/98 Rn. 86 – Ezeh u. Connors; EGMR 2.9.1998 – 26138/95 Rn. 57 – Lauko). Verbleiben (bei fehlender nationaler Zuordnung zum Strafrecht) Zweifel bei der Einschlägigkeit des zweiten oder dritten Kriteriums, können sie kumulativ in einer Gesamtwürdigung herangezogen werden (EGMR 24.2.1994 – 12547/86 Rn. 47, ÖJZ 1994, 634 – Bendenoun; EGMR 2.9.1998 – 26138/95 Rn. 57 – Lauko; EGMR (GK) 23.11.2006 – 73053/01 Rn. 31 – Jussila).

25 Die **Klassifizierung nach nationalem Recht** trägt als Kriterium der souveränen Selbstbestimmung der Vertragsstaaten auf dem Gebiet des Strafrechts Rechnung und ist zur Begründung der Anwendbarkeit von Art. 6 EMRK hinreichend, aber nicht notwendig. Dabei spielt es eine Rolle, ob der Verstoß im allgemeinen Strafgesetzbuch oder in Strafprozessvorschriften geregelt ist und Ordnungsvorschriften in anderen (nicht-strafrechtlichen) Verfahrensordnungen ähnelt (EGMR (GK) 22.12.2020 – 68273/14 u. 68271/14 Rn. 80, 84 – Gestur Jónsson u. Ragnar Halldór Hall). Die Natur des Vergehens wirkt dann auf die Klassifizierung zurück. Fehlt es an einer formellen Zuordnung zum strafrechtlichen Bereich, kommen die Natur des Vergehens und der Schweregrad und die Natur der Sanktion zum Zug.

26 Während das erste Kriterium formeller Natur ist und in der Praxis keine Handhabungsschwierigkeiten bereitet, bildet die autonome Anwendung der materiellen Kriterien den Schwerpunkt der Rechtsprechung des EGMR in diesem Bereich. Strafrechtlich ist die **Natur des Vergehens,** wenn der Sanktionstatbestand (in Kombination mit der vorgesehenen Sanktion) eine abschreckende (generalpräventive; *deterrent*) oder ahndende (repressive; *punitive*) Funktion hat (EGMR 21.2.1984 – 8544/79 Rn. 52f., NJW 1985, 1273 – Öztürk; EGMR 25.8.1987 –

Recht auf ein faires Verfahren **Art. 6 EMRK**

9912/82 Rn. 54 ff., EuGRZ 1987, 399 – Lutz; EGMR 24.2.1994 – 12547/86 Rn. 47, ÖJZ 1994, 634 – Bendenoun) und sich nicht nur (wie meist im Berufs- und Disziplinarrecht) an einen besonderen Personenkreis richtet (EGMR (GK) 23.11.2006 – 73053/01 Rn. 32 – Jussila), sondern die in Bezug genommenen Verhaltensnormen für jedermann, dh abstrakt-generell, verpflichtend sind (EGMR 24.2.1994 – 12547/86 Rn. 47, ÖJZ 1994, 634 – Bendenoun; *Grabenwarter/Pabel* EMRK § 24 Rn. 19). Materiell bedeutsam ist, ob die Normen besonders wichtige Gemeinschaftsinteressen schützen, die idR durch das Strafrecht geschützt werden (EGMR 27.9.2011 – 43509/08 Rn. 40 – Menarini; EGMR 4.3.2014 – 18640/10 ua Rn. 96, NJOZ 2015, 712 – Grande Stevens ua). Dabei kann rechtsvergleichend auch die Lage in anderen Konventionsstaaten herangezogen werden (EGMR 21.2.1984 – 8544/79 Rn. 53, NJW 1985, 1273 – Öztürk). Schuld als Urteilsvoraussetzung ist ein Indikator für den ahndenden Charakter einer Sanktionsnorm (EGMR (GK) 10.6.1996 – 19380/92 Rn. 56, ÖJZ 1996, 915 – Benham). Schließlich stellt der EGMR prozessual darauf ab, ob eine öffentliche Instanz auf gesetzlicher Grundlage die Verfahrensherrschaft ausübt (EGMR (GK) 10.6.1996 – 19380/92 Rn. 56, ÖJZ 1996, 915 – Benham), wobei es sich nicht um ein Gericht handeln muss. Dies steht der Anwendung von Art. 6 auf Antragsdelikte und Privatklageverfahren nicht entgegen, da die Entscheidung über die Verhängung der Sanktion auch in diesen Fällen bei einer öffentlichen Instanz liegt.

Drittes Kriterium sind **Art und Schweregrad der Sanktion.** Strafrechtliche 27 Sanktionen verfolgen einen abschreckenden und/oder punitiven Zweck (EGMR (GK) 23.11.2006 – 73053/01 Rn. 38 – Jussila) und überschreiten dabei eine gewisse (variierende) Mindestschwere. Der Schweregrad bemisst sich grundsätzlich nach einer abstrakten Betrachtung der gesetzlich angedrohten Höchstsanktion (EGMR 28.6.1984 – 7819/77 Rn. 72, NJW 1986, 1414 – Campbell u. Fell; EGMR 27.8.1991 – 13057/87 Rn. 34, NJW 1992, 2619 – Demicoli; EGMR (GK) 9.10.2003 – 39665/98 u. 40086/98 Rn. 120 – Ezeh u. Connors). Die relative Milde einer tatsächlich verhängten Sanktion hebt einen strafrechtlichen Charakter nicht wieder auf (EGMR 2.9.1998 – 27061/95 Rn. 52 – Kadubec). Dieser Fokus ist sachgerecht, weil die maßgeblichen schützenden Formen und Teilhaberechte ex ante bei Verfahrensbeginn feststehen und sich daran orientieren müssen, was als Sanktion drohen könnte.

Nicht unerhebliche (ahndende oder disziplinarische) Freiheitsentziehungen erfüllen dieses Kriterium regelmäßig (EGMR 8.6.1976 – 5100/71 Rn. 82, 85, EuGRZ 1976, 221 – Engel; EGMR 28.6.1984 – 7819/77 Rn. 72 f., NJW 1986, 1414 – Campbell u. Fell; EGMR (GK) 9.10.2003 – 39665/98 u. 40086/98 Rn. 124 ff. – Ezeh u. Connors). Dies gilt auch bei (abstrakt möglichen) Ersatzfreiheitsstrafen (EGMR 23.3.1994 – 14220/88 Rn. 35, ÖJZ 1994, 706 – Ravnsborg; EGMR 22.5.1990 – 11034/84 Rn. 30 ff., NJW 1991, 623 – Weber; EGMR 1.2.2005 – 61821/00 Rn. 34 – Ziliberberg). Auch präventive oder therapeutische freiheitsentziehende Maßnahmen können erfasst sein, wenn ihr Vollzug (de facto) wie bei einer strafrechtlichen Sanktion erfolgt.

Für **Geldsanktionen** existieren keine verlässlichen Schwellenwerte. Das Fallrecht des EGMR hinterlässt kein konsistentes Bild (krit. *Trechsel* S. 16 ff., 29 f.). Mal müssen pekuniäre Sanktionen hinreichend schwerwiegend sein (*Grabenwarter/Pabel* EMRK § 24 Rn. 22; EGMR 24.2.1994 – 12547/86 Rn. 47, ÖJZ 1994, 634 – Bendenoun; EGMR 24.9.1997 – 18996/91 Rn. 34 – Garyfallou AEBE); mal genügen 500 EUR (EGMR 21.2.1984 – 8544/79 Rn. 53 f., NJW 1985, 1273 – Öztürk); umgekehrt sollen 6.200 EUR Ordnungsbuße gegen einen Anwalt für Nichterscheinen trotz Fehlens einer Sanktionsobergrenze nicht genügen, weil keine Ersatzfreiheitsstrafe drohte und für den Verstoß grundsätzlich keine Freiheitsstrafe oder Eintragung ins Strafregister vorgesehen war (EGMR (GK) 22.12.2020 – 68273/14 u. 68271/14 Rn. 82 – Gestur Jónsson u. Ragnar Halldór Hall; s. a. EGMR 19.2.2013 – 47195/06 Rn. 47 – Müller-Hartburg: max. Höhe von 36.000 EUR als Disziplinarmaßnahme gegen Anwalt nicht hinreichend; ähnlich EGMR (GK) 6.11.2018 – 55391/13 ua – Ramos Nunes de Carvalho e Sá: 43.750 EUR; man wird zu beobachten haben, ob der enge Bezug zur Funktionsfähigkeit der Rechtspflege hohe Bußen im Vergleich mit anderen Berufsgruppen akzeptabler erscheinen lässt). Bei 5.000.000 EUR und Tätigkeitsverbot plus „strafrechtlichen Konnotationen" des Verfahrens hat der EGMR den strafrechtlichen Charakter bejaht (EGMR 4.3.2014 – 18640/10 ua Rn. 97f. – Grande Stevens ua; widersprüchlich EGMR 10.12.2020 – 68954/13 u. 70495/13 Rn. 41 – Edizioni Del Roma Società Cooperativa A.R.L. u. Edizioni Del Roma S.R.L: Schwere von 103.000 EUR strafrechtlich; de facto jedoch Natur des Vergehens und Zweck der Buße ausschlaggebend). Keinesfalls fällt eine geringfügige Sanktion automatisch aus dem strafrechtlichen Bereich heraus (EGMR 4.3.2008 – 11529/02 Rn. 20 – Hüseyin Turan). Die unterschiedlichen Lebensverhältnisse in den Konventionsstaaten lassen eine schematische Herangehensweise nicht zu (*Grabenwarter/Pabel* EMRK § 24 Rn. 24: Orientierung an Einkommensverhältnissen des jeweiligen Landes).

28 Die Rechtsprechung des EGMR zum strafrechtlichen Anwendungsbereich ist primär **funktional** begründet und äußerst **kasuistisch** (krit. auch *Trechsel* S. 18 ff.; *Peukert* in Frowein/Peukert EMRK Art. 6 Rn. 44). Ihr dogmatisches Fundament ist wenig tragfähig. Warum die Schwere einer Sanktion allein für sich genommen einen strafrechtlichen Charakter auslösen soll, bleibt ebenso unerklärt wie die Herleitung der kriminalrechtlichen Natur einer Verfehlung aus der punitiven oder abschreckenden Wirkung der Sanktion. Dem EGMR ist es nicht gelungen, einen materiellen Begriff der Kriminalstrafe zu entwickeln (*Gärditz*, Völkerrechtsprechung, Nr. 89, S. 533; *Meyer* ZDAR 2014, 100 (101)). Es findet keine Auseinandersetzung mit dem Wesen oder sozialen Sinn von Strafe statt. Dem EGMR geht es vorrangig um die flexible Anwendbarkeit und Gewährleistung eines Mindestschutzniveaus der besonderen strafrechtlichen Garantien des Art. 6 EMRK im konkreten Beschwerdefall, was im Interesse effektiven Grundrechtsschutzes durchaus zu begrüßen ist. Kategorialer Rigorismus wird vermieden, um den Schutzbereich von Art. 6 EMRK zu festigen, auszubauen und vor nationalstaatlichen Umgehungsversuchen durch (gezielte) Umklassifizierung ihres Sanktionsrechts zu schützen (vgl. EGMR 21.2.1984 – 8544/79 Rn. 49, NJW 1985, 1273 – Öztürk).

29 Noch komplexer und theoretisch undurchsichtiger wird die Rechtsprechung dadurch, dass der EGMR den strafrechtlichen Bereich in einen **Kernbereich traditionellen Kriminalstrafrechts** *(hard core of criminal law)* und einen **strafrechtsähnlichen Bereich** unterteilt (EGMR (GK) 23.11.2006 – 73053/01 Rn. 43 – Jussila; EGMR 27.9.2011 – 43509/08 Rn. 44 – Menarini). Zu Letzterem gehören Verwaltungssanktionen im Zollrecht, Steuerrecht, Straßenverkehrsrecht und Wettbewerbsrecht (EGMR (GK) 23.11.2006 – 73053/01 Rn. 43 – Jussila). Außerhalb des Kernbereichs gelten die besonderen strafrechtlichen Konventionsgarantien nicht in vollem Umfang (EGMR (GK) 23.11.2006 – 73053/01 Rn. 43 – Jussila: *not with their full stringency;* EGMR 17.5.2011 – 57655/08 – Suhadolc; EGMR 10.7.2014 – 40820/12 – Marčan: geringfügiges Verkehrsdelikt). Der EGMR hat bisher nur in wenigen Fällen exemplifiziert, was das genau bedeutet. ZB ist die

Kompetenzbündelung von Untersuchung, Anklageentscheidung und Sanktionierung bei einer Verwaltungsbehörde zulässig, wenn gegen die Sanktion der Rechtsweg vor ein Gericht mit voller Kognition offensteht (EGMR 27.9.2011 – 43509/08 Rn. 59ff. – Menarini). Abstriche sind auch bei Konfrontationsrecht (EGMR 10.7.2014 – 40820/12 Rn. 39ff. – Marčan) und Recht auf mündliche Verhandlung möglich (EGMR 15.5.2018 – 1385/07 Rn. 44 – Sancaklı: Verwaltungsstrafe für Nichtbefolgung einer behördlichen Anordnung; Gericht hätte bei Notwendigkeit mündliche Anhörung verfügen können). Weitgehend unantastbar ist dagegen das Schweigerecht (EGMR 17.12.1996 – 19187/91 Rn. 74, ÖJZ 1998, 32 – Saunders).

Schwer wiegt angesichts der gravierenden Folgen, dass der EGMR über keine **30** trennscharfe Formel für die Abgrenzung der beiden Bereiche verfügt. Bei gründlicher Analyse des Fallrechts lässt sich lediglich vermuten, dass die Ahndbarkeit mit Freiheitsstrafe und das besondere **Stigma** einer Sanktionierung (expressive Funktion) kennzeichnend für den Kernbereich des Strafrechts sein sollen (EGMR 25.8.1987 – 9912/82 Rn. 57, EuGRZ 1987, 399 – Lutz; EGMR 23.11.2006 – 73053/01, Diss. op. Loucaides – Jussila; EGMR 24.2.1994 – 8544/79, Diss. op. Liesch Rn. 8, 12, NJW 1985, 1273 – Öztürk). Während Freiheitsstrafen immer ein solches Stigma zugeschrieben wird, müssen bei Geldstrafen weitere Faktoren wie Konvertierbarkeit in Freiheitsentzug oder Eintragung in öffentliche Strafregister hinzukommen (EGMR 24.2.1994 – 8544/79, Diss. op. Liesch Rn. 8, NJW 1985, 1273 – Öztürk). **Die nominelle Höhe einer Geldbuße allein vermag ihre Zugehörigkeit zum Kernbereich nicht** zu begründen (EGMR 23.7.2002 – 34619/97 Rn. 81 – Janosevic).

Ob die **Einziehung** von **Vermögensgegenständen** strafrechtlichen Garantien **31** unterworfen ist, hängt von der nationalen Rechtslage und ihrer jeweiligen rechtlichen Konstruktion ab (*Meyer* EuCLR 2020, 140 (143)). Sie hat Strafcharakter, wenn sie als strafrechtliche Nebenfolge in einem Strafverfahren vorgesehen ist und explizit an eine Verurteilung anknüpft (zB § 74 StGB; *Eser/Schuster* in Schönke/Schröder, 30. Aufl. 2019, StGB §§ 73ff. Rn. 20f.). Sie gilt ferner als „strafrechtlich", wenn die Einziehungshöhe von der Schuld des Betroffenen mitbestimmt wird (EGMR 9.2.1995 – 17440/90 Rn. 33 – Welch). Auch die Intensität einer Einziehung und ihr repressives Erscheinungsbild können für diese Einordnung sprechen (EGMR (GK) 28.6.2018 – 1828/06 ua Rn. 215ff., 224ff. – G.I.E.M. S.R.L. ua). Demgegenüber lassen sich Einziehungen mit Sicherungscharakter (zB § 74b StGB) oder quasi-konditionell vermögensordnenden Charakters (§§ 73a, 76a StGB) nicht als Strafe qualifizieren, weil es ihnen am repressiv-schuldausgleichenden oder abschreckenden Charakter fehlt (EGMR 12.5.2015 – 36862/05 Rn. 94 – Gogitidze ua; BGH NStZ-RR 2018, 241; BGH NStZ 2018, 366 (367); BGH NStZ 2018, 400 zu § 76a Abs. 4 StGB). Eine generalpräventive Wirkung reicht isoliert nicht, wenn die Einziehung einem zivilrechtlich-restitutiven Legitimationsansatz folgt, um diese Wirkung (durch Wiederherstellung der rechtmäßigen Vermögenslage) zu erzielen. Ebenfalls nicht erfasst sind präventive Ordnungsverfügungen (EGMR 22.2.1994 – 12954/87 Rn. 43, ÖJZ 1994, 562 – Raimondo) oder Einziehung und Verfall mit Wirkung gegenüber Dritten (EGMR 5.5.1995 – 18465/91 Rn. 54, ÖJZ 1995, 755 – Air Canada; EGMR 24.10.1986 – 9118/80 Rn. 65f., EuGRZ 1988, 513 – AGOSI).

In den sachlichen Schutzbereich von Art. 6 Abs. 1–3 EMRK fallen danach **32** höchst unterschiedliche Verfahrensarten (*Wildhaber* FS Jaeger, 2011, 823 (826f.)). **Ordnungswidrigkeiten** nach deutschem Recht (EGMR 21.2.1984 – 8544/79

Rn. 51 ff., NJW 1985, 1273 – Öztürk; EGMR 25.8.1987 – 9912/82, EuGRZ 1987, 399 – Lutz) werden dem strafrechtlichen Bereich ebenso zugeordnet wie **straßenverkehrsrechtliche Sanktionen,** zB Strafpunkte (EGMR 25.8.1987 – 9912/82, EuGRZ 1987, 399 – Lutz; EGMR 23.10.1995 – 15523/89 Rn. 29 ff. – Schmautzer; EGMR 23.9.1998 – 27812/95, ÖJZ 1999, 654 – Malige), Entziehung der Fahrerlaubnis (EGMR 28.10.1999 (GK) – 26780/95 Rn. 33 ff., ÖJZ 2000, 693 – Escoubet), soweit die Einziehung der Fahrerlaubnis oder Lizenz nicht nur eine vorläufige Sicherungsmaßnahme ist, oder das schweizerische Steuerhinterziehungsverfahren (EGMR 3.5.2001 – 31827/96 Rn. 44 ff., NJW 2002, 499 – J.B.). **Steuerverfahren** sind unabhängig von der nationalen Kategorisierung erfasst, wenn Strafaufschläge nicht erstattenden (dem Schadensausgleich dienenden), sondern punitiven und abschreckenden Charakter haben sowie erheblich sind (EGMR 24.2.1994 – 12547/86, ÖJZ 1994, 634 – Bendenoun); die strafrechtliche Natur des Vergehens kann aber auch einen nur relativ geringen Aufschlag dahinstehen lassen (EGMR (GK) 23.11.2006 – 73053/01 Rn. 38 – Jussila).

33 Militärgerichtliche Verfahren (EGMR 25.2.1997 – 22107/93 Rn. 69 – Findlay), Zollverfahren (EGMR 7.10.1988 – 10519/83, ÖJZ 1989, 347 – Salabiaku) und (bei Verhängung von Geldbußen) Wettbewerbs- oder Kartellverfahren (EKMR 11.7.1989 – 11598/85 Rn. 62 – Société Stenuit; EGMR 27.9.2011 – 43509/08 Rn. 40 – Menarini; EGMR 1.10.2019 – 37858/14 – Carrefour France; *Schwarze* EuZW 2003, 261 (264 ff.)) sowie sonstige Verwaltungssanktionsverfahren (EGMR 2.9.1998 – 26138/95 Rn. 57 f. – Lauko: Übertretung gegen öffentlichen Frieden) werden grundsätzlich dem strafrecht(sähn)lichen Bereich zugeordnet. **Standesrechtliche Sanktionen und Disziplinarrecht** gelten dagegen grds. nicht als strafrechtlich (EGMR 8.6.1976 – 5100/71 Rn. 85, EuGRZ 1976, 221 – Engel), weil sie nur einen bestimmten Personenkreis spezifisch betreffen; außer bei gewichtiger Sanktionsdrohung wie längerfristigen Berufsverboten (vgl. zu berufsgerichtlichen Verfahren *Meyer* in SK-StPO EMRK Art. 6 Rn. 38 f.; BGHSt 54, 236). Insgesamt ist ein hinreichendes Gewicht negativer Konsequenzen ausschlaggebend (EGMR (GK) 9.10.2003 – 39665/98 u. 40086/98 Rn. 130 – Ezeh u. Connors), wofür aber bislang keine feste Untergrenze gesetzt wurde. Ein sehr kurzer freiheitsentziehender Arrest von wenigen Tagen ist nicht genug (EGMR (GK) 9.10.2003 – 39665/98 u. 40086/98 Rn. 129 – Ezeh u. Connors). Schon 5 Tage können dagegen reichen (EGMR 15.12.2005 – 73797/01 Rn. 61 ff., NJW 2006, 2901 – Kyprianou). Auch wegen der Natur der Vorwürfe können beispielsweise Disziplinarmaßnahmen in Gefängnissen dem strafrechtlichen Teil von Art. 6 EMRK unterfallen (EGMR (GK) 9.10.2003 – 39665/98 u. 40086/98 Rn. 82 – Ezeh u. Connors). Art. 6 EMRK kann auch für Maßnahmeverfahren gegen strafunmündige Jugendliche gelten, wenn deren Behandlung mit strafrechtlichen Mitteln bzw. in Einrichtungen für jugendliche Straftäter erfolgt und sich zur Begründung primär auf die Begehung einer Straftat stützt (EGMR 14.11.2013 – 47152/06 Rn. 147 – Blokhin).

34 Die **Ordnungsgewalt von Gerichten** wird wegen ihrer Ähnlichkeit zur Disziplinargewalt grundsätzlich als **nicht-strafrechtlich** angesehen (EGMR 23.3.1994 – 14220/88 Rn. 34, ÖJZ 1994, 706 – Ravnsborg; EGMR 22.2.1996 – 18892/91 Rn. 33 ff., ÖJZ 1996, 434 – Putz; EGMR (GK) 22.12.2020 – 68273/14 u. 68271/14 Rn. 87 ff. – Gestur Jónsson u. Ragnar Halldór Hall: Anknüpfung an spezielle Berufspflichten), doch können Natur und Schwere der Ordnungsstrafe nach den obigen Maßstäben ebenfalls ausnahmsweise die Anwendbarkeit der strafrechtlichen Garantien auslösen (EGMR (GK) 15.12.2005 – 73797/01 Rn. 61 ff., NJW 2006, 2901 – Kyprianou).

Recht auf ein faires Verfahren **Art. 6 EMRK**

Diese Grundsätze haben auch für die **Ordnungsgewalt von Parlamenten** zu gelten. Das vom Bundestag geplante Ordnungsgeld für störende Mitglieder wäre daher nur disziplinarischer Natur. Parteiverbotsverfahren (EGMR 3.10.2000 – 41340/98, 41343/98 u. 41344/98, NVwZ 2003, 1489 – Refah Partisi ua) und parlamentarische Untersuchungsausschüsse (EGMR 9.7.2002 – 64713/01 – Montera) gelten ebenfalls als nicht strafrechtlich. In Lustrationsverfahren *(lustration proceedings)* kann es sich im Einzelfall anders verhalten, wenn die bei unrichtigen Angaben drohende Reaktion kriminalrechtliche Konnotationen hat, zB langes Berufsverbot bis zu 10 Jahre (EGMR 30.5.2006 – 38184/03 – Matyjek; EGMR 1.7.2003 – 55480/00 u. 59330/00 – Sidabras u. Dziautas).

Außerhalb des strafrechtlichen Schutzbereichs von Art. 6 EMRK liegen nach 35 hM **Auslieferung** (EGMR (GK) 4.2.2005 – 46827/99 ua Rn. 82, EuGRZ 2005, 357 – Mamatkulov ua) und (straftatbedingte) **Abschiebung** (EGMR 16.4.2002 – 65964/01 – Penafiel Salgado; EGMR 5.10.2000 (GK) – 39652/98 Rn. 39, ÖJZ 2002, 109 – Maaouia) sowie sonstige (kleine) Rechtshilfeverfahren und Vollstreckungsübernahme (EGMR 27.6.2006 – 22318/02 – Csoszánski; *Meyer* in SK-StPO EMRK Art. 6 Rn. 62ff.; zu Art. 6 EMRK als **Rechtshilfehindernis** Rn. 65). Obgleich die Vollstreckung grds. außerhalb dieses Bereichs liegt, kann eine Überstellung zur Vollstreckung ausnahmsweise als strafrechtlich gelten, wenn sie als Bestandteil einer Absprache mit einem strafrechtlichen Verfahren direkt in Verbindung steht (EGMR 1.4.2010 – 27804/05 Rn. 40ff., StV 2011, 430 – Buijen: Gericht hatte Überprüfung der ministeriellen Ermessensausübung verweigert, kein Ersuchen nach ÜberstÜbk zu stellen). Eine umfassende Geltung der strafrechtlichen Verfahrensgarantien in der EGMR in **Rechtshilfesachen** indessen ab, weil ein Strafverfahren nur im ersuchenden Staat durchgeführt wird und Rechtshilfeverfahren keine unmittelbaren Bestandteile eines Verfahrens zur Bestimmung von Unrecht und Schuld sind (EGMR 29.2.1988 – 9106/80 – Bouamar; EGMR 21.10.1986 – 31195/96, NJW 1989, 2179 – Sanchez-Reisse; *Ziegenhahn* S. 426ff.). Der Betroffene einer Rechtshilfemaßnahme sei keiner strafrechtlichen Anklage ausgesetzt (EGMR 4.2.2005 (GK) – 46827/99 u. 46951/99 Rn. 80, EuGRZ 2005, 357 – Mamatkoulov u. Askarov). Dies soll auch für Überstellungen auf der Grundlage eines **Europäischen Haftbefehls** gelten (EGMR 7.10.2008 – 41138/05 – Monedero Angora).

Trotz der wachsenden Arbeitsteiligkeit grenzüberschreitender Strafrechtspflege und der grundsätzlich veränderten Strukturen der Zusammenarbeit in der EU werden Rechtshilfemaßnahmen allgemein nicht als Bestandteil des zugrunde liegenden Strafverfahrens angesehen. Ihre gedanklichen Wurzeln hat diese Sichtweise in der sog. Rechtshilfetheorie, nach der Rechtshilfe auf die Unterstützung eines anderen Staates und nicht final auf ein Strafverfahren ausgerichtet ist. Fair trial sei vom ersuchenden Staat im inländischen Verfahren zu garantieren.

Die genannten Fälle können auch nicht als zivilrechtlich eingestuft werden, weil keine Feststellungen über Ansprüche oder Verpflichtungen getroffen werden (EGMR (GK) 5.10.2000 – 39652/98 Rn. 38, ÖJZ 2002, 109 – Maaouia).

Tatsächlich nimmt der ersuchte Staat strafverfahrensrechtliche Handlungen mit 36 strafprozessualen Mitteln zur Durchsetzung eines ausländischen Strafanspruchs (aus Interesse an Gegenseitigkeit, Verhinderung von Impunität oder gemeinsamem transnationalem Interesse) vor. Diesen veränderten Vorzeichen muss bei **international-arbeitsteiligen Strafverfahren** hinreichend durch eine entsprechende Auslegung des Begriffs der strafrechtlichen Anklage Rechnung getragen werden (für eine umfassende Geltung von Art. 6 EMRK *Gleß/Wahl/Zimmermann* in

Schomburg/Lagodny IRG § 73 Rn. 51, 67; enger *Vogel/Burchard* in Grützner/Pötz/Kreß/Gazeas IRG Vor § 1 Rn. 134 ff., 139).

Die Zuordnung zum Strafrecht ist in der EU noch zwingender, weil die vom Grundsatz gegenseitiger Anerkennung getragenen Rechtshilfeinstrumente gerade dazu dienen, dem verfahrensführenden Mitgliedstaat einen direkten extraterritorialen Zugriff aus einem laufenden Verfahren – vermittelt über die Organe des Vollstreckungsstaats – auf Personen und Beweise in anderen Mitgliedstaaten zu verschaffen (*Meyer* in Ambos/König/Rackow IRG Vor §§ 78 ff. Rn. 777 ff.). Damit wäre aber noch nicht entschieden, welche Rechte zu welchem Zeitpunkt zu gewähren sind. Die Rechtshilfephase wäre Teil des Strafverfahrens und müsste nicht wie ein integriertes abgeschlossenes Strafverfahren behandelt werden. Die Mehrzahl der Art. 6 EMRK-Rechte ließe sich ohne Weiteres im ersuchenden Staat wahren (umgekehrt hätte dieser schon im Rechtshilfeverfahren für die Gewährung bestimmter Rechte zu sorgen, wenn absehbar ist, dass dies zu einem späteren Zeitpunkt nicht mehr effektiv möglich wäre, → Rn. 159). Das Hauptaugenmerk muss daher auf der Identifizierung der lösungsbedürftigen rechtshilfespezifischen Fairness-Probleme (differenziert nach Rechtshilfeformen) liegen (*Meyer* in SK-StPO EMRK Art. 6 Rn. 65). Zudem reichen die Grundrechtsrisiken im Rechtshilfeverfahren deutlich über Art. 6 EMRK hinaus, weshalb die Diskussion nicht verkürzt werden darf, sondern auch über strukturadäquaten Schutz von Art. 2, 3, 4, 5 oder 8 EMRK oder Art. 1 EMRKZusProt nachzudenken wäre.

Die stark beschränkte Anwendbarkeit von Art. 6 EMRK im Rechtshilfeverfahren entbindet Mitgliedstaaten nicht von ihrer Verantwortung zur Gewährleistung der Konventionsrechte, wenn im Rahmen laufender nationaler Strafverfahren um Rechtshilfe ersucht wird (EGMR 27.10.2011 – 25303/08 Rn. 51 f., NJW 2012, 3709 – Stojkovic; *Meyer/Wieckowska* forumpoenale 2012, 116 (120)). Konkret haben ersuchende Staaten die Verantwortung, nachhaltig auf den ersuchten Staat einzuwirken, damit dieser zB Vernehmungen in Rechtshilfeverfahren in einer Weise durchführt, die insbes. dem Konfrontationsrecht und dem Recht auf anwaltlichen Beistand mit Blick auf spätere Verwendung der Erkenntnisse für das laufende Strafverfahren genügen. Dass die Rechtslage im ersuchten Staat bestimmte Rechte nicht vorsieht, entbindet den ersuchenden Staat nicht von dieser originären Verantwortung für die Verfahrensfairness.

37 Trotz des Zusammenhangs mit einem laufenden Strafverfahren erfasst der strafrechtliche Teil von Art. 6 EMRK **nicht** die Überprüfung der **Untersuchungshaft** (EGMR 27.6.1968 – 1936/63 Rn. 33, EuGRZ 1975, 393 – Neumeister), da die Maßnahme nicht auf Schuld- oder Nichtschuld des Beschuldigten bezogen ist. Aus demselben Grund wird dies ebenso für die (nachträgliche) Überprüfung der Rechtmäßigkeit von (erledigten) Ermittlungsmaßnahmen zu gelten haben (über die dabei betroffenen Rechte kann aber nach Art. 6 EMRK eine separate Überprüfung erreicht werden; gerade bei Eingriffen in andere Grundrechte wie Art. 8, EGMR 21.12.2010 – 29613/08 Rn. 24 ff. – Primagaz).

Nicht erfasst sind ferner **vorbereitende** und **sichernde Maßnahmen** im Strafverfahren (*Meyer-Ladewig/Harrendorf/König* in HK-EMRK Art. 6 Rn. 17) wie vorläufige Festnahmen, vorläufige Beschlagnahmen von Vermögenswerten oder Führerscheinen. Gleiches gilt für Anträge auf Prozesskostenhilfe (EGMR 12.6.2003 – 45681/99 Rn. 36 f. – Gutfreund).

Im **Strafvollzugsrecht,** zB für Gnadengesuche, Reststrafenaussetzung oder Vollstreckungsübernahme gelten die strafrechtlichen Verfahrensgarantien generell nicht (EGMR (GK) 17.9.2009 – 74912/01 Rn. 97 – Enea), da ihre Anwendbarkeit

Recht auf ein faires Verfahren **Art. 6 EMRK**

mit der rechtskräftigen Verhängung der zu vollstreckenden Strafe erlischt (EGMR 13.5.2003 – 59290/00 – Montcornet de Caumont; EGMR 27.6.2006 – 28578/03 – Szabó; EGMR 30.10.2003 – 41576/98 Rn. 20 ff. – Ganci). Im **Wiederaufnahmeverfahren** ist Art. 6 EMRK erst nach Wiedereröffnung anwendbar (EGMR 3.10.2000 – 30546/96 Rn. 18 f., ÖJZ 2001, 234 – Löffler; *Jacobs/White/ Ovey* S. 274). Strafvollzugsfragen oder Wiederaufnahmeverfahren können aber im Einzelfall als zivilrechtliche Streitigkeit zumindest den allgemeinen Verfahrensgarantien des Abs. 1 unterliegen.

Andererseits unterliegt die **Fortsetzung eines strafrechtlichen Verfahrens** 38 mit einem außerordentlichen Rechtsbehelf umfassend den strafrechtlichen Garantien des Art. 6 EMRK, wenn das Verfahren zur Aufhebung und ggf. Rückverweisung der angegriffenen Sache führen kann und sich wegen dieser Entscheidungserheblichkeit für den Angeklagten als Fortsetzung *(further stage)* eines Strafverfahrens darstellt (zB Verfassungsbeschwerde zum BVerfG, EGMR 25.2.2000 – 29357/95 Rn. 62 ff., NJW 2001, 211 – Gast u. Popp: konkret ging es aber primär um Einbeziehbarkeit der Verfassungsbeschwerde bei Prüfung der Verfahrensdauer). Auch die Privatklage (§§ 364 ff. StPO) kann trotz Betreibens durch Private zu einer kriminalrechtlichen **Sanktion** führen und gehört daher zum Strafrecht im strengen Sinn.

Interne Ermittlungen *(internal investigations)* in Unternehmen fallen als private, 39 vom Unternehmen beauftragte Ermittlungen grds. nicht in den Schutzbereich von Art. 6 EMRK, weil dieser dem Schutz von Mindestrechten von Beschuldigten gegenüber staatlichen Untersuchungsbehörden gewidmet ist. Internal investigations sind ein grundsätzlich zulässiges Instrument und integraler Bestandteil von Corporate Governance und Compliance-Programmen, mit denen Privatrechtssubjekte legitime Interessen verfolgen (*Berndt* in Berndt/Theile Rn. 658; *Wessing* in Hauschka/Moosmayer/Lösler § 46 Rn. 16 ff.; *Doege* S. 388 ff.). Sie dienen der Verbesserung von Compliance-Systemen, der (präventiven) Abwendung von Sanktionen oder schaffen eine Grundlage für die Geltendmachung zivilrechtlicher Ansprüche. Durch Weiterleitung von erlangten Informationen mutieren sie nicht zu strafrechtlichen Verfahren (vgl. ausf. *Wewerka* S. 211 ff.). Erkenntnisse aus internen Untersuchungen können zwar, wenn sie Rechtsverletzungen zum Gegenstand haben, in privatrechtlichen Sanktionen (des Unternehmens gegenüber Arbeitnehmern) münden oder Eingang in spätere Strafverfahren finden, doch begründet diese potenzielle Nutzbarkeit keine strafrechtliche Natur. Allfällig berührte private Rechte können ggf. ein Drittwirkungsproblem begründen. Die Konventionsrechte entfalten indessen keine unmittelbare oder mittelbare Drittwirkung zwischen Privatpersonen (*Ehlers* in Ehlers GuG § 2 Rn. 48). Die Konventionsstaaten treffen aber positive Schutzpflichten zur Auflösung mehrpoliger Grundrechtsverhältnisse und zum Ausgleich privatrechtlicher Spannungslagen. Gleichwohl ist das Schutzgut des *fair trial* als Verfahrensrecht anders gelagert als die materiellen Konventionsrechte. Es ist relativ auf öffentliche Verfahren und öffentliche Rechtspflege bezogen und spricht spezifisch das Staat-Bürger-Verhältnis an. Als Recht lässt es sich nicht in vergleichbarer Weise zwischen Privaten konstruieren (vgl. EGMR 22.2.1994 – 13743/88, ÖJZ 1994, 564 – Tripodi).

Die Bewertungsparameter verschieben sich, wenn die Ermittlungen dem Staat zurechenbar sind und er damit Verfahrensherrschaft erlangt (*Meyer* in SK-StPO EMRK Art. 6 Rn. 67). Die Zurechnung des Verhaltens Privater zum Staat kann in Anlehnung an die Stojkovic-Rechtsprechung (→ Rn. 36) geboten sein, wenn sich der Staat gezielt interner Ermittlungen bedient oder solche gar – unter Ausnutzung von Sanktionsdruck gegenüber Unternehmen – initiiert, um sich eigene Ermitt-

Meyer 199

lungen zu erleichtern, sich (vermittelt über die Androhung arbeitsrechtlicher Konsequenzen durch den Arbeitgeber) Zugang zu andernfalls verschlossenen Quellen zu verschaffen oder sich mühselige Rechtshilfeverfahren zu ersparen. Den Staat trifft dann eine originäre Verantwortung aus der EMRK. Lanciert oder erzwingt er in einem laufenden Strafverfahren interne Untersuchungen, um diese später nutzen zu können, hat er sicherzustellen, dass die Untersuchung in einer Weise durchgeführt wird, die va mit Blick auf Selbstbelastungsfreiheit, Konfrontationsrecht und Recht auf anwaltlichen Beistand nicht wiedergutzumachende Nachteile bei der Nutzung der Erkenntnisse im Strafverfahren vermeidet.

40 Schwierigkeiten bereitet dabei die anwendungssichere Konkretisierung der **Zurechnungsvoraussetzungen.** Die Literatur ist sich uneins (*Greco/Caracas* NStZ 2015, 7 (13f.): Aufforderung zur Untersuchung und Herauszögerung der Verfahrenseröffnung trotz Tatverdacht; *Kottek* S. 134ff., 150ff.; *Kottek* wistra 2016, 9 (13): gezielte Beauftragung; andere lassen allgemeine Einflussnahme oder bloße Billigung privater Beweisbeschaffung genügen; *Anders* wistra 2014, 329 (333); *Kaspar* GA 2013, 206 (216ff.)) und nicht an der allgemeinen Linie des EGMR bei der Zurechnung Privater (*Meyer* in SK-StPO EMRK Art. 1 Rn. 18, Art. 6 Rn. 67) ausgerichtet. Bejahte man die Zurechnung, müsste ein (drohendes) Strafverfahren dann wie in anderen Bereichen mit vergleichbaren Spannungslagen von Mitwirkungspflicht und Selbstbelastungsfreiheit (EGMR 5.4.2012 – 11663/04 – Chambaz) Vorwirkungen auf die unternehmensinternen Vorgänge haben, die entweder die Gewährung der Verfahrensrechte oder Verwendungssperren erfordern.

Den komplexesten und wohl häufigsten Problemfall bilden Ermittlungen, die vor dem Hintergrund aufsichtsrechtlicher und strafrechtlicher Ermittlungen ablaufen, ohne dem Staat zurechenbar zu sein. Hier können sich Wechselwirkungen zwischen den Verfahren infolge von Durchleitung und Austausch von Informationen mit Behörden ergeben, welche strafrechtliche Verfahrensgarantien aushöhlen, weil die schützenden Formen des Strafverfahrens für Personen, gegen die sich die Ermittlungen richten, mangels Anwendbarkeit bei der Informationserhebung gar nicht erst ihre schützende Wirkung entfalten können und die Informationen nach allgemeinen Regeln dennoch verwertbar wären (zur Verwertbarkeit von illegal durch Privatpersonen beschafften Beweisen, *Godenzi* GA 2008, 500 (501f.)). Dabei besteht die Gefahr, dass die praktischen Kooperationszwänge für Unternehmen sich in Druckausübung gegenüber Arbeitnehmern niederschlagen. Ein Risiko für die Beteiligten besteht auch darin, dass Untersuchungsberichte der Beschlagnahme unterliegen, soweit sie nicht als Verteidigungsunterlagen gem. §§ 97, 148 StPO geschützt sind (LG Braunschweig wistra 2016, 40 (41) mAnm *Jahn/Kirsch* NZWiSt 2016, 39f.). Die steigende Zahl interner Ermittlungen und (straf)rechtlicher Folgeverfahren wird vor diesem Hintergrund (in Anwaltschaft und Schrifttum) mit Besorgnis registriert und hat zur Forderung geführt, Art. 6 EMRK analog anzuwenden oder zumindest die Verwendbarkeit der Unterlagen in Strafverfahren zu beschränken (*Wewerka* S. 292ff.; *Knauer/Gaul* NStZ 2013, 192ff.; *Zerbes* ZStW 125 (2013), 551ff.).

41 Insgesamt erscheint eine **analoge Einspiegelung strafprozessualer fair trial-Rechte** in interne Ermittlungen **zu pauschal.** Umgekehrt bieten Zurechnungslösungen wenig Anwendungssicherheit und drohen zudem die eigentümlichen Risiken und Gemengelagen von internen Ermittlungen zu verfehlen. Bedenkt man, dass hier *praeter legem* ein neues Prozessinstitut erwachsen ist, das heute einen festen Platz im Aufsichts- und Wirtschaftsstrafrecht hat, erscheint es sowohl aus menschenrechtlichen als auch rechtsstaatlichen Gründen geboten, dieses Institut und die ihm immanenten Spannungsverhältnisse einer abstrakt-generellen recht-

Recht auf ein faires Verfahren **Art. 6 EMRK**

lichen Regelung zuzuführen. Einzelfalljudikatur wird der Bedeutung dieser Verfahrensart nicht mehr gerecht. Die Verfahrensrechte brauchen Anwendungssicherheit. Neue Prozessinstitute, die Grundrechte der Bürger erheblich berühren, müssen nach der Wesentlichkeitstheorie (*Münkler* S. 274 f.) vom Gesetzgeber reglementiert werden. Menschenrechtlich lässt sich eine entsprechende Gewährleistungspflicht (über die Schutzpflichten im Einzelfall hinaus; dazu *Meyer* in SK-StPO EMRK Art. 6 Rn. 67) mit dem dem Art. 6 EMRK immanenten *nullum iudicium*-Grundsatz (→ Rn. 2) begründen. Eine vollständige Übernahme strafrechtlicher Standards vertrüge sich aber weder mit privatrechtlichen Grundsätzen, die das Verhältnis zwischen Unternehmen und Arbeitnehmer bestimmen, noch wäre sie sachlich indiziert. Die Spannungslagen lassen sich nicht vollständig auflösen. Es wird einer Richtungsentscheidung bedürfen. Als Mindestgehalt muss aber zumindest bei Zurechenbarkeit nach allgemeinen Grundsätzen sichergestellt sein, dass die Strafverfolgungsbehörden aktiv für den wirksamen Schutz der Verteidigungsrechte im Verfahren sorgen.

Einen ähnlichen Weg versuchte der deutsche Gesetzgeber mit einem Verbandssanktionengesetz, das aber nicht über die Entwurfsphase hinausgekommen ist. Das VerSanG enthält ein Anreizmodell, das zur Einräumung von Verteidigungsrechten anhalten sollte. Der eigene Ermittlungsbeitrag der Unternehmen sollte nach § 17 VerSanG-E nur dann mit einer Strafmilderung honoriert werden, wenn die Untersuchung bestimmte Anforderungen erfüllt. Nach den Vorstellungen des VerSanG dienen interne Ermittlungen „der objektiven Aufklärung des Sachverhalts einschließlich aller belastenden und entlastenden Umstände" (VerSanG-E S. 99). Dabei seien rechtsstaatliche Standards zu beachten. Befragte Mitarbeiter müssten belehrt werden, dass ihre Angaben in einem etwaigen Strafverfahren verwertet werden können. Das VerSanG hätte Befragten aber ein Aussageverweigerungsrecht, um sich und Angehörige vor Selbstbelastung schützen zu können (§ 17 Abs. 1 Nr. 5 lit. c), und ein Recht auf anwaltlichen Beistand zugestanden. Damit sollte ein Motiv für Falschaussagen beseitigt werden. Der Entwurf erkennt epistemologisch zutreffend, dass bei solchen Befragungen besondere Vorsicht geboten ist, weil das Unternehmen oft die erste Institution sein wird, die mit Zeugen über das Geschehen spricht und damit das weitere Aussageverhalten entscheidend mitbeeinflusst (VerSanG-E S. 100). Der Staat darf keine **Anreize für unzulässige Druckausübung** auf Angestellte setzen. Die Ratio des VerSanG für den Schutz der Selbstbelastungsfreiheit liegt damit aber eher in der rechtsstaatlichen Erhaltung eines hohen Beweiswerts als in der Fairness des Verfahrens. 42

Entscheidet sich ein Unternehmen für die Kooperation innerhalb des staatlich vorgegebenen Rahmens, müssten die *fair trial*-Garantien auch **nach allgemeinen Zurechnungsgrundsätzen** zur Anwendung kommen. Der Aspekt des gezielten, zurechnungsbegründenden Outsourcings von Ermittlungen an Private trat im VerSanG-E besonders deutlich im Erfordernis zutage, dass der Verband oder die von ihm beauftragten Dritten «ununterbrochen und uneingeschränkt mit den Strafverfolgungsbehörden zusammenarbeiten» müssen (§ 17 Abs. 1 Nr. 3). Dies könne «insbesondere Zwischenberichte und die umfassende Beantwortung von Fragen der Verfolgungsbehörden erfordern. Informationen über die Untersuchung und ihren Ablauf dürfen gegenüber den Verfolgungsbehörden nicht zurückgehalten werden. Die konkrete Ausgestaltung der Zusammenarbeit steht im Ermessen der Verfolgungsbehörde» (VerSanG-E S. 100). Nach Abschluss hätten wesentliche Ergebnisse und Dokumente in einer Weise zur Verfügung gestellt werden müssen, die eine Nachprüfung ermöglicht. 43

Andererseits machte der VerSanG-E die Rechtsgewährung bedenklich von der Disposition des Unternehmens abhängig. Die Befragten hätten keinen Schutz erfahren, wenn das Unternehmen nicht auf unmittelbare Kooperationsbelohnung abzielt, sondern andere Strategien verfolgt. Hält das Unternehmen die vom VerSanG formulierten Standards nicht ein, wären die Mitarbeiter ohne Schutz geblieben. Es stellt sich aber die Frage, ob den Staat in solchen Fällen tatsächlich eine Schutzpflicht trifft, wenn Unternehmen der allgemeinen gesetzlichen Regelung nicht folgen müssen. Zumindest bei erkennbarer Druckausübung auf den Betroffenen sollte der Staat auf eine Verwertung verzichten. Dies sollte ihm auch leichtfallen, weil die vermutete Minderwertigkeit so gesammelter Erkenntnisse die Grundlage für das Honorierungsmodell des VerSanG bildete.

Das VerSanG-Modell ist nicht alternativlos. **Andere Optionen,** um der Gewährleistungspflicht zu genügen, wären Aussagezwang und Beweisverwertungsverbot im Strafverfahren oder Aussagezwang gekoppelt mit dem Recht, der Weitergabe an Strafverfolgungsbehörden zu widersprechen. Ersteres entspricht dem Ansatz des EMGR im Chambaz-Fall (→ Rn. 129, 133).

44 In **zeitlicher Hinsicht** setzt die Eröffnung des sachlichen Schutzbereichs eine Anklage *(criminal charge, accusation en matière pénale)* voraus. Der **Begriff der Anklage** ist unabhängig von nationalen Verfahrensstrukturen im Kontext der Konvention zu verstehen. Er erfordert keine förmliche Anklage im technischen und spezifischen nationalen verfahrensrechtlichen Sinn (*Esser* in Löwe/Rosenberg EMRK Art. 6 Rn. 68, 92ff.). Der EGMR pflegt eine weite, autonome und teleologische Auslegung. Spannungen zwischen den maßgeblichen Sprachfassungen und daraus resultierende Unsicherheiten werden anhand übergreifender materieller Kriterien ausgerichtet auf den Schutzzweck von Art. 6 EMRK überwunden (*Jung* EuGRZ 1996, 370 (371 f.)). Die strafrechtlichen Verfahrensgarantien greifen nach ständiger Rechtsprechung des EGMR deshalb bereits ab der **amtlichen Benachrichtigung** des Betroffenen durch die jeweils zuständige Stelle; zB bei Verhaftung oder anlässlich der Eröffnung des Ermittlungsverfahrens (EGMR 15.7.1982 – 8130/78 Rn. 73, EuGRZ 1983, 371 – Eckle; EGMR (GK) 29.6.2007 – 15809/02 u. 25624/02 Rn. 35, NJW 2008, 3549 – O'Halloran u. Francis), über das Bestehen eines Strafverdachts (EGMR 27.2.1980 – 6903/75 Rn. 46, EuGRZ 1980, 667 – Deweer; EGMR 15.7.1982 – 8130/78 Rn. 73, EuGRZ 1983, 371 – Eckle). Der förmlichen Verfahrenseinleitung oder offiziellen Benachrichtigung steht die **sonstige Kenntniserlangung** aus Wahrnehmung oder Wirkung von Verfahrenshandlungen gleich, die impliziert, dass gegen den Betroffenen wegen einer Straftat ermittelt wird, soweit sie ihn ähnlich nachhaltig in seiner Rechtsposition beeinträchtigt (EGMR 21.2.1984 – 8544/79 Rn. 55, NJW 1985, 1273 – Öztürk; EGMR 15.7.1982 – 8130/78 Rn. 73, EuGRZ 1983, 371 – Eckle; EGMR 27.2.1980 – 6903/75 Rn. 42, 46, EuGRZ 1980, 667 – Deweer).

45 Eine **Anklage** iSd Art. 6 EMRK liegt deshalb bereits dann vor, wenn bestimmte Maßnahmen konkludent eine strafrechtliche Beschuldigung ausdrücken und einen **vergleichbaren Effekt** auf die (verfahrensspezifische) Situation des Betroffenen (als Beschuldigter) haben (EGMR 10.12.1982 – 7604/76, 7719/76, 7781/77 u. 7913/77 Rn. 54, NJW 1986, 647 – Foti ua; EGMR 17.12.1996 – 19187/91 Rn. 67, 74, ÖJZ 1998, 32 – Saunders; EGMR 19.2.2009 – 16404/03 Rn. 57 – Shabelnik; zum Beschuldigtenstatus auch *Gerson* S. 68 ff.). Dies kann zB durch Verhaftung, Durchsuchungsbeschluss oder Beschlagnahmeverfügung geschehen (EGMR 15.7.1982 – 8130/78 Rn. 75, EuGRZ 1983, 371 – Eckle; EGMR (GK) 29.6.2007 – 15809/02 u. 25624/02 Rn. 35, NJW 2008, 3549 – O'Halloran u.

Francis). Auch Straßensperren und Fahrzeugkontrollen können Betroffene in eine solche Situation bringen, wenn sich bei der Durchführung Verdachtsmomente ergeben, die sie sogleich zum Objekt weiterer, gezielter Nachforschungen machen (EGMR 18.2.2010 – 39660/02 Rn. 42 – Zaichenko). Der **Beschuldigtenstatus** setzt auch dann ein, wenn der Betroffene unter einem Vorwand in anderer Sache (EGMR 3.11.2011 – 12793/03 – Balitskiy) oder als Zeuge (EGMR 31.5.2011 – 5829/04, NJW 2012, 3422 – Khodorkovskiy) geladen wurde, um ihm trotz bestehender Verdachtsmomente Verfahrensrechte (Schweigerecht, Recht auf Anwalt) vorenthalten zu können bzw. ihn zu überrumpeln (kein Verstoß bei freiwilliger Meldung als Zeuge, EGMR 31.10.2013 – 23180/06 – Bandaletov). Rein behördeninterne Maßnahmen genügen nicht (*Grabenwarter/Pabel* EMRK § 24 Rn. 25). Das Einsetzen der Schutzwirkung fällt nicht notwendigerweise mit dem Beginn des Beschuldigtenstatus nach deutschem Recht zusammen. Die gemischt subjektiv-objektive Beschuldigtentheorie (BGHSt 38, 214 (228); *Diemer* in KK-StPO StPO § 136 Rn. 4) kommt der EGMR-Rechtsprechung aber recht nahe. Ob das zusätzliche Erfordernis der wesentlichen Auswirkung zu stärkeren Restriktionen führt oder sich nicht fast zwangsläufig aus der jeweiligen Ermittlungsmaßnahme ergibt, ist nicht abschließend geklärt. Mit Blick auf den Schutzzweck der EMRK sollte es jedenfalls nicht zu streng gehandhabt werden.

Die strafrechtlichen Verfahrensgarantien des Art. 6 EMRK beanspruchen schon **46** im **Ermittlungsverfahren** Beachtung (EGMR 6.6.2000 – 28135/95 Rn. 41 – Magee; *Ambos* ZStW 115 (2003), 583 (595 ff.)). Art und Maß der Gewährung sind allerdings durch die besonderen Umstände des Einzelfalls, die Verfahrensart und den jeweiligen Schutzgehalt des Verfahrensrechts bedingt (EGMR 8.2.1996 – 18731/91 Rn. 62, ÖJZ 1996, 627 – John Murray). Die Vertragsstaaten genießen eine gewisse Flexibilität, zu welchem Zeitpunkt und innerhalb welchen Verfahrensschritts sie die Beachtung der Verfahrensgarantien im Einklang mit ihrem nationalen Verfahrensmodell gewährleisten wollen. Die einzelnen Garantien sind aber jedenfalls dann zwingend frühzeitig im Ermittlungsverfahren zu beachten, wenn die Fairness des späteren Prozesses bei ihrer jeweiligen Nichtbeachtung ernsthaft in Frage gestellt würde (*seriously prejudiced,* EGMR 24.11.1993 – 13972/88 Rn. 36, ÖJZ 1994, 517 – Imbrioscia); zB weil der Beschuldigte kaum korrigierbare Nachteile mit Blick auf eine spätere Hauptverhandlung zu erleiden droht (EGMR 26.10.1984 – 9186/80 Rn. 32, EuGRZ 1985, 407 – De Cubber).

Der Schutz des fairen Verfahrens gilt **bis zum Eintritt der Rechtskraft; 47** ggf. bis zum Abschluss des Rechtsmittelverfahrens (EGMR (GK) 26.7.2002 – 32911/96, 35237/97 u. 34595/97 Rn. 40, ÖJZ 2003, 732 – Meftah ua). Einbezogen sind auch spezielle **Strafzumessungsverfahren,** die einzelne Verfahrensordnungen vorsehen (EGMR 15.7.1982 – 8130/78 Rn. 76 f., EuGRZ 1983, 371 – Eckle; EGMR 5.7.2001 – 41087/98 Rn. 39 – Phillips).

C. Art. 6 Abs. 1 EMRK

I. Einzelrechte

Absatz 1 enthält allgemeine Verfahrensgarantien, die für den gesamten sach- **48** lichen Anwendungsbereich von Art. 6 EMRK gelten und über verbindliche Mindeststandards sicherstellen sollen, dass der Betroffene **nicht zum Objekt des Verfahrens** degradiert und staatlicher Willkür ausgesetzt wird. Auf diese Garantie kann sich jedermann einschließlich Personenvereinigungen und juristischer Personen berufen (*Peukert* in Frowein/Peukert EMRK Art. 6 Rn. 6; *Esser* in Löwe/Rosenberg EMRK Art. 6 Rn. 23).

49 **1. Recht auf Verhandlung der Rechtssache durch ein auf Gesetz beruhendes, unabhängiges und unparteiisches Gericht.** Verbrieft wird an erster Stelle das Recht auf Verhandlung der Rechtssache durch ein auf Gesetz beruhendes, unabhängiges und unparteiisches Gericht (EGMR 21.2.1997 – 4451/70 Rn. 34f., EuGRZ 1975, 91 – Golder). Es statuiert zugleich eine rechtsstaatliche **Organisationsgarantie des Staates,** eine Gerichtsorganisation auf gesetzlicher Grundlage einschließlich Regelungen zur Zusammensetzung des Gerichts und seiner Zuständigkeiten zu schaffen (*Meyer-Ladewig/Harrendorf/König* in HK-EMRK Art. 6 Rn. 31; *Grabenwarter/Pabel* EMRK § 24 Rn. 30f.) und die Erfüllung bestimmter Mindestanforderungen beim Entscheidungskörper zu verbürgen.

50 a) **Auf Gesetz beruhend.** Die Konventionsstaaten sind verpflichtet, Gerichte durch **Parlamentsgesetz** einzurichten (EGMR 12.7.2007 – 74613/01 Rn. 64 – Jorgic; *Peters/Altwicker* EMRK § 19 Rn. 22; BVerfG 2 BvR 780/16 Rn. 71ff. zu den Anforderungen eines auf Gesetz beruhenden unabhängigen Gerichts). Dieses rechtsstaatliche Erfordernis soll vor willkürlicher Prozessführung und Machtmissbrauch schützen. Das Gesetzlichkeitserfordernis schließt die ad hoc-Errichtung von Ausnahmetribunalen aus, lässt eine Fach- oder Militärgerichtsbarkeit aber ohne Weiteres zu. Der **Gerichtsbegriff** wird nicht einheitlich verwendet. Er ist autonom gegenüber dem nationalen Recht (und dessen Bezeichnungen) in einem materiellen Sinn als ein justizförmiger, unabhängiger und unparteiischer Spruchkörper zu verstehen, der auf der Grundlage des Rechts in einem gesetzlich geregelten Verfahren rechtliche Streitigkeiten entscheidet (EGMR 22.6.2000 – 32492/96 Rn. 99 – Coëme; *Meyer-Ladewig/Harrendorf/König* in HK-EMRK Art. 6 Rn. 68).

51 Zu einer rechtsförmigen Errichtung gehört, dass die **Zuständigkeiten** der Gerichte allgemein und hinreichend klar bestimmt sind (EGMR 22.6.2000 – 32492/96 Rn. 99, 107f. – Coëme). Persönliche Einzelfallzuweisungen durch den Gerichtspräsidenten sind unzulässig (EGMR 5.10.2010 – 19334/03 Rn. 64ff. – DMD Group). Die richtige Anwendung der gesetzlichen Grundlagen bei der Zuständigkeitsentscheidung überprüft der EGMR nicht. Relevant für Art. 6 EMRK wird eine solche Entscheidung erst dann, wenn sie das nationale Recht offensichtlich oder willkürlich verletzt. Auch das **Verfahren** vor den Gerichten muss gesetzlich geregelt sein (EGMR 22.6.2000 – 32492/96 Rn. 96ff. – Coëme). Die Festlegung der anwendbaren Verfahrensregeln darf nicht dem Ermessen der Justizorgane überlassen werden (EGMR 9.1.2013 – 21722/11 Rn. 143 – Oleksandr Volkov). Der parlamentarische Gesetzgeber ist verpflichtet, für einen hinreichenden prozessrechtlichen Rahmen zu sorgen. Hierzu gehört auch die Festlegung von Verjährungsfristen. Der EMRK lassen sich zwar keine genauen Grenzen entnehmen, doch verletzt ein gänzliches Fehlen den Fairnessgrundsatz (EGMR 9.1.2013 – 21722/11 Rn. 137 – Oleksandr Volkov: bei der Fixierung der Fristen können Fairness und Rechtssicherheit in ein Spannungsverhältnis zu opferbezogenen Schutzpflichten geraten; zur Spruchpraxis *Staffler* in Abraham ua S. 53 (61ff. mwN)).

52 Keine Vorgaben macht der EGMR den Vertragsstaaten aus Rücksicht auf nationale Besonderheiten für die **Zusammensetzung der Spruchkörper.** Er verlangt keine ausschließliche Besetzung mit Berufsrichtern und lässt eine Beteiligung von Laien oder Angehörigen besonderer Berufsgruppen in Spezial- und Fachgerichten zu. Zurückhaltung übt der EGMR auch gegenüber den verschiedenen Modi der Richterbestellung und -wahl. Auswahl, Ernennung und Zusammensetzung müssen jedoch **gesetzlich reglementiert** sein, im konkreten Fall den gesetzlichen Vorgaben entsprechen (zB Vorgaben zum Eintritt des Ergänzungsrichters, BGH 8.3.2016 – 3 StR 544/15; jüngst zum polnischen Verfassungsgericht, EGMR 7.5.2021 – 4907/18 – Xero Flor w Polsce s z.z.o.) und Interessenkonflikte vermeiden (EGMR (GK) 1.12.2020 – 26374/18 – Guðmundur Andri Ástráðsson; EGMR 28.11.2002 – 58442/00 Rn. 114 – Lavents; EGMR 27.10.2009 – 30323/02 – Pandjikidze ua; die Ersetzung von Richtern ohne Begründung oder aufgrund gesetzlich nicht geregelter Gründe ist unzulässig, EGMR 3.5.2011 – 30024/02 – Sutyagin; EGMR 31.5.2011 – 59000/08 – Kontalexis; *Meyer-Ladewig/Harrendorf/König* in HK-EMRK Art. 6 Rn. 71, 75). Die Festlegung der Zusammensetzung durch die Exekutive oder im Ermessen der Justizorgane ist konventionswidrig (EGMR 25.10.2011 – 54809/07 Rn. 42, 44 – Richert; EGMR 9.1.2013 – 21722/11 Rn. 154f. – Oleksandr Volkov; EGMR (GK) 1.12.2020 – 26374/18 – Guðmundur Andri Ástráðsson: keine vom Regelverfahren abweichende gubernative Opportunität). Ernennungen durch politische Gremien sind aber nicht grds. unvereinbar mit der EMRK, soweit sie gesetzlich fixiert sind.

Dieses elementare rechtsstaatliche Element ist unabhängig von den Auswirkungen auf den konkreten Fall zu schützen. Um zur Konventionswidrigkeit der Teilnahme eines Richters zu führen, müssen Rechtsverletzungen bei Auswahl und Besetzung aber objektiv eindeutig *(manifest)* sein, den Schutzzweck der Garantie *(essence)* betreffen und keiner effektiven gerichtlichen Kontrolle unterlegen haben (EGMR (GK) 1.12.2020 – 26374/18 Rn. 244ff. – Guðmundur Andri Ástráðsson). Dazu muss eine Vorschrift betroffen sein, deren Verletzung bei teleologisch-rechtsstaatlicher Betrachtung die Fähigkeit zu unparteiischem und unbeeinflusstem Richten in Frage stellt.

Einflussnahmen auf die Besetzung berühren auch die Unabhängigkeit und Unparteilichkeit des Spruchkörpers, da objektiv nicht erkennbar ist, ob dieser gegen Einflussnahmen von außen noch hinreichend geschützt ist. Umgekehrt verbürgt die Einhaltung der nationalen Besetzungsverfahren nicht die Unabhängigkeit und Unparteilichkeit des Spruchkörpers. Das nationale Verfahren kann als solches Unabhängigkeit und Unparteilichkeit beeinträchtigen.

b) Unabhängiges und unparteiisches Gericht. Die Konventionsstaaten sind 53 verpflichtet, zur Erhaltung des **öffentlichen Vertrauens in die Justiz** zu garantieren, dass die Mitglieder gerichtlicher Spruchkörper **unabhängig** (dazu *Peukert* in Frowein/Peukert EMRK Art. 6 Rn. 205ff.; Recommendation CM/Rec(2012)12 of the Committee of Ministers to member States on judges: independence, efficiency and responsibilities, adopted by the Committee of Ministers on 17 November 2010; Council of Europe Plan of Action on strengthening judicial independence and impartiality, adopted by the Committee of Ministers at the 1253rd meeting of the Ministers' Deputies, on 13 April 2016, CM(2016)36 final; Esser Impartiality S. 89ff.), dh (grundsätzlich) unabsetzbar, unversetzbar, weisungsfrei und gegen Einflussnahme von außen, insbes. durch Exekutive oder Parteien, geschützt sind (EGMR 1.10.1982 – 8692/79 Rn. 27, EuGRZ 1985, 301 – Piersack; EGMR 2.9.1998 – 27061/95 Rn. 56 – Kadubec; *Meyer-Ladewig/Harrendorf/König* in HK-EMRK Art. 6 Rn. 68) und für eine bestimmte, feste Mindestdauer amtieren (EGMR 23.6.1981 – 6878/75 u. 7238/75 Rn. 55, NJW 1982, 2714 – Le Compte ua) sowie **unparteiisch sind,** dh weder in objektiver noch in subjektiver Hinsicht eine Befangenheit besorgen lassen (EGMR 24.2.1993 – 14396/88 Rn. 28, ÖJZ 1993, 394 – Fey; EGMR 6.6.2000 – 34130/96 Rn. 40ff. – Morel; EGMR (GK) 15.12.2005 – 73797/01 Rn. 118 – Kyprianou; EGMR (GK) 25.9.2018 – 76639/11 Rn. 61 ff. – Denisov; zu Jury-Verfahren *Jacobs/White/Ovey* S. 294 f.; das Erfordernis gilt nicht für Staatsanwaltschaft oder sonstige beteiligte Behörden; EGMR 31.5.2011 – 59000/08 Rn. 57 – Kontalexis). Für die Wirksamkeit dieser Justizgarantie ist es unerlässlich, dass andere staatliche Organe Gerichtsentscheidungen achten und umsetzen.

Um Unabhängigkeit und Unparteilichkeit zu sichern, müssen die **Auswahlverfahren** in einem rechtlich klar regulierten Prozess erfolgen, an juristischer Qualifikation ausgerichtet sein und Schutz gegen unzulässige Einflussnahme anderer Gewalten bieten (EGMR (GK) 1.12.2020 – 26374/18 – Guðmundur Andri Ástráðsson). Auch Dauer, Besoldung und Altersversorgungen sind Faktoren, die gegen unzulässige exekutive Intervention abschirmen bzw. umgekehrt Einfallstore für Einflussnahme sind. Unabhängigkeit verlangt nach **Entscheidungsautonomie** (EuGH 27.2.2018 – C-64/16 Rn. 44 – Associação Sindical dos Juízes Portugueses). Diese setzt finanzielle Unabhängigkeit durch adäquate Anstellungsdauer (ohne dass der EGMR konkrete Vorgaben macht) und amtsangemessene Besoldung voraus. Moderate allgemeine Gehaltskürzungen, die der Eindämmung nationaler Haushaltsdefizite dienen, sind, anders als gezielte disziplinierende Streichungen, mit der Unabhängigkeitsgarantie vereinbar (EuGH 27.2.2018 – C-64/16 Rn. 47, 49 – Associação Sindical dos Juízes Portugueses).

54 Militär- oder Sondergerichte sind mit der EMRK nicht unvereinbar (*Meyer-Ladewig/Harrendorf/König* in HK-EMRK Art. 6 Rn. 72). Ihre Unabhängigkeit ist aber besonderen Zweifeln ausgesetzt, soweit Richter der dienstlichen Aufsicht durch die Armee unterstehen und durch diese auch ernannt werden (EGMR 25.2.1997 – 22107/93 Rn. 36 ff. – Findlay; EGMR 17.7.2001 – 29900/96 ua Rn. 32 ff. – Sadak ua; EGMR (GK) 9.6.1998 – 22678/93 Rn. 37 ff. – Incal; EGMR 28.10.1998 – 19601/92 Rn. 65 ff. – Ciraklar). Bei **Schiedsgerichten** kann eine **große Nähe zu den Parteien oder Gründungsorganisationen Zweifel** aufwerfen (zur Unabhängigkeit des CAS EGMR 2.10.2018 – 40575/10 u. 67474/10 Rn. 138 ff. – Mutu u. Pechstein).

55 Auch der **äußerliche Anschein der Unabhängigkeit** muss gewahrt sein (*Meyer-Ladewig/Harrendorf/König* in HK-EMRK Art. 6 Rn. 70; zB EGMR (GK) 7.6.2001 – 39594/98 Rn. 77 ff. – Kress; mwN *Peukert* in Frowein/Peukert EMRK Art. 6 Rn. 216). Die Unabhängigkeit des Gerichts schafft die Grundlage für eine **Vermutung der Unparteilichkeit** zu dessen Gunsten (*Peukert* in Frowein/Peukert EMRK Art. 6 Rn. 213). Diese Vermutung kann aus objektiven und subjektiven Gründen entfallen.

56 **Unparteilichkeit** impliziert, dass ein Gericht objektiv und unvoreingenommen ohne Bevorzugung einer Partei auf der Basis der Sachverhaltsfeststellungen urteilt (EGMR (GK) 25.9.2018 – 76639/11 Rn. 61 ff. – Denisov; EGMR (GK) 6.11.2018 – 55391/13 ua Rn. 145 ff. – Ramos Nunes de Carvalho e Sá). Der EGMR unterzieht sie einem **subjektiven** und einem **objektiven Test.**

In **subjektiver Hinsicht** können feindselige oder vorverurteilende **Äußerungen** und die persönliche Einstellung der Richter gegenüber einer Partei eine subjektiver Befangenheit begründen (EGMR 28.11.2002 – 58442/00 Rn. 118 – Lavents). Auch das **Verhalten des Gerichts während des Verfahrens** kann für objektive Betrachter Zweifel an der Unparteilichkeit begründen (vgl. EGMR (GK) 15.12.2005 – 73797/01 Rn. 130, NJW 2006, 2901 – Kyprianou). Die Verhängung von Ordnungsmitteln ruft im Regelfall jedoch keine derartigen Zweifel hervor (zu § 178 GVG in diesem Zusammenhang *Kissel* NJW 2007, 1109 (1112)).

Bis zum Beweis des Gegenteils wird die **subjektive Unparteilichkeit vermutet** (EGMR (GK) 15.12.2005 – 73797/01 Rn. 119, NJW 2006, 2901 – Kyprianou; EGMR 10.8.2006 – 75737/01 Rn. 39, NJW 2007, 3553 – Schwarzenberger). Dieser Nachweis kann sich schwer gestalten und mit objektiven Erwägungen vermischen. Witze und abfällige Bemerkungen über gesellschaftliche Gruppen, denen der Betroffene zugehörig ist, oder Verlautbarungen der eigenen Überzeugung können ebenso wie kritische Kommentare zum Verfahren genügen. Gerichte sollen bei Erklärungen gegenüber der Presse auch bei Provokationen besondere Zurückhaltung wahren (EGMR 16.9.1999 – 29569/95 Rn. 67f. – Buscemi; EGMR 28.11.2002 – 58442/00 Rn. 117f. – Lavents). Öffentliche Kampagnen von nicht verfahrensbeteiligten staatlichen Autoritäten betreffen die Unparteilichkeit des Gerichts nicht, können aber die Unschuldsvermutung verletzen (→ Rn. 184f.).

Zur Prüfung der **objektiven Unparteilichkeit** wird unabhängig von konkre- **57** ten subjektiven Beziehungen und der subjektiven Perspektive der Beteiligten danach gefragt, ob **strukturelle** oder **funktionale Gründe,** vor allem infolge etwaiger Involviertheit von Gerichtsmitgliedern in anderer verfahrensrechtlicher Rolle im Vorfeld oder im weiteren Zusammenhang des Verfahrens (EGMR (GK) 15.10.2009 – 17056/06 Rn. 97 – Micallef; EGMR 26.10.1984 – 9186/80 Rn. 24ff., EuGRZ 1985, 407 – De Cubber; EGMR 6.6.2000 – 34130/96 Rn. 45 – Morel; *Peukert* in Frowein/Peukert EMRK Art. 6 Rn. 218ff.; zur Aushändigung des wesentlichen Ermittlungsergebnisses an Schöffen im Selbstleseverfahren, EGMR 12.6.2008 – 26771/03, NJW 2009, 2871 – Elezi; vgl. dazu BGHSt 13, 73; 43, 36 (39)) oder aufgrund der Zusammensetzung des Gerichts, **objektiv** den **Anschein** erwecken, ein Richter könnte sich schon abschließend eine Meinung über den Fall gebildet haben (eine etwaige subjektive Besorgnis ist nicht entscheidend; sie muss objektiv gerechtfertigt sein; EGMR 6.6.2000 – 34130/96 Rn. 42 – Morel; EGMR 21.12.2000 – 33958/96 Rn. 44 – Wettstein). Auch hierdurch könnte das Vertrauen in die Justiz Schaden nehmen.

An der Unparteilichkeit fehlt es insbes., wenn Entscheidungsträger an der angegriffenen **Ausgangsentscheidung** mitgewirkt (EGMR 1.10.1982 – 8692/79 Rn. 31, EuGRZ 1985, 301 – Piersack; EGMR 28.3.2017 – 45729/05 Rn. 35 – Sturua: teilweise personelle Identität von erster und Rechtsmittelinstanz) oder sukzessive (verschiedene) ermittelnde und justizielle Funktionen bezüglich desselben Betroffenen wahrgenommen haben (EGMR 2.3.2010 – 54729/00 – Adamkiewicz; EGMR 22.4.2010 – 40984/07 – Fatullayev). Dass ein Richter Berichterstatter im vorherigen Verfahren gegen Mittäter war, begründet noch keine Parteilichkeit; wohl aber, wenn dessen Urteil Bezugnahmen auf die angeklagte Person enthielt und gemeinsamen Tatplan, Tatmotiv und Tatausführung rechtlich bewertend ausdrücklich festgestellt hatte (EGMR 16.2.2021 – 1128/17 Rn. 52, 59ff. – Meng; sa EGMR 7.8.1996 – 19874/92 Rn. 59 – Ferrantelli). Zur Abklärung objektiver Zweifelsmomente unterzieht der EGMR die Urteilsgründe einer genauen Analyse auf vorweggenommene Schuldzuweisungen. Auch eine Rollenvermischung im Verfahren gefährdet die Unparteilichkeit (EGMR 18.5.2010 – 64962/01 Rn. 54 – Ozerov: Gericht verhandelt ohne Staatsanwalt und nimmt Funktionen der Anklage wahr).

Nicht jede Form der **Vorbefassung** schließt Richter aus (EGMR 24.5.1989 – **58** 10486/83 Rn. 48ff. – Hauschildt; EGMR 24.2.1993 – 14396/88 Rn. 28, 30ff., ÖJZ 1993, 394 – Fey; EGMR 28.10.1998 – 28194/95 Rn. 45ff. – Castillo Algar).

Die Ausführung nur einzelner Ermittlungshandlungen genügt zB nicht (EGMR 22.2.1996 – 17358/90 Rn. 34, ÖJZ 1996, 430 – Bulut). Unschädlich ist ebenfalls, wenn derselbe Richter in zwei unabhängigen Verfahren über den Betroffenen zu urteilen hat (EGMR 4.2.2020 – 60858/15 Rn. 64 – Alexandru Marian Iancu), solange sich dabei keine Voreingenommenheit einstellt. Dabei kann es eine Rolle spielen, ob es sich um einen Berufs- oder Laienrichter handelt (EGMR 28.6.2011 – 20197/03 Rn. 120 – Miminoshvili). Dass ein Richter eigeninitiativ wegen Vorbefassung in den Ausstand treten will, kann ein Indiz sein, aber nicht als Beweis für objektive Parteilichkeit gewertet werden.

Es bedarf präziser Herausarbeitung, auf welche Weise Richter involviert waren und inwiefern diese vorherige Befassung mit bestimmten rechtlichen und tatsächlichen Aspekten des anhängigen Falles zumindest den äußeren Schein der Parteilichkeit zu wecken vermag. Bei Schlüssigkeitsprüfungen oder verdachtsbasierten Entscheidungen (zB Verhängung von U-Haft) ohne evidente Bewertungsfehler kommt dies eher nicht in Betracht (*Meyer-Ladewig/Harrendorf/König* in HK-EMRK Art. 6 Rn. 82, 86; EGMR 23.3.1994 – 14220/88 Rn. 34, ÖJZ 1994, 706 – Ravnsborg; siehe aber auch EGMR 7.6.2005 – 64935/01 Rn. 67 – Chmelir).

59 Objektive Zweifel begründen auch **persönliche oder berufliche Beziehungen** zwischen Richtern und einer Verfahrenspartei, die den Anschein der positiven oder negativen Parteinahme erwecken (EGMR 4.6.2019 – 39757/15 Rn. 61 – Sigurður Einarsson ua: Richter war Vater eines leitenden Angestellten der Bank, in der und zu dessen Nachteil die Angeklagten Transaktionen vorgenommen hatten und die zivilrechtlich gegen Angeklagte vorgegangen war; EGMR (GK) 15.10.2009 – 17056/06 Rn. 102 – Micallef: Verwandtschaft zwischen Richter und Anwalt einer Partei). In diesen Zusammenhang gehören auch **hierarchische Weisungsbefugnisse** (Militärjustiz, Sicherheitsgerichte) und Disziplinargewalt gegenüber Richtern oder parallele Ausübung justizieller und exekuter Funktionen. Strukturelle objektive Zweifel können zudem Prozeduren zu Austausch, Abberufung oder Ergänzung von Richtern begründen. Familiäre Beziehungen zwischen Mitgliedern mehrerer befasster Spruchkörper allein reichen dafür nicht (EGMR 3.10.2019 – 55225/14 Rn. 59ff. – Pastörs).

60 Das Recht auf ein unabhängiges und unparteiisches Gericht ist **verzichtbar**. Etwaige Verstöße können durch ein unabhängiges und unparteiisches Rechtsmittelgericht **geheilt** werden, soweit dieses vollumfänglich zu einer neuen Prüfung berechtigt ist (EGMR 16.12.1992 – 13071/87, ÖJZ 1993, 391 – Edwards; EGMR 15.12.2005 – 73797/01 Rn. 134, NJW 2006, 2901 – Kyprianou; EGMR 6.1.2010 – 74181/01 Rn. 131 – Vera Fernandez-Huidobro); und zwar bei Zivil- und Strafverfahren (*Meyer-Ladewig/Harrendorf/König* in HK-EMRK Art. 6 Rn. 89). Dabei ist wichtig, dass diese Prüfung erkennen lässt, nicht an andere Entscheide gebunden zu sein.

61 **c) Wirksamer Zugang zu Gericht mit effektiver Überprüfungsbefugnis.** Der Zugang zu einem Gericht muss effektiv ausgestaltet werden, um den Anspruch der *rule of law* als fundamentales Rechtsprinzip wirksam werden zu lassen (EGMR 21.2.1975 – 4451/70 Rn. 34f., EuGRZ 1979, 91 – Golder); vorausgesetzt der Streitgegenstand unterfällt potenziell der Gerichtsbarkeit des betroffenen Staates. Er dient der prozessualen Sicherung subjektiver Rechte (*Diggelmann/Altwicker* DÖV 2012, 781 (782)). Das Gericht muss dazu mit hinreichenden **Prüfungsbefugnissen zu Rechts- und Tatsachenfragen** und Aufhebungsbefugnis ausgestattet werden, um über den Streitfall in vollem Umfang entscheiden zu können

Recht auf ein faires Verfahren **Art. 6 EMRK**

(EGMR 21.9.1993 – 12235/86 Rn. 38, ÖJZ 1993, 782 – Zumtobel; EGMR 7.11.2002 – 37571/97 Rn. 70 – Veeber; *Peukert* in Frowein/Peukert EMRK Art. 6 Rn. 58 ff., insbes. Rn. 75). Einen Anspruch auf eine bestimmte Form der Entscheidung, zB einen Freispruch anstelle einer Einstellung, oder eine bestimmte Verfahrensart (EGMR 25.6.2019 – 41720/13 Rn. 198 – Nicolae Virgiliu Tănase: Einstellung von Strafverfahren ohne Adhäsionsentscheidung verletzt Zugangsrecht nicht, wenn Zivilrechtsweg für Ersatzansprüche effektiv zur Verfügung steht) vermittelt Art. 6 EMRK nicht (*Peukert* in Frowein/Peukert EMRK Art. 6 Rn. 88).

Effektiver Zugang fordert nicht nur eine hinreichende Anhörung durch ein Gericht in einem laufenden Verfahren, sondern (implizit) wirksamen Zugang überhaupt (EGMR 6.12.2001 – 41727/98 Rn. 26 – Yagtzilar ua). Hieraus resultiert ein **Teilrecht auf Anhängigmachung** des Streitfalls vor einem Gericht. Es darf deshalb zB kein verwaltungsstrafrechtliches Verfahren ohne die Möglichkeit geben, die Rechtmäßigkeit der behördlichen Entscheidung in vollem Umfang durch Einlegung eines Rechtsmittels gerichtlich überprüfen zu lassen (*Peukert* in Frowein/Peukert EMRK Art. 6 Rn. 89 f.; für eine Stärkung von Art. 6 EMRK schon im Verwaltungsverfahren, *Wildhaber* FS Jaeger, 2011, 823 (830 f.)). Unzulässig ist auch der Ausschluss jeglicher Überprüfung von mitgliedstaatlichen **Individualsanktionen** *(targeted sanctions)*, auch wenn sie UN-Sicherheitsratsresolutionen umsetzen und Staaten dadurch in einen Konflikt mit ihren Pflichten aus der UN-Charta (Kap. VII) geraten können (EGMR 26.11.2013 – 5809/08 – Al-Dulimi). Zumindest eine Willkürkontrolle sei als Teil des europäischen *ordre public* zum Schutz der EMRK als autonomer Rechtsordnung zu garantieren (EGMR (GK) 21.6.2016 – 5809/08 Rn. 145 f., 150 – Al-Dulimi u. Montana Management Inc.), wobei ihre Durchführung Probleme bereiten kann, wenn der Sicherheitsrat keinen Einblick in seine Akten und Entscheidungsverfahren gewährt.

Art. 6 Abs. 1 EMRK gewährt **kein Recht auf eine zweite Instanz** (*Peukert* in 62 Frowein/Peukert EMRK Art. 6 Rn. 93; in Strafsachen garantiert Art. 2 des 7. EMRKProt ein Rechtsmittel in Strafsachen, das von Deutschland jedoch bislang nicht ratifiziert wurde). Die generelle Versagung eines Rechtsmittels berührt das Zugangsrecht nicht. Wird ein Rechtsmittel gewährt, muss es jedoch Art. 6 EMRK genügen (EGMR 17.1.1970 – 2689/65 – Delcourt; EGMR 25.7.2002 – 54210/00 Rn. 90 ff. – Papon). Eine willkürliche **Nichtvorlage an den EuGH** nach Art. 267 AEUV kann gegen das Recht auf ein faires Verfahren verstoßen (*Ehlers* in Ehlers GuG § 2 Rn. 36; EGMR 25.1.2000 – 44861/98 – Moosbrugger; EGMR 24.8.1999 – 35673/97, 35674/97, 36082/97 u. 37579/97 – Schweighofer ua; EGMR 4.10.2001 – 60350/00 – Canela Santiago; EGMR 13.6.2002 – 43454/98, ÖJZ 2003, 659 – Bakker; EGMR 13.2.2007 – 15073/03, EuGRZ 2008, 274 – John; EGMR 24.4.2018 – 55385/14 Rn. 39 f., 46 – Baydar). Die Konvention gibt aber kein grundsätzliches Recht auf Vorlage an den EuGH. Es sei vorrangig Aufgabe der staatlichen Gerichte, das nationale Recht zur Prüfung einer Vorlagepflicht auszulegen und anzuwenden. Die Aufgabe des EGMR beschränkt sich auf die Prüfung, ob das nationale Gericht die Ablehnung einer beantragten Vorlage begründet hat (EGMR 8.7.2014 – 17120/09 Rn. 31, 33 – Dhahbi) und ob die Auswirkungen einer Entscheidung mit der Konvention vereinbar sind (EGMR 8.12.2009 – 54193/07, NJW 2010, 3207 – Herma; EGMR (GK) 18.2.1999 – 26083/94 Rn. 54, NJW 1999, 1173 – Waite u. Kennedy). Zuletzt hat der EGMR die Individualbeschwerde gegen rechtsverkürzende Nichtvorlagen insoweit jedoch erleichtert, wenn das Verfahren Rechte betrifft, die auch von der EMRK geschützt sind. Damit im EU-Rechtssystem äquivalenter Rechtsschutz iSd

EMRK Art. 6   Rechte und Freiheiten der Konvention

Bosphorus-Rspr. gegen EU-induzierte Rechtshandlungen geleistet werden kann, müssen die Mitgliedstaaten eine Überprüfung auf Unionsebene durch Vorlage eröffnen, soweit die betreffende konventionsrechtliche Rechtsfrage (im Zusammenhang mit gleichlautenden Unionsrechten) nicht bereits klar und abschließend im Unionssystem ausjudiziert ist und daher auch von mitgliedstaatlichen Gerichten ohne Rechtsschutzverkürzung adäquat beantwortet werden konnte. Der EGMR prüft dies als Vorfrage seiner eigenen Jurisdiktionsgewalt konkret nach (EGMR 6.12.2012 – 12323/11 Rn. 105 ff., NJW 2013, 3423 – Michaud).

63   Das **Recht auf Zugang** zu einem Gericht ist **nicht absolut**. Es ist **unter** Beachtung von **drei Voraussetzungen beschränkbar** (*Meyer-Ladewig/Harrendorf/König* in HK-EMRK Art. 6 Rn. 36; ausf. *Peukert* in Frowein/Peukert EMRK Art. 6 Rn. 45 ff., 64 ff.), wobei der EGMR den Vertragsstaaten erhebliche Gestaltungsspielraum einräumt, solange es nicht zum faktischen Ausschluss des Rechts kommt. Die Beschränkung muss einem legitimen Ziel dienen, die Verhältnismäßigkeit zwischen eingesetztem Mittel und Ziel wahren und den Wesensgehalt *(very essence)* des Rechts als Schranken-Schranke unangetastet lassen (EGMR 28.5.1985 – 8225/78 Rn. 57, NJW 1986, 2173 – Ashingdane; EGMR 8.7.1986 – 9006/80 Rn. 194, EuGRZ 1988, 350 – Lithgow; EGMR (GK) 15.3.2018 – 51357/07 Rn. 114 – Naït-Liman). Die Voraussetzung des legitimen Ziels wird vom EGMR großzügig gehandhabt. Sie ist abhängig von gesellschaftlichen Entwicklungen und nationalen Bedürfnissen und schwankt mit der Zeit und relativ nach Konventionsstaaten (EGMR 21.2.1997 – 4451/70 Rn. 38, EuGRZ 1975, 91 – Golder). Auch reine Praktikabilitätserwägungen können durchgreifen (EGMR 30.10.1998 – 38212/97 Rn. 44 ff. – F.E.). Differenzierungen nach Verfahrensart, Streitgegenstand und Art des Gerichts sind nicht ausgeschlossen. Verfahrensbedingungen können an die Besonderheiten von Tat und Täter(gruppen) angepasst werden, doch sind **Sonderverfahrensordnungen** für bestimmte Deliktsbereiche wie Terrorismus und Organisierte Kriminalität, die grundsätzlich von normalen Strafverfahren in einem Staat abweichen, um Verurteilungen zu erleichtern, schon dem Grundgedanken des Rechts auf ein faires Verfahren unvereinbar (vgl. *Gaede* S. 708 f.).

64   Zu den grundsätzlich zulässigen **Zugangsbeschränkungen** (vgl. *Meyer-Ladewig/Harrendorf/König* in HK-EMRK Art. 6 Rn. 38 ff.) zählen Zulässigkeitsregelungen im nationalen Verfahrensrecht für Klagen und Rechtsmittel wie Statthaftigkeit, Formerfordernisse, (Verjährungs-)Fristen, Anwaltszwang, Vorverfahren (soweit es in angemessener Zeit abgeschlossen wird, EGMR 10.5.2001 – 34619/97 Rn. 90 – Janosevic), Terminierung und Bekanntgabe von Anhörungen und Verhandlungsterminen (zur Zulässigkeit öffentlicher Bekanntmachungen EGMR 21.5.2015 – 53723/13 Rn. 71 ff. – Zavodnik; ungenügende Zustellung, EGMR 3.11.2009 – 18342/03 Rn. 40 ff. – Davran), Verpflichtung zum Bemühen um gütliche Einigung (EGMR 26.3.2015 – 11239/11 Rn. 45, 53 f. – Momčilović), Genehmigung der Prozessführung (EGMR 28.5.1985 – 8225/78 Rn. 59, NJW 1986, 2173 – Ashingdane), Zulassungsverfahren für Rechtsmittel oder räumliche Verlegungen zur Erhaltung der Funktionsfähigkeit der Rechtspflege (EGMR 13.2.2018 – 73590/14 ua Rn. 52 ff. – Tsezar). **Eingriffe** liegen insofern ua in Mängeln bei der Zustellung (EGMR 3.11.2009 – 18342/03 Rn. 40 ff. – Davran) oder Belehrung (EGMR 7.4.2009 – 28426/06 Rn. 43 – Mendel) begründet.

Der EGMR hat zuletzt Zweifel an der Konventionskonformität absoluter (zivilrechtlicher) **Verjährungsfristen** geäußert (EGMR 11.3.2014 – 52067/10 u. 41072/11 Rn. 74, NVwZ 2015, 205 – Howald Moor ua). Das verfolgte Ziel der Rechtssicherheit sei zwar an sich legitim, doch werde Art. 6 Abs. 1 EMRK verletzt,

Recht auf ein faires Verfahren **Art. 6 EMRK**

wenn Verjährungs- oder Verwirkungsfristen nicht berücksichtigten, dass insbes. Spätschäden (bzw. deren Nachweisbarkeit) erst lange nach dem Schadensereignis eintreten können und nicht per se von der Geltendmachung ausgeschlossen sein dürfen.

Die Vertragsstaaten dürfen ferner Regelungen zur Strukturierung der Klagewege und Kanalisierung der Entscheidungsbefugnisse treffen (zu Ausschlüssen der Justiziabilität *Peukert* in Frowein/Peukert EMRK Art. 6 Rn. 79 ff.). Beschränkungen dürfen auch zum Schutz vor Missbrauch gegen erkaufte Klagebefugnis oder Popularklagen eingesetzt werden (EGMR 12.7.2007 – 68490/01 Rn. 57 – Stankov; allg. *Grabenwarter/Struth* in Ehlers GuG § 6 Rn. 42). **Kostentragung und -vorschüsse** sind zulässig, solange sie nicht (bewusst) unangemessen hoch sind und für Betroffene abschreckende Wirkung haben (EGMR 19.6.2001 – 28249/95 Rn. 57 ff., ÖJZ 2002, 693 – Kreuz; *Digglemann/Altwicker* DÖV 2012, 781 (785 f.)); gleiches gilt für Prozesskautionen. Die EMRK verlangt keinen kostenfreien Justizzugang (ausf. zu finanziellen Gerichtszugangsschranken *Digglemann/Altwicker* DÖV 2012, 781 (784)).

Relevant für die Zulässigkeitsbewertung sind nicht nur die objektive Höhe, sondern auch ein etwaiges subjektives Unvermögen zur Leistung. Auch die Erfolgsaussichten dürfen (gerade bei Kautionen) Berücksichtigung finden (EGMR 26.7.2005 – 39199/98 Rn. 65 – Podbielski u. PPU Polpure). Diese Grundsätze gelten auch für juristische Personen (EGMR 10.1.2006 – 48140/99 Rn. 57 – Teltronic-CATV; EGMR 26.7.2005 – 39199/98 Rn. 67 – Podbielski u. PPU Polpure). Die Androhung von **Missbrauchsgebühren** limitiert den Zugang rechtlich nicht, kann aber bei unangemessener Höhe eine unzulässige praktische Beschränkung bewirken (EGMR 22.10.2013 – 20577/05 Rn. 28 – Sace Elektrik Ticaret ve Sanayi A.Ş.).

Im **Rechtsmittelrecht** dürfen besondere Beschränkungen der Prüfungskompetenz und der Zulässigkeit vorgesehen werden (im Einzelnen zu Form- und Fristerfordernissen inkl. Hinweispflichten *Meyer-Ladewig/Harrendorf/König* in HK-EMRK Art. 6 Rn. 64 ff.; *Peukert* in Frowein/Peukert EMRK Art. 6 Rn. 96 ff.; EGMR 19.5.2009 – 18353/03 Rn. 70 – Kulikowski: fehlende Belehrung über neuen Fristbeginn; zum Zustellungsnachweis EGMR 15.9.2016 – 17914/10 Rn. 50, 52 – Johansen). Der **Kern des Zugangsrechts** darf jedoch nicht ausgehöhlt werden (vgl. zB EGMR 25.7.2002 – 54210/00 Rn. 90 ff. – Papon). Die Statthaftigkeit eines Rechtsmittels darf nicht davon abhängig gemacht werden, dass der Verurteilte sich zunächst in Haft begibt (EGMR 14.12.1999 – 34791/97 Rn. 46 – Khalfaoui; EGMR 15.11.2001 – 54210/00 Rn. 100 – Papon (Nr. 2). Ebenfalls unzulässig wäre die Verwerfung eines Rechtsmittels bei Flucht (zur Erzwingung der Anwesenheit EGMR 23.11.1993 – 14032/88 Rn. 38 – Poitrimol; *Meyer* in SK-StPO EMRK Art. 6 Rn. 110). Begründungsanforderungen der Revision sowie de facto auch die Einführung von Verteidigerobliegenheiten durch die Justiz, von deren Beachtung die Zulässigkeit einer Rüge abhängig gemacht wird, sind Zugangsbeschränkungen und müssen an Art. 6 Abs. 1 EMRK gemessen werden. Die immer strengeren Anforderungen, die der BGH rechtsfortbildend stellt (dazu *Roxin/Schünemann* Strafverfahrensrecht § 24 Rn. 30 ff., § 51 Rn. 10 f., § 55 Rn. 47), drohen in den Grenzbereich der Zulässigkeit zu geraten. 65

Einen legitimen Zweck verfolgt auch die Anerkennung von **Immunitäten** internationaler Organisationen, anderer **Staaten** oder des diplomatischen und konsularischen Korps als Prozesshindernis zur Aufrechterhaltung guter zwischenstaatlicher Beziehungen innerhalb der allgemeinen Regeln des Völkerrechts (EGMR 66

(GK) 18.2.1999 – 26083/94 Rn. 59ff., NJW 1999, 1173 – Waite u. Kennedy; EGMR 21.11.2001 – 35763/97 Rn. 53ff., EuGRZ 2002, 403 – Al-Adsani; *Esser* in Löwe/Rosenberg EMRK Art. 6 Rn. 118; allg. *Kreicker* JR 2015, 298; *Kloth* S. 21ff.). Zur Wahrung der Arbeitsfähigkeit des Parlaments und seiner Unabhängigkeit als Institution (auch zum Schutz vor Willkür der Mehrheit gegenüber der Opposition) ist die Immunität von Abgeordneten für Amtstätigkeiten oder Äußerungen im **Parlament** (EGMR (GK) 3.12.2009 – 8917/05 Rn. 90f., 111ff. – Kart; *Esser* in Löwe/Rosenberg EMRK Art. 6 Rn. 121; *Meyer-Ladewig/Harrendorf/König* in HK-EMRK Art. 6 Rn. 55ff.; *Meyer* in SK-StPO EMRK Art. 6 Rn. 126) zulässig. Während der EGMR den Mitgliedstaaten bei der Ausgestaltung der Parlamentsimmunität viel Gestaltungsspielraum belässt, soweit sie den Wesensgehalt des Rechts respektieren (*Grabenwarter/Pabel* EMRK § 24 Rn. 60), orientiert er sich bei Immunitäten ausländischer Staaten und Amtsträger maßgeblich an den allgemeinen Regeln des Völkerrechts (EGMR 14.1.2014 – 34356/06 ua Rn. 198ff. – Jones ua). Zugangsbeschränkungen aus Immunitätsgründen sind danach für zivilrechtliche Ansprüche sehr weitgehend zulässig. So vermochte der Gerichtshof gestützt auf eine Analyse des Völkergewohnheitsrechts keine *ius cogens*-Ausnahme von der Immunität eines Drittstaates und seiner Funktionsträger (Immunität *ratione materiae*) bei Foltervorwürfen festzustellen. Er hält eine Änderung in der Zukunft infolge der Dynamik der Entwicklung aber für möglich (EGMR (GK) 15.3.2018 – 51357/07 Rn. 114, 182ff., 198 – Naït-Liman: Staaten wären auch nicht zur Schaffung von **Notrechtswegen** *(forum of necessity)* für Fälle aussichtsloser Rechtswahrnehmung im Ausland verpflichtet, Rn. 203, 205ff.). Im Strafrecht ist die Rechtslage strenger. Immunitäten ausländischer Amtsträger sind in Bezug auf Straftatbestände des gemeinen Strafrechts zulässig (vgl §§ 18ff. GVG). Bei völkerstrafrechtlichen Kernverbrechen zeichnet sich in der Rechtsentwicklung dagegen ein Ausschluss von Immunitäten *ratione materiae* vor staatlichen Gerichten deutlich ab (BGH 28.1.2021 – 3 StR 564/19). Allein der Schutz höchster Staatsvertreter während ihrer Amtszeit *(ratione personae)* dürfte im Interesse diplomatischer Handlungsfähigkeit weiter anzuerkennen sein.

67 Auch zulässige Zugangsvoraussetzungen verlangen nach einer Kompensation, wenn der Zugang sonst faktisch vereitelt wird oder seine Effektivität wegen einer Überforderung des Einzelnen durch die Schwierigkeit oder Komplexität eines Verfahrens auf dem Spiel steht. Die EMRK verpflichtet nicht dazu, Prozesskostenhilfe für alle zivilrechtlichen Streitigkeiten zu gewähren (EGMR 8.12.2009 – 54193/07, NJW 2010, 3207 – Herma; *Meyer-Ladewig/Harrendorf/König* in HK-EMRK Art. 6 Rn. 44). Art. 6 Abs. 1 EMRK fordert zwar die Gewährung effektiven Zugangs, doch ist die Wahl der Mittel den Vertragsstaaten überlassen (EGMR 9.10.1979 – 6289/73 Rn. 26, EuGRZ 1979, 626 – Airey; EGMR 19.9.2000 – 40031/98 Rn. 38 – Gnahoré; EGMR 15.2.2005 – 68416/01 Rn. 60, NJW 2006, 1255 – Steel u. Morris). Der Mitteleinsatz muss aber so ausgerichtet sein, dass auf keiner Seite wesentliche Nachteile eintreten (EGMR 15.2.2005 – 68416/01 Rn. 62, NJW 2006, 1255 – Steel u. Morris). Prozesskostenhilfe ist nur verfügbar zu machen, wenn sie unerlässlich ist, um einen effektiven Zugang zu eröffnen (EGMR 9.10.1979 – 16289/73 Rn. 34, EuGRZ 1979, 626 – Airey: konkret ging es um unentgeltlichen Rechtsbeistand). Aus dem Fairnessgrundsatz kann sich zB bei existenziellem Interesse an der Rechtssache und fehlendem Vermögen zur Kostentragung ein Leistungsanspruch ergeben, wenn der Anspruch auf effektiven Rechtsschutz andernfalls entwertet und rein illusorisch wäre. Dabei verlangt der EGMR nicht, dass die letzten Reserven für die Verfahrensführung eingesetzt werden, prüft aber unter Einbeziehung der Bedeutung der Sache und des Schwierigkeitsgrads des Verfahrens alternativ (wenn kein Anwaltszwang besteht) auch die Fähigkeit, sich selbst wirksam zu repräsentieren (EGMR 9.10.1979 – 6289/73 Rn. 26, EuGRZ 1979, 626 – Airey).

Angemessene Voraussetzungen für die Bewilligung von Prozesskostenhilfe wie 68 die Einbeziehung der finanziellen Lage der Prozesspartei oder die Erfolgsaussichten einer Sache (EGMR 26.2.2002 – 46800/99 Rn. 23 – Del Sol; EGMR 15.2.2005 – 68416/01 Rn. 62, NJW 2006, 1255 – Steel u. Morris) lassen sich ohne Weiteres mit der EMRK in Einklang bringen, solange hinreichender **Schutz vor willkürlichen Entscheidungen** herrscht (EGMR 26.2.2002 – 46800/99 Rn. 25 f. – Del Sol); das deutsche Prozesskostenhilfesystem genügt diesen Ansprüchen (hierzu *Meyer-Ladewig/Harrendorf/König* in HK-EMRK Art. 6 Rn. 45).

Das Zugangsrecht ist disponibel. Der Zugang zu staatlichen Gerichten ist **verzichtbar.** 69 So kann deren Zuständigkeit in (privaten) **Schiedsklauseln** ausgeschlossen werden (EKMR 27.11.1996 – 28101/95 – Nordström-Janzon u. Nordström-Lehtinen). Zulässigkeitsvoraussetzung ist neben der Freiwilligkeit des Verzichts (die bei Monopolstellung einer Vertragsseite gründlich zu prüfen ist), dass vor den anrufbaren Schiedsgerichten gewisse Mindestgarantien gewährleistet sind und bei Verfahrensmängeln die Aufhebung von Schiedssprüchen durch staatliche Gerichte möglich ist (*Villiger* Rn. 439; sa *Haas* SchiedsVZ 2009, 73 (77 ff.)). Ist der Verzicht nicht freiwillig, zB weil sich Sportler der Zuständigkeit des CAS als Teil obligatorischer Vereinbarungen mit Sportverbänden unterwerfen müssen, um ihren Sport wettkampf- und berufsmäßig ausüben zu können **(faktischer Schiedszwang),** scheiden Schiedsverfahren damit nicht aus, müssen aber die Mindestgarantien von Art. 6 EMRK zwingend erfüllen (zum CAS: EGMR 2.10.2018 – 40575/10 u. 67474/10 Rn. 115, 150 ff., 178 ff. – Mutu u. Pechstein; *Heermann* SchiedsVZ 2014, 66 (74 ff., 77 ff.); *Haas* SchiedsVZ 2009, 73 (76); zur Anwendbarkeit von Art. 6 EMRK in Schiedsverfahren auch *Lungstras* S. 173 ff.; *Duttig* S. 186). Dies überzeugt, wo statusmächtige Verbände und Schiedsgerichte anstelle des Staates exklusive und autonome Gestaltungs- und Entscheidungsbefugnisse für sich in Anspruch nehmen. Sie stehen dann gesetzlich angeordneten Schiedsklauseln gleich. Beim sportrechtstypischen Zwangsverzicht müsste das **Sportschiedsverfahren** daher Art. 6 EMRK entsprechen und der Sitzstaat dies justiziabel kontrollieren (vgl. *Duttig* S. 187; *Heermann* NJW 2020, 1560 f.; *Hülskötter* S. 196).

Ein Verzicht auf **Rechtsmittel** setzt voraus, dass die Entscheidung bewusst und frei von Willensmängeln getroffen wird. Eine Täuschung durch Strafverfolgungsorgane zur Bewirkung eines Verzichts verletzt das Zugangsrecht nach Art. 6 EMRK (EGMR 9.11.2004 – 46300/99 – Marpa Zeeland u. Metal Welding B.V.).

2. Recht auf ein öffentliches Verfahren. Art. 6 Abs. 1 EMRK gewährt ein 70 Recht auf eine **öffentliche mündliche Verhandlung** (Öffentlichkeit, Mündlichkeit). Die Mündlichkeit findet im Wortlaut (*öffentlich verhandelt wird; Urteil muss öffentlich verkündet werden*) keine Erwähnung, wird aber im Zusammenhang mit dem Recht auf Gehör sowie aus historischer Tradiertheit als Element des Fairnessgrundsatzes angesehen (*Meyer* in SK-StPO EMRK Art. 6 Rn. 217). Mit Blick auf die Parteien soll die transparente Erörterung und Klärung der rechtlichen und tatsächlichen Streitpunkte erleichtert und eine erhöhte Effektivität durch direkten Austausch erzielt werden **(Stärkung der Rolle als Prozesssubjekt und Rechtsstaatlichkeit).** In gesellschaftlicher Sicht sollen Transparenz und öffentliche Kenntnisnahme gefördert, das Vertrauen der Öffentlichkeit in die Gerichtsbarkeit gewahrt (**keine Geheimjustiz**) und die Akzeptanz der Entscheidung erhöht werden, um hierdurch insgesamt zu fairem Prozessieren anzuhalten (*Morscher/Christ* EuGRZ 2010, 272 (273)).

71 Der Anspruch auf öffentliche, mündliche Verhandlung begründet ein **Recht auf mindestens eine Tatsacheninstanz** (EGMR 23.2.1994 – 18928/91 Rn. 21, ÖJZ 1994, 565 – Fredin; EGMR 19.2.1998 – 16970/90 Rn. 46 ff., ÖJZ 1998, 935 – Allan Jacobsson). Er wird durch eine Entscheidung (über eine Anklage) im schriftlichen Verfahren verletzt, wenn der Angeklagte rechtlich nicht die Möglichkeit hatte, mit einem Antrag eine öffentliche Verhandlung zu erreichen (EGMR 22.5.1990 – 11034/84 Rn. 39, NJW 1991, 623 – Weber); zB weil das Gesetz vorsieht, dass keine mündliche Verhandlung stattfindet (EGMR 26.9.1995 – 18160/91 Rn. 31, ÖJZ 1996, 115 – Diennet; EGMR 30.11.1987 – 8950/80 Rn. 54, ÖJZ 1988, 220 – H.), oder das Verfahrensrecht eine mündliche Verhandlung zumindest nicht kennt und auch im Gerichtsalltag keine öffentliche Verhandlungen stattfinden (EGMR 21.9.2006 – 12643/02 Rn. 96, ÖJZ 207, 555 – Moser; *Peukert* in Frowein/Peukert EMRK Art. 6 Rn. 190). Das Strafbefehlsverfahren ist konventionskonform (EGMR 15.9.2005 – 71598/01 – U. M.; *Schmitt* in Meyer-Goßner/Schmitt MRK Art. 6 Rn. 6), weil per Einspruch gem. § 410 Abs. 1 StPO eine vollwertige mündliche Verhandlung erreicht werden kann (zu den Anforderungen sa EGMR 29.4.1988 – 10328/83 Rn. 68 ff., EuGRZ 1989, 21 – Belilos; nicht eindeutig feststellbar ist, wo mit Blick auf die Schwere von Zuwiderhandlung und Sanktion oder deren massenweises Auftreten die materiellen Grenzen für diese Verfahrensform liegen). Gleiches gilt für das Kartellordnungswidrigkeitenverfahren.

Auch **faktische Hindernisse** können den Öffentlichkeitsgrundsatz verletzen. Wird die Hauptverhandlung aus Sicherheitsgründen an einen anderen Ort verlegt (zB ein Gefängnis, EGMR 28.6.1984 – 7819/77 Rn. 86 ff., NJW 1986, 1414 – Campbell u. Fell), müssen kompensatorische Maßnahmen, zB hinreichende Bekanntmachung des neuen Verhandlungsorts, getroffen werden, um die Öffentlichkeit des Verfahrens auch praktisch wirksam zu wahren (EGMR 14.11.2000 – 35115/97 Rn. 29, ÖJZ 2001, 357 – Riepan).

72 Spiegelbildlich zum Recht der Parteien haben Presse und Bürger als Teil der Öffentlichkeit einen (mittelbaren) Anspruch, aber kein subjektives Recht aus Art. 6 EMRK auf Zugang zur Verhandlung. Zutritt und Umfang der Berichterstattung unterliegen jedoch unabhängig von den Ausschlussgründen in Abs. 1 S. 2 der Reglementierung. Der Zugang darf aus Sicherheits- und Kapazitätsgründen Beschränkungen unterworfen werden. Dazu gehören Verfahren für die Rationierung und Vergabe von Sitzplätzen, wobei die Presse kein Vorrecht gegenüber interessierten Bürgern hat, da die Schutzfunktion primär über die unmittelbare physische Präsenz erfüllt wird (ausf. *Meyer* in SK-StPO EMRK Art. 6 Rn. 222 ff.). Den Staat treffen aber gewisse Gewährleistungspflichten, für ein hinreichendes Maß an Plätzen und Berichterstattungsoptionen ggf. durch Umzug oder Übertragungen zu sorgen. Allerdings lässt sich aus Art. 6 EMRK kein Recht auf Medienübertragung aus dem Gerichtssaal ableiten (EGMR 27.5.2010 – 17372/05 Rn. 233 – Lebedev (Nr. 2); zur Spruchpraxis *Kreicker* ZIS 2017, 85 (92 ff.)). Auch über Art. 10 EMRK soll sich nichts anderes ergeben (EGMR 13.3.2012 – 44585/10, NJW 2013, 521– Axel Springer AG). Der Einsatz technischer Übertragungsmittel liegt damit weitestgehend im Ermessen der Staaten (für Deutschland vgl. § 169 GVG; *Kreicker* ZIS 2017, 85 (88 ff.)).

73 Die Rechte sind Gegenstand **zahlreicher Durchbrechungen. Zu differenzieren** ist zwischen dem Absehen von der Durchführung einer mündlichen Ver-

Recht auf ein faires Verfahren **Art. 6 EMRK**

handlung überhaupt und dem Ausschluss der Volksöffentlichkeit (Allgemeinheit) und Presse von einer mündlichen Verhandlung (ausf. *Meyer* in SK-StPO EMRK Art. 6 Rn. 220 ff.).

a) Unterbleiben einer mündlichen Verhandlung. Von einer mündlichen 74 Verhandlung vor einem Gericht darf, wenn dieses die erste und einzige Instanz ist, **nur unter außergewöhnlichen Umständen** abgesehen werden (EGMR 23.2.1994 – 18928/91 Rn. 21, ÖJZ 1994, 565 – Fredin; EGMR 19.2.1998 – 16970/90 Rn. 46, ÖJZ 1998, 935 – Allan Jacobsson). Dies ist entsprechend zu begründen (EGMR 13.3.2018 – 32303/13 Rn. 37, 44 – Mirovni Inštitut). Der EGMR hat für sozialversicherungsrechtliche Ansprüche, soweit nur rechtliche oder hochgradig technische Fragen zu entscheiden sind und die Parteien hinreichende Gelegenheit zur schriftlichen Stellungnahme hatten (EGMR 24.6.1993 – 14518/89 Rn. 58, ÖJZ 1994, 138 – Schuler-Zgraggen; EGMR 12.11.2002 – 28394/95 Rn. 37 ff. – Döry; EGMR (GK) 23.11.2006 – 73053/01 Rn. 41 ff. – Jussila), im Interesse der Verfahrensökonomie und bei Sorgerechtsstreitigkeiten zum Schutz von Minderjährigen und der Privatsphäre (EGMR 14.2.2006 – 45983/99, ÖJZ 2006, 908 – Kaplan) **zwei Fallgruppen** grundsätzlich anerkannt. Im Übrigen verfolgt der Gerichtshof einen restriktiven Ansatz (zu Strafverfahren → Rn. 118; nachdenklich zum Mehrwert öffentlicher Verhandlungen aber EGMR (GK) 23.11.2006 – 73053/01 Rn. 40 ff. – Jussila; EGMR 17.1.2006 – 42756/02 – Luginbühl). Die Durchführung einer mündlichen Verhandlung ist gleichwohl **kein Selbstzweck** (*Morscher/Christ* EuGRZ 2010, 272 (279 f.)). **Gradmesser** ist, in welchem Maß sich die Nichtdurchführung auf das Verfahrensergebnis niederschlagen könnte.

Ist eine mündliche Verhandlung vor einem erstinstanzlichen Gericht erfolgt, gilt 75 für das **Rechtsmittelverfahren** ein weniger strenger Maßstab (EGMR 8.2.2005 – 55853/00 Rn. 30 – Miller; *Peukert* in Frowein/Peukert EMRK Art. 6 Rn. 195; anders bei Rechtsmitteln gegen Verwaltungsentscheidungen EGMR 23.6.1981 – 6878/75 Rn. 34 ff., NJW 1982, 2714 – Le Compte ua). Dort kann grundsätzlich von einer mündlichen Verhandlung abgesehen werden, da nur ein Recht auf *eine* mündliche Verhandlung innerhalb des Instanzenzugs besteht (EGMR 26.4.1995 – 16922/90, ÖJZ 1995, 633 – Fischer). Es ist mit Art. 6 EMRK sowohl vereinbar, eine Verhandlung lediglich in der Rechtsmittelinstanz durchzuführen, als auch nach erfolgter erstinstanzlicher Verhandlung von einer solchen abzusehen (EGMR 20.11.2003 – 58647/00 u. 58649/00, ÖJZ 2004, 437 – Faugel; EGMR 10.4.2008 – 35354/04, ÖJZ 2008, 547 – Abrahamian). Dies gilt jedoch nur, solange sich diese für Beweiserhebung, -würdigung und sonstige **bedeutende streitentscheidende Fragen** nicht als **notwendig** erweist. Der EGMR betreibt eine **flexible Handhabung dieser Kriterien** (*Meyer-Ladewig/Harrendorf/König* in HK-EMRK Art. 6 Rn. 171). Aspekte der Wirtschaftlichkeit, Effektivität und Verfahrensbeschleunigung werden vom EGMR akzeptiert (EGMR 6.12.2001 – 31178/96, NJW 2003, 1921 – Petersen; EGMR 29.10.1991 – 11826/85 Rn. 36 f., NJW 1992, 1813 – Helmers), aber in Bezug zu Kognition und Befugnissen der Rechtsmittelgerichte sowie zur Art der konkret berührten Fragen gesetzt.

Eine mündliche Verhandlung kann unterbleiben, wenn nur eine rechtliche Überprüfung der (nach öffentlicher und mündlicher Verhandlung getroffenen) instanzgerichtlichen Entscheidung ohne Behandlung von Tatsachenfragen erfolgt (für die Revision vgl. EGMR 8.12.1983 – 8273/78 Rn. 28, EuGRZ 1985, 225 – Axen; BVerfG 30.6.2014 – 2 BvR 792/11, NJW 2014, 2563 – mit ausf. Analyse

EMRK Art. 6

des Fallrechts; ferner EGMR 22.2.1996 – 17358/90 Rn. 41f., ÖJZ 1996, 430 – Bulut); dies beträfe zB Rechtsmittelzulassungsverfahren, die sich allein mit Rechtsfragen befassen (EGMR 2.3.1987 – 9562/81 u. 9818/82 Rn. 58 – Monnell u. Morris). Eine mündliche Hauptverhandlung kann je nach Art der zu entscheidenden Fragen jedoch auch dann entbehrlich sein, wenn das zweit- oder drittinstanzliche Gericht sowohl für Tatsachenfragen als auch für Rechtsfragen zuständig ist (EGMR 5.12.2002 – 28422/95 Rn. 64 – Hoppe). Das Recht auf ein faires Verfahren fordert keine neuerliche öffentliche mündliche Hauptverhandlung, wenn sich die entscheidungsrelevanten Fragen auf Grundlage der Akten und schriftlicher Eingaben behandeln lassen, ohne die mit dem Recht auf öffentliche Verhandlung verfolgten Schutzzwecke zu beeinträchtigen (EGMR 5.12.2002 – 28422/95 Rn. 64 – Hoppe; EGMR 29.10.1991 – 12631/87 Rn. 33, EuGRZ 1991, 420 – Fejde: Rügen betrafen allein rechtliche Bewertungsfragen, für deren Behandlung die Informationen der Fallakte hinreichten); anders verhält es sich insoweit, wenn Entscheidung nach Aktenlage nicht ohne Weiteres möglich ist (EGMR 26.5.1988 – 10563/83 Rn. 32 – Ekbatani: hier ging es um Tatsachenfragen und Würdigung von Zeugenbeweisen; EGMR 29.10.1991 – 11826/85 Rn. 37f., NJW 1992, 1813 – Helmers: vollumfängliche Würdigung der Tatschuld).

76 Demgegenüber können die Bedeutung des Verfahrensausgangs für den Betroffenen sowie **Bedeutung und Notwendigkeit der Beteiligung des Betroffenen** für die Beweiserhebung und -würdigung sowie die Lösung von Rechtsfragen durch das Rechtsmittelgericht eine mündliche Verhandlung gebieten (*Krausbeck* S. 109; EGMR 29.10.1991 – 11826/85 Rn. 37f., NJW 1992, 1813 – Helmers; EGMR 21.9.1993 – 12350/86 Rn. 67f., ÖJZ 1994, 210 – Kremzow); insb. wenn Fragen im Zuge eines schriftlichen Verfahrens nicht angemessen behandelt werden können (EGMR 13.7.2000 – 25735/94 Rn. 66, NJW 2001, 2315 – Elsholz). Dies kann zB bei erstmaliger Auseinandersetzung mit schwierigen tatsächlichen oder rechtlichen Fragen der Fall sein und gilt vor allem, wenn das **Rechtsmittelgericht** eine **vollständige Feststellung der Schuld** (*Esser* S. 781) vorzunehmen hat und diese die erneute Einvernahme des Betroffenen und umfassende Anhörung der Belastungszeugen verlangt (EGMR 26.5.1988 – 10563/83 Rn. 31f. – Ekbatani; EGMR 27.6.2000 – 28871/95 Rn. 55 – Constantinescu).

77 Bleibt eine Verhandlung in unterer Instanz aus, kann dieser Mangel durch Nachholung in der Rechtsmittelinstanz selbst bei Strafverfahren **geheilt** werden (*Peukert* in Frowein/Peukert EMRK Art. 6 Rn. 194). Eine Heilung scheidet aus, wenn die Rechtsmittelinstanz nicht vollumfänglich über **alle Tat- und Rechtsfragen** entscheiden kann (EGMR 22.5.1990 – 11034/84 Rn. 39, NJW 1991, 623 – Weber; EGMR 14.11.2000 – 35115/97 Rn. 40f., ÖJZ 2001, 357 – Riepan).

78 **b) Ausschluss von Öffentlichkeit und Presse.** Gem. **Art. 6 Abs. 1 S. 2 EMRK** können **Öffentlichkeit** und **Presse** für das ganze Verfahren oder bestimmte Teile ausgeschlossen werden, wenn Interessen der Moral, der öffentlichen Ordnung oder der nationalen Sicherheit in einer demokratischen Gesellschaft oder das Interesse von Jugendlichen (Jugendschutz) sowie der Schutz des Privatlebens der Prozessparteien dies verlangen oder eine öffentliche Verhandlung unter besonderen Umständen Interessen der Rechtspflege beeinträchtigen würde (ausf. *Grabenwarter/Pabel* EMRK § 24 Rn. 76ff.; *Meyer* in SK-StPO EMRK Art. 6 Rn. 240ff.; vgl. §§ 169–177 GVG). Der Öffentlichkeitsausschluss muss im Einzelfall eines der genannten Ziele verfolgen, zu deren Erreichung geeignet und erforderlich sein und gegenüber dem eingeschränkten Interesse an Verfahrensöffentlichkeit notwendig

erscheinen (EGMR 16.1.2020 – 31295/11 Rn. 54 – Yam: *strict necessity*). Mildere Mittel wie **Anonymisierung** sowie **Verbote der Bildberichterstattung** oder **Namensnennung** für Medien sind anstelle eines vollständigen Ausschlusses stets zu prüfen.

In camera-Verfahren im Interesse **nationaler Sicherheit** ist mit besonderer Vorsicht zu begegnen. Zwar sieht sich der EGMR nicht in der Lage, die Berechtigung nationaler Sicherheitserwägungen einer strengen Prüfung zu unterziehen, doch entbinde dies den Staat nicht von der Verantwortung, die Gesamtfairness des Verfahrens (durch ein Minimum adversatorischer Auseinandersetzung vor einem unabhängigen Organ) sicherzustellen. Ein weiteres heikles Problemfeld ist der **Opferschutz**. Der Staat hat eine positive Pflicht, die Intimsphäre von Opfern zu schützen und Sekundärviktimisierungen zu verhindern, was einen weitgehenden Ausschluss der Öffentlichkeit rechtfertigen kann (EGMR 14.5.2020 – 30373/13 – Mraović: Gespräche des Opfers mit Medien betrafen nicht die intimen und belastenden Inhalte, die geschützt werden sollten). Restriktionen zum **Schutz der Rechtspflege** sollen die Verhandlung gegen (Druck-)Wirkungen und Einflussnahmen durch die Öffentlichkeit abschirmen, um unbelastete wahrheitsgemäße Aussagen und die Bereitschaft zur Aussage zu fördern. Die Geheimhaltungsbedürftigkeit von besonderen Ermittlungsmethoden und -taktiken kann ebenfalls einen Ausschluss erfordern.

c) Verzicht. Ein Absehen von öffentlicher Verhandlung ist zulässig, wenn ein **freiwilliger** und **unzweideutiger (auch konkludenter) Verzicht** erfolgt (EGMR 24.6.1993 – 14518/89 Rn. 58, ÖJZ 1994, 138 – Schuler-Zgraggen; EGMR 23.6.1981 – 6878/75 Rn. 59, NJW 1982, 2714 – Le Compte ua; EGMR 21.9.1993 – 12235/86, ÖJZ 1993, 782 – Zumtobel) und wichtige öffentliche Interessen ihre Durchführung nicht gebieten (EGMR 21.2.1990 – 11855/85 Rn. 66, EuGRZ 1992, 5 – Håkansson u. Sturesson; EGMR 24.6.1993 – 14518/89 Rn. 58, ÖJZ 1994, 138 – Schuler-Zgraggen; EGMR 28.5.1997 – 16717/90 Rn. 58, 62, ÖJZ 1997, 836 – Pauger; EGMR (GK) 1.3.2006 – 56581/00 Rn. 86 – Sejdovic). Der Grundrechtsverzicht ist ausgeschlossen, wenn er mit der Anmaßung einer Dispositionshoheit über Rechte anderer oder öffentliche Interessen verbunden wäre. Die unterschiedlichen Formen der Öffentlichkeit verfolgen unterschiedliche Ziele und stehen daher ggf. nur bedingt zur Disposition einer Partei. 79

Die **Anforderungen** an einen wirksamen Verzicht **variieren** nach Rechtsgebiet und Verfahrensart. Ist eine mündliche Verhandlung gesetzlich oder in der Justizpraxis nicht vorgesehen, ist ein konkludenter Verzicht ausgeschlossen (*Morscher/Christ* EuGRZ 2010, 272 (276)). Ebenfalls ausgeschlossen ist ein impliziter Verzicht zur Legitimation eines strafrechtlichen Abwesenheitsverfahrens (EGMR 9.9.2003 – 30900/02 – Jones). Im Kriminalstrafrecht werden grundsätzlich strengere Anforderungen gestellt. Seine Wirksamkeit setzt eine ausdrückliche Erklärung voraus (EGMR 20.12.2001 – 32381/96 Rn. 26, ÖJZ 2002, 394 – Baischer). Außerhalb des Kriminalstrafrechts sollen bei lediglich geringen Strafen die allgemeinen Maßstäbe genügen (EGMR (GK) 23.11.2006 – 73053/01 Rn. 48 – Jussila). 80

d) Öffentlichkeit der Bekanntmachung der verfahrensbeendenden Entscheidung. Die verfahrensbeendende Entscheidung muss öffentlich bekannt gemacht werden (*doit être rendu publiquement/pronounced publicly*). Eine Verkündung mit summarischer Zusammenfassung genügt (*Meyer-Ladewig/Harrendorf/König* in HK-EMRK Art. 6 Rn. 186; *Peukert* in Frowein/Peukert EMRK Art. 6 Rn. 196). Ein Absehen von der Verlesung in öffentlicher Sitzung führt nicht zwangsläufig zum Verstoß gegen Art. 6 EMRK (EGMR 22.2.1984 – 8209/78 Rn. 33 – Sutter). 81

Der Anspruch der Parteien ist (im Einklang mit Art. 14 Abs. 1 IPBPR) auf **Veröffentlichung der Entscheidung** reduziert (*Grabenwarter/Struth* in Ehlers GuG § 6 Rn. 53), um nicht zu stark in die national gebräuchlichen Formen der Urteilsverkündung einzugreifen, ohne dabei den zentralen schützenden Kern anzutasten. Hierzu müssen sowohl Urteilsspruch als auch Urteilsbegründung der Öffentlichkeit auf eine Art und Weise zugänglich gemacht werden, über die der Schutzzweck des Rechts erreicht wird (EGMR 8.12.1983 – 7984/77 Rn. 27, NJW 1986, 2177 – Pretto ua; EGMR 17.1.2008 – 14810/02 Rn. 45f., NJW 2009, 2873 – Ryakib Biryukov; dazu *Tubis* NJW 2010, 415); zB Veröffentlichung von Kopien oder Bekanntmachung des Urteils unter Nennung einer Anlaufstelle für etwaige inhaltliche Nachfragen oder Einsichtnahme, über die aussagekräftige Angaben zu Vorwürfen und Tatsachenbasis zu erhalten sind (EGMR 17.7.2007 – 68761/01 Rn. 66f. – Bobek). Eine gänzliche **Geheimhaltung** aus Sicherheitsgründen ist mit der EMRK nicht vereinbar, wohl aber die Sperrung einzelner, besonders kritischer Passagen (EGMR 11.2.2010 – 31465/08 Rn. 53 – Raza; EGMR 16.4.2013 – 40908/05 Rn. 67 ff. – Fazliyski).

82 **3. Recht auf Verhandlung in angemessener Frist.** Art. 6 Abs. 1 EMRK verbrieft einen Anspruch auf Verhandlung und Entscheidung des Streitgegenstandes innerhalb angemessener Frist. Das **Beschleunigungsgebot** hält die staatlichen Rechtspflegeorgane dazu an, die Verfahrensbelastungen und die persönliche Unsicherheit über den Verfahrensausgang zu reduzieren (*Gaede* ZStW 129 (2017), 911 (935 f.)). Die Vertragsstaaten stehen zugleich in der Pflicht, ihr Rechtspflegesystem strukturell in einer Weise zu organisieren, die eine Erfüllung dieses Gebots gestattet (EGMR (GK) 27.6.2000 – 30979/96 Rn. 45 – Frydlender; EGMR 3.4.2003 – 37104/97 Rn. 73 – Kitov). Besondere Bedeutung erlangt das Beschleunigungsgebot wegen der besonderen Eingriffstiefe im Strafverfahren. Es steht dort jedoch in einem natürlichen **Spannungsverhältnis zu den Verfahrensrechten in Abs. 3.** Ein Mehr an Verfahrensrechten verlängert das Verfahren regelmäßig (EGMR 28.6.1978 – 6232/73 Rn. 103, NJW 1979, 477 – König). Der Beschuldigte kann auf den Schutz des Beschleunigungsgebots im Interesse intensiver Verteidigung grundsätzlich verzichten (*Mansdörfer* GA 2010, 153 (161)). Im Zivilverfahren ist die Situation komplexer, weil oft beide Parteien den Schutz von Art. 6 EMRK genießen.

83 **a) Rechtsnatur.** Obgleich das Beschleunigungsgebot der EMRK sekundär auch auf schnelle Wiederherstellung des Rechtsfriedens und den Schutz der Effizienz und Glaubwürdigkeit des Justizsystems generell abzielt (*Jacobs/White/Ovey* S. 302 f.; *Peters/Altwicker* EMRK § 19 Rn. 53), handelt es sich primär um ein **subjektives Verfahrensrecht** (*Meyer* in SK-StPO EMRK Art. 6 Rn. 273 ff.). Es kann nicht ohne Weiteres mit dem (objektiven) rechtsstaatlichen Beschleunigungsgebot gekoppelt werden, um die Folgen seiner Verzichtbarkeit zu limitieren oder Beschränkungen der Verfahrensrechte zu rechtfertigen (vgl. *Villiger* Rn. 452; *Popp* § 17 Rn. 472). Das objektive rechtsstaatliche Beschleunigungsgebot ist nicht in der EMRK, sondern im Grundgesetz verankert. Die Ausübung des Individualrechts kann daher in Deutschland mit dieser objektiv-rechtsstaatlichen Dimension des Beschleunigungsgebots kollidieren (BVerfG 15.2.2007 – 2 BvR 2563/06, StV 2007, 366 (368)), denn dieses ist für die Parteien nicht disponibel (BGHR MRK Art. 6 Abs. 1 Verfahrensverzögerung 6). Als subjektiver Anspruch des Beschuldigten dient das Beschleunigungsgebot der EMRK jedoch allein den Interessen des Beschuldigten. Es kann daher nicht zur Begründung einer Verkürzung von Verteidi-

Recht auf ein faires Verfahren **Art. 6 EMRK**

gungsrechten bzw. zur Rechtfertigung einer straffen Verfahrensführung herangezogen werden (*Wohlers* NJW 2010, 2470 (2471); *Fezer* FS Widmaier, 2008, 177 (188 ff.); so aber BGHSt 50, 40 (54); NStZ 2007, 51 (52)). Dass das Rechtsstaatsgebot des Grundgesetzes nicht zuletzt auch im Interesse des Beschuldigten eine angemessene Verfahrensbeschleunigung gebietet (BVerfG 8.6.2010 – 2 BvR 432/07 und 2 BvR 507/08, NJW 2011, 591 (593)), kann diesen Konflikt mit den Verteidigungsrechten nicht verdecken.

b) Bemessungszeitraum. In **Zivilverfahren** setzt das Beschleunigungsgebot 84 mit der Klageerhebung ein (EGMR 26.3.1992 – 11760/85 Rn. 43, ÖJZ 1992, 771 – Editions Périscope; EGMR 17.10.2002 – 38365/97 Rn. 40 – Thieme; *Peukert* in Frowein/Peukert EMRK Art. 6 Rn. 239) und endet mit der Verkündung oder Zustellung des letztinstanzlichen Urteils im ordentlichen Rechtsweg (*Meyer-Ladewig/Harrendorf/König* in HK-EMRK Art. 6 Rn. 72 ff. mit Fallgruppen zu zivilrechtlichen und verwaltungsgerichtlichen Verfahren); dies kann die Verfassungsbeschwerde einschließen (EGMR 29.5.1986 – 9384/81 Rn. 77, NJW 1989, 652 – Deumeland; EGMR 29.3.1989 – 11118/84 Rn. 37 – Bock). In **Verwaltungsverfahren** kann es schon im Vorfeld eines gerichtlichen Verfahrens greifen, wenn ein behördliches Widerspruchsverfahren gegen eine Verwaltungsentscheidung vorgesehen ist (EGMR 9.3.2004 – 63156/00 Rn. 27 – Mirailles; *Grabenwarter/Struth* in Ehlers GuG § 6 Rn. 54; weitere Differenzierungen bei *Meyer-Ladewig/Harrendorf/König* in HK-EMRK Art. 6 Rn. 193 f.).

Im **Strafverfahren** gilt das Beschleunigungsgebot nicht zuletzt wegen der gra- 85 vierenden sozialen, familiären, beruflichen oder finanziellen Belastungen für das gesamte Verfahren. Auf eine Anklage im förmlichen Sinn kommt es nicht an (*Liebhart* NStZ 2017, 254). Der Schutz reicht von der Vornahme der ersten nach außen sichtbaren Untersuchungshandlung mit nicht nur unerheblicher Wirkung im Ermittlungsverfahren (EGMR 10.2.2005 – 64387/01, StV 2005, 475 – Uhl; EGMR 2.10.2003 – 41444/98 Rn. 32, wistra 2004, 177 – Hennig; EGMR 28.11.2002 – 58442/00 Rn. 85 – Lavents; EGMR 19.2.1991 – 11804/85 Rn. 16 – Manzoni; EGMR 10.11.2005 – 65745/01 Rn. 95, StV 2006, 474 – Dzelili) bis zum letztinstanzlichen Urteil, ggf. einschließlich eines verfassungsgerichtlichen Verfahrens (EGMR 25.2.2000 – 29357/95 Rn. 35, NJW 2001, 211 – Gast u. Popp; EGMR 22.1.2009 – 45749/06 Rn. 62, StV 2009, 561 – Kaemena u. Thöneböhn), oder einer Entscheidung über die Einstellung der weiteren Strafverfolgung (*Lohse/Jakobs* in KK-StPO EMRK Art. 6 Rn. 39; *Schmitt* in Meyer-Goßner/Schmitt MRK Art. 6 Rn. 8; EGMR 3.2.2009 – 37972/05 – Niedermeier). Eine fluchtbedingte Abwesenheit während eines laufenden Verfahrens wird für die Verfahrensdauer nicht mitgerechnet. Auch die Aussetzung eines nationalen Verfahrens zwecks Vorlage zum EuGH im Vorabentscheidungsverfahren bleibt außer Betracht (EGMR 26.2.1998 – 20323/92 Rn. 95 – Pafitis ua). Der Bemessungszeitraum endet erst, wenn die Strafe endgültig bestimmt ist (EGMR 24.5.2005 – 42585/98 Rn. 34 – Intiba). Auch ein Rechtsmittel, das sich isoliert gegen das Strafmaß richtet, ist daher zu berücksichtigen. Nicht berücksichtigt wird der Zeitraum bis zur „Erhebung einer strafrechtlichen Anklage" im materiellen Sinn der EMRK. Die Strafvollstreckung bleibt ebenfalls außer Ansatz. Wird der Angeklagte freigesprochen, wäre dagegen auch der Zeitraum bis zur vollständigen Umsetzung des Urteils (Freilassung, Rückgabe beschlagnahmter Vermögenswerte) einzubeziehen, da Behörden die Garantie sonst durch Missachtung der Entscheidung aushöhlen könnten (EGMR (GK) 8.4.2004 – 71503/01 Rn. 182 f., NJW 2005, 2207 – Assanidze).

Endet ein Ermittlungsverfahren mit einer Einstellung, beginnt die Frist auch in derselben Sache erst wieder mit der Neueröffnung der Ermittlungen zu laufen. Dies gilt ausnahmsweise nicht, wenn die zuständigen Behörden Beschuldigte nicht über die Einstellung informiert und dadurch im Ungewissen über den Verfahrensfortgang gelassen haben (EGMR 2.3.2006 – 55669/00 – Nakhmanovich; EGMR 22.1.2009 – 18274/04 – Borzhonov: trotz ausdrücklichem Antrag auf Auskunft oder Bescheidung). Hiervon zu unterscheiden sind Fälle, in denen trotz Ausbleiben der Benachrichtigung keine Ungewissheit über die Beendigung der Strafverfolgung besteht. Wird sie später aufgrund anderer Umstände beseitigt (zB Auskünfte durch verantwortliche Staatsanwälte), gilt das Verfahren mit diesem Zeitpunkt als beendet und ist separat von später wiederaufgenommenen Ermittlungen zu bewerten (EGMR 12.11.2020 – 71591/17 – Gröning).

86 c) **Kriterien zur Bestimmung der Angemessenheit.** Der Rechtsprechung sind weder feste Zeitgrenzen noch eine absolute Obergrenze zu entnehmen. Unangemessen waren etwa 28 Jahre für ein Amtshaftungsverfahren (EGMR 5.10.2006 – 66491/01, EuGRZ 2007, 268 – Gräßer), ein fast 19 Jahre dauerndes Schadensersatzverfahren (EGMR 11.1.2007 – 20027/02 Rn. 80f., NVwZ 2008, 289 – Herbst), 12 Jahre und 1 Monat für ein Kündigungsschutzverfahren (EGMR 18.10.2001 – 42505/98, EuGRZ 2002, 585 – Mianowicz). Beispiele für überlange deutsche Strafverfahren sind zahlreich (EGMR 22.1.2009 – 45749/06, StV 2009, 561 – Kaemena u. Thöneböhn; EGMR 13.11.2008 – 10597/03, StV 2009, 519 – Ommer). Zu lang war das Verstreichen von zwei Jahren und acht Monaten zwischen Anklageschrift und erstem Hauptverhandlungstag (BGH 26.11.2008 – 5 StR 450/08, NStZ 2009, 689) oder 19 Monaten zwischen Eingang der Einlassungsschrift und Eröffnungsbeschluss (BGH 20.3.2008 – 1 StR 488/07, NStZ 2008, 457; weitere Beispiele bei *Meyer-Ladewig/Harrendorf/König* in HK-EMRK Art. 6 Rn. 207f.).

87 Grundsätzlich soll eine Instanz nicht länger als ein Jahr dauern (EGMR 8.2.2005 – 45100/98 Rn. 117 – Panchenko; EGMR 26.11.2009 – 13591/05 Rn. 126 – Nazarov; BVerfG 29.11.2005 – 2 BvR 1737/05, NJW 2006, 668 (670)). Eine schematische Betrachtung lehnen aber sowohl EGMR als auch BVerfG ab, was am praktischen Wert dieser Faustregel zweifeln lässt. Für die Bestimmung der Angemessenheit zählt immer die **Gesamtbetrachtung aller Umstände des Einzelfalls** (EGMR 28.6.1978 – 6232/73 Rn. 99, NJW 1979, 477 – König; BGHSt 46, 159 (172f.); BGHR MRK Art. 6 Abs. 1 Verfahrensverzögerung 9, 14); uU aufgeschlüsselt nach Verfahrensabschnitten. Eine differenzierte Prüfung bleibt nur aus, wenn die Verfahrensdauer prima facie unter keinen Umständen als angemessen erscheint (EGMR 28.6.1990 – 11761/85 Rn. 72, ÖJZ 1991, 22 – Obermeier; EGMR 24.4.2003 – 50859/99 – Willekens). Die beklagte Regierung trifft dann die Last des Nachweises, dass die Verzögerung doch nicht unangemessen war (EGMR 15.7.1982 – 8130/78 Rn. 80, EuGRZ 1983, 371 – Eckle).

88 Der Rechtsprechung des EGMR lassen sich **vier zentrale Kriterien** für die Gesamtbetrachtung entnehmen (EGMR 29.3.1989 – 11118/84 Rn. 38 – Bock; EGMR 29.5.1986 – 9384/81 Rn. 78ff., NJW 1989, 652 – Deumeland; EGMR (GK) 10.9.2010 – 31333/06 Rn. 140 – McFarlane; im Einzelnen *Peukert* in Frowein/Peukert EMRK Art. 6 Rn. 251ff.), die auch die deutsche Justizpraxis bestimmen (BVerfG 10.3.2009 – 2 BvR 49/09, StV 2009, 673; BGHSt 46, 159 (173); BGH 7.12.2009 – StBSt (R) 2/09, NJW 2010, 1155; *Schmitt* in Meyer-Goßner/Schmitt MRK Art. 6 Rn. 7b). Maßgeblich sind die Bedeutung der Sache für den

Recht auf ein faires Verfahren **Art. 6 EMRK**

Beschwerdeführer, Umfang und Komplexität des Falles, das Verhalten des Beschwerdeführers und das Verhalten der Behörden.

Umfang und Komplexität des Falles können sich sowohl aus dem Sachverhalt als auch den auftretenden rechtlichen Fragestellungen ergeben (*Meyer* in SK-StPO EMRK Art. 6 Rn. 286 ff.). Sie können aus einer Mehrzahl von Parteien oder Akteuren, grenzüberschreitenden Sachverhalten und Ermittlungen resultieren; zB bei komplexen Wirtschafts- oder Umweltsachen (EGMR 31.5.2001 – 37591/97 Rn. 39, NJW 2002, 2856 – Metzger; EGMR 13.7.2004 – 37761/97 Rn. 47 – Lislawska; EGMR 24.7.2003 – 48183/99 Rn. 86 – Smirnova) und schwierigen medizinischen Fragen (EGMR (GK) 4.12.2018 – 10211/12 u. 27505/14 Rn. 253 – Ilnseher). 89

Das **Verhalten des Beschwerdeführers** ist besonders differenziert und vorsichtig zu bewerten. Eigenverantwortliche Verfahrensverzögerungen gehen zu Lasten des Verursachers. Verlängerungen infolge einer Prozessverschleppung oder unwahren Vortrags sind vom Angeklagten zu verantworten (BVerfG 5.12.2005 – 2 BvR 1964/05, StV 2006, 73 ff.; BGHR MRK Art. 6 Abs. 1 S. 1 Verfahrensverzögerung 25; BGHR MRK Art. 6 Abs. 1 S. 1 Verfahrensverzögerung 29). Unzulässiges Verhalten seines Bevollmächtigten ist ihm regelmäßig zuzurechnen. Die Nutzung aller verfügbaren Verteidigungsrechte darf dem Beschuldigten im Strafverfahren hingegen nicht zum Nachteil gereichen (EGMR 11.12.2003 – 50064/99 Rn. 56 – Girardi; EGMR 8.12.1983 – 7984/77 Rn. 34, NJW 1986, 2177 – Pretto ua; BVerfG 17.9.2008 – 2 BvR 2044/07 Rn. 90; BGH 18.6.2009 – 3 StR 89/09, StV 2010, 228). Verzögerungen, die auf zulässigem Prozessverhalten beruhen, bleiben daher außer Ansatz und können auch dem Staat nicht angelastet werden (EGMR (GK) 25.6.2019 – 41720/13 Rn. 211 – Nicolae Virgiliu Tănase; BGH 5.12.2012 – 1 StR 531/12, NStZ-RR 2015, 203). 90

Praktische Probleme kann die Abgrenzung von (vermeintlichem) relevantem Rechtsmissbrauch und zulässiger Geltendmachung von Verfahrensrechten bereiten (vgl. im Einzelnen *Meyer* in SK-StPO EMRK Art. 6 Rn. 286 ff.; *Senge* FS Nehm, 2006, 347 ff.; *Esser* in Löwe/Rosenberg EMRK Einl. Abschn. H Rn. 40 ff.). Tendenzen zu Bewertungsverschiebungen in der strafgerichtlichen Rechtsprechung schlagen hier zum Nachteil des Beschuldigten durch. Eine aktive, verfahrensfördernde Zusammenarbeit mit den Behörden kann keinesfalls verlangt werden (EGMR 15.7.1982 – 8130/78 Rn. 82, EuGRZ 1983, 371 – Eckle). Fehlende Absprachebereitschaft darf dem Betroffenen mithin nicht angelastet werden. Selbst eine bewusste Verschleppung schließt die Berufung auf das Recht als solches nicht aus (*Mansdörfer* GA 2010, 153 (163); aA BGH 16.6.2005 – 1 StR 152/05, NJW 2005, 2791). Die EMRK kennt die Rechtsfigur der Verwirkung nicht (zur Rechtsprechung des EGMR, *Gaede* S. 775 ff.). Im Zivilverfahren bestehen dagegen größere Pflichten zur Verfahrensförderung. Die Parteien müssen eine verfahrensangemessene *(natural and understandable)* Sorgfalt wahren.

Von großer Relevanz ist das **Verhalten der Behörden. Es** wiegt schwerer im Strafverfahren, da es im Zivilverfahren primär Aufgabe der Parteien ist, das Verfahren voranzutreiben (*Peukert* in Frowein/Peukert EMRK Art. 6 Rn. 248). Die Parteimaxime stellt die Behörden aber nicht von jeglicher Verantwortung frei (EGMR 27.4.1989 – 11213/84 Rn. 43 – Neves e Silva; EGMR 4.4.2002 – 45181/99 Rn. 36 – Volkwein). Sie haben die Parteien zur Wahrnehmung ihrer prozessualen Pflichten anzuhalten (EGMR 22.10.2002 – 39197/98 Rn. 40 – Foley). Im **Strafverfahren** verletzen sowohl längere Phasen der Inaktivität ohne Prozessförderung als auch (gezielte) Verschleppung (zB durch verspätete Urteils- 91 zustellung) den Anspruch des Betroffenen auf Verfahrensbeschleunigung (vgl. EGMR (GK) 17.7.2014 – 32541/08 ua Rn. 143 – Svinarenko u. Slyadnev; BGH 14.5.2008 – 3 StR 75/08, HRRS 2008 Nr. 699; 20.6.2007 – 2 StR 493/06, NStZ 2008, 118). Dagegen ist die konsequente Verfolgung des Verfahrensziels auch bei großer Zeitintensität mit dem Beschleunigungsgebot vereinbar. Ein Anspruch auf schnelle Einleitung eines Ermittlungsverfahrens wird verneint (BGH 17.7.2007 – 1 StR 312/07, NStZ 2007, 635; vgl. aber *Mansdörfer* GA 2010, 153). Erforderlich ist bei absehbar umfangreichen Verfahren aber jedenfalls eine umfassende Verhandlungsplanung (BVerfG 29.12.2005 – 2 BvR 2057/05, StV 2006, 81 (85), zum richtigen Umgang mit Umfangssachen *Schmitt* in Meyer-Goßner/Schmitt MRK Art. 6 Rn. 7b). Ein Ausgleich zwischenzeitlich eingetretener Verzögerungen durch staatliche Behörden im Wege der Verfahrensbeschleunigung ist grundsätzlich möglich (EGMR 25.6.1987 – 10256/83 Rn. 23 – Baggetta; *Krehl/Eidam* NStZ 2006, 1 (4); BGH 9.10.2008 – 1 StR 238/08, wistra 2009, 147 (148)); beispielhafte Beschleunigungsmittel wären Bestellung eines Pflichtverteidigers (ggf. auch zusätzlich zu einem anderen Pflicht- oder Wahlverteidiger), Verfahrenstrennung, Vermittlung zwischen den Interessen mehrerer Beschuldigter. Verzögerungen während einzelner Verfahrensabschnitte begründen keine unzulässige Verzögerung, soweit das Verfahren insgesamt in angemessener Zeit abgeschlossen wird (BGH 9.10.2008 – 1 StR 238/08, StraFo 2008, 513). Das Durchschreiten des Instanzenzugs führt als solches nicht zu unzulässiger Verzögerung (BVerfG 5.2.2003 – 2 BvR 29/03, NJW 2003, 2228; BGH 7.2.2006 – 3 StR 460/98, NJW 2006, 1529); allenfalls bei schweren, kaum verständlichen Justizfehlern (EGMR 31.5.2001 – 37591/97 Rn. 41, NJW 2002, 2856 – Metzger; BVerfG 25.7.2003 – 2 BvR 153/03, NJW 2003, 2897; BGH 11.9.2008 – 3 StR 358/08, NStZ 2009, 104; *Maier/Percic* NStZ-RR 2009, 297 (300)) wie mehrfachen Aufhebungen und Zurückverweisungen in derselben Sache, die durch wiederholte tatgerichtliche Verfahrensfehler verursacht wurden (BGH 15.1.2009 – 4 StR 537/08, NStZ 2009, 472).

92 Chronische, dh nicht bloß kurzfristige, unvorhersehbare **Überlastungen der Gerichte,** strukturelle Mängel und Fehler innerhalb organisatorischer Einheiten gehen zu Lasten des Staates (BGHR MRK Art. 6 Abs. 1 Verfahrensverzögerung 24; BGHR MRK Art. 6 Abs. 1 Verfahrensverzögerung 4; BGH 24.1.2006 – 4 StR 456/05, wistra 2006, 226; OLG Hamm 1.3.2012 – 3 Ws 37/12; weitere Beispiele aus der Rechtsprechung zu verspäteten Revisionsvorlagen, Überlastung und Untätigkeit der Staatsanwaltschaft bei *Maier/Percic* NStZ-RR 2009, 297 (301)). Dieser steht in der Pflicht, (ggf. kurzfristig und flexibel) Abhilfe zu schaffen und ein Gerichtssystem einzurichten, das die Einhaltung des Beschleunigungsgebots garantiert (EGMR 27.6.1997 – 19773/92 Rn. 40 – Philis; EGMR 25.2.2000 – 29357/95 Rn. 75, NJW 2001, 211 – Gast u. Popp; EGMR 31.5.2001 – 37591/97 Rn. 42, NJW 2002, 2856 – Metzger; *Peters/Altwicker* EMRK § 19 Rn. 53). Schwierigkeiten bereiten in der Praxis Rechts- und Amtshilfe. Der ersuchende Staat muss sich Verzögerungen im ersuchten Staat grundsätzlich nicht zurechnen lassen (EGMR 19.10.2000 – 27785/95 Rn. 150f. – Wloch; EGMR 2.8.2000 – 32675/96 Rn. 20 – Ikanga; diff. *Trechsel* S. 148; zur Übernahme eines verzögerten Verfahrens BGH 23.8.2011 – 1 StR 153/11, NStZ 2012, 152). Andererseits lässt sich anknüpfend an die Stojkovic-Entscheidung (→ Rn. 36) geltend machen, dass einen ersuchenden Konventionsstaat eine originäre Pflicht trifft, auf eine zügige Erledigung zu drängen. Im Übrigen sieht das EU-Recht mittlerweile enge Erledigungsfristen vor, welche die Bearbeitungszeiten zwischen EU-Mitgliedstaaten dramatisch verkürzt haben.

Diese Bewertungskriterien werden bei **Strafverfahren** insgesamt **strenger** gehandhabt als bei Zivilverfahren. Geringfügige Verzögerungen genügen nicht. Bei Bußgeldverfahren ist die geringere psychische Belastung bei der Bewertung des Ausmaßes der Untätigkeit zu beachten (BGHR MRK Art. 6 Abs. 1 S. 1 Verfahrensverzögerung 20). Eine besondere Bedeutung für den Beschwerdeführer entspringt beispielsweise der Inhaftierung anlässlich eines Strafverfahrens. Bei Haftsachen hat das Beschleunigungsgebot besonderes Gewicht. Art. 5 Abs. 3 S. 2 EMRK enthält diesbezüglich eine Spezialvorschrift, die wegen der Freiheitsentziehung auf Verdachtsbasis im Vergleich strenger zu handhaben ist als Art. 6 EMRK. Die Anforderungen steigen mit Dauer der Haft. Vermeidbare (eingetretene oder absehbare) erhebliche Verfahrensverzögerungen können die **Aufhebung der Untersuchungshaft** erforderlich machen (BVerfG 29.12.2005 – 2 BvR 2057/05, StV 2006, 81 (84 f.); OLG Stuttgart 26.8.2013 – 1 Ws 166/13, StV 2014, 752). Von gesteigerter Bedeutung ist das generelle Rehabilitationsinteresse bei schwerkranken Angeklagten (EGMR 7.2.2002 – 44070/98 Rn. 40 – Beljanski). Sensibel sind ferner familienrechtliche Angelegenheiten oder Streitigkeiten, die wie Rente oder kündigungsrechtliche Fragen den Lebensunterhalt betreffen. Gleiches wird bei Verletzung von Konventionsrechten wegen Diskriminierung angenommen (EGMR 17.7.2008 – 15766/03 Rn. 48 – Orsus ua; mit weiteren Beispielen *Peukert* in Frowein/Peukert EMRK Art. 6 Rn. 262). 93

Angesichts der Häufigkeit und des systematisch-strukturellen Charakters überlanger Verfahren in vielen Vertragsstaaten hat sich der EGMR wiederholt intensiv mit der **Bewältigung der Rechtsverletzungen** befasst und eine Überholung der inadäquaten Gesetzgebung und ineffizienten Justizverwaltung angemahnt (EGMR 28.7.1999 – 34884/97 – Bottazzi; EGMR 6.10.2005 – 23032/02 Rn. 93 – Lukenda (Italien u. Slowenien); EGMR 2.9.2010 – 46344/06, NJW 2010, 3355 – Rumpf). Der EGMR hat effektive Prävention insgesamt als beste Lösung des Problems ausgemacht (EGMR (GK) 29.3.2006 – 36813/97 Rn. 182 ff., NJW 2007, 1259 – Scordino) und fordert einen Rechtsbehelf, um das Verfahren beschleunigen zu können. Neben der Einführung dieses Rechtsbehelfs verlangt der EGMR ein Mindestmaß an staatlichem Rechtsfolgenausgleich (EGMR (GK) 26.10.2000 – 30210/96 Rn. 152 ff., NJW 2001, 2694 – Kudla). Die Nichtgewährung eines solchen Rechtsbehelfs zur Verhinderung überlanger zivilgerichtlicher Verfahren oder zur Kompensation des verursachten Schadens begründet zusätzlich eine Verletzung von Art. 13 EMRK (→ Art. 13 Rn. 54 ff.; EGMR 8.6.2006 – 75529/01 Rn. 115, NJW 2006, 2389 – Sürmeli; EGMR (GK) 26.10.2000 – 30210/96 Rn. 149, NJW 2001, 2694 – Kudla). Deutschland hat hierauf mit der Schaffung eines Gesetzes zum Rechtsschutz bei überlangen Gerichtsverfahren und strafrechtlichen Ermittlungsverfahren (ÜGRG) reagiert (→ Rn. 96). 94

d) Kompensation. Bei exzessiven Verletzungen ist Schadensersatz unausweichlich (EGMR (GK) 29.3.2006 – 36813/97, NJW 2007, 1259 – Scordino). Im Strafverfahren sind grundsätzlich eine (ausdrücklich oder der Sache nach) Anerkennung der Verletzung und die Festlegung einer Kompensation erforderlich (*Meyer* in SK-StPO EMRK Art. 6 Rn. 295 ff.). Eine Strafmilderung sieht der EGMR als adäquates Mittel an (EGMR 15.7.1982 – 8130/78, EuGRZ 1983, 371 – Eckle; EGMR 26.6.2001 – 26390/95 – Beck; EGMR 12.6.2008 – 32071/04 – Menelaou). Eine Geldentschädigung wurde vom EGMR ebenfalls als Kompensation akzeptiert (EGMR 28.2.2003 – 68874/01 – Caldas Ramirez de Arellano). In eng begrenzten Ausnahmefällen kann auch die bloße Feststellung der 95

Konventionsverletzung genügen. Eine den Betroffenen begünstigende Entscheidung ohne Feststellung reicht indessen nicht. Auch die Feststellung ist in der Regel nur die Vorstufe für anschließende Ausgleichsmaßnahmen (EGMR (GK) 29.3.2006 – 64897/01 Rn. 73, 97 ff. – Ernestina Zullo). Eine Einstellung oder die Annahme eines Verfahrenshindernisses sollen indessen wegen der betroffenen öffentlichen Interessen nur in besonderen Ausnahmefällen in Betracht gezogen werden müssen. Der Betroffene muss alle effektiven inländischen Rechtsmittel erschöpfen, um eine Kompensation zu erreichen, bevor er statthaft Individualbeschwerde erheben darf; dies gilt sogar für Rechtsbehelfe, die erst nach ihrer Einlegung neu eingeführt werden (EGMR 15.1.2015 – 62198/11 Rn. 126 – Kuppinger).

96 Für Deutschland wurde durch das ÜGRG wurde eine **allgemeine Entschädigungsklage** für alle Gerichtsbarkeiten (zur jeweiligen Praxis *Steinbeiß-Winkelmann/ Sporrer* NJW 2014, 177 (178, 179 ff.); für Strafverfahren *J. Schmidt* S. 98 ff. und *Kolleck-Feser* S. 121 ff., 127 ff.) inkl. der Verfassungsgerichtsbarkeit (vgl. §§ 97 a ff. BVerfGG) eingeführt. Nach § 198 Abs. 1 u. 2 GVG können Verfahrensbeteiligte eine angemessene Entschädigung für alle Nachteile erlangen, die sie infolge unangemessener Verfahrensdauer erleiden. Der Regelsatz für den immateriellen Verzögerungsschaden liegt bei 1.200 EUR pro Verzögerungsjahr, § 198 Abs. 2 S. 3 GVG. Voraussetzung ist stets die rechtzeitige Erhebung einer Verzögerungsrüge vor dem verfahrensführenden Gericht, § 198 Abs. 3 GVG. Abs. 4 regelt die Wiedergutmachung auf andere Weise, insbes. durch Feststellung der Unangemessenheit durch das Entschädigungsgericht, die neben oder anstelle der Entschädigung ausgesprochen werden kann. Die Ausschöpfung des Rechtswegs vor der Beschwerde zum EGMR erfordert danach die rechtzeitige Verzögerungsrüge und Erhebung der Entschädigungsklage gem. § 198 GVG (EGMR 29.5.2012 – 53126/07 Rn. 43, NVwZ 2013, 47 – Taron; bzgl. der Verfassungsbeschwerde BVerfG 4.6.2018 – 1 BvR 1928/16 Rn. 17). Der EGMR prüft dann, ob die Praxis den EMRK-Anforderungen genügt (grundsätzlich bestätigend EGMR 6.10.2016 – 23280/08 u. 2334/10 Rn. 100 – Moog; EGMR 15.1.2015 – 62198/11 Rn. 126 – Kuppinger; EGMR 29.5.2012 – 53126/07 Rn. 40, NVwZ 2013, 47 – Taron).

97 Für **strafrechtliche Verfahren** erfolgt die Kompensation auch nach Einführung der Entschädigungsklage wie bereits zuvor über die Vollstreckungslösung, § 199 Abs. 3. GVG (BT-Drs. 17/3802, 24; *Gercke/Heinisch* NStZ 2012, 300). Sie ist von Amts wegen vorzunehmen. Eine Verzögerungsrüge ist nicht erforderlich (*Barthe* in KK-StPO GVG § 199 Rn. 4; *Graf* NZWiSt 2012, 121 (126 f.)).
Verletzungen des Beschleunigungsgebots waren nach dem BGH zunächst unter Abwägung aller Umstände des Einzelfalls durch ausdrückliche Feststellung des Verstoßes im Urteil und erforderlichenfalls durch eindeutige und messbare Minderung der Strafe zu kompensieren. Diese sog. Strafzumessungslösung (frühere stRspr seit BGHSt 24, 239 ff.) wurde von der Vollstreckungslösung (BGHSt 52, 124 (142 f.); dazu *Kraatz* JR 2008, 189 (191 ff.); abl. *Gaede* JZ 2008, 422; *Paeffgen* StV 2007, 487 ff.) abgelöst, nach welcher der Ausgleich nicht mehr durch einen kompensierenden Abzug von der eigentlich schuldangemessenen Strafe erfolgt, sondern indem in der Urteilsformel ein beziffterer Teil der verhängten schuldangemessenen Strafe für bereits vollstreckt erklärt wird. Diese Rechtsprechungsänderung erwies sich als notwendig, um gesetzlich vorgegebene Mindeststrafen nicht anzutasten und gleichzeitig die gebotene Kompensation vornehmen zu können. Sie überwindet die Vermischung von Strafzumessung und Wiedergutmachung für erlittenes Verfahrensunrecht (BGHSt 52, 124 (138); *Volkmer* NStZ 2008, 608). Der genuin

schuldausgleichende Aussagegehalt des Strafausspruchs bleibt gewahrt und lässt die Frage der Kompensation schuldexterner rechtsstaatswidriger Belastungen unberührt (*Streng* JZ 2008, 979 (981); schon zuvor *Wohlers* JR 1994, 138 (142)). Das Beruhen der Verzögerung auf rechtswidrigem Verhalten der staatlichen Organe ist ein selbstständiger Gesichtspunkt, der außerhalb der Strafzumessung auf Vollstreckungsebene zu beurteilen ist (BGH 21.10.2008 – 4 StR 364/08, NJW 2009, 307).

Im Übrigen verweist § 199 Abs. 1 GVG für das Strafverfahren auf § 198 Abs. 2–4 GVG (zu den rügeberechtigten Beteiligten, *Barthe* in KK-StPO GVG § 199 Rn. 4f.), wenn keine Kompensation durch das verfahrensführende Gericht erfolgt bzw. möglich ist. Dies betrifft zB Vermögensschäden oder immaterielle Schäden, die von der Vollstreckungslösung nicht erfasst werden können (→ Rn. 99).

Ob und in welchem Umfang die **Vollstreckungslösung** zum Einsatz kommt, **98** wird maßgeblich durch das **Gewicht des Verstoßes** und/oder seiner **Folgen für den Angeklagten** bestimmt. Bei nicht gravierenden Verfahrensverzögerungen kann die Feststellung des Vorliegens eines Verstoßes aus Sicht des BGH ausreichend sein (BGHSt 52, 124 (146); BGH 27.7.2012 – 1 StR 218/12, NStZ 2012, 653: Verzögerung allenfalls 6 Monate und keine ersichtlichen Nachteile; OLG Hamm 11.4.2013 – 1 RVs 18/13: 9 Monate Verzögerung; *Schmitt* in Meyer-Goßner/ Schmitt MRK Art. 6 Rn. 9a; aA *Gaede* FG Fezer, 2008, 21 (41)). Bei gravierenden Verstößen und/oder erheblichen Folgen für den Angeklagten ist hingegen eine Minderung der Sanktionsfolgen geboten, die auf Antrag der GenStA in entsprechender Anwendung von § 354 Abs. 1a StPO durch das Revisionsgericht selbst vorgenommen werden kann. Für die **Umrechnung** der Verfahrensverzögerung in den für vollstreckt zu erklärenden Teil der Strafe gibt es keine festen, generalisierbaren Maßstäbe. Anders als bei § 51 StGB für die U-Haft bestimmt der Umfang der Verzögerung nicht unmittelbar das Maß der Anrechnung (BGHSt 52, 124 (146f.); BGH 23.8.2007 – 3 StR 50/07, NJW 2007, 3294). Regelmäßig wird sich die Minderung auf einen geringen Teil der Verzögerung beschränken (*Lohse/Jakobs* in KK-StPO EMRK Art. 6 Rn. 50; OLG Düsseldorf 1.3.2012 – 3 RVs 31/12, NStZ 2012, 703: 5 Monate Reduzierung bei 18 Monaten Verzögerung). Zu beachten ist bei der Bemessung, dass die Gesamtverfahrensdauer und damit verbundene Belastungen zumeist bereits mildernd bei der Strafbemessung einfließen, so dass allein über einen eigenständigen Ausgleich für die rechtsstaatswidrige Verursachung der Verzögerung zu befinden bleibt. Entscheidend sind die Umstände des Einzelfalls in der Gesamtwürdigung, unter denen der BGH – einschließlich der allgemeinen Kriterien – den Umfang der staatlich zu verantwortenden Verzögerung, das Maß des Fehlverhaltens der Strafverfolgungsorgane sowie die jeweiligen (konkreten) Auswirkungen all dessen auf den Angeklagten hervorhebt (BGHSt 52, 124 (146); BGH 17.1.2008 – GSSt 1/07, NStZ 2008, 234 (236); 6.3.2008 – 3 StR 514/07, NStZ 2008, 478; 23.8.2007 – 3 StR 50/07, NJW 2007, 3294; 25.6.2009 – 2 StR 113/09, HRRS 2009 Nr. 756). Der konkrete Bezug zur jeweiligen Situation des Angeklagten und deren separate Prüfung können bei mehreren Angeklagten zu Unterschieden bei der Kompensation trotz gleicher Verfahrensverzögerung führen (BGH 21.10.2008 – 4 StR 364/08, NJW 2009, 307 (308)). Bei Gesamtstrafen wird die Kompensation nur auf diese bezogen, da nur sie Grundlage der Vollstreckung ist (BGHSt 52, 124 (147); vgl. OLG Rostock 23.8.2012 – I Ws 155/12 zur Kompensation bei Bildung verschiedener neuer Gesamtstrafen).

Eine lange Verfahrensdauer und große Abstände zwischen Straftat und Aburteilung bleiben daneben unabhängig vom Vorliegen eines sachlichen Grundes für die Verfahrensdauer bzw. deren konventionswidrige Verursachung (weiterhin) gesondert zu behandelnde Strafzumessungsfaktoren (BGH 17.1.2008 – GSST 1/07, NJW 2008, 860 (865)).

99 Schwierigkeiten bereiten bei der Vollstreckungslösung **Freisprüche**, erzieherisch gebotene **Jugendstrafen** oder lebenslange Freiheitsstrafen (*Volkmer* NStZ 2008, 608 (609)). Bei **lebenslanger Freiheitsstrafe** ist eine Kompensation wegen des gesetzgeberischen Willens, der dieser Strafdrohung absoluten Vorrang vor besonderen Milderungsumständen im Einzelfall einräumt, nur in besonders gelagerten Ausnahmefällen möglich (BGH 7.2.2006 – 3 StR 460/98, NJW 2006, 1529 (1535)). Der EGMR verlangt indessen auch bei lebenslangen Freiheitsstrafen eine angemessene Wiedergutmachung (EGMR 22.1.2009 – 45749/06 Rn. 85f., StV 2009, 561 – Kaemena u. Thöneböhn). So könnte bezüglich der Mindestverbüßungsdauer gem. § 57a Abs. 1 Nr. 1 StGB ein Kompensationsanteil als vollstreckt erklärt werden (BGHSt 52, 124 (136); zust. EGMR 22.1.2009 – 45749/06 Rn. 86f., StV 2009, 561 – Kaemena u. Thöneböhn). Besondere Anforderungen werden ferner in Jugendsachen gestellt (BGH 27.11.2008 – 5 StR 495/08, NStZ 2010, 94 (95)). Selbst eine eigentlich gebotene Kompensation könne nicht dazu führen, dass es zu einer Unterschreitung des erzieherisch gebotenen Maßes einer Jugendstrafe und damit einer Gefährdung des Erziehungsziels kommt (BGH 3.12.2002 – 3 StR 417/02, StV 2003, 388; 5.12.2002 – 3 StR 417/02, NStZ 2003, 364). Hier besteht aus rechtlichen Gründen ein Aufrechnungsverbot. Auch bei **Freisprüchen** lässt sich über die Vollstreckungslösung keine Kompensation erreichen. Für diese Fälle steht mit § 199 GVG nunmehr ein adäquater Rechtsbehelf zur Verfügung, um eine Wiedergutmachung zu erstreiten. Dieser schließt frühere Rechtsbehelfsimprovisationen aus (vgl. zur früheren Praxis *Broß* StraFo 2009, 10 (15); sa *Volkmer* NStZ 2008, 608 (609): öffentlich-rechtlicher Folgenentschädigungsanspruch wegen Unmöglichkeit der Folgenbeseitigung vor den Verwaltungsgerichten; zur Verdrängung der Untätigkeitsbeschwerde in Strafvollzugssachen, OLG Hamburg 19.3.2012 – 3 VollZ(Ws) 9/12, NStZ 2012, 656).

100 Der **unbestimmte Rechtsbegriff der unangemessenen Dauer** in § 198 Abs. 1 S. 1 GVG ist unter Rückgriff auf die vom EGMR entwickelten Grundsätze auszufüllen (BGH 14.11.2013 – 3 ZR 376/12, NJW 2014, 220 (222)), was kaum Schwierigkeiten bereiten sollte. Die Kriterien zu Beginn und Umfang des Bemessungszeitraums decken sich mit der EGMR-Rspr. Feste Zeitgrenzen sieht das Fallrecht des EGMR ebenfalls nicht vor. Im Einklang damit orientiert sich auch die deutsche Praxis nicht an statistischen Durchschnittswerten für normale Verfahrensdauern und hinzunehmende Ruhensphasen (BGH 14.11.2013 – 3 ZR 376/12, NJW 2014, 220 (222)). Gerichten ist mit Blick auf Art. 97 GG nicht nur angemessene Vorbereitungs- und Bearbeitungszeit zu belassen, sondern auch erheblicher Gestaltungsspielraum einzuräumen, wie und in welcher Reihenfolge die anfallenden Rechtssachen erledigt werden. Die Angemessenheit muss sich vielmehr am Einzelfall ausrichten und ist aus *ex ante*-Sicht zu betrachten (vgl. BGH 14.11.2013 – 3 ZR 376/12, NJW 2014, 220; zu den Grenzen des Richterspruchprivilegs bei der Amtshaftung, BVerfG 22.8.2013 – 1 BvR 1067/12, NJW 2013, 3630). Dabei sind die in § 198 Abs. 1 S. 2 GVG beispielhaft genannten und mit der EMRK konformen Umstände zu berücksichtigen. Ebenfalls keine Probleme wirft es grundrechtsdogmatisch auf, eine gewisse Schwere der Belastung zu verlangen.

101 Die Annahme eines **Verfahrenshindernisses** oder ein **Absehen von Strafe** kommt nur in extrem gelagerten Ausnahmefällen in Betracht (BGHSt 21, 81; 35, 137 (140); 46, 159, (168ff.); OLG Jena 6.9.2011 – 1 Ws 394/11; *Schmitt* in Meyer-Goßner/Schmitt MRK Art. 6 Rn. 9). Lediglich bei tiefgreifenden Verletzungen des

Recht auf ein faires Verfahren **Art. 6 EMRK**

Beschleunigungsgebots wird ein Zwang zum Absehen von Strafe oder zur Verfahrenseinstellung wegen eines Verfahrenshindernisses gem. § 206a StPO (BVerfG 5.2.2003 – 2 BvR 327/02, NJW 2003, 2225f.; OLG Rostock 24.3.2010 – 1 Ss 8, 11/10, StV 2011, 220) bzw. unter Rückgriff auf §§ 153ff. StPO bejaht (BVerfG 21.6.2006 – 2 BvR 750/06, 752/06 und 761/06, NStZ 2006, 680 (681); BGH 4.9.2002 – 5 StR 216/02), weil das Recht auf einen rechtsstaatlichen, fairen Prozess wegen des Ausmaßes der Verzögerung nicht mehr in hinreichendem Maß durch Rückgriff auf alternative Kompensationsmöglichkeiten gewährleistet werden kann (vgl. *Krehl/Eidam* NStZ 2006, 1 (9f.); BGHSt 35, 137f.; 46, 159, (169f.)). In zwei jüngeren Fällen haben Strafgerichte ein Verfahrenshindernis angenommen. Gründe waren das lange Zurückliegen der Straftat, das Ausbleiben angemessener Verfahrensförderung für 7 Jahre, die maximale Strafandrohung der jeweiligen Straftat sowie die Verjährungsfrist (OLG Rostock 24.3.2010 – 1 Ss 8, 11/10, StV 2011, 220 (222)) bzw. der außergewöhnliche Umstand, dass die bei zeitgerechter Durchführung der Hauptverhandlung zu erwarten gewesene schuldangemessene Strafe durch die anzurechnenden Haftzeiten sowie die nach der Vollstreckungslösung für vollstreckt zu erklärende Zeit schon vor Verfahrensabschluss erreicht bzw. sogar übertroffen wurde (LG Bremen 22.11.2010 – 5 (22) KLs 30 Js 41576/94, StV 2011, 223).

Im Unionsrecht verfolgt der EuGH einen ähnlich differenzierten Ansatz bei Verletzungen von Art. 47 Abs. 2 GRCh (EuGH 26.11.2013 – C-58/12 P, EuZW 2014, 142 – Groupe Gascogne SA). Ursprünglich sollten Verzögerungen zu einer Herabsetzung verhängter Geldbußen führen (EuGH 7.12.1998 – C-185/95, Slg. 1998, I-8417 Rn. 26 = NJW 1999, 3548 – Baustahlgewerbe). Nunmehr erfolgt neben der Feststellung der Verfahrensverzögerung im betroffenen Verfahren eine Verweisung auf Schadensersatzverfahren gegen die EU gem. Art. 340 Abs. 2 AEUV (zu Vor- und Nachteilen, *Scheel* EuZW 2014, 138 (140f.)). Jedoch schließt der EuGH ebenfalls nicht aus, dass eine Verzögerung auch zur Aufhebung der betroffenen Entscheidung wegen Nichtigkeit führen kann, wenn eine unangemessene Dauer sich auf das Ergebnis des Verfahrens ausgewirkt hat und insbes. Verfahrensrechte des Betroffenen verkürzt wurden. **102**

e) Revision. Bei der revisionsrechtlichen Überprüfung legt der BGH einen **103** strengen Maßstab an und verlangt den Tatgerichten einen hohen Begründungsaufwand ab, wenn diese relativ weitgehende Abschläge vornehmen (BGH 7.8.2008 – 3 StR 201/08, wistra 2008, 465; 7.1.2009 – 3 StR 511/08, HRRS 2009 Nr. 392). Das zuständige Gericht muss in den Urteilsgründen nachvollziehbare Feststellungen zu Art, Ausmaß und Ursachen der Verfahrensverzögerungen treffen. Dies schließt die Benennung verfahrensfördernder Maßnahmen sowie die Bezeichnung der bei richtiger Sachbehandlung erforderlichen Zeitspannen ein. Die Angaben müssen den Rechtsmittelgerichten die Beurteilung ermöglichen, ob eine Verfahrensverzögerung, ihr Umfang und die vorgenommene Kompensation rechtsfehlerfrei ermittelt wurden (BGH 7.8.2008 – 3 StR 201/08, NStZ-RR 2008, 368 (369)). Die Revisionsgerichte prüfen, ob die konkrete Kompensation den Umständen des Einzelfalls gerecht wird. Die Überschreitung des tatrichterlichen Bewertungsspielraums führt zu einem revisiblen Rechtsfehler.

Zu rügen ist die rechtswidrige Verfahrensverzögerung regelmäßig mit der **Ver- 104 fahrensrüge** (BGH 13.11.2003 – 5 StR 376/03, NStZ 2004, 639; zu den Zulässigkeitsanforderungen zur Darstellung des Verfahrensablaufs BGH 13.9.2005 – 4 StR 273/05, HRRS 2005 Nr. 849; 17.12.2003 – 1 StR 445/03, NStZ 2004, 504; 20.3.2008 – 1 StR 488/07, NJW 2008, 2451 (2452f.); *Maier/Percic* NStR-RR

2009, 329 (334)). Der Revisionsführer muss ein detailliertes, wirklichkeitsgetreues Bild des Verfahrensgangs nachzeichnen. Abstrakte Bezüge auf die Gesamtdauer und einzelne Verfahrensabschnitte genügen nicht (vgl. BGH 18.11.2008 – 1 StR 568/08, StV 2009, 118). Die Revisionsgerichte stellen hohe Anforderungen an Umfang und Genauigkeit (KG 24.9.2013 – 121 Ss 136/13, NStZ-RR 2013, 172). Unklar ist, inwiefern die Angabe von Negativtatsachen zu fehlenden Kompensationsleistungen erforderlich ist. Unschädlich ist deren Nichtangabe dann, wenn die Relevanz von Förderungsmaßnahmen nach den Gesamtumständen von vornherein ausgeschlossen werden kann.

105 Verletzungen der sachlich-rechtlichen Erörterungspflicht und der Reichweite der sachlich-rechtlichen Prüfungspflichten im instanzgerichtlichen Urteil können mit der **Sachrüge** geltend gemacht werden (BGHSt 49, 342; BGH 25.10.2005 – 4 StR 139/05, NStZ-RR 2006, 50); insbes. wenn sich schon aus den Urteilsgründen „deutlichste" Anhaltspunkte für die Prüfung einer Verfahrensverzögerung ergeben (BGHSt 49, 342; BGH 17.4.2007 – 5 StR 541/06, NStZ 2007, 539; KG 24.9.2013 – 121 Ss 136/13, NStZ-RR 2013, 172: „sich aufdrängen"). Einen Erörterungsmangel begründet auch die Nichterwähnung der langen Zeitspanne zwischen Tat und Urteil als Strafmilderungsgrund (BGH 4.8.2009 – 5 StR 253/09, NStZ 2010, 230).

106 Ist ein Verstoß aus dem Urteil ersichtlich, ist eine eigene **Entscheidung des Revisionsgerichts** nach §§ 354, 354 Abs. 1a StPO zur Vermeidung weiterer Verzögerungen durch Feststellung einer Kompensation als vollstreckt geltenden Strafe (BGH 24.6.2020 – 2 StR 443/19 Rn. 3ff.; BGH 3.4.2008 – 1 StR 105/08, wistra 2008, 304; 13.6.2008 – 5 StR 111/08, HRRS 2008 Nr. 1018; 6.3.2008 – 3 StR 376/07, wistra 2008, 303) oder durch bloße Nachholung der Feststellung eines Verstoßes (BGH 21.2.2008 – 4 StR 666/07, HRRS 2008 Nr. 427; BGH 13.5.2008 – 2 StR 200/08, NStZ 2008, 287), falls diese zur Kompensation ausreicht, möglich. Der BGH entscheidet bisweilen auch bei Unklarheit der Urteilsgründe zur Einschätzung der Rechtswidrigkeit der überlangen Dauer und ihrer etwaigen Bewertung im instanzgerichtlichen Urteil selbst. Auch nach Erlass des tatrichterlichen Urteils eintretende Verzögerungen können in der Revisionsinstanz von Amts wegen berücksichtigt werden (BGH 3.4.2008 – 1 StR 105/08), wenn sie nach Ablauf der Revisionsbegründungsfrist eingetreten sind (BGH 2.8.2000 – 3 StR 502/99, NStZ 2001, 52). Grundsätzlich ist die Entscheidung über die Kompensation eines Verstoßes aber dem Tatrichter vorbehalten (BGH 16.6.2009 – 3 StR 173/09, wistra 2009, 347). Bei erfolgreicher Revision ist das Urteil aufzuheben und die Sache zurückzuverweisen.

107 **4. Effektiver Vollzug gerichtlicher Entscheidungen.** Art. 6 Abs. 1 EMRK vermittelt einen Anspruch auf effektive Durchsetzung gerichtlicher Entscheidungen. Die Durchsetzung einer Entscheidung ist wesentliches Teilelement effektiven Rechtsschutzes (EGMR 7.5.2002 – 59498/00 Rn. 34 – Burdov; EGMR (GK) 29.3.2006 – 36813/97 Rn. 196, NJW 2007, 1259 – Scordino). Die Garantien des Art. 6 EMRK wären illusorisch, würden nationale Behörden rechtskräftige gerichtliche Entscheidungen nicht beachten und umsetzen (EGMR (GK) 8.4.2004 – 71503/01 Rn. 182, NJW 2005, 2207 – Assanidze). Ihre wirksame Implementierung ohne unangemessene Verzögerungen ist notwendige Folgepflicht der Gewährung essenzieller Verfahrensgarantien auf dem Weg zu dieser Entscheidung (EGMR 21.12.2004 – 34297 Rn. 73 – Derkach u. Palek; EGMR 15.1.2009 – 33509/04 Rn. 35 ff. – Burdov; *Meyer-Ladewig/Harrendorf/König* in HK-EMRK Art. 6

Rn. 51). Richtet sich ein Urteil gegen staatliche Instanzen, ist der Verweis auf ein separates zusätzliches Vollstreckungsverfahren unzulässig (EGMR 15.1.2009 – 33509/04 Rn. 68 – Burdov). Die staatlichen Behörden trifft eine direkte Pflicht zur Befolgung der Entscheidung (EGMR 19.3.1997 – 18357/91 Rn. 41, ÖJZ 1998, 236 – Hornsby). Richtet sich das Urteil gegen Private, müssen die staatlichen Behörden angemessene Abhilfe- und Durchsetzungsmaßnahmen verfügbar machen (*Meyer-Ladewig/Harrendorf/König* in HK-EMRK Art. 6 Rn. 51).

Nichtbeachtung oder Verzögerungen bei der Durchsetzung zivilgerichtlicher Entscheidungen vor allem gegen staatliche Instanzen sind in einigen Teilen Osteuropas endemisch (*Jacobs/White/Ovey* S. 286 mwN; EGMR 21.12.2006 – 17133/04 – Ldokova; EGMR 10.8.2006 – 20745 – Yavorskaya). In einem Pilotverfahren wurde unlängst Russland zur Einführung effektiver Mechanismen zur Durchsetzung finanzieller Entschädigungsansprüche gegen die öffentliche Hand sowie zur Gewährung der Leistung binnen eines Jahres verurteilt (EGMR 15.1.2009 – 33509/04 – Burdov). 108

Zum effektiven Vollstreckungsschutz zählt auch der nach Rechtskraft bestehende **Schutz gegen (willkürliche) Aufhebung oder Wiederaufnahme,** vor allem über außerordentliche, jederzeitige Rechtsbehelfe für bestimmte Vertreter öffentlichen Interesses (EGMR (GK) 29.10.1999 – 28342/95 Rn. 61 – Brumarescu; EGMR 24.7.2003 – 52854/99 Rn. 51 f. – Ryabykh). Als elementarer Teilaspekt der Rechtsstaatlichkeit gebietet die Rechtssicherheit die Achtung der Rechtskraft justizieller Entscheidungen. Ausnahmen können zur Korrektur rechtlicher Fehler oder rechtsmissbräuchlichen Verhaltens zugelassen werden (zB Wiederaufnahmeverfahren), wenn die Korrektur schwerwiegender Mängel sich als zwingend darstellt (*Meyer-Ladewig/Harrendorf/König* in HK-EMRK Art. 6 Rn. 165); nicht jedoch zur bloßen Ergebniskorrektur (EGMR 16.1.2007 – 36492/02 Rn. 20 ff., 23 – Bujnita) oder um einem Beschwerdeführer den Opferstatus vor dem EGMR gezielt zu entziehen (EGMR (GK) 2.11.2010 – 21272/03 Rn. 79 ff. – Sakhnovskiy). 109

II. Recht auf ein faires Verfahren

1. Allgemeine ungeschriebene Teilrechte. Das Recht auf ein faires Verfahren wird in Abs. 1 für den gesamten Anwendungsbereich des Art. 6 EMRK allgemein und umfassend statuiert. Durch Einforderung angemessener Mitwirkungsrechte in einem konfrontativen öffentlichen Verfahren soll es vor Willkür schützen und die Subjektstellung des Betroffenen im Verfahren gewährleisten (*Lohse/Jakobs* in KK-StPO EMRK Art. 6 Rn. 20). Durch Wahrung eines fairen Verfahrensablaufs soll die faire Entscheidungsfindung auch nach außen sichtbar gemacht werden. Zur Erreichung dieser Ziele in ihren vielzähligen, unterschiedlichen Facetten hat das Recht auf ein faires Verfahren mehrere **spezifische Teilrechte** ausgebildet. Zu ihnen zählen va rechtliches Gehör, Waffengleichheit, die Ansprüche auf Akteneinsicht und Begründung von Entscheidungen sowie der *nemo tenetur*-Grundsatz. Die Zuordnung, Abgrenzung und inhaltliche Ausfüllung dieser Garantie gestaltet sich äußerst diffizil und mühselig, da auch das Fallrecht des EGMR keine klaren Ableitungen der Teilrechte liefert, sondern durch kumulative Nennung von Rechtsgrundlagen für bestimmte Rechte bzw. Mehrfachzuordnungen einzelner Rechte und ihrer Ausprägungen Komplexität erst erzeugt. 110

a) Recht auf Gehör. Das Gericht muss den Betroffenen in billiger Weise anhören. Der EGMR hat dieses Recht in vier Teilaspekte ausdifferenziert und präzisiert. 111

EMRK Art. 6

Rechtliches Gehör setzt zunächst voraus, dass der Rechtsinhaber Kenntnis von dem Verfahren erlangt (Möglichkeit zur Kenntniserlangung). Die Justizbehörden haben dies sicherzustellen (EGMR 18.5.2004 – 67972/01 Rn. 72 – Somogyi). Ferner erfordert das Recht auf Gehör, dass in der Sache wirksam „verhandelt wird". Dieser Anspruch enthält eine Reihe kumulativ zu beachtender Ausprägungen, die eine angemessene adversatorische Verfahrensbeteiligung garantieren sollen (EGMR 18.3.1997 – 21497/93 Rn. 33 – Mantovanelli). Der Rechtsinhaber muss sich vor Gericht zu allen erheblichen Rechts- und Tatsachenfragen äußern können und das Recht haben, Beweise in seiner Sache anzubieten (Möglichkeit zur Stellungnahme; EGMR 27.10.1993 – 14448/88 Rn. 33, NJW 1995, 1413 – Dombo Beheer B.V.; EGMR 18.3.1997 – 21497/93 Rn. 33 – Mantovanelli; *Meyer-Ladewig/Harrendorf/König* in HK-EMRK Art. 6 Rn. 101). Ferner muss er Gelegenheit haben, zu Beweismitteln und Vortrag von Prozessgegner oder Strafverfolgungsbehörden Stellung zu beziehen und diese ggf. zu widerlegen oder zumindest zu hinterfragen (EGMR 31.1.2002 – 24430/94 Rn. 41, ÖJZ 2002, 433 – Lanz; EGMR 13.2.2001 – 23541/94 Rn. 39, NJW 2002, 2018 – Garcia Alva). Dies schließt die Offenlegung von Beweismitteln und Kenntnisnahme vom Vortrag der anderen Beteiligten ein (*Villiger* Rn. 488 ff.). Die Informationserlangung wird als Komplement zum rechtlichen Gehör regelmäßig dem Grundsatz der Waffengleichheit zugeordnet. Als dritte Komponente des Rechts auf Gehör hat das Gericht die Ausführungen und Beweisangebote zur Kenntnis zu nehmen und zu prüfen bzw. würdigen (Pflicht zur tatsächlichen Kenntnisnahme und Prüfung; EGMR 19.4.1994 – 16034/90 Rn. 59, ÖJZ 1994, 819 – van de Hurk; EGMR 2.6.2005 – 50372/99 Rn. 25 – Goktepe). In direktem Zusammenhang mit den Rechten auf Stellungnahme, Kenntnisnahme und Prüfung durch das Gericht steht viertens das Erfordernis, eine abschließende und hinreichend begründete Entscheidung zu treffen (sowie deren Durchsetzung, EGMR 29.7.2010 – 36079/06 Rn. 52 – Jafarli ua). Eine Begründung der gerichtlichen Entscheidung wird zwar nicht ausdrücklich in Art. 6 Abs. 1 EMRK gefordert, ist diesem aber als Ausfluss des Rechts auf rechtliches Gehör immanent (EGMR 19.4.1994 – 16034/90 Rn. 61, ÖJZ 1994, 819 – van de Hurk). Die Unanfechtbarkeit eines Urteils entbindet nicht von der Begründungspflicht. Das Recht auf schriftliche Begründung dient nicht exklusiv der Begründung von Rechtsmitteln, sondern schützt gegen Willkür und Voreingenommenheit und stärkt das Vertrauen der Allgemeinheit in die Rechtspflege (EGMR 7.3.2017 – 68939/12 u. 68949/12 Rn. 40 – Cerovšek u. Božičnik).

112 Zur Verwirklichung rechtlichen Gehörs schreibt Art. 6 EMRK den Vertragsstaaten **keine rechtlichen Regeln zu Beweiserhebung und -würdigung** vor (EGMR 18.3.1997 – 21497/93 Rn. 34 – Mantovanelli; EGMR 5.3.2009 – 77144/01 Rn. 41, NJW 2010, 1865 – Colak u. Tsakiridis; allg. *Meyer-Ladewig/Harrendorf/König* in HK-EMRK Art. 6 Rn. 141 f.; *Peukert* in Frowein/Peukert EMRK Art. 6 Rn. 165; zu strengeren Vorgaben im Strafrecht, soweit Unschuldsvermutung, Schweigerecht und besondere Verteidigungsrechte aus Abs. 3 berührt sind, → Rn. 177, 140 ff., 191 ff.). Der EGMR prüft nur, ob das Verfahren insgesamt, einschließlich der Beweisaufnahme, fair war (EGMR (GK) 25.3.1999 – 25444/94 Rn. 45 f., NJW 1999, 3545 – Pélissier u. Sassi; EGMR 12.7.1988 – 10862/84 Rn. 46, NJW 1989, 654 – Schenk; EGMR 22.11.2001 – 39799/98 Rn. 4, NJW 2002, 3087 – Volkmer).

113 Die **Begründung der Entscheidung** muss erkennen lassen, dass sich das Gericht mit den Sachargumenten befasst hat. Das erforderliche Maß bemisst sich nach den streitentscheidenden Rechtsnormen, der konkreten Verfahrensart, der jewei-

ligen Instanz und relativ zum Vortrag der Parteien (*Grabenwarter/Struth* in Ehlers GuG § 6 Rn. 46). Ermessensentscheidungen lösen eine höhere Begründungspflicht aus (EGMR 23.6.1994 – 16997/90 Rn. 55, ÖJZ 1995, 73 – De Moor). Nicht jeder Parteivortrag muss berücksichtigt werden, wohl aber ist auf die Hauptargumente einzugehen (EGMR 24.5.2005 – 61302/00 Rn. 67 – Buzescu). Entscheidungserhebliche (Beweis-)Fragen, die sich nach dem Sachverhalt oder dem Vorbringen der Verteidigung aufdrängen, sind klar und fallspezifisch anzusprechen (EGMR 9.12.1994 – 18390/91 Rn. 29f. – Ruiz Torija; EGMR 15.3.2007 – 19215/04 Rn. 43 – Georghe; EGMR 13.12.2011 – 20883/09 – Ajdaric: widersprüchliche Aussage eines unter psychischen Störungen leidenden Zeugen, EGMR 5.5.2011 – 6642/05 – Ilyadi: Affiliation des Zeugen zur Polizei unklar; EGMR 26.7.2011 – 35485/05 ua – Huseyn ua: wörtlich identische Aussagen mehrerer Polizisten; EGMR 17.10.2013 – 36044/09 – Horvatić: Verlässlichkeit und Genauigkeit spurenkundlicher Sachbeweise; EGMR 25.4.2013 – 51198/08 – Erkapić: heroinabhängige Belastungszeugen mit Persönlichkeitsstörungen auf kaltem Entzug; EGMR 27.10.2020 – 29084/07 u. 1191/08 Rn. 160 – Ayetullah Ay: Heranziehung von Schriftgutachten trotz forensisch-wissenschaftlichen Zweifeln an Vorgehen inkl. unzureichender handschriftlicher Proben). Der EGMR überprüft jeweils nicht die konkrete Beweiswürdigung, sondern beschränkt sich auf die Kontrolle, ob Mindestbegründungsanforderungen für die Gesamtfairness erfüllt sind (EGMR 15.1.2013 – 50054/07– Mitrofan: Anwendbarkeit des angeklagten Straftatbestandes). Diese wäre auch verletzt, wenn es an jeglicher Begründung fehlt oder diese willkürlich erscheint, weil sie evidente faktische order rechtliche Fehler aufweist (EGMR (GK) 11.7.2017 – 19867/12 Rn. 85 – Moreira Ferreira (Nr. 2).

Die Begründung obliegt dem verfahrensleitenden Spruchkörper. Ändert sich die Besetzung des Gerichts im oder nach dem Verfahren, kann eine nachfolgende Begründung diesen Anforderungen unter Umständen nicht mehr genügen (EGMR 7.3.2017 – 68939/12 u. 68949/12 – Cerovšek u. Božičnik). Rechtsmittelgerichte dürfen sich auf die im Rechtsmittel aufgeworfenen Fragen beschränken und sich durch Bezugnahme auf das Urteil des Instanzgerichts dessen Begründung zu eigen machen (EGMR (GK) 21.1.1999 – 30544/96 Rn. 26, NJW 1999, 2429 – Garcia Ruiz). Eklatante Widersprüchlichkeiten in der ersten Instanz führen für das Rechtsmittelgericht zu besonderen Begründungserfordernissen (EGMR 29.10.2013 – 24935/04 – S.C. IMH Suceava S.R.L.). Bei offensichtlich unbegründeten Rechtsbehelfen akzeptiert es der EGMR wiederum zumindest bei übergeordneten nationalen Gerichten wie dem BVerfG und dem House of Lords, wenn von einer konkreten Begründung gänzlich abgesehen und auf die nationale Rechtsgrundlage (soweit diese Norm ihrerseits mit der Konvention vereinbar ist) und deren Tatbestandsvoraussetzungen als implizite Erklärung (zB § 349 Abs. 2 StPO) verwiesen wird (EGMR 29.5.2001 – 63716/00 – Sawoniuk; EGMR 26.2.2008 – 14029/05 – Schumacher: soweit keine Fragen von grundsätzlicher Bedeutung aufgeworfen werden; differenzierend EGMR 2.10.2014 – 15319/09 Rn. 82f. – Hansen: nicht, wenn Tatsachenfragen involviert und Entscheidung nicht letztinstanzlich).

Der Umfang der Begründungspflicht verhält sich ferner relativ zu den **Besonderheiten des nationalen Rechtssystems und der Justizpraxis** (EGMR 20.3.2009 – 12686/03 – Gorou). Insbes. unterschiedliche rechtsstaatliche Grundüberzeugungen und verfassungsrechtliche Prägungen der Urteilsrationalität verschieben die Schwerpunkte (EGMR 9.12.1994 – 18064/91 Rn. 27, ÖJZ 1995, 350 – Hiro Balani). Rechtssysteme, die stärker demokratisch und partizipatorisch geprägt sind, müssen gleichwohl bestimmten Mindeststandards genügen. Während 114 es grds. zulässig ist, Bürger als **Laienrichter** an der Strafrechtspflege zu beteiligen, erschwert diese Beteiligung als Folgeproblem die Abgabe der gebotenen rechtsstaatlichen Begründung (EGMR (GK) 16.11.2010 – 926/05 – Taxquet). Eine Verurteilung durch Urteilsspruch eines Geschworenengerichts *(jury trial)* ohne Begründung des Schuldspruchs widerspricht der EMRK nicht per se, doch verlangt Art. 6 EMRK nach ausreichenden verfahrensrechtlichen Vorkehrungen, um Willkür vorzubeugen und dem Betroffenen zu helfen, die Entscheidung zu verstehen (EGMR 8.2.2011 – 35863/10 Rn. 36f. – Judge; EGMR (GK) 29.11.2016 – 34238/09 Rn. 68 – Lhermitte: gerichtliche Anweisungen oder Belehrungen der Jury und präzise formulierte Entscheidungsfragen). Von einer konkreten Begründung einer Verurteilung darf abgesehen werden, wenn der Verurteilte und die Öffentlichkeit imstande sind, die Gründe für die Verurteilung im Verfahren auf anderem Wege zu erfahren und sie nachträglich gerichtlich kontrollieren zu lassen. Als geeignete Ausgleichmechanismen werden Belehrungen und Einführungen in das anwendbare Recht durch das Gericht, Instruktionen zur Behandlung von Beweismitteln und ihre konkrete Anwendung im Einzelfall sowie die Ausarbeitung präziser, differenzierter und individualisierter Fragen des Gerichts für die Jury, auf deren Beantwortung es für die Entscheidung des Falles ankommt, vorgeschlagen. Auch die Gewährung bzw. Verfügbarkeit eines Rechtsmittels ist in die Abwägung einzubeziehen (EGMR (GK) 16.11.2010 – 926/05 Rn. 92 – Taxquet).

115 Das Vorhandensein einer Begründung löst eine **Vermutung der Rechtmäßigkeit** aus, kann aber im Einzelfall widerlegt werden, wenn ein potenziell entscheidungserheblicher juristischer Vortrag, zB die Behauptung einer Rechtfertigung oder Entschuldigung, nicht in die Urteilsbegründung einbezogen worden ist (EGMR 21.7.2009 – 34197/02 – Luka) oder sich aus dem Urteil ergibt, dass das Gericht einem Irrtum über den Gehalt des Parteivortrags unterlag (EGMR 31.3.2000 – 34553/97 – Dulaurans).

116 **b) Recht auf Anwesenheit.** Das Recht auf persönliche Teilnahme wird nicht ausdrücklich genannt, aber als wesentliches Element eines fairen Verfahrens angesehen (EGMR (GK) 18.10.2006 – 18114/02 Rn. 58 – Hermi; ausf. *Albrecht* S. 19 ff.; *Meyer* in SK-StPO EMRK Art. 6 Rn. 170 ff.). Die Anwesenheit des Betroffenen ist essenziell für die Wahrung der Verfahrensfairness, zur Gewährleistung der Richtigkeit der Entscheidung und zur Ermöglichung effektiven Gehörs.

117 Dem Recht auf persönliche Teilnahme kommt im Strafrecht und Zivilrecht unterschiedliche Bedeutung zu. Im **Zivilrecht** ist das Recht nicht durchgängig zwingend. Die Anwesenheit vor Gericht ist aber dann unerlässlich, wenn die drohenden Verfahrensfolgen erhebliche Bedeutung für Rechte des Betroffenen haben und es für die Bewertung der maßgeblichen Streitfragen entscheidend auf den persönlichen Eindruck zur Einschätzung seines Charakters, seiner Fähigkeiten oder seines Gesundheitszustands (EGMR 12.11.2002 – 38978/97 – Salomonsson) allgemein ankommt (*Peukert* in Frowein/Peukert EMRK Art. 6 Rn. 163; *Peters/Altwicker* EMRK § 20 Rn. 8).

118 Im **Strafrecht** ist die persönliche Teilnahme erforderlich, aber ebenfalls nicht absolut. Grundsätzlich soll **jedes Verfahren in Anwesenheit** des Betroffenen verhandelt werden (EGMR 21.9.1993 – 12350/86 Rn. 67, ÖJZ 1994, 210 – Kremzow). Diese Grundannahme der EMRK impliziert auch lit. c–e in Abs. 3 (EGMR 12.2.1985 – 9024/80 Rn. 27, EuGRZ 1985, 631 – Colozza; EGMR (GK) 1.3.2006 – 56581/00 Rn. 81 – Sejdovic). Die **Anwesenheit eines Verteidigers** oder Rechtsbeistands befriedigt das Recht des Angeklagten auf persönliche

Teilnahme nicht. Andersherum verliert ein Angeklagter infolge seiner Abwesenheit nicht sein Recht auf effektive Verteidigung (EGMR 31.3.2005 – 43640/98 Rn. 40 – Mariani; EGMR (GK) 1.3.2006 – 56581/00 Rn. 91 – Sejdovic). Die Gerichte dürfen die Situation eines abwesenden Beschuldigten nicht durch Ausschluss seines Rechtsanwalts verschlimmern. Das fundamentale Recht auf effektive Verteidigung muss auch bei Abwesenheitsverfahren gewahrt bleiben (EGMR (GK) 21.1.1999 – 26103/95, NJW 1999, 2353 – van Geyseghem; EGMR 13.2.2001 – 29731/96, NJW 2001, 2387 – Krombach; auch im Rechtsmittelverfahren, EGMR 29.7.1998 – 24767/94 Rn. 40 – Omar).

Gesetzgeber und Gerichte müssen **Vorkehrungen zur Ermöglichung** einer 119 Teilnahme treffen, zB durch Videokonferenz (EGMR 27.11.2007 – 35795/02 Rn. 63 ff. – Asciutto), und ungerechtfertigtem Nichterscheinen entgegenwirken. Bei Abwesenheit wegen Erkrankung darf das Verfahren nur unter Wahrung der Interessen des Betroffenen weitergeführt werden, wenn es in dieser Phase nicht entscheidend auf dessen Person und Charakter ankommt (EGMR 20.10.2005 – 63993/00 Rn. 108 – Romanov). Substantiierte Anträge auf Terminverlegung eines unverteidigten Beschuldigten, die der Ermöglichung eines persönlichen Erscheinens dienen, dürfen nicht ohne Begründung abgelehnt werden (EGMR 25.7.2013 – 46460/10 Rn. 30 ff. – Rivière ua). Muss die Teilnahme aus Sicherheits- oder Zeugenschutzgründen oder im Interesse der Rechtspflege kurzfristig beschränkt werden, sind Ausgleichsmaßnahmen wie Videosimultanübertragungen anzuordnen (*Schneider* NStZ 2018, 128 (129)). Diese Notwendigkeiten stehen in engem Zusammenhang mit Abs. 3 lit. c, weil damit zugleich eine effektive Selbstverteidigung ermöglicht werden soll.

Bei ungebührlichem Verhalten kann nach entsprechender Belehrung (EGMR 30.7.2009 – 20292/04 Rn. 45 f. – Ananyev) ein (vorübergehender) Ausschluss von der mündlichen Verhandlung gleichwohl zulässig sein (*Peukert* in Frowein/Peukert EMRK Art. 6 Rn. 160), solange auf den Ausgleich des Nachteils geachtet wird; zB indem ein Verteidiger zur Interessenwahrnehmung anwesend bleibt (EKMR 8.7.1978 – 7572/76 Rn. 21 – Ensslin ua) und ggf. später in dessen Sinn plädiert (EGMR (GK) 27.5.2014 – 4455/10 Rn. 90 – Marguš).

Im **Rechtsmittelverfahren** besteht größerer Spielraum. Das Teilnahmerecht 120 überschneidet sich hier mit dem Recht auf eine mündliche Verhandlung (→ Rn. 70). Wird nur über Rechtsfragen nach Aktenlage entschieden, bedarf es grundsätzlich keiner mündlichen Verhandlung (EGMR 22.2.2018 – 65173/09 Rn. 75 – Drassich (Nr. 2)). Entscheidet das Rechtsmittelgericht hingegen über Tat- und Rechtsfragen und hat es die Schuld des Angeklagten festzustellen, ist dessen Anwesenheit in der (dann ebenfalls notwendigen) mündlichen Verhandlung unverzichtbar (EGMR 5.10.2006 – 45106/04 Rn. 54 ff. – Marcello Viola; EGMR 14.2.2017 – 30749/12 Rn. 58 – Hokkeling: ebenso, wenn über Erhöhung der Strafe zu entscheiden ist). Die neue Praxis deutscher Revisionsgerichte, bei der Strafzumessung gem. § 354 Abs. 1a StPO ohne mündliche Anhörung sachlich durchzuentscheiden, kann im Einzelfall gegen Art. 6 EMRK verstoßen. Sobald über Motive und Charakter des Angeklagten geurteilt wird, ist die Notwendigkeit der persönlichen Anwesenheit indiziert (EGMR 25.3.1998 – 23103/93 Rn. 37 ff., ÖJZ 1999, 117 – Belziuk; EGMR (GK) 18.10.2006 – 18114/02 Rn. 67 – Hermi). Auch die engagierte Interessenvertretung durch einen Anwalt kann diesen Mangel nicht ersetzen. Einer neuen Anhörung der betreffenden Angeklagten und Zeugen bedarf es auch, wenn Rechtsmittelgerichte eine eigenständige Bewertung der Beweise unter Verwerfung von Sachverhaltsfeststellungen vornehmen, die sich entscheidend auf mündliche Aussagen stützten (EGMR 16.7.2019 – 38797/17 Rn. 42 – Júlíus Þór Sigurþórsson). Andererseits ist die Verwerfung letztinstanzlicher Rechtsmittel ohne Anhörung nicht unvereinbar mit Art. 6 EMRK (→ Rn. 75; *Peukert* in Frowein/Peukert EMRK Art. 6 Rn. 161; zu § 349 Abs. 2 StPO BVerfG 30.6.2014 – 2 BvR 792/11, NJW 2014, 2563 – mit ausf. Analyse des Fallrechts; krit. *Meyer-Mews/Rotter* StraFo 2011, 14 (16 ff.)). Aussichtslosigkeit eines Rechtsmittels (vgl. EGMR 22.2.1996 – 17358/90 Rn. 42, ÖJZ 1996, 430 – Bulut) und Verfahrenseffizienz (vgl. EGMR 5.12.2002 – 28422/95 Rn. 63 – Hoppe) gestatten Restriktionen der Teilnahme im Rechtsmittelverfahren, soweit die maßgeblichen Zulässigkeits- und Begründetheitsfragen sich ohne Verletzung des Schutzzwecks der Teilnahme außerhalb einer Hauptverhandlung nach Aktenlage entscheiden lassen. Wird einseitig der Staatsanwaltschaft die Anwesenheit gestattet, kann aber eine Verletzung der Waffengleichheit begründet sein (EGMR 19.7.2011 – 16913/04 Rn. 109 f. – Jelcovas).

121 Das Recht auf persönliche Teilnahme setzt eine **rechtzeitige Ladung** voraus (zur Ladung über öffentlichen Aushang, EGMR 5.11.2002 – 32576/97 – Wynen). Die Ladung muss für den Adressaten, gerade bei Zustellungen im Ausland, auch sprachlich verständlich sein (*Peukert* in Frowein/Peukert EMRK Art. 6 Rn. 115 f.) und verlangt die durchgängige **Sicherstellung der Verhandlungsfähigkeit** (EGMR 8.1.2008 – 30443/03 – Liebreich). Denn die persönliche Teilnahme muss auch wirksam sein. Der Betroffene muss dem Verhandlungsgeschehen intellektuell folgen können. Das Gericht hat dafür Sorge zu tragen, dass die Bedeutung des Verfahrens und die maßgeblichen Streitfragen effektiv verstanden werden; vor allem bei jugendlichen oder geistig beeinträchtigten Personen (EGMR 15.6.2004 – 60958/00 Rn. 28 f. – S.C. gegen Vereinigtes Königreich). Das Recht darf nicht faktisch durch Herbeiführung von Erschöpfung infolge überlanger Verfahrensdauer, äußere Verhandlungsbedingungen oder beschwerliche Gefangenentransporte uÄ ausgehöhlt werden (vgl. *Meyer-Ladewig/Harrendorf/König* in HK-EMRK Art. 6 Rn. 104; EGMR 9.10.2008 – 62936 Rn. 222 – Moiseyev).

122 Das **Anwesenheitsrecht** ist **nicht absolut**. Verfahren und **Verurteilungen in Abwesenheit** können mit Art. 6 EMRK vereinbar sein. Eine Abwägung mit dem öffentlichen Interesse an effektiver Strafrechtspflege, zB zur Sicherung von Beweismitteln oder der Ermittlung und ggf. Aburteilung von schweren Rechtsverletzungen allgemein, ist nicht unzulässig, soweit die Interessen der Justiz die Anwesenheit des Angeklagten nicht unerlässlich erfordern. Dem Verurteilten ist in diesem Fall aber bei Nichtvorliegen der in → Rn. 112 genannten Voraussetzungen die **prozessuale Möglichkeit einer neuen gerichtlichen Entscheidung in tatsächlicher und rechtlicher Hinsicht** zu eröffnen.

123 Ein Angeklagter kann sein Recht auf Anwesenheit und ein neues Verfahren verlieren, wenn er seine Abwesenheit selbst verschuldet hat, zB um sich bewusst der Justiz zu entziehen (EGMR 14.6.2001 – 20491/92 Rn. 53 ff. – Medenica). Der **Verlust des Rechts** setzt nach der Leitentscheidung „Medenica" jedoch voraus, dass der Angeklagte zweifelsfreie Kenntnis von der Anklage und dem Verhandlungstermin und die Möglichkeit zur effektiven Verteidigung durch einen Vertreter hatte (sa EuGH 13.2.2020 – C-688/18, ECLI:EU:C:2020:94 – Strafverfahren gegen TX und UW zu Art. 47 GRCh). Hierzu ist grundsätzlich die persönliche Zustellung der amtlichen Ladung oder sichere anderweitige Kenntnis vom Termin erforderlich. Wegen der fundamentalen Bedeutung des Rechts muss hierüber absolute Klarheit herrschen. Vage und informelle Informationen, bloße Verfahrenskenntnis oder eine abstrakte Möglichkeit der Kenntniserlangung (zB im Wege öff.

Recht auf ein faires Verfahren **Art. 6 EMRK**

Zustellung) reichen nicht aus (EGMR 12.10.1992 – 14104/88 Rn. 28, ÖJZ 1993, 213 – T; EGMR 18.5.2004 – 67972/01 Rn. 75 – Somogyi). Ist der Angeklagte durch höhere Gewalt verhindert, muss seinem Recht nachträglich Genüge getan werden. Einem etwaigen Verteidiger müssen Zugang zur Verhandlung und effektive Vertretungsrechte eingeräumt worden sein.

Sind die Einschränkungsvoraussetzungen nicht erfüllt, ist eine Verurteilung in **124** absentia zwar nicht gänzlich unvereinbar mit Art. 6 EMRK, doch verlangt der EGMR, dass es dem Verurteilten dann effektiv möglich sein muss, ohne wesentliche Antragserfordernisse, strenge Fristbindungen oder vorherige staatliche Ermessensentscheidungen (EGMR (GK) 1.3.2006 – 56581/00 Rn. 82, 103f. – Sejdovic; EGMR 12.2.1985 – 9024/80 Rn. 30 – Colozza: positiver Nachweis, sich nicht absichtlich entzogen zu haben, oder höherer Gewalt darf nicht abverlangt werden) eine neue gerichtliche Entscheidung in tatsächlicher und rechtlicher Hinsicht zu erreichen (EGMR 13.2.2001 – 29731/96 Rn. 85, NJW 2001, 2387 – Krombach; EGMR 18.5.2004 – 67972/01 Rn. 66 – Somogyi; *Meyer-Ladewig/Harrendorf/König* in HK-EMRK Art. 6 Rn. 127; *Peukert* in Frowein/Peukert EMRK Art. 6 Rn. 159).

Die Auswahl der prozessualen Mittel zur Einrichtung einer effektiven **Wiedereröffnungsmöglichkeit** belässt der EGMR im Ermessen der Staaten. Es muss aber gewährleistet sein, dass diese eine neue Prüfung des Sachverhalts und das Vorbringen neuer Beweismittel unter Wahrung der EMRK-Verteidigungsrechte eröffnet und zur Aufhebung des Abwesenheitsurteils führen kann (EGMR 14.6.2001 – 20491/92 Rn. 55 – Medenica; *Paul* S. 247 ff., 256 ff.).

Das Recht auf persönliche Teilnahme ist ausdrücklich oder konkludent **ver- 125 zichtbar,** wenn kein Allgemeininteresse entgegensteht. Ein Beschuldigter in einem Strafverfahren muss dazu Art und Anlass der Anklage und den Termin der Verhandlung kennen (EGMR 12.6.2007 – 19321/03 Rn. 68ff. – Pititto). Dies setzt grundsätzlich eine ordnungsgemäße Ladung voraus. Ferner müssen die Konsequenzen des Verzichts vorhersehbar gewesen sein. Aus dem Umstand, dass ein Angeklagter nach Ladung flüchtig ist, kann nicht ohne Weiteres gefolgert werden, dass er hiermit implizit auf seine Rechte verzichtet (EGMR (GK) 1.3.2006 – 56581/00 Rn. 87 – Sejdovic). Bei Vorliegen der Voraussetzungen für ein Abwesenheitsurteil gilt das Fernbleiben als konkludenter Verzicht.

c) Waffengleichheit. Art. 6 Abs. 1 EMRK wird als **elementarer Teil eines 126 fairen Verfahrens** auch der Grundsatz der Waffengleichheit entnommen (EGMR 27.6.1968 – 1936/63, EuGRZ 1975, 393 – Neumeister; *Peukert* in Frowein/Peukert EMRK Art. 6 Rn. 147). Dieser sei dem Anspruch auf ein faires Verfahren immanent (so auch BVerfGE 38, 105 (111); 63, 45 (67); zum Entstehungsprozess *Safferling* NStZ 2004, 181 (182f.)). Soweit als weitere Quelle auch der Gleichheitsgrundsatz ins Spiel gebracht wird (*Grabenwarter/Pabel* EMRK § 24 Rn. 61), ist dies zumindest insoweit missverständlich, als Art. 6 EMRK keine Pflicht zur Herbeiführung totaler Parität schafft. Der Gewährung gleicher Rechte für die Verfahrensbeteiligten bedarf es nicht. Ihrer (gerade im Anwendungsbereich des Art. 6 EMRK häufigen) Rollendisparität darf Rechnung getragen werden. Status- und funktionsspezifische Unterschiede brauchen nicht nivelliert zu werden (*Meyer* in SK-StPO EMRK Art. 6 Rn. 152.; vgl. auch BVerfGE 63, 45 (67)). Gerade in Strafverfahren kann Waffengleichheit eine ebenbürtige Aussicht auf Obsiegen im Verfahren gewährleisten (missverständlich *Gleß* StV 2013, 317 (322, 324)). Als ein dem Recht auf ein adversatorisches Verfahren inhärenter Aspekt sichert Waffengleichheit ein gewisses **prozessuales Gleichgewicht** zwischen den Parteien (EGMR 27.6.1968 – 1936/63, EuGRZ 1975, 393 – Neumeister). Die Parteien müssen ihre Interessen unter **im Wesentlichen gleichwertigen Bedingungen** effektiv vertreten und sich Gehör verschaffen können. Dieser Grundsatz erfasst bereits Verfahrensphasen vor der Hauptverhandlung; im Strafrecht ab Vorliegen einer materiellen Beschuldigtenstellung (EGMR 24.11.1993 – 13972/88 Rn. 36, ÖJZ 1994, 517 – Imbrioscia; EGMR 13.2.2001 – 23541/94 Rn. 49, NJW 2002, 2018 – Garcia Alva).

127 Im Einzelnen werden **diverse Rechte als Ausprägungen** der Waffengleichheit dargestellt, wobei allerdings strittig ist, ob die Waffengleichheit überhaupt einen originären Bedeutungsgehalt hat, auf den außerhalb der Teilrechte unmittelbar und substanziell zur Begründung einer Beschwerde Bezug genommen werden kann (skeptisch *Safferling* NStZ 2004, 181 (188); *Meyer* in SK-StPO EMRK Art. 6 Rn. 154 ff.). Die Waffengleichheit weist im strafrechtlichen Bereich jedenfalls starke Überlappungen mit Abs. 3 auf. Unerlässlich ist die **Information über Vortrag** der Gegenseite und von ihr vorgebrachte **Beweismittel** (EGMR 28.8.1991 – 11170/84 Rn. 66f., NJW 1992, 3085 – Brandstetter; EGMR 23.6.1993 – 12952/87 Rn. 63, EuGRZ 1993, 453 – Ruiz-Mateos). Wesentliche Bedeutung wird ferner hinreichend vergleichbaren **Informationsrechten** und Zugang zu allen relevanten Unterlagen und Beweismitteln beigemessen (*Peukert* in Frowein/Peukert EMRK Art. 6 Rn. 72). Waffengleichheit gebietet die **Offenlegung** aller im Besitz der jeweiligen Partei befindlichen **Beweismittel** (EGMR 24.6.2003 – 39482/98 Rn. 41 ff. – Dowsett; *Grabenwarter/Pabel* EMRK § 24 Rn. 65). Sie verträgt keinen einseitigen Wissensvorsprung, der einer Seite eine bessere Möglichkeit zur Stellungnahme verschafft (EGMR 23.6.1993 – 12952/87 Rn. 67, EuGRZ 1993, 453 – Ruiz-Mateos). Zurückhalten oder Leugnen der Existenz von relevanten Informationen durch eine Partei verletzt die Waffengleichheit (EGMR 9.6.1998 – 21825/93 u. 23414/94 Rn. 86, ÖJZ 1999, 335 – McGinley u. Egan). Strafverfolgungsbehörden sind gehalten, Zugang zu allen materiell relevanten be- und entlastenden Informationen zu gestatten (EGMR 23.5.2017 – 67496/10 ua Rn. 67 – Van Wesenbeeck). Entsprechender Beschwerdevortrag muss aber hinreichend substantiiert werden.

128 Gemeinsam schaffen diese Teilrechte erst die Grundlage für eine effektive Möglichkeit zur Stellungnahme und Konfrontation der gegnerischen Beweisführung. Dabei muss eine **angemessene Möglichkeit zur Präsentation von Beweisen,** ggf. auch eines Gegensachverständigen, wenn ein erster Sachverständiger nicht neutral ist (EGMR 28.8.1991 – 11170/84 ua Rn. 59, NJW 1992, 3085 – Brandstetter), unter Bedingungen eingeräumt werden, die gegenüber der gegnerischen Partei **keinen wesentlichen Nachteil** bedeuten (EGMR 12.3.2003 – 46221/99 Rn. 159f., EuGRZ 2003, 472 – Öcalan; EGMR 27.10.1993 – 14448/88 Rn. 32f., NJW 1995, 1413 – Dombo Beheer B.V.: unzulässige Benachteiligung, beweispflichtige Partei in einem Zivilverfahren aus prozessualen Gründen um Möglichkeit des Zeugenbeweises zu bringen; EGMR 23.10.1996 – 17748/91 Rn. 38, ÖJZ 1997, 475 – Ankerl; *Grabenwarter/Pabel* EMRK § 24 Rn. 61). Die Versagung des Zeugenbeweises ist unzulässig, wenn die Erheblichkeit des Antrags plausibel begründet war und keine Ablehnungsgründe genannt wurden (EGMR (GK) 18.12.2018 – 36658/05 – Murtazaliyeva; → Rn. 255). Bei Gutachtern ist entscheidend, ob der Betroffene ein offizielles Gutachten wirksam anfechten konnte und ob dies (mit Blick auf die Bedeutung der Sache) die Notwendigkeit, ein Gegengutachten einzuholen, impliziert (EGMR 4.4.2019 – 28932/14 Rn. 74f. – Hodžić: Einweisung in psychiatrische Anstalt).

Eine Verletzung der Waffengleichheit liegt in dieser Hinsicht zudem bereits dann vor, wenn das **Verfahrensrecht einseitig Vorteile,** zB Anwesenheitsrechte bei Beratungen, einräumt, ohne dass die Prozessposition tatsächlich geschmälert worden sein muss (EGMR 21.10.2010 – 45783/05 – Zhuk; EGMR 4.10.2007 – 16290/04 Rn. 32ff. – Corcuff; EGMR (GK) 7.6.2001 – 39594/98 – Kress). Eine nicht zu rechtfertigende Ungleichbehandlung kann ferner in **unterschiedlichen Fristen- und Präklusionsregeln** für den Parteivortrag (EGMR 5.11.2002 – 32576/96 – Wynen) oder in einem privilegierten Informationszugang einer Seite begründet liegen. Auch **praktische Behinderungen** können die Waffengleichheit beeinträchtigen (EGMR 19.10.2004 – 59335/00 – Makhfi: lange Wartezeiten für Verteidigung).

Ein allgemeines praktisches Ungleichgewicht kann aus fortschreitender **Digitalisierung** und **Datafizierung** resultieren (*Staffler/Jany* ZIS 2020, 164 (176f.)). Das betrifft den Zugang ebenso wie die Auswertung von digitalen Informationen. Vor allem in wirtschaftsstrafrechtlichen Großverfahren erreichen Volumina elektronischer Daten nicht selten mehrere Terabytes. Verfahrensrechtliche Regelungen und Rechtsprechung zu Aktenführung, -zugang oder Datenschutz stammen meist noch aus einer Zeit, in der Aussagen, Schriftstücke und körperliche Gegenstände das Beweisverfahren dominierten. Wirtschaftliche und technische Ungleichgewichte drohen sich besonders stark auszuwirken. Wie Daten genutzt werden können, hängt von technologischem Instrumentarium für Aufbereitung und Analyse ebenso wie vom notwendigen Expertenwissen und Personalressourcen ab. Solche Fähigkeiten müssen teilweise von externen Dienstleistern eingekauft werden, was wirtschaftskräftigen Beschuldigten (insb. Unternehmen) strategisch und taktisch wichtige Erkenntnisvorsprünge verschaffen kann. Auch Verfolgungsbehörden sind mitunter auf die Unterstützung von IT-Dienstleistern zur forensischen Sicherung und zur Einrichtung von Sichtungsportalen angewiesen oder sie kooperieren mit Unternehmen und lassen diese bestimmte Suchbegriffe auf ihre Datensätze anwenden (*Heyder/Romerio* in Lehmkuhl/Meyer S. 219 (231f.)). Gerade bei schlecht ausgestatteten Justizbehörden droht ein Schiefstand gegenüber Unternehmen mit forensischen Ressourcen. Andere Verfahrensbeteiligte, insbes. natürliche Personen, die beschuldigt sind, haben derartige Optionen meist nicht. Sie erfahren durch Akteneinsicht von Suchbegriffen und erhalten gefilterte Informationen, können aber keine eigenen Suchen mit selbst gewählten Selektoren durchführen. Die Schlüsselfrage lautet daher, wie verfahrensmäßige Gleichheit herzustellen ist, die dem Kern des Schutzprinzips gerecht wird, namentlich ob und wie Zugang zu digitalen Informationen eröffnet wird und inwiefern forensische Unterstützung zu gewähren ist.

Das Fallrecht des EGMR zu **e-Evidence** ist sehr überschaubar. Zum Beweisbegriff bei vorsorglicher Beschlagnahme von riesigen Datenmengen zwecks späterer Triagierung hat der EGMR entschieden, dass man in dieser Phase noch nicht von *evidence* sprechen kann, weil man sich noch auf der Vorstufe zur Prüfung befindet, ob diese Daten *material evidence* enthalten. Für die bei der Selektion gesammelten und markierten Daten (sowie Auswertungsberichte) gelten dann die allgemeinen Grundsätze. Der EGMR sieht Behörden auch nicht in der Pflicht, Massendaten besonders aufzubereiten oder zu katalogisieren, geschweige denn inhaltlich zusammenzufassen (EGMR 4.6.2019 – 39757/15 Rn. 91 – Sigurður Einarsson ua). Umgekehrt legt der Gerichtshof Wert darauf, dass die Verteidigung wegen dieser Besonderheiten bei der Sichtung gesammelter Massendaten zur Beweisgewinnung und der Suche der geeigneten Selektoren beteiligt wird sowie Einsicht in Zwischenergebnisse erhält (EGMR 4.6.2019 – 39757/15 Rn. 90 –

Sigurður Einarsson ua; EGMR 25.7.2019 – 1586/15 Rn. 67, 72 – Rook). Die Verteidigung sollte auch Gelegenheit zur Suche nach entlastendem Material unter Angabe relevanter Datenkategorien und geeigneter Selektoren erhalten. Für die Gesamtbetrachtung der Fairness kommt es darauf an, ob Betroffene konstruktiv an der Suche mitgewirkt haben, indem sie selbst bestimmte Selektoren vorschlagen, auf bestimmte, per Suche aufzuhellende Aspekte des Falles hinweisen oder explizit Zugang zu Rohdaten beantragen konnten.

Die gesammelten und markierten Daten müssen der Verteidigung für angemessene Zeit und in angemessener Form (zB Zugang über einen Datenraum, in denselben Dateiformaten) zur Kenntnisnahme und weiteren Sichtung verfügbar gemacht werden (EGMR 4.6.2019 – 39757/15 Rn. 91 – Sigurður Einarsson ua; EGMR 25.7.2019 – 1586/15 Rn. 73 – Rook). Dabei zeigt sich der EGMR bisher aber wenig großzügig. Je nach Datenmenge obliege es dem Verteidiger, sich allenfalls durch weitere Anwälte oder Prozessbevollmächtigte unterstützen zu lassen oder seine Arbeitslasten so zu organisieren, dass eine effektive Sichtung erfolgen kann. Ob zusätzlich auch Analyse-Software zur Verfügung gestellt werden muss oder deren Anschaffung der Verteidigung obliegt, musste der EGMR bisher nicht entscheiden, weil die Behörden die Datensätze in einer Weise zur Verfügung stellten, die eine Analyse mit kostenloser Standardsoftware ermöglichte. Das OLG Wien hat entschieden, dass weder **Waffengleichheit** noch **wirksame Akteneinsicht** erfordern, dass spezielle Software zur Verfügung gestellt wird oder eine besondere Aufbereitung der Daten erfolgt (OLG Wien 19 Bs 160/14i; OLG Wien 20 Bs 174/16h; *Weratschnig* in Lehmkuhl/Meyer S. 203 (212)). Dagegen lässt sich einwenden, dass Waffengleichheit hier buchstäblich verlangt, dass allen Akteuren für wirksame Rechtsausübung ein vergleichbares Mindestniveau an Technologie (Analysetools) und Anwendungs-Know-how zur Verfügung stehen muss (*Heyder/Romerio* in Lehmkuhl/Meyer S. 219 (238)); ggf. unter Gewährung besonderer Prozesskostenhilfen. Andernfalls stünde die Legitimation des Verfahrens und die Akzeptanz des Urteils auf dem Spiel.

131 Die Waffengleichheit wird ferner durch **gezielte gesetzgeberische Eingriffe** in anhängige Verfahren (per Maßnahmegesetz) verletzt, die darauf abzielen, den Anspruch einer Partei auszuschließen und den Ausgang des gerichtlichen Verfahrens direkt zu beeinflussen (EGMR 9.12.1994 – 13427/87 Rn. 50 – Raffineries Grecques Stran u. Srtatis Andreadis; EGMR 22.10.1997 – 24628/94 – Papageorgiou). Art. 6 EMRK schließt rückwirkende Gesetzgebung zwar nicht aus (EGMR 28.10.1999 – 24846/94 Rn. 57 – Zielinski ua; *Meyer-Ladewig/Harrendorf/König* in HK-EMRK Art. 6 Rn. 162), verlangt jedoch zur Begründung das Vorliegen zwingender Interessen der Allgemeinheit (*compelling grounds of general interest*). Fiskalische Interessen allein genügen nicht (EGMR (GK) 29.3.2006 – 36813/97 Rn. 126, 130, 132, NJW 2007, 1259 – Scordino; EGMR 9.1.2007 – 20127/03 Rn. 70 – Arnolin).

132 Das Recht auf Waffengleichheit ist **nicht absolut.** Beschränkungen sind zulässig, wenn sie zum Schutz von kollidierenden Rechten Dritter oder wichtiger öffentlicher Interessen zwingend notwendig sind und für adäquaten Ausgleich gesorgt ist (*Grabenwarter/Pabel* EMRK § 24 Rn. 62). Der Spielraum der Nationalstaaten schwankt nach **Verfahrensphase** und **-art.** Insgesamt wird der Grundsatz der Waffengleichheit im Zivilrecht weniger streng gehandhabt als im Strafrecht. Bei Nichtoffenlegung von Beweismitteln wegen widerstreitender Interessen müssen verfahrensrechtliche Garantien **ausgleichend** für die Einhaltung eines fairen Verfahrens sorgen (EGMR (GK) 16.2.2000 – 28901/95 Rn. 61, StraFo 2002, 51 – Rowe u.

Davis). Sind Beweismittel unter **Verletzung anderer Konventionsrechte** erlangt worden, muss der Betroffene zur Kompensation die Authentizität und Verwendung der Beweismittel rügen dürfen (EGMR 12.5.2000 – 35394/97 Rn. 38ff., JZ 2000, 993 – Khan).

d) Recht auf Akteneinsicht. Mit dem Anspruch des Angeklagten auf recht- 133 liches Gehör und ein faires Verfahren, speziell auf Waffengleichheit, wird auch das Recht auf Akteneinsicht in Verbindung gebracht (BverfG 12.1.1983 – 2 BvR 864/81, NJW 1983, 1043 (1044); BGH 29.11.1989 – 2 StR 264/89, NJW 1990, 584 (585)). Beschwerderelevant sind das **Zugangsrecht** und sein **Gegenstand als solches,** der **Zeitpunkt** des Zugangs und die Frage, **wem** das Zugangsrecht zu **gewähren** ist.

Ein faires Verfahren erfordert effektiven Zugang zu allen relevanten Beweis- 134 mitteln für oder gegen den Angeklagten *(all material evidence),* die sich in den Händen staatlicher Behörden befinden (EGMR 16.12.1992 – 13071/87 Rn. 36, ÖJZ 1993, 391 – Edwards; EGMR (GK) 16.2.2000 – 28901/95 Rn. 60, StraFo 2002, 51 – Rowe u. Davies; EGMR 16.11.2006 – 46503/99 Rn. 109 – Klimentyev; EGMR (GK) 27.10.2004 – 39647/98 u. 40461/98, StraFo 2003, 360 – Edwards u. Lewis). Dazu können auch Bedienungsanleitungen von Messgeräten gehören (OLG Naumburg 5.11.2012 – 2 Ss 100/12). Versäumnisse bei der Offenlegung begründen einen Verfahrensdefekt.

Das Akteneinsichtsrecht wird selbst im Strafverfahren **nicht absolut** gesetzt. Es 135 kann auf der Grundlage eines rechtskonformen und hinreichender adversatorischer Kontrolle unterliegenden Entscheidungsprozesses eingeschränkt werden, wenn dies zum Schutz eines berechtigten öffentlichen Interesses zwingend notwendig ist (EGMR 4.4.2017 – 2742/12 Rn. 155 – Matanović; EGMR (GK) 16.2.2000 – 28901/95 Rn. 61, StraFo 2002, 51 – Rowe u. Davies: *strictly necessary*). Die Geheimhaltung hat sich auf das unerlässliche Maß zu beschränken und es müssen effektive Kompensationsmechanismen existieren (EGMR 25.7.2017 – 2156/10 Rn. 59, 61 – M.). Anerkannte Einschränkungsgründe (dazu EGMR 11.12.2008 – 6293/04 Rn. 196ff. – Mirilashvili; EGMR (GK) 16.2.2000 – 28901/95 Rn. 32, StraFo 2002, 51 – Rowe u. Davies; EGMR 22.7.2003 – 39647/98 u. 40461/98 Rn. 52, StraFo 2003, 360 – Edwards u. Lewis) sind gegenläufige Interessen der (nationalen) Sicherheit (va bei sicherheitsrelevanten Delikten (Terrorismus), Geheimhaltung von Quellen bei OK oder politischen Delikten (vertrauliche Akten von Staatsführung und Sicherheitsbehörden), Geheimhaltung von Ermittlungstechniken (EGMR (GK) 19.9.2017 – 35289/11 – Regner; EGMR 1.3.2011 – 15924/05 Rn. 20 – Welke u. Bialek: *covert methods*) oder Schutz von Privatpersonen (Rechte Dritter). Als **mildere Mittel** vorrangig zu prüfen sind Ausschluss der Öffentlichkeit, Nichtveröffentlichung von Teilen der Urteilsgründe, Schwärzung von Aktenteilen (EGMR 25.7.2017 – 2156/10 Rn. 69 – M.: Geheimdienstunterlagen in den Akten, deren Informationsgehalt und Relevanz für Betroffenen erkennbar war), Einsichtnahme in Räumen der Justizbehörden (EGMR 8.6.2010 – 50399/07 Rn. 31ff., 37 – Gorny: unzureichend, wenn keine Erlaubnis, Notizen zu machen und daraus Schwierigkeiten resultieren, Zeugen zu benennen und zu befragen; zur Einsicht in TKÜ-Daten *Wettley/Nöding* NStZ 2016, 633 (636)) oder Zusammenfassung der Inhalte durch Gericht und anwaltliche Interessenvertretung bei Sichtung *in camera* (EGMR 7.6.2007 – 15187/03 Rn. 44 – Botmeh u. Alami; EGMR 10.1.2017 – 39692/09 ua Rn. 59 – Austin; *Vogel* ZIS 2017, 29; sa *Nanopoulos* MLR 78 (2015), 913: *closed material procedure*).

Der EGMR erkennt ferner die (vorübergehende) Notwendigkeit strengerer Beschränkungen während laufender Ermittlungen an. Teile der im Rahmen der Ermittlungen zusammengetragenen Informationen dürfen geheim gehalten werden, um zu verhindern, dass Tatverdächtige Beweismaterial manipulieren und die Rechtspflege untergraben (EGMR 13.2.2001 – 23541/94 Rn. 55, NJW 2002, 2018 – Garcia Alva).

Restriktionen sind in dieser Hinsicht aber weder undifferenziert noch grenzenlos zulässig. Erhebliche Beschränkungen der Rechte der Verteidigung müssen unterbleiben (EGMR 13.2.2001 – 23541/94 Rn. 55, NJW 2002, 2018 – Garcia Alva). Unzulässig ist die Verweigerung der Akteneinsicht wegen nicht kooperativen Verhaltens im Verfahren (EGMR 5.4.2012 – 11663/04 – Chambaz).

136 Die Umsetzung dieses Rechts erfolgt in Deutschland über das allgemeine Akteneinsichtsrecht und eine entsprechende EMRK-konforme Auslegung der §§ 140f., 147 StPO, § 49 OWiG (*Wohlers/Schlegel* NStZ 2010, 486 (490)). Dabei reicht der Begriff *material evidence* der EMRK weiter als der **formelle Aktenbegriff** des deutschen Akteneinsichtsrechts (*Wohlers/Schlegel* NStZ 2010, 486 (491); *Gehm* StV 2016, 185ff.). Nicht integrierte Spurenakten fallen nicht unter letzteren, weil sie als verfahrensfremd gelten, solange sie nicht für die Feststellung der Identität der Tat sowie des Täters und der Rechtsfolgen bedeutsam werden können (dann aktualisiert sich eine Vorlagepflicht; *Schmitt* in Meyer-Goßner/Schmitt StPO § 147 Rn. 18). Die diesbezügliche Vorselektion und Definition der Verteidigungsrelevanz durch Strafverfolgungsbehörden widerspricht indessen Art. 6 EMRK (*Gaede* S. 243ff.). Beschuldigte haben ein Recht auf Einsicht in **möglicherweise sachdienliche Unterlagen,** die sich in Aktenteilen außerhalb der Ermittlungsakte befinden, soweit sie (von nationalen Gerichten überprüfbare) *specific reasons* für deren Relevanz vorbringen können (EGMR 4.4.2017 – 2742/12 Rn. 186ff. – Matanović; zur Akteneinsicht in TKÜ-Daten *Wettley/Nöding* NStZ 2016, 633 (634)). Dabei dürfen Sichtung und Triage der Unterlagen den Behörden nicht ausschließlich und ohne weitere Kontrollverfahren überlassen sein (EGMR 4.4.2017 – 2742/12 Rn. 158 – Matanović).

137 Der EGMR prüft nicht, ob die Versagung der Akteneinsicht im konkreten Fall zulässig war, sondern ob das Entscheidungsverfahren als solches mit der EMRK vereinbar ist. Die Einräumung von Akteneinsicht ohne ein Recht, zu kopieren, Notizen zu machen oder Informationen im Verfahren zu nutzen, verletzt Art. 6 EMRK (EGMR 24.4.2007 – 38184/03 Rn. 57ff. – Matyjek; EGMR 15.1.2008 – 37469/05 Rn. 64, NJOZ 2009, 3205 – Luboch).

138 Das Recht auf Akteneinsicht dient zwar vornehmlich der Vorbereitung und Begründung von **Beweisanträgen in einer laufenden oder bevorstehenden Hauptverhandlung,** doch greift es bereits im **Ermittlungsverfahren.** Die Verfahrensfairness ist nicht gewährleistet, wenn dem Betroffenen der Zugang zu Dokumenten in der Ermittlungsakte versagt wird, die für eine wirksame Verteidigung benötigt werden, und der Angeklagte hierdurch wesentliche Nachteile zu erleiden droht (EGMR 18.3.1997 – 22209/93 Rn. 34ff., NStZ 1998, 429 – Foucher). Im Zweifel muss Akteneinsicht vollumfänglich gewährt werden (*Unfried* S. 128f.). Die Beschränkungen des Akteneinsichtsrechts des unverteidigten Beschuldigten auf Auskünfte und Abschriften aus den Akten in § 147 Abs. 7 StPO genügt den Anforderungen der EMRK nicht (*Esser* S. 435f.). Die größten Schwierigkeiten bereitet die Verwirklichung des Rechts auf Akteneinsicht in Fällen der **Untersuchungshaft.** Für diese gilt **Art. 5 Abs. 4 EMRK** als **Spezialnorm** (→ Art. 5 Rn. 103ff.; ausf. *Meyer* in SK-StPO EMRK Art. 5 Rn. 249ff.).

Die **Wahrnehmung** des Akteneinsichtsrechts steht grundsätzlich dem **Betrof-** 139
fenen persönlich zu. Die Weigerung einer Staatsanwaltschaft, einem Beschuldigten, der sich selbst verteidigt, bei seiner Verteidigung Akteneinsicht zu gewähren, verletzt Art. 6 Abs. 3 iVm Abs. 1 EMRK. Der **nichtverteidigte Beschuldigte** genießt nach Art. 6 EMRK entgegen früher ganz hM in Deutschland ein **eigenes Recht auf Akteneinsicht** (EGMR 18.3.1997 – 22209/93 Rn. 36, NStZ 1998, 429 – Foucher). Die EMRK stärkt damit bewusst die Position des Beschuldigten auch gegenüber seinem Verteidiger (*Kühne* Rn. 220). Die **deutsche Praxis differenziert** seither danach, ob der Beschuldigte verteidigt ist oder nicht (exemplarisch OLG Frankfurt a. M. 10.7.2001 – 3 Ws 656/01, NStZ-RR 2001, 374). Die Akteneinsicht für einen anwaltlich vertretenen Betroffenen soll danach weiterhin nur durch seinen Verteidiger wahrgenommen werden können (*Schmitt* in Meyer-Goßner/Schmitt StPO § 147 Rn. 3; BGH 12.1.2021 – 2 StR 45/20 Rn. 3 f.: Akteneinsichtsrecht hinreichend Rechnung getragen, wenn Verteidiger Einsicht erhält; § 147 Abs. 4 S. 2 StPO statuiert Recht auf Zugang oder ggf. Kopien nur für unverteidigten Angeklagten; dagegen *Deumeland* NStZ 1998, 429). Nur einem Beschuldigten, der keinen Verteidiger gewählt hat und dem auch kein Verteidiger beigeordnet werden muss, wird die Akteneinsicht selbst gewährt. Der EGMR hatte bislang nicht zu entscheiden, ob einem Beschuldigten stets persönlich Akteneinsicht gewährt werden muss. Es soll aber nicht grundsätzlich gegen Art. 6 EMRK verstoßen, das Akteneinsichtsrecht dem Verteidiger vorzubehalten (EGMR 19.12.1989 – 9783/82 Rn. 87 f., ÖJZ 1990, 412 – Kamasinski; EGMR 1.2.2005 – 42270/98 Rn. 37 – Frangy). Für **zivilrechtliche Streitigkeiten** hat der EGMR sogar entschieden, dass einer Partei, die nicht anwaltlich vertreten ist, aus öffentlichen Interessen eine persönliche Einsichtnahme verwehrt werden darf (EGMR 14.6.2005 – 39553/02 Rn. 48 ff., 52 – Menet).

2. Besondere strafrechtliche Gewährleistungen. a) Nemo tenetur- 140
Grundsatz. Nicht ausdrücklich in Art. 6 EMRK aufgeführt ist das Recht zu schweigen und sich nicht selbst zu belasten. Als Herzstück eines fairen Verfahrens (EGMR (GK) 17.12.1996 – 19187/91 Rn. 68, ÖJZ 1998, 32 – Saunders; *Esser* in Löwe/Rosenberg EMRK Art. 6 Rn. 880) gilt es jedenfalls als implizit in Art. 6 Abs. 1 EMRK enthalten (zusf. zum Fallrecht EGMR (GK) 29.6.2007 – 15809/02 u. 25624/02 Rn. 45 ff., NJW 2008, 3549 – O'Halloran u. Francis; *Martín/Blumenberg* FS Beulke, 2015, 855). Es gilt in allen strafrechtlichen und strafrechtsähnlichen Verfahren. Seine **rechtsdogmatische Verankerung** und damit verbunden die ihm zugeschriebenen Funktionen sind weit weniger klar (Überblick bei *Meyer* in Wohlers/Lehmkuhl, S. 333 (335 ff.); *Lamberigts* in Ligeti/Tosza, S. 307 ff.). Der Schutz vor unangemessenem Zwang zur Selbstbelastung wird in den Vertragsstaaten teils sehr unterschiedlich begründet. Er wird aus dem Gebot, Beschuldigte nicht zum Beweismittel gegen sich selbst zu instrumentalisieren, der Respektierung ihrer freien Willensentscheidung oder der Notwendigkeit hergeleitet, Beschuldigten ein sog. *cruel trilemma (self-incrimination, perjury, contempt of court)* zu ersparen. Diese Ansätze sind materiell-rechtlich angelegt und nicht selten in der Menschenwürde radiziert. Dem stehen prozessuale Ansätze gegenüber, welche die kommunikative Autonomie von Beschuldigten schützen und darüber primär eine effektive Verteidigung sicherstellen wollen (*Böse* GA 2002, 98 (119)) oder Rechtsmissbrauch zur Verhinderung von Fehlurteilen entgegenwirken sollen. Zusätzlich ist *nemo tenetur* objektiv-rechtlich als **elementares Strukturprinzip** eines rechtsstaatlichen Strafverfahrens anerkannt (*C. Dannecker* ZStW 127 (2015), 370 (389 ff.)). Der

EGMR kumuliert die prozessualen Aspekte subjektiv-rechtlich und stellt zusätzlich einen Zusammenhang mit der Unschuldsvermutung her (EGMR 25.2.1993 – 10828/84 Rn. 44 – Funke; EGMR (GK) 8.2.1996 – 18731/91 Rn. 49 – Murray; EGMR (GK) 17.12.1996 – 19187/91 Rn. 68 – Saunders; *Jacobs/White/Ovey* S. 312; *C. Dannecker* ZStW 127 (2015), 991 (995 ff.); *Jackson* ICLQ 58 (2009), 835 (837, 841 ff.)). Diverse Teilrechte verschmelzen dabei zu einem Amalgam-Fundament, was die grundrechtsdogmatische Handhabung von *nemo tenetur* spürbar beeinträchtigt, da vom EGMR je nach Problemkreis unterschiedliche Aspekte der Garantie betont oder zurückgestellt werden, ohne dass ein kohärenter Gesamtansatz dargelegt würde. Erkennbar ist jedoch, dass das Hauptaugenmerk nicht auf Willensfreiheit und Prozessautonomie liegt, sondern auf effektiver Verteidigung insgesamt. Der Wille des Beschuldigten ist daher primär gegen mitwirkungserzwingende *vis compulsiva* geschützt, während andere Beeinträchtigungen der Selbstbelastungsfreiheit Abwägungen und fairnesserhaltenden Ausgleichsmechanismen zugänglich sind.

Obgleich es bislang an einem Präjudiz fehlt, ist aufgrund des Schutzzwecks des Grundsatzes und der allgemeinen Praxis des EGMR zur **Behandlung juristischer Personen** im Kontext von Art. 6 EMRK davon auszugehen, dass ihnen aufgrund der vergleichbaren grundrechtsspezifischen Gefährdungslage Schweigerecht und Selbstbelastungsfreiheit zustehen (zB im Kartellverfahren *Weiß* NJW 1999, 2236 (2237); allg. *Keller/Suter* StR 74/2019, 4 (10, 13); *Meyer-Ladewig/Harrendorf/König* in HK-EMRK Art. 6 Rn. 138; *C. Dannecker* ZStW 127 (2015), 370 (390); soweit nach dem GG anderes gelten soll, hat dies seine Ursache in der Verankerung von *nemo tenetur* in der Menschenwürde, BVerfGE 56, 37 (42); BVerfGE 95, 220 (242); dagegen *C. Dannecker* ZStW 127 (2015), 370 (375 ff.), berührt aber nicht die Deutung von Art. 6 EMRK).

141 Der Anwendungsbereich der Garantie umfasst nicht nur unmittelbar selbstbelastende Angaben, sondern jede Aussage, die im Verfahren gegen den Beschuldigten Verwendung finden kann (EGMR (GK) 17.12.1996 – 19187/91 Rn. 71, ÖJZ 1998, 32 – Saunders); darunter fallen auch Angaben, die sich erst im späteren Verfahrensverlauf indirekt negativ auswirken, weil sie die Glaubwürdigkeit des Beschuldigten schmälern (EGMR 18.2.2010 – 39660/02 Rn. 54 – Zaichenko).

142 Das **Schweigerecht** räumt dem Beschuldigten das Recht ein, **autonom** darüber zu entscheiden, ob er etwas aussagen will (zum Beschuldigtenbegriff → Rn. 45). Spiegelbildlich untersagt die **Selbstbelastungsfreiheit** den Strafverfolgungsbehörden den Rückgriff auf Zwangs- oder Druckmittel zur Einflussnahme auf den Willen des Betroffenen (EGMR 21.12.2000 – 34720/97 Rn. 40 – Heaney u. McGuinness; EGMR (GK) 17.12.1996 – 19187/91 Rn. 68, ÖJZ 1998, 32 – Saunders). Einen Rückgriff auf Beweise, die durch (körperlichen) Zwang oder sonstige Druckausübung gegen den Willen der verfolgten Person erlangt wurden, will der *nemo tenetur*-Grundsatz ausgeschlossen wissen (EGMR 25.2.1993 – 10828/84 Rn. 41 ff., ÖJZ 1993, 532 – Funke; EGMR (GK) 17.12.1996 – 19187/91 Rn. 72 ff., ÖJZ 1998, 32 – Saunders; EGMR 5.11.2002 – 48539/99 Rn. 42 ff., StV 2003, 257 – Allan; EGMR 8.2.1996 – 18731/91 Rn. 45 ff., ÖJZ 1996, 627 – John Murray; EGMR 3.5.2001 – 31827/96 Rn. 64, NJW 2002, 499 – J.B.; EGMR (GK) 11.7.2006 – 54810/00 Rn. 100, NJW 2006, 3117 – Jalloh). Der Aussagefreiheit entspricht die **Mitwirkungsfreiheit** des Beschuldigten. Die Mitwirkungsfreiheit ist neben der Aussagefreiheit die wichtigste Ausprägung des *nemo tenetur*-Grundsatzes (*Rogall* in in SK-StPO StPO Vor § 133 ff. Rn. 73). Der Beschuldigte kann nicht verpflichtet werden, an Untersuchungshandlungen

Recht auf ein faires Verfahren **Art. 6 EMRK**

eines Strafverfolgungsorgans aktiv mitzuwirken. Der *nemo tenetur*-Grundsatz steht einer Pflicht zur Vorlage (oder gar Edition) von Unterlagen entgegen (EGMR 3.5.2001 – 31827/96, NJW 2002, 499 – J.B.; EGMR 25.2.1993 – 10828/84, ÖJZ 1993, 532 – Funke). Auch nach deutschem Recht braucht der Beschuldigte zu seiner Überführung aktiv nichts beizutragen (*Schmitt* in Meyer-Goßner/Schmitt StPO § 95 Rn. 5). Den Beschuldigten treffen ausschließlich **passive Duldungspflichten** (BVerfGE 56, 37 (42)).

Das Recht zu schweigen ist **kein absolutes Recht** (EGMR 8.2.1996 – 18731/91 Rn. 47, ÖJZ 1996, 627 – John Murray). Es ist im Rahmen des Verhältnismäßigen beschränkbar, solange sein Wesensgehalt intakt bleibt (*Grabenwarter/Pabel* EMRK § 24 Rn. 123; EGMR 18.2.2010 – 39660/02 Rn. 39 – Zaichenko). Der EGMR hat in dieser Hinsicht zahlreiche Ausnahmen vom Recht zu schweigen für (noch) zulässig erachtet. Nicht jede Form des Zwangs soll Art. 6 EMRK verletzen. Der EGMR differenziert nach **Art und Schwere des Zwangs** zum Zwecke der Beweiserlangung, dem Gewicht des öffentlichen Interesses an der Verfolgung der Tat, insbes. hinsichtlich der zu erwartenden Strafe, der Existenz angemessener Verfahrensgarantien (inkl. der Anfechtbarkeit der Zwangsmaßnahme und der Verwertbarkeit) und der Verwendung der erlangten Beweismittel (EGMR 18.2.2010 – 39660/02 Rn. 39 – Zaichenko; EGMR (GK) 29.6.2007 – 15809/02 u. 25624/02 Rn. 58 ff., NJW 2008, 3549 – O'Halloran u. Francis; EGMR (GK) 11.7.2006 – 54810/00 Rn. 118 ff., NJW 2006, 3117 – Jalloh; EGMR 5.11.2002 – 48539/99 Rn. 44, StV 2003, 257 – Allan). Während eine **Nichtbelehrung über** das **Schweigerecht** in jedem Fall unzulässig ist, folgt daraus nicht zwangsläufig ein Verstoß gegen Art. 6 EMRK (EGMR (GK) – 13.9.2016 – 50541/08 ua Rn. 273 – Ibrahim ua; vgl *Albrecht* ZStW 131 (2019), 97 (108 ff.) für eine Typologie von Nachteilen aus Belehrungsfehlern). Die Heranziehung einer Aussage trotz unterbliebener Belehrung lässt die Gesamtfairness nicht entfallen, wenn das Gericht eine vorsichtige Beweiswürdigung vorgenommen und die Verurteilung nicht entscheidend auf dieses Beweismittel gestützt hat (EGMR 16.6.2015 – 41269/08 Rn. 37, 39 – Schmidt-Laffer).

Die Konkretisierung dieser Kriterien ist in der Rechtsprechung des EGMR für **vier Fallgruppen** besonders relevant geworden: Einsatz von Zwangsmitteln, Auskunfts- und Herausgabepflichten, Einsatz verdeckter Ermittler (Hörfalle) und nachteilige Bewertung von Schweigen.

aa) Einsatz von Zwangsmitteln bei der Befragung. Wird bei der Beweiserhebung **Folter** (→ Art. 3 Rn. 7) eingesetzt, so liegt ein doppelter Verstoß gegen Art. 3 EMRK und das Schweigerecht vor. Dabei ist es unerheblich, ob die Verletzung durch staatliche Bedienstete oder Privatpersonen erfolgt (*Thienel* Eur. J. of Int'l Law 17 (2006), 349 (362), jetzt auch ausdrücklich EGMR 5.11.2020 – 31454/10 Rn. 18 f., 66, 77 – Ćwik: für Schwereschwelle und Schutzpflicht irrelevant, ob Gewalt von Staat oder Privaten ausgeht). Schwierigkeiten kann in der Praxis der Nachweis der Folter bereiten. Als Beweismaßstab gilt in Anlehnung an Art. 15 UN-FolterÜbk, dass plausible Gründe für ein reales und ernsthaftes Risiko von Folter erkennbar sein oder vorgetragen werden müssen (*Ambos* StV 2009, 151 (160); strenger OLG Hamburg 14.6.2005 – IV-1/04, NJW 2005, 2326 (2328)).

Ein durch Verstoß gegen das Folterverbot gewonnenes Beweismittel ist ungeachtet seines Beweiswerts **nicht verwertbar** (EGMR (GK) 11.7.2006 – 54810/00 Rn. 105 ff., NJW 2006, 3117 – Jalloh; EGMR 28.6.2007 – 36549/03

Rn. 58 ff., 63 ff. – Harutyunyan; EGMR (GK) 1.6.2010 – 22978/05 Rn. 178, NJW 2010, 3145 – Gäfgen mAnm *Weigend* StV 2011, 325 ff.; *Esser* NStZ 2008, 657 (661 f.)). Diese Grenze gilt auch für die Folterung Dritter (EGMR 21.7.2009 – 12769/02 Rn. 50 f. – Osmanağaoğlu; EGMR 25.9.2012 – 649/08 Rn. 85 – El Haski) oder durch Dritte. Begründet werden Gleichstellung und Verwertungsverbot mit der staatlichen Schutzpflicht für Private vor Folter (EGMR 5.11.2020 – 31454/10 Rn. 63 ff. – Ćwik). Soweit den Staat keine Pflichtverletzung trifft, müsste zusätzlich eine Schutzpflicht (aus Art. 3) bejaht werden, unter keinen Umständen erfolterte Beweise zu nutzen (um die Vertiefung bzw. Ausnutzung einer Würdeverletzung zu verhindern). Aus Fairnessgründen spricht gegen die Verwertung, dass sie Anreize für gewalttätige private Ermittlungen schüfe und es grundlegenden Rechtsstaatsüberzeugungen zuwiderliefe, gewaltsam erlangte Beweise in irgendeiner Form zu verwenden.

Die Unverwertbarkeit erfasst die erzwungene **Aussage** ebenso wie **körperliche Beweise** *(real evidence)*, die als direkte Folge einer Misshandlung erlangt wurden (EGMR (GK) 1.6.2010 – 22978/05 Rn. 167, NJW 2010, 3145 – Gäfgen; EGMR (GK) 11.7.2006 – 54810/00 Rn. 105, NJW 2006, 3117 – Jalloh). Dabei leitet der EGMR das Verwertungsverbot (und dessen **Fernwirkung**) nicht direkt aus Art. 3 EMRK, sondern aus Art. 6 EMRK ab (*Grabenwarter* NJW 2010, 3128 (3130)). Die zu dessen Annahme grundsätzlich erforderliche Gesamtbetrachtung wird aber in besonderem Maße durch die besondere Qualität der Verletzung von Art. 3 EMRK präjudiziert. Derart gravierende Verletzungen von Fundamentalgarantien stellen die Verfahrensfairness per se in Frage. Die Verwertung derart erlangter Beweise macht das Verfahren insgesamt unfair *(as a whole unfair);* unabhängig vom Beweiswert und Relevanz für Verfahrensausgang (EGMR 5.11.2020 – 31454/10 Rn. 73, 75 – Ćwik). Durch spätere Verwertungsoptionen dürfen keine Anreize für solche Verletzungen gesetzt werden. Auch zu Gunsten der Verteidigung darf ein solches Beweismittel nicht zugelassen werden (*Ambos* StV 2009, 151 (158); *Gleß* in Löwe/Rosenberg StPO § 136 a Rn. 71).

145 Die Verwertung von Beweisen, die durch den **Einsatz unmenschlicher oder erniedrigender Behandlung** iSd Art. 3 EMRK erlangt wurden, worunter auch die bloße Androhung von bestimmten Folterhandlungen fällt (→ Art. 3 Rn. 7), verletzt Art. 6 EMRK nicht mit derselben Absolutheit. Der EGMR **differenziert** in dieser Kategorie **zwischen Aussagen** und **körperlichen Beweismitteln**, die aufgrund der Behandlung erlangt wurden (EGMR (GK) 1.6.2010 – 22978/05 Rn. 99, 105 ff., NJW 2010, 3145 – Gäfgen; *Grabenwarter* NJW 2010, 3128 (3131)). Erreichen Misshandlungen die Schwereschwelle von Art. 3 EMRK (dazu *Meyer* in SK-StPO EMRK Art. 3 Rn. 22 ff.), sind **Aussagen** oder sonstige abgenötigte Äußerungen immer unverwertbar (EGMR 25.9.2012 – 649/08 Rn. 85 – El Haski). Dagegen sind **körperliche Beweismittel** nicht stets unverwertbar. Im Rahmen einer **Gesamtbewertung** der Umstände des Einzelfalls kommt neben Art und Intensität der Einwirkung und der Verfügbarkeit von hinreichenden Verteidigungsmaßnahmen, um trotz Verstoßes gegen Art. 3 EMRK einen wirksamen *fair trial*-Schutz zu sichern, insbes. dem (voraussichtlichen) Gewicht, das dem Beweis beigemessen wird, ausschlaggebende Bedeutung zu (EGMR (GK) 1.6.2010 – 22978/05 Rn. 178, NJW 2010, 3145 – Gäfgen; EGMR 5.11.2020 – 31454/10 Rn. 76 – Ćwik). Der materielle Schutzgehalt von Art. 3 EMRK und die diesbezügliche Schutzpflicht des Staates (→ Art. 3 Rn. 21) gebieten eine großzügige Handhabung der Maßstäbe, um keine Anreize für Missbrauch durch Strafverfolgungsbehörden zu schaffen (*Grabenwarter* NJW 2010, 3128 (3131); vgl. auch EGMR

Recht auf ein faires Verfahren   Art. 6 EMRK

(GK) 21.1.2009 – 4378/02 Rn. 92, NJW 2010, 213 – Bykov). Nach einem Ausschluss erlangter Beweismittel verlangt der Fairnessgrundsatz aber nur dann, wenn dieser Einfluss auf die Verurteilung oder das Strafmaß haben konnten. Für ein solches Beruhen und ein insgesamt unfaires Verfahren streitet eine starke Vermutung, die unter Gesamtbetrachtung der Umstände des Einzelfalls jedoch widerlegt werden kann (EGMR (GK) 11.7.2006 – 54810/00 Rn. 99, 106ff., NJW 2006, 3117 – Jalloh; *Esser* NStZ 2008, 657 (661f.)).

bb) Auskunfts- und Herausgabepflichten. Der *nemo tenetur*-Grundsatz gilt 146 grundsätzlich für Aussagen und die Herausgabe von Beweismaterial gleichermaßen. Vor allem Verwaltungs-, Zoll- und Steuerrecht sowie Aufsichtsrecht in regulierten Branchen begründen häufig aktive Auskunfts-, Mitwirkungs- oder Vorlagepflichten, die in ein Spannungsfeld mit dem Schweigerecht geraten können. Art. 6 EMRK schließt Auskunfts- und Vorlagepflichten nicht generell aus (EGMR 3.5.2001 – 31827/96, NJW 2002, 499 – J.B.). Nach der EMRK dürfen Bürger aber **nicht zur Erteilung von Auskünften oder zur Vorlage von Dokumenten gezwungen** werden, wenn dies zu einer Verkürzung des Schweigerechts führen würde (EGMR 25.2.1993 – 10828/84 Rn. 42ff., ÖJZ 1993, 532 – Funke; EGMR 3.5.2001 – 31827/96 Rn. 64ff., NJW 2002, 499 – J.B.; EGMR 21.4.2009 – 19235/03 Rn. 67ff. – Marttinen). Insbes. die **Androhung der Sanktionierung einer Auskunftsverweigerung** in einem Verfahren, das als strafrecht(sähn)lich iSd Art. 6 EMRK zu qualifizieren ist, verletzt das Recht, sich nicht selbst zu beschuldigen (EGMR 3.5.2001 – 31827/96 Rn. 63ff., NJW 2002, 499 – J.B.; EGMR 25.2.1993 – 10828/84, ÖJZ 1993, 532 – Funke).

Davon zu unterscheiden sind Verwaltungs- und Aufsichtsverfahren, die, ohne selbst strafrechtlicher Natur zu sein, in einem besonders engen Zusammenhang mit einem strafrechtlichen Verfahren stehen **(mehrgleisige oder -stufige Sanktions- und aufsichtsrechtliche Verfahren);** insbes. wenn offenzulegende Informationen in parallelen Strafverfahren verwendet werden könnten (EGMR 5.4.2012 – 11663/04 – Chambaz: Nachbesteuerungs- und Hinterziehungsverfahren; *Macula* S. 8f., 35ff.; dazu auch monografisch *Heinz und Reinel*). Damit droht die Gefahr der Aushöhlung des Schweigerechts. Um dies zu verhindern, nimmt der EGMR eine Vorwirkung künftiger Strafverfolgung an, indem er *nemo tenetur*-Schutz bereits im Verwaltungsverfahren fordert, wenn ein Zusammenhang mit einem Strafverfahren erkennbar ist (EGMR 5.4.2012 – 11663/04 Rn. 43 – Chambaz: *suffisamment liée*). Unklar ist, ab welchem Zeitpunkt diese Schutzwirkung ausgelöst wird; namentlich ob das Strafverfahren bereits laufen, sich iS eines *real risk* bereits abzeichnen oder nur allgemein zu erwarten sein muss. Der EGMR-Ansatz macht die Anwendung von Verfahrensgarantien von Zufälligkeiten abhängig und setzt das Schutzanliegen nicht stringent um. Einziger berechenbarer und vordringlich maßgeblicher Indikator ist der Inhalt der betreffenden (verweigerten) Angaben. Nur aus ihnen lässt sich ablesen, ob eine Straftat vorliegen könnte und deren Strafverfolgung zulässig ist. Eine Verfahrensaussetzung bis zum Ende des Strafverfahrens wäre als Alternative unpraktikabel, da in Aufsichts- oder Verbandsverfahren idR schnelle Entscheidungen gefragt sind. Vielmehr sollte zur Förderung der mit ihnen verfolgten berechtigten Anliegen alternativ über eine Verwertungssperre für das Strafverfahren nachgedacht werden (zur Parallelthematik der *internal investigations* → Rn. 39; zum Sportrecht → Rn. 69).

Kein Verstoß liegt nach Auffassung des EGMR vor, wenn **keine Verwendung** 147 **in einem Strafverfahren** nach EMRK-Verständnis droht (EGMR 8.4.2004 – 38544/97 Rn. 45, 53ff., JR 2005, 423 – Weh). Der Zusammenhang mit Strafverfahren darf allenfalls lose und hypothetisch sein (*Gaede* JR 2005, 426 (427f.); *Meyer-Ladewig/Harrendorf/König* in HK-EMRK Art. 6 Rn. 137). So ist die Verpflichtung eines Kfz-Halters unter Androhung einer geringen Buße, die Identität des Fahrers zur Tatzeit preiszugeben, mit dem Schweigerecht vereinbar (EGMR (GK) 29.6.2007 – 15809/02 u. 25624/02 Rn. 55ff., NJW 2008, 3549 – O'Halloran u. Francis; bestätigt in EGMR 18.3.2010 – 13201/05, NJW 2011, 201 – Krumpholz), da nur sehr begrenzte Informationen abgefragt werden (EGMR (GK) 29.6.2007 – 15809/02 u. 25624/02, NJW 2008, 3549 – O'Halloran u. Francis; EGMR 10.1.2008 – 58452/00 u. 61920/00 Rn. 52ff., ÖJZ 2008, 375 – Lückhoff u. Spanner) und dem Halter hinreichende Verfahrensgarantien verbleiben. Es genügt aber, dass die Gefahr eines Strafverfahrens und einer Verwendung der Unterlagen darin erwächst, um den Schutz der Selbstbelastungsfreiheit zu reaktivieren (EGMR 4.10.2005 – 6563/03 Rn. 39f. – Shannon).

148   Die Verteidigungsrechte der EMRK gelangen in **sportrechtlichen Disziplinar- oder Schiedsverfahren** nicht unmittelbar zur Anwendung, ggf. aber indirekt ihrer Substanz nach, wo dies funktional adäquat ist (CAS 27.7.2018 – 2017/A/5003 Rn. 263, 265 – Valcke). Verbandsangehörige unterliegen vielmehr einer Wahrheitspflicht und weitreichenden Mitwirkungspflichten. Ist der Sitzstaat eines Verbands EMRK-Mitglied, müssen Sanktionsverfahren aber den Rechtsstandards genügen, welche dieser als Ausfluss seiner positiven Gewährleistungspflichten auch im Verhältnis zwischen Privaten zu garantieren hat (vgl. EGMR 11.2.2020 – 526/18 – Platini). Bei retrospektiv-ahndenden Sanktionen durch einen Verband mit Monopolstellung, die in Form, Zweck und Intensität staatlichen Massnahmen ähneln, muss der Staat im Rahmen seines *margin of appreciation* Gewährleistungsvorkehrungen treffen. Umgekehrt sind Verbände gut beraten, in Disziplinarverfahren mit potenziell schweren Rechtsfolgen schützende Formen zu schaffen, die EMRK-äquivalent sind, ohne dazu rechtlich unmittelbar verpflichtet zu sein. Dies kann staatliche Interventionen überflüssig machen (Fremdkonstitutionalisierung vs. Eigenkonstitutionalisierung). Bzgl. des *nemo tenetur*-Grundsatzes wäre zu prüfen, ob dessen Schutzzweck (Fairness, kommunikative Autonomie) betroffen ist. Dabei darf aber nicht übersehen werden, dass Verbände (ähnlich wie bei öffentlichen Aufsichtsverfahren) keine Zwangsbefugnisse haben und daher essenziell auf Kooperation angewiesen sind (*Diener/Muresan* CaS 2018, 358 (363f.)). Anders als in Aufsichtsverfahren (oder bei *internal investigations*) helfen Verwertungssperren bei repressiven Rechtsfolgen und Schiedszwang aber nicht weiter, da die punitive Sanktion nicht erst in einem späteren Verfahren droht (anders verhielte es sich bei koordiniertem Vorgehen von Verband und Strafverfolgung, um Letzterer Informationen zugänglich zu machen, die im Strafverfahren mit Zwangsmitteln zu erlangen wären). Ein Kooperationsverweigerungsrecht ist daher nicht fernliegend, je ähnlicher ein Verbandsverfahren dem staatlichen Verfahren wird. Der Hinweis auf die Verbandsautonomie hilft darüber nicht hinweg, da es hier gerade um die Frage ihrer Grenzen geht. Für Verbandsverfahren stellt sich grundsätzlich die Frage, ob man es beim derzeitigen Einzelfall- und Einzelrecht-Ansatz belassen soll. Im Interesse effektiven Grundrechtsschutzes wäre ein kohärenter Gesamtansatz sachgerecht, der Ziel des Verfahrens, Verfahrensgang, drohende Konsequenzen und Autonomie des Betroffenen als Ausgangspunkt für eine integrierte und umfassende Bestimmung nimmt, welche Rechte in einem solchen Verfahren gewährt werden müssen.

149   **cc) Strafprozessuale Zwangsmaßnahmen.** Es ist nicht von vornherein unzulässig, unmittelbaren körperlichen Zwang zur Gewinnung von Beweismaterial einzusetzen. Der Beschuldigte muss zu seiner Überführung zwar nicht aktiv beitragen, ist jedoch zu **passiver Duldung** rechtmäßiger Ermittlungsmaßnahmen verpflichtet. Mit dem durch Art. 6 EMRK bezweckten Schutz des freien Willens des Beschuldigten ist es vereinbar, wenn **Blut-, Urin-, Atem- und Körpergewebeproben** entnommen oder Unterlagen beschlagnahmt werden, die **unabhängig vom Willen des Betroffenen existieren** (EGMR (GK) 17.12.1996 – 19187/91 Rn. 69, ÖJZ 1998, 32 – Saunders) und von diesem nicht erst aktiv produziert werden müssen (EGMR 21.12.2000 – 34720/97 Rn. 40 – Heaney u. McGuinness; EGMR (GK) 17.12.1996 – 19187/91 Rn. 69, ÖJZ 1998, 32 – Saunders; zur Problematik außerstrafrechtlicher Dokumentationspflichten *Meyer* in Wohlers/Lehmkuhl S. 333 (353 ff.)). Die Selbstbelastungsfreiheit schützt daher nicht gegen die genannten Beweiserhebungen und deren zwangsweise Durchsetzung (*Meyer* in SK-StPO EMRK Art. 6 Rn. 193 ff.).

Die **Grenze** des Konventionsmäßigen verläuft dort, wo Eingriffe in die körperliche Unversehrtheit eine **Verletzung des Art. 3 EMRK** darstellen (→ Rn. 144 f.). Der Zwang zur passiven Duldung von Ermittlungsmaßnahmen kann die Selbstbelastungsfreiheit verletzen, wenn der Eingriff sich als inhumane Behandlung darstellt (zum Brechmitteleinsatz EGMR (GK) 11.7.2006 – 54810/00 Rn. 94 ff., NJW 2006, 3117 – Jalloh mAnm *Gaede* HRRS 2006, 241 (249)). Ausschlaggebend ist die Art und Intensität der Einwirkung. Das öffentliche Interesse an effektiver Strafverfolgung kann den Einsatz erheblicher körperlicher Gewalt zur Willensbrechung dort nicht mehr rechtfertigen, wo einfaches passives Dulden nicht genügt, sondern eine gravierende pathologische Reaktion des Körpers unter Überwältigung der aktiven Willenssteuerung des Betroffenen, der diese Funktion normal unterliegt, hervorgerufen wird (EGMR (GK) 11.7.2006 – 54810/00 Rn. 114 f., NJW 2006, 3117 – Jalloh). 150

dd) Schutz vor Umgehung der Aussagefreiheit durch heimliche Ausforschung. Der EGMR anerkennt, dass die Bekämpfung organisierten Verbrechens und moderner Kriminalitätsformen besondere Ermittlungsmethoden erfordert. Nach Auffassung des EGMR berührt der Einsatz verdeckter Ermittler und sonstiger heimlicher Ermittlungsmethoden als solcher den Schutzbereich von Art. 6 EMRK nicht (EGMR 15.6.1992 – 12433/86, NJW 1992, 3088 – Lüdi; EGMR 16.7.2009 – 18002/02 – Gorgievski). Auch eine Aushorchung durch Privatpersonen ist nicht unvereinbar mit Art. 6 EMRK (EGMR (GK) 21.1.2009 – 4378/02, NJW 2010, 213 – Bykov). 151

Die Bedürfnisse der Strafverfolgungsbehörden stellen sie nicht gänzlich von der Verantwortung nach Art. 6 EMRK frei (EGMR 17.1.1970 – 2689/65 Rn. 25 – Delcourt; *Grabenwarter/Pabel* EMRK § 24 Rn. 61; *Hauck* NStZ 2010, 17 (20 ff.)). Das Recht auf ein faires Verfahren gewährt einen Anspruch auf **Einhaltung rechtsstaatlicher Mindestanforderungen** an ein faires Verfahren. Diesem rechtsstaatlichen Element wird genügt, wenn ein eindeutiges und vorhersehbares rechtliches Verfahren zur Genehmigung des Einsatzes verdeckter Ermittler oder heimlicher Ermittlungsmethoden existiert (*Meyer-Ladewig/Harrendorf/König* in HK-EMRK Art. 6 Rn. 158) und der Betroffene die Gelegenheit hat, die Authentizität und Verlässlichkeit *(reliable)* der Beweise in einer fairen Prozedur prüfen zu lassen. Die Zulässigkeit eines Einsatzes richtet sich daher primär ebenso nach nationalem Recht, vgl. zB §§ 110a, 110b StPO, wie Beweisverfahren und Verwertungsfragen (*Jacobs/White/Ovey* S. 310; EGMR 12.7.1988 – 10862/84, NJW 1989, 654 – Schenk; *Hauck* in Löwe/Rosenberg StPO § 100a Rn. 10 ff., § 100b Rn. 6 ff.). 152

153 Neben den formell-rechtsstaatlichen Voraussetzungen folgen aus dem Schutzgehalt von *nemo tenetur* **materielle Grenzen für heimliches Vorgehen** (allg. *Nowrousian* S. 52ff.; *Wang* S. 191ff.). Die Selbstbelastungsfreiheit ist nicht allein auf den Schutz vor Zwangsausübung beschränkt, sondern steht auch einer Missachtung des Beschuldigtenwillens *(defiance of the will)* entgegen (EGMR 5.11.2002 – 48539/99 Rn. 50 – Allan). Sie schließt die Entscheidungsfreiheit des Beschuldigten ein, sich im Rahmen einer Vernehmung zu äußern. Ihre Integrität gehört zum Kernbereich des Rechts auf ein faires Verfahren und darf ungeachtet der grundsätzlichen Zulässigkeit heimlicher Ermittlungsmethoden nicht angetastet werden. Das Moment der Täuschung, das jedem heimlichen Ermittlungsinstrument innewohnt, begründet für sich allein gesehen jedoch noch keine Verletzung der Selbstbelastungsfreiheit. Der EGMR hat bewusst davon abgesehen, dem *nemo tenetur*-Grundsatz ein umfassendes Täuschungsverbot einzuprägen. Vielmehr richtet der EGMR seine Rspr. an der Zwangsähnlichkeit der Einwirkung aus. Danach sei es mit der Selbstbelastungsfreiheit unvereinbar, wenn V-Personen oder verdeckte Ermittler subtile Methoden des Zwangs beim Beschuldigten unter Missachtung seines Willens anwenden, um ihn zu selbstbelastenden Angaben zu veranlassen (EGMR 5.11.2002 – 48539/99, StV 2003, 257 – Allan). Auch die Einschaltung Privater zur gezielten Umgehung der Konventionspflichten kann dann unzulässig sein (EGMR 8.4.2003 – 39339/98 Rn. 40, StV 2004, 1 – M.M.; zur Praxis deutscher Gerichte, *Hauck* in Löwe/Rosenberg StPO § 100a Rn. 160ff.; zu Abgrenzungsfragen *Godenzi* S. 174ff.).

154 Ausgehend von diesem Verständnis hat der EGMR einen **Umgehungsschutz** gegen verdeckte funktionale Vernehmungen geschaffen, um auch willensbeeinträchtigende inoffizielle Befragungen erfassen zu können. Es verletze den Wesenskern des Schweigerechts, wenn verdeckte Ermittler oder Informanten als Agenten des Staates tätig werden, um den Beschuldigten in einer **vernehmungsähnlichen Situation** unter Druckausübung oder subtiler Irreführung zur Preisgabe von Informationen zu veranlassen, die in offener Vernehmung nicht hätten erlangt werden können (EGMR 5.11.2002 – 48539/99, StV 2003, 257 – Allan; dazu *Gaede* StV 2003, 260). Entlang dieser Linie soll die Grenze zur freien und daher trotz heimlicher Ausforschung verwertbaren Äußerung verlaufen.

Wann das Vorgehen eines verdeckten Ermittlers als funktionales Äquivalent zur Vernehmung ohne schützende Verfahrensgarantien zu qualifizieren ist, ist einzelfallabhängig zu bestimmen und bemisst sich danach, ob die Lage der Beschuldigten aufgrund gezielter Initiierung und Lenkung der Gespräche (EGMR 5.11.2002 – 48539/99 Rn. 52 – Allan: *persistent questioning*) oder des ihm lastenden Drucks mit der Zwangslage einer offiziellen Vernehmung vergleichbar ist (*Esser* JR 2004, 98 (104ff.)); zB weil räumlicher oder persönlicher Gesprächsrahmen es der Zielperson erschweren, sich Konversation und Nachfragen zu entziehen. Selbst bei Vorliegen einer vernehmungsähnlichen Situation muss noch eine **zwangsähnliche Einflussnahme** (idR durch psychischen Druck) hinzukommen (*Wang* S. 191ff.). In der Leitentscheidung „Allan" (EGMR 5.11.2002 – 48539/99 Rn. 49ff., StV 2003, 257 – Allan) hat der EGMR das beharrliche Aushorchen eines in U-Haft befindlichen Beschuldigten über scheinbar vertrauliche Gespräche durch einen eingeschleusten, von der Polizei geschulten und instruierten Informanten als Verletzung von Art. 6 EMRK angesehen.

Klare Standards, wann ein funktionales Äquivalent zu einer staatlichen Vernehmung und unzulässige Druckausübung vorliegen, sind der **Rechtsprechung des EGMR nicht zu entnehmen** (*Meyer* ZStrR 2016, 445 (458)). Der EGMR fügt einzelfallabhängig ein Kumulat von Gründen zusammen, die einem Pool von **potenziellen Kriterien** entnommen werden (*Meyer* in SK-StPO EMRK Art. 6 Rn. 203 ff.). Darunter finden sich Art und Maß der Pression, Beharrlichkeit des Vorgehens, vorhandene relevante prozessuale Schutzvorkehrungen und die Verwendung des Beweismaterials (EGMR 21.12.2000 – 34720/97 Rn. 54 f. – Heaney u. McGuinness; EGMR 1.3.2007 – 5935/02 Rn. 89 ff. – Heglas), besondere Verletzlichkeit in U-Haft, freie Wahl der Sozialkontakte, autonome Entscheidung über Aufnahme und Abbruch der Kommunikation, vorherige längere Vernehmungen, ausdrückliche Berufung auf das Schweigerecht oder auch die Betroffenheit eines wichtigen öffentlichen Interesses bei schweren Verbrechen (EGMR 1.3.2007 – 5935/02 Rn. 89 ff. – Heglas). Dabei handelt es sich nicht um notwendige Voraussetzungen unzulässigen Zwangs. Insbes. die durchgängige Berufung auf das Schweigerecht oder eine vorherige offizielle Vernehmung sind keine unerlässlichen Voraussetzungen (*Roxin* NStZ-Sonderheft 2009, 41 (43); *Gaede* StV 2003, 260); gleiches gilt bezüglich der U-Haft, wobei die Begründung einer hinreichend schweren Einwirkung im Regelfall außerhalb der Haft schwerer fallen kann. Die **Kombination dieser Faktoren** muss im konkreten Fall als Form von Zwang und Druck unter Missachtung des Willens anzusehen sein. In der Rechtssache Bykov (EGMR (GK) 21.1.2009 – 4378/02 Rn. 99 ff., NJW 2010, 213 – Bykov) hat der EGMR nach dieser Maßgabe keine Verletzung der Selbstbelastungsfreiheit feststellen können, weil der Beschuldigte durch die äußeren Umstände unter keinen Druck geraten war, mit dem V-Mann zu sprechen, und das frei entstandene Gespräch nicht unvermittelt als eine Art Geständnis zur Urteilsgrundlage gemacht worden war. Auch die Ausnutzung einer besonderen persönlichen Beziehung zwischen Ermittler und Zielperson wird der EGMR als Ersatz für das Druckmoment allein nicht genügen lassen.

Einen weitergehenden **Schutz gegen qualifizierte staatliche Täuschungen** 155 hat der EGMR bislang nicht entwickelt. Der Schutz der **Prozesssubjektsqualität** gebietet jedoch, dass Strafverfolgungsbehörden von gezielten hinterhältigen oder perfiden Irreführungen absehen, die den Betroffenen als Beweismittel gegen sich selbst instrumentalisieren (vgl. *Verrel* FS Puppe, 2011, 1629 (1638 ff.); *Görlitz ua* GLJ 2019, 496 (499 ff.); *Meyer* ZStrR 2016, 445 (458)). So müssen Beschuldigte ua in ihrem engsten persönlichen Nahbereich gegen gezielte Infiltration zur Umgehung ihres Schweigerechts (Romeo-Fälle, Aufbau enger Freundschaften) geschützt werden. Das Festhalten des EGMR am Zwangsparadigma wird dem konventionsrechtlich geforderten Schutz der Prozesssubjektsqualität nicht gerecht. Mitursächlich ist der übermäßige Wille des Gerichtshofs, auf unterschiedliche nationale Systeme, Traditionen und Konzepte von *nemo tenetur* Rücksicht zu nehmen. Darüber gehen begriffliche Prägnanz und Anwendungsklarheit verloren. Der Beschuldigte muss seine Mitwirkungs- und Gestaltungsrechte autonom ausüben können (*Tyszkiewicz* S. 177). Er muss eine eigene Verteidigungsposition aufbauen und dabei frei von staatlicher Manipulation entscheiden können, ob und wie er sich einlassen will. Qualifizierte Täuschungen gefährden die **prozessuale Machtbalance** zwischen Anklage und Verteidigung, nach die die Anklage strukturell auf den Beschuldigten nicht gegen dessen Willen als Beweismittel zugreifen darf, und untergraben damit eine tragende Säule der **Verfahrenslegitimation.**

Nach Auffassung des BGH schützt der *nemo tenetur*-Grundsatz nur vor Zwang 156 (BGHSt 42, 139 (151 ff.)). Außerhalb der Zwangsausübung bei formellen Vernehmungen kann die Selbstbelastungsfreiheit daher nur dann verletzt werden, wenn der Betroffene in vernehmungsähnlicher Weise zu einer Aussage gedrängt wird

(BGHSt 34, 362 ff.: sog. Kammeragent; BGHSt 44, 129: Bespitzelung in U-Haft; BGH 26.7.2007 – 3 StR 104/07, NStZ 2007, 714: Kontaktaufnahme bei Gefangenentransport). Der BGH teilt zwar die Grundauffassung des EGMR nicht, wonach der Schutz vor Selbstbelastung prinzipiell der Freiheit einer verdächtigen Person dient, sich nicht selbst zu belasten. Dennoch erzielt er zumindest weitgehende Übereinstimmung im Ergebnis, indem er gezielte, vernehmungsähnliche Befragungen, die auf Initiative der Ermittlungsbehörden ohne Aufdeckung der Verfolgungsabsicht durchgeführt werden, als unvereinbar mit dem Schweigerecht ansieht (BGH 26.7.2007 – 3 StR 104/07, NStZ 2007, 714 (715)).

157 Wann eine vernehmungsähnliche Befragung vorliegt, wird in den einschlägigen Entscheidungen nicht trennscharf herausgearbeitet. Gleich dem EGMR bedient man sich eines Bündels an relevanten, aber nicht notwendigen Kriterien. Maßgeblich sind die konkrete Zwangssituation, zB U-Haft, limitierte Wahl der Gesprächspartner, Einsatz okkulter Kräfte, verwerfliche Mittel der Täuschung, Ermüdung, Verabreichung von Mitteln, Beharrlichkeit des Fragens oder bloß passive Aufnahme anvertrauter Informationen, gezieltes Ausnutzen eines vorgetäuschten Vertrauensverhältnisses (BGHSt 52, 11 (19 ff., 22 f.); BGH 27.1.2009 – 4 StR 296/08, NStZ 2009, 343; 29.4.2009 – 1 StR 701/08, NStZ 2009, 519). Diese Faktoren werden in eine **Gesamtwürdigung** einbezogen, in der auch die Erwägungen des EGMR abgearbeitet werden können, um zumindest rhetorisch eine Annäherung zu erzielen. Ähnlich sind sich beide Gerichtshöfe vor allem darin, dass sie letztlich auf den mittelbaren Zwang in vernehmungsähnlichen Situationen abstellen und in methodischer Hinsicht die Operationalisierung ihrer Leitkriterien völlig offenlassen. Abgestellt wird dezisionistisch-intuitiv auf ein **Evidenzerlebnis.** Die **Ursache** für das **Fehlen klarer Maßstäbe** liegt gerade in der Fokussierung auf das auslösende Element der vernehmungsähnlichen Situation, über das ein enges, zwangsorientiertes *nemo tenetur*-Verständnis aufrechterhalten werden soll. Der Zusammenhang der gehandelten Abwägungsgesichtspunkte mit diesem lässt sich in der Praxis aber oft nur mit größter Mühe nachvollziehen.

158 ee) **Nachteilige Schlussfolgerungen aus Schweigen.** Zur beweisrechtlichen Absicherung der Selbstbelastungsfreiheit ist es Gerichten **grundsätzlich untersagt,** nachteilige Schlüsse aus der vollständigen Verweigerung einer Einlassung zu ziehen oder belastende Konsequenzen an dieses Verhalten zu knüpfen. Es ist dem Gericht in diesem Umfang auch verwehrt, nachteilige Schlüsse aus einem Mangel an kooperativem Verhalten zu ziehen. Dem vollumfänglichen Schweigen sind dabei Äußerungen gleichzusetzen, in denen der Beschuldigte die Täterschaft pauschal bestreitet (BGHSt 25, 365 (368); 34, 324 (326)). Der EGMR hat gegenüber der strengeren deutschen Rechtslage Ausnahmen von diesem Grundsatz zugelassen. Das Recht zu schweigen sei **nicht absolut** (EGMR 6.6.2000 – 36408/97 Rn. 44 ff. – Averill). Die EMRK gestatte Strafverfolgungsbehörden, mit gebührender Vorsicht **negative Schlüsse** aus dem Schweigen des Angeklagten zu ziehen, **wenn** nach den Tatumständen und der Beweislage eine **Erklärung eindeutig erwartet werden konnte** (zuletzt EGMR 7.4.2015 – 16667/10 Rn. 49 – O'Donnell; EGMR 18.3.2010 – 13201/05 Rn. 32 ff., NJW 2011, 201 – Krumpholz; EGMR 8.2.1996 – 18731/91 Rn. 45 ff., ÖJZ 1996, 627 – John Murray). Stellt sich die Beweislage derart dar, dass der einzige nach gesundem Menschenverstand mögliche Schluss *(only common sense inference)* aus dem Schweigen ist, dass der Angeklagte auf den Tatvorwurf nichts zu entgegnen weiß (EGMR 20.3.2001 – 33501/96, ÖJZ 2001, 613 – Telfner), dürfen aus dem Schweigen – nach entsprechender Belehrung des Beschuldigten – nachteilige Schlüsse gezogen werden (*Jacobs/White/ Ovey* S. 313f.; zur Wichtigkeit diesbezüglich korrekter Jury-Belehrungen, EGMR 2.5.2000 – 35382/97 Rn. 61, ÖJZ 2001, 610 – Condron; EGMR 7.4.2015 – 16667/10 Rn. 51 – O'Donnell).

Richtlinie (EU) 2016/343 über die Stärkung bestimmter Aspekte der Unschuldsvermutung und des Rechts auf Anwesenheit in der Verhandlung in Strafverfahren scheint demgegenüber strengere Maßstäbe anzulegen (Art. 7 Abs. 5: „Die Wahrnehmung des Rechts, die Aussage zu verweigern, oder des Rechts, sich nicht selbst belasten zu müssen, durch Verdächtige und beschuldigte Personen, darf weder gegen sie verwendet werden noch als Beweis dafür gewertet werden, dass sie die betreffende Straftat begangen haben"). Die traditionelle Offenheit des EGMR für unterschiedliche nationale Verfahrensmodelle, verbunden mit dem EU-Austritt des Vereinigten Königreichs, machen es aber eher unwahrscheinlich, dass der EGMR von seiner Linie abrückt.

In einer Situation, die offensichtlich nach einer Erklärung des Angeklagten verlangt, ist die **Einbeziehung des Schweigens** in die Beweislage nicht unzulässig. **159** Dies gilt aber nicht, wenn es der Staatsanwaltschaft nicht gelingt, einen überzeugenden *prima facie*-Beweis (vgl. EGMR 20.3.2001 – 33501/96, ÖJZ 2001, 613 – Telfner; bei Verfalls- und Einziehungsverfahren legte der EGMR zur Frage der deliktischen Herkunft von Vermögen einen relativ großzügigen Maßstab an, *Jacobs/ White/Ovey* S. 314) zu erbringen oder wenn der Schluss vom Schweigen auf die Schuld des Befragten **nicht** die **einzig denkbare Schlussfolgerung** darstellt (EGMR 18.3.2010 – 13201/05, NJW 2011, 201 – Krumpholz). Denn dann bewirkt das Ziehen nachteiliger Schlüsse eine Umkehr der Beweislast zu Lasten des Beschuldigten und verletzt dessen Selbstbelastungsfreiheit.

Eine **Grenze** setzt der EGMR der Verwertbarkeit des Schweigens bei der **Ent- 160 scheidungsmaßgeblichkeit.** Eine Verurteilung darf weder ausschließlich noch wesentlich auf das Schweigen gestützt werden (*Meyer-Ladewig/Harrendorf/König* in HK-EMRK Art. 6 Rn. 140).

Diese Rechtsprechung gibt Anlass zu **Kritik**, weil sie das **Schweigerecht** durch **161** abstrakte Wertungen und unscharfe Kriterien wie den gesunden Menschenverstand **aushöhlt** (*Kühne* EuGRZ 1996, 571 (572)), um die durch das Schweigen entstandene Entscheidungsunsicherheit durch dessen Bewertung zu überwinden, und letztlich auf der Verallgemeinerung eines nicht existierenden Erfahrungssatzes beruht, wonach nur der Schuldige unter bestimmten Umständen schweige.

ff) Grenzen staatlicher Strafgewalt. Das **Recht zu schweigen** kann in Aus- **162** nahmefällen **als Grenze des materiellen Strafrechts** der staatlichen Strafgewalt Grenzen setzen (EGMR 21.12.2000 – 34720/97 – Heaney u. McGuinness). Das Schweigen Terrorismusverdächtiger über ihre Handlungen zum Zeitpunkt eines bestimmten terroristischen Verbrechens war in § 52 des irischen Gesetzes über Straftaten gegen den Staat als eigenständiger Straftatbestand erfasst. Aus Sicht des EGMR zerstörte dieses Gesetz bzw. der Zwang, der von der Strafandrohung ausging, den Wesenskern des *nemo tenetur*-Grundsatzes.

b) Tatprovokation durch Lockspitzel. Ein Beschuldigter gilt nach ständiger **163** Rechtsprechung als von Beginn an eines fairen Verfahrens beraubt, wenn die Straftat das Resultat einer unzulässigen Tatprovokation durch Strafverfolgungsbehörden oder ihnen zurechenbaren Personen ist (EGMR 9.6.1998 – 25829/94 Rn. 35, 38f., NStZ 1999, 47 – Teixeira de Castro; EGMR 21.2.2008 – 15100/06 – Pyrgiotakis; EGMR 15.12.2005 – 53203/99 Rn. 46f. – Vanyan; EGMR (GK) 5.2.2008 –

74420/01 Rn. 54, NJW 2009, 3565 – Ramanauskas; EGMR 23.10.2014 – 54648/09 Rn. 56, 58, NJW 2015, 3631 – Furcht; EGMR 15.10.2020 – 40495/15 – Akbay ua; allg. zum Lockspitzel *Payandeh* JuS 2021, 185, (186f.); *C. Schmidt* S. 34 ff.). Die EMRK schließt den Einsatz von Lockspitzeln nicht aus, sondern erkennt die Notwendigkeit geheimer Ermittlungsformen im Kampf gegen Schwerkriminalität an. Es muss zwischen **unzulässigen und zulässigen Provokationen** differenziert werden (zu zulässigen Einsatzformen *Meyer/Wohlers* JZ 2015, 761 (769)). Zur Abgrenzung und Kontrolle hat der EGMR materielle Kriterien aufgestellt *(substantive test)* und prozessuale Anforderungen an die gerichtliche Überprüfung von Provokationsvorwürfen formuliert *(procedural test)*.

Die Prüfung einer Tatprovokation durch den EGMR vollzieht sich in zwei Schritten (EGMR 4.11.2010 – 18757/06 Rn. 51 ff. – Bannikova), wenn die Beschwerde *prima facie* in die Kategorie der sog. *entrapment cases* fällt (EGMR 20.2.2018 – 55146/14 Rn. 62 – Ramanauskas (Nr. 2)). Auf erster Stufe erfolgt ein materieller Test *(substantive test)*, ob der Sache nach eine Tatprovokation stattfand. Mit dem prozessualen Test trägt der EGMR mit feinem Gespür **den Schwierigkeiten beim Nachweis einer Tatprovokation Rechnung und fordert, dass dem Betroffenen eine effektive Rügemöglichkeit im Strafverfahren eingeräumt werden muss.** Kommt der EGMR beim materiellen Test zu keinem eindeutigen Ergebnis, ist der prozessuale Test ausschlaggebend für die Einhaltung von Art. 6 EMRK. Dieser Zuwachs an Bedeutung ist der Einsicht geschuldet, dass ein materieller Nachweis für den Betroffenen oft kaum zu führen ist. Zugleich dient er dem **EGMR als Hebel, um eine rechtsstaatliche Kontrolle geheimer Ermittlungen zu erzwingen.**

164 Die **materielle Zulässigkeitsprüfung** ist dreistufig. Der Einsatz gegen die Zielperson muss auf Basis und im Rahmen einer klaren rechtlichen Grundlage (EGMR (GK) 5.2.2008 – 74420/01 Rn. 53 – Ramanauskas; EGMR 26.10.2006 – 59696/00 Rn. 135 – Khudobin) stattfinden und auf solider Tatsachenbasis *(good reasons)* erfolgen. Das nationale Recht muss zur Absicherung der materiellen Grenzen ferner Mechanismen zum Missbrauchsschutz wie Genehmigungserfordernisse und eine effektive Aufsicht bei der Durchführung des Einsatzes vorsehen (EGMR (GK) 5.2.2008 – 74420/01 Rn. 53 – Ramanauskas). Der EGMR hält justizielle Aufsicht für die angemessenste Kontrollform (EGMR 4.11.2010 – 18757/06 Rn. 49 f. – Bannikova; EGMR 4.4.2017 – 2742/12 Rn. 124 – Matanović; in Deutschland muss der Einsatz gerichtlich angeordnet und kontrolliert werden, § 110b Abs. 2 StPO). Bei Fehlen einer formalen Autorisierung oder hinreichender Aufsicht durch die Staatsanwaltschaft sind die materiellen Anforderungen idR nicht erfüllt (EGMR 28.6.2018 – 13536/07 Rn. 51 – Tchokhonelidze; EGMR 4.11.2010 – 18757/06 Rn. 48 – Bannikova).

Beim Tätigwerden auf dieser Grundlage dürfen Ermittler weder einen Tatentschluss wecken noch Druck zur Tatbegehung ausüben. Für den Einsatz muss zum Zeitpunkt der Kontaktaufnahme ein objektiv tatsächlich **berechtigter Anlass** *(good reasons)* bestanden haben. Der EGMR lässt dafür genügen, dass die Zielperson einer Straftat verdächtig oder tatgeneigt war (EGMR 9.6.1998 – 25829/94 Rn. 38 – Texeira de Castro; EGMR 23.10.2014 – 54648/09 Rn. 51 mwN – Furcht; *Tyszkiewicz* S. 110). Ferner müssen sich verdeckte Ermittler oder V-Personen gegenüber der Zielpersion im **Kern passiv** *(essentially passive)* verhalten haben (EGMR 23.11.2017 – 47074/12 Rn. 100 – Grba). Eine unfaire Tatprovokation liegt im Umkehrschluss vor, wenn die Tat ohne gezieltes Zutun staatlicher Organe nicht begangen worden wäre.

Die Behörden mussten berechtigten Anlass haben, die Zielperson für tatgeneigt 165
oder tatverdächtig zu halten (EGMR (GK) 5.2.2008 – 74420/01 Rn. 56, NJW
2009, 3565 – Ramanauskas; EGMR 9.6.1998 – 25829/94 Rn. 37f., NStZ 1999,
47 – Teixeira de Castro). Der Tatverdacht definiert sich nach nationalem Verfahrensrecht. Der Begriff der Tatgeneigtheit ist dagegen unscharf und in der Sache
höchst zweifelhaft (*Meyer* in SK-StPO EMRK Art. 6 Rn. 214: Fehlt ein strafrechtlicher Anfangsverdacht, sind strafprozessuale Ermittlungen ausgeschlossen.
Mit der „Tatgeneigtheit" öffnet der EGMR das Tor für die Stimulierung zu Straftaten im präventiven Bereich). Indizien für eine **Prädisponiertheit** liefern die
Vertrautheit mit Begehungsweise und (Markt-)Preisen sowie spürbares Gewinninteresse (EGMR 4.11.2010 – 18757/06 Rn. 41f. – Bannikova). Einschlägige Vorstrafen oder ein objektiver Verdacht vergleichbarer früherer Taten taugen uU als Indiz, reichen aber nicht hin, um eine Tatneigung zu begründen. Sonst dürfte der
Staat frühere Straftäter permanent heimlichen Ermittlungen aussetzen. Vielmehr
muss die Zielperson bereits erste Schritte zur Begehung eines späteren Delikts unternommen haben (EGMR 24.4.2014 – 6228/09 ua – Lagutin ua). Diese Schritte
müssen auch bekannt sein, bevor die Zielperson kontaktiert werden darf (EGMR
1.7.2014 – 17953/08 Rn. 8 – Pareniuc). Eine Kontaktaufnahme ohne belastbaren
Verdacht oder Tatgeneigtheit ist ebenso unzulässig wie die fortgesetzte Druckausübung auf die Zielperson trotz signalisiertem Desinteresse. Verweigert die Zielperson ausdrücklich die Begehung bestimmter Taten trotz zwischenzeitlicher Disponiertheit zur Tatbegehung, dürfen verdeckte Ermittler sie nicht nochmals
kontaktieren, um ihr (abgelehntes) deliktisches Angebot (insistierend) zu erneuern
und Vorbehalte zu zerstreuen (EGMR 23.10.2014 – 54648/09 Rn. 56, 58, NJW
2015, 3631 – Furcht). Ebenso unzulässig wäre es, der Zielperson weiterhin bestimmte Straftaten nahezulegen, nachdem sich ein Anfangsverdacht nicht bestätigt
hatte (EGMR 15.10.2020 – 40495/15 Rn. 126 – Akbay ua).

Eine Ausweitung laufender Ermittlungen und des Umfangs vorgespiegelter krimineller Aktivitäten, die der Zielperson avisiert werden, muss sich auf valide, objektive Gründe stützen (EGMR 23.11.2017 – 47074/12 Rn. 99ff. – Grba); zB um das
operative Interesse, Einblicke in Netzwerke, Hintermänner, Spezifika und Methoden der vermuteten kriminellen Aktivitäten der Zielperson zu gewinnen. Die vereinbarten oder avisierten Geschäfte müssen dabei quantitativ und qualitativ der vermuteten Operationsweise entsprechen (EGMR 23.11.2017 – 47074/12 Rn. 99ff.,
111 – Grba), dürfen aber nicht darüber hinausgehen. Grundsätzlich gilt, dass **Art**
(scope) und **Umfang** *(scale)* des verfolgten Tatverdachts weder auf ausdrückliches
noch auf subtiles Betreiben verdeckter Ermittler oder VPs ausgeweitet werden dürfen. Die Bereitschaft der Zielperson darf nicht auf qualitativ oder quantitativ schwerere Straftaten gelenkt werden (sog. Quantensprung; BGHSt 47, 44 (49); für den
EGMR ist das aber keine notwendige Bedingung). Eine solche Provokationswirkung kann sich auch auf Dritte erstrecken, die (später) von der unmittelbar verleiteten Person in die Tatausführung einbezogen werden (BGH 11.12.2013 – 5 StR
240/13, HRRS 2014 Nr. 163: mittelbare Tatprovokation).

Schlüsselstelle der Prüfung ist idR die **neuralgische Abgrenzung** zwischen 166
zulässigem, weitgehend passivem Anreizen und aktiver Provokation. Eine Infiltration krimineller Strukturen mit VEs und VPs ist mit der EMRK vereinbar. Bei Informanten mit wirtschaftlichem Interesse an der Überführung ist allerdings große
Vorsicht geboten (EGMR 15.10.2020 – 40495/15 Rn. 127 – Akbay ua). Im Wesentlichen passive *(essentially passive)* Ermittlungsformen umfassen begleitende Unterstützungsbeiträge oder Setzung von Anreizen (wie marktübliche Scheinangebote

gegenüber Verdächtigen). Dies kann zB durch Imitierung von strafbarem Verhalten geschehen, um die Zielperson zu verdachtsentsprechend typischem deliktischem Verhalten zu stimulieren (EGMR 20.2.2018 – 55146/14 Rn. 66 – Ramanauskas (Nr. 2)). Keinesfalls dürfen Straftaten proaktiv initiiert oder Gestaltungsherrschaft über die Tatausführung oder deren qualitativen Umfang ausgeübt werden (*Meyer* in SK-StPO EMRK Art. 6 Rn. 212). Unzulässig aktiv wird die Einflussnahme insofern, wenn der Zielperson die Beseitigung entscheidungserheblicher Tathindernisse durch Vorspiegelung vermeintlich sicherer Importkanäle in Aussicht gestellt wird. Beharrliches Erneuern von Angeboten an die Zielperson trotz wiederholter Ablehnung überschreitet die Grenze zur aktiven Beeinflussung (EGMR (GK) 5.2.2008 – 74420/01 Rn. 67 – Ramanauskas; EGMR 1.7.2014 – 17953/08 Rn. 39 – Pareniuc; EGMR 23.10.2014 – 54648/09 Rn. 58 – Furcht) ebenso wie Offerten zu übermäßig hohen Preisen oder Mengen (EGMR 1.7.2008 – 10071/04 Rn. 37 – Malininas) oder Appelle an die Empathie der Zielperson (durch Vorspiegeln von Entzugserscheinungen; EGMR 15.12.2005 – 53203/99 Rn. 47, 11 – Vanyan).

167 Geht die Tatprovokation von **Privatpersonen** aus, ist Art. 6 EMRK verletzt, wenn sie den staatlichen Behörden zurechenbar sind; zB wenn ein privater Scheinaufkäufer als Mittelsmann von der Polizei auf eine Zielperson angesetzt wird, obwohl diese weder selbst initiativ geworden war noch ein konkreter Verdacht bezüglich der provozierten Kriminalitätsform vorlag (EGMR 21.2.2008 – 15100/06 – Pyrgiortakis). Eine direkte Einwirkung staatlicher Behörden ist nicht erforderlich. Handeln Privatpersonen zumindest in Abstimmung mit den Strafverfolgungsbehörden, so treffen Letztere Nachforschungs- und ggf. Unterbindungspflichten, wenn objektive Anhaltspunkte dafür vorliegen, dass diese Privatpersonen nicht tatgeneigte Dritte bewusst zu Straftaten verleiten könnten (EGMR 11.2.2014 – 16463/08 Rn. 38 – Sandu).

168 **Keine unzulässige Tatprovokation** liegt vor, wenn die Polizei lediglich begleitend in ein laufendes kriminelles Geschehen einsteigt. Beherrscht die Zielperson das deliktische Geschehen, dürfen Ermittler auch aktive Unterstützungsakte im Rahmen der fremden Tatplanung vornehmen; zB Besorgen von Transportmitteln (EGMR 6.5.2003 – 73557/01 – Sequeira). Für erlaubt hält der EGMR Lockangebote bzw. Kontaktaufnahmen (vor allem als Käufer oder Verkäufer) unter Vorspiegelung der Absicht zum Geschäftsabschluss. Das bloße „In-Versuchung-Führen" bleibt auch dann zulässig, wenn die Provokation *conditio sine qua non* für die spätere Tat war. Bei Serientaten wäre zulässig, als Anreiz eine typische Tatsituation zu simulieren (EGMR 24.6.2008 – 74355/01 Rn. 37 – Milinienė). Auch die polizeiliche Überwachung, Koordinierung und finanzielle Belohnung von Privaten zur Hilfe bei der Überführung von Straftätern, die sich zuvor in krimineller Absicht an diese Privatpersonen gewandt haben, ist nicht unzulässig (EGMR 24.6.2008 – 74355/01 Rn. 37f. – Milinienė). Gleiches gilt, wenn ein vorheriges initiierendes Verhalten Dritter den staatlichen Behörden nicht zurechenbar war, sondern diese erst auf die Information dieser (privaten) Dritten hin aktiv wurden (EGMR 4.11.2010 – 18757/06 Rn. 44 – Bannikova).

169 Der **prozessuale Test** zielt darauf ab, wie die nationalen Gerichte die Rüge der Tatprovokation behandelt haben *(procedural test)*. Dabei ist erstens relevant, ob der Betroffene effektiv in der Lage war, diese Rüge auf nationaler Ebene zu erheben. Dazu muss eine berechtigte Rüge nach nationalem Recht zur Feststellung eines Verfahrenshindernisses wegen Rechtsmissbrauchs, subjektiven Schuld- oder Verantwortungsausschließungsgrunds, Beweisverwertungsverbots oder vergleichbarer Konsequenzen führen können (EGMR 20.2.2018 – 55146/14 Rn. 59 – Ramanauskas (Nr. 2)). Nationale Gerichte haben Anhaltspunkten *(arguable plea)*, die für eine Tatprovokation vorgetragen werden, nachzugehen (zum Ganzen EGMR 4.11.2010 – 18757/06 Rn. 63 ff. – Bannikova). Dazu müssen sie umfassend und ausreichend ermitteln, um den Vorwurf zu klären (EGMR 24.4.2014 – 19678/07 ua – Lagutin ua), wobei die Beweislast für die Einhaltung der rechtsstaatlichen Grenzen, soweit die Rüge nicht völlig unplausibel *(not wholly improbable)* ist, bei der Staatsanwaltschaft liegt (EGMR 20.2.2018 – 55146/14 Rn. 61 – Ramanauskas (Nr. 2)). Die Strafverfolgungsbehörden müssen das **Vorliegen** der **Voraussetzungen** eines zulässigen Einsatzes in **objektiv nachprüfbarer Weise verifizieren** und das Vorliegen plausibler Gründe für ihr Vorgehen belegen können (EGMR 15.12.2005 – 53203/99 Rn. 49 – Vanyan; EGMR (GK) 5.2.2008 – 74420/01 Rn. 63 f., NJW 2009, 3565 – Ramanauskas). Mangelte es an einer formalen Autorisierung oder Aufsicht, erschwert dies den Nachweis erheblich (EGMR 4.11.2010 – 18757/06 Rn. 48 – Bannikova). Für beides sind klare, vorhersehbare verfahrensrechtliche Strukturen nötig, deren Fehlen die Nachweislast zusätzlich erhöht (EGMR 15.12.2005 – 53203/99 Rn. 46 f. – Vanyan). Oberflächlichkeit und Allgemeinheit einer Anordnung machen den Nachweis ebenfalls schwieriger; vor allem, wenn sie von einer administrativen Stelle stammt. Die konkrete Wahl des Vorgehens ist den nationalen Instanzen belassen. Das Verfahren muss aber Art. 6 EMRK hinsichtlich rechtlichem Gehör, Waffengleichheit und Akteneinsicht genügen (EGMR 4.11.2010 – 18757/06 Rn. 58 – Bannikova; EGMR 4.4.2017 – 2742/12 Rn. 126 – Matanović). Der EGMR prüft das Vorgehen im Einzelfall detailliert auf Versäumnisse, wobei er erhöhte Anforderung stellt, wenn die nachträgliche Prüfung auf nationaler Ebene der wesentliche rechtsstaatliche Schutzmechanismus ist. Das Gericht muss zudem die richtigen Folgerungen aus der Prüfung gezogen haben. Wird die Rüge nicht ausgeräumt, muss eine der vorgenannten Rechtsfolgen angeordnet werden.

Liegt eine unzulässige Tatprovokation vor, dürfen die erlangten **Beweismittel** 170 nach der Leitentscheidung „Teixeira de Castro" **nicht verwendet** werden (stRspr seit EGMR 9.6.1998 – 25829/94 Rn. 36, NStZ 1999, 47 – Teixeira de Castro; bestätigt in EGMR (GK) 5.2.2008 – 74420/01 Rn. 70, NJW 2009, 3565 – Ramanauskas; zust. *Gaede/Buermeyer* HRRS 2008, 279 ff.; jüngst EGMR 23.10.2014 – 54648/09, NJW 2015, 3631 – Furcht). Dies gilt für alle Beweismittel, die aus dem unzulässigen Einsatz hervorgegangen sind (EGMR 1.7.2014 – 17953/08 – Pareniuc; EGMR (GK) 5.2.2008 – 74420/01 Rn. 24, 72 – Ramanauskas; *Meyer/Wohlers* JZ 2015, 761 (765)).

Auch Funktionstüchtigkeit der Rechtspflege und Effektivität der Strafverfolgung könnten ihre Nutzung in einem fairen Strafverfahren nicht rechtfertigen (EGMR (GK) 5.2.2008 – 74420/01 Rn. 60, NJW 2009, 3565 – Ramanauskas; EGMR 27.10.2004 – 39647/98 Rn. 49, StraFo 2003, 360 – Edwards u. Lewis). Der EGMR denkt als Alternativen auch einen persönlichen materiellen Strafausschließungsgrund *(substantive defence of entrapment;* EGMR 4.11.2010 – 18757/06 Rn. 54 – Bannikova), ein Verfahrenshindernis *(abuse of process)* oder ähnlich wirksame Mechanismen (EGMR 23.10.2014 – 54648/09 Rn. 64 – Furcht; *Zerbes* S. 361 ff.) an. Entscheidend ist den Gerichtshof, dass eine auf unzulässiger Tatprovokation beruhende Strafverfolgung nicht mit einer Bestrafung enden darf.

Zugleich spricht der EGMR davon, dass der Beschuldigte aufgrund der Provokation **von Beginn an eines fairen Verfahrens** beraubt ist (EGMR 9.6.1998 – 25829/94 Rn. 39, NStZ 1999, 47 – Teixeira de Castro; EGMR (GK) 5.2.2008 – 74420/01 Rn. 54, NJW 2009, 3565 – Ramanauskas; diff. *Korn* S. 152 f.), was auch als **Verfahrenshindernis** interpretiert werden kann (EGMR 24.4.2014 – 19678/07 ua – Lagutin ua: *beyond repair*). Bei unzulässiger Ausweitung ursprünglich berechtigter Ermittlungen ist es aber nicht ausgeschlossen, dass ein Verfahren wegen des Ausgangsverdachts zulässig bleibt. Die Strafzumessung darf sich aber nur auf Taten beziehen, bei denen keine Tatprovokation vorlag.

171 Die Vorgaben des EGMR sind von der deutschen Justiz lange ignoriert worden. Wurde eine objektiv unverdächtige, nicht tatgeneigte Person durch einen Lockspitzel zur Tat verleitet, sollte dies weder ein Verfahrenshindernis noch ein Verwertungsverbot zur Folge haben (BGHSt 32, 345 (350ff.); 45, 321 (333ff.); 47, 44 (47); *Meyer/Wohlers* JZ 2015, 761 (762ff.)). Das unzulässige Vorgehen lasse sich über Beweiswürdigung (eine Verurteilung dürfe nicht allein oder ausschließlich auf die Aussage des Lockspitzels gestützt werden; *Meyer-Ladewig/Harrendorf/König* in HK-EMRK Art. 6 Rn. 159) und Strafzumessung (sog. Strafzumessungslösung, BGHSt 45, 321 (339); *Schmitt* in Meyer-Goßner/Schmitt MRK Art. 6 Rn. 9g; dagegen *Warnking* S. 251ff.; auch in besonders krassen Fällen sollte es stets bei dieser Vorgehensweise bleiben; vgl. BGH 11.12.2013 – 5 StR 240/13, HRRS 2014 Nr. 163, bestätigt durch BVerfG 18.12.2014 – 2 BvR 209/14, 2 BvR 240/14, 2 BvR 262/14, NJW 2015, 1083; krit. *El-Ghazi/Zerbes* HRRS 2014, 209) angemessen kompensieren. Trotz Provokation liege eine rechtswidrige und schuldhafte Tat vor. Sie führe insofern auch nicht zur Verwirkung des staatlichen Strafanspruchs. Nicht erklärt wird, wie sich ein staatlicher Strafanspruch in Bezug auf eine vom Staat herbeigeführte Straftat begründen lässt. Auch die Rechtsfolgen waren unvereinbar mit der Spruchpraxis des EGMR, weshalb die Verurteilungen Deutschlands nicht überraschend kamen.

Eine Strafzumessungslösung wird den Vorgaben evident nicht gerecht (EGMR 23.10.2014 – 54648/09 Rn. 64, 69, NJW 2015, 3631 – Furcht) und kann daher nicht als **ähnlich wirkende Verfahrensweisen** qualifiziert werden. Selbst eine substantielle Strafmilderung könne den Verstoß nicht hinreichend kompensieren. Der EGMR gibt die Art und Weise der Umsetzung seiner Anforderungen zwar nicht abschließend vor, sondern überlässt den Nationalstaaten die Auswahl adäquater Mittel, doch entbindet dies nicht davon, den materiellen Kern der Vorgaben (→ Rn. 7) effektiv zu verwirklichen. Das Gewicht des Verstoßes verlangt zumindest ein strenges **Verwertungsverbot mit Fernwirkung** für alle Beweise, die aus der Provokation resultieren (EGMR 23.10.2014 – 54648/09 Rn. 64, NJW 2015, 3631 – Furcht; *Gaede/Buermeyer* HRRS 2008, 279 (285)).

172 Der 2. Senat des BGH hatte 2015 einen Richtungswechsel eingeleitet und erstmals ein **Verfahrenshindernis** festgestellt (BGHSt 60, 276 = NJW 2016, 91). Versuchen des BVerfG, eine vermeintlich EMRK-konforme Differenzierung zwischen Aussagen der verleiteten Beschuldigten und denen von Agent Provocateur und Tatzeugen einzuführen, hat der EGMR einen Riegel vorgeschoben (EGMR 15.10.2020 – 40495/15 Rn. 81, 123 – Akbay ua). Eine Verurteilung darf gerade auch nicht entscheidend auf Geständnisse der Beschuldigten gestützt werden (EGMR 15.10.2020 – 40495/15 Rn. 124 – Akbay ua unter Verweis auf EGMR (GK) 5.2.2008 – 74420/01 Rn. 72, NJW 2009, 3565 – Ramanauskas und EGMR 4.11.2010 – 18757/06 Rn. 60 – Bannikova), denn Zielpersonen bleibt gar nichts anderes übrig, als sich umfassend einzulassen, wenn sie erfolgsversprechend ein *Entrapment* rügen wollen. Alle mit der unzulässigen Verleitung in Verbindung stehenden *(link)* Beweise sind auszuschließen. (EGMR 15.10.2020 – 40495/15 Rn. 136, 138 – Akbay ua).

173 Einen Hauptteil der Aufmerksamkeit wird künftig die alles entscheidende **Streitfrage** der Abgrenzung zulässigen und unzulässigen Verhaltens in Anspruch nehmen, wobei die Schwelle des EGMR deutlich niedriger liegt als bei BGH und BVerfG in Bezug auf Verfahrenshindernisse wegen Verletzung des Rechtsstaatsprinzips (*Tyszkiewicz* S. 223). Verwertbarkeits- und Verfolgbarkeitsfragen werden mit dem Gerichtshof durch die Zulässigkeit der Einwirkung präjudiziert.

Welche **Rechtsfolge** sich in der Zukunft national durchsetzen wird, bleibt abzuwarten. Konsequent erscheint die Annahme eines **Verfahrenshindernisses,** da die Provokation aufgrund ihres Wesens nicht nur nahezu alle Beweise von Anfang an bemakelt, sondern der Rechtsstaat sich selbst desavouiert, wenn er Menschen bestrafen will, die von seinen Organen zu Taten von ganz neuem Unrechtsgepräge angestachelt worden sind. Die Tatprovokation ist hier nicht mehr strafprozessuales Ermittlungsinstrument, sondern wird als Mittel missbraucht, um die potenzielle Gefährlichkeit von Menschen zu testen und sie wegen ihrer Gefährlichkeit unter dem Deckmantel des Strafrechts aus dem Verkehr zu ziehen. Die Strafverfolgungsbehörden überschreiten hier die Funktionsgrenzen von Prävention und Repression. Ein anerkennungswürdiges Strafbedürfnis besteht in diesen Fällen aus Sicht eines liberalen Tatstrafrechts nicht. Jedenfalls bei besonders gravierenden Provokationsfällen lässt sich ein faires Verfahren schon zur Erhaltung seines Wesensgehalts *ab initio* nicht mehr vorstellen (*Esser* S. 176; *Esser* in Löwe/Rosenberg EMRK Art. 6 Rn. 264; ähnlich *Stuckenberg* in Löwe/Rosenberg StPO § 206a Rn. 85: persönlicher Strafausschließungsgrund). Dies schließt eine Beweisverwertungslösung für minder gewichtige Fälle nicht aus. Angesichts der potenziellen Fernwirkung dieses Verbots dürfte aber auch diese Option praktisch in ein De-facto-Verfahrenshindernis münden.

c) Recht auf faires Verfahren als Auslieferungs- und Abschiebungshindernis. Art. 6 EMRK gilt nach hM nicht für das Auslieferungs-, Rechtshilfe- oder Abschiebungsverfahren selbst (→ Rn. 35 f.), kann aber der Ausführung der Maßnahme als Hindernis entgegenstehen, wenn in diesem Fall die ernste Gefahr *(real risk)* einer elementaren Verletzung des Fairnessgrundsatzes *(fundamental denial of justice)* im Ausland droht (EGMR (Pl) 7.7.1989 − 14038/88 Rn. 113, NJW 1990, 2183 − Soering; EGMR 24.4.2018 − 2947/06 − Ismoilov; *Meyer* in Ambos/König/Rackow IRG Vor §§ 78ff. Rn. 776). Der EGMR schließt eine solche Heranziehung von Art. 6 EMRK bei Abschiebungen und Auslieferungen, auch nach einem Europäischen Haftbefehl, nicht aus (EGMR 7.7.1989 − 14038/88 Rn. 113, NJW 1990, 2183 − Soering; *Hailbronner* FS Ress, 2005, 997 (1006, 1010)). Der EGMR fordert die Gewährleistung der Konventionsgarantien explizit auch von EU-Mitgliedern bei Anordnung und Vollstreckung von EU-Haftbefehlen ein (EGMR 17.4.2018 − 21055/11 Rn. 64 − Pirozzi; jüngst EGMR 25.3.2021 − 40324/16. 12623/17 − Bivolaru u. Moldovan). Der Grundsatz der gegenseitigen Anerkennung ändere nichts an der Bindung an die EMRK und ihre Standards.

Der EGMR zeigt aber allgemein Zurückhaltung bei der Anerkennung eines solchen Falles (vgl. EGMR 26.6.1992 − 12747/87 − Drozd u. Janousek; für EuHB-Fälle vgl. EGMR 11.12.2008 − 42502/06 Rn. 130 − Mouminov; EGMR 4.5.2010 − 56588/07 Rn. 25 − Stapleton; EGMR 20.7.2007 − 35865/03 Rn. 101f., NVwZ 2008, 761 − Al-Moayad). Nur **ausnahmsweise** könne Art. 6 EMRK bei einer Auslieferung relevant werden, wenn der Betroffene eine **offensichtliche Versagung des fundamentalen Rechts auf ein faires Verfahren** *(flagrant denial of fair trial)* erfahren hat oder zu erleiden droht (EGMR (GK) 4.2.2005 − 46827/99 u. 46951/99 Rn. 90f., EuGRZ 2005, 357 − Mamatkoulov u. Askarov). Dieser Grundsatz gilt auch für Abschiebungsentscheidungen.

EMRK Art. 6 Rechte und Freiheiten der Konvention

175 Es muss sich qualitativ um eine so **schwerwiegende Rechtsverletzung** handeln, dass sie einer Aufhebung oder Zerstörung des **Wesensgehalts** eines fairen Verfahrens gleichkommt (EGMR 17.1.2012 – 8139/09 Rn. 260 – Othman; *Jacobs/White/Ovey* S. 305). Beispiele aus der **Spruchpraxis** sind Incommunicado-Verfahren (ohne Zugang zu Anwalt und Möglichkeit, die Rechtmäßigkeit einer Freiheitsentziehung durch ein unparteiisches Gericht prüfen zu lassen; EGMR 20.2.2007 – 35865/03 Rn. 101 f., NVwZ 2008, 761 – Al-Moayad), Abwesenheitsverurteilungen ohne Aussicht auf neue Verhandlung (EGMR (GK) 1.3.2006 – 56581/00 Rn. 84 – Sejdovic; EGMR 17.4.2018 GMR 17.4.201. 84 e f. (= NVw), fehlende Unparteilichkeit oder Unabhängigkeit des Spruchkörpers (EGMR 24.7.2014 – 28761/11, NVwZ 2015, 955 – Al Nashiri; EGMR 24.7.2014 – 7511/13 – Abu Zubaydah: Verfahren vor U.S. Military Commission, deren Errichtung und Beweisverfahren ebenfalls nicht allen zwingenden Standards genügten; sa EuGH (GK) 25.7.2018 – C-216/18 PPU (Minister for Justice and Equality) Rn. 68 f., EuGRZ 2018, 396 (402); *Geneuss/Werkmeister* ZStW 132 (2020), 102 (111)), gezielte, systematische Missachtung des Zugangsrechts (EGMR 17.1.2012 – 8139/09 Rn. 259 – Othman), kumulative Missachtung elementarer Verteidigungsrechte (EGMR 8.11.2005 – 13284/04 Rn. 47 – Bader u. Kanbor; zum Konfrontationsprinzip auch BVerfG 22.1.2018 – 2 BvR 107/18 Rn. 24 ff.), Verletzung der Unschuldsvermutung durch Schuldunterstellung im Rechtshilfeersuchen (EGMR 24.4.2008 – 2947/06 Rn. 163 – Ismoilov ua), Verwendung von durch Folter erlangten Beweismitteln gegen Auszuliefernden (EGMR 17.1.2012 – 8139/09, NVwZ 2013, 487 – Othman (Abu Qatada)). Auch Mängel bei der rechtsförmigen Errichtung von Gerichten taugen als Auslieferungshindernis.

176 Eine Ablehnung der Zusammenarbeit setzt voraus, dass ein ernsthaftes tatsächliches Risiko **(real risk)** für ein solches Vorgehen des ersuchenden Staates im konkreten Fall des Beschwerdeführers vorliegt. Es obliegt grds. dem Betroffenen, konkrete Nachweise für eine ernstzunehmende Gefahr vorzulegen. Der EGMR sieht davon ab, Länder mit beklagenswerter Menschenrechtsbilanz unter einen Generalverdacht zu stellen. In **Folter-Fällen** reduziert er wegen der Schwierigkeiten des Beweises von Folter aber die Nachweislast, wenn der betroffene Staat für Folterungen bekannt ist und keine Gewähr dafür bietet, dass derartige Vorwürfe in einem rechtsstaatlichen Verfahren angemessen geprüft werden. Der Betroffene muss in diesem Fall nur die ernsthafte Möglichkeit belegen, dass die in Rede stehenden Aussagen unter Folter erhoben wurden und in das Verfahren eingeflossen sind bzw. einfließen werden. Als wichtige Informationsquelle dienen Berichte von UN und Menschenrechtsorganisationen sowie der diplomatischen Vertretungen vor Ort. Eine festgestellte Gefahr kann durch **staatliche Zusicherungen** beseitigt werden (zu den Anforderungen EGMR 17.1.2012 – 8139/09 Rn. 189, NVwZ 2013, 487 – Othman (Abu Qatada)). Diese Mindestgarantie gilt unabhängig vom Überstellungsgrund (EGMR 17.1.2012 – 9146/07 u. 32650/07 – Harkins u. Edwards; auch in Terrorismusfällen ist ein Zurückbleiben hinter diesen Standards nicht zulässig (EGMR 31.1.2012 – 50012/08 – M.S.).

Bei der Einstufung des Verletzungsrisikos differenziert der EGMR zwischen Vertragsstaaten und Drittstaaten, was mit dem grundsätzlichen Bekenntnis der Vertragsstaaten begründet wird, die in der EMRK garantierten Rechte zu achten (EGMR 15.12.2009 – 43212/05, EuGRZ 2010, 285 – Kaplan; EGMR 14.10.2003 – 17837/03 – Tomic; EGMR 4.10.2007 – 12049/06 – Cenaj). Vertragsstaaten seien untereinander nicht verpflichtet, die Einhaltung der EMRK gegenseitig zu überprüfen. Jeder sei selbst verantwortlich für Verletzungen auf seinem Hoheitsgebiet,

Recht auf ein faires Verfahren   **Art. 6 EMRK**

wobei für den EGMR von großer Bedeutung ist, dass der Betroffene Rechtsschutz im Zielstaat mit anschließender Individualbeschwerde suchen kann. Die EU-Grundsätze der gegenseitigen Anerkennung und des gegenseitigen Vertrauens sind daher EMRK-konform. Konventionsstaaten dürfen einander vertrauen.

Der EGMR bereitet damit allerdings einer **Verengung und Separierung der Verantwortlichkeit** für Fairnessverstöße bei der grenzüberschreitenden Zusammenarbeit den Boden. Eine Konventionsverletzung ist danach durch Abschiebung oder Auslieferung in Vertragsstaaten nur denkbar, wenn irreparable oder besonders schwere Verletzungen drohen und gleichzeitig keine Möglichkeit besteht, effektiven Rechtsschutz im Zielstaat oder vor dem EGMR zu erlangen (EGMR 15.12.2009 – 43212/05, EuGRZ 2010, 285 – Kaplan; so für Abschiebungen auch BVerwGE 111, 223 (228f.); *Hailbronner* FS Ress, 2005, 997 (1002, 1007ff.)). Diese Sichtweise wird weder dem kollektiven Charakter der EMRK noch dem Wesen moderner Rechtshilfe gerecht.).

D. Art. 6 Abs. 2 EMRK – Unschuldsvermutung

Die Unschuldsvermutung wird als **fundamentales Strukturelement** eines **177** fairen Strafverfahrens in Art. 6 Abs. 2 EMRK gesondert hervorgehoben (EGMR 5.7.2001 – 41087/98 Rn. 40 – Phillips; *Demko* HRRS 2007, 286 (292)). Personen, die einer Straftat angeklagt sind, haben danach als unschuldig zu gelten, bis ihre Schuld gesetzlich nachgewiesen ist, was sich in einer Reihe von konkreten Schutzmechanismen bei der Beweislastverteilung, Entscheidungsbegründung oder Kommunikation über das Verfahren niederschlägt (→ Rn. 179ff.; ausf. *Meyer* in SK-StPO EMRK Art. 6 Rn. 324ff.). Im Strafverfahren erfolgt der gesetzliche Nachweis (nach Durchführung eines Erkenntnisverfahrens gem. nationalem Verfahrensrecht) durch abschließende gerichtliche Entscheidung über den Schuldvorwurf (EGMR 25.3.1983 – 8660/79, EuGRZ 1983, 475 – Minelli). Ohne eine solche Feststellung dürfen in anderen Verfahren keine nachteiligen Rechtsfolgen an eine etwaige Straftat geknüpft werden. Auch eine posthume strafrechtliche Verurteilung ist unzulässig (EGMR 27.8.2019 – 32631/09 u. 53799/12 – Magnitskiy ua). Unvereinbar mit Art. 6 Abs. 2 EMRK ist auch die Verhängung von Geldstrafen und Bußen gegen Erben für strafbares Verhalten des Erblassers (EGMR 29.8.1997 – 19958/92 Rn. 48 – A.P., M.P. u. T.P: *Inheritance of the guilt of the dead ... not compatible*). Niemand dürfe für Straftaten anderer zur Verantwortung gezogen werden (EGMR 29.10.2013 – 17475/09 Rn. 63, 66 – Varvara; EGMR (GK) 28.6.2018 – 1828/06 ua Rn. 271ff. – G.I.E.M. S.R.L. ua) Dagegen bleibt die im Kartellrecht oder Verbandssanktionsverfahren wichtige Verhängung einer Sanktion gegen Rechtsnachfolger von Unternehmen nach einer Fusion möglich, wenn der haftungsrelevante Unternehmensteil in ein neues Unternehmen übergeht und als Einheit weiterhin operativ ist, damit Verbandsverantwortlichkeit nicht durch Umstrukturierungen unterlaufen werden kann (EGMR 1.10.2019 – 37858/14 Rn. 47f. – Carrefour France: Grundsatz der **personnalité des peines** steht dann nicht entgegen).

Für den **Anwendungsbereich** der Garantie gilt das bei → Rn. 24ff. Gesagte. **178** Die Unschuldsvermutung gilt nur für **strafrechtliche Verfahren** und umfasst daher auch das sog. Verwaltungsstrafrecht (EGMR 25.8.1987 – 9912/82 Rn. 50ff., EuGRZ 1987, 399 – Lutz). In **zivil- oder verwaltungsgerichtlichen Verfahren** wird sie nur relevant, wenn dort auf mutmaßliche, nicht nachgewiesene Straftaten einer Partei Bezug genommen wird (EGMR (GK) 12.7.2013 – 25424/09 Rn. 104, NJOZ 2014, 1834 – Allen).

Die **Dauer** des Schutzes der Unschuldsvermutung ist Text und Spruchpraxis nicht eindeutig zu entnehmen. Der EGMR stellt darauf ab, ob sich im Rahmen eines Verfahrens noch ein Gericht materiell mit der Schuldfrage auseinanderzusetzen hat (Vgl. EGMR 25.3.1983 – 8660/79 Rn. 32, EuGRZ 1983, 475 – Minelli; ähnlich *Esser* in Löwe/Rosenberg EMRK Art. 6 Rn. 481), was im Einklang mit deutschem Recht erst mit **rechtskräftigem Abschluss** des Strafverfahrens ggf. nach mehreren Rechtsmittelinstanzen nicht mehr der Fall wäre (EGMR 24.5.2011 – 53466/07 Rn. 35 – Konstas; EKMR 9.10.1985 – 10300/83 – Nölkenbockhoff; BVerfGE 35, 202 (232); 71, 206 (216); *Schmitt* in Meyer-Goßner/Schmitt MRK Art. 6 Rn. 15). Bei Anfechtung einer instanzgerichtlichen Verurteilung dauert die Unschuldsvermutung somit fort (EGMR 24.5.2011 – 53466/07 Rn. 36 – Konstas). Solange das Rechtsmittelverfahren noch nicht abgeschlossen ist, darf eine erstinstanzliche, noch nicht rechtskräftige Verurteilung bei einer neuerlichen Tatbegehung nicht erschwerend (als Wiederholungstat) gewertet werden (EGMR 14.3.2019 – 35726/10 – Kangers). Noch nicht abgeurteilte Taten dürfen auch nicht zur Ablehnung einer Aussetzung zur Bewährung herangezogen werden (EGMR 20.2.2020 – 68556/13 Rn. 12, 52 ff. – Krebs: wegen erneuter Straffälligkeit und Unbelehrbarkeit). Der Widerruf einer bedingten Strafe darf wiederum nur auf gerichtlich festgestellte erneute Straftaten gestützt werden (EGMR 12.11.2015 – 2130/10 – El Kaada). Selbst ein glaubhaftes Geständnis (vor Ermittlungsrichter oder Erstrichter) genügt nicht als gesetzlicher Nachweis.

I. Beweislastverteilung

179 Die Strafverfolgungsbehörden tragen die Darlegungs- und Beweislast für die Schuld des Angeklagten. Eine Umkehr zu Ungunsten des Beschuldigten wäre unzulässig (EGMR 20.3.2001 – 33501/96 Rn. 15 – Telfner). Zweifel haben sich zu seinen Gunsten auszuwirken (*in dubio pro reo*, EGMR 6.12.1988 – 10588/83, 10589/83 u. 10590/83 Rn. 77 – Barberà, Messegué u. Jabardo). Die konkreten Anforderungen an den Nachweis richten sich nach nationalem Recht. Die Unschuldsvermutung wird **nicht absolut** verstanden, sondern richtet sich grundsätzlich relativ danach, was im nationalen Recht zur Verurteilung erforderlich ist (vgl. *Schmitt* in Meyer-Goßner/Schmitt StPO § 155 Rn. 1, 3; *Peukert* in Frowein/Peukert EMRK Art. 6 Rn. 263). Ob die Unschuldsvermutung zB ein Schuldstrafrecht verlangt, ist zweifelhaft (*Stuckenberg* S. 513 ff.; *Demko* HRRS 2007, 286 (292); aA *Ambos* IntStrafR § 10 Rn. 19). Der EGMR stellt weder strenge beweisrechtliche Vorgaben auf (EGMR (GK) 17.10.2019 – 1874/13 u. 8567/13 Rn. 149 – López Ribalda ua), noch überprüft er abstrakt die Gesetzgebung (EGMR 27.9.1990 – 12489/86 Rn. 25, StV 1991, 193 – Windisch). Im Vordergrund steht die Gewährung effektiver Konventionsrechte im konkreten Fall. Gesetzliche **Tatsachen- und Rechtsvermutungen** und **Beweislastregelungen** im nationalen Recht können zulässig sein, soweit sie nicht absolut verstanden werden, (in proportionaler Weise) einem zulässigen Ziel dienen, sich sachlich in vernünftigen Grenzen *(reasonable)* halten und eine Würdigung der erhobenen Beweise durch das Gericht zulassen (EGMR 18.3.2010 – 13201/05, NJW 2011, 201 – Krumpholz; *Grabenwarter/Pabel* EMRK § 24 Rn. 126; *Peukert* in Frowein/Peukert EMRK Art. 6 Rn. 135). Die Bedeutung der Sache und die Wahrung der Verteidigungsrechte müssen dabei berücksichtigt werden (EGMR 7.10.1988 – 10519/83 Rn. 27, ÖJZ 1989, 347 –

Salabiaku; EGMR 25.9.1992 – 13191/87 Rn. 33, EuGRZ 1992, 472 – Pham Hoang). Der Angeklagte muss in jedem Fall eine angemessene Möglichkeit zum Gegenbeweis haben (EGMR 23.7.2002 – 34619/97 Rn. 101 – Janosevic). Zu hohe Anforderungen verletzen die Unschuldsvermutung. Das deutsche Strafverfahrensrecht ist strenger. Zwingende Beweisregeln gelten ebenso wie grundsätzliche Vorsatz- und Schuldvermutungen als unzulässig. Das deutsche Recht verfährt auch kritischer gegenüber einer **Umgehung** der Unschuldsvermutung durch **Tatbestandsgestaltungen** (*Stuckenberg* S. 529, 552 ff.). Die **sanktionsbewehrte Aufforderung** an Kfz-Halter zur Preisgabe des Fahrers wegen Geschwindigkeitsüberschreitungen ist für den EGMR jedenfalls kein Verstoß, weil der Halter nicht der Tat beschuldigt wird (EGMR 8.4.2004 – 38544/97, JR 2005, 423 – Weh; EGMR 24.3.2005 – 63207/00, ÖJZ 2006, 342 – Rieg; vgl. auch EGMR (GK) 29.6.2007 – 15809/02 u. 25624/02 Rn. 61 f. – O'Halloran u. Francis sowie EGMR 15.6.1999 – 43486/98 – Tirado Ortiz u. Lozano Martin: Sanktion für Verweigerung von Atem- und Blutalkoholtests).

II. Unvoreingenommenheit

Die justizielle Entscheidungsinstanz muss die Beweise unvoreingenommen 180 würdigen (EGMR 8.2.1996 – 18731/91 Rn. 41 f., ÖJZ 1996, 627 – John Murray). Sie darf nicht mit einer abschließend vorgefassten Überzeugung in das Verfahren gehen. Dem Verbot der Schuldantizipation widersprechen weder **Ermittlungsmaßnahmen,** deren Einsatz vom Vorliegen eines bestimmten tatsachenbasierten Verdachtsgrads abhängig gemacht wird (*Schmitt* in Meyer-Goßner/Schmitt MRK Art. 6 Rn. 14), noch allgemeine **Sicherheitsmaßnahmen** wie die **U-Haft,** die nach ihrem Regelungszweck Schuld nicht voraussetzen oder implizieren, sondern von äußeren Risikofaktoren abhängen. Auch bei derart begründeten Freiheitsentziehungen wäre die Unschuldsvermutung allerdings als Korrektiv bei der Verhältnismäßigkeitsprüfung zu beachten (BVerfG 1.12.2020 – 2 BvR 1853/20 Rn. 25: Grundsätzlich darf die Freiheit nur rechtskräftig Verurteilten entzogen werden).

Eine entscheidende Rolle spielt bei **Verfahrens- und Sicherheitsmaßnahmen** die **Begründung,** da sie nicht für eine verkappte Vorwegnahme der Strafe zweckentfremdet werden dürfen. Weder Anordnung noch Ablehnung der Entlassung aus der U-Haft lassen sich mit der Überzeugung von der Tatbegehung begründen (EGMR 27.2.2007 – 65559/01 Rn. 22, 89 – Nešťák). Die Nutzung eines Metallkäfigs für Angeklagte während einer Anhörung soll dagegen keinen Verstoß begründen, soweit sie als Sicherheitsmaßnahme zu rechtfertigen ist (EGMR 15.6.2010 – 34334/04 – Ashot Harutyunyan; unzulässig daher Glaskabine in Abwesenheit spezifischer Sicherheitsrisiken, EGMR 17.7.2018 – 38004/12 Rn. 170 ff. – Mariya Alekhina ua). Derartige Maßnahmen zwingen trotz ihrer faktischen Suggestivkraft und der aufgrund anderer Konventionsrechte menschenrechtswidrigen Stigmatisierung des Beschuldigten (vgl. Beschwerden Nr. 11082/06 u. 13772/05 – Khodorkovskiy u. Lebedev) während des Strafverfahrens nicht zu der Annahme, dass die Tat als erwiesen gilt, bevor sie rechtskräftig festgestellt wurde, solange die Unschuld als Möglichkeit offenbleibt (vgl. aber EGMR 4.3.2008 – 33065/03 Rn. 99 f. – Samoila u. Cionca: Vorführung in Gefängniskleidung). Ein Verstoß liegt demgegenüber vor, wenn Verfahrensmaßnahmen mit der Schuld des Betroffenen begründet werden (EGMR 15.1.2015 – 68900/13 Rn. 9, 75 – Eshonkulov: Unterstellung der Tatbegehung in Auslieferungsbeschluss.

Disqualifizierend wirken **Handlungen und Äußerungen des Gerichts** während des Verfahrens, die eine Festlegung auf die Schuld des Angeklagten erkennen lassen (EGMR 28.11.2002 – 58442/00 Rn. 127 – Lavents; EGMR 27.2.2007 – 65559/01 Rn. 88 – Nešťák). Missverständliche Formulierungen überprüft der EGMR genau (vgl. EGMR 27.3.2014 – 54963/08 Rn. 51 f. – Müller). Dagegen ist die Unschuldsvermutung nicht verletzt, wenn Feststellungen zur Begehung von Straftaten durch einen Beschuldigten im **Urteil** eines getrennten Verfahrens **gegen Mitbeschuldigte** getroffen werden, solange deutlich wird, dass die Beurteilung strafrechtlicher Schuld einem späteren Verfahren gegen den Beschuldigten vorbehalten bleibt (EGMR 27.2.2014 – 17103/10, NJW 2015, 37 – Karaman). Die Unschuldsvermutung verhindert keine effektive Verfahrensführung, die eine Verfahrenstrennung aus prozesstaktischen und ökonomischen Gründen gebieten kann. Das Gericht muss bei der **Urteilsbegründung** aber Formulierungen vermeiden, die als Schuldfeststellung gedeutet werden können, und sollte auf die Anonymisierung des Beschuldigten achten. **Auch** freisprechende Urteile können die Unschuldsvermutung verletzen, wenn die Urteilsgründe zum Ausdruck bringen, dass das Gericht von der Schuld des Angeklagten tatsächlich überzeugt ist (EGMR 15.1.2015 – 48144/09 Rn. 59, NJW 2016, 3225 – Cleve mAnm *Rostalski* HRRS 2015, 315 (318 ff.) u. *Meyer* forumpoenale 2015, 116 (118); BGH 28.1.2020 – 4 StR 608/19 Rn. 5). Auch Feststellungen zu eigenständigen strafbaren Verhaltensweisen, die nicht von einem etwaigen Schuldspruch umfasst sind, wären verboten. Daran überzeugt, dass die Urteilsbegründung wegen ihrer Kommunikationswirkung integraler Bestandteil des Urteils ist und sich nicht in Widerspruch zum Tenor setzen darf. Die handelnden Justizorgane dürfen die **Grenze zwischen (zulässiger) Verdachtsäußerung und (unzulässiger) Schuldfeststellung** nicht überschreiten. Sachlich berechtigte, nachteilige Feststellungen sollten dagegen zulässig bleiben, wenn ihnen die Unterstellung einer Straftat nicht immanent ist, zB weil Tatsachen für die Erfüllung eines Tatbestandes nicht relevant oder hinreichend sind und ihnen daher schon logisch gar keine Verurteilung wegen einer Straftat ohne gesetzlichen Nachweis innewohnen kann). Es besteht allerdings das Risiko, dass der EGMR solche Unterschiede nicht erkennt.

181 Die Unschuldsvermutung bindet auch **Staatsanwaltschaften** und Polizeibehörden. **Einstellungsentscheidungen** dürfen in ihrer Begründung keine Bewertungen über die strafrechtliche Schuld treffen (EGMR 28.10.2014 – 60101/09 Rn. 31, NLMR 2014, 401 – Peltereau-Villeneuve). Dabei kommt es nicht darauf an, dass Schuld im technischen Sinn ausdrücklich festgestellt wird; es reicht hin, wenn sich der Begründung entnehmen lässt, dass die Justizorgane von der Tatbegehung durch den Beschuldigten übezeugt sind. Soweit für die Begründung der Einstellung (zB wegen Verjährung) Ausführungen zur angeblichen Tat erforderlich sind, dürfen sie das zur Begründung notwendige Maß nicht überschreiten. Ausführungen zum Vorliegen eines stark erhöhten Verdachtsgrads, der eine große Verurteilungswahrscheinlichkeit impliziert, bleiben zulässig.

III. Öffentliche Vorverurteilung

182 Die Unschuldsvermutung gebietet den **Strafverfolgungsbehörden,** vorverurteilende Stellungnahmen zu unterlassen (EGMR 10.10.2000 – 42095/98 Rn. 42 – Daktaras; *Peukert* in Frowein/Peukert EMRK Art. 6 Rn. 269). Die Unschuldsvermutung hat insofern auch eine externe Funktion, die auf die Allgemeinheit bezogen ist. Strafverfolgungsbehörden haben nicht nur im Gerichtssaal, son-

Recht auf ein faires Verfahren **Art. 6 EMRK**

dern auch bei der **Pressearbeit** Sorgfalt und Zurückhaltung zu üben (*Schmitt* in Meyer-Goßner/Schmitt MRK Art. 6 Rn. 13; Lohse/Jakobs in KK-StPO EMRK Art. 6 Rn. 56; *Trüg* NJW 2011, 1040 (1043 ff.)). Dem Informationsbedürfnis der Allgemeinheit zu Tatverdächtigen und Verfahrensgang dürfen sie nachkommen, solange und soweit sie bei der Unterrichtung der Medien und Allgemeinheit der Entscheidung im Erkenntnisverfahren weder vorgreifen noch das Recht des Beschuldigten auf ein faires Verfahren beeinträchtigen (EGMR 6. 2. 2007 – 14348/02 Rn. 69 – Garycki). Es ist Strafverfolgungsbehörden insbes. untersagt, sich selbst steuernd an der Bildung der öffentlichen Meinung zu beteiligen (*Roxin* NStZ 91, 153 (158)). Sie dürfen zB einen noch nicht rechtskräftig Verurteilten nicht als schuldig bezeichnen (*Frowein* FS H. Huber, 1981, 553 (554 f.)). Allenfalls die **öffentliche Bekanntgabe eines Verdachts** ist zulässig (zur EGMR-Rspr. *Stuckenberg* in Fischer/Hoven S. 63 (72 f.)). Eine Namensnennung darf nur erfolgen, wenn das Berichtsgeschehen der Zeitgeschichte zuzuordnen ist und ein legitimes Informationsinteresse der Öffentlichkeit besteht, das die Interessen des Beschuldigten überwiegt (OLG Koblenz StV 87, 430 (431); OLG Hamm 31. 1. 2000 – 2 Ws 282/99, NJW 2000, 1278 (1279); sowie Nr. 23 Abs. 1 RiStBV; ausf. *Rodenbeck* StV 2018, 255 (258 f.)).

Die Pflicht, alles zu vermeiden, was zu einer Verselbständigung eines – noch unbestätigten – Verdachts führen kann, trifft neben Richtern und Staatsanwälten auch **andere staatliche Autoritäten** und reicht damit weit über den Aspekt der Unparteilichkeit hinaus. Jeder Amtsträger kann die Unschuldsvermutung verletzen, wenn er öffentlich Äußerungen tätigt, in denen er von der Schuld des Angeklagten ausgeht oder diese unterstellt, und der Bewertung durch das zuständige Gericht vorgreift (EGMR 12. 7. 1988 – 10862/84 Rn. 51, NJW 1989, 654 – Schenk; EGMR 10. 2. 1995 – 15175/89 Rn. 41, ÖJZ 1995, 509 – Allenet de Ribemont; EGMR 26. 3. 2002 – 48297/99 Rn. 53 – Butkevicius; EGMR 18. 3. 2010 – 58939/00 Rn. 60 ff. – Kuzmin). Der Respekt gegenüber der Subjektstellung des Beschuldigten erfordert es, dass sich staatliche Repräsentanten Äußerungen enthalten, die bei der Allgemeinheit den Eindruck erwecken, die Schuldfrage sei schon geklärt, und evtl. sogar entsprechenden Druck auf das zuständige Gericht erzeugen. Besondere Zurückhaltung ist daher va für **hochrangige Amtspersonen in übergeordneten Justiz- und Exekutivorganen** geboten (EGMR 24. 5. 2011 – 53466/07 – Konstas; EGMR 26. 3. 2002 – 48297/99 Rn. 50 ff. – Butkevičius); insbes. wenn sie von untergeordneten Organen als Weisungen interpretiert werden könnten (EGMR 14. 6. 2011 – 36921/07 – Garlicki). Der EGMR differenziert allerdings zwischen Äußerungen im Rahmen amtlicher und politischer Tätigkeiten (EGMR 26. 7. 2011 – 35485/05 ua – Huseyn; EGMR 20. 12. 2011 – 20899/03 – G.C.P.). Politiker hätten im öffentlichen Meinungskampf mehr Freiraum für Bewertungen. In solchen Fällen ist dann zu prüfen, welchem Kontext eine Aussage zuzuordnen ist. Politische Akteure, die kein öffentliches Amt *(public official)* bekleiden, werden dagegen als Privatpersonen behandelt, weshalb ihre Aussagen grundsätzlich aus dem Schutzbereich von Abs. 2 herausfallen (EGMR 8. 10. 2013 – 29864/03 Rn. 141 – Mulosmani).

Den Staat trifft überdies eine **Schutzpflicht,** vorverurteilender Medienberichterstattung (durch vernünftige Informationspolitik) zu begegnen (EGMR 28. 10. 2004 – 48173/99 Rn. 48 – Y.B. ua; *Grabenwarter/Pabel* EMRK § 24 Rn. 130). Justizbehörden können sogar gehalten sein, objektivierende Gegendarstellungen abzugeben, wenn es in der Presse zu gröblich entstellenden Tatsachenschilderungen kommt. Intensive Pressekampagnen, mit denen sich Medien als

183

184

Richter oder Staatsanwälte gerieren, können die Fairness berühren, wenn Richter beeinflusst zu werden drohen (EGMR 5.12.2002 – 34896/97 Rn. 98 ff. – Craxi).

185 Die Unschuldsvermutung entfaltet überdies **mittelbare Drittwirkung.** Auch die **Medien** stehen in der Pflicht, die Unschuldsvermutung zu respektieren (EGMR 5.12.2002 – 34896/97 Rn. 98 ff. – Craxi; BGH 18.6.2019 – VI ZR 80/18 Rn. 41; diff. *Meyer* in SK-StPO EMRK Art. 6 Rn. 344 ff.). Diese Dimension der Unschuldsvermutung betrifft insbes. Vorfeld- und Prozessberichterstattung (EGMR (GK) 29.3.2016 – 56925/08 Rn. 51 – Bédat). Erforderlich ist stets eine sorgfältige Abwägung mit der Pressefreiheit unter Anerkennung der Bedeutung einer freien Presse in einer Demokratie und ggf. des Informationsinteresses der Allgemeinheit (zu Abwägungskriterien EGMR 21.9.2017 – 51405/12 Rn. 40, 42 f. – Axel Springer SE u. RTL Television GmbH). Medien haben primär auf die sprachliche Darstellung des Tatvorwurfs und der Persönlichkeit des Beschuldigten (sowie deren Konsequenzen für laufende Verfahren) zu achten, um den Anspruch des Verdächtigen auf ein faires Verfahren (→ Art. 10 Rn. 101 ff.) nicht zu gefährden. Hierzu ist jede Vorverurteilung, Stigmatisierung oder Herabsetzung der Person **(Prangerwirkung)** zu vermeiden (EGMR 21.9.2017 – 51405/12 Rn. 51, 54 – Axel Springer SE u. RTL Television GmbH; *Hassemer* NJW 1985, 1921 (1922 ff.); *Grabenwarter/Pabel* EMRK § 24 Rn. 142: schwierige Gratwanderung; OLG Frankfurt a. M. 2.2.1989 – 16 U 228/87, NJW-RR 1990, 989 (990); *Neuling* HRRS 2006, 94 (97 ff.); *Rodenbeck* StV 2018, 255 ff.).

IV. Folgeentscheidungen

186 Entscheidungen über Kostentragung und Entschädigungen im Anschluss an ein Strafverfahren dürfen nicht im Widerspruch zu dessen Ausgang stehen (ausf. *Peukert* in Frowein/Peukert EMRK Art. 6 Rn. 272 ff.; EGMR 13.7.2010 – 25720/05 – Tendam; EGMR 19.5.2005 – 71563/01 Rn. 36 – Diamantides). Voraussetzung für die Anwendbarkeit von Art. 6 Abs. 2 EMRK ist ein **hinreichender Zusammenhang** *(link)* zwischen einem Strafverfahren und dem betreffenden späteren Verfahren (EGMR 11.2.2003 – 34964/97 Rn. 41 – Ringvold), der regelmäßig vorliegt, wenn darin der Ausgang des früheren Strafverfahrens und deren Begründung, Verfahrensablauf, Beweislage oder die Bewertung der Rolle des Beschuldigten zum Tragen kommen können (EGMR (GK) 12.7.2013 – 25424/09 Rn. 98, 104, NJOZ 2014, 1834 – Allen).

Die **Auferlegung der Verfahrenskosten** darf ebensowenig wie die Verweigerung einer **Kostenerstattung** oder **Entschädigung** mit einer (ausdrücklichen oder konkludenten) Schuldunterstellung oder Verurteilungshypothese/-prognose begründet werden, für die, zB bei Einstellung des Verfahrens oder Freispruch, ein gerichtlicher Nachweis fehlt (EGMR 9.11.2004 – 44760/98 Rn. 32 – Del Latte; EGMR 25.3.1983 – 8660/79 Rn. 38, EuGRZ 1983, 475 – Minelli; EGMR 25.8.1993 – 21/1992/366/440 Rn. 29 ff., ÖJZ 1993, 816 – Sekanina; EGMR 25.8.1987 – 9912/82 Rn. 58 ff., EuGRZ 1987, 399 – Lutz; EGMR 25.8.1987 – 10282/83 Rn. 34 ff., NJW 1988, 3257 – Englert; EGMR 21.3.2000 – 28389/95 Rn. 31 f., ÖJZ 2001, 155 – Asan Rushiti). Dies gilt analog für zivile Schadensersatzprozesse gegen angebliche Straftäter. Ihnen darf in Urteilen keine Strafbarkeit zugeschrieben werden, die vorheriger Einstellung oder Freispruch zuwiderliefe (EGMR 28.5.2020 – 29620/07 Rn. 62 f. – Farzaliyev).

Kommt es zu keiner Verurteilung, darf die Entscheidung nicht dadurch entwertet werden, dass nachträgliche Kosten- oder Entschädigungsentscheidungen implizit gerichtliche Schuldzuweisungen enthalten. Hierbei kommt es entscheidend auf Wortlaut und Anwendung der Tatbestandsvoraussetzungen sowie die genaue Wortwahl und argumentative Entscheidungsbegründung des zuständigen Gerichts im Einzelfall an (EGMR 28.5.2020 – 29620/07 Rn. 64 – Farzaliyev: nach Einstellung besondere Sorgfalt geboten; EGMR (GK) 12.7.2013 – 25424/09 Rn. 127 ff., NJOZ 2014, 1834 – Allen). Allenfalls ein fortbestehender oder zurechenbar erzeugter Verdacht kann unter dem Gesichtspunkt des „Verursacherprinzips" zur Grundlage von Entscheidungen über die Auslagenerstattung uÄ gemacht werden, ohne die Unschuldsvermutung zu berühren (EGMR 25.8.1987 – 10282/83 Rn. 39, NJW 1988, 3257 – Englert; *Kieschke* S. 186 ff.; BVerfGE 82, 106 (117); BGH NJW 75, 1829 (1831)). Mit dieser Einschränkung können dem Angeklagten bei Nichtverurteilung Kosten des Verfahrens auferlegt (§ 467 StPO) sowie von einer Erstattung seiner notwendigen Auslagen abgesehen werden (§ 467 Abs. 3, 4 StPO; *Lohse/Jakobs* in KK-StPO EMRK Art. 6 Rn. 55). Bei der Strafverfolgung durch Privatpersonen (§ 374 StPO) darf eine Aufteilung der Kosten und Auslagen erfolgen, wenn der Angeklagte trotz Einstellung des Verfahrens Anlass zur Klage gegeben hat (§ 471 Abs. 3 StPO). Auch eine Entschädigung für U-Haft kann verweigert werden, wenn sich ihre Anordnung (rechtmäßig) auf einen tatsachengetragenen Verdacht stützte (EGMR 25.8.1987 – 10/1986/108/156 Rn. 34 ff., EuGRZ 1987, 410 – Nölkenbockhoff). An ihrer Rechtmäßigkeit änderte auch ein späterer Freispruch nichts. Gleiches gilt für den Verfall einer **Kaution** trotz Freispruchs, wenn ein Betroffener Auflagen nicht erfüllt und beträchtliche Verzögerungen des Verfahrensgangs verursacht (EGMR 20.6.2013 – 57404/08 – Lavrechov). Eine **Einziehung** von Vermögensgegenständen, die einer kriminellen Organisation oder einem kriminellen Ursprung allgemein zugeordnet werden können, kann auch ohne Verurteilung des Besitzers (zB eines Erben) zulässig sein, wenn mit ihr keine strafrechtliche Schuldfeststellung verbunden ist (EGMR 10.4.2012 – 20496/02 Rn. 53, 54 – Silickiene). Nicht-urteilsbasierte Einziehungen **(non-conviction-based confiscations)** verletzen Art. 6 Abs. 2 nicht (vgl. *Meyer* in SK-StPO EMRK Art. 6 Rn. 359; *Esser* in Rui/Sieber S. 69 (92 ff.); strafrechtliche Einziehungen, die sich ohne gesetzlichen Nachweis auf Feststellungen zur Strafbarkeit gründen, wären unzulässig, EGMR (GK) 28.6.2018 – 1828/06 ua Rn. 314 ff. – G.I.E.M. S.R.L. ua).

Die Erkenntnisse strafrechtlicher Ermittlungen haben grundsätzlich keine Bindungswirkung für **zivilrechtliche Verfahren** (*Meyer-Ladewig/Harrendorf/König* in HK-EMRK Art. 6 Rn. 86 a; EGMR 3.10.2019 – 61985/12 Rn. 68 – Fleischner: eigenständige neue Bewertung der Informationen aus Strafsache). Eine Verurteilung zu zivilrechtlichem Schadensersatz bleibt auch dann zulässig, wenn ein paralleles Strafverfahren mit Freispruch endete (*Peukert* in Frowein/Peukert EMRK Art. 6 Rn. 271) oder wegen Todes des Angeklagten eingestellt wurde. Die fortbestehende Unschuldsvermutung schließt Zivilverfahren nicht aus (EGMR 7.2.2012 – 124/04 Rn. 58 – Diacenco). **Schadensersatzhaftung** kann sich nach anderen Anspruchsvoraussetzungen bemessen, muss aber (implizite) Feststellungen strafrechtlicher Schuld (zur Haftungsbegründung) vermeiden (vgl. EGMR 10.1.2012 – 33468/03 Rn. 35 – Vulakh ua; EGMR 12.4.2012 – 18851/07 Rn. 68, 69 – Lagardère: Adhäsionsverfahren gegen Erben wegen Straftat des Erblassers; EGMR 28.5.2020 – 29620/07 Rn. 64 – Farzaliyev: sorgfältige Begründung erforderlich). Beweis- und Haftungsstandards für zivilrechtliche Fragen können ebenfalls verschieden sein (vgl. EGMR 25.8.1993 – 21/1992/366/440 Rn. 29, ÖJZ 1993, 816 – Sekanina; EGMR 11.2.2003 – 34964/97 Rn. 36 ff. – Ringvold; EGMR 3.10.2019 –

EMRK Art. 6

61985/12 Rn. 67 – Fleischner). Die Entscheidung darf der strafrechtlichen Wertung jedoch nicht widersprechen oder deren Richtigkeit beanstanden (EGMR 11. 2. 2003 – 56568/00 Rn. 42 ff. – Y.; *Grabenwarter/Pabel* EMRK § 24 Rn. 128).

In **Disziplinarverfahren** oder **sozialhilferechtlichen Verfahren** erfordert die Unschuldsvermutung, dass Feststellungen und Entscheidungen dem Ausgang eines früheren Strafverfahrens nicht widersprechen oder angebliche Straftaten ohne gesetzlichen Nachweis unterstellen dürfen (*Meyer* in SK-StPO EMRK Art. 6 Rn. 358). Der EGMR unterzieht die amtlichen Begründungen daher einer aufmerksamen Kontrolle (EGMR 17. 12. 2013 – 20688/04 Rn. 100 – Nikolova u. Vandova; EGMR 23. 1. 2018 – 15374/11 Rn. 41 – Güc).

V. Anknüpfung negativer Folgen

188 Vor oder ohne Feststellung der Straftat dürfen an diese **keine nachteiligen Konsequenzen** geknüpft werden. Die Sanktionierung darf nicht vorweggenommen werden. Verdachtsbasierte **Untersuchungshaft** zur Sicherung des Strafverfahrens ist damit vereinbar, solange sie keinen Strafcharakter hat (BVerfGE 19, 342 (348); *Peukert* in Frowein/Peukert EMRK Art. 6 Rn. 275; → Rn. 37). Anders als das deutsche Recht sieht die EMRK aber keinen Anspruch auf bewusste Ungleichbehandlung von Untersuchungshäftlingen und Strafgefangenen vor (*Meyer-Ladewig/Harrendorf/König* in HK-EMRK Art. 6 Rn. 219; EGMR 19. 4. 2001 – 28524/95 Rn. 78 – Peers). Im Beschlussverfahren über den **Widerruf einer Strafaussetzung** zur Bewährung dürfen keine Straftaten einbezogen werden, für die es an einem gesetzlichen Nachweis fehlt (EGMR 3. 10. 2002 – 37568/97 Rn. 65, NJW 2004, 43 – Böhmer; übernommen in OLG Nürnberg 17. 5. 2004 – Ws 558, 559/04, NJW 2004, 2032; ausf. *Seher* ZStW 118 (2006), 101 (127 ff.)). Welche Anforderungen konkret für deren Nachweis gelten, insbes. ob (ausschließlich) eine rechtskräftige Entscheidung erforderlich ist, ist nicht abschließend geklärt (vgl. *Fischer* StGB § 56 f. Rn. 4 ff.). Geboten ist eine restriktive Handhabung. Ein glaubhaftes Geständnis vor einem Gericht kann im Anschluss an EGMR 12. 11. 2015 – 2130/10 – El Kaada nicht mehr genügen (anders noch BVerfG 9. 12. 2004 – 2 BvR 2314/04, NStZ 2005, 204; OLG Düsseldorf 19. 12. 2003 – III-3 Ws 469/03, NStZ 2004, 269; OLG Hamm 30. 4. 2012 – 3 Ws 101/12, 3 Ws 102/12). In der Strafsache unzuständigen Gerichten sind eigene Feststellungen verwehrt, während Urteile zuständiger Gerichte vor Rechtskraft noch nicht zum Nachteil des Grundrechtsträgers herangezogen werden dürfen. Diese Leitsätze gelten auch für die **Aussetzung einer Maßregel** gem. § 67 g StGB oder **disziplinarische Maßnahmen** im Strafvollzug. Im Fall einer Verurteilung dürfen eingestellte anderweitige strafrechtliche Vorwürfe unter rechtzeitigem Hinweis an den Beschuldigten bei der **Strafzumessung** berücksichtigt werden, soweit sie für die Beurteilung von Tatschuld und Persönlichkeit des Angeklagten relevant sind und das Gericht ihr Vorliegen prozessordnungsgemäß festgestellt hat (EGMR 25. 1. 2018 – 76607/13 Rn. 52 ff. – Bikas: Abstriche bei Beweisanforderungen gegenüber Tatvorwurf zulässig; BGH NStZ 81, 99 (100); BGHSt 34, 209 (210 f.); *Schmitt* in Meyer-Goßner/Schmitt MRK Art. 6 Rn. 14). Eine Addition des Handlungs- und Erfolgsunrechts der zweiten Tat wäre dagegen unzulässig.

E. Art. 6 Abs. 3 EMRK

I. Schutzzweck und Stellung der strafrechtlichen Garantien

Art. 6 Abs. 3 EMRK enthält eine Reihe besonderer Verfahrensrechte für das **189** Strafverfahren. Sie sind Ausprägungen der allgemeinen Garantie eines fairen Verfahrens, die besonders am Grundsatz der **Effektivität der Verteidigung** orientiert sind (*Grabenwarter/Pabel* EMRK § 24 Rn. 98; *Gless* Rn. 79). Dessen verschiedene Dimensionen, dh zeitliche, sprachliche, ökonomische und beteiligungsrechtliche Wirksamkeit, werden in lit. a–e dezidiert aufgegriffen. Sie streben einen (voll-)umfänglichen Ausgleich von strukturellen und situativen Nachteilen zur Gewährleistung wirksamer Teilhabe an, um die Prozesssubjektsqualität des Beschuldigten umfassend zu gewährleisten.

Die **Aufzählung** in Abs. 3 ist insoweit **nicht erschöpfend** (EGMR 13.5.1980 – **190** 6694/74 Rn. 32, EuGRZ 1980, 662 – Artico; *Meyer* in SK-StPO EMRK Art. 6 Rn. 362 ff.). Während wesentliche Verteidigungsrechte wie die Selbstbelastungsfreiheit einschließlich Umgehungsschutz durch heimliche Ermittlungsmethoden, Beschleunigungsgebot oder die Teilnahme an der mündlichen Verhandlung in Abs. 1 und die Unschuldsvermutung in Abs. 2 verortet sind, entnimmt der EGMR aus Abs. 3 (fortlaufend und konkretisierend) weitere ungeschriebene Garantien wie das Recht auf effektive Verteidigung und Aktenzugang. Weitere spezifisch strafrechtliche Garantien sind in Art. 7 EMRK, Art. 2 u. 4 7. EMRKProt enthalten.

II. Die Rechte im Einzelnen

1. Unterrichtung über die Anklage (lit. a). Art. 6 Abs. 3 lit. a EMRK ver- **191** langt die gezielte Information des Beschuldigten über **Art und Grund** der **Beschuldigung** innerhalb kurzer Frist nach Information über bzw. Kenntniserlangung von der Einleitung eines Ermittlungsverfahrens durch die Strafverfolgungsbehörden. Die EU fordert in der Belehrungs-RL (RL 2012/13/EU des Europäischen Parlaments und des Rates vom 22. Mai 2012 über das Recht auf Belehrung und Unterrichtung in Strafverfahren, ABl. 2012 L 142, 1) gleichfalls eine Unterrichtung über den Tatvorwurf (Art. 6); und zwar **spätestens bei der ersten Vernehmung** (Art. 3 Abs. 1). Sie hat in verständlicher Sprache und hinreichender Detailliertheit zu erfolgen (EGMR (GK) 1.3.2006 – 56581/00 Rn. 89 – Sejdovic). Die Information muss keine bestimmte Form aufweisen (EGMR (GK) 25.3.1999 – 25444/94 Rn. 53 – Pélissier u. Sassi; EGMR 22.2.2018 – 25575/04 Rn. 66 – Drassich (Nr. 2)), sich aber ausreichend zur **faktischen Grundlage** und **rechtlichen Einordnung der Vorwürfe** verhalten (EGMR 25.3.1999 – 25444/94 Rn. 51 f., NJW 1999, 3545 – Pélissier u. Sassi; OLG Düsseldorf 2.7.2003 – III-2 Ss 88/03 – 41/03 II, NJW 2003, 2766 f. – mündliche Unterrichtung zulässig). Das Recht ist insoweit in engem funktionalem Zusammenhang mit den übrigen Verteidigungsrechten des Abs. 3 zu verstehen. Es schafft die Ausgangsbasis zu einer frühzeitigen und gut vorbereiteten, effektiven Verteidigung (*Meyer* in SK-StPO EMRK Art. 6 Rn. 378) und schützt vor Überrumpelung (*Trechsel* ZStR 96 (1979), 337 (343)). Inhalt und Differenziertheit (sowie der Gewährungszeitpunkt) sind daran zu messen, ob sie diesen Zweck erfüllen (EGMR 25.7.2000 – 23969/94 Rn. 60 – Mattoccia).

Ggf. ist die (offizielle) Mitteilung über die Einleitung eines Ermittlungsverfah- **192** rens einem Beschuldigten, der die Gerichtssprache nicht beherrscht, daher auch zu

EMRK Art. 6 Rechte und Freiheiten der Konvention

übersetzen (EGMR 19.12.1989 – 10964/84 Rn. 41 – Brozicek; *Meyer-Ladewig/ Harrendorf/König* in HK-EMRK Art. 6 Rn. 226; *Grabenwarter/Pabel* EMRK § 24 Rn. 100). Abs. 3 lit. a gewährt **kein Recht auf Übersetzung der gesamten Verfahrensakte** (*Peukert* in Frowein/Peukert EMRK Art. 6 Rn. 284; OLG Hamm 16.2.1999 – 2 Ws 595/98, NStZ-RR 1999, 158 (159); krit. *Meyer* in SK-StPO EMRK Art. 6 Rn. 536 ff.). Zumindest der **Anklageschrift** ist aber grundsätzlich eine schriftliche Übersetzung beizufügen, auch wenn der EGMR die Anerkennung eines Anspruchs darauf scheut (EGMR (GK) 18.10.2006 – 18114/02 Rn. 68 – Hermi; EGMR 19.12.1989 – 9783/82 Rn. 79 ff. – Kamasinski; vgl. auch *Schmitt* in Meyer-Goßner/Schmitt MRK Art. 6 Rn. 18; vgl. aber auch → Rn. 259). Dies folgt jedenfalls funktional aus Abs. 3 lit. c und lit. e, da das perpetuiert schriftliche Vorliegen der darin enthaltenen Informationen und ggf. weiterer erheblicher Aktenteile regelmäßig unerlässlich sind, um erhebliche Verteidigungsnachteile zu vermeiden (EGMR 19.12.1989 – 9783/82 Rn. 79 ff., ÖJZ 1990, 412 – Kamasinski); andernfalls lässt der EGMR eine mündliche Übersetzung genügen (EGMR 19.12.1989 – 9783/82 Rn. 79 ff., 81 – Kamasinski; EGMR 24.2.2005 – 18913/03 – Husain). Auch im beschleunigten Verfahren ist die mündliche Übersetzung der Antragsschrift gem. § 417 StPO möglich (OLG Stuttgart 31.1.2005 – 4 Ss 589/04, NStZ 2005, 471). Dies gilt aber wiederum nur unter dem Vorbehalt, dass dadurch die Ausübung der Verteidigungsrechte nicht beeinträchtigt wird.

Für EU-Mitgliedstaaten sieht **RL 2010/64/EU** ein Recht auf Dolmetschleistungen und Übersetzungen ab Kenntnis von der Verdächtigung in Art. 1 Abs. 1, 2 vor. Dieses bezieht sich auf alle wesentlichen Verfahrensunterlagen, namentlich Anklage, Urteil, Haftbeschlüsse (Art. 3 Abs. 2 RL 2010/64/EU). Allerdings wird diese Pflicht durch Abs. 7 aufgeweicht, der als Ausnahme eine mündliche Übersetzung oder eine mündliche Zusammenfassung der wesentlichen Unterlagen anstelle einer schriftlichen Übersetzung zulässt, wenn dies einem fairen Verfahren nicht entgegensteht. Erforderlich ist also eine Abwägung mit den Schutzzwecken von Abs. 3 lit. a und lit. e mit Bezug auf die Erfordernisse des konkreten Falls. Der deutsche Gesetzgeber hat diese Ausnahme hingegen zur Norm gemacht und damit systemwidrig per se für fair erklärt (vgl. § 187 GVG; BGH 18.2.2020 – 3 StR 430/19).

Insgesamt sollten sich sowohl EGMR als auch nationale Strafverfolgungsbehörden eingestehen, dass eine (schriftliche) Übersetzung eine effektive Verteidigung in der Regelfall weit besser verbürgt als eine Verdolmetschung. Während die Übersetzung durch einen Dolmetscher für die allgemeine Orientierung über die Vorwürfe noch genügen mag, müssten die Anforderungen bei Abs. 3 lit. e höher sein, weil die effektive Vorbereitung der Verhandlung grundsätzlich erfordert, dass man die zentralen Vorwürfe in dieser Phase wiederholt in verständlicher Sprache reflektieren kann.

193 Aus Art. 6 Abs. 3 lit. a EMRK folgt **keine Pflicht zur Belehrung über** die dem Beschuldigten zustehenden **Rechte** (*Ambos* IntStrafR § 10 Rn. 39). Regelmäßig wird sich zumindest eine Pflicht zur Belehrung über das Recht auf anwaltlichen Beistand aus Abs. 3 lit. c ergeben. Völlig eindeutig ist die Rechtsprechung des EGMR dazu allerdings nicht. Die Belehrungs-RL 2012/13/EU verlangt dagegen eindeutig, dass dem Beschuldigten ein sog. *letter of rights* ausgehändigt werden muss, der ihn in Alltagssprache über die Rechte informiert (Art. 6).

194 Der **Informationsanspruch** des Beschuldigten kann noch im späteren gerichtlichen Verfahren **Nachwirkungen** zeitigen. Die EMRK schreibt weder einen bestimmten Tatbegriff vor, noch schließt sie eine Veränderung des rechtlichen Gesichtspunkts oder Nachtragsanklagen aus. Art. 6 Abs. 3 lit. a EMRK verlangt aber stets rechtzeitige Information und Zeit zur effektiven Vorbereitung, wenn sich die

rechtliche oder tatsächliche Bewertung verändern und diese der ursprünglichen Anklage nicht inhärent waren (EGMR (GK) 25.3.1999 – 25444/94 Rn. 51ff., 62, NJW 1999, 3545 – Pélissier u. Sassi; EGMR 17.7.2001 – 29900/96 ua Rn. 52 – Sadak ua); auch bei anwaltlich vertretenem Angeklagten (*Grabenwarter/Pabel* EMRK § 24 Rn. 99). Der subjektiv-rechtliche Schutzzweck der Anklage ist daher verletzt, wenn die tatbestandliche Grundlage der Verurteilung ausgetauscht wird, ohne dass der Angeklagte im Vorfeld rechtzeitig über diese Möglichkeit informiert wird. Nicht erforderlich für die Feststellung einer Verletzung von Abs. 3 lit. a ist für den EGMR, dass aufgezeigt wird, welche konkreten Verteidigungsmöglichkeiten dem Beschwerdeführer konkret entgangen sind und ob ein Verteidigungsvorbringen überhaupt hätte Erfolg haben können (EGMR 5.3.2013 – 61005/09 – Varela Geis). Das jeweils befasste Gericht kann dem Anspruch auf Unterrichtung durch Gewährung von Vorbereitungszeit genügen bzw. als Rechtsmittelgericht einen früheren Verstoß auf diese Weise heilen (EGMR 1.3.2001 – 29082/95 Rn. 47ff. – Dallos). Bloße Hinweise in der mündlichen Verhandlung können nur bei sehr einfach gelagerten Sachverhalten hinreichen.

Das Recht auf Unterrichtung über die Anklage kann **Beschränkungen** unterliegen, um den Erfolg der Ermittlungen nicht zu gefährden (*Ambos* IntStrafR § 10 Rn. 39). Schwierigkeiten im Ermittlungsverfahren rechtfertigen es aber nicht, den Betroffenen über lange Zeit im Ungewissen über dessen Gründe zu belassen (EGMR 24.11.1993 – 13972/88 Rn. 43, ÖJZ 1994, 517 – Imbrioscia). 195

2. Vorbereitung der Verteidigung (lit. b). Gem. **Art. 6 Abs. 3 lit. b EMRK** 196 müssen dem Beschuldigten durch die Strafverfolgungsbehörden ausreichende Zeit und Rahmenbedingungen *(facilities)* zur Vorbereitung einer effektiven Verteidigung eingeräumt werden (*Esser* in Löwe/Rosenberg EMRK Art. 6 Rn. 570). Diesem Zweck dienen bereits die rechtzeitige Information über Art und Grund der Beschuldigung sowie die Einräumung von Vorbereitungs- und Bedenkzeiten bei Neubewertung der Sach- oder Rechtslage bzw. Auftreten neuer Tatsachen. Nach lit. b ist dem Beschuldigten vor allem ausreichende Gelegenheit zu geben, einen Verteidiger zu konsultieren, mit diesem ungestört und unüberwacht zu kommunizieren (s. u. überlappend auch lit.c) und Einsicht in die Verfahrensakten zu nehmen (*Esser* in Löwe/Rosenberg EMRK Art. 6 Rn. 572, 574). Der Beschuldigte muss sich in die Lage versetzen können, seine Argumente und Beweismittel gegenüber den Strafverfolgungsbehörden darzulegen und deren Vorbringen angemessen zu begegnen. Wieviel Zeit und welche Mittel genau zum Aufbau einer sachgerechten Verteidigung vonnöten sind, hängt maßgeblich von den konkreten Umständen des Einzelfalls unter Beachtung des vorherigen Verfahrensverlaufs ab (*Grabenwarter/Pabel* EMRK § 24 Rn. 101; *Trechsel* S. 208ff.). Auch im beschleunigten Verfahren ist die ausreichende Vorbereitung der Verteidigung sicherzustellen (EGMR 17.7.2008 – 33268/03 Rn. 66 – Ashughyan).

Pauschale Aussagen zu **Mindestvorbereitungsfristen und -maßnahmen** sind nicht möglich (ausf. *Meyer* in SK-StPO EMRK Art. 6 Rn. 388ff.). Zu beachtende Kriterien sind der Zeitraum bis zur mündlichen Verhandlung und die räumliche Distanz zum Beschuldigten (EGMR (GK) 2.11.2010 – 21272/03 – Sakhnovskiy), intellektuelle Fähigkeiten und Verfassung des Beschuldigten, der Zeitpunkt der Verteidigerbestellung, die Reglementierung der Kommunikation, die Komplexität des Falles, Aktenumfang, Haft und ihre Bedingungen (EGMR 20.1.2005 – 63378/00 Rn. 81 – Mayzit), Fristen, Arbeitsbelastung des Verteidigers (bis zu einem gewissen Grad darf vom Verteidiger Umorganisation erwartet werden, EGMR

31.3.2005 – 62116/00 – Mattick) oder die Mutwilligkeit der Entbindung eines Anwalts kurz vor der Verhandlung durch den Angeklagten (*Peukert* in Frowein/Peukert EMRK Art. 6 Rn. 286f.).

Der Anspruch des Beschuldigten darf nicht gegen den **Beschleunigungsgrundsatz** ausgespielt werden (vgl. EGMR 20.9.2011 – 14902/04 Rn. 540 – OAO Neftyanaya Kompaniya Yukos). Der Staat steht in der Pflicht, ein zügiges Verfahren unter gleichzeitiger Gewährung effektiver Verteidigungsrechte zu ermöglichen (→ Rn. 82ff.).

Zusätzlich müssen insbes. für inhaftierte Beschuldigte **Rahmenbedingungen** (Räumlichkeiten, Arbeitsmaterial, Erholungszeiten, Besuchsrechte des Verteidigers usw) geschaffen werden, die eine effektive Nutzung der Vorbereitungszeit gestatten (EGMR 20.1.2005 – 63378/00 Rn. 81 – Mayzit; EGMR 19.10.2004 – 59335/00 Rn. 39 – Makhfi; EGMR 6.12.1988 – 10590/83 Rn. 70 – Barberà, Messegué and Jabardo).

197 Sieht sich der Beschuldigte in seinem Vorbereitungsrecht betroffen, muss er die jeweiligen **Mängel**, zB keine ausreichende Einarbeitungszeit für den Anwalt, unzulängliche Haftbedingungen, aus eigener prozessualer Obliegenheit frühzeitig rügen bzw. eine Verlegung beantragen und dies auch in Rechtsmittelinstanz und Individualbeschwerde **explizit vortragen.** Nur in Ausnahmefällen muss das nationale Gericht von sich aus vertagen (EGMR 17.7.2001 – 29900/96 ua Rn. 57 – Sadak ua; EGMR (GK) 2.11.2010 – 21272/03 Rn. 103, 106 – Sakhnovskiy).

198 Die effektive Vorbereitung der Verteidigung muss auch im **Rechtsmittelverfahren** gesichert sein (EGMR 10.10.2002 – 38830/97 Rn. 59ff., NJW 2003, 1229 – Czekalla; EGMR 27.4.2006 – 30961/03 Rn. 47ff., ÖJZ 2007, 513 – Sannino). Die Zulässigkeitsvoraussetzungen dürfen nicht übermäßig streng angewendet werden. Die Praxis der Auslegung von § 344 Abs. 2 StPO durch den BGH hat bereits (allerdings folgenlose) Skepsis beim EGMR hervorgerufen (EGMR 1.2.2007 – 78041/07 Rn. 42ff., 51ff., NJOZ 2008, 1098 – Paljic). Auch Rechtsmittelfristen dürfen nicht zu streng und zu knapp bemessen sein (EGMR 16.12.1992 – 12945/87 Rn. 33, NJW 1993, 1697 – Hadjianastassiou). Die Revisionsbegründungsfrist des § 345 Abs. 1 StPO wird im Schrifttum daher für unvereinbar mit Art. 6 Abs. 3 lit. b EMRK gehalten (*Grabenwarter* NJW 2002, 109 (111)).

199 Der Informationsanspruch des Beschuldigten schließt das verteidigungsspezifische Recht auf **Aktenzugang** ein, welches das Zugangsrecht aus dem allg. Fairnessgrundsatz (Waffengleichheit) verstärkt (EGMR 26.7.2011 – 35485/05 ua Rn. 175 – Huseyn ua; EGMR (GK) 12.5.2005 – 46221/99 Rn. 138ff., EuGRZ 2005, 463 – Öcalan; EGMR 13.2.2001 – 24479/94, NJW 2002, 2013 – Lietzow; → Rn. 126; ausf. *Meyer* in SK-StPO EMRK Art. 6 Rn. 395ff.). Der Anspruch auf Zugang zu Dokumenten und anderen Beweismitteln in der Hand der Strafverfolgungsbehörden erstreckt sich auf alle (be- und entlastenden) Materialien und Gegenstände, die sich auf Begehung, Motivation und Umstände der Tat beziehen und für die Vorbereitung der Verteidigung als notwendig anzusehen sind (EGMR 31.3.2009 – 21022/04 Rn. 42f. – Natunen; EKMR 14.12.1981 – 8403/78 Rn. 58 – Jespers; *Peukert* in Frowein/Peukert EMRK Art. 6 Rn. 290). Die Nichtoffenlegung entlastenden Beweismaterials verletzt Art. 6 Abs. 3 lit. b EMRK (EGMR (GK) 16.2.2000 – 28901/95 Rn. 59ff., StraFo 2002, 51 – Rowe u. Davies). Vorselektionen des mutmaßlich Relevanten durch nationale Behörden ist mit großer Vorsicht zu begegnen (EGMR 4.4.2017 – 2742/12 Rn. 158 – Matanović).

Der Anspruch geht über die einfachrechtlichen Grenzen nationaler Regelungen des Informationszugangs hinweg und reicht beispielsweise weiter als der deutsche formelle Aktenbegriff (→ Rn. 136). Abgestützt auf sein eigenes Recht auf Beweiserhebung kann der Beschuldigte bei hinreichend substantiiertem Vortrag *(specific reasons)* Zugang zu weiteren Informationen verlangen (EGMR 31.3.2009 – 21022/04 Rn. 43 – Natunen). Zugang muss zB auch zu wichtigen, per Rechtshilfe erlangten Unterlagen eröffnet werden (EGMR 15.5.2012 – 38623/05 Rn. 47 – Plotnicova). Allgemein sind Art, Umfang, Ort oder Zeitraum der Einsichtsnahme am Schutzzweck von lit. b auszurichten *(adequate time and facilities)*. Dabei muss grds. die Möglichkeit für Notizen, Kopien oder Abschriften bestehen (EGMR 9.10.2008 – 62936/00 Rn. 213 ff. – Moiseyev; EGMR 30.5.2006 – 38184/03 Rn. 59, 63 – Matyjek).

Als erhebliche Herausforderung wird sich in Zukunft der Zugang zu massenhaft elektronisch gespeicherten Daten und **e-Evidence** erweisen (EGMR 4.6.2019 – 39757/15 – Sigurður Einarsson ua); zum einen in Bezug auf Art und Sicherheit des Zugangs und zum anderen hinsichtlich der Kapazitäten zur Analyse und Bewertung solcher Beweise. Um effektiv zu sein, setzen Zugang und Vorbereitung besondere forensische Kenntnisse und technische Fähigkeiten voraus. Um die praktische Wirksamkeit von Abs. 3 lit. b zu erhalten, werden staatliche Stellen **Mindestzugangs- und Recherchemöglichkeiten** schaffen müssen. Dabei soll es ausreichend sein, wenn der Verteidigung ermöglicht wird, Datensätze ohne vollständige Lektüre auf ihre Relevanz zu analysieren (EGMR 25.7.2019 – 1586/15 Rn. 67f. – Rook; zu Mitwirkungsrechten und -obliegenheiten bei der behördlichen Datensichtung → Rn. 130). Weitgehend ungeklärt und eminent praxisrelevant ist, ob der EMRK Gewährleistungspflichten zu entnehmen sind, die den Staaten aufbürden, weitere Anwälte oder Forensik-Experten für den Beschuldigten einzuschalten, um riesige Datenmengen sinnvoll durchsuchen zu können. Der EGMR hat diese Frage bislang nicht beantwortet. Wenn man mittellosen Beschuldigten in derartigen Verfahren die Aussicht auf **Waffengleichheit** nicht von vornherein nehmen will, wird es staatliche Hilfsangebote geben müssen; zB indem Analyse-Software und andere Ressourcen unentgeltlich zur Verfügung gestellt werden. Umgekehrt wird man auch Verteidigern Organisations- und Weiterbildungsobliegenheiten für digitale Akteneinsicht auferlegen müssen.

Der Untersuchungszweck kann gerade im Ermittlungsverfahren **einzelfall-** 200 **abhängig** eine **Limitierung** des Akteneinsichtsrechts aus **Sicherheits- und Geheimhaltungsinteressen** gebieten (EGMR 25.7.2017 – 2156/10 Rn. 69f. – M.: Beschränkung des Zugangs durch Schwärzung vertraulicher Geheimdienstunterlagen aus berechtigtem Geheimhaltungsinteresse; EGMR 30.3.1989 – 10444/83 Rn. 27ff., StV 1993, 283 – Lamy; *Meyer* in SK-StPO EMRK Art. 6 Rn. 403). In seinem Kern darf das Recht auf effektive Vorbereitung der Hauptverhandlung durch (präjudizierende) Verspätung oder Behinderung der Akteneinsicht aber auch aus diesen Gründen nicht angetastet werden. Eine Geheimhaltung muss sich auf das unerlässliche Maß beschränken und effektive Kompensationsmechanismen vorsehen (EGMR 25.7.2017 – 2156/10 Rn. 59, 61 – M.; es genüge, wenn der Betroffene sich den Inhalt der fraglichen Unterlagen mithilfe anderer Akteninhalte erschließen kann).

Auf die Einsichtsnahme durch einen Verteidiger aus diesen Interessen kann grundsätzlich nur der verteidigte Beschuldigte verwiesen werden (→ Rn. 139). Auch einer Verschleierung von Quellen und Beweismaterialien durch irreleitende Aktenführung steht der Fairnessgrundsatz entgegen. Die Strafverfolgungsbehörden sind nicht berechtigt, aus Geheimhaltungsinteresse an ihren Erkenntnisquellen wahre Zusammenhänge in Ermittlungsakten durch Hinzufügung unwahrer Sachverhalte zu verschleiern (BGH 11.2.2010 – 4 StR 436/09, NStZ 2010, 294). Berechtigten Geheimhaltungsinteressen ist über § 147 Abs. 1 StPO und § 101 Abs. 5 u. 6 StPO Rechnung zu tragen.

201   In **begrenztem Umfang** gewährt Art. 6 Abs. 3 lit. b EMRK auch einen Anspruch auf **Beschaffung von Beweismaterial** (*Grabenwarter/Pabel* EMRK § 24 Rn. 103). Der Verteidigung stehen regelmäßig keine eigenen Ermittlungsbefugnisse zu, so dass sie Beweisanträge an das Gericht stellen muss (EGMR 7.7.1989 – 10857/84 Rn. 91 – Bricmont), die vor diesem Hintergrund EMRK-konform zu behandeln sind. In der Praxis begegnet der Beschuldigte dennoch häufig der Gefahr einer Kumulation von Nachteilen aus der Ablehnung von Beweisanträgen und der Versagung von Akteneinsicht.

202   **3. Verteidigung durch sich selbst oder einen Anwalt (lit. c). a) Recht auf Zugang zu Verteidiger.** Art. 6 Abs. 3 lit. c EMRK gewährt dem Beschuldigten ausdrücklich bis zu drei Rechte (*Esser* S. 450ff.; zum Beschuldigtenbegriff → Rn. 45). Er genießt generell das Recht, sich selbst oder durch einen Verteidiger seiner Wahl zu verteidigen. Im Falle der Mittellosigkeit erwächst hieraus ein Recht, sich unentgeltlich von einem Pflichtverteidiger verteidigen zu lassen, wenn dies im Interesse der Rechtspflege erforderlich ist. Diese Rechte sind notwendig, um andere Rechte effektiv und wirksam werden zu lassen (Schweigerecht, Selbstbelastungsfreiheit, effektive Verteidigung, rechtliches Gehör, EGMR 9.11.2018 – 71409/10 Rn. 128 – Beuze), was voraussetzt, zunächst über deren Existenz und sachgerechte Ausübung informiert zu werden. Gegenüber der Polizei sollen Recht auf Belehrung und Zugang zu einem Verteidiger zudem unzulässiger Zwangsausübung und Misshandlungen während des Gewahrsams vorbeugen. Die Rechte dienen damit zuallererst der **Gewährleistung der Prozesssubjektsstellung** des Beschuldigten und implizieren daher auch korrespondierende Informations- und Unterstützungspflichten für Strafverfolgungsbehörden.

Dieser Bedeutung verleiht auf Unionsebene nunmehr eine Reihe spezifischer Richtlinien Ausdruck, die in Umsetzung der sog. **Roadmap „Verfahrensrechte"** beschlossen worden sind (dazu auch *Meyer* in SK-StPO EMRK Art. 6 Rn. 367ff.). Für die wechselseitige Beeinflussung besonders relevant sind bei lit. c die Richtlinie 2012/13/EU zur Belehrung des Beschuldigten über seine Rechte und seine Unterrichtung über die Beschuldigung in Strafverfahren (ABl. 2012 L 142, 1) und die Richtlinie 2013/48/EU über das Recht auf Zugang zu Rechtsbeistand in Strafverfahren und in Verfahren zur Vollstreckung des Europäischen Haftbefehls sowie über das Recht auf Benachrichtigung eines Dritten bei Freiheitsentzug und das Recht auf Kommunikation mit Dritten und mit Konsularbehörden während des Freiheitsentzugs (ABl. 2013 L 294, 1).

203   Die Voraussetzungen der **Pflichtverteidigung** im nationalen Recht können sich nach anderen funktionalen Gesichtspunkten richten als der finanziellen Leistungsfähigkeit des Beschuldigten und seinen subjektiven Verteidigungsbedürfnissen. Die EMRK stellt den Aspekt der Verfahrenshilfe für den Beschuldigten in den Vordergrund (*Grabenwarter/Struth* in Ehlers GuG § 6 Rn. 111). Aus dieser Sicht ist primär die **Fähigkeit des Beschuldigten zu sichern, sich effektiv zu verteidigen** (zur bes. Bedeutung bei Jugendlichen, EGMR (GK) 23.3.2016 – 47152/06 Rn. 199 – Bolkhin). Der Begriff des Interesses der Rechtspflege und nationale Vorschriften zur Pflichtverteidigerbestellung sind in diesem individualrechtlichen Sinn zu verstehen. Ihm ist bei der Anwendung von §§ 140 Abs. 2, 141 Abs. 3 StPO hinreichendes Gewicht beizumessen (*Wohlers* in SK-StPO StPO § 140 Rn. 33ff., 36ff.,

46 ff.; zur Ungleichbehandlung von notwendiger Verteidigung bei Untersuchungshaft und notwendiger Beistandschaft bei Auslieferungshaft, OLG München 7.3.2013 – 14 Ausl. A 1033/12 (69/13), NStZ-RR 2013, 179; zum EuHb jetzt aber Art. 10 Abs. 1 RL 2013/48/EU; zu den Grenzen des strategischen Aufschubs der Entscheidung nach § 141 Abs. 2 S. 1 Nr. 1 StPO *Galneder/Ruppert* StV 2021, 202 (204 ff.)). Die Vertragsstaaten sind ferner gehalten, verfahrensrechtliche Wege zur Beantragung und Erwirkung einer Beiordnung zu eröffnen. Eine Beiordnung ist allerdings dann aus Sicht von Abs. 3 lit. c nicht erforderlich, wenn der Beschuldigte bereits einen Wahlverteidiger hat, der seine Aufgaben wirksam versieht (EGMR 8.12.2009 – 6190/09 – Dzankovic).

Das **Interesse der Rechtspflege** an einer **Pflichtverteidigerbestellung** bemisst sich für den EGMR unter dieser Prämisse nach der Schwere der Tat oder Sanktion (EGMR (GK) 19.6.1996 – 19380/92 Rn. 60, ÖJZ 1996, 915 – Benham), Schwierigkeit der Rechtsfragen und Komplexität der Sache (EGMR 24.5.1991 – 12744/87 Rn. 32 ff., ÖJZ 1991, 745 – Quaranta) sowie ihrer Bedeutung für den Angeklagten (EGMR 18.12.2001 – 29692/96 u. 34612/97 Rn. 49 – R.D.; EGMR 15.6.2004 – 60958/00 Rn. 29 – S.C.; für Rechtsmittelverfahren vgl. EGMR 28.3.1990 – 11932/86 Rn. 47 – Granger; vertiefend *Demko* FG Fezer, 2008, 1 (3 ff.)). Droht Freiheitsstrafe, ist es in der Regel indiziert (EGMR 24.5.1991 – 12744/87 Rn. 32 ff., ÖJZ 1991, 745 – Quaranta; EGMR 27.3.2007 – 32432/96 Rn. 56 – Talat Tunc; EGMR 22.10.2009 – 35185/03 Rn. 59 – Raykov). Gegenstand und Struktur der nationalen Verfahren, insbes. von Rechtsbehelfen, darf bei der Bewertung im Rahmen einer Gesamtbetrachtung Rechnung getragen werden (EGMR 25.4.1983 – 8398/78 Rn. 35 ff., NStZ 1983, 373 – Pakelli; EGMR 2.3.1987 – 9562/81 u. 9818/82 Rn. 56, 67 – Monnell u. Morris).

Bei der **Auswahl des Pflichtverteidigers** soll Präferenzen des Betroffenen **204** Rechnung getragen werden (EGMR 14.1.2003 – 26891/95 Rn. 54 – Lagerblom; zum Erfordernis vorheriger Anhörung OLG Dresden 4.4.2012 – 1 Ws 66/12, NStZ-RR 2012, 213). Im Interesse der Rechtspflege darf dessen Wunsch nach einem bestimmten Verteidiger jedoch unerfüllt bleiben (EGMR 25.9.1992 – 13611/88 Rn. 29, EuGRZ 1992, 542 – Croissant; EGMR 20.1.2005 – 63378/00 Rn. 66 – Mayzit). Gleiches gilt für die Zahl der Verteidiger und etwaige Zulassungsbeschränkungen (*Peukert* in Frowein/Peukert EMRK Art. 6 Rn. 300; zB Erfordernis von Anwalt mit besonderer Qualifikation, EGMR (GK) 26.7.2002 – 32911/96 ua Rn. 47, ÖJZ 2003, 732 – Meftah ua).

Eine Bestellung kann bei relevantem und ausreichendem Grund auch gänzlich gegen den Willen des Betroffenen erfolgen (EGMR 25.9.1992 – 13611/88 Rn. 27, EuGRZ 1992, 542 – Croissant). Auch Anwaltszwang ist für bestimmte Verfahrensphasen und -handlungen mit dem Recht auf Selbstverteidigung vereinbar (*Grabenwarter/Pabel* EMRK § 24 Rn. 110). Bei Minderjährigen gelten ebenso wie bei gerade volljährig Gewordenen erhöhte Sorgfaltspflichten bei der Prüfung der Einverständlichkeit der Bestellung oder Entbindung eines bestimmten Verteidigers (EGMR 30.5.2013 – 35985/09 – Martin).

Das Interesse der Rechtspflege kann demnach in ein **Spannungsverhältnis** mit dem **Recht auf Selbstrepräsentation** geraten. Dessen Einschränkung ist zulässig, wenn prozessuale Risiken und Erfordernisse professioneller Beratung gemessen an Verfahrensarten und -abschnitt die Bestellung eines Verteidigers (sogar gegen den Willen des Betroffenen) erforderlich machen, um einen fairen, rechtsstaatlichen Verfahrensgang sicherzustellen (EGMR (GK) 4.4.2018 – 56402/12 Rn. 126, 160 ff. – Correia de Matos).

EMRK Art. 6

205 Anders als bei Dolmetschern (s. u. lit. e) ist **keine** endgültige und **unbedingte Kostenbefreiung** vorgesehen (zur Zulässigkeit der Ungleichbehandlung *Peukert* in Frowein/Peukert EMRK Art. 6 Rn. 307). Ein Anspruch auf Unentgeltlichkeit kommt nur bei fortbestehender Mittellosigkeit in Betracht (EGMR 25.9.1992 – 13611/88 Rn. 35ff., EuGRZ 1992, 542 – Croissant; zum Beweismaßstab, EGMR 25.4.1983 – 8398/78 Rn. 34, NStZ 1983, 373 – Pakelli), soweit kumulativ auch ein Interesse der Rechtspflege besteht (EGMR 17.12.2009 – 20075/03 Rn. 120 – Shilbergs; *Schmitt* in Meyer-Goßner/Schmitt MRK Art. 6 Rn. 21). Er ist ggf. im Vollstreckungsverfahren gegen den Erstattungsanspruch durchzusetzen. Die Kostentragung darf dem Beschuldigten nach der EMRK selbst bei Bestellung eines zusätzlichen Pflichtverteidigers im öffentlichen Interesse zur Sicherung des Fortgangs des Verfahrens auferlegt werden, solange die Kosten nicht überhöht sind (EGMR 25.9.1992 – 13611/88 Rn. 36f., EuGRZ 1992, 542 – Croissant). Der Gedanke der unentgeltlichen Verfahrenshilfe kommt hier nicht mehr zum Zug. Die Konventionsmäßigkeit der Kostentragungspflicht ist vielmehr durch die Rechtmäßigkeit der Bestellung des Verteidigers im (ausschließlich) öffentlichen Interesse bedingt (EGMR 25.9.1992 – 13611/88 Rn. 27ff., EuGRZ 1992, 542 – Croissant). Nach deutschem Kostenrecht kann vom Angeklagten bei „aufgedrängter" Bestellung eines weiteren Verteidigers keine Kostenerstattung verlangt werden (*Schmitt* in Meyer-Goßner/Schmitt MRK Art. 6 Rn. 21).

206 Das **Recht auf Zugang zu einem Anwalt** gilt bereits im **Ermittlungsverfahren** (*Peukert* in Frowein/Peukert EMRK Art. 6 Rn. 292) und ist bei **allen Verfahrenshandlungen** zu wahren, die für die spätere Entscheidung relevant sind, was generell bei Inhaftierung oder formeller Vernehmung der Fall ist (EGMR 14.10.2010 – 1466/07 – Brusco; EGMR 27.11.2008 (GK) – 36391/02 Rn. 12ff., NJW 2009, 3707 – Salduz; EGMR (GK) 12.5.2005 – 46221/99 Rn. 131, EuGRZ 2005, 463 – Öcalan; EGMR 19.2.2009 – 16404/03 Rn. 59 – Shabelnik; nicht hingegen bei Haftprüfungsverfahren, EGMR 11.10.1988 – 10868/84 Rn. 86, EuGRZ 1988, 487 – Woukam Moudefo). Bei Verfahren zur Vollstreckung eines EuHb hat die EU mittlerweile ein Recht auf Zugang zu einem Rechtsbeistand im Ausstellungs- und Vollstreckungsstaat eingeführt (Art. 10 Abs. 1 RL 2013/48/EU), das bei wirksamkeitsorientierter und lebensnaher Fortbildung des sachlichen Schutzbereichs (→ Rn. 13ff.) auch aus Art. 6 EMRK ableitbar wäre.

207 Das Recht auf effektiven **Beistand** eines Verteidigers und implizit ggf. eine **Belehrung** über dieses Recht (in diesem Sinne EGMR 11.12.2008 – 4268/04 Rn. 72 – Panovits; *Esser/Gaede/Tsambikakis* NStZ 2011, 140 (145)) entsteht nicht erst mit Ingewahrsamnahme, sondern bereits im Moment, in dem eine Person **materiell zum Beschuldigten** wird (EGMR 9.11.2018 – 71409/10 Rn. 24 – Beuze; EGMR 24.1.2019 – 76577/13 – Knox: mehrfache Befragung und Abhören von Telefongesprächen im Vorfeld einer Vernehmung; Entstehung eines Anfangsverdachts iSv § 152 Abs. 2 StPO muss genügen; die Anwendbarkeit von Konventionsrechten kann nicht einseitig von der pflichtgemäßen, willkürfreien Beurteilung der Beschuldigtenstellung durch die Behörden abhängig gemacht werden; aA wohl BGH NJW 2019, 2627 (2630); auch künstliche Differenzierungen zwischen Verdächtigen und Beschuldigten gibt Art. 6 EMRK nicht her. Maßnahmen zur Verdachtsabklärung oder Gefahrerforschung lösen die Rechte dagegen noch nicht aus). Das Recht auf effektiven Beistand ist damit schon **bei der ersten polizeilichen Befragung** des Beschuldigten durch die Polizei zu wahren (EGMR (GK) 27.11.2008 – 36391/02 Rn. 55, NJW 2009, 3707 – Salduz: solange unter den besonderen Umständen des Einzelfalls nicht das Auftreten zwingender Gründe für

eine Restriktion nachgewiesen wird; EGMR (GK) 12.5.2005 – 46221/99 Rn. 131, EuGRZ 2005, 463 – Öcalan; EGMR 11.12.2008 – 4268/04 Rn. 64 – Panovits; EGMR 18.2.2010 – 39660/02 Rn. 37 – Zaichenko; *Schmitt* in Meyer-Goßner/Schmitt MRK Art. 6 Rn. 20). Die Polizei hat hierzu ggf. aktiv zu werden, um eine effektive Ausübung des Rechts auf Verteidigerbeistand zu ermöglichen (EGMR 11.12.2008 – 4268/04 Rn. 72f. – Panovits). Vor der Vernehmung muss der Beschuldigte die Gelegenheit haben, sich mit seinem Verteidiger zu besprechen (BGHSt 46, 93). Nach deutschem Prozessrecht hat der Verteidiger bei polizeilichen Vernehmungen kein eigenes Anwesenheitsrecht (§§ 163a Abs. 4, 168c Abs. 5 StPO). Der Beschuldigte muss die Anwesenheit zur Not über sein Beistandsrecht erzwingen. Der EGMR scheint nicht abgeneigt, dem Beschuldigten ein Recht auf Anwesenheit des Verteidigers auch bei der Vernehmung einzuräumen (EGMR 11.12.2008 – 4268/04 Rn. 66f. – Panovits). Verteidiger können sich dagegen grundsätzlich nicht selbst auf Art. 6 EMRK berufen (*Peukert* in Frowein/Peukert EMRK Art. 6 Rn. 4).

Eine Vernehmung darf erst beginnen bzw. fortgesetzt werden, wenn das Recht auf Hinzuziehung eines Verteidigers effektiv gewahrt ist (EGMR 24.9.2009 – 7025/04 Rn. 79 – Pishchalnikov) oder der Beschuldigte eindeutig und in klarem Bewusstsein der Folgen auf sein Recht verzichtet hat. Ergibt sich die Beschuldigtenstellung erst im Verlauf einer Vernehmung, ist zu unterbrechen und zu belehren (vgl. BGH NJW 2019, 2627 (2630)).

Dieses weite Verständnis entspricht der oft vorentscheidenden **Bedeutung des** 208 **Vorverfahrens** (*Ambos* ZStW 115 (2003), 583 (586, 595 f.)) und beugt nicht nur dem Auftreten irreparabler prozessualer Ungleichgewichte, sondern auch **Willkür und Zwangsausübung bei Polizeivernehmungen** vor, bei denen der EGMR den Beschuldigten für besonders vulnerabel hält (EGMR (GK) 13.9.2016 – 50541/08 ua Rn. 255 – Ibrahim ua). Es umfasst aber auch Ermittlungsmaßnahmen gegen den Beschuldigten **außerhalb von Polizeigewahrsam und Polizeigebäuden.** Der EGMR fordert als hinreichenden Grund für die Auslösung der Notwendigkeit anwaltlichen Beistands in solchen Situationen aber eine erhebliche Beschränkung der (Fortbewegungs- und Entscheidungs-)Freiheit des Beschwerdeführers durch die äußeren Umstände (EGMR 18.2.2010 – 39660/02 Rn. 47 ff. – Zaichenko). Verneint wurde dies für Straßenkontrollen.

Einschränkungen des Zugangsrechts sind nur im Einzelfall bei Vorliegen 209 zwingender Gründe *(compelling reasons)* zulässig (*Peukert* in Frowein/Peukert EMRK Art. 6 Rn. 299; EGMR (GK) 27.11.2008 – 36391/02 Rn. 52 ff., NJW 2009, 3707 – Salduz; bei Terrorismusverdacht EGMR 13.9.2016 – 50541/08 ua – Ibrahim ua; vgl. *Meyer* forumpoenale 2017, 263 (267); *Jacobs/ White/Ovey* S. 324). Sie müssen Ausnahmecharakter haben, zeitlich limitiert sein, auf einer Einzelfallprüfung basieren und bedürfen bei finalen Eingriffen auch einer (strikt einzuhaltenden) rechtlichen Grundlage (EGMR 11.7.2019 – 62313/12 Rn. 27, 29f. – Olivieri; EGMR (GK) 13.9.2016 – 50541/08 ua – Ibrahim ua; *Meyer* in SK-StPO EMRK Art. 6 Rn. 442). Selbst wenn eine Einschränkung, vor allem des Rechts auf frühen Zugang zu einem Verteidiger, danach vorübergehend möglich ist, darf die Gesamtfairness des Verfahrens dadurch nicht erheblich beeinträchtigt worden sein (EGMR 8.2.1996 – 18731/91 Rn. 62f., ÖJZ 1996, 627 – John Murray). Als Kriterien dienen Dauer und spätere Kompensation der Einschränkung (EGMR 2.8.2005 – 35811/97 – Kolu).

Zwingende Gründe für eine vorübergehende Derogierung können in der geo- 210 grafischen Entlegenheit (Übersee-Territorien, militärische Auslandseinsätze) oder

der Abwehr unmittelbarer schwerwiegender Gefahren für Leib, Leben und Freiheit Dritter zu finden sein (EuGH 12.3.2020 – C-659/18 Rn. 30f., ECLI:EU: C:2020:201 – Strafverfahren gegen VW; EGMR 9.11.2018 – 71409/10 Rn. 143 – Beuze; EGMR (GK) 12.5.2017 – 21980/04 Rn. 117 – Simeonovi; zu sog. *safety interviews* zur Terrorismusbekämpfung/-abwehr EGMR (GK) 13.9.2016 – 50541/08 ua – Ibrahim ua; in diesen Zusammenhang gehört auch das Kontaktsperre-Gesetz, §§ 31ff. EGGVG). Die Gefährdung laufender Ermittlungen (Flucht, Vernichtung oder Manipulation von Beweisen, Beeinflussung von Zeugen etc.) legitimiert ebenfalls Einschränkungen.

Eine Gewährung des Zugangsrechts muss unmittelbar nach Wegfall der Gründe erfolgen. Werden Gründe missbräuchlich vorgeschoben, muss dies zur Feststellung einer Rechtsverletzung führen (EuGH 12.3.2020 – C-659/18 Rn. 31f., ECLI:EU: C:2020:201 – Strafverfahren gegen VW).

Unzulässig wäre es, die Zugangsgewährung davon abhängig zu machen, dass ein Beschuldigter zu einer ermittlungsrichterlichen Anhörung erscheint oder ein Haftbefehl gegen ihn zunächst vollstreckt werden muss (EuGH 12.3.2020 – C-659/18 Rn. 47f., ECLI:EU:C:2020:201 – Strafverfahren gegen VW zu Art. 3 Abs. 2 RL 2013/48/EU, Art. 47 GRCh); ebenso unzulässig ist ein genereller gesetzlicher Ausschluss des Zugangs bei Vernehmungen im unmittelbaren Anschluss an Auslieferungen (EGMR 9.11.2018 – 71409/10 – Beuze); ein gesetzlicher Ausschluss schafft nicht selbst einen zwingenden Grund, sondern bedarf der Rechtfertigung (EGMR 28.1.2020 – 27582/07 Rn. 47 – Mehmet Zeki Çelebi).

211 Lag ein **zulässiger Grund** vor, ist damit vor dem Hintergrund des Schutzzwecks von Abs. 3 lit. d noch keine abschließende Aussage über die Fairness des Verfahrens getroffen. Hierzu ist eine holistische Bewertung aller Umstände des konkreten Falls vorzunehmen (EGMR 28.1.2020 – 27582/07 Rn. 48 – Mehmet Zeki Çelebi).

212 Liegen **keine zwingenden Gründe** für den Ausschluss im konkreten Einzelfall vor, soll dies umgekehrt nicht automatisch zur Konventionswidrigkeit führen. Der EGMR nimmt auch hier eine **Gesamtbetrachtung** der Verfahrensfairness vor (ausf. zu den Kriterien EGMR (GK) 9.11.2018 – 71409/10 Rn. 130, 136, 139, 150 – Beuze). Obwohl es sich um ein elementares Verteidigungsrecht handelt, das so leicht handhabbar ist wie wenige andere, macht es der Gerichtshof abwägbar. Der Anwalt der ersten Stunde sei kein Selbstzweck, sondern elementarer Bestandteil eines fairen Verfahrens, weshalb Beeinträchtigungen auch in diesem Gesamtkontext gewürdigt werden müssten. Wegen der Bedeutung des Rechts und des Fehlens zwingender Gründe hat diese Gesamtbetrachtung aber streng auszufallen (EGMR 11.7.2019 – 62313/12 Rn. 27 – Olivieri). Sie falle noch strenger aus, wenn zudem nicht über Schweigerecht und Selbstbelastungsfreiheit belehrt wurde. Es ist insofern grundsätzlich Sache des Staates, eine hinreichende Gesamtfairness nachzuweisen (EGMR 28.1.2020 – 27582/07 Rn. 48 – Mehmet Zeki Çelebi).

Für die Gesamtabwägung sind die **Funktionen,** die dem Zugangsrecht zugeschrieben werden (→ Rn. 189), richtungsweisend. Als **Bewertungsfaktoren** benennt der EGMR explizit, ob der Beschuldigte zB aufgrund seines Alters oder Geisteszustandes besonders verletzlich war, den Rechtsrahmen für das Vorverfahren und die Zulassung von Beweisen im Hauptverfahren (insbes. Anwendbarkeit von Beweisverwertungsverboten), Möglichkeiten, gegen Nutzung der Beweise vorzugehen und deren Authentizität anzuzweifeln, die Qualität der Beweismittel und die Umstände ihrer Erlangung (insbes. Art und Grad etwaiger Zwangsausübung), etwaige Verletzungen anderer Konventionsrechte bei illegaler Beweiserhebung, die

Art einer ohne Anwalt gemachten Aussage und ob sie umgehend zurückgezogen oder modifiziert wurde, die Verwendung der erlangten Beweismittel und ihr Beweiswert für eine Verurteilung im Kontext anderer vorhandener Beweismittel, ob die Prüfung der Tat durch Berufs- oder Laienrichter oder eine Jury stattfindet (inkl. etwaiger Instruktionen der Jury durch das Gericht), das öffentliche Interesse an der Untersuchung und Bestrafung einer Tat, das Vorhandensein sonstiger prozessualer Sicherungsmittel zum Schutz der Fairness, EGMR (GK) 9.11.2018 – 71409/10 Rn. 150 – Beuze; EGMR 28.1.2020 – 27582/07 Rn. 49 – Mehmet Zeki Çelebi).

Eine erhöhte indizielle Wirkung kommt dem Ausbleiben adäquater **Kompensationsversuche** (durch Verteidigerbestellung, Belehrungen, Verwertungsbeschränkungen, Reduktion des Beweiswerts oder besondere Würdigungserfordernisse) von Tat- und Rechtsmittelgerichten im weiteren Verfahrensverlauf zu. Bei Einlassungen ohne Rechtsbeistand bedürfte es wohl insbes. einer **qualifizierten Belehrung** (über Unverwertbarkeit und Verfügbarkeit aller Verteidigungsrechte ohne Nachteile) und Wiederholung der Aussage. Eine neuerliche Aussage nach Verteidigerbestellung reicht für sich allein nicht (EGMR 21.7.2015 – 29376/12 u. 29384/12 Rn. 76 f. – Zachar u. Čierny) Ein Fortwirken von Verfahrensmängeln muss durch effektive Bereinigung verhindert werden. 213

Für den EGMR ist zentral, dass die Verurteilung nicht auf einem später widerrufenen Geständnis oder sonstigen Einlassungen aus der Phase der Rechtsverweigerung beruhen darf (EGMR (GK) 12.5.2017 – 22059/08 Rn. 133, 139 ff. – Simeonovi). Selbst bei evidenter Verweigerung des Zugangsrechts im Zuge der ersten Vernehmung verneint der EGMR einen Fair-trial-Verstoß jedoch, wenn kein kausaler Zusammenhang *(„causal link")* zwischen Rechtsverletzung und Verurteilung besteht (EGMR 5.10.2017 – 22059/08 Rn. 67 – Kalēja; EGMR (GK) 12.5.2017 – 22059/08 Rn. 140 – Simeonovi: Geständnis bzw. Einlassungen erfolgten später und mit anwaltlicher Unterstützung). Dazu prüft der EGMR, ob der Beschuldigte seine Verteidigungsrechte später im Verfahren wahrnehmen konnte und dabei (zB zur Entwicklung einer sachdienlichen Verteidigungsstrategie oder Sammlung entlastender Beweise) Unterstützung von einem Verteidiger erhalten hat. Diese Sichtweise ist bei schutzzweckorientierter Betrachtung hochproblematisch. Zum einen hat sie große Schwierigkeiten damit, die Gestaltungspotenziale frühestmöglicher Verteidigung und ihren hypothetischen Einfluss auf das spätere Verfahren im Rahmen der Kausalitätsbetrachtung zu erfassen. Sie hat zudem zur Konsequenz, dass auch offensichtliche Rechtsverweigerungen ohne Konsequenzen bleiben und der Rechtsgewährung kein fundamentaler Eigenwert für die Gewährleistung von Verfahrensgerechtigkeit und Prozesssubjektstellung zugesprochen wird. **Unfaire Restriktionen** sah der Gerichtshof in der Abwesenheit bei Gegenüberstellungen, Versagung des Zugangs zur Ermittlungsakte oder der Verwendung einer Aussage als Urteilsgrundlage, die in Abwesenheit des Anwalts gemacht wurde (EGMR (GK) 9.11.2018 – 71409/10 Rn. 139 – Beuze).

Das Recht auf Unterstützung durch einen Verteidiger wiegt schwer. Diese Wertigkeit spiegelt sich in den **Rechtsfolgen** einer **Verletzung** wider. Die **Verwertung** von selbstbelastenden Aussagen in Abwesenheit des Verteidigers verletzt regelmäßig Art. 6 EMRK (EGMR 3.2.2009 –19582/02 Rn. 26 f. – Çimen; EGMR 18.2.2010 – 39660/02 Rn. 37 – Zaichenko). Verstöße sind kaum heilbar (EGMR 24.9.2009 – 7025/04 – Pishchalnikov). Mit dieser strengen Vorgabe trägt der EGMR nicht zuletzt der häufig vorentscheidenden Bedeutung des (frühen) Ermittlungsverfahrens Rechnung und baut Willkür und Zwangsausübung bei Vernehmungen in dieser Phase vor. 214

215 Beeinträchtigungen des Auswahlrechts *(denial of choice)* können eine Zugangsbehinderung bewirken, die der EGMR im Vergleich zur Nichtgewährung rechtzeitigen Zugangs als weniger schwer einstuft. Die Eingriffsprüfung folgt einem zweistufigen Test. Im konkreten Fall dürfen keine relevanten und hinreichenden Gründe *(relevant and sufficient grounds)* für die Verkürzung (zB Auswahl eines durch Polizei vorgeschlagenen Anwalts im Unwissen, dass Eltern bereits Anwalt mandatiert hatten, dem Zugang gezielt verweigert wurde) vorliegen, die sich zudem in einer derart massiven Beeinträchtigung der Verteidigungsrechte niederschlagen muss, dass die Fairness des Verfahrens insgesamt unterminiert erscheint (EGMR (GK) 20.10.2015 – 25703/11 Rn. 81f. – Dvorski). Zum Tragen kommen dabei das Bestehen einer wirksamen Rügemöglichkeit inkl. sorgfältiger staatlicher Prüfung sowie etwaige Wechselwirkungen mit selbstbelastenden Aussagen.

Nach Auffassung des BGH soll eine Einschränkung des Rechts auf den Verteidiger eigener Wahl zugunsten der **Verfahrensbeschleunigung** zulässig sein (BGH 9.11.2006 – 1 StR 474/06, NStZ-RR 2007, 81). Dem ist aus Konventionssicht zu widersprechen, weil hier einseitig der Schutzzweck der Verfahrenshilfe für den Beschuldigten hinter Effektivitätserwägungen zurückgestellt wird (*Meyer* in SK-StPO EMRK Art. 6 Rn. 419). Sowohl dem Recht auf den Verteidiger des Vertrauens als auch dem (individualrechtlichen) Beschleunigungsgebot (der EMRK) kann im Einzelfall aber durch Verfahrensabtrennung und ähnliche Maßnahmen besser Rechnung getragen werden (zur Problematik → Rn. 81, 91).

216 Das **Recht auf** einen **Anwalt** und wirksame Verteidigung insgesamt ist (abgesehen von Fällen der Pflichtverteidigung) **verzichtbar**. Vor allem bei einem unverteidigten Beschuldigten sind zusätzliche Maßnahmen zum Schutz seiner Entscheidungsautonomie vonnöten, bevor ein (auch konkludenter) Verzicht angenommen werden kann (EGMR 24.9.2009 – 7025/04 Rn. 78f. – Pishchalnikov); insbes. kann dies nicht aus dem Umstand gefolgert werden, dass auf Fragen der Polizei (trotz fortwährender Abwesenheit eines Verteidigers) dennoch geantwortet wird. Der Beschuldigte muss korrekt und umfassend über Inhalt und Schwere der gegen ihn erhobenen Vorwürfe informiert werden (EGMR 17.3.2016 – 7193/04 Rn. 115, 119 – Zakshevskiy: Beschuldigtem war nicht bewusst, dass noch in weiterem, schwererem Tatkomplex ermittelt wurde; *Meyer* forumpoenale 2017, 263 (267)). Auf eine (mögliche) dynamische Entwicklung der Verdachtsschwere und ihre Folgen müssen Behörden hinweisen (EGMR 21.7.2015 – 29376/12 u. 29384/12 Rn. 72f. – Zachar u. Čierny). Bei Einführung neuer Tatkomplexe muss ggf. nochmals belehrt und die Notwendigkeit einer Pflichtverteidigerbestellung geprüft werden (EGMR 17.3.2016 – 7193/04 Rn. 115 – Zakshevskiy). Der Verzicht muss ferner von angemessenen Verfahrensgarantien zum **Schutz der Autonomie** begleitet sein und darf dem **Interesse der Rechtspflege** (zB effektive Bekämpfung von Menschenhandel und Schutz seiner Opfer, EGMR 16.2.2021 – 77587/12 u. 74603/12 Rn. 202 – V.C.L. u. A.N.) nicht zuwiderlaufen. An einem wirksamen Verzicht fehlt es insb. dann, wenn Betroffenen aufgrund der verheimlichten tatsächlichen Schwere der Vorwürfe der Anspruch auf einen Pflichtverteidiger genommen wurde (EGMR 21.7.2015 – 29376/12 u. 29384/12 Rn. 61 – Zachar u. Čierny).

217 **b) Ungeschriebene implizite Verteidigungsrechte.** Daneben enthält Abs. 3 lit. c implizit **weitere Verteidigungsrechte**. Der Angeklagte hat ein Recht auf **aktive Teilnahme** an der Verhandlung (*Peukert* in Frowein/Peukert EMRK Art. 6 Rn. 293; → Rn. 116). Ein Zurückbleiben hinter dem konventionsrechtlichen Anwesenheitserfordernis verletzt Abs. 3 lit. c (EGMR 21.9.1993 – 12350/86 Rn. 67,

Recht auf ein faires Verfahren **Art. 6 EMRK**

ÖJZ 1994, 210 – Kremzow). An einen **Verzicht** sind strenge Anforderungen zu stellen. Er muss eindeutig und durch angemessene Verfahrensgarantien abgesichert sein. Sie stehen der voreiligen Annahme eines konkludenten Verzichts (durch Nichterscheinen) entgegen (→ Rn. 79, 125). Anträge auf Terminverlegung eines sich selbst verteidigenden Beschuldigten zur Ermöglichung seiner persönlichen Teilnahme dürfen nicht ohne Begründung abgelehnt werden. Liefert ein Beschuldigter plausible Gründe für seinen Antrag, muss sich das Gericht mit ihnen auseinandersetzen (EGMR 25.7.2013 – 46460/10 Rn. 30 ff. – Rivière ua). Umgekehrt gleicht die Anwesenheit des Verteidigers ein (ungewolltes) Fehlen des Beschuldigten nicht aus (EGMR (GK) 25.11.1997 – 18954/91 Rn. 72, ÖJZ 1998, 715 – Zana).

Der **Verteidiger** ist in der mündlichen Verhandlung stets, **unabhängig von** 218 **der Anwesenheit seines Mandanten,** zu hören (EGMR (GK) 21.1.1999 – 26103/95 Rn. 34, NJW 1999, 2353 – van Geyseghem; EGMR 28.6.1984 – 7819/77 Rn. 99, NJW 1986, 1414 – Campbell u. Fell; EGMR 23.11.1993 – 14032/88 Rn. 33 f., ÖJZ 1994, 467 – Poitrimol; zu Ablehnung anwaltlicher Terminverlegungsanträge und Verfahrensrüge OLG Bamberg 20.10.2011 – 3 Ss OWi 1364/11, NStZ-RR 2012, 58). Der Verteidiger darf den Beschuldigten vertreten, solange dessen Anwesenheit nicht *strictly necessary* ist, da andernfalls unzulässiger Druck auf diesen entstünde (EGMR 23.11.1993 – 14032/88 Rn. 33 f., ÖJZ 1994, 467 – Poitrimol; EGMR 8.7.2004 – 51338/99 – Pronk); dies gilt auch für Rechtsmittelverfahren bei flüchtigem Verurteilten (EGMR 22.9.2009 – 13566/06 Rn. 27 – Pietiläinen; EGMR 23.11.1993 – 14032/88, ÖJZ 1994, 467 – Poitrimol). **Flucht** führt nicht zum Verlust des Rechts, sich durch einen Anwalt zu verteidigen und Rechtsmittel einzulegen (EGMR (GK) 21.1.1999 – 26103/95 Rn. 34 f., NJW 1999, 2353 – van Geyseghem).

Die **Verwerfung eines Rechtsmittels,** wenn der Rechtsmittelführer nicht 219 persönlich zum Termin erscheint, gestattet die EMRK **nicht** (EGMR 8.11.2012 – 30804/07 – Neziraj; dazu *Esser* StV 2013, 331 ff.; anders noch zu § 329 StPO aF BVerfG 27.12.2006 – 2 BvR 1872/03, StraFo 2007, 190 (192 f.)). Das persönliche Erscheinen des Angeklagten sei im Interesse eines fairen Verfahrens und zur Wahrung zentraler Verteidigungsrechte zwar von größter Bedeutung, ein Fernbleiben dürfe aber nicht (konträr zum Schutzzweck) mit dem Verlust des Rechtsmittels sanktioniert (bzw. mit dessen Androhung erzwungen) werden, soweit der Rechtsmittelführer zumindest wirksam anwaltlich vertreten war (vgl. auch EGMR 23.11.1993 – 14032/88 Rn. 34 – Poitrimol; EGMR (GK) 21.1.1999 – 26103/95 Rn. 33 – van Geyseghem; *Meyer* in SK-StPO EMRK Art. 6 Rn. 174 f.). Der geänderte § 329 StPO sieht daher in Abs. 2 vor, dass eine Verwerfung der Berufung des Angeklagten nicht mehr erfolgen darf, wenn ein neuer (mit schriftlicher, Verhandlungen in Abwesenheit explizit einschließender Vertretungsvollmacht) bevollmächtigter und vertretungsbereiter Verteidiger im Termin erscheint (zur Umsetzungsdiskussion → 2. Aufl. 2015, Art. 6 Rn. 192 f.). Die Berufungshauptverhandlung erfolgt dann ohne den Rechtsmittelführer, soweit nicht besondere Gründe dessen Anwesenheit erforderlich machen. Diese kann gem. Abs. 3 konventionskonform mit den Zwangsmitteln der Vorführung und Hauptverhandlungshaft durchgesetzt werden. Die EMRK verleiht mithin kein Recht auf Nichterscheinen (s. a. *Esser* in Löwe/Rosenberg EMRK Art. 6 Rn. 708; aA *Meyer-Ladewig/Harrendorf/König* in HK-EMRK Art. 6 Rn. 116). Vielmehr kann die **Verzichtbarkeit** des Rechts auf Teilnahme am Verfahren aus **öffentlichem Interesse** beschränkt werden. Die Reichweite des Zulässigen wird wegen der Offenheit der EMRK für unterschiedliche Verfahrenssysteme durch das jeweilige Verfahrensmodell und dessen Grundprinzipien mitbestimmt. Ob und wann einem Angeklagten der Verzicht auf Teilnahme aus rechtsprinzipiellen Gründen (zB objektiv-rechtsstaatlicher Gewährleistungscharakter der Verfahrensfairness) versagt wird, kann zwischen den Vertragsstaaten variieren. Es ist daher nicht zu beanstanden, wenn die StPO nicht ausnahmslos auf die Anwesenheit verzichten will und damit zugleich einem Ausbau des Rechts auf Verteidigung durch einen Anwalt zu einem autonomen Wahlrecht des Angeklagten darüber, ob er persönlich erscheint oder sich (zur Vermeidung von Belastungen durch das Verfahren) durch einen Anwalt auch physisch vertreten lässt (*to be legally replaced by a lawyer, Püschel* StraFo 2012, 493 (495)), einen Riegel vorschiebt (*Meyer* in SK-StPO EMRK Art. 6 Rn. 175, 467).

220 Das Recht auf Anwesenheit des Verteidigers erstreckt sich auch auf **Maßnahmen im Vorverfahren;** es besteht aber keine Pflicht des Gerichts, die Anwesenheit im Vorverfahren sicherzustellen (*Grabenwarter/Struth* in Ehlers GuG § 6 Rn. 110). Bei **Ermittlungen während** des **Hauptverfahrens** muss die Verteidigung einbezogen werden (BGH 21.7.2009 – 5 StR 235/09, NStZ 2010, 53 mabl Anm *Schneider*).

221 c) **Recht auf wirksame Verteidigung.** Aus Abs. 3 lit. c wird ein eigenständiges Recht auf effektive Verteidigung abgeleitet (grundlegend *Gaede* S. 158 ff., 339 ff.; *Villiger* Rn. 514), das spezifische Rechte der Verteidigung selbst garantiert (*Meyer* in SK-StPO EMRK Art. 6 Rn. 446 ff.). Dazu gehören das Recht auf Vorbereitung der Verteidigung (EGMR 9.4.2015 – 30460/13 – A./T.: Bestellung von Verteidiger nicht rechtzeitig, um Beratung vor Vernehmung zu ermöglichen), das Recht auf ungestörten, unüberwachten Verkehr und Austausch von Unterlagen mit dem Verteidiger (EGMR 25.3.1992 – 13590/88 Rn. 46, NJW 1986, 1414 – Campbell; EGMR 28.11.1991 – 12629/87 u. 13965/88 Rn. 58, NJW 1992, 3090 – S.; *Ambos* IntStrafR § 10 Rn. 46), adäquate Rahmenbedingungen für diesen Austausch und die Verfahrensvorbereitung, das Recht auf Anwesenheit eines Verteidigers bei Vernehmungen von Beschuldigtem und Zeugen und das Recht, vor Gericht Beweisanträge stellen und frei sprechen zu können.

Wichtigste Teilgarantie ist das **Recht auf ungestörte, unüberwachte Kommunikation und Austausch von Unterlagen** (s. a. Art. 4 RL 2013/48/EU). Sie schützt die **Vertraulichkeit** zwischen Beschuldigtem und Verteidiger und damit eine Grundbedingung effektiver Verteidigung (EGMR 16.10.2001 – 39846/98 Rn. 58 – Brennan; *Meyer-Ladewig/Harrendorf/König* in HK-EMRK Art. 6 Rn. 235. Dieses Recht ist auch und vor allem bei Inhaftierung zu wahren (EGMR (GK) 12.5.2005 – 46221/99 Rn. 131 ff., 148, EuGRZ 2005, 463 – Öcalan; EGMR (GK) 27.11.2008 – 36391/02, NJW 2009, 3707 – Salduz; EGMR 8.2.1996 – 18731/91 Rn. 66, ÖJZ 1996, 627 – John Murray; EGMR 13.5.1980 – 6694/74 Rn. 33, EuGRZ 1980, 662 – Artico). Die Wirksamkeit der Verteidigung wird schon in Frage gestellt, wenn befürchtet werden muss, dass Gespräche überwacht werden (EGMR 13.3.2007 – 23393/05 Rn. 55 – Castravet; EGMR 31.5.2011 – 5829/04, NJW 2012, 3422 – Khodorkovskiy: tatsächliches Belauschen nicht erforderlich). Der ungestörte Verkehr schließt die Beschlagnahmefreiheit von Unterlagen über § 97 StPO hinaus (BGHSt 44, 46 (49)) ebenso ein (EGMR 31.5.2011 – 5829/04, NJW 2012, 3422 – Khodorkovskiy) wie die Abwesenheit von Kontrollbarrieren und hinreichende Zugangsrechte zum Mandanten (EGMR (GK) 12.5.2005 – 46221/99 Rn. 132 f., EuGRZ 2005, 463 – Öcalan: Effektive Verteidigung verlangt auch nach geeigneten Transportmöglichkeiten für den Verteidiger,

Recht auf ein faires Verfahren **Art. 6 EMRK**

um zu seinem Mandanten zu gelangen, → Rn. 128). Der EGMR betont, dass Büros und Unterlagen von Anwälten grundsätzlich durch das Anwaltsgeheimnis geschützt sind (EGMR 25.7.2013 – 11082/06 u. 13772/05 – Khodorkovsky u. Lebedev). Durchsuchungen und Beschlagnahmen bedürften besonders zwingender Gründe und der Einhaltung besonderer Verfahrensgarantien (wie zB eines vorherigen Gerichtsbeschlusses).

Kurzfristige **Beschränkungen** des Rechts auf ungestörten und unüberwachten 222 Verkehr (va bei Besuchen in Haft) sind (nur) unter besonderen Umständen zulässig (EGMR (GK) 2.11.2010 – 21272/03 Rn. 102 – Sakhnovskiy; *Grabenwarter/Struth* in Ehlers GuG § 6 Rn. 108; *Meyer-Ladewig/Harrendorf/König* in HK-EMRK Art. 6 Rn. 238; *Meyer* in SK-StPO EMRK Art. 6 Rn. 453 ff.); zB wenn Anhaltspunkte für Missbrauch oder Kollusion vorliegen oder besondere Eil- und Sicherheitsbedürfnisse bei **Verdacht auf Terrorismus oder Organisierte Kriminalität** (EGMR 25.7.2017 – 2156/10 Rn. 88 – M.), besondere Umstände der Haft (räumlich-logistische Rahmenbedingungen) oder die Gefährlichkeit des Täters dies erfordern. Auch Geheimhaltungspflichten können Restriktionen rechtfertigen (EGMR 25.7.2017 – 2156/10 Rn. 94 – M.). Unsubstantiierte Verdachtsmomente auf Missbrauch oder andere Gefahren reichen für eine Einschränkung jedoch nicht. Zudem muss es sich stets um **Ausnahmeregelungen** handeln und für adäquate Vorkehrungen zum Schutz des Verteidigungsrechts gesorgt sein. Die Anforderungen an die Rechtfertigung steigen mit Dauer und Intensität der Überwachung. **Maßstab** für ihre Vereinbarkeit mit der Gewährleistung effektiver Verteidigung ist deren **praktische Wirksamkeit** (EGMR (GK) 2.11.2010 – 21272/03 Rn. 102 – Sakhnovskiy; EGMR 12.3.2003 – 46221/99 Rn. 153, EuGRZ 2003, 473 – Öcalan). Für Eingriffe in die Vertraulichkeit von **Verteidigungsunterlagen** fordert der EGMR konkret, dass diese gesetzlich vorgesehen sind und ein berechtigter Anlass für die Annahme besteht, dass das Anwaltsgeheimnis insoweit missbraucht wird, als die Inhalte der Schriftstücke die Sicherheit des Gefängnisses oder Dritter beeinträchtigen oder kriminellen Zwecken dienen. Dabei dürften Behörden Verteidiger bestimmter Beschuldigter nicht unter Generalverdacht stellen (EGMR 25.7.2013 – 11082/06 u. 13772/05 – Khodorkovskiy u. Lebedev). Unzulässig ist es auch, dem Beschuldigten unter Strafandrohung zu verbieten, im Austausch mit dem Verteidiger bestimmte beratungsrelevante geheime Informationen zu erwähnen. Denn dies führe dazu, dass dem Beschuldigten für die Bewertung und Abwägung von Verteidigungsoptionen in erheblichem Umfang keine anwaltliche Beratung zur Verfügung stand (EGMR 25.7.2017 – 2156/10 Rn. 96 – M.).

d) Schlechtverteidigung. Die Bestellung oder Präsenz eines Verteidigers 223 allein genügt nicht, um ein faires Verfahren zu garantieren (EGMR 24.11.1993 – 13972/88 Rn. 38, ÖJZ 1994, 517 – Imbrioscia). Dieser muss die Rechte des Angeklagten auch effektiv wahrnehmen (EGMR 13.5.1980 – 6694/74 Rn. 33 ff., EuGRZ 1980, 662 – Artico). Als Kehrseite des Anspruchs stellt sich die Frage, wie bei objektiv unsachgemäßer Verteidigungsführung zu verfahren ist. Von Ausnahmefällen abgesehen, werden Verteidigerversäumnisse nach hM dem Beschuldigten zugerechnet (*Mosbacher* JR 2007, 387 (388)). Der Beschuldigte ist jedoch weder in der Lage noch in der Pflicht, seinen Anwalt zu überwachen (*Ashworth* S. 77, 272, 275, 290 f.). Bei zunehmender Adversarisierung des Verfahrens und fortwährender Schaffung von Mitwirkungspflichten resultiert hieraus ein erhebliches **Schutzbedürfnis** gegenüber dem eigenen Verteidiger, doch ist strittig, ob der Staat intervenieren muss, um ein Mindestniveau effektiven Verteidigerhandelns zu sichern

EMRK Art. 6

(*Gaede* FG Fezer, 2008, 21 (47 ff.); *Meyer-Goßner* in Meyer-Goßner/Schmitt StPO § 338 Rn. 41; *Wohlers* in SK-StPO StPO Vor § 137 Rn. 81 ff.).

224 **Grundsätzlich** folgt aus dem Recht auf wirksame Verteidigung **keine Schutzpflicht** des Staates zur Verhinderung oder Beseitigung von Fehlern des Verteidigers (*Grabenwarter/Struth* in Ehlers GuG § 6 Rn. 111); dies gilt für Wahl- wie für Pflichtverteidiger (EGMR 19.12.1989 – 9783/82 Rn. 65, ÖJZ 1990, 412 – Kamasinski; EGMR (GK) 1.3.2006 – 56581/00 Rn. 95 – Sejdovic; EGMR 27.4.2006 – 30961/03 Rn. 49, ÖJZ 2007, 513 – Sannino; EGMR 24.9.2002 – 32771/96 Rn. 39 – Cuscani). Die staatlichen Organe können nicht für jede unsachgemäße Verteidigungshandlung mitverantwortlich gemacht werden (EGMR (GK) 1.3.2006 – 56581/00 Rn. 95 – Sejdovic). Die dazu notwendige staatliche Intervention und Überwachung vertrage sich nicht mit der Unabhängigkeit der Anwaltschaft (EGMR (GK) 1.3.2006 – 56581/00 Rn. 95 – Sejdovic; *Meyer-Ladewig/ Harrendorf/König* in HK-EMRK Art. 6 Rn. 236; *Peukert* in Frowein/Peukert EMRK Art. 6 Rn. 121). Die Strafverfolgungsbehörden trifft gleichwohl eine **Überwachungspflicht,** um die **grundsätzliche Wirksamkeit** (Mindestqualität) der Verteidigung zu gewährleisten (*Meyer-Ladewig/Harrendorf/König* in HK-EMRK Art. 6 Rn. 234; *Lohse/Jakobs* in KK-StPO EMRK Art. 6 Rn. 62). Aus dieser kann sich ggf. eine Pflicht zur Eröffnung prozessualer Korrekturmöglichkeiten oder zur Bestellung eines (weiteren) Pflichtverteidigers einschließlich der Gewährung hinreichender Einarbeitungszeit ergeben, wenn die bisherige Verteidigung offensichtlich nicht ausreichend war (*Lohse/Jakobs* in KK-StPO EMRK Art. 6 Rn. 62). Ein externer Eingriff kommt aber nur infrage, wenn eine gravierende Fehlerhaftigkeit des Verteidigerhandelns offensichtlich ist oder den Behörden hinreichend auf andere Weise zur Kenntnis gebracht wird (vgl. EGMR 28.7.2009 – 8958/04 Rn. 54 ff. – Smyk; EGMR 19.10.2000 – 45995/99 – Rutkowski; EGMR (GK) 1.3.2006 – 56581/00 Rn. 95 – Sejdovic; EGMR 22.3.2007 – 59519/00 Rn. 122 – Straroszczyk; allg. *Demko* HRRS 2006, 250 ff.; *Augustin* S. 45 ff.). Es müssen Umstände erkennbar werden, die eine schwerwiegende Vernachlässigung der Verteidigungsaufgaben offenlegen (EGMR 19.12.1989 – 9783/82 Rn. 63 ff., ÖJZ 1990, 412 – Kamasinski; EGMR 24.11.1993 – 13972/88 Rn. 41, ÖJZ 1994, 517 – Imbrioscia). Die Rüge der Ineffizienz verlangt die Anführung konkreter Beispiele (EGMR 10.10.2002 – 38830/97, NJW 2003, 1229 – Czekalla). Anerkannt wurden das Nichttätigwerden (EGMR 13.5.1980 – 6694/74 Rn. 33, 36, EuGRZ 1980, 662 – Artico) und die Nichteinlegung eines Rechtsmittels durch Pflichtverteidiger entgegen dem Wunsch des Angeklagten (EGMR 22.11.2011 – 48132/07 – Andreyev: nationales Recht sah keine Option zur Beseitigung der Fristversäumnis vor) oder Verletzung vergleichbarer elementarer Verteidigungsstandards (EGMR 10.10.2002 – 38830/97 Rn. 65 ff., NJW 2003, 1229 – Czekalla). Als eklatanter Mangel gilt auch, wenn trotz klarer Hinweise nicht darauf hingewirkt wird, den Status des Beschuldigten als Opfer von Menschenhandel feststellen zu lassen (EGMR 16.2.2021 – 77587/12 u. 74603/12 Rn. 196 f. – V.C.L. u. A.N.). In diesen Fällen ist auch die Nachweisschwelle reduziert, weil die staatlichen Organe ihrerseits eine Pflicht zu Aufklärung und ggf. Schutzmaßnahmen trifft.

225 **4. Konfrontationsrecht und Waffengleichheit beim Zeugenbeweis (lit. d).** Art. 6 Abs. 3 lit. d EMRK garantiert aktive und reaktive **Teilhaberechte** bei der **Beweiserhebung.** Während das Beweisrecht als nationale Rechtsmaterie in der Ausgestaltungs- und Anwendungshoheit der nationalen Legislative resp. Judikative liegt, hat der EGMR in einer umfangreichen Spruchpraxis materielle und

Recht auf ein faires Verfahren **Art. 6 EMRK**

strukturelle Vorgaben entwickelt, welche jeder Staat zur Gewährleistung der Gesamtfairness von Strafverfahren zu garantieren hat. Dabei fallen die Vorgaben für das **Konfrontationsrecht** strenger aus als für das **Beweisantragsrecht**.

Der **Zeugenbegriff** der EMRK ist **autonom** zu verstehen und nach Funktion 226 und Art des Beitrags zur Entscheidungsfindung auszulegen (EGMR 24.4.2012 – 1413/05 Rn. 45 – Damir Sibgatullin; EGMR 6.5.1985 – 8658/79 Rn. 31 ff., EuGRZ 1986, 127 – Bönisch; EGMR 20.11.1989 – 11454/85 Rn. 40, StV 1990, 481 – Kostovski; EGMR 27.9.1990 – 12489/86 Rn. 23, StV 1991, 193 – Windisch). Nationale Definitionen oder Kategorien sind nicht maßgeblich. Zeuge ist jeder, dessen Aussage vor Gericht als Beweismittel bei der Entscheidungsfindung Verwendung finden kann (EGMR 27.2.2001 – 33354/96 Rn. 37 ff., 41 ff., HRRS 2006 Nr. 62 – Lucà; EGMR 20.11.1989 – 11454/85 Rn. 40, StV 1990, 481 – Kostovski; EGMR 27.9.1990 – 12489/86 Rn. 23, StV 1991, 193 – Windisch; *Schmitt* in Meyer-Goßner/Schmitt MRK Art. 6 Rn. 22). Erfasst sind auch Opfer und Mitbeschuldigte (EGMR 4.12.2008 – 1111/02 Rn. 37 – Trofimov; EGMR 17.11.2005 – 73047/01, NJW 2006, 2753 – Haas; *Sommer* NJW 2005, 1240 f.). Auch **Sachverständige** hat der EGMR unter schutzzweckorientierter Auslegung trotz der funktionellen Unterschiede zuletzt wiederholt in den Anwendungsbereich von lit. d einbezogen (EGMR 25.7.2013 – 11082/06 u. 13772/05 Rn. 711 – Khodorkovskiy u. Lebedev; EGMR 11.12.2008 – 6293/04 Rn. 158, 160, 191 – Mirilashvili; EGMR 6.10.2016 – 76438/12 – Constantinides.

a) Konfrontationsrecht. Art. 6 Abs. 3 lit. d EMRK verbrieft ohne Rücksicht 227 auf die jeweilige Grundstruktur der nationalen Prozesssysteme ein spezifisches Verteidigungsrecht auf Konfrontation iS einer **adversatorischen Gegenüberstellung** (*Cornelius* NStZ 2008, 244 (247 f.); *Esser* S. 641 ff.; *Walther* GA 2003, 204 (215); *Grabenwarter/Pabel* EMRK § 24 Rn. 117; *Gerdemann* S. 36 ff., 91 ff.). Ungeachtet der nationalen Rationalisierungsprogramme für strafgerichtliche Entscheidungen verlangt die EMRK, dass nur solche Beweismittel die Grundlage einer Verurteilung bilden, deren Beweiswert konfrontativ durch den Beschuldigten auf die Probe gestellt werden konnte *((con)tested evidence)*. Art. 6 Abs. 3 lit. d EMRK verkörpert damit nicht nur eine reiche, substantielle verfahrensrechtliche Ergänzung des deutschen Strafverfahrensrechts, sondern führt ein autonomes, **supranationales Mindestlegitimationselement** für Strafurteile ein (zu unterschiedlichen Ausprägungen und Verständnissen des Konfrontationsrechts im nationalen Recht und daraus resultierenden Spannungen *Weigend* FS Wolter, 2013, 1145 (1146 ff., 1156 ff.); ferner *Krausbeck* S. 23 ff.). Auch in inquisitorischen Systemen ist die Subjektsqualität des Beschuldigten auf diese Weise zu wahren, damit eine Verurteilung als fair angesehen werden kann.

Kritik verdient die Unschärfe des EGMR bei der **prozesstheoretischen Verankerung des Konfrontationsrechts** (*Meyer* in SK-StPO EMRK Art. 6 Rn. 470). Der EGMR scheint dem Konfrontationsrechts einen **Doppelzweck** zuzuschreiben (*Meyer* in SK-StPO EMRK Art. 6 Rn. 471). Es sichert einerseits die Verlässlichkeit der Beweise und dient damit insb. der Wahrheitsfindung (vgl. *Jackson/Summers* S. 39, 261 f. mwN). Andererseits untermauert es die Prozesssubjektstellung des Beschuldigten und dient damit eher der aktiven Teilhabe und Verfahrensgerechtigkeit (vgl. *Weigend* FS Wolter, 2013, 1145 (1147)). Die gleichwohl fehlende Klarheit in der Herleitung schürt nicht nur Rechtsunsicherheit, sondern weicht auch die Garantie selbst auf, weil der Wesenskern unscharf bleibt und man damit das Tor für Einzelfalllösungen und allerlei nationale Kompensationsmechanismen öffnet, ohne deren grundsätzliche Tragfähigkeit kontrollieren zu können.

228 Das Konfrontationsrecht orientiert sich *ex ante* an der Verwendungsmöglichkeit einer Aussage zu Lasten des Beschuldigten (*Grabenwarter/Pabel* EMRK §24 Rn. 117). Art. 6 Abs. 3 lit. d EMRK verlangt konkret, dass Beweise in **Anwesenheit** des **Angeklagten** in der (mündlichen) öffentlichen Hauptverhandlung zu erheben sind und dem Angeklagten gestattet wird, Belastungszeugen in angemessener und ausreichender Weise zu befragen, um deren **Glaubwürdigkeit auf die Probe stellen** zu können (EGMR 15.6.1992 – 12433/86 Rn. 47, NJW 1992, 3088 – Lüdi; EGMR 23.4.1997 – 21363/93, 21364/93, 21427/93, 22056/99, StV 1997, 617 – van Mechelen ua; EGMR 31.10.2001 – 47023/99 – Solakov; EGMR 21.7.2011 – 44438/06 – Brenkhoven). Das Recht zur konfrontativen Befragung schließt auch Sachverständige ein, wenn deren Gutachten den Beschuldigten belasten (EGMR 6.5.1985 – 8658/79 Rn. 32, EuGRZ 1986, 127 – Bönisch; bei den Ermittlungen eines Sachverständigen selbst finden die Verfahrensrechte des Art. 6 EMRK nur sehr begrenzt Anwendung, *Meyer-Ladewig/Harrendorf/König* in HK-EMRK Art. 6 Rn. 155).

229 Der **Zeitpunkt der Gewährung** ist in der EMRK zeitlich nicht genau fixiert. Nach EGMR-Rspr. besteht kein Anspruch auf möglichst frühzeitige Konfrontation. Vielmehr soll es hinreichen, dass die Möglichkeit zu irgendeinem Zeitpunkt im Verfahren eingeräumt wird (EGMR (GK) 15.12.2015 – 9154/10 Rn. 105 – Schatschaschwili). Der Schutzzweck von lit. d streitet indessen dafür, die Rechtsausübung in der (öffentlichen und mündlichen) Hauptverhandlung zu ermöglichen (*Grabenwarter/Pabel* EMRK § 24 Rn. 131; *Meyer-Ladewig/Harrendorf/König* in HK-EMRK Art. 6 Rn. 145, 241), damit Glaubhaftigkeit und Belastbarkeit von Aussagen unmittelbar vor den Augen der Entscheidungsinstanz infrage gestellt werden können (EGMR 12.3.2020 – 53791/11 Rn. 47 – Chernika: *principle of immediacy*). Der Angeklagte darf nicht darauf verwiesen werden, dass er Zeugen schon im Ermittlungsverfahren befragen durfte (EGMR 13.3.2012 – 5605/04, Rn. 68 – Karpenko). Diese Möglichkeit wird vom EGMR aber als Kompensation für zulässige Einschränkungen akzeptiert (EGMR 10.4.2012 – 8088/05 Rn. 78, 81ff. – Gabrielyan). Sie ist daher aus Behördensicht indiziert, wenn damit gerechnet werden muss, dass eine spätere Konfrontation im Hauptverfahren (aufgrund absehbaren Ausfalls des Zeugen wegen Untertauchens, Wegzugs, Gesundheitsproblemen, Zeugnisverweigerung etc.) unwahrscheinlich ist (*Kirchhoff* HRRS 2015, 506 (509, 511f.)).

230 **Eingriffe** in dieses Recht können darin liegen, dass Zeugen nur anonym, in Abwesenheit des Angeklagten oder gar nicht in der mündlichen Verhandlung befragt werden können. Zur Prüfung ihrer Rechtmäßigkeit hat der EGMR einen Drei-Stufen-Test entwickelt (→ Rn. 251).

231 Dieser Test soll auch für anderweitige Beschränkungen des Konfrontationsrechts herangezogen werden; zB, wenn **Modalitäten** des Kreuzverhörs die Effektivität der Verteidigung gefährden (EGMR 9.5.2017 – 47158/11 Rn. 35ff. – Cherpion). Darunter fällt grds. nicht die Sitzordnung im Gericht. Die Erfordernisse von Wahrheitsermittlung, Sicherheitsinteressen und fairen Verfahren lassen sich in der Regel zwangslos in Einklang bringen. Das Konfrontationsrecht erfordert keine frontale Sicht auf Zeugen (BGH 1.8.2018 – 5 StR 228/18). Der Unmittelbarkeitsgrundsatz kann dagegen betroffen sein, wenn sich die Zusammensetzung des Gerichts während des Verfahrens ändert und neue Richter die Konfrontation wichtiger Belastungszeugen nicht selbst verfolgen konnten (EGMR 12.3.2020 – 53791/11

Rn. 49 – Chernika). Wird nur ein Teil der Richterbank ersetzt, führt ein Absehen von erneuter Vernehmung nicht zwingend zum Fairness-Verstoß (EGMR 6.12.2016 – 6962/13 Rn. 29f. – Škaro: weil Protokoll studiert und anwesende Richter dazu befragt werden konnten). Setzt ein wirksames Kreuzverhör die Verfügbarkeit von Beweismaterial und Akteninhalten voraus, kann deren Verwehrung eine Rechtsverletzung begründen (EGMR 12.2.2019 – 1452/09 Rn. 51 – Yakuba: Videoaufnahme von Testkauf; EGMR 12.12.2013 – 19165/08 Rn. 78 – Donohoe).

Das Konfrontationsrecht ist nicht absolut, sondern lässt **Einschränkungen** zu 232 (BGHSt 46, 93 (96); *Krauß* S. 141ff.; *Demko* ZStR 122 (2004), 416 (418ff.)). Die EMRK verbietet weder anonyme Zeugenaussagen noch Beweis vom Hörensagen. Gemäß den **Leitentscheidungen** „Schatschaschwili" und „Al Khawaja u. Tahery" sind Einschränkungen jedoch nur zulässig (EGMR (GK) 15.12.2015 – 9154/10 Rn. 105 – Schatschaschwili; EGMR (GK) 15.12.2011 – 26766/05 u. 22228/06 – Al-Khawaja u. Tahery), wenn ein sorgfältig dargelegter, besonderer sachlicher Grund *(good reason)* für sie vorliegt, das Maß des unerlässlich Notwendigen aber nicht überschritten wird (soweit sie aus sachlichen Gründen trotz des großen Gewichts des Konfrontationsinteresses des Beschuldigten dringend notwendig *(strictly necessary)* sind und sich auf das unerlässliche Maß beschränken (EGMR 23.4.1997 – 21363/93 ua Rn. 58, StV 1997, 617 – van Mechelen ua; *Wohlers* ZStrR 123 (2005) 144 (163ff.); mit Beispielen *Lohse/Jakobs* in KK-StPO EMRK Art. 6 Rn. 70; *Arslan* ZIS 2018, 218 (220)) und dass für den Fall, dass unkonfrontierte Aussagen die alleinige oder entscheidende Grundlage für eine Verurteilung waren (EGMR (GK) 15.12.2015 – 9154/10 Rn. 119ff. – Schatschaschwili) oder aufgrund ihres Gewichts zumindest zu einer erheblichen Beeinträchtigung der Verteidigung geführt haben, hinreichende Ausgleichsmaßnahmen getroffen wurden, welche die Gesamtfairness des Verfahrens sicherstellen (EGMR (GK) 15.12.2015 – 9154/10 Rn. 147 – Schatschaschwili; zur Gesamtabwägung Meyer in SK-StPO EMRK Art. 6 Rn. 511f.).

Versäumnisse auf einzelnen Stufen führen nicht zwangsläufig zur Konventions- 233 widrigkeit. Auch von der Prüfungsreihenfolge darf folgenlos nach den Bedürfnissen des Einzelfalls abgewichen werden, weil der EGMR die Prüfungsstufen nur als (nicht abschließende) Teilelemente einer Gesamtbetrachtung der *overall fairness* ansieht (EGMR (GK) 15.12.2015 – 9154/10 Rn. 118 – Schatschaschwili). Diese Flexibilisierung hat zur Folge, dass die einzelnen, materiell distinkten Prüfungsstufen in einer Globalprüfung der Gesamtfairness aufgehen und partiell an Schutzgehalt und -wirkung einbüßen (krit. *Meyer/Wieckowska* forumpoenale 2016, 376 (385); *Gaede* StV 2018, 175 (177f., 181)).

aa) Einschränkungsvoraussetzungen. (1) Sachliche Einschränkungs- 234 **gründe. Konventionskonforme Sachgründe** sind Zeugen- und Opferschutz, va wenn Konventionsrechte aus Art. 2, 5, 8 EMRK gefährdet sind (EGMR 26.3.1996 – 20524/92 Rn. 73ff., ÖJZ 1996, 715 – Doorson; EGMR 14.2.2002 – 26668/95 Rn. 43, StraFo 2002, 160 – Visser; EGMR 2.7.2002 – 34209/96 Rn. 43ff. – S.N.; EGMR 20.12.2001 – 33900/96 Rn. 22ff., NJW 2003, 2893 – P.S.; zur deutschen Rechtslage *Gerdemann* S. 193ff.; *Krausbeck* S. 271ff.). Das Konfrontationsrecht steht in einem natürlichen Spannungsverhältnis zum Opferschutz. Vor allem Kinder sind nach dem EGMR vor den möglichen schädlichen Folgen einer gerichtlichen Vernehmung zu schützen (EGMR 20.12.2001 – 33900/96, NJW 2003, 2893 – P.S.; EGMR 28.9.2010 – 40156/07 Rn. 56, NJOZ 2011,

1739 – A.S.). Als sachlicher Grund anerkannt sind auch vitale öffentliche Geheimhaltungsinteressen (vgl. *Kühne* Rn. 917). Die Gefährdung des Ermittlungserfolgs kann gerade in Ermittlungsverfahren Einschränkungen gebieten, die sich aber in der Regel durch Ermöglichung einer späteren Befragung zum Abschluss oder nach Ende des Ermittlungsverfahrens in der mündlichen Verhandlung (EGMR 22.10.2009 – 35185/03 Rn. 71 – Raykov) ausgleichen lassen. Bei großangelegten fortlaufenden Polizeioperationen oder besonderen staatlichen Sicherheitsinteressen (zB in Terrorismusverfahren) kann aber ein legitimes Interesse über Ermittlungs- und Hauptverfahren hinaus fortbestehen (EGMR 25.7.2017 – 2156/10 Rn. 103 – M.: zu vernehmende Geheimdienstmitarbeiter und Quellen noch aktiv; EGMR 12.12.2013 – 19165/08 – Donohoe; EGMR 26.2.2013 – 50254/07 Rn. 92 – Papadakis; EGMR 1.3.2011 – 15924/05 Rn. 77 ff. – Welke u. Białek: Identitätsschutz, Schutz von Ermittlungstechniken, vertrauliche Beweismittel). Auch Zeugnisverweigerungsrechte liefern zulässige Sachgründe (EGMR 26.7.2018 – 59549/12 Rn. 56 – N.K.).

235 Zeugen können auch aus **tatsächlichen Gründen** nicht (mehr) für eine adversatorische Gegenüberstellung zur Verfügung stehen (EGMR 11.9.2006 – 22007/03, StraFo 2007, 107 – Sapunarescu); zB bei (unbekanntem) Aufenthalt im Ausland (zur deutschen Rechtslage *Gerdemann* S. 336 ff.), zwischenzeitlichem Versterben oder Unzulässigkeit einer Konfrontation nach ausl. Recht bei Vernehmung im Wege der Rechtshilfe. Unmögliches darf den Behörden nicht abverlangt werden (EGMR 17.11.2005 – 73047/01, NJW 2006, 2753 – Haas). Die Nichtverfügbarkeit eines Zeugen zwingt weder zu Abbruch und Einstellung der Ermittlungen, noch macht sie die Verwendung von Beweissurrogaten per se unfair. Die zuständigen Behörden müssen jedoch intensiv fördernd auf die Ermöglichung einer Befragung hinwirken. Sie sind konventionsrechtlich verpflichtet, nachweisbar zumutbare und gebotene **Anstrengungen** *(positive step; considerable effort)* zu unternehmen, um die **Verfügbarkeit** eines Zeugen für eine konfrontative Befragung zu sichern (EGMR 21.7.2011 – 44438/06 Rn. 56 – Breukhoven).

Dies schließt auch die Beseitigung von praktischen Hindernissen ein (EGMR 28.8.1992 – 13161/87 Rn. 22, EuGRZ 1992, 476 – Artner; EGMR 28.1.2020 – 10355/09 ua Rn. 30 ff. – Lobarev ua: intensive Anstrengungen bei Suche); zB Ermittlung einer ladungsfähigen Adresse (EGMR 5.4.2005 – 39209/02 – Scheper) oder effektive Nutzung der Rechtshilfe einschließlich aktiver Einwirkung auf die Behörden des ersuchten Staates und Ausschöpfung technischer Hilfsmittel. Hohe Reisekosten, Beschwerlichkeit der Aufenthaltsortfeststellung oder technischer Aufwand befreien grundsätzlich nicht von dieser Pflicht (EGMR 24.4.2012 – 1413/05 Rn. 56 – Sibgatullin). Unmögliches wird den nationalen Instanzen jedoch nicht aufgebürdet. Vielmehr darf von weiteren erheblichen Anstrengungen abgesehen werden, wenn vernünftigerweise nicht mehr mit ihrem Erfolg gerechnet werden kann (vgl. EGMR (GK) 15.12.2015 – 9154/10 – Schatschaschwili).

236 **(2) Strenges Begründungserfordernis.** An die **Begründung** einer Einschränkung aus sachlichem Grund *(good reason)* werden strenge Anforderungen gestellt (EGMR (GK) 15.12.2011– 26766/05 u. 22228/06 Rn. 120 – Al-Khawaja u. Tahery; BGH 3.12.2004 – 2 StR 156/04, NStZ 2005, 224 (225); 29.11.2006 – 1 StR 493/06, NStZ 2007, 166 (167); EGMR 23.6.2015 – 48628/12 Rn. 42, 46 f. – Balta u. Demir: Anonymität). Die Behörden müssen ihre Notwendigkeit stichhaltig und hinreichend darlegen (EGMR 26.3.1996 – 20524/92 Rn. 71, ÖJZ 1996, 715 – Doorson). Gefordert ist stets eine **Einzelfallabwägung** (BGH

2.8.2006 – 2 StR 225/06, NStZ 2007, 103; *Grabenwarter/Pabel* EMRK § 24 Rn. 120), die erkennen lässt, dass sich die Einschränkung des Konfrontationsrechts zugunsten legitimer Interessen auf das unvermeidbare Maß beschränkt (*strictly necessary;* EGMR 23.4.1997 – 21363/93, 21364/93, 21427/93, 22056/93 Rn. 58, StV 1997, 617 – van Mechelen ua; EGMR 23.6.2015 – 48628/12 Rn. 59 – Balta u. Demir; *Wohlers* ZStR 123 (2005), 144 (163ff.)). Die Behörden haben auch zu erläutern, was sie unternommen haben, um eine Konfrontation zu ermöglichen und dem Beschuldigten Gelegenheit zu geben, zu den ergriffenen Maßnahmen Stellung zu nehmen (EGMR 28.1.2020 – 10355/09 ua Rn. 30ff. – Lobarev ua). Dazu gehört nicht nur das Bemühen um tatsächliches Erscheinen, sondern auch die kritische Prüfung, ob geltend gemachte Zeugnis- und Auskunftsverweigerungsrechte oder persönliche Schutzbedürftigkeit wirklich bestehen (vgl. EGMR 23.10.2012 – 38623/03 Rn. 202ff. – Pichugin).

Das Fehlen eines triftigen Grundes soll nach neuer Auffassung des EGMR aber **237** für sich genommen nicht genügen, um eine *fair trial*-Verletzung zu begründen (EGMR (GK) 15.12.2015 – 9154/10 Rn. 130 – Schatschaschwili; EGMR 2.3.2017 – 16980/06 Rn. 40ff., 43 – Palchik). Grundsätzlich lässt sich an der Richtigkeit des Erfordernisses eines spezifisch begründeten sachlichen Grundes zur Vermeidung einer Aushöhlung des Rechts jedoch nicht zweifeln, und es wäre sachgerechter gewesen, das sehr weitreichende Erfordernis (krit. daher *Weigend* FS Wolter, 2013, 1144 (1151ff.)) teleologisch zu präzisieren, anstatt es zu einem (allerdings **gewichtigen) Abwägungsfaktor** zu degradieren.

(3) Gebot der besonders sorgfältigen Beweiswürdigung. Bei unkonfron- **238** tierten Aussagen ist eine besonders sorgfältige Beweiswürdigung *(assess cautiously, be treated with extreme care)* vorzunehmen (EGMR 2.7.2002 – 34209/96 Rn. 53 – S.N.; *Peukert* in Frowein/Peukert EMRK Art. 6 Rn. 310). Diese Beweiswürdigung erfolgt zweistufig. Die Aussage ist zunächst isoliert vorsichtig zu würdigen. Wegen der eingeschränkten Überprüfbarkeit jeder anonymen Aussage oder eingeführter Beweissurrogate und ihrer spezifischen Risiken ist der Beweiswert in jedem Fall limitiert (EGMR 28.2.2006 – 51277/99 Rn. 76 – Krasniki; *Safferling* NStZ 2006, 75 (78, 80); *Kühne* Rn. 924.1), auch wenn Ausgleichsbemühungen stattgefunden haben. Der ermittelte Beweiswert ist dann im Kontext der gesamten Beweiswürdigung auf seine Bedeutung für das Urteil zu prüfen. Fehlt es im konkreten Fall an einer angemessenen und echten Möglichkeit der Hinterfragung, darf der Aussage als Korrelat grundsätzlich keine tragende Rolle zukommen (EGMR 27.2.2001 – 33354/96 Rn. 40, HRRS 2006 Nr. 62 – Lucà; EGMR 20.9.1993 – 14647/89, ÖJZ 1994, 322 – Saidi). Die Verurteilung darf dann nicht allein oder in entscheidendem Ausmaß *(solely or to a decisive degree)* auf die Aussagen eines anonymen oder nicht zugänglichen Zeugen gestützt werden (EGMR 23.4.1997 – 21363/93, 21364/93, 21427/93, 22056/93 Rn. 55, 63, StV 1997, 617 – van Mechelen ua; EGMR 26.3.1996 – 20524/92 Rn. 76, ÖJZ 1996, 715 – Doorson; EGMR 20.11.1989 – 11454/85 Rn. 41ff., StV 1990, 481 – Kostovski; EGMR 20.9.1993 – 14647/89 Rn. 43f., ÖJZ 1994, 322 – Saidi; EGMR 27.2.2001 – 33354/96, HRRS 2006 Nr. 62 – Lucà; *Jung* GA 2009, 235 (239f.)). In diesem Fall entlastet es die Mitgliedstaaten nicht, wenn es ihnen (auch unverschuldet) an angemessenen alternativen Maßnahmen fehlte (EGMR 20.1.2009 – 26766/05 u. 22228/06 Rn. 28 – Al-Khawaja u. Tahery). Ein Urteil darf nach nunmehr gefestigter Rechtsprechung bei **besonders strenger Beweiswürdigung** dennoch in entscheidendem Maß auf die Aussage gestützt werden, wenn spezifische Ausgleichsmaßnahmen eine ausreichende Kompensation der Rechtsverkürzung bewirken, indem sie insbesondere die Zuverlässigkeit einer Aussage anderweitig garantieren (→ Rn. 231; anders noch EGMR 20.1.2009 – 26766/05 u. 22228/06 Rn. 29 – Al-Khawaja u. Tahery unter Verweis auf EGMR 26.3.1996 – 20524/92 Rn. 76, ÖJZ 1996, 715 – Doorson).

239 Feste, substantiierte Vorgaben für die **Bestimmung** des isolierten **Beweiswerts** und die Bestimmung der Entscheidungserheblichkeit der Aussage lassen sich der Rechtsprechung jedoch nicht entnehmen (EGMR 24.11.1986 – 1/1985/87/134 Rn. 28 ff., EuGRZ 1987, 147 – Unterpertinger; *Wohlers* FS Trechsel, 2002, 813 (816 f.)). Der Gerichtshof vollzieht die Beweiswürdigung sorgfältig im Detail nach, verliert sich aber in Einzelfallüberprüfungen (die hierdurch erzeugte Rechtsunsicherheit kitisiert zu Recht *Weigend* FS Wolter, 2013, 1145 (1154 ff.)). Seine Zurückhaltung auf dem Feld des Beweisrechts wirkt sich hier spürbar im Fehlen klarer Standards aus.

240 Diese Unschärfe verleiht dem EGMR Spielraum für – nach der Struktur von Art. 6 EMRK eigentlich nicht vorgesehene – Einmischungen in die konkrete Beweiswürdigung nationaler Gerichte. Umgekehrt macht die Unschärfe der Bemessung des Gewichts einzelner Beweismittel und ihres Verhältnisses zueinander es den nationalen Instanzen – trotz der schlummernden Interventionsgefahr durch den EGMR – leicht, durch geschickte Argumentation in den Urteilsgründen, va durch beliebige Hinzunahme und gezielte Aufwertung sonstiger verfügbarer Beweismittel, die **Mindestanforderungen** zu **unterlaufen** und Verurteilungen in der Sache wesentlich auf unkonfrontierte Aussagen zu stützen (*Renzikowski* in Renzikowski S. 97, 101; *Sommer* StraFo 2010, 284). Der EGMR orientiert sich im Ausgangspunkt tatsächlich an den Bewertungen des sachnäheren nationalen Gerichts und nimmt lediglich eine **Willkürprüfung** vor (vgl. EGMR 26.7.2018 – 59549/12 Rn. 59 – N.K.).

Jüngere Entscheidungen deuteten an, dass der EGMR strengere Maßstäbe an das „Beruhen" anlegt (EGMR 27.2.2001 – 33354/96, HRRS 2006 Nr. 62 – Lucà; EGMR 20.1.2009 – 26766/05 u. 22228/06 – Al-Khawaja u. Tahery) bzw. die folgenschwere Bedeutung der Abgrenzung abschwächt, indem auch bei sonstigen gewichtigen Aussagen (*carried significant weight;* EGMR (GK) 15.12.2015 – 9154/10 Rn. 116, 123 – Schatschaschwili) wegen ihrer potenziell erheblichen Beeinträchtigung der Verteidigung Schutzmaßnahmen verlangt werden. Ihre Tragweite wird jedoch ohnehin dadurch reduziert, dass der EGMR Verurteilungen ohne Konfrontation durch Aufgabe einer absoluten Lesart der *sole-or-decisive*-Regel nicht nur grundsätzlich gestattet, sondern flexibel und nicht sonderlich streng Kompensationsbemühungen akzeptiert. Indem er sich gewachsenen und systemadäquaten Ausgleichsmechanismen öffnet, bewahrt der EGMR freilich die prozessstrukturelle und rechtskulturelle Offenheit der EMRK.

Dieses Vorgehen führt sowohl zu einer Absenkung als auch zu einer Verwässerung der Standards. Die Unschärfen bei der Grundlegung des Rechts machen sich hier deutlich bemerkbar. Je nachdem, ob man die Ratio des Konfrontationsrechts in Wahrheitssuche oder Teilhabe sieht, sind ganz unterschiedliche Ausgleichsmaßnahmen angezeigt. Die Spruchpraxis trägt dem nicht konsequent Rechnung.

241 **(4) Ausgleichsmaßnahmen bei abwesenden Zeugen.** Sorgfältige Begründung der Abwesenheit und vorsichtige Interessenabwägung reichen zur Rechtfertigung einer Beschränkung bei gewichtigen Aussagen nicht hin. Die Bedeutung des Konfrontationsrechts verlangt nach Ausgleichmaßnahmen (*counterbalancing*

measures) für erlittene Nachteile bei der Kontrolle von **Belastungszeugen** (EGMR (GK) 15.12.2015 – 9154/10 Rn. 126 ff. – Schatschaschwili; EGMR 26.3.1996 – 20524/92 Rn. 72, ÖJZ 1996, 715 – Doorson; EGMR 23.4.1997 – 21363/93 ua Rn. 54, StV 1997, 617 – van Mechelen ua; EGMR 11.9.2006 – 22007/03, StraFo 2007, 107 – Sapunarescu; EGMR 20.12.2001 – 33900/96 Rn. 23, NJW 2003, 2893 – P.S.) oder **Mitbeschuldigten** (es gelten dieselben Standards; vgl. EGMR 23.1.2018 – 58683/08 Rn. 51 ff. – Kuchta). Art und Maß des Ausgleichs hängen von den Umständen einschließlich des Gewichts der Aussage ab. Er muss sich funktional an der Ratio des Konfrontationsrechts sowie dem Wirksamkeits- und Effektivitätsdogma der EMRK im konkreten Verfahrenskontext orientieren (vgl. EGMR 20.1.2005 – 63378/00 Rn. 77 – Mayzit). Lösungen sind im Kontext des jeweiligen nationalen Rechtssystems und Verfahrensmodells zu entwickeln und zu bewerten. Der EGMR zeigt sich hier zu Gunsten der Strafverfolgungsbehörden flexibel und tolerant.

Die jüngere Rechtsprechung des EGMR zum Konfrontationsrecht wird durch 242 eine Flut von Fällen geprägt, die sich mit der Gestalt zulässiger Ausgleichsmaßnahmen und ihrer konkreten (teils kumulativen) Durchführung befassen (im Überblick *Meyer* in SK-StPO EMRK Art. 6 Rn. 507 ff.). Die Gegenmaßnahmen sollen primär die Verlässlichkeit der Aussage sicherstellen. Es zeichnet sich ab, dass die Durchführung einer **adversatorischen Befragung** bei der Vernehmung von Belastungszeugen **im Ermittlungsverfahren** eine Schlüsselrolle beim Ausgleich von Verkürzungen des Konfrontationsrechts einnehmen wird (EGMR 3.4.2012 – 18475/05 Rn. 19, 50 – Chmura; EGMR 10.5.2012 – 28328/03, ÖJZ 2012, 871 – Aigner; EGMR (GK) 15.12.2015 – 9154/10 Rn. 127 – Schatschaschwili). Die Einführung einer Aufzeichnung der Aussage im Hauptverfahren wäre dann EMRK-konform. Diese Befragung muss aber vor einer Justizbehörde erfolgen. Kein adäquater Ausgleich liegt in einer Konfrontationsmöglichkeit vor Ermittlungsbeamten, die weder unabhängig noch unparteiisch sind und nach Ermessen Fragen unterbinden konnten (EGMR 14.1.2010 – 23610/03 Rn. 78 ff. – Melnikov; EGMR 13.3.2012 – 5605/04 Rn. 67 ff. – Karpenko). Die Zulassung von Schutzmechanismen könnte sich insgesamt sogar als vorteilhaft für Beschuldigte erweisen, wenn dadurch ihre Rechte im Ermittlungsverfahren effektiv gestärkt werden. Insbes. wenn Ermittlungsbehörden damit rechnen, dass Zeugen nicht mehr für die Hauptverhandlung zur Verfügung stehen, sind sie gut beraten, frühzeitig für eine angemessene Beteiligung der Verteidigung (Anwesenheit, Fragemöglichkeit) zu sorgen, um die Verwertbarkeit zu sichern. Dabei ist auch der Einsatz technischer Mittel möglich, solange der Beschuldigte oder sein Verteidiger die Gelegenheit haben, den Zeugen zu beobachten und ihm Fragen zu stellen bzw. stellen zu lassen, wobei die Art der Befragung sich nicht wesentlich von der amtlichen Befragung unterscheiden muss (EGMR 18.7.2013 – 59632/09 – Vronchenko). Es muss jedoch genügend Zeit zur Vorbereitung der Fragen eingeräumt werden. Das alleinige Vorspielen eines Videos der Zeugenaussage genügt nicht (EGMR 19.12.2013 – 26540/08 – Rosin; EGMR 18.7.2013 – 59632/09 – Vronchenko). Verweigert der zentrale Belastungszeuge bei der Befragung unter Berufung auf die Selbstbelastungsfreiheit die Aussage, bewirkt die Teilnahme des Beschuldigten ebenfalls keinen effektiven Ausgleich (EGMR 10.7.2012 – 29353/06 – Vidgen).

Nehmen Beschuldigter oder Verteidiger eine effektive Möglichkeit der Befragung 243 nicht wahr, wird darin, wenn die wahrscheinliche spätere Verwendung als Beweismittel absehbar war, ein **Verzicht** auf die Rechtsausübung (EGMR 17.4.2012 – 37981/06 Rn. 57 – Sarkizov) bzw. ein hinreichender Ausgleich gesehen (EGMR

19.2.2013 – 61800/08 – Gani). Umgekehrt dispensiert die Teilnahme des Beschuldigten an einer Vernehmung im Vorverfahren allerdings nicht von der Pflicht, alles Notwendige zur Ladung des Zeugen und zur Gewährleistung einer Konfrontationsmöglichkeit in der Hauptverhandlung zu tun (EGMR 13.3.2012 – 5605/04 – Karpenko). Als Ausgleich genügen soll bedenklicherweise auch, wenn aussagekräftige Unterlagen zu Quellen und deren Angaben, auf die sich ein Zeuge vom Hörensagen stützt, dem Gericht vorgelegt und von diesem unter Ausschluss von Anklage und Verteidigung gesichtet werden können (EGMR 12.12.2013 – 19165/08 – Donohoe).

244 **Nicht genügen** soll die bloße Belehrung einer Jury über die Gefahren des Beweises vom Hörensagen und dessen stark geschmälerten Beweiswert; ebenso wenig die abstrakte Möglichkeit des Angeklagten, durch eigene Aussage oder Benennung von Zeugen und Beweisen die Verlässlichkeit einer Aussage anzugreifen (EGMR 10.7.2012 – 4570/07 Rn. 49 – Trampevski). Bedarf es zur wirksamen Überprüfung nichtkonfrontierter Aussagen eines Zugangs zu bestimmten Beweismitteln oder Akteninhalten, kann die Möglichkeit einer Überpüfung bei Zugangsverweigerung nicht kompensierend wirken (EGMR 12.2.2019 – 1452/09 Rn. 51 – Yakuba: Videoaufnahme von Testkauf). Ohne Beteiligung des Beschuldigten oder Verteidigers ist auch die Vernehmung durch die Polizei oder rogatorisch durch ein anderes Gericht von vornherein unzureichend (EGMR 23.1.2018 – 58683/08 Rn. 51ff. – Kuchta resp. EGMR 23.6.2015 – 48628/12 Rn. 56f. – Balta u. Demir). Ebenfalls ungenügend ist die (nochmalige!) besonders vorsichtige Beweiswürdigung (Beweiswürdigungslösung) der späteren Aussage (verbunden mit der Möglichkeit zur Konfrontation des Ermittlungsrichters als Zeuge vom Hörensagen), mit der ein Beweisverwertungsverbot vermieden werden soll (BGH 3.12.2004 – 2 StR 156/04, NJW 2005, 1132 (1133)), wenn der Beschuldigte bei der Vernehmung im Ermittlungsverfahren nicht anwesend und auch kein Anwalt informiert worden war (EGMR 19.7.2012 – 26171/07 Rn. 51, NJW 2013, 3225 – Hümmer; EGMR (GK) 15.12.2015 – 9154/10 Rn. 163 – Schatschaschwili). Es stellt sich grundsätzlich die Frage, wie eine besonders gründliche Beweiswürdigung für sich betrachtet die Verlässlichkeit eines entscheidenden Beweismittels sicherstellen soll, denn die Beweiswürdigung kann letztlich nur Ausgleichsmaßnahmen und sonstige Beweise reflektieren, nicht aber selbst Kompensation sein; zumal die vorsichtige Würdigung schon Teil der zweiten Stufe ist. Eine derartige weitere Relativierung der Garantie rührte an ihren Schutzkern. Die GK hat diese Frage aber offengelassen, weil **spezielle gesetzliche Schutzvorschriften** (§ 168c Abs. 2 StPO) **nicht eingehalten** wurden (EGMR (GK) 15.12.2015 – 9154/10 Rn. 160, 163 – Schatschaschwili). Wird der Beschuldigte von der richterlichen Vernehmung des Zeugen ausgeschlossen, um den Untersuchungszweck nicht zu gefährden (§ 168c Abs. 3 StPO), ist ihm ein Verteidiger zu bestellen (§ 141 Abs. 3 S. 1 und 2 StPO) und zu benachrichtigen (§ 168c Abs. 2 und 5 StPO), damit dieser das Fragerecht wahrnehmen kann (BGHSt 46, 93 (99ff.); 51, 150 (154ff.)). Bei Verstoß gegen solche Pflichten darf ein Urteil nicht wesentlich auf die Aussage gestützt werden. Das muss auch im Hinblick auf Mitbeschuldigte gelten (*Gleß* NStZ 2010, 98 (99f.); aA BGH 17.2.2009 – 1 StR 691/08, NStZ 2009, 345). Dieser Grundgedanke findet sich zuletzt häufiger (EGMR 23.6.2015 – 48628/12 Rn. 58 – Balta u. Demir: Missachtung gesetzlich vorgesehener Kompensationsmittel). Werden Vorschriften missachtet, mit denen der Gesetzgeber Verteidigungsrechte (im Ermittlungsverfahren) stärken und eine frühzeitige Konfrontation ermöglichen will, muss das Verfahren wegen deren hoher Teilhaberelevanz bei Verwertung derart zustande gekommener gewichtiger Aussagen als insgesamt unfair eingestuft werden.

Recht auf ein faires Verfahren **Art. 6 EMRK**

In einem anderen Fall (EGMR 17.9.2013 – 23789/09 – Brzuszczynski) hat der EGMR dagegen eine besonders umfassende und sorgfältige Beweiswürdigung durch das zuständige Gericht genügen lassen, nachdem der Hauptbelastungszeuge Selbstmord begangen hatte. Wo hier die Grenzen liegen, scheint noch nicht endgültig ausgelotet, sondern erweist sich als stark abhängig von der konkreten Lage des Einzelfalls (vgl. auch EGMR 24.5.2016 – 15487/08 Rn. 56f. – Przydział: besonders vorsichtige Beweiswürdigung als wichtiger, aber nicht hinreichender Faktor; EGMR 26.7.2018 – 59549/12 Rn. 60 – N.K.: Bestellung von Verteidiger für Vernehmung vor Ermittlungsrichter versäumt, aber Vorliegen genügend anderweitiger Beweise für Glaubwürdigkeitsbewertung und Verurteilung, Rn. 61f.).

Diese Grundsätze gelten auch für **Sachverständige.** Dem Beschuldigten obliegt allerdings, darzulegen, warum es einer persönlich-unmittelbaren Konfrontation bedarf (EGMR 6.10.2016 – 76438/12 Rn. 46 – Constantinides: Graphologe). Die Vorlage der Gutachten genügt bei Sachverständigenbeweis ausnahmsweise nicht, wenn Interessenkonflikte, Methodenfragen, technische Expertise und Faktenbasis auf diesem Weg nicht kritisch auf die Probe gestellt werden können (EGMR 1.12.2020 – 88/05 – Danilov: Befragung von Sachverständigen, die rechtsverbindliche Gutachten zum komplexen Begriff des Staatsgeheimnisses verfasst hatten, unzulässig verweigert). 245

Insgesamt laufen in der Argumentation des EGMR zwei distinkte **Begründungsansätze** für das Konfrontationsrecht (Kontrollinstrument zur Prüfung der Überzeugungskraft eines Beweises oder eher partizipatorisches Recht zur eigenständigen Befragung) zusammen, die dann einzelfallabhängig auch sehr unterschiedlich gewichtet werden können. Hierunter leidet die Rechtssicherheit erheblich. Nicht abzusprechen ist dem EGMR allerdings das Bemühen, den Wesenskern des Konfrontationsrechts zu bewahren, ohne diesem dabei aber bislang klarere Konturen verleihen zu können. 246

bb) Umsetzung durch BGH. Der BGH ging bereits früher davon aus, dass ein Konventionsverstoß bei fehlerhafter Behandlung des Konfrontationsrechts zu verneinen ist, wenn das Verfahren in seiner Gesamtheit einschließlich der Art und Weise der Beweiserhebung und -würdigung dennoch fair war (BGHSt 51, 150 (154); BGH 29.4.2009 – 1 StR 701/08, NJW 2009, 2463 (2465ff.); *Lohse/Jakobs* in KK-StPO EMRK Art. 6 Rn. 65; dagegen *Schuska* S. 53ff.; *Ambos* in Radtke/ Hohmann EMRK Art. 6 Rn. 55; diff. *Kraushaar* S. 55ff.; bestätigt durch BVerfG 8.10.2009 – 2 BvR 547/08, NJW 2010, 925; dazu *Safferling* StV 2010, 339 (341f.)). Der EGMR hat die Tür für diese bedenkliche Praxis mittlerweile selbst geöffnet. Die **Gesamtbetrachtung** des BGH muss indessen die Parameter des EGMR abbilden. Dies setzt voraus, dass spezifische kompensierende Schutzmaßnahmen getroffen worden sind, welche die Verlässlichkeit der Aussage und die Verfahrensteilhabe des Beschuldigten absichert. Der BGH implementiert die EGMR-Rechtsprechung durch die sog. „Stufentheorie" (BGH 17.3.2010 – 2 StR 397/09, StV 2010, 342 (343); BGHSt 51, 150 (154ff.); 46, 93 (95ff.); eingehend *Lohse/Jakobs* in KK-StPO EMRK Art. 6 Rn. 66ff.; *Krausbeck* S. 178ff.), die zwischenzeitlich an die Prüfungsstruktur des EGMR angepasst hat (BGH NStZ 2017, 602). Auch der BGH prüft danach auf erster Stufe das Vorliegen eines sachlichen, vom EGMR **anerkannten Grundes.** Und nur hierfür ist es zunächst einmal relevant, ob sich Behörden intensiv um die Anwesenheit von Zeugen bemüht haben oder ob die Nichtgewährung zumindest außerhalb des Einfluss- und Zurechnungsbereichs der Strafverfolgungsbehörden liegt (BGHSt 51, 150 (155)). 247

EMRK Art. 6

Soll diese Aussage dann alleinige oder entscheidende Urteilsgrundlage sein, müssen **ausgleichende Maßnahmen zur Kompensation** getroffen worden sein (dazu auch BGHSt 46, 93 (96); dies kann auch die Ladung vom Angeklagten benannter Entlastungszeugen sein, vgl. BGH 23.10.2013 – 5 StR 401/13, NStZ 2014, 51). Der EGMR geht hier aber weiter und verlangt eine entsprechende Behandlung auch bei wesentlichen Aussagen. Als wichtiges **Korrektiv** erachtet der BGH eine besonders sorgfältige und kritische Beweiswürdigung (bestätigt in BVerfG 8.10.2009 – 2 BvR 547/08, NJW 2010, 925; weiterhin BGH NStZ 2017, 602 (604); krit. *Gerdemann* S. 380ff.), die sich in den Urteilsgründen hinreichend niederschlagen muss. Bei nicht zurechenbarer Unmöglichkeit der Konfrontation wird die (vorsichtige) Verwertung von Beweissurrogaten und Beweisen, die noch im Zusammenhang mit der unkonfrontierten Aussage stehen, für zulässig erachtet (vgl. dazu BGH 16.1.2013 – 2 StR 106/12: Tod des einzigen Belastungszeugen; BGH 12.12.2012 – 5 StR 578/12, NStZ-RR 2015, 203; 4.4.2007 – 4 StR 345/06, NJW 2007, 2341; 28.8.2007 – 1 StR 331/01, NStZ 2008, 50 (51f.); wohl zust. *Weigend* FS Wolter, 2013, 1144 (1160f.)).

Im Grundsatzurteil Schatschaschwili (EGMR (GK) 15.12.2015 – 9154/10 – Schatschaschwili) äußert der EGMR Zweifel, ob die Beweiswürdigungslösung dem Schutzzweck von lit. d genügt. Eine besonders vorsichtige Würdigung ist bereits ein allgemeines Erfordernis der zweiten Stufe. Die übrigen bei dieser Würdigung herangezogenen Beweismittel bzw. deren Erhebung lassen sich nicht als Kompensation auf dritter Stufe deklarieren. Verlangt sind aktive Ausgleichsmaßnahmen.

248 Sind **keine angemessenen Ausgleichsmaßnahmen** erfolgt, darf eine Verurteilung nur dann auf unkonfrontierte Beweise gestützt werden, wenn diese durch **andere, gewichtige Gesichtspunkte außerhalb der bemakelten Aussage** Bestätigung finden (BGHSt 46, 93 (106); 51, 150 (155f.); BGH 28.8.2007 – 1 StR 331/01, NStZ 2008, 50 (51); *Schmitt* in Meyer-Goßner/Schmitt MRK Art. 6 Rn. 22a). Diese weiteren gewichtigen Beweismittel müssen die Verurteilung jedoch nicht für sich allein tragen können. Die Bewertung der Straftat muss nicht auch dann noch Bestand haben, wenn die Aussage weggedacht wird (BVerfG 8.10.2009 – 2 BvR 547/08, NJW 2010, 925 (926)). Das Urteil darf lediglich nicht allein auf die Aussage gestützt werden (*Lohse/Jakobs* in KK-StPO EMRK Art. 6 Rn. 66, 75).

249 Ein Problem verbirgt sich dabei in der **Bewertungsperspektive.** Der BGH macht die bemakelte Aussage zum Mittelpunkt der Würdigung (vgl. *Lohse/Jakobs* in KK-StPO EMRK Art. 6 Rn. 75). Der EGMR muss aber so verstanden werden, dass es sich schon verbietet, die Aussage zum maßgeblichen Ausgangs- und Bezugspunkt der Beweiswürdigung zu machen. Sie darf arrondierend herangezogen, ihr Inhalt aber nicht zum Fixpunkt gemacht werden, den es abzusichern gilt. Um einer Aushöhlung des Rechts vorzubeugen, ist auch die Zurückhaltung bei der Kontrolle der Beweiswürdigung zu überdenken, denn es besteht die naheliegende Gefahr der taktischen rhetorischen Aufwertung komplementierender Beweise, um die Verurteilung zu „retten". In der Entscheidung „Haas" wurde sogar eine wechselseitige Abstützung zahlreicher Beweise vom Hörensagen durch sorgfältige und vorsichtige Beweiswürdigung zugelassen (EGMR 17.11.2005 – 73047/01, NJW 2006, 2753 – Haas; vgl. auch EGMR 31.8.1999 – 35253/97 – Verdam), so dass vorstellbar ist, dass überhaupt kein Beweismittel fehlerfrei erhoben wurde und jeweils isoliert die Verurteilung tragen könnte, man aber durch ihre Kumulierung dennoch zu einer Verurteilung gelangt.

cc) **Maßnahmen zur Wahrung schutzwürdiger Interessen bei verfüg-** 250
baren Zeugen. Anstelle eines totalen Ausfalls der Konfrontation geht es in der
Praxis in vielen Fällen um partielle Einschränkungen der Konfrontationsmöglichkeiten, die dem Ausgleich schutzwürdiger Interessen von Zeugen und Beschuldigtem dienen; zB durch Geheimhaltung der Identität des Zeugen oder zusätzliche
Abschirmungsmaßnahmen (*Meyer* in SK-StPO EMRK Art. 6 Rn. 494). Dabei
kommt es entscheidend auf die **Art des schutzwürdigen Interesses** und die **Gefahrenquellen** an; insbes. ob sie mit dem Beschuldigten zusammenhängen (*Lonati*
EuCLR 2018, 116 (121 ff.); *Wohlers* FS Trechsel, 2002, 813 (820 ff.). Eine wichtige
Auslegungshilfe ist Recommendation No. R (97) 13 concerning Intimidation of
Witnesses and the Rights of the Defence. Nationale Stellen müssen Vorliegen und
Berechtigung des Interesses prüfen (EGMR 23.6.2015 – 48628/12 Rn. 44 – Balta
u. Demir). Rein subjektive Ängste vor Aussagen rechtfertigen keine Beschränkung.
Objektive Gründe müssen sich auf konkrete Umstände stützen.

Bei **anonymen Zeugen** sind ausgleichende Vorkehrungen zu treffen, die eine 251
Prüfung der Verlässlichkeit der Aussage gestatten (EGMR 20.11.1989 – 11454/85
Rn. 42, StV 1990, 481 – Kostovski; EGMR 23.4.1997 – 21363/93, 21364/93,
21427/93, 22056/93 Rn. 59, 62, StV 1997, 617 – van Mechelen ua; krit. *Lonati*
EuCLR 2018, 116 (141)), obgleich infolge der Anonymität oder Abschirmung oftmals keine zielgerichteten Fragen zu Person, Leben, Interessen, Reputation oder
etwaigen Voreingenommenheiten gestellt werden können. Eine Glaubwürdigkeitsprüfung zum Ausgleich der Einschränkung kann zB unmittelbar in der Hauptverhandlung durch Befragung eines präsenten, ggf. auch optisch und akustisch nicht
abgeschirmten Zeugen erfolgen (EGMR 25.4.2012 – 46099/06 u. 46699/06
Rn. 82, 85 – Ellis u. Simms u. Martin; EGMR 6.12.2012 – 25088/07 – Pesukic).
Verlangen **schutzwürdige Interessen** (zB bei verdeckten Ermittlern oder VPs;
EGMR 11.9.2006 – 22007/03 StraFo 2007, 107 mabl Anm *Sommer* – Sapunarescu)
nach Ausschluss der Öffentlichkeit, Sichtschutzmaßnahmen, räumlicher Distanz
oder akustischer Stimmverzerrung, sind **besondere Vernehmungsformen** zu
nutzen, die eine unmittelbare Kenntnisnahme der Aussage und direkte Fragen an
den Zeugen trotz Anonymität oder räumlicher Trennung gestatten (zB audiovisuelle Vernehmung gem. §§ 168e, 247a StPO mit Fragemöglichkeit der Verteidigung, BGH 7.3.2007 – 1 StR 646/06, NStZ 2007, 477 (478); BGHSt 45, 188
(190); audiovisuelle Vernehmungen kommen auch bei Auslandszeugen im Rechtshilfeweg in Frage, vgl. Art. 10 EU-RhÜbK (BGH 14.12.2006 – 5 StR 472/06,
NStZ 2007, 281 (282)).

Schriftliche Fragenkataloge genügen nicht (EGMR 20.11.1989 – 11454/85
Rn. 42, StV 1990, 481 – Kostovski); eine rein akustische Übertragung der Vernehmung reicht auch bei direkter Fragemöglichkeit für Verteidiger und Beschuldigten
nicht hin (EGMR 23.4.1997 – 21363/93, 21364/93, 21427/93, 22056/93 Rn. 59,
StV 1997, 617 – van Mechelen ua). Unzureichend ist ferner, den Beschuldigten als
Ersatz auf eine direkte Befragung von Zeugen vom Hörensagen zu verweisen
(EGMR 27.9.1990 – 12489/86 Rn. 27 f., StV 1991, 193 – Windisch). Von vornherein kein Kompensationsmittel ist das Recht des Beschuldigten, sich durch eigene Aussagen und Ausführungen verteidigen zu können (EGMR 20.1.2009 –
26766/05 u. 22228/06 Rn. 46 – Al-Khawaja u. Tahery).

Der EGMR lässt jedoch uU genügen, wenn der Verteidiger Belastungszeugen
mit Stimmverzerrer und ohne visuelle Wahrnehmung befragen konnte, soweit der
entscheidende Spruchkörper sich einen unmittelbaren persönlichen Eindruck verschaffen und Identität, Ruf, Vorleben und Glaubwürdigkeit der Zeugen insgesamt

prüfen konnte (EGMR 6.12.2012 – 25088/07 – Pesukic; vgl. aber EGMR 23.6.2015 – 48628/12 Rn. 56f. – Balta u. Demir: rogatorische Befragung durch anderes Gericht ohne Befragungsoption unzulässig). Damit wäre aber nur die Wahrheitsfindung gesichert, nicht die Teilhabefunktion.

Komplementär wurden sorgfältige Belehrungen der Jury über die Behinderung der Verteidigung und deren Konsequenzen oder die genaue Prüfung von Identität, Ruf, Vorleben und Glaubwürdigkeit des Zeugen durch das Gericht als Ausgleich akzeptiert.

252 Bei Opfern von **Sexual- und Misshandlungsdelikten** spielt nicht die Anonymität, sondern der Schutz vor weiterer Traumatisierung oder Bedrohung die entscheidende Rolle, wobei Kinder besonderen Schutzes bedürfen. Bei Vernehmungen in Abwesenheit des Beschuldigten kann als Ausgleich die nachträgliche Möglichkeit zur Verfolgung der Vernehmung durch Videoaufzeichnung und Einräumung der Möglichkeit, zu einem bestimmten Zeitpunkt Fragen an das Kind zu veranlassen, genügen (EGMR 28.9.2010 – 40156/07 Rn. 56, NJOZ 2011, 1739 – A.S.; EGMR 2.7.2002 – 34209/96 Rn. 47ff. – S.N.). Wichtig ist, dass Mimik und Aussageverhalten allgemein visuell verfolgt werden können (EGMR 20.12.2001 – 33900/96 Rn. 26 – P.S.).

253 **b) Beweisantragsrecht und Waffengleichheit.** Art. 6 Abs. 3 lit. d EMRK erschöpft sich nicht in dem reaktiven Konfrontationsrecht. Er verleiht ebenso ein **aktives Teilhaberecht,** um effektiv auf den Gang der Beweisaufnahme einwirken zu können (ausf. *Meyer* in SK-StPO EMRK Art. 6 Rn. 516ff.). Dieses Recht verleiht der **Prozesssubjektstellung** des Beschuldigten Ausdruck und wird vom EGMR als Ausfluss der **Waffengleichheit** gesehen (EGMR (GK) 6.5.2003 – 48898/99 Rn. 29 – Perna; EGMR 31.10.2001 – 47023/99 Rn. 57 – Solakov). Der Beschuldigte ist berechtigt, Entlastungszeugen zu laden und vernehmen zu lassen (unter denselben Bedingungen wie Belastungszeugen, *Grabenwarter/Pabel* EMRK § 24 Rn. 121; zum Beweisführungsrecht des Beschuldigten eingehend *Gaede* S. 623ff., 628f.) sowie die Hinzuziehung eines Sachverständigen zu beantragen. Auch die Erhebung von **Sachbeweisen** ist von lit. d umfasst, wobei va **e-Evidence** künftig Bedeutung gewinnen wird und zur Nutzung neuester Rechtshilfeinstrumente im Interesse des Beschuldigten drängen kann.

Insb. das **Zeugenladungsrecht** ist jedoch nicht unbegrenzt (EGMR 14.2.2008 – 66802/01 Rn. 65 – Dorokhov; *Jacobs/White/Ovey* S. 326). Es regelt sich grundsätzlich nach nationalem Verfahrensmodell und -recht und muss in seiner Ausgestaltung insgesamt fair sein (EGMR 12.7.2007 – 74613/01 Rn. 82, NJOZ 2008, 3605 – Jorgic). Dazu muss es Ladungen bei hinreichend begründeter Sachdienlichkeit vorsehen und im Interesse der Waffengleichheit sicherstellen, dass Be- und Entlastungszeugen unter denselben Bedingungen geladen werden können (EGMR (GK) 6.5.2003 – 48898/99 Rn. 29 – Perna; EGMR 31.10.2001 – 47023/99 Rn. 57 – Solakov).

Die Bescheidung konkreter Anträge ist Sache des nationalen Fachgerichts (EGMR 2.7.2002 – 34209/96 Rn. 44 – S.N.; *Meyer-Ladewig/Harrendorf/König* in HK-EMRK Art. 6 Rn. 154). Dabei unterliegt es einer **Begründungspflicht,** soweit das Beweismittel potenziell für die Streitfrage relevant und der Verteidigungsposition nützlich und nicht missbräuchlich ist (EGMR 10.10.2013 – 51355/10 Rn. 42 – Topić; EGMR 29.1.2009 – 77018/01 Rn. 34 – Polyakov). Sie dient als indirekt wirkender Schutzmechanismus, der zu einer Objektivierung der Entscheidungsfindung zwingt und gegenüber dem Antragsteller demonstriert, dass sein Vorbringen ernsthaft geprüft worden ist. Der Hinweis auf eine bereits gefasste gegenläufige Überzeugung (EGMR 10.10.2013 – 51355/10 Rn. 47 – Topić) oder inhaltsleere Begründungsfloskeln (EGMR 3.3.2009 – 4411/04 Rn. 79 – Bacanu u. SC «R» SA) genügen nicht.

Zu beobachten ist, dass Abs. 3 lit. d, der als wirksames Korrektiv des Tatrichters grds. auch zur effektiven Wahrheitsfindung beiträgt, oftmals in seiner Reichweite gerade darauf reduziert wird, ob ein sichtbarer Beitrag zur Wahrheitsfindung zu erwarten ist. Das entspricht nicht dem Wesensgehalt des Teilhaberechts und zeugt von fehlendem Bewusstsein für Risiken der Verfahrenswirklichkeit wie Perseveranzeffekt oder *confirmation bias*.

Konventionskonform ist die Ablehnung der Ladung von **Entlastungszeugen,** 254 wenn zu erwarten steht, dass die Aussage nicht erheblich ist (EGMR 7.7.1989 – 10857/84 Rn. 89 – Bricmont; *Meyer-Ladewig/Harrendorf/König* in HK-EMRK Art. 6 Rn. 247), wobei der EGMR diese Bewertung zwar primär als Sache der nationalen Instanzen ansieht, die Anforderungen aber zuletzt mit einem **dreistufigen Test** konkretisiert und verschärft hat. Bei ihrer Überprüfung legt der EGMR seine vermeintliche Zurückhaltung ab und vollzieht den Gang der Beweiserhebung mitunter im Einzelnen nach. Eine Verletzung von Art. 6 kommt danach nur dann in Betracht, wenn der Antrag erstens hinreichend begründet und entscheidungsrelevant war, die nationalen Gerichte zweitens die Relevanz nicht geprüft und/oder die Ladung nicht mit hinreichender Begründung abgelehnt haben und die Entscheidung drittens die Gesamtfairness unterminierte (EGMR (GK) 18.12.2018 – 36658/05 Rn. 158ff. – Murtazaliyeva).

Die Auslegung des **„hinreichenden Grundes"** konzentriert sich nicht allein 255 auf die Erforderlichkeit zur Wahrheitsfindung (EGMR (GK) 6.5.2003 – 48898/99 Rn. 26 – Perna) oder den etwaigen Einfluss auf den Verfahrensausgang (EGMR 31.10.2013 – 17416/03 Rn. 105 – Tarasov), sondern soll schutzzweckbezogen auf die Stärkung der Verteidigungsposition (EGMR 10.10.2013 – 51355/10 Rn. 42 – Topić: … und Erhöhung der Aussicht auf Freispruch) abstellen. Diese muss bei konkreter Würdigung unter den Umständen des konkreten Einzelfalls vernünftigerweise *(reasonable)* zu erwarten sein. Die Bewertung von Beweisanträgen bleibt Sache der nationalen Gerichte, doch müssten diese sich in Umfang und Detail anhand der Umstände des Einzelfalls ernsthaft und aus der Entscheidung ablesbar mit dem Antrag auseinandergesetzt haben. Ist diesen Anforderungen nicht genügt worden, sind die Auswirkungen auf die Gesamtfairness wiederum einzelfallbezogen zu prüfen. Eher akademisch ist die Annahme des EGMR, dass die Gesamtfairness auch dann verletzt sein kann, wenn die gerichtliche Entscheidung nicht zu beanstanden war (EGMR (GK) 18.12.2018 – 36658/05 Rn. 168 – Murtazaliyeva).

Die **Darlegungslast** für die Erforderlichkeit trifft den Beschuldigten (EGMR 25.7.2017 – 2156/10 Rn. 105, 107 – M.: nicht dargelegt, wie Zeugenladung zur Zerstreuung der Anklagehypothese und Aufzeigen möglicher anderer Tathergänge beitragen soll). Die bloße Hoffnung auf entlastende Erkenntnisse verleiht kein Recht auf Ladung (EGMR 25.7.2017 – 2156/10 Rn. 112 – M.). Das Begründungserfordernis soll aber gerade bei sichtbarer Relevanz nicht übertrieben werden (EGMR 12.4.2007 – 11423/03 Rn. 33 – Pello).

Ist eine Aussage erforderlich, muss sich das Gericht, um den Zeugenbeweis für den Angeklagten effektiv zu machen, auch um Ladung bzw. Erscheinen schwer auffindbarer resp. ausbleibender Zeugen bemühen (EGMR 13.4.2006 – 17902/02 Rn. 26 – Zentar; EGMR 8.12.2009 – 44023/02 Rn. 108 – Caka; *Thörnich* ZIS 2017, 39 (51); *Grabenwarter/Pabel* EMRK § 24 Rn. 121). Die Verfahrensfairness

EMRK Art. 6   Rechte und Freiheiten der Konvention

ist aber nicht zu Lasten des Staates beeinträchtigt, wenn ein Zeuge trotz Bemühens nicht erscheint.

256   Konventionswidrig ist eine Nichtladung, wenn die Aussage des Zeugen materiell **zur Wahrheitsermittlung erforderlich** war und ihre **Erheblichkeit** im konkreten Fall für das Gericht erkennbar war oder sein musste (EGMR 12.2.2004 – 43284/98 Rn. 63 ff. – Morel; EGMR (GK) 6.5.2003 – 48898/99 Rn. 26 – Perna; EGMR 13.7.2006 – 26853/04 Rn. 179 – Popov; zur **Kasuistik** *Meyer* in SK-StPO EMRK Art. 6 Rn. 520, 522; *Esser* in Löwe/Rosenberg EMRK Art. 6 Rn. 806). Insbes. die mangelnde Verfügbarkeit des Hauptbelastungszeugen kann zur Ladung benannter Entlastungszeugen drängen (BGH 23.10.2013 – 5 StR 401/13, NStZ 2014, 51); für unzulässig wurde auch eine Ungleichbehandlung durch Ablehnung jeglicher Entlastungszeugen zur Widerlegung der demgegenüber gehörten Belastungszeugen befunden (EGMR 21.12.2006 – 56891/00 Rn. 47 – Borisova); ebenso erforderlich sind Zeugen zum Beweis eines Alibis für den Tatzeitpunkt (EGMR 29.1.2009 – 77018/01 Rn. 34 – Polyakov), sowie Zeugen, die zur Tatzeit in der unmittelbaren Umgebung des Tatortes waren (EGMR 12.4.2007 – 11423/03 Rn. 33 – Pello). Unzulässig sind der gänzliche Verzicht auf Verteidigungszeugen bei widersprüchlicher Beweislage (EGMR 13.7.2006 – 26853/04 Rn. 188 – Popov: Verwandtschaft mit Zeugen kein Ablehnungsgrund), Ablehnung der Anhörung eines Augenzeugen unter Verweis auf Vernehmungsprotokoll aus Vorverfahren (EGMR 24.4.2014 – 10718/05 Rn. 55 f. – Duško Ivanovski; ähnlich EGMR 3.10.2013 – 56539/08 Rn. 41 ff. – Iljazi: Zeugen der konkreten Tathandlungen abgelehnt, weil Gerichte Tat auch ohne Zeugen aus eigener Wahrnehmung als erwiesen ansah). Zulässig ist es dagegen, wenn das Gericht einer entscheidungserheblichen Beweisfrage mit anderen tauglichen Mitteln nachgeht (EGMR 31.10.2013 – 17416/03 Rn. 105 – Tarasov).

Schließlich kann auch die Bestellung eines eigenen **Sachverständigen** notwendig sein, um mit einem neuen Sachverständigengutachten der Strafverfolgung (und deren Sachverständigen) unter gleichen Bedingungen entgegentreten zu können (EGMR 27.3.2014 – 58428/10 Rn. 185 ff., 194 f. – Matytsina).

257   **5. Unentgeltliche Beiziehung eines Dolmetschers (lit. e).** Art. 6 Abs. 3 lit. e EMRK sieht (für die gesamte Verfahrensdauer) die unentgeltliche Beiziehung eines Dolmetschers vor, damit Beschuldigte, die die Verhandlungssprache nicht verstehen oder sprechen, dem Verfahren folgen und sich wirksam verteidigen können (s. a. § 187 Abs. 1 GVG. Lit. e muss daher im Zusammenhang mit den anderen Verfahrensrechten gesehen werden, da erst das sprachliche Verständnis die Ausgangsbasis dafür schafft, am Verfahren autonom teilzuhaben und effektiv Rechte auszuüben. Der Dolmetscher ist nach dem Fairnesskonzept des Abs. 3 kein Justizhelfer, dessen Mitwirkung es dem Gericht ermöglicht, ein objektiv rechtsstaatliches Verfahren durchzuführen, sondern ein Mittel zur Realisierung effektiver Verteidigung. Das Gericht trifft konsequent eine **positive Schutzpflicht**, die Hilfsbedürftigkeit des Beschuldigten (auch ohne dessen Antrag auf Unterstützung) zu eruieren und nach Beiziehung die Wirksamkeit der Arbeit des Dolmetschers zu gewährleisten (EGMR 28.8.2018 – 59868/08 Rn. 79, 81 – Vizgirda; diese Pflicht darf nicht nach Art einer Widerspruchslösung oder Rügeobliegenheit auf den Beschuldigten oder seinen Anwalt verlagert werden, Rn. 84). Das Gericht muss die Arbeit eines Dolmetschers mithin beobachten (EMGR 19.12.1989 – 9783/82 Rn. 74 – Kamasinski). Für das Gericht ist es ratsam, Interaktionen zwischen Dolmetscher und

Beschuldigtem sowie Schutzvorkehrungen im Protokoll zu dokumentieren (vgl. auch EGMR 24.1.2019 – 76577/13 Rn. 185f. – Knox).

Eine Bestellung muss erfolgen, wenn hinreichende Anhaltspunkte dafür erkennbar sind, dass der Beschuldigte die Verfahrenssprache nicht mit der **verteidigungsnotwendigen Kompetenz** beherrscht. Indikatoren sind Ausländereigenschaft und Nichtvorliegen eines gewöhnlichen Aufenthalts im Verfahrensstaat. Der benötigte Kompetenzgrad hängt ua von der Art des Delikts, der Komplexität des Verfahrens oder Art und Gegenstand der Kommunikation mit den Behörden ab (EGMR (GK) 18.10.2006 – 18114/02 Rn. 69 – Hermi). Er ist nicht an einem fiktiven „Norm-Ausländer" auszurichten, sondern am konkreten Empfänger. Ein bloßes Grundverständnis der Verfahrenssprache genügt nicht (EGMR 28.8.2018 – 59868/08 Rn. 82 – Vizgirda). Entscheidend ist, ob Kenntnisse für eine effektive Interessenwahrnehmung ausreichend sind. Hat der Beschuldigte die erforderliche Kompetenz, besteht kein Anspruch auf Verdolmetschung in eine noch vertrautere Sprache. Bei fehlender Kompetenz erfolgt die Verdolmetschung in der Regel in die Muttersprache. Dies ist aber nicht zwingend, was gerade bei seltenen Sprachen praktisch relevant werden kann. Es genügt Verdolmetschung in eine für ein faires Verfahren hinreichend **verständliche Sprache** (EGMR 27.5.2010 – 21790/03 Rn. 51f. – Sandel), wobei die Feststellung der notwendigen Kompetenz analog den obigen Standards folgt. **258**

Der EGMR schreibt kein bestimmtes Verfahren zur Feststellung vor, sondern stellt dessen Auswahl ins Ermessen des Staates (ebenso Erwägungsgrund 21 RL 2010/64/EU). Diese Flexibilität dient der Praxis, welche vor der Herausforderung steht, die subjektive Sprachfähigkeit in objektivierter Form nachprüfbar zu machen. Hierfür soll im Einzelfall schon eine Reihe offener Fragen seitens der verfahrensführenden Behörde genügen können.

Die Arbeit des Dolmetschers muss darüber hinaus weiteren **rechtsstaatlichen Anforderungen** genügen. Zwar gelten die Erfordernisse der Unabhängigkeit und Unparteilichkeit nicht wie bei Gerichten. Jedoch darf sein Verhalten nicht die Verfahrensfairness beeinträchtigen; insbes. durch Einwirkung auf das Prozessverhalten des Beschuldigten (EGMR 24.1.2019 – 76577/13 Rn. 182ff. – Knox).

Der Anspruch gilt **für alle strafrechtlichen Verfahren iSd Art. 6 EMRK,** zB das Ordnungswidrigkeitenverfahren. Der EGMR hat die prozessuale Bedeutung des Dolmetschers für die Fairness des Verfahrens zuletzt derjenigen eines Verteidigers **bei der ersten Befragung** im Polizeigewahrsam angenähert (EGMR 5.1.2010 – 13205/07 – Diallo). Dessen Beiziehung ist essenziell, damit der Beschuldigte Verfahrensgegenstand (Abs. 3 lit. a) und Inhalte der Befragung verstehen kann. **259**

Das Recht ist **absolut** und bezieht sich auf die **Übersetzung aller fremden und eigenen Verfahrenshandlungen und -erklärungen** sowohl in der Hauptverhandlung als auch im Ermittlungsverfahren (EGMR 5.4.2011 – 35292/05 Rn. 30f. – Şaman) einschließlich **vorbereitender Gespräche** (BGHSt 46, 178 (185)) sowie aller wesentlichen **prozessrelevanten Dokumente** (EGMR (GK) 18.10.2006 – 18114/02 Rn. 69 – Hermi, EGMR 17.5.2001 – 31540/96 – Güngör; *Meyer* in SK-StPO EMRK Art. 6 Rn. 537). Mit Blick auf den Schutzzweck von lit. e ist parallel zum Verfahrensfortgang stets zu prüfen, welche Unterlagen zeitnah übersetzt werden müssen, um eine effektive Rechtsausübung zu ermöglichen.

Wesentlich sind überlappend mit lit. a die Anklageschrift, Durchsuchungsbefehle, Vernehmungsprotokolle, alle verfahrenseinleitenden und -beendenden

Prozessakte, Rechtsmittelbelehrungen, Anträge der Gegenseite, Strafbefehle (vgl. EuGH 12.10.2017 – C-278/16, ECLI:EU:C:2017:757 – Sleutjes), Gerichtsurteile und eigene Rechtsmittelerklärungen (EuGH 15.10.2015 – C-216/14, NJW 2016, 303 – Covaci). Nachträglich zu übersetzen sind Gerichtsentscheidungen, soweit sie in Abwesenheit ergangen sind bzw. nicht sogleich bei Verkündung übersetzt wurden. Wird infolge Nichtübersetzung eine Rechtsmittelfrist versäumt, ist gem. § 44 S. 1 StPO Wiedereinsetzung in den vorigen Stand zu gewähren.

260   Nach dem Wortlaut *("Dolmetscher")* von lit. e hat der Beschuldigte keinen ausdrücklichen Anspruch auf **schriftliche Übersetzung** des gesamten Akteninhalts (EGMR 19.12.1989 – 9783/82 Rn. 74, ÖJZ 1990, 412 – Kamasinski; EGMR 28.8.2018 – 59868/08 Rn. 78 – Vizgirda; *Kieschke* S. 72 ff.; krit. *Staffler* ZStrR 2020, 21 (42 ff.)) und sonstiger wesentlicher Verfahrensdokumente. Eine mündliche Erläuterung oder Zusammenfassung von Dokumenten, selbst der Anklage, ist (durch einen Dolmetscher) für den Gerichtshof zulässig, wenn dies die Fairness des Verfahrens nicht durch Verständnismängel beeinträchtigt (EGMR (GK) 18.10.2006 – 18114/02 Rn. 70 – Hermi, EMGR 19.12.1989 – 9783/82 Rn. 74 – Kamasinski; für deutsche Strafverfahren s. § 187 Abs. 2 S. 4 GVG; zur Aussage der Hauptbelastungszeugin LG Osnabrück 7.9.2012 – 1 Qs 57/12). Um eine hinreichende Kenntnisnahme vom Inhalt zu gewährleisten, muss in der Regel ein Verteidiger vorhanden sein; vgl. § 187 Abs. 2 S. 5 GVG. In diesem Fall könne unterstellt werden, dass dem verteidigten Beschuldigten alle notwendigen Informationen durch seinen Verteidiger (ggf. unter Zuhilfenahme einer Simultandolmetschung) vermittelt werden (OLG Hamburg 6.12.2013 – 2 Ws 253/13, StV 2014, 534. Dies soll analog auch für erstinstanzliche Urteile gelten (§ 187 Abs. 2 GVG; BGH 13.9.2018 – 1 StR 320/17; BGH 18.2.2020 – 3 StR 430/19; OLG Oldenburg 16.11.2011 – 1 Ws 601/11; *Esser* in Löwe/Rosenberg EMRK Art. 6 Rn. 860). Für den BGH reicht es aus, wenn der Angeklagte die Möglichkeit hat, das Urteil unter Hinzuziehung eines Dolmetschers mündlich erläutert zu bekommen und etwa zur Vorbereitung der Begründung eines Rechtsmittels zu besprechen; es sei denn, es wird ein besonderer Sachgrund für eine Übersetzung nachgewiesen.

Das Wortlautargument überzeugt mit Blick auf den **Schutzweck** nur bedingt. Die Gewährung einer schriftlichen Übersetzung fällt in den Schutzbereich von lit. e (EGMR (GK) 18.10.2006 – 18114/02 Rn. 69 – Hermi: *traduit ou interprété*). Der Gerichtshof schreckt aber davor zurück, die Mindestgarantie effektiv fortzuentwickeln und den nationalen Justizsystem erhebliche **Kosten** und längere Verfahrensdauern zuzumuten. Es bleibt abzuwarten, ob sich die Situation mit fortschreitender Verbesserung von (kostengünstigen) Übersetzungsalgorithmen entspannt. Für den Moment ist maßgeblich (wie bei lit. a), ob die übersetzten Unterlagen benötigt werden, um dem Angeklagten ein faires Verfahren zu eröffnen (EGMR 28.11.1978 – 6210/73 Rn. 48, NJW 1979, 1091 – Luedicke ua; *Trechsel* S. 338). Das Übersetzungserfordernis korrespondiert insoweit mit dem Umfang des Anspruchs auf rechtliches Gehör und Waffengleichheit. Auch **RL 2010/64/EU** sieht zur Stärkung der Verfahrensrechte eine Übersetzung der wesentlichen Verfahrensunterlagen wie Anklage, Urteil oder Haftbeschlüsse vor (Art. 3 Abs. 2). Lediglich als Ausnahme darf eine Verdolmetschung erfolgen, wenn die Erfordernisse eines fairen Verfahrens dies zulassen.

261   Insgesamt wäre zu wünschen, dass EGMR und nationale Gerichte mehr Sensibilität für die eigentliche Kernfrage zeigten, auf welche Weise dem sprachunkundigen Beschuldigten die notwendigen Informationen zu vermitteln sind, um ihm eine effektive Verteidigung und **Prozesssubjektqualität** zu garantieren; insb.

wenn es in komplexen Verfahren um das Durchdenken von Handlungsoptionen geht. In der Sache werden die Schwierigkeit des Dolmetschens und die dabei drohenden Verständnisverluste unterschätzt. Es handelt sich um ein für die nationale Ebene klassisches Beispiel der Anknüpfung an äußere Rechtsstaatlichkeits- und Prozesssubjektssymbole anstelle individuell-subjektiver Befähigung des Betroffenen. Aber auch die rechtsstaatliche Überzeugungskraft von Entscheidungsfindung und -begründung kann mit der Übersetzungsform korrelieren. Der Dolmetscher bleibt zu einem gewissen Grad eine *black box,* während die schriftliche Übersetzung Fehlerkorrekturen im Vergleich mit der jeweiligen Äußerung oder Unterlage zulässt (überzeugend *Staffler* ZStrR 2020, 21 (28f.)). Bei Aussagen des Beschuldigten eröffnet sie ggf. eine bessere Glaubhaftigkeitsprüfung.

Der Anspruch auf unentgeltliche Zuziehung eines Dolmetschers gilt ferner für **Kontakte mit dem eigenen Verteidiger** (*Meyer* in SK-StPO EMRK Art. 6 Rn. 538; *Schmitt* in Meyer-Goßner/Schmitt MRK Art. 6 Rn. 25; BGHSt 46, 178 (183)). Eine positive Entscheidung des EGMR zur Kommunikation zwischen Anwalt und Beschuldigtem fehlt zwar (in EGMR 14.1.2003 – 26891/95 Rn. 62 – Lagerblom wird, dem Schutzweck effektiver Verteidigung wenig dienlich, zwischen Kommunikation mit Gericht und Verteidiger differenziert; für Letztere soll „street Swedish" ausreichen), da lit. e primär auf das Verhältnis zwischen Gericht und Beschuldigtem abzielt, ist aber ableitbar aus dem Recht auf effektive Verteidigung (vgl. EGMR 14.10.2008 – 40631/02 Rn. 51, NJOZ 2009, 4992 – Timergaliyev; zust. *Meyer-Ladewig/Harrendorf/König* in HK-EMRK Art. 6 Rn. 249; *Peukert* in Frowein/Peukert EMRK Art. 6 Rn. 317: ohne vorbereitendes Verteidigergespräch ist keine effektive Verteidigung möglich). 262

Umgekehrt lässt sich aus Art. 6 Abs. 3 lit. e EMRK für einen der Gerichtssprache Unkundigen kein Anspruch auf Pflichtverteidigerbestellung herleiten (OLG Nürnberg 3.3.2014 – 2 Ws 63/14, NStZ-RR 2014, 183; BGHSt 46, 178; s. aber OLG Karlsruhe 27.6.2005 – 1 Ss 184/04, StV 2005, 655: Pflichtverteidigerbestellung geboten, wenn Recht auf rechtzeitige Bekanntgabe der Anklageschrift in verständlicher Sprache verletzt worden ist, um sachgerechte Verteidigung zu ermöglichen).

Die **Kosten** können auch von einem Verurteilten nicht zurückgefordert werden (EGMR 28.11.1978 – 6210/73 Rn. 42ff., NJW 1979, 1091 – Luedicke ua; BGHSt 46, 178 (183ff.). Dies gilt auch für Gespräche mit dem (Wahl- oder Pflicht-)Verteidiger, Ermittlungsunterlagen (einschr. BVerfG 7.10.2003 – 2 BvR 2118/01, NJW 2004, 1095) sowie Übersetzungskosten, die bei Kontrollmaßnahmen in der Untersuchungshaft entstehen (*Schmitt* in Meyer-Goßner/Schmitt MRK Art. 6 Rn. 24); anders verhält es sich dagegen für die Übersetzung von TKÜ-Protokollen oder anderen Überwachungsinstrumenten, weil diese nicht der Verteidigung, sondern zur Strafverfolgung dienen (OLG Düsseldorf 12.12.2012 – 1 Ws 286/12, unter Verweis auf EGMR 18.11.2004 – 74235/01 – Akbingöl: Übersetzung betraf aufgezeichnete Gespräche des Angeklagten selbst). 263

Das Recht auf Unterstützung durch einen Dolmetscher ist verzichtbar (*Staffler* ZStrR 2020, 21 (44f.)). Ein wirksamer **Verzicht** setzt die vorherige rechtliche Belehrung oder sichere anderweitige Kenntniserlangung von dessen Folgen und eine unzweideutige und freiwillige Erklärung voraus (EGMR 23.11.1993 – 14032/88 Rn. 31, ÖJZ 1994, 467 – Poitrimol; EGMR (GK) 17.9.2009 – 10249/03 Rn. 135, NJOZ 2010, 2726 – Scoppola; EGMR (GK) 18.10.2006 – 18114/02 Rn. 73 – Hermi). Allerdings sollte aus öffentlichem Interesse ein Dolmetscher anwesend sein, da ein rechtsstaatliches Prozessieren gegen einen sprachunkundigen Beschuldigten schlechterdings nicht vorstellbar ist. 264

F. Folgen eines Verstoßes gegen Verfahrensrechte in Art. 6 EMRK

265 Die EMRK statuiert **kein autonomes Fehlerfolgenrecht**. Auch der EGMR übt Zurückhaltung und prüft primär, ob die auf nationaler Ebene gewählte Kompensation zur Wiederherstellung der Gesamtfairness geführt hat. Der EGMR billigt Unterschiede zwischen den Verfahrensordnungen und lässt unterschiedliche Wege zur konkreten Ausgestaltung des Verfahrens-, insbes. des Beweisrechts zu (Überblick bei *Meyer* in SK-StPO EMRK Art. 6 Rn. 566 ff.). Der Umgang mit Verfahrensfehlern ist damit vorrangig eine Frage des nationalen Rechts (EGMR 12.7.1988 – 10862/84 Rn. 46, NJW 1989, 654 – Schenk; EGMR 1.3.2007 – 5935/02 Rn. 84 – Heglas). Ein unmittelbares Diktat von Rechtsfolgen ist lediglich bei gravierenden Verletzungen möglich (und zwingend), in denen ein Ausgleich überhaupt nicht mehr in Betracht kommt (*Gless* Rn. 85) und anderweitige nationale Lösungen damit ausscheiden. Kehrseite dieser Zurückhaltung ist das Fehlen präziser Standards für Beweisgewinnung und -verwertung mit abstrakt-genereller Aussagekraft. Die Rechtsprechung des EGMR ist partikularistisch und von den Besonderheiten des verletzten Rechts gekennzeichnet (*Meyer* in SK-StPO EMRK Art. 6 Rn. 570 ff.).

266 Die Gesamtbetrachtung berücksichtigt **alle Umstände des Verfahrens** einschließlich des Ermittlungsverfahrens und der Rechtsmittelinstanzen (EGMR 24.11.1993 – 13972/88 Rn. 38, ÖJZ 1994, 517 – Imbrioscia; *Ambos* ZStW 115 (2003), 583 (611 ff.); *Schroeder* GA 2003, 293 (294 ff.); *Weisser* in The Oxford Handbook of Criminal Process S. 89 (93 ff. mwN)). Im Rechtshilfeverfahren ist die Einbeziehbarkeit von Verfahrensverstößen anderer Staaten umstritten (für die Einbeziehung zutr. *Ambos* IntStrafR § 10 Rn. 35; aber → Rn. 174, 253; zum Umfang der originären Verantwortung der Vertragsstaaten EGMR 27.10.2011 – 25303/08, NJW 2012, 3709 – Stojkovic). Dabei werden ua die Art der Erlangung und Verwertung eines Beweismittels, (soweit möglich) **innerstaatliche Heilungsversuche** im Verfahren (EGMR (GK) 12.5.2005 – 46221/99 Rn. 140 ff., EuGRZ 2005, 463 – Öcalan) oder spätere Wiedergutmachung in der Zusammenschau gewürdigt (vgl. *Warnking* S. 49 f.). Das Strafverfolgungsinteresse des Staates kann hier regelmäßig nicht mehr herangezogen werden, da es meist schon zur Begründung des Eingriffs in Verteidigungsrechte dient und sonst doppelt sowohl gegen die Abwehrfunktion als auch die Haftungsfunktion des Menschenrechts verwertet würde (*Sauer* JZ 2011, 23 (25)).

267 Die Prüfung konzentriert sich danach insbes. auf nationale Verfahrensinstrumente und -mechanismen zur Beseitigung und Kompensation von Verstößen gegen Art. 6 EMRK. Der EGMR belässt den Konventionsstaaten **breiten Spielraum bei der Gestaltung der Heilung oder Bewältigung von Verstößen** gegen den Fairnessgrundsatz. Sie bemisst sich grundsätzlich nach nationalem Verfahrens-, insbes. Beweisrecht, solange das Verfahren insgesamt fair ist (EGMR 23.4.1997 – 21363/93, 21364/93, 21427/93, 22056/93 Rn. 50, StV 1997, 617 – van Mechelen ua; EGMR 17.7.2001 – 29900/96 ua – Sadak ua) und der Konventionsverstoß zumindest ausdrücklich festgestellt wird. Die im nationalen Recht entwickelten Beweiswürdigungs-, Vollstreckungs-, Strafzumessungs- oder Gesamtbetrachtungslösungen sind insofern als Instrument abstrakt betrachtet konventionskonform und fließen als einzelne **Wertungselemente** in eine **Gesamtbetrach-**

tung ein. Als Erscheinungsform nationaler Heilungs- und Kompensationsmechanismen sind auch die revisionsgerichtlichen Entscheidungen des BGH einzubeziehen.

Die **Gesamtbetrachtungslehre des BGH** kann nur mit erheblichen Einschränkungen als akzeptable Form der Fehlerfolgenbeseitigung angesehen werden. Der BGH hat die Gesamtbetrachtungslehre des EGMR als Revisionsgericht adaptiert (BGHSt 46, 93 (100ff.); BGH 24.11.2009 – 5 StR 448/09, NStZ-RR 2010, 83 (84)). An diesem Vorgehen wird kritisiert, dass es Aufgabe des BGH sei, die korrekte Anwendung der nationalen Verfahrensvorschriften – gerade auch zur strafprozessualen Verwirklichung des menschenrechtlichen Folgenbeseitigungsanspruchs – zu verbürgen (*Safferling* NStZ 2004, 181 (186)) und nicht gleich einem supranationalen Menschenrechtsgericht auf eine Gesamtbewertung zu verfallen, um Gebote des Art. 6 EMRK außer Acht lassen zu können bzw. Verstöße gegen das konkret geltende Recht nicht effektiv ahnden zu müssen. Die Funktionsweise der Gesamtbetrachtung des EGMR macht zudem deutlich, dass die Gesamtbetrachtungslösung des BGH aus EMRK-Sicht nicht mehr sein kann als ein justizieller Ansatz zur Feststellung von Konventionsverstößen. Sie ist indessen sogar geboten, wenn zwar direkt keine spezifische Rechtsverletzung feststellbar ist, aber die Verletzung des Gesamtrechts durch ein Kumulat von Verfahrensumständen im Raum steht (vgl. BGH 29.4.2009 – 1 StR 701/08, BGHSt 53, 294). Im Übrigen kommt ihr keine kompensierende oder fairnessstiftende Bedeutung zu. Ihre Aussagekraft bezüglich der Gesamtfairness geht nicht über die Einschätzung eines nationalen Gerichts im Kernzuständigkeitsbereich des EGMR hinaus, die für den Gerichtshof weder bindend noch sonst maßgeblich ist. 268

Unmittelbar wirkende spezifische Rechtsfolgen, die auf nationaler Ebene zwingend zu verwirklichen sind, entnimmt der EGMR Art. 6 EMRK nur sehr selten, wenn die Art der Verletzung de facto keine andere Wahl lässt (EGMR (GK) 8.4.2004 – 71503/01 Rn. 202f. – Assanidze; EGMR (GK) 21.10.2013 – 42750/09 Rn. 138f. – Del Río Prada; *Meyer* in SK-StPO EMRK Art. 6 Rn. 572). So machen sich einige wenige äußerst gravierende Verletzungen wie schwere Formen der Tatprovokation (EGMR 15.10.2020 – 40495/15 ua – Akbay; EGMR 23.10.2014 – 54648/09 – Furcht; EGMR 9.6.1998 – 25829/94 Rn. 35f., 39, NStZ 1999, 47 – Teixeira de Castro; EGMR (GK) 5.2.2008 – 74420/01 Rn. 54, 60, NJW 2009, 3565 – Ramanauskas; *Meyer/Wohlers* JZ 2015, 761 → Rn. 163, 170) oder extreme Fälle von Verfahrensverzögerung das Verfahren als solches insgesamt unheilbar unfair und begründen ein **Verfahrenshindernis.** Völkerrechtswidrige Entführungen wie in den Fällen Öcalan und Krombach begründen aus Sicht des EGMR dagegen wohl kein Verfahrenshindernis (*Peukert* in Frowein/Peukert EMRK Art. 6 Rn. 126). Es gilt weiterhin *male captus bene detentus.* Selbst die Folterung des Beschuldigten begründet kein Verfahrenshindernis (EGMR 28.6.2007 – 36549/03 Rn. 63ff. – Harutyunyan; EGMR (GK) 1.6.2010 – 22978/05 Rn. 128, NJW 2010, 3145 – Gäfgen, → Rn. 176). 269

Verwertungsverbote, die ins nationalstaatliche Verfahrensrecht durchgreifen, statuiert der Gerichtshof nur äußerst selten (*Meyer* in SK-StPO EMRK Art. 3 Rn. 131, Art. 6 Rn. 570ff.; *Esser* S. 122f., 182ff., 626f., 628f.; *Gaede* JR 2009, 493 (495ff.); *Lubig/Sprenger* ZIS 2008, 433ff.). Er entnimmt dem Fairnessgrundsatz kein allgemeines Verbot, konventionswidrig erlangte Beweise gegen den Beschuldigten zu verwerten. Lediglich bei **Verstößen gegen Fundamentalgarantien** wie Folterverbot (EGMR (GK) 1.6.2010 – 22978/05 Rn. 166f., 173 – Gäfgen; zur Differenzierung bei unmenschlicher Behandlung → Rn. 145), Selbstbelastungs- 270 freiheit (EGMR 5.11.2002 – 48539/99 Rn. 52 – Allan) oder Verweigerung des Zugangs zu Verteidiger (EGMR (GK) 27.11.2008 – 36391/02 – Salduz; EGMR 11.12.2008, 4268/04 – Panovits) ist ein Verwertungsverbot indiziert (*Grabenwarter/Pabel* EMRK § 24 Rn. 63; → Rn. 144). Eine Verwendung von derart erhobenen Aussagen verletzt Art. 6 EMRK. Auch die unzulässige Tatprovokation macht die direkt aus ihr erlangten Beweismittel unverwertbar (→ Rn. 170) oder verlangt alternativ einen mindestens ebenso wirksamen Mechanismus (EGMR 23.10.2014 – 54648/09 Rn. 64, NJW 2015, 3631 – Furcht).

Dies gilt bei Folter sowohl für Verstöße im Vertragsstaat selbst als auch für im Rechtshilfeweg erlangte Informationen. Aufgrund der Schwierigkeiten des Nachweises von Folter im ersuchten Staat hat der EGMR die Beweislast deutlich reduziert. Die Verwendung ist schon dann ausgeschlossen, wenn dem Beschuldigten der Nachweis einer ernsthaften Möglichkeit *(real risk)* iSd Othman-Kriterien (→ Rn. 175) gelingt, dass die konkreten Informationen durch Folter erlangt wurden, soweit der Herkunftstaat für Folter bekannt ist und über kein rechtsstaatliches Justizsystem verfügt, das eine faire und unabhängige Prüfung von Foltervorwürfen verbürgt (EGMR 25.9.2012 – 649/08 Rn. 88 – El Haski; *Heine* NStZ 2013, 680; *Schüller* ZIS 2013, 245). Es bedarf danach keines positiven Nachweises der Folter mehr. Die Begründung höherer Beweislasten für den Beschuldigten, zB *beyond a reasonable doubt* oder zweifelsfreie Überzeugung des Gerichts, wäre unzulässig. Die anders lautende BGH-Rspr. zum Nachweis von Beweisverwertungsverboten (BGH 16.11.2006 – 3 StR 139/06 Rn. 31, BGHSt 51, 144; BGH 15.5.2008 – StB 4/08 u. StB 5/08, NStZ 2008, 643) ist für diese Konstellationen nicht mehr mit der EMRK vereinbar (so auch *Heine* NStZ 2013, 680 (683)). Wollen staatliche Instanzen Beweise trotz eines *real risk* ins Verfahren einführen, müssen sie sich eigenhändig davon überzeugen (zu den Anforderungen → Rn. 176 ff.), dass diese aus unbemakelten Quellen stammen.

Eine ausnahmslose **Fernwirkung** haben derartige Fundamentalverstöße nicht. Sie wird noch höchst selten ausdrücklich ausgesprochen (EGMR (GK) 1.6.2010 – 22978/05 Rn. 166 f., 173 – Gäfgen: Folter). Sie kann zudem implizit aus der Reichweite des Verwertungsverbots folgen (EGMR 23.10.2014 – 54648/09, NJW 2015, 3631 – Furcht; EGMR (GK) 5.2.2008 – 74420/01 – Ramanauskas: Tatprovokation). Ansonsten behandelt der EGMR die Fernwirkung als Aspekt der Gesamtbewertung.

271 Verstöße gegen andere gewichtige Konventionsrechte erzwingen kein automatisches Verwertungsverbot (zB Art. 8 EMRK durch illegale Überwachungsmaßnahmen oder illegale Datenbeschaffung; EGMR 12.5.2000 – 35394/97 Rn. 25 ff., JZ 2000, 993 – Khan; EGMR 6.10.2016 – 33696/11 Rn. 53, 62 – K.S. u. M.S.; EGMR 3.3.2016 – 7215/10 – Prade: Verwertbarkeit von Zufallsfunden bei rechtswidriger Durchsuchung), sowie Art. 3 EMRK bei unmenschlicher Behandlung (EGMR (GK) 1.6.2010 – 22978/05 – Gäfgen). Der Gebrauch eines rechtswidrig unter Verletzung anderer Konventionsrechte erlangten Beweismittels macht ein Verfahren ebenfalls nicht automatisch unfair (EGMR (GK) 21.1.2009 – 4378/02 Rn. 88 ff., NJW 2010, 213 – Bykov). Vielmehr prüft der EGMR anhand einer Gesamtbewertung, ob die Verwertung unfair war. Der EGMR stellt den Verstößen in ihrer konkreten Eingriffstiefe in der **Gesamtbewertung** eine Vielzahl von Faktoren gegenüber, wie etwa Beachtung der übrigen Verteidigungsrechte, Prüfung der rechtswidrigen Erlangung auf nationaler Ebene, Beweiskraft und Verlässlichkeit des Beweismittels, Möglichkeit, Authentizität und Verlässlichkeit der Beweismittel anzugreifen, öffentliches Interesse an der Aufklärung eines Verdachts und der Bestrafung bewiesener Taten oder Gutgläubigkeit der Verfolgungsbehörden (EGMR 3.3.2016 – 7215/10 – Prade; EGMR 12.5.2000 – 35394/97 Rn. 34ff., JZ 2000, 993 – Khan; EGMR (GK) 21.1.2009 – 4378/02 Rn. 89ff., NJW 2010, 213 – Bykov; EGMR 1.3.2007 – 5935/02 Rn. 89ff. – Heglas; krit. *Byczyk* HRRS 2016, 481 (509, 511)). Dabei scheint es, dass der EGMR Verstöße gegen Art. 8 EMRK für weniger gravierend hält als physische Eingriffe. Bei **willkürlichem staatlichem Handeln** hält der Gerichtshof eine Verwertung indessen regelmäßig für unzulässig.

Die Verwertung eines unter Verstoß gegen Art. 6 EMRK (oder Art. 8 EMRK) erlangten Beweismittels kann unter diesen Bedingungen einen separaten Verstoß gegen Art. 6 EMRK begründen (EGMR (GK) 27.11.2008 – 36391/02, NJW 2009, 3707 – Salduz; EGMR 11.12.2008 – 4268/04 – Panovits; BGH 21.11.2012 – 1 StR 310/12, BGHSt 58, 32).

In der EGMR-Praxis finden sich einige konkret entschiedene Situationen, in denen eine Unverwertbarkeit gerade bei **besonders gewichtigen Verteidigungsrechten** festgestellt wurde: Umgehung der Selbstbelastungsfreiheit durch Zellenspitzel (EGMR 5.11.2002 – 48539/99 Rn. 52, StV 2003, 257 – Allan), Befragung ohne Verteidiger (EGMR (GK) 27.11.2008 – 36391/02, NJW 2009, 3707 – Salduz; EGMR 11.12.2008 – 4268/04 – Panovits); nicht dagegen bei von Privatperson rechtswidrig hergestellter Tonbandaufnahme eines Privatgesprächs (EGMR 12.7.1988 – 10862/84 Rn. 48, 52f., NJW 1989, 654 – Schenk; *Godenzi* S. 161ff.).

Innerhalb dieses Rahmens belässt der EGMR den Nationalstaaten bei der Wahl 272 der Mittel zur Behebung einer Verletzung weitgehend freie Hand (EGMR (GK) 11.7.2017 – 19867/12 Rn. 50ff. – Moreira Ferreira (Nr. 2)), prüft aber die Tragfähigkeit und Willkürfreiheit des gewählten Mechanismus im Einzelfall nach. In der Praxis folgen hieraus nicht selten Spannungen zwischen **menschenrechtlichem Anspruch auf Folgenbeseitigung** und dessen strafprozessrechtlicher Bewältigung (*Sauer* JZ 2011, 23 (25ff.)). Stellt der EGMR danach eine (nicht genügend ausgeglichene) Verletzung von Konventionsrechten fest, kann gem. § 359 Nr. 6 StPO die **Wiederaufnahme** des rechtskräftig abgeschlossenen Verfahrens beantragt werden, wenn das Urteil auf der Verletzung beruht. Ausdrücklich und unbedingt verlangt der EGMR aber auch die Option einer Wiederaufnahme nicht (EGMR (GK) 11.7.2017 – 19867/12 Rn. 50, 52 – Moreira Ferreira (Nr. 2): *often the most appropriate way*), soweit der Betroffene prozessual in die Position versetzt wird, in der er sich ohne Verletzung befinden würde.

Art. 7 Keine Strafe ohne Gesetz

(1) Niemand darf wegen einer Handlung oder Unterlassung verurteilt werden, die zur Zeit ihrer Begehung nach innerstaatlichem oder internationalem Recht nicht strafbar war. Es darf auch keine schwerere als die zur Zeit der Begehung angedrohte Strafe verhängt werden.

(2) Dieser Artikel schließt nicht aus, dass jemand wegen einer Handlung oder Unterlassung verurteilt oder bestraft wird, die zur Zeit ihrer Begehung nach den von den zivilisierten Völkern anerkannten allgemeinen Rechtsgrundsätzen strafbar war.

EMRK Art. 7

(1) No one shall be held guilty of any criminal offence on account of any act or omission which did not constitute a criminal offence under national or international law at the time when it was committed. Nor shall a heavier penalty be imposed than the one that was applicable at the time the criminal offence was committed.

(2) This article shall not prejudice the trial and punishment of any person for any act or omission which, at the time when it was committed, was criminal according to the general principles of law recognised by civilised nations.

(1) Nul ne peut être condamné pour une action ou une omission qui, au moment où elle a été commise, ne constituait pas une infraction d'après le droit national ou international. De même il n'est infligé aucune peine plus forte que celle qui était applicable au moment où l'infraction a été commise.

(2) Le présent article ne portera pas atteinte au jugement et à la punition d'une personne coupable d'une action ou d'une omission qui, au moment où elle a été commise, était criminelle d'après les principes généraux de droit reconnus par les nations civilisées.

Literatur: *Ambos,* Das Verbrechen des Genozid und das Gesetzlichkeitsprinzip gemäß Art. 7 EMRK, JZ 2017, 265; *Arnold/Karsten/Kreicker,* Menschenrechtsschutz durch Art. 7 Abs. 1 EMRK, NJ 2001, 561; *Grabenwarter,* Wirkungen eines Urteils des Europäischen Gerichtshofs für Menschenrechte – am Beispiel des Falls M. gegen Deutschland, JZ 2010, 857; *ders.,* Die deutsche Sicherungsverwahrung als Treffpunkt grundrechtlicher Parallelwelten, EuGRZ 2012, 507; *Kenntner,* Der deutsche Sonderweg zum Rückwirkungsverbot, NJW 1997, 2298; *Kinzig,* Die Neuordnung des Rechts der Sicherungsverwahrung, NJW 2011, 177; *Kleinlein,* Der EGMR und das Völkerstrafrecht im Rahmen von Art. 7 EMRK, EuGRZ 2010, 544; *Kreicker,* Art. 7 EMRK und die Gewalttaten an der deutsch-deutschen Grenze, 2002; *Kreuzer,* Neuordnung der Sicherungsverwahrung: Fragmentarisch und fragwürdig trotz sinnvoller Ansätze, StV 2011, 122; *Lippott/Turzer,* Verspätet und versteckt, aber konsequent: Die Rücknahme des deutschen Vorbehalts zu Art. 7 Abs. 2 EMRK, FS 30 Jahre FH Bund, 2009, 507; *Mälksoo,* The European Court of Human Rights and the qualification of Soviet crimes in the Baltic States, HRLJ 2019, 19; *Naucke,* Die strafjuristische Privilegierung staatsverstärkter Kriminalität, 1996; *ders.,* Über wirkliche und scheinbare Verstöße gegen das strafrechtliche Rückwirkungsverbot, FS Zoll, 2012, 477; *Paulus,* The jurisprudence of the European Court of Human Rights as a mirror of German history, HRLJ 2019, 11; *Radtke,* Konventionswidrigkeit des Vollzugs erstmaliger Sicherungsverwahrung nach Ablauf der früheren Höchstfrist?, NStZ 2010, 537; *Rau,* Deutsche Vergangenheitsbewältigung vor dem EGMR – Hat der Rechtsstaat gesiegt?, NJW 2001, 3008; *Renzikowski,* Mala per se et delicta mere prohibita – rechtsphilosophische Bemerkungen zum Rückwirkungsverbot (Art. 7 EMRK), FS Krey, 2010, 407; *ders.,* Abstand halten! – Die Neuregelung der Sicherungsverwahrung, NJW 2013, 1638; *Vest,* Völkermord durch Tötung zweier litauischer Partisanen?, ZIS 2016, 487; *Werle,* Rückwirkungsverbot und Staatskriminalität, NJW 2001, 3001.

Übersicht

	Rn.
A. Allgemeines	1
I. Stellung der Vorschrift im Schutzsystem der EMRK	1
II. Vergleichbare Regelungen	2
III. Bedeutung im innerstaatlichen Bereich	3
IV. Ausprägungen des Gesetzlichkeitsprinzips	4
B. Sachlicher Anwendungsbereich	7

Keine Strafe ohne Gesetz **Art. 7 EMRK**

	Rn.
C. Gewährleistungsumfang des Abs. 1	11
I. Gesetzlichkeit staatlichen Strafens	11
II. Bestimmtheits- und Klarheitsgebot für Strafvorschriften	15
III. Rückwirkungsverbot	18
D. Ausnahme des Abs. 2	27

A. Allgemeines

I. Stellung der Vorschrift im Schutzsystem der EMRK

Die in Art. 7 EMRK verankerte Garantie – **nullum crimen, nulla poena sine** 1 **lege** – ist ein wesentlicher Bestandteil des Rechtsstaatsprinzips. Sie nimmt einen herausragenden Platz im Schutzsystem der Konvention ein. Das wird dadurch unterstrichen, dass nach Art. 15 Abs. 2 EMRK vom Gesetzlichkeitsprinzip ebenso wie vom Recht auf Leben sowie vom Folter- und Sklavereiverbot und vom Verbot der Doppelbestrafung auch im Falle eines Krieges oder Notstandes keine Abweichung zulässig ist. Wie Ziel und Zweck der Vorschrift ergeben, ist diese Garantie so auszulegen, dass sie einen wirksamen Schutz vor willkürlicher Strafverfolgung, Verurteilung und Bestrafung gewährleistet (EGMR 22.3.2001 (GK) – 34044/96 Rn. 50, NJW 2001, 3035 – Streletz, Keßler, Krenz; EGMR 17.12.2009 – 19359/04 Rn. 117, NJW 2010, 2495 – M.). Während sich Art. 6 EMRK auf die verfahrensrechtlichen Garantien bezieht und somit den konventionsrechtlichen Maßstab für das Strafprozessrecht bildet, nimmt Art. 7 EMRK das materielle Strafrecht in den Blick. Inhaltliche Schranken für die Strafgesetzgebung ergeben sich aus den übrigen Konventionsrechten.

II. Vergleichbare Regelungen

Vorbild für Art. 7 EMRK war **Art. 11 Abs. 2 AEMR.** Die besondere Bedeu- 2 tung des Grundsatzes *nullum crimen, nulla poena sine lege* ergibt sich auch aus seiner fast wortgleichen Garantie in **Art. 15 IPBPR,** der in Abs. 1 S. 3 – über Art. 7 EMRK hinausgehend – die rückwirkende Anwendung milderer Gesetze anordnet, und **Art. 49 GRCh,** der ebenfalls die rückwirkende Anwendung milderer Strafen vorschreibt (Abs. 1 S. 3) und in Abs. 3 zudem ein Verhältnismäßigkeitsgebot für das Strafmaß enthält. Im Anschluss an diese Vorschrift hat der EGMR seine frühere Rspr. aufgegeben und Art. 7 EMRK die Pflicht entnommen, eine spätere **Strafmilderung** zu **berücksichtigen** (EGMR 17.9.2009 (GK) – 10249/03 Rn. 105ff., 109, NJOZ 2010, 2726 – Scoppola (Nr. 2); EGMR 12.1.2016 – 33427/10 Rn. 28ff. – Gouarré Patte; vgl. auch EuGH 3.5.2005 – C-387/02, EuZW 2005, 369 – Berlusconi ua; vgl. auch Art. 24 Abs. 2 ICC-Statut). Es kommt aber darauf an, ob der Gesetzgeber die Absicht hatte, die Strafvorschriften abzumildern und einem günstigeren Gesetz rückwirkende Geltung zu verleihen. Eine Lücke in der Strafandrohung infolge einer verfassungsgerichtlichen Entscheidung ist kein solcher Fall (EGMR 12.7.2016 – 8927/11 Rn. 37ff. – Ruban).

III. Bedeutung im innerstaatlichen Bereich

Der Gewährleistungsgehalt des Art. 7 Abs. 1 EMRK entspricht im Wesentlichen 3 dem des **Art. 103 Abs. 2 GG.** Zu beachten ist, dass der EGMR den Anwendungsbereich auf die *Lex mitior*-Regel ausgedehnt hat, die in § 2 Abs. 3 StGB nur einfachgesetzlich geregelt ist (→ Rn. 2; *Karpenstein* JuS 1991, 1005 (1009)). Auch die Auslegung der Vorschriften durch den EGMR und das BVerfG sind weitgehend deckungsgleich. Allerdings ergeben sich im Hinblick auf die Maßregel der **Sicherungsverwahrung** (§§ 66 ff. StGB) aus der autonomen Auslegung des Begriffs der Strafe durch den EGMR erhebliche Auswirkungen auf das deutsche Recht (→ Rn. 22 ff. und → Art. 5 Rn. 35 ff., 69 ff.). Auch im Zusammenhang mit der **Reaktion auf staatsverstärkte Kriminalität** hat Art. 7 EMRK in der innerstaatlichen Diskussion eine große Rolle gespielt (→ Rn. 21, 27 ff.).

IV. Ausprägungen des Gesetzlichkeitsprinzips

4   Art. 7 EMRK enthält wie Art. 103 Abs. 2 GG einen allgemein gültigen **Fundamentalsatz des rechtsstaatlichen Strafrechts.** Er richtet sich sowohl an den innerstaatlichen Gesetzgeber bzw. internationalen Rechtsetzer bei der Schaffung von Strafvorschriften als auch an den innerstaatlichen Anwender dieser Regelungen.

5   Für den **Gesetzgeber** ergibt sich aus dem Grundsatz „Keine Strafe ohne Gesetz" zunächst die Verpflichtung, genaue Strafvorschriften zu erlassen, also zur Freiheitssicherung des Einzelnen die Grenzen der Strafbarkeit sowie Art und Höhe der Strafe vor der Tat abstrakt-generell festzulegen und die Folgen der Straftat genau zu beschreiben **(Bestimmtheitsgrundsatz).** Weiter ergibt sich aus diesem Grundsatz das Verbot, Handlungen und Unterlassungen rückwirkend unter Strafe zu stellen und Strafen rückwirkend zu schärfen **(Rückwirkungsverbot).** Dieses Verbot wird allerdings in Abs. 2 aus gutem Grund durch die Bezugnahme auf die von den zivilisierten Völkern anerkannten allgemeinen Rechtsgrundsätze relativiert: Menschenrechtsverbrechen sind stets strafbar. Der sich von jedem legitimen Recht lösende Machthaber kann seine Bestrafung nur vorübergehend suspendieren (so auch Art. 15 Abs. 2 IPBPR).

6   Der **Rechtsanwender** darf eine Straftat nur dann annehmen, wenn sie in einer Rechtsnorm vorgesehen ist, und nur eine solche Rechtsfolge fordern oder verhängen, die in einer Rechtsnorm bestimmt ist. Eine Strafbestimmung darf nicht zu Lasten des Täters entsprechend angewendet werden **(Analogieverbot).** Auch für die Rechtsanwendung gilt ein Rückwirkungsverbot, dh eine Strafnorm darf nicht rückwirkend zu Lasten eines Angeklagten anders ausgelegt werden, als das bisher geschehen ist. Schließlich ergibt sich – jedenfalls für den kontinentaleuropäischen Rechtskreis – aus dem Gesetzlichkeitsprinzip das Verbot, zum Nachteil eines Straftäters oder einer Gruppe von Tätern Gewohnheitsrecht zu bilden **(Verbot von Gewohnheitsrecht).**

B. Sachlicher Anwendungsbereich

7   Art. 7 EMRK bezieht sich auf die **staatliche Strafe.** Der EGMR legt den Begriff „Strafe" autonom aus und prüft die Natur der Maßnahme und ihren Zweck, ihre Charakterisierung durch das innerstaatliche Recht, das vorgesehene Verfahren, den Vollzug und die Schwere der Maßnahmen (sog. *Welch*-Kriterien im Anschluss an EGMR 9.2.1995 – 17440/90 Rn. 27 ff., ÖJZ 1995, 511 – Welch). Die Auslegung und Anwendung des innerstaatlichen Rechts fällt grundsätzlich in die Zuständigkeit der nationalen Gerichte (EGMR 23.10.2018 – 65101/16 Rn. 124 ff. – Arrozpide Sarasola ua; EGMR 22.12.2020 (GK) – 68273/14 Rn. 76, BeckRS

Keine Strafe ohne Gesetz **Art. 7 EMRK**

2020, 35979 – Gestur Jónsson ua; EGMR 10.1.2019 – 24705/16 Rn. 43, EuGRZ 2019, 25 – Paolo Berardi und Davide Mularoni; EGMR 3.12.2019 – 22429/07 Rn. 60, BeckRS 2019, 36510 – Parmak und Bakır; EGMR 19.11.2020 – 2953/14 Rn. 47, BeckRS 2020, 31344 – Pantalon: „the […] complaint is of fourth-instance nature"). Die Funktion des EGMR beschränkt sich darauf sicherzustellen, dass die innerstaatlichen Auslegungsergebnisse mit der Konvention vereinbar sind (EGMR 19.9.2008 (GK) – 9174/02 Rn. 72, EuGRZ 2010, 577 – Korbely; EGMR 10.1.2013 – 36769/08 Rn. 20 ff., NJW 2013, 2735 – Ashby Donald ua; EGMR 27.1.2015 (GK) – 59552/08 Rn. 51 ff., NJW 2016, 2793 – Rohlena; EGMR 20.10.2015 (GK) – 35343/05 Rn. 160, insoweit in NJOZ 2017, 709, nicht abgedruckt – Vasiliauskas). Unionsrecht gehört im Hinblick auf seinen Vorrang und seine unmittelbare Anwendbarkeit aus der EGMR-Perspektive zum innerstaatlichen Recht (*Grabenwarter/Pabel* EMRK § 24 Rn. 152; *Kadelbach* in Dörr/Grote/Marauhn Kap. 15 Rn. 22).

Art. 7 EMRK findet auf **strafrechtliche Verfahren und Tatbestände** iSd 8 Art. 6 EMRK Anwendung. Auch wenn sich der Straftatbegriff des Art. 6 Abs. 2 EMRK *(criminal offence, infraction)* im Wortlaut des Art. 7 EMRK nicht wiederfindet, bezieht sich dieser doch auf das Strafrecht gemäß dem Gewährleistungsbereich des Fair trial-Grundsatzes (*Grabenwarter/Pabel* EMRK § 24 Rn. 147; → Art. 6 Rn. 24 ff.). Der Anwendungsbereich des Art. 7 EMRK umfasst demnach neben dem Strafrecht ieS auch das **Ordnungswidrigkeitenrecht** und das **Disziplinarrecht,** falls das Disziplinarverfahren nicht bloß als Verwaltungs-, sondern als Strafverfahren nach Art. 6 Abs. 1 EMRK qualifiziert werden kann (EGMR 24.11.1998 – 38644/98, ÖJZ 1999, 734 – Brown; EGMR 31.5.2011 – 16137/04 Rn. 35 ff. – Kurdov ua; *Grabenwarter/Pabel* EMRK § 24 Rn. 147; *Renzikowski* in IntKommEMRK EMRK Art. 7 Rn. 24). Die strafbare Handlung wird nicht nur durch den Straftatbestand des Besonderen Teils, sondern auch durch Vorschriften des Allgemeinen Teils des jeweiligen Strafgesetzbuchs, wie etwa Regelungen zum subjektiven Tatbestand sowie zu Rechtfertigungs- und Entschuldigungsgründen bestimmt (*Grabenwarter/Pabel* EMRK § 24 Rn. 147). Sachlich ist Art. 7 EMRK auf Verurteilungen und die Verhängung von Strafen für schuldhaft begangene Taten beschränkt (EGMR 29.10.2013 – 17475/09 Rn. 47 – Varvara). Schadenersatz nach § 823 Abs. 2 BGB ist keine Strafe in diesem Sinne (EGMR 3.10.2019 – 61985/12 Rn. 51, BeckRS 2019, 47374 – Fleischner). Eine Freiheitsentziehung als präventive Maßnahme nach Art. 5 Abs. 1 lit. c EMRK zur Verhinderung einer Straftat fällt nicht unter Art. 7 EMRK (EGMR 1.7.1961 – 332/57 Rn. 19 – Lawless (Nr. 3); zur Sicherungsverwahrung nach deutschem Recht → Art. 22 ff.). Entscheidungen, die im Verlauf eines Strafverfahrens ergehen (Zwischenentscheidungen) oder solche über die Einstellung des Verfahrens erfasst Art. 7 EMRK nicht. Gleiches gilt für Entscheidungen im **Strafvollzug,** wie etwa die nachträgliche Verschärfung des Vollzugs von Strafen (EGMR 10.7.2003 – 43522/98 Rn. 51 – Grava) oder die Änderung einer Bewährungspraxis, die zu einer längeren Verbüßung der Freiheitsstrafe führt (vgl. *Frowein* in Frowein/Peukert EMRK Art. 7 Rn. 8). Eine nachträgliche Änderung der Rspr. zur vorzeitigen Haftentlassung, die zur Folge hat, dass sich die Haft um neun Jahre verlängert, betrifft hingegen nicht allein die Vollstreckung des Urteils, sondern das Ausmaß der Strafe, weshalb sie Art. 7 EMRK verletzt (EGMR 21.10.2013 (GK) – 42750/09 Rn. 77 ff., NJOZ 2014, 1587 – Del Río Prada). Das gilt auch für eine nachträgliche, den Bf. belastende Gesamtstrafenbildung ohne gesetzliche Grundlage (EGMR 24.1.2017 – 67503/13 Rn. 45 ff., BeckRS 2017, 163435 – Koprivnikar).

9 Auf das **Verfahrensrecht** ist Art. 7 EMRK – ebenso wie Art. 103 Abs. 2 GG (vgl. BVerfGE 63, 343 (359); 112, 304 (315)) – **nicht** anwendbar (EGMR 13.11.2014 – 43952/09 Rn. 54 – Bosti). Allerdings fragt sich, ob auf prozessuale Vorschriften, die einen Quasi-Strafcharakter haben (zB Weisungen und Auflagen nach § 153a StPO), nicht auch Art. 7 EMRK zur Anwendung gelangen müsste. Eine Änderung von Verfahrensvorschriften, zu denen nach deutschem Recht wegen ihrer Qualifizierung als Strafverfolgungsvoraussetzung auch die **Verjährungsvorschriften** (vgl. BVerfGE 25, 269 (284 ff.); 81, 132 (135); BGHSt 40, 113 (118)) oder das Strafantragserfordernis (vgl. BGHSt 46, 310 (317 ff.)) gehören, fällt nicht unter das Rückwirkungsverbot des Art. 7 EMRK. Dem innerstaatlichen Gesetzgeber ist es somit nicht verwehrt, Vorschriften über die Verjährung zu überprüfen und die Fristen zu verlängern (EGMR 22.6.2000 – 32492/96 Rn. 145 ff. – Coëme ua). Eine vertragsstaatliche Pflicht zur Normierung der Verjährung überhaupt gibt es nicht (EKMR 1.7.1992 – 14938/89 – Schertenleib). Wenn allerdings nach eingetretener Verjährung die Strafverfolgung ermöglicht wird, liegt ein Konventionsverstoß vor, weil es dann einen Zeitraum gegeben hat, in dem die Tat nicht mehr strafbar war. Die Aufhebung der Verjährung stellt sich dann als echte Rückwirkung dar (vgl. EGMR 22.6.2000 – 32492/96 Rn. 149 – Coëme ua).

10 Abgrenzungsfragen bei **Nebenfolgen** oder **Nebenstrafen** sowie bei **Ersatzfreiheitsstrafen** beantwortet der EGMR ua danach, ob bei der Anordnung strafrichterliches Ermessen gegeben war bzw. ob eine Abschreckung bezweckt oder die individuelle Schuld des Täters berücksichtigt wurde (vgl. EGMR 9.2.1995 – 17440/90 Rn. 26 ff., ÖJZ 1995, 511 – Welch (Strafcharakter der rückwirkenden Verfügung einer Beschlagnahme); EGMR 8.8.1995 – 15917/89 Rn. 30 ff., ÖJZ 1995, 796 – Jamil (Strafcharakter der rückwirkenden Erhöhung einer Ersatzfreiheitsstrafe); EGMR 12.1.2016 – 33427/10 Rn. 30 – Gouarré Patte (Strafcharakter eines lebenslangen Berufsverbots); EGMR 28.6.2018 (GK) – 1828/06 Rn. 228 ff., 241 ff. mAnm *Schörner* ZIS 2019, 144 – G.I.E.M. S.R.L. ua (Strafcharakter der selbständigen Anordnung einer Einziehung, *confisca urbanistica* nach it. Baurecht); EGMR 8.10.2019 – 20319/17 Rn. 58 ff., BeckRS 2019, 47295 – Balsamo (Einziehung von Erträgen aus Geldwäschetaten, obwohl die Inhaberinnen der Konten mangels Vorsatzes vom Vorwurf der Geldwäsche freigesprochen wurden, keine Strafe); vgl. auch BVerfG 10.2.2021 – 2 BvL 8/19 Rn. 122 ff., insoweit in NStZ 2021, 413, nicht abgedruckt (Vermögensabschöpfung keine (Neben-)Strafe iSd Art. 7 EMRK, sondern Maßnahme eigener Art)). Die Anordnung, genetisches Material zur Erstellung eines DNA-Profils und dessen Speicherung zur Verfügung zu stellen, soll dagegen nach Natur, Zweck und Schwere der Maßnahme keine Strafe iSd Art. 7 EMRK darstellen (EGMR 7.12.2006 – 29514/05, Slg. 2006-XV – Van der Velden). Gleiches soll gelten für den Widerruf einer Insolvenzverwalter-Lizenz (EGMR 4.6.2019 – 12096/14 Rn. 60 ff., NLMR 2019, 210 – Rola) sowie die Eintragung in eine Liste von Sexualstraftätern, weil hiermit präventive Ziele verfolgt und eine Abschreckung bezweckt werde, es sich aber nicht um die gerichtliche Ahndung einer Straftat handele (EGMR 17.12.2009 – 16428/05 Rn. 43 – Gardel). Auf eine Ausweisung, die neben die Strafe tritt, zu ihr also komplementär und nicht substituierend ist, findet Art. 7 EMRK keine Anwendung (vgl. EGMR 15.12.2009 – 16012/06 Rn. 42 f. – Gurguchiani; *Meyer-Ladewig/Harrendorf/König* in HK-EMRK EMRK Art. 7 Rn. 8). Zur **Sicherungsverwahrung** → Rn. 22 ff. und → Art. 5 Rn. 35 ff., 69 ff.

C. Gewährleistungsumfang des Abs. 1

I. Gesetzlichkeit staatlichen Strafens

Ausgangspunkt der Garantie des Art. 7 Abs. 1 EMRK ist das Prinzip der Gesetz- 11
lichkeit. Das spezielle, auf das Strafrecht bezogene Legalitätsprinzip richtet sich an die Rspr. und begrenzt die Auslegung der Strafgerichte – für den kontinentaleuropäischen Rechtskreis gesprochen – auf die Vorgaben des demokratisch legitimierten Gesetzgebers (aA *Kadelbach* in Dörr/Grote/Marauhn Kap. 15 Rn. 6). Neben den formellen tritt ein materieller Gehalt des Satzes **nullum crimen, nulla poena sine lege,** weil nur ein solches Verhalten unter Strafe gestellt werden soll, über dessen Strafbarkeit der einzelne Staatsbürger mitentscheiden konnte. Wie bei anderen Gesetzesvorbehalten der EMRK kann auch bei diesem **speziellen Gesetzesvorbehalt** der freiheitsbeschränkende Tatbestand dem ungeschriebenen Recht entstammen, wenn nur gewisse Anforderungen an die Bestimmtheit, Zugänglichkeit und Vorhersehbarkeit der Folgen einer bestimmten Handlung oder Unterlassung erfüllt sind. Wegen der Bindung an das Gesetz folgt aus Art. 7 EMRK ein Verbot extensiver Auslegung strafrechtlicher Normen, das den fragmentarischen Charakter des Strafrechts sicherstellen soll. Zudem ist eine Analogie zu Lasten des Täters oder einer Gruppe von Tätern ausgeschlossen (EGMR 25.5.1993 – 14307/88 Rn. 52 – Kokkinakis; EGMR 22.11.1995 – 20166/92 Rn. 35 – S.W.; EGMR 22.6.2000 – 32492/96 Rn. 145 – Coëme ua; EGMR 22.3.2001 (GK) – 34044/96 Rn. 50, NJW 2001, 3035 – Streletz, Keßler, Krenz; EGMR 22.3.2001 (GK) – 37201/97 Rn. 45, NJW 2001, 3042 – K.-H.W.; EGMR 7.2.2002 – 28496/95 Rn. 51 – E.K.; EGMR 3.5.2007 – 11843/03 Rn. 76 – Custers ua).

Der Begriff **Recht** ist so zu verstehen wie das Wort **Gesetz** in anderen Vor- 12
schriften der Konvention (zB Art. 5, Art. 6, Art. 8 Abs. 2, Art. 9 Abs. 2, Art. 10 Abs. 2, Art. 11 Abs. 2) und umfasst Gesetze sowie das Richterrecht *(case law)* in den Common law-Staaten (EGMR 22.11.1995 – 20166/92 Rn. 35f. – S.W.; EGMR 12.2.2008 (GK) – 21906/04 Rn. 139, NJOZ 2010, 1599 – Kafkaris; EGMR 16.9.2014 – 1660/03 Rn. 60 – Plechkov; EGMR 11.2.2016 – 38395/12 Rn. 70 – Dallas). Im Unterschied zum grundrechtsgleichen Recht des Art. 103 Abs. 2 GG, der im Parlamentsgesetz fordert (vgl. BVerfGE 71, 108 (114); 75, 329 (341); 78, 374 (382)), lässt Art. 7 EMRK also auch die Bestrafung auf Grund eines richterrechtlich entwickelten Tatbestands oder des Völkerrechts zu. Dies ist mit Blick auf die Entstehungszeit der EMRK und der damit im Zusammenhang stehenden Einschränkung des Rückwirkungsverbots durch Art. 7 Abs. 2 EMRK stimmig (*Frowein* in Frowein/Peukert EMRK Art. 7 Rn. 1). Im *case law* muss der Tatbestand aufgrund der Rspr. feststehen; auch der Strafrahmen muss klar umgrenzt sein (vgl. im Einzelnen *Renzikowski* in IntKommEMRK EMRK Art. 7 Rn. 44). Art. 7 EMRK schränkt den nationalen Gesetzgeber hinsichtlich der Schaffung von Straftatbeständen nicht ein; als problematisch erweist sich eine Vorschrift jedoch dann, wenn sie wegen ihrer unbestimmten Formulierung die Möglichkeit willkürlicher Anwendung eröffnet (vgl. EGMR 3.5.2007 – 11843/03 Rn. 76f., 84ff. – Custers ua; vgl. auch BVerfG 23.6.1990 – 2 BvR 752/90, NJW 1990, 3140 (Anwendung geänderter Promillegrenzen auf zurückliegende Sachverhalte)).

Wie im nationalen Recht ist auch für Art. 7 EMRK die Grenze zwischen zuläs- 13
siger **richterlicher Rechtsfortbildung** und unzulässiger Rechtsprechungsänderung nur schwer zu ziehen (vgl. EGMR 22.11.1995 – 20166/92 Rn. 36 – S.W.

auf der einen, EGMR 10.10.2006 – 40403/02 Rn. 34ff. – Pessino auf der anderen Seite). Die Feststellung des EGMR, das Ergebnis einer Rechtsprechungsentwicklung müsse in den Grenzen angemessener Vorhersehbarkeit bleiben und dürfe das „Wesen" der Straftat nicht verändern (EGMR 22.11.1995 – 20166/92 Rn. 36 – S.W.; EGMR 22.11.1995 – 20190/92 Rn. 34 – C.R.; EGMR 30.3.2004 – 53984/00 Rn. 20 – Radio France ua; EGMR 17.10.2017 – 101/15 Rn. 56, 68, BeckRS 2017, 160864 – Navalnyye), gibt mit ihrem Rückgriff auf ein seinerseits unbestimmtes Kriterium Steine statt Brot. Das gilt auch, wenn der EGMR bei Bf. die „Anwendung von gesundem Menschenverstand (a matter of common sense)" anmahnt, um den „Kernbereich (essence)" einer Straftat erkennen zu können (EGMR 10.1.2019 – 24705/16 Rn. 54, EuGRZ 2019, 25 – Paolo Berardi und Davide Mularoni; EGMR 3.12.2019 – 22429/07 Rn. 59, BeckRS 2019, 36510 – Parmak und Bakır). Eine Orientierung an der Wortlautgrenze, die ohne Rekurs auf das schwer zu bestimmende Wesen oder den Kernbereich eines Delikts auskommt, ist hier in jedem Fall vorzugswürdig.

14 Neben dem innerstaatlichen Recht nennt Art. 7 Abs. 1 S. 1 EMRK – insofern weiter als Art. 103 Abs. 2 GG – auch das **Völkerrecht** als Grundlage für eine Bestrafung (ausf. *Renzikowski* in IntKommEMRK EMRK Art. 7 Rn. 82ff.). Das betrifft zunächst die Fälle, in denen dem Täter das später auf ihn angewandte nationale Strafrecht im Zeitpunkt der Tat unbekannt, das Delikt aber durch Regelungen des Völkervertragsrechts umschrieben ist (Bsp. zum Kriegsvölkerrecht bei *Frowein* in Frowein/Peukert EMRK Art. 7 Rn. 9). Ferner ist in Fällen von Menschenrechtsverbrechen im Hinblick auf eine Staatennachfolge zu fragen, ob der Täter im Zeitpunkt der Tat auf Grundlage des geltenden Völkerrechts damit rechnen musste, dass er sich später für seine Taten vor einem Gericht des Nachfolgestaates oder einem ausländischen Gericht zu verantworten haben wird (EGMR 12.7.2007 – 74613/01 Rn. 100ff., NJOZ 2008, 3605 – Jorgic (keine Verletzung von Art. 7 EMRK); EGMR 19.9.2008 (GK) – 9174/02 Rn. 69ff., EuGRZ 2010, 577 – Korbely (Verletzung von Art. 7 EMRK); EGMR 17.5.2010 (GK) – 36376/04 Rn. 185ff., NJOZ 2011, 226 – Kononov (kein Verstoß gegen Art. 7 EMRK) mAnm *Kleinlein* EuGRZ 2010, 544ff.; krit. zu den beiden letztgenannten Entscheidungen *Schroeder/Küpper* Jahrbuch für OStR 2009, 213ff.; EGMR 20.10.2015 (GK) – 35343/05 Rn. 169ff., NJOZ 2017, 709 – Vasiliauskas (Verletzung von Art. 7 EMRK) mAnm *Vest* ZIS 2016, 487ff.; *Ambos* JZ 2017, 265ff.; anders EGMR (4. Sektion) 12.3.2019 – 28859/16 Rn. 100ff., NLMR 2019, 141 – Drėlingas (kein Verstoß gegen Art. 7 EMRK); s. zum Ganzen *Mälksoo* HRLJ 2019, 19ff.). Schließlich kann der Täter bei Delikten, für die isd § 6 StGB das **Weltrechtsprinzip** gilt, wie etwa für §§ 6ff. VStGB, häufig nicht vorhersehen, welches staatliche Strafrecht auf ihn angewendet werden wird. Dem Gesetzlichkeitsprinzip ist in diesen Fällen aber dann genügt, wenn der Täter im Zeitpunkt der Tat aus völkerrechtlichen Normen mit hinreichender Sicherheit die Strafbarkeit seines Handelns entnehmen konnte. Die Bestrafung durch internationale Gerichte (zB ICTY, ICTR, IStGH) ist durch Art. 7 Abs. 1 EMRK gedeckt, wenn wegen Völkermordes, Verbrechen gegen die Menschlichkeit, Kriegsverbrechen oder Verbrechen der Aggression verurteilt wird (vgl. Art. 6ff. IStGH-Statut). Die Überstellung eines Tatverdächtigen an ein solches Gericht durch einen an Art. 7 EMRK gebundenen Staat ist daher konventionsrechtlich unproblematisch (*Frowein* in Frowein/Peukert EMRK Art. 7 Rn. 10).

II. Bestimmtheits- und Klarheitsgebot für Strafvorschriften

Das zunächst an den Gesetzgeber gerichtete Gebot der Bestimmtheit und Klarheit von Strafvorschriften füllt das Gesetzlichkeitsprinzip materiell weiter aus: Die strafbare Handlung oder Unterlassung muss durch das Gesetz selbst hinreichend bestimmt sein. Der Einzelne muss aus dem **Wortlaut,** allenfalls noch unter Zuhilfenahme der **Auslegung durch eine gefestigte Rechtsprechung,** erkennen können, welche Handlung oder Unterlassung seine Strafbarkeit begründet (EGMR (GK) – 34044/96 Rn. 50, NJW 2001, 3035 – Streletz, Keßler, Krenz; EGMR 10.10.2006 – 40403/02 Rn. 31 ff. – Pessino). 15

Im Hinblick auf das Bestimmtheitsgebot erkennt der EGMR – wie das BVerfG (vgl. 23.6.2010 – 2 BvR 2559/08, NJW 2010, 3209 Rn. 73 f. zur Untreue, § 266 StGB) – an, dass es in Grenzbereichen schwierig sein kann, Gesetze eindeutig bestimmt zu fassen. Der EGMR lässt eine gewisse **Flexibilität** zu, damit sich Strafnormen an die sich wandelnden Verhältnisse anpassen können (EGMR 17.2.2005 – 42757/98 Rn. 54 f. – K.A. ua). Eine Klärung der Rechtsfragen von Fall zu Fall ist zulässig, solange die schrittweise gefundenen Ergebnisse mit dem Kern des Tatbestands im Einklang stehen und vernünftigerweise vorhersehbar waren (EGMR 8.7.1999 (GK) – 23536/94 Rn. 36 ff., NJW 2001, 1995 – Başkaya ua; EGMR 22.3.2001 (GK) – 34044/96 Rn. 50, 82, NJW 2001, 3035 – Streletz, Keßler, Krenz; EGMR 12.2.2008 (GK) – 21906/04 Rn. 141, NJOZ 2010, 1599 – Kafkaris; EGMR 21.10.2013 (GK) – 42750/09 Rn. 91 ff., NJOZ 2014, 1587 – Del Río Prada). Wenn die schließlich durch die obersten staatlichen Gerichte gefundene Auslegung eine vorhersehbare Entwicklung darstellt, verletzt die darauf gestützte Verurteilung Art. 7 EMRK nicht. Der EGMR prüft dies *ex ante* aus der Sicht des konkret Betroffenen (*Grabenwarter/Pabel* EMRK § 24 Rn. 156). An der gebotenen Vorhersehbarkeit fehlt es, wenn die konkrete Mindeststrafe erst infolge einer rechtlich nicht vorstrukturierten Anklageerhebung zu einem von zwei möglichen Gerichten bestimmt wird (EGMR 22.1.2013 – 42931/10 Rn. 34 ff., 41 ff. – Camilleri). 16

Das Rechtsgebiet spielt für die Anforderungen an die Bestimmtheit ebenso eine Rolle wie die Zahl und der Status der Adressaten. Auch Begriffe, die im Allgemeinen zu unbestimmt sein mögen, können als Tatbestandsmerkmale in Straftatbeständen für bestimmte Berufsgruppen (EKMR 14.12.1988 – 14192/88 – Delande (Rechtsanwalt); EKMR 21.4.1997 – 34970/97 – Klein Poelhuis (Landwirt); EGMR 28.3.1990 – 10890/84 Rn. 68 – Groppera Radio AG ua (Betreiber einer Radio-Station); EGMR 6.10.2011 – 50425/06 Rn. 50 ff., NJW-RR 2012, 1502 – Soros (Börsenhändler, Strafbarkeit des Insiderhandels); zusf. EGMR 20.10.2015 (GK) – 35343/05 Rn. 169 ff., NJOZ 2017, 709 – Vasiliauskas) oder im Steuer- und Wirtschaftsstrafrecht noch den Bestimmtheitsanforderungen genügen. Das soll umso mehr gelten, wenn von dem Beschuldigten die Erfüllung von Erkundigungspflichten und besondere Sorgfalt erwartet werden kann, weil er Tätigkeiten mit einem bestimmten Risiko ausübt (EGMR 15.11.1996 – 17862/91 Rn. 35 – Cantoni (illegaler Verkauf von Medizinprodukten); EGMR 1.2.2000 – 32307/96, ÖJZ 2000, 817 – Schimanek („Betätigung im nationalsozialistischen Sinn"); EGMR 4.10.2016 – 37462/09 Rn. 93 ff. – Žaja (Zollvergehen)). Diese **pragmatische Orientierung** an kontingenten Kriterien bedeutet zum einen eine Entlastung für den Gesetzgeber, der sich nicht mehr um ein Höchstmaß an Genauigkeit zu bemühen hat, und zugleich eine Ausdehnung der (Gestaltungs-)Macht des Richters unter Verschleifung des Gewaltenteilungsgrundsatzes (zur Verwerflich- 17 keitsklausel in § 240 Abs. 2 StGB s. EGMR 8.1.2007 – 18397/03, NJW 2008, 2322 – Witt; zum Gewaltbegriff bei der Nötigung (§ 240 Abs. 1 StGB) und Art. 103 Abs. 2 GG vgl. BVerfGE 76, 211 (216f.); 104, 92 (101ff.) einerseits, BVerfGE 92, 1 (13ff.) andererseits sowie BGHSt 41, 182ff.; BVerfGK 18, 365 (369ff., sog. Zweite-Reihe-Rspr.). Zum anderen bürdet sie das Risiko der Strafbarkeit mit der regelmäßig angenommenen Vermeidbarkeit des Verbotsirrtums (vgl. § 17 StGB) dem Beschuldigten auf. Das BVerfG hat insofern in seiner Entscheidung zum Untreuetatbestand des § 266 StGB die Anforderungen an die Bestimmtheit und die Bestimmbarkeit von Straftatbeständen durch die Rspr. vergleichsweise eng gezogen (BVerfG 23.6.2010 – 2 BvR 2559/08, NJW 2010, 3209 Rn. 75ff. mAnm *Böse* JR 2011, 617ff.; *Kuhlen* JR 2011, 246ff.; *Safferling* NStZ 2011, 376ff.; *Saliger* NJW 2010, 3195ff.).

III. Rückwirkungsverbot

18   Das Verbot rückwirkender Bestrafung – die **zeitliche Komponente** der Garantie des Art. 7 EMRK in Abs. 1 – ergibt sich unmittelbar aus dem Wortlaut, denn niemand darf wegen einer Handlung oder Unterlassung verurteilt werden, die zur Zeit ihrer Begehung nach innerstaatlichem oder internationalem Recht nicht strafbar war. Das Gesetz darf zum einen nicht auf einen Zeitpunkt vor seinem Inkrafttreten zurückwirken und nicht zum Nachteil des Angeklagten rückwirkend angewendet werden (EGMR 24.1.2012 – 1051/06 Rn. 26ff. – Mihai Toma; EGMR 14.4.2015 – 66655/13 Rn. 60ff. – Contrada (No. 3)); zum anderen darf es im Zeitpunkt der Verurteilung auch nicht außer Kraft getreten sein. Ein rückwirkend für nichtig erklärtes Strafgesetz darf nicht rückwirkend ersetzt werden (vgl. *Frowein* in Frowein/Peukert EMRK Art. 7 Rn. 2f.). Art. 7 EMRK verpflichtet nach neuerer Rspr. des EGMR dazu, rückwirkend das mildere Recht anzuwenden, wenn sich dies zu Gunsten des Angeklagten auswirkt (→ Rn. 2). Bei mehrfachen Gesetzesänderungen ist die mildeste anwendbare Version zugrunde zu legen.

19   Bei **fortgesetzten Handlungen,** die nur teilweise nach dem Erlass der Strafvorschrift begangen worden sind, muss sich aus der Anklageschrift oder jedenfalls aus dem Strafurteil klar ergeben, dass nur die nach dem Inkrafttreten des Strafgesetzes begangenen Handlungen berücksichtigt wurden (EGMR 27.2.2001 – 29295/95 Rn. 33 – Ecer ua). Art. 7 EMRK ist nicht verletzt, falls eine Verurteilung wegen eines fortgesetzten Delikts aufgrund eines neuen Tatbestandes erfolgt, bei dem die Tathandlungen teils vor, teils nach dem Inkrafttreten des neuen Strafgesetzes begangen wurden, wenn jedenfalls die letzten Tathandlungen der insgesamt nach dem nationalen Recht als Einheit zu behandelnden Tat nach Inkrafttreten des neuen Tatbestandes begangen wurden und die Tathandlungen auch zuvor nach anderen Bestimmungen strafbar waren (EGMR 27.1.2015 (GK) – 59552/08 Rn. 50ff., NJW 2016, 2793 – Rohlena).

20   Art. 7 Abs. 1 S. 2 EMRK schützt auf der Rechtsfolgenseite vor einer **rückwirkenden Erhöhung der Strafe** (EGMR 27.2.2001 – 29295/95 Rn. 35f. – Ecer ua; EGMR 22.7.2003 – 68066/01 Rn. 33 – Gabarri Moreno). Es verstößt gegen das Rückwirkungsverbot, wenn unter Berufung auf Abs. 2 eine Strafzumessungsvorschrift angewendet wird, obwohl nach dem zur Tatzeit geltenden Recht eine Vorschrift hätte angewendet werden können, die zu einer milderen Strafe hätte führen können (EGMR 18.7.2013 (GK) – 2312/08 Rn. 65ff. – Maktouf ua). Keinen Verstoß gegen Art. 7 EMRK hat der EGMR hingegen in der rückwirkenden, strafschärfenden Anwendung von Vorschriften über Wiederholungstäter gesehen,

Keine Strafe ohne Gesetz   **Art. 7   EMRK**

denn die Berücksichtigung vergangener Ereignisse sei von der rückwirkenden Anwendung des Rechts im engeren Sinne zu unterscheiden (EGMR 29.3.2006 (GK) – 67335/01 Rn. 59 – Achour).

In den Verfahren wegen des **Schießbefehls und der Schüsse an der ehemaligen deutsch-deutschen Grenze** ist der EGMR zu dem Ergebnis gekommen, Art. 7 Abs. 1 EMRK sei nicht verletzt, weil die Taten auch nach DDR-Recht strafbar gewesen seien. Da die Bf. selbst die Diskrepanz zwischen der Rechtslage und der Staatspraxis geschaffen hätten, sei ihnen die Strafbarkeit als Personen in leitender Stellung auch erkennbar gewesen (EGMR 22.3.2001 (GK) – 34044/96 Rn. 108, NJW 2001, 3035 – Streletz, Keßler, Krenz; Würdigung der Entscheidung durch *Schroeder* NJW 2017, 3053 ff.; vgl. auch EGMR 22.3.2001 (GK) – 37201/97 Rn. 114, NJW 2001, 3042 – K.-H.W.; vgl. die Anm. *Arnold/Karsten/Kreicker* NJ 2001, 561 ff.; *Kreicker*, Art. 7 EMRK und die Gewalttaten an der deutsch-deutschen Grenze, 2002; *Rau* NJW 2001, 3008 ff.; *Werle* NJW 2001, 3001 ff. sowie die nachdenkliche Beurteilung durch *Paulus* in HRLJ 2019, 11 (14 f.)). Dieses Ergebnis hat der Menschenrechtsausschuss der Vereinten Nationen (CCPR) in seiner Entscheidung vom 31.7.2003 am Maßstab des Art. 15 IPBPR bestätigt (NJW 2004, 2005 ff.). 21

Für das deutsche Strafrecht ergeben sich aus Art. 7 EMRK besondere Folgerungen hinsichtlich der **Maßregeln der Besserung und Sicherung,** die im sog. zweispurigen System des Rechtsfolgenrechts vom Rückwirkungsverbot ausgenommen sind (§ 2 Abs. 6 StGB). Zur rückwirkenden Verlängerung der Höchstdauer der **Sicherungsverwahrung** durch § 67d Abs. 3 S. 1 StGB, Art. 1a Abs. 3 EGStGB idF des Gesetzes zur Bekämpfung von Sexualdelikten und anderen gefährlichen Straftaten vom 26.1.1998 (BGBl. 1998 I 160) hat der EGMR – gleichsam als Paradebeispiel einer autonomen Auslegung – festgestellt, die Sicherungsverwahrung sei eine Strafe iSd Art. 7 EMRK (EGMR 17.12.2009 – 19359/04 Rn. 124 ff., 133, NJW 2010, 2495 – M. mAnm *Eschelbach* NJW 2010, 2499 ff.; *Grabenwarter* JZ 2010, 857 ff.; *Jung* GA 2010, 639 ff.; *Kinzig* NStZ 2010, 233 ff.; *Radtke* NStZ 2010, 537 ff.; vgl. auch EGMR 13.1.2011 – 27360/04 Rn. 64 ff. – Schummer; EGMR 13.1.2011 – 17792/07 Rn. 65 ff., NJOZ 2011, 1494 – Kallweit; EGMR 13.1.2011 – 20008/07 Rn. 52 ff. – Mautes; EGMR 14.4.2011 – 30060/04 Rn. 45 ff. – Jendrowiak; EGMR 24.11.2011 – 4646/08 Rn. 103 ff. – O.H.; anders noch am Maßstab des Art. 103 Abs. 2 GG BVerfGE 109, 133 (167 ff.) sowie BVerfG 5.8.2009 – 2 BvR 2098/08, NJW 2010, 1514 zur nachträglichen Sicherungsverwahrung). Zu diesem Ergebnis kommt der EGMR nach einer „nicht nur den äußeren Anschein berücksichtigenden" eigenen Prüfung der von ihm zum Begriff der Strafe in Art. 7 EMRK entwickelten Kriterien unter Betrachtung von Art und Zweck der Maßnahme (nur geringfügige Unterschiede des Vollzugs der Sicherungsverwahrung im Vergleich zur Strafhaft, vgl. auch EGMR 21.10.2010 – 24478/03 Rn. 51, EuGRZ 2011, 20 – Grosskopf; EGMR 28.11.2013 – 7345/12 Rn. 118 ff. – Glien), der von der Maßnahme ausgehenden Abschreckungswirkung, des Verfahrens der Anordnung der Unterbringung durch die erkennenden Strafgerichte und der Schwere der durch die Sicherungsverwahrung verursachten Freiheitsentziehung (keine Höchstfrist). Weil diese Strafe iSd Art. 7 EMRK durch die Aufhebung der gesetzlichen Höchstfrist nachträglich auf unbestimmte Zeit verlängert wurde, liege ein Konventionsverstoß vor. Gleiches gelte für die Anordnung der nachträglichen Sicherungsverwahrung (EGMR 7.6.2012 – 61827/09 Rn. 78 ff. – K.; EGMR 7.6.2012 – 65210/09 Rn. 69 ff. – G.). Werden mehrere Sicherungsverwahrungen verhängt, so prüft der EGMR jede gesondert auf ihre Vereinbarkeit mit 22

EMRK Art. 7

der EMRK (EGMR 9.6.2011 – 30493/04 Rn. 47ff., NJW 2012, 1707 – Schmitz). Zur Konventionswidrigkeit der Sicherungsverwahrung wegen Verstoßes gegen Art. 5 → Art. 5 Rn. 35ff., 69ff.

23 Der Gesetzgeber hat auf die Entscheidung des EGMR zunächst mit dem **Gesetz zur Neuordnung des Rechts der Sicherungsverwahrung und zu begleitenden Regelungen** vom 22.12.2010 reagiert, das am 1.1.2011 in Kraft getreten ist (BGBl. 2011 I 2300; Gesetzentwurf BT-Drs. 17/3403; Beschlussempfehlung des Rechtsausschusses BT-Drs. 17/4062). Für die Fälle, in denen infolge des Urteils des EGMR weiterhin als gefährlich eingestufte Straftäter aus der Sicherungsverwahrung entlassen werden oder bereits entlassen wurden, hat der Gesetzgeber, soweit es sich um psychisch gestörte Straftäter handelt, das **Gesetz zur Therapierung und Unterbringung psychisch gestörter Gewalttäter** (ThUG) geschaffen, das ebenfalls am 1.1.2011 in Kraft getreten ist (Gesetzentwurf BT-Drs. 17/3403, 9ff., 53ff.). Das BVerfG hat § 1 Abs. 1 ThUG mit der Maßgabe mit dem Grundgesetz für vereinbar erklärt, dass die Unterbringung oder deren Fortdauer nur angeordnet werden darf, wenn eine hochgradige Gefahr schwerster Gewalt- oder Sexualstraftaten aus konkreten Umständen in der Person oder dem Verhalten des Untergebrachten zu erwarten ist (BVerfG 11.7.2013 – 2 BvR 2302/11, NJW 2013, 3151 Rn. 66ff.; BVerfG 23.1.2014 – 2 BvR 1239/12 Rn. 12).

24 Das **BVerfG** hat mit Urteil vom 4.5.2011 alle Regelungen der Sicherungsverwahrung (§§ 66ff. StGB aF, §§ 7, 106 JGG aF) wegen **Verletzung des Abstandsgebotes** zwischen der Sicherungsverwahrung und der Strafhaft für mit Art. 2 Abs. 2 S. 2 iVm Art. 104 Abs. 1 GG unvereinbar erklärt und eine Neuregelung des Rechts der Sicherungsverwahrung bis zum 31.5.2013 verlangt (BVerfGE 128, 326 = NJW 2011, 1931 Rn. 85ff. mAnm *Eisenberg* StV 2011, 480ff.; *Grabenwarter* EuGRZ 2012, 507ff.; *Kreuzer/Bartsch* StV 2011, 472ff.; *Peglau* NJW 2011, 1924ff.; *Windoffer* DÖV 2011, 590ff.). Es hat außerdem die Vorschriften über die Anordnung der **nachträglichen Sicherungsverwahrung** (§ 67d Abs. 3 S. 1 StGB aF iVm § 2 Abs. 6 StGB, § 66b Abs. 2 StGB aF, § 7 Abs. 2 JGG aF) wegen **Verletzung des Vertrauensgrundsatzes** für mit Art. 2 Abs. 2 S. 2 iVm Art. 20 Abs. 3 GG unvereinbar erklärt (BVerfGE 128, 326 = NJW 2011, 1931 Rn. 131ff.; BVerfG 133, 40 = EuGRZ 2013, 203 Rn. 24). Zum gleichen Ergebnis kam das BVerfG hinsichtlich § 66a Abs. 1 und 2 StGB aF (BVerfGE 131, 268 = NJW 2012, 3357 Rn. 65f.), § 66b Abs. 1 S. 1 und 2 StGB aF (BVerfGE 129, 37 = NJW 2011, 2711 Rn. 16ff.) sowie § 67 Abs. 4 StGB aF (BVerfGE 130, 372 = NJW 2012, 1784 Rn. 48ff.). Die Interpretation des Art. 7 EMRK durch den EGMR spreche zwar dafür, das Abstandsgebot noch deutlicher zu konturieren. Sie verpflichte aber trotz der engen Verwandtschaft und Strukturähnlichkeit der beiden Normen nicht dazu, die Auslegung des Art. 103 Abs. 2 GG der des Art. 7 EMRK iSe „schematischen Parallelisierung" vollständig anzugleichen, zumal der EGMR selbst ausführe, der Begriff „Strafe" sei autonom auszulegen. Für die „gewachsene Verfassungsordnung des GG" sei an dem Begriff der Strafe in Art. 103 Abs. 2 GG, der die Maßregeln der Besserung und Sicherung nicht umfasse, festzuhalten (NJW 2011, 1931 (1942 Rn. 141f.)). Ohne offenen Konflikt mit dem EGMR gelingt es dem BVerfG auf diese Weise, das zweispurige Sanktionensystem des StGB vor einer Bewertung am Maßstab des Art. 103 Abs. 2 GG zu retten: Werden künftig der Verhältnismäßigkeitsgrundsatz und das Abstandsgebot für die präventiv wirkende Sicherungsverwahrung eingehalten, stellen sich die Fragen nach Strafe und Rückwirkung iSd Art. 7 EMRK in der Auslegung durch den Gerichtshof nicht. Eine **Prüfung am strengen Maßstab der Strafgesetzlichkeit** unterbleibt ebenso wie eine Erörte-

Keine Strafe ohne Gesetz **Art. 7 EMRK**

rung der Frage, ob die Sicherungsverwahrung nicht ganz aus dem Strafrecht herauszunehmen und in das Gefahrenabwehr- oder Sozialrecht einzugliedern ist. Durch den Rückgriff auf den Verhältnismäßigkeitsgrundsatz kann das BVerfG ein Ergebnis erzielen, das mit den konventionsrechtlichen Vorgaben in Einklang steht und zugleich die innerstaatliche Systematik wahrt (*Grabenwarter* EuGRZ 2012, 507 (513); *Kadelbach* in Dörr/Grote/Marauhn Kap. 15 Rn. 46). Der EGMR hat den Ansatz des BVerfG begrüßt, die Bestimmungen des GG auch im Lichte der EMRK und der Rspr. des EGMR auszulegen, was den fortwährenden Einsatz des BVerfG für den Grundrechtsschutz nicht nur auf nationaler, sondern auch auf europäischer Ebene unterstreiche (EGMR 9.6.2011 – 30493/04 Rn. 41, NJW 2012, 1707 – Schmitz; EGMR 9.6.2011 – 31047/04 Rn. 54, NJW 2012, 2093 – Mork). Für die Übergangszeit bis zum 31.5.2013 galt ein Gebot einer strikt am Verhältnismäßigkeitsgrundsatz orientierten Abwägung zwischen dem Vertrauensschutz des Verwahrten und dem Schutz höchster Verfassungsgüter der Allgemeinheit (vgl. BGH 25.9.2019 – 5 StR 103/19, NStZ-RR 2020, 13 mAnm *Müller-Metz*).

Die Vorgaben des BVerfG im Urteil vom 4.5.2011 hat der Gesetzgeber mit dem **25 Gesetz zur bundesrechtlichen Umsetzung des Abstandsgebots im Recht der Sicherungsverwahrung** vom 5.12.2012 (BGBl. 2012 I 2425; Gesetzentwurf BT-Drs. 17/9874; Beschlussempfehlung des Rechtsausschusses BT-Drs. 17/11388) umgesetzt, das am 1.6.2013 in Kraft getreten ist. Das frühere Recht bleibt über §§ 316e, 316f EGStGB mit den vom BVerfG angeordneten Einschränkungen (→ Rn. 24) anwendbar (vgl. ua BGH 12.6.2013 – 1 StR 48/13, NJW 2013, 2295f.; BGH 11.3.2014 – 5 StR 563/13, NJW 2014, 1316ff.). Eine Anordnung der Sicherungsverwahrung auf dieser Grundlage für „Altfälle" wirft bei strenger Lesart des Rückwirkungsverbots gleichwohl die Frage der Vereinbarkeit mit Art. 7 EMRK auf (vgl. im Einzelnen *Renzikowski* NJW 2013, 1638 (1642)). Das ThUG ist – abgesehen von den Fragen nach der Gesetzgebungskompetenz des Bundes (vom BVerfG bejaht, NJW 2013, 3151 (3152f.)) und dem verbleibenden Anwendungsbereich – ebenfalls hierauf zu befragen, falls eine Form der potentiell lebenslangen Unterbringung nur durch eine andere ausgetauscht werden sollte (vgl. *Baltzer* KritV 2011, 38 (53f.); *Kinzig* NJW 2011, 177 (182); *Kreuzer* ZRP 2011, 7 (10); *Kreuzer* StV 2011, 122 (131f.); *Renzikowski* NJW 2013, 1638 (1643); *Schöch* GA 2012, 14 (23)).

Am vorläufigen Ende eines langen juristischen Dialoges sieht der **EGMR** die **26** Maßregel der Sicherungsverwahrung – anders als der deutsche Gesetzgeber und das BVerfG – trotz aller erreichten Verbesserungen in seiner autonomen Auslegung zwar **grundsätzlich weiterhin als Strafe iSd Art. 7 Abs. 1 EMRK** an. Im Einzelfall – zB bei Behandlung einer psychischen Störung iSv Art. 5 Abs. 1 S. 2 lit. e EMRK – kann sich das Ziel der Maßregel aber so weit vom bestrafenden Zweck der Ausgangsverurteilung entfernt haben, dass der EGMR eine streng nach den neuen Vorschriften vollzogene Sicherungsverwahrung nicht mehr als Strafe qualifiziert (EGMR 7.1.2016 – 23279/14, Rn. 151ff., NJW 2017, 1007 mAnm *Köhne* – Bergmann; EGMR 6.10.2016 – 55594/13 Rn. 76ff. – W.P.; EGMR 6.7.2017 – 79457/13 Rn. 41ff., BeckRS 2017, 161594 – Becht; EGMR 4.12.2018 (GK) – 10211/12 Rn. 202ff., NJOZ 2019, 1445 – Ilnseher; *Paulus* HRLJ 2019, 11 (17): „happy ending"; *Baumgartner* GSZ 2020, 77ff.; vgl. auch *Peglau* JR 2016, 491 (497f.); krit. *Lohse/Jakobs* in KK-StPO EMRK Art. 7 Rn. 6). Unter diesen Voraussetzungen stellt auch die in Altfällen rückwirkend angeordnete oder verlängerte bzw. nach Vorbehalt angeordnete Sicherungsverwahrung keinen Verstoß gegen das Rückwirkungsverbot dar. Der EGMR hat klargestellt, dass es für die Beurteilung,

EMRK Art. 7

ob eine Maßnahme eine Strafe iSd Art. 7 Abs. 1 EMRK ist, auf den **Zeitraum des Vollzugs,** nicht aber auf den Zeitpunkt der Anordnung der Maßnahme ankommt (EGMR 4.12.2018 (GK) – 10211/12 Rn. 209, NJOZ 2019, 1445 – Ilnseher). Für **Neufälle** bleibt als problematische Konstellation § 66b StGB, der weiterhin bei zuvor nach § 63 StGB Untergebrachten, deren Unterbringung nach § 67d Abs. 6 StGB erledigt wurde, weil der Zustand gemäß §§ 20, 21 StGB im Entscheidungszeitpunkt nicht mehr bestand, eine nachträgliche Sicherungsverwahrung ohne die weiteren Voraussetzungen des Art. 316f Abs. 2 EGStGB ermöglicht (*Meyer-Ladewig/Harrendorf/König* in HK-EMRK EMRK Art. 7 Rn. 12). Sonstige **Maßnahmen nach §§ 63, 64 StGB** dürften hingegen vor Art. 7 EMRK Bestand haben, da sie keinen Schuldspruch voraussetzen und allein der Prävention dienen. Es muss allerdings ein psychiatrisches oder psychologisches Störungsbild vorliegen und die Unterbringung muss vom Strafvollzug strikt getrennt sein (*Meyer-Ladewig/Harrendorf/König* in HK-EMRK EMRK Art. 7 Rn. 10).

D. Ausnahme des Abs. 2

27 Abs. 2 sieht im Hinblick auf solche Handlungen oder Unterlassungen, die zur Zeit ihrer Begehung nach den **von den zivilisierten Völkern anerkannten allgemeinen Rechtsgrundsätzen** strafbar waren, eine Ausnahme vom Rückwirkungsverbot vor. Zu diesen Grundsätzen sind jedenfalls Verbrechen gegen die Menschlichkeit, Kriegsverbrechen, Völkermord, das Verbrechen der Aggression, Piraterie, Sklaverei und bestimmte Erscheinungsformen des Terrorismus zu rechnen. Die Regelung stellt keine Rechtsquelle für eine Bestrafung dar, schafft aber den Anknüpfungspunkt für eine rückwirkende Bestrafung (*Kleinlein* EuGRZ 2010, 544 (556)). Angesichts der Schwere der begangenen Freiheitsverletzung handelt es sich bei der Bestrafung der von Abs. 2 erfassten Fälle nur um einen scheinbaren und damit unbeachtlichen Verstoß gegen das Rückwirkungsverbot (*Naucke* FS Zoll, 2012, 477 (481)).

28 Die Regelung ist im Hinblick auf die Nürnberger Prozesse gegen die Hauptkriegsverbrecher vor dem Internationalen Militärgerichtshof und die Folgeverfahren in den Jahren 1945 bis 1949 in die EMRK aufgenommen worden. Die Verurteilungen auf Grundlage des Londoner Viermächte-Abkommens vom 8.8.1945 sieht der EGMR nicht als Fall rückwirkender Bestrafung an (EGMR 17.5.2010 (GK) – 36376/04 Rn. 207, NJOZ 2011, 226 – Kononov). Anwendungsfälle sind ferner Gesetze, die nach dem 2. Weltkrieg gegen Kriegsverbrecher und Kollaborateure erlassen worden sind (*Frowein* in Frowein/Peukert EMRK Art. 7 Rn. 11; *Kadelbach* in Dörr/Grote/Marauhn Kap. 15 Rn. 42 ff.; *Renzikowski* FS Krey, 2010, 407 (423 ff.)). Wegen dieses engen zeitgeschichtlichen Zusammenhangs stellt sich die Frage, ob der Anwendungsbereich des Abs. 2 in einer **historischen Auslegung** auf eine bestimmte Epoche zu beschränken (EGMR 18.7.2013 (GK) – 2312/08 Rn. 72 – Maktouf ua mAnm *Damnjanovic* ZIS 2014, 629 ff.; EGMR 20.10.2015 (GK) – 35343/05 Rn. 189, NJOZ 2017, 709 – Vasiliauskas („liability limb of that rule")) oder ob in dieser Vorschrift eine **allgemein gültige Ausnahme vom Rückwirkungsverbot** zu erblicken ist (in diesem zutreffenden Sinne unter Begrenzung auf das Völkerstrafrecht *Kadelbach* in Dörr/Grote/Marauhn Kap. 15 Rn. 43; vgl. auch *Grabenwarter/Pabel* EMRK § 24 Rn. 153; *Villiger* EMRK-HdB Rn. 634). Weil der EGMR in den Verfahren wegen des Schießbefehls und der Schüsse an der ehemaligen deutsch-deutschen Grenze zu dem Ergebnis gekommen

war, dass die Verurteilungen Art. 7 Abs. 1 EMRK nicht verletzten, hatte er nicht zu prüfen, ob die Verurteilungen für die in den Jahren 1971 bis 1989 begangenen Taten nach Abs. 2 gerechtfertigt waren (EGMR 22.3.2001 (GK) – 34044/96 Rn. 108, NJW 2001, 3035 – Streletz, Keßler, Krenz; EGMR 22.3.2001 (GK) – 37201/97 Rn. 114, NJW 2001, 3042 – K.-H.W.; zw. *Frowein* in Frowein/Peukert EMRK Art. 7 Rn. 13; vgl. auch EGMR 21.6.2011 – 2615/10, NJOZ 2012, 1573 (1574 f.) – Polednová).

Der deutsche Verfassungsgesetzgeber hat die in Art. 7 Abs. 2 EMRK enthaltene 29 Anerkennung eines jenseits des positiven Rechts liegenden Maßstabs für die Beurteilung gravierender Freiheitsverletzungen bislang trotz der zweifachen Notwendigkeit einer **Reaktion auf staatsverstärkte Kriminalität** in Art. 103 Abs. 2 GG nicht nachvollzogen (hierzu *Naucke,* Die strafjuristische Privilegierung staatsverstärkter Kriminalität, 1996, S. 47 ff.). Den im Jahre 1953 hinsichtlich Art. 7 Abs. 2 EMRK eingelegten, einem strikten Positivismus verpflichteten **Vorbehalt** (BGBl. 1953 II 14, hierzu *Kenntner* NJW 1997, 2298 ff.; *Renzikowski* FS Krey, 2010, 407 (409)) hat die Bundesrepublik im Jahre 2001 zurückgenommen (BGBl. 2003 II 1575 (1580), hierzu *Lippott/Turzer* FS 30 Jahre FH Bund, 2009, 507 ff.).

Art. 8 Recht auf Achtung des Privat- und Familienlebens

(1) **Jede Person hat das Recht auf Achtung ihres Privat- und Familienlebens, ihrer Wohnung und ihrer Korrespondenz.**

(2) **Eine Behörde darf in die Ausübung dieses Rechts nur eingreifen, soweit der Eingriff gesetzlich vorgesehen und in einer demokratischen Gesellschaft notwendig ist für die nationale oder öffentliche Sicherheit, für das wirtschaftliche Wohl des Landes, zur Aufrechterhaltung der Ordnung, zur Verhütung von Straftaten, zum Schutz der Gesundheit oder der Moral oder zum Schutz der Rechte und Freiheiten anderer.**

(1) Everyone has the right to respect for his private and family life, his home and his correspondence.

(2) There shall be no interference by a public authority with the exercise of this right except such as is in accordance with the law and is necessary in a democratic society in the interests of national security, public safety or the economic well-being of the country, for the prevention of disorder or crime, for the protection of health or morals, or for the protection of the rights and freedoms of others.

(1) Toute personne a droit au respect de sa vie privée et familiale, de son domicile et de sa correspondance.

(2) Il ne peut y avoir ingérence d'une autorité publique dans l'exercice de ce droit que pour autant que cette ingérence est prévue par la loi et qu'elle constitue une mesure qui, dans une société démocratique, est nécessaire à la sécurité nationale, à la sûreté publique, au bien-être économique du pays, à la défense de l'ordre et à la prévention des infractions pénales, à la protection de la santé ou de la morale, ou à la protection des droits et libertés d'autrui.

Literatur: *Botthof,* Der Schutz des Familienlebens nach Art. 8 Abs. 1 EMRK und sein Einfluss auf die Anerkennung ausländischer Adoptionsentscheidungen, StAZ 2013, 77; *Czech,* Das Recht auf Familienzusammenführung nach Art. 8 EMRK in der Rechtsprechung des EGMR,

EMRK Art. 8

EuGRZ 2017, 229; *Eckertz-Höfer,* Neuere Entwicklungen in Gesetzgebung und Rechtsprechung zum Schutz des Privatlebens, ZAR 2008, 41; *Fischer,* Rheinischer Kommentar zur Europäischen Menschenrechtskonvention, 2010; *Fritzsch,* Die Grenzen des völkerrechtlichen Schutzes sozialer Bindungen von Ausländern nach Art. 8 EMRK, ZAR 2010, 14; *Gaaz,* Zum Recht des Kindesnamens in Europa, StAZ 2008, 365; *Helms,* Ausländische Leihmutterschaft und Grenzen der aus Art. 8 EMRK ableitbaren Anerkennungspflicht, IPrax 2020, 379; *Heselhaus/Marauhn,* Straßburger Springprozession zum Schutz der Umwelt, EuGRZ 2005, 549; *Jarass,* Das Grundrecht auf Achtung des Familienlebens, FamRZ 2012, 1181; *Kirchberg,* Die Anwaltschaft in der neueren Rechtsprechung des EGMR, BRAK-Mitteilungen 2018, 279; *Kley-Struller,* Der Schutz der Umwelt durch die Europäische Menschenrechtskonvention, EuGRZ 1995, 507; *Koutnatzis/Weilert,* Fragen der menschlichen Reproduktion vor dem EGMR, AVR Bd. 51, 72; *Kühling/Buchner,* DS-GVO BDSG, 3. Aufl. 2020; *Kugelmann,* Der Schutz privater Individualkommunikation nach der EMRK, EuGRZ 2003, 16; *Lörcher,* Elektronische Überwachung am Arbeitsplatz und Europäische Menschenrechtskonvention, AuR 2020, 100; *Maierhöfer,* Minderjährigkeit als aufenthaltsrechtliches Schicksal?, NVwZ 2011, 4; *Meyer-Ladewig,* Das Umweltrecht in der Rechtsprechung des Europäischen Gerichtshofs für Menschenrechte, NVwZ 2007, 25; *Nußberger,* Menschenrechtsschutz im Ausländerrecht, NVwZ 2013, 1305; *Rest,* Europäischer Menschenrechtsschutz als Katalysator für ein verbessertes Umweltrecht, NuR 1995, 209; *Schweizer,* Die Rechtsprechung des Europäischen Gerichtshofes für Menschenrechte zum Persönlichkeits- und Datenschutz, DuD 2009, 462; *Theilen,* Der Schutz Transsexueller in der Rechtsprechung des Europäischen Gerichtshofes für Menschenrechte und des Bundesverfassungsgerichts – Ein Vergleich, ZEuS 2012, 363; *Thym,* Menschenrecht auf Legalisierung des Aufenthaltes?, EuGRZ 2006, 541; *Volke,* Der unbefristete Umgangsausschluss bei getrennt lebenden Eltern in der Rechtsprechung des BVerfG und des EGMR, FamRZ 2020, 15; *Weber,* Schutz und Förderung der Roma in der EU in menschenrechtlicher Perspektive, ZAR 2013, 188; *Woll,* Sterben dürfen und sterben lassen? Die Herrschaft über den eigenen Tod im Lichte der EMRK, des deutschen Rechts und des Unionsrechts, ZEuS 2018, 181; *Zimmermann/Landefeld,* Europäische Menschenrechtskonvention und Staatsangehörigkeitsrecht der Konventionsstaaten, ZAR 2014, 97.

Übersicht

	Rn.
A. Bedeutung im innerstaatlichen Bereich	1
B. Sachlicher Anwendungsbereich	3
I. Überblick	3
1. Regelungsbereiche	3
2. Funktionen des Grundrechts	4
II. Privatleben	5
1. Selbstbestimmung über den eigenen Körper	6
2. Selbstbestimmte Lebensgestaltung	14
3. Informationelle Selbstbestimmung	24
4. Umwelt	38
III. Familienleben	40
1. Der konventionsrechtliche Familienbegriff	40
2. Das Schutzgut Familienleben	52
IV. Wohnung	57
V. Korrespondenz	59
C. Eingriffe und andere Beeinträchtigungen	61
I. Überblick	61
II. Privatleben	63
1. Selbstbestimmung über den eigenen Körper	63
2. Selbstbestimmte Lebensgestaltung	69
3. Informationelle Selbstbestimmung	75

Art. 8 EMRK

	Rn.
4. Umwelt	80
III. Familienleben	82
IV. Wohnung	86
V. Korrespondenz	88
D. Rechtfertigung	90
I. Überblick	90
1. Rechtfertigung eines Eingriffs	90
2. Nichterfüllung positiver Pflichten	100
II. Privatleben	101
1. Selbstbestimmung über den eigenen Körper	101
2. Selbstbestimmte Lebensgestaltung	104
3. Informationelle Selbstbestimmung	113
4. Umwelt	116
III. Familienleben	118
IV. Wohnung	123
V. Korrespondenz	126

A. Bedeutung im innerstaatlichen Bereich

Art. 8 gehört zu den in Deutschland bekanntesten Grundrechten der EMRK. **1** Dies ist ua auf den sehr weiten Anwendungsbereich und darauf zurückzuführen, dass eine Vielzahl der Deutschland betreffenden Entscheidungen des EGMR eine (behauptete) Verletzung von Art. 8 zum Gegenstand haben.

Das **Grundgesetz enthält keinen Art. 8 entsprechenden Artikel.** Während **2** die EMRK – wie **Art. 7 GRCh** (zu diesem *Jarass* FamRZ 2012, 1181; vgl. zum identischen Schutzniveau des Rechts auf Achtung des Familienlebens EuGH 15.11.2011 (GK) – C-256/11 Rn. 70, NVwZ 2012, 97 – Dereci ua) – in nur einem Artikel die Regelungsbereiche Privatleben, Familienleben, Wohnung und Korrespondenz (bzw. „Kommunikation" in Art. 7 GRCh) zusammenfasst, finden sich diese Regelungsbereiche in verschiedenen Artikeln des Grundgesetzes, wie zum Beispiel in Art. 2 GG (Freie Entfaltung der Persönlichkeit, Recht auf Leben, körperliche Unversehrtheit, Freiheit der Person), Art. 6 GG (Ehe, Familie, uneheliche Kinder), Art. 10 GG (Brief-, Post- und Fernmeldegeheimnis) und Art. 13 GG (Unverletzlichkeit der Wohnung) wieder. Die Anwendungsbereiche der genannten Grundgesetzartikel stimmen nur teilweise mit dem des Art. 8 überein. So erfasst Art. 6 GG bspw. auch die Eheschließungsfreiheit, die in der EMRK nicht in Art. 8 sondern in Art. 12 verortet ist. Ein weiterer Unterschied zwischen EMRK und Grundgesetz besteht im Bereich der Schrankenregelungen. Anders als Art. 8 haben die Art. 2, 6, 10, 13 GG unterschiedliche Schrankenregelungen für ihre jeweiligen Anwendungsbereiche.

B. Sachlicher Anwendungsbereich

I. Überblick

1. Regelungsbereiche. Art. 8 erfasst die vier Regelungsbereiche **Privatleben,** **3** **Familienleben, Wohnung** und **Korrespondenz.** Die Frage, ob Art. 8 vier Grundrechte enthält oder ob es sich um ein Grundrecht mit vier unterschiedlichen Ausprägungen handelt, spielt in der Praxis keine Rolle. Für den Rechtsanwender ist allein entscheidend, ob ein konkreter Sachverhalt in den Anwendungsbereich des Art. 8 fällt. Bei der Bestimmung des Anwendungsbereichs geht der EGMR vom Grundsatz der Selbstbestimmung/Autonomie des Menschen aus (EGMR 11.10.2018 – 55216/08 Rn. 55, NVwZ-RR 2019, 489 – S. V.)

4 **2. Funktionen des Grundrechts.** Das Grundrecht in Art. 8 ist einerseits als **Abwehrrecht** ausgestaltet: es schützt den Grundrechtsberechtigten vor Eingriffen der Mitgliedstaaten in die vier genannten Bereiche. Andererseits verpflichtet es die Mitgliedstaaten tätig zu werden (der EGMR spricht insoweit von **„positive obligations"** bzw. **„obligations positives"**, vgl. EGMR 23.9.2010 – 1620/03 Rn. 55, NVwZ 2011, 482 – Schüth; EGMR 14.5.2020 – 48534/10, 19532/15 Rn. 103 – Rodina; *Grabenwarter/Pabel* EMRK § 19 Rn. 1 ff. sprechen dagegen von **Gewährleistungspflichten;** ausführlich zu diesen Pflichten → Art. 1 Rn. 5 ff.). Die Mitgliedstaaten haben die aus Art. 8 folgenden Rechte zu sichern und entsprechende Maßnahmen zum Schutz der Grundrechtsberechtigten zu ergreifen (vgl. EGMR 20.3.2007 – 5410/03 Rn. 107, NJOZ 2009, 3349 – Tysiac mwN). Sie haben darüber hinaus die Pflicht, Grundrechtsberechtigte vor Eingriffen Dritter zu schützen und verfahrensrechtliche Regelungen zur Verfügung zu stellen, die eine effektive Wahrnehmung der aus Art. 8 folgenden Rechte ermöglichen (vgl. EGMR 17.1.2019 – 29683/16 Rn. 63, BeckRS 2019, 53112 – X.). Eine klare Abgrenzung zwischen abwehrrechtlicher und positiv verpflichtender Komponente ist nicht immer möglich (vgl. EGMR 25.11.1994 – 18131/91 Rn. 38, NLMR 1994, 331 – Stjerna) und der EGMR misst ihr keine besondere Bedeutung bei (EGMR 13.11.2012 – 47039/11, 358/12 Rn. 117, NJW 2014, 447 – Hristozov ua; EGMR 26.11.2019 – 58502/11 ua Rn. 114, NLMR 2019, 506 – Abdysheva ua).

II. Privatleben

5 Der in Art. 8 verankerte Schutz des Privatlebens erstreckt sich auf viele Bereiche. Eine abschließende Definition des Begriffs ist nicht möglich (EGMR 28.5.2020 – 17895/14 Rn. 53, NLMR 2020, 200 – Evers). Aus Gründen der Übersichtlichkeit werden nachfolgend verschiedene Bereiche unter Stichworten zusammengefasst.

6 **1. Selbstbestimmung über den eigenen Körper.** Der EGMR betrachtet den Körper einer Person als intimsten Bereich ihres Privatlebens (EGMR 16.9.2014 – 50131/08 Rn. 160 – Atudorei; EGMR 9.10.2014 – 37873/04 Rn. 40, NJW-RR 2015, 1432 – Konovalova).

7 **a) Physische und psychische Unversehrtheit.** Art. 8 schützt die physische und psychische Unversehrtheit einer Person. Diesen Schutz gewährt auch Art. 3, allerdings bedürfen integritätsbeeinträchtigende Maßnahmen eines bestimmten Gewichts, um in den Anwendungsbereich von Art. 3 (Verbot der Folter) zu fallen. Nicht jede physische oder psychische Beeinträchtigung ist Folter, unmenschliche oder erniedrigende Strafe oder Behandlung. Bleibt eine Maßnahme dahinter zurück, kann der Anwendungsbereich von Art. 8 berührt sein (EGMR 13.5.2008 – 52515/99 Rn. 71, NVwZ 2009, 1547 – Juhnke; EGMR 1.6.2017 – 9635/13 Rn. 70, – Dejnek; sa EGMR 27.9.1999 – 33985/96, 33986/96 Rn. 122, NJW 2000, 2089 – Smith & Grady). Art. 8 enthält das Recht jeder zur Bildung eines freien Willens fähigen Person, zu entscheiden wie und zu welchem Zeitpunkt sie ihr Leben beenden will (EGMR 20.1.2011 – 31322/07 Rn. 51, NJW 2011, 3773 – Haas; zur **Sterbehilfe** vgl. auch EGMR 19.7.2012 – 497/09, NJW 2013,

Recht auf Achtung des Privat- und Familienlebens **Art. 8 EMRK**

2953 – Koch sowie BVerfG 26.2.2020 – 2 BvR 2347/15 ua, NJW 2020, 905; zur Beschwerde Angehöriger gegen Behandlungsabbruch EGMR 5.6.2015 (GK) – 46043/14, NJW 2015, 2715 – Lambert [zu Art. 2 EMRK]; Überblick über die EGMR-Rspr. bei *Woll* ZEuS 2018, 181).

b) Medizinische Behandlungen. Art. 8 schützt den Einzelnen vor erzwun- 8 genen medizinischen Untersuchungen und Behandlungen ebenso wie vor ungewollten Aufenthalten in Kranken- und Pflegeeinrichtungen (vgl. EKMR 10.12.1984 – 10435/83 – Acmanne; EGMR 13.5.2008 – 52515/99 Rn. 72, NVwZ 2009, 1547 – Juhnke; EGMR 22.7.2003 – 24209/94 Rn. 33ff. – Y. F.). Art. 8 soll einen Mitgliedstaat dagegen nicht verpflichten, einen Fonds für impfgeschädigte Kinder einzurichten, wenn keine **Impfpflicht** besteht (EKMR 4.2.1982 – 8542/79 – Godfrey; zu einer gerechtfertigten **Impfpflicht** vgl. EGMR 8.4.2021 (GK) – 47621/13 Rn. 261 – Vavřička ua). Die Konvention garantiert nach Auffassung des EGMR **kein Recht auf Gesundheit** (EGMR 17.3.2016 – 23796/10 Rn. 63, MedR 2017, 119 – Vasileva), **auf bestimmte vom Patienten gewünschte medizinische Behandlungen oder Medikamente** (EGMR 26.11.2019 – 58502/11 ua Rn. 111, NLMR 2019, 506 – Abdyusheva ua) oder **auf eine kostenlose medizinische Versorgung,** eine ungenügende Finanzierung medizinisch notwendiger Behandlungen soll jedoch in den Anwendungsbereich des Art. 8 fallen (EGMR 4.1.2005 – 14462/03 – Pentiacova). Zudem sollen die Mitgliedstaaten verpflichtet sein, Regelungen vorzusehen, die einerseits sicherstellen, dass Kliniken die Integrität ihrer Patienten schützen und andererseits Opfern von Behandlungsfehlern Zugang zu Schadenersatzverfahren einschließlich unabhängiger Gutachtern sichern (EGMR 17.3.2016 – 23796/10 Rn. 63, 66, MedR 2017, 119 – Vasileva).

c) Schwangerschaft. Geschützt sind **die werdenden Eltern.** Das Recht auf 9 Achtung des Privat- und Familienlebens des potentiellen Vaters vermittelt diesem jedoch nicht das Recht, von der Schwangeren im Vorfeld eines geplanten Abbruches über diesen informiert zu werden (EKMR 13.5.1980 – 8416/78 Rn. 27 – X.; EGMR 5.9.2002 – 50490/99 – Boso). Der EGMR betont insoweit, dass bei jeder Prüfung eines Eingriffs in das Privatleben des potentiellen Vaters, das Privatleben der werdenden Mutter als in erster Linie von der Schwangerschaft Betroffene zu berücksichtigen ist (EGMR 5.9.2002 – 50490/99 – Boso). Art. 8 soll **kein Recht auf Abtreibung** gewähren (EGMR 30.10.2012 – 57375/08 Rn. 96, NJOZ 2014, 709 – P. und S.). Mit der Frage, inwieweit ein Mitgliedstaat verpflichtet ist, die Integrität einer Schwangeren durch die rechtliche und tatsächliche Möglichkeit eines Schwangerschaftsabbruchs zu schützen, hat sich der EGMR in der Vergangenheit ebenso beschäftigt (EGMR 20.3.2007 – 5410/03, NJOZ 2009, 3349 – Tysiac; EGMR 16.12.2010 (GK) – 25579/05, NJW 2011, 2107 – A., B. & C.; vgl. zur Entwicklung der Rechtsprechung des EGMR zum **Schwangerschaftsabbruch** *Koutnatzis/Weilert* AVR Bd. 51, 72) wie mit der Frage, ob ein Mitgliedstaat bestimmte Regelungen schaffen muss, die eine strafrechtliche Verfolgung eines fahrlässigen Schwangerschaftsabbruchs ermöglichen (EGMR 8.7.2004 (GK) – 53924/00, JuS 2005, 735 – VO).

Anders als die Entscheidung des BVerfG, die sich vordergründig mit Fragen des 10 **Schutzes ungeborenen Lebens** beschäftigt (BVerfG 28.5.1993 – 2 BvF 2/90 ua, BVerfGE 88, 203), stand in den bisherigen Entscheidungen von EKMR und EGMR das Privatleben der Schwangeren und das Privat- sowie Familienleben des potentiellen Vaters im Mittelpunkt. Der EGMR deutet in jüngeren Entscheidungen jedoch an, dass Art. 8 auch dem ungeborenen Leben Schutz vermitteln könnte (EGMR 8.7.2004 (GK) – 53924/00 Rn. 80, JuS 2005, 735 – VO; EGMR 16.12.2010 (GK) – 25579/05 Rn. 213, NJW 2011, 2107 – A., B. & C.).

11 d) **Sexualität.** Das Sexualleben und die sexuelle Orientierung eines Menschen sind ebenfalls vom Recht auf Achtung des Privatlebens erfasst (EGMR 12.6.2003 – 35968/97 Rn. 69, NJW 2004, 2505 – van Kück; EGMR 6.2.2001 – 44599/98 Rn. 47, NVwZ 2002, 453 mwN – Bensaid). Dagegen soll nach einer älteren Entscheidung der EKMR die sexuelle Beziehung gegen Entgelt **(Prostitution)** nicht erfasst sein (vgl. EKMR 10.3.1988 – 11680/85 – v. Switzerland). Den Schutz ihres Sexuallebens genießen auch **Gefangene.** Während EKMR und EGMR der Zulassung sexueller Kontakte in Gefängnissen zunächst ablehnend gegenüberstanden (vgl. EKMR 3.10.1978 – 8166/78 – Graf-Zwahlen; EGMR 29.4.2003 – 41220/98 Rn. 185ff. – Aliev), deutet sich insoweit mglw. eine Änderung der Rechtsprechung des EGMR an (vgl. EGMR 4.12.2007 (GK) – 44362/04, NJW 2009, 971 – Dickson). Auch **sadomasochistische Sexualpraktiken** sind vom Recht auf Achtung des Privatlebens erfasst (vgl. EGMR 19.2.1997 – 21627/93, 21826/93, 21974/93 – Laskey, Joggard, Brown; EGMR 17.2.2005 – 42758/98, 45558/99 – K. A. & A. D.). Gleiches gilt für **homosexuelle Handlungen** (EGMR 22.10.1981 – 7525/76, NJW 1984, 541 – Dudgeon; EGMR 26.10.1988 – 10581/83 – Norris; EGMR 22.4.1993 – 15070/89 – Modinos; EGMR 31.7.2000 – 35765/97 – A.D.T.; EGMR 9.1.2003 – 39392/98, 39829/98 – L. & V.).

12 Neben der Gewährleistung des Rechtes auf **sexuelle Selbstbestimmung,** haben die Mitgliedstaaten im Bereich der Sexualität die Pflicht, ihre Bürger vor Eingriffen Dritter zu schützen. Einen derartigen Schutz bieten bspw. strafrechtliche Vorschriften zur Verfolgung von Sexualvergehen (EGMR 26.3.1985 – 8978/80, EuGRZ 1985, 297 – X. & Y.; zur Verfolgung sexuellen Kindesmissbrauchs siehe EGMR 22.10.1996 – 22083/93 ua – Stubbings ua).

13 e) **Geschlechtliche Identität.** Das Recht auf Achtung des Privatlebens umfasst die geschlechtliche Identität (EGMR 17.1.2019 – 29683/16 Rn. 37 – X.; vgl. zur Änderung des Vornamens und des Geschlechtseintrages EGMR 6.4.2017 – 79885/12 ua, NJOZ 2018, 1672 – A. P., Garçon, Nicot sowie EGMR 11.10.2018 – 55216/08 Rn. 55, NVwZ-RR 2019, 489 – S. V.) und damit auch den Wunsch nach einer **Geschlechtsangleichung** (EGMR 17.10.1986 – 9532/81 – Rees; EGMR 27.9.1990 – 10843/84 – Cossey; EGMR 30.7.1998 (GK) – 22985/93, 23390/94 – Sheffield & Horsham; EGMR 11.7.2002 (GK) – 28957/95 Rn. 97, 100, NJW-RR 2004, 289 – Goodwin; EGMR 12.6.2003 – 35968/97, NJW 2004, 2505 – van Kück; EGMR 11.9.2007 – 27527/03 – L.; sa EGMR 22.4.1997 (GK) – 21830/93 – X., Y., Z.; zum Schutz Transsexueller in der Rechtsprechung des EGMR *Theilen* ZEuS 2013, 363). Art. 8 gewährt jedoch **kein Recht auf Erstattung der Kosten** für geschlechtsangleichende Operationen (EGMR 8.1.2009 – 29002/06 Rn. 77 – Schlumpf; siehe dagegen auch EGMR 12.6.2003 – 35968/97 Rn. 70, NJW 2004, 2505 – van Kück).

14 2. **Selbstbestimmte Lebensgestaltung.** Zum Recht auf Achtung des Privatlebens zählt das Recht, sein Leben nach den eigenen Vorstellungen führen zu können. Ausdruck dieses Rechts ist auch die Entscheidung dafür bzw. dagegen, **persönliche, wirtschaftliche, berufliche und gesellschaftliche Beziehungen zu anderen Personen** zu unterhalten (EGMR 9.10.2003 (GK) – 48321/99 Rn. 96, EuGRZ 2006, 560 – Slivenko; vgl. auch BVerfG 10.5.2007 – 2 BvR 304/07,

Recht auf Achtung des Privat- und Familienlebens **Art. 8 EMRK**

NVwZ 2007, 946 [zur Bedeutung dieser Beziehungen im Aufenthaltsrecht]; vgl. zu Beziehungen zwischen gleichgeschlechtlichen Personen: EGMR 10.5.2001 – 56501/00 – Antonio Mata Estevez). Dazu zählt auch, andere Menschen um Hilfe zu bitten/**zu betteln** (EGMR 19.1.2021 – 14065/15 Rn. 59 – Lacatus).

a) Kleidung. Dazu, sein Leben nach den eigenen Vorstellungen leben zu kön- **15** nen und seiner Persönlichkeit Ausdruck zu verleihen, gehört die **freie Wahl der Kleidung.** Anders als eine **Schuluniform**pflicht (vgl. EKMR 3.3.1986 – 11674/85 – Stevens), die Pflicht, **Gefängniskleidung** zu tragen (vgl. EKMR 15.5.1980 – 8317/78 – McFeeley ua und EKMR 6.3.1982 – 8231/78 – X.; vgl. dazu, dass mit dem **Strafvollzug** verbundene Einschränkungen idR keinen Eingriff in Art. 8 darstellen oder idR gerechtfertigt sind EGMR 22.1.2008 – 20579/04 Rn. 37, BeckRS 2016, 16743 – Beier), ein **Kopftuch**verbot (vgl. EGMR 10.11.2005 (GK) – 44774/98, NVwZ 2006, 1389 – Sahin), ein Gesichtsschleierverbot (EGMR 1.7.2014 (GK) – 43835/11, NLMR 2014, 309 – S. A.S.) und ein Vollbartverbot im Gefängnis (EGMR 14.6.2014 – 49304/09 Rn. 33 – Biržietis), soll eine **Gurtpflicht** keinen Einfluss auf das Privatleben im Sinne von Art. 8 haben (EKMR 13.12.1979 – 8707/79, EuGRZ 1980, 170 – X.).

b) Der besondere Lebensstil von Minderheiten unterfällt dem Privatleben. **16** Dazu gehört das **Sprechen einer Minderheitensprache** (vgl. „Belgischer Sprachenfall" EGMR 23.7.1968 – 1474/62 ua, EuGRZ 1975, 298; vgl. zur **ethnischen Identität** als wichtiger Teil des Privatlebens EGMR 17.9.2019 – 40942/14 Rn. 72, AuR 2020, 583 – Iovcev) ebenso wie das **Umherziehen in Wohnwagen** (EGMR 18.1.2001 (GK) – 27238/95 ua Rn. 74, NLMR 2001, 23 – Chapman; EGMR 27.5.2004 – 66746/01 – Connors; vgl. zu den Belangen von **Roma** in der Rechtsprechung des EGMR *Weber* ZAR 2013, 188; s. a. EGMR 12.4.2016 – 64602/12, NLMR 2016, 138 – R. B.), die besondere Lebensweise der Samen (EKMR 3.10.1980 – 9278/81, 9415/81 – G. & E.) und Sorben (vgl. EGMR 25.5.2000 – 46346/99, LKV 2001, 69 – Noack ua). Die EMRK garantiert indes **keine besonderen Rechte für Minderheiten** (EGMR 25.5.2000 – 46346/99, LKV 2001, 69 – Noack ua). Gleiches gilt für **Menschen mit Behinderungen.** Die EMRK vermittelt ihnen keine besonderen Rechte. Der EGMR lehnte bspw. wiederholt Beschwerden von Personen mit körperlicher Behinderung mit der Begründung ab, dass nicht jede Störung des täglichen Lebens genüge. Eine staatliche Handlungspflicht solle nur dann bestehen, wenn es zwischen der begehrten Maßnahme und dem Privatleben des Betroffenen eine direkte und unmittelbare Verbindung gebe. Fehle es daran, sei der **Anwendungsbereich** des Privatlebens im Sinne von Art. 8 nicht berührt (EGMR 24.2.1998 – 21439/93 Rn. 34 f., NLMR 1998, 66 – Botta; EGMR 14.5.2002 – 38621/97 – Zehnalova & Zehnal).

c) Elternschaft. Die Entscheidung dafür oder dagegen Vater oder Mutter zu **17** werden, ist vom Recht auf Achtung des Privatlebens umfasst (EGMR 10.4.2007 (GK) – 6339/05 Rn. 58, NJW 2008, 2013 – Evans; vgl. zur künstlichen Befruchtung: EGMR 3.11.2011 (GK) – 57813/00 Rn. 80 ff., NJW 2012, 207 – S. H. & others; EGMR 2.10.2012 – 10048/10 – Knecht; EGMR 4.12.2007 (GK) – 44362/04, NJW 2009, 971 – Dickson; zum Wunsch, in der eigenen Wohnung statt in dafür vorgesehenen Einrichtungen sein Kind zu gebären siehe EGMR 14.12.2010 – 67545/09, NLMR 2010, 366 – Ternovszky; zum Wunsch einer In-Vitro-Fertilisation, um eine bestimmte genetische Erkrankung auszuschließen vgl. EGMR 28.8.2012 – 54270/10, NLMR 2012, 265 – Costa und Pavan). Dieses

EMRK Art. 8 Rechte und Freiheiten der Konvention

Recht ist nicht übertragbar, zB im Todesfall durch künstliche Befruchtung (EGMR 12.11.2019 – 23038/19 Rn. 18, FamRZ 2020, 351 – Lanzmann). Dagegen garantiert Art. 8 **kein Recht auf Adoption** (EGMR 22.1.2008 (GK) – 43546/02 Rn. 41, NJW 2009, 3637 – E. B.; EGMR 26.2.2002 – 36515/97 Rn. 32, FamRZ 2003, 149 – Fretté) und **kein Recht auf Gründung einer Familie** (EGMR 12.11.2019 – 23038/19 Rn. 18, FamRZ 2020, 351 – Lanzmann). Art. 8 enthält ferner **kein Recht** des biologischen Vaters **auf Anfechtung der Vaterschaft des rechtlichen Vaters** (EGMR 5.11.2013 – 26610/09, NJW 2014, 3083 – Hülsmann; EGMR 10.3.2015 – 42719/14 Rn. 23, FamRZ 2016, 437 – Markgraf; beachte aber EGMR 8.12.2016 – 7949/11 ua, FamRZ 2017, 385 – L. D. ua, wonach, Art. 8 verletzt sein soll, wenn das nationale Recht die Anfechtung der Vaterschaftsanerkennung durch den biologischen Vater nur deshalb nicht zulässt, weil die Vaterschaft bereits von einem anderen Mann anerkannt worden ist).

18   Eine **Beziehung zwischen einem biologischen Vater und seinen Kindern,** die er nie kennengelernt und mit denen er nie zusammengelebt hat, ist nicht beständig genug, um ein Familienleben im Sinne von Art. 8 darzustellen. Allerdings fällt der Wunsch, die familiäre Beziehung zu den Kindern aufzubauen, in den Anwendungsbereich des Privatlebens, sofern der Umstand, dass noch kein Familienleben besteht, dem biologischen Vater nicht zuzuschreiben ist (EGMR 21.12.2010 – 20578/07 Rn. 55, FamRZ 2011, 269 – Anayo).

19   **d) Beziehungen zu Verstorbenen.** Auch Beziehungen zu Verstorbenen können dem Recht auf Achtung des Privatlebens unterfallen (vgl. zum Recht einer Frau, der Beerdigung ihres tot geborenen Kindes beizuwohnen: EGMR 14.2.2008 – 55525/00, NLMR 2008, 34 – Hadri-Vionnet und zur Frage, ob ein Recht besteht, die Urne des verstorbenen Partners ausgraben und an einen anderen Ort verbringen zu lassen EGMR 17.1.2006 – 61564/00 Rn. 23 – Elli Poluhas Dödsbo; zum Wunsch, die eigene Asche auf eigenem Land verstreuen lassen zu dürfen EKMR 10.3.1981 – 8741/79 – X.).

20   Art. 8 gewährt **kein Recht auf Zahlung einer Hinterbliebenenrente.** Sieht aber die nationale Gesetzgebung eines Mitgliedstaates eine Hinterbliebenenrente vor, soll der Anwendungsbereich des Art. 8 eröffnet sein, wenn bestimmten Personengruppen eine solche Rente verwehrt wird (EGMR 21.9.2010 – 66689/09, NVwZ 2011, 31 – Manenc; EGMR 10.5.2001 – 56501/00 – Antonio Mata Estevez; sa BVerwG 28.10.2010 – 2 C 47/09, NVwZ 2011, 499 und EuGH (GK) 10.5.2011 – C-147/08, NJW 2011, 2187).

21   **e) Berufliche Beziehungen.** Art. 8 enthält **kein generelles Recht auf Arbeit,** Zugang zum öffentlichen Dienst oder auf Auswahl eines bestimmten Berufes. Berufsbezogene Streitigkeiten können in den Anwendungsbereich von Art. 8 fallen. Der EGMR sieht diese Möglichkeit, wenn die Gründe für eine streitige berufsbezogene Maßnahme das Privatleben betreffen („reason based approach") oder, wenn die Konsequenzen einer streitigen berufsbezogenen Maßnahme das Privatleben betreffen („consequence-based approach"). Insbesondere im letztgenannten Fall fordert der EGMR eine besondere Erheblichkeit der negativen Folgen der streitigen berufsbezogenen Maßnahme für das Privatleben der Betroffenen, die diese vor den nationalen Stellen ebenso überzeugend geltend gemacht haben müssten wie vor dem EGMR (EGMR 25.9.2018 (GK) – 76639/11 Rn. 95 ff., NLMR 2018, 446 – Denisov [unzureichende Erheblichkeit im Fall der Amtsenthebung eines Gerichtspräsidenten]; s. a. EGMR 27.6.2017 – 50446/09 Rn. 56 ff., NJW 2018, 3372 – Jankauskas [Ausschluss von der Rechtsanwaltsausbildung]; EGMR

Recht auf Achtung des Privat- und Familienlebens **Art. 8 EMRK**

27.6.2017 – 48427/09 Rn. 36 ff., NJW 2018, 3369 – Lekavičienė [Versagung Wiederzulassung zur Anwaltschaft]). Der EGMR hat den Anwendungsbereich des Art. 8 als eröffnet angesehen, als es um das **Abhören von Telefonen** im Büro einer Polizistin (EGMR 25.6.1997 – 20605/92 – Halford; zu neueren Entscheidungen betreffend **elektronische Überwachungen am Arbeitsplatz** *Lörcher* AuR 2020, 100), um die Verwendung von Unterlagen des Bundesbeauftragten für die Unterlagen des Staatssicherheitsdienstes der ehemaligen DDR zu Lasten einer Angestellten des öffentlichen Dienstes (EGMR 22.11.2001 – 41111/98, NJW 2003, 3041 – Knauth), die Entlassung wegen früherer Geheimdiensttätigkeit und das (zeitweilige) Verbot der Beschäftigung in bestimmten Bereichen (EGMR 7.4.2005 – 70665/01, 74345/01 Rn. 35 – Rainys & Gasparavicius; EGMR 27.7.2004 – 55480/00, 59330/00, NLMR 2004, 193 – Sidabras & Dziautas), die Durchsuchung einer Rechtsanwaltskanzlei (EGMR 6.12.2012 – 12323/11, NJW 2013, 3423 – Michaud), einen staatsanwaltlichen Zugriff auf das Geschäftskonto eines Strafverteidigers (EGMR 27.4.2017 – 73607/13, AnwBl. 2017, 666 – Sommer) und die Amtsenthebung eines Richters (EGMR 9.1.2013 – 21722/11, NLMR 2013, 11 [s. dagegen aber auch EGMR iS Denisov]) ging (zu **Mobbing** siehe EGMR 17.9.2019 – 40942/14, AuR 2020, 83 – Iovcev ua).

f) Ausländer in Deutschland. Fester Bestandteil des Privatlebens iSd Art. 8 ist 22 die Gesamtheit der Bindungen eines im Mitgliedstaat lebenden **Ausländers** zu anderen Menschen (*Nußberger* NVwZ 2013, 1305; vgl. zur Berücksichtigung von Art. 8 bei **Ausweisungen:** EGMR 18.10.2006 (GK) – 46410/99 Rn. 59, NVwZ 2007, 1279 – Üner; EGMR 28.6.2007 – 31753/02, InfAuslR 2007, 325 – Kaya; EGMR 30.11.1999 – 34374/97, NVwZ 2000, 1401 – Baghli; EGMR 26.9.1997 – 25017/94, NVwZ 1998, 164 – Mehemi; Beachte auch Art. 4 4. EMRKProt, der Kollektivausweisungen von Ausländern verbietet). Dies betont auch das Bundesverfassungsgericht (vgl. BVerfG 10.5.2007 – 2 BvR 304/07, NVwZ 2007, 946). Einer bestimmten **Dauer des Aufenthalts** bedarf es nicht, um den Anwendungsbereich von Art. 8 zu eröffnen (aA *Fritzsch* ZAR 2010, 14 (16)). Auch die **Rechtmäßigkeit des Aufenthaltes** im Mitgliedstaat ist nicht erforderlich (EGMR 28.7.2020 – 25402/14 – Pormes; aA *Fritzsch* ZAR 2010, 14 (16 ff.) und BVerwG 26.10.2010 – 1 C 18/09, NVwZ-RR 2011, 210; sa OVG Hamburg 25.8.2016 – 3 Bf 153/13, juris Rn. 104 [aufenthaltsrechtliche Duldung steht Eröffnung des Anwendungsbereichs von Art. 8 Abs. 1 nicht entgegen]). Die Rechtmäßigkeit des Aufenthaltes ist vielmehr ein Kriterium, das es im Rahmen von Art. 8 Abs. 2 zu prüfen gilt (so auch *Eckertz-Höfer* ZAR 2008, 41 (44)).

Bei Entscheidungen zu aufenthaltsbeendenden Maßnahmen bzw. zur Ver- 23 weigerung einer Aufenthaltslegalisierung sollte daher stets geprüft werden, ob der betroffene Ausländer über so starke persönliche, berufliche, wirtschaftliche und gesellschaftliche Beziehungen im Mitgliedstaat verfügt, die für ihn den Anwendungsbereich des Art. 8 eröffnen (vgl. zur getrennten Prüfung von Eltern und ihren minderjährigen Kindern *Maierhöfer* NVwZ 2011, 4; vgl. zur Berücksichtigung des Familienverbandes bei Rückkehrprognosen BVerwG 4.7.2019 – 1 C 45/18, NVwZ 2020, 158). Dies kommt deutschen Verwaltungsgerichten zufolge vor allem für Ausländer in Betracht, die auf Grund eines Hineinwachsens in die Verhältnisse des Gastlandes bei gleichzeitiger Entfremdung von ihrem Herkunftsland so eng mit Deutschland verbunden sind, dass sie gewissermaßen deutschen Staatsangehörigen gleichzustellen sind, während sie mit ihrem Herkunftsland im Wesentlichen nur noch das formale Band ihrer Staatsangehörigkeit verbindet, sog. **faktische Inlän-**

EMRK Art. 8

der (vgl. BVerwG 29.9.1998 – 1 C 8/96, NVwZ 1999, 303; VGH Mannheim 13.12.2010 – 11 S 2359/10, DVBl 2011, 370 Rn. 27 mwN; BVerfG 29.1.2020 – 2 BvR 690/19, InfAuslR 2020, 187 [Herleitung eines Aufenthaltsrechtes aus Art. 8 Abs. 1]).

24 **3. Informationelle Selbstbestimmung. a) Identität.** Das Recht auf **Kenntnis der eigenen Abstammung/der eigenen Identität** ist Bestandteil des Rechts auf Achtung des Privatlebens (EGMR 13.7.2006 – 58757/00, FamRZ 2006, 1354 – Jäggi; EGMR 7.2.2002 – 53176/99 – Mikulic; EGMR 7.7.1989 – 10454/83 – Gaskin). Es kann mit einem **Recht auf Auskunft** einhergehen, wenn staatliche Stellen über entsprechende Informationen zur Abstammung/Identität verfügen (vgl. EGMR 7.7.1989 – 10454/83 Rn. 36f. – Gaskin), denn zur Entwicklung der Person gehört das Recht, notwendige Informationen über wesentliche Aspekte der eigenen Identität oder derjenigen der Eltern zu erhalten. Die eigene Geburt und die Umstände, unter denen sie stattgefunden hat, sind Teil des von Art. 8 geschützten Privatlebens (EGMR 13.2.2003 (GK) – 42326/98 Rn. 29, NJW 2003, 2145 – Odièvre; s. a. Anm. *Lux-Wesener* EuGRZ 2003, 555). In das Privatleben eines vermeintlichen Vaters fällt die Klärung seiner biologischen Vaterschaft (EGMR 24.11.2005 – 74826/01 Rn. 30ff. mwN, FamRZ 2006, 181 – Shofman mAnm *Henrich;* EGMR 12.1.2006 – 26111/02 Rn. 102, EuGRZ 2006, 129 – Mizzi). Die Festlegung gesetzlicher Anfechtungsfristen (vgl. für Deutschland § 1600b BGB) verstößt nicht grundsätzlich gegen Art. 8 (EGMR 6.7.2010 – 17038/04 Rn. 47 – Grönmark; vgl. zur Vaterschaftsanfechtung und Art. 6 GG BVerfG 12.8.2019 – 1 BvR 1742/18, NJW 2019, 3441).

25 Zur persönlichen und sozialen Identität gehören der Personenstand (vgl. zur Registrierung einer Ehe EGMR 20.7.2010 – 38816/07 Rn. 48, NLMR 2010, 235 – Dadouch) und das Kindschaftsverhältnis (vgl. zur Feststellung eines Vater-Kind-Verhältnisses bei Leihmutterkind Gutachten des EGMR (GK) Vorlage Nr. P16-2018-001 des frz. Kassationshofes, FamRZ 2019, 887; s. a. *Helms* IPRax 2020, 379).

26 Die EMRK gewährt **kein Recht auf eine bestimmte Staatsangehörigkeit** (EGMR 11.10.2011 – 53124/09 Rn. 30, FamRZ 2011, 1925 – Genovese mAnm *Henrich*). Das willkürliche **Vorenthalten der Staatsangehörigkeit** oder der Entzug können unter bestimmten Umständen wegen der Auswirkungen auf das Privatleben die Frage einer Verletzung von Art. 8 aufwerfen (EGMR 12.1.1999 – 31414/96, NVwZ 2000, 301 – Karrasen; Überblick zur Rechtsprechung des EGMR bei *Zimmermann/Landefeld* ZAR 2014, 97).

27 **b) Name.** Sowohl der Vor- als auch der Nachname einer Person sind Mittel der persönlichen Identifizierung und zugleich eine Verbindung zur Familie. **Vor- und Nachname** fallen daher in den Anwendungsbereich des Rechts auf Achtung des Privatlebens (EGMR 6.5.2008 – 31745/02, FamRZ 2008, 1507 – Heidecker-Tiemann (nur Ls.); EGMR 6.5.2008 – 33572/02, StAZ 2008, 375 – Freifrau von Rehlingen ua; EGMR 1.7.2008 – 44378/05 Rn. 26 – Daróczy; EGMR 22.2.1994 – 16213/90 Rn. 24, NLMR 1994, 76 – Burghartz; EGMR 25.11.1994 – 18131/91 Rn. 37, NLMR 1994, 331 – Stjerna; sa *Gaaz* StAZ 2008, 365). Geschützt ist jedoch nicht nur der Namensträger. Insbesondere die **Wahl des Vornamens des eigenen Kindes** unterfällt wegen der persönlichen und emotionalen Bedeutung dem Schutz des Privatlebens der Eltern (EGMR 6.9.2007 – 10163/02 Rn. 28, NLMR 2007, 241 – Johansson; EGMR 24.10.1996 – 22500/93 Rn. 22, NLMR 1996, 167 – Guillot; für den **Nachnamen** siehe EGMR 7.1.2014 – 77/07, NLMR 2014, 54 – Cusan u. Fazzo).

Recht auf Achtung des Privat- und Familienlebens **Art. 8 EMRK**

c) Datenschutz. Die systematische **Sammlung, Speicherung, Verarbei-** 28
tung und Verwertung von Daten Privater durch öffentliche Stellen fallen in den
Anwendungsbereich des Art. 8 (vgl. EGMR 4.5.2000 (GK) – 28341/95, NLMR
2000, 96 – Rotaru). Dazu gehören die Nutzung aufgezeichneter Telefonverbindungsdaten ohne Einverständnis des Teilnehmers (EGMR 2.8.1984 – 8691/79,
EuGRZ 1985, 17 – Malone; EGMR 25.9.2001 – 44787/98 Rn. 42 – P. G. &
J. H.) ebenso wie die von Geheimdiensten genutzten **Daten über politische Aktivitäten** einzelner Personen (vgl. EGMR 4.5.2000 (GK) – 28341/95 Rn. 43f.,
NLMR 2000, 96 – Rotaru; EGMR 6.6.2006 – 62332/00 – Segerstedt-Wiberg
ua; sa EGMR 26.3.1987 – 9248/81 – Leander; EGMR 22.11.2001 – 41111/98,
NJW 2003, 3041 – Knauth; die besondere Sensibilität von personenenbezogenen
Daten, die **politische Überzeugungen** erkennen lassen betont EGMR
24.1.2019 – 43514/14 Rn. 112, NVwZ 2020, 377 – Catt). Die Nutzung von
E-Mail und Internet am Arbeitsplatz kann dem Schutz des Art. 8 unterfallen
(EGMR 3.4.2007 – 62617/00, EuGRZ 2007, 415 – Copland). Ferner sah der
EGMR den Anwendungsbereich des Art. 8 durch die Aufbewahrung von **Fingerabdrücken** und **DNA-Material** (EGMR 4.12.2008 (GK) – 30562/04,
30566/04, NJOZ 2010, 696 – S. & Marper) sowie durch die **heimliche Aufzeichnung der Stimme** zum Zwecke eines Stimmenabgleichs als eröffnet an
(EGMR 25.9.2001 – 44787/98 – P. G. & J. H.).

Videoaufnahmen – auch, wenn sie im öffentlichen Raum erfolgen – und deren 29
Verwendung können zum Privatleben des Gefilmten gehören. Der EGMR hat den
Anwendungsbereich bei gezielten Aufnahmen eines mutmaßlichen Räubers, die
dessen Identifizierung durch Zeugen ermöglichen sollten (EGMR 17.7.2003 –
63737/00 – Perry) ebenso als eröffnet angesehen wie bei der Weitergabe von
Videoaufnahmen von Personen auf öffentlichen Plätzen an die Medien (EGMR
28.1.2003 – 44647/98 Rn. 60ff., NLMR 2003, 19 – Peck; zur **Weitergabe von
Fotos** einer Angeschuldigten an die Medien: EGMR 11.1.2005 – 50774/99 –
Sciacca; zur Aufnahme und Speicherung von Demonstranten vgl. EKMR
19.5.1994 – 15225/89 Rn. 41, NLMR 1994, 274 – Friedl). Auch die durchgehende zweiwöchige Videoüberwachung eines Untersuchungsgefangenen fällt in
den Anwendungsbereich des Art. 8 (EGMR 1.6.2004 – 8704/03 – van der Graaf).

Weitergabe von Daten. Der Anwendungsbereich des Art. 8 kann nicht nur 30
durch die Weitergabe von Film- und Fotoaufnahmen, sondern auch durch die
Weitergabe anderer persönlicher Daten durch öffentliche Stellen eröffnet sein. Dies
ist bspw. dann der Fall, wenn **Krankenhausakten** einer Patientin ohne deren
Kenntnis dem Sozialversicherungsträger zur Verfügung gestellt werden (EGMR
27.8.1997 – 20837/92 Rn. 32 – M. S.; das BVerfG sieht den verfassungsrechtlich
geschützten Bereich der Privatsphäre als eröffnet an, wenn bei einem Arzt die
Patientenkartei ohne Kenntnis der Patienten beschlagnahmt wird, BVerfG
8.3.1972 – 2 BvR 28/71, BVerfGE 32, 373) und wenn die **H. I. V.-Infektion** der
namentlich genannten Ehefrau eines Straftäters **in einem Strafurteil öffentlich bekannt gegeben** wird (vgl. EGMR 25.2.1997 – 22009/93, NLMR 1997, 54 – Z.).

Das Zurückhalten von Daten bzw. die unzureichende Information kann das 31
Privatleben des Grundrechtsberechtigten ebenfalls beeinträchtigen und zwar insbesondere dann, wenn der Zugang zu Informationen verwehrt wird, der Aufschluss über gesundheitliche Gefahren (vgl. die Beschwerden von Armeeangehörigen, die an Versuchen mit Atomwaffen und Nervengas teilgenommen haben und
Informationen über diese Versuche erhalten wollten EGMR 19.10.2005 (GK) –
32555/96 Rn. 155f., NJOZ 2007, 865 – Roche; EGMR 9.6.1998 – 21825/93,

EMRK Art. 8   Rechte und Freiheiten der Konvention

23414/94, NLMR 1998, 108 – Mcginley & Egan; zu **Asbest** EGMR 24.7.2014 – 60908/11 ua Rn. 102, NLMR 2014, 277 – Brincat ua; sa EGMR 5.12.2013 – 52806/09, 22703/10 Rn. 244, NLMR 2013, 443 ua – Vilnes) oder ärztliche Fehler (vgl. EGMR 28.4.2009 – 32881/04 – K. H. ua; vgl. zum Recht auf Einsicht in die eigene Patientenakte BVerfG 20.12.2016 – 2 BvR 1541/15, NJW 2017, 1014 unter Verweis auf Art. 8) geben können. Aber auch das Vorenthalten von Informationen über die eigene Kindheit, Entwicklung und Unterbringung in Heimen und Pflegefamilien berühren den Anwendungsbereich des Privatlebens (vgl. EGMR 7.7.1989 – 10454/83 Rn. 36 – Gaskin). Gleiches gilt für die fehlende Möglichkeit, die Herausgabe der IP-Adresse einer Person zu erreichen, die durch Handlungen im Internet die Gefahr sexuellen Missbrauchs schafft (vgl. EGMR 2.12.2008 – 2872/02 – K. U.).

32   **Zusatzkonvention zum Datenschutz.** Neben dem EGMR, der den Schutz personenbezogener Daten vielfach in seinen Entscheidungen betont, setzt sich auch der Europarat für einen umfassenden Datenschutz ein. Zu seinen Aktivitäten gehören das von der Bundesrepublik Deutschland ratifizierte und 1985 in Kraft getretene Übereinkommen zum Schutz des Menschen bei der automatischen Verarbeitung personenbezogener Daten (ETS Nr. 108) nebst Zusatzprotokoll (ETS Nr. 181) und zahlreiche Empfehlungen (Informationen jeweils abrufbar auf der Internetseite des Europarates).

33   **d) Verpflichtung zur Veröffentlichung von Daten.** Eine Verpflichtung zur Datenveröffentlichung gegen den Willen des Betroffenen eröffnet den Anwendungsbereich des Privatlebens (vgl. zur Veröffentlichung der Empfänger von Agrarzuwendungen aus EU-Mitteln OVG Münster 24.4.2009 – 16 B 485/09, NWVBl. 2009, 358; VGH Mannheim 5.6.2009 – 1 S 1167/09, VBlBW 2010, 35; OVG Greifswald 4.5.2009 – 2 M 77/09, NordÖR 2009, 313; s. a. EuGH 9.11.2010 (GK) – verb. Rs. C-92/09 u. C-93/09, EuZW 2010, 939; zur Pflicht der gesetzlichen Krankenkassen, die Vergütungen ihrer Vorstände zu veröffentlichen vgl. BVerfG 25.2.2008 – 1 BvR 3225/07, NJW 2008, 1435).

34   **e) Öffentliche Berichterstattung und das Recht am eigenen Bild.** Die Berichterstattung über eine Person kann ebenso wie die Veröffentlichung von Fotos den Anwendungsbereich von Art. 8 eröffnen. Das gilt selbst dann, wenn es sich um eine Person der Öffentlichkeit handelt (EGMR 4.6.2009 – 21277/05 Rn. 48, NJW 2010, 751 – Standard Verlags GmbH; EGMR 7.2.2012 (GK) – 40660/08, 60641/12, NJW 2012, 1053 – Caroline von Hannover Nr. 2; EGMR 19.9.2013 – 8772/10, NJW 2014, 1645 – Caroline von Hannover Nr. 3; siehe dazu auch BVerfG 26.2.2008 – 1 BvR 1602/07, 1 BvR 1606/07, 1 BvR 1626/07, BVerfGE 120, 180; BGH 18.10.2011 – VI ZR 5/10, NJW 2012, 762 sowie EGMR 17.3.2016 – 16313/10, NJW 2017, 2891 – K. X. ua; zur fehlenden Verpflichtung der Presse zur **Information des Betroffenen vor einer Veröffentlichung** EGMR 10.5.2011 – 48009/08, NJW 2012, 747 – Mosley). Auch öffentliche Statements zu bestimmten Personengruppen fallen in den Anwendungsbereich von Art. 8, wenn sie die Angehörigen der Gruppe herabwürdigen (vgl. zu antisemitischen Äußerungen eines Politikers EGMR 16.2.2021 – 29335/13 Rn. 99 – Behar und Gutman).

35   **f) Schutz des guten Rufs.** Das Recht einer Person auf Schutz ihres Rufs wird von Art. 8 als Teil des Rechts auf Achtung des Privatlebens erfasst (zum Schutz eines Journalisten vor verleumderischen Angriffen siehe EGMR 15.11.2007 – 12556/03 Rn. 35 mit Hinweis auf weitere Urteile des Gerichtshofes, NJW-RR 2008, 1218 –

Recht auf Achtung des Privat- und Familienlebens **Art. 8 EMRK**

Pfeifer; zur Unterscheidung zwischen dem Recht auf Achtung der persönlichen Integrität und des Rufs: EGMR 28.4.2009 – 39311/05, NLMR 2009, 107 – Karako; sa EGMR 30.3.2010 – 20928/05, NLMR 2010, 109 – Petrenco zur Berichterstattung über die Geheimdiensttätigkeit einer Person der Öffentlichkeit; sa EGMR 9.4.2009 – 28070/06, NJW-RR 2010, 1483 – A. und EGMR 16.4.2009 – 34438/04, NJW-RR 2010, 1487 – Egeland & Hanseid; vgl. zur Bewertung eines Rechtsanwalts auf einem Bewertungsportal EGMR 24.11.2015 – 72966/13, AnwBl. 2016, 261 – Kucharczyk). Auf den Schutz sollen sich nicht Personen berufen können, deren Ansehensverlust die vorhersehbare Konsequenz eigenen Handelns ist (EGMR 28.5.2020 – 17895/14 Rn. 54, NLMR 2020, 200 – Evers). Ob sich **juristische Personen** auf den Schutz ihres guten Rufs als Teil des „Privatlebens" berufen können, hat der EGMR bisher offen gelassen (EGMR 2.9.2014 – 32783/08, juris – EDV für Sie; EGMR 30.6.2020 – 21768/12 Rn. 63 – Petro Carlo Chem S.E.).

g) Telefonüberwachung. Zum geschützten Privatleben ebenso wie zur ge- 36 schützten Korrespondenz (siehe dazu unten die Ausführungen zum Regelungsbereich „Korrespondenz") gehören **Telefonate** (EGMR 10.2.2009 – 25198/02 Rn. 29, NJW 2010, 2111 – Iordachi ua; EGMR 29.6.2006 – 54934/00, NJW 2007, 1433 – Weber & Saravia; EGMR 24.4.1990 – 11801/85 Rn. 26 – Kruslin). Dabei muss es sich nicht zwingend um Telefonate vom privaten Telefonanschluss handeln. Auch **Telefonate vom dienstlichen/beruflichen Anschluss** können in den Anwendungsbereich von Art. 8 fallen (EGMR 25.6.1997 – 20605/92 Rn. 44 – Halford; EGMR 16.2.2000 (GK) – 27798/95 Rn. 44, NLMR 2000, 50 – Amann; zum Abhören der **Telefonate eines Rechtsanwaltes** vgl. EGMR 25.3.1998 – 23224/94, StV 1998, 683 – Kopp; EGMR 10.2.2009 – 25198/02, NJW 2010, 2111 – Iordachi ua; sa *Kirchberg* BRAK-Mitt. 2018, 279).

h) Überwachung und Durchsuchung. Zu einem wesentlichen Bereich des 37 Privatlebens einer Person gehört deren Wohnung. Das **Überwachen von Wohnungen** fällt daher ebenfalls in den Anwendungsbereich des Art. 8 (EGMR 31.5.2005 – 59842/00 – Vetter; EGMR 31.5.2005 – 64330/01, NLMR 2005, 123 – Antunes Rocha; EGMR 25.9.2001 – 44787/98 Rn. 37 – P.G. & J.H.; vgl. auch die Ausführungen zum Regelungsbereich „Wohnung" unten). Art. 8 gewährleistet **Schutz vor akustischer Überwachung** bspw. in **Gefängniszellen** (EGMR 16.11.2004 – 23414/02 – Wood), **Besuchsräumen** von Gefängnissen (vgl. EGMR 20.12.2005 – 71611/01 – Wisse) sowie **Werkstätten** (EGMR 27.5.2003 – 50015/99 – Hewitson). Die **Durchsuchung einer Rechtsanwaltskanzlei** fällt ebenfalls in den Anwendungsbereich von Art. 8 (EGMR 3.7.2012 – 30457/06, NJW 2013, 3081 – Robathin; EGMR 24.7.2008 – 18603/03 – André ua). Zum Privatleben einer Person kann auch ihr Schreibtisch am Arbeitsplatz gehören (EGMR 26.7.2007 – 64209/01 – Peev), ferner ist die Eröffnung des Anwendungsbereichs durch die Überwachung eines **Kraftfahrzeug**s mittels GPS-Technologie möglich (EGMR 2.9.2010 – 35623/05, NJW 2011, 1333 – Uzun).

4. Umwelt. Art. 8 gibt **kein Recht auf eine saubere und ruhige Umwelt** 38 (Überblick zum Umweltrecht in der Rechtsprechung des EGMR bei *Meyer-Ladewig* NVwZ 2007, 25 und *Heselhaus/Marauhn* EuGRZ 2005, 549). Wenn aber eine Person direkt und erheblich durch **Abfälle** (EGMR 10.1.2012 – 30765/08, NVwZ 2013, 415 – Di Sarno ua), **Lärm oder andere Immissionen** beeinträchtigt wird, kann Art. 8 verletzt sein (vgl. zur Lärmbelästigung durch den Flughafen

Heathrow EGMR 8.7.2003 (GK) – 36022/97, NVwZ 2004, 1465 – Hatton ua und durch den Flughafen Deauville EGMR 13.12.2012 – 3675/04, 23264/04, NVwZ 2014, 429 – Flamenbaum ua; zu den sich aus dem Grundgesetz ergebenden Schutzpflichten des deutschen Staates hinsichtlich **Fluglärm** BVerfG 4.5.2011 – 1 BvR 1502/08, NVwZ 2011, 991; zum Schutz vor nächtlichem Diskotheken- bzw. Barlärm vgl. EGMR 16.11.2004 – 4143/02, NJW 2005, 3767 – Moreno Gómez sowie EGMR 20.5.2010 – 61260/08 – Oluic; zum Schutz vor **Autolärm und -abgasen** vgl. EGMR 20.9.2011 – 25002/09, NVwZ 2012, 1387 – Frankowski; EGMR 9.11.2010 – 2345/06 – Deés und EGMR 12.5.2009 – 18215/06, NVwZ 2011, 93 – Greenpeace ua; zum Schutz vor elektromagnetischen Strahlungen von **Mobilfunkanlagen** EGMR 3.7.2007 – 32015/02, NVwZ 2008, 1215 – Gaida; Übersicht über ältere Entscheidungen des EGMR bei *Kley-Struller* EuGRZ 1997, 507).

39 Das **Ausmaß der Beeinträchtigung** muss eine bestimmte Dimension erreichen, um den Anwendungsbereich des Art. 8 zu eröffnen – eine ernsthafte Gesundheitsgefahr ist indes nicht zwingend erforderlich (EGMR 22.5.2003 – 41666/98 Rn. 52 – Kyrtatos; EGMR 25.9.2018 – 76639/11 Rn. 110, NLMR 2018, 446 – Denisov). Das Erreichen dieses Maßes bejahte der Gerichtshof ua im Fall von Beschwerdeführern, die wenige hundert Meter von einem Stahlwerk entfernt wohnten und dort über einen langen Zeitraum **Schadstoffmengen** ausgesetzt waren, die weit über den nationalen Grenzwerten lagen (EGMR 9.6.2005 – 55723/00, NLMR 2005, 123 – Fadeyeva; EGMR 26.10.2006 – 53157/99 ua – Ledyayeva ua; EGMR 24.1.2019 – 54414/13 ua – Cordella ua), ebenso wie im Fall von Beschwerdeführerinnen, die wenige Meter neben (Sonder-)Müllverwertungsanlagen (EGMR 2.11.2006 – 59909/00 – Giacmelli; EGMR 9.12.1994 – 16798/90, Bspr. bei *Rest* NuR 1997, 209 – Lopez Ostra), einer Mine (EGMR 10.2.2011 – 30499/03 – Dubetska ua) bzw. wenige Kilometer entfernt von einer Düngemittelfabrik (EGMR 19.2.1998 (GK) – 14967/89, NLMR 1998, 59 – Guerra ua) oder Flüssigerdgastanks (EGMR 14.2.2012 – 31965/07 Rn. 192 – Hardy and Maile) wohnten. Der EGMR verneinte das Erreichen des geforderten Ausmaßes sowohl in einem Fall, in dem sich die Beschwerdeführer gegen den von einem **Windkraftrad** ausgehenden **Lärm** wendeten (EGMR 26.2.2008 – 37664/04 – Fägerskiold) als auch in einem solchen, in dem sich die Beschwerdeführer durch eine an ihr Grundstück **herannahende Bebauung** verletzt sahen (EGMR 22.5.2003 – 41666/98 – Kyrtatos).

III. Familienleben

40 **1. Der konventionsrechtliche Familienbegriff.** Das Recht auf Achtung des Familienlebens können nur Mitglieder einer Familie iSd Art. 8 Abs. 1 für sich in Anspruch nehmen. Es setzt demnach das Bestehen einer Familie voraus (vgl. EGMR 22.1.2008 (GK) – 43546/02 Rn. 41, NJW 2009, 3637 – E.B.; EGMR 22.6.2004 – 78028/01, 78030/01 Rn. 143 ff., NLMR 2004, 140 – Pini ua) und schützt nicht den bloßen Wunsch, eine Familie zu gründen (EGMR 12.11.2019 – 23038/19 Rn. 18 mwN, FamRZ 2020, 351 – Lanzmann). Der konventionsrechtliche Familienbegriff wird weit ausgelegt und geht über den Familienbegriff des Art. 6 Abs. 1 GG hinaus.

41 **a) Eltern-Kind-Verhältnis.** Miteinander **verheiratete und nicht miteinander verheiratete Eltern,** die mit ihren (gemeinsamen) Kindern zusammenleben,

Recht auf Achtung des Privat- und Familienlebens **Art. 8 EMRK**

bilden eine Familie (EGMR 3.12.2009 – 22028/04 Rn. 37, NJW 2010, 501 – Zaunegger). Dabei spielt es keine Rolle, ob es sich bei den Eltern um die biologischen, rechtlichen, Stief- oder Pflegeeltern handelt. Ein Kind, das in die bestehende Beziehung seiner verheirateten oder unverheirateten Eltern hinein geboren wird, ist von Geburt an Teil der (bestehenden) Familie (EGMR 3.12.2009 – 22028/04 Rn. 37, NJW 2010, 501 – Zaunegger; EGMR 1.6.2004 – 45582/99 Rn. 35 – Lebbink; EGMR 26.5.1994 – 16969/90 Rn. 44, NJW 1995, 2153 – Keegan). Ein **tot geborenes Kind** soll keine Familie mit seinen Eltern bilden (EGMR 2.6.2005 – 77785/01 Rn. 27 – Znamenskaya). Kommt es zur **Trennung der Eltern**, bildet jeder Elternteil mit dem Kind eine Familie (EGMR 3.12.2009 – 22028/04 Rn. 38, NJW 2010, 501 – Zaunegger; EGMR 6.12.2001 – 31178/96, EuGRZ 2002, 32 – Petersen; EGMR 11.7.2000 – 29192/95 Rn. 59, NVwZ 2001, 547 – Ciliz; EGMR 13.7.2000 (GK) – 25735/94 Rn. 43, NJW 2001, 2315 – Elsholz). Die sexuelle Orientierung des Elternteils spielt dabei keine Rolle (EGMR 21.12.1999 – 33290/96, NLMR 2000, 20 – Salgueiro da Silva Mouta).

Auch Kinder, deren Eltern keine feste Partnerschaft miteinander geführt haben, **42** können mit jedem Elternteil eine Familie bilden. Die **biologische Vaterschaft** soll allein jedoch nicht für die Begründung einer Familie ausreichen (vgl. EGMR 21.12.2010 – 20578/07 Rn. 56, FamRZ 2011, 269 – Anayo; EGMR 1.6.2004 – 45582/99 Rn. 37 – Lebbink). Hinzukommen muss eine enge Beziehung zwischen Vater und Kind. Diese kann sich bspw. im (nicht zwingendem) Zusammenleben, in bestehendem Kontakt oder in der Anerkennung der Vaterschaft widerspiegeln (s. EGMR 27.10.1994 – 18535/91 Rn. 30, NLMR 1994, 329 – Kroon ua).

Ein Elternteil und sein **Stief- oder Pflegekind** können eine Familie bilden, **43** wenn zwischen ihnen eine enge persönliche Bindung besteht (zum Familienleben zwischen Stiefvater und Stiefkind vgl. EGMR 12.7.2001 (GK) – 25702/94 Rn. 150, NJW 2003, 809 – K. & T.; vgl. für Pflegekinder (EGMR 17.1.2012 – 1598/06 Rn. 37, FamRZ 2012, 429 – Kopf u. Liberda; EGMR 19.4.2019 – 72931/10 Rn. 90 ff. – V. D. ua). **Adoptierte Kinder** bilden mit ihren Eltern eine Familie und zwar auch dann, wenn sie noch nicht zusammenleben (EGMR 22.6.2004 – 78028/01, 78030/01 Rn. 136 ff., NLMR 2004, 140 – Pini ua). Das Recht, ein Kind zu adoptieren, garantiert Art. 8 Abs. 1 nicht (EGMR 22.1.2008 (GK) – 43546/02, NJW 2009, 3637 – E. B.; EGMR 26.2.2002 – 36515/97 Rn. 32, FamRZ 2003, 149 – Fretté).

Faktische Elternschaft. Von einer Familie ist ferner dann auszugehen, wenn **44** ein/mehrere Erwachsene(r) faktisch die Elternrolle für ein Kind übernimmt/übernehmen. Dies hat der EGMR bspw. in einem Fall bejaht, in dem eine transsexuelle Person nach einer Geschlechtsangleichung zum Mann mit ihrer langjährigen Partnerin gemeinsam das Kind großgezogen hat, das diese in Absprache des Paares nach einer künstlichen Befruchtung empfangen hatte (EGMR 22.4.1997 (GK) – 21830/93 Rn. 36 f. – X., Y., Z.; sa EGMR 16.7.2014 (GK) – 37359/09 Rn. 85, NLMR 2014, 302 – Hämäläinen). Auch die Eltern und ihre von einer **Leihmutter** ausgetragenen Kinder bilden eine Familie (EGMR 26.6.2014 – 65192/11 Rn. 45, NLMR 2014, 221 – Mennesson).

Erwachsene Kinder und ihre Eltern und Geschwister können ebenfalls eine **45** Familie bilden (EGMR 24.4.1996 – 22070/93 Rn. 35, NLMR 1996, 85 – Boughanemi). Für ein Familienleben im Sinne von Art. 8 Abs. 1 forderte der EGMR in der Vergangenheit ein Zusammenleben (ein Familienleben trotz Zusammenlebens verneinend: EGMR 18.5.2010 – 46897/07 Rn. 40 – El Morabit und EGMR 12.1.2010 – 47486/06 Rn. 32, InfAuslR 2010, 269 – A.W. Khan; be-

EMRK Art. 8

jahend: EGMR 29.1.1997 – 23078/93 Rn. 41, NLMR 1997, 20 – Bouchelkia; sa EGMR 23.6.2008 (GK) – 1638/03 Rn. 62, InfAuslR 2008, 333 – Maslov) sowie zusätzliche Elemente einer Abhängigkeit, die über die üblicherweise zwischen Familienangehörigen bestehenden gefühlsmäßigen Bindungen hinausgehen (EGMR 17.4.2003 – 52853/99 Rn. 44, NJW 2004, 2147 – Yilmaz). In jüngeren Entscheidungen hat der EGMR persönliche Bindungen zwischen den Familienmitgliedern ausreichen lassen (EGMR 9.2.2017 – 29762/10 Rn. 32, FamRZ 2017, 656 – Mitzinger). Die Verbindung zwischen Eltern und ihren erwachsenen Kindern unterfällt jedenfalls dem „Privatleben" (EGMR 15.3.2016 – 31039/11 ua Rn. 87, NLMR 2016, 162 – Novruk ua).

46   Auf das Recht auf Achtung des Familienlebens sollen sich auch Eltern und Kinder berufen können, deren Beziehung ohne ihr Verschulden (dazu EGMR 5.6.2014 – 31021/08 Rn. 69, FamRZ 2014, 1351 – I. S.) **(noch) kein Familienleben** darstellt, sich aber als solches entwickeln soll. Der EGMR hat in der Vergangenheit auch biologischen Vätern das Recht auf Achtung ihres Familienlebens zugestanden, die zunächst kein Familienleben zu ihren Kindern aufbauen konnten, wenn sie sich vor und nach der Geburt zu ihrem Kind bekannt und Interesse an ihm gezeigt hatten und die Mutter die Vaterschaft bestätigt hat (EGMR 19.6.2003 – 46165/99 – Nekvedavicius; EGMR 18.5.2006 – 55339/00 Rn. 64ff. – Rózanski; verneint: EGMR 29.6.1999 – 27110/95 – Nylund und EGMR 21.12.2010 – 20578/07 Rn. 56, FamRZ 2011, 269 – Anayo; sa EGMR 18.3.2008 – 33375/03, NJW-RR 2009, 1585 – Hülsmann sowie EGMR 22.6.2004 – 78028/01, 78030/01 Rn. 143ff., NLMR 2004, 140 – Pini ua).

47   Eine staatliche Fürsorgemaßnahme in deren Rahmen ein Kind dem Staat unterstellt wird, führt nicht automatisch zur **Beendigung des Familienlebens** zwischen Eltern und Kind (EGMR 13.7.2000 (GK) – 39221/98, 41963/98 Rn. 169 – Scozzari & Giunta mwN).

48   **b) Ehe.** Anders als der Familienbegriff des Grundgesetzes erfasst der konventionsrechtliche Familienbegriff auch Ehen (vgl. EGMR 3.12.2009 – 22028/04 Rn. 37, NJW 2010, 501 – Zaunegger; EGMR 26.5.1994 – 16969/90 Rn. 44, NJW 1995, 2153 – Keegan). Ein Ehepaar kann demnach eine Familie bilden; Kinder sind dafür nicht zwingend erforderlich. Das BVerfG legt den **Familienbegriff des Grundgesetzes** dagegen als umfassende Gemeinschaft zwischen Eltern und Kindern aus (BVerfG 18.4.1989 – 2 BvR 1169/84, BVerfGE 80, 81 (90)).

49   **c) Nichteheliche Lebensgemeinschaften** bilden eine Familie (EGMR 3.12.2009 – 22028/04 Rn. 37, NJW 2010, 501 – Zaunegger; zu Verlobten vgl. EGMR 23.2.2010 – 1289/09, juris – Hofmann). Dies sollte zunächst jedoch nur dann der Fall sein, wenn es sich bei den nichtehelichen Lebensgemeinschaften um verschiedengeschlechtliche Partnerschaften handelt (EGMR 10.5.2001 – 56501/00 – Antonio Mata Estevez; aA *Fischer* S. 72 Rn. 155). Der EGMR begründete seine *Estevez*-Entscheidung aus dem Jahr 2001 damit, dass es nur in einigen Mitgliedstaaten Tendenzen hin zu einer rechtlichen Anerkennung gleichgeschlechtlicher Partnerschaften gebe. Da heute in den Mitgliedstaaten **gleichgeschlechtliche Partnerschaften** zunehmend anerkannt werden, hat der EGMR seine Rechtsprechung dahingehend geändert, dass auch gleichgeschlechtliche Lebensgemeinschaften das Recht auf Achtung des Familienlebens für sich in Anspruch nehmen können (EGMR 7.11.2013 (GK) – 29381/09, 32684/09 Rn. 73, FamRZ 2014, 189 – Vallianatos ua; EGMR 15.3.2012 – 25951/07, NJW 2013, 2171 – Gas u. Dubois; EGMR 15.3.2016 – 31039/11 ua Rn. 87, NLMR 2016, 162 – Novruk ua).

Recht auf Achtung des Privat- und Familienlebens **Art. 8 EMRK**

d) Weitere Verwandte. Ein Familienleben kann auch zwischen Geschwistern, 50 Kindern und Großeltern sowie Nichten bzw. Neffen und Tanten bzw. Onkeln bestehen. Insoweit bedarf es aber einer engen, über die übliche gefühlsmäßige Bindung hinausgehenden Bindung zwischen den Verwandten (EGMR 27.6.1995 – 21830/93 Rn. 52 – X., Y., Z.; EGMR 9.6.1998 – 22430/93 Rn. 50 – Bronda).

e) Verhältnis zum Recht auf Achtung des Privatlebens. Eine Beziehung 51 zwischen Personen, die die Anforderungen an ein Familienleben im Sinne von Art. 8 Abs. 1 nicht erfüllt, kann in den Regelungsbereich des Privatlebens fallen (vgl. EGMR 5.6.2014 – 31021/08 Rn. 69, FamRZ 2014, 1351 – I. S.; EGMR 16.6.2011 – 19535/08 Rn. 48, NJW 2012, 2015 – Pascaud; EGMR 15.9.2011 – 17080/07 Rn. 82, 90, NJW 2012, 2781 – Schneider).

2. Das Schutzgut Familienleben. a) Umfang des Schutzes. Art. 8 vermit- 52 telt den Familienmitgliedern das Recht, ihr **Leben miteinander** führen und persönliche **Kontakte zueinander** halten zu können (*Mückl* in Merten/Papier Grundrechte-HdB § 141 Rn. 39 mwN). Geschützt ist das Zusammenleben der Familienmitglieder. Für die Mitgliedstaaten folgt aus dem Recht auf Achtung des Familienlebens nicht nur die Pflicht, **willkürliche Eingriffe** in das Familienleben, wie bspw. die Trennung eines Kindes von seiner Familie zu unterlassen. Art. 8 verpflichtet auch dazu, auf die Zusammenführung eines Elternteils mit seinem Kind hinzuwirken (EGMR 26.2.2004 – 74969/01, NJW 2004, 3397 – Görgülü; s. a. zur **Kontaktanbahnung nach Sorgerechtsentzug** EGMR 28.4.2016 – 68884/13 – Cincimino; s. a.zur Berücksichtigung familiärer Bindungen bei der Bestimmung eines Vormundes BVerfG 18.12.2008 – 1 BvR 2604/06, NJW 2009, 1133). Die Mitgliedstaaten haben darüber hinaus die **positive Pflicht, verfahrensrechtliche Regelungen zu schaffen,** die ein Familienleben ermöglichen. Dazu zählt zum Beispiel die **beschleunigte Bearbeitung umgangsrechtlicher Rechtsstreitigkeiten** (EGMR 10.11.2005 – 40324/98, NJW 2006, 2241 – Süss; vgl. für Deutschland § 155 FamFG) ebenso wie die **hinreichende Einbeziehung der Eltern in den Entscheidungsprozess** (vgl. EGMR 26.2.2004 – 74969/01 Rn. 42, 52, NJW 2004, 3397 ff. – Görgülü; EGMR 8.7.1987 – 9749/82 Rn. 63 ff., NJW 1991, 2199 – W.), einschließlich ihrer **Anhörung** und ggf. der des betroffenen Kindes (EGMR 8.7.2003 (GK) – 30943/96, FPR 2004, 350 – Sahin). Dazu zählen auch effektive Schutzmaßnahmen zur Zusammenführung von Eltern und Kind einschließlich der zwangsweisen Durchsetzung von Umgangsregelungen (EGMR 15.1.2015 – 62198/11, FamRZ 2015, 469 – Kuppinger).

b) Einzelfälle. Das **Sorge- und Umgangsrecht** fallen in den Anwendungs- 53 bereich des Rechts auf Achtung des Familienlebens (vgl. *Grabenwarter/Pabel* EMRK § 22 Rn. 19). Zum Sorge- und Umgangsrecht, insbesondere des nichtehelichen Vaters gibt es eine Vielzahl von Entscheidungen des EGMR (vgl. Österreich betreffend EGMR 3.2.2011 – 35637/03, NLMR 2011, 35 – Sporer und Deutschland betreffend EGMR 3.12.2009 – 22028/04, NJW 2010, 501 – Zaunegger sowie EGMR 15.9.2011 – 17080/07, FamRZ 2011, 1715 – Schneider und EGMR 21.12.2010 – 20578/07, NJW 2011, 3565 – Anayo, die zu einer Verbesserung der rechtlichen **Position nichtehelicher Väter** in Deutschland geführt haben, vgl. § 1626 a BGB aF, § 1686 a BGB).

Das Recht auf Achtung ihres Familienlebens haben auch in Deutschland le- 54 bende bzw. einreisewillige **Ausländer.** Art. 8 garantiert indes nicht das Recht eines Ausländers, in einen bestimmten Mitgliedstaat einzureisen, sich dort aufzuhalten,

Pätzold 333

nicht ausgewiesen und nicht abgeschoben zu werden. So besteht bspw. keine Verpflichtung, die Wahl des ehelichen Wohnsitzes eines Ehepaares im Inland zu respektieren und eine Familienzusammenführung im Mitgliedstaat zu bewilligen. Ferner folgt aus Art. 8 nicht das Recht, den Ort zu wählen, der am besten geeignet ist, um ein Familienleben aufzubauen (vgl. EGMR 7.10.2004 – 33743/03, NVwZ 2005, 1043 – Dragan ua; EGMR 28.11.1996 – 21702/93 Rn. 67, InfAuslR 1997, 141 – Ahmut; EGMR 19.2.1996 – 23218/94 Rn. 38, InfAuslR 1996, 245 – Gül). Die Mitgliedstaaten haben jedoch familiäre Bindungen eines Ausländers bei Entscheidungen über die Erteilung/Versagung eines Aufenthaltstitels, bei Ausweisungen und Abschiebungen zu berücksichtigen (vgl. BVerwG 30.3.2010 – 168/09, BVerwGE 136, 231). Eine Verletzung von Art. 8 könnte aber vorliegen, wenn ein Asylverfahren mehrere Jahre dauert und die Ehegatten gezwungen werden, an unterschiedlichen Orten im Mitgliedstaat zu leben (EGMR 29.7.2010 – 24404/05 – Mengesha Kimfe; EGMR 29.7.2010 – 3295/06, NLMR 2010, 248 – Agraw).

55   Auch **Gefangene** haben ein Recht auf Achtung ihres Familienlebens (vgl. zum Besuch kranker Angehöriger und der Teilnahme an Beisetzungen EGMR 10.1.2019 – 12879/09 Rn. 71 – Ecis). Ihnen ist daher grundsätzlich der Besuch durch Familienmitglieder zu ermöglichen (vgl. zur Verletzung des Rechts auf Familienleben durch den generellen Ausschluss von längeren Besuchen Familienangehöriger: EGMR 15.10.2020 – 61839/12 – Starishko). Einen Anspruch auf Unterbringung in einer Haftanstalt nahe dem Wohnort von Familienmitgliedern gewährt Art. 8 dagegen nicht (EKMR 20.10.1994 – 23241/94 – Hacisüleymanoglu; EGMR 28.6.2001 – 70258/01 – Selmani).

56   Art. 8 garantiert kein **Erbrecht** (vgl. EGMR 13.1.2004 – 36983/97 Rn. 43, FamRZ 2004, 1464 – Haas). Familienmitglieder betreffende erbrechtliche Fragen können aber in den Anwendungsbereich von Art. 8 fallen (EGMR 13.7.2004 – 69498/01 Rn. 26, NLMR 2004, 183 – Pla & Puncernau). Der EGMR hat wiederholt einen Verstoß gegen Art. 8 iVm Art. 14 in der deutschen Regelung des Nichtehelichengesetzes erkannt, wonach vor dem 1.7.1949 geborene nichteheliche Kinder von der gesetzlichen Erbfolge ausgeschlossen sind (EGMR 9.2.2017 – 29762/10, FamRZ 2017, 656 – Mitzinger; vgl. dazu BVerfG 8.1.2009 – 1 BvR 755/08, NJW 2009, 1065).

IV. Wohnung

57   Art. 8 schützt die Wohnung als den Bereich, in dem regelmäßig das Privat- und Familienleben stattfindet. Diesen Bereich soll der Einzelne ungestört nutzen können (vgl. EGMR 16.11.2004 – 4143/02, NJW 2005, 3767 – Moreno Gómez). Der EGMR legt den Begriff der Wohnung weit aus. Mit „Wohnung" ist nicht nur die **Privatwohnung** einer Person gemeint. Der Wohnungsbegriff kann sich der Rechtsprechung des EGMR zufolge auch auf das **Büro eines Freiberuflers** oder sonstige **Geschäftsräume** (auch juristischer Personen) erstrecken (EGMR 14.3.2013 – 24117/08 Rn. 104, NLMR 2013, 103 – Bernh Larsen Holding AS ua; EGMR 15.11.2011 – 43005/07, juris – Frank GmbH; EGMR 28.4.2005 – 41604/98, NJW 2006, 1495 – Buck; EGMR 27.9.2005 – 50882/99 Rn. 70, NLMR 2005, 230 – Sallinen ua; EGMR 16.4.2002 – 37971/97 Rn. 40f., NLMR 2002, 88 – Société Colas Est ua; Kanzleiräume eines Rechtsanwaltes: EGMR 16.12.1992 – 13710/88, NJW 1993, 718 – Niemietz und EGMR 9.4.2009 – 19856/04, NJW 2010, 2109 – Kolesnichenko). Auch **Zweit- oder Ferienwohnungen** können in den Anwendungsbereich von Art. 8 fallen, wenn sie voll aus-

Recht auf Achtung des Privat- und Familienlebens **Art. 8 EMRK**

gestattet sind und genutzt werden (EGMR 26.2.2008 – 37664/04 – Fägerskiöld; EGMR 31.7.2003 – 16219/90 Rn. 34 – Demades) oder wieder genutzt werden sollen (vgl. EGMR 24.11.1986 – 9063/80 Rn. 46 – Gillow). Ob sich der Schutz auch auf Hotelzimmer erstreckt (so *Schweizer* DuD 2009, 462 (465); *Marauhn/Thorn* in Dörr/Grote/Marauhn Kap. 16 Rn. 55) und auf Krankenzimmer (so für Art. 13 GG BGHSt 50, 206 (210)), erscheint zweifelhaft. Schließlich können auch **Wohnwagen** und **Hausboote** Wohnungen im Sinne von Art. 8 sein (vgl. zum Wohnwagen einer Romafamilie: EGMR 25.9.1996 – 20348/92 Rn. 54, NLMR 1996, 137 – Buckley; zum Hausboot: EKMR 2.9.1992 – 19212/91 – Andresz). Ob der Bewohner Eigentümer oder Mieter ist, spielt keine Rolle. Auch auf die Rechtmäßigkeit des Besitzes soll es nicht ankommen (EGMR 13.5.2008 – 19009/04 Rn. 46, NLMR 2008, 137 – McCann).

Das Recht auf Achtung der Wohnung vermittelt **keinen Anspruch auf Wohnraum** im Allgemeinen (EGMR 18.1.2001 (GK) – 27238/95 ua Rn. 99, NLMR 2001, 21 – Chapman; *Peters/Altwicker* EMRK S. 216; *Marauhn/Thorn* in Dörr/Grote/Marauhn Kap. 16 Rn. 55). Es enthält auch **kein Recht auf Heimat** (EGMR 18.12.1996 (GK) – 15318/89 Rn. 66 – Loizidou). 58

V. Korrespondenz

Da das Recht auf Achtung des Privatlebens auch die Kommunikation mit anderen Menschen umfassen kann, ist sein Anwendungsbereich nicht immer klar von demjenigen des Rechts auf Achtung der Korrespondenz abgrenzbar. Auf die Ausführungen zum Anwendungsbereich des Rechts auf Achtung des Privatlebens sei daher ergänzend verwiesen. 59

Zur Korrespondenz gehören **Telefonate, Briefe** und **E-Mails.** Geschützt sind die Korrespondenz als solche, der Vorgang und der Weg, einschließlich dazugehöriger **elektronisch gespeicherter Daten** (vgl. den Überblick zum Schutz privater Kommunikation nach der EMRK bei *Kugelmann* EuGRZ 2003, 16). Die Anwendbarkeit des Rechts auf Achtung der Korrespondenz hat der EGMR in der Vergangenheit wiederholt im Zusammenhang mit der **Überwachung anwaltlicher Tätigkeit** bejaht (vgl. zur Durchsuchung, Beschlagnahme und Anfertigung von Kopien elektronischer Daten eines Rechtsanwalts EGMR 16.10.2007 – 74336/01, NLMR 2007, 258 – Wieser & Bicos Beteiligungen GmbH sowie EGMR 3.7.2012 – 30457/06, NJW 2013, 3081 – Robathin; zur Überwachung von Telefonaten eines Rechtsanwaltes EGMR 25.3.1998 – 23224/94, StV 1998, 683 – Kopp; zur Öffnung der Briefe zwischen einem Rechtsanwalt und seinem inhaftierten Mandanten siehe EGMR 23.1.2007 – 73520/01 – Kepeneklioglu; EGMR 24.2.2005 – 59304/00 – Jankauskas; zum Zugriff auf das Konto eines Strafverteidigers EGMR 27.4.2017 – 73607/13, AnwBl. 2017, 666 – Sommer; s. a. *Kirchberg* BRAK-Mitt. 2018, 279 sowie EuGH 14.9.2010 – C-550/07, NJW 2010, 3557). Der EGMR gesteht Anwalt und Mandant einen verstärkten Schutz für ihre Kommunikation zu (EGMR 6.12.2012 – 12323/11 Rn. 118, NJW 2013, 3423 – Michaud). Geheime Aufnahmen von Telefonaten fallen in den Anwendungsbereich des Art. 8 (EGMR 23.11.1993 – 14838/89 Rn. 37 – A.), Gleiches gilt für die Überwachung der Internetnutzung und des E-Mailverkehrs (EGMR 3.4.2007 – 62617/00, EuGRZ 2007, 415 – Copland; zur Überwachung internationaler Kommunikation durch den BND vgl. die Verfahren 81993/17 und 81996/17). 60

Pätzold 335

C. Eingriffe und andere Beeinträchtigungen

I. Überblick

61 **Eingriffe** können vorliegen, wenn Maßnahmen der Mitgliedstaaten oder ihrer Organe das Privat- oder Familienleben, die Wohnung oder Korrespondenz beeinträchtigen. Für die Feststellung eines Eingriffs sind verschiedene Kriterien, wie Dauer, Länge, Ausmaß, Auswirkung und Irreversibilität heranzuziehen (einen Eingriff hat die EKMR bspw. für die Gurtpflicht mit der Begründung verneint, die zum Schutze des Bürger bestehende Gurtpflicht berühre das Privatleben nicht: EKMR 13.12.1979 – 8707/79, EuGRZ 1980, 170 – X.). Notwendig, aber auch ausreichend ist es, wenn ein staatliches Organ in qualifizierter Weise involviert ist (EGMR 8.4.2003 – 39339/98 Rn. 36ff., StV 2004, 1 – M. M. zu einer Privatperson, die von der Polizei als Lockvogel eingesetzt wurde). Vereinzelt geht der EGMR bei der Bejahung des Anwendungsbereichs von Art. 8 automatisch von einem Eingriff aus (EGMR 25.9.2018 – 76639/11 Rn. 92, NLMR 2018, 445 – Denisov).

62 **Nichterfüllung positiver Pflichten.** Da Art. 8 den Einzelnen nicht nur vor willkürlichen staatlichen Eingriffen schützt, sondern den Mitgliedstaaten positive Handlungspflichten auferlegt, kann eine Beeinträchtigung des Grundrechts auch darin liegen, dass der Mitgliedstaat einer bestimmten Handlungspflicht nicht nachkommt bzw. nicht die im konkreten Fall erforderlichen Maßnahmen ergreift (ausführlich zu diesen positiven Pflichten → Art. 1 Rn. 5ff.). Zu prüfen ist demnach, ob eine Handlungspflicht besteht und ob der Mitgliedstaat die erforderlichen Maßnahmen zum Schutz des Grundrechts ergriffen hat (EGMR 28.2.2012 – 17423/05 ua Rn. 214, NVwZ 2013, 993 – Kolyadenko ua). Diese Maßnahmen können bis in die Beziehung zwischen einzelnen Personen hineinreichen (EGMR 10.5.2011 – 48009/08 Rn. 106, NJW 2012, 747 – Mosley; EGMR 23.9.2010 – 1620/03 Rn. 55, EuGRZ 2010, 560 – Schüth, zur Frage, ob dt. Arbeitsgerichte dem Beschwerdeführer ausreichend Schutz gegen die Kündigung seines Arbeitsvertrages durch seinen kirchlichen Arbeitgeber gewährt haben; s. a. BAG 8.9.2011 – 2 AZR 543/10, NJW 2012, 1099).

II. Privatleben

63 **1. Selbstbestimmung über den eigenen Körper. a) Medizinische Untersuchungen.** Solche Untersuchungen gegen den Willen des zu Untersuchenden stellen – unabhängig vom Intensitätsgrad (vgl. zur Verpflichtung, sich auf Tuberkulose testen zu lassen EKMR 10.12.1984 – 10435/83 – Acmanne; EGMR 23.3.2010 – 45901/05, 40146/06 – M. A. K. & R. K.) – grundsätzlich einen Eingriff in die physische Unversehrtheit dar. Dieser kann jedoch im Rahmen von Strafermittlungsmaßnahmen gerechtfertigt sein (vgl. zu gynäkologischen Untersuchungen EGMR 13.5.2008 – 52515/99 Rn. 72, NVwZ 2009, 1547 – Juhnke und EGMR 22.7.2003 – 24209/94 Rn. 33ff. – Y. F.). Untersuchungen der Schuldfähigkeit (EGMR 27.11.2003 – 26624/95 Rn. 80 – Worwa) stellen ebenso wie **Leibesvisitationen** von Besuchenden eines Gefangenen (dazu EGMR 26.9.2006 – 12350/04 Rn. 43, NLMR 2006, 232 – Wainwright) einen Eingriff in die physische und psychische Unversehrtheit dar.

64 **b) Behandlungen in staatlichen Kranken- und Pflegeeinrichtungen.** greifen in das Privatleben ein, wenn sie gegen den Willen der Betroffenen erfolgen

Recht auf Achtung des Privat- und Familienlebens **Art. 8 EMRK**

(EGMR 9.3.2004 – 61827/00 Rn. 70, NLMR 2004, 70 – Glass). Hinsichtlich des unfreiwilligen Aufenthaltes in Kranken- und Pflegeeinrichtungen ist zu berücksichtigen, dass das in Art. 5 verankerte Recht auf Freiheit dem von Art. 8 vermittelten Schutz als lex specialis vorgeht (EGMR 16.6.2005 – 61603/00 Rn. 142, NJW-RR 2006, 308 – Storck). Im Fall *Storck* hat der EGMR die Pflicht des Staates betont, seine Bürger auch vor Eingriffen Dritter in ihr Privatleben zu schützen (EGMR 16.6.2005 – 61603/00 Rn. 150f., NJW-RR 2006, 308 – Storck). Er stellte fest, Deutschland habe aufgrund seiner Verpflichtung, das Recht seiner Bürger auf körperliche und geistige Unversehrtheit zu schützen, die Pflicht obliegen, private psychiatrische Einrichtungen zu überwachen und zu kontrollieren.

c) Weitere Beeinträchtigungen der Unversehrtheit. Während der EGMR 65
bei Maßnahmen aus dem medizinischen Bereich, die gegen den Willen der Betroffenen erfolgen, regelmäßig einen Eingriff in das Privatleben annimmt, prüft er bei anderen Maßnahmen zunächst, ob eine **Eingriffsschwelle** erreicht ist. Dies wurde in der Vergangenheit für das Tragen von **Handschellen** eines alsbald zu entlassenden Häftlings mit der Begründung verneint, der Beschwerdeführer habe durch das Tragen keine körperlichen oder psychischen Beeinträchtigungen erlitten (EGMR 16.12.1997 – 20972/92 Rn. 64, NLMR 1998, 21 – Raninen). Der EGMR erkannte auch in fünf mit einem gummibesohlten Schuh ausgeführten **Schlägen** auf das mit Kleidung bedeckte Gesäß eines wegen mehrerer Disziplinlosigkeiten in der Schule aufgefallenen Schülers keinen Eingriff in sein Privatleben (EGMR 25.3.1993 – 13134/87 Rn. 36, NLMR 1993/3, 21 – Costello-Roberts). Ob die Verpflichtung einer Kernkraftwerksangestellten, sich **Alkohol- und Drogentests** zu unterziehen, einen Eingriff darstellt, hat der EGMR mit Verweis darauf, dass derartige Maßnahmen jedenfalls gerechtfertigt seien, offen gelassen (EGMR 9.3.2004 – 46210/99 – Wretlund). Unfreiwillige **Blutentnahmen**, die dem Nachweis eines Alkohol- oder Drogenkonsums dienen, stellen jedenfalls einen Eingriff dar (Zweifel an der Rechtfertigung solcher Eingriffe hat *Fischer* S. 19 Fn. 56). Gleiches gilt für polizeiliche Durchsuchungen von Taschen und Kleidung, wobei der EGMR offen gelassen hat, ob derartige Kontrollen auch an Flughäfen einen Eingriff darstellen (EGMR 12.1.2010 – 4158/05 Rn. 65, NLMR 2010, 26 – Gillan). Die Mitgliedstaaten sind verpflichtet, angemessene Vorschriften zum **Schutz der physischen und psychischen Unversehrtheit** zu schaffen und anzuwenden (EGMR 12.11.2013 (GK) – 5786/08, NJW 2014, 607 – Söderman zu heimlichen Filmaufnahmen der minderjährigen Stieftochter im Bad). Zur Pflicht der Mitgliedstaaten die **Information der Bürger über gesundheitliche Risiken** sicherzustellen: zu **Asbest** EGMR 24.7.2014 – 60908/11 ua Rn. 102, NLMR 2014, 277 – Brincat ua; EGMR 5.12.2013 – 52806/09, 22703/10 Rn. 244, NLMR 2013, 443 – Vilnes ua.

d) Suizid. In seiner Entscheidung *Pretty/UK* hat sich der EGMR intensiv mit 66
der Frage auseinandergesetzt, ob die **Strafbarkeit einer Beihilfe zum Selbstmord** einen Eingriff in das Privatleben darstellt. Die unheilbar kranke Beschwerdeführerin war physisch nicht mehr in der Lage, sich das Leben zu nehmen und wollte sich daher von ihrem Ehemann bei der ersterbeten Selbsttötung helfen lassen. Die Gefahr seiner Strafverfolgung hielt sie jedoch davon ab. Der EGMR hat die Frage, ob ein Eingriff in das Privatleben der Beschwerdeführerin vorlag, nicht eindeutig bejaht, sondern festgestellt, dass er einen Eingriff jedenfalls nicht ausschließen könne (vgl. EGMR 29.4.2002 – 2346/02 Rn. 67, NJW 2002, 2851 – Pretty), dieser aber nicht unverhältnismäßig sei (siehe aber BVerfG 26.2.2020 – 2 BvR

2347/15 ua Rn. 301, NJW 2020, 905). Eindeutig verneint hat die EKMR dagegen einen Eingriff in das Privatleben des Suizidgehilfen (EKMR 4.7.1983 – 10083/82 Rn. 13 – R.). Einen Eingriff in das Privatleben des Ehepartners einer Frau, der lebensbeendende Medikamente verwehrt wurden, bejahte der EGMR (EGMR 19.7.2012 – 497/09 Rn. 54, NJW 2013, 2953 – Koch).

67 **e) Schwangerschaftsabbruch.** Neben dem BVerfG, das sich in seiner wegweisenden Entscheidung im Jahr 1993 zu Fragen des Schwangerschaftsabbruchs äußerte (BVerfG 28.5.1993 – 2 BvF 2/90 ua, BVerfGE 88, 203), hatten auch die EKMR und der EGMR wiederholt Gelegenheit, sich mit diesem Thema zu befassen. Sie setzten sich bspw. mit der Frage auseinander, ob Regelungen zum Schwangerschaftsabbruch einen Eingriff in das Privatleben darstellen. In einer älteren Entscheidung stellte die EKMR fest, Regelungen im Zusammenhang mit Schwangerschaftsabbrüchen berührten die Privatsphäre, wenn auch im konkreten Fall kein Eingriff in das **Privatleben einer Schwangeren** gegeben war (EKMR 12.7.1977 – 6959/75 Rn. 61 ff. – Brüggemann & Scheuten).

68 **f) Sexualität.** Die detaillierte **Befragung** von Armeeangehörigen **über** ihr gleichgeschlechtliches **Sexualleben** außerhalb des Dienstes sowie die aus Anlass der Entdeckung der Homosexualität ausgesprochene Entlassung stellen einen Eingriff in das Recht auf Achtung des Privatlebens dar (EGMR 27.9.1999 – 33985/96, 33986/96 Rn. 71, NJW 2000, 2089 – Smith & Grady; EGMR 27.9.1999 – 31417/96, 32377/96, NLMR 1999, 156 – Lustig-Prean & Beckett). Der EGMR hat die Eingriffe in den zitierten Fällen nicht für gerechtfertigt, eine Rechtfertigung des **Ausschlusses aus der Armee** aber grundsätzlich für möglich gehalten, wenn die Einsatzfähigkeit der Streitkräfte gefährdet sei (EGMR 27.9.1999 – 33985/96, 33986/96 Rn. 111, NJW 2000, 2089 – Smith & Grady; s. auch BVerwGE 115, 174 [Sexuelle Beziehungen zwischen männlichen und/oder weiblichen Soldaten in der Bundeswehr]; zur Entlassung aus dem kirchlichen Dienst wegen außerehelicher (heterosexueller) Beziehungen vgl. die Verfahren gegen Deutschland EGMR 23.9.2010 – 425/03, EuGRZ 2010, 571 – Obst und EGMR 23.9.2010 – 1620/03, EuGRZ 2010, 560 – Schüth).

69 **2. Selbstbestimmte Lebensgestaltung. a) Lebensweise.** Obschon die Wahl der eigenen Kleidung Ausdruck des Privatlebens ist, soll die Pflicht, eine **Schuluniform** zu tragen, kein Eingriff (EKMR 3.3.1986 – 11674/85 – Stevens) sein. Dagegen greife die **Pflicht, Gefängniskleidung** zu tragen, in das Grundrecht ein (EKMR 15.5.1980 – 8317/78 Rn. 83 – McFeeley ua).

70 In dem Verbot, in einem **Wohnwagen** weiterhin auf dem eigenen Grundstück zu wohnen, hat der EGMR einen Eingriff in das Privatleben der beschwerdeführenden Roma gesehen (EGMR 18.1.2001 (GK) – 27238/95 ua Rn. 74, NLMR 2001, 23 – Chapman).

71 **b) Betreuung.** Die Einrichtung einer Betreuung (vgl. §§ 1896 ff. BGB) stellt einen Eingriff dar (EGMR 27.3.2008 – 44009/05 Rn. 83, NLMR 2008, 79 – Shtukaturov).

72 **c) Elternschaft.** Wird dem biologischen Vater der **Kontakt zum Kind** gegen seinen Willen verwehrt, stellt dies einen Eingriff in sein Privatleben dar (EGMR 21.12.2010 – 20578/07 Rn. 61, FamRZ 2011, 269 – Anayo). Gleiches gilt, wenn einer adoptionswilligen und grundsätzlich zur Adoption zugelassenen Person die für die **Adoption** erforderliche Genehmigung versagt wird (EGMR 22.1.2008

(GK) – 43546/02, NJW 2009, 3637 – E.B.). Einen Eingriff in das Privatleben stellt die **Versagung der Feststellung oder Anfechtung der Vaterschaft** dar (EGMR 22.3.2012 – 23338/09, NJW 2013, 1737 – Kautzor). Nicht von einem Eingriff, aber von einer positiven Handlungspflicht des Mitgliedstaates ist der EGMR ausgegangen, als es darum ging, zu entscheiden, ob der Widerruf des Einverständnisses mit der Verwendung gemeinsam gezeugter Embryonen zum Zwecke der **In-vitro-Fertilisation** durch den Lebensgefährten der Beschwerdeführerin wirksam ist (EGMR 10.4.2007 (GK) – 6339/05 Rn. 76, NJW 2008, 2013 – Evans; vgl. zum Anspruch einer Witwe auf Herausgabe von imprägnierten Eizellen gegen das Krankenhaus: OLG Rostock 7.5.2010 – 7 U 67/09, FamRZ 2010, 1117). Wird nach dem **Tod eines Kindes** die Beisetzung ohne Beisein und Wissen der Mutter durchgeführt, liegt darin ein (im entschiedenen Fall nicht gerechtfertigter) Eingriff in das Recht auf Achtung des Privatlebens (vgl. EGMR 14.2.2008 – 55525/00, NLMR 2008, 34 – Hadri-Vionnet). Gleiches kann gelten, wenn Angehörigen das Umsetzen einer Urne an einen anderen Ort untersagt wird (EGMR 17.1.2006 – 61564/00 Rn. 23f. – Elli Poluhas Dödsbo). Der EGMR stellte im konkreten Fall jedoch eine Rechtfertigung des Eingriffs fest.

d) Ausländer. Art. 8 gewährt einem Ausländer nicht das Recht, in einen bestimmten Mitgliedstaat einzureisen, sich dort aufzuhalten, nicht ausgewiesen und nicht abgeschoben zu werden. Es obliegt grundsätzlich den Mitgliedstaaten zu entscheiden, ob und unter welchen Voraussetzungen sie Einwanderung in ihr Hoheitsgebiet zulassen (EGMR 22.1.2013 – 15620/09 Rn. 25, juris – Shala; EGMR 7.10.2004 – 33743/03, NVwZ 2005, 1043 – Dragan ua; EGMR 18.10.2006 – 46410/99 Rn. 54, NVwZ 2007, 1279 – Üner; sa BVerwG 30.3.2010 – 1 C 8/09, NVwZ 2010, 964). Gleichwohl kann die **Ausweisung** eines Ausländers aus einem Mitgliedstaat einen Eingriff in sein Privatleben darstellen. Darauf, ob der **Ausländer** als Erwachsener oder als Kind in den Aufenthaltsstaat eingereist ist oder dort geboren wurde, kommt es insoweit nicht an (vgl. EGMR 13.10.2011 – 41548/66 Rn. 54, EuGRZ 2012, 11 – Trabeles; sa BVerfG 10.5.2007 – 2 BvR 304/07, NVwZ 2007, 946). Dies kann jedoch im Rahmen der Rechtfertigungsprüfung eine Rolle spielen (EGMR 23.6.2008 (GK) – 1638/03 Rn. 73, InfAuslR 2008, 333 – Maslov; EGMR 22.1.2013 – 66837/11 Rn. 31, 36, NLMR 2013, 3 – El-Habach). 73

Auch die **Versagung eines Aufenthaltstitels** kann in das Privatleben (und/ oder in das Familienleben) eingreifen, wenn der Ausländer über persönliche, soziale und wirtschaftliche Bindungen im Aufenthaltsstaat verfügt (EGMR 16.6.2005 – 60654/00 Rn. 105, EuGRZ 2006, 554 – Sisojeva ua; EGMR 31.1.2006 – 50435/99, EuGRZ 2006, 562 – Rodrigues da Silva & Hoogkamer; EGMR 17.1.2006 – 51431/99, InfAuslR 2006, 297 – Aristimuno Mendizabal). Dies gilt insbesondere dann, wenn ein Ausländer in einem Mitgliedstaat geboren oder bereits als junger Mensch eingereist ist und dann viele Jahre ununterbrochen dort gelebt hat (EGMR 16.6.2005 – 60654/00 Rn. 102, EuGRZ 2006, 554 – Sisojeva ua; EGMR 9.10.2003 (GK) – 48321/99 Rn. 96, EuGRZ 2006, 560 – Slivenko; sa *Thym* EuGRZ 2006, 541; → Rn. 22f.). 74

3. Informationelle Selbstbestimmung. a) Kenntnis der eigenen Abstammung. Lehnen staatliche Behörden gegenüber dem vermeintlichen Sohn eines bereits Verstorbenen die Durchführung eines DNA-Tests zur **Feststellung der Vaterschaft** ab, ist dies eine (im konkreten Fall nicht gerechtfertigte) Beeinträchtigung dessen Privatlebens (EGMR 13.7.2006 – 58757/00 Rn. 36, 75

FamRZ 2006, 1354 – Jäggi). Ebenso hat der EGMR in einem Fall der Ablehnung einer gerichtlichen **Feststellung der biologischen Vaterschaft** erkannt (EGMR 16.6.2011 – 19535/08, NJW 2012, 2015 – Piscaud).

76   b) **Name.** Die **Verpflichtung, seinen Namen zu ändern, ist ein Eingriff** in das Privatleben (vgl. EGMR 6.5.2008 – 31745/02, FamRZ 2008, 1507 – Heidecker-Tiemann [nur Ls.]). Die **Ablehnung,** einer Person die Annahme **eines neuen Namens** zu gestatten, ist dagegen nicht zwangsläufig ein Eingriff (EGMR 25.11.1994 – 18131/91 Rn. 38ff., NLMR 1994, 331 – Stjerna).

77   c) **Daten.** Das systematische **Sammeln, Gewinnen, Verwenden** und **Speichern von Daten** greift in das Privatleben der Betroffenen ein (statt vieler EGMR 2.9.2010 – 35623/05 Rn. 43ff., NJW 2011, 1333 – Uzun, mwN und EGMR 30.1.2020 – 50001/12 Rn. 76, ZD 2020, 250 – Breyer; kein Eingriff bei kurzzeitiger Überwachung/Beschattung an öffentlichen Orten, ohne dass systematisch Daten gesammelt und gespeichert wurden: EGMR 1.7.2008 – 42250/02 Rn. 132 – Calmanovici). Gleiches gilt für **Abhörmaßnahmen** (EGMR 16.2.2000 (GK) – 27798/95 Rn. 45, NLMR 2000, 50 – Amann) und **Durchsuchungen** (EGMR 16.12.1992 – 13710/88, NJW 1993, 718 – Niemietz). Die Veröffentlichung einer Privatadresse im Rahmen von Strafermittlungen ist ein Eingriff (EGMR 10.1.2019 – 65286/13 ua Rn. 142ff. – Ismayilova).

78   Die Aufbewahrung von **DNA**-Material gegen den Willen des Betroffenen soll stets einen Eingriff in das Privatleben darstellen (EGMR 4.12.2008 (GK) – 30562/04, 30566/04, NJOZ 2010, 696 – S. & Marper), der intensiver sei als die Speicherung von Fingerabdrücken und Fotografien (EGMR 11.6.2020 – 74440/17 Rn. 84, NLMR 2020, 213 – P.N.). Dagegen **begründet nicht jede Fotoaufnahme durch staatliche Organe einen Eingriff** (vgl. zu Fotoaufnahmen von einer Demonstration: EKMR 19.5.1994 – 15225/89 Rn. 44ff., NLMR 1994, 274 – Friedl). Die EKMR zog für die Prüfung eines Eingriffs verschiedene Kriterien heran. Sie prüfte, ob die Aufnahmen in den privaten Bereich eindrangen, ob sie im Zusammenhang mit privaten oder öffentlichen Ereignissen standen und ob ihre Veröffentlichung vorgesehen war (EKMR 19.5.1994 – 5225/89 Rn. 48, NLMR 1994, 274 – Friedl). Sie betonte in derselben Entscheidung, dass die Nutzung von Fotos im Rahmen strafrechtlicher Ermittlungen jedenfalls dann keinen Eingriff darstelle, wenn sie ausschließlich zu diesem Zweck erfolge und die betroffene Person sie bereits zuvor (bspw. für die Aushändigung von Personalpapieren) abgegeben habe. Bei der Prüfung, ob die Verwendung von **Fingerabdrücken** einen Eingriff darstellt, will sich der EGMR ebenfalls an diesen Kriterien orientieren (EGMR 4.12.2008 (GK) – 30562/04, 30566/04 Rn. 84, NJOZ 2010, 696 – S. & Marper).

79   Das mehrere Jahre andauernde **Einbehalten von Ausweispapieren** einer russischen Beschwerdeführerin hat der EGMR als (wegen des Fehlens einer gesetzlichen Grundlage nicht gerechtfertigten) Eingriff gewertet (EGMR 24.7.2003 – 46133/99, 48183/99 Rn. 97, NMLR 2003, 217 – Smirnova).

80   **4. Umwelt.** Da Art. 8 gerade kein Recht auf eine saubere und ruhige Umwelt vermittelt, genügt deren allgemeine Schädigung oder Zerstörung durch die Mitgliedstaaten bzw. diesen zurechenbar nicht für die Annahme eines Eingriffs. Die Umweltschädigung muss vielmehr **konkrete nachteilige Auswirkungen** auf das Privat- oder Familienleben haben (EGMR 22.5.2003 – 41666/98 Rn. 52 – Kyrtatos). Für die Annahme einer möglichen Pflichtverletzung durch das Unterlassen

von lärmschützenden Maßnahmen verlangte der EGMR das **Erreichen einer bestimmten Lärmintensität** (EGMR 16.11.2004 – 4143/02 Rn. 58, NJW 2005, 3767 – Moreno Gómez; s. a. EGMR 22.5.2003 – 41666/98 Rn. 54 – Kyrtatos).

Auch **künftige Eingriffe** können geltend gemacht werden. Voraussetzung dafür sind konkrete Anhaltspunkte für die künftige Verletzung des Rechts auf Achtung des Privatlebens. Die Wahrscheinlichkeit eines Schadens muss so groß sein, dass sie einer Verletzung gleichkommt (EGMR 29.6.1999 – 29197/95 – Bernard ua). 81

III. Familienleben

Jede (dauerhafte oder zeitweise) **Verhinderung des Zusammenseins** der Familienmitglieder (EGMR 13.7.2000 (GK) – 25735/94 Rn. 43f., NJW 2001, 2315 – Elsholz), bspw. durch **Unterbringung eines Kindes in einer staatlichen Fürsorgeeinrichtung** oder bei Pflegeeltern (EGMR 10.1.2019 – 18925/15 Rn. 43, FamRZ 2020, 333 – Wunderlich), durch die **Entziehung des Sorge- und/oder Umgangsrechtes** (EGMR 22.3.2018 – 69125/14, FamRZ 2019, 594 – Wetjen), durch die **Freigabe eines Kindes zur Adoption** (EGMR 28.10.2010 – 52502/07, NLMR 2010, 313 – Aune) ist ein Eingriff in das Recht auf Achtung des Familienlebens. Ferner stellt nicht nur die Entziehung des Sorge- und/oder Umgangsrechtes, sondern auch die Weigerung, einem (biologischen und rechtlichen) Vater das Sorge- und Umgangsrecht für sein Kind einzuräumen, einen Eingriff in sein Recht auf Achtung des Familienlebens dar (EGMR 26.2.2004 – 74969/01 Rn. 35, NJW 2004, 3397 – Görgülü; EGMR 10.11.2005 – 40324/98 Rn. 82, NJW 2006, 2241 – Süss). Auch die Anordnung ebenso wie die Ablehnung der Rückführung eines Kindes nach HKÜ und die Weigerung, eine Rückführungsentscheidung zu vollstrecken, stellen Eingriffe dar (EGMR 15.1.2015 – 4097/13 Rn. 133 – M.A.; EGMR 21.5.2019 – 49450/17, FamRZ 2019, 1239 mAnm *Pasche* – O.C.I.). 82

Die **Verweigerung der Anerkennung einer im Ausland erfolgten Volladoption** eines Kindes durch eine unverheiratete Frau, weil nach dem aus der Sicht des Anerkennungsstaates anwendbaren Recht die Volladoption nur Ehegatten gestattet ist, stellt einen Eingriff in das Recht der Annehmenden und des Kindes auf Achtung ihres Familienlebens dar (EGMR 28.6.2007 – 76240/01 Rn. 123, FamRZ 2007, 1529 – Wagner & J.M.W.L.; siehe zur Anerkennung ausländischer Adoptionsentscheidungen im Lichte von Art. 8 *Botthof* StAZ 2013, 77). 83

Die **Ausweisung eines Ausländers,** der im Mitgliedstaat über ein Familienleben iSd Art. 8 verfügt, ist ein Eingriff in sein Recht auf Achtung dieses Familienlebens (EGMR 2.12.2018 – 18706/16 Rn. 43, NVwZ 2019, 1425 – Cabuck). Gleiches gilt für die **Abschiebung** (EGMR 24.11.2009 – 1820/08 Rn. 36, InfAuslR 2010, 178 – Omojudi). Schließlich kann auch die **Versagung eines Aufenthaltstitels** einen Eingriff in das geschützte Familienleben darstellen (vgl. EGMR 1.3.2018 – 58681/12 Rn. 54ff., NVwZ 2019, 945 – Ejimson; vgl. auch BVerwG 11.1.2011 – 1 C 1.10 Rn. 30, BVerwGE 138, 371). 84

Die Regulierung der **Besuche eines Gefangenen** durch seine Familienangehörigen, stellt einen Eingriff in sein Familienleben dar (gerechtfertigt: EGMR 28.9.2000 – 25498/94, NLMR 2000, 186 – Messina; nicht gerechtfertigt: EGMR 18.12.2018 – 9348/14 – Resin; EGMR 9.6.2020 – 63748/13 – Pshibiyev ua). Die Mitgliedstaaten sollen allerdings nicht verpflichtet sein, sexuelle Kontakte zwischen einem Inhaftierten und seinem Ehepartner zu ermöglichen (vgl. EGMR 85

29.4.2003 – 41220/98 Rn. 185 ff. – Aliev; s. a. zur [nicht gerechtfertigten] Ablehnung des Wunsches eines Gefangenen, ihm und seiner Ehefrau die Möglichkeit einer künstlichen Befruchtung einzuräumen EGMR 4.12.2007 (GK) – 44362/04, NJW 2009, 971 – Dickson).

IV. Wohnung

86 **Eingriffe.** Das Grundrecht auf Achtung der Wohnung schützt davor, dass staatliche Organe ohne das Einverständnis der Grundrechtsberechtigten deren Wohnungen **betreten** (EGMR 23.9.1998 – 24755/94 Rn. 36, NLMR 1998, 197 – McLeod), in ihnen **verweilen,** sie **kündigen** (vgl. EGMR 13.5.2008 – 19009/04, NLMR 2008, 137 – McCann), **räumen, zerstören** (EGMR 16.11.2000 – 23819/94 Rn. 108 – Bilgin; beachte insoweit auch Art. 1 EMRKZusProt Schutz des Eigentums), **durchsuchen** (EGMR 16.12.1992 – 13710/88, NJW 1993, 718 – Niemietz; vgl. zur Geltendmachung eines Verwertungsverbotes für Beweismittel, die bei einer Durchsuchung erlangt wurden EGMR 23.6.2009 – 31890/06, juris – Kaletsch) oder **abhören** (offen gelassen EGMR 10.3.2009 – 4378/02 Rn. 82, NLMR 2009, 77 – Bykov). Auch das **Be- oder Verhindern des Zugangs bzw. der Nutzung** und **Immissionen,** wie bspw. Geruch und Lärm können Eingriffe darstellen, wobei insbesondere Immissionen ein bestimmtes Ausmaß erreichen müssen (vgl. zu Flughafenlärm EGMR 8.7.2003 (GK) – 36022/97, NVwZ 2004, 1465 – Hatton ua; zu Diskotheken- bzw. Barlärm vgl. EGMR 16.11.2004 – 4143/02, NJW 2005, 3767 – Moreno Gómez; zu den Auswirkungen starken Verkehrs siehe EGMR 9.11.2010 – 2345/06, juris [nur Ls.] – Deés; zu einer Mobilfunkanlage auf dem Nachbargrundstück vgl. EGMR 3.7.2007 – 32015/02, NVwZ 2008, 1215 – Gaida).

87 **Nichterfüllung positive**r **Pflichten.** Art. 8 schützt in erster Linie vor willkürlichen Eingriffen durch die öffentliche Gewalt. Er verpflichtet die Mitgliedstaaten aber auch zum Ergreifen von Maßnahmen, die darauf abzielen, das Recht auf Achtung der Wohnung zu gewährleisten, und zwar auch in Beziehungen zwischen Privatpersonen (EGMR 16.11.2004 – 4143/02, NJW 2005, 3767 – Moreno Gómez). In jedem Fall muss ein gerechter Ausgleich zwischen den Interessen des Einzelnen und der Gemeinschaft hergestellt werden (dazu → Rn. 100).

V. Korrespondenz

88 Die **Kontrolle** (EGMR 14.3.2013 – 24117/08 Rn. 104, NLMR 2013, 103 – Bernh Larsen Holding AS ua; EGMR 16.10.2007 – 74336/01 Rn. 45, NLMR 2007, 258 – Wieser & Bicos Beteiligungen GmbH; EGMR 25.9.2001 – 44787/98 Rn. 42 – P.G. & J.H.), die **Zensur,** das **Anhalten** (zu § 31 StVollzG – Anhalten von Schreiben vgl. EGMR 3.2.2009 – 32524/05, juris – Senger), die **verzögerte bzw. verweigerte Weitergabe oder Übermittlung** (EGMR 4.6.2002 – 37471/97 Rn. 11 – Faulkner), das **Öffnen** (EGMR 19.4.2001 – 28524/95 Rn. 81, NLMR 2001, 108 – Peers), **Lesen** (EGMR 25.3.1992 – 13590/88 Rn. 33, NLMR 1992, 11 – Campbell), **Kopieren** (EGMR 20.6.2000 – 33274/96 Rn. 30, NLMR 2000, 105 – Foxley), **Löschen** (EGMR 25.2.1992 – 10802/84 Rn. 43, NJW 1992, 1873 – Pfeifer & Plankl), **Abhören** (EGMR 25.9.2001 – 44787/98 Rn. 59 – P. G. & J. H.) und die **Beschränkung von Korrespondenz** können Eingriffe darstellen.

Das Recht auf Achtung der Korrespondenz verpflichtet die Mitgliedstaaten 89
nicht nur Eingriffe zu unterlassen, sondern auch die Voraussetzungen für eine weitgehend ungestörte Korrespondenz zu schaffen. Dazu gehört die **Garantie des Post- und Fernmeldegeheimnisses** (vgl. *Kühling/Raab* in Kühling/Buchner A. Einführung Rn. 18).

D. Rechtfertigung

I. Überblick

1. Rechtfertigung eines Eingriffs. Nicht jeder Eingriff in das Recht auf Achtung 90
des Privat- und Familienlebens führt zu einer Verletzung des Grundrechts, sondern nur der nicht gerechtfertigte Eingriff. Voraussetzung für die Rechtfertigung ist gemäß Art. 8 Abs. 2, dass der Eingriff gesetzlich vorgesehen und in einer demokratischen Gesellschaft notwendig ist für die nationale oder öffentliche Sicherheit, für das wirtschaftliche Wohl des Landes, zur Aufrechterhaltung der Ordnung, zur Verhütung von Straftaten, zum Schutz der Gesundheit oder der Moral oder zum Schutz der Rechte und Freiheiten anderer (sogenannter „three-limbs merits test", EGMR 25.9.2018 – 76639/11 Rn. 92 – Denisov).

a) Gesetzliche Grundlage. In einem ersten Schritt ist zu prüfen, ob der geltend 91
gemachte Eingriff auf einer gesetzlichen Grundlage basiert (aus der englischsprachigen Fassung „in accordance with the law", die sich von derjenigen in Art. 10 Abs. 2 „prescribed by law" unterscheidet, folgt nichts anderes, vgl. dazu EGMR 26.4.1979 – 6538/74 Rn. 48, EuGRZ 1979, 386 – Sunday Times). Daran fehlt es, wenn – trotz Vorliegens einer nationalen Rechtsgrundlage – Gemeinschaftsrecht dem Eingriff entgegensteht (vgl. *Meyer-Ladewig/Nettesheim* in HK-EMRK EMRK Art. 8 Rn. 103 unter Hinweis auf EGMR 17.1.2006 – 51431/99 Rn. 79, InfAuslR 2006, 297 – Aristimuno Mendizabal). Daran fehlt es auch, wenn zwar eine Gesetzgebungskompetenz besteht, diese aber vor dem Eingriff nicht genutzt wurde (EGMR 3.4.2007 – 62617/00 Rn. 45 ff., EuGRZ 2007, 415 – Copland).

Die Rechtsgrundlage muss **nicht zwingend** ein **formelles Gesetz** sein. Auch 92
Richter- und Gewohnheitsrecht können Grundlage für einen Eingriff sein (vgl. zu Art. 10: EGMR 26.4.1979 – 6538/74 Rn. 47, EuGRZ 1979, 386 – Sunday Times; zu Art. 9 EGMR 4.12.2008 – 27058/05 Rn. 49 ff., NJOZ 2010, 1193 – Dogru). Der EGMR hat auch eine von der schwedischen Regierung erlassene **Verordnung** über die Überprüfung von Personal ausreichen lassen (EGMR 26.3.1987 – 9248/81 Rn. 19, 52 – Leander). Die Beantwortung der Frage, ob es sich bei der zur Rechtfertigung eines Eingriffs herangezogenen Regelung um eine gesetzliche Grundlage handelt, überlässt der EGMR regelmäßig den Mitgliedstaaten (EGMR 26.3.1985 – 8978/80 Rn. 29, EuGRZ 1985, 297 – X. & Y.; EGMR 28.4.2005 – 41604/98 Rn. 37, NJW 2006, 1495 – Buck).

Eine gesetzliche Grundlage allein genügt nicht. Vielmehr ist in einem zweiten 93
Schritt deren Qualität zu prüfen. Die betroffene Person muss Zugang zu dem Gesetz haben und darüber hinaus erkennen können, welche Folgen es für sie hat; außerdem muss das Gesetz rechtsstaatlichen Anforderungen genügen (EGMR 2.9.2010 – 35623/05 Rn. 60 mwN, NJW 2011, 1333 – Uzun).

Die Anforderungen an **Bestimmtheit und Regelungsdichte** hängen maß- 94
geblich vom Anwendungsbereich der gesetzlichen Grundlage, von der Art der vorgesehenen staatlichen Maßnahme sowie der Zahl und Rechtsstellung der betroffe-

nen Personen ab (EGMR 9.3.2004 – 46210/99 – Wretlund; zu Art. 10 vgl. EGMR 26.9.1995 (GK) – 17851/91 Rn. 48, NJW 1996, 375 – Vogt). Dabei führt ein den staatlichen Organen eingeräumtes Ermessen nicht zu einer Unbestimmtheit der gesetzlichen Grundlage, sie muss aber die Reichweite sowie Art und Weise der möglichen Ermessensausübung erkennen lassen (EGMR 15.11.1996 – 15943/90 Rn. 33 – Domenichini).

95 Den Anforderungen an rechtsstaatliche Grundsätze genügt eine gesetzliche Grundlage nach Auffassung des EGMR nicht, wenn sie keinen **Schutz vor willkürlichen Eingriffen** in die Rechte aus Art. 8 bietet. Es müssen angemessene und wirksame Garantien gegen Missbrauch vorgesehen sein. Der EGMR prüft insoweit ua Art, Umfang und Dauer der möglichen staatlichen Maßnahmen, die Gründe, aus denen sie angeordnet werden dürfen, das Verfahren der Genehmigung, Durchführung und Überwachung solcher Maßnahmen und die Art des nach innerstaatlichem Recht vorgesehenen Rechtsbehelfs (EGMR 2.9.2010 – 35623/05 Rn. 63, NJW 2011, 1333 – Uzun; EGMR 9.1.2013 – 21722/11 Rn. 185, NLMR 2013, 11 – Volkov [Disziplinarmaßnahmen gegenüber Richtern]).

96 **b) Legitimes Ziel.** Liegt eine hinreichende gesetzliche Grundlage für den Eingriff vor, ist weiter zu prüfen, ob mit dem Eingriff ein legitimes Ziel verfolgt wurde. Die Ziele, die zur Rechtfertigung eines Eingriffs herangezogen werden können, zählt Art. 8 Abs. 2 abschließend auf; sie sind eng auszulegen (EGMR 27.8.2015 – 46470/11 Rn. 163, NJW 2016, 3705 – Parrillo). Die Konventionsorgane haben die einzelnen Ziele bisher keiner feststehenden Definition zugeführt (siehe Erläuterungen zu den einzelnen Zielen bei *Marauhn/Thorn* in Dörr/Grote/Marauhn Kap. 16 Rn. 89 ff.), legen die Begriffe aber aus. So soll bspw. der Umweltschutz dem Ziel „Schutz der Rechte und Freiheiten anderer" unterfallen (EGMR 18.1.2001 (GK) – 27238/95 ua Rn. 82, NLMR 2001, 23 – Chapman ua). Als legitimes Ziel erkennt der EGMR an, dass ein Mitgliedstaat **Rechtspflichten** erfüllt, die sich **aus** seinem **Beitritt zur EU** ergeben (EGMR 6.12.2012 – 12323/11 Rn. 100, NJW 2013, 3423 – Michaud).

97 **c) Notwendigkeit.** Ein Eingriff ist dann notwendig, wenn es für ihn ein **dringendes soziales Bedürfnis** gibt und er insbesondere in Bezug auf das rechtmäßig verfolgte Ziel **verhältnismäßig** ist (EGMR 2.9.2010 – 35623/05 Rn. 78 mwN, NJW 2011, 1333 – Uzun). Hinsichtlich der Verhältnismäßigkeit nimmt der EGMR nicht die den deutschen Juristen aus der Prüfung der Grundrechte des Grundgesetzes bekannte lehrbuchartige Prüfung von Erforderlichkeit, Geeignetheit und Angemessenheit vor. Seine Entscheidungen lassen aber erkennen, dass er diese Kriterien bei der Prüfung heranzieht (Beispiele bei *Grabenwarter/Pabel* EMRK § 18 Rn. 14 ff.).

98 Die nationalen Behörden haben einen **Beurteilungsspielraum** („margin of appreciation"), wenn es darum geht, festzustellen, ob und in welchem Umfang ein Eingriff notwendig ist (EGMR 28.3.1990 – 10890/84 Rn. 72, EuGRZ 1990, 255 – Groppera Radio AG ua). Wie weit dieser Beurteilungsspielraum ist, hängt ua vom Ziel und von der Intensität des Eingriffs ab. Der Beurteilungsspielraum ist jedoch eher weit, wenn innerhalb der Mitgliedstaaten kein Konsens im Hinblick auf die Bedeutung der in Rede stehenden Interessen oder auf die besten Mittel zum Schutz dieser Interessen besteht und wenn es darum geht, einen gerechten Ausgleich zwischen konkurrierenden privaten und öffentlichen Interessen oder zwischen verschiedenen nach der Konvention geschützten Rechten herbeizuführen (EGMR 23.9.2010 – 1620/03 Rn. 56, EuGRZ 2010, 560 – Schüth).

d) Zusammenfassung der Prüfungsschritte
- Gibt es eine gesetzliche Grundlage für den Eingriff?
  - Steht diese gesetzliche Grundlage im Einklang mit Gemeinschaftsrecht?
  - Hat die betroffene Person Zugang zur gesetzlichen Grundlage?
  - Ist die gesetzliche Grundlage hinreichend bestimmt?
  - Ist die betroffene Person hinreichend vor willkürlichen Eingriffen basierend auf der gesetzlichen Grundlage geschützt?
- Verfolgt der Eingriff ein legitimes Ziel?
- Ist der Eingriff notwendig?
  - Entspricht er einem dringenden sozialen Bedürfnis?
  - Ist er verhältnismäßig?

2. Nichterfüllung positiver Pflichten. Die Frage, ob der Mitgliedstaat durch die Nichterfüllung positiver Pflichten das Recht auf Achtung des Privat- und Familienlebens, der Wohnung und der Korrespondenz verletzt hat, beantwortet der EGMR mithilfe einer Verhältnismäßigkeitsprüfung. Dabei stellt er abwägend die Interessen des betroffenen Grundrechtsberechtigten denen der Gemeinschaft gegenüber (EGMR 16.12.2010 (GK) – 25579/05 Rn. 247, NJW 2011, 2107 – A., B. & C.; EGMR 25.11.1994 – 18131/91 Rn. 38f., NLMR 1994, 331 – Stjerna; zum fehlenden staatlichen Schutz vor dem Angriff eines psychisch erkrankten Menschen: EGMR 6.11.2018 – 27821/16 Rn. 52ff. – Milićević; zum unzureichenden Schutz vor häuslicher Gewalt: EGMR 3.9.2020 – 17496/19 – Levchuk). Im Rahmen dieser Abwägung sind auch die in Art. 8 Abs. 2 genannten Ziele von Bedeutung (EGMR 8.7.2003 (GK) – 36022/97 Rn. 98, NVwZ 2004, 1465 – Hatton ua). Einen in der Verhältnismäßigkeitsprüfung zu berücksichtigenden Kriterienkatalog hat der EGMR für die Rechtfertigung einer **elektronischen Überwachung am Arbeitsplatz** durch private Arbeitgeber entwickelt (ausführlich dazu *Lörcher* AuR 2020, 100).

II. Privatleben

1. Selbstbestimmung über den eigenen Körper. Eingriffe in die physische Unversehrtheit können im Rahmen von Strafermittlungsmaßnahmen gerechtfertigt sein (vgl. zu **gynäkologischen Untersuchungen** EGMR 13.5.2008 – 52515/99 Rn. 72, NVwZ 2009, 1547 – Juhnke und EGMR 22.7.2003 – 24209/94 Rn. 33ff. – V.F.). Dies dürfte auch für **Untersuchungen der Schuldfähigkeit** gelten. Der EGMR hat in einem Einzelfall eine Verletzung des Grundrechts auf Achtung des Privatlebens festgestellt, in dem die Beschwerdeführerin sich innerhalb kurzer Zeit mehreren solcher Untersuchungen unterziehen musste (EGMR 27.11.2003 – 26624/95 Rn. 80ff. – Worwa). **Leibesvisitationen** von Besuchern eines Gefangenen können grundsätzlich zum Schutz des Staates gerechtfertigt sein, im konkreten Fall war die Art der Durchführung jedoch unverhältnismäßig (EGMR 26.9.2006 – 12350/04 Rn. 44ff., NLMR 2006, 232 – Wainwright; vgl. zur **Zulässigkeit präventiver Personendurchsuchungen** EGMR 15.5.2012 – 49458/06, NLMR 2012, 151 – Colon). Die Verpflichtung einer Reinigungskraft für Büros in einem Kernkraftwerk, einen Drogen- und Alkoholtest zu machen, hat der EGMR mit Blick auf die öffentliche Sicherheit und die Rechte anderer für gerechtfertigt gehalten (EGMR 9.3.2004 – 46210/99 – Wretlund). Keine Rechtfertigung sieht der EGMR für nicht zwingend medizinisch gebotene **Sterilisationen** ohne wirksame Einwilligung (eine

Verletzung von Art. 3 bejahend EGMR 8.11.2011 – 18968/07, NLMR 2011, 348 – V. C.).

102 Die **Strafbarkeit einer Beihilfe zum Selbstmord** soll keine Verletzung des Grundrechts auf Achtung des Privatlebens darstellen, da sie zum Schutz der Rechte anderer notwendig sei (EGMR 29.4.2002 – 2346/02, NJW 2002, 2851 – Pretty).

Der EGMR billigt den Mitgliedstaaten einen weiten Beurteilungsspielraum in der **Gesundheitspolitik** zu (EGMR 13.11.2012 – 47039/11, 358/12 Rn. 119, NJW 2014, 447 – Hristozov ua). Aus diesem Grund kann die **Verweigerung der Finanzierung bestimmter Pflegemaßnahmen** aus ökonomischen Gründen ebenso gerechtfertigt sein (EGMR 20.5.2014 – 4241/12, NLMR 2014, 210 – McDonald) wie die Verweigerung eines nicht zugelassenen Medikaments (EGMR 13.11.2012 – 47039/11, 358/12 Rn. 119, NJW 2014, 447 – Hristozov ua).

Die fehlende Zustimmung einer Mutter zur **Organentnahme** bei ihrem verstorbenen Sohn zum Zweck einer Transplantation kann einen nicht gerechtfertigten Eingriff darstellen (EGMR 24.6.2014 – 4605/05, NLMR 2014, 216 – Petrova).

103 **Eingriffe in intime Lebensbereiche** sind nur durch **schwerwiegende Gründe** zu rechtfertigen (EGMR 27.9.1999 – 31417/96, 32377/96 Rn. 82, NLMR 1999, 156 – Lustig-Prean & Beckett; sa EGMR 29.4.2002 – 2346/02 Rn. 74, NJW 2002, 2851 – Pretty). Die öffentlichen Moralvorstellungen der Bevölkerung genügen bspw. nicht zur Rechtfertigung eines Verbotes jeglicher homosexueller Handlungen zwischen erwachsenen Männern (EGMR 22.10.1981 – 7525/76 Rn. 61, NJW 1984, 541 – Dudgeon). Dagegen kann das Ziel, Minderjährige zu schützen, ein Verbot homosexueller Handlungen mit Minderjährigen rechtfertigen (vgl. EGMR 22.10.1981 – 7525/76 Rn. 62, NJW 1984, 541 – Dudgeon). Gerechtfertigt ist nach Ansicht des EGMR die Strafbarkeit des Inzests (EGMR 12.4.2012 – 43547/08, NJW 2013, 215 – Stubing).

104 **2. Selbstbestimmte Lebensgestaltung. a) Kleidung.** Die Pflicht, **Gefängniskleidung** zu tragen, verletzt das Privatleben nicht, denn sie ist zur einfacheren Identifizierung und zur Unterscheidung von Häftlingen und Besuchern im Interesse der öffentlichen Sicherheit notwendig (EKMR 15.5.1980 – 8317/78 Rn. 83 – McFeeley ua). Auch das Verbot eines **Gesichtsschleier**s ist verhältnismäßig (EGMR 1.7.2014 (GK) – 43835/11, BeckRS 2014, 14932 – S. A.S.).

105 **b) Elternschaft.** Wird dem biologischen, aber nicht rechtlichen Vater **der Umgang mit seinem Kind** allein mit der Begründung verwehrt, er gehöre nach dem geltenden deutschen Recht nicht zu den umgangsberechtigten Personen (vgl. §§ 1684f. BGB), stellt dies eine Verletzung seines Rechts auf Achtung des Privatlebens dar, wenn und soweit im Rahmen der Entscheidung nicht geprüft wurde, ob ein Umgang im Kindesinteresse liegt (EGMR 21.12.2010 – 20578/07, FamRZ 2011, 269 – Anayo). Der deutsche Gesetzgeber hat dieser Entscheidung mit der Schaffung von § 1686a BGB Rechnung getragen.

106 Es stellt keine Verletzung des Rechts auf Achtung des Privatlebens dar, wenn die Verwendung gemeinsam erzeugter Embryonen an die fortdauernde Zustimmung der Partner zu einer In-vitro-Fertilisation geknüpft ist. Der EGMR hat Großbritannien im entschiedenen Fall einen weiten Beurteilungsspielraum eingeräumt, weil die **In-vitro-Fertilisation** angesichts der schnellen Fortschritte von Medizin und Wissenschaft schwierige Fragen der Moral und Ethik aufwerfe und es in diesem Bereich keinen Konsens unter den Mitgliedstaaten gebe (EGMR 10.4.2007 (GK) – 6339/05, NJW 2008, 2013 – Evans). Das Verbot, kryokonservierte Embryonen Dritten zu Forschungszwecken zu überlassen, verletzt das Recht auf Achtung des Privatlebens nicht, weil es dem Schutz der Moral und der Rechte und Freiheiten anderer dient (EGMR 27.8.2015 – 46470/11 Rn. 67, NJW 2016, 3705 – Parrillo).

c) Ausländer. Der EGMR befasst sich in vielen Entscheidungen mit Ausweisungen von Ausländern (vgl. §§ 53 ff. AufenthG). Bei der Prüfung, ob eine Ausweisung in einer demokratischen Gesellschaft notwendig und zur Erreichung eines legitimen Ziels verhältnismäßig ist, zieht er verschiedene Kriterien heran (EGMR 18.10.2006 (GK) – 46410/99 Rn. 57 f., NVwZ 2007, 1279 – Üner; EGMR 7.10.2014 – 15069/08 Rn. 30, juris – Loy). An diesen Kriterien orientieren sich **deutsche Gerichte** bei der Überprüfung behördlicher Ausweisungsentscheidungen (vgl. BVerfG 10.5.2007 – 2 BvR 304/07, NVwZ 2007, 946; BVerwG 13.1.2009 – 1 C 2/08, NVwZ 2009, 727) und der EuGH nutzt ähnliche Kriterien (EuGH 22.5.2012 (GK) – C-348/09 Rn. 34, NVwZ 2012, 1095). 107

Folgende **Kriterien für die Prüfung einer Ausweisung** hat der EGMR aufgelistet: 108
– Art und Schwere der begangenen Straftat;
– Dauer des Aufenthalts im Mitgliedstaat, aus dem die Ausweisung erfolgen soll;
– seit Begehung der Straftat vergangene Zeit und Verhalten der ausgewiesenen Person seit der Tat;
– Staatsangehörigkeiten aller Beteiligten;
– familiäre Situation der ausgewiesenen Person und gegebenenfalls die Dauer ihrer Ehe sowie andere Umstände, die auf ein tatsächliches Familienleben eines Paares hinweisen;
– Kenntnis der Partner von der Straftat bei Begründung der familiären Beziehung;
– ob der Verbindung Kinder entstammen, und in diesem Fall deren Alter;
– Maß an Schwierigkeiten, die ein/e Partner/in in dem Land haben kann, in das ausgewiesen wurde;
– Belange und Wohl der Kinder, insbesondere das Maß an Schwierigkeiten, auf die sie wahrscheinlich in dem Land treffen, in das ausgewiesen wurde;
– Intensität der sozialen, kulturellen und familiären Bindungen zum Mitgliedstaat und zum Bestimmungsland.

Der EGMR berücksichtigt außerdem, ob nationale Behörden dem Ausländer trotz Kenntnis der Straffälligkeit einen Aufenthaltstitel erteilten (vgl. EGMR 24.11.2009 – 1820/08 Rn. 42, InfAuslR 2010, 178 – Omojudi). Er bezieht darüber hinaus das **Alter des betroffenen Ausländers** in seine Erwägungen ein. So sei bei einer Ausweisung aufgrund vorangegangener Straffälligkeit zu berücksichtigen, ob die Straftat als Jugendlicher oder Erwachsener begangen wurde (EGMR 23.6.2008 (GK) – 1638/03 Rn. 72 mwN, InfAuslR 2008, 333 – Maslov; EGMR 20.12.2018 – 18706/16 Rn. 46, FamRZ 2019, 1896 – Cabucak). Ferner könne es im Rahmen des Kriteriums „Dauer des Aufenthaltes im ausweisenden Mitgliedstaat" eine Rolle spielen, ob der Ausländer im Mitgliedstaat geboren oder als Kind oder Erwachsener eingereist sei (EGMR 23.6.2008 (GK) – 1638/03 Rn. 73, InfAuslR 2008, 333 – Maslov; vgl. zur besonderen **Berücksichtigung des Kindeswohls** unter Hinweis auf die **UN-Kinderrechtskonvention** EGMR 8.7.2014 – 3910/13, NLMR 2014, 295 – M.P.E. V.). Bei Ausländern, die bereits ihre gesamte Kindheit im Mitgliedstaat verbracht hätten, seien **schwerwiegende Gründe** für die Ausweisung (EGMR 23.6.2008 (GK) – 1638/03 Rn. 75, InfAuslR 2008, 333 – Maslov) und die Abschiebung (EGMR 14.6.2011 – 38058/09, NVwZ 2012, 947 – Osman) zu fordern. 109

110 Schließlich soll auch die **Befristung** der Ausweisung ein Kriterium sein, das im Rahmen der Rechtfertigung zu berücksichtigen sei (EGMR 23.6.2008 (GK) – 1638/03 Rn. 98, InfAuslR 2008, 333 – Maslov). In seiner Rechtsprechung hat der EGMR mit dem Fehlen einer Befristung wiederholt die Unverhältnismäßigkeit einer Ausweisung begründet (EGMR 13.2.2001 – 47160/99 Rn. 35 – Ezzouhdi; EGMR 17.4.2003 – 52853/99 Rn. 48f., NJW 2004, 2147 – Yilmaz; EGMR 22.4.2004 – 42703/98 Rn. 37, InfAuslR 2004, 374 – Radovanovic; EGMR 27.10.2005 – 32231/02 Rn. 65f., InfAuslR 2006, 3 – Keles). Umgekehrt hat er die Verhältnismäßigkeit einer Ausweisung auch auf die Befristung gestützt (EGMR 10.7.2003 – 53441/99 Rn. 37, InfAuslR 2004, 182 – Benhebba; EGMR 13.1.2000 – 35112/92 – Jankov; EGMR 15.11.2012 – 52873/09, NLMR 2012, 379 – Shala). Der EGMR hat sich – soweit ersichtlich – nicht dahingehend positioniert, dass eine ohne Befristung ausgesprochene Ausweisung automatisch unverhältnismäßig sei. So hat er bspw. ausreichen lassen, dass eine Befristung auf einen Antrag hin möglich ist (EGMR 26.4.2007 – 16351/03 Rn. 52 – Konstatinov). Auch in Deutschland betreffenden Entscheidungen hat der EGMR die Ausweisungen für verhältnismäßig gehalten, obgleich sie ohne Befristung erfolgten (EGMR 13.10.2011 – 41548/06, EuGRZ 2012, 11 – T. und EGMR 7.10.2014 – 15069/08 Rn. 30, juris – Loy; vgl. für die Schweiz EGMR 15.11.2012 – 38005/07, NLMR 2012, 377 – Kissiwa). Gleichzeitig hat der EGMR aber die Einrede der deutschen Regierung, das Fehlen einer Befristung sei wegen des fehlenden, darauf gerichteten Antrags der ausgewiesenen Person bei der Entscheidung nicht zu berücksichtigen, zurückgewiesen (vgl. EGMR 25.3.2010 – 40601/03 Rn. 40, 63, InfAuslR 2010, 325 – Mutlag; beachte, dass es nach heutiger Rechtslage keines Befristungsantrages mehr bedarf, vgl. § 11 AufenthG).

111 Der EGMR hat ausdrücklich festgestellt, dass eine **Ausweisung** im Nachgang zu einer strafrechtlichen Verurteilung **keine Doppelbestrafung** im Sinne von Art. 4 7. EMRKProt ist (EGMR 18.10.2006 (GK) – 46410/99 Rn. 56, NVwZ 2007, 1279 – Üner).

112 Das **Vorenthalten eines Aufenthaltstitels** kann das Privatleben eines Ausländers unverhältnismäßig beeinträchtigen und damit eine Verletzung seines Grundrechts aus Art. 8 darstellen (vgl. VGH Mannheim 13.12.2010 – 11 S 2359/10, DVBl 2011, 370 Rn. 40ff.). Die nationalen Gerichte haben dies bei der Prüfung, ob ein Anspruch auf Erteilung eines Aufenthaltstitels besteht, zu berücksichtigen (vgl. BVerwG 11.1.2011 – 1 C 1.10 Rn. 30, BVerwGE 138, 371). Die einzelfallbezogene Rechtsprechung des EGMR lässt eine klare Aussage, wann das Vorenthalten eines Aufenthaltstitels das Privatleben eines Ausländers unverhältnismäßig beeinträchtigt nicht zu (vgl. EGMR 16.6.2005 – 60654/00, EuGRZ 2006, 554 – Sisojeva; EGMR 9.10.2003 – 48321/99, EuGRZ 2006, 560 – Slivenko; EGMR 31.1.2006 – 50435/99, EuGRZ 2006, 562 – Rodrigues da Silva & Hoogkamer; EGMR 17.1.2006 – 51431/99, InfAuslR 2006, 297 – Aristimuno Mendizabal; EGMR 31.7.2008 – 265/07, InfAuslR 2008, 421 – Darren Omoregie ua; s. a. die Zusammenfassung abwägungsrelevanter Umstände bei BVerwG 27.4.2021 – 1C45.20 – BeckRS 2021, 14496 Rn. 18).

112a **d) Berufsausübung.** Das Verbot, gleichzeitig den Beruf des Arztes und den des Rechtsanwalts auszuüben, ist nicht gerechtfertigt (EGMR 14.1.2014 – 1944/10, GesR 2014, 214 – Mateescu; zur Rechtfertigung eines **Ordnungsgeldes gegen einen Rechtsanwalt** wegen Zeugnisverweigerung siehe EGMR 19.11.2020 – 24173/18, BeckRS 2020, 31345 – Müller).

3. Informationelle Selbstbestimmung. a) Kenntnis der eigenen Abstammung. Bei der Entscheidung, ob dem vermeintlichen Sohn zur **Feststellung der Vaterschaft** die Durchführung eines DNA-Tests bei einem Verstorbenen zu ermöglichen ist, hat der EGMR einerseits das Recht des Sohnes auf Klärung der eigenen Identität und andererseits das Recht der Angehörigen und des Verstorbenen auf ungestörte Totenruhe sowie das öffentliche Interesse an Rechtssicherheit zugunsten des Beschwerdeführers abgewogen (EGMR 13.7.2006 – 58757/00 Rn. 36, FamRZ 2006, 1354 – Jäggi; vgl. zu den Grenzen des Rechts auf Kenntnis der eigenen Abstammung nach der Rspr. des BVerfG: BVerfG 19.4.2016 – 1 BvR 3309/13, ZKJ 2016, 261). 113

b) Name. Da sich die nationalen Regelungen zum Namensrecht stark voneinander unterscheiden, räumt der EGMR den Mitgliedstaaten einen weiten Beurteilungsspielraum ein, wenn es um die Zulässigkeit einer Namensänderung geht (EGMR 25.11.1994 – 18131/91 Rn. 39, NLMR 1994, 331 – Stjerna). Die Ablehnung einer Änderung des Nachnamens hat der EGMR nicht als Grundrechtsverletzung angesehen, weil die Beeinträchtigung des Beschwerdeführers im konkreten Fall im Verhältnis zum Interesse des Staates an der Beibehaltung des Namens gering sei (EGMR 25.11.1994 – 18131/91 Rn. 39ff., NLMR 1994, 331 – Stjerna). Eine zu geringe Beeinträchtigung des Privatlebens der Eltern, die ihr Kind „Fleur de Marie" und nicht wie von den französischen Behörden eingetragen „Fleur Marie" nennen wollten, führte ebenfalls zur Verneinung einer Grundrechtsverletzung (EGMR 24.10.1996 – 22500/93 Rn. 27, NLMR 1996, 167 – Guillot). Dagegen bejahte der EGMR eine Verletzung des Grundrechts finnischer Eltern durch die Ablehnung der Registrierung des Namens „Axl" für ihren Sohn (EGMR 6.9.2007 – 10163/02 Rn. 33, NLMR 2007, 241 – Johansson). Das **Verbot von Doppelnachnamen für Kinder** nach §§ 1616ff. BGB **verletzt das Grundrecht nicht** (vgl. EGMR 6.5.2008 – 31745/02, FamRZ 2008, 1507 – Heidecker-Tiemann [nur Ls.]; EGMR 6.5.2008 – 33572/02, StAZ 2008, 375 – Freifrau von Rehlingen ua). Auch das BVerfG hat keine Verletzung der Grundrechte des Grundgesetzes durch die deutschen Regelungen erkannt (BVerfG 30.1.2002 – 1 BL 23/96, BVerfGE 104, 373; vgl. zur Verfassungsmäßigkeit des Verbotes von Doppelehenamen BVerfG 5.5.2009 – 1 BvR 1155/03, BVerfGE 123, 90). 114

c) Schutz persönlicher Daten. Bei Eingriffen in das Recht auf Schutz persönlicher Daten wird dieses mit dem öffentlichen Interesse an der Erlangung, Verwendung und Verarbeitung der Daten abgewogen. Dabei sind insbesondere die Art der Daten und ihre Gewinnung zu berücksichtigen. Ferner spielt eine Rolle, wie vertraulich mit den Daten umgegangen wird, wer Zugriff auf sie hat und ob Löschfristen vorgesehen sind. **Besonderen Schutz genießen medizinische Daten** (zur Verletzung von Art. 8 durch die Bekanntgabe einer H.I.V.-Infektion der Beschwerdeführerin in einem Gerichtsurteil siehe EGMR 25.2.1997 – 22009/93, NLMR 1997, 54 – Z.) und Daten, die **politische Überzeugungen** erkennen lassen (EGMR 24.1.2019 – 43514/15 Rn. 112, NVwZ 2020, 377 – Catt). Bei der Erhebung, Verwendung und Verarbeitung von Daten zum Zwecke der Verfolgung oder Vermeidung von Straftaten ist die Schwere der Straftat in die Abwägung einzustellen (EGMR 2.9.2010 – 35623/05 Rn. 80, NJW 2011, 1333 – Uzun; vgl. zur Registrierungspflicht für Prepaid-Sim-Karten: EGMR 30.1.2020 – 50001/12, ZD 2020, 250 – Breyer; vgl. zur Vereinbarkeit der elektronischen Fußfessel mit Art. 8: BVerfG 1.12.2020 – 2 BvR 916/11 Rn. 349). Die erleichterte Aufklärung künftiger Straftaten soll ein legitimer Zweck für die Speicherung von bereits vorhandenen 115

Fingerabdrücken oder DNA-Material sein (EGMR 4.12.2008 (GK) – 30562/04, 30566/04 Rn. 100, NJOZ 2010, 696 – S. & Marper; vgl. zur Rechtfertigung der **Entnahme von DNA-Material** und Speicherung des DNA-Profils nach § 81g StPO EGMR 4.6.2013 – 7841/08, 57900/12 – Peruzzo und Martens; s. a. zur Rechtfertigung einer Liste mit persönlichen Daten von Sexualstraftätern EGMR 17.12.2009 – 16428/05 – Gardel).

115a   d) **Recht am eigenen Bild.** Die Mitgliedstaaten sind verpflichtet, das Recht am eigenen Bild vor dem Missbrauch durch Dritte zu schützen. Die Verhängung eines Ordnungsgeldes gegen den veröffentlichenden Verlag kann zum Schutz genügen (EGMR 17.3.2016 – 16313/10, NJW 2017, 2891 – Kahn).

115b   e) **Schutz des guten Rufs.** Der EGMR befasst sich fortlaufend mit Fällen, in denen das Recht auf Schutz des guten Rufs mit dem Recht auf freie Meinungsäußerung (Art. 10) abzuwägen ist. Im Rahmen der Rechtfertigungsprüfung greift er auf einen Kriterienkatalog zurück (vgl. zB EGMR 28.6.2018 – 60798/10 ua Rn. 95, NJW 2020, 295 – M.L. ua [Identifizierende Berichterstattung über Straftaten]; EGMR 27.11.2018 – 28482/13 Rn. 31, AfP 2019, 142 – Herman-Bischoff).

116   **4. Umwelt.** Für die Beantwortung der Frage, ob Beeinträchtigungen durch Lärm eine Verletzung des Grundrechts darstellen, sind die Interessen der Betroffenen mit denjenigen des Mitgliedstaates abzuwägen. Dabei können die in Art. 8 Abs. 2 genannten Ziele eine Rolle spielen. Der EGMR hat bspw. das wirtschaftliche Wohl eines Landes und die Rechte anderer zur Rechtfertigung von (Nacht-)Flügen herangezogen (EGMR 8.7.2003 (GK) – 36022/97 Rn. 98 ff., NVwZ 2004, 1465 – Hatton ua). Von Bedeutung ist weiter, ob und welche Lärmschutzmaßnahmen getroffen wurden, ob die Betroffenen in Entscheidungsprozesse einbezogen wurden und ob sie die Möglichkeit haben, die Flughafengegend ohne finanzielle Nachteile zu verlassen (EGMR 8.7.2003 (GK) – 36022/97, NVwZ 2004, 1465 – Hatton ua; zur Berücksichtigung der EGMR-Rechtsprechung im Bereich Fluglärm vgl. BVerfG 15.10.2009 – 1 BvR 3522/08, NVwZ 2009, 1489; OVG Koblenz 4.4.2006 – 8 C 10315/05, juris; OVG Berlin-Brandenburg 11.6.2014 – OVG 6 A 10.14, LKV 2014, 416).

117   Der EGMR betont besonders in seinen Entscheidungen mit Umweltbezug, dass es in den Mitgliedstaaten Verfahren geben müsse, die sicherstellten, dass die Auffassung und Interessen der Betroffenen berücksichtigt werden (Auswertung der umweltrechtlichen Rechtsprechung des EGMR bei *Meyer-Ladewig* NVwZ 2007, 25). Er betont ferner seine **subsidiäre Rolle in umweltpolitischen Fragen,** die zu einer Begrenzung seiner Prüfungskompetenz führe. Im Umweltbereich gesteht der EGMR den Mitgliedstaaten einen weiten Beurteilungsspielraum zu. In diesen Beurteilungsspielraum falle ua die Wahl der Mittel zur Regelung von Umweltfragen. Im konkreten Fall hat der EGMR festgestellt, Deutschland habe seine bestehende Pflicht zum Schutz vor Staubpartikelemissionen bei Dieselmotoren nicht allein deshalb verletzt, weil es keine Pflicht zum Einbau von Partikelfiltern in Dieselfahrzeuge geschaffen habe (EGMR 12.5.2009 – 18215/06, NVwZ 2011, 93 – Greenpeace ua).

III. Familienleben

118   **Sorge- und Umgangsrecht.** Entscheidend für die Beantwortung der Frage, ob ein Eingriff in das Sorge- und/oder Umgangsrecht gerechtfertigt ist, ist das Kin-

deswohl. Zwar sind die Interessen der Eltern und des Kindes gegeneinander abzuwägen, das Kindeswohl bedarf aber besonderer Berücksichtigung. Der EGMR räumt den Mitgliedstaaten **in sorgerechtlichen Fragen** einen **weiten Beurteilungsspielraum** ein (EGMR 27.5.2014 – 9929/12 Rn. 50, NLMR 2014, 233 – Buchs). In **Fragen des Umgangs** gewährt er den nationalen Behörden einen **geringeren Beurteilungsspielraum,** weil die Beschneidung des Umgangs die Gefahr berge, dass die familiären Beziehungen zwischen einem (kleinen) Kind und einem oder beiden Elternteilen endgültig abgeschnitten werden (EGMR 26.2.2004 – 74969/01 Rn. 42 mwN, NJW 2004, 3397 – Görgülü; EGMR 15.9.2011 – 17080/07 Rn. 94, NJW 2012, 2781 – Schneider). Das Zerschneiden eines familiären Bandes, bspw. durch die Versagung des Umgangs zwischen Vater und Sohn ist nur unter sehr außergewöhnlichen Umständen gerechtfertigt, da es grundsätzlich dem Wohl des Kindes dient, seine Familienbande aufrechtzuerhalten (EGMR 26.2.2004 – 74969/01 Rn. 48 mwN, NJW 2004, 3397 – Görgülü; vgl. zur Verletzung von Art. 8 dadurch, dass keine wirksamen Maßnahmen gegen die ablehnende Haltung einer Mutter im Umgangsverfahren ergriffen wurden EGMR 10.2.2011 – 1521/06, FamRZ 2011, 1125 – T.; zur Pflicht des Mitgliedstaates die Gründe für eine Aussetzung des Umgangsrechts in der Regel jährlich zu überprüfen EGMR 17.5.2011 – 9732/10, juris – Heidemann; EGMR 28.4.2016 – 20106/13, FamRZ 2017, 891 – Buchleither; s. a. *Volke* FamRZ 2020, 10; zur Notwendigkeit sachverständiger und aktueller Stellungnahmen im gerichtlichen Umgangsverfahren: EGMR 6.10.2016 – 23280/08, FamRZ 2018, 350 – Moog; zum Absehen von einer sachverständigen Stellungnahme im Eilverfahren: EGMR 22.3.2018 – 68125/14 ua Rn. 82, NJW 2019, 1733 – Wetjen ua). Die Mitgliedstaaten können verpflichtet sein, den Kontakt zwischen Kindern und ihren Eltern zu erleichtern (vgl. zu einer Grundrechtsverletzung wegen unzureichender Unterstützung eines taubstummen Vaters EGMR 10.1.2017 – 32407/13, NLMR 2017, 20 – Nowakowski). Bei **internationalen Kindesentführungen** sind die Mitgliedstaaten verpflichtet, die zügige Rückführung der Kinder sicherzustellen (EGMR 21.9.2017 – 53661/15, NLMR 2017, 435 – Sévère).

Die anfängliche Zuweisung des Sorgerechts für ein uneheliches Kind an dessen **119** Mutter ist – sofern keine gemeinsame Sorgeerklärung vorliegt – gerechtfertigt, um zu gewährleisten, dass das Kind ab seiner Geburt eine Person hat, die klar als gesetzlicher Vertreter handeln kann (EGMR 3.2.2011 – 35637/03 Rn. 85, NLMR 2011, 35 – Sporer; EGMR 3.12.2009 – 22028/04 Rn. 54f., NJW 2010, 501 – Zaunegger). Das Unterlassen, ein faires Verfahren in einem Rückführungsverfahren sicherzustellen, verletzt das Familienleben des rückzuführenden Kindes und seines Elternteils (EGMR 14.1.2020 – 10926/09 Rn. 212, FamRZ 2020, 496 – Rinau).

Die **Unterbringung eines Kindes in einer staatlichen Fürsorgeeinrich- 120 tung oder bei Pflegeeltern** stellt regelmäßig einen schwerwiegenden Eingriff in das Familienleben der Betroffenen dar und bedarf daher gewichtiger Gründe (EGMR 12.7.2001 (GK) – 25701/94 Rn. 154, NJW 2003, 809 – K. & T.). Dies gilt in besonderem Maße für die Trennung einer Mutter von ihrem Neugeborenen. Die nationalen Behörden sind daher verpflichtet, vor einer solchen Trennung zu prüfen, ob weniger belastende Maßnahmen möglich sind (EGMR 12.7.2001 (GK) – 2570/1 Rn. 168, NJW 2003, 809 – K. & T.; EGMR 21.9.2006 – 12643/02 Rn. 69ff., FamRZ 2006, 1817 – Moser). Die Tatsache, dass ein Kind in eine für sein Heranwachsen günstigere Umgebung gebracht werden kann, rechtfertigt allein keine zwangsweise Trennung des Kindes von seinen Eltern (EGMR 26.2.2002 – 46544/99 Rn. 69, FamRZ 2002, 1393 – Kutzner). Zudem muss die staatliche Fürsorgemaßnahme regelmäßig von vorübergehender Natur sein. Die nationalen Behörden sind verpflichtet, während dieser Maßnahmen Möglichkeiten der Aufrechterhaltung des familiären Bandes zu prüfen und ggf. zu fördern (EGMR 8.4.2004 – 11057/02 Rn. 93, NJW 2004, 3401 – Haase, siehe dazu fortführend EGMR 12.2.2008 – 34499/04, juris – Haase). Allerdings kann eine längere Unterbringung eines Kindes bei einer Pflegefamilie dem Kindesinteresse daran, dass diese neue De-facto-Familiensituation nicht wieder geändert wird, das Interesse der Eltern an einer Familienzusammenführung überwiegen (EGMR 12.7.2001 (GK) – 2570/94 Rn. 168, NJW 2003, 809 – K. & T.; vgl. zu einer unzureichenden Interessenabwägung durch das nationale Gericht EGMR 10.9.2019 – 37283/13, NJW 2020, 3161 – StRAND). In einer Deutschland betreffenden Entscheidung hat der EGMR betont, **Fehlurteile oder Fehleinschätzungen von Fachkräften führten nicht per se zu einer Verletzung** von Art. 8 (EGMR 14.3.2013 – 18734/09, 9424/11 Rn. 47, NJW 2014, 2015 – B. B. und F. B.). Ein familiengerichtlicher Adoptionsbeschluss, der keine Begründung enthält, verletzt den leiblichen Vater unverhältnismäßig (EGMR 20.4.2021 – 58718/15 Rn. 49, FamRZ 2021, 1207 – Stüker).

121 **Ausländer.** Die Art und Intensität der familiären Bindungen eines Ausländers im Mitgliedstaat sind bei der Frage einer Rechtfertigung seiner **Ausweisung** grundsätzlich zu berücksichtigen. Allerdings will der EGMR ihnen kein einschneidendes Gewicht beimessen, wenn diese Bindungen erst nach der Verurteilung entstanden sind, die Anlass der Ausweisung war (EGMR 12.1.2010 – 47486/06 Rn. 46f., InfAuslR 2010, 369 – Abdul Waheed Khan; EGMR 3.5.2014 – 58363/10 Rn. 81 – M. E.; EGMR 16.4.2013 – 12020/09 Rn. 50, InfAuslR 2014, 179 – Udeh). Für die Beantwortung der Frage, ob eine Ausweisung gerechtfertigt ist, zieht der EGMR eine Vielzahl verschiedener Kriterien heran. Insoweit wird auf die obigen Ausführungen zum Recht auf Achtung des Privatlebens verwiesen (→ Rn. 107 ff.).

122 Ob das **Vorenthalten eines Aufenthaltstitels** eine Verletzung des Rechts auf Achtung des Familienlebens begründet, ist einzelfallbezogen unter jeweiliger Berücksichtigung der besonderen Umstände der Beteiligten festzustellen. Der EGMR misst bei der Frage, ob der Nachzug des Familienangehörigen das adäquate Mittel zur Etablierung eines gemeinsamen Familienlebens wäre, ua dem Umstand Bedeutung bei, ob er die einzige Möglichkeit darstellt, ein Familienleben zu entwickeln, etwa weil Hindernisse für eine Wohnsitzbegründung im Ausland bestehen oder besondere Umstände vorliegen, aufgrund derer eine solche Wohnsitzbegründung nicht erwartet werden kann (vgl. EGMR 1.12.2005 – 60665/00 Rn. 44 ff., InfAuslR 2006, 105 – Tuquabo-Tekle; EGMR 21.12.2001 – 31465/96 Rn. 40, InfAuslR 2001, 334 – Sen; s. a. BVerwG 4.9.2012 – 10 C 12/12, BVerwGE 144, 141 zum Erfordernis von Sprachkenntnissen beim Ehegattennachzug und EuGH 10.7.2014 – C-138/13, NVwZ 2014, 1081). Beim **Kindernachzug** prüft der EGMR, ob das nationale Gericht das Kindeswohl hinreichend berücksichtigt hat. Dies müsse sich in der Begründung der nationalen Entscheidung widerspiegeln. Zu berücksichtigen sei zB, ob der im Mitgliedstaat lebende Elternteil beim Verlassen des Drittstaates jede Absicht auf künftige Familienzusammenführung aufgegeben habe und ob der Nachzug das angemessene Mittel zur Entwicklung des Familienlebens sei, wobei zu berücksichtigen sei, ob der Rückkehr der Eltern ins Herkunftsland unüberwindbare Hindernisse oder wesentliche Erschwernisse entgegenstünden (EGMR 8.11.2016 – 56971/10 Rn. 44 ff., NLMR 2016, 528 – El Ghatet; ausführlich zum Recht auf **Familienzusammenführung** *Czech* EuGRZ 2017, 229).

Recht auf Achtung des Privat- und Familienlebens **Art. 8 EMRK**

Durch das **Fehlen eines Zeugnisverweigerungsrechtes für Lebensgefähr-** 122a
ten, die mit ihrem Partner eine Familie bilden, wird Art. 8 nicht verletzt (EGMR
3.4.2012 (GK) – 42857/05, NJW 2014, 39 – van der Heijden).

Der rechtliche Ausschluss einer **Anfechtung der rechtlichen Vaterschaft** 122b
durch den biologischen Vater verletzt dessen **Privat**leben nicht (EGMR
10.3.2015 – 42719/14, FamRZ 2016, 437 – Markgraf).

IV. Wohnung

Durchsuchungen. Anders als Art. 13 GG enthält Art. 8 keinen Richtervor- 123
behalt für Wohnungsdurchsuchungen. Der EGMR verlangt aber einen wirksamen
Schutz vor Missbrauch gesetzlicher Durchsuchungsbefugnisse. Der in Deutschland
bestehende Richtervorbehalt ist so ein Missbrauchsschutz. Er führt aber nicht automatisch dazu, dass eine Verletzung von Art. 8 ausgeschlossen ist. Der EGMR hat
bspw. eine richterlich angeordnete Durchsuchung in Deutschland ua deshalb als
unverhältnismäßig angesehen, weil die Anordnung nicht hinreichend beschränkt
war (vgl. EGMR 16.12.1992 – 13710/88, NJW 1993, 718 – Niemietz).

Nach ständiger Rechtsprechung des EGMR können die Mitgliedstaaten Woh- 124
nungsdurchsuchungen und Beschlagnahmen für notwendig halten, um Beweise
für bestimmte Straftaten zu erhalten. Im Rahmen der Verhältnismäßigkeitsprüfung
sind ua die **Schwere der Straftat**, wegen der die Durchsuchung und Beschlagnahme vorgenommen wurden, die **Art und Weise und die Umstände**, unter denen die Anordnung erging, insbesondere das zur fraglichen Zeit vorliegende weitere Beweismaterial, weiter **Inhalt und Umfang der Anordnung**, die **Art der
durchsuchten Räume** und die getroffenen Schutzvorkehrungen, um die Auswirkungen der Maßnahme auf ein vernünftiges Maß zu beschränken, sowie das **Ausmaß möglicher Auswirkungen auf den guten Ruf des Betroffenen** zu berücksichtigen (EGMR 6.10.2016 – 33696/11 Rn. 44 mwN, NJW 2018, 921 –
M.S. [angekaufte „Steuer-CD" als Anlass einer Wohnungsdurchsuchung]).

Abrissanordnungen können gerechtfertigt sein (EGMR 4.8.2020 – 44817/18 – 124a
Kaminskas).

Verletzung durch Lärm bzw. fehlenden Lärmschutz. Nicht nur durch 125
einen Eingriff, sondern durch die Nichterfüllung positiver Pflichten kann ein Mitgliedstaat das Recht auf Achtung der Wohnung verletzen. Der EGMR hat bspw. im
staatlichen Versäumnis die Einhaltung von Lärmschutzbestimmungen durchzusetzen, eine Verletzung der Beschwerdeführerin erkannt, die in ihrem Haus erheblichem nächtlichen Disko- und Barlärm ausgesetzt war (EGMR 16.11.2004 –
4143/02, NJW 2005, 3767 – Moreno Gómez). Ferner hat er die Verletzung des
Rechts auf Achtung der Wohnung eines Beschwerdeführers festgestellt, der in der
Nähe einer viel befahrenen Straße wohnte und dessen Wohnung durch die verkehrsbedingten Vibrationen, Gerüche und Luftverschmutzungen fast unbewohnbar war (EGMR 9.11.2010 – 2345/06 Rn. 22 ff., juris [nur Ls.] – Deés). Nach Auffassung des EGMR hatte der ungarische Staat keine ausreichenden Maßnahmen
ergriffen, um das Recht des Beschwerdeführers aus Art. 8 zu schützen.

V. Korrespondenz

Eingriffe in den Brief-, E-Mail- oder Telefonverkehr bedürfen wie alle Eingriffe 126
in den Anwendungsbereich des Art. 8 einer Rechtfertigung. Ob eine solche vorliegt, ist anhand des von Art. 8 Abs. 2 vorgegebenen Prüfschemas zu ermitteln (dazu

→ Rn. 90 ff.). Der EGMR betont bei seinen Prüfungen insbesondere die Notwendigkeit einer wirksamen **Missbrauchskontrolle**. Die Betroffenen müssen wirksame und effektive Möglichkeiten der Kontrolle von Eingriffen in ihr Recht auf Achtung der Korrespondenz haben (EGMR 24.8.1998 – 23618/94 Rn. 30 ff. – Lambert mwN).

127 **Korrespondenz von Gefangenen.** Die Möglichkeit, bis zu drei Briefe pro Woche zu schreiben und unbegrenzt Briefe zu erhalten, hat der EGMR als ausreichend zur Wahrung des Rechts auf Achtung der Korrespondenz eines Gefangenen erachtet (EGMR 29.1.2002 – 37328/97 Rn. 90 ff., NLMR 2002, 17 – A.B.). Das Führen von Telefonaten kann beschränkt werden (siehe dazu EGMR 29.1.2002 – 37328/97, NLMR 2002, 17 – A.B.).

128 Die EMRK schließt die **Kontrolle der Korrespondenz** von Gefangenen nicht aus, insbesondere wenn sie zum Ziel hat, sicherzustellen, dass die Korrespondenz nichts enthält, was die Sicherheit der Haftanstalt oder anderer Personen gefährden oder sonst einen kriminellen Charakter haben könnte. Sie erfolgt in dem Fall zur Aufrechterhaltung der Ordnung und zur Verhütung von Straftaten (EGMR 3.2.2009 – 32524/05 Rn. 40 f., juris – Senger). Allerdings soll allein das allgemeine Risiko, dass Briefe Dinge enthalten könnten, die in die Haftanstalt geschmuggelt werden sollen, nicht ausreichen, um die umfassende Kontrolle der Briefe zu rechtfertigen (EGMR 24.2.2005 – 59304/00 Rn. 22 – Jankauskas; EGMR 19.4.2001 – 28524/95 Rn. 84, NLMR 2001, 108 – Peers zu Briefen von Konventionsorganen).

129 Neben dem Briefverkehr mit Konventionsorganen kommt der **Korrespondenz mit Rechtsanwälten** (rechtlichen Vertretern) ein besonderer Schutz zu (EGMR 24.2.2005 – 59304/00 Rn. 22 – Jankauskas mwN). Briefe eines Rechtsanwaltes an einen inhaftierten Mandanten dürfen nur dann geöffnet werden, wenn nachvollziehbare Anhaltspunkte dafür bestehen, dass sich in dem Brief unerlaubte Gegenstände befinden. Selbst in dem Fall ist der Brief grundsätzlich nicht zu lesen. Nur ausnahmsweise, wenn ein Missbrauch der **besonders geschützten Beziehung zwischen Mandant und Rechtsanwalt** zu befürchten ist und der Inhalt des Briefes die Sicherheit der Haftanstalt oder eines Dritten gefährdet oder in sonstiger Weise strafrechtlich relevant ist, käme ein Lesen in Betracht (EGMR 25.3.1992 – 13590/88 Rn. 48, NLMR 1992, 11 – Campbell; vgl. zur legitimen Einschränkung der Kommunikation mit dem Anwalt EGMR 18.3.2014 – 24069/03 ua, NLMR 2014, 109 – Öcalan; sa BVerfG 20.5.2010 – 2 BvR 1413/09, NJW 2010, 2937). § 148 Abs. 2 StPO genügt diesen Anforderungen (EGMR 5.7.2001 – 38321/97 Rn. 61 f., NJW 2003, 1439 – Erdem). Für die **Kontrolle der Korrespondenz Minderjähriger** in Erziehungsheimen ist der behördliche Spielraum geringer. Eine undifferenzierte Kontrolle der Korrespondenz, fehlende Angaben zur Dauer der Kontrolle und zu den Gründen für die Kontrolle seien unverhältnismäßig (EGMR 19.5.2016 – 7472/14 Rn. 105 ff., NLMR 2016, 217 – D.L.).

Art. 9 Gedanken-, Gewissens- und Religionsfreiheit

(1) Jede Person hat das Recht auf Gedankens-, Gewissens- und Religionsfreiheit; dieses Recht umfasst die Freiheit, seine Religion oder Weltanschauung zu wechseln, und die Freiheit, seine Religion oder Weltanschauung einzeln oder gemeinsam mit anderen öffentlich oder privat durch Gottesdienst, Unterricht oder Praktizieren von Bräuchen und Riten zu bekennen.

(2) Die Freiheit, seine Religion oder Weltanschauung zu bekennen, darf nur Einschränkungen unterworfen werden, die gesetzlich vorgesehen und in einer demokratischen Gesellschaft notwendig sind für die öffentliche Sicherheit, zum Schutz der öffentlichen Ordnung, Gesundheit oder Moral oder zum Schutz der Rechte und Freiheiten anderer.

(1) Everyone has the right to freedom of thought, conscience and religion; this right includes freedom to change his religion or belief and freedom, either alone or in community with others and in public or private, to manifest his religion or belief, in worship, teaching, practice and observance.

(2) Freedom to manifest one's religion or beliefs shall be subject only to such limitations as are prescribed by law and are necessary in a democratic society in the interests of public safety, for the protection of public order, health or morals, or for the protection of the rights and freedoms of others.

(1) Toute personne a droit à la liberté de pensée, de conscience et de religion; ce droit implique la liberté de changer de religion ou de conviction, ainsi que la liberté de manifester sa religion ou sa conviction individuellement ou collectivement, en public ou en privé, par le culte, l'enseignement, les pratiques et l'accomplissement des rites.

(2) La liberté de manifester sa religion ou ses convictions ne peut faire l'objet d'autres restrictions que celles qui, prévues par la loi, constituent des mesures nécessaires, dans une société démocratique, à la sécurité publique, à la protection de l'ordre, de la santé ou de la morale publiques, ou à la protection des droits et libertés d'autrui.

Literatur: *Bielefeldt/Ghanea/Wiener,* Freedom of religion or belief: an international law commentary, 2016; *Berry,* Religious Freedom and the European Court of Human Rights' Two Margins of Appreciation, Religion & Human Rights 12 (2017), 198; *Bleckmann,* Von der individuellen Religionsfreiheit des Art. 9 EMRK zum Selbstbestimmungsrecht der Kirchen, 1995; *Blum,* Gedanken-, Gewissens- und Religionsfreiheit nach Art. 9 der Europäischen Menschenrechtskonvention, 1990; *Bratza,* The ‚Precious Asset': Freedom of Religion Under the European Convention on Human Rights, Ecclesiastical Law Journal 14 (2012), 256; *Bretscher,* Protecting the religious freedom of new minorities in international law, 2020; *Conring,* Korporative Religionsfreiheit in Europa, 1998; *M. D. Evans,* Religious Liberty and International Law in Europe, 1997; *van Dijk/van Hof/van Rijn/Zwaak,* Theory and Practice of the European Convention on Human Rights, 2018; *C. Evans,* Freedom of Religion under the European Convention on Human Rights, 2003; European Court of Human Rights, Guide on Article 9 of the European Convention on Human Rights, 31.8.2020, https://www.echr.coe.int/Documents/Guide_Art_9_ENG.pdf; *Frowein,* Religionsfreiheit und internationaler Menschenrechtsschutz, in Grote/Marauhn, Religionsfreiheit zwischen individueller Selbstbestimmung, Minderheitenschutz und Staatskirchenrecht – Völker- und verfassungsrechtliche Perspektiven, 2001, 73; *Gonzalez,* La Convention européenne des droits de l'homme et la liberté des religions, 1997; *Heinig,* Der öffentlich-rechtliche Status für Religionsgesellschaften in Deutschland und Österreich im Lichte der neueren Rechtsprechung des Europäischen Gerichtshofs für Menschenrechte, ZevKR 58 (2013), 121; *Hill,* Religious Symbolism and Conscientious Objection in the Workplace: An Evaluation of Strasbourg's Judgment in Eweida and others v United Kingdom, Ecclesiastical Law Journal 15 (2013), 191; *Hill/Barnes,* Limitations on Freedom of Religion and Belief in the Jurisprudence of the European Court of Human Rights in the Quarter Century since Its Judgment in Kokkinakis v. Greece, Religion & Human Rights 12 (2017), 174; *Hillgruber,* Religion und Grenzen der Kunst, Essener Gespräche zum Thema Staat

EMRK Art. 9

und Kirche 36 (2002), 53 (71 ff.); *Howard,* Freedom of Expression and Religious Hate Speech in Europe, 2018; *Krimphove,* Europäisches Religions- und Weltanschauungsrecht, EuR 2009, 330; *Marauhn,* Die Unterscheidung zwischen Staatskirchen- und Religionsverfassungsrecht aus der Perspektive des völkerrechtlichen Menschenrechtsschutzes, in Heinig/Walter, Staatskirchenrecht oder Religionsverfassungsrecht?, 2007, S. 283; *McGoldrick,* Religious Symbols and State Regulation, Religion and Human Rights 12 (2017), 128; *Milanovic,* Legitimizing Blasphemy Laws Through the Backdoor, 29.10.2019, https://www.ejiltalk.org/legitimizing-blasphemy-laws-through-the-backdoor-the-european-courts-judgment-in-e-s-v-austria/; *Ottenberg,* Der Schutz der Religionsfreiheit im internationalen Recht, 2009; *Alves Pinto,* An Empirical Investigation of the Use of Limitations to Freedom of Religion or Belief at the European Court of Human Rights, Religion & Human Rights 15 (2020), 96; *Renucci,* Article 9 of the European Convention on Human Rights, 2005; *Robbers,* Church Autonomy in the European Court for Human Rights – Recent Developments in Germany, Journal of Law and Religion 26 (2010), 281; *Smet,* Free speech versus religious feelings, the suquel: defamation of the Prophet Muhammed in E.S. v Austria, European Constitutional Law Review 15 (2019), 158; *Taylor,* Freedom of Religion – UN and European Human Rights Law in Practice, 2005; *Tischbirek,* Ein europäisches Staatskirchenrecht?, STAAT 58 (2019), 621; *dies.,* Religionsfreiheit in Europa – Die Freiheit individueller Religionsausübung in Großbritannien, Frankreich und Deutschland, 2008; *von Ungern-Sternberg,* Autonome und funktionale Grundrechtskonzeptionen unter besonderer Berücksichtigung der Rechtsprechung des EGMR, in Hong/Matz-Lück, Grundrechte und Grundfreiheiten im Mehrebenensystem, 2011, 69; *Unruh,* Religionsverfassungsrecht, 4. Aufl. 2018; *Vachek,* Das Religionsrecht der Europäischen Union im Spannungsfeld zwischen mitgliedstaatlichen Kompetenzreservaten und Art. 9 EMRK, 2000; *Walter,* Religionsverfassungsrecht – in vergleichender und internationaler Perspektive, 2006; *ders.,* Kirchliches Arbeitsrecht vor staatlichen Gerichten, ZevKR 57 (2012), 233; *Walter/von Ungern-Sternberg/Lorentz,* Die „Zweitverleihung" des Körperschaftsstatus für Religionsgemeinschaften, 2012; *Weber,* Die Rechtsprechung des EGMR zur religiösen Vereinigungsfreiheit und der Körperschaftsstatus der Religionsgemeinschaften in Deutschland, NVwZ 2009, 503.

Übersicht

	Rn.
A. Bedeutung im innerstaatlichen Bereich	1
I. Überblick und Vergleich mit Art. 4 GG	1
1. Überblick	1
2. Vergleich: Art. 9 und Art. 4 GG	3
II. Bedeutung von Art. 9 in der Praxis	7
1. Art. 9 in der Konventionsrechtsprechung	7
2. Bedeutung von Art. 9 für die deutsche Rechtsordnung	8
3. Bedeutung des Unionsrechts	10
B. Schutzbereich	11
I. Schutzbereich der Gedankenfreiheit	11
II. Schutzbereich der Gewissensfreiheit	12
III. Schutzbereich der Religionsfreiheit	14
1. Religion und Weltanschauung	14
2. Schutzbereich der individuellen Religionsfreiheit	16
3. Schutzbereich der kollektiven Religionsfreiheit	28
C. Eingriff	33
D. Rechtfertigung	35
I. Gesetzliche Grundlage	36
II. In einer demokratischen Gesellschaft notwendig	37
1. Legitimes Ziel	38
2. Abwägung	39
E. Positive Verbürgungen	51

Gedanken-, Gewissens- und Religionsfreiheit **Art. 9 EMRK**

A. Bedeutung im innerstaatlichen Bereich

I. Überblick und Vergleich mit Art. 4 GG

1. Überblick. Art. 9 enthält drei Freiheitsrechte: Die **Gedankenfreiheit** 1
schützt das Vorstadium der Herausbildung von Überzeugungen vor staatlicher Indoktrinierung. Sie findet ihre deutsche Entsprechung letztlich in der Menschenwürde. Die **Gewissensfreiheit,** früher synonym für Religionsfreiheit, meint heute die Freiheit der Gewissensbildung und -betätigung; sie ist in Deutschland nach Art. 4 Abs. 1 und Abs. 3 GG geschützt. In der Praxis spielt die **Religionsfreiheit** die maßgebliche Rolle. Sie umfasst nach Art. 9 wie nach Art. 4 Abs. 1, 2 GG die Freiheit, eine Religion oder Weltanschauung innezuhaben und zu praktizieren. Die negative Religionsfreiheit und die kollektive Religionsfreiheit sind sowohl auf Konventionsebene als auch unter dem Grundgesetz (dort ergänzend nach Art. 140 GG iVm Art. 136f. WRV) anerkannt. Ein im Wesentlichen Art. 9 entsprechendes Recht findet sich in Art. 10 GRCh.

Der Schutz der Religionsfreiheit wird durch weitere Konventionsverbürgungen 2
ergänzt. Ungleichbehandlungen sind an Art. 14 iVm anderen Konventionsrechten zu messen. Dieses **Diskriminierungsverbot** greift schon im Regelungsbereich (dh nicht erst bei Beschränkung) eines Konventionsrechts (→ Art. 14 Rn. 17; zur Diskriminierung bei Sorgerechtsentscheidungen als Verstoß gegen Art. 14 iVm Art. 8 etwa EGMR 23.6.1993 – 12875/87 Rn. 33ff., EuGRZ 1996, 648 – Hoffmann; 12.2.2013 – 29617/07 Rn. 27ff. – Vojnity; zur Benachteiligung der Aleviten bei der Religionsausübung in der Türkei als Verstoß gegen Art. 14 iVm Art. 9 EGMR 2.12.2014 – 32093/10 Rn. 33ff., NVwZ 2016, 1392 – Cumhuriyetçi Eğitim ve Kültür Merkezi Vakfı; EGMR 24.6.2016 (GK) – 62649/10 Rn. 155ff., NVwZ-RR 2018, 1 – İzzettin Doğan). Die Abwehr unerwünschter (a)religiöser Einflüsse ist als spezielles **Elternrecht** für das Schulwesen nach Art. 2 S. 2 EMRK-ZusProt gewährleistet. Andere Konventionsrechte werden nur in besonderen Fallkonstellationen herangezogen: Ein Verbot religiöser Fernsehwerbung prüfte der EGMR beispielsweise ausschließlich anhand der **Meinungsfreiheit** des Art. 10, weil es primär der Art und Weise der Äußerung und nicht das religiöse Bekenntnis betraf (EGMR 20.7.2003 – 44179/98 Rn. 61 – Murphy). Das Recht auf ein **faires Verfahren** nach Art. 6 kann davor schützen, dass Gerichtstermine mit religiösen Feiertagen kollidieren (EKMR 13.1.1993 – 18960/91, ÖJZ 1993, 464 – S.H. Öst.; zu Art. 9 aber EGMR 3.4.2012 – 28790/08 Rn. 29ff., NJOZ 2013, 2039 – Francesco Sessa).

2. Vergleich: Art. 9 und Art. 4 GG. a) Individuelle Religionsfreiheit. Die 3
Verbürgungen aus Art. 9 und Art. 4 GG weisen große Gemeinsamkeiten auf, wobei das Schutzniveau des Grundgesetzes (mit Ausnahme der negativen Religionsfreiheit, → Rn. 5) insgesamt deutlich über demjenigen der EMRK liegt. Der **Schutzbereich** der **individuellen Religionsfreiheit** umfasst trotz einiger Formulierungsunterschiede (Art. 9 Abs. 1 spricht vom Wechsel und dem Bekenntnis der Religion oder Weltanschauung, Art. 4 Abs. 1, 2 GG von Glauben, Bekenntnis und Religionsausübung) jeweils das absolute Recht, eine Religion oder Weltanschauung frei von staatlicher Indoktrinierung anzunehmen und innezuhaben (forum internum), sowie die begrenzbare Religionsausübungsfreiheit, dh das Recht auf Gottesdienst und Gebet, Erziehung und Mission sowie ganz allgemein auf eine

Ausrichtung des eigenen Lebens an religiösen oder weltanschaulichen Überzeugungen (→ Rn. 16 ff.; BVerfGE 32, 98 (106); *Jarass* in Jarass/Pieroth GG Art. 4 Rn. 10 ff.). Der Schutzbereich von Art. 9 EMRK wird in der Rechtsprechung aber teilweise durch **tatbestandsimmanente Schranken** (→ Rn. 19 ff.) begrenzt, während das BVerfG auch nach Kritik aus der Literatur (*Mückl* in BK GG Art. 4 Rn. 103) an einem einheitlichen und weiten Verständnis des Schutzbereichs festhält.

4   Eine **Rechtfertigung** für Eingriffe in die Religionsausübungsfreiheit ist nach Art. 9 Abs. 2 möglich; sie findet in der Begrenzung von Art. 4 Abs. 1, 2 GG durch kollidierendes Verfassungsrecht ihre Entsprechung. In der Praxis schränkt weder die Aufzählung bestimmter legitimer Interessen in Art. 9 Abs. 2 noch das Erfordernis eines kollidierenden Verfassungsguts die Rechtfertigungsmöglichkeit substanziell ein (→ Rn. 38; zu Art. 4 Abs. 1, 2 GG s. *von Ungern-Sternberg*, Religionsfreiheit in Europa, S. 245 ff.). Ein höherer Schutz der grundgesetzlichen Religionsfreiheit folgt indes aus zwei Umständen: Zum einen handhabt das BVerfG das Erfordernis einer gesetzlichen Ermächtigungsgrundlage strenger als die Konventionsrechtsprechung (→ Rn. 36; zu Art. 4 Abs. 1, 2 GG s. BVerfGE 108, 282 (306 ff.)). Zum anderen kommt der Religionsfreiheit des Grundgesetzes in der **Abwägung** häufig ein **höherer Stellenwert** zu als Art. 9. Dies erklärt sich damit, dass die Konvention einen europaweiten Mindeststandard für Mitgliedstaaten mit unterschiedlichen religionsverfassungsrechtlichen Traditionen formuliert, wohingegen das vorbehaltlose Grundrecht des Art. 4 Abs. 1, 2 GG in einer der Religion insgesamt positiv begegnenden Verfassungsordnung (vgl. Art. 7 Abs. 2–5 GG, Art. 140 GG iVm Art. 136–139, 141 WRV) von einem nationalen Verfassungsgericht, zumal dem nach Rechtsgrundlagen und Selbstverständnis mächtigen BVerfG, besonders weit verstanden werden kann. Beispielsweise modifiziert die Religionsfreiheit nach Art. 4 Abs. 1, 2 GG uU strafrechtlich bewehrte Pflichten (zum „Wohlwollensgebot" gegenüber dem Gewissenstäter etwa BVerfGE 23, 127 (134); 32, 98 (109); zur konventionskonformen Verurteilung eines Apotheker wegen der Weigerung, Kontrazeptiva zu verkaufen, hingegen EGMR 2.10.2001 – 49853/99 – Pichon) und sie schützt die Religionsausübung auch in staatlichen Einrichtungen (zur Gestaltung des Sportunterrichts im Einklang mit muslimischen Belangen etwa BVerwGE 94, 82 (91); zum konventionskonformen Kopftuchverbot für Studentinnen hingegen EGMR 10.11.2005 (GK) – 44774/98 Rn. 79 ff., NVwZ 2006, 1389 – Leyla Şahin). Dass die Religionsfreiheit auch im privaten Arbeitsverhältnis weitreichend zu schützen ist (bei einer Verkäuferin mit Kopftuch BVerfG 30.7.2003 – 1 BvR 792/03, NJW 2003, 2815), erkennt der EGMR für Art. 9 inzwischen ebenfalls an (EGMR 15.1.2013 – 48420/10 ua Rn. 79 ff., NJW 2014, 1935 – Eweida ua; anderes gilt für den staatlichen Arbeitgeber, EGMR 26.11.2015 – 64846/11 Rn. 54 ff., NZA-RR 2017, 62 – Ebrahimian) (→ Rn. 22).

5   Die **negative Religionsfreiheit** beinhaltet auf Konventionsebene wie unter dem Grundgesetz (hierzu von *Starck* in v. Mangoldt/Klein/Starck GG Art. 4 Rn. 23 ff.) ähnliche Rechtspositionen. Der EGMR hat in seiner jüngeren Rechtsprechung insbesondere die Freiheit gestärkt, nicht zur Offenbarung der eigenen Überzeugungen verpflichtet zu sein und sich unerwünschter religiöser oder weltanschaulicher Einflüsse erwehren zu können (→ Rn. 24 ff.).

6   **b) Sonstige Verbürgungen.** Der grundgesetzliche Schutz der **kollektiven Religionsfreiheit** übertrifft denjenigen nach Art. 9. Letzterer beinhaltet insbesondere den Anspruch auf Anerkennung als rechtsfähige Vereinigung sowie auf Nicht-

Gedanken-, Gewissens- und Religionsfreiheit **Art. 9 EMRK**

einmischung in religiöse Angelegenheiten (→ Rn. 28 ff.). Das Grundgesetz gewährt den Religionsgemeinschaften darüber hinaus einige spezielle Rechte (Art. 137 Abs. 3, 5, 6 WRV iVm Art. 140 GG, Art. 7 Abs. 2 GG) und ein sehr umfängliches Selbstbestimmungsrecht, insbesondere im Verhältnis zu Bediensteten und Arbeitnehmern (→ Rn. 32). Auch die **Gewissensfreiheit** des Grundgesetzes reicht auf dem Boden der bisherigen Rechtsprechung weiter als die der Konvention: Unter dem Grundgesetz ist die Freiheit der Gewissensbetätigung unbestritten (BVerfGE 78, 391 (395); zu Zweifeln unter der EMRK → Rn. 12); ferner umfasst die Gewissensfreiheit nach Art. 4 Abs. 3 GG das Recht, den Kriegsdienst zu verweigern (für Art. 9 von der Rechtsprechung lange verneint → Rn. 13).

II. Bedeutung von Art. 9 in der Praxis

1. Art. 9 in der Konventionsrechtsprechung. Die erste Grundsatzentscheidung (und Verurteilung) zu Art. 9 erging 1993 im Verfahren eines Zeugen Jehovas gegen Griechenland (EGMR 25.5.1993 – 14307/88, ÖJZ 1994, 59 – Kokkinakis; zur Entwicklung der Rechtsprechung *Frowein* in Grote/Marauhn, Religionsfreiheit zwischen individueller Selbstbestimmung, Minderheitenschutz und Staatskirchenrecht, S. 77 ff.). Dies ist in mehrfacher Hinsicht charakteristisch: Die Religionsfreiheit gehört nicht zu denjenigen Rechten, die zahlenmäßig (so etwa die Verfahrensgarantien des Art. 6 und Art. 13) oder aufgrund früher Leitentscheidungen (so etwa EGMR 7.12.1976 – 5493/72, EuGRZ 1977, 38 zu Art. 10 – Handyside) schon seit langem eine besonders hervorgehobene Bedeutung besitzen. Allerdings ist eine **steigende Relevanz** der Religionsfreiheit zu verzeichnen: In einer ersten Phase wurde ein Verstoß gegen Art. 9 durch westeuropäische Staaten nur in ganz seltenen Fällen festgestellt (in einem Sorgerechtsstreit durch Österreich EGMR 23.6.1993 – 12875/87, EuGRZ 1996, 648 – Hoffmann; wegen einer religiösen Eidespflicht durch San Marino, EGMR 18.2.1999 (GK) – 24645/94, NJW 1999, 2957 – Buscarini). Seit der Osterweiterung des Europarates nach 1989 befasste sich der EGMR insbesondere mit den (christlich-orthodox bzw. atheistisch geprägten) Rechtsordnungen Mittel- und Osteuropas und nutzte seine Verurteilung der Diskriminierung religiöser Minderheiten wie der Zeugen Jehovas oder der staatlichen Einmischung in innerreligiöse Streitigkeiten für grundsätzliche Ausführungen zur Religionsfreiheit. Auch die Verfahren gegen Griechenland, das der EMRK zwar schon seit 1974 angehört, aber über eine ausgeprägte christlich-orthodoxe Staatskirche verfügt und bislang am häufigsten wegen Verstoßes gegen Art. 9 verurteilt wurde, fallen in diese zweite Phase. Inzwischen deutet sich an, dass der EGMR, einem allgemeinen Trend auch bei den übrigen Konventionsrechten entsprechend, seine Prüfungsmaßstäbe insgesamt etwas verschärft (vgl. die Verurteilung Österreichs wegen diskriminierender Anforderungen für den Erwerb des Körperschaftsstatus, EGMR 31.7.2008 – 40825/98 Rn. 29, 41, 48, NVwZ 2009, 509 – Religionsgemeinschaft der Zeugen Jehovas; die Berücksichtigung des Wunsches nach Religionsausübung im privaten Arbeitsverhältnis, EGMR 15.1.2013 – 48420/10 ua, NJW 2014, 1935 – Eweida ua; die Anerkennung des Rechts auf Militärdienstverweigerung EGMR 7.7.2011 (GK) – 23459/03 Rn. 92 ff., NVwZ 2012, 1603 – Bayatyan; das Recht eines Zeugen, im Gerichtssaal eine religiöse Kopfbedeckung zu tragen, EGMR 5.12.2017 – 57792/15 Rn. 37 ff., NVwZ 2018, 965 – Hamidović). Wenn Kritik an der EGMR-Rechtsprechung zu Art. 9 geäußert wird, so konzentriert sie sich auf die teilweise unklaren Kriterien der Figur des „margin of appreciation" (*Alves Pinto* Religion & Human Rights 15 (2020), 96 → Rn. 44 ff.), auf die Benachteiligung vor allem mus-

EMRK Art. 9

limischer Minderheiten durch die Billigung laizistischer Bekleidungsverbote (*Berry* Religion & Human Rights 12 (2017), 198; *Bretscher,* Protecting the religious freedom of new minorities in international law; differenziert *McGoldrick* Religion and Human Rights 12 (2017), 128 → Rn. 46) und auf den umstrittenen Schutz religiöser Gefühle (*Howard,* Freedom of Expression and Religious Hate Speech in Europe → Rn. 47).

8 **2. Bedeutung von Art. 9 für die deutsche Rechtsordnung.** Ein Verstoß Deutschlands gegen Art. 9 wurde bislang nicht festgestellt, was mit dem weiten Schutz der Religionsfreiheit unter dem Grundgesetz zu erklären ist. Stattdessen billigte die Konventionsrechtsprechung ua die Befreiung nur katholischer und evangelischer Pfarrer, nicht aber eines nebenamtlichen Predigers der Zeugen Jehovas von Militär- und Zivildienst (EKMR 12.12.1966 – 2299/64 – Grandrath; zum konventionskonformen Verbot der Totalverweigerung ferner EKMR 5.7.1977 – 7705/76 – X./Dt.), die Bemühungen um die religiöse Betreuung eines Gefängnisinsassen (EKMR 16.12.1966 – 2413/65 – X./Dt.), den Friedhofzwang (EKMR 10.3.1981 – 8741/79 – X./Dt.), die staatliche Aufklärung über religiöse Jugendbewegungen bzw. Scientology (EKMR 27.11.1996 – 29745/96 – Universelles Leben; EKMR 4.3.1998 – 36283/97 – Keller; EGMR 6.11.2008 – 58911/00, NVwZ 2010, 177– Leela Förderkreis), die allgemeine Schulpflicht (EGMR 11.9.2006 – 35504/03, KirchE 48, 296 – Konrad), den Einzug von Kirchensteuern über den Arbeitgeber (EGMR 17.2.2011 – 12884/03 Rn. 52ff., NVwZ 2011, 1503 – Wasmuth → Rn. 26) sowie die Erhebung von Kirchensteuern bei glaubensverschiedenen Eheleuten (EGMR 6.4.2017 – 10138/11 ua, NJW 2018, 3295 – Klein ua).

9 Die Bedeutung der EGMR-Rechtsprechung zu Art. 9 EMRK für das deutsche Recht steigt mit zunehmender Prüfungsintensität und Rechtsprechungsdichte. In einigen Bereichen ist Art. 9 EMRK von besonderer Relevanz. Zunächst kann die konventionsrechtlich verbürgte **negative Religionsfreiheit** das entsprechende Abwehrrecht des Grundgesetzes ergänzen (→ Rn. 24ff.). Ferner wirkt sich die Reichweite des Selbstbestimmungsrechts von Religionsgemeinschaften auf das **kirchliche Dienst- und Arbeitsrecht** aus: Hierbei stellt sich typischerweise die Frage, ob das nach Art. 4 Abs. 1, 2 GG iVm Art. 140 GG, Art. 137 Abs. 3 WRV bzw. nach Art. 9 geschützte Selbstbestimmungsrecht zur Rechtfertigung herangezogen werden kann, um die Beeinträchtigungen der Rechte von Arbeitnehmern zu rechtfertigen (→ Rn. 32). Des Weiteren hat ein vor dem EGMR angegriffenes deutsches Vereinsgebot das Augenmerk darauf gelenkt, dass einfaches Recht und Art. 19 Abs. 3 GG den **ausländischen (religiösen) Verein** schlechterstellen als den inländischen, was gegen Art. 14 iVm Art. 9, 11 verstoßen könnte (der EGMR umschiffte diese Frage (→ Rn. 39, 42)). Schließlich dürfte Art. 9 iVm Art. 11 auch für die Zuerkennung des **Körperschaftsstatus** und weiterer Privilegien von Bedeutung sein (s. zur überlangen Dauer eines entsprechenden Antrags der Zeugen Jehovas *Walter/von Ungern-Sternberg/Lorentz,* Die „Zweitverleihung" des Körperschaftsstatus für Religionsgemeinschaften, S. 51 ff.; ferner wertete der EGMR die auch in Bremen anzutreffende Praxis der parlamentarischen – statt administrativen – Verleihung des Körperschaftsstatus in einem ungarischen Fall aufgrund ihrer Politisierung als konventionswidrig (EGMR 8.4.2014 – 70945/1 ua Rn. 102ff., NVwZ 2015, 499 – Magyar Keresztény Mennonita Egyház ua).

10 **3. Bedeutung des Unionsrechts.** In jüngster Zeit hat sich auch der EuGH zu religionsverfassungsrechtlichen Fragen geäußert. Seine Lesart insbesondere des

Gedanken-, Gewissens- und Religionsfreiheit **Art. 9 EMRK**

EU-Antidiskriminierungsrechts besitzt das Potential, das deutsche Recht zu beeinflussen und die Reichweite der Religionsfreiheit tendenziell zu beschränken. Dies betrifft insbesondere das Recht der Arbeitgeber, religiöse Kleidung und Symbole am Arbeitsplatz generell zu verbieten (EuGH 14.3.2017 – C-157/15 Rn. 22 ff., EuZW 2017, 480 – Achbita; hieran anschließend GA *Santos* 25.2.2021 – SchlA C-804/18 ua Rn 43 ff. – WABE ua) und das kirchliche Selbstbestimmungsrecht (EuGH 17.4.2018 – C-414/16 Rn. 42 ff., EuZW 2018, 381 – Egenberger; EuGH 11.9.2018 – C-68/17 Rn. 38 ff., EuZW 2018, 853 – IR/JQ) (*Tischbirek* STAAT 58 (2019), 621). Ein möglicher Konflikt zwischen Unions- und Konventionsrecht besteht dort, wo der EGMR im privaten Arbeitsverhältnis einen weiterreichenden Schutz für religiöse Zeichen annimmt als der EuGH (EGMR 15.1.2013 – 48420/10 ua Rn. 82, 89, NJW 2014, 1935 – Eweida ua).

B. Schutzbereich

I. Schutzbereich der Gedankenfreiheit

Die Gedankenfreiheit schützt das Vorstadium der **Herausbildung von Meinungen** und religiösen Überzeugungen vor staatlicher Indoktrinierung und kommt ihrem Wesen nach nur natürlichen Personen zu (*Grabenwarter* in IntKommEMRK Art. 9 Rn. 32, 36; *Walter* in Dörr/Grote/Marauhn Kap. 17 Rn. 15). Sie beinhaltet insbesondere das Verbot eines indoktrinierenden Schulunterrichts, etwa für den Bereich der Sexualkunde (EGMR 7.12.1976 – 5095/71 Rn. 53, NJW 1977, 487 – Kjeldsen) und tritt somit neben Art. 2 S. 2 EMRKZusProt. Einen Anspruch auf Schulunterricht in der Muttersprache gewährt sie hingegen nicht (EKMR 26.7.1963 – 1474/62, YB 6, 332 (342) – Belgischer Sprachenfall). 11

II. Schutzbereich der Gewissensfreiheit

Die Gewissensfreiheit ist ebenfalls ein ausschließliches Individualrecht (EKMR 12.10.1988 – 11921/86 – KIT) und schützt zunächst das Recht der freien Gewissensbildung im **„forum internum"** (*Grabenwarter* in IntKommEMRK Art. 9 Rn. 32, 36; *Walter* in Dörr/Grote/Marauhn Kap. 17 Rn. 15). Unter Gewissen versteht man hierbei die innere Instanz, deren Vorgaben vom Einzelnen als unbedingt verpflichtend empfunden werden (vgl. BVerfGE 12, 45 (55)) und die sich sowohl an religiösen oder weltanschaulichen als auch an sonstigen, etwa politischen oder moralischen, Maßstäben ausrichten kann. Darüber hinaus ist auch die **Gewissensbetätigung**, dh das am Gewissen ausgerichtete Handeln, von der Gewissensfreiheit umfasst (str., wie hier *Blum*, Gedanken-, Gewissens- und Religionsfreiheit, S. 157 ff.; *Grabenwarter* in IntKommEMRK Art. 9 Rn. 38; *Walter* in Dörr/Grote/ Marauhn Kap. 17 Rn. 18). Hiergegen wird vorgebracht, eine derart weitreichende Freiheit könne die gesamte Rechtsordnung einer Rechtfertigungslast aussetzen; zudem sehe Art. 9 Abs. 2 nur eine Einschränkungsmöglichkeit für die Bekenntnisfreiheit, nicht aber für die Gewissensfreiheit vor (*Vermeulen* in van Dijk/van Hof/van Rijn/Zwaak Kap. 13.2). Dem lässt sich jedoch entgegensetzen, dass der Schutz sowohl der Gedanken- als auch der Gewissensfreiheit entbehrlich wäre, wenn sich beide nur auf das „forum internum" bezögen. Ferner verkennt die restriktive Lesart, dass die Gewissensbildung ja gerade auf praktische Umsetzung angelegt ist und dies auch dem historischen Verständnis dieser Freiheit entspricht (s. *Böckenförde* VVdStRL 28 (1970), 33 (50 ff.)). In der Praxis ist diese Frage bislang unerheblich, 12 weil die Rechtsprechung jedenfalls die Religionsfreiheit prüft, nach der das Befolgen zwingender religiöser oder weltanschaulicher Vorgaben grundsätzlich ebenfalls geschützt ist (→ Rn. 20).

13 Ob die Gewissensfreiheit auch die Freiheit der **Wehrdienstverweigerung** umfasst, war lange umstritten (ablehnend etwa *Grabenwarter* in IntKommEMRK Art. 9 Rn. 40). Art. 4 Abs. 3 lit. b nimmt vom Verbot der Zwangs- oder Pflichtarbeit ausdrücklich den im Rahmen der Wehrpflicht und einer etwaigen Ersatzpflicht zu leistenden Dienst aus und verweist hierbei auf Länder, „wo die Dienstverweigerung aus Gewissensgründen anerkannt ist". Diese Formulierung deutet darauf hin, dass die Vertragsstaaten im Jahre 1950 davon ausgingen, einer etwaigen Wehrpflicht müsse nicht auch die Möglichkeit der Verweigerung aus Gewissensgründen gegenüberstehen. Allerdings ist diese Schlussfolgerung nicht zwingend, da Art. 4 Abs. 3 lit. b auch lediglich auf eine tatsächliche Gegebenheit in bestimmten Staaten verweisen kann. Für die Anerkennung eines Rechts auf Wehrdienstverweigerung spricht, dass es einem klassischen und fundamentalen Gewissenskonflikt begegnet und in jüngerer Zeit verbreitet als Grund- und Menschenrecht angesehen wird (vgl. Res. 337 (1967) und Empf. 816 (1977) der Parl. Vers. des Europarats; General Comment Nr. 20 des Menschenrechtsausschusses v. 30.7.1993; Art. 10 Abs. 2 GRCh), was im Rahmen einer dynamischen Interpretation von Art. 9 berücksichtigt werden muss (*Walter* in Dörr/Grote/Marauhn Kap. 17 Rn. 31). Die Rechtsprechung hat das Recht mit Blick auf Art. 4 Abs. 3 lit. b zunächst nicht anerkannt (EKMR 12.12.1966 – 2299/64 – Grandrath; EKMR 22.5.1995 – 24630/94 – Heudens), die Frage später jedoch offengelassen (EGMR 6.4.2000 (GK) – 34369/97 Rn. 43, ÖJZ 2001, 518 – Thlimmenos; EGMR 24.1.2006 – 39437/98 Rn. 53f. – Ülke). Schließlich hat die Große Kammer des EGMR eine Pflicht zum Militärdienst ohne Verweigerungsmöglichkeit aus Gewissensgründen als Verstoß gegen Art. 9 Abs. 1 gewertet (EGMR 7.7.2011 (GK) – 23459/03 Rn. 92ff., NVwZ 2012, 1603 – Bayatyan). Die Verweigerungsmöglichkeit besteht bei religiösen oder weltanschaulichen, beispielsweise pazifistischen Gründen für die Ablehnung des Militärdienstes; die Ablehnung einer bestimmten – beispielsweise säkularen – Ausrichtung des Staates genügt hierfür nicht (EGMR 7.6.2016 – 26012/11 Rn. 79ff. – Aydemir). Der Staat muss ein wirksames und zugängliches **Verfahren** zur Feststellung dieser Gründe vorsehen (EGMR 15.9.2016 – 66899/14 Rn. 60f. – Papavasilakis: fehlt bei einseitiger Besetzung der Prüfungskommission) und einen etwaigen **Ersatzdienst** so ausgestalten, dass er keinen abschreckenden oder strafenden Charakter besitzt (EGMR 12.10.2017 – 75604/11 Rn. 67ff. – Adyan ua: fehlt bei militärischer Ausgestaltung (Einbindung in Hierarchie und Organisation des Militärs, Uniformierung) und deutlich längerer Dauer (42 statt 24 Monate)). Dass die Wehrdienstverweigerung in den Regelungsbereich von Art. 9 fällt und somit Ungleichbehandlungen rechtfertigungsbedürftig macht, ist in der Rechtsprechung schon seit langem geklärt (EGMR 6.12.1992 – 17086/90 – Autio).

III. Schutzbereich der Religionsfreiheit

14 **1. Religion und Weltanschauung.** Eine Definition von Religion und Weltanschauung ist schwierig, weil beide maßgeblich von subjektiven Vorstellungen geprägt sind und diesbezügliche Festlegungen die Zuständigkeit des neutralen Staates übersteigen kann. Außerdem birgt ein zu enges Verständnis die Gefahr, dass Minderheiten der Schutz des Art. 9 versagt wird, während andererseits ein zu weites Verständnis einen enormen Rechtfertigungsaufwand nach sich zieht und das

eigentliche konventionsrechtliche Schutzanliegen möglicherweise relativiert. Die Rechtsprechung hat diese Frage in Fällen jenseits der klassischen Weltreligionen häufig **offengelassen** oder das Vorliegen einer Religion oder Weltanschauung ohne nähere Erörterung unterstellt, den Schutz der Religionsfreiheit im Ergebnis aber versagt: Sie hielt einen etwaigen Eingriff jedenfalls für gerechtfertigt (EKMR 21.5.1976 – 6741/74 – X/Italien – Faschismus; EKMR 14.7.1987 – 12587/86 – Druidismus, Chappell; EKMR 10.2.1993 – 18187/91 – C. W./Vereinigtes Königreich – Veganismus; weitere Beispiele European Court of Human Rights, Guide on Article 9 Rn. 17) oder sprach einer konkreten Verhaltensweise den Schutz von Art. 9 Abs. 1 ab (EKMR 12.10.1978 – 7050/75, DR 19, 5 (19f.) – Arrowsmith – Pazifismus). An anderer Stelle finden sich auch **Definitionsversuche:** So müsse eine Weltanschauung (engl. „belief", frz. „conviction") ein gewisses Mindestmaß an Überzeugungskraft, Ernsthaftigkeit, Kohärenz und Bedeutung besitzen (EGMR 25.2.1982 – 7511/76 Rn. 36, EuGRZ 1982, 153 – Campbell; EGMR 8.4.2021 (GK) – 47621/13 ua Rn. 335 – Vavřička ua), bzw. eine kohärente Anschauung zu grundlegenden Problemen (EKMR 2.7.1997 – 27868/95 – Salonen: verneint für Namenswunsch) oder eine Theorie über philosophische oder ideologische universelle Werte (EKMR 29.3.1993 – 19459/92 – F. P./Deutschl.: verneint für Judenfeindlichkeit und Holocaust-Leugnung) darstellen. Ferner verlangt der EGMR auch, dass die behauptete Zugehörigkeit zu einer Religionsgemeinschaft substantiiert vorgetragen wird (EGMR 13.4.2006 – 55170/00 Rn. 39, NZA 2006, 1401 – Kosteki).

Diese Ansätze gehen in die richtige Richtung. Hierbei ist wegen des gleichartigen Schutzes eine Abgrenzung zwischen Religion und Weltanschauung nicht erforderlich. Beide beinhalten eine **Deutung** der Welt und des Sinns der menschlichen Existenz, aus der sich **Anforderungen für das menschliche Leben** ableiten lassen und die von einer **Gemeinschaft** von Gleichgesinnten geteilt wird (zu Definitionsversuchen vgl. *Morlok* in Dreier GG Art. 4 Rn. 67 f.; *Unruh*, Religionsverfassungsrecht, 2018, § 4 Rn. 91 ff.). An einem derartigen (ernst gemeinten) Deutungsangebot fehlt es etwa bei einer Satirereligion wie den „Jedi-Rittern" oder der „Kirche des fliegenden Spaghettimonsters", bei anderen kollektiven Phänomenen wie der Fußballbegeisterung oder bei der Verfolgung wirtschaftlicher oder privater Interessen unter dem Deckmantel der Religion (etwa zur Umgehung von Corona-Maßnahmen). Dass der EGMR bei der Einstufung von Scientology als Religionsgemeinschaft eine entsprechende Einordnung der nationalen Behörden übernimmt (EGMR 5.4.2007 – 18147/02 Rn. 64, NJW 2008, 495 – Church of Scientology Moscow; EGMR 1.10.2009 – 76836/01 Rn. 79 – Kimlya; EGMR 2.10.2014 – 47191/06 Rn. 32 – Church of Scientology St Petersburg), ist allerdings nicht zu beanstanden. Ein mögliches zusätzliches Kriterium inhaltlicher Natur klingt in einer EGMR-Entscheidung zu Art. 2 EMRKZusProt an, wonach elterliche Überzeugungen nur schutzwürdig seien, wenn sie nicht der Menschenwürde zuwiderliefen (EGMR 25.2.1982 – 7511/76 Rn. 36, EuGRZ 1982, 153 – Campbell). Eine Übertragung dieser Rechtsprechung auf die Religionsfreiheit wäre problematisch, weil diese – ebenso wie die übrigen Freiheiten des Geistes, insbesondere die Meinungsfreiheit – grundsätzlich keiner Inhaltskontrolle unterliegen sollte und ein entsprechender Schutz der Menschenwürde stets auf der Rechtfertigungsebene erfolgen kann.

2. Schutzbereich der individuellen Religionsfreiheit. a) Forum internum. Art. 9 Abs. 1 Hs. 2 nennt mit der Freiheit des Wechsels und des Bekenntnisses einer Religion oder Weltanschauung zwei wesentliche Inhalte der Religionsfreiheit, ist jedoch nicht abschließend. Die Rechtsprechung unterscheidet nach einer häufig verwendeten Formel zwischen „forum internum", das heißt der zuvörderst geschützte Sphäre religiöser und weltanschaulicher Überzeugungen, einerseits und den hiermit verbundenen Handlungen (dem „forum externum") andererseits (EKMR 15.12.1983 – 10358/83 – C./Vereinigtes Königreich; EGMR 26.6.2001 – 40319/98 Rn. 1 – Saniewski). Der vorbehaltlose Schutz des forum internum verbietet eine religiöse Indoktrinierung durch den Staat (EGMR 26.6.2001 – 40319/98 Rn. 1 – Saniewski). Der Staat darf keinen Glauben vorschreiben und auch keinen Zwang anwenden, um einen Glaubenswechsel zu erwirken (EGMR 12.4.2007 – 52435/99 Rn. 79 – Ivanova; EGMR 27.2.2018 – 66490/09 Rn. 119 – Mockutė: im Rahmen einer psychiatrischen Behandlung). Damit tritt ein **allgemeines** neben das spezielle **Indoktrinierungsverbot** nach Art. 2 EMRKZusProt. In der Praxis wird vorwiegend um die Ausgestaltung des Schulwesens gestritten (→ EMRKZusProt Art. 2 Rn. 25f.). Der schulische **Religions**- oder **Ethikunterricht** muss daher entweder objektiv, kritisch und pluralistisch ausgestaltet sein, dh Informationen über die Vielfalt der anzutreffenden Überzeugungen vermitteln, ohne die Schüler im Sinne einer Religion oder Weltanschauung zu beeinflussen, oder eine praktikable und zumutbare Möglichkeit der Abmeldung vorsehen (EKMR 3.12.1986 – 10491/83 – Angeleni; EKMR 8.9.1993 – 17187/90 – Bernard; EGMR 29.6.2007 (GK) – 15472/02 Rn. 84ff., NVwZ 2008, 1217 – Folgerø; EGMR 9.10.2007 – 1448/04 Rn. 47ff., NVwZ 2008, 1327 – Zengin; ferner → Rn. 27; EGMR 16.9.2014 – 21163/11 Rn. 63ff. – Mansur Yalçın). Wenn die Abmeldung eine rechtsverbindliche Erklärung der Eltern voraussetzt, dass ihr Kind nicht der Mehrheitsreligion (konkret der Griechisch-Orthodoxen Kirche) angehört, ist diese Offenbarungspflicht unzumutbar (EGMR 31.10.2019 – 4762/18 ua Rn. 81ff. – Papageorgiou ua).

17 **b) Wechsel.** Der ebenfalls vorbehaltlose Schutz des Wechsels von Religion und Weltanschauung beinhaltet, dass der Staat deren Annahme oder Aufgabe bzw. einen formellen Ein- oder Austritt nicht sanktioniert oder behindert. Art. 9 Abs. 1 enthält aber keinen drittgerichteten Anspruch gegenüber der jeweiligen Religions- oder Weltanschauungsgemeinschaft auf Aufnahme oder Verbleib. Ein Austritt ist von der staatlichen Rechtsordnung anzuerkennen, auch wenn eine Religionsgemeinschaft von der Unauflöslichkeit der Religionszugehörigkeit ausgehen mag (*Frowein* in Frowein/Peukert EMRK Art. 9 Rn. 14f.). Darüber hinaus kann es geboten sein, dass die staatliche Rechtsordnung den Austritt selbst ermöglicht, etwa wenn aus einer Mitgliedschaft die Pflicht zur Kirchensteuer folgt (EKMR 14.5.1984 – 9781/82 – E. u. G. R./Öst.; EKMR 4.12.1984 – 10616/83 – Gottesmann).

18 **c) Bekenntnis.** Die Freiheit des religiösen oder weltanschaulichen Bekenntnisses umfasst nach der Aufzählung in Art. 9 Abs. 1 Hs. 2 zunächst den **Gottesdienst** (engl. „worship", frz. „culte"), das heißt Formen der Gottesverehrung und der religiösen Anbetung. Sie schützt damit insbesondere entsprechende Zusammenkünfte (gegen polizeiliche Auflösung EGMR 26.6.2014 – 26587/07 Rn. 47ff., NVwZ 2015, 879 – Krupko; weitere Beispiele European Court of Human Rights, Guide on Article 9 Rn. 120; gegen das rechtsgrundlose Versagen behördlicher Genehmigungen EGMR 29.8.1996 – 18748/91 Rn. 36 – Manoussakis, EGMR 3.9.2019 – 21477/10 Rn. 49ff. – Jehova's Witnesses of Kryvyi Rih's Ternivsky District; gegen ein Baurecht, das die Bedürfnisse kleinerer Gemeinschaften nicht berücksichtigt EGMR 24.5.2016 – 36915/10 Rn. 99ff. – Association de solidarité

Gedanken-, Gewissens- und Religionsfreiheit **Art. 9 EMRK**

avec les témoins de Jéhovah) und den Zugang zu religiösen Stätten (EGMR 10.5.2001 (GK) – 25781/94 Rn. 245 – Zyp./Türk.). **Unterricht** (engl. „teaching", frz. „enseignement") meint Unterweisung und Werbung, insbesondere die Missionierung (EGMR 25.5.1993 – 14307/88 Rn. 31, ÖJZ 1994, 59 – Kokkinakis). Für die religiöse Kindeserziehung ergänzt es damit das allgemeine Elternrecht nach Art. 2 EMRKZusProt (→ EMRKZusProt Art. 2 Rn. 21 ff.). Schließlich gewährleistet Art. 9 Abs. 1 auch das Praktizieren von Bräuchen und Riten (engl. „practice and observance", frz. „les pratiques et l'accomplissement des rites"). Wenig eigenständige Bedeutung neben dem Gottesdienst verbleiben für die **Riten** (etwa das Schächten, EGMR 27.6.2000 (GK) – 27417/95 Rn. 73, ÖJZ 2001, 774 – Cha'are Shalom ve Tsedek). Das **Praktizieren** einer Religion oder Weltanschauung (so eine Übersetzung näher an der authentischen Fassung) hingegen ermöglicht grundsätzlich einen weiten Schutz sonstiger religiöser und weltanschaulicher Handlungen.

EKMR und EGMR definieren die Religionsfreiheit nicht wie das BVerfG als **19** das umfassende Recht des einzelnen, „sein gesamtes Verhalten den Lehren seines Glaubens auszurichten und seiner inneren Glaubensüberzeugung gemäß zu handeln" (BVerfGE 108, 282 (297)). Der Begriff des Praktizierens umfasse **nicht jede durch Religion oder Weltanschauung motivierte oder beeinflusste Handlung,** sondern nur solche, in denen die Überzeugung zum Ausdruck komme (EKMR 12.10.1978 – 7050/75, DR 19, 5 Rn. 71 – Arrowsmith). An anderer Stelle zählt die Rechtsprechung solche Handlungen zum forum externum, die eng mit der persönlichen Sphäre von Religion oder Weltanschauung verbunden seien wie beispielsweise Gottesdienst und Anbetung, die Erscheinungsformen religiöser oder weltanschaulicher Praxis in einer allgemein anerkannten Form darstellten; hingegen schütze Art. 9 nicht immer das Recht, sich in der öffentlichen Sphäre zu verhalten, wie es die eigene Überzeugung verlange (EKMR 15.12.1983 – 10358/83 – C./V. K.; EGMR 8.4.2003 – 15814/02 – Porter). Zwar sind diese einschränkenden Formulierungen in vielen Fällen darauf zurückzuführen, dass der Schutz der Religionsfreiheit in den behandelten Fällen neben der Meinungsfreiheit nicht erforderlich (vgl. EKMR 12.10.1978 – 7050/75, DR 19, 5 – Arrowsmith; EKMR 22.2.1995 – 22838/93 – van den Dungen; EKMR 13.5.1992 – 15928/89 – J.K./Ndl.; EGMR 8.4.2003 – 15814/02 – Porter) oder die angegriffene Verpflichtung offensichtlich konventionskonform (zur Steuerpflicht EKMR 15.12.1983 – 10358/83 – C./V. K.; zur Unterhaltspflicht EKMR 16.10.1996 – 26568/95 – Karakuzey) erschien. Wenn jedoch Zeugen Jehovas plausibel vortragen, ihre pazifistischen Überzeugungen verböten eine Teilnahme ihrer Kinder an einer schulischen Gedenkfeier mit militärischen Bezügen, der EGMR dies aber durch eine eigene Wertung ersetzt, nach der die schulische Veranstaltung nicht im Widerspruch zum Pazifismus stehe (EGMR 27.11.1996 – 21787/93 Rn. 31, 37 – Valsamis; EGMR 18.12.1996 – 24095/94 Rn. 32, 38, ÖJZ 1998, 114 – Efstratiou), so grenzt dies den Schutzbereich unnötig eng ein (kritisch auch *Gonzalez*, La Convention européenne des droits de l'homme S. 128; *C. Evans,* Freedom of Religion S. 120 ff.).

Insgesamt sieht die Rechtsprechung aber jedenfalls **nicht nur tradierte For- 20 men** religiöser Praxis wie etwa das Tragen einer bestimmten Kleidung (EKMR 12.7.1978 – 7992/77 – X./V.K.: Turban eines Sikh; EGMR 15.2.2001 – 42393/98, NJW 2001, 2871 – Dahlab; EGMR 10.11.2005 (GK) – 44774/98 Rn. 78, NVwZ 2006, 1389 – Leyla Şahin: Kopftuch einer Muslima; EGMR 23.2.2010 – 41135/98 Rn. 35 – Ahmet Arslan; EGMR 5.12.2017 – 57792/15

Rn. 30, NVwZ 2018, 965 – Hamidović: islamische Kleidung) oder das Befolgen religiöser Speisevorschriften (EGMR 7.12.2010 – 18429/06 Rn. 45, NVwZ-RR 2011, 961 – Jakóbski) vom Schutzbereich umfasst, sondern schließt dies auch bei anderen Verhaltensweisen nicht aus, insbesondere bei der Befolgung als zwingend empfundener religiöser Vorgaben (zur Ablehnung des samstäglichen Schulbesuchs eines Siebenten-Tags-Adventisten etwa EGMR 27.4.1999 – 44888/98 – Casimiro). Ferner hat der EGMR inzwischen klargestellt, dass auch **nicht als verpflichtend empfundene Verhaltensweisen** unter die Religionsfreiheit fallen, wenn zwischen dem Glauben und der Verhaltensweise ein hinreichend enger und unmittelbarer Bezug besteht (EGMR 15.1.2013 – 48420/10 ua Rn. 82, 89, NJW 2014, 1935 – Eweida ua: zur Halskette mit Kreuz einer Christin; EGMR 1.7.2014 (GK) – 43835/11 Rn. 55, NJW 2014, 2925 – S. A.S./Fr.: Burka).

21   Versucht man, die Tendenzen zur **Einschränkung** des **Schutzbereichs** zu systematisieren, lassen sich zunächst bestimmen **neutrale Pflichten** als tatbestandsimmanente Schranken ausmachen. Insbesondere ist die Missachtung allgemeiner Zahlungspflichten vom Schutzbereich der Religionsfreiheit umfasst, auch wenn die Betroffenen die Verwendung von Steuern oder Pflichtbeiträgen als unvereinbar mit ihrer Religion oder Weltanschauung ansehen (EKMR 15.12.1983 – 10358/83 – C./V. K.; EKMR 5.7.1984 – 10678/83 – V./Ndl.). Gleiches scheint auch für neutrale, das heißt nicht auf die Behinderung religiöser Handlungen abzielende Strafvorschriften zu gelten (zulässig zwar die Berufung auf Art. 9 Abs. 1 gegenüber einem strafrechtlich bewehrten Missionierungsverbot, EGMR 25.5.1993 – 14307/88 Rn. 36 – Kokkinakis; gegenüber dem strafrechtlichen Verbot des Drogenbesitzes, EGMR 6.5.2014 – 28167/07 Rn. 36 – Fränklin-Beentjes; nicht aber gegenüber einem Züchtigungsverbot, EKMR 5.10.1987 – 12154/86 – Abrahamsson, oder der Pflicht eines Apothekers, Kontrazeptiva anzubieten, EGMR 2.10.2001 – 49853/99 – Pichon). Auch die Ablehnung einer allgemeinen **Impfpflicht** sah die Kommission nicht vom Schutzbereich der Religionsfreiheit umfasst (EKMR 15.1.1998 – 26536/95 – Boffa); in einer jüngeren Entscheidung ließ der EGMR den Schutz der Religionsfreiheit daran scheitern, dass die kritische Haltung zum Impfen an sich nicht schon als Religion oder Weltanschauung angesehen werden kann (EGMR 8.4.2021 (GK) – 47621/13 Rn. 335 – Vavřička). Einen Eingriff in den Schutzbereich verneinte der EGMR ferner für die Anwendung von Prozessrecht bei der Festlegung von Gerichtsterminen (in EGMR 3.4.2012 – 28790/08 Rn. 36f., NJOZ 2013, 2039– Francesco Sessa; kritisch hierzu der Dissent). Unlängst hat der EGMR hingegen eine neutrale Vorschrift zur Nachtruhe in einer Haftanstalt als (ungerechtfertigten) Eingriff in die Religionsfreiheit eines Häftlings angesehen, der aus religiösen Gründen sein Gebet nachts verrichten wollte. Ausschlaggebend hierfür war wohl der besondere Stellenwert von Gebet und Gottesdienst für die Religionsfreiheit (EGMR 12.5.2020 – 29290/10 Rn. 49 – Korostelev).

22   Darüber hinaus können auch Verpflichtungen aus **frei gewählten Rechtsbeziehungen** den Schutz der Art. 9 EMRK schon auf Ebene des Schutzbereichs ausschließen. Dies galt zunächst für bestimmte Verpflichtungen aus Arbeitsverträgen (zur Arbeitsverweigerung an religiösen Feiertagen EKMR 3.12.1996 – 24949/94 – Konttinen; EKMR 9.4.1997 – 29107/95 – Stedman); der EGMR hat diese Rechtsprechung aber ausdrücklich geändert und prüft Beschränkungen der Religionsfreiheit im Arbeitsverhältnis nun auf der Rechtfertigungsebene (EGMR 15.1.2013 – 48420/10 ua Rn. 83, NJW 2014, 1935 – Eweida ua; *Hill* Ecclesiastical Law Journal 15 (2013), 197 ff.). Auch in der übrigen Rechtsprechung zu Regelun-

gen einer staatlichen Einrichtung, etwa einer Universität oder des Militärs, zeichnet sich ein Trend zugunsten eines weiteren Schutzbereichs ab. So wurde die Pflicht zum Einreichen eines Passfotos ohne Kopftuch als Voraussetzung für den Universitätsabschluss keiner Rechtfertigungsprüfung anhand von Art. 9 Abs. 2 unterzogen (EKMR 3.5.1993 – 16278/90 – Karaduman), das allgemeine Kopftuchverbot an staatlichen Universitäten hingegen schon (EGMR 10.11.2005 (GK) – 44774/98 Rn. 79ff., NVwZ 2006, 1389 – Leyla Şahin). Das Verbot fundamentalistischer muslimischer Aktivitäten für Soldaten wurde nicht als Eingriff in die Religionsfreiheit gewertet (EKMR 6.1.1993 – 14524/89 – Yanasik; EGMR 1.7.1997 – 20704/92 Rn. 27ff. – Kalaç), die Verurteilung eines militärischen Vorgesetzten für Missionierungsversuche innerhalb der Armee nach allgemeinen Strafgesetzen hingegen schon (EGMR 24.2.1998 – 23372/94 Rn. 38, JBl 1998, 573 – Larissis).

Die einschränkende Handhabung des Schutzbereichs durch die Konventionsrechtsprechung ist insofern **problematisch,** als neutral gemeinte Gesetze insbesondere religiöse Minderheiten beschweren können und das Argument der frei gewählten Verpflichtungen – gerade in Bezug auf Arbeit oder Ausbildung – mit Blick auf die faktischen Möglichkeiten nicht stichhaltig erscheint. Es ist daher vorzugswürdig, dass die jüngere EGMR-Rechtsprechung gegenläufige legitime Belange auf der Rechtfertigungsebene prüft (krit. auch *Stavros* EHRLR 6 (1997), 607). 23

d) Negative Religionsfreiheit. Zur negativen Religionsfreiheit zählt zunächst das Recht, **keine Religion oder Weltanschauung** zu **besitzen** bzw. zu **bekennen.** Dies umfasst die Freiheit, nicht an religiösen Veranstaltungen teilnehmen (EGMR 29.6.2007 (GK) – 15472/02 Rn. 84ff., NVwZ 2008, 1217 – Folgerø), keinen religiösen Eid ablegen (EGMR 18.2.1999 (GK) – 24645/94 Rn. 34ff., NJW 1999, 2957 – Buscarini) und als Außenstehender keine **Kirchensteuer** zahlen zu müssen (EKMR 14.5.1984 – 9781/82 – E. u. G. R./Öst.; EKMR 4.12.1984 – 10616/83 – Gottesmann). Kirchenmitglieder sind durch das Austrittsrecht hinreichend geschützt; eine konkrete Belastung durch die Kirchensteuer hingegen können sie nicht abwehren. Dies gilt auch für die – optionale – gemeinsame steuerliche Veranlagung von religionsverschiedenen Eheleuten, bei der die Kirchenmitgliedschaft anteilig berücksichtigt wird (EGMR 6.4.2017 – 10138/11 ua, NJW 2018, 3295 – Klein ua). Zulässig ist ferner die Erhebung einer allgemeinen Kirchensteuer zur Finanzierung von öffentlichen Aufgaben nichtreligiöser Natur, die von der Kirche wahrgenommen werden (EGMR 28.8.2001 – 32196/96 – Bruno: Bevölkerungsregister, Gebäudeunterhaltung, Beerdigungen). Der EGMR sieht diese Freiheit teilweise als beschränkbar an (EGMR 18.2.1999 (GK) – 24645/94 Rn. 34ff., NJW 1999, 2957 – Buscarini). Grundsätzlich berührt jedoch der Zwang, eine Religion oder Weltanschauung zu bekennen, zugleich auch das absolut geschützte forum internum und ist daher nicht zu rechtfertigen (so auch *C. Evans* Freedom of Religion S. 73f.; *Walter* in Dörr/Grote/Marauhn Kap. 17 Rn. 49). 24

Ferner fällt auch das beschränkbare (EGMR 3.6.2010 – 42837/06 Rn. 79ff., NVwZ 2011, 863 – Dimitras) Recht, die eigene Religion oder Weltanschauung zu **verschweigen,** unter die negative Religionsfreiheit. Die Rechtsprechung hatte dies zunächst offengelassen (EGMR 26.6.2001 – 40319/98 – Saniewski), später aber anerkannt, dass nicht nur das Recht auf Verschweigen bestehe, sondern schon niemand zu einer Handlung gezwungen werden dürfe, aus der man eine bestimmte Überzeugung oder ihr Fehlen ableiten könne (EGMR 21.2.2008 – 19516/06 25

Rn. 38 – Alexandridis; EGMR 15.6.2010 – 7710/02 Rn. 87 – Grzelak), da die Religionszugehörigkeit der Bürger für den Staat irrelevant bleiben müsse (ibid. Rn. 93) und bei einer Offenlegung ggf. staatliche und private Diskriminierungen drohten (EGMR 12.12.2002 – 1988/02 – Sofianopoulos; EGMR 2.2.2010 – 21924/05 Rn. 41 – Sinan Işik). Der EGMR hat es daher für konventionswidrig erachtet, wenn ein **Personalausweis** die Religionszugehörigkeit selbst auf freiwilliger Basis aufführt (EGMR 2.2.2010 – 21924/05 Rn. 37 ff. – Sinan Işik), wenn die Geburtsurkunde durch Namenszusatz die Nichtzugehörigkeit zur Mehrheitsreligion erkennen lässt (EGMR 25.6.2020 – 52484/18 Rn. 45 ff. – Stavropoulos), wenn im katholischen Polen aus dem **Schulzeugnis** der Nichtbesuch des Religionsunterrichts hervorgeht, was dort einer Stigmatisierung gleichkomme (EGMR 15.6.2010 – 7710/02 Rn. 84 ff. – Grzelak; anders noch EGMR 26.6.2001 – 40319/98 – Saniewski), oder wenn die Befreiung von einer Eidespflicht erfordert, dass der Betroffene sich genau zu seiner (fehlenden) Religionszugehörigkeit erklärt (EGMR 21.2.2008 – 19516/06 Rn. 35 ff. – Alexandridis; EGMR 3.6.2010 – 42837/06 Rn. 79 ff., NVwZ 2011, 863 – Dimitras).

26 Auf den ersten Blick scheint es so, als könnte dieses Verdikt auch **deutsche Regelungen** treffen, welche die entsprechenden Wahlmöglichkeiten – Religionsunterricht oder Ethik, Eid mit oder ohne religiöse Beteuerung – begleiten und die nach deutschem Verfassungsrecht als unproblematisch gelten. Allerdings darf die aufgeführte Rechtsprechung nicht dahingehend verstanden werden, dass schon die alleinige Obliegenheit, von einer Befreiungsmöglichkeit Gebrauch zu machen, die negative Religionsfreiheit verletzt. Dies käme einer Abschaffung etwa des Religionsunterrichts, des religiösen Eides oder der Kirchensteuer gleich und wird von der EMRK nicht verlangt, die unterschiedliche Formen des Verhältnisses zwischen Staat und Religionen akzeptiert (*Gonzalez* La Convention européenne des droits de l'homme S. 155 ff.). Stattdessen lässt sich die Strenge der aufgeführten Rechtsprechung wohl mit einer besonderen Sensibilität des EGMR für die Belange von Minderheiten in Staaten mit einer ausgeprägten religiösen Mehrheit und mit den konkreten Umständen des Einzelfalls erklären, nach denen die Abmeldung vom Religionsunterricht mit faktischen Nachteilen *(Grzelak)* bzw. die Ablehnung des Eides mit einem besonderen Begründungsaufwand *(Alexandridis, Dimitras)* verbunden waren. Eine einfache und diskriminierungsfreie Befreiungsmöglichkeit hingegen dürfte konventionskonform sein. Auf dieser Linie liegt auch eine Entscheidung des EGMR zur deutschen Kirchensteuer: Demnach ist es zwar rechtfertigungsbedürftig, im Ergebnis aber rechtmäßig, dass der Arbeitnehmer seine – fehlende – Mitgliedschaft bei einer steuererhebenden Religionsgemeinschaft gegenüber Arbeitgeber und Finanzamt angeben muss (EGMR 17.2.2011 – 12884/03 Rn. 52 ff., NVwZ 2011, 1503 – Wasmuth).

27 Die negative Religionsfreiheit bezeichnet schließlich auch das Recht, sich **unerwünschter** religiöser oder weltanschaulicher **Einflüsse** zu **erwehren**. Inwieweit ein solches Recht über das allgemeine Indoktrinierungsverbot (→ Rn. 16) hinaus besteht, ist allerdings unklar. Die Präsenz von **Kreuzen** in den Klassenzimmern staatlicher Schulen wurde von einer Kammer des EGMR zunächst als Konventionsverstoß gewertet: Die negative Religionsfreiheit erschöpfe sich nicht in der Abwesenheit von Gottesdienst und Religionsunterricht, sondern erstrecke sich auch auf Praktiken und Symbole, in denen ein Glaube oder eine Weltanschauung zum Ausdruck komme. Das negative Recht verdiene besonderen Schutz, wenn eine entsprechende Bekundung vom Staat ausgehe und der Betroffene sich ihr nicht oder nur mit unverhältnismäßigem Aufwand entziehen könne (EGMR

Gedanken-, Gewissens- und Religionsfreiheit **Art. 9 EMRK**

3.11.2009 – 30814/06 Rn. 48 ff., 55, NVwZ 2011, 737 – Lautsi). Dieses Ergebnis hätte möglicherweise auch deutsche Regelungen betroffen, die Kruzifixe (bis zum Widerspruch eines Betroffenen, BVerwGE 109, 40) oder freiwillige Gebete in Schulen (BVerfGE 52, 223 (240 ff.)) gestatten. Die Große Kammer hingegen verneinte einen Verstoß gegen Art. 2 EMRKZusProt und Art. 9. Ihr zufolge haben die Mitgliedstaaten ein weites Ermessen hinsichtlich religiöser Symbole in der öffentlichen Schule, das erst beim Indoktrinierungsverbot endet. Ergänzend stützte die Große Kammer sich darauf, dass die größere Sichtbarkeit des Christentums in italienischen Schulen zugleich mit einer Offenheit für andere Religionen einhergehe (EGMR 18.3.2011 (GK) – 30814/06 Rn. 57 ff., 69, 74, NVwZ 2011, 737 – Lautsi). Demnach dürften historisch-kulturell begründbare religiöse Symbole im öffentlichen Raum prinzipiell zulässig sein. Konventionskonform ist aber auch das weitgehende Verbannen religiöser Bezüge aus Schulen und anderen öffentlichen Einrichtungen, etwa des **Kopftuchs** islamischer Lehrerinnen oder Studentinnen, zugunsten derjenigen, die ihrem Anblick ausgesetzt wären (EGMR 15.2.2001 – 42393/98, NJW 2001, 2871 – Dahlab; EGMR 10.11.2005 (GK) – 44774/98 Rn. 104 ff., 109, 115, NVwZ 2006, 1389 – Leyla Şahin).

3. Schutzbereich der kollektiven Religionsfreiheit. a) Allgemeines. Art. 9 28 enthält auch ein **kollektives Recht.** Hierbei ist zu unterscheiden: Das gemeinschaftliche Bekenntnis einer Religion oder Weltanschauung durch eine Vielzahl von Individuen, ausdrücklich („gemeinsam mit anderen") in Art. 9 aufgenommen, ist von der jeweiligen Individualfreiheit gedeckt (vgl. EGMR 26.10.2000 (GK) – 30985/96 Rn. 62 – Hasan und Chaush). Der Konstruktion eines kollektiven Rechts bedarf es, wenn eine Religions- oder Weltanschauungsgemeinschaft eigene Rechte geltend macht. Grundsätzlich dürfen sich auch juristische Personen auf Grundrechte berufen, sofern sie eine hinreichende Staatsferne aufweisen und die Grundrechte ihrem Wesen nach auch auf juristische Personen anwendbar sind (Grabenwarter/Pabel EMRK § 17 Rn. 5; s. ferner *Röben* in Dörr/Grote/Marauhn Kap. 5 Rn. 42). Für private Religions- und Weltanschauungsgemeinschaften ist die **Grundrechtsfähigkeit** daher anerkannt (EKMR 5.5.1979 – 7805/7 – X. und Church of Scientology), wenngleich die Rechtsprechung an anderer Stelle gelegentlich auch von einer Geltendmachung der Individualrechte durch die Religionsgemeinschaft ausgeht (EGMR 27.6.2000 – 27417/95 Rn. 72, ÖJZ 2001, 774 – Cha'are Shalom ve Tsedek). Die Grundrechtsfähigkeit kommt darüber hinaus auch öffentlich-rechtlich organisierten Religions- und Weltanschauungsgemeinschaften zu (etwa EGMR 23.9.2010 – 1620/03 Rn. 58, NZA 2011, 280 – Schüth), weil diese einen in Art. 9 angelegten Freiheitsraum ausfüllen und sich gegenüber staatlichen Eingriffen in einer den Individuen vergleichbaren Gefährdungslage befinden. Für profitwirtschaftliche Unternehmen mit (auch) religiösen oder weltanschaulichen Zwecken hat die Rechtsprechung die Grundrechtsfähigkeit inzwischen nicht grundsätzlich ausgeschlossen (EKMR 15.4.1996 – 20471/92 – Kustannusoy Vapaa Ajattelija AB, zum Verlag einer Freimaurervereinigung).

b) Vereinigungsfreiheit und Folgerechte. Religionsgemeinschaften können 29 sich auf alle Ausprägungen der Religionsfreiheit mit **Ausnahme** der **höchstpersönlichen Rechte** wie der Gedanken- und Gewissensfreiheit (EKMR 12.10.1988 – 11921/86 – KIT) oder der Achtung des forum internum berufen. Die kollektive Religionsfreiheit beinhaltet neben den Rechten, die auch Individuen wahrnehmen können (zu Gottesdienst, Unterricht ua EKMR 8.3.1976 – 7374/76 – X./Dänemark; zur Werbung EGMR 13.1.2011 – 16354/06 Rn. 42,

61 – Mouvement Raëlien Suisse), insbesondere die religiöse Vereinigungsfreiheit, das heißt die Gründung einer mit hinreichenden Rechten ausgestatteten Religionsgemeinschaft, sowie die Selbstbestimmung in eigenen Angelegenheiten. Die **Vereinigungsfreiheit,** die sowohl den Gründern als auch der gegründeten Gemeinschaft zusteht, verankert der EGMR in Art. 9, gelesen „im Lichte des" Art. 11 (EGMR 14.6.2007 – 77703/01 Rn. 112, 117 – Svyato-Mykhaylivska Parafiya, StRspr; teilweise auch in Art. 11, gelesen „im Lichte des" Art. 9: EGMR 5.10.2005 – 72881/01 Rn. 58, 71, 75 – Moscow Branch of the Salvation Army). Art. 9 iVm Art. 10 und 11 schützt ferner auch religiöse Inhalte einer politischen Partei (ungerechtfertigt allerdings ein Verbot der Kandidatur von Frauen, EGMR 10.7.2012 – 58369/10 – Staatskundig Gereformeerde Partij). Jedoch kann Art. 17 dem Schutz der Vereinigungsfreiheit entgegenstehen (so beim Verbot eines islamistischen Vereins, der zur gewaltsamen Zerstörung Israels und der Tötung seiner Bewohner aufruft, EGMR 12.6.2012 – 31098/08 Rn. 74, 78, EuGRZ 2013, 114 – Hizb-ut-Tahrir).

30 Die Vereinigungsfreiheit erlangt insbesondere dann Bedeutung, wenn das Praktizieren einer Religion und die Rechtsfähigkeit der betreffenden Gemeinschaft von einer **Registrierung** abhängen; deren Versagung stellt einen rechtfertigungsbedürftigen Eingriff dar (EGMR 13.12.2001 – 45701/99 Rn. 105 – Metropolitan Church of Bessarabia ua; EGMR 5.10.2005 – 72881/01 Rn. 71, 75 – Moscow Branch of the Salvation Army; EGMR 1.10.2009 – 76836/01 Rn. 84, 89 – Kimlya). Gleiches gilt auch bei der mangelnden Anerkennung einer abgespaltenen religiösen Gruppierung (EGMR 14.6.2007 – 77703/01 Rn. 121 ff. – Svyato-Mykhaylivska Parafiya) und für die Versagung privilegierter Rechtsformen, namentlich des **Körperschaftsstatus** (EGMR 31.7.2008 – 40825/98 Rn. 64 ff., NVwZ 2009, 509 – Religionsgemeinschaft der Zeugen Jehovas; EGMR 8.4.2014 – 70945/1 ua Rn. 81 ff., NVwZ 2015, 499 – Magyar Keresztény Mennonita Egyház ua). Der EGMR hat auch die „**Nichtanerkennung** der religiösen Natur des alevitischen Glaubens" durch den türkischen Staat als Verstoß gegen die Religionsfreiheit gewertet (EGMR 26.4.2016 (GK) – 62649/10 Rn. 95 ff., NVwZ-RR 2018, 1 – Izzettin Doğan); naheliegender ist es, die konkrete Versagung einer Gleichstellung der Aleviten mit der sunnitischen Mehrheitsreligion beim Bau von Kultstätten, beim Status der Religionsführer und bei finanziellen Zuwendungen als Verstoß gegen das Diskriminierungsverbot des Art. 9 iVm Art. 14 zu sehen (ibid. Rn. 166 ff., zu Recht kritisch das Sondervotum der Richter Villiger, Keller und Kjølbro Rn. 2 ff.) Grundsätzlich muss eine Religionsgemeinschaft die Möglichkeit besitzen, für ihre Zwecke im **Rechtsverkehr** aufzutreten, was regelmäßig die Rechts- und Prozessfähigkeit beinhaltet (EGMR 14.6.2007 – 77703/01 Rn. 80 f., 122 f. – Svyato-Mykhaylivska Parafiya; EGMR 16.12.1997 – 25528/94 Rn. 39 ff., ÖJZ 1998, 750 – Canea Catholic Church). Art. 9 und 11 beinhalten daher die staatliche Verpflichtung, ein System für die Zuerkennung der Rechtsfähigkeit (EGMR 8.4.2014 – 70945/1 ua Rn. 90, NVwZ 2015, 499 – Magyar Keresztény Mennonita Egyház ua), nicht aber besondere Rechtsformen oder Privilegien (EGMR 30.6.2011 – 8916/05 Rn. 52, NVwZ 2012, 1609 – Association Les Témoins de Jéhova) vorzuhalten. Wenn allerdings derartige **Privilegierungen** gewährt werden, muss dies gemäß Art. 14 iVm Art. 9 diskriminierungsfrei geschehen (Verstoß bei einer gesetzlichen Wartezeit von 10 Jahren für eine bekannte und etablierte Religionsgemeinschaft EGMR 31.7.2008 – 40825/98 Rn. 92 ff., NVwZ 2009, 509 – Religionsgemeinschaft der Zeugen Jehovas; Auswirkung eines solchen Verstoßes auch auf Folgeprivilegien im Arbeits- und Steuerrecht EGMR 25.9.2012 – 27540/05 – Jehovas Zeugen in Öster-

Gedanken-, Gewissens- und Religionsfreiheit **Art. 9 EMRK**

reich; s. *Heinig* ZevKR 58 (2013), 121). Die konventionswidrige Nichtanerkennung kann schließlich auch auf die individuelle Religionsfreiheit der Gläubigen durchschlagen (zur konventionswidrigen Strafverfolgung von Mitgliedern einer zu Unrecht nicht registrierten Gemeinschaft wegen einer religiösen Versammlung EGMR 29.8.1996 – 18748/91 Rn. 36ff. – Manoussakis; zur Versagung einer Befreiung vom Militärdienst → Rn. 50).

c) Selbstbestimmungsrecht. Das Recht der Religionsgemeinschaft auf **31** **Selbstbestimmung** bzw. – in Anlehnung an den englischen und französischen Sprachgebrauch – auf **Autonomie** (zu eng aber der im deutschen Sprachraum häufig anzutreffende Begriff der Selbstverwaltung) ist in Art. 9 verankert und beinhaltet ein an den Staat gerichtetes **Verbot der Einmischung** in innere Angelegenheiten. Die Formulierung des EGMR ist zwar etwas vager gehalten; nach ihr begründet die Religionsfreiheit die legitime Erwartung, „dass die Religionsgemeinschaft friedlich und frei von willkürlicher staatlicher Einmischung operieren dürfe" (EGMR 26.10.2000 (GK) – 30985/96 Rn. 62 – Hasan and Chaush, stRspr). Das Selbstbestimmungsrecht erschöpft sich aber nicht in einem reinen Willkürverbot. Für den EGMR zählt die autonome Existenz religiöser Gemeinschaften zum Kern der Religionsfreiheit, weil sie unverzichtbar für den Pluralismus in einer demokratischen Gesellschaft und die Religionsfreiheit die Einzelnen ansonsten gefährdet sei (EGMR 26.10.2000 (GK) – 30985/96 Rn. 62 – Hasan and Chaush). Daher erlegt das Einmischungsverbot dem Staat auf, bei innerreligiösen Streitigkeiten nicht Partei zu ergreifen. Der Staat darf daher weder eine Streitpartei bevorzugen, noch erzwingen wollen, dass sich die religiöse Gemeinschaft unter einem Führer eint. Stattdessen sieht der EGMR den Staat in der Rolle eines neutralen Vermittlers: Die Spannung durch konkurrierende religiöse Strömungen dürfe er nicht durch Beseitigung des Pluralismus, sondern müsse er durch Hinwirken auf Toleranz lösen (EGMR 26.10.2000 (GK) – 30985/96 Rn. 78 – Hasan and Chaush; EGMR 16.12.2004 – 39023/97 Rn. 96 – Supreme Holy Council of the Muslim Community; s. *Sydow* JZ 2009, 1141).

Das Selbstbestimmungsrecht beinhaltet ferner die Ausrichtung der Religions- **32** oder Weltanschauungsgemeinschaft auf ihre Lehren in **Dienst-** und **Arbeitsverhältnissen.** Die Rechtsprechung erkennt seit langem das Recht der Religionsgemeinschaften an, Einheitlichkeit bei der Organisation und Durchführung des religiösen Lebens durchzusetzen (EKMR 8.3.1976 – 7374/76 – X./Dänemark; EKMR 8.5.1985 – 10901/84 Rn. 2 – Prüssner). Eine Kirche kann daher die Modalitäten religiöser Praktiken, etwa der Taufe, aufgrund ihrer kollektiven Religionsfreiheit auch gegen den Willen eines bei ihr angestellten Pfarrers durchsetzen. Dessen ungeachtet ist das Selbstbestimmungsrecht einer Religionsgemeinschaft aber durch die Rechte ihrer Bediensteten und Arbeitnehmer beschränkt bzw. aufgrund einer staatlichen Schutzpflicht zu beschränken. Dies gilt zunächst für Entlassungen uä Sanktionen wegen der **privaten Lebensführung** von Beschäftigten (Verletzung von Art. 8 bei ehebrüchigem katholischen Organisten EGMR 23.9.2010 – 1620/03, NZA 2011, 280 – Schüth; nicht aber bei ehebrüchigem, mit der europaweiten Öffentlichkeitsarbeit betrauten Mormonen EGMR 23.9.2010 – 425/03, NZA 2011, 277 – Obst; nicht bei öffentlicher Kritik gegen kirchliche Positionen durch einen Religionslehrer EGMR 12.6.2014 (GK) – 56030/07 – Fernández Martínez; keine Verletzung von Art. 9 bei freikirchlich engagierter Erzieherin in protestantischem Kindergarten EGMR 3.2.2011 – 18136/02, NZA 2012, 199 – Siebenhaar). In Umsetzung dieser Rechtsprechung müssen auch deutsche Gerichte die von einer Religionsgemeinschaft eingeforderten Verhaltenspflichten auf ihre Plausibilität überprüfen, sorgfältig mit dem Selbstbestimmungsrecht zur Abwägung bringen und hierbei insbesondere dem Schutz des Intimlebens ein gebührendes Gewicht zumessen (*Grabenwarter/Pabel* KuR 2011, 55; *Joussen* RdA 2011, 173). Dem Selbstbestimmungsrecht steht ferner die Vereinigungsfreiheit der Beschäftigten nach Art. 11 gegenüber, die auch das Recht zur Gründung von **Gewerkschaften** beinhaltet, sofern dies kirchliche Hierarchien und Entscheidungsprozesse nicht in Frage stellt (EGMR 9.7.2013 (GK) – 2330/09 Rn. 140 ff., 170, NJOZ 2014, 1715 – Sindicatul Paštorul Cel Bun: keine Verletzung von Art. 11 durch verweigerte Registrierung einer Priestergewerkschaft, iE anders noch die Kammerentscheidung vom 31.10.2012). Eine vollständige Beschränkung der gewerkschaftlichen Betätigung in deutschen Kirchen nach dem „Dritten Weg" erscheint damit konventionsrechtlich problematisch (*Walter* ZevKR 57 (2012), 233). Zurückhaltung übt der EGMR jedoch bei der Versagung staatlichen **Rechtsschutz**es gegenüber innerkirchlichen Maßnahmen, da Art. 6 EMRK hier nicht einschlägig sei (EGMR 30.1.2001 – 40224/98 – Dudová; zum Streit innerhalb deutscher Kirchen etwa 6.12.2011 – 38254/04 – Baudler; 6.12.2011 – 39775/04 – Roland Reuter).

C. Eingriff

33   Während die Dogmatik zum Grundgesetz einen klassischen und einen weiten Eingriffsbegriff unterscheidet (*Jarass* in Jarass/Pieroth GG Vorb. vor Art. 1 Rn. 27 f.), geht die Rechtsprechung auf Konventionsebene weniger grundsätzlich vor und hat eine auf das jeweilige Grundrecht bezogene Kasuistik entwickelt, die in der Regel keine besonders hohen Anforderungen an den Eingriff stellt (*Marauhn/Merhof* in Dörr/Grote/Marauhn Kap. 7 Rn. 14.). Eingriffe in Art. 9 sind insbesondere **staatliche Verbote** von Handlungen, die in den Schutzbereich fallen (EGMR 25.5.1993 – 14307/88 Rn. 36, ÖJZ 1994, 59 – Kokkinakis; EGMR 10.11.2005 (GK) – 44774/98 Rn. 78, NVwZ 2006, 1389 – Leyla Şahin), aber auch **Gebote** von Handlungen, die der Betroffene unter Berufung auf sein Gewissen oder seine religiöse oder weltanschauliche Überzeugung ablehnt (EGMR 18.2.1999 (GK) – 24645/94 Rn. 34, NJW 1999, 2957 – Buscarini). Auch die Versagung eines ausländerrechtlichen **Aufenthaltstitels** wegen religiöser Betätigung hat der EGMR als (ungerechtfertigten) Eingriff qualifiziert (EGMR 8.11.2007 – 30273/03 Rn. 51 ff. – Perry; EGMR 12.2.2009 – 2512/04 Rn. 62 ff. – Nolan). Inwieweit auch die **Duldung** fremden Handelns entgegen der eigenen Überzeugungen einen Eingriff darstellt, hat der EGMR offengelassen (Pflicht zur Duldung der Jagd auf eigenem Grundstück auch entgegen der Gewissensüberzeugung des Eigentümers jedenfalls gerechtfertigt, EGMR 20.1.2011 – 9300/07 Rn. 87, AUR 2011, 396 – Herrmann). Dass auch **Realakte** einen Eingriff in Art. 9 darstellen können, zeigt das Verbot der Indoktrinierung, etwa im Rahmen einer psychiatrischen Behandlung (EGMR 27.2.2018 – 66490/09 Rn. 123 – Mockutė) oder im Schulunterricht (→ Rn. 16).

34   Staatliche Maßnahmen, welche die nach Art. 9 geschützten Rechtspositionen **mittelbar** beeinträchtigen, sind bei hinreichender Zurechenbarkeit ebenfalls als Eingriff zu qualifizieren. Dazu zählt etwa die zielgerichtete erdrückende Besteuerung einer religiösen Gemeinschaft (EGMR 30.6.2011 – 8916/05 Rn. 53, NVwZ 2012, 1609 – Association Les Témoins de Jéhova). Bei Ausweisungen in einen anderen Staat (die sich nicht unmittelbar gegen religiöse Aktivitäten richten, s.

Gedanken-, Gewissens- und Religionsfreiheit **Art. 9 EMRK**

EKMR 3.12.1996 – 32168/96 – Öz) nimmt man einen Eingriff erst an, wenn dort religiöse Verfolgung in einem Ausmaß droht, die zugleich Art. 2 oder 3 EMRK verletzt (EGMR 28.2.2006 – 27034/05 – Z. u. T./V. K.). Gelegentlich scheint die Rechtsprechung auch geneigt, einen Eingriff zu verneinen, wenn der Beschwerdeführer auf **zumutbare Alternativen** verwiesen werden kann (etwa wenn man Fleisch, das unter Beachtung der religiösen Vorschriften gewonnen wird, auch aus dem Ausland beziehen kann, EGMR 27.6.2000 (GK) – 27417/95 Rn. 81, ÖJZ 2001, 774 – Cha'are Shalom ve Tsedek). Auch bei der **Versagung von Ansprüchen** gegen den Staat, etwa auf Registrierung als religiöse Gemeinschaft, spricht der EGMR von einem Eingriff in Art. 9 EMRK (EGMR 13.12.2001 – 45701/99 Rn. 105 – Metropolitan Church of Bessarabia ua; ebenso bei Verschleppung des Antrags, 27.1.2011 – 77185/01 Rn. 70 – Boychev; EGMR 26.4.2016 (GK) – 62649/10 Rn. 95, NVwZ-RR 2018, 1 – İzzettin Doğan). Wird Art. 9 EMRK im **Privatrechtsverhältnis** geltend gemacht, so fragt die Rechtsprechung wie bei den übrigen Grundrechten auch (vgl. Grabenwarter/Pabel EMRK § 19 Rn. 11 ff.) nicht nach einer Drittwirkung, sondern nach einer möglichen staatlichen Schutzpflicht zugunsten des Betroffenen (→ Rn. 53).

D. Rechtfertigung

Eingriffe in die Freiheit des religiösen oder weltanschaulichen Bekenntnisses 35 (nicht aber in das absolut geschützte forum internum) können nach Maßgabe des Art. 9 Abs. 2 gerechtfertigt sein. Die Rechtfertigung setzt voraus, dass der Eingriff auf einer gesetzlichen Grundlage erfolgt (→ Rn. 36) und zur Verwirklichung eines legitimen Ziels in einer demokratischen Gesellschaft notwendig ist (→ Rn. 37 ff.).

I. Gesetzliche Grundlage

Der Gesetzesvorbehalt für Eingriffe in Art. 9 besitzt wie bei den übrigen Grund- 36 rechten eine rechtsstaatliche Funktion: Es soll für jedermann ersichtlich sein, welche Folgen sein Verhalten nach sich zieht. Daher müssen die Eingriffsvoraussetzungen in einem Gesetz geregelt sein, das **zugänglich** und mit **hinreichender Präzision** formuliert ist (EGMR 26.4.1979 – 6538/74 Rn. 49, EuGRZ 1979, 386 – Sunday Times). Fehlt es für einen Eingriff in Art. 9 daher an einer gesetzlichen, das heißt einer abstrakt-generellen, veröffentlichten Grundlage, ist das Konventionsrecht verletzt (EGMR 26.10.2000 (GK) – 30985/96 Rn. 84 ff. – Hasan und Chaush: Regierungsdekret, das einem muslimischen Mufti die Rechtmäßigkeit abspricht; EGMR 29.4.2003 – 38812/97 Rn. 158, 168 – Poltoratskiy: interne Behördenrichtlinien, die einem Gefängnisinsassen den Zugang zum Gottesdienst verwehren; EGMR 25.6.2020 – 52484/18 Rn. 56 ff. – Stavropoulos: Praxis der Standesämter, die Geburtsurkunden von Kindern ohne christlich-orthodoxe Taufe durch Namenszusatz zu kennzeichnen). Beim Erfordernis der hinreichenden Bestimmtheit ist die Rechtsprechung großzügig. Sie erkennt an, dass Gesetze konkretisierungsbedürftige Begriffe enthalten, um die notwendige Anpassungsfähigkeit des Rechts zu ermöglichen. Hier sorge eine gefestigte und veröffentlichte Rechtsprechung für die notwendige Rechtssicherheit (ausreichend daher die Umschreibung des „Proselytismus" nach griechischem Strafrecht, EGMR 25.5.1993 – 14307/88 Rn. 40, ÖJZ 1994, 59 – Kokkinakis; ferner auch allgemeine schulische Vorschriften für das Kopftuchverbot einer Lehrerin, EGMR 15.2.2001 –

42393/98, NJW 2001, 2871 – Dahlab; oder für ein Unterrichtsfach EGMR 10.1.2017 – 29086/12 Rn. 53, NVwZ-RR 2018, 505 – Osmanoğlu; nicht ausreichend die unklaren Tatbestandsvoraussetzungen einer Steuerpflicht für Religionsgemeinschaften EGMR 30.6.2011 – 8916/05 Rn. 72, NVwZ 2012, 1609 – Association Les Témoins de Jéhova).

II. In einer demokratischen Gesellschaft notwendig

37 Ein Eingriff in die Religionsfreiheit darf nur zugunsten eines der in Art. 9 Abs. 2 genannten Ziele erfolgen (1.). Außerdem muss der Eingriff „in einer demokratischen Gesellschaft notwendig" sein, also einem Abwägungsprozess standhalten (2.).

38 **1. Legitimes Ziel.** Die Religionsfreiheit darf nur zugunsten der öffentlichen Sicherheit, des Schutzes der öffentlichen Ordnung, der Gesundheit und der Sitten oder des Schutzes der Rechte und Freiheiten anderer eingeschränkt werden. In der Rechtsprechungspraxis stellt die Subsumtion unter diese offenen, einander überschneidenden Begriffe keine substantielle Hürde der Rechtfertigungsprüfung dar (vgl. *Hill/Barnes* Religion & Human Rights 12 (2017), 174 (181 ff.)). Stattdessen wird das Vorliegen eines oder mehrerer der in Art. 9 Abs. 2 genannten Ziele regelmäßig ohne nähere Ausführungen festgestellt. Allgemeinwohlbelange können unter den Schutz der **öffentlichen Sicherheit** (zB Schutz vor Anschlägen, EGMR 11.1.2005 – 35753/03 – Phull) oder **Ordnung** fallen (zB Schutz der Rechtspflege, EGMR 17.10.2002 – 50776/99 Rn. 55 ff. – Agga; offengelassen allerdings für die durch den Abgeordneteneid zu bewirkende „Bewahrung des gesellschaftlichen Zusammenhalts und des Vertrauens der Bürger in ihre traditionellen Einrichtungen", EGMR 18.2.1999 (GK) – 24645/94 Rn. 36, 38, NJW 1999, 2957 – Buscarini). Auch die **Rechte** und **Freiheiten anderer** sind weit zu verstehen. Sie beinhalten nicht nur Konventionsrechte (zu Art. 2 S. 1 EMRKZusProt, EKMR 30.6.1993 – 17678/91 – B. N./Schwed.), sondern auch Rechte, die nur auf Ebene des Mitgliedstaats gewährt werden (zum Schutz anderer durch den Grundsatz des Laizismus EGMR 15.2.2001 – 42393/98, NJW 2001, 2871 – Dahlab; EGMR 10.11.2005 (GK) – 44774/98 Rn. 99, NVwZ 2006, 1389 – Leyla Şahin; zum Schutz vor unerbetenen Missionierungsversuchen EGMR 25.5.1993 – 14307/88 Rn. 42 ff., ÖJZ 1994, 59 – Kokkinakis; zum unbehelligten Zugang zu einer Abtreibungsklinik EKMR 10.9.1997 – 30936/96 – van Schijndel, hierzu auch 22.2.1995 – 22838/93 – van den Dungen). Damit kommen letztlich alle gesetzlich eingeräumten Rechte für eine Rechtfertigung in Betracht. Anders, als es der Wortlaut nahelegt, kann ein Eingriff in die Religionsfreiheit nicht nur zugunsten eines anderen, sondern auch zugunsten eines Rechts des Betroffenen selbst erfolgen (zur Helmpflicht EKMR 12.7.1978 – 7992/77 – X./V. K.). Mit Blick auf das französische **Burkaverbot** in der Öffentlichkeit setzte der EGMR zu einer intensiveren Prüfung an und akzeptierte neben der Sicherheit auch den „Respekt für die Minimalanforderungen eines gesellschaftlichen Zusammenlebens" als legitimes Ziel, lehnte zugleich aber den Respekt für Geschlechtergleichheit und Menschenwürde lapidar als legitimes Ziel ab, weil die Burka auch von Frauen befürwortet werde und die Menschenwürde kein absolutes Burkaverbot rechtfertige, zumal man den Trägerinnen keinen Angriff auf die Menschenwürde unterstellen könne (EGMR 1.7.2014 (GK) – 43835/11 Rn. 115 ff., NJW 2014, 2925 – S. A. S./Fr.). Die Ablehnung ist problematisch, weil sie sich ohne Begründung über frühere Rechtsprechung (zum Schutz gegen den Willen des Betroffenen EKMR 12.7.1978 – 7992/77 – X./V.

Gedanken-, Gewissens- und Religionsfreiheit **Art. 9 EMRK**

K.; zum islamischen Kopftuch als Symbol der Ungleichheit der Geschlechter EGMR 15.2.2001 – 42393/98, NJW 2001, 2871 – Dahlab) hinweggesetzt, weil das legitime Ziel von der Abwägung zu trennen ist und weil der Symbolgehalt der Burka nicht nur nach subjektiven, sondern auch nach objektiven Kriterien bemessen werden kann (→ Rn. 46).

2. Abwägung. Eingriffe in die Religionsfreiheit unterliegen schließlich dem 39 Erfordernis, „in einer demokratischen Gesellschaft notwendig" zu sein. Dieses Erfordernis versteht die Rechtsprechung als Ausdruck des Verhältnismäßigkeitsprinzips und formuliert, der Eingriff müsse „grundsätzlich gerechtfertigt und **verhältnismäßig**" sein (EGMR 25.5.1993 – 14307/88 Rn. 47, ÖJZ 1994, 59 – Kokkinakis; EGMR 29.8.1996 – 18748/91 Rn. 44 – Manoussakis; EGMR 24.2.1998 – 23372/94 Rn. 46, JBl 1998, 573 – Larissis), das heißt einem „dringenden gesellschaftlichen Bedürfnis" entsprechen (Kokkinakis Rn. 49; EGMR 13.12.2001 – 45701/99 Rn. 119 – Metropolitan Church of Bessarabia ua). Anders als die deutsche Grundrechtsdogmatik unterscheidet der EGMR hierbei nicht drei Stufen der Geeignetheit, Erforderlichkeit und Angemessenheit, sondern nimmt eine allgemeine Abwägung zwischen der Religionsfreiheit und dem gegenläufigen Ziel vor, die anhand einiger Kriterien systematisiert werden kann:

a) Stellenwert der Religionsfreiheit. In seiner ersten Grundsatzentscheidung 40 zur Religionsfreiheit hat sich der EGMR ausführlich zur Bedeutung der Religionsfreiheit geäußert: „Die Gedanken-, Gewissens- und Religionsfreiheit nach Art. 9 stellt eine der Grundlagen einer „demokratischen Gesellschaft" im Sinne der Konvention dar. In ihrer religiösen Dimension ist sie eines der wichtigsten Elemente, aus denen sich die Identität der Gläubigen und ihr Lebensentwurf bilden, aber sie ist auch ein wertvolles Gut für Atheisten, Agnostiker, Skeptiker und diejenigen, denen Religion gleichgültig ist. Auf ihr beruht der untrennbar mit einer demokratischen Gesellschaft verbundene Pluralismus, der in Jahrhunderten schwer erkämpft worden ist." (EGMR 25.5.1993 – 14307/88 Rn. 31, ÖJZ 1994, 59 – **Kokkinakis,** stRspr). Der EGMR bezieht die Religionsfreiheit damit zum einen auf das Individuum und zum anderen funktional auf das Ideal des Pluralismus, das wiederum eine Grundlage der Demokratie bilde (s. *von Ungern-Sternberg* in Hong/Matz-Lück, Grundrechte und Grundfreiheiten im Mehrebenensystem, 2011, S. 69; zur Begründung der Religionsfreiheit aus völkerrechtlicher Sicht ferner *Bielefeldt/Ghanea/Wiener,* Freedom of religion or belief, S. 21 ff.). Diese Konzeption räumt der Religionsfreiheit einen **hohen Rang** ein und macht zugleich wichtige Vorgaben für die konkrete Lösung von Konfliktlagen (→ Rn. 44 ff.).

Systematisiert man die Rechtsprechungspraxis nach dem Abwägungsergebnis, so 41 sind die konkrete Ausprägung der Bekenntnisfreiheit sowie das Ausmaß der Beeinträchtigung von Bedeutung. Als zentraler Bestandteil der individuellen Religionsfreiheit genießt der **Gottesdienst** besonderen Schutz (Konventionsverstoß zB durch polizeiliche Auflösung eines Gottesdienstes EGMR 26.6.2014 – 26587/07 Rn. 47 ff., NVwZ 2015, 897 – Krupko; weitere Beispiele European Court of Human Rights, Guide on Article 9 Rn. 120). Häufig verneint der EGMR einen Konventionsverstoß unter Verweis darauf, dass dem Beschwerdeführer jedenfalls Gottesdienstbesuch und Gebet möglich seien (zB EGMR 1.7.1997 – 20704/92 Rn. 29 – Kalaç für einen Militärangehörigen). Wenn das allgemeine Planungs- und Ordnungsrecht den Gottesdienst lediglich bestimmten Modalitäten unterwirft, scheidet eine Verletzung der Religionsfreiheit allerdings aus (→ Rn. 47; ebenso bei der Beschränkung des Glockengeläuts EGMR 16.10.2012 – 2158/12 – H.C.W.

Schilder). Eine Begrenzung der **Missionierungsfreiheit** auf bestimmte „lautere" Methoden hat der EGMR hingegen schon in seiner ersten Grundsatzentscheidung gebilligt. Demnach ist ein allgemeines Missionierungsverbot nicht verhältnismäßig, der Schutz vor Einflussnahme in einem Abhängigkeitsverhältnis jedoch schon (EGMR 25.5.1993 – 14307/88 Rn. 45 ff., ÖJZ 1994, 59 – Kokkinakis: Missionierung in der Nachbarschaft geschützt; EGMR 24.2.1998 – 23372/94, JBl 1998, 573 – Larissis: Werbungsversuche eines Soldaten bei Außenstehenden, nicht aber bei Untergebenen geschützt; EGMR 8.2.2001 – 47936/99 – Pitkevich: Einflussnahme einer Richterin auf Parteien nicht geschützt). Auch das **Praktizieren** einer Religion lässt sich beschränken, wenn es der Schutz gegenläufiger Rechtsgüter – für die Rechtsprechung nachvollziehbar – verlangt (zulässig etwa Sicherheitskontrollen, welche die Abnahme religiöser Kopfbedeckungen beinhalten, EGMR 11.1.2005 – 35753/03 – Phull). Insbesondere ist der EGMR zurückhaltend damit, aus der Religionsfreiheit ein Recht auf **Befreiung von allgemeinen Pflichten** abzuleiten (zur Weigerung eines Apothekers, Kontrazeptiva zu verkaufen, EGMR 2.10.2001 – 49853/99 – Pichon; zum Wunsch auf Befreiung vom samstäglichen Schulunterricht, EGMR 27.4.1999 – 44888/98 – Casimiro; zur Pflicht aus dem Arbeitsverhältnis, homosexuelle Paare zu verpartnern bzw. zu therapieren, EGMR 15.1.2013 – 48420/10 ua Rn. 102 ff., NJW 2014, 1935 – Eweida ua → Rn. 53).

42 Im Rahmen der kollektiven Religionsfreiheit genießt die Vereinigungsfreiheit einen besonders hohen Stellenwert: Versagen Staaten einer religiösen Gemeinschaft die **Registrierung** bzw. die **Rechtsfähigkeit,** verletzt dies regelmäßig Art. 9 iVm Art. 11 (s. nur EGMR 5.10.2005 – 72881/01 Rn. 98 – Moscow Branch of the Salvation Army; EGMR 14.6.2007 – 77703/01 Rn. 152 – Svyato-Mykhaylivska Parafiya; EGMR 31.7.2008 – 40825/98 Rn. 80, NVwZ 2009, 509 – Religionsgemeinschaft der Zeugen Jehovas; EGMR 1.10.2009 – 76836/01 Rn. 102 – Kimlya). Gleiches gilt, wenn religiöse Vereinigungen ohne hinreichenden Grund aufgelöst (EGMR 12.6.2014 – 33203/08, NVwZ 2015, 882 – Biblical Centre of the Chuvash v. Russia) oder ihres ursprünglichen Rechtsstatus entkleidet werden (8.4.2014 – 70945/1 ua Rn. 83 ff., NVwZ 2015, 499 – Magyar Keresztény Mennonita Egyház ua). Ein Verbot verfassungsfeindlicher Vereinigungen dürfte aber stets gerechtfertigt sein (wobei eine Rechtfertigungsprüfung dem pauschalen Ansatz des EGMR vorzuziehen ist, der einer Vereinigung schon nach Art. 17 den Schutz der Vereinigungsfreiheit versagt, EGMR 12.6.2012 – 31098/08, EuGRZ 2013, 114 – Hizb-ut-Tahrir). Das **Selbstbestimmungsrecht** der Religionsgemeinschaften schützt vor staatlichen Interventionen in innerreligiöse Streitigkeiten (Verletzung angenommen daher zB in EGMR 26.10.2000 (GK) – 30985/96 Rn. 89 – Hasan and Chaush), muss aber uU hinter den Grundrechten kirchlicher Arbeitnehmer zurücktreten (→ Rn. 32).

43 **b) Stellenwert gegenläufiger Interessen.** Auch der Stellenwert der jeweils mit der Religionsfreiheit konfligierenden Interessen beeinflusst das Abwägungsergebnis. Der EGMR scheint insbesondere bereit, Zielsetzungen, die in einem **Parlamentsgesetz** Niederschlag gefunden haben und nicht allein auf Erwägungen der Verwaltung beruhen, angemessen zu berücksichtigen. Daher bildet es weiterhin eine Ausnahme, wenn der EGMR nicht nur eine konkrete staatliche Einzelmaßnahme, sondern auch das zugrundeliegende Gesetz für konventionswidrig erklärt (s. etwa die Bejahung eines Verstoßes gegen Art. 9 nicht schon durch ein weit gefasstes gesetzliches Proselytismusverbot, sondern durch die konkrete Verurteilung: EGMR 25.5.1993 – 14307/88 Rn. 36 ff., ÖJZ 1994, 59 – Kokkinakis; s. aber die

Feststellung eines Konventionsverstoßes durch ein Gesetz, das Zeugen Jehovas nach einer Totalverweigerung eine berufliche Tätigkeit als Wirtschaftsprüfer unmöglich machte: EGMR 6.4.2000 (GK) – 34369/97 Rn. 48, ÖJZ 2001, 518 – Thlimmenos). Gegenläufigen Rechtsgütern mit **Verfassungsrang** kommt für die Abwägung eine besondere Bedeutung zu. So hat der EGMR das Kopftuchverbot für Studentinnen an staatlichen Hochschulen in der Türkei für gerechtfertigt erachtet, weil der verfassungsrechtlich verankerte Laizismus einen Grundpfeiler des türkischen Staates bilde (EGMR 10.11.2005 (GK) – 44774/98 Rn. 29ff., 113f., NVwZ 2006, 1389 – Leyla Şahin; zum verfassungsmäßigen Recht der Religionsgemeinschaften auf Steuererhebung als Grenze der negativen Religionsfreiheit EGMR 17.2.2011 – 12884/03 Rn. 55, NVwZ 2011, 1503 – Wasmuth). Ferner eignen sich insbesondere konventionsweit konsentierte Rechtsgüter für eine Beschränkung der Religionsfreiheit (s. etwa zum Schutz der Sicherheit EGMR 11.1.2005 – 35753/03 – Phull; zum Gesundheitsschutz durch das Verbot halluzinogener Drogen, auch wenn diese als Bestandteil des Gottesdienstes konsumiert werden, EGMR 6.5.2014 – 28167/07 Rn. 42ff. – Fränklin-Beentjes; zum Grundsatz der Geschlechtergleichheit, EGMR 10.7.2012 – 58369/10 – Staatskundig Gereformeerde Partij). Schließlich hat der EGMR auch den verpflichtenden **Schulunterricht** nicht nur wegen der Vermittlung von Inhalten und Fertigkeiten, sondern auch wegen seiner integrativen Funktion für unterschiedliche gesellschaftliche Gruppen als wichtiges Gut anerkannt, das partikularen und generellen Befreiungswünschen von Eltern und Schülern entgegengehalten werden kann (EGMR 10.1.2017 – 29086/12 Rn. 94ff., NVwZ-RR 2018, 505 – Osmanoğlu: kein Recht auf Befreiung vom gemischtgeschlechtlichen Schwimmunterricht, zumal muslimischen Schülerinnen die Teilnahme im Burkini möglich ist).

c) **Mitgliedstaatlicher Ermessensspielraum.** Der EGMR begründet sein 44 Abwägungsergebnis häufig unter Bezugnahme auf den mitgliedstaatlichen Ermessenspielraum („margin of appreciation") für die Gewichtung der konfligierenden Interessen. Mit diesem Instrument steuert der EGMR seine **Kontrolldichte** im Hinblick auf mitgliedstaatliche Maßnahmen: Ein großer Ermessensspielraum spricht im Zweifel für die Konventionskonformität der mitgliedstaatlichen Regelung, was sich zulasten (Billigung eines Eingriffs in die Religionsfreiheit), aber auch zugunsten der Religionsfreiheit auswirken kann (Billigung eines Eingriffs in ein anderes Konventionsrechts zugunsten der Religionsfreiheit). Verallgemeinerungsfähige Kriterien zu finden, mit denen sich die Bereiche eines notwendig einheitlichen konventionsweiten Mindeststandard und eines mitgliedstaatlichen Ermessensspielraums abgrenzen lassen, ist schwierig (vgl. *Brems* ZaöRV 1996, 240; *Kratochvíl* Netherlands Quarterly of Human Rights 29 (2011), 324). Der EGMR geht hier zunächst bei besonders wichtigen Konventionsrechten, insbesondere der Meinungsfreiheit als Funktionsvoraussetzung für die Demokratie, von einem **geringen Ermessensspielraum** aus. Angesichts der besonderen Bedeutung der Religionsfreiheit für Pluralismus und Demokratie (→ Rn. 40) muss dies grundsätzlich auch für die Religionsfreiheit gelten. Der EGMR spricht allerdings auch in Fällen einer strikten Kontrolle und bei einer Verletzung des Art. 9 EMRK von einem „gewissen" Ermessensspielraum (etwa EGMR 25.5.1993 – 14307/88 Rn. 47, ÖJZ 1994, 59 – Kokkinakis; EGMR 29.8.1996 – 18748/91 Rn. 44 – Manoussakis; EGMR 13.12.2001 – 45701/99 Rn. 119 – Metropolitan Church of Bessarabia ua).

In einigen Fallkonstellationen besteht typischerweise ein weiter Ermessensspiel- 45 raum. Der EGMR nimmt einen solchen ganz allgemein an, wenn sich zu einem bestimmten Problem noch keine europaweit einheitliche Lösung herausgebildet hat, so dass die mitgliedstaatlichen Behörden und Gerichte besser dazu in der Lage seien, die konfligierenden Interessen miteinander abzuwägen (zu Fragen der Moral: EGMR 7.12.1976 – 5493/72 Rn. 48, EuGRZ 1977, 38 – Handyside). Ein weiter Spielraum gilt insbesondere für das in den Mitgliedstaaten ganz unterschiedlich ausgestaltete **Verhältnis von Staat und Religionsgemeinschaften** bzw. von **Staat und Religion.** So ist es zulässig, dass der Staat die Erteilung von Schächtgenehmigungen an eine Einrichtung des jüdischen Zentralkomitees delegiert, auch wenn dieses einer besonders strengen jüdischen Minderheit die Erlaubnis verweigert (EGMR 27.6.2000 (GK) – 27417/95 Rn. 84ff., ÖJZ 2001, 774 – Cha'are Shalom ve Tsedek; hierzu *Pabel* EuGRZ 2002, 220). Ein Ermessensspielraum gilt ferner in **Finanzierungsfragen.** Demnach verstößt der staatliche Einzug der Kirchensteuer nicht gegen die Religionsfreiheit, selbst wenn der Arbeitnehmer hierfür seine (fehlende) Religionszugehörigkeit offenbaren muss (EGMR 17.2.2011 – 12884/03 Rn. 57ff., NVwZ 2011, 1503 – Wasmuth). Auch staatliche Zuwendungen an eine Nationalkirche stellen keine Diskriminierung der übrigen Religionsgemeinschaften nach Art. 14 iVm Art. 9 dar, wenn die Nationalkirche öffentliche Aufgaben wahrnimmt (EGMR 18.9.2012 – 22897/08 Rn. 34 – Ásatrúarfélagid, bei einem jedoch recht vagen Hinweis auf die öffentlichen Aufgaben; hierzu überzeugender EGMR 28.8.2001 – 32196/96 – Bruno → Rn. 24). Darüber hinaus besteht auch für steuerrechtliche Maßnahmen mit gesellschaftspolitischen Zielsetzungen ein weiter Spielraum (kein Verstoß gegen Art. 14 iVm Art. 9 bei Steuerbefreiung für öffentlich zugängliche Stätten des Gottesdienstes; der EGMR akzeptierte, dass diese Regelung zu einem Abbau von Misstrauen und Vorurteilen beitragen solle, EGMR 4.3.2014 – 7552/09 Rn. 32ff., NVwZ 2015, 277 – Church of Jesus Christ of Latter-Day Saints).

46 Einen großen Ermessensspielraum erkennt der EGMR auch für **religiöse Symbole** im öffentlichen Raum an (Übersicht European Court of Human Rights, Guide on Article 9 Rn. 89ff.). Diese können aus staatlichen Einrichtungen verbannt werden (Verbot religiöser Kopfbedeckung für Lehrerinnen, EGMR 15.2.2001 – 42393/98, NJW 2001, 2871 – Dahlab; für sonstige Beschäftigte in staatlichen Einrichtungen EGMR 26.11.2015 – 64846/11 Rn. 54ff. – Ebrahimian; für Studentinnen, EGMR 10.11.2005 (GK) – 44774/98 Rn. 109ff., NVwZ 2006, 1389 – Leyla Şahin; für Schülerinnen und Schüler, EGMR 30.6.2009 – 18527/08 – Gamaleddyn), aber auch staatlicherseits vorgesehen sein (Kruzifix im Klassenzimmer, EGMR 18.3.2011 (GK) – 30814/06 Rn. 61, 68ff., NVwZ 2011, 737 – Lautsi). Bei religiöser Kleidung in der Öffentlichkeit wird differenziert: So hat der EGMR einerseits die Türkei dafür verurteilt, das Tragen einer bestimmten islamischen Tracht in der Öffentlichkeit strafrechtlich verfolgt zu haben. Weil sich die Beschwerdeführer als Privatpersonen an einem öffentlichen Ort ohne Missionierungsabsicht versammelt hatten, konnten weder der Laizismus noch Sicherheitsbelange diese Maßnahme rechtfertigen (EGMR 23.2.2010 – 41135/98 Rn. 43ff. – Ahmet Arslan). Andererseits billigte der EGMR das französische **Burkaverbot,** das mit dem Schutz der „Minimalanforderungen des gesellschaftlichen Zusammenlebens" begründet war. Dass ein generelles, wenngleich mit nur geringfügigen Sanktionen belegtes Verbot der Vollverschleierung in der Öffentlichkeit mit Blick auf die öffentliche Sicherheit unverhältnismäßig, mit Blick auf das nebulöse Konzept des „Zusammenlebens" aber wegen eines großen mitgliedstaatlichen Ermessensspielraums verhältnismäßig sein soll (EGMR 1.7.2014 (GK) – 43835/11 Rn. 139ff., NJW 2014, 2925 –

S.A.S./Fr.; bestätigt für Belgien in EGMR 11.7.2017 – 4619/12 Rn. 49 ff. – Dakir), überzeugt nicht (s. hierzu den Dissent), zumal andere Rechtfertigungsmöglichkeiten (Geschlechtergleichheit, problematischer Symbolgehalt) nicht geprüft wurden (→ Rn. 38). Für konventionswidrig erklärte der EGMR jedoch das Verbot einer einfachen religiösen Kopfbedeckung im **Gerichtssaal,** das sich auf zivile Beteiligte wie eine Prozesspartei oder einen Zeugen erstreckte und nicht mit einem allgemeinen Neutralitätsgebot, sondern mit der öffentlichen Ordnung und dem Respekt vor dem Gericht begründet war, ohne dass für diese Güter eine konkrete Gefährdung bestand (EGMR 5.12.2017 – 57792/15 Rn. 37 ff., NVwZ 2018, 965 – Hamidović; EGMR 18.9.2019 – 3413/09 Rn. 37 ff. – Lachiri). Insgesamt ist die EMRK damit grundsätzlich offen für die unterschiedlichen, in Europa traditionell anzutreffenden Modelle des Verhältnisses von **Staat und Kirche,** die vom französischen und türkischen Laizismus bis hin zu den Staatskirchen in Großbritannien, Skandinavien und Griechenland reichen. Im Rahmen der zulässigen Unterschiede ist aber stets der konventionsrechtlich gebotene **Mindeststandard** zu wahren. So hat der EGMR etwa betont, dass Eingriffe in die religiöse Vereinigungsfreiheit nur unter engen Voraussetzungen gerechtfertigt sind, die Mitgliedstaaten in diesem Bereich also einen nur beschränkten Ermessensspielraum besitzen (EGMR 5.10.2005 – 72881/01 Rn. 76 – Moscow Branch of the Salvation Army; EGMR 5.4.2007 – 18147/02 Rn. 86, NJW 2008, 495 – Church of Scientology Moscow; EGMR 14.6.2007 – 77703/01 Rn. 137 – Svyato-Mykhaylivska Parafiya; → Rn. 42). Ferner muss der Staat Privilegierungen bestimmter Religionsgemeinschaften auch in einem staatskirchenrechtlichen System nachvollziehbar begründen können (8.4.2014 – 70945/1 ua Rn. 98 ff., 106 ff., NVwZ 2015, 499 – Magyar Keresztény Mennonita Egyház ua).

Weiten Ermessensspielraum hat der EGMR des Weiteren für den **Schutz religiöser Gefühle** angenommen. Er lehnte daher eine Verletzung von Art. 10 durch das Ausstrahlungs- bzw. das Vertriebsverbot eines als blasphemisch empfundenen Filmes ab, weil der Schutz religiöser Gefühle von Art. 9 gedeckt sei (zu Recht kritisch etwa *Hillgruber* Essener Gespräche 36 (2002), 53 (71 ff.); umfassend *Howard,* Freedom of Expression and Religious Hate Speech in Europe) und einen entsprechenden Eingriff in die Meinungsfreiheit rechtfertige (EGMR 23.8.1994 – 13470/87 Rn. 55 ff., MR 1995, 35 – Otto-Preminger-Institut; EGMR 22.10.1996 – 17419/90 Rn. 57 f. – Wingrove). Konsequenterweise ist es aber ebenfalls konventionskonform, wenn die nationalen Behörden eine Straftat verneinen (EGMR 18.4.1997 – 33490/96 – Dubowska). Unlängst hat der EGMR den großen Spielraum für die Beschränkung von Art. 10 zum Schutz religiöser Gefühle (konkret zum Verbot, den Propheten Mohammed als „pädophil" zu bezeichnen) bekräftigt (EGMR 25.10.2018 – 38450/12 Rn. 42 ff. – E.S./Öst.). Das Abstellen allein auf religiöse Gefühle ist in einer freiheitlichen Gesellschaft aber problematisch. Vorzugswürdig wäre es daher, zumindest auf Faktoren wie die Form der Äußerung, die konkrete Gefahr von Eskalationen oder die Situation der betroffenen Religionsgemeinschaft einzugehen (kritisch auch *Milanovic,* https://www.ejiltalk.org/legitimizing-blasphemy-laws-through-the-backdoor-the-european-courts-judgment-in-e-s-v-austria; *Smet* European Constitutional Law Review 15 (2019), 158 ff.). Auch im **Planungsrecht** geht die Rechtsprechung von einem weiten Ermessensspielraum aus, was naheliegt, weil in eine entsprechende Entscheidung unterschiedlichste Belange einzustellen sind (zur Anlage eines Friedhofs EGMR 10.7.2001 – 41754/98 – Johannische Kirche – der EGMR spricht aE von einem „weiten" Ermessensspielraum; vgl. ferner EKMR 8.3.1994 – 20490/92 –

ISKCON, zur Nutzung eines Hindu-Tempels; EGMR 24.6.2004 – 65501/01 Rn. 42 – Vergos, zum Bau eines Gebetshauses; jeweils unter Verneinung eines Konventionsverstoßes).

48 d) **Leitbild des religiösen Pluralismus und der staatlichen Neutralität.** Schließlich wirkt es sich auf die Abwägung aus, dass die Religionsfreiheit nach Auffassung des EGMR eine Voraussetzung des für die Demokratie unentbehrlichen Pluralismus darstellt (→ Rn. 40). So sollen Konflikte zwischen Gläubigen und Anders- bzw. Nichtgläubigen nicht im Wege der Beseitigung, sondern unter Bewahrung der religiösen Vielfalt gelöst werden. Miteinander **konkurrierende religiöse Gruppierungen** darf der Staat nicht unter einer einheitlichen Leitung zusammenfassen, sondern muss er zu Toleranz anhalten (→ Rn. 31). Greift der Staat daher bei internen Führungsstreitigkeiten für einen der Kontrahenten rechtswirksam Partei, ist dies ein ungerechtfertigter Eingriff in Art. 9 (EGMR 16.12.2004 – 39023/97 Rn. 93 ff. – Supreme Holy Council of the Muslim Community). Der Staat verletzt ebenfalls die gebotene Neutralität, wenn er einer neu gegründeten Religionsgemeinschaft, die von der Nationalkirche als unrechtmäßige Abspaltung angesehen wird (EGMR 13.12.2001 – 45701/99 Rn. 123 – Metropolitan Church of Bessarabia ua; EGMR 14.6.2007 – 77703/01 Rn. 137 ff. – Svyato-Mykhaylivska Parafiya), oder den Aleviten als Gemeinschaft jenseits des sunnitischen Islam (EGMR 24.6.2016 (GK) – 62649/10 Rn. 89 ff., NVwZ-RR 2018, 1 – İzzettin Doğan) die Anerkennung versagt. Ferner darf auch ein umstrittener religiöser Führer nicht wegen Amtsanmaßung verfolgt werden, sofern dieser nicht zugleich darüber täuscht, zur Ausübung öffentlicher Funktionen berechtigt zu sein (EGMR 14.12.1999 – 38178/97 Rn. 49 ff. – Serif; EGMR 17.10.2002 – 50776/99 Rn. 56 ff. – Agga (Nr. 2)).

49 Dem Leitbild des religiösen Pluralismus entspricht es auch, dass der EGMR rechtliche und tatsächliche **Benachteiligungen religiöser Minderheiten** – gestützt allein auf Art. 9 oder in Verbindung mit Art. 14 – zumindest in Kernbereichen der Religionsfreiheit einer strengen Kontrolle unterzieht. Dazu zählt insbesondere die Praxis, bestimmten Gemeinschaften die notwendige **Anerkennung zu verweigern.** Dem neutralen Staat ist es aufgrund der kollektiven Religionsfreiheit verwehrt, bestimmte religiöse Überzeugungen oder Ausdrucksformen als illegitim anzusehen; stattdessen darf er Genehmigungsvorbehalte nur auf formale Voraussetzungen beziehen (EGMR 29.8.1996 – 18748/91 Rn. 47 – Manoussakis). Außerdem verstoßen die grundlose Nichtbearbeitung entsprechender Anträge und an die Nichtanerkennung anknüpfende strafrechtliche Sanktionen gegen die Religionsfreiheit (Manoussakis Rn. 51 f.). Die staatlicherseits vorgebrachten Gründe für eine Nichtanerkennung werden vom EGMR häufig ebenfalls für unzureichend erachtet: Dies gilt etwa für die unsubstantiierte Berufung auf Sicherheitsbelange (EGMR 13.12.2001 – 45701/99 Rn. 124 ff. – Metropolitan Church of Bessarabia ua: Vorwurf, die betroffene Kirche gefährde die Unabhängigkeit Moldawiens; EGMR 5.10.2005 – 72881/01 Rn. 91 f. – Moscow Branch of the Salvation Army: Vorwurf, die Heilsarmee sei eine paramilitärische Organisation) oder das unangemessene Erfordernis, die Gemeinschaft müsse als Voraussetzung ihrer Anerkennung eine lange Dauer bestanden haben (EGMR 31.7.2008 – 40825/98 Rn. 77 ff., NVwZ 2009, 509 – Religionsgemeinschaft der Zeugen Jehovas: mehr als 20 Jahre; EGMR 1.10.2009 – 76836/01 Rn. 98 ff. – Kimlya: 15 Jahre).

50 Weitere Benachteiligungen religiöser Minderheiten werden von der Rechtsprechung unterschiedlich streng geahndet. Differenzierungen bei der **Befreiung vom**

Militär- und **Ersatzdienst** für Geistliche müssen nach Art. 9 iVm Art. 14 an nachvollziehbare Kriterien anknüpfen (zulässig wohl die Unterscheidung nach dem Status der Religionsgemeinschaft; wird dieser Status jedoch konventionswidrig verweigert, verstößt auch die fehlende Befreiung für die Geistlichen gegen die EMRK, EGMR 12.3.2009 – 42967/98 Rn. 45 ff., NVwZ 2010, 823 – Löffelmann und 49686/99 Rn. 30 ff., ÖJZ 2009, 684 – Gütl; zulässig auch die Unterscheidung zwischen haupt- und nebenamtlichen Geistlichen, EKMR 12.12.1966 – 2299/64 – Grandrath). Die organisatorische Vereinfachung, die in der staatlichen Zusammenarbeit mit einem jüdischen Dachverband liegt, hielt der EGMR offenbar für ausreichend, um deren Folge – die Versagung der **Schächterlaubnis** für eine innerjüdische Minderheit – zu rechtfertigen (EGMR 27.6.2000 (GK) – 27417/95 Rn. 87 f., ÖJZ 2001, 774 – Cha'are Shalom ve Tsedek; überzeugender die abweichende Meinung, die darauf verweist, dass religionsinterne Streitigkeiten – hier über die richtige Schlachtmethode – gerade nicht durch Beseitigung des Pluralismus zu lösen seien). In anderen Fällen hat der EGMR jedoch Benachteiligungen sowohl durch ausdrückliche gesetzliche Bestimmungen (zulasten von Immigranten, die außerhalb der Church of England heiraten wollen, EGMR 14.10.2010 – 34848/07 Rn. 110 – O'Donoghue) als auch durch eine bestimmte Gerichts- oder Verwaltungspraxis für konventionswidrig erklärt (Verstoß gegen Art. 8 iVm Art. 14 bei einer **Sorgerechtsentscheidung** zu Lasten einer Zeugin Jehovas, EGMR 23.6.1993 – 12875/87 Rn. 33 ff., EuGRZ 1996, 648 – Hoffmann; Verstoß gegen Art. 9 iVm Art. 14 durch die staatliche Weigerung, **Kirchenverträge** als Grundlage für Religionsunterricht und anerkannte religiöse Eheschließungen auch mit bestimmten kleineren Gemeinschaft einzugehen, EGMR 9.12.2010 – 7798/08 Rn. 92 f. – Savez Crkava „Riječ Života").

E. Positive Verbürgungen

Art. 9 beinhaltet nicht nur ein Abwehrrecht gegenüber staatlichen Eingriffen, sondern auch gewisse positive Verbürgungen. Systematisiert man die bisherige Rechtsprechung, so sind entsprechende Leistungs-, Teilhabe- und Schutzpflichten auf die staatliche **Organisationsverantwortung** oder auf ein **besonderes Schutzbedürfnis** zurückzuführen. Dass die korrespondierenden Ansprüche häufig im Rahmen des allgemeinen Abwehranspruchs formuliert werden, ändert nichts an ihrem positiven Charakter. Der EGMR hält beide Ansätze für deckungsgleich, da jeweils die Religionsfreiheit mit gegenläufigen Interessen zum Ausgleich gebracht werden müsse (EGMR 7.12.2010 – 18429/06 Rn. 47, NVwZ-RR 2011, 961 – Jakóbski). 51

Aus der staatlichen Verantwortung für die Rechtsordnung folgt, dass der individuelle **Glaubenswechsel** rechtlich abzusichern ist (EKMR 14.5.1984 – 9781/82 – E. u. G. R./Öst.; EKMR 4.12.1984 – 10616/83 – Gottesmann) und einer Religionsgemeinschaft **Rechtsfähigkeit** gebührt (→ Rn. 29 f.). Ferner trägt der Staat dafür Verantwortung, die Religionsausübung auch in **Haftanstalten** zu ermöglichen. So sah es der EGMR als Konventionsverstoß an, dass einem Gefangenen der Besuch eines Pfarrers (EGMR 29.4.2003 – 38812/97 Rn. 158, 168 – Poltoratskiy: EGMR 23.2.2016 (GK) – 11138/10 Rn. 197 ff. – Mozer), der Zugang zu religiöser Literatur und Gefängnisgottesdiensten (EGMR 29.4.2003 – 39042/97 Rn. 146 – Kuznetsov; EGMR 2.3.2017 – 5187/07 Rn. 104 ff. – Moroz), das nächtliche Gebet in der Zelle (EGMR 12.5.2020 – 29290/10 Rn. 57 ff. – Korostelev) oder eine fleischfreie Ernährung versagt wurde (EGMR 7.12.2010 – 18429/06 Rn. 50 ff., 52

NVwZ-RR 2011, 961 – Jakóbski; EGMR 17.12.2013 – 14150/08 Rn. 44 ff. – Vartic; zu ausreichenden Bemühungen der Behörden EKMR 20.12.1974 – 5442/72 – X./V. K.: schriftlicher Kontakt mit einem Mitbuddhisten, aber kein Recht zur Veröffentlichung religiöser Beiträge; EKMR 5.3.1976 – 5947/72 – X./ V.K.: jüdischer Besuchsdienst und koscheres Essen, aber kein jüdischer Gottesdienst; EKMR 16.12.1966 – 2413/65 – X./Dt.: protestantischer, nicht aber anglikanischer Gefängnisseelsorger und Gottesdienst; EGMR 31.1.2012 – 35021/05 Rn. 67 f. – Kovalkovs: kein Anspruch auf Isolierung von den übrigen Häftlingen für die Religionsausübung oder auf Besitz von Räucherstäbchen; EGMR 12.2.2013 – 16117/02 Rn. 106 – Austrianu: kein Recht auf Abspielgeräte in der Zelle). Allerdings besteht kein Anspruch auf religiöse Ausgestaltung des **öffentlichen Raums,** dh weder auf Religionsunterricht in öffentlichen Schulen (EGMR 9.12.2010 – 7798/08 Rn. 57 – Savez Crkava „Riječ Života"; anders Art. 7 Abs. 3 GG für die Religionsgemeinschaften), noch auf eine öffentlich-rechtlichen Organisationsform für Religionsgemeinschaften (anders Art. 137 Abs. 5 WRV) oder auf die Angabe der Religionszugehörigkeit im Personalausweis (EGMR 12.12.2002 – 1988/02 – Sofianopoulos; EGMR 2.2.2010 – 21924/05 Rn. 41 – Sinan Işık). Sobald ein Staat allerdings entsprechende Rechtsinstitute einführt, müssen diese diskriminierungsfrei allen Religionen offenstehen (EGMR 9.12.2010 – 7798/08 Rn. 85 ff. – Savez Crkava „Riječ Života").

53 Von einer staatlichen **Schutzpflicht** geht die Rechtsprechung regelmäßig dann aus, wenn elementare Konventionsrechte durch Private gefährdet werden. Diese Schutzpflicht erfasst damit auch Konstellationen, die in der deutschen Dogmatik als Fälle mittelbarer **Drittwirkung** gelten (s. *Röben* in Dörr/Grote/Marauh Kap. 5 Rn. 103). Eine aus der Religionsfreiheit erwachsende Schutzpflicht ist insbesondere verletzt, wenn der Staat bei gewalttätigen Übergriffen Privater nicht einschreitet (EGMR 3.5.2007 – 71156/01 – Gldani: Verletzung von Art. 3 und Art. 9 iVm Art. 14 wegen Untätigkeit der Polizei bei der Verübung schwerer Gewalttaten an den Teilnehmern einer religiösen Zusammenkunft) oder keine hinreichenden organisatorischen Vorkehrungen gegen den gewalttätigen Verlauf einer Gegendemonstration trifft (EGMR 24.2.2015 – 30587/13 Rn. 97 ff. – Karaahmed). Die Freiheit zur öffentlichen Äußerung religiöser Überzeugungen verdient ebenfalls Schutz vor Beeinträchtigung durch Gegendemonstranten, wobei der Polizei allerdings ein Spielraum bei der Wahl der Mittel zukommt (EKMR 17.10.1985 – 10126/82 – Plattform Ärzte für das Leben: keine Verletzung von Art. 11 trotz nur zurückhaltenden polizeilichen Einschreitens bei Störungen eines Gottesdienstes). Religiösen Gefühlen gebührt nach Auffassung des EGMR ebenfalls ein besonderer Schutz (→ Rn. 47). Schließlich kann die Schutzpflicht auch in einem **privaten Arbeitsverhältnis** zum Tragen kommen. Nachdem die EKMR zunächst von einer Pflicht des Arbeitgebers ausgegangen war, religiöse Belange des Arbeitnehmers bei der Organisation des Schulbetriebes angemessen zu berücksichtigen (EKMR 12.3.1981 – 8180/78 – A./V.K.), hatte der EGMR durch die Betonung der „Freiwilligkeit" der arbeitsvertraglichen Vereinbarungen einen entsprechenden Schutz zwar zwischenzeitlich zurückgenommen (→ Rn. 22). Inzwischen hat der EGMR unter Aufgabe dieser Rechtsprechung aber bekräftigt, dass nationales Recht die Religionsfreiheit der Arbeitnehmer hinreichend auch gegenüber legitimen Interessen des Arbeitgebers, etwa an einem einheitlichen Erscheinungsbild, zu schützen habe, was entsprechende Kleidungsvorschriften als unverhältnismäßig ausschließen kann (EGMR 15.1.2013 – 48420/10 ua Rn. 89 ff., NJW 2014, 1935 – Eweida ua: zum Tragen einer Halskette mit Kreuz sowie der Weigerung, homo-

sexuelle Paare zu verpartnern bzw. zu behandeln) (→ Rn. 22; zur Schutzpflicht gegenüber dem kirchlichen Arbeitgeber → Rn. 32).

Art. 10 Freiheit der Meinungsäußerung

(1) **Jede Person hat das Recht auf freie Meinungsäußerung. Dieses Recht schließt die Meinungsfreiheit und die Freiheit ein, Informationen und Ideen ohne behördliche Eingriffe und ohne Rücksicht auf Staatsgrenzen zu empfangen und weiterzugeben. Dieser Artikel hindert die Staaten nicht, für Hörfunk, Fernseh- oder Kinounternehmen eine Genehmigung vorzuschreiben.**

(2) **Die Ausübung dieser Freiheiten ist mit Pflichten und Verantwortung verbunden; sie kann daher Formvorschriften, Bedingungen, Einschränkungen oder Strafdrohungen unterworfen werden, die gesetzlich vorgesehen und in einer demokratischen Gesellschaft notwendig sind für die nationale Sicherheit, die territoriale Unversehrtheit oder die öffentliche Sicherheit, zur Aufrechterhaltung der Ordnung oder zur Verhütung von Straftaten, zum Schutz der Gesundheit oder der Moral, zum Schutz des guten Rufes oder der Rechte anderer, zur Verhinderung der Verbreitung vertraulicher Informationen oder zur Wahrung der Autorität und der Unparteilichkeit der Rechtsprechung.**

(1) Everyone has the right to freedom of expression. This right shall include freedom to hold opinions and to receive and impart information and ideas without interference by public authority and regardless of frontiers. This article shall not prevent States from requiring the licensing of broadcasting, television or cinema enterprises.

(2) The exercise of these freedoms, since it carries with it duties and responsibilities, may be subject to such formalities, conditions, restrictions or penalties as are prescribed by law and are necessary in a democratic society, in the interests of national security, territorial integrity or public safety, for the prevention of disorder or crime, for the protection of health or morals, for the protection of the reputation or rights of others, for preventing the disclosure of information received in confidence, or for maintaining the authority and impartiality of the judiciary.

(1) Toute personne a droit à la liberté d'expression. Ce droit comprend la liberté d'opinion et la liberté de recevoir ou de communiquer des informations ou des idées sans qu'il puisse y avoir ingérence d'autorités publiques et sans considération de frontière. Le présent article n'empêche pas les Etats de soumettre les entreprises de radiodiffusion, de cinéma ou de télévision à un régime d'autorisations.

(2) L'exercice de ces libertés comportant des devoirs et des responsabilités peut être soumis à certaines formalités, conditions, restrictions ou sanctions prévues par la loi, qui constituent des mesures nécessaires, dans une société démocratique, à la sécurité nationale, à l'intégrité territoriale ou à la sûreté publique, à la défense de l'ordre et à la prévention du crime, à la protection de la santé ou de la morale, à la protection de la réputation ou des droits d'autrui, pour empêcher la divulgation d'informations confidentielles ou pour garantir l'autorité et l'impartialité du pouvoir judiciaire.

EMRK Art. 10

Literatur: *Berka,* Die Kommunikationsfreiheit sowie Informationsfreiheit, Freiheit der Meinungsäußerung, Pressefreiheit und Zensurverbot, in Machacek/Pahr/Stadler, Grund- und Menschenrechte in Österreich, Bd. II, 1992, S. 393; *Brems,* The Margin of Appreciation Doctrine in the Case-Law of the European Court of Human Rights, ZaöRV 56 (1996), 240; *Brings-Wiesen,* A. Völkerrecht, in Spindler/Schuster, Recht der elektronischen Medien, 4. Aufl. 2019; *Callewaert,* Quel avenir pour la marge d'appréciation?, GS Ryssdal, 2000, 147; *Calliess,* Zwischen staatlicher Souveränität und europäischer Effektivität, EuGRZ 1996, 293; *Cornils,* Art. 10 EMRK, in BeckOK InfoMedienR. 32. Edition 1.5.2021; *Frenz,* Handbuch Europarecht, Band 4 Europäische Grundrechte, 2009; *Frowein,* Meinungsfreiheit und Demokratie, EuGRZ 2008, 117; *Gundel,* Die EMRK und das Verbot der ideellen Rundfunkwerbung – Entwarnung für § 7 Abs. 9 RStV?, ZUM 2013, 921; *Haug,* Die Bedeutung der EMRK in Deutschland und ihre Auslegung durch den EGMR, AfP 2016, 223; *Hoffmeister,* Art. 10 EMRK in der Rechtsprechung des EGMR 1994–1999, EuGRZ 2000, 358; *Holoubek,* Medienfreiheit in der Europäischen Menschenrechtskonvention, AfP 2003, 193; *Hong,* Hassrede und extremistische Meinungsäußerung in der Rechtsprechung des EGMR und nach dem Wunsiedel-Beschluss des BVerfG, ZaöRV 70 (2010), 73; *Kall,* Aktuelle Rechtsprechung des Europäischen Gerichtshofs für Menschenrechte zur Meinungsfreiheit des Art. 10 EMRK, AfP 2014, 116; *Klass,* Der Schutz der Privatsphäre durch den EGMR im Rahmen von Medienberichterstattungen, ZUM 2014, 261; *Kühling,* Die Kommunikationsfreiheit als europäisches Gemeinschaftsgrundrecht, 1999; *Nolte,* Beleidigungsschutz in der freiheitlichen Demokratie, 1992; *ders.,* „Soldaten sind Mörder" – Europäisch betrachtet, AfP 1996, 313; *Nußberger,* Zum Beitrag der Rechtsprechung des Europäischen Gerichtshofs für Menschenrechte zur Sicherung der Medienfreiheit in Europa, OstEUR 2012, Beil. zu Heft 1, 14; *dies.,* Der freie Meinungsprozess als gefährdetes Gut in Europa, AfP 2014, 481; *Payandeh,* Der Schutz der Meinungsfreiheit nach der EMRK, JuS 2016, 690; *Prepeluh,* Die Entwicklung der *Margin of Appreciation*-Doktrin im Hinblick auf die Pressefreiheit, ZaöRV 61 (2001), 771; *Struth,* Hassrede und Freiheit der Meinungsäußerung, 2019.

Übersicht

	Rn.
A. Bedeutung	1
I. Bedeutung und Zielsetzung	1
II. Bedeutung im innerstaatlichen Bereich	3
B. Anwendungsbereich	5
I. Persönlicher Anwendungsbereich	5
II. Sachlicher Anwendungsbereich	8
1. Allgemeine Äußerungsfreiheit	9
2. Pressefreiheit	13
3. Rundfunkfreiheit	17
4. Informationsfreiheit	20
5. Kunstfreiheit und Freiheit des wissenschaftlichen Ausdrucks	22
C. Eingriffe	25
I. Eingriffskategorien	25
1. Unmittelbare Eingriffe	26
2. Mittelbare Eingriffe	27
3. Eingriffe durch Gesetz	29
4. Eingriffe durch staatliches Unterlassen	30
II. Typische Eingriffe	31
D. Rechtfertigung	36
I. Gesetzliche Grundlage	37
1. Autonomer und materieller Gesetzesbegriff	37
2. Zugänglichkeit und hinreichende Bestimmtheit	39
3. EGMR keine „Vierte Instanz"	45

Freiheit der Meinungsäußerung   **Art. 10 EMRK**

	Rn.
4. Lockerung bei faktischen Eingriffen	46
II. Legitimes Ziel	47
1. Vorbereitung der Notwendigkeitsprüfung	47
2. Beispielsfälle	48
III. Notwendigkeit in einer demokratischen Gesellschaft	52
1. Dringendes soziales Bedürfnis	52
2. Beurteilungsspielraum	54
3. Allgemeine Faktoren der Notwendigkeitsprüfung	61
4. Ehrenrührige Äußerungen	66
5. Hassrede und Gewaltaufrufe	78
6. Besonderer Schutz der Pressefreiheit	83
7. Besonderer Schutz der Rundfunkfreiheit	105
8. Schutz der Informationsfreiheit	110

A. Bedeutung

I. Bedeutung und Zielsetzung

Bei der durch Art. 10 gewährleisteten Äußerungsfreiheit handelt es sich sowohl **1** um einen der „Grundpfeiler der demokratischen Gesellschaft" („essential foundations of a democratic society") als auch um eine „Grundvoraussetzung der Selbstentfaltung des Einzelnen" („basic condition for the development of every man") (EGMR 7.12.1976 – 5493/72 Rn. 49, BeckRS 1976, 107942 – Handyside). Hieraus folgt die **doppelte Zielsetzung** von Art. 10: Die Äußerungsfreiheit wird zum einen, im Sinne eines liberalen Grundrechtsverständnisses, als individuelle Freiheit um ihrer selbst Willen gewährleistet und ist insoweit eine „reine" Freiheit von staatlichen Eingriffen. Hinzu tritt zum anderen eine demokratisch-funktionale Komponente, die die konstitutive Bedeutung der Äußerungsfreiheit für den demokratischen Meinungs- und Willensbildungsprozess betont (*Nolte* AfP 1996, 313 (316)). Diese auch „demokratisch-politische Interpretation" des Grundrechts findet im zentralen Rechtfertigungskriterium der Notwendigkeit eines Eingriffs in der *demokratischen* Gesellschaft eine normative Stütze (*Nolte* AfP 1996, 313 (316); *Grote/Wenzel* in Dörr/Grote/Marauhn Kap. 18 Rn. 15). Zwischen 1959 und 2020 hat der EGMR in 925 Fällen eine Verletzung von Art. 10 festgestellt. „Spitzenreiter" ist die Türkei mit 387 Verstößen, gefolgt von der Russischen Föderation mit 95 Verstößen. Deutschland kommt auf insgesamt neun Verstöße (www.echr.coe.int).

Der Schutz des Art. 10 ist weit angelegt. Er gilt nicht nur für solche „Informatio- **2** nen und Ideen", die keinen Widerspruch hervorrufen oder allgemeine Zustimmung finden, sondern auch und gerade für Äußerungen, die unpopulär, kontrovers, schockierend oder verstörend sind. Dies ist unmittelbare Konsequenz des durch Pluralismus, Toleranz und Offenheit geprägten **Leitbilds einer demokratischen Gesellschaft,** das die gesamte Konvention und vor allem das Verständnis von Art. 10 durchzieht (s. etwa EGMR 26.4.1979 – 6538/74 Rn. 65, EuGRZ 1979, 386 – Sunday Times (Nr. 1), Berichterstattung über Zivilprozess; EGMR 26.9.1995 – 7851/91 Rn. 52, NJW 1996, 375 – Vogt, Entlassung aus dem Staatsdienst wg. DKP-Mitgliedschaft).

II. Bedeutung im innerstaatlichen Bereich

3 Das BVerfG (14.8.2001 – 2 BvR 1140/00, NJW 2001, 3534) hat angedeutet, dass Art. 10 nicht nur kraft Art. 59 Abs. 2 GG im Rang eines Bundesgesetzes steht, sondern es sich sogar um regionales Völkergewohnheitsrecht iSd Art. 25 GG handeln könnte. Dennoch fristete Art. 10 im deutschen Äußerungs- und Medienrecht zunächst ein relatives Schattendasein (für eine frühe Erwähnung s. BVerfGE 27, 71 ff.). Im Anschluss an das Urteil des EGMR im Fall *von Hannover* (EGMR 24.6.2004 – 59320/00, NJW 2014, 2647; → Rn. 75, 94), in dem es um den das Presserecht prägenden Konflikt zwischen Berichterstattungsfreiheit (Art. 10 Abs. 1) und Persönlichkeitsschutz (Art. 8 Abs. 1) ging, sowie den *Görgülü*-Beschluss des BVerfG (BVerfGE 111, 307) ist die **Bedeutung** der konventionsrechtlichen Äußerungsfreiheit **spürbar gestiegen.** Die deutschen Gerichte sind dazu übergegangen, auch Art. 10 und die diesbezügliche Rspr. des EGMR intensiver und ausdrücklich zu berücksichtigen (vgl. *Korte,* Praxis des Presserechts, 2. Aufl. 2019, S. 22 ff.; *Haug* AfP 2016, 223 ff.).

4 Das **BVerfG** betont auch mit Blick auf Art. 10 die Pflicht der Fachgerichte, die „Gewährleistungen der EMRK zu berücksichtigen und hierbei eine für ihre Auslegung bedeutsame Rspr. des EGMR zu ermitteln und in ihre Erwägungen einzustellen" (**Ermittlungs- und Berücksichtigungspflicht,** BVerfGK 10, 265; sa *Brings-Wiesen* in Spindler/Schuster A. Völkerrecht Rn. 11 f.). In der im Kontext von Art. 5 Abs. 1 GG und Art. 2 Abs. 1 GG ergangenen Rspr. des BVerfG finden EMRK und EGMR insbes. bei Fragen der Bildberichterstattung Beachtung (BVerfGE 120, 180; BVerfG 21.8.2006 – 1 BvR 2606/07, NJW 2006, 3406). Dies gilt auch für den **BGH** (BGHZ 178, 213; 177, 119; 171, 275), der darüber hinaus in zahlreichen weiteren Zusammenhängen auf Art. 10 und die einschlägige Rspr. des EGMR zurückgreift (s. bspw. BGHZ 199, 237 – Verdachtsberichterstattung; BGH 22.9.2020 – VI ZR 476/19 Rn. 11, GRUR 2020, 1344 (1345), Haftung für Online-Archive; BGH 26.1.2021 – VI ZR 437/19 Rn. 27, GRUR 2021, 875, Presseberichterstattung über ehrbeeinträchtigende Drittäußerungen; BGH 10.11.2020 – VI ZR 62/17 Rn. 24, Persönlichkeitsschutz der Angehörigen des Verursachers eines Flugzeugabsturzes; BGH 29.10.2009 – I ZR 65/07, NJW-RR 2010, 855 – Titelbildwerbung; BGH 16.11.2005 – VIII ZR 5/08, WuM 2006, 28, Befugnis des Mieters, eine Parabolantenne zu installieren). Ebenso greift die Rspr. der **Land- und Oberlandesgerichte** vielfach auf die Konvention zurück (s. zB OLG Köln 27.8.2020 – 15 U 309/19, GRUR-RS 2020, 46566 Rn. 17). Im Anschluss an die Entscheidung des BVerfG „Recht auf Vergessen II" (6.11.2019 – 1 BvR 276/17, NJW 2020, 314) wonach in unionsrechtlich determinierten Fällen die Unionsgrundrechte den Prüfungsmaßstab bilden (dazu etwa *Karpenstein/Kottmann* EuZW 2020, 185), ist wegen ihres Einflusses auf die Unionsgrundrechte mit einem weiteren Bedeutungsgewinn der Rechtsprechung des EGMR zu Art. 10 EMRK (wie auch zu Art. 8 EMRK) zu rechnen (vgl. zB die EuGH-Vorlage BGH 27.7.2020 – VI ZR 476/19).

B. Anwendungsbereich

I. Persönlicher Anwendungsbereich

5 Auf den Schutz von Art. 10 können sich sowohl **natürliche** als auch **juristische Personen** berufen. Bei Letzteren muss es sich um nichtstaatliche Organisationen iSd Art. 34 handeln (→ Art. 34 Rn. 39 ff.). Dies ist bei **juristischen Personen des Pri-**

Freiheit der Meinungsäußerung **Art. 10 EMRK**

vatrechts, wie etwa Vereinen (vgl. bspw. EGMR 30.6.2009 (GK) – 32772/02, NJW 2010, 3699 – VgT (Nr. 2)), Verlagen (s. bspw. EGMR 20.11.1989 – 10572/83, EuGRZ 1996, 302 – marktintern Verlag GmbH u. Klaus Beermann) und privaten Rundfunkveranstaltern (EGMR 19.12.2006 – 62202/00 Rn. 40ff. – Radio Twist; EGMR 28.3.1990 – 10890/84 – Groppera Radio AG), aber auch – unabhängig vom konkreten rechtlichen Status – bei **Parteien** (EGMR 11.12.2008 – 23132/05 Rn. 28ff. – TV Vest u. Rogaland Pensjonistparti) ohne Weiteres zu bejahen.

Bei **juristischen Personen des öffentlichen Rechts** bedarf es einer auf die 6 Umstände des Einzelfalls bezogenen Prüfung, ob sie als staatliche oder **nichtstaatliche Organisationen** einzustufen sind. Staatlichen Organisationen, also solchen, die öffentlich-rechtliche Befugnisse („governmental powers") ausüben oder unter staatlicher Kontrolle stehen, ist die Berufung auf Art. 10 versagt. In diesem Zusammenhang sind der rechtliche Status und die rechtliche Stellung, das Wesen der ausgeübten Tätigkeit und ihr Kontext, sowie der Grad an Unabhängigkeit von staatlichen Instanzen und Behörden maßgeblich (EGMR 23.9.2003 – 53984/00 Rn. 26 – Radio France). In Bezug auf den als Stiftung des öffentlichen Rechts organisierten ORF ist der EGMR unter Verweis auf den auf inhaltliche Unabhängigkeit und institutionelle Autonomie ausgelegten rechtlichen Rahmen (Finanzierung durch staatsfern festgesetzte Gebühren, insgesamt staatsferne Organisationsstruktur, keine Monopolstellung) von einer nichtstaatlichen und mithin grundrechtsberechtigten Organisation ausgegangen (EGMR 7.12.2006 – 35841/02 Rn. 47ff., ÖJZ 2007, 472 – ORF). Entsprechendes gilt für die deutschen **öffentlich-rechtlichen Rundfunkanstalten** (sa Grabenwarter/Pabel EMRK § 23 Rn. 12; zur belgischen *RTBF* EGMR 29.3.2011 – 50084/06 Rn. 5, 94, BeckRS 2011, 145011).

Art. 10 gilt auch in **Sonderstatusverhältnissen**, etwa zugunsten von Soldaten 7 (EGMR 8.6.1976 – 5100/71 Rn. 94ff., EuGRZ 1976, 221 – Engel ua; EGMR 19.12.1994 – 15153/89 Rn. 27, ÖJZ 1995, 314 – VDSÖ u. Gubi, Ausschluss einer Soldatenzeitung vom zentralen Vertrieb durch das Militär), Beamten (EGMR 28.10.1999 – 28396/95 Rn. 41 – Wille, Richter; EGMR 26.9.1995 – 7851/91, NJW 1996, 375 – Vogt, Lehrer; EGMR 24.11.2005 – 2757/02 – Otto, Polizist) und Häftlingen (EGMR 25.3.1983 – 5947/72 Rn. 106f. – Silver ua; sa *van Rijn* in van Dijk/van Hoof/van Rijn/Zwaak European Convention on Human Rights S. 805f.). Hier können jedoch weitergehende Einschränkungen zulässig sein (→ Rn. 77; *Daiber* in HK-EMRK EMRK Art. 10 Rn. 25, 31, 47, 55).

II. Sachlicher Anwendungsbereich

Art. 10 Abs. 1 nennt als Schutzgehalte die Meinungsfreiheit und die Freiheit, 8 Ideen und Informationen zu empfangen und weiterzugeben. Umfasst ist daher ohne jede Einschränkung die **Meinungsfreiheit** im Sinne des Rechts, sich eine Meinung zu bilden und an dieser festzuhalten. Unter dem Gesichtspunkt des Empfangs und der Weitergabe von Ideen und Informationen sind darüber hinaus die Äußerungs-, Presse-, Rundfunk- und Informationsfreiheit sowie die Kunstfreiheit und die Freiheit des wissenschaftlichen Ausdrucks geschützt.

1. Allgemeine Äußerungsfreiheit. a) Umfassender Schutz der freien 9 **Rede.** Der Schutzbereich von Art. 10 Abs. 1 umfasst nahezu jede Äußerung. Bereits aus dem Wortlaut von Art. 10 Abs. 1, der von der „Freiheit … zur Mitteilung von Informationen und Ideen" spricht, ergibt sich ein „offener Kommunikationsbegriff" (*Berka* in Machacek/Pahr/Stadler S. 415f.), der sowohl **Meinungsäuße-**

EMRK Art. 10 Rechte und Freiheiten der Konvention

rungen als auch – unabhängig von ihrem Wahrheitsgehalt (Grabenwarter/Pabel EMRK § 23 Rn. 5; *Kühling* S. 140 ff.) – **Tatsachenbehauptungen** umfasst (*Daiber* in HK-EMRK EMRK Art. 10 Rn. 14). Dabei erstreckt sich der Schutz des Art. 10 nicht nur auf öffentliche, politische, ideelle, verbale und populäre, sondern auch auf private (EGMR 2.12.2008 – 18620/03 Rn. 40 – Juppala, im Arztgespräch geäußerter Missbrauchsvorwurf), banale (EGMR 23.6.1994 – 15088/89 Rn. 25, NJW 1995, 857 – Jacubowski), berufliche (EGMR 15.12.2005 (GK) – 73797/01 Rn. 151, NJW 2006, 2901 – Kyprianou, Äußerungen eines Anwalts vor Gericht), kommerzielle (EGMR 24.2.1994 – 15450/89 Rn. 35 – Casado Coca, Werbung), symbolische (EGMR 8.7.2008 – 33629/09 Rn. 47, BeckRS 2008, 143646 – Vajnai, roter Stern als Anstecker), non-verbale (EGMR 12.6.2012 – 26005/08 Rn. 29 – Tatár u. Faber, Aufhängen schmutziger Wäsche an Parlamentszaun; EGMR 25.11.1999 (GK) – 25594/94 Rn. 28 – Hashman u. Harrup, Blasen eines Jagdhorns; EGMR 23.9.1998 – 24838/94 Rn. 92 – Steel, Protest durch langsames Gehen) oder als abstoßend empfundene (EGMR 2.10.2008 – 36109/03 Rn. 40 – Leroy, makabre Karikatur) Äußerungen. Auch das sog. „whistle-blowing" steht unter dem Schutz von Art. 10 Abs. 1 (EGMR 16.2.2021 – 23922/19 Rn. 46 f., NVwZ 2021, 1043 (1044) – Gawlik; EGMR 21.7.2011 – 28274/08 Rn. 43, NJW 2011, 3501 – Heinisch). Geschützt wird darüber hinaus nicht nur die Substanz einer Mitteilung, sondern auch ihre **Form und Darstellung,** etwa der Rückgriff auf die Stilmittel der Übertreibung und der Provokation (EGMR 6.5.2003 (GK) – 48898/99 Rn. 39, NJW 2004, 2653 – Perna; EGMR 7.11.2006 – 12697/03 Rn. 25 – Mamère).

10 **Vom Schutzbereich** des Art. 10 Abs. 1 kraft Art. 17 **ausgenommen** sind indes idR die Leugnung des Holocaust (EGMR 23.9.1998 (GK) – 25662/94 Rn. 47, ÖJZ 1999, 656 – Lehideux u. Isorni; EGMR 24.6.2003 – 65831/01, NJW 2004, 3691 – Garaudy; EGMR 13.12.2005 – 72485/03 – Witzsch (Nr. 2); einzelfallbezogen differenzierend nunmehr EGMR 3.10.2019 – 55225/14 Rn. 36 ff., BeckRS 2019, 47407 – Pastörs; sa EGMR 8.1.2019 – 64496/17 Rn. 20, BeckRS 2019, 45890 – Williamson, Eingriff ggf. nach Art. 10 Abs. 2 gerechtfertigt) sowie bestimmte antisemitische (EGMR 12.6.2012 – 31098/08 Rn. 72 ff., 78 – Hizb Ut-Tahrir; EGMR 20.2.2007 – 35222/04 Rn. 1 – Pavel Ivanov), extremistische (EGMR 16.11.2004 – 23131/03 – Norwood) und islamistische Äußerung, insbes. Hassaufrufe (EGMR 27.6.2017 – 34367/14 Rn. 30 ff., BeckRS 2017, 161700 – Belkacem) sowie rassistische Beleidigungen (EGMR 20.10.2015 – 25239/13 Rn. 40 f., NJW-RR 2016, 1514 (1516) – M'Bala M'Bala; umfassend zum Verhältnis zwischen Art. 10 und Art. 17 *Struth* S. 78 ff.; 115 ff., 134 ff., 213 ff. 257 ff.; sa *Brings-Wiesen* in Spindler/Schuster A. Völkerrecht Rn. 21 f.).

11 **b) Öffentlicher Dienst.** Weil die EMRK den **Zugang** zum öffentlichen Dienst bewusst nicht regelt, soll Art. 10 auf meinungsbezogene Zugangsvoraussetzungen keine Anwendung finden (EGMR 27.7.2004 – 55480/00 Rn. 68 ff. – Sidabras u. Džiautas, KGB-Vergangenheit; EGMR 28.8.1986 – 9704/82 Rn. 34 ff., NJW 1986, 3007 – Kosiek, Entlassung vor Ernennung auf Lebenszeit wg. NPD-Mitgliedschaft; EGMR 28.8.1986 – 9228/80 Rn. 48 ff., NJW 1986, 3005 – Glasenapp, Kommunismus-Vorwurf; zu Recht krit. *Grote/Wenzel* in Dörr/Grote/Marauhn Kap. 18 Rn. 54; *van Rijn* in van Dijk/van Hoof/van Rijn/Zwaak European Convention on Human Rights S. 777 f.). Richtigerweise ist danach zu differenzieren, ob mit der Zugangsverweigerung auf eine Meinungsäußerung reagiert wird. Ist dies der Fall, ist auch Art. 10 betroffen; anderes gilt, wenn auf die Fähigkeiten des Betroffenen abgestellt wird, das jeweilige Amt auszuüben (*Daiber* in HK-EMRK EMRK Art. 10 Rn. 25; *Grote/Wenzel* in Dörr/Grote/Marauhn Kap. 18 Rn. 54). In jedem Fall ist der **Entzug** des (endgültig) verliehenen Beamtenstatus bzw. des Amtes aufgrund spezifischer politischer Aktivitäten und/oder Äußerungen an Art. 10 zu messen (EGMR 26.6.2016 (GK) – 20261/12 Rn. 140ff., NVwZ-RR 2017, 833 (836f.) – Baka, hierzu *Fuchs/Rinke* EuGRZ 2020, 398; EGMR 26.9.1995 – 7851/91 Rn. 43ff., NJW 1996, 375 – Vogt).

c) **Positive Verpflichtungen.** Wie bei anderen Konventionsrechten auch, ergibt sich aus Art. 10 nicht nur die „negative Verpflichtung", Eingriffe zu unterlassen. Er enthält darüber hinaus im Sinne eines effektiven Menschenrechtsschutzes die positive Verpflichtung der Mitgliedsstaaten, die Äußerungsfreiheit vor Beeinträchtigungen durch Privatpersonen zu schützen (EGMR 12.9.2011 (GK) – 28995/06 Rn. 58ff. – Polomo Sánchez ua; EGMR 29.12.2000 – 39293/98 Rn. 38 – Fuentes Bobo, jeweils Schutz vor Entlassung wegen Kritik an Arbeitgeber). Aus Art. 10 ergibt sich jedoch keine Verpflichtung, jeder Äußerung ein Forum – etwa durch Zugang zu privatem oder öffentlichem Eigentum – zu verschaffen, solange dies nicht im Einzelfall unerlässliche Voraussetzung einer effektiven Grundrechtsausübung ist (EGMR 6.5.2003 – 44306/98 Rn. 40ff. – Appleby, Aufstellen eines Informationsstands in privatem Einkaufszentrum). 12

2. **Pressefreiheit. a) „Öffentlicher Wachhund".** Auch ohne ausdrückliche Erwähnung gewährleistet Art. 10 Abs. 1 die Pressefreiheit im Sinne eines **umfassenden Schutzes journalistischer Betätigung.** Der Presse kommt in der demokratischen Gesellschaft eine zentrale Rolle zu. Sie hat als „öffentlicher Wachhund" („public watchdog") Informationen und Ideen zu allen Angelegenheiten von öffentlichem Interesse zu vermitteln; dem entspricht das Recht der Öffentlichkeit, informiert zu werden (EGMR 2.5.2000 – 26132/95 Rn. 49 – Bergens Tidende; EGMR 26.11.1991 – 13585/88 Rn. 59, EuGRZ 1995, 16 – Observer u. Guardian). Die Medien wirken als Bindeglied zwischen Politik und Bevölkerung und ermöglichen die Teilnahme an einer freien politischen Debatte, die den Kern der demokratischen Gesellschaft bildet (EGMR 23.4.1992 – 11798/85 Rn. 43 – Castells; vgl. auch Harris/O'Boyle/Warbrick European Convention on Human Rights S. 640, „democracy-fostering function"). Dabei ist die Rolle der Medien nicht auf die neutrale Vermittlung von Informationen beschränkt. Sie dürfen und sollen zugleich Informationen gewichten, einordnen und bewerten (EGMR 8.7.1986 – 9815/82 Rn. 41, NJW 1987, 2143 – Lingens). 13

b) **Umfang der Pressefreiheit.** In der Diktion des EGMR meint der Begriff der Presse zunächst nur periodisch erscheinende Druckwerke (Grabenwarter/Pabel EMRK § 23 Rn. 10). Darüber hinaus gesteht der EGMR auch nicht periodisch erscheinenden breitenwirksamen Veröffentlichungen einen der Pressefreiheit entsprechenden Schutz zu, wobei er etwaige Unterschiede, bspw. fehlenden Aktualitätsdruck, berücksichtigt (s. zB EGMR 17.7.2008 – 42211/07 Rn. 63 – Riolo, Gastbeitrag in Zeitung; EGMR 17.7.2001 – 39288/95 Rn. 56f. – Ekin Association, Buchveröffentlichung, unter Verweis auf Nachrichten als „verderbliches Gut"). In **persönlicher Hinsicht** umfasst die Presse nicht nur Journalisten, Verleger und Herausgeber, sondern alle, die an der Herstellung und Verbreitung des journalistischen Werks unmittelbar beteiligt sind. In Bezug auf bestimmte **Nichtregierungsorganisationen** hat der EGMR überdies den Begriff des „social watchdog" entwickelt und daraus ein der Pressefreiheit angenähertes Schutzniveau 14

EMRK Art. 10

abgeleitet (EGMR 14.4.2009 – 37374/05 Rn. 27 – Társaság a Szabadságjogokért; sa EGMR 22.4.2013 (GK) – 48876/08 Rn. 103 – Animal Defenders International).

15   c) **Schutz des gesamten Schaffens- und Verbreitungsprozesses.** Art. 10 schützt – wie Art. 5 Abs. 1 S. 2 GG – den gesamten Prozess von der Erlangung bis zur Verbreitung der Information. Dies gilt insbes. für die journalistische **Recherche** (EGMR 25.4.2006 – 77551/01 Rn. 52 – Dammann, Anfrage an Staatsanwaltschaft), das **Redaktionsgeheimnis** (EGMR 27.11.2007 – 20477/05 Rn. 53, NJW 2008, 2565 – Tillack, Durchsuchung von Büro- und Privaträumen eines Journalisten), den **Quellenschutz** (EGMR 14.9.2010 (GK) – 38224/03 Rn. 50, NJW-RR 2011, 1266 (1267) – Sanoma Uitgevers; EGMR 27.3.1996 – 17488/90 Rn. 39 – Goodwin), den **Zugang zu öffentlichen Veranstaltungen** oder **Einrichtungen** zum Zwecke der Berichterstattung (EGMR 8.10.2009 – 12675/05 Rn. 49 – Gsell: Zugang zum Demonstrationsort; sa EGMR 26.5.2020 – 63164/16, NJW 2021, 451 – Mándli ua, Entzug der Parlamentsakkreditierung; EGMR 21.6.2012 – 34124/06 Rn. 22, NJW 2013, 765 – SRG, Interview mit Häftling in Gefängnis), die **Veröffentlichung** auch vertraulicher und staatlicher Geheimhaltung unterliegender Informationen (EGMR 10.12.2007 (GK) – 69698/01 Rn. 109ff., NJW-RR 2008, 1141 – Stoll: regierungsinternes Strategiepapier; EGMR 17.12.2020 – 61470/15 Rn. 45ff., BeckRS 2020, 35453 – Sellami; EGMR 29.3.2016 (GK) – 56925/08 Rn. 44ff., NJW 2017, 3501 (3502) – Bédat) sowie illegal erlangten Materials (EGMR 21.1.1999 (GK) – 29183/95 Rn. 52ff., NJW 1999, 1315 – Fressoz u. Roire: Steuerdaten; EGMR 7.6.2007 – 1914/02 Rn. 43ff., NJW 2008, 3412 – Dupuis: Ermittlungsakten). Geschützt sind auch die **Verbreitung** von Informationen und Äußerungen Dritter (zB EGMR 21.1.2016 – 29313/10 Rn. 46, NJW 2017, 795 (796) – Carolis u. France Televisions; EGMR 17.12.2004 (GK) – 49017/99 Rn. 77, NJW 2006, 1645 – Pedersen u. Baadsgaard: Zitate; EGMR 23.9.1994 (GK) – 15890/89 Rn. 35, NStZ 1995, 237 – Jersild: Interviews; EGMR 14.2.2008 – 20893/03 Rn. 69, NJW 2009, 3145 – July u. SARL Libération, Bericht über Pressekonferenz), der Betrieb eines **Internet-Archivs** (EGMR 21.6.2021 – 57292/16 Rn. 74ff. – Hurbain; EGMR 28.6.2018 – 60798/10 ua Rn. 90, NJW 2020, 295 (297) – M.L. u. W.W.; EGMR 19.10.2017 – 71233/13 Rn. 39, NJW 2018, 3083 (3084) – Fuchsmann; EGMR 16.7.2013 – 33846/07 Rn. 59 – Wgrzynowski u. Smolczewski; EGMR 10.3.2009 – 3002/03 Rn. 27 – Times Newspapers Ltd., sa Grabenwarter/Pabel, EMRK § 23 Rn. 11; *Kröner* K&R 2018, 544 (546)) und der **Vertrieb** von Presseerzeugnissen (EGMR 10.1.2006 – 50693/99 Rn. 24 – Halis Dogan ua). Im Hinblick auf die konkrete Berichterstattung schützt Art. 10 nicht nur deren Inhalt als solchen, sondern auch die Wahl der **journalistischen Darstellungsform** (EGMR 20.5.1999 (GK) – 21980/93 Rn. 63, NJW 2000, 1015 – Bladet Tromsø u. Stensaas; EGMR 1.7.2007 – 510/04 Rn. 94 – Tønsbergs Blad AS u. Haukom). Daher ist auch die **Bildberichterstattung** durch die Pressefreiheit geschützt (s. zB EGMR 11.1.2000 – 31457/96 Rn. 39f. – News Verlag GmbH & Co. KG).

16   d) **Positive Verpflichtungen.** Der EGMR entnimmt auch der Pressefreiheit die positive Verpflichtung der Mitgliedstaaten, die **Medien vor Beeinträchtigungen ihrer Freiheit durch private Dritte zu schützen** (EGMR 14.9.2010 – 2668/07 Rn. 106, NJOZ 2011, 1067 – Dink; EGMR 16.3.2000 – 23144/93 Rn. 42ff. – Özgür Gündem, Untersuchungs- und Schutzpflicht bei gewalttätiger Kampagne gegen Zeitung und ihre Mitarbeiter).

Freiheit der Meinungsäußerung **Art. 10 EMRK**

3. Rundfunkfreiheit. a) Schutz von Äußerungen in Rundfunk und 17
Film. Art. 10 Abs. 1 S. 3, der den Mitgliedstaaten gestattet, für Hörfunk, Fernsehen und Film Genehmigungsverfahren vorzusehen, zeigt, dass Äußerungen, die über diese Medien verbreitet werden, unter dem Schutz von Art. 10 Abs. 1 S. 1 u. 2 stehen (*Frowein* in Frowein/Peukert EMRK Art. 10 Rn. 19). Journalistische Tätigkeiten und Inhalte in Hörfunk und Fernsehen behandelt der EGMR nach den Grundsätzen der Pressefreiheit (EGMR 23.9.1994 (GK) – 15890/89, NStZ 1995, 237 – Jersild, TV-Interview) wobei auch die rundfunkspezifische Form der Informationsgewinnung und -verbreitung geschützt ist (vgl. EGMR 21.6.2012 – 34124/06 Rn. 22, 64, NJW 2013, 765 – SRG, Untersagung eines TV-Interviews mit Häftling). Der EGMR betont die **besonders intensive Wirkung audiovisueller Inhalte** (vgl. EGMR 17.9.2009 – 13936/02 Rn. 97, BeckRS 2009, 142018 – Manole). Das **Internet** unterfällt nicht der Rundfunkfreiheit (Grabenwarter/Pabel EMRK § 23 Rn. 12), sondern – je nach Inhalt – der allgemeinen Äußerungsfreiheit (EGMR 13.3.2018 – 35285/16 Rn. 43 – Nix) oder der Pressefreiheit.

b) Schutz der Rundfunkveranstaltung. Art. 10 Abs. 1 schützt auch die Ver- 18
anstaltung von Rundfunk als solche und ihre organisatorischen Grundlagen. Art. 10 Abs. 1 S. 3 gestattet den Mitgliedstaaten zwar die Einführung eines Genehmigungserfordernisses. Dessen Voraussetzungen – und die Verweigerung einer Lizenz – sind jedoch an Art. 10 Abs. 2 zu messen. Es handelt sich um Eingriffe in das **Recht, Informationen weiterzugeben** (s. jeweils mwN EGMR 5.11.2002 – 38743/97 Rn. 30 ff. – Demuth, Lizenzverweigerung für Spartenprogramm; EGMR 11.10.2007 – 14342/02 Rn. 42 – Glas Nadezhda EOOD u. Elenkov, religiöser Radiosender). Dem Schutz der Rundfunkfreiheit unterfällt auch die Einspeisung eines Programms in ein Kabelnetz (EGMR 28.3.1990 – 10890/84 Rn. 55 – Groppera Radio AG).

c) Vielfaltsauftrag und Staatsfreiheit. Wegen der konstitutiven Bedeutung 19
der Meinungsvielfalt für die Demokratie und der besonderen Suggestivkraft audiovisueller Inhalte entnimmt der EGMR Art. 10 eine **positive Verpflichtung** der Mitgliedstaaten, die **Vielfalt** im Rundfunk zu gewährleisten (EGMR 7.6.2012 (GK) – 38433/09 Rn. 134 – Centro Europa 7 S.R.L. u. Di Stefano; EGMR 17.9.2009 – 13936/02 Rn. 95 ff., BeckRS 2009, 142018 – Manole; → Rn. 107 f.; *Cornils* in BeckOK InfoMedienR EMRK Art. 10 Rn. 11 f.; Harris/O'Boyle/Warbrick European Convention on Human Rights S. 645).

4. Informationsfreiheit. a) Aktive und passive Informationsfreiheit. 20
Art. 10 Abs. 1 umfasst das Recht „Informationen und Ideen" zu empfangen und weiterzugeben, also sowohl das – ohnehin durch die allgemeine Äußerungsfreiheit abgesicherte – Recht, andere zu informieren, als auch das Recht auf Informationsempfang. Danach ist es den Mitgliedstaaten grds. verboten, den Einzelnen daran zu hindern, Informationen zu empfangen, die ihm ein Dritter übermitteln möchte (EGMR 3.4.2012 (GK) – 41723/06 Rn. 83 – Gillberg; EGMR 26.3.1987 – 9248/81 Rn. 74 – Leander; EGMR 16.12.2008 – 23883/09 Rn. 41 – Khurschid Mustafa u. Tarzibachi, Satellitenantenne an Mietshaus; zum Zugang zur eigenen Internet-Seite bei gerichtlicher Totalsperre des Host-Providers 18.12.2012 – 3111/10 Rn. 46 ff. – Yildirim). Ob und unter welchen Voraussetzungen Art. 10 Abs. 1 auch das „negative Recht" beinhaltet, Informationen für sich zu behalten, ist offen (EGMR 3.4.2012 (GK) – 41723/06 Rn. 85 f. – Gillberg). Ein solches „Zurückhaltungsrecht" kann sich jedenfalls aus Art. 8 Abs. 1 ergeben.

EMRK Art. 10

21 **b) Recht auf Informationszugang.** Nach der Rspr. des EGMR ergibt sich aus Art. 10 zwar ein Recht auf Information aus **allgemeinzugänglichen Quellen** (EGMR 7.7.1989 – 10454/83 Rn. 52 – Gaskin; EGMR 10.7.2006 – 19101/03 Rn. 1.1 – Sdruženi Jihočeseké Matky, „sources générales d'information"), jedoch kein umfassender Anspruch auf Zugang zu nicht-öffentlichen amtlichen Informationen und erst Recht keine positive Verpflichtung des Staates, Informationen aus eigener Initiative zu sammeln und zu verbreiten (EGMR 8.11.2016 (GK) – 18030/11 Rn. 156, NVwZ 2017, 1843 (1846) – Magyar Helsinki Bizottság; EGMR 19.10.2005 (GK) – 32555/96 Rn. 172, NJW 2007, 1663 – Roche). Im Einzelfall kann sich aus Art. 10 insbes. für Pressevertreter ausnahmsweise ein Anspruch auf Informationszugang ergeben, wenn der Informationszugang vollstreckbar zugesprochen wurde oder wenn dies für die Ausübung der Rechte auf Art. 10 unabdingbar ist (*Cornils* in BeckOK InfoMedienR EMRK Art. 10 Rn. 20). Maßgeblich sind das mit der Anfrage verfolgte Ziel, die Art der gesuchten Information, die Rolle als „public" oder „social watchdog" und die Verfügbarkeit der Information (EGMR 8.11.2016 (GK) – 18030/11 Rn. 157ff., NVwZ 2017, 1843 (1846f.) – Magyar Helsinki Bizottság; EGMR 29.1.2019 – 24973/15 Rn. 30ff. – Cangi; EGMR 19.1.2021 – 2703/12 Rn. 26, BeckRS 2021, 1999 – Georgian Young Lawyers' Association; *Brings-Wiesen* in Spindler/Schuster A. Völkerrecht Rn. 30; Grabenwarter/Pabel EMRK § 23 Rn. 9). Im Bereich der Pressefreiheit führt dies zu einem Gleichlauf mit dem presserechtlichen Auskunftsanspruch nach den Landespressegesetzen bzw. aus Art. 5 Abs. 1 S. 2 GG (BVerwGE 167, 319 Rn. 38). In Einzelfällen hat der EGMR zudem ein Recht auf Informationszugang aus Art. 8 Abs. 1 abgeleitet (EGMR 19.2.1998 (GK) – 14967/89 Rn. 60, NJW 1999, 3185 – Guerra ua, Zugang zu bestimmten Umweltinformationen; *Grote/Wenzel* in Dörr/Grote/Marauhn Kap. 18 Rn. 50). Aus Art. 6 Abs. 1 S. 2 folgt grundsätzlich ein unmittelbarer Anspruch auf Zugang zu gerichtlichen Urteilen (*Cornils* in BeckOK InfoMedienR EMRK Art. 10 Rn. 20; *Deumeland* RDV 2008, 161; *Mensching* AfP 2007, 534 (535)).

22 **5. Kunstfreiheit und Freiheit des wissenschaftlichen Ausdrucks.** Weder die Kunst- noch die Wissenschaftsfreiheit werden durch die EMRK ausdrücklich geschützt. Künstlerische oder wissenschaftliche Äußerungen unterfallen aber dem Schutz des Art. 10.

23 **a) Kunstfreiheit.** Die Freiheit des künstlerischen Ausdrucks wird als Bestandteil der Freiheit, Informationen und Ideen zu empfangen und weiterzuverbreiten und auf diese Weise am kulturellen, politischen und gesellschaftlichen Austausch teilzunehmen, durch Art. 10 geschützt. Dieser Schutz umfasst den gesamten künstlerischen **Schaffens- und Verbreitungsprozess.** Er gilt zugunsten aller, die Kunstwerke schaffen, aufführen, vertreiben oder ausstellen (EGMR 2.10.2008 – 36109/03 Rn. 38ff. – Leroy, satirische Karikatur; EGMR 25.1.2007 – 68354/01 Rn. 26, ÖJZ 2007, 618 – Vereinigung Bildender Künstler, Collage von Politikern in sexuellen Positionen; EGMR 29.3.2005 – 40287/98 Rn. 41f. – Alinak, Roman nach wahrer Begebenheit; EGMR 20.9.1994 – 13470/87 Rn. 56 – Otto-Preminger-Institut, „blasphemischer" Film; EGMR 24.5.1988 – 10737/81 Rn. 33, NJW 1989, 379 – Müller, „obszöne" Bilder).

24 **b) Wissenschaftliche Äußerungsfreiheit.** Auch wissenschaftliche Äußerungen wie die **Publikation von Forschungsergebnissen** (EGMR 8.6.2010 – 44102/04 Rn. 34 – Sapan, Doktorarbeit über den Popsänger Tarkan; EGMR

Freiheit der Meinungsäußerung   Art. 10 EMRK

25.8.1998 – 25181/94 Rn. 47ff., GRUR-Int 1999, 156 – Hertel, Gefahren von Mikrowellen) und wissenschaftliche Vorträge (EGMR 28.10.1999 – 28396/95 Rn. 36ff. – Wille, Vorlesung) unterfallen dem Schutz des Art. 10. Inwiefern Art. 10 auch die der wissenschaftlichen Publikation vorgelagerte Forschungstätigkeit umfasst, ist offen (bejahend *Cornils* in BeckOK InfoMedienR EMRK Art. 10 Rn. 32f. *Daiber* in HK-EMRK EMRK Art. 10 Rn. 10; Grabenwarter/Pabel EMRK § 23 Rn. 14; *Marauhn* in Ehlers GuG § 4 Rn. 23). Dagegen spricht, dass sich durch Art. 10 geschützte Handlungen durch einen kommunikativen Akt (Äußerung) auszeichnen, der reiner Forschungstätigkeit, anders als künstlerischer Tätigkeit, in der Regel fehlt (auch EGMR 20.10.2009 – 39128/05 Rn. 43, NVwZ 2011, 153 (154) – Lombardi Vallauri; EGMR 23.06.2009 – 17089/06 Rn. 35 – Sorguç, betonen gerade die Freiheit der wissenschaftlichen Äußerung).

C. Eingriffe

I. Eingriffskategorien

Art. 10 Abs. 2 nennt „Formvorschriften, Bedingungen, Einschränkungen oder Strafdrohungen" als mögliche Eingriffe („interferences", „ingérences") in die Rechte aus Art. 10 Abs. 1. Es handelt sich nicht um eine abschließende, sondern nur um eine beispielhafte Aufzählung. Eingriffe können **von allen drei Staatsgewalten** ausgehen, weil die aus Art. 1 folgende Bindung umfassend ist (→ Art. 1 Rn. 10 f.). Auch berufsrechtliche Sanktionen sind, obwohl nicht unmittelbar staatlich, Eingriffe (EGMR 17.10.2002 – 37928/97 Rn. 23, NJW 2003, 497 – Stambuk). 25

1. Unmittelbare Eingriffe. Unmittelbare Eingriffe richten sich gegen einen Akt der Kommunikation, indem sie ihn erschweren oder unmöglich machen, sei es durch **Maßnahmen im Vorfeld** („prior restraint") oder durch **an die Äußerung anschließende staatliche Sanktionen** („subsequent punishment"). Klassische Beispiele sind gerichtliche Publikationsverbote (s. zB EGMR 26.11.1991 – 13585/88, EuGRZ 1995, 16 – Observer u. Guardian) sowie straf- oder zivilrechtliche Verurteilungen wegen Äußerungsdelikten (zB EGMR 2.12.2008 – 18620/03 Rn. 40 – Juppala) oder zum Widerruf einer Tatsachenbehauptung (EGMR 1.12.2009 – 5380/07 Rn. 36, BeckRS 2016, 10852 – Karsai). 26

2. Mittelbare Eingriffe. Mittelbare Eingriffe hindern den Grundrechtsträger zunächst nicht daran, von seinen Rechten aus Art. 10 Gebrauch zu machen. Mit der Ausübung dieser Rechte verbindet der Staat aber negative Konsequenzen. Sofern solche **„indirekten Sanktionen"** (*Marauhn* in Ehlers GuG § 4 Rn. 26) geeignet sind, den Grundrechtsgebrauch zu erschweren oder unmöglich zu machen, liegt ein Eingriff vor (EGMR 26.9.1995 – 7851/91, NJW 1996, 375 – Vogt, Entlassung im Zusammenhang mit Meinungsäußerungen; EGMR 13.2.2007 – 30067/04 – Erdel, Verweigerung der Einberufung zum Wehrdienst). Mittelbaren Eingriffen ist gemein, dass auch von ihnen eine vom Grundrechtsgebrauch abschreckende Wirkung („chilling effect") ausgeht (Jacobs/White/Ovey The European Convention on Human Rights S. 437). Zu den mittelbaren Eingriffen zählen daher auch **faktische Grundrechtsbeeinträchtigungen,** denen die Rechtsförmlichkeit fehlt, die aber gleichwohl vom Gebrauch der Rechte aus Art. 10 Abs. 1 abhalten (EGMR 28.10.1999 – 28396/95 Rn. 50 – Wille, „Liechtensteiner Beförde- 27

EMRK Art. 10

rungssperre"; *Grote/Wenzel* in Dörr/Grote/Marauhn Kap. 18 Rn. 64; *Hoffmeister* EuGRZ 2000, 358 (359)).

28 Ein unmittelbarer bzw. mittelbarer Eingriff muss sich nicht gegen den Inhalt der Äußerung richten. Art. 10 schützt auch das Recht, sich für die aus eigener Sicht effektivste Art der Meinungsäußerung zu entscheiden. Ein Eingriff kann daher auch in Beschränkungen der **Art und Weise** der Meinungsäußerung bestehen (EGMR 3.2.2009 – 31276/05 Rn. 30 – Women on Waves ua, Verbot portugiesische Territorialgewässer zum Zweck der Meinungsäußerung zu befahren).

29 **3. Eingriffe durch Gesetz.** Eingriffe durch ein Gesetz liegen vor, wenn sich die Norm **„gegenwärtig und unmittelbar"** auf die Ausübung der durch Art. 10 Abs. 1 gewährleisten Freiheiten auswirkt. Diese Voraussetzungen sind insbes. bei Normen erfüllt, die ein bestimmtes Verhalten oder eine bestimmte Äußerung mit Strafe bedrohen und somit den Bürger bereits vor Gesetzesvollzug in seinen Rechten aus Art. 10 Abs. 1 beschränken (EGMR 29.10.1992 – 14234/88 Rn. 44, NJW 1993, 773 – Open Door and Dublin Well Woman; vgl. im Kontext des Art. 8 EGMR 26.10.1988 – 10581/83 Rn. 38 – Norris). Der selbstvollziehende Charakter einer Norm ist ein Indiz für die Eingriffsqualität eines Gesetzes, aber keine notwendige Voraussetzung. Auch Gesetze, die grds. eines Vollzugsakts bedürfen, können unmittelbar verhaltenssteuernde und abschreckende Wirkungen entfalten.

30 **4. Eingriffe durch staatliches Unterlassen.** Bei **positiven Verpflichtungen** (→ Rn. 12, 16, 19) besteht der Eingriff in einem staatlichen Unterlassen (den Begriff des „Eingriffs durch Unterlassen" ablehnend *Cornils* in BeckOK InfoMedienR EMRK Art. 10 Rn. 38), also in der Nichterfüllung einer aus Art. 10 folgenden staatlichen Verpflichtung. Auch solche Eingriffe können durch alle drei Staatsgewalten begangen werden. Konventionswidrige Versäumnisse können sowohl auf legislativer Ebene, als auch – im Rahmen der Rechtsanwendung – auf exekutiver und judikativer Ebene erfolgen (zum Aspekt der „mittelbaren Drittwirkung" von Art. 10 *Payandeh* JuS 2016, 690 (692)).

II. Typische Eingriffe

31 Der Weite des Anwendungsbereichs (→ Rn. 5 ff.) entspricht der Facettenreichtum denkbarer Eingriffe. Über (repressive) zivil- oder strafrechtliche Verurteilungen wegen Beleidigungsdelikten hinaus sind im Bereich der **allgemeinen Äußerungsfreiheit** insbes. (präventive bzw. reaktiv-präventive) gerichtliche Äußerungsverbote zu nennen. Auch Werbeverbote und -beschränkungen sind Eingriffe in diesem Sinne (zB EGMR 17.10.2002 – 37928/97 Rn. 23, NJW 2003, 497 – Stambuk).

32 Eingriffe in die **Pressefreiheit** liegen bspw. bei zivil- und strafrechtlichen Maßnahmen vor, etwa bei Ehrschutzklagen (Unterlassung, Schadensersatz, Entschädigung), Verboten von Bildnisveröffentlichungen und Veröffentlichungspflichten (s. zB EGMR 3.4.2012 – 43206/07 Rn. 66, NJW-RR 2013, 1132 – Kaperzynski, Gegendarstellung; EGMR 5.5.2011 – 33014/05 Rn. 47 ff. – Editorial Board of Pravoye Delo u. Shtekel, Verurteilung zu Schadensersatz, Widerruf und „Entschuldigung") oder Verurteilungen wegen Beleidigung. Aber auch Maßnahmen, die den Vertrieb und Verkauf einer Zeitung unmöglich machen oder erschweren, haben Eingriffsqualität. Gleiches gilt für Durchsuchungen von Redaktionsräumen, Anordnungen, journalistische Quellen oder andere im Rahmen einer Recherche gesammelte Materialien offenzulegen, sowie für anderweitige Einschränkungen der Recherche durch die Mitgliedstaaten.

Freiheit der Meinungsäußerung   **Art. 10   EMRK**

Im Bereich der **Rundfunkfreiheit** treten als typische Eingriffe die Verweigerung von Rundfunkzulassungen und anderweitiger Ausstrahlungsmöglichkeiten hinzu. Ein Eingriff in die Rundfunkfreiheit ist darüber hinaus anzunehmen, wenn der Staat bei der Ausgestaltung der Rundfunkordnung seinen Pflichten als Garant des Pluralismus (→ Rn. 19, 107f.) nicht nachkommt. 33

Eingriffe in die **Informationsfreiheit** bestehen in Beschränkungen der aktiven Informationsverbreitung sowie des passiven Informationsempfangs. Erfasst sind insbes. staatliche Maßnahmen, die den Empfang von Informationen behindern oder mit Nachteilen belegen, die ein anderer übermitteln möchte. Auch sofern der Staat die Möglichkeiten beschneidet, sich aus allgemeinzugänglichen Quellen zu informieren – etwa indem er den Einzelnen selektiv von solchem Informationszugang ausschließt – liegt ein Eingriff vor. Beschränkungen der Informationsverbreitung sind zugleich als Eingriffe in die allgemeine Äußerungsfreiheit aufzufassen. 34

Eingriffe in die **Kunstfreiheit** liegen etwa bei Aufführungs- und Ausstellungsbeschränkungen und -verboten oder im Falle der Beschlagnahme eines Kunstwerks vor, aber auch bei äußerungsrechtlichen Verboten von Teilen eines Kunstwerkes, etwa eines Gedichts. Hinsichtlich der Freiheit des wissenschaftlichen Ausdrucks kommt das gesamte Eingriffsspektrum in Betracht, sofern ein im weitesten Sinne **wissenschaftlicher Inhalt** in Rede steht. 35

D. Rechtfertigung

Eingriffe in die Rechte aus Art. 10 Abs. 1 sind gerechtfertigt, wenn sie gesetzlich vorgesehen sind, einem legitimen Ziel dienen und sich als in einer demokratischen Gesellschaft notwendig erweisen. Wenngleich die Prüfungsintensität variiert, betont der EGMR durchgängig, dass die **Schranken** in Art. 10 Abs. 2 **eng auszulegen** sind und die Notwendigkeit eines Eingriffs überzeugend nachgewiesen werden muss (EGMR 26.11.1991 – 13585/88 Rn. 59, EuGRZ 1995, 16 – Observer u. Guardian). 36

I. Gesetzliche Grundlage

1. Autonomer und materieller Gesetzesbegriff. Ein zulässiger Eingriff in die Rechte aus Art. 10 Abs. 1 bedarf zunächst einer Grundlage im innerstaatlichen Recht (zB EGMR 17.7.2001 – 39288/98 Rn. 44 – Ekin Association, „some basis in domestic law"). Der autonome Gesetzesbegriff der EMRK gilt sowohl für geschriebenes als auch ungeschriebenes und Richterrecht. Er ist nicht auf Gesetze im formellen Sinn beschränkt, sondern umfasst grds. auch abstrakt-individuelle Regelungen der Exekutive oder von unabhängigen Einrichtungen, denen der Staat eine (partielle) Normsetzungsbefugnis übertragen hat. Voraussetzung ist jeweils, dass sich die Rechtsgrundlage **auf ein Parlamentsgesetz zurückführen** lässt (EGMR 14.9.2010 (GK) – 38224/03 Rn. 83, NJW-RR 2011, 1266 (1268) – Sanoma Uitgevers; *Frowein* in Frowein/Peukert EMRK Vorb. zu Art. 8–11 Rn. 2). 37

Es gilt das Prinzip der **„one way autonomy"**. Ein Gesetz im Sinne der EMRK setzt voraus, dass die Vorschrift auch innerstaatlich als Rechtsnorm angesehen wird (*Frowein* in Frowein/Peukert EMRK Vorb. zu Art. 8–11 Rn. 4, deutsche Verwaltungsvorschriften sind daher nicht erfasst). Es handelt sich um eine notwendige, aber nicht hinreichende Bedingung. Über die innerstaatliche Qualifikation als Ge- 38

Mensching

setz hinaus muss die Norm auch den unmittelbar aus der EMRK folgenden Anforderungen genügen.

39 **2. Zugänglichkeit und hinreichende Bestimmtheit.** Nach dem sog. *Sunday Times-Test* muss das dem Eingriff zugrundeliegende Gesetz zugänglich und hinreichend bestimmt sein (EGMR 26.4.1979 – 6538/74 Rn. 49, EuGRZ 1979, 386 – Sunday Times Nr. 1, „accessibility", „foreseeability"). Der EGMR spricht von **„Qualitätsanforderungen"**, an denen die nationalen Eingriffsgrundlagen zu messen seien (EGMR 14.9.2010 (GK) – 38224/03 Rn. 81, 88 ff., NJW-RR 2011, 1266 (1269 f.) – Sanoma Uitgevers).

40 **a) Zugänglichkeit.** Die gesetzliche Eingriffsgrundlage ist dem Bürger hinreichend zugänglich, wenn es ihm möglich ist, die anwendbaren Normen zu ermitteln und von deren Inhalt Kenntnis zu nehmen (EGMR 26.4.1979 – 6538/74 Rn. 49, EuGRZ 1979, 386 – Sunday Times Nr. 1). Geheime, unveröffentlichte und rein interne Bestimmungen erfüllen dieses Kriterium nicht.

41 **b) Vorhersehbarkeit/hinreichende Bestimmtheit.** Ein Gesetz muss so formuliert sein, dass der Einzelne – gegebenenfalls nach rechtlicher Beratung – die Folgen seines Handelns voraussehen und sich entsprechend verhalten kann. Dabei gilt ein flexibler Standard, der sich ua nach der Intensität des Eingriffs, der damit verbundenen Gefahr einer abschreckenden Wirkung vager Normen und dem abstrakten Adressatenkreis bemisst. Absolute Bestimmtheit ist weder möglich noch wegen der Gefahr „exzessiver Rigidität" erstrebenswert. **Auslegungsspielräume** und verbleibende Unsicherheiten sind **in gewissen Grenzen unvermeidlich** und hinzunehmen (EGMR 22.10.2007 – 21279/02 Rn. 41 – Lindon, Otchakovsky-Laurens u. July; EGMR 13.1.2011 – 397/07 Rn. 41, NJW 2011, 3353 (3354) – Hoffer u. Annen zu § 185 StGB; Grabenwarter/Pabel EMRK § 18 Rn. 11). Auch bei einer isoliert betrachtet hinreichend bestimmten Norm kann die Vorhersehbarkeit – etwa aufgrund widersprüchlicher Gerichtsentscheidungen – fehlen bzw. entfallen (EGMR 29.3.2011 – 50084/06 Rn. 106 ff., BeckRS 2011, 145011 – RTBF; EGMR 17.1.2006 – 35083/97 Rn. 54 ff., BeckRS 2006, 140284 – Goussev u. Marenk; *Marauhn* in Ehlers GuG § 4 Rn. 32). Umstritten ist, inwieweit **Spezialkenntnisse des Betroffenen** zu berücksichtigen sind (bejahend bei Rechtsanwalt EGMR 20.4.2004 – 60115/00 Rn. 33 – Amihalachioaie; zu Recht krit. Grabenwarter/Pabel EMRK § 23 Rn. 23; *Marauhn* in Ehlers GuG § 4 Rn. 32; *Cornils* in BeckOK InfoMedienR EMRK Art. 10 Rn. 47). Die Bestimmtheit kann als objektiver Maßstab nicht von der Zufälligkeit des konkreten Adressaten abhängen, zumal dadurch der einzelfallübergreifende „chilling effect" nicht ausgeschlossen wird.

42 Die Frage nach den Grenzen verbleibender Unsicherheiten stellt sich vor allem bei **Generalklauseln** und **Ermessensnormen.** Diese sind hinreichend bestimmt, wenn **Zweck und Umfang der Ermächtigung gesetzlich begrenzt** sind. Hierzu bedarf es inhaltlicher und prozeduraler Vorkehrungen gegen Willkür und Ermessensmissbrauch (etwa öffentliche Anhörungen, Öffentlichkeit der Beratung der entscheidungsbefugten Gremien, Begründungserfordernisse und gerichtliche Kontrolle). Ergehen Ermessensentscheidungen ohne **Begründung** und sind sie außerdem gerichtlicher Kontrolle entzogen, handelt es sich um unbegrenztes Ermessen, so dass der Eingriff nicht mehr als „gesetzlich vorgesehen" angesehen werden kann (EGMR 11.10.2007 – 14134/02 Rn. 48 – Glas Nadezhda EOOD u. Elenkov; EGMR 14.9.2010 (GK) – 38224/03 Rn. 82, NJW-RR 2011, 1267 (1269) –

Freiheit der Meinungsäußerung **Art. 10 EMRK**

Sanoma Uitgevers). Bei Verfassungsnormen neigt der EGMR dazu, einen etwas großzügigeren Maßstab anzuwenden (EGMR 20.5.1999 (GK) – 25390/94 Rn. 34, NVwZ 2000, 421 – Rekvényi; EGMR 22.11.2020 – 41723/14 Rn. 68, 79 – SRG). Allerdings ist der Rückgriff auf allzu allgemein gehaltene (verfassungsrechtliche) **Generalklauseln nicht mehr gerechtfertigt, wenn es sich um vorhersehbare Konstellationen** handelt, die einer präziseren Regelung durch den Gesetzgeber zugänglich gewesen wären. Ist dies der Fall, fehlt die sachliche Rechtfertigung für die Generalklausel (EGMR 8.10.2009 – 12675/05 Rn. 53 ff. – Gsell, polizeirechtliche Generalklausel in Verfassung keine taugliche gesetzliche Grundlage, weil absehbare Konstellation).

Reduzierte Bestimmtheitsanforderungen gelten auf der **Rechtsfolgenseite;** 43 dort sind die zu regelnden Sachverhalte, etwa die Bemessung von Schadensersatz- und Entschädigungsansprüchen, besonders mannigfaltig (EGMR 13.7.1995 – 18139/91 Rn. 41, ÖJZ 1995, 949 – Tolstoy Miloslavsky, Schadensersatzberechnung bei Beleidigung im *common law;* hierzu auch Grabenwarter/Pabel EMRK § 23 Rn. 23).

c) Besondere Anforderungen. Bei besonders **intensiven Eingriffen** in die 44 Rechte aus Art. 10 Abs. 1 hat der EGMR die inhaltlichen Anforderungen an die gesetzliche Grundlage weiter verschärft. So ist ein Eingriff in den journalistischen **Quellenschutz** nur gesetzlich vorgesehen, wenn im Rahmen einer **vorherigen** unabhängigen richterlichen **Prüfung** umfassend geprüft wird, ob und, wenn ja, in welchem Umfang ein überragender Allgemeinwohlbelang die Durchbrechung des Quellenschutzes ausnahmsweise rechtfertigt (EGMR 14.9.2010 (GK) – 38224/03 Rn. 88 ff., NJW-RR 2011, 1266 (1269 f.) – Sanoma Uitgevers; EGMR 22.11.2012 – 39315/06 Rn. 90, 95 ff. – Telegraaf Media Nederland Landelijke Media BN u; Harris/O'Boyle/Warbrick European Convention on Human Rights S. 651, „sufficient safeguards against arbitratry interference"; krit. (sachliche Überdehnung des Gesetzesvorbehalts) *Cornils* in BeckOK Info-MedienR EMRK Art. 10 Rn. 51).

3. EGMR keine „Vierte Instanz". Der EGMR ist keine Superrevisionsin- 45 stanz (kein Gericht „vierter Instanz", etwa EGMR 7.6.2012 (GK) – 38433/09 Rn. 197, NVwZ-RR 2014, 48 – Centro Europa 7 S.R.L. u. Di Stefano). Er überprüft nicht, ob der Eingriff im Einklang mit der jeweiligen nationalen Rechtsordnung steht, obgleich dies grds. eine Rechtfertigungsvoraussetzung ist (*Grote/Wenzel* in Dörr/Grote/Marauhn Kap. 18 Rn. 83). Im Anschluss an die von Art. 35 Abs. 1 vorausgesetzte Rechtswegerschöpfung besteht eine **Einklangsvermutung.** Allerdings ist ein Eingriff nicht mehr iSd Art. 10 Abs. 2 gesetzlich vorgesehen, wenn eine klare Verletzung des innerstaatlichen Rechts vorliegt (EGMR 25.3.1985 – 8734/79 Rn. 48, NJW 1985, 2885 – Barthold, „clear non-observance").

4. Lockerung bei faktischen Eingriffen. Das Erfordernis der gesetzlichen 46 Grundlagen stößt bei faktischen Eingriffen – etwa in Form von nicht (unmittelbar) rechtsförmlichen Einschüchterungsversuchen (→ Rn. 27) – an seine Grenzen. Es liegt in der **Logik eines weiten Eingriffsbegriffs,** für die Rechtfertigungsprüfung in solchen Fällen allein darauf abzustellen, ob die Maßnahme einem legitimen Ziel dient und in einer demokratischen Gesellschaft notwendig ist (*Grote/Wenzel* in Dörr/Grote/Marauhn Kap. 18 Rn. 79; *Hoffmeister* EuGRZ 2000, 358 (359); *Marauhn* in Ehlers GuG § 4 Rn. 32).

II. Legitimes Ziel

47 **1. Vorbereitung der Notwendigkeitsprüfung.** Eingriffe in die Rechte aus Art. 10 Abs. 1 müssen zu ihrer Rechtfertigung einem der in Abs. 2 genannten legitimen Ziele zugeordnet werden können (ausf. Harris/O'Boyle/Warbrick European Convention on Human Rights S. 652 ff.). Bereits deren Vielzahl deutet darauf hin, dass dieses Rechtfertigungserfordernis nicht von besonderer Schärfe ist. Seine **Funktion** besteht darin, das Eingriffsziel zu definieren und so die **Prüfung der Notwendigkeit des Eingriffs in einer demokratischen Gesellschaft vorzubereiten.** Inwiefern tatsächlich eine Beeinträchtigung des legitimen Ziels droht(e), ist erst Teil dieser Prüfung und spielt bei der Benennung des Ziels noch keine Rolle (vgl. bspw. EGMR 8.7.2008 – 33629/06 Rn. 32 ff., 55, BeckRS 2008, 143646 – Vajnai).

48 **2. Beispielsfälle.** Der Schutz der **nationalen Sicherheit** wird insbes. im Zusammenhang mit geheimhaltungsbedürftigen staatlichen Informationen geltend gemacht (EGMR 16.12.1992 – 12945/87 Rn. 43, NJW 1993, 1697 – Hadjinastassiou, militärische Informationen; EGMR 26.11.1991, 13585/88 Rn. 56, EuGRZ 1995, 16 – Observer u. Guardian, Geheimdienstinformationen). Maßnahmen gegen (vermeintlich) separatistische Äußerungen werden dem Schutz der **territorialen Unversehrtheit** zugeordnet (EGMR 9.1.2007 – 41827/02 Rn. 35 – Kommersant Moldovy; EGMR 8.7.1999 (GK) – 26682/95 Rn. 52 – Sürek (Nr. 1), Kurdistan-Konflikt; EGMR 27.4.1995 – 15773/89 Rn. 69 ff. – Piermont, Äußerung eines MdEP zu französischen Überseegebieten).

49 Eingriffe zur **Aufrechterhaltung der Ordnung** oder zur **Verhütung von Straftaten** betreffen etwa Maßnahmen zur Terrorismusbekämpfung (EGMR 9.6.1998 (GK) – 22678/93 Rn. 42 – Incal; EGMR 15.11.1997 (GK) – 18954/91 Rn. 48 ff. – Zana) oder gegen die Rechtfertigung von Kriegsverbrechen (EGMR 15.1.2009 – 20985/05 Rn. 42 – Orban). Dem **Schutz der Gesundheit** wurden Eingriffe zugeordnet, die Abtreibungsfragen (EGMR 3.2.2009 – 31276/05 Rn. 35 – Women on Waves ua) oder auch das Verbot von Tabakwerbung betreffen (EGMR 5.3.2009 – 13353/05 Rn. 43, 46 – Hachette Filipacchi Presse Automobile ua).

50 Der **Schutz der Moral** wird mitunter im Zusammenhang mit blasphemischen oder obszönen Inhalten in Anspruch genommen (EGMR 18.10.2005 – 5446/03, BeckRS 2005, 157207 – Perrin). Maßnahmen, die sich gegen ehrenrührige Inhalte wenden, dienen dem **Schutz des guten Rufes und der Rechte anderer,** ohne dass auf dieser Stufe zu prüfen ist, ob eine Äußerung tatsächlich ansehensrelevant ist (EGMR 1.12.2009 – 5380/07 Rn. 21, BeckRS 2016, 10852 – Karsai; EGMR 5.6.2007 – 12979/04 Rn. 31 – Gorelishvili).

51 Eingriffe zur Identifikation eines Informanten der Medien können der **Verhinderung der Verbreitung vertraulicher Informationen** dienen (EGMR 10.12.2007 (GK) – 69698/01 Rn. 57, NJW 2008, 1141 – Stoll). Das legitime Ziel der Wahrung der **Autorität und der Unparteilichkeit der Rechtsprechung** wurde gerade mit Blick auf das im *common law* bedeutsame Rechtsinstitut des „Contempt of Court" geschaffen (Grabenwarter/Pabel EMRK § 23 Rn. 27), dient aber auch dem Schutz der Rechte der Verfahrensbeteiligten etwa vor medialer Vorverurteilung (EGMR 11.1.2000 – 31457/96 Rn. 45, ÖJZ 2000, 394 – News Verlags GmbH & Co. KG; EGMR 26.4.1979 – 6538/74 Rn. 56, EuGRZ 1979, 386 – Sunday Times (Nr. 1)).

Freiheit der Meinungsäußerung **Art. 10 EMRK**

III. Notwendigkeit in einer demokratischen Gesellschaft

1. Dringendes soziales Bedürfnis. a) Relevante und ausreichende Gründe 52
sowie Verhältnismäßigkeit. Die Frage der Notwendigkeit eines Eingriffs in einer
demokratischen Gesellschaft ist die zentrale und anspruchsvollste Rechtfertigungsvoraussetzung. Ein Eingriff ist „notwendig", wenn er einem **„dringenden sozialen Bedürfnis"** entspricht („pressing social need"; „besoin social impérieux", vgl.
etwa EGMR 26.9.1995 – 7851/91 Rn. 52, NJW 1996, 375 – Vogt). Dies setzt voraus, dass die von den nationalen Stellen zur Rechtfertigung des Eingriffs angeführten **Gründe relevant und ausreichend** sind („relevant and sufficient"; „pertinents
et suffisants") und der **Eingriff verhältnismäßig** zu den verfolgten legitimen Zielen ist („proportionate to the legitimate aims pursued", „proportionnée aux buts légitimes poursuivis", vgl. etwa EGMR 17.12.2004 (GK) – 33348/96 Rn. 88 ff. –
Cumpănă u. Mazăre). Die Gründe sind „relevant und ausreichend", wenn sie
grds. geeignet sind, den konkreten Eingriff zu rechtfertigen. Die Frage der Verhältnismäßigkeit betrifft insbes. das konkret gewählte Mittel, etwa die Natur und
Schwere der Sanktion (s. bspw. EGMR 2.10.2008 – 36109/03 Rn. 36 ff., NJOZ
2010, 512 (514) – Leroy). Bei strafrechtlichen Verurteilungen gelten gesteigerte
Anforderungen (→ Rn. 64).

b) Prüfungsinhalt. Es ist nicht Aufgabe des EGMR, bei der Anwendung dieser Kriterien an die Stelle der nationalen Instanzen zu treten. Er hat jedoch deren 53
Entscheidungen im Lichte des gesamten Sachverhalts am Maßstab von Art. 10 zu
messen. Dabei genügt es nicht, dass die nationalen Stellen guten Willens waren sowie sorgfältig und vernünftig gehandelt haben. Die Rechtfertigung des Eingriffs
setzt vielmehr voraus, dass die aus Art. 10 folgenden Rechtfertigungsanforderungen auch im Einzelfall angewandt wurden und die nationalen Entscheidungen
auf einer vertretbaren Würdigung des Sachverhalts beruhen (etwa EGMR
2.3.2010 – 26732/03 Rn. 50 – Antică u. R.; EGMR 12.7.2001 – 29032/95
Rn. 73, ÖJZ 2002, 814 – Feldek). Dieser **umfassende Kontrollansatz** schließt
eine isolierte Prüfung des Eingriffs und der Äußerung aus. Er verlangt eine umfassende **Würdigung der Äußerung, ihres Gesamtkontexts sowie der Folgen
des Eingriffs** (EGMR 8.7.1999 (GK) – 23462/94 Rn. 46 – Arslan; EGMR
7.12.1976 – 5493/72 Rn. 50, BeckRS 1976, 107942 – Handyside).

2. Beurteilungsspielraum. a) „Variation der Kontrolldichte". Bei Prü- 54
fung der Notwendigkeit des Eingriffs in einer demokratischen Gesellschaft steht
den Mitgliedstaaten als Ausdruck des völkerrechtlichen Subsidiaritätsprinzips ein
gewisser Beurteilungsspielraum zu („margin of appreciation", „marge d'appréciation", allg. *Callewaert* GS Ryssdal, 2000, 147 ff.; *Schokkenbroek* HRLJ 19 (1998),
30). **Der Umfang dieses Beurteilungsspielraums variiert im Sinne einer
strengeren oder großzügigeren Anwendung des Verhältnismäßigkeitsgrundsatzes** („Variation der Kontrolldichte", Grabenwarter/Pabel EMRK § 18
Rn. 20; sa *Brems* ZaöRV 56 (1996), 240 ff., „deference to national bodies"). Dies
betrifft sowohl die Frage, ob es eines Eingriffs in die Rechte aus Art. 10 Abs. 1 überhaupt bedurfte, als auch die Wahl des Mittels (*Prepeluh* ZaöRV 60 (2001), 771
(773)). Auch sofern den Mitgliedstaaten ein weiter Beurteilungsspielraum zusteht,
geht dieser „Hand in Hand" mit einer **europäischen Kontrolle** durch den
EGMR (s. EGMR 7.12.1976 – 5493/72 Rn. 49, BeckRS 1976, 107942 – Handyside; s. allg. *Callies* EuGRZ 1996, 293 (294))).

EMRK Art. 10 Rechte und Freiheiten der Konvention

55 Dieser völkerrechtlich begründete **Beurteilungsspielraum gilt nur bei Überprüfung von Eingriffen durch die Konventionsorgane, nicht jedoch im internen Verhältnis.** Er relativiert nicht die Bindung der nationalen Stellen an die EMRK. Messen die nationalen Gerichte einen Eingriff an Art. 10 – wozu sie auch konventionsrechtlich verpflichtet sind –, können sich die Behörden nicht innerstaatlich auf einen Beurteilungsspielraum berufen. Hierfür spricht insbes., dass die mitgliedstaatlichen Stellen nicht Begünstigte des Subsidiaritätsprinzips sind, aus dem sich der Beurteilungsspielraum jedoch ableitet; zudem variiert der Beurteilungsspielraum die Kontrolldichte des EGMR, nicht aber die Bindung der Mitgliedstaaten an die Konvention (aA *Cornils* in BeckOK InfoMedienR EMRK Art. 10 Rn. 58, unter Verweis darauf, dass der je anerkannte Beurteilungsspielraum nur Ausdruck für die je anzunehmende Bindungs- und Schutzintensität des Konventionsrechts sei; sa *Brings-Wiesen* in Spindler/Schuster A. Völkerrecht Rn. 46).

56 **b) Umfang des Beurteilungsspielraums.** Der EGMR hat kein in sich geschlossenes Konzept des Beurteilungsspielraums entwickelt. Dennoch finden sich in seiner Rspr. verschiedene **Faktoren,** die zu einer Ausweitung oder Beschränkung führen (s. *Frenz* Rn. 1862 ff.; *Grote/Wenzel* in Dörr/Grote/Marauhn Kap. 18 Rn. 100 ff.; *Prepeluh* ZaöRV 60 (2001), 771 (774 ff.)). Solche Faktoren sind ua die **Bedeutung des betroffenen Grundrechts** und die **Intensität des konkreten Eingriffs,** der **Inhalt** der Äußerung, das konkrete **Eingriffsziel,** das Vorliegen eines **europäischen Konsenses** und die **Art der staatlichen Verpflichtung,** die in Rede steht.

57 **aa) Politische Äußerungen, abschreckende Wirkung.** Wegen der grundlegenden Bedeutung der Äußerungsfreiheit für die freiheitliche und pluralistische Demokratie ist der **Beurteilungsspielraum** im Bereich von Art. 10 **von vornherein begrenzt.** Er erfährt eine weitere Einschränkung, wenn der Eingriff von solcher Intensität ist, dass von ihm eine über den Einzelfall hinausgehende abschreckende Wirkung ausgeht. Gleiches gilt bei Äußerungen von politischem oder öffentlichem Interesse (s. bspw. EGMR 30.6.2009 – 32772/02 Rn. 92 mwN, NJW 2010, 3699 – VgT (Nr. 2)). Im Bereich der **Pressefreiheit** gilt daher ein besonders strenger Kontrollmaßstab (EGMR 20.5.1999 (GK) – 21980/93 Rn. 64, NJW 2000, 1015 – Bladet Tromsø u. Stensaas; EGMR 1.3.2017 – 510/04 Rn. 82, BeckRS 2013, 12700 – Tønsberg Blad). Bei Maßnahmen zum **Schutz der nationalen Sicherheit,** etwa bei **Gewaltaufrufen,** spricht der EGMR hingegen trotz des in der Regel evident politischen Charakters der Äußerung von einem **erweiterten Beurteilungsspielraum** (EGMR 8.7.1999 (GK) – 26682/95 Rn. 61 – Sürek (Nr. 1)).

58 **bb) Europäischer Konsens, Religion und Moral, Werbung.** Betrifft der Eingriff einen Bereich, in dem **kein europäischer Konsens** besteht, deutet dies auf nationale Besonderheiten hin, denen unter Subsidiaritätsgesichtspunkten durch einen **weiteren Beurteilungsspielraum** Rechnung zu tragen ist. In diesem Sinne gesteht der EGMR den Mitgliedstaaten insbes. in den Bereichen von **Religion** und **Moral** einen großzügigeren Beurteilungsspielraum zu (EGMR 10.7.2003 – 44179/98 Rn. 67, BeckRS 2003, 156256 – Murphy; *Wildhaber* FS Ress, 2005, 1101 (1105)). Auch bei **rein kommerziellen Äußerungen,** etwa bei Maßnahmen auf dem Gebiet des unlauteren Wettbewerbs und der Werbung verfügen die Mitgliedstaaten über einen weiten Beurteilungsspielraum (EGMR 13.7.2012 (GK) – 16354/06 Rn. 61 ff., NJOZ 2014, 1236 mwN – Mouvement raëlien suisse;

Calliess EuGRZ 1996, 293 ff.; anders bei politischer Werbung, EGMR 11.12.2008 – 23132/05 Rn. 64, NVwZ 2010, 241 – TV Vest u. Rogaland Pensjonistparti; sa *Scheyli* EuGRZ 2003, 455). Der EGMR prüft in diesen Fällen „nur", ob der Eingriff grds. gerechtfertigt werden kann und verhältnismäßig ist (*Frenz* Rn. 1867).

cc) Positive Verpflichtungen und mehrpolige Grundrechtsverhältnisse. 59
Ein erweiterter Beurteilungsspielraum gilt auch bei positiven Verpflichtungen (EGMR 3.2.2009 – 31276/05 Rn. 40 – Women on Waves ua) sowie mehrpoligen Grundrechtsverhältnissen, etwa bei **Kollision** der Rechte aus Art. 10 und Art. 8 (EGMR 18.1.2011 – 39401/04 Rn. 142, NJOZ 2012, 335 (337) – MGN Limited) oder Art. 1 EMRKZusProt (EGMR 19.2.2013 – 40397/12 – Neij u. Sunde Kolmisoppi, strafrechtliche Verurteilung wegen Betriebs einer Filesharing-Börse; EGMR 19.2.2015 – 53649/09 Rn. 46, NJW 2016, 781 (783) – Ernst August von Hannover, Prominentenwerbung, dazu *Höch* K&R 2015, 230 ff.). Der EGMR nimmt an, dass die nationalen Instanzen besser positioniert sind, um in solchen Fällen einen verhältnismäßigen Ausgleich zwischen den konkurrierenden Rechtsgütern von Konventionsrang herzustellen. Dieser Ansatz steht bei politischen Äußerungen in Spannung zu dem dort geltenden strengen Kontrollmaßstab.

dd) Intensität und Qualität der innerstaatlichen Kontrolle des Eingriffs. 60
Haben die **innerstaatlichen Gerichte den Eingriff** bereits intensiv und anhand der von dem EGMR für Art. 10 aufgestellten Kriterien **überprüft**, gewährt der Gerichtshof aus Subsidiaritätsgründen einen erweiterten Beurteilungsspielraum. In diesem Fall bedarf es gewichtiger Gründe für eine von den nationalen Instanzen abweichende Entscheidung. Fehlt eine solche innerstaatliche Überprüfung des Eingriffs, verringert sich der mitgliedstaatliche Beurteilungsspielraum entsprechend (EGMR 22.4.2013 (GK) – 48876/08 Rn. 108, BeckRS 2013, 13517 – Animal Defenders International; EGMR 21.10.2014 – 54125/10 Rn. 54 – Hlynsdottir (Nr. 2); für das Verhältnis zwischen Art. 10 und Art. 8 so auch EGMR 7.2.2012 (GK) – 39954/08 Rn. 88, NJW 2012, 1058 – Axel Springer AG).

3. Allgemeine Faktoren der Notwendigkeitsprüfung. Der Rspr. des 61
EGMR lassen sich eine Reihe von Aspekten entnehmen, die im Rahmen der Notwendigkeitsprüfung berücksichtigt werden. Hier bestehen zum Teil Überschneidungen zu den Faktoren, die den Umfang des Beurteilungsspielraums der Mitgliedstaaten beeinflussen (→ Rn. 56 ff.).

Es handelt sich ua um die **Person des Äußernden** (Pflicht zur Zurückhaltung: 62
EGMR 15.12.2005 (GK) – 73797/01 Rn. 173, NJW 2006, 2901 – Kyprianou, Anwalt vor Gericht; EGMR 20.5.1999 (GK) – 25390/94 Rn. 44 ff., NVwZ 2000, 421 – Rekvényi, Soldaten; EGMR 26.9.1995 – 7851/91 Rn. 53, NJW 1996, 375 – Vogt, Beamte; EGMR 21.7.2011 – 28274/08 Rn. 63 ff., NJW 2011, 3501 – Heinisch, Grenzen der Loyalitätspflicht des Arbeitnehmers), die **Auslegung** der Äußerung durch die nationalen Stellen (vgl. EGMR 8.7.2008 – 33629/09 Rn. 54, BeckRS 2008, 143646 – Vajnai; EGMR 1.2.2007 – 30547/03 Rn. 25 ff. – Ferihumer) und den konkreten **Inhalt** der Äußerung (vgl. EGMR 25.11.1999 – 23118/93 Rn. 46 – Nilsen u. Johnsen, „little scope for restrictions on political speech or on debate on questions of public interest").

Einbezogen werden zugleich der zeitgeschichtliche und persönliche **Kontext** 63
(vgl. EGMR 15.11.1997 (GK) – 18954/91 Rn. 59 ff. mit zutr. Sondervoten, „explosive Gesamtatmosphäre" – Zana), anderweitige Äußerungen und Veröf-

EMRK Art. 10

fentlichungen der Beteiligten (vgl. EGMR 6.5.2010 – 17265/05 Rn. 43ff., BeckRS 2010, 145084 – Brunet Lecomte u. Lyon Mag, Artikelserie) sowie die **Person des Betroffenen** und dessen eigenes **Verhalten** (EGMR 6.2.2001 – 41205/98 Rn. 62, BeckRS 2013, 16084 – Tammer mwN, Politiker; EGMR 7.11.2006 – 12697/03 Rn. 27 – Mamère, hochrangiger Beamter; EGMR 15.2.2005 – 68416/01 Rn. 94, NJW 2006, 1255 – Steel u. Morris, internationales Unternehmen).

64 Weiter fragt der EGMR nach der von dem Eingriff ausgehenden **abschreckenden Wirkung** (EGMR 1.12.2009 – 5380/07 Rn. 36, BeckRS 2016, 10852 – Karsai; EGMR 10.3.2009 – 3002/03 Rn. 41 – Times Newspapers Ltd.; Nußberger OstEUR Beiheft 1/2012, 14 (21)), den Auswirkungen auf parallel und konträr zu berücksichtigende **Konventionsrechte** (etwa Art. 8, Privatsphäre; Art. 6 Abs. 2, Unschuldsvermutung; Art. 9, Religionsfreiheit; Art. 11, Versammlungsfreiheit; vgl. zB EGMR 3.2.2009 – 31276/05 Rn. 28 – Women on Waves ua) und legt Art. 10 im Lichte einschlägiger **völkerrechtlicher Dokumente,** insbes. solcher des Europarats aus (zB EGMR 4.12.2003 – 35071/97 Rn. 21ff. – Gündüz, Bekämpfung von Hassrede). Außerdem spielen **Natur und Schwere der Sanktion** eine Rolle (EGMR 8.7.1999 (GK) – 26682/95 Rn. 64 – Sürek (Nr. 1), strafrechtliche Sanktionen wiegen besonders schwer).

65 Nicht zuletzt gilt ein **Begründungserfordernis.** Sind die innerstaatlichen Entscheidungen nicht hinreichend begründet, kann der EGMR nicht überprüfen, ob der Eingriff einem dringenden sozialen Bedürfnis entspricht, so dass bereits die fehlende Begründung zu einem Verstoß führt (EGMR 8.6.2010 – 44102/04 Rn. 37ff. – Sapan; EGMR 9.1.2007 – 41827/02 Rn. 38 – Kommersant Moldovy).

66 **4. Ehrenrührige Äußerungen.** Der Ausgleich zwischen der Äußerungsfreiheit einerseits und dem Schutz des guten Rufes andererseits nimmt breiten Raum in der Praxis des EGMR ein (umfassend *Nolte* S. 124ff.). In der Folge ist eine **ausdifferenzierte Kasuistik** zur Zulässigkeit ehrenrühriger Äußerungen entstanden. Maßgeblich sind (auch) in diesem Zusammenhang insbes. die Abgrenzung zwischen Tatsachenbehauptungen und Werturteilen, der Beitrag zu einer Diskussion von allgemeinem Interesse, der Bekanntheitsgrad des Betroffenen und der Gegenstand der Veröffentlichung, die Art und Weise, wie die Informationen gewonnen wurden und ihre Richtigkeit, das frühere Verhalten des Betroffenen, Inhalt, Form und Auswirkungen der Veröffentlichung sowie die Schwere der verhängten Sanktion (EGMR 19.10.2017 – 35030/13 Rn. 39, NJW 2018, 3768 (3770) – Droemer Knaur; grundlegend EGMR 10.11.2015 (GK) – 40454/07 Rn. 93ff., NJOZ 2017, 346 (349ff.) – Couderc u. Hachette Filipacchi Associès). Richtet sich die Äußerung gegen eine **staatliche Institution,** geht es nicht um „Ehrschutz", sondern um den Schutz der **Funktionsfähigkeit** der staatlichen Einrichtung (hierzu *Marauhn* in Ehlers GuG § 4 Rn. 34; vgl. auch BGH 2.12.2008 – VI ZR 219/06, NJW 2009, 915). Ist die Äußerung nicht geeignet, die Funktionsfähigkeit der betroffenen öffentlichen Stelle zu beeinträchtigen, kommt ein Eingriff in Art. 10 nicht in Betracht.

67 **a) Tatsachenbehauptungen und Werturteile.** Wie auch im deutschen Recht ist die Einordnung einer Äußerung als Tatsachenbehauptung („statement of fact", „déclaration factuelle") oder Meinungsäußerung („value judgment", „jugement de valeur") von **weichenstellender Bedeutung.** Während die Wahrheit einer Tatsachenbehauptung (theoretisch) bewiesen werden kann, ist ein Werturteil dem Beweis nicht zugänglich (EGMR 8.7.1986 – 9815/82 Rn. 41, NJW 1987, 2143 – Lingens; ähnlich BVerfGE 85, 1 (14); BGH 17.11.2009 – VI ZR 226/08,

NJW 2010, 760 ff.; sa *Stegmann*, Tatsachenbehauptung und Werturteil in der deutschen und französischen Presse, 2004, S. 214 ff.). Darüber hinaus erkennt der EGMR die Mischform der **wertungsgeprägten Tatsachenbehauptung** an, die er im Kern wie Meinungsäußerungen behandelt (EGMR 1.12.2009 – 5380/07 Rn. 33, BeckRS 2016, 10852 – Karsai, „value-laden statement of fact"). Der maßgebliche Unterschied zwischen Tatsachenbehauptungen und Werturteilen besteht in dem Maß, in dem die Äußerung eines zutreffenden tatsächlichen Fundaments bedarf (EGMR 13.11.2003 – 39394/98 Rn. 40, ÖJZ 2004, 512 – Scharsach u. News Verlagsgesellschaft mbH; zum Sonderfall eines Zitats s. EGMR 27.11.2018 – 28482/19 Rn. 31 ff. – Herman-Bischof).

Die Einordnung der Äußerung als Tatsachenbehauptung oder Werturteil unterliegt im Ansatz dem Beurteilungsspielraum der Mitgliedstaaten (EGMR 26.4.1995 – 19574/90 Rn. 36, ÖJZ 1995, 675 – Prager u. Oberschlick; aA Harris/O'Boyle/Warbrick European Convention on Human Rights S. 698). Der **EGMR** behält sich aber eine **eigene Qualifikation** vor und neigt im Zweifel dazu, eine Meinungsäußerung anzunehmen (vgl. EGMR 15.7.2010 – 34875/07 Rn. 50, BeckRS 2010, 145075 – Dumas, keine formalistische Deutung; EGMR 1.2.2007 – 30547/03 Rn. 26 – Ferihumer; EGMR 13.12.2005 – 66298/01 Rn. 42, ÖJZ 2006, 693 – Wirtschafts-Trend Zeitschriften-Verlagsgesellschaft mbH, Bezeichnung als „Bonnie und Clyde"; s. aber EGMR 15.11.2007 – 12556/03 Rn. 47, NJW-RR 2008, 1218 – Pfeifer, Tatsachenbehauptung statt Werturteil). Vor diesem Hintergrund ist fraglich, ob die im deutschen Recht geltenden Grundsätze zur Auslegung mehrdeutiger Äußerungen bei zukunftsgerichteten Ansprüchen (BVerfGE 114, 339 (350 ff.) – Stolpe) mit Art. 10 vereinbar sind (s. aber EGMR 20.3.2003 – 42429/98, ÖJZ 2003, 812 – Krone Verlag GmbH & Co. KG ua, keine Beanstandung abweichender Qualifikation im straf- und zivilrechtlichen Kontext; EGMR 21.11.2017 – 37054/17 Rn. 31 ff., BeckRS 2017, 16064, missverständliche Formulierung in Einladung zu NPD-Veranstaltung). 68

b) Rechtmäßigkeit von Tatsachenbehauptungen. Handelt es sich um eine Tatsachenbehauptung, muss dem sich Äußernden grds. die Möglichkeit gewährt werden, den **Wahrheitsbeweis** zu führen. Anderenfalls folgt bereits hieraus eine Verletzung von Art. 10 (EGMR 25.6.2002 – 51279/99 Rn. 66 – Colombani). Mit der Konvention ist allerdings regelmäßig vereinbar, von demjenigen, der eine ehrenrührige Tatsachenbehauptung äußert, den Wahrheitsbeweis zu verlangen (EGMR 15.2.2005 – 68416/01 Rn. 93, NJW 2006, 1255 – Steel u. Morris; EGMR 7.5.2002 – 46311/99 Rn. 84, 87 – McVicar, Beweislast; hierzu Harris/O'Boyle/Warbrick European Convention on Human Rights S. 702 ff.). 69

Erweist sich eine Tatsachenbehauptung als **unzutreffend** oder konnte der Wahrheitsbeweis nicht erbracht werden, bleibt zu prüfen, ob im Vorfeld der Äußerung die nach den Umständen erforderliche Sorgfalt beachtet wurde. Ist dies der Fall, erweist sich der Irrtum also unter Beachtung dieses Maßstabs als schuldlos, kann dies zur Unzulässigkeit des Eingriffs führen. Dabei sind die **Sorgfaltsanforderungen** umso strenger, je belastender die Behauptung nach Inhalt und Verbreitungsgrad ist (Jacobs/White/Ovey The European Convention on Human Rights S. 447 f.; vgl. im Kontext der Pressefreiheit etwa EGMR 14.2.2008 – 36207/03 Rn. 64 – Rumyana Ivanova; EGMR 26.7.2011 – 41262/05 Rn. 97 ff., BeckRS 2011, 143972 – Ringier Axel Springer Slovakia). 70

Umgekehrt können unter bestimmten Voraussetzungen auch **wahre Tatsachenbehauptungen** untersagt werden. Dies ist insbes. der Fall, wenn sie private 71

Sachverhalte betreffen, an denen kein öffentliches Interesse besteht (in diese Richtung EGMR 14.1.2014 – 73579/10 Rn. 51, BeckRS 2014, 81582 – Ruusunen, Buch über Liebesbeziehung mit Premierminister; EGMR 4.6.2009 – 21277/05 Rn. 52f., NJW 2010, 751 – Standard Verlags GmbH (Nr. 2), Ehegerüchte; s. aber 18.5.2004 – 58148/00 Rn. 50ff., BeckRS 58148/00 – Éditions Plon, Gesundheitszustand des frz. Präsidenten).

72 c) **Rechtmäßigkeit von Werturteilen.** Steht ein Werturteil in Rede, führt bereits das Erfordernis eines (nicht zu erbringenden) Wahrheitsbeweises zu einem Verstoß gegen Art. 10 (EGMR 8.7.1986 – 9815/82 Rn. 46, NJW 1987, 2143 – Lingens; EGMR 22.1.2013 – 33501/04 ua Rn. 52, BeckRS 2013, 204203 – OOO Ivpress). Dennoch ist für die Zulässigkeit eines Werturteils von wesentlicher Bedeutung, ob es auf einer **zutreffenden tatsächlichen Grundlage** beruht (EGMR 27.2.2001 – 26958/95 Rn. 43 – Jerusalem, sufficient basis in fact; EGMR 24.2.1997 – 19983/92 Rn. 47 – De Haes u. Gijsels; EGMR 20.9.2018 – 3682/10 Rn. 34, NJW 2019, 1127 (1128) – Annen Nr. 2, keine hinreichende Tatsachengrundlage für die Bezeichnung legaler Abtreibungen als Mord; Grabenwarter/Pabel EMRK § 23 Rn. 30). Hier gilt wiederum ein flexibler Maßstab, der sich ua nach der Intensität der Beeinträchtigung des Betroffenen richtet (EGMR 12.7.2001 – 29032/95 Rn. 86, ÖJZ 2002, 814 – Feldek). Fehlt einem Werturteil eine solche Basis, kann es exzessiv und unzulässig sein (EGMR 15.2.2005 – 68416/01 Rn. 87, NJW 2006, 1255 – Steel u. Morris). Die Anforderungen an die tatsächlichen Grundlagen einer Meinungsäußerung dürfen jedoch nicht überspannt werden (vgl. EGMR 17.4.2014 – 5709/09 Rn. 48, NJW 2014, 3501 – Brosa).

73 Grds. gilt ein meinungsfreundlicher Maßstab. Danach sind auch scharfe Werturteile zulässig, sofern sie einen Sachbezug aufweisen und nicht die Grenze zu einem ausschließlich persönlichen und erniedrigenden Angriff überschreiten (vgl. EGMR 5.6.2007 – 12979/04 Rn. 41 – Gorelishvili, „sufficiently close link to the circumstances of the case"; EGMR 14.2.2006 – 69857/01 – Katamadze „attaque personnelle gratuite et ... propos inutilement préjudiciables"). Es bestehen deutliche Parallelen zu dem für Art. 5 Abs. 1 GG geprägten Begriff der abwägungsunabhängig unzulässigen Schmähkritik (vgl. BVerfGE 93, 266 (294)).

74 aa) **Grenzen zulässiger Kritik.** Die Grenzen zulässiger Kritik sind in bestimmten Konstellationen besonders **weit gefasst.** Äußerungen von Teilnehmern an der politischen Debatte, insbes. von Politikern, stehen unter dem besonderen Schutz von Art. 10 (Grabenwarter/Pabel EMRK § 23 Rn. 31 mwN). Gleiches gilt für Kritik, die sich gegen den **Staat, die Regierung, Politiker** und **hochrangige Beamte** richtet. Diesen Gruppen ist gemein, dass sie sich freiwillig in die öffentliche Debatte begeben und sich daher unweigerlich auch verschärfter öffentlicher Aufmerksamkeit und Kritik ausgesetzt haben (s. zB EGMR 14.3.2013 – 26118/10 Rn. 59, BeckRS 2013, 201340 – Eon, Beschimpfung des französischen Präsidenten; EGMR 15.3.2011 – 2034/07 Rn. 50, NJOZ 2012, 833 – Otegi Mondragon, Bezeichnung des spanischen Königs als „echte politische Schande"; EGMR 14.2.2008 – 20893/03 Rn. 74, NJW 2009, 3145 – July u. SARL Libération; EGMR 7.7.2007 – 1914/02 Rn. 40, NJW 2008, 3412 – Dupuis ua; BVerfG 19.5.2020 – 1 BVR 2397/19 Rn. 31, NJW 2020, 2622 (2626); *Nußberger* AfP 2014, 481 (482ff.)). Unter diesen Gesichtspunkten müssen auch **internationale Unternehmen, Personen des öffentlichen Lebens** sowie jene, die sich selbst an der öffentlichen Debatte beteiligen, ein gesteigertes Maß an öffentlicher Kritik hinnehmen (EGMR 15.2.2005 – 68416/01 Rn. 94,

Freiheit der Meinungsäußerung **Art. 10 EMRK**

NJW 2006, 1255 – Steel u. Morris; EGMR 27.2.2001 – 26958/95 Rn. 38 – Jerusalem).

Dies gilt allerdings nur insoweit, als sich die Kritik tatsächlich auf die öffentliche Funktion bzw. eine **Angelegenheit von öffentlichem Interesse** bezieht. Handelt es sich um Vorwürfe, die ausschließlich private Sachverhalte betreffen, sind die Grenzen zulässiger Kritik enger gefasst (EGMR 6.2.2001 – 41205/98 Rn. 68, BeckRS 2013, 16084 – Tammer). Private Sachverhalte sind jedoch dann legitimer Gegenstand öffentlicher Erörterung, wenn eine Verbindung zu der öffentlichen Aufgabe des Betroffenen besteht (EGMR 4.6.2009 – 21277/05 Rn. 48, NJW 2010, 751 (752f.) – Standard Verlags GmbH Nr. 2). Der EGMR unterscheidet in diesem Zusammenhang zwischen Angelegenheiten von unmittelbarem öffentlichem Interesse und Informationen, die nur die **Neugier des Publikums** befriedigen sollen (vgl. EGMR 7.2.2012 (GK) – 39954/08 Rn. 91, NJW 2012, 1058 – Axel Springer AG, Bericht über Festnahme eines Schauspielers wg. Kokainbesitzes zulässig; EGMR 12.10.2010 – 184/06 Rn. 67 – Saaristo ua; EGMR 24.6.2004 – 59320/00 Rn. 65f., NJW 2004, 2674 – v. Hannover; → Rn. 93ff.). 75

Auch wenn sich die Kritik auf eine Angelegenheit von öffentlichem Interesse bezieht, kann eine Äußerung **bei Hinzutreten besonderer Umstände,** etwa aufgrund eines Zusammenhangs zur deutschen Vergangenheit, **ausnahmsweise unzulässig** sein (vgl. EGMR 8.11.2012 – 43481 Rn. 49ff., NJW 2014, 137 – PETA, Verbot des Tierschutzplakats „Der Holocaust auf Deinem Teller"; hierzu *Cornils* in BeckOK InfoMedienR EMRK Art. 10 Rn. 71, „Sonderfallthese" bei Äußerungen mit Bezug zum Holocaust"; Harris/O'Boyle/Warbrick European Convention on Human Rights S. 659; EGMR 13.1.2011 – 397/07 ua Rn. 48, NJW 2013, 3353 – Hoffer u. Annen, „Babycaust"; EGMR 18.10.2018 – 3779/11 Rn. 29 – Annen Nr. 6, Vergleich der Stammzellforschung mit Menschenversuchen in Konzentrationslagern). 76

bb) Spezielle Berufe, werbende Inhalte. Von bestimmten Personengruppen verlangt der EGMR ein gesteigertes Maß an **Zurückhaltung.** Dies gilt etwa für die der Neutralitätspflicht unterliegenden **Beamten** und **Soldaten,** aber auch für **Anwälte,** wenn sie Kritik an der Justiz üben (→ Rn. 62; s. aber zur zulässigen Justizkritik einer russischen Richterin EGMR 26.2.2009 – 29492/05 – Kudeshkina; sa EGMR 19.4.2018 – 41841/12, NJOZ 2019, 1453 – Ottan). **Arbeitnehmer** trifft grundsätzlich eine Loyalitätspflicht, die sie daran hindert, betriebsinterne Sachverhalte öffentlich zu machen. Deren Grenze ist jedoch erreicht, wenn es sich um einen Missstand von erheblichem Gewicht handelt und der Arbeitgeber trotz eines zunächst internen Hinweises untätig geblieben ist oder ein Hinweis eindeutig sinnlos war (EGMR 16.2.2021 – 23922/19 Rn. 66ff., NVwZ 2021, 1043 (1045) – Gawlik, Kriterien: öffentliches Interesse an der Information und deren Wahrheitsgehalt, Schaden des Arbeitgebers, externe Meldung als ultima ratio, Beweggründe des Arbeitnehmers, Verhältnismäßigkeit der Sanktion; EGMR 21.7.2011 – 28274/08 Rn. 63ff., NJW 2011, 3501 – Heinisch; hierzu *Forst* NJW 2011, 3477; EGMR 12.2.2008 – 14277/04, BeckRS 2011, 77277 – Guja; *Nußberger* OstEUR Beiheft 1/2012, 14 (15f.)). Auch sofern ausschließlich **werbende Inhalte** in Rede stehen, geht der EGMR von einem fehlenden bzw. nur schwach ausgeprägten Bezug zum politischen Diskurs aus und zieht die Grenzen zulässiger Kritik folglich enger (Jacobs/White/Ovey The European Convention on Human Rights S. 458f., aber Begrenzung des Beurteilungsspielraums, wenn die Werbung einem „wider 77 public interest" dient; *van Rijn* in van Dijk/van Hoof/van Rijn/Zwaak European Convention on Human Rights S. 801 ff.; → Rn. 58).

78   **5. Hassrede und Gewaltaufrufe.** Der weitreichende Schutz politischer Inhalte findet in Fällen der Hassrede sowie bei Gewaltaufrufen eine strenge Grenze. Die Vorgehensweise des EGMR ist dabei stark **inhalts- und meinungsbezogen.** Stehen die Äußerungen im Widerspruch zu den Grundwerten der Konvention, sind sie entweder schon nicht durch Art. 10 geschützt oder sie können im Einklang mit Art. 10 Abs. 2 geahndet werden (sa für Vergleich mit Rspr. des BVerfG *Hong* ZaöRV 70 (2010), 73 ff.; BVerfGE 124, 300; zum Ganzen auch *Struth* S. 78 ff., 114 ff., 134 ff.; s. auch den Überblick in EGMR 17.4.2019 – 24683/14 Rn. 26 ff. – Roj TV AS).

79   **a) Leugnung des Holocaust.** Bei dem Holocaust handelt es sich um eine historische Tatsache, deren Leugnung im Widerspruch zu den Grundwerten der Konvention steht und daher kraft Art. 17 regelmäßig bereits **nicht** durch Art. 10 **geschützt** ist (→ Rn. 9 und zB EGMR 23.9.1998 (GK) – 25662/94 Rn. 47, ÖJZ 1999, 656 – Lehideux u. Isorni; EGMR 24.6.2003 – 65831/01, NJW 2004, 3691 – Garaudy; EGMR 13.12.2005 – 72485/03 – Witzsch (Nr. 2); s. aber EGMR 3.10.2019 – 55225/14 Rn. 37, BeckRS 2019, 47407 – Pastörs, Anwendung von Art. 17 auf Schutzbereichs- oder Rechtfertigungsebene ist „a decision taken on a case-by-case-basis"; zu Art. 5 GG BVerfGE 90, 241 (249 ff.)). Offen ist, inwiefern dieser Ansatz auch bei der Leugnung anderer Verbrechen gegen die Menschlichkeit Anwendung finden wird (zweifelnd Jacobs/White/Ovey The European Convention on Human Rights S. 4443; sa EGMR 15.10.2015 (GK) – 27510/08, NJW 2016, 3353 – Perinçek, Bestreiten (nur) der rechtlichen Qualifikation der 1915 am armenischen Volk verübten türkischen Massaker als Völkermord durch Art. 10 geschützt).

80   **b) Hassrede.** Äußerungen die aus „Gründen der Intoleranz" zum Hass gegen Einzelne oder bestimmte Bevölkerungsgruppen anstacheln, stehen, wenn überhaupt, **nur sehr eingeschränkt unter dem Schutz von Art. 10.** Hassrede („hate speech"; „incitation à la haine") in diesem Sinne setzt nicht notwendigerweise einen Aufruf zu Gewalt oder strafbarem Verhalten voraus. Charakteristisch sind vielmehr diffamierende und diskriminierende Inhalte, die die fundamentale Gleichheit aller Menschen, die Menschenwürde sowie den demokratischen Pluralismus leugnen und auf dieser Grundlage zum Hass anstacheln (EGMR 15.10.2015 (GK) – 27510/08, NJW 2016, 3353 – Perinçek; EGMR 16.7.2009 – 15615/07 Rn. 64, 73 – Féret; EGMR 4.12.2003 – 35071/97 Rn. 40 f. – Gündüz). Der EGMR hat die Diskriminierung aufgrund der sexuellen Orientierung ausdrücklich der Rassendiskriminierung gleichgestellt (EGMR 9.2.2012 – 1813/07 Rn. 55, NJW 2013, 285 (286) – Vejdeland).

81   Besonders **schwerwiegende Formen der Hassrede,** etwa rassistische, antisemitische und neonazistische Äußerungen, **schließt Art. 17 regelmäßig aus dem Schutzbereich von Art. 10 aus** (EGMR 23.9.1994 (GK) – 15890/89 Rn. 35, NStZ 1995, 237 – Jersild; EGMR 20.2.2007 – 35222/04 Rn. 1 – Pavel Ivanov; EGMR 16.11.2004 – 23131/03 – Norwood; Sondervotum Spielmann in EGMR 9.2.2012 – 1813/07 Rn. 4, NJW 2013, 285 – Vejdeland; sa *Cohen-Jonathan,* Discrimination raciale et liberté d'expression/A propos de l'arrêt de la CourEDH du 23 septembre 1994, Jersild contre Danemark, RUDH 1995, 1; *Nußberger* OstEUR Beiheft 1/2012, 14 (20); für eine Berücksichtigung von Art. 17 ausschließlich auf Rechtfertigungsebene *Struth* S. 258 ff., 281 f.). In (vermeintlich) we-

Freiheit der Meinungsäußerung   **Art. 10 EMRK**

niger eindeutigen Fällen tritt der EGMR in eine Rechtfertigungsprüfung ein, erklärt Eingriffe aber regelmäßig unter Verweis auf die **besondere Bedeutung des Kampfes gegen den Rassismus** für zulässig (EGMR 10.7.2008 – 15948/03 Rn. 42, 48, NJOZ 2010, 2237 (2240) – Soulas). Dabei bezieht sich der EGMR häufig auf die zahlreichen völkerrechtlichen Anstrengungen zur Bekämpfung der Hassrede (EGMR 4.12.2003 – 35071/97 Rn. 21 ff. – Gündüz; sa *Gärtner/Hellmann* NJW 2011, 961) und geht unter bestimmten Voraussetzungen von einer Pflicht des Staates aus, bestimmte Gruppen vor öffentlicher Diffamierung zu schützen (EGMR 16.2.2021 – 29335/13 Rn. 67, BeckRS 2021, 1824 – Behar u. Gutman).

c) Gewaltaufrufe. Ausdrückliche Aufrufe zu (politischer) Gewalt können als **82 illegitime Mittel des Meinungskampfes** im Einklang mit Art. 10 verboten werden (EGMR 8.7.1999 (GK) – 26682/95 Rn. 62 – Sürek (Nr. 1), Aufruf zu blutiger Rache). Handelt es sich nicht um einen ausdrücklichen Gewaltaufruf, ist anhand einer tatsachen- und kontextbezogenen Analyse zu ermitteln, ob ein impliziter Gewaltaufruf gegeben ist (verneinend EGMR 13.9.2005 – 50997/99 Rn. 31 f. – Han; EGMR 18.7.2000 – 26680/95 Rn. 45 – Sener separatistische Propaganda; Überblicke bei Jacobs/White/Ovey The European Convention on Human Rights S. 440 ff.; Harris/O'Boyle/Warbrick European Convention on Human Rights S. 626 ff.). Es bedarf allerdings jeweils keines Nachweises einer konkreten Gefahr.

6. Besonderer Schutz der Pressefreiheit. Wegen der zentralen Bedeutung **83** der freien Medien in der demokratischen Gesellschaft ist der Beurteilungsspielraum der Mitgliedstaaten eingeengt. Die allgemeinen Maßstäbe – insbes. zur Bewertung ehrenrühriger Äußerungen (→ Rn. 65 ff.) – sind rigoros anzuwenden. Von wesentlicher Bedeutung ist vor allem, inwiefern mit einem Eingriff die Gefahr einer abschreckenden Wirkung verbunden ist, die die Medien davon abhalten könnte, über eine Angelegenheit von öffentlichem Interesse zu berichten (so zB EGMR 21.10.2014 – 54125/10 Rn. 61 – Hlynsdottir (Nr. 2); *Frowein* EuGRZ 2008, 117 f. mwN). Neben dem **hohen Stellenwert einer freien Presse** betont der EGMR zugleich die Pflichten sowie die Verantwortung, die mit der Pressefreiheit einhergehen (vgl. statt vieler EGMR 20.5.1999 (GK) – 21980/93 Rn. 59, NJW 2000, 1015 – Bladet Tromsø u. Stensaas).

a) Präventive Veröffentlichungsverbote. Vorbeugende Veröffentlichungs- **84** verbote sind nicht per se unzulässig, unterliegen jedoch abermals **verschärften Rechtfertigungsvoraussetzungen.** Über die allgemeinen Anforderungen hinaus müssen die gesetzlichen Voraussetzungen klar definiert sein und eine effektive, umfassende und kurzfristige gerichtliche Kontrolle sicherstellen. Überdies ist maßgeblich, ob eine Berichterstattung vollständig verboten oder „nur" bestimmte Formen der Information untersagt werden (EGMR 17.7.2001 – 39288/95 Rn. 61 – Ekin Association; EGMR 26.11.1991 – 13585/88 Rn. 60 ff., EuGRZ 1995, 16 – Observer u. Guardian). Auf Unterlassungsverfügungen, die nur die Wiederholung bereits erfolgter Veröffentlichungen verhindern sollen, sind diese besonders strengen Kriterien nicht anzuwenden.

b) Redaktionsgeheimnis und Quellenschutz. Die EMRK schließt die Ver- **85** pflichtung, die Identität von Informanten preiszugeben, nicht von vornherein aus, jedoch gilt auch insoweit ein sehr **strenger Verhältnismäßigkeitsmaßstab** (Überblick: EGMR 14.9.2010 (GK) – 38224/03 Rn. 59 ff., NJW-RR 2011, 1266 (1267 f.) – Sanoma Uitgevers; zur gesetzlichen Grundlage → Rn. 44; sa Empfehlung Nr. R(2000) 7 des Ministerkomitees; *Nußberger* OstEUR Beiheft 1/2012, 14

(19f.)). Auch Maßnahmen, die mittelbar die Identifikation einer Quelle ermöglichen können, etwa Durchsuchungen von Redaktionsräumen, unterliegen diesen Anforderungen (EGMR 27.11.2007 – 20477/05 Rn. 60, NJW 2008, 2565 – Tillack; EGMR 25.2.2003 – 51772/99 Rn. 47 – Roemen u. Schmit), zumal sie den Zugriff auf nahezu alle Unterlagen des betroffenen Journalisten eröffnen (EGMR 16.7.2013 – 73469/10 Rn. 95, BeckRS 2013, 202724 – Nagla).

86 Eingriffe in den Quellenschutz können allenfalls durch **überragende öffentliche Interessen** gerechtfertigt werden (zsf. EGMR 6.10.2020 – 35449/14 Rn. 30ff. – Jecker). Dabei geht es nicht nur um den Schutz des konkreten Informanten, dessen Motive unbekannt sind. Es gilt auch eine einzelfallübergreifende abschreckende Wirkung zu vermeiden, die mit der Preisgabe vertraulicher Quellen verbunden wäre. Damit ist zugleich das Interesse der Allgemeinheit geschützt, über die Medien Informationen aus vertraulichen und/oder anonymen Quellen zu erhalten (EGMR 15.12.2009 – 821/03 Rn. 59, BeckRS 2009, 140812 – Financial Times Ltd. ua; EGMR 27.3.1996 – 17488/90 Rn. 39 – Goodwin).

87 Es reicht daher nicht aus, dass der Betroffene ein erhebliches Interesse daran hat, den Informanten zu ermitteln, etwa um gegen ihn rechtlich vorgehen zu können. Insoweit genügt in aller Regel, dass der Betroffene gegen die Berichterstattung als solche vorgehen kann (EGMR 27.3.1996 – 17488/90 Rn. 42ff. – Goodwin). Auch das Interesse, weitere „Lecks" zu verhindern, rechtfertigt eine Durchbrechung des Quellenschutzes nur in außergewöhnlichen Umständen, in denen **keine milderen Mittel** zur Verfügung stehen oder solche bereits ausgeschöpft sind und ein **besonders schwerwiegender Schaden** droht (EGMR 15.12.2009 – 821/03 Rn. 69, BeckRS 2009, 140812 – Financial Times Ltd. ua). Freilich greift der journalistische Quellenschutz nur ein, wenn **Vertraulichkeit** auch **zugesichert** wurde (EGMR 14.9.2010 (GK) – 38224/03 Rn. 60, NJW-RR 2011, 1266 (1267) – Sanoma Uitgevers). Die Identität von Personen, die sich nicht von sich aus an die Medien wenden, sondern Gegenstand verdeckter Recherchen sind, unterfällt nicht dem Quellenschutz (EGMR 8.12.2005 – 40485/02 – Nordisk Film u. TV A/S).

88 **c) Journalistische Sorgfaltspflichten.** Aus den Art. 10 Abs. 2 genannten „Pflichten und Verantwortung" leitet der EGMR die Verpflichtung ab, guten Willens („good faith", „bonne foi"), **verlässlich und zutreffend sowie im Einklang mit der journalistischen Berufsethik** zu berichten (EGMR 21.1.1999 (GK) – 29183/95 Rn. 54, NJW 1999, 1315 – Fressoz u. Roire). Der konkrete Sorgfaltsmaßstab richtet sich nach dem Aktualitätsdruck, unter dem die konkrete Berichterstattung steht (EGMR 17.12.2004 (GK) – 49017/99 Rn. 8, NJW 2006, 1645 – Pedersen u. Baadsgaard; EGMR 1.7.2007 – 510/04 Rn. 90ff. – Tønsbergs Blad AS u. Haukom; ausf. zur journalistischen Sorgfaltspflicht Harris/O'Boyle/Warbrick European Convention on Human Rights S. 687ff.).

89 Die Medien unterliegen insbes. einer **Pflicht zur Eigenrecherche.** Vor einer Veröffentlichung müssen Informationen umfassend (gegen)recherchiert werden (EGMR 19.10.2017 – 35030/13 Rn. 45ff., NJW 2018, 3768 (3771) – Droemer Knaur). Dabei gilt ein **gleitender Sorgfaltsmaßstab** (EGMR 21.10.2014 – 54125/10 Rn. 64 – Hlynsdottir (Nr. 2), „the more serious the allegation, the more solid the factual basis has to be"). Jedenfalls vor der Veröffentlichung schwerwiegender Vorwürfe ist dem Betroffenen Gelegenheit zur Stellungnahme zu geben (EGMR 22.10.2009 – 25333/06 Rn. 68, BeckRS 2009, 141339 – Europapress Holding D.O.O.; sa EGMR 10.7.2014 – 48311/10 Rn. 70ff., BeckRS 2015,

5968 – Axel Springer (Nr. 2)). Beruht eine Berichterstattung auf unzureichenden Recherchen, mindert dies ihren Schutz durch Art. 10 (EGMR 20.5.1999 (GK) – 21980/93 Rn. 66, NJW 2000, 1015 – Bladet Tromsø u. Stensaas).

Diese Pflicht zur Eigenrecherche wird nur ausnahmsweise (EGMR 7.1.2014 – 21666/09 Rn. 48, AfP 2014, 237 – Ringier Axel Springer A.S. (Nr. 2)) gelockert, wenn die Medien unter Berücksichtigung des Gewichts der Behauptung die ihnen vorliegenden Informationen ex ante als verlässlich und belastbar einstufen durften (EGMR 19.10.2017 – 71233/13 Rn. 43ff., NJW 2018, 3083 (3085) – Fuchsmann). Daher genießt etwa das **Vertrauen auf die Richtigkeit amtlicher Dokumente und (mündlicher) Verlautbarungen** besonderen Schutz. In diesen Fällen bedarf es grds. keiner eigenen Recherchen der Medien (EGMR 2.10.2012 – 5126/05 Rn. 51 – Yordanova u. Toshev, Äußerungen bei informeller Pressekonferenz; EGMR 25.6.2002 – 51279/99 Rn. 65 – Colombani; zur „privilegierten Quelle" im dt. Recht BVerfG 9.3.2010 – 1 BvR 1891/05, NJW-RR 2010, 1195; *Waschatz*, Haftungsfalle Behördeninformationen, 2014, S. 87ff.). Etwas anderes gilt, wenn sich Zweifel an der inhaltlichen Richtigkeit ergeben oder die Authentizität des Dokuments nicht gesichert ist (*Marauhn* in Ehlers GuG § 4 Rn. 52). **90**

d) Verbreiterhaftung. Der EGMR differenziert zwischen eigenen Aussagen der Medien und Äußerungen Dritter, die – etwa durch Zitate und Interviews – nur verbreitet werden. Machen sich die Medien solche Drittäußerungen zu Eigen, gelten die gleichen Maßstäbe wie für eigene Inhalte (EGMR 14.2.2008 – 36207/03 Rn. 62 – Rumyana Ivanova). Werden die Äußerungen Dritter hingegen nur wiedergegeben, ist ein generelles und einzelfallunabhängiges Erfordernis, sich von diesen Fremdäußerungen, etwa der eigenen Interview-Partner, zu distanzieren, mit Art. 10 unvereinbar. Solange es sich um eine erkennbare Fremdäußerung handelt, **bedarf** daher ein **Distanzierungserfordernis** – auch jenseits des strafrechtlichen Kontextes – **besonderer Rechtfertigung** (vgl. ua EGMR 10.7.2014 – 48311/10 Rn. 69, BeckRS 2015, 5968 – Axel Springer AG (Nr. 2), mit Hinweis, dass Distanzierung bereits aus dem redaktionellen Kontext folgen kann; EGMR 14.12.2006 – 76918/01 Rn. 33ff. – Verlagsgruppe News GmbH; EGMR 17.12.2004 (GK) – 49017/99, NJW 2006, 1645 Rn. 77 – Pedersen u. Baadsgaard; EGMR 29.3.2001 – 38432/97 Rn. 63 – Thoma; *Grote/Wenzel* in Dörr/Grote/Marauhn Kap. 18 Rn. 137). Ein (gesteigertes) Distanzierungserfordernis kann sich insbes. aus der besonderen Schwere des transportierten Vorwurfs ergeben (in diese Richtung BVerfG 25.6.2009 – 1 BvR 134/03, NJW-RR 2010, 470; BGH 17.11.2009 – VI ZR 226/08, NJW 2010, 760; *Mensching/Waschatz* AfP 2009, 441). **91**

Im Hinblick auf **nutzergenerierte Inhalte** (zB Foreneinträge; Nutzerkommentare) hat es der EGMR für mit Art. 10 vereinbar gehalten, wenn Betreibern kommerzieller Nachrichtenportale die Verpflichtung auferlegt wird, bestimmte offensichtlich rechtswidrige Kommentare („hate speech and direct threats to the physical integrity of individuals") auch ohne Hinweis des jeweils Betroffenen in einem angemessenen Zeitraum aus den Portalen zu löschen, ein „notice and take down"-Verfahren schließe dies nicht aus (EGMR 16.06.2015 (GK) – 64569/09 Rn. 159, 162, BeckRS 2015, 11533 – Delfi AS; hierzu und auch zum dt. Recht *Lauber*-Rönsberg GRUR-Pax 2015, 299; abl. zur vorangegangenen Kammerentscheidung *Schapiro* ZUM 2014, 201 (203ff.); sa *Haug* AfP 2014, 27 (29f.); EGMR 2.2.2016 – 22947/13, NJW 2017, 2091 – Magyar Tartalomszolgáltatók Egyesülete u. Index Zrt). Eine generelle Haftung für lediglich **verlinkte Inhalte** hat der EGMR **92**

EMRK Art. 10

zugunsten einer Einzelfallbetrachtung abgelehnt (EGMR 4.12.2018 – 11257/16 Rn. 77, NJW 2018, 3201 – Magyar Jeti ZRT; sa EGMR 21.6.2021 – 57292/16 Rn. 74ff. – Hurbain).

93   e) **Eingriffe in die Privatsphäre.** Kraft **Art. 8** sind die Mitgliedstaaten verpflichtet, die Privatsphäre des Einzelnen zu schützen, die insbes. in Fällen der **Bildberichterstattung** in Konflikt zum Abwehrrecht der Medien aus Art. 10 gerät (→ Rn. 70, 74).

94   Der **EGMR unterscheidet** (auch) in diesem Zusammenhang **zwischen Beiträgen zu einer Debatte von allgemeinem Interesse und der Befriedigung reiner Neugier.** Im ersten Fall seien Beschränkungen der Pressefreiheit allenfalls in engen Grenzen zulässig. Im zweiten Fall gewähre Art. 10 hingegen nur einen eingeschränkten Schutz, da die Presse nicht in ihrer Rolle als „öffentlicher Wachhund" betroffen sei. Dies gelte umso mehr, wenn Bilder heimlich und aus großer Entfernung aufgenommen worden sind (EGMR 10.5.2011 – 48009/08 Rn. 114, NJW 2012, 747 (751f.) – Mosley, "the focus must be on whether the publication is in the interest of the public and not whether the public might be interested in reading it"; EGMR 4.12.2018 – 62721/13 ua Rn. 38, NJW 2019, 741 (743) – Bild GmbH & Co. KG und Axel Springer SE, Aufnahme vom Hofgang in Gefängnis; EGMR 18.1.2011 – 39401/04 Rn. 143, NJOZ 2012, 335 (337) – MGN Limited; EGMR 24.6.2004 – 59320/00 Rn. 65, NJW 2005, 2480 – v. Hannover; hierzu *Gersdorf* AfP 2005, 221; *Grabenwarter* AfP 2004, 309; *Heldrich* NJW 2004, 2634; *Stürner* JZ 2004, 1018).

95   Ein Beitrag zu einer Debatte von öffentlichem Interesse liegt nicht bereits vor, wenn die (Bild-)Berichterstattung eine Person des öffentlichen Lebens betrifft, an deren Verhalten die Öffentlichkeit Anteil nimmt. Auch ein vorgeschobener Bezug zu einem Thema von öffentlichem Interesse reicht nicht aus (EGMR 23.7.2009 – 12268/03 Rn. 40ff., BeckRS 2009, 141942 – Hachette Filipacchi Associès („Ici Paris")). Erforderlich ist ein **konkret-sachlicher Zusammenhang zu einer die Öffentlichkeit wesentlich berührenden Frage** (EGMR 13.12.2005 – 66298/01 Rn. 46f., ÖJZ 2006, 693 – Wirtschafts-Trend Zeitschriften-Verlagsgesellschaft mbH (Nr. 3), zulässige Bildberichterstattung über Lebensgefährtin eines flüchtigen Politikers, die sich zuvor selbst in die Öffentlichkeit begeben hatte; EGMR 16.11.2004 – 53678/00 Rn. 45ff., NJW 2006, 591 – Karhuvaara u. Iltalehti; EGMR 14.6.2006 – 14991/02, BeckRS 2012, 18731 – Minelli; prägnante Zsfg. der Abwägungsfaktoren in EGMR 7.2.2012 (GK) – 40660/08 Rn. 108ff., NJW 2012, 1039 – v. Hannover (Nr. 2); EGMR 7.2.2012 (GK) – 39954/08 Rn. 89ff., GRUR 2012, 741 (743ff.) – Axel Springer AG). Von öffentlichem Interesse sind nicht nur politische Fragen oder Straftaten, sondern auch Ereignisse etwa aus den Bereichen des Sports und der Kunst, auch der Bericht über die Hochzeit bekannter Personen kann einen Beitrag zu einer Debatte von öffentlichem Interesse darstellen (EGMR 24.5.2016 – 68273/10 Rn. 36 – Sihler-Jauch u. Jauch; vgl. auch EGMR 25.6.2019 – 14047/16 – Guttenberg). Enge Grenzen gelten indes bei Informationen, die der Intimsphäre („core area of the private life") unterfallen (EGMR 14.1.2014 – 73579/10 Rn. 51, BeckRS 2014, 81582 – Ruusunen, Buch über Liebesbeziehung mit Premierminister; hierzu *Klass* ZUM 2014, 261 (266f.); sa 19.6.2012 – 1593/06 Rn. 54ff., NJW 2013, 3501 (3503) – Kurier Zeitungsverlag und Druckerei GmbH (Nr. 2), unzulässige Berichterstattung über Sorgerechtsstreit).

96   Befürchtungen einer Verengung auf rein politische Themen sowie einer gerichtlichen statt medialen Entscheidung, was des öffentlichen Interesses Wert ist (zB Gra-

Freiheit der Meinungsäußerung **Art. 10 EMRK**

benwarter/Pabel EMRK § 23 Rn. 49) haben sich nicht bewahrheitet (idS auch *Grote/Wenzel* in Dörr/Grote/Marauhn Kap. 18 Rn. 111 (insbes. Fn. 511)). Den **Medien verbleibt ein erheblicher eigener Beurteilungs- und Berichterstattungsspielraum** (idS auch *Frenz* NJW 2012, 1039 (1040, 1042). Insbes. hat die Große Kammer anerkannt, dass auch Personen des öffentlichen Lebens, die nicht Politiker oder hervorgehobene Amtsträger sind, eine weitergehende Einschränkung ihrer Privatsphäre hinnehmen müssen (EGMR 7.2.2012 (GK) – 39954/08 Rn. 91, NJW 2012, 1058 – Axel Springer AG; EGMR 7.2.2012 (GK) – 40660/08 Rn. 110, NJW 2012, 1039 – v. Hannover (Nr. 2); EGMR 19.9.2013 – 8772/10 Rn. 46 ff., NJW 2014, 1645 – v. Hannover (Nr. 3); sa *Engels/Haisch* GRUR-Prax 2012, 81 (82); krit. *Dietrich* AfP 2013, 277 ff.; hierzu *Dahle/Stegmann* AfP 2013, 480 ff.). Indes gilt weiterhin, dass auch in diesen Fällen eine „sachorientierte und ernsthafte Erörterung einer Angelegenheit von öffentlichem Interesse" erforderlich ist (die Befriedigung reiner Neugier also nicht ausreicht) und es einer umfassenden Interessenabwägung bedarf (*Klass* ZUM 2014, 261 (265 ff.); großzügig EGMR 16.1.2014 – 13258/09 Rn. 37, NJW 2014, 3291 – Lillo-Stenberg u. Sæther, Hochzeit eines Musikers und einer Schauspielerin beinhaltet „element of general interest").

Die **deutschen Gerichte** haben die Vorgaben des EGMR für die Anwendung 97 insbes. von §§ 22, 23 KUG durch die Entwicklung eines **„abgestuften Schutzkonzepts"** umgesetzt. Danach ist bereits bei der Qualifikation des Betroffenen als Person der Zeitgeschichte das öffentliche Informationsinteresse zu prüfen (BGHZ 171, 275, gebilligt durch BVerfG 26.2.2008 – 1 BvR 1602/07, NJW 2008, 1793; dazu *Hoffmann-Riem* NJW 2009, 20; *Klass* AfP 2007, 517; → Rn. 4). Der EGMR hat diesen Ansatz iE gebilligt (EGMR 7.2.2012 (GK) – 40660/08, NJW 2012, 1039 – v. Hannover (Nr. 2); EGMR 19.9.2013 – 8772/10 Rn. 46 ff., NJW 2014, 1645 – v. Hannover (Nr. 3); sa *Dörr* JuS 2012, 1046 (1048)).

f) Veröffentlichung vertraulicher Dokumente, verdeckter Aufnahmen 98 **und urheberrechtlich geschützter Inhalte.** Über die Zulässigkeit der Veröffentlichung **vertraulicher Dokumente** ist anhand einer Abwägung zu entscheiden. **Maßgebliche Faktoren** sind das öffentliche Interesse an dem konkreten Inhalt des Dokuments, das gegenläufige private oder staatliche Geheimhaltungsinteresse, das Verhalten des Journalisten bei der Informationserlangung (eigener Vertraulichkeitsbruch oder bloßer Erhalt zugespielter Dokumente) sowie die Art und Weise der konkreten Berichterstattung (EGMR 10.12.2007 (GK) – 69698/01 Rn. 112 ff., NJW-RR 2008, 1141 – Stoll; EGMR 9.11.2006 – 64772/01 Rn. 75 ff. – Leempoel u. S. A. Ed. Ciné Revue).

Nahezu identische Maßstäbe gelten bei der Veröffentlichung **verdeckt erstell-** 99 **ter Aufnahmen.** Diese ist ebenfalls vom Schutzbereich des Art. 10 umfasst. Auch hier entscheidet eine **Einzelfallabwägung,** die im Rahmen einer Zweck-Mittel-Relation ua das Informationsinteresse (insbes. das Gewicht des aufzudeckenden (angeblichen) Missstands), das Vorgehen bei Anfertigung der Aufnahmen und den Inhalt der Berichterstattung berücksichtigt (vgl. EGMR 16.1.2014 – 45192/09 Rn. 52 ff., EuGRZ 2014, 401 = ZUM-RD 2014, 545 – Tierbefreier eV, heimliche Filmaufnahmen von Tierversuchsgegnern in Labor; EGMR 24.2.2015 – 21800/09 Rn. 61 – Haldimann ua; ähnlich nach deutschem Recht BVerfGE 66, 116 (139); sa *Hegemann* AfP 2019, 12 ff.). Strafrechtsverstöße im Rahmen von Recherchen sind idR nicht durch Art. 10 gedeckt (EGMR 5.1.2016 – 56328/10 Rn. 20, BeckRS 2016, 134714 (keine "exclusive immunity from criminal liability for the sole reason that ... the offence in question was committed during the performance of his or her journalistic functions.").

100 Auch das Verbot einer unbefugten Veröffentlichung **urheberrechtlich geschützter Inhalte** ist an Art. 10 zu messen. Dabei ist ua der durch Art. 1 EMRK-ZusProt abgesicherte Stellenwert des Urheberrechts zu berücksichtigen (EGMR 10.1.2013 – 36769/08 Rn. 35ff., NJW 2013, 2375 – Ashby Donald, unter Betonung des weiten Beurteilungsspielraums der Mitgliedstaaten). Für das deutsche Recht führt dies zu der Frage, ob nach Urheberrecht unzulässige Veröffentlichungen im Rahmen einer Einzelfallabwägung unter Berufung auf Art. 10 gerechtfertigt werden können (bejahend *Nieland* K&R 2013, 285 (287f.)). In Deutschland ist die Problematik durch eine unionrechtskonforme Auslegung des § 50 UrhG entschärft worden (EuGH 29.7.2019 – C-469/17, NJW 2019, 2532; BGH 30.4.2020 – I ZR 139/15, NJW 2020, 2547).

101 **g) Verdachtsberichterstattung.** Ein **gesteigerter Sorgfaltsmaßstab** gilt bei Berichten über Vorwürfe schwerwiegenden Fehlverhaltens, insbes. über strafprozessuale Ermittlungsverfahren (zusammenfassend *Cornils* in BeckOK InfoMedienR EMRK Art. 10 Rn. 76ff.). Die Medien haben die **Unschuldsvermutung** aus Art. 6 Abs. 2 zu beachten (EGMR 19.10.2017 – 35030/13 Rn. 54, NJW 2018, 3768 (3772) – Droemer Knaur, dazu *Hembach* K&R 2018, 13ff.; EGMR 10.2.2009 – 3514/02 Rn. 60, BeckRS 2013, 16081 – Eerikainen), dem Betroffenen Gelegenheit zu geben, zu dem gegen ihn erhobenen Vorwürfen Stellung zu nehmen (→ Rn. 89; *Hembach* K&R 2018, 13 (16)), durch die Gestaltung der Berichterstattung die Vorläufigkeit des Sachstands deutlich zu machen und eine **Vorverurteilung zu vermeiden** (EGMR 2.5.2000 – 26132/95 Rn. 57f. – Bergens Tidende; EGMR 11.1.2000 – 31457/96 Rn. 56 – News Verlag GmbH & Co. KG; zu einer Ausnahmekonstellation im Kontext der Verbreiterhaftung EGMR 10.7.2014 – 48311/10 Rn. 70, BeckRS 2015, 5968 – Axel Springer (Nr. 2)). Fehlt dem Vorwurf eine hinreichende tatsächliche Grundlage, kann dies zur Unzulässigkeit der Berichterstattung führen (EGMR 30.10.2012 – 6086/10 Rn. 78 – Karpetas, keine Beweistatsachen für Korruputionsvorwurf gegen Justiz). Eine **identifizierende Berichterstattung** setzt ein besonderes Interesse an der Person des Betroffenen voraus (EGMR 10.2.2009 – 351/02 Rn. 63, BeckRS 2013, 16081 – Eerikainen; insg. ähnlich BGHZ 199, 237 Rn. 26; zum dt. Recht *Lehr* AfP 2013, 7ff.; *Rinsche* AfP 2013, 1ff.) und unterliegt in einem frühen Verfahrensstadium gesteigerten Rechtfertigungsvoraussetzungen (EGMR 7.5.2019 – 11436/06 Rn. 115, BeckRS 2019, 50777 – Mityanin u. Leonov). Die Veröffentlichung von Beschuldigtenfotos durch die (unmittelbar an Art. 8 gebundenen) Ermittlungsbehörden bedarf einer ausdrücklichen gesetzlichen Grundlage (EGMR 11.1.2005 – 50774/99 Rn. 30, BeckRS 2008, 157460 – Sciacca).

102 **h) Prozess- und Gerichtsberichterstattung.** Diese Maßstäbe finden grds. auch auf die Berichterstattung über einen Strafprozess Anwendung. In diesem Zusammenhang – aber auch bei der Berichterstattung über nicht strafrechtliche Verfahren – ist ergänzend das Eingriffsziel der Wahrung der Autorität und Unparteilichkeit der Rechtsprechung einschlägig. Gleichwohl entspricht eine auch kommentierende, kritische und pointierende Berichterstattung dem in Art. 6 Abs. 1 verankerten **Öffentlichkeitsgrundsatz**, insbes. wenn das Verfahren eine Angelegenheit von öffentlichem Interesse betrifft. Nicht zuletzt ist auch **Kritik an Richtern** grds. zulässig (EGMR 14.2.2008 – 20893/03 Rn. 66ff., NJW 2009, 3145 – July u. SARL Libération).

Freiheit der Meinungsäußerung   **Art. 10 EMRK**

Die Auseinandersetzung darf jedoch nicht aus dem Gerichtssaal in die Medien **103** verlagert werden, das **Recht der Verfahrensbeteiligten auf ein faires Verfahren und ihre Persönlichkeitsrechte müssen gewahrt bleiben** (EGMR 29.8.1997 – 22714/93 Rn. 50, ÖJZ 1998, 35 – Worm; EGMR 26.4.1979 – 6538/74 Rn. 65, EuGRZ 1979, 386 – Sunday Times (Nr. 1)). Daher sind insbes. präjudizierende Darstellungen und bloßstellende (Bild-)Berichterstattungen zu vermeiden (EGMR 24.11.2005 – 53886/00 Rn. 66, BeckRS 2005, 156853 – Tourancheau u. July; EGMR 16.4.2009 – 34438/04, NJW-RR 2010, 1487 Rn. 61 – Egeland u. Hanseid, Bildaufnahmen unmittelbar nach Schuldspruch; zur Veröffentlichung von Tonbandmitschnitten aus dem Gerichtssaal nach Verfahrensabschluss EGMR 22.3.2016 – 48718 Rn. 49, BeckRS 2016, 81447 – Pinto Coelho). Sitzungspolizeiliche Anonymisierungsanordnungen können einzelfallabhängig mit Art. 10 vereinbar sein, setzen jedoch eine sorgfältige und umfassende Abwägung und Begründung voraus (EGMR 21.9.2017 – 51405/12 Rn. 39 ff., NJW 2018, 2461 (2462 ff.) – Axel Springer SE u. RTL Television GmbH). Die Persönlichkeitsrechte der Opfer von Straftaten unterliegen besonderem Schutz (EGMR 17.1.2012 – 3401/07 Rn. 47 ff., NJW 2013, 771 – Kurier Zeitungsverlag und Druckerei GmbH, Entschädigungspflicht wg. identifizierender Prozessberichterstattung über jugendliches Missbrauchsopfer).

i) Resozialisierungsschutz verurteilter Straftäter. Grundsätzlich besteht **104** ein legitimes Interesse des Verurteilten, im Anschluss an eine verbüßte Strafe **mit der Straftat nicht mehr uneingeschränkt öffentlich konfrontiert** zu werden. Daher bedarf es bei der Berichterstattung über einen kurz zuvor aus dem Gefängnis entlassenen Straftäter einer sorgfältigen Abwägung, die neben der Tat als solcher ua den Bekanntheitsgrad der Person, die seit Verurteilung und Entlassung verstrichene Zeit, das aktuelle Berichterstattungsinteresse und die Frage berücksichtigt, ob die Berichterstattung zutreffend ist (vgl. EGMR 7.12.2006 – 35841/02 Rn. 68 – ORF; sa EGMR 9.4.2009 – 28070/00 Rn. 68 ff., NJW-RR 2010, 1483 – A.; ähnlich BVerfG 10.6.2009 – 1 BvR 1107/09, NJW 2009, 3357; zu Altmeldungen in Online-Archiven EGMR 21.6.2021 – 57292/16 Rn. 98 ff. – Hurbain; EGMR 28.6.2018 – 60798/10 ua Rn. 90, NJW 2020, 295 (297) – M.L. u. W.W.; BVerfG 6.11.2019 – 1 BvR 16/13, NJW 2020, 300).

7. Besonderer Schutz der Rundfunkfreiheit. Die allgemeinen (→ Rn. 61 ff.) **105** und zur Pressefreiheit (→ Rn. 83 ff.) dargestellten Grundsätze gelten auch für die **Berichterstattung anderer Massenmedien,** insbes. des Rundfunks. Dabei betont der EGMR die im Vergleich zu Printmedien intensivere Wirkung audiovisueller Inhalte, aus sich – gerade bei Eingriffen in die Privatsphäre – ein gesteigerter Sorgfaltsmaßstab ergebe (EGMR 10.5.2011 – 48009/08 Rn. 115, NJW 2012, 747 (751) – Mosley).

a) Veranstaltungsfreiheit. Als Eingriffe in das Recht, Informationen zu ver- **106** breiten, sind Beschränkungen der Freiheit der Rundfunkveranstaltung an Art. 10 Abs. 2 zu messen. Ein völliger Ausschluss Privater von der Rundfunkveranstaltung, mithin ein **staatliches Veranstaltermonopol,** ist **nicht zu rechtfertigen** (EGMR 24.11.1993 – 13914/88 Rn. 38 ff., EuGRZ 1994, 549 – Informationsverein Lentia; *Herdegen,* Europarecht, 16. Aufl. 2014, § 3 Rn. 37), zumal der **Pluralismus** durch die Ausgestaltung des dualen Systems gesichert werden kann (EGMR 5.11.2002 – 38743/97 Rn. 44, BeckRS 2002, 14849 – Demuth; s. insg. Grabenwarter/Pabel EMRK § 23 Rn. 56 ff.).

EMRK Art. 10

107 **b) Vielfaltsauftrag.** Als „ultimative Garanten des Pluralismus" müssen die Mitgliedstaaten **verhindern,** dass eine einflussreiche politische oder wirtschaftliche Gruppe **bestimmenden Einfluss** über den Rundfunk erlangt (EGMR 7.6.2012 (GK) – 38433/09 Rn. 130ff., NVwZ-RR 2014, 48 – Centro Europa 7 S.R.L. u. Di Stefano; EGMR 24.11.1993 – 13914/88 Rn. 38, EuGRZ 1994, 549 – Informationsverein Lentia; BVerfG 25.3.2014 – 1 BvF 1/11 Rn. 49, BeckRS 2014, 49057). Dies gilt erst recht, wenn der Staat selbst oder ein öffentlicher Rundfunkveranstalter eine dominante Stellung innehat. Die Mitgliedstaaten müssen dafür Sorge tragen, dass die Öffentlichkeit Zugang zu unabhängigen Informationen und einer Vielzahl von Meinungen und Kommentaren hat (zu den konventionsrechtlichen Vorgaben für das Rundfunksystem insg. *Brings-Wiesen* in Spindler/Schuster A. Völkerrecht Rn. 60ff.).

108 Vor allem hat der Rundfunk die **Vielfalt** politischer Ansichten innerhalb der Gesellschaft abzubilden und die **Unabhängigkeit** der Journalisten zu gewährleisten. Schafft der Staat ein öffentliches Rundfunksystem, muss er ein pluralistisches und **ausgewogenes Angebot** innerhalb des Systems gewährleisten. Dies gilt in gesteigertem Maße, sofern private Rundfunkveranstalter noch keine echte Alternative zu dem öffentlichen oder staatlichen Angebot darzustellen vermögen (insg. mwN EGMR 17.9.2009 – 13936/02 Rn. 95ff., BeckRS 2009, 142018 – Manole; zu den Parallelen zum dt. Rundfunkverfassungsrecht *Cornils* in BeckOK Info-MedienR EMRK Art. 10 Rn. 11.1).

109 **c) Verbot politischer Werbung.** Wegen der besonderen Intensität audiovisueller Inhalte aber auch aus Gründen der „politischen Waffengleichheit" sind Verbote politischer und weltanschaulicher Werbung im Rundfunk nicht a priori unzulässig. Jedoch hatte der EGMR **absolute Verbote** („blanket ban") mehrfach als **nicht gerechtfertigt** angesehen, insbes. in Fällen, in denen sich das Verbot auch gegen kleine Gruppen oder Parteien richtete, die von vornherein nicht über die finanziellen Mittel verfügen, um sich einen Wettbewerbsvorteil im Meinungskampf zu „erkaufen", und für die bezahlte Werbung – mangels Erwähnung im redaktionellen Teil – der einzige Zugang zum Rundfunk und seinem breiten Publikum sein kann (EGMR 11.12.2008 – 23132/05 Rn. 70ff., NVwZ 2010, 241 – TV Vest u. Rogaland Pensjonistparti; EGMR 28.1.2001 – 24699/94 Rn. 72ff. – VgT, dazu *Holoubek* AfP 2003, 193 (201); ein Verbot religiöser Werbung hatte der EGMR demgegenüber gebilligt (EGMR 10.7.2003 – 44179/98, BeckRS 2003, 156256 – Murphy). Von dieser Rspr. ist der EGMR abgerückt, indem er das britische Verbot ideeller Rundfunkwerbung insbes. unter Verweis auf den Beurteilungsspielraum der Mitgliedstaaten, die Ausweichmöglichkeiten auf andere Medien und die mit der besonderen Breitenwirkung des Rundfunks verbundene Gefahr erkaufter Meinungsmacht unbeanstandet gelassen hat (EGMR 22.4.2013 (GK) – 48876/08 Rn. 113ff., BeckRS 2013, 13517 – Animal Defenders International; ausf. *Gundel* ZUM 2013, 921ff.). Gegenüber dem öffentlich-rechtlichen Rundfunk kann die Verpflichtung zur Ausstrahlung eines Werbespots mit Art. 10 vereinbar sein (EGMR 22.12.2020 – 41723/14 Rn. 82ff. – SRG).

110 **8. Schutz der Informationsfreiheit.** Bei Eingriffen in die allgemeine Informationsfreiheit sind maßgebliche Faktoren die Reichweite des Verbots, die Bedeutung der „tabuisierten" Information für den Verbreiter und den (potentiellen) Empfänger, sowie die anderweitige Verfügbarkeit der fraglichen Information (EGMR 29.10.1992 – 14234/88 Rn. 72ff., NJW 1993, 773 – Open Door and Dublin Well Woman; Grabenwarter/Pabel EMRK § 23 Rn. 39). Im Übrigen gilt auch in diesem Zusammenhang, dass **Eingriffe** in Verbreitung und Empfang von Informationen, die **Angelegenheiten von öffentlichem Interesse** betreffen, nur unter den üblichen **strengen Voraussetzungen** zulässig sind. Stehen solche Angelegenheiten nicht in Rede und dient der Eingriff dem Schutz anderer Konventionsrechte, sind die Rechtfertigungsanforderungen demgegenüber reduziert (EGMR 19.2.2013 – 40397/12, GRUR-Int 2013, 476ff. – Neij u. Sunde Kolmisoppi, Filesharing-Börse). Besondere Bedeutung kommt der Informationsfreiheit bei staatlichen Beschränkungen des Zugangs zum Internet zu (vgl. EGMR 19.1.2016 – 17429/10 Rn.52, NJOZ 2018, 1598 (1600) – Kalda, Zugang eines Häftlings zu Informationen im Internet; sa EGMR 18.6.2019 – 47121/06 – Arslan u. Bingöl; SächsVerfGH 27.6.2019 – Vf. 64-IV-18, NStZ 2020, 105 (106f.); BVerfG 27.3.2019 – 2 BvR 2268/118, NStZ-RR 2019, 191 (192)).

Art. 11 Versammlungs- und Vereinigungsfreiheit

(1) **Jede Person hat das Recht, sich frei und friedlich mit anderen zu versammeln und sich frei mit anderen zusammenzuschließen; dazu gehört auch das Recht, zum Schutz seiner Interessen Gewerkschaften zu gründen und Gewerkschaften beizutreten.**

(2) **Die Ausübung dieser Rechte darf nur Einschränkungen unterworfen werden, die gesetzlich vorgesehen und in einer demokratischen Gesellschaft notwendig sind für die nationale oder öffentliche Sicherheit, zur Aufrechterhaltung der Ordnung oder zur Verhütung von Straftaten, zum Schutz der Gesundheit oder der Moral oder zum Schutz der Rechte und Freiheiten anderer. Dieser Artikel steht rechtmäßigen Einschränkungen der Ausübung dieser Rechte für Angehörige der Streitkräfte, der Polizei oder der Staatsverwaltung nicht entgegen.**

(1) Everyone has the right to freedom of peaceful assembly and to freedom of association with others, including the right to form and to join trade unions for the protection of his interests.

(2) No restrictions shall be placed on the exercise of these rights other than such as are prescribed by law and are necessary in a democratic society in the interests of national security or public safety, for the prevention of disorder or crime, for the protection of health or morals or for the protection of the rights and freedoms of others. This article shall not prevent the imposition of lawful restrictions on the exercise of these rights by members of the armed forces, of the police or of the administration of the State.

(1) Toute personne a droit à la liberté de réunion pacifique et à la liberté d'association, y compris le droit de fonder avec d'autres des syndicats et de s'affilier à des syndicats pour la défense de ses intérêts.

(2) L'exercice de ces droits ne peut faire l'objet d'autres restrictions que celles qui, prévues par la loi, constituent des mesures nécessaires, dans une société démocratique, à la sécurité nationale, à la sûreté publique, à la défense de l'ordre et à la prévention du crime, à la protection de la santé ou de la morale, ou à la protection des droits et libertés d'autrui. Le présent article n'interdit pas que des restrictions légitimes soient imposées à l'exercice de ces droits par les membres des forces armées, de la police ou de l'administration de l'Etat.

EMRK Art. 11

Literatur: *Bast,* Handlungsformen und Rechtsschutz, in v. Bogdandy/Bast, Europäisches Verfassungsrecht, 2009, S. 489; *Bernhardt,* Europäische Verbote nationaler Parteiverbote, in Blankenagel ua, Verfassung im Diskurs der Welt, Liber Amicorum für Peter Häberle, 2004, 381; *Bourne,* Democratic dilemmas: why democracies ban poltical parties, 2018; *Brinktine,* Hat das grundgesetzliche Streikverbot für Beamte eine europäische Zukunft?, ZG 2013, 227; *Emek,* Parteiverbote und Europäische Menschenrechtskonvention, 2007; *Emek/Meyer,* Über die Zukunft des Parteienverbots, Recht und Politik 2013, 74; *Kugelmann,* Parteiverbote und EMRK, in Grewe/Guny, Menschenrechte in der Bewährung, 2005, S. 244; *Kumpf,* Verbot politischer Parteien und Europäische Menschenrechtskonvention, DVBl 2012, 1344; *Löwer,* Parteiverbote aus der Sicht des Europäischen Rechts, in Dolde ua, Verfassung – Umwelt – Wirtschaft. FS Sellner, 2010, 51; *Marauhn,* Die wirtschaftliche Vereinigungsfreiheit zwischen menschenrechtlicher Gewährleistung und privatrechtlicher Ausgestaltung. Zur Bedeutung von Art. 11 EMRK für das kollektive Arbeitsrecht und das Gesellschaftsrecht, RabelsZ 1999, 537; *Morlok,* Das Parteiverbot, Jura 2013, 317; *Pabel,* Parteiverbote auf dem europäischen Prüfstand, ZaöRV 63 (2003), 921; *Schubert,* Das Streikverbot für Beamte und das Streikrecht aus Art. 11 EMRK im Konflikt, AöR 137 (2012), 92; *dies.,* Rechtswidrigkeit von Arbeitskampfmaßnahmen in kirchlichen Einrichtungen auf dem Zweiten und Dritten Weg, Jahrbuch des Arbeitsrechts 50 (2013), 101; *Scharlau,* Schutz von Versammlungen auf privatem Grund, 2018; *Seifert,* Recht auf Kollektivverhandlungen und Streikrecht für Beamte, Krit. V 2009, 358; *Theuerkauf,* Parteiverbote und die Europäische Menschenrechtskonvention, 2006; *Traulsen,* Das Beamtenstreikverbot zwischen Menschenrechtskonvention und Grundgesetz, JZ 2013, 65; *Widmaier/Alber,* Menschenrecht auf Streik auch für deutsche Beamte?, ZEuS 2012, 387; *Wildhaber,* Politische Parteien, Demokratie und Art. 11 EMRK, in Bovenschulte ua, Demokratie und Selbstverwaltung in Europa, FS Schefold, 2001, 257.

Übersicht

	Rn.
A. Bedeutung im innerstaatlichen Bereich	1
B. Persönlicher Anwendungsbereich	4
C. Versammlungsfreiheit	6
I. Sachlicher Anwendungsbereich	6
II. Eingriffe	9
III. Rechtfertigung	11
1. Allgemeine Eingriffsvoraussetzungen	12
2. Eingriffsvoraussetzungen bei staatlichen Bediensteten im Sinne des Art. 11 Abs. 2 S. 2	21
IV. Positive Verpflichtungen	25
D. Vereinigungsfreiheit	27
I. Sachlicher Anwendungsbereich	27
1. Begriff der Vereinigung	27
2. Geschütztes Verhalten	31
II. Eingriffe	33
III. Rechtfertigung	35
1. Einzelfälle zur allgemeinen Vereinigungsfreiheit	36
2. Regelungen für politische Parteien	40
IV. Positive Verpflichtungen	50
E. Koalitionsfreiheit	51
I. Sachlicher Anwendungsbereich	51
II. Eingriffe	54
III. Rechtfertigung	55
IV. Positive Verpflichtungen	59

Versammlungs- und Vereinigungsfreiheit **Art. 11 EMRK**

A. Bedeutung im innerstaatlichen Bereich

Art. 11 fasst die Versammlungs- und Vereinigungsfreiheit in einer Bestimmung 1
zusammen. Das Grundgesetz sieht dagegen mit Art. 8 und Art. 9 zwei voneinander
getrennte Normen mit jeweils eigenen Schrankenbestimmungen vor und enthält
zudem in Art. 21 GG eine Spezialregelung für politische Parteien. Die Bestimmungen unterscheiden sich vor allem in ihrem persönlichen Anwendungsbereich
(→ Rn. 4f.).

Die **Versammlungsfreiheit** wird durch Art. 8 GG und dessen Auslegung durch 2
das BVerfG umfassend gewährleistet, so dass Art. 11 im Allgemeinen keinen darüber
hinausgehenden Schutz gewährt.

Mit Blick auf die **Vereinigungsfreiheit** kommt Art. 11 vor allem in Bezug auf 3
Verbote von Vereinigungen sowie Zwangsmitgliedschaften Bedeutung zu. Obwohl
die EMRK keine eigenständige Regelung über die **politischen Parteien** kennt,
hat der EGMR in seiner Rspr. zu Art. 11 in der Sache eine hervorgehobene Stellung der Parteien anerkannt (*Grabenwarter/Pabel* EMRK § 23 Rn. 98). Inhaltlich bestehen keine grundlegenden Differenzen zwischen den Voraussetzungen der
EMRK und denen des Grundgesetzes für ein Parteiverbot (*Pabel* ZaöRV 63
(2003), 931 ff.), wobei Parteiverbote in der Rspr. des EGMR im Vergleich zum
BVerfG deutlich häufiger Verfahrensgegenstand waren. Im Bereich der Koalitionsfreiheit kommt Art. 11 für das deutsche Recht insbesondere im Hinblick auf das
Streikverbot für Beamte sowie das **Streikverbot in kirchlichen Einrichtungen** Bedeutung zu.

B. Persönlicher Anwendungsbereich

Art. 11 ist als Menschenrecht ausgestaltet, das allen der Hoheitsgewalt der Mit- 4
gliedstaaten unterstehenden Personen (Art. 1) und damit auch **Ausländern** zusteht.
Art. 16 gestattet es den Vertragsstaaten jedoch, die politische Tätigkeit von Ausländern Beschränkungen zu unterwerfen, die auch den Schutzbereich des Art. 11 betreffen können (→ Art. 16 Rn. 2ff.; zur Anwendung des Art. 16 auf Unionsbürger
vgl. *Ehlers* in Ehlers GuG § 2 Rn. 61; *Bröhmer* in Dörr/Grote/Marauhn Kap. 19
Rn. 12). Das Grundgesetz beschränkt den persönlichen Schutzbereich der Versammlungs- und (allgemeinen) Vereinigungsfreiheit dagegen jeweils auf Deutsche
iSd Art. 116 GG, bezieht in den Schutzbereich der Koalitionsfreiheit jedoch auch
Ausländer mit ein. Die Versammlungs- und Vereinigungsfreiheit von Ausländern
schützt das GG über die allgemeine Handlungsfreiheit (Art. 2 Abs. 1 GG); *Jarass* in
Jarass/Pieroth GG Art. 8 Rn. 11 u. Art. 9 Rn. 10. **Unionsbürger** genießen jedoch
aufgrund des unionsrechtlichen Diskriminierungsverbots (Art. 18 AEUV) einen
Art. 8 und 9 GG entsprechenden Schutz; *Bröhmer* in Dörr/Grote/Marauhn
Kap. 19 Rn. 16 ff.; zur Frage, ob die Deutschenrechte auch für Unionsbürger gelten, vgl. bereits *Wallrabenstein,* Das Verfassungsrecht der Staatsangehörigkeit, 1999,
S. 45. Soweit keine spezialgesetzlichen Regelungen bestehen (dazu näher *Wallrabenstein* S. 32), gelten jedoch für Ausländer dieselben einfachgesetzlichen Regelungen
wie für Deutsche. Ausländer haben damit insbesondere an der auf Art. 8 GG
gestützten verfassungskonformen Auslegung des VersG teil.

Auf die Versammlungsfreiheit können sich nicht nur natürliche Personen 5
berufen, sondern auch als Versammlungsveranstalter auftretende juristische Perso-

nen und nicht rechtsfähige oder sonstige Vereinigungen (EKMR 15.3.1984 – 9905/82, DR 36, 187 (191f.) – A. Association u. H.; EKMR 16.7.1980 – 8440/78, DR 21, 138 (148f.) = EuGRZ 1981, 216 (217) – Christians against Racism and Facism; EKMR 6.4.1995 – 25522/94, DR 81-A, 146 (147) – Negotiate Now; *Bröhmer* in Dörr/Grote/Marauhn Kap. 19 Rn. 20). Auch auf die Vereinigungsfreiheit können sich natürliche Personen sowie juristische Personen und nicht rechtsfähige oder sonstige Vereinigungen berufen, deren Gründung durch Art. 11 geschützt wird (*Tomuschat* in Macdonald/Matscher/Petzold S. 493, 497f.; *Grabenwarter/Pabel* EMRK § 23 Rn. 88).

C. Versammlungsfreiheit

I. Sachlicher Anwendungsbereich

6 Das Vorliegen einer Versammlung war in den vom EGMR bisher entschiedenen Fällen nicht problematisch, so dass der EGMR den **Begriff der Versammlung** bisher nicht definieren musste. Der EGMR hat in einer neueren Entscheidung angemerkt, dass er von einer Definition des autonomen Versammlungsbegriffs und von einer erschöpfenden Aufzählung der ihn ausmachenden Kriterien absehe, um die Gefahr einer restriktiven Auslegung zu vermeiden. Nach der Rechtsprechung schützt das Recht auf Versammlungsfreiheit private Zusammenkünfte und solche in der Öffentlichkeit, am Platz oder als Umzug und kann von einzelnen Teilnehmern und Veranstaltern in Anspruch genommen werden (EGMR (GK) 15.11.2018 – 29580/12 Rn. 98, NVwZ-RR 2019, 793 (795) – Navalnyy). Das Schrifttum geht von einem weiten Versammlungsbegriff aus, der das Zusammenkommen von Menschen zum gemeinsamen Zweck der Erörterung oder Kundgabe von Meinungen umfasst (s. nur Frowein/Peukert EMRK Art. 11 Rn. 2; *Grabenwarter/Pabel* EMRK § 23 Rn. 67, *Marauhn* in Ehlers GuG § 4 Rn. 61). Unerheblich ist, ob die Versammlung einen geschlossenen Teilnehmerkreis hat oder nicht, ortsgebunden ist oder in Form eines Umzuges oder einer Demonstration, auf privatem Grundeigentum oder öffentlichen Straßen oder Plätzen abgehalten wird (EKMR 10.10.1979 – 8191/78, DR 17, 93 (105) = EuGRZ 1980, 36 – Rassemblement jurassien u. Unité jurassienne; EGMR 31.3.2005 – 38187/97 Rn. 266 – Adali; EKMR 16.7.1980 – 8440/78, DR 21, 138 (148) = EuGRZ 1981, 216 – Christians against Racism and Facism). Zur Frage, ob Art. 11 auch solche Versammlungen schützt, die gegen den Willen des Eigentümers auf dessen Grundstück stattfinden → Rn. 26. Auf die Dauer der Versammlung kommt es nicht an (EGMR 9.4.2002 – 51346/99 Rn. 39f. – Cisse). Das rein zufällige Zusammentreffen von Menschen ist jedoch keine Versammlung. Demgegenüber schützt Art. 11 auch die unbeabsichtigte Zusammenkunft von Menschen vor einem Gerichtsgebäude, um die Betroffenheit der Zivilgesellschaft und die Solidarität mit verurteilten politischen Aktivisten zum Ausdruck zu bringen, weil sie insoweit von einer – nicht geschützten – willkürlichen Ansammlung von Einzelpersonen, die ihre eigenen Zwecke verfolgen, zu unterscheiden ist (EGMR 2.2.2017 – 29580/12 ua Rn. 45, BeckRS 2017, 163394 – Navalnyy).

Der Schutzbereich des Art. 11 beschränkt sich nicht auf Versammlungen mit politischer Zielrichtung, sondern kann auch solche Versammlungen erfassen, die in erster Linie gesellschaftlichen Zwecken dienen (EGMR 24.11.2009 – 16072/06 Rn. 50 – Friend ua). Ob virtuelle „Versammlungen" im Internet dem Schutz-

Versammlungs- und Vereinigungsfreiheit **Art. 11 EMRK**

bereich der Versammlungsfreiheit unterliegen, ist umstritten (dies mit Blick auf Art. 8 GG verneinend AG Frankfurt a. M. MMR 2005, 863 (866 f.); *Bröhmer* in Dörr/Grote/Marauhn Kap. 19 Rn. 25; vgl. auch *Schneider* in BeckOK GG Art. 8 Rn. 11.3 mwN; aA *Möhlen* MMR 2013, 221 ff. mwN).

Der Schutzbereich des Art. 11 erfasst nur friedliche Versammlungen. Versamm- 7 lungen, bei denen die Veranstalter oder Teilnehmer gewalttätige Absichten verfolgen, sind somit nicht durch Art. 11 geschützt (EGMR 2.10.2001 – 29221/95 ua Rn. 77 – Stankov ua). Umgekehrt erfasst die Garantie des Art. 11 alle Versammlungen, ausgenommen die, bei denen Organisatoren und Teilnehmer solche Absichten haben, zur Gewalt aufrufen oder in anderer Weise die Grundlagen einer demokratischen Gesellschaft ablehnen (EGMR (GK) 15.10.2015 – 37553/05 Rn. 91, NVwZ-RR 2017, 103 – Kudrevičius mwN). Ob eine Versammlung unter den autonomen Begriff einer friedlichen Versammlung iSv Art. 11 fällt und wie der Umfang des Schutzes ist, den diese Vorschrift gibt, hängt also nicht davon ab, ob die Versammlung unter Einhaltung des vom staatlichen Recht vorgesehenen Verfahrens abgehalten wird (EGMR (GK) 15.11.2018 – 29580/12 Rn. 99, NVwZ-RR 2019, 793 (795) – Navalnyy). Das Merkmal der **Friedlichkeit der Versammlung** darf nicht restriktiv ausgelegt werden (*Grabenwarter/Pabel* EMRK § 23 Rn. 69; EKMR 6.3.1989 – 13079/87, DR 60, 256 (263) – G.). Unfriedliche Ereignisse am Rande einer Demonstration genügen deshalb nicht, diese als nicht vom Schutzbereich erfasst zu betrachten (EGMR 26.4.1991 – 11800/85 Rn. 40 f. – Ezelin). Gleiches gilt auch für die Möglichkeit, dass Extremisten die Versammlung unterwandern und dass die Versammlung provoziert oder gewalttätige Gegendemonstrationen auslöst (EKMR 16.7.1980 – 8440/78, DR 21, 138 (148 f.) = EuGRZ 1981, 216 (217) – Christians against Racism and Facism; EGMR 2.10.2001 – 29221/95 ua Rn. 86 – Stankov ua); zur Pflicht des Staates zum Schutz der Versammlung vor gewalttätigen Gegendemonstrationen → Rn. 17 u. 25. Auch ein Verstoß gegen Gesetze oder die öffentliche Ordnung führt nicht zwingend zur Unfriedlichkeit einer Versammlung (EGMR 9.4.2002 – 51346/99 Rn. 35 ff. – Cisse). So sind auch unangemeldete **Sitzblockaden** als friedlich angesehen worden (EKMR 6.3.1989 – 13079/87, DR 60, 256 (263) – G.; zur Rechtfertigung einer 30-stündigen Blockade einer wichtigen Verkehrsverbindung durch die Versammlungsfreiheit im Kontext der Warenverkehrsfreiheit EuGH 12.6.2003 – C-112/00, Slg. 2003, I-5659 Rn. 65 ff. – Schmidberger). Die Beweislast für die fehlende Friedlichkeit trägt die Behörde (EGMR 2.2.2010 – 25196/04 Rn. 23 – Christian Democratic People's Party (No. 2)). Das GG schützt in Art. 8 GG nur solche Versammlungen, die friedlich und **ohne Waffen** erfolgen. Das Versammlungsgesetz verbietet in § 2 Abs. 3 das Tragen von Waffen jedoch nur für den Fall, dass keine behördliche Ermächtigung vorliegt. Diese Regelung ist EMRK-konform dahingehend auszulegen, dass das Tragen von Waffen zu gestatten ist, sofern der friedliche Charakter der Versammlung unzweifelhaft feststeht (dazu s. auch *Bröhmer* in Dörr/Grote/Marauhn Kap. 19 Rn. 38).

Geschützt sind sowohl die **Vorbereitung und Durchführung** einer Versamm- 8 lung als auch die **Teilnahme** daran (EKMR 15.3.1984 – 9905/82, DR 36, 187 (191) – A. Association u. H.).

II. Eingriffe

Eingriffe in die Versammlungsfreiheit sind vor, während und nach der Versamm- 9 lung möglich (EGMR 2.10.2012 – 1484/07 Rn. 84 – Kakabadze). In Betracht kommen **direkte Eingriffe** wie zB ein Versammlungsverbot, Beschränkungen

Arndt/Engels/von Oettingen 419

oder Auflagen bei der Durchführung einer Versammlung, die Auflösung einer Versammlung, die Ingewahrsamnahme von Versammlungsteilnehmenden sowie (disziplinar- oder strafrechtliche) Sanktionen anlässlich der Teilnahme an einer Versammlung (EGMR 2.10.2001 – 29221/95 ua Rn. 79 f. – Stankov ua; EGMR 29.11.2007 – 25/02 Rn. 41 – Balçik ua; EGMR 26.4.1991 – 11800/85 Rn. 39 – Ezelin; EGMR 1.12.2011 – 8080/08 Rn. 106, NVwZ 2012, 1089 – Schwabe u. M.G.). Auch **indirekte Beschränkungen** wie das Verbot der Anreise zu einer Versammlung können einen Eingriff in die Versammlungsfreiheit darstellen (EGMR 20.2.2003 – 20652/92 Rn. 57 – Djavit An).

10 **Genehmigungs- oder Anmeldepflichten** für Versammlungen auf öffentlichen Straßen oder Plätzen scheint der EGMR nicht als Eingriff in die Versammlungsfreiheit zu werten, solange sie dazu dienen, einen reibungslosen Verlauf der Versammlung zu ermöglichen (EGMR 23.10.2008 – 10877/04 Rn. 42 mwN – Kuznetsov; EGMR 14.9.2010 – 6991/08 Rn. 45 – Hyde Park (Nr. 5 u. 6)). Art. 8 GG sieht keine Anmeldepflicht für Versammlungen vor, lässt jedoch bei Versammlungen unter freiem Himmel auf einer gesetzlichen Grundlage beruhende Beschränkungen zu. Die Nichterteilung einer Genehmigung stellt jedoch auch nach dem EGMR einen Eingriff in die Versammlungsfreiheit dar und bedarf der Rechtfertigung (EGMR 26.7.2007 – 10519/03 Rn. 20 – Barankevich). Gleiches gilt auch für die Auflösung einer Versammlung oder die Sanktionierung wegen der Missachtung von Genehmigungs- oder Anmeldepflichten (EGMR 14.9.2010 – 6991/08 Rn. 45 ff. mwN – Hyde Park (Nr. 5 u. 6); EGMR 23.10.2008 – 10877/04 Rn. 43 – Kuznetsov). Zur Begrenzung von Genehmigungs- und Anmeldepflichten mit Blick auf Spontan- und Eilversammlungen → Rn. 18 u. 20.

III. Rechtfertigung

11 Eingriffe in die Versammlungsfreiheit sind gerechtfertigt, wenn sie „gesetzlich vorgesehen" sind, einen der in Art. 11 Abs. 2 S. 1 genannten Zwecke verfolgen und „in einer demokratischen Gesellschaft notwendig" sind. Daneben enthält Art. 11 Abs. 2 S. 2 eine Einschränkungsmöglichkeit für Angehörige der Streitkräfte, der Polizei oder der Staatsverwaltung. Eine Rechtfertigung nach Art. 11 Abs. 2 kommt auch dann in Betracht, wenn die Ausübung des Rechts nicht lediglich eingeschränkt, sondern aufgehoben wird (EKMR 20.1.1987 – 11603/85, DR 50, 228 (241) – Council of Civil Service Unions). Zu Beschränkungen der in Art. 11 gewährten Rechte bei Ausländern → Art. 16 Rn. 1 ff.; zu Beschränkungen im Notstandsfall → Art. 15 Rn. 1 ff.

12 **1. Allgemeine Eingriffsvoraussetzungen. a) Rechtliche Grundlage.** Der Eingriff muss „gesetzlich vorgesehen" sein. Er muss also eine **Grundlage im nationalen Recht** haben, die ihrerseits ausreichend **zugänglich** ist und dem Grundsatz der **Vorhersehbarkeit** entspricht. Die rechtliche Grundlage muss folglich so hinreichend bestimmt sein, dass der Einzelne – gegebenenfalls mit sachkundiger Hilfe – sein Verhalten daran ausrichten kann (EGMR 20.2.2003 – 20652/92 Rn. 65 – Djavit An; EGMR 25.3.1985 – 8734/79 Rn. 45, EuGRZ 1985, 170 – Barthold). Auch muss sie Schutz vor willkürlichen Eingriffen gewähren (EGMR 20.5.1999 (GK) – 25390/94 Rn. 59, NVwZ 2000, 421 – Rekvényi (im Kontext der Vereinigungsfreiheit)) und bei einer Ermessenseinräumung den Handlungsrahmen der Behörde mit hinreichender Klarheit beschreiben (EGMR 8.10.2009 – 37083/03 Rn. 57 – Tebieti Mühafize Cemiyyeti u. Israfilov).

Die rechtliche Grundlage muss nicht selbst in einem Parlamentsgesetz enthalten 13 sein. Ob sie sich nach der EMRK auf ein solches zurückführen lassen muss, ist umstritten (so Frowein/Peukert EMRK Vorb. zu Art. 8–11 Rn. 2; *Grabenwarter/Pabel* EMRK § 18 Rn. 9; aA *Ehlers* in Ehlers GuG § 2 Rn. 63 mwN; *Bast* in von Bogdandy/Bast EurVerfassungsR S. 550 unter Hinweis darauf, dass der EGMR einen materiellen Gesetzesbegriff zugrunde legt). Da die Rechtsgrundlage den **Erfordernissen des nationalen Rechts** genügen muss, ist diese Frage jedoch mit Blick auf die Auslegung des Gesetzesvorbehalts durch das BVerfG für Deutschland nicht relevant. Zu den Anforderungen an die Rechtsgrundlage vgl. Frowein/Peukert EMRK Vorb. zu Art. 8–11 Rn. 2 ff.; *Grabenwarter/Pabel* EMRK § 18 Rn. 7 ff.; → Art. 8 Rn. 91 ff.; → Art. 9 Rn. 35 u. → Art. 10 Rn. 37 ff.

b) Legitimer Zweck. Der Eingriff in die Versammlungsfreiheit darf nur zu- 14 gunsten der nationalen oder **öffentlichen Sicherheit,** zur **Aufrechterhaltung der Ordnung** oder zur Verhütung von Straftaten, zum Schutz der Gesundheit oder der Moral oder zum **Schutz der Rechte und Freiheiten anderer** erfolgen. Diese Aufzählung ist abschließend. Daraus hat der EGMR zunächst abgeleitet, dass die Rechtsgüter, zu deren Schutz in die Versammlungsfreiheit eingegriffen werden darf, im Prinzip eng auszulegen seien (EGMR 2.10.2001 – 29221/95 ua Rn. 84 – Stankov ua). In seiner jüngeren Rechtsprechung betont der EGMR verstärkt, dass die aufgezählten legitimen Zwecke weit formuliert und einer flexiblen Auslegung zugänglich seien. Die Konventionsstaaten besäßen daher in diesem Punkt der Praxis erhebliche Spielräume (EGMR (GK) 28.11.2017 – 72508/13 Rn. 294–302 – Merabishvili; EGMR 15.11.2018 – 29580/12 Rn. 120, NVwZ-RR 2019, 793 (796) – Navalnyy). Der Gesundheitsschutz umfasst auch Maßnahmen zur Eindämmung einer Pandemie (vgl. im Kontext von Art. 8 GG BVerfG 30.8.2020 – 1 BvQ 94/20 Rn. 16). Ausführlich zu den einzelnen Rechtsgütern s. *Jacobs/White/Ovey* Kap. 14 S. 314 ff.

c) Verhältnismäßigkeit. Der Eingriff muss „**in einer demokratischen Ge-** 15 **sellschaft notwendig** sein". Notwendig ist der Eingriff nach dem EGMR, wenn er einem **dringenden sozialen Bedürfnis** entspricht und in einem angemessenen Verhältnis zu dem verfolgten Ziel steht. Nur überzeugende und zwingende Gründe können einen Eingriff in die Versammlungsfreiheit rechtfertigen (EGMR 2.10.2012 – 1484/07 Rn. 87 – Kakabadze). Die Staaten müssen dabei grundsätzlich das mildeste Mittel wählen. Hinsichtlich der Beurteilung, ob ein dringendes soziales Bedürfnis besteht, haben die Staaten nur einen **begrenzten Beurteilungsspielraum;** dieser geht mit einer **strengen Kontrolle** durch den EGMR einher, der die endgültige Entscheidung über die Vereinbarkeit des Eingriffs mit der EMRK trifft. Dabei beschränkt sich der EGMR nicht auf eine Ermessenskontrolle, sondern überprüft die **Verhältnismäßigkeit** des Eingriffs und die zu seiner Rechtfertigung vorgebrachten Argumente im Lichte sämtlicher Umstände des Falles einschließlich der zugrunde liegenden Tatsachen (EGMR 2.10.2001 – 29221/95 ua Rn. 87 – Stankov ua; EKMR 10.10.1979 – 8191/78, DR 17, 93 (120) = EuGRZ 1980, 36 (37) – Rassemblement jurassien und Unité jurassienne; *Jacobs/White/Ovey* Kap. 14 S. 317). Die Mitgliedstaaten müssen eine nachvollziehbare Gefahrenprognose vorlegen und tragen die Darlegungslast für die behaupteten Gefährdungen der Rechtsgüter (*Bröhmer* in Dörr/Grote/Marauhn Kap. 19 Rn. 76).

Im Rahmen der Verhältnismäßigkeitsprüfung erfolgt eine Abwägung der betrof- 16 fenen Rechte und Rechtsgüter unter Berücksichtigung der besonderen Bedeutung, die ihnen und der Versammlungsfreiheit in einer demokratischen Gesellschaft zukommt (s. nur EGMR 21.10.2010 – 4916/07 ua Rn. 70ff., NVwZ 2011, 1375 – Alekseyev; EGMR 26.7.2007 – 10519/03 Rn. 29ff. – Barankevich; EGMR 29.6.2006 – 76900/01 Rn. 34, ÖJZ 2007, 79 – Öllinger). **Pluralismus, Toleranz und Aufgeschlossenheit gegenüber Minderheiten,** welche die Eckpfeiler einer demokratischen Gesellschaft darstellen, kommt hierbei besondere Bedeutung zu (EGMR 3.5.2007 – 1543/06 Rn. 61ff. – Baczkowski). Erfolgt der Eingriff mit Blick auf die auf der Versammlung vertretenen Meinungen, so legt der EGMR Art. 11 im Lichte des Art. 10 aus, da der Schutz der Meinungen und die Freiheit, diese zu äußern, eines der Ziele der Versammlungs- und Vereinigungsfreiheit und eine ganz wesentliche Grundlage einer demokratischen Gesellschaft ist (EGMR 2.10.2001 – 29221/95 ua Rn. 85f. – Stankov ua; zum Verhältnis zwischen Art. 11 und Art. 10 s. EGMR 1.12.2011 – 8080/08 ua Rn. 99ff., NVwZ 2012, 1089 (1093) – Schwabe und M.G. und EGMR 31.7.2014 – 1774/11 Rn. 62, NVwZ 2015, 2095 (2096) – Nemtsov, wonach Art. 10 die allgemeinere Vorschrift im Verhältnis zu Art. 11 als lex specialis ist). Entsprechend geht der EGMR auch vor, wenn der Eingriff andere, durch die EMRK geschützte Menschenrechte wie zB die Religionsfreiheit betrifft (EGMR 26.7.2007 – 10519/03 Rn. 15 – Barankevich).

17   Ein **Versammlungsverbot** (EGMR 21.10.2010 – 4916/07 ua Rn. 77, NVwZ 2011, 1375 – Alekseyev) ist nur als ultima ratio zulässig. Insbesondere genügt hierfür nicht, dass die Versammlung ggf. gewalttätige Gegenreaktionen auslöst; vielmehr sind die Staaten verpflichtet, für einen friedlichen Verlauf rechtmäßiger Demonstrationen zu sorgen (EGMR 26.7.2007 – 10519/03 Rn. 29ff. – Barankevich). Zur Zulässigkeit eines allgemeinen Demonstrationsverbotes EKMR 16.7.1980 – 8440/78, DR 21, 138 (150) = EuGRZ 1981, 216 (218) – Christians against Racism and Facism; EKMR 10.10.1979 – 8191/78, DR 17, 93 (120f.) = EuGRZ 1980, 36 (37) – Rassemblement jurassien u. Unité jurassienne. Zur Zulässigkeit eines Verbotes sowie anderer Beschränkungen von Versammlungen, die sich gegen die Erinnerung an die Opfer totalitärer Regime richten EGMR 24.7.2012 – 40721/08 Rn. 55ff., NLMR 2012, 257 – Fáber.

18   Die **Auflösung einer Versammlung** ist unverhältnismäßig, wenn sie allein aus dem Grund erfolgt, dass die Versammlung nicht angemeldet wurde. Dies gilt insbesondere bei **Spontanversammlungen,** die als unmittelbare Reaktion auf ein politisches Ereignis stattfinden. Auch gegenüber anderen friedlichen Versammlungen sind die Behörden zu gewisser Toleranz verpflichtet und dürfen diese im Allgemeinen nicht sofort auflösen (EGMR 17.7.2007 – 25691/04 Rn. 36f. – Bukta ua; EGMR 7.10.2008 – 10346/05 Rn. 36ff. – Éva Molnár; EGMR 29.11.2007 – 25/02 Rn. 46ff. – Balçik ua).

19   Eine fast sechstägige **Ingewahrsamnahme von Versammlungsteilnehmern,** bei denen Transparente gefunden wurden, mit denen andere fahrlässig zu Gewalt hätten angestachelt werden können, ohne dass die Versammlungsteilnehmer erkennbar zu Gewalt anstacheln wollten, sah der EGMR als unverhältnismäßig an und begründete dies damit, dass den Behörden weniger einschneidende Maßnahmen, wie insbes. die Beschlagnahme der Transparente, zur Verfügung gestanden hätten (EGMR 1.12.2011 – 8080/08 Rn. 114ff., NVwZ 2012, 1089 (1095) – Schwabe und M.G.). Zur **Verhältnismäßigkeit des Einschreitens** gegen das Zeigen eines als provozierend empfundenen Symbols **im Rahmen einer Gegendemonstration** EGMR 24.7.2012 – 40721/08 Rn. 37ff. u. 42ff., NLMR 2012, 257 – Fáber.

20   Disziplinar- und/oder strafrechtliche **Sanktionen** anlässlich der Teilnahme an einer Versammlung sind nur zulässig, sofern sie an ein vorwerfbares Verhalten der

Versammlungs- und Vereinigungsfreiheit   Art. 11   EMRK

betroffenen Person anknüpfen (EGMR 26.4.1991 – 11800/85 Rn. 53 – Ezelin). So sind nach dem EGMR bspw. Verurteilungen wegen Verkehrsbeeinträchtigungen bei einer Straßenblockade zulässig, die über die üblicherweise mit einer Demonstration verbundenen Störungen des Straßenverkehrs hinausgehen. Sie müssen jedoch in einem angemessenen Verhältnis zur Schwere der Tat stehen (EGMR 5.3.2009 – 31684/05 Rn. 46 ff., NVwZ 2010, 1139 – Barraco; EGMR 18.3.2003 – 39013/02 S. 9 – Lucas; EGMR 26.11.2013 – 37553/05 Rn. 82 ff. – Kudrevičius, bestätigt durch EGMR (GK) 15.10.2015 – 37553/05, NVwZ-RR 2017, 103 – Kudrevičius). Gleiches gilt auch für Sanktionen wegen fehlender Anmeldung einer Demonstration, der Nichteinholung der erforderlichen Genehmigung oder der Teilnahme an einer Versammlung, für die die Veranstalter die erforderliche Genehmigung nicht eingeholt hatten, wenn die Anmeldung/Genehmigung nicht aufgrund besonderer Gründe entbehrlich war (EGMR 4.5.2004 – 61821/00 S. 12 – Ziliberberg sowie EGMR 14.9.2010 – 6991/08 Rn. 45 ff. – Hyde Park (Nr. 5 u. 6) mwN; s. aber 23.10.2008 – 10877/04 Rn. 43 – Kuznetsov: Verurteilung wegen Nichteinhaltung der vorgeschriebenen Anmeldefrist nicht verhältnismäßig). Darüber hinaus hat der EGMR entschieden, dass auch Maßnahmen, deren Ziel es ist, die politische Neutralität einer Kategorie von Angestellten des öffentlichen Dienstes aufrechtzuerhalten, grundsätzlich verhältnismäßig sein können (verneint in EGMR 24.3.2015 – 29764/09 ua Rn. 34, NVwZ 2016, 1233 – Küçükbalaban).

2. Eingriffsvoraussetzungen bei staatlichen Bediensteten im Sinne des 21
Art. 11 Abs. 2 S. 2. Art. 11 Abs. 2 S. 2 eröffnet die Möglichkeit, die Ausübung des Rechts auf Versammlungsfreiheit für Angehörige der Streitkräfte, der Polizei oder der Staatsverwaltung zu beschränken. Diese Beschränkungsmöglichkeiten sind eng auszulegen und dürfen nicht den Wesensgehalt des Rechts antasten (EGMR 12.11.2008 (GK) – 34503/97 Rn. 97, NZA 2010, 1425 – Demir und Baykara, welches im Kontext der Koalitionsfreiheit ergangen ist).

Der **Begriff der „Staatsverwaltung"** ist bisher nicht abschließend geklärt. Der 22 EGMR legt den Begriff eng aus und berücksichtigt dabei das von dem Bediensteten bekleidete Amt (EGMR 22.11.2001 – 39799/98, NJW 2002, 3087 (3089) – Volkmer). In einer neueren Entscheidung stellte die Große Kammer darauf ab, ob die Tätigkeit des Bediensteten zur Verwaltung des Staates an sich gehört. Maßgeblich sei, ob die Funktionen des Bediensteten es erforderten, ihn als „Angehörigen der Staatsverwaltung" anzusehen, der Beschränkungen unterliege (EGMR 12.11.2008 (GK) – 34503/97 Rn. 97 und 107, NZA 2010, 1425 – Demir und Baykara). Mit Blick auf das Streikverbot für Angehörige des öffentlichen Dienstes verwies der EGMR darauf, ob der Bedienstete im Namen des Staates Hoheitsgewalt ausübe. Entscheidend sei, ob der Bedienstete an der Ausübung von Hoheitsbefugnissen beteiligt und für den Schutz der allgemeinen Interessen des Staates verantwortlich ist (funktionales Kriterium); EGMR 21.4.2009 – 68959/01 Rn. 32, NZA 2010, 1423 – Enerji Yapi-Yol Sen unter Verweis auf EGMR 8.12.1999 – 28541/95 Rn. 64 ff., NVwZ 2000, 661 – Pellegrin; näher dazu *Schubert* AöR 137 (2012), 92 (105 u. 111 f.); *Gooren* ZBR 2011, 400 (403); s. auch BVerwG 27.2.2014 – 2 C 1/13 Rn. 61, NVwZ 2014, 736. Die EKMR bejahte die Zugehörigkeit zur Staatsverwaltung in einem Fall, in dem die Beschäftigten lebensnotwendige Funktionen für den Schutz der nationalen Sicherheit ausübten und damit in ihrer Funktion den Streitkräften und der Polizei ähnelten (EKMR 20.1.1987 – 11603/85, DR 50, 228 (239) – Council of Civil Service Unions; so auch *Marauhn* in Ehlers GuG § 4

Rn. 91). Ob Lehrer als Angehörige der „Staatsverwaltung" anzusehen sind, ist besonders begründungsbedürftig (tendenziell verneinend im Kontext der türkischen Rechtsordnung wohl EGMR 24.3.2015 – 36807/07 Rn. 30, NVwZ 2016, 1230 (1231) – Sezer und EGMR 24.3.2015 – 29764/09 ua, NVwZ 2016, 1233 – Küçükbalaban ua; hingegen hatte EGMR 22.11.2001 – 39799/98, NJW 2002, 3087 (3089) – Volkmer diese Frage noch ausdrücklich offengelassen; in einem weiteren Fall hatte der EGMR eine Verletzung des Art. 11 angenommen, ohne auf die Frage einer Rechtfertigung nach Art. 11 Abs. 2 S. 2 einzugehen, EGMR 15.9.2009 – 30946/04 Rn. 25 ff. – Kaya u. Seyhan; s. auch BVerwG 27.2.2014 – 2 C 1/13 Rn. 46, NVwZ 2014, 736 und eingehend für eine Einordnung von beamteten Lehrkräften als Angehörige der Staatsverwaltung BVerfGE 148, 296 (387 ff.)).

23 Die Beschränkung muss **„rechtmäßig"** sein, dh eine Grundlage im nationalen Recht haben (EGMR 12.11.2008 (GK) – 34503/97 Rn. 97, NZA 2010, 1425 – Demir und Baykara). Der EGMR wendet insofern die Grundsätze an, die für die Formulierung „gesetzlich vorgesehen" in Art. 11 Abs. 2 S. 1 und Art. 9 f. gelten (EGMR 20.5.1999 (GK) – 25390/94 Rn. 59, NVwZ 2000, 421 – Rekvényi, welches im Kontext der Vereinigungsfreiheit erging). Dazu → Rn. 12 f.

24 Die Geltung des **Verhältnismäßigkeitsgrundsatzes** im Rahmen des Art. 11 Abs. 2 S. 2 war lange umstritten. Die Große Kammer hat jedoch schließlich geklärt, dass auch die Beschränkungen des Art. 11 Abs. 2 S. 2 verhältnismäßig sein müssen (EGMR 12.11.2008 (GK) – 34503/97 Rn. 97, NZA 2010, 1425 – Demir und Baykara). Ob für Art. 11 Abs. 2 S. 2 darüber hinaus die Zweckbestimmung des ersten Satzes gilt, ist streitig (dies bejahend *Daiber* in HK-EMRK EMRK Art. 11 Rn. 59; wohl auch Peters/Altwicker EMRK § 15 Rn. 10; aA *Marauhn* in Ehlers GuG § 4 Rn. 94).

IV. Positive Verpflichtungen

25 Die Versammlungsfreiheit gewährleistet nicht nur den Schutz vor Eingriffen des Staates, sondern legt den Staaten auch positive Verpflichtungen auf (EGMR 3.5.2007 – 1543/06 Rn. 64 – Baczkowski ua). So müssen die Staaten geeignete Maßnahmen zum **Schutz der Versammlung** – zB vor Gegendemonstrationen – ergreifen, haben dabei aber einen weiten Spielraum in der Wahl der Mittel und müssen nicht einen bestimmten Erfolg herbeiführen (EGMR 29.6.2006 – 76900/01 Rn. 37, ÖJZ 2007, 79 – Öllinger; EGMR 21.6.1988 – 10126/82 Rn. 32 ff., EuGRZ 1989, 522 – Plattform „Ärzte für das Leben").

26 Ob eine Versammlung gegen den Willen eines privaten Eigentümers auf dessen Grundstück abgehalten werden kann, hängt davon ab, ob die Versammlungsfreiheit das Recht des Eigentümers auf Achtung seines Eigentums überwiegt mit der Folge, dass eine Schutzpflicht des Staates anzunehmen ist. Art. 11 gewährt nach dem EGMR weder ein **Zugangsrecht** zu privatem Grundeigentum, noch notwendigerweise zu Grundeigentum der öffentlichen Hand. Soweit jedoch ein Zugangsverbot die effektive Ausübung der Versammlungsfreiheit verhindert oder den Kern dieses Rechts zerstört, schließt der EGMR die Entstehung einer positiven Verpflichtung des Staates zum Schutz der Versammlungsfreiheit durch Regelung der Eigentumsrechte nicht aus und nennt hierfür die vollständige Kontrolle eines Stadtteils durch eine private Institution als mögliches Beispiel (EGMR 6.5.2003 – 44306/98 Rn. 39 ff. und 52 – Appleby ua). Nach dem BVerfG gestattet die Versammlungsfreiheit dagegen die Durchführung von Versammlungen nicht nur im öffentlichen Straßenraum, sondern überall, wo – wie zB auch in Einkaufszentren,

Ladenpassagen oder allgemein zugänglichen Teilen eines mehrheitlich in öffentlichem Eigentum stehenden Flughafens – ein allgemeiner öffentlicher Verkehr eröffnet ist (BVerfG 22.2.2011 – 1 BvR 699/06 Rn. 64ff., BVerfGE 128, 226). Damit trägt das BVerfG einer entsprechenden Veränderung der öffentlichen Kommunikationsstrukturen Rechnung. Ob der EGMR seine bisherige Rspr. in diesem Sinne weiterentwickelt, bleibt abzuwarten (zu möglichen Ansätzen *Scharlau* S. 257).

D. Vereinigungsfreiheit

I. Sachlicher Anwendungsbereich

1. Begriff der Vereinigung. Die Vereinigungsfreiheit schützt das Recht, sich 27 frei mit anderen zusammenzuschließen. Der Begriff der „Vereinigung" iSd Art. 11 ist autonom und damit unabhängig davon zu bestimmen, wie eine Vereinigung nach nationalem Recht einzustufen ist (EGMR 29.4.1999 (GK) – 25088/94 ua Rn. 100, NJW 1999, 3695 – Chassagnou). Er umfasst grundsätzlich alle **auf Freiwilligkeit beruhenden** und **auf Dauer angelegten, organisatorisch verfestigten Zusammenschlüsse** von zwei oder mehr (natürlichen oder juristischen) Personen **zur Verfolgung eines gemeinsamen Ziels** (*Grabenwarter/Pabel* EMRK § 23 Rn. 84; *Bröhmer* in Dörr/Grote/Marauhn Kap. 19 Rn. 48ff. u. 53; *Tomuschat* in Macdonald/Matscher/Petzold S. 493f.; EKMR 14.12.1979 – 7601/76 ua Rn. 167, EuGRZ 1980, 450 – Young, James und Webster; EGMR 6.7.1977 – 6094/73, DR 9, 5 (7) – Association X.). Vereinigungen, deren Tätigkeit den Werten der EMRK wie zB dem Eintreten für eine friedliche Lösung internationaler Konflikte oder der Unverletzlichkeit menschlichen Lebens klar entgegensteht, fallen gem. Art. 17 nicht unter den Schutz des Art. 11 (EGMR 12.6.2008 – 31098/08 Rn. 74f., EuGRZ 2013, 114 – Hizb Ut-Tahrir ua). Ob auch **wirtschaftliche Vereine** als Vereinigung iSd EMRK anzusehen sind, ist umstritten; dazu näher *Bröhmer* in Dörr/Grote/Marauhn Kap. 19 Rn. 47; *Marauhn* RabelsZ 1999, 537 (550ff.). Zum Schutz religiöser Vereinigungen → Rn. 35, 50, 57 und → Art. 9 Rn. 28ff. 41, 48 und 51; s. auch *Weber* FS Sellner, 2010, 19ff.

Ausdrücklich als Vereinigungen erwähnt werden **Gewerkschaften** (zur Koalitionsfreiheit → Rn. 51ff.). **Politische Parteien** sind ebenfalls Vereinigungen iSd Art. 11 (EGMR 30.1.1998 (GK) 19392/92 Rn. 19–21, BeckRS 2013, 11452 – United Communist Party of Turkey ua). 28

Öffentlich-rechtliche Vereinigungen fallen nicht in den Schutzbereich des Art. 11 (EGMR 30.6.1993 – 16130/90 Rn. 31, ÖJZ 1994, 207 – Sigurjónsson). Mit Blick auf die Frage, ob eine Vereinigung als öffentlich-rechtlich einzustufen ist, nimmt der EGMR eine Gesamtwürdigung der Umstände vor. Eine öffentlich-rechtliche Vereinigung liegt danach jedenfalls vor, wenn sie durch Gesetz (und nicht durch Privatpersonen) gegründet wurde, in staatliche Strukturen eingebunden und mit hoheitlichen Befugnissen ausgestattet ist sowie Interessen der Allgemeinheit verfolgt (EGMR 20.1.2011 – 9300/07 Rn. 76, AuR 2011, 396 – Herrmann; zur Entscheidung der GK → Rn. 30; EGMR 23.6.1981 – 6878/75 Rn. 64f., EuGRZ 1981, 551 – Le Compte ua; ähnlich auch EGMR 29.4.1999 (GK) – 25088/94 ua Rn. 101, NJW 1999, 3695 – Chassagnou; EGMR 30.6.1993 – 16130/90 Rn. 30f., ÖJZ 1994, 207 – Sigurjónsson). Weist die Vereinigung sowohl öffentlich-rechtliche als auch privatrechtliche Merkmale auf, so entscheidet der EGMR danach, welche 29

EMRK Art. 11 Rechte und Freiheiten der Konvention

Merkmale überwiegen (EGMR 30.6.1993 – 16130/90 Rn. 31, ÖJZ 1994, 207 – Sigurjónsson).

30 **Kammern der freien Berufe** (EGMR 23.6.1981 – 6878/75 ua Rn. 64f., EuGRZ 1981, 551 – Le Compte ua: Ärztekammer; EGMR 3.4.2001 – 44319/98 S. 8 – O. V. R.: Notarkammer; EKMR 2.7.1990 – 13750/88, DR 66, 188 (195f.) – A. ua: Rechtsanwaltskammer; EGMR 8.9.1989 – 14331/88 ua, DR 62, 309 (316f.) – Revert und Legallais: Architektenkammer; EGMR 12.3.1981 – 8734/79, DR 26, 145 (154) – Barthold: Tierärztekammer) und **Handelskammern** (EKMR 10.7.1991 – 14596/89, DR 71, 158 (162) – Weiss) unterliegen somit nicht dem Schutzbereich des Art. 11. Anders als die in Frankreich und Luxemburg bestehenden **Jagdvereinigungen** (EGMR 29.4.1999 (GK) – 25088/94 ua Rn. 100ff., NJW 1999, 3695 – Chassagnou; EGMR 10.7.2007 – 2113/04 Rn. 69ff., NuR 2008, 489 – Schneider) hat der EGMR die deutschen Jagdgenossenschaften als öffentlich-rechtliche Vereinigungen qualifiziert (EGMR 20.1.2011 – 9300/07 Rn. 76ff., AuR 2011, 396 – Herrmann; dazu s. auch die Entscheidung der GK 26.6.2012, NJW 2012, 3629, in der es jedoch nicht um Art. 11 (→ Rn. 37ff.), sondern vor allem um das Vorliegen einer Verletzung des Art. 1 EMRKZusProt (→ EMRKZusProt Art. 1 Rn. 31 und 37) ging).

31 **2. Geschütztes Verhalten.** Art. 11 schützt zum einen die sog. **positive Vereinigungsfreiheit,** dh das Recht, eine Vereinigung zu gründen oder ihr beizutreten, falls und soweit die Vereinigung Beitritte zulässt (EGMR 17.2.2004 (GK) – 44158/98 Rn. 88, NVwZ 2006, 65 – Gorzelik; EGMR 25.4.1996 (GK) – 15573/89 Rn. 45, AuR 1997, 408 – Gustafsson; EKMR 13.5.1985 – 10550/83, DR 42, 178 (185f.) – Ernest Dennis Cheall (im Kontext der Koalitionsfreiheit)). Geschützt ist insbesondere auch das Recht, eine Vereinigung in der gewünschten Rechtsform zu gründen (EGMR 12.4.2011 – 12976/07 Rn. 105, NLMR 2011, 100 = BeckRS 2011, 144849 – Republican Party of Russia; EGMR 17.2.2004 (GK) – 44158/98 Rn. 88, NVwZ 2006, 65ff. – Gorzelik). Neben der Gründung der Vereinigung erfasst der Schutzbereich der Vorschrift auch deren Tätigkeit im Rahmen ihres Zweckes (Frowein/Peukert EMRK Art. 11 Rn. 9; EGMR 13.8.1981 – 760/76 ua Rn. 52, EuGRZ 1981, 559 – Young, James and Webster; sa *Tomuschat* in Macdonald/Matscher/Petzold S. 493, 499ff.). Dies ergibt sich aus Art. 11 Abs. 1 Hs. 2, der die Koalitionsfreiheit als Unterfall der Vereinigungsfreiheit nennt und bei Gewerkschaften auch die Ausübung ihrer Tätigkeit erfasst. Die Erreichung des Zwecks, für den die Vereinigung gegründet wurde, ist jedoch nicht vom Schutzbereich des Art. 11 erfasst (EKMR 6.7.1977 – 6094/73, DR 9, 5 Rn. 52 – Association X.). Geschützt ist ferner das Recht, nicht wegen der Mitgliedschaft in einer Vereinigung benachteiligt zu werden (EGMR 26.9.1995 (GK) – 17851/91 Rn. 65, NJW 1996, 375ff. – Vogt; EGMR 2.8.2001 – 35972/97 Rn. 13ff. – Grande Oriente d'Italia di Palazzo Giustiniani).

32 Zum anderen schützt die Vorschrift nach der Rspr. des EGMR auch die sog. **negative Vereinigungsfreiheit,** also die Freiheit, einer Vereinigung fernzubleiben oder aus ihr auszutreten (EGMR 29.4.1999 (GK) – 25088/94 ua Rn. 103, NJW 1999, 3695 – Chassagnou; EGMR 30.6.1993 – 16130/90 Rn. 33ff., ÖJZ 1994, 207 – Sigurjónsson (im Kontext der Koalitionsfreiheit)). Der EGMR hat einen Eingriff in die negative Vereinigungsfreiheit zudem in einer gesetzlichen Regelung gesehen, die Wirtschaftstreibende verpflichtete, unabhängig von einer formalen Mitgliedschaft Beiträge an einen privaten Industrieverband zu zahlen (EGMR 27.4.2010 – 20161/06 Rn. 47ff., BeckRS 2016, 19711 – Ólaffson). Demgegen-

Versammlungs- und Vereinigungsfreiheit **Art. 11 EMRK**

über soll die Pflicht von Unternehmen der Bauwirtschaft, Beiträge zu den Sozialkassen der Bauwirtschaft nach dem allgemeinverbindlichen Tarifvertrag über das Sozialkassenverfahren zu entrichten, keiner Zwangsmitgliedschaft gleichkommen und keinen Eingriff in die negative Vereinigungsfreiheit darstellen (EGMR 2.6.2016 – 23646/09 Rn. 54ff., NZA 2016, 1519 – Kancev).

II. Eingriffe

Eingriffe in die Vereinigungsfreiheit sind in vielfältiger Form möglich. In Betracht kommen zB **Sanktionen** wegen der Mitgliedschaft oder Nicht-Mitgliedschaft (EGMR 26.9.1995 (GK) – 17851/91 Rn. 65, NJW 1996, 375 – Vogt) oder wegen Tätigkeiten in einer Vereinigung (EGMR 18.3.2008 – 36370/02 ua Rn. 62 – Piroğlu ua), **Beschränkungen oder das Verbot bestimmter Tätigkeiten** der Vereinigung (EGMR 20.9.2005 – 45454/99 Rn. 19 – Yesilgoz), **Zwangsmitgliedschaften** (EGMR 29.4.1999 (GK) – 25088/94 ua Rn. 103ff., NJW 1999, 3695 – Chassagnou), die **Verweigerung der Eintragung** einer Vereinigung oder ihrer Organe (EGMR 16.7.2019 – 12200 ua Rn. 142, NLMR 2019, 312 (315) = BeckRS 2019, 48768 – Zhdanov; EGMR 17.2.2004 (GK) – 44158/98 Rn. 52 und 106, NVwZ 2006, 65 – Gorzelik ua; EGMR 21.6.2007 – 57045/00 Rn. 37 – Zhechev; EGMR 12.4.2011 – 12976/07 Rn. 80, NLMR 2011, 100 = BeckRS 2011, 144849 – Republican Party of Russia; EGMR 6.10.2009 – 35570/02 Rn. 27 – Özbek ua) sowie als schärfste Form die **Auflösung** oder das **Verbot einer Vereinigung** (EGMR 15.1.2009 – 74651/01 Rn. 53 – Association of Citizens Radko & Paunkovski; EGMR 8.10.2009 – 37083/03 Rn. 54 – Tebieti Mühafize Cemiyyeti und Israfilov). 33

Ein Eingriff in die Vereinigungsfreiheit kann auch in der Verweigerung der Anerkennung einer Organisation als **Partei** liegen (EGMR 12.4.2011 – 12976/07 Rn. 105ff., NLMR 2011, 100 = BeckRS 2011, 144849 – Republican Party of Russia). Von Bedeutung ist dies insbesondere, wenn die Parteieigenschaft Voraussetzung für die Teilhabe an der staatlichen **Parteienfinanzierung** ist (*Kugelmann* S. 270). Vergleichbares dürfte gelten, wenn die Teilnahme an Wahlen von der Parteieigenschaft abhängt, wobei die Nichtzulassung einer Organisation zu einer Parlamentswahl zugleich einen Eingriff in Art. 3 EMRKZusProt umfasst (→ EMRKZusProt Art. 3 Rn. 8). Verbote, **Parteispenden** aus bestimmten Quellen anzunehmen, können ebenfalls einen Eingriff darstellen, wenn sie die Fähigkeiten zu politischer Arbeit einschränken (EGMR 7.6.2007 – 71251/01 Rn. 37f. – Parti Nationaliste Basque – Organisation Régionale d'Iparralde). Gleiches dürfte für den **Ausschluss** einer Partei von der Finanzierung durch öffentliche Gelder gelten. Auch für die Auslegung der Voraussetzungen der **Parteienfinanzierung der EU** (vgl. Art. 3 lit. c VO (EG) Nr. 2004/2003 bzw. mit Wirkung vom 1.1.2017 VO (EU, Euratom) Nr. 1141/2014 über das Statut und die Finanzierung europäischer politischer Parteien (EuPP) und europäischer politischer Stiftungen, welche erstere ablösen soll) wird dies relevant sein, sobald die EU der EMRK beigetreten ist. Im Schrifttum wird darauf verwiesen, dass hier der Ausschluss einer Partei, die die Grundsätze der EU nicht achtet, von der Finanzierung funktional einem Parteiverbot gleiche und das Verfahren daher gerichtsförmig ausgestaltet werden solle (*Kugelmann* S. 264). Zum Deregistrierungsverfahren nach der VO (EU, Euratom) Nr. 1141/2014 → Rn. 49a f. Von erheblicher Bedeutung für Fragen der Parteienfinanzierung dürfte zudem das Diskriminierungsverbot des Art. 14 sein, dessen Anwendungsbereich durch die Vereinigungsfreiheit der Parteien eröffnet wird. 34

Arndt/Engels/von Oettingen

EMRK Art. 11

III. Rechtfertigung

35 Für die Rechtfertigung von Eingriffen in die Vereinigungsfreiheit gelten nach Art. 11 Abs. 2 dieselben Voraussetzungen wie bei der Versammlungsfreiheit (→ Rn. 11ff.; s. nur EGMR 17.2.2004 (GK) – 44158/98 Rn. 64ff. u. 88ff., NVwZ 2006, 65 – Gorzelik; EGMR 21.6.2007 – 57045/00 Rn. 33ff. u. 43f. – Zhechev; EGMR 10.7.1998 – 26695/95 Rn. 38ff., ÖJZ 1999, 477 – Sidiropoulos ua; EGMR 5.10.2006 – 72881/01 Rn. 74ff., EuGRZ 2007, 24ff. – Moscow Branch of the Salvation Army). Auch Eingriffe in die Vereinigungsfreiheit sind nur unter engen Voraussetzungen zulässig und müssen durch überzeugende und zwingende Gründe gerechtfertigt sein (EGMR 17.2.2004 (GK) – 44158/98 Rn. 95, NVwZ 2006, 65 – Gorzelik). Die Beweislast hierfür trägt die Regierung (EGMR 8.4.2014 (GK) – 70945/11 ua Rn. 84, NVwZ 2015, 499 – Magyar Keresztény Mennonita Egyház ua). Bei der im Rahmen der Verhältnismäßigkeitsprüfung erfolgenden Abwägung der betroffenen Rechte und Rechtsgüter berücksichtigt der EGMR auch, welche Bedeutung eine Vereinigung für das **Funktionieren der Demokratie** hat. Eine herausragende Rolle haben dabei politische Parteien. Aber auch zu anderen Zwecken gegründeten Vereinigungen, einschließlich solcher, die das kulturelle oder geistige Erbe schützen, sozio-ökonomische Ziele verfolgen, eine Religion bekennen oder lehren, eine ethnische Identität suchen oder ein Minderheitsbewusstsein stärken wollen, kommt dabei eine hohe Bedeutung zu (EGMR 17.2.2004 (GK) – 44158/98 Rn. 92f., NVwZ 2006, 65 – Gorzelik).

36 **1. Einzelfälle zur allgemeinen Vereinigungsfreiheit. a) Mitgliedschaft in Vereinigungen.** Im pauschalen Ausschluss von Mitgliedern einer Vereinigung vom Zugang zu öffentlichen Ämtern sah der EGMR unter der Voraussetzung, dass die Mitgliedschaft selbst juristisch nicht vorwerfbar war, einen Verstoß gegen Art. 11 (EGMR 2.8.2001 – 35972/97 Rn. 26ff. – Grande Oriente d'Italia di Palazzo Giustiniani). Das für bestimmte Gruppen von öffentlichen Bediensteten geltende (allgemeine) **Verbot, in politischen Parteien** ein Amt zu bekleiden oder sonst **aktiv zu sein**, hielt der EGMR dagegen für mit Art. 11 Abs. 2 vereinbar (EGMR 2.9.1998 – 22954/93 Rn. 70 iVm 61ff. – Ahmed ua; s. auch 10.4.2012 – 26648/03 Rn. 44ff. – Strzelecki). Gleiches gilt nach dem EGMR vor dem Hintergrund der kommunistischen Vergangenheit Ungarns auch für das (allgemeine) **Verbot der Mitgliedschaft in politischen Parteien** für Angehörige der Armee und der Polizei (EGMR 20.5.1999 (GK) – 25390/94 Rn. 61 u. 39ff., NVwZ 2000, 421 – Rekvényi). Auch den Widerruf der Einberufung als Reserveoffizier wegen der Mitgliedschaft in einer rechtsradikalen, unter Beobachtung des Verfassungsschutzes stehenden Partei („Die Republikaner") hielt der EGMR für mit Art. 11 Abs. 2 vereinbar (EGMR 13.2.2007 – 30067/04 – Erdel).

37 Die **Entlassung** einer deutschen Lehrerin aus dem Staatsdienst **wegen** ihrer (aktiven) **Mitgliedschaft** in einer als extremistisch eingestuften Partei (DKP) sah der EGMR dagegen als Verstoß gegen Art. 11 an, da sie ihr faktisch die Möglichkeit nahm, ihren Beruf auszuüben, ihre Stellung keine Sicherheitsrisiken mit sich brachte, sie weder ihre Position zur Beeinflussung ihrer Schüler missbraucht noch sich bei ihren außerschulischen Aktivitäten verfassungsfeindlich geäußert hatte und die DKP vom BVerfG nicht verboten worden war (EGMR 26.9.1995 (GK) – 17851/91 Rn. 66 u. 60f., NJW 1996, 375 – Vogt). Auch wenn dieses Urteil mit 10:9 Stimmen äußerst knapp erging, zählt es inzwischen zum gesicherten Bestandteil der Rspr. des EGMR (*Bernhardt* FS Häberle, 2004, 381ff. (383) Fn. 4). In zwei

früheren Entscheidungen im Kontext des sog. Radikalenerlasses hatte der EGMR dagegen in der Entlassung von zwei Lehrern aus dem Beamtenverhältnis auf Probe bereits keinen Eingriff in Art. 10 gesehen, da die EMRK kein Recht auf Zugang zum öffentlichen Dienst enthalte, und Art. 11 nicht geprüft (EGMR 28.8.1986 – 9704/82 Rn. 34ff., EuGRZ 1986, 509 – Kosiek; EGMR 28.8.1986 – 9228/80 Rn. 48ff., EuGRZ 1986, 497 – Glasenapp). Zu **Sanktionen wegen der Nichtmitgliedschaft** in einer Gewerkschaft → Rn. 59.

Die **Zwangsmitgliedschaft** privater Grundstückseigentümer in einer Jagdvereinigung unabhängig von ihren persönlichen Überzeugungen hielt der EGMR für unverhältnismäßig (EGMR 29.4.1999 (GK) – 25088/94 ua Rn. 111ff., NJW 1999, 3695 – Chassagnou; zur Zwangsmitgliedschaft in deutschen Jagdgenossenschaften → Rn. 30). 38

b) Nichtzulassung und Auflösung von Vereinigungen. Für die **Nichtzulassung einer Vereinigung** sowie das **Verbot oder die Auflösung einer Vereinigung** gelten hohe Anforderungen, die aber nicht über die des GG hinausgehen (BVerfGE 149, 160 (202)). Der EGMR prüft in solchen Fällen, ob die Ziele oder Aktivitäten der Vereinigung den in Art. 11 Abs. 2 geschützten Rechtsgütern zuwiderlaufen und legt angesichts des drastischen Charakters dieser Maßnahmen im Rahmen der Verhältnismäßigkeitsprüfung einen **strengen Prüfungsmaßstab** an (EGMR 27.3.2008 – 26698/05 Rn. 48f. – Tourkiki Enosi Xanthis ua). Dieser ist umso strenger, je größer der politische Einfluss und damit die Bedeutung der Vereinigung für das politische System des Staates ist (EGMR 9.7.2013 – 35943/10 Rn. 58, NLMR 2013, 245 = BeckRS 2013, 202776 – Vona). Die Tätigkeit von Vereinigungen, die gewalttätige Ziele verfolgen oder demokratische Prinzipien ablehnen, kann ein Staat auch schon im Vorhinein unterbinden. Ein bloßer Verdacht genügt hierfür jedoch ebenso wenig wie das Eintreten für Meinungen, denen ein Großteil der Bevölkerung feindlich gegenübersteht (EGMR 27.3.2008 – 34144/05 Rn. 28ff. – Emin; EGMR 15.1.2009 – 74651/01 Rn. 71ff. – Association of Citizens Radko & Paunkovski). Vielmehr bedarf es **konkreter Anhaltspunkte** für eine Gefährdung der in Art. 11 Abs. 2 geschützten Rechtsgüter (EGMR 10.7.1998 – 26695/95 Rn. 41ff., ÖJZ 1999, 477 – Sidiropoulos ua; sa EGMR 21.6.2007 – 57045/00 Rn. 47ff. – Zhechev). Dort, wo es zu einer Anstachelung zum Einsatz von Gewalt gegenüber einem Individuum, einem Vertreter des Staates oder Teilen der Bevölkerung kommt, genießen die Behörden der Mitgliedstaaten bei der Prüfung der Notwendigkeit des Eingriffs über einen weiten Beurteilungsspielraum (EGMR 8.10.2020 – 77400/14 ua Rn. 121, NLMR 2020, 357 – Ayoub ua). Die Auflösung einer Stiftung, die nicht über zureichende finanzielle Mittel verfügt, kann mit Blick auf die Wirksamkeit und die Vertrauenswürdigkeit des mitgliedstaatlichen Stiftungssystems gerechtfertigt sein (EGMR 7.5.2019 – 10814/07 Rn. 41f., NLMR 2019, 219 – MIHR). 39

Der Beurteilungsspielraum der Staaten umfasst auch den Erlass angemessener **Regelungen für die Gründung, Arbeitsweise und interne Organisation** von Vereinigungen sowie die Sanktionierung etwaiger Verstöße (*Grabenwarter/Pabel* EMRK § 23 Rn. 96). Die Auflösung einer Vereinigung ohne Rücksicht auf deren Versuch, etwaige Verstöße zu beheben, hielt der EGMR jedoch für unverhältnismäßig (EGMR 8.10.2009 – 37083/03 Rn. 72ff. – Tebieti Mühafize Cemiyyeti u. Israfilov). 39a

2. Regelungen für politische Parteien. a) Bedingungen für die Anerkennung als Partei. Eine **Mindestzahl an Mitgliedern** für die Anerkennung einer 40

Organisation als Partei ist grundsätzlich mit Art. 11 vereinbar. Sie darf aber in der Höhe nicht exzessiv sein und insbesondere die Gründung von Parteien, die Minderheiteninteressen vertreten wollen, nicht faktisch ausschließen. Einer besonderen Kontrolle wird die **Anhebung** der bestehenden Schwellenwerte unterworfen, da sie besonders die Gefahr bergen, bestehende Oppositionsparteien zu diskriminieren (EGMR 12.4.2011 – 12976/07 Rn. 116ff., NLMR 2011, 100 = BeckRS 2011, 144849 – Republican Party of Russia). Verpflichtungen, dass Parteien eine bestimmte **überregionale Repräsentativität** besitzen müssen, sind ebenfalls besonders problematisch und in staatlichen Parteiensystemen regelmäßig nur übergangsweise zulässig (EGMR 12.4.2011 – 12976/07 Rn. 129f., NLMR 2011, 100 = BeckRS 2011, 144849 – Republican Party of Russia). Ein größerer Spielraum dürfte hingegen bezüglich der Anforderungen an die Transnationalität einer Partei im Rahmen der **europäischen Parteienfinanzierung** Art. 3 Abs. 1 EuPP-VO bestehen. Problematisch könnte jedoch sein, dass die Löschung einer EuPP aus dem Register möglich ist, wenn diese die Vorgaben an die Repräsentanz in den Mitgliedstaaten nicht mehr erfüllt (Art. 16 Abs. 2a EuPP-VO. Erreicht eine EuPP diese Vorgaben nur knapp, ist es möglich, dass sie allein aufgrund eines Misserfolges bei einer nationalen Wahl die Voraussetzungen nicht mehr erfüllt. Umgekehrt kann sie bereits kurze Zeit später die Hürde von einem Viertel der Mitgliedstaaten wieder überspringen. Eine solche kurzfristige Instabilität des Status steht in einem erheblichen Spannungsverhältnis zum Recht auf Chancengleichheit der Parteien. Daher dürfte bei EMRK-konformer Auslegung eine Löschung erst zulässig sein, wenn diese Voraussetzung für eine Registrierung über einen längeren Zeitraum und absehbar nachhaltig nicht mehr erfüllt ist.

41   **b) Spenden.** Ein Verbot, **Parteispenden** aus ausländischen Quellen anzunehmen, kann zur Wahrung der nationalen Souveränität gerechtfertigt sein. Bei der Ausgestaltung von Spendenannahmeverboten im Parteienrecht besitzen die Vertragsparteien angesichts der uneinheitlichen Regelungslage in den Mitgliedstaaten des Europarates einen größeren Spielraum, jedenfalls solange Spenden von natürlichen Personen in einem gewissen Umfang zulässig sind (trotz erkennbarer Skepsis mit Blick auf die Erforderlichkeit EGMR 7.6.2007 – 71251/01 Rn. 47ff. – Parti Nationaliste Basque – Organisation Régionale d'Iparralde). Auch § 25 Abs. 2 Nr. 3 PartG dürfte daher mit Art. 11 vereinbar sein. Diese Vorschrift dient zudem der Sicherung des Transparenzgebots (Art. 21 Abs. 1 S. 4 GG) und damit der Abwehr von illegitimem Einfluss auf politische Entscheidungen, indem einer Verschleierung von Zahlungsflüssen über ausländische Konten entgegengewirkt wird. Auch das Verbot, Spenden unbekannter Herkunft anzunehmen (§ 25 Abs. 2 Nr. 6 PartG), dient der Durchsetzung des Transparenzgebotes und dem Schutz der innerparteilichen Demokratie. Ebenfalls mit Art. 11 vereinbar ist die Sanktionsnorm des § 31c S. 1 PartG (vgl. VG Berlin 2 K 170.19 9.1.2020 Rn. 52f.). Gleiches gilt für die Spenden und Zuwendungsregeln in Art. 20 VO (EU, Euratom) Nr. 1141/2014.

42   **c) Parteiverbot.** Parteiverbote sind besonders schwerwiegende Eingriffe in die Vereinigungsfreiheit. Dies folgt nicht zuletzt daraus, dass die Freiheit der Parteien zu den Grundlagen einer demokratischen Verfassungsordnung gehört und damit in ihrer Bedeutung über die individuelle Freiheitssphäre hinausreicht (*Bernhardt* S. 382; *Kugelmann* S. 258). Der EGMR unterwirft Parteiverbote daher einer besonders **hohen Prüfungsdichte** (EGMR 9.7.2013 – 35943/10 Rn. 58, NLMR 2013, 245 = BeckRS 2013, 202776 – Vona). Dementsprechend ist der Beurteilungsspielraum, der den Vertragsparteien zugestanden wird, vergleichsweise gering (*Pabel* ZaöRV 63 (2003), 930; *Wildhaber* S. 260). Dies lässt sich mit der Gefahr begründen, dass Parteiverbote zur Bekämpfung eines politischen Gegners eingesetzt werden (*Kugelmann* S. 260). Ein gewisser Beurteilungsspielraum verbleibt den Vertragsparteien allerdings hinsichtlich des Zeitpunkts für ein Parteiverbot, auch wenn der EGMR – anders als das BVerfG, welches ein Parteiverbot bisher als von den Erfolgschancen einer Partei unabhängige Präventivmaßnahme einordnete (BVerfG 17.8.1956 – 1 BvB 2/51, BVerfGE 5, 85 (141f.)) – eine unmittelbar drohende Gefahr für das demokratische Regierungssystem verlangt (EGMR 13.2.2003 (GK) – 41340/98 ua Rn. 100, 102, 107, NVwZ 2003, 1489 = EuGRZ 2003, 206 – Refah Partisi; *Theuerkauf* S. 258; *Kumpf* DVBl 2012, 1344 (1345); *Morlok* Jura 2013, 317 (323); *Emek/Meier* Recht und Politik 2013, 74 (77)).

Grundlage für die Beurteilung der Verhältnismäßigkeit eines Parteiverbots sind 43 die **politischen Ziele** der Partei und die **Mittel**, mit denen sie ihre Ziele erreichen will. Wichtigster Anhaltspunkt für die Ermittlung der Ziele ist das Parteiprogramm. Zur Rechtfertigung eines frühzeitigen Verbotsverfahrens dürfte dies von entscheidender Bedeutung sein (*Bernhardt* S. 386). Äußerungen von Parteimitgliedern sind relevant, wenn sie der Partei als Ganzes zugerechnet werden können (näher dazu *Kumpf* DVBl 2012, 1344 (1346)). Ein gewichtiges Indiz für die Zulässigkeit eines Parteiverbots ist, dass zu **Gewalt** als Mittel der politischen Auseinandersetzung aufgerufen wird. Dies widerspricht dem Prinzip der Demokratie, die Probleme eines Staates durch Dialog zu lösen (EGMR 13.2.2003 (GK) – 41340/98 ua Rn. 97, EuGRZ 2003, 206 – Refah Partisi; EGMR 30.6.2009 – 25803/04 ua Rn. 79 – Herri Batasuna u. Batasuna). Allerdings dürfte nicht jedes illegale Verhalten für sich genommen bereits ein Parteiverbot rechtfertigen (*Ress* Sondervotum zu EGMR 13.2.2003 (GK) – 41340/98 ua, NVwZ 2003, 1489 = EuGRZ 2003, 206 – Refah Partisi; *Pabel* ZaöRV 63 (2003) 932).

Nicht ausreichend für ein Parteiverbot ist, dass die Partei einen **Verfas-** 44 **sungswandel** anstrebt, solange dies mit friedlichen Mitteln geschieht und die erstrebte Ordnung demokratischen Standards genügt (*Grabenwarter/Pabel* EMRK § 23 Rn. 99; *Pabel* ZaöRV 63 (2003), 930; *Kugelmann* S. 267).

Art. 21 Abs. 2 GG, der die Voraussetzungen eines Parteiverbots regelt, ist **hinrei-** 45 **chend bestimmt,** um den Anforderungen von Art. 11 Abs. 2 an eine gesetzliche Regelung zu entsprechen (*Pabel* ZaöRV 63 (2003), 940). Dass Art. 21 Abs. 2 GG anders als Art. 11 Abs. 2 keine **eigenständige Verhältnismäßigkeitsprüfung** vorsieht, führt im Ergebnis nicht zu einem Konflikt. Die relevanten Gesichtspunkte kann das BVerfG im Rahmen der Prüfung der Tatbestandsmerkmale des Art. 21 Abs. 2 GG berücksichtigen (siehe nun mit dem Begriff der Potentialität BVerfGE 144, 20 (224ff., 242f.). Zudem hat auch der EGMR für die Prüfung der Verhältnismäßigkeit abstrakte Kriterien entwickelt, deren Vorliegen ohne weitere Abwägung für ein Parteiverbot ausreicht (*Pabel* ZaöRV 63 (2003), 933). Eine weitergehende, schematische Harmonisierung der Prüfungspunkte und Begrifflichkeiten ist nicht notwendig.

Mit Blick auf die Anforderungen der EMRK an ein **faires Verfahren** wird 46 angenommen, dass Parteiverbote nur durch ein unabhängiges hohes Gericht, insbesondere ein Verfassungsgericht, ausgesprochen werden dürfen (*Kugelmann* S. 270). Dies könnte sich im Hinblick auf die EuPP-VO (→ Rn. 34) als problematisch erweisen, welche die Löschung einer EuPP aus dem Parteienregister im Wege eines Verwaltungsverfahrens (→ Rn. 49a f.) vorsieht. Unter dem Gesichtspunkt des fairen Verfahrens kann auch der Einsatz von verdeckten Ermittlern und V-Leuten der Geheimdienste problematisch sein (*Kugelmann* S. 271; zurückhaltend dagegen *Löwer* 66 f.).

47 Die möglichen **Rechtsfolgen eines Parteiverbots** beschränken sich nicht auf die Auflösung der Partei und das Verbot der Gründung von Ersatzorganisationen. Um das Parlament als das wichtigste Organ der Demokratie effektiv vor der Tätigkeit einer verfassungswidrigen Partei zu schützen, erscheint es naheliegend, dass ein Parteiverbot Rückwirkungen auf die Mandate der Abgeordneten dieser Partei besitzt.

48 Der EGMR hat den automatischen **Verlust der Parlamentsmandate** als Folge eines Parteiverbots als einen unverhältnismäßigen Eingriff in das Recht auf freie Wahlen (Art. 3 EMRKZusProt) angesehen, da die persönliche politische Betätigung der betroffenen Abgeordneten dann nicht in die Entscheidung einfließen kann (EGMR 11. 6. 2002 – 25144/94 Rn. 37 ff., BeckRS 2013, 11455 – Sedim Sadak ua). Auch die Möglichkeit, dem Verlust des Mandats durch Austritt aus der Partei vor Urteilsverkündung zu entgehen, reichte nicht aus, um einen Verstoß gegen Art. 3 EMRKZusProt zu vermeiden.

49 Kritisch lässt sich in dieser Perspektive die **deutsche Rechtslage** betrachten. So ordnet zB § 46 Abs. 1 Nr. 5 iVm Abs. 4 BWahlG den Verlust der Mandate von Mitgliedern des Bundestages an, die einer für verfassungswidrig erklärten Partei angehören (*Pabel* ZaöRV 63 (2003), 940 ff. mwN zur verfassungsrechtlichen Diskussion). Um einen Verstoß gegen die EMRK zu vermeiden, wird angeregt, dass der Ältestenrat des Bundestages individuell von einem Mandatsverlust absehen kann (*Pabel* ZaöRV 63 (2003), 942; für ein unmittelbar verfassungsgerichtliches Verfahren hingegen *Emek* S. 257). Dem steht nicht entgegen, dass das BVerfG den Verlust der Mandate der Abgeordneten einer verfassungswidrigen Partei ausdrücklich von dem persönlichen Verhalten eines Abgeordneten entkoppelt (BVerfGE 2, 1 (74 f.); 5, 85 (392)) und den Mandatsverlust unmittelbar aus Art. 21 Abs. 2 GG abgeleitet hat. Art. 21 Abs. 2 GG ist einer völkerrechtsfreundlichen Auslegung zugänglich, nach der der Mandatsverlust nur den Regelfall eines Parteiverbots darstellen, individuelle Ausnahmen aber möglich bleiben.

49a Für europäische politische Parteien sieht Art. 10 VO (EU, Euratom) Nr. 1141/2014 bei offensichtlichen schwerwiegenden Verstößen gegen die europäischen Werte ein Verfahren vor, das zum **Verlust des Status einer EuPP** führt und funktional einem Parteiverbot nahesteht. Bestehen Anhaltspunkte dafür, dass eine EuPP die europäischen Grundwerte nicht achtet, können Rat, EP oder Kommission ein Überprüfungsverfahren bei der **Behörde für europäische politische Parteien und europäische politische Stiftungen** beantragen, das zu einer Streichung der EuPP aus dem Register führen kann. Erhält die Behörde entsprechende Informationen, teilt sie diese Rat, EP und Kommission mit. Diese sollen daraufhin innerhalb von zwei Monaten über eine Antragstellung entscheiden. Ein späterer Antrag dieser Organe aus eigener Initiative bleibt jedoch möglich.

49b Liegt der Behörde ein Antrag auf Entziehung des Status einer EuPP aufgrund von offensichtlichen und schwerwiegenden Verstößen gegen die europäischen Werte vor, so holt sie die Stellungnahme eines **Ausschusses unabhängiger Persönlichkeiten** (Art. 11 VO (EU, Euratom) Nr. 1141/2014) ein. Kommt sie daraufhin zu der Ansicht, dass die EuPP aus dem Register gestrichen werden soll, teilt sie dies dem Rat und dem Europäischen Parlament mit. Diese können innerhalb von drei Monaten der Deregistrierung widersprechen. Erheben weder Rat noch Europäisches Parlament Einwände, wird die EuPP aus dem Register gelöscht. Gegen die Entscheidung der Behörde ist der Rechtsweg zum EuGH gegeben. Einem **gerichtsförmi-**

Versammlungs- und Vereinigungsfreiheit **Art. 11 EMRK**

gen **Deregistrierungsverfahren,** vergleichbar mit dem Parteiverbotsverfahren nach Art. 21 Abs. 2 GG, ist im Rechtsetzungsverfahren nicht näher getreten worden, weil dazu eine Änderung des Primärrechts erforderlich gewesen wäre.

IV. Positive Verpflichtungen

Auch die Vereinigungsfreiheit gewährleistet nicht nur den Schutz vor Eingriffen 50 des Staates, sondern legt den Staaten ebenfalls die positive Verpflichtung auf, vernünftige und angemessene Maßnahmen zum Schutz der gewährleisteten Rechte zu ergreifen. Die Staaten haben dabei aber angesichts schwieriger sozialer und politischer Fragestellungen einen weiten Beurteilungsspielraum (EGMR 6.11.2012 – 47335/06 Rn. 42f. u. 48 – Redfearn; EGMR 12.11.2008 (GK) – 34503/97 Rn. 111, NZA 2010, 1425ff. – Demir u. Baykara (im Kontext der Koalitionsfreiheit); zur Versammlungsfreiheit → Rn. 25f.; zur Koalitionsfreiheit → Rn. 57a). So sind die Staaten verpflichtet, in ihrer **Rechtsordnung** Möglichkeiten zur **Gründung von Vereinigungen** einschließlich des Erwerbs der Rechtsfähigkeit vorzusehen. Dies gilt auch für Religionsgemeinschaften (EGMR 8.4.2014 (GK) – 70945/11 ua Rn. 90f., NVwZ 2015, 499 – Magyar Keresztény Mennonita Egyház ua). Welche Rechtsformen sie für Vereinigungen vorsehen und welche Anforderungen sie zB an die Gründung juristischer Personen stellen, steht den Staaten jedoch grundsätzlich frei (*Marauhn* in Ehlers GuG § 4 Rn. 75; Frowein/Peukert EMRK Art. 11 Rn. 8; *Bröhmer* in Dörr/Grote/Marauhn Kap. 19 Rn. 55; zur Frage, ob und inwieweit die Vereinigungsfreiheit Auswirkungen auf das Gesellschaftsrecht hat, siehe *Marauhn* RabelsZ 1999, 537 (554ff.)). Ferner müssen die Staaten in **tatsächlicher Hinsicht** dafür sorgen, dass Vereinigungen auch dann ihre Tätigkeit ausüben können, wenn andere Personen die von ihnen verfolgten Interessen als anstößig oder störend empfinden. Die Rolle der Behörden besteht dann nicht darin, die Ursache der Spannungen zwischen den rivalisierenden Gruppen zu beseitigen, sondern darin sicherzustellen, dass sich diese gegenseitig tolerieren (EGMR 16.7.2019 – 12200 ua Rn. 162f., NLMR 2019, 312 = BeckRS 2019, 48768 – Zhdanov). Insbesondere müssen sie geeignete Maßnahmen ergreifen, damit die Mitglieder einer Vereinigung ihre Zusammenkünfte ohne Furcht vor körperlicher Gewalt abhalten können. Auch müssen die staatlichen Behörden in Fällen, in denen die Vereinigungsfreiheit durch andere Personen beeinträchtigt wird, effektive Ermittlungen aufnehmen (EGMR 20.10.2005 – 74989/01 Rn. 37 u. 43 – Ouranio Toxo ua) sowie für einen adäquaten Rechtsschutz sorgen (EGMR 6.11.2012 – 47335/06 Rn. 42ff. – Redfearn bzgl. der Entlassung eines Arbeitnehmers aufgrund seiner Mitgliedschaft in einer politischen Partei). Nicht verpflichtet sind die Staaten jedoch, privaten Vereinigungen die Mittel zur Durchsetzung ihrer Interessen zur Verfügung zu stellen (EKMR 14.7.1981 – 9234/81, DR 26, 270 (271) – X. Association).

Zur verpflichtenden Kirchenmitgliedschaft von Angestellten bei kirchlichen Arbeitgebern → Art. 9 Rn. 31.

E. Koalitionsfreiheit

I. Sachlicher Anwendungsbereich

Art. 11 Abs. 1 gewährleistet als Unterfall der Vereinigungsfreiheit ausdrücklich 51 auch das Recht, zum Schutz seiner Interessen **Gewerkschaften** zu bilden und beizutreten (Koalitionsfreiheit). Die Koalitionsfreiheit schützt sowohl die Gewerkschaften (kollektive Koalitionsfreiheit) als auch ihre Mitglieder (individuelle Koalitionsfreiheit) und gilt auch für den öffentlichen Dienst. Dabei bindet Art. 11 den Staat sowohl als Hoheitsträger als auch als Arbeitgeber (EGMR 12.11.2008 (GK) – 34503/97 Rn. 109 u. 154, NZA 2010, 1425 – Demir u. Baykara). Auch kirchliche Angestellte fallen in den Schutzbereich des Art. 11 (EGMR 9.7.2013 (GK) – 2330/09 Rn. 140ff., NJOZ, 2014, 1715 – Sindicatul „Păstorul cel Bun").

52 Neben der positiven Gründungfreiheit enthält die Koalitionsfreiheit ein **Verbot gewerkschaftlicher Monopole** (sog. closed-shop Regelungen, EGMR 11.1.2006 (GK) – 52562/99 ua Rn. 64ff., ÖJZ 2006, 550 = BeckRS 2006, 16657 – Sørensen u. Rasmussen; dazu näher *Marauhn* in Ehlers GuG § 4 Rn. 87). Vom Schutzbereich umfasst ist ferner das Recht einer Gewerkschaft, sich für den Schutz der Interessen ihrer Mitglieder einzusetzen, den Arbeitgeber zu veranlassen, **anzuhören,** was sie im Namen ihrer Mitglieder zu sagen hat (EGMR 2.7.2002 – 30668/96 ua Rn. 42, ÖJZ 2003, 729 – Wilson ua) und ihre eigenen Angelegenheiten selbst zu verwalten, dh insbesondere Regeln für den Erwerb und die Beendigung einer Mitgliedschaft festzulegen (EGMR 27.2.2007 – 11002/05 Rn. 38ff. – Associated Society of Locomotive Engineers & Firemen; s. auch Grabenwarter Art. 11 Rn. 10). Seit dem Urteil im Verfahren *Demir u. Baykara* zählt der EGMR ferner das Recht, **Tarifverhandlungen** mit dem Arbeitgeber zu führen, Tarifverträge abzuschließen und das Recht, dass ein geschlossener Kollektivvertrag auch zur Anwendung kommt, zum Kerngehalt der Vereinigungsfreiheit (EGMR 12.11.2008 (GK) – 34503/97 Rn. 147ff. und 157, NZA 2010, 1425 – Demir u. Baykara). Auf der individuellen Ebene umfasst die Gewerkschaftsfreiheit den Schutz der Mitglieder einer Gewerkschaft, ihre Berufsinteressen durch gewerkschaftliche Tätigkeiten und Aktionen wahrzunehmen, die der Staat zulassen und deren Durchführung und Entwicklung er möglich machen muss (EGMR 24.3.2015 – 36807/07 Rn. 49, NJW 2016, 1230 (1231) – Sezer: Teilnahme als örtlicher Gewerkschaftssekretär an einer von einer politischen Partei organisierten Podiumsdiskussion).

53 +Ein **Recht zum Streik** führt die EMRK weder in Art. 11 noch in ihren anderen Bestimmungen explizit auf. Mit Blick darauf, dass dem Staat bei der Wahl der Mittel, mit denen er die Einhaltung des Art. 11 gewährleistet, ein **weiter Beurteilungsspielraum** zusteht, war der EGMR bei der Anerkennung eines Streikrechts lange zurückhaltend. Zwar sah er das Streikrecht als eines der wichtigsten Instrumente der Gewerkschaften bei der Wahrnehmung der Interessen ihrer Mitglieder an; es sei aber nicht das einzige Instrument (EGMR 6.2.1976 – 5589/72 Rn. 36, EuGRZ 1976, 68 – Schmidt u. Dahlström). Aufgrund der völkerrechtlichen Anerkennung des Streikrechts durch die Kontrollorgane der ILO und die europäische Sozialcharta hat der EGMR nunmehr jedoch das Streikrecht ausdrücklich anerkannt (EGMR 21.4.2009 – 68959/01 Rn. 24, NZA 2010, 1423 – Enerji Yapi-Yol Sen; so zuvor bereits Frowein/Peukert EMRK Art. 11 Rn. 18; *Marauhn* in Ehlers GuG § 4 Rn. 89 mwN; zur Kritik an den Entscheidungen des EGMR zur Anerkennung des Streikrechts und des Rechts auf Tarifverhandlungen (→ Rn. 52) s. *Schubert* AöR 137 (2012) 92 (98ff.); aA *Schlachter* RdA 2011, 341 (345ff.)). Vom Streikrecht umfasst sind auch Maßnahmen zur Unterstützung des Arbeitskampfes gegen einen anderen Arbeitgeber einschließlich Sympathiestreiks (EGMR 8.4.2014 – 31045/10 Rn. 77 u. 84, NJOZ 2015, 1744 – National Union of Rail, Maritime and Transport Workers).

Versammlungs- und Vereinigungsfreiheit Art. 11 EMRK

II. Eingriffe

Eingriffe in die Koalitionsfreiheit als Unterfall der Vereinigungsfreiheit sind in vielfältiger Form denkbar (→ Rn. 33). In Betracht kommen insbesondere **Streikverbote** (→ Rn. 56f.), **Zwangsmitgliedschaften** und **Sanktionen** wegen der Nichtmitgliedschaft in einer Gewerkschaft (EGMR 11.1.2006 (GK) – 52562/99 ua Rn. 64ff., ÖJZ 2006, 550 = BeckRS 2006, 16657 – Sørensen u. Rasmussen; EGMR 30.6.1993 – 16130/90 Rn. 35ff., ÖJZ 1994, 207ff. – Sigurjonsson) oder der Teilnahme an Streiks (EGMR 21.4.2009 – 68959/01 Rn. 24, NZA 2010, 1423 – Enerji Yapi-Yol Sen; EGMR 27.3.2007 – 6615/03 Rn. 28ff., AuR 2011, 307 – Karaçay; s. auch 17.7.2007 – 74611/01 ua Rn. 57 – Dilek ua) oder der Teilnahme an gewerkschaftlichen Tätigkeiten (EGMR 24.3.2015 – 36807/07 Rn. 49, NJW 2016, 1230 (1231) – Sezer). 54

III. Rechtfertigung

Für die Rechtfertigung von Eingriffen in die Koalitionsfreiheit gelten die gleichen Grundsätze wie für die Vereinigungsfreiheit (→ Rn. 35ff., für die besonderen Voraussetzungen eines Eingriffs gegenüber den in Art. 11 Abs. 2 S. 2 genannten staatlichen Bedienstetengruppen → Rn. 21ff.). Mit Blick darauf, dass ein angemessener Ausgleich zwischen den Interessen von Arbeitnehmern und Arbeitgebern schwierige soziale und politische Fragen aufwirft, gewährt der EGMR den Mitgliedstaaten im Allgemeinen einen **weiten Beurteilungsspielraum,** macht dessen Reichweite jedoch ferner von der Art und dem Ausmaß des Eingriffs, von dem mit dem Eingriff verfolgten Ziel, den widerstreitenden Rechten und Interessen Dritter, dem Ausmaß an Übereinstimmung in den Rechtssystemen der Mitgliedstaaten sowie dem Konsens auf internationaler Ebene abhängig (EGMR 8.4.2014 – 31045/10 Rn. 86, NJOZ 2015, 1744 – National Union of Rail, Maritime and Transport Workers). Bezugnehmend auf den weiten Beurteilungsspielraum der Staaten hielt der EGMR bspw. das britische Verbot von Unterstützungsmaßnahmen (→ Rn. 53) für verhältnismäßig (EGMR 8.4.2014 – 31045/10 Rn. 88ff., NJOZ 2015, 1744 – National Union of Rail, Maritime and Transport Workers). Andererseits hat der EGMR die Kündigung eines russischen Lokführers wegen der Teilnahme an einem Eisenbahnerstreik für unverhältnismäßig gehalten und unterstrichen, dass negative wirtschaftliche Konsequenzen einer Arbeitsunterbrechung im Eisenbahnverkehr nicht ausreichen, um ein vollständiges Streikverbot der Eisenbahner zu rechtfertigen (EGMR 20.11.2018 – 44873/09 Rn. 76ff., BeckRS 2018, 34507 – Ognevenko). Maßnahmen, deren Ziel es ist, die politische Neutralität von Angestellten des öffentlichen Dienstes aufrechtzuerhalten, können grundsätzlich verhältnismäßig sein (EGMR 24.3.2015 – 36807/07 Rn. 52ff., NVwZ 2016, 1230 (1231) – Sezer). 55

Nach der Rspr. des EGMR kann es mit der Koalitionsfreiheit vereinbar sein, Streiks von solchen Angehörigen des öffentlichen Dienstes zu verbieten, die im Namen des Staates Hoheitsgewalt ausüben. Allerdings müssen die betroffenen Personen dabei so eindeutig und begrenzt wie möglich festgelegt sein. Ein allgemeines Streikverbot für sämtliche Angehörige des öffentlichen Dienstes hielt der EGMR jedoch für unverhältnismäßig. Gleiches gilt auch für ein Streikverbot für Gemeindebedienstete sowie Angestellte von Wirtschafts- oder Industrieunternehmen des Staates (EGMR 12.11.2008 (GK) – 34503/97 Rn. 97, NZA 2010, 1425 – Demir und Baykara; EGMR 21.4.2009 – 68959/01 Rn. 32, NZA 2010, 1423 – Enerji 56

Yapi-Yol Sen). Belegt ein Konventionsstaat eine der in Art. 11 Abs. 2 S. 2 genannten Berufsgruppen mit einer Beschränkung, ist diese eng auszulegen und auf überzeugende und zwingende Gründe begrenzt. Die Einschränkungen sollten sich auf eine Übung beschränken und dürfen das Wesen des Organisationsrechts nicht beeinträchtigen (EGMR 20.11.2018 – 44873/09 Rn. 59, BeckRS 2018, 34507 – Ognevenko). Die Vereinbarkeit des in Deutschland geltenden, auf Art. 33 Abs. 5 GG gestützten **Streikverbots für Beamte,** welches allein an den Status und nicht an die Funktion (→ Rn. 22) anknüpft, ist weiterhin umstritten. Das BVerwG sah in dem statusbezogenen, für sämtliche Beamte geltenden Streikverbot ebenso wie das überwiegende Schrifttum (s. nur *Brinktine* ZG 2013, 227 (233); *Widmaier/Alber* ZEuS 2012, 387 (393) jeweils mwN) einen Verstoß gegen Art. 11 EMRK. Aufgrund der Anerkennung des Streikverbots als hergebrachter Grundsatz des Berufsbeamtentums mit Verfassungsrang sah es sich jedoch nicht zu einer konventionskonformen Auslegung in der Lage und bestätigte deshalb das Streikverbot für Beamte (27.2.2014 – 2 C1/13 Rn. 23ff., NVwZ 2014, 736). Das BVerfG hat in der Folge nach einer ausführlichen und differenzierten Analyse der Rechtsprechung des EGMR am statusbezogenen Streikverbot festgehalten. Es hat dabei zum einen auf die Unterschiede in den Strukturen des Beamtenrechts der Vertragsparteien verwiesen, die eine Kontextualisierung der jeweiligen Entscheidungen erforderlich macht. Zum anderen rechtfertigten die Besonderheiten des deutschen Systems des Berufsbeamtentums (insbes. Alimentations- und Treueprinzip) einen Eingriff in Art. 11 (BVerfGE 148, 296 (379f., 385), dazu *Hering* ZaöRV 79 (2019), 241; *Jacobs/Payandeh* GLJ 21 (2020) 223). Dahinstehen konnte dabei die Frage ob Art. 33 Abs. 4 und Abs. 5 GG im Wege der völkerrechtsfreundlichen Auslegung dahingehend auslegt werden könnten, dass eine funktionsbezogene Differenzierung zwischen verschiedenen Gruppen von Beamten möglich sei (mit erkennbarer Skepsis BVerfGE 144, 296 (379); dazu im Vorfeld *Polakiewicz/Kessler* NVwZ 2012, 841 (844ff.); kritisch *Widmaier/Alber* ZEuS 2012, 387 (401ff.); *Di Fabio,* Das beamtenrechtliche Streikverbot, 2012, S. 58ff.). Beschwerden beim EGMR sind noch anhängig (59433/18 ua). Zu den Konsequenzen der Rspr. des EGMR für das deutsche Beamtenrecht s. auch *Traulsen* JZ 2013, 65 (69ff.); *Schubert* AöR 137 (2012), 92 (115ff.). Zur Verhältnismäßigkeit von Sanktionen wegen Verstoßes gegen das Mitgliedern der Polizei auferlegte **Mäßigungsgebot** EGMR 25.9.2012 – 11828/08 Rn. 65ff., NLMR 2012, 309 – Trade Union of the Police in the Slovak Republic ua.

57 Das **Streikverbots kirchlicher Angestellter** im sog. Dritten Weg (dazu *Schubert* Jahrbuch des Arbeitsrechts 50 (2013), 101 (102ff. und 116ff.)) wurde Ende 2012 vom BAG für grundsätzlich mit der Koalitionsfreiheit vereinbar erklärt. Der mit dem kirchlichen Selbstbestimmungsrecht gerechtfertigte und aus der christlichen Dienstgemeinschaft abgeleitete Ausschluss des Streikrechts sei jedoch nach dem Grundsatz der praktischen Konkordanz nur dann mit der durch Art. 9 Abs. 3 GG gewährleisteten Koalitionsfreiheit vereinbar, wenn den Arbeitnehmern im Falle einer Nichteinigung in der Arbeitsrechtlichen Kommission der Zugang zu einer paritätisch besetzten Schlichtungskommission mit einem unabhängigen und neutralen Vorsitzenden uneingeschränkt offenstehe. Auch müssten die Gewerkschaften in das Verfahren zur Regelung der Arbeitsbedingungen organisatorisch eingebunden und die ausgehandelten Arbeitsbedingungen verbindlich sein (BAG 20.11.2012 – 1 AZR 179/11, NZA 2013, 448 (462ff.). Entsprechendes gilt auch für das Streikverbot im sog. Zweiten Weg, welcher ein Tarifvertragssystem vorsieht (BAG 20.11.2012 – 1 AZR 611/11, NZA 2013, 437 (442ff.); kritisch zu den Ur-

teilen *Kocher/Krüger/Sudhof* NZA 2014, 880 ff.). Die gegen die Urteile des BAG erhobenen Verfassungsbeschwerden wurden wegen Unzulässigkeit nicht zur Entscheidung angenommen (2 BvR 2274/13) bzw. verworfen (2 BvR 2292/13). Der EGMR nimmt im Falle einer Kollision des Art. 11 mit der durch Art. 9 gewährleisteten Religionsfreiheit eine Abwägung vor. So stellte er mit Blick auf die Anerkennung von **Gewerkschaften kirchlicher Arbeitnehmer** fest, dass staatliche Stellen die Einschätzung von Religionsgemeinschaften grundsätzlich zu respektieren hätten. Die bloße Behauptung, dass Kollektivmaßnahmen ihre Autonomie untergraben, genüge jedoch nicht. Vielmehr müsse die Religionsgemeinschaft nachweisen, dass die behauptete Gefahr wirklich existiert und der Eingriff nicht über das hinausgeht, was zu ihrer Beseitigung erforderlich ist. Die staatlichen Gerichte müssten die Umstände des Falles genau untersuchen und eine sorgfältige Abwägung zwischen den betroffenen Interessen vornehmen, hätten jedoch einen weiten Beurteilungsspielraum, wenn ein Ausgleich zwischen unterschiedlichen Konventionsrechten vorgenommen werden muss (EGMR 9.7.2013 (GK) – 2330/09 Rn. 159ff., NJOZ, 2014, 1715 – Sindicatul „Păstorul cel Bun"). Zur Vereinbarkeit des kirchlichen Streikverbots mit der EMRK *Schubert* Jahrbuch des Arbeitsrechts 50 (2013), 101 (124ff.); *Grzeszick* NZA 2013, 1377 (1382f.); *Walter* ZevKR 233, 257ff.; auch → Art. 9 Rn. 31.

Die sich mit Blick auf eine gesetzliche Verankerung des **Grundsatzes der Ta-** 58 **rifeinheit** stellenden Fragen sind bislang nur in Grundzügen Gegenstand der Rechtsprechung des EGMR gewesen. Inwieweit die Eingriffe in die kollektive Koalitionsfreiheit der Minderheitsgewerkschaft und in die individuelle Koalitionsfreiheit ihrer Mitglieder nach Art. 11 Abs. 2 S. 1 gerechtfertigt werden können, ist daher nicht geklärt. Nach dem EGMR sind die Staaten frei, ihr Rechtssystem so zu organisieren, dass sie **repräsentativen Gewerkschaften** möglicherweise eine besondere Rechtsstellung gewähren (EGMR 12.11.2008 (GK) – 34503/97 Rn. 154, NZA 2010, 1425 – Demir und Baykara) und auch das Streikrecht kann von Voraussetzungen abhängig gemacht und beschränkt werden (EGMR 21.4.2009 – 68959/01 Rn. 32, NZA 2010, 1423 – Enerji Yapi-Yol Sen). Der Staat muss den Gewerkschaften jedoch nicht nur ihre Existenz, sondern auch die Tätigkeiten ermöglichen, die für ein wirksames Eintreten im Interesse ihrer Mitglieder erforderlich sind (*Schubert* AöR 137 (2012), 92 (107); *Greiner* DÖV 2013, 623 (626) jeweils mwN). Der EGMR hat jedenfalls entschieden, dass kein Anspruch einer Gewerkschaft auf spezielle Maßnahmen besteht (EGMR (GK) 9.7.2013 – 2330/09 Rn. 134, NJOZ 2014, 1715 – Sindicatul „Păstorul cel Bun"). Vielmehr hat der EGMR eine schwedische Regelung akzeptiert, wonach der Arbeitgeber Tarifverhandlungen nur mit der repräsentativsten Gewerkschaft führen muss (EGMR 6.2.1976 – 5614/72 Rn. 46f. – Swedish Engine Drivers´ Union). Desgleichen hat er eine kroatische Regelung unbeanstandet gelassen, die dem Arbeitgeber zur Herstellung von Parität die Möglichkeit gab, Verhandlungen nur mit einem Gremium zu führen, in dem alle Gewerkschaften vertreten sind (EGMR 27.11.2014 – 36701/09 Rn. 32 – Hrvatski liječnički sindikat). Bezugnehmend auf die Rechtsprechung des EGMR hat das BVerfG in seinem Urteil zum deutschen Tarifeinheitsgesetz festgestellt, dass dieser nicht über die grundrechtlichen Anforderungen hinaus geht (BVerfG 11.7.2017 – 1 BvR 1571/15 ua, NZA 2017, 915 (926)). Sofern die Herstellung der Tarifeinheit dazu führt, dass sich Minderheitsgewerkschaften nicht mehr effektiv für die Interessen ihrer Mitglieder einsetzen können oder gar in ihrer Existenz gefährdet werden, dürfte ein solcher Eingriff als unverhältnismäßig iSd Art. 11 Abs. 2 S. 1 anzusehen sein (vgl. auch BVerfG

11.7.2017 – 1 BvR 1571/15 ua, NZA 2017, 915 (917)). Näher zur Vereinbarkeit eines Gesetzes zur Herstellung des Grundsatzes der Tarifeinheit mit der EMRK s. *Löwisch* RdA 2010, 263 (264 ff.). Zur Verfassungsmäßigkeit des Gesetzentwurfs zur Tarifeinheit s. nur *Rüthers* ZRP 2015, 2 (4 f.); *Hufen* NZA 2014, 1237 ff.

IV. Positive Verpflichtungen

59 Die im Rahmen der Vereinigungsfreiheit bestehenden positiven Verpflichtungen der Staaten (→ Rn. 50) sind bisher vor allem im Bereich der Koalitionsfreiheit zur Anwendung gelangt. So sind die Staaten verpflichtet, Aktionen der Gewerkschaften zum Schutz der beruflichen Interessen ihrer Mitglieder zu erlauben und zu ermöglichen (EGMR 6.2.1976 – 5589/72 Rn. 36, EuGRZ 1976, 68 – Schmidt u. Dahlström) und die Gewerkschaft sowie ihre Mitglieder vor Beeinträchtigungen ihres Rechts auf Koalitionsfreiheit durch Dritte zu schützen (EGMR 2.7.2002 – 30668/96 ua Rn. 42, ÖJZ 2003, 729 – Wilson ua). Insbesondere dürfen sie **Sanktionen eines Arbeitgebers** wegen der Mitgliedschaft in einer Gewerkschaft, zB durch die Besserstellung von Arbeitnehmern, die keiner Gewerkschaft angehören (EGMR 2.7.2002 – 30668/96 ua Rn. 47 f., ÖJZ 2003, 729 – Wilson ua), oder Sanktionen wegen der Nichtmitgliedschaft in einer Gewerkschaft nicht zulassen (EGMR 11.1.2006 (GK) 52562/99 ua Rn. 64 ff., ÖJZ 2006, 550 = BeckRS 2006, 16657 – Sørensen u. Rasmussen; EGMR 13.8.1981 – 7601/76 ua Rn. 49 ff., EuGRZ 1980, 450 – Young, James u. Webster) und müssen einen wirksamen Rechtsschutz gegen Diskriminierung aufgrund der Gewerkschaftsmitgliedschaft gewährleisten (EGMR 30.7.2009 – 67336/01 Rn. 124 – Danilenkov ua). Zum Schutz vor **gewerkschaftlichen Boykottmaßnahmen** ist der Staat nach dem EGMR nur verpflichtet, sofern sich diese auch tatsächlich auf die Vereinigungsfreiheit auswirken (EGMR 25.4.1996 (GK) – 15573/89 Rn. 52, AuR 1997, 408 = BeckRS 2016, 19714 – Gustafsson). In der Wahl der Maßnahmen verfügen die Staaten angesichts der Schwierigkeiten, einen angemessenen Ausgleich zwischen den Interessen von Arbeitnehmern und Arbeitgebern herzustellen, und des geringen Ausmaßes an Übereinstimmung in den Rechtssystemen der Mitgliedstaaten über einen weiten Beurteilungsspielraum (EGMR 25.4.1996 (GK) – 15573/89 Rn. 45, AuR 1997, 408 = BeckRS 2016, 19714 – Gustafsson).

Art. 12 Recht auf Eheschließung

Männer und Frauen im heiratsfähigen Alter haben das Recht, nach den innerstaatlichen Gesetzen, welche die Ausübung dieses Rechts regeln, eine Ehe einzugehen und eine Familie zu gründen.

Men and women of marriageable age have the right to marry and to found a family, according to the national laws governing the exercise of this right.

À partir de l'âge nubile, l'homme et la femme ont le droit de se marier et de fonder une famille selon les lois nationales régissant l'exercice de ce droit.

Literatur: *Binder*, Die Auswirkungen der EMRK und des UN-Übereinkommens über die Rechte des Kindes vom 20. November 1989 auf Rechtsfragen im Bereich der medizinisch assistierten Forschung, 1998; *Coester-Waltjen*, Grundgesetz und EMRK im deutschen Familienrecht, Jura 2007, 914; *Dethloff/Maschwitz*, Ehemündigkeit in Europa, StAZ 2010, 162; *Fischer*, Rheinischer Kommentar zur Europäischen Menschenrechtskonvention, 2. Teil, 2010; *Hesel-*

Recht auf Eheschließung **Art. 12 EMRK**

haus/Nowak, Handbuch der Europäischen Grundrechte, 2. Aufl. 2020; *Kopper-Reifenberg,* Kindschaftsrechtsreform und Schutz des Familienlebens nach Art. 8 EMRK, 2001; *Meyer,* Gleichgeschlechtliche Ehe unabhängig vom Ehebegriff des Art. 6 Abs. 1 GG verfassungsmäßig, FamRZ 2017, 1281; *Michael,* Lebenspartnerschaften unter dem besonderen Schutz einer (über-)staatlichen Ordnung – Legitimation und Grenzen eines Grundrechtswandels kraft europäischer Integration, NJW 2010, 3537; *Mückl* in Merten/Papier (Hrsg.), Handbuch der Grundrechte, Band VI/1, Europäische Grundrechte I, 2010; *Müller-Terpitz,* Assistierte Reproduktionsverfahren im Lichte der EMRK, AVR Bd. 51, 42; *Palm-Risse,* Der völkerrechtliche Schutz von Ehe und Familie, 1990; *Reinke,* Fortpflanzungsfreiheit und das Verbot der Fremdeizellspende, 2008.

Übersicht

	Rn.
A. Bedeutung im innerstaatlichen Bereich	1
B. Sachlicher Anwendungsbereich	3
I. Eheschließung	3
1. Eheschließungsfreiheit	3
2. Gleichgeschlechtliche Paare	5
3. Transsexualität	7
4. Geistige Reife	8
5. Straf- und Untersuchungsgefangene	9
6. Scheidung und erneute Eheschließung	10
II. Familiengründung	13
1. Grundrechtsträger	13
2. Adoption und künstliche Befruchtung	15
C. Eingriffe	16
I. Begriff	16
II. Eheschließungsfreiheit	18
III. Familiengründungsfreiheit	22
D. Rechtfertigung	23
E. Praxishinweis	29

A. Bedeutung im innerstaatlichen Bereich

Art. 12 gehört zu den in Deutschland weniger bekannten Grundrechten der **1** EMRK, denn ein enger Anwendungsbereich und der bereits durch Art. 6 Abs. 1 GG gewährte umfassende Schutz begrenzen die Bedeutung dieses Grundrechts im innerstaatlichen Bereich (zur Bedeutung bei der Auslegung der Grundrechte zB BVerfG 26. 3. 2019 – 1 BvR 673/17 Rn. 58, NJW 2019, 1793 (1795)). Auch werden eine Vielzahl von rechtlichen Fragen zum Zusammenleben zweier oder mehrerer Personen und zur Familie im Rahmen von Art. 8 diskutiert, obwohl Art. 12 lex specialis für das Recht, eine Ehe zu schließen, ist.

Die Beschäftigung mit Art. 12 ist gleichwohl unerlässlich bei der Bearbeitung **2** von Rechtsstreitigkeiten, die beispielsweise die Frage aufwerfen, welche Personen das Eheschließungsgrundrecht für sich in Anspruch nehmen können und welche Formen der Familiengründung geschützt sind. Gerade in diesen Bereichen zeigt sich, dass die EMRK eine lebendige Konvention ist, die es im Lichte aktueller gesellschaftlicher Entwicklungen auszulegen gilt. Dies sollte bei der Rechtsanwendung berücksichtigt und als Chance gesehen werden.

B. Sachlicher Anwendungsbereich

I. Eheschließung

1. Eheschließungsfreiheit. Art. 12 gewährt jeder Person im heiratsfähigen Alter das Recht zu entscheiden, ob und ggf. welche Person anderen Geschlechts im heiratsfähigen Alter sie heiraten möchte (vgl. EGMR 15.3.2012 – 25951/07 Rn. 68, NJW 2013, 2171 – Gas und Dubois; EGMR 10.1.2017 – 1955/10 Rn. 48, NLMR 2017, 45 – Babiarz). Jeder **Zwang** zur Eheschließung verletzt Art. 12 (*Dethloff/Maschwitz* StAZ 2010, 162 (167); VG Frankfurt a. M. 4.7.2012 – 1 K 1836/11.F.A Rn. 17, BeckRS 2012, 59585). Wann jemand heiratsfähig ist, legt die EMRK nicht fest. Dies ist den Mitgliedstaaten überlassen. In Deutschland bestimmt § 1303 S. 1 BGB: „Eine Ehe darf nicht vor Eintritt der Volljährigkeit eingegangen werden."

Art. 12 verpflichtet die Mitgliedstaaten das Institut der Ehe vorzusehen. Ihre Abschaffung verbietet sich daher (*Fischer* S. 136 Rn. 2; aA anscheinend *Michael* NJW 2010, 3537). Die Mitgliedstaaten genügen dieser Verpflichtung nicht, wenn sie den Bürger ausschließlich auf die Möglichkeit verweisen, eine **religiöse Ehe** zu schließen, denn Art. 12 gewährleistet die **Zivilehe** (vgl. *Grabenwarter/Pabel* EMRK § 22 Rn. 78; zum Verhältnis der islamischen Ehe zu der von Art. 12 geschützten Zivilehe vgl. EKMR 7.7.1986 – 11579/85 – Khan). Die Norm enthält nicht das Recht, eine Ehe nach religiösen Vorschriften zu schließen (EGMR 8.12.2015 – 60119/12 Rn. 44, NLMR 2015, 516 – Z.H. and R.H.; *Mückl* in Merten/Papier Grundrechte-HdB § 141 Rn. 14).

2. Gleichgeschlechtliche Paare. Die Eheschließungsfreiheit des Art. 12 erstreckt sich dem Wortlaut nach nicht auf gleichgeschlechtliche Paare. Art. 12 nimmt – anders als Art. 9 der Grundrechte-Charta der EU (vgl. Übersicht bei *Marauhn/Böhringer* in Heselhaus/Nowak EU-Grundrechte-HdB § 24 Rn. 1 ff.) – ausdrücklich auf Männer und Frauen Bezug. Ebenso wie das BVerfG für Art. 6 Abs. 1 GG (BVerfGE 105, 313 (345 f.) und BVerfGE 133, 377 Rn. 85; vgl. zur Frage der Verfassungsmäßigkeit der gleichgeschlechtlichen Ehe den Diskussionsbeitrag von *Meyer* FamRZ 2017, 1281) geht der EGMR für Art. 12 davon aus, dass diesem das traditionelle Konzept einer Ehe zwischen Mann und Frau zugrunde liegt (EGMR 16.7.2014 – 37359/09 (GK) Rn. 96, NJW 2015, 3703 – Hämäläinen).

Daher verpflichte Art. 12 die Mitgliedstaaten nicht, das Institut der Ehe für gleichgeschlechtliche Paare zu öffnen (EGMR 21.7.2015 – 18766/11 ua Rn. 191 f., NJOZ 2017, 34 – Oliari; EGMR 14.12.2017 – 26431/12 ua Rn. 192, NLMR 2017, 553 – Orlandi). Unabhängig davon sollen sich gleichgeschlechtliche eheschließungswillige und gleichgeschlechtliche bereits verheiratete Paare auf Art. 12 berufen können, der Anwendungsbereich sei auch für sie eröffnet (EGMR 14.12.2017 – 26431/12 ua Rn. 145, NLMR 2017, 553 – Orlandi; vgl. zum Recht, für die Schaffung der gleichgeschlechtlichen Ehe einzutreten EGMR 16.7.2019 – 12200/08 ua Rn. 153 ff., NLMR 2019, 312 – Zhdanov ua).

3. Transsexualität. Art. 12 vermittelt einer transsexuellen Person – zumindest, wenn sie sich einer geschlechtsangleichenden Operation unterzogen hat – das Recht, eine Person ihres früheren (im Geburtseintrag angegebenen) Geschlechts zu heiraten (EGMR 11.7.2002 (GK) – 28957/95 Rn. 100, NJW-RR 2004, 289 – Goodwin). Der EGMR hat im Fall *Goodwin* seine alte Rechtsprechung, wonach

Recht auf Eheschließung **Art. 12 EMRK**

die Weigerung, einer transsexuellen Person die Eheschließung mit einem Partner ihres früheren Geschlechts zu ermöglichen, Art. 12 nicht verletze (EGMR 17.10.1986 – 9532/81 Rn. 49 – Rees; EGMR 27.9.1990 – 10843/84 Rn. 43 – Cossey; EGMR 30.7.1998 (GK) – 22985/93, 23390/94 Rn. 66 – Sheffield & Horsham), aufgegeben. Eine Verpflichtung der Mitgliedstaaten, den nach einer Geschlechtsangleichung gleichgeschlechtlichen Partnern das Fortführen einer bereits bestehenden Ehe zu ermöglichen, bestehe indes nicht (EGMR 16.7.14 (GK) – 37359/09, NJW 2015, 3703 – Hämäläinen).

4. Geistige Reife. Art. 12 gewährt jeder Person heiratsfähigen Alters unabhän- 8 gig von ihrer geistigen Reife das Recht zu entscheiden, ob und ggf. mit wem sie eine Ehe eingehen möchte (EGMR 25.10.2018 – 37646/13 Rn. 54, NLMR 2018, 462 – Delecolle). Eine **geistige Beeinträchtigung** darf daher grundsätzlich kein Grund sein, die Ehe zu verwehren (*Fischer* S. 137 Rn. 4). Ein Genehmigungsvorbehalt in Fällen fehlender/beschränkter Geschäftsfähigkeit ist jedoch zulässig (EGMR 25.10.2018 – 37646/13 Rn. 54, NLMR 2018, 462 – Delecolle). In der Bundesrepublik wird dem durch §§ 1304, 104 S. 2 BGB und insbesondere durch eine grundsätzlich mögliche **partielle Geschäftsfähigkeit für die Eheschließung** (dazu BVerfG 18.12.2002 – 1 BvL 14/02, NJW 2003, 1382; BayObLG 14.11.2002 – 1Z BR 118/02, FamRZ 2003, 373) Rechnung getragen.

5. Straf- und Untersuchungsgefangene. Strafgefangenen darf die Eheschlie- 9 ßung nicht verwehrt werden (EKMR Report v. 13.12.1979 und Committee of Ministers 2.4.1981 – 7114/75 – Hamer; EKMR Report v. 10.7.1980 und Committee of Ministers 2.4.1981 – 8186/78 – Draper; EGMR 5.1.2010 – 24023/03 Rn. 61, 64 – Jaremowicz; EGMR 5.1.2010 – 22933/02 Rn. 9 ff. – Frasik). Dies ist in Deutschland auch nicht der Fall. Zwar fehlt es an einer konkreten (bundesgesetzlichen) Regelung zur Eheschließung von Strafgefangenen, aber die Strafanstalten ermöglichen diese (vgl. zum Recht der Strafgefangenen auf Besuch § 24 StVollzG und zum Ausgang aus wichtigem Anlass § 35 StVollzG). Für Untersuchungsgefangene kann nichts anderes gelten.

6. Scheidung und erneute Eheschließung. Während Art. 5 7. EMRKProt 10 zumindest von der Möglichkeit der Auflösung der Ehe ausgeht (vgl. → Art. 5 Rn. 1 ff.), vermittelt Art. 12 **kein Recht auf Scheidung** (EGMR 18.12.1986 – 9697/82 Rn. 52 – Johnston; EGMR 27.11.2012 – 38380/08 Rn. 99 – V.K.; EGMR 10.1.2017 – 1955/10 Rn. 49, NLMR 2017, 45 – Babiarz). Das **Recht erneut zu heiraten,** soll jedoch dann aus Art. 12 folgen, wenn das nationale Recht die Möglichkeit einer Scheidung vorsieht. In diesem Fall Art. 12 „secures for divorced persons the right to remarry without unreasonable restrictions" (EGMR 27.11.2012 – 38380/08 Rn. 99 – V.K.).

Im Zusammenhang mit dem Recht auf Wiederheirat hat der EGMR auch er- 11 klärt, er könne zumindest nicht ausschließen, dass ein **überlanges Scheidungsverfahren** „could raise an issue under Article 12" (EGMR 19.7.2007 – 43151/04 Rn. 56 – Aresti Charalambous), mithin also einen Eingriff in das Grundrecht darstellen könnte.

Aus Art. 6 Abs. 1 GG folgt **kein Recht auf Beendigung der ehelichen Le-** 12 **bensgemeinschaft durch Suizid** des Ehepartners (BVerfG 4.11.2008 – 1 BvR 1832/07, NJW 2009, 979).

EMRK Art. 12

II. Familiengründung

13 **1. Grundrechtsträger. a) Verheiratete Paare.** Dem Wortlaut von Art. 12 zufolge handelt es sich bei dem Recht eine Ehe zu schließen und eine Familie zu gründen, um ein Recht („this right", „ce droit"). Die grundsätzliche Möglichkeit der **Fortpflanzung** ist keine Voraussetzung für die Eheschließungsfreiheit (EGMR 11.7.2002 (GK) – 28957/95 Rn. 98, NJW-RR 2004, 289 – Goodwin). Art. 12 enthält demnach zwei Garantien. Das Recht eine Familie zu gründen, vermittelt Art. 12 jedoch nur Ehegatten. Ihnen obliegt die Entscheidung, ob und ggf. wie viele Kinder sie bekommen möchten.

14 **b) Unverheiratete Paare und Alleinstehende.** Sie sollen sich dagegen nicht auf Art. 12 berufen können (EGMR 13.12.2007 – 39051/03 Rn. 92 – Emonet & others). Sie sind deshalb nicht schutzlos gestellt, sondern können auf Art. 8 (Recht auf Achtung des Privat- und Familienlebens) zurückgreifen.

15 **2. Adoption und künstliche Befruchtung.** Eine Familie im Sinne von Art. 12 kann auch durch Adoption eines Kindes gegründet werden, Art. 12 soll indes nicht das Recht auf Adoption enthalten (EKMR 15.12.1977 – 7229/75 – X. & Y.; missverständlich EKMR 10.3.1981 – 8896/80 – X.; EKMR 10.7.1997 – 31924/96 – Di Lazzaro; *Mückl* in Merten/Papier Grundrechte-HdB § 141 Rn. 28; aA *Palm-Risse* S. 140 und *Kopper-Reifenberg* S. 131 f.). Das Recht, eine Familie mit Hilfe künstlicher Fortpflanzungstechniken zu gründen, soll ebenfalls nicht erfasst sein (EGMR 15.11.2007 – 57813/00 – S.H. & others; *Grabenwarter/Pabel* EMRK § 22 Rn. 74; *Mückl* in Merten/Papier Grundrechte-HdB § 141 Rn. 29; aA *Binder* S. 58; *Müller-Terpitz* AVR Bd. 51, 42, 56; *Palm-Risse* S. 140 ff. mit der Begrenzung auf die homologe Insemination, sa *Kopper-Reifenberg* S. 131). Ob dieses Recht durch Art. 6 GG gewährleistet ist, ist umstritten (zum Stand der Diskussion vgl. *Reinke* S. 134 ff.). Das BVerfG hat jedenfalls festgestellt, Art. 6 GG verpflichte den Gesetzgeber nicht, die Entstehung einer Familie durch medizinische Maßnahmen der künstlichen Befruchtung mit Mitteln der gesetzlichen Krankenversicherung zu fördern (BVerfG 27.2.2009 – 1 BvR 2982/07, FamRZ 2009, 761). Auf das Urteil der Großen Kammer des EGMR, die in dem Verbot der Eizellspende in Österreich keine Verletzung von Art. 8 (Recht auf Achtung des Privat- und Familienlebens) gesehen hat, sei an dieser Stelle hingewiesen (EGMR 3.11.2011 (GK) – 57813/00, NJW 2012, 207 – S. H. & others).

C. Eingriffe

I. Begriff

16 **Ein Eingriff** in das Grundrecht liegt vor, wenn der Anwendungsbereich des Grundrechts durch staatliches Handeln oder dem Staat zurechenbar beschränkt wird.

17 **Schutz vor Eingriffen Dritter.** Die Mitgliedstaaten und ihre Organe haben nicht nur Eingriffe zu unterlassen, sie haben auch die Pflicht, Grundrechtsberechtigte vor Eingriffen Dritter in das Grundrecht zu schützen (*Mückl* in Merten/Papier Grundrechte-HdB § 141 Rn. 20).

II. Eheschließungsfreiheit

Eingriffe in das Eheschließungsgrundrecht sollen sich sowohl aus formellen (bspw. die Pflicht der Eheschließenden zur Erklärung vor dem Standesbeamten, die Ehe miteinander eingehen zu wollen, § 1310 BGB) als auch aus materiellen Ehevoraussetzungen (bspw. das Verbot der Mehrfachehe, § 1306 BGB) ergeben können (EGMR 25.10.2018 – 37646/13 Rn. 52, NLMR 2018, 462 – Delecolle; *Grabenwarter/Pabel* EMRK § 22 Rn. 82; vgl. zur Unterscheidung zwischen Eingriff in ein Grundrecht und Ausgestaltung eines Grundrechts: *Ehlers* in Ehlers GuG § 2 Rn. 59). Die EKMR hat im **Erfordernis eines Ehefähigkeitszeugnisses** einen (im entschiedenen Fall gerechtfertigten) Eingriff gesehen (EKMR 16.10.1996 – 31401/96 – Sanders), ebenso wie in einer überlangen **Verzögerung der Eheschließung**, wobei dreizehn Monate noch keine überlange Verzögerung darstellten (EKMR 16.10.1996 – 31401/96 – Sanders), drei Jahre und sieben Monate indes schon (EGMR 8.12.2016 – 44316/07 Rn. 32 – Chernetskiy). 18

Weitere Eingriffe sind **Regelungen, die das Eingehen der Ehe** beispielsweise **von der Genehmigung für eine unter Betreuung stehende Person** (EGMR 25.10.2018 – 37646/13 Rn. 52, NLMR 2018, 462 – Delecolle), von **Religion, Nationalität oder Herkunft abhängig machen,** ebenso wie solche, die der Eheschließung eines Strafgefangenen entgegenstehen. 19

Ein Eingriff kann auch die Weigerung sein, einem in Deutschland aufhältigen **Ausländer,** der keinen Aufenthaltstitel (mehr) besitzt und seinen Partner heiraten möchte, eine Duldung nach § 60a AufenthG zu erteilen (vgl. OVG Lüneburg 1.8.2017 – 13 ME 189/17, FamRZ 2018, 472; OVG Berlin-Brandenburg 2.3.2018 – OVG 12 S 6.18, FamRZ 2018, 1148; sa EKMR 12.7.1976 – 7175/75 – X.). Schließlich kann ein Eingriff auch vorliegen, wenn einem Ausländer die Einreise zum Zweck der Eheschließung mit seiner/m deutschen Verlobten versagt wird – zumindest dann, wenn dem/r deutschen Partner/in eine Ausreise beispielsweise aus gesundheitlichen Gründen nicht möglich ist – oder wenn eine Abschiebung vor einem Eheschließungstermin erfolgt (OVG Bremen 17.1.2019 – 1 B 333/18, FamRZ 2019, 1749 (1751); vgl. zur Visumerteilung zum Zweck der Eheschließung OVG Berlin-Brandenburg 19.1.2016 – OVG 6 B 81.15, BeckRS 2016, 41486; vgl. zur Möglichkeit der Mitgliedstaaten, an die Visumerteilung Voraussetzungen zu knüpfen EGMR 11.7.2006 – 8407/06 – Savoia). 20

Der **Schutzpflicht der Mitgliedstaaten** kommt vor allem im Bereich von Zwangsehen Bedeutung zu. Die Mitgliedstaaten haben wirksame Mechanismen vorzusehen, um **Zwangsehen** zu unterbinden oder ihnen die rechtliche Wirksamkeit zu entziehen (vgl. *Mückl* in Merten/Papier Grundrechte-HdB § 141 Rn. 20). In Deutschland gibt es die Möglichkeit, eine unter Drohung eingegangene Ehe aufheben zu lassen (§ 1314 Abs. 2 Nr. 4 BGB). Daneben hat die Zwangsverheiratung strafrechtliche Konsequenzen (vgl. § 237 StGB). 21

III. Familiengründungsfreiheit

Eingriffe in das Recht (k)eine Familie zu gründen, sind beispielsweise Regelungen zur Geburtenkontrolle und zur Anzahl der Kinder (vgl. *Marauhn/Thorn* in Dörr/Grote/Marauhn Kap. 16 Fn. 452; s. a. zur Geburtenkontrolle in China VG Freiburg 12.3.2014 – A 6 K 1868/12 Rn. 21ff.). 22

D. Rechtfertigung

23 Nicht jeder Eingriff in ein Grundrecht verletzt den Grundrechtsberechtigten. Eine Verletzung liegt erst und immer dann vor, wenn der Eingriff in das Grundrecht nicht gerechtfertigt ist.

24 **Gesetzesvorbehalt.** Da Art. 12 unter einem Gesetzesvorbehalt steht, bedarf jeder Eingriff einer gesetzlichen Grundlage. Ob es sich dabei um ein formelles Gesetz handeln muss oder ob bereits ein materielles Gesetz ausreicht (so *Ehlers* in Ehlers GuG § 2 Rn. 63 mwN zum aktuellen Stand der Diskussion; *Villiger* § 28 Rn. 645), ist umstritten.

25 **Allgemeine Schrankenregelungen.** Für Art. 12 gelten wie für alle Grundrechte der EMRK die allgemeinen Schrankenregelungen in Art. 15, 17. Da diese für den Rechtsanwender in der täglichen Arbeit von geringer Bedeutung sein dürften, wird hier auf die Kommentierungen zu Art. 15, 17 verwiesen.

26 **Spezielle Schrankenregelungen.** Art. 12 enthält – anders als Art. 8 Abs. 2 – **keine spezielle Schrankenregelung,** wie beispielsweise die, dass ein Eingriff nicht nur gesetzlich vorgesehen, sondern auch in einer demokratischen Gesellschaft notwendig für den Schutz der Gesundheit sein müsse (vgl. auch Art. 18). Die Grundrechtsschranken des Art. 8 Abs. 2 sind nicht auf Art. 12 übertragbar (vgl. *Grabenwarter/Pabel* EMRK § 22 Rn. 77 mwN).

27 **Wesensgehaltsgarantie.** Das Fehlen spezieller Schrankenregelungen bedeutet indes nicht, dass es keine Schranken gibt. Der Gesetzgeber kann nicht nach Belieben das Recht eine Ehe zu schließen und eine Familie zu gründen, ausgestalten und einschränken. Der EGMR betont:

> „The matter of conditions for marriage in national law cannot, however, be left entirely to Contracting States as being within their margin of appreciation. This would be tantamount to finding that the range of options open to a Contracting State included an effective bar on any exercise of the right to marry. The margin of appreciation cannot extend so far. Any limitations introduced must not restrict or reduce the right in such a way or to such an extent that the very essence of the right is impaired." (EGMR 28.11.2006 – 42971/05 – Parry mwN).

Der Wesensgehalt des Grundrechts muss erhalten bleiben. Ist dies nicht der Fall (bspw. bei einem Verbot für Deutsche, ausländische Staatsangehörige zu heiraten), liegt eine nicht zu rechtfertigende Verletzung vor (zB EGMR 5.9.2019 – 57854/15, becklink 2014062 – Theodorou ua).

28 **Abwägung.** Neben der Prüfung, ob ein Eingriff in das Grundrecht eine Ehe zu schließen und eine Familie zu gründen, den Wesensgehalt des Art. 12 unangetastet lässt, prüft der EGMR, ob ein Eingriff unter Berücksichtigung des Beurteilungsspielraumes des Mitgliedstaates willkürlich oder unverhältnismäßig ist (EGMR 25.10.2018 – 37646/13 Rn. 53, NLMR 2018, 462 – Delecolle). Er wägt dabei zwischen der Schwere des jeweiligen Eingriffs und dem mit ihm verfolgten Ziel ab (vgl. bspw. EGMR 13.9.2005 – 36536/02 Rn. 37ff., FamRZ 2005, 1971 – B. & L. (nur Leitsatz); EGMR 5.1.2010 – 24023/03 Rn. 50, NLMR 2010, 17 – Jaremowicz).

E. Praxishinweis

In der Praxis sollten bei der Prüfung des Art. 12 stets **aktuelle Entwicklungen** 29
in den Mitgliedstaaten in den Blick genommen werden. Der EGMR hat sich in
der Vergangenheit nicht gescheut, im Wege dynamischer Auslegung, wandelnde
Wertanschauungen, medizinischen Fortschritt uÄ zum Anlass zu nehmen, seine
frühere Rechtsprechung aufzugeben und den von Art. 12 gewährten Schutzumfang
zu erweitern (vgl. EGMR 24.6.2010 – 30141/04, NJW 2011, 14421 – Schalk &
Kopf; EGMR 11.7.2002 (GK) – 28957/95, NJW-RR 2004, 289 – Goodwin).

Dem Rechtsanwender sei auch ein Vergleich mit den durch die **Grundrechte-** 30
Charta der EU gewährten Rechten – insbesondere Art. 9 (Recht eine Ehe zu
schließen und eine Familie zu gründen) – empfohlen. Der EGMR hat in seinen
Entscheidungen bereits signalisiert, dass er (im Rahmen der Auslegung) die Grundrechte-Charta der EU in den Blick nimmt (vgl. bspw. EGMR 28957/95 Rn. 100,
NJW-RR 2004, 289 – Goodwin; EGMR 24.6.2010 – 30141/04 Rn. 61, NJW
2011, 1421 – Schalk & Kopf).

Art. 13 Recht auf wirksame Beschwerde

Jede Person, die in ihren in dieser Konvention anerkannten Rechten oder Freiheiten verletzt worden ist, hat das Recht, bei einer innerstaatlichen Instanz eine wirksame Beschwerde zu erheben, auch wenn die Verletzung von Personen begangen worden ist, die in amtlicher Eigenschaft gehandelt haben.

Everyone whose rights and freedoms as set forth in this Convention are violated
shall have an effective remedy before a national authority notwithstanding that the
violation has been committed by persons acting in an official capacity.

Toute personne dont les droits et libertés reconnus dans la présente Convention
ont été violés, a droit à l'octroi d'un recours effectif devant une instance nationale,
alors même que la violation aurait été commise par des personnes agissant dans l'exercice de leurs fonctions officielles.

Literatur: *Altermann*, Ermittlungspflichten der Staaten aus der Europäischen Menschenrechtskonvention, 2006; *Bernegger*, Das Recht auf eine wirksame Beschwerde – Art. 13 EMRK –, in
Machacek/Pahr/Stadler, 40 Jahre EMRK. Grund- und Menschenrechte in Österreich, Bd. 2:
Wesen und Werte, 1992, 733; *Breuer*, Staatshaftung für judikatives Unrecht. Eine Untersuchung
zum deutschen Recht, zum Europa- und Völkerrecht, 2011; *Hangartner*, Das Recht auf
wirksame Beschwerde gemäß Art. 13 EMRK und seine Durchsetzung in der Schweiz, AJP/
PJA 1994, 3; *Hoppe*, Eilrechtsschutz gegen Dublin II-Überstellungen, 2013; *Holoubek*, Das
Recht auf eine wirksame Beschwerde bei einer nationalen Instanz. Zur Bedeutung des Art 13
EMRK, JBl. 1992, 137; *Matscher*, Zur Funktion und Tragweite der Bestimmung des Art. 13
EMRK, FS Seidl-Hohenveldern, 1988, 315; *Raymond*, A Contribuntion to the Interpretation
of Article 13 of the European Convention on Human Rights, HRR 5 (1980), 161.

EMRK Art. 13

Übersicht

	Rn.
A. Bedeutung im innerstaatlichen Bereich	1
I. Allgemeines	1
II. Vergleich zur deutschen Rechtslage	3
III. Bedeutung für die deutsche Rechtsordnung	6
B. Sachlicher Anwendungsbereich	10
I. Verletzung eines Konventionsrechts	10
1. Behauptung einer Konventionsverletzung	10
2. Vertretbarer Anspruch und offensichtliche Unbegründetheit	12
3. Urheber der behaupteten Verletzung	16
II. Die innerstaatliche Instanz	22
III. Die wirksame Beschwerde	25
1. Keine Pflicht zur Inkorporation der EMRK	25
2. Keine Pflicht zur Wiederaufnahme nach EGMR-Urteil	27
3. Kein Recht auf einen Instanzenzug	28
4. Kein Recht auf einfachrechtlich richtige Entscheidung	31
5. Primärrechtsschutz oder Sekundärrechtsschutz?	32
6. Untersuchungs- und Verfolgungspflichten	39
7. Die Wirksamkeit der Beschwerde	42
8. Asylrechtsfälle	49
9. Überlange Verfahrensdauer	54
C. Eingriff	64
I. Legislative	64
II. Exekutive	66
III. Judikative	67
D. Rechtfertigung	68
E. Verpflichtungsadressat	70
I. Legislative	71
II. Judikative	72
F. Konkurrenzen	74

A. Bedeutung im innerstaatlichen Bereich

I. Allgemeines

1   Art. 13 bildet die Schnittstelle zwischen inhaltlichen Gewährleistungen einerseits und dem Rechtsdurchsetzungsmechanismus der EMRK andererseits: Nur **weil** sich die Konventionsstaaten verpflichtet haben, eine wirksame Beschwerde wegen Konventionsverletzungen auf nationaler Ebene vorzusehen, erscheint es gerechtfertigt, einem Bf. das vorherige Durchlaufen des nationalen Rechtswegs anzusinnen (Art. 35 Abs. 1; vgl. EGMR 28.7.1999 (GK) – 25803/94 Rn. 74, NJW 2001, 56 – Selmouni: „close affinity"). Darin kommt die grundlegende Entscheidung der Konventionsschöpfer für die **Subsidiarität** des Straßburger Kontrollmechanismus zum Ausdruck (EGMR 26.10.2000 (GK) – 30210/96 Rn. 152, EuGRZ 2004, 484 – Kudła). Es überstiege die Kapazitäten des EGMR um ein vielfaches und wäre angesichts der Ferne der Straßburger Richter von den Lebensverhältnissen der einzelnen Bf. auch nicht sinnvoll, wenn dem Gerichtshof im Regelfall die Funktion einer Eingangsinstanz zukäme (zur begrenzten Fähigkeit des EGMR, selbst Tatsachenermittlungen durchzuführen → Art. 38 Rn. 6). Umgekehrt bedeutet dies, dass ein Nichtfunktionieren der Justiz auf nationaler Ebene das Konven-

Recht auf wirksame Beschwerde **Art. 13 EMRK**

tionssystem langfristig überfordert, da der EGMR dann mit Beschwerden aus den betreffenden Staaten überschwemmt wird (→ Rn. 54).

Aus der Schnittstellenfunktion des Art. 13 folgt zugleich die **Akzessorietät** 2 dieser Vorschrift: Art. 13 ergänzt die (materiellen oder prozessualen (→ Rn. 20)) Gewährleistungen der Konvention sowie ihrer Protokolle, indem eine Beschwerdemöglichkeit auf nationaler Ebene gefordert wird. Art. 13 ist daher keine eigenständige Garantie (EGMR 7.7.2009 – 58447/00 Rn. 35 lit. a – *Zavoloka*), sondern von der (zumindest vertretbar behaupteten, → Rn. 10) Verletzung eines weiteren Konventionsrechts abhängig. In diesem Punkt besteht eine Verwandtschaft zwischen Art. 13 und Art. 14 (→ Art. 14 Rn. 14).

II. Vergleich zur deutschen Rechtslage

Das deutsche Verfassungsrecht ist für den hier interessierenden Sachbereich 3 durch ein zweigeteiltes Normprogramm gekennzeichnet: Wegen behaupteter Rechtsverletzungen durch die „öffentliche Gewalt" (dh durch die Exekutive: BVerfGE 107, 395 (405) mwN) garantiert **Art. 19 Abs. 4 GG** das Offenstehen des Rechtswegs, während insbesondere (aber nicht nur) für Rechtsstreitigkeiten unter Privaten der **allgemeine Justizgewährungsanspruch** effektiven Rechtsschutz garantiert (Herleitung durch das BVerfG aus dem Rechtsstaatsprinzip iVm den Grundrechten, va Art. 2 Abs. 1 GG: BVerfGE 107, 395 (401) mwN).

Diese Zweiteilung findet sich in ähnlicher Art und Weise auf der Ebene der 4 EMRK wieder: Soweit **zivilrechtliche Ansprüche** in Rede stehen, gewährleistet Art. 6 Abs. 1 „Zugang zum Gericht" (grundlegend EGMR 21.2.1975 – 4451/70 Rn. 36, EGMR-E 1, 146 – *Golder*). Für (behauptete) **Konventionsverletzungen** hingegen fordert Art. 13 eine effektive Beschwerdemöglichkeit.

Die aufgezeigte Parallelität darf indes nicht über bestehende strukturelle Unter- 5 schiede hinwegtäuschen (*Breuer* Staatshaftung S. 525; ähnlich *Richter* in Dörr/Grote/Marauhn Kap. 20 Rn. 12 ff.): **Art. 6 Abs. 1** ist nämlich **weiter** als der allgemeine Justizgewährungsanspruch, indem der EGMR in konventionsautonomer Auslegung des Begriffs „zivilrechtlicher Anspruch" (→ Art. 6 Rn. 14) – auch solche Streitigkeiten hierunter fasst, die nach deutschem Verfassungsrecht dem Anwendungsbereich des Art. 19 Abs. 4 GG zuzurechnen sind (zB beamtenrechtliche Streitigkeiten: EGMR 19.4.2007 (GK) – 63235/00, NJOZ 2008, 1188 – *Vilho Eskelinen ua*). **Art. 13** wiederum ist teils enger als Art. 19 Abs. 4 GG, teils geht er über diesen hinaus: **Enger** ist er, indem Art. 19 Abs. 4 GG nicht die Verletzung eines Grundrechts erfordert, sondern an die behauptete Verletzung eines subjektivöffentlichen Anspruchs einfachrechtlicher Natur anknüpft. Art. 13 hingegen ist auf behauptete Verletzungen einfachen Rechts von vornherein nicht anwendbar (→ Rn. 31). **Enger** ist Art. 13 auch insofern, als er nicht in jedem Fall einen gerichtlichen Rechtsbehelf verlangt (→ Rn. 22). **Andererseits** fehlt Art. 13 die für Art. 19 Abs. 4 GG charakteristische Beschränkung auf Verletzungen durch die „öffentliche Gewalt". Das ermöglichte es dem EGMR, den Rechtsschutz gegen den Richter bei Art. 13 zu verorten (→ Rn. 20), während das BVerfG eine Zuordnung zu Art. 19 Abs. 4 GG in stRspr ablehnt (zentral BVerfGE 107, 395).

III. Bedeutung für die deutsche Rechtsordnung

Angesichts des im europäischen Vergleich bemerkenswerten Umfangs an 6 Rechtsschutz, den Art. 19 Abs. 4 GG gewährleistet (*Schulze-Fielitz* in Dreier GG

Breuer

EMRK Art. 13

Art. 19 IV Rn. 33 mwN), mag fraglich erscheinen, ob Art. 13 für die deutsche Rechtsordnung überhaupt eine nennenswerte Bedeutung hat erlangen können. Vier Dimensionen lassen sich hier unterscheiden:

7 (1) Eine wichtige Funktion hatte Art. 13 bei der Überprüfung des deutschen **G 10.** Das hängt damit zusammen, dass der Prüfungsmaßstab des BVerfG aufgrund der verfassungsrechtlichen Normierung in Art. 10 Abs. 2 S. 2 GG von vornherein auf Verstöße gegen Art. 79 Abs. 3 GG beschränkt war (BVerfGE 30, 1 (24ff.)). Dementsprechend konnte das BVerfG in dem Ausschluss gerichtlichen Rechtsschutzes und seiner Ersetzung durch eine parlamentarische Kontrolle keinen Verstoß gegen das GG erkennen. Der Menschenrechtsbeschwerde kam hier eine wichtige **Ersatzfunktion** zu, indem eine Überprüfung am „regulären" Gewährleistungsmaßstab der EMRK ermöglicht wurde. Im Ergebnis freilich ließ auch der EGMR die deutsche Regelung unbeanstandet (EGMR 6.9.1978 – 5029/71, EGMR-E 1, 320 – Klass ua; → Rn. 22, 64, 69).

8 (2) Eine auch rechtspraktisch große Bedeutung hat Art. 13 für die Gewährung von **Rechtsschutz gegen überlange Verfahrensdauer** erlangt. Der EGMR hat hier mit seiner grundlegenden Rspr.-Änderung in dem polnischen Fall *Kudła* (EGMR 26.10.2000 (GK) – 30210/96, EuGRZ 2004, 484) den Rechtsschutz auch gegen die Judikative selbst mobilisiert, noch bevor das BVerfG im Bereich des rechtlichen Gehörs eine ähnliche Kehrtwende vollzogen hat (BVerfGE 107, 395). Das Erfordernis der Einführung eines neuartigen Rechtsbehelfs gegen überlange Verfahrensdauer hat der EGMR für die deutsche Rechtsordnung dann erstmals im Fall *Sürmeli* ausgesprochen (8.6.2006 (GK) – 75529/01, EuGRZ 2007, 255). Die Umsetzungsschwierigkeiten, auf die dieses Urteil traf, führten im Jahr 2010 zu einer erneuten Verurteilung unter gleichzeitiger Fristsetzung durch den EGMR (2.9.2010 – 46344/06, EuGRZ 2010, 700 – Rumpf; zu der in diesem Fall angewandten sog. Piloturteilstechnik → Art. 46 Rn. 20 ff.). Das Gesetz über den Rechtsschutz bei überlangen Gerichtsverfahren und strafrechtlichen Ermittlungsverfahren (BGBl. 2011 I 2302) ist am 3.12.2011 und damit im Wesentlichen fristgerecht in Kraft getreten (→ Rn. 61).

9 (3) Ferner hat die Rspr. des EGMR zum **Rechtsschutz in Asylverfahren** eine Änderung der deutschen Rechtslage bewirkt. Der ehemals vollständige Ausschluss vorläufigen Rechtsschutzes bei Abschiebungen in sichere Drittstaaten (§ 34a Abs. 2 AsylVfG aF) stand mit der Forderung des EGMR nach einem automatischem Suspensiveffekt bei drohenden Verstößen gegen Art. 3 in eklatantem Widerspruch (→ Rn. 51). Das BVerfG konnte in dieser Fallkonstellation aufgrund des gem. Art. 16a Abs. 2 S. 3 GG reduzierten Prüfungsmaßstabs (Art. 79 Abs. 3 GG) keinen Verfassungsverstoß feststellen. Gem. § 34a Abs. 2 AsylG nF ist einstweiliger Rechtsschutz bei Abschiebung nunmehr gewährleistet (→ Rn. 52).

9a (4) Eine gewisse Bedeutung für die deutsche Rechtsordnung kam der Rspr. des EGMR schließlich im Hinblick auf die Sonderkonstellation zu, dass sich eine im Inland ansässige, jedoch **vollständig (bzw. mehrheitlich) von einem ausländischen Staat dominierte juristische Person** des Privatrechts auf die Grundrechte des Grundgesetzes beruft. Angesichts des insoweit offenen Normbefundes des Art. 19 Abs. 3 GG betrachtete es das BVerfG mit Rücksicht auf Art. 13 und die hierzu ergangene EGMR-Rspr. zumindest als naheliegend, dass eine innerstaatliche Beschwerdemöglichkeit – im konkreten Fall in der Form der Verfassungsbeschwerde gegen die 13. AtG-Novelle – gegeben sein muss (BVerfGE 143, 246 (319)). Umgekehrt hat es aber die Verfassungsbeschwerde eines Schweizer Sterbehilfevereins gegen § 217 StGB aF auch nicht unter dem Aspekt des Art. 13 EMRK für zulässig erachtet (BVerfGE 153, 182 (256)).

B. Sachlicher Anwendungsbereich

I. Verletzung eines Konventionsrechts

1. Behauptung einer Konventionsverletzung. Seinem Wortlaut nach verlangt Art. 13, dass ein anderes Konventionsrecht **verletzt** worden ist. Verhielte es sich tatsächlich so, wäre Art. 13 letztlich redundant, da die Menschenrechtsbeschwerde stets schon unter einem anderen Aspekt begründet wäre (*Matscher* FS Seidl-Hohenveldern, 1988, 315 (319)). Während die Spruchpraxis der EKMR in diesem Punkt zunächst uneinheitlich war (*Raymond* HRR 5 (1980), 161 (162 ff.) mwN), entschied der EGMR frühzeitig, dass das **vertretbare Vorbringen** („arguable claim") einer anderweitigen Konventionsverletzung genügt, um den Anwendungsbereich des Art. 13 zu eröffnen (grundlegend EGMR 6.9.1978 – 5029/71 Rn. 64, EGMR-E 1, 320 – Klass ua; der Begriff „arguable claim" taucht als solcher erstmals auf in EGMR 25.3.1983 – 5947/72 ua Rn. 113, EGMR-E 2, 227 – Silver ua). 10

Den Konventionsrechten steht die (behauptete) Verletzung eines der in den **Zusatzprotokollen** garantierten Rechte gleich (zB EGMR 10.7.2020 (GK) – 310/15 Rn. 132 ff., NLMR 2020, 289 – Mugemangango: Art. 3 EMRKZusProt; EGMR 13.2.2020 (GK) – 8675/15 u. 8697/15 Rn. 240 ff., NVwZ 2020, 697 – N.D. und N.T.: Art. 4 4. EMRKProt). 11

2. Vertretbarer Anspruch und offensichtliche Unbegründetheit. Der eingangs (→ Rn. 1) festgestellte Zusammenhang zwischen Art. 13 und dem Straßburger Kontrollmechanismus legt die Frage nahe, ob von einem „vertretbaren Anspruch" iSd Art. 13 auch dann noch gesprochen werden kann, wenn der EGMR die Beschwerde hinsichtlich des substanziellen Konventionsrechts als **offensichtlich unbegründet** (heute Art. 35 Abs. 3 lit. a) verworfen hat. Vor Inkrafttreten des 11. EMRKProt, als die Entscheidung über die Zulässigkeit der Beschwerde noch in den Händen der damaligen EKMR lag (→ Einl. Rn. 22), stellte sich das Problem in verschärftem Maße. Wäre der EGMR hier an die Entscheidung der EKMR, den substanziellen Teil einer Beschwerde als „offensichtlich unbegründet" zu verwerfen, gebunden gewesen, so hätte ihm dies zugleich die Prüfung des Art. 13 abgeschnitten. Vor diesem Hintergrund billigte der EGMR der Entscheidung der EKMR zwar eine wichtige Indizfunktion zu, lehnte eine Bindung unter dem Blickwinkel des Art. 13 jedoch ab (EGMR 27.4.1988 – 9659/82 Rn. 54, EGMR-E 4, 47 – Boyle und Rice). Mit der Abschaffung der EKMR und der Entscheidungskonzentration in den Händen des EGMR ist dieses Argument freilich entfallen. In der jüngeren Rspr. lassen sich drei Fallgruppen unterscheiden: 12

(1) Die **Begründetheit** der Beschwerde hinsichtlich des substanziellen Teils führt ohne weiteres zum Vorliegen eines „vertretbaren Anspruchs". Der EGMR betont in derartigen Fällen, der Anspruch sei unter dem Blickwinkel des Art. 13 „clearly arguable" (zB EGMR 18.7.2006 – 28867/03 Rn. 41 – Keegan). Die Vertretbarkeit des Anspruchs kann sich auch aus einem prima facie-Argument ergeben, ohne dass es auf die tatsächliche Verletzung des akzessorischen Konventionsrechts ankäme, so zB bei über elfjähriger Prozessdauer bzgl. Art. 6 Abs. 1 (EGMR 28.10.2014 – 18393/09 Rn. 52 – Panju) oder angesichts Empfehlungen einer unabhängigen nationalen Untersuchungsstelle bzgl. unzureichender Haftbedingun- 13

gen hinsichtlich Art. 3 (EGMR 21.5.2015 – 50494/12 Rn. 64, BeckRS 2015, 128913 – Yengo).

14 (2) Scheitert eine Beschwerde hingegen hinsichtlich des substanziellen Teils schon auf der Zulässigkeitsstufe wegen **offensichtlicher Unbegründetheit,** schließt der EGMR in seiner neueren Rspr. zunehmend ohne Weiteres auf die Unvertretbarkeit iSd Art. 13 (zB EGMR 22.6.2006 – 51839/99 Rn. 70 – Gökçe und Demirel; EGMR 12.12.2006 – 65422/01 Rn. 50 – Dobál). Damit ist die frühere Rspr. zumindest faktisch weitgehend revidiert (krit. *Frowein* in Frowein/Peukert EMRK Art. 13 Rn. 4; differenzierend *Richter* in Dörr/Grote/Marauhn Kap. 20 Rn. 30: Unvertretbarkeit, wenn bereits der Eingriff in das substanzielle Konventionsrecht verneint wird; Vertretbarkeit, wenn ein Eingriff vorliegt, dieser aber gerechtfertigt ist). Ist eine Beschwerde hinsichtlich des substanziellen Teils wegen des neuen Zulässigkeitskriteriums aus Art. 35 Abs. 3 lit. b **(kein erheblicher Nachteil)** unzulässig, hat dies ebenfalls das Fehlen eines vertretbaren Anspruchs iSd Art. 13 zur Folge (EGMR 10.11.2016 – 70474/11 u. 68038/12 Rn. 71, BeckRS 2016, 138366 – Kiril Zlatkov Nikolov).

15 (3) Ist die Beschwerde hinsichtlich des substanziellen Teils **zulässig,** im Ergebnis aber **unbegründet,** kann gleichwohl ein „vertretbarer Anspruch" iSd Art. 13 gegeben sein (EGMR 19.2.1998 – 22729/93 Rn. 107 – Kaya; EGMR 2.9.1998 – 22495/93 Rn. 113 – Yaşa; aus neuerer Zeit etwa EGMR 27.7.2006 – 75778/01 Rn. 40 – Mamič (Nr. 2)). Dass der substanzielle Teil der Beschwerde jedenfalls nicht offensichtlich unbegründet gewesen sei, wird vom EGMR teilweise zur Untermauerung der Vertretbarkeit iRd Art. 13 ausdrücklich hervorgehoben (EGMR 16.2.2017 – 44559/15 Rn. 43 – D.M.). Es finden sich aber auch umgekehrt Fälle, in denen der EGMR den substanziellen Teil einer Beschwerde für zulässig, aber im Ergebnis für unbegründet erklärt und **allein deswegen** die Vertretbarkeit des Anspruchs iSd Art. 13 verneint (EGMR 23.3.2006 – 77955/01 Rn. 71 – Campagnano); das vermag jedenfalls von der Argumentation her nicht zu überzeugen.

16 **3. Urheber der behaupteten Verletzung. a) Legislative.** Der EGMR geht in stRspr davon aus, dass Art. 13 keine Verpflichtung der Konventionsstaaten begründet, einen Rechtsbehelf gegen Gesetze im formellen Sinne („laws as such" bzw. „primary legislation") zu schaffen (grundlegend EGMR 21.2.1986 – 8793/79 Rn. 85, EuGRZ 1988, 341 – James ua; EGMR 26.3.1987 – 9248/81 Rn. 77, EGMR-E 3, 430, lit. d – Leander; zuletzt EGMR 19.2.2009 (GK) – 3455/05 Rn. 135, NJOZ 2010, 1903 – A. ua; EGMR 23.11.2010 – 60041/08 ua Rn. 90, NLMR 2010, 355 – Greens und M.T.; EGMR 7.11.2013 (GK) – 29381/09 ua Rn. 94, NLMR 2013, 399 – Vallianatos ua). Es besteht also **keine Pflicht** zur Einführung einer **Normenkontrolle** (siehe auch BVerfGE 143, 246 (319)); 153, 182 (256)). Diese teleologische Reduktion (*Richter* in Dörr/Grote/Marauhn Kap. 20 Rn. 83) hat vor allem historische Gründe, da nicht davon ausgegangen werden kann, die Konventionsstaaten hätten einen derart weitreichenden Rechtsbehelf einführen wollen (*Frowein* in Frowein/Peukert EMRK Art. 13 Rn. 11). Das gilt aber nur für Akte der Legislative als solcher, für **untergesetzliche Normen** hat der EGMR eine Pflicht zur Schaffung effektiver Kontrollmöglichkeiten bejaht (EGMR 25.3.1983 – 5947/72 ua Rn. 118f., EGMR-E 2, 227 – Silver ua; krit. zu dieser Differenzierung *Matscher* FS Seidl-Hohenveldern, 1988, 315 (333f.)). Freilich folgt daraus keine Pflicht zur Eröffnung der verwaltungsgerichtlichen Normenkontrolle in solchen Ländern, die von der Option des § 47 Abs. 1 Nr. 2 VwGO keinen Gebrauch gemacht haben, sofern durch den – ggf. kombinier-

Recht auf wirksame Beschwerde **Art. 13 EMRK**

ten – Rechtsschutz gegen Einzelakte insgesamt ein ausreichendes Rechtsschutzniveau gewährleistet wird (BVerwG NVwZ-RR 2020, 236 (237)).

In Staaten, die keine Form der Normenkontrolle kennen, bedeutet dies, dass 17 bei allein dem Gesetzgeber anzulastenden Konventionsverstößen mangels einer wirksamen nationalen Beschwerdemöglichkeit sogleich direkt Menschenrechtsbeschwerde beim EGMR eingelegt werden kann. Das mag aus Gründen der Subsidiarität (→ Rn. 1) kritikwürdig erscheinen (krit. Grabenwarter/Pabel EMRK § 24 Rn. 192, jedoch unter Berufung auf Wortlaut und Systematik). Fälle, in denen ein Gesetz ohne weiteren Umsetzungsakt in die Rechte der Betroffenen eingreift, sind jedoch selten, so dass diese Rspr. nur ausnahmsweise zu einer Umgehung der nationalen Ebene führt. Für die **deutsche Rechtsordnung** gelten diese Überlegungen ohnehin nicht. Zwar eröffnet Art. 19 Abs. 4 GG nach der Rspr. des BVerfG keinen Rechtsschutz gegen legislatives Unrecht (BVerfGE 24, 367 (401); aA *W.-R. Schenke*, Rechtsschutz bei normativem Unrecht, 1979). Jedoch kann ein unmittelbar belastender Akt der Legislative mittels Verfassungsbeschwerde vor dem BVerfG angegriffen werden (stRspr seit BVerfGE 1, 97 (101)). Da die Verfassungsbeschwerde zum Rechtsweg iSd Art. 35 Abs. 1 zählt (→ Art. 35 Rn. 25), existiert insoweit eine nationale Beschwerdeinstanz (*mutatis mutandis* EGMR 19.6.2018 – 54927/15 – Mendrei – zur Rechtslage in Ungarn).

b) Exekutive. Gegen behauptete Konventionsverstöße der Exekutive gewähr- 18 leistet Art. 13 vollumfänglich eine nationale Beschwerdeinstanz. Der Schwerpunkt liegt hier bei der Eingriffsrechtfertigung (→ Rn. 68).

c) Judikative. Für behauptete Konventionsverletzungen durch die Judikative 19 stellt sich die Frage, wie das Verhältnis des Art. 13 zu anderen Konventionsrechten prozessualer Natur, insbesondere Art. 6 Abs. 1 und Art. 5 Abs. 4, zu bestimmen ist. Wengleich der EGMR frühzeitig einen eigenständigen Anwendungsbereich aller drei Bestimmungen betont hat (EGMR 21.2.1975 – 4451/70 Rn. 33, EGMR-E 1, 146 – Golder), trat Art. 13 in der nachfolgenden Rspr. zunächst in den Hintergrund. Begründet wurde dies mit den Argumenten der „Spezialität" (insbes. im Verhältnis zu Art. 5 Abs. 4, zB EGMR 22.5.1984 – 8805/79 ua Rn. 60, EGMR-E 2, 374 – de Jong, Baljet und van den Brink) sowie der „Absorption" (im Verhältnis zu Art. 6 Abs. 1; grundlegend EGMR 9.10.1979 – 6289/73 Rn. 35, EuGRZ 1979, 626 – Airey). Dahinter steht der Gedanke, dass Art. 5 Abs. 4 sowie Art. 6 Abs. 1 jeweils eine **gerichtliche** Kontrollinstanz verlangen, während iRd Art. 13 auch ein nichtgerichtlicher Rechtsbehelf genügen kann (→ Rn. 22). Insofern gewähren die beiden erstgenannten Vorschriften in der Tat ein Mehr.

In Fällen, in denen die **erstmalige Konventionsverletzung** der Judikative an- 20 zulasten ist – diese also nicht lediglich einen vorherigen Konventionsverstoß der Exekutive oder Legislative perpetuiert –, trägt der Gedanke jedoch nicht. Der EGMR hat dem in seinem Grundsatzurteil zum Fall *Kudła* (EGMR 26.10.2000 (GK) – 30210/96, EuGRZ 2004, 484; hierzu *Bien/Guillaumont* EuGRZ 2004, 451 ff.; *Vorwerk* JZ 2004, 553 ff.; *Vospernik* ÖJZ 2001, 361 ff.) Rechnung getragen und – unter ausdrücklicher Abkehr von seiner bisherigen Rspr. – einen nationalen Rechtsbehelf gegen **überlange Verfahrensdauer** vor Gericht gefordert. Auch wenn die übermäßige Belastung des EGMR mit Länge-Fällen diese Entscheidung wesentlich mitbestimmt hat (Rn. 148 des Urteils; krit. Sondervotum *Casadevall* Rn. 3), ist dem aus dogmatischen Gründen zuzustimmen: Denn die überlange gerichtliche Verfahrensdauer (Art. 6 Abs. 1) und die Möglichkeit, sich gegen überlange Gerichtsverfahren zur Wehr zu setzen (Art. 13), bilden zwei unterschiedliche

Streitgegenstände (Rn. 147 des Urteils). Ein Spezialitäts- oder Absorptionsverhältnis scheidet insoweit aus. Das BVerfG hat für die Fallgruppe richterlicher Gehörsverstöße (Art. 103 Abs. 1 GG) einen vergleichbaren Rspr.-Wechsel vollzogen (BVerfGE 107, 395). Anders sieht der EGMR das Verhältnis von Art. 13 zu Art. 5 Abs. 4 und 5, hier geht der Gerichtshof nach wie vor von einem **Spezialitätsverhältnis** aus (EGMR 4.6.2015 – 5425/11 Rn. 30, BeckRS 2015, 130672 – Ruslan Yakovenko).

21   d) **Privatpersonen.** Indem Art. 13 eine Beschwerdeinstanz verlangt, „auch wenn die Verletzung von Personen begangen worden ist, die in amtlicher Eigenschaft gehandelt haben", so scheint dies zunächst darauf hinzudeuten, dass behauptete **Rechtsverletzungen Privater** jedenfalls von Art. 13 mit erfasst seien. Dagegen spricht indes die eingangs (→ Rn. 1) festgestellte Zusammenhang zwischen Art. 13 und der Rechtswegerschöpfung aus Art. 35 Abs. 1: Eine Menschenrechtsbeschwerde kann immer nur gegen einen (Konventions-)Staat, nicht aber gegen eine Privatperson erhoben werden; das legt es nahe, auch Art. 13 auf behauptete Verletzungen staatlicherseits zu reduzieren (idS *Raymond* HRR 5 (1980), 161 (170)). Allerdings entfalten die Konventionsrechte über das Institut der „positive obligations" (→ Art. 1 Rn. 5) Wirkung auch bei Rechtsverletzungen Privater. Soweit diese Schutzverpflichtung gilt, ist auch eine entsprechende Beschwerdemöglichkeit vorzusehen (EGMR 28.1.2014 (GK) – 35810/09 Rn. 175ff., NVwZ 2014, 1641 – O'Keeffe; *Hangartner* AJP/PJA 1994, 3 (8); *Richter* in Dörr/Grote/Marauhn Kap. 20 Rn. 80). Die Hervorhebung von in amtlicher Eigenschaft begangenen Verstößen in Art. 13 aE ist allein historisch begründbar, indem traditionellen Rechtsschutzprivilegien des Staates wie etwa den britischen *crown immunities* eine Absage erteilt werden sollte (Grabenwarter/Pabel EMRK § 24 Rn. 211).

II. Die innerstaatliche Instanz

22   Im Unterschied zu Art. 6 Abs. 1 verlangt Art. 13 keinen gerichtlichen Rechtsbehelf, sondern die Beschwerdemöglichkeit zu einer „innerstaatlichen Instanz" (engl. „national authority", frz. „instance nationale"). Der EGMR hat hieraus abgeleitet, auch ein **nichtgerichtlicher Rechtsbehelf** könne den Anforderungen des Art. 13 genügen, und im Hinblick hierauf den Rechtsschutzmechanismus des G 10 im Ergebnis gebilligt (EGMR 6.9.1978 – 5029/71 Rn. 67, EGMR-E 1, 320 – Klass ua). In diesem Punkt unterscheidet sich die EMRK von der Parallelverbürgung in Art. 47 GRCh, wo ausdrücklich ein Rechtsbehelf „bei einem Gericht" verlangt wird. Die vorbildgebende Rspr. des EuGH hatte für die Herleitung eines allgemeinen Rechtsgrundsatzes gerichtlichen Rechtsschutz auf Art. 6 **und** 13 gleichermaßen Bezug genommen (EuGH 15.5.1986 – 222/84, Slg. 1986, 1663 Rn. 18 – Johnston).

23   Ein nichtgerichtlicher Rechtsbehelf genügt den Anforderungen des Art. 13 jedoch nicht ohne weiteres. Vielmehr hängt die Frage, ob eine „wirksame Beschwerde" gegeben ist, von den **Kompetenzen** der entscheidenden Stelle sowie den gewährleisteten **Verfahrensgarantien** ab (EGMR 25.3.1983 – 5947/72 ua Rn. 113 lit. b, EGMR-E 2, 227 – Silver ua; EGMR 15.11.1996 – 22414/93 Rn. 152, NVwZ 1997, 1093 – Chahal). In Fällen von **Isolationshaft** ist wegen deren weitreichender Auswirkungen ein gerichtlicher Rechtsbehelf geboten (EGMR 4.7.2006 (GK) – 59450/00 Rn. 165, EuGRZ 2007, 141 – Ramirez Sanchez; hierzu *Irmscher* EuGRZ 2007, 135ff.).

Besonderheiten bestehen ferner, soweit Art. 13 **Rechtsschutz gegen die Judi-** 24
kative fordert (→ Rn. 19 f.). Mit Rücksicht auf die richterliche Unabhängigkeit
kommt hier von vornherein nur ein judikativer Rechtsbehelf in Betracht (*Bernegger*
in Machacek/Pahr/Stadler S. 733 (757); *Vospernik* ÖJZ 2001, 361 (368); tendenziell
aA *Frowein* in Frowein/Peukert EMRK Art. 13 Rn. 12).

III. Die wirksame Beschwerde

1. Keine Pflicht zur Inkorporation der EMRK. Auch wenn die Konven- 25
tionsrechte innerstaatlich am wirksamsten dadurch gewährleistet werden können,
dass die EMRK in innerstaatliches Recht umgesetzt wird, folgt aus Art. 13 nach
stRspr des EGMR **keine Pflicht zur Inkorporation** der EMRK (EGMR
21.2.1986 – 8793/79 Rn. 84, EuGRZ 1988, 341 – James ua; für eine Inkorpora-
tionspflicht aus Art. 13 aber *Chrysogonos* EuR 2001, 49 ff.; „in der Tendenz" ebenso
Bleckmann EuGRZ 1995, 387 (389)). Entsprechend völkerrechtlicher Betrach-
tungsweise kommt es für den EGMR allein darauf an, dass die Konventionsrechte
der Sache nach („the substance") innerstaatlich garantiert sind (*James ua,* Rn. 84).
Insofern genügt die Berufungsmöglichkeit auf parallele Grundrechtsverbürgungen
vor dem BVerfG grds. den konventionsrechtlichen Anforderungen (EGMR
6.9.1978 – 5029/71 Rn. 66, EGMR-E 1, 320 – Klass ua).

Für die deutsche Rechtsordnung stellt sich das Problem ohnehin nicht, da die 26
EMRK in innerstaatliches Recht umgesetzt worden ist (BGBl. 1952 II 685, 953;
zuletzt geändert durch 15. EMRKProt: BGBl. 2014 II 1034). Aufgrund ihrer Umsetzung gem. Art. 59 Abs. 2 S. 1 GG steht die EMRK innerstaatlich im Range eines
einfachen Bundesgesetzes (BVerfGE 74, 358 (370)). Etwaige Divergenzen zwischen (einfachrechtlicher) EMRK und Verfassungsebene hat das BVerfG frühzeitig
durch Statuierung einer Pflicht zur Auslegung des GG unter Berücksichtigung der
EMRK unter Einschluss der EGMR-Rspr. zu vermeiden gesucht (BVerfGE 74,
358 (370)). Im *Görgülü*-Beschluss (BVerfGE 111, 307) ist diese Pflicht noch einmal
verstärkt worden, indem die Nichtbefolgung eines EGMR-Urteils für verfassungs-
beschwerdefähig erklärt wurde. Gleichwohl meinte das BVerfG auf das „letzte
Wort" der deutschen Verfassung nicht verzichten zu können. Echte Konflikte zwischen Karlsruhe und Straßburg sind jedenfalls bisher ausgeblieben (näher → Einl.
Rn. 80 ff.; → Art. 46 Rn. 47 ff.).

2. Keine Pflicht zur Wiederaufnahme nach EGMR-Urteil. Aus Art. 13 27
folgt keine Verpflichtung eines Staates, nach seiner Verurteilung in Straßburg für
eine **Wiederaufnahme** des rechtskräftig abgeschlossenen innerstaatlichen Verfahrens zu sorgen (BVerfG 11.10.1985 – 2 BvR 336/85, EuGRZ 1985, 654 (655 f.);
Polakiewicz, Die Verpflichtungen der Staaten aus den Urteilen des Europäischen
Gerichtshofs für Menschenrechte, 1992, S. 112 ff., gegen *Sattler,* Wiederaufnahme
des Strafprozesses nach Feststellung der Konventionswidrigkeit durch Organe der
Europäischen Menschenrechtskonvention, 1973, S. 95 ff.). Die Frage ist vielmehr
iRd Umsetzungspflicht gem. Art. 46 Abs. 1 zu erörtern (→ Art. 46 Rn. 40 f.).

3. Kein Recht auf einen Instanzenzug. Die EMRK gewährleistet **kein** 28
Recht auf einen Instanzenzug. Der EGMR hat unter dem Gesichtspunkt des
Art. 6 Abs. 1 entschieden, hieraus folge keine Pflicht zur Einrichtung von Beru-
fungs- oder Kassationsgerichten (EGMR 17.1.1970 – 2689/65 Rn. 25, EGMR-E
1, 100 – Delcourt). Eine solche Pflicht ergibt sich nur im Rahmen des **Art. 2**
7. EMRKProt, das die Bundesrepublik aber bis heute nicht ratifiziert hat.

29 Das Recht auf einen Instanzenzug wird vor allem im Rahmen des Rechtsschutzes gegen judikatives Unrecht in Fällen virulent, in denen die behauptete **Rechtsverletzung** von einem **Gericht letzter Instanz** begangen worden ist. Verlangte man für die Kontrolle hier stets eine nächsthöhere Instanz *(iudex ad quem)*, geriete das Rechtssystem an seine faktischen Kapazitätsgrenzen. Das BVerfG hat in seiner Grundsatzentscheidung zur Anhörungsrüge das Problem vermieden, indem es die Anrufung des Gerichts, dessen Verfahrenshandlung als fehlerhaft gerügt wird *(iudex a quo)*, genügen ließ (BVerfGE 107, 395 (412); krit. *Voßkuhle* NJW 2003, 2193 (2197)). Auf diese Art und Weise kann eine Rüge auch gegen Gehörsverletzungen durch letztinstanzliche Gerichte erhoben werden.

30 Eine ähnliche Lösung haben andere Konventionsstaaten für Rechtsbehelfe gegen überlange Verfahrensdauer gefunden, indem bei unzulässigen Verzögerungen vor letztinstanzlichen Gerichten ein Rechtsbehelf zu einer anderen Kammer des Obersten Gerichts (Polen) oder aber zum Präsidenten des Obersten Gerichts (Slowenien) vorgesehen wurde (*Breuer* Staatshaftung S. 558 mit Fn. 191, 569 mit Fn. 248 mwN). Auf diese Weise lässt sich auch das **Problem infiniten Rechtsschutzes** weitgehend entschärfen. Bestrebungen, Oberste Gerichte oder Verfassungsgerichte vom konventionsrechtlich geforderten Rechtsschutz gegen überlange Verfahrensdauer wegen sonst drohenden infiniten Rechtsschutzes auszunehmen (idS *Grabenwarter* FG Raschauer, 2008, 19 ff.), hat der EGMR daher konsequent abgewehrt (EGMR 22. 1. 2009 – 45749/06, 51115/06 Rn. 81, StV 2009, 561 – Kaemena und Thöneböhn).

31 **4. Kein Recht auf einfachrechtlich richtige Entscheidung.** Aus Art. 13 folgt ferner **kein Anspruch** auf eine gemessen am einfachen Recht **„richtige" Entscheidung.** Der EGMR hat ausdrücklich anerkannt, dass eine „falsche" Entscheidung der innerstaatlichen Instanz nicht dazu führt, dem innerstaatlichen Rechtsbehelf die nach Art. 13 geforderte Wirksamkeit zu nehmen (EGMR 27. 4. 1988 – 9659/82 ua Rn. 67, EGMR-E 4, 47 – Boyle und Rice). In neueren Entscheidungen heißt es, die Wirksamkeit des geforderten Rechtsbehelfs hänge nicht von der Gewissheit eines dem Kläger „günstigen" Ausgangs des Rechtsstreits ab (EGMR 21. 1. 2011 (GK) – 30696/09 Rn. 289, EuGRZ 2011, 243 – M.S.S.). Nur wenn von vornherein jegliche Erfolgsaussichten fehlen, stellt das die Wirksamkeit des Rechtsbehelfs in Frage (Rn. 394 des Urteils). Der vor allem in zivilprozessualen Schrifttum diskutierte „Rechtsschutzanspruch" auf eine dem Kläger günstige Entscheidung im Rahmen des materiellen und prozessualen Rechts (*Blomeyer* FS E. Böttcher, 1969, 61 ff.; für die verfassungsrechtliche Ebene *Detterbeck* AcP 192 (1992), 325 (333 ff.)) lässt sich daher für die EMRK nicht feststellen.

32 **5. Primärrechtsschutz oder Sekundärrechtsschutz?** Nach der (nicht autoritativen) deutschen Übersetzung verlangt Art. 13 eine wirksame „Beschwerde". Zu eng wäre es, den Beschwerdebegriff iSd deutschen zivilprozessualen Terminologie zu verstehen (*Gollwitzer*, Menschenrechte im Strafverfahren. MRK und IPBPR, 2005, MRK Art. 13 Rn. 7). Die maßgeblichen Sprachfassungen (engl. „remedy", frz. „recours") sind wesentlich weiter. Zutreffender wäre es daher, von **Rechtsbehelf** zu sprechen.

33 **a) Wahlrecht zwischen Primär- und Sekundärrechtsschutz?** Ob Art. 13 dabei vorrangig Primärrechtsschutz fordert oder ob grds. auch bloßer Sekundärrechtsschutz den Anforderungen der EMRK genügen kann, ist in allgemeiner Form bislang noch nicht geklärt. Im Grundsatz verlangt der EGMR lediglich, die

nationale Stelle müsse sich der Sache nach mit der geltend gemachten Konventionsverletzung befassen und angemessene Abhilfe („appropriate relief") schaffen können (EGMR 2.9.2010 – 46344/06 Rn. 50, EuGRZ 2010, 700 – Rumpf).

Jedenfalls für die Fallgruppe der überlangen Verfahrensdauer hat der EGMR 34 allerdings grds. anerkannt, dass ein **rein kompensatorischer Rechtsbehelf** ausreichend iSd Art. 13 sein kann (EGMR 29.3.2006 (GK) – 36813/97 Rn. 187, NJW 2007, 1259 – Scordino (Nr. 1)). Die Staaten haben somit ein Wahlrecht, ob sie einen auf Verfahrensbeschleunigung gerichteten (Primär-)Rechtsbehelf oder eine Entschädigungsregelung vorsehen, obgleich der EGMR eine Präferenz zugunsten des Beschleunigungsrechtsbehelfs hat erkennen lassen (Rn. 183 des Urteils; → Rn. 56). Im Gegensatz dazu konnte sich der Bundestag letztlich nur auf eine im Wesentlichen kompensatorische Lösung verständigen (→ Rn. 61).

In eine andere Richtung hat sich die Rspr. der letzten Jahre zu Haftbedingungen 35 und Überbelegung in Gefängnissen entwickelt. Hier erließ der EGMR wiederholt Piloturteile (→ Art. 46 Rn. 20 ff.), in denen er jeweils im Urteilstenor die Einführung einer **Kombination** aus **präventiven und kompensatorischen** Rechtsbehelfen verlangte (EGMR 10.1.2012 – 42525/07 u. 60800/08 Tenor Ziff. 7, NVwZ-RR 2013, 284 – Ananyev ua; EGMR 27.1.2015 – 36925/10 ua Tenor Ziff. 7 lit. a – Neshkov ua; EGMR 10.3.2015 – 14097/12 ua Tenor Ziff. 9, NLMR 2015, 160 – Varga ua; EGMR 30.1.2020 – 14057/17 Tenor Ziff. 7, BeckRS 2020, 486 – Sukachov). Das BVerfG hat in jüngerer Zeit wiederholt Verfassungsbeschwerden im Zusammenhang mit Amtshaftungsklagen wegen menschenunwürdiger Haftbedingungen stattgegeben (BVerfG 20.5.2015 – 1 BvR 3359/14, NJW 2016, 3228; BVerfG 28.7.2016 – 1 BvR 1695/15, StV 2018, 621; BVerfG 8.12.2020 – 1 BvR 117/16, BeckRS 2020, 39624; allg hierzu *Unterreitmeier* NJW 2005, 475). Auch wenn sich das BVerfG dabei nicht maßgeblich an der EGMR-Rspr. zu Art. 13 orientiert hat, wird hierdurch den konventionsrechtlichen Anforderungen doch im Ergebnis Rechnung getragen.

b) Konventionsrechtlich geforderter Primärrechtsschutz. Besondere An- 36 forderungen können sich jedoch aus der Natur des als verletzt gerügten weiteren Konventionsrechts ergeben. Insbesondere in Fällen drohenden Verstoßes gegen Art. 3 durch Abschiebung geht der EGMR davon aus, angesichts der irreversiblen Natur der Rechtsverletzung verlange Art. 13 nach einem **präventiven Rechtsbehelf** mit **automatischem Suspensiveffekt** (EGMR 5.2.2002 – 51564/99 Rn. 79, 81 ff.– Čonka; EGMR 26.4.2007 – 25389/05 Rn. 66 – Gebremedhin (Gaberamadhien); EGMR 21.1.2011 (GK) – 30696/09 Rn. 293, EuGRZ 2011, 243 – M.S.S.; EGMR 6.6.2013 – 2283/12 Rn. 72, ÖJZ 2014, 525 – Mohammed; → Rn. 49). Desgleichen ist bei überlanger Verfahrensdauer in **umgangsrechtlichen Streitigkeiten** ein präventiver Rechtsbehelf gefordert, um die Schaffung vollendeter Tatsachen allein durch Zeitablauf zu vermeiden (EGMR 15.1.2015 – 62198/11 Rn. 139 ff., FamRZ 2015, 469 – Kuppinger). Der deutsche Gesetzgeber hat hierauf mit der Einführung der sog Beschleunigungsrüge in § 155b FamFG (BGBl. 2016 I 2222) reagiert.

c) Konventionsrechtlich geforderter Sekundärrechtsschutz. Umgekehrt 37 kann sich aus Art. 13 auch die Forderung nach einem Entschädigungsrechtsbehelf ergeben. Das gilt nach der Rspr. des EGMR insbesondere in Reaktion auf behauptete Tötungen oder Folterungen durch staatliche Organe. Angesichts der fundamentalen Bedeutung der Art. 2 und 3 leitet der EGMR hier aus Art. 13 – neben Untersuchungs- und Verfolgungspflichten (→ Rn. 39) – ein **Recht auf Entschä-**

digung, „wo angemessen", her (EGMR 10.5.2001 (GK) – 29392/95 Rn. 109, BeckRS 2001, 164872 – Z. ua). In Fällen, in denen die Schutzpflicht des Staates gegen Verletzungshandlungen Privater in Rede steht, soll die Verantwortlichkeit des Staates zur Untersuchung des Falles zwar nur eine eingeschränkte sein. Der EGMR betont aber, in diesen Fällen sei es wichtig, dass dem Opfer und seiner Familie ein Rechtsbehelf zur Verfügung stünde, um die Verantwortlichkeit („liability") von Staatsorganen und staatlichen Stellen für konventionswidrige Handlungen oder Unterlassungen zu ermitteln. Aus der fundamentalen Bedeutung der Art. 2 und 3 folge zudem, dass grds. auch **Entschädigung für immateriellen Schaden** gewährt werden müsse (Rn. 109 des Urteils; EGMR 12.6.2012 – 22999/06 Rn. 46f., BeckRS 2012, 215242 – Poghosyan und Baghdasaryan). Etwas anderes gilt freilich in Fällen, in denen der Staat keinerlei Verantwortung am Unfalltod einer Person trägt und er seinen prozeduralen Pflichten aus Art. 2 nachgekommen ist: Hier lässt sich aus Art. 13 kein Anspruch der Angehörigen auf Ersatz immaterieller Schäden ableiten (EGMR 7.7.2009 – 58447/00 Rn. 40ff. – Zavoloka). Anders entschied der EGMR in einem Fall, in dem sich der Sohn der Bf. das Leben genommen hatte und das nationale Recht der Mutter keinen Ersatzanspruch für immaterielle Schäden gewährte (Verletzung von Art. 13 iVm Art. 2; EGMR 13.3.2012 – 2694/08 Rn. 60ff. – Reynolds). Die „Schockschäden-Rspr." (*Heinrichs* in Palandt, 80. Aufl. 2021, BGB vor § 249 Rn. 40 mwN) gerät so zunehmend in das Gravitationsfeld der EMRK.

38 In Fällen überlanger gerichtlicher Verfahrensdauer kann sich Art. 13 – ungeachtet der grds. Wahlfreiheit der Staaten zwischen Primär- und Sekundärrechtsschutz (→ Rn. 34) – ebenfalls zu einem **Recht auf Entschädigung** verdichten. Hat das Verfahren nämlich bereits zu lange gedauert, liegt der Konventionsverstoß also in der Vergangenheit, hilft ein auf Beschleunigung gerichteter (Primär-)Rechtsbehelf erkennbar nicht weiter (EGMR 29.3.2006 (GK) – 36813/97 Rn. 185, NJW 2007, 1259 – Scordino (Nr. 1)). Hier bleibt letztlich nur die Kompensation. In Strafverfahren haben die Konventionsstaaten spezifische Anrechnungsmodelle entwickelt (→ Rn. 62). Sofern andere Gerichtsbarkeiten betroffen sind oder aber eine Anrechnung auf die Strafe – zB wegen Freispruchs – ausscheidet, kommt grds. nur noch ein entschädigungsrechtlicher Ausgleich in Geld in Betracht. Dabei ist wiederum ein Ersatz auch **immaterieller Schäden** grds. konventionsrechtlich geboten (EGMR 10.4.2008 – 21071/05 Rn. 50 – Wasserman).

39 **6. Untersuchungs- und Verfolgungspflichten.** Sofern staatliche Verstöße gegen Art. 2 und 3 in Rede stehen, leitet der EGMR aus Art. 13 weiterhin gewisse Untersuchungspflichten ab. Das wirft **Abgrenzungsfragen** auf, denn nach der Rspr. ergeben sich bereits aus den Art. 2 und 3 selbst verfahrensmäßige Anforderungen an die Reaktion auf behauptete Todes- oder Folterfälle (→ Art. 2 Rn. 41; → Art. 3 Rn. 31). Der EGMR geht davon aus, dass die **aus Art. 13** folgenden **Verpflichtungen weiter** gehen als die verfahrensmäßigen Pflichten aus Art. 2 und 3 (EGMR 18.6.2002 – 25656/94 Rn. 384 – Orhan (zu Art. 2); EGMR 18.3.2010 – 43233/02 Rn. 60 – Maksimov (zu Art. 3)). Diese Aussage hält einer Rspr.-Analyse freilich nicht stand. Vielmehr sind die Anforderungen, die der EGMR an die Ermittlungen *sub specie* Art. 2 und 3 stellt, regelmäßig deckungsgleich mit den aus Art. 13 hergeleiteten (*Altermann* Ermittlungspflichten S. 7ff.). Die Aussage von dem weitergehenden Verpflichtungsinhalt des Art. 13 dürfte somit eher dazu dienen, Inkonsistenzen innerhalb der Straßburger Rspr. zum Verhältnis gegenüber den prozeduralen Garantien aus den Art. 2 und 3 zu überdecken (exemplarisch zur schwankenden Rspr. EGMR 27.6.2000 (GK) – 22277/93 Rn. 89 ff. – İlhan; näher *Altermann* Ermittlungspflichten S. 50 ff., 75 ff., 90 f.). Eine überzeugende Abgrenzung ist dem EGMR hier bis heute nicht gelungen.

Bei behaupteten Tötungs- oder Folterhandlungen Privater, bei denen lediglich 40 die **Schutzpflicht** des Staates betroffen ist, sind die Anforderungen an die gem. Art. 13 durchzuführende Untersuchung nach der Rspr. des EGMR geringer (EGMR 10.5.2001 (GK) – 29392/95 Rn. 109, BeckRS 2001, 164872 – Z. ua; hierzu eingehend *Altermann* Ermittlungspflichten S. 128 ff.).

Außer in Fällen mit Bezug zu Art. 2 und 3 hat der EGMR Untersuchungspflich- 41 ten auch bei der staatlichen **Zerstörung von Häusern** (Verstoß gegen Art. 8 und Art. 1 EMRK ZusProt) bejaht (EGMR 16.11.2000 – 23819/94 Rn. 114 – Bilgin).

7. Die Wirksamkeit der Beschwerde. Der geforderte Rechtsbehelf muss 42 wirksam **in praktischer wie in rechtlicher Hinsicht** sein. Hierzu zählt auch, dass der Rechtsbehelf **angemessen und zugänglich** sein muss (EGMR 31.7.2008 – 40825/98 Rn. 122, NVwZ 2009, 509 – Religionsgemeinschaft der Zeugen Jehovas ua). Das entspricht den Anforderungen, die der EGMR an den zu erschöpfenden Rechtsweg stellt (→ Art. 35 Rn. 22), und reflektiert die oben (→ Rn. 1) festgestellte Wechselbezüglichkeit der Art. 13 und Art. 35 Abs. 1.

Unter dem Aspekt praktischer Wirksamkeit genügt ein Hinweis des beklagten 43 Staates auf die **bloße Rechtslage** regelmäßig nicht. Der EGMR verlangt vielmehr grds. von dem Staat, innerstaatliche Gerichtsentscheidungen beizubringen, die die praktische Wirksamkeit der angeführten Rechtslage belegen (allgemein zur Beweislastverteilung → Art. 35 Rn. 12 ff.). Aus diesem Grund vermochte die Hinweis der Bundesregierung auf die Möglichkeit der Amtshaftung als Rechtsbehelf gegen überlange Verfahrensdauer (§ 839 Abs. 2 S. 2 BGB iVm Art. 34 S. 1 GG) den EGMR nicht zu überzeugen, da nur eine einzige einschlägige Entscheidung angeführt werden konnte (LG München I 12.1.2005 – 9 O 17286/03, EuGRZ 2006, 308), die zudem lediglich erstinstanzlicher Provenienz war (EGMR 8.6.2006 (GK) – 75529/01 Rn. 113, EuGRZ 2007, 255 – Sürmeli). Etwas anderes gilt allerdings in Fällen, in denen ein Staat zur Umsetzung eines EGMR-Urteils ein neues Gesetz erlässt: Hier gewährt der EGMR, sofern die gesetzliche Regelung *prima facie* den konventionsrechtlichen Anforderungen genügt, eine Art „Vertrauensvorschuss" und akzeptiert jedenfalls vorläufig die Wirksamkeit des neuen Rechtsbehelfs auch ohne den Nachweis einer entsprechenden Gerichtspraxis (EGMR 14.6.2005 – 61444/00 Rn. 68 ff. – Krasuski; EGMR 29.5.2012 – 53126/07 Rn. 39, EuGRZ 2012, 515 – Taron).

Nach stRspr kann sich die Effektivität auch aus einem **Zusammenspiel meh-** 44 **rerer Rechtsbehelfe** ergeben, wenn ein einzelner Rechtsbehelf für sich genommen noch nicht den konventionsrechtlichen Anforderungen genügt (zB EGMR 25.3.1983 – 5947/72 ua Rn. 113 lit. c, EGMR-E 2, 227 – Silver ua). Das stellt insofern eine gewisse Inkonsistenz dar, als der EGMR iRd Art. 35 Abs. 1 regelmäßig die Erschöpfung nur eines Rechtsbehelfs genügen lässt (EGMR 10.10.2006 – 18036/03 Rn. 26 – Cichla; → Art. 35 Rn. 30). In der **Lit.** wird diese Rspr. deshalb teilweise kritisiert (*Frowein* in Frowein/Peukert EMRK Art. 13 Rn. 8). Mit Rücksicht auf den Subsidiaritätsgedanken, nach dem der Schutz der Konventionsrechte in erster Linie auf innerstaatlicher Ebene realisiert werden soll, erscheint die Rspr. aber durchaus sinnvoll. Die von der **deutschen Rechtsordnung** vor Inkrafttreten der §§ 198 ff. GVG (→ Rn. 61) vorgesehenen Rechtsbehelfe gegen eine überlange gerichtliche Verfahrensdauer (Dienstaufsichtsbeschwerde, ungeschriebene Untätigkeitsbeschwerde, Verfassungsbeschwerde, Amtshaftung) vermochten auch in ihrem Zusammenwirken den EGMR nicht vom Vorliegen effektiven Rechtsschutzes zu überzeugen (EGMR 8.6.2006 (GK) – 75529/01 Rn. 102ff., EuGRZ 2007, 255 – Sürmeli).

45 Aus Art. 13 folgt nicht nur ein Anspruch auf einen Rechtsbehelf **gegen** überlange Verfahrensdauer. Hinreichend wirksam ist die geforderte Beschwerdemöglichkeit vielmehr nur, wenn sie ihrerseits Gewähr für eine gewisse **Zügigkeit** bietet (EGMR 31.7.2003 – 50389/99 Rn. 57 – Doran). Sofern **Misshandlungsvorwürfe** im Raum stehen, ist dabei eine **besonders schnelle Untersuchung** der Vorwürfe durch die Behörden erforderlich, um das Vertrauen der Bevölkerung in die Rechtstreue der Behörden zu erhalten und um auch nur den Anschein der Komplizenschaft oder Toleranz gegenüber rechtswidrigem Verhalten zu vermeiden (EGMR 3.6.2004 – 33097/96, 7834/00 Rn. 136 – Batı ua).

46 Wirksam ist eine Beschwerde bei Verstößen gegen Art. 2 und 3 weiterhin nur, wenn die geforderte Untersuchung (→ Rn. 39) von einer **unabhängigen Stelle** durchgeführt wird (EGMR 27.7.1998 – 21593/93 Rn. 81f. – Güleç (zu Art. 2); EGMR 3.6.2004 – 33097/96, 7834/00 Rn. 135 – Batı ua (zu Art. 3)). Das bloße Fehlen eines Hierarchieverhältnisses ist hierfür nicht ausreichend, vielmehr kommt es auf die tatsächliche Unabhängigkeit an (EGMR 3.6.2004 – 33097/96, 7834/00 – Batı ua). Im Zusammenhang mit Wahlprüfungsbeschwerden ist der EGMR davon ausgegangen, den Anforderungen an die Unabhängigkeit sei nicht genügt, wenn die Entscheidung allein einem parlamentarischen Gremium überlassen bleibt (EGMR 10.7.2020 (GK) – 310/15 Rn. 132ff., NLMR 2020, 289 – Mugemangango).

47 Die Wirksamkeit der Beschwerde verlangt darüber hinaus nach einer gewissen **Prüfungsintensität**. Ein bloßer Willkürmaßstab wird den Anforderungen insoweit regelmäßig nicht gerecht (EGMR 8.7.2003 (GK) – 36022/97 Rn. 141, EuGRZ 2005, 584 – Hatton). Auch **übermäßige Verschuldensanforderungen** können die Effektivität der Beschwerde beeinträchtigen. So beanstandete der EGMR die Wirksamkeit von Schadensersatzklagen gegen die Polizei, da diese vom Vorliegen böser Absicht („malice") abhingen (EGMR 18.7.2006 – 28867/03 Rn. 42 – Keegan). Andererseits akzeptierte er die Voraussetzung der „faute lourde" bzgl. unzureichender Maßnahmen der Justiz bei Verdacht des Kindesmissbrauchs, da diese Schwelle nach französischem Staatshaftungsrecht auch durch eine Zusammenrechnung von „faute simple" überwunden werden konnte (EGMR 4.6.2020 – 15343/15 u. 16806/15 Rn. 188ff., NLMR 2020, 186 – Association Innocence en Danger und Association Enfance et Partage). Eine Verletzung der Wirksamkeitsanforderungen kann gegeben sein, wenn zwar strafrechtliche Sanktionen gegen Hasskommentare im Internet existieren, diese jedoch aufgrund **homophober Vorurteile** seitens der zuständigen Stellen nicht entsprechend genutzt werden (EGMR 14.1.2020 – 41288/15 Rn. 151ff., NLMR 2020, 47 – Beizaras und Levickas). In einer sehr umstrittenen Entscheidung hat die Große Kammer – im Unterschied zum vorangehenden Kammerurteil – keinen Verstoß gegen Art. 13 iVm Art. 4 4. EMRKProt in der **sofortigen Zurückweisung von Migranten** ohne individuelle Prüfung gesehen, da diese ihrerseits in einem Massenansturm illegal die Grenze überwunden hatten (EGMR 13.2.2020 (GK) – 8675/15 u. 8697/15 Rn. 240ff., NVwZ 2020, 697 – N.D. und N.T.; krit. *Lübbe* EuR 2020, 450ff.; *Schmalz* KJ 2020, 348ff.; differenzierend *Thym* ZaöRV 80 (2020), 989ff.). Anders hingegen verhält es sich, wenn der spätere Bf. das gesetzlich vorgesehene Verfahren eingehalten hat (EGMR 23.7.2020 – 40503/17 ua, NLMR 2020, 260 – M. K. ua).

Recht auf wirksame Beschwerde **Art. 13 EMRK**

Schließlich können sich aus Art. 13 auch **Einschränkungen** hinsichtlich des 48 Prinzips der **prozessualen Überholung** ergeben. Aus diesem Grund wurde die schweizerische Rspr., nach der zur Beschwerdeführung nur befugt sei, wer „durch den angefochtenen Entscheid (noch) zumindest teilweise beschwert und demzufolge an dessen Änderung interessiert ist" (BGE 103 IV 115), im Fall einer erledigten Hausdurchsuchung vom EGMR wegen fehlender Effektivität beanstandet (EGMR 16.12.1997 – 21353/93 Rn. 54ff., ÖJZ 1998, 797 – Camenzind). Das deckt sich mit der Rspr. des BVerfG zu Art. 19 Abs. 4 GG (BVerfGE 117, 244 (268) mwN).

8. Asylrechtsfälle. Nach stRspr des EGMR garantieren die EMRK und ihre 49 Zusatzprotokolle **kein Recht auf politisches Asyl** (EGMR 28.2.2008 – 37201/06 Rn. 124 mwN, NVwZ 2008, 1330 – Saadi). Dennoch kann die EMRK in Asylrechtsfällen relevant werden, insbesondere wenn es um einen aus Art. 3 ableitbaren **Schutz vor Abschiebung** geht: Aus dem Fundamentalcharakter des Folterverbots folgt, dass eine Abschiebung ins Ausland nicht in Betracht kommt, wenn dem Asylsuchenden dort eine gegen Art. 3 verstoßende Behandlung droht. Für die Anwendbarkeit der EMRK *ratione loci et personae* ist es dabei unerheblich, ob der Zielstaat seinerseits der Konvention angehört oder nicht (grundlegend EGMR 7.7.1989 – 14038/88, EGMR-E 4, 376 – Soering – dort zur Auslieferung). Damit gelangt der Rechtsschutz in Asylsachen in das Blickfeld des akzessorischen (→ Rn. 2) Art. 13.

Dem Anwendungsbereich der EMRK ist das Asylverfahrensrecht auch nicht 50 durch seine Vergemeinschaftung iRd sog. **Dublin-Verordnungen** (aktuell: Dublin III-VO (EU) Nr. 604/2013, ABl. 2013 L 180, 31) und die einstweilen noch fehlende Konventionszugehörigkeit der EU (→ Art. 59 Rn. 5ff., → Einl. Rn. 154ff.) entzogen. Nach den Kriterien der *Bosphorus*-Rspr. nimmt der EGMR zwar derzeit seine Gerichtsbarkeit zurück, sofern die EU-Mitgliedstaaten unionsrechtlich zwingende Vorgaben umsetzen. Wo die Mitgliedstaaten über ein Umsetzungsermessen verfügen, bleiben sie aber in vollem Umfang vor dem EGMR verantwortlich (EGMR 30.6.2005 – 45036/98 Rn. 155ff., EuGRZ 2007, 662 – Bosphorus Hava Yolları Turizm ve Ticaret Anonim Şirket). Angesichts der Tatsache, dass die Mitgliedstaaten nach dem Dubliner System über ein sog. Selbsteintrittsrecht verfügen (früher Art. 3 Abs. 2 Dublin II-VO (ABl. 2003 L 50, 1), heute Art. 17 Abs. 1 Dublin III-VO; im Einzelnen *Lehnert/Pelzer* NVwZ 2010, 613ff.; *Marx* ZAR 2014, 5 (9)), dh ungeachtet des Zuständigkeitsregimes der VO den Fall selbst prüfen dürfen, bleibt ihre Verantwortlichkeit iRd EMRK vollumfänglich bestehen (EGMR 21.1.2011 (GK) – 30696/09 Rn. 339f., EuGRZ 2011, 243 – M.S.S.; ausführlich *Hoppe* Eilrechtsschutz S. 83ff., 107ff.; *Thym* ZAR 2011, 368 (372ff.)).

Für die Ausgestaltung des Rechtsschutzes in Asylangelegenheiten erweist sich 51 die Forderung des EGMR nach einem **Rechtsbehelf mit automatischem Suspensiveffekt,** sofern dem Asylsuchenden nach seiner Abschiebung eine gegen Art. 3 verstoßende Behandlung droht, als besonders relevant (EGMR 5.2.2002 – 51564/99 Rn. 79, 81ff. – Čonka; EGMR 26.4.2007 – 25389/05 Rn. 66 – Gebremedhin (Gaberamadhien); EGMR 21.1.2011 (GK) – 30696/09 Rn. 293, EuGRZ 2011, 243 – M.S.S.; EGMR 23.7.2013 – 41872/10 Rn. 133, BeckRS 2013, 202706 – M.A.). Die Ausgestaltung des früheren § 34a Abs. 2 AsylVfG aF, der jedenfalls seinem Wortlaut nach einstweiligen Rechtsschutz kategorisch ausschloss, stand hierzu in eklatantem Widerspruch (zur alten Rechtslage → 1. Aufl. 2011, Art. 13 Rn. 51f.).

Mit dem am 6.9.2013 in Kraft getretenen § 34a AsylVfG (heute: AsylG) hat der 52 Gesetzgeber den konventionsrechtlichen Bedenken Rechnung getragen. § 34a

Abs. 2 S. 1 AsylG gestattet nunmehr Anträge gem. § 80 Abs. 5 VwGO binnen Wochenfrist. Bei rechtzeitiger Antragstellung ist eine Abschiebung vor der gerichtlichen Entscheidung ausgeschlossen (S. 2), dh der Antrag besitzt einen **eingeschränkten, automatisch eintretenden Suspensiveffekt** (*Hailbronner* in Hailbronner AuslR AsylVfG § 34a Rn. 47). Dass damit den Anforderungen der EMRK bereits ausreichend Rechnung getragen wird, unterliegt gewissen Zweifeln (*Müller* in NK-AuslR AsylVfG § 34a Rn. 6).

53 Der **EuGH** hat sich in seiner Rechtsprechung an den Vorgaben des EGMR **orientiert**. So legte er die einschlägige Richtlinie im Lichte des Art. 47 GRCh bzw. Art. 13 EMRK dahin aus, dass das nationale Recht einen Rechtsbehelf mit aufschiebender Wirkung gegen eine Rückkehrentscheidung vorsehen muss, wenn deren Vollzug den betroffenen Drittstaatsangehörigen einer ernsthaften Gefahr einer schweren und irreversiblen Verschlechterung seines Gesundheitszustands aussetzt (EuGH 18.12.2014 – C-562/13 Rn. 53, ECLI:EU:C:2014:2453 – Abdida). Das gilt jedoch nicht für die Entscheidung über einen Folgeantrag auf Asyl (EuGH 17.12.2015 – C-239/14, ECLI:EU:C:2015:824 – Tall) oder für weitergehende Rechtsmittel (EuGH 28.9.2018 – C-180/17, ECLI:EU:C:2018:775 – Staatssecretaris van Veiligheid en Justitie (Aufschiebende Wirkung des Rechtsmittels)).

54 **9. Überlange Verfahrensdauer.** Die Verletzung des Rechts auf eine angemessene Verfahrensdauer (Art. 6 Abs. 1) zählt zu den **meistgerügten Konventionsrechten** vor dem EGMR. Aus der Sicht des Gerichtshofs besonders misslich ist es, wenn – was häufig der Fall ist – die Beschwerde in materieller Hinsicht keinerlei Erfolgsaussichten bietet, das Verfahren vor den nationalen Gerichtsinstanzen aber gleichwohl zu lange gedauert hat. Dann muss der EGMR wegen eines vergleichsweise unbedeutenden Verstoßes in die Begründetheitsprüfung eintreten. Die Belastung des EGMR mit Länge-Fällen hat seinen Hintergrund vor allem in nicht funktionierenden Justizsystemen etlicher Staaten Mittel- und Osteuropas, aber auch anderer Staaten wie etwa Italien. Über kurz oder lang wird durch diese Situation die **Funktionsfähigkeit des EGMR** sehr ernsthaft in Frage gestellt.

55 Das **14. EMRKProt** mit seiner kapazitätserweiternden Wirkung (Einführung des Einzelrichters; neues Zulässigkeitskriterium in Bagatellfällen; Möglichkeit der Dreierkammer, eine Beschwerde für begründet zu erklären) kann dieses Problem zwar kurzfristig etwas mildern, aber nicht langfristig lösen. Abhilfe verspricht insoweit nur die **Verlagerung** des Rechtsschutzes auf die **nationale Ebene** (allgemein vgl. Empfehlung des Ministerkomitees Rec(2004)6 vom 12.5.2004). Diesen Schritt hat der EGMR durch seinen Rspr.-Wechsel im Fall *Kudła* (EGMR 26.10.2000 (GK) – 30210/96, EuGRZ 2004, 484) konsequent vollzogen, indem er das Verhältnis von Art. 13 und Art. 6 Abs. 1 neu bestimmt (→ Rn. 20) und aus Art. 13 die Notwendigkeit eines innerstaatlichen Rechtsbehelfs gegen überlange gerichtliche Verfahrensdauer hergeleitet hat. Drei Typen von Rechtsbehelfen können insoweit unterschieden werden:

56 **a) Beschleunigungsrechtsbehelf.** Ein präventiver Rechtsbehelf, durch den vermieden wird, dass es überhaupt erst zum Eintritt der überlangen Verfahrensdauer kommt, stellt aus Sicht des EGMR „absolut betrachtet" die beste Lösung dar (EGMR 29.3.2006 (GK) – 36813/97 Rn. 183, NJW 2007, 1259 – Scordino (Nr. 1)). Gleichwohl sieht sich dieser auch als **Untätigkeitsbeschwerde** bekannte Rechtsbehelf Einwänden ausgesetzt: Zum einen erfordert die Befassung der Beschwerdeinstanz eine Einarbeitung in den Fall, was zu einer neuerlichen Verzögerung führt. Zum anderen aber – und dieser Einwand ist der gravierendere – soll

die Entscheidung der Beschwerdeinstanz, mit der dem erstinstanzlichen Richter gewisse prozessuale Schritte vorgeschrieben werden, in dessen richterliche Unabhängigkeit eingreifen. Teilweise wird die Untätigkeitsbeschwerde aus diesem Grund mit Rücksicht auf Art. 97 GG für verfassungsrechtlich unzulässig gehalten (*Bäcker* in Hong/Matz-Lück, Grundrechte und Grundfreiheiten im Mehrebenensystem, 2012, S. 339, 371 f.).

Dagegen spricht jedoch die Überlegung, dass die Untätigkeitsbeschwerde nicht **57** nur in anderen europäischen Staaten wie zB Österreich existiert (§ 91 GOG; dazu *Schoibl* ZZP 118 (2005), 205 ff.), sondern auch der deutschen Rechtsordnung nicht grundsätzlich fremd ist. Insbesondere im Familienrecht, wo die Gefahr der Schaffung irreversibler Zustände durch reinen Zeitablauf – man denke etwa an Umgangsrechtsfälle – besonders groß ist, haben die OLGs lange Zeit das Institut der **außerordentlichen Untätigkeitsbeschwerde** anerkannt, während die übrigen Gerichtsbarkeiten diesem Rechtsbehelf aus prinzipiellen Gründen eher abgelehnt gegenüber standen (→ 1. Aufl. 2011, Art. 13 Rn. 57 mwN). Mit der Einführung des kompensatorischen Rechtsbehelfs in § 198 ff. GVG (→ Rn. 61) ist nach der Rspr. für eine Anwendung der außerordentlichen Untätigkeitsbeschwerde allerdings kein Raum mehr (BGH 20.11.2012 – VIII ZB 49/12, NJW 2013, 385).

Die Bundesregierung hatte zunächst ebenfalls die Einführung eines präventiven **58** Rechtsbehelfs nach österreichischem Vorbild beabsichtigt. Noch im laufenden Verfahren im Fall *Sürmeli* (8.6.2006 (GK) – 75529/01, EuGRZ 2007, 255) legte sie einen entsprechenden **Gesetzentwurf** vor (Entwurf eines Gesetzes über die Rechtsbehelfe bei Verletzung des Rechts auf ein zügiges gerichtliches Verfahren (Untätigkeitsbeschwerdengesetz) vom 22.8.2005, abgedruckt bei *Steger,* Überlange Verfahrensdauer bei öffentlich-rechtlichen Streitigkeiten vor deutschen und europäischen Gerichten, 2008, S. 292), was den EGMR dazu bewog, auf die ausdrückliche Anordnung von Abhilfemaßnahmen zu verzichten, sondern nur zur alsbaldigen Verabschiedung des Gesetzes zu ermuntern (Rn. 139 des Urteils). Wegen Widerstands aus den Reihen des Deutschen Bundestags ist dieses Gesetzgebungsvorhaben jedoch später fallen gelassen worden (*Breuer* Staatshaftung S. 358 f. mwN). Der Forderung des EGMR nach einem präventiv wirkenden Rechtsbehelf in Umgangssachen ist der deutsche Gesetzgeber nunmehr durch Schaffung des § 155 b FamFG nachgekommen (→ Rn. 36).

b) Entschädigungsrechtsbehelf. Nach der Rspr. des EGMR ebenfalls zuläs- **59** sig ist es, wenn sich ein Staat von vornherein auf eine entschädigungsrechtliche Lösung des Problems überlanger Verfahrensdauer beschränkt (EGMR 29.3.2006 (GK) – 36813/97 Rn. 187, NJW 2007, 1259 – Scordino (Nr. 1); → Rn. 34). Vorbildgebend hierfür ist das italienische sog. **Pinto-Gesetz** (dazu *Oellers-Frahm* FS Ress, 2005, 1027 ff.). Gegen eine solche Lösung bestehen freilich ihrerseits Bedenken: Ein Entschädigungsrechtsbehelf trägt allenfalls mittelbar dazu bei, Anreize zu einer Beschleunigung von Gerichtsverfahren zu bieten, indem allzu häufige Verurteilungen den Staatshaushalt belasten. Für den konkret Betroffenen kommt der Rechtsbehelf hingegen regelmäßig zu spät, ihm verbleibt allein die Entschädigung in Geld. Auch aus **Sicht der EMRK** erweist sich die Entschädigungslösung ebenfalls eindeutig als lediglich zweitbeste: Eine Entlastung des EGMR führt sie nämlich nur vorübergehend, indem – insbesondere nach Einführung des neuen Rechtsbehelfs – entsprechende Bf. in größerem Umfang auf den nationalen Rechtsweg verwiesen werden können (EGMR 6.9.2001 – 69789/01, BeckRS 2001, 164905 – Brusco; → Art. 35 Rn. 19). Das hindert jedoch nicht, dass nach Erschöpfung des Entschädigungsrechtsbehelfs erneut entsprechende Fälle nach Straßburg gelangen, insbesondere wenn die nationalen Gerichte eine deutlich geringere Entschädigung zusprechen, als es der EGMR in vergleichbaren Fällen zu tun pflegt (EGMR 29.3.2006 – 36813/97 Rn. 214, NJW 2007, 1259 – Scordino (Nr. 1): Entschädigung iHv ca. 10% genügt nicht; EGMR 2.12.2008 – 8934/05 Rn. 28 – Jagiełło (Nr. 2): Entschädigung iHv ca. 20% nicht ausreichend; EGMR 7.7.2015 – 72287/10 Rn. 183, NLMR 2015, 350 – Rutkowski ua: Entschädigung iHv 5,5% nicht ausreichend). Gewisse Abstriche von der in Straßburg üblichen Höhe sind allerdings zulässig, insbesondere wenn ein Staat eine Kombination von Beschleunigungs- und Entschädigungsrechtsbehelf vorsieht und die entsprechenden Entscheidungen schnell ergehen und durchgesetzt werden (EGMR 29.3.2006 – 36813/97 Rn. 206, NJW 2007, 1259 – Scordino (Nr. 1)).

60 Der Amtshaftungsanspruch (§ 839 BGB iVm Art. 34 S. 1 GG) ist nur eingeschränkt in der Lage, den konventionsrechtlichen Anforderungen an einen effektiven Rechtsbehelf gegen überlange Verfahrensdauer gerecht zu werden (eingehend *Breuer* Staatshaftung S. 328 ff.). Das liegt zunächst daran, dass mit dem Tatbestandsmerkmal der **Amtspflichtverletzung** an ein Handlungs-, nicht ein Erfolgsunrecht angeknüpft wird. Das legt den Einwand nahe, die Verfahrensverzögerung habe sich aus der Ex-ante-Sicht des befassten Richters ohnehin nicht vermeiden lassen (OLG Hamm 8.1.2010 – 11 U 27/06, BauR 2010, 1801 (1803)). Die Anforderungen der EMRK sind hingegen erfolgsbezogen, indem selbst eine chronische Überlastung der Justiz nicht in der Lage ist, eine überlange Verfahrensdauer zu rechtfertigen (EGMR 1.7.1997 – 17820/91 Rn. 69, EuGRZ 1997, 310 – Pammel; EGMR 27.7.2000 – 33379/96 Rn. 43, NJW 2001, 213 – Klein; ebenso BVerfGE 36, 264 (275)). Problematisch ist ferner, dass Verfahrensverzögerungen infolge überflüssiger Prozesshandlungen in das „**Richterspruchprivileg**" des § 839 Abs. 2 S. 1 BGB mit einbezogen sind, da der Wortlaut der Norm Pflichtverletzungen „bei" einem Urteil, nicht „durch" ein Urteil verlangt (BGH 4.11.2010 – III ZR 32/10, BGHZ 187, 286 (291f.)). Dadurch, dass eine Haftung hier nur bei gleichzeitiger Strafbarkeit (wegen Rechtsbeugung, § 339 StGB) in Betracht kommt, ist diese faktisch ausgeschlossen. Das BVerfG sah hierin keine „grundsätzlich unrichtige Anschauung von der Bedeutung des Anspruchs auf wirkungsvollen Rechtsschutz" (22.8.2013 – 1 BvR 1067/12, NJW 2013, 3630 (3632)). Außerhalb des Richterspruchprivilegs hat der BGH in seiner jüngeren Rspr. den Verschuldensmaßstab unter Berufung auf die richterliche Unabhängigkeit (Art. 97 GG) auf **Vorsatz und grobe Fahrlässigkeit** beschränkt (BGHZ 155, 306 (310)) und diese Rspr. mittlerweile explizit für die Fallgruppe der überlangen Verfahrensdauer bestätigt (BGH 4.11.2010 – III ZR 32/10, BGHZ 187, 286 (292f.)). Diesbezüglich attestierte das BVerfG dem BGH, den Anforderungen des Gebots effektiven Rechtsschutzes „im Grundsatz noch gerecht" zu werden (22.8.2013 – 1 BvR 1067/12, NJW 2013, 3630 (3632)). In diesen Formulierungen wird ein Unbehagen des BVerfG mehr als deutlich, was dazu geführt hat, dass das BVerfG zwar die abstrakte Handhabung des Richterspruchprivilegs durch den BGH unbeanstandet ließ, die konkrete Umsetzung der BGH-Maßstäbe durch das OLG Hamm (17.6.2011 – 11 U 27/06, BeckRS 2011, 16744) jedoch als offensichtlich verfassungswidrig kennzeichnete (näher *Steinbeiß-Winkelmann* NJW 2014, 1276 ff.). Schließlich begegnet ein Ersatz des reinen Verzögerungsschadens mit Rücksicht auf die grds. **Entschädigungslosigkeit von Nichtvermögensschäden** (§ 253 BGB) erheblichen Schwierigkeiten. Nach der Rspr. des EGMR ist eine immaterielle Entschädigung grds. geboten (→ Rn. 37 f.). In der

Lit. ist insoweit eine EMRK-konforme Auslegung des Amtshaftungsrechts angeregt worden (*Hess* FS Rechberger, 2005, 211 (226)).

Das nach dem Scheitern des Entwurfs zur Untätigkeitsbeschwerde (→ Rn. 58) **61** vom Bundestag schlussendlich verabschiedete **Gesetz über den Rechtsschutz bei überlangen Gerichtsverfahren und strafrechtlichen Ermittlungsverfahren** (BGBl. 2011 I 2302) vermeidet die geschilderten Probleme. § 198 Abs. 1 GVG knüpft allein an das Ergebnis überlanger Verfahrensdauer (im Sinne der EMRK-Rspr.) an. Ein darüber hinausgehendes Verschulden ist nicht gefordert. Auf der Rechtsfolgenseite sieht § 198 Abs. 2 GVG einen pauschalierten immateriellen Ersatzanspruch iHv 1.200 EUR pro Jahr vor. Der Rechtsschutz ist zudem nicht rein kompensatorisch ausgestaltet, sondern enthält mit der sog. Verzögerungsrüge ein **präventives Element** (§ 198 Abs. 3 GVG; krit. aus EMRK-Sicht jedoch *Guckelberger* DÖV 2012, 289 (292 f.)). Grds. ist auch ein Entschädigungsanspruch für überlange Verfahrensdauer vor dem BVerfG vorgesehen (§ 97a BVerfGG; hierzu *Barczak* AöR 138 (2013) 536 ff.; *T. I. Schmidt* FS E. Klein, 2013, 485 ff.; *Zuck* NVwZ 2012, 265 ff.). Das entspricht den Vorgaben des EGMR (→ Rn. 30), der zwar bereit ist, bei der Beurteilung der Verfahrensverzögerung gewisse Rücksichten auf die besondere Funktion der Verfassungsgerichtsbarkeit zu nehmen, gleichwohl aber mehrfach eine überlange Verfahrensdauer speziell vor dem BVerfG gerügt hat (EGMR 1.7.1997 – 17820/91 Rn. 59 ff., EuGRZ 1997, 310 – Pammel; EGMR 1.7.1997 – 20950/92 Rn. 54 ff., EuGRZ 1997, 405 – Probstmeier; EGMR 27.7.2000 – 33379/96 Rn. 42 ff., NJW 2001, 213 – Klein).

Der EGMR hat den neu geschaffenen Rechtsbehelf als **im Grundsatz kon-** **61a** **ventionskonform** akzeptiert (EGMR 29.5.2012 – 53126/07, EuGRZ 2012, 515 – Taron). Beschwerden wegen überlanger Verfahrensdauer, die nicht von der Klagemöglichkeit nach §§ 198 ff. GVG Gebrauch gemacht haben, werden derzeit daher als unzulässig abgewiesen. Die Effektivität des in §§ 97a ff. BVerfGG vorgesehenen Rechtsbehelfs ist mittlerweile ebenfalls im Grundsatz bejaht worden (EGMR 4.9.2014 – 68919/10 Rn. 52 ff., EuGRZ 2015, 557 – Peter). Für die innerstaatliche Rspr.-Praxis kann festgestellt werden, dass sich der neue Rechtsbehelf im Wesentlichen ebenfalls bewährt hat (*Steinbeiß-Winkelmann/Sporrer* NJW 2014, 177 ff.). Das schließt nicht aus, dass es in Einzelfällen zu **Divergenzen** zwischen der innerstaatlichen und der Straßburger Rspr. kommen kann, die ein Nachsteuern erfordern. So klammert das BVerwG das Widerspruchsverfahren bei der Berechnung der entschädigungsrechtlich relevanten Verfahrensdauer aus (BVerwGE 147, 146 (150 ff.)). Der stRspr des EGMR hingegen entspricht es, dass für die Berechnung der Verfahrensdauer iSd Art. 6 Abs. 1 das Vorverfahren mit hinzugerechnet wird (EGMR 10.3.1980 – 6232/73 Rn. 98, EGMR-E 1, 278 – König; EGMR 24.2.2005 – 34983/02 Rn. 47, ÖJZ 2006, 36 – Nowicky). Die vom BVerwG zur Rechtfertigung der Divergenz angebotene Begründung vermag im Ergebnis nicht zu überzeugen. Anderseits dürfte der generelle Ausschluss des Verwaltungsverfahrens aus dem Anwendungsbereich des § 198 GVG unter konventionsrechtlichen Vorzeichen nicht zu beanstanden sein (BVerwG 7.4.2020 – 6 B 15/20 Rn. 8).

c) Kompensation in Strafsachen. Besondere Reaktionsmöglichkeiten be- **62** stehen nach der Rspr. mehrerer Konventionsstaaten in Strafverfahren. Für die deutsche Rechtsordnung folgte der BGH zunächst der sog. **Strafzumessungslösung,** indem die überlange Verfahrensdauer iRd Strafzumessung Berücksichtigung fand. Dies konnte bis zum völligen Absehen von Strafe, bei Vergehen zu einer Verfahrenseinstellung gem. § 153 StPO oder bei Verbrechen zum Zurückgehen auf die gesetzliche Mindeststrafe führen (BGHSt 24, 239 (242)). Später leitete der BGH „in ganz außergewöhnlichen Sonderfällen" aus der Verletzung von Art. 6 Abs. 1 S. 1 EMRK iVm dem Rechtsstaatsgrundsatz sogar ein Verfahrenshindernis her (BGHSt 46, 159 (171)). Nach einem grundlegenden Rspr.-Wechsel des Großen Senats (BGHSt 52, 124) praktiziert der BGH nunmehr die sog. **Vollstreckungslösung,** nach der die rechtsstaatswidrige Verzögerung **als solche** nicht schon auf der Strafzumessungsebene berücksichtigt, sondern ein bestimmter Teil der Strafe im Urteil für bereits vollstreckt erklärt wird (aus dem strafrechtlichen Schrifttum grds. zustimmend *Kraatz* JR 2008, 189 ff.; *Peglau* NJW 2007, 3298 f.; krit. *Gaede* JZ 2008, 422 ff.; *Ignor/Bertheau* NJW 2008, 2209 ff.; *Reichenbach* NStZ 2009, 120 ff.; strikt ablehnend *I. Roxin* StV 2008, 14 ff.). Die Erhebung einer Verzögerungsrüge gem. § 198 Abs. 3 GVG ist für die Kompensation einer rechtsstaatswidrigen Verfahrensverzögerung im Rahmen der Vollstreckungslösung nicht erforderlich (BGH 28. 5. 2020 – 3 StR 99/19, StV 2020, 838).

63 Der EGMR hat die frühere BGH-Rspr. im Grundsatz als einen effektiven Rechtsbehelf iSd Art. 13 anerkannt (vgl. – unter dem Aspekt des Art. 35 Abs. 1 – EGMR 13. 11. 2008 – 26073/03 Rn. 57, HRRS 2009, Nr. 17 mwN – Ommer (Nr. 2)). Auch die neue Vollstreckungslösung hat er mit Wohlwollen zur Kenntnis genommen (EGMR 22. 1. 2009 – 45749/06 ua Rn. 87, StV 2009, 561 – Kaemena und Thöneböhn). **Kein effektiver Rechtsbehelf** besteht freilich in Fällen, in denen die Verhängung einer Strafe – zB wegen Freispruchs – ausscheidet, da es dann an einem anrechenbaren Strafausspruch fehlt (EGMR 13. 11. 2008 – 26073/03 Rn. 59 – Ommer (Nr. 2)).

C. Eingriff

I. Legislative

64 Legislative Eingriffe in den Gewährleistungsbereich des Art. 13 können zB im **Ausschluss des gerichtlichen Rechtswegs** bestehen (EGMR 6. 9. 1978 – 5029/71, EGMR-E 1, 320 – Klass ua). Allgemeine formale Anforderungen an die Klageerhebung sind dagegen vor dem Hintergrund des Art. 13 nicht zu beanstanden (EGMR 26. 9. 2006 – 50224/99 Rn. 53 – Šidlová – *sub specie* Art. 35 Abs. 1), wobei unklar ist, ob hier bereits kein Eingriff vorliegt oder aber ein solcher aufgrund etwaiger „inhärenter Schranken" gerechtfertigt ist.

65 **Legislatives Unterlassen** kann eine Verletzung des Art. 13 zur Folge haben, wenn der Staat konventionsrechtlich zur Einführung eines neuen Rechtsbehelfs verpflichtet ist (→ Rn. 71).

II. Exekutive

66 Der Gebrauch von Beschwerdemöglichkeiten darf nicht durch Tun oder Unterlassen von Behörden **unberechtigt behindert** werden (EGMR 19. 2. 1998 – 22729/93 Rn. 106 – Kaya; EGMR 21. 1. 2011 (GK) – 30696/09 Rn. 290, EuGRZ 2011, 243 – M.S.S.). Heimliche Überwachungsmaßnahmen hat der EGMR ua deshalb für konventionsrechtlich zulässig gehalten, weil die Behörden nach deren Beendigung verpflichtet sind, den Betroffenen hiervon **zu unterrichten** (EGMR 6. 9. 1978 – 5029/71 Rn. 71, EGMR-E 1, 320 – Klass ua). In der Praxis bestehen hier offenbar erhebliche Defizite (*Richter* in Dörr/Grote/Marauhn Kap. 20 Rn. 94 mwN), was ebenfalls einen Verstoß gegen Art. 13 darstellen kann.

III. Judikative

Judikative Eingriffe in den Gewährleistungsbereich des Art. 13 können in einer 67
übermäßig **restriktiven Anwendung** bestehender **Rechtsbehelfsvorschriften**
bestehen. So hat es der EGMR beanstandet, dass slowakische Gerichte eine
Klageeinreichung per DVD nicht zugelassen haben, obwohl die Prozessordnung
eine elektronische Klageeinreichung zuließ (EGMR 16.6.2009 – 54252/07 ua
Rn. 53 ff. – Lawyer Partners ua – allerdings *sub specie* Art. 6 Abs. 1).

D. Rechtfertigung

Auch wenn Art. 13 seinem Wortlaut nach vorbehaltlos gewährleistet ist, akzep- 68
tiert der EGMR doch gewisse **„inhärente Schranken"** („inherent limitations",
vgl. EGMR 26.10.2000 (GK) – 30210/96 Rn. 151, EuGRZ 2004, 484 – Kudła).
Nennenswerte Bedeutung hat diese Rspr. allerdings nicht erlangt.

Gerechtfertigt werden können Eingriffe in Art. 13 darüber hinaus durch die sich 69
aus dem **akzessorischen Konventionsrecht** (→ Rn. 2) ergebenden **Schranken**.
Der EGMR betont insoweit den Grundsatz der Einheit der Konvention: Ein
Eingriff, der gem. Art. 8 Abs. 2 für „notwendig in einer demokratischen Gesellschaft" befunden worden ist, kann nicht gegen Art. 13 verstoßen. Aus diesem
Grund hat der EGMR die heimliche Überwachung nach dem G 10 im Ergebnis
nicht beanstandet (EGMR 6.9.1978 – 5029/71 Rn. 68, EGMR-E 1, 320 – Klass
ua).

E. Verpflichtungsadressat

Urteile des EGMR binden, völkerrechtlichen Grundsätzen entsprechend, stets 70
den Staat in seiner Gesamtheit (Art. 46 Abs. 1), nicht einzelne Gewalten (→ Art. 46
Rn. 33). Vorliegend erscheint es jedoch sinnvoll, auf zwei Besonderheiten hinzuweisen:

I. Legislative

Gesetzgeberisches Unterlassen kann zu einem Verstoß gegen Art. 13 füh- 71
ren, wenn es der Gesetzgeber versäumt, einen konventionsrechtlich geforderten
Rechtsbehelf zu schaffen (→ Rn. 65). Relevanz hat dieser Aspekt vor allem in der
Rspr. zur überlangen gerichtlichen Verfahrensdauer erlangt (→ Rn. 54 ff.). Wenngleich sich das jeweilige Urteil des EGMR nicht direkt an die nationalen Gesetzgeber richtet, läuft die Verurteilung in diesen Fällen jedenfalls **faktisch** oftmals
auf die Anerkennung eines **echten Normerlassanspruchs** hinaus (hierzu auch
Richter in Dörr/Grote/Marauhn Kap. 20 Rn. 87). Deutlich wird dies vor allem im
Fall *Rumpf* (EGMR 2.9.2010 – 46344/06, EuGRZ 2010, 700), wo der EGMR
unter Anwendung der sog. Pilotverfahrenstechnik (→ Art. 46 Rn. 20 ff.) Deutschland
zur Einführung eines Rechtsbehelfs wegen überlanger Verfahrensdauer verurteilte, was unter den gegebenen Umständen nur durch den Gesetzgeber erfolgen
konnte.

II. Judikative

72 Ist ein Staat wegen eines vom EGMR festgestellten Verstoßes gegen Art. 13 zur Einführung eines neuen Rechtsbehelfs verpflichtet, so kann der verurteilte Konventionsstaat seiner Befolgungspflicht (Art. 46 Abs. 1) grds. auch durch eine **Rspr.-Änderung** der (nationalen) **Judikative** nachkommen. Für den Bereich des Rechtsschutzes gegen überlange Verfahrensdauer ist es zu Rspr.-Wechseln ua in Frankreich, Luxemburg und Schweden gekommen (EGMR 11.9.2002 (GK) – 57220/00 Rn. 17 – Mifsud; EGMR 21.10.2003 – 27928/02, 31694/02 Rn. 19f. – Broca und Texier-Micault; EGMR 11.2.2010 – 30273/07 Rn. 50 – Leandro da Silva; EGMR 7.4.2009 – 28426/06 Rn. 28 – Mendel). Ein einzelnes Urteil wird jedoch regelmäßig nur dann die nötige Effektivität bieten, wenn es von einem Ober- oder Höchstgericht gefällt worden ist; zudem gewährt der EGMR (unter dem Aspekt der Rechtswegerschöpfung, Art. 35 Abs. 1) regelmäßig eine Karenzfrist von ca. 6 Monaten, bis davon ausgegangen werden kann, dass der richterrechtlich geschaffene Rechtsbehelf die nötige Bekanntheit erlangt hat.

73 In der deutschen Rspr. hat der 4. Senat des BSG den Versuch unternommen, den Anforderungen der *Kudła*-Rspr. durch Zulassung der Revision entgegen dem Wortlaut des § 160 Abs. 2 Nr. 3 Hs. 1 SGG nachzukommen (BSG 13.12.2005 – B 4 RA 220/04 B, SozR 4–1500 § 160a Nr. 11). Durchgesetzt hat sich dies – im Ergebnis zu Recht – nicht (krit. auch *Meyer-Ladewig* SGb 2006, 559).

F. Konkurrenzen

74 Zum Verhältnis von Art. 13 und Art. 2 und 3 → Rn. 39. Zum Verhältnis von Art. 13 und Art. 5 Abs. 4, 6 Abs. 1 → Rn. 20. Zum Verhältnis von Art. 13 und Art. 8 Abs. 1 → Rn. 37, 41.

Art. 14 Diskriminierungsverbot

Der Genuss der in dieser Konvention anerkannten Rechte und Freiheiten ist ohne Diskriminierung insbesondere wegen des Geschlechts, der Rasse, der Hautfarbe, der Sprache, der Religion, der politischen oder sonstigen Anschauung, der nationalen oder sozialen Herkunft, der Zugehörigkeit zu einer nationalen Minderheit, des Vermögens, der Geburt oder eines sonstigen Status zu gewährleisten.

The enjoyment of the rights and freedoms set forth in this Convention shall be secured without discrimination on any ground such as sex, race, colour, language, religion, political or other opinion, national or social origin, association with a national minority, property, birth or other status.

La jouissance des droits et libertés reconnus dans la présente Convention doit être assurée, sans distinction aucune, fondée notamment sur le sexe, la race, la couleur, la langue, la religion, les opinions politiques ou toutes autres opinions, l'origine nationale ou sociale, l'appartenance à une minorité nationale, la fortune, la naissance ou toute autre situation.

Diskriminierungsverbot **Art. 14 EMRK**

Literatur: *Arnardóttir,* Equality and non-discrimination under the European Convention on Human Rights, 2003; *dies.,* Vulnerability under Article 14 of the European Convention of Human Rights, Oslo Law Review 2017, 150; *Bossuyt,* L'interdiction de la discrimination dans le droit international des droits de l'homme, 1976; *Geiger/Khan/Kotzur,* EUV/AEUV, 6. Aufl. 2017; *Heyden/v. Ungern-Sternberg,* Ein Diskriminierungsverbot ist kein Fördergebot – Wider die neue Rechtsprechung des EGMR zu Art. 14, EuGRZ 2009, 81; *Harris/O'Boyle/Warbrick,* The Law of the European Convention on Human Rights, 4. Aufl. 2018, Kap. 17; *Hillgruber/Jestaedt,* Die Europäische Menschenrechtskonvention und der Schutz nationaler Minderheiten, 1993; *Jarass,* Charta der Grundrechte der Europäischen Union (GRCh), 4. Aufl. 2021; *Graf von Kielmansegg,* Jenseits von Karlsruhe. Das deutsche Familienrecht in der Straßburger Rechtsprechung, AVR 46 (2008), 273; *Leipold,* Neue Erbchancen für „alte" nichteheliche Kinder, ZEV 2017, 489 ff.; *Michael/Morlok,* Grundrechte, 7. Aufl. 2020; *Stolleis,* Historische und ideengeschichtliche Entwicklung des Gleichheitssatzes, in Wolfrum (Hrsg.), Gleichheit und Nichtdiskriminierung im nationalen und internationalen Menschenrechtsschutz, 2003; *Villiger,* Handbuch der Europäischen Menschenrechtskonvention, 3. Aufl. 2020, § 28; *Walter,* Gleichheit und Rationalität: Umfang und Grenzen der verfassungsrechtlichen Kontrolldichte des Gesetzgebers anhand des Gleichheitssatzes, in Wolfrum (Hrsg.), Gleichheit und Nichtdiskriminierung in nationalen und internationalen Menschenrechtsschutz, 2003.

Übersicht

	Rn.
A. Bedeutung im innerstaatlichen Recht	1
I. Überblick: Gleichheitsrechte in der EMRK	1
II. Strukturvergleich: Gleichheitsrechte in GG und EMRK	2
III. Praktische Bedeutung von Art. 14 für das deutsche Recht	6
1. Deutsche Rechtsprechung zu Art. 14	6
2. Deutsche Diskriminierungsfälle vor dem EGMR	8
3. Gesamtbedeutung von Art. 14 im Rahmen der Konvention	12
B. Sachlicher Anwendungsbereich	14
I. Art. 14 als akzessorisches Gleichheitsrecht	14
II. Verhältnis zwischen freiheits- und gleichheitsrechtlicher Prüfung	19
C. Eingriffe	20
I. Ungleichbehandlung	20
1. Art. 14 als Gleichbehandlungsgebot	20
2. Art. 14 als Differenzierungsgebot	23
II. Vergleichbarkeit der Sachverhalte	24
III. Bedeutung der Differenzierungskriterien	26
IV. Beweislastverteilung	30
D. Rechtfertigung	32
I. Legitimes Ziel	34
II. Verhältnismäßigkeit	35
1. Struktur der Verhältnismäßigkeitsprüfung	35
2. Kontrolldichte	38
III. Beweislastverteilung	44
E. Einzelfragen	45
I. Mittelbare Diskriminierungen	45
II. Positive Diskriminierungen	47
III. Positive Verpflichtungen	48

A. Bedeutung im innerstaatlichen Recht*

I. Überblick: Gleichheitsrechte in der EMRK

1   Gleichheit iSd Gleichbehandlung von Rechtsunterworfenen ist eine klassische Forderung materieller Gerechtigkeit (zur Ideengeschichte *Stolleis* S. 7 ff.). Ein rechtliches Gleichbehandlungsgebot ist deshalb seit langem Kernbestand staatlicher und spätestens seit der Allgemeinen Erklärung der Menschenrechte (dort Art. 1, 2) auch internationaler Menschenrechte (zu den Gleichheitsrechten im Unionsrecht *Khan/ Henrich* in Geiger/Khan/Kotzur AEUV Art. 18 Rn. 8 ff.; *Jarass* GRCh Art. 20 Rn. 8 ff.; *Schmahl* in Grabenwarter, Europäischer Grundrechteschutz, 2014, § 15). Daher enthält auch die EMRK ein Gleichheitsrecht, allerdings nicht in Form eines allgemeinen Gleichbehandlungsgebots, sondern eines **Diskriminierungsverbots.** Anläufe zur Ausweitung des auf die Ausübung von Freiheitsrechten begrenzten Diskriminierungsverbots nach Art. 14 (dazu *König/Peters* in Dörr/Grote/Marauhn Kap. 21 Rn. 6 f.) mündeten erst spät in das 12. EMRKProt zur Konvention, das am 1. 4. 2005 in Kraft trat. Es wurde von einer Mehrheit der Vertragsstaaten einschließlich Deutschlands bislang allerdings nicht ratifiziert (→ 12. EMRKProt Art. 1 Rn. 1). Eine Vorschrift über die Gleichstellung von Ehegatten mit Bezug zu Art. 12 enthält Art. 5 des von Deutschland ebenfalls nicht ratifizierten 7. EMRKProt (s. dazu Grabenwarter/Pabel § 26 Rn. 37 f.).

II. Strukturvergleich: Gleichheitsrechte in GG und EMRK

2   Das deutsche Verfassungsrecht zeichnet sich im Bereich der Gleichheitsrechte durch eine Kombination von allgemeinem Gleichheitssatz und besonderen Gleichheitsrechten (dazu *Michael/Morlok* Rn. 750 ff.) aus, wobei das Zusammenspiel der Garantien nicht immer leicht zu erfassen ist. Das gilt weniger für die bereichsspezifischen Gewährleistungen (Art. 33 Abs. 1 und 2 GG) und die Gleichstellungsaufträge (Art. 3 Abs. 2 S. 2, Art. 6 Abs. 5 GG) als für das Verhältnis zwischen dem **allgemeinen** Gleichbehandlungsgebot in Art. 3 Abs. 1 GG und den **speziellen** Diskriminierungsverboten in Art. 3 Abs. 2 und 3 GG. Der allgemeine Gleichheitssatz soll Ungleichbehandlungen von wesentlich Gleichem verhindern, erlaubt sie aber, wenn sich hierfür – mit variierenden Rechtfertigungsanforderungen – sachliche Gründe anführen lassen. Die speziellen Diskriminierungsverbote sind **strenger:** Sie wollen jede Ungleichbehandlung verbieten, die an bestimmte persönliche Eigenschaften anknüpft, wobei Rechtfertigungen auch hier möglich sind, etwa durch „natürliche Unterschiede" oder durch kollidierendes Verfassungsrecht (s. *Jarass* in Jarass/Pieroth GG Art. 3 Rn. 117 ff., 152 f. mwN). Vereinfachend kann man sagen, dass das GG bestimmte Unterscheidungen sehr weitgehend, andere nur in Abwesenheit guter Gründe verbietet.

3   Die EMRK hat einen anderen Ansatz gewählt. Sie verbietet in Art. 14 nur **Diskriminierungen** und nur **bei der Inanspruchnahme von Freiheitsrechten.** Im Vergleich zum deutschen Verfassungsrecht fallen zwei strukturelle Unterschiede direkt ins Auge: Erstens kennt die Konvention kein Art. 3 Abs. 1 GG entsprechendes allgemeines Gleichheitsrecht. Zweitens bezieht sich das Diskriminierungsverbot

---

* Für umfangreiche Vorarbeiten für die Aktualisierung der Kommentierung für die 3. Aufl. bedanke ich mich bei meiner wiss. Mitarbeiterin *Carolin Schlößer.*

Diskriminierungsverbot **Art. 14 EMRK**

nur auf den Anwendungsbereich der gewährleisteten Freiheitsrechte, ist also nur in Verbindung mit einer Freiheit anwendbar. Das legt den Schluss nahe, dass die EMRK nur eine Art. 3 Abs. 3 GG entsprechende und zudem eingeschränkte Regelung enthält – und damit deutlich hinter dem Schutzstandard des GG zurückbleibt.

Bei näherer Betrachtung nicht nur des Normtexts, sondern auch der Rechtspraxis der Konvention ist dieser Schluss allerdings verfehlt (s. auch *König/Peters* in Dörr/Grote/Marauhn Kap. 21 Rn. 17). Im Wesentlichen drei Gründe lassen sich dafür anführen, dass sich die **Unterschiede im Gewährleistungsgehalt** zwischen GG und EMRK heute in engen Grenzen halten: Erstens hat der Gerichtshof die durch die tatbestandliche Reichweite einiger Freiheiten ohnehin relativierte Akzessorietät von Art. 14 zurückgedrängt. Danach muss das Freiheitsrecht nicht nur nicht verletzt sein, damit Art. 14 anwendbar. Es ist nicht einmal nötig, dass ein Verhalten freiheitsrechtlich geschützt ist, sondern es reicht aus, dass der **Regelungsbereich** einer Freiheit berührt ist (→ Rn. 16 f.). Zweitens stellt das GG angesichts der Existenz eines allgemeinen Gleichheitsrechts in den speziellen Diskriminierungsverboten einen knappen und abschließenden Katalog verbotener Differenzierungskriterien auf, wohingegen Art. 14 zwar eine Reihe verdächtiger Kriterien nennt, diese aber ausdrücklich für nicht abschließend erklärt. Damit deckt Art. 14 vieles von dem ab, was in Deutschland vom allgemeinen Gleichheitssatz erfasst wird. Drittens hat der EGMR den in der Verbindung von allgemeinem Gleichbehandlungsgebot und speziellem Diskriminierungsverbot angelegten Unterschied zwischen allgemeinen und erhöhten Rechtfertigungsanforderungen übernommen: Er verlangt für Anknüpfungen an viele der in Art. 14 genannten – und auch für einige der nicht genannten – Merkmale **gewichtige Gründe**, stellt also Rechtfertigungsanforderungen auf, die kaum jemals erfüllt werden (→ Rn. 40 ff.).

Auf eine Kurzformel gebracht lässt sich damit sagen, dass der einzige wesentliche 5 Unterschied zwischen verfassungsrechtlichem und völkerrechtlichem Gleichheitsrecht in der Unselbständigkeit des Diskriminierungsverbots nach Art. 14 liegt – und diese hat der Gerichtshof wie dargestellt zurückgedrängt (ebenfalls die Gemeinsamkeiten betonend Peters/Altwicker EMRK § 33 Rn. 27).

III. Praktische Bedeutung von Art. 14 für das deutsche Recht

1. Deutsche Rechtsprechung zu Art. 14. Deutsche höchstrichterliche 6 Rechtsprechung, die auf Art. 14 näher eingeht, ist überschaubar geblieben. Für die **Verfassungsrechtsprechung** erklärt sich das daraus, dass das BVerfG auch in und nach *Görgülü* daran festhält, dass die EMRK **nicht unmittelbar Prüfungsmaßstab** im verfassungsgerichtlichen Verfahren ist (BVerfGE 111, 307 (317)). Zwar ist des Öfteren eine Verletzung von Art. 14 EMRK gerügt worden (zB BVerfGE 108, 82 (89); BVerfG(K) 17. 11. 2010 – 1 BvR 1883/10, NJW 2011, 1663). Explizit darauf eingegangen ist das BVerfG bislang aber nur in Fällen, in denen der EGMR zuvor einen Verstoß gegen Art. 14 festgestellt hatte (BVerfGE 92, 91 (97); BVerfG(K) 25. 9. 2009 – 2 BvR 1113/06, FamRZ 2009, 1983; 18. 3. 2013 – 1 BvR 2436/11 ua, NJW 2013, 2103). Hinsichtlich der vom Gerichtshof für konventionswidrig erklärten Regelung des Sorgerechts des nicht-verheirateten Vaters in § 1626a BGB (EGMR 3. 12. 2009 – 22028/04 Rn. 42 ff., NJW 2010, 501 (502) – Zaunegger) führte das zu einer Übergangsregelung (BVerfGE 127, 132 (164 f.)). Für die erbrechtliche Gleichstellung nicht ehelich geborener Kinder musste das deutsche Recht nach zweifacher Intervention des EGMR zunächst geändert und sodann „teleologisch erweitert" werden (sogleich → Rn. 9). In einem jüngeren Kammerbeschluss zur Einbürgerung der Tochter eines von den Nationalsozialisten ausgebürgerten jüdischen Vaters stützt sich das BVerfG allerdings bei seiner Auslegung von Art. 116 Abs. 2 GG im Lichte des besonderen Gleichbehandlungsgebots des Art. 6 Abs. 5 GG intensiv auf die zu Art. 14 ergangene Rechtsprechung des EGMR (BVerfG(K) 20.5.2020 – 2 BvR 2628/18 Rn. 28f., 62, NVwZ 2020, 1428; vgl. außerdem den Beschluss zum Wahlrechtsausschluss von unter Betreuung stehenden Personen, der sich allerdings mit der speziellen Garantie in Art. 3 EMRK ZusProt befasst, BVerfGE 151, 1 (35ff.)).

7   Für die **Fachgerichte** ist die im Rang eines Bundesgesetzes geltende Konvention (s. iE Grabenwarter/Pabel EMRK § 3 Rn. 8ff.) unmittelbar Prüfungsmaßstab, doch sind ausführliche Auseinandersetzungen mit Art. 14 selten (s. aber BVerwG 26.6.2006 – 6 B 9/06, NJW 2006, 2871ff. zur Beschränkung der Wehrpflicht auf Männer; BGH 15.11.2007 – XII ZB 136/04, NJW 2008, 662 zum Sorgerecht unverheirateter Eltern; und BGH 12.7.2017 – IV ZB 6/15 Rn. 10ff., FamRZ 2017, 1620 zur erbrechtlichen Gleichstellung nicht ehelich geborener Kinder), zumal deutsche Rechtsanwenderinnen und Rechtsanwender vorwiegend auf die Gleichheitsrechte des GG zurückgreifen werden. Bei deren Prüfung ist die **Berücksichtigung** der Rechtsprechung des EGMR zu Art. 14 freilich verfassungsrechtlich geboten (s. BVerfGE 74, 358 (370); 111, 307 (315ff.); 128, 326 (366ff.); 148, 296 (350ff.); zu den Einzelheiten *Sauer* StaatsR III, 6. Aufl. 2020, § 7 Rn. 21ff. mwN).

8   **2. Deutsche Diskriminierungsfälle vor dem EGMR.** Bis Mitte August 2021 lagen in insgesamt 13 Verfahren Verurteilungen Deutschlands wegen einer Verletzung von Art. 14 vor. Die erste Verurteilung zur baden-württembergischen **Feuerwehrabgabe** (EGMR 18.7.1994 – 13580/88 – *Karlheinz Schmidt*) ist viel diskutiert worden, zumal das BVerfG in einem frühen Parallelfall keinen Gleichheitsverstoß festgestellt hatte (BVerfGE 13, 167 (171); zum Ganzen *Bausback* BayVBl. 1995, 737ff.); ein halbes Jahr nach dem Straßburger Urteil erklärte das BVerfG die Feuerwehrabgabe dann für unvereinbar mit Art. 3 Abs. 3 GG (BVerfGE 92, 91 (109ff.)). Auch die übrigen Urteile, die als Freiheitsrecht überwiegend das Recht auf Achtung des Familienlebens betrafen, sind in Deutschland auf große Resonanz gestoßen (eingehend *Kielmansegg* S. 276ff.).

9   Das gilt insbesondere für vier Verfahren, die sich mit dem **Umgangs- und Sorgerecht** unverheirateter Väter beschäftigt haben. In drei Kammerurteilen vom gleichen Tag verurteilte der Gerichtshof Deutschland wegen einer Verletzung von Art. 14 iVm Art. 8 durch umgangsrechtliche Entscheidungen (EGMR 11.10.2001 – 30943/96 – *Sahin*; bestätigt durch EGMR(GK) 8.7.2003 – 30943/96, FPR 2004, 350; EGMR 11.10.2001 – 31871/96 – *Sommerfeld*; bestätigt durch EGMR(GK) 8.7.2003 – 31871/96, FPR 2004, 344 und EGMR 11.10.2001 – 34045/96, BeckRS 2008, 06770 – *Hoffmann*; überzogene Kritik von *Benda* EuGRZ 2002, 1). Ein weiterer Paukenschlag war das Urteil im Verfahren *Zaunegger*, mit dem der EGMR die Sorgerechtsregelung in § 1626a BGB für konventionswidrig erklärte (EGMR 3.12.2009 – 22024/04 – *Zaunegger*; dazu *Coester* NJW 2010, 482); die Rechtslage wurde zunächst nicht geändert, eine Übergangsregelung ergab sich nur aus einer nachfolgenden Entscheidung aus Karlsruhe (BVerfGE 127, 132 (164f.); dazu *Peschel-Gutzeit* NJW 2010, 2990); zur Umsetzung des Urteils hat der Deutsche Bundestag schließlich im Jahr 2013 das Gesetz zur Reform der elterlichen Sorge nicht miteinander verheirateter Eltern beschlossen (BGBl. 2013 I 795). Demgegenüber hat der Gerichtshof die deutsche Regelung in § 1600 Abs. 2 BGB, wonach derjenige, der an Eides statt versichert,

Diskriminierungsverbot **Art. 14 EMRK**

der Mutter eines Kindes während der Empfängniszeit beigewohnt zu haben, die rechtliche Vaterschaft eines anderen Mannes nur anfechten kann, wenn zwischen dem Kind und dem rechtlichen Vater keine sozial-familiäre Beziehung besteht, nicht beanstandet (s. zuvor bereits BVerfGE 108, 82 (105ff.)); die Ungleichbehandlung im Verhältnis zum unbeschränkten Anfechtungsrecht der Mutter, des rechtlichen Vaters und des Kindes sei zum Schutz des Kindes vor dem Verlust eines rechtlichen Vaters und zum Schutz der existierenden Familie gerechtfertigt, wobei den Staaten angesichts des fehlenden Konsenses hinsichtlich der Frage der Vaterschaftsanfechtung ein weiter Einschätzungsspielraum gewährt wird (EGMR 22.3.2012 – 23338/09 Rn. 91 – Kautzor; und EGMR 22.3.2012 – 45071/09 Rn. 89 – Ahrens; dazu *Wellenhofer* FamRZ 2012, 828ff.; s. im Nachgang dann BVerfG(K) 4.12.2013 – 1 BvR 1154/10, EuGRZ 2014, 266). In den beiden Verfahren zum Umgangsrecht biologischer Väter, in denen Konventionsverletzungen Deutschlands festgestellt wurden, ging es dagegen allein um das Recht auf Familienleben, das Diskriminierungsverbot wurde hier nicht separat untersucht (EGMR 15.9.2011 – 17080/07, BeckRS 2011, 81521 – Schneider; und EGMR 21.12.2010 – 20578/07 – Anayo). Zwei Verurteilungen wegen Verletzungen des Diskriminierungsverbots betrafen die Beschränkung von Kindergeld auf Inhaberinnen und Inhaber einer Aufenthaltserlaubnis (EGMR 25.10.2005 – 58453/00 – Niedzwiecki; und 25.10.2005 – 59140/00, NVwZ 2006, 917 – Okpisz). Der EGMR stellte hier eine Verletzung fest, nachdem bereits das BVerfG einen Verstoß gegen Art. 3 Abs. 1 GG festgestellt und den Gesetzgeber zur Neuregelung aufgefordert hatte (BVerfGE 111, 160). Weitere jüngere Fälle betrafen die erbrechtliche Benachteiligung nicht ehelich geborener Kinder; hier wich der Gerichtshof von einer vorherigen Beurteilung durch das BVerfG ab (s. zunächst BVerfG(K) 20.11.2003 – 1 BvR 2257/03, FamRZ 2004, 433; und dann EGMR 28.5.2009 – 3545/04 Rn. 43, NJW-RR 2009, 1603 (1605) – Brauer; dazu *König* FPR 2010, 396; s. im Nachgang dann EGMR(GK) 7.2.2013 – 16574/08, NJW-RR 2014, 645 – Fabris; und EGMR 14.3.2019 – 38299/15, BeckRS 2019, 45888 – Quilichini. Mit dem Zweiten Erbrechtsgleichstellungsgesetz aus dem Jahr 2011 (BGBl. 2011 I 615) unternahm der Gesetzgeber dann den Versuch einer völkerrechtskonformen Lösung, wollte diese aber nur auf Erbfälle nach dem Brauer-Urteil anwenden; für vorherige Erbfälle sollte es auch in noch laufenden Erbauseinandersetzungen bei der früheren (diskriminierenden) Rechtslage bleiben. Dies hielt das BVerfG für verfassungskonform, ohne sich mit den genauen Implikationen der Brauer-Rechtsprechung nennenswert zu beschäftigen; es stellte im Wesentlichen darauf ab, dass die EMRK nicht zu rückwirkender Rechtsetzung verpflichte, traf damit aber nicht den Punkt (s. BVerfG(K) 18.3.2013 – 1 BvR 2436/11 ua, NJW 2013, 2103). Es überraschte insofern nicht, dass der EGMR, der sich schon vorher gegen das alleinige Abstellen auf starre Fristen ausgesprochen hatte (s. EGMR 28.5.2009 – 3545/04 Rn. 43, NJW-RR 2009, 1603 (1605) – Brauer), auch in diesen Fällen Verletzungen des Diskriminierungsverbots feststellte (kritisch auch *Leipold* ZEV 2017, 489ff.). Daraufhin griff der BGH zu einer beherzten „teleologischen Erweiterung" der gesetzlichen Regelung, um durch die Nichtberücksichtigung der Fristenregelung ein konventionskonformes Ergebnis zu erreichen, das auch der Gesetzgeber letztlich gewollt habe (BGH 12.7.2017 – IV ZB 6/15 Rn. 10ff., FamRZ 2017, 1620; s. zum Ganzen *Leipold* ZEV 2017, 489ff.; *Sauer* in Breuer, Principled Resistance to ECtHR Judgments – A New Paradigm, 2019, S. 55 (77ff.)). Eine weitere Feststellung einer Verletzung des Diskriminierungsverbots durch die Bundesrepublik Deutschland stammt aus dem Jahr 2012 und betrifft einen Fall aus dem Komplex der **Sicherungsverwahrung:** Der Gerichtshof sah Art. 5 Abs. 1 iVm Art. 14 dadurch verletzt, dass dem in Sicherungsverwahrung befindlichen Beschwerdeführer keine Sozialtherapie und keine Maßnahme der Entlassungsvorbereitung angeboten worden war, weil gegen ihn als Ausländer bereits eine Ausweisungsverfügung vorlag. Dadurch sei er gegenüber anderen Sicherungsverwahrten diskriminiert worden, die durch entsprechende Maßnahmen die Chance erhielten, als nicht mehr gefährlich angesehen und dadurch aus der Sicherungsverwahrung entlassen zu werden (EGMR 22.3.2012 – 5123/07 Rn. 89ff., NJW 2013, 2095 (2098) – Rangelov; vgl. zu diesem Problemkomplex auch OLG Hamm 6.3.2014 – III-1 VAs 185/13). Ob der frühere Unterschied, den die deutsche Rechtsordnung im Hinblick auf die Feststellung einer Konventionsverletzung durch den EGMR als Grund für die Wiederaufnahme eines gerichtlichen Verfahrens machte (§ 580 Nr. 8 ZPO ist nach § 35 EGZPO auf bis Ende 2006 abgeschlossene Zivilverfahren nicht anwendbar, während § 359 Nr. 6 StPO schon seit 1998 einen entsprechenden Wiederaufnahmegrund kennt), eine unzulässige Diskriminierung darstellte, prüfte der EGMR mangels Rechtswegerschöpfung nicht (EGMR 26.6.2018 – 486/14 Rn. 70ff. – Storck; s. zu den Problemen, die aus den (zu) restriktiven Vorschriften zur Rechtskraftdurchbrechung bei der Umsetzung von EGMR-Urteilen resultieren, auch BVerfG(K) 18.8.2013 – 2 BvR 1380/08, NJW 2013, 3714; BVerfG(K) 20.4.2016 – 2 BvR 1488/14, NZA 2016, 1163; und *Sauer* StaatsR III, 6. Aufl. 2020, § 7 Rn. 15ff.).

10 Der Weg nach Straßburg kann sich für Betroffene aus Deutschland in Diskriminierungsfällen also durchaus lohnen. Vor allem mit den genannten Urteilen zum Umgangs- und Sorgerecht nichtverheirateter Väter hat der EGMR bedeutende Änderungen im deutschen Familienrecht erzwungen. Zwar mag der materielle Standard des völkerrechtlichen Diskriminierungsschutzes über den des GG nicht hinausgehen. Möglich ist aber, dass der EGMR im Einzelfall, etwa bei Diskriminierungen aus Gründen der Geburt oder der sexuellen Orientierung, die Kontrolldichte **strenger** handhabt als das BVerfG. Zudem scheitern Verfassungsbeschwerden sehr häufig auf der **Zulässigkeitsebene,** ohne dass es zu einer Grundrechtsprüfung kommt, weil die Substantiierungs- und Subsidiaritätsanforderungen streng gehandhabt werden (dazu *Lübbe-Wolff* EuGRZ 2004, 669). Insofern ist die Feststellung des BSG, der Schutzstandard von Art. 14 gehe über das verfassungsrechtlich Gewährleistete nicht hinaus (BSG 30.8.2000 – B 5/4 RA 87/97 R Rn. 59ff., BeckRS 9999, 02117; s. auch BSGE 111, 184 (199f.)), zu kurz gegriffen.

11 Die nicht allzu hoch erscheinende Zahl von 13 Verurteilungen Deutschlands muss man zudem im Zusammenhang sehen: Bis Mitte August 2021 ergingen gegen Deutschland insgesamt 203 Urteile, die eine Konventionsverletzung feststellten; dies waren ganz überwiegend Verurteilungen wegen überlanger Verfahrensdauer. Bei genauer Betrachtung der Statistik macht der Anteil der Verletzungen des Diskriminierungsverbots etwa ein Sechstel aller Konventionsverletzungen aus, die Deutschland neben der überlangen Verfahrensdauer begangen hat. Von allen anderen Vertragsstaaten haben nur Griechenland, Österreich, Rumänien, Russland, die Türkei und das Vereinigte Königreich das Diskriminierungsverbot häufiger verletzt. Die Beachtung des völkerrechtlichen Diskriminierungsverbots durch die deutschen Rechtsanwenderinnen und Rechtsanwender ist damit von erheblicher praktischer Bedeutung.

12 **3. Gesamtbedeutung von Art. 14 im Rahmen der Konvention.** Soweit man nur die Zahlen betrachtet, hat Art. 14 in der Rechtsprechung des EGMR

Diskriminierungsverbot **Art. 14 EMRK**

keine allzu große Rolle gespielt. Bis Mitte August 2021 hat der Gerichtshof in 298 Fällen eine Verletzung festgestellt – eine Zahl, der insgesamt über 19.300 Verletzungsurteile gegenüberstehen. Ein anderes Bild ergibt sich indes, wenn man die Fälle näher betrachtet: Der Gerichtshof ist in den vergangenen Jahrzehnten mit einer Vielzahl von Diskriminierungsfällen mit hoher gesellschaftspolitischer Bedeutung befasst worden. Mit einer engagierten Rechtsprechung hat er, dabei stets orientiert am fortschreitenden Anschauungswandel in einer Mehrzahl von Mitgliedstaaten, viel getan für die **Gleichstellung** von Frauen und Männern (EGMR 22.2.1994 – 16213/90 – Burghartz; EGMR 21.2.1997 – 20060/92 – van Raalte; EGMR(GK) 22.3.2012 – 30078/06, NJOZ 2014, 1593 – Konstantin Markin; EGMR 7.1.2014 – 77/07 Rn. 64, BeckRS 2014, 80684 – Cusan und Fazzo zur italienischen Namensregelung, nach der die Kinder verheirateter Eltern mit verschiedenen Namen nicht den Namen der Mutter tragen können; EGMR 2.2.2016 – 7186/09 Rn. 80 ff. – Di Trizio), von ehelichen und nicht-ehelichen Kindern (EGMR 13.6.1979 – 6833/74, BeckRS 1979, 108523 – Marckx; EGMR 28.10.1987 – 8695/79 – Inze; EGMR 11.10.2011 – 53124/09 – Genovese; EGMR(GK) 7.2.2013 – 16574/08, NJW-RR 2014, 645 – Fabris), von Verheirateten und Unverheirateten (EGMR 13.6.1979 – 6833/74, BeckRS 1979, 108523 – Marckx; zuletzt EGMR 3.12.2009 – 22024/04 – Zaunegger) sowie von Heterosexuellen und Homosexuellen (EGMR 24.7.2003 – 40016/98 – Karner; EGMR(GK) 22.1.2008 – 43546/02, NJW 2009, 3637 – E.B.; EGMR(GK) 19.2.2013 – 19010/07, NJW 2013, 2173 – X. ua; EGMR 7.11.2013 – 31913/07 Rn. 82, BeckRS 2014, 80297 – E.B. ua; EGMR 30.6.2016 – 51362/09 – Tadeucci und McCall; EGMR 14.1.2020 – 41288/15, BeckRS 2020, 872 – Beizaras und Levickas; während die innerstaatliche Gesetzgebung und Rechtspraxis teilweise noch weit hinterher hinkte (hierfür ist das Urteil eines portugiesischen Berufungsgerichts aus dem Jahr 1996 ein eindrückliches Beispiel, s. EGMR 21.12.1999 – 33290/96 Rn. 14 – Salgueiro da Silva Mouta). Insofern hatte der EGMR seinen Anteil am europäischen Wertewandel in Sachen Gleichberechtigung, ohne diesen über Gebühr zu beschleunigen (vgl. insoweit die Aussage des Gerichtshofs, dass gleichgeschlechtliche Paare und Ehepaare sich hinsichtlich der Stiefkindadoption nicht in einer vergleichbaren Situation befinden, in EGMR 15.3.2012 – 25951/07 Rn. 68 – Gas und Dubois; EGMR(GK) 19.2.2013 – 19010/07 Rn. 105 ff., NJW 2013, 2173 (2176) – X. ua). Er scheut sich dabei nicht, in besonders krassen Fällen von Geschlechterstereotypen deutliche Kritik zu üben (s. EGMR 25.7.2017 – 17484/15 Rn. 48 ff., NJOZ 2018, 1678 – Carvalho Pinto de Sousa Morais). In jüngerer Zeit musste der Gerichtshof für seine weitgehenden Urteile zur rassistischen Diskriminierung von Roma allerdings vermehrt Kritik einstecken (→ Rn. 46 ff.).

Angesichts der notwendigen Verbindung von Art. 14 zu einem Freiheitsrecht **13** können sich Diskriminierungsfälle auf eine Vielzahl von Sachverhalten und Rechtsgebieten erstrecken. Die Rechtsprechung zeigt aber typische Fallkonstellationen: Mit deutlichem Abstand am häufigsten gerügt wird das Diskriminierungsverbot iVm Art. 8 und iVm Art. 1 EMRKZusProt. Dementsprechend betreffen viele Fälle das Familien- und Erbrecht und hier häufig Sorge- und Umgangsrechtsfälle. Die Fälle mit Bezug zum Eigentumsrecht erstrecken sich auf steuer- und abgabenrechtliche, sozialrechtliche, weitere verwaltungsrechtliche, aber auch auf zivilrechtliche Sachverhalte.

Sauer

B. Sachlicher Anwendungsbereich
I. Art. 14 als akzessorisches Gleichheitsrecht

14 Der Anwendungsbereich von Art. 14 beschränkt sich auf den Genuss der in der Konvention (sowie, soweit ratifiziert, in ihren Zusatzprotokollen) anerkannten Rechte und Freiheiten; das Diskriminierungsverbot hat also **akzessorischen Charakter**. Es kann nur in Verbindung mit einem Freiheitsrecht gerügt werden (s. zB EGMR (GK) 12.7.2001 – 42527/98 Rn. 91, NJW 2003, 649 – Prinz Hans Adam II), ist also „Bestandteil jeder Freiheit" (EGMR (P) 23.7.1968 – 1474/62 ua Rn. 9 – Belgischer Sprachenfall). Das führt zwar zu einer Begrenzung des Anwendungsbereichs, vier Faktoren relativieren diese Begrenzung aber deutlich:

15 Erstens versteht der EGMR die Freiheiten auf der **Schutzbereichsebene** tendenziell weit (*Peters/Altwicker* EMRK § 3 Rn. 2; s. auch *Michael/Morlok* Rn. 839; s. aber EGMR 24.2.1998 – 21439/93 Rn. 39 – Botta; und 13.1.2004 – 36983/97 Rn. 43 – Haas, beide mit der Verneinung einer Diskriminierung, weil das Familienleben nicht betroffen sei).

16 Zweitens ist Art. 14 nach der Rechtsprechung bereits dann anwendbar, wenn ein Verhalten nicht in den Schutzbereich fällt, sondern wenn nur der **Anwendungsbereich** einer Freiheit berührt ist (*Grabenwarter/Pabel* EMRK § 18 Rn. 4). Ein plastisches Beispiel ist die Entscheidung zur baden-württembergischen Feuerwehrabgabe, die zur ersten Verurteilung Deutschlands wegen einer Verletzung von Art. 14 führte: Die Pflicht zur Mitwirkung im Feuerwehrdienst, an deren Stelle die Abgabe zu leisten war, gehörte zu den „üblichen Bürgerpflichten", stellte also keine von der Konvention erfasste Zwangsarbeit dar (Art. 4 Abs. 3 lit. d; → Art. 4 Rn. 36). Dennoch hielt der Gerichtshof Art. 4 für anwendbar und kam so zur Feststellung einer Verletzung des Diskriminierungsverbots (EGMR 18.7.1994 – 13580/88 Rn. 22f. – Karlheinz Schmidt; ebenso EGMR 20.6.2006 – 17209/02 Rn. 42ff. – Zarb Adami; s. auch bereits EKMR 12.12.1966 – 2299/64 Rn. 38 – Grandrath mit Kritik von *Bossuyt* S. 123). Insofern ist zweifelhaft, ob man mit dem EGMR davon sprechen kann, dass es um die Ausübung eines Rechts oder um eine Verbindung damit gehe (zB EGMR 27.3.1998 – 20458/92 Rn. 28 – Petrovic; EGMR 25.10.2005 – 58453/00 Rn. 30 – Niedzwiecki).

17 Drittens ist Art. 14 auch anwendbar, wenn die Staaten im Regelungsbereich von Konventionsrechten Rechte oder Leistungen gewähren, zu denen sie **nicht verpflichtet** sind (krit. *Hillgruber/Jestaedt* S. 34f.); solche Rechte und Leistungen sind, etwa im Bereich des Sozialrechts oder des Bildungswesens, also auch dann diskriminierungsfrei zu gewähren, wenn sie im Belieben der Staaten stehen (zB EGMR (P) 23.7.1968 – 1474/62 ua Rn. 9 – Belgischer Sprachenfall; EGMR (P) 27.10.1975 – 4464/70 Rn. 45, BeckRS 1975, 107575 – Nationale Belgische Polizeigewerkschaft; EGMR (GK) 12.4.2006 – 65731/01 ua Rn. 53 – Stec ua; EGMR (GK) 26.4.2016 – 62649/10 Rn. 164, NVwZ-RR 2018, 1 – Izzettin Dogan).

18 Viertens schließlich hat der Gerichtshof bereits im *Belgischen Sprachenfall* festgestellt, die Konvention verbiete zwar nur Diskriminierungen im Genuss von Freiheiten, dies bedeute aber nicht, dass ein Freiheitsrecht auch **verletzt** sein müsse (EGMR (P) 23.7.1968 – 1474/62 ua Rn. 9 – Belgischer Sprachenfall); insoweit hat Art. 14 ungeachtet der Verbindung zu einem Freiheitsrecht durchaus **eigenständige Bedeutung** (so zB auch EGMR 28.11.1984 – 8777/79 Rn. 29 – Rasmussen; EGMR (P) 28.5.1985 – 9214/80 ua Rn. 71 – Abdulaziz ua).

Diskriminierungsverbot **Art. 14 EMRK**

II. Verhältnis zwischen freiheits- und gleichheitsrechtlicher Prüfung

Die mit der begrenzten Eigenständigkeit des Diskriminierungsverbots auf- 19
geworfene Frage des Verhältnisses zwischen der Prüfung des Freiheits- und des Gleichheitsrechts hat der Gerichtshof nicht allgemeingültig beantwortet (umfangreiche Auswertung bei *Arnardóttir* S. 205 ff.). Teilweise hat er festgestellt, dass im Fall einer Verletzung des Freiheitsrechts eine zusätzliche Prüfung von Art. 14 nur erforderlich sei, wenn die Diskriminierung einen **wesentlichen Aspekt** des Falles ausmache (verneinend zB EGMR 22.10.1981 – 7525/76 Rn. 67 – Dudgeon; EGMR 9.10.1979 – 6289/73 Rn. 30, BeckRS 1979, 108525 – Airey; bejahend EGMR (GK) 29.4.1999 – 25088/94 ua Rn. 89, NJW 1999, 3695 (3698) – Chassagnou ua; EGMR 13.12.2005 – 55762/00 ua Rn. 53 f. – Timishev). Öfter aber beschränkt sich der EGMR auf die Feststellung, eine Prüfung des Diskriminierungsverbots sei entbehrlich, weil kein zusätzlicher Gesichtspunkt ersichtlich sei, der über die freiheitsrechtliche Prüfung hinausgehe (zB EGMR 11.7.2002 – 28957/95 Rn. 108, NJW-RR 2004, 289 (294) – Christine Goodwin; EGMR 15.9.2011 – 17080/07 Rn. 108, BeckRS 2011, 81521 – Schneider; EGMR (GK) 26.6.2012 – 9300/07 Rn. 105, NJW 2012, 3629 (3633) – Herrmann). Daran wird indes nicht immer festgehalten: Es finden sich sowohl klare Diskriminierungsfälle ohne Prüfung von Art. 14 nach der Feststellung einer Verletzung eines Freiheitsrechts (zB EGMR 27.9.1999 – 31417/96 ua Rn. 108, BeckRS 2014, 15428 – Lustig-Prean ua) als auch Fälle, in denen der EGMR eine Diskriminierung prüft und anschließend auf das Freiheitsrecht nicht mehr eingeht (zB EGMR 21.12.1999 – 33290/96 Rn. 23, 37 – Salgueiro da Silva Mouta; EGMR 16.11.2004 – 29865/96 Rn. 69, BeckRS 2004, 16097 – Ünal Tekeli). Dies macht die Rechtsprechung nicht unbedingt verlässlich, zumal es hin und wieder auch Fälle gibt, in denen die freiheitsrechtliche und die gleichheitsrechtliche Prüfung völlig miteinander verschmolzen werden (s. hierzu insbesondere EGMR 15.1.2013 – 48420/10 ua, NJW 2014, 1935 – Eweida ua betreffend den Umgang von Arbeitgeberinnen und Arbeitgebern mit religiösen Symbolen und Überzeugungen am Arbeitsplatz).

C. Eingriffe

I. Ungleichbehandlung

1. Art. 14 als Gleichbehandlungsgebot. Nach seinem Wortlaut verbietet 20
Art. 14 **Diskriminierungen wegen bestimmter persönlicher Eigenschaften,** die Konvention spricht also anders als das GG nicht von Gleich- bzw. Ungleichbehandlungen. Der Begriff der Diskriminierung (s. *König/Peters* in Dörr/Grote/Marauhn Kap. 21 Rn. 51 ff.) taucht allerdings nicht in allen Sprachfassungen auf: In der französischen Fassung heißt es „sans distinction aucune" (vgl. dazu *Bossuyt* S. 8 ff., 24). Der EGMR hat im *Belgischen Sprachenfall* festgestellt, dass aus der französischen Fassung nicht gefolgert werden könne, die Konvention verbiete **jede** unterschiedliche Behandlung; dies würde zu „absurden Ergebnissen" führen (EGMR (P) 23.7.1968 – 1474/62 ua Rn. 10 – Belgischer Sprachenfall). Begrifflich handelt es sich bei der Diskriminierung also um einen **Unterfall** der Ungleichbehandlung. Im genannten Urteil fährt der Gerichtshof fort, Art. 14 sei verletzt, wenn die Unterscheidung keinen objektiven und angemessenen Rechtfertigungsgrund habe

Sauer

(EGMR(P) 23.7.1968 – 1474/62 ua Rn. 10 – Belgischer Sprachenfall). Damit wird unter einer Diskriminierung eine auf bestimmte Unterscheidungskriterien gestützte Ungleichbehandlung verstanden, die nicht gerechtfertigt ist. Zunächst muss also geprüft werden, ob eine **Ungleichbehandlung** vorliegt.

21 In der Sache geht es bei der Ungleichbehandlung immer um eine **Benachteiligung** bestimmter Personen bzw. Gruppen; allerdings hat diese theoretisch bedeutsame Frage (s. *König/Peters* in Dörr/Grote/Marauhn Kap. 21 Rn. 60 ff.) in der Rechtsprechung des EGMR bisher keine Rolle gespielt. Hin und wieder findet sich die Formulierung „treated less favourably" an Stelle von „treated differently", ohne dass damit eine Unterscheidung in der Sache verbunden ist (zB EKMR 12.12.1966 – 2299/64 Rn. 40 – Grandrath; EGMR(P) 28.5.1985 – 9214/80 ua Rn. 83 – Abdulaziz ua; EGMR 20.6.2006 – 17209/02 Rn. 73 – Zarb Adami).

22 Die Feststellung einer ungleichen Behandlung bereitet zumeist keine Schwierigkeiten und wird selten eingehender behandelt (s. aber die Prüfung in EGMR 10.11.2001 – 34045/96 Rn. 53, BeckRS 2008, 06770 – Hoffmann; und in EGMR 5.7.2017 – 78117/13 Rn. 119 ff., NVwZ-RR 2018, 855 – Fábián; näher *Altwicker* S. 165 ff.). Nur in einigen Fällen hat der Gerichtshof schon eine ungleiche Behandlung verneint (zB EGMR(GK) 22.3.2001 – 34044/96 ua Rn. 113, NJW 2001, 3035 – Streletz ua „Mauerschützen"; für einen Teil des Vorwurfs EGMR 24.9.1996 – 22083/93 Rn. 73 – Stubbings ua; EGMR(GK) 13.2.2003 – 42326/98 Rn. 56, NJW 2003, 2145 – Odièvre; EGMR(GK) 29.11.2016 – 76943/11 Rn. 172 f. – Lupeni Greek Catholic Parish ua; und EGMR 5.7.2017 – 78117/13 Rn. 119 ff., NVwZ-RR 2018, 855 – Fábián). Eine Ungleichbehandlung kann auch in einem tatsächlichen Zustand bestehen, wenn dieser nicht rechtlich vorgegeben ist (EGMR 20.6.2006 – 17209/02 Rn. 76 – Zarb Adami zum Schöffendienst in Malta, zu dem zwar nicht de iure, aber de facto fast ausschließlich Männer herangezogen wurden).

23 **2. Art. 14 als Differenzierungsgebot.** Art. 14 nimmt nicht nur Ungleichbehandlungen, sondern auch **Gleichbehandlungen** in den Blick; das Diskriminierungsverbot kann zu unterschiedlicher Behandlung verpflichten, wenn Sachverhalte sich wesentlich unterscheiden (krit. *Walter* S. 266 ff.). Diese Rechtsprechung hat der Gerichtshof im Fall *Thlimmenos* entwickelt, in dem der Beschwerdeführer wegen einer Vorstrafe nicht als Wirtschaftsprüfer zugelassen worden war. Die Freiheitsstrafe von 4 Jahren wegen „Insubordination" war verhängt worden, weil er sich als Zeuge Jehovas geweigert hatte, bei einer Generalmobilmachung in Griechenland eine Uniform zu tragen. Der EGMR stellte fest, wegen des besonderen Hintergrunds hätte der Fall von Fällen anderer Vorbestrafter unterschieden werden müssen, zumal zwischen der Vorstrafe und dem angestrebten Beruf kein Zusammenhang bestehe (EGMR 6.4.2000 – 34369/97 Rn. 44 ff. – Thlimmenos). In einem Sterbehilfe-Fall hat der Gerichtshof eine Rechtfertigung im Lebensschutz dafür gesehen, dass die sehr schwer behinderte Beschwerdeführerin hinsichtlich der Strafbarkeit fremder Hilfe zur Selbsttötung nicht anders behandelt wurde als zur straflosen Selbsttötung fähige Personen (EGMR 29.4.2002 – 2346/02 Rn. 87 f., NJW 2002, 2851 – Pretty). Ohne Erfolg blieb schließlich die Beschwerde der Partei Die Friesen, nach der die Anwendung der Sperrklausel bei niedersächsischen Landtagswahlen im Hinblick auf den Minderheitenschutz gegen Art. 14 verstoße (EGMR 28.1.2016 – 65480/10, NVwZ 2017, 945 – Die Friesen). In jüngerer Zeit gewinnt das Differenzierungsgebot für rassistisch motivierte Gewalttaten an Bedeutung (→ Rn. 49).

Diskriminierungsverbot **Art. 14 EMRK**

II. Vergleichbarkeit der Sachverhalte

Der Gerichtshof stellt in ständiger Rechtsprechung fest, dass eine Ungleich- 24
behandlung nur relevant ist, wenn die unterschiedlich behandelten Sachverhalte
vergleichbar sind (EGMR 23.11.1983 – 8919/80 Rn. 46 – van der Mussele: „in
analogous situations"; EGMR 27.3.1998 – 20458/92 Rn. 36 – Petrovic: „similarly
placed"; EGMR 18.2.1999 – 29515/95 Rn. 30 – Larkos: „relevantly similar or analogous situation"); er betont mit Recht, dass dafür eine **Identität** der Sachverhalte
gerade nicht erforderlich ist (EGMR 13.7.2010 – 7205/07 Rn. 66 – Clift). Allerdings hat sich der EGMR mit der Frage der Vergleichbarkeit in früheren Entscheidungen intensiver befasst als in der jüngeren Spruchpraxis; die Fälle, in denen ein
Verstoß gegen Art. 14 schon mangels Vergleichbarkeit verneint wurde, sind überwiegend älter (zB EKMR 11.11.1986 – 11089/84 – Lindsay; EKMR 19.5.1992 –
17004/90 – H.; EGMR 7.12.1976 – 5095/71 ua Rn. 56, BeckRS 1976, 107958 –
Kjeldsen ua; EGMR 23.11.1983 – 8919/80 Rn. 46 – van der Mussele; EGMR
18.12.1986 – 9697/82 Rn. 60 – Johnston ua; EGMR 18.2.1991 – 12033/86
Rn. 61 – Fredin I; aus jüngerer Zeit EGMR 29.4.2008 – 13378/05 Rn. 60, NJW-RR 2009, 1606 (1609) – Burden, wo die fehlende Vergleichbarkeit zwischen Geschwister- und Paarbeziehungen allerdings eindeutig war; und EGMR(GK)
16.7.2014 – 37359/09 Rn. 112, NJW 2015, 3703 (3708) – Hämäläinen mit der
Verneinung einer Verletzung des Diskriminierungsverbots durch die amtliche Anerkennung einer Geschlechtsumwandlung nur unter der Voraussetzung der Auflösung einer bestehenden Ehe wegen fehlender Vergleichbarkeit von Trans- und
Zissexuellen; s. auch EGMR 8.1.2013 – 9134/06, NVwZ-RR 2014, 573 – Efe;
EGMR 27.5.2014 – 9929/12 Rn. 72, BeckRS 2014, 82620 – Buchs; und EGMR
5.7.2017 – 78117/13 Rn. 119ff., NVwZ-RR 2018, 855 – Fábián zur Vergleichbarkeit von im öffentlichen Dienst und in der Privatwirtschaft Beschäftigten). Für
offensichtlich unbegründet erklärte der Gerichtshof in einer Zulässigkeitsentscheidung die Rüge einer Frau, die das leibliche Kind ihrer Lebenspartnerin adoptiert
hatte und in der Geburtsurkunde als Vater eingetragen werden wollte: Art. 14 sei
nicht verletzt, da es im Hinblick auf die Eintragungssituation an einer Vergleichbarkeit der Sachverhalte in Relation zu verschiedengeschlechtlichen Eltern fehle
(EGMR 7.5.2013 – 8017/11 Rn. 30f., EuGRZ 2013, 668 – Boeckel und Gessner-Boeckel; vgl. mit gleichem Ergebnis auch den Fall EGMR 14.5.2013 –
26367/10 Rn. 30, NJW 2014, 757 – Fürst von Thurn und Taxis).

Eine Feststellung im Fall *van Raalte* könnte eine Erklärung für diese Entwicklung 25
liefern: Hier führte der Gerichtshof aus, das Argument der Regierung zur fehlenden Vergleichbarkeit kinderloser Frauen mit kinderlosen Männern sei Kern der
Frage, ob die Ungleichbehandlung gerechtfertigt sei (EGMR 21.2.1997 –
20060/92 Rn. 40 – van Raalte zur Beitragspflicht kinderloser Männer für einen
niederländischen Kindergeldfonds). Diese Feststellung wird der Einsicht geschuldet
sein, dass die Frage der Vergleichbarkeit von Sachverhalten eine **Wertungsfrage** ist.
Eine Lösung von Gleichbehandlungsfällen durch Verneinung der Vergleichbarkeit
läuft Gefahr, eine differenzierte Betrachtung des Falls auf der Rechtfertigungsebene
durch eine nicht rechtfertigungsbedürftige Auswahl des Vergleichsmaßstabs auszuschalten (s. Peters/Altwicker EMRK § 33 Rn. 6). Deshalb wurde der Schwerpunkt
der Falllösung mit Recht auf die Rechtfertigungsebene verlagert (s. auch *Harris/
O'Boyle/Warbrick* S. 768ff.).

III. Bedeutung der Differenzierungskriterien

26 Art. 14 verbietet Diskriminierungen wegen bestimmter persönlicher Merkmale, von denen der offene Tatbestand einige gesondert aufzählt. Wegen dieser Offenheit kommt es auf die Definition der aufgeführten Merkmale nicht entscheidend an (dazu *König/Peters* in Dörr/Grote/Marauhn Kap. 21 Rn. 133ff.; *Schweizer* in IntKommEMRK, 2007, EMRK Art. 14 Rn. 76ff.); breitere Ausführungen finden sich dazu in der Rechtsprechung nicht, der Gerichtshof hält die Bestimmung des Differenzierungskriteriums sogar teilweise für obsolet (EGMR 28.11.1984 – 8777/79 Rn. 34 – Rasmussen; EGMR 21.12.1999 – 33290/96 Rn. 28 – Salgueiro da Silva Mouta). Art. 14 verbietet allerdings nicht **jede** Anknüpfung an die genannten bzw. andere persönliche Merkmale; vielmehr führt erst diese Anknüpfung dazu, dass die Konvention die Ungleichbehandlungen in den Blick nimmt. Eine Anknüpfung muss nur **objektiv** vorliegen, einer Diskriminierungsabsicht bedarf es nicht (näher und vergleichend *König/Peters* in Dörr/Grote/Marauhn Kap. 21 Rn. 69ff. mwN; s. EGMR(P) 28.5.1985 – 9214/80 ua Rn. 83, 91 – Abdulaziz ua; und EGMR 21.12.1999 – 33290/96 Rn. 36 – Salgueiro da Silva Mouta). Die Anknüpfung an ein persönliches Merkmal ist also wie die Ungleichbehandlung notwendige, aber nicht hinreichende Voraussetzung einer Diskriminierung. Verboten ist allerdings die Ungleichbehandlung, deren **alleinige Motivation** ein von Art. 14 in Blick genommenes Differenzierungsmerkmal ist.

27 Von den aufgeführten Differenzierungskriterien haben in der Rechtsprechungsentwicklung vor allem das **Geschlecht** (neben den in → Rn. 12 genannten Fällen zB EGMR 24.6.1993 – 14518/89 – Schuler-Zgraggen; EGMR 27.3.1998 – 20458/92 – Petrovic; EGMR 11.6.2002 – 36042/97 – Willis; EGMR 16.11.2004 – 29865/96, BeckRS 2004, 16097 – Ünal Tekeli; EGMR(GK) 24.1.2017 – 60367/08 ua – Khamtokhu und Aksenchik) und die **Geburt** (neben den in → Rn. 12 genannten Fällen zB EGMR 1.2.2000 – 34406/97, NJOZ 2005, 1048 – Mazurek; EGMR 3.10.2000 – 28369/95 – Camp und Bourimi; EGMR 13.1.2004 – 36983/97 – Haas), zT auch die **Herkunft** (zB EGMR 18.2.1991 – 12313/86 – Moustaquim; EGMR 16.9.1996 – 17371/90 – Gaygusuz; EGMR 25.10.2005 – 58453/00 – Niedzwiecki; EGMR 25.10.2005 – 59140/00, NVwZ 2006, 917 – Okpisz; EGMR(GK) 24.5.2016 – 38590/10 Rn. 94, NVwZ 2017, 1681 – Biao) eine Rolle gespielt. In jüngerer Zeit haben die **Religion** (zB EGMR 23.6.1993 – 12875/87 – Hoffmann; EGMR 27.6.2000 – 27417/95 – Cha'are Shalom ve Tsedek; EGMR 3.5.2007 – 71156/01 – Gldani Congregation; EGMR 31.7.2008 – 40825/98, NVwZ 2009, 509 – Religionsgemeinschaft der Zeugen Jehovas ua; EGMR(GK) 26.4.2016 – 62649/10 Rn. 166ff., NVwZ-RR 2018, 1 – Izzettin Dogan) und die **Rasse** (EGMR(GK) 6.7.2005 – 43577/98 ua, BeckRS 2015, 11064 – Nachova ua; EGMR(GK) 13.11.2007 – 57325/00, NVwZ 2008, 533 – D.H. ua; EGMR 5.6.2008 – 32526/05, BeckRS 2015, 11062 – Sampanis ua; EGMR 28.3.2017 – 25536/14 Rn. 66ff., BeckRS 2017, 162672 – Škorjanec; EGMR 26.5.2020 – 17247/13, BeckRS 2020, 9890 – Makuchyan und Minasyan) an Bedeutung gewonnen.

28 Unter den nicht aufgezählten Merkmalen haben die **Heirat** (neben den in → Rn. 12 genannten Fällen zB EGMR 22.5.2008 – 15197/02 – Petrov) und die **sexuelle Orientierung** (neben den in → Rn. 12 genannten Fällen zB EGMR 26.2.2002 – 36515/97, BeckRS 2002, 13160 – Fretté; EGMR 24.6.2010 – 30141/04, NJW 2011, 1421 – Schalk und Kopf; EGMR 20.6.2017 – 67667/09 ua, NJOZ 2019, 450 – Bayev ua; EGMR 26.10.2017 – 28475/12, NZFam 2018,

Diskriminierungsverbot **Art. 14 EMRK**

15 – Ratzenböck und Seydl) den Gerichtshof häufiger beschäftigt. Es gibt aber auch eine Vielzahl von Fällen, in denen andere, auch weniger typische persönliche Merkmale zum Anlass einer Ungleichbehandlung genommen wurden; so betraf ein Fall ein Berufsverbot für frühere KGB-Offiziere in Litauen (EGMR 27.7.2004 – 55480/00 ua – Sidabras und Džiautas), ein anderer den Ausschluss von Adoptivmüttern von der Inanspruchnahme von Elternzeit (EGMR 14.11.2013 – 19391/11 – Topčić-Rosenberg) und ein jüngerer die erbrechtliche Benachteiligung einer Witwe durch Anwendung der Scharia wegen der Religionszugehörigkeit ihres verstorbenen Ehemanns (EGMR(GK) 19.12.2018 – 20452/14 Rn. 141, NJW 2019, 3699 – Molla Sali). Der Gerichtshof hat neben der **Behinderung** (EGMR 6.11.2009 – 13444/04 Rn. 80 – Glor; EGMR 23.2.2016 – 51500/08 Rn. 60, 67, NZS 2017, 299 – Çam) mittlerweile auch den **Gesundheitszustand** und das **Alter** als Merkmal anerkannt (EGMR 10.3.2011 – 2700/10 Rn. 56f., NVwZ 2012, 221 (222) – Kiyutin; EGMR 3.10.2013 – 552/10 – I.B., beide bezogen auf **HIV-Infektionen;** EGMR 10.6.2010 – 25762/07 Rn. 85 – Schwizgebel; EGMR 24.1.2017 – 60367/08 ua Rn. 62 – Khamtokhu und Aksenchik betreffend den Ausschluss bestimmter Altersgruppen von der Verhängung lebenslanger Freiheitsstrafen in Russland).

Die potenzielle Reichweite von Diskriminierungsfällen wird zwar dadurch eingeschränkt, dass es sich beim „sonstigen Status" iSv Art. 14 um ein „persönliches Merkmal" handeln muss (EGMR 7.12.1976 – 5095/71 ua Rn. 56, BeckRS 1976, 107958 – Kjeldsen ua; EGMR(GK) 12.2.2008 – 21906/04 Rn. 160, NJOZ 2010, 1599 (1605) – Kafkaris; aber in nahezu jedem Fall lässt sich bei der Unterscheidung von Sachverhalten auch eine Verbindung zu persönlichen Merkmalen herstellen (s. auch *Harris/O'Boyle/Warbrick* S. 771 f.). So hat der Gerichtshof immer wieder Fälle an Art. 14 gemessen, in denen ein persönliches Differenzierungskriterium fraglich war (besonders plastisch EGMR(GK) 29.4.1999 – 25088/94 ua Rn. 89 f., NJW 1999, 3695 (3698) – Chassagnou ua mit einer Unterscheidung nach Grundstücksgrößen; s. zur Unterscheidung zwischen Untersuchungshäftlingen und Strafgefangenen auch EGMR 13.12.2011 – 31827/02 Rn. 55 ff., BeckRS 2011, 142814 – Laduna; EGMR 9.7.2013 – 42615/06 Rn. 111 ff. – Varnas). Dementsprechend gibt es kaum Fälle, in denen der Gerichtshof eine Verletzung von Art. 14 mit dem Argument verneint hat, dass das Differenzierungskriterium kein persönliches Merkmal sei (s. zB EGMR 6.6.2000 – 28135/95 Rn. 50 – Magee). Zudem hat der Gerichtshof das Erfordernis eines persönlichen Merkmals jüngst deutlich relativiert; dies bedeute nämlich nicht, dass es um dem Betroffenen angeborene oder sonst unabänderliche Eigenschaften gehen müsse. Damit wurde auch die Differenzierung nach der Länge einer verhängten Freiheitsstrafe als persönliches Differenzierungskriterium angesehen (EGMR 13.7.2010 – 7205/07 Rn. 55 ff. – Clift; s. für eine (unzulässige) Unterscheidung nach dem Wohnsitz für die Strafzumessung EGMR 27.3.2018 – 14431/06 – Aleksandr Aleksandrov). Diskriminiert sein kann auch jemand, dem die Eigenschaft selbst fehlt (s. dazu EGMR 22.3.2016 – 23682/13 Rn. 77 ff. – Guberina zur Beschwerde des Vaters eines behinderten Kindes; EGMR 28.3.2017 – 25536/14 Rn. 66 ff., BeckRS 2017, 162672 – Škorjanec). Der Gerichtshof prüft selten mehr als ein Differenzierungsmerkmal; sind mehrere Kriterien (potenziell) betroffen wird eine Schwerpunktbestimmung vorgenommen (s. etwa EGMR 2.2.2016 – 7186/09 Rn. 66 f. – Di Trizio) oder mehrere Kriterien werden hintereinander geprüft (s. etwa EGMR 15.9.2016 – 44818/11 Rn. 56 ff. – British Gurkha Welfare Society ua), ohne dass es bislang generelle Ausführungen zur Intersektionalität gäbe (s. dazu *Barskanmaz,* 29

Recht und Rassismus, 2019, S. 339 ff.; *Schlüter,* Beweisfragen in der Rechtsprechung des Europäischen Gerichtshofs für Menschenrechte, 2019, S. 351 ff.).

IV. Beweislastverteilung

30 Die Beweislast für das Vorliegen einer für Art. 14 relevanten Ungleichbehandlung liegt den allgemeinen Grundsätzen entsprechend beim Beschwerdeführer (zB EGMR 13.12.2005 – 55762/00 ua Rn. 57 – Timishev; EGMR 5.6.2008 – 32526/05 Rn. 70, BeckRS 2015, 11062 – Sampanis ua). Er trägt zwar wegen des Grundsatzes der Amtsermittlung keine subjektive Beweislast (**Beweisführungslast**), aber doch eine **objektive Beweislast**, die dann relevant wird, wenn Tatsachen auch nach Ausschöpfung aller Aufklärungsmöglichkeiten nicht gesichert feststehen (näher *Lorz/Sauer* EuGRZ 2010, 389 (394) mN). Ungewissheiten über die Frage einer an persönliche Merkmale anknüpfenden Ungleichbehandlung vergleichbarer Sachverhalte wirken sich also zu Lasten des Beschwerdeführers aus. So heißt es zuweilen, der Beschwerdeführer habe seine Behauptung einer Diskriminierung nicht substantiiert (EGMR 5.12.2002 – 28422/95 Rn. 67 f., BeckRS 2008, 06614 – Hoppe; EGMR 27.5.2014 – 9929/12 Rn. 69, BeckRS 2014, 82620 – Buchs) bzw. eine Vergleichbarkeit der Sachverhalte nicht dargetan (EGMR 18.2.1991 – 12033/86 Rn. 61 – Fredin I).

31 In aktuellen Entscheidungen hat sich der Gerichtshof mit der Frage beschäftigt, ob hinsichtlich der rassistischen Motivation von Gewalttaten staatlicher Sicherheitskräfte eine Beweislastumkehr greift, der beklagte Staat also dartun muss, dass eine Gewalttat keine Verbindung zur ethnischen Herkunft des Opfers aufweist. Anders als zuvor eine Kammer (EGMR 26.2.2004 – 43577/98 ua Rn. 169 f. – Nachova; dazu *Thürer/Dold* EuGRZ 2005, 1) hat sich die Große Kammer im Fall *Nachova* dagegen ausgesprochen (EGMR(GK) 6.7.2005 – 43577/98 ua Rn. 147, BeckRS 2015, 11064 – Nachova). In nachfolgenden Fällen geht der Gerichtshof aber teilweise aufgrund der konkreten Umstände von einer Beweislastumkehr aus (EGMR 4.3.2008 – 42722/02 Rn. 130, BeckRS 2014, 21154 – Stoica; EGMR 26.5.2020 – 17247/13 Rn. 218, BeckRS 2020, 9890 – Makuchyan und Minasyan).

D. Rechtfertigung

32 Von Art. 14 erfasste Ungleichbehandlungen können gerechtfertigt werden. Im *Belgischen Sprachenfall* stellte der Gerichtshof fest, es bedürfe eines objektiven und angemessenen Rechtfertigungsgrunds, was im Verhältnis zu Zweck und Wirkungen der zu prüfenden Maßnahme zu beurteilen sei; die Maßnahme müsse nicht nur einem rechtmäßigen Zweck dienen, sondern die eingesetzten Mittel müssten auch in angemessenem Verhältnis zum angestrebten Zweck stehen (EGMR(P) 23.7.1968 – 1474/62 ua Rn. 10 – Belgischer Sprachenfall). Der EGMR hat also von Beginn an die Frage der **Verhältnismäßigkeit** der Ungleichbehandlung in den Blick genommen; die im Zuge der „neuen Formel" (s. BVerfGE 55, 72 (88)) eingeführte Dichotomie von Willkürprüfung und Verhältnismäßigkeitsprüfung (s. nur *Jarass* in Jarass/Pieroth GG Art. 3 Rn. 20 ff. mwN) findet sich in der Rechtsprechung des EGMR nicht.

33 Die Rechtfertigung erfordert damit erstens einen **legitimen Zweck** und zweitens ein **angemessenes Verhältnis** (etwa EGMR(GK) 29.4.1999 – 25088/94 ua

Rn. 91, NJW 1999, 3695 (3698) – Chassagnou ua). Mit den dogmatischen Schwierigkeiten, die mit einer gleichheitsrechtlichen Verhältnismäßigkeitsprüfung verbunden sind (s. zB *Jarass* in Jarass/Pieroth GG Art. 3 Rn. 31 mwN; *Huster* JZ 1994, 541 ff.), hat sich der Gerichtshof nicht näher auseinandergesetzt, sondern sich immer mit der Relation zwischen Differenzierungsziel und Ungleichbehandlung („reasonable relationship of proportionality between the means employed and the aim sought to be realised") beschäftigt. Der Sache nach dürfte damit kaum ein Unterschied zur Rechtsprechung des BVerfG bestehen, wonach Unterschiede von solcher Art und solchem Gewicht vorliegen müssen, dass sie die ungleichen Rechtsfolgen rechtfertigen können (s. zB BVerfGE 108, 52 (68)).

I. Legitimes Ziel

Die Frage, ob ein legitimes Ziel vorliegt, wird in der Rechtsprechung regelmäßig nicht problematisiert. Der Gerichtshof billigt den Staaten hierfür einen beträchtlichen Einschätzungsspielraum zu und kommt nur selten zu dem Ergebnis, dass kein legitimes Differenzierungsziel vorliegt (zB EGMR 6.4.2000 – 34369/97 Rn. 47 – Thlimmenos; wohl auch EGMR 18.7.1994 – 13580/88 Rn. 28 – Karlheinz Schmidt). In der Regel wird das Vorliegen eines legitimen Ziels nur in aller Kürze festgestellt (zB EGMR 27.7.2004 – 55480/00 ua Rn. 52, 55 – Sidabras und Džiautas; EGMR 28.5.2009 – 3545/04 Rn. 41, NJW-RR 2009, 1603 (1605) – Brauer). Allerdings muss sich die Regierung des beklagten Staates auf ein legitimierendes Ziel berufen (EGMR 23.10.1990 – 11581/85 Rn. 33 f. – Darby). Das Differenzierungsziel darf freilich nicht völlig mit einem der in Art. 14 genannten persönlichen Merkmalen zusammenfallen (s. EGMR 23.6.1993 – 12875/87 Rn. 31 ff. – Hoffmann; EGMR(GK) 12.4.2006 – 65731/01 ua Rn. 93 – Stec ua). Solche Fälle sind in der Rechtsprechung aber selten geblieben (zB EGMR 16.9.1996 – 17371/90 Rn. 47 – Gaygusuz; EGMR 21.12.1999 – 33290/96 Rn. 35 f. – Salgueiro da Silva Mouta). 34

II. Verhältnismäßigkeit

1. Struktur der Verhältnismäßigkeitsprüfung. Die Prüfung der Verhältnismäßigkeit folgt keiner einheitlichen Struktur, vielmehr orientieren sich die Ausführungen stark an den Umständen des konkreten Falls (eingehend *Altwicker* S. 209 ff.). Ausnahmsweise unterbleibt eine nähere Prüfung der Verhältnismäßigkeit, wenn das Differenzierungskriterium ohne Weiteres plausibel erscheint (s. EGMR 18.2.1991 – 12313/86 Rn. 49 – Moustaquim; EGMR 7.8.1996 – 21794/93 Rn. 38 – C., jeweils mit dem Argument, dass Staatsangehörige der EU-Mitgliedstaaten im Ausländerrecht gegenüber Drittstaatsangehörigen eine Sonderstellung hätten). Einige der vom Gerichtshof herangezogenen Argumente erinnern stark an Gesichtspunkte, die bei der Verhältnismäßigkeitsprüfung nach deutschem Recht eine Rolle spielen. Geeignetheit, Erforderlichkeit und Angemessenheit werden aber selten unter diesen Begriffen thematisiert, und es sind auch stets nur einzelne Gesichtspunkte, die der Gerichtshof aufgreift (vgl. aber EGMR(GK) 16.3.2010 – 15766/03 Rn. 150 – Oršuš ua: „and the means of achieving that aim are appropriate, necessary and proportionate"). 35

Nur vereinzelt hielt der EGMR die Differenzierung bereits für **ungeeignet** zur Erreichung des angestrebten Ziels (EGMR 22.2.1994 – 16213/90 Rn. 28 – Burghartz; EGMR 16.11.2004 – 29865/96 Rn. 66, BeckRS 2004, 16097 – Ünal Te- 36 keli; EGMR(GK) 29.4.1999 – 25088/94 ua Rn. 92f., 121, NJW 1999, 3695 (3698, 3701) – Chassagnou ua; EGMR(GK) 26.4.2016 – 64649/10 Rn. 181, NVwZ-RR 2018, 1 – Izzettin Dogan); überwiegend wird die **Geeignetheit** aber nicht thematisiert. Zuletzt hieß es allerdings, das Ziel müsse durch die Differenzierung auch tatsächlich erreicht werden (EGMR 13.7.2010 – 7205/07 Rn. 77 – Clift). Uneinheitlich ist auch die Handhabung einer Prüfung der **Erforderlichkeit:** Im *Belgischen Sprachenfall* stellte der EGMR noch fest, er habe nicht zu beurteilen, ob ein plausibler Zweck auch auf eine andere Weise erreicht werden könne (EGMR(P) 23.7.1968 – 1474/62 ua Rn. 13 – Belgischer Sprachenfall). Später hat der Gerichtshof indes auf Argumente zurückgegriffen, die sich auf die Erforderlichkeit der Ungleichbehandlung beziehen: Das litauische Berufsverbot für frühere KGB-Offiziere hielt er für unverhältnismäßig, weil es sich auf private Berufe erstreckte, die in keinem Zusammenhang mit einer vormaligen Geheimdiensttätigkeit standen (EGMR 27.7.2004 – 55480/00 ua Rn. 58ff. – Sidabras und Džiautas; s. zur fehlenden Erforderlichkeit auch EGMR 3.10.2000 – 28369/95 Rn. 39 – Camp und Bourimi). Im Fall *Karner* zur Mietnachfolge gleichgeschlechtlicher Partner in Österreich stellte der EGMR fest, in Fällen strenger Kontrolle reiche es nicht aus, dass eine Unterscheidung grundsätzlich geeignet sei, ein bestimmtes Ziel zu erreichen; vielmehr müsse sie auch **notwendig** sein (EGMR 24.7.2003 – 40016/98 Rn. 41 – Karner).

37 Auch auf Argumente aus dem Bereich der **Angemessenheit** greift der Gerichtshof nur nach Lage des Falls zurück. Für unangemessen lang hielt er eine „Beobachtungszeit" von 10 Jahren vor der Anerkennung einer Religionsgemeinschaft als Körperschaft, weil die betroffenen Zeugen Jehovas international und auch in Österreich lange bekannt gewesen seien (EGMR 31.7.2008 – 40825/98 Rn. 97f., NVwZ 2009, 509 – Religionsgemeinschaft der Zeugen Jehovas ua). Die Prüfung der Ablehnung einer Erlaubnis zum rituellen Schächten nach den Vorgaben einer bestimmten jüdischen Glaubensgemeinschaft beschränkte sich auf die Feststellung, die Maßnahme habe nur begrenzte nachteilige Auswirkungen; denn es bestehe die Möglichkeit, nach diesen Vorgaben hergestelltes Fleisch von Dritten zu beziehen (EGMR 27.6.2000 – 27417/95 Rn. 87 – Cha'are Shalom ve Tsedek). Ein ähnlicher Verweis auf die begrenzte Benachteiligung findet sich in einem Sorgerechtsfall mit dem Hinweis, auch unverheiratete Väter hätten in Schottland die Möglichkeit, das Sorgerecht zu beantragen (EGMR 24.2.1995 – 16424/90 Rn. 98 – McMichael). Zur Unzulässigkeit der Anwendung der Scharia auf einen griechischen Erbrechtsfall kam der Gerichtshof maßgeblich deshalb, weil dadurch ein nach staatlichem Recht wirksames Testament des Erblassers ausgehebelt worden war, mit dem er seine Ehefrau als Alleinerbin eingesetzt hatte (EGMR(GK) 19.12.2018 – 20452/14 Rn. 144ff., NJW 2019, 3699 – Molla Sali).

38 **2. Kontrolldichte.** Grundsätzlich kommt den Mitgliedstaaten auch hinsichtlich der Frage, ob und inwieweit Unterschiede zwischen ansonsten vergleichbaren Sachverhalten eine unterschiedliche Behandlung rechtfertigen, ein **Einschätzungsspielraum** zu (EGMR 28.11.1984 – 8777/79 Rn. 40 – Rasmussen; EGMR(P) 28.5.1985 – 9214/80 ua Rn. 72 – Abdulaziz ua; EGMR(GK) 30.6.2005 – 46720/99 ua Rn. 122, NJW 2005, 2907 (2911) – Jahn ua „Bodenreform"). Die Reichweite dieses Spielraums ist allerdings je nach den Umständen des Falls unterschiedlich (EGMR 27.3.1998 – 20458/92 Rn. 38 – Petrovic; EGMR(GK) 12.4.2006 – 65731/01 ua Rn. 52 – Stec ua; eingehend *Arnardóttir* S. 41ff.). Daraus darf aber nicht der Schluss gezogen werden, der EGMR nähme

nur eine **Vertretbarkeitskontrolle** vor (so aber zB *Hillgruber/Jestaedt* S. 37) und begnügte sich mit jedem sachlich erscheinenden Grund. Ein solcher zurückhaltender Ansatz des Gerichtshofs lässt sich nur in wenigen frühen Urteilen erkennen: Im *Belgischen Sprachenfall* stellte der EGMR noch auf eine „willkürliche" Unterscheidung ab. Es müsse „eindeutig feststehen", dass die eingesetzten Mittel in keinem angemessenen Verhältnis zum angestrebten Zweck stünden (EGMR(P) 23.7.1968 – 1474/62 ua Rn. 10 – Belgischer Sprachenfall; ganz ähnlich 27.10.1975 – 4464/70 Rn. 49, BeckRS 1975, 107575 – Nationale Belgische Polizeigewerkschaft). In späteren Entscheidungen finden sich vergleichbar zurückhaltende Ausführungen nicht mehr in dieser allgemeinen Form, wenngleich es immer wieder einzelne Fälle gibt, in denen der Gerichtshof ohne größeren Begründungsaufwand darauf hinweist, dass die Regierung hinreichende Gründe für eine Ungleichbehandlung vorgetragen habe (s. etwa EGMR 22.3.2012 – 19508/07 Rn. 57, NJW-RR 2013, 1075 (1077) – Granos Organicos). Fallunabhängig betont der Gerichtshof einen weiten Einschätzungsspielraum der Staaten nur noch für die Regelung **sozialer und wirtschaftlicher Angelegenheiten** (zB EGMR 21.2.1986 – 8793/79 Rn. 46 – James ua; EGMR(GK) 12.4.2006 – 65731/01 ua Rn. 52 – Stec ua; EGMR 29.4.2008 – 13378/05 Rn. 60, NJW-RR 2009, 1606 (1609) – Burden; EGMR(GK) 7.7.2011 – 37452/02 Rn. 89, NJOZ 2012, 1897 (1899) – Stummer; EGMR 30.6.2020 – 26944/13 ua Rn. 78, BeckRS 2020, 14638 – Popović ua). Dieser weite Spielraum wirkt sich meistens auf das Ergebnis aus: So stellte der EGMR zu einem Regelungssystem von Berufsunfähigkeitsrenten fest, die angegriffenen Differenzierungen seien nicht so offensichtlich fehlsam, dass sie den weiteren Spielraum, über den die Staaten in diesem Bereich verfügten, überschreiten würden (EGMR(GK) 12.4.2006 – 65731/01 ua Rn. 66 – Stec ua; EGMR 21.2.1986 – 8793/79 Rn. 76f. – James ua; s. außerdem EGMR 12.2.2017 – 26878/07 ua Rn. 33f., BeckRS 2017, 160208 – Acar ua betreffend den Rang von Ansprüchen im Insolvenzverfahren). Betrifft eine Regelung eine wirtschaftliche oder soziale Angelegenheit und zugleich ein besonders persönliches Merkmal, kann das zu einer Verengung des Einschätzungsspielraums führen (EGMR 24.10.2019 – 32949/14 Rn. 88 – J.D. und A.; EGMR 11.5.2021 – 18592/15 ua – Yocheva ua).

Darüber hinaus hat der Gerichtshof einen weiten Einschätzungsspielraum der 39 Staaten nur noch wegen besonderer Umstände des Falls angenommen, etwa hinsichtlich der singulären Bedingungen der deutschen Wiedervereinigung (EGMR(GK) 30.6.2005 – 46720/99 ua Rn. 125, NJW 2005, 2907 (2912) – Jahn ua „Bodenreform") oder des Friedensprozesses in Nordirland (EKMR 12.4.1996 – 25523/94 – Murdoch; ähnlich EGMR 25.1.2000 – 44934/98 – Murdock). In einem jüngeren Fall hat der EGMR allerdings trotz der Besonderheiten des Friedensprozesses auf dem Balkan eine strenge Kontrolle vorgenommen (EGMR(GK) 22.12.2009 – 27996/06 ua Rn. 45ff., NJOZ 2011, 428 (431) – Sejdić und Finci). Wie sonst auch weist der Gerichtshof darauf hin, dass ein weiter Einschätzungsspielraum dann besteht, wenn sich hinsichtlich des betroffenen Regelungsbereichs noch kein Konsens unter den Vertragsstaaten herausgebildet hat (s. zB EGMR 28.11.1984 – 8777/79 Rn. 34f. – Rasmussen). Insofern verwundert es nicht, dass der Gerichtshof gerade auch beim Diskriminierungsgebot völkerrechtliche Übereinkünfte jenseits der Konvention und die völkerrechtliche Praxis anderer Vertragsorgane bei der Frage nach der Zulässigkeit von Ungleichbehandlungen berücksichtigt (s. etwa EGMR 9.6.2009 – 33401/02 Rn. 184ff., BeckRS 2009, 15505 – Opuz; EGMR 9.7.2015 – 20378/13 Rn. 72, BeckRS 2015, 130302 – Martzaklis

EMRK Art. 14

ua; und EGMR 10.1.2019 – 12879/09 – Ecis; EGMR 10.9.2020 – 59751/15 Rn. 62 – G.L.).

40 Die Urteile *Inze* und *Abdulaziz* (EGMR(P) 28.5.1985 – 9214/80 ua Rn. 78 – Abdulaziz ua; EGMR 28.10.1987 – 8695/79 Rn. 41 – Inze) enthielten hinsichtlich der Kontrolldichte dann eine ganz **entscheidende Weichenstellung** (vgl. auch bereits EGMR 13.6.1979 – 6833/74 Rn. 40, 48, 65, BeckRS 1979, 108523 – Marckx): Der Gerichtshof ging davon aus, dass bei der Anknüpfung an bestimmte der in Art. 14 genannten persönlichen Merkmale besonders **schwerwiegende Gründe** („very weighty reasons") vorliegen müssten, um die Ungleichbehandlung zu rechtfertigen. Im Fall *Inze* ging es um eine Anknüpfung an die **Geburt** (s. nachfolgend auch EGMR 1.2.2000 – 34406/97 Rn. 49, NJOZ 2005, 1048 (1050) – Mazurek; EGMR 3.10.2000 – 28369/95 Rn. 38 – Camp und Bourimi; EGMR(GK) 8.7.2003 – 30943/96 Rn. 94, FPR 2004, 350 (353) – Sahin; EGMR(GK) 8.7.2003 – 31871/96 Rn. 93, FPR 2004, 344 (348) – Sommerfeld; unausgesprochen auch EGMR 13.7.2004 – 69498/01 Rn. 59 ff., NJW 2005, 875 (878) – Pla und Puncernau, mit sehr eingehender Nachprüfung der Testamentsauslegung eines Gerichts von Andorra; dazu *Staudinger* ZEV 2005, 140 ff.). Der Fall *Abdulaziz* betraf eine Differenzierung aufgrund des **Geschlechts** (s. nachfolgend auch EGMR 22.2.1994 – 16213/90 Rn. 27 – Burghartz; EGMR 18.7.1994 – 13580/88 Rn. 24 – Karlheinz Schmidt; EGMR 11.6.2002 – 36042/97 Rn. 39 – Willis; EGMR 20.6.2006 – 17209/02 Rn. 80 – Zarb Adami; EGMR 7.1.2014 – 77/07 Rn. 64, BeckRS 2014, 80684 – Cusan und Fazzo), für die der Gerichtshof in einer späteren Entscheidung sogar **zwingende Gründe** („compelling reasons") verlangt hat (EGMR 21.2.1997 – 20060/92 Rn. 42 – van Raalte; und EGMR 16.11.2004 – 29865/96 Rn. 58, BeckRS 2004, 16097 – Ünal Tekeli; s. auch den mittlerweile häufigen Hinweis darauf, dass die Gleichstellung der Geschlechter ein Kernanliegen der Mitgliedstaaten des Europarats darstelle, zB EGMR(GK) 22.3.2012 – 30078/06 Rn. 127, NJOZ 2014, 1593 (1596) – Konstantin Markin).

41 Solche schwerwiegenden Gründe hat der Gerichtshof in der Folgezeit auch verlangt für Anknüpfungen an die **Herkunft** (EGMR 16.9.1996 – 17371/90 Rn. 42 – Gaygusuz; EGMR 21.6.2011 – 5335/05 Rn. 52 – Ponomaryovi; EGMR 22.3.2012 – 5123/07 Rn. 87, NJW 2013, 2095 (2098) – Rangelov) und an die **Rasse** (EGMR(GK) 13.11.2007 – 57325/00, NVwZ 2008, 533 – D.H. ua; EGMR 5.6.2008 – 32526/05 Rn. 84, BeckRS 2015, 11062 – Sampanis ua; s. auch EGMR(GK) 24.5.2016 – 38590/10 Rn. 94, 121, NVwZ 2017, 1681 – Biao) sowie die **Heirat** (EGMR 3.12.2009 – 22028/04 Rn. 51 ff., NJW 2010, 501 (503) – Zaunegger), die **Religion** (EGMR 9.12.2010 – 7798/08 Rn. 88 – Savez Crkava ua mit gewisser Zurückhaltung; für einen eher weiten Einschätzungsspielraum in diesem Bereich s. aber EGMR 4.3.2014 – 7552/09 Rn. 30 ff., NVwZ 2015, 277 (279) – Church of Jesus Christ of Latter-Day Saints; deutlich strenger aber EGMR(GK) 26.4.2016 – 64649/10 Rn. 182, NVwZ-RR 2018, 1 – Izzettin Dogan) und die **sexuelle Orientierung** (zB EGMR 24.7.2003 – 40016/98 Rn. 37 – Karner; EGMR 9.1.2003 – 39392/98 ua Rn. 45 – L. und V.: „particularly serious reasons"; EGMR(GK) 19.2.2013 – 19010/07 Rn. 140, NJW 2013, 2173 (2178) – X. ua; EGMR(GK) 7.11.2013 – 29381/09 ua Rn. 77, BeckRS 2014, 80296 – Vallianatos ua; EGMR 30.6.2016 – 51362/09 Rn. 93 – Tadeucci und McCall). Zum Letztgenannten ist interessant, dass der Gerichtshof in zwei gegen Frankreich gerichteten Verfahren zur Adoption durch Homosexuelle zunächst unter Verweis auf den mangels übereinstimmender Haltung der Staaten besonders großen Spielraum keine Diskriminierung festgestellt hatte (EGMR 26.2.2002 – 36515/97 Rn. 37,

Diskriminierungsverbot **Art. 14 EMRK**

40f., BeckRS 2002, 13160 – Fretté), 6 Jahre später aber unter Verweis auf das zwischenzeitlich etablierte Erfordernis besonders schwerwiegender Gründe zu einer Verletzung von Art. 14 kam (EGMR(GK) 22.1.2008 – 43546/02 Rn. 91, NJW 2009, 3637 (3641) – E.B.; s. auch EGMR(GK) 19.2.2013 – 19010/07, NJW 2013, 2173 – X. ua). Das Fehlen eines rechtlichen Instituts zur Formalisierung und Absicherung einer gleichgeschlechtlichen Partnerschaft hat der Gerichtshof bislang dagegen nicht beanstandet, hier gesteht er den Staaten einen vergleichsweise weiten Einschätzungsspielraum zu (s. EGMR 9.6.2016 – 40183/07, BeckRS 2016, 103661 – Chapin and Charpentier; EGMR 26.10.2017 – 28475/12, NZFam 2018, 15 – Ratzenböck und Seydl). Auch für eine Anknüpfung an den Gesundheitszustand verlangt der Gerichtshof jedenfalls bezogen auf HIV-Infektionen wegen der Stigmatisierungsgefahr besonders zwingende Gründe (EGMR 10.3.2011 – 2700/10 Rn. 64ff., NVwZ 2012, 221 (224) – Kiyutin; und EGMR 3.10.2013 – 552/10 Rn. 79ff. – I.B.). In jüngerer Zeit greift der EGMR zuweilen auch das Konzept besonders vulnerabler Gruppen auf, ohne dass es in seiner Gestalt und den konkreten Rechtsfolgen allerdings schon klare Konturen erhalten hätte (s. etwa EGMR 10.3.2011 – 2700/10 Rn. 63, NVwZ 2012, 221 (222) – Kiyutin; EGMR 15.3.2016 – 31039/11 ua Rn. 99ff. – Novruk ua; EGMR 24.10.2019 – 32949/17 Rn. 103f., BeckRS 2019, 36331 – J.D. und A.; dazu *Rzadkowski* ZESAR 2020, 265ff.; und EGMR 22.3.2016 – 23682/13 Rn. 73 – Guberina; s. zu diesem Ansatz auch *Arnardóttir* Oslo Law Review 2017, 150ff.).

In der Regel wird die strenge Kontrolle vor allem damit begründet, dass sich die 42 Bekämpfung bestimmter Differenzierungskriterien zu einem gemeinsamen Ziel der europäischen Staaten entwickelt habe (zB EGMR(P) 28.5.1985 – 9214/80 ua Rn. 78 – Abdulaziz ua; EGMR 28.10.1987 – 8695/79 Rn. 41 – Inze; *König/Peters* in Dörr/Grote/Marauhn Kap. 21 Rn. 234). Der enge Zusammenhang der Differenzierungskriterien zur Persönlichkeit der Betroffenen und damit zu ihrer Menschenwürde, mit dem im deutschen Verfassungsrecht eine strengere Kontrolle begründet wird (s. nur *Jarass* in Jarass/Pieroth GG Art. 3 Rn. 24ff.), wird vom EGMR zwar nicht thematisiert, er ist aber unverkennbar. Der Sache nach nähern sich damit viele Differenzierungsmerkmale verbotenen Differenzierungskriterien an (s. auch EGMR 3.5.2007 – 1543/06 Rn. 95 – Baczkowski: „forbidden grounds for discrimination"): Eine Anknüpfung ist dann zwar grundsätzlich möglich, aber nur schwer zu rechtfertigen (zum Verfassungsrecht s. *Jarass* in Jarass/Pieroth GG Art. 3 Rn. 115, 152). Dies gilt umso mehr, als es so gut wie keine Fälle gibt, in denen der Gerichtshof das Vorliegen besonders schwerwiegender Gründe bejaht (s. aber EGMR 27.3.1998 – 20458/92 Rn. 37ff. – Petrovic mit der Besonderheit, dass Österreich die beanstandete Gesetzgebung zur Beschränkung des Erziehungsgelds auf Frauen zwischenzeitlich bereits geändert hatte). Die Erhöhung der Rechtfertigungsanforderungen führt also **fast automatisch** zu einer Verletzung von Art. 14 (s. aber auch EGMR 20.10.2020 – 33139/13 Rn. 76ff. – Napotnik, wo die Prüfung einer schwangerschaftsbedingten Diskriminierung im Arbeitsleben nicht allzu streng ausfällt und eine Konventionsverletzung dementsprechend abgelehnt wird; und EGMR(GK) 24.1.2017 – 60367/08 ua Rn. 83ff. – Khamtokhu und Aksenchik, wo in einem stark umstrittenen Entscheidung der Ausschluss der Verhängung lebenslanger Freiheitsstrafen gegen Frauen mit recht ergebnisorientierter Begründung unter Verweis auf den fehlenden Konsens der Mitgliedstaaten akzeptiert wird; vgl. in diesem Zusammenhang auch EGMR 3.10.2017 – 16986/12, BeckRS 2017, 161036 – Enache; EGMR 10.1.2019 – 12879/09 – Ecis; und EGMR 16.9.2014 – 50936/12 – M.D.).

EMRK Art. 14

43 Soweit es bei den allgemeinen Rechtfertigungsanforderungen verbleibt, richtet sich die Kontrolldichte stark nach den Umständen des Einzelfalls (eingehend *König/Peters* in Dörr/Grote/Marauhn Kap. 21 Rn. 231 ff.). Dabei erweckt die jüngere Rechtsprechung teilweise den Eindruck einer intensiver werdenden Kontrolle auch in Fällen, in denen kein verdächtigtes Differenzierungskriterium im Raum steht. Im Jahr 2010 hatte eine Kammer eine Verletzung des Diskriminierungsverbots durch das österreichische Gesetz zur Fortpflanzungsmedizin festgestellt, das Eizellspenden verbietet und die Samenspende zwar erlaubt, eine in vitro-Fertilisation mit Spendersamen aber verbietet. Weil die Gesetzgebung hierzu in den Staaten sehr unterschiedlich ist und es um ethisch sensible Fragen geht, gesteht die Kammer im Grundsatz zutreffend einen weiten Regelungsspielraum zu (EGMR 1.4.2010 – 57813/00 Rn. 69, BeckRS 2010, 13057 – S.H. ua). Ihre Entscheidung zum Verbot der Eizellspende, für das Österreich jedenfalls plausible Argumente vorgetragen hatte, lässt von diesem Spielraum aber kaum etwas übrig (EGMR 1.4.2010 – 57813/00 Rn. 70 ff., BeckRS 2010, 13057 – S.H. ua). Hier läuft der Gerichtshof – wie zuletzt auch das BVerfG in den Entscheidungen zum Nichtraucherschutz und zur Pendlerpauschale (BVerfGE 121, 317 (355 ff.); 122, 210 (235)) – in eine **Folgerichtigkeits-Falle,** wenn er betont, konventionsrechtlich stehe es den Staaten frei, Fragen der Fortpflanzungsmedizin überhaupt nicht zu regeln, doch wenn eine Regelung ergehe, müsse diese auch kohärent sein (EGMR 1.4.2010 – 57813/00 Rn. 70, BeckRS 2010, 13057 – S.H. ua). Die Große Kammer hat im Nachgang mehrheitlich keine Verletzung von Art. 8 festgestellt und es nicht für erforderlich erachtet, Art. 14 zusätzlich zu untersuchen (EGMR(GK) 3.11.2011 – 57813/00, NJW 2012, 207 – S.H. ua).

III. Beweislastverteilung

44 Die Rechtfertigungslast für tatbestandsmäßige Ungleichbehandlungen liegt beim beklagten Staat (zB EGMR 13.12.2005 – 55762/00 ua Rn. 57 – Timishev; EGMR 5.6.2008 – 32526/05 Rn. 70, BeckRS 2015, 11062 – Sampanis ua; EGMR(GK) 9.2.2013 – 19010/07 Rn. 140, NJW 2013, 2173 (2178) – X. ua; EGMR 25.7.2017 – 17484/15 Rn. 47, NJOZ 2018, 1678 – Carvalho Pinto de Sousa Morais). Das bedeutet zum einen, dass der beklagte Staat überhaupt etwas zur Rechtfertigung anführen muss, der EGMR sucht also nicht selbst nach möglichen Rechtfertigungsgründen. Diese müssen zum anderen auch bei objektiver Betrachtung in der Lage sein, die Ungleichbehandlung zu rechtfertigen. Es gibt eine Vielzahl von Verfahren, in denen die Regierung des beklagten Staates nach Auffassung des Gerichtshofs keine oder keine tauglichen Gründe für die Ungleichbehandlung angeführt hat (zB EGMR 28.10.1987 – 8695/79 Rn. 43 – Inze; EGMR 29.11.1991 – 12742/87 Rn. 64 – Pine Valley Developments ua; EGMR 18.2.1999 – 29515/95 Rn. 31 – Larkos; EGMR(GK) 8.7.2003 – 30943/96 Rn. 94, FPR 2004, 350 (353) – Sahin; EGMR(GK) 8.7.2003 – 31871/96 Rn. 93, FPR 2004, 344 (348) – Sommerfeld; EGMR 22.5.2008 – 15197/02 Rn. 54 – Petrov; EGMR 14.11.2013 – 19391/11 Rn. 47 – Topčić-Rosenberg; EGMR 7.11.2013 – 31913/07 Rn. 82, BeckRS 2014, 80297 – E.B. ua). Es kommt also darauf an, wie überzeugend die Notwendigkeit einer ungleichen Behandlung vergleichbarer Sachverhalte im Prozess erklärt wird.

E. Einzelfragen

I. Mittelbare Diskriminierungen

Mittelbare (oder auch indirekte) Diskriminierungen sind solche Differenzie- 45
rungen, die nicht de iure an eine bestimmte persönliche Eigenschaft anknüpfen,
aber de facto ganz überwiegend bestimmte Personen oder Personengruppen be-
nachteiligen (näher *König/Peters* in Dörr/Grote/Marauhn Kap. 21 Rn. 76f.). Die
Rechtsprechung des EGMR zur mittelbaren Diskriminierung war zunächst von
Zurückhaltung geprägt (eingehend *Altwicker* S. 266ff.). Im Fall *Abdulaziz* hatten
die Beschwerdeführer geltend gemacht, die Einwanderungsgesetzgebung des Vereinigten Königreichs sei faktisch rassendiskriminierend, weil es in der Sache darum
gehe, den Zuzug von people of colour zu begrenzen. Der Gerichtshof stellte fest,
die nicht differenzierende Regelung stelle nicht deshalb eine Rassendiskriminierung dar, weil sie faktisch kaum Weiße betreffe (EGMR 28.5.1985 – 9214/80 ua
Rn. 84f. – Abdulaziz ua). In zwei Fällen zum Nordirland-Konflikt hatten die Beschwerdeführer eine mittelbare Diskriminierung darin gesehen, dass die große
Mehrheit der zwischen 1969 und 1994 von den Sicherheitskräften getöteten Personen Katholiken gewesen seien. Der EGMR stellte fest, es sei zwar nicht ausgeschlossen, eine Maßnahme als diskriminierend anzusehen, wenn sie eine Gruppe
spezifisch benachteilige, ohne darauf unmittelbar abzuzielen; die vorliegenden Zahlen reichten aber nicht aus, um eine mittelbare Diskriminierung zu belegen
(EGMR 4.5.2001 – 24746/94 Rn. 152ff. – Hugh Jordan; EGMR 28.5.2002 –
43290/98 Rn. 135 – McShane). Eine verbotene mittelbare Diskriminierung wegen
der Religion liegt nach dem Gerichtshof letztlich auch nicht in dem Verbot der
Vollverschleierung, weil es zwar typischerweise Musliminnen treffe, aber namentlich wegen des besonders großen Einschätzungsspielraums in diesem Bereich gerechtfertigt sei (EGMR (GK) 1.7.2014 – 43835/11 Rn. 161, NJW 2014, 2925
(2932) – S. A. S.; und im Anschluss EGMR 11.7.2017 – 37798/13 Rn. 64ff.,
NVwZ 2018, 1037 – Belcacemi und Oussar).

Zu einer Verurteilung wegen einer mittelbaren Diskriminierung kam es erst im 46
Jahr 2007 im umstrittenen Fall zum Förderschul-Besuch minderjähriger Roma in
der Tschechischen Republik. Die tschechischen Förderschulen wurden ganz überwiegend von Roma und kaum von anderen Kindern besucht; gut die Hälfte aller
minderjährigen Roma besuchten – mit Zustimmung ihrer Eltern – eine Förder-
schule. Die Große Kammer erblickte darin (unter ungewöhnlich harscher Kritik
mehrerer Sondervoten) eine mittelbare Rassendiskriminierung (EGMR (GK)
13.11.2007 – 57325/00, insbes. Rn. 182ff., NVwZ 2008, 533 (534) – D.H. ua; s.
im gleichen Zusammenhang auch EGMR 11.12.2012 – 59608/09 – Sampani ua;
EGMR 29.1.2013 – 11146/11 – Horváth und Kiss; und EGMR 30.5.2013 –
7973/10 – Lavida ua; für die Annahme einer mittelbaren Diskriminierung wegen
des Geschlechts dann EGMR 2.2.2016 – 7186/09 Rn. 80ff. – Di Trizio). Danach
ist für eine mittelbare Diskriminierung **keine Absicht** erforderlich (EGMR (GK)
13.11.2007 – 57325/00 Rn. 184, 194, NVwZ 2008, 533 (535) – D.H. ua; ebenso
EGMR (GK) 24.5.2016 – 38590/10 Rn. 121, NVwZ 2017, 1681 – Biao). Zudem
obliegt dem Beschwerdeführer nur ein **prima facie-Beweis,** der vor allem durch
aussagekräftige Statistiken geführt werden kann. Ist dieser geführt, erfolgt eine Beweislastumkehr, dh der beklagte Staat muss darlegen, dass keine Diskriminierung
vorliegt (EGMR (GK) 13.11.2007 – 57325/00 Rn. 188f., NVwZ 2008, 533

(535) – D.H. ua; ebenso EGMR(GK) 16.3.2010 – 15766/03 Rn. 150 – Oršuš ua; EGMR 2.2.2016 – 7186/09 Rn. 84 – Di Trizio; zur Problematik eingehend *Schlüter*, Beweisfragen in der Rechtsprechung des Europäischen Gerichtshofs für Menschenrechte, 2019, S. 384 ff.). Die Gründe für die heftige Kritik an dem zuerst genannten Urteil liegen allerdings weniger in der Feststellung einer Beweislastumkehr als darin, dass die Tschechische Republik sich stärker als andere Staaten bemüht hatte, das Bildungsproblem der Roma anzugehen, und dass die Zustimmung der Eltern zum Förderschulbesuch als irrelevant eingestuft wurde (neben den Sondervoten der Richter *Zupančič*, *Jungwiert*, *Borrego Borrego* und *Šikuta* s. auch *Heyden/v. Ungern-Sternberg* EuGRZ 2009, 81 ff.; der Entscheidung zustimmend dagegen *Harris/O'Boyle/Warbrick* S. 793 ff.; *Dubout* RTDH 2008, 822; s. allgemeiner auch *van den Bogaert* ZaöRV 71 (2011), 719 ff.).

II. Positive Diskriminierungen

47 Bei **positiven** (oder umgekehrten) Diskriminierungen geht es um die Frage, ob Ungleichbehandlungen erlaubt sind, die Benachteiligungen bestimmter Gruppen durch Maßnahmen **aktiver Gleichstellungspolitik** abbauen wollen. Hierzu trifft Art. 14 keine Aussage. Die mit der positiven Diskriminierung notwendigerweise verbundene Benachteiligung einer anderen – faktisch bevorteilten – Gruppe könnte völkerrechtlich problematisch sein (s. etwa *Henrard* ZaöRV 71 (2011), 379 ff.). Ein Kommissionbericht aus dem Jahr 1986 hielt eine angegriffene Unterscheidung für vereinbar mit Art. 14, da sie sich als positive Diskriminierung zu Gunsten der Erwerbstätigkeit verheirateter Frauen rechtfertige (EKMR 11.11.1986 – 11089/84 – Lindsay). Der Gerichtshof hat zuletzt im Wege von obiter dicta festgehalten, dass Art. 14 eine Ungleichbehandlung nicht verbiete, die darauf abziele, faktische Ungleichheiten zu korrigieren (EGMR(GK) 13.11.2007 – 57325/00 Rn. 175, NVwZ 2008, 533 (534) – D.H. ua; EGMR 5.6.2008 – 32526/05 Rn. 68, 86, BeckRS 2015, 11062 – Sampanis ua; vgl. auch bereits EGMR(P) 23.7.1968 – 1474/62 ua Rn. 10 – Belgischer Sprachenfall). Zweifelhaft ist allerdings, ob aus Art. 14 auch eine **Verpflichtung** zu positiver Diskriminierung abgeleitet werden kann (vgl. hierzu EGMR(GK) 16.3.2010 – 15766/03 Rn. 145 – Oršuš ua).

III. Positive Verpflichtungen

48 Aus den Konventionsgarantien folgen nicht nur Abwehrrechte, sondern auch positive Verpflichtungen der Staaten (s. im Überblick zB *Grabenwarter/Pabel* EMRK § 19). Staatliche **Schutzpflichten** gegenüber einer Diskriminierung durch Private können aus Art. 14 grundsätzlich abgeleitet werden. Allerdings ist der Gerichtshof mit einer **mittelbaren Drittwirkung** des Diskriminierungsverbots bislang zurückhaltend umgegangen; **unmittelbare Drittwirkung** kommt Art. 14 ohnehin nicht zu. Im Fall einer Gemeinschaft von Zeugen Jehovas, die mit brutaler Gewalt von Anhängern einer anderen Glaubensgemeinschaft überfallen worden war, stellte der Gerichtshof nicht nur eine Verletzung der verfahrensrechtlichen Dimension von Art. 3 und Art. 9 durch Georgien fest, sondern auch eine Verletzung von Art. 14 iVm diesen Rechten. Denn die Weigerung der Sicherheitskräfte, der Gemeinschaft zu Hilfe zu eilen und später die Angreifer strafrechtlich zu verfolgen, beruhe maßgeblich auf den religiösen Überzeugungen der angegriffenen Gemeinschaft (EGMR 3.5.2007 – 71156/01 Rn. 140 f. – Gldani Congregation; s. auch EGMR 31.5.2007 – 40116/02 Rn. 66 ff. – Šečić: Verstoß gegen Art. 14 iVm

Diskriminierungsverbot **Art. 14 EMRK**

Art. 3 durch das Unterbleiben einer ernsthaften staatlichen Verfolgung einer rassistischen Gewalttat). Die gegen positive Verpflichtungen aus den Freiheitsrechten verstoßende Untätigkeit wird also durch ihre Motivation zu einem **zusätzlichen** Verstoß gegen das Diskriminierungsverbot (s. auch EGMR 14.1.2020 – 41288/15 Rn. 84 ff., BeckRS 2020, 872 – Beizaras und Levickas zum fehlenden Schutz gegen Hasskommentare in sozialen Medien aufgrund diskriminierender Einstellungen). In jüngerer Zeit hat der Gerichtshof vor allem seine parallele Rechtsprechungslinie zur häuslichen Gewalt gegen Frauen ausgebaut. Danach können unzureichender Schutz gegen und Verfolgung von häuslicher Gewalt Diskriminierungen aufgrund des Geschlechts darstellen und nach Art. 14 iVm Art. 2 oder 3 gerügt werden (s. EGMR 9.6.2009 – 33401/02 Rn. 184 ff., BeckRS 2009, 15505 – Opuz; EGMR 28.5.2013 – 3564/11 Rn. 82 ff., NJOZ 2014, 1995 (1999) – Eremia; EGMR 28.1.2014 – 26608/11 Rn. 57 ff., BeckRS 2014, 126559 – T.M. und C.M.; EGMR 2.3.2017 – 41237/14 Rn. 141 ff., BeckRS 2017, 163151 – Talpis; EGMR 9.7.2019 – 41261/17 Rn. 117 ff., BeckRS 2019, 48847 – Volodina; EGMR 8.7.2021 – 33056/17 Rn. 51 – Tkhelidze).

Relevant geworden ist die Frage nach positiven Verpflichtungen aus Art. 14 in **49** jüngerer Zeit vor allem im Kontext **rassistisch motivierter Gewalt** staatlicher Sicherheitskräfte gegen Roma: Im Fall *Nachova* stellte die Große Kammer fest, die Pflicht zur sorgfältigen Ermittlung eines rassistischen Hintergrunds solcher Taten und zu ihrer unmissverständlichen Ahndung sei nicht nur eine positive Verpflichtung aus Art. 2, sondern auch Inhalt des Diskriminierungsverbots (EGMR(GK) 6.7.2005 – 43577/98 ua Rn. 161, BeckRS 2015, 11064 – Nachova ua; ebenso EGMR 26.7.2007 – 55523/00 Rn. 115 ff. – Angelova und Iliev; EGMR 6.11.2018 – 3289/10 Rn. 92 – Burlya ua). Im Fall einer rassistischen Misshandlung eines 14-jährigen Kindes durch die rumänische Polizei, die zu einer schweren Behinderung des Opfers führte, stellte der Gerichtshof neben einer Verletzung von Art. 3 auch eine Verletzung von Art. 14 iVm Art. 3 unter zwei Gesichtspunkten fest: Erstens habe Rumänien gegen die positive Verpflichtung verstoßen, mögliche rassistische Motive der Gewalttat aufzuklären (s. zur fehlenden Aufklärung sonstiger politischer Motive einer Gewalttat als Verstoß gegen Art. 14 EGMR 2.10.2012 – 40094/05 Rn. 218 ff. – Virabyan). Das Diskriminierungsverbot sei zweitens auch materiell-rechtlich verletzt, weil die Gewalttat auch eine Diskriminierung aus Gründen der Rasse darstelle (EGMR 4.3.2008 – 42722/02 Rn. 119 ff., 125 ff., BeckRS 2014, 21154 – Stoica; zu dieser Differenzierung *Harris/O'Boyle/Warbrick* S. 794 ff.). Diese Rechtsprechung ist ein Beleg für den Versuch des Gerichtshofs, auf der Grundlage des Diskriminierungsverbots einen rechtlichen Ansatz für einen effektiven **Minderheitenschutz** zu entwickeln (s. zuletzt EGMR(GK) 16.3.2010 – 15766/03 Rn. 147 – Oršuš ua; und EGMR 3.7.2014 – 37966/07 ua Rn. 123 ff., BeckRS 2015, 11063 – Antayev ua). In diesem Zusammenhang sind auch Entscheidungen zu nennen, die mangelhafte Ermittlungen bei Übergriffen auf LGBTI-Personen als unzulässige Diskriminierungen angesehen haben (s. etwa EGMR 12.4.2016 – 12060/12 Rn. 113, 124 – M. C. und A.C.; EGMR 12.5.2020 – 73235/12 Rn. 67 f. – Identoba ua; EGMR 8.10.2020 – 7224/11 Rn. 39 f., BeckRS 2020, 25725 – Aghdgomelashvili und Japaridze). Allerdings hat der Gerichtshof zuletzt darauf hingewiesen, dass Minderheitenschutz nicht entgegen dem Gedanken der freien Selbstbestimmung aufgedrängt werden darf (EGMR(GK) 19.12.2018 – 20452/14 Rn. 157, NJW 2019, 3699 (3702) – Molla Sali; s. für einen weiten Einschätzungsspielraum auch EGMR 28.1.2016 – 65480/10, NVwZ 2017, 945 – Die Friesen).

3. Teil. Rechte und Freiheiten der Zusatzprotokolle

Art. 1 EMRKZusProt Schutz des Eigentums

Jede natürliche oder juristische Person hat das Recht auf Achtung ihres Eigentums. Niemandem darf sein Eigentum entzogen werden, es sei denn, dass das öffentliche Interesse es verlangt, und nur unter den durch Gesetz und durch die allgemeinen Grundsätze des Völkerrechts vorgesehenen Bedingungen.

Absatz 1 beeinträchtigt jedoch nicht das Recht des Staates, diejenigen Gesetze anzuwenden, die er für die Regelung der Benutzung des Eigentums im Einklang mit dem Allgemeininteresse oder zur Sicherung der Zahlung der Steuern oder sonstiger Abgaben oder von Geldstrafen für erforderlich hält.

Every natural or legal person is entitled to the peaceful enjoyment of his possessions. No one shall be deprived of his possessions except in the public interest and subject to the conditions provided for by law and by the general principles of international law.

The preceding provisions shall not, however, in any way impair the right of a State to enforce such laws as it deems necessary to control the use of property in accordance with the general interest or to secure the payment of taxes or other contributions or penalties.

Toute personne physique ou morale a droit au respect de ses biens. Nul ne peut être privé de sa propriété que pour cause d'utilité publique et dans les conditions prévues par la loi et les principes généraux du droit international.

Les dispositions précédentes ne portent pas atteinte au droit que possèdent les Etats de mettre en vigueur les lois qu'ils jugent nécessaires pour réglementer l'usage des biens conformément à l'intérêt général ou pour assurer le paiement des impôts ou d'autres contributions ou des amendes.[1]

Literatur: *Brandt,* Eigentumsschutz in europäischen Völkerrechtsvereinbarungen, 1995; *v. Carlowitz,* Das Menschenrecht auf Eigentum von Flüchtlingen und Vertriebenen, 2008; *v. Danwitz,* Eigentumsschutz in Europa und im Wirtschaftsvölkerrecht, in v. Danwitz/Depenheuer/ Engel (Hrsg.), Bericht zur Lage des Eigentums, 2002, S. 215; *Dolzer,* Eigentum, Enteignung und Entschädigung im geltenden Völkerrecht, 1985; *Fiedler,* Die EMRK und der Schutz des Eigentums, EuGRZ 1996, 354; *Fischborn,* Enteignung ohne Entschädigung nach der EMRK?, 2010; *Frowein,* Der Eigentumsschutz in der Europäischen Menschenrechtskonvention, in Pfeiffer/Wiese/Zimmermann (Hrsg.), FS Rowedder, 1994, 49; *Gelinsky,* Der Schutz des Eigentums gemäß Art. 1 des Ersten Zusatzprotokolls zur Europäischen Menschenrechtskonvention, 1996; *Glöckner,* Eigentumsrechtlicher Schutz von Unternehmen, 2005; *Hartwig,* Der Eigentumsschutz nach Art. 1 1. Zusatzprotokoll zur EMRK, RabelsZ 1999, 561; *Klein,* Der Eigentumsschutz in der Rechtsprechung des Europäischen Gerichtshofs für Menschenrechte, in Kempen (Hrsg.), Die rechtsstaatliche Bewältigung der demokratischen Bodenreform, 2005, S. 67; *Krie-*

---

[1] Die Kommentierung gibt ausschließlich die persönliche Rechtsauffassung der Bearbeiterin und nicht die der Europäischen Zentralbank wieder.

Schutz des Eigentums   Art. 1   EMRKZusProt

baum, Eigentumsschutz im Völkerrecht, 2008; *Kriebaum/Reinisch,* Property, Right to, International Protection, in Wolfrum (Hrsg.), The Max Planck Encyclopedia of International Law, Bd. VIII, 2012, S. 522 (s. auch http://www.mpepil.com); *Kriebaum,* Art. 1 1. ZP zur EMRK, in Pabel/Schmahl (Hrsg.), Internationaler Kommentar zur Europäischen Menschenrechtskonvention, 2013; *Malzahn,* Bedeutung und Reichweite des Eigentumsschutzes in der Europäischen Menschenrechtskonvention, 2007; *Mergner,* Das Bodenreformeigentum und die Eigentumsgewährleistungen, 2009; *Michl,* Eigentumsgesetzgebung im Lichte des Grundgesetzes und der Europäischen Menschenrechtskonvention, JZ 2013, 504; *Michl,* Grundrechtlicher Eigentumsschutz in Deutschland und Europa, JuS 2019, 343 und 431; *Mittelberger,* Der Eigentumsschutz nach Art. 1 des Ersten Zusatzprotokolls zur EMRK im Lichte der Rechtsprechung der Straßburger Organe, 2000; *Müller-Michaels,* Grundrechtlicher Eigentumsschutz in der Europäischen Union, Das Eigentumsgrundrecht in der Rechtsordnung der EU, in der ERK und in den Verfassungen Deutschlands, Italiens und Irlands, 1997; *Reininghaus,* Eingriffe in das Eigentumsrecht nach Artikel 1 des Zusatzprotokolls zur EMRK, 2002; *Riedel,* Entschädigung für Eigentumsentziehung nach Art. 1 des Ersten Zusatzprotokolls zur Europäischen Menschenrechtskonvention, EuGRZ 1988, 333.

Übersicht

	Rn.
A. Bedeutung im innerstaatlichen Bereich	1
I. Überblick	1
II. Strukturvergleich	4
1. Eigentumsgarantie in EMRK und GG	4
2. Eigentumsgarantie in EMRK und sonstigen Menschenrechtsverträgen	5
3. Eigentumsgarantie in EMRK und GRCh	6
III. Praktische Bedeutung von Art. 1 für das deutsche Recht	7
1. Deutsche höchstrichterliche Rechtsprechung zu Art. 1	7
2. Deutsche Eigentumsfälle vor dem EGMR	10
B. Schutzbereich	11
I. Sachlicher Schutzbereich	11
1. Allgemeines	11
2. Sachenrechte	13
3. Immaterialgüterrechte	14
4. Erbrecht	16
5. Forderungen	17
6. Finanzinstrumente, insbesondere Unternehmensbeteiligungen	21
7. Goodwill	23
8. Geschäftslizenzen	25
II. Persönlicher Schutzbereich	26
III. Zeitlicher Schutzbereich	28
C. Eingriffe	29
I. Eigentumsentziehung (Abs. 1 S. 2)	30
1. Formelle Enteignung	31
2. De facto-Enteignung	32
II. Nutzungsregelung (Abs. 2)	33
III. Sonstige eigentumsrelevante Maßnahme (Abs. 1 S. 1)	35
D. Rechtfertigung	36
I. Allgemeine Schranken	37
1. Gesetzliche Grundlage	37
2. Öffentliches Interesse/Allgemeininteresse	38
3. Verhältnismäßigkeit	39

	Rn.
II. Besondere Schranke bei Eigentumsentziehung: Allgemeine Grundsätze des Völkerrechts	46
E. **Weitere Verpflichtungen**	49
I. Positive Handlungsverpflichtungen	50
II. Verfahrensrechtliche Verpflichtungen	52
F. **Abgrenzung zu anderen Artikeln**	54

A. Bedeutung im innerstaatlichen Bereich

I. Überblick

1   Das in Art. 1 geschützte Eigentum ist das **einzige wirtschaftliche Recht,** das neben den politischen und bürgerlichen Rechten in der EMRK geschützt wird. Die Aufnahme in das EMRKZusProt ist auf den Umstand zurückzuführen, dass bei der Ausarbeitung des Konventionstextes keine Einigkeit über den Inhalt der Eigentumsgarantie erzielt werden konnte (zur Entstehungsgeschichte *Dolzer* S. 94 ff.; *Hartwig* RabelsZ 1999, 561 (562 f.); *v. Danwitz* in v. Danwitz/Depenheuer/Engel S. 215, 220 f.). Insbesondere das Vereinigte Königreich leistete Widerstand gegen die Verankerung eines Eigentumsrechts in einen Menschenrechtskatalog, dem zugleich ein entwickeltes Rechtsschutzsystem zur Verfügung stehen sollte. Der Wortlaut von Art. 1, namentlich das Fehlen einer Entschädigungsklausel, spiegelt deshalb den Kompromiss zwischen einem ausdrücklichen Eigentumsschutz und der grundsätzlich freien staatlichen Verfügbarkeit über privates Eigentum wider (*Hartwig* RabelsZ 1999, 561 (562 f.)).

2   Art. 1, der eine „Synthese der Grundprinzipien, (…), die im Recht der Mitgliedstaaten für den Eigentumsschutz maßgeblich sind" (*Peukert* in Frowein/Peukert EMRKZusProt Art. 1 Rn. 1), beinhaltet, wird vom EGMR nicht rechtsvergleichend, sondern **autonom ausgelegt.** Daraus folgt, dass der Schutz nach Art. 1 nicht zwangsläufig mit dem nationalen Standard eines jeden Konventionsstaats übereinstimmen muss. Im Sinne eines möglichst effektiven Grundrechtsschutzes vertritt der EGMR nicht nur einen umfassenden Eigentumsbegriff, was sich nicht zuletzt darin zeigt, dass er versucht, die in der EMRK nicht festgeschriebene Berufsfreiheit durch eine entsprechend weite Auslegung des Eigentumsbegriffs zu kompensieren (→ Rn. 23). Er hat seit den 1980er Jahren aus dem konventionsübergreifenden, in Art. 1 nicht erwähnten Verhältnismäßigkeitsprinzip auch eine grundsätzliche Entschädigungspflicht bei Eigentumsentziehungen nach Abs. 1 S. 2 abgeleitet (→ Rn. 41). Im Vergleich zu anderen Konventionsrechten, vornehmlich Art. 8–11 EMRK, verfügen die Konventionsstaaten indes fast 70 Jahre nach Inkrafttreten des 1. Zusatzprotokolls (18.5.1954) immer noch über einen weiten Beurteilungsspielraum („wide margin of appreciation", „large marge d'appréciation"), der den konventionsrechtlichen Eigentumsschutz wesentlich beschränkt (*Gelinsky* S. 202 f.; *v. Danwitz* in v. Danwitz/Depenheuer/Engel S. 215, 259; *Glöckner* S. 93).

3   Während Art. 1 in der Rechtsprechung des EGMR bis 1995 noch untergeordnete Bedeutung besaß (*Hartwig* RabelsZ 1999, 561 (578)), ist die **Bedeutung von Art. 1** in der Rechtsprechung des EGMR seither **immer mehr angestiegen.** Trotz des weiten Beurteilungsspielraums der Konventionsstaaten stellt der EGMR **zunehmend eine Verletzung von Art. 1 fest.** Dabei hat der Grundsatz der Verhältnismäßigkeit zwar zu einer effektiveren Kontrolle des konventionsstaatlichen Verhaltens beigetragen (*Frowein* FS Rowedder, 1994, 49 (58)), den Abwägungs-

Schutz des Eigentums **Art. 1 EMRK ZusProt**

spielraum des EGMR durch das Abstellen auf die Besonderheiten des jeweiligen Einzelfalls aber auch erheblich erweitert und die Rechtsprechung des EGMR insoweit unvorhersehbar gemacht (*Hartwig* RabelsZ 1999, 561 (573); *v. Danwitz* in v. Danwitz/Depenheuer/Engel S. 215, 254). Im Falle einer festgestellten Verletzung muss der verurteilte Konventionsstaat damit rechnen, **Schadensersatz in erheblicher Höhe** leisten zu müssen (vgl. etwa EGMR 28.11.2002 – 25701/94, NJW 2003, 1721 – Former King of Greece: insgesamt 13,7 Mio. EUR).

II. Strukturvergleich

1. Eigentumsgarantie in EMRK und GG. Da die konventionsrechtliche 4 Eigentumsgarantie anders als die grundgesetzliche nicht vor dem Hintergrund einer konkreten staatlich konstituierten Eigentums- und Wirtschaftsordnung gewährleistet wird, enthält Art. 1 im Gegensatz zu Art. 14 GG **keine Institutsgarantie** (Grabenwarter/Pabel EMRK § 25 Rn. 2; vgl. zu Art. 14 GG BVerfGE 24, 367 (389); 58, 300 (339)). Der sachliche Schutzbereich von Art. 1 ist – mit Ausnahme des Erbrechts (→ Rn. 16) – weiter, wenngleich er ebenso wenig wie der von Art. 14 GG das Vermögen als solches einbezieht. Entsprechendes gilt für den persönlichen Schutzbereich von Art. 1, der sich über Art. 19 Abs. 3 GG hinaus auch auf ausländische juristische Personen erstreckt (→ Rn. 26). Aufgrund des weiten Beurteilungsspielraums, den der EGMR den Konventionsstaaten auf der Rechtfertigungsebene zubilligt (→ Rn. 38 f.), sind **Eingriffe in Art. 1** jedoch **tendenziell in weiterem Umfang zulässig** als Eingriffe in Art. 14 GG (*Cremer* in Dörr/Grote/Marauhn Kap. 22 Rn. 28). Art. 1 enthält **kein Pendant zu Art. 15 GG**.

2. Eigentumsgarantie in EMRK und sonstigen Menschenrechtsverträ- 5 **gen.** Art. 1 enthält **eine der wenigen umfassenden Eigentumsgarantien in völkerrechtlichen Menschenrechtsverträgen.** Lediglich andere regionale Menschenrechtsverträge, die Amerikanische Menschenrechtskonvention (Art. 21) und die Afrikanische Menschenrechtscharta (Art. 14), verfügen über vergleichbare Bestimmungen, denen die jeweiligen Rechtsprechungsorgane jedoch unterschiedliche Schwerpunkte gewidmet haben (im interamerikanischen Menschenrechtssystem, etwa den indigenen kollektiven Eigentumsrechten, zB *Carstens* VRÜ 2009, 399). Auf der internationalen Ebene verfügen die beiden Menschenrechtspakte anders als die Allgemeine Erklärung der Menschenrechte (Art. 17 AEMR) über keine Eigentumsgarantie. Art. 15 Abs. 1 lit. c des IPWSKR (Internationaler Pakt über wirtschaftliche, soziale und kulturelle Rechte), der das Urheberrecht als Bestandteil des Eigentums schützt, stellt insoweit eine Ausnahme dar.

3. Eigentumsgarantie in EMRK und GRCh. Die in Art. 17 GRCh nieder- 6 gelegte Eigentumsgarantie rezipiert Art. 1 trotz mehrerer Unterschiede in der Formulierung, insbesondere der ausdrücklichen Absicherung des geistigen Eigentums in Abs. 2. Nach Art. 52 Abs. 3 GRCh ist Art. 1 bei der Auslegung von Art. 17 GRCh als **Mindestschutzstandard** zu berücksichtigen (EuGH 13.6.2017 – C-258/14, ECLI:EU:C:2017:448 Rn. 49 – Florescu). Dies eröffnet den Unionsgerichten die Möglichkeit, im Einzelfall von der Rechtsprechung des EGMR abzuweichen. Die Unterschiede sind in den letzten Jahren jedoch geringer geworden (*Vosgerau* in Stern/Sachs, 1. Aufl. 2016, GRCh Art. 17 Rn. 32 ff. mwN). Der EuGH stimmt zB mit dem EGMR darin überein, dass Nießbrauchsrechte an Immobilien Eigentumspositionen darstellen (EuGH 21.5.2019 – C-235/17, ECLI: EU:C:2019:432 Rn. 70 ff. – Kommission/Ungarn; → Rn. 13). Ferner stellen öffentliche Interessen, die (weitgehende) Eingriffe in Art. 17 GRCh rechtfertigen, sowohl das Ziel, die Stabilität des Finanzsystems sicherzustellen (EuGH 19.7.2016 – C-52/14, ECLI:EU:C:2016:570 Rn. 69 – Kotnik ua; EuGH 20.9.2016 – verb. Rs. C-8/15 P bis C-10/15 P, ECLI:EU:C:2016:701 Rn. 71 – Ledra Advertising ua), als auch der Schutz der territorialen Unversehrtheit, der Souveränität und der Unabhängigkeit eines Staates dar (EuGH 28.3.2017 – C-72/15, ECLI:EU:C:2017:236 Rn. 150 – Rosneft).

III. Praktische Bedeutung von Art. 1 für das deutsche Recht

7 **1. Deutsche höchstrichterliche Rechtsprechung zu Art. 1.** Die Bezugnahmen auf Art. 1 in der deutschen höchstrichterlichen Rechtsprechung sind überschaubar. Da der über das 1. Zusatzprotokoll gewährleistete Schutz des Eigentums im Ergebnis grundsätzlich nicht über Art. 14 GG hinausreicht (→ Rn. 4), ist die praktische Bedeutung von Art. 1 im deutschen Rechtsraum eher die einer **ergänzenden prozeduralen Garantie** als die einer zusätzlichen materiellen Garantie (*Hartwig* RabelsZ 1999, 561 (579)). An den Stellen, an denen der Schutzbereich des Art. 1 weiter ist als der des Art. 14 GG (→ Rn. 16, 23), sind in Deutschland andere Grundrechte, etwa Art. 12 GG, einschlägig oder die zu Art. 1 ergangene Rechtsprechung des EGMR konterkariert die weite Fassung des Schutzbereichs durch entsprechend weit gefasste Eingriffsmöglichkeiten (eine Ausnahme stellt insoweit EGMR 8.12.2011 – 5631/05, NVwZ 2012, 1455 – Althoff ua dar). In Einzelfällen kommt jedoch ein Auseinanderfallen des grundgesetzlichen und des konventionsrechtlichen Eigentumsschutzes aufgrund der divergierenden Rechtfertigungsprüfung durch EGMR und Bundesverfassungsgericht in Betracht (*Michl* JZ 2013, 504 (512); → Rn. 39).

8 Im **verfassungsgerichtlichen Verfahren** bildet die EMRK keinen unmittelbaren Prüfungsmaßstab (BVerfGE 111, 307 (317)). Die Heranziehung von Art. 1 und der hierzu ergangenen Rechtsprechung des EGMR als Auslegungshilfe für die Bestimmung von Inhalt und Reichweite von Art. 14 GG steht unter dem Vorbehalt, dass dies nicht zu einer Einschränkung des Grundrechtsschutzes führt (BVerfGE 111, 307 (317); 128, 326 (367f.)). Bisher hat sich das Bundesverfassungsgericht auf die Prüfung beschränkt, ob die im Rahmen einer Verfassungsbeschwerde angegriffenen fachgerichtlichen Entscheidungen Art. 1 und die hierzu ergangene Rechtsprechung des EGMR ausreichend berücksichtigt haben (dazu BVerfGE 112, 1 (41ff.); BVerfGK 10, 66 (76ff.)).

9 Im **fachgerichtlichen Verfahren** ist die im Rang eines Bundesgesetzes stehende EMRK (Art. 59 Abs. 2 GG) zwar unmittelbarer Prüfungsmaßstab. Ausführliche Auseinandersetzungen mit Art. 1 und der hierzu ergangenen Rechtsprechung sind jedoch selten (dazu BAG 27.3.2007 – 3 AZR 299/06, NZA-RR 2008, 82 (90); BGH 27.10.2008 – II ZR 290/07, BeckRS 2009, 01192 Rn. 17; BFH 19.6.2013 – II R 10/12, IStR 2013, 667 Rn. 38ff.).

10 **2. Deutsche Eigentumsfälle vor dem EGMR. Deutschland wurde selten wegen einer Verletzung von Art. 1 verurteilt** (zB EGMR 8.12.2011 – 5631/05, NVwZ 2012, 1455 – Althoff ua; EGMR 26.6.2012 (GK) – 9300/07, NJW 2012, 3629 – Herrmann; EGMR 9.1.2017 – 32377/12, NVwZ 2017, 1273 – Werra Naturstein GmbH & Co KG). Die geringe Zahl an Verurteilungen hängt unter anderem damit zusammen, dass es insgesamt wenig Verfahren wegen einer Verletzung von Art. 1 vor dem EGMR gab, die gegen Deutschland gerichtet

waren. Überwiegend betrafen diese Verfahren die **Restitution,** dh die Rückführung oder Kompensation der unter dem DDR-System im Sinne der sozialistischen Eigentumsordnung durchgeführten Enteignung des Privateigentums (dazu allgemein *Malzahn* S. 267 ff.; *Mergner* S. 187 ff.; *Fischborn* S. 98 ff.).

B. Schutzbereich

I. Sachlicher Schutzbereich

1. Allgemeines. Art. 1 differenziert trotz des unklaren Wortlauts in den authentischen Sprachfassungen nicht zwischen Besitz („possessions", „biens") und Eigentum („property", „propriété"), sondern enthält eine **einheitliche Garantie des Eigentums** (EGMR 13.6.1979 – 6833/74 Rn. 63, EuGRZ 1979, 454 – Marckx). Der Begriff des Eigentums wird weit ausgelegt (*Harris/O'Boyle/Warbrick* S. 849 ff.; *Jacobs/White/Ovey* S. 481). Er umfasst **bestehende Eigentumspositionen** („existing possessions", „bien actuel"), die dem Inhaber zu seiner ausschließlichen Nutzung zugewiesen sind, und **Vermögenswerte** („assets", „valeurs patrimoniales") einschließlich Forderungen, aufgrund derer der Einzelne geltend machen kann, dass er zumindest eine **berechtigte Erwartung** („legitimate expectation", „espérance légitime") hat, in den effektiven Genuss einer Eigentumsposition zu gelangen (EGMR 29.11.1991 – 12742/87 Rn. 51 – Pine Valley Developments Ltd. ua; EGMR 6.10.2005 – 1513/03 Rn. 65 – Draon), nicht aber das Recht auf Eigentumserwerb (EGMR 13.6.1979 – 6833/74 Rn. 50, EuGRZ 1979, 454 – Marckx; vgl. jedoch EGMR 5.1.2000 (GK) – 33202/96 Rn. 100 ff., NJW 2003, 654 – Beyeler). Folglich besteht für die Konventionsstaaten keine allgemeine Verpflichtung, die Kaufkraft von Ersparnissen aufrechtzuerhalten (EGMR 13.11.2007 – 17211/03 Rn. 31 – Dolneanu). Die bloße Hoffnung auf die Anerkennung des Fortbestands einer alten Eigentumsposition, die seit langem nicht mehr wirksam ausgeübt werden konnte (EGMR 12.7.2001 (GK) – 42527/98 Rn. 83, NJW 2003, 649 – Prinz Hans-Adam II von Liechtenstein), oder auf die Wiederentstehung einer längst erloschenen Eigentumsposition (EGMR 10.7.2002 (GK) – 38645/97 Rn. 41 ff. – Polacek und Polockova) stellt noch keine berechtigte Erwartung dar (zur Trennlinie *Klein* in Kempen S. 67 ff.; *Malzahn* S. 270 ff.).

Art. 1 liegt ein **von den innerstaatlichen Rechtsordnungen der Konventionsstaaten unabhängiger, autonomer Begriff** des Eigentums zugrunde. Rechte und Interessen, die im innerstaatlichen Recht eines Konventionsstaats nicht formell als Eigentum eingeordnet werden, aber Vermögenswerte darstellen, können ebenfalls von Art. 1 geschützt sein. Maßgeblich ist, ob nach den Gesamtumständen des Einzelfalls, insbesondere der betroffenen wirtschaftlichen Rechte und Interessen, eine **erhebliche Rechtsposition** („substantive interest", „intérêt substantiel") gegeben ist (EGMR 7.7.1989 – 10873/84 Rn. 53 – Tre Traktörer Aktiebolag: Lizenz zum Ausschank alkoholischer Getränke; EGMR 28.7.2005 – 33538/96 Rn. 66 – Alatulkkila ua: Fangrecht; EGMR 11.1.2007 (GK) – 73049/01 Rn. 63, 76, GRUR 2007, 696 – Anheuser-Busch Inc.; EGMR 18.9.2007 – 25379/04 ua Rn. 56 – Paeffgen GmbH: Nutzungsrecht eines registrierten Internet-Domain-Namens). Allerdings unterfällt „nur die vermögensrechtlich wirtschaftliche Seite, nicht aber die persönlichkeitsbezogene Seite des Eigentums" dem Schutzbereich des Art. 1 (*v. Danwitz* in v. Danwitz/Depenheuer/Engel S. 215, 224).

EMRK ZusProt Art. 1

13 **2. Sachenrechte. Mobilien und Immobilien** unterliegen der Eigentumsgarantie des Art. 1 (EKMR 8.2.1978 – 7456/76 – Wiggins), nicht aber menschliche Embryos (EGMR 27.8.2015 (GK) – 46470 Rn. 215, NJW 2016, 3705 – Parrillo). Gleiches gilt **für beschränkte dingliche Sachenrechte,** wie eine Grunddienstbarkeit oder ein Nießbrauchsrecht (EGMR 12.12.2002 – 37290/97 Rn. 43 ff., NJW 2004, 1583 – Wittek), sowie **Sicherheitsrechte,** wie einen Eigentumsvorbehalt (EGMR 20.2.2003 – 47316/99 Rn. 32, NJW 2004, 927 – Forrer-Niedenthal). Hinsichtlich des Eigentums an Immobilien werden sämtliche Nutzungsmöglichkeiten erfasst, etwa das Recht zur Bebauung eines Grundstücks (EGMR 23.9.1982 – 7151/75 Rn. 60, EuGRZ 1983, 523 – Sporron u. Lönnroth) und das Recht zum Abschluss von Mietverträgen (EKMR 11.7.1988 – 10522/84 – Mellacher ua).

14 **3. Immaterialgüterrechte.** Immaterialgüterrechte, insbesondere **gewerbliche Schutzrechte** wie Patente (EKMR 4.10.1990 – 12633/87 – Smith-Kline ua), Gebrauchsmuster, Geschmacksmuster, Sortenrechte, Marken, geographische Herkunftsangaben, aber auch das **Urheberrecht** (EGMR 29.1.2008 – 19247/03 Rn. 34 ff. – Balan) und die **verwandten Schutzrechte,** sind vom Schutzbereich des Art. 1 umfasst (EGMR 11.1.2007 (GK) – 73049/01 Rn. 72, GRUR 2007, 696 – Anheuser-Busch Inc.; vgl. für den Begriff des geistigen Eigentums Art. 2 Ziff. viii WIPO; Art. 1 Abs. 2 TRIPS), nicht aber persönliche Schriftstücke wie Briefe, die privaten und nicht wirtschaftlichen Zwecken dienen (EKMR 11.1.1994 – 21962/93 – A. D.). Da die Eigentumsgarantie nur wirtschaftliche Rechte unterliegen (→ Rn. 12), sind die persönlichkeitsrechtlichen Befugnisse der Immaterialgüterrechte, insbesondere das Urheberpersönlichkeitsrecht des kontinentaleuropäischen droit d'auteur-Systems, nicht vom Schutzbereich des Art. 1 umfasst.

15 Der Schutz beschränkt sich grundsätzlich auf **bestehende Immaterialgüterrechte.** Ausnahmsweise kann ein von Art. 1 geschütztes Recht jedoch bereits vor der erfolgten Eintragung eines gewerblichen Schutzrechts vorliegen, wenn die Antragstellung nach dem innerstaatlichen Recht eines Konventionsstaats bestimmte wirtschaftliche Rechte und Interessen mit sich bringt (EGMR 11.1.2007 (GK) – 73049/01 Rn. 72, GRUR 2007, 696 – Anheuser-Busch Inc.; krit. *Beiter* IIC 2008, 714).

16 **4. Erbrecht.** Art. 1 schützt weniger weitgehend das in Art. 14 Abs. 1 GG ausdrücklich genannte Erbrecht. Da Art. 1 kein Recht auf Eigentumserwerb schützt (→ Rn. 10), unterfällt das Erbrecht dem Schutzbereich des Art. 1 nur im Hinblick auf das **Recht des Erblassers, von Todes wegen über sein Eigentum zu disponieren** (EGMR 13.6.1979 – 6833/74 Rn. 50, EuGRZ 1979, 454 – Marckx), und das **Recht des Erben auf einen Anteil am Nachlass,** wenn er nachweisen kann, dass ihm ein solcher zusteht (EGMR 28.10.1987 – 8695/79 Rn. 38 – Inze).

17 **5. Forderungen.** Forderungen können vom Eigentumsbegriff unabhängig davon umfasst sein, ob sie **privat- oder öffentlich-rechtlicher Natur** sind (vgl. für Ansprüche im Zusammenhang mit Steuerschuldverhältnissen und sonstigen Abgaben sowie das Recht betreffend die Verpflichtung zur Errichtung von Geldstrafen bereits den Wortlaut von Art. 1 Abs. 2). Sie müssen sich nicht zwingend aus dem innerstaatlichen Recht eines Konventionsstaats, sondern können sich auch aus dem **Unionsrecht** ergeben, sofern die betreffenden Bestimmungen vollkommen klar, präzise und unmittelbar anwendbar („perfectly clear, precise and directly appli-

cable", „parfaitement clair, précise et directement applicable") sind (EGMR 16.4.2002 – 36677/97 Rn. 44ff. – Dangeville: Richtlinie; EGMR 3.4.2012 – 57583/10 Rn. 45 – Iovitoni ua). Öffentlich-rechtliche Ansprüche auf **Sozial- und Pensionsleistungen, die im innerstaatlichen Recht eines Konventionsstaats gesetzlich vorgesehen sind,** unterfallen der Eigentumsgarantie auch dann, wenn sie die Leistung eigener Beiträge nicht voraussetzen (EGMR 12.4.2006 – 65731/01 ua Rn. 50 – Stec ua; anders BVerfGE 48, 403 (412); 69, 272 (300); 116, 96 (121); vgl. zur abweichenden früheren Rspr. EGMR 16.9.1996 – 17371/90 Rn. 41 – Gaygusuz; dazu *Pech* in Grabenwarter/Thienel S. 233).

Forderungen stellen bestehende Eigentumspositionen dar, wenn sie **durchsetz- 18 bar** sind („sufficiently established to be enforceable", „suffisamment établies pour être exigible"), dh **durch eine endgültige und verbindliche gerichtliche Entscheidung anerkannt** worden sind (EGMR 9.12.1994 – 13427/87 Rn. 59ff. – Stran Greek Refineries ua; EGMR 3.4.2008 – 773/03 Rn. 61f. – Regent Company). Für die Endgültigkeit einer gerichtlichen Entscheidung genügt, dass gegebenenfalls noch bestehende Rechtsmittel keine aufschiebende Wirkung haben (EGMR 14.12.1999 – 37098/97 Rn. 31 – Antonakopoulus ua).

Sind Forderungen nicht durchsetzbar, unterliegen sie der Eigentumsgarantie, 19 wenn **ihr Inhaber auf deren Erfüllung legitimerweise vertrauen darf,** er sich mit anderen Worten auf berechtigte Erwartungen („legitimate expectations", „espérance légitime") berufen kann (EGMR 25.10.2001 – 41879/98 Rn. 24 – Saggio). Hierfür genügt nach der Rechtsprechung des EGMR weder die Behauptung, es werde ein echter Streit („genuine dispute"; „contestation réelle") geführt, noch die Geltendmachung eines lediglich vertretbaren Anspruchs („arguable claim", „prétention défendable"). Erforderlich ist vielmehr, dass die Forderungen auf einer ausreichenden Grundlage im innerstaatlichen Recht eines Konventionsstaats, etwa infolge einer gesicherten Rechtsprechung der innerstaatlichen Gerichte, beruhen (EGMR 6.10.2005 (GK) – 11810/03 Rn. 63ff. – Maurice). Sind diese Voraussetzungen erfüllt, kommt es nicht darauf an, ob Behörden oder Gerichte bereits über den Anspruch entschieden haben (EGMR 8.12.2011 – 5631/05 Rn. 47, NVwZ 2012, 1455 – Althoff ua).

Berechtigte Erwartungen können im begründeten Vertrauen sowohl auf einen 20 **gültig scheinenden behördlichen Rechtsakt** bestehen, wenn aufgrund dieses Rechtsakts Investitionen getätigt worden sind (EGMR 29.11.1991 – 12742/87 Rn. 51 – Pine Valley Developments Ltd. ua), als auch auf die **Fortsetzung einer bestehenden Rechtsprechungslinie der innerstaatlichen Gerichte bei unveränderter Rechtslage** (EGMR 6.10.2005 (GK) – 1513/03 Rn. 65, 68 – Draon). Allerdings darf der Inhaber auf die Erfüllung einer Forderung (in der Praxis zumeist auf Restitution), die im innerstaatlichen Recht von einer Bedingung abhängt, nicht vertrauen, wenn diese Bedingung nicht erfüllt ist (EGMR 13.12.2000 – 33071/96 – Malhous).

6. Finanzinstrumente, insbesondere Unternehmensbeteiligungen. Ak- 21 tien und sonstige Unternehmensbeteiligungen sind vom Schutzbereich des Art. 1 umfasst, wenn sie einen wirtschaftlichen Wert haben (EGMR 6.11.2002 – 48553/99 Rn. 91 – Sovtransavto Holding; näher hierzu *Kriebaum* S. 75ff.; *Schreuer/ Kriebaum* FS Wildhaber, 2007, 743). Gleiches gilt für andere Wertpapiere, die Gegenstand von Transaktionen auf dem Kapitalmarkt sind, wie etwa **Staatsanleihen.** Wenngleich ihr Wert aufgrund unterschiedlicher Faktoren schwanken kann, müssen sie bei Fälligkeit grundsätzlich zum Nennwert zurückgezahlt werden (EGMR

21.7.2016 – 63066/14, 64297/14, 66106/14 Rn. 90, NVwZ-RR 2017, 849 – Mamatas ua).

22 Werden Unternehmensrechte beeinträchtigt, die mittelbar zu einem Wertverlust der Unternehmensbeteiligungen führen können, können sich Unternehmensbeteiligte mangels unmittelbarer Betroffenheit grundsätzlich nicht auf Art. 1 berufen. Dies ist u. a. im Bereich der Bankenregulierung von Bedeutung (EGMR 7.2.2020 (GK) – 5294/14, BeckRS 2020, 15062 – Albert). Der EGMR erkennt hinreichende Umstände für ein **„lifting of the corporate veil"** nur in zwei Situationen an. Das Unternehmen und die Unternehmensbeteiligten sind so eng miteinander identifiziert, dass es künstlich wäre, zwischen ihnen zu unterscheiden (EGMR 26.6.2018 – 28766/06 Rn. 87 – KIPS DOO ua), oder es liegen andere **außergewöhnliche Umstände** vor. Hierzu gehört insbesondere die Unmöglichkeit des Unternehmens, selbst Beschwerde zu führen (EGMR 24.10.1995 – 14807/89 Rn. 66 – Agrotexim ua). Die Kommission ließ außerdem eine Geltendmachung von Ansprüchen durch einen Unternehmensbeteiligten zu, der die Kontrolle über ein Unternehmen hatte und seiner Geschäftstätigkeit mittels des Unternehmens nachging (EKMR 17.7.1980 – 7598/76 – Kaplan).

23 **7. Goodwill.** Ebenfalls unter den Eigentumsbegriff des Art. 1 fällt der **Goodwill eines Unternehmens,** der über das Recht des eingerichteten und ausgeübten Gewerbebetriebs hinaus geht (bisher wurde offen gelassen, ob dieses Recht von Art. 14 GG erfasst wird; vgl. BVerfGE 51, 193 (211f.); 68, 193 (222f.); 105, 252 (278)). In der Unternehmensbewertung bezeichnet der Goodwill den Betrag, den ein Käufer bei Übernahme einer Unternehmung als Ganzes unter Berücksichtigung künftiger Ertragserwartungen über den Wert der einzelnen Vermögensgegenstände nach Abzug der Schulden hinaus zu zahlen bereit ist. Zu den Goodwill bildenden Faktoren gehören gutes Management, effiziente Herstellungsverfahren bzw. Betriebsorganisation, Facharbeiterstamm, verkehrsgünstige Lage, Stammkundschaft (Gabler-Wirtschafts-Lexikon, 15. Aufl. 2000, Bd. E-J, S. 1109; andere Definitionsversuche *Brandt* S. 116; *Gelinksy* S. 27 mwN). Der EGMR hat unter den Begriff des Goodwill bisher nur den **Kundenstamm eines Unternehmens** gefasst (einen Überblick gibt EGMR 16.10.2018 – 21623/13 Rn. 31 f., NLMR 2018, 465 – Könyv-Tár Kft ua). Damit wendet der EGMR Art. 1 insoweit auf die **Berufsfreiheit** an, als sich jemand durch berufliche Betätigung eine wirtschaftlich verfestigte Position geschaffen hat (*Cremer* in Dörr/Grote/Marauhn Kap. 22 Rn. 48: „materiell geronnene Berufsfreiheit").

24 Der Goodwill ist vom zukünftigen Einkommen („future income", „revenu futur") zu unterscheiden. Während der Goodwill grundsätzlich von Art. 1 geschützt ist, ist **zukünftiges Einkommen** nur unter engen Voraussetzungen vom Schutzbereich des Art. 1 umfasst, nämlich dann, wenn es bereits verdient wurde oder ein diesbezüglich durchsetzbarer Anspruch (→ Rn. 17) besteht (EGMR 11.1.2007 (GK) – 73049/01 Rn. 63, 76, GRUR 2007, 696 – Anheuser-Busch Inc.; zum gesetzlichem Mindestlohn EGMR 13.3.2018 – 45651/11 – Dobrowolski; krit. zu dieser Abgrenzung *Kriebaum* S. 154 ff.).

25 **8. Geschäftslizenzen. Genehmigungen, Konzessionen, Lizenzen oder Bewilligungen** sind vom Schutzbereich des Art. 1 umfasst, wenn sie Grundvoraussetzung für eine wirtschaftliche Tätigkeit sind (zB eine Banklizenz, deren Entzug automatisch zu einer Zwangsliquidierung der Bank führte, EGMR 24.11.2005 – 49429/99 Rn. 130 – Capital Bank) oder negative Auswirkungen auf den Goodwill (→ Rn. 23) und den wirtschaftlichen Wert eines Geschäfts haben (bejaht für den

Schutz des Eigentums   **Art. 1   EMRKZusProt**

Entzug der Alkoholausschankberechtigung eines Restaurants, EGMR 7.6.1989 – 10873/84 Rn. 53 – Tre Traktörer Aktiebolag). Das Vorliegen **berechtigter Erwartungen hinsichtlich der Dauerhaftigkeit** von Genehmigungen, Konzessionen, Lizenzen oder Bewilligungen, die zB verneint werden könnten, wenn eine gesetzliche Bedingung wegfällt, sind erst im Rahmen der **Verhältnismäßigkeitsprüfung** zu prüfen, wo auch eventuelle staatliche Entschädigungsmaßnahmen Berücksichtigung finden können (EGMR 19.1.2017 – 32377/12 Rn. 50 ff., NVwZ 2017, 1273 – Werra Naturstein GmbH & Co KG; krit. zur insoweit uneinheitlichen Rspr. des EGMR *Kriebaum* in IntKommEMRK 1. ZP Art. 1 Rn. 96).

II. Persönlicher Schutzbereich

In den persönlichen Schutzbereich von Art. 1 fallen ausdrücklich **natürliche**   26
und juristische Personen. Unter natürlicher Person ist jeder Mensch in seiner Eigenschaft als Privater, nicht aber als Inhaber bestimmter hoheitlicher Funktionen (EGMR 23.11.2000 (GK) – 25701/94 Rn. 66, EuGRZ 2001, 397 – Former King of Greece), unter juristischer Person jeder Personenzusammenschluss zu verstehen, dem nach dem innerstaatlichen Recht eines Konventionsstaats Rechtsfähigkeit zukommt (*Cremer* in Dörr/Grote/Marauhn Kap. 22 Rn. 57).

Nachdem nach Art. 34 EMRK nur „nichtstaatliche Organisationen" und „Per-   27
sonengruppen" beschwerdeberechtigt sind, ist noch nicht abschließend geklärt, inwieweit **juristische Personen des öffentlichen Rechts** vom persönlichen Schutzbereich der Eigentumsgarantie umfasst sind. Die Kommission verneinte eine Beschwerdeberechtigung von Gemeinden, weil sie öffentliche Aufgaben wahrnähmen (EKMR 31.5.1974 – 5767/72 ua – 16 österreichische Kommunen und einige Bürgermeister). Der EGMR nahm hingegen eine Beschwerdeberechtigung von Klöstern an, weil sie keine Hoheitsgewalt ausübten, sondern im Wesentlichen kirchliche, kulturelle und soziale Ziele verfolgten (EGMR 9.12.1994 – 13092/87 ua Rn. 49, ÖJZ 1995, 428 – The Holy Monasteries; krit. *Frowein* FS Rowedder, 1994, 49 (52)). Das Schrifttum geht davon aus, dass juristische Personen des öffentlichen Rechts nur dann von Art. 1 geschützt sind, wenn sie im Schwerpunkt keine hoheitlichen Aufgaben wahrnehmen (*Müller-Michaels* S. 70) bzw. „in ihrer Aufgabenstellung einen bestimmten Grad an Staatsnähe nicht überschreite[n]" (Grabenwarter/Pabel EMRK § 25 Rn. 8).

III. Zeitlicher Schutzbereich

Da Art. 1 erst ab dem Tag der Ratifikation des 1. Zusatzprotokolls durch einen   28
Konventionsstaat gilt, können vor diesem Zeitpunkt erlassene Maßnahmen nur dann an den Vorgaben von Art. 1 gemessen werden, wenn sie fortdauernde Auswirkungen zeitigen. **Enteignungen sind punktuelle Eingriffe** und begründen keinen fortdauernden Zustand (EGMR 8.3.2006 (GK) – 59532/00 Rn. 86, NJW 2007, 347 – Blečić). Dies gilt auch für Enteignungen durch eine frühere Besatzungsmacht oder einen Vorgängerstaat eines Konventionsstaats vor Ratifikation des 1. Zusatzprotokolls (EGMR 2.3.2005 (GK) – 71916/01 ua Rn. 82, NJW 2005, 2530 – Maltzan von ua). Ein Konventionsstaat ist nicht zur Rückführung oder vollen Kompensation des enteigneten Privateigentums verpflichtet (EGMR 28.9.2004 (GK) – 44912/98 Rn. 35, 38 – Kopecký). Etwas anderes gilt, wenn er nach der Ratifikation des 1. Zusatzprotokolls ein Gesetz verabschiedet hat, das die völlige oder teilweise Rückgabe des unter einem früheren Rechtssystem eingezo-

Kaiser   499

genen Vermögens vorsieht. Das Gesetz gibt denjenigen, welche die gesetzlichen Voraussetzungen erfüllen, ein neues Eigentumsrecht, das unter den Schutz von Art. 1 fällt (EGMR 22.6.2004 (GK) – 31433/96 Rn. 122 ff., NJW 2005, 2521 – Broniowski). Entsprechendes gilt, wenn ein vor der Ratifikation des 1. Zusatzprotokolls verabschiedetes Gesetz in Kraft bleibt (EGMR 2.3.2005 (GK) – 71916/01 ua Rn. 74, NJW 2005, 2530 – Maltzan von ua).

C. Eingriffe

29 Art. 1 setzt sich aus drei unterschiedlichen Regelungen zusammen (EGMR 23.9.1982 – 7151/75 Rn. 61, EuGRZ 1983, 523 – Sporron u. Lönnroth), denen in der Rechtsprechung des EGMR **drei unterschiedliche Eingriffstatbestände** zugeordnet werden: die Eigentumsentziehung (Abs. 1 S. 2; → Rn. 30 ff.), die Nutzungsregelung (Abs. 2, → Rn. 33 f.) und die sonstige eigentumsrelevante Maßnahme (Abs. 1 S. 1, → Rn. 35). Dabei enthält Art. 1 Abs. 1 S. 1 nicht nur den Ansatzpunkt für die sonstige eigentumsrelevante Maßnahme, sondern auch den allgemeinen Grundsatz des Rechts auf Achtung des Eigentums, so dass Art. 1 Abs. 1 S. 2 und Abs. 2 im Lichte dieses allgemeinen Grundsatzes auszulegen ist (EGMR 21.2.1986 – 8793/79 Rn. 37 – James ua).

I. Eigentumsentziehung (Abs. 1 S. 2)

30 Der konventionsrechtliche Begriff der Eigentumsentziehung ist weiter als der grundgesetzliche Enteignungsbegriff, da er formelle Enteignung („formal expropriation", „expropriation formelle", → Rn. 31) und De facto-Enteignung („de facto expropriation", „expropriation de fait", → Rn. 32) gleichermaßen umfasst (dazu *Fischborn* S. 112 ff.). Die Differenzierung besitzt in der Rechtsprechung des EGMR jedoch lediglich theoretische Bedeutung, da beide Alternativen – abgesehen vom formellen Enteignungsverfahren – ähnliche Voraussetzungen haben. In Abgrenzung zur Nutzungsregelung muss der mit der Eigentumsentziehung einhergehende Verlust des Eigentums vollständig sein (*Dolzer* S. 202; *Cremer* in Dörr/Grote/Marauhn Kap. 22 Rn. 88, 93 ff., 96; *Fischborn* S. 37; anders Grabenwarter/Pabel EMRK § 25 Rn. 10 unter Bezugnahme auf EGMR 9.12.1994 – 13092/87 ua Rn. 65, ÖJZ 1995, 428 – The Holy Monasteries). Darüber hinaus darf der Verlust des Eigentums nicht nur vorübergehend, sondern muss endgültig sein (EGMR 7.12.1976 – 5493/72 Rn. 62 – Handyside).

31 **1. Formelle Enteignung.** Grundsätzlich werden unter formellen Enteignungen Eingriffe verstanden, die einen **formellen Eigentumsübergang zugunsten des Staates oder öffentlicher Interessen** bewirken, und zwar unabhängig davon, ob dies in der Form eines Gesetzes, eines Verwaltungsakts oder eines privatrechtlichen Vertrags erfolgt (Grabenwarter/Pabel EMRK § 25 Rn. 10 mwN). Ausnahmsweise können auch Eingriffe, die zu einem formellen Eigentumsübergang **zugunsten von Privaten** führen, formelle Enteignungen sein, wenn die unmittelbare Ursache für den Eigentumsverlust in einem Gesetz bzw. in einem dem Staat zurechenbaren Akt liegt (*Pellonpää* GS Ryssdal, 2000, 1087 (1093 ff.); dazu auch *Fischborn* S. 28 ff.).

32 **2. De facto-Enteignung.** Im Gegensatz zu formellen Enteignungen sind De-facto-Enteignungen **hoheitliche Maßnahmen, die wegen ihrer schwerwie-**

Schutz des Eigentums Art. 1 EMRKZusProt

genden Auswirkungen einer förmlichen Aufhebung der Eigentumsposition gleichkommen, ohne dass sich die Trägerschaft der Eigentumsposition ändert. Maßgeblich ist, ob die verbleibende Rechtsposition noch eine sinnvolle Nutzung der betroffenen vermögenswerten Gegenstände zulässt (EGMR 28.10.1999 – 28342/95 Rn. 77 – Brumarescu). Dabei können folgende Gesichtspunkte berücksichtigt werden: das Ausmaß von Verfügungs- und Nutzungsbeschränkungen, die Höhe einer Wertminderung des Eigentums, der Grad der faktischen Erschütterung der Eigentümerstellung, der tatsächlichen Erschwerung einer Veräußerung (*Cremer* in Dörr/Grote/Marauhn Kap. 22 Rn. 93) und die Irreversibilität des Eigentumsverlusts (*Pellonpää* GS Ryssdal, 2000, 1087 (1101)). Diese Voraussetzungen sah der EGMR zB als erfüllt an für die Nichtumsetzung eines Gesetzes, wonach das zu militärischen Zwecken in Besitz genommene Land durch die Übereignung vergleichbarer Grundstücke restituiert werden sollte (EGMR 24.6.1993 – 14556/89 Rn. 43 ff. – Papamichalopoulos).

II. Nutzungsregelung (Abs. 2)

Regelungen zur Nutzung des Eigentums ("to control the use of property", "pour réglementer l'usage des biens") stellen **hoheitliche Maßnahmen** dar, **die einen bestimmten Gebrauch des Eigentums gebieten oder untersagen** (Grabenwarter/Pabel EMRK § 25 Rn. 14), ohne in die Substanz einer Eigentümerposition einzugreifen. Hierzu zählt die gesetzliche Pflicht eines Eigentümers, die Anwesenheit von bewaffneten Menschen und Jagdhunden auf seinem Grundstück zu dulden (EGMR 26.2.2012 (GK) – 9300/07 Rn. 552, NJW 2012, 3629 – Herrmann; → Rn. 39). Maßgeblich ist, ob zumindest eine Nutzungsmöglichkeit verbleibt (krit. *Hartwig* RabelsZ 1999, 561 (569f.); *v. Danwitz* in v. Danwitz/Depenheuer/Engel S. 215, 244). Auch Anordnungen von Verfall, Einziehung oder Konfiskation von Sachen gehören – trotz damit einhergehenden, nicht notwendigerweise vorübergehenden Eigentumsverlusts – zu den Nutzungsregelungen (EGMR 7.12.1976 – 5493/72 Rn. 63 – Handyside). Dies wird damit begründet, das es den gemeinsamen Rechtsgrundsätzen der Konventionsstaaten entspricht, als gemeinschädlich oder gefährlich erklärtes Eigentum einzuziehen (dazu *Gelinsky* S. 47 f.; *Mittelberger* S. 96 ff.; krit. *Reininghaus* S. 52 ff.; steht das konfiszierte Verbrechensinstrument im Dritteigentum, liegt jedoch eine Eigentumsentziehung vor, EGMR 17.9.2015 – 16225/08 Rn. 30, BeckRS 2015, 129945 – Andonoski). 33

Als **Unterfall** der Nutzungsregelung erkennt Art. 1 Abs. 2 ausdrücklich Eingriffe an, die „zur Sicherung der Zahlung der Steuern, sonstiger Abgaben oder von Geldstrafen" für erforderlich gehalten werden (dazu *Langereis* in Loof/Ploeger/van der Steur, The Right to Property, 2000, S. 155). 34

III. Sonstige eigentumsrelevante Maßnahme (Abs. 1 S. 1)

Art. 1 Abs. 1 S. 1 bildet den **Auffangtatbestand** für all jene Eingriffe, die weder eine Eigentumsentziehung noch eine Nutzungsregelung darstellen, und sei es wegen der komplexen Sach- und Rechtslage (dazu *Reininghaus* S. 94 ff., 120 ff.: „Substanzeingriff"; krit. *Brandt* S. 130; *Gelinsky* S. 90 f.; *Mittelberger* S. 111). Anwendungsfälle sind etwa Eigentumsverletzungen, welche die Erlangung des Eigentums über Jahrzehnte wegen überlanger Verfahrensdauer verhindert haben (EGMR 23.4.1987 – 9616/81 Rn. 76 – Erkner u. Hofauer), oder bestimmte raumord- 35 nungsrechtliche Maßnahmen, die über bloße Nutzungsregelungen hinausgehen (EGMR 23.9.1982 – 7151/75 Rn. 69, EuGRZ 1983, 523 – Sporron u. Lönnroth).

D. Rechtfertigung

36 Die Konturen der drei Eingriffstatbestände verschwimmen auf der Ebene der Rechtfertigung, da die in der Rechtsprechung des EGMR entwickelten **Kriterien sich trotz des unterschiedlichen Wortlauts ähneln** (*v. Danwitz* in v. Danwitz/Depenheuer/Engel S. 215, 248 ff.; *Cremer* in Dörr/Grote/Marauhn Kap. 22 Rn. 115; *Fischborn* S. 55; *Jacobs/White/Ovey* S. 505; krit. *Pellonpää* GS Ryssdal, 2000, 1087 (1088 ff.)). Eingriffe durch eine Eigentumsentziehung, eine Nutzungsregelung oder eine sonstige eigentumsrelevante Maßnahme können grundsätzlich nur gerechtfertigt werden, wenn sie auf gesetzlicher Grundlage beruhen (→ Rn. 37), zum Ziel haben, ein öffentliches Interesse bzw. ein Allgemeininteresse zu befördern (→ Rn. 38), und dem Grundsatz der Verhältnismäßigkeit genügen (→ Rn. 39 ff.). Bei der Eigentumsentziehung müssen zusätzlich die allgemeinen Grundsätze des Völkerrechts beachtet werden (Abs. 1 S. 2; → Rn. 46).

I. Allgemeine Schranken

37 **1. Gesetzliche Grundlage.** Das Gesetzmäßigkeits- bzw. Legalitätsprinzip wird vom EGMR unter Hinweis auf den Wortlaut von Art. 1 Abs. 1 S. 2 und Abs. 2 und das allen Menschenrechten inhärente Rechtsstaatsprinzip als **erste und wichtigste Voraussetzung** für die Rechtfertigung von Eingriffen in die Eigentumsgarantie bezeichnet (EGMR 23.11.2000 (GK) – 25701/94 Rn. 79, EuGRZ 2001, 397 – Former King of Greece). Es gelten die allgemeinen Grundsätze für die Gesetzesvorbehalte nach Art. 8–11 EMRK, dh der Begriff des Gesetzes wird nicht im formellen Sinn, sondern im **materiellen Sinn** verstanden. Dies bedeutet, dass sowohl geschriebenes Recht, dh gesetzliches und untergesetzliches Recht, einschließlich des im Konventionsstaat geltenden Völker- und Europarechts, als auch ungeschriebenes Recht, dh Richterrecht, umfasst sein kann (EGMR 10.11.2005 (GK) – 44774/98 Rn. 88, NVwZ 2006, 1389 – Şahın, Leyla). Die gesetzliche Grundlage muss eine **bestimmte Qualität** haben, nämlich rechtsstaatlich sein und Freiheit vor oder Garantien gegen Willkür bieten (→ Rn. 53 f.). Dies bedeutet insbesondere, dass sie über ein Minimum an Bestimmtheit verfügen muss, das die hinreichende Zugänglichkeit des Rechts und die Vorhersehbarkeit des Eingriffs für die Rechtsunterworfenen ermöglicht.

38 **2. Öffentliches Interesse/Allgemeininteresse.** Der EGMR definiert die Begriffe des öffentlichen Interesses (Abs. 1 S. 2) und des Allgemeininteresses (Abs. 2) ebenso wenig, wie er zwischen ihnen grundsätzlich unterscheidet (*Cremer* in Dörr/Grote/Marauhn Kap. 22 Rn. 132). Bei der Bestimmung des öffentlichen Interesses räumt er den Konventionsstaaten wegen ihrer unmittelbaren Kenntnisse der gesellschaftlichen und sonstigen Bedingungen vielmehr einen **weiten Beurteilungsspielraum** („wide margin of appreciation", „large marge d'appréciation"), insbesondere im politischen, sozialen und wirtschaftlichen Bereich, ein. Dieser Beurteilungsspielraum ist sogar noch weiter, wenn es um eine Bewertung der Prioritäten bei der Zuweisung begrenzter staatlicher Mittel geht (zB im Rahmen von Austeritätsmaßnahmen, EGMR 1.9.2015 – 13341/14 Rn. 39 – Da Silva Carvalho Rico, oder einer fundamentalen Reform zur Überführung eines totalitären Re-

Schutz des Eigentums **Art. 1 EMRK ZusProt**

gimes in einen demokratischen Staat, EGMR 22.2.2005 – 35014/97 Rn. 166 – Hutten-Czapska). Der EGMR respektiert, was der Gesetzgeber als im öffentlichen Interesse liegend beurteilt, es sei denn, dieses Urteil ist offensichtlich ohne vernünftige Grundlage („manifestly without reasonable foundation", „manifestement dépourvu de base raisonnable"; vgl. EGMR 19.12.1989 – 10522/83 ua Rn. 45 – Mellacher ua). Regelungen „zur Sicherung der Zahlung von Steuern, sonstiger Abgaben oder von Geldstrafen" müssen nach dem Wortlaut von Abs. 2 ausnahmsweise keinem Allgemeininteresse dienen, so dass der Beurteilungsspielraum entsprechend weiter ist. Die Befolgung einer aus dem Unionsrecht folgenden Verpflichtung, etwa der Pflicht zur Umsetzung einer Richtlinie oder eines Vertragsverletzungsurteils, dient dem öffentlichen Interesse (EGMR 16.4.2002 – 36677/97 Rn. 55 – Dangeville; EGMR 30.6.2005 (GK) – 45036/98 Rn. 150, NJW 2006, 197 – Bosphorus Hava Yollari Turizm ve Ticaret Anonim Şirketi; EGMR 7.6.2018 – 44460/16 Rn. 109, NLMR 2018, 273 – O'Sullivan McCarthy Mussel Development Ltd.).

3. Verhältnismäßigkeit. a) Allgemeines. Über die in Art. 1 ausdrücklich genannten Voraussetzungen hinaus können Eingriffe in die Eigentumsgarantie nur gerechtfertigt werden, wenn die Verhältnismäßigkeit zwischen den eingesetzten Mitteln und dem angestrebten Ziel gegeben ist (zum Verhältnis zwischen Gesetz- und Verhältnismäßigkeitsprinzip *v. Danwitz* in v. Danwitz/Depenheuer/Engel S. 215, 252 f., 254). Dies setzt voraus, dass die in Frage stehende Maßnahme zur Erreichung des Ziels **geeignet und verhältnismäßig ieS** ist. Die Verhältnismäßigkeit ieS verlangt einen **gerechten Ausgleich** („fair balance", „juste équilibre") zwischen den Erfordernissen des öffentlichen Interesses bzw. Allgemeininteresses und den Anforderungen an den Grundrechtsschutz des Einzelnen. Während das Bundesverfassungsgericht eine objektiv-generalisierende Abwägung vornimmt und prüft, ob die Gruppe, der der Einzelne angehört, unzumutbar beeinträchtigt ist, nimmt der EGMR eine **subjektiv-konkretisierende Abwägung** vor, dh er stellt die Belange des individualisierten Grundrechtsträgers dem öffentlichen bzw. Allgemeininteresse gegenüber (dazu Michl JZ 2013, 502 (511 ff.)). Die gesetzliche Pflicht, die Anwesenheit von bewaffneten Menschen und Jagdhunden auf seinem Grundstück zu dulden, stellt deshalb für den Eigentümer, der die Jagd aus ethischen Gründen ablehnt, eine unverhältnismäßige Belastung dar (EGMR 26.6.2012 (GK) – 9300/07, NJW 2012, 3629 – Herrmann; anders BVerfGK 10, 66 im Hinblick auf Art. 14 GG). Da der gerechte Ausgleich nach der Rechtsprechung des EGMR in erster Linie den Konventionsstaaten obliegt, haben deren Organe eine Einzelfallabwägung unter Berücksichtigung aller relevanten Umstände vorzunehmen. Wie beim öffentlichen Interesse bzw. Allgemeininteresse verfügt der Konventionsstaat über einen **weiten Beurteilungsspielraum,** so dass die Verhältnismäßigkeit nur dann nicht gewahrt ist, wenn die Interessenabwägung offensichtlich ohne vernünftige Grundlage erfolgt (EGMR 27.11.2007 – 74258/01 Rn. 120, 132 f. – Urbárska oben Trencianske Biskupice). Dies ist der Fall, wenn ein Einzelfall aus dem Rahmen des gesetzgeberischen Konzepts herausfällt, weil er Einzelnen eine individuelle und excessive Last („an individual and excessive burden", „une charge spéciale et exorbitante") auferlegt (EGMR 21.2.1986 – 8793/79 Rn. 50, 69 – James ua). Die Zwangsversteigerung wegen einer Bagatellforderung, zB nach § 765a ZPO, ist nur dann verhältnismäßig, wenn das Vollstreckungsgericht von Amts wegen mit aller Sorgfalt mildere Mittel in Erwägungen gezogen hat (EGMR 25.4.2017 – 31372/12 Rn. 87 – Vaskrsić). Anordnungen von Verfall, zB nach § 124

Abs. 1 StPO im Fall einer Flucht des Beschuldigten, sind unabhängig davon verhältnismäßig, dass sie nicht auf den Ausgang des Strafverfahrens abstellen (EGMR 20.6.2013 – 57404/08 Rn. 56 – Lavrechov). Sie können auch gegen Dritte, zB nach § 73 Abs. 3 StGB, getroffen werden. Dies gilt zumindest dann, wenn diese bösgläubig sind (EGMR 10.4.2012 – 20496/02 Rn. 32 – Silickiene).

40 Im Hinblick auf den Wortlaut von Art. 1 lehnt der EGMR eine Heranziehung des strengen Notwendigkeitserfordernisses, welches für Art. 8–11 EMRK gilt, ab. Die Rechtfertigung von Eingriffen in die Eigentumsgarantie setzt damit grundsätzlich **nicht** voraus, dass es kein **milderes Mittel** zur Erreichung des Ziels gibt (EGMR 21.2.1986 – 8793/79 Rn. 51 – James ua; anders *Hartwig* RabelsZ 1999, 561 (572)).

41 **b) Entschädigungspflicht bei Eigentumsentziehung.** Art. 1 enthält keine mit Art. 14 Abs. 3 GG vergleichbare Junktimklausel, wonach eine Enteignung durch Gesetz nur vorgenommen werden kann, wenn die Entschädigung nach Art und Ausmaß bestimmt wird. Die Entschädigungspflicht bei Eigentumsentziehungen wird vom EGMR vielmehr bei der Frage des gerechten Ausgleichs im Rahmen der Verhältnismäßigkeit geprüft. Trotz des offenen Wortlauts von Art. 1 besteht nach der Rechtsprechung des EGMR eine **grundsätzliche Entschädigungspflicht bei Eigentumsentziehungen,** da eine Enteignung ohne Entschädigung in den Rechtsordnungen der Konventionsstaaten nur unter außergewöhnlichen Umständen gerechtfertigt werden könne und der Schutz des Eigentumsrechts nach Art. 1 ohne einen entsprechenden Grundsatz weitgehend illusorisch und unwirksam wäre (EGMR 8.7.1986 – 9006/80 ua Rn. 120f., EuGRZ 1988, 350 – Lithgow ua).

42 **Bei Nutzungsregelungen und sonstigen eigentumsrelevanten Maßnahmen** besteht grundsätzlich **keine Entschädigungspflicht** (*Gelinsky* S. 197f.; *Mittelberger* S. 191). Bei Nutzungsregelungen und sonstigen eigentumsrelevanten Maßnahmen ist eine fehlende Entschädigung vielmehr bei der Prüfung eines gerechten Ausgleichs zu berücksichtigen, führt aber anders als bei Eigentumsentziehungen allein noch nicht zu einem unverhältnismäßigen Eingriff. Maßgeblich für die Unverhältnismäßigkeit einer fehlenden Entschädigung ist das Vorliegen **berechtigter Erwartungen hinsichtlich der Dauerhaftigkeit** von Eigentumspositionen, wie etwa von Genehmigungen, Konzessionen, Lizenzen oder Bewilligungen (EGMR 29.3.2010 – 34044/02 Rn. 91 – Depalle; EGMR 19.1.2017 – 32377/12 Rn. 50ff., NVwZ 2017, 1273 – Werra Naturstein GmbH & Co KG).

43 **Außergewöhnliche Umstände** („exceptional circumstances", „circonstances exceptionnelles") können einen **völligen Ausfall der Entschädigung** rechtfertigen. Der EGMR hat solche außergewöhnlichen Umstände bisher nicht näher definiert. Er hat sie bei der entschädigungslosen Enteignung der sog. „Neubauern" im Zusammenhang mit der deutschen Wiedervereinigung anerkannt (EGMR 30.6.2005 (GK) – 46720/99 ua Rn. 111ff., NJW 2005, 2907 – Jahn ua; krit. *Purps* ZOV 2005, 259; *Nußberger* DÖV 2006, 454 (461); *Deutsch* GLJ 2005, 1367 (1378ff.); *Ress* FS Wildhaber, 2007, 625 (633)), bei einer Infrastrukturmaßnahme, die kurz nach der deutschen Wiedervereinigung getroffen worden ist, jedoch abgelehnt (EGMR 9.1.2017 – 32377/12 Rn. 53ff., NVwZ 2017, 1273 – Werra Naturstein GmbH & Co KG). Im Schrifttum wird darauf abgestellt, ob die außergewöhnlichen Umstände in der Person des Konventionsstaates oder des Eigentümers vorliegen. Im ersten Fall seien wegen der damit einhergehenden Missbrauchsgefahr grundsätzlich keine außergewöhnlichen Umstände anzuerkennen,

im zweiten Fall könne eine entschädigungslose Eigentumsentziehung dann gerechtfertigt sein, wenn dem Eigentümer kein schutzwürdiges Vertrauen in den Erhalt seines Eigentums zukomme. Dies sei etwa dann der Fall, wenn das Eigentum in einer politischen Übergangsphase pauschal zugesprochen worden sei und der Eigentümer mit einer Überprüfung der Gesetzgebung habe rechnen müssen (*Fischborn* S. 306 ff.; allgemeiner *Malzahn* S. 234).

Die **Höhe der Entschädigung** muss in einem vernünftigen Verhältnis zum **44** fraglichen Wert, dh in der Regel dem **Verkehrswert zum Zeitpunkt der Enteignung,** stehen. Bei einer Individualenteignung ist nach der Rechtsprechung des EGMR tendenziell volle Entschädigung zu gewähren, bei einer globalen Enteignung, die einen größeren Bevölkerungskreis betrifft, kann die Entschädigung auf einen angemessenen und damit unter dem Verkehrswert liegenden Ersatz beschränkt sein (*Hartwig* RabelsZ 1999, 561 (577) mwN; vgl. zur Anrechnung von mittelbaren Enteignungsvorteilen bei Infrastrukturmaßnahmen *Weber* in Bröhmer, Der Grundrechtsschutz in Europa, 2002, S. 109). Zu den Zielen, die mit einer globalen Enteignung verfolgt werden und eine Minderung der Entschädigung rechtfertigen können, gehören umfassende Reformen eines wirtschaftlichen oder sozialen Systems, aber auch grundlegende Änderungen in der Verfassungsordnung eines Landes, wie zB beim Übergang von der Monarchie zur Republik. Bei der Bestimmung der Höhe der Entschädigung können über den Verkehrswert zum Zeitpunkt der Enteignung hinaus **weitere Umstände** eine Rolle spielen. Hierzu gehören das Vorliegen werterhöhender Umstände, wie zB ein Abbaurecht, das infolge der Enteignung eines Grundstücks verloren geht (EGMR 19.1.2017 – 32377/12 Rn. 46, NVwZ 2017, 1273 – Werra Naturstein GmbH & Co KG), der finanzielle Verlust, der mit der unangemessenen Verzögerung bei der Zahlung einer Entschädigung einhergeht (EGMR 13.7.2010 – 16651/05 Rn. 60 ff., BeckRS 2010, 145076 – Czajkowska ua), sowie die Härte, die sich aus der persönlichen und sozialen Situation der Betroffenen ergibt (EGMR 12.11.2013 – 45092/07 Rn. 62, 70, BeckRS 2013, 201816 – Pyrantiené). Diese Umstände können zB im Fall der Verlust eines Abbaurechts dazu führen, dass der Wert des verbleibenden Kalksteins und der Wert der bestehenden Infrastruktur des Bergbaubetriebs, nicht aber zukünftige Gewinne, sowie die Anwalts- und Gerichtskosten zu ersetzen sind, die allerdings auf die tatsächliche Entschädigungssumme anzupassen sind (EGMR 19.4.2018 – 32377/12 Rn. 12 – Werra Naturstein GmbH & Co KG).

c) Sonderfall Restitution. Dem weiten Verständnis des EGMR im Hinblick **45** auf die Anerkennung des öffentlichen Interesses bei der Überführung eines ehemaligen sozialistischen Regimes in eine kapitalistische Marktwirtschaft (→ Rn. 38) steht eine genaue Verhältnismäßigkeitsprüfung gegenüber. Ein noch so weit auszulegendes öffentliches Interesse darf keine mit den Standards der EMRK unvereinbaren Konsequenzen nach sich ziehen (dazu *Fischborn* S. 213 f.). Insbesondere die **Verletzung fundamentaler Rechtsgrundsätze** wie der Rechtssicherheit, des Vertrauensschutzes sowie der Effektivität und Autorität der Judikative kann zur Unverhältnismäßigkeit eines Eingriffs in die Eigentumsgarantie führen (EGMR 21.7.2005 – 57001/00 Rn. 58 – Straïn ua). Andererseits kann eine zu weitreichende Entschädigung ebenfalls unverhältnismäßig sein. Der EGMR weist auf die Notwendigkeit hin, in Restitutionsfällen auch das **schutzwürdige Vertrauen des neuen Eigentümers** miteinzubeziehen, welches er anhand der Umstände seines Erwerbs, des dabei durch ihn gezahlten Kaufpreises oder Ausgleichs an den Alteigentümer und seiner sozialen Situation ermittelt (*Fischborn* S. 214 ff. mwN).

II. Besondere Schranke bei Eigentumsentziehung: Allgemeine Grundsätze des Völkerrechts

46 Art. 1 Abs. 1 S. 2 sieht vor, dass die Eigentumsentziehung nur unter den „durch die allgemeinen Grundsätze des Völkerrechts vorgesehenen Bedingungen" zulässig ist. Dies setzt voraus, dass die **Enteignung von im Inland belegenen Vermögen von Fremden** durch den Gaststaat überwiegend **im öffentlichen Interesse** liegt, weder gegen vertragliche Verpflichtungen verstößt noch diskriminiert sowie gegen eine **angemessene Entschädigung** erfolgt (*Gloria* in Ipsen, Völkerrecht, 6. Aufl. 2014, § 47 Rn. 17).

47 Der Verweis auf die allgemeinen Grundsätze des Völkerrechts stellt einen **Rechtsgrund- und keinen Rechtsfolgenverweis** dar (EGMR 21.2.1986 – 8793/79 Rn. 58 ff. – James ua; EGMR 8.7.1986 – 9006/80 ua Rn. 133 f., EuGRZ 1988, 350 – Lithgow ua, unter Berufung auf die Entstehungsgeschichte; krit. *Riedel* EuGRZ 1988, 333 (336 f.); anders *Hartwig* RabelsZ 1999, 561 (574 ff.); *von Danwitz* in von Danwitz/Depenheuer/Engel S. 215, 255), so dass in den Fällen, in denen der Grundsatz der Verhältnismäßigkeit eine Entschädigung bei einer Eigentumsentziehung ausnahmsweise nicht erfordert (→ Rn. 43), eine Pflicht zur Entschädigung nur für fremde Staatsangehörige, nicht aber für eigene angenommen werden kann. Damit beschränkt sich die Bedeutung der Rechtfertigungsvoraussetzung inhaltlich im Wesentlichen auf die Klarstellung, dass die allgemeinen Grundsätze des Völkerrechts durch die spezielleren Regelungen des Art. 1 nicht außer Kraft gesetzt werden, sondern daneben weiterhin Geltung beanspruchen (*Frowein* FS Rowedder, 1994, 49 (57)), und im Wege der Individualbeschwerde durchsetzbar sind (*Fischborn* S. 56 ff.).

48 In der Praxis blieb die besondere Schranke der allgemeinen Grundsätze des Völkerrechts **bisher ohne Relevanz.** Dies liegt daran, dass fast alle Verfahren vor dem EGMR das Eigentum von eigenen Staatsangehörigen des Konventionsstaats betreffen und die Schranke durch die Kommission eng ausgelegt wurde (EKMR 21.10.1993 – 15375/89 – Gasus Dosier- und Fördertechnik GmbH).

E. Weitere Verpflichtungen

49 Die **Struktur** der Eigentumsgarantie **weicht nicht von der anderer Freiheitsgrundrechte ab,** so dass die Rechtsprechung des EGMR zu den positiven Handlungsverpflichtungen (Grabenwarter/Pabel EMRK § 25 Rn. 32: „Gewährleistungspflichten"; *Meyer-Ladewig/von Raumer* in HK-EMRK Zusatzprotokoll zur EMRK Art. 1 Rn. 5: „materielle Schutzpflichten") und den verfahrensrechtlichen Verpflichtungen entsprechend übertragen werden kann. Art. 1 beinhaltet damit nicht nur die negative Pflicht eines Konventionsstaats, unverhältnismäßige Eingriffe in die Eigentumsgarantie zu unterlassen, sondern verpflichtet den Konventionsstaat sowohl, im Einzelfall positive Maßnahmen zum Schutz des Rechts auf Achtung des Eigentums zu ergreifen (→ Rn. 50 f.), als auch die Überprüfung von Eigentumsverletzungen verfahrensrechtlich abzusichern (→ Rn. 52 f.).

I. Positive Handlungsverpflichtungen

50 Positive Handlungsverpflichtungen legen einem Konventionsstaat auf, die erforderliche Sorgfalt bei der Prävention, Verhinderung, Aufklärung und eventuell Bestrafung einer Eigentumsbeeinträchtigung einzuhalten. Sie verlangen von einem Konventionsstaat aber nicht, eine Beeinträchtigung im Ergebnis zu verhindern, so dass die positiven Handlungsverpflichtungen nicht spiegelbildlich zu den aus Art. 1 ableitbaren negativen Unterlassungsverpflichtungen bestehen, sondern nur in dem eng begrenzten Umfang, den der Einzelne legitimerweise von den Behörden eines Konventionsstaats erwarten kann. Eine Verletzung liegt nur vor, wenn das Eigentum des Beschwerdeführers **bei legitimerweise zu erwartendem Schutz** durch den Konventionsstaat, zB durch Stadtplanungsmaßnahmen zur Vermeidung von Unfällen, **nicht beeinträchtigt worden wäre** (EGMR 30.11.2004 (GK) – 48939/99 Rn. 134f. – Öneryıldız). Dabei trifft den Konventionsstaat eine größere Sorgfaltspflicht zur Abwendung menschlich verursachter Gefahren, zB im Bereich des Umweltschutzes, als zur Bewältigung von Naturkatastrophen außerhalb seines Einwirkungsbereichs (EGMR 20.3.2008 – 15339/02 ua Rn. 174 – Budayeva ua).

Nach der Rechtsprechung des EGMR sind die für negative Unterlassungsverpflichtungen geltenden Grundsätze auf positive Handlungsverpflichtungen gleichermaßen anwendbar. In beiden Fällen muss ein **gerechter Ausgleich** („fair balance", „juste équilibre") zwischen den Erfordernissen des öffentlichen Interesses bzw. Allgemeininteresses und den Anforderungen an den Grundrechtsschutz des Einzelnen hergestellt werden (EGMR 22.6.2004 (GK) – 31433/96 Rn. 144, NJW 2005, 2521 – Broniowski; stärker differenzierend jedoch *Dröge,* Positive Verpflichtungen der Staaten in der Europäischen Menschenrechtskonvention, 2003, S. 370f.). 51

II. Verfahrensrechtliche Verpflichtungen

Verfahrensrechtliche Verpflichtungen werden teilweise als Unterfall der positiven Handlungsverpflichtungen behandelt (*Fischborn* S. 19f.). Da sie aber sowohl mit den positiven Handlungsverpflichtungen als auch mit den negativen Unterlassungsverpflichtungen verwandt sind (*Dröge* S. 382), sind sie **eigenständig** zu behandeln (*Carazo* in Miller/Bratspies, Progress in International Law, 2008, S. 793; so auch *Meyer-Ladewig/von Raumer* in HK-EMRK Zusatzprotokoll zur EMRK Art. 1 Rn. 6f.). 52

Da eine Art. 14 Abs. 3 S. 4 GG entsprechende Rechtsweggarantie nicht besteht, ist die Bedeutung der aus Art. 1 ableitbaren verfahrensrechtlichen Verpflichtungen hoch einzuschätzen. Im Anwendungsbereich von Art. 1 erlegen sie einem Konventionsstaat zunächst auf, **präventive Schutzmaßnahmen in Form von Verfahren oder Regelungen** zu treffen. Hierzu gehört, ein gerichtliches Verfahren mit ausreichend prozessualen Garantien zur Verfügung zu stellen, das den Gerichten ermöglicht, die Rechtmäßigkeit von staatlichen Maßnahmen, die in Art. 1 eingreifen, zu überprüfen (EGMR 28.6.2018 (GK) – 1826/06 ua Rn. 302 – G.I.E.M. S.R.L. ua) oder in einem Streit zwischen Privatpersonen über Eigentumsfragen wirksam zu entscheiden (EGMR 6.11.2002 – 48553/99 Rn. 96 – Sovtransavto Holding). Ferner gehört hierzu, eine Haftung der externen Funktionsträger vorzusehen, denen ein Konventionsstaat sich in seinem Rechtspflegesystem bedient (EGMR 3.4.2012 (GK) – 54522/00 Rn. 117, 120 – Kotov: Insolvenzverwalter). Wenn ein Gericht in einem solchen Verfahren über die Auslegung staatlichen Rechts entschieden hat, prüft der EGMR nur, ob die Entscheidung willkürlich oder offensichtlich unvernünftig („arbitrarious or otherwise manifestly unreasonable"; „entachée d'arbitraire ou d'irrationalité manifeste") ist (EGMR 11.1.2007 (GK) – 73049/01 Rn. 83f., GRUR 2007, 696 – Anheuser-Busch Inc.). Art. 1 ver- 53 pflichtet einen Konventionsstaat außerdem, den **Zugang zu bestehenden Gerichts- und Verwaltungsverfahren sicherzustellen** (EGMR 20.7.2004 – 37598/97 Rn. 56 – Bäck).

F. Abgrenzung zu anderen Artikeln

54 Art. 1 wird **häufig** zusammen mit **Art. 6 Abs. 1 EMRK** gerügt, wenn bestehende Eigentumspositionen, die in einem Konventionsstaat durch eine gerichtliche Entscheidung anerkannt worden sind, erst zu einem späten Zeitpunkt durchgesetzt oder Enteignungsentschädigungen erst zu einem späten Zeitpunkt ausgezahlt wurden. In der ersten Fallkonstellation stellt der EGMR regelmäßig eine Verletzung von Art. 6 Abs. 1 EMRK *und* Art. 1 fest (*Meyer-Ladewig/von Raumer* in HK-EMRK Zusatzprotokoll zur EMRK Art. 1 Rn. 63; *Cremer* in Dörr/Grote/Marauhn Kap. 22 Rn. 147 mwN; anders EGMR 25.10.2007 – 31603/03 Rn. 39 – Ciobotea); in der zweiten hält er hingegen eine gesonderte Prüfung von Art. 6 Abs. 1 EMRK nicht für erforderlich (EGMR 18.9.2001 – 19695/92 Rn. 40 – Necati Tosun). Beschränkt sich die Rüge auf die überlange Verfahrensdauer zur gerichtlichen Anerkennung einer bestehenden Eigentumsposition oder zur Festsetzung einer Enteignungsentschädigung, hält der EGMR demgegenüber eine Feststellung der Verletzung von Art. 6 Abs. 1 EMRK grundsätzlich für ausreichend (EGMR 19.2.1991 – 11491/85 Rn. 23 – Zanghì; anders wegen der im Insolvenzverfahren auferlegten Beschränkungen: EGMR 5.10.2006 – 1595/02 – Blasi).

55 Ein Konkurrenzverhältnis besteht ebenso mit **Art. 8, 9 und 11 EMRK** sowie **Art. 3** (vgl. zB EGMR 26.2.2012 (GK) – 9300/07 Rn. 1066ff., NJW 2012, 3629 – Herrmann; dazu *Cremer* in Dörr/Grote/Marauhn Kap. 22 Rn. 149), ein häufig genutztes Ergänzungsverhältnis mit **Art. 14 EMRK** (vgl. EGMR 1.2.2000 – 34406/97, NJOZ 2005, 1048 – Mazurek: Diskriminierung von nichtehelichen im Vergleich zu ehelichen Kindern beim Erbrecht; teilweise wird die unterschiedliche Behandlung im Bereich des Erbrechts auch ausschließlich unter dem Blickwinkel von Art. 8 EMRK iVm Art. 14 EMRK geprüft, vgl. EGMR 28.5.2009 – 3545/04, NJW-RR 2009, 1603 – Brauer).

Art. 2 EMRKZusProt Recht auf Bildung

Niemandem darf das Recht auf Bildung verwehrt werden. Der Staat hat bei Ausübung der von ihm auf dem Gebiet der Erziehung und des Unterrichts übernommenen Aufgaben das Recht der Eltern zu achten, die Erziehung und den Unterricht entsprechend ihren eigenen religiösen und weltanschaulichen Überzeugungen sicherzustellen.

No person shall be denied the right to education. In the exercise of any functions which it assumes in relation to education and to teaching, the State shall respect the right of parents to ensure such education and teaching in conformity with their own religious and philosophical convictions.

Nul ne peut se voir refuser le droit à l'instruction. L'Etat, dans l'exercice des fonctions qu'il assumera dans le domaine de l'éducation et de l'enseignement, respectera le droit des parents d'assurer cette éducation et cet enseignement conformément à leurs convictions religieuses et philosophiques.

Recht auf Bildung **Art. 2 EMRKZusProt**

Literatur: *Bannwart-Maurer,* Das Recht auf Bildung und das Elternrecht. Art. 2 des ersten Zusatzprotokolls zur Europäischen Menschenrechtskonvention, 1975; *Beiter,* The Protection of the Right to Education by International Law, 2006; *Delbrück,* The Right to Education as an International Human Right, GYIL 35 (1992), 92; *Jarass,* Zum Grundrecht auf Bildung und Ausbildung, DÖV 1995, 674; *Kämpfer,* Bestand und Bedeutung der Grundrechte im Bildungsbereich – Generalbericht, EuGRZ 1981, 721; *Khol,* Zur Diskriminierung im Erziehungswesen. Das Sachurteil des Europäischen Gerichtshofes für Menschenrechte vom 23. Juli 1968 in den belgischen Sprachenfällen, ZaöRV 1970, 263; *Langenfeld,* Das Recht auf Bildung in der Europäischen Menschenrechtskonvention, RdJB 2007, 412; *Liddy,* The Case-Law of the Commission as Regards the Right to Education (Article 2 of Protocol No. 1), in de Salvia/Villiger (Hrsg.), The Birth of European Human Rights Law, FS Nørgaard, 1998, 111; *Poscher/Rux/ Langer,* Das Recht auf Bildung, 2009; *Rux,* Die Schulpflicht und der Bildungs- und Erziehungsanspruch des Staates, RdJB 2002, 423; *Wildhaber,* Right to Education and Parental Rights, in Macdonald/Matscher/Petzold (Hrsg.), The European System for the Protection of Human Rights, 1993, S. 531.

Übersicht

	Rn.
A. Grundlagen von Art. 2 und Verhältnis zum deutschen Recht	1
I. Einführung	1
1. Recht auf Bildung und elterliches Erziehungsrecht in der EMRK	1
2. Ideengeschichtliche Grundlegung und Entstehungsgeschichte	4
II. Recht auf Bildung, elterliches Erziehungsrecht und Grundgesetz	6
III. Praktische Bedeutung von Art. 2 für das deutsche Recht	7
1. Deutsche Rechtsprechung zu Art. 2	7
2. Deutsche Fälle vor den Konventionsorganen	8
B. Das Recht auf Bildung	9
I. Gewährleistungsgehalt und Beschränkungen	9
1. Persönlicher Gewährleistungsgehalt	9
2. Sachlicher Gewährleistungsgehalt und Beschränkungen	10
II. Rechtfertigung	20
C. Das elterliche Erziehungsrecht	21
I. Gewährleistungsgehalt und Beschränkungen	21
1. Persönlicher Gewährleistungsgehalt	22
2. Sachlicher Gewährleistungsgehalt und Beschränkungen	24
II. Rechtfertigung	27

A. Grundlagen von Art. 2 und Verhältnis zum deutschen Recht

I. Einführung

1. Recht auf Bildung und elterliches Erziehungsrecht in der EMRK. 1
Art. 2 beinhaltet **zwei Gewährleistungen:** Das Recht (vor allem des Kindes) auf Bildung, Art. 2 S. 1, und das Recht der Eltern auf Achtung ihrer religiösen und weltanschaulichen Überzeugungen bei der Ausgestaltung des Bildungswesens, Art. 2 S. 2 (vgl. EGMR 25. 2. 1982 – 7511/76 Rn. 40, EuGRZ 1982, 153 – Campbell und Cosans). Aus der staatlichen Bindung an das Elternrecht in Art. 2 S. 2 ergibt sich für das gesamte Recht der EMRK die **Anerkennung des elterlichen Erzie-**

EMRKZusProt Art. 2 Rechte und Freiheiten der Zusatzprotokolle

hungsrechts (*Frowein* in Frowein/Peukert ZP I Art. 2 Rn. 1, 5). Der aus dem Recht auf Bildung folgende Auftrag des Staates zur Einrichtung eines Bildungswesens schafft dabei eine spezifische **Spannungslage** der Gewährleistungen des Art. 2 zwischen **Abwehr- und Teilhaberecht** (vgl. Grabenwarter/Pabel EMRK § 22 Rn. 92; *Langenfeld* in Dörr/Grote/Marauhn Kap. 23 Rn. 13). Die Formulierung des Rechts auf Bildung in Art. 2 S. 1 ist negativ ausgestaltet, was auf ein Abwehrrecht hindeutet. Historisch sollte damit gewährleistet werden, dass die Mitgliedstaaten nicht zur Einrichtung spezieller Schulen oder ihrer Finanzierung verpflichtet sind (*Wildhaber* in IntKommEMRK ZP I Art. 2 Rn. 3; *Bannwart-Maurer* Recht auf Bildung S. 43 f.; *Harris/O'Boyle/Warbrick* S. 697; vgl. auch die Erklärung der Bundesrepublik Deutschland bei Ratifikation des Zusatzprotokolls am 13. 2. 1957, BGBl. 1957 II 226). Im Wesentlichen handelt es sich daher trotz der negativen Formulierung um ein **Recht auf Zugang zu vorhandenen Bildungseinrichtungen** (grundlegend EGMR 23. 7. 1968 (P) – 1474/62 Rn. 3, EuGRZ 1975, 298 (299) – Belgischer Sprachenfall; dazu ausführlich *Khol* ZaöRV 1970, 263 ff.). Die gewählte Formulierung betont dabei den Umstand, dass es sich um ein **Recht auf gleichen Zugang zur Bildung** handelt (vgl. EGMR 10. 11. 2005 (GK) – 44774/98 Rn. 152, EuGRZ 2006, 28 – Leyla Şahin – Kopftuchverbot an Universitäten; *Gutknecht* in Korinek/Holoubek, Österreichisches Bundesverfassungsrecht. Textsammlung und Kommentar, Loseblatt, Stand: 2013, ZP I EMRK Art. 2 Rn. 7; *Vermeulen* in van Dijk/van Hoof/van Rijn/Zwaak European Convention on Human Rights S. 895, 899). Das schließt aber nicht aus, dass das Recht auf Bildung auch abwehrrechtliche Gehalte hat (*Delbrück* GYIL 35 (1992), 92 (101 f.); → Rn. 17 ff.). Dagegen stellt sich das elterliche Erziehungsrecht in Art. 2 S. 2 zunächst nur als klassisches Abwehrrecht dar. Eltern haben ein subjektives Recht gegenüber dem Staat auf Achtung ihrer religiösen und weltanschaulichen Überzeugungen bei der Ausgestaltung des Bildungswesens. Dennoch zeigt die Rechtsprechung, dass dem elterlichen Erziehungsrecht auch teilhaberechtliche Aspekte innewohnen (→ Rn. 24 ff.).

2 Auch innerhalb der Teilgewährleistungen des Rechts auf Bildung können sich Spannungslagen ergeben, so wenn einerseits der Staat zur Erfüllung seiner Aufgabe einer umfassenden Bildung Sexualkundeunterricht vorsieht, andererseits eine Schulpflicht besteht, der sich das Kind – beispielsweise aus religiösen Gründen – nicht entziehen darf. Um solche Spannungen zu einem angemessenen Ausgleich zu bringen, ist bei den Rechten aus Art. 2 EMRKZusProt die **systematische Auslegung** von besonderer Bedeutung. Beide Sätze sind im Lichte des jeweils anderen sowie der **Art. 8–10 EMRK** auszulegen, also der Rechte eines jeden auf Achtung seines Privat- und Familienlebens, auf Gedanken-, Gewissens- und Religionsfreiheit sowie auf Meinungsäußerungsfreiheit. Hinsichtlich der Gewährleistungen des Art. 9 EMRK ist Art. 2 grundsätzlich lex specialis (auch EGMR 18. 3. 2011 (GK) – 30814/06 Rn. 59, NVwZ 2011, 737 (739) – Lautsi ua; *Hanschmann* in HK-EMRK EMRKZusProt Art. 2 Rn. 27; *Villiger* Rn. 896). Art. 2 stellt „ein **einheitliches Ganzes** dar, dass **von Satz 1 beherrscht** wird" (EGMR 7. 12. 1976 – 5095/71 ua Rn. 52, EuGRZ 1976, 478 – Kjeldsen ua). Damit ist ein **Rangverhältnis** postuliert: Das **Recht auf Bildung dominiert** das elterliche Erziehungsrecht, welches auf das Recht auf Bildung „aufgesetzt" ist (EGMR 7. 12. 1976 – 5095/71 ua Rn. 50, 52, EuGRZ 1976, 478 – Kjeldsen ua; EGMR 30. 11. 2004 – 46254/99 und 31888/02, BeckRS 2004, 155282 – Bulski; zu Konflikten zwischen Kinder- und Elternrechten vgl. *Wildhaber* EuGRZ 1976, 493 (495); *Wildhaber* in Macdonald/Matscher/Petzold S. 531, 546 f.; *Langenfeld* RdJB 2007, 412 (416)). Die aus

dieser Normstruktur folgende auf die Wahrung des Bildungsrechts des Kindes gerichtete **Erziehungsverantwortung** der Eltern führt dazu, dass Konflikte zwischen dem Recht des Kindes auf Bildung und dem elterlichen Erziehungsrecht einzelfallbezogen anhand des **Kindeswohls** im Zweifel zugunsten der Bildungschancen des Kindes aufzulösen sein dürften (vgl. *Hanschmann* in HK-EMRK EMRKZusProt Art. 2 Rn. 7).

Bei der Auslegung und Anwendung von Art. 2 müssen außerdem alle Regeln 2a und Grundsätze des Völkerrechts berücksichtigt werden, die zwischen den Vertragsstaaten gelten, und die Vorschrift muss so weit wie möglich so ausgelegt werden, dass sie mit anderen Regeln des Völkerrechts im Einklang steht (EGMR 19.10.2012 (GK) – 43370/04, 8252/05, 18454/06 Rn. 136, NVwZ 2014, 203 (206) – Catan ua). Bei der **systematischen Auslegung** dürften daher auch Art. 10 und 15 der Europäischen Sozialcharta (BGBl. 1964 II 1262) sowie Art. 17 der in der Bundesrepublik ratifizierten und am 1.5.2021 – ohne Vorbehalte in Bezug auf Art. 17 – in Kraft getretenen revidierten Sozialcharta (BGBl. 2020 II 900; vgl. dazu *Beiter* Right to Education S. 172ff.) zu berücksichtigen sein, da diese sich im „Regelungsumfeld der EMRK" befinden (vgl. Grabenwarter/Pabel EMRK § 5 Rn. 8). Das Gleiche dürfte für Art. 14 der Charta der Grundrechte der Europäischen Union gelten (ausführlich kommentiert von *Bernsdorff* in NK-EuGRCh, 5. Aufl. 2019, GRCh Art. 14 Rn. 1 ff.). Darüber hinaus können auch weitere **internationale Verträge** im Rahmen einer systematischen Auslegung herangezogen werden (vgl. EGMR 23.9.1994 – 15890/89 Rn. 30f., NStZ 1995, 237f. – Jersild; EGMR 13.12.2005 – 55762/00 und 55974/00 Rn. 64, BeckRS 2005, 156694 – Timishev; EGMR 21.6.2011 – 5335/05 Rn. 57, BeckRS 2011, 144279 – Ponomaryovi; EGMR 19.10.2012 (GK) – 43370/04, 8252/05, 18454/06 Rn. 136, NVwZ 2014, 203 (206) – Catan ua, zu Art. 26 der Allgemeinen Erklärung der Menschenrechte (A/RES/217 A (III)), Art. 13 des Internationalen Pakts über wirtschaftliche, soziale und kulturelle Rechte (BGBl. 1973 II 1569), Art. 5 des Internationalen Übereinkommens über die Beseitigung aller Formen rassischer Diskriminierung (BGBl. 1969 II 961) und zu Art. 28 des Übereinkommens über die Rechte des Kindes (BGBl. 1992 II 122); Grabenwarter/Pabel EMRK § 5 Rn. 8). Da dies auch für Art. 2 und 24 des **Übereinkommens über die Rechte von Menschen mit Behinderungen** (**BRK**, BGBl. 2008 II 1419; bis auf das Fürstentum Liechtenstein haben alle EMRK-Signatarstaaten das Übereinkommen ratifiziert; das Fürstentum Liechtenstein hat das Übereinkommen am 8.9.2020 bisher nur gezeichnet) gilt (EGMR 23.2.2016 – 51500/08 Rn. 53, 64, NZS 2017, 299 (300, 301) – Çam, zu Art. 2 BRK), kann in bestimmten Fällen anders als bislang **inklusiver Unterricht** durch Art. 2 iVm Art. 14 EMRK konventionsrechtlich gefordert sein (vgl. *Uerpmann-Wittzack* NZS 2017, 301 (302); zu den Folgerungen für die Auslegung des Art. 3 Abs. 1 S. 2 GG: *Bitter* NVwZ 2020, 1708 (1712); → Rn. 15a).

Folge der Konstruktion des Art. 2 als einheitliches Ganzes ist auch, dass der 3 EGMR häufig **keine strikte Trennung der Prüfung** der jeweils angegriffenen staatlichen Maßnahmen **nach Satz 1 oder 2** vornimmt, sondern die vorgetragenen Argumente in dem Zusammenhang prüft, der sich aufgrund der Eigenschaft der Beschwerdeführer als Eltern oder Kinder ergibt, auch wenn die betreffende Maßnahme ebenso in den Anwendungsbereich des anderen Satzes fallen würde (so beispielsweise EGMR 18.12.1996 – 21787/93 Rn. 25, ÖJZ 1998, 114 – Valsamis (s. auch die abweichende Meinung der Richter *Thór Vilhjálmsson* und *Jambrek*); EGMR 11.9.2006 – 35504/03, KirchE 48, 296 (299f.) – Konrad ua; siehe auch EGMR 18.3.2011 (GK) – 30814/06 Rn. 59f., 78, NVwZ 2011, 737 (739, 741) –

EMRK ZusProt Art. 2 Rechte und Freiheiten der Zusatzprotokolle

Lautsi ua). Viele Beeinträchtigungen des Rechts eines Kindes auf Bildung stellen zugleich Eingriffe in das elterliche Erziehungsrecht dar, wie beispielsweise das Aufhängen von Kreuzen in Schulräumen zeigt (s. EGMR 18.3.2011 (GK) – 30814/06 Rn. 78, NVwZ 2011, 737 (741) – Lautsi ua; → Rn. 19).

4 **2. Ideengeschichtliche Grundlegung und Entstehungsgeschichte.** Das Recht auf Bildung entspringt einer gemeinsamen Überzeugung der Konventionsstaaten von dem erheblichen Rang, den Bildung in der Persönlichkeitsentwicklung des Menschen und damit auch für das Zusammenleben in einer demokratischen Gesellschaft einnimmt (vgl. EGMR 13.12.2005 – 55762/00 und 55974/00 Rn. 64, BeckRS 2005, 156694 – Timishev; EGMR 23.2.2016 – 51500/08 Rn. 52, NZS 2017, 299 – Çam; EGMR 10.9.2020 – 59751/15 Rn. 49 – G.L.; BVerfG 29.4.2003 – 1 BvR 436/03, NVwZ 2003, 1113; StGH Hessen 30.12.1981 – P.St. 880, NJW 1982, 1381 (1385); *Rux* RdJB 2002, 423 (432ff.); *Langenfeld* RdJB 2007, 412 (415); instruktiv der Überblick bei *Kämpfer* EuGRZ 1981, 721ff.). Die – auch symbolische – Bedeutung eines Anspruchs auf Bildung, der einem Menschen gegenüber dem Staat eingeräumt wird, ist nicht zu überschätzen. **Bildung ist Grundbedingung für Freiheit.** Erst Bildung ermächtigt den Menschen zu tatsächlich freiem Handeln, da nur der – im weiteren Sinne – gebildete Mensch zwischen Handlungsalternativen unabhängig von fremd-bestimmenden Ursachen wählen kann (vgl. *Kant,* Über Pädagogik (1803), in Weischedel, Werkausgabe, Bd. XII, S. 691, 699; zum Freiheitsbegriff *Kant,* Grundlegung zur Metaphysik der Sitten (1785), in Weischedel, Werkausgabe, Bd. VII, S. 7, 81ff.; emphatisch *Nida-Rümelin,* Philosophie einer humanen Bildung, 2013, *passim*). Bildung ist damit Teil der *condicio humana,* „Voraussetzung für die Existenz des Menschen in psychischer, kommunikativer und kultureller Hinsicht" (*Lindner* DÖV 2009, 306 (306f.); vgl. *Nida-Rümelin,* Philosophie einer humanen Bildung, 2013, S. 83; *Delbrück* GYIL 35 (1992), 92 (95); zur Begriffsgeschichte ausführlich *Lichtenstein,* „Bildung", in Ritter, Historisches Wörterbuch der Philosophie, 2. Aufl. 1971, S. 922ff.).

5 Die Vertragsstaaten konnten sich zunächst aber nicht darauf einigen, bereits in die EMRK ein Recht auf Bildung aufzunehmen, wobei insbesondere die Sorge vor übermäßigen Bildungsausgaben im Vordergrund stand (*Wildhaber* in IntKommEMRK ZP I Art. 2 Rn. 2; *Gutknecht* in Korinek/Holoubek, Österreichisches Bundesverfassungsrecht. Textsammlung und Kommentar, Loseblatt, Stand: 2013, ZP I EMRK Art. 2 Rn. 8; ausführlich zur Entstehungsgeschichte *Bannwart-Maurer* Recht auf Bildung S. 1ff., 11, 44). Erst die Wendung von einer positiven Formulierung eines Rechts auf Bildung hin zu der negativen, dass niemandem dieses Recht verwehrt werden dürfe (→ Rn. 1), ermöglichte den Staaten, der Einführung dieses Rechts durch das erste Zusatzprotokoll am 20.3.1952 zuzustimmen (*Bannwart-Maurer* Recht auf Bildung S. 26f., 43f.; *Harris/O'Boyle/Warbrick* S. 697). Mittlerweile haben **alle Mitgliedstaaten** des Europarats das Zusatzprotokoll **unterzeichnet;** allein **Monaco** und die **Schweiz** haben es bislang nicht ratifiziert (s. den Überblick bei http://conventions.coe.int/). Die **Bundesrepublik** hat bei Zeichnung des 1. Zusatzprotokolls folgende **Erklärung** (BGBl. 1957 II 226; EGMR 27.8.2013 – 61145/09 Rn. 16, NVwZ 2014, 1293 – Huhle: als „Vorbehalt" bezeichnet) abgegeben:

5a „Die Bundesrepublik Deutschland macht sich die Auffassung zu eigen, dass Artikel 2 Satz 2 des Zusatzprotokolls keine Verpflichtung des Staates begründet, Schulen religiösen oder weltanschaulichen Charakters zu finanzieren oder sich an ihrer Finanzierung zu beteiligen, da diese

Frage nach der übereinstimmenden Erklärung des Rechtsauschusses der Beratenden Versammlung und des Generalsekretärs des Europarates außerhalb des Rahmens der Konvention über Menschenrechte und Grundfreiheiten sowie des Zusatzprotokolls liegt."

II. Recht auf Bildung, elterliches Erziehungsrecht und Grundgesetz

Im deutschen **Grundgesetz** ist ein Recht auf Bildung nicht explizit aufgeführt – anders als in einigen Landesverfassungen (s. den umfassenden Überblick bei *Poscher/ Rux/Langer* Recht auf Bildung S. 107 ff.). Allerdings finden sich im Grundgesetz wesentliche Gewährleistungen, die auch nach Art. 2 geschützt sind (vgl. *Langenfeld* in Dörr/Grote/Marauhn Kap. 23 Rn. 14 ff.; *Jarass* DÖV 1995, 674 ff.; *Faller* EuGRZ 1981, 611 ff.; pointiert bereits *Clevinghaus,* Recht auf Bildung (Grundlagen und Inhalt), 1974). Für das **elterliche Erziehungsrecht** iSd Art. 2 S. 2 ergibt sich dies im Wesentlichen zwanglos aus **Art. 6 Abs. 2 GG** und **Art. 7 GG** auch iVm **Art. 4 Abs. 1 GG** (vgl. BVerfGE 93, 1 (17); BVerfG 15. 3. 2007 – 1 BvR 2780/06, NVwZ 2008, 72 (73)). Hinsichtlich des Rechts auf Bildung nach Art. 2 S. 1 ist die Lage nicht so eindeutig. Ob das Grundgesetz insgesamt ein **Recht auf Bildung** gewährleistet, hat das BVerfG **ausdrücklich offen** gelassen (BVerfGE 45, 400 (417); BVerfG 6. 8. 1996 – 1 BvR 1600/96 Rn. 13, NVwZ 1997, 781 (782); BVerfG 6. 8. 1996 – 1 BvR 1609/96 Rn. 15, BeckRS 1996, 12489; BVerfG 27. 11. 2017 – 1 BvR 1555/14 Rn. 25, NVwZ 2018, 728 (730); ausdrücklich dafür („Elemente eines Rechts auf Bildung") BVerwGE 47, 201 (204, 206); 56, 155 (158); 105, 44 (47); OVG Berlin 22. 2. 2002 – 8 SN 164/01, NVwZ-RR 2002, 577; OVG Münster 6. 2. 2009 – 19 B 524/08, NVwZ-RR 2009, 561; OVG Bremen 24. 10. 2011 – 2 B 199/11, NordÖR 2012, 250 (251); vgl. auch StGH Hessen 30. 12. 1981 – P.St. 880, NJW 1982, 1381 (1385)). Ein aus Art. 2 Abs. 1 GG folgendes „Recht auf Ausbildung" hat das BVerfG allerdings anerkannt (BVerfGE 96, 288 (306)). Darüber hinaus bieten verschiedene Grundrechte weitere Teilgewährleistungen eines Rechts auf Bildung. So beinhaltet **Art. 12 Abs. 1 GG** ein „Abwehrrecht gegen Freiheitsbeschränkungen im Ausbildungswesen" (BVerfGE 33, 303 (329)). Aufgrund des Umstands, dass das BVerfG hierzu nicht nur den tertiären Bildungsbereich (Bsp. Hochschule) oder den Bereich der berufsbildenden Schulen, sondern insgesamt auch die Sekundarstufe II (Gymnasium bzw. weiterführende Schulen ab der 11. Klasse) zählt (BVerfGE 58, 257 (273)), deckt Art. 12 Abs. 1 GG bereits einen großen Teil eines Rechts auf Bildung ab (*Jarass* in Jarass/Pieroth GG Art. 12 Rn. 93). **Art. 12 Abs. 1 GG** iVm **Art. 3 Abs. 1 GG** und dem **Sozialstaatsprinzip** verpflichten den Gesetzgeber, auch im Bereich des Hochschulzugangs für die Wahrung gleicher Bildungschancen zu sorgen. Für diejenigen, die dafür die subjektiven Zulassungsvoraussetzungen erfüllen, folgt daraus im Rahmen der vom Staat geschaffenen Ausbildungseinrichtungen ein Recht auf freien und gleichen Zugang zum Hochschulstudium ihrer Wahl (BVerfG 8. 5. 2013 – 1 BvL 1/08, NJW 2013, 2498 (2499) – Studiengebühren). Hinsichtlich der Primar- und Sekundarstufe I (bis zur 10. Klasse) werden Elemente eines Rechts auf Bildung durch **Art. 2 Abs. 1 GG** (iVm Art. 1 Abs. 1 GG) gewährleistet, durch Art. 3 Abs. 1 GG iVm dem Sozialstaatsprinzip auch als gleicher Teilhabeanspruch an vorhandenen Bildungseinrichtungen (BVerfGE 96, 288 (306); BVerwG 15. 12. 2010 – 6 C 10/09, NVwZ 2011, 1272 (1273); *Jarass* in Jarass/Pieroth GG Art. 2 Rn. 31; *Oppermann* in Isensee/Kirchhof, Handbuch des Staatsrechts der Bundesrepublik Deutschland, Bd. VI, 2. Aufl. 2001, § 135 Rn. 83; zurückhaltender *Jestaedt* in Isensee/Kirchhof, Handbuch des

EMRK ZusProt Art. 2 Rechte und Freiheiten der Zusatzprotokolle

Staatsrechts der Bundesrepublik Deutschland, Bd. VII, 3. Aufl. 2009, § 156 Rn. 92; zweifelnd auch *Di Fabio* in Dürig/Herzog/Scholz, Grundgesetz-Kommentar, Stand: 2021, GG Art. 2 Abs. 1 Rn. 58, 211 mwN).

III. Praktische Bedeutung von Art. 2 für das deutsche Recht

7   **1. Deutsche Rechtsprechung zu Art. 2.** Deutsche Rechtsprechung, die auf Art. 2 näher eingeht, ist selten geblieben. Das BVerfG hat bei der Frage, ob die Pflicht zum Besuch einer **Gemeinschaftsschule** (statt einer Bekenntnisschule) Grundrechte verletzt, lediglich auf den Umstand verwiesen, dass mit der Verfassungsbeschwerde ein Recht aus Art. 2 nicht geltend gemacht werden kann (BVerfGE 41, 88 (105f.)). In seiner Entscheidung zum Bremischen Studienkontengesetz hat das BVerfG ausgeführt, dass **Studiengebühren** mit dem Grundgesetz vereinbar sind, sofern sie nicht prohibitiv wirken und sozialverträglich ausgestaltet sind. Im Rahmen der dabei bestehenden gesetzgeberischen Gestaltungsfreiheit sind aber die völkerrechtlichen Vorgaben, insbesondere auch aus Art. 2, zu berücksichtigen (BVerfG 8.5.2013 – 1 BvL 1/08, NJW 2013, 2498 (2499f.)). Eine prominente Entscheidung stellt in diesem Zusammenhang das Urteil des StGH Hessen aus dem Jahr 1981 dar, in welchem der Staatsgerichtshof die Frage, ob in Hessen ein verfassungsrechtlich verbürgtes Recht auf Bildung besteht, zwar offen ließ. Allerdings deuten seine auch auf Art. 2 S. 1 gestützten Ausführungen darauf hin, dass er unter Geltung der Hessischen Verfassung davon ausgeht (StGH Hessen 30.12.1981 – P.St. 880, NJW 1982, 1381 (1385)). Nach dem SaarlVerfGH beinhaltet der von der Verfassung des Saarlandes verbürgte Anspruch auf „gleichen" Zugang zu einem Hochschulstudium in Bezug auf eine **Stipendienvergabe** einen Anspruch auf Gewährung gleicher Bedingungen des Zugangs, soweit sie in tatsächlicher Hinsicht staatlichem Einfluss unterliegen. Das Gleiche folge aus Art. 2 (SaarlVerfGH 8.7.2014 – Lv 6/13, NVwZ-RR 2014, 865 (868)). Ausführliche Auseinandersetzungen der Fachgerichte mit Art. 2 sind ebenso nur wenig ersichtlich (erwähnt in BVerwGE 5, 153 (161) – Versetzung in Oberschule; BVerwGE 52, 313 (334) – Versagung eines Lehrauftrags), auch wenn die **Berücksichtigung der EMRK** und der Rechtsprechung des EGMR zu Art. 2 im Rahmen methodisch vertretbarer Gesetzesauslegung verfassungsrechtlich geboten ist (s. BVerfGE 111, 307 (323f.) – Görgülü; BVerfGE 128, 326 (367ff.) – Sicherungsverwahrung II; ausführlich → Einl. Rn. 77ff.). Das BVerwG hat festgestellt, dass das elterliche Erziehungsrecht nach Art. 2 S. 2 der Pflicht zur Teilnahme am **Sexualkundeunterricht** nicht entgegen steht (BVerwGE 57, 360 (372); ebenso OVG Lüneburg 5.3.2003 – 13 LB 4075/01, KirchE 43, 156 (177)). Einige Gerichte haben die Zulässigkeit der dem **home schooling** entgegenstehenden **Schulpflicht** in der Bundesrepublik auch unter Verweis auf die diesbezügliche Rechtsprechung des EGMR zu Art. 2 begründet (VGH München 2.8.2007 – 7 ZB 07.987, NVwZ-RR 2007, 763 (764f.); 25.11.2008 – 7 ZB 08.2050 Rn. 11, BeckRS 2009, 32606; OVG Münster 5.9.2007 – 19 A 4074/06, NWVBl 2008, 152 (155); OVG Bremen 3.2.2009 – 1 A 21/07, NordÖR 2009, 158 (161); VG Hamburg 27.2.2006 – 15 E 340/06, BeckRS 2006, 27112; VG Dresden 7.3.2007 – 5 K 2283/02, KirchE 49, 185 (193); VG Stuttgart 26.7.2007 – 10 K 146/05, KirchE 50, 39 (48f.)). Nach dem VGH Mannheim folgt aus Art. 2 kein Anspruch auf Einführung von **Ethikunterricht an der Grundschule** (VGH Mannheim 23.1.2013 – 9 S 2180/12, DVBl 2013, 519 (521f., 523, 525); ausgehend von VG Freiburg 21.9.2011 – 2 K 638/10, BeckRS 2011, 55236; in der Revisionsentscheidung BVerwG 16.4.2014 – 6 C

11/13, NVwZ 2014, 1163, wird Art. 2 nicht mehr in Bezug genommen). Dem VGH München zufolge steht Art. 2 einer Regelung nicht entgegen, die für den **Zugang zu einem Masterstudiengang** neben einem Hochschulabschluss weitere Zugangsvoraussetzungen (Eignungsvoraussetzungen) verlangt (VGH München 2. 9. 2013 – 7 CE 13.1084 Rn. 36, BeckRS 2013, 55750; 2. 9. 2014 – 7 CE 14.1203 Rn. 12, BeckRS 2014, 56737; 9. 9. 2014 – 7 CE 14.1059 Rn. 18, BeckRS 2014, 56736). Der VGH Kassel hat in einer Entscheidung zu den Folgen der **Corona-Pandemie** im Schulbetrieb entschieden, dass (auch) aus Art. 2 **kein Anspruch** auf Durchführung von **Präsenz**- statt Distanzunterricht oder Beibehaltung des Unterrichts im gewohnten Klassenverband folge (VGH Kassel 19. 3. 2021 – 8 B 309/21.N Rn. 40, BeckRS 2021, 6205). Laut dem VG Wiesbaden folgt aus Art. 2 kein Anspruch auf eine **Beschulung in einer bestimmten Sprache** (VG Wiesbaden 13. 11. 2018 – 6 K 1560/18.WI Rn. 53, BeckRS 2018, 40522). Das VG Münster hat – unter Anwendung der *Görgülü*-Entscheidung des BVerfG – entschieden, dass aus Art. 2 kein Anspruch eines Zeugen Jehovas auf **Befreiung vom Deutschunterricht** resultiere, in dem die Verfilmung des Buches *Krabat* gezeigt werden sollte (VG Münster 12. 2. 2010 – 1 K 528/09, BeckRS 2010, 46738). Weder das OVG Münster in seiner anderslautenden Entscheidung vom 22. 12. 2011 – 19 A 610/10, NWVBl 2012, 235 (236, allerdings unter Verweis auf die zu Art. 2 ergangene Entscheidung EGMR 6. 10. 2009 – 45216/07, EuGRZ 2010, 177 – Appel-Irrgang ua), noch das BVerwG in seinem die erstinstanzliche Entscheidung aufrecht erhaltenden Urteil vom 11. 9. 2013 – 6 C 12/12, NVwZ 2014, 237, nahmen jedoch in ihren Rechtsmittelentscheidungen auf Art. 2 Bezug. Ob **drohende erhebliche Verletzungen von Art. 2** die **Flüchtlingseigenschaft** im Sinne von § 3 AsylG begründen können, da darin Verfolgungshandlungen im Sinne von § 3a AsylG zu sehen sind, ist bisher nicht obergerichtlich bejaht worden (als grundsätzlich möglich erachtet bei VG Berlin 16. 1. 2017 – VG 23 K 402.16 A, BeckRS 2017, 100251; VG Hamburg 11. 12. 2018 – 10 A 2933/17 Rn. 40, BeckRS 2018, 40919). Voraussetzung wäre jedenfalls, dass die behaupteten Verletzungen einen von der Konvention absolut geschützten menschenrechtlichen Mindeststandard betreffen. Dazu müsste Art. 2 zum gemeinsamen menschenrechtlichen ordre public aller Unterzeichnerstaaten zu zählen sein (vgl. BVerwG 24. 5. 2000 – 9 C 34/99, NVwZ 2000, 1302 (1303); 7. 12. 2004 – 1 C 14/04, NVwZ 2005, 704 (705)). Insbesondere Letzteres wird in der Bundesrepublik bezweifelt (implizit anerkannt bei VG Frankfurt a. M. 4. 7. 2012 – 1 K 1836/11.FA, NVwZ-RR 2013, 243 (Ls.); VG Freiburg 13. 5. 2013 – A 3 K 734/11, BeckRS 2013, 51679; offen gelassen bei VG Gelsenkirchen 18. 12. 2013 – 7a K 3240/13.A, Asylmagazin 2014, 193 (195); ablehnend VG Oldenburg 26. 4. 2010 – 11 A 585/10; 10. 9. 2012 – 5 A 1482/11, BeckRS 2012, 57463; mit fragwürdiger Begründung VG Münster 28. 6. 2012 – 8 K 94/12.A, BeckRS 2012, 54250), während jüngere Aussagen des EGMR in anderen Zusammenhängen in eine solche Richtung zu deuten scheinen (EGMR 10. 11. 2005 (GK) – 44774/98 Rn. 137, EuGRZ 2006, 28 – Leyla Şahin; EGMR 21. 6. 2011 – 5335/05 Rn. 55, BeckRS 2011, 144279 – Ponomaryovi; EGMR 27. 5. 2014 – 16032/07 Rn. 33 – Velev).

2. Deutsche Fälle vor den Konventionsorganen. Bis Juli 2021 hat es keine 8 Verurteilung der Bundesrepublik wegen einer Verletzung des Rechts auf Bildung oder des elterlichen Erziehungsrechts gegeben. Überhaupt betreffen – soweit ersichtlich – nur **sechs Entscheidungen** des EGMR Fälle **aus der Bundesrepublik.** In einem Verfahren hat der EGMR festgestellt, dass die dem **home schoo-**

EMRK ZusProt Art. 2 Rechte und Freiheiten der Zusatzprotokolle

ling entgegenstehende **Schulpflicht** in der Bundesrepublik keinen Verstoß gegen das elterliche Erziehungsrecht nach Art. 2 S. 2 darstellt (EGMR 11.9.2006 – 35504/03, KirchE 48, 296 (300f.) – Konrad ua; bestätigt in EGMR 10.1.2019 – 18925/15 Rn. 42, 50ff., FamRZ 2020, 33 (34f.) – W., wo es um eine – im Ergebnis abgelehnte – Verletzung des Art. 8 EMRK ging wegen eines Sorgerechtsentzugs bei beharrlicher Weigerung der Eltern, ihren Kindern den Schulbesuch zu gewährleisten). In einem weiteren Fall entschied der EGMR, dass auch der **obligatorische Ethik-Unterricht** in Berlin nicht gegen das elterliche Erziehungsrecht verstößt (EGMR 6.10.2009 – 45216/07, EuGRZ 2010, 177 (182) – Appel-Irrgang ua). Auch die verpflichtende Teilnahme am **Sexualkundeunterricht** und an **Theaterprojekten zu sexueller Gewalt und Kindesmissbrauch** oder die traditionelle schulische Durchführung einer **Karnevalsveranstaltung ohne Teilnahmepflicht** verletzen Art. 2 S. 2 nicht (EGMR 13.9.2011 – 319/08 ua, BeckRS 2011, 143720 – Dojan ua; Ausgangsentscheidung war BVerfG 21.7.2009 – 1 BvR 1358/09, NJW 2009, 3151). In einem die Bundesrepublik betreffenden Fall hat der EGMR entschieden, dass aus dem Recht auf Bildung weder ein **Recht auf kostenlose Beförderung zur Schule der Wahl** folgt noch, dass der Staat verpflichtet ist, **bestimmte Bildungseinrichtungen zu schaffen oder zu finanzieren** (EGMR 27.8.2013 – 61145/09 Rn. 17f., NVwZ 2014, 1293f. – Huhle). Schließlich wurde eine Beschwerde wegen mangelnder **Anonymisierung von Abiturprüfungen** und des **Fehlens eines Kontrollgremiums** für die Bewertung von Prüfungsleistungen mangels Opfereigenschaft (die Beschwerdeführenden besuchten die 8. Klasse) als unzulässig zurückgewiesen (EGMR 8.10.2013 – 17292/13, NJW 2014, 2705f. – Q. und H.). In weiteren fünf Fällen hatte bereits die Kommission für Europäische Menschenrechte die Beschwerde jeweils für unzulässig erklärt. In drei Fällen ging die Kommission auf die materiellen Rechtsfragen nicht ein, da es bereits am persönlichen Geltungsbereich oder innerstaatlichen Rechtswegerschöpfung mangelte (EKMR 10.7.1967 – 2457/65 – X.; 7.4.1997 – 34614/97, EuGRZ 1997, 616 (618) – Scientology Kirche Deutschland eV; 4.3.1998 – 36283/97, EuGRZ 1998, 321 (323) – Keller). In den weiteren zwei Fällen waren die Beschwerden offensichtlich unbegründet (EKMR 15.7.1982 – 9411/81 – X., Y. und Z. – kein individueller Anspruch auf **bestimmte Lehrinhalte;** EKMR 9.7.1992 – 19844/92 – Leuffen – Zulässigkeit der **Schulpflicht**).

B. Das Recht auf Bildung

I. Gewährleistungsgehalt und Beschränkungen

9 1. **Persönlicher Gewährleistungsgehalt.** Vom **persönlichen Gewährleistungsbereich** des Art. 2 S. 1 erfasst sind nur **natürliche,** nicht aber juristische **Personen,** da auf diese das Recht auf Bildung seinem Wesen nach nicht anwendbar ist (*Langenfeld* in Dörr/Grote/Marauhn Kap. 23 Rn. 30; aA *Velu/Ergec* Rn. 778). Aus diesem Grund hat die Kommission eine Beschwerde der *Scientology Kirche* gegen die Bundesrepublik wegen einer Aufklärungskampagne in deutschen Schulen über die Gefahren von *Scientology* als unzulässig angesehen (EKMR 7.4.1997 – 34614/97, EuGRZ 1997, 616 (618) – Scientology Kirche Deutschland eV). Berechtigt sind alle Menschen, die der **Hoheitsgewalt** eines Konventionsstaats unterstehen (EGMR 23.7.1968 (P) – 1474/62 Rn. 3, EuGRZ 1975, 298 (299) – Belgischer Sprachenfall), also auch Ausländer und Staatenlose (näher *Langenfeld* RdJB

2007, 412 (422)). Das gilt auch, wenn der betreffende Konventionsstaat nur die **tatsächliche Kontrolle** über einen Teil eines anderen Konventionsstaats ausübt (EGMR 19.10.2012 (GK) – 43370/04, 8252/05, 18454/06 Rn. 137, 150, NVwZ 2014, 203 (206f., 208) – Catan ua; EGMR 17.9.2019 – 40942/14 Rn. 67 – Iovcev ua). Erfasst sind Kinder und Jugendliche, aber **auch Erwachsene,** soweit sie *ratione materiae* in den Anwendungsbereich von Art. 2 S. 1 fallen (*Gutknecht* in Korinek/ Holoubek, Österreichisches Bundesverfassungsrecht. Textsammlung und Kommentar, Loseblatt, Stand: 2013, ZP I EMRK Art. 2 Rn. 15). Prozessual gewendet sind sowohl die Kinder als auch die sorgeberechtigten Eltern berechtigt, eine Verletzung von Art. 2 S. 1 geltend zu machen (vgl. EGMR 25.2.1982 – 7511/76 Rn. 40, EuGRZ 1982, 153 – Campbell und Cosans; EGMR 13.12.2005 – 55762/00 und 55974/00 Rn. 65ff., BeckRS 2005, 156694 – Timishev).

2. Sachlicher Gewährleistungsgehalt und Beschränkungen. a) Allgemein. Sachlich gewährleistet Art. 2 S. 1 ein Recht des Kindes (bzw. ggf. des Erwachsenen) auf Bildung als **Abwehrrecht** gegen Eingriffe in Aktivitäten im Bildungsbereich und ein **Teilhaberecht** auf gleichen Zugang zu bestehenden Bildungseinrichtungen. Dem Abwehrrecht korrespondiert eine **staatliche Verpflichtung** zur Vorhaltung einer entsprechenden Bildungsinfrastruktur (*Langenfeld* in Dörr/Grote/Marauhn Kap. 23 Rn. 9). **Bildung** bzw. Erziehung (englisch: „education", französisch: „instruction") ist dabei zunächst zu verstehen als der gesamte **Prozess, „durch den in einer Gesellschaft die Erwachsenen ihre Überzeugungen, Kultur und andere Werte der Jugend zu vermitteln suchen"** (EGMR 25.2.1982 – 7511/76 Rn. 33, EuGRZ 1982, 153 – Campbell und Cosans). Diese Formulierung kann nur einen ersten Ausgangspunkt darstellen, da sie sehr auf die Eltern ausgerichtet ist und damit sowohl im Gegensatz zur eigentlich dominierenden Stellung des Satzes 1 in Art. 2 steht (→ Rn. 2) als auch zur Bedeutung der Bildung für die Persönlichkeitsentwicklung des Kindes (→ Rn. 4; vgl. *Wildhaber* in IntKommEMRK ZP I Art. 2 Rn. 21; *Delbrück* GYIL 35 (1992), 92 (93f., 103f.)).

b) Teilhaberecht. Art. 2 S. 1 soll jeder Person das Recht garantieren, „sich grundsätzlich der zu einem bestimmten Zeitpunkt bestehenden Bildungseinrichtungen zu bedienen" (EGMR 23.7.1968 (P) – 1474/62 Rn. 3, EuGRZ 1975, 298 (299) – Belgischer Sprachenfall – kein französischsprachiger Unterricht in Flandern; vgl. dazu *Khol* ZaöRV 1970, 263 (283ff.)). In erster Linie ist damit ein **teilhaberechtlich** ausgestalteter **Zugang zu den Schulen** gewährleistet, die zu einem bestimmten Zeitpunkt vorhanden sind (EGMR 23.7.1968 (P) – 1474/62 Rn. 4, EuGRZ 1975, 298 (300) – Belgischer Sprachenfall; EGMR 19.10.2012 (GK) – 43370/04, 8252/05, 18454/06 Rn. 137, NVwZ 2014, 203 (206f.) – Catan ua). Um die **Effektivität** des Rechts auf Bildung zu gewährleisten, gehört dazu die Möglichkeit, aus der genossenen Ausbildung dadurch Nutzen zu ziehen, dass diese offiziell anerkannt wird (EGMR 23.7.1968 (P) – 1474/62 Rn. 4, EuGRZ 1975, 298 (300) – Belgischer Sprachenfall; EGMR 19.10.2012 (GK) – 43370/04, 8252/05, 18454/06 Rn. 137, NVwZ 2014, 203 (206f.) – Catan ua; dazu *Harris/O'Boyle/Warbrick* S. 702). Daraus folgt allerdings **keine** allgemeine Verpflichtung zur **Anerkennung von Bildungsabschlüssen aus anderen Konventionsstaaten** (EKMR 9.10.1978 – 7864/77 – X.; 10.10.1985 – 11655/85 – Glazewska; für Abschlüsse aus EU-Mitgliedstaaten anscheinend anders *Grabenwarter,* European Convention on Human Rights. Commentary, 2014, P 1–2, Rn. 8). Das Recht bezieht sich auf den **Zugang zu staatlichen und privaten Einrichtungen,** zu

EMRK ZusProt Art. 2

Volksschulen, höheren Schulen und **auch auf Universitäten** (EGMR 10.11.2005 (GK) – 44774/98 Rn. 134 ff., EuGRZ 2006, 28 – Leyla Şahin; EGMR 19.10.2012 (GK) – 43370/04, 8252/05, 18454/06 Rn. 139, NVwZ 2014, 203 (207) – Catan ua; EGMR 27.8.2013 – 61145/09 Rn. 17, NVwZ 2014, 1293 – Huhle; EGMR 23.2.2016 – 51500/08 Rn. 43, NZS 2017, 299 – Çam; *Villiger* Rn. 897bis). Gewährleistet ist, dass eine Versagung des Zugangs zu der Bildungseinrichtung nicht aus unsachlichen Gründen erfolgt und bei Vorliegen der entsprechenden Voraussetzungen auch eine höhere Ausbildung möglich ist (EKMR 9.12.1980 – 8844/80 – X.; *Vermeulen* in van Dijk/van Hoof/van Rijn/Zwaak European Convention on Human Rights S. 895, 898; *Frowein* in Frowein/Peukert ZP I Art. 2 Rn. 2). **Leistungsbezogene Zulassungsvoraussetzungen** sind daher zulässig (vgl. EGMR 16.11.1999 – 48041/99 – Lukach; *Gutknecht* in Korinek/Holoubek, Österreichisches Bundesverfassungsrecht. Textsammlung und Kommentar, Loseblatt, Stand: 2013; ZP I EMRK Art. 2 Rn. 39; *Wildhaber* in Macdonald/Matscher/Petzold S. 531, 532 f.). Das gilt auch für die unterschiedliche Wertung von Abschlussnoten für die Zwecke des Hochschulzugangs danach, ob es sich um einen Gymnasial- oder einen Berufsschulabschluss handelt, sofern sich die Ausbildung in ihrer Qualität unterscheidet (EGMR 9.7.2013 – 37222/04 Rn. 45 f., BeckRS 2013, 202775 – Altinay; EGMR 5.3.2019 – 29601/05 Rn. 24 ff., BeckRS 2019, 51787 – Kılıç). Allerdings muss eine dahingehende Änderung des Zulassungssystems für die Betroffenen bei ihrer Entscheidung, welche Schule sie besuchen möchten, vorhersehbar sein (EGMR 9.7.2013 – 37222/04 Rn. 60, BeckRS 2013, 202775 – Altinay).

12 Das Recht auf Bildung ist demnach vorrangig als Recht auf gleichen, also **diskriminierungsfreien Zugang** zu vorhandenen Bildungseinrichtungen zu verstehen (EGMR 10.11.2005 (GK) – 44774/98 Rn. 152, EuGRZ 2006, 28 – Leyla Şahin – Kopftuchverbot an Universitäten; *Gutknecht* in Korinek/Holoubek, Österreichisches Bundesverfassungsrecht. Textsammlung und Kommentar, Loseblatt, Stand: 2013, ZP I EMRK Art. 2 Rn. 7; *Vermeulen* in van Dijk/van Hoof/van Rijn/Zwaak European Convention on Human Rights S. 895, 899). So kann einer Person in **Untersuchungshaft** die Teilnahme an Sekundarausbildung an einer vorhandenen Gefängnisschule oder im Distanzlernen ohne eindeutige gesetzliche Grundlage und ohne vernünftige Gründe nicht versagt werden (EGMR 27.5.2014 – 16032/07 Rn. 41 f. – Velev; EGMR 10.3.2019 – 56443/11 Rn. 40 ff. – Flămînzeanu). Ein grundsätzliches Recht auf Teilnahme an bzw. Abschluss einer **Sekundarausbildung während** einer rechtmäßigen **Strafhaft** besteht allerdings nicht (EGMR 18.1.2018 – 30030/15 Rn. 94 ff. – Koureas ua, zur verhinderten Kursteilnahme während Aufenthalten in einer Disziplinarzelle). Der Staat ist nicht verpflichtet, entsprechende Kurse einzuführen (EGMR 24.9.2013 – 29343/10 Rn. 62 f., BeckRS 2013, 202346 – Epistatu), muss aber gegebenenfalls Zugang zu bestehenden Kursen gewährleisten (EGMR 27.5.2014 – 16032/07 Rn. 31 ff. – Velev; EGMR 10.11.2020 – 37866/18 Rn. 26 ff. – Uzun, zur Unterbrechung der Ausbildung eines wegen des Verdachts terroristischer Aktivitäten Inhaftierten im Rahmen eines vom Mitgliedstaat angeführten Notstands). Strafgefangenen die Nutzung eines Computers im Rahmen ihres Studiums zu verweigern, fällt in den Anwendungsbereich des Art. 2 S. 1, kann aber gerechtfertigt sein (EGMR 18.6.2019 – 47121/06 ua Rn. 60 ff. – Arslan und Bingöl). Der Schutz wird **durch Art. 14 EMRK verstärkt,** der allerdings angesichts der Überschneidung der Gewährleistungen gegenüber Art. 2 zurücktreten kann (vgl. EGMR 23.7.1968 (P) – 1474/62 Rn. 9 ff., EuGRZ 1975, 298 (301) – Belgischer Sprachenfall; EGMR

29.6.2007 (GK) – 15472/02 Rn. 105, NVwZ 2008, 1217 – Folgerø ua; EGMR 13.12.2005 – 55762/00 und 55974/00 Rn. 63ff., BeckRS 2005, 156694 – Timishev; EGMR 19.10.2012 (GK) – 43370/04, 8252/05, 18454/06 Rn. 160, NVwZ 2014, 203 – Catan ua; EGMR 9.7.2013 – 37222/04 Rn. 40f., BeckRS 2013, 202775 – Altinay; Anwendung von Art. 2 S. 2 iVm Art. 14 EMRK bei VGH Mannheim 23.1.2013 – 9 S 2180/12, DVBl 2013, 519 (525)).

Nach diesen Maßstäben verletzt es das Recht eines Kindes auf Bildung, ihm die **13** Zulassung zur Schule zu verweigern, weil seine Eltern **keinen registrierten Wohnsitz** haben (EGMR 13.12.2005 – 55762/00 und 55974/00 Rn. 65f., BeckRS 2005, 156694 – Timishev; dazu *Hanschmann* RdJB 2010, 80 (94f.); *Langenfeld* in Dörr/Grote/Marauhn Kap. 23 Rn. 25). Dagegen sind aus Kapazitäts- und sonstigen Ressourcengründen **Schulgebühren** (*Wildhaber* in IntKommEMRK ZP I Art. 2 Rn. 45; *Gutknecht* in Korinek/Holoubek, Österreichisches Bundesverfassungsrecht. Textsammlung und Kommentar, Loseblatt, Stand: 2013, ZP I EMRK Art. 2 Rn. 24) – **nicht jedoch für die Primarstufe** (EGMR 21.6.2011 – 5335/05 Rn. 56, BeckRS 2011, 144279 – Ponomaryovi; s. bereits *Velu/Ergec* Rn. 774) – oder **Studiengebühren** (EGMR 21.6.2011 – 5335/05 Rn. 56, BeckRS 2011, 144279 – Ponomaryovi; BVerfG 8.5.2013 – 1 BvL 1/08, NJW 2013, 2498 (2499f.); vgl. dazu *Berka*, Autonomie im Bildungswesen, 2002, S. 188; zu dem über Art. 2 inhaltlich hinausgehenden Art. 13 Abs. 2 lit. c IPWSKR (Internationaler Pakt über wirtschaftliche, soziale und kulturelle Rechte) (BGBl. 1973 II 1569), vgl. VG Freiburg 20.6.2007 – 1 K 2324/06, VBlBW 2007, 426 (429ff.); mit anderen Schwerpunkten die Rechtsmittelgerichte: BVerwG 15.12.2010 – 6 C 9/09, Buchholz 421.2 Hochschulrecht Nr. 171 Rn. 32; VGH Mannheim 16.2.2009 – 2 S 1855/07, DÖV 2009, 541 Ls.; siehe bereits ausführlich BVerwG 19.4.2009 – 6 C 16/08, NVwZ 2009, 1562 (1567ff.)) ebenso wie ein **numerus clausus** (EGMR 2.4.2013 – 25851/09, 29284/09 und 64090/09 Rn. 50ff., NVwZ 2014, 929 (930) – Tarantino ua; *Gutknecht* in Korinek/Holoubek, Österreichisches Bundesverfassungsrecht. Textsammlung und Kommentar, Loseblatt, Stand: 2013, ZP I EMRK Art. 2 Rn. 38) grundsätzlich mit Art. 2 S. 1 vereinbar, sofern gewährleistet ist, dass die Beschränkung diskriminierungsfrei erfolgt. Eine solche gegen Art. 2 S. 1 iVm Art. 14 EMRK verstoßende Diskriminierung liegt beispielsweise vor, wenn **Schulgebühren für die Sekundarstufe** nur von Schülerinnen und Schülern verlangt werden, die **kein dauerhaftes Aufenthaltsrecht** besitzen, aber sich nicht illegal im Konventionsstaat aufhalten und öffentliche Dienstleistungen missbräuchlich in Anspruch nehmen (EGMR 21.6.2011 – 5335/05 Rn. 63, BeckRS 2011, 144279 – Ponomaryovi), oder wenn einer Bewerberin allein aufgrund ihrer **Sehbehinderung** der **Zugang zu einer Musikhochschule verwehrt** wird, ohne dass geprüft worden ist, ob **angemessene Vorkehrungen** ihre Ausbildung an der Hochschule hätten ermöglichen können (EGMR 23.2.2016 – 51500/08 Rn. 68f., NZS 2017, 299 (301) – Çam).

Es besteht grundsätzlich keine Verpflichtung des Staates, die **Schulbildung in 14 einer bestimmten Sprache** zu gewährleisten (EGMR 23.7.1968 (P) – 1474/62 Rn. 3, EuGRZ 1975, 298 (300) – Belgischer Sprachenfall – kein französischsprachiger Unterricht in Flandern; EGMR 10.5.2001 (GK) – 25781/94 Rn. 277 – Zypern/Türkei; krit. wegen der Entwicklungen im völkerrechtlichen Schutz von Regional- und Minderheitensprachen *Hanschmann* in HK-EMRK EMRKZusProt Art. 2 Rn. 16). Um die Effektivität des Rechts auf Bildung zu gewährleisten, muss es allerdings jedenfalls das Recht umfassen, in der **Amtssprache** oder einer der **nationalen Sprachen** unterrichtet zu werden (EGMR 23.7.1968 (P) – 1474/62

Rn. 3, EuGRZ 1975, 298 (300) – Belgischer Sprachenfall; EGMR 19.10.2012 (GK) – 43370/04, 8252/05, 18454/06 Rn. 137, NVwZ 2014, 203 (206f.) – Catan ua). Wenn der Unterricht in der Primarstufe in einer von den Beteiligten gewünschten Sprache angeboten wird, muss dies in der Sekundarstufe weiter geführt werden können (EGMR 10.5.2001 (GK) – 25781/94 Rn. 278 – Zypern/Türkei, für Kinder griechischer Zyprer im nördlichen Zypern). Ein grundsätzlicher Anspruch auf Durchführung von **Ethik-Unterricht** ohne Rücksicht auf eine ausreichende Anzahl interessierter Schüler besteht nicht (EGMR 15.6.2010 – 7710/02 Rn. 104f. – Grzelak, zu Art. 2 S. 2). Auch besteht **kein Recht auf kostenlose Beförderung zur Schule der Wahl,** wenn es eine Alternative gibt, die eine kostenlose Beförderung einschließt und nicht im Widerspruch zu den Überzeugungen der Eltern steht (EGMR 27.8.2013 – 61145/09 Rn. 17, NVwZ 2014, 1293 – Huhle). Aus Art. 2 dürfte überdies auch **kein Anspruch auf Präsenzunterricht** folgen, wenn zum Schutz von Leben und Gesundheit und der Funktionsfähigkeit des Gesundheitssystems in einer allgemeinen **Pandemie**-Lage für einen vorübergehenden Zeitraum nur ein Distanzunterricht angeboten wird (vgl. VerfGH Österreich 10.3.2021 – V 574/2020-15 Rn. 49ff.; VGH Kassel 19.3.2021 – 8 B 309/21.N Rn. 40, BeckRS 2021, 6205; Überblick zum Recht auf Bildung in der Corona-Krise bei *Bülow* DRiZ 2021, 194).

15 Aus Art. 2 S. 1 folgt **kein uneingeschränkter Anspruch eines Kindes mit einer Behinderung** auf Teilnahme am Unterricht für Kinder ohne Behinderungen (sog. **inklusiver Unterricht,** vgl. EKMR 2.10.1989 – 14135/88 – P. D. und L. D.; EKMR 2.10.1989 – 14138/88 – Connolley; EKMR 4.12.1989 – 14688/89 – Simpson; EKMR 5.2.1990 – 13887/88 – Graeme; EKMR 4.7.1995 – 25212/94 – Klerks; *Langenfeld* RdJB 2007, 412 (421); *Langenfeld* in Dörr/Grote/Marauhn Kap. 23 Rn. 23; zur Rechtslage nach Art. 24 BRK VGH Kassel 12.11.2009 – 7 B 2763/09, NVwZ-RR 2010, 602; dazu krit. *Riedel/Arend* NVwZ 2010, 1346), solange keine Diskriminierung iSd Art. 14 EMRK vorliegt (*Wildhaber* in IntKommEMRK ZP I Art. 2 Rn. 57). Eine solche Diskriminierung – die allein statistisch belegt war – mit dem damit einhergehenden Verstoß gegen Art. 2 S. 1 iVm Art. 14 EMRK sah der EGMR in dem Umstand, dass **Roma-Kinder** in Tschechien oder Ungarn zu einem unverhältnismäßig großen Anteil in **Sonderschulen** für Kinder mit geistigen Behinderungen unterrichtet wurden (EGMR 13.11.2007 (GK) – 57325/00 Rn. 190ff., 207ff., NVwZ 2008, 533 (535, 537) – D. H. ua; EGMR 29.1.2013 – 11146/11 Rn. 105, 110, 127f., BeckRS 2013, 204202 – Horváth und Kiss; krit. zur Anwendung von Art. 14 EMRK *Heyden/v. Ungern-Sternberg* EuGRZ 2009, 81 (84ff.); → EMRK Art. 14 Rn. 46). Auch liegt eine nicht zu rechtfertigende tatsächliche Ungleichbehandlung darin, dass eine ganze Schule faktisch nur von Roma-Schülerinnen und Schülern besucht wird (EGMR 11.12.2012 – 59608/09 Rn. 103f. – Sampani ua; EGMR 30.5.2013 – 7973/10 Rn. 73, BeckRS 2013, 203183 – Lavida ua). Auch der Unterricht in Klassen nur für Roma-Kinder wegen angeblich mangelnder Sprachkenntnisse stellt eine Verletzung von Art. 2 S. 1 iVm Art. 14 EMRK dar, wenn dies nicht auch für andere Kinder mit ähnlichen Schwierigkeiten gilt (EGMR 16.3.2010 (GK) – 15766/03 Rn. 153ff. – Oršuš ua). Dasselbe gilt für die Unterbringung von Roma-Kindern in speziellen Vorbereitungsklassen in einem Nebengebäude der Schule (EGMR 5.6.2008 – 32526/05 Rn. 96, BeckRS 2015, 11062 – Sampanis ua). Der EGMR geht dabei aber von einer **grundsätzlichen Zulässigkeit der Beschulung in Sonderschulen** aus (EGMR 7.2.2006 – 57325/00 Rn. 47 – D. H. ua; Rechtsmittelentscheidung vom 13.11.2007 (GK) – 57325/00 Rn. 198, 205, NVwZ 2008, 533 (536) – D. H. ua;

EGMR 29.1.2013 – 11146/11 Rn. 113, BeckRS 2013, 204202 – Horváth und Kiss; *Langenfeld* RdJB 2007, 412 (421); *Langenfeld* in Dörr/Grote/Marauhn Kap. 23 Rn. 23).

Die Frage des **Anspruchs auf inklusiven Unterricht** stellt sich allerdings aufgrund einer systematischen Auslegung mit Art. 2 und 24 BRK nunmehr differenzierter dar (→ Rn. 2a). Der EGMR hat mittlerweile in diversen auf **Art. 14 EMRK iVm Art. 2 S. 1** gestützten Entscheidungen die **Bedeutung eines inklusiven Schulsystems** hervorgehoben (EGMR 23.2.2016 – 51500/08 Rn. 64, NZS 2017, 299 (301) – Çam; EGMR 10.9.2020 – 59751/15 Rn. 53 – G.L.)., dabei den Mitgliedstaaten aber zunächst noch einen weiten **Entscheidungsspielraum** hinsichtlich der Frage belassen, welche **Vorkehrungen** zur Vermeidung einer Diskriminierung von Menschen mit Behinderungen **angemessen** iSd **Art. 2 BRK** sind (EGMR 23.2.2016 – 51500/08 Rn. 65f., NZS 2017, 299 (301) – Çam; dazu *Uerpmann-Wittzack* NZS 2017, 301 (392)). Zwischenzeitlich hat der EGMR jedoch angesichts der besonderen Vulnerabilität von Menschen mit Behinderungen den mitgliedstaatlichen Ermessensspielraum deutlich dahingehend eingeschränkt, dass **nur sehr gewichtige Gründe** („seules des considérations très fortes") **gegen** eine **inklusive Beschulung** angeführt werden können und dabei in jedem Fall das **Kindeswohl vorrangig** zu berücksichtigen ist (EGMR 10.9.2020 – 59751/15 Rn. 54 – G.L.; siehe auch schon EGMR 23.2.2016 – 51500/08 Rn. 67, NZS 2017, 299 (301) – Çam; näher zu Kindeswohl und Inklusion *Bitter* NVwZ 2020, 1708 (1710ff.)). In jedem Fall sind die grundsätzliche **Ressourcenvorbehalt** und der Anspruch auf **Diskriminierungsfreiheit** miteinander abzuwägen (vgl. zu diesem Abwägungsvorgang EGMR 21.6.2011 – 5335/05 Rn. 54ff., BeckRS 2011, 144279 – Ponomaryovi). Dabei stellt sich der Ressourcenvorbehalt im Rahmen der UN-Behindertenrechtskonvention wegen Art. 4 Abs. 2 BRK lediglich als **Progressionsvorbehalt** dar (*Krajewski* JZ 2010, 120 (123); *Faber/Roth* DVBl 2010, 1193 (1198f.); *v. Bernstorff* RdJB 2011, 203 (214f.); *Krajewski/Bernhard* BayVBl. 2012, 134 (138f.); krit. zu einem Ressourcenvorbehalt daher auch *Brosius-Gersdorf* in Dreier GG Art. 7 Rn. 66). Die **Versagung** ausreichender Unterstützungsmaßnahmen wie das Zurverfügungstellen von **Integrationsassistenzen** in der allgemeinen Grundschule kann danach ebenso einen Verstoß gegen **Art. 14 EMRK iVm Art. 2 S. 1** begründen (EGMR 10.9.2020 – 59751/15 Rn. 54 – G.L.) wie die nur verzögerte **bauliche Anpassung** zur Herstellung von **Barrierefreiheit** in Universitätsgebäuden, wenn ein/e Studierende/r aufgrund eines Unfalls querschnittsgelähmt (paraplegisch) ist (EGMR 30.1.2018 – 23065/12 Rn. 57ff. – Enver Şahin). Andererseits stellt es **keine diskriminierende Verletzung** des Rechts auf Bildung dar, wenn eine **Privatschule** ein Kind mit einer Behinderung **mangels ausreichender Ressourcen** nicht aufnimmt, solange eine anderweitige Beschulung in einer öffentlichen Schule möglich ist (EGMR 8.11.2016 – 77023/12 Rn. 62ff. – Sanlisoy). Wenn die nationalen Stellen nach Abwägung aller für das Kindeswohl erheblichen Gesichtspunkte zu dem Schluss kommen, dass wegen der erheblichen Behinderungen des Kindes eine Beschulung in einer **Sonderschule** den Bedürfnissen des Kindes besser gerecht wird als eine Regelbeschulung, stellt das ebenfalls keinen Verstoß gegen Art. 14 EMRK iVm Art. 2 S. 1 dar (EGMR 18.12.2018 – 2282/17 Rn. 29ff. – Dupin). Keine Verletzung von Art. 2 S. 1 iVm Art. 14 EMRK liegt vor, wenn die mitgliedstaatlichen Behörden ausreichende Ressourcen zur Verfügung stellen, um eine Regelbeschulung zu ermöglichen (EGMR 25.6.2019 – 289/14 Rn. 100ff., BeckRS 2019, 49188 – Stoian).

16 c) **Einrichtungsgarantie und Schutzpflichten.** Das Recht auf Bildung verlangt „schon seiner Natur nach eine **Regelung durch den Staat,** eine Regelung, die nach Zeit und Ort wechseln kann, abhängig von den Bedürfnissen und den Mitteln der Gemeinschaft und der Einzelpersonen", wobei diese Regelung den Wesensgehalt des Rechts nicht antasten und nicht gegen andere Konventionsrechte verstoßen darf (EGMR 23.7.1968 (P) – 1474/62 Rn. 5, EuGRZ 1975, 298 (300) – Belgischer Sprachenfall). Insofern findet sich in Art. 2 S. 1 eine **Einrichtungsgarantie,** die aber nationale Einschätzungsspielräume anerkennt. Der Staat ist verpflichtet, ein angemessenes Bildungssystem für die gesamte Bevölkerung zu gewährleisten (EGMR 29.6.2007 (GK) – 15472/02 Rn. 84, NVwZ 2008, 1217 (1218f.) – Folgerø ua; bereits angedeutet in EGMR 7.12.1976 – 5095/71 ua Rn. 50, EuGRZ 1976, 478 – Kjeldsen ua; vgl. *Frowein* in Frowein/Peukert ZP I Art. 2 Rn. 3). Allerdings handelt es sich um **kein originäres Leistungsrecht,** da kein Anspruch einer Person auf Einrichtung einer bestimmten, aber noch nicht vorhandenen Bildungseinrichtung garantiert ist (EGMR 23.7.1968 (P) – 1474/62 Rn. 3, EuGRZ 1975, 298 (299f.) – Belgischer Sprachenfall; *Poscher/Rux/Langer* Recht auf Bildung S. 68). Der Staat ist nicht verpflichtet, bestimmte Bildungseinrichtungen zu schaffen oder zu finanzieren (EGMR 27.8.2013 – 61145/09 Rn. 17, NVwZ 2014, 1293 – Huhle). Den Staat trifft im Rahmen seiner Verpflichtung auch eine **Schutzpflicht für die Kinder.** Seiner bestehenden Verantwortung kann er sich nämlich nicht dadurch entziehen, dass er sie an privatrechtliche Organisationen oder Personen überträgt. Verstöße gegen Konventionsrechte in privaten Schulen (auch gegen das Recht auf Bildung selbst) lösen die Verantwortlichkeit des Staates aus (EGMR 25.3.1993 – 13134/87 Rn. 27, ÖJZ 1993, 707 – Costello-Roberts – körperliche Züchtigung in Privatschule). Die Schutzpflicht begründet auch eine Pflicht zu effektiven Kontrollen bei sexuellem Missbrauch in einer (öffentlichen oder privaten) Schule (vgl. EGMR 28.1.2014 (GK) – 35810/09 Rn. 194, NVwZ 2014, 1641 – O'Keeffe). Ein Staat muss angemessene und ausreichende Maßnahmen zum Schutz der Rechte aus Art. 2 treffen, auch wenn sich Teile seines Hoheitsgebiets unter **tatsächlicher Kontrolle eines anderen Staats** befinden (EGMR 19.10.2012 (GK) – 43370/04, 8252/05, 18454/06 Rn. 145, NVwZ 2014, 203 (208) – Catan ua; EGMR 23.10.2018 – 30003/04 Rn. 49 ff. – Bobeico ua; EGMR 17.9.2019 – 40942/14 Rn. 63 – Iovcev ua, zu Schulschließungen in Transnistrien/Moldau durch russisch gestützte Separatisten). Wenn in der Vergangenheit **strukturelle Defizite** zu Diskriminierungen von Mitgliedern einer bestimmten Gruppe im Bildungswesen geführt haben, deren Effekte weiter fortdauern – wie es bei den Roma der Fall war und ist –, muss der betreffende Staat **positive Maßnahmen** ergreifen, um diese Personen bei ihren Schwierigkeiten mit dem Lehrplan zu unterstützen (*Hanschmann* in HK-EMRK EMRKZusProt Art. 2 Rn. 14 mwN). Insbesondere im Fall direkter Diskriminierung bedeutet das, dass auch die Sozialdienste aktiv und strukturiert involviert sein müssen (EGMR 29.1.2013 – 11146/11 Rn. 104, BeckRS 2013, 204202 – Horváth und Kiss). Insgesamt hat der Staat bei der Ausgestaltung seines Bildungssystems jedoch einen **weiten Einschätzungsspielraum,** mit dem er kulturellen und sozialen Besonderheiten, aber auch den **vorhandenen Ressourcen** gerecht werden kann (vgl. EGMR 7.12.1976 – 5095/71 ua Rn. 53, EuGRZ 1976, 478 – Kjeldsen ua – Sexualkundeunterricht; vgl. auch EGMR 18.3.2011 (GK) – 30814/06 Rn. 61, 68ff., NVwZ 2011, 737 (739, 740) – Lautsi ua – Kreuze in Schulzimmern). Das umfasst die Organisation des Schulwesens, die Festlegung des Unterrichtsplans und seine Durchführung (vgl. *Wolfrum* in Merten/Papier, Handbuch der Grundrechte in

Deutschland und Europa, Bd. VI/1, 2010, § 143 Rn. 12). Grenzen findet der Gestaltungsspielraum, wenn durch die Ausgestaltung des Schulwesens ganze Minderheitengruppen diskriminiert werden (vgl. EGMR 13.11.2007 (GK) – 57325/00 Rn. 206ff., NVwZ 2008, 533 (536f.) – D. H. ua; EGMR 16.3.2010 (GK) – 15766/03 Rn. 180ff. – Oršuš ua).

d) Abwehrrecht. In seinem **abwehrrechtlichen** Gehalt schützt Art. 2 S. 1 vor **17** staatlicher Indoktrinierung der Kinder, wobei Aufstellung und Planung der Lehrpläne in der Zuständigkeit der Staaten verbleiben (EGMR 7.12.1976 – 5095/71 ua Rn. 53, EuGRZ 1976, 478 – Kjeldsen ua – Sexualkundeunterricht; vgl. *Delbrück* GYIL 35 (1992), 92 (102)). Eine Annullierung von **Prüfungsergebnissen** verstößt wegen Willkür gegen das Recht auf Bildung, wenn ein Beweis für unlautere Methoden nicht vorliegt (EGMR 7.2.2006 – 60856/00 Rn. 44ff. – Mürsel Eren). Ebenso fallen **Disziplinarmaßnahmen** im Schulbetrieb – wie körperliche Züchtigungen und Schul- oder Unterrichtsausschlüsse – in den Anwendungsbereich des Rechts auf Bildung (EGMR 25.2.1982 – 7511/76 Rn. 33, 41, EuGRZ 1982, 153 – Campbell und Cosans; EGMR 25.3.1993 – 13134/87 Rn. 27, ÖJZ 1993, 707 – Costello-Roberts; EGMR 18.12.1996 – 21787/93 Rn. 31ff., 47ff., ÖJZ 1998, 114 – Valsamis; EGMR 11.1.2011 – 40385/06 Rn. 58f., BeckRS 2011, 145667 – Ali; EGMR 6.9.2016 – 300/11 Rn. 44f. – C. P.). Es stellte einen Verstoß gegen Art. 2 dar, dass eine türkische Universität Disziplinarmaßnahmen gegen Studierende verhängte, die begehrt hatten, kurdische Sprachkurse an der Universität zu erhalten (EGMR 12.12.2017 – 50124/07 ua Rn. 42ff., BeckRS 2017, 160351 – Çölgeçen ua). Der Ausschluss aus einem Kindergarten wegen der Weigerung, einer gesetzlichen **Impfpflicht** Folge zu leisten, dürfte keinen Verstoß gegen Art. 2 darstellen (vgl. EGMR (GK) 8.4.2021 – 47621/13 ua Rn. 263ff. – Vavřička ua zu Art. 8 EMRK, sowie ebd. Rn. 345 mit der diesbezüglich teilweise abweichenden Meinung des Richters *Lemmens*). Der Schulausschluss wegen einer falschen Lepra-Diagnose von Kindern in einer griechischen Schule stellte wegen der erheblichen Verzögerungen bei der Wiederzulassung zum Schulbesuch (sechs Monate) eine unverhältnismäßige Beschränkung des Rechts auf Bildung dar (EGMR 6.10.2015 – 37991/12 Rn. 51ff. – Memlika).

Eine **Schulpflicht** mit einem damit einhergehenden Verbot des **home schoo- 18 ling** stellt zwar einen Eingriff in das Recht auf Bildung dar (s. ausführlich *Rux* RdJB 2002, 423ff.), ist aber gerechtfertigt, da sie dem Staat erlaubt, seiner Pflicht zur sachlichen, kritischen und pluralistischen Informations- und Kenntnisverbreitung Genüge zu tun, der erheblichen Bedeutung von Pluralismus für die Demokratie Rechnung trägt (EGMR 11.9.2006 – 35504/03, KirchE 48, 296 (299) – Konrad ua; EKMR 9.7.1992 – 19844/92 – Leuffen, gestützt auf EGMR 7.12.1976 – 5095/71 ua Rn. 53, EuGRZ 1976, 478 – Kjeldsen ua; krit. dazu *Langer* KritV 2007, 277 (283ff.)). Ob diese Gründe sogar für ein konventionsrechtliches **Gebot einer Schulpflicht** sprechen, um dem Bildungsrecht der Kinder gegenüber dem Elternrecht Wirkung zu verschaffen (vgl. *Dupuy/Boisson de Charzounes* in Pettiti/Decaux/Imbert S. 1002), muss allerdings angesichts der weiten Einschätzungsspielräume, die den Staaten in dem Bildungsbereich verbleiben, und der tatsächlich bestehenden nationalen Unterschiede bezweifelt werden (vgl. auch EGMR 11.9.2006 – 35504/03, KirchE 48, 296 (300) – Konrad ua; *Langenfeld* in Dörr/Grote/Marauhn Kap. 23 Rn. 19; *Esser* in Löwe-Rosenberg, StPO GVG Bd. 11: EMRK/IPBPR, 26. Aufl. 2012, 1. ZP EMRK Rn. 51; *Gutknecht* in Korinek/Holoubek, Österreichisches Bundesverfassungsrecht. Textsammlung und Kommentar, Loseblatt, Stand: 2013, ZP I EMRK Art. 2 Rn. 24; für die Bundesrepublik lässt sich OLG Frankfurt a. M. 18.3.2011 – 2 Ss 413/10, NStZ-RR 2011, 287, aber dahingehend verstehen). Die Zulässigkeit der Schulpflicht dürfte sich im Einzelnen beispielsweise auf die grundsätzliche Zulässigkeit von **Sexualkundeunterricht** (vgl. EGMR 13.9.2011 – 319/08 ua, BeckRS 2011, 143720 – Dojan ua, zu Art. 2 S. 2) oder **koedukativem Schwimm- bzw. Sportunterricht** auswirken (vgl. für die Bundesrepublik BVerwG 11.9.2013 – 6 C 25/12, NVwZ 2014, 81; 25.8.1993 – 6 C 7/93, NVwZ-RR 1994, 234; BVerwG 22.3.1979 – 7 C 8/73, BVerwGE 57, 360 (372); OVG Berlin-Brandenburg 18.9.2013 – OVG 3 S 52/13, NVwZ-RR 2014, 98; VGH Kassel 28.9.2012 – 7 A 1590/12, NVwZ 2013, 159; OVG Bremen 13.6.2012 – 1 B 99/12, NVwZ-RR 2012, 842; VGH München 12.4.2010 – 7 ZB 09.2369, NVwZ-RR 2010, 606; OVG Lüneburg 5.3.2003 – 13 LB 4075/01, KirchE 43, 156 (177); 26.4.1991 – 13 M 7618/91, NVwZ 1992, 79; OVG Münster 12.7.1991 – 19 A 1706/90, NVwZ 1992, 77). Einer **Rechtschreibreform** dürfte Art. 2 EMRKZusProt ebenfalls nicht entgegenstehen (zum Recht auf Bildung nach Art. 4 Abs. 1 der Niedersächsischen Verfassung VG Hannover 9.6.2005 – 6 A 6717/04, NJOZ 2005, 4520 (4523ff.); für das Grundgesetz BVerfGE 98, 218 (261 mit 252 ff.)).

19 **Kreuze** oder Kruzifixe in Schulräumen betreffen den Gewährleistungsbereich des Rechts auf Bildung, sind aber im Rahmen des staatlichen Beurteilungsspielraums zulässig, da sie dem EGMR zufolge als passive Symbole – anders als ein didaktischer Vortrag oder eine Teilnahme an religiösen Aktivitäten – keine Indoktrinierung der Kinder befürchten lassen (EGMR 18.3.2011 (GK) – 30814/06 Rn. 70ff., NVwZ 2011, 737 (740f.) – Lautsi ua; so auch schon VerfGH Österreich 9.3.2011 – G 287/09 Rn. 78ff., EuGRZ 2011, 291; anders noch die Kammer im Urt. v. 3.11.2009 – 30814/06 Rn. 49ff., KirchE 54, 310; ebenso anders BVerfGE 93, 1 (17ff.); →EMRK Art. 9 Rn. 26). Anderes dürfte danach für eine verpflichtende Teilnahme an **Schulgebeten** gelten.

II. Rechtfertigung

20 Art. 2 ist seinem Wortlaut nach – von der Notstandsregelung des Art. 15 EMRK abgesehen – vorbehaltlos gewährt. Allerdings hat der EGMR bereits im *Belgischen Sprachenfall* entschieden, dass das Recht auf Bildung „schon seiner Natur nach eine Regelung durch den Staat" verlangt, „die nach Zeit und Ort wechseln kann, abhängig von den Bedürfnissen und den Mitteln der Gemeinschaft und der Einzelpersonen". Diese Regelung darf den **Wesensgehalt** des Rechts auf Bildung nicht antasten und nicht gegen **andere Konventionsrechte** verstoßen (EGMR 23.7.1968 (P) – 1474/62 Rn. 5, EuGRZ 1975, 298 (300) – Belgischer Sprachenfall). Maßstab für die Rechtfertigung einer Beeinträchtigung des Rechts auf Bildung ist, was ein demokratischer Staat als **öffentliches Interesse** ansieht (EGMR 7.12.1976 – 5095/71 ua Rn. 54, EuGRZ 1976, 478 – Kjeldsen ua; *Gutknecht* in Korinek/Holoubek, Österreichisches Bundesverfassungsrecht. Textsammlung und Kommentar, Loseblatt, Stand: 2013, ZP I EMRK Art. 2 Rn. 12). Eine abschließende Aufzählung von legitimen Gründen – wie in den Art. 8–11 EMRK – besteht für Art. 2 aber nicht (EGMR 10.11.2005 (GK) – 44774/98 Rn. 154, EuGRZ 2006, 28 – Leyla Şahin; EGMR 19.10.2012 (GK) – 43370/04, 8252/05, 18454/06 Rn. 140, NVwZ 2014, 203 (207) – Catan ua; dagegen *Wildhaber* in Macdonald/Matscher/Petzold S. 531, 537, der eine Analogie zu den Art. 8–11 EMRK vorschlägt). Einschränkungen müssen für die Betroffenen vorhersehbar sein und ein berechtigtes Ziel verfolgen. In jedem Fall muss der Grundsatz der **Verhältnismäßigkeit** gewahrt sein (EGMR 10.11.2005 (GK) – 44774/98 Rn. 154, EuGRZ 2006, 28 – Leyla Şahin; EGMR 19.10.2012 (GK) – 43370/04, 8252/05, 18454/06 Rn. 140, NVwZ 2014, 203 (207) – Catan ua; EGMR 9.7.2013 – 37222/04 Rn. 34, BeckRS 2013, 202775 – Altinay; *Wildhaber* in IntKommEMRK ZP I Art. 2 Rn. 113; *Gutknecht* in Korinek/Holoubek, Österreichisches Bundesverfassungsrecht. Textsammlung und Kommentar, Loseblatt, Stand: 2013, ZP I EMRK Art. 2 Rn. 13). Die Konventionsstaaten haben dabei einen gewissen Ermessensspielraum, der mit ansteigendem Niveau des Unterrichts zunimmt, allerdings im umgekehrten Verhältnis zur Bedeutung des Unterrichts für die Betroffenen und die Gesellschaft insgesamt (s. EGMR 21.6.2011 – 5335/05 Rn. 56, BeckRS 2011, 144279 – Ponomaryovi; EGMR 19.10.2012 (GK) – 43370/04, 8252/05, 18454/06 Rn. 140, NVwZ 2014, 203 (207) – Catan ua). Das ist Folge des Umstands, dass Bildung komplex zu organisieren und teuer zu unterhalten ist, während die Mittel, die die Behörden auf sie verwenden können, notwendig begrenzt sind (EGMR 21.6.2011 – 5335/05 Rn. 55, BeckRS 2011, 144279 – Ponomaryovi; EGMR 27.5.2014 – 16032/07 Rn. 33 – Velev).

C. Das elterliche Erziehungsrecht

I. Gewährleistungsgehalt und Beschränkungen

Anders als das Recht auf Bildung gemäß Art. 2 S. 1 stellt das **elterliche Erziehungsrecht** nach Art. 2 S. 2 vor allem ein klassisches Abwehrrecht der Eltern gegenüber staatlichen Eingriffen im Rahmen von Bildungsaktivitäten eines Staates dar (*Langenfeld* in Dörr/Grote/Marauhn Kap. 24 Rn. 10). Zugleich wird durch Art. 2 S. 2 das elterliche Erziehungsrecht allgemein konventionsrechtlich anerkannt (*Frowein* in Frowein/Peukert ZP I Art. 2 Rn. 5; Grabenwarter/Pabel EMRK § 22 Rn. 104). Häufig stellen Verletzungen des Rechts des Kindes auf Bildung zugleich solche des elterlichen Erziehungsrechts dar (→ Rn. 3), sodass insofern auf die diesbezügliche Darstellung verwiesen werden kann. 21

1. Persönlicher Gewährleistungsgehalt. Vom persönlichen Schutzbereich des Art. 2 S. 2 sind nur die **rechtlichen Eltern** eines Kindes erfasst, also die **sorgeberechtigten,** nicht zwingend aber biologischen Eltern. Daher sind zwar **Adoptiveltern** nach Art. 2 S. 2 berechtigt (EKMR 11.7.1977 – 7626/76 – X.), nicht aber leibliche Elternteile, die ihre Sorgeberechtigung durch **Scheidung** oder **Sorgerechtsentzug** verloren haben (EGMR 22.6.1989 – 11373/85 Rn. 83 – Eriksson; OGH Österreich 22.10.2020 – 6 Ob 177/20b Rn. 40, BeckRS 2020, 44312). Allerdings führt eine vorübergehende öffentliche Inobhutnahme der Kinder (mit dem damit einhergehenden Sorgerechtsentzug) nicht dazu, dass die Eltern alle ihnen unter Art. 2 zustehenden Rechte verlieren (EGMR 24.3.1988 (P) – 10465/83 Rn. 95, EuGRZ 1988, 591 – Olsson (Nr. 1)). Die Berechtigung endet mit der Volljährigkeit des Kindes, wobei die diesbezügliche Regelung den Staaten vorbehalten bleibt (*Bannwart-Maurer* Recht auf Bildung S. 120f.). Die bloße Möglichkeit, dass Kinder in der Zukunft unter Missachtung von Art. 2 S. 2 Unterricht erhalten können, reicht nicht für die Aktivlegitimation im Sinne von Art. 34 EMRK (EGMR 16.9.2014 – 21163/11 Rn. 43, NVwZ 2015, 1585 (1586) – Yalçin ua). 22

In Verfahren, in denen Kirchen oder andere Organisationen das Recht geltend gemacht hatten, Privatschulen zu gründen und zu betreiben (→ Rn. 26), entschied 23 die EKMR, dass **juristische Personen** mangels Opfereigenschaft iSd Art. 25 EMRK aF (jetzt Art. 34 EMRK) **nicht berechtigt** sind, sich auf Art. 2 S. 2 zu berufen (siehe nur EKMR 17.12.1968 – 3798/68 – Church of Scientology of California; EKMR 6.3.1987 – 11533/85, EuGRZ 1988, 282 (283) – Jordebo ua). Hierfür spricht, dass das elterliche Erziehungsrecht seiner Natur nach auf eine Personenvereinigung nicht anwendbar sein kann. Dem steht auch nicht die Rechtsprechung entgegen, dass eine Kirche oder das kirchliche Organ einer Glaubensgemeinschaft die Rechte nach Art. 9 EMRK im Namen ihrer Gläubigen ausüben kann (EGMR 27.6.2000 (GK) – 27417/95 Rn. 72 – Cha'are Shalom Ve Tsedek; EGMR 13.12.2001 – 45701/99 Rn. 101, BeckRS 2001, 159934 – Metropolitan Church of Bessarabia; EKMR 5.5.1979 – 7805/77 – X. und Church of Scientology), da dies dem Wesen der Religionsgemeinschaften als förmlichem Ausdruck der korporativen Dimension der Religionsfreiheit entspricht (vgl. *Robbers* in Listl/Pirson, Handbuch des Staatskirchenrechts der Bundesrepublik Deutschland, 2. Aufl. 1994, Bd. 1, § 9, S. 315, 316f.; → EMRK Art. 9 Rn. 27ff.) und daher auf die Rechte aus Art. 9 EMRK beschränkt ist. Dagegen wird vorgebracht, dass es Eltern nicht verwehrt sein soll, durch Interessenvertretungen ihre Rechte geltend zu machen (*Dupuy/Boisson de Charzounes* in Pettiti/Decaux/Imbert S. 1004; *Gutknecht* in Korinek/Holoubek, Österreichisches Bundesverfassungsrecht. Textsammlung und Kommentar, Loseblatt, Stand: 2013, ZP I EMRK Art. 2 Rn. 17; *Velu/Ergec* Rn. 778; *Wildhaber* in IntKommEMRK ZP I Art. 2 Rn. 18). Allerdings ist zweifelhaft, warum in Bezug auf das elterliche Erziehungsrecht eine Popularklage zulässig sein soll, während dies im Grundsatz für die anderen Konventionsrechte nicht gilt (vgl. EGMR 10.3.2005 – 62059/00, BeckRS 2001, 164524 – Skender; EKMR 12.5.1986 – 1093/84 – Confédération des Syndicats médicaux français und Fédération nationale des Infirmiers; s. auch EGMR 25.5.2000 – 46346/99, LKV 2001, 69 (70) – Noack ua; → EMRK Art. 34 Rn. 39ff., 61). Wenn die Interessenvereinigung jedoch zur prozessualen Vertretung einzelner Mitglieder berechtigt ist, deren Identität nachweist und diese Mitglieder die Verletzung eigener Rechte geltend machen, handelt es sich um eine zulässige Bündelung mehrerer Individualbeschwerden (vgl. Grabenwarter/Pabel EMRK § 13 Rn. 11; → EMRK Art. 34 Rn. 49).

24   **2. Sachlicher Gewährleistungsgehalt und Beschränkungen.** Sachlich gewährleistet Art. 2 S. 2 „die Möglichkeit eines **Pluralismus im Erziehungswesen** (...), die zur Erhaltung einer ‚demokratischen Gesellschaft', wie sie die Konvention versteht, wesentlich ist" (EGMR 7.12.1976 – 5095/71 ua Rn. 50, EuGRZ 1976, 478 – Kjeldsen ua – Sexualkundeunterricht). Art. 2 S. 2 „verpflichtet den Staat, die **religiösen wie weltanschaulichen Überzeugungen der Eltern** im gesamten Unterrichtsprogramm der öffentlichen Schulen zu achten" (EGMR 7.12.1976 – 5095/71 ua Rn. 51, EuGRZ 1976, 478 – Kjeldsen ua). Dieses Recht der Eltern entspricht der ihnen zuvörderst obliegenden Verantwortung für die Erziehung und den Unterricht ihrer Kinder (EGMR 7.12.1976 – 5095/71 ua Rn. 52, EuGRZ 1976, 478 – Kjeldsen ua). Dabei sind als **„Überzeugung"** nicht jede Meinung und Idee geschützt, sondern lediglich „die Ansichten, die einen bestimmten Grad an Überzeugungskraft, Ernsthaftigkeit, Geschlossenheit und Gewichtigkeit erreichen" (EGMR 25.2.1982 – 7511/76 Rn. 36, EuGRZ 1982, 153 – Campbell und Cosans – körperliche Züchtigungen in der Schule; *Villiger* Rn. 901). Der EGMR versuchte **zunächst** noch den Begriff **„weltanschaulich"** dahingehend zu definieren, dass es sich dabei nur um solche Überzeugungen handle, die „in einer ‚de-

mokratischen Gesellschaft' Achtung verdienen", „nicht mit der menschlichen Würde unvereinbar sind" und dem Recht des Kindes auf Bildung nicht widersprechen (EGMR 25.2.1982 – 7511/76 Rn. 36, EuGRZ 1982, 153 – Campbell und Cosans). Eine solche wertende Begriffsbestimmung begegnete deutlicher Kritik in der Literatur (vgl. *Frowein* in Frowein/Peukert ZP I Art. 2 Rn. 8; Grabenwarter/Pabel EMRK § 22 Rn. 106; *Langenfeld* in Dörr/Grote/Marauhn Kap. 24 Rn. 13; *Grabenwarter,* European Convention on Human Rights. Commentary, 2014, P 1–2 Rn. 14). In späteren Entscheidungen nahm der EGMR davon Abstand, auch die Weltanschaulichkeit einer Überzeugung näher zu bestimmen. Es bleibt bei der Bestimmung des Begriffs „Überzeugung", wie sie der EGMR in seiner Entscheidung *Campbell und Cosans* zugrunde gelegt hat (vgl. EGMR 18.12.1996 – 21787/93 Rn. 25, ÖJZ 1998, 114 – Valsamis; EGMR 18.12.1996 – 24095/94 Rn. 26 – Efstratiou). Parallel zum Schutzbereich des Art. 9 EMRK (→ EMRK Art. 9 Rn. 13f.) ist also allein verlangt, dass die Überzeugungen ein gewisses Maß an Verbindlichkeit, Ernsthaftigkeit und Schlüssigkeit aufweisen (Grabenwarter/Pabel EMRK § 22 Rn. 105; *Langenfeld* in Dörr/Grote/Marauhn Kap. 24 Rn. 13; *Grabenwarter,* European Convention on Human Rights. Commentary, 2014, P 1–2 Rn. 14). Als religiöse Überzeugungen hat der EGMR den **Pazifismus** der Zeugen Jehovas anerkannt (EGMR 18.12.1996 – 21787/93 Rn. 26, ÖJZ 1998, 114 – Valsamis; EGMR 18.12.1996 – 24095/94 Rn. 27 – Efstratiou) oder Fragen, die die **Sexualerziehung** betreffen (EGMR 7.12.1976 – 5095/71 ua Rn. 54, EuGRZ 1976, 478 – Kjeldsen ua). Von einer weltanschaulichen Überzeugung war die **Ablehnung der Körperstrafe** in Schulen getragen (EGMR 25.2.1982 – 7511/76 Rn. 36, EuGRZ 1982, 153 – Campbell und Cosans; dazu *Liddy* in de Salvia/Villiger S. 111, 114f.), nicht aber der Wunsch der Eltern, dass ihre Kinder in einer **bestimmten Sprache** erzogen werden (EGMR 23.7.1968 (P) – 1474/62 Rn. 6, EuGRZ 1975, 298 (300) – Belgischer Sprachenfall; EGMR 22.11.2001 – 62059/00, BeckRS 2001, 164524 – Skender). Der Staat hat diese Überzeugungen zu „**achten**", was mehr ist als „anerkennen", „berücksichtigen" oder „in Betracht ziehen". Daher sind auch **positive Verpflichtungen des Staates** eingeschlossen (EGMR 25.2.1982 – 7511/76 Rn. 37, EuGRZ 1982, 153 – Campbell und Cosans; EGMR 29.6.2007 (GK) – 15472/02 Rn. 84, NVwZ 2008, 1217 (1218f.) – Folgerø ua; *Jacobs/White/Ovey* S. 513f.; *Grabenwarter,* European Convention on Human Rights. Commentary, 2014, P 1–2 Rn. 16, 22).

Die Verpflichtung zur Achtung des elterlichen Erziehungsrechts besteht bei allen Aufgaben, die der Staat auf dem Gebiet der Erziehung und des Unterrichts wahrnimmt, also der Organisation und Finanzierung des öffentlichen Schulwesens, der Verwaltung der Schule oder der Gestaltung des Unterrichts (EGMR 7.12.1976 – 5095/71 ua Rn. 50, EuGRZ 1976, 478 – Kjeldsen ua; *Gutknecht* in Korinek/Holoubek, Österreichisches Bundesverfassungsrecht. Textsammlung und Kommentar, Loseblatt, Stand: 2013, ZP I EMRK Art. 2 Rn. 52), und auch, wenn der Staat durch außerschulische Stellen wie Kindergärten, Vorschulen, Jugend- und Sozialämter bildungs- oder erziehungsbezogen tätig wird (*Hanschmann* in HK-EMRK EMRKZusProt Art. 2 Rn. 18). Die **Aufstellung und Durchführung der Lehrpläne** fällt grundsätzlich in die Zuständigkeit der Vertragsstaaten, die nicht gehindert sind, Kenntnisse zu vermitteln, die religiöser oder weltanschaulicher Natur sind, solange sie auf **objektive, kritische und pluralistische Weise** vermittelt werden, um eine **Indoktrinierung** der Kinder zu vermeiden (EGMR 29.6.2007 (GK) – 15472/02 Rn. 84, NVwZ 2008, 1217 (1218f.) – Folgerø ua; EGMR 7.12.1976 – 5095/71 ua Rn. 53, EuGRZ 1976, 478 – Kjeldsen ua; EGMR

25.5.2000 – 51188/99 Rn. 1 – Jiménez Alonso und Jiménez Merino; EGMR 9.10.2007 – 1448/04 Rn. 52, NVwZ 2008, 1327 (1328) – Hasan und Eylem Zengin; →EMRK Art. 9 Rn. 15). Der Unterricht muss in einer entspannten Atmosphäre stattfinden, die jede Missionierung ausschließt (EGMR 18.3.2011 (GK) – 30814/06 Rn. 62, NVwZ 2011, 737 (739) – Lautsi ua; EGMR 24.1.2006 – 26625/02, BeckRS 2006, 140198 – Köse ua). Wenn eine Religion, insbesondere die Mehrheitsreligion im betreffenden Staat, dabei einen größeren Raum einnimmt als andere Religionen oder Weltanschauungen, stellt das allein noch keine gegen die Grundsätze des Pluralismus und der Objektivität verstoßende Indoktrinierung dar (EGMR 29.6.2007 (GK) – 15472/02 Rn. 89, NVwZ 2008, 1217 (1219) – Folgerø ua; EGMR 9.10.2007 – 1448/04 Rn. 63, NVwZ 2008, 1327 (1328) – Hasan und Eylem Zengin; EGMR 16.9.2014 – 21163/11 Rn. 71, NVwZ 2015, 1585 (1587) – Yalçin ua; vgl. *Harris/O'Boyle/Warbrick* S. 705f.; ausführlich *Gonzalez* Revue trimestrielle des droits de l'homme 2007, 251ff.). Die Staaten sind nicht gehindert, Kenntnisse über Religionen bzw. Weltanschauungen zu vermitteln. Nimmt ein Unterricht aber Bekenntnischarakter an und wird zum Religionsunterricht im engeren Sinne, besteht ein Anspruch auf Unterrichtsbefreiung (*Langenfeld* in Dörr/Grote/Marauhn Kap. 24 Rn. 20; *Grabenwarter*, European Convention on Human Rights. Commentary, 2014, P 1–2, Rn. 18). Die Kinder sollen sich nicht in einem Konflikt zwischen der schulisch vermittelten und der familiär vorgelebten Religion oder Weltanschauung wiederfinden müssen (EGMR 16.9.2014 – 21163/11 Rn. 72, NVwZ 2015, 1585 (1587) – Yalçin ua). Der norwegische **obligatorische Religionsunterricht** verletzte die Eltern in ihrem Erziehungsrecht, da lediglich die Möglichkeit einer teilweisen Befreiung auf Antrag bestand, die den Eltern eine erhebliche Belastung auferlegte (EGMR 29.6.2007 (GK) – 15472/02 Rn. 96ff., NVwZ 2008, 1217 (1220) – Folgerø ua; vgl. auch EGMR 31.10.2019 – 4762/18 ua Rn. 81ff. – Papageorgiou ua). Eine freiwillige und einmalige Segnung einer Klasse nach russisch-orthodoxem Ritus stellte keine Verletzung der ihre Kinder in einem anderen christlichen Glauben erziehenden Eltern in ihren Rechten dar (EGMR 20.10.2020 – 47429/09 Rn. 58ff. – Perovy). Der sunnitisch geprägte Religionsunterricht in der Türkei verletzte die Eltern in Art. 2 S. 2, da er keinerlei Kenntnisse über den für die türkische Gesellschaft bedeutsamen **alevitischen Glauben** vermittelte (EGMR 9.10.2007 – 1448/04 Rn. 65ff., NVwZ 2008, 1327 (1328f.) – Hasan und Eylem Zengin). Aber auch die spätere Einführung von alevitischen Gesichtspunkten im Religionsunterricht stellte mangels Befreiungsmöglichkeit keine ausreichende Maßnahme dar, um eine Verletzung von Art. 2 S. 2 auszuschließen (EGMR 16.9.2014 – 21163/11 Rn. 76f., NVwZ 2015, 1585 (1588) – Yalçin ua). Den disziplinarischen **Ausschluss einer Zeugin Jehovas** vom Unterricht für einen Tag wegen Nichtteilnahme an einer Schulparade zum Gedenken an den Kriegsausbruch zwischen Griechenland und dem faschistischen Italien aus religiös-pazifistischen Gründen hat der EGMR als Eingriff in das elterliche Erziehungsrecht angesehen, der aber aufgrund seiner geringen Intensität als angemessen gerechtfertigt war (EGMR 18.12.1996 – 21787/93 Rn. 31ff., ÖJZ 1998, 114 – Valsamis; EGMR 18.12.1996 – 24095/94 Rn. 32 – Efstratiou, allerdings mit deutlicher Kritik an der Disziplinarmaßnahme; krit. auch *Jacobs/White/Ovey* S. 515; →EMRK Art. 9 Rn. 18).

25a   Mit Art. 2 S. 2 vereinbar ist die **obligatorische Teilnahme am Sexualkundeunterricht** oder an **Theaterprojekten zu sexueller Gewalt und Kindesmissbrauch** oder die traditionelle schulische Durchführung einer **Karnevalsveranstaltung ohne Teilnahmepflicht** (EGMR 13.9.2011 – 319/08 ua, BeckRS 2011,

143720 – Dojan ua; Ausgangsentscheidung war BVerfG 21.7.2009 – 1 BvR 1358/09, NJW 2009, 3151). Ebenfalls verstößt es nicht gegen Art. 2 S. 2, wenn ein **Ethikunterricht** mangels einer ausreichenden Anzahl interessierter Schüler im Einzelfall **nicht angeboten** wird (EGMR 15.6.2010 – 7710/02 Rn. 104 f. – Grzelak, s. auch EGMR 30.11.2004 – 46254/99 und 31888/02, BeckRS 2004, 155282 – Bulski). Auch der **obligatorische koedukative Schwimmunterricht** verletzt Eltern grundsätzlich nicht in Art. 2 S. 2 (vgl. EGMR 10.1.2017 – 29086/12 Rn. 90 ff. – Osmanoğlu und Kocabaş; da die Schweiz das EMRKZusProt nicht ratifiziert hat, erging die Entscheidung zwar zu Art. 9 EMRK. Der EGMR stützte seine Auslegung aber auf die zu Art. 2 entwickelten Grundsätze; dazu *Villiger* Rn. 904).

Art. 2 S. 2 garantiert Eltern das Recht, **Privatschulen** zu errichten und aufrecht zu erhalten, wobei der Staat die einzuhaltenden Standards setzen darf (EGMR 25.3.1993 – 13134/87 Rn. 25 ff., ÖJZ 1993, 707 – Costello-Roberts; EKMR 6.3.1987 – 11533/85, EuGRZ 1988, 282 (283) – Jordebo ua; *Beiter* Right to Education S. 170; *Harris/O'Boyle/Warbrick* S. 698). Allerdings trifft den Staat – bei Wahrung des Diskriminierungsverbots (vgl. EKMR 6.9.1995 – 23419/94 – Verein Gemeinsam Lernen; dazu *Hanschmann* in HK-EMRK EMRKZusProt Art. 2 Rn. 25) – keine Verpflichtung, auf Wunsch der Eltern neue Privatschulen einzurichten oder sich an ihrer Finanzierung zu beteiligen (EGMR 23.7.1968 (P) – 1474/62 Rn. 6, EuGRZ 1975, 298 (300) – Belgischer Sprachenfall; EGMR 27.8.2013 – 61145/09 Rn. 17, NVwZ 2014, 1293 – Huhle; EKMR 6.3.1987 – 11533/85, EuGRZ 1988, 282 (283) – Jordebo ua; *Wildhaber* in IntKommEMRK ZP I Art. 2 Rn. 46). **26**

II. Rechtfertigung

Hinsichtlich der Rechtfertigung einer Beeinträchtigung des elterlichen Erziehungsrechts ergeben sich keine Unterschiede zum Recht des Kindes auf Bildung (→ Rn. 20). **27**

Art. 3 EMRKZusProt   Recht auf freie Wahlen

Die Hohen Vertragsparteien verpflichten sich, in angemessenen Zeitabständen freie und geheime Wahlen unter Bedingungen abzuhalten, welche die freie Äußerung der Meinung des Volkes bei der Wahl der gesetzgebenden Körperschaften gewährleisten.

The High Contracting Parties undertake to hold free elections at reasonable intervals by secret ballot, under conditions which will ensure the free expression of the opinion of the people in the choice of the legislature.

Les Hautes Parties contractantes s'engagent à organiser, à des intervalles raisonnables, des élections libres au scrutin secret, dans les conditions qui assurent la libre expression de l'opinion du peuple sur le choix du corps législatif.

Literatur: *Arndt,* Ausrechnen statt Aushandeln: Rationalitätsgewinne durch ein formalisiertes Modell für die Bestimmung der Zusammensetzung des Europäischen Parlaments, ZaöRV 68 (2008), 247; *Aust,* Von Unionsbürgern und anderen Wählern, ZEuS 2008, 253; *Baade,* Eine „Charta für Kriminelle"? Zur demokratietheoretischen Kritik am EGMR und dem aktiven Wahlrecht von Strafgefangenen, ArchVR 51 (2013), 339; *Binder,* Die Legitimität internationaler

EMRK ZusProt Art. 3 Rechte und Freiheiten der Zusatzprotokolle

Wahlstandards am Beispiel von EGMR-Rechtsprechung und OSZE-Wahlmissionen, Der Staat 56 (2017), 415; *Bröhmer,* Das Europäische Parlament: Echtes Legislativorgan oder bloßes Hilfsorgan im legislativen Prozeß?, ZeuS 1999, 197; *Felten,* Durfte das Bundesverfassungsgericht die Drei-Prozent-Hürde bei der Europawahl überprüfen?, EuR 2014, 298; *Frenz,* 3%-Klausel als europäischer Mindeststandard beim Wahlrecht, DÖV 2014, 960; *Haag,* Unionsbürgerschaft und Europäisches Wahlrecht, in Epiney ua (Hrsg.), FS Bieber, 2007, 137; *Lang,* Inklusives Wahlrecht, ZRP 2013, 133; *Lenz,* Ein einheitliches Wahlverfahren für das Europäische Parlament, 1995; *Mahrenholz,* Über den Satz vom zwingenden Grund, in Der verfaßte Rechtsstaat, FG Graßhof, 1998, 69; *Mann/Pohl,* Die wahlrechtlichen Gleichheitssätze in der neueren Rechtsprechung des Bundesverfassungsgerichts, in Becker/Lang (Hrsg.), Linien der Rechtsprechung des Bundesverfassungsgerichts, Bd. 3, 2014, S. 435; *Meyer,* § 46 – Wahlgrundsätze, Wahlverfahren, Wahlprüfung, in Isensee/Kirchhof (Hrsg.), Handbuch des Staatsrechts, 3. Aufl. 2005, S. 543; *Pabel,* Wahlrecht auch für Strafgefangene?, ÖJZ 2005, 550; *Pauly,* Das Wahlrecht in der neueren Rechtsprechung des Bundesverfassungsgerichts, AöR 123 (1998), 232; *Rabenschlag,* Leitbilder der Unionsbürgerschaft, 2009; *Schönberger,* Das Bundesverfassungsgericht und die Fünf-Prozent-Klausel bei der Wahl zum Europäischen Parlament, JZ 2012, 80; *Schulte,* Die UN-Behindertenrechtskonvention und der Ausschluss von Menschen mit Behinderungen vom Wahlrecht, ZRP 2012, 16; *Thienel,* Staatsangehörigkeit und Wahlrecht im sich einigenden Europa, FS Öhlinger, 2004, 356; *Vedder,* Die 5%-Klausel im Europawahlrecht, in Hendler ua (Hrsg.), „Für Sicherheit, für Europa", FS Götz, 2005, 109; *Wild,* Die Gleichheit der Wahl, 2003.

Übersicht

	Rn.
A. Bedeutung	1
B. Anwendungsbereich	3
I. Aktives und passives Wahlrecht	3
II. Wahlrecht zu gesetzgebenden Körperschaften	4
III. Persönlicher Anwendungsbereich	7
C. Wahlrechtsgrundsätze	9
I. Allgemeines	9
II. Periodizität von Wahlen	15
III. Allgemeinheit der Wahl	17
1. Voraussetzungen des Wahlrechts	17
2. Verlust des Wahlrechts	23
3. Europawahlrecht und Allgemeinheit der Wahl	28
IV. Gleichheit der Wahl	31
V. Freie und geheime Wahl	42
D. Verfahrensfragen und Rechtsschutz	45

A. Bedeutung

1 Das Recht auf freie Wahlen gehört zu den systemprägenden Kerngehalten einer funktionierenden **Demokratie.** Es steht daher in direktem Zusammenhang mit dem Ziel der EMRK, die Menschenrechte durch eine „wahrhaft demokratische politische Ordnung" zu sichern. Angesichts der Vielfalt möglicher demokratischer Wahlsysteme normiert Art. 3 jedoch nur einen **Mindeststandard.** Den Vertragsparteien wird ein weiter Spielraum bei der Umsetzung dieses Mindeststandards zugebilligt. Insbesondere wird kein bestimmtes Wahlsystem vorgeschrieben. Dies führt dazu, dass die verfassungsrechtlichen Vorgaben des deutschen Wahlrechts regelmäßig über Art. 3 hinausgehen.

Recht auf freie Wahlen **Art. 3 EMRKZusProt**

Eine gewisse Relevanz für das deutsche Wahlrecht haben jedoch die Anforderungen an den **Rechtsschutz** insbesondere vor der Wahl entfaltet. Besondere Bedeutung besitzt Art. 3 zudem für das **Europawahlrecht,** da hierdurch der Mindeststandard festgelegt wird, der zwingend einheitlich zu regeln ist. 2

B. Anwendungsbereich

I. Aktives und passives Wahlrecht

Obwohl Art. 3 vordergründig als Staatenverpflichtung formuliert ist, enthält er individuelle Rechte (stRspr s. EGMR 2.3.1987 – 9267/81, A 113 Rn. 50 f., EGMR-E 3, 376 – Mathieu-Mohin u. Clerfayt). Geschützt werden das **aktive** und das **passive Wahlrecht** zu den gewählten Gesetzgebungsorganen (→ Rn. 4 f.). Aus dem Recht, bei Wahlen zu kandidieren, fließen zudem gewisse Rechte des gewählten Abgeordneten (*Richter* in Dörr/Grote/Marauhn Kap. 25 Rn. 49), insbesondere das Recht, sein Mandat auszuüben (EGMR 11.6.2002 – 25144/94 ua Rn. 33 – Selim Sadak ua). Die Formulierung als Staatenverpflichtung unterstreicht daher nur, dass Art. 3 ein Teilhaberecht normiert und **positive Maßnahmen** erfordert (*Richter* in Dörr/Grote/Marauhn Kap. 25 Rn. 36). Insbesondere sind die Vertragsparteien verpflichtet, eine gewählte gesetzgebende Körperschaft in ihrer Verfassungsordnung vorzusehen (*Frowein* in Frowein/Peukert ZP I Art. 3 Rn. 2; Grabenwarter/Pabel EMRK § 23 Rn. 105). 3

II. Wahlrecht zu gesetzgebenden Körperschaften

Maßgeblich für die Einordnung eines Organs ist seine Stellung in der verfassungsrechtlichen Institutionenstruktur eines Staates, insbesondere der Umfang seiner **Kompetenzen.** Wirken mehrere Organe an der Gesetzgebung mit, bezieht sich die Verpflichtung aus Art. 3 mindestens auf eines dieser Organe bzw. Kammern (EGMR 22.12.2009 (GK) – 27996/06 u. 34836/06 Rn. 40, NJOZ 2011, 428 – Sejdić u. Finci; ausführlicher zu möglichen Indizien für die Einordnung *Richter* in Dörr/Grote/Marauhn Kap. 25 Rn. 45). Art. 3 steht allerdings nicht der Mitwirkung von nicht-gewählten Organen an der Gesetzgebung entgegen (EGMR 2.3.1987 – 9267/81, A 113 Rn. 53, EGMR-E 3, 376 – Mathieu-Mohin u. Clerfayt). Dementsprechend ist die Zusammensetzung des **Deutschen Bundesrates** mit den Anforderungen des Art. 3 vereinbar. Allerdings können auch **indirekte Wahlen** zu einer zweiten Parlamentskammer in den Regelungsbereich des Art. 3 fallen und so den Anwendungsbereich des Art. 14 EMRK eröffnen (EGMR 22.12.2009 (GK) – 27996/06 u. 34836/06 Rn. 40 f., NJOZ 2011, 428 – Sejdić u. Finci). 4

Der Begriff der gesetzgebenden Körperschaft ist nicht auf Organe auf nationaler Ebene beschränkt. Er umfasst auch **regionale Parlamente** (EGMR 1.7.2004 – 36681/97 Rn. 52 – Santoro). Auch das **EP** ist eine gesetzgebende Körperschaft iSv Art. 3 (EGMR 18.2.1999 (GK) – 24833/94 Rn. 39 ff., EuGRZ 1999, 200 – Matthews, dazu *Bröhmer* ZEuS 1999, 205 ff.; *Richter* in Dörr/Grote/Marauhn Kap. 25 Rn. 49). Gewählte **kommunale Vertretungen** fallen demgegenüber nicht in den Anwendungsbereich des Art. 3, wenn sie nur abgeleitete Rechtsetzungskompetenzen besitzen (*Frowein* in Frowein/Peukert ZP I Art. 3 Rn. 3; Grabenwarter/Pabel EMRK § 23 Rn. 106, differenzierend *Richter* in Dörr/Grote/Marauhn Kap. 25 Rn. 48). 5

6 Nicht vom Anwendungsbereich des Art. 3 erfasst werden soll hingegen das Recht auf Teilnahme an **Referenden** (EGMR 7.9.1999 – 31981/96 – Hilbe; *Richter* in Dörr/Grote/Marauhn Kap. 25 Rn. 45), obwohl diese durchaus konstituierender Teil des Gesetzgebungsverfahrens sein können. Die Rechtsprechung geht zurück auf eine Entscheidung der EKMR, die allerdings lediglich die Teilnahme an einem nicht bindenden Referendum als nicht von Art. 3 erfasst ansah (EKMR 3.10.1975 – 7096/75 – X./UK). Eine Ausdehnung des Begriffs der Legislative auf bestimmte direkt-demokratische Gesetzgebungsverfahren müsste jedoch zudem die Hürde überwinden, dass die Vorschrift vorrangig die Konstituierung eines repräsentativ-demokratischen Organs zum Gegenstand hat.

III. Persönlicher Anwendungsbereich

7 Art. 3 verpflichtet die Vertragsparteien nicht, anderen Personen als den eigenen **Staatsangehörigen** das Wahlrecht einzuräumen. Auch wenn die Vorschrift anders als Art. 25 IPBPR den persönlichen Anwendungsbereich nicht ausdrücklich auf eigene Staatsangehörige beschränkt, lassen sich hierfür insbes. entstehungsgeschichtliche und rechtsvergleichende Gründe anführen (*Thienel* S. 379; Grabenwarter/Pabel EMRK § 23 Rn. 103; s. dagegen *Rabenschlag* Unionsbürgerschaft S. 339f.). Dies bedeutet aber nicht, dass Art. 3 ein einheitlicher Volksbegriff zugrunde läge (*Richter* in Dörr/Grote/Marauhn Kap. 25 Rn. 15). Vielmehr verweist die Vorschrift insoweit auf das innerstaatliche Recht. Dehnt ein Staat den Kreis der Wahlberechtigten daher auf bestimmte Angehörige anderer Staaten aus, können sich diese Personen auf Art. 3 berufen. Daraus folgt zB, dass **Unionsbürger** sich innerhalb der EU in ihrem Wohnsitzstaat auf das Recht auf freie Wahlen berufen können (*Thienel* S. 390; *Richter* in Dörr/Grote/Marauhn Kap. 25 Rn. 70).

8 **Politische Parteien** sind als juristische Personen unmittelbare Träger des passiven Wahlrechts aus Art. 3, wenn das Wahlsystem eine Kandidatur auf Parteilisten vorsieht (EGMR 8.7.2008 – 9103/04 Rn. 72 – Georgian Labour Party; in der Tendenz auch Grabenwarter/Pabel EMRK § 23 Rn. 104; nun auch *Richter* in Dörr/Grote/Marauhn Kap. 25 Rn. 60). Zuerst hatte der EGMR die Beschwerdebefugnis einer politischen Partei implizit angenommen, in dem er eine Verletzung des passiven Wahlrechts einer Partei festgestellt hatte, deren Kandidatenliste willkürlich von der Wahl ausgeschlossen worden war (EGMR 11.1.2007 – 55066/00 Rn. 67 – Russian Conservative Party of Entrepreneurs).

C. Wahlrechtsgrundsätze

I. Allgemeines

9 Von den üblichen Wahlrechtsgrundsätzen nennt Art. 3 nur die Grundsätze der freien und geheimen Wahl (→ Rn. 42f.) sowie der Periodizität (→ Rn. 15f.) ausdrücklich. In der Rechtsprechung des EGMR sind darüber hinaus die Grundsätze der Allgemeinheit der Wahl (→ Rn. 17ff.) und der Wahlgleichheit (→ Rn. 31ff.) anerkannt.

10 Art. 3 sieht ausdrücklich vor, dass das Recht auf freie Wahlen nur unter Bedingungen ausgeübt werden kann. Dies legt zwar keine ausdrücklichen Schranken fest, zeigt aber, dass die Vorschrift keine absoluten Rechte enthält. Daher sind **immanente Schranken** (implied limitations) anerkannt (stRspr s. EGMR 2.3.1987 – 9267/81,

A 113 Rn. 52, EGMR-E 3, 376 – Mathieu-Mohin u. Clerfayt). Diese sind zulässig, wenn sie auf einem Gesetz beruhen, einem legitimen Zweck dienen und dem Grundsatz der Verhältnismäßigkeit genügen (*Richter* in Dörr/Grote/Marauhn Kap. 25 Rn. 96). Obwohl die Prüfungspunkte damit den auf Art. 8–11 EMRK angewendeten Kriterien zu entsprechen scheinen, ergeben sich im Einzelnen nicht unerhebliche Unterschiede, die sich insbesondere auf die Dichte der Kontrolle durch den EGMR auswirken (EGMR 8.7.2008 (GK) – 10226/03 Rn. 109, NVwZ-RR 2010, 81 – Yumak und Sadak).

Angesichts der möglichen Vielfalt demokratischer Wahlsysteme wird den Ver- 11 tragsparteien in der Regel ein erheblicher Beurteilungsspielraum bei der Wahl von legitimen Zielen und der Ausgestaltung einer Beschränkung des Wahlrechts eingeräumt. Dieser Spielraum wird zum einen durch das **Willkürverbot** begrenzt. Der Schutz vor Willkür umfasst auch eine positive Verpflichtung der Staaten, ein hinreichend bestimmtes und in der Anwendung vorhersehbares Wahlgesetz zu formulieren (EGMR 2.3.2010 – 78039/01 Rn. 49 ff. – Grosaru; EGMR 7.2.2008 – 39424/02 Rn. 59 – Kovach). Zum anderen darf die **freie Willensäußerung des Volkes** nicht vereitelt werden. Diese Grenze wird durch einen **Effektivitätsgrundsatz** konkretisiert, nach dem das Wahlrecht nicht in seinem Kern beschnitten werden darf, indem die freie eine effektive Teilhabe an der Willensbildung des Volkes verhindert wird.

Als Indiz für eine Einschränkung des Beurteilungsspielraums ist weiterhin von 12 Bedeutung, inwieweit sich unter den Mitgliedstaaten des Europarates ein gewisser **gemeineuropäischer Konsens** herausgebildet hat. Für die Feststellung solcher Gemeinsamkeiten wird auch die Praxis der Organe des Europarats herangezogen (EGMR 8.7.2008 (GK) – 10226/03 Rn. 127 ff., NVwZ-RR 2010, 81 – Yumak und Sadak; EGMR 8.10.2010 – 42202/07 Rn. 44 f. – Sitaropoulus u. Giakoumopoulos).

Die Weite des **Beurteilungsspielraums** wird auch dadurch beeinflusst, welches 13 **Wahlprinzip** betroffen ist. So hat der EGMR entschieden, dass Eingriffe in das aktive Wahlrecht einer strikteren Kontrolle unterliegen als Beschränkungen des passiven Wahlrechts (EGMR 16.3.2006 (GK) – 58278/00 Rn. 105 f. – Ždanoka; EGMR 8.10.2010 – 42202/07 Rn. 46 – Sitaropoulus u. Giakoumopoulos). In vergleichbarer Weise lässt sich anführen, dass Einschränkungen der Wahlgleichheit die freie Äußerung des Wählerwillens typischerweise weniger verfälschen als Eingriffe in die Allgemeinheit der Wahl.

Eine unzulässige **Verfälschung des Wählerwillens** droht insbesondere dann, 14 wenn eine ungleiche Behandlung bestimmter Wahlbezirke zu einer Veränderung des Wahlergebnisses führt (EGMR 8.7.2008 – 9103/04 Rn. 126 ff. – Georgien Labour Party). Der Wählerwille dürfte auch nicht hinreichend abgebildet werden, wenn in einem Verhältniswahlsystem eine Mehrheit der abgegebenen Stimmen für eine Partei oder eine Koalition nicht zu einer Mehrheit an Mandaten führt. Die freie Äußerung des Willens des Volkes kann auch dann behindert sein, wenn Regelungen kein **pluralistisches Parteiensystem** mehr ermöglichen oder das Aufkommen neuer politischer Kräfte faktisch unterbinden.

Besondere Anforderungen hat der EGMR aus Art. 3 an die **Stabilität des** 14a **Wahlsystems** und seiner rechtlichen Grundlage abgeleitet. Im Anschluss an den Verhaltenskodex für Wahlen der Venedig-Kommission geht der Gerichtshof davon aus, dass die Grundelemente des Wahlsystems in der Regel innerhalb eines Jahres vor der Wahl nicht mehr geändert werden dürfen, um Wettbewerbsverzerrungen zwischen den Parteien zu verhindern. Zu diesen Grundelementen zählen auch die

Teilnahmebedingungen für politische Parteien (EGMR 6.11.2012 – 30386/05 Rn. 68 ff. – Ekoglasnost).

II. Periodizität von Wahlen

15 Welche **Zeitabstände** zwischen den Wahlen als angemessen gelten können, beurteilt sich insbesondere nach dem Zweck von Wahlen. Eine zu lange Legislaturperiode behindert die Rückkopplung der parlamentarischen Entscheidungsfindung an dem Mehrheitswillen des Volkes. Auf der anderen Seite würde die Funktionsfähigkeit eines Parlaments beeinträchtigt, wenn eine zu kurze Wahlperiode die Umsetzung von politischen Projekten verhindert. In diesem Spannungsfeld hat die EKMR jedenfalls eine Wahlperiode von fünf Jahren noch als angemessen angesehen (EKMR 11.9.1995 – DR 82-A, 158 (160) – Timke). Eine sechsjährige Wahlperiode dürfte angesichts der ganz überwiegenden europäischen Praxis hingegen nur unter besonderen Umständen, wie zB bei einer längeren Wahlperiode für eine zweite Kammer des Parlaments oder bei starker Ausprägung von Elementen direkter Demokratie, als angemessen anzusehen sein (aA Grabenwarter/Pabel EMRK § 23 Rn. 109; vgl. auch *Frowein* in Frowein/Peukert ZP I Art. 3 Rn. 5).

16 Aus dem Grundsatz der Periodizität dürfte auch folgen, dass ein Gesetz zur **Veränderung der Wahlperiode** frühestens ab den folgenden Wahlen wirksam werden darf (für die entsprechende Rechtslage unter dem GG vgl. *Pieroth* in Jarass/Pieroth GG Art. 39 Rn. 1). Eine Verkürzung der Wahlperiode ist schon aus Gründen des Vertrauensschutzes unzulässig (zur Anwendung einer Änderung der Wählbarkeitskriterien auf die laufende Wahlperiode EGMR 15.6.2006 – 33554/03 – Lykourezos). Verlängerungen der Wahlperiode im **Notstandsfall,** wie sie beispielsweise Art. 115 h Abs. 1 GG vorsieht, sind nach Art. 15 EMRK zulässig. Zur Wirkung von Rechtsprechungsänderungen im Wahlprüfungsverfahren → Rn. 49).

III. Allgemeinheit der Wahl

17 **1. Voraussetzungen des Wahlrechts.** Soweit das innerstaatliche Staatsangehörigkeitsrecht eine **doppelte** oder mehrfache **Staatsangehörigkeit** zulässt, ist ein Ausschluss dieser Personen vom Wahlrecht in der Regel nicht mit Art. 3 vereinbar (EGMR 27.4.2010 (GK) – 7/08 Rn. 172 – Tănase).

18 Zu den anerkannten Beschränkungen des Wahlrechts gehört es, dass dieses an ein **Mindestalter** gebunden ist (EGMR 6.10.2005 (GK) – 74025/01 Rn. 62 – Hirst). Dies ist beim aktiven Wahlrecht jedenfalls dann zulässig, wenn die Altersgrenze mit dem Eintritt der Volljährigkeit zusammenfällt. Zur Frage höherer Wählbarkeitsalter *Richter* in Dörr/Grote/Marauhn Kap. 25 Rn. 72).

19 Die Beschränkung des Wahlrechts auf die Staatsangehörigen, die ihren **Wohnsitz** im Staatgebiet haben, hat der Gerichtshof bislang in langjähriger Rechtsprechung für grundsätzlich zulässig erachtet (EGMR 19.10.2004 – 17707/02 Rn. 56 – Melnychenkov). Voraussetzung ist allerdings, dass eine solche Regelung diskriminierungsfrei ausgestaltet ist (im Kontext der EP-Wahlen EuGH 12.9.2006 – C-300/04, Slg. 2006, I-8055 Rn. 54 ff. = BeckRS 2006, 70670 – Eman u. Sevinger; zum rechtspolitischen Potential s. *Rabenschlag* Unionsbürgerschaft S. 350). Sind Staatsangehörige mit Wohnsitz im Ausland grundsätzlich wahlberechtigt, obliegt dem Staat keine positive Verpflichtung, die tatsächliche Ausübung des Wahlrechts, etwa in Form einer Briefwahl, zu erleichtern (EGMR (GK) 15.3.2012 – 42202/07 Rn. 70 ff. – Sitaropoulos u. Giakoumopoulos; aA noch EGMR 8.10.2010 –

42202/07 Rn. 35 ff. – Sitaropoulus u. Giakoumopoulos). Angesichts der Veränderungen der Kommunikationsstrukturen und der nicht zuletzt durch die Freizügigkeitsregelungen der EU verstärkten Migration hat der EGMR zuletzt angedeutet, dass die weitere Entwicklung zu beobachten sei und den Gestaltungsspielraum der Vertragsparteien zukünftig einengen könne (EGMR 7.5.2013 – 19840/09 Rn. 110 ff., 115 – Shindler). Dies ist auch für die deutsche Rechtslage von Bedeutung, die das Wahlrecht von Auslandsdeutschen nach 25 Jahren entfallen lässt, wenn diese nicht persönlich und unmittelbar Vertrautheit mit den politischen Verhältnissen in der Bundesrepublik Deutschland erworben haben und von ihnen betroffen sind (§ 12 Abs. 2 BWahlG). Die Ausnahme von der 25-Jahresregel bei persönlicher Vertrautheit und Betroffenheit hat der EGMR in seiner rechtsvergleichenden Analyse nicht berücksichtigt. Sie dürfte insbesondere bei Deutschen, die ihren Wohnsitz im EU-Ausland haben, relevant sein. Diese sind aufgrund der regelmäßig nur über den deutschen Vertreter möglichen mittelbaren Repräsentation im Rat der EU immer von den politischen Verhältnissen in Deutschland betroffen.

Beschränkungen des **passiven Wahlrechts** können insbesondere gerechtfertigt 20 sein, wenn sie der Unabhängigkeit der Parlamentarier und der Wahlfreiheit der Wähler dienen sollen (EGMR 1.7.1997 – 18747/91 ua Rn. 39 – Gitonas ua), beispielsweise indem durch die Voraussetzungen die Ernsthaftigkeit einer Kandidatur überprüft wird. Für die Ausübung des passiven Wahlrechts können höhere Voraussetzungen verlangt werden als für die Ausübung des aktiven Wahlrechts (EGMR 19.10.2004 – 17707/02 Rn. 57 – Melnychenkov/Ukraine).

So hat der EGMR finanzielle **Sicherheitsleistungen** der Kandidaten als 21 gerechtfertigt angesehen (EGMR 19.10.2004 – 17707/02 – Melnychenkov/Ukraine). Auch die Notwendigkeit einer bestimmten Anzahl an **Unterstützerunterschriften** (vgl. §§ 20 Abs. 2, 27 Abs. 1 BWahlG) ist grundsätzlich mit Art. 3 vereinbar (Grabenwarter/Pabel EMRK § 23 Rn. 119).

Die aufgrund von Art. 137 GG erlassenen **Inkompabilitätsregelungen,** die 22 die Unvereinbarkeit der Ausübung bestimmter Ämter mit dem Parlamentsmandat betreffen, sind mit Art. 3 vereinbar (*Richter* in Dörr/Grote/Marauhn Kap. 25 Rn. 80 f.).

2. Verlust des Wahlrechts. Der Ausschluss bestimmter Personen oder Perso- 23 nengruppen vom Wahlrecht gehört zu den schwerwiegendsten Eingriffen in Art. 3. Der EGMR unterwirft solche Regelungen einer vergleichsweise **hohen Kontrolldichte** und begrenzt damit den grundsätzlichen Beurteilungsspielraum der Vertragsparteien; dies gilt in besonderem Maße für den Ausschluss vom aktiven Wahlrecht. Diese Differenzierung zwischen aktivem und passivem Wahlrecht überzeugt, da Eingriffe in das aktive Wahlrecht eine unmittelbarere und herausgehobene Bedeutung für Willensbildung des Volkes besitzen. Der Entzug des **aktiven Wahlrechts** ist nur im Einzelfall mit Art. 3 vereinbar. Regelungen, die den Verlust des Wahlrechts generell für bestimmte Gruppen von Personen vorsehen, sind unzulässig.

So sieht der EGMR den automatischen Verlust des Wahlrechts für **Strafgefan-** 24 **gene** als Verstoß gegen das Recht auf freie Wahlen an (stRspr grundlegend EGMR 6.10.2005 (GK) – 74025/01 – Hirst; EGMR 23.11.2010 – 60041/08 u. 60054/08 – Greens u. M. T.; EGMR 4.7.2013 – 11157/04 – Anchugov u. Gladkov). Insbes. muss die zugrundeliegende Straftat einen Bezug zu Wahlen und demokratischen Institutionen aufweisen (EGMR 8.4.2010 – 20201/04 Rn. 34, ÖJZ 2010, 734 – Frodl) oder von besonderer Schwere sein (EGMR 22.5.2012

(GK) – 126/05 Rn. 106 – Scoppola (Nr. 3)). Hingegen verlangt die Große Kammer anders als vorherige Kammerentscheidungen (EGMR 8.4.2010 – 20201/04 Rn. 34, ÖJZ 2010, 734 – Frodl; EGMR 18.1.2011 – 126/05 Rn. 48f. – Scoppola (Nr. 3)) nicht, dass der Verlust des Wahlrechts als Folge einer strafrechtlichen Verurteilung nur von einem Richter angeordnet werden dürfe. Die Verhältnismäßigkeit eines Wahlrechtsverlustes könne auch durch eine Interessenabwägung durch den Gesetzgeber gewährleistet werden (EGMR 22.5.2012 (GK) – 126/05 Rn. 102 – Scoppola (Nr. 3)). Nicht ausreichend ist, den Wahlrechtsverlust auf vorsätzliche begangene Straftaten zu beschränken (EGMR 17.9.2013 – 29411/07 – Söyler). Die deutsche Regelung des § 13 Nr. 1 BWahlG iVm § 45 Abs. 5 StGB genügt diesen Maßstäben.

25 Auch der generelle Ausschluss von unter (teilweiser) **Betreuung** stehenden Personen, ohne das hinsichtlich der Schwere der geistigen Behinderung differenziert wird, stellt einen unverhältnismäßigen Eingriff in das Wahlrecht dar. Der Beurteilungsspielraum der Vertragsparteien ist insoweit besonders stark eingeschränkt, da geistig Behinderte in der Vergangenheit Opfer von Diskriminierungen waren (EGMR 20.5.2010 – 38832/06 Rn. 42ff. – Kiss). Aufgrund einer einzelfallbezogenen Prüfung kann ein Ausschluss jedoch bei besonders starken Beeinträchtigungen der geistigen Fähigkeiten zulässig sein, etwa wenn eine Person die Bedeutung der Stimmabgabe nicht versteht und ihre Stimmabgabe leicht manipulierbar wäre (EGMR 11.5.2021 – 43564/17 Rn. 65ff – Caamaño Valle). Art. 3 geht damit nicht über die Anforderungen aus Art. 38 Abs. 1 S. 1 GG und Art. 3 Abs. 3 S. 2 GG hinaus. § 13 Nr. 2 BWahlG aF war verfassungswidrig, weil der Kreis der von diesem Wahlrechtsausschluss Betroffenen in gleichheitswidriger Weise bestimmt wurde (BVerfGE 151, 1 (37, 43ff.)).

26 Die Entziehung des Wahlrechts aufgrund einer **Insolvenz** der betroffenen Person verfolgt schon kein legitimes Ziel, das die Beschränkung rechtfertigen könnte (EGMR 23.3.2006 – 77924/01 Rn. 49 – Albanese). Eine Beschränkung des **passiven Wahlrechts** kann jedoch zur Wahrung der Unabhängigkeit der Abgeordneten zulässig sein (*Richter* in Dörr/Grote/Marauhn Kap. 25 Rn. 76).

27 Der automatische Verlust der Parlamentsmandate als Folge eines **Parteiverbots** ist ein unverhältnismäßiger Eingriff in Art. 3 (→ EMRK Art. 11 Rn. 48f.).

28 **3. Europawahlrecht und Allgemeinheit der Wahl.** Bislang war die Frage, welchen **Grad an Einheitlichkeit** die Regelungen zum aktiven und passiven Wahlrecht zum Europäischen Parlament besitzen müssen, noch nicht Gegenstand der Rechtsprechung des EGMR. Unterschiedliche Regelungen in den Mitgliedstaaten der EU bestehen insbesondere hinsichtlich des Mindestalters für die Ausübung des aktiven und passiven Wahlrechts sowie hinsichtlich des Ausschlusses bestimmter Personen vom Wahlrecht. Unter dem Gesichtspunkt, dass bei Europawahlen die freie Äußerung des Willens der **Gesamtheit der Unionsbürger** gewährleistet sein muss, dürften unterschiedliche Regelungen mit Bezug zum Prinzip der Allgemeinheit der Wahl besonders begründungsbedürftig sein.

29 Soweit das Wahlrecht zum Europäischen Parlament unmittelbar aus der Unionsbürgerschaft fließt, dürfte eine einheitliche Regelung des **Wahlalters** unabdingbar sein. Es sind keine nationalen Besonderheiten erkennbar, die ein legitimes Interesse an einer uneinheitlichen Einschätzung der Frage begründen können, wann eine Person die nötige Reife für die Ausübung des Wahlrechts besitzt. Die EU und ihre Mitgliedstaaten dürften daher verpflichtet sein, insoweit einen unionalen Mindeststandard festzulegen. Eine im Vergleich zum unionalen Standard restriktivere Rege-

lung ist unzulässig. Eine **einseitige Ausdehnung** des Kreises der Wahlberechtigten auf bestimmte Drittstaatsangehörige durch einen Mitgliedstaat hat der EuGH europarechtlich jedenfalls dann für zulässig gehalten, wenn diese Personen auch bei nationalen Parlamentswahlen wahlberechtigt sind und die Zulassung keine Rückwirkung auf das Wahlergebnis in den anderen Mitgliedstaaten hat (EuGH 12.9.2006 – C-145/04, Slg. 2006, I-7917 – Spanien/Vereinigtes Königreich von Großbritannien und Nordirland; dazu *Aust* ZeuS 2008, 267 ff.; *Haag* S. 145; *Rabenschlag* Unionsbürgerschaft S. 346 ff.). Dies dürfte auch auf eine Absenkung des Wahlalters auf 16 Jahre (vgl. § 10 der Europawahlordnung Österreichs) übertragbar sein, wenn dies für alle Unionsbürger mit Wohnsitz in dem betreffenden Mitgliedstaat gilt. Eine einseitige Ausdehnung der Wahlberechtigung nur für eigene Staatsangehörige verstieße hingegen sowohl gegen Art. 22 Abs. 2 AEUV als auch Art. 3.

Demgegenüber kann für unterschiedliche nationale Regelungen über den **Verlust des Wahlrechts** ein berechtigtes Interesse bestehen, das auch einem strengen Prüfungsmaßstab genügt. Hält ein Mitgliedstaat zB legitimer Weise den Ausschluss einer Person vom passiven Wahlrecht für notwendig, um seinen innerstaatlichen demokratischen Prozess zu schützen (vgl. EGMR 16.3.2006 (GK) – 58278/00 – Ždanoka), dann würde diese Maßnahme erheblich an Effektivität einbüßen, wenn sie das passive Wahlrecht zum Europäischen Parlament nicht umfassen würde. Die unionsweite Durchsetzung eines solchen Verlustes des passiven Wahlrechts sichert nun Art. 6 der RL 93/109/EG ab. Möchte ein Wohnsitzmitgliedstaat nach Art. 9 Abs. 3 lit. a RL 93/109/EG an den Verlust des aktiven Wahlrechts im Herkunftsmitgliedstaat anknüpfen, ist er verpflichtet zu überprüfen, ob dieser Verlust den Standards von Art. 3 genügt. 30

IV. Gleichheit der Wahl

Aus dem Recht auf freie Wahlen lässt sich keine Verpflichtung der Vertragsparteien ableiten, ein bestimmtes **Wahlsystem** einzuführen. Sowohl Verhältniswahlsysteme als auch absolute oder relative Mehrheitswahlsysteme sind mit Art. 3 vereinbar (stRspr s. EGMR 2.3.1987 – 9267/81, A 113 Rn. 54, EGMR-E 3, 376 – Mathieu-Mohin u. Clerfayt; zuletzt EGMR (GK) 8.7.2008 – 10226/03 Rn. 110, NVwZ-RR 2010, 81 – Yumak und Sadak). Eine Änderung des Wahlsystems dürfte jedoch dann einer besonderen Kontrolle unterliegen, wenn der Verdacht besteht, dass bestimmte Parteien einseitig profitieren oder benachteiligt werden (allgemein zu diesem Grundsatz EGMR 8.7.2008 (GK) – 10226/03 Rn. 121, NVwZ-RR 2010, 81 – Yumak und Sadak). 31

Art. 3 verlangt im Ergebnis keine strikte **Erfolgswertgleichheit** oder **Erfolgschancengleichheit** (EGMR 8.7.2008 (GK) – 10226/03 Rn. 112, NVwZ-RR 2010, 81 – Yumak und Sadak). Dennoch sieht der EGMR Sperrklauseln als Eingriff in das Recht auf freie Wahlen an. Dies deutet darauf hin, dass Erfolgschancengleichheit bzw. in Verhältniswahlsystemen Erfolgswertgleichheit als Wahlrechtsgrundsätze in der Sache anerkannt werden und lediglich einer im Vergleich zum deutschen Verfassungsrecht großzügigeren Einschränkbarkeit unterliegen. 32

Aus der Wahlgleichheit folgt auch das **Verbot der doppelten Stimmabgabe**. Dies entfaltet besondere Bedeutung bei der Europawahl, bei der die Ausübung des Wahlrechts nicht zwingend dem Wohnsitz des Unionsbürgers folgt. Die Mitgliedstaaten sind daher verpflichtet, durch Zusammenarbeit der Wahlbehörden eine doppelte Stimmabgabe effektiv auszuschließen. Diesem dienen die Regelungen der RL 93/109/EG (insbes. Art. 13), die allerdings lückenhaft sind, wenn ein Uni- 32a onsbürger die Staatsangehörigkeit mehrerer Mitgliedstaaten besitzt. Gibt ein Unionsbürger in zwei Mitgliedstaaten eine Stimme ab, sind beide Stimmen als ungültig zu behandeln. Insoweit besteht nach derzeitiger Rechtslage keine Hierarchie zwischen den Wahlberechtigungen, die es erlauben würde, eine der beiden Stimmabgaben als gültig zu behandeln. Die Auffassung des Wahlprüfungsausschusses des Bundestages, nach der beide Stimmabgaben gültig seien sollen (Beschlussempfehlung auf BT-Drs. 18/4000, 11), vernachlässigt den über die Unionsbürgerschaft vermittelten europäischen Charakter der Wahl zum Europäischen Parlament.

33   Als legitimes Ziel zur Rechtfertigung einer **Sperrklausel** hat der EGMR insbes. die Verhinderung einer übermäßigen Fragmentierung des Parlaments anerkannt. Bei der Ausgestaltung von Sperrklauseln besitzen die Vertragsparteien einen großen Beurteilungsspielraum. Zur Begründung verweist der EGMR auf die Abhängigkeit des Wahlsystems von den historischen und politischen Gegebenheiten in einem Staat (EGMR 8.7.2008 (GK) – 10226/03 Rn. 110ff., NVwZ-RR 2010, 81 – Yumak und Sadak). Eine Sperrklausel in Höhe von 10% ist mit Blick auf die gemeineuropäischen Standards in der Regel nicht mit dem Recht auf freie Wahlen zu vereinbaren (EGMR 8.7.2008 (GK) – 10226/03 Rn. 147, NVwZ-RR 2010, 81 – Yumak und Sadak). Umgekehrt hat der EGMR eine Sperrklausel von 5% ohne weiteres als konventionskonform angesehen (EGMR 29.11.2007 – 10547/07 u. 34049/07 – Partija „Jaunie Demokrati" u. Partija „Musu Zeme"). Die Konvention verpflichtet nicht dazu, zugunsten nationaler Minderheiten eine Ausnahme von einer Sperrklausel vorzusehen (EGMR 28.1.2016 – 65480/10 Rn. 43, NVwZ 2017, 945 – Partei Die Friesen).

34   Bislang hatte der EGMR noch keine Gelegenheit, sich zur Vereinbarkeit der nationalen Sperrklauseln bei den **Wahlen zum Europäischen Parlament** zu äußern. Auch in diesem Kontext lassen sich hinreichend gute Gründe dafür anführen, dass die Funktionsfähigkeit des EP durch eine Sperrklausel vor zu großer Zersplitterung geschützt werden darf (*Vedder* S. 122). Zwar ist das EP nicht Teil eines parlamentarischen Regierungssystems, in dem die Parlamentsmehrheit die Regierung stützt und daher eine geringere Anzahl an Fraktionen die Regierungsbildung erleichtert. Jedoch kann das EP zB seine Befugnisse im ordentlichen Gesetzgebungsverfahren nur dann voll zur Geltung bringen, wenn es Änderungen mit der Mehrheit seiner Mitglieder verlangt (Art. 294 Abs. 7 AEUV). Die Rechtsprechung des BVerfG zur Unzulässigkeit der 5%- bzw. 3%-Sperrklauseln bei Europawahlen (BVerfGE 129, 300 und 135, 259) fußt ausdrücklich auf einer Auslegung der Wahlgleichheit und der Chancengleichheit der Parteien nach dem deutschen Verfassungsrecht (zur Kritik vgl. *C. Schönberger* JZ 2012, 80; *Frenz* DÖV 2014, 960; *Felten* EuR 2014, 298). Sie beansprucht damit keine gemeineuropäische Wirkung, die auch kaum mit Art. 3 DWA in Einklang zu bringen wäre. Umgekehrt ließe sich anführen, dass Art. 3 DWA zwar keine Entbindung des deutschen Europawahlgesetzgebers zum Ziel hat, jedoch einen angepassten Kontrollmaßstab nahelegt. Im Lichte von Art. 3 lässt sich aus Art. 3 DWA ableiten, dass Sperrklauseln prinzipiell ein legitimes Instrument sind, um die Funktionsfähigkeit des EP zu gewährleisten. Ansonsten wäre diese Vorschrift ohne praktischen Anwendungsbereich.

35   Eine europaweit **einheitliche Sperrklausel** ist nicht erforderlich. Dies ergibt sich schon daraus, dass die faktischen Sperrklauseln in den kleineren Mitgliedstaaten höchst unterschiedlich sind. Gegen die Zulässigkeit **rein nationaler Sperrklauseln** spricht allerdings, dass sie das angestrebte Ziel nicht kohärent erreichen können und daher unverhältnismäßig sind (so aus Sicht des GG auch BVerfGE 135, 259 (297 Rn. 80); zuvor schon *Pauly* AöR 123 (1998), 255; *Meyer* HStR § 46 Rn. 41).

So kann eine Partei eine nationale Sperrklausel zwar überwinden, aber trotzdem auf europäischer Ebene zur Zersplitterung beitragen, wenn sie sich keiner Fraktion anschließt. Umgekehrt können Parteien auf nationaler Ebene von der Sitzverteilung ausgeschlossen werden, obwohl aus anderen Mitgliedstaaten Abgeordnete, die zur gleichen europäischen Partei gehören, eine Fraktion bilden können. Eine rein nationale Sperrklausel hielte in dieser Perspektive nicht mit der Entwicklung des **europäischen Parteiensystems** Schritt (zum Übergangscharakter solcher Sperrklauseln vgl. bereits BVerfGE 51, 222 (255f.)). Zudem sollte berücksichtigt werden, dass der EGMR das EP als die vorrangige Form der demokratischen und politischen Verantwortlichkeit in der EU ansieht (EGMR 18.2.1999 (GK) – 24833/94 Rn. 52, EuGRZ 1999, 200 – Matthews, zur Einordnung *Bröhmer* ZeuS 1999, 211). Dies lässt sich als Hinweis auf eine Konzeption deuten, nach der die für das EP maßgebliche demokratische Legitimation von den **Unionsbürgern** vermittelt wird und daher europäisiert ist. Zu einer solchen Konzeption steht eine nur auf das nationale Wahlergebnis abstellende Sperrklausel jedenfalls in einem erheblichen Spannungsverhältnis.

Wird eine isoliert nationale Sperrklausel aus diesen Gründen für unzulässig gehalten, bedeutet dies allerdings nicht, dass eine Sperrklausel bei Europawahlen nur auf europäischer Ebene geregelt werden könnte. Möglich ist auch eine national festgelegte Sperrklausel, die **europaoffen** ausgestaltet wird und damit der Willensbildung der Unionsbürger besser gerecht werden dürfte. Eine solche Öffnungsklausel könnte etwa vorsehen, dass auch Parteien an der Sitzzuteilung teilnehmen, deren Schwesterparteien aufgrund der öffentlich verfügbaren Wahlergebnisse in den anderen Mitgliedstaaten bereits eine bestimmte Anzahl von Abgeordneten in das EP entsenden (dies aufgreifend der Änderungsantrag der Fraktion B'90/Die Grünen auf BT-Drs. 17/13935, 4f.). Strukturell besäße ein solches Verfahren gewisse Ähnlichkeiten zur Grundmandatsklausel des deutschen Wahlrechts. Als **Schwellenwert** bietet sich rechtspolitisch eine Orientierung an der Zahl an, die im EP für die Bildung einer Fraktion notwendig ist. Falls mehrere Mitgliedstaaten im **europäischen Wahlverbund** eine solche Lösung anwenden wollen, müssten jeweils die Wahlergebnisse vor Anwendung der Öffnungsklausel den Ausschlag dafür geben, ob eine Partei auf diesem Wege die Sperrklausel überwindet. 36

Problematisch mit Blick auf die Abbildung des Volkwillens (→ Rn. 11, 14) dürften die in einigen europäischen Staaten praktizierten **Mehrheitsprämien** für die stärkste Fraktion sein. Sie basieren auf der Annahme, dass der Volkwille nur auf die Bildung einer Einparteienregierung gerichtet sein könne. Im Rahmen eines Verhältniswahlsystems erscheint dies wenig überzeugend. In der Sache läuft eine Mehrheitsprämie auf eine Kombination von Verhältniswahl mit relativer Mehrheitswahl hinaus und steht daher in einem erheblichen Spannungsverhältnis zum Prinzip der Folgerichtigkeit (zu diesem Prinzip allgemein *Richter* in Dörr/Grote/Marauhn Kap. 25 Rn. 32, 35; sa *Wild*, Gleichheit der Wahl, S. 210). Zur Verfassungswidrigkeit eines Mehrheitsbonus im italienischen Wahlrecht s. It. Verfassungsgerichtshof, Urteil 1/2014 v. 4.12.2013. 37

Ebenfalls eine problematische Verzerrung des Wählerwillens dürfte vorliegen, wenn in einem personalisierten Verhältniswahlsystem durch **Überhangmandate** die parlamentarische Mehrheit verschoben wird. In diesem Sinne ließ sich die zunächst vom BVerfG aufgestellte Schwelle, dass Überhangmandate jedenfalls ab einer Zahl von ca. 5% der regulären Sitze zu einem verfassungswidrigen Zustand führen können (BVerfGE 95, 335 (366)), als Vorgabe ansehen, die als Nebeneffekt die Wahrscheinlichkeit einer solchen Verzerrung minimiert (zum Prinzip der Mehr- 38 heitstreue vgl. auch BVerfGE 123, 267 (372) zum Prinzip der bestmöglichen Annäherung an die Stimmenproportionen Hess. StGH 11.1.2021 – P.St. 2733 u. 2738). Das BVerfG hat seine Rechtsprechung danach dahingehend präzisiert, dass Überhangmandate als Einschränkungen der Erfolgswertgleichheit dann nicht mehr gerechtfertigt werden können, wenn der Grundcharakter der Wahl als Verhältniswahl nicht mehr gewahrt sei. Diese Grenze sei jedenfalls dann überschritten, wenn mehr als etwa 15 Überhangmandate anfielen (BVerfG 131, 316 (366ff.)). Bei knappen Mehrheitsverhältnissen kann jedoch auch eine geringere Zahl an Überhangmandaten die Mehrheitsverhältnisse umkehren. Konsequenterweise sah § 6 Abs. 5 BWahlG aF vor, dass Überhangmandate mit Blick auf den Parteiproporz vollständig ausgeglichen werden. Die Neufassung des § 6 Abs. 5 BWahlG, nach der jedenfalls bis zu drei Überhangmandate insgesamt unausgeglichen bleiben können, begegnet vor diesem Hintergrund erheblichen Bedenken (vgl. zu den zu klärenden Fragen BVerfG 20.7.2021 – 2 BvF 1/21 Rn. 80ff.). Eine Rechtfertigung dieser Regelung über den Gesichtspunkt der Funktionsfähigkeit des Bundestages dürfte kaum in kohärenter Weise möglich sein, da die drei Überhangmandate auch dann unausgeglichen bleiben, wenn die Größe des Bundestages im Übrigen durch Ausgleichsmandate kaum ansteigt.

39 **Grabenwahlsysteme** führen zu Parlamenten, in denen Abgeordnete mit einer fundamental unterschiedlichen Legitimationsbasis ein einheitliches Organ bilden sollen. Auch dies steht in einem Spannungsverhältnis zur kohärenten Abbildung des Wählerwillens (vgl. aus demokratietheoretischer Sicht *Mahrenholz* S. 81).

40 Bislang hatte der EGMR noch keine Gelegenheit, sich zu den Anforderungen an die Verteilung der **Sitzkontingente im EP** zu äußern. Art. 3 entfaltet für diese als demokratischer Mindeststandard Bedeutung (*Huber* in Streinz, 2003, EGV Art. 190 Rn. 14; *Rabenschlag* Unionsbürgerschaft S. 349). Aus Art. 14 Abs. 2 EUV ergeben sich mit Blick auf die Sitzverteilung Einschränkungen des Prinzips der Wahlgleichheit. Die Mindestzahl von sechs Sitzen und die Obergrenze von 96 Sitzen pro Mitgliedstaat führen dazu, dass die Sitze nicht strikt proportional zu den Einwohnerzahlen der Mitgliedstaaten verteilt werden. Vielmehr folgt daraus eine degressiv proportionale Verteilung. Diese Einschränkungen der Wahlgleichheit können unter dem Gesichtspunkt des föderalen Prinzips gerechtfertigt werden (*Arndt* ZaöRV 68 (2008), 251 mwN).

41 Das Prinzip der Wahlgleichheit enthält zudem ein **Optimierungsgebot.** Daraus folgt unter anderem, dass die Mitgliedstaaten der EU die Spielräume zu nutzen haben, die ihnen das Primärrecht bei der Verteilung der Mandatskontingente auf die Mitgliedstaaten bietet (*Huber* in Streinz, 2003, EGV Art. 190 Rn. 14). Dies hat an Bedeutung gewonnen, nachdem nunmehr eine sekundärrechtliche Festlegung der konkreten Sitzverteilung vorgesehen ist. Bei der Auslegung von Art. 14 Abs. 2 EUV unterstreicht das Optimierungsgebot, dass diese Norm die Verpflichtung enthält, die Sitzverteilung nach einem transparenten **Berechnungsverfahren** zu bestimmen, mit dem sich die Mandatskontingente auf der Basis der jeweiligen Einwohnerzahlen ausrechnen lassen (*Arndt* ZaöRV 68 (2008), 251f. (260)). Der Beschluss 2013/312/EU des Europäischen Rates über die Zusammensetzung des Europäischen Parlaments weist hier in die richtige Richtung, da im Ergebnis eine Reihe grober Inkonsistenzen ausgeräumt werden konnten und der Bevölkerungsentwicklung ein Stück weit Rechnung getragen wurde. Das Ziel eines über den Einzelfall anwendbaren Berechnungsverfahrens wurde hingegen noch nicht erreicht. Dies bleibt als Aufgabe für die vorgesehene Überprüfung des Beschlusses (Art. 4 Beschluss 2013/312/EU).

Mit Blick auf die Chancengleichheit der Parteien sind Differenzierungen zwi- 41a
schen den Parteien im Rahmen der **staatlichen Parteienfinanzierung** rechtfertigungsbedürftig. Es verfolgt ein legitimes Ziel, einen gewissen Wahlerfolg einer Partei als Voraussetzung für den Erhalt von Mitteln aus der Parteienfinanzierung vorzusehen. Bei der Höhe solcher Schwellenwerte hat der EGMR den Vertragsparteien einen erheblichen Spielraum zugebilligt (EGMR 10.5.2012 – 7819/03 Rn. 37 ff., 43 ff. – Özgürlük ve Dayanişma Partisi (ÖDP)).

V. Freie und geheime Wahl

Ausdrücklich benennt Art. 3 den Grundsatz der geheimen Wahl, der zu den 42
Kerngehalten einer demokratischen Wahl gehört. Die Wahrung des Wahlgeheimnisses ist zugleich das wichtigste Element für den Schutz der Wahlfreiheit (*Frowein* in Frowein/Peukert ZP I Art. 3 Rn. 4).

Das Prinzip der geheimen Wahl enthält insbes. eine **positive Verpflichtung,** 43
für die strikte Einhaltung der **geheimen Stimmabgabe** zu sorgen. Der Wähler kann hierauf also nicht freiwillig verzichten. Ausnahmen sind nur zulässig, soweit sie dem Wahlrecht selbst dienen, beispielsweise für behinderte Personen (*Meyer* HStR § 46 Rn. 21). Grund hierfür ist das Einschüchterungspotential, wenn sich verdächtig macht, wer seine Stimme geheim abgibt. In Gebieten, in denen zum Beispiel ein hohes Konfliktpotential zwischen verschiedenen Bevölkerungsgruppen besteht, kann daher unter anderem der Einsatz von **unabhängigen Wahlbeobachtern** gefordert sein.

Kaum ausgeprägt ist die Rechtsprechung des EGMR zu Fragen der **amtlichen** 44
und nichtamtlichen Wahlbeeinflussung. Die Venedig-Kommission betont die Pflicht staatlicher Stellen zur Neutralität mit Blick auf Wahlen (vgl. § 2.3. des Verhaltenskodex). Dies greift der EGMR im Grundsatz auf, weist aber darauf hin, dass sich Art. 3 kein detaillierter Kodex in Wahlangelegenheiten entnehmen lasse (EGMR 19.6.2012 – 29400/05 Rn. 108 – Communist Party of Russia ua); zur differenzierten deutschen Rechtslage zur amtlichen Öffentlichkeitsarbeit BVerfGE 44, 125 (139, 152); *Meyer* HStR § 46 Rn. 23 ff.; zur Öffentlichkeitsarbeit der Fraktionen und zum unzulässigen Einsatz von Abgeordnetenmitarbeitern im Wahlkampf BVerfGE 140, 1. Zu dem bis zur Grenze der Willkür weiten Spielraum bei Äußerungen des Bundespräsidenten BVerfGE 136, 323 = EuGRZ 2014, 451; zur Abgrenzung der Rollen als Regierungsmitglied einerseits und als Parteipolitiker und Teilnehmer am politischen Wettbewerb andererseits BVerfGE 138, 102 (Rn. 50 ff.),. Bei der Beeinflussung durch staatliche Medien gewährt der EGMR einen vergleichsweise großen Spielraum, solange den Oppositionsparteien in den Medien ein Minimum an Sendezeit zur Verfügung stehe und solange keine direkte Manipulation durch staatliche Stellen nachweisbar sei (EGMR 19.6.2012 – 29400/05 Rn. 111 ff. – Communist Party of Russia ua).

D. Verfahrensfragen und Rechtsschutz

Um willkürliche Entscheidungen auszuschließen, verlangt Art. 3 ein Mindest- 45
maß an **Unabhängigkeit der Wahlkommission,** sowohl bei der Zulassung von Kandidaten (EGMR 9.4.2002 – 46726/99 Rn. 35 – Podkolzina) als auch bei der Feststellung des Wahlergebnisses (EGMR 7.2.2008 – 39424/02 Rn. 55 – Kovach).

4. EMRKProt Art. 1

46 Zu einer freien und fairen Wahl gehört auch die Möglichkeit, die Ergebnisse in einem geordneten Verfahren überprüfen lassen zu können. Dazu gehört in letzter Instanz auch die **Überprüfung** durch ein **Gericht** (EGMR 2.3.2010 – 78039/01 Rn. 54 ff., 62 – Grosaru; 10.7.2020 – 310/15 Rn. 137 – Mugemangango; zu vergleichbaren Anforderungen des GG s. BVerfGE 103, 111 (136 ff.)).

47 § 49 BWahlG sieht vor, dass Entscheidungen und Maßnahmen, die sich unmittelbar auf das Wahlverfahren beziehen, im Regelfall erst im Wahlprüfungsverfahren überprüft werden können. Der frühere Ausschluss von **Rechtsschutz vor der Wahl** war insbes. mit Blick auf die **Zulassung von Parteien** nach § 18 Abs. 4 BWahlG Gegenstand von verfassungsrechtlichen Diskussionen (einerseits BVerfG 31.7.2009 – 2 BvQ 45/09, BVerfGE 16, 82 f. Rn. 4; andererseits krit. *Schulze-Fielitz* in Dreier GG Art. 19 IV Rn. 57; *Meyer* HStR § 46 Rn. 98 ff.). Ein erst im Nachhinein als ungerechtfertigt erklärter Ausschluss von der Wahl zog auch mit Blick auf die Parteienfinanzierung eine Benachteiligung der betroffenen Partei nach sich. Ein Zweig der Parteienfinanzierung bemisst sich an den erzielten Stimmen bei Landtags-, Bundestags- und Europawahlen (§ 18 PartG).

48 So hat auch die **Wahlbeobachtungsmission der OSZE** aus Anlass der Bundestagswahl 2009 kritisiert, dass kein Rechtsschutz vor der Wahl erreicht werden konnte (Bericht der OSZE/ODIHR-Wahlbewertungsmission, 14.12.2009, http://www.osce.org/de/odihr/elections/germany/40879, S. 23 f.). Die politischen Bestrebungen zur Reform des Wahlrechtsschutzes (*Ruppert* PlPr. 17/96, 10942A) haben zu der Einfügung von § 18 Abs. 4a BWahlG geführt, der eine Beschwerdemöglichkeit zum BVerfG vor. Damit konnte diese Rechtsschutzlücke geschlossen und eine EMRK-konforme Regelung erreicht werden.

49 Kommt es im Zuge der **Wahlprüfung** zu einer Änderung der Rechtsprechung des jeweiligen Wahlprüfungsgerichts, kann das Wahlergebnis nicht einfach auf der Grundlage der neuen Auslegung des Wahlgesetzes neu berechnet werden. Da eine solche Änderung für die Wähler nicht vorhersehbar ist, wäre eine einfache Neuberechnung geeignet, den Wählerwillen zu verfälschen. Eine solche Vorgehensweise verletzt daher die ursprünglich gewählten Abgeordneten, die aufgrund der Neuberechnung ihr Mandat verlieren würden, in ihren Rechten aus Art. 3 EMRKZusProt (EGMR 10.7.2008 – 27863/05 ua Rn. 29 ff. – Paschalidis ua; vgl. auch BVerfG 129, 300 (344)). Soll die neue Rechtsprechung dennoch bereits auf die angefochtene Wahl Anwendung finden, dürfte daher nur die Anordnung einer **Wiederholungswahl** in Betracht kommen.

Art. 1 4. EMRKProt Verbot der Freiheitsentziehung wegen Schulden

Niemandem darf die Freiheit allein deshalb entzogen werden, weil er nicht in der Lage ist, eine vertragliche Verpflichtung zu erfüllen.

No one shall be deprived of his liberty merely on the ground of inability to fulfil a contractual obligation.

Nul ne peut être privé de sa liberté pour la seule raison qu'il n'est pas en mesure d'exécuter une obligation contractuelle.

Literatur: *Council of Europe,* Committee of Experts, Explanatory Report, Februar 1963, http://www.conventions.coe.int/Treaty/en/reports/html/046.htm.

Verbot der Freiheitsentziehung wegen Schulden   **Art. 1   4. EMRKProt**

Art. 1 dient der Anpassung der EMRK an den IPBPR und ist fast wortgleich mit 1
dessen Art. 11 EMRK. Er verbietet das Institut des **„Schuldturms."** Die Norm
schließt eine bestimmte Rechtfertigung für Freiheitsentziehung – die hier genauso
definiert wird wie bei Art. 5 EMRK (EGMR 23.5.2002 – 32190/96 Rn. 5 –
Luordo; im Einzelnen → EMRK Art. 5 Rn. 6 ff.) – aus. Sie ist also dogmatisch
einzuordnen als **Schrankenschranke zu den Haftgründen** des Art. 5 EMRK,
insbes. zu Art. 5 Abs. 1 lit. b EMRK. Gleichzeitig ist Art. 1 jedoch so eng gefasst,
dass er neben den direkt aus Art. 5 EMRK folgenden Schrankenschranken **keine
eigenständige Bedeutung** hat – es spricht vieles dafür, dass in der Praxis jede
Haftanordnung, die gegen Art. 1 verstößt, wegen Unverhältnismäßigkeit schon
nach Art. 5 EMRK selbst unzulässig ist (vgl. *Trechsel* in Macdonald/Matscher/Petzold S. 278 sowie → Rn. 3).

Art. 1 behandelt nur **vertragliche Verpflichtungen** (wenn auch entgegen der 2
zu engen Überschrift nicht nur solche, die auf Geldzahlung gerichtet sind – Explanatory Report, Rn. 3). Er ist daher schon nicht anwendbar auf Verpflichtungen, die auf Gesetz (etwa Kindesunterhalt – EGMR 2.12.2004 – 42191/02 Rn. 2 –
R. R.) oder Gerichtsentscheidung (EKMR 6.12.1991 – 12954/87 Rn. 4 – R.) beruhen. Art. 1 befasst sich daher auch nicht mit der Ersatzfreiheitsstrafe bei Uneinbringlichkeit zB einer Geldstrafe (vgl. EKMR 15.5.1996 – 28645/95 – Bitti).

Die in einigen Staaten praktizierte Regelung, dass auch weitere Zahlungsver- 3
pflichtungen aus Strafverfahren ohne weiteres in eine Freiheitsstrafe umgewandelt
werden können, hat der EGMR allerdings als „archaisch" kritisiert und geäußert,
sie bedürfe „weiterer Überprüfung" anhand von Art. 1 (EGMR 27.7.2010 –
28221/08 Rn. 39 – Gatt). Indes dürfte letztlich auch insofern Art. 1 kein eigener Regelungsbereich zukommen, denn eine solche Regelung verletzt auch bereits Art. 5
Abs. 1 EMRK, so dass eine Verletzung von Art. 1 nicht geprüft werden muss
(EGMR 27.7.2010 – 28221/08 Rn. 56 – Gatt).

Eine weitere Einschränkung des Art. 1 ergibt sich aus dem Wort **„allein"** – 4
eine Freiheitsentziehung, die neben der Unfähigkeit zur Erfüllung einer Verpflichtung noch auf weitere Gründe gestützt wird, ist jedenfalls nicht nach Art. 1
unzulässig. Kein Verstoß ist daher die Beuge- bzw. Erzwingungshaft, etwa im
Zwangsvollstreckungs- oder Insolvenzrecht (EKMR 21.5.1997 – 34299/97
Rn. 1 – Christakis; EKMR 18.12.1971 – CD 39, 95 (97), Yb 14 (1971), 692
(696) – X.). Der Explanatory Report (Rn. 5–6) enthält eine ganze Reihe weiterer Beispiele für Freiheitsentziehungen, die nicht nach Art. 1 verboten sind.

Keinen Verstoß gegen Art. 1 stellt es schließlich dar, wenn jemand wegen des 5
Verdachts eines Delikts in Untersuchungshaft genommen wird oder wegen eines
Delikts zu Freiheitsstrafe verurteilt wird, dessen Tatbestand teilweise durch Nichterfüllung einer vertraglichen Verpflichtung erfüllt wird – klassisches Beispiel ist der
Eingehungsbetrug (vgl. Explanatory Report, Rn. 6; EGMR 17.10.2000 –
53254/99 Rn. 5 – Karalevičius). Wo Beschwerdeführer reklamierten, ihre Verurteilung wegen eines solchen Delikts beruhe auf einem Fehlurteil, die weiteren Voraussetzungen der Straftat haben nicht vorgelegen und in Wirklichkeit sei ihnen daher
die Freiheit alleine auf Grund ihrer Unfähigkeit zur Erfüllung einer Verpflichtung
entzogen worden, hat der Gerichtshof dies nicht als Frage des Art. 1, sondern als
Frage der Fairness des zu Grunde liegenden Verfahrens, also unter dem Gesichtspunkt des Art. 6 EMRK, betrachtet (etwa EGMR 30.3.2006 – 9369/02 Rn. 3 –
Ilie).

Art. 2 4. EMRKProt Freizügigkeit

(1) **Jede Person, die sich rechtmäßig im Hoheitsgebiet eines Staates aufhält, hat das Recht, sich dort frei zu bewegen und ihren Wohnsitz frei zu wählen.**

(2) **Jeder Person steht es frei, jedes Land, einschließlich des eigenen, zu verlassen.**

(3) **Die Ausübung dieser Rechte darf nur Einschränkungen unterworfen werden, die gesetzlich vorgesehen und in einer demokratischen Gesellschaft notwendig sind für die nationale oder öffentliche Sicherheit, zur Aufrechterhaltung der öffentlichen Ordnung, zur Verhütung von Straftaten, zum Schutz der Gesundheit oder der Moral oder zum Schutz der Rechte und Freiheiten anderer.**

(4) **Die in Absatz 1 anerkannten Rechte können ferner für bestimmte Gebiete Einschränkungen unterworfen werden, die gesetzlich vorgesehen und in einer demokratischen Gesellschaft durch das öffentliche Interesse gerechtfertigt sind.**

(1) Everyone lawfully within the territory of a State shall, within that territory, have the right to liberty of movement and freedom to choose his residence.

(2) Everyone shall be free to leave any country, including his own.

(3) No restrictions shall be placed on the exercise of these rights other than such as are in accordance with law and are necessary in a democratic society in the interests of national security or public safety for the maintenance of „ordre public", for the prevention of crime, for the protection of rights and freedoms of others.

(4) The rights set forth in paragraph 1 may also be subject, in particular areas, to restrictions imposes in accordance with law and justified by the public interest in a democratic society.

(1) Quiconque se trouve régulièrement sur le territoire d'un Etat a le droit d'y circuler librement et d'y choisir librement sa résidence.

(2) Toute personne est libre de quitter n'importe quel pays, y compris le sien.

(3) L'exercice de ces droits ne peut faire l'objet d'autres restrictions que celles qui, prévues par la loi, constituent des mesures nécessaires, dans une société démocratique, à la sécurité nationale, à la sûreté publique, au maintien de l'ordre public, à la prévention des infractions pénales, à la protection de la santé ou de la morale, ou à la protection des droits et libertés d'autrui.

(4) Les droits reconnus au paragraphe 1 peuvent également, dans certaines zones déterminées, faire l'objet de restrictions qui, prévues par la loi, sont justifiées par l'intérêt public dans une société démocratique.

A. Bedeutung im innerstaatlichen Recht

1 Die Bundesrepublik Deutschland hat, wie insgesamt 43 Mitgliedstaaten des Europarats, das 4. EMRKProt ratifiziert (Stand: August 2021, aktueller Stand abrufbar auf der Internetseite des Europarates, s. unter ETS Nr. 46), so dass sie daran

Freizügigkeit **Art. 2 4. EMRKProt**

völkervertragsrechtlich gebunden ist. Die Art. 2–4 regeln verschiedene Aspekte der Freizügigkeit. Art. 2 verbürgt die Freizügigkeit jeder sich rechtmäßig im Hoheitsgebiet eines Mitgliedstaates aufhaltenden Person, also auch von Ausländern. Die Garantie des Art. 2 umfasst sowohl die so genannte interne Freizügigkeit im Staatsgebiet, dh das Recht, **sich innerhalb des Mitgliedstaates frei zu bewegen** und **den Wohnsitz frei zu wählen** (Abs. 1), als auch das Recht, den Mitgliedstaat zu verlassen, also die Ausreisefreiheit (Abs. 2). Weitere freizügigkeitsbezogene Garantien, nämlich das Verbot der Ausweisung eigener Staatsangehöriger und die Einreisefreiheit für eigene Staatsangehörige, sind in Art. 3 normiert. Weiterhin verbietet Art. 4 jegliche Kollektivausweisung. Das Konventionsrecht garantiert **keine Einreisefreiheit** für Ausländer. Die EMRK und ihre Zusatzprotokolle erkennen an, dass nach allgemeinem Völkerrecht jeder Staat – vorbehaltlich eingegangener vertraglicher Verpflichtungen – kraft seiner Souveränität die Einreise, den Aufenthalt und damit zusammenhängend die Ausweisung von Ausländern selbst kontrolliert. Insbesondere vermittelt die EMRK kein Recht eines Ausländers auf Einreise oder auf Aufenthalt (EGMR (GK) 21.11.2019 – 47287/15 Rn. 125 mwN, NVwZ 2020, 937 (939) = BeckRS 2019, 36891 – Ilias und Ahmed).

Die **Schutzrichtung der Freizügigkeitsgewährleistungen im 4. EMRK-** 2 **Prot und im Grundgesetz decken sich weitgehend** (zum Strukturvergleich vgl. *Giegerich* in Dörr/Grothe/Marauhn Kap. 26 Rn. 23 ff.). Das Freizügigkeitsrecht in Art. 11 GG ist als Deutschengrundrecht ausgestaltet. In materieller Hinsicht verbürgt die Bestimmung die innerdeutsche Freizügigkeit im Bundesgebiet ebenso wie die Einreisefreiheit deutscher Staatsangehöriger in das Bundesgebiet (BVerfGE 2, 266 (273)). Zum Kern des Freizügigkeitsrechts gehört auch der Schutz deutscher Staatsangehöriger vor Entfernung aus dem Bundesgebiet, etwa durch Ausweisung und Abschiebung (*Gusy* in v. Mangoldt/Klein/Starck GG Art. 11 Rn. 37). Die Ausreisefreiheit unterfällt nicht dem Schutz des Art. 11 GG, sondern ist grundgesetzlich für jedermann als Ausfluss der allgemeinen Handlungsfreiheit durch Art. 2 Abs. 1 GG garantiert (vgl. BVerfGE 6, 32 (36) – Elfes). Die Freizügigkeit von Ausländern im Inland nach Maßgabe eines einfachen Gesetzesvorbehalts wird grundgesetzlich über Art. 2 Abs. 1 GG geschützt (BVerfGE 35, 382 (399)).

Die grundgesetzliche Freizügigkeit des Art. 11 GG steht unter einem strengen, 3 qualifizierten Gesetzesvorbehalt, wohingegen das Konventionsrecht unter dem üblichen **qualifizierten Gesetzesvorbehalt** (Abs. 3 und 4) steht, der bewusst eng an die Absätze 2 der Art. 8–11 EMRK angelehnt ist (zur Schrankendiskrepanz weiterführend *Giegerich* in Dörr/Grote/Marauhn Kap. 26 Rn. 26, 112) und letztlich die Verhältnismäßigkeit eines Eingriffs durch oder aufgrund einer gesetzlichen Regelung zum Maßstab der Rechtfertigung macht.

Eine allgemeine Gewährleistung der **Freizügigkeit im Unionsrecht** findet 4 sich für Unionsbürger (Art. 20 f. AEUV) in Art. 45 Abs. 1 GRCh und Art. 21 AEUV. Für **Drittstaatsangehörige** wird auf der Ebene der Grundrechte (Art. 6 Abs. 1 EUV) allein bestimmt, dass im EUV Freizügigkeitsrechte gewährt werden können (Art. 45 Abs. 2 GRCh), wobei die extensive Auslegung der Unionsbürgerschaft durch den EuGH und die Ableitung von Aufenthalts- und Freizügigkeitsrechten für Familienangehörige dieser Personengruppe weitgehende Rechte einräumt (vgl. dazu EuGH 8.3.2011 – C-34/09, Slg. 2011, I-1177 = NJW 2011, 2033 – Ruiz Zambrano u. EuGH 5.5.2011 – C-434/09, Slg. 2011, I-3375 = NVwZ 2011, 687 – McCarthy sowie dazu *Hailbronner/Thym* NJW 2011, 2008). Zu berücksichtigen ist, dass **türkischen Staatsangehörigen** unter den Voraussetzungen der Art. 6 und 7 ARB 1/80 – über den Wortlaut hinaus – ein räumlich nicht beschränkbares Aufenthaltsrecht und damit ein Freizügigkeitsrecht zukommt (vgl. dazu etwa *Kurzidem* ZAR 2010, 121), das dann nur unter den Voraussetzungen des Art. 14 ARB 1/80 entzogen werden kann.

B. Sachlicher Anwendungsbereich

I. Bewegungs- und Niederlassungsfreiheit – Art. 2 Abs. 1

5   Art. 2 Abs. 1 garantiert als so genannte interne Freizügigkeit die **Bewegungsfreiheit** innerhalb des Mitgliedstaates ebenso wie die **Niederlassungsfreiheit** als Recht, den Wohnsitz frei zu wählen. Das Freizügigkeitsrecht muss **von der persönlichen Freiheit, wie sie in Art. 5 EMRK als körperliche Fortbewegungsfreiheit geschützt ist, abgegrenzt** werden (→ EMRK Art. 5 Rn. 6 ff.). Die beiden Freiheiten sind nicht wesensverschieden. Vielmehr ist für die Unterscheidung auf den **Grad der Freiheitsbeeinträchtigung abzustellen** (EGMR 6.11.1980 – 7367/76 Rn. 95, NJW 1984, 544 (547) – Guzzardi; EGMR 20.4.2010 – 19675/06 Rn. 41 – Villa). Der Einzelfall muss in den Blick genommen und anhand der Art, der Dauer, den Auswirkungen sowie den Umständen der Durchsetzung der in Rede stehenden Maßnahme untersucht werden (EGMR 23.2.2017 (GK) – 43395/09 Rn. 79, NVwZ-RR 2018, 651 (652) = BeckRS 2017, 148381 – De Tommaso; EGMR 6.11.1980 – 7367/76 Rn. 91f., NJW 1984, 544 (547) – Guzzardi). Dabei ist die persönliche Freiheit des Art. 5 EMRK dann betroffen, wenn bei wertender Betrachtung die Fortbewegungsfreiheit (fast) vollständig aufgehoben ist (EGMR 6.11.1980 – 7367/76, NJW 1984, 544 – Guzzardi: Verbannung auf teilweise bewohnte Insel nur wegen weiterer Umstände Freiheitsentziehung). Auch das Festhalten von Einreisewilligen im Transitbereich eines Flughafens stellt – jedenfalls bei Asylsuchenden und ab einer gewissen Dauer, die die notwendige Zeit für die Prüfung des Asylantrags wesentlich überschreitet – eine Freiheitsentziehung im Sinne des Art. 5 EMRK dar (EGMR (GK) 21.11.2019 – 61411/15 Rn. 136 ff. mwN und Rn. 147, NVwZ 2020, 777 (779) = BeckRS 2019, 29055 – Z.A.; EGMR 25.6.1996 – 19776/92 Rn. 41 ff., NVwZ 1997, 1102 (1103) – Ammur). Hingegen ordnet der EGMR **Melde- oder Wohnsitzauflagen dem Freizügigkeitsrecht zu** (vgl. EGMR 23.2.2017 (GK) – 43395/09 Rn. 79 ff. mwN, NVwZ-RR 2018, 651 (652 f.) = BeckRS 2017, 148381 – De Tommaso; EGMR 20.4.2010 – 19675/06 Rn. 41 ff. mwN – Villa; EGMR 10.7.2008 – 16528/05 Rn. 58 – Hajibeyli). Andererseits stellt Hausarrest im Sinne eines vollständigen Verbots, das Haus zu verlassen, eine Freiheitsentziehung dar (EGMR 28.11.2002 – 5844/00 Rn. 63 – Lavents), wenn auch einzelne Ausnahmen für Arztbesuche oÄ zugelassen werden (EGMR 2.11.2006 – 69966/01 Rn. 13, 42 – Dacosta Silva). Eine generelle Ausgangssperre zum Zwecke der Eindämmung des Sars-Cov-2 Virus, von der Ausnahmen möglich sind, hat der EGMR nicht als einen solchen Hausarrest und damit nicht als Eingriff in die Freiheit der Person eingeordnet (EGMR 13.4.2021 – 49933/20 – Terheş/Rumänien).

6   Der **Schutzbereich der Freizügigkeitsgarantie ist nur für Personen eröffnet, die sich rechtmäßig im Hoheitsgebiet des Mitgliedstaates** aufhalten. Die Rechtmäßigkeit des Aufenthalts von **Ausländern** ist nach dem jeweiligen innerstaatlichen – dh häufig auch nach supranationalem (Unions-)Recht – zu beurteilen (vgl. EKMR 1.12.1986 – 11825/85, NVwZ 1988, 236 (237) – Udayanan). Die

Feststellungen der innerstaatlichen Gerichte zur Rechtmäßigkeit des Aufenthalts werden durch den EGMR nur auf offensichtliche Willkür hin überprüft (EGMR 20.11.2007 – 44294/04, BeckRS 2008, 07615 – S. E. O., vgl. auch EGMR 22.2.2007 – 1509/02 Rn. 38ff. – Tatishvili: dort hat der Gerichtshof entgegen der Auffassung der russischen Gerichte einen rechtmäßigen Aufenthalt der Beschwerdeführerin angenommen).

Enthält die Aufenthaltsgenehmigung räumliche Beschränkungen, ist der Aufenthalt nur in deren Rahmen rechtmäßig. So hält sich ein Asylbewerber, dessen Aufenthalt nach innerstaatlichen Vorschriften räumlich beschränkt ist, außerhalb des ihm zugewiesenen Aufenthaltsortes nicht rechtmäßig auf (EGMR 20.11.2007 – 44294/04, BeckRS 2008, 07615 – S. E. O.). Die Beschränkung selbst ist nur dann an Art. 2 zu messen, wenn mit ihr ein zunächst unbeschränkt rechtmäßiger Aufenthalt auf einen bestimmten Bereich beschränkt wird (weitergehend *Giegerich* in Dörr/Grote/Marauhn Kap. 26 Rn. 81, der jede räumliche Beschränkung nach rechtmäßiger Einreise an den Schranken der Abs. 3 und 4 messen will). Die beabsichtigte Dauer des Aufenthalts spielt für die Eröffnung des Schutzbereichs keine Rolle. Zu beachten ist, dass sich **eigene Staatsangehörige** per definitionem rechtmäßig im Hoheitsgebiet ihres Herkunftsstaates aufhalten. Das folgt aus Art. 3 (*Grabenwarter/Pabel* EMRK § 21 Rn. 58). 7

II. Ausreisefreiheit – Art. 2 Abs. 2

Mit der Ausreisefreiheit wird das Recht garantiert, den Konventionsstaat, in dem man sich aufhält, **verlassen zu dürfen**. Es ist **sowohl die vorübergehende als auch die dauerhafte Ausreise (Auswanderung) geschützt**. Das Recht steht jeder Person – auch gegenüber ihrem Herkunftsstaat – zu. Ebenso ist die Freiheit geschützt, den Zielstaat seiner Reise zu bestimmen (EGMR 22.5.2001 – 33592/96 Rn. 61 – Baumann). Das gilt jedoch nur insoweit, als der Zielstaat zur Aufnahme bereit ist. Art. 2 Abs. 2 garantiert **kein Recht auf Rückkehr**, dieses wird in Art. 3 Abs. 2 nur für die Wiedereinreise in den Heimatstaat gewährleistet. Aus Art. 2 Abs. 2 folgt auch **keine negative Ausreisefreiheit** im Sinne eines Rechts auf Verbleib im Konventionsstaat. 8

C. Eingriffe

I. Bewegungs- und Niederlassungsfreiheit – Art. 2 Abs. 1

Eingriffe in Art. 2 Abs. 1 können entweder dadurch erfolgen, dass der Grundrechtsträger gezwungen wird, seinen Aufenthalt/Wohnsitz an einem bestimmten Ort zu nehmen, ihm verboten wird, seinen Aufenthaltsort zu verlassen, oder dass ihm der Aufenthalt bzw. die Wohnsitznahme an bestimmten Orten untersagt wird. Regelmäßig wiegen die zuerst genannten Eingriffe schwerer als die danach aufgeführten (vgl. *Grabenwarter/Pabel* EMRK § 21 Rn. 62). 9

Einen Eingriff in die **(Fort-)bewegungsfreiheit** hat der EGMR zB angenommen bei **polizeilichen Meldeauflagen** und bei dem **Verbot, das Stadtgebiet zu verlassen** (vgl. EGMR 20.4.2010 – 19675/06 – Villa mwN; EGMR 10.7.2008 – 16528/05 – Hajibeyli) sowie bei **Wohnsitzauflagen**, etwa in Gestalt einer behördlichen Anordnung, die eigene Wohnung nicht ohne Verständigung der Behörden zu verlassen, während der Nachtstunden in der Wohnung zu bleiben und bestimmte Orte nicht zu besuchen (EGMR 22.2.1994 – 12954/87 Rn. 37ff. – Raimondo; 10

4. EMRKProt Art. 2   Rechte und Freiheiten der Zusatzprotokolle

EGMR 6.4.2000 – 26772/95 Rn. 193 – Labita). Einen Eingriff stellt es auch dar, wenn im Inland ein **Checkpoint** errichtet wird und Sicherheitskräfte **Reisende daran hindern, von einem Verwaltungsbezirk des Mitgliedstaats in den anderen zu gelangen** (EGMR 13.12.2005 – 55762/00 Rn. 44 – Timishev; vgl. auch zur konventionswidrigen Weigerung der Behörden Südossetiens und Abchasiens, die Rückkehr ethnischer Georgier in ihre Häuser zu gestatten EGMR (GK) 21.1.2021 – 38263/08 – Georgien/Russland III; vgl. auch den Fall der de facto Umwandlung der administrativen Grenzlinie in eine Staatsgrenze zwischen Russland und der Ukraine: EGMR (GK) 16.12.2021 – 20958/14 ua – Ukraine/Russland „Krim"). Ebenso sieht der EGMR einen Eingriff bei der mit einer Geldbuße bewehrten Verpflichtung, seinen **Wohnsitzwechsel innerhalb von drei Tagen bei den Behörden anzuzeigen** (EGMR 5.10.2006 – 14139/03 Rn. 66 – Bolat). Behördlich verfügte **Platzverweise** greifen ebenso in das konventionsrechtliche Freizügigkeitsrecht ein. Keinen Eingriff in das Freizügigkeitsrecht sieht der EGMR hingegen in einer Regelung, die bestimmte Profisportler verpflichtet, sich zwecks einer unangekündigten Dopingprobe an einem von ihnen selbst frei gewählten Ort für die Dauer einer Stunde in der Woche bereitzuhalten (EGMR 18.1.2018 – 48151/11 Rn. 199f., NJOZ 2019, 521 (526) = BeckRS 2018, 2853 – FNASS).

11 Ein Eingriff in die **Niederlassungsfreiheit** liegt vor, wenn ein Verbot ausgesprochen wird, an einem bestimmten Ort seine Wohnung zu nehmen oder der Wohnsitz verbindlich festgelegt wird. Ebenso stellt eine Regelung einen Eingriff dar, nach der eine Wohnung in einem bestimmten Stadtbezirk nur mit einer behördlichen Genehmigung gemietet werden darf (EGMR 23.2.2016 – 43494/09 Rn. 105ff., NLMR 2017, 170 (171) = BeckRS 2017, 160800 – Garib, vgl. → Rn. 19). In die Niederlassungsfreiheit wird auch dann eingegriffen, wenn die Wohnsitznahme selbst zwar nicht mit Zwang unterbunden wird, aber eine Registrierung verweigert wird, die für die Ausübung weiterer Rechte notwendig ist und die Begründung des Wohnsitzes ohne diese Registrierung mit Geldbußen sanktioniert wird (EGMR 22.2.2007 – 1509/02 Rn. 44ff. – Tatishvili).

II. Ausreisefreiheit – Art. 2 Abs. 2

12 Das Verbot der Ausreise ist der intensivste Eingriff in die Ausreisefreiheit. Auch die **faktische Verhinderung der Ausreise** durch das Einbehalten für die Aus- und Einreise notwendiger Ausweisdokumente stellt einen Eingriff dar (EGMR 22.5.2001 – 33592/96 Rn. 61 – Baumann). Gleichermaßen liegt ein Eingriff in die Ausreisefreiheit vor, wenn Personen **keine Ausweise oder sonstigen Reisepapiere ausgestellt werden** und sie daher das Hoheitsgebiet des Konventionsstaats legal nicht verlassen können (EGMR 8.12.2020 – 26764/12 Rn. 22 – Rotaru; EGMR 27.3.2018 – 5871/07 Rn. 78ff., NVwZ-RR 2019, 753 (755) – Berkovich). Wird der Geltungsbereich eines Reisepasses dergestalt beschränkt, dass dieser nicht mehr zur Ausreise in einem bestimmten Staat berechtigt, liegt darin ebenfalls ein Eingriff in die Ausreisefreiheit (vgl. BVerwGE 165, 251 (263)). Weiter stellt es einen Eingriff dar, wenn das Recht zur Ausreise von einer behördlichen Genehmigung abhängig gemacht wird. Schließlich dürfte jede Maßnahme, die darauf abzielt, die Ausreise erheblich zu erschweren – etwa (erhebliche) „Ausreisesteuern" – in das Grundrecht eingreifen (vgl. auch *Grabenwarter/Pabel* EMRK § 21 Rn. 64).

D. Rechtfertigung

Nach Art. 2 **Abs. 3** gelten für die interne Freizügigkeit (→ Rn. 5) und für die 13
Ausreisefreiheit (→ Rn. 8) **ähnliche Schranken wie für die Art. 8–11 EMRK**
(→ EMRK Art. 8 Rn. 90ff.); der EGMR spricht insoweit von einer „engen Abstimmung" der Vorschriften (EGMR 23.3.2017 – 53251/13 Rn. 94, NLMR 2017, 146 (149) = BeckRS 2017, 162745 – M.V.): Der Eingriff muss auf einer gesetzlichen Grundlage beruhen, ein berechtigtes Ziel verfolgen und in einer demokratischen Gesellschaft notwendig, dh verhältnismäßig sein.

Der **Gesetzesvorbehalt** ist – wie bei den übrigen Konventionsrechten – Ausdruck der rule of law. Daraus ergeben sich Anforderungen an die zur Rechtfertigung eines Eingriffs herangezogene Regelung. Zum einen muss diese eine **Grundlage im innerstaatlichen Recht** haben. Zum anderen muss die Regelung von gewisser Qualität sein, um **Schutz vor willkürlichen Eingriffen** in die Konventionsrechte zu bieten. Der EGMR fordert stets, dass die staatliche Regelung für die betroffene Person **zugänglich** sein und überdies **hinreichend präzise** formuliert sein muss (ausdrücklich zu Art. 2 EGMR 23.2.2017 (GK) – 43395/09 Rn. 106ff., NVwZ-RR 2018, 651 (654) = BeckRS 2017, 148381 – De Tommaso; EGMR 4.6.2002 – 33129/96 Rn. 47 – Oliviera). Eine Regelung ist hinreichend präzise formuliert, wenn ihre Wirkungen für den Einzelnen vorhersehbar sind und sie entsprechend jedermann in die Lage versetzt, ggf. unter Inanspruchnahme von Beratung, das eigene Verhalten daran ausrichten zu können (EGMR 4.6.2002 – 33129/96 Rn. 52 – Oliviera). Dabei führt ein den staatlichen Organen eingeräumtes Ermessen nicht zur Unbestimmtheit der herangezogenen Regelung, diese muss aber die Reichweite und die Art und Weise der möglichen Ermessensausübung erkennen lassen (EGMR 11.7.2013 – 28975/05 Rn. 70 mwN, BeckRS 2013, 202728 – Khlyustov).

Art. 2 Abs. 3 zählt die **berechtigten Ziele** auf, die einen Eingriff rechtfertigen 15
können: Schutz der nationalen oder öffentlichen Sicherheit, Aufrechterhaltung der öffentlichen Ordnung, Verhütung von Straftaten, Schutz der Gesundheit oder der Moral, Schutz der Rechte und Freiheiten anderer.

Die Rechtfertigung eines Eingriffs setzt schließlich eine genaue und **strikte** 16
Prüfung seiner Verhältnismäßigkeit voraus. Die Maßnahme muss also **geeignet** sein, das berechtigte Ziel zu erreichen. Außerdem sind **alle Umstände des Einzelfalls** angemessen zu gewichten; die **Beschränkung darf nicht automatisch eintreten**. Nur dann ist der Eingriff „in einer demokratischen Gesellschaft notwendig" im Sinne von Art. 2 Abs. 3. Aus der Freizügigkeitsgarantie selbst folgen Anforderungen an die Effektivität der Kontrolle der Maßnahmen, die, um verhältnismäßig zu sein, fortwährend hinsichtlich ihrer weiter bestehenden Notwendigkeit überwacht werden müssen (EGMR 8.12.2020 – 26764/12 Rn. 25ff. mwN – Rotaru). Diese Ableitung von verfahrensrechtlichen Sicherungen aus der materiellen Garantie, die sich auch darin zeigt, dass der EGMR bei einer im Gesetz angelegten unzureichenden Verhältnismäßigkeitsprüfung auch zu einem Verstoß gegen Art. 13 EMRK iVm Art. 2 gelangt (EGMR 3.9.2013 – 40026/07 Rn. 24, BeckRS 2013, 202653 – Milen Kostov), belegt die hohe Wertigkeit des Freizügigkeitsrechts als garantiertes Menschenrecht.

Zur internen Freizügigkeit hat der EGMR etwa entschieden, dass **Platz-** 17
verweise gerechtfertigt sein können, um Straftaten zu verhindern (EGMR 4.6.2002 – 33129/96 Rn. 64f. – Oliviera). Strenge **Melde- und Aufenthaltsauf-**

lagen für einen psychisch kranken Betroffenen, von dem nach der Einschätzung der Behörden erhebliche Gefahren für die Gesellschaft ausgehen, können ebenfalls gerechtfertigt sein. Solche erheblichen Einschränkungen der Fortbewegungsfreiheit müssen aber unter einer effektiven Kontrolle stehen und dürfen sich nicht über längere Zeit automatisch verlängern. Eine zu geringe zeitliche Dichte der wiederkehrenden Kontrolle der Entscheidung kann zur Unverhältnismäßigkeit der Maßnahme führen (EGMR 20.4.2010 – 19675/07 Rn. 45–53 – Villa). Das legitime Ziel des Schutzes der Gesundheit bzw. des persönlichen Wohlergehens vermag es zu rechtfertigen, dass die Sachwalterin eines geistig behinderten Menschen gegen dessen Wunsch entscheidet, dass dieser in seiner Heimatstadt – und nicht bei seinen ehemaligen Pflegeeltern – **Wohnsitz nimmt** (EGMR 23.3.2017 – 53251/13 Rn. 90, NLMR 2017, 146 (149) = BeckRS 2017, 162745 – M.V.)

18 **Ausreiseverbote** können nach der Rechtsprechung des EGMR **zur Verhinderung von Straftaten** gemäß Art. 2 Abs. 3 verhältnismäßig sein, etwa um den Betroffenen von anderen Kriminellen fern zu halten (EGMR 22.2.1994 – 12954/87 Rn. 39 – Raimondo). Nach Haftentlassung darf die Verurteilung wegen einer Straftat nicht automatisch die Rechtsfolge eines Ausreiseverbots zeitigen. Vielmehr muss die Möglichkeit zur Einzelfallprüfung bestehen (EGMR 3.9.2013 – 40026/07 Rn. 17, BeckRS 2013, 202653 – Milen Kostov). Die nationalen Behörden müssen **konkret darlegen,** weshalb sie davon ausgehen, dass von der betroffenen Person eine Gefahr für die öffentliche Ordnung ausgeht bzw. diese weitere Straftaten begehen könnte und inwieweit eine Einschränkung der Ausreisefreiheit geeignet ist, dieser Gefahr zu begegnen; ansonsten ist die Maßnahme unverhältnismäßig (EGMR 15.2.2018 – 32963/16 Rn. 17 ff. – Navalnyy; EGMR 20.9.2016 – 51279/09 ua Rn. 33 f. mwN – Vlasov und Benyash). Beruft sich ein Konventionsstaat auf die **nationale Sicherheit,** um einen Eingriff in die Ausreisefreiheit zu rechtfertigen, bedarf es des Nachweises, dass dieser tatsächlich den Schutzzweck erfüllt (EGMR 21.12.2006 – 55565/00 Rn. 38, 43 – Bartik). Im Falle einer Auslandsreisesperre russischer Geheimnisträger hat der EGMR eine Verletzung der Ausreisefreiheit festgestellt, weil das Ausreiseverbot nicht geeignet sei, die Weitergabe geheimer Informationen zu verhindern (EGMR 27.3.2018 – 5871/07 Rn. 93 ff., NVwZ-RR 2019, 753 (755) – Berkovich). Ein Ausreiseverbot zu dem Zweck, eine gerichtlich titulierte **Forderung gegen einen säumigen Schuldner einzutreiben,** verfolgt das berechtigte Ziel des **Schutzes der Rechte anderer,** ist aber unverhältnismäßig, wenn der Mitgliedstaat etwa in Gestalt des Gerichtsvollziehers nicht geprüft hat, ob weniger einschneidende Maßnahmen zur Verfügung stehen und wenn es an der Darlegung fehlt, inwieweit das Ausreiseverbot zur Erreichung des Ziels beiträgt (EGMR 25.2.2020 – 32811/17 Rn. 32, BeckRS 2020, 2086 – Komolov). Ein Ausreiseverbot wegen **Steuerschulden** kann gerechtfertigt sein, ist aber jedenfalls dann unverhältnismäßig, wenn dieses einer Bestrafung wegen Zahlungsunfähigkeit gleichkommt und zudem in zeitlicher Hinsicht kein Ende absehbar ist (EGMR 23.5.2006 – 463434/99 Rn. 121 f., 129 – Riener).

19 Über die in Abs. 3 genannten legitimen Ziele hinaus lässt es Art. 2 **Abs. 4** zu, die in Abs. 1 verbürgte interne Freizügigkeit für bestimmte Gebiete **im „öffentlichen Interesse" einzuschränken. Diese Rechtfertigungsmöglichkeit besteht nicht für die Ausreisefreiheit des Art. 2 Abs. 2.** Nach der Vorgabe des Abs. 4 muss ein Eingriff, der sich allein aus dem öffentlichen Interesse heraus rechtfertigt, **räumlich begrenzt** sein. In jedem Fall muss ein solcher Eingriff auch **verhältnismäßig** sein. Der EGMR hat die Rechtfertigungsmöglichkeit des Art. 2 Abs. 4 ausdrücklich herangezogen (und nicht Abs. 3), um eine niederländische Regelung zu

rechtfertigen, die die Begründung eines Wohnsitzes in bestimmten Stadtteilen an gewisse Voraussetzungen wie keine Abhängigkeit von Sozialhilfe und eine gewisse Aufenthaltsdauer in der Region knüpft. Nach dem EGMR liegt es im öffentlichen Interesse im Sinne von Art. 2 Abs. 4, den Verfall verarmter Innenstadtbereiche umzukehren und die Lebensqualität allgemein zu verbessern. Die Regelung sei auch verhältnismäßig, insbesondere weil die Einschränkung zeitlich befristet und geografischen Grenzen unterworfen sei, eine Härtefallregelung existiere und sich die Maßnahme als angemessen darstelle (EGMR 23.2.2016 – 43494/09 Rn. 105 ff., NLMR 2017, 170 (171 f.) = BeckRS 2017, 160800 – Garib.

Art. 3 4. EMRKProt Verbot der Ausweisung eigener Staatsangehöriger

(1) **Niemand darf durch eine Einzel- oder Kollektivmaßnahme aus dem Hoheitsgebiet des Staates ausgewiesen werden, dessen Angehöriger er ist.**

(2) **Niemandem darf das Recht entzogen werden, in das Hoheitsgebiet des Staates einzureisen, dessen Angehöriger er ist.**

(1) No one shall be expelled, by means either of an individual or of a collective measure, from the territory of the State of which he is a national.

(2) No one shall be deprived of the right to enter the territory of the state of which he is a national.

(1) Nul ne peut être expulsé, par voie de mesure individuelle ou collective, du territoire de l'Etat dont il est le ressortissant.

(2) Nul ne peut être privé du droit d'entrer sur le territoire de l'Etat dont il est le ressortissant.

A. Bedeutung im innerstaatlichen Recht

Die Bundesrepublik Deutschland hat, wie insgesamt 43 Mitgliedstaaten des Europarats, das 4. EMRKProt ratifiziert (Stand: August 2021, aktueller Stand abrufbar auf der Internetseite des Europarates, s. unter ETS Nr. 46), so dass sie daran völkervertragsrechtlich gebunden ist. Die Art. 2–4 regeln verschiedene Aspekte der Freizügigkeit. Art. 3 regelt das **Verbot der Ausweisung eigener Staatsangehöriger** (Abs. 1) und das **Verbot, eigenen Staatsangehörigen die Einreise zu verweigern** (Abs. 2). Grundlage ist das völkerrechtliche Menschenrecht auf Aufenthalt im eigenen Staat, wie es auch in Art. 12 Abs. 4 IPBPR verankert ist. Das Freizügigkeitsrecht des Grundgesetzes (Art. 11 GG), auf das sich nur deutsche Staatsangehörige berufen können, beinhaltet neben der innerdeutschen Freizügigkeit (vgl. auch → Art. 2 Rn. 1 f.) als wesentlichen Kern diese beiden Rechte. 1

B. Sachlicher Anwendungsbereich und Eingriffe

Art. 3 Abs. 1 schützt die eigenen Staatsangehörigen vor der **Ausweisung,** also dem autonomen Gebot eines Staates, sein Hoheitsgebiet zu verlassen. Ebenso schützt die Bestimmung vor Zwangsmaßnahmen zur Durchsetzung eines solchen 2

4. EMRKProt Art. 4

Gebots. Die Bestimmung **gewährt eigenen Staatsangehörigen keinen Schutz vor Auslieferungen** an dritte Staaten zum Zwecke der Strafverfolgung oder -vollstreckung. Insoweit bietet die Konvention weniger Schutz als Art. 16 Abs. 2 GG. Danach können deutsche Staatsangehörige nur an Mitgliedstaaten der Europäischen Union oder an einen internationalen Gerichtshof ausgeliefert werden, soweit rechtsstaatliche Grundsätze gewahrt sind (*Meyer-Ladewig/Harrendorf/König* in HK-EMRK 4. EMRKProt Art. 3 Rn. 4).

3   Der Begriff der Staatsangehörigkeit bestimmt sich – jedenfalls regelmäßig – allein nach dem Recht des jeweiligen Konventionsstaats. „Regelmäßig" deshalb, weil der Gerichtshof angedeutet hat, dass bei einem willkürlichen Vorenthalten der Staatsangehörigkeit die Anwendung von Art. 3 nicht ausgeschlossen sein soll (vgl. EGMR 16.6.2005 – 60654/00 Rn. 100, EuGRZ 2006, 554 – Sisojeva I). Ebenso dürfte der willkürliche Entzug der Staatsangehörigkeit mit dem Ziel der Ausweisung des Betroffenen bereits einen Eingriff in das Ausweisungsverbot darstellen (vgl. *Grabenwarter/Pabel* EMRK § 21 Rn. 69). Nach Art. 16 Abs. 1 S. 1 GG darf die deutsche Staatsangehörigkeit nicht entzogen werden.

4   Darüber hinaus wird in Art. 3 Abs. 2 das **Recht zur Einreise bzw. auf Rückkehr** in das Land der eigenen Staatsangehörigkeit gewährleistet. **Bloße Erschwernisse** bei der Wiedereinreise, wie etwa durch verschärfte Personenkontrollen oder längere Befragungen, **fallen nicht in den Schutzbereich,** solange mit ihnen das Recht auf Wiedereinreise nicht faktisch entzogen wird.

C. Rechtfertigung

5   Das **Verbot** der Ausweisung eigener Staatsangehöriger **gilt absolut,** die Garantie ist nicht beschränkbar. Gleiches gilt für das Recht zur Einreise bzw. auf Rückkehr. Nach den obigen Ausführungen (→ Rn. 4) fallen Erschwernisse bereits nicht in den Schutzbereich der Garantie. Soweit teilweise vertreten wird, dass das Verbot der Wiedereinreise für bereits ausgelieferte Straftäter, die sich im Ausland der Strafvollstreckung entziehen und für Militärangehörige, die im Ausland ihren Dienst zu leisten haben, gerechtfertigt sein könnte (siehe die Beispiele bei *Grabenwarter/Pabel* EMRK § 21 Rn. 73), vermag das nicht zu überzeugen. Es gibt keinen Grund, diesen eigenen Staatsangehörigen an der Grenze die Einreise zu verweigern. Die Konsequenzen ihres Handelns müssen dann im Inland gezogen werden.

Art. 4 4. EMRKProt Verbot der Kollektivausweisung ausländischer Personen

Kollektivausweisungen ausländischer Personen sind nicht zulässig.

Collective expulsion of aliens is prohibited.

Les expulsions collectives d'étrangers sont interdites.

Literatur: *Doehring,* Die Rechtsnatur der Massenausweisung unter besonderer Berücksichtigung der indirekten Ausweisung, ZaöRV 1985, 372; *Den Heijer,* Reflections on Refoulement and Collective Expulsion in the Hirsi Case, IJRL 2013, 265; *Lübbe,* Unklares zu pushbacks an den Außengrenzen – Anmerkung zum Urteil des EGMR (Große Kammer) v. 13.2.2020, Nrn. 8675/15 und 8697/15 (N.D. und N.T.), EuR 2020, 450.

Verbot der Kollektivausweisung ausländ. Personen **Art. 4 4. EMRKProt**

A. Bedeutung im innerstaatlichen Recht

Die Bundesrepublik Deutschland hat, wie insgesamt 43 Mitgliedstaaten des Europarats, das 4. EMRKProt ratifiziert (Stand: August 2021, aktueller Stand abrufbar auf der Internetseite des Europarates, s. unter ETS Nr. 46), so dass sie daran völkervertragsrechtlich gebunden ist. Mit dem Verbot der Massenausweisung in Art. 4 sollten nach dem Willen der Vertragsstaaten Vertreibungen von Bevölkerungsgruppen, wie sie nach Beendigung des Zweiten Weltkriegs vorgenommen worden sind, zukünftig verhindert werden. Eine vergleichbare Regelung („Kollektivausweisungen sind nicht zulässig") findet sich in Art. 19 Abs. 1 GRCh. Im deutschen Aufenthalts- oder Flüchtlingsrecht findet sich eine entsprechende Bestimmung nicht. Allerdings gibt es dort keine Ermächtigungsgrundlage, die eine Aufenthaltsbeendigung anknüpfend an eine Gruppenzugehörigkeit erlaubte. Kollektivausweisungen sind überdies mit dem Rechtsstaatsprinzip und wohl auch der Menschenwürde nicht zu vereinbaren, degradieren sie die Betroffenen doch allein zum Objekt staatlichen Handelns. 1

B. Sachlicher Anwendungsbereich

Der autonom konventionsrechtliche Begriff der Ausweisung ist weiter als der nationale Begriff, wie ihn das AufenthG verwendet (vgl. §§ 53 ff. AufenthG und → Art. 3 Rn. 2 und → 7. EMRKProt Art. 1 Rn. 2). Das Verbot der Kollektivausweisung in Art. 4 schützt den Einzelnen vor allen Maßnahmen, mit denen er **als Mitglied einer ganzen Gruppe von Ausländern zum Verlassen des Landes gezwungen** werden soll, **ohne dass eine angemessene und individuelle Prüfung seines Einzelfalls stattgefunden hätte** (EGMR 20. 9. 2007 – 45223/05 Rn. 81 – Sultani; EGMR 5. 2. 2002 – 51564/99 Rn. 59 – Čonka). Letztlich verpflichtet die Bestimmung die Mitgliedstaaten dazu, bei jedweder Ausweisung eine angemessene und objektive Prüfung des Einzelfalls vorzunehmen (EGMR 13. 2. 2020 (GK) – 8675/15 Rn. 193, 195, NVwZ 2020, 697 (701 f.) = BeckRS 2020, 1169 – N.D. und N.T.). Auf die Einzelfallprüfung kann auch bei einem großen Zustrom von Personen nicht verzichtet werden (*Letsche/Rössler* in BeckOK MigR EMRK Art. 3 Rn. 74 mwN). Die Pflicht zur Einzelfallprüfung besteht auch dann, wenn ein Mitgliedstaat des Dublin-Regimes einen anderen Mitgliedstaat des Dublin-Regimes nach den einschlägigen Regelungen für zuständig hält, mögliche Asylanträge ankommender Geflüchteter materiell zu prüfen (EGMR 21. 10. 2014 – 16643/09 Rn. 223, NLMR 2014, 433 (438) – Sharifi). Eine persönliche Anhörung ist nach Art. 4 hingegen nicht zwingend (EGMR 15. 12. 2016 – 16483/12 Rn. 248, NLMR 2016, 511 ff. – Khlaifia ua). Für die Eröffnung des Anwendungsbereichs des Kollektivausweisungsverbots ist es – anders als für die in Art. 1 7. EMRKProt verbürgten Mindestgarantien des Ausweisungsverfahrens – **nicht relevant, ob der Aufenthalt der betroffenen Ausländer rechtmäßig war oder nicht** (EGMR 3. 7. 2014 (GK) – 13255/07 Rn. 168, NVwZ 2015, 569 (573) – Georgien/Russland). Nicht erforderlich für die Einschlägigkeit der Garantie ist es, dass sich die Maßnahme gegen nahezu sämtliche Angehörige eines bestimmten Staates richtet (insoweit irreführend: BVerwG 8. 8. 1985 – 1 B 43.85, InfAuslR 1986, 1). 2

Darüber hinaus werden auch über den Wortlaut der Vorschrift hinaus **Staatenlose geschützt** (EGMR 3. 7. 2014 (GK) – 13255/07 Rn. 168, NVwZ 2015, 569 3

(573) – Georgien/Russland). Der Anwendungsbereich des Art. 4 kann auch **bei Maßnahmen außerhalb des Hoheitsgebiets** der Mitgliedstaaten anwendbar sein, etwa bei einer **Zurückdrängung von Flüchtlingen auf hoher See**. Migranten daran zu hindern, die Grenzen des Staates zu erreichen, um sie nach einem anderen Staat zurückzuführen (sog. **„pushback"**), ist Ausübung der Hoheitsgewalt der Behörden im Sinne von Art. 1 EMRK. Sie hat die Verantwortlichkeit des Staates nach Art. 4 zur Folge (EGMR 23.2.2012 – 27765/09 Rn. 171–182, NVwZ 2012, 809 (815ff.) – Hirsi Jamaa). Dabei ist stets zu beachten, dass nicht alle Vertragsstaaten der EMRK das 4. EMRKProt ratifiziert haben, darunter weder Griechenland noch die Türkei oder das Vereinigte Königreich (Stand: August 2021, aktueller Stand abrufbar auf der Internetseite des Europarates, s. unter ETS Nr. 46). Das Verbot der Kollektivausweisung ist dem Grunde nach auch dann einschlägig, wenn die betroffenen **Personen an der Landesgrenze** erscheinen und von dort in das Nachbarland zurückgeschickt werden (EGMR 23.7.2020 – 40503/17 Rn. 204, NLMR 2020, 260 (265) = BeckRS 2020, 16815 – M.K.) oder auch wenn sie **die Grenzzäune** erreichen, von diesen entfernt und durch die Grenzpolizei zwangsweise zurückgeführt werden (EGMR 13.2.2020 (GK) – 8675/15 Rn. 189f., NVwZ 2020, 697 (701f.) = BeckRS 2020, 1169 – N.D. und N.T.). Eine **Ausnahme vom Anwendungsbereich** des Kollektivausweisungsverbots hat der EGMR indes angenommen, wenn Betroffene als Mitglieder einer Gruppe die Möglichkeit der legalen Einreise an den offiziellen Grenzübergängen nicht nutzen und stattdessen die Landesgrenzen illegal überqueren, dabei ihre große Zahl ausnutzen und Gewalt anwenden, und dadurch eine schwer zu kontrollierende Situation schaffen, die die öffentliche Sicherheit gefährdet (EGMR 13.2.2020 (GK) – 8675/15 Rn. 200ff., 231, NVwZ 2020, 697 (703f.) = BeckRS 2020, 1169 – N.D. und N.T.). Diese Ausnahme hat der EGMR freilich nicht auf das refoulement-Verbot (→ EMRK Art. 3 Rn. 24) erstreckt (*Lübbe* EuR 2020, 450 (457)).

C. Eingriff und Rechtfertigung

4   Das Kollektivausweisungsverbot ist verletzt, wenn **Ausländer als Mitglieder einer ganzen Gruppe ausgewiesen werden** und der Ausweisung **keine individuelle Prüfung jedes Einzelfalles** vorausgegangen ist. Ob eine solche Prüfung stattgefunden hat, untersucht der Gerichtshof auch unter **Berücksichtigung der Gesamtumstände der (geplanten) Aufenthaltsbeendigung,** wozu auch das im Zeitpunkt der Ausweisung vorherrschende allgemeine Umfeld zählt (EGMR 3.7.2014 (GK) – 13255/07 Rn. 171, NVwZ 2015, 569 (573) – Georgien/Russland). So können die vorhergehende Ankündigung der Behörden, den Aufenthalt einer bestimmten Gruppe von Ausländern beenden zu wollen, ein zeitgleiches Vorgehen gegen eine Vielzahl von Gruppenmitgliedern, der identische Wortlaut von Bescheiden und die bewusste Erschwerung von Rechtsschutz, etwa durch die Verhinderung der Kontaktaufnahme zu Rechtsanwälten durch die Gruppenmitglieder, erhebliche Indizien für einen Verstoß gegen das Ausweisungsverbot darstellen (EGMR 5.2.2002 – 51564/99 Rn. 62 – Conka). Auch wenn **formal eine gerichtliche Ausweisungsentscheidung** in Bezug auf eine einzelne Person ergeht, kann eine verbotene Kollektivausweisung vorliegen, wenn die Art und Weise des Zustandekommens der Ausweisung eine nationale Verwaltungspraxis gegenüber einer bestimmten Gruppe offenbart (EGMR 20.12.2016 – 19356/07 Rn. 70 –

Shioshvili, betreffend eine georgische Beschwerdeführerin, die von einem russischen Gericht ausgewiesen wurde; EGMR 3.7.2014 (GK) – 13255/07 Rn. 175, NVwZ 2015, 569 (573) – Georgien/Russland). Werden Flüchtlinge sofort nach ihrer Ankunft mit dem Boot im Hafen wieder zurückgeschickt, ohne dass die Behörden ihre **Identität festgestellt** haben und sie in einer für sie **verständlichen Sprache** informiert haben, ist gleichfalls von einer verbotenen Kollektivausweisung auszugehen (EGMR 23.2.2012 – 27765/09 Rn. 185, NVwZ 2012, 809 (816) – Hirsi Jamaa; EGMR 21.10.2014 – 16643/09 Rn. 217, NLMR 2014, 433 (437) – Sharifi). Solange jedoch aus den **Gesamtumständen** ersichtlich bleibt, dass eine Einzelfallprüfung stattgefunden hat, sind **formelhafte und identische Ausweisungsbescheide gegenüber einer Vielzahl von Personen** auch im Lichte von Art. 4 nicht zu beanstanden (vgl. EGMR 24.3.2020 – 24917/15 Rn. 60, NLMR 2020, 129 (131) = BeckRS 2020, 16815 – Asady ua; EGMR 23.7.2013 – 41872/10 Rn. 254, BeckRS 2013, 202706 – M.A.). Daher ist auch eine Rückführung von Ausländern mit nach Nationalitäten eingeteilten **„Gruppenflügen"** nach Ergehen gleichlautender Verfügungen regelmäßig dann kein Verstoß gegen das Verbot aus Art. 4, wenn im Verwaltungsverfahren der Einzelne mit seinen individuellen Argumenten Gehör finden konnte (vgl. EGMR 20.9.2007 – 45223/05 Rn. 81 – Sultani).

Neben der Aufenthaltsbeendigung durch Abschiebung ist ein Eingriff auch 5 durch die massenhafte, nicht individuell überprüfte und begründete Ablehnung der Verlängerung von Aufenthaltstiteln denkbar (vgl. *Grabenwarter/Pabel* EMRK § 21 Rn. 74 mwN).

Das Verbot der Kollektivausweisung soll hingegen **nicht verletzt** sein, wenn es 6 dem **eigenen Verhalten des Betroffenen** zugerechnet werden kann, dass eine individuelle Entscheidung über die Ausweisung nicht ergangen ist. Der EGMR hat dies angenommen, wenn die Betroffenen nicht mit dem Konventionsstaat zusammenarbeiten, etwa indem sie trotz gegebener Möglichkeiten und ausreichender Zeit ihr Anliegen nicht vortragen (EGMR 15.12.2016 – 16483/12 Rn. 240 ff., NLMR 2016, 511 ff. – Khlaifia ua) oder die nötigen Angaben zur Person unterlassen (EGMR 1.2.2011 – 2344/02 Rn. 7 – Dritsas). Kein Fall der Kollektivausweisung stellt auch die in einer Entscheidung verfügte Ausweisung von Eheleuten dar, die ihren Asylantrag zusammen gestellt haben und ihr weiterer Vortrag vollständig gemeinsam erfolgte (EGMR 16.6.2005 – 18670/03 – Berisha und Haljiti).

Die Garantie des Art. 4 gilt unbeschränkt. Eine **Kollektivausweisung ist nicht** 7 **zu rechtfertigen.** Mit dem Vorliegen eines Eingriffs geht die Feststellung der Rechtsverletzung einher. Einschränkungsmöglichkeiten ergeben sich erst aufgrund einer Erklärung nach der Notstands- bzw. Derogationsklausel des Art. 15 EMRK.

Art. 1 7. EMRKProt Verfahrensrechtliche Schutzvorschriften in Bezug auf die Ausweisung von Ausländern

(1) Eine ausländische Person, die sich rechtmäßig im Hoheitsgebiet eines Staates aufhält, darf aus diesem nur aufgrund einer rechtmäßig ergangenen Entscheidung ausgewiesen werden; ihr muss gestattet werden,
a) Gründe vorzubringen, die gegen ihre Ausweisung sprechen,
b) ihren Fall prüfen zu lassen und
c) sich zu diesem Zweck vor der zuständigen Behörde oder einer oder mehreren von dieser Behörde bestimmten Personen vertreten zu lassen.

7. EMRKProt Art. 1

(2) **Eine ausländische Person kann ausgewiesen werden, bevor sie ihre Rechte nach Absatz 1 Buchstaben a, b und c ausgeübt hat, wenn eine solche Ausweisung im Interesse der öffentlichen Ordnung erforderlich ist oder aus Gründen der nationalen Sicherheit erfolgt.**

(1) An alien lawfully resident in the territory of a State shall not be expelled therefrom except in pursuance of a decision reached in accordance with law and shall be allowed:
a. to submit reasons against his expulsion,
b. to have his case reviewed, and
c. to be represented for these purposes before the competent authority or a person or persons designated by that authority.

(2) An alien may be expelled before the exercise of his rights under paragraph 1. a, b and c of this Article, when such expulsion is necessary in the interests of public order or is grounded on reasons of national security.

(1) Un étranger résidant régulièrement sur le territoire d'un Etat ne peut en être expulsé qu'en exécution d'une décision prise conformément à la loi et doit pouvoir:
a. faire valoir les raisons qui militent contre son expulsion,
b. faire examiner son cas, et
c. se faire représenter à ces fins devant l'autorité compétente ou une ou plusieurs personnes désignées par cette autorité.

(2) Un étranger peut être expulsé avant l'exercice des droits énumérés au paragraphe 1.a, b et c de cet article lorsque cette expulsion est nécessaire dans l'intérêt de l'ordre public ou est basée sur des motifs de sécurité nationale.

A. Bedeutung im innerstaatlichen Recht

1   Der Vorschrift kommt im deutschen Recht **derzeit keine Bedeutung** zu, da die Bundesrepublik Deutschland das 7. EMRKProt zwar am 19. März 1985 unterzeichnet, jedoch bislang **nicht ratifiziert** hat. Letztmals wurde im Bericht der Bundesregierung über die Tätigkeit des Europarats im Zeitraum vom 1.7.2009 bis 31.12.2009 vom 21.4.2010 (BT-Drs. 17/1496) erwähnt, dass die Bundesregierung die Ratifikation weiterhin prüfe. Seitdem findet sich dieser Hinweis in den jährlichen Berichten nicht mehr. Derzeit gilt das 7. EMRKProt in 44 Mitgliedstaaten des Europarates (Stand: August 2021, aktueller Stand abrufbar auf der Internetseite des Europarates, s. unter ETS Nr. 117). Inhaltlich entspricht die Vorschrift Art. 13 IPBPR.

B. Sachlicher Anwendungsbereich

2   Art. 1 enthält **Gewährleistungen für das Verfahren** der Ausweisung. Dabei handelt es sich um Mindestgarantien. Der autonom konventionsrechtliche Begriff der Ausweisung ist weiter als der nationale Begriff, wie ihn das AufenthG verwendet (vgl. §§ 53 ff. AufenthG) und erfasst – mit Ausnahme der Auslieferung – alle Maßnahmen des Staates des bisherigen Aufenthalts, die den Ausländer zum Verlassen des Landes zwingen; das kann auch das Verbot der Wiedereinreise sein (EGMR 12.2.2009 – 2512/04 Rn. 112 – Nolan und K.; vgl. Explanatory Report, ETS

Verfahrensrechtliche Schutzvorschriften **Art. 1 7. EMRKProt**

Nr. 117 Rn. 10; *Meyer-Ladewig/Harrendorf/König* in HK-EMRK 7. EMRKProt Art. 1 Rn. 3). Die Konvention **schützt hingegen nicht vor der Ausweisung selbst**. Denn die EMRK und ihre Zusatzprotokolle erkennen an, dass nach allgemeinem Völkerrecht jeder Staat – vorbehaltlich eingegangener vertraglicher Verpflichtungen – kraft seiner Souveränität die Einreise, den Aufenthalt und damit zusammenhängend die Ausweisung von Ausländern selbst kontrolliert. Insbesondere vermittelt die EMRK kein Recht eines Ausländers auf Einreise oder auf Aufenthalt (EGMR (GK) 21.11.2019 – 47287/15 Rn. 125 mwN, NVwZ 2020, 937 (939) = BeckRS 2019, 36891 – Ilias und Ahmed). Unter der Geltung des GG ergeben sich dem Art. 1 entsprechende verfahrensrechtliche Mindestgarantien aus dem Rechtsstaatsprinzip (*Zimmermann/Elberling* in Dörr/Grothe/Marauhn Kap. 27 Rn. 164).

Anwendungsvoraussetzung von Art. 1 ist, dass sich die Person im Mitgliedstaat **3** rechtmäßig aufhält. Das ist nicht der Fall bei einer Abweisung an der Grenze (vgl. Explanatory Report, ETS Nr. 117 Rn. 9). Der **Begriff des Aufenthalts** („Eine ausländische Person, die (…) sich aufhält (…)") lässt sich nicht auf die bloße körperliche Anwesenheit im Hoheitsgebiet des Staates reduzieren. Vielmehr muss der Aufenthalt von einiger Festigkeit und Dauer sein („An alien, (…) resident"; „Un étranger résidant"), es müssen hinreichende und stetige Verbindungen zu dem Aufnahmestaat bestehen. Eine vorübergehende Abwesenheit vom Hoheitsgebiet steht einem Aufenthalt im Sinne der Vorschrift jedenfalls dann nicht entgegen, wenn der Ausländer an keinem anderen Ort seinen – dauerhaften – Aufenthalt begründet hat (EGMR 12.2.2009 – 2512/04 Rn. 110 – Nolan und K.). Der Ausländer muss sich mit anderen Worten im Mitgliedstaat niedergelassen haben. Ein Aufenthalt zu touristischen oder Besuchszwecken wird nicht geschützt.

Die **Rechtmäßigkeit** des Aufenthalts beurteilt sich **nach den jeweiligen na- 4 tionalen Vorschriften** (EGMR 3.7.2014 (GK) – 13255/07 Rn. 228 ff., NVwZ 2015, 569 (575) = BeckRS 2015, 80283 – Georgien/Russland). Wer von Anfang an nicht über die erforderliche Aufenthaltsgenehmigung – für den längerfristigen Aufenthalt – verfügt, unterfällt ebenso wenig dem Schutz der Vorschrift wie derjenige, dessen befristetes Aufenthaltsrecht abgelaufen ist oder der sich außerhalb der (räumlichen) Grenzen seiner Aufenthaltsgenehmigung bewegt (*Grabenwarter/Pabel* EMRK § 24 Rn. 179). Die **Aufhebung der Aufenthaltsgenehmigung** führt nicht zwangsläufig zur Unrechtmäßigkeit des Aufenthalts. Jedenfalls führt sie – wenn sie nicht rückwirkend erfolgt – nicht dazu, dass die Rechtmäßigkeit des vorangegangenen Aufenthalts entfällt. Kommt es in solchen Fällen zeitnah zur Aufenthaltsbeendigung, kann sich der Betroffene auf Art. 1 berufen (vgl. EGMR 12.2.2009 – 2512/04 Rn. 111 – Nolan und K.). Für die Dauer der **aufschiebenden Wirkung** eines Rechtsbehelfs gegen die Aufhebung einer Aufenthaltsgenehmigung ist der Aufenthalt – insoweit wohl unabhängig von nationalen Wertungen wie etwa § 84 Abs. 2 AufenthG – als rechtmäßig im Sinne der Konvention anzusehen (EGMR 5.10.2006 – 14139/03 Rn. 78 – Bolat).

C. Die einzelnen Verfahrensgarantien

Die Ausweisung darf nur aufgrund einer **rechtmäßig ergangenen Entschei- 5 dung** erfolgen. Die Rechtmäßigkeit richtet sich nach den innerstaatlichen materiell-rechtlichen und verfahrensrechtlichen Vorschriften. Art. 1 gibt vor, dass **im innerstaatlichen Recht eine rechtliche Grundlage für die Ausweisung** be-

von Oettingen

7. EMRKProt Art. 1 — Rechte und Freiheiten der Zusatzprotokolle

stehen muss (EGMR 5.11.2020 – 42730/11 Rn. 43ff. mwN – Sheveli und Shengelaya). Außerdem stellt das Konventionsrecht Anforderungen an die **Qualität der herangezogenen Rechtsgrundlage:** Diese muss ihrerseits zugänglich und vorhersehbar sein und auch ein gewisses Maß an Schutz gegen willkürliche Eingriffe der Behörden in die Konventionsrechte gewährleisten (EGMR (GK) 15.10.2020 – 80982/12 Rn. 118 mwN, NLMR 2020, 375 (376) – Muhammad und Muhammad; EGMR 17.5.2018 – 19017/16 Rn. 33, NLMR 2018, 280 (281) – Ljatifi; EGMR 2.9.2010 – 1537/08 Rn. 26, 48 – Kaushal; EGMR 8.6.2006 – 10337/04 Rn. 55f. – Lupsa). Dabei sind die **gleichen Maßstäbe wie bei der Prüfung von Art. 8 Abs. 2 EMRK** („gesetzlich vorgesehener Eingriff" → EMRK Art. 8 Rn. 90ff.) anzulegen. Dem Gerichtshof kommt hinsichtlich der Rechtmäßigkeit der Entscheidung nach nationalem Recht nur eine **Willkürkontrolle** zu. Eine genauere Inhaltskontrolle der Entscheidung obliegt ihm nicht (vgl. *Grabenwarter/Pabel* EMRK § 24 Rn. 180).

6   Über die Rechtmäßigkeit der Entscheidung hinaus muss es dem Betroffenen gestattet sein, die **Gründe vorzubringen, die gegen seine Ausweisung sprechen.** Den Mitgliedstaaten bleibt die Ausgestaltung des Verfahrens aber überlassen. Ein Recht auf eine mündliche Anhörung ist damit nicht eingeräumt (*Frowein* in Frowein/Peukert 7. EMRKProt Art. 1 Rn. 5). Gleiches gilt für das Recht des Ausländers, seinen Fall prüfen zu lassen. Der Vorschrift ist kein Recht auf eine zweite (gerichtliche oder behördliche) Instanz zu entnehmen. Jedoch setzt ein Prüfenlassen mindestens eine (erneute) Anhörung zur beabsichtigten Entscheidung voraus, auf die der Betroffene noch einmal mit – dann zu prüfenden – Einwänden reagieren kann. Ohne eine rechtzeitige Information über die Gründe der beabsichtigten Aufenthaltsbeendigung ist das Recht auf Überprüfung nicht effektiv (vgl. EGMR 8.6.2006 – 10337/04 Rn. 59f. – Lupsa). Den Betroffenen ist grundsätzlich **Zugang zum Inhalt der entsprechenden Dokumente zu gewähren** und mitzuteilen, worauf die Behörde ihre Entscheidung gestützt hat. Auch wenn eine Ausweisung auf Gründen der nationalen Sicherheit beruht, muss es dem Einzelnen möglich sein, **die Entscheidung in einem kontradiktorischen Verfahren vor einer unabhängigen Behörde oder einem Gericht überprüfen zu lassen** und die einschlägigen Beweise zu bewerten, wenn nötig unter angemessener verfahrensrechtlicher Einschränkungen hinsichtlich der Verwendung von klassifiziertem Material (EGMR (GK) 15.10.2020 – 80982/12 Rn. 129ff., NLMR 2020, 375 (377) – Muhammad und Muhammad; EGMR 17.5.2018 – 19017/16 Rn. 35, NLMR 2018, 280 (281) – Ljatifi). Der Zugang zu diesen Informationen kann ohne eine Verletzung der Verfahrensgarantie verwehrt werden, wenn **Sicherheitsgründe** dies erfordern. Die entsprechende Prüfung obliegt den nationalen Behörden. Dann müssen allerdings **zum Schutz des Kerns der Verfahrensrechte Ausgleichsmaßnahmen** („counterbalancing measures") vorgesehen werden (EGMR (GK) 15.10.2020 – 80982/12 Rn. 133ff., NLMR 2020, 375 (377f.) – Muhammad und Muhammad).

7   Schließlich garantiert Art. 1 Abs. 1 das Recht, sich für die Überprüfung des Falls **vor der zuständigen Behörde vertreten zu lassen.** Eine Einschränkung des Kreises der Vertretungsbefugten durch das nationale Recht ist aber zulässig.

D. Beschränkungen der Rechte

Von den Verfahrensgarantien (lit. a–c) kann vor dem Vollzug der Ausweisung nur 8 abgesehen werden, wenn die (sofortige) Ausweisung im **Interesse der öffentlichen Ordnung erforderlich ist oder sie aus Gründen der nationalen Sicherheit erfolgt.** Die Bestimmung betrifft nur Situationen, in denen die betreffende Person bereits abgeschoben wurde (EGMR 17.5.2018 – 19017/16 Rn. 41, NLMR 2018, 280 (282) – Ljatifi). Dabei ist jeweils der Grundsatz der Verhältnismäßigkeit zu beachten (*Grabenwarter/Pabel* EMRK § 24 Rn. 182). Die sofortige Vollziehung muss in der Praxis des Mitgliedstaats die Ausnahme darstellen (vgl. EGMR 24.4.2008 – 1365/07 Rn. 78, BeckRS 2009, 70928 – C.G.). Das Vorliegen der Voraussetzungen muss hinreichend genau untersucht und darf nicht bloß floskelhaft belegt werden (vgl. EGMR 17.1.2012 – 2853/09 Rn. 61 ff. – Takush). Mit dem gerechtfertigten Sofortvollzug geht der Betroffene seiner Rechte jedoch nicht verlustig. Sie müssen ihm dann nachträglich aus dem Ausland eingeräumt werden. Eine Abweichung vom Erfordernis der Rechtmäßigkeit der Ausweisung ist in Abs. 2 nicht vorgesehen und auch sonst nicht zulässig (Explanatory Report, ETS Nr. 117 Rn. 11).

Art. 2 7. EMRKProt Rechtsmittel in Strafsachen

(1) **Wer von einem Gericht wegen einer Straftat verurteilt worden ist, hat das Recht, das Urteil von einem übergeordneten Gericht nachprüfen zu lassen. Die Ausübung dieses Rechts und die Gründe, aus denen es ausgeübt werden kann, richten sich nach dem Gesetz.**

(2) **Ausnahmen von diesem Recht sind für Straftaten geringfügiger Art, wie sie durch Gesetz näher bestimmt sind, oder in Fällen möglich, in denen das Verfahren gegen eine Person in erster Instanz vor dem obersten Gericht stattgefunden hat oder in denen eine Person nach einem gegen ihren Freispruch eingelegten Rechtsmittel verurteilt worden ist.**

(1) Everyone convicted of a criminal offence by a tribunal shall have the right to have his conviction or sentence reviewed by a higher tribunal. The exercise of this right, including the grounds on which it may be exercised, shall be governed by law.

(2) This right may be subject to exceptions in regard to offences of a minor character, as prescribed by law, or in cases in which the person concerned was tried in the first instance by the highest tribunal or was convicted following an appeal against acquittal.

(1) Toute personne déclarée coupable d'une infraction pénale par un tribunal a le droit de faire examiner par une juridiction supérieure la déclaration de culpabilité ou la condamnation. L'exercice de ce droit, y compris les motifs pour lesquels il peut être exercé, sont régis par la loi.

(2) Ce droit peut faire l'objet d'exceptions pour des infractions mineures telles qu'elles sont définies par la loi ou lorsque l'intéressé a été jugé en première instance par la plus haute juridiction ou a été déclaré coupable et condamné à la suite d'un recours contre son acquittement.

7. EMRKProt Art. 2 Rechte und Freiheiten der Zusatzprotokolle

Literatur: *Trechsel,* Das verflixte Siebente?, Bemerkungen zum 7. Zusatzprotokoll zur EMRK, FS Ermacora, 1988, 195.

A. Allgemeines

1 Die Regelung, die sich nur auf **Strafverfahren** bezieht und Art. 14 Abs. 5 IPBPR gleicht, geht über Art. 6 EMRK hinaus, der lediglich ein Gericht, aber kein Rechtsmittel garantiert. Auch Art. 13 EMRK wird durch Art. 2 ergänzt, denn das Recht auf wirksame Beschwerde gewährleistet nicht die Entscheidung durch ein unabhängiges Strafgericht. Die Bundesrepublik hat das 7. EMRKProt zwar gezeichnet, aber bislang (Stand: 1.10.2021) nicht ratifiziert.

2 Die **Bedeutung der Vorschrift für das innerstaatliche Recht** wäre gering, weil das Rechtsschutzniveau im Hinblick auf Rechtsmittel in Strafsachen bereits Art. 2 entspricht. Wenn es auch als Widerspruch erscheinen mag, dass nach dem GVG für schwere Delikte nur zwei, für leichte aber drei Instanzen zur Verfügung stehen, hat doch auch der in erster Instanz durch das Landgericht oder das Oberlandesgericht Verurteilte in jedem Fall das Rechtsmittel der Revision zum Bundesgerichtshof.

B. Gewährleistungsgehalt

I. Verurteilung wegen einer Straftat

3 Art. 2 setzt voraus, dass der Betroffene wegen einer **Straftat** verurteilt worden ist. Dieser Begriff entspricht dem der strafbaren Handlung oder Unterlassung in Art. 7 EMRK (dort → Rn. 7 ff.) und dieser wiederum dem des Art. 6 EMRK (*Grabenwarter/Pabel* EMRK § 24 Rn. 170; *Trechsel* FS Ermacora, 1988, 185 (202)) mit den dort beschriebenen Randunschärfen. Art. 2 7. EMRKProt ist daher auch auf diejenigen **Disziplinar- und Verwaltungsverfahren** anwendbar, die in den Anwendungsbereich des Art. 6 EMRK fallen.

4 Ein Rechtsmittel wird nur gegen eine gerichtliche **Verurteilung** gewährleistet. Ein **Freispruch** aus Mangel an Beweisen oder wegen fehlenden Schuldnachweises fällt nicht unter Art. 2, ebenso wenig Wiederaufnahmeverfahren, da in ihnen keine Sachentscheidung getroffen wird (*Grabenwarter/Pabel* EMRK § 24 Rn. 170).

5 Ob eine gerichtliche Entscheidung vorliegt, grenzt der EGMR bei Art. 2 wie bei Art. 6 EMRK nach der Schwere der Sanktion ab (EGMR 31.8.1999 – 34311/96 – Hübner; EGMR 12.5.2010 – 32435/06 Rn. 28 – Kammerer). Ein Verfahren, das nicht als Strafsache nach Art. 6 EMRK zu qualifizieren ist, fällt auch nicht unter Art. 2 (EKMR 2.9.1993 – 17571/90 – Borelli). Die **Gerichtsqualität** iSd Abs. 1 kann mitunter zweifelhaft sein. Werden Sanktionen strafrechtlicher Art durch besondere Behörden ausgesprochen, hat der EGMR die Gerichtsqualität zT bejaht (EGMR 27.8.2002 – 58188/00, Slg. 2002-VII – Didier: Finanzmarktbehörde). Hat zunächst eine weisungsgebundene Verwaltungsbehörde über eine strafrechtliche Verurteilung entschieden, müssen danach noch zwei unabhängige Gerichtsinstanzen mit der Sache befasst werden können (EGMR 30.11.2006 – 75101/01 Rn. 83 ff. – Grecu; *Trechsel* FS Ermacora, 1988, 185 (202)). Ob ein Verfassungsgericht eine zweite Instanz iSd Art. 2 ist, hängt von den ihm zugewiesenen Kompetenzen ab (EGMR 30.6.2020 – 50514/13 Rn. 55 ff. – Saquetti Iglesias).

II. Rechtsmittel

Art. 2 gewährleistet ein Rechtsmittel gegen eine strafrechtliche Verurteilung, das 6
einen **Devolutiveffekt** hat, also die Entscheidung durch ein übergeordnetes, unabhängiges Gericht herbeiführt. Dabei kommt es nicht darauf an, ob die Entscheidung des Rechtsmittelgerichts kassatorisch oder reformatorisch wirkt. Eine beschränkte Überprüfung von Rechtsfragen, die nicht zu einer Aufhebung oder Änderung des Urteils führen kann, reicht aber nicht aus. Der Verzicht auf ein Rechtsmittel im Zusammenhang mit einer **Verständigung im Strafverfahren** ist keine willkürliche Einschränkung des Rechtsmittelrechts, wenn sich der Angeklagte infolge einer informierten Entscheidung des Rechts auf eine inhaltliche Überprüfung der Verurteilung begibt (EGMR 29.4.2014 – 9043/05 Rn. 96, BeckRS 2013, 202931 – Natsvlishvili und Togonidze; anders für den Ausschluss einer inhaltlichen Überprüfung bei Zustimmung zu einem abgekürzten Verfahren EGMR 25.7.2017 – 2728/16 Rn. 17ff., 30, BeckRS 2017, 161474 – Rostovtsev). Ein in einem **Abwesenheitsverfahren** trotz Anwesenheit seines verteidigungsbereiten Strafverteidigers verurteilter Angeklagter muss die Möglichkeit haben, das so ergangene Urteil überprüfen zu lassen (EGMR 13.2.2001 – 29731/96 Rn. 96ff., NJW 2001, 2387 – Krombach mAnm *Gundel* NJW 2001, 2380; s. hierzu auch EuGH 28.3.2000 – C-7/98 Rn. 35ff., NJW 2000, 1853; vgl. ferner EGMR 8.11.2012 – 30804/07 Rn. 45ff., StraFo 2012, 490ff. – Neziraj mAnm *Püschel* im Anschluss an BVerfG 27.12.2006 – 2 BvR 1872/03, StraFo 2007, 190 (192), zur Sondersituation des Ausbleibens des Angeklagten in der Berufungshauptverhandlung gem. § 329 StPO; zu innerstaatlichen Reaktionen auf die Entscheidung des EGMR s. OLG München 17.1.2013 – 4 StRR (A) 18/12, NStZ 2013, 358f.; OLG Celle 19.3.2013 – 32 Ss 29/13, NStZ 2013, 615f.).

Das **Verfahren vor dem Rechtsmittelgericht** muss im Wesentlichen den Ge- 7
währleistungen des Art. 6 EMRK entsprechen, wenn auch keine Gleichwertigkeit mit dem Standard dieser Vorschrift gefordert ist (*Grabenwarter/Pabel* EMRK § 24 Rn. 171). Art. 2 ist jedoch dann verletzt, wenn für das Rechtsmittelverfahren nicht geregelt ist, auf wessen Antrag es eingeleitet wird und wenn weder ein Verfahren noch Fristen vorgesehen sind (EGMR 6.9.2005 – 61406/00 Rn. 61 – Gurepka; EGMR 15.11.2007 – 26986/03 Rn. 126 – Galstyan; EGMR 30.10.2014 – 17888/12 Rn. 52 – Shvydka).

C. Beschränkungen des Rechts

Abgesehen von den genannten Mindestgewährleistungen kann das Recht auf 8
Überprüfung von Strafurteilen innerstaatlichen Beschränkungen unterliegen. Es handelt sich dabei um die **benannten Beschränkungen** des Abs. 2 sowie um den **Ausgestaltungsspielraum,** den Abs. 1 S. 2 dem innerstaatlichen Gesetzgeber belässt. Der Umfang der Beschränkungen lässt den Schluss zu, dass die für das Konventionsrecht neue Garantie von durchaus begrenzter Bedeutung ist (so auch *Frowein* in Frowein/Peukert 7. EMRKProt Art. 2 Rn. 4).

I. Benannte Beschränkungen

Art. 2 Abs. 2 benennt **drei Gruppen** von Fällen, in denen eine Überprüfung 9
überhaupt unterbleiben kann. Der innerstaatliche Gesetzgeber kann von einem Rechtsmittel absehen in Verfahren bei Verurteilung nach erstinstanzlichem Frei-

spruch, bei einem erstinstanzlichen Urteil eines obersten Gerichts sowie wegen geringfügiger Straftaten.

10   Die erste Alternative betrifft vor allem die Fälle, in denen die Anklagevertretung Rechtsmittel gegen einen **Freispruch** eingelegt hat. Mit Blick auf die innerstaatliche Gerichtsorganisation wird eine Beschränkung in dem Sinne zugelassen, dass die Tatsachenüberprüfung der den Freispruch korrigierenden zweiten Instanz keiner Überprüfung unterliegen muss. Diese Möglichkeit einer Beschränkung der Überprüfung von Strafurteilen ist nur schwer verständlich, wird der Angeklagte doch durch die Verurteilung – abgesehen von der Last des Verfahrens als solches, vgl. die Wertung des Art. 4 (→ Art. 4 Rn. 5, 7) – erstmals beschwert.

11   Der deutsche Gesetzgeber hat in der **StPO** keine entsprechende Regelung getroffen. Weil der Bundesgerichtshof eine freisprechende Entscheidung des Landgerichts zwar wegen eines Rechtsfehlers aufheben, den Angeklagten aber in aller Regel nicht selbst verurteilen kann, steht ihm gegen eine daraufhin ergehende verurteilende Entscheidung erneut das Rechtsmittel der Revision zu. Gegen verurteilende Entscheidungen des Landgerichts als Berufungsinstanz nach Freispruch durch das Amtsgericht hat der Angeklagte das Rechtsmittel der Revision.

12   Die zweite Alternative betrifft Verfahren in erster Instanz vor einem obersten Gericht. Hierzu zählt der erläuternde Bericht **Verfahren gegen hochgestellte Amtsträger,** etwa Minister oder Richter, und hebt hervor, dass das oberste Gericht auch aufgrund der „Natur" der in Rede stehenden Tat zuständig sein kann (Explanatory Report HRLJ 5 (1985), 85). Das GVG kennt solche Zuständigkeitsregelungen für das reguläre Strafverfahren nicht; auch in Staatsschutzsachen unterliegen Urteile der Oberlandesgerichte aus gutem rechtsstaatlichem Grund einer revisionsrechtlichen Prüfung durch den BGH (§§ 120, 135 GVG). Ein Verfahren der genannten Art ist aber zB die bislang nicht praktisch gewordene **Präsidentenanklage** nach Art. 61 GG vor dem BVerfG.

13   Schließlich kann auf ein Rechtsmittel in Verfahren wegen **geringfügiger Straftaten** verzichtet werden. Ob es sich um geringfügige Straftaten handelt, hängt nicht vom konkreten Einzelfall, sondern von der gesetzlichen Strafandrohung ab. Ein wichtiges, aber angesichts der teilweise stark abweichenden Strafrahmen in den einzelnen Konventionsstaaten schwer zu handhabendes Kriterium ist die Androhung von Freiheitsstrafe (Explanatory Report HRLJ 6 (1985), 85; EGMR 30.11.2006 – 75101/01 Rn. 82 (Strafrahmen von 6 Mo. bis 5 J.) – Grecu). Bei Delikten, die sowohl mit Geld- als auch mit Freiheitsstrafe bedroht sind, wird die im Einzelfall in Betracht kommende Freiheitsstrafandrohung in Betracht zu ziehen sein (*Grabenwarter/Pabel* EMRK § 24 Rn. 173). Eine Ordnungsstrafe wegen Ungebühr vor Gericht kann geringfügig sein (EGMR 22.2.1996 – 18892/91 Rn. 37 – Putz). Dasselbe kann für Bestrafungen wegen Übertretungen oder Ordnungswidrigkeiten gelten.

14   Das **deutsche Recht** kennt in Fällen geringfügiger Bestrafung keinen Verzicht auf das Rechtsmittel der Berufung, sondern nur die zusätzliche Voraussetzung der Annahme der Berufung (§ 313 Abs. 1 StPO). Gleiches gilt für die Rechtsbeschwerde (§ 80 OWiG).

II. Ausgestaltung durch den innerstaatlichen Gesetzgeber

15   Die nähere **Ausgestaltung** des Rechtsmittels bleibt nach Abs. 1 S. 2 dem innerstaatlichen Gesetz überlassen. Der Gesetzgeber des Konventionsstaats hat insoweit einen weiten Regelungsspielraum für die Vorschriften über die zweite Instanz (Explanatory Report HRLJ 6 (1985), 85).

Das Rechtsmittel kann umfassend – wie zB die Berufung gegen Urteile der **16** Amtsgerichte in Deutschland – oder auf den Schuldspruch oder die Strafzumessung beschränkt sein. Das innerstaatliche Recht kann – wie etwa in der Revision gegen erstinstanzliche Urteile der Landgerichte und Oberlandesgerichte in Deutschland – das Rechtsmittel aber auch auf eine **Rechtsprüfung** beschränken (EGMR 18.1.2000 – 27618/95, Slg. 2000-I (Auszüge) – Pesti ua; EGMR 18.9.2008 – 28034/04 Rn. 37 – Müller (Nr. 2); EGMR 1.9.2015 – 23486/12 Rn. 12ff., BeckRS 2015, 130168 – Dorado Baúlde) oder die Gründe bestimmen, aus denen das Rechtsmittel eingelegt werden kann. Das überprüfende Gericht muss also nicht dieselben verfahrensrechtlichen Kompetenzen haben wie ein erstinstanzliches Gericht iSv Art. 6 EMRK. Auch wenn das innerstaatliche Recht Einzelheiten bestimmen und etwa Formen und Fristen vorgeben kann, darf es doch die Effektivität der Überprüfung nicht verhindern und das Rechtsmittel nicht in seinem Wesensgehalt antasten. Der EGMR prüft zudem, ob die innerstaatliche Beschränkung ein legitimes Ziel verfolgt (EGMR 29.6.2000 – 32092/96 – Poulsen; EGMR 13.2.2001 – 29731/96 Rn. 96, NJW 2001, 2387 – Krombach; EGMR 6.9.2005 – 61406/00 Rn. 59 – Gurepka; EGMR 30.10.2014 – 17888/12 Rn. 49 – Shvydka; EGMR 4.6.2015 – 5425/11 Rn. 78, BeckRS 2015, 130672 – Ruslan Yakovenko).

Das Rechtsmittel muss dem Betroffenen unmittelbar zur Verfügung stehen, **17** nicht erst, nachdem er zB eine Freiheitsstrafe bereits verbüßt hat (EGMR 6.9.2005 – 61406/00 Rn. 60f. – Gurepka; EGMR 31.7.2007 – 65022/01 Rn. 54 – Zaicevs; EGMR 30.10.2014 – 17888/12 Rn. 51ff. – Shvydka; EGMR 9.11.2017 – 46005/11 Rn. 37ff. – Firat; EGMR 10.4.2018 – 54381/08 Rn. 182ff. – Tsvetkova ua; EGMR 8.10.2019 – 13764/15 Rn. 37ff. – Martynyuk). Eine Zulässigkeitsprüfung durch ein übergeordnetes Gericht *(leave to appeal)* stellt insoweit keine unzulässige Beschränkung des Rechts dar. In diesen Fällen wird die Zulässigkeitsentscheidung bzw. die Entscheidung über die Annahme oder Ablehnung des Rechtsmittels nämlich selbst als Überprüfung iSd Art. 2 angesehen (Explanatory Report HRLJ 6 (1985), 85; EGMR 5.10.2006 – 12555/03 Rn. 25, ÖJZ 2007, 298 – Müller; EGMR 6.5.2008 – 29749/04, ÖJZ 2008, 648 (650) – Karg).

Art. 3 7. EMRKProt Recht auf Entschädigung bei Fehlurteilen

Ist eine Person wegen einer Straftat rechtskräftig verurteilt und ist das Urteil später aufgehoben oder die Person begnadigt worden, weil eine neue oder eine neu bekannt gewordene Tatsache schlüssig beweist, dass ein Fehlurteil vorlag, so muss sie, wenn sie aufgrund eines solchen Urteils eine Strafe verbüßt hat, entsprechend dem Gesetz oder der Übung des betreffenden Staates entschädigt werden, sofern nicht nachgewiesen wird, dass das nicht rechtzeitige Bekanntwerden der betreffenden Tatsache ganz oder teilweise ihr zuzuschreiben ist.

When a person has by a final decision been convicted of a criminal offence and when subsequently his conviction has been reversed, or he has been pardoned, on the ground that a new or newly discovered fact shows conclusively that there has been a miscarriage of justice, the person who has suffered punishment as a result of such conviction shall be compensated according to the law or the practice of the State concerned, unless it is proved that the non-disclosure of the unknown fact in time is wholly or partly attributable to him.

7. EMRKProt Art. 3   Rechte und Freiheiten der Zusatzprotokolle

Lorsqu'une condamnation pénale définitive est ultérieurement annulée, ou lorsque la grâce est accordée, parce qu'un fait nouveau ou nouvellement révélé prouve qu'il s'est produit une erreur judiciaire, la personne qui a subi une peine en raison de cette condamnation est indemnisée, conformément à la loi ou à l'usage en vigueur dans l'Etat concerné, à moins qu'il ne soit prouvé que la non-révélation en temps utile du fait inconnu lui est imputable en tout ou en partie.

Literatur: *Trechsel,* Das Verflixte Siebente? Bemerkungen zum 7. Zusatzprotokoll zur EMRK, FS Ermacora, 1988, 195.

A. Bedeutung im innerstaatlichen Bereich

1   Da die Bundesrepublik Deutschland das 7. EMRKProt noch **nicht ratifiziert** hat, besitzt die Bestimmung innerstaatlich derzeit keine konkreten Auswirkungen. Allerdings ist Art. 3 identisch mit Art. 14 Abs. 6 IPBPR, den die Bundesrepublik Deutschland ratifiziert hat, so dass der Bestimmung mittelbar gleichwohl Bedeutung zukommt. Eine Anrufung des EGMR ist diesbezüglich aber – selbstverständlich – ausgeschlossen. Das deutsche Recht sieht entsprechende Regeln im **Gesetz über die Entschädigung für Strafverfolgungsmaßnahmen** (StrEG) vor.

B. Sachlicher Anwendungsbereich

2   Grundvoraussetzung für die Anwendbarkeit des Art. 3 ist, dass es überhaupt einmal zu einer **rechtskräftigen Verurteilung** des Bf. gekommen ist. Wird eine zunächst erfolgte Verurteilung im Instanzenzug aufgehoben (EGMR 13.1.2000 – 45138/98 – Georgiou) oder anderweitig fallen gelassen (EGMR 12.6.2006 – 34112/02 – Bajraktarov), ist die Bestimmung daher unanwendbar. Das Gleiche gilt, wenn der Bf. in Untersuchungshaft genommen wird, es jedoch nie zur Anklage kommt (EGMR 24.10.2002 – 68286/01 – Nakov). Die Verurteilung muss wegen einer Straftat erfolgt sein, sofern allein zivilrechtliche Rechtspositionen im Raum stehen, ist Art. 3 gleichfalls unanwendbar (EGMR 6.9.2005 – 28070/03, BeckRS 2005, 157564 – Glender; EGMR 11.10.2005 – 67092/01, BeckRS 2005, 157252 – Shykyta).

3   In welcher **Verfahrensart** die ursprüngliche Verurteilung wiederaufgehoben worden ist, spielt keine Rolle (EGMR 3.7.2008 – 26601/02 Rn. 40 – Matveyev). Die Erwähnung der Begnadigung hängt damit zusammen, dass in einigen Rechtssystemen dieses Instrument der Korrektur als fehlerhaft erwiesener Urteile dient (Erläuternder Bericht, HRLJ 1985, 82 Rn. 25).

4   Die ursprüngliche Verurteilung muss wegen **neuer** oder **neu bekannt gewordener Tatsachen** aufgehoben worden sein. Nicht ausreichend ist daher, wenn die Verurteilung wegen offenkundig fehlerhafter Anwendung des einschlägigen Sachrechts aufgehoben wird (EGMR 2.11.2010 – 32463/06 – Bachowski, für ein Unrechtsurteil aus kommunistischer Zeit). Ebenfalls nicht ausreichend ist es, wenn ein im Zeitpunkt der Verurteilung bereits bekanntes Beweismittel nachträglich lediglich anders bewertet wird (EGMR 3.7.2008 – 26601/02 Rn. 41ff. – Matveyev).

5   Durch die neuen Tatsachen muss der **Beweis** geführt werden, dass ursprünglich ein Fehlurteil vorlag. Bei einem Freispruch aus Mangel an Beweisen kann daher keine Entschädigung verlangt werden (Erläuternder Bericht, HRLJ 1985, 82

Rn. 23; krit. *Trechsel* FS Ermacora, 1988, 195 (206)). Diese früher auch im deutschen Haftentschädigungsrecht enthaltene Einschränkung (sog. Unschuldsklausel) wurde bei Erlass des StrEG aufgegeben (BT-Drs. VI, 5).

Die Fehlerhaftigkeit der ursprünglichen Verurteilung ergibt sich aus dem Vorliegen neuer oder neu bekannt gewordener Tatsachen. Dass das Urteil bereits aus der Ex-ante-Perspektive rechtswidrig war, ist daher nicht erforderlich. Darin liegt ein struktureller Unterschied zur Entschädigungsregelung in Art. 5 Abs. 5 EMRK, der die Verletzung des Art. 5 Abs. 1–4 EMRK voraussetzt. 6

Ein weiterer Unterschied zu Art. 5 Abs. 5 EMRK besteht darin, dass Art. 3 selbst **keine Anspruchsnorm** ist (→ EMRK Art. 5 Rn. 130), sondern lediglich auf das einschlägige nationale Recht verweist. Unzulässig wäre es allerdings, wenn ein Staat, der das 7. EMRKProt ratifiziert hat, überhaupt keine Entschädigungsregeln für die einschlägige Situation bereit stellte und sich so der Entschädigungspflicht zu entziehen suchte (EGMR 12.6.2012 – 22999/06 Rn. 51, BeckRS 2012, 215242 – Poghosyan und Baghdasaryan). Art. 3 gewährt allerdings keinen Anspruch auf einen bestimmten Entschädigungsbetrag (EGMR 10.2.2010 – 547/02 – Jeronovičs). Insbesondere besteht keine Pflicht, umfassenden Schadensersatz zu leisten (aA *Trechsel* FS Ermacora, 1988, 195 (206)). Unzulässig ist es allerdings, immaterielle Schäden vollständig von der Entschädigung auszunehmen, da Art. 3 nicht nur materielle Schäden, sondern auch die durch das Fehlurteil hervorgerufenen psychischen Belastungen sowie den Verlust an Lebensfreude ausgleichen will (EGMR 12.6.2012 – 22999/06 Rn. 51, BeckRS 2012, 215242 – Poghosyan und Baghdasaryan). 7

C. Eingriff

Eine unzureichende Entschädigung, durch die Art. 3 **„theoretisch und illusorisch"** würde, könnte einen Eingriff in den Schutzbereich der Norm darstellen (*e contrario* EGMR 10.2.2010 – 547/02 Rn. 77 – Jeronovičs). 8

D. Rechtfertigung

Eine Versagung der Entschädigung ist möglich, wenn dem Bf. das nicht rechtzeitige Bekanntwerden der neuen Tatsache im Sinne eines **Verschuldens gegen sich selbst** ganz oder teilweise zuzuschreiben ist. Art. 3 folgt damit dem Alles-oder-Nichts-Prinzip, was Anlass zu Kritik gegeben hat: So erscheint zumindest zweifelhaft, ob ein vollständiger Entschädigungsausschluss sachlich gerechtfertigt ist, wenn das Nichtbekanntwerden gewisser Tatsachen auch (oder sogar überwiegend) anderen Personen zuzuschreiben ist (Grabenwarter/Pabel EMRK § 24 Rn. 177). Das deutsche Recht ist in diesem Punkt flexibler, indem es einen Entschädigungsanspruch nur versagt, „wenn **und soweit** der Beschuldigte die Strafverfolgungsmaßnahme vorsätzlich oder grob fahrlässig verursacht hat" (§ 5 Abs. 2 S. 1 StrEG). Auf Konventionsebene dürfte der klare Wortlaut des Art. 3 einer Aufteilung nach Verschuldensanteilen allerdings entgegenstehen. Die generelle Regelungsintention ist dabei nicht zu beanstanden, insbesondere soll durch den Haftungsausschluss vermieden werden, dass ein Beschuldigter bewusst eine falsche Verurteilung herbeiführt, um den wahren Täter zu decken (*Esser* in Löwe/Rosenberg Bd. XI, 26. Aufl. 2012, Art. 6 EMRK/Art. 14 IPBPR Rn. 1008). 9

E. Konkurrenzen

10 Die Unschuldsvermutung aus Art. 6 Abs. 2 EMRK garantiert als solche keinen Anspruch auf Haftentschädigung (EGMR 25. 8. 1987 – 10282/83 Rn. 36, EGMR-E 3, 650 – Englert). Allerdings kann sich aus der Begründung oder der Wortwahl einer Entscheidung, mit der die Haftentschädigung verweigert wird, ein Verstoß gegen Art. 6 Abs. 2 EMRK ergeben. Hat der Staat in einem solchen Fall das 7. EMRKProt nicht ratifiziert, so führt die Unanwendbarkeit des Art. 3 nicht dazu, eine Prüfung auch am Maßstab des Art. 6 Abs. 2 EMRK zu verhindern (EGMR 12. 7. 2013 (GK) – 25424/09 Rn. 105, NJOZ 2014, 1834 – Allen; → EMRK Art. 6 Rn. 186). Ein genereller Ausschluss immaterieller Schäden kann neben Art. 3 zugleich auch gegen Art. 13 EMRK verstoßen (EGMR 12. 6. 2012 – 22999/06, BeckRS 2012, 215242 – Poghosyan und Baghdasaryan; → EMRK Art. 13 Rn. 37).

Art. 4 7. EMRKProt Recht, wegen derselben Sache nicht zweimal vor Gericht gestellt oder bestraft zu werden

(1) **Niemand darf wegen einer Straftat, wegen der er bereits nach dem Gesetz und dem Strafverfahrensrecht eines Staates rechtskräftig verurteilt oder freigesprochen worden ist, in einem Strafverfahren desselben Staates erneut verfolgt oder bestraft werden.**

(2) **Absatz 1 schließt die Wiederaufnahme des Verfahrens nach dem Gesetz und dem Strafverfahrensrecht des betreffenden Staates nicht aus, falls neue oder neu bekannt gewordene Tatsachen vorliegen oder das vorausgegangene Verfahren schwere, den Ausgang des Verfahrens berührende Mängel aufweist.**

(3) **Von diesem Artikel darf nicht nach Artikel 15 der Konvention abgewichen werden.**

(1) No one shall be liable to be tried or punished again in criminal proceedings under the jurisdiction of the same State for an offence for which he has already been finally acquitted or convicted in accordance with the law and penal procedure of that State.

(2) The provisions of the preceding paragraph shall not prevent the reopening of the case in accordance with the law and penal procedure of the State concerned, if there is evidence of new or newly discovered facts, or if there has been a fundamental defect in the previous proceedings, which could affect the outcome of the case.

(3) No derogation from this Article shall be made under Article 15 of the Convention.

(1) Nul ne peut être poursuivi ou puni pénalement par les juridictions du même Etat en raison d'une infraction pour laquelle il a déjà été acquitté ou condamné par un jugement définitif conformément à la loi et à la procédure pénale de cet Etat.

(2) Les dispositions du paragraphe précédent n'empêchent pas la réouverture du procès, conformément à la loi et à la procédure pénale de l'Etat concerné, si des faits nouveaux ou nouvellement révélés ou un vice fondamental dans la procédure précédente sont de nature à affecter le jugement intervenu.

(3) Aucune dérogation n'est autorisée au présent article au titre de l'article 15 de la Convention.

Literatur: *Eckstein,* Grund und Grenzen transnationalen Schutzes vor mehrfacher Strafverfolgung in Europa, ZStW 124 (2012), 490; *El-Ghazi,* Das Verbot doppelter Strafverfolgung gemäß Art. 50 GRCh, JZ 2020, 115; *Esser,* Das Doppelverfolgungsverbot in der Rechtsprechung des EGMR (Art. 4 des 7. ZP EMRK). Divergenzen und Perspektiven, in Hochmayr (Hrsg.), „Ne bis in idem" in Europa, 2015, 27; *Kniebühler,* Transnationales „ne bis in idem", 2005; *Radtke,* Der strafprozessuale Tatbegriff auf europäischer und nationaler Ebene, NStZ 2012, 479; *Specht,* Die zwischenstaatliche Geltung des Grundsatzes *ne bis in idem,* 1999; *Trechsel,* Das verflixte Siebente?, Bemerkungen zum 7. Zusatzprotokoll zur EMRK, FS Ermacora, 1988, 195; *Vogel,* Internationales und europäisches *ne bis in idem,* FS Schroeder, 2006, 877; *Zöller,* Die transnationale Geltung des Grundsatzes ne bis in idem nach dem Vertrag von Lissabon, FS Krey, 2010, 501.

A. Allgemeines

Die Vorschrift enthält das **Verbot der Doppelbestrafung und Doppelverfol-** 1
gung (ne bis in idem) und steht in einem engen Zusammenhang mit der Gewährleistung eines fairen Verfahrens (EGMR 20.7.2004 – 50178/99 Rn. 35 – Nikitin). Der Stellenwert dieses allgemeinen Grundsatzes, der die rechtsstaatliche Binnenkollision zwischen materieller Gerechtigkeit und Rechtssicherheit löst (*Kadelbach* in Dörr/Grote/Marauhn Kap. 29 Rn. 4), wird dadurch unterstrichen, dass hiervon nach Abs. 3 iVm Art. 15 EMRK wie vom Recht auf Leben, vom Folter- und Sklavereiverbot und vom Gesetzlichkeitsprinzip auch im Falle eines Krieges oder Notstands keine Abweichung zulässig ist. Abs. 1 gleicht Art. 14 Abs. 7 IPBPR und Art. 103 Abs. 3 GG. Während das GG die Identität der Tat betont, stellt die EMRK bei gleicher Zielsetzung eher den verfahrensrechtlichen Aspekt in den Mittelpunkt. Art. 50 GRCh bestimmt, dass niemand wegen einer Straftat, für die er bereits in der Union nach dem Gesetz rechtskräftig verurteilt oder freigesprochen worden ist, erneut in einem Strafverfahren verfolgt oder bestraft werden darf (zum Verhältnis des Art. 4 zum Unionsrecht s. EuGH 26.2.2013 – C-617/10, NJW 2013, 1415 Rn. 43 ff. – Åkerberg Fransson; EuGH 20.3.2018 – C-537/16, NJW 2018, 1233 – Garlsson Real Estate SA; EuGH 20.3.2018 – verb. Rs. C-596/16 u. C-597/16, NJW 2018, 1237 – Di Puma und Zecca; vgl. auch *Radtke* NStZ 2012, 479 (481 ff.); *Zöller* FS Krey, 2010, 501 (502 ff., 515 ff.)). Der Grundsatz *ne bis in idem* gilt auch im internationalen Strafrecht (vgl. Art. 20 IStGH-Statut). Die Bundesrepublik hat das 7. EMRKProt zwar gezeichnet, aber bislang (Stand: 1.10.2021) nicht ratifiziert.

B. Sachlicher Anwendungsbereich

Die Sperrwirkung des Art. 4 setzt ein durch eine rechtskräftige Verurteilung oder 2
einen rechtskräftigen Freispruch endgültig abgeschlossenes **Strafverfahren** voraus (Explanatory Report HRLJ 6 (1985), 458 f.; für die Frage der Amnestie angesichts einer sich aus Art. 2, 3 EMRK ergebenden Pflicht zur Strafverfolgung offen gelassen von EGMR 27.5.2014 (GK) – 4455/10 Rn. 122 ff., 139 ff. – Marguš; gegen einen Ausschluss des „bis" durch eine Amnestie hinsichtlich der ersten Tat EGMR 1.3.2016 – 50124/13 Rn. 47 – Milenković). Nach deutschem Recht werden auch

ein rechtskräftiger **Strafbefehl** oder eine der beschränkten Rechtskraft fähige Entscheidung nach § 153a StPO, nicht aber eine Verfahrenseinstellung nach § 170 Abs. 2 StPO erfasst. Gegen die Entscheidung dürfen keine Rechtsmittel mehr zur Verfügung stehen; sie muss also formell rechtskräftig sein (EGMR 23.10.1995 – 15963/90 Rn. 53, ÖJZ 1995, 954 – Gradinger; EGMR 29.5.2001 – 37950/97 Rn. 22, ÖJZ 2001, 657 – Fischer; EGMR 20.7.2004 – 50178/99 Rn. 37 – Nikitin; EGMR 27.11.2014 – 7356/10 Rn. 56, NJOZ 2016, 196 – Lucky Dev). Die Möglichkeit der Einlegung außerordentlicher Rechtsbehelfe, wie zB der Verfassungsbeschwerde, spielt hierfür keine Rolle (*Grabenwarter/Pabel* EMRK § 24 Rn. 164).

3 Die Gewährleistung gilt nur für Fälle, in denen auf eine erste strafrechtliche Reaktion, die auch vor Inkrafttreten der EMRK im betreffenden Mitgliedstaat erfolgt sein kann (vgl. EGMR 27.5.2014 (GK) – 4455/10 Rn. 96ff. – Marguš), eine **zweite Sanktion oder ein zweites Verfahren derselben Qualität** folgt. Der EGMR bestimmt den Inhalt des Begriffs „strafrechtlich" *(criminal, pénalement)* autonom (EGMR 11.12.2012 – 3653/05 Rn. 150ff. – Asadbeyli ua); seine Auslegung entspricht der zu Art. 6 und 7 EMRK mit den dort beschriebenen Randunschärfen (→ EMRK Art. 6 Rn. 24ff.; → EMRK Art. 7 Rn. 7ff.; *Grabenwarter/Pabel* EMRK § 24 Rn. 164). Eine Auslegung (auch) an Art. 7 EMRK (vgl. EGMR 17.2.2015 – 41604/11 Rn. 29, NJOZ 2018, 1468 – Boman) hat der EGMR mittlerweile in Frage gestellt (EGMR 15.11.2016 (GK) – 24130/11 Rn. 107, 133, NJOZ 2018, 1462 – A. und B.; s. aber auch EGMR 13.6.2017 – 41788/11 Rn. 41, BeckRS 2017, 161833 – Šimkus).

4 Ein **Strafverfahren,** das **in mehreren Abschnitten** geführt wird, die als integriertes Ganzes zu betrachten sind, stellt nach der neueren EGMR-Rspr. (Darstellung der Entwicklung bei EGMR 15.11.2016 (GK) – 24130/11 Rn. 112ff., NJOZ 2018, 1462 – A. und B.) ebenso wenig eine Doppelverfolgung dar wie **parallele Verfahren,** die von verschiedenen Behörden und aus verschiedenen Zwecken (Strafverfahren auf der einen, Verwaltungsverfahren, zB wegen Fahrverboten oder Strafsteuern, auf der anderen Seite) geführt werden. Dabei kommt es nicht auf die Reihenfolge der Verfahren an. Zwar sei die sicherste Methode, die Vereinbarkeit mit Art. 4 zu gewährleisten, zu einem angemessenen Zeitpunkt ein einziges Verfahren vorzusehen, in dem parallele Regelungen für eine Zuwiderhandlung zusammengeführt werden können. Die Vorschrift untersage es den Rechtssystemen der Konventionsstaaten aber nicht, eine „integrierte" Reaktion auf sozialschädliches Verhalten zu wählen, insbesondere eine Lösung mit verschiedenen Stufen einer rechtlichen Antwort auf die rechtswidrige Handlung durch unterschiedliche Behörden oder Gerichte zu unterschiedlichen Zwecken (EGMR 15.11.2016 (GK) – 24130/11 Rn. 123 – A. und B.; EGMR 6.6.2019 – 47342/14 Rn. 41, BeckRS 2019, 45850 – Nodet). Zwischen den beiden Verfahren muss aber eine ausreichende sachliche und zeitliche Verbindung („sufficiently close connection in substance and in time") bestehen (EGMR 15.11.2016 (GK) – 24130/11 Rn. 130ff. – A. und B.; vgl. auch EGMR 30.5.2000 – 31982/96 – R. T.; EGMR 13.12.2005 – 73661/01 – Nilsson; EGMR 21.9.2006 – 59892/00 Rn. 68f. – Maszni; EGMR 17.2.2015 – 41604/11 Rn. 42, NJOZ 2018, 1468 – Boman; EGMR 4.10.2016 – 21563/12 Rn. 29, 31, NLMR 2016, 463 – Rivard; EGMR 18.5.2017 – 22007/11 Rn. 49ff., BeckRS 2017, 162201 – Jóhannesson ua; EGMR 6.6.2019 – 47342/14 Rn. 40, 47ff., BeckRS 2019, 45850 – Nodet).

4a Als Gesichtspunkte für eine ausreichende **sachliche Verbindung** führt der EGMR an, ob die unterschiedlichen Verfahren sich ergänzen und damit nicht nur abstrakt, sondern konkret unterschiedliche Aspekte der Zuwiderhandlung betreffen; ob es sowohl rechtlich als auch in der Praxis vorhersehbar ist, dass wegen desselben strafbaren Verhaltens zwei Verfahren eingeleitet werden; ob die beiden Verfahren so geführt werden, dass der in einem Verfahren festgestellte Sachverhalt auch im anderen verwertet werden kann (Vermeidung doppelter Beweiserhebung; angemessene Zusammenarbeit der zuständigen Gerichte und Behörden); und – vor allem – ob die im zuerst rechtskräftig abgeschlossenen Verfahren verhängte Sanktion in dem danach rechtskräftig abgeschlossenen Verfahren berücksichtigt wird. Das wird am besten durch einen ausgleichenden Mechanismus gewährleistet, der sicherstellt, dass die insgesamt verhängten **Strafen verhältnismäßig** sind (EGMR 15.11.2016 (GK) – 24130/11 Rn. 132 – A. und B.). Integrierte Verfahren werden umso eher den Kriterien der Ergänzung und Verbindung entsprechen, wenn die drohenden Sanktionen im Verwaltungsverfahren nicht formal als strafrechtlich bezeichnet werden, sich spezifisch auf das in Rede stehende Verhalten beziehen und sich so vom Strafrecht im engeren Sinne unterscheiden (EGMR 15.11.2016 (GK) – 24130/11 Rn. 133 – A. und B.). Auch wenn eine sachliche Verbindung besteht, muss die **zeitliche Verbindung** ausreichend eng sein, um den Betroffenen vor Unsicherheit und davor zu schützen, dass das Verfahren unangemessen in die Länge gezogen wird (EGMR 15.11.2016 (GK) – 24130/11 Rn. 134 – A. und B. unter Verweis auf EGMR 30.4.2015 – 3453/12 Rn. 67 – Kapetanios ua; EGMR 16.4.2019 – 72098/14 Rn. 50 ff., BeckRS 2019, 51109 – Bjarni Ármannsson). Diese Auslegung, wonach mit einer Doppelbestrafung nur ein vernünftiges Ziel verfolgt werden und die am Ende stehende Bestrafung verhältnismäßig sein muss, relativiert das abweichungsfest gewährleistete Recht des Art. 4 in bedenklicher Weise (zu Recht krit. *El-Ghazi* JZ 2020, 115 (120), auch zum Einfluss dieser Rspr. auf die EuGH-Rspr. zu Art. 50 GRCh).

Art. 4 enthält nicht nur ein Doppelbestrafungs-, sondern auch ein Doppelverfolgungsverbot. Auch nach einem **Freispruch** tritt – wie gemäß Art. 50 GRCh – die Sperrwirkung für künftige Strafverfahren ein (EGMR 29.5.2001 – 37950/97 Rn. 25, ÖJZ 2001, 657 – Fischer). Der Wortlaut ist insofern weiter als der des Art. 103 Abs. 3 GG. Allerdings führt nach deutschem Recht der rechtskräftige Abschluss eines Strafverfahrens zu einem umfassenden, jeden rechtlichen Gesichtspunkt einschließenden Verbrauch der Strafklage, die nicht erst einer mehrfachen Verurteilung oder einer Verurteilung nach Freispruch, sondern schon der Einleitung eines neuen Strafverfahrens entgegensteht (BGHSt 20, 292 (293); BGHSt 35, 60 (61); 44, 1 (3)). Art. 103 Abs. 3 GG bildet ein von Amts wegen zu berücksichtigendes Verfahrenshindernis (BVerfGE 56, 22 (32); BGHSt 20, 292 (293); 38, 37 (43)) und enthält somit materiell ebenfalls ein Doppelverfolgungsverbot.

Art. 4 schützt wie Art. 103 Abs. 3 GG – aber anders als Art. 50 GRCh für das Gebiet der EU – lediglich vor einer erneuten **Verfolgung und Bestrafung durch denselben Staat** (Explanatory Report HRLJ 6 (1985), 86; EKMR 21.10.1993 – 17265/90 – Baragiola; EGMR 6.6.2003 – 56599/00 – Ipsilanti; EGMR 4.9.2014 – 140/10 Rn. 164, NJOZ 2016, 389 – Trabelsi; s. auch BVerfG 15.12.2011 – 2 BvR 148/11, NJW 2012, 1202 Rn. 32 f.), entfaltet aber keine Sperrwirkung im zwischenstaatlichen Bereich. In dieser Hinsicht ist jedoch va Art. 54 des Schengener Durchführungsübereinkommens (SDÜ, BGBl. 1993 II 1010, 1902; 1995 II 738; 1996 II 215, 2542; 1997 II 966; 2000 II 1106; 2006 II 1362) zu beachten (hierzu EuGH 11.2.2003 (Plenum) – C-187/01 Rn. 25 ff., NJW 2003, 1173 – Gözütok; EuGH 16.11.2010 (GK) – C-261/09 Rn. 39 ff., NStZ 2011, 466 – Gaetano Mantello; *Eckstein* ZStW 124 (2012), 490 (509 ff.); *Hackner*, Das teileuropäische Doppelbestrafungsverbot insbesondere in der Recht-

7. EMRKProt Art. 4 — Rechte und Freiheiten der Zusatzprotokolle

sprechung der Europäischen Union, NStZ 2011, 425 ff.; *Kadelbach* in Dörr/Grote/ Marauhn Kap. 29 Rn. 27 ff.; *Kniebühler,* Transnationales „ne bis in idem", S. 169 ff.; *Vogel* FS Schroeder, 2006, 877 (882 ff.); *Zöller* FS Krey, 2010, S. 501 (507 ff.), zu den Einschränkungen S. 513 ff.)). Die nur innerstaatliche Geltung der Norm wird zudem dadurch relativiert, dass in den meisten Konventionsstaaten Vorschriften bestehen über die Anrechnung im Ausland bereits verbüßter Strafen auf solche Strafen, die im Inland für dieselbe Tat verhängt wurden, oder Einstellungsmöglichkeiten (vgl. § 51 Abs. 3 StGB; §§ 153 c Abs. 2, 154 b Abs. 1 StPO, § 450 a StPO). Ist das nicht der Fall, kann für das Verhältnis der Verurteilung in verschiedenen Staaten Art. 6 EMRK bedeutsam werden. Danach handelt es sich grundsätzlich nicht um ein faires Verfahren, wenn die Verurteilung durch einen Konventionsstaat in einem zweiten Verfahren wegen derselben strafbaren Handlung in einem anderen Konventionsstaat nicht berücksichtigt wird (*Frowein* in Frowein/Peukert 7. EMRKProt Art. 4 Rn. 2; krit. hierzu *Specht,* Zwischenstaatliche Geltung, 1999, S. 49 ff.).

C. Gewährleistungsumfang

7 Art. 4 sieht bereits die **Durchführung eines erneuten Strafverfahrens** nach rechtskräftigem Abschluss eines Strafverfahrens (auch durch einen Freispruch) als zu verhindernde rechtsstaatswidrige Belastung des Beschuldigten an. Entsprechend verbietet die Vorschrift, dass zwei oder mehr Verfahren in Bezug auf dieselbe strafbare Handlung geführt werden, die zu einer rechtskräftigen Entscheidung führen (EGMR 27.11.2014 – 7356/10 Rn. 58 f., NJOZ 2016, 196 – Lucky Dev; → Rn. 3 ff.). Weil es sich um ein **Doppelverfolgungsverbot** handelt (EGMR 29.5.2001 – 37950/97 Rn. 25, ÖJZ 2001, 657 – Fischer; EGMR 10.2.2009 (GK) – 14939/03 Rn. 83, NJOZ 2010, 2630 – Zolotukhin), ist ein weiteres strafrechtliches Verfahren auch dann unzulässig, wenn es mit einem Freispruch endet. Eine nicht der Rechtskraft fähige **Verfahrenseinstellung** (zB §§ 170 Abs. 2, 153 ff. StPO, zu beachten ist aber die beschränkte Rechtskraftwirkung des § 153 a Abs. 1 S. 5 StPO) sperrt die erneute Verfolgung nicht (EGMR 18.9.2008 – 28034/04 Rn. 34 – Müller (Nr. 2)).

8 Liegen zwei Verfolgungen oder Bestrafungen vor („bis"), stellt sich die Frage, ob sie **dieselbe strafbare Handlung** *(offence, infraction)* betreffen („idem"). Im Unterschied zu Art. 14 Abs. 7 IPBPR ist hier nicht entscheidend, dass den Verurteilungen dieselbe tatsächliche Handlung zugrunde liegt. Dass nämlich eine Handlung mehrere Strafgesetze verletzt, verstößt nicht gegen das Doppelbestrafungsverbot (EGMR 29.5.2001 – 37950/97 Rn. 29, ÖJZ 2001, 657 – Fischer; EGMR 5.10.2006 – 45106/04 Rn. 88 f. – Marcello Viola). Erfassen hingegen zwei Tatbestände dasselbe Unrecht, so liegt ein Verstoß gegen den Grundsatz *ne bis in idem* vor, falls der Beschuldigte wegen derselben Handlung aufgrund derselben oder zwar unterschiedlicher, materiell jedoch zumindest teilweise identischer Vorschriften bestraft wird (EGMR 29.5.2001 – 37950/97 Rn. 25 ff., ÖJZ 2001, 657 – Fischer).

9 Der EGMR hat diese Frage zunächst anhand des Maßstabs beurteilt, ob die Straftatbestände in ihren wesentlichen Elementen *(essential elements)* identisch sind (EGMR 29.5.2001 – 37950/97 Rn. 29, ÖJZ 2001, 657 – Fischer; EGMR 6.6.2002 – 38237/97 Rn. 25 – Sailer; EGMR 7.12.2006 – 37301/03 Rn. 42, ÖJZ 2007, 511 – Hauser-Sporn). Lag nach der strafrechtlichen Konkurrenzlehre **Gesetzeskonkurrenz** vor, nahm der EGMR bei Doppelverfolgung einen Verstoß gegen Art. 4 an. Unterschieden sich die strafbaren Handlungen in wesentlichen Elementen, konnte der EGMR bei erneuter Verfolgung keinen Verstoß gegen Art. 4 erkennen (EGMR 30.7.1998 – 25711/97 Rn. 26, ÖJZ 1999, 77 – Oliveira; EGMR 2.7.2002 – 33402/96 Rn. 50 – Göktan). Er legte damit einen Tatbegriff zugrunde, der sich nicht allein auf die faktischen Umstände eines tatsächlichen Verhaltens bezog, sondern im Sinne eines prozessual-materiellen Tatbegriffs zusätzlich auch die materiell-rechtlichen Kriterien der jeweiligen konventionsstaatlichen Rechtsordnung aufnehmen konnte (*Grabenwarter/Pabel* EMRK § 24 Rn. 166f.; *Trechsel* FS Ermacora, 1988, 195 (207)), ließ dabei aber in den einzelnen Entscheidungen keine konsequente Linie erkennen (vgl. *Kniebühler* S. 336ff.; *Esser* S. 38ff.).

Zwischenzeitlich ist der EGMR von seiner Rspr. unter Betonung der Dynamik **10** der Konventionsrechte und unter Bezugnahme auf den **Effektivitätsgrundsatz** in der Auslegung der AmMRK und des SDÜ durch den IAGMR bzw. den EuGH sowie unter Berücksichtigung von Art. 50 GRCh und des IStGH-Statuts abgerückt, ohne dem unterschiedlichen Wortlaut der jeweiligen Vorschriften eine Bedeutung beizumessen. Das Verbot der Doppelverfolgung bzw. -bestrafung ist demnach schon dann verletzt, wenn eine erneute Verfolgung aus **identischen oder im Wesentlichen gleichen Sachverhaltselementen** stattfindet (EGMR 10.2.2009 (GK) – 14939/03 Rn. 82f., NJOZ 2010, 2630 – Zolotukhin mAnm *Jung* GA 2010, 472ff.; EGMR 11.12.2012 – 3653/05 Rn. 156ff. – Asadbeyli ua; EGMR 4.3.2014 – 18640/10 Rn. 219ff., NJOZ 2015, 712 – Grande Stevens ua; EGMR 27.5.2014 (GK) – 4455/10 Rn. 114 – Marguš; EGMR 19.12.2017 – 78477/11 Rn. 81ff., BeckRS 2017, 160233 – Ramda; EGMR 6.6.2019 – 47342/14 Rn. 44, BeckRS 2019, 45850 – Nodet; EGMR 8.7.2019 (GK) – 54012/10 Rn. 67, NLMR 2019, 330 – Mihalache; EGMR 8.10.2019 – 72051/17 Rn. 55ff., BeckRS 2019, 47275 – Korneyeva; vgl. BGHSt 59, 120 (125f.); BGH 9.6.2017 – 1 StR 39/17, Rn. 11, StV 2018, 589; BGH 24.10.2019 – 1 StR 393/19 Rn. 5, StV 2020, 612). Der EGMR legt somit den Schwerpunkt auf den prozessualen Tatbegriff iSd § 264 Abs. 1 StPO, also auf den geschichtlichen Vorgang, auf welchen Anklage und Eröffnungsbeschluss hinweisen und innerhalb dessen der Angeklagte als Täter oder Teilnehmer einen Straftatbestand verwirklicht haben soll (vgl. BVerfGE 23, 191 (202); 56, 22 (28); zum Spezialfall des Unterlassungsdauerdelikts s. BVerfG 27.12.2006 – 2 BvR 1895/05, EuGRZ 2007, 64 mAnm *Kahlo/Zabel* HRRS-FG Fezer, 2008, 87ff.).

Die Sperrwirkung des Art. 4 erfasst solche Verfahren nicht, die zu **Sanktionen** **11** **nichtstrafrechtlicher Art** führen können, wie etwa Disziplinarmaßnahmen (EGMR 15.5.2011 – 16137/04 Rn. 35ff. – Kurdov ua; zur gleichen Wertung auf Grundlage des Art. 103 Abs. 3 GG s. BVerfGE 21, 391 (401)), berufsrechtliche Disziplinarverfahren (EGMR 19.2.2013 – 47195/06 Rn. 63, NJW 2014, 1791 – Müller-Hartburg), Berufsverbote (EGMR 1.2.2007 – 12277/04 – Storbråten; EGMR 1.2.2007 – 11143/04 – Mjelde; EGMR 11.12.2007 – 11187/05 – Haarvig), der Widerruf von Erlaubnissen (EGMR 22.3.2016 – 38292/15 Rn. 19ff. – Palmén; EGMR 4.6.2019 – 12096/14 Rn. 90, NLMR 2019, 210 – Rola) oder Schadensersatzverfahren vor den Zivilgerichten. Keine strafrechtliche Sanktion liegt ebenfalls in der Eröffnung eines Konkursverfahrens gegen einen Rechtsanwalt, der daraufhin aus der Anwaltsliste gestrichen wird und daher keine Anwaltspension erhält (EGMR (Zulassungsentscheidung) 4.5.2006 – 57028/00 – Klein). **Aufenthaltsbeendende Maßnahmen** wie Ausweisung und Abschiebung im Anschluss an eine Verurteilung stellen keine zweite Bestrafung dar (EKMR 28.1.1997 – 25408/94 – Zehar; EGMR 18.10.2006 (GK) – 46410/99 Rn. 56, NVwZ 2007, 1279 – Üner).

12 In der Diskussion um die Konventionswidrigkeit der **nachträglichen Sicherungsverwahrung** nach deutschem Recht (→ EMRK Art. 7 Rn. 22 ff.) hat bislang kaum eine Rolle gespielt, ob die nachträglich angeordnete Sicherungsverwahrung gegen das Verbot der Doppelverfolgung und -bestrafung verstößt (vgl. den Hinweis auf Art. 103 Abs. 3 GG im Urteil des BVerfG 4.5.2011 – 2 BvR 2365/09, NJW 2011, 1931 Rn. 142, sowie bei *Eisenberg* StV 2011, 480 (481); *Kreuzer* ZRP 2011, 7 (8)). Hierfür könnte sprechen, dass die Anordnung dieser Maßregel mit der Bezugnahme auf die Anlasstaten an die identischen oder im Wesentlichen gleichen Sachverhaltselemente anknüpft, auf die sich bereits die Bestrafung bezog. Auf der anderen Seite ist die Beurteilung der Gefährlichkeit des Täters im sog. zweispurigen System des StGB auf den Zeitpunkt der Anordnung der Maßregel bezogen. Die festgestellte Gefährlichkeit des Täters könnte somit als anderes bzw. neues Sachverhaltselement im Sinne der neueren Rspr. des EGMR aufgefasst werden (vgl. idS EGMR 9.1.2018 – 43977/13 Rn. 82 ff., 85, BeckRS 2018, 52569 – Kadusic, Übergang von der Strafe zur Verwahrung gemäß Art. 65 Abs. 2 Schweizerisches StGB nach den Regeln über die Wiederaufnahme).

D. Eingriffe und ihre Rechtfertigung

13 Jede gegen Art. 4 verstoßende Maßnahme stellt einen Eingriff in das Recht dar. Die Durchbrechung der Rechtskraft einer Entscheidung durch **Wiederaufnahme des Verfahrens** – auch zu Ungunsten des Verurteilten – ist zulässig, wenn neue oder neu bekannt gewordene Tatsachen vorliegen oder das vorausgegangene Verfahren schwere, den Ausgang des Verfahrens berührende Mängel aufweist (vgl. die Wiederaufnahmegründe in §§ 359, 362 StPO). Abs. 2 normiert somit eine **immanente Schranke** des Grundsatzes *ne bis in idem,* die der materiellen Gerechtigkeit zu Lasten der Rechtssicherheit den Vorrang verschafft: Die Wiederaufnahme zu Ungunsten des Angeklagten stellt zwar einen Eingriff in die Gewährleistung des Art. 4 dar, der aber gerechtfertigt ist, wenn die Wiederaufnahme nach dem innerstaatlichen Recht zulässig ist (EGMR 20.7.2004 – 50178/99 Rn. 45 – Nikitin; EGMR 9.1.2018 – 43977/13 Rn. 82 ff., BeckRS 2018, 52569 – Kadusic; krit. hierzu *Specht,* Zwischenstaatliche Geltung, S. 47 ff., 49). Polizei und Staatsanwaltschaft dürfen die Ermittlungen nach einem Freispruch wegen desselben Tatvorwurfs fortführen, sofern sie damit die Grundlage für die Entscheidung über die Wiederaufnahme schaffen wollen (EKMR 17.5.1995 – 19341/92 – Jorma ua). Die Verurteilung nach Aufhebung einer völkerrechtswidrigen Amnestie-Entscheidung ist gerechtfertigt, weil eine solche Entscheidung einen schweren Verfahrensmangel darstellt (offen gelassen in EGMR 27.5.2014 (GK) – 4455/10 Rn. 129 ff., 139 – Marguš).

Art. 5 7. EMRKProt Gleichberechtigung der Ehegatten

Hinsichtlich der Eheschließung, während der Ehe und bei Auflösung der Ehe haben Ehegatten untereinander und in ihren Beziehungen zu ihren Kindern gleiche Rechte und Pflichten privatrechtlicher Art. Dieser Artikel verwehrt es den Staaten nicht, die im Interesse der Kinder notwendigen Maßnahmen zu treffen.

Gleichberechtigung der Ehegatten **Art. 5 7. EMRKProt**

Spouses shall enjoy equality of rights and responsibilities of a private law character between them, and in their relations with their children, as to marriage, during marriage and in the event of its dissolution. This Article shall not prevent States from taking such measures as are necessary in the interests of the children.

Les époux jouissent de l'égalité de droits et de responsabilités de caractère civil entre eux et dans leurs relations avec leurs enfants au regard du mariage, durant le mariage et lors de sa dissolution. Le présent article n'empêche pas les Etats de prendre les mesures nécessaires dans l'intérêt des enfants.

Literatur: *Hausheer,* Der Fall Burghartz – oder – Vom bisweilen garstigen Geschäft der richterlichen Rechtsharmonisierung in internationalen Verhältnissen, EuGRZ 1995, 579; *Steering Committee for Human Rights,* Explanatory Report to Protocol No. 7 to the Convention for the Protection of Human Rights and Fundamental Freedoms, ETS No. 117.

A. Bedeutung im innerstaatlichen Bereich

Deutschland hat das 7. EMRKProt zwar am 19.3.1985 unterzeichnet, jedoch 1 (noch) nicht ratifiziert. Da die Ratifikation, Annahme oder Genehmigung zwingend erforderlich ist (vgl. insoweit Art. 8), ist es in Deutschland bisher nicht in Kraft getreten. Im innerstaatlichen Bereich ist Art. 5 daher kaum von Bedeutung. Die Bundesregierung prüft eine Ratifikation (BT-Drs. 19/10411, 6).

Interessant dürfte Art. 5 für diejenigen Praktiker sein, die in Hoheitsgebieten tä- 2 tig werden, in denen das 7. EMRKProt gilt. Da 44 Mitgliedstaaten des Europarates das Protokoll ratifiziert haben – darunter Nachbarländer wie Belgien, Dänemark, Frankreich, Österreich und die Schweiz (Stand: August 2021, aktueller Stand abrufbar auf der Internetseite des Europarates s. unter der CETS Nr. 117) – empfiehlt es sich, Art. 5 insbesondere bei Rechtsstreitigkeiten mit grenzüberschreitendem Bezug aus dem Bereich des Familienrechts im Blick zu haben (vgl. zur Geltung in der Türkei *İnce* FamRZ 2018, 1567 (1569)).

Für Fragen im Zusammenhang mit einer Ungleichbehandlung von Ehegatten in 3 Deutschland bietet es sich an, zunächst Art. 3 GG in den Blick zu nehmen. Der grundgesetzlich gewährleistete Schutz ist nicht auf Ehegatten beschränkt und geht auch in anderen Punkten über den durch das Zusatzprotokoll vermittelten Schutz hinaus. Daneben sei auf Art. 8 EMRK iVm Art. 14 EMRK, auf Art. 12 EMRK iVm Art. 14 EMRK (zum Verhältnis von Art. 8 EMRK iVm Art. 14 EMRK vgl. *Hausheer* EuGRZ 1995, 579 (581)), auf das in Deutschland bisher nicht in Kraft getretene Zusatzprotokoll Nr. 12, das ein allgemeines Diskriminierungsverbot enthält (Stand: August 2021, zu finden unter der CETS Nr. 177 auf der Internetseite des Europarates) sowie auf Art. 23 Abs. 4 UN-Zivilpakt verwiesen.

B. Verhältnis zur EMRK

Gemäß Art. 7 sind die Art. 1–6 Zusatzartikel zur EMRK. Nach der Rechtspre- 4 chung des EGMR kann Art. 5 die Konventionsrechte weder ersetzen noch ihren Anwendungsbereich reduzieren (EGMR 22.2.1994 – 16213/90 Rn. 23, NLMR 1994, 76 – Burghartz).

Die enge Verzahnung zwischen Art. 8 EMRK und Art. 5 wird bei Durchsicht 5 der Verfahren vor dem EGMR deutlich, in denen sich Beschwerdeführer auf eine

7. EMRKProt Art. 5

Verletzung von Art. 5 berufen haben. Die Konventionsorgane verzichteten bisher regelmäßig unter Hinweis auf eine bereits festgestellte Verletzung von Art. 8 EMRK auf Ausführungen zu Art. 5 (vgl. bspw. EKMR 22.10.1993 – 19823/92 Rn. 150 – T. H.; EGMR 18.7.2006 – 7550/04 Rn. 68 – Reslová; EGMR 18.1.2007 – 45983/99 Rn. 37, NLMR 2007, 17 – Kaplan). Entscheidungen zum genuinen Inhalt des Art. 5 sind daher selten.

C. Anwendungsbereich

I. Persönlicher und zeitlicher Anwendungsbereich

6   Der persönliche Anwendungsbereich von Art. 5 ist (wie bei Art. 12) auf Ehegatten beschränkt (EGMR 14.2.2006 – 65040/01 – Kajari). Der Begriff der Ehe entspricht demjenigen des Art. 12 EMRK (Grabenwarter/Pabel EMRK § 26 Rn. 38).

7   In zeitlicher Hinsicht erstreckt sich der Anwendungsbereich auf den Zeitraum von der Eheschließung bis zur Auflösung der Ehe. Den Zeitraum vor der Eheschließung erfasst Art. 5 dagegen nicht (so ausdrücklich Explanatory Report, ETS Nr. 117, Rn. 37).

II. Sachlicher Anwendungsbereich

8   Die Ehegatten genießen gleiche Rechte und Pflichten im Verhältnis zueinander und im Verhältnis zu ihren Kindern. Für die Ehegatten müssen die rechtlichen Auswirkungen der Eheschließung gleich sein. **Der Gleichheitssatz des Art. 5 erstreckt sich** jedoch **nur auf zivilrechtliche Bereiche.** Er gewährt den Ehegatten daher keinen Schutz in anderen Rechtsbereichen, wie zum Beispiel im Straf-, Arbeits-, Verwaltungs-, Sozial- oder Finanzrecht (Explanatory Report, Rn. 35; vgl. zum Arbeitsrecht EGMR 7.10.2010 – 30078/06 Rn. 61, NLMR 2010, 304 – Markin).

9   Art. 5 schützt die Ehegatten vor Ungleichbehandlungen und verpflichtet die Mitgliedstaaten, einen rechtlichen Rahmen dafür zu schaffen, dass Ehegatten gleiche Rechte und Pflichten haben (EGMR 27.7.2006 – 7198/04 Rn. 56 – Iosub Caras; EGMR 17.2.2004 – 71099/01 – Monory; EGMR 3.7.2018 – 71797/13 Rn. 32 – Khalanchuk).

10 Art. 5 enthält **kein Recht auf Scheidung.** Die Mitgliedstaaten sind nicht verpflichtet, eine Scheidung der Ehegatten im nationalen Recht vorzusehen (Explanatory Report, Rn. 39; EGMR 18.12.1986 – 9697/82 Rn. 53 – Johnston; *Meyer-Ladewig/Harrendorf/König* in HK-EMRK Protokoll Nr. 7 zur Konvention zum Schutz der Menschenrechte Art. 5 Rn. 2; vgl. aber *Marauhn/Thorn in* Dörr/Grote/Marauhn Kap. 16 Rn. 53, die im Zusammenhang mit der Frage, ob Art. 12 EMRK ein Recht auf Scheidung enthält, darauf hinweisen, dass Art. 5 7. EMRKProt die Scheidung zumindest voraussetze). Die Dauer eines Scheidungsverfahrens hat der EGMR ausdrücklich als nicht in den Anwendungsbereich von Art. 5 fallend bewertet (EGMR 25.5.2004 – 59056/00 Rn. 39 – Szakály; zur Dauer des Scheidungsverfahrens → EMRK Art. 12 Rn. 18).

D. Eingriffe und Rechtfertigung

I. Eingriffe

Von einem Eingriff in Art. 5 ist ebenso wie bei den Grundrechten der EMRK 11
auszugehen, wenn der Anwendungsbereich des Grundrechts durch staatliches oder
dem Staat zurechenbares Handeln beschränkt wird. Ein Eingriff in Art. 5 läge beispielsweise vor, wenn eine nationale Regelung bestimmte, dass allein die Ehefrau entscheiden könnte, welcher Name der gemeinsame Ehename wird, der Ehemann dagegen keinen Einfluss auf die Wahl des Ehenamens hätte.

II. Schrankenregelung

Art. 5 enthält in Satz 2 den Vorbehalt, den Mitgliedstaaten sei nicht verwehrt, die 12
im Interesse der Kinder notwendigen Maßnahmen zu treffen. Weitere Vorbehalte
bzw. Einschränkungen enthält Art. 5 nicht. Die Mitgliedstaaten können somit im
Interesse der Kinder der Ehegatten Maßnahmen treffen, die zu einer Ungleichbehandlung führen (*Meyer-Ladewig/Harrendorf/König* in HK-EMRK Protokoll
Nr. 7 zur Konvention zum Schutz der Menschenrechte Art. 5 Rn. 3). Im Übrigen
sind ihnen die Gleichheit der Ehegatten beschränkende Eingriffe versagt.

III. Rechtfertigung

Eingriffe in Art. 5 sind nur dann gerechtfertigt, wenn sie im Interesse der Kinder 13
der Ehegatten notwendig sind. Für die Beantwortung der Frage, was „notwendig"
ist, verweist der EGMR auf seine Auslegung zu denjenigen Konventionsgrundrechten, die Eingriffe ebenfalls nur dann zulassen, wenn sie zur Erreichung eines
bestimmten Ziels notwendig sind und dabei insbesondere auf seine Entscheidungen
zu Art. 8 EMRK (EGMR 11.7.2000 – 31061/96, NLMR 2000, 135 – Cernecki;
zur Auslegung des Begriffs des „notwendigen Eingriffs" vgl. →EMRK Art. 8
Rn. 1 ff.; vgl. auch Explanatory Report, Rn. 36, auf den der EGMR ebenfalls verweist). Er betont insoweit, dass der jeweilige Eingriff und das mit ihm verfolgte Ziel
in einem angemessenen Verhältnis zueinander stehen müssen. Bei der Abwägung
komme den Mitgliedstaaten zwar ein Beurteilungsspielraum zu, dieser sei jedoch
nicht unbegrenzt, vielmehr obliege es dem EGMR zu überprüfen, ob die im Einzelfall für den Eingriff vorgebrachten Gründe, ausreichend seien, um diesen zu
rechtfertigen (EGMR 11.7.2000 – 31061/96, NLMR 2000, 135 – Cernecki).

Die wenigen Entscheidungen, in denen sich der EGMR bisher konkret zu einer 14
Verletzung des Art. 5 geäußert hat, deuten darauf hin, dass er den Mitgliedstaaten
bei der Entscheidung über die Notwendigkeit einer Maßnahme im Kindesinteresse
einen weiten Beurteilungsspielraum zugesteht. So hat er beispielsweise eine nationale Regelung, wonach die Zustimmung des leiblichen Vaters zur Adoption seines
Kindes durch den neuen Ehemann der Kindesmutter unter bestimmten Voraussetzungen entbehrlich ist, aus Gründen des Kindeswohls für vereinbar mit Art. 5 gehalten (EGMR 26.7.2007 – 58077/00 Rn. 33 ff. – Chepelev). In einem anderen
Fall hat er festgestellt, dass Art. 5 von den Mitgliedstaaten die Regelung eines gemeinsamen Sorgerechts zumindest dann nicht fordere, wenn und soweit das nationale Recht Informations- und Umgangsrechte für den nichtsorgeberechtigten
Elternteil vorsehe (EGMR 11.7.2000 – 31061/96, NLMR 2000, 135 – Cernecki).

Art. 1 12. EMRKProt Allgemeines Diskriminierungsverbot

(1) Der Genuss eines jeden gesetzlich niedergelegten Rechtes ist ohne Diskriminierung insbesondere wegen des Geschlechts, der Rasse, der Hautfarbe, der Sprache, der Religion, der politischen oder sonstigen Anschauung, der nationalen oder sozialen Herkunft, der Zugehörigkeit zu einer nationalen Minderheit, des Vermögens, der Geburt oder eines sonstigen Status zu gewährleisten.

(2) Niemand darf von einer Behörde diskriminiert werden, insbesondere nicht aus einem der in Absatz 1 genannten Gründe.

(1) The enjoyment of any right set forth by law shall be secured without discrimination on any ground such as sex, race, colour, language, religion, political or other opinion, national or social origin, association with a national minority, property, birth or other status.

(2) No one shall be discriminated against by any public authority on any ground such as those mentioned in paragraph 1.

(1) La jouissance de tout droit prévu par la loi doit être assurée, sans discrimination aucune, fondée notamment sur le sexe, la race, la couleur, la langue, la religion, les opinions politiques ou toutes autres opinions, l'origine nationale ou sociale, l'appartenance à une minorité nationale, la fortune, la naissance ou toute autre situation.

(2) Nul ne peut faire l'objet d'une discrimination de la part d'une autorité publique quelle qu'elle soit fondée notamment sur les motifs mentionnés au paragraphe 1.

Literatur: *Altwicker,* Menschenrechtlicher Gleichheitsschutz, 2011; *Trechsel,* Überlegungen zum Verhältnis zwischen Art. 14 EMRK und dem 12. Zusatzprotokoll, in Wolfrum (Hrsg.), Gleichheit und Nichtdiskriminierung im nationalen und internationalen Menschenrechtsschutz, 2003; *Villiger,* Handbuch der Europäischen Menschenrechtskonvention, 3. Aufl. 2020, § 33.

A. Einführung

1   Die Beschränkung des in Art. 14 EMRK enthaltenen Diskriminierungsverbots auf den Anwendungsbereich der Freiheitsrechte ist immer wieder als defizitär angesehen worden (*Trechsel* S. 121 mwN). Es gibt seit den 1960er Jahren Bestrebungen, die Konvention um zusätzliche Gleichheitsrechte zu ergänzen (s. iE *Schweizer* in IntKommEMRK, 2007, EMRK Art. 14 Rn. 156ff.). Doch erst im Jahr 1998 initiierte das Ministerkomitee die Erarbeitung eines Zusatzprotokolls zur Ergänzung von Art. 14 EMRK. Es trat am 1.4.2005 in der Folge der zehnten Ratifikation in Kraft und ist bis Mitte August 2021 von 20 Mitgliedstaaten ratifiziert und von weiteren 18 Staaten nur gezeichnet worden. Viele Staaten sind mit einer Ratifikation zurückhaltend, weil sich die Reichweite des in Art. 1 gewährleisteten **allgemeinen Gleichheitsrechts** – wohl auch im Hinblick auf die Frage einer mittelbaren Drittwirkung – nicht genau absehen lässt (*Schweizer* in IntKommEMRK, 2007, EMRK Art. 14 Rn. 155). Das gilt auch für Deutschland: Ein Vorstoß zur Ratifikation des

Allgemeines Diskriminierungsverbot **Art. 1 12. EMRKProt**

Protokolls (BT-Drs. 16/3145) wurde im Jahr 2007 von den Koalitionsfraktionen abgelehnt. Denn es sei nicht absehbar, inwieweit die Unterscheidungen zwischen Deutschen und Ausländern im Sozialversicherungs- und Arbeitsgenehmigungsrecht nach einer Ratifikation aufrechterhalten werden könnten (s. BT-Drs. 16/4647, 3; BT-Drs. 16/6314, 9). Auch derzeit ist nicht absehbar, dass sich eine politische Mehrheit für die Ratifikation bilden könnte. Die bisherige Rechtsprechungspraxis deutet allerdings nicht auf besonders expansive Tendenzen bei der Handhabung des allgemeinen Gleichheitsrechts hin (s. etwa EGMR 27.5.2014 – 18485/14 – Berkvens, wo eine unterschiedliche erbschaftssteuerrechtliche Behandlung von Unternehmen und Grundstücken recht umstandslos akzeptiert wird).

B. Gewährleistungsinhalt

I. Grundlagen

Der zentrale Unterschied zwischen Art. 1 und Art. 14 EMRK besteht darin, dass **2** sich das **akzessorische** Diskriminierungsverbot der Konvention auf den Genuss der Freiheitsrechte beschränkt, während das **selbständige** Diskriminierungsverbot des Protokolls **jede** Diskriminierung verbietet. Der Begriff der Diskriminierung lehnt sich an Art. 14 EMRK und die dazu ergangene Rechtsprechung an (EGMR 11.5.2021 – 43564/17 Rn. 79 – Caamaño Valle; Explanatory Report des Ministerkomitees (im Folgenden: ER), Rn. 18f.; *Altwicker* S. 124ff.); verboten ist damit auch im Bereich des Protokolls nicht jede Ungleichbehandlung. Die nicht abschließende Aufzählung der Differenzierungskriterien wurde an Art. 14 EMRK angelehnt und nicht ergänzt, um keine ungewollten Umkehrschlüsse zu provozieren (ER Rn. 20).

Art. 1 vollzieht also den Schritt zu einem **allgemeinen Gleichheitssatz:** Wäh- **3** rend Art. 1 Abs. 1 vom Genuss gesetzlich festgelegter Rechte spricht, ergänzt Art. 1 Abs. 2 diese Garantie etwas umständlich durch die Aussage, niemand dürfe von einer Behörde diskriminiert werden, womit die gesamte Hoheitsgewalt gemeint ist (ER Rn. 30). Beide Garantien müssen also im Zusammenhang gelesen werden (ER Rn. 23). Die nicht rechtsverbindlichen Erläuterungen des Ministerkomitees nennen vier kaum voneinander abgrenzbare Fallkonstellationen (ER Rn. 22), die wenig erhellen und nichts daran ändern, dass **jede** rechtliche Ungleichbehandlung von wesentlich Gleichem durch Art. 1 rechtfertigungsbedürftig wird (s. auch EGMR 9.12.2010 – 7798/08 Rn. 104 – Savez Crkava). Interessant ist die Frage, ob unter den Begriff „any right set forth by law" auch Rechte aus anderen völkerrechtlichen Abkommen fallen (bejahend *König/Peters* in Dörr/Grote/Marauhn Kap. 21 Rn. 46 mN), was den EGMR mittelbar zur Schutzinstanz auch anderer Menschenrechtsabkommen machen könnte. Die Erläuterungen halten das für möglich, äußern sich aber zurückhaltend (ER Rn. 33).

II. Einzelfragen

Das allgemeine Gleichheitsrecht bzw. dessen Erläuterung durch das Ministerko- **4** mitee werfen Zweifelsfragen in Sachen **positive Diskriminierung** und **mittelbare Drittwirkung** auf, die wohl zur Zurückhaltung bei den Ratifikationen beigetragen haben. Zur positiven Diskriminierung (→ EMRK Art. 14 Rn. 47) halten die Erläuterungen fest, dass strukturelle Benachteiligungen Maßnahmen positiver Gleichstellungspolitik rechtfertigen könnten; Art. 1 wolle aber keine Verpflichtung zu solchen Maßnahmen begründen (ER Rn. 16). Ungewöhnlich breit, aber wenig konkret äußern sich die Erläuterungen zur Frage einer Drittwirkung des Gleichheitssatzes. Das Protokoll will im Wesentlichen Pflichten der Staaten begründen, doch könne eine mittelbare Drittwirkung nicht von vornherein ausgeschlossen werden (so auch EGMR 29.10.2019 – 30100/18 Rn. 51 ff., BeckRS 2019, 46860 – Baralija; s. dazu auch *Villiger* Rn. 963). Eine Verpflichtung, Diskriminierungen zwischen Privaten zu verhindern, komme aber nur für Rechtsbeziehungen in Betracht, für die der Staat wie im Bereich der Daseinsvorsorge eine gewisse Verantwortung trage (ER Rn. 24–28).

5 Nach Art. 3 ist das Protokoll neben den Garantien der Konvention anwendbar, sodass zwischen Art. 1 und Art. 14 EMRK ein **Konkurrenzverhältnis** besteht. Es wird Aufgabe des Gerichtshofs sein, das Verhältnis zwischen den Garantien näher zu bestimmen (ER Rn. 33). Der EGMR hat festgestellt, eine Prüfung von Art. 1 erübrige sich, wenn eine Verletzung von Art. 14 EMRK festgestellt sei (EGMR (GK) 22.12.2009 – 27996/06 ua Rn. 51, NJOZ 2011, 428 (431) – Sejdić und Finci; EGMR 9.12.2010 – 7798/08 Rn. 114 f. – Savez Crkava). Da der Unterschied zwischen den Garantien in der Reichweite der Anwendungsbereiche liegt, dürfte Art. 1 eigenständige Bedeutung nur dort entfalten, wo Art. 14 EMRK mangels Berührung eines Freiheitsrechts nicht anwendbar ist.

C. Rechtsprechung

6 Bis Mitte August 2021 hat sich der Gerichtshof nur in 8 Urteilen näher mit dem allgemeinen Diskriminierungsverbot befasst und in 5 Fällen eine Verletzung festgestellt. In das passive Wahlrecht in Bosnien-Herzegowina betreffenden Fällen hat der EGMR ausgeführt, dass Art. 1 ein allgemeines Verbot von Diskriminierungen begründe und dass mit „Diskriminierung" das Gleiche gemeint sei wie in Art. 14 EMRK (EGMR (GK) 22.12.2009 – 27996/06 ua Rn. 53, 55, NJOZ 2011, 428 (431) – Sejdić und Finci; EGMR 15.7.2014 – 3681/06 Rn. 27 – Zornić; ebenso EGMR 9.12.2010 – 7798/08 Rn. 103 – Savez Crkava; EGMR 6.9.2016 – 414/11 Rn. 40 – Pilav). Nachdem er in dem Ausschluss der Wählbarkeit zur Volksvertretung einen Verstoß gegen Art. 14 EMRK gesehen hatte, welcher iVm Art. 3 EMRKZusProt anwendbar war, prüfte er den von letztgenannter Garantie nicht abgedeckten Ausschluss der Wählbarkeit zum dreiköpfigen Staatspräsidium am Maßstab von Art. 1. Die sachliche Prüfung bezieht sich dabei nur auf die zu Art. 14 EMRK gemachten Ausführungen und stellt deshalb eine Verletzung des allgemeinen Diskriminierungsverbots fest (EGMR (GK) 22.12.2009 – 27996/06 ua Rn. 54 ff., NJOZ 2011, 428 (431) – Sejdić und Finci; EGMR 15.7.2014 – 3681/06 Rn. 34 ff. – Zornić; s. nachfolgend zum gleichen Problem aber mit abweichenden Sachverhaltskonstellationen auch EGMR 6.9.2016 – 414/11 Rn. 41 ff. – Pilav; EMGR 29.10.2019 – 30100/18 Rn. 51 ff., BeckRS 2019, 46860 – Baralija). Auch der Gerichtshof sieht einen Unterschied zwischen den beiden Garantien also lediglich in der Reichweite ihres Anwendungsbereichs. In einem anderen Fall kam es wegen der Feststellung einer Verletzung von Art. 14 EMRK nicht mehr zur Prüfung von Art. 1 (EGMR 9.12.2010 – 7798/08 Rn. 114 f. – Savez Crkava).

Art. 1 6. EMRKProt Abschaffung der Todesstrafe

Die Todesstrafe ist abgeschafft. Niemand darf zu dieser Strafe verurteilt oder hingerichtet werden.

The death penalty shall be abolished. No one shall be condemned to such penalty or executed.

La peine de mort est abolie. Nul ne peut être condamné à une telle peine ni exécuté.

Art. 2 6. EMRKProt Todesstrafe in Kriegszeiten

Ein Staat kann in seinem Recht die Todesstrafe für Taten vorsehen, die in Kriegszeiten oder bei unmittelbarer Kriegsgefahr begangen werden; diese Strafe darf nur in den Fällen, die im Recht vorgesehen sind, und in Übereinstimmung mit dessen Bestimmungen angewendet werden. Der Staat übermittelt dem Generalsekretär des Europarats die einschlägigen Rechtsvorschriften.

A State may make provision in its law for the death penalty in respect of acts committed in time of war or of imminent threat of war; such penalty shall be applied only in the instances laid down in the law and in accordance with its provisions. The State shall communicate to the Secretary General of the Council of Europe the relevant provisions of that law.

Un Etat peut prévoir dans sa législation la peine de mort pour des actes commis en temps de guerre ou de danger imminent de guerre; une telle peine ne sera appliquée que dans les cas prévus par cette législation et conformément à ses dispositions. Cet Etat communiquera au Secrétaire Général du Conseil de l'Europe les dispositions afférentes de la législation en cause.

Art. 1 13. EMRKProt Abschaffung der Todesstrafe

Die Todesstrafe ist abgeschafft. Niemand darf zu dieser Strafe verurteilt oder hingerichtet werden.

The death penalty shall be abolished. No one shall be condemned to such penalty or executed.

La peine de mort est abolie. Nul ne peut être condamné à une telle peine ni exécuté.

Literatur: *Calliess*, Die Abschaffung der Todesstrafe – Zusatzprotokoll Nr. 6 zur Europäischen Menschenrechtskonvention, NJW 1989, 1019; *Council of Europe* (Hrsg.), The Death Penalty, Abolition in Europe, 1999; *Neubacher/Bachmann/Goeck*, Konvergenz oder Divergenz? – Einstellungen zur Todesstrafe weltweit, ZIS 2011, 517; *Nußberger*, Menschenrechtsschutz im Ausländerrecht, NVwZ 2013, 1305; *Peters*, Die Missbilligung der Todesstrafe durch die Völkerrechtsgemeinschaft, EuGRZ 1999, 650; *Schmahl*, Die Abschaffung der Todesstrafe in Europa, Hagener Online-Beiträge zu den Europäischen Verwaltungswissenschaften, DTIEV-Online Nr. 2/2011 (veröffentlicht am 8.6.2011); *Schmitt-Leonardy*, Warum waren wir nochmal gegen die Todesstrafe?, JuS 2018, 848; *Weber*, Die Europäische Menschenrechtskonvention und die

Türkei – Zum Notstand sowie zur Möglichkeit der Wiedereinführung der Todesstrafe, DÖV 2016, 921; *Yorke,* The Right to Life and Abolition of the Death Penalty in the Council of Europe, E. L. Rev. 2009, 205.

A. Verhängung und Vollstreckung der Todesstrafe

I. Völkervertragliche Entwicklung

1 **1. Art. 2 EMRK.** Das 6. und das 13. EMRKProt über die Abschaffung der Todesstrafe sind im Zusammenhang mit dem im Jahr 1950 konzipierten Art. 2 EMRK zu lesen, der die **Todesstrafe noch ausdrücklich zulässt** und damit das Recht auf Leben einschränkt. Nach Art. 2 Abs. 1 S. 2 EMRK darf niemand absichtlich getötet werden, außer durch Vollstreckung eines Todesurteils, das ein Gericht wegen eines Verbrechens verhängt hat, für das die Todesstrafe gesetzlich vorgesehen ist. Der Anwendungsbereich dieser Bestimmung wird für die jeweiligen Vertragsstaaten durch das 6. EMRKProt (ETS Nr. 114) auf Kriegszeiten beschränkt und durch das 13. EMRKProt (ETS Nr. 187) vollständig beseitigt.

2 **2. 6. EMRKProt.** Das 6. EMRKProt zur Konvention zum Schutze der Menschenrechte und Grundfreiheiten über die Abschaffung der Todesstrafe (6. EMRKProt) sieht die **Abschaffung der Todesstrafe in Friedenszeiten** vor (dazu *Calliess* NJW 1989, 1019; *Krüger,* Protocol No. 6 to the European Convention on Human Rights, in Council of Europe, The Death Penalty, Abolition in Europe, 1999, S. 69ff.). Sein Art. 1 verbietet die Todesstrafe und ihre Vollstreckung in Friedenszeiten vollständig. In Kriegszeiten oder bei unmittelbarer Kriegsgefahr bleibt die Todesstrafe nach Art. 2 des 6. EMRKProt zulässig. Das 6. EMRKProt ist **notstandsfest** (vgl. Art. 3 des 6. EMRKProt: „Von diesem Protokoll darf nicht nach Artikel 15 der Konvention abgewichen werden."). Seine Bedeutung wird auch durch das **Verbot von Vorbehalten** hervorgehoben (vgl. Art. 4 des 6. EMRKProt: „Vorbehalte nach Artikel 57 der Konvention zu Bestimmungen dieses Protokolls sind nicht zulässig."). Das Protokoll wurde am 28.4.1983 zur Unterzeichnung aufgelegt und trat am 1.3.1985 nach der Ratifikation durch fünf Staaten in Kraft. Es wurde von der Bundesrepublik Deutschland am 5.7.1989 ratifiziert und trat für sie am 1.8.1989 in Kraft (BGBl. 1989 II 814). Alle Konventionsstaaten der EMRK mit Ausnahme Russlands haben das 6. EMRKProt ratifiziert (Stand: 31.8.2021).

3 **3. 13. EMRKProt.** Das 13. EMRKProt zur Konvention zum Schutze der Menschenrechte und Grundfreiheiten über die **vollständige Abschaffung der Todesstrafe** (13. EMRKProt) schafft die Todesstrafe „in all circumstances", also **auch in Kriegszeiten,** ab. Es stellt sich damit als letzter Schritt in der kontinuierlichen Entwicklung der Konventionsstaaten hin zur Abschaffung der Todesstrafe dar, die mit einer entsprechenden Tendenz im allgemeinen Völkerrecht einhergeht (vgl. *Neubacher/Bachmann/Goeck* ZIS 2011, 517; *Peters* EuGRZ 1999, 650; *Yorke* E. L.Rev. 2009, 205ff.). Hinsichtlich der **Notstandsfestigkeit** (Art. 2) und des **Verbots von Vorbehalten** (Art. 3) gilt das zum 6. EMRKProt Ausgeführte entsprechend. Das 13. EMRKProt wurde am 3.5.2002 zur Unterzeichnung aufgelegt und trat am 1.7.2003 nach der Ratifikation durch zehn Staaten in Kraft. Es wurde von der Bundesrepublik Deutschland am 11.10.2004 ratifiziert und trat für sie am 1.2.2005 in Kraft (BGBl. 2004 II 982). Bislang haben 44 Konventionsstaaten das 13. EMRKProt ratifiziert (Stand: 31.8.2021).

Abschaffung der Todesstrafe **Art. 1 13. EMRKProt**

II. Bedeutung im innerstaatlichen Bereich

Art. 102 GG bestimmt wortgleich mit Art. 1 S. 1 sowohl des 6. als auch des 13. EMRKProt, dass die Todesstrafe abgeschafft ist. Art. 1 S. 2 der beiden Zusatzprotokolle betont ergänzend, dass es sich dabei nicht nur um eine objektive Gewährleistung, sondern auch und gerade um ein **subjektives Recht** handelt (vgl. *Zimmermann* in Dörr/Grote/Marauhn Kap. 27 Rn. 18). Parallel dazu regelt Art. 2 Abs. 2 GRCh, dass niemand zur Todesstrafe verurteilt oder hingerichtet werden darf (dazu etwa Jarass GRCh Art. 2 Rn. 13 ff.). Die Gewährleistungen der EMRK und der GRCh stehen etwaigen nationalen Bestrebungen nach einer Wiedereinführung der Todesstrafe entgegen (*Schmitt-Leonardy* JuS 2018, 848 (849)). Unter Todesstrafe ist die Verurteilung eines Menschen zum Tode als staatliche Reaktion auf die Verwirklichung einer Straftat, einschließlich der Vollstreckung, zu verstehen (vgl. *Rixen* in Heselhaus/Nowak EU-Grundrechte-HdB § 14 Rn. 27 f.). **4**

Deutschland hat bei der Hinterlegung der Ratifikationsurkunde erklärt, dass es seinen Verpflichtungen aus dem 6. EMRKProt bereits durch Art. 102 GG genügt hat (BGBl. 1989 II 814). Nach deutschem Verständnis sollen sich aus dem 6. EMRKProt Verpflichtungen **nur für das Strafrecht, nicht auch für das Ausländerrecht** – in Form eines Verbots aufenthaltsbeendender Maßnahmen bei drohender Todesstrafe – herleiten lassen (Amtliche Denkschrift, BT-Drs. 11/1468; dazu kritisch *Meyer-Ladewig/Harrendorf/König* in HK-EMRK Protokoll Nr. 6 Art. 1 Rn. 5). Anlässlich der Ratifikation des 13. EMRKProt hat die Bundesrepublik keine entsprechende Erklärung mehr abgegeben. **5**

Jedenfalls enthält das **einfache deutsche Recht** Verbote aufenthaltsbeendender Maßnahmen, wenn die Verhängung bzw. Vollstreckung einer Todesstrafe im Raum stehen. Nach § 60 Abs. 3 des Aufenthaltsgesetzes darf ein Ausländer nicht in einen Staat abgeschoben werden, wenn die Gefahr der Todesstrafe, also deren Verhängung oder Vollstreckung, besteht. Gemäß § 60 Abs. 5 des Aufenthaltsgesetzes besteht ein Abschiebungshindernis auch dann, wenn die Abschiebung nach der EMRK – etwa nach Art. 2 EMRK – unzulässig ist (→ Rn. 11). § 8 des Internationalen Rechtshilfegesetzes schützt vor Auslieferungen bei drohender Todesstrafe. Deutsche Ermittlungsergebnisse dürfen für ein ausländisches Strafverfahren nur zur Verfügung gestellt werden, wenn gewährleistet wird, dass sie nicht zum Zweck der Verhängung und Vollstreckung der Todesstrafe verwertet werden; dies gilt auch, wenn ausländische Strafverfolgungsbehörden durch deutsche Rechtshilfeersuchen und deren Ausführung in die Lage versetzt würden, eigene Strafverfahren wegen Straftaten einzuleiten, die dort mit der Todesstrafe bedroht sind (BGH 7.7.1999 – 1 StR 311/99, NStZ 1999, 634; aA noch OLG Karlsruhe 26.6.1990 – 1 AK 22/90, NStZ 1991, 138 mkritAnm *Lagodny*). **6**

B. Schutz bei Ausweisung, Abschiebung und Auslieferung

I. Überblick

Da in den Vertragsstaaten selbst – meist seit vielen Jahren – die Todesstrafe abgeschafft ist (vgl. *Calliess* NJW 1989, 1019 (1020)), konzentriert sich die Diskussion seit jeher auf die Fälle, in denen die verbotenen Handlungen nicht von einem Vertragsstaat selbst vorgenommen werden, sondern durch Ausweisung, Abschiebung oder Auslieferung in einem Drittstaat ermöglicht werden (vgl. *Yorke* E. L. Rev. 2004, 546). Die Charta der Grundrechte der Europäischen Union als vergleichs- **7**

13. EMRKProt   Art. 1   Rechte und Freiheiten der Zusatzprotokolle

weise „junge" Kodifikation hat diesem Wandel dadurch Rechnung getragen, dass sie das – an die grundrechtsverpflichteten Mitgliedstaaten gerichtete – **Todesstrafenverbot in Art. 2 Abs. 2 GRCh** durch den **Schutz des Art. 19 GRCh** ergänzt hat. Nach Art. 19 Abs. 2 GRCh darf niemand in einen Staat ausgeliefert werden, in dem für ihn das ernsthafte Risiko der Todesstrafe, der Folter oder einer anderen unmenschlichen oder erniedrigenden Strafe besteht. Eine **Ausweisung** besteht in der Verpflichtung, das Land zu verlassen. Die **Abschiebung** ist der zwangsweise Vollzug der Ausweisung. Die **Auslieferung** ist die Entfernung aus dem Gebiet des Landes, verbunden mit der Überstellung an einen anderen Staat auf dessen Ersuchen (vgl. zum Ganzen Jarass GRCh Art. 19 Rn. 7 mwN).

II. Rechtsprechung des EGMR

8   Vor der Geltung des 6. bzw. des 13. EMRKProt verstieß eine Auslieferung oder Abschiebung in ein Land bei drohender Todesstrafe als solche nicht gegen Art. 2 EMRK. Der Gerichtshof hat daher verschiedene Strategien entwickelt, um unter bestimmten Umständen gleichwohl einen Konventionsverstoß feststellen zu können (Überblick bei *Ravaud/Trechsel,* The death penalty and the case-law of the institutions of the European Convention on Human Rights in Council of Europe, The Death Penalty, Abolition in Europe, 1999, S. 79 ff.).

9   **1. Todeszellensyndrom.** Im *Soering*-Fall sah der Gerichtshof einen Verstoß gegen die Konvention aufgrund der **Begleitumstände der Todesstrafe** (Haftdauer und Haftbedingungen in der Todeszelle, sog. „Todeszellensyndrom"/„death row phenomenon") als gegeben an (EGMR 7.7.1989 (Plenum) – 14038/88, NJW 1990, 2183 – Soering/Vereinigtes Königreich mAnm *Lagodny* = EuGRZ 1989, 314 mAnm *Blumenwitz*). Auch wenn der Fall *Soering* das Auslieferungsrecht betraf, zeigt sich seine größte Bedeutung heute bei Fragen der Ausweisung und Abschiebung, also im Aufenthalts- und Asylrecht (*Grabenwarter* NJW 2017, 3052). Der Gerichtshof nahm – unter inzidenter Würdigung des Art. 2 EMRK – die **Prüfung am Maßstab des Art. 3 EMRK** vor, der unmenschliche und erniedrigende Bestrafung und Behandlung verbietet. Der Gerichtshof hielt es für denkbar, dass die in den vergangenen Jahrzehnten gewandelte Rechtsauffassung und Rechtspraxis der Vertragsstaaten hin zum Verbot der Todesstrafe eine nachträgliche Vereinbarung zur Abschaffung der Ausnahme in Art. 2 Abs. 1 S. 2 EMRK darstellen könnte. An der Annahme einer konkludenten Vertragsänderung und der Einstufung der Todesstrafe als per se konventionswidrig sah er sich jedoch durch die Existenz des 6. Zusatzprotokolls gehindert, das als gesonderte Übereinkunft den Willen der Vertragsstaaten dokumentiere, sich zur Abschaffung der Todesstrafe in Friedenszeiten erst zu einem späteren Zeitpunkt zu verpflichten. Eine ergänzende Auslegung der Konvention über den Wortlaut des Art. 2 Abs. 1 S. 2 EMRK hinaus lehnte der Gerichtshof ab.

10   **2. Konkludente Vertragsänderung und Verfahrensfairness.** Den nahezu entgegengesetzten Weg schlägt der EGMR in seiner späteren Rechtsprechung ein. Im Fall *Öcalan* zeigt der Gerichtshof bereits deutliche Sympathie für die Auffassung, die Vertragsstaaten seien durch ihre **geänderte Rechtspraxis** übereingekommen, Art. 2 Abs. 1 S. 2 EMRK eine entsprechende Wortlautänderung dahingehend zu modifizieren, dass die Todesstrafe in Friedenszeiten unzulässig ist (EGMR 12.3.2003 – 46221/99 Rn. 189 ff., EuGRZ 2003, 472 – Öcalan/Türkei; bestätigt durch EGMR 12.5.2005 (GK) – 46221/99 Rn. 162 ff., NVwZ 2006,

1267 – Öcalan/Türkei). Diese Argumentation, die im juristischen Schrifttum auf Kritik gestoßen ist (*Kühne* JZ 2003, 670 (673f.); differenzierend *Breuer* EuGRZ 2003, 449 (453); vgl. auch *Breuer* EuGRZ 2005, 471 (473)), greift der EGMR im Fall *Al-Saadoon* erneut auf. Er sieht angesichts der dargestellten völkervertraglichen Entwicklung nunmehr starke Indizien dafür, dass **Art. 2 EMRK konkludent** dahingehend **modifiziert** wurde, dass er die Todesstrafe unter allen Umständen verbietet (EGMR 2.3.2010 – 61498/08 Rn. 120 – Al-Saadoon ua/Vereinigtes Königreich; dazu *Schmahl* DTIEV-Online Nr. 2/2011, 14). Eine klare Aussage zur Unzulässigkeit der Todesstrafe nach der EMRK hat der Gerichtshof gleichwohl bislang nicht getroffen (*Weber* DÖV 2016, 921 (926)).

Im Fall *Öcalan* hat der Gerichtshof einen **prozeduralen Lösungsansatz** für die 11 Todesstrafenproblematik entwickelt. Seiner Ansicht nach folgt aus der Verpflichtung der Konventionsstaaten zum Schutz des Rechts auf Leben nach Art. 2 EMRK zumindest ein Anspruch auf Einhaltung bestimmter prozeduraler Garantien bei der Verhängung der Todesstrafe. Dies setzt insbesondere voraus, dass das verurteilende Gericht unabhängig ist und die striktesten Standards der **Verfahrensfairness** („the most rigorous standards of fairness") anwendet. Seit Inkrafttreten des 6. und 13. Zusatzprotokolls stuft der EGMR eine Auslieferung oder Abschiebung als konventionswidrig ein, wenn beträchtliche Gründe („substantial grounds") dafür glaubhaft gemacht worden sind, dass der Betroffene der tatsächlichen Gefahr („real risk") der Todesstrafe ausgesetzt würde (EGMR 5.7.2005 – 57/03 Rn. 123 – Al-Shari ua/Italien; EGMR 2.3.2010 – 61498/08 – Al-Saadoon ua/Vereinigtes Königreich; EGMR 24.7.2014 – 28761/11 Rn. 576 – Al Nashiri/Polen). Ein Verstoß gegen Art. 2 EMRK und Art. 1 des 13. EMRKProt ist jedoch zu verneinen, wenn hinsichtlich der Vollstreckung der Todesstrafe ein **Moratorium** besteht, das in dem betreffenden Staat seit Jahrzehnten ausnahmslos eingehalten worden ist und für dessen Einhaltung im konkreten Fall **behördliche Zusicherungen** abgegeben wurden (EGMR 4.9.2018 – 17675/18 Rn. 32, NVwZ 2019, 1585 – Saidani/Deutschland). Nicht beanstandet hat der EGMR daher die deutsche Rechtsprechung, wonach die drohende Verhängung einer Todesstrafe kein Abschiebungsverbot gemäß § 60 Abs. 5 des Aufenthaltsgesetzes begründet, wenn die Todesstrafe im Zielstaat der Abschiebung stets in eine lebenslange oder zeitige Freiheitsstrafe umgewandelt wird und der Verurteilte eine Überprüfung der Strafe mit Aussicht auf Herabsetzung der Haftdauer bewirken kann (BVerwG 26.3.2018 – 1 VR 1/18 Rn. 16, NVwZ 2018, 1395; BVerfG (K) 4.5.2018 – 2 BvR 632/18 Rn. 47, NVwZ 2018, 1390). In einem erneuten Verfahren zum Fall Öcalan, bei dem es nicht mehr um die Verurteilung zur Todesstrafe, sondern um ihre Umwandlung in eine lebenslange Haftstrafe ohne Berufungsmöglichkeit ging, hat der Gerichtshof die Rüge von Art. 2 EMRK als offensichtlich unbegründet zurückgewiesen (EGMR 18.3.2014 – 24069/03 ua – Öcalan/Türkei).

4. Teil. Allgemeine Schranken

Art. 15 Abweichen im Notstandsfall

(1) Wird das Leben der Nation durch Krieg oder einen anderen öffentlichen Notstand bedroht, so kann jede Hohe Vertragspartei Maßnahmen treffen, die von den in dieser Konvention vorgesehenen Verpflichtungen abweichen, jedoch nur, soweit es die Lage unbedingt erfordert und wenn die Maßnahmen nicht im Widerspruch zu den sonstigen völkerrechtlichen Verpflichtungen der Vertragspartei stehen.

(2) Aufgrund des Absatzes 1 darf von Artikel 2 nur bei Todesfällen infolge rechtmäßiger Kriegshandlungen und von Artikel 3, Artikel 4 Absatz 1 und Artikel 7 in keinem Fall abgewichen werden.

(3) Jede Hohe Vertragspartei, die dieses Recht auf Abweichung ausübt, unterrichtet den Generalsekretär des Europarats umfassend über die getroffenen Maßnahmen und deren Gründe. Sie unterrichtet den Generalsekretär des Europarates auch über den Zeitpunkt, zu dem diese Maßnahmen außer Kraft getreten sind und die Konvention wieder volle Anwendung findet.

(1) In time of war or other public emergency threatening the life of the nation any High Contracting Party may take measures derogating from its obligations under this Convention to the extent strictly required by the exigencies of the situation, provided that such measures are not inconsistent with its other obligations under international law.

(2) No derogation from Article 2, except in respect of deaths resulting from lawful acts of war, or from Articles 3, 4 (paragraph 1) and 7 shall be made under this provision.

(3) Any High Contracting Party availing itself of this right of derogation shall keep the Secretary General of the Council of Europe fully informed of the measures which it has taken and the reasons therefor. It shall also inform the Secretary General of the Council of Europe when such measures have ceased to operate and the provisions of the Convention are again being fully executed.

(1) En cas de guerre ou en cas d'autre danger public menaçant la vie de la nation, toute Haute Partie contractante peut prendre des mesures dérogeant aux obligations prévues par la présente Convention, dans la stricte mesure où la situation l'exige et à la condition que ces mesures ne soient pas en contradiction avec les autres obligations découlant du droit international.

(2) La disposition précédente n'autorise aucune dérogation à l'article 2, sauf pour le cas de décès résultant d'actes licites de guerre, et aux articles 3, 4 (paragraphe 1) et 7.

(3) Toute Haute Partie contractante qui exerce ce droit de dérogation tient le Secrétaire Général du Conseil de l'Europe pleinement informé des mesures prises et des motifs qui les ont inspirées. Elle doit également informer le Secrétaire Général du Conseil de l'Europe de la date à laquelle ces mesures ont cessé d'être en vigueur et les dispositions de la Convention reçoivent de nouveau pleine application.

Abweichen im Notstandsfall **Art. 15 EMRK**

Literatur: *Ergec,* Les droits de l'homme à l'épreuve des circonstances exceptionnelles – Etude sur l'article 15 de la Convention européenne des droits de l'homme, 1987; *Habteslasie,* Derogation in Time of War: The Application of Article 15 of the ECHR in Extraterritorial Armed Conflicts, Judicial Review 2006, 302; *Johann,* Menschenrechte im internationalen bewaffneten Konflikt. Zur Anwendbarkeit der Europäischen Menschenrechtskonvention und des internationalen Paktes über bürgerliche und politische Rechte auf Kriegshandlungen, 2012; *Kitz,* Die Notstandsklausel des Art. 15 der Europäischen Menschenrechtskonvention, 1982; *Maslaton,* Notstandsklauseln im regionalen Menschenrechtsschutz, 2002; *Mokhtar,* Human Rights Obligations v. Derogations: Article 15 of the European Convention on Human Rights, IJHR 8 (2004), 65; *Polzin,* Der verrechtlichte Ausnahmezustand, ZaöRV 2018, 635; *Schmahl,* Derogation von Menschenrechtsverpflichtungen in Notstandslagen, in Fleck (Hrsg.), Rechtsfragen der Terrorismusbekämpfung durch Streitkräfte, 2004, S. 125 ff.; *Vollmer,* Die Geltung der Menschenrechte im Staatsnotstand, 2010; *Weber,* Die Europäische Menschenrechtskonvention und die Türkei, DÖV 2016, 921; *Weber,* Notstandskontrolle. Notstand und Beurteilungsspielraum in der Praxis des Europäischen Gerichtshofs für Menschenrechte, 2019.

1. Allgemeines und innerstaatliche Bedeutung. Bei Art. 15 handelt es sich 1 um eine sog. **Notstands- oder Derogationsklausel** wie sie auch in anderen internationalen Menschenrechtsabkommen (zB in Art. 4 IPBPR und Art. 27 AMRK) enthalten ist. Sie eröffnet den Vertragsparteien die Möglichkeit, den Umfang ihrer Konventionsverpflichtungen an die besondere Situation eines Krieges oder eines anderen öffentlichen Notstands anzupassen. Ist eine Derogationslage gegeben, erlaubt Abs. 1 Rechtseingriffe, die im Rahmen der Schrankenregelungen der einzelnen Konventionsrechte ansonsten nicht gerechtfertigt werden könnten. In der Vergangenheit wurde auf Art. 15 insbesondere im Zusammenhang mit dem Nordirland- und dem Kurdistankonflikt zurückgegriffen (für eine Rechtsprechungsübersicht siehe *Vollmer,* Geltung der Menschenrechte im Staatsnotstand, S. 33 ff.). Das Vereinigte Königreich erklärte ferner nach den Ereignissen des 11. 9. 2001 eine Derogation, um terrorverdächtige Personen unter Außerachtlassung der Beschränkungen des Art. 5 inhaftieren zu können. In jüngerer Zeit waren insbesondere die Situation in der Ostukraine und die Krimkrise (Ukraine), die Terroranschläge von Paris im November 2015 (Frankreich) der Putschversuch in der Türkei 2016, der Bergkarabach-Konflikt (Armenien, Aserbeidschan) und die Corona-Pandemie (Albanien, Armenien, Estland, Georgien, Lettland, Nordmazedonien, Moldawien, Rumänien, San Marino, Serbien) Anlass für Derogationserklärungen. Die abgegebenen Derogationserklärungen veröffentlicht der Europarat auf seiner Internetseite (https://www.coe.int/en/web/conventions/search-on-reservations-and-declarations/-/conventions/declarations/search/cets).

In **Deutschland** hat Art. 15 bislang keine praktische Bedeutung erlangt. Eine 2 Derogationserklärung wurde von Deutschland noch nie abgegeben. Auch im Zusammenhang mit Auslandseinsätzen der Bundeswehr wurde die etwaige Notwendigkeit einer Derogation bisher nicht diskutiert.

2. Voraussetzungen. a) Derogationslage. Unter einem **öffentlichen Not-** 3 **stand, der das Leben der Nation bedroht,** versteht der EGMR eine außerordentliche und unmittelbar drohende Gefahrensituation, welche die Gesamtheit der Bevölkerung berührt und das Zusammenleben der Gemeinschaft im Staat bedroht (EGMR 1. 7. 1961 – 332/57 Rn. 28 – Lawless; EGMR 19. 2. 2009 (GK) – 3455/05 Rn. 176, NJOZ 2010, 1903 – A. ua; vgl. auch EKMR 5. 11. 1969 – 3321/67 ua Rn. 113 – Greek Case). Die Krisen- oder Gefahrenlage muss so außergewöhnlich sein, dass normale Maßnahmen oder Einschränkungen, wie sie die Konvention zur

Aufrechterhaltung der öffentlichen Sicherheit, Gesundheit oder Ordnung zulässt, **eindeutig unzureichend** sind (EGMR 19.2.2009 (GK) – 3455/05 Rn. 176, NJOZ 2010, 1903 – A. ua; EKMR 5.11.1969 – 3321/67 ua Rn. 113 – Greek Case). Es ist allerdings nicht erforderlich, dass die Notstandslage das gesamte Staatsgebiet einer Vertragspartei betrifft. Es genügt die Betroffenheit einer **bestimmten Region** (EGMR 25.5.1993 – 14553/89 u. 14554/89 Rn. 45 – Brannigan u. McBride: Notstand in Nordirland; EGMR 18.12.1996 – 21987/93 Rn. 70 – Aksoy: Notstand in der Südost-Türkei; vgl. auch *Harris/O'Boyle/Warbrick* S. 818; *Vollmer*, Geltung der Menschenrechte im Staatsnotstand, S. 32f.). Notstandsmaßnahmen, die außerhalb der betroffenen Region vorgenommen werden, können aber unter dem Gesichtspunkt der Erforderlichkeit unzulässig sein (EGMR 26.11.1997 – 23878/94 ua Rn. 39 – Sakik ua). In Betracht kommt auch die Annahme eines Notstands in einem von einer Vertragspartei effektiv kontrollierten Gebiet **außerhalb** seiner Staatsgrenzen (dazu → Art. 1 Rn. 23 ff.), zB im Falle einer militärischen Besetzung (vgl. EKMR 10.7.1976 – 6780/74 und 6950/75, EHRR 4 (1982), 482 Rn. 525 – Zypern/Türkei).

4   Für die Feststellung, ob eine Notstandssituation gegeben ist, wird den Vertragsparteien ein **weiter Beurteilungsspielraum** zugestanden (EGMR 18.1.1978 – 5310/71 Rn. 207, EuGRZ 1979, 149 – Irland/Großbritannien; EGMR 25.5.1993 – 14553/89 u. 14554/89 Rn. 43 – Brannigan u. McBride; EGMR 19.2.2009 (GK) – 3455/05 Rn. 173, NJOZ 2010, 1903 – A. ua; EGMR 20.3.2018 – 13237/17 Rn. 91 – Mehmet Hasan Altan; EGMR 3.3.2020 – 66448/17 Rn. 196 – Baş). Hat das höchste innerstaatliche Gericht das Bestehen einer Notstandslage bejaht, sieht sich der EGMR zu einer abweichenden Bewertung nur berechtigt, sofern das innerstaatliche Gericht Art. 15 falsch ausgelegt bzw. die Rechtsprechung des EGMR hierzu falsch angewendet hat, oder zu einem Ergebnis gekommen ist, das offenkundig unvertretbar *("manifestly unreasonable")* ist (EGMR 19.2.2009 (GK) – 3455/05 Rn. 174, NJOZ 2010, 1903 – A. ua). Maßgeblich für die Bewertung, ob eine Notstandslage gegeben ist, sind die Tatsachen, die zum **Zeitpunkt der Derogation** bekannt waren. Der EGMR sieht sich jedoch nicht daran gehindert, auch Informationen zu berücksichtigen, die erst später zu Tage treten (EGMR 19.2.2009 (GK) – 3455/05 Rn. 177, NJOZ 2010, 1903 – A. ua).

5   Der **Krieg** als Anwendungsfall der Derogationsklausel hat in der Rechtsprechung des EGMR bislang keine Rolle gespielt. Der Begriff umfasst nach allgemeiner Ansicht nicht nur den Krieg im formellen Sinne, sondern auch andere **internationale bewaffnete Konflikte,** bei denen es an einer förmlichen Kriegserklärung fehlt (*Ergec,* Circonstances exceptionelles, S. 125; *Peukert* in Frowein/Peukert EMRK Art. 15 Rn. 6; Grabenwarter/Pabel EMRK § 2 Rn. 9; *Krieger* in Dörr/Grote/Marauhn Kap. 8 Rn. 15; *Maslaton,* Notstandsklauseln, S. 190). Zu beachten ist, dass nach Auffassung des EGMR Handlungen einer Vertragspartei außerhalb des ihres Staatsgebietes in der Phase aktiver Feindseligkeiten eines internationalen bewaffneten Konflikts keine extraterritoriale Jurisdiktion im Sinne von Art. 1 begründen (EGMR 21.1.2021 (GK) – 38263/08 Rn. 144, BeckRS 2021, 389 – Georgien/Russland (II); → Art. 1 Rn. 32). Hiermit stehe die Praxis der Vertragsstaaten im Einklang, in solchen Situationen keine Derogationserklärungen abzugeben (EGMR 21.1.2021 (GK) – 38263/08 Rn. 139, BeckRS 2021, 389 – Georgien/Russland (II)). Unsicher ist, ob auch **nicht-internationale bewaffnete Konflikte** erfasst sind. Dies kann indes dahinstehen, weil sie gegebenenfalls als „anderer" öffentlicher Notstand eine Derogationslage begründen können (*Krieger* in Dörr/

Grote/Marauhn Kap. 8 Rn. 14). Da solche Konflikte als „Aufstand" *(„insurrection")* im Sinne der Ausnahmebestimmung des Art. 2 Abs. 2 lit. c angesehen werden können (vgl. EGMR 8.1.2009 – 43170/04 Rn. 88 – Dzhamayeva ua; EGMR 12.5.2010 – 9191/06 Rn. 81 – Suleymanova), besteht auch mit Blick auf Art. 15 Abs. 2, der ein Abweichen vom Recht auf Leben im Übrigen nur bei Todesfällen infolge rechtmäßiger Kriegshandlungen zulässt, keine Notwendigkeit für eine Subsumtion des nicht-internationalen bewaffneten Konflikts unter den Begriff des Krieges. Es dürfte aber auch nichts dagegen sprechen, einen nicht-internationalen bewaffneten Konflikt jedenfalls dann als Krieg im Sinne von Art. 15 aufzufassen, wenn die Anwendungsschwelle des Kriegsvölkerrechts überschritten ist (dazu Art. 1 des Zusatzprotokolls zu den Genfer Abkommen vom 12.8.1949 über den Schutz der Opfer nicht internationaler bewaffneter Konflikte vom 8.6.1977, BGBl. 1990 II 1637; siehe auch *Weber*, Notstandskontrolle, S. 198f.).

Das Erfordernis der **Bedrohung des Lebens der Nation** bezieht sich nach 6 überwiegender Meinung auch auf den Fall des **Krieges.** Der Krieg sei lediglich ein besonderes Beispiel für einen Notstand (Grabenwarter/Pabel EMRK § 2 Rn. 9). Das Merkmal müsse auch auf den „Krieg" angewandt werden, weil anderenfalls eine Derogation schon im Falle eines bloß formellen Kriegszustands möglich wäre und eine Vertragspartei unter diesen Umständen die Rechte seiner Bürger außer Kraft setzen könnte, ohne dass hierfür eine tatsächliche Notwendigkeit besteht (*Maslaton*, Notstandsklauseln, S. 26; vgl. auch *Vollmer*, Geltung der Menschenrechte im Staatsnotstand, S. 59f.). Es bedürfe daher einer konkreten und gegenwärtigen Bedrohung für die Bevölkerung des Vertragsstaates (*Krieger* in Dörr/Grote/Marauhn Kap. 8 Rn. 16; vgl. auch Grabenwarter/Pabel EMRK § 2 Rn. 9). Es erscheint jedoch diskussionswürdig, zumindest bei nach außen – also nicht gegen die eigene Bevölkerung – gerichteten Kriegshandlungen in einem internationalen bewaffneten Konflikt, die in den Anwendungsbereich des Kriegsvölkerrechts fallen, vom Erfordernis der Bedrohung des Lebens der Nation abzusehen (vgl. *Johann*, Menschenrechte im internationalen bewaffneten Konflikt, S. 242ff.; siehe auch *Krieger* in Dörr/Grote/Marauhn Kap. 8 Rn. 20; Habteslasie Judicial Review 2016, 302 Rn. 39ff.). Anderenfalls bestünde die Gefahr, dass auch – nach Maßgabe des *ius ad bellum* und des *ius in bello* – völkerrechtlich legitime Handlungen in bestimmten Konstellationen nur unter Verletzung der EMRK vorgenommen werden könnten. Dies betrifft all jene Fälle, in denen ein Vertragsstaat an einem Konflikt teilnimmt, der unter keinem denkbaren Gesichtspunkt das Leben **seiner** Nation bedroht (zB kollektive Selbstverteidigung zugunsten eines anderen Staates; humanitäre Intervention zugunsten bestimmter Menschengruppen) und hierbei Rechtseingriffe vornimmt, die nicht auf die besonderen Rechtfertigungsregelungen gestützt werden können (zB Tötungshandlungen, die nicht unter Art. 2 Abs. 2 fallen oder Freiheitsentzug, der nicht unter Art. 5 Abs. 1 lit. a–b fällt, wie etwa die Kriegsgefangenschaft, dazu EGMR 16.9.2014 – 29750/09 Rn. 97, NLMR 2014, 496 – Hassan). Die Gefahr eines Missbrauchs des Derogationsrechtes unter Berufung auf einen bloß formellen Kriegszustand besteht in dieser Konstellation nicht. Nach außen gerichtete Kriegshandlungen unterliegen in jedem Fall dem Kriegsvölkerrecht und sind am Maßstab des völkerrechtlichen Gewaltverbots und/oder dem Interventionsverbot zu messen, so dass insoweit keine Gefahr leichtfertiger Rechtsbeschränkungen ersichtlich ist. Der EGMR scheint demgegenüber Fälle, in denen Konventionsrechte kriegsvölkerrechtlich erlaubten Handlungen entgegenstehen (wie zB Art. 5 der Internierung von Kriegsgefangenen) im Wege einer extensiven – erforderlichenfalls den Wortlaut überschreitenden – Auslegung des betroffenen Konventionsrechts im Lichte des Kriegsvölkerrechts lösen zu wollen (EGMR 16.9.2014 – 29750/09 Rn. 99ff., NLMR 2014, 496 – Hassan – die Zulässigkeit einer Derogation prüfte der EGMR hier allerdings schon deshalb nicht, weil das Vereinigte Königreich keinen formalen Derogationsakt vorgenommen, zu diesem Erfordernis → Rn. 7, und sich auch nicht auf Art. 15 berufen hatte).

7 **b) Amtliche Verkündigung.** Anders als Art. 4 IPBPR enthält Art. 15 nicht das Erfordernis einer amtlichen Verkündung des Notstands (dazu aber → Rn. 11). Die EKMR hat in ihrer Praxis einen **formalen Derogationsakt** aber dennoch für notwendig erachtet (EKMR 10.7.1976 – 6780/74 und 6950/75, EHRR 4 (1982), 482 Rn. 527 – Zypern/Türkei) und eine *ex officio*-Anwendung des Art. 15 durch die Konventionsorgane ausgeschlossen (EKMR 10.7.1976 – 6780/74 und 6950/75 Rn. 511 – Zypern/Türkei). Auch der EGMR scheint von einem solchen Erfordernis auszugehen. So bewertete er den Tschetschenien-Konflikt vor einem „normalen rechtlichen Hintergrund", da insoweit weder das Kriegsrecht *(„martial law")* oder der Ausnahmezustand *(„state of emergency")* ausgerufen, noch eine Derogation nach Art. 15 vorgenommen worden sei (EGMR 24.2.2005 – 57950/00 Rn. 191, EuGRZ 2006, 41 – Isayeva). Ebensowenig zog er mangels einer „formalen Derogation" des Vereinigten Königreichs die Anwendung des Art. 15 auf die Internierung von Kriegsgefangenen im Irak-Krieg 2003 in Betracht (EGMR 16.9.2014 – 29750/09 Rn. 98ff., NLMR 2014, 496 – Hassan).

8 **3. Rechtsfolgen. a) Allgemeines.** Ist eine Derogationslage gegeben, dürfen die Vertragsparteien Maßnahmen treffen, die ansonsten mit den Konventionsrechten unvereinbar wären. Das Ermessen der Vertragsparteien ist allerdings insoweit begrenzt, als die Maßnahmen nicht über das hinausgehen dürfen, was in einer solchen Situation **unbedingt erforderlich** ist und mit den **sonstigen völkerrechtlichen Verpflichtungen** der Vertragsparteien vereinbar sein müssen. Eine weitere Einschränkung des Derogationsrechts folgt aus Abs. 2, nach dem von Art. 2 nur bei Todesfällen infolge rechtmäßiger Kriegshandlungen und von Art. 3, Art. 4 Abs. 1 und Art. 7 in keinem Fall abgewichen werden darf (sog. **derogationsfeste Rechte**).

9 Die Derogation wirkt als eine über die besonderen Schrankenregelungen hinausgehende, weitere **Rechtfertigungsmöglichkeit** für den Eingriff in Konventionsrechte (vgl. *Weber*, Notstandskontrolle, S. 133; ähnlich *Peukert* in Frowein/Peukert EMRK Art. 15 Rn. 1: „Einschränkungsmöglichkeit"). Der Rechtsprechung des EGMR lassen sich keine Hinweise dafür entnehmen, dass die betroffenen Konventionsrechte im Falle einer wirksamen Derogation *ipso facto* unanwendbar oder außer Kraft gesetzt werden und deshalb gegebenenfalls die Prüfung eines Rechtseingriffs nicht mehr erforderlich wäre (so aber das Sondervotum der Richter *Matscher* u. *Morenilla* zu EGMR 26.5.1993 – 14553/89 – Brannigan u. McBride; wohl auch Grabenwarter/Pabel EMRK § 2 Rn. 8). Der Vorgehensweise des EGMR entspricht es vielmehr, zunächst zu prüfen, ob ein Eingriff anhand der besonderen Schrankenregelungen gerechtfertigt werden kann. Erst wenn dies nicht der Fall ist, kommt es auf die Wirksamkeit der Derogation an (EGMR 19.2.2009 (GK) – 3455/05 Rn. 161 u. 172, NJOZ 2010, 1903 – A. ua). Beruft sich ein Vertragsstaat im Menschenrechtsbeschwerdeverfahren nicht auf eine erfolgte Derogation, bedarf es keine Prüfung ihrer Wirksamkeit durch den EGMR (EGMR 25.7.2017 – 2945/16 Rn. 82 – Khlebik).

10 **b) Verhältnismäßigkeit.** Derogationsmaßnahmen sind nur zulässig, soweit es die Lage **unbedingt erfordert.** Auch hier wird den Vertragsstaaten ein weiter **Er-**

messensspielraum zugestanden (EGMR 19.2.2009 (GK) – 3455/05 Rn. 184, NJOZ 2010, 1903 – A. ua). Das Ermessen ist jedoch nicht grenzenlos und unterliegt grundsätzlich der Überprüfung durch den EGMR (EGMR 25.5.1993 – 14553/89 u. 14554/89 Rn. 43 – Brannigan u. McBride; EGMR 19.2.2009 (GK) – 3455/05 Rn. 173, NJOZ 2010, 1903 – A. ua). Es ist eine **Abwägung** vorzunehmen zwischen den getroffenen Maßnahmen und der Art der Gefahr für die Nation, die von dem Notstand ausgeht (EGMR 19.2.2009 (GK) – 3455/05 Rn. 185, NJOZ 2010, 1903 – A. ua). In die Abwägung sind ua die Natur der von der Derogation betroffenen Konventionsrechte, die Umstände, die zur Notstandslage geführt haben und die Dauer der Notstandslage einzubeziehen (EGMR 25.5.1993 – 14553/89 u. 14554/89 Rn. 43 – Brannigan u. McBride). Insbesondere bei der Einschränkung grundlegender Konventionsrechte wie zB dem Recht auf Freiheit und Sicherheit müssen Derogationsmaßnahmen eine wahrhafte Reaktion *("genuine response")* auf die Notstandslage darstellen, sie müssen aufgrund der besonderen Umstände des Notstands voll gerechtfertigt sein, und es sind angemessene Sicherungen gegen ihren Missbrauch zu treffen (EGMR 19.2.2009 (GK) – 3455/05 Rn. 184, NJOZ 2010, 1903 – A. ua). Besteht die Derogationsmaßnahme in einer **gesetzlichen** Regelung, die nach dem Maßstab des Art. 15 als nicht „unbedingt erforderlich" erachtet wird, bedarf es keiner weiteren Prüfung der auf ihrer Grundlage getroffenen Einzelmaßnahmen (EGMR 19.2.2009 (GK) – 3455/05 Rn. 185, NJOZ 2010, 1903 – A. ua). Sie verletzen – sofern eine anderweitige Rechtfertigungsmöglichkeit nicht gegeben ist – ohne Weiteres das betroffene Konventionsrecht.

c) Vereinbarkeit mit sonstigen völkerrechtlichen Verpflichtungen. Derogationsmaßnahmen dürfen nicht im Widerspruch zu den sonstigen völkerrechtlichen Verpflichtungen der Vertragsparteien stehen. Der EGMR überprüft diese Voraussetzung von Amts wegen (EGMR 1.7.1961 – 332/57 Rn. 40 – Lawless). Zwar ist es nicht seine Aufgabe, andere völkerrechtliche Verpflichtungen verbindlich auszulegen. Sofern es plausible Anhaltspunkte für einen Verstoß gibt, hat er diesen aber nachzugehen (EGMR 25.5.1993 – 14553/89 u. 14554/89 Rn. 72 – Brannigan u. McBride). Zu den zu berücksichtigenden Verpflichtungen gehören insbesondere andere **Menschenrechtsabkommen** wie zB der IPBPR, welcher vor allem deswegen bedeutsam sein kann, weil der Katalog der derogationsfesten Rechte in Art. 4 Abs. 2 IPBPR umfangreicher ist, als der des Art. 15 Abs. 2. Ferner setzt Art. 4 Abs. 1 für eine Derogation eine **amtliche Verkündung** des Notstands voraus, so dass dieses Erfordernis möglicherweise auch für eine Derogation nach Art. 15 erforderlich ist (offengelassen in EGMR 25.5.1993 – 14553/89 u. 14554/89 Rn. 73 – Brannigan u. McBride). Von Bedeutung können ferner insbes. die Regeln des **Kriegsvölkerrechts** und des **Flüchtlingsrechts** sein (vgl. *Krieger* in Dörr/Grote/Marauhn Kap. 8 Rn. 32 mwN). 11

d) Derogationsfeste Rechte. Nach Abs. 2 darf vom **Verbot der Folter** (Art. 3), dem **Sklavereiverbot** (Art. 4 Abs. 1) und dem Grundsatz **nulla poena sine lege** (Art. 7) in keinem Fall abgewichen werden. Art. 3 6. EMRKProt und Art. 2 13. EMRKProt verbieten ferner jeweils ein Abweichen von den Regelungen dieser Protokolle (**Abschaffung der Todesstrafe**). Vom **Recht auf Leben** sind nach Abs. 1 Abweichungen nur im Falle **rechtmäßiger Kriegshandlungen** erlaubt. Die Rechtmäßigkeit von Kriegshandlungen ist am Maßstab des Kriegsvölkerrechts *(ius in bello)* zu bestimmen (vgl. *Maslaton*, Notstandsklauseln, S. 85). Teils wird angenommen, Kriegshandlungen dürften außerdem nicht gegen das völker- 12 rechtliche Gewaltverbot verstoßen, seien also auch am Maßstab des *ius ad bellum* zu messen (so etwa *Alleweldt* in Dörr/Grote/Marauhn Kap. 10 Rn. 79; *Krieger* in Dörr/Grote/Marauhn Kap. 8 Rn. 36). Dies dürfte indes zu weit führen (so auch *Weber*, Notstandskontrolle, S. 266). Der Wortlaut des Abs. 2 enthält keinen Hinweis darauf, dass neben den Kriegshandlungen auch der Krieg, in dessen Rahmen sie vorgenommen werden, rechtmäßig sein muss. Die Einbeziehung des *ius ad bellum* erschiene zudem systemwidrig. Berechtigte und Verpflichtete des völkerrechtlichen Gewaltverbotes sind nur Staaten, nicht aber Individuen. Nicht zuletzt würde die allzu oft schwierig zu treffende Beurteilung der Einhaltung des Gewaltverbots die Prüfung des Art. 15 Abs. 2 auch überfrachten. Angemessener Ort für die Berücksichtigung des Verhaltens eines Vertragsstaates erscheint insoweit eher die Abwägung im Rahmen der Verhältnismäßigkeitsprüfung, bei der die Umstände, die zur Derogationslage geführt haben, ohnehin berücksichtigt werden (→ Rn. 6).

13   **4. Unterrichtungspflicht.** Nach Abs. 3 haben die Vertragsparteien den Generalsekretär des Europarates über die nach Abs. 1 getroffenen Maßnahmen und ihre Gründe sowie über den Zeitpunkt ihrer Wiederaufhebung zu **unterrichten.** Der EGMR überprüft die Einhaltung dieser Verpflichtung von sich aus (EGMR 1.7.1961 – 332/57 Rn. 47 – Lawless; EGMR 18.12.1996 – 21987/93 Rn. 86 – Aksoy). Nach dem Wortlaut des Abs. 3 ist die Unterrichtung **nicht konstitutiv** für die Wirksamkeit der Derogation (*Peukert* in Frowein/Peukert EMRK Art. 15 Rn. 16). Die Unterrichtung kann aber eine wichtige Rolle bei der späteren Bewertung der Reichweite der Derogation spielen. So hat der EGMR im Falle einer Derogationserklärung, nach der eine Notstandslage nur in einem bestimmten Gebiet gegeben war, Derogationsmaßnahmen außerhalb dieses Gebietes für unzulässig erachtet (EGMR 26.11.1997 – 23878/94 ua Rn. 39 – Sakik ua; EGMR 2.11.2004 – 32446/96 Rn. 69 – Yaman).

Art. 16 Beschränkungen der politischen Tätigkeit ausländischer Personen

Die Artikel 10, 11 und 14 sind nicht so auszulegen, als untersagten sie den Hohen Vertragsparteien, die politische Tätigkeit ausländischer Personen zu beschränken.

Nothing in Articles 10, 11 and 14 shall be regarded as preventing the High Contracting Parties from imposing restrictions on the political activities of aliens.

Aucune des dispositions des articles 10, 11 et 14 ne peut être considérée comme interdisant aux Hautes Parties Contractantes d'imposer des restrictions à l'activité politique des étrangers.

A. Bedeutung

1   Art. 16 steht in Spannung zu Art. 1, nach dem die Mitgliedstaaten allen ihrer Hoheitsgewalt unterstehenden Personen die Konventionsrechte zusichern. Die **praktische Bedeutung** von Art. 16 ist **gering** (so auch *Meyer-Ladewig/Diehm* in HK-EMRK EMRK Art. 16 Rn. 2). Eine gewisse Bedeutung erlangte die Vorschrift nur in zwei Fällen, ihre Anwendbarkeit wurde jeweils verneint (EGMR 15.10.2015 (GK) – 27510/08 Rn. 118ff., NJW 2016, 3353 (3354) – Perinçek;

Beschränkungen der pol. Tätigkeit ausländ. Personen   **Art. 16 EMRK**

EGMR 27.4.1995 – 15773/89, ÖJZ 1995, 751 – Piermont). Art. 16 wird weithin als **anachronistisch** kritisiert, zumal sich in anderen Menschenrechtspakten, etwa dem IPBPR, keine entsprechenden Regelungen finden (*Ehlers* in Ehlers GuG § 2 Rn. 61; *Frowein* in Frowein/Peukert EMRK Art. 16 Rn. 1; *Grote/Wenzel* in Dörr/Grote/Marauhn Kap. 18 Rn. 73; *Meyer-Ladewig/Diehm* in HK-EMRK EMRK Art. 16 Rn. 1; ähnl. *Arai* in van Dijk/van Hoof/van Rijn/Zwaak European Convention on Human Rights S. 1079). Die Parlamentarische Versammlung des Europarats hat bereits 1977 die Abschaffung von Art. 16 gefordert (Recommendation 799 (1977), www.assembly.coe.int). In Deutschland wird Art. 16 insbes. im Zusammenhang mit § 47 AufenthG diskutiert (dazu *Vašek* DÖV 2016, 429ff. mwN, der zudem davon spricht, dass der EGMR Art. 16 in *Perinçek* „systematisch marginalisiert" habe).

B. Anwendungsbereich und Rechtsfolgen

I. Sachlicher Anwendungsbereich

Art. 16 betrifft Beschränkungen der **politischen Tätigkeit** (zum Begriff 2 → Rn. 3) von Ausländern. Solche Beschränkungen können zunächst die durch Art. 10 und 11 geschützten Aktivitäten betreffen., Darüber hinaus nennt Art. 16 auch das Diskriminierungsverbot aus Art. 14. Diese Erwähnung muss sich nicht nur auf Fälle beziehen, in denen Art. 14 in Verbindung mit den Art. 10 und 11 zur Anwendung kommt. Auch Ungleichbehandlungen von Ausländern im Zusammenhang mit anderen Konventionsrechten könnten von Art. 16 erfasst sein, wiederum soweit eine politische Tätigkeit im Sinne von Art. 16 in Rede steht (*Harris/O'Boyle/Warbrick* S. 851). Dieses Verständnis ist jedoch nicht zwingend. Art. 16 sieht im Bereich von Art. 10 und 11 eine Ungleichbehandlung von Ausländern aufgrund ihrer nationalen Herkunft vor, der eigentlich Art. 14 entgegensteht. Bereits dies vermag die Erwähnung von Art. 14 in Art. 16 abschließend zu erklären (*Frowein* in Frowein/Peukert EMRK Art. 16 Rn. 2; Grabenwarter/Pabel EMRK § 18 Rn. 26: nur „Klarstellung …, dass bei Vorliegen der Voraussetzungen des Art. 16 Differenzierungen aus Gründen der Staatsangehörigkeit zulässig sind"). Dieses engere Verständnis verdient den Vorzug, zumal (auch) Art. 16 restriktiv auszulegen ist (vgl. EGMR 15.10.2015 (GK) – 27510/08 Rn. 122, NJW 2016, 3353 (3354) – Perinçek).

Aus dem gleichen Grund ist der **Begriff der politischen Tätigkeit eng aus-** 3 **zulegen.** Er erfasst nicht jede im weiteren Sinne politische Aktivität, sondern nur solche Aktivitäten, die sich unmittelbar auf den politischen Prozess auswirken („activities that directly affect the political process", EGMR 15.10.2015 (GK) – 27510/08 Rn. 122, NJW 2016, 3353 (3354) – Perinçek). Es geht um den **„Kernbereich des politischen Prozesses"** (Grabenwarter/Pabel EMRK § 18 Rn. 26; *Harris/O'Boyle/Warbrick* S. 852: Gründung und Tätigkeit politischer Parteien und entsprechender Vereine, Meinungsäußerung zu Parteiprogrammen und in Wahlkämpfen, Teilnahme an Wahlen).

II. Persönlicher Anwendungsbereich

Art. 16 gilt zu Lasten von „ausländischen Personen". Auch dieser Begriff ist re- 4 striktiv zu verstehen. Ein rein formales Verständnis stünde im Widerspruch zu den engen politischen Verflechtungen, die zwischen den Mitgliedstaaten entstanden sind. Dies gilt in besonderem Maße für die Europäische Union, deren Bürger durch die Unionsbürgerschaft (Art. 18 ff. AEUV) miteinander verbunden sind (*Ehlers* in Ehlers GuG § 2 Rn. 61; *Grabenwarter* VVDStRL 60 (2001), 290 (333)). Diese enge Verbindung, die das kommunale Wahlrecht einschließt (Art. 22 AEUV), lässt **keinen Raum für Beschränkungen der politischen Tätigkeit von Unionsbürgern.** Diese sind daher innerhalb des gesamten Unionsgebiets nicht als „ausländische Personen" im Sinne von Art. 16 anzusehen (Grabenwarter/Pabel EMRK § 18 Rn. 27; *Marauhn/Merhof* in Dörr/Grote/Marauhn Kap. 7 Rn. 63; *Meyer-Ladewig/Diehm* in HK-EMRK EMRK Art. 16 Rn. 2).

5   Zwar hat der EGMR im Fall einer deutschen Europaabgeordneten, die sich gegen einen Eingriff in ihre Meinungsäußerungsfreiheit durch die Behörden der französischen Überseegebiete wehrte, hervorgehoben, dass es seinerzeit (noch) keine Europäische Staatsbürgerschaft („European Citizenship") gegeben habe. Dennoch stünden der Status als Abgeordnete und die Staatsangehörigkeit eines Staates der Europäischen Union einer Anwendung von Art. 16 entgegen, zumal auch die Bürger der Überseegebiete an den Wahlen zum Europäischen Parlament teilnähmen (EGMR 27. 4. 1995 – 15773/89 Rn. 60 ff., ÖJZ 1995, 751 – Piermont). Nachdem (nicht erst) in Art. 20 AEUV die **„Citizenship of the Union"** ausdrücklich vorgesehen ist, kann Art. 16 erst recht nicht auf Unionsbürger angewendet werden.

III. Rechtsfolgen

6   Findet Art. 16 trotz der geschilderten Restriktionen Anwendung, sind die betroffenen ausländischen Personen gleichwohl nicht schutzlos gestellt. Zur **Vermeidung eines „grundrechtsannullierenden" Effekts** im Kernbereich der demokratischen Debatte ist Art. 16 im Rahmen von Art. 10 und 11 **nur als Modifikation der Notwendigkeitsprüfung** zu verstehen. Dabei trägt Art. 16 dem grundsätzlich legitimen Interesse Rechnung, etwaige Gefahren abzuwenden, die mit einer politischen Betätigung ausländischer Personen verbunden sein können. Maßnahmen, die auch in diesem (erweiterten Rechtfertigungs-)Rahmen nicht in einer demokratischen Gesellschaft notwendig sind, sind trotz Art. 16 unzulässig (so zu Recht das Sondervotum in *Piermont* EGMR 27. 4. 1996 – 15773/89, ÖJZ 1995, 751, dort Nr. 5; Grabenwarter/Pabel EMRK § 23 Rn. 63; *Grote/Wenzel* in Dörr/Grote/Marauhn Kap. 18 Rn. 52, 73; in diese Richtung auch *Harris/O'Boyle/Warbrick* S. 852). Art. 16 ermöglicht in seinem Anwendungsbereich damit weitergehende Beschränkungen als sie im Rahmen von Art. 10 Abs. 2 und Art. 11 Abs. 2 eigentlich zulässig wären (Grabenwarter/Pabel EMRK § 18 Rn. 16), setzt diese Rechtfertigungsvoraussetzungen aber nicht außer Kraft (*Vašek* DÖV 2016, 429 (432) vermutet, dass der EGMR „diese Bestimmung in allgemeinen Verhältnismäßigkeitserwägungen aufgehen lässt").

Art. 17 Verbot des Missbrauchs der Rechte

Die Konvention ist nicht so auszulegen, als begründe sie für einen Staat, eine Gruppe oder eine Person das Recht, eine Tätigkeit auszuüben oder eine Handlung vorzunehmen, die darauf abzielt, die in der Konvention festgelegten Rechte und Freiheiten abzuschaffen oder sie stärker einzuschränken, als es in der Konvention vorgesehen ist.

Verbot des Missbrauchs der Rechte **Art. 17 EMRK**

Nothing in this Convention may be interpreted as implying for any State, group or person any right to engage in any activity or perform any act aimed at the destruction of any of the rights and freedoms set forth herein or at their limitation to a greater extent than is provided for in the Convention.

Aucune des dispositions de la présente Convention ne peut être interprétée comme impliquant pour un Etat, un groupement ou un individu, un droit quelconque de se livrer à une activité ou d'accomplir un acte visant à la destruction des droits ou libertés reconnus dans la présente Convention ou à des limitations plus amples de ces droits et libertés que celles prévues à ladite Convention.

Literatur: *Borowsky* in Meyer (Hrsg.), Charta der Grundrechte der europäischen Union, 3. Aufl. 2011, Art. 54; *Brings-Wiesen,* A. Völkerrecht, in Spindler/Schuster, Recht der elektronischen Medien, 4. Aufl. 2019; *Cannie/Voorhoof,* The Abuse Clause and Freedom of Expression in the European Human Rights Convention, NQHR 29 (2011), 54; *von Danwitz* in Tettinger/Stern, Europäische Grundrechtecharta, 2006, Art. 54; *EGMR,* Guide on Article 17 of the European Convention on Human Rights, 31.8.2020 (https://www.echr.coe.int/Documents/Guide_Art_17_ENG.pdf); *Hong,* Hassrede und extremistische Meinungsäußerung in der Rechtsprechung des EGMR nach dem Wunsiedel-Beschluss des BVerfG, ZaöRV 70 (2010), 73; *Keane,* Attacking Hate Speech Under Article 17 of the European Convention on Human Rights, NQHR 25 (2007), 641; *Nußberger,* Der freie Meinungsbildungsprozess als gefährdetes Gut in Europa, AfP 2014, 481; *Struth,* Hassrede und Freiheit der Meinungsäußerung, 2019.

A. Bedeutung und Zielrichtung

Art. 17 ist Ausdruck des auch im deutschen Verfassungsrecht verankerten 1 Grundsatzes der **wehrhaften Demokratie** (EGMR 23.9.1998 (GK) – 25662/94 Rn. 3, ÖJZ 1999, 656 – Lehideux u. Isorni: Sondervotum Jambrek; *Grote/Wenzel* in Dörr/Grote/Marauhn Kap. 18 Rn. 74). Entsprechende Regelungen finden sich in zahlreichen internationalen Menschenrechtspakten, etwa in Art. 30 AEMR, Art. 5 Abs. 1 IPBPR und IPWSKR sowie in Art. 54 GRCh. Den historischen Hintergrund bilden die totalitären Erfahrungen vor und während des Zweiten Weltkrieges (*Keane* NQHR 25 (2007), 641 (649)).

Art. 17 richtet sich einerseits **gegen** den **Staat** und verstärkt die Grenzen, die 2 sich aus den Rechtfertigungsvoraussetzungen der einzelnen Konventionsrechte sowie aus Art. 18 ergeben. Andererseits verweigert Art. 17 den einzelnen **Grundrechtsträger** die Berufung auf die Rechte der Konvention, sofern er diese Freiheiten zerstören möchte (EGMR 1.7.1961 – 332/57 Rn. 7 – Lawless; *Frowein* in Frowein/Peukert EMRK Art. 17 Rn. 1, 5).

In seiner gegen den Staat gerichteten Dimension hat Art. 17 EMRK trotz gele- 3 gentlicher Rügen, die knapp zurückgewiesen wurden (zB EGMR 26.7.2005 – 35072/97 Rn. 137 – Şimşek), keine besondere Bedeutung erlangt (vgl. auch EGMR, Guide on Article 17, Ziff. 9 ff.). Demgegenüber greift der EGMR mit gewisser Regelmäßigkeit auf die Vorschrift zurück, um **totalitären sowie extremistischen Äußerungen** und Bestrebungen (jedenfalls im Ergebnis) den Schutz der Konvention zu verweigern. Auch in diesen Fällen ist Art. 17 letztlich von **überwiegend deklaratorischer Bedeutung.** Ein Eingriff etwa in die Rechte aus Art. 10 Abs. 1, der nur durch Art. 17, nicht aber im Rahmen von Art. 10 Abs. 2 gerechtfertigt werden kann, dürfte, wenn überhaupt, nur äußerst selten vorliegen.

B. Voraussetzungen

I. Schutz der grundlegenden Werte der Konvention

4 Soweit er sich auf eine Gruppe oder eine Person bezieht, soll Art. 17 insbes. verhindern, dass die Konventionsrechte zu totalitären Zwecken missbraucht werden (EGMR 6.1.2011 (GK) – 34932/04 Rn. 87, NVwZ 2011, 1307 (1308) – Paksas). Ein solcher Missbrauch liegt vor, wenn sich die Äußerung bzw. die Tätigkeit gegen die **grundlegenden Werte der EMRK** richtet (EGMR 23.9.1998 (GK) – 25662/94 Rn. 53, ÖJZ 1999, 656 – Lehideux u. Isorni, „underlying values"). Hierzu zählen Gerechtigkeit und Frieden, eine funktionsfähige Demokratie und freie Wahlen, die friedliche Beilegung internationaler Konflikte, der Respekt vor dem Wert menschlichen Lebens, Toleranz, sozialer Frieden und fundamentale Gleichbehandlung einschließlich der Gleichheit der Geschlechter und das friedliche Miteinander in der Gesellschaft frei von Rassentrennung (EGMR, Guide on Article 17, Ziff. 25 m. Nachw. aus der Rspr.). Spiegelbildlich sind Gewalt oder Hass, Fremdenfeindlichkeit und Rassendiskriminierung, Antisemitismus, Islamophobie, Terrorismus und Kriegsverbrechen, die Leugnung des Holocausts und anderer klar erwiesener historischer Tatsachen, die Verachtung von Opfern des Holocaustes, von Kriegen oder totalitären Regimen und der Angriff auf die demokratische und pluralistische Staatsordnung gem. Art. 17 verpönte Ziele (EGMR, Guide on Article 17, Ziff. 26; sa EGMR 23.9.1998 (GK) – 25662/94 Rn. 2, ÖJZ 1999, 656 – Lehideux u. Isorni: Sondervotum Jambrek; EGMR 15.10.2015 (GK) – 27510/08 Rn. 115, NJW 2016, 3353 (3354) – Perinçek).

5 Nach diesem dezidiert inhalts- und meinungsbezogenen Maßstab greift Art. 17 vor allem bei Angriffen auf die Demokratie, die die einzige mit der Konvention vereinbare Staatsform ist (vgl. EGMR 16.3.2006 (GK) – 58278/00 Rn. 98 f. – Ždanoka; EGMR 30.1.1998 (GK) – 19392/92 Rn. 45 – United Communist Party). Erfasst sind etwa Äußerungen und Aktivitäten, die einen totalitären, insbes. nationalsozialistischen Staat propagieren (EGMR 1.2.2000 – 32307/96, ÖJZ 2000, 817 – Schimanek), den Holocaust leugnen (EGMR 29.6.2004 – 64915/01 Rn. 69 – Chauvy ua; EGMR 23.9.1998 (GK) – 25662/94 Rn. 47, ÖJZ 1999, 656 – Lehideux u. Isorni; EGMR 13.12.2005 – 72485/03 – Witzsch (Nr. 2); EGMR 24.6.2003 – 65831/01, NJW 2004, 3691 – Garaudy), antisemitisch bzw. in besonderer Weise rassistisch sind (EGMR 2.9.2004 – 42264/98 – W. P. ua; EGMR 20.2.2007 – 35222/04 – Pavel Ivanov; EGMR 12.6.2012 – 31098/08 – Hizb Ut-Fahir), Kriegsverbrechen rechtfertigen (EGMR 15.1.2009 – 20985/05 Rn. 35 – Orban), islamistische Äußerungen, insbes. Hassaufrufe (EGMR 27.6.2017 – 34367/14 Rn. 30 ff., BeckRS 2017, 161700 – Belkacem) sowie rassistische Beleidigungen (EGMR 20.10.2015 – 25239/13 Rn. 40 f., NJW-RR 2016, 1514 (1516) – M'Bala M'Bala). Übersichten über die Rspr.: EGMR 17.4.2018 – 24683/14 Rn. 31 ff. – ROJ TV A/S; EGMR, Guide on Article 17, Ziff. 25 f., 77 f.; zu Art. 17 im Kontext von Art. 11 zu messenden Parteiverboten *Neidhardt* in HK-EMRK EMRK Art. 17 Rn. 5 f.).

6 Bestimmte Äußerungen, etwa die Auschwitz-Lüge, unterfallen Art. 17 schlechthin (wobei der EGMR einzelfallabhängig entscheidet, Art. 17 bereits den Schutzbereich von Art. 10 begrenzt oder sich erst im Rahmen der Notwendigkeitsprüfung auswirkt, vgl. EGMR 3.10.2019 – 55225/14 Rn. 37, BeckRS 2019, 47407 – Pastörs; → Rn. 9 ff.). Bei anderen Äußerungen, insbes. solchen, die sich jedenfalls in

Verbot des Missbrauchs der Rechte **Art. 17 EMRK**

der Nähe zu einer Debatte von öffentlichem Interesse bewegen, findet Art. 17 nur Anwendung, sofern es sich um besonders krasse, etwa menschenverachtende Inhalte handelt (ähnlich *Grote/Wenzel* in Dörr/Grote/Marauhn Kap. 18 Rn. 35). Dabei war die **Linie des EGMR** bislang **uneinheitlich**. Während der Gerichtshof einerseits im Fall eines islamophoben Plakats britischer Nationalisten Art. 17 anwandte (sehr weitgehend EGMR 16.11.2004 – 23131/03 – Norwood), lehnte er in Bezug auf ein Buch, das in polemischer und apokalyptischer Weise ua vor einer „Eroberung" Europas durch den Islam und einem ethnischen Bürgerkrieg warnte, den Rückgriff auf Art. 17 ab, weil die Äußerungen nicht hinreichend schwerwiegend seien, um dessen Anwendung zu rechtfertigen (EGMR 10.7.2008 – 15948/03 Rn. 48, NJOZ 2010, 2237 – Soulas ua, Verstoß gegen Art. 10 gleichwohl verneint; hierzu *Hong* ZaöRV 70 (2010), 73 (99f., 103)). Der EGMR ist jedoch zusehends bemüht, seine Rechtsprechung zu Art. 17 zu strukturieren (vgl. EGMR 15.10.2015 (GK) – 27510/08 Rn. 113ff., NJW 2016, 3353 (3354) – Perinçek; EGMR 17.4.2018 – 24683/14 Rn. 31ff. – ROJ TV A/S).

Die Große Kammer betont, Art. 17 könne **nur ausnahmsweise und in Extremfällen** („on an exceptional basis and in extreme cases") angewendet werden. Jedenfalls im Rahmen von Art. 10 greife Art. 17 nur, wenn unmittelbar feststehe, dass die fragliche Äußerung entgegen dem tatsächlichen Zweck dieses Menschenrechts für mit den Werten der Konvention ersichtlich unvereinbare Ziele eingesetzt werden solle (EGMR 15.10.2015 (GK) – 27510/08 Rn. 114., NJW 2016, 3353 (3354) – Perinçek; *Brings-Wiesen* Rn. 21; für eine enge Definition des Art. 17 auslösenden Begriffs der Hassrede auch das Sondervotum Spielmann (dort Rn. 4) in EGMR 9.2.2012 – 1813/07 – Vejdeland; *Nußberger* AfP 2014, 481 (486). *Cannie/Voorhoof* NQHR 29 (2011), 54 (62f.), u. *Harris/O'Boyle/Wabrick* S. 853, weisen jedoch auf eine Ausweitung des Anwendungsbereichs hin). Die Konvention schützt auch und gerade kontroverse, polemische und unpopuläre Äußerungen und Verhaltensweisen (vgl. zB zu Art. 10 EGMR 26.9.1995 – 7851/91 Rn. 52, NJW 1996, 375 – Vogt; für eine restriktive Auslegung auch *Grote/Wenzel* in Dörr/Grote/Marauhn Kap. 18 Rn. 74). In aller Regel wird die Rechtfertigung eines Eingriffs zur Bekämpfung etwa anti-demokratischer, totalitärer, antisemitischer und rassistischer Äußerungen und Handlungen auch ohne Rückgriff auf Art. 17 gelingen. 7

II. Gefahrenneutralität

Der Maßstab des Art. 17 ist nicht nur inhalts- und meinungsbezogen, sondern zugleich **gefahrneutral**. Art. 17 setzt keine tatsächliche Gefährdung der grundlegenden Werte der Konvention voraus. Bereits nach dem Wortlaut („darauf abzielt") kommt es allein auf die Zielsetzung der jeweiligen Handlung oder Äußerung an, nicht auf eine drohende Verwirklichung (illustrativ zur evidenten Gefahrenneutralität insbes. EGMR 16.11.2004 – 23131/03 – Norwood). Steht diese Zielsetzung in der von Art. 17 vorausgesetzten Weise (→ Rn. 8) im Widerspruch zu den Grundwerten der Konvention, greift Art. 17 ein. Teilweise wird überdies eine „objektive Gefahrgeeignetheit" gefordert, die bei Äußerungen gegeben sein soll, wenn sie so getätigt werden, „dass sie potenziell einen Effekt in der Außenwelt erzeugen". Andernfalls bestünde die Gefahr, dass bloße innere Ansichten ohne externe Wirkungen der Möglichkeit einer grundrechtskonformen Sanktionierung ausgesetzt werden könnten (so *Struth* S. 219ff.). Da der EGMR Art. 17 bei Äußerungen ohnehin nur ausnahmsweise und in Extremfällen anwendet (→ Rn. 8) und 8

Mensching 595

die Vorschrift zudem eine „Tätigkeit" oder „Handlung" voraussetzt, also nicht an innere Ansichten als solche anknüpft (→ Rn. 12), erscheinen Notwendigkeit und praktische Konsequenzen eines solchen Erfordernisses zweifelhaft.

C. Wirkungen

I. Schutzbereichsbegrenzung und/oder Abwägungsregel

9   Ob es sich bei Art. 17 um eine Schutzbereichsbegrenzung oder eine Abwägungsregel handelt, ist umstritten. Der EGMR hat sich nicht festgelegt. Er wendet Art. 17 mitunter als Abwägungsregel an und berücksichtigt die Vorschrift „erst" im Rahmen der Rechtfertigungsprüfung etwa nach Art. 10 Abs. 2 (EGMR 1.2.2000 – 32307/96, ÖJZ 2000, 817 – Schimanek; EGMR 20.4.1999 – 41448/98 – Witzsch (Nr. 1); sa EKMR 12.5.1988 – 12194/86 – Kühnen; EKMR 11.10.1979 – 8348/78 – Glimmerveen u. Hagenbeek). Nach diesem **„Rechtfertigungsmodell"** (*Hong* ZaöRV 70 (2010), 73 (74), in Abgrenzung zum „Nichtanwendungsmodell") bleibt auch bei Anwendung von Art. 17 der Schutzbereich des jeweiligen Grundrechts eröffnet. Erst im Rahmen der Rechtfertigungsprüfung kommt das Missbrauchsverbot abwägungsleitend zur Geltung (diesen Ansatz befürworten etwa *Cornils* in BeckOK InfoMedienR EMRK Art. 10 Rn. 17.1, „verbotsrechtfertigend"; Grabenwarter/Pabel EMRK § 23 Rn. 7; *Struth* S. 258 ff., 281 f., 307 ff.; ids auch *Harris/O'Boyle/Warbrick* S. 622).

10 In zahlreichen anderen Fällen versteht der EGMR Art. 17 demgegenüber als **Schutzbereichsbegrenzung.** Ist eine Äußerung oder Handlung von Art. 17 erfasst, ist danach bereits der Schutzbereich des eigentlich anwendbaren Konventionsrechts nicht eröffnet, so dass sich die Frage nach der Rechtfertigung des Eingriffs nicht stellt (idS etwa EGMR 6.1.2011 (GK) – 34932/04 Rn. 88, NVwZ 2011, 1307 (1308) – Paksas, „removed from the protection of Article 10 by Article 17"; EGMR 23.9.1998 (GK) – 25662/94 Rn. 47, ÖJZ 1999, 656 – Lehideux v. Isornì; EGMR 23.9.1994 (GK) – 15890/89 Rn. 35, NStZ 1995, 237 – Jersild, ohne ausdr. Nennung v. Art. 17; EGMR 17.4.2018 – 24683/14 Rn. 48 f. – ROJ TV A/S; EGMR 12.6.2012 – 31098/08 Rn. 74 – Hizb Ut-Tahrir; EGMR 20.2.2007 – 35222/04 – Pavel Ivanov; EGMR 13.12.2005 – 72485/03 – Witzsch (Nr. 2); EGMR 2.9.2004 – 42264/98 – W. P. ua; EGMR 16.11.2004 – 23131/03 – Norwood; EGMR 24.6.2003 – 65831/01, NJW 2004, 3691 – Garaudy; vgl. auch *Nußberger* in Herdegen/Masing/Poscher/Gärditz, Handbuch des Verfassungsrechts, 2021, § 20 Rn. 50 mit Fn. 121). Dieses kategoriale Verständnis findet in der (später eingefügten) Überschrift („Verbot des Missbrauchs der Rechte") eine Stütze (der Missbrauch eines Rechts steht der Berufung auf dieses Recht schlechthin entgegen) und dürfte auch der Zielsetzung der Norm, einem Angriff auf die Grundwerte der Konvention nicht ansatzweise Vorschub zu leisten, entsprechen.

11 Zum Teil wird vertreten, der EGMR gehe in Bezug auf die Leugnung unbestreitbarer historischer Tatsachen von einer Schutzbereichsbegrenzung aus, berücksichtige Art. 17 im Übrigen aber erst im Rahmen der Rechtfertigungsprüfung (Keane NQHR 25 (2007), 641 (643 ff.)). Gegen ein solches **„gespaltenes" Verständnis** spricht, dass der EGMR Art. 17 auch in Fällen, in denen nicht die Leugnung des Holocaust oder anderer über jeden Zweifel erhabener historischer Tatsachen in Rede stand, als den Schutzbereich beschränkende Norm angewendet hat

(vgl. nur EGMR 20.2.2007 – 35222/04 – Pavel Ivanov; EGMR 16.11.2004 – 23131/03 – Norwood).

Der **EGMR** behält sich vor, Art. 17 **je nach den Umständen des Einzelfalls** **11a** **als Schutzbereichsbegrenzung oder im Rahmen der Notwendigkeitsprüfung** anzuwenden. Maßgeblich ist dabei jedenfalls im Rahmen von Art. 10, ob es sich um einen offensichtlichen Fall des Missbrauchs handelt oder dies erst durch eine genaue Analyse des Einzelfalls zu klären ist (EGMR 15.10.2015 (GK) – 27510/08 Rn. 115, NJW 2016, 3353 (3354) – Perinçek; EGMR 11.5.2021 – 10271/12 Rn. 49, BeckRS 2021, 10378 – Kilin; EGMR 3.10.2019 – 55225/14 Rn. 37, BeckRS 2019, 47407 – Pastörs). Da Art. 17 ohnehin nur ausnahmsweise und in Extremfällen zur Anwendung kommt, erscheint es konsequent, die Bestimmung in solchen Konstellationen im Sinne eines „echten" Missbrauchsverbots auf Schutzbereichsebene anzuwenden. Einem Rückgriff auf die auch in Art. 17 zum Ausdruck kommenden Wertungen und die Wertgebundenheit der EMRK im Rahmen der Rechtfertigungsprüfung – aber jenseits einer unmittelbaren Anwendung von Art. 17 – stünde dies nicht entgegen.

II. Reichweite

Art. 17, der bereits nach seinem Wortlaut eine „Tätigkeit" oder „Handlung" **12** voraussetzt, erfasst nur **„Verhaltensrechte"**, die zur Bekämpfung der Grundrechtsordnung genutzt werden können (so auch *Struth* S. 213 f.; zu Art. 54 GRCh *Borowsky* in NK-EuGRCh GRCh Art. 54 Rn. 10; *v. Danwitz* in Tettinger/Stern GRCh Art. 54 Rn. 57). Er sperrt nicht die Berufung auf sämtliche Rechte der Konvention (dann ginge er sogar über Art. 15 hinaus, *Frowein* in Frowein/Peukert EMRK Art. 17 Rn. 2).

Erfasst sind daher insbes. die Art. 9–11 (EGMR 17.4.2018 – 24683/14 Rn. 30 – **13** ROJ TV A/S) und Art. 3 EMRKZusProt (in Form des passiven Wahlrechts). Durch Art. 17 **unangetastet bleiben** demgegenüber die **Art. 2–7, 12, 13** und zahlreiche Bestimmungen der Zusatzprotokolle, die ebenfalls nicht zum Missbrauch geeignet sind (EGMR 1.7.1961 – 332/57 Rn. 7 – Lawless, allg. u. für Art. 5 u. 6; *Frowein* in Frowein/Peukert EMRK Art. 17 Rn. 2; *Harris/O'Boyle/Warbrick* S. 852 ff.; *Struth* S. 214). Art. 17 ist keine Strafnorm zu Lasten des totalitären Agitators, sondern eine Schutznorm zugunsten der freiheitlich demokratischen Ordnung.

Art. 18 Begrenzung der Rechtseinschränkungen

Die nach dieser Konvention zulässigen Einschränkungen der genannten Rechte und Freiheiten dürfen nur zu den vorgesehenen Zwecken erfolgen.

The restrictions permitted under this Convention to the said rights and freedoms shall not be applied for any purpose other than those for which they have been prescribed.

Les restrictions qui, aux termes de la présente Convention, sont apportées auxdits droits et libertés ne peuvent être appliquées que dans le but pour lequel elles ont été prévues.

Aus Art. 18 folgt, dass die Konventionsrechte **ausschließlich** zu den in den **1** Schrankenvorbehalten der einzelnen Konventionsrechte vorgesehenen Zwecken eingeschränkt werden dürfen. Art. 18 kommt **keine selbständige Rolle** zu, sondern kann stets nur in Verbindung mit anderen Konventionsrechten zur Anwendung kommen (EGMR 11.5.2000 – 35036//97 – Oates; EGMR 19.5.2004 – 70276/01 Rn. 73 – Gusinskiy; EGMR 26.6.2007 – 1704/06 – Ramishvili u. Kokhreidze; EGMR 13.11.2007 – 35615/06 Rn. 49 – Cebotari; EGMR 8.4.2010 – 33105/05 Rn. 127 – Mudayevy; EGMR 31.5.2011 – 5829/04 Rn. 254, NJOZ 2012, 1902 – Khodorkovskiy; EGMR 22.5.2014 – 15172/13 Rn. 137, NLMR 2014, 237 – Ilgar Mammadov; EGMR 28.11.2017 (GK) – 72508/13 Rn. 287 – Merabishvili; EGMR 15.11.2018 (GK) – 29580/12 ua Rn. 164, NVwZ-RR 2019, 793 – Navalnyy; EGMR 22.12.2020 (GK) – 14305/17 Rn. 421 – Selahattin Demirtaş). Eine Verletzung des Art. 18 kommt ferner nur in Betracht, wenn das betroffene Konventionsrecht einem Schrankenvorbehalt unterliegt (EGMR 19.5.2004 – 70276/01 Rn. 73 – Gusinskiy; EGMR 13.11.2007 – 35615/06 Rn. 49 – Cebotari; EGMR 28.11.2017 (GK) – 72508/13 Rn. 290 – Merabishvili; EGMR 14.1.2020 – 51111/07 u. 42757/07 Rn. 620 – Khodorkovskiy u. Lebedev (Nr. 2)).

2   Ziel des Art. 18 ist die Verhinderung von **Machtmissbrauch** (EGMR 28.11.2017 (GK) – 72508/13 Rn. 303 – Merabishvili; EGMR 29.5.2019 (GK) – 15172/13 Rn. 189 – Ilgar Mammadov). Er soll verhindern, dass die Schrankenvorbehalte – zB aus politischen Interessen (vgl. etwa EGMR 7.5.2009 – 5829/04 „The Law" Rn. 9 – Khodorkovskiy; EGMR 27.5.2010 – 13772/05 Rn. 310ff. – Lebedev) – zu **konventionswidrigen Zwecken** instrumentalisiert werden. Sein Regelungsgehalt geht über die bloße Klarstellung der Selbstverständlichkeit hinaus, dass ein Eingriff, der den Voraussetzungen eines Schrankenvorbehalts nicht entspricht, rechtswidrig ist. Er verbietet den Vertragsparteien ausdrücklich die Einschränkung von Konventionsrechten zu Zwecken, die sich nicht aus der Konvention selbst ergeben (EGMR 28.11.2017 (GK) – 72508/13 Rn. 288 – Merabishvili). Eine Verletzung des Art. 18 in Verbindung mit einem anderen Konventionsrecht kann auch und gerade dann gegeben sein, wenn das andere Konventionsrecht für sich genommen **nicht verletzt** ist (EGMR 11.5.2000 – 35036/97 – Oates; EGMR 19.5.2004 – 70276/01 Rn. 73 – Gusinskiy; EGMR 13.11.2007 – 35615/06 Rn. 49 – Cebotari; EGMR 28.11.2017 (GK) – 72508/13 Rn. 288 – Merabishvili; EGMR 15.11.2018 (GK) – 29580/12 ua Rn. 164, NVwZ-RR 2019, 793 – Navalnyy). Dies kann beispielsweise der Fall sein, wenn ein Eingriff in Art. 5 aufgrund eines „hinreichenden Verdachts" gem. Art. 5 Abs. 1 lit. c an sich gerechtfertigt ist, der Freiheitsentzug aber **zusätzlich** zu einem anderen, nicht vorgesehenen Zweck erfolgt (EGMR 19.5.2004 – 70276/01 Rn. 74 u. 77 – Gusinskiy; vgl. auch EGMR 7.5.2009 – 5829/04 Rn. 9 „The Law" – Khodorkovskiy), zB um den Betroffenen zu einem bestimmten Verhalten zu nötigen (vgl. EGMR 7.5.2009 – 5829/04 Rn. 75 – Khodorkovsky). Ferner dient Art. 18 als **Auslegungshilfe** für die Schrankenvorbehalte anderer Konventionsrechte (vgl. EGMR 28.11.2017 (GK) – 72508/13 Rn. 269 – Merabishvili).

3   Art. 18 kann auch dann verletzt sein, wenn die Voraussetzungen eines Schrankenvorbehalts **nicht vorliegen,** das betroffene Konventionsrecht also verletzt ist, und darüber hinaus das **„wahre Ziel"** einer Maßnahme als konventionswidrig anzusehen ist. Dies kann zB angenommen werden, wenn eine Person ohne hinreichenden Tatverdacht im Sinne von Art. 5 Abs. 1 lit. c inhaftiert wird, und dies allein dem Zweck dient, den Betroffenen unter Druck zu setzen (EGMR 13.11.2007 – 35615/06 Rn. 53 – Cebotari). In der Praxis wurde eine Verletzung des Art. 18 neben anderen Konventionsrechten lange Zeit eher selten festgestellt (für eine Über-

Begrenzung der Rechtseinschränkungen **Art. 18 EMRK**

sicht zur Entscheidungspraxis bis 2017 siehe EGMR 28.11.2017 (GK) – 72508/13 Rn. 264 ff. – Merabishvili). In jüngerer Zeit hat der EGMR hingegen mit zunehmender Häufigkeit Verletzungen von Art. 18 bejaht (siehe etwa EGMR 15.11.2018 (GK) – 29580/12 ua Rn. 166 ff., NVwZ-RR 2019, 793 – Navalnyy; EGMR 9.4.2019 – 43734/14 Rn. 92 ff. – Navalnyy (Nr. 2); EGMR 10.12.2019 – 28749/18 Rn. 215 ff. – Kavala; EGMR 27.2.2020 – 30778/15 Rn. 110 ff. – Khadija Ismayilova (Nr. 2); EGMR 16.7.2020 – 68817/14 Rn. 184 ff. – Yunusova u. Yunusov; EGMR 22.12.2020 (GK) – 14305/17 Rn. 423 ff. – Selahattin Demirtaş; EGMR 18.2.2021 – 65583/13 u. 70106/13 Rn. 67 ff. – Azizov u. Novruzlu). Steht die Verletzung eines anderen Konventionsrechtes fest, hält der EGMR eine Prüfung des Art. 18 in der Regel nicht mehr für erforderlich (vgl. EGMR 23.9.1982 – 7151/75 u. 7152/75 Rn. 76, NJW 1984, 2747 – Sporrong u. Lönnroth; EGMR 18.12.1986 – 9990/82 Rn. 61, NJW 1987, 3066 – Bozano; EGMR 8.1.2004 – 23656/94 Rn. 134 – Ayder ua; EGMR 9.11.2004 – 22494/93 Rn. 132 – İlhan; EGMR 8.4.2010 – 33105/05 Rn. 128 – Mudayevy). Der bloße Umstand, dass die Einschränkung eines Konventionsrechts nicht alle Voraussetzungen der Schrankenregelung erfüllt, wirft nicht notwendigerweise die Frage einer Verletzung von Art. 18 auf. Zu einer gesonderten Prüfung einer Verletzung von Art. 18 sieht sich der Gerichtshof vielmehr nur dann veranlasst, wenn der konventionswidrige Zweck eines Eingriffs einen **wesentlichen Aspekt** (*„fundamental aspect"*) des Falles darstellt (EGMR 28.11.2017 (GK) – 72508/13 Rn. 291 – Merabishvili). Sofern die für die Verletzung von Art. 18 angeführten Gründe im Wesentlichen die gleichen sind, die für die Verletzung eines materiellen Konventionsrechts vorgetragen werden, geht der Gerichtshof davon aus, dass eine Verletzung von Art. 18 kein wesentlicher Aspekt des Falles ist (vgl. EGMR 19.11.2019 – 75734/12 ua Rn. 305 – Razvozzhayev u. Udaltsov).

Nach der **älteren Rechtsprechung** des Gerichtshofs lag die **Darlegungslast** 4 für eine Verletzung des Art. 18 allein bei demjenigen, der die Verletzung geltend machte. Der Gerichtshof stellte insoweit hohe Anforderungen auf. Ein bloßer Verdacht, dass die Behörden ihre Befugnisse zu anderen Zwecken nutzen als in der Konvention festgelegt, reiche für den Nachweis einer Verletzung des Art. 18 nicht aus (EGMR 31.5.2011 – 5829/04 Rn. 255, NJOZ 2012, 1902 – Khodorkovskiy). Auch eine Glaubhaftmachung (*„prima facie case"*) genüge für sich genommen nicht, um die Darlegungslast auf den betreffenden Vertragsstaat übergehen zu lassen (EGMR 3.5.2011 – 5829/04 Rn. 256, NJOZ 2012, 1902 – Khodorkovskiy). Nach Auffassung des Gerichtshofes bestand eine generelle Vermutung, dass die Behörden der Mitgliedstaaten ohne böse Absicht handeln. Diese Vermutung könne nur widerlegt werden, wenn der Betroffene überzeugend (*„convincingly"*) darlegt, dass das „wahre Ziel" einer Maßnahme nicht dem vorgegebenen Ziel entspricht oder dies in hinreichender Weise aus den Begleitumständen abgeleitet werden kann (EGMR 31.5.2011 – 5829/04 Rn. 255, NJOZ 2012, 1902 – Khodorkovskiy; EGMR 25.7.2013 – 11082/06 u. 13772/05 Rn. 899 – Khodorkovskiy u. Lebedev; EGMR 22.5.2014 – 15172/13 Rn. 137, NLMR 2014, 237 – Ilgar Mammadov; EGMR 21.6.2016 – 15256/05 Rn. 113 – Tchankotadze). Eine Verletzung hat der Gerichtshof nach diesem Maßstab etwa angenommen in EGMR 3.7.2012 – 6492/11 Rn. 104 ff., NJW 2013, 2409 – Lutsenko; EGMR 30.4.2013 – 49872/11 Rn. 294 ff., NJW 2014, 283; EGMR 22.5.2014 – 15172/13 Rn. 137 ff., NLMR 2014, 237 – Ilgar Mammadov; EGMR 17.3.2016 – 69981/14 Rn. 153 ff. – Rasul Jafarov. Mit der Entscheidung der Großen Kammer in der Sache *Merabishvili* vom 28.11.2017 hat der Gerichtshof von diesem strengen Maßstab ausdrücklich **Ab-**

stand genommen (EGMR 28.11.2017 (GK) – 72508/13 Rn. 282 ff. – Merabishvili) und wendet seither die **üblichen Beweisregeln** der Konvention an, nach denen die Beweislast weder von der einen noch von der anderen Partei getragen wird, sondern der Gerichtshof das gesamte ihm vorliegende Material unabhängig von seiner Herkunft prüft und von Amts wegen weiteres Material anfordern kann (EGMR 28.11.2017 (GK) – 72508/13 Rn. 310 – Merabishvili; EGMR 22.12.2020 (GK) – 14305/17 Rn. 422 – Selahattin Demirtaş). Erforderlich ist für die Bejahung einer Verletzung von Art. 18 aber, dass der konventionswidrige Zweck „ohne vernünftigen Zweifel" *(„beyond reasonable doubt")* feststeht (EGMR 28.11.2017 (GK) – 72508/13 Rn. 314 – Merabishvili). Der Gerichtshof beurteilt den Sachverhalt in freier Beweiswürdigung (EGMR 28.11.2017 (GK) – 72508/13 Rn. 315 – Merabishvili).

5. Teil. Verfahrensrecht

Art. 19 Errichtung des Gerichtshofs

Um die Einhaltung der Verpflichtungen sicherzustellen, welche die Hohen Vertragschließenden Teile in dieser Konvention und den Protokollen dazu übernommen haben, wird ein Europäischer Gerichtshof für Menschenrechte, im folgenden als „Gerichtshof" bezeichnet, errichtet. Er nimmt seine Aufgaben als ständiger Gerichtshof wahr.

To ensure the observance of the engagements undertaken by the High Contracting Parties in the Convention and the protocols thereto, there shall be set up a European Court of Human Rights, hereinafter referred to as „the Court". It shall function on a permanent basis.

Afin d'assurer le respect des engagements résultant pour les Hautes Parties contractantes de la présente Convention et de ses protocoles, il est institué une Cour européenne des Droits de l'Homme, ci-dessous nommée „la Cour". Elle fonctionne de façon permanente.

Literatur: *v. Bogdandy/Venzke,* Zur Herrschaft internationaler Gerichte, ZaöRV 2010, 1; *dies.,* Zur demokratischen Legitimation von Europas Richtern, JZ 2014, 529; *Dzehitsiarou/Coffey,* Legitimacy and Independence of International Tribunals: An Analysis of the European Court of Human Rights, Hastings Int'l & Comp. L Rev 2014, 269.

A. Bedeutung

Art. 19 stellt die **grundlegende Norm für das Rechtsschutzsystem** der 1 Konvention dar, indem er den Gerichtshof als ständiges Konventionsorgan schafft, dessen Aufgabe darin besteht, die Einhaltung der (menschenrechtlichen) Verpflichtungen der Konvention zu überwachen.

B. Der Gerichtshof

Der Gerichtshof wurde mit Inkrafttreten der Konvention 1953 errichtet, konnte 2 aber erst nach der Wahl der ersten Richter Anfang 1959 seine Arbeit in Straßburg aufnehmen. Seine erste Entscheidung fällte der Gerichtshof im Jahr 1960 (EGMR 14.11.1960 – 332/57 – Lawless). Bis 1998 stand ihm eine Kommission (**Europäische Kommission für Menschenrechte**/EKMR) zur Seite, die als Eingangsinstanz Staaten- und Individualbeschwerden behandelte. Für Individualbeschwerden zur EKMR war es bis dahin zudem erforderlich, dass sich der entsprechende Vertragsstaat der Zuständigkeit der Kommission durch Erklärung unterworfen hatte. Der Gerichtshof konnte unter dem alten System nur von der EKMR oder einer beteiligten Vertragspartei angerufen werden. Auch insoweit musste der betroffene Vertragsstaat sich der EGMR-Zuständigkeit unterworfen haben.

Seit 1998 ist der EGMR als **ständiger Gerichtshof** konstituiert und wird daher 3 auch teils als „neuer Gerichtshof" bezeichnet. Er übt seine Zuständigkeit über alle

EMRK Art. 19

Vertragsstaaten aus, ohne dass es einer gesonderten Unterwerfungserklärung bedarf. Der EGMR tagt in justizieller Funktion als Große Kammer, in Kammern und Ausschüssen sowie – seit Inkrafttreten des 14. EMRKProt – auch in Einzelrichterbesetzung. Das Plenum (sowie die Sektionen, vgl. Art. 25 der EGMRVerfO) hat lediglich gerichtsverfassungsrechtliche, keine justiziellen Aufgaben ieS.

4 Der Gerichtshof hat seinen **Sitz** seit 1959 am Sitz des Europarats **in Straßburg.** Seit 1995 tagt er in neuen Gebäuden in der „Allée des Droits de l'Homme", kann aber auch auswärtige Sitzungen in den Mitgliedstaaten des Europarats abhalten (Art. 19 Abs. 1 EGMRVerfO). Die Beratungen sind nicht öffentlich und geheim (Art. 22 EGMRVerfO), während mündliche Verhandlungen grundsätzlich öffentlich stattfinden (Art. 63 EGMRVerfO). Amtssprachen des Gerichtshofs sind Englisch und Französisch (Art. 34 EGMRVerfO). Abstimmungen in den jeweiligen Spruchkörpern erfolgen mit Stimmenmehrheit der anwesenden Richterinnen und Richter (Art. 23 EGMRVerfO).

5 Neben der überwiegend verwendeten Abkürzung **„EGMR"** wird der Gerichtshof teilweise auch als „EuGMR" oder „EuGHMR" abgekürzt, in der Presse kommt es zudem häufig zu Verwechslungen des EGMR mit dem EuGH, dh dem Gerichtshof der Europäischen Union nach Art. 19 EUV (vgl. *Mayer* in Kadelbach, 60 Jahre Integration in Europa, S. 17ff.).

C. Aufgaben des Gerichtshofs

6 Art. 19 S. 1 enthält einerseits die Aufgabe des Gerichtshofs sicherzustellen, dass die Verpflichtungen aus der Konvention eingehalten werden. Andererseits stellt die Regelung damit auch klar, dass der Gerichtshof nur über die **Einhaltung von Konventionsverpflichtungen** zu entscheiden hat, nicht hingegen über die Beachtung des Rechts der Vertragsstaaten oder über andere völkerrechtliche Verträge (EGMR 21.1.1999 – 30544/96 Rn. 28, NJW 1999, 2429 – García Ruiz). Diese Unterscheidung ist allerdings in der Praxis teils wenig klar zu ziehen. Die Rechtsprechung des Gerichtshofs hat – selbst wenn es sich eindeutig um Auslegungen der Konventionsrechte handelt – in jedem Fall unmittelbare Auswirkungen auf das nationale Recht bzw. die nationale Verwaltungspraxis, da dessen Vereinbarkeit mit den Konventionsverpflichtungen gerade in Rede steht. Darüber hinaus hat der Gerichtshof im Urteil *García Ruiz* klargestellt, dass er im Falle einer willkürlichen Auslegung des nationalen Rechts seine Interpretation an die Stelle der Interpretation durch die nationalen Stellen setzen kann.

7 Art. 19 bindet den Gerichtshof zwar daran, die Einhaltung der Verpflichtungen aus der Konvention sicherzustellen, eröffnet damit aber **keinen Weg für ein *proprio motu*-Verfahren,** in dem der Gerichtshof oder eine bestimmte Stelle Verfahren bei Fällen von Menschenrechtsverletzungen einleiten könnte. Das System des Rechtsschutzes beruht gemäß Art. 32 auf den beiden Hauptpfeilern der Individualbeschwerde (Art. 34) und der Staatenbeschwerde (Art. 33) sowie dem – durch das 14. EMRKProt neu hinzugekommen – Überwachungsverfahren des Art. 46 Abs. 4 und 5 und schließlich dem Gutachtenverfahren (Art. 47).

Art. 20 Zahl der Richter

Die Zahl der Richter des Gerichtshofs entspricht derjenigen der Hohen Vertragschließenden Teile.

The Court shall consist of a number of judges equal to that of the High Contracting Parties.

La Cour se compose d'un nombre de juges égal à celui des Hautes Parties contractantes.

Literatur: *N.P. Engel,* Status, Ausstattung und Personalhoheit des Inter-Amerikanischen Gerichtshofs und des EGMR, EuGRZ 2003, 122.

A. Größe des Gerichtshofs

Art. 20 koppelt die **Zahl der Richterinnen und Richter** des Gerichtshofs an 1 Zahl der Vertragsstaaten (gegenwärtig: 47). Anders als bis zum Inkrafttreten des Protokolls Nr. 11 ist es damit zulässig, dass mehrere Richter aus einem Vertragsstaat kommen, so dass mittlerweile geradezu traditionell ein schweizerischer Staatsangehöriger Richter für Liechtenstein ist. In der Praxis schlagen die Vertragsstaaten allerdings im Grundsatz eigene Staatsangehörige als Richter vor (zur Ernennung → Art. 22 Rn. 4 ff.). Damit hat diese Regelung nicht nur eine praktische Bedeutung für die Arbeit des Gerichtshofs (umfassende Kenntnis der Rechtssysteme der Vertragsstaaten in der Richterschaft), sondern auch eine **legitimatorische Wirkung,** denn die Rechtsprechung des EGMR als solche ist damit immer auch eine Gerichtsbarkeit durch Richter aus dem Land jedes Normunterworfenen bzw. -begünstigten. Diese legitimatorische Wirkung ist in der Arbeit des Gerichtshofs durch die EGMRVerfO dergestalt umgesetzt, dass in allen Fällen vor der Großen Kammer oder einer Kammer ein Richter aus dem jeweils betroffenen Vertragsstaat beteiligt ist (sog. nationaler Richter; zu den ad hoc-Richtern → Rn. 4).

Bis 1998 war die Zahl der Richter hingegen an die Zahl der **Mitglieder des** 2 **Europarats** gekoppelt. Dies hatte zur Folge, dass der französische Richter *René Cassin* sogar Präsident des Gerichtshofs werden konnte, obwohl Frankreich während seiner gesamten Amtszeit die Konvention nicht ratifiziert hat.

Präsident des Gerichtshofs ist seit 2020 der Isländer *Robert Spano.* **Deutsche** 3 **Richterin** ist seit 2020 *Anja Seibert-Fohr.* Sie ist das sechste deutsche Mitglied des Gerichtshofs – nach *Angelika Nußberger* (2011–2019), *Renate Jaeger* (2004–2010), *Georg Ress* (1998–2004), *Rudolf Bernhardt* (1981–1998) und *Hermann Mosler* (1959–1980). Die Liste der gegenwärtigen und ehemaligen Richter ist auf der Webseite des Gerichtshofs zu finden: www.echr.coe.int. Nach einem **Beitritt der EU** soll es auch ein von der EU vorgeschlagenes Mitglied des Gerichtshofs geben (→ Art. 59 Rn. 12 f.).

Art. 29 EGMRVerfO sieht **ad hoc-Richter** für die Fälle vor, in denen die ge- 4 wählten Richter verhindert, befangen oder freigestellt sind oder wenn es keine für den jeweiligen Vertragsstaat gewählten Richter geben sollte. Die von den Vertragsstaaten entweder generell oder für einzelne Fälle nominierten ad hoc-Richter sind zwar keine Richter iSd Art. 20, erhalten nach der EGMRVerfO und dem Immunitätenprotokoll (Sechstes Protokoll zum Allgemeinen Abkommen über die Vorrechte und Befreiungen des Europarats, ETS Nr. 162, → Art. 51 Rn. 1 ff.) aber einen weitgehend gleichgestellten Status wie die gewählten Richter (zur Ernennung der ad hoc-Richter → Art. 22 Rn. 14).

B. Reformüberlegungen

5 Die vertragliche Begrenzung der Richterzahl erlaubt es nicht, der großen Zahl von Fällen durch eine **Vergrößerung des Gerichtshofs** Herr zu werden. Eine Änderung dieser Bestimmung wird bzw. wurde – auch im Rahmen des Interlaken-/Izmir-Prozesses – nicht ernsthaft diskutiert, stattdessen sind andere Mechanismen (ua Entscheidungen in Einzelrichterbesetzung) eingeführt worden bzw. werden noch erwogen.

Art. 21 Voraussetzungen für das Amt

(1) **Die Richter müssen hohes sittliches Ansehen genießen und entweder die für die Ausübung hoher richterlicher Ämter erforderlichen Voraussetzungen erfüllen oder Rechtsgelehrte von anerkanntem Ruf sein.**

(2) **Die Kandidaten dürfen zum Zeitpunkt, zu dem die Liste nach Artikel 22 bei der Parlamentarischen Versammlung eingehen soll, das 65. Lebensjahr nicht vollendet haben.**

(3) **Die Richter gehören dem Gerichtshof in ihrer persönlichen Eigenschaft an.**

(4) **Während ihrer Amtszeit dürfen die Richter keine Tätigkeit ausüben, die mit ihrer Unabhängigkeit, ihrer Unparteilichkeit oder mit den Erfordernissen der Vollzeitbeschäftigung in diesem Amt unvereinbar ist; alle Fragen, die sich aus der Anwendung dieses Absatzes ergeben, werden vom Gerichtshof entschieden.**

(1) The judges shall be of high moral character and must either possess the qualifications required for appointment to high judicial office or be jurisconsults of recognised competence.

(2) Candidates shall be less than 65 years of age at the date by which the list of three candidates has been requested by the Parliamentary Assembly, further to Article 22.

(3) The judges shall sit on the Court in their individual capacity.

(4) During their term of office the judges shall not engage in any activity which is incompatible with their independence, impartiality or with the demands of a full-time office; all questions arising from the application of this paragraph shall be decided by the Court.

(1) Les juges doivent jouir de la plus haute considération morale et réunir les conditions requises pour l'exercice de hautes fonctions judiciaires ou être des jurisconsultes possédant une compétence notoire.

(2) Les candidats doivent être âgés de moins de 65 ans à la date à laquelle la liste de trois candidats est attendue par l'Assemblée parlementaire, en vertu de l'article 22.

Voraussetzungen für das Amt   Art. 21 EMRK

(3) Les juges siègent à la Cour à titre individuel.
(4) Pendant la durée de leur mandat, les juges ne peuvent exercer aucune activité incompatible avec les exigences d'indépendance, d'impartialité ou de disponibilité requise par une activité exercée à plein temps; toute question soulevée en application de ce paragraphe est tranchée par la Cour.

Literatur: *N.P. Engel,* Status, Ausstattung und Personalhoheit des Inter-Amerikanischen Gerichtshofs und des EGMR, EuGRZ 2003, 122; *Torres Pérez,* Can Judicial Selection Secure Judicial Independence?, in Bobek, Selecting Europe's Judges, S. 181.

A. Anforderungen an die Richterinnen und Richter (Abs. 1)

Einerseits verlangt Abs. 1 von Kandidatinnen und Kandidaten für ein Richteramt, dass sie die erforderliche **persönliche Integrität** an den Tag legen, dh sie müssen hohes sittliches Ansehen genießen. Andererseits statuiert die Regelung ein **Quasi-Juristenmonopol** für die Richterschaft des EGMR, indem die Mitglieder des Gerichtshofs entweder die für die Ausübung hoher richterlicher Ämter erforderlichen Voraussetzungen erfüllen oder „Rechtsgelehrte" von anerkanntem Ruf sein müssen. Die meisten Richterinnen und Richter des Gerichtshofs sind dementsprechend zurzeit ehemalige hohe Richter aus den Vertragsstaaten oder Professoren, deren Tätigkeitsschwerpunkt im Menschenrechtsschutz und/oder Völkerrecht liegt. Die Voraussetzungen des Art. 21 Abs. 1 sind im Rahmen des Verfahrens nach Art. 22 sowohl bei der Aufstellung der Vorschlagsliste durch den Vertragsstaat als auch bei der Wahl durch die Parlamentarische Versammlung zu beachten. 1

Neben den Voraussetzungen des Abs. 1 verlangt die Parlamentarische Versammlung für die Wahl gemäß Art. 22 (→ Art. 22 Rn. 4 ff.) zusätzlich eine hinreichend breite **Sachkompetenz** der Bewerberinnen und Bewerber, eine angemessene **Vertretung beider Geschlechter** sowie die **aktive Kenntnis einer der beiden Amtssprachen** (Englisch/Französisch) und die passive Kenntnis der anderen (vgl. dazu auch die Leitlinien des Ministerkomitees zur Auswahl von Kandidaten für das Amt des Richters beim Europäischen Gerichtshof für Menschenrechte, COM (2012)40 final, ergänzt durch Dokument CM/Del/Dec(2014)1213/1.5). Der Gerichtshof hat in seinem Gutachten vom 12.2.2008 (Gutachten Nr. 1, Rn. 45) anerkannt, dass die Parlamentarische Versammlung bei der Richterwahl weitere Vorgaben als die des Abs. 1 beachten darf. Insbesondere mit Blick auf eine harmonische Zusammensetzung dürfen die berufliche Hintergrund und eine ausgewogene Verteilung der Geschlechter berücksichtigt werden (zur Reichweite dieser Berücksichtigungsmöglichkeit → Art. 22 Rn. 11). 2

B. Altersgrenze (Abs. 2)

Die Altersgrenze von 65 Jahren in Abs. 2 ist durch Protokoll Nr. 15 neu eingefügt worden. Anders als bisher gibt es nun statt einer Altersgrenze von 70 Jahren für die Amtszeit (Art. 23 Abs. 2 aF) eine Altersgrenze für die Kandidatinnen und Kandidaten bei der Benennung. Je nach Dauer des Wahlverfahrens können Richterinnen und Richter nun unter Umständen sogar bis zum 74. Lebensjahr oder sogar etwas länger im Amt bleiben. Der Zweck der Änderung liegt vor allem darin, dass 3

EMRK Art. 22

damit erfahrenen älteren Richterinnen und Richter eine vollständige Amtszeit in Straßburg ermöglicht wird.

C. Unabhängigkeit (Abs. 3 und 4)

4 Die Abs. 3 und 4 beinhalten Regelungen über die **Unabhängigkeit der Richterinnen und Richter des EGMR**. Weiter ausgestaltet ist dieser Grundsatz auch in den Art. 3, 4 und 28 EGMRVerfO.

5 Abs. 2 stellt klar, dass sie dem Gerichtshof **nicht als Staatenvertreter,** sondern ausschließlich in ihrer persönlichen Eigenschaft angehören. Diese – an sich selbstverständliche – Regelung gewinnt besondere Bedeutung in allen Fällen vor den Kammern und der Großen Kammer, da die sog. nationalen Richter, von Amts wegen Mitglied dieser Spruchkörper sind, wenn über eine Beschwerde gegen den Vertragsstaat entschieden wird, für den sie gewählt wurden.

6 In der Praxis wird diese Unabhängigkeit gerade von den nationalen Richtern durchaus genutzt. Im Gegensatz zu klassischen völkerrechtlichen Gerichtsverfahren, wie den vor dem IGH, stimmen nationale Richter des EGMR durchaus häufiger gegen den Vertragsstaat, für den sie gewählt wurden.

7 Abs. 4 soll sicherstellen, dass die **Unabhängigkeit und Unparteilichkeit** der einmal gewählten Richterinnen und Richter **auch während ihrer Amtszeit** gewährleistet ist. Ebenso verlangt er den Mitgliedern des Gerichtshofs ab, die Tätigkeit am EGMR als Vollzeitbeschäftigung aufzufassen, und setzt damit die Vorgabe des Art. 19 (ständiger Gerichtshof) um.

8 Richterinnen und Richtern ist daher nach Abs. 4 sowohl die Ausübung einer Tätigkeit in Diensten eines Vertragsstaats als auch eine politische, administrative oder sonstige berufliche Tätigkeit verwehrt, sofern dies mit der Unabhängigkeit und Unparteilichkeit oder mit den Erfordernissen der Vollzeitbeschäftigung unvereinbar wäre (Art. 4 EGMRVerfO). **Nebentätigkeiten,** insbesondere akademischer Natur, sind damit nicht ausgeschlossen, müssen gemäß Art. 4 Abs. 1 S. 2 EGMR-VerfO jedoch dem Präsidenten des Gerichtshofs angezeigt werden. Falls es insoweit Meinungsverschiedenheiten zwischen dem Präsidenten und den betroffenen Richtern gibt, entscheidet das Plenum des Gerichtshofs (Art. 4 Abs. 1 S. 4 EGMRVerfO). Eine Prozessvertretung vor dem Gerichtshof ist frühestens zwei Jahre nach Ausscheiden aus dem Amt zulässig (Art. 4 Abs. 2 EGMRVerfO).

9 Zur Stärkung der Unabhängigkeit der Richterinnen und Richter des EGMR drängt die Parlamentarische Versammlung zudem darauf, dass alle Vertragsstaaten das Immunitätenprotokoll ratifizieren und den Mitgliedern des Gerichtshofs hinsichtlich ihrer Sozialversicherung und Altersvorsorge größere Flexibilität ermöglichen sowie die Situation bei der Möglichkeit beruflicher Tätigkeit nach Ende der Richtertätigkeit zu verbessern (Resolution 2051 (2014)).

Art. 22 Wahl der Richter

Die Richter werden von der Parlamentarischen Versammlung für jeden Hohen Vertragschließenden Teil mit Stimmenmehrheit aus einer Liste von drei Kandidaten gewählt, die von dem Hohen Vertragschließenden Teil vorgeschlagen werden.

Wahl der Richter **Art. 22 EMRK**

The judges shall be elected by the Parliamentary Assembly with respect to each High Contracting Party by a majority of votes cast from a list of three candidates nominated by the High Contracting Party.

Les juges sont élus par l'Assemblée parlementaire au titre de chaque Haute Partie contractante, à la majorité des voix exprimées, sur une liste de trois candidats présentés par la Haute Partie contractante.

Literatur: *Çalı/Cunningham*, Judicial Self Government and the Sui Generis Case oft he European Court of Human Rights, GLJ 2018, 1977; *Dzehtsiarou/Schwartz*, Electing Team Strasbourg: Professional Diversity on the European Court of Human Rights and Why it Matters, GLJ 2020, 621; *Drzemczewski*, Election of Judges at the Strasbourg Court: An Overview, EHRLR 2010, 377; *ders.*, L'élection du juge de l'Union européenne à la Cour européenne des droits de l'homme, Rev. trim. dr. h. 2013, 551.

A. Allgemeines

Nach Art. 22 werden die Richter durch die **Parlamentarische Versammlung** 1
des Europarats (PACE/Parliamentary Assembly of the Council of Europe) gewählt. Damit bedient sich die EMRK – im Wege der Organleihe – dieses Organs des Europarats, das sich nach Art. 25 und 26 der Satzung des Europarats aus einer jeweils bestimmten Anzahl der Mitglieder der nationalen Parlamente der Europaratsmitgliedstaaten zusammensetzt.

Aus dieser Regelung ergibt sich – wenn auch etwas verklausuliert – die Vorgabe, 2
dass **für jeden Vertragsstaat eine Richterin bzw. ein Richter** gewählt wird. Die Liste der derzeit 47 Mitglieder des EGMR ist auf der Webseite des Gerichtshofs zu finden: www.echr.coe.int.

Die Wahl der Richterinnen und Richter des EGMR durch die Parlamentarische 3
Versammlung des Europarats vermittelt der Gerichtsbarkeit des EGMR eine hohe – und für internationale Gerichte beispiellose – **demokratische Legitimation** (vgl. *v. Bogdandy/Venzke* ZaöRV 2010, 1, differenziert dazu: *Giegerich* in Hess/Koprivica/Harvey, Open Justice, S. 143).

B. Verfahren

Für die Richterwahl muss der entsprechende Vertragsstaat eine **Liste von drei** 4
Kandidatinnen bzw. Kandidaten aufstellen. Dieses Verfahren erfolgt grundsätzlich auf der Basis der jeweiligen nationalen Regeln, ist allerdings durch eine Reihe von (politischen) Vorgaben der Parlamentarischen Versammlung zu einem gewissen Maße vereinheitlicht und seit 2010 unter die (ebenfalls politische) Aufsicht eines Expertengremiums des Ministerkomitees gestellt (zum Verfahren der Benennung und Wahl im Allgemeinen s. den Bericht des CDDH, Selection and election of judges of the European Court of European Rights, COM(2018)18-add1).

I. Aufstellung der Liste

1. Vorgaben der Parlamentarischen Versammlung. Die Parlamentarische 5
Versammlung hat in der Empfehlung 1649 (2004) sowie der Resolution 1646 (2009) eine Reihe von **Verfahrensvorgaben** aufgestellt. Zunächst soll das Benennungsverfahren dem Grundsatz eines demokratischen Verfahrens, dem Rechts-

Lenski

staatsprinzip sowie den Prinzipien der Gleichbehandlung, Verantwortlichkeit und Transparenz entsprechen. Die Vertragsstaaten sollen dafür zunächst ein Interessenbekundungsverfahren in der Fachpresse veröffentlichen. Ebenso sollen die nationalen Parlamente über das Vorschlagsverfahren unterrichtet werden. Die Parlamentarische Versammlung fordert die Vertragsstaaten zudem auf, soweit wie möglich keine Kandidaten vorzuschlagen, deren Wahl die Benennung eines ad hoc-Richters erforderlich machen könnte. Die Vorschlagsliste des Vertragsstaats soll die Namen der drei Kandidaten in alphabetischer Reihenfolge aufzählen (und Kandidaten beider Geschlechter enthalten, zu den sonstigen materiellen Kriterien der Parlamentarischen Versammlung → Art. 21 Rn. 2). Das Ministerkomitee hat diese Kriterien in seinen Leitlinien (COM(2012) 40 final, ergänzt durch Dokument CM/Del/Dec (2014)1213/1.5) ebenfalls aufgegriffen und teils weiter detailliert, ua hinsichtlich des nationalen Auswahlverfahrens, in dem ein ausgewogen und qualifiziert besetztes Gremium Vorschläge für die Kandidatenauswahl machen soll und die endgültige Liste von diesen Vorschlägen nur abweichen soll, wenn dies qualifiziert begründet wird.

6   **2. Verfahren. In Deutschland** ist das innerstaatliche Verfahren für die Benennung nicht gesetzlich geregelt. Ein Gesetzentwurf des Bundesrates aus dem Jahr 2006 (BT-Drs. 16/1038), der eine Benennung durch die Bundesregierung im Einvernehmen mit dem Richterwahlausschuss vorsah, wurde nicht verabschiedet. Auch bei der Änderung des RiWG im Zuge der Ratifizierung des Vertrags von Lissabon wurde nur die Ernennung von Richterinnen und Richter des Gerichtshofs und Gerichts der EU geregelt. Das in der Bundesregierung federführende Bundesministerium der Justiz hat für die Benennung der Nachfolge von Richterin *Jaeger* im Jahr 2009 erstmals ein öffentliches Interessenbekundungsverfahren durchgeführt (Anzeigen in FAZ, SZ und NJW, Aufforderung zur Kandidatenbenennung an die Bundesgerichte, die Bundesanwaltschaft, den Deutschen Richterbund, den DAV, das Deutsche Institut für Menschenrechte sowie die Fraktionen im Deutschen Bundestag). Die Bundesregierung entsprach damit der Empfehlung 1649 (2004) der Parlamentarischen Versammlung des Europarats.

7   Der endgültigen Aufstellung einer Liste durch einen Vertragsstaat ist seit 2010 ein weiterer Schritt vorgeschaltet. Mit Resolution vom 10.11.2010 (CM/Res (2010) 26, geändert durch Resolution CM/Res (2014) 44) hat das Ministerkomitee ein **Beratendes Expertengremium für die Richterwahl** („Advisory Panel of Experts on Candidates for Election as Judge to the European Court of Human Rights") geschaffen. Dieses Gremium berät die Vertragsstaaten bei der Benennung der Kandidaten mit Blick auf die Kriterien des Art. 21 Abs. 1. Es setzt sich aus sieben unabhängigen Mitgliedern zusammen, die vom Ministerkomitee nach Beratung mit dem Präsidenten des EGMR ernannt werden (zur aktuellen Zusammensetzung s. https://www.coe.int/en/web/dlapil/advisory-panel).

8   Die Vertragsstaaten übersenden dem Expertengremium vor Übermittlung der Liste an die Parlamentarische Versammlung ihre beabsichtigten Vorschläge für das Richteramt. Das **Gremium äußert sich binnen vier Wochen** nach Übermittlung der Namen und Lebensläufe im Konsens oder – soweit dieser nicht zu erzielen ist – mit qualifizierter Mehrheit von fünf der sieben Mitglieder grundsätzlich im schriftlichen Verfahren, ob die vorgeschlagenen Personen die Anforderungen des Art. 21 Abs. 1 erfüllen. Die Beratungen des Gremiums sind vertraulich. Im Rahmen des Verfahrens nach Art. 22 soll das Gremium der Parlamentarischen Versammlung seine Einschätzung schriftlich und vertraulich zur Verfügung stellen. Die Stellung-

nahme des Gremiums ist zwar weder für den Vertragsstaat noch für die Parlamentarische Versammlung bindend, wird aber – trotz ihrer Vertraulichkeit – in Zukunft voraussichtlich eine nicht zu unterschätzende Bedeutung haben.

Ein Vertragsstaat kann seine **Liste nur bis zum Ablauf der Frist für die Vorlage der Vorschläge zurücknehmen** (EGMR 22.1.2010 – Gutachten Nr. 2 Rn. 49 f., NLMR 2010, 41). Sofern eine vorgeschlagene Person ihre Bewerbung zurückzieht, kann jeder Vertragsstaat die betreffende Person durch einen neuen Vorschlag ersetzen. 9

II. Wahl durch die Parlamentarische Versammlung

Auf Ebene des Europarats hat die **Parlamentarische Versammlung** für die Wahl der Richter einen Ausschuss für die Wahl der Richter des Europäischen Gerichtshofs für Menschenrechte eingesetzt. Dieser führt – auf der Grundlage eines Standardlebenslaufs – eine nicht-öffentliche **Anhörung** der Kandidatinnen und Kandidaten durch und gibt auf dieser Grundlage eine Empfehlung für das Plenum der Parlamentarischen Versammlung ab. Diese Empfehlung kann veröffentlicht werden. Das Sekretariat der Parlamentarischen Versammlung des Europarats stellt ein regelmäßig aktualisiertes Informationsdokument zum Wahlverfahren zur Verfügung (zuletzt: Dokument vom 28. Juni 2021, SG-AS (2021) 01rev2). 10

Die Parlamentarische Versammlung hat sich vorbehalten, die Liste des jeweiligen Vertragsstaats **zurückzuweisen** und diesen aufzufordern, eine neue Liste vorzulegen, sofern die Vorgeschlagenen unzureichend qualifiziert sind bzw. die Liste nur Kandidaten eines Geschlechts enthält (Resolution 1366 (2004)). Das Ministerkomitee hat diese Vorgaben in seiner Leitlinien (COM(2012) 40 final) dahingehend konkretisiert, dass die Listen in Grundsatz mindestens je einen Vorschlag von jedem Geschlecht enthalten sollen. Der EGMR hat diese Praxis hinsichtlich der **Geschlechtergerechtigkeit** in seinem Gutachten vom 12.2.2008 (Gutachten Nr. 1, Rn. 54) – mit Einschränkungen – gebilligt: nur soweit ein Vertragsstaat alle erforderlichen Schritte in einem ordnungsgemäßen Verfahren gemacht hat, geeignete Bewerber beider Geschlechter zu finden, darf die Parlamentarische Versammlung eine Liste nicht zurückweisen, weil sie nur Bewerber eines Geschlechts enthält (über das klassische, binäre Geschlechterverständnis hinausgehende Erwägungen sind bisher nicht aufgenommen worden – und wären zZt auch kaum konsensfähig unter den Vertragsstaaten). Mittelbar ergibt sich aus dem Gutachten, dass die Parlamentarische Versammlung im Grundsatz auch die **hinreichende Qualifikation** rügen und die entsprechende Liste zurückweisen kann (so auch *Frowein* in Frowein/Peukert EMRK Art. 22 Rn. 4). 11

Im Zuge der Verhandlungen für das 14. EMRKProt war erwogen worden, Art. 22 dahingehend zu ergänzen, dass die Liste **Kandidaten beider Geschlechter** enthalten müsse. Da dies nach Ansicht der Vertragsstaaten jedoch dazu geführt hätte, dass nicht mehr primär die Qualifikation der potenziellen Kandidatinnen und Kandidaten in Betracht gezogen worden wäre, wurde dies nicht in den Konventionstext aufgenommen (vgl. 14. EMRKProt, Erläuternder Bericht, Rn. 49). 12

Der ehemalige Abs. 2 („Dasselbe Verfahren wird angewendet, um den Gerichtshof im Fall des Beitritts neuer Hoher Vertragschließender Teile zu ergänzen und um freigewordene Sitze zu besetzen.") wurde durch 14. EMRKProt gestrichen, da er für überflüssig erachtet wurde: In jedem Fall der Vakanz einer Richterstelle muss diese gemäß dem Verfahren des Art. 22 geschlossen werden. 13

EMRK Art. 23

III. Ad hoc-Richter

14 Sofern die Richterin bzw. der Richter eines betroffenen Vertragsstaats in den Verfahren vor den Kammern und der Großen Kammer verhindert, befangen oder freigestellt ist oder wenn es einen solchen Richter nicht gibt, wird vom jeweiligen Kammervorsitz ein **ad hoc-Richter** ernannt (Art. 29 Abs. 1 EGMRVerfO). Der Vertragsstaat hat dazu vorher eine Liste mit drei bis fünf Kandidaten beider Geschlechter einzureichen; dabei müssen die vorgeschlagenen Personen die in Art. 21 Abs. 1 vorgeschriebenen Voraussetzungen erfüllen. Sofern keine solche Liste vorliegt oder nach Ansicht des Kammervorsitzes nicht mindestens drei qualifizierte Vorschläge enthält kann der Kammervorsitz ein anderes Mitglied des EGMR für die Mitwirkung als Richter an dem Verfahren benennen, Art. 29 Abs. 2 EGMR-VerfO.

IV. Änderungen durch den Beitritt der EU

15 Art. 22 wird durch einen möglichen Beitritt der EU zur EMRK (Art. 6 Abs. 2 EUV) nicht unmittelbar berührt. Allerdings erfordert der Beitritt, die **Parlamentarische Versammlung** des Europarats nicht nur für die Wahl der EU-Richterin bzw. des EU-Richters, sondern für alle Wahlen nach Art. 22 **um Mitglieder des Europäischen Parlaments zu ergänzen** (→ Art. 59 Rn. 14).

Art. 23 Amtszeit und Entlassung

(1) **Die Richter werden für neun Jahre gewählt. Ihre Wiederwahl ist nicht zulässig.**

(2) **Die Richter bleiben bis zum Amtsantritt ihrer Nachfolger im Amt. Sie bleiben jedoch in den Rechtssachen tätig, mit denen sie bereits befasst sind.**

(3) **Ein Richter kann nur entlassen werden, wenn die anderen Richter mit Zweidrittelmehrheit entscheiden, dass er die erforderlichen Voraussetzungen nicht mehr erfüllt.**

(1) The judges shall be elected for a period of nine years. They may not be re-elected.

(2) The judges shall hold office until replaced. They shall, however, continue to deal with such cases as they already have under consideration.

(3) No judge may be dismissed from office unless the other judges decide by a majority of two-thirds that that judge has ceased to fulfil the required conditions.

(1) Les juges sont élus pour une durée de neuf ans. Ils ne sont pas rééligibles.

(2) Les juges restent en fonction jusqu'à leur remplacement. Ils continuent toutefois de connaître des affaires dont ils sont déjà saisis.

(3) Un juge ne peut être relevé de ses fonctions que si les autres juges décident, à la majorité des deux tiers, que ce juge a cessé de répondre aux conditions requises.

1 Die **Amtszeit von neun Jahren** ohne Möglichkeit der Wiederwahl ist mit Blick auf die Unabhängigkeit der Richterinnen und Richter und die Gewährleis-

tung einer kontinuierlichen Arbeit durch das 14. EMRKProt eingeführt worden. Dies entsprach einer Forderung der Parlamentarischen Versammlung (Empfehlung 1649 (2004)). Vorher war die Dauer der Amtszeit auf sechs Jahre mit der Möglichkeit der Wiederwahl begrenzt. Bis zum Inkrafttreten des 11. EMRKProt (1998) betrug die Amtszeit schon einmal neun Jahre.

Die Amtszeit beginnt nach Art. 2 EGMRVerfO zu dem Zeitpunkt, zu dem das 2
Amt tatsächlich aufgenommen wird. Dies hat grundsätzlich binnen drei Monaten nach der Wahl bzw. nach dem Rücktritt eines Mitglieds des EGMR zu erfolgen. Nach **Amtsantritt** legen die neuen Richterinnen und Richter den Amtseid gemäß Art. 3 EGMRVerfO ab.

Für alle Richterinnen und Richter, die der Parlamentarischen Versammlung mit 3
einer Liste vor Inkrafttreten des Protokolls Nr. 15 (1. August 2021) vorgeschlagen wurden, endet die Amtszeit – nach der bisherigen Regelung in Art. 23 Abs. 2 aF – ohne weiteres mit **Vollendung des 70. Lebensjahrs** (Art. 8 Abs. 1 15. EMRKProt). Zudem können Richterinnen und Richter gemäß Art. 6 EGMRVerfO von ihrem Amt zurücktreten. Mit dem Rücktritt wird die jeweilige Richterstelle vakant.

Die Mitglieder des Gerichtshofs bleiben nach Abs. 2 in jedem Fall **bis zum** 4
Amtsantritt ihrer Nachfolger im Amt. Zudem bleiben sie in den Rechtssachen tätig, mit denen sie bereits – hinsichtlich der Begründetheit – befasst sind (vgl. Art. 24 Abs. 4, Art. 26 Abs. 3 EGMRVerfO).

Abs. 3 stellt schließlich klar, dass eine Richterin bzw. ein Richter nur **entlassen** 5
werden darf, wenn die anderen Mitglieder des Gerichtshofs mit Zweidrittelmehrheit entscheiden, dass die „erforderlichen Voraussetzungen" nicht mehr erfüllt sind. Gemeint sind damit die Vorgaben des Art. 21 Abs. 1. Dieses – bisher noch nie angewandte – Verfahren kann von jedem Mitglied des Gerichtshofs in Gang gesetzt werden und erfordert eine Anhörung des bzw. der Betroffenen. Art. 24 aF ist lediglich aus technischen Gründen zu Art. 23 Abs. 4 geworden, da so eine umfassende Neunummerierung vermieden werden konnte, die sonst durch den neu eingefügten Art. 27 erforderlich geworden wäre. Eine materielle Änderung ist damit nicht verbunden.

Art. 24 Kanzlei und Berichterstatter*

(1) **Der Gerichtshof hat eine Kanzlei, deren Aufgaben und Organisation in der Verfahrensordnung des Gerichtshofs festgelegt werden.**

(2) **Wenn der Gerichtshof in Einzelrichterbesetzung tagt, wird er von Berichterstattern unterstützt, die ihre Aufgaben unter der Aufsicht des Präsidenten des Gerichtshofs ausüben. Sie gehören der Kanzlei des Gerichtshofs an.**

(1) The Court shall have a Registry, the functions and organisation of which shall be laid down in the rules of the Court.

(2) When sitting in a single-judge formation, the Court shall be assisted by rapporteurs who shall function under the authority of the President of the Court. They shall form part of the Court's Registry.

---

* Der Inhalt dieses Beitrags gibt die Ansichten der Verfasserin und nicht notwendigerweise die der Europäischen Kommission wieder.

EMRK Art. 24

(1) La Cour dispose d'un greffe dont les tâches et l'organisation sont fixées par le règlement de la Cour.

(2) Lorsqu'elle siège en formation de juge unique, la Cour est assistée de rapporteurs qui exercent leurs fonctions sous l'autorité du président de la Cour. Ils font partie du greffe de la Cour.

A. Aufbau und Aufgaben der Kanzlei

1   Die Kanzlei besteht derzeit nach eigenen Angaben aus ca. 640 Juristen und sonstigen Mitarbeitern. Die Kanzleimitarbeiter werden vom Kanzler unter Aufsicht des Präsidenten des Gerichtshofs oder des auf dessen Anweisung handelnden Kanzlers **eingestellt** (Art. 18 Abs. 3 EGMRVerfO). Damit wird die **Personalhoheit** des Gerichtshofs über die Kanzleimitarbeiter im Vergleich zu der bis 2012 geltenden Regelung, nach der die Einstellung durch den Generalsekretär des Europarats erfolgte, gestärkt. Zu den Angehörigen der Kanzlei gehört auch ein **Rechtsgelehrter,** der den Gerichtshof durch die Erstellung von Gutachten und Erteilung von Auskünften zur Gewährleistung der Qualität und Einheitlichkeit der Rechtsprechung unterstützt. Diese Funktion ist nunmehr in der Verfahrensordnung verankert (Art. 18B EGMRVerfO).

2   Geleitet wird die Kanzlei von einem **Kanzler** und einem oder mehreren **Vizekanzlern.** Seit dem 1. Dezember 2020 amtierende Kanzlerin ist die Griechin Marialena Tsirli. Kanzler und Vizekanzler werden durch das Plenum des Gerichtshofs in geheimer Wahl mit der absoluten Mehrheit der abgegebenen Stimmen der anwesenden gewählten Richter, letztere nach Anhörung des Kanzlers, für einen Zeitraum von 5 Jahren **gewählt** und durch den Generalsekretär des Europarats eingestellt. Wiederwahl ist zulässig. Die Bewerber müssen hohes sittliches Ansehen genießen und über die juristischen, administrativen und sprachlichen Kenntnisse sowie die Erfahrung verfügen, die zur Ausübung dieser Tätigkeit erforderlich sind (Art. 15, 16 EGMRVerfO, Art. 16 Abs. 1 Anhang II des Statuts der Bediensteten des Europarats). Ihre Entlassung ist vorgesehen, wenn das Plenum des Gerichtshofs auf Antrag eines Richters mit Zweidritteln der Stimmen der gewählten Richter nach Anhörung des betroffenen Richters feststellt, dass die Voraussetzungen für die Amtsausübung nicht mehr gegeben sind.

3   Der Kanzler trägt die Verantwortung für die **Organisation** der Kanzlei, wobei er dem Präsidenten des Gerichtshofs untersteht (Art. 17 Abs. 1 EGMRVerfO). Dabei gibt die Verfahrensordnung vor, dass die Kanzlei aus ebenso vielen **Sektionskanzleien** besteht wie der Gerichtshof Sektionen bildet, gegenwärtig fünf, die wiederum in 33 Prozessabteilungen untergliedert sind (Art. 18 Abs. 1 EGMRVerfO). Jede Sektion wird von einem Sektions- und einem Vizesektionskanzler geleitet. Die Sektionskanzleien befassen sich mit der Hauptaufgabe der Kanzlei, der Unterstützung der Richter bei der Bearbeitung der beim Gerichtshof anhängigen **Beschwerden** (exemplarisch → Art. 34 Rn. 2a, 3a, 5, 8, 14, 21–25). Sie werden von einer Prozessabteilung bearbeitet, in der Juristen mit Kenntnissen des Rechtssystems der betroffenen Vertragspartei arbeiten.

4   Die **sonstigen Aufgaben** der Kanzlei bestehen in der in Art. 17 Abs. 2 und 3 EGMRVerfO genannten Verwaltung der Archive, dem zur Bearbeitung der beim Gerichtshof anhängigen Beschwerden notwendigen Schriftverkehr, sowie der Presse- und Öffentlichkeitsarbeit.

Die Öffentlichkeitsarbeit umfasst auch die Unterhaltung der elektronischen Datenbank des Gerichtshofs, **HUDOC**. Die Konvention selbst sieht nur die **Veröffentlichung** endgültiger Urteile zwingend vor (Art. 44 Abs. 3). In HUDOC werden darüber hinaus im Einklang mit Kapitel XIA EGMRVerfO sämtliche Urteile und Entscheidungen veröffentlicht, mit Ausnahme der Entscheidungen, die von einem Einzelrichter oder von einem Ausschuss nach Übermittlung durch einen Einzelrichter getroffen werden, die nur summarisch begründet werden können. Veröffentlicht werden außerdem die Darstellungen des Sachverhalts, des Beschwerdegegenstands, der Rügen des Beschwerdeführers und die Fragen des Gerichtshofs, mit denen eine Beschwerde der beschwerdegegnerischen Vertragspartei zugestellt wird. Somit ist ersichtlich, welche zustellungsbedürftigen Beschwerden beim Gerichtshof anhängig sind. Schließlich werden dort auch die den Vollzug der Urteile betreffenden Entschließungen des Ministerkomitees veröffentlicht. Bis 2015 wurden außerdem ausgewählte Urteile und Entscheidungen in der **amtlichen Sammlung** des Gerichtshofs veröffentlicht. Stattdessen werden richtungsweisende Urteile und Entscheidungen nunmehr in HUDOC als solche gekennzeichnet und in monatlich auf der Website des Gerichtshofs veröffentlichten *case-law information notes* zusammengefasst (Art. 104B EGMRVerfO). Seit 2019 werden auch Presseerklärungen zu Anordnungen von vorläufigen Maßnahmen nach Art. 39 EGMRVerfO in HUDOC veröffentlicht. Veröffentlichungen erfolgen in den Amtssprachen englisch und/oder französisch. 5

B. Nicht-richterliche Berichterstatter

Aus den Kanzleimitarbeitern wird vom Präsidenten des Gerichtshofs auf Vorschlag des Kanzlers eine bestimmte Anzahl als nicht-richterliche Berichterstatter ernannt (Art. 18A, 27A Abs. 3 EGMRVerfO). Sektionskanzler und Vizesektionskanzler (→ Rn. 3) sind von Amts wegen als nichtrichterliche Berichterstatter tätig (Art. 18A Abs. 3 S. 2 EGMRVerfO). Ihre Aufgabe ist die Unterstützung der Einzelrichter bei ihrer Entscheidung, insbesondere durch die Erstellung von Entscheidungsvorschlägen. 6

Ihnen darf – wie richterlichen Berichterstattern – auch die Zuständigkeit für Beschwerden übertragen werden, die gegen eine Vertragspartei gerichtet sind, deren Staatsangehörigkeit sie besitzen. Nicht-richterliche Berichterstatter sollen gerade Juristen mit praktischen Kenntnissen der Sprache der beteiligten Vertragspartei und deren Rechtssystems sowie mit solider juristischer Erfahrung und besonderen Sachkenntnissen in Bezug auf die Konvention und ihre Rechtsprechung sein (Erläuternder Bericht, BT-Drs. 16/42 Rn. 59). Die Unabhängigkeit der richterlichen Entscheidungsfindung wird dadurch nicht beeinflusst, da es nie der nicht-richterliche Berichterstatter bzw. nie der richterliche Berichterstatter allein ist, der über die Sache entscheidet. 7

Wer als nicht-richterlicher Berichterstatter in einem konkreten Beschwerdeverfahren tätig geworden ist, wird den Verfahrensbeteiligten – wie auch im Fall von richterlichen Berichterstattern – nicht mitgeteilt. 8

Die Bestimmung, die mit dem 14. EMRKProt eingeführt wurde, soll durch die Übertragung der Berichterstatterfunktion von einem Richter auf einen Mitarbeiter der Kanzlei zur Effizienzsteigerung des Gerichtshofs beitragen. 9

Art. 25 Plenum des Gerichtshofs*

Das Plenum des Gerichtshofs
a) wählt seinen Präsidenten und einen oder zwei Vizepräsidenten für drei Jahre; ihre Wiederwahl ist zulässig;
b) bildet Kammern für einen bestimmten Zeitraum;
c) wählt die Präsidenten der Kammern des Gerichtshofs; ihre Wiederwahl ist zulässig;
d) beschließt die Verfahrensordnung des Gerichtshofs;
e) wählt den Kanzler und einen oder mehrere stellvertretende Kanzler;
f) stellt Anträge nach Artikel 26 Absatz 2.

The plenary Court shall
(a) elect its President and one or two VicePresidents for a period of three years; they may be re-elected;
(b) set up Chambers, constituted for a fixed period of time;
(c) elect the Presidents of the Chambers of the Court; they may be re-elected;
(d) adopt the rules of the Court;
(e) elect the Registrar and one or more Deputy Registrars;
(f) make any request under Article 26 § 2.

La Cour réunie en Assemblée plénière
a) élit, pour une durée de trois ans, son président et un ou deux viceprésidents; ils sont rééligibles;
b) constitue des chambres pour une période déterminée;
c) élit les présidents des chambres de la Cour, qui sont rééligibles;
d) adopte le règlement de la Cour;
e) élit le greffier et un ou plusieurs greffiers adjoints;
f) fait toute demande au titre de l'article 26 § 2.

1   Das Plenum tagt ad hoc. Nach Art. 20 EGMRVerfO beruft der Präsident den Gerichtshof zu einer Plenarsitzung ein, wenn mindestens ein Drittel der Mitglieder des Gerichtshofs es verlangt, jedenfalls aber einmal im Jahr zur Erörterung von Verwaltungsfragen.

2   Das Plenum ist bei Anwesenheit von mindestens zwei Dritteln der im Amt befindlichen gewählten Richter beschlussfähig.

3   Das Plenum nimmt keine rechtsprechenden Aufgaben wahr. Es wählt (und entlässt) den Präsidenten, die Vizepräsidenten, die Sektionspräsidenten sowie den Kanzler und stellvertretenden Kanzler, bildet Sektionen und stellt Anträge auf Verkleinerung der Kammern (→ Art. 26 Rn. 5). Außerdem beschließt es die Verfahrensordnung.

---

* Der Inhalt dieses Beitrags gibt die Ansichten der Verfasserin und nicht notwendigerweise die der Europäischen Kommission wieder.

Art. 26 Einzelrichterbesetzung, Ausschüsse, Kammern und Große Kammer*

(1) Zur Prüfung der Rechtssachen, die bei ihm anhängig gemacht werden, tagt der Gerichtshof in Einzelrichterbesetzung, in Ausschüssen mit drei Richtern, in Kammern mit sieben Richtern und in einer Großen Kammer mit siebzehn Richtern. Die Kammern des Gerichtshofs bilden die Ausschüsse für einen bestimmten Zeitraum.

(2) Auf Antrag des Plenums des Gerichtshofs kann die Anzahl Richter je Kammer für einen bestimmten Zeitraum durch einstimmigen Beschluss des Ministerkomitees auf fünf herabgesetzt werden.

(3) Ein Richter, der als Einzelrichter tagt, prüft keine Beschwerde gegen die Hohe Vertragspartei, für die er gewählt worden ist.

(4) Der Kammer und der Großen Kammer gehört von Amts wegen der für eine als Partei beteiligte Hohe Vertragspartei gewählte Richter an. Wenn ein solcher nicht vorhanden ist oder er an den Sitzungen nicht teilnehmen kann, nimmt eine Person in der Eigenschaft eines Richters an den Sitzungen teil, die der Präsident des Gerichtshofs aus einer Liste auswählt, welche ihm die betreffende Vertragspartei vorab unterbreitet hat.

(5) Der Großen Kammer gehören ferner der Präsident des Gerichtshofs, die Vizepräsidenten, die Präsidenten der Kammern und andere nach der Verfahrensordnung des Gerichtshofs ausgewählte Richter an. Wird eine Rechtssache nach Artikel 43 an die Große Kammer verwiesen, so dürfen Richter der Kammer, die das Urteil gefällt hat, der Großen Kammer nicht angehören; das gilt nicht für den Präsidenten der Kammer und den Richter, welcher in der Kammer für die als Partei beteiligte Hohe Vertragspartei mitgewirkt hat.

(1) To consider cases brought before it, the Court shall sit in a single-judge formation, in Committees of three judges, in Chambers of seven judges and in a Grand Chamber of seventeen judges. The Court's Chambers shall set up Committees for a fixed period of time.

(2) At the request of the plenary Court, the Committee of Ministers may, by a unanimous decision and for a fixed period, reduce to five the number of judges of the Chambers.

(3) When sitting as a single judge, a judge shall not examine any application against the High Contracting Party in respect of which that judge has been elected.

(4) There shall sit as an ex officio member of the Chamber and the Grand Chamber the judge elected in respect of the High Contracting Party concerned. If there is none or if that judge is unable to sit, a person chosen by the President of the Court from a list submitted in advance by that Party shall sit in the capacity of judge.

(5) The Grand Chamber shall also include the President of the Court, the Vice-Presidents, the Presidents of the Chambers and other judges chosen in accordance with the rules of the Court. When a case is referred to the Grand Chamber under

---

* Der Inhalt dieses Beitrags gibt die Ansichten der Verfasserin und nicht notwendigerweise die der Europäischen Kommission wieder.

EMRK Art. 26

Article 43, no judge from the Chamber which rendered the judgment shall sit in the Grand Chamber, with the exception of the President of the Chamber and the judge who sat in respect of the High Contracting Party concerned.

(1) Pour l'examen des affaires portées devant elle, la Cour siège en formations de juge unique, en comités de trois juges, en chambres de sept juges et en une Grande Chambre de dix-sept juges. Les chambres de la Cour constituent les comités pour une période déterminée.

(2) A la demande de l'Assemblée plénière de la Cour, le Comité des Ministres peut, par une décision unanime et pour une période déterminée, réduire à cinq le nombre de juges des chambres.

(3) Un juge siégeant en tant que juge unique n'examine aucune requête introduite contre la Haute Partie contractante au titre de laquelle ce juge a été élu.

(4) Le juge élu au titre d'une Haute Partie contractante partie au litige est membre de droit de la chambre et de la Grande Chambre. En cas d'absence de ce juge, ou lorsqu'il n'est pas en mesure de siéger, une personne choisie par le président de la Cour sur une liste soumise au préalable par cette partie siège en qualité de juge.

(5) Font aussi partie de la Grande Chambre, le président de la Cour, les vice-présidents, les présidents des chambres et d'autres juges désignés conformément au règlement de la Cour. Quand l'affaire est déférée à la Grande Chambre en vertu de l'article 43, aucun juge de la chambre qui a rendu l'arrêt ne peut y siéger, à l'exception du président de la chambre et du juge ayant siégé au titre de la Haute Partie contractante intéressée.

Literatur: *Keller,* 50 Jahre danach: Rechtsschutzeffektivität trotz Beschwerdeflut? Wie sich der EGMR neuen Herausforderungen stellt, EuGRZ 2008, 359; *Keller/Schmidtmadel,* 50 Years of Jurisdiction of the European Court of Human Rights: Changes, Challenges and Perspectives, 161; *Müller,* The Most Recent Develoments in the Reform of the Control System of the European Convention on Human Rights – Athe Additional Protocol No. 14*bis*, ZaöRV 69 (2009), 397; *Wildhaber,* Ein Überdenken des Zustands und der Zukunft des Europäischen Gerichtshofs für Menschenrechte, EuGRZ 2009, 541; *Nußberger,* The European Court of Human Rights, Oxford University Press 2020, S. 75–109; *Nußberger/Baetens,* Diversity on the Bench of the European Court of Human Rights. A Clash of Paradigms, in Baetens (Hrsg.), Identity and Diversity on the International Bench. Who is the Judge?, 2020, S. 479–493; *Nußberger,* The Fine-Mechanics of Judicial Decision-Making at the European Court of Human Rights, in Häcker/Ernst (Hrsg.), Collective Judging in Comparative Perspective. Counting Votes and Weighing Opinions, 2020, S. 227–252.

A. Zusammensetzung der Spruchkörper

1   Der Gerichtshof entscheidet Rechtssachen in den folgenden Zusammensetzungen: in Einzelrichterbesetzung, in Ausschüssen mit drei Richtern, in Kammern mit sieben Richtern und in einer Großen Kammer mit siebzehn Richtern.

2   Eine bestimmte Anzahl von **Einzelrichtern** wird nach Anhörung des Präsidiums vom Präsidenten des Gerichtshofs im Rotationsverfahren für einen Zeitraum von 12 Monaten zur Prüfung von Beschwerden gegen bestimmte Vertragsparteien benannt (Art. 27A EGMRVerfO). Die Prüfung von Beschwerden gegen eine Vertragspartei, für die sie gewählt worden sind, ist ausgeschlossen (Abs. 3). Seit einer entsprechenden Änderung der EGMRVerfO vom 9. September 2019 ist auch die

Einzelrichterbesetzung, Ausschüsse, (Große) Kammer/n **Art. 26 EMRK**

Prüfung von Beschwerden gegen eine Vertragspartei, deren Staatsangehörige sie sind, ausgeschlossen (Art. 27A Abs. 3 EGMRVerfO). Zur Relevanz dieser Bestimmung im Zuge eines Beitritts der EU → Art. 59 Rn. 16. Sie werden von einem nicht-richterlichen Berichterstatter unterstützt (vgl. Art. 24 Abs. 2). Darüber hinaus können Sektionspräsidenten und Sektionsvizepräsidenten im Rahmen Ihrer Zuständigkeiten von Amts wegen als Einzelrichter tätig werden (→ Rn. 9). Diese Bestimmung ist durch das 14. EMRKProt neu eingeführt worden und soll durch die Einführung eines erstmals nur aus einem Richter bestehenden Entscheidungsorgans und durch Übertragung der Berichterstatterfunktion auf einen Mitarbeiter der Kanzlei zur Effizienzsteigerung des Gerichtshofs beitragen.

Ausschüsse mit drei und Kammern mit sieben bzw. fünf Richtern werden aus 3 den **Sektionen** gebildet, die das Plenum auf Vorschlag des Präsidenten für jeweils drei Jahre bildet. Gegenwärtig gibt es fünf Sektionen bestehend aus jeweils 9 bzw. 10 Richtern. Jeder Richter gehört einer Sektion an. Die Zusammensetzung der Sektionen soll sowohl in geographischer Hinsicht als auch in Bezug auf die Vertretung der Geschlechter ausgewogen sein und den unterschiedlichen Rechtssystemen der Vertragsparteien Rechnung tragen. Die derzeit für Deutschland gewählte Richterin Anja Seibert-Fohr gehört gegenwärtig der dritten Sektion an.

Die **Ausschüsse** werden aus drei derselben Sektion angehörenden Richtern mit 4 Ausnahme ihres Präsidenten im Rotationsverfahren für jeweils 12 Monate gebildet (Art. 27 EGMRVerfO). Der Richter, der für die beschwerdegegnerische Vertragspartei gewählt worden ist, gehört nicht notwendigerweise dem Ausschuss an. Das wurde auch mit der durch das 14. EMRKProt eingeführten Zuständigkeit, in bestimmten Fällen auch über die Begründetheit einer Beschwerde zu entscheiden, nicht geändert. Dies ist demnach der einzige in der Konvention vorgesehene Fall, in dem ein Spruchkörper auch eine Entscheidung über die Begründetheit fällen kann, ohne dass der für die beschwerdegegnerische Partei gewählte Richter dem Spruchkörper angehört. Gehört der für die beschwerdegegnerische Partei gewählte Richter dem Ausschuss nicht an, kann er allerdings in jedem Stadium des Verfahrens durch einstimmigen Beschluss vom Ausschuss eingeladen werden, den Sitz eines Ausschussmitglieds einzunehmen. Der Ausschuss hat dabei alle erheblichen Umstände einschließlich der Frage, ob diese Vertragspartei die Zuständigkeit des Ausschusses über die Begründetheit zu entscheiden, bestritten hat, zu berücksichtigen (siehe Art. 28 Abs. 3, Art. 53 Abs. 3 EGMRVerfO).

Die **Kammern** werden aus sieben derselben Sektion angehörenden Richtern 5 gebildet. Der Sektionspräsident sowie der Richter, der für die betroffene Vertragspartei gewählt worden ist, auch wenn er nicht Mitglied der Sektion ist, gehört der Kammer von Amts wegen an. Auf Antrag des Plenums kann das Ministerkomitee durch einstimmigen Beschluss die Anzahl der Richter je Kammer für einen bestimmten Zeitraum auf fünf herabsetzen. Diese Bestimmung ist durch das 14. EMRKProt neu eingeführt worden und soll durch die Verkleinerung des Entscheidungsgremiums zur Effizienzsteigerung des Gerichtshofs beitragen. Die Einzelheiten regeln Art. 25, 26 EGMRVerfO.

Die Zusammensetzung der **Großen Kammer** aus siebzehn Richtern hängt da- 6 von ab, auf welche Weise sie mit einer Rechtssache befasst wird (Art. 24 EGMRVerfO). Immer gehören ihr von Amts wegen der für eine beteiligte Vertragspartei gewählte Richter bzw. bei seiner Verhinderung Ersatzrichter, der Präsident, die Vizepräsidenten und Sektionspräsidenten bzw. bei ihrer Verhinderung die Vizesektionspräsidenten an, bei Abgabe der Sache auch die der abgebenden Kammer angehörenden Richter, bei Verweisung allerdings keine der mit der Beratung der

Rechtssache in der verweisenden Kammer befassten Richtern mit Ausnahme des Kammerpräsidenten und des Richters, der für die betroffene Vertragspartei gewählt worden ist. Die übrigen Richter und Ersatzrichter werden aus dem Kreis der verbleibenden Richter vom Präsidenten des Gerichtshofs im Beisein des Kanzlers unter gebührender Berücksichtigung der Notwendigkeit einer geographisch ausgewogenen Zusammensetzung, die den unterschiedlichen Rechtssystemen der Vertragsparteien Rechnung trägt, durch Los bestimmt.

7 Bei Eingang einer Beschwerde steht demnach – mit Ausnahme der Fälle, in denen der für die beschwerdegegnerische Partei gewählte nationale Richter dem Spruchkörper von Amts wegen angehört – noch nicht fest, mit **welchen Richtern** der Spruchkörper besetzt ist. Vielmehr weist erst der Präsident des Gerichtshofs die anhängige Beschwerde einer Sektion zu, innerhalb derer sie dann einem Spruchkörper zugewiesen wird, wobei er auf eine gerechte Verteilung der Arbeitslast achtet (Art. 52 Abs. 1 EGMRVerfO). Die Möglichkeit einer Vertragspartei, noch während eines laufenden Verfahrens bei Verhinderung des für sie gewählten Richters einen *ad hoc* Richter zu benennen, besteht mit der in Abs. 4 S. 2 getroffenen Regelung anders als vor Inkrafttreten des 14. EMRKProt allerdings nicht mehr.

B. Zuständigkeit der Spruchkörper

8 Über Individual- und Staatenbeschwerden entscheidet eine Kammer, sofern keine Sonderzuständigkeit eines anderen Spruchkörpers besteht (siehe Art. 29 Abs. 1).

9 Die Entscheidung über die Zuständigkeit wird von dem jeweiligen Spruchkörper selbst getroffen. Wird ein richterlicher Berichterstatter bestimmt, entscheidet dieser, ob die Beschwerde in Einzelrichterbesetzung, von einem Ausschuss oder von einer Kammer geprüft wird, wobei der Sektionspräsident die Prüfung durch eine Kammer oder einen Ausschuss anordnen kann (Art. 49 Abs. 2 lit. b EGMRVerfO). Hält der designierte Spruchkörper sich für unzuständig, gibt er die Sache an einen anderen Spruchkörper ab (siehe Art. 27 Abs. 3, Art. 30). Darüber hinaus können Sektionspräsidenten und Sektionsvizepräsidenten im Rahmen Ihrer Zuständigkeiten bei der Behandlung einer bei einer Kammer anhängigen Beschwerde bzw. bei der Entscheidung über Anträge auf vorläufige Maßnahmen von Amts wegen als Einzelrichter bezüglich des Teils der Beschwerde agieren, der sich im Rahmen der Einzelrichterbefugnisse entscheiden lässt (Art. 27A Abs. 2 und Art. 54 Abs. 3 und 4 EGMRVerfO).

10 Die Parteien haben nur begrenzten Einfluss auf die Wahl des zuständigen Spruchkörpers. Zum einen kann seit dem Inkrafttreten des 15. EMRKProt eine Partei der Abgabe an die Große Kammer als Eingangsinstanz nicht mehr widersprechen (siehe Art. 30). Zum anderen kann die beschwerdegegnerische Vertragspartei der Zuständigkeit eines Ausschusses zur Entscheidung über die Begründetheit entgegentreten, wobei diese Positionierung für den Ausschuss allerdings nicht bindend ist (siehe Art. 28 Abs. 3).

11 Ende 2020 waren von den insgesamt ca. 62.000 anhängigen Beschwerden ca. 7% vor einem Einzelrichter, ca. 55% vor einem Ausschuss und ca. 38% vor einer Kammer anhängig (*ECHR,* Analysis of Statistics 2020). Von den gegen Deutschland zum selben Zeitpunkt anhängigen 188 Beschwerden waren ca. 51% vor einem Einzelrichter oder Ausschuss (ohne die die Begründetheit betreffenden Beschwerden) anhängig (aaO).

Art. 27 Befugnisse des Einzelrichters*

(1) Ein Einzelrichter kann eine nach Artikel 34 erhobene Beschwerde für unzulässig erklären oder im Register streichen, wenn eine solche Entscheidung ohne weitere Prüfung getroffen werden kann.

(2) Die Entscheidung ist endgültig.

(3) Erklärt der Einzelrichter eine Beschwerde nicht für unzulässig und streicht er sie auch nicht im Register des Gerichtshofs, so übermittelt er sie zur weiteren Prüfung an einen Ausschuss oder eine Kammer.

(1) A single judge may declare inadmissible or strike out of the Court's list of cases an application submitted under Article 34, where such a decision can be taken without further examination.

(2) The decision shall be final.

(3) If the single judge does not declare an application inadmissible or strike it out, that judge shall forward it to a Committee or to a Chamber for further examination.

(1) Un juge unique peut déclarer une requête introduite en vertu de l'article 34 irrecevable ou la rayer du rôle lorsqu'une telle décision peut être prise sans examen complémentaire.

(2) La décision est définitive.

(3) Si le juge unique ne déclare pas une requête irrecevable ou ne la raye pas du rôle, ce juge la transmet à un comité ou à une chambre pour examen complémentaire.

A. Befugnisse des Einzelrichters (Abs. 1, 3)

Der Einzelrichter entscheidet nur über **Individualbeschwerden.** Er kann diese 1 für **unzulässig** erklären oder **im Register streichen,** wenn eine solche Entscheidung ohne weitere Prüfung getroffen werden kann. Über die Begründetheit kann er nicht entscheiden.

Ohne weitere Prüfung wird eine Entscheidung über die Zulässigkeit häufig 2 getroffen werden können, wenn eine Beschwerde offensichtlich unbegründet im Sinne von Art. 35 Abs. 3 lit. a ist. Der Einzelrichter hat allerdings nicht die Möglichkeit, die Beschwerde der beschwerdegegnerischen Vertragspartei zuzustellen (vgl. Art. 49 Abs. 1 EGMRVerfO). Ohne weitere Prüfung kann eine Entscheidung daher nur dann getroffen werden, wenn dies zur Aufklärung des Sachverhalts nicht nötig ist. Die Unzulässigkeit muss sich allein anhand der Angaben des Beschwerdeführers beurteilen lassen.

Außerdem war die Entscheidung, eine Beschwerde mangels **Rechtsschutz-** 3 **bedürfnisses** nach Art. 35 Abs. 3 lit. b (kein wesentlicher Nachteil) für unzulässig zu erklären bis zum Ablauf von zwei Jahren nach dem Inkrafttreten des 14. EMRK-

---

* Der Inhalt dieses Beitrags gibt die Ansichten der Verfasserin und nicht notwendigerweise die der Europäischen Kommission wieder.

Prot, also bis zum 1.6.2012, einer Kammer vorbehalten (Art. 20 Abs. 2 S. 2 14. EMRKProt).

4 Zur Übermittlung an einen Ausschuss oder eine Kammer nach **Abs. 3** → Art. 26 Rn. 9.

5 Die Befugnisse des Einzelrichters oblagen bis zum Inkrafttreten des 14. EMRKProt allein Ausschüssen mit drei Richtern. Ziel der Änderung ist es, die Fähigkeit des Gerichtshofs, offensichtlich unzulässige Beschwerden auszufiltern, durch Schaffung eines mit nur einem Richter besetzten Spruchkörpers zu stärken.

B. Form der Entscheidung

6 Entscheidungen über die Zulässigkeit trifft der Gerichtshof, wenn sie gesondert getroffen werden, in Form einer **Entscheidung** (engl./frz.: *decision/décision*). Der Einzelrichter entscheidet, wenn er über die Zulässigkeit entscheidet, mithin durch Entscheidung. Auch die Streichung einer nicht für zulässig erklärten Rechtssache aus dem Register erfolgt in Form einer Entscheidung (vgl. Art. 43 Abs. 3 EGMRVerfO). Die Entscheidung ergeht auf der Grundlage eines Votums des nichtrichterlichen Berichterstatters (→ Art. 24 Rn. 6). Nach Art. 45 Abs. 1 ist sie zu **begründen.** Dabei schreibt Art. 52A EGMRVerfO lediglich eine summarische Begründung vor. Sie wird nicht ausgefertigt, sondern lediglich **protokolliert.** Der Beschwerdeführer wird über die getroffene Entscheidung und den Namen des betreffenden Einzelrichters sowie den Grund für die Unzulässigkeit bzw. die Streichung der Beschwerde aus dem Register informiert. Eine weitere Begründung wird ihm nicht **mitgeteilt.**

C. Rechtskraft der Entscheidung (Abs. 2)

7 Die Entscheidung wird an dem Datum, mit dem sie protokolliert ist, **wirksam.** Sie ist sofort **rechtskräftig.**

8 Eine **Durchbrechung der Rechtskraft** ist in der Konvention gar nicht und in der Verfahrensordnung ausdrücklich nur für **Urteile** vorgesehen (→ Art. 28 Rn. 8 und → Art. 44 Rn. 3).

9 Für Entscheidungen (egal von welchem Spruchkörper) oder aus anderen als den in Art. 80 EGMRVerfO genannten Gründen sehen weder die Konvention noch die Verfahrensordnung eine Durchbrechung der Rechtskraft vor. Der Gerichtshof hat jedoch darüber hinaus unter bestimmten Voraussetzungen eine **implizite** Befugnis zur Wiederaufnahme eines rechtskräftig für **unzulässig** erklärten Falles anerkannt. Nach dieser Rechtsprechung hat der Gerichtshof unter außergewöhnlichen Umständen, wenn ein offenkundiger Tatsachenirrtum oder Fehler bei der Bewertung der einschlägigen Zulässigkeitsvoraussetzungen vorliegt, im Interesse der Rechtspflege die sich aus der Rechtsnatur ergebende Befugnis, einen für unzulässig erklärten Fall wieder aufzunehmen und die Irrtümer richtig zu stellen (siehe EGMR 26.10.2004 – 61603/00, NJW-RR 2006, 308 – Storck). In dem entschiedenen Fall handelte es sich um die Unzulässigkeitsentscheidung eines Ausschusses aus drei Richtern, die ebenso wie eine Einzelrichterentscheidung nicht anfechtbar ist.

10 Zur **Wiedereintragung** einer aus dem Register gestrichenen Beschwerde → Art. 37 Rn. 30, 31 (zu Art. 37 Abs. 2).

Art. 28 Befugnisse der Ausschüsse*

(1) Ein Ausschuss, der mit einer nach Artikel 34 erhobenen Beschwerde befasst wird, kann diese durch einstimmigen Beschluss
a) für unzulässig erklären oder im Register streichen, wenn eine solche Entscheidung ohne weitere Prüfung getroffen werden kann; oder
b) für zulässig erklären und zugleich ein Urteil über die Begründetheit fällen, sofern die der Rechtssache zugrunde liegende Frage der Auslegung oder Anwendung dieser Konvention oder der Protokolle dazu Gegenstand einer gefestigten Rechtsprechung des Gerichtshofs ist.

(2) Die Entscheidungen und Urteile nach Absatz 1 sind endgültig.

(3) Ist der für die als Partei beteiligte Hohe Vertragspartei gewählte Richter nicht Mitglied des Ausschusses, so kann er von Letzterem jederzeit während des Verfahrens eingeladen werden, den Sitz eines Mitglieds im Ausschuss einzunehmen; der Ausschuss hat dabei alle erheblichen Umstände einschließlich der Frage, ob diese Vertragspartei der Anwendung des Verfahrens nach Absatz 1 Buchstabe b entgegengetreten ist, zu berücksichtigen.

1. In respect of an application submitted under Article 34, a Committee may, by a unanimous vote,
(a) declare it inadmissible or strike it out of its list of cases, where such decision can be taken without further examination; or
(b) declare it admissible and render at the same time a judgement on the merits, if the underlying question in the case, concerning the interpretation or the application of the Convention or the Protocols thereto, is already the subject of well-established case-law of the Court.

2. Decisions and judgements under paragraph 1 shall be final.

3. If the judge elected in respect of the High Contracting Party concerned is not a member of the Committee, the Committee may at any stage of the proceedings invite that judge to take the place of one of the members of the Committee, having regard to all relevant factors, including whether that Party has contested the application of the procedure under paragraph 1 (b).

(1) Un comité saisi d'une requête individuelle introduite en vertu de l'article 34 peut, par vote unanime,
a) la déclarer irrecevable ou la rayer du rôle lorsqu'une telle décision peut être prise sans examen complémentaire; ou
b) la déclarer recevable et rendre conjointement un arrêt sur le fond lorsque la question relative à l'interprétation ou à l'application de la Convention ou de ses Protocoles qui est à l'origine de l'affaire fait l'objet d'une jurisprudence bien établie de la Cour.

(2) Les décisions et arrêts prévus au paragraphe 1 sont définitifs.

(3) Si le juge élu au titre de la Haute Partie contractante partie au litige n'est pas membre du comité, ce dernier peut, à tout moment de la procédure, l'inviter à

---

* Der Inhalt dieses Beitrags gibt die Ansichten der Verfasserin und nicht notwendigerweise die der Europäischen Kommission wieder.

siéger en son sein en lieu et place de l'un de ses membres, en prenant en compte tous facteurs pertinents, y compris la question de savoir si cette partie a contesté l'application de la procédure du paragraphe 1.b).

A. Befugnisse der Ausschüsse (Abs. 1)

1 Ein Ausschuss kann nur über **Individualbeschwerden** entscheiden. Er hat wie der Einzelrichter die Befugnis, diese für **unzulässig** zu erklären oder **aus dem Register zu streichen,** wenn eine solche Entscheidung ohne weitere Prüfung getroffen werden kann (Abs. 1 lit. a), → Art. 27 Rn. 2 entsprechend. Außerdem hat er die Befugnis, eine Individualbeschwerde für **zulässig** zu erklären und **zugleich** ein Urteil über die **Begründetheit** zu fällen, sofern die der Rechtssache zugrunde liegende Frage der Auslegung oder Anwendung der Konvention oder der Protokolle Gegenstand einer gefestigten Rechtsprechung ist (Abs. 1 lit. b). Das Urteil umfasst gegebenenfalls eine Entscheidung über eine **gerechte Entschädigung** (siehe Art. 53 Abs. 2 EGMRVerfO).

2 Unzulässigkeitsentscheidungen iSv Abs. 1 lit. a werden zwar seit Inkrafttreten des 14. EMRKProt grundsätzlich von einem Einzelrichter getroffen (siehe Art. 49 Abs. 1 EGMRVerfO). Der Ausschuss wird solche Unzulässigkeitsentscheidungen aber etwa noch dann treffen, wenn ihm eine Beschwerde von einem Einzelrichter wegen Zweifeln am Vorliegen der Zuständigkeitsvoraussetzungen übermittelt wird oder wenn bei einer Beschwerde zunächst eine Prüfung von Zulässigkeit und Begründetheit nach Abs. 1 lit. b gerechtfertigt erschien, die Beschwerde sich im Laufe des Verfahrens aber als unzulässig herausstellt.

3 Die Möglichkeit eines Ausschusses, auch über die Begründetheit zu entscheiden, wurde mit dem 14. EMRKProt eingeführt, allerdings nur für die Fälle in denen **gefestigte Rechtsprechung** im Hinblick auf die der Rechtssache zugrunde liegende Rechtsfrage vorliegt. Diese soll bei ständiger Rechtsprechung einer Kammer, aber auch dann vorliegen, wenn etwa die Große Kammer ein Grundsatzurteil gefällt hat (siehe Erl. Bericht, BT-Drs. 16/42 Rn. 68).

4 In Bezug auf Deutschland wurde diese Zuständigkeit in Fällen genutzt, in denen der Gerichtshof jeweils Verletzungen von Art. 6 im Hinblick auf eine angemessene Verfahrensdauer und, sofern gerügt, auch von Art. 13 im Hinblick auf das Fehlen eines diesbezüglichen effektiven Rechtsschutzmittels feststellte.

5 Der Ausschuss kann nur **einstimmig** entscheiden.

B. Form der Entscheidung

6 Nach Abs. 1 sind Entscheidungen nach lit. a, mit der eine Beschwerde für unzulässig erklärt oder aus dem Register gestrichen wird, zu **begründen.** Art. 53 Abs. 4 S. 3 EGMRVerfO präzisiert nunmehr, dass sie summarisch begründet werden können, wenn sie nach Übermittlung durch einen Einzelrichter nach Art. 52A Abs. 2 EGMRVerfO getroffen worden sind. Die Entscheidung wird dem Beschwerdeführer sowie der oder den betroffenen Vertragsparteien, soweit diese zuvor an der Beschwerde beteiligt wurden, **mitgeteilt** (Art. 53 Abs. 5 EGMRVerfO).

7 Die Entscheidungen nach Abs. 1 lit. b, mit denen eine Beschwerde für zulässig und gegebenenfalls begründet erklärt wird, ergehen durch **Urteil** auf der Grundlage eines Votums des richterlichen Berichterstatters (Art. 49 Abs. 2 EGMRVerfO).

Es ist gemäß Art. 45 Abs. 1 zu **begründen.** Es enthält neben dem Rubrum und dem Tenor einschließlich gegebenenfalls der Kostenentscheidung Angaben zu dem Prozessverlauf vor dem Gerichtshof, den Sachverhalt, gegebenenfalls eine Darstellung des relevanten innerstaatlichen Rechts, eine Zusammenfassung der Beschwerden der Parteien und die Entscheidungsgründe sowie gegebenenfalls welche Sprachfassung maßgeblich ist (Art. 74 Abs. 1 EGMRVerfO). Die Namen des Vorsitzenden und der anderen mitwirkenden Richter werden genannt, wobei nicht kenntlich gemacht wird, wer von ihnen Berichterstatter war. Es enthält das Datum, an dem es getroffen worden ist. Es wird von dem Ausschussvorsitzenden und dem Kanzler **unterzeichnet.** Eine öffentliche Verkündung ist nicht vorgesehen. Eine beglaubigte Kopie wird den Parteien, dem Generalsekretär des Europarats, den Drittbeteiligten und allen anderen unmittelbar betroffenen Personen **übermittelt** (Art. 77 EGMRVerfO).

C. Rechtskraft der Entscheidung (Abs. 2)

Zur Unzulässigkeitsentscheidung nach Abs. 1 lit. a → Art. 27 Rn. 7 entsprechend. Ein Urteil nach Abs. 1 lit. b wird an dem auf ihm vermerkten Datum **wirksam.** Es ist sofort rechtskräftig. Nach Art. 53 Abs. 7, 80 EGMRVerfO besteht für die Parteien bei nachträglichem Bekanntwerden einer entscheidungserheblichen Tatsache die Möglichkeit, die **Wiederaufnahme** des Verfahrens zu beantragen. Dies kann etwa bei nachträglichem Bekanntwerden des Versterbens des Beschwerdeführers vor Umsetzung eines Urteils auf Zahlung einer gerechten Entschädigung sinnvoll sein, um die Umschreibung des Zahlungsanspruchs auf den Rechtsnachfolger zu erwirken. 8

D. Zusammensetzung des Ausschusses (Abs. 3)

→ Art. 26 Rn. 4. 9

Art. 29 Entscheidungen der Kammern über die Zulässigkeit und Begründetheit[*]

(1) Ergeht weder eine Entscheidung nach Artikel 27 oder 28 noch ein Urteil nach Artikel 28, so entscheidet eine Kammer über die Zulässigkeit und Begründetheit der nach Artikel 34 erhobenen Beschwerden. Die Entscheidung über die Zulässigkeit kann gesondert ergehen.

(2) Eine Kammer entscheidet über die Zulässigkeit und Begründetheit der nach Artikel 33 erhobenen Staatenbeschwerden. Die Entscheidung über die Zulässigkeit ergeht gesondert, sofern der Gerichtshof in Ausnahmefällen nicht anders entscheidet.

(1) If no decision is taken under Article 27 or 28, or no judgment rendered under Article 28, a Chamber shall decide on the admissibility and merits of individual

---
[*] Der Inhalt dieses Beitrags gibt die Ansichten der Verfasserin und nicht notwendigerweise die der Europäischen Kommission wieder.

EMRK Art. 29

applications submitted under Article 34. The decision on admissibility may be taken separately.

(2) A Chamber shall decide on the admissibility and merits of inter-State applications submitted under Article 33. The decision on admissibility shall be taken separately unless the Court, in exceptional cases, decides otherwise.

(1) Si aucune décision n'a été prise en vertu des articles 27 ou 28, ni aucun arrêt rendu en vertu de l'article 28, une chambre se prononce sur la recevabilité et le fond des requêtes individuelles introduites en vertu de l'article 34. La décision sur la recevabilité peut être prise de façon séparée.

(2) Une chambre se prononce sur la recevabilité et le fond des requêtes étatiques introduites en vertu de l'article 33. Sauf décision contraire de la Cour dans des cas exceptionnels, la décision sur la recevabilité est prise séparément.

A. Befugnisse der Kammer

1   Die Kammer entscheidet über **Individualbeschwerden,** sofern keine Zuständigkeit eines anderen Spruchkörpers besteht. Sie hat eine **umfassende Entscheidungskompetenz** und kann sowohl über Zulässigkeit und Begründetheit einschließlich einer gerechten Entschädigung entscheiden (Abs. 1) oder eine Beschwerde aus dem Register streichen und über die Kosten entscheiden (Art. 37). In den meisten Fällen entscheidet die Kammer zusammen über Zulässigkeit und Begründetheit wie mit Inkrafttreten des 14. EMRKProt nun auch in Abs. 1 S. 2 als Regel vorgesehen. Die Entscheidung über die Begründetheit ist auf die für zulässig erklärten Fragen beschränkt. Hat die Kammer bereits mit separater Entscheidung eine Beschwerde ganz oder teilweise für zulässig erklärt, hindert sie das nicht, im Rahmen der Entscheidung über die Begründetheit erneut zu prüfen, ob die Beschwerde nicht doch unzulässig ist (siehe ua EGMR 19.10.2006 – 62094/00, https://hudoc.echr.coe.int/eng#{%22itemid%22:[%22001-77584%22]} – Majadallah).

2   Die Kammer entscheidet außerdem über die Zulässigkeit und Begründetheit von **Staatenbeschwerden,** wobei anders als bei Individualbeschwerden die Zulässigkeitsentscheidung grundsätzlich gesondert ergeht (Abs. 2).

3   Die Kammer entscheidet mit **einfacher Mehrheit** (Art. 23 Abs. 2 EGMRVerfO).

B. Form der Entscheidungen und Urteile

4   Die Kammer entscheidet auf der Grundlage eines Votums des richterlichen Berichterstatters (Art. 49 Abs. 2 EGMRVerfO). Die Entscheidung über die Zulässigkeit ergeht in Form einer **Entscheidung,** (engl./frz. *decision/décision*), es sei denn sie ergeht zusammen mit der Entscheidung über die Begründetheit, die, gegebenenfalls einschließlich einer Entscheidung über eine gerechte Entschädigung nach Art. 41, durch **Urteil** ergeht. Zur Streichung von Rechtssachen aus dem Register → Art. 37 Rn. 26.

5   **Entscheidungen** einer Kammer sind nach Art. 45 Abs. 1, Art. 56 Abs. 1 EGMRVerfO zu **begründen**. Es ist anzugeben, ob sie einstimmig oder mit Mehrheit getroffen worden sind (Art. 56 Abs. 1 EGMRVerfO). Anders als bei einem Ur-

Abgabe der Rechtssache an die Große Kammer **Art. 30 EMRK**

teil wird die Zahl der Richter, die die Mehrheit gebildet haben, nicht spezifiziert. Die Namen des Vorsitzenden und der anderen mitwirkenden Richter werden genannt, wobei nicht gekennzeichnet wird, wer von ihnen richterlicher Berichterstatter war. Anders als bei Urteilen (siehe Art. 45 Abs. 2, Art. 74 Abs. 2 EGMR-VerfO) räumen weder die Konvention noch die Verfahrensordnung den an einer Entscheidung mitwirkenden Richtern die Möglichkeit ein, **zustimmende oder abweichende Meinungen** darzulegen. Dies ist so, obwohl eine Kammer anders als ein Ausschuss oder Einzelrichter, für den diese Möglichkeit auch nicht vorgesehen ist, nicht einstimmig entscheiden muss und ihre Entscheidung normalerweise nicht ohne weiter Prüfung getroffen werden kann. Aufbau und Inhalt entsprechen im Übrigen im Wesentlichen denen eines Urteils, für das Art. 74 Abs. 1 EGMRVerfO eine ausdrückliche Regelung trifft. Eine öffentliche Verkündung der Entscheidung ist nicht vorgesehen. Die Entscheidung wird dem Beschwerdeführer sowie der oder den betroffenen Vertragsparteien und jedem Drittbeteiligten **mitgeteilt,** soweit diesen zuvor die Beschwerde zur Kenntnis gebracht wurde (Art. 56 Abs. 2 EGMRVerfO).

Urteile einer Kammer werden von dem Kammervorsitzenden und dem Kanzler 6 **unterzeichnet** (Art. 77 Abs. 1 EGMRVerfO). Sie können vom Kammerpräsidenten oder einem von ihm beauftragten anderen Richter in öffentlicher Sitzung **verkündet** werden. Den Prozessbevollmächtigten und Vertretern der Parteien wird der Termin der Verkündung rechtzeitig mitgeteilt (Art. 77 Abs. 2 EGMRVerfO). Eine beglaubigte Kopie wird den Parteien, dem Generalsekretär des Europarats, den Drittbeteiligten und allen anderen unmittelbar betroffenen Personen **übermittelt** (Art. 77 Abs. 3 EGMRVerfO). Die Urteile sind nach Art. 45 Abs. 1 zu **begründen.** Aufbau und Inhalt der Kammerurteile entsprechen im Wesentlichen denen eines Ausschusses – für beide trifft Art. 74 EGMRVerfO eine gemeinsame Regelung, → Art. 28 Rn. 7. Anders als bei Urteilen eines Ausschusses, die stets einstimmig getroffen werden, enthält das Urteil einer Kammer auch gegebenenfalls Angaben über die Anzahl der Richter, die die Mehrheit gebildet haben. Außerdem können die mitwirkenden Richter anders als bei Urteilen eines Ausschusses, die stets einstimmig getroffen werden, aber auch anders als bei separaten oder alleinigen Entscheidungen über die Zulässigkeit, einem Urteil zustimmende oder abweichende Meinungen beifügen (Art. 45 Abs. 2, Art. 74 Abs. 2 EGMRVerfO).

Art. 30 Abgabe der Rechtssache an die Große Kammer[*]

Wirft eine bei einer Kammer anhängige Rechtssache eine schwerwiegende Frage der Auslegung dieser Konvention oder der Protokolle dazu auf oder kann die Entscheidung einer ihr vorliegenden Frage zu einer Abweichung von einem früheren Urteil des Gerichtshofs führen, so kann die Kammer diese Sache jederzeit, bevor sie ihr Urteil gefällt hat, an die Große Kammer abgeben.

Where a case pending before a Chamber raises a serious question affecting the interpretation of the Convention or the Protocols thereto, or where the resolution of a question before the Chamber might have a result inconsistent with a judgment

---

[*] Der Inhalt dieses Beitrags gibt die Ansichten der Verfasserin und nicht notwendigerweise die der Europäischen Kommission wieder.

EMRK Art. 30

previously delivered by the Court, the Chamber may, at any time before it has rendered its judgment, relinquish jurisdiction in favour of the Grand Chamber.

Si l'affaire pendante devant une chambre soulève une question grave relative à l'interprétation de la Convention ou de ses Protocoles, ou si la solution d'une question peut conduire à une contradiction avec un arrêt rendu antérieurement par la Cour, la chambre peut, tant qu'elle n'a pas rendu son arrêt, se dessaisir au profit de la Grande Chambre.

Literatur: *Schmaltz,* Die Große Kammer des Europäischen Gerichtshofs für Menschenrechte – eine Annäherung an Abgabe und Verweisungspraxis, EuGRZ 2012, 606.

1 Die Kammer kann eine bei ihr anhängige Rechtssache mit einfacher Mehrheit an die Große Kammer abgeben. Die Möglichkeit der Abgabe besteht während des gesamten Verfahrens.

2 Voraussetzung war **formell,** dass keine Partei der Abgabe widerspricht. Die Parteien konnten dies innerhalb eines Monats nach dem Zeitpunkt tun, in dem ihnen die Absicht der Kammer, die Rechtssache abzugeben, vom Kanzler mitgeteilt worden ist (Art. 72 Abs. 4 EGMRVerfO). Sie mussten ihren Einspruch gebührend begründen. Andernfalls war er unwirksam (siehe Pressemitteilung der Kanzlei 18.2.2021 – 43572/18, https://hudoc.echr.coe.int/eng#{itemid":[";003-6943268-9336044"]} – Grzęda gegen Polen, kritisch Stefan Talmon, https://www.egiltalk.org/relinquishment-of-jurisdiction-contra-legem-the-european-court-of-human-rights-decision-in-grzeda-v-poland/). Mit dem 15. EMRKProt wurde zugunsten der Begünstigung der Verfahrensbeschleunigung und der Sicherung der Einheitlichkeit der Rechtsprechung des Gerichtshofs mit *ex nunc* Wirkung das Widerspruchsrechts der Parteien abgeschafft (vgl. Erl. Bericht zum 15. EMRKProt, CETS No. 213, Rn. 16 und 17).

3 **Materiell** ist Voraussetzung, dass die Rechtssache eine schwerwiegende Frage der Auslegung der Konvention oder ihrer Protokolle aufwirft oder dass die Entscheidung zu einer Abweichung von einem früheren Urteil des Gerichtshofs führen kann. Anders als bei einer Verweisung nach Art. 43 kann es sich dabei nicht nur um Fragen der Begründetheit, sondern auch um Fragen der Zulässigkeit handeln. Eine schwerwiegende Auslegungsfrage soll vorliegen, wenn der Gerichtshof die Frage noch nicht entschieden hat oder die Frage für die Fortentwicklung seiner Rechtsprechung von Bedeutung ist (vgl. Erl. Bericht, BT-Drs. 13/858 Rn. 99 sowie die weiterführende Fallgruppenbildung bei *Schmaltz* EuGRZ 2012, 606).

4 Bei Vorliegen der Voraussetzungen bleibt das konventionsrechtlich vorgesehene **Abgabeermessen** der Kammer nur noch in Fällen schwerwiegender Auslegungsfragen uneingeschränkt bestehen. Bei der Möglichkeit der Abweichung von einem früheren Urteil des Gerichtshofs ist die Kammer dagegen nunmehr auf verfahrensordnungsrechtlicher Ebene zur Abgabe **verpflichtet** (Art. 74 Abs. 2 EGMRVerfO in der vom Gerichtshof am 6.2.2013 geänderten Fassung). Ziel dieser Einschränkung der Entscheidungsbefugnisse der Kammer ist es, zur Wahrung der Einheitlichkeit und Vorhersehbarkeit der Rechtsprechung des Gerichtshofs beizutragen. Die Kammer muss ihre Abgabeentscheidung **nicht begründen** (Art. 72 Abs. 3 EGMRVerfO).

Art. 31 Befugnisse der Großen Kammer*

Die Große Kammer
a) entscheidet über nach Artikel 33 oder Artikel 34 erhobene Beschwerden, wenn eine Kammer die Rechtssache nach Artikel 30 an sie abgegeben hat oder wenn die Sache nach Artikel 43 an sie verwiesen worden ist,
b) entscheidet über Fragen, mit denen der Gerichtshof durch das Ministerkomitee nach Artikel 46 Absatz 4 befasst wird, und
c) behandelt Anträge nach Artikel 47 auf Erstattung von Gutachten.

The Grand Chamber shall
(a) determine applications submitted either under Article 33 or Article 34 when a Chamber has relinquished jurisdiction under Article 30 or when the case has been referred to it under Article 43;
(b) decide on issues referred to the Court by the Committee of Ministers in accordance with Article 46 § 4; and
(c) consider requests for advisory opinions submitted under Article 47.

La Grande Chambre
a) se prononce sur les requêtes introduites en vertu de l'article 33 ou de l'article 34 lorsque l'affaire lui a été déférée par la chambre en vertu de l'article 30 ou lorsque l'affaire lui a été déférée en vertu de l'article 43;
b) se prononce sur les questions dont la Cour est saisie par le Comité des Ministres en vertu de l'article 46 § 4; et
c) examine les demandes d'avis consultatifs introduites en vertu de l'article 47.

A. Befugnisse der Großen Kammer

Als **Eingangsinstanz** entscheidet die Große Kammer, wenn eine Individual- oder Staatenbeschwerde von der Kammer nach Art. 30 an sie abgegeben worden ist. Ihre Befassung mit der **Überprüfung von Kammerurteilen** ist nur ausnahmsweise vorgesehen. Voraussetzung ist eine Verweisung durch die Kammer nach Art. 43. Die Große Kammer hat dann eine umfassende sich auf Zulässigkeit und Begründetheit erstreckende Entscheidungskompetenz. Die Große Kammer entscheidet außerdem über von dem Ministerkomitee nach Art. 46 Abs. 4 eingeleitete **Nichtbefolgungsverfahren** und erstattet auf Antrag des Ministerkomitees nach Art. 47 **Gutachten.** Die Große Kammer entscheidet mit **einfacher Mehrheit** (Art. 23 Abs. 2 EGMRVerfO). 1

B. Form der Entscheidungen und Urteile

Es gelten die auch für Kammerentscheidungen und -urteile geltenden Bestimmungen (→ Art. 29 Rn. 4 entsprechend). Selbst bei Entscheidungen der Großen Kammer finden sich keine abweichenden oder zustimmenden Voten der mitwirkenden Richter, auch wenn die Entscheidungen nicht einstimmig ergehen, da 2

---

* Der Inhalt dieses Beitrags gibt die Ansichten der Verfasserin und nicht notwendigerweise die der Europäischen Kommission wieder.

Art. 45 Abs. 2 dies nur für Urteile vorsieht. Seit einer Änderung der EGMRVerfO vom 9.9.2019 sind Entscheidungen und Urteile der Großen Kammer anders als solche anderer Spruchkörper stets sowohl auf Englisch als auch auf Französisch zu erlassen, wobei beide Sprachversionen gleichermaßen verbindlich sind (Art. 57 S. 2, Art. 73 S. 2 EGMRVerfO).

Art. 32 Zuständigkeit des Gerichtshofs

(1) **Die Zuständigkeit des Gerichtshofs umfasst alle die Auslegung und Anwendung dieser Konvention und der Protokolle dazu betreffenden Angelegenheiten, mit denen er nach den Artikeln 33, 34, 46 und 47 befasst wird.**

(2) **Besteht ein Streit über die Zuständigkeit des Gerichtshofs, so entscheidet der Gerichtshof.**

(1) The jurisdiction of the Court shall extend to all matters concerning the interpretation and application of the Convention and the protocols thereto which are referred to it as provided in Articles 33, 34, 46 and 47.

(2) In the event of dispute as to whether the Court has jurisdiction, the Court shall decide.

(1) La compétence de la Cour s'étend à toutes les questions concernant l'interprétation et l'application de la Convention et de ses protocoles qui lui seront soumises dans les conditions prévues par les articles 33, 34, 46 et 47.

(2) En cas de contestation sur le point de savoir si la Cour est compétente, la Cour décide.

1   Art. 32 stellt klar, dass der Gerichtshof zuständig ist zur Behandlung **sämtlicher** die Auslegung und Anwendung der Konvention und der Zusatzprotokolle betreffenden Fragen, mit denen er im Zuge einer Staatenbeschwerde (Art. 33) oder einer Individualbeschwerde (Art. 34), nach Anrufung durch den Ministerrat (Art. 46) oder im Rahmen seiner Gutachtenzuständigkeit (Art. 47) befasst wird. Streiten die Parteien in einem Verfahren über seine Zuständigkeit, muss der Gerichtshof hierüber entscheiden (EGMR 23.1.2002 (GK) – 48321/99 Rn. 56 – Slivenko ua). Eine Entscheidung kann in jedem Verfahrensstadium getroffen werden (EGMR 18.11.2020 (GK) – 54155/16 Rn. 45 – Slowenien/Kroatien). Verneint der Gerichtshof seine Zuständigkeit, spricht er dies im Tenor der Entscheidung aus (EGMR 18.11.2020 (GK) – 54155/16 – Slowenien/Kroatien – *„Holds that it has no jurisdiction to take cognisance of the application."*). Zugleich folgt aus Art. 32, dass die Zuständigkeit des Gerichtshofes auf die Verfahren nach Art. 33, 34, 46 und 47 und Auslegung und Anwendung der Konvention und ihrer Zusatzprotokolle **beschränkt** ist. Dies hindert den Gerichtshof aber nicht daran, Konventionsrechte im Lichte anderer völkerrechtlicher Vereinbarungen auszulegen (EGMR 3.6.2014 – 10280/12 Rn. 92, NZFam 2015, 303 – López Guió). Anders als etwa der EuGH kann der EGMR nicht aufgrund einer Schiedsklausel oder eines Schiedsvertrages (vgl. Art. 272f. AEUV) angerufen werden.

2   Die Kompetenz zur Entscheidung, ob er für die Auslegung und Anwendung der Konvention in einem bestimmten Fall zuständig ist, liegt **ausschließlich** beim

Staatenbeschwerden **Art. 33 EMRK**

Gerichtshof und nicht beim betroffenen Mitgliedsstaat (EGMR 12.5.2005 – 36378/02 Rn. 293 – Shamayev ua). Dies gilt insbesondere für den Fall, dass Zweifel darüber bestehen, ob eine Person tatsächlich beabsichtigte, eine Beschwerde einzulegen und damit als Beschwerdeführer im Sinne von Art. 34 anzusehen ist, sowie für die Frage, ob eine Beschwerde die Anforderungen des Art. 34 erfüllt (EGMR 12.5.2005 – 36378/02 Rn. 293 – Shamayev ua).

Der Gerichtshof ist an die rechtliche Einordnung der Tatsachen eines Falls durch 3 den Beschwerdeführer oder eine Vertragspartei **nicht gebunden.** Der Gerichtshof kann *ex proprio motu* auch Eingriffe in Konventionsrechte prüfen, deren Verletzung ein Beschwerdeführer nicht ausdrücklich gerügt hat (EGMR 31.5.2005 – 25165/94 Rn. 88 – Akdeniz).

Schließlich ist die Kompetenz des Gerichtshofes nicht auf die Auslegung des 4 Textes der Konvention und der Zusatzprotokolle beschränkt. Sie erstreckt sich auch auf die Auslegung von **Vorbehalten** und anderen **einseitigen Erklärungen** der Vertragsparteien wie zB eine Derogationserklärung nach Art. 15 (EGMR 23.1.2002 (GK) – 48321/99 Rn. 57 – Slivenko ua).

Art. 33 Staatenbeschwerden

Jede Hohe Vertragspartei kann den Gerichtshof wegen jeder behaupteten Verletzung dieser Konvention und der Protokolle dazu durch eine andere hohe Vertragspartei anrufen.

Any High Contracting Party may refer to the Court any alleged breach of the provisions of the Convention and the protocols thereto by another High Contracting Party.

Toute Haute Partie contractante peut saisir la Cour de tout manquement aux dispositions de la Convention et de ses protocoles qu'elle croira pouvoir être imputé à une autre Haute Partie contractante.

Literatur: *Küchler,* Die Renaissance der Staatenbeschwerde, 2020; *Matscher,* Kollektive Garantie der Grundrechte und die Staatenbeschwerde nach der EMRK, in Funk/Holzinger/Klecatsky ua (Hrsg.), Der Rechtsstaat vor neuen Herausforderungen, FS Adamovich, 2002, 417 ff.; *Prebensen,* Inter-state complaints under treaty provisions. The experience under the European Convention on Human Rights, in Alfredsson ua (Hrsg.), International human rights monitoring mechanisms, Essays in honour of Jakob Th. Möller, 2. Aufl. 2009, S. 441 ff.; *Risini,* The Inter-State Application under the European Convention on Human Rights, 2018; *Rogge,* Inter-state cases under Article 33 of the European Convention on Human Rights, in Hartig (Hrsg.), Trente ans de droit européen des droits de l'homme, Etudes à la mémoire de Wolfgang Strasser, 2007, 289 ff.

A. Allgemeines

Die Möglichkeit einer Staatenbeschwerde bringt den **objektiven Charakter** 1 der Konventionsverpflichtungen zum Ausdruck (EGMR 18.1.1978 – 5310/71 Rn. 239, EuGRZ 1979, 149 – Irland/Vereinigtes Königreich; → Art. 1 Rn. 4). Anders als im Fall der Individualbeschwerde, muss ein beschwerdeführender Staat **keine Verletzung eigener Rechte** („Opfereigenschaft") behaupten (*Harris/ O'Boyle/Warbrick* S. 48; *Küchler* S. 305). Insbesondere ist nicht erforderlich, dass

EMRK Art. 33

Staatsangehörige der beschwerdeführenden Partei von den geltend gemachten Verletzungen betroffen sind (EGMR 18.1.1978 – 5310/71 Rn. 239, EuGRZ 1979, 149 – Irland/Vereinigtes Königreich; *Harris/O'Boyle/Warbrick* S. 48; *Küchler* S. 305). Der Gerichtshof sieht sich allerdings unzuständig (Art. 32) für die Entscheidung über eine Staatenbeschwerde an, mit der Rechte einer Rechtsperson geltend gemacht werden, die nicht als **nichtstaatliche Organisation** im Sinne von Art. 34 angesehen werden kann (EGMR 18.11.2020 (GK) – 54155/16 Rn. 60ff. – Slowenien/Kroatien). Im Gegensatz zum Staatenbeschwerdeverfahren nach Art. 41 f. IPBPR, welches die Anerkennung der Zuständigkeit des Menschenrechtsausschusses voraussetzt, ist das Verfahren nach Art. 33 **obligatorisch.** Die Einzelheiten des Verfahrens ergeben sich aus Art. 29 Abs. 2 EMRK und Art. 46, 48, 51, 55–58 EGMRVerfO.

2   Die Zahl der Staatenbeschwerden ist lange Zeit **überschaubar** geblieben; gerade in jüngerer Zeit hat die Zahl der Fälle aber **zugenommen** (für eine Übersicht der abgeschlossenen und anhängigen Staatenbeschwerdeverfahren siehe https://www.echr.coe.int/Documents/InterState_applications_ENG.pdf; für ausführliche Analysen der Entscheidungspraxis siehe *Küchler* S. 42ff.; *Risini* S. 67ff.). Gegenstand der Beschwerden waren meist Sachverhalte, die eng mit politischen Konflikten zwischen den Vertragsparteien oder anderen herausragenden politischen Ereignissen zusammenhingen, wie zB die Machtübernahme des Obristenregimes in Griechenland (EKMR 5.11.1969 – 3321/67 ua – Dänemark, Norwegen, Schweden, Niederlande/Griechenland), der Nordzypernkonflikt (zB EGMR 10.5.2001 – 25781/94 – Zypern/Türkei; EGMR 12.5.2014 – 25781/94, NJOZ 2015, 627 – Zypern/Türkei), der Nordirlandkonflikt (EGMR 18.1.1978 – 5310/71, EuGRZ 1979, 149 – Irland/Vereinigtes Königreich), der Konflikt zwischen Russland und Georgien (EGMR 30.6.2009 – 13255/07 – Georgien/Russland (I); EGMR 3.7.2014 – 13255/07, NVwZ 2015, 569 – Georgien/Russland (I); EGMR 13.12.2011 – 38263/08 – Georgien/Russland (II); EGMR 21.1.2021 (GK) – 38263/08, BeckRS 2021, 389 – Georgien/Russland (II)) und die Krimkrise (EGMR 16.12.2020 (GK) – 20958/14 u. 38334/18 – Ukraine/Russland). **Deutschland** war bislang an keinem Staatenbeschwerdeverfahren beteiligt.

B. Zulässigkeitsvoraussetzungen

I. Parteifähigkeit

3   Sowohl der Beschwerdeführer als auch der Beschwerdegegner müssen **Vertragspartei** der Konvention sein. Jede Vertragspartei kann gegen jede andere Vertragspartei mit der Behauptung der Verletzung der Konvention oder eines Zusatzprotokolls eine Staatenbeschwerde einlegen. Die Aktivlegitimation ist auch dann gegeben, wenn der beschwerdeführende Staat zum **Zeitpunkt** der behaupteten Konventionsverletzung, der Konvention noch nicht beigetreten war (EKMR 11.1.1961 – 788/60, YBECHR 4, 116 (142) – Österreich/Italien). Die Passivlegitimation setzt demgegenüber voraus, dass die Partei, gegen die Beschwerde eingereicht wird, zum Zeitpunkt der behaupteten Konventionsverletzung Vertragspartei war (*Küchler* S. 310).

II. Beschwerdegegenstand

Beschwerdegegenstand kann die behauptete Verletzung **jeder Bestimmung** 4
der Konvention oder eines Zusatzprotokolls sein. Anders als die Individualbeschwerde ist die Staatenbeschwerde damit nicht auf die Geltendmachung der Verletzung von Individualrechten beschränkt (*Frowein* in Frowein/Peukert EMRK Art. 33 Rn. 7; *Küchler* S. 362). Aus dem Wortlaut des Art. 33 und dem objektiven Charakter der Verpflichtungen folgt überdies, dass auch eine Vertragspartei, die ein bestimmtes **Zusatzprotokoll** nicht ratifiziert hat, eine andere Vertragspartei, die an dieses Zusatzprotokoll gebunden ist, wegen einer Verletzung des Zusatzprotokolls in Anspruch nehmen kann (vgl. *Küchler* S. 314). Ebenso kann die Verletzung von Bestimmungen geltend gemacht werden, zu denen die beschwerdeführende Partei – im Gegensatz zur beschwerdegegnerischen Partei einen – **Vorbehalt** eingelegt hat (EKMR 6.12.1983 – 9940/82 u. a Rn. 35 ff. – Frankreich, Norwegen, Dänemark, Schweden, Niederlande/Türkei, „The Law"; *Küchler* S. 313).

Beschwerdegegenstand kann insbesondere auch ein in einem Vertragsstaat erlas- 5
senes **Gesetz** sein, welches Maßnahmen einführt, anordnet oder autorisiert, die mit der Konvention oder einem Zusatzprotokoll unvereinbar sind (EGMR 18.1.1978 – 5310/71 Rn. 240, EuGRZ 1979, 149 – Irland/Vereinigtes Königreich; *Küchler* S. 317f.). Voraussetzung für die Annahme eines Verstoßes in solchen Fällen ist aber, dass das Gesetz hinreichend klar und präzise formuliert und der Verstoß demnach offenkundig ist. Anderenfalls kommt es auf die Auslegung und Anwendung des Gesetzes im konkreten Fall an (EGMR 18.1.1978 – 5310/71 – Irland/Vereinigtes Königreich; *Frowein* in Frowein/Peukert EMRK Art. 33 Rn. 10).

III. Rechtswegerschöpfung

Das Erfordernis der Rechtswegerschöpfung gem. Art. 35 Abs. 1 ist seinem Wort- 6
laut und seiner Stellung nach ebenso auf die Staatenbeschwerde wie auf die Individualbeschwerde anwendbar (vgl. Art. 46 lit. d EGMRVerfO). Nach der Rechtsprechung des EGMR gilt dies regelmäßig aber nur insoweit, als ein Vertragsstaat **konkrete Verletzungen** von Individualrechten gleichsam **anstelle** der Betroffenen geltend macht (EGMR 18.1.1978 – 5310/71 Rn. 159, EuGRZ 1979, 149 – Irland/Vereinigtes Königreich; EGMR 18.6.1999 – 34382/97 – Dänemark/Türkei; EGMR 30.6.2009 – 13255/07 Rn. 40 – Georgien/Russland (I); EGMR 13.12.2011 – 38263/08 Rn. 84 – Georgien/Russland (II); EGMR 16.12.2020 (GK) – 20958/14 u. 38334/18 Rn. 363 – Ukraine/Russland). In diesem Fall müssen die von den Rechtsverletzungen **Betroffenen** den ihnen zugänglichen Rechtsweg erschöpfen (EGMR 10.5.2001 – 25781/94 Rn. 99 – Zypern/Türkei; *Meyer-Ladewig/Peters* in HK-EMRK EMRK Art. 35 Rn. 21; im Einzelnen → Art. 35 Rn. 7ff.).

Greift eine Vertragspartei demgegenüber – mit dem Ziel ihre Fortsetzung oder 7
ihre Wiederaufnahme zu verhindern – eine allgemeine **administrative Praxis** an, ohne dabei eine Entscheidung über jeden als Beweis oder zur Illustration dieser Praxis angeführten Einzelfall anzustreben, ist eine Erschöpfung des innerstaatlichen Rechtsweges nicht geboten (EGMR 18.1.1978 – 5310/71 Rn. 159, EuGRZ 1979, 149 – Irland/Vereinigtes Königreich; EGMR 30.6.2009 – 13255/07 Rn. 40 – Georgien/Russland (I); EGMR 13.12.2011 – 38263/08 Rn. 85 – Georgien/Russland (II); EGMR 16.12.2020 (GK) – 20958/14 u. 38334/18 Rn. 363 – Ukraine/Russland). Eine mit der Konvention unvereinbare Praxis ist anzunehmen, wenn sich hinreichend zahlreiche, identische oder vergleichbare Verstöße häufen, die miteinander

zusammenhängen und nicht als nur isolierte Vorkommnisse oder Ausnahmefälle anzusehen sind, sondern auf ein musterhaftes oder systematisches Vorgehen schließen lassen (EGMR 18.1.1978 – 5310/71 Rn. 159, EuGRZ 1979, 149 – Irland/Vereinigtes Königreich; vgl. auch EGMR 13.12.2011 – 38263/08 Rn. 85 – Georgien/Russland (II)). Die einfache **Behauptung** einer solchen Praxis genügt nicht, um das Erfordernis der Rechtswegerschöpfung auszuschließen. Es bedarf vielmehr eines **prima facie-Beweises.** Dieser gilt als erbracht, wenn die mit Bezug auf einzelne Fälle erhobenen Anschuldigungen „in der Gesamtbetrachtung und im Lichte des Vorbringens der beschwerdeführenden und der beschwerdegegnerischen Partei hinreichend substantiiert sind" (EGMR 30.6.2009 – 13255/07 Rn. 41 – Georgien/Russland (I); EGMR 13.12.2011 – 38263/08 Rn. 88 – Georgien/Russland (II); EGMR 16.12.2020 (GK) – 20958/14 u. 38334/18 Rn. 262 – Ukraine/Russland; EKMR 6.12.1983 – 9940/82 ua Rn. 21f. – Frankreich, Norwegen, Dänemark, Schweden, Niederlande/Türkei, „The Law").

8   Die EKMR ist ferner davon ausgegangen, auch dann, wenn Gegenstand der Staatenbeschwerde eine **legislative Maßnahme** ist, sei das Erfordernis der Rechtswegerschöpfung nicht gegeben, da es in den meisten Staaten an einem Rechtsweg gegen Maßnahmen des Gesetzgebers fehle (EKMR 6.12.1983 – 9940/82 ua Rn. 15 – Frankreich, Norwegen, Dänemark, Schweden, Niederlande/Türkei, „The Law"; vgl. auch EKMR 24.1.1968 – 3321/67 ua – Dänemark, Norwegen, Schweden, Niederlande/Griechenland; *Frowein* in Frowein/Peukert EMRK Art. 33 Rn. 9; *Harris/O'Boyle/Warbrick* S. 48;). Sofern – wie in Deutschland mit der Gesetzesverfassungsbeschwerde – ein Rechtsweg eröffnet ist, dürfte dieser dessen ungeachtet vom betroffenen Einzelnen grundsätzlich auszuschöpfen sein (vgl. *Matscher* FS Adamovich, 2002, 417 (424 Fn. 37).

III. Beschwerdefrist

9   Für die Staatenbeschwerde gilt die **Viermonatsfrist** gem. Art. 35 Abs. 1 (EGMR 10.5.2001 – 25781/94 Rn. 103f. – Zypern/Türkei; EGMR 18.11.2020 (GK) – 54155/16 Rn. 40 – Slowenien/Kroatien; im Einzelnen → Art. 35 Rn. 51ff.). Richtet sich die Beschwerde gegen eine administrative Praxis, berücksichtigt der EGMR dementsprechend solche Maßnahmen nicht, die bei Einreichung der Beschwerde länger als sechs Monate zurückliegen (EGMR 10.5.2001 – 25781/94 Rn. 104 – Zypern/Türkei).

IV. Weitere Zulässigkeitsvoraussetzungen

10   Weitere Zulässigkeitsvoraussetzungen stellen Art. 33 und 35 nicht auf (vgl. EGMR 18.11.2020 (GK) – 54155/16 Rn. 40 – Slowenien/Kroatien). Die in Art. 35 Abs. 2 u. 3 enthaltenen Erfordernisse gelten nach ihrem eindeutigen Wortlaut ausschließlich für Individualbeschwerden. Auch eine **entsprechende Anwendung** haben die EKMR und der EGMR regelmäßig **verneint.** Insbesondere die Behauptung, eine Beschwerde stimme gem. Art. 35 Abs. 2 lit. b im Wesentlichen mit einer vom Gerichtshof schon **vorher geprüften** Beschwerde überein, stellt deren Zulässigkeit nicht in Frage (EKMR 10.7.1978 – 8007/77 Rn. 49 – Zypern/Türkei). Das Gleiche gilt grundsätzlich für die Frage, ob eine Beschwerde als **missbräuchlich** iSv Art. 35 Abs. 3 lit. a anzusehen ist (EKMR 26.5.1975 – 6780/74 u. 6950/75 Rn. 17 – Zypern/Türkei, „The Law"; EKMR 10.7.1978 – 8007/77 Rn. 55 – Zypern/Türkei). Gleichwohl sieht sich der Gerichtshof befugt, eine Staa-

Individualbeschwerden **Art. 34 EMRK**

tenbeschwerde für unzulässig zu erklären, wenn von vornherein klar ist *(„if it is clear, from the outset")*, dass sie gänzlich unsubstantiiert oder anderweitig die Anforderungen einer schlüssigen Anschuldigung *(„genuine allegation")* nicht erfüllt (EGMR 18.11.2020 (GK) – 54155/16 Rn. 41 – Slowenien/Kroatien). Ähnlich hat die EKMR in Erwägung gezogen, eine Beschwerde ausnahmsweise dennoch für unzulässig zu erklären, wenn zB das Staatenbeschwerdeverfahren zu anderen Zwecken benutzt würde als der Durchsetzung des Schutzes der Konventionsrechte, oder die Beschwerde Vorwürfe enthält, die ihrer „Form und Natur" nach **„inakzeptabel"** sind (EKMR 10.7.1978 – 8007/77 Rn. 56 – Zypern/Türkei).

Ferner kann eine Staatenbeschwerde nicht gem. Art. 35 Abs. 3 lit. a als **unvereinbar** mit der Konvention oder **offensichtlich unbegründet** bereits auf der Zulässigkeitsebene zurückgewiesen werden. Diese Aspekte sind vielmehr allein auf Ebene der **Begründetheit** zu behandeln (EGMR 18.6.1999 – 34382/97 – Dänemark/Türkei; EGMR 30.6.2009 – 13255/07 Rn. 43 – Georgien/Russland (I); EGMR 13.12.2011 – 38263/08 Rn. 64 – Georgien/Russland (II); EGMR 18.11.2020 (GK) – 54155/16 Rn. 40 – Slowenien/Kroatien; EKMR 24.1.1968 – 3321/67 ua Rn. 9 – Dänemark, Norwegen, Schweden, Niederlande/Griechenland, „The Law"; *Harris/O'Boyle/Warbrick* S. 47). Zu beachten ist aber das Erfordernis eines *prima facie*-Beweises, sofern mit Blick auf das Erfordernis der Rechtswegerschöpfung eine administrative Praxis behauptet wird (→ Rn. 7). 11

Art. 34 Individualbeschwerden

Der Gerichtshof kann von jeder natürlichen Person, nichtstaatlichen Organisation oder Personengruppe, die behauptet, durch eine der Hohen Vertragsparteien in einem der in dieser Konvention oder den Protokollen dazu anerkannten Rechte verletzt zu sein, mit einer Beschwerde befasst werden. Die Hohen Vertragsparteien verpflichten sich, die wirksame Ausübung dieses Rechts nicht zu behindern.

The Court may receive applications from any person, non-governmental organisation or group of individuals claiming to be the victim of a violation by one of the High Contracting Parties of the rights set forth in the Convention or the protocols thereto. The High Contracting Parties undertake not to hinder in any way the effective exercise of this right.

La Cour peut être saisie d'une requête par toute personne physique, toute organisation non gouvernementale ou tout groupe de particuliers qui se prétend victime d'une violation par l'une des Hautes Parties contractantes des droits reconnus dans la Convention ou ses protocoles. Les Hautes Parties contractantes s'engagent à n'entraver par aucune mesure l'exercice efficace de ce droit.

Literatur: *Bostedt,* Vorsorgliche und einstweilige Maßnahmen zum Schutz der Menschenrechte, 2009; *Burgorgue-Larsen,* Retour sur Mamatkoulov: de l'effectivité des mesures provisoires dans le système conventionnel européen, in Mélanges en l'honneur du Professeur Philippe Manin, 2010, 833; *de Schutter,* L'accès des personnes morales à la Cour européenne des Droits de l'Homme, in Bosly (Hrsg.), Mélanges offerts à Silvio Marcus Helmons, 2003, 83; *Eudes,* La pratique judiciaire interne de la Cour Européenne des Droits de l'Homme, 2005; *Europarat,* Preventing harm to refugees and migrants in extradition and expulsion cases: Rule 39 indications by the European Court of Human Rights, Darchiashvili Report v. 9.11.2010, Doc. 12435; *Garlicki/Westerdiek,* Rechtsfolgen von Normenkontrollen, Die Rechtsprechung des EGMR:

EMRK Art. 34 Verfahrensrecht

Das klassische Umfeld, EuGRZ 2006, 517; *Hähnel,* Einstweiliger Rechtsschutz gegen Abschiebungen und Auslieferungen vor dem Europäischen Gerichtshof für Menschenrechte, in Barwig/Beichel-Benedetti/Brinkmann (Hrsg.), Hohenheimer Tage zum Ausländerrecht 2011, 2012, S. 105; *Harby,* The changing nature of interim measures before the European Court of Human Rights, EHRLR 2010, 73; *Henke,* Gewusst wie – zulässige Individualbeschwerde vor dem EGMR, AnwBl 2015, 53; *Jacob,* Der Europäische Gerichtshof für Menschenrechte – Eine aktuelle Bestandsaufnahme von Organisation, Arbeitsweise und Entscheidungsfindung, DVBl 2015, 61; *Kadelbach,* Rechtsschutz durch den Europäischen Gerichtshof für Menschenrechte, in Ehlers/Schoch (Hrsg.), Rechtsschutz im Öffentlichen Recht, 2009, § 5; *Keller,* 50 Jahre danach: Rechtsschutzeffektivität trotz Beschwerdeflut? Wie sich der EGMR neuen Herausforderungen stellt, EuGRZ 2008, 359; *Keller/Bertschi,* Erfolgspotenzial des 14. Zusatzprotokolls zur Europäischen Menschenrechtskonvention, EuGRZ 2005, 204; *Keller/Kühne,* Zur Verfassungsgerichtsbarkeit des Europäischen Gerichtshofs für Menschenrechte, ZaöRV 2016, 245; *Mayer,* Systemwechsel im Ausweisungsrecht, VerwArch 2010, 482; *Oellers-Frahm,* Entlastung des EGMR – Zu Lasten des Individuums? Gerechte Entschädigung für überlange Verfahren im Fall Italien, in Bröhmer ua (Hrsg.), FS Ress, 2005, 1027; *dies.,* Verbindlichkeit einstweiliger Anordnungen des EGMR – Epilog, EuGRZ 2005, 347; *Reffi/Bultrini,* Le décès de la partie requérante dans la procédure devant les organes de la Convention européenne des Droits de l'Homme, in de Salvia/Villiger, S. 291; *Reid,* Article 25 of the Convention: application by children, in de Salvia/Villiger, S. 301; *Schwaighofer,* Legal persons, organisations, shareholders as applicats: Article 25 of the Convention, in de Salvia/Villiger, S. 321; *ders.,* Das Verfahren des EGMR im Lichte der Neuerungen des 14. Protokolls, in Karl/Czech (Hrsg.), Der Europäische Gerichtshof für Menschenrechte vor neuen Herausforderungen, 2007, S. 17; *Villiger,* Das Urteil des Europäischen Gerichtshofs für Menschenrechte – Zustandekommen, Bedeutung und Wirkungen, ZSR 2008, 453; *Tomuschat,* Individueller Rechtsschutz: das Herzstück der „ordre public européen" nach der Europäischen Menschenrechtskonvention, EuGRZ 2003, 95; *Wildhaber,* Ein Überdenken des Zustands und der Zukunft des EGMR, EuGRZ 2009, 541.

Übersicht

	Rn.
A. Allgemeines	1
B. Beschwerdeeinlegung	2a
I. Form und Verfahren	2a
1. Art. 47 EGMRVerfO	2a
2. Amtssprachen	8
3. Gerichtskosten	9
4. Prozessvertretung	10
5. Prozesskostenhilfe	12
6. Geltendmachung von Entschädigungsansprüchen	13
7. Schreiben der Gerichtskanzlei und „Practice Directions"	14
II. Gegenstand der Beschwerde	15
1. Rügeobliegenheiten	16
2. Rechtliche Einordnung erhobener Rügen	19
3. Rücknahme erhobener Rügen	20
III. Verfahren nach Beschwerdeeinlegung	21
1. Verfahren bis zur Zuweisung an den zuständigen Spruchkörper	21
2. Verfahren ab der Zuweisung an den zuständigen Spruchkörper	25
C. Partei- und Prozessfähigkeit (Art. 34 S. 1)	31
I. Natürliche Personen	33
II. Nichtstaatliche Organisationen und Personengruppen	39
1. Nichtstaatliche Organisationen	39

Individualbeschwerden **Art. 34 EMRK**

	Rn.
2. Personengruppen	48
III. Tod des Opfers bzw. des Beschwerdeführers	50
1. Vor Beschwerdeerhebung	51
2. Nach Beschwerdeerhebung	53
IV. Prozessvertretung	59
D. **Opfereigenschaft (Art. 34 S. 1)**	61
I. Allgemeines	61
II. Direkte Opfereigenschaft	65
III. Potenzielle Opfereigenschaft	69
1. Beschwerden gegen gesetzliche Bestimmungen	70
2. Abschiebungs- und Auslieferungsfälle	71
IV. Indirekte Opfereigenschaft	73
V. Wegfall der Opfereigenschaft	79
1. Allgemeines	79
2. Beschwerden über die Länge des Verfahrens	83
3. Schwerwiegende Menschenrechtsverletzungen	85
4. Aufenthaltsbeendende Maßnahmen	86
E. **Individualbeschwerderecht als Verfahrensgarantie (Art. 34 S. 2)**	89
I. Behinderungsverbot	93
II. Vorläufiger Rechtsschutz (Art. 39 EGMRVerfO)	99

A. Allgemeines

Art. 34 EMRK gibt dem Einzelnen das Recht, beim Gerichtshof eine Beschwerde über die Verletzung seiner konventionsrechtlich garantierten Rechte zu erheben (S. 1) und verpflichtet die Mitgliedstaaten, die effektive Ausübung dieses Rechts nicht zu behindern (S. 2). Damit garantiert Art. 34 EMRK das Individualbeschwerderecht nicht nur **in prozessualer Hinsicht,** sondern gewährt dem Einzelnen auch ein **subjektives Recht,** auf das er sich im Verfahren vor dem Gerichtshof berufen kann. Darüber hinaus konkretisiert Art. 34 S. 1 EMRK bestimmte Aspekte der konventionsrechtlichen Aktiv- und Passivlegitimation, namentlich die Partei- und Prozessfähigkeit sowie die Opfereigenschaft (→ Art. 35 Rn. 1).

Art. 34 EMRK ist die zentrale konventionsrechtliche Bestimmung, was die Durchsetzung der in Abschnitt I der Konvention garantierten Rechte und Freiheiten angeht. Die überragende **Bedeutung der EMRK** für die Entwicklung des internationalen Menschenrechtsschutzes beruht auf dem Individualbeschwerderecht (Grabenwarter/Pabel EMRK § 9 Rn. 1), das seit Inkrafttreten des 11. Zusatzprotokolls im Jahr 1998 nicht mehr von der Anerkennung der Mitgliedstaaten abhängt (vgl. Art. 25 EMRK aF), sondern mit der Ratifikation der Konvention zwangsläufig verbunden ist (näher *Tomuschat* EuGRZ 2003, 97 f.). Der Erfolg des Gerichtshofs, aber auch dessen fortbestehende derzeitige Überlastung (→ Einl. Rn. 16 ff.; *Kadelbach* in Ehlers/Schoch § 5 Rn. 25), die das Rechtsschutzsystem der EMRK an die Grenzen seiner Funktionsfähigkeit geführt und Anlass zu zahlreichen Reformbestrebungen gegeben hat (vgl. Erläuternder Bericht zu Prot. Nr. 14, BT-Drs. 16/42, 15 f.; *Keller* EuGRZ 2008, 359; *Wildhaber* EuGRZ 2009, 541), sind letztlich dem Individualbeschwerderecht geschuldet. Gleichwohl haben sich die Mitgliedstaaten im Rahmen des mit der Konferenz von **Interlaken** im Jahr 2010 begonnenen und in **Izmir, Brighton, Brüssel** und **Kopenhagen** fortgesetzten Reformprozesses durchgehend ausdrücklich zum Individualbeschwerderecht in seiner

1

2

jetzigen Form als **„Grundpfeiler"** des konventionsrechtlichen Rechtschutzsystems bekannt (zuletzt: High Level Conference on the reform of the European Convention on Human Rights system, Copenhagen Declaration 13.4.2018, § 1; ebenso: High Level Conference on the Future of the European Court of Human Rights, Interlaken Declaration 19.2.2010, S. 2f., EuGRZ 2010, 148; s. a. *Tomuschat* SZIER 2012, 191; *Polakiewicz/Suominen-Picht* EuGRZ 2018, 383; → Präambel Rn. 10).

B. Beschwerdeeinlegung

I. Form und Verfahren

2a   **1. Art. 47 EGMRVerfO.** Das Verfahren zur Einlegung einer Individualbeschwerde ist in Art. 45 und 47 EGMRVerfO geregelt; zum 1.1.2014 trat eine **Neufassung von Art. 47 EGMRVerfO** („Inhalt einer Individualbeschwerde") in Kraft, die zu wesentlichen Änderungen dieses Verfahrens geführt hat (s. a. Presseerklärung ECHR 008 (2014) vom 10.1.2014; *Harris/O'Boyle/Warbrick* European Convention on Human Rights S. 123ff.; zum Verfahren bis 31.12.2013 s. Vorauflage). Zum einen gelten **strengere Anforderungen an Form und Inhalt** einer Individualbeschwerde und nur soweit diese Anforderungen erfüllt sind, wird sich der Gerichtshof überhaupt mit der Beschwerde befassen (→ Rn. 5). Zum anderen führt nur noch eine diesen Anforderungen entsprechende Beschwerde zur **Unterbrechung der Beschwerdefrist** (→ Rn. 6f.; → Art. 35 Rn. 61ff.). Ziel der Neuregelung war es, die Effizienz des Gerichtshofs zu steigern und das Verfahren zu beschleunigen. Es wurde vor allem die Kanzlei des Gerichtshofs dadurch entlastet, dass der häufig aufwendige Briefverkehr zur Vervollständigung von Beschwerden weitgehend vermieden wird, der Beschwerdeeingang übersichtlicher und besser organisiert ist sowie ordnungsgemäß ausgefüllte Beschwerdeformulare nun wesentlich einfacher zu bearbeiten sind. Des Weiteren können unsubstantiierte Beschwerden (→ Art. 35 Rn. 123ff.) so größtenteils bereits auf dem Verwaltungswege erledigt werden.

2b   Die Neuregelung des Verfahrens zur Beschwerdeeinlegung war ein wichtiger Schritt im **Reformprozess** des Gerichtshofs. Trotz der wesentlich strengeren Ausgestaltung des Verfahrens ist die Neuregelung zu begrüßen. Sie hat klarere und damit gerechtere Regeln eingeführt und unübersichtliche Fristenregelungen abgeschafft. Die Neuregelung stellt auch eine Annäherung an die Praxis des BVerfG im Verfassungsbeschwerdeverfahren dar und wurde von dieser maßgeblich beeinflusst. Bei einer vorsichtigen und aufmerksamen Anwendung durch die Kanzlei des Gerichtshofs wird sie weiterhin zur Entlastung des Gerichtshofs beitragen, ohne dass es zu Einbußen beim Individualrechtsschutz kommt. Dem wird auch durch die weiterhin großzügige Beschwerdefrist von vier bzw. sechs Monaten (→ Art. 35 Rn. 51f.), durch Ausnahmeregelungen in Art. 47 EGMRVerfO selbst sowie durch kanzleiinterne Sicherungs- und Kontrollmechanismen bei der Anwendung der neuen Verfahrensregeln vorgebeugt. Darüber hinaus wird der Individualrechtsschutz dadurch gestärkt, dass mehr Zeit auf die Bearbeitung zulässiger Beschwerden verwendet werden kann (zum Ganzen vgl. ECHR 02/2015, Report on the implementation of the revised rule on the lodging of new applications).

3   **a) Beschwerdeformular (Art. 47 Abs. 1 und 2 EGMRVerfO).** Zur Einlegung einer Individualbeschwerde gemäß Art. 34 EMRK ist **zwingend** stets das

Individualbeschwerden **Art. 34 EMRK**

aktuelle auf der Internetseite des Gerichtshofs abrufbare **Original Beschwerdeformular** zu verwenden (Art. 47 Abs. 1 S. 1 EGMRVerfO). Andere (auch inhaltsgleiche) Vordrucke dürfen nicht verwendet werden. Die Anforderungen an Inhalt und Form der Individualbeschwerde sind iE in Art. 45 u. 47 EGMRVerfO niedergelegt. Auf deren Erfüllung ist **größte Sorgfalt** zu verwenden, da sich der Gerichtshof gemäß Art. 47 Abs. 5 Nr. 1 EGMRVerfO erst gar nicht mit Eingaben befasst, die diese Anforderungen nicht vollständig erfüllen (→ Rn. 5); auch haben solche Eingaben keine fristwahrende Wirkung. Die Einlegung der Beschwerde erfolgt schriftlich durch Einsendung des **vollständig ausgefüllten** Beschwerdeformulars und sämtlicher beizufügenden Unterlagen (→ Rn. 4). Das Beschwerdeformular selbst muss vom Bf. bzw. dessen Vertreter **unterschrieben** sein (Art. 45 Abs. 1, Art. 47 Abs. 3 Nr. 1 EGMRVerfO; → Rn. 10 f.). Handelt es sich beim Bf. um eine juristische Person bzw. wird die Beschwerde von einer nichtstaatlichen Organisation oder Personengruppe iSv Art. 34 EMRK eingereicht, so ist sie von der oder den zur Vertretung dieser Organisation oder Gruppe berechtigten Personen zu unterzeichnen (Art. 45 Abs. 2 EGMRVerfO; → Rn. 4, 49). Das Beschwerdeformular ist **per Post** einzusenden; eine Übersendung per Fax genügt nicht (→ Art. 35 Rn. 63).

Das Beschwerdeformular kann zusammen mit dem **Merkblatt** zum Ausfüllen **3a** des Beschwerdeformulars (in den Landessprachen der Mitgliedstaaten) auf der Internetseite des Gerichtshofs (www.echr.coe.int) heruntergeladen oder beim Gerichtshof angefordert werden, wobei von einer Anforderung schon aus Zeitgründen abgesehen werden sollte. Auf ein erstes Schreiben, das den Willen einer Person erkennen lässt, beim Gerichtshof Beschwerde einzulegen, versendet die Kanzlei des Gerichtshofs die **Unterlagen zur Einlegung einer Beschwerde** (Beschwerdeformular, Text der Konvention, ihrer Zusatzprotokolle und Art. 47 EGMRVerfO sowie Merkblatt zum Ausfüllen des Beschwerdeformulars). Auf der Internetseite des Gerichtshofs finden sich umfangreiche weitergehende Informationen (in den jeweiligen Landessprachen) zur Beschwerdeerhebung und zum Verfahren vor dem Gerichtshof.

Die zwingend anzugebenden **Informationen zur Person des Bf.** und zum **3b** **Beschwerdegegenstand** sind in Art. 47 Abs. 1 lit. a–g EGMRVerfO aufgelistet und ergeben sich im Übrigen aus dem Beschwerdeformular selbst. Zu beachten ist, dass sich Art und Umfang bzw. Gegenstand der Beschwerde – **ohne Rückgriff auf zusätzliche Unterlagen oder Ausführungen** – aus der nach Art. 47 Abs. 1 lit. e–g EGMRVerfO erforderlichen kurzen und lesbaren Darstellung des Sachverhalts, der behaupteten Konventionsverletzungen und der Erfüllung der Zulässigkeitsvoraussetzungen des Art. 35 Abs. 1 EMRK (dh Erschöpfung des innerstaatlichen Rechtswegs sowie Einhaltung der Beschwerdefrist) ergeben müssen (Art. 47 Abs. 2 lit. a EGMRVerfO). Zusätzliche Ausführungen, die gemäß Art. 47 Abs. 2 lit. b EGMRVerfO grds. auf maximal 20 Seiten beschränkt sind (iE s. Anmerkungen bzw. Merkblatt zum Ausfüllen des Beschwerdeformulars), dürfen dementsprechend nur ergänzender Natur sein. Der Kern der Beschwerde muss sich insbes. in Bezug auf die genannten drei Punkte allein aus der **zusammenfassenden Darstellung** auf dem Beschwerdeformular ergeben.

Bei denselben Sachverhalt betreffenden **gemeinsamen Beschwerden** („Sam- **3c** **melklagen**", → Rn. 48) von mehr als zehn Bf., sollte der Bevollmächtigte neben dem Beschwerdeformular und den erforderlichen Unterlagen (→ Rn. 4) zusätzlich eine **Tabelle** erstellen, in welcher die Informationen zur Person jedes einzelnen Beschwerdeführers enthalten sind. Eine entsprechende Vorlage kann auf der Internetseite des Gerichtshofs heruntergeladen werden (www.echr.coe.int/Documents/ Applicants_Table_DEU.pdf). Im Fall der Vertretung durch einen Rechtsanwalt sollte die Tabelle auch in elektronischer Form eingereicht werden (s. hierzu im Einzelnen die Angaben im Merkblatt zum Ausfüllen des Beschwerdeformulars). Geht es um unterschiedliche Sachverhalte, muss für jede Beschwerde ein separates Beschwerdeformular mit den jeweils erforderlichen Unterlagen eingereicht werden.

4 b) **Beizufügende Unterlagen (Art. 47 Abs. 3 EGMRVerfO).** Mit dem Beschwerdeformular sind die in Art. 47 Abs. 3 Nr. 1 EGMRVerfO aufgeführten Unterlagen einzureichen. Insbes. sind Kopien aller in der Sache ergangenen **Entscheidungen** der innerstaatlichen Gerichte und Behörden beizufügen. Auch wenn es sich hierbei nicht um Entscheidungen idS handelt (→ Art. 35 Rn. 25), sollten Kopien sämtlicher Schreiben des Allgemeinen Registers (vormals Präsidialrat) des BVerfG beigelegt werden. Bei langwierigen bzw. komplizierten innerstaatlichen Verfahren, insbes. bei Beschwerden über die Länge des Verfahrens, bietet sich die Erstellung eines sog. Verfahrenskalenders an, in dem der genaue Ablauf des Verfahrens dargestellt und insbes. sämtliche in dem Verfahren ergangenen Entscheidungen chronologisch aufgelistet sind. Weiterhin sind Kopien **sonstiger Unterlagen** beizufügen, die erforderlich sind, um festzustellen, dass der innerstaatliche Rechtsweg erschöpft (bspw. Klageschriften und Schriftsätze, aus denen sich ergibt, dass bestimmte Beschwerdepunkte innerstaatlich gerügt wurden; → Art. 35 Rn. 39 ff.) und die Beschwerdefrist gewahrt wurde (bspw. Nachweise über den Zeitpunkt des Zugangs der letztinstanzlichen Entscheidung; → Art. 35 Rn. 51 ff.). Kopien der Unterlagen, die Verfahren in derselben Sache vor anderen internationalen Untersuchungs- und Schlichtungsorganen betreffen, sind im Hinblick auf Art. 35 Abs. 2 lit. b EMRK relevant (→ Art. 35 Rn. 81 ff.). Handelt es sich beim Bf. um eine juristische Person bzw. wird die Beschwerde von einer nichtstaatlichen Organisation oder Personengruppe iSv Art. 34 EMRK eingereicht, so ist ein Nachweis über die **Vertretungsbefugnis** beizufügen (Art. 47 Abs. 3 Nr. 1 lit. d EGMRVerfO – bspw. Handelsregisterauszug). Sämtliche Unterlagen sind **chronologisch geordnet, fortlaufend nummeriert** und **deutlich gekennzeichnet** beizufügen (Art. 47 Abs. 3 Nr. 2 EGMRVerfO). Ungeordnete Aktenkonvolute führen zur Zurückweisung der Beschwerde insgesamt.

5 c) **Unvollständige Beschwerden (Art. 47 Abs. 5 EGMRVerfO).** Gemäß Art. 47 Abs. 5 Nr. 1 EGMRVerfO befasst sich der Gerichtshof nicht mit Beschwerden, die in den in Abs. 1–3 niedergelegten Voraussetzungen nicht erfüllen. Der Gerichtshof sieht die Eingabe dann nicht als **gültige Individualbeschwerde** an und diese wird weder einem Entscheidungsorgan zugewiesen noch wird eine Beschwerdeakte eröffnet. Die Eingabe wird vielmehr **auf dem Verwaltungswege erledigt.** Der Bf. erhält eine standardisierte Mitteilung, dass und warum Art. 47 EGMRVerfO nicht erfüllt ist, dass keine Akte eröffnet und die eingereichten Dokumente vernichtet wurden. Eine Beschwerde hiergegen ist nicht vorgesehen. Soweit dies unter Einhaltung der Beschwerdefrist noch möglich ist, muss die Beschwerde unter Korrektur der vorherigen Mängel dann **ggf. komplett neu eingereicht** werden. Ist die Beschwerde lediglich **teilweise unvollständig,** dh in Bezug auf einen von mehreren Beschwerdepunkten, so ist davon auszugehen, dass der Gerichtshof diese einem Entscheidungsorgan zuweist und der unvollständige Teil der Beschwerde mangels Substantiierung für unzulässig erklärt wird (→ Art. 35 Rn. 123 ff.). Auf die Erfüllung der Voraussetzungen des Art. 47 EGMRVerfO ist

Individualbeschwerden Art. 34 EMRK

daher größte Sorgfalt zu verwenden. Art. 47 Abs. 5 Nr. 1 EGMRVerfO sieht gleichwohl verschiedene **Ausnahmen** von dieser Regel vor, und zwar sofern:
– der Bf. ausreichend dargelegt hat, warum ihm die Erfüllung der Voraussetzungen nicht möglich war (Abs. 5 Nr. 1 lit. a);
– die Beschwerde einen Antrag auf Erlass einer vorläufigen Maßnahme enthält (Abs. 5 Nr. 1 lit. b);
– der Gerichtshof von sich aus oder auf Antrag des Bf. anders entscheidet (Abs. 5 Nr. 1 lit. c).

Auch wenn Art. 47 EGMRVerfO keine Regelung dazu trifft, wann die **Darlegung des Bf.** als „ausreichend" iSv Abs. 5 Nr. 1 lit. a anzusehen ist, kann davon ausgegangen werden, dass der Bf. in jedem Fall darzulegen hat, dass er **ohne Verschulden und trotz Anwendung der erforderlichen Sorgfalt verhindert** war, diese Voraussetzungen einzuhalten. Der Gerichtshof wird dann entweder dem Bf. Gelegenheit geben, die fehlenden Unterlagen bzw. Informationen nachzureichen (→ Rn. 5d) oder die unvollständige Beschwerde einem Entscheidungsorgan zuweisen, um diese aus anderen Gründen für unzulässig zu erklären oder diese der Regierung zuzustellen und dort um Ergänzung der fehlenden Unterlagen bzw. Informationen nachzusuchen. 5a

Aus Abs. 5 Nr. 1 lit. b folgt, dass Art. 47 EGMRVerfO **im einstweiligen Rechtsschutz,** also bei Beschwerden, die mit Anträgen auf Erlass einer vorläufigen Maßnahme gemäß Art. 39 EGMRVerfO (→ Rn. 99 ff.) verbunden sind, **keine Anwendung** findet. Dies gilt allerdings nicht mehr, sobald der Antrag nach Art. 39 EGMRVerfO abgelehnt wurde. In jedem Fall ist eine den Anforderungen von Art. 47 EGMRVerfO genügende vollständige Beschwerde kurzfristig nachzureichen. 5b

Die Regelung in Abs. 5 Nr. 1 lit. c stellt einen **Auffangtatbestand** dar und ist bspw. auf Fälle anwendbar, in denen der Bf. zwar nicht iSv Abs. 5 Nr. 1 lit. a dargelegt hat, warum ihm die Einhaltung der Voraussetzungen von Art. 47 EGMRVerfO nicht möglich war, sich dies aber für den Gerichtshof erkennbar aus den Beschwerdeunterlagen ergibt. 5c

Gemäß Art. 47 Abs. 5 Nr. 2 EGMRVerfO kann der Gerichtshof den Bf. jederzeit auffordern, **bestimmte Unterlagen bzw. sonstige Angaben** innerhalb einer bestimmten Frist **nachzureichen.** Kommt der Bf. der Aufforderung nicht nach, befasst sich der Gerichtshof nicht mit der Beschwerde, soweit diese den Anforderungen des Art. 47 Abs. 1–3 EGMRVerfO nicht genügt und keine der Ausnahmen des Abs. 5 Nr. 1 gegeben ist, bzw. kann diese gemäß Art. 37 Abs. 1 EMRK aus dem Register streichen soweit diese sich bereits in einem späteren Stadium befindet (vgl. EGMR 23. 9. 2014 – 12851/12 – Ay; → Art. 37 Rn. 3). Zu beachten ist, dass die **Beschwerdefrist** auch im Fall einer solchen Aufforderung **weiterläuft,** denn gemäß Art. 47 Abs. 6 EGMRVerfO müssen für deren Unterbrechung sämtliche Voraussetzungen des Art. 47 EGMRVerfO erfüllt sein; dies gilt auch wenn vom Gerichtshof eine eigene Frist für das Nachreichen der Unterlagen oder Informationen gesetzt wurde (→ Rn. 6a). Der Bf. erhält somit lediglich die Möglichkeit seine Beschwerde ausnahmsweise nachträglich zu vervollständigen, statt diese komplett neu einlegen zu müssen. 5d

d) Einbringungsdatum (Art. 47 Abs. 6 EGMRVerfO). Als Einbringungsdatum der Beschwerde gilt das Datum, an dem ein den Anforderungen von Art. 47 EGMRVerfO entsprechendes **Beschwerdeformular** (einschließlich der erforderlichen Unterlagen) an den Gerichtshof **abgesendet** wurde; es gilt das **Datum** 6

Schäfer 639

EMRK Art. 34

des Poststempels (Art. 47 Abs. 6 lit. a EGMRVerfO). Das erste Schreiben des Bf. (vgl. Art. 47 Abs. 5 S. 1 EGMRVerfO aF) hat für die Unterbrechung der Beschwerdefrist keine Bedeutung mehr. Allein entscheidend ist das Absendedatum des Art. 47 EGMRVerfO entsprechenden Beschwerdeformulars mit der Post (→ Art. 35 Rn. 61 ff.). Auch aus diesem Grund ist auf die Erfüllung der Voraussetzungen des Art. 47 EGMRVerfO größte Sorgfalt zu verwenden (vgl. EGMR 9. 9. 2014 – 40139/14 ua – Malysh und Ivanin).

6a Nach Art. 47 Abs. 6 lit. b EGMRVerfO kann der Gerichtshof entscheiden, dass ein **anderes Datum als Einbringungsdatum** gilt, wenn er dies für gerechtfertigt hält. Die Regelung stellt einen Ausnahmetatbestand für Fälle dar, in denen die Anwendung von Abs. 6 lit. a zu willkürlichen oder ungerechten Ergebnissen führen würde. Sie ergänzt die Ausnahmeregelungen in Art. 47 Abs. 5 Nr. 1 lit. a und c EGMRVerfO insofern, als dass der Gerichtshof so die Möglichkeit hat, sich mit einer unvollständigen bzw. den Anforderungen von Abs. 1–3 nicht genügenden Beschwerde nicht nur zu befassen, sondern diese auch abweichend von Abs. 6 lit. a als fristgemäß eingebracht anzusehen. Es ist davon auszugehen, dass hier ähnliche Maßstäbe gelten wie bei einer Wiedereinsetzung in den vorigen Stand nach § 93 Abs. 2 BVerfGG und der Bf. auch hier mindestens darzulegen hat bzw. für den Gerichtshof ersichtlich sein muss, dass er **ohne Verschulden und trotz Anwendung der erforderlichen Sorgfalt verhindert** war, die Beschwerdefrist entsprechend Abs. 6 lit. a einzuhalten. Denkbar ist eine Anwendung etwa in Fällen, in denen die Verspätung durch eine unangemessen verzögerte Bearbeitung einer Eingabe durch die Kanzlei des Gerichtshofs zustande gekommen ist oder in Fällen, in denen der Bf. durch den staatlichen Behörden zurechenbares Verhalten an der fristgemäßen Einbringung seiner Beschwerde gehindert war.

6b Darüber hinaus kommt eine Anwendung von Art. 47 Abs. 6 lit. b EGMRVerfO in **Missbrauchsfällen** in Betracht, bspw. bei einer Rückdatierung von Schreiben durch den Bf. (vgl. noch zu Art. 47 Abs. 5 S. 2 EGMRVerfO aF: EGMR 12. 10. 1999 – 33274/96 – Foxley; EGMR 29. 6. 2004 – 49781/99 – Florica), wobei hier idR die besseren Gründe für die Annahme eines Missbrauchs des Beschwerderechts gemäß Art. 35 Abs. 3 lit. a EMRK sprechen dürften (→ Art. 35 Rn. 134).

7 e) **Anonymisierung und Vertraulichkeit (Art. 47 Abs. 4 EGMRVerfO).** Besteht ein **Interesse des Bf.** an der Geheimhaltung seiner Identität, kann die Beschwerde auf Antrag des Bf. oder von Amts wegen anonymisiert werden (Art. 47 Abs. 4 EGMRVerfO). Der Antrag des Bf. muss hinreichend begründen, warum die Auswirkungen einer Offenlegung seiner Identität eine Ausnahme vom Grundsatz der Öffentlichkeit des Beschwerdeverfahrens erfordern (s. a. Practice Direction „Institution of Proceedings", Rn. 12, sowie Practice Direction „Requests for Anonymity"; → Rn. 14; für den umgekehrten Fall, dass die Anonymität nachträglich aufgehoben wurde vgl. EGMR 16. 7. 2014 (GK) – 37359/09 Rn. 1, NJW 2015, 3703 – Hämäläinen). Auch kann der Kammerpräsident nach Art. 33 EGMRVerfO von Amts wegen, auf Antrag einer Partei oder einer anderen betroffenen Person die grds. öffentliche Beschwerdeakte (→ Art. 40 Rn. 5 ff.) teilweise oder in Gänze für vertraulich erklären (vgl. bspw. EGMR 16. 12. 1999 – 24724/94 Rn. 1, 3 – T.; EGMR 12. 7. 2001 – 25702/94 Rn. 5, NJW 2003, 809 – K. u. T.). Die Anonymisierung der Beschwerde wird regelmäßig auch die **Vertraulichkeit der Beschwerdeakten** nach sich ziehen, vorsichtshalber sollte der Antrag nach Art. 33 Abs. 3 EGMRVerfO aber dennoch gestellt werden. Weiterhin kann die Kammer gemäß Art. 63 Abs. 1 EGMRVerfO iVm Art. 40 EMRK aufgrund besonderer Um-

Individualbeschwerden   Art. 34   EMRK

stände (Art. 63 Abs. 2 EGMRVerfO) entscheiden, dass eine mündliche Verhandlung unter **Ausschluss der Öffentlichkeit** stattfindet (→ Einl. Rn. 38).

2. Amtssprachen. Die Korrespondenz mit der Gerichtskanzlei kann zunächst 8 in jeder der Amtssprachen einer der Vertragsparteien geführt werden (Art. 34 Abs. 2 EGMRVerfO). Der Verständlichkeit und Klarheit wegen empfiehlt es sich grds., die Beschwerde (einschließlich des Beschwerdeformulars) in der Amtssprache des beklagten Staates einzulegen (s. a. *Henke* AnwBl 2015, 53f.). Erfolgt eine **Zustellung** der Beschwerde an die Regierung des beklagten Staates gemäß Art. 54 Abs. 2 lit. b EGMRVerfO (→ Rn. 27, 29), ist ab diesem Zeitpunkt die Korrespondenz mit der Gerichtskanzlei in einer der **Amtssprachen des Gerichtshofs** zu führen (Englisch und Französisch – Art. 34 Abs. 1 EGMRVerfO). Auf Antrag kann der Kammerpräsident dem Bf. den weiteren Gebrauch einer der Amtssprachen der Vertragsparteien erlauben (im Einzelnen Art. 34 Abs. 3 EGMRVerfO). Diese Erlaubnis gilt grds. für das gesamte Verfahren, bis einschließlich eines Antrags auf Verweisung an die Große Kammer (vgl. Art. 34 Abs. 3 lit. d EGMRVerfO). Die Schreiben der Gerichtskanzlei ergehen allerdings weiterhin in einer der Amtssprachen des Gerichtshofs. Bei Zustellungen im Verfahren gemäß Art. 28 Abs. 1 lit. b EMRK vor den **Ausschüssen** des Gerichtshofs wird dem Bf. der weitere Vortrag in der Amtssprache des beklagten Staates standardmäßig von Amts wegen gewährt. Der Vortrag in einer ihrer Amtssprachen kann auch der beklagten Regierung gewährt werden, die dann jedoch innerhalb einer bestimmten Frist (idR vier Wochen) eine Übersetzung ihrer Schriftsätze nachzureichen hat (Art. 34 Abs. 4 EGMRVerfO).

3. Gerichtskosten. Das Verfahren vor dem Gerichtshof ist **gerichtskostenfrei** 9 (→ Art. 50 Rn. 3f.; zu Überlegungen zur Einführung von Gerichtsgebühren für das Individualbeschwerdeverfahren vgl. *Europarat,* Bericht des „Bureau of the Steering Committee for Human Rights", v. 25.10.2010, CDDH-BU(2010)003, S. 6 Rn. 11; *Julien Lhuillier,* Study on the possible introduction of a system of fees for applicants to the European Court of Human Rights, DH-GDR(2011)002).

4. Prozessvertretung. Der Bf. kann seine Beschwerde selbst oder durch einen 10 **Prozessvertreter,** der kein Rechtsanwalt sein muss, erheben (Art. 36 Abs. 1 EGMRVerfO). Auch eine Nichtregierungsorganisation kommt als Prozessvertreter in Betracht (EGMR 31.1.2008 – 3896/04 Rn. 44 mwN – Ryabov). Nach Art. 45 Abs. 3 iVm Art. 47 Abs. 1 lit. c EGMRVerfO ist in jedem Fall der Prozessvertretung zwingend der entsprechende Abschnitt zur **Bevollmächtigung** im Beschwerdeformular bzw. – bei Bevollmächtigung nach Beschwerdeerhebung – der auf der Internetseite des Gerichtshofs hierfür zur Verfügung stehende Vollmachtsvordruck auszufüllen und zu unterschreiben (im Einzelnen → Rn. 59ff.). Anderenfalls fehlt es an einer wirksamen Beschwerdeerhebung und der Gerichtshof befasst sich erst gar nicht mit der Beschwerde (Art. 47 Abs. 5 EGMRVerfO; → Rn. 5). Ein **Anwaltszwang** besteht erst ab Zustellung der Beschwerde an die Regierung des beklagten Staates (Art. 36 Abs. 2 EGMRVerfO). In diesem Verfahrensabschnitt muss der Bf. durch einen Rechtsanwalt mit Sitz in einem der Vertragsstaaten vertreten sein, sofern nicht der Präsident der Kammer eine Ausnahme zulässt (Art. 36 Abs. 2 u. 4 EGMRVerfO).

Die beklagten Vertragsparteien werden durch **Verfahrensbevollmächtigte** 11 („Government Agent"/„Agent du Gouvernement") vertreten, die zu ihrer Unterstützung Rechtsbeistände oder Berater hinzuziehen können (Art. 35 EGMR-

EMRK Art. 34 Verfahrensrecht

VerfO). Verfahrensbevollmächtigte der Bundesrepublik Deutschland ist die Beauftragte der Bundesregierung für Menschenrechtsfragen im Bundesministerium der Justiz.

12 5. **Prozesskostenhilfe.** Prozesskostenhilfe kann der Bf. erst **nach Zustellung** einer Beschwerde gemäß Art. 54 Abs. 2 lit. b EGMRVerfO (→ Rn. 29) beim Gerichtshof beantragen; vor diesem Zeitpunkt wird diese nicht gewährt (Art. 105 ff. EGMRVerfO). Voraussetzung für die Gewährung von Prozesskostenhilfe ist, dass der Bf. **keine ausreichenden Mittel** besitzt, um einen Rechtsanwalt zu beauftragen, und dass dies für die ordnungsgemäße Prüfung der Rechtssache erforderlich ist (Art. 106 EGMRVerfO). Prozesskostenhilfe wird daher grds. nur in Fällen gewährt, die **komplexe tatsächliche und rechtliche Fragen** aufwerfen. Für das Verfahren vor den Ausschüssen nach Art. 28 Abs. 1 lit. b EMRK wird Prozesskostenhilfe nicht gewährt. Das Bestehen **hinreichender Erfolgsaussichten** der Beschwerde ergibt sich idR bereits aus deren Zustellung ist keine zusätzliche Voraussetzung der Gewährung. Die durch den Gerichtshof gewährte Verfahrenshilfe besteht aus einer Pauschale (derzeit 850 EUR für das gesamte schriftliche Verfahren nach Zustellung), die als Beitrag zu den Kosten der Prozessvertretung zu verstehen ist. Ausführliche Informationen zum Verfahren der Gewährung erhält der Bf. auf den nach Zustellung der Beschwerde zu stellenden Prozesskostenhilfeantrag. Die gewährte Prozesskostenhilfe wird im Rahmen einer ggf. nach Art. 41 EMRK gewährten Entschädigung bei den tatsächlich entstandenen Kosten wieder in Abzug gebracht (vgl. EGMR 31.7.2008 – 42239/02 Rn. 94 – Starokadomskiy; s. a. EGMR 18.6.2009 – 35989/02 Rn. 63 – Novikov; EGMR 1.4.2010 – 42371/02 Rn. 130 – Pavlenko).

13 6. **Geltendmachung von Entschädigungsansprüchen.** Die Geltendmachung von Ansprüchen auf gerechte Entschädigung iSv Art. 41 EMRK ist zum Zeitpunkt der Erhebung der Beschwerde weder erforderlich noch ausreichend. Derartige Ansprüche sind zwingend innerhalb der vom Gerichtshof gemäß **Art. 60 EGMRVerfO** hierfür gesetzten **Stellungnahmefrist** geltend zu machen (→ Rn. 27, 29; im Einzelnen → Art. 41 Rn. 20).

14 7. **Schreiben der Gerichtskanzlei und „Practice Directions".** Die Schreiben der Gerichtskanzlei sollten aufmerksam gelesen werden, da sie wichtige Hinweise und Informationen insbes. zu den **einzuhaltenden Fristen** enthalten können. Die Nichteinhaltung der vom Gerichtshof mitgeteilten Fristen kann zur Streichung der Beschwerde aus dem Register gemäß Art. 37 Abs. 1 lit. a EMRK führen (vgl. EGMR 22.2.2011 – 28833/06, BeckRS 2011, 145260 – Kelly (Nr. 2); EGMR 23.9.2014 – 12851/12 – Ay). Auch die auf der Internetseite des Gerichtshofs verfügbaren und im Anhang der Verfahrensordnung abgedruckten „Practice Directions" iSv Art. 32 EGMRVerfO enthalten wertvolle Hinweise.

II. Gegenstand der Beschwerde

15 Der Gegenstand der Individualbeschwerde ergibt sich aus dem **vorgetragenen Sachverhalt und** den seitens des Bf. diesbezüglich **erhobenen Rügen** oder Beschwerdepunkten („complaints"/„griefs"). Die Prüfungskompetenz des Gerichtshofs in Bezug auf den der Beschwerde zugrunde liegenden Sachverhalt wird grds. durch die vom Bf. erhobenen Rügen begrenzt; nur in diesem Rahmen kann sich der Gerichtshof mit sich im Laufe des Verfahrens ergebenden Rechtsfragen befassen

Individualbeschwerden **Art. 34 EMRK**

(aber → Rn. 18; vgl. bspw. EGMR 20.1.2011 – 21980/06 ua Rn. 95, FamRZ 2011, 533 – Kuhlen-Rafsandjani; ausführlich EGMR 20.3.2018 (GK) – 37685/10 ua Rn. 106–126 – Radomilja ua; → Art. 35 Rn. 40 aE).

1. Rügeobliegenheiten. Die konventionsrechtlichen Anforderungen an die 16 Geltendmachung der seitens des Bf. gerügten Konventionsverletzung sind verhältnismäßig gering. Insbes. vor dem Hintergrund, dass die überwiegende Zahl der Beschwerden beim Gerichtshof ohne rechtlichen Beistand eingelegt wird, ist eine präzise **rechtliche Einordnung** oder auch nur Nennung des Konventionsartikels durch den Bf. **nicht erforderlich** (EGMR 6.11.1980 – 7367/76 Rn. 61, NJW 1984, 544 – Guzzardi; EGMR 16.7.2009 – 20082/02 Rn. 44f. – Zehentner; EGMR 10.12.2009 – 4785/02 Rn. 43 – Mironenko u. Martenko). Umgekehrt kann die Vertretung durch einen Rechtsanwalt als zusätzliches Argument für eine strengere Auslegung des Vortrags des Bf. herangezogen werden (bspw. EGMR 1.9.2005 – 290/03 Rn. 3, BeckRS 2008, 6615 – Adam ua mwN; EGMR 3.2.2011 – 18136/02 Rn. 52, NZA 2012, 199 – Siebenhaar). Die behauptete Konventionsverletzung muss **der Sache nach** („in substance"/„en substance") und **innerhalb der Beschwerdefrist** gemäß Art. 35 Abs. 1 EMRK gerügt werden (EGMR 25.5.2004 – 48107/99 – Paroisse Gréco-Catholique Sâmbăta Bihor; für der Sache nach erhobene Längebeschwerden vgl. EGMR 21.2.2002 – 56927/00 Rn. 8 – Appietto; EGMR 30.11.2004 – 75546/01 Rn. 27–30 – Kos; EGMR 30.3.2010 – 46682/07 Rn. 39 – Sinkovec; → Art. 35 Rn. 64; ausführlich EGMR 20.3.2018 (GK) – 37685/10 ua Rn. 137 – Radomilja ua).

Die bloße **Übermittlung der** streitgegenständlichen **Entscheidungen** ist nicht 17 ausreichend (EGMR 1.2.2005 – 68368/01 – Božinovski). Ebenso wenig ist die bloße **Nennung eines Konventionsartikels** oder eines in der Konvention garantierten Rechts als Rüge aller unter diesem Recht denkbaren Verletzungen anzusehen (EGMR 28.8.2001 – 48539/99 Rn. 2, BeckRS 2003, 05512 = StV 2003, 257 – Allan; EGMR 5.9.2017 (GK) – 78117/13 Rn. 96, NVwZ-RR 2018, 855 – Fábián). So beinhaltet die Rüge der Verletzung des Rechts auf ein faires Verfahren iSv Art. 6 EMRK noch nicht die Rüge einer überlangen Verfahrensdauer (EGMR 1.9.2005 – 290/03 Rn. 3, BeckRS 2008, 6615 – Adam ua; EGMR 10.3.2009 – 781/06 Rn. 1 – Eule; EGMR 6.11.2018 (GK) – 55391/13 Rn. 102–106 – Ramos Nunes de Carvalho e Sá). Mehrdeutige Formulierungen oder einzelne Worte genügen nicht, um die Erhebung einer bestimmten Rüge anzunehmen (EGMR 21.11.2019 (GK) – 47287/15 Rn. 85, NLMR 2019, 474 = NVwZ 2020, 937 – Ilias u. Ahmed). Gleichwohl kann die Zitierung allein der relevanten Passage des Konventionsartikels im Einzelfall ausreichend sein (vgl. EGMR 15.6.2004 – 58177/00 Rn. 31 – Houfová).

In **Ausnahmefällen** hat der Gerichtshof unabhängig vom Vorliegen einer ent- 18 sprechenden Rüge des Bf. und ausdrücklich **von Amts wegen** die Verletzung bestimmter Rechte geprüft (EGMR 18.3.2008 – 11036/03 Rn. 77 – Ladent – Art. 5 Abs. 1 EMRK). In Fällen, in denen es um Eingriffe in Art. 8 EMRK durch die Überwachung des Briefverkehrs von Gefangenen mit dem Gerichtshof oder sonstige Eingriffe in das Behinderungsverbot gemäß Art. 34 S. 2 EMRK geht (vgl. die Nachweise in EGMR 30.11.2010 – 47672/09 Rn. 2 – Mocny; → Rn. 93ff.), ist dies durch die Besonderheiten der zugrundeliegenden Konstellation gerechtfertigt. In allen anderen Fällen erscheint fragwürdig, ob der Gerichtshof sich mit einer solchen Vorgehensweise noch im Rahmen seiner Kompetenzen bewegt (bspw. EGMR 23.10.2007 – 21695/05 Rn. 59 – Tur; EGMR 4.3.2008 – 17949/03

Rn. 71 – Wesołowska – Art. 13 EMRK in Bezug auf das Vorhandensein eines effektiven Rechtsbehelfs bzgl. überlanger Verfahrensdauer; EGMR 18.3.2008 – 11036/03 Rn. 77 – Ladent – Art. 5 Abs. 1 EMRK). Mit Blick auf die Neufassung von Art. 47 EGMRVerfO und deren strenge Anwendung dürfte diese Praxis als überholt anzusehen sein (s. a. EGMR 21.11.2019 (GK) – 47287/15 Rn. 85, NLMR 2019, 474 = NVwZ 2020, 937 – Ilias u. Ahmed; sowie den dortigen Verweis auf die „Practice Direction – Institution of Proceedings", Nr. 7; → Rn. 2a ff., 14).

19 **2. Rechtliche Einordnung erhobener Rügen.** Der Gerichtshof ist nicht an eine vom Bf. vorgenommene konventionsrechtliche Einordnung seiner erhobenen Rügen gebunden. In Anwendung des Grundsatzes **iura novit curia** prüft er die erhobenen Beschwerdepunkte im Lichte des gesamten Konventionsrechts. Es steht ihm frei, den auf der Grundlage des vorliegenden Beweismaterials ermittelten Sachverhalt (→ Art. 38 Rn. 4 ff.) rechtlich anders zu qualifizieren als der Bf. (EGMR 28.11.2000 – 29462/95 Rn. 63 – Rehbock; EGMR 22.3.2001 (GK) – 34044/96 ua Rn. 111, NJW 2001, 3035 – Streletz, Kessler u. Krenz; EGMR 30.3.2010 – 46682/07 Rn. 38 – Sinkovec; EGMR 2.11.2010 (GK) – 3976/05 Rn. 52, DÖV 2010, 40 = BeckRS 2009, 71146 – Şerife Yiğit).

20 **3. Rücknahme erhobener Rügen.** Nimmt der Bf. eine zunächst erhobene Rüge ausdrücklich wieder zurück, ist diese nicht mehr vom Beschwerdegegenstand umfasst und der Gerichtshof daher nicht mehr berechtigt, die Beschwerde unter diesem Aspekt zu prüfen (EGMR 29.11.1988 – 11209/84 ua Rn. 46, EGMR-E 4, 186 – Brogan ua; EGMR 20.1.2011 – 21980/06 ua Rn. 95, FamRZ 2011, 533 – Kuhlen-Rafsandjani). Dasselbe gilt, wenn der Bf. bestimmte Beschwerdepunkte in seiner Stellungnahme gemäß Art. 54 EGMRVerfO (→ Rn. 29) nicht aufrecht erhält (EGMR 27.11.2012 – 17892/03 Rn. 137 – Savičs; EGMR 24.7.2014 – 32504/11 Rn. 56 f. – Kaplan ua).

III. Verfahren nach Beschwerdeeinlegung

21 **1. Verfahren bis zur Zuweisung an den zuständigen Spruchkörper.** Nach Eingang der vollständigen, den Anforderungen von Art. 47 EGMRVerfO entsprechenden Beschwerde (→ Rn. 3 ff.) erhält diese eine endgültige **Beschwerdenummer,** die in jeder weiteren Korrespondenz anzugeben ist. Aufgrund der strengen Anforderungen in Art. 47 EGMRVerfO werden die für eine erste Prüfung der Beschwerde erforderlichen Informationen und Unterlagen zu diesem Zeitpunkt in aller Regel vorliegen und die Beschwerde wird gemäß Art. 49 EGMRVerfO einem **Entscheidungsorgan** zugewiesen. Lediglich in Ausnahmefällen fordert die Gerichtskanzlei noch zusätzliche Informationen oder Dokumente beim Bf. an (Art. 47 Abs. 5 Nr. 2 EGMRVerfO; → Rn. 5 d).

22 Die Beschwerde wird dem **Einzelrichter** zugewiesen, wenn sich allein aus den vom Bf. vorgelegten Unterlagen ergibt, dass diese gemäß Art. 35 Abs. 4 EMRK unzulässig oder gemäß Art. 37 EMRK aus dem Register zu streichen ist und keine besonderen Gründe für eine Prüfung der Beschwerde durch einen anderen Spruchkörper vorliegen (Art. 49 Abs. 1 EGMRVerfO). Voraussetzung für eine Zuweisung an den Einzelrichter ist insbes., dass dieser eine Entscheidung „ohne weitere Prüfung" iSv Art. 27 Abs. 1 EMRK treffen kann. Es handelt sich hierbei um Fälle, deren **Unzulässigkeit** allein aufgrund der Beschwerdeunterlagen und mit Blick auf die Rspr. des Gerichtshofs **offensichtlich** ist.

Individualbeschwerden   Art. 34 EMRK

Anderenfalls, dh wenn die Prüfung der Sache durch eine Kammer oder einen 23
Ausschuss gerechtfertigt erscheint, ernennt der Präsident der zuständigen Sektion
einen Richter, der als **Berichterstatter** („Judge Rapporteur"/„juge rapporteur")
eine erste Prüfung der Sache vornimmt (Art. 49 Abs. 2 EGMRVerfO) und in enger
Zusammenarbeit mit der Gerichtskanzlei entscheidet, welchem Spruchkörper die
Sache zugewiesen wird (Art. 49 Abs. 3 lit. b EGMRVerfO).

Die Beschwerde wird einem **Ausschuss** zugewiesen, wenn sie sich für eine Prü- 24
fung im vereinfachten Verfahren (→ Rn. 27) gemäß Art. 53 Abs. 2 EGMRVerfO
iVm Art. 28 Abs. 1 lit. b EMRK eignet. Dies ist der Fall, wenn sie *prima facie* nicht
unzulässig ist und die der Rechtssache zugrunde liegenden konventionsrechtlichen
Fragestellungen bereits Gegenstand einer gefestigten Rspr. des Gerichtshofs iSv
Art. 28 Abs. 1 lit. b EMRK sind (bspw. bei Beschwerden über die Verfahrenslänge;
→ Art. 28 Rn. 3). In allen anderen Fällen wird die Beschwerde einer **Kammer** zugewiesen
(Art. 29 Abs. 1 EMRK iVm Art. 54 EGMRVerfO).

2. Verfahren ab der Zuweisung an den zuständigen Spruchkörper. 25
a) Einzelrichter (Art. 27 EMRK). Dem Einzelrichter zugewiesene Beschwerden werden der beklagten Regierung **nicht zugestellt.** Die offensichtliche Unzulässigkeit ergibt sich bereits aus den Beschwerdeunterlagen bzw. dem Vortrag des Bf.
(→ Rn. 22). Auf der Grundlage dieses Vortrags wird von einem juristischen Mitarbeiter der Gerichtskanzlei ein vertrauliches Votum erstellt, in dem die Beschwerdepunkte, der wesentliche Sachverhalt und die Gründe für die Unzulässigkeit möglichst knapp dargestellt werden. Nach einer internen Kontrolle durch den sog.
nicht-richterlichen Berichterstatter (→ Art. 24 Rn. 6 ff.; s. a. *Keller/Schmidtmadel* in IntKommEMRK Art. 24 Rn. 13) wird der Entscheidungsentwurf dem zuständigen Einzelrichter zur Entscheidung sowie dem nationalen Richter zur Information zugeleitet (s. a. *Keller/Schmidtmadel* in IntKommEMRK Art. 27 Rn. 2 f.).
Die Reihenfolge der Bearbeitung der beim Gerichtshof anhängigen Beschwerden
richtet sich vorrangig nach „Bedeutung und Dringlichkeit der aufgeworfenen
Fragen" (Art. 41 EGMRVerfO) und erst dann nach deren Einlegungsdatum. Im
Einzelnen hat der Gerichtshof die hierfür relevanten Kriterien in seiner seit 2009
geltenden und 2017 überarbeiteten „priority policy" festgelegt (s. www.echr.coe.
int/Documents/Priority_policy_ENG.pdf; abgedruckt in *Harris/O'Boyle/Warbrick*
European Convention on Human Rights S. 125 f.).

b) Ausschuss (Art. 28 EMRK). Eine Beschwerde, die gemäß Art. 28 Abs. 1 26
lit. a EMRK durch einen Ausschuss für unzulässig erklärt oder aus dem Register gestrichen werden soll, wird der Regierung in aller Regel nicht gemäß Art. 54 Abs. 2
lit. b EGMRVerfO zugestellt. Dies ergibt sich schon aus Art. 28 Abs. 1 lit. a EMRK,
der voraussetzt, dass die Entscheidung „ohne weitere Prüfung" getroffen werden
kann. Gleichwohl kann der Ausschuss auch in der Regierung zugestellten Beschwerdeverfahren **Unzulässigkeitsentscheidungen** treffen, etwa wenn sich erst
im Laufe des Verfahrens herausstellt, dass die Beschwerde unzulässig ist (bspw.
EGMR 12. 4. 2011 – 3237/06, BeckRS 2011, 144798 – Stephan u. Röhrig; EGMR
10. 5. 2011 – 15678/07, BeckRS 2011, 144647 – Kasparyants; → Art. 28 Rn. 2).

Eine Beschwerde, die gemäß Art. 28 Abs. 1 lit. b EMRK durch einen Ausschuss 27
für zulässig erklärt und durch **Urteil** entschieden werden soll, wird der Regierung
in einem vereinfachten und **beschleunigten Verfahren** gemäß Art. 54 Abs. 2 lit. b
EGMRVerfO zugestellt (vgl. Erläuternder Bericht zu Prot. Nr. 14, BT-Drs. 16/42,
32 f. Rn. 68 f.). Die Beschwerde wird der beklagten Regierung mit dem Hinweis
zugestellt, dass die aufgeworfenen Rechtsfragen bereits Gegenstand einer gefestig-

ten Rspr. („well-established case-law") des Gerichtshofs sind (→ Art. 28 Rn. 3). In einfach gelagerten Fällen kann der Hinweis ergehen, dass eine Stellungnahme der Regierung nicht erforderlich ist; es steht der Regierung allerdings frei, dennoch eine Stellungnahme einzureichen. Entscheidet sich die Regierung für die Abgabe einer Stellungnahme, entspricht das Verfahren hierfür im Wesentlichen dem bei Kammersachen üblichen Verfahren (→ Rn. 29). Dasselbe gilt für die Vorbereitung des Entscheidungsentwurfs (→ Rn. 30). Seit dem 1.1.2019 beinhaltet die Zustellung idR (dh es sei denn, der Fall ist hierfür ungeeignet) auch die Aufforderung an die Parteien, Vergleichsverhandlungen aufzunehmen und innerhalb einer vom Gerichtshof bestimmten Frist eine gütliche Einigung zu erreichen (s. Presseerklärung ECHR 437 (2018) vom 18.12.2018).

28   c) **Kammer (Art. 29 EMRK).** Einer Kammer zugewiesene Beschwerden können **ohne vorherige Zustellung** *("de plano")* lediglich für unzulässig erklärt oder aus dem Register gestrichen werden (Art. 54 Abs. 1 EGMRVerfO). Anderenfalls erfolgt eine Zustellung der Beschwerde gemäß Art. 54 Abs. 2 lit. b EGMRVerfO an die beklagte Regierung.

29   Die **Zustellung** kann sowohl durch die Kammer als auch den Sektionspräsidenten vorgenommen werden (Art. 54 Abs. 2 EGMRVerfO). In der Praxis erfolgt die Zustellung aus Effektivitätsgründen in der Regel durch den Sektionspräsidenten und ohne vorhergehende Zulässigkeitsentscheidung (näher *Keller/Schmidtmadel* in IntKommEMRK Art. 29 Rn. 3). Ab Zustellung findet das Verfahren grds. in einer der Amtssprachen des Gerichtshofs statt (→ Rn. 8). Auch hier wird die Regierung in der Zustellung nunmehr idR zunächst aufgefordert Vergleichsverhandlungen aufzunehmen und innerhalb einer vom Gerichtshof bestimmten Frist (idR 12 Wochen) eine gütliche Einigung zu erreichen (→ Rn. 27). Kommt es nicht zu einer gütlichen Einigung, wird die Regierung aufgefordert, binnen weiterer 12 Wochen eine schriftliche Stellungnahme zur Zulässigkeit und Begründetheit der Beschwerde abzugeben. Auf diese Stellungnahme erhält der Bf. Gelegenheit, seinerseits binnen einer Frist von sechs Wochen Stellung zu beziehen und seine **Schadensersatzforderungen** iSv Art. 41 EMRK geltend zu machen (→ Art. 37 Rn. 3). Hier ist Art. 60 EGMRVerfO zu beachten (→ Art. 41 Rn. 20). Nach Eingang der Stellungnahme des Bf. erhält wiederum die Regierung Gelegenheit, insbes. zu den Schadensersatzforderungen des Bf., innerhalb einer Frist von vier Wochen abschließend Stellung zu nehmen. In dringenden Fällen kann der Gerichtshof auch kürzere Fristen setzen.

30   Nach Abschluss dieses Verfahrens bereitet der Berichterstatter in Zusammenarbeit mit einem juristischen Mitarbeiter der Kanzlei und unter Berücksichtigung der Stellungnahmen der Parteien einen **Urteils- oder** ggf. auch **Entscheidungsentwurf** vor. Dieser Entwurf wird der Kammer zur Beratung und Entscheidung vorgelegt (näher *Keller/Schmidtmadel* in IntKommEMRK Art. 29 Rn. 3; *Villiger* ZSR 2008, 456 ff.; → Art. 29 Rn. 4 ff.).

C. Partei- und Prozessfähigkeit (Art. 34 S. 1)

31   Gemäß Art. 34 S. 1 EMRK kann der Gerichtshof „von jeder natürlichen Person, nichtstaatlichen Organisation oder Personengruppe" mit einer Beschwerde befasst werden. Die konventionsrechtliche Partei- und Prozessfähigkeit bestimmt sich ausschließlich nach **konventionsrechtlichen Kriterien** und unabhängig von den im

Individualbeschwerden   Art. 34 EMRK

innerstaatlichen Recht geltenden Regeln, die nicht zwingend denselben Zwecken dienen (vgl. EGMR 13.7.2000 (GK) – 39221/98 Rn. 139, ÖJZ 2002, 74, BeckRS 2014, 81157 – Scozzari u. Giunta; EGMR 16.7.2009 – 20082/02 Rn. 39 – Zehentner).

Parteifähigkeit (*locus standi* bzw. „standing"/„intérêt à agir") setzt voraus, dass 32 der Bf. Träger der in der Konvention oder ihren Zusatzprotokollen gewährleisteten Rechte sein kann. **Prozessfähigkeit** („capacity to act"/„capacité d'ester en justice") bezeichnet die Fähigkeit, Prozesshandlungen selbst oder durch einen Vertreter wirksam vorzunehmen (vgl. *Kadelbach* in Ehlers/Schoch §5 Rn. 38, 41; Grabenwarter/Pabel EMRK §13 Rn. 6; ausführlich *Rogge* in IntKommEMRK Art. 34 Rn. 118 ff., 143 ff.). Weder die EMRK noch die EGMRVerfO enthalten besondere Vorschriften über die Prozessfähigkeit. Vor dem Hintergrund des Schutzzwecks der Konvention wird sie grds. unterstellt (bspw. EGMR 27.3.2008 – 44009/05, FamRZ 2008, 1734 – Shtukaturov; EGMR 17.7.2008 – 11223/04 – X.; vgl. im Einzelnen *Rogge* in IntKommEMRK Art. 34 Rn. 143 ff.; *Peukert* in Frowein/Peukert EMRK Art. 34 Rn. 20 f.). Insbes. Geschäftsunfähigkeit oder Minderjährigkeit stellen insofern grds. keine Zulässigkeitshindernisse dar (→ Rn. 34 ff.).

I. Natürliche Personen

Natürliche Personen sind grds. **uneingeschränkt parteifähig,** denn sie können 33 unabhängig von ihrer Staatsangehörigkeit, ihrem Alter, ihrer Geschäftsfähigkeit, ihrem Aufenthaltsort oder ihrem sonstigen Status stets Träger der in der Konvention und ihren Zusatzprotokollen garantierten Rechte sein.

Minderjährige können im eigenen Namen Beschwerde einlegen; sie können 34 dies selbst (vgl. bspw. EGMR 28.11.1988 – 10929/84 Rn. 9, 56 f. – Nielsen; EGMR 23.9.1998 – 25599/94 Rn. 7 – A.; EGMR 16.12.1999 (GK) – 24724/94 Rn. 7 – T.; EGMR 10.5.2001 – 29392/95 Rn. 2, 9 – Z. ua) oder durch ihren gesetzlichen Vertreter tun (bspw. EGMR 13.6.1979 – 6833/74 Rn. 1, BeckRS 1979, 108523 = EuGRZ 1979, 454 – Marckx; EGMR 9.4.2019 – 72931/10 Rn. 81–84, BeckRS 2019, 51136 – V.D. ua – bzgl. Pflegeeltern; im Einzelnen *Reid* in de Salvia/Villiger S. 301).

Nach innerstaatlichem Recht **nicht vertretungsberechtigte Personen** kön- 35 nen auf konventionsrechtlicher Ebene berechtigt sein, Beschwerde im Namen einer anderen Person zu erheben; dies gilt insbes. für leibliche Eltern, denen das **Sorgerecht entzogen** wurde, und die sich diesbzgl. im Streit mit den nationalen Behörden befinden (EGMR 13.7.2000 (GK) – 39221/98 ua Rn. 138, ÖJZ 2002, 74 = BeckRS 2014, 81157 – Scozzari u. Giunta; EGMR 8.4.2004 – 11057/02 Rn. 120, NJW 2004, 3401 – Haase; EGMR 14.10.2004 – 45584/99, BeckRS 2008, 6777 – Harder-Herken u. Harder; EGMR 15.5.2007 – 38972/06 – Giusto ua – bzgl. Pflegeeltern; EGMR 27.4.2010 – 16318/07 Rn. 32–35 – Moretti u. Benedetti – bzgl. ehemaliger Pflegeeltern; s. a. EGMR 9.4.2019 – 72931/10 Rn. 72 ff., BeckRS 2019, 51136 – V.D. ua; EGMR 30.11.2010 – 36397/07, EuGRZ 2011, 264 – Görgülü u. Fischer; s. a. die Bsp. in EGMR 5.6.2015 (GK) – 46043/14 Rn. 94, NJW 2015, 2715 – Lambert ua; zum Sonderfall, dass im innerstaatlichen Recht ein Verfahrenspfleger zur Wahrung der Interessen der Kinder bestellt wurde, vgl. EGMR 12.2.2008 – 34499/04 – Haase ua – iE offen gelassen; s. a. EKMR 20.5.1996 – 23715/94 – S. P., D. P., u. A. T.). Geht es hingegen um einen Rechtsstreit zwischen den Eltern, kann grds. nur der sorgeberechtigte Elternteil die Interessen des Kindes wahrnehmen (EGMR 12.12.2000 – 30943/96, FPR 2004,

350 – Sahin; EGMR 6.12.2001 – 31178/96 Rn. 1, FPR 2004, 102 – Petersen; EGMR 1.12.2009 – 8673/05 Rn. 85 ff. – Eberhard u. M.).

36 **Geschäftsunfähige** Personen können, ggf. auch gegen den ausdrücklichen Willen ihres Betreuers, wirksam im eigenen Namen Beschwerde einlegen (EGMR 16.7.2009 – 20082/02 Rn. 38 f. – Zehentner; s. a. EGMR 24.10.1972 – 6301/73, BeckRS 1979, 108522 – Winterwerp; EGMR 24.9.1992 – 10533/83 – Herczegfalvy).

37 Inwieweit der **nasciturus** Träger eigener Rechte und damit parteifähig sein kann, wurde von den Konventionsorganen bislang nicht abschließend entschieden (vgl. EGMR 5.9.2002 – 50490/99 – Boso; EGMR 8.7.2004 (GK) – 53924/00 Rn. 85 ff., NJW 2005, 727 – Vo; EGMR 16.12.2010 (GK) – 25579/05 Rn. 237, NJW 2011, 2107 – A, B u. C; s. a. EKMR 19.5.1992 – 17004/90 – R.H.; EGMR 26.5.2011 – 27617/04 Rn. 181, NLMR 2011, 149 – R.R.).

38 **Strafgefangene** sind unproblematisch parteifähig (bspw. EGMR 6.10.2005 (GK) – 74025/01 – Hirst (Nr. 2)). Eine Verwirkung des Beschwerderechts sieht die Konvention nicht vor (s. aber Art. 17 EMRK).

II. Nichtstaatliche Organisationen und Personengruppen

39 **1. Nichtstaatliche Organisationen.** Der Begriff der „nichtstaatlichen Organisation" ist weit auszulegen und erfasst potenziell sämtliche **organisierte Personenmehrheiten oder Einrichtungen,** unabhängig von deren Rechtsfähigkeit im innerstaatlichen Recht (*Rogge* in IntKommEMRK Art. 34 Rn. 127 f.; im Einzelnen *Schwaighofer* in de Salvia/Villiger S. 321). Als nichtstaatliche Organisationen iSv Art. 34 S. 1 EMRK kommen somit juristische Personen des Privatrechts, ebenso wie Personengesellschaften und nicht rechtsfähige Vereine in Betracht; auch juristische Personen des öffentlichen Rechts können nichtstaatliche Organisationen idS sein (*Peukert* in Frowein/Peukert EMRK Art. 34 Rn. 18; *Rogge* in IntKommEMRK Art. 34 Rn. 127, 136).

40 Voraussetzung der Parteifähigkeit einer nichtstaatlichen Organisation iSv Art. 34 S. 1 EMRK ist, dass diese **eigene Rechte** und nicht lediglich solche ihrer Mitglieder geltend macht (*Peukert* in Frowein/Peukert EMRK Art. 34 Rn. 18; Grabenwarter/Pabel EMRK § 13 Rn. 11; vgl. EKMR 7.3.1991 – 14234/88 ua Rn. 63 f. – Open Door Counselling Ltd. ua; EKMR 7.4.1997 – 34614/97 Rn. 1 – Scientology Kirche Deutschland eV; s. aber EGMR 17.7.2014 (GK) – 47848/08 Rn. 104–114, NJW 2015, 2635 – Centre for Legal Resources on behalf of Valentin Câmpeanu; → Rn. 51).

41 Wann von einer „nichtstaatlichen Organisationen" iSv Art. 34 EMRK auszugehen ist, hat der Gerichtshof in Abgrenzung zum Begriff „**staatliche Organisationen**" definiert. Danach handelt es sich um eine „staatliche Organisation", wenn diese an der **Ausübung von Hoheitsgewalt** teilnimmt oder unter staatlicher Kontrolle **öffentliche Versorgungsaufgaben** erfüllt. Für die Frage, ob ein Rechtssubjekt, das keine Gebietskörperschaft ist, dieser Kategorie zuzuordnen ist, kommt es auf dessen innerstaatlichen Rechtsstatus sowie die mit diesem verbundenen Befugnisse an, auf dessen Tätigkeit und dessen Zusammenhang sowie das Maß der Unabhängigkeit von politischer Einflussnahme (EGMR 23.9.2003 – 53984/00 Rn. 26 – Radio France ua; EGMR 7.12.2006 – 35841/02 Rn. 47, BeckRS 2015, 10008 – Österreichischer Rundfunk; EGMR 13.12.2007 – 40998/98 Rn. 79 – Islamic Republic of Iran Shipping Lines; EGMR 18.12.2008 – 20153/04 Rn. 54 – Unédic; EGMR 23.3.2010 – 50108/06, NVwZ 2011, 479 – Döşemealtı Bele-

Individualbeschwerden **Art. 34 EMRK**

diyesi; EGMR 16.10.2018 – 57691/09 ua Rn. 23–28 – JKP Vodovod Kraljevo; s. a. EGMR 9.12.1994 – 13092/87 Rn. 49 – The Holy Monasteries). Die privatrechtliche Natur des angegriffenen Rechtsaktes ist nicht ausschlaggebend (EGMR 28.1.2020 – 40355/14 Rn. 38 – İhsan Doğramacı Bilkent Üniversitesi).

Juristische Personen des Privatrechts sind grds. unproblematisch als „nichtstaatliche Organisationen" anzusehen und parteifähig soweit sie eigene Rechte geltend machen (vgl. bspw. EGMR 10.3.2004 (GK) – 56672/00, NJW 2004, 3617 – Senator Lines GmbH; s. a. die Bsp. bei Grabenwarter/Pabel EMRK § 13 Rn. 12 Fn. 29). Dies gilt auch, wenn es sich um privatrechtlich organisierte (überwiegend) staatseigene Unternehmen (EGMR 13.12.2007 – 40998/98 Rn. 151 – Islamic Republic of Iran Shipping Lines) oder um privatrechtliche juristische Personen mit einer gewissen Staatsnähe handelt (vgl. EGMR 18.12.2008 – 20153/04 Rn. 55–57 – Unédic). In der Regel wird die Parteifähigkeit hier ohne Erörterung als offensichtlich unterstellt (*Rogge* in IntKommEMRK Art. 34 Rn. 134). Problematisch kann im Einzelfall (bspw. im Insolvenzverfahren) die Frage sein, wer für die juristische Person **vertretungsberechtigt** und zur Geltendmachung ihrer Rechte befugt ist (vgl. EGMR 24.10.1995 – 14807/89 Rn. 66 – Agrotexim ua; EGMR 21.10.2003 – 29010/95 Rn. 46 ff. – Credit and Industrial Bank; EGMR 6.11.2007 – 2788/02 – Kaveko International s.r.o.; s. a. *Schwaighofer* in de Salvia/ Villiger S. 327 ff.; → Rn. 78). 42

Gewerkschaften sind unabhängig von ihrer Organisationsform als „nichtstaatliche Organisationen" parteifähig soweit sie sich auf eigene Rechte berufen (bspw. EGMR 6.2.1976 – 5614/72, BeckRS 1976, 107960 – Swedish Engine Drivers' Union; EGMR 27.10.1975 – 4464/70, BeckRS 1975, 107575 – National Union of Belgian Police; EGMR 2.7.2002 – 30668/96 ua – Wilson, National Union of Journalists ua). 43

Politische Parteien und andere politische Vereinigungen sind als „nichtstaatliche Organisationen" parteifähig soweit sie sich auf eigene Rechte berufen. Die Auflösung einer Partei steht ihrer Parteifähigkeit nicht entgegen (EGMR 30.1.1998 (GK) – 19392/92 Rn. 33 – United Communist Party of Turkey ua; EGMR 8.12.1999 (GK) – 23885/94 Rn. 26 – Freedom and Democracy Party (ÖZDEP); s. a. EKMR 29.6.1998 – 29221/95 ua – Stankov u. United Macedonian Organisation „Ilinden"; s. a. *Pabel* ZaöRV 2003, 921 (923)). 44

Kirchen und religiöse Vereinigungen sind ebenfalls als „nichtstaatliche Organisationen" parteifähig soweit sie sich auf eigene Rechte berufen. Dies gilt unabhängig davon, ob sie privatrechtlich organisiert (bspw. EGMR 5.12.2002 – 53871/00, NJW 2004, 669 – Islamische Religionsgemeinschaft eV; EGMR 6.11.2008 – 58911/00, NVwZ 2010, 177 – Leela Förderkreis eV; EKMR 27.11.1996 – 29745/96 – Universelles Leben eV) oder juristische Personen des öffentlichen Rechts (bspw. EGMR 16.12.1997 – 25528/94 Rn. 29–31 – Canea Catholic Church; EGMR 27.6.2000 (GK) – 27417/95 Rn. 72 – Cha'are Shalom Ve Tsedek; EGMR 10.7.2001 – 41754/98 – Johannische Kirche u. Peters) und ggf. Teil einer Staatskirche sind (EKMR 11.4.1996 – 24019/94 Rn. 1 – Finska församlingen i Stockholm u. Hautaniemi; aA *Peukert* in Frowein/Peukert EMRK Art. 34 Rn. 18). Es gilt die **Besonderheit,** dass diese die in Art. 9 EMRK garantierten Rechte für ihre Mitglieder wahrnehmen können (EGMR 27.6.2000 (GK) – 27417/95 Rn. 72 – Cha'are Shalom Ve Tsedek; EGMR 13.12.2001 – 45701/99 Rn. 101, BeckRS 2001, 159934 – Metropolitan Church of Bessarabia; EGMR 6.11.2008 – 58911/00 Rn. 79, NVwZ 2010, 177 – Leela Förderkreis eV; s. a. EKMR 7.4.1997 – 34614/97 – Scientology Kirche Deutschland eV). 45

EMRK Art. 34

45a **Öffentlich-rechtliche Rundfunk- und Fernsehanstalten** sind unter Anwendung der og Abgrenzungskriterien regelmäßig als parteifähig anzusehen, soweit sie nach innerstaatlichem Recht Rechtspersönlichkeit sowie die erforderliche Unabhängigkeit besitzen und sich auf eigene Rechte berufen (EGMR 23.9.2003 – 53984/00 Rn. 26 – Radio France ua; EGMR 7.12.2006 – 35841/02 Rn. 53, BeckRS 2015, 10008 – Österreichischer Rundfunk). Dasselbe gilt für **Universitäten** (Grabenwarter/Pabel EMRK § 13 Rn. 13; verneint wegen fehlender Unabhängigkeit im Fall EGMR 28.1.2020 – 40355/14 Rn. 46, mwN in Rn. 36 – İhsan Doğramacı Bilkent Üniversitesi).

46 **Gebietskörperschaften** sind nicht parteifähig (EGMR 23.3.2010 – 50108/06, NVwZ 2011, 479 mit einem Überblick über die Rspr. – Döşemealtı Belediyesi; s. a. EGMR 23.11.1999 – 45129/98 – Section de commune d'Antilly; EGMR 18.5.2000 – 48391/99 ua Rn. 1 – Hatzitakis et les Mairies de Thermaikos et Mikra; EGMR 1.2.2001 – 55346/00 – Ayuntamiento de Mula; EGMR 7.6.2001 – 52559/99 – Danderyds Kommun).

47 Im Hinblick auf **sonstige juristische Personen des öffentlichen Rechts** finden die og vom Gerichtshof entwickelten Abgrenzungskriterien Anwendung (→ Rn. 41, vgl. auch EKMR 28.6.1995 – 26114/95 ua – Consejo General de Colegios Oficiales de Economistas de Espana; EGMR 9.12.1994 – 13092/87 Rn. 49 – The Holy Monasteries; EGMR 19.6.2018 – 25680/05 Rn. 112 – Bursa Barosu Başkanlığı ua – Rechtsanwaltskammer).

48 **2. Personengruppen.** Der Begriff der „Personengruppe" erfasst **nicht organisierte**, in der Regel ein gemeinsames Interesse verfolgende **Gruppierungen** ohne eigene Rechtsfähigkeit (Grabenwarter/Pabel EMRK § 13 Rn. 15; *Rogge* in IntKommEMRK Art. 34 Rn. 125f.). Er besagt lediglich, dass verschiedene von demselben Sachverhalt betroffene Personen auch gemeinsam Beschwerde einlegen können. Letztlich handelt es sich um eine Bündelung einzelner Beschwerden oder Sammelklage (bspw. EKMR 4.12.1995 – 28204/95 – Tauira ua – Beschwerde gegen die französischen Nukleartests auf Mururoa). Für jedes Mitglied einer solchen Personengruppe gelten dieselben Zulässigkeitsvoraussetzungen wie für einen einzelnen Bf. (*Rogge* in IntKommEMRK Art. 34 Rn. 126). Zu beachten ist insbes., dass sich – anders als bei „nichtstaatlichen Organisationen", die grds. Rechte der Organisation geltend machen (→ Rn. 40) – jedes Mitglied der Personengruppe auf eigene Rechte berufen können muss (vgl. EGMR 7.5.2019 – 75147/17 Rn. 16ff., BeckRS 2019, 50782 – Maria Carme Forcadell I Lluis ua – Beschwerde einer Gruppe von Mitgliedern des Regionalparlaments gegen die Aussetzung einer Plenarsitzung). Die Beschwerde (bzw. ein Vollmachtsformular, → Rn. 10, 59f.) ist ggf. auf einem gesonderten Blatt mit den erforderlichen Angaben von sämtlichen Bf. zu unterzeichnen (vgl. bspw. EGMR 9.6.2009 – 43044/05 ua Rn. 1 – Şaçılık ua; s. a. EKMR 12.5.1986 – 10983/84, FHOeffR 41 Nr. 1304 – Confédération des Syndicats médicaux français et la Fédération nationale des Infirmiers). Ab zehn Bf. ist eine Tabelle mit den erforderlichen Angaben zur Person jedes einzelnen Beschwerdeführers einzureichen (→ Rn. 3c).

49 Soweit eine juristische Person oder sonstige Vereinigung (bspw. Gewerkschaften, Nichtregierungsorganisationen, sonstige Interessenverbände) im Interesse ihrer Mitglieder (stellvertretend) auftritt und deren Konventionsrechte geltend macht, ist dementsprechend darauf zu achten, dass die Identität der jeweiligen Mitglieder nachgewiesen ist und entsprechende Prozessvollmachten vorliegen (Grabenwarter/Pabel EMRK § 13 Rn. 11).

Individualbeschwerden **Art. 34 EMRK**

III. Tod des Opfers bzw. des Beschwerdeführers

Verstirbt das direkte Opfer einer Konventionsverletzung bzw. der ursprüngliche 50
Bf., so stellt sich die Frage unter welchen Umständen eine Beschwerde noch eingelegt bzw. eine bereits eingelegte Beschwerde fortgeführt werden kann (Darstellung der bisherigen Rspr. in EGMR 17.7.2014 (GK) – 47848/08 Rn. 96ff., NJW 2015, 2635 – Centre for Legal Resources on behalf of Valentin Câmpeanu). Verstorbenen fehlt es an der Rechts- und Parteifähigkeit und auch über einen Prozessvertreter kann in deren Namen keine Beschwerde eingelegt werden (vgl. EGMR 13.11.2003 – 73802/01– Macedonia Gavrielidou ua; EGMR 21.10.2008 – 2794/05 ua – Kaya u. Polat; zum Ganzen s. a. Grabenwarter/Pabel EMRK § 13 Rn. 8ff.; *Reffi/Bultrini* in de Salvia/Villiger S. 295ff.).

1. Vor Beschwerdeerhebung. Verstirbt das von der behaupteten Konven- 51
tionsverletzung direkt betroffene Opfer bereits vor Beschwerdeerhebung, kann eine zulässige Beschwerde in dessen Namen grds. nicht mehr erhoben werden (EGMR 8.3.2005 – 24790/04 – Fairfield ua; s. a. EGMR 26.10.2000 – 48335/99 – Sanles Sanles; EGMR 2.2.2006 – 55955/00 Rn. 19ff. – Biç; EGMR 19.7.2012 – 497/09 Rn. 81, NJW 2013, 2953 – Koch; s. a. die Nachweise in → Rn. 50). Wegen desselben Sachverhalts kommt auch durch Angehörige, nahe Verwandte oder Erben des direkten Opfers ausschließlich eine Beschwerdeerhebung aus eigenem Recht in Betracht, wenn diese als **indirekte Opfer** der Konventionsverletzung anzusehen sind (im Einzelnen → Rn. 73ff.). In einem Einzelfall hat der Gerichtshof, trotz fehlender Bevollmächtigung seitens des vor Beschwerdeerhebung verstorbenen direkten Opfers der behaupteten Verletzung von Art. 2 EMRK, ausnahmsweise eine Nichtregierungsorganisation als dessen *de facto*-Prozessvertreter anerkannt (EGMR 17.7.2014 (GK) – 47848/08 Rn. 104–114, NJW 2015, 2635 – Centre for Legal Resources on behalf of Valentin Câmpeanu).

In der Rspr. des Gerichtshofs wird die an sich klare Abgrenzung ua dadurch auf- 52
geweicht, dass teilweise die für den Tod des Bf. nach Beschwerdeeinlegung entwickelten Kriterien auch auf diesen Fall angewendet werden (so etwa EGMR 5.7.2005 – 55929/00 Rn. 29f. – Marie-Louise Loyen ua; EGMR 15.10.2009 (GK) – 17056/06 Rn. 50 – Micallef; bzw. auf die Frage, ob eigene Rechte des Ehemannes der nach Sterbehilfe Verstorbenen betroffen sind: EGMR 19.7.2012 – 497/09 Rn. 44, NJW 2013, 2953 – Koch).

2. Nach Beschwerdeerhebung. Verstirbt der Bf. nach Beschwerdeeinlegung 53
und damit während des Verfahrens vor dem Gerichtshof, streicht der Gerichtshof die Beschwerde gemäß **Art. 37 Abs. 1 lit. c EMRK** aus dem Register, wenn kein Grund für eine Fortsetzung des Verfahrens gegeben ist (vgl. EGMR 30.3.2009 (GK) – 19324/02 Rn. 44, 51 – Léger; EGMR 31.1.2011 – 28635/05 Rn. 2, BeckRS 2011, 145446 – Stefanoski ua; → Art. 37 Rn. 9). Ein Grund für eine Fortsetzung des Verfahrens liegt vor, wenn entweder Erben oder nahe Angehörige ein **berechtigtes Interesse** an der Fortsetzung der Beschwerde anmelden oder die Beschwerde von **allgemeiner Bedeutung** ist. Keine Voraussetzung ist, dass es sich um übertragbare, nicht höchstpersönliche Rechte handelt (EGMR 8.4.2014 – 73359/10 Rn. 29 – Ergezen; anders EGMR 29.6.2010 – 42758/07 – Mitev).

a) Berechtigtes Interesse. Nahe **Angehörige und Erben** des Verstorbenen 54
haben grds. ein berechtigtes Interesse, eine bereits anhängige Beschwerde des Verstorbenen fortzusetzen (EGMR 27.2.1980 – 6903/75 Rn. 37, EuGRZ 1980,

EMRK Art. 34   Verfahrensrecht

667 – Deweer; EGMR 28.9.1999 (GK) – 28114/95 Rn. 38 – Dalban; EGMR 31.7.2000 – 34578/97 Rn. 41 – Ječius; EGMR 8.11.2007 – 14818/02 Rn. 25 – Stojkovic; EGMR 30.3.2009 (GK) – 19324/02 Rn. 43 mwN – Léger; s. a. EGMR 18.9.2001 – 40669/98 Rn. 14ff. – S.G., sowie EGMR 28.2.2006 – 2476/02, zur Abgrenzung vom Vermächtnisnehmer – Thévenon). Diese treten an die Stelle des verstorbenen Bf. (vgl. EGMR 22.2.1994 – 12954/87 Rn. 2 – Raimondo; EGMR 28.9.1999 (GK) – 28114/95 Rn. 1 – Dalban). Es bleibt jedoch bei dem ursprünglichen Streitgegenstand (EGMR 13.12.2000 – 33071/96 – Malhous). Auch **potenzielle Erben** können ein solches Interesse haben, wenn etwa die erbrechtliche Situation noch nicht endgültig geklärt ist (EGMR 13.12.2000 – 33071/96 – Malhous). In Fällen, in denen der Gerichtshof die Fortsetzung der Beschwerde durch **Lebensgefährten** zugelassen hat, war auch eine allgemeine Bedeutung der Beschwerde iSv Art. 37 Abs. 1 S. 2 EMRK (→Rn. 58) gegeben (s. EGMR 25.10.2018 – 37646/13 Rn. 39–44, NLMR 2018, 462 – Delecolle; EGMR 5.12.2015 – 30575/08 Rn. 70, BeckRS 2015, 128887 – Ivko).

55   Die verwandtschaftliche Beziehung bzw. die Erbenstellung sowie (im Fall der Vertretung) der Wille der berechtigten Person, die Beschwerde fortzusetzen, sind durch geeignete Unterlagen **nachzuweisen** (EGMR 29.4.2003 – 28492/95 Rn. 36 – Sevgi Erdoğan; EGMR 30.3.2009 (GK) – 19324/02 Rn. 50 – Léger). Die bloße Mitteilung eines **Testamentsvollstreckers,** das Verfahren fortsetzen zu wollen, ist nicht ausreichend für die Annahme eines berechtigten Interesses (EGMR 25.3.1994 – 17116/90 Rn. 31 – Scherer).

56   Das berechtigte Interesse muss nicht zwingend materieller Natur sein. Bei Beschwerden über Menschenrechtsverletzungen haben nahe Angehörige regelmäßig auch ein **immaterielles Interesse** („moral interest") an der Fortsetzung der Beschwerde (EGMR 13.12.2000 – 33071/96 – Malhous; vgl. bspw. EGMR 15.11.1996 – 18877/91 Rn. 26 – Ahmet Sadik; EGMR 22.1.2008 – 18967/02 Rn. 32 – Pisarkiewicz; EGMR 21.7.2009 – 8713/03 Rn. 27 – Janus).

57   Auch **nach Abschluss des Verfahrens** vor dem Gerichtshof durch Urteil kann seitens der Angehörigen bzw. Erben noch ein Antrag auf Wiederaufnahme gemäß Art. 80 EGMRVerfO gestellt werden, um das Verfahren für die während des Verfahrens verstorbenen Bf. fortzusetzen und so die ggf. zugesprochene Entschädigung zu erhalten (EGMR 8.6.2010 – 3441/02 Rn. 7 mwN – Wypukoł-Pitka).

58   **b) Allgemeine Bedeutung.** Gemäß **Art. 37 Abs. 1 S. 2 EMRK** setzt der Gerichtshof die Prüfung einer Beschwerde fort, „wenn die Achtung der Menschenrechte, wie sie in der Konvention und den Protokollen dazu anerkannt sind, dies erfordert". Daher streicht der Gerichtshof selbst dann, wenn es keine Verwandten oder Erben gibt, die das Verfahren des Verstorbenen fortführen können oder wollen, die Beschwerde nicht aus dem Register, wenn sie über den Fall des Bf. hinaus eine wichtige Frage von allgemeiner Bedeutung aufwirft (EGMR 24.7.2003 – 40016/98 Rn. 26f. – Karner, s. a. diesbzgl. Sondervotum von *ad hoc*-Richter *Grabenwarter;* EGMR 24.2.2009 – 63258/00 Rn. 5 – Gagiu; EGMR 15.10.2009 (GK) – 17056/06 Rn. 46 – Micallef; → Art. 37 Rn. 21). In diesem Zusammenhang verweist der Gerichtshof darauf, dass seine Urteile neben dem Individualrechtsschutz auch der Erläuterung, Sicherung und Fortentwicklung der konventionsrechtlichen Vorschriften sowie einer Anhebung und Verbreitung menschenrechtlicher Standards in den Mitgliedstaaten dienen (EGMR 24.7.2003 – 40016/98 Rn. 26 – Karner). Für die Frage, ob eine Fortsetzung des Verfahrens geboten ist, kommt es ua darauf an, ob die zugrundeliegende Fragestellung bereits Gegenstand der Rspr. des Gerichtshofs war (EGMR 18.9.2001 – 40669/98 Rn. 16 – S.G.; EGMR 29.4.2003 – 28492/95 Rn. 38 – Sevgi Erdoğan; s. a. EGMR 4.3.2003 – 49764/99 – Willis).

IV. Prozessvertretung

Der Bf. kann seine Beschwerde selbst oder durch einen Prozessvertreter erheben 59 (→ Rn. 10). Nach Art. 45 Abs. 3 iVm Art. 47 Abs. 1 lit. c EGMRVerfO ist in jedem Fall der Prozessvertretung zwingend der entsprechende Abschnitt zur **Bevollmächtigung** im Beschwerdeformular bzw. – bei Bevollmächtigung nach Beschwerdeerhebung – der auf der Internetseite des Gerichtshofs hierfür zur Verfügung stehende Vollmachtsvordruck auszufüllen und zu unterschreiben. Sonstige Vollmachtsvordrucke oder Formen der Vollmachtserteilung werden vom Gerichtshof nur in begründeten **Ausnahmefällen** anerkannt (s. bspw. EGMR 25.1.2018 – 22696/16 Rn. 63 ff., NVwZ 2018, 1375 – J.R. ua). Ausnahmsweise hat der Gerichtshof eine Vertretung durch Nichtregierungsorganisationen als *de facto*-Prozessvertreter trotz Fehlens einer Bevollmächtigung und Tod des Bf. vor Beschwerdeerhebung (→ Rn. 51) in Fällen außergewöhnlich schwerwiegender Menschenrechtsverletzungen mit der Begründung zugelassen, dass ansonsten die Gefahr bestünde, dass sich der beklagte Staat einer Prüfung auf internationaler Ebene und seiner konventionsrechtlichen Verantwortung entzieht (EGMR 17.7.2014 (GK) – 47848/08 Rn. 112 mwN, NJW 2015, 2635 – Centre for Legal Resources on behalf of Valentin Câmpeanu; EGMR 24.3.2015 – 2959/11 Rn. 42, BeckRS 2015, 131217 – Association for the Defence of Human Rights in Romania – Helsinki Committee on behalf of Ionel Garcea; s. a. EGMR 23.1.2020 – 38067/15 Rn. 50–54, BeckRS 2020, 823 – L.R.).

Im Fall der **Prozessvertretung bei Beschwerdeerhebung** ist Abschnitt C. 59a (natürliche Personen) bzw. Abschnitt D. (juristische Personen) auszufüllen und sowohl vom Bf. persönlich (bzw. dessen gesetzlichem Vertreter, wenn es sich bspw. um ein Kind oder eine geschäftsunfähige Person handelt) als auch von dessen Prozessvertreter persönlich zu unterschreiben. Anderenfalls wird der Gerichtshof von einem nur unvollständig ausgefüllten Beschwerdeformular ausgehen, die Beschwerde als ungültig ansehen und sich erst gar nicht mit dieser befassen (→ Rn. 5, 10). Im Fall der **Prozessvertretung zu einem späteren Zeitpunkt** des Beschwerdeverfahrens oder bei einem **Wechsel des Prozessvertreters** ist die Vollmacht umgehend nachzureichen. Hierfür ist unbedingt der auf der Internetseite des Gerichtshofs zur Verfügung stehende Vollmachtsvordruck („authority form") zu verwenden. Fehlt es an einer (ggf. fristgemäß – vgl. Art. 47 Abs. 5 Nr. 2 EGMRVerfO) nachgereichten wirksamen Prozessvollmacht, riskiert der Bf., dass Prozesshandlungen seines Vertreters als unwirksam angesehen werden oder der Gerichtshof die Beschwerde wegen Unvereinbarkeit *ratione personae* für unzulässig erklärt (vgl. EGMR 20.1.2009 – 21727/08 – Post) oder gemäß Art. 37 Abs. 1 lit. a und lit. c EMRK aus dem Register streicht (vgl. EGMR 21.1.2003 – 34953/97 ua – Fitzmartin ua; EGMR 4.3.2003 – 49764/99 – Willis; EGMR 20.2.2007 – 35866/03, BeckRS 2008, 6527 – Mohammed Mohsen Yahya Zayed; EGMR 25.3.2014 – 76871/12 – Engwer mwN).

Im Übrigen bestehen, unabhängig von etwaigen innerstaatlichen Vorschriften in 59b diesem Zusammenhang keine darüber hinausgehenden, speziellen Formerfordernisse (EGMR 26.10.2006 – 59696/00 Rn. 73 mwN – Khudobin; EGMR 31.1.2008 – 3896/04 Rn. 43 – Ryabov; vgl. auch EGMR 27.6.2000 – 22277/93

Rn. 53–55 – İlhan). Insbes. ist keine Beglaubigung der Vollmacht erforderlich (EGMR 20.10.2005 – 30877/02 – Nosov; EGMR 14.10.2008 – 40631/02 Rn. 37 mwN, NJOZ 2009, 4992 – Timergaliyev).

60 Die Vorlage einer **gefälschten Vollmacht** stellt einen Missbrauch des Beschwerderechts iSv Art. 35 Abs. 3 lit. a EMRK dar (EGMR 3.7.2007 – 25101/05, NJW 2009, 489 – Poznanski ua; → Art. 35 Rn. 134). Eine Bestätigung des Bf., dass er die Prozessvollmacht erteilt hat, ist grds. ausreichend um den Verdacht einer Fälschung auszuräumen (EGMR 14.10.2008 – 40631/02 Rn. 36, NJOZ 2009, 4992 – Timergaliyev; s. a. EGMR 26.10.2006 – 59696/00 Rn. 74 – Khudobin; EGMR 13.1.2009 – 522/04 Rn. 47 – Aliev).

60a Mit Blick auf Art. 37 Abs. 1 lit. a EMRK (→ Art. 37 Rn. 3, 10) ist seitens des Prozessvertreters darauf zu achten, dass der **Kontakt mit dem Bf.** während des gesamten Verfahrens vor dem Gerichtshof aufrechterhalten bleibt (EGMR 13.2.2020 – 8675/15 ua Rn. 73 f., NVwZ 2020, 697 – N.D. u. N.T.; EGMR 14.1.2020 – 65117/11 Rn. 16 ff., BeckRS 2020, 809 – Oliyevskyy).

D. Opfereigenschaft (Art. 34 S. 1)

I. Allgemeines

61 Gemäß Art. 34 S. 1 EMRK muss der Bf. behaupten, in einem seiner in der Konvention und deren Zusatzprotokollen garantierten Rechte verletzt zu sein („claiming to be the victim of a violation"/„se prétend victime d'une violation"). Die „Opfereigenschaft" des Bf. ist gegeben, wenn dieser substantiiert und schlüssig vorträgt, durch die angegriffene hoheitliche Handlung oder Unterlassung unmittelbar in einem seiner Konventionsrechte berührt zu sein (vgl. EGMR 15.10.2009 (GK) – 17056/06 Rn. 44 – Micallef; vgl. Grabenwarter/Pabel EMRK § 13 Rn. 16; zur Beweislast vgl. EGMR 13.2.2020 – 8675/15 ua Rn. 85, NVwZ 2020, 697 – N.D. u. N.T.). Art. 34 EMRK erlaubt **keine Popularklagen** – *actio popularis* (EGMR 28.6.2011 – 65840/09, NVwZ 2012, 289 – Ouardiri; EGMR 17.7.2014 (GK) – 47848/08 Rn. 101, s. aber Rn. 104–114, NJW 2015, 2635 – Centre for Legal Resources on behalf of Valentin Câmpeanu) oder **abstrakte Normenkontrollen** (bspw. EGMR 26.10.1988 – 10581/83 Rn. 30, EGMR-E 4, 156 – Norris; EGMR 24.7.2003 – 40016/98 Rn. 24 – Karner). In Ausnahmefällen hat der Gerichtshof Beschwerden Dritter im Namen des eigentlichen Opfers zugelassen, wenn die Gefahr bestand, dass die Rechte des direkten Opfers ansonsten nicht -wirksam geschützt werden und kein Interessenkonflikt zwischen dem Opfer und dem beschwerdeführenden Dritten bestand (EGMR 5.6.2015 (GK) – 46043/14 Rn. 102, NJW 2015, 2715 – Lambert ua, wobei es sich bei den in Rn. 93 ff. im Urteil aufgeführten Bsp. teilweise um Fälle der indirekten Opfereigenschaft handelt, → Rn. 73 ff.).

62 Der Gerichtshof prüft das Bestehen der Opfereigenschaft **von Amts wegen in jedem Stadium des Verfahrens** (EGMR 29.3.2006 (GK) – 36813/97 Rn. 179, NJW 2007, 1259 – Scordino (Nr. 1); EGMR 8.12.2009 – 22465/03 Rn. 50 – Şandru ua; → Art. 35 Rn. 6). Hierin kommt das Prinzip der **Subsidiarität** des konventionsrechtlichen Rechtsschutzes zum Ausdruck. Es obliegt an erster Stelle den nationalen Behörden, Abhilfe zu schaffen im Hinblick auf behauptete Konventionsverletzungen und so ggf. die Opfereigenschaft wieder zu beseitigen (vgl. bspw. EGMR 7.5.2002 – 59498/00 Rn. 30 – Burdov; EGMR 29.3.2006 (GK) –

Individualbeschwerden **Art. 34 EMRK**

36813/97 Rn. 179, NJW 2007, 1259 – Scordino (Nr. 1); → Art. 35 Rn. 9, sowie zum Wegfall der Opfereigenschaft → Rn. 79 ff.).

Die Opfereigenschaft bestimmt sich ausschließlich nach **konventionsrecht-** **63** **lichen Kriterien** und unabhängig von im innerstaatlichen Recht bestehenden, verwandten Regeln über Klage- bzw. Beschwerdebefugnis oder Rechtsschutzbedürfnis (vgl. EGMR 27. 4. 2004 – 62543/00 Rn. 35 – Gorraiz Lizarraga ua). Auch dieses Zulässigkeitskriterium ist flexibel und ohne übertriebenen Formalismus anzuwenden (EGMR 24. 7. 2003 – 40016/98 Rn. 25 – Karner; EGMR 15. 10. 2009 (GK) – 17056/06 Rn. 45 – Micallef; aber → Art. 35 Rn. 2).

Fehlt die erforderliche Opfereigenschaft **von Anfang an,** dh, ist der Bf. niemals **64** Opfer einer Konventionsverletzung gewesen, so erklärt der Gerichtshof die Beschwerde für unzulässig wegen **Unvereinbarkeit ratione personae** (bspw. EGMR 25. 1. 2011 – 14397/04 Rn. 23, BeckRS 2011, 145513 – First Sofia Commodities EOOD; EGMR 24. 2. 2011 – 14419/03 Rn. 58, BeckRS 2011, 145237 – Čangov; → Art. 35 Rn. 93). Entfällt eine zunächst bestehende Opfereigenschaft **nachträglich,** erklärt der Gerichtshof die Beschwerde für unzulässig wegen **offensichtlicher Unbegründetheit** (→ Rn. 80).

II. Direkte Opfereigenschaft

Direktes „Opfer" iSv Art. 34 S. 1 EMRK ist die von der angegriffenen Hand- **65** lung oder Unterlassung selbst und **unmittelbar betroffene** Person (EGMR 13. 6. 1979 – 6833/74 Rn. 27, BeckRS 1979, 108523 = EuGRZ 1979, 454 – Marckx; EGMR 28. 10. 1999 (GK) – 28342/95 Rn. 50 – Brumărescu; s. a. EGMR 27. 4. 2004 – 62543/00 Rn. 35 – Gorraiz Lizarraga ua; s. aber EGMR 15. 3. 2012 (GK) – 4149/04 ua Rn. 50–54, NJOZ 2013, 378 – Aksu – Opfereigenschaft einer Person in Bezug auf beleidigende Äußerungen gegen eine Volksgruppe). Eine wie auch immer geartete **Beschwer** im Sinne eines Schadens oder Nachteils ist nach der Rspr. des Gerichtshofs **nicht erforderlich;** diese ist lediglich für die Frage des Schadensersatzes im Rahmen von Art. 41 EMRK von Belang (EGMR 13. 6. 1979 – 6833/74 Rn. 27, BeckRS 1979, 108523 = EuGRZ 1979, 454 – Marckx; EGMR 28. 10. 1999 (GK) – 28342/95 Rn. 50 – Brumărescu; EGMR 27. 6. 2000 (GK) – 22277/93 Rn. 52 – İlhan; EGMR 5. 10. 2006 – 72881/01 Rn. 65, EuGRZ 2007, 24 – Moscow Branch of The Salvation Army; *Harris/O'Boyle/Warbrick* European Convention on Human Rights S. 87 Fn. 321; missverständlich EKMR 5. 3. 1986 – 11394/85 – Akdogan).

Für die Frage, ob die erforderliche Betroffenheit des Bf. gegeben ist, kommt es **66** nicht allein auf dessen formale Position zum **Zeitpunkt** der Beschwerdeeinlegung an, sondern auf die Gesamtumstände des Falles einschließlich sämtlicher späterer Entwicklungen bis zur Prüfung der Beschwerde durch den Gerichtshof (EGMR 27. 4. 2010 (GK) – 7/08 Rn. 105, NLMR 2010, 123 – Tănase).

Die Opfereigenschaft ist zu verneinen, wenn ein Rechtsakt, sei es dauerhaft oder **67** vorübergehend, **keine Rechtswirkungen** entfaltet (EGMR 15. 1. 2007 (GK) – 60654/00 Rn. 92, NVwZ 2008, 979 – Sisojeva; EGMR 10. 7. 2012 – 24147/11 Rn. 42 – I.) und somit keine Auswirkungen auf den Bf. und seine Situation hat. Gleichwohl kann es zur Begründung der Opfereigenschaft ausreichend sein, wenn der angegriffene Rechtsakt **zeitweilige Auswirkungen** hatte (EGMR 9. 12. 1994 – 16798/90 Rn. 42, BeckRS 1994, 123512 – López Ostra; EGMR 21. 9. 2006 – 73604/01 Rn. 33, NJW-RR 2007, 1524 – Monnat; zum Wegfall der Opfereigenschaft → Rn. 79 ff.).

EMRK Art. 34 Verfahrensrecht

68 Die **Parteistellung** im innerstaatlichen Verfahren begründet regelmäßig die Opfereigenschaft bzgl. behaupteter Verletzungen von **Art. 6 EMRK,** bspw. wenn es sich um eine für ihre Mitglieder auftretende Vereinigung handelt, die nicht Träger der sonstigen im Rahmen dieses Verfahrens geltend gemachten Rechte sein kann (bspw. EGMR 10.7.2001 – 34746/97 – L'association et la ligue pour la protection des acheteurs d'automobiles; EGMR 27.4.2004 – 62543/00 Rn. 36 – Gorraiz Lizarraga ua). Auch im Hinblick auf andere Konventionsrechte kann bereits die Stellung als **Drittbeteiligte** in einem zivilrechtlichen Verfahren eine Opfereigenschaft mitbegründen (EGMR 8.10.2019 – 15449/09 Rn. 36f., BeckRS 2019, 47297 – Margulev, bzgl. Art. 10 EMRK).

III. Potenzielle Opfereigenschaft

69 Grds. begründet erst der jeweilige individuelle Vollzugsakt die Betroffenheit des Bf. (Grabenwarter/Pabel EMRK § 13 Rn. 19). In seiner Rspr. hat der Gerichtshof unter dem Begriff der „potentiellen Opfereigenschaft" („potential victim"/„victime potentielle") in den beiden nachfolgenden Fallgruppen Ausnahmen von diesem Grundsatz zugelassen und eine Opfereigenschaft in Bezug auf mögliche, noch **bevorstehende Konventionsverletzungen** bejaht (s. a. die Darstellungen in EGMR 23.5.2002 – 6422/02 ua – Segi ua; EGMR 10.3.2004 (GK) – 56672/00, NJW 2004, 3617 – Senator Lines GmbH). Voraussetzung ist, dass die **Wahrscheinlichkeit** des Eintritts einer den Bf. persönlich betreffenden Verletzung ausreichend und überzeugend dargelegt wird; bloße Vermutungen oder Spekulationen sind nicht genügend (EGMR 23.5.2002 – 6422/02 ua – Segi ua; EGMR 10.3.2004 (GK) – 56672/00, NJW 2004, 3617 – Senator Lines GmbH; s. a. EKMR 4.12.1995 – 28204/95 – Tauira ua). Rein hypothetische Maßnahmen begründen keine Opfereigenschaft (EGMR 18.1.2001 – 41615/98 – Zaoui; s. a. EGMR 11.6.2002 – 36042/97 Rn. 49 – Willis).

70 **1. Beschwerden gegen gesetzliche Bestimmungen.** Unmittelbar gegen gesetzliche Bestimmungen gerichtete Beschwerden sind trotz fehlenden Vollzugsakts ausnahmsweise zulässig, wenn der Bf. zu einem Personenkreis zählt, der sein Verhalten ändern muss, um **mögliche Strafverfolgungsmaßnahmen** zu vermeiden (bspw. EGMR 26.10.1988 – 10581/83 Rn. 31–33, EGMR-E 4, 156 – Norris; EGMR 19.2.1998 (GK) – 24839/94 Rn. 29 – Bowman; EGMR 19.2.2002 – 35441/97 – Rosca Stanescu u. Ardeleanu; EGMR 1.7.2014 (GK) – 43835/11 Rn. 57, BeckRS 2014, 14932 – S. A.S.), oder Gefahr läuft, von dem Gesetz **unmittelbar betroffen** zu werden (EGMR 6.9.1978 – 5029/71 Rn. 34ff., BeckRS 1978, 108296 – Klass ua – zum „G 10-Gesetz"; EGMR 13.6.1979 – 6833/74 Rn. 27, BeckRS 1979, 108523 = EuGRZ 1979, 454 – Marckx; EGMR 29.4.2008 (GK) – 13378/05 Rn. 34, NJW-RR 2009, 1606 – Burden; EGMR 22.12.2009 (GK) – 27996/06 ua Rn. 28, NJOZ 2011, 428 – Sejdić und Finci) und das innerstaatliche Recht diesbzgl. keine effektiven Rechtsbehelfe bereit hält (EGMR 4.12.2015 (GK) – 47143/06 Rn. 171, NLMR 2015, 509 – Roman Zakharov – bzgl. möglicher geheimer Überwachungsmaßnahmen). Die rein hypothetische Möglichkeit einer künftigen diskriminierenden Behandlung durch eine individuelle Vollzugsmaßnahme (hier: Abiturprüfung) gegen die Rechtsmittel zur Verfügung stehen, genügt hierfür nicht (EGMR 8.10.2013 – 17292/13, NJW 2014, 2705 – Quintana Schmidt ua).

Individualbeschwerden   **Art. 34 EMRK**

2. Abschiebungs- und Auslieferungsfälle. Ebenfalls bereits vor dem Vollzug 71
der eigentlich angegriffenen Maßnahme kann die Opfereigenschaft des Bf. gegeben
sein, wenn dieser durch den Vollzug seiner Abschiebung oder Auslieferung in
einem seiner Konventionsrechte verletzt würde. Hierher gehören insbesondere
jene Fälle, in denen die Abschiebung oder Auslieferung den Bf. im Zielstaat dem
„realen Risiko" einer gegen **Art. 3 EMRK** verstoßenden Behandlung (EGMR
7.7.1989 – 14038/88 Rn. 91, EuGRZ 1989, 314 – Soering; EGMR 2.5.1997 –
30240/96 Rn. 53f., NVwZ 1998, 161 = BeckRS 1997, 127542 – D.; EGMR
28.2.2008 (GK) – 37201/06 Rn. 146ff., NVwZ 2009, 375 – Saadi; im Einzelnen
Grabenwarter/Pabel EMRK § 20 Rn. 77ff.) oder ggf. einer eklatanten Verweigerung eines fairen Verfahrens („flagrant denial of justice") iSv **Art. 6 EMRK**
aussetzen würde (EGMR 17.1.2012 – 8139/09, NVwZ 2013, 487 Rn. 258ff.,
285 – Othman (Abu Qatada); EGMR 24.7.2014 – 7511/13 Rn. 552–561,
BeckRS 2014, 82235, StV 2014, 645 – Husayn (Abu Zubaydah). Darüber hinaus
kommen Beschwerden gegen aufenthaltsbeendende Maßnahmen noch vor deren
Vollzug etwa im Zusammenhang mit dem Recht auf Privat- und Familienleben gemäß **Art. 8 EMRK** in Betracht (bspw. EGMR 26.3.1992 – 12083/86 Rn. 79 –
Beldjoudi; EGMR 4.12.2012 – 47017/09 Rn. 91 – Butt; zum Ganzen vgl. *Mayer*
VerwArch 2010, 482).

Allerdings bedarf es grds. einer **vollstreckbaren Abschiebungs- oder Aus-** 72
lieferungsentscheidung; die Ausweisung allein ist nicht genügend (EGMR
27.8.1992 – 17550/90 ua Rn. 46 – Vijayanathan u. Pusparajah; vgl. zur Abgrenzung EGMR 15.1.2007 (GK) – 60654/00 Rn. 93, NVwZ 2008, 979 – Sisojeva
ua, sowie → Rn. 86). Von der Opfereigenschaft zu trennen ist die Frage, ob eine
drohende Abschiebung oder Auslieferung ggf. durch die Anordnung vorläufiger
Maßnahmen nach Art. 39 EGMRVerfO auszusetzen ist (→ Rn. 101ff.).

IV. Indirekte Opfereigenschaft

Ausnahmsweise können auch Personen, die lediglich indirekt von einer Kon- 73
ventionsverletzung betroffen sind, Opfer einer eigenen Konventionsverletzung
sein. Diese sog. „indirekte Opfereigenschaft" berechtigt zur Geltendmachung einer
Konventionsverletzung im eigenen Namen (vgl. EGMR 18.9.2009 (GK) –
16064/90 ua Rn. 111f., NVwZ-RR 2011, 251 – Varnava ua). Voraussetzung ist
ein **besonderes Näheverhältnis** zum direkten Opfer sowie zu den Gesamtumständen der Konventionsverletzung selbst.

Ein solches Näheverhältnis kann bei **Familienangehörigen** von Opfern 74
schwerwiegender Menschenrechtsverletzungen (Art. 2 und 3 EMRK) gegeben
sein, insbes. wenn letztere verstorben oder selbst nicht in der Lage sind, Beschwerde
einzulegen. Allerdings müssen die Angehörigen von der Konventionsverletzung in
einer Weise betroffen sein, die über das durch schwerwiegende Menschenrechtsverletzungen gegenüber nahen Verwandten naturgemäß verursachte Leid hinausgeht
(zu den anwendbaren Kriterien s. EGMR 21.10.2013 (GK) – 55508/07 ua
Rn. 177–180 sowie Rn. 181, NJOZ 2014, 2 – Janowiec ua, zur direkten
Opfereigenschaft von Familienangehörigen; EGMR 8.7.1999 (GK) – 23657/94
Rn. 98 – Beschwerde des Bruders – Çakıcı; s. a. EGMR 25.5.1998 – 24276/94
Rn. 133f. – der Mutter – Kurt; EGMR 2.9.1998 – 22495/93 Rn. 66 – des Nef-
fen – Yaşa; EGMR 18.5.1999 – 41488/98 Rn. 1 – der nichtehelichen Lebenspart-
nerin – A.V.; EGMR 17.2.2004 – 25760/94 Rn. 181ff. – des Vaters – İpek;
EGMR 16.11.2017 – 73974/14 Rn 64, BeckRS 2017, 160674 – der Eltern – Tsa-

Schäfer   657

likidis ua; vgl. auch EGMR 27.6.2000 – 22277/93 Rn. 53–55 – İlhan; zum erforderlichen Zusammenhang zwischen behaupteter Konventionsverletzung und dem Tod des Verwandten EGMR 19.6.2012 – 9035/06 Rn. 54ff. – Kaburov). Eine Rolle spielen ua der Grad der Verwandtschaft, die tatsächliche persönliche Beziehung zum direkten Opfer, die Frage, inwieweit die jeweilige Person Zeuge der Geschehnisse war, sowie insbes. das Verhalten der Behörden bei der Aufklärung der Geschehnisse (EGMR 8.7.1999 (GK) – 23657/94 Rn. 98 – Çakıcı).

75 Grds. ist die Möglichkeit einer indirekten Opfereigenschaft allerdings auf Fälle **schwerwiegender Menschenrechtsverletzungen** iSv Art. 2 und 3 EMRK **begrenzt** (EGMR 2.2.2006 – 55955/00 Rn. 22 – Biç). Für Beschwerden unter anderen Artikeln hat der Gerichtshof diese Möglichkeit mitunter ausdrücklich ausgeschlossen (bspw. EGMR 8.3.2005 – 24790/04 – Fairfield ua: Art. 9, 10 EMRK; EGMR 24.3.2005 – 5977/03 – Makri ua: Art. 6, 13 EMRK; EGMR 2.2.2006 – 55955/00 Rn. 22ff. – Biç: Art. 5, 6 EMRK; EGMR 3.10.2006 – 47826/99 – Direkçi: Art. 6, 11 EMRK; EGMR 23.4.2009 – 3179/05 Rn. 166ff. – Gakiyev u. Gakiyev: Art. 3 EMRKZusProt). Beschwerden unter Art. 5 EMRK lässt der Gerichtshof zu, wenn diese im Zusammenhang stehen mit einer geltend gemachten Verletzung von Art. 2 oder 3 EMRK wegen des Todes oder des Verschwindens des Opfers in staatlicher Verantwortung (EGMR 19.12.2017 – 29729/09 Rn. 91 mwN, BeckRS 2017, 160234 – Khayrullina; bzgl. Art. 6 EMRK: EGMR 27.8.2019 – 32631/09 ua Rn. 278f., BeckRS 2019, 48631 – Magnitskiy ua). Allerdings lässt die Judikatur des Gerichtshofs hier eine einheitliche Linie vermissen (→ Rn. 76f.).

76 So hat der Gerichtshof etwa **Ausnahmen** von diesem Grundsatz in Fällen zugelassen, in denen innerstaatliche Verfahren gegen verstorbene Angehörige weiterhin Auswirkungen auf deren sowie das **gesellschaftliche Ansehen** naher Angehöriger hatten:
– Beschwerde der Witwe unter Art. 6 Abs. 2 EMRK im Zusammenhang mit einem Strafverfahren und Schuldfeststellungen gegen den verstorbenen Ehemann (EGMR 25.8.1987 – 10300/83 Rn. 33, BeckRS 1987, 113870 – Nölkenbockhoff);
– Beschwerde der Witwe eines verstorbenen Journalisten unter Art. 10 EMRK (EGMR 28.9.1999 – 28114/95 Rn. 39, 44ff. – Dalban);
– Beschwerde unter Art. 6 Abs. 1 EMRK im Hinblick auf das Ansehen der verstorbenen Ehemänner (EGMR 3.3.2005 – 54723/00 ua Rn. 26ff. – Brudnicka ua) sowie unter Art. 8 EMRK im Hinblick auf das Ansehen des verstorbenen Vaters (EGMR 21.9.2010 – 34147/06 Rn. 31 – Polanco Torres und Movilla Polanco).

77 Weitere Ausnahmen hat der Gerichtshof in verschiedenen **Einzelfallentscheidungen** zugelassen:
– Beschwerde der zeitweiligen Pflegeeltern eines Kindes unter Art. 3, 6, 8, 13, 34 EMRK (EGMR 15.5.2007 – 38972/06 – Giusto ua);
– Beschwerde des Ehemannes der Bf. unter Art. 5 Abs. 5 EMRK über deren rechtswidrige Freiheitsentziehung in einer geschlossenen psychiatrischen Anstalt (EGMR 17.3.2009 – 22945/07 Rn. 30f. – Houtman u. Meeus);
– Beschwerde der Witwe unter Art. 6 Abs. 1 EMRK im Zusammenhang mit Auswirkungen des Strafverfahrens gegen den verstorbenen Ehemann auf eigene zivilrechtliche Rechtspositionen (EGMR 8.4.2008 – 7170/02 Rn. 100f. – Grădinar, s. a. das Sondervotum der Richter *Bratza* und *Pavlovschi;* EGMR 22.11.2011 – 23002/07 Rn. 28ff. – Lacadena Calero; anders dagegen EGMR 8.3.2005 – 24790/04 – Fairfield ua);

Individualbeschwerden **Art. 34 EMRK**

- Beschwerde von Erben mit eigenen vermögensrechtlichen Interessen unter Art. 5 Abs. 5, Art. 6 und Art. 13 EMRK (EGMR 5.7.2005 – 55929/00 Rn. 29 f. – Marie-Louise Loyen ua; EGMR 24.4.2008 – 41898/04 Rn. 23–26 – Milionis ua) sowie allein unter Art. 6 Abs. 1 EMRK (EGMR 13.7.2006 – 17671/02 Rn. 24 f. – Ressegatti; EGMR 8.4.2008 – 15091/06 Rn. 66 – Bezzina Wettinger ua);
- Beschwerde der Mutter (und gleichzeitig gesetzlicher Vormund) der behinderten Bf. in Bezug auf deren behauptete Ungleichbehandlung beim Bezug von Sozialleistungen (EGMR 11.12.2018 – 65550/13 Rn. 97, NVwZ-RR 2020, 210 – Belli u. Arquier-Martinez).

Anteilseignern einer Gesellschaft kommt abgesehen von Ausnahmefällen, bspw. wenn die Gesellschaft nachweislich nicht in der Lage ist, im eigenen Namen Beschwerde zu erheben oder ein Konflikt mit dem Insolvenzverwalter besteht, keine eigene Opfereigenschaft zu, was Verletzungen der Eigentumsrechte der Gesellschaft gemäß Art. 1 EMRKZusProt angeht (EGMR 24.10.1995 – 14807/89 Rn. 66 – Agrotexim ua; EGMR 26.10.2000 – 21156/93 Rn. 23 f. – G.J.; EGMR 1.4.2004 – 50357/99 Rn. 1 – Camberrow MM5 AD; aber EGMR 21.10.2003 – 29010/95 Rn. 51 f. – Credit and Industrial Bank; s. a. *Schwaighofer* in de Salvia/Villiger S. 327 ff.; → Rn. 42). Die Insolvenz einer Gesellschaft führt nicht dazu, dass diese ihre Opfereigenschaft verliert (EGMR 27.6.2017 – 931/13 Rn. 94, NLMR 2017, 264 – Satakunnan Markkinapörssi Oy und Satamedia Oy; zum Fortbestand der Opfereigenschaft nach Auflösung der Gesellschaft s. EGMR 14.6.2018 – 68039/14 Rn. 32 f. – Euromak Metal Doo). **78**

V. Wegfall der Opfereigenschaft

1. Allgemeines. Die Opfereigenschaft eines Bf. kann nachträglich, dh zeitlich nach der behaupteten Konventionsverletzung, entfallen. Ein solcher Wegfall der Opfereigenschaft ist sowohl vor als auch nach Einlegung der Beschwerde beim Gerichtshof möglich. Hierfür ist nicht ausreichend, dass die innerstaatlichen Behörden eine für den Bf. günstige Entscheidung oder sonstige Maßnahme treffen (EGMR 29.3.2006 (GK) – 36813/97 Rn. 180, NJW 2007, 1259 – Scordino (Nr. 1)). Ebenfalls nicht ausreichend ist eine vergleichsweise Regelung der Sache auf privatrechtlicher Ebene (EGMR 28.10.1987 – 8695/79 Rn. 32, EGMR-E 3, 693 – Inze). Erforderlich ist vielmehr, dass die nationalen Behörden die Konventionsverletzung **ausdrücklich oder der Sache nach anerkannt** und sodann **Wiedergutmachung geleistet** haben (EGMR 15.7.1982 – 8130/78 Rn. 66, EuGRZ 1983, 371 = BeckRS 1982, 108315 – Eckle; EGMR 28.9.1999 (GK) – 28114/95 Rn. 44 – Dalban; EGMR 29.3.2006 (GK) – 36813/97 Rn. 180, NJW 2007, 1259 – Scordino (Nr. 1); EGMR 1.6.2010 (GK) – 22978/05 Rn. 115, EuGRZ 2010, 417 – Gäfgen; s. a. *Kulick* in HK-EMRK Art. 34 Rn. 30 ff.). Darüber hinaus wird regelmäßig erforderlich sein, dass die **Konventionsverletzung beendet** ist (vgl. EGMR 30.1.2020 – 9671/15 Rn. 169 – J.M.B. ua). **79**

Entfällt die Opfereigenschaft, so erklärt der Gerichtshof die Beschwerde für unzulässig wegen **offensichtlicher Unbegründetheit** oder allgemein für unzulässig gemäß Art. 34 iVm Art. 35 Abs. 3 und 4 EMRK (Wegfall der Opfereigenschaft vor Beschwerdeeinlegung: bspw. EGMR 17.6.2003 – 58453/00 Rn. 1 – Niedzwiecki; EGMR 3.4.2007 – 29453/02 Rn. 4, BeckRS 2008, 6519 – Collmann; EGMR 8.6.2010 – 41664/06 – Geda; EGMR 11.1.2011 – 5770/05 Rn. 32 f. – Somogyi; nach Beschwerdeeinlegung: bspw. EGMR 11.1.2000 – 24520/94 – **80**

Caraher; EGMR 10.3.2004 (GK) – 56672/00, NJW 2004, 3617 – Senator Lines GmbH; EGMR 28.11.2006 – 76973/01 – Sergio Murillo Saldías ua; EGMR 15.12.2009 – 22346/06 – Benová u. Beno; EGMR 2.9.2010 – 17185/02 Rn. 66f. – Fedina; EGMR 8.2.2011 – 30157/03 Rn. 132, BeckRS 2011, 145372 – Michalák). Fehlt es an der erforderlichen Anerkennung einer Konventionsverletzung seitens der nationalen Behörden, kann ggf. auch eine **Streichung der Beschwerde** nach Art. 37 Abs. 1 lit. b oder lit. c EMRK in Betracht kommen (bspw. EGMR 24.10.2002 (GK) – 36732/97 Rn. 38f. – Pisano; s. a. EGMR 24.2.2005 – 63214/00 Rn. 24ff. – Ohlen; EGMR 15.1.2007 (GK) – 60654/00 Rn. 96, NVwZ 2008, 979 – Sisojeva ua; EGMR 20.12.2007 (GK) – 25525/03 Rn. 28ff. – El Majjaoui & Stichting Touba Moskee; → Art. 37 Rn. 7, 12).

81 Für die Frage, was als **angemessene und hinreichende Wiedergutmachung** auf nationaler Ebene anzusehen ist, kommt es auf die **Gesamtumstände** des Falles an (ua Begründung der innerstaatlichen Gerichte, Fortbestehen eines Nachteils des Bf.), wobei insbesondere die **Art der Konventionsverletzung** zu berücksichtigen ist (EGMR 9.2.2006 – 73443/01 ua Rn. 68 – Freimanis et Līdums; EGMR 1.6.2010 (GK) – 22978/05 Rn. 116, EuGRZ 2010, 417 – Gäfgen; EGMR 26.6.2012 (GK) – 26828/06 Rn. 267, NJOZ 2015, 819 – Kurić ua).

82 Eine auf nationaler Ebene als Wiedergutmachung geleistete **finanzielle Entschädigung** muss der Höhe nach **angemessen und ausreichend** sein (in Bezug auf Längebeschwerden bspw. EGMR 14.6.2001 – 44704/98 – Normann; EGMR 29.3.2006 (GK) – 36813/97 Rn. 202ff., NJW 2007, 1259 – Scordino (Nr. 1); s. a. *Oellers-Frahm* FS Ress, 2005, 1040f.; in anderem Zusammenhang bspw. EGMR 20.3.2003 – 52620/99, BeckRS 2006, 16657 – Jensen u. Rasmussen; EGMR 25.11.2004 – 34368/02 – Nardone). Die Höhe der gewährten Entschädigung kann hinter dem zurückbleiben, was nach der Rspr. des Gerichtshofs im Rahmen von Art. 41 EMRK zu gewähren wäre (EGMR 29.3.2006 (GK) – 36813/97 Rn. 189, 206, NJW 2007, 1259 – Scordino (Nr. 1); EGMR 24.5.2011 – 16231/07 Rn. 26ff., BeckRS 2011, 144522 – Vidakovic), wobei lediglich 35% der hiernach zu gewährenden Entschädigung als nicht mehr angemessen anzusehen sind (EGMR 22.6.2017 – 30721/15 Rn. 21, BeckRS 2017, 161720 – Petrović; s. a. EGMR 13.4.2017 – 36974/11 Rn. 27 (21%) – Fasan ua; EGMR 31.7.2007 – 12419/04 Rn. 17 (20%) – Jakupovic; EGMR 19.10.2006 – 21753/02 Rn. 35 (15%) – Tomasic; EGMR 29.3.2006 (GK) – 36813/97 Rn. 214f. (10%), NJW 2007, 1259 – Scordino (Nr. 1)). Ein Betrag iHv 66%, ein zwischen 60% und 80% variierender Betrag sowie ein bei etwa 50% liegender Betrag wurden vom Gerichtshof als ausreichend anerkannt (EGMR 3.11.2011 – 38914/05 ua, BeckRS 2011, 143310 – Adži-Spirkoska; EGMR 1.10.2013 – 40547/10, BeckRS 2013, 202303 – Techniki Olympiaki A.E.; EGMR 18.5.2006 – 16605/03 – Garino). Ausnahmsweise kann die erforderliche Anerkennung der Konventionsverletzung in der Gewährung der Entschädigung selbst liegen (EGMR 29.3.2006 (GK) – 36813/97 Rn. 194, NJW 2007, 1259 – Scordino (Nr. 1)).

82a Auch die ausdrückliche und messbare **Verringerung des Strafmaßes** bzw. **frühzeitige Entlassung** kann eine angemessene und hinreichende Wiedergutmachung darstellen, so etwa bei Verletzungen von Art. 6 EMRK wegen der überlangen Dauer strafrechtlicher Verfahren (→ Rn. 84a), aber auch in Fällen **konventionswidriger Haft** iSv Art. 5 EMRK (EGMR 8.10.2019 – 36391/16 Rn. 19ff., BeckRS 2019, 47313 – Porchet; EGMR 10.7.2018 – 62663/13 Rn. 92 – Ščensnovičius) oder **konventionswidriger Haftbedingungen** iSv Art. 3 EMRK (EGMR 16.9.2014 – 49169/09 ua Rn. 59f. – Stella ua).

Individualbeschwerden **Art. 34 EMRK**

2. Beschwerden über die Länge des Verfahrens. Mit Inkrafttreten des Ge- **83** setzes über den Rechtsschutz bei überlangen Gerichtsverfahren und strafrechtlichen Ermittlungsverfahren (BGBl. 2011 I 2302; → Art. 35 Rn. 19a, 34ff.; vgl. EGMR 2.9.2010 – 46344/06 Rn. 51, 64ff., EuGRZ 2010, 700 – Rumpf) und der damit verbundenen Einführung eines innerstaatlichen Rechtsbehelfs zur Rüge der überlangen Verfahrensdauer im deutschen Recht ist es nunmehr möglich **Wiedergutmachung für die überlange Dauer sowohl zivil- als auch strafrechtlicher Verfahren** zu erlangen (→ Art. 35 Rn. 19a, 34ff.; zu den konventionsrechtlichen Anforderungen an einen solchen Rechtsbehelf, vgl. EGMR 29.3.2006 (GK) – 36813/97 Rn. 178ff., NJW 2007, 1259 – Scordino (Nr. 1)).

a) Zivilrechtliche Verfahren. Wer infolge unangemessener Dauer eines Ge- **84** richtsverfahrens als Verfahrensbeteiligter einen Nachteil erleidet, hat gemäß § 198 Abs. 1 GVG bzw. § 97a Abs. 1 BVerfGG einen Anspruch auf **(ggf. finanzielle) Entschädigung.** Dieser Anspruch umfasst sowohl materielle als auch – soweit nicht nach den Umständen des Einzelfalles Wiedergutmachung auf andere Weise ausreichend ist – immaterielle Schäden (§ 198 Abs. 2 GVG bzw. § 97a Abs. 2 BVerfGG, im Einzelnen *Stahnecker* Entschädigung Rn. 135ff.). Sowohl was die Kriterien für die Angemessenheit der Verfahrensdauer als auch was die Höhe des pauschalierten Entschädigungsanspruchs für immaterielle Schäden angeht, orientiert sich die Neuregelung eng an der Praxis des Gerichtshofs. Auch die Möglichkeit der „Wiedergutmachung auf andere Weise" durch Feststellung der Unangemessenheit der Verfahrensdauer stellt einen Ansatz dar, der sich in der Rspr. des Gerichtshofs wiederfindet (vgl. EGMR 1.4.2010 – 12852/08 Rn. 54 – Niedzwiecki (Nr. 2); EGMR 30.6.2011 – 11811/10 Rn. 36, BeckRS 2011, 142929 – Kempe; → Rn. 82). Insoweit ist davon auszugehen, dass Beschwerden über Verletzungen von Art. 6 Abs. 1 EMRK wegen der Länge zivilrechtlicher Verfahren, für die der Bf. bereits nach der gesetzlichen Neuregelung auf dem innerstaatlichen Rechtsweg entschädigt wurde, vom Gerichtshof in Zukunft idR wegen Wegfalls der Opfereigenschaft (→ Rn. 79ff.) oder offensichtlicher Unbegründetheit (→ Art. 35 Rn. 114ff.) als unzulässig abgewiesen werden. Die bloße Beschleunigung eines bereits überlangen Verfahrens stellt keine ausreichende Wiedergutmachung dar (EGMR 28.1.2014 – 15152/12 Rn. 63, BeckRS 2014, 126469 – Veiss; s. a. EGMR 29.3.2006 (GK) – 36813/97 Rn. 185, NJW 2007, 1259 – Scordino (Nr. 1)).

b) Strafrechtliche Verfahren. Bei Beschwerden über Verletzungen von Art. 6 **84a** Abs. 1 EMRK wegen der überlangen Dauer **strafrechtlicher Verfahren** geht der Gerichtshof von einem Wegfall der Opfereigenschaft aus, wenn die nationalen Behörden einen Verstoß gegen das Gebot der angemessenen Verfahrensdauer in hinreichendem Maße **anerkannt** sowie ausdrücklich und messbar das **Strafmaß verringert** haben (EGMR 26.6.2001 – 26390/95 Rn. 27 – Beck; EGMR 17.11.2005 – 72438/01, NJW 2006, 3549 – Sprotte; EGMR 19.1.2006 – 71741/01, EuGRZ 2006, 26 = BeckRS 2006, 16011 – Cordier; EGMR 23.6.2009 – 31890/06 – Kaletsch; EGMR 8.12.2009 – 25597/07 Rn. 29 – Taavitsainen; → Art. 35 Rn. 37f.; für eine Anerkennung „der Sache nach" s. EGMR 22.5.2012 – 17603/07, NJOZ 2013, 1558 – Batuzov). Dies gilt auch bei Milderung einer zur Bewährung ausgesetzten Freiheitsstrafe (EGMR 20.6.2019 – 497/17 Rn. 58f., NJW 2020, 1047 – Chiarello). Abhängig von dessen Länge kann auch die **Einstellung des strafrechtlichen Verfahrens** eine angemessene Wiedergutmachung darstellen (EGMR 15.7.1982 – 8130/78 Rn. 94, EuGRZ 1983,

EMRK Art. 34

371 = BeckRS 1982, 108315 – Eckle; EGMR 17.11.2005 – 72438/01, NJW 2006, 3549 – Sprotte; EGMR 13.11.2008 – 10597/03 Rn. 68, StV 2009, 519 = BeckRS 2009, 70929 – Ommer (Nr. 1)). In **Einzelfällen** hat der Gerichtshof selbst dann einen Wegfall der Opfereigenschaft angenommen, wenn die innerstaatlichen Behörden die Konventionsverletzung zwar ausdrücklich verneint hatten, sich eine Anerkennung und Wiedergutmachung der überlangen Verfahrensdauer aber in hinreichendem Maße aus den Gesamtumständen ergab (vgl. EGMR 6.9.2005 – 14132/02 – Savola; EGMR 17.6.2008 – 44298/02 Rn. 3 – Synnelius u. Edsbergs Taxi AB; EGMR 28.9.2010 – 45486/09 – Josten).

84b Gemäß § 199 GVG ist § 198 GVG nach Maßgabe des § 199 Abs. 2 und 3 GVG auch auf das Strafverfahren einschließlich des strafrechtlichen Ermittlungsverfahrens anzuwenden. Somit kann eine Wiedergutmachung nunmehr auch über eine **finanzielle Entschädigung** erfolgen und damit zum Wegfall der Opfereigenschaft führen soweit diese angemessen und ausreichend ist (→ Rn. 82). Die praktische Bedeutung der Regelung dürfte allerdings gering bleiben, da im Bereich immaterieller Schäden eine Berücksichtigung der unangemessenen Dauer des Strafverfahrens zugunsten des Beschuldigten seitens des Strafgerichts oder der Staatsanwaltschaft als ausreichende Wiedergutmachung auf andere Weise anzusehen ist (§ 199 Abs. 3 S. 1 GVG). Ein Entschädigungsanspruch nach der gesetzlichen Neuregelung kommt für immaterielle Schäden daher lediglich in jenen Konstellationen in Betracht, in denen die Verfahrensverzögerung im Strafverfahren nicht kompensiert werden kann (→ Art. 35 Rn. 37; *Stahnecker* Entschädigung Rn. 199).

85 3. **Schwerwiegende Menschenrechtsverletzungen.** Bei schwerwiegenden Menschenrechtsverletzungen, insbes. bei vorsätzlicher Misshandlung durch staatliche Organe unter Verstoß gegen Art. 2 oder Art. 3 EMRK, bedarf es zum einen einer **angemessenen Entschädigung** bzw. der Möglichkeit eine solche zu erlangen. Hierzu muss im innerstaatlichen Recht ein effektiver, geeigneter und zugänglicher Rechtsbehelf zur Verfügung stehen (EGMR 1.6.2010 (GK) – 22978/05 Rn. 127, EuGRZ 2010, 417 – Gäfgen). Zum anderen bedarf es zwingend sorgfältiger und **effektiver Ermittlungen** und Verfahren zur Identifizierung und Bestrafung der Verantwortlichen (insbes. EGMR 1.6.2010 (GK) – 22978/05 Rn. 116 ff. mwN, EuGRZ 2010, 417 – Gäfgen; s. a. EGMR 24.7.2008 – 41461/02 Rn. 78 ff. – Vladimir Romanov). Andernfalls blieben die Missachtung dieser Garantien potenziell straflos und die Rechte damit praktisch unwirksam (EGMR 20.12.2007 – 7888/03 Rn. 55 mwN, BeckRS 2014, 21152 – Nikolova u. Velichkova; EGMR 8.1.2009 – 43326/05 Rn. 46 – Leonidis). Auch in Fällen schwerwiegender Menschenrechtsverletzung kann die erforderliche Anerkennung der Konventionsverletzung in der Gewährung der Entschädigung selbst liegen (EGMR 17.12.2009 – 20075/03 Rn. 69 – Shilbergs).

86 4. **Aufenthaltsbeendende Maßnahmen.** Besonderheiten bestehen ebenfalls bei Beschwerden über die Abschiebung oder Ausweisung von Ausländern. Hier geht der Gerichtshof grds. dann von einem Wegfall der Opfereigenschaft aus,
– wenn die Abschiebungs- oder Ausweisungsentscheidung aufgehoben und dem Bf. ein **Aufenthaltstitel** ausgestellt wird (bspw. EGMR 12.9.2002 – 50029/99 Rn. 1 – Mikheyeva; EGMR 6.4.2006 – 69405/01 – Fjodorova ua: Art. 8 EMRK; EGMR 10.10.2006 – 25389/05 Rn. 36 – Gebremedhin: Art. 2 und 3 EMRK);
– wenn es an einer vollstreckbaren Abschiebungsverfügung fehlt und somit **kein unmittelbares Risiko** einer Abschiebung besteht (EGMR 27.8.1992 –

Individualbeschwerden Art. 34 EMRK

17550/90 ua Rn. 46 – Vijayanathan u. Pusparajah; EGMR 18.1.2005 – 65730/01 – Pellumbi);
– wenn die Vollstreckung der Abschiebungsverfügung unbefristet ausgesetzt oder auf sonstige Weise **außer Kraft gesetzt** wurde und gegen eine etwaige Entscheidung der innerstaatlichen Behörden, das Abschiebungsverfahren wieder aufzugreifen, ein **Rechtsbehelf** zur Verfügung stünde (EGMR 14.11.2000 – 42216/98 – Benamar ua; EGMR 18.1.2005 – 13531/03 – Djemailji; EGMR 1.3.2005 – 60411/00 – Etanji; EGMR 13.10.2005 – 40932/02, BeckRS 2008, 6774 – Yildiz; vgl. auch EGMR 10.4.2003 – 53470/99 Rn. 54 – Mehemi (Nr. 2), sowie die Darstellung in EGMR 15.1.2007 (GK) – 60654/00 Rn. 93, NVwZ 2008, 979 – Sisoyeva ua).

Teilweise lässt der Gerichtshof die Frage der Opfereigenschaft auch offen und streicht entsprechende Fälle gemäß Art. 37 Abs. 1 lit. b EMRK aus dem Register (EGMR 8.3.2001 – 58073/00 Rn. 22 – Yang Chun Jin alias Yang Xiaolin; EGMR 11.10.2001 – 51342/99 Rn. 56 – Kalantari; EGMR 15.1.2007 (GK) – 60654/00 Rn. 96 ff., NVwZ 2008, 979 – Sisojeva ua; EGMR 7.12.2007 (GK) – 59643/00 Rn. 47 ff., BeckRS 2014, 15439 – Kaftailova; EGMR 20.5.2008 – 8776/05 – Kordoghliazar – bzgl. Einreiseverbot; → Art. 37 Rn. 7). 87

Die **Aussetzung** einer Auslieferung oder Abschiebung aufgrund einer einstweiligen Anordnung des Gerichtshofs nach **Art. 39 EGMRVerfO** lässt die Opfereigenschaft freilich nicht entfallen (EGMR 8.7.2010 – 14049/08 Rn. 100 – Abdulazhon Isakov). 88

E. Individualbeschwerderecht als Verfahrensgarantie (Art. 34 S. 2)

Gemäß Art. 34 S. 2 EMRK sind die Konventionsstaaten dazu verpflichtet, die wirksame Ausübung des Individualbeschwerderechts nicht zu behindern. Die Verpflichtung ist **verfahrensrechtlicher Natur** und von den übrigen materiell-rechtlichen Garantien in Abschnitt I der Konvention zu unterscheiden; es folgt aus ihrem Wesensgehalt, dass sie im Verfahren vor dem Gerichtshof geltend gemacht werden kann (EGMR 9.7.2002 – 46468/99 – Manoussos; EGMR 7.10.2004 – 60776/00 Rn. 27 – Poleshchuk; EGMR 10.3.2009 (GK) – 39806/05 Rn. 85 – Paladi). 89

Wichtige Ausprägungen dieses Rechts enthält das **Europäische Übereinkommen** über die an Verfahren vor dem Europäischen Gerichtshof für Menschenrechte teilnehmenden Personen vom 5.3.1996 (BGBl. 2001 II 358 ff.). Dieses ist auch für die Auslegung von Art. 34 S. 2 EMRK durch den Gerichtshof von Belang (vgl. bspw. EGMR 15.10.2009 – 2295/06 Rn. 47 – Chaykovskiy; EGMR 19.11.2009 – 13693/05 Rn. 41 – Glinov). 90

Der Gerichtshof prüft die Verletzung dieses Rechts ggf. auch **von Amts wegen,** dh unabhängig vom Vorliegen einer diesbzgl. Rüge des Bf. (vgl. EGMR 12.4.2005 – 36378/02 Rn. 468 – Shamayev ua; EGMR 13.7.2010 – 33526/08 Rn. 61 – D.B.; → Rn. 18). 91

Mit Blick auf die verfahrensrechtliche Natur des Rechts finden die konventionsrechtlichen **Zulässigkeitsvoraussetzungen** nur eingeschränkt Anwendung; jedenfalls die Erschöpfung des innerstaatlichen Rechtswegs und der Zeitpunkt der Erhebung der Rüge sind nicht von Bedeutung (EGMR 28.7.1998 – 23818/94 Rn. 105 – Ergi; EGMR 8.2.2000 – 25878/94 Rn. 46 – Cooke; EGMR 13.4.2006 – 73225/01 Rn. 47 – Fedotova; EGMR 6.11.2008 – 30209/04 92

Rn. 78 – Ponushkov; EGMR 14.6.2011 – 71072/01 Rn. 80, BeckRS 2011, 144312 – Leja; s. aber zur Frage, wann eine Beschwerde mit Blick auf ein innerstaatlich noch anhängiges Verfahren als verfrüht anzusehen ist EGMR 29.1.2019 – 4133/16 Rn. 141–145 – Ahmet Tunç ua).

I. Behinderungsverbot

93 Die Verpflichtung aus Art. 34 S. 2 EMRK verbietet jeden Eingriff des Staates in das Recht des Einzelnen, beim Gerichtshof eine **Beschwerde einzulegen** und diese Beschwerde in effektiver Weise zu verfolgen (EGMR 4.2.2005 (GK) – 46827/99 ua Rn. 102, EuGRZ 2005, 357 – Mamatkulov u. Askarov). Sie beinhaltet insbes. das Recht der **ungehinderten Kommunikation** mit dem Gerichtshof, dh frei von jedweder Form staatlichen Drucks, die Beschwerde abzuändern oder zurückzunehmen. Hierunter fällt nicht nur jede Form des **direkten** Zwangs und der offenen Einschüchterung gegenüber gegenwärtigen oder zukünftigen Bf., deren Familienangehörigen oder Prozessvertretern, sondern darüber hinaus auch jede Form **indirekter** staatlicher Maßnahmen, die darauf gerichtet sind, den Bf. davon abzuhalten, seine Beschwerde einzulegen bzw. fortzuführen.

94 Für die Frage, ob eine staatliche Maßnahme nach Art. 34 S. 2 EMRK als unzulässig anzusehen ist, sind die **Umstände des Einzelfalls** maßgeblich. Hierbei kommt es ua auf die **Verletzlichkeit** der betroffenen Person und deren Anfälligkeit für derartige staatliche Einflussnahme an (EGMR 8.7.2004 (GK) – 48787/99 Rn. 480, NJW 2005, 1849 – Ilaşcu ua; EGMR 4.2.2005 (GK) – 46827/99 ua Rn. 102, EuGRZ 2005, 357 – Mamatkulov u. Askarov; EGMR 15.1.2007 (GK) – 60654/00 Rn. 115f., NVwZ 2008, 979 – Sisojeva ua).

95 In einer besonders verletzlichen Lage idS befinden sich etwa **Untersuchungshäftlinge** oder **Strafgefangene** (EGMR 3.6.2003 – 38565/97 Rn. 71 – Cotleţ; EGMR 24.6.2008 – 64536/01 Rn. 217 – Iambor (Nr. 1)). Bei in Haft befindlichen Personen kann eine Verletzung von Art. 34 S. 2 EMRK daher insbes. gegeben sein,
– bei jeglicher Art von **Bestrafung** für die Kommunikation mit dem Gerichtshof (EGMR 15.6.2006 – 61005/00 Rn. 168ff. – Kornakovs; s. a. EGMR 7.10.2004 – 60776/00 Rn. 31f. – Poleshchuk);
– bei **Einschüchterungsversuchen** im direkten oder indirekten Zusammenhang mit der Kommunikation des Bf. bzw. seiner Prozessvertreter mit dem Gerichtshof (EGMR 23.9.1998 – 27273/95 Rn. 43f. – Petra; EGMR 3.6.2003 – 38565/97 Rn. 70f. – Cotleţ; EGMR 24.6.2008 – 64536/01 Rn. 217 – Iambor (Nr. 1); EGMR 24.2.2009 – 63258/00 Rn. 97 – Gagiu; EGMR 25.7.2013 – 11082/06 ua Rn. 926–933, NLMR 2013, 282 = BeckRS 2013, 202699 – Khodorkovskiy);
– bei **Befragungen** durch Strafvollzugsbehörden im Hinblick auf eine beim Gerichtshof anhängige Beschwerde (EGMR 28.10.1998 – 24760/94 Rn. 170 – Assenov ua; EGMR 13.7.2006 – 26853/04 Rn. 249f. – Popov);
– wenn **Schreiben nicht** oder nur verspätet an den Gerichtshof **weitergeleitet** werden, insbes. wenn diese für die Einhaltung der Beschwerdefrist relevant sind (EGMR 7.10.2004 – 60776/00 Rn. 28 – Poleshchuk; EGMR 15.6.2006 – 61005/00 Rn. 166 – Kornakovs; EGMR 7.6.2007 – 30138/02 Rn. 52ff. – Nurmagomedov; EGMR 14.6.2011 – 71072/01 Rn. 85, BeckRS 2011, 144312 – Leja; → Rn. 6a);
– wenn es dem Bf. mangels ausreichender finanzieller Mittel unmöglich ist, **Kopien** der für die Einreichung der Beschwerde erforderlichen Unterlagen anzu-

Individualbeschwerden Art. 34 EMRK

fertigen oder überhaupt **Schreiben** an den Gerichtshof aufzusetzen und an diesen zu versenden (EGMR 3.6.2003 – 38565/97 Rn. 60ff., 71 – Cotleţ; EGMR 24.2.2009 – 63258/00 Rn. 96 – Gagiu; s. a. EGMR 15.6.2006 – 61005/00 Rn. 172 – Kornakovs; EGMR 15.9.2009 – 65014/01 Rn. 70 – Pacula; EGMR 15.10.2009 – 2295/06 Rn. 96 – Chaykovskiy);
- wenn dem Bf. für die Begründung seiner Beschwerde erforderliche **Dokumente** nicht ausgehändigt werden (EGMR 11.7.2006 – 41088/05 Rn. 158 – Boicenco; EGMR 24.6.2008 – 64536/01 Rn. 216 – Iambor (Nr. 1); EGMR 26.7.2012 – 760/03 Rn. 107ff. – Vasiliy Ivashchenko; → Rn. 6a);
- wenn **Schreiben des Gerichtshofs** an den Bf. geöffnet und Unterlagen entnommen werden (EGMR 3.6.2003 – 38565/97 Rn. 71 – Cotleţ; EGMR 6.11.2008 – 30209/04 Rn. 84 – Ponushkov; EGMR 15.10.2009 – 2295/06 Rn. 92 – Chaykovskiy);
- bei Verweigerung des Kontakts mit einem **Rechtsanwalt** oder einem unabhängigen **Arzt** zur Untersuchung und Feststellung des Zustands des Bf. (EGMR 11.7.2006 – 41088/05 Rn. 158f. – Boicenco; EGMR 27.3.2008 – 44009/05 Rn. 140, 149, FamRZ 2008, 1734 – Shtukaturov);
- wenn der begründete Verdacht besteht, dass **Verteidigergespräche** abgehört werden (EGMR 19.12.2006 – 14385/04 Rn. 145ff., NJW 2007, 3409 – Oferta Plus S.R.L.);
- bei **Behinderung der Korrespondenz** der Bf. **mit Anwälten** durch Abfangen von Briefen mit den erforderlichen Vollmachtsformularen (EGMR 4.6.2019 – 4536/06 ua Rn. 42–45, NJW 2020, 1575 – Mehmet Ali Ayhan ua).
Keinen Verstoß gegen das Behinderungsverbot gemäß Art. 34 S. 2 EMRK sah der Gerichtshof hingegen bspw. in der Weigerung der Gefängnisbehörden die Portokosten für den Briefverkehr des erwerbsfähigen Bf. mit dem Gerichtshof zu übernehmen (EGMR 27.6.2013 – 591/07 Rn. 76f., BeckRS 2013, 202913 – Yepishin).

In sonstigen Fällen kann eine unangemessene und gegen Art. 34 S. 2 EMRK 96
verstoßende Ausübung von Druck bspw. gegeben sein,
- wenn ein **Strafverfahren** gegen den Bf. betrieben wird, um diesen einzuschüchtern (EGMR 19.12.2006 – 14385/04 Rn. 143, NJW 2007, 3409 – Oferta Plus S.R.L.);
- bei **Straf- oder Disziplinarmaßnahmen** gegen einen Bf. wegen angeblicher Verletzungen seiner verfahrensrechtlichen Verpflichtungen vor dem Gerichtshof (EGMR 15.9.2009 – 798/05 Rn. 70, NVwZ 2010, 1541 – Miroļubovs; s. a. EGMR 18.1.2005 – 74153/01 Rn. 48 – Popov; → Rn. 97);
- bei **Befragungen durch staatliche Behörden** zur Beschwerde beim Gerichtshof, insbes. wenn im Einzelfall Anlass zur Befürchtung von Repressalien besteht (EGMR 16.9.1996 (GK) – 21893/93 Rn. 105 – Akdivar ua; EGMR 8.7.1999 (GK) – 23763/94 Rn. 131 – Tanrıkulu); allerdings stellt nicht jede **Befragung** idS automatisch eine Ausübung von Druck, eine Einschüchterung oder eine Bedrohung dar (vgl. EGMR 15.1.2007 (GK) – 60654/00 Rn. 124, NVwZ 2008, 979 – Sisojeva ua; EGMR 31.5.2005 – 27601/95 Rn. 148 – Toğcu).

Der Staat hat Maßnahmen zu unterlassen, die geeignet sind, den **Rechtsanwalt** 97
bzw. **Prozessvertreter** von der Einlegung oder Fortsetzung einer Beschwerde beim Gerichtshof abzuschrecken. Dies gilt für **konkret** gegen Prozessvertreter gerichtete Maßnahmen, wie die Befragung zu einer Beschwerde (EGMR 13.4.2006 – 73225/01 Rn. 50f. – Fedotova), die Einleitung polizeilicher Ermittlungen (EGMR 31.1.2008 – 3896/04 Rn. 61ff. – Ryabov) oder die Andro-

EMRK Art. 34 Verfahrensrecht

hung von Strafverfolgungs- oder Disziplinarmaßnahmen (EGMR 25.5.1998 – 24276/94 Rn. 164f. – Kurt; EGMR 22.5.2001 – 24490/94 Rn. 85f. – Şarli; EGMR 28.5.2002 – 43290/98 Rn. 151 – McShane; s. a. EGMR 15.9.2009 – 798/05 Rn. 70, NVwZ 2010, 1541 – Miroļubovs), ebenso wie für **generelle** Maßnahmen mit einer abschreckenden Wirkung (EGMR 23.10.2007 – 29089/06 Rn. 67f. – Colibaba – Schreiben einer Generalstaatsanwaltschaft an die Rechtsanwaltskammer, in dem die Anrufung internationaler Organisationen durch bestimmte Verteidiger angeprangert wurde).

98 Eine Einflussnahme von staatlicher Seite auf für das Beschwerdeverfahren relevante **Zeugen,** kann ebenfalls eine Verletzung von Art. 34 S. 2 EMRK darstellen (vgl. EGMR 10.2.2009 – 11982/02 Rn. 121f. – Novinskiy).

II. Vorläufiger Rechtsschutz (Art. 39 EGMRVerfO)

99 Die Einlegung einer Individualbeschwerde gemäß Art. 34 EMRK hat keine aufschiebende Wirkung im innerstaatlichen Bereich (vgl. EGMR 12.4.2005 – 36378/02 Rn. 472 – Shamayev ua). Allerdings kann der Gerichtshof gemäß Art. 39 EGMRVerfO **einstweilige Maßnahmen** („interim measures"/„mesures provisoires") erlassen. Dies kann gemäß Art. 39 Abs. 1 EGMRVerfO **auf Antrag** einer der Parteien sowie jeder anderen betroffenen Person oder **von Amts wegen** geschehen (bspw. in EGMR 17.7.2008 – 11223/04 Rn. 2, 61 – X.; EGMR 12.5.2005 (GK) – 46221/99 Rn. 5, NVwZ 2006, 1267 – Öcalan); angeordnet wird die Maßnahme von der zuständigen Kammer oder dem Sektionspräsidenten. In aller Regel richtet sich die Anordnung gegen den beklagten Staat, in Ausnahmefällen kann sie aber auch gegen den Bf. gerichtet sein (bspw. EGMR 8.7.2004 (GK) – 48787/99 Rn. 11, NJW 2005, 1849 – Ilaşcu ua; EGMR 27.5.2008 – 22893/05 Rn. 4 – Rodić ua – jeweils mit der Anordnung, einen Hungerstreik abzubrechen). Ausführliche Informationen über das formlose **Antragsverfahren** finden sich in der „Practice Direction – Requests for interim measures" im Anhang der EGMRVerfO sowie auf der Internetseite des Gerichtshofs.

100 In Verfahren gegen Deutschland spielt Art. 39 EGMRVerfO **in der Praxis** kaum eine Rolle, da problematische Fälle idR bereits durch die innerstaatlichen Gerichte, insbes. das BVerfG, herausgefiltert werden. In den letzten Jahren wurden lediglich vereinzelt einstweilige Maßnahmen gegen Deutschland verhängt (s. EGMR 11.10.2001 – 51342/99, EuGRZ 2001, 576 – Kalantari; EGMR 6.3.2012 – 45293/06, NJOZ 2013, 918 – Atmaca; EGMR 10.7.2012 – 64208/11 – E.A.; EGMR 7.11.2017 – 54646/17 Rn. 2–5, NVwZ 2018, 715 – X). Bzgl. anderer Staaten sah sich der Gerichtshof teilweise einer wahren Flut von (auch begründeten) Anträgen ausgesetzt (vgl. hierzu EGMR, Pressemitteilung Nr. 127 v. 11.2.2011 sowie die Statistiken auf der Internetseite des Gerichtshofs; sa *Hähnel* in Barwig/Beichel-Benedetti/Brinkmann S. 105).

101 Einstweilige Maßnahmen nach Art. 39 EGMRVerfO sind auf **dringende Ausnahmefälle** beschränkt. Obwohl der Gerichtshof zahlreiche Anträge erhält, findet in der Praxis Art. 39 EGMRVerfO nur dann Anwendung, wenn die **unmittelbare Gefahr eines irreparablen Schadens** besteht. Die Konvention bestimmt nicht, auf welche Fälle Art. 39 EGMRVerfO anwendbar ist. Anträge auf Erlass einer einstweiligen Maßnahme betreffen idR das Recht auf Leben **(Art. 2 EMRK),** das Verbot der Folter **(Art. 3 EMRK)** sowie, in Ausnahmefällen, das Recht auf Achtung des Privat- und Familienlebens **(Art. 8 EMRK)** oder andere in der Konvention garantierte Rechte. Die überwiegende Mehrheit der Fälle, in denen Art. 39 EGMR-

Individualbeschwerden   **Art. 34 EMRK**

VerfO angewendet wird, betreffen Abschiebungs- und Auslieferungsverfahren (EGMR 4.2.2005 (GK) – 46827/99 ua Rn. 104, EuGRZ 2005, 357 – Mamatkulov u. Askarov; EGMR 10.3.2009 (GK) – 39806/05 Rn. 86 – Paladi).

Mit Blick auf **Art. 2 und 3 EMRK** hat der Gerichtshof Art. 39 EGMRVerfO in 102 Abschiebungs- oder Auslieferungsfällen bspw. bei folgenden im Zielstaat drohenden Risiken angewandt:
- unmenschliche Haftbedingungen und sog. „Todeszellensyndrom" (EGMR 7.7.1989 – 14038/88 Rn. 4, EuGRZ 1989, 314 – Soering; EGMR 16.10.2001 – 71555/01, ÖJZ 2003, 34 – Einhorn; EGMR 10.4.2012 – 24027/07 ua, NVwZ 2013, 925 – Babar Ahmad ua);
- Verfolgung durch nichtstaatliche Gruppierungen (EGMR 17.12.1996 – 25964/94 Rn. 5, NVwZ 1997, 1100 – Ahmed);
- drohende Genitalverstümmelung (EGMR 1.7.2003 – 33692/02 – Abraham Lunguli);
- Abschiebung eines Aidskranken im Endstadium (EGMR 2.5.1997 – 30240/96 Rn. 3, NVwZ 1998, 161 = BeckRS 1997, 127542 – D.; s. a. EGMR 27.5.2008 (GK) – 26565/05, NVwZ 2008, 1334 – N., insbes. das Sondervotum der Richter *Tulkens, Bonello* und *Spielmann*);
- unmenschliche Bestrafung (EGMR 11.7.2000 – 40035/98 Rn. 6, InfAuslR 2001, 57 – Jabari);
- Folter eines Terrorverdächtigen (EGMR 28.2.2008 (GK) – 37201/06 Rn. 41, NVwZ 2008, 1330 – Saadi);
- unmenschliche Behandlung, Misshandlung und politische Verfolgung (EGMR 24.4.2008 – 2947/06 Rn. 3, 118 – Ismoilov ua; EGMR 20.1.2009 – 32621/06 Rn. 3 f., 106 f. – F.H.; EGMR 19.11.2009 – 41015/04 Rn. 3 ff. – Kaboulov; EGMR 21.1.2011 (GK) – 30696/09 Rn. 31 ff., 33 ff., NVwZ 2011, 413 – M.S.S.; EGMR 17.5.2011 – 43408/08, NVwZ 2012, 686 – Izevbekhai).

Ebenso hat der Gerichtshof Art. 39 EGMRVerfO in einem Beschwerdeverfahren angewandt (und die Anordnung bis zur Rechtskraft des Urteils aufrechterhalten), in dem er letztlich feststellte, dass im Falle einer Abschiebung des Bf. **Art. 6 EMRK** verletzt würde, da diesem im Zielstaat Jordanien eine eklatante Verweigerung eines fairen Verfahrens („flagrant denial of justice") drohe; neben Art. 6 EMRK hatte der Bf. allerdings auch Art. 3 EMRK gerügt (EGMR 17.1.2012 – 8139/09 Rn. 3 f., 285 u. insbes. 291, NVwZ 2013, 487 – Othman (Abu Qatada)). 102a

In Bezug auf **Art. 8 EMRK** wendet der Gerichtshof Art. 39 EGMRVerfO nur 103 in absoluten **Ausnahmefällen** an, so bspw. bei
- drohender Zerstörung in-vitro erzeugter Embryonen (EGMR 10.4.2007 (GK) – 6339/05, NJW 2008, 2013 – Evans);
- Freigabe der Kinder der Bf. zur Adoption ohne deren Wissen, Zustimmung oder Beteiligung (EGMR 17.7.2008 – 11223/04 – X.).

Bei mglw. gegen **Art. 8 EMRK** verstoßender **Auslieferung oder Abschiebung** findet Art. 39 EGMRVerfO grds. keine Anwendung, da mit dem Vollzug idR keine vollendeten Tatsachen geschaffen werden (*Rogge* in IntKommEMRK Art. 34 Rn. 337). In Ausnahmefällen hat der Gerichtshof allerdings auch in das Privat- und Familienleben betreffenden Fällen die Gefahr irreparabler Schäden anerkannt (EGMR 11.7.2002 – 56811/00, InfAuslR 2004, 180 – Amrollahi – Abschiebung in den Iran des Ehemannes einer dänischen Staatsangehörigen und Vaters deren gemeinsamer Kinder; EGMR 11.4.2006 – 61292/00 – Useinov – Abschiebung eines Vaters zweier minderjähriger Kinder; EGMR 16.12.2008 – 34583/08 – Hossein Kheel – Abschiebung nach Afghanistan der Ehefrau eines niederländischen 104

Schäfer

Staatsangehörigen und Mutter deren gemeinsamer Kinder; EGMR 19.1.2010 – 20283/09 – Halilova ua – Abschiebung allein der Mutter und eines der Kinder einer fünfköpfigen Familie; EGMR 6.7.2010 – 41615/07, NLMR 2010, 211 = BeckRS 2013, 3966 – Neulinger und Shuruk – Rückverbringung eines rechtswidrig entführten Kindes; EGMR 15.3.2011 – 8655/10, BeckRS 2011, 145096 – F. I. ua; EGMR 4.6.2013 – 38844/12 Rn. 37–42, BeckRS 2013, 203176 – K. A. S.).

105 **Sinn und Zweck** einstweiliger Maßnahmen nach Art. 39 EGMRVerfO ist es, den Eintritt eines irreversiblen Schadens bzw. die Schaffung vollendeter Tatsachen zu verhindern, um so die ordnungsgemäße Prüfung der Beschwerde durch den Gerichtshof zu sichern und dem Bf. eine praktisch wirksame Wahrnehmung seiner Rechte zu ermöglichen (EGMR 4.2.2005 (GK) – 46827/99 ua Rn. 125, EuGRZ 2005, 357 – Mamatkulov u. Askarov). Aus Art. 34 S. 2 EMRK folgt auch eine Verpflichtung der Staaten zur **Sicherung des Beschwerdegegenstandes:** Der Staat muss sich jedweder Handlung oder Unterlassung enthalten, die das Beschwerdeverfahren seines Gegenstandes berauben und so die Prüfung der Beschwerde durch den Gerichtshof sinnlos oder unmöglich machen würden (EGMR 4.2.2005 (GK) – 46827/99 ua Rn. 102, EuGRZ 2005, 357 – Mamatkulov u. Askarov; EGMR 12.4.2005 – 36378/02 Rn. 473 – Shamayev ua; EGMR 10.3.2009 (GK) – 39806/05 Rn. 87 – Paladi).

106 Daher stellt die **Missachtung** einer angeordneten einstweiligen Maßnahme seitens des Staates eine **Verletzung von Art. 34 S. 2 EMRK** dar (EGMR 4.2.2005 (GK) – 46827/99 ua Rn. 128, EuGRZ 2005, 357 – Mamatkulov u. Askarov; EGMR 12.4.2005 – 36378/02 Rn. 473 – Shamayev ua; EGMR 10.3.2009 (GK) – 39806/05 Rn. 86 – Paladi; EGMR 2.10.2012 – 14743/11 Rn. 239 – Abdulkhakov; näher *Oellers-Frahm* EuGRZ 2005, 348 f.). Eine Verletzung ist ebenfalls gegeben, wenn der Staat die Umstände der Abschiebung oder Auslieferung so gestaltet, dass es dem Bf. praktisch unmöglich ist, den Gerichtshof noch sinnvoll um die Anordnung einer einstweiligen Maßnahme zu ersuchen (EGMR 1.2.2018 – 9373/15 Rn. 70, BeckRS 2018, 53130 – M.A.). Es ist weder von Bedeutung, ob der Schaden, der mit der einstweiligen Anordnung verhindert werden sollte, trotz Missachtung letztlich nicht eingetreten ist, noch aus welchen Gründen und mit welcher Absicht der Staat entgegen der einstweiligen Anordnung gehandelt bzw. nicht gehandelt hat (im Einzelnen EGMR 10.3.2009 (GK) – 39806/05 Rn. 87–92 – Paladi). Allein die **Stellung des Antrags** gemäß Art. 39 EGMRVerfO begründet grds. noch keine Verpflichtung des Staates sich der angefochtenen Maßnahme zu enthalten (vgl. EGMR 20.2.2007 – 35865/03 Rn. 122 ff., NVwZ 2008, 761 – Al-Moayad).

Art. 35 Zulässigkeitsvoraussetzungen

(1) **Der Gerichtshof kann sich mit einer Angelegenheit erst nach Erschöpfung aller innerstaatlichen Rechtsbehelfe in Übereinstimmung mit den allgemein anerkannten Grundsätzen des Völkerrechts und nur innerhalb einer Frist von sechs *[ab dem 1.2.2022: vier]* Monaten nach der endgültigen innerstaatlichen Entscheidung befassen.**

(2) **Der Gerichtshof befasst sich nicht mit einer nach Artikel 34 erhobenen Individualbeschwerde, die**
a) **anonym ist oder**

Zulässigkeitsvoraussetzungen **Art. 35 EMRK**

b) im Wesentlichen mit einer schon vorher vom Gerichtshof geprüften Beschwerde übereinstimmt oder schon einer anderen internationalen Untersuchungs- oder Vergleichsinstanz unterbreitet worden ist und keine neuen Tatsachen enthält.

(3) Der Gerichtshof erklärt eine nach Artikel 34 erhobene Individualbeschwerde für unzulässig,
a) wenn er sie für unvereinbar mit dieser Konvention oder den Protokollen dazu, für offensichtlich unbegründet oder für missbräuchlich hält oder
b) wenn er der Ansicht ist, dass dem Beschwerdeführer kein erheblicher Nachteil entstanden ist, es sei denn, die Achtung der Menschenrechte, wie sie in dieser Konvention und den Protokollen dazu anerkannt sind, erfordert eine Prüfung der Begründetheit der Beschwerde.

(4) Der Gerichtshof weist eine Beschwerde zurück, die er nach diesem Artikel für unzulässig hält. Er kann dies in jedem Stadium des Verfahrens tun.

(1) The Court may only deal with the matter after all domestic remedies have been exhausted, according to the generally recognised rules of international law, and within a period of six *[ab dem 1.2.2022: four]* months from the date on which the final decision was taken.

(2) The Court shall not deal with any application submitted under Article 34 that
a) is anonymous; or
b) is substantially the same as a matter that has already been examined by the Court or has already been submitted to another procedure of international investigation or settlement and contains no relevant new information.

(3) The Court shall declare inadmissible any individual application submitted under Article 34 i f it considers that:
a) the application is incompatible with the provisions of the Convention or the Protocols thereto, manifestly ill-founded, or an abuse of the right of individual application; or
b) the applicant has not suffered a significant disadvantage, unless respect for human rights as defined in the Convention and the Protocols thereto requires an examination of the application on the merits.

(4) The Court shall reject any application which it considers inadmissible under this Article. It may do so at any stage of the proceedings.

(1) La Cour ne peut être saisie qu'après l'épuisement des voies de recours internes, tel qu'il est entendu selon les principes de droit international généralement reconnus, et dans un délai de six *[ab dem 1.2.2022: quatre]* mois à partir de la date de la décision interne définitive.

(2) La Cour ne retient aucune requête individuelle introduite en application de l'article 34, lorsque
a) elle est anonyme; ou
b) elle est essentiellement la même qu'une requête précédemment examinée par la Cour ou déjà soumise à une autre instance internationale d'enquête ou de règlement, et si elle ne contient pas de faits nouveaux.

(3) La Cour déclare irrecevable toute requête individuelle introduite en application de l'article 34 lorsqu'elle estime:
a) que la requête est incompatible avec les dispositions de la Convention ou de ses Protocoles, manifestement mal fondée ou abusive; ou
b) que le requérant n'a subi aucun préjudice important, sauf si le respect des droits de l'homme garantis par la Convention et ses Protocoles exige un examen de la requête au fond.

(4) La Cour rejette toute requête qu'elle considère comme irrecevable par application du présent article. Elle peut procéder ainsi à tout stade de la procédure.

Literatur: *Chrysostomides,* "Competence" and "Incompatibility" in the Jurisprudence of the European Commission of Human Rights, ZaöRV 33 (1973), 449ff.; *Council of Europe,* Bringing a case to the European Court of Human Rights. A practical guide on admissibility criteria, 2014; *Hoffmann,* Der Grundsatz der Subsidiarität im Rechtsschutzsystem der Europäischen Menschenrechtskonvention, 2007; *Loucaides,* The concept of "continuing" violations of human rights, GS Ryssdal, 2000, 803; *Matscher,* Das Verfahren vor den Organen der EMRK, EuGRZ 1982, 489; *Meyer-Ladewig,* Unklarheiten bei der Berechnung der Beschwerdefrist in Straßburg?, NJW 2011, 1559; *ders./Petzold,* Trivialbeschwerden in der Rechtsprechung des EGMR: de minimis non curat praetor, NJW 2011, 3126; *Müller-Elschner,* L'irrecevabilité devant la Cour, La situation pour les requêtes dirigées contre l'Allemagne, in Dourneau-Josette/Lambert Abdelgawad (Hrsg.), Quel filtrage des requêtes par la Cour européenne des droits de l'homme?, 2011, 295; *Myjer/Mol/Kempees/van Steijn/Bockwinkel/Uerpmann,* EGMR-Verfahren – Die häufigsten Irrtümer bei Einreichen einer Beschwerde, MDR 2007, 505; *Rogge,* Die Einlegung einer Menschenrechtsbeschwerde, EuGRZ 1996, 341; *Rudolf/von Raumer,* Die Beschwerde vor dem Europäischen Gerichtshof für Menschenrechte, AnwBl 2009, 313; *Ruedin,* De minimis non curat the European Court of Human Rights: The Introduction of a New Admissibility Criterion (Article 12 of Protocol No. 14), EHRLR 2008, 84; *Schäfer,* Verletzungen der Europäischen Menschenrechtskonvention durch Europäisches Gemeinschaftsrecht und dessen Vollzug, 2006; *Schmaltz,* Die überlange Dauer von Gerichtsverfahren im Spiegel der Rechtsprechung des BVerfG und des EGMR, in Becker/Lange (Hrsg.), Linien der Rechtsprechung des Bundesverfassungsgerichts, Bd. 3, 2014, S. 583; *Siess-Scherz,* Die Bedeutung des Subsidiaritätsprinzips für den Reformprozess des EGMR, in Karl (Hrsg.), Internationale Gerichtshöfe und nationale Rechtsordnung, 2005, S. 83; *Stahnecker,* Entschädigung bei überlangen Gerichtsverfahren, 2013; *Vajić,* Before ... and after: Ratione Temporis Jurisdiction of the (New) ECHR and the Blečić Case, Liber Amicorum Wildhaber, 2007, 483; *Villiger,* The principle of Subsidiarity in the European Convention on Human Rights, in Kohen (Hrsg.), Liber Amicorum Lucius Caflisch, 2007, 623; *Wittinger,* Die Einlegung einer Individualbeschwerde vor dem EGMR, NJW 2001, 1238.

Übersicht

	Rn.
A. Allgemeines	1
B. Zulässigkeitsvoraussetzungen	7
I. Erschöpfung des innerstaatlichen Rechtswegs (Abs. 1)	7
1. Allgemeines	8
2. Verfahren und Beweislast	12
3. Vertikale Rechtswegerschöpfung	21
4. Horizontale Rechtswegerschöpfung	39
II. Beschwerdefrist (Abs. 1)	51
1. Allgemeines	51
2. Fristbeginn	52
3. Fristberechnung und -dauer	58

Zulässigkeitsvoraussetzungen **Art. 35 EMRK**

	Rn.
4. Unterbrechung	61
5. Versäumung	66
III. Anonymität (Abs. 2 lit. a)	67
IV. Res iudicata und Litis pendens (Abs. 2 lit. b)	70
1. Übereinstimmung der Beschwerden	71
2. Res iudicata (vom Gerichtshof bereits geprüfte Beschwerden)	79
3. Litis pendens (anderweitige Rechtshängigkeit)	81
V. Unvereinbarkeit (Abs. 3 lit. a)	89
1. Allgemeines	89
2. Persönliche Unvereinbarkeit *(ratione personae)*	92
3. Örtliche Unvereinbarkeit *(ratione loci)*	99
4. Zeitliche Unvereinbarkeit *(ratione temporis)*	101
5. Sachliche Unvereinbarkeit *(ratione materiae)*	104
VI. Offensichtliche Unbegründetheit (Abs. 3 lit. a)	114
1. Allgemeines	114
2. Offensichtlich keine Verletzung der gerügten Garantien	120
3. Unsubstantiierte Beschwerden	123
4. Sachverhalt unzutreffend oder nicht beweisbar	126
5. „Vierte Instanz"-Beschwerden	127
6. Konfuse Beschwerden	131
VII. Missbrauch des Beschwerderechts (Abs. 3 lit. a)	132
1. Allgemeines	132
2. Unwahre, gefälschte, irreführende oder unvollständige Eingaben	134
3. Anstößige und beleidigende Eingaben	136
4. Verletzung der Vertraulichkeit von Vergleichsverhandlungen	138
5. Bagatellverfahren	141
6. Sonstige Fälle	143
VIII. Kein erheblicher Nachteil (Abs. 3 lit. b)	145
1. Allgemeines	145
2. Fehlen eines erheblichen Nachteils	149
3. Achtung der Menschenrechte erfordert Prüfung der Begründetheit	152
C. Unzulässigkeitsentscheidung (Abs. 4)	153
I. Verfahren und Form	153
II. Zeitpunkt	158

A. Allgemeines

Voraussetzung für die Sachentscheidung über eine Individualbeschwerde nach Art. 34 EMRK ist, dass **sämtliche Zulässigkeitsvoraussetzungen** erfüllt sind. Die Zulässigkeitsvoraussetzungen der Individualbeschwerde sind vollständig in Art. 35 Abs. 1–3 EMRK geregelt. Art. 34 S. 1 EMRK konkretisiert bestimmte Aspekte der konventionsrechtlichen Aktiv- und Passivlegitimation, namentlich die Partei- und Prozessfähigkeit sowie die Opfereigenschaft; gleichwohl handelt es sich hierbei lediglich um Aspekte der in Art. 35 Abs. 3 lit. a EMRK geregelten Vereinbarkeit einer Beschwerde mit der Konvention und ihren Zusatzprotokollen (→ Rn. 93). 1

Die Zulässigkeitsvoraussetzungen sind nach der ständigen Rspr. des Gerichtshofs mit einem gewissen Maß an **Flexibilität** sowie **ohne übertriebenen Formalis-** 2

mus anzuwenden (EGMR 27.6.2000 (GK) – 22277/93 Rn. 51 – İlhan; EGMR 16.9.2003 – 36378/02 Rn. 302 – Shamayev ua). Mit Blick auf die weiterhin hohe Zahl der beim Gerichtshof anhängigen Beschwerden (61.500 am 30.11.2020) ist gleichwohl von einer **strikten Anwendung der Zulässigkeitsvoraussetzungen** auszugehen (s. a. EGMR-Präsident Dean Spielmann, Jahrespressekonferenz, 30.1.2014, EuGRZ 2014, 121). Dies gilt umso mehr, als über 90% der beim Gerichtshof eingereichten Beschwerden für unzulässig erklärt werden (vgl. *Keller/ Schmidtmadel* in IntKommEMRK Art. 24 Rn. 12). Darüber hinaus wurde der Gerichtshof auch von den Mitgliedstaaten der Konvention in der Grundsatzerklärung der **Interlaken Konferenz** ausdrücklich dazu aufgefordert, die Zulässigkeitsvoraussetzungen „einheitlich und streng" anzuwenden sowie dem durch das 14. EMRKProt neu eingeführten Zulässigkeitskriterium des Art. 35 Abs. 3 lit. b EMRK zu voller Wirksamkeit zu verhelfen und weitere Möglichkeiten einer Anwendung des Grundsatzes *„de minimis non curat praetor"* in Betracht zu ziehen (High Level Conference on the Future of the European Court of Human Rights, Interlaken Declaration, 19.2.2010, Rn. 9, EuGRZ 2010, 148f.; jüngst bekräftigt in der Grundsatzerklärung von Kopenhagen, High Level Conference on the reform of the European Convention on Human Rights system, Copenhagen Declaration 13.4.2018, § 32; → Rn. 142, → Art. 34 Rn. 2).

2a   Wenngleich der Gerichtshof nicht formal an seine eigene Rspr. gebunden ist, kommen **Rechtsprechungsänderungen** bzw. Abweichungen von einer etablierten Spruchpraxis mit Blick auf die Interessen der Rechtssicherheit, Vorsehbarkeit und Gleichbehandlung lediglich bei Vorliegen zwingender Gründe in Betracht (EGMR 18.1.2001 (GK) – 27238/95 Rn. 70 – Chapman). Dies gilt in besonderem Maße für den Bereich der **Verfahrensregeln** (EGMR 29.6.2012 (GK) – 27396/06 Rn. 50, NJW 2012, 2943 – Sabri Güneş).

3   Eine bestimmte, streng einzuhaltende **Prüfungsreihenfolge** der verschiedenen Zulässigkeitskriterien oder eine strikte „Hierarchie der Unzulässigkeitsgründe" besteht in der Praxis nicht (s. a. *Harris/O'Boyle/Warbrick* European Convention on Human Rights S. 47). Aus prozessökonomischen Gründen greift der Gerichtshof häufig auf den offensichtlichsten bzw. am einfachsten zu begründenden Unzulässigkeitsgrund zurück (→ Rn. 115). Es ist bspw. nicht sinnvoll, die unter Umständen komplizierte Frage der konventionsrechtlichen Verantwortlichkeit des beklagten Staates zu klären, wenn der Bf. offensichtlich den innerstaatlichen Rechtsweg nicht erschöpft hat. Gleichwohl ergibt sich teilweise eine logische Prüfungsreihenfolge aus den jeweiligen Unzulässigkeitsgründen selbst. So wird eine Beschwerde nicht wegen Nichteinhaltung der Beschwerdefrist zurückgewiesen, solange der innerstaatliche Rechtsweg nicht erschöpft ist, da die Beschwerdefrist erst mit der letzten im Rahmen des zu erschöpfenden Rechtswegs getroffenen Entscheidung zu laufen beginnt (→ Rn. 52 ff.).

4   **Vor der Entscheidung über die Zustellung** einer Beschwerde an die Regierung gemäß Art. 54 Abs. 2 lit. b EGMRVerfO (zum Verfahren im Einzelnen → Art. 34 Rn. 21 ff.) prüft der Gerichtshof zunächst **von Amts wegen** das Vorliegen sämtlicher Zulässigkeitsvoraussetzungen. Die **Darlegungs- und Beweislast** liegt in diesem Stadium des Verfahrens beim Bf., der sämtliche Informationen und Unterlagen beizubringen hat, die wenigstens die Feststellung erlauben, dass die in Art. 35 Abs. 1 EMRK geregelten Zulässigkeitskriterien (Rechtswegerschöpfung und Beschwerdefrist) erfüllt sind (Art. 47 Abs. 1 lit. g, Abs. 2 lit. a und Abs. 3 Nr. 1 lit. b EGMRVerfO). Kommt der Gerichtshof zu dem Ergebnis, dass eine der Zulässigkeitsvoraussetzungen nicht erfüllt ist, erklärt er die Beschwerde direkt, dh ohne

vorherige Zustellung *("de plano")*, für unzulässig (zu den jeweils zuständigen Spruchkörpern → Rn. 153 ff.).

Nach Zustellung einer Beschwerde prüft der Gerichtshof von Amts wegen nur 5 noch das Vorliegen bestimmter Zulässigkeitskriterien (→ Rn. 6). Hierüber hinaus prüft der Gerichtshof das Vorliegen der Zulässigkeitsvoraussetzungen lediglich, soweit eine entsprechende **Einrede der Regierung** in der **Stellungnahme zur Zulässigkeit** der Beschwerde substantiiert erhoben wurde (Art. 55 EGMRVerfO). Etwas anderes ergibt sich auch nicht aus Art. 35 Abs. 4 EMRK, der bestimmt, dass der Gerichtshof eine Beschwerde in jedem Stadium des Verfahrens für unzulässig erklären kann. Aus dieser Vorschrift folgt nicht, dass die Regierung zu jedem Zeitpunkt des Verfahrens Zulässigkeitsfragen aufwerfen kann, wenn diese bereits zu einem früheren Zeitpunkt hätten geltend gemacht werden können (EGMR 18.5.2000 – 41488/98 Rn. 57 – Velikova). Lediglich in Ausnahmefällen kann die Regierung die Einrede der Unzulässigkeit noch zu einem späteren Zeitpunkt geltend machen (→ Rn. 17, 159 f.). Die Erhebung der Einrede führt zu einer **Umkehr der Beweislast**.

Unabhängig vom Vorliegen einer Einrede der Regierung prüft der Gerichtshof 6 **von Amts wegen** in jedem Stadium des Verfahrens seine Zuständigkeit und damit die **Unvereinbarkeit** einer Beschwerde iSv Art. 35 Abs. 3 lit. a EMRK (EGMR 27.4.2010 (GK) – 7/08 Rn. 131, NLMR 2010, 123 – Tănase; EGMR 22.12.2009 (GK) – 27996/06 ua Rn. 27, NJOZ 2011, 428 – Sejdić und Finci; EGMR 8.3.2006 (GK) – 59532/00 Rn. 67, NJW 2007, 347 – Blečić; → Rn. 91), einschließlich der **Opfereigenschaft** des Bf. (EGMR 8.12.2009 – 22465/03 Rn. 50 – Şandru ua; s. aber EGMR 13.10.2005 – 36822/02 Rn. 37 – Bracci), sowie die Einhaltung der **Beschwerdefrist** (EGMR 20.5.2003 – 66990/01 – Soto Sanchez; EGMR 25.1.2000 – 34979/97 – Walker; → Rn. 66), die Übereinstimmung mit einer vom Gerichtshof **bereits geprüften Beschwerde** oder das Bestehen **anderweitiger Rechtshängigkeit** gemäß Art. 35 Abs. 2 lit. b EMRK (EGMR 21.5.2013 – 59253/11 Rn. 27, BeckRS 2013, 203267 – POA ua; EGMR 15.6.2017 (GK) – 71537/14 Rn. 52, NLMR 2017, 358 = BeckRS 2017, 161802 – Harkins), das Vorliegen eines **Missbrauchs des Beschwerderechts** iSv Art. 35 Abs. 3 lit. a EMRK (EGMR 14.1.2020 – 66535/10 Rn. 32 mwN, BeckRS 2020, 1010 – Gevorgyan ua) und das Bestehen eines **erheblichen Nachteils** iSv Art. 35 Abs. 3 lit. b EMRK (EGMR 1.6.2010 – 36659/04 Rn. 30, EuGRZ 2010, 281 – Ionescu). Im Hinblick auf die übrigen Zulässigkeitskriterien wirkt die Nichterhebung einer rechtzeitigen Einrede wie ein **Verzicht ("estoppel"/"forclusion")** der Regierung auf die Geltendmachung dieser Zulässigkeitsvoraussetzung (bspw. EGMR 18.6.1971 – 2832/66 ua Rn. 55, EGMR-E 1, 110 – de Wilde, Ooms u. Versyp: Nichterschöpfung; EGMR 1.3.2001 – 43622/98 Rn. 40 – Malama: Nichterschöpfung; EGMR 10.12.1982 – 8304/78 Rn. 27, EuGRZ 1985, 585 – Corigliano: *res iudicata*).

B. Zulässigkeitsvoraussetzungen

I. Erschöpfung des innerstaatlichen Rechtswegs (Abs. 1)

Voraussetzung für die Zulässigkeit einer Individualbeschwerde ist gemäß Art. 35 7 Abs. 1 EMRK die vorhergehende Erschöpfung des innerstaatlichen Rechtswegs. Im Hinblick auf Beschwerdeverfahren gegen Deutschland dürfte die Nichterschöpfung des innerstaatlichen Rechtswegs den in der Praxis **häufigsten** Unzulässigkeitsgrund darstellen (ca. 40% der Einzelrichter- und Ausschussentscheidungen, *Müller-Elschner* in Dourneau-Josette/Lambert Abdelgawad S. 295, Fn. 5). Dies liegt nicht zuletzt daran, dass grds. jede behauptete Konventionsverletzung zuvor im Wege der Verfassungsbeschwerde vor dem BVerfG geltend gemacht worden sein muss (→ Rn. 25).

8   1. **Allgemeines.** Bei dem Erfordernis der Rechtswegerschöpfung handelt es sich um ein **allgemeines völkerrechtliches Prinzip** (vgl. die Nachweise bei *Peukert* in Frowein/Peukert EMRK Art. 35 Rn. 1; *Zwaak* in van Dijk/van Hoof/von Rijn/Zwaak European Convention on Human Rights S. 105). Entsprechend erfolgen Auslegung und Anwendung dieser Zulässigkeitsvoraussetzung gemäß Art. 35 Abs. 1 EMRK „in Übereinstimmung mit den allgemein anerkannten Grundsätzen des Völkerrechts" (bspw. EGMR 16.7.1971 – 2614/65 Rn. 89, EGMR-E 1, 143 – Ringeisen; EGMR 10.5.2001 (GK) – 25781/94 Rn. 85 ff. – Zypern/Türkei).

9   Der zentrale Gedanke hinter dem Erfordernis der Rechtswegerschöpfung ist die **Subsidiarität** des konventionsrechtlichen Rechtsschutzsystems: Zunächst müssen die nationalen Gerichte Gelegenheit haben, innerstaatliches Recht und dessen Anwendung auf ihre Vereinbarkeit mit der Konvention zu überprüfen. Die Hauptverantwortung für die Um- und Durchsetzung der Konventionsrechte liegt bei den nationalen Behörden (EGMR 19.1.2012 – 21906/09 Rn. 102, NJW 2013, 1791 – Kronfeldner). Deren Sichtweise ist in einem späteren Beschwerdeverfahren auch für den Gerichtshof hilfreich, da die innerstaatlichen Gerichte im ständigen und unmittelbaren Kontakt mit der Situation in dem jeweiligen Staat stehen (EGMR 29.4.2008 (GK) – 13378/05 Rn. 42, NJW-RR 2009, 1606 – Burden). Vor allem aber muss einem Staat, bevor sich dieser konventionsrechtlich zu verantworten hat, die Möglichkeit gegeben worden sein, die behauptete Konventionsverletzung zu verhindern, selbst aus der Welt zu schaffen oder Wiedergutmachung zu leisten. Dem Erschöpfungserfordernis liegt somit die Vermutung zugrunde, dass das innerstaatliche Recht, entsprechend der in Art. 13 EMRK zum Ausdruck kommenden Verpflichtung, einen in Bezug auf die geltend gemachte Verletzung effektiven Rechtsbehelf bereithält (EGMR 18.6.1971 – 2832/66 ua Rn. 50, EGMR-E 1, 110 – de Wilde, Ooms u. Versyp; EGMR 16.9.1996 (GK) – 21893/93 Rn. 65 – Akdivar ua; EGMR 28.7.1999 (GK) – 25803/94 Rn. 74, NJW 2001, 56 – Selmouni; EGMR 16.12.1999 (GK) – 24724/94 Rn. 55 – T.; EGMR 26.10.2000 (GK) – 30210/96 Rn. 152, NJW 2001, 2694 – Kudla; EGMR 29.5.2012 – 53126/07 Rn. 34, NVwZ 2013, 47 – Taron; s. a. *Siess-Scherz* in Karl, Internationale Gerichtshöfe, S. 83, 88 ff.).

10 Der Bf. muss den innerstaatlichen Rechtsweg sowohl in **vertikaler** als auch in **horizontaler** Hinsicht erschöpfen (→ Rn. 21 ff., → Rn. 39 ff.), dh er muss grds. alle effektiven Rechtsmittel ergreifen, jeweils den gesamten Instanzenzug durchlaufen und eine Verfassungsbeschwerde beim BVerfG einlegen (s. aber EGMR 28.1.2016 – 65480/10, NVwZ 2017, 945 – Partei der Friesen, wo ausnahmsweise keine Zuständigkeit des BVerfG bestand), sowie die geltend gemachte Konventionsverletzung der Sache nach und in Übereinstimmung mit den innerstaatlichen Verfahrens- und Formvorschriften vor den innerstaatlichen Gerichten geltend machen (bspw. EGMR 1.6.2010 (GK) – 22978/05 Rn. 142, NJW 2010, 3145 – Gäfgen).

11 Das Erfordernis der Rechtswegerschöpfung ist mit einem gewissen Maß an **Flexibilität** sowie **ohne übertriebenen Formalismus** anzuwenden (bspw. EGMR 16.7.1971 – 2614/65 Rn. 89, EGMR-E 1, 143 – Ringeisen; EGMR 16.9.1996

(GK) – 21893/93 Rn. 69 – Akdivar ua; EGMR 10.8.2006 – 75737/01 Rn. 30, NJW 2007, 3553 – Schwarzenberger; EGMR 1.6.2010 (GK) – 22978/05 Rn. 142, NJW 2010, 3145 – Gäfgen). Es ist weder absolut noch eignet es sich zu einer schematischen Anwendung. Vielmehr kommt es maßgeblich auf die **Umstände des Einzelfalls** an. Neben der Frage, welche Rechtsbehelfe das innerstaatliche Recht tatsächlich bereithält, sind deren rechtlicher und politischer Kontext sowie die persönliche Situation des Bf. zu berücksichtigen. Vor diesem Hintergrund hat der Gerichtshof unter Berücksichtigung der Umstände des konkreten Einzelfalls zu prüfen, ob der Bf. alles getan hat, was vernünftigerweise von ihm erwartet werden durfte, um den innerstaatlichen Rechtsweg zu erschöpfen (vgl. bspw. EGMR 16.9.1996 (GK) – 21893/93 Rn. 69 – Akdivar ua; EGMR 19.2.2009 (GK) – 2334/03 Rn. 40 – Kozacıoğlu). Dementsprechend hat der Gerichtshof in Einzelfällen unter Berücksichtigung der **persönlichen Situation** des Bf. und mit Blick auf dessen Verwundbarkeit und hilflose Lage Ausnahmen vom Erfordernis der Rechtswegerschöpfung zugelassen (EGMR 19.2.2015 – 75450/12 Rn. 123–125, NJOZ 2016, 1375 – M. S., betr. eine in der Psychiatrie untergebrachte Person, die es versäumt hatte, einen nicht zweifelsfrei ineffektiven Rechtsbehelf einzulegen).

2. Verfahren und Beweislast. Vor der Entscheidung über die Zustellung 12 einer Beschwerde (Art. 54 Abs. 2 lit. b EGMRVerfO; zum Verfahren im Einzelnen → Art. 34 Rn. 21 ff.) prüft der Gerichtshof **von Amts wegen,** ob der Bf. den innerstaatlichen Rechtsweg erschöpft hat. Die **Darlegungs- und Beweislast** hierfür liegt in diesem Stadium des Beschwerdeverfahrens beim Bf., der sämtliche Informationen und Unterlagen beizubringen hat, die die Feststellung erlauben, ob die Zulässigkeitskriterien nach Art. 35 Abs. 1 EMRK erfüllt sind (Art. 47 Abs. 1 lit. g, Abs. 2 lit. a und Abs. 3.1 lit. b EGMRVerfO). Entsprechend obliegt es auch dem Bf., darzulegen, aus welchen Gründen ein bestimmter Rechtsbehelf nicht ergriffen wurde bzw. nach seiner Auffassung nicht zu ergreifen war (→ Rn. 23). Kommt der Gerichtshof zu dem Ergebnis, dass der Bf. den Rechtsweg nicht erschöpft hat, erklärt er die Beschwerde direkt *("de plano"),* dh ohne vorherige Zustellung an die Regierung, für unzulässig. Er kann dies während des gesamten Verfahrens und vorbehaltlich Art. 55 EGMRVerfO auch noch im Stadium der Prüfung der Begründetheit tun, wenn er feststellt, dass die Beschwerde aus einem der in Art. 35 Abs. 1–3 EMRK aufgezeigten Gründe hätte für unzulässig erklärt werden müssen EGMR 13.2.2003 (GK) – 42326/98 Rn. 22, NJW 2003, 2145 – Odièvre; → Rn. 6, 13).

Im Falle der Zustellung einer Beschwerde hat die beklagte Regierung die 13 **Einrede der Nichterschöpfung** gemäß Art. 55 EGMRVerfO in ihrer Stellungnahme zur Zulässigkeit der Beschwerde substantiiert zu erheben (bspw. EGMR 12.7.2001 (GK) – 25702/94 Rn. 145, NJW 2003, 809 – K. u. T.; → Rn. 5). Sie muss dies ausdrücklich tun, die beiläufige Erwähnung der Nichterschöpfung genügt nicht (EGMR 15.11.2018 (GK) – 29580/12 ua Rn. 60, NVwZ-RR 2019, 793 – Navalnyy; EGMR 28.5.2019 – 374/15 Rn. 114, BeckRS 2019, 49933 – Liblik ua). Die Erhebung der Einrede führt zu einer **Umkehr der Beweislast.** Es obliegt dann der beklagten Regierung darzulegen, dass ein effektiver, zugänglicher und in Bezug auf die gerügte Verletzung geeigneter und erfolgversprechender Rechtsbehelf (→ Rn. 22 ff.) im innerstaatlichen Recht vorhanden war (bspw. EGMR 18.6.1971 – 2832/66 ua Rn. 60, EGMR-E 1, 110 – de Wilde, Ooms u. Versyp; EGMR 19.2.1998 – 26102/95 Rn. 38 – Dalia; EGMR 9.7.2009 (GK) – 11364/03 Rn. 118, EuGRZ 2009, 566 – Mooren). Die Ausführungen der Regie-

EMRK Art. 35

rung hierzu müssen hinreichend konkret und präzise sein (EGMR 27.2.1980 – 6903/75 Rn. 26, EuGRZ 1980, 667 – Deweer; EGMR 10.12.1982 – 7604/76 ua Rn. 48, NJW 1986, 647 – Foti ua; EGMR 28.11.2006 – 40765/02 Rn. 39 – Apostol) und sollten konkrete Beispiele aus der Rspr. der innerstaatlichen Gerichte beinhalten (vgl. EGMR 27.8.2015 – 46470/11 Rn. 87–104, NJW 2016, 3705 – Parrillo). Es ist nicht Aufgabe des Gerichtshofs, Mängel im Vortrag der Regierung von Amts wegen zu beseitigen (EGMR 9.12.1994 – 13427/87 Rn. 35 – Stran Greek Refineries u. Stratis Andreadis).

14 Hat die Regierung diesen Beweis erbracht, führt dies zu einer **erneuten Umkehr der Beweislast** und es obliegt wiederum dem Bf. darzulegen, dass er den entsprechenden Rechtsbehelf eingelegt hat (EGMR 16.9.2004 – 66491/01 – Grässer), dieser im konkreten Fall ungeeignet oder ineffektiv war (EGMR 28.7.1999 (GK) – 25803/94 Rn. 76–81, NJW 2001, 56 – Selmouni; EGMR 27.3.2003 – 36813/97– Scordino (Nr. 1); EGMR 23.9.2003 – 53984/00 Rn. 34 – Radio France ua) oder andere besondere Gründe für eine **Befreiung vom Erschöpfungserfordernis** vorlagen (bspw. eine die Konvention systematisch verletzende Verwaltungspraxis und eine diesbzgl. Toleranz der staatlichen Behörden, vgl. EGMR 16.9.1996 (GK) – 21893/93 Rn. 67 – Akdivar ua, oder zu befürchtende Repressalien, Rn. 68–75; bzgl. überlanger Verfahrensdauer eines Rechtsbehelfs vgl. EGMR 25.5.2000 – 46346/99, LKV 2001, 69 – Noack; EGMR 1.3.2006 (GK) – 56581/00 Rn. 54f. – Sejdovic).

15 Bloße **Zweifel an der Effektivität** oder den Erfolgsaussichten eines nicht offensichtlich aussichtslosen Rechtsbehelfs begründen **keine Befreiung vom Erfordernis der Rechtswegerschöpfung** (EGMR 16.9.1996 – 21893/93 Rn. 71 – Akdivar ua; EGMR 1.3.2006 (GK) – 56581/00 Rn. 45 – Sejdovic; so etwa bei Aussetzung eines Verfassungsbeschwerdeverfahrens wegen der Anhängigkeit beim EGMR eines zuvor vom BVerfG abgelehnten Parallelverfahrens: EGMR 16.10.2012 – 46531/08, NVwZ 2013, 1535 – Weyhe; ebenso wenn das BVerfG bereits auf Antrag der gegnerischen Partei in demselben Verfahren negativ entschieden und – hier: an das BVerwG – zurückverwiesen hat, aber nicht ausgeschlossen ist, dass es nach erneuter Anrufung durch die Bf. die Sache nochmals prüfen wird: EGMR 13.6.2017 – 32745/17 Rn. 24f., BeckRS 2017, 161803 – Perelman). Soweit Grundrechte durch die Verfassung geschützt werden, muss der Bf. den innerstaatlichen Gerichten die Möglichkeit geben, diese Rechte im Wege der Auslegung zu entwickeln (EGMR 25.3.2014 (GK) – 17153/11 Rn. 84 – Vučković ua; → Rn. 9). Gegen andere Mitgliedstaaten hat der Gerichtshof in **Ausnahmefällen** bereits vom Erfordernis der Erschöpfung eines Rechtsbehelfs abgesehen, soweit dieser aufgrund einer aktuellen und gefestigten Rspr. in einer Vielzahl nahezu identischer Parallelfälle keine realistischen Erfolgsaussichten hatte (EGMR 31.8.2010 – 25951/07 – Gas u. Dubois; EGMR 18.7.2013 (GK) – 2312/08 ua Rn. 59f., FD-StrafR 2013, 348728 – Maktouf u. Damjanović; s.a. EGMR 20.4.2010 – 12315/04 ua Rn. 47 – Laska u. Lika; EGMR 28.10.2010 – 28169/08 – Vasilkoski ua; EGMR 6.1.2011 (GK) – 34932/04 Rn. 76, NVwZ 2011, 1307 – Paksas; s. a. *Harris/O'Boyle/Warbrick* European Convention on Human Rights S. 56).

15a Ebenfalls zu keiner Befreiung vom Erfordernis der Rechtswegerschöpfung führen **persönliche Gründe** wie Rechtsunkenntnis (vgl. EGMR 4.7.2000 – 51717/99 – Société Guerin Automobiles – bzgl. einer fehlenden Rechtsbehelfsbelehrung), falsche Beratung (EGMR 6.11.1980 – 7654/76 Rn. 37, NJW 1982, 497 – Van Oosterwijck; EGMR 27.3.2003 – 78084/01, BeckRS 2008, 6650 – Mogos u. Krifka; EGMR 3.2.2009 – 21423/07 – Schädlich) oder eine unerwünschte innerstaatliche Publizität (Grabenwarter/Pabel EMRK § 13 Rn. 26; *Villiger* EMRK-HdB § 4 Rn. 77). Vor dem Hintergrund der Rspr. des Gerichtshofs ist davon auszugehen, dass auch die Möglichkeit der Verhängung einer **Missbrauchsgebühr** grds. keine Befreiung vom Erfordernis der Rechtswegerschöpfung begründet (vgl. EGMR 13.10.2009 – 4041/06 – Materne).

Die Nichterhebung der Einrede der Nichterschöpfung seitens der Regierung 16 wirkt wie ein **Verzicht („estoppel"/„forclusion")** auf die Geltendmachung dieser Zulässigkeitsvoraussetzung (EGMR 18.6.1971 – 2832/66 ua Rn. 55, EGMR-E 1, 110 – de Wilde, Ooms u. Versyp; EGMR 13.5.1980 – 6694/74 Rn. 24, EuGRZ 1980, 662 – Artico; EGMR 1.3.2001 – 43622/98 Rn. 40 – Malama; EGMR 12.7.2001 (GK) – 25702/94 Rn. 145, NJW 2003, 809 – K. u. T.; EGMR 17.1.2012 (GK) – 36760/06 Rn. 194, NJOZ 2013, 1190 – Stanev). Der Gerichtshof kann die Nichterschöpfung dann nicht mehr von Amts wegen berücksichtigen (vgl. EGMR 22.5.1984 – 9626/81 ua Rn. 30, EuGRZ 1985, 708 – Duinhof u. Duijf; verfehlt daher EKMR 31.8.1994 – 20946/92 – Veenstra).

Lediglich in **Ausnahmefällen** kann die Regierung die Einrede der Nicht- 17 erschöpfung noch zu einem **späteren Zeitpunkt** geltend machen (EGMR 13.5.1980 – 6694/74 Rn. 27, EuGRZ 1980, 662 – Artico; EGMR 18.11.2004 (GK) – 58255/00 Rn. 29 – Prokopovich; EGMR 27.4.2010 (GK) – 7/08 Rn. 121, NLMR 2010, 123 – Tănase). Dies ist insbes. der Fall, wenn eine frühere Geltendmachung aufgrund der Umstände des Falles unmöglich war, etwa weil die die Unzulässigkeit der Beschwerde begründenden Tatsachen sich erst zu einem späteren Zeitpunkt ergeben haben (EGMR 13.5.1980 – 6694/74 Rn. 27, EuGRZ 1980, 662 – Artico; EGMR 18.12.2002 (GK) – 24952/94 Rn. 44 – N.C.). Die Regierung muss solche neuen Einwände ohne schuldhaftes Zögern geltend machen. Als Orientierungsmaßstab kann die Frist von sechs Monaten aus Art. 80 EGMRVerfO herangezogen werden (EGMR 18.12.2002 (GK) – 24952/94 Rn. 45 f. – N.C.). Die Ergänzung bzw. Fortentwicklung bereits (rechtzeitig) vorgebrachter Argumente ist hingegen zu einem späteren Zeitpunkt unproblematisch möglich (EGMR 6.11.1980 – 7367/76 Rn. 69, NJW 1984, 544 – Guzzardi).

Maßgeblicher Zeitpunkt für die Frage, ob der innerstaatliche Rechtsweg er- 18 schöpft wurde, ist grds. das Datum, an dem die Beschwerde eingelegt wurde (EGMR 12.1.2006 – 18888/02 Rn. 72, BeckRS 2006, 140298 – İçyer; EGMR 1.3.2010 (GK) – 46113/99 ua Rn. 87 – Demopoulos ua; iZm den deutschen Sicherungsverwahrungsfällen EGMR 24.11.2011 – 4646/08 Rn. 62–66, BeckRS 2011, 142757 = NLMR 2011, 360 – O.H.; EGMR 22.3.2012 – 5123/07 Rn. 61–64, NJW 2013, 2095 – Rangelov). In begründeten Einzelfällen lässt der Gerichtshof Ausnahmen von dieser Regel zu (EGMR 8.9.2015 – 23265/13 ua Rn. 33, BeckRS 2015, 130115 – Laurus Invest Hungary Kft ua) und berücksichtigt die Erschöpfung des innerstaatlichen Rechtswegs jedoch auch, wenn diese nach Einlegung der Beschwerde, aber noch vor der Entscheidung über die Zulässigkeit eintritt (vgl. EGMR 16.7.1971 – 2614/65 Rn. 91, EGMR-E 1, 143 – Ringeisen; EGMR 3.3.2009 – 36458/02 Rn. 34 – İrfan Temel ua; EGMR 20.5.2010 – 30685/05 Rn. 43 – Baran und Hun; EGMR 29.4.2019 – 12148/18 Rn. 66, NVwZ 2020, 535 – A.M.). Wurde zunächst ein Antrag auf einstweiligen Rechtsschutz nach Art. 39 EGMRVerfO gestellt (→ Rn. 99 ff.), so kann das Datum der Antragstellung und nicht das der Beschwerdeerhebung ausschlaggebend sein (EGMR 29.4.2019 – 12148/18 Rn. 68, NVwZ 2020, 535 – A.M.).

Insbesondere bei Bestehen eines **strukturellen Problems** im innerstaatlichen 19 Recht, das zu einer hohen Zahl anhängiger Beschwerden geführt hat, weicht der

Gerichtshof in inzwischen gängiger Praxis zum Nachteil des Bf. von diesem Zeitpunkt ab und verlangt die **Erschöpfung erst nach Erhebung der Beschwerde eingeführter Rechtsbehelfe** (vgl. die Begründung in den unten zitierten Fällen, bspw. EGMR 1.3.2005 – 15212/03 Rn. 40 – Charzyński; kritisch Grabenwarter/Pabel EMRK § 13 Rn. 27; s. a. *Harris/O'Boyle/Warbrick* European Convention on Human Rights S. 52 f. mwN; *Peukert* in Frowein/Peukert EMRK Art. 35 Rn. 4), so etwa bei der nachträglichen Einführung von effektiven Rechtsbehelfen im Hinblick auf überlange Verfahren (in Italien (sog. „*Pinto*-Gesetz"): bspw. EGMR 6.9.2001 – 69789/01, BeckRS 2001, 164905 – Brusco; EGMR 23.5.2002 – 56298/00 – Bottaro; in der Slowakei: bspw. EGMR 22.10.2002 – 57984/00 ua – Andrášik ua; in Kroatien: bspw. EGMR 5.9.2002 – 77784/01 – Nogolica; in Polen: bspw. EGMR 1.3.2005 – 15212/03 Rn. 40 – Charzyński; EGMR 1.3.2005 – 24549/03 Rn. 41 – Michalak; EGMR 19.5.2005 – 51635/99 – Tatrai ua; in Russland: bspw. EGMR 23.9.2010 – 26716/09 ua Rn. 31 ff. – Fakhretdinov ua), bei Rechtsbehelfen zur Entschädigung bei Eigentumsverletzungen (EGMR 12.1.2006 – 18888/02 Rn. 72 ff., BeckRS 2006, 140298 – İçyer; EGMR 1.3.2010 (GK) – 46113/99 ua Rn. 87 ff. – Demopoulos ua; EGMR 29.4.2014 – 9584/02 ua Rn. 134 ff. – Preda ua), zur Entschädigung bei verspäteter bzw. Nicht-Umsetzung innerstaatlicher Gerichtsurteile (EGMR 24.1.2012 – 44746/08 Rn. 25 f., BeckRS 2012, 214576 – Balan; EGMR 14.2.2012 – 31856/07 Rn. 18 – Manascurta; EGMR 25.6.2019 – 31798/16 Rn. 44, BeckRS 2019, 49219 – Bouhamla), zur Abhilfe und Entschädigung bei konventionswidrigen Haftbedingungen (EGMR 16.9.2014 – 49169/09 ua Rn. 42 ff. – Stella ua; EGMR 17.3.2020 – 41743/17 Rn. 123 ff. – Shmelev ua) oder aufgrund der Einführung einer Verfassungsbeschwerde (für die Türkei vgl. EGMR 1.7.2014 – 77429/12 Rn. 34 ff. – Koçintar). Eine solche Ausnahme kommt freilich nur in Betracht, soweit es sich um effektive Rechtsbehelfe handelt (vgl. EGMR 7.2.2008 – 14258/03 Rn. 41 ff. – Parizov; EGMR 7.7.2015 – 72287/10 Rn. 179–185, BeckRS 2015, 130349 – Rutkowski ua). Keine derartige Ausnahme hat der Gerichtshof gemacht, wenn lediglich eine geringe Anzahl gleichartiger Beschwerden anhängig war (EGMR 13.3.2014 – 72999/10 Rn. 65 – Kiisa).

19a Für Deutschland ist diese Rspr. mit **Inkrafttreten des Gesetzes über den Rechtsschutz bei überlangen Gerichtsverfahren und strafrechtlichen Ermittlungsverfahren** (BGBl. 2011 I 2302; im Einzelnen → Rn. 34 ff.) am 3.12.2011 relevant geworden. Noch im Dezember 2011 unterrichtete der Gerichtshof alle Bf. bereits zugestellter Beschwerden wegen überlanger Verfahrensdauer über die Einführung des neuen innerstaatlichen Rechtsbehelfs zur Rüge der Überlänge eines Verfahrens. Er forderte diese auf, mitzuteilen, ob sie beabsichtigten, innerhalb der in der Übergangsvorschrift des Gesetzes (Art. 23) festgelegten Frist von dem neu eingeführten Rechtsbehelf Gebrauch zu machen. Nach der Übergangsvorschrift gilt der Rechtsbehelf auch für bereits abgeschlossene Verfahren, deren Dauer bereits Gegenstand einer beim Gerichtshof anhängigen Beschwerde ist. Hierdurch sollten weitere Verurteilungen Deutschlands verhindert und der Gerichtshof entlastet werden (BT-Drs. 17/3082, 31). In der Folge wurden (soweit ersichtlich) sämtliche bei Inkrafttreten des Gesetzes bereits anhängigen Beschwerden wegen Nichterschöpfung des innerstaatlichen Rechtswegs für unzulässig erklärt. Dies gilt sowohl für Verfahren, in denen die Bf. mitteilten, dass sie nicht beabsichtigten von dem neu eingeführten Rechtsbehelf Gebrauch zu machen bzw. die Frage gänzlich unbeantwortet ließen (EGMR 29.5.2012 – 53126/07 Rn. 37–47, NVwZ 2013, 47 – Taron; EGMR 10.7.2012 – 23056/09 ua,

BeckRS 2012, 17134 – Mianowicz ua; EGMR 16.10.2012 – 49646/10 ua Rn. 40 – Lessing ua; EGMR 22.1.2013 – 33071/10 Rn. 22f. – Kurth) als auch für Verfahren, in denen die Bf. mitteilten, dass sie von dem Rechtsbehelf Gebrauch machen würden (EGMR 29.5.2012 – 19488/09 Rn. 45–50 – Garcia Cancio; EGMR 10.7.2012 – 27366/07 ua – Schellmann ua; EGMR 22.1.2013 – 51314/10 Rn. 17 – Havermann ua) sowie Verfahren, in denen die Bf. nicht vorab vom Gerichtshof kontaktiert worden waren (EGMR 22.1.2013 – 41394/11 Rn. 14–16, BeckRS 2014, 81689 – Bandelin; EGMR 27.8.2013 – 61145/09 Rn. 24–26, NVwZ 2014, 1293 – Huhle ua; s. a. EGMR 5.11.2013 – 26610/09, FamRZ 2014, 1257 – Hülsmann). Zur Begründung führte der Gerichtshof insbesondere an, dass das verabschiedete Gesetz das Problem in einer *prima facie* wirksamen und sinnvollen Weise und unter Berücksichtigung der konventionsrechtlichen Anforderungen angehe. Es gäbe keinen Grund zu der Annahme, dass der neue Rechtsbehelf nicht die Möglichkeit biete, in berechtigten Fällen eine angemessene und hinreichende Entschädigung zu erhalten, bzw. dass dieser keine hinreichenden Erfolgsaussichten biete (EGMR 29.5.2012 – 53126/07 Rn. 40f., NVwZ 2013, 47 – Taron; bestätigt für § 97a BVerfGG in EGMR 4.9.2014 – 68919/10 Rn. 47, 56–58, NJW 2015, 3359 – Peter; → Rn. 38).

In anders gelagerten Fällen hat der Gerichtshof eine solche **Ausnahme** mit der **20** Begründung **abgelehnt,** dass der seitens der Regierung eingewendete Rechtsbehelf erst lange Zeit nach Beschwerdeerhebung neu eingeführt wurde (EGMR 10.6.2008 – 17271/04 Rn. 42 – Cvetković) oder sich erst nach Beschwerdeerhebung aufgrund einer Rechtsprechungsänderung als effektiv erwies (EGMR 18.1.2005 – 16552/02 Rn. 31 – Pikić; s. a. EGMR 27.4.1999 – 38783/97 – Castell; EGMR 29.6.1999 – 38437/97 – Delgado; EGMR 29.1.2002 – 49533/99 – Barrillot).

3. Vertikale Rechtswegerschöpfung. Der Bf. muss sämtliche im Hinblick auf **21** die gerügte Rechtsverletzung zur Verfügung stehenden Rechtsbehelfe eingelegt und jeweils den **gesamten Instanzenzug einschließlich der Verfassungsgerichtsbarkeit** durchlaufen haben (EGMR 19.3.1991 – 11069/84 Rn. 34, EuGRZ 1992, 437 – Cardot; EGMR 9.10.2007 – 12846/02, BeckRS 2008, 6505 – Röhl).

Es ist der gewöhnliche Gebrauch all jener Rechtsbehelfe zu machen, die sich als **22** „**effektiv, geeignet und zugänglich**" darstellen. Das Vorhandensein dieser Rechtsbehelfe muss **nicht nur theoretisch, sondern auch praktisch** hinreichend gesichert sein, anderenfalls fehlt es an der erforderlichen Zugänglichkeit und Effektivität (EGMR 1.3.2006 (GK) – 56581/00 Rn. 45 – Sejdovic; EGMR 17.9.2009 (GK) – 10249/03 Rn. 70, NJOZ 2010, 2726 – Scoppola (Nr. 2)). Der jeweilige Rechtsbehelf muss zugänglich sein, er muss geeignet sein, **Abhilfe in Bezug auf die gerügte Rechtsverletzung** zu schaffen und **hinreichende Aussicht auf Erfolg** bieten (EGMR 16.9.1996 (GK) – 21893/93 Rn. 68 – Akdivar ua; EGMR 1.3.2006 (GK) – 56581/00 Rn. 46 – Sejdovic; EGMR 17.9.2009 (GK) – 10249/03 Rn. 71, NJOZ 2010, 2726 – Scoppola (Nr. 2)). Zur Feststellung, ob ein innerstaatlicher Rechtsbehelf den vorhergehend genannten Anforderungen genügt, unterstellt der Gerichtshof dessen Begründetheit (EGMR 6.11.1980 – 7654/76 Rn. 27, NJW 1982, 497 – Van Oosterwijck).

Effektive Rechtsbehelfe sind Rechtsbehelfe, die geeignet sind, die behauptete **23** Verletzung zu verhindern, zu beenden oder eine angemessene Wiedergutmachung zu leisten (EGMR 26.10.2000 (GK) – 30210/96 Rn. 158, NJW 2001, 2694 –

EMRK Art. 35

Kudla; EGMR 30.11.2004 – 35091/02 ua Rn. 38 – Mykhaylenky ua; EGMR 12.5.2010 – 52466/08 Rn. 126 – Khodzhayev). **Nicht effektive Rechtsbehelfe** sind bspw. solche, die grds. oder im Einzelfall ungeeignet sind, den angegriffenen Hoheitsakt aufzuheben bzw. dessen Rechtswidrigkeit festzustellen (*Villiger* EMRK-HdB § 4 Rn. 79; Grabenwarter/Pabel EMRK § 13 Rn. 30). Ebenfalls nicht effektiv sind Rechtsbehelfe ohne Aussicht auf Erfolg (vgl. EGMR 25.8.1987 – 10282/83 Rn. 32, NJW 1988, 3257 – Englert; EGMR 20.11.1995 – 17849/91 Rn. 27 – Pressos Compania Naviera S. A. ua; *Zwaak* in van Dijk/van Hoof/van Rijn/Zwaak European Convention on Human Rights S. 116); so etwa, wenn die Voraussetzungen für den geltend gemachten Entschädigungsanspruch nach ständiger Rspr. nicht gegeben sind (EGMR 27.8.2013 – 34229/12, BeckRS 2013, 202677 – Weiss). Legt ein Bf. einen Rechtsbehelf nicht ein, weil er ihn für aussichtslos hält, bestehen **erhöhte Anforderungen an den Beschwerdevortrag**. Allein die Behauptung mangelnder Erfolgsaussicht ist nicht ausreichend. Der Bf. muss die Aussichtslosigkeit des Rechtsbehelfs im konkreten Einzelfall sowie gegebenenfalls die einschlägige Rspr. in hinreichendem Maße darlegen (EKMR 12.3.1987 – 11945/86 – Ugurlukoc; EGMR 6.5.2003 (GK) – 39343/98 ua Rn. 156 – Kleyn ua; EGMR 11.1.2007 – 71665/01 Rn. 42 – Augusto; EGMR 19.1.2010 – 22448/07 – Marchitan; vgl. auch EGMR 11.6.2019 – 57939/18 Rn. 21f., NVwZ 2019, 1663 – Alternative für Deutschland (AFD); *Zwaak* in van Dijk/van Hoof/van Rijn/Zwaak European Convention on Human Rights S. 121). Keine effektiven Rechtsbehelfe sind etwa Anträge auf Wiederaufnahme von Verfahren (EGMR 22.1.2002 – 48662/99, BeckRS 2002, 163926 – Riedl-Riedenstein ua; EGMR 18.1.2011 – 34586/10 Rn. 15, BeckRS 2011, 145563 – Tucka (Nr. 1); s. aber EGMR 13.1.2009 – 55738/03 Rn. 23ff. – Sapeyan), Gegenvorstellungen (EKMR 9.12.1992 – 18711/91 – A.B., aber → Rn. 27), Beschwerden bei einem Ombudsmann (EGMR 23.5.2001 – 25316/94 ua Rn. 362 – Denizci ua), Petitionen, Gnadengesuche, Rechtsbehelfe ohne konkrete Einlegungsfristen (EGMR 17.2.2009 – 32567/06 – Williams; EGMR 9.1.2018 – 63246/10 Rn. 38f., BeckRS 2018, 52616 – Nicholas) sowie andere vergleichbare außerordentliche Rechtsbehelfe (bspw. EGMR 6.5.2004 – 33408/03 – Denisov; EGMR 15.11.2007 – 26986/03 Rn. 39 – Galstyan; aber EGMR 1.6.1999 – 26323/95 – Kiiskinen u. Kovalainen).

23a In Fällen, in denen ein **Antrag auf Prozesskostenhilfe** wegen mangelnder Erfolgsaussichten **abgelehnt** und daher vom Bf. sodann kein Verfahren in der Sache angestrengt wurde, sieht der Gerichtshof die weitere Verfolgung des Hauptsacheverfahrens mitunter als aussichtslos und den innerstaatlichen Rechtsweg als erschöpft an; dies gilt insbes. wenn im Hauptsacheverfahren dieselben Richter entscheiden (EGMR 22.10.2020 – 6780/18 ua Rn. 51ff. mwN, NLMR 2020, 329 – Roth; EGMR 26.11.2015 – 3690/10 Rn. 37, NJW 2016, 1867 – Annen). Bzgl. des Prozesskostenhilfeantrags ist der Rechtsweg freilich, einschließlich der Erhebung einer Verfassungsbeschwerde, zu erschöpfen (vgl. EGMR 26.10.2004 – 61603/00, BeckRS 2004, 155463 – Storck).

23b Geht es dem Bf. darum, eine **bevorstehende, irreparable Konventionsverletzung** zu verhindern, kann die Frage der Effektivität eines Rechtsbehelfs davon abhängen, ob dieser **aufschiebende Wirkung** hat (*Harris/O'Boyle/Warbrick* European Convention on Human Rights S. 55). In Fällen, in denen die Abschiebung oder Auslieferung den Bf. dem „realen Risiko" einer gegen Art. 2 oder Art. 3 EMRK verstoßenden Behandlung aussetzen würde, ist daher grds. die Ergreifung von Rechtsbehelfen mit Suspensiveffekt genügend sowie erforderlich (vgl. EGMR

Zulässigkeitsvoraussetzungen **Art. 35 EMRK**

28.10.1999 – 40035/98, NVwZ-Beil. 2001, 97 – Jabari; EGMR 13.12.2012 (GK) – 22689/07 Rn. 82f., BeckRS 2012, 214721 – Souza Ribeiro; EGMR 29.4.2019 – 12148/18 Rn. 64, NVwZ 2020, 535 – A.M.).

Die **Zugänglichkeit** eines Rechtsbehelfs ist gegeben, wenn der Bf. zum frag- 24 lichen Zeitpunkt nicht nur theoretisch, sondern auch praktisch von dem Rechtsbehelf Kenntnis haben und diesen ohne Hindernisse selbständig ergreifen konnte (*Grabenwarter/Pabel* EMRK § 13 Rn. 29). Es fehlt demnach an der Zugänglichkeit eines Rechtsbehelfs, wenn diesem eine Ermessensentscheidung eines staatlichen Organs vorgeschaltet ist (EKMR 9.10.1990 – 14545/89 – Byloos; ausnahmsweise abweichend EGMR 4.1.2012 – 40485/08 Rn. 57ff., BeckRS 2012, 214557 – Petrović), wie bspw. bei einer **konkreten Normenkontrolle** (vgl. EGMR 24.2.2009 – 46967/07 Rn. 48 – C.G.I.L. u. Cofferati; EGMR 17.9.2009 (GK) – 10249/03 Rn. 75, NJOZ 2010, 2726 – Scoppola (Nr. 2); s.a. EGMR 28.11.2002 – 47169/99 – Voggenreiter; EGMR 15.5.2001 – 39046/97 – Albert – betr. Anregung einer Nichtigkeitsbeschwerde zur Wahrung des Gesetzes nach § 23 StPO Österreich) oder dem **Vorabentscheidungsverfahren** nach Art. 267 AEUV, sofern nicht eine Vorlagepflicht besteht (vgl. EKMR 20.5.1998 – 34325/96 – Mens u. Mens-Hoek; s.a. EGMR 13.2.2007 – 15073/03, EuGRZ 2008, 274 – John; EGMR 8.12.2009 – 54193/07, NJW 2010, 3207 – Herma). Letzteres gilt nicht, wenn in gleicher Sache eine hinreichend Erfolg versprechende Vorabentscheidung des EuGH ergangen ist, und zwar auch dann, wenn dies erst nach Beschwerdeeinlegung geschieht und ein innerstaatliches Verfahren noch anhängig ist (EGMR 8.9.2015 – 23265/13 ua Rn. 35–44, BeckRS 2015, 130115 – Laurus Invest Hungary Kft ua).

Der Bf. muss alle in Betracht kommenden Instanzen (EGMR 19.3.1991 – 25 11069/84 Rn. 34, EuGRZ 1992, 437 – Cardot; EGMR 9.10.2007 – 12846/02, BeckRS 2008, 6505 – Röhl) sowie darüber hinaus die Verfassungsgerichtsbarkeit durchlaufen, dh regelmäßig eine **Verfassungsbeschwerde beim BVerfG** eingelegt haben (bspw. EGMR 19.1.1999 – 44911/98, EuGRZ 2002, 144 – Allaoui ua; EGMR 4.12.2008 – 44036/02 Rn. 85f., BeckRS 2009, 22678 – Adam; EGMR 3.2.2009 – 21423/07 – Schädlich; EGMR 19.1.2010 – 22448/07 – Marchitan; EGMR 12.6.2012 – 31098/08 Rn. 50, EuGRZ 2013, 114 – Hizb ut-Tahrir ua mwN), selbst wenn es der einzige verfügbare Rechtsbehelf ist (vgl. EGMR 27.2.2014 – 17103/10 Rn. 50, NJW 2015, 37 – Karaman); nicht hingegen, wenn eine Zuständigkeit des BVerfG ausnahmsweise nicht gegeben ist (vgl. EGMR 28.1.2016 – 65480/10, NVwZ 2017, 945 – Partei der Friesen). Schreiben des Allgemeinen Registers (vormals Präsidialrat) des BVerfG, in denen auf Bedenken hinsichtlich der Zulässigkeit einer Verfassungsbeschwerde hingewiesen wird, sind keine Entscheidungen dieses Gerichts und genügen daher dem Erfordernis der Rechtswegerschöpfung nicht (EGMR 17.6.2004 – 74866/01 – Ovtscharov; EGMR 19.3.2013 – 48057/10 Rn. 37, 62 – Klouten; s.a. EGMR 5.6.2003 – 74789/01 – Reuther). Auf ein solches Schreiben muss der Bf. regelmäßig eine Entscheidung über die Verfassungsbeschwerde verlangen. Der Rechtsweg ist erst erschöpft, wenn eine förmliche Entscheidung des BVerfG vorliegt.

Die Erhebung einer **Verfassungsbeschwerde bei Landesverfassungsgerich-** 26 **ten** allein ist grds. nicht ausreichend (EKMR 12.12.1974 – 6729/74 – X.; abweichend EGMR 25.5.2000 – 46346/99, LKV 2001, 69 – Noack; offen gelassen EGMR 5.6.2003 – 74789/01 – Reuther; es sei denn, es besteht ausnahmsweise keine Zuständigkeit des BVerfG, vgl. EGMR 28.1.2016 – 65480/10, NVwZ 2017, 945 – Partei der Friesen), denn mit der Verfassungsbeschwerde zum BVerfG besteht daneben ein grds. effektiver Rechtsbehelf zur Überprüfung der angegriffenen instanzgerichtlichen Entscheidung. Zudem gilt nach Art. 31 GG: Bundesrecht bricht Landesrecht. Die landesverfassungsgerichtliche Entscheidung selbst stellt einen mit der Verfassungsbeschwerde zum BVerfG angreifbaren Akt „öffentlicher Gewalt" dar (BVerfGE 96, 231 (242)). Zu beachten ist, dass Landesverfassungsbeschwerden nicht Teil des gemäß § 90 Abs. 2 S. 1 BVerfGG zu erschöpfenden Rechtswegs sind und die Frist zum Einlegen einer Verfassungsbeschwerde beim BVerfG durch deren Erhebung nicht gehemmt wird, was die instanzgerichtlichen Entscheidungen angeht (bspw. BVerfGK 8, 169). Diesbezüglich hat der Gerichtshof allerdings festgestellt, dass es einem Bf. nicht vorgeworfen werden kann, wenn er die instanzgerichtlichen Entscheidungen zunächst vor dem Landesverfassungsgericht und dessen Entscheidung sodann vor dem BVerfG angefochten hat. Entscheidend war, dass die gleichzeitige Erhebung einer Verfassungsbeschwerde beim BVerfG zur Unzulässigkeit der Landesverfassungsbeschwerde geführt hätte (EGMR 29.9.2011 – 854/07 Rn. 34–37, BeckRS 2011, 143536 – Späth; vgl. auch den allerdings speziellen Fall EGMR 15.2.2007 – 19124/02 Rn. 34, BeckRS 2008, 06723 – Kirsten; → Rn. 30).

27 Die **Anhörungsrüge** gehört, soweit sie statthaft ist, ebenfalls zu den einzulegenden Rechtsbehelfen. Zum einen ist es nach der Rspr. des BVerfG im Fall eines behaupteten Verstoßes gegen den Anspruch auf rechtliches Gehör grds. erforderlich, vor Erhebung der Verfassungsbeschwerde die Anhörungsrüge zu erheben (vgl. BVerfGE 122, 190 (198); BVerfG 24.2.2011 – 2 BvR 45/11, BeckRS 2011, 48788; 16.7.2013 – 1 BvR 3057/11, NJW 2013, 3506). Zum anderen zwingt sie die Gerichte zu einer Überprüfung und Entscheidung (*Peters* in HK-EMRK Art. 35 Rn. 12). Zu beachten ist, dass eine unterlassene Anhörungsrüge, wo diese nicht offensichtlich aussichtslos gewesen wäre, die Unzulässigkeit der Verfassungsbeschwerde insgesamt und nicht nur in Bezug auf die behauptete Verletzung des rechtlichen Gehörs zur Folge hat (vgl. BVerfG 25.4.2005 – 1 BvR 644/05, NJW 2005, 3059; 24.2.2011 – 2 BvR 45/11, BeckRS 2011, 48788; 16.7.2013 – 1 BvR 3057/11, NJW 2013, 3506). Eine bloße **Gegenvorstellung** ist hingegen keine Voraussetzung der Zulässigkeit einer Verfassungsbeschwerde (vgl. BVerfGE 122, 190 (198)) und damit auch nicht Teil des zu erschöpfenden innerstaatlichen Rechtswegs (vgl. EKMR 17.12.1976 – 7729/76, FHOeffR 29 Nr. 3033 – Agee; EKMR 9.12.1992 – 18711/91 – A.B.; *Peukert* in Frowein/Peukert EMRK Art. 35 Rn. 26).

27a Im **österreichischen Recht** ist insb. darauf zu achten, dass in strafrechtlichen Verfahren zur Erschöpfung des innerstaatlichen Rechtswegs ein Antrag auf Erneuerung des Strafverfahrens gemäß § 363a öStPO beim OGH zu stellen ist, soweit dem Bf. dieser Rechtsbehelf offen steht (EGMR 5.2.2019 – 13573/14 Rn. 26f., NLMR 2019, 127 = BeckRS 2019, 52273 – Tepra; EGMR 17.1.2017 – 58216/12 Rn. 86, NLMR 2017, 126 = BeckRS 2017, 163605 – J. ua; EGMR, 2.2.2016 – 41767/09 Rn. 31 – Batista Laborde; ausführlich *Reindl-Krauskopf* in Fuchs/Ratz StPO vor §§ 363a–363c Rn. 11 ff., § 363a Rn. 36). Dies ist dann nicht der Fall, wenn der OGH bereits zuvor – etwa im Wege der Nichtigkeitsbeschwerde nach § 281 öStPO – in der Sache befasst war (EGMR 6.10.2015 – 58842/09 Rn. 33, NLMR 2015, 554 = BeckRS 2016, 80291 – ATV Privatfernseh-GmbH). Im Verwaltungsrecht ist gegen die verwaltungsgerichtliche Entscheidung eine Beschwerde gemäß Art. 144 B-VG beim Verfassungsgerichtshof zu erheben (EGMR 5.7.2005 – 30003/02, BeckRS 2005, 157679 – Stojakovic; s. aber EGMR 18.6.2013 – 53852/11 Rn. 67, ZAR 2013, 338 – Halimi). Sowohl in zivil- als auch in strafrechtlichen Verfahren ist ein Parteienantrag auf Normenkontrolle gemäß Art. 140 Abs. 1

Nr. 1 lit. c oder d B-VG zu erheben, wenn sich die Beschwerde gegen eine gesetzliche Vorschrift richtet (vgl. EGMR 12.5.2020 – 2309/10 Rn. 5, 45, BeckRS 2020, 11077 – Ringler; s. a. Grabenwarter/Pabel EMRK § 13 Rn. 32). Eine Ausnahme hiervon hat der Gerichtshof für den Fall angenommen, dass der Bf. eine Konventionsverletzung nicht aufgrund der Verfassungswidrigkeit des Gesetzes, sondern lediglich aufgrund dessen verfassungswidriger Auslegung bzw. Anwendung behauptet (EGMR 6.4.2021 – 5434/17 Rn. 42 ff., BeckRS 2021, 6207 – Liebscher).

Nach EU-Recht verfügbare Rechtsbehelfe sind grds. als „innerstaatliche" **28** Rechtsbehelfe iSv Art. 35 Abs. 1 EMRK anzusehen (EKMR 13.1.1989 – 13539/88 – Dufay; EGMR 23.5.2002 – 6422/02 ua – Segi ua; s. a. *Schäfer* Verletzungen der EMRK S. 68) und damit Teil des zu erschöpfenden Rechtswegs, soweit sie die übrigen Voraussetzungen (→ Rn. 22) an einen zu erschöpfenden Rechtsbehelf erfüllen (aber → Rn. 24, 87 f.). Die Abgrenzung zwischen internationalen und nationalen Rechtsbehelfen kann im Einzelfall problematisch sein, bspw. wenn der Rechtsbehelf im Rahmen eines völkerrechtlichen Vertrages geschaffen wurde (wie die mit dem Friedensabkommen von Dayton eingesetzte Menschenrechtskammer für Bosnien-Herzegowina, vgl. hierzu EGMR 15.11.2005 – 41183/02, BeckRS 2005, 156933 – Jeličić; → Rn. 84 ff.).

Die Anrufung eines **Schiedsgerichts** ist nicht zwingend Teil des zu erschöpfenden Rechtswegs (vgl. EGMR 12.10.2010 – 19508/07 – Granos Organicos Nacionales S.A.). **29**

Stehen **mehrere gleich geeignete Rechtsbehelfe** zur Verfügung, die im Wesentlichen dasselbe Rechtsschutzziel und dieselben Erfolgsaussichten haben, genügt es, wenn der Bf. einen von diesen ergriffen hat (EGMR 29.4.1999 (GK) – 25642/94 Rn. 39, NJW 2001, 51 – Aquilina; EGMR 25.6.2019 (GK) – 41720/13 Rn. 40, BeckRS 2019, 49195 – Nicolae Virgiliu Tănase; EGMR 28.4.2009 – 39311/05 Rn. 14, MR 2009, 121 – Karakó; EGMR 9.7.2009 (GK) – 11364/03 Rn. 118, EuGRZ 2009, 566 – Mooren; EGMR 15.10.2009 (GK) – 17056/06 Rn. 58 – Micallef). Für die Frage, ob mehrere nebeneinander bestehende Rechtsbehelfe zu ergreifen sind, kommt es wesentlich auf die gerügte Konventionsverletzung und das **Rechtsschutzziel des Bf.** an, sowie darauf, ob und inwieweit diese zu dessen Erreichung geeignet sind (vgl. Grabenwarter/Pabel EMRK § 13 Rn. 32; vgl. EGMR 11.12.2012 – 10645/08 Rn. 69 – Venskutė). Bei Vorliegen mehrerer Rechtsbehelfe mit dem praktisch gleichen Rechtsschutzziel, ist der Bf. berechtigt den aus seiner Sicht geeignetsten Rechtsbehelf zu wählen (EGMR 28.1.2014 (GK) – 35810/09 Rn. 110–111, NVwZ 2014, 1641 – O'Keeffe; EGMR 19.3.2020 – 41603/13 Rn. 58 – Fabris ua). **30**

Hat der Bf. sämtliche Rechtsbehelfe, einschließlich der Verfassungsbeschwerde, im **einstweiligen Rechtsschutzverfahren** ergriffen, ist der Rechtsweg im Einzelfall als erschöpft anzusehen, wenn der durch die behauptete Konventionsverletzung eingetretene Schaden selbst durch eine für den Bf. günstige Entscheidung im Hauptsacheverfahren nicht mehr behoben werden könnte (vgl. EGMR 29.3.2011 – 50084/06 Rn. 89, BeckRS 2011, 145011 – RTBF; Grabenwarter/Pabel EMRK § 13 Rn. 32). Entscheidet sich der Bf. das Hauptsacheverfahren dennoch zu durchlaufen, hat der Gerichtshof es für nicht unverhältnismäßig erachtet, wenn von ihm verlangt wird, dass er den Ausgang dieses Verfahrens abwartet (EGMR 25.8.2015 – 78944/12 Rn. 46 ff., BeckRS 2015, 130216 – Saure; s. a. die der Regierung am 20.6.2016 zugestellte Folgebeschwerde 6091/16 – Saure). **30a**

Im Einzelfall, insbesondere in Fällen, in denen eine Entschädigung die einzige Möglichkeit ist, die erlittene Rechtsverletzung wiedergutzumachen, kann es erfor- **31** derlich sein, neben anderen Rechtsbehelfen auch **staatshaftungsrechtliche Ansprüche** geltend zu machen (EGMR 20.2.1991 – 11889/85 Rn. 27 – Vernillo; EGMR 25.3.1999 (GK) – 31107/96 Rn. 47, EuGRZ 1999, 316 – Iatridis; EGMR 15.3.2001 – 36830/97 – Kőszegi). Die Geltendmachung staatshaftungsrechtlicher Ansprüche ist kein Erfordernis der Rechtswegerschöpfung, wenn das Rechtsschutzziel des Bf. über das hinausgeht, was eine Entschädigung zu leisten vermag (EGMR 19.3.1997 – 18357/91 Rn. 37 – Hornsby; EGMR 25.3.1999 (GK) – 31107/96 Rn. 47, EuGRZ 1999, 316 – Iatridis) oder das Rechtsschutzziel des Bf. ein anderes ist (Grabenwarter/Pabel EMRK § 13 Rn. 33; bspw. EGMR 13.1.2011 – 32715/06 Rn. 71, NJW 2011, 3703 – Kübler). Dementsprechend ist etwa bei Beschwerden über die Rechtmäßigkeit einer Freiheitsentziehung unter Art. 5 Abs. 1–4 EMRK die Geltendmachung staatshaftungsrechtlicher Ansprüche kein Erfordernis der Rechtswegerschöpfung (EGMR 23.11.1993 – 13190/87 Rn. 24 – Navarra; EGMR 19.10.2000 – 27785/95 Rn. 90 – Wloch; EGMR 6.2.2003 – 39270/98 – Belchev; EGMR 5.2.2009 – 21519/02 Rn. 151 – Khadisov u. Tsechoyev).

32 Bei **schwerwiegenden Menschenrechtsverletzungen** (Art. 2 oder Art. 3 EMRK) gehören **Schadensersatzklagen** regelmäßig **nicht** zu den zu erschöpfenden Rechtsbehelfen. Hier besteht eine konventionsrechtliche Verpflichtung der Staaten zur Einleitung effektiver Ermittlungs- und Strafverfolgungsmaßnahmen. Schadensersatzklagen sind daher keine ausreichenden Rechtsbehelfe, denn sie führen nicht zur Ermittlung und Bestrafung der Verantwortlichen (EGMR 28.10.1998 – 24760/94 Rn. 86 – Assenov ua; EGMR 27.6.2000 (GK) – 22277/93 Rn. 61 – İlhan; EGMR 10.4.2007 – 26137/04 Rn. 46 – Barta; EGMR 28.6.2016 – 30173/12 Rn. 52f. – Jørgensen ua – rechtswidrige Gewaltanwendung durch staatliche Organe). Dies gilt nicht für Fälle **ärztlicher Behandlungsfehler** (Fahrlässigkeit), da es nach der Rspr. des Gerichtshof in diesem Bereich, den verfahrensrechtlichen Anforderungen von Art. 2 EMRK genügt, wenn ein Rechtsbehelf vor den Zivilgerichten es ermöglicht, die etwaige Verantwortung der betreffenden Ärzte festzustellen und eine angemessene zivilrechtliche Wiedergutmachung zu erlangen (EGMR 19.12.2017 (GK) – 56080/13 Rn. 135–137 mwN, BeckRS 2017, 160146 – Lopes de Sousa Fernandes; s. a. Grabenwarter/Pabel EMRK § 20 Rn. 19).

33 Im Falle **fortdauernder Verletzungen** („continuing violations" – bspw. konventionswidrige Haft oder überlange Verfahrensdauer; → Rn. 54, 103) ist die erneute Erhebung desselben Rechtsbehelfs nicht notwendig, solange dies lediglich zur Wiederholung einer bereits getroffenen Entscheidung führen würde. Etwas anderes gilt, sobald neue Umstände hinzutreten, die eine erneute Untersuchung gebieten und Grundlage einer neuen Entscheidung sein könnten (EGMR 22.4.1992 – 12366/86 Rn. 50 – Rieme; EGMR 26.10.2006 – 65655/01 Rn. 29, EuGRZ 2006, 648 – Chraidi; *Villiger* EMRK-HdB § 4 Rn. 77). Im Falle der andauernden Inhaftierung kann dies bspw. die Entscheidung über eine Verlängerung der Haft sein (EKMR 6.10.1976 – 7317/75, FHOeffR 29 Nr. 2977 – Lynas) oder die Anordnung der Fortdauer der Unterbringung nach § 63 StGB in einem psychiatrischen Krankenhaus (EGMR 16.5.2013 – 20084/07 Rn. 57, 61f., NJW 2014, 369 – Radu).

33a **Beschwerden über konventionswidrige Haft:** Nach der ständigen Rspr. des Gerichtshofs zu Art. 13 EMRK müssen im Bereich des Art. 3 EMRK präventive und kompensatorische Rechtsbehelfe einander ergänzen, um als effektiv anerkannt zu werden (bspw. EGMR 10.1.2012 – 42525/07 ua Rn. 98 – Ananyev ua). Dementsprechend ist im Falle fortdauernder Verletzungen durch konventionswidrige Haft ein Rechtsbehelf nur dann als **effektiv** iSv Art. 35 Abs. 1 EMRK anzusehen,

Zulässigkeitsvoraussetzungen **Art. 35 EMRK**

wenn er auch geeignet ist, die Konventionsverletzung zu **beenden.** Es genügt daher nicht, wenn über den vorhandenen Rechtsbehelf lediglich Wiedergutmachung iS einer Entschädigung zu erlangen ist (bspw. EGMR 8.1.2013 – 43517/09 Rn. 50 – Torreggiani ua; EGMR 25.11.2014 – 64682/12 Rn. 70 – Vasilescu). Auch die zu erwartende Verfahrenslänge bei Einlegung eines präventiven Rechtsbehelfs kann für die Frage relevant sein, ob dieser als effektiv anzusehen ist (EGMR 29.10.2015 – 56854/13 ua Rn. 82, BeckRS 2015, 129425 – Story ua). Bei sehr kurzer Haftdauer wiederum kann die Einlegung eines präventiven Rechtsbehelfs überflüssig und die direkte Einlegung eines kompensatorischen Rechtsbehelfs ausreichend sein (vgl. EGMR 31.10.2019 – 21613/16 Rn. 86–88 mwN, BeckRS 2019, 36015 – Ulemek).

Beschwerden über die Verfahrenslänge: Bis zum Inkrafttreten des Gesetzes 34 über den Rechtsschutz bei überlangen Gerichtsverfahren und strafrechtlichen Ermittlungsverfahren am 3.12.2011 (BGBl. 2011 I 2302; → Rn. 19a) fehlte es im deutschen Recht vor allem im Hinblick auf zivilrechtliche Verfahren (iSv Art. 6 Abs. 1 EMRK, → Art. 6 Rn. 13 ff.) an einem effektiven Rechtsbehelf, um eine überlange Verfahrensdauer zu rügen (EGMR 8.6.2006 (GK) – 75529/01 Rn. 116, NJW 2006, 2389 – Sürmeli; EGMR 11.1.2007 – 20027/02 Rn. 68, EuGRZ 2007, 420 – Herbst; EGMR 2.9.2010 – 46344/06 Rn. 51, 64 ff., EuGRZ 2010, 700 – Rumpf; s. a. *Schmaltz* in Becker/Lange S. 601 f.). Insbesondere eine Verfassungsbeschwerde stellte diesbezüglich keinen effektiven Rechtsbehelf dar (bspw. EGMR 25.3.2010 – 901/05 Rn. 54 – Petermann). Für Beschwerden über die Länge strafrechtlicher Verfahren (iSv Art. 6 Abs. 1 EMRK, → Art. 6 Rn. 23 ff.) galt dasselbe lediglich in bestimmten Konstellationen, da hier eine überlange Verfahrensdauer idR auf Rechtsfolgenseite kompensiert werden kann (→ Rn. 37). Mit Einführung eines **innerstaatlichen Rechtsbehelfs** zur Rüge der überlangen Verfahrensdauer kann sich der Einzelne nun nicht mehr direkt an den Gerichtshof wenden, sondern muss zunächst **Verzögerungsrüge und Entschädigungsklage** (§§ 198–201 GVG) bzw. Verzögerungsrüge und Verzögerungsbeschwerde (§§ 97a–97e BVerfGG) erheben (EGMR 15.1.2015 – 62198/11 Rn. 126 f., NJW 2015, 1433 – Kuppinger; EGMR 6.10.2016 – 23280/08 ua Rn. 100, NJW 2017, 3699 – Moog; EGMR 6.10.2015 – 78306/12, BeckRS 2015, 129665 Rn. 28 – Cirillo; s. a. EGMR 3.4.2018 – 43976/17 Rn. 22, FamRZ 2019, 1612 – Sangoi; → Rn. 19a, 38). Der Gesetzgeber hat somit einen einheitlichen Rechtsschutz für sämtliche Gerichtsbarkeiten geschaffen. Die Neuregelung des GVG findet unmittelbare Anwendung im Rahmen der ordentlichen Gerichtsbarkeit sowie entsprechende Anwendung (über Verweisungsnormen der jeweiligen Verfahrensordnungen) in der Arbeits-, Sozial-, Verwaltungs- und Finanzgerichtsbarkeit (vgl. *Stahnecker* Entschädigung Rn. 11 f. mwN). Lediglich für Verfahren vor dem BVerfG gelten spezielle Regelungen des BVerfGG. Keinen effektiven Rechtsbehelf jedoch stellen Verzögerungsrüge und Entschädigungsklage dar, soweit es um die gemäß Art. 8 EMRK bestehende Verpflichtung zur **Beschleunigung** bereits verzögerter **umgangsrechtlicher Verfahren** über den Kontakt eines Elternteils mit seinem noch jungen Kind geht (EGMR 15.1.2015 – 62198/11 Rn. 141, NJW 2015, 1433 – Kuppinger; EGMR 6.10.2016 – 23280/08 ua Rn. 149, NJW 2017, 3699 – Moog). Hier hat der Gesetzgeber mit dem am 15.10.2016 eingeführten Rechtsbehelfen der Beschleunigungsrüge und der Beschleunigungsbeschwerde gemäß §§ 155 lit. b und c FamFG Abhilfe geschaffen (s. BGBl. 2016 I 2222).

Eine entsprechende Regelung für Verfahren vor den **Landesverfassungs-** 35 **gerichten** hat der Bundesgesetzgeber mit Blick auf die Eigenstaatlichkeit der

EMRK Art. 35 Verfahrensrecht

Ländern dem Landesrecht überlassen (BT-Drs. 17/3082, 17). Auf landesverfassungsgerichtliche Verfahren sind die neu eingeführten Rechtsbehelfe daher nur anwendbar soweit die jeweiligen Landesgesetze ihre entsprechende Anwendung anordnen (soweit ersichtlich bislang: § 61 Abs. 3 VerfGHG BW; § 16 Abs. 1 HessStGHG; § 15b Abs. 3 RhPfVerfGHG; § 45 SächsVerfGHG; § 58a BlnVerfGHG; § 65b HbgVerfGG; § 52a ThürVerfGHG; § 53 LSAlVerfGG; § 61a SaarVerfGHG). Fehlt es an einer solchen Verweisung bzw. an einer eigenen Regelung, besteht weiterhin eine Rechtsschutzlücke und im Falle einer überlangen Verfahrensdauer vor dem entsprechenden Landesverfassungsgericht kann der Gerichtshof somit direkt angerufen werden. Dies gilt sowohl im Hinblick auf noch anhängige (vgl. EGMR 5.1.2010 – 51976/08 – Wirges und Quicknaut GmbH; EGMR 7.1.2010 – 40009/04 Rn. 138 – von Koester (Nr. 1); EGMR 25.3.2010 – 485/09 Rn. 28 – Reinhard) als auch im Hinblick auf beendete Verfahren (vgl. EGMR 20.1.2011 – 21980/06 ua Rn. 76, FamRZ 2011, 533 – Kuhlen-Rafsandjani). Ungeachtet des Umstandes, dass der Gerichtshof bislang noch keine Konventionsverletzung wegen der Länge eines landesverfassungsgerichtlichen Verfahrens festgestellt hat, ist im Sinne einer Verwirklichung des Subsidiaritätsprinzips (→ Rn. 9) und der damit verbundenen Entlastung des Gerichtshofs zu hoffen, dass die Landesverfassungsgerichtsgesetze ergänzt werden, wo dies noch nicht erfolgt ist (vgl. EGMR 31.3.2015 – 4800/12, BeckRS 2015, 131168 – Schulz – durch Vergleich erledigte, der Bundesregierung zugestellte Beschwerde betreffend die Länge eines Verfahrens vor dem VerfGH Berlin).

36 Bei Längenbeschwerden in verwaltungs- und sozialrechtlichen Streitigkeiten wird die Länge des **verwaltungsrechtlichen Widerspruchsverfahrens** vom Gerichtshof mit in den zu beurteilenden Zeitraum einbezogen (EGMR 28.6.1978 – 6232/73 Rn. 98, NJW 1979, 477 – König; EGMR 24.6.1972 – 25756/09 Rn. 21 – Perschke). Nach dem eindeutigen Gesetzeswortlaut von § 198 GVG, der ausschließlich von der unangemessenen Dauer eines „Gerichtsverfahrens" spricht, finden Verzögerungsrüge und Entschädigungsklage hier allerdings keine Anwendung; das Vorverfahren ist nicht mit in den Beurteilungszeitraum einbezogen (BVerwG 11.7.2013 – 5 C 23.12 D Rn. 20, BeckRS 2013, 55758; s.a. *Schmaltz* in Becker/Lange S. 609). Zur Begründung wird angeführt, dass auf eine etwaige Verzögerung im Vorverfahren mit der **Untätigkeitsklage** (§ 75 VwGO; § 88 SGG) reagiert werden kann (BT-Drs. 17/3082, 17). Vor dem Hintergrund, dass der Bf. hierdurch uU eine Instanz verliert, war die Untätigkeitsklage hingegen vom Gerichtshof teilweise nicht als zu ergreifendes Rechtsmittel angesehen worden (EGMR 11.6.2009 – 17878/04 Rn. 57, 68 – Deiwick; EGMR 16.9.2010 – 16386/07 Rn. 19 – Breiler; EGMR 30.6.2011 – 11811/10 Rn. 29, BeckRS 2011, 142929 – Kempe). Diese Rspr. vermag allerdings nicht zu überzeugen. Die Konvention sieht keinen Anspruch auf ein vorgeschaltetes behördliches Widerspruchsverfahren vor. Genauso wie es den Mitgliedstaaten somit freisteht, ein solches vorzusehen, liegt es in ihrem Ermessen, auf welche Weise sie einer überlangen Dauer des Widerspruchsverfahrens vorbeugen, solange sich die gewählte Weise nicht als ineffektiv darstellt. Da der Einzelne mit der Untätigkeitsklage seine Sache im Falle einer Verzögerung des Vorverfahrens nach spätestens drei bzw. sechs Monaten einer gerichtlichen Entscheidung zuführen kann, sollte diese als effektives Rechtsmittel angesehen werden (idS auch EGMR 10.1.2008 – 1679/03 Rn. 67, BeckRS 2008, 06509 – Glüsen – in Bezug auf § 88 SGG). Die neue gesetzliche Regelung begegnet daher keinen konventionsrechtlichen Bedenken. Es erscheint sachgerecht dem Bf. das Unterlassen bzw. ein unangemessen langes Zuwarten bis zur Erhebung

Zulässigkeitsvoraussetzungen **Art. 35 EMRK**

einer Untätigkeitsklage als eigenes Verschulden der Verfahrensdauer anzurechnen (→ Art. 6 Rn. 80) bzw. von einer Nichterschöpfung des innerstaatlichen Rechtswegs auszugehen, was diesen Verfahrensabschnitt angeht.

Bei Beschwerden über die **Länge strafrechtlicher Verfahren** kann eine über- 37 lange Verfahrensdauer idR auf der Rechtsfolgenseite kompensiert werden (bspw. EGMR 15.7.1982 – 8130/78 Rn. 66f., EuGRZ 1983, 371, BeckRS 1982, 108315 – Eckle; EGMR 17.11.2005 – 72438/01, NJW 2006, 3549 – Sprotte; EGMR 3.4.2007 – 14374/03, NJW 2008, 3273 – Weisert; EGMR 28.9.2010 – 45486/09 – Josten; s. a. BGHSt 52, 124 = NJW 2008, 860; → Art. 34 Rn. 84a; → Art. 6 Rn. 86ff.; s. a. § 199 Abs. 3 GVG, BT-Drs. 17/3082, 24). Entsprechend ist bei Beschwerden über die Länge strafrechtlicher Verfahren der gesamte innerstaatliche Rechtsweg, einschließlich der Verfassungsbeschwerde zum BVerfG, zu durchlaufen (EGMR 13.11.2008 – 10597/03 Rn. 54, StV 2009, 519, BeckRS 2009, 70929 – Ommer (Nr. 1); vgl. im Fall eines Rechtsmittelverzichts EGMR 23.3.2010 – 29752/04 ua – Thind u. Thind) und die Verfahrensdauer mindestens der Sache nach zu rügen. Im Falle eines Freispruchs oder soweit es etwa um die Länge eines ohne Schuldfeststellung eingestellten **Ermittlungsverfahrens** ging (EGMR 13.11.2008 – 26073/03 Rn. 57ff., HRRS 2009 Nr. 217 – Ommer (Nr. 2); EGMR 3.3.2011 – 39641/08 Rn. 36, BeckRS 2011, 145232 – Jahnke; vgl. auch EGMR 22.1.2009 – 45749/06 Rn. 83ff. ua, StV 2009, 561 – Kaemena u. Thöneböhn; für weitere mögliche Konstellationen s. BT-Drs. 17/3082, 24), fehlte es bislang hingegen an einem effektiven Rechtsbehelf. Hier schafft das neu eingeführte Gesetz ebenfalls Abhilfe (vgl. EGMR 29.5.2012 – 19488/09 Rn. 46 – Garcia Cancio). In Fällen, in denen eine Verfahrensverzögerung unmittelbar durch das Strafgericht oder die Staatsanwaltschaft nicht kompensiert werden kann, sind daher nunmehr ebenfalls zunächst Verzögerungsbeschwerde und Entschädigungsklage zu erheben (§ 199 Abs. 1 GVG iVm § 198 GVG; s. a. *Stahnecker* Entschädigung Rn. 199). Verfahren zur Entschädigung für Strafverfolgungsmaßnahmen iSv § 2 StrEG zählen hingegen grds. nicht zu den zu erschöpfenden Rechtsbehelfen (EGMR 18.5.2000 – 25510/94 – M.C.; EGMR 13.11.2008 – 26073/03 Rn. 62, HRRS 2009 Nr. 217 – Ommer (Nr. 2)).

Gegen die **im Entschädigungsklageverfahren** ergangenen Entscheidungen 38 sind zur Erschöpfung des innerstaatlichen Rechtswegs iSv Art. 35 Abs. 1 EMRK freilich wiederum sämtliche effektive **Rechtsbehelfe** zu ergreifen (s. insbes. § 201 Abs. 2 S. 3 GVG; näher hierzu *Stahnecker* Entschädigung Rn. 180). Hierzu zählt auch die Verfassungsbeschwerde gegen die letztinstanzliche fachgerichtliche Entscheidung, da eine nicht konventionskonforme Anwendung der neu eingeführten Rechtsbehelfe als Verstoß gegen die Verpflichtung zur Beachtung bzw. Berücksichtigung der EMRK bzw. der Rspr. des Gerichtshofs im Rahmen des betroffenen Grundrechts gerügt werden kann (vgl. *Jarass* in Jarass/Pieroth GG Art. 1 Rn. 29a mwN). Soweit der Gerichtshof bislang mit der Auslegung und Anwendung der neu eingeführten Rechtsbehelfe befasst war, hat er deren grundsätzliche **Effektivität** nicht in Zweifel gezogen. Der Verweis etwa auf einen Einzelfall mit der Behauptung, ein OLG habe in einer vom BGH bestätigten Entscheidung bei Festsetzung der Entschädigung die Rspr. des Gerichtshofs nicht hinreichend berücksichtigt, vermag die grundsätzliche Wirksamkeit des Rechtsbehelfs der Entschädigungsklage nicht in Frage zu stellen (EGMR 15.1.2015 – 62198/11 Rn. 126, NJW 2015, 1433 – Kuppinger; → Rn. 34 mwN). In einem die Verfahrenslänge (viereinhalb Jahre) vor dem BVerfG betreffenden Einzelfall, in dem die Verzögerungsbeschwerde des Bf. nach § 97a BVerfGG von der Beschwerdekammer des

BVerfG zurückgewiesen worden war, hat der Gerichtshof sowohl deren Entscheidung in der Sache als auch die Effektivität des neu eingeführten Rechtsbehelfs im BVerfGG bestätigt (EGMR 4.9.2014 – 68919/10 Rn. 47, 56–58, NJW 2015, 3359 – Peter).

39 4. **Horizontale Rechtswegerschöpfung.** Der Bf. muss die zur Verfügung stehenden Rechtsbehelfe bei den jeweils zuständigen innerstaatlichen Gerichten eingelegt und die vor dem Gerichtshof erhobenen Beschwerdepunkte **mindestens der Sache nach** und in **Übereinstimmung mit den innerstaatlichen Fristen, Form- und Verfahrensvorschriften** vor diesen Gerichten geltend gemacht haben (EGMR 19.3.1991 – 11069/84 Rn. 34, EuGRZ 1992, 437 – Cardot; EGMR 28.9.1999 (GK) – 29340/95 Rn. 41, NJW 2001, 54 – Civet; EGMR 1.3.2006 (GK) – 56581/00 Rn. 44 – Sejdovic). Entscheidend ist dabei, dass er den Staat dem Subsidiaritätsprinzip entsprechend (→ Rn. 9) in die Lage versetzt hat, die behauptete Konventionsverletzung zu verhindern oder selbst „aus der Welt zu schaffen" bzw. wiedergutzumachen (vgl. EGMR 28.4.2004 (GK) – 56679/00 Rn. 38ff. – Azinas).

40 a) **Geltendmachung der Konventionsverletzung.** Der Bf. muss die gerügte Konventionsverletzung vor den innerstaatlichen Gerichten **geltend gemacht** haben. Dafür muss er sich nicht ausdrücklich auf die Konvention und die in ihr garantierten Rechte berufen. Es genügt, wenn er die Konventionsverletzung **der Sache nach** („in substance") vorträgt oder sich auf ein entsprechendes nationales Recht beruft (EGMR 28.8.1986 – 9228/80 Rn. 44, NJW 1986, 3005 – Glasenapp; EGMR 21.1.1999 (GK) – 29183/95 Rn. 38f., NJW 1999, 1315 – Fressoz u. Roire; EGMR 28.4.2004 (GK) – 56679/00 Rn. 38f. – Azinas; s. a. EGMR 11.3.2004 – 68864/01 – Merger u. Cros; EGMR 3.2.2011 – 18136/02 Rn. 51f., NZA 2012, 199 – Siebenhaar; → Art. 34 Rn. 16ff.), was im Zweifel auch die allgemeine Handlungsfreiheit nach Art. 2 Abs. 1 GG sein kann (etwa bei Beschwerden von Ausländern in Bezug auf Rechte die als spezielle Freiheitsrechte im GG allein Deutschen gewährt werden, vgl. EGMR 12.6.2012 – 31098/08 Rn. 50, EuGRZ 2013, 114 – Hizb Ut-Tahrir ua; s. a. *Jarass* in Jarass/Pieroth GG Art. 2 Rn. 7). Der Bf. muss den entscheidungsrelevanten Sachverhalt vortragen und die behauptete (Konventions-)Rechtsverletzung geltend machen, so dass die zuständige Entscheidungsinstanz Gelegenheit hat, Abhilfe zu schaffen (*Peukert* in Frowein/Peukert EMRK Art. 35 Rn. 20). Es reicht nicht aus, dass der Bf. einen Rechtsbehelf ergriffen hat, der die angefochtene Maßnahme aus anderen Gründen, die nicht mit der Rüge einer Konventionsrechtsverletzung zusammenhängen, hätte aufheben können (EGMR 25.3.2014 (GK) – 17153/11 ua Rn. 75 – Vučković ua). **Neuer Sachvortrag** und neue Beweismittel können vom Gerichtshof nicht berücksichtigt werden, soweit die innerstaatlichen Gerichte nicht den Grundsätzen des Subsidiaritätsprinzips entsprechend die Möglichkeit hatten, die Sache in Kenntnis dieser Tatsachen und Beweismittel zu untersuchen (EGMR 1.3.2007 – 510/04 Rn. 54, BeckRS 2013, 12700 – Tønsbergs Blad AS u. Haukom; EGMR 24.9.2009 – 3338/05 Rn. 42 – Procedo Capital Corporation; EGMR 23.11.2010 – 21698/06, NJW 2011, 3633 – Kriegisch; s. aber EGMR 23.6.2008 (GK) – 1638/03 Rn. 87ff., ÖJZ 2008, 779 – Maslov).

41 **Strengere Anforderungen** an den Vortrag vor den innerstaatlichen Gerichten können sich indirekt insoweit ergeben, als der Bf. die gerügte Verletzung vor den innerstaatlichen Gerichten auch im Einklang mit den innerstaatlichen Verfahrensvorschriften vorgetragen haben muss. Bei Bestehen besonderer Substantiierungserfordernisse, wie etwa im Fall der Verfassungsbeschwerde (vgl. BVerfGE 99, 84

Zulässigkeitsvoraussetzungen **Art. 35 EMRK**

(87); näher *Lübbe-Wolff* EuGRZ 2004, 669), und soweit diese sich nicht als überzogen darstellen, steigen somit auch die Anforderungen an den Vortrag des Bf. (vgl. EGMR 7.12.2010 – 24376/02 – Spahiu; s. a. EGMR 20.5.2010 – 55555/08 Rn. 49f. – Lelas).

Der Umstand, dass die nationalen Gerichte einen Fall von sich aus hätten unter **42** bestimmten rechtlichen Aspekten prüfen können oder müssen **("iura novit curia")**, entbindet den Bf. nicht von der Verpflichtung die behauptete Verletzung zu rügen (EGMR 6.11.1980 – 7654/76 Rn. 39, NJW 1982, 497 – Van Oosterwijck; EGMR 15.11.1996 – 18877/91 Rn. 33 – Ahmet Sadik; EGMR 6.9.2005 – 49156/99 Rn. 34 – Bekir Yildiz).

Bei **Rücknahme** eines vor den innerstaatlichen Gerichten zunächst erhobenen **43** Beschwerdepunktes, gilt dieser als nicht erhoben und der Rechtsweg ist insoweit nicht erschöpft (EGMR 28.4.2004 (GK) – 56679/00 Rn. 40f. – Azinas).

In der Regel genügt es, wenn der Bf. die gerügte Verletzung **zumindest in der 44 obersten Instanz** der Sache nach vorgetragen hat. Allerdings muss sich deren Prüfungskompetenz noch auf Beschwerdegegenstand und behauptete Rechtsverletzung erstrecken (Grabenwarter/Pabel EMRK § 13 Rn. 37; *Villiger* EMRK-HdB § 4 Rn. 84). Für die Frage, bei welchem Gericht der Bf. die gerügte Verletzung spätestens vorgetragen haben muss, kommt es wesentlich auf die Prüfungskompetenz der innerstaatlichen Gerichte an, denn dem Staat muss im Einklang mit den innerstaatlichen Verfahrensvorschriften die Möglichkeit gegeben worden sein, die behauptete Verletzung selbst zu verhindern bzw. dieser abzuhelfen (vgl. EGMR 19.3.1991 – 11069/84 Rn. 34–36, EuGRZ 1992, 437 – Cardot; s. a. EGMR 5.10.2006 – 75204/01 Rn. 42 – Klasen; → Rn. 9).

b) Im Einklang mit innerstaatlichem Verfahrensrecht. Der Bf. muss die **45** Sache in Übereinstimmung mit den innerstaatlichen Fristen sowie sonstigen Verfahrens- und Formvorschriften vor die innerstaatlichen Gerichte gebracht haben. Die Auslegung nationalen Rechts, insbesondere die **Auslegung verfahrensrechtlicher Vorschriften** im Hinblick auf Fristen zur Einreichung von Dokumenten oder zur Einlegung von Rechtsmitteln, obliegt an erster Stelle den innerstaatlichen Gerichten, während die Aufgabe des Gerichtshofs auf die Kontrolle der Vereinbarkeit dieser Auslegung mit der Konvention beschränkt ist (bspw. EGMR 16.12.1997 – 25420/94 Rn. 31 – Tejedor García; EGMR 18.2.2010 – 25904/06 Rn. 38 – Lesjak). Verfahrensrechtliche Vorschriften dienen einer ordentlichen Justizverwaltung, einer prozessökonomischen Verfahrensstrukturierung sowie der Gewährleistung von Rechtssicherheit (EGMR 27.4.2000 – 45023/98, BeckRS 2000, 169806 – Ben Salah Adraqui ua; EGMR 25.9.2006 – 71759/01 – Agbovi). Demgemäß ist der innerstaatliche Rechtsweg grds. nicht erschöpft, wenn ein Rechtsbehelf wegen Nichtbeachtung der innerstaatlichen Verfahrensvorschriften als unzulässig zurückgewiesen worden ist (bspw. EGMR 18.1.2000 – 27618/95 ua Rn. 2 – Pesti u. Frodl; EGMR 31.5.2001 – 45989/99 – Mark; EGMR 26.10.2004 – 54810/00 – Jalloh; EGMR 6.11.2012 – 49372/10 Rn. 22f., BeckRS 2014, 82043 – Stürmer ua – Verfristung gemäß § 93 Abs. 3 BVerfGG). Allerdings muss **für den Gerichtshof nachvollziehbar** sein, aus welchen Gründen die nationalen Gerichte von der Nichtbeachtung innerstaatlicher Verfahrensvorschriften bzw. der Nichterschöpfung des Rechtswegs ausgegangen sind (vgl. EGMR 26.10.2004 – 54810/00 – Jalloh; EGMR 25.9.2007 – 28782/04 – Luig; EGMR 12.10.2010 – 19508/07 – Granos Organicos Nacionales S. A.; EGMR 14.10.2014 – 63398/13 Rn. 42 – Pop-Ilić ua).

46 Entsprechend geht der Gerichtshof mitunter von der Erschöpfung des innerstaatlichen Rechtswegs aus, wenn das BVerfG die **Verfassungsbeschwerde ohne Angabe von Gründen für unzulässig erklärt** und mangels offensichtlicher Versäumnisse auf Seiten des Bf. nicht ersichtlich ist, warum die Verfassungsbeschwerde für unzulässig erklärt wurde (EGMR 25.9.2007 – 28782/04 – Luig; EGMR 12.10.2010 – 19508/07 – Granos Organicos Nacionales S. A.).

47 Ebenso hat der Gerichtshof den Rechtsweg in verschiedenen Fällen als erschöpft angesehen, obwohl das BVerfG die **Verfassungsbeschwerde mangels hinreichender Substantiierung für unzulässig erklärt** hatte. Aus den Entscheidungen geht hervor, dass der Gerichtshof in diesen Fällen von **überzogenen Substantiierungsanforderungen** des BVerfG ausging. Trotz Unzulässigkeitsentscheidung des BVerfG nahm der Gerichtshof daher an, dass der Bf. den innerstaatlichen Rechtsweg erschöpft hatte, da er die geltend gemachten Beschwerdepunkte in hinreichender Deutlichkeit der Sache nach in seiner Verfassungsbeschwerde vorgetragen hatte (bspw. EKMR 9.9.1998 – 23959/94 – Janssen; EGMR 6.5.2004 – 64387/01 – Uhl; EGMR 26.10.2004 – 61603/00 BeckRS 2004, 155463 – Storck; EGMR 10.8.2006 – 75737/01 Rn. 31, NJW 2007, 3553 – Schwarzenberger; s. aber den jeweiligen Unzulässigkeitsentscheidungen des BVerfG folgend: EGMR 7.12.2010 – 24376/02 – Spahiu; EGMR 22.9.2020 – 52095/13 Rn. 44f. – Marx). Erklärt das BVerfG eine Verfassungsbeschwerde hingegen für unzulässig, weil der Bf. die nach der Rspr. des BVerfG relevanten **Dokumente nur unvollständig oder verspätet** eingereicht hat, liegt grds. ein Fall der Nichterschöpfung vor (vgl. EGMR 25.9.2006 – 71759/01 – Agbovi; EGMR 13.3.2007 – 41559/06, BeckRS 2008, 06531 – Ceku; EGMR 9.6.2011 – 31047/04, 43386/08 Rn. 38f., NJW 2012, 2093 – Mork).

48 Bei einer zu engen Auslegung bzw. Ausgestaltung der verfahrensrechtlichen Vorschriften kann sich darüber hinaus eine **unangemessene Beschränkung des Zugangs zu Gericht** unter Art. 6 Abs. 1 EMRK ergeben. In diesem Zusammenhang hat der Gerichtshof festgestellt, dass Beschränkungen des Zugangs zu Gericht den Kernbereich der Garantie nicht berühren dürfen, ein legitimes Ziel verfolgen und verhältnismäßig sein müssen (EGMR 28.5.1985 – 8225/78 Rn. 57, NJW 1986, 2173 – Ashingdane; bzgl. Rechtsmittelfristen: EKMR 14.4.1989 – 13674/88 – Warner; bzgl. Substantiierungspflichten: EGMR 1.2.2007 – 78041/01 Rn. 42, NJOZ 2008, 1098 – Paljic; bzgl. Anwaltspflicht: EKMR 31.8.1994 – 21977/93 – S. A.; EGMR 5.12.2002 – 65863/01 – Vogl; bzgl. Gerichtskostenvorschuss: EGMR 5.6.2003 – 74789/01 – Reuther). In Ausnahmefällen geht der Gerichtshof daher bei einer übertrieben strengen Auslegung innerstaatlicher Verfahrensvorschriften dennoch von einer Erschöpfung des innerstaatlichen Rechtswegs aus (EGMR 29.5.2012 – 16047/10 Rn. 43f. – UTE Saur Vallnet).

49 Die Nichterschöpfung des innerstaatlichen Rechtswegs kann einem Bf. nicht entgegengehalten werden, wenn das zuständige Gericht bzw. die zuständige Behörde trotz Nichtbeachtung der innerstaatlichen Verfahrensvorschriften mindestens teilweise eine **Prüfung in der Sache** vorgenommen hat (EGMR 3.10.2002 – 43425/98 – Skałka; EGMR 28.11.2002 – 47169/99 – Voggenreiter; EGMR 6.5.2004 – 64387/01 – Uhl; EGMR 26.10.2004 – 54810/00 – Jalloh; EGMR 30.6.2009 (GK) – 32772/02 Rn. 43–45, NJW 2009, 3699 – Verein gegen Tierfabriken Schweiz (VgT) (Nr. 2); EGMR 1.6.2010 (GK) – 22978/05 Rn. 143, NJW 2010, 3145 – Gäfgen). Eine solche Prüfung bereits bei (ausdrücklich) hilfsweisen Ausführungen zur Begründetheit anzunehmen, erscheint jedoch zweifelhaft, da die Entscheidung selbst dann nicht auf diesen Erwägungen beruht.

Zulässigkeitsvoraussetzungen **Art. 35 EMRK**

In Fällen, in denen das BVerfG eine **Verfassungsbeschwerde gänzlich ohne** 50
Angabe von Gründen nicht zur Entscheidung annimmt (dh auch nicht deren
Unzulässigkeit feststellt) und die Regierung nach Zustellung die Einrede der
Nichterschöpfung erhebt und Gründe für die Unzulässigkeit der Verfassungsbeschwerde nachschiebt, geht der Gerichtshof regelmäßig von der Erschöpfung
des innerstaatlichen Rechtswegs aus. Es sei nicht Aufgabe des Gerichtshofs, sich an
die Stelle des BVerfG zu setzen und über die Gründe der Nichtannahme zu spekulieren (vgl. EGMR 24.3.2005 – 77909/01 Rn. 26, NVwZ 2006, 797 – Epple;
EGMR 27.10.2005 – 32231/02 Rn. 43f., FamRZ 2006, 1351 – Keles; EGMR
13.10.2005 – 63309/00, BeckRS 2005, 157227 – Süss; EGMR 12.1.2006 –
38282/97 ua, BeckRS 2008, 6771 – Petersen; EGMR 3.4.2007 – 29453/02
Rn. 5, BeckRS 2008, 6519 – Collmann; EGMR 10.1.2008 – 25706/03 Rn. 92 –
Glesmann; s. a. EGMR 5.10.2006 – 75204/01 Rn. 25 – Klasen; vgl. auch EGMR
13.3.2018 – 35285/16 Rn. 38 – Nix). Dasselbe gilt, wenn in einem vorhergehenden Schreiben des Allgemeinen Registers (vormals Präsidialrat) des BVerfG Bedenken im Hinblick auf die Zulässigkeit der Verfassungsbeschwerde aufgezeigt werden
und dieses Schreiben in der Entscheidung nicht in Bezug genommen wird (EGMR
10.4.2003 – 23395/02 – Starikow; selbst bei verfristetem Wiedereinsetzungsantrag,
vgl. EGMR 8.6.2010 – 26171/07 – Hümmer). Vor dem Hintergrund seiner oben
geschilderten Rspr. (→ Rn. 49) ist dies konsequent, da nicht ausgeschlossen werden
kann, dass das BVerfG die Verfassungsbeschwerde in der Sache geprüft hat (vgl.
auch EGMR 28.11.2002 – 47169/99 – Voggenreiter). Dennoch ging der Gerichtshof vereinzelt auch in solchen Fällen von der Nichterschöpfung des innerstaatlichen Rechtswegs aus, soweit sich diese eindeutig aus den Umständen des Falles ergab (bspw. EGMR 11.12.2007 – 77144/01 ua – Colak ua; EGMR
21.11.2017 – 59546/12 Rn. 40, BeckRS 2017, 160163 – Karabulut; EGMR
20.3.2018 – 51742/15 Rn. 20 ff. – Poplaz).

II. Beschwerdefrist (Abs. 1)

1. **Allgemeines.** Gemäß Art. 35 Abs. 1 EMRK, in der noch bis einschließlich 51
31.1.2022 geltenden alten Fassung, ist die Individualbeschwerde „innerhalb einer
Frist von sechs Monaten nach der endgültigen innerstaatlichen Entscheidung" zu erheben. Nach der **ab dem 1.2.2022** geltenden **Neufassung** von Art. 35 Abs. 1
EMRK beläuft sich die Beschwerdefrist auf **vier Monate.** Die neue Frist ist allerdings
nur auf Beschwerden anwendbar, bei denen die „endgültige innerstaatliche Entscheidung" iSv Art. 35 Abs. 1 EMRK nach Inkrafttreten der Neufassung ergangen ist
(→ Rn. 51a). Die **Beschwerdefrist** signalisiert den Parteien den zeitlichen Rahmen, in welchem eine Sache der Kontrolle der Konventionsorgane unterzogen
werden kann (EGMR 7.11.2000 – 39706/98 – Ipek). Sie dient der Rechtssicherheit,
der zügigen Behandlung von konventionsrechtlich relevanten Fällen sowie dem
Schutz staatlicher Behörden und indirekt beteiligter Dritter vor Rechtsunsicherheit
(EGMR 18.9.2009 (GK) – 16064/90 ua Rn. 156, NVwZ-RR 2011, 251 – Varnava
ua; EGMR 17.9.2014 (GK) – 10865/09 ua Rn. 258, NJOZ 2016, 1383 – Mocanu
ua). Sinn und Zweck ist darüber hinaus, dem Bf. die erforderliche Zeit zu geben, um
zu entscheiden, ob und in welchem Umfang er Beschwerde erheben will (EGMR
25.8.2005 – 23274/04 – O'Loughlin ua) sowie die Ermittlung der relevanten Fakten
nicht durch Zeitablauf zu erschweren (EGMR 30.1.2003 – 52787/99 – Nee).

Das am 1.8.2021 in Kraft getretene **15. EMRKProt** v. 24.6.2013 (s. BGBl. **51a**
2014 II 1034; → Einl. Rn. 14a) sieht eine Verkürzung der Beschwerdefrist auf vier

Monate vor (s. a. High Level Conference on the Future of the European Court of Human Rights, Brighton Declaration 20.4.2012, § 15a, EuGRZ 2012, 264; s. a. *Harris/O'Boyle/Warbrick* European Convention on Human Rights S. 62f.). Nach Art. 8 Abs. 3 S. 1 15. EMRKProt tritt diese Neuregelung allerdings erst sechs Monate nach Inkrafttreten des Protokolls und damit am 1.2.2022 in Kraft. Die verkürzte Frist findet keine Anwendung auf Beschwerden, bei denen die „endgültige innerstaatliche Entscheidung" iSv Art. 35 Abs. 1 EMRK bereits vor diesem Zeitpunkt ergangen ist (Art. 8 Abs. 3 S. 2 15. EMRKProt).

52 **2. Fristbeginn.** Der Fristbeginn bestimmt sich grds. **nach der am Ende des zu erschöpfenden innerstaatlichen Rechtswegs getroffenen Entscheidung** (EGMR 7.6.2001 – 46477/99 – Edwards; EGMR 18.9.2009 (GK) – 16064/90 ua Rn. 157, NVwZ-RR 2011, 251 – Varnava ua; zum engen Zusammenhang der beiden in Art. 35 Abs. 1 EMRK niedergelegten Zulässigkeitskriterien vgl. EGMR 21.11.2002 – 36747/02 – Arslan; EKMR 9.6.1958 – 214/56 – de Becker; in Bezug auf prozessuale Nebenentscheidungen vgl. EGMR 23.5.1991 – 11662/85 Rn. 42, NJW 1992, 613 – Oberschlick). Welche Rechtsbehelfe und wie sie zu ergreifen sind, bestimmt sich nach den allgemeinen Grundsätzen der Rechtswegerschöpfung (→ Rn. 7 ff.). Die Entscheidung des EuGH im Rahmen eines **Vorabentscheidungsverfahrens** ist nicht als die endgültige Entscheidung iSv Art. 35 Abs. 1 EMRK anzusehen (EGMR 13.9.2001 – 45036/98, NJW 2006, 197 – Bosphorus Hava Yollari Turizm ve Ticaret AS).

53 Die Ergreifung **nicht effektiver Rechtsbehelfe** hat keine Auswirkungen auf den Fristbeginn, da der Fristbeginn ansonsten beliebig herausgezögert werden könnte. Im Hinblick auf die Frage der Einhaltung der Beschwerdefrist prüft der Gerichtshof daher, ob der Bf. versucht hat, „falsch verstandene Rechtsbehelfe" zu Spruchkörpern oder Institutionen einzulegen, die keine Befugnis oder Zuständigkeit haben, um effektiv Wiedergutmachung im Hinblick auf die geltend gemachten Verletzungen zu leisten (EGMR 29.11.2011 – 30954/05 Rn. 38, BeckRS 2011, 143058 – Beiere; EGMR 12.6.2012 – 31098/08 Rn. 58, EuGRZ 2013, 114 – Hizb Ut-Tahrir ua; EGMR 19.12.2017 – 56080/13 Rn. 132, BeckRS 2017, 160146 = NLMR 2017, 511 – Lopes de Sousa Fernandes; etwas anderes kann gelten, wenn sich das Gericht in der Sache mit dem eingelegten Rechtsbehelf befasst: EGMR 20.1.2009 – 12188/06 Rn. 24 – Csanics). Dasselbe gilt, wenn der Zugang zu einem Rechtsbehelf im Ermessen der staatlichen Behörden steht oder wenn ein Rechtsbehelf nicht mit einer klaren Frist versehen ist (EGMR 17.2.2009 – 32567/06 – Williams; ausnahmsweise anwendend EGMR 4.1.2012 – 40485/08 Rn. 57ff., BeckRS 2012, 214557 – Petrović; → Rn. 23 ff.). Im Einzelfall, etwa wenn es sich um den einzigen verfügbaren Rechtsbehelf handelt, kann die Einlegung außerordentlicher Rechtsbehelfe allerdings den Beginn der Beschwerdefrist verschieben (EGMR 31.5.2005 – 48907/99, NVwZ 2009, 897 – Ahtinen; EGMR 27.4.2017 – 22493/05 Rn. 66ff., BeckRS 2017, 162421 – Schmidt; zu möglichen Auswirkungen der Wiederaufnahme eines Verfahrens EGMR 13.1.2009 – 35738/03 Rn. 23ff. – Sapeyan).

54 Bei **Fehlen eines effektiven Rechtsbehelfs,** beginnt die Frist mit dem angegriffenen Rechtsakt selbst bzw. mit dem Zeitpunkt, zu dem der Bf. von diesem Rechtsakt oder seinen Auswirkungen Kenntnis hatte bzw. hätte haben müssen (EGMR 2.7.2002 – 76573/01 – Dennis ua; EGMR 2.7.2002 – 29178/95 – Finucane; EGMR 8.11.2005 – 34056/02 Rn. 155, NJW 2007, 895 – Gongadze; EGMR 18.9.2009 (GK) – 16064/90 ua Rn. 157, NVwZ-RR 2011, 251 – Varnava

Zulässigkeitsvoraussetzungen **Art. 35 EMRK**

ua). Handelt es sich um eine **fortdauernde Verletzung** („continuing violation" – bspw. konventionswidrige Haft oder überlange Verfahrensdauer) und ist ein effektiver Rechtsbehelf nicht vorhanden, so beginnt die Frist in der Regel mit dem Ende dieser Situation (EGMR 1.6.2004 – 39437/98 – Ülke; EGMR 18.9.2009 (GK) – 16064/90 ua Rn. 159 ff., NVwZ-RR 2011, 251 – Varnava ua; zur Berechnung des Fristbeginns bei mehreren unterbrochenen Zeiträumen der Untersuchungshaft EGMR 22.5.2012 (GK) – 5826/03 Rn. 127–133 – Idalov; zu verschiedenen, kurz aufeinanderfolgenden Haftzeiten EGMR 28.10.2014 – 49327/11 Rn. 134, NJOZ 2016, 69 – Gough; s. a. Grabenwarter/Pabel EMRK § 13 Rn. 41), wobei ein unangemessen langes Zuwarten des Bf. zur Verfristung der Beschwerde führen kann (EGMR 18.9.2009 (GK) – 16064/90 ua Rn. 161 ff., NVwZ-RR 2011, 251 – Varnava ua; EGMR 14.12.2011 (GK) – 13216/05 Rn. 141 f., BeckRS 2011, 142839 – Chiragov ua). Ebenfalls auf das Ende der fortdauernden Situation (und nicht auf das Inkrafttreten des Gesetzes) ist abzustellen, wenn sich der Eingriff unmittelbar aus einer gesetzlichen Vorschrift ergibt (EGMR 27.8.2015 (GK) – 46470/11 Rn. 111 f., NJW 2016, 3705 – Parrillo). Eine andauernde Situation idS ergibt sich nicht allein daraus, dass ein bestimmtes Ereignis fortdauernde Auswirkungen hat (EGMR 14.10.2008 – 6817/02 Rn. 49 – Iordache).

Ähnlich wie bei fortdauernden Verletzungen geht der Gerichtshof in **Abschiebungs- und Auslieferungsfällen,** in denen eine bevorstehende Verletzung von Art. 3 EMRK im Zielstaat gerügt wird (→ Art. 34 Rn. 71 f.), davon aus, dass der Lauf der Beschwerdefrist nicht mit der letzten innerstaatlichen Entscheidung, sondern erst mit deren Vollstreckung beginnt; eine Beschwerde gegen eine Abschiebung oder Auslieferung kann daher nicht verfristen, solange sich die betroffene Person noch innerhalb des Staates befindet, der eine weiterhin wirksame aufenthaltsbeendende Maßnahme angeordnet hat (EGMR 29.5.2012 – 68194/10 Rn. 33 f. – P.Z. ua). **54a**

Ergreift der Bf. einen nur **vermeintlich effektiven Rechtsbehelf,** beginnt die Frist mit dem Zeitpunkt, zu dem er von den Umständen Kenntnis hatte bzw. haben musste, die zur Ineffektivität des Rechtsbehelfs führen (EGMR 18.9.2009 (GK) – 16064/90 ua Rn. 157, NVwZ-RR 2011, 251 – Varnava ua; EGMR 17.9.2014 (GK) – 10865/09 ua Rn. 260, NJOZ 2016, 1383 – Mocanu ua). Im Zweifel empfiehlt sich in derartigen Fällen eine verfrühte Beschwerdeeinlegung unter Hinweis auf die Zweifelhaftigkeit der Effektivität des ergriffenen Rechtsbehelfs (vgl. *Rudolf/von Raumer* AnwBl 2009, 313 (316); bspw. EGMR 13.6.2017 – 32745/17 Rn. 22, BeckRS 2017, 161803 – Perelman; → Rn. 15). **55**

Ausnahmsweise kann sich die Frage stellen, ab wann ein Bf. **Kenntnis von der Ineffektivität eines Rechtsbehelfs** haben musste, wenn diese in einem Urteil des Gerichtshofs ausdrücklich festgestellt wurde. Im Rahmen seiner inzwischen überholten Rspr. zur Ineffektivität der Verfassungsbeschwerde bei Beschwerden über die Länge zivilrechtlicher Verfahren (→ Rn. 34 ff.) hat der Gerichtshof festgestellt, dass dies spätestens ein Jahr nach Veröffentlichung des entsprechenden Urteils der Fall ist (ua mit Blick auf die veröffentlichte deutsche Übersetzung von EGMR 20.1.2011 – 21980/06 ua Rn. 71, 76, FamRZ 2011, 533 – Kuhlen-Rafsandjani; s. a. EGMR 21.10.2010 – 2651/07 Rn. 24 – Schliederer). **56**

Stellt die Verfassungsbeschwerde ausnahmsweise kein effektives und daher kein zu erschöpfendes Rechtsmittel dar, so beginnt die Beschwerdefrist mit der das **instanzgerichtliche Verfahren beendenden Entscheidung** (bspw. EGMR 20.1.2011 – 21980/06 ua Rn. 76, FamRZ 2011, 533 – Kuhlen-Rafsandjani). Seit Inkrafttreten des Gesetzes über den Rechtsschutz bei überlangen Gerichtsverfahren **57**

EMRK Art. 35

und strafrechtlichen Ermittlungsverfahren (→ Rn. 34 ff.) gibt es im deutschen Recht allerdings keine Konstellation mehr bei der dies systematisch der Fall wäre; vielmehr ist zur Erschöpfung des innerstaatlichen Rechtswegs iSv Art. 35 Abs. 1 EMRK regelmäßig Verfassungsbeschwerde einzulegen (→ Rn. 10, 25 f., 23).

57a In einer das Recht auf Zugang zu Gericht betreffenden Beschwerde gegen Österreich sah der Gerichtshof nicht die Ablehnung der **Klagezustellung an einen ausländischen Staat**, sondern erst die Ablehnung des Antrags auf Bestellung eines Sachwalters (Kurators) für diesen Staat als letzte innerstaatliche Entscheidung an (EGMR 17.7.2012 – 156/04 Rn. 44, ÖJZ 2013, 86 – Wallishauser).

58 **3. Fristberechnung und -dauer.** Der Fristlauf beginnt am Tag nach der öffentlichen mündlichen Verkündung der letzten Entscheidung (EGMR 23.10.2001 – 39641/98, BeckRS 2001, 164621 – Loveridge) bzw. soweit das innerstaatliche Recht eine Zustellung von Amts wegen vorsieht, mit deren **Zustellung an den Bf. oder dessen Prozessvertreter** und zwar unabhängig davon, ob die Entscheidung bzw. der Urteilstenor bereits zuvor öffentlich verkündet wurde (EGMR 29.8.1997 – 22714/93 Rn. 32 f., MR 1997, 295 – Worm). Es kommt auch dann auf die Zustellung an den Prozessvertreter an, wenn der Bf. erst später Kenntnis von der Entscheidung erlangt (EGMR 23.9.2004 – 52991/99 – Çelik; EGMR 12.9.2006 – 25694/03 ua – Andorka und Vavra). Der Eingangsstempel des Rechtsanwalts ist zur Glaubhaftmachung grds. ausreichend (vgl. EGMR 17.2.2011 – 12884/03 Rn. 39, NVwZ 2011, 1503 – Wasmuth). Sind weder Zustellung noch öffentliche Verkündung vorgesehen, so beginnt die Frist am Tag nach der Ausfertigung der letzten innerstaatlichen Entscheidung, wobei es darauf ankommt, dass die Parteien tatsächlich in der Lage waren, von deren Inhalt Kenntnis zu erlangen (EGMR 25.3.1999 (GK) – 31423/96 Rn. 30, EuGRZ 1999, 319 – Papachelas; näher hierzu *Harris/O'Boyle/Warbrick* European Convention on Human Rights S. 65).

59 Die Frist endet vier bzw. sechs (→ Rn. 51 f.) Kalendermonate nach Fristbeginn, dh mit dem Ablauf desjenigen Tages des letzten Monats, welcher durch seine Zahl dem Tag entspricht, in den das für den Fristbeginn entscheidende Ereignis fällt (→ Rn. 52 ff.; s. a. Art. 4 des Europäischen Übereinkommens über die Berechnung von Fristen, 16.5.1972, ETS Nr. 076; EGMR 26.9.2006 – 35349/05 Rn. 31 – Fleri Soler und Camilleri; s. a. EKMR 9.1.1995 – 21034/92, BeckRS 1995, 123162 – K.C.M.). Die EMRK kennt **keine § 193 BGB entsprechende Feiertagsregelung.** Endet die Frist an einem Feiertag oder Wochenende, verschiebt sich das Fristende somit nicht auf den darauffolgenden Werktag (EGMR 25.9.2003 – 62393/00 – Kadiķis; EGMR 10.11.2009 – 21425/06 – Otto; EGMR 8.6.2010 – 6162/04 ua Rn. 10 – Büyükdere – s. a. das Sondervotum der Richter Cabral Barreto, Popović u. Sajó; EGMR 29.6.2012 (GK) – 27396/06 Rn. 43–59, 61, NJW 2012, 2943 – Sabri Güneş, mAnm *Meyer-Ladewig/Petzold;* zum Ganzen *Meyer-Ladewig* NJW 2011, 1559; s. a. *Kadelbach* in Dörr/Grote/Marauhn Kap. 30 Rn. 67; aA noch EKMR 11.4.1996 – 24856/94 – Fondation Croix-Etoile, Baudin u. Delajoux; *Peukert* in Frowein/Peukert EMRK Art. 35 Rn. 44).

60 Bei Vorliegen **„besonderer Umstände"** kann der Beginn bzw. Lauf der **Frist gehemmt** sein (EGMR 1.2.2005 – 39464/98, BeckRS 2005, 156394 – Ölmez und Ölmez; s. a. EGMR 16.7.1971 – 2614/65 Rn. 89 ff., 93, EGMR-E 1, 143 – Ringeisen; EGMR 12.12.1991 – 11894/85 Rn. 80–82, BeckRS 1991, 119169 – Toth). Dies kommt etwa in Betracht, wenn Gefängnisbehörden die Einlegung der Beschwerde verhindern (EGMR 7.10.2004 – 60776/00 Rn. 35 – Poleshchuk;

Zulässigkeitsvoraussetzungen **Art. 35 EMRK**

→ Art. 34 Rn. 6 a) oder wenn einem Häftling die Kenntnisnahme der fristauslösenden Entscheidung unmöglich war (EGMR 1.4.2003 – 37415/97 – Şahmo). Gesundheitliche Probleme führen in der Regel nicht zu einer Hemmung der Frist (vgl. EKMR 10.7.1975 – 6317/73, FHOeffR 27 Nr. 2939 – X.; EKMR 17.5.1984 – 10416/83, FHOeffR 38 Nr. 921 – K.; EKMR 20.2.1995 – 25435/94 – Peters).

4. Unterbrechung. Der Lauf der Beschwerdefrist wird ausschließlich durch die **61 wirksame Einbringung einer Individualbeschwerde** gemäß Art. 47 EGMR-VerfO unterbrochen. Als Einbringungsdatum der Beschwerde gilt das Datum, an dem ein den Anforderungen von Art. 47 EGMRVerfO entsprechendes **Beschwerdeformular** (einschließlich aller erforderlichen Unterlagen → Art. 34 Rn. 4) an den Gerichtshof **abgesendet** wurde; es gilt das **Datum des Poststempels** (Art. 47 Abs. 6 lit. a EGMRVerfO; → Art. 34 Rn. 6 f.; auch dann, wenn die Beschwerde erst mit erheblicher Verspätung eingeht (EGMR 20.10.2015 (GK) – 35343/05 Rn. 117, NJOZ 2017, 709 – Vasiliauskas).

Das **erste Schreiben** bzw. die erste „Mitteilung" des Bf., „in welcher der Ge- **62** genstand der Beschwerde – sei es auch nur zusammenfassend – dargelegt wird" (Art. 47 Abs. 5 S. 1 EGMRVerfO aF), hat für die Unterbrechung der Beschwerdefrist keine Bedeutung mehr. Allein entscheidend ist das Absendedatum der vollständigen, Art. 47 EGMRVerfO entsprechenden Beschwerde (vgl. EGMR 9.9.2014 – 40139/14 ua – Malysh und Ivanin). Der **Eingang beim Gerichtshof** kann dann eine Rolle spielen, wenn der Poststempel unleserlich ist und sich somit nicht feststellen lässt, wann die Beschwerde abgesendet wurde (vgl. EGMR 29.6.2004 – 49781/99 – Florica; abweichend von dieser Praxis: EGMR 12.4.2007 – 66455/01 Rn. 32 – Bulinwar Ood und Hrusanov).

Es ist zwingend das von der Kanzlei zur Verfügung gestellte **Original Be- 63 schwerdeformular** zu verwenden (Art. 47 Abs. 1 S. 1 EGMRVerfO). Dieses ist **per Post** einzusenden; eine Übersendung per Fax hat weder fristwahrende Wirkung noch genügt sie den Anforderungen an eine wirksame Beschwerdeeinlegung gemäß Art. 47 EGMRVerfO („Practice Direction – Institution of Proceedings", Nr. 3; → Art. 34 Rn. 3 ff., 14; s. a. EGMR 1.6.2010 – 65938/09 Rn. 22 – Kemevuako).

Neue Beschwerdepunkte, die erst außerhalb der Beschwerdefrist erhoben **64** werden, sind zwar Gegenstand der Beschwerde, aber als verfristet anzusehen, wenn sie nicht der Sache nach bereits zuvor erhoben wurden oder in engem und untrennbaren Zusammenhang mit bereits erhobenen Beschwerdepunkten stehen (EGMR 28.8.2001 – 48539/99, BeckRS 2003, 05512 = StV 2003, 257 – Allan; im Hinblick auf fortdauernde Verletzungen vgl. EGMR 6.1.2011 (GK) – 34932/04 Rn. 81 ff., NVwZ 2011, 1307 – Paksas). So deckt bspw. die bloße Berufung auf Art. 6 EMRK innerhalb der Beschwerdefrist nicht sämtliche unter dieser Vorschrift denkbaren Beschwerdepunkte ab (EGMR 1.9.2005 – 290/03, BeckRS 2008, 6615 – Adam ua; → Art. 34 Rn. 17). Eine **Erweiterung der Beschwerde** auf zusätzliche Mitgliedstaaten muss ebenfalls innerhalb der Beschwerdefrist erfolgen (EGMR 9.9.2008 – 73250/01 – Boivin).

In **Ausnahmefällen** kann der Gerichtshof nach Art. 47 Abs. 6 lit. b EGMR- **65** VerfO entscheiden, dass ein anderes Datum als Einbringungsdatum gilt, wenn er dies für gerechtfertigt hält (→ Art. 34 Rn. 6 a).

5. Versäumung. Bei Nichteinhaltung der Beschwerdefrist ist die Individual- **66** beschwerde **unzulässig**. Es ist nicht erforderlich, dass die Regierung die Nichteinhaltung geltend macht. Die Einhaltung der Beschwerdefrist ist grds. vom Bf. **nach-**

zuweisen (s. a. Art. 47 Abs. 2 lit. a EGMRVerfO). Sie ist **von Amts wegen** zu prüfen und zu berücksichtigen (EGMR 25.9.2003 – 62393/00 – Kadikis; EGMR 8.4.2004 (GK) – 71503/01 Rn. 160, NJW 2005, 2207 – Assanidze; EGMR 27.5.2004 – 66296/01 Rn. 38 – Belaousof ua; EGMR 20.1.2011 – 21980/06 ua Rn. 75, FamRZ 2011, 533 – Kuhlen-Rafsandjani). Das Fehlen einer entsprechenden Unzulässigkeitseinrede seitens der Regierung hindert den Gerichtshof auch nach Zustellung nicht an der Feststellung der Fristversäumung (EGMR 25.1.2000 – 34979/97 – Walker; EGMR 20.5.2003 – 66990/01 – Soto Sanchez; → Rn. 6). Ebenso kann der Gerichtshof auch zum Nachteil des Bf. von einem anderen Fristbeginn als die Regierung ausgehen (EGMR 7.11.2000 – 39706/98 – Ipek). Beruft sich die Regierung auf die Nichteinhaltung der Beschwerdefrist, obliegt es ihr, darzulegen, wann der Bf. von der letzten innerstaatlichen Entscheidung Kenntnis erlangt hat (EGMR 25.11.2003 – 35882/97 Rn. 33 – Potop).

III. Anonymität (Abs. 2 lit. a)

67 Gemäß Art. 35 Abs. 2 lit. a EMRK befasst sich der Gerichtshof nicht mit anonymen Beschwerden. In der Praxis spielt dieser Unzulässigkeitsgrund **kaum eine Rolle**. Anonyme Beschwerden werden in der Regel bereits daran scheitern, dass es an einem vollständig ausgefüllten Beschwerdeformular und damit an einer gültigen Individualbeschwerde iSv Art. 47 EGMRVerfO fehlt, was zur Erledigung der Eingabe auf dem Verwaltungswege führt (→ Art. 34 Rn. 5).

68 Eine Beschwerde ist anonym, wenn sich die Identität des Bf. nicht aus dessen Eingaben ergibt und es **dem Gerichtshof somit unmöglich ist, den Bf. zu identifizieren** (EGMR 15.9.2009 – 7245/09 – Blondje). Daher ist auch eine unter einem Pseudonym erhobene Beschwerde grds. als anonym anzusehen (s. aber EGMR 16.9.2003 – 36378/02 – Shamayev ua, wo der Gerichtshof aufgrund der Ausnahmesituation der Bf. einen entsprechenden Einwand der Regierung zurückwies). Eine Beschwerde ist nicht allein deshalb anonym, weil das Beschwerdeformular **nicht unterschrieben** wurde (EGMR 19.1.2006 – 67579/01, BeckRS 2006, 140227 – Kuznetsova). Ein nicht unterschriebenes Beschwerdeformular würde allerdings inzwischen erst gar nicht als gültige Beschwerde anerkannt (→ Art. 34 Rn. 3). Im Fall der **Prozessvertretung**, bspw. durch einen Gewerkschaftsverband, müssen die Identität jedes einzelnen vertretenen Bf. eindeutig erkennbar sein und eine wirksame Bevollmächtigung vorliegen (EKMR 12.5.1986 – 10983/84, FHOeffR 41 Nr. 1304 – Confédération des Syndicats médicaux français et la Fédération nationale des Infirmiers). Eine **Religionsgemeinschaft** hingegen vertritt nicht nur ihre Mitglieder, sondern ist selbst Grundrechtsträger und nimmt daher eigene Rechte wahr (EKMR 19.3.1981 – 8118/77 Rn. 3 – Omkarananda and the Divine Light Zentrum).

69 Einem möglichen Interesse des Bf. an der Geheimhaltung seiner Identität wird dadurch Rechnung getragen, dass der Gerichtshof nach Art. 47 Abs. 4 EGMRVerfO sowohl auf Antrag des Bf. als auch von Amts wegen eine **Anonymisierung der Beschwerde** anordnen kann (im Einzelnen → Art. 34 Rn. 7).

IV. *Res iudicata* und *Litis pendens* (Abs. 2 lit. b)

70 Nach Art. 35 Abs. 2 lit. b EMRK sind Beschwerden unzulässig, wenn sie entweder mit einer bereits vom Gerichtshof geprüften *(res iudicata)* oder einer anderen internationalen Untersuchungs- oder Vergleichsinstanz unterbreiteten *(litis pendens)*

Beschwerde im Wesentlichen übereinstimmen und keine neuen Tatsachen enthalten. Sinn und Zweck der Vorschrift sind einerseits der **Schutz der Rechtskraft** der von Gerichtshof und Kommission getroffenen Entscheidungen, andererseits die Vermeidung einer Vielzahl **paralleler** internationaler Verfahren in Bezug auf denselben Gegenstand (EGMR 15.6.2017 (GK) – 71537/14 Rn. 51, NLMR 2017, 358 = BeckRS 2017, 161802 – Harkins; EGMR 20.3.2018 (GK) – 37685/10 ua Rn. 119, NLMR 2018, 161 – Radomilja ua; *Peukert* in Frowein/Peukert EMRK Art. 35 Rn. 49). Die Frage der anderweitigen Rechtshängigkeit prüft der Gerichtshof **von Amts wegen** (EGMR 21.5.2013 – 59253/11 Rn. 27, BeckRS 2013, 203267 – POA ua). Dasselbe muss für die Frage der *res iudicata* gelten, da der Gerichtshof diese als Frage seiner Zuständigkeit definiert (EGMR 15.6.2017 (GK) – 71537/14 Rn. 52–54, NLMR 2017, 358 = BeckRS 2017, 161802 – Harkins; → Rn. 6).

1. Übereinstimmung der Beschwerden. Eine **Übereinstimmung** iSv 71 Art. 35 Abs. 2 lit. b EMRK ist gegeben, soweit die Beschwerden
– dieselben Parteien (→ Rn. 74 f.),
– dieselben Beschwerdepunkte (→ Rn. 76) und
– denselben Sachverhalt (→ Rn. 77 f.) betreffen (EGMR 14.2.2006 – 15472/02 – Folgerø ua; EGMR 30.6.2009 (GK) – 32772/02 Rn. 63, NJW 2010, 3699 – Verein gegen Tierfabriken Schweiz (VgT) (Nr. 2); EGMR 18.9.2009 (GK) – 16064/90 ua Rn. 118, NVwZ-RR 2011, 251 – Varnava ua).

Die Übereinstimmung muss lediglich **„im Wesentlichen"** bestehen, dh sie 72 muss für die entscheidungserheblichen Aspekte der Beschwerde gegeben sein. So ist etwa von einer Übereinstimmung im Sinne von Art. 35 Abs. 2 lit. b EMRK auszugehen, wenn die neue Beschwerde sich zwar auf ein neues innerstaatliches Verfahren mit einem anderen Beklagten bezieht, aber weiterhin dieselben innerstaatlichen Rechtsvorschriften unter denselben rechtlichen Aspekten zum Gegenstand hat (EKMR 1.4.1968 – 2606/65 – X.).

Ein Verfahrenshindernis besteht (bei Vorliegen der übrigen Voraussetzungen) le- 73 diglich für den **Teil der Beschwerde,** bezüglich dessen die Identität gegeben ist (vgl. etwa EGMR 22.11.2001 – 42437/98 Rn. 2, BeckRS 2001, 164534 – Dinç – teilweise identische Beschwerdepunkte; EGMR 10.1.2006 – 25326/03 Rn. 2, BeckRS 2006, 140344 – Patera – teilweise identischer Sachverhalt).

a) Identität der Beschwerdeparteien. Keine Identität der Beschwerdepar- 74 teien besteht, wenn sich ein Teil der an demselben innerstaatlichen Verfahren beteiligten Parteien an den Gerichtshof und der andere Teil an eine andere internationale Instanz wendet (EGMR 14.2.2006 – 15472/02 – Folgerø ua). Ebenfalls keine Identität besteht, wenn sich eine andere Person (bspw. natürliche Person, Nichtregierungsorganisation oder Interessenverband) unabhängig vom Bf. wegen desselben innerstaatlichen Verfahrens bzw. derselben Sache an die internationale Instanz wendet (EGMR 5.10.2007 – 21449/04 Rn. 40 – Celniku; EGMR 19.5.2009 – 14301/08 – Illiu; EGMR 6.11.2012 – 49372/10 Rn. 21, BeckRS 2014, 82043 – Stürmer ua; EGMR 20.9.2011 – 14902/04 Rn. 523 ff., NJOZ 2012, 2000 – OAO Neftyanaya Kompaniya Yukos; EGMR 25.9.2012 – 20641/05 Rn. 38 – Eğitim ve Bilim Emekçileri Sendikasi; EKMR 10.4.1995 – 20060/92 – A.G.V.R.; EKMR 20.1.1987 – 11603/85, FHOeffR 41 Nr. 1339 – Council of Civil Service Unions ua). Dies gilt nicht, soweit diese Person allein für den Bf. bzw. als dessen Vertreter aktiv wird (EGMR 6.3.2008 – 27244/03 – Malsagova ua; EGMR 7.4.2009 – 2096/05 ua – Peraldi).

EMRK Art. 35 Verfahrensrecht

75   Auch eine beim Gerichtshof anhängige **Staatenbeschwerde** hindert die betroffenen Personen nicht daran in derselben Sache Individualbeschwerden einzulegen (EGMR 18.9.2009 (GK) – 16064/90 ua Rn. 118, NVwZ-RR 2011, 251 – Varnava ua; s. a. *Peukert* in Frowein/Peukert EMRK Art. 35 Rn. 52).

76   **b) Identität der Beschwerdepunkte.** Bei der Frage, ob ein Beschwerdepunkt der Sache nach („in substance", vgl. EKMR 15.5.1996 – 25159/94 – Hokkanen) bereits in einer früheren Beschwerde vorgetragen wurde, ist der Gerichtshof nicht an die konventionsrechtliche Einordnung durch den Bf. oder die Regierung gebunden. Auch hier gilt, dass sich der Inhalt der Beschwerde nicht nach dem rechtlichen Vortrag, sondern nach dem vorgetragenen Sachverhalt und den diesbezüglich (der Sache nach) erhobenen Rügen bestimmt (EGMR 8.12.2009 – 45291/06 Rn. 293, BeckRS 2009, 140875 – Previti; EGMR 15.1.2015 – 62198/11 Rn. 91, NJW 2015, 1433 – Kuppinger; → Art. 34 Rn. 15, 19).

77   **c) Identität des Sachverhalts.** Identität des Sachverhalts ist gegeben, wenn eine denselben Sachverhalt betreffende neue Beschwerde keine neuen Tatsachen enthält. Der letzte Hs. von Art. 35 Abs. 2 lit. b EMRK gilt – wie die übrigen Elemente der erforderlichen Identität – für beide Alternativen (vgl. EGMR 8.12.2009 – 45291/06 Rn. 291, BeckRS 2009, 140875 – Previti). Es muss sich um **entscheidungserhebliche neue Tatsachen** handeln (vgl. die insofern deutlichere englische Fassung „no relevant new information"; s. a. EKMR 10.7.1981 – 8206/78 – X.; EKMR 5.5.1986 – 11369/85 – D.; EKMR 28.11.1994 – 23956/94 – McKenny; EKMR 13.9.1996 – 31398/96 – Adesina). Neue entscheidungserhebliche Tatsachen sind bspw. die Beseitigung früherer Zulässigkeitshindernisse, wie die zwischenzeitliche Erschöpfung des innerstaatlichen Rechtswegs (EGMR 4.5.2000 – 31657/96 – Buscarini – in einem solchen Fall kann die Einlegung einer neuen Beschwerde auch dann sinnvoll sein, wenn die ursprüngliche Beschwerde ohne Begründung als „offensichtlich unbegründet" zurückgewiesen wurde, da häufig mehrere unterschiedliche Unzulässigkeitsgründe unter diesem Kriterium zusammengefasst werden, → Rn. 116 f.), ein neues innerstaatliches Verfahren, das zuvor nicht Beschwerdegegenstand war (vgl. etwa EKMR 12.10.1994 – 20338/92 – Chappex), weiterer Zeitablauf bei Beschwerden über die Länge anhängiger Verfahren oder fortdauernder Untersuchungshaft (EKMR 3.10.1979 – 8233/78 Rn. 54, FHOeffR 32 Nr. 3850 – X.; EKMR 13.10.1983 – 9621/81, FHOeffR 37 Nr. 1187 – Vallon), oder mit dem Inkrafttreten eines neuen Zusatzprotokolls entstandene, neue konventionsrechtliche Verpflichtungen des beklagten Staates (denkbar im Falle fortdauernder Verletzungen, EKMR 14.12.1970 – 4256/69, BeckRS 1970, 106596 – X.). Neue rechtliche Argumente oder Gründe sind keine neuen Tatsachen (EGMR 20.3.2018 (GK) – 37685/10 ua Rn. 120, NLMR 2018, 161 – Radomilja ua). Eine neue bzw. fortentwickelte Rspr. des Gerichtshofs ist ebenfalls keine neue Tatsache idS (EGMR 15.6.2017 (GK) – 71537/14 Rn. 56, NLMR 2017, 358 = BeckRS 2017, 161802 – Harkins).

78   Auch wenn die Sache bereits einer anderen internationalen Instanz unterbreitet und von dieser entschieden wurde, besteht ein Verfahrenshindernis **nur insoweit** als es sich um denselben Sachverhalt handelt (→ Rn. 81); Ereignisse, die sich erst nach deren Entscheidung zugetragen haben, stellen neue Tatsachen dar (EGMR 10.1.2006 – 25326/03 Rn. 2, BeckRS 2006, 140344 – Patera – hier UN-Menschenrechtsausschuss).

Zulässigkeitsvoraussetzungen **Art. 35 EMRK**

2. *Res iudicata* (vom Gerichtshof bereits geprüfte Beschwerden). Die erste 79
Alternative von Art. 35 Abs. 2 lit. b EMRK ist nur anwendbar, wenn und soweit die
dem Gerichtshof unterbreitete neue Beschwerde bereits **Gegenstand einer
formalen Entscheidung** des Gerichtshofs oder der Kommission gewesen ist
(EGMR 29.4.2004 – 75529/01 – Sürmeli), da nur solche Entscheidungen in
Rechtskraft erwachsen (vgl. Art. 27 Abs. 2, Art. 28 Abs. 2, Art. 42 iVm Art. 44
Abs. 2, Art. 44 Abs. 1 EMRK, → Art. 44 Rn. 1 ff.). Mit einer endgültig entschiedenen Beschwerde kann sich der Gerichtshof lediglich aufgrund eines Antrags auf
Wiederaufnahme des Verfahrens nach Art. 80 EGMRVerfO erneut befassen
(→ Rn. 157; → Art. 44 Rn. 3).

Gemäß Art. 35 Abs. 2 lit. b EMRK muss die vorherige Beschwerde vom Ge- 79a
richtshof „**geprüft**" worden sein. Eine Prüfung iS ist nicht gegeben, wenn der
Gerichtshof die vorherige Beschwerde nach Art. 37 Abs. 1 EMRK aus dem Register gestrichen hat, weil der Bf. diese nicht weiterverfolgt hat (EGMR 4.12.2012 –
47017/09 Rn. 51 – Butt). Wurde die Beschwerde jedoch nach Art. 37 Abs. 1
EMRK aus dem Register gestrichen, weil es zu einer gütlichen Einigung kam, so
liegt eine Prüfung iSv Abs. 2 lit. b vor (EGMR 5.10.2004 – 58058/00 Rn. 2 – Kezer ua).

Beschwerden, die dieses Stadium nie erreicht haben, sondern lediglich **auf dem** 80
Verwaltungswege erledigt, dh ohne weitere Prüfung vernichtet wurden (vgl.
Art. 47 Abs. 5 Nr. 1 EGMRVerfO sowie die „Practice Direction – Institution of
proceedings"; → Art. 34 Rn. 5), können dementsprechend jederzeit wieder neu
eingereicht werden. Freilich wird sich hier regelmäßig die Frage der Einhaltung
der Beschwerdefrist stellen.

3. *Litis pendens* (anderweitige Rechtshängigkeit). Im Gegensatz zur ersten 81
Alternative verlangt die zweite Alternative von Art. 35 Abs. 2 lit. b EMRK keine
formale Entscheidung, sondern greift sowohl, wenn die Sache einer anderen internationalen Instanz „unterbreitet worden" und dort **noch anhängig** ist als auch,
wenn diese **bereits entschieden** wurde (EGMR 15.11.2005 – 41183/02,
BeckRS 2005, 156933 – Jeličić; s. a. die Darstellung der Rspr. in EGMR 2.6.2004
(GK) – ohne Az., NJW 2005, 123 Rn. 29–31 – Entscheidung über die gutachtliche Zuständigkeit des Gerichtshofs). Eine informelle Anrufung ist nicht genügend, es bedarf eines ausdrücklichen oder zumindest konkludenten Antrags des Bf.
(EGMR 6.3.2008 – 27244/03 – Malsagova ua; EKMR 14.4.1998 – 16064/90
ua – Varnava ua). Teilweise hat der Gerichtshof die Eröffnung eines Verfahrens verlangt (EGMR 10.12.2019 – 28749/18 Rn. 93, NLMR 2019, 491 = BeckRS 2019,
36540 – Kavala).

Ausschlaggebend ist die **Sachlage zum Zeitpunkt der Entscheidung über die** 82
Zulässigkeit der Beschwerde (EGMR 7.4.2009 – 2096/05 – Peraldi; EKMR
6.7.1992 – 17512/90, FHOeffR 48 Nr. 485 – Calcerrada Fornieles u. Cabeza Mato).

Ein Antrag auf Aussetzung des Verfahrens vor der anderen internationalen 83
Instanz beseitigt dieses Verfahrenshindernis nicht; hierfür bedarf es einer vollständigen **Rücknahme der Eingabe** (EKMR 6.7.1992 – 17512/90, FHOeffR 48
Nr. 485 – Calcerrada Fornieles u. Cabeza Mato; vgl. auch EKMR 3.12.1979 –
8464/79 – M.G.).

Für die Frage, ob die angerufene internationale Instanz eine seine Entschei- 84
dungsbefugnis verdrängende „**internationalen Untersuchungs- oder Ver-
gleichsinstanz**" iSv Art. 35 Abs. 2 lit. b EMRK darstellt, untersucht der Gerichtshof im jeweiligen Einzelfall um was für eine Art Kontrollorgan es sich handelt, das

Schäfer   699

von diesem durchgeführte Verfahren sowie die Rechtswirkungen seiner Entscheidungen (EGMR 7.4.2009 – 2096/05 – Peraldi; EGMR 2.6.2004 (GK) – ohne Az., NJW 2005, 123 Rn. 31 – Entscheidung über die gutachterliche Zuständigkeit des Gerichtshofs; EGMR 1.2.2011 – 23205/08 Rn. 62, BeckRS 2011, 145442 – Karoussiotis). Es muss sich um ein dem konventionsrechtlichen Verfahren ähnliches, **gerichtliches** oder **quasi-gerichtliches** Verfahren (EGMR 5.1.2006 – 16944/03, BeckRS 2006, 140275 – Mikolenko; EGMR 6.3.2008 – 27244/03 – Malsagova ua; EGMR 19.5.2009 – 14301/08 ua – Illiu) im Rahmen zwischenstaatlicher Einrichtungen handeln; Verfahren vor nicht-staatlichen Gremien kommen nicht in Betracht (EKMR 12.1.1995 – 21915/93 – Lukanov). Bei der Frage, ob es sich um eine „internationale" Instanz handelt, kommt es nicht allein auf deren Rechtsgrundlage an, sondern auch auf deren Zusammensetzung, Kompetenzen, Finanzierung und ggf. Stellung in einem bestehenden Rechtssystem (EGMR 15.11.2005 – 41183/02, BeckRS 2005, 156933 – Jeličić).

85 Insbes. folgende Aspekte wurden von den Konventionsorganen für **erheblich** gehalten: das Bestehen eines Anspruchs des Einzelnen auf Einleitung eines Verfahrens (EGMR 1.2.2011 – 23205/08 Rn. 68f., BeckRS 2011, 145442 – Karoussiotis), die Zusammensetzung des Organs aus unabhängigen Mitgliedern (EGMR 5.1.2006 – 16944/03, BeckRS 2006, 140275 – Mikolenko; EGMR 7.4.2009 – 2096/05 – Peraldi), die Kompetenz zur Untersuchung von konkreten Einzelfällen sowie die Möglichkeit der individuellen Wiedergutmachung und Feststellung staatlicher Verantwortlichkeit (EGMR 5.1.2006 – 16944/03, BeckRS 2006, 140275 – Mikolenko; EGMR 5.10.2007 – 21449/04 Rn. 40 – Celniku; EGMR 6.3.2008 – 27244/03 – Malsagova ua; EGMR 7.4.2009 – 2096/05 – Peraldi; EGMR 1.2.2011 – 23205/08 Rn. 74, BeckRS 2011, 145442 – Karoussiotis; EKMR 14.4.1998 – 16064/90 ua – Varnava ua) im Gegensatz zu rein präventiven Verfahren (EGMR 17.7.2008 – 22728/03 Rn. 26 – De Pace) sowie die Beteiligung der Bf. am Verfahren und deren Information über dessen Ausgang (EGMR 5.10.2007 – 21449/04 Rn. 40 – Celniku; EGMR 3.6.2008 – 24408/03 – Zagaria; EGMR 7.4.2009 – 2096/05 – Peraldi). Trotz dieser vom Gerichtshof gestellten Anforderungen kann dieses Unzulässigkeitskriterium problematisch sein, soweit Verfahren vor anderen internationalen Organen iSv Art. 35 Abs. 2 lit. b EMRK lediglich zu Berichten oder Empfehlungen führen und damit hinter dem vom Gerichtshof gewährleisteten Rechtsschutz zurückbleiben (Grabenwarter/Pabel EMRK § 13 Rn. 49; *Cremer* in Dörr/Grote/Marauhn Kap. 32 Rn. 12).

86 Folgende Institutionen wurden bislang **als „internationale Untersuchungs- oder Vergleichsinstanz"** iSv Art. 35 Abs. 2 lit. b EMRK **anerkannt:**
– der UN-Menschenrechtsausschuss als Kontrollorgan des IPBPR, jedoch nur soweit der beklagte Staat das erste Fakultativprotokoll ratifiziert und damit das Individualbeschwerderecht anerkannt hat (EKMR 9.10.1991 – 17230/90 – C.W.; EKMR 6.7.1992 – 17512/90, FHOeffR 48 Nr. 485 – Calcerrada Fornieles u. Cabeza Mato; EKMR 9.1.1995 – 24872/94 – Pauger; fehlende Ratifikation: EGMR 13.2.2001 – 29590/96 – Yağmurdereli; für Deutschland ist das Fakultativprotokoll am 25.11.1993 in Kraft getreten, BGBl. 1994 II 311; für Österreich am 10.3.1988, BGBl. Nr. 105/1988);
– der ILO-Ausschuss für Vereinigungsfreiheit (EKMR 12.10.1992 – 16358/90, FHOeffR 48 Nr. 486 – Cereceda Martin ua; EGMR 21.5.2013 – 59253/11 Rn. 28, BeckRS 2013, 203267 – POA ua);
– die UN-Arbeitsgruppe für willkürliche Inhaftierungen (EGMR 7.4.2009 – 2096/05 – Peraldi; EGMR 19.5.2009 – 14301/08 – Illiu; EGMR 18.3.2014 –

Zulässigkeitsvoraussetzungen **Art. 35 EMRK**

59715/10 – Gürdeniz; EGMR 10.12.2019 – 28749/18 Rn. 92, NLMR 2019, 491 = BeckRS 2019, 36540 – Kavala).

Folgende Institutionen stellen **keine „internationale Untersuchungs- oder** 87 **Vergleichsinstanz"** iSv Art. 35 Abs. 2 lit. b EMRK dar:
– die Interparlamentarische Union (EKMR 12.1.1995 – 21915/93 – Lukanov; EGMR 22.12.2020 (GK) – 14305/17 Rn. 188, NLMR 2020, 453 – Selahattin Demirtaş (Nr. 2));
– die Menschenrechtskammer für Bosnien-Herzegowina (EGMR 15.11.2005 – 41183/02, BeckRS 2005, 156933 – Jeličić);
– das sog. 1503-Verfahren beim UN-Hochkommissar für Menschenrechte bzw. der früheren UN-Menschenrechtskommission (EGMR 5.1.2006 – 16944/03, BeckRS 2006, 140275 – Mikolenko; EGMR 5.10.2007 – 21449/04 Rn. 40 – Celniku);
– die Arbeitsgruppe der UN-Menschenrechtskommission für Fälle von verschwundenen Personen („Working Group on Enforced and Involuntary Disappearances", EGMR 6.3.2008 – 27244/03 – Malsagova);
– der Ausschuss für in Zypern vermisste Personen („Committee on Missing Persons in Cyprus", EKMR 14.4.1998 – 16064/90 ua – Varnava ua);
– das Europäische Komitee zur Verhütung von Folter und unmenschlicher oder erniedrigender Behandlung oder Strafe („European Committee for the Prevention of Torture and Inhuman or Degrading Treatment or Punishment (CPT)", EGMR 17.7.2008 – 22728/03 Rn. 26 – De Pace; EGMR 3.6.2008 – 24408/03 – Zagaria; EGMR 7.7.2009 – 24406/03 – Gallo);
– die Europäische Kommission, wenn sie von Einzelnen mit einer Beschwerde gegen einen Mitgliedstaat wegen Nichtbeachtung des Unionsrecht befasst wird (EGMR 1.2.2011 – 23205/08 Rn. 75f., BeckRS 2011, 145442 – Karoussiotis; EGMR 26.7.2011 – 6457/09 Rn. 51, BeckRS 2011, 143970 – Shaw).

Verfahren vor der Gerichtsbarkeit der **EU** oder der Europäischen Kommission 88 stellen ebenfalls keine Verfahren iSv Art. 35 Abs. 2 lit. b EMRK dar (EGMR 1.2.2011 – 23205/08 Rn. 76, BeckRS 2011, 145442 – Karoussiotis; vgl. Grabenwarter/Pabel EMRK § 13 Rn. 50). Diese sind ggf. vielmehr als Teil des zu erschöpfenden innerstaatlichen Rechtswegs anzusehen (EKMR 13.1.1989 – 13539/88 Rn. 2 – Dufay; → Rn. 28).

V. Unvereinbarkeit (Abs. 3 lit. a)

1. Allgemeines. Gemäß Art. 35 Abs. 3 lit. a EMRK erklärt der Gerichtshof 89 eine Beschwerde für unzulässig, wenn er sie für „unvereinbar" mit der Konvention oder einem der Zusatzprotokolle hält. Unvereinbarkeit idS umschreibt (in negativer Form) nichts anderes als den **Anwendungsbereich der Konvention** und damit die **Grenzen der Zuständigkeit des Gerichtshofs** (vgl. *Rogge* in IntKomm-EMRK Art. 27 aF Rn. 72; *Matscher* EuGRZ 1982, 489 (500); Grabenwarter/Pabel EMRK § 13 Rn. 53; näher hierzu *Schäfer* Verletzungen der EMRK S. 26f.; *Chrysostomides* ZaöRV 1973, 449). Eine Beschwerde kann außerhalb des persönlichen *(ratione personae),* örtlichen *(ratione loci),* zeitlichen *(ratione temporis)* oder sachlichen *(ratione materiae)* Anwendungsbereichs der Konvention bzw. Zuständigkeitsbereichs des Gerichtshofs liegen.

Materiell-rechtlich wird der Anwendungsbereich der Konvention *ratione perso-* 90 *nae, materiae* und *loci* durch Art. 1 iVm Art. 14, 2–13 und 56 EMRK bestimmt (EGMR 18.1.1978 – 5310/71 Rn. 238, EuGRZ 1979, 149 – Irland/Vereinigtes

Königreich; EGMR 30.1.1998 – 19392/92 Rn. 29 – United Communist Party of Turkey ua; → Art. 1 Rn. 1) sowie *ratione temporis* durch Art. 59 Abs. 3 und 4 EMRK.

91 Der Gerichtshof hat die Unvereinbarkeit einer Beschwerde iSv Art. 35 Abs. 3 lit. a EMRK **in jedem Stadium des Verfahrens von Amts wegen zu prüfen,** unabhängig davon, ob die Regierung einen entsprechenden Einwand erhebt (EGMR 8.3.2006 (GK) – 59532/00 Rn. 67, NJW 2007, 347 – Blečić; EGMR 22.12.2009 (GK) – 27996/06 ua Rn. 27, NJOZ 2011, 428 – Sejdić und Finci; EGMR 27.4.2010 (GK) – 7/08 Rn. 131, NLMR 2010, 123 – Tănase; → Rn. 2). Dies gilt auch für die Frage der Opfereigenschaft des Bf. (EGMR 8.12.2009 – 22465/03 Rn. 50 – Şandru ua; → Art. 34 Rn. 61 ff.). Eine Beschwerde, die außerhalb des Anwendungsbereichs der EMRK und ihrer Zusatzprotokolle liegt, hat der Gerichtshof grds. auf Zulässigkeitsebene abzulehnen, da er mit einer Sachentscheidung seine Entscheidungskompetenz und Zuständigkeit überschreiten würde (*Matscher* EuGRZ 1982, 489 (500)). Soweit der Gerichtshof die Frage ausnahmsweise auf Begründetheitsebene behandelt, erfolgt die Prüfung unter dem Begriff der „Zuständigkeit" („jurisdiction") (vgl. EGMR 16.11.2004 – 31821/96 Rn. 82 – Issa ua: *ratione personae;* EGMR 8.4.2004 – 71503/01 Rn. 132 ff., NJW 2005, 2207 – Assanidze; EGMR 24.11.1986 – 9063/80 Rn. 62, EGMR-E 3, 306 – Gillow: *ratione loci*).

92 **2. Persönliche Unvereinbarkeit** *(ratione personae)*. Die Unvereinbarkeit *ratione personae* einer Beschwerde kann in der Person des **Beschwerdeführers** sowie in der Person des **Beschwerdegegners** begründet sein. Im ersten Fall fehlt es an der konventionsrechtlichen Aktiv-, im zweiten an der Passivlegitimation (*Zwaak* in van Dijk/van Hoof/van Rijn/Zwaak European Convention on Human Rights S. 151; Grabenwarter/Pabel EMRK § 13 Rn. 54; näher hierzu *Rogge* in IntKommEMRK Art. 27 aF Rn. 78 mwN).

93 **a) In Bezug auf den Beschwerdeführer.** ist eine Beschwerde nach Art. 35 Abs. 3 lit. a iVm Art. 34 S. 1 EMRK unvereinbar *ratione personae,* wenn dieser
– nicht **partei- oder nicht prozessfähig** ist (bspw. EGMR 23.11.1999 – 45129/98 – Section de commune d'Antilly; EGMR 18.5.2000 – 48391/99 ua Rn. 1 – Hatzitakis et les Mairies de Thermaikos et Mikra; EGMR 1.2.2001 – 55346/00 – Ayuntamiento de Mula; im Einzelnen → Art. 34 Rn. 31 ff.) oder
– nicht die erforderliche **Opfereigenschaft** besitzt (bspw. EGMR 12.5.2009 – 14849/08 Rn. 2, EuGRZ 2009, 580 – Ernewein ua; EGMR 22.12.2009 (GK) – 27996/06 ua Rn. 27–29, NJOZ 2011, 428 – Sejdić und Finci; im Einzelnen → Art. 34 Rn. 61 ff.).

94 **b) In Bezug auf den Beschwerdegegner.** ist eine Beschwerde nach Art. 35 Abs. 3 lit. a iVm Art. 34 S. 1 EMRK unvereinbar *ratione personae,* wenn sie sich
– nicht gegen eine oder mehrere **Vertragsparteien** der Konvention bzw. des geltend gemachten Zusatzprotokolls richtet, oder
– die gerügte Handlung oder Unterlassung dem beklagten Staat nicht **zurechenbar** ist.

95 Eine Beschwerde ist somit insbesondere unvereinbar *ratione personae,* wenn sie sich – direkt oder indirekt – gegen einen **Staat** richtet, der **nicht Vertragspartei der Konvention** ist (EGMR 18.10.2001 – 58112/00 Rn. 2, BeckRS 2001, 164646 – „Multiplex" und Smailagić; EGMR 14.5.2002 – 48205/99 ua Rn. 20 – Gentilhomme ua; EGMR 3.4.2007 – 29453/02 Rn. 1, BeckRS 2008, 6519 –

Zulässigkeitsvoraussetzungen **Art. 35 EMRK**

Collmann; EGMR 9.10.2007 – 26242/04 Rn. 29 – Czmarkó; EKMR 28.8.1957 – 262/57 – E. S.) bzw. das geltend gemachte **Zusatzprotokoll nicht ratifiziert** hat (EGMR 9.2.2006 – 43371/02 Rn. 1, BeckRS 2008, 06626 – Rabus; EGMR 24.7.2007 – 27535/04 Rn. 68 f. – de Saedeleer). Deutschland ist lediglich nicht Vertragspartei des 7. und des 12. EMRKProt (vgl. zum Ratifikationsstand: http://conventions.coe.int; → Einl. Rn. 15).

Ebenfalls unvereinbar *ratione personae* sind Beschwerden, die sich unmittelbar **96** **gegen Privatpersonen** richten (EGMR 30.3.1999 – 40140/98 Rn. 1 – Tuziński; EKMR 10.12.1976 – 6956/75 – X.; EKMR 7.7.1992 – 14968/89 Rn. 4 – I.H.; EKMR 12.1.1994 – 19217/91 – Durini) oder **gegen internationale Organisationen,** die nicht Vertragspartei der Konvention sind (EGMR 11.12.2008 – 45267/06 – Stephens; EGMR 20.1.2009 – 13645/05 Rn. 2, EuGRZ 2011, 11 – Cooperatieve Producentenorganisatie van de Nederlandse Kokkelvisserij U.A.; EGMR 9.6.2009 – 22617/07 Rn. 36 – Galić; EGMR 3.4.2012 – 37937/07, EuGRZ 2013, 26 – Lechouritou; EKMR 13.1.1989 – 13539/88 Rn. 1 – Dufay; EKMR 10.7.1978 – 8030/77, DR 13, 231 Rn. 3 = FHOeffR 30 Nr. 3610 = EuGRZ 1979, 431 – C.F.D.T.; s. a. EGMR 30.6.2005 (GK) – 45036/98 Rn. 152, NJW 2006, 197 – Bosphorus Hava Yolları Turizm; *Schäfer* Verletzungen der EMRK S. 79 f. mwN; zum bevorstehenden Beitritt der EU → Art. 59 Rn. 5 ff. und → Einl. Rn. 154 ff.).

Nach der Neufassung von **Art. 47 EGMRVerfO** (→ Art. 34 Rn. 2 a ff.) werden **96a** Beschwerden, die nicht **direkt** gegen eine der Vertragsparteien als Beschwerdegegner gerichtet sind, einem Entscheidungsorgan überhaupt nicht mehr zugewiesen, sondern auf dem Verwaltungswege erledigt. Das neue Beschwerdeformular sieht nur noch die Möglichkeit vor, einen (oder mehrere) der 47 Mitgliedstaaten als Beschwerdegegner anzukreuzen. Allerdings kann eine Beschwerde weiterhin freilich **indirekt** gegen einen Staat gerichtet sein, der nicht Vertragspartei der Konvention ist, sofern der angegriffene Rechtsakt allein diesem Drittstaat zurechenbar ist.

Rechtsakte Dritter können den Vertragsstaaten **ausnahmsweise konven- 97 tionsrechtlich zurechenbar** sein (→ Art. 1 Rn. 11 ff.; s. a. *Schäfer* Verletzungen der EMRK S. 122 ff.) und zwar sowohl, wenn es sich um Rechtsakte von staatlicher Seite (vgl. EGMR 10.5.2001 (GK) – 25781/94 Rn. 77 – Zypern/Türkei; EGMR 21.4.2009 – 11956/07 Rn. 51 ff. – Stephens) als auch, wenn es sich um Handlungen von Privatpersonen bzw. juristischen Personen des Privatrechts handelt (EGMR 23.11.1983 – 8919/80 Rn. 29, EuGRZ 1985, 477 – van der Mussele; EGMR 25.3.1993 – 13134/87 Rn. 27 f., ÖJZ 1993, 707 – Costello-Roberts; EGMR 2.10.2018 – 40575/10 ua Rn. 64 ff., NJW 2019, 1057 = BeckRS 2018, 23523 – Mutu u. Pechstein – für den Internationalen Sportgerichtshof als Organ einer privat-rechtlichen Stiftung) zum Sonderfall der Nichtvollstreckung von Leistungsurteilen gegen dem Staat zurechenbare Unternehmen (EGMR 30.11.2004 – 35091/02 ua Rn. 44 f. – Mykhaylenky; EGMR 15.10.2019 – 67697/09 Rn. 93 ff., 117 mwN, BeckRS 2019, 47141 – Kuzhelev ua).

Im Hinblick auf **Rechtsakte von Organen internationaler Organisationen 98** hat der Gerichtshof eine zumindest grds. bestehende konventionsrechtliche Verantwortlichkeit der Mitgliedstaaten bislang nur insoweit bejaht, als diesen ein **mitgliedstaatlicher Umsetzungsakt** als Anknüpfungspunkt der Zurechnung nachgeschaltet ist (so etwa in Fällen des indirekten Vollzugs von EU-Recht, vgl. EGMR 30.6.2005 (GK) – 45036/98 Rn. 151 ff., NJW 2006, 197 – Bosphorus Hava Yolları Turizm; EGMR 8.11.2006 – 16231/04 Rn. 5 – Coopérative des agriculteurs de Mayenne ua; EGMR 9.12.2008 – 13762/04 – Establissements Biret et

EMRK Art. 35

Cie S. A. ua; EGMR 12.9.2012 (GK) – 10593/08 Rn. 121f., NJOZ 2013, 1183 – Nada; EGMR 21.6.2016 (GK) – 5809/08 Rn. 93ff., NJOZ 2017, 1572 – Al-Dulimi and Montana Management Inc.; offen gelassen in EGMR 10.3.2004 (GK) – 56672/00, NJW 2004, 3617 – Senator Lines GmbH; → Art. 1 Rn. 12ff. u. → Einl. Rn. 126ff.). Zwar hat der Gerichtshof teilweise für Fälle, in denen es an einem solchen nationalen Umsetzungsakt fehlt, eine konventionsrechtliche Verantwortlichkeit richtigerweise nicht gänzlich ausgeschlossen soweit solche Rechtsakte unmittelbare Rechtswirkungen im innerstaatlichen Hoheitsbereich entfalten (EGMR 16.6.2009 – 40382/04, GRUR-Int 2010, 840 – Rambus Inc.; s. a. EGMR 20.1.2009 – 13645/05 Rn. 3, EuGRZ 2011, 11 – Cooperatieve Producentenorganisatie van de Nederlandse Kokkelvisserij U.A.; offen gelassen in EGMR 3.4.2012 – 37937/07, EuGRZ 2013, 26 – Lechouritou ua, sowie in EGMR 6.1.2015 – 15521/08 Rn. 66 – Perez; zur Begründung einer konventionsrechtlichen Verantwortlichkeit der Mitgliedstaaten vgl. *Schäfer* Verletzungen der EMRK S. 120ff., 179ff.). Dennoch sollte vor dem Hintergrund der bisherigen Rspr. davon ausgegangen werden, dass Rechtsakte internationaler Organisationen **ohne nationalen Umsetzungsakt** den Mitgliedstaaten grds. **nicht zurechenbar** (EGMR 2.5.2007 (GK) – 71412/01 ua Rn. 151f., EuGRZ 2007, 522 – Behrami ua; EGMR 16.10.2007 – 36357/04 ua Rn. 29 – Berić ua; EGMR 9.6.2009 – 22617/07 Rn. 39 – Galić) und gegen solche Rechtsakte gerichtete Beschwerden daher unvereinbar *ratione personae* sind. Dem ist zuzustimmen, soweit es sich um **„interne Rechtsakte"** handelt, deren Rechtswirkungen sich auf den inneren Bereich der Internationalen Organisation beschränken, wie etwa arbeitsrechtliche Maßnahmen (EGMR 9.12.2008 – 73274/01 – Connolly; EGMR 9.9.2008 – 73250/01 – Boivin; EGMR 16.6.2009 – 36099/06 – Beygo; EGMR 7.7.2009 – 18754/06, BeckRS 2009, 141023 – Lopez Cifuentes; EGMR 31.3.2015 – 28827/11 Rn. 71f., BeckRS 2015, 131167 – Andreasen; mit einem anderen Ansatz und unter Anwendung der *Bosphorus*-Rspr. allerdings EGMR 12.5.2009 – 10750/03 – Gasparini; sowie EGMR 6.1.2015 – 415/07 Rn. 91ff., NVwZ-RR 2016, 644 – Klausecker). Auch der Umstand, dass eine internationale Organisation oder ein internationales Gericht Sitz oder Räumlichkeiten im Hoheitsgebiet eines Staates hat, führt nicht dazu, dass deren Handlungen diesem Staat zuzurechnen sind (EGMR 6.1.2015 – 415/07 Rn. 80 mwN, NVwZ-RR 2016, 644 – Klausecker).

99   **3. Örtliche Unvereinbarkeit *(ratione loci)*.** Eine Beschwerde ist lediglich in jenen seltenen Fällen unvereinbar *ratione loci,* in denen es um Handlungen von hoheitlichen Organen eines Gebietes geht, für dessen internationale Beziehungen der beklagte Staat zwar verantwortlich ist, für das er aber keine Erklärung nach **Art. 56 Abs. 1 EMRK** (sog. „Kolonialklausel", *Frowein* in Frowein/Peukert EMRK Art. 56 Rn. 1; s. a. *Rogge* in IntKommEMRK Art. 34 Rn. 212ff.) abgegeben hat (EGMR 25.11.1999 – 50887/99 – Yonghong; EGMR 19.9.2006 – 15305/06 – Quark Fishing Limited; EKMR 30.5.1961 – 1065/61 – X.; EKMR 12.3.1990 – 16137/90 – Bui van Thanh ua; vgl. auch EGMR 26.6.1992 – 12747/87 Rn. 84–90 – Drozd u. Janousek; im Einzelnen → Art. 56 Rn. 1ff.).

100   Das Unzulässigkeitskriterium der Unvereinbarkeit *ratione loci* spielt in der Praxis nahezu **keine Rolle,** da sich die Anwendbarkeit der Konvention nicht allein danach bestimmt, wo die als Konventionsverletzung gerügte Handlung oder Unterlassung stattgefunden hat, sondern danach, ob diese sich als „Hoheitsgewalt" iSv Art. 1 EMRK darstellt. Zwar ist die Hoheitsgewalt eines Staates insofern primär territorial bestimmt, als vermutet wird, dass sie auf dem gesamten Gebiet des Staates

Zulässigkeitsvoraussetzungen **Art. 35 EMRK**

ausgeübt wird und diese Annahme nur unter außergewöhnlichen Umständen nicht gilt, etwa wenn ein Staat seine Autorität in Teilen seines Staatsgebiets nicht ausüben kann (EGMR 13.2.2020 (GK) – 8675/15 ua Rn. 103 mwN, NVwZ 2020, 697 – N.D. u. N.T.). Gleichwohl ist der Anwendungsbereich der Konvention nicht auf das Territorium der Mitgliedstaaten begrenzt. Auch **extraterritoriale Rechtsakte** können eine Ausübung von Hoheitsgewalt iSv Art. 1 EMRK darstellen (EGMR 26.6.1992 – 12747/87 Rn. 91 – Drozd u. Janousek; EGMR 18.12.1996 (GK) – 15318/89 Rn. 52, EuGRZ 1997, 555 – Loizidou; EKMR 26.5.1975 – 6780/74 ua Rn. 8, FHOeffR 27 Nr. 2894 – Zypern/Türkei; EGMR 27.10.2011 – 25303/08 Rn. 41f., NJW 2012, 3709 – Stojkovic; s. a. *Kadelbach* in Dörr/Grote/Marauhn Kap. 30 Rn. 45 mwN), wenngleich es sich hierbei um Ausnahmefälle handelt, die einer besonderen Begründung bedürfen (EGMR 12.12.2001 – 52207/99 Rn. 61, NJW 2003, 413 – Banković ua; EGMR 7.7.2011 – 55721/07 Rn. 130–141, NJW 2012, 283 – Al-Skeini ua; EGMR 23.2.2012 (GK) – 27765/09 Rn. 70ff., NVwZ 2012, 809 – Hirsi Jamaa ua; EGMR 11.12.2012 – 35622/04 Rn. 70 – Chagos Islanders; EGMR 16.9.2014 (GK) – 29750/09 Rn. 75ff., NJOZ 2016, 351 – Hassan; EGMR 20.11.2014 (GK) – 47708/08 Rn. 139ff., NJOZ 2016, 76 – Jaloud; → Art. 1 Rn. 20ff.). Auch bei extraterritorialen Rechtsakten bestimmt sich die Anwendbarkeit der Konvention aber allein danach, ob „Hoheitsgewalt" iSv Art. 1 EMRK ausgeübt wurde. Dementsprechend sind extraterritoriale Rechtsakte, die sich nicht als Ausübung von Hoheitsgewalt idS darstellen, auch nicht unvereinbar *ratione loci,* sondern unvereinbar *ratione personae* (im Ergebnis daher unrichtig EKMR 28.2.1983 – 9348/81, FHOeffR 36 Nr. 984 – W.; EGMR 16.4.2002 – 65964/01 – Peñafiel Salgado). In der Rspr. des Gerichtshofs (u. insbes. in den Einreden der beklagten Staaten – „preliminary objections") wird hier allerdings nicht immer klar differenziert (vgl. die Zusammenfassung der Rspr. in EGMR 29.1.2019 (GK) – 36925/07 Rn. 178 ff., BeckRS 2019, 52734 = NLMR 2019, 13 – Güzelyurtlu ua).

4. Zeitliche Unvereinbarkeit *(ratione temporis).* Eine Beschwerde ist unvereinbar *ratione temporis,* wenn die gerügte Konventionsverletzung vor Inkrafttreten der Konvention bzw. des geltend gemachten Zusatzprotokolls für den beklagten Staat stattgefunden hat (bspw. EGMR 7.10.2008 – 47550/06 Rn. 58 ff., NJW 2009, 3775 – Preussische Treuhand; EGMR 12.5.2009 – 14849/08, EuGRZ 2009, 580 – Ernewein ua; EGMR 9.3.2010 – 37142/07 ua – Mielke). Von zentraler Bedeutung ist daher die Bestimmung des **genauen Zeitpunktes** der geltend gemachten Konventionsverletzung. Hierbei berücksichtigt der Gerichtshof nicht nur den zugrunde liegenden Sachverhalt, sondern auch die Reichweite der geltend gemachten Konventionsgarantie (EGMR 8.3.2006 (GK) – 59532/00 Rn. 82, NJW 2007, 347 – Blečić; EGMR 18.9.2009 (GK) – 16064/90 ua Rn. 131, NVwZ-RR 2011, 251 – Varnava ua; → Art. 59 Rn. 25). **101**

In Übereinstimmung mit den allgemeinen Regeln des Völkerrechts (vgl. Art. 28 WVK) bindet die Konvention die Vertragsstaaten nicht in Bezug auf bereits **vor dem Inkrafttreten** der Konvention bzw. des geltend gemachten Zusatzprotokolls für den jeweiligen Mitgliedstaat **beendete Handlungen oder Ereignisse** (EGMR 8.3.2006 (GK) – 59532/00 Rn. 70, NJW 2007, 347 – Blečić; EGMR 9.4.2009 (GK) – 71463/01 Rn. 140 – Šilih; EGMR 18.9.2009 (GK) – 16064/90 ua Rn. 130, NVwZ-RR 2011, 251 – Varnava ua; EGMR 21.10.2013 (GK) – 55508/07 ua Rn. 128 ff., NJOZ 2014, 1270 – Janowiec ua). Es besteht auch keine konventionsrechtliche Verpflichtung der Mitgliedstaaten, Wiedergutmachung für **102**

Unrecht oder Schäden zu leisten, die vor Inkrafttreten der Konvention entstanden sind (EGMR 28.9.2004 (GK) – 44912/98 Rn. 38, NJOZ 2005, 2912 – Kopecký; s. aber EGMR 22.6.2004 (GK) – 31443/96 Rn. 122ff., NJW 2005, 2521 – Broniowski, falls nationales Recht nachträglich Wiedergutmachungsansprüche schafft; hierzu auch *Rudolf/von Raumer* AnwBl 2009, 313 (316, 325); → EMRKZusProt Art. 1 Rn. 26). Fallen das Inkrafttreten der Konvention und die Anerkennung des Individualbeschwerderechts zeitlich auseinander, ist letztere ausschlaggebend (vgl. EGMR 11.9.2018 – 29753/16 Rn. 84–90, BeckRS 2018, 53098 – Chong).

103 Nicht ohne weiteres unvereinbar *ratione temporis* sind hingegen Beschwerden in Bezug auf sog. **fortdauernden Konventionsverletzungen** (→ Rn. 33, 54), dh konventionsrechtlich relevante Sachverhalte, die bereits vor Inkrafttreten der Konvention bzw. des Zusatzprotokolls für den beklagten Staat begonnen haben und nach deren Inkrafttreten andauern (vgl. bspw. EGMR 11.1.2000 – 29813/96 ua Rn. 41ff. – Almeida Garrett, Mascarenhas Falcão ua; EGMR 19.6.2006 (GK) – 35014/97 Rn. 152f. – Hutten-Czapska; EGMR 17.9.2014 (GK) – 10865/09 ua Rn. 205ff., NJOZ 2016, 1383 – Mocanu ua; EGMR 2.5.2017 – 30376/13 Rn. 67ff., BeckRS 2017, 162375 – Jurica; EKMR 9.6.1958 – 214/56 – de Becker). Im Einzelfall stellen sich schwierige Abgrenzungsfragen (→ Art. 59 Rn. 25; s.a. Grabenwarter/Pabel EMRK § 17 Rn. 20ff.; *Loucaides* GS Ryssdal, 2000, 803).

104 **5. Sachliche Unvereinbarkeit** *(ratione materiae).* Eine Beschwerde ist unvereinbar *ratione materiae,* wenn das **geltend gemachte Recht**
– auf den vorgetragenen Sachverhalt **nicht anwendbar** ist (→ Rn. 107ff.),
– von der Konvention bzw. einem der vom beklagten Staat ratifizierten Zusatzprotokolle **nicht gewährleistet** wird (→ Rn. 110ff.) oder
– der beklagte Staat einen **wirksamen Vorbehalt** gemäß Art. 57 EMRK erklärt hat (→ Rn. 113).

104a Darüber hinaus erklärt der Gerichtshof eine Beschwerde bzw. einzelne Beschwerdepunkte mitunter für unvereinbar *ratione materiae,* soweit **Art. 17 EMRK** („Verbot des Missbrauchs der Rechte") zur Anwendung kommt (bspw. EGMR 13.12.2005 – 7485/03 Rn. 3, BeckRS 2008, 6673 – Witzsch; EGMR 20.2.2007 – 35222/04 Rn. 1 – Ivanov; EGMR 12.6.2012 – 31098/08 Rn. 72–75, LSK 2013, 230390 = EuGRZ 2013, 114 – Hizb Ut-Tahrir ua; im Einzelnen → Art. 17 Rn. 9ff.).

105 Da der Gerichtshof im Rahmen dieses Zulässigkeitskriteriums die Reichweite der jeweils geltend gemachten Konventionsrechte und deren Anwendbarkeit im konkreten Einzelfall prüft, stellt sich diese Prüfung ebenso wie jene der offensichtlichen Unbegründetheit iSv Art. 35 Abs. 3 lit. a EMRK als Teil einer summarischen, **vorgezogenen Sachprüfung** im Rahmen der Zulässigkeitsprüfung dar (Grabenwarter/Pabel EMRK § 13 Rn. 58; *Rogge* in IntKommEMRK Art. 27 aF Rn. 89; → Rn. 115). Ist die Unvereinbarkeit nicht offensichtlich, erfolgt die Prüfung auf Begründetheitsebene (bspw. EGMR 12.7.2001 (GK) – 44759/98 Rn. 18f., NJW 2002, 3453 – Ferrazzini).

106 Ebenfalls unzulässig wegen Unvereinbarkeit *ratione materiae* sind Beschwerden, mit denen allein die **unzureichende Umsetzung eines vorhergehenden Urteils** des Gerichtshofs in derselben Sache gerügt wird (EGMR 6.5.2003 – 27569/02 – Fischer; EGMR 8.7.2003 – 15227/03, EuGRZ 2004, 777 – Lyons ua; EGMR 21.9.2010 – 66338/09 – Yaremenko; EGMR 18.9.2012 – 12214/07 – Egmez; EGMR 5.2.2015 (GK) – 22251/08 Rn. 35, NJOZ 2016, 395 – Bochan (Nr. 2); s.a. EKMR 16.5.1995 – 19255/92 ua – Oberschlick), denn die Überwachung der Umsetzung der Urteile des Gerichtshofs obliegt nach Art. 46 Abs. 2 EMRK dem

Zulässigkeitsvoraussetzungen **Art. 35 EMRK**

Ministerkomitee. Art. 46 EMRK verleiht dem Einzelnen keine subjektiven Rechte, auf die er sich insoweit berufen könnte. Erneut angerufen werden kann der Gerichtshof freilich wegen möglicher Konventionsverletzungen bei der Umsetzung, wenn es sich dabei um neue, bislang nicht überprüfte Umstände handelt (vgl. – insbes. zu der im Einzelfall problematischen Abgrenzung – EGMR 30.6.2009 (GK) – 32772/02 Rn. 62, 67, NJW 2010, 3699 – Verein gegen Tierfabriken Schweiz (VgT) (Nr. 2), sowie das Sondervotum der Richter *Malinverni, Birsan, Myjer* und *Berro-Lefèvre;* EGMR 5.2.2015 (GK) – 22251/08 Rn. 34, NJOZ 2016, 395 – Bochan (Nr. 2); EGMR 11.7.2017 – 19867/12 Rn. 47 ff., NLMR 2017, 332 = BeckRS 2017, 161538 – Moreira Ferreira (Nr. 2); s. a. *Cremer* EuGRZ 2012, 493; *Harris/O'Boyle/Warbrick* European Convention on Human Rights S. 70, 99 mwN; im Einzelnen → Art. 46 Rn. 75 ff.).

a) Nichtanwendbarkeit einzelner Konventionsgarantien. Der in der Praxis 107 häufigste Fall der Unvereinbarkeit *ratione materiae* ist die Geltendmachung eines auf den vorgetragenen Sachverhalt nicht anwendbaren Konventionsrechts. In den meisten Fällen handelt es sich hierbei um Art. 6, Art. 8 EMRK oder Art. 1 EMRKZusProt, wobei Art. 6 EMRK die mit Abstand am häufigsten in Bezug auf nicht von ihrem Schutzbereich umfasste Sachverhalte gerügte Konventionsgarantie ist. Ebenfalls zu erwähnen ist das Diskriminierungsverbot in Art. 14 EMRK, das aufgrund seiner Akzessorietät lediglich dann anwendbar ist, wenn der zugrunde liegende Sachverhalt (mindestens) in den Regelungsbereich eines anderen Konventionsrechts fällt (bspw. EGMR 18.7.1994 – 13580/88 Rn. 22, NVwZ 1995, 365 – Schmidt; Grabenwarter/Pabel EMRK § 26 Rn. 4; im Einzelnen → Art. 14 Rn. 14 ff.).

Freilich ist es nicht ausgeschlossen, dass der Gerichtshof auch seit langem etablierte 108 Rspr. **ändert** und so den Anwendungsbereich einer der Konventionsgarantien **erweitert** (vgl. bspw. zur Anwendbarkeit von Art. 6 EMRK auf Verfahren des einstweiligen Rechtsschutzes EGMR 15.10.2009 (GK) – 17056/06 Rn. 80 f. – Micallef, → Art. 6 Rn. 22; → Rn. 2 a). In derartigen Fällen sollte die Beschwerde eine eingehende Begründung sowie Auseinandersetzung mit der bisherigen Rspr. beinhalten.

Bspw. auf folgende Verfahren ist **Art. 6 EMRK typischerweise nicht an-** 109 **wendbar:**
– steuerrechtliche Verfahren, soweit sie nicht strafrechtlicher Natur sind (ua EGMR 12.7.2001 (GK) – 44759/98 Rn. 29, NJW 2002, 3453 – Ferrazzini; EGMR 23.11.2006 (GK) – 73053/01 Rn. 29 ff. – Jussila);
– Hochschulprüfungen und ähnliche berufsqualifizierende Bewertungen betreffende Verfahren (EGMR 26.6.1986 – 8543/79 Rn. 36, EuGRZ 1988, 35 – van Marle ua; EGMR 11.1.2007 – 20027/02 Rn. 54, EuGRZ 2007, 420 – Herbst; s. aber EGMR 23.9.2008 – 9907/02 Rn. 18–24 – Araç);
– strafvollstreckungsrechtliche Verfahren (EGMR 14.9.2000 – 41954/98 – Aydin; EGMR 27.6.2006 – 22318/02 – Csoszànszki; EGMR 17.9.2009 (GK) – 74912/01 Rn. 97 – Enea; s. aber EGMR 1.4.2010 – 27801/05 Rn. 41 – Smith);
– PKH-Verfahren (EGMR 14.10.2004 – 45584/99 Rn. 3, BeckRS 2008, 6777 – Harder-Herken; EGMR 9.2.2006 – 22897/02 Rn. 24 – Barillon; es sei denn, es geht um den Zugang zu Gericht nach Art. 6 EMRK – vgl. EGMR 9.10.1979 – 6289/73 Rn. 26, EuGRZ 1979, 626 – Airey; EGMR 12.6.2003 – 45681/99 Rn. 44 – Gutfreund; EGMR 12.6.2012 – 36894/08 – Vinke);
– Verfahren im Hinblick auf die Einreise, den Aufenthalt oder die Ausweisung bzw. Abschiebung von Ausländern (EGMR 5.10.2000 (GK) – 39652/98 Rn. 40 f., InfAuslR 2001, 109 – Maaouia; EGMR 14.2.2006 – 69735/01 –

Chair und Brunken), wobei sich ausnahmsweise ein Problem unter Art. 6 EMRK ergeben kann, wenn im Falle der Ausweisung bzw. Abschiebung das Risiko einer eklatanten Verweigerung eines fairen Verfahrens („flagrant denial of justice") besteht (EGMR 8.10.2013 – 56102/12 Rn. 37, BeckRS 2014, 82042 – Aktas, unter Verweis auf EGMR 17.1.2012 – 8139/09 Rn. 258, 267, NVwZ 2013, 487 – Othman (Abu Qatada));
- Verfahren betreffend die Einbürgerung oder Ausstellung eines Passes (EGMR 6.7.2006 – 14085/04 – Smirnov);
- Verfahren zur Einleitung von Strafverfolgungsmaßnahmen gegen Dritte (EGMR 12.2.2004 (GK) – 47287/99 Rn. 70 – Perez; EGMR 7.1.2010 – 25965/04 Rn. 331, NJW 2010, 3003 mwN – Rantsev);
- Verfahren über Anträge auf Wiederaufnahme rechtskräftig beendeter Verfahren (EGMR 6.5.2003 – 27569/02 – Fischer; EGMR 13.10.2005 – 11816/02, BeckRS 2005, 157218 – Eder; EGMR 15.12.2005 – 53203/99 Rn. 56, BeckRS 2005, 156596 – Vanyan; EGMR 16.9.2010 – 46128/07 – Schelling; s. allerdings die Ausnahmefälle in EGMR 5.2.2015 (GK) – 22251/08 Rn. 44–50, NJOZ 2016, 395 – Bochan (Nr. 2));
- Verfahren betreffend politische Rechte (EGMR 21.10.1997 – 24194/94 Rn. 50 – Pierre-Bloch; EGMR 27.5.2008 – 38978/03 Rn. 53 – Sarukhanyan; EGMR 6.1.2011 – 34932/04 Rn. 66f., NVwZ 2011, 1307 – Paksas).

110 **b) Nicht gewährleistete Rechte.** Eine Beschwerde ist ebenfalls unvereinbar *ratione materiae,* soweit die geltend gemachten Rechte von der Konvention bzw. den vom beklagten Staat ratifizierten Zusatzprotokollen nicht gewährleistet sind. Beruft sich der Bf. auf ein nicht ausdrücklich gewährleistetes Recht, wird der Gerichtshof allerdings prüfen, ob der vom Bf. angestrebte Konventionsrechtsschutz nicht aus einem der garantierten Rechte abzuleiten ist (*Peukert* in Frowein/Peukert EMRK Art. 35 Rn. 59; vgl. EGMR 28.8.1986 – 9228/80 Rn. 40–41, NJW 1986, 3005 – Glasenapp; EGMR 18.12.1986 – 9990/82 Rn. 42, NJW 1987, 3066 – Bozano; → Art. 34 Rn. 19). Des Weiteren kann auch, wenn das geltend gemachte Recht selbst (bspw. Recht auf politisches Asyl, → Rn. 112) nicht garantiert ist, mittelbar ein anderes Konventionsrecht berührt sein (im Fall der drohenden Abschiebung bspw. Art. 3 EMRK, wenn dem Bf. im Zielstaat unmenschliche Behandlung oder Folter droht, → Art. 3 Rn. 24ff.).

111 Streng genommen sind auch solche Beschwerden unvereinbar *ratione materiae,* die **andere internationale Verträge** und die dort gewährleisteten Garantien oder völkerrechtliche Grundsätze nicht im Rahmen der Auslegung der Konventionsgarantien geltend machen (vgl. EGMR 21.11.2001 (GK) – 35763/97 Rn. 55, BeckRS 2001, 15007 – Al-Adsani; EGMR 16.9.2014 (GK) – 29750/09 Rn. 99ff., NJOZ 2016, 351 – Hassan), sondern deren Verletzung rügen (EGMR 3.6.2004 – 69338/01 – Calheiros Lopes ua; EGMR 22.1.2013 – 66837/11 Rn. 41, NLMR 2013, 3 – El-Habach). Teilweise wird der Gerichtshof in solchen Fällen aber auch von einer Geltendmachung der entsprechenden Konventionsrechte zumindest „der Sache nach" („in substance", → Art. 34 Rn. 16ff.) ausgehen können.

112 Folgende, häufig geltend gemachte Rechte etwa werden **von der Konvention und ihren Zusatzprotokollen nicht geschützt,** denn diese gewährt
- kein Recht auf Einleitung von Strafverfolgungsmaßnahmen gegen Dritte (EGMR 11.5.1999 – 40753/98 – Rampogna und Murgia; s. aber EGMR 5.3.2009 – 38478/05 Rn. 50, 57f., BeckRS 2014, 21156 – Janković – bzgl. der positiven Schutzpflichten in diesem Zusammenhang);

Zulässigkeitsvoraussetzungen   **Art. 35 EMRK**

- kein Recht auf Wiederaufnahme rechtskräftig beendeter Verfahren (EGMR 17.12.2002 – 21291/02 – Kozak; EGMR 4.9.2003 – 13338/03 – AO „Uralmash"; vgl. auch EGMR 5.2.2015 (GK) – 22251/08 Rn. 57f., NJOZ 2016, 395 – Bochan (Nr. 2));
- kein Recht auf Berufsfreiheit (EGMR 6.4.2000 (GK) – 34369/97 Rn. 41, BeckRS 2000, 169813 – Thlimmenos; EKMR 3.6.1989 – 12337/86 – Rantner; s. aber EGMR 27.7.2004 – 55480/00 ua Rn. 42ff., 50 – Sidabras and Džiautas);
- kein Recht auf Arbeit (EGMR 10.2.2000 – 25693/94 ua – Sobczyk; EGMR 24.2.2005 – 10523/02 – Coorplan-Jenni GmbH und Hascic; EGMR 15.5.2007 – 37075/06 – Chen);
- kein Recht auf politisches Asyl (EGMR 30.10.1991 – 13163/87 ua Rn. 102, NVwZ 1992, 869 – Vilvarajah ua; EGMR 4.2.2005 (GK) – 46827/99 ua Rn. 66, EuGRZ 2005, 357 – Mamatkulov und Askarov; EGMR 28.2.2008 (GK) – 37201/06 Rn. 124, NVwZ 2008, 1330 – Saadi);
- kein Recht auf Einbürgerung oder Staatsangehörigkeit, wobei die willkürliche Ablehnung oder der willkürliche Widerruf ein Problem unter Art. 8 EMRK darstellen kann (EGMR 12.1.1999 – 31414/96, NVwZ 2000, 301 – Karassev; EGMR 17.3.2005 – 60723/00 – Kuduzoviÿ; EGMR 26.6.2012 (GK) – 26828/06 Rn. 337, 339, NJOZ 2015, 819 – Kurić ua; EGMR 7.2.2017 – 42387/13 Rn. 49f., NLMR 2017, 142 = BeckRS 2017, 163365 – K2), oder Ausbürgerung (EGMR 23.5.2006 – 46343/99 Rn. 153f., BeckRS 2012, 10752 – Riener);
- kein Recht auf Adoption (EGMR 26.2.2002 – 36515/97 Rn. 32, FamRZ 2003, 149 – Fretté; s. aber EGMR 22.1.2008 (GK) – 43546/02 Rn. 70ff., NJW 2009, 3637 – E. B.);
- weitere Beispiele bei *Villiger* EMRK-HdB § 3 Rn. 67; *Reid* Rn. II-026; *Harris/O'Boyle/Warbrick* European Convention on Human Rights S. 98f.

c) Wirksame Vorbehalte nach Art. 57 EMRK. Hat der beklagte Staat einen **113** Vorbehalt gemäß Art. 57 EMRK in Bezug auf die geltend gemachte Konventionsgarantie erklärt, so ist die Beschwerde unvereinbar *ratione materiae,* wenn der Vorbehalt nach Art. 57 EMRK wirksam ist und auf den geltend gemachten Sachverhalt Anwendung findet (bspw. EGMR 23.10.2001 – 57381/00, BeckRS 2001, 164637 – Kozlova und Smirnova; EGMR 28.2.2002 – 62208/00 – Labzov; EGMR 15.7.2002 – 47095/99 Rn. 107f., NVwZ 2005, 303 – Kalashnikov; vgl. für einen unwirksamen Vorbehalt bspw. EGMR 29.4.1988 – 10328/83 Rn. 51ff., EuGRZ 1989, 21 – Belilos; im Einzelnen Art. 57).

VI. Offensichtliche Unbegründetheit (Abs. 3 lit. a)

1. Allgemeines. Gemäß Art. 35 Abs. 3 lit. a EMRK erklärt der Gerichtshof **114** eine Beschwerde für unzulässig, wenn er sie für „offensichtlich unbegründet" hält. Eine Beschwerde ist offensichtlich unbegründet, wenn
- **offensichtlich keine Verletzung** der Konvention vorliegt (→ Rn. 120ff.);
- sie nicht ausreichend begründet und somit **unsubstantiiert** ist (→ Rn. 123ff.);
- der vorgetragene **Sachverhalt offensichtlich unzutreffend** oder **nicht beweisbar** ist (→ Rn. 126);
- es sich um eine sog. **„Vierte Instanz"-Beschwerde** handelt (→ Rn. 127ff.);
- die **Opfereigenschaft** des Bf. nachträglich **weggefallen** ist (→ Art. 34 Rn. 79ff.);
- sie **konfus oder völlig abwegig** ist (→ Rn. 131).

Schäfer

115 Streng genommen handelt es sich bei dem Zulässigkeitskriterium der offensichtlichen Unbegründetheit nicht um eine Zulässigkeitsvoraussetzung (dh Sachurteils- bzw. Verfahrensvoraussetzung) im eigentlichen Sinne, da die Prüfung der offensichtlichen Unbegründetheit einer Beschwerde bereits eine **vorgezogene Sachprüfung** beinhaltet (s. a. *Villiger* EMRK-HdB § 6 Rn. 97ff.). Demnach wäre eine Beschwerde erst dann auf ihre offensichtliche Unbegründetheit hin zu überprüfen, wenn alle anderen Zulässigkeitsvoraussetzungen erfüllt sind (Grabenwarter/Pabel EMRK § 13 Rn. 60; *Villiger* EMRK-HdB § 6 Rn. 97). In der Praxis unterstellt der Gerichtshof jedoch häufig das Vorliegen der übrigen Zulässigkeitsvoraussetzungen, um die Beschwerde sodann als (jedenfalls) offensichtlich unbegründet abzulehnen (bspw. EGMR 26.7.2007 – 8140/04 Rn. 35f. – Vitzthum; EGMR 16.6.2009 – 40382/04, GRUR-Int 2010, 840 – Rambus Inc.; EKMR 9.2.1990 – 13258/87 – M. & Co.; ausnahmsweise hat der Gerichtshof die Zulässigkeit auch gänzlich offengelassen und das Vorliegen einer Verletzung auf Begründetheitsebene verneint, vgl. EGMR 6.12.2007 – 69735/01 Rn. 49, 67, BeckRS 2008, 06643 – Chair u. J. B.).

116 Der Unzulässigkeitsgrund der „offensichtlichen Unbegründetheit" stellt einen **wichtigen Filter** im Verfahren der Individualbeschwerde dar, da er es ermöglicht Beschwerden bereits auf Zulässigkeitsebene aus materiellen Gründen abzuweisen (vgl. *Harris/O'Boyle/Warbrick* European Convention on Human Rights S. 75; *Villiger* EMRK-HdB § 6 Rn. 97). Daneben dürfte es sich insgesamt auch um den am häufigsten einschlägigen Unzulässigkeitsgrund handeln. Dies liegt an dem weiten Anwendungsbereich dieses Unzulässigkeitskriterium sowie daran, dass der Gerichtshof eine Beschwerde oder einen Teil einer Beschwerde aus prozessökonomischen Gründen unter der **sog. „global formula"** (bspw. EGMR 21.10.2010 – 2651/07 Rn. 33 – Schliederer; EGMR 13.1.2011 – 397/07 ua Rn. 60, NJW 2011, 3353 – Hoffer u. Annen) insgesamt für offensichtlich unbegründet erklärt, soweit verschiedene Beschwerdepunkte aus unterschiedlichen Gründen klar unzulässig sind (s. a. *Villiger* EMRK-HdB § 6 Rn. 108; *Kadelbach* in Dörr/Grote/Marauhn Kap. 30 Rn. 80).

117 Bei Anwendung der *„global formula"* wird dem Bf. lediglich mitgeteilt, dass soweit die Beschwerdepunkte in seine Zuständigkeit fallen, der Gerichtshof aufgrund aller zur Verfügung stehenden Unterlagen zur Auffassung gelangt, dass die Beschwerde keinen Anschein einer Verletzung der in der Konvention oder ihren Zusatzprotokollen garantierten Rechte und Freiheiten erkennen lässt. Diese Verfahrensweise birgt nicht nur die Gefahr, dass der Zweck verfehlt wird, den Streit zu befrieden (*Kadelbach* in Dörr/Grote/Marauhn Kap. 30 Rn. 80). Sie ist darüber hinaus **problematisch**, wenn ein Teil der so abgehandelten Beschwerdepunkte verfrüht („premature") erhoben wurde und somit wegen Nichterschöpfung des innerstaatlichen Rechtswegs unzulässig ist, denn für den Bf. ist so uU nicht erkennbar, dass er seine Beschwerde in dem betreffenden Punkt erneut erheben kann, sobald der Rechtsweg erschöpft ist (*Cremer* in Dörr/Grote/Marauhn Kap. 32 Rn. 60 spricht von heilbaren Fehlern).

118 **Überwiegend** kommt der Unzulässigkeitsgrund der offensichtlichen Unbegründetheit im Einzelrichterverfahren (Art. 27 EMRK) zur Anwendung, ebenso aber auch bei Unzulässigkeitsentscheidungen der Ausschüsse (Art. 28 Abs. 1 lit. a EMRK), der Kammern (Art. 29 Abs. 1 S. 2 EMRK) sowie der Großen Kammer (bspw. EGMR 10.7.2002 (GK) – 39794/98 Rn. 86 – Gratzinger u. Gratzingerova; EGMR 1.3.2010 (GK) – 46113/99 Rn. 138 – Demopoulos ua).

119 Eine Beschwerde kann auch dann „offensichtlich" unbegründet sein, wenn sich die Unbegründetheit nicht bereits auf den ersten Blick ergibt, sondern wenn der

Fall erst nach Zustellung und nur mit einem **gewissen Begründungsaufwand** für offensichtlich unbegründet erklärt werden kann (bspw. EGMR 7.12.2004 – 71074/01, FamRZ 2005, 961 – Mentzen; EGMR 6.12.2005 – 14600/05, BeckRS 2005, 156760 – Eskinazi u. Chelouche; EGMR 29.6.2006 – 54934/00, NJW 2007, 1433 – Weber u. Saravia; vgl. hierzu auch *Harris/O'Boyle/Warbrick* European Convention on Human Rights S. 75; Grabenwarter/Pabel EMRK § 13 Rn. 60; *Villiger* EMRK-HdB § 6 Rn. 99). Umgekehrt verneint der Gerichtshof regelmäßig die offensichtliche Unbegründetheit einer Beschwerde (bzw. eines Beschwerdepunktes), wenn diese „schwerwiegende Fragen tatsächlicher oder rechtlicher Natur aufwirft, deren Beantwortung eine Prüfung in der Sache erfordert" (bspw. EGMR 16.6.2009 – 18968/07 – V.C.; EGMR 18.5.2010 – 26839/05 Rn. 172 – Kennedy; EGMR 24.6.2010 – 30141/04 Rn. 41, EuGRZ 2010, 445 – Schalk u. Kopf). Entscheidend für die Einordnung einer Beschwerde als offensichtlich unbegründet ist, dass diese sich letztlich als **„klar unbegründet"** darstellt (Grabenwarter/Pabel EMRK § 13 Rn. 60; *Villiger* EMRK-HdB § 6 Rn. 101; für eine erweiterte Anwendung auf Fälle, in denen die innerstaatliche Gerichtsbarkeit die Sache bereits im Lichte der Konvention und der Rspr. des Gerichtshofs geprüft hat, High Level Conference on the Future of the European Court of Human Rights, Brighton Declaration 20.4.2012, § 15 d, EuGRZ 2012, 264).

2. Offensichtlich keine Verletzung der gerügten Garantien. Eine Beschwerde ist zunächst dann offensichtlich unbegründet, wenn offensichtlich keine Verletzung der gerügten Konventionsgarantien gegeben ist. Dieser erste und dem Wortlaut nach eigentliche Anwendungsfall „offensichtlicher Unbegründetheit" greift insbesondere dann, wenn bereits **eindeutige Rechtsprechung zu** identischen oder im Wesentlichen **gleich gelagerten Sachverhalten** vorliegt und festgestellt wurde, dass keine Verletzung der Konvention gegeben ist. Soweit die Sache, etwa auf Rechtfertigungsebene einer Konventionsgarantie, einen erhöhten Begründungsaufwand erfordert (bspw. EGMR 4.5.2010 – 38059/07, BeckRS 2011, 19781 – Effecten Spiegel AG), wird die Beschwerde nicht vom Einzelrichter entschieden, sondern einem Ausschuss oder einer Kammer zugewiesen (→ Rn. 153 ff.; s. a. *Villiger* EMRK-HdB § 6 Rn. 99). 120

Typische Fälle offensichtlich unbegründeter Beschwerden gegen Deutschland könnten (in Abwesenheit besonderer Umstände des Einzelfalls) bspw. gegeben sein bei Beschwerden über: 121
– den Rechtsmittelausschluss nach § 522 Abs. 2 ZPO (EGMR 29.9.2009 – 5643/07 – Jung) bzw. generell das Fehlen eines Rechtsmittels in zivilrechtlichen Verfahren (EGMR 23.5.2006 – 42482/02 – Antonenko; EGMR 18.2.2009 (GK) – 55707/00 Rn. 97 – Andrejeva);
– die Entscheidung ohne mündliche Verhandlung nach § 522 Abs. 2 ZPO (EGMR 2.2.2006 – 5398/03, BeckRS 2008, 06633 – Rippe; s. a. BVerfG 30.6.2014 – 2 BvR 792/11, NJW 2014, 2563);
– das Fehlen einer Rechtsbehelfsbelehrung (EGMR 4.7.2000 – 51717/99 – Société Guerin Automobiles);
– den Anwaltszwang in höheren Instanzen (EGMR 24.11.1986 – 9063/80 Rn. 69, EGMR-E 3, 306 – Gillow; EGMR 12.3.2002 – 51066/99 – Raitière);
– die Abweisung einer Verfassungsbeschwerde ohne Angabe von Gründen (EGMR 4.10.2001 – 47636/99, BeckRS 2001, 164752 – Teuschler; EGMR 16.10.2006 – 32817/02, BeckRS 2008, 6619 – Wildgruber; EGMR 12.2.2013 – 55558/10, EuGRZ 2014, 176 – Annen);

EMRK Art. 35

– die Grundschulpflicht (EGMR 7.12.1976 – 5095/71 ua Rn. 52ff., NJW 1977, 487 – Kjeldsen, Busk Madsen u. Pedersen; EGMR 11.9.2006 – 35504/03, BeckRS 2008, 6621 – Konrad);
– oder bei Beschwerden über die Länge des Verfahrens, wenn sich diese unter Berücksichtigung der hierzu ergangenen Rspr. des Gerichtshofs (→ Art. 6 Rn. 72ff.) eindeutig im Rahmen einer iSv Art. 6 Abs. 1 EMRK „angemessenen Frist" bewegt.

122 Dies bedeutet freilich nicht, dass es nicht auch in ähnlichen Fällen zu einer **Rechtsprechungsänderung** und Annahme einer Konventionsverletzung kommen kann. Allerdings ist in Fällen, in denen bereits eine gefestigte Rspr. des Gerichtshofs vorliegt, regelmäßig ein **höherer Begründungsaufwand** geboten.

123 **3. Unsubstantiierte Beschwerden.** Eine Beschwerde ist offensichtlich unbegründet, wenn sie unzureichend begründet und damit unsubstantiiert ist. Dies ist der Fall, wenn der Bf.

– den relevanten **Sachverhalt nicht ausreichend dargelegt und** gegebenenfalls **durch entsprechende Dokumente belegt** hat – insbes. durch Kopien der Entscheidungen der innerstaatlichen Behörden und Gerichte (bspw. EGMR 16.11.2000 – 33895/96 Rn. 2 – Pietrzak; EGMR 8.1.2009 – 74266/01 Rn. 75 – Alekseyenko; s. a. EGMR 19.11.2009 – 13693/05 Rn. 68–74 – Glinov);
– nicht dargelegt hat, inwiefern sich aus dem geltend gemachten Sachverhalt eine **Verletzung der Konvention** ergibt (bspw. EGMR 12.7.2001 (GK) – 44759/98 Rn. 34, NJW 2002, 3453 – Ferrazzini; EGMR 25.9.2008 – 6032/04 Rn. 2 – Baillard; EGMR 21.10.2014 – 1891/10 Rn. 41f. – Sciabica).

124 Der Bf. hat alle Informationen und Dokumente **beizubringen,** die erforderlich sind, um die Beschwerde, insbes. deren Zulässigkeit, einer ersten Prüfung zu unterziehen (→ Art. 34 Rn. 3ff.). Der Gerichtshof zieht im Stadium der Zulässigkeitsprüfung grds. keine Akten nationaler Behörden und Gerichte bei. Eine Beschwerde kann sowohl insgesamt als auch lediglich **teilweise,** dh im Hinblick auf einen einzelnen Beschwerdepunkt, unsubstantiiert sein (→ Art. 34 Rn. 5).

125 Welche Dokumente und Informationen der Bf. vorzulegen hat, ergibt sich aus **Art. 47 EGMRVerfO.** Mit der am 1.1.2014 in Kraft getretenen Neufassung von Art. 47 EGMRVerfO dürfte sich die Zahl der mangels ausreichender Substantiierung für unzulässig erklärten Beschwerden verringern, die ein Großteil derartiger Beschwerden aufgrund der strengen Voraussetzungen von Art. 47 EGMRVerfO nun nicht mehr einem Spruchkörper zugewiesen, sondern **auf dem Verwaltungswege erledigt** wird (→ Art. 34 Rn. 3ff.). Zwar war dies auch nach der vorherigen Praxis möglich, allerdings erst nach entsprechender Erinnerung seitens der Kanzlei des Gerichtshofs und nur in Fällen völliger Unsubstantiiertheit (vgl. Art. 47 Abs. 4 EGMRVerfO aF). Nach der Neuregelung fordert die Kanzlei einen Bf. nur noch in Ausnahmefällen zur Einreichung bestimmter Informationen oder Dokumente ausdrücklich auf (→ Art. 34 Rn. 5d).

126 **4. Sachverhalt unzutreffend oder nicht beweisbar.** Ebenfalls offensichtlich unbegründet ist eine Beschwerde, wenn der vorgetragene **Sachverhalt offensichtlich nicht zutrifft** – bspw., weil er durch die beiliegenden Dokumente widerlegt wird – oder jedenfalls **nicht beweisbar** erscheint (EKMR 23.3.1972 – 5076/71, BeckRS 1972, 106481 – X.; EKMR 7.7.1987 – 12877/87, FHOeffR 43 Nr. 1239 – Kalema; EGMR 5.9.2000 – 29495/95 Rn. 1 – Erdemli; vgl. *Rogge* in IntKommEMRK Art. 27 aF Rn. 108).

Zulässigkeitsvoraussetzungen **Art. 35 EMRK**

5. „Vierte Instanz"-Beschwerden. Eine Beschwerde ist weiterhin offen- 127
sichtlich unbegründet, soweit es sich um eine im Rahmen von Art. 6 EMRK erhobene sog. „Vierte Instanz"-Beschwerde („fourth instance complaint") handelt (hierzu *Villiger* EMRK-HdB § 6 Rn. 107; *Myjer ua* MDR 2007, 505). Dieser auch in der Rspr. des Gerichtshofs gebräuchliche konventionsrechtliche Begriff (bspw. EGMR 24.11.1994 – 17621/91 Rn. 44 – Kemmache (Nr. 3); EGMR 11.1.2007 (GK) – 73049/01 Rn. 60, GRUR 2007, 696 – Anheuser-Busch Inc.) ist gleichbedeutend mit dem im deutschen Recht im Hinblick auf das BVerfG gebrauchten Begriff der **„Superrevisionsinstanz"**. Er beschreibt, dass es nicht Aufgabe des Gerichtshofs ist, sich mit Tatsachen- und Rechtsirrtümern der nationalen Gerichte zu befassen, soweit die nach der Konvention geschützten Rechte und Freiheiten hierdurch nicht verletzt sind (s. a. Art. 19 EMRK). Es sind daher stets die **konventionsrechtlichen Aspekte eines Falles** in der Beschwerdeschrift herauszustellen.

Im Einzelnen ist es nicht Aufgabe des Gerichtshofs, wie ein Gericht vierter In- 128
stanz, zu überprüfen,
– ob innerstaatliches Recht **richtig ausgelegt** und **angewendet** wurde,
– ob die innerstaatlichen Behörden und Gerichte zu dem **„richtigen" Ergebnis** gekommen sind, oder
– ob der im Rahmen der Beweiserhebung und Beweiswürdigung festgestellte **Sachverhalt richtig** ist (bspw. EGMR 12.7.1988 – 10862/84 Rn. 45, NJW 1989, 654 – Schenk; EGMR 21.1.1999 (GK) – 30544/96 Rn. 28, NJW 1999, 2429 – García Ruiz; EGMR 7.10.2004 – 76809/01 Rn. 49 – Baumann; EGMR 5.10.2006 – 75204/01 Rn. 43 – Klasen; EGMR 15.1.2007 (GK) – 60654/00 Rn. 89, NVwZ 2008, 979 – Sisojeva; EGMR 23.2.2017 (GK) – 43395/09 Rn. 170, NVwZ-RR 2018, 651 – de Tommaso).

Im Rahmen von **Art. 6 EMRK** prüft der Gerichtshof bei reinen „Vierte In- 129
stanz"-Beschwerden lediglich, ob Anhaltspunkte dafür bestehen, dass **kein „faires Verfahren"** iSv Art. 6 Abs. 1 EMRK stattgefunden hat oder die **Entscheidung willkürlich** war. Für die Frage, wann eine Entscheidung konventionsrechtlich als willkürlich anzusehen ist, geht der Gerichtshof von ähnlichen Kriterien aus wie das BVerfG. Nach dessen Rspr. ist eine Entscheidung willkürlich, wenn sie „unter keinem denkbaren Aspekt rechtlich vertretbar ist und sich daher der Schluss aufdrängt, dass (sie) auf sachfremden Erwägungen beruht. Das ist anhand objektiver Kriterien festzustellen. Einen subjektiven Schuldvorwurf enthält die Feststellung von Willkür nicht (vgl. etwa BVerfGE 86, 59 (63)). Fehlerhafte Rechtsanwendung allein macht eine Gerichtsentscheidung nicht willkürlich, wenn das Gericht sich mit der Rechtslage eingehend auseinandergesetzt hat und seine Auffassung nicht jedes sachlichen Grundes entbehrt (vgl. BVerfGE 87, 273 (278f.); 96, 189 (203))" (BVerfG 12.1.2011 – 1 BvR 3132/08, WM 2011, 857; zum Begriff der „Willkür" im Kontext von Art. 5 Abs. 1 EMRK vgl. EGMR 29.1.2008 (GK) – 13229/03 Rn. 68–74, NVwZ 2009, 375 – Saadi).

Wenngleich dem Gerichtshof auch unter keiner der übrigen Konventionsgaran- 130
tien die Aufgabe einer „Vierten Instanz" zukommt (vgl. bspw. EGMR 8.4.2003 – 15814/02 Rn. 5 – Porter; EGMR 15.1.2007 (GK) – 60654/00 Rn. 89, NVwZ 2008, 979 – Sisojeva), ist die **Problematik vor allem im Rahmen von Art. 6 EMRK** von Bedeutung. Dies liegt daran, dass in „Vierte Instanz"-Beschwerden regelmäßig der Ausgang des innerstaatlichen Verfahrens gerügt ist. Soweit der Bf. sich auf eine der übrigen Konventionsgarantien beruft und soweit die Beschwerde nicht gänzlich unsubstantiiert ist, weil der Bf. eine Konventionsverletzung nicht hinreichend darlegt, hat der Gerichtshof daher regelmäßig zu prüfen, ob das Ergebnis

der Auslegung und Anwendung innerstaatlichen Rechts im Einklang mit der jeweiligen Konventionsgarantie steht. Art. 6 EMRK hingegen bezieht sich lediglich auf das Verfahren, nicht aber auf dessen Ausgang.

131 **6. Konfuse Beschwerden.** Schließlich ist eine Beschwerde offensichtlich unbegründet, wenn sie konfus oder völlig abwegig ist. Dies ist der Fall, wenn der Beschwerde objektiv auch bei bestem Willen **kein verständlicher oder sinnvoller Inhalt** entnommen werden kann. Auch hier gilt, dass nach der Neufassung von Art. 47 EGMRVerfO derartige Beschwerden einem Entscheidungsorgan überhaupt nicht mehr zugewiesen, sondern auf dem Verwaltungswege erledigt werden (→ Rn. 125). Etwas anderes gilt allenfalls dann, wenn es sich lediglich um einen einzelnen konfusen Beschwerdepunkt handelt und der Rest der Beschwerde verständlich dargelegt ist (→ Rn. 124).

VII. Missbrauch des Beschwerderechts (Abs. 3 lit. a)

132 **1. Allgemeines.** Gemäß Art. 35 Abs. 3 lit. a EMRK ist eine Beschwerde unzulässig, wenn sie einen Missbrauch des Beschwerderechts darstellt. Ein Rechtsmissbrauch liegt vor, wenn ein Rechtsträger von dem ihm zustehenden Recht in **zweckwidriger und schädigender Weise** Gebrauch macht (EGMR 15.9.2009 – 798/05 Rn. 62, NVwZ 2010, 1541 – Miroļubovs, mit einem Überblick über die bisherige Rspr. in Rn. 62–66). Generell lässt sich von einem Missbrauch des Beschwerderechts bei jedwedem Verhalten eines Bf. sprechen, das dem Sinn und Zweck des konventionsrechtlichen Beschwerderechts offensichtlich zuwiderläuft und die Funktionsfähigkeit des Gerichtshofs oder den ordnungsgemäßen Ablauf des Beschwerdeverfahrens beeinträchtigt (EGMR 15.9.2009 – 798/05 Rn. 65, NVwZ 2010, 1541 – Miroļubovs; EGMR 1.7.2014 (GK) – 43835/11 Rn. 66, BeckRS 2014, 14932 – S. A.S.), etwa dadurch, dass die Entscheidung einen der Sache nicht angemessenen Aufwand an Zeit und Ressourcen in Anspruch nimmt (EGMR 17.3.2009 – 10731/05, EuGRZ 2009, 316 – Berger). Gleichwohl handelt es sich um eine **auf Ausnahmefälle beschränkte prozessuale Maßnahme** (EGMR 15.9.2009–798/05 Rn. 62, NVwZ 2010, 1541 – Miroļubovs). Teilweise wird zwischen formellem (bezogen auf das Prozessverhalten des Bf.) und materiellem (bezogen auf den mit der Beschwerde verfolgten Zweck) Missbrauch des Beschwerderechts unterschieden (vgl. *Rogge* in IntKommEMRK Art. 27 aF Rn. 110; *Trechsel* in Pettiti/Decaux/Imbert Droits de l'Homme S. 637 ff.). **Missbrauchsgebühren** sind im Verfahren vor dem Gerichtshof nicht vorgesehen (→ Art. 50 Rn. 4; → Rn. 15a).

133 Der Gerichtshof hat wiederholt betont, dass eine Beschwerde grds. nur dann als missbräuchlich zurückgewiesen werden darf, wenn sie **bewusst** auf falsche Sachverhaltsangaben gestützt wird, und dass es sich bei allen anderen Fällen lediglich um Ausnahmefälle handele (bspw. EGMR 21.6.2001 – 43779/98, BeckRS 2002, 164119 – Mączyński; EGMR 30.3.2004 – 46640/99 – Jian; EGMR 22.12.2008 – 46468/06 Rn. 117 – Aleksanyan; EGMR 30.9.2014 (GK) – 67810/10 Rn. 28, NJW 2016, 143 – Gross – jeweils mwN). Dennoch lassen sich in der Rspr. des Gerichtshofs mindestens folgende **vier feststehende Kategorien** eines Missbrauchs des Beschwerderechts ausmachen.

134 **2. Unwahre, gefälschte, irreführende oder unvollständige Eingaben.** Ein Missbrauch des Beschwerderechts ist regelmäßig gegeben, wenn die Beschwerde wissentlich auf **falsche Tatsachen** gestützt wurde (bspw. EGMR 16.9.1996 – 21893/93 Rn. 53f. – Akdivar ua; EGMR 5.10.2000 – 31365/96 Rn. 36 – Varba-

Zulässigkeitsvoraussetzungen **Art. 35 EMRK**

nov; EGMR 29.6.2006 – 27250/02 Rn. 87, BeckRS 2008, 6767 – im Gegensatz zu rechtlichen Behauptungen). Dies ist insbesondere der Fall bei **falschen Angaben im Beschwerdeformular** (bspw. zur Identität EGMR 22.2.2011 – 51721/09 Rn. 24ff., BeckRS 2011, 145302 – Tjitske Drijfhout; EGMR 12.5.2015 – 36862/05 Rn. 78, NVwZ 2016, 1621 – Gogitidze ua; zur Staatsangehörigkeit: EGMR 5.12.2017 – 9602/15 Rn. 39, BeckRS 2017, 160520 – Bencheref), wenn **gefälschte Dokumente** eingereicht (EGMR 30.3.2004 – 46640/99 – Jian; EGMR 15.5.2007 – 30164/06 – Bagheri u. Maliki; EGMR 3.7.2007 – 25101/05, NJW 2009, 489 – Poznanski ua; s. a. EGMR 12.10.1999 – 33274/96 – Foxley), aber auch, wenn bewusst entscheidungserhebliche **Tatsachen unterschlagen** werden (EGMR 20.6.2002 – 50963/99 Rn. 89 – Al-Nashif; EGMR 2.5.2006 – 5667/02 – Kérétchachvili; EGMR 2.12.2008 – 21447/03 Rn. 25f. – Predescu; EGMR 30.9.2014 (GK) – 67810/10 Rn. 28ff., NJW 2016, 143 – Gross). Unvollständige und daher irreführende Angaben stellen einen Missbrauch dar, wenn diese Angaben den Kern der Beschwerde betreffen und es an einer plausiblen Erklärung für die Unvollständigkeit fehlt (EGMR 9.6.2006 – 23130/04, NJW 2007, 2097 – Hüttner; EGMR 4.11.2008 – 33052/05 ua – Lozinschi; EGMR 17.3.2009 – 10731/05, EuGRZ 2009, 316 – Berger; EGMR 3.12.2019 – 57242/13 Rn. 47–51, BeckRS 2019, 36584 – Belošević). Weiterhin muss hinreichend gesichert sein, dass der Bf. **bewusst** falsche oder unvollständige Angaben gemacht hat (vgl. EGMR 8.1.2008 – 30443/03, BeckRS 2008, 6520 – Liebreich; EGMR 7.6.2012 – 38433/09 Rn. 97–99, NVwZ-RR 2014, 48 – Centro Europa 7 S.R.L. ua).

Mit Blick auf die Verpflichtung des Bf., den Gerichtshof über jeden für die Prüfung seiner Beschwerde erheblichen Umstand zu informieren (Art. 47 Abs. 7 EGMRVerfO), gilt dies auch für **Entwicklungen nach Beschwerdeerhebung,** insbes. wenn sich hierdurch die Beschwerde erledigt hat (EGMR 25.9.2007 – 42165/02, BeckRS 2007, 148023 – Hadrabová; EGMR 10.4.2012 – 14102/02 Rn. 22ff., NJW-RR 2013, 120 – Bekauri; EGMR 29.1.2013 – 75381/10 – Komatinović; EGMR 30.9.2014 (GK) – 67810/10 Rn. 28, NJW 2016, 143 – Gross s. a. den großzügigen Ansatz in EGMR 31.1.2008 – 42752/04 Rn. 19 – Plekhova; EGMR 1.4.2010 – 43327/02 Rn. 15–17 – Tsareva). 135

Rechtsanwälte sind in besonderem Maße zur Einhaltung der **beruflich gebotenen Sorgfalt** und zu konstruktiver Zusammenarbeit mit dem Gerichtshof verpflichtet, insbes. indem sie diesen nicht mit der Bearbeitung sinnloser Beschwerden belasten und sich nach Einleitung des Beschwerdeverfahrens an die einschlägigen Verfahrensvorschriften und berufsethischen Grundsätze halten. Die missbräuchliche oder nachlässige Einlegung von Beschwerden beim Gerichtshof kann, soweit dies systematisch geschieht, zu deren Ausschluss gemäß Art. 36 Abs. 4 lit. b und Art. 44D EGMRVerfO führen (EGMR 18.10.2011 – 56551/11 ua, NJW 2012, 3501 – Petrović; EGMR 21.1.2014 – 56297/11 Rn. 16, BeckRS 2014, 126603 – Martins Alves). Vor diesem Hintergrund hat der Gerichtshof verschiedene Beschwerden ua deshalb für unzulässig erklärt, weil der Rechtsanwalt der Bf. den Gerichtshof nicht darüber unterrichtet hatte, dass er wegen desselben Verfahrens bereits eine Beschwerde im Namen des Ehemannes der Bf. eingelegt hatte (EGMR 21.1.2014 – 56297/11 Rn. 12ff., BeckRS 2014, 126603 – Martins Alves), weil der Rechtsanwalt den Gerichtshof auch auf Nachfrage nicht darüber unterrichtete, welche der von ihm vertretenen Bf. bereits Beschwerden wegen desselben innerstaatlichen Verfahrens anhängig gemacht hatten (EGMR 10.7.2012 – 30464/07 Rn. 50ff. – De Cristofaro ua) oder weil eine erneute Beschwerde erhoben wurde 135a wegen eines innerstaatlichen Verfahrens bzgl. dessen es bereits zu einer gütlichen Einigung zwischen der Regierung und den Bf. gekommen (EGMR 13.11.2012 – 980/12 ua Rn. 15 ff., BeckRS 2012, 214724 – Aníbal Vieira & Filhos, Lda ua). Des Weiteren wies der Gerichtshof mehrere Beschwerden wegen Missbrauchs des Beschwerderechts durch einen Rechtsanwalt ab, der sich in querulatorischer Weise mit einer Vielzahl von Beschwerden an den Gerichtshof wandte, nachdem er ua deswegen von der Vertretung weiterer Bf. ausgeschlossen worden war, weil er gefälschte Dokumente eingereicht hatte (EGMR 18.10.2011 – 56551/11 ua, NJW 2012, 3501 – Petrović).

136 3. **Anstößige und beleidigende Eingaben.** Ein Missbrauch des Beschwerderechts ist weiterhin gegeben, wenn sich der Bf. im Schriftverkehr mit dem Gerichtshof **anhaltend** einer **in außergewöhnlichem Maße** beleidigenden, verletzenden, drohenden oder provozierenden Ausdrucksweise bedient – sei es im Hinblick auf die Regierung des beklagten Staates, den Regierungsvertreter, die Behörden dieses Staates oder den Gerichtshof selbst, dessen Richter, die Kanzlei oder deren Bedienstete (EGMR 4.2.2003 – 61164/00 ua – Duringer ua und Grunge; EGMR 18.5.2004 – 67208/01 – Řehák; EKMR 9.4.1997 – 27567/95 – Stamoulakatos). Eine lediglich scharfe, polemische oder sarkastische Ausdrucksweise des Bf. genügt hierfür nicht; es müssen die Grenzen einer gewöhnlichen, zivilisierten und legitimen Kritik überschritten sein (EGMR 11.1.2007 – 16098/05 – di Salvo; s. a. EGMR 4.10.2005 – 3456/05 Rn. 63–66, BeckRS 2005, 157343 – Sarban; EGMR 22.12.2008 – 46468/06 Rn. 116–118 – Aleksanyan). Auch unabhängig von der konkreten Beschwerde in sozialen Netzwerken geäußerte Beschimpfungen und Bedrohungen des Gerichtshofs und seiner Richter können eine Zurückweisung der Beschwerde wegen Missbrauchs des Beschwerderechts nach sich ziehen (EGMR 16.7.2019 – 12200/08 ua Rn. 82 ff., NLMR 2019, 312 – Zhdanov ua).

137 Stellt der Bf. seine missbräuchliche Ausdrucksweise nach einer Verwarnung durch den Gerichtshof ein, nimmt er diese zurück oder entschuldigt sich, so **entfällt die Grundlage** für die Annahme eines Missbrauchs des Beschwerderechts (EGMR 9.7.2002 – 46468/99 – Manoussos; EGMR 6.4.2006 – 5964/02 Rn. 25–28 – Chernitsyn; EGMR 11.1.2007 – 16098/05 – di Salvo; vgl. EKMR 10.2.1967 – 2724/66 – X.; s. a. EGMR 22.5.2007 – 9103/04 – Georgian Labour Party).

138 4. **Verletzung der Vertraulichkeit von Vergleichsverhandlungen.** Ein Missbrauch des Beschwerderechts besteht ebenfalls in Fällen der vorsätzlichen Verletzung der gemäß Art. 39 Abs. 2 EMRK und Art. 62 Abs. 2 EGMRVerfO bestehenden **konventionsrechtlichen Verpflichtung** zur Wahrung der Vertraulichkeit des Verfahrens zur Erreichung einer gütlichen Einigung iSv Art. 39 EMRK (EGMR 25.9.2007 – 42165/02, BeckRS 2007, 148023 – Hadrabová ua; EGMR 15.9.2009 – 798/05 Rn. 66, NVwZ 2010, 1541 – Miroļubovs; EGMR 13.12.2011 – 47447/08, NJW-RR 2013, 118 – Deceuninck; s. a. EGMR 18.1.2005 – 74153/01 Rn. 48 – Popov). Für das in Art. 62A EGMRVerfO geregelte Verfahren der sog. einseitigen Erklärung („unilateral declaration"; → Art. 37 Rn. 13 ff.) gilt dies nicht (s. Art. 62A Abs. 1 lit. c EGMRVerfO; EGMR 25.7.2017 – 61253/16 Rn. 25 ff., BeckRS 2017, 161298 – Eskerkhanov ua).

138a Wenngleich Vergleichsverhandlungen auch noch zu einem späteren **Zeitpunkt** stattfinden können (insbes. wenn der Gerichtshof den Ausspruch über die Entschädigung nach Art. 41 EMRK gemäß Art. 75 EGMRVerfO auf eine spätere Entscheidung vertagt; → Art. 41 Rn. 53), kommt eine Zurückweisung der Beschwerde aus diesem Grund nicht mehr in Betracht, wenn diese für zulässig erklärt wurde bzw. ein Urteil in der Sache ergangen ist. Es besteht dann nur die Möglichkeit einer Streichung der Beschwerde nach Art. 37 Abs. 1 lit. c EMRK (vgl. EGMR 6. 4. 2017 – 2000/09, BeckRS 2017, 162550; EGMR 3. 10. 2013 – 2000/09 Rn. 20 ff., BeckRS 2013, 202148 – Žáková).

Vertraulich ist der gesamte zwischen den Beschwerdeparteien und der Kanzlei des Gerichtshofs geführte Schriftverkehr bzgl. einer etwaigen gütlichen Einigung (vgl. EGMR 15. 9. 2009 – 798/05 Rn. 67, NVwZ 2010, 1541 – Miroļubovs). Die **Reichweite der Verpflichtung** zur Vertraulichkeit bestimmt sich nach ihrem Sinn und Zweck, namentlich dem Schutz des Gerichtshofs und der Parteien vor jeglicher Art von politischem oder sonstigem Druck während der Vergleichsverhandlungen (EGMR 15. 9. 2009 – 798/05 Rn. 66, NVwZ 2010, 1541 – Miroļubovs). Dementsprechend handelt es sich nicht um ein kategorisches Verbot zur Weitergabe des Inhalts der vertraulichen Unterlagen an jegliche Art von Dritten. Vielmehr ist es den Parteien gemäß Art. 39 Abs. 2 EMRK und Art. 62 Abs. 2 EGMRVerfO untersagt, die fraglichen Informationen öffentlich zu machen, sei es über die Medien, sei es in einem einer Vielzahl von Personen zugänglichen Schriftwechsel oder auf sonstige Art und Weise (EGMR 15. 9. 2009 – 798/05 Rn. 68, NVwZ 2010, 1541 – Miroļubovs; EGMR 21. 1. 2020 – 44743/08 Rn. 36 ff., BeckRS 2020, 1464 – Mătăsaru). Die direkte **Verantwortlichkeit des Beschwerdeführers** für die Verbreitung der vertraulichen Informationen muss mit hinreichender Sicherheit feststehen (EGMR 15. 9. 2009 – 798/05 Rn. 66, NVwZ 2010, 1541 – Miroļubovs). 139

Einen Missbrauch erkannte der Gerichtshof **bspw.** bei Berufung der Bf. auf Vergleichsvorschläge der Kanzlei in einem gesonderten Schadensersatzantrag an das Justizministerium des beklagten Staates (EGMR 25. 9. 2007 – 42165/02, BeckRS 2007, 148023 – Hadrabová ua). 140

5. Bagatellverfahren. Eine **neue Kategorie des Missbrauchs** hat der Gerichtshof in seiner jüngeren Rspr. im Fall *Bock* für Bagatellverfahren entwickelt. Danach ist eine Beschwerde missbräuchlich, wenn die übermäßige Inanspruchnahme gerichtlicher Verfahren vor dem Hintergrund des in Rede stehenden (geringfügigen) Streitwerts ein **deutliches Missverhältnis** offenbart (EGMR 19. 1. 2010 – 22051/07, EuGRZ 2010, 50 – Bock; s. a. EGMR 23. 11. 2010 – 12977/09 ua, NJW 2011, 3145 – Dudek; vgl. auch das Sondervotum der Richter *Costa, Jungwiert, Kovler* und *Fura* in EGMR 15. 10. 2009 (GK) – 17056/06 – Micallef; s. a. *Schmaltz* in Becker/Lange S. 603 f.). Bei seiner Prüfung berücksichtigt der Gerichtshof neben der persönlichen (ua finanziellen) Situation des Bf. auch, ob es in dem innerstaatlichen Verfahren um eine grundlegende Rechtsfrage ging sowie Art und Inhalt der gerügten Konventionsverletzung. 141

Dieser Ansatz hat sich allerdings nicht durchgesetzt und erscheint auch insofern problematisch, als dass hier letztlich das mit dem 14. EMRKProt in **Art. 35 Abs. 3 lit. b EMRK** neu geschaffene Zulässigkeitskriterium ohne die dort vorgesehenen Sicherungsmechanismen eingeführt wird. Sowohl der Fall *Bock* als auch der Fall *Dudek* hätten nach Art. 35 Abs. 3 lit. b EMRK nicht für unzulässig erklärt werden können, da es aufgrund des in Deutschland zum damaligen Zeitpunkt noch fehlenden Rechtsbehelfs im Hinblick auf überlange Verfahren (s. nur EGMR 2. 9. 2010 – 46344/06 Rn. 51, EuGRZ 2010, 700 – Rumpf; → Rn. 34 ff.) an der zum damaligen Zeitpunkt noch geltenden zweiten Sicherungsklausel (→ Rn. 145 a) erforderlichen Voraussetzung einer „gebührenden Prüfung durch ein innerstaatliches Ge- 142 richt" gefehlt hätte. Im Fall *Dudek* (EGMR 23.11.2010 – 12977/09 ua, NJW 2011, 3145) führt der Gerichtshof hierzu aus, dass das neue Kriterium in Abs. 3 lit. b lediglich Art. 35 Abs. 3 lit. a EMRK ergänze, nicht aber ersetze und verweist auf den „Erläuternden Bericht zu Protokoll Nr. 14" (BT-Drs. 16/42, 24 ff. Rn. 39, 77–79) sowie auf die Grundsatzerklärung der Interlaken Konferenz, in der die Mitgliedstaaten den Gerichtshof ua auffordern, weitere Möglichkeiten zur Anwendung des Grundsatzes *„de minimis non curat praetor"* in Betracht zu ziehen (High Level Conference on the Future of the European Court of Human Rights, Interlaken Declaration, 19.2.2010, Rn. 9 c). Bemerkenswert ist, dass der Gerichtshof im Fall *Ionescu,* in dem das neue Zulässigkeitskriterium des Art. 35 Abs. 2 lit. b EMRK zur Anwendung kam, und der in gleicher Weise bagatellartig war, feststellte, dass ein Missbrauch des Beschwerderechts nicht vorlag (EGMR 1.6.2010 – 36659/04 Rn. 29, EuGRZ 2010, 281 – Ionescu; s. a. den allerdings nur begrenzt vergleichbaren Fall EGMR 14.12.2010 – 24880/05 Rn. 2, NJW 2011, 3143 – Holub).

143   **6. Sonstige Fälle.** Ebenfalls als missbräuchlich anzusehen, sind Eingaben, die bereits für unzulässig erklärten Beschwerden desselben Bf. im Wesentlichen entsprechen und sich als **Aneinanderreihung offensichtlich „unbegründeter und querulatorischer" Beschwerden** darstellen (EKMR 15.10.1987 – 13284/87, FHOeffR 43 Nr. 1482 – G. & D.M. mwN; EKMR 17.10.1996 – 28970/95 – Philis; s. a. EGMR 15.9.2009 – 798/05 Rn. 65, NVwZ 2010, 1541 – Mirolubovs; EGMR 13.11.2012 – 18385/12 ua – Anibal Vieira & Filhos LDA ua).

144   **Kein Missbrauch** iSv Art. 35 Abs. 3 lit. a EMRK ist gegeben, wenn mit einer Beschwerde auch Zwecke der Publizität und der politischen Propaganda verfolgt werden (EKMR 19.12.1959 – 332/57 – Lawless; EKMR 11.5.1978 – 7604/76 ua – Foti ua; EKMR 15.5.1980 – 8317/78, FHOeffR 33 Nr. 3770 – McFeeley; vgl. auch EGMR 23.3.1995 (GK) – 15318/89 Rn. 42 ff., BeckRS 2013, 89662 – Loizidou; EGMR 16.9.1996 – 21893/93 Rn. 51 ff. – Akdivar ua; EGMR 18.2.1999 – 24645/94 Rn. 20 f., NJW 1999, 2957 – Buscarini ua; EGMR 22.5.2007 – 9103/04 – Georgian Labour Party; EGMR 6.11.2008 – 3013/04 Rn. 66 f. – Khadzhialiyev ua); ebenso wenig bei versehentlicher Weitergabe falscher Informationen über die Zulässigkeit der Beschwerde an die Presse (EGMR 13.4.2017 – 66357/14 Rn. 88, BeckRS 2017, 162539 – Podeschi). Keine Grundlage für die Annahme eines Missbrauchs stellt die Weigerung des Bf. dar, (im innerstaatlichen Bereich) Vergleichsverhandlungen mit dem Staat zu führen oder fortzusetzen (EGMR 9.10.1997 – 25052/94 Rn. 165 – Andronicou u. Constantinou).

144a   Einen **Missbrauch** iSv Art. 35 Abs. 3 lit. a EMRK stellt etwa die Einlegung einer Beschwerde auf der Grundlage rechtswidrig und unter Verletzung der Konventionsrechte Dritter erlangter Beweismittel dar (EGMR 7.3.2017 – 15005/11 Rn. 31 ff., BeckRS 2017, 163078 – Koch – hier: einer DNA-Probe).

VIII. Kein erheblicher Nachteil (Abs. 3 lit. b)

145   **1. Allgemeines.** Mit dem Inkrafttreten des **14. EMRKProt** am 1.6.2010 wurde in Art. 35 Abs. 3 lit. b EMRK ein neues Zulässigkeitskriterium eingeführt. Danach erklärt der Gerichtshof eine Beschwerde für unzulässig, „wenn er der Ansicht ist, dass dem Bf. kein erheblicher Nachteil entstanden ist". Dies gilt jedoch nicht, wenn die Achtung der Menschenrechte, wie sie in dieser Konvention und den Protokollen dazu anerkannt sind, eine Prüfung der Begründetheit der Beschwerde erfordert (→ Rn. 152).

Zulässigkeitsvoraussetzungen **Art. 35 EMRK**

Die mit dem 14. EMRKProt zunächst eingeführte zweite Sicherungsklausel, **145a**
nach der eine Anwendung dieses Zulässigkeitskriteriums ebenfalls ausgeschlossen
war, wenn die Sache „noch von keinem innerstaatlichen Gericht gebührend geprüft worden" war, wurde mit dem am 1.8.2021 in Kraft getretenen **15. EMRK-
Prot** v. 24.6.2013 gestrichen (s. BGBl. 2014 II 1034; → Rn. 51 a; → Einl. Rn. 14a;
s. a. High Level Conference on the Future of the European Court of Human
Rights, Brighton Declaration 20.4.2012, § 15 c, EuGRZ 2012, 26). Mit dieser
zweiten Sicherungsklausel sollte sichergestellt werden, dass keine Beschwerde
zurückgewiesen wird, deren Gegenstand noch überhaupt keinem Gericht vorgelegen hat und es so zu einer Rechtsverweigerung („denial of justice") kommt
(EGMR 1.7.2010 – 25551/05, NJW 2010, 3081 – Korolev; vgl. Erläuternder Bericht zu Prot. Nr. 14, BT-Drs. 16/42, 24 ff. Rn. 82). In der Praxis des Gerichtshofs
hatte die Klausel keine praktische Bedeutung erlangt (*Harris/O'Boyle/Warbrick*
European Convention on Human Rights S. 82 f.), sondern lediglich zu Auslegungsschwierigkeiten und einer uneinheitlichen Anwendung geführt (→ 2. Aufl. 2015,
Art. 35 Rn. 154 ff.).

Die Prüfung dieses Zulässigkeitskriteriums erfolgt **von Amts wegen** (EGMR **146**
1.6.2010 – 36659/04 Rn. 30, EuGRZ 2010, 281 – Ionescu; EGMR 16.5.2019 –
9825/13 Rn. 44, BeckRS 2019, 50419 – Tasev; → Rn. 6) bzw. aufgrund einer entsprechenden Einrede der Regierung (EGMR 21.12.2010 – 45867/07 Rn. 14 ff. –
Gaglione ua). Sinn und Zweck der Einführung dieses Zulässigkeitskriteriums war
es, dem Gerichtshof ein zusätzliches Mittel an die Hand zu geben, das es ihm
(durch ein effektiveres „Filtern" der eingehenden Beschwerden) ermöglicht, sich
auf Rechtssachen zu konzentrieren, die tatsächlich einer Prüfung der Begründetheit bedürfen, sei es im Hinblick auf die rechtlichen Interessen des Bf. oder allgemein das Recht der Konvention und den europäischen *ordre public* (vgl. Erläuternder Bericht zu Prot. Nr. 14, BT-Drs. 16/42, 24 ff. Rn. 39, 77 ff.). Über die
Sicherungsklausel(n) soll insbesondere verhindert werden, dass Beschwerden
für unzulässig erklärt werden, die „trotz ihrer Geringfügigkeit ernste Fragen der
Anwendung oder Auslegung der Konvention oder wesentliche Fragen in Bezug
auf das innerstaatliche Recht aufwerfen" (Erläuternder Bericht zu Prot. Nr. 14,
Rn. 83; EGMR 9.1.2014 – 70923/11 Rn. 51, BeckRS 2014, 126675 – Maravić
Markeš).

Das neue Zulässigkeitskriterium basiert auf dem allgemeinen Rechtsgrundsatz **147**
„de minimis non curat praetor", der in der Vergangenheit in der Rspr. der
Konventionsorgane lediglich vereinzelt in Sondervoten eine Rolle gespielt hat
(bspw. zu folgenden Berichten der Kommission: EKMR 21.5.1978 – 20264/92 –
Lechesne; EKMR 10.9.1996 – 25629/94 – H.F. K-F; EKMR 9.4.1997 –
24352/94 – Eyoum-Priso; zu folgenden Urteilen des Gerichtshofs: EGMR
22.10.1981 – 7525/76, NJW 1984, 541 – Dudgeon; EGMR 7.2.2006 –
34539/02 – Debono; EGMR 31.5.2007 – 61655/00 – Miholapa; EGMR
29.6.2007 (GK) – 15809/02 ua, NJW 2008, 3549 – O'Halloran u. Francis;
EGMR 15.10.2009 (GK) – 17056/06 – Micallef), jüngst aber auch in Art. 35
Abs. 3 lit. a EMRK Niederschlag gefunden hat (→ Rn. 141 f.; zum Ganzen s. a.
Peters in HK-EMRK Art. 35 Rn. 51). Hinter dem Grundsatz steht der Gedanke,
dass eine Rechtsverletzung von einer gewissen Ernsthaftigkeit sein bzw. ein gewisses
Maß an Schwere erreichen muss, um von einem internationalen Gericht untersucht
zu werden (vgl. EGMR 1.7.2010 – 25551/05, NJW 2010, 3081 – Korolev;
EGMR 22.2.2011 – 30934/05 Rn. 31, BeckRS 2011, 145267 – Gaftoniuc). Für
die Beurteilung der Frage, ob dieses Maß erreicht ist, sind **sämtliche Umstände**

des Falles zu berücksichtigen (EGMR 30.8.2011 – 35365/05, BeckRS 2011, 143897 – Ladygin), insbes. die Natur der behaupteten Rechtsverletzung, die Intensität ihrer Auswirkungen auf die Ausübung eines Rechts und/oder deren mögliche Auswirkungen auf die persönliche Situation des Bf. (EGMR 5.3.2013 – 54388/09 Rn. 73, BeckRS 2013, 203800 – Galović; EGMR 27.8.2013 – 15909/13 Rn. 32, BeckRS 2013, 202683 – van der Putten). Rein technische und außerhalb eines formalen Systems unbedeutende Verletzungen bedürfen keiner europäischen Kontrolle (EGMR 13.3.2012 – 45175/04 Rn. 18 – Shefer).

148 Nach Art. 20 Abs. 2 des 14. EMRKProt durfte das neue Zulässigkeitskriterium **in den ersten zwei Jahren** nach Inkrafttreten des Protokolls am 1.6.2010 **nur von Kammern und der Großen Kammer** des Gerichtshofs angewendet werden. Nicht nur deshalb ist die praktische Bedeutung dieses neuen Zulässigkeitskriteriums zunächst gering geblieben (s. a. *Harris/O'Boyle/Warbrick* European Convention on Human Rights S. 82f.). Auf Beschwerden, die vor Inkrafttreten des Protokolls für zulässig erklärt worden sind, findet das neue Zulässigkeitskriterium keine Anwendung (bspw. EGMR 25.10.2012 – 71243/01 Rn. 66, NLMR 2012, 339 – Vistiņš u. Perepjolkins).

149 **2. Fehlen eines erheblichen Nachteils.** Die Frage des Fehlens eines erheblichen Nachteils ist im Lichte der finanziellen Bedeutung des Streitgegenstandes sowie der Bedeutung des Falles für den Bf. zu beantworten (EGMR 1.6.2010 – 36659/04 Rn. 34, EuGRZ 2010, 281 – Ionescu; EGMR 22.2.2011 – 30934/05 Rn. 31, BeckRS 2011, 145267 – Gaftoniuc). Die **finanzielle Bedeutung des Streitgegenstandes** lässt sich nicht rein abstrakt feststellen; der Gerichtshof berücksichtigt auch, welche Bedeutung der in Streit stehende Betrag im konkreten Einzelfall für die wirtschaftliche Situation des Bf. hatte (EGMR 1.6.2010 – 36659/04 Rn. 35, EuGRZ 2010, 281 – Ionescu; EGMR 1.7.2010 – 25551/05, NJW 2010, 3081 – Korolev; EGMR 22.2.2011 – 30934/05 Rn. 33, BeckRS 2011, 145267 – Gaftoniuc; EGMR 21.6.2011 – 24360/04 Rn. 21, BeckRS 2011, 144272 – Giuran). Für die Ermittlung der finanziellen Bedeutung des Streitgegenstandes ist der **materielle Schaden** ausschlaggebend, nicht hingegen der vom Bf. rein subjektiv bemessene immaterielle Schaden (EGMR 20.9.2011 – 52036/09, BeckRS 2011, 143706 – Kiousi). Bei der Feststellung der **Bedeutung der behaupteten Verletzung für den Bf.** ist das subjektive Empfinden des Bf. zu berücksichtigen, allerdings muss dieses objektiv gerechtfertigt sein (EGMR 1.7.2010 – 25551/05, NJW 2010, 3081 – Korolev; EGMR 30.8.2011 – 35365/05, BeckRS 2011, 143897 – Ladygin). Ein weiterer Indikator für die Bedeutung des Streitgegenstandes für den Bf. kann dessen **Prozessverhalten** während des innerstaatlichen Verfahrens sein (EGMR 13.3.2012 – 45175/04 Rn. 24f. – Shefer).

149a Die Anwendung dieses Zulässigkeitskriteriums ist nicht auf bestimmte Konventionsrechte beschränkt, allerdings bezieht der Gerichtshof bereits bei der Prüfung des Bestehens eines erheblichen Nachteils die **Bedeutung der gerügten Konventionsgarantie** mit ein. So ist es nur schwer vorstellbar, dass etwa eine Beschwerde über die behauptete Verletzung des **Folterverbots** nach Art. 3 EMRK, die nicht aus anderen Gründen unzulässig ist und in den Anwendungsbereich dieser Konventionsgarantie fällt (und bereits somit eine bestimmte Schwere erreicht), wegen des Fehlens eines erheblichen Nachteils für unzulässig erklärt wird (EGMR 21.10.2014 – 61183/08 Rn. 44 – Y). Auch in Bezug auf Beschwerden betreffend das **Recht auf Freiheit** gemäß Art. 5 EMRK hat der Gerichtshof angesichts dessen

Bedeutung die Anwendung dieses Zulässigkeitskriteriums bisher abgelehnt (EGMR 20.2.2020 – 65367/16 Rn. 44 mwN, BeckRS 2020, 27305 – Zelčs; s. a. EGMR 28.4.2016 – 42906/12 Rn. 80 – Čamans u. Timofejeva). Bei Beschwerden über die Verletzung der **Meinungsäußerungsfreiheit** ist mit Blick auf die besondere Bedeutung dieses Rechts Vorsicht bei der Anwendung dieses Zulässigkeitskriteriums geboten; mit in die Prüfung einzubeziehen sind der Beitrag des Falles zu einer Debatte von allgemeinem Interesse und die Frage, ob die Presse oder andere Medien in den Fall involviert sind (EGMR 3.6.2014 – 19219/07 Rn. 28 – Sylka; EGMR 8.10.2019 – 15449/09 Rn. 41f., BeckRS 2019, 47297 – Margulev; s. a. EGMR 17.1.2017 – 21575/08 Rn. 63, NJOZ 2018, 1158 – Jankovskis, betr. Internetzugang für Gefangene). Auch in Fällen betreffend die Versammlungsfreiheit nach Art. 11 EMRK ist der Bedeutung dieses Rechts gebührend Rechnung zu tragen und eine sorgfältige Prüfung vornehmen (EGMR 19.11.2019 – 58954/09 Rn. 31 mwN – Obote; EGMR 23.1.2018 – 19620/12 Rn. 18ff. – Akarsubaşı u. Alçiçek).

In der bisherigen Rspr. hat der Gerichtshof das Nichtbestehen eines erheblichen 150 Nachteils vor allem mit der **finanziellen Bedeutung** des Streitgegenstandes begründet:
– Schadensersatzklage über 90 EUR und Rüge einer Verletzung des Zugangs zu Gericht (EGMR 1.6.2010 – 36659/04 Rn. 35f., EuGRZ 2010, 281 – Ionescu);
– Schadensersatzanspruch von weniger als 1 EUR und Rüge der Nichtvollstreckung des entsprechenden Urteils (EGMR 1.7.2010 – 25551/05, NJW 2010, 3081 – Korolev);
– Schadensersatzanspruch von etwa 25 EUR und Rüge der Länge des Vollstreckungsverfahrens (EGMR 22.2.2011 – 30934/05 Rn. 27ff., BeckRS 2011, 145267 – Gaftoniuc);
– Geldbuße in Höhe von 150 EUR und Abzug eines von insg. 12 Punkten (im frz. Straßenverkehrsrecht werden Punkte abgezogen, EGMR 19.10.2010 – 18774/09 – Rinck; s. a. EGMR 17.1.2012 – 65421/10, BeckRS 2012, 214597 – Fernandez);
– Schadensersatzanspruch in Höhe von 12 EUR und Rüge der Nichtvollstreckung (EGMR 23.9.2010 – 34784/02 Rn. 49 – Vasilchenko)
– Schadensersatzanspruch in Höhe von 504 EUR und Rüge der Länge des Verfahrens (EGMR 20.9.2011 – 52036/09, BeckRS 2011, 143706 – Kiousi).

Soweit ersichtlich belief sich der finanzielle Schaden der Bf. in Fällen, in denen der Gerichtshof vom Fehlen eines erheblichen Nachteils ausgegangen ist, nie über mehr als etwa **500 EUR** (s. a. EGMR 21.2.2012 – 48228/08 – Šumbera; für weitere Bsp. s. EGMR, Research Report, The new admissibility criterion under Article 35 § 3 (b) of the Convention: case-law principles two years on, 2012, S. 5f. – abrufbar auf der Internetseite des Gerichtshofs).

Unabhängig von der finanziellen Bedeutung des Streitgegenstandes hat der Gerichtshof das Nichtbestehen eines erheblichen Nachteils bspw. in folgenden **sonstigen Fällen** angenommen:
– zeitlich begrenzte Enteignung eines kleinen Teils eines Grundstücks ohne jeglichen Vermögensschaden, die nur zur Folge hatte, dass die Bf. eine Begrenzungsmauer zeitweise nicht errichten konnten (EGMR 3.2.2015 – 14501/12 Rn. 41, BeckRS 2015, 131582 – Borg u. Vella);
– unerlaubtes Betreten der Garage des Bf. durch Beamte der niederländischen Arbeitsaufsicht (EGMR 9.10.2012 – 16593/10 Rn. 26f. – Zwinkels; s. aber EGMR 27.9.2018 – 57278/11 Rn. 28f. – Brazzi).

EMRK Art. 35

150a Abgelehnt hat der Gerichtshof die Annahme des Nichtbestehens eines erheblichen Nachteils bspw. in folgenden Fällen:
- Klage auf Schadensersatz für gestohlenes Eigentum im Wert von ca. 350 EUR und Rüge von Art. 6 EMRK und Art. 1 EMRKZusProt, insbes. mit Blick auf die Bedeutung des Eigentumseingriffs für den Bf. (EGMR 21.6.2011 – 24360/04 Rn. 20–22, BeckRS 2011, 144272 – Giuran);
- Verurteilung der Bf. wegen Diebstahls geringwertiger Sachen und Rüge von Art. 6 EMRK, insbes. mit Blick darauf, dass die Verurteilung als Grund für die Entlassung der Bf. durch ihren Arbeitgeber herangezogen wurde (EGMR 9.6.2011 – 16347/02 Rn. 48 ff., BeckRS 2011, 144353 – Luchaninova);
- Beschwerde eines Pflichtverteidigers gegen die Auferlegung einer Geldstrafe iHv 260 EUR wegen der Niederlegung eines Mandats, da es für diesen auch um Grundsatzfragen seiner Tätigkeit als Rechtsanwalt ging (EGMR 27.10.2015 – 35399/05 Rn. 46, BeckRS 2015, 129438 – Konstantin Stefanov);
- Beschwerde eines Strafgefangenen gegen das im Gefängnis bestehende Vollbartverbot, da es nach Ansicht des Gerichtshofs hierbei um Grundsatzfragen betreffend die persönliche Wahl des eigenen Erscheinungsbildes ging (EGMR 14.6.2016 – 49304/09 Rn. 37, BeckRS 2016, 14001 – Biržietis; s. a. EGMR 17.12.2013 – 14150/08 Rn. 38 f., BeckRS 2013, 201436 – Vartic – betr. die nicht den religiösen Vorschriften des Bf. entsprechende Verpflegung im Strafvollzug).

151 Allein im Hinblick auf die **Bedeutung der behaupteten prozessrechtlichen Verletzung** für den Bf. verneinte der Gerichtshof das Bestehen eines erheblichen Nachteils bspw. in folgenden Fällen, in denen
- der Bf. die Stellungnahme einer unteren Instanz im Verfahren vor dem Verfassungsgericht nicht erhalten hatte, da dieser Mangel keine prozessualen Auswirkungen hatte (EGMR 14.12.2010 – 24880/05, NJW 2011, 3143 – Holub; EGMR 5.4.2012 – 8968/08 Rn. 89 f. – Jirsák; ähnlich EGMR 3.4.2012 – 49639/09 Rn. 37 ff. – Liga Portuguesa de Futebol Profissional; s. aber EGMR 24.2.2011 – 33908/04 ua Rn. 135, BeckRS 2011, 145243 – Benet Praha);
- die Entscheidung gegen den unterlegenen Bf. nicht öffentlich verkündet worden war (EGMR 4.10.2011 – 18716/09, BeckRS 2011, 143517 – Jančev);
- die Bf. die Nichtvollstreckung einer innerstaatlichen Entscheidung rügten, mit der die Behörden zur Ausstellung eines Dokuments verpflichtet worden waren, das die Bf. inzwischen ersichtlich nicht mehr benötigten (EGMR 11.10.2011 – 29218/05 Rn. 23 ff., BeckRS 2011, 143459 – Savu);
- der dem Bf. durch die Länge des verfassungsgerichtlichen Verfahrens entstandene Nachteil maßgeblich dadurch ausgeglichen worden sei, dass die Zwangsräumung seiner Wohnung über die Dauer dieses Verfahrens nicht vollzogen werden konnte (EGMR 5.3.2013 – 54388/09 Rn. 74, BeckRS 2013, 203800 – Galović).

151a Ebenfalls vom Nichtbestehen eines erheblichen Nachteils ging der Gerichtshof in einer Beschwerde über die Länge eines strafrechtlichen Verfahrens aus, weil die innerstaatlichen Gerichte das **Strafmaß** des Bf. soweit **verringert** hatten, dass die überlange Verfahrensdauer hierdurch als kompensiert anzusehen war (EGMR 6.3.2012 – 23563/07 Rn. 57 f. – Gagliano Giorgi; → Art. 34 Rn. 84 a).

152 **3. Achtung der Menschenrechte erfordert Prüfung der Begründetheit.** Die Formulierung dieser Sicherungsklausel ist an den Wortlaut von Art. 37 Abs. 1 S. 2 und Art. 39 Abs. 1 EMRK angelehnt. Der hierzu ergangenen Rspr. entspre-

Zulässigkeitsvoraussetzungen **Art. 35 EMRK**

chend (bspw. EKMR 14.12.1976 – 5856/72, NJW 1978, 475 – Tyrer) hat der Gerichtshof seine Prüfung fortzusetzen, wenn die Beschwerde **Fragen von allgemeiner Bedeutung in Bezug auf die Einhaltung der EMRK** aufwirft (EGMR 1.7.2010 – 25551/05, NJW 2010, 3081 – Korolev; EGMR 22.2.2011 – 30934/05 Rn. 34, BeckRS 2011, 145267 – Gaftoniuc). Dies ist etwa der Fall, wenn ein Bedürfnis besteht die konventionsrechtlichen Verpflichtungen der Mitgliedstaaten klarzustellen oder den beklagten Staat dazu anzuhalten, ein bestehendes **strukturelles Problem mit Auswirkungen auf weitere Personen** in der Position des Bf. zu beseitigen (EGMR 1.7.2010 – 25551/05, NJW 2010, 3081 – Korolev, mwN; EGMR 20.9.2016 – 926/08 Rn. 41 – Karelin; EGMR 21.5.2019 – 42982/08 Rn. 33, BeckRS 2019, 50098 – Savelyev; EGMR 27.2.2020 – 14460/16 ua Rn. 49, BeckRS 2020, 2307 – Strezovski ua), bspw. die überlange Dauer gerichtlicher Verfahren und das Fehlen eines effektiven Rechtsbehelfs hiergegen (EGMR 10.5.2011 – 37346/05 Rn. 75, BeckRS 2011, 144722 – Finger). Es geht insbes. um die Frage, ob das mit der Beschwerde aufgeworfene **generelle** Rechtsproblem bereits Gegenstand der Rspr. des Gerichtshofs war und ob über den konkreten Fall des Bf. hinaus ein konventionsrechtliches Bedürfnis an einer weitergehenden Auseinandersetzung mit der Frage besteht (vgl. EGMR 19.10.2010 – 18774/09 – Rinck, mwN; EGMR 22.2.2011 – 30934/05 Rn. 35, BeckRS 2011, 145267 – Gaftoniuc; EGMR 7.6.2011 – 48155/06 Rn. 56, BeckRS 2011, 144388 – Juhas Đurić; EGMR 3.4.2012 – 23470/05 Rn. 24 – Nicoleta Gheorghe; EGMR 6.10.2016 – 68909/13 Rn. 27 – Daniel Faulkner).

C. Unzulässigkeitsentscheidung (Abs. 4)

I. Verfahren und Form

Gemäß Art. 35 Abs. 4 EMRK weist der Gerichtshof eine Beschwerde zurück, **153** die er nach diesem Artikel für unzulässig hält. Die Entscheidung über die Unzulässigkeit einer Beschwerde kann **von sämtlichen Entscheidungsorganen** der Konvention getroffen werden, wenngleich die überwiegende Zahl der Unzulässigkeitsentscheidungen vom Einzelrichter getroffen wird (vgl. EGMR, Analysis of Statistics 2020, S. 4). Unzulässigkeitsentscheidungen ergehen in Beschlussform als „Entscheidungen" („decision"/„décision"). Eine Beschwerde kann insgesamt, aber auch lediglich teilweise für unzulässig erklärt werden. **Teilweise Unzulässigkeitsentscheidungen** („partial decisions"/„décision partielle") dienen insbes. dazu, Beschwerden bereits zum Zeitpunkt ihrer Zustellung an die Regierung von offensichtlich unzulässigen Beschwerdepunkten zu befreien und nur den problematischen Teil zuzustellen (bspw. EGMR 12.2.2008 – 22367/04 – Samadi; EGMR 2.11.2010 – 21369/07 – Sakewitz). Eine teilweise Unzulässigkeitsentscheidung kann auch im Rahmen eines Urteils ergehen (bspw. EGMR 26.10.2006 – 65655/01 Rn. 55, EuGRZ 2006, 648 – Chraidi; EGMR 20.1.2011 – 21980/06 ua Rn. 77, 96, FamRZ 2011, 533 – Kuhlen-Rafsandjani).

Der **Einzelrichter** erklärt eine Beschwerde gemäß Art. 27 Abs. 1 EMRK iVm **154** Art. 52A EGMRVerfO für unzulässig, wenn diese Entscheidung „ohne weitere Prüfung getroffen werden kann". Dies ist in der ganz überwiegenden Zahl der Unzulässigkeitsentscheidungen der Fall. Nach Inkrafttreten des 14. EMRKProt wurden dem Bf. bei Einzelrichterentscheidungen lediglich in einem Standardbrief das

EMRK Art. 35 Verfahrensrecht

Ergebnis, der Spruchkörper und das Datum der Entscheidung sowie der einschlägige Unzulässigkeitsgrund mitgeteilt (kritisch hierzu *Schöpfer* NLMR 2017, 307; → Rn. 117; → Art. 34 Rn. 22). Seit Juni 2017 erhält der Bf. eine summarisch begründete Entscheidung in einer der Amtssprachen, aus der sich idR die im jeweiligen Fall einschlägigen Gründe für die Unzulässigkeit der Beschwerde entnehmen lassen (s. Presseerklärung ECHR 180 (2017) vom 1.6.2017; Art. 52A Abs. 1 S. 3 u. 4 EGMRVerfO).

155 Der **Ausschuss** kann eine Beschwerde gemäß Art. 28 Abs. 1 lit. a EMRK iVm Art. 53 Abs. 1 EGMRVerfO durch einstimmigen Beschluss ebenfalls nur dann für unzulässig erklären, wenn diese Entscheidung „ohne weitere Prüfung getroffen werden kann". Die Entscheidung muss eine Begründung enthalten, allerdings kann diese in summarischer Form ergehen, wenn die Sache zunächst dem Einzelrichter zugewiesen und nach Art. 52A Abs. 2 EGMRVerfO an den Ausschuss verwiesen wurde (Art. 53 Abs. 4 EGMRVerfO). Die Entscheidung wird dem Bf. zugestellt (Art. 53 Abs. 5 EGMRVerfO).

156 Die **Kammer** kann eine Unzulässigkeitsentscheidung gemäß Art. 29 Abs. 1 EMRK iVm Art. 54 Abs. 1 EGMRVerfO sofort *(„de plano")*, dh ohne vorherige Zustellung, treffen (bspw. EGMR 18.1.2011 – 26755/10, BeckRS 2011, 145590 – Lipkowsky u. McCormack) oder erst nach Zustellung und Eingang der Stellungnahmen der Parteien gemäß Art. 54 Abs. 2 lit. b EGMRVerfO (bspw. EGMR 7.12.2010 – 24376/02 – Spahiu). Entscheidungen der Kammern enthalten stets eine Begründung und werden den Parteien zugestellt (Art. 56 EGMRVerfO; → Art. 29 Rn. 4 ff.). Für die **Große Kammer** gelten insoweit gemäß Art. 71 Abs. 1 EGMRVerfO dieselben Regeln wie für die Kammern (→ Rn. 160).

157 Unzulässigkeitsentscheidungen sind **endgültig** und können nicht angefochten werden (Art. 27 Abs. 2; Art. 28 Abs. 2; Art. 29 Abs. 1 iVm Art. 43 Abs. 1 EMRK). Wenngleich die **Möglichkeit einer Wiederaufnahme** nach Art. 80 EGMRVerfO ausdrücklich auf Urteile beschränkt ist (→ Art. 44 Rn. 3; s. a. *Cremer* in Dörr/Grote/Marauhn Kap. 32 Rn. 51), kann der Gerichtshof allerdings bei Vorliegen außergewöhnlicher Umstände oder im Fall offensichtlicher Fehler bei der Ermittlung bzw. Subsumtion des entscheidungsrelevanten Sachverhalts eine fälschlicherweise für unzulässig erklärte Beschwerde wiedereröffnen und den jeweiligen Fehler korrigieren (EGMR 26.10.2004 – 61603/00, BeckRS 2004, 155463 – Storck; EGMR 16.6.2005 – 61603/00 Rn. 67, NJW-RR 2006, 308 – Storck; EGMR 5.7.2005 – 39464/98, BeckRS 2005, 157697 – Ölmez u. Ölmez mwN; s. a. *Cremer* EuGRZ 2008, 562 (564 ff.)).

II. Zeitpunkt

158 Nach Art. 35 Abs. 4 S. 2 EMRK kann der Gerichtshof eine Beschwerde „**in jedem Stadium des Verfahrens**" für unzulässig erklären. Der Gerichtshof kann eine Beschwerde **selbst, wenn diese bereits für zulässig erklärt wurde,** noch ganz oder teilweise aus einem der in Art. 35 Abs. 1–3 EMRK genannten Gründe für unzulässig erklären, wenn er der Ansicht ist, dass diese unzulässig ist bzw. unzulässig geworden ist – bspw., weil der Bf. seine Opfereigenschaft verloren hat (EGMR 24.10.2002 (GK) – 36732/97 Rn. 34 – Pisano; EGMR 8.4.2004 (GK) – 71503/01 Rn. 160 ff., NJW 2005, 2207 – Assanidze – bzgl. Beschwerdefrist; EGMR 28.4.2004 (GK) – 56679/00 Rn. 32 – Azinas; EGMR 9.2.2006 – 73443/01 ua Rn. 65 – Freimanis u. Līdums). Allerdings bedarf es hierfür in der Regel **neuer Gesichtspunkte oder außergewöhnlicher Umstände** (EGMR

Beteiligung Dritter **Art. 36 EMRK**

9.4.2002 – 51346/99 Rn. 32 – Cisse; EGMR 17.2.2005 – 56271/00 Rn. 51 – Sardinas Albo).

Einreden der Unzulässigkeit seitens der beklagten Regierung sind gemäß 159
Art. 55 EGMRVerfO bereits in den nach Art. 54 EGMRVerfO abgegebenen Stellungnahmen zur Zulässigkeit der Beschwerde vorzutragen soweit ihre Natur und die Umstände es zulassen. Für eine spätere Erhebung bedarf es daher außergewöhnlicher Umstände, insbes. etwa das erst spätere Bekanntwerden eines diesbzgl. relevanten Umstandes (EGMR 9.7.2009 (GK) – 11364/03 Rn. 57, EuGRZ 2009, 566 – Mooren; EGMR 22.3.2012 – 19508/07 Rn. 21, NJW-RR 2013, 1075 – Granos Organicos Nacionales S. A.). Aus Art. 35 Abs. 4 EMRK folgt nicht, dass die Regierung zu jedem Zeitpunkt des Verfahrens Zulässigkeitsfragen aufwerfen kann, wenn diese bereits zu einem früheren Zeitpunkt hätten geltend gemacht werden können (EGMR 18.5.2000 – 41488/98 Rn. 57 – Velikova; → Rn. 5).

Der Fall, dass sich ein Entscheidungsorgan erneut mit der Zulässigkeit einer 160
bereits für zulässig erklärten Beschwerde befasst, kann zum einen eintreten, wenn gemäß Art. 29 Abs. 1 S. 2 EMRK iVm Art. 54a Abs. 1 S. 4 EGMRVerfO ausnahmsweise vorweg eine **gesonderte Zulässigkeitsentscheidung der Kammer** ergangen ist, bevor sich diese mit der Begründetheit befasst (EGMR 9.2.2006 – 73443/01 ua Rn. 5, 65 – Freimanis u. Līdums; s. a. EGMR 16.11.2004 – 31821/96 Rn. 55 – Issa ua); zum anderen, wenn der Fall nach einer gesonderten Zulässigkeitsentscheidung der Kammer gemäß Art. 30 EMRK iVm Art. 72 EGMRVerfO **an die Große Kammer abgegeben** (EGMR 30.6.2005 (GK) – 45036/98 Rn. 103, NJW 2006, 197 – Bosphorus Hava Yolları Turizm; EGMR 29.3.2006 (GK) – 64886/01 Rn. 6, 36 ff. – Cocchiarella; EGMR 12.2.2008 (GK) – 21906/04 Rn. 4, NJOZ 2010, 1599 – Kafkaris) oder nach einem Urteil der Kammer gemäß Art. 43 EMRK iVm Art. 73 EGMRVerfO **an die Große Kammer verwiesen** wurde (EGMR 28.4.2004 (GK) – 56679/00 Rn. 6, 32 – Azinas). Die Große Kammer kann die gesamte Beschwerde prüfen, soweit sie für zulässig erklärt wurde; allerdings kann sie Teile der Beschwerde, die von der Kammer für unzulässig erklärt wurden, nicht mehr prüfen (EGMR 15.1.2007 (GK) – 60654/00 Rn. 59–62, NVwZ 2008, 979 – Sisojeva ua; EGMR 26.6.2012 (GK) – 26828/06 Rn. 235, NJOZ 2015, 819 – Kurić ua; EGMR 26.6.2012 (GK) – 9300/07 Rn. 38, NJW 2012, 3629 – Herrmann).

Art. 36 Beteiligung Dritter

(1) In allen bei einer Kammer oder der Großen Kammer anhängigen Rechtssachen ist die Hohe Vertragspartei, deren Staatsangehörigkeit der Beschwerdeführer besitzt, berechtigt, schriftliche Stellungnahmen abzugeben und an den mündlichen Verhandlungen teilzunehmen.

(2) Im Interesse der Rechtspflege kann der Präsident des Gerichtshofs jeder Hohen Vertragspartei, die in dem Verfahren nicht Partei ist, oder jeder betroffenen Person, die nicht Beschwerdeführer ist, Gelegenheit geben, schriftlich Stellung zu nehmen oder an den mündlichen Verhandlungen teilzunehmen.

(3) In allen bei einer Kammer oder der Großen Kammer anhängigen Rechtssachen kann der Kommissar für Menschenrechte des Europarats schriftliche Stellungnahmen abgeben und an den mündlichen Verhandlungen teilnehmen.

EMRK Art. 36

(1) In all cases before a Chamber or the Grand Chamber, a High Contracting Party one of whose nationals is an applicant shall have the right to submit written comments and to take part in hearings.

(2) The President of the Court may, in the interest of the proper administration of justice, invite any High Contracting Party which is not a party to the proceedings or any person concerned who is not the applicant to submit written comments or take part in hearings.

(3) In all cases before a Chamber or the Grand Chamber, the Council of Europe Commissioner for Human Rights may submit written comments and take part in hearings.

(1) Dans toute affaire devant une chambre ou la Grande Chambre, une Haute Partie contractante dont un ressortissant est requérant a le droit de présenter des observations écrites et de prendre part aux audiences.

(2) Dans l'intérêt d'une bonne administration de la justice, le président de la Cour peut inviter toute Haute Partie contractante qui n'est pas partie à l'instance ou toute personne intéressée autre que le requérant à présenter des observations écrites ou à prendre part aux audiences.

(3) Dans toute affaire devant une chambre ou la Grande Chambre, le Commissaire aux droits de l'homme du Conseil de l'Europe peut présenter des observations écrites et prendre part aux audiences.

Literatur: *Baratta,* Accession of the EU to the ECHR, CMLR 2013, 1305; *Bürli,* Third-Party Interventions before the European Court of Human Rights, 2017; *Decaux/Pettiti* (Hrsg.), La tierce intervention devant la Cour européenne des droits de l'homme et en droit comparé, 2009; *Hennebel,* Le rôle des amici curiae devant la Cour européenne des droits de l'homme, RTDH 2007, 641; *O'Meara,* „A More Secure Europe of Rights?" The European Court of Human Rights, the Court of Justice of the European Union and EU Accession to the ECHR, GLJ 2011, 1813; *Pastor Vilanova,* Third Parties Involved in International Litigation Proceedings. What Are the Challenges for the ECHR?, in Pinto de Albuquerque/Wojtyczek, Judicial Power in a Globalized World, 2019, S. 377; *Polakiewicz,* Der Abkommensentwurf über den Beitritt der Europäischen Union zur Europäischen Menschenrechtskonvention, EuGRZ 2013, 472; *Van den Eynde,* An Empirical Look at the Amicus Curiae Practice of Human Rights NGOs before the European Court of Human Rights, NQHR 2013, 271.

A. Übersicht

1 Art. 36, der durch Art. 44 EGMRVerfO ergänzt wird, regelt die Voraussetzungen und die Art der Beteiligung Dritter am Verfahren vor dem EGMR. Unter jeweils unterschiedlichen Voraussetzungen haben Staaten, betroffene Personen und der/die Menschenrechtskommissar/in des Europarates die Möglichkeit, sich in jeweils unterschiedlichem Umfang an Beschwerdeverfahren zu beteiligen. Dies gilt für Kammerverfahren und Verfahren vor der Großen Kammer, trotz der Erweiterung ihrer Kompetenzen durch das 14. EMRKProt nicht jedoch für Verfahren vor den Ausschüssen (vgl. Erläuternder Bericht zum 14. Zusatzprotokoll, Rn. 89). Die auf der Grundlage von Art. 36 EMRK am Verfahren Beteiligten sind **keine Parteien** des Verfahrens und dementsprechend nicht nach Art. 46 EMRK gebunden.

2 Der **Entwurf eines Übereinkommens über den Beitritt der Europäischen Union zur Konvention zum Schutz der Menschenrechte und Grundfrei-**

heiten (47+1(2013)008rev2) sah die Ergänzung des Art. 36 EMRK um einen vierten Absatz vor, der eine angemessene Beteiligung der EU in Verfahren gegen EU-Mitgliedstaaten sicherstellen sollte, in denen es im Kern um die Konventionskonformität von unionsrechtlichen Regelungen geht. Gleiches galt für die Beteiligung von EU-Mitgliedstaaten in gegen die EU gerichteten Beschwerdeverfahren. Der sog. **„co-respondent mechanism"** sollte es der EU bzw. dem betroffenen Mitgliedstaat ermöglichen, sich als weitere Partei am Verfahren zu beteiligen (zu der Ausgestaltung des Mechanismus im Einzelnen vgl. unter vielen *O'Meara* S. 1820 ff.; *Polakiewicz* S. 476 ff.). Der **co-respondent** wäre anders als die anderen bisher von Art. 36 EMRK erfassten Drittbeteiligten von der Bindungswirkung einer Entscheidung nach Art. 46 EMRK erfasst. Für die Fälle, in denen die EU nach Art. 36 Abs. 4 EMRK am Verfahren beteiligt ist, sollte dem Gerichtshof der Europäischen Union die Möglichkeit eingeräumt werden, vor einer Entscheidung des EGMR über die Konventionskonformität der streitbefangenen Regelung des Unionsrechts zu urteilen (vgl. dazu *Baratta* S. 1305 ff.; *Polakiewicz* S. 478 f.). Mit Gutachten 2/13 hat der Gerichtshof der Europäischen Union den Entwurf des Übereinkommens jedoch ua wegen der konkreten Ausgestaltung des „co-responsent mechanism" für unvereinbar mit EU-Recht erklärt (EuGH 18.12.2014 – Gutachten 2/13, ECLI:EU:C:2014:2454). Die 2020 wieder aufgenommenen Verhandlungen über den Beitritt der EU zur EMRK werden diesen Punkt aufgreifen müssen.

I. Beteiligungsrecht für Staaten (Abs. 1)

1. Voraussetzungen der Drittbeteiligung nach Abs. 1. Staaten haben in 3 Beschwerdeverfahren, die ihre Staatsangehörigen gegen andere Vertragsstaaten führen, nach Art. 36 Abs. 1 EMRK ein Recht auf Beteiligung. Dieses Beteiligungsrecht lässt sich auf das völkerrechtliche Institut des **diplomatischen Schutzes** zurückführen (*Harris/O'Boyle/Warbrick* S. 159; *Hennebel* S. 645 f.). Es findet daher keine Anwendung, wenn sich Beschwerdeführer gegen die Rückführung in ihren Heimatstaat wenden, weil sie dort eine gegen Art. 2 oder 3 EMRK verstoßende Behandlung fürchten (EGMR 5.9.2013 – 61204/09 Rn. 45 – I.).

Für die Frage, ob deutsche Staatsangehörige einen **grundrechtlichen An-** 4 **spruch** auf Ausübung des Beteiligungsrechtes aus Abs. 1 gegen die Bundesregierung geltend machen können, lassen sich die Grundsätze heranziehen, die das Bundesverfassungsgericht zur Frage eines grundrechtlichen Anspruches auf Ausübung diplomatischen Schutzes entwickelt hat (vgl. BVerfGE 40, 141; 55, 349). Danach verpflichtet die Verfassung die Staatsorgane zum Schutz deutscher Staatsangehöriger und ihrer Interessen gegenüber fremden Staaten (BVerfGE 40, 141 (177)). Ein subjektives öffentliches Recht auf Ausübung des diplomatischen Schutzes lässt sich jedoch angesichts des breiten politischen Ermessens der staatlichen Organe im außenpolitischen Bereich nicht aus dem Grundgesetz ableiten; es besteht lediglich ein Anspruch auf eine ermessensfehlerfreie Entscheidung (BVerfGE 55, 349 (365)).

Nach Art. 44 Abs. 1 lit. a EGMRVerfO stellt die Kanzlei Staaten Beschwerden, 5 die ihre Staatsangehörigen gegen andere Vertragsstaaten einleiten, gleichzeitig mit der Zustellung an den beschwerdegegnerischen Staat zu. Innerhalb von zwölf Wochen nach Zustellung muss der Staat seine Absicht kundtun, sich am Verfahren zu beteiligen (Art. 44 Abs. 1 lit. b EGMRVerfO). In besonderen Fällen kann der Präsident der Kammer eine andere **Frist** bestimmen. In der Erprobungsphase der sog. „non-contentious phase" (→ Art. 39 Rn. 4) erfolgt die Information über das Verfahren, wie in Art. 44 Abs. 1 lit. a EGMRVerfO vorgesehen, gleichzeitig mit

EMRK Art. 36

der Zustellung an den beschwerdegegnerischen Staat. Die Kanzlei fordert den Staat abweichend von Art. 44 Abs. 1 lit. b EGMRVerfO jedoch erst nach erfolglosem Ablauf des nichtstreitigen Verfahrens dazu auf, innerhalb von zwölf Wochen mitzuteilen, ob eine Beteiligung beabsichtigt ist.

6 **2. Verfahrensrechtliche Position der drittbeteiligten Staaten.** Die verfahrensrechtliche Position des nach Abs. 1 drittbeteiligten Vertragsstaates ist relativ stark ausgestaltet. Das Beteiligungsrecht umfasst neben der Möglichkeit, eine in englischer oder französischer Sprache abzufassende (Art. 44 Abs. 6 EGMRVerfO) **Stellungnahme** abzugeben, ausdrücklich auch das Recht der **Teilnahme an einer mündlichen Verhandlung.** Der Gerichtshof gewährt dem nach Abs. 1 drittbeteiligten Staat auf Anfrage Einsicht in die gesamte Verfahrensakte (*Harris/O'Boyle/Warbrick* S. 159) und beschränkt den Inhalt und den Umfang der Stellungnahme anders als bei Drittbeteiligten nach Abs. 2 (→ Rn. 13) in der Regel nicht. Auch der nach Abs. 1 drittbeteiligte Staat hat jedoch **keine Parteistellung,** so dass er zB kein Recht auf Ernennung eines *ad hoc*-Richters nach Art. 26 Abs. 4 EMRK geltend machen kann.

II. Beteiligungsmöglichkeit für Staaten und betroffene Personen im Interesse der Rechtspflege (Abs. 2)

7 **1. Voraussetzungen der Drittbeteiligung nach Abs. 2.** An Beschwerdeverfahren können sich nach Abs. 2 Vertragsstaaten und betroffene Personen beteiligen, wenn eine Beteiligung im Interesse der Rechtspflege liegt. Anders als Abs. 1 vermittelt Abs. 2 **kein Recht auf Beteiligung;** die Entscheidung über eine Beteiligung liegt beim Präsidenten des Gerichtshofs. In der Praxis werden Beteiligungsmöglichkeiten großzügig gewährt.

8 **a) Mögliche Drittbeteiligte. aa) Vertragsstaaten.** Die in Abs. 2 vorgesehene Beteiligungsmöglichkeit für Staaten ist vor dem Hintergrund zu sehen, dass Urteile des Gerichtshofs zwar nur zwischen den Parteien wirken (→ Art. 46 Rn. 31), die Auslegung der Konvention in einem Urteil jedoch für alle Vertragsstaaten Auswirkungen hat. Diese sollen die Möglichkeit haben, ihre Position an den Gerichtshof heranzutragen. In der Praxis wurde diese Möglichkeit lange zurückhaltend ausgeübt. Eine Beteiligung fand am ehesten dann statt, wenn eine Beschwerde allgemeine völkerrechtliche Fragen aufwarf (vgl. zum Beispiel EGMR 2.5.2007 (GK) – 71412/01, 78166/01, NVwZ 2008, 645 – Behrami und Saramati; 30.6.2005 (GK) – 45036/98, EuGRZ 2007, 662 – Bosphorus), oder wenn eine rechtliche Regelung oder staatliche Praxis in mehreren Vertragsstaaten identisch oder ähnlich ist (vgl. zB EGMR 21.1.2011 (GK) – 30696/09, EuGRZ 2011, 243 – M.S.S.; 18.3.2011 (GK) – 30814/06, EuGRZ 2011, 677 – Lautsi). In den letzten Jahren nutzen die Staaten die Möglichkeit der Drittintervention häufiger, insbesondere in Fällen, die grundsätzliche Fragen der Auslegung der EMRK aufwerfen (vgl. zum Beispiel die Intervention von 11 Vertragsstaaten in EGMR 5.5.2019 (GK) – 3599/18 – M.N. et al.). Denn die Beteiligung nach Abs. 2 ist ein **wichtiges Instrument** für die Vertragsstaaten, proaktiv zu einer konsistenten Rechtsprechung des Gerichtshofs beizutragen und in einen Dialog mit dem Gerichtshof über die Auslegung der Konvention zu treten (vgl. Erklärung von Kopenhagen, Rn. 34, https://rm.coe.int/copenhagen-declaration/16807b915c). In der Praxis sprechen sich intervenierende Drittstaaten in aller Regel für eine restriktive Auslegung der Konvention aus (*Bürli* S. 136 ff., 185). Eine Drittintervention kann

Beteiligung Dritter   Art. 36 EMRK

dem erga omnes Charakter der EMRK-Rechte entsprechend ähnlich wie die Staatenbeschwerde nach Art. 33 EMRK grundsätzlich allerdings auch dazu genutzt werden, Partei gegen schwerwiegende menschenrechtliche Missstände in einem anderen Vertragsstaat zu ergreifen, und damit als Instrument der Außenpolitik dienen. Ob sich eine entsprechende Staatenpraxis entwickelt, ist derzeit nicht absehbar.

bb) Betroffene Personen. Drittbeteiligte, die als „betroffene Personen" am 9
Verfahren teilnehmen können, lassen sich in zwei Gruppen einteilen: Die erste Gruppe umfasst Drittbeteiligte, die von dem Verfahren **nicht direkt betroffen** sind, aber Expertise in einem für das Beschwerdeverfahren wesentlichen Bereich haben. Dies sind vor allem Nichtregierungsorganisationen (zB Amnesty International, Interights, AIRE. Zur Beteiligung von NGOs s. *Van den Eynde,* 279 ff.) und Nationale Menschenrechtsinstitutionen. Es beteiligen sich zum Teil aber auch internationale Organisationen bzw. ihre Organe (zB OSZE in EGMR 8. 3. 2006 (GK) – 59532/00 Rn. 10, NJW 2007, 347 – Blečić oder Venedig-Kommission in EGMR 28. 4. 2009 – 11890/05 – Bijelić) und Universitätsinstitute (zB das Human Rights Centre der University of Essex). Der überwiegende Teil der Drittbeteiligungen nach Abs. 2 entfällt auf die Gruppe der nicht direkt betroffenen Personen, die im Verfahren die Rolle des aus dem angloamerikanischen Rechtssystem bekannten **amicus curiae** übernimmt und auf diese Weise zur Legitimität der Entscheidungen des Gerichtshofs beiträgt (*Bürli* S. 184 f.).

Die zweite, kleinere Gruppe umfasst Drittbeteiligte, die von dem Verfahrens- 10
gegenstand **direkt betroffen** sind. Dies können zum einen internationale Organisationen sein, deren Rechtsordnung durch ein Verfahren vor dem EGMR betroffen ist (vgl. zB die Beteiligung der Europäischen Kommission in EGMR 30. 6. 2005 (GK) – 45036/98 Rn. 9, EuGRZ 2007, 662 – Bosphorus). Zum anderen können dies Privatpersonen sein. Beschwerden haben häufig ihren Ursprung in Streitigkeiten zwischen Privatpersonen, so zB Beschwerden, die innerstaatliche Gerichtsentscheidungen zu sorge- und umgangsrechtlichen oder presserechtlichen Streitigkeiten zum Gegenstand haben (vgl. die Fallgruppenbeispiele bei *Bürli* S. 166 ff.). Legt die im innerstaatlichen Verfahren unterlegene Person Beschwerde beim EGMR ein, so wird das Verfahren vor dem EGMR grundsätzlich zwischen dem beschwerdegegnerischen Staat und dem Beschwerdeführer geführt. Die Belange der im innerstaatlichen Verfahren obsiegenden Partei fließen dann nur mittelbar ein, obwohl die Entscheidung des Gerichtshofs und ihre Umsetzung im nationalen Recht weitreichende Konsequenzen für sie haben können. Eine Drittbeteiligung nach Abs. 2 gibt der im innerstaatlichen Verfahren obsiegenden Partei in diesen Fällen die Möglichkeit, ihre Interessen und Belange in das Verfahren einzuführen. Zu Recht ist darauf hingewiesen worden, dass ihre Beteiligung aus rechtsstaatlichen Gründen unerlässlich ist (BT-Drs. 17/11211, 6 f.; vgl. auch BVerfG NJW 2004, 3407 (3410); für ein Recht auf Drittintervention daher *Bürli* S. 181 f., 188; *Pastor Vilanova* S. 383 ff.). Dies ergibt sich aus dem Grundsatz der Waffengleichheit vor Gericht, der auch in der Konvention verankert ist (→ Art. 6 Rn. 99).

Die Beteiligung der obsiegenden Partei scheitert in der Praxis jedoch meist 11
daran, dass diese keine Kenntnis davon hat, dass die unterlegene Partei ein Beschwerdeverfahren vor dem EGMR eingeleitet hat. Die Kanzlei informiert sie nicht über die Zustellung der Beschwerde an den beschwerdegegnerischen Staat. Dass eine Beschwerde zugestellt worden ist, kann allein der HUDOC-Datenbank des Gerichtshofs entnommen werden. Um der im innerstaatlichen Recht obsie-

genden Partei eine Beteiligung aber tatsächlich zu ermöglichen, müsste die Kanzlei sie über die Zustellung der Beschwerde informieren (kritisch auch Grabenwarter/Pabel EMRK S. 96; *Pastor Vilanova* S. 390). Da dies bisher nicht geschieht, unterrichtet der/die Verfahrensbevollmächtigte der Bundesregierung die betroffenen Personen von dem Verfahren und der Möglichkeit der Drittbeteiligung. Ein weiteres Hindernis für die Beteiligung der obsiegenden Partei sind die Kosten einer Drittbeteiligung. Drittbeteiligte sind von dem Prozesskostenhilfesystem des EGMR nicht erfasst und können sich in Deutschland auch nicht auf die nationalen Prozesskostenhilfevorschriften berufen (vgl. BT-Drs. 17/11211). Sie müssen also die mitunter erheblichen Anwaltskosten grundsätzlich selbst tragen. Mit dem **Gesetz zur Einführung von Kostenhilfe für Drittbetroffene in Verfahren vor dem Europäischen Gerichtshof für Menschenrechte** (EGMRKHG; BGBl. 2013 I 829) hat der Gesetzgeber Abhilfe geschaffen. Das Bundesamt für Justiz kann in Verfahren vor dem EGMR einer dritten in ihren Menschenrechten betroffenen Person eine sogenannte Kostenhilfe bewilligen, Die Voraussetzungen und das Verfahren der Kostenhilfebewilligung richten sich nach den entsprechend anwendbaren Vorschriften der ZPO über die Prozesskostenhilfe (§ 1 Abs. 2 S. 1 EGMRKHG). Die Höhe der Kostenhilfe entspricht den Beträgen, die im Rahmen des Prozesskostenhilfesystems des EGMR gewährt werden (§ 3 Abs. 2 EGMRKHG). Diese Initiative des deutschen Gesetzgebers ist sehr zu begrüßen. Sie kann jedoch die erforderliche **Reform des Prozesskostenhilfesystems des EGMR** nicht ersetzen.

12 **b) Zulassung der Drittbeteiligung durch den Präsidenten des Gerichtshofs im Interesse der Rechtspflege.** Vertragsstaaten und betroffene Personen können sich nur dann an dem Verfahren beteiligen, wenn der **Präsident** des Gerichtshofs ihnen Gelegenheit dazu gibt. Der Präsident kann Vertragsstaaten oder betroffene Personen von sich aus zur Beteiligung auffordern (vgl. zum Beispiel EGMR 18.2.2009 (GK) – 55707/00 Rn. 6 – Andrejeva). In der Regel beantragen jedoch interessierte Vertragsstaaten oder Personen beim Präsidenten, als Drittbeteiligte zugelassen zu werden. Der Antrag auf Drittbeteiligung ist in englischer oder französischer Sprache innerhalb von zwölf Wochen nach Zustellung der Beschwerde an den beschwerdegegnerischen Staat beim Gerichtshof einzureichen (Art. 44 Abs. 3 lit. b EGMRVerfO).Dies gilt mangels anderweitiger Regelung auch dann, wenn dem streitigen Verfahren im Rahmen der derzeit laufenden Testphase eine „non-contentious phase" vorgeschaltet ist (→ Art. 39 Rn. 4). Art. 44 Abs. 3 lit. b S. 2 EGMRVerfO bietet dem Gerichtshof jedoch die Möglichkeit auch solche Drittbeteiligungen zuzulassen, die innerhalb von zwölf Wochen nach Beginn der streitigen Phase beantragt werden (zur entsprechenden Praxis im Rahmen des Art. 36 Abs. 1 → Rn. 5). Der Gerichtshof kann auf Antrag auch den Gebrauch einer anderen Sprache bewilligen (Art. 44 Abs. 3 lit. b iVm Art. 34 Abs. 4 lit. a EGMRVerfO). Von der Zustellung einer Beschwerde Kenntnis erlangen können mögliche Drittbeteiligte allein über die HUDOC-Datenbank des Gerichtshofs. Der Antrag muss eine Begründung enthalten. In der Regel wird Anträgen auf Drittbeteiligung stattgegeben (für einen abgewiesenen Antrag vgl. EGMR 22.4.1993 – 15070/89 Rn. 4, ÖJZ 1993, 821 – Modinos).

13 **2. Verfahrensrechtliche Position der nach Abs. 2 Drittbeteiligten.** Die verfahrensrechtliche Position von Drittbeteiligten nach Abs. 2 ist **schwächer** ausgestaltet als die von Staaten, die sich auf der Grundlage von Abs. 1 am Verfahren beteiligen. Drittbeteiligte nach Abs. 2 können schriftliche Stellungnahmen in eng-

Beteiligung Dritter | **Art. 36 EMRK**

lischer oder französischer Sprache (Art. 44 Abs. 6 EGMRVerfO) abgeben, werden aber nur ausnahmsweise zur mündlichen Verhandlung zugelassen (Art. 44 Abs. 3 lit. a aE EGMRVerfO). Die Kanzlei macht in der Regel Gebrauch von der in Art. 44 Abs. 5 EGMRVerfO vorgesehenen Möglichkeit, Umfang und Inhalt der Stellungnahme zu begrenzen. So dürfen Stellungnahmen von Drittbeteiligten häufig zehn Seiten nicht überschreiten, und die Drittbeteiligten werden aufgefordert, sich auf Ausführungen allgemeiner Art zu beschränken und zu spezifischen Fragen der Zulässigkeit und Begründetheit der Beschwerde nicht Stellung zu nehmen (vgl. *Harris/O'Boyle/Warbrick* S. 161; *Hennebel* Amici curiae S. 652). Es ist vorgekommen, dass die Kanzlei Stellungnahmen von Drittbeteiligten, die sich nicht an diese Vorgaben gehalten haben, zurückgewiesen bzw. nicht in die Verfahrensakten aufgenommen hat. Stellungnahmen von Drittbeteiligten werden an die Parteien des Verfahrens mit Gelegenheit zur Stellungnahme zugestellt (Art. 44 Abs. 6 EGMRVerfO). Die Drittbeteiligten haben jedoch in der Regel keine weitere Äußerungsmöglichkeit. Diese schwache Ausgestaltung der verfahrensrechtlichen Position von Drittbeteiligungen ist der typischen Situation der Beteiligung eines *amicus curiae* angemessen. In den Fällen, in denen Personen direkt durch das Beschwerdeverfahren betroffen sind, sind deren Äußerungsmöglichkeiten allerdings zu stark beschränkt. Hier sollte die Kanzlei mit einer flexibleren Handhabung von Art. 44 Abs. 5 EGMRVerfO Abhilfe schaffen.

III. Beteiligungsmöglichkeit für den/die Menschenrechtskommissar/in des Europarates (Abs. 3)

Das in Abs. 3 vorgesehene Beteiligungsrecht des/der **Menschenrechtskommissars/in des Europarates** ist durch das 14. EMRKProt in die Konvention aufgenommen worden. Es verfolgt das Ziel, die Rolle des/der Menschenrechtskommissar/in im Verfahren vor dem Gerichtshof zu stärken und ist vor dem Hintergrund weitergehender Forderungen nach einem Recht des/der Menschenrechtskommissar/in zu sehen, den Gerichtshof im Wege einer *actio popularis* zu befassen (Empfehlung 1640 (2004) der Parlamentarischen Versammlung, vgl. *De Salvia* in *Decaux/Pettiti,* Tierce intervention, S. 24). Der/die Menschenrechtskommissar/in, der mit der menschenrechtlichen Situation in den Vertragsstaaten gut vertraut ist, soll als *amicus curiae* seine/ihre Expertise in die Verfahren einbringen. Dies gilt insbesondere für Pilotverfahren und sonstige Verfahren, die strukturelle Probleme in einem Vertragsstaat betreffen. 14

Schon vor Inkrafttreten des 14. EMRKProt hatte der/die Menschenrechtskommissar/in die Beteiligungsmöglichkeit nach Abs. 2. Diese hat er/sie jedoch nur in drei Fällen auf Anfrage des Gerichtshofs ausgeübt (Beschwerde Nr. 29999/04, CommDH(2007)18 – Mamasakhlisi; EGMR 24.1.2012 – 26494/09 et al. – Ahmed Ali et al.; 21.1.2011 (GK) – 30696/09, EuGRZ 2011, 243 – M.S.S.). Das Inkrafttreten des 14. EMRKProt hat an der zurückhaltenden Nutzung des Beteiligungsrechts durch den/die Kommissar/in zunächst wenig geändert. Seit 2015 interveniert der/die Menschenrechtskommissar/in jedoch regelmäßig (vgl. die Übersicht der Interventionen, abrufbar unter https://www.coe.int/en/web/commissioner/third-party-interventions). 15

Der/Die Menschenrechtskommissar/in muss seine/ihre Absicht, sich an einem Verfahren zu beteiligen, innerhalb von zwölf Wochen nach Zustellung der Beschwerde an den beschwerdegegnerischen Staat kundtun (Art. 44 Abs. 2 EGMRVerfO). Wie mögliche Drittbeteiligte nach Abs. 2 wird der/die Menschenrechts- 16 kommissar/in **nicht** von der Kanzlei über anhängige Beschwerden **informiert** (vgl. Erläuternden Bericht zum 14. Zusatzprotokoll, Rn. 88).

17 Der/die Menschenrechtskommissar/in hat eine den nach Abs. 1 beteiligten Staaten vergleichbare verfahrensrechtliche Position inne. Auch er/sie ist ausdrücklich berechtigt, an mündlichen Verhandlungen teilzunehmen.

Art. 37 Streichung von Beschwerden

(1) **Der Gerichtshof kann jederzeit während des Verfahrens entscheiden, eine Beschwerde in seinem Register zu streichen, wenn die Umstände Grund zur Annahme geben, dass**
a) der Beschwerdeführer seine Beschwerde nicht weiterzuverfolgen beabsichtigt;
b) die Streitigkeit einer Lösung zugeführt worden ist oder
c) eine weitere Prüfung der Beschwerde aus anderen vom Gerichtshof festgestellten Gründen nicht gerechtfertigt ist.

Der Gerichtshof setzt jedoch die Prüfung der Beschwerde fort, wenn die Achtung der Menschenrechte, wie sie in dieser Konvention und den Protokollen dazu anerkannt sind, dies erfordert.

(2) **Der Gerichtshof kann die Wiedereintragung einer Beschwerde in sein Register anordnen, wenn er dies den Umständen nach für gerechtfertigt hält.**

(1) The Court may at any stage of the proceedings decide to strike an application out of its list of cases where the circumstances lead to the conclusion that
a) the applicant does not intend to pursue his application; or
b) the matter has been resolved; or
c) for any other reason established by the Court, it is no longer justified to continue the examination of the application.

However, the Court shall continue the examination of the application if respect for human rights as defined in the Convention and the Protocols thereto so requires.

(2) The Court may decide to restore an application to its list of cases if it considers that the circumstances justify such a course.

(1) A tout moment de la procédure, la Cour peut décider de rayer une requête du rôle lorsque les circonstances permettent de conclure
a) que le requérant n'entend plus la maintenir; ou
b) que le litige a été résolu; ou
c) que, pour tout autre motif dont la Cour constate l'existence, il ne se justifie plus de poursuivre l'examen de la requête.

Toutefois, la Cour poursuit l'examen de la requête si le respect des droits de l'homme garantis par la Convention et ses Protocoles l'exige.

(2) La Cour peut décider la réinscription au rôle d'une requête lorsqu'elle estime que les circonstances le justifient.

Literatur: *Ang/Berghmans,* Friendly Settlements and Striking out of Applications, in Lemmens/Vandenhole (Hrsg.), Protocol No. 14 and the Reform of the European Court of Human Rights, 2005, S. 89; *Glas,* Unilateral declarations and the European Court of Human Rights:

Between efficiency and the interests of the applicant, Maastricht Journal of European and Comparative Law 25 (2018), 607; *Myjer,* It is never too late for the State, Liber Amicorum Luzius Wildhaber, 2007, 309; *Rozakis,* Unilateral Declarations as a Means of Settling Human Rights Disputes: A New Tool for the Resolution of Disputes in the ECHR's Procedure, in Kohen (Hrsg.), Human Rights and Conflict Resolution through International Law: Liber Amicorum Lucius Caflisch, 2007, 1003.

Übersicht

	Rn.
A. Regelungsgehalt	1
B. Voraussetzungen für die Streichung einer Beschwerde	2
I. Vorliegen eines der in Abs. 1 lit. a–c aufgeführten Fälle	3
1. Rücknahme durch den Beschwerdeführer (Abs. 1 lit. a)	3
2. Erledigung der Beschwerde (Abs. 1 lit. b)	5
3. Weitere Prüfung nicht gerechtfertigt (Abs. 1 lit. c)	8
II. Kein Eingreifen der Ausnahmeklausel zur Achtung der Menschenrechte (Abs. 1 aE)	20
1. Allgemeines	21
2. Bedeutung der Ausnahmeklausel bei einseitigen Erklärungen	22
C. Streichung der Beschwerde	26
D. Wiedereintragung der Beschwerde (Abs. 2)	30

A. Regelungsgehalt

Art. 37 EMRK gibt dem Gerichtshof die Möglichkeit, ohne eine Entscheidung 1 in der Sache Beschwerden aus seinem Register zu streichen. Die Streichung ist **in jedem Stadium des Verfahrens** zulässig, dh auch wenn die Beschwerde noch nicht für zulässig erklärt worden ist und auch dann, wenn bereits eine Kammerentscheidung vorliegt, die Beschwerde aber vor der Großen Kammer anhängig ist (vgl. zB EGMR 7.12.2007 – 59643/00 – Kaftailova). Neben der Kammer und der Großen Kammer können auch Ausschüsse und Einzelrichter Beschwerden aus dem Register streichen (Art. 27 Abs. 1 und 28 Abs. 1 EMRK).

B. Voraussetzungen für die Streichung einer Beschwerde

Eine Beschwerde kann aus dem Register gestrichen werden, wenn eine der in 2 Abs. 1 lit. a–c genannten Voraussetzungen vorliegt (→ Rn. 3 ff.). Eine Streichung ist ausgeschlossen, wenn die Achtung der Menschenrechte, wie sie in der Konvention und den Zusatzprotokollen anerkannt sind, die weitere Prüfung der Beschwerde erfordert (→ Rn. 20 ff.).

I. Vorliegen eines der in Abs. 1 lit. a–c aufgeführten Fälle

1. Rücknahme durch den Beschwerdeführer (Abs. 1 lit. a). Eine Be- 3 schwerde kann aus dem Register gestrichen werden, wenn Grund zu der Annahme besteht, dass der Beschwerdeführer nicht beabsichtigt, seine Beschwerde weiterzuverfolgen (Abs. 1 lit. a). Dies ist offensichtlich dann der Fall, wenn der Beschwerdeführer seine Beschwerde **ausdrücklich zurücknimmt** (EGMR 4.10.2006 – 76642/01 Rn. 30, NJOZ 2007, 5200 – Association SOS Attentats et De Boëry; EGMR 27.11.2018 (GK) – 58428/13 Rn. 65 – Berlusconi). Aber auch ohne ausdrückliche Rücknahme kann die Beschwerde aus dem Register gestrichen werden, wenn der Beschwerdeführer das Verfahren **nicht weiter betreibt.** Reicht der Beschwerdeführer zum Beispiel innerhalb der vom Gerichtshof gesetzten Fristen keine Stellungnahme ein, weist ihn der Gerichtshof zunächst auf die Regelung des Abs. 1 hin. Reagiert der Beschwerdeführer nicht, geht der Gerichtshof davon aus, dass er seine Beschwerde nicht weiterzuverfolgen beabsichtigt und streicht die Beschwerde aus dem Register (vgl. zB EGMR 30.9.2010 – 35524/06 – Artemi und Gregory). Dass der Beschwerdeführer das Verfahren nicht weiter betreiben möchte, kann sich auch darin zeigen, dass er den Kontakt mit seinem Verfahrensvertreter nicht aufrechterhält und diesem keine Kontaktadresse mitteilt (EGMR 17.11.2016 (GK) – 60125/11 Rn. 36 – V.M.et al.).

4   Handelt es sich um eine **Staatenbeschwerde** nach Art. 33 EMRK und erklärt der beschwerdeführende Staat, die Beschwerde nicht weiter verfolgen zu wollen, so wird die Beschwerde nach Art. 43 Abs. 2 EGMRVerfO nur aus dem Register gestrichen, wenn der beschwerdegegnerische Staat zustimmt.

5   **2. Erledigung der Beschwerde (Abs. 1 lit. b).** Ist die einem Beschwerdeverfahren zugrundeliegende Streitigkeit einer Lösung zugeführt worden, kann die Beschwerde ebenfalls aus dem Register gestrichen werden (Abs. 1 lit. b). Der weitaus häufigste Fall der **Erledigung einer Beschwerde,** der Abschluss eines Vergleichs zwischen dem beschwerdegegnerischen Staat und dem Beschwerdeführer, ist speziell in Art. 39 Abs. 3 EMRK geregelt; Art. 37 findet insoweit keine Anwendung. Dies gilt jedenfalls seit Inkrafttreten des 14. EMRKProt, das den Anwendungsbereich von Art. 39 EMRK auch auf Vergleiche ausgeweitet hat, die abgeschlossen werden, bevor eine Beschwerde für zulässig erklärt worden ist (→ Art. 39 Rn. 4).

6   Erfasst sind von Abs. 1 lit. b demgegenüber alle anderen Fälle, in denen der Grund für die Beschwerde zwischen dem Zeitpunkt der Einlegung der Beschwerde und dem Zeitpunkt der Entscheidung des Gerichtshofs wegfällt. Voraussetzung für die Streichung der Beschwerde ist nach der Rechtsprechung des Gerichtshofs erstens, dass die tatsächlichen Umstände, die Anlass zu der Beschwerde gegeben haben, nicht mehr vorliegen, und zweitens, dass die Folgen einer auf diesen Umständen beruhenden möglichen Konventionsverletzung beseitigt worden sind (EGMR 15.1.2007 (GK) – 60654/00 Rn. 97, NVwZ 2008, 979 – Sisojeva). Dass diese beiden Voraussetzungen vorliegen, hat der Gerichtshof insbesondere in Fällen angenommen, in denen Beschwerdeführern, die sich gegen ihre Ausweisung gewandt hatten, die Möglichkeit gegeben worden war, ihren Status zu regularisieren zB durch die Beantragung einer Aufenthaltserlaubnis, so dass keine aktuelle Gefahr einer Ausweisung mehr bestand (vgl. ua EGMR 15.1.2007 (GK) – 60654/00 Rn. 98 ff., NVwZ 2008, 979 – Sisojeva; EGMR 10.3.2009 – 872/04 Rn. 19 ff. – Ibrahim Mohamed; EGMR 22.5.2007 – 42640/04 – Q; EGMR 8.4.2015 (GK) – 71398/12 Rn. 32 ff. – M. E.). Die Voraussetzungen sind in der Regel auch dann gegeben, wenn ein Vertragsstaat nach einem gegen ihn erlassenen **Piloturteil** des EGMR (→ Art. 46 Rn. 20 ff.) eine gesetzliche Regelung geschaffen hat, die das dem Pilotverfahren zugrundeliegende Problem löst. Parallelfälle können dann nach Abs. 1 lit. b aus dem Register gestrichen werden, wenn den Beschwerdeführern im nationalen Recht ein konventionskonformer Entschädigungsmechanismus zur Verfügung steht (vgl. das Piloturteil EGMR 19.12.2002 (GK) – 31443/96 – Broniowski und die Entscheidungen in Parallelfällen EGMR 4.12.2007 – 50003/99 Rn. 72 ff., EuGRZ 2008, 126 – Wolkenberg; EGMR 4.12.2007 – 11208/02 Rn. 74 ff. – Witkowska-Tobola; EGMR 23.9.2008 –

Streichung von Beschwerden **Art. 37 EMRK**

50425/99 Rn. 24 – E.G.; EGMR 18.10.2016 – 65020/13 – Anastasov et al.; vgl. auch EGMR 14.3.2017 – 15663/12 Rn. 15f. – Knežević et al.).

Ist die der Beschwerde zugrundeliegende Streitigkeit einer Lösung zugeführt 7 worden, liegt häufig auch ein Fall des **Wegfalls der Beschwer** vor, der zur Unzulässigkeit der Beschwerde führt (→ Art. 34 Rn. 79 ff.). Durch die Streichung der Beschwerde nach Art. 37 Abs. 1 lit. b EMRK erspart sich der Gerichtshof die Analyse, ob der Beschwerdeführer ursprünglich Opfer einer Konventionsverletzung war und ob seine Beschwer nachträglich weggefallen ist (vgl. zB EGMR 7.12.2007 – 59643/00 Rn. 47 – Kaftailova). Anders als bei einer Unzulässigkeitsentscheidung kann der Gerichtshof bei Streichung der Beschwerde eine **Kostenentscheidung** treffen (→ Rn. 28). Zudem besteht die Möglichkeit der **Wiedereintragung der Beschwerde** nach Abs. 2 (→ Rn. 30).

3. Weitere Prüfung nicht gerechtfertigt (Abs. 1 lit. c). Nach Abs. 1 lit. c 8 kann der Gerichtshof eine Beschwerde auch dann aus dem Register streichen, wenn eine weitere Prüfung aus anderen als den in Abs. 1 lit. a und b genannten Gründen nicht gerechtfertigt ist. Diese **Auffangklausel** deckt verschiedene Fallgruppen ab (EGMR 4.10.2006 (GK) – 76642/01 Rn. 37, NJOZ 2007, 5200 – Association SOS Attentats et de Boëry). Die nachfolgende Darstellung der bisher vom EGMR erörterten Fallgruppen ist nicht abschließend.

a) Tod des Beschwerdeführers. Verstirbt der Beschwerdeführer während des 9 Verfahrens, streicht der Gerichtshof die Beschwerde in Anwendung von Abs. 1 lit. c aus dem Register, es sei denn, seine **Erben oder nahe Angehörige** führen das Beschwerdeverfahren fort (EGMR 30.3.2009 (GK) – 19324/02 Rn. 43f. – Léger mwN). Über diesen Personenkreis hinaus können auch andere Personen das Verfahren fortführen, sofern sie ein **legitimes Interesse** nachweisen (zB ein von dem Beschwerdeführer testamentarisch eingesetzter Erbe, dessen Erbberechtigung noch von den nationalen Gerichten bestätigt werden muss, vgl. EGMR 13.12.2000 (GK) – 33071/96 – Malhous). Dies gilt auch für juristische Personen (EGMR 18.9.2001 – 40669/98 – S. G.). Die Hoffnung, eine gerechte Entschädigung auf der Grundlage von Art. 41 EMRK zu bekommen, reicht allerdings nicht aus, um ein legitimes Interesse zu begründen (EGMR 13.12.2000 (GK) – 33071/96 – Malhous; EGMR 18.9.2001 – 40669/98 – S. G.). Auch die Position des Verfahrensbevollmächtigten des verstorbenen Beschwerdeführers begründet nicht *per se* ein legitimes Interesse (EGMR 29.4.2003 – 8492/95 Rn. 37 – Sevgi Erdoğan).

b) Fehlende Mitwirkung des Beschwerdeführers. Kommt der Beschwerde- 10 führer selbst bzw. sein Verfahrensbevollmächtigter seinen **verfahrensrechtlichen Mitwirkungspflichten** trotz mehrfacher Aufforderung durch den Gerichtshof nicht nach, kann die Beschwerde nach Abs. 1 lit. c aus dem Register gestrichen werden. Dies gilt vor allem für die verfahrensrechtlichen Mitwirkungspflichten nach Art. 44C Abs. 1 EGMRVerfO (EGMR 10.11.2005 – 5142/04 Rn. 35 ff. – Hun: fehlende Beibringung eines medizinischen Gutachtens; 10.11.2005 – 21784/04 Rn. 31 ff. – Mürüvvet Küçük: Verweigerung der Teilnahme an einer medizinischen Untersuchung). Der Gerichtshof hat aber auch Beschwerden nach Abs. 1 lit. c gestrichen, wenn der Beschwerdeführer es unterlassen hat, Stellungnahmen einzureichen (EGMR 4.10.2005 – 64200/00 Rn. 9 ff. – Falkovych: keine Stellungnahme zu Schadensersatzforderungen; EGMR 6.7.2006 – 2361/03 – Fleury: keine Erwiderung auf Stellungnahme des beschwerdegegnerischen Staates). Insoweit besteht keine klare Abgrenzung zu dem Anwendungsbereich von Abs. 1 lit. a (→ Rn. 3).

EMRK Art. 37

11 **c) Fehlen eines Verfahrensbevollmächtigten des Beschwerdeführers.** Bestimmt der Beschwerdeführer entgegen Art. 36 EGMRVerfO und trotz mehrfacher Aufforderung keinen Verfahrensbevollmächtigten, kann der Gerichtshof die Beschwerde nach Abs. 1 lit. c aus dem Register streichen (EGMR 7.2.2006 – 69364/01 – Grimalyo). Von dieser Möglichkeit macht der Gerichtshof nur selten Gebrauch.

12 **d) Verlust der Opfereigenschaft.** In einigen Fällen hat der Gerichtshof Beschwerden nach Abs. 1 lit. c aus dem Register gestrichen, weil die Parteien die Streitigkeit im Wege eines Vergleichs vor den nationalen Gerichten beendet hatten und der Beschwerdeführer dadurch seine **Opfereigenschaft** verloren hatte (EGMR 19.5.2005 – 52332/99 Rn. 25f. – Calì; 28.6.2005 – 58274/00 Rn. 25f. – La Rosa et Alba). Systematisch sind diese Fälle eigentlich unter Abs. 1 lit. b zu verorten (→ Rn. 5ff.).

13 **e) Einseitige Erklärung des beschwerdegegnerischen Staats.** Beginnend mit der Entscheidung *Akman* aus dem Jahre 2001 (EGMR 26.6.2001 – 37453/97 – Akman) streicht der Gerichtshof nunmehr in ständiger Rechtsprechung Beschwerden aus dem Register, wenn Verhandlungen über eine gütliche Einigung gescheitert sind und der beschwerdegegnerische Staat eine sog. **einseitige Erklärung** abgibt, in der er die Konventionsverletzung anerkennt und sich verpflichtet, eine Entschädigung zu zahlen. Dies gilt auch dann, wenn der Beschwerdeführer eine Fortführung des Verfahrens wünscht (EGMR 6.5.2003 (GK) – 26307/95 Rn. 75, NJW 2004, 2357 – Tahsin Acar).

14 Diese Entwicklung ist vor dem Hintergrund der Überlastung des Gerichtshofs wegen der ständigen Zunahme der Beschwerdezahlen zu sehen. Hinter ihr steht der Gedanke, dass die Entscheidung darüber, ob der Gerichtshof seine begrenzten Kapazitäten nutzt, um die Beschwerde weiter zu prüfen, nicht in der Hand des Beschwerdeführers liegen soll (*Harris/O'Boyle/Warbrick* S. 136). Die Möglichkeit einer einseitigen Erklärung durch den beschwerdegegnerischen Staat beeinträchtigt jedoch die Verhandlungsposition des Beschwerdeführers in Bezug auf eine gütliche Einigung. Stimmt er einer gütlichen Einigung nicht zu, läuft er in Gefahr, dass der Vertragsstaat eine einseitige Erklärung abgibt, die das Verfahren beendet, ggf. sogar zu ungünstigeren Konditionen. Eine einseitige Erklärung kann für den Beschwerdeführer allerdings auch einen Vorteil gegenüber einer gütlichen Einigung haben: Im Unterschied zur gütlichen Einigung (→ Art. 39 Rn. 8) wird in einer einseitigen Erklärung in der Regel ausdrücklich das Vorliegen einer Konventionsverletzung anerkannt (→ Rn. 23).

15 Die Möglichkeit der Beendigung eines Verfahrens durch eine einseitige Erklärung des beschwerdegegnerischen Staates wird vielfach, auch innerhalb des Gerichtshofs (vgl. das gemeinsame zustimmende Votum der Richter *Bratza, Tulkens* und *Vajić* in EGMR 6.5.2003 (GK) – 26307/95, NJW 2004, 2357 – Tahsin Acar sowie das abweichende Votum des Richters *Loucaides* in EGMR 9.4.2002 – 27601/95 – Toğcu), **kritisch gesehen.** Es sei mit dem menschenrechtlichen Charakter des Beschwerdeverfahrens nicht vereinbar, dass es auf diese Weise gegen den Willen des Beschwerdeführers eingestellt werden könne (*Ang/Berghmans*, Friendly Settlements, S. 104; *Dembour* EHRLR 2002, 617f.). Der Staat dürfe es nicht in der Hand haben, ein Verfahren zu beenden und sich damit in gewisser Weise „frei zu kaufen" (s. das abweichende Votum des Richters *Loucaides* in EGMR 9.4.2002 – 27601/95 – Toğcu; *Sardaro* EHRLR 2003, 632). Jedenfalls bei **schwersten Menschenrechtsverletzungen** müsse das Verfahren mit Blick auf die objektive

Streichung von Beschwerden   Art. 37 EMRK

Rechtsschutzfunktion der Konvention fortgeführt werden (vgl. für die gütliche Einigung Grabenwarter/Pabel EMRK S. 98).

Der Gerichtshof hat diese Kritik aufgenommen. Er hat ausdrücklich hervor- 16
gehoben, dass das Verfahren der einseitigen Erklärung nicht dazu dient, die Ablehnung einer gütlichen Einigung durch den Beschwerdeführer zu umgehen (EGMR 20.10.2005 – 37930/02 Rn. 39 – Bazhenov). Dass der Beschwerdeführer eine gütliche Einigung abgelehnt hat, ist damit allein kein hinreichender Grund, um aufgrund einer einseitigen Erklärung das Verfahren zu beenden. Vielmehr muss die einseitige Erklärung gewisse **inhaltliche Anforderungen** erfüllen (EGMR 6.5.2003 (GK) – 26307/95 Rn. 76, NJW 2004, 2357 – Tahsin Acar; → Rn. 22ff.). Anderenfalls erfordert die Achtung der Menschenrechte eine weitere Prüfung; eine Streichung aus dem Register ist in Anwendung von Abs. 1 aE dann ausgeschlossen. Dieser Ausnahmeklausel kommt daher bei einseitigen Erklärungen besondere Bedeutung zu (→ Rn. 22).

Im Rahmen des mit der **Erklärung von Interlaken** eingeleiteten Reformpro- 17
zesses (vgl. dazu → Einl. Rn. 20) ist die beschriebene Rechtsprechung zu dem Institut der einseitigen Erklärung in Art. 62A EGMRVerfO kodifiziert worden. Art. 62A Abs. 2 EGMRVerfO stellt dabei klar, dass eine einseitige Erklärung in außergewöhnlichen Umständen auch dann abgegeben werden kann, wenn keine Verhandlungen über eine gütliche Einigung vorausgegangen sind (z. B. EGMR 21.4.2015 – 2874/01 Rn. 30 – Union of Jehovah's Witnesses of Georgia, EGMR 30.8.2016 – 33847/11 Rn. 45ff. – Telegraaf Media Nederland Landelijke Media B.V.). Einseitige Erklärungen können damit als Mittel zur schnellen Lösung von sog. **„repetitive cases"**, dh gleich gelagerten Fällen, denen ein strukturelles Problem zugrunde liegt, genutzt werden. Das kann jedoch nur funktionieren, wenn einseitige Erklärungen in diesen Fällen neben individuellen auch allgemeine Maßnahmen zusagen, die das strukturelle Problem beseitigen sollen (vgl. zB EGMR 27.5.2010 – 9095/08 – Facondis, vgl. auch in Bezug auf ein Pilotverfahren EGMR 20.6.2017 – 53491/10 – Załuska, Rogalska et al.).

Die Möglichkeit der Beendigung von Beschwerdeverfahren durch einseitige 18
Erklärung wirft für das nationale Recht die Frage auf, ob die Vorschriften über die **Wiederaufnahme** rechtskräftig abgeschlossener Verfahren nach Feststellung einer Konventionsverletzung durch den EGMR auch greifen, wenn der Vertragsstaat eine einseitige Erklärung abgibt, in der er eine Konventionsverletzung anerkennt. In Deutschland betrifft diese Frage die Auslegung der § 359 Nr. 6 StPO und § 580 Nr. 8 ZPO. Danach kann die Rechtskraft durchbrochen werden, „wenn der Europäische Gerichtshof für Menschenrechte eine Verletzung der Europäischen Konvention zum Schutze der Menschenrechte und Grundfreiheiten oder ihrer Protokolle festgestellt hat und das Urteil auf dieser Verletzung beruht". Bereits vom Wortlaut her finden diese Vorschriften im Falle einer einseitigen Erklärung keine Anwendung. Der Gerichtshof wird daher gegen Deutschland gerichtete Beschwerden, bei denen eine Wiederaufnahme im Raum steht und vom Beschwerdeführer angestrebt wird, trotz einseitiger Erklärung nicht aus dem Register streichen, um dem Beschwerdeführer die Möglichkeit der Wiederaufnahme zu erhalten (vgl. EGMR 26.7.2018 – 35778/11 Rn. 24ff., NJW 2019, 3051 – Dridi).

f) Weitere Fallgruppen. Ist der Gerichtshof mit einer Vielzahl von gleichgela- 19
gerten Beschwerden konfrontiert und hat er in Bezug auf einige bereits eine Konventionsverletzung festgestellt (durch Piloturteil oder einfaches Urteil), streicht er

Wenzel   737 die parallelen Beschwerden unter bestimmten Umständen nach Abs. 1 c) aus dem Register, obwohl die die Konventionsverletzung feststellende Entscheidung noch nicht umgesetzt ist und damit die Voraussetzungen des Abs. 1 lit. a (vgl. →Rn. 6) nicht vorliegen. Eine Streichung der übrigen Beschwerden hält er insbesondere dann für gerechtfertigt, wenn keine individuellen Maßnahmen der Wiedergutmachung erforderlich sind und keine finanzielle Kompensation zu leisten ist (EGMR 23.11.2010 – 60041/08 und 60054/08 Rn. 118 ff. – Greens und M.T.; EGMR 5.7.2011 – 40047/04 Rn. 53 ff. – Pantusheva ua). Darüber hinausgehend und in Abkehr von seiner bisherigen Praxis bei Pilotverfahren hat der Gerichtshof im Fall Burmych erstmals über 12.000 parallele Beschwerden durch Urteil aus seinem Register gestrichen, obwohl das Piloturteil noch nicht umgesetzt und eine finanzielle Kompensation der Beschwerdeführer angezeigt war (EGMR 12.10.2017 (GK) – 46852/13 et al., NJW 2019, 27 – Burmych). Hinter dieser Entscheidung stehen grundsätzliche Erwägungen und nicht wie in den o. g. Fällen des Art. 37 Abs. 1 lit. c EMRK die konkreten Beschwerden betreffende Gründe: Der Gerichtshof lehnt es ab, die Rolle eines Kompensationsmechanismus zu übernehmen. Vielmehr sieht er die Einführung von Mechanismen zur Entschädigung Betroffener in Anwendung des Grundsatzes der Subsidiarität als aus dem Piloturteil folgende Pflicht an und schließt daraus, dass die Folgefälle durch die Überwachung der Umsetzung des Piloturteils durch das Ministerkomitee abgedeckt werden müssen. Der neue Ansatz, der im Gerichtshof selbst nicht unumstritten ist, wie das abweichende Votum von sieben Richtern zeigt, und in der Literatur wegen der damit einhergehenden Beeinträchtigung des individuellen Beschwerderechts überwiegend auf Kritik stößt (differenziert *Ulfstein/Zimmermann,* Certiorari through the Backdoor? - the judgment by the European Court of Human Rights in Burmych and Others v. Ukraine in perspective, KFG Working Paper Series No. 13, April 2018), erklärt sich vor dem Hintergrund der Belastung des Gerichtshofs durch eine Vielzahl von Beschwerden, die seine Funktionsfähigkeit zu beeinträchtigen drohen.

II. Kein Eingreifen der Ausnahmeklausel zur Achtung der Menschenrechte (Abs. 1 aE)

20 Liegt einer der in Abs. 1 lit. a–c aufgeführten Fälle vor, so wird die Beschwerde dennoch nicht aus dem Register gestrichen, wenn die Achtung der Menschenrechte die weitere Prüfung erfordert.

21 **1. Allgemeines.** In der Rechtsprechung finden sich nur wenige Fälle, in denen der Gerichtshof die Ausnahmeklausel des Abs. 1 aE angewandt hat. Das bekannteste Beispiel ist das Urteil im Fall *Karner,* in dem der Gerichtshof trotz des Todes des Beschwerdeführers und des Fehlens eines Angehörigen, der die Beschwerde weiterführte, die Prüfung fortsetzte. Der Beschwerdeführer hatte die Diskriminierung von gleichgeschlechtlichen Lebensgemeinschaften bei der Nachfolge in Mietverträge gerügt. Der Gerichtshof setzte die Prüfung der Beschwerde mit der Begründung fort, die Beschwerde werfe eine wichtige Frage von allgemeinem Interesse auf und die weitere Prüfung trage zur Feststellung und Weiterentwicklung der konventionsrechtlichen Schutzstandards bei (EGMR 24.7.2003 – 40016/98 Rn. 27, ÖJZ 2004, 36 – Karner). Andere Entscheidungen zeigen, dass der Gerichtshof dazu neigt, die Prüfung der Beschwerde fortzusetzen, wenn **schwerste Menschenrechtsverletzungen** und insbesondere eine Verletzung von Art. 2 und 3 EMRK in Frage stehen (EGMR 24.2.2009 – 63258/00 Rn. 5 – Gagiu; EGMR

13.4.2010 – 32940/08, 41626/08 und 43616/08 Rn. 56 – Tehrani et al.). Ein Indiz dafür, dass die Achtung der Menschenrechte die weitere Prüfung erfordert, kann auch in der vor Erledigung erfolgten Verweisung des Verfahrens an die Große Kammer liegen, die nach Art. 43 Abs. 2 EMRK voraussetzt, dass das Verfahren eine schwerwiegende Frage der Auslegung oder Anwendung der Konvention oder eine schwerwiegende Frage von allgemeiner Bedeutung aufwirft (vgl. EGMR 23.3.2016 (GK) – 43611/11 Rn. 81 f. – F.G., s. aber auch EGMR 17.11.2016 (GK) – 60125/11 Rn. 36 – V.M. et al., wo in einer vergleichbaren Konstellation ohne weitere Begründung davon ausgegangen wird, dass die Ausnahmeklausel nicht greift, und EGMR 21.9.2016 (GK) – 38030/12 Rn. 40, NVwZ 2018, 477 – Khan).

2. Bedeutung der Ausnahmeklausel bei einseitigen Erklärungen. Im 22 Falle von **einseitigen Erklärungen** kommt der Ausnahmeklausel des Abs. 1 aE besondere Bedeutung zu (→ Rn. 16). Der Gerichtshof berücksichtigt verschiedene Faktoren, um zu beurteilen, ob die einseitige Erklärung mit der Achtung der Menschenrechte vereinbar ist (für eine nicht abschließende Aufzählung s. EGMR 6.5.2003 – 26307/95 Rn. 76, NJW 2004, 2357 – Tahsin Acar).

In der Regel erkennt der beschwerdegegnerische Staat in einer einseitigen Er- 23 klärung seine Verantwortlichkeit für eine Konventionsverletzung an (vgl. zB EGMR 2.6.2009 – 29705/05, EuGRZ 2009, 472 – Kunkel). Eine **volle Anerkennung der Konventionsverletzung** ist jedoch nicht unbedingt erforderlich (EGMR 6.5.2003 (GK) – 26307/95 Rn. 84, NJW 2004, 2357 – Tahsin Acar). Der Staat muss aber in irgendeiner Form anerkennen, dass das Verhalten, das Gegenstand der Beschwerde ist, nicht konventionskonform war oder es jedenfalls bedauern (EGMR 16.7.2009 – 43376/06 Rn. 62 f. – Prencipe; EGMR 27.9.2007 – 6301/05 Rn. 39 – The Estate of Nitschke). In Fällen, in denen Personen verschwunden sind oder von Unbekannten getötet wurden und viel dafür spricht, dass die innerstaatliche Untersuchung nicht den konventionsrechtlichen Standards entsprach, verlangt der Gerichtshof, dass dies ausdrücklich festgehalten wird und dass sich der beschwerdegegnerische Staat verpflichtet, eine den konventionsrechtlichen Standards entsprechende Untersuchung durchzuführen (EGMR 6.5.2003 (GK) – 26307/95 Rn. 84, NJW 2004, 2357 – Tahsin Acar; zu Ausnahmen bei rechtlicher oder tatsächlicher Unmöglichkeit einer neuen Untersuchung EGMR 12.3.2019 – 52538/09 Rn. 14 ff. – Taşdemir). In einigen Entscheidungen hat der Gerichtshof Beschwerden trotz Fehlens einer solchen Verpflichtung aus dem Register gestrichen, dafür aber darauf hingewiesen, dass die konventionsrechtliche Pflicht des Staates, eine effektive Untersuchung durchzuführen, unbeschadet der Streichung fortbesteht (EGMR 2.7.2015 – 75187/12 Rn. 23 – Žarković; vgl. auch EGMR 5.7.2016 (GK) – 44898/10 Rn. 118 – Jeronovičs). Dies ermöglicht es dem Gerichtshof, bei Nichterfüllung der Untersuchungspflicht die Beschwerde wieder einzutragen (→ Rn. 30 f.) oder ggf. eine neue Beschwerde zu prüfen (vgl. EGMR 5.7.2016 (GK) – 44898/10 Rn. 67 ff. – Jeronovičs).

Ebenfalls erforderlich ist, dass die gerügte Konventionsverletzung wieder gut ge- 24 macht wird. Diese **Wiedergutmachung** darf nicht *ex gratia* erfolgen (EGMR 16.7.2009 – 43376/06 Rn. 63 – Prencipe). Eine Entschädigung in Geld muss angemessen sein, dh sich an der Rechtsprechung des Gerichtshofs orientieren (EGMR 27.5.2010 – 9095/08 – Facondis). Dabei akzeptiert der Gerichtshof eine Reduzierung um bis zu 10 % im Vergleich zu seiner Rechtsprechung, wenn der Beschwerdeführer den Abschluss einer gütlichen Einigung ungerechtfertigt verweigert hat (EGMR, Unilateral declarations: policy and practice, September 2012, S. 2 Fn. 7, https://www.echr.coe.int/Documents/Unilateral_declarations_ENG.pdf).

25 Ist der Sachverhalt zwischen den Parteien streitig, spricht dies gegen die Streichung der Beschwerde. Gleiches gilt für den Fall, dass es keine gefestigte Rechtsprechung zum Gegenstand des Verfahrens gibt. Existieren bereits Entscheidungen in Parallelfällen, kommt es wesentlich darauf an, welche Maßnahmen der Staat zur Umsetzung dieser Entscheidungen getroffen hat und welche Auswirkungen sie auf den Fall des Beschwerdeführers haben (EGMR 6.5.2003 (GK) – 26307/95 Rn. 76, NJW 2004, 2357 – Tahsin Acar). Liegt der Beschwerde ein **strukturelles Problem** zugrunde und hat der beschwerdegegnerische Staat trotz bereits ergangener Urteile in Parallelfällen keine Abhilfe geschaffen, scheidet eine Streichung der Beschwerde aus. Dies muss auch dann gelten, wenn das strukturelle Problem Gegenstand eines **Piloturteils** ist. In solchen Fällen gebietet es die Achtung der Menschenrechte, dass der Gerichtshof das Druckmittel immer neuer Verurteilungen nicht aus der Hand gibt (vgl. *mutatis mutandis* EGMR 2.9.2010 – 46344/06 Rn. 75, EuGRZ 2010, 700 – Rumpf).

C. Streichung der Beschwerde

26 Beschließt der Gerichtshof, eine Beschwerde aus dem Register zu streichen, geschieht das durch ein Urteil, wenn die Beschwerde bereits für zulässig erklärt worden ist (Art. 43 Abs. 3 S. 3 EGMRVerfO). Das Urteil wird nach Art. 43 Abs. 3 S. 4 EGMRVerfO an das **Ministerkomitee** weitergeleitet, das die Ausführung der Verpflichtungen überwacht, die mit der Nichtfortsetzung des Verfahrens, der einseitigen Erklärung oder der anderweitigen Lösung der Streitigkeit verbunden worden sind (Art. 43 Abs. 3 S. 3 EGMRVerfO iVm Art. 46 Abs. 2 EMRK).

27 Ist eine Beschwerde noch nicht für zulässig erklärt worden, entscheidet der Gerichtshof über die Streichung durch Entscheidung. In diesem Fall ist eine Überwachung durch das Ministerkomitee ausgeschlossen. Nach Abs. 2 kann der Gerichtshof diese Überwachungslücke schließen, indem er die Beschwerde wieder in das Register einträgt, wenn der Staat seine Verpflichtungen aus der einseitigen Erklärung nicht erfüllt (vgl. EGMR 4.3.2008 – 18369/07 – Josipović). Im Zuge des durch die **Erklärung von Interlaken** eingeleiteten Prozesses zur Reform des EMRK-Systems (vgl. dazu → Einl. Rn. 20) gibt es Überlegungen, eine generelle Zuständigkeit des Ministerkomitees für die Überwachung der Umsetzung von einseitigen Erklärungen einzuführen (vgl. befürwortende Stellungnahme des EGMR vom 11.2.2020, DD(2020)34E Rn. 11 sowie *Glas* S. 626), wie sie der durch das 14. EMRKProt eingeführte Art. 39 Abs. 4 EMRK für gütliche Einigungen vorsieht (→ Art. 39 Rn. 11). Diese Reform ließe sich auch ohne Änderung der Konvention durch Änderung der Verfahrensordnungen des EGMR und des Ministerkomitees umsetzen; der EGMR müsste abweichend von Art. 43 Abs. 3 S. 3 EGMRVerfO Streichungen stets durch Urteil vornehmen, so dass Art. 46 Abs. 2 EMRK greift, der die Zuständigkeit des Ministerkomitees für die Überwachung der Urteilsumsetzung vorsieht (*Glas* S. 626). Vorzugswürdig auf lange Sicht wäre jedoch eine Konventionsänderung.

28 Nach Art. 43 Abs. 4 S. 1 EGMRVerfO steht es im Ermessen des Gerichtshofs, trotz Streichung der Beschwerde dem beschwerdegegnerischen Staat die **Kosten** des Beschwerdeführers aufzuerlegen. Diese Vorschrift ermöglicht es dem Gerichtshof, ggf. der Tatsache Rechnung zu tragen, dass die Beschwerde gestrichen werden

konnte, weil die Bemühungen des Verfahrensbevollmächtigten des Beschwerdeführers dazu geführt haben, dass der Streit einer Lösung zugeführt worden ist (EGMR 24.10.2002 (GK) – 36732/97 Rn. 51 ff. – Pisano; EGMR 15.1.2007 (GK) – 60654/00 Rn. 133 f., NVwZ 2008, 979 – Sisojeva). Trifft der Gerichtshof die Kostenentscheidung in einem Urteil, so wird ihre Umsetzung nach Art. 43 Abs. 3 S. 3 EGMRVerfO iVm Art. 46 Abs. 2 EMRK durch das Ministerkomitee überwacht. Ist die Kostenentscheidung in einer Entscheidung enthalten, so wird auch diese ausnahmsweise nach Art. 43 Abs. 4 S. 2 EGMRVerfO an das Ministerkomitee weitergeleitet, das in diesem Fall jedoch allein die Erfüllung der Kostentragungspflicht überwacht (*Cremer* in Dörr/Grote/Marauhn Kap. 32 Rn. 42).

Entscheidet der Gerichtshof mit Blick auf Abs. 1 aE, eine Beschwerde nicht aus dem Register zu streichen, ergeht darüber in der Regel **keine gesonderte Entscheidung.** In dem endgültigen Urteil findet sich dann ein Hinweis darauf, dass dem Antrag, die Beschwerde in Anwendung von Art. 37 EMRK zu streichen, nicht gefolgt wurde. 29

D. Wiedereintragung der Beschwerde (Abs. 2)

Abs. 2 enthält eine spezielle Regelung zur Endgültigkeit von Entscheidungen, 30 mit denen Beschwerden nach Abs. 1 aus dem Register gestrichen wurden (*Cremer* in Dörr/Grote/Marauhn Kap. 32 Rn. 41). Der Gerichtshof kann danach die **Wiedereintragung** einer Beschwerde in sein Register anordnen, wenn er dies den Umständen nach für gerechtfertigt hält. Diese Möglichkeit besteht unabhängig davon, ob die Streichung der Beschwerde durch Urteil oder Entscheidung erfolgt ist.

Die Voraussetzungen, unter denen eine Wiedereintragung möglich ist, nennt 31 Abs. 2 nicht. Die EGMRVerfO nennt außergewöhnliche Umstände (Art. 43 Abs. 5 EGMRVerfO). Maßgeblich wird die Frage sein, ob die Achtung der Menschenrechte eine Wiederaufnahme der Prüfung der Beschwerde erforderlich macht (*Cremer* in Dörr/Grote/Marauhn Kap. 32 Rn. 41). Das ist dann der Fall, wenn sich im Nachhinein herausstellt, dass die Voraussetzungen für die Streichung der Beschwerde nicht gegeben waren, zum Beispiel wenn sich nach Streichung einer Beschwerde nach Abs. 1 lit. a herausstellt, dass der Beschwerdeführer seine Beschwerde weiterverfolgen wollte, daran aber gehindert war (vgl. EGMR 27.8.2002 – 52676/99 – Nehru). Wurde eine Beschwerde mit Blick auf eine **einseitige Erklärung** des beschwerdegegnerischen Staates aus dem Register gestrichen, ist eine Wiedereintragung nach Abs. 2 auch denkbar, wenn der Staat seine Verpflichtungen aus der einseitigen Erklärung nicht erfüllt (vgl. EGMR 6.5.2003 (GK) – 26307/95 Rn. 76, NJW 2004, 2357 – Tahsin Acar). Diese Möglichkeit kompensiert die fehlende Umsetzungsüberwachung durch das Ministerkomitee in der überwiegenden Zahl von einseitigen Erklärungen. Soweit ersichtlich ist dies jedoch bisher nur selten geschehen (s. zB EGMR 24.11.2015 – 18453/06 – Ivashchenko). Kritisch sind Wiedereintragungen zu beurteilen, mit denen eine unzureichende gerichtliche Prüfung der einseitigen Erklärung zum Zeitpunkt der Streichung korrigiert wird (EGMR 23.3.2006 – 75025/01 et al. – Aleksentseva et al.).

Art. 38 Prüfung der Rechtssache

Der Gerichtshof prüft die Rechtssache mit den Vertretern der Parteien und nimmt, falls erforderlich, Ermittlungen vor; die betreffenden Hohen Vertragsparteien haben alle zur wirksamen Durchführung der Ermittlungen erforderlichen Erleichterungen zu gewähren.

The Court shall examine the case together with the representatives of the parties and, if need be, undertake an investigation, for the effective conduct of which the High Contracting Parties concerned shall furnish all necessary facilities.

La Cour examine l'affaire de façon contradictoire avec les représentants des parties et, s'il y a lieu, procède à une enquête pour la conduite efficace de laquelle les Hautes Parties contractantes intéressées fourniront toutes facilités nécessaires.

Literatur: *Schlüter,* Beweisfragen in der Rechtsprechung des Europäischen Gerichtshofs für Menschenrechte, 2019; *Schorm-Bernschütz,* Die Tatsachenfeststellung im Verfahren vor dem Europäischen Gerichtshof für Menschenrechte, 2004; *Thienel,* The Burden and Standard of Proof in the European Court of Human Rights, GYIL 2007, 543; *Wolfrum,* The Taking and Assessment of Evidence by the European Court of Human Rights, Liber Amicorum Luzius Wildhaber, 2007, 915.

A. Übersicht

1 Art. 38 EMRK betrifft die Sachverhaltsermittlung im Verfahren vor dem EGMR. Hs. 1 statuiert den **Untersuchungsgrundsatz,** indem er klarstellt, dass der Gerichtshof den Sachverhalt von Amts wegen ermittelt. Hs. 2 erlegt den Vertragsstaaten **Kooperationspflichten** bei der Sachverhaltsermittlung auf.

B. Beweisgegenstand

2 Das Beweisrecht im Verfahren vor dem EGMR betrifft die Ermittlung der **Tatsachen,** die einer Beschwerde zugrunde liegen. Für Rechtsfragen gilt auch vor dem EGMR der Grundsatz *jura novit curia.* Eine Ausnahme ist das nationale Recht, das wie eine Tatsache behandelt wird, soweit es nicht in direktem Zusammenhang mit der Auslegung der Konvention steht (ausführlich dazu *Thienel* Burden and Standard of Proof S. 558 ff.). Ein direkter Zusammenhang besteht zB, wenn die Reichweite der „margin of appreciation" des beschwerdegegnerischen Staates von dem Vorliegen eines Konsenses der Mitgliedstaaten über eine rechtliche Frage abhängt (zu solchen Konstellationen vgl. zB → Art. 8 Rn. 98).

C. Beweismaß

3 Soll der Gerichtshof eine Konventionsverletzung feststellen, muss das Fehlverhalten des Staates nach der Rechtsprechung des Gerichtshofs „beyond reasonable doubt" erwiesen sein (EGMR 31.7.2007 – 56003/00 Rn. 69 – Aşan; EGMR 10.7.2001 – 25657/94 Rn. 282 – Avşar; für Staatenbeschwerden EGMR 18.1.1978 – 5310/71 Rn. 161, EuGRZ 1979, 149 – Irland; EGMR 10.5.2001

Prüfung der Rechtssache   **Art. 38 EMRK**

(GK) – 25781/94 Rn. 113 – Zypern). Die die Konventionsverletzung begründenden Tatsachen müssen also mit an Sicherheit grenzender Wahrscheinlichkeit nachgewiesen sein (*Benzing,* Das Beweisrecht vor internationalen Gerichten und Schiedsgerichten in zwischenstaatlichen Streitigkeiten, 2010, S. 537). Dieses strenge, in der Regel im Strafprozessrecht angewandte Beweismaß ist wiederholt kritisiert worden (vgl. zB die Stellungnahme Zyperns in EGMR 10.5.2001 (GK) – 25781/94 Rn. 114 – Zypern; *Wolfrum,* Evidence, S. 921 ff.; *Thienel* Burden and Standard of Proof S. 579 ff.; pragmatisch *Schlüter* S. 29 ff., 447 f.). Der Gerichtshof hält der Bezeichnung nach daran fest, hat aber klargestellt, dass damit keinesfalls die Übernahme der im Strafrecht üblichen strengen Beweisanforderungen einhergeht, sondern dass sich das Fehlverhalten des Staates auch aus hinreichend starken, klaren und schlüssigen Rückschlüssen oder unwiderlegten Vermutungen ergeben kann, dass bei der Beweiswürdigung das Verhalten der Parteien bei der Sachverhaltsermittlung berücksichtigt wird und dass der erforderliche Tatsachennachweis von den Umständen des Einzelfalls, der Natur der Behauptungen des Beschwerdeführers und dem betroffenen Konventionsrecht abhängt (EGMR 3.7.2014 (GK) – 13255/07 Rn. 93 ff., NVwZ 2015, 569 – Georgien/Russland (I)).

D. Ermittlung des Sachverhalts

Bei der Ermittlung des Sachverhalts sieht sich der EGMR nicht auf den Vortrag **4** der Parteien beschränkt. In ständiger Rechtsprechung nimmt er für sich in Anspruch, jedwedes Material zur Hilfe nehmen zu können, das ihm vorliegt, unabhängig davon, ob es von den Parteien oder aus anderen Quellen stammt (EGMR 10.5.2001 (GK) – 25781/94 Rn. 113 – Zypern). So zieht er zum Beispiel Berichte von Nichtregierungsorganisationen oder von internationalen Organisationen heran (EGMR 3.7.2014 (GK) – 13255/07 Rn. 83 f., 138 – Georgien (I)). Das Verfahren vor dem Gerichtshof folgt damit grundsätzlich dem **Untersuchungsgrundsatz** (*Meyer-Ladewig/Ebert* in HK-EMRK Art. 38 Rn. 2). Das darf aber nicht darüber hinwegtäuschen, dass sich der Gerichtshof in der überwiegenden Zahl der Fälle, in denen der Sachverhalt zwischen den Parteien nicht streitig ist, in der Praxis seine Informationen über den Sachverhalt allein aus dem Vortrag der Parteien und den von ihnen vorgelegten Urkunden verschafft (vgl. *Meyer-Ladewig/Ebert* in HK-EMRK Art. 38 Rn. 6). Die Akten der innerstaatlichen Verfahren liegen dem Gerichtshof in der Regel nicht vollständig vor. Relevanz gewinnt der Untersuchungsgrundsatz vor allem in Staatenbeschwerdeverfahren, da der Sachverhalt hier meist umstritten und nicht von nationalen Gerichten aufgearbeitet ist.

Hat ein innerstaatliches Verfahren stattgefunden, übernimmt der Gerichtshof in **5** der Regel den von den nationalen Gerichten festgestellten Sachverhalt, es sei denn, es liegen stichhaltige Anhaltspunkte dafür vor, dass er unzutreffend ist (EGMR 10.7.2001 – 25657/94 Rn. 283 – Avşar; kritisch in Bezug auf die Praxis des Gerichtshofs *Schürer* EuGRZ 2014, 512 ff.). Bei der behaupteten Verletzung von Art. 2 und 3 EMRK prüft der Gerichtshof die Schlüsse der nationalen Gerichte jedoch besonders genau (EGMR 10.7.2001 – 25657/94 Rn. 284 – Avşar; EGMR 4.3.2008 – 42722/02 Rn. 64 – Stoica).

Besteht über den Sachverhalt Unklarheit, kann der Gerichtshof zunächst die **6** Parteien auffordern, weitere Informationen beizubringen oder Beweise für bestimmte Tatsachenbehauptungen vorzulegen (Art. 44 Abs. 1 EGMRVerfO, vgl.

auch Art. A1 Abs. 1 EGMRVerfO). Darüber hinaus kann er **eigene Ermittlungen** anstellen, wenn er dies für erforderlich hält. Dies ist insbesondere bei Staatenbeschwerden relevant, bei denen der Sachverhalt zwischen den Parteien häufig streitig ist. Die Ermittlungstätigkeit des Gerichtshofs ist im Einzelnen im Anhang zur EGMRVerfO geregelt. Danach kann der Gerichtshof alle Maßnahmen ergreifen, von denen er sich eine weitere Aufklärung des Sachverhalts verspricht (Art. A1 Abs. 1 EGMRVerfO; zu den Beweismitteln ausführlich *Schorm-Bernschütz*, Tatsachenfeststellung, S. 81 ff.). Insbesondere kann er Personen als Zeugen oder Sachverständige anhören (für eine Zeugenvernehmung vgl. zB EGMR 26.7.2005 – 38885/02 Rn. 7 ff. – N.), Sachverständigengutachten in Auftrag geben und Örtlichkeiten in Augenschein nehmen (vgl. zB EGMR 19.4.2001 – 28524/95 Rn. 4 – Peers). Die sog. **fact-finding missions** in dem beschwerdegegnerischen Staat, bei denen der Gerichtshof vor Ort Zeugen vernimmt oder sich einen Eindruck von den Örtlichkeiten verschafft, sind nach wie vor Ausnahmefälle (vgl. die Nachweise bei *Frowein* in Frowein/Peukert EMRK Art. 38 Rn. 5; für eine breitere Anwendung bei schwersten Menschenrechtsverletzungen *Sardaro* EHRLR 2003, 618 ff.). Im Anhang zur EGMRVerfO finden sich Regelungen zu den Modalitäten der Beweiserhebung wie der Ladung der Zeugen (Art. A5 EGMRVerfO), dem zu leistenden Eid (Art. A6 EGMRVerfO), dem Ablauf der Befragung (Art. A7 EGMRVerfO) sowie dem Protokoll der Beweiserhebung (Art. A8 EGMRVerfO). Die Ermittlungen des Gerichtshofs werden von der Kammer durchgeführt, die über die Beschwerde entscheidet. Diese kann die Aufgabe an einen oder mehrere Richter delegieren (Art. A1 Abs. 3 EGMRVerfO).

7 Die **Kostenverteilung** für die Beweisaufnahme ist in Art. A5 Abs. 6 EGMRVerfO geregelt. Beantragt eine Vertragspartei die Vernehmung eines Zeugen, Sachverständigen oder einer anderen Person, so muss sie die Kosten dafür tragen. Im Fall einer *fact-finding mission* auf dem Staatsgebiet einer Vertragspartei muss diese die Kosten einer Vernehmung einer von ihr inhaftierten Person tragen. In allen anderen Fällen entscheidet die Kammer, ob die Kosten vom Europarat getragen werden oder dem Beschwerdeführer oder Drittbeteiligten auferlegt werden, auf deren Antrag die Ermittlung durchgeführt wird oder für die die vernommene Person auftritt.

8 Bei der Ermittlung des Sachverhalts durch den Gerichtshof haben die Parteien **Mitwirkungspflichten.** Die Parteien sind zum einen verpflichtet, dem Gerichtshof angeforderte Informationen zur Verfügung zu stellen und angeforderte Beweise vorzulegen (Art. 44 Abs. 1 EGMRVerfO; zum Umgang mit vertraulichen und eingestuften Dokumenten s. EGMR 21.10.2013 (GK) – 55508/07 et al. Rn. 205 f., NJOZ 2014, 1270 – Janowiec). Zum anderen müssen sie den Gerichtshof bei der Durchführung von Ermittlungen unterstützen (Art. A2 Abs. 1 EGMRVerfO). Der Staat, auf dessen Staatsgebiet Ermittlungen durchgeführt werden, ist insbesondere verpflichtet, der Delegation Bewegungsfreiheit einzuräumen, ihre Sicherheit sowie die der Zeugen und Sachverständigen zu gewährleisten und dafür zu sorgen, dass niemandem aufgrund der Kooperation mit der Delegation Nachteile entstehen (Art. A2 Abs. 2 EGMRVerfO). Kommt der beschwerdegegnerische Staat seinen Mitwirkungspflichten nicht nach und kann er keine zufriedenstellende Erklärung für sein Verhalten liefern, stellt der Gerichtshof in seinem Urteil eine Verletzung von Art. 38 EMRK fest (vgl. EGMR 21.10.2013 (GK) – 55508/07 et al. Rn. 202, NJOZ 2014, 1270 – Janowiec. und in Bezug auf Staatenbeschwerden EGMR 3.7.2014 (GK) – 13255/07 Rn. 100 ff. – Georgien (I)). Verstößt demgegenüber der Beschwerdeführer gegen seine Mitwirkungspflichten, kann dies zur Streichung

Prüfung der Rechtssache   Art. 38 EMRK

der Beschwerde nach Art. 37 Abs. 1 lit. c EMRK führen (→ Art. 37 Rn. 10). Zudem kann der Gerichtshof aus dem Verstoß gegen Mitwirkungspflichten im Rahmen der Beweiswürdigung Rückschlüsse ziehen (→ Rn. 11).

E. Beweiswürdigung und Beweislast

Der EGMR würdigt die Beweise auf der Grundlage des Grundsatzes der **9** **freien Beweiswürdigung** (EGMR 6.7.2005 (GK) – 43577/98 und 43579/98 Rn. 147, EuGRZ 2005, 693 – Nachova). Steht danach der einen Eingriff in ein Konventionsrecht begründende Sachverhalt nicht mit an Sicherheit grenzender Wahrscheinlichkeit fest, geht dies zu Lasten des Beschwerdeführers. Die **Beweislast** für ein Fehlverhalten des beschwerdegegnerischen Staates liegt grundsätzlich bei ihm (*Thienel,* Burden and Standard of Proof, S. 551). Der Staat trägt demgegenüber die Beweislast für die Tatsachen, die eine Rechtfertigung eines Eingriffs in eines der Konventionsrechte begründen (*Thienel* Burden and Standard of Proof S. 553 f.).

Um der Tatsache Rechnung zu tragen, dass in vielen Fällen allein der beschwer- **10** degegnerische Staat Zugang zu Informationen hat, die die Behauptungen des Beschwerdeführers stützen können, operiert der Gerichtshof in einer Reihe von Fällen mit einer **Beweislastumkehr** zugunsten des Beschwerdeführers (vgl. EGMR 18.6.2002 – 25656/94 Rn. 266 – Orhan).

So kann der Gerichtshof aus dem Verhalten des beschwerdegegnerischen Staates **11** bei der Beweisaufnahme Rückschlüsse ziehen (EGMR 12.4.2005 – 36378/02 Rn. 503 – Shamayev et al.; EGMR 12.2.2009 – 2512/04 Rn. 55 – Nolan und K.; für Staatenbeschwerden s. EGMR 3.7.2014 (GK) – 13255/07 Rn. 104 – Georgien (I)). Kommt der Staat seinen **Mitwirkungspflichten** nicht nach, zB weil er dem Gerichtshof den Zugang zum inhaftierten Beschwerdeführer verwehrt oder angeforderte Dokumente nicht vorlegt, kann der Gerichtshof die Darstellung des Beschwerdeführers als erwiesen ansehen, wenn sie kohärent und überzeugend ist (vgl. zB EGMR 9.11.2006 – 7615/02 Rn. 123 f. – Imakayeva; EGMR 31.5.2005 – 27601/95 Rn. 95 – Toğcu; EGMR 24.3.2005 – 21894/93 Rn. 211 f. – Akkum).

Wird ein Beschwerdeführer bei guter Gesundheit in Polizeigewahrsam genom- **12** men, weist aber bei der Entlassung Verletzungen auf, muss der beschwerdegegnerische Staat eine plausible Erklärung dafür geben, wie die Verletzungen entstanden sind (EGMR 28.7.1999 (GK) – 25803/94 Rn. 87 f., NJW 2001, 56 – Selmouni; EGMR 24.3.2005 – 21894/93 Rn. 210 – Akkum et al.; EGMR 13.12.2012 (GK) – 39630/09 Rn. 152 f., NVwZ 2013, 631 – El-Masri; → Art. 3 Rn. 31). Dies gilt erst recht, wenn der Inhaftierte im Polizeigewahrsam stirbt (EGMR 14.11.2000 – 24396/94 Rn. 63 – Taş; → Art. 2 Rn. 16). Hat der beschwerdegegnerische Staat gegen seine Untersuchungspflichten aus Art. 2 und 3 EMRK verstoßen (→ Art. 2 Rn. 30 und → Art. 3 Rn. 41 ff.) und kann deswegen nicht festgestellt werden, welche Version des Geschehens glaubhaft ist, geht dies jedoch zu Lasten des Beschwerdeführers (s. zB EGMR 15.2.2007 – 69908/01 Rn. 53 – Jasar).

Behauptet der Beschwerdeführer eine Verletzung von Art. 14 EMRK durch eine **13** **indirekte Diskriminierung,** genügt es, dass er Tatsachen vorträgt, die die Vermutung nahelegen, dass eine Diskriminierung stattgefunden hat (EGMR 13.11.2007 (GK) – 57325/00 Rn. 186, 189, EuGRZ 2009, 81 – D. H. et al.; dazu *Heyden/von Ungern-Sternberg* EuGRZ 2009, 81 ff.). Solche Tatsachen können auch verlässliche

Statistiken sein, aus denen sich ergibt, dass eine bestimmte Gruppe in einem Bereich benachteiligt ist (EGMR 13.11.2007 (GK) – 57325/00 Rn. 188, EuGRZ 2009, 81 – D. H. et al.). Der beschwerdegegnerische Staat muss dann nachweisen, dass die Ungleichbehandlung nicht diskriminierend ist. In Fällen, in denen es um die Anwendung von Gewalt mit angeblich rassistischen Motiven geht, hat der Gerichtshof jedoch eine Beweislastumkehr mit der Begründung abgelehnt, der Staat müsste dann das Fehlen einer subjektiven (rassistischen) Einstellung bei der die Gewalt anwendenden Person nachweisen (EGMR 6.7.2005 (GK) – 43577/98 u. 43579/98 Rn. 157, EuGRZ 2005, 693 – Nachova et al.). Um der für den Beschwerdeführer prekären Beweissituation zu begegnen, behilft sich der Gerichtshof hier mit einer materiellrechtlichen Konstruktion, indem er aus den materiellen Konventionsrechten die Pflicht ableitet, die Motive einer Gewalttat zu ermitteln (EGMR 6.7.2005 (GK) – 43577/98 u. 43579/98 Rn. 157, EuGRZ 2005, 693 – Nachova et al.; dazu ausführlich mwN *Schlüter* S. 427 ff.).

14 Eine Beweislastumkehr nimmt der EGMR auch im Rahmen der Zulässigkeitsvoraussetzung der Rechtswegerschöpfung an (EGMR 10.5.2001 (GK) – 25781/94 Rn. 116 – Zypern; → Art. 35 Rn. 12 ff.). Der beschwerdegegnerische Staat, der sich auf die fehlende Rechtswegerschöpfung beruft, muss nachweisen, dass dem Beschwerdeführer ein effektiver Rechtsbehelf zur Verfügung stand. Dann liegt die Beweislast wieder beim Beschwerdeführer, der nachweisen muss, dass er diesen Rechtsbehelf ergriffen hat oder dass er im konkreten Fall nicht effektiv war.

Art. 39 Gütliche Einigung

(1) **Der Gerichtshof kann sich jederzeit während des Verfahrens zur Verfügung der Parteien halten mit dem Ziel, eine gütliche Einigung auf der Grundlage der Achtung der Menschenrechte, wie sie in dieser Konvention und den Protokollen dazu anerkannt sind, zu erreichen.**

(2) **Das Verfahren nach Absatz 1 ist vertraulich.**

(3) **Im Fall einer gütlichen Einigung streicht der Gerichtshof durch eine Entscheidung, die sich auf eine kurze Angabe des Sachverhalts und der erzielten Lösung beschränkt, die Rechtssache in seinem Register.**

(4) **Diese Entscheidung ist dem Ministerkomitee zuzuleiten; dieses überwacht die Durchführung der gütlichen Einigung, wie sie in der Entscheidung festgehalten wird.**

(1) At any stage of the proceedings, the Court may place itself at the disposal of the parties concerned with a view to securing a friendly settlement of the matter on the basis of respect for human rights as defined in the Convention and the Protocols thereto.

(2) Proceedings conducted under paragraph 1 shall be confidential.

(3) If a friendly settlement is effected, the Court shall strike the case out of its list by means of a decision which shall be confined to a brief statement of the facts and of the solution reached.

(4) This decision shall be transmitted to the Committee of Ministers, which shall supervise the execution of the terms of the friendly settlement as set out in the decision.

Gütliche Einigung **Art. 39 EMRK**

(1) A tout moment de la procédure, la Cour peut se mettre à la disposition des intéressés en vue de parvenir à un règlement amiable de l'affaire s'inspirant du respect des droits de l'homme tels que les reconnaissent la Convention et ses Protocoles.

(2) La procédure décrite au paragraphe 1 est confidentielle.

(3) En cas de règlement amiable, la Cour raye l'affaire du rôle par une décision qui se limite à un bref exposé des faits et de la solution adoptée.

(4) Cette décision est transmise au Comité des Ministres qui surveille l'exécution des termes du règlement amiable tels qu'ils figurent dans la décision.

Literatur: *Ang/Berghmans,* Friendly Settlements and Striking out of Applications, in Lemmens/Vandenhole (Hrsg.), Protocol No. 14 and the Reform of the European Court of Human Rights, 2005, S. 89; *Jenart/Lelou,* Separation of Powers and Alternative Dispute Resolution before the European Court of Human Rights, European Constiutional Law Review 15 (2019), 247; *Keller/Forowicz/Engi,* Friendly Settlements before the European Court of Human Rights, 2010; *Lambert/Stepanova,* Les décisions et arrêts de la Cour européenne des droits de l'homme prenant acte d'un règlement amiable ou d'une déclaration unilatérale: un modèle d'homologation judiciaire approfondie, Revue Trimestrielle des Droits de l'Homme 31 (2020), 3; *De Schutter,* Le règlement amiable dans la Convention européenne des droits de l'homme: Entre théorie de la fonction de juger et théorie de la négociation, in Les droits de l'homme au seuil du troisième millénaire: Mélanges en hommage à Pierre Lambert, 2000, 225.

A. Übersicht

Aus Art. 39 EMRK geht hervor, dass der Beschwerdeführer mit dem beschwerdegegnerischen Vertragsstaat eine gütliche Einigung abschließen kann. Anders als der aus dem nationalen Recht bekannte Prozessvergleich führt diese jedoch nicht *eo ipso* zur Beendigung des Verfahrens. Vielmehr obliegt es dem Gerichtshof zu prüfen, ob die Einigung mit der Achtung der Menschenrechte vereinbar ist und sie dann ggf. aus dem Register zu streichen. Hier manifestiert sich der **objektive Rechtsschutzcharakter** der EMRK. 1

Die Zahl der gütlichen Einigungen, die zur Streichung von Beschwerden aus dem Register geführt hat, schwankt erheblich (zwischen ca. 1.300 und 2.200 pro Jahr in den Jahren 2015–2020). Auch wenn die absoluten Zahlen nicht allzu hoch erscheinen, zeigt ein Vergleich mit der Anzahl der Urteile pro Jahr (zwischen 1.900 und 2.700 pro Jahr in den Jahren 2015–2020 mit einer Ausnahme im Jahr 2017: 15.600) die große Bedeutung gütlicher Einigungen im Verfahren vor dem Gerichtshof. Der Gerichtshof wie auch die Mitgliedstaaten versprechen sich von einer großzügigen Nutzung des Instituts der gütlichen Einigung eine Entlastung des Gerichtshofs (kritisch *Keller/Forowicz/Engi* Friendly Settlements S. 141). Diese beschränkte Sicht auf gütliche Einigungen als „case-management"-Instrument, das allein der Effizienzsteigerung dient, lässt das Potential ungenutzt, das in einer interessenbasierten Einigung zwischen den Parteien über menschenrechtliche Fragestellungen liegen kann. 2

Der verstärkten Nutzung des Instituts in der Praxis stehen grundsätzliche Bedenken im Schrifttum gegenüber. So wird darauf hingewiesen, dass das für den Abschluss einer ausgewogenen Einigung notwendige **Gleichgewicht** zwischen den Parteien im Verfahren vor dem EGMR fehlt (*Ang/Berghmans* Friendly Settlements S. 95). Der beschwerdegegnerische Staat hat nicht nur mehr Erfahrung mit dem 3

Konventionssystem. Er sieht sich darüber hinaus nicht denselben finanziellen Zwängen ausgesetzt wie einige der Beschwerdeführer (*De Schutter*, Règlement amiable, S. 237). Das Ungleichgewicht wird verstärkt durch die Möglichkeit für den Staat, bei Scheitern der Vergleichsverhandlungen durch Abgabe einer einseitigen Erklärung unter bestimmten Voraussetzungen eine Beendigung des Verfahrens durch den EGMR zu erreichen (→ Art. 37 Rn. 13 ff.). Vor diesem Hintergrund wird zum Teil gefordert, gütliche Einigungen in Fällen **schwerster Menschenrechtsverletzungen,** insbesondere in Fällen der Verletzung von Art. 2 und 3 EMRK (Grabenwarter/Pabel EMRK S. 98) bzw. bei Verletzungen unabdingbarer Konventionsrechte (*Frumer*, La renonciation aux droits et libertés: La Convention européenne des droits de l'homme à l'épreuve de la volonté individuelle, 2001, S. 71 ff.) nicht zuzulassen.

3a Noch stärker in den Fokus gerückt sind gütliche Einigungen durch die testweise Einführung ab dem 1. Januar 2019 einer sog. **„non-contentious phase"** durch den Gerichtshof (vgl. Annual Report 2019, S. 125). Anstelle der üblichen 16-wöchigen Frist zur Stellungnahme werden die Parteien mit Zustellung der Beschwerde in aller Regel aufgefordert, zunächst innerhalb von zwölf Wochen zur Frage einer möglichen gütlichen Einigung Stellung zu nehmen. Zum Teil übersendet die Kanzlei mit Zustellung bereits einen bezifferten Vergleichsvorschlag. Kommt es nicht zu einer Einigung, beginnt die streitige Phase des Verfahrens mit einer weiteren zwölfwöchigen Stellungnahmefrist. Dass diese neue Verfahrensgestaltung tatsächlich zu einer weiteren Zunahme der Zahl der gütlichen Einigungen führt, legen die Statistiken für die Jahre 2019 und 2020 nicht nahe. Kritisch zu sehen ist jedenfalls die fehlende Kodifizierung der Praxis in der Verfahrensordnung, die in Form einer Experimentierklausel auch während der Testphase möglich gewesen wäre. Nur durch eine Verankerung in der Verfahrensordnung kann die notwendige Transparenz und Rechtssicherheit hergestellt werden, auch im Hinblick auf die Bestimmung der Fristen bei Drittbeteiligungen (→ Art. 36 Rn. 5, 12). Auch die Kriterien, nach denen die Kanzlei entscheidet, ob sie eine non-contentious phase vorschaltet und ob sie, wenn sie dies tut, einen bezifferten Vergleichsvorschlag zustellt oder aber die Parteien nur auffordert, zur Frage einer gütlichen Einigung Stellung zu nehmen (s. dazu Informationspapier der Kanzlei für den Lenkungsausschuss Menschenrechte, CDDH (2019)09, https://rm.coe.int/steering-committee-for-human-rights-cddh-encouraging-resolution-of-the/1680945c37, sollten in der Verfahrensordnung transparent gemacht werden.

B. Vergleichsverhandlungen

4 Nach dem Konzept der Konvention und ihrer Verfahrensordnung kommt dem Gerichtshof eine **proaktive Rolle** bei den Verhandlungen über eine gütliche Einigung zu (Art. 39 Abs. 1 EMRK, Art. 62 Abs. 1 EGMRVerfO). Gütliche Einigungen werden **in allen Stadien des Verfahrens** gefördert (Art. 54A Abs. 1 S. 2, 3, Art. 62 Abs. 1 EGMRVerfO). Wie stark die Kanzlei in Vergleichsverhandlungen involviert ist, unterscheidet sich von Sektion zu Sektion und von Fall zu Fall (vgl. *Keller/Forowicz/Engi* Friendly Settlements S. 59). In der deutschen Praxis führen die **Parteien** die Verhandlungen in der Regel ohne Beteiligung der Kanzlei und informieren den Gerichtshof nur über das Ergebnis. Die Vermittlungsrolle des Gerichtshofs wird nur in ungewöhnlich gelagerten oder besonders schwierigen Fällen in Anspruch genommen.

Gütliche Einigung Art. 39 EMRK

Eine Neuerung der testweise eingeführten non-contentious phase ist die Praxis 5
der Kanzlei, in Fällen, in denen sie eine gütliche Einigung für besonders aussichtsreich hält, mit der Beschwerde auch den Entwurf einer gütlichen Einigung zu übermitteln, die die von dem Vertragsstaat an den Beschwerdeführer zu leistende Zahlung bereits beziffert. Diese Praxis ist zu Recht nicht unumstritten. Sie trägt in gewisser Weise zur Pekuniarisierung des Menschenrechtsschutzes bei. Zudem kann die Kanzlei zum Zeitpunkt der Zustellung der Beschwerde ihre Einschätzung der Erfolgsaussichten allein auf den Vortrag des Beschwerdeführers stützen. Tatsächlich wird jedoch vor allem bei den Beschwerdeführern der Eindruck erweckt, der Vorschlag nehme die Entscheidung des Gerichtshofs vorweg. Das kann in der Praxis dazu führen, dass der Abschluss einer gütlichen Einigung im Ergebnis erschwert wird. Macht ein Vertragsstaat dem Beschwerdeführer ein Angebot, das hinter dem Vorschlag der Kanzlei zurückbleibt, weil es eine dem Gerichtshof nicht bekannte Tatsache berücksichtigt (zB eine dem Beschwerdeführer zuzurechnende Verfahrensverzögerung bei gerügter überlanger Verfahrensdauer), ist dem Beschwerdeführer schwer vermittelbar, warum er sich auf ein solches Angebot einlassen sollte. Fälle schließlich, in denen die Kanzlei einen Vorschlag zur gütlichen Einigung macht, nach dessen Scheitern aber die Beschwerde für unbegründet oder gar unzulässig erklärt, drohen die Glaubwürdigkeit des Gerichtshofs in den Augen der Beschwerdeführer zu beeinträchtigen.

Die Verhandlungen über eine gütliche Einigung sind nach Art. 39 Abs. 2 EMRK 6
vertraulich. Auf ihren Inhalt darf in dem streitigen Verfahren nicht Bezug genommen werden (Art. 62 Abs. 2 EGMRVerfO); dasselbe gilt für ein auf das Scheitern der Vergleichsverhandlungen folgendes Verfahren über eine einseitige Erklärung (Art. 62A Abs. 1 lit. c EGMRVerfO). Auch außerhalb des Verfahrens vor dem EGMR dürfen Informationen über die Verhandlungen nicht an die Öffentlichkeit gebracht werden. Macht der Beschwerdeführer öffentlich Angaben über die Verhandlungen, zB in der Presse, kann das ein Grund sein, die Beschwerde wegen der Verletzung von Verfahrenspflichten nach Art. 37 Abs. 1 lit. c EMRK aus dem Register zu streichen (vgl. *mutatis mutandis* EKMR 3.3.1995 – 20915/92 – Familiapress Zeitungs-GmbH).

Scheitern die Vergleichsverhandlungen, hat der beschwerdegegnerische Staat die 7
Möglichkeit, durch die Abgabe einer **einseitigen Erklärung,** in der er die Konventionsverletzung anerkennt und sich zur Wiedergutmachung verpflichtet (zur einseitigen Erklärung → Art. 37 Rn. 13 ff.), eine Beendigung des Verfahrens zu erreichen. Die Beschwerde wird nach Art. 37 Abs. 1 lit. c EMRK gestrichen, wenn die einseitige Erklärung gewissen Anforderungen genügt, die sich aus dem Grundsatz der Achtung der Menschenrechte ergeben (Art. 37 Abs. 1 aE EMRK). Bei der Überprüfung der einseitigen Erklärung durch den Gerichtshof bleiben wegen des Grundsatzes der Vertraulichkeit der Vergleichsverhandlungen (Art. 39 Abs. 2 EMRK, → Rn. 6) die Stellungnahmen der Parteien in den Verhandlungen und die Gründe für das Scheitern der Verhandlungen außer Betracht (EGMR 6.5.2003 (GK) – 26307/95 Rn. 74, NJW 2004, 2357 – Tahsin Acar; vgl. nunmehr auch Art. 62A Abs. 1 lit. c EGMRVerfO). Erklärt sich der Beschwerdeführer mit der einseitigen Erklärung einverstanden, wird die Beschwerde auf der Grundlage des Art. 39 EMRK aus dem Register gestrichen (EGMR 6.3.2012 – 9278/06 Rn. 34 – Cēsnieks).

EMRK Art. 39 Verfahrensrecht

C. Inhalt einer gütlichen Einigung

8   Gütliche Einigungen enthalten in der Regel **keine Anerkennung einer Konventionsverletzung** durch den beschwerdegegnerischen Staat, sondern beschränken sich darauf, diesen zur Zahlung einer Geldsumme (vgl. zB EGMR 22.5.2001 – 31896/96 – Değerli) oder in seltenen Fällen zur anderweitigen Beseitigung der Folgen der gerügten Konventionsverletzung zu verpflichten (vgl. zB EGMR 22.6.1999 (GK) – 33124/96 Rn. 23 – Abdurrahim Incedursun). In Einzelfällen haben Staaten auch eine Konventionsverletzung anerkannt (vgl. zB EGMR 10.7.2001 – 28293/95, 29494/95 u. 300219/06 Rn. 13 – Aydin) oder ihr tiefes Bedauern über den Vorfall, der Gegenstand der Beschwerde war, ausgedrückt (EGMR 20.3.2001 – 31725/96 Rn. 14 – Köksal). Zum Teil enthalten gütliche Einigungen nicht nur individuelle, den Beschwerdeführer betreffende, sondern auch allgemeine Zusagen wie die Zusage, Gesetze oder eine administrative Praxis zu ändern (vgl. zB EGMR 20.6.2002 – 35076/97 Rn. 22 – Ali Erol; EGMR 5.7.2005 – 41138/98 u. 64320/01 Rn. 90 – Moldovan et al. und *van Dijk/van Hoof/van Rijn/Zwaak* S. 133f. mwN). Bei solchen allgemeinen Zusagen hat der Verfahrensbevollmächtigte des Vertragsstaats die Grenzen, die die Gewaltenteilung setzt, zu beachten (zur Beachtung der Gewaltenteilung vgl. auch *Jenart/Leloup*, Separation of Powers, S. 255ff., allerdings ohne Differenzierung zwischen völkerrechtlicher Wirksamkeit und innerstaatlichen Vorgaben). So kann die den Vertrag schließende Exekutive in aller Regel nicht zusagen, dass der parlamentarische Gesetzgeber ein Gesetz eines bestimmten Inhalts verabschiedet. Grundsätzlich denkbar wäre dagegen die Zusage, einen entsprechenden Gesetzentwurf einzubringen oder sich gegenüber dem Gesetzgeber für eine Reform einzusetzen.

9   Die Konvention stellt keine Anforderungen an **Inhalt und Form** einer gütlichen Einigung. Der Gerichtshof überprüft aber, ob die gütliche Einigung **mit der Achtung der Menschenrechte vereinbar** ist (Abs. 1, Art. 37 Abs. 1 aE EMRK). Ist dies nicht der Fall, setzt er die Prüfung der Beschwerde fort. Angesichts des Einverständnisses des Beschwerdeführers mit der Streichung der Beschwerde kommt der Gerichtshof jedoch nur in seltenen Fällen zu dem Ergebnis, dass die Achtung der Menschenrechte die weitere Prüfung der Beschwerde rechtfertigt (vgl. zB EGMR 10.7.2007 – 39806/05 Rn. 65 – Paladi, wo die Höhe der Entschädigung in keinem Verhältnis zur Schwere der Menschenrechtsverletzung stand). Die Tatsache, dass besonders schwerwiegende Menschenrechtsverletzungen vorliegen, ist nach der Rechtsprechung des Gerichtshofs nicht *per se* ein Grund, die Beschwerde weiter zu prüfen (vgl. zB EGMR 26.4.1994 – 16988/90 – Diaz Ruano; EGMR 20.6.2002 – 33310/96 – H. D.). Bei Verletzungen von unabdingbaren Konventionsrechten wie Art. 2 oder 3 EMRK misst der Gerichtshof der Frage wesentliche Bedeutung bei, ob bereits gefestigte Rechtsprechung zum Gegenstand der Beschwerde vorliegt (EGMR 22.6.1999 (GK) – 33124/96 Rn. 27 – Abdurrahim Incedursun). Ist dies der Fall und ist die vereinbarte Entschädigung angemessen, streicht der Gerichtshof die Beschwerde. Dies gilt in Fällen, in denen es um die Verwendung von unter Verletzung von Art. 3 EMRK erlangten Beweismitteln im Strafverfahren geht, selbst dann, wenn dem Beschwerdeführer in der gütlichen Einigung nur die Zahlung einer Geldsumme, nicht aber die Wiedereröffnung des nationalen Verfahrens zugesagt wird, obwohl der Gerichtshof in ständiger Rechtsprechung darauf hinweist, dass die angemessene Form der Wiedergutmachung in diesen Fällen die Wiederaufnahme des Verfahrens ist (vgl. EGMR 19.5.2009 – 34719/04 u. 37472/05 – Kavak).

Wird nach einem **Piloturteil** (zum Piloturteil → Art. 46 Rn. 20ff.), das die 10
Frage der gerechten Entschädigung in Anwendung von Art. 75 Abs. 1 aE EGMR-
VerfO einstweilen offengelassen hat, eine gütliche Einigung über die Frage der gerechten Entschädigung erzielt, hat der Gerichtshof angedeutet, die Achtung der Menschenrechte könne es erfordern, dass neben individuellen, den Beschwerdeführer betreffenden Maßnahmen auch allgemeine Maßnahmen ergriffen werden, die geeignet sind, das strukturelle Problem, das Grund für das Piloturteil war, zu beheben (vgl. EGMR 28.9.2005 (GK) – 31443/96 Rn. 36f., EuGRZ 2005, 563 – Broniowski). Gleiches gilt auch für die Parallelfälle, die von einem Piloturteil erfasst werden (EGMR 20.6.2017 – 53491/10 Rn. 34f. – Załuska, Rogalska et al.). Zum Teil wird in der Literatur darüber hinausgehend postuliert, dass in allen Fällen, in denen eine Beschwerde ihren Ursprung in einer konventionswidrigen Rechtsnorm oder staatlichen Praxis habe, eine gütliche Einigung auch allgemeine Maßnahmen zur Beseitigung dieses Zustands enthalten müsse, um mit der Achtung der Menschenrechte vereinbar zu sein (van Dijk/van Hoof/van Rijn/Zwaak European Convention on Human Rights S. 224; Grabenwarter/Pabel EMRK S. 99). Soweit ersichtlich, hat der Gerichtshof jedoch mit dieser Begründung noch keine Streichung verwehrt. Die von Deutschland nach dem *Sürmeli*-Urteil (EGMR 8.6.2006 (GK) – 75529/01, EuGRZ 2007, 255 – Sürmeli) abgeschlossenen gütlichen Einigungen in wegen überlanger Verfahrensdauer eingeleiteten Verfahren, die nur individuelle und keine allgemeinen Maßnahmen enthielten und trotzdem zur Streichung der Beschwerde aus dem Register geführt haben (vgl. zB EGMR 14.4.2009 – 11697/07 – Wohlmann), sind ein Indiz dafür, dass der Gerichtshof dieser Auffassung jedenfalls zur Zeit nicht folgt.

D. Rechtsfolgen einer gütlichen Einigung

Haben die Parteien auf der Grundlage der Achtung der Menschenrechte eine 11
gütliche Einigung geschlossen, **streicht** der Gerichtshof die Beschwerde nach Abs. 3 aus dem Register. Die Streichung ist in einer Entscheidung enthalten, die sich auf eine kurze Zusammenfassung des Sachverhalts und des Inhalts der Einigung beschränkt. Die **Umsetzung** der in der Entscheidung enthaltenen gütlichen Einigung wird durch das Ministerkomitee überwacht – Abs. 4 trifft insoweit eine Sonderregelung zu Art. 46 Abs. 2 EMRK, demzufolge das Ministerkomitee nur für die Überwachung der Umsetzung von Urteilen zuständig ist.

Unklar ist, ob die generelle **Zuständigkeit des Ministerkomitees** zur Über- 12
wachung der Umsetzung von gütlichen Einigungen die Anwendung von Art. 37 Abs. 2 EMRK durch den Gerichtshof ausschließt. In Entscheidungen, bei denen eine Überprüfung der Umsetzung von gütlicher Einigung durch das Ministerkomitee aufgrund der Rechtslage vor Inkrafttreten des 14. EMRKProt ausgeschlossen war, hat sich der Gerichtshof zum Teil ausdrücklich vorbehalten, das Verfahren nach Art. 37 Abs. 2 EMRK wieder in das Register einzutragen, wenn der beschwerdegegnerische Staat seine Verpflichtungen aus der gütlichen Einigung nicht erfüllt (vgl. zB EGMR 19.5.2009 – 34719/04 u. 37272/05 – Kavak). Soweit ersichtlich gibt es seit Übertragung der Zuständigkeit für die Überwachung der Umsetzung von gütlichen Einigungen auf das Ministerkomitee durch das 14. EMRKProt jedoch keine Fälle, in denen der Gerichtshof sich eine Entscheidung nach Art. 37 Abs. 2 EMRK vorbehalten oder eine solche getroffen hat. Dies könnte darauf hindeuten, dass der EGMR der politischen Kontrolle der Umsetzung durch das

Ministerkomitee Vorrang gegenüber Art. 37 Abs. 2 EMRK einräumt (aM wohl van Dijk/van Hoof/van Rijn/Zwaak European Convention on Human Rights S. 237). Ausdrücklich festgestellt hat er dies bisher jedoch nicht.

13 Eine gütliche Einigung nach Art. 39 EMRK ermöglicht in Deutschland nicht die **Wiederaufnahme** eines rechtskräftig abgeschlossenen Verfahrens, da eine von den entsprechenden Normen des nationalen Rechts geforderte Feststellung einer Konventionsverletzung im Fall des Beschwerdeführers gerade nicht stattfindet (vgl. BVerfG NJW 2019, 1590, kritisch *Lambert/Stepanova*, Les décisions et arrêts, S. 5 f., 19 ff.). Die Herstellung dieser Möglichkeit ist auch nicht verfassungsrechtlich geboten (BVerfG NJW 2019, 1590). Angesichts dessen stellt sich die Frage, ob der Gerichtshof parallel zu seiner Praxis bei einseitigen Erklärungen (→ Art. 37 Rn. 18) eine gütliche Einigung wegen der Nichtvereinbarkeit mit der Achtung der Menschenrechte zurückweisen würde, wenn eine Wiederaufnahme im Interesse des Beschwerdeführers geboten scheint. Anders als bei einseitigen Erklärungen lässt sich der Beschwerdeführer freiwillig auf eine gütliche Einigung ein. Jedenfalls bei einem anwaltlich vertretenen Beschwerdeführer ist davon auszugehen, dass die Zustimmung zu einer gütlichen Einigung in voller Kenntnis der Konsequenzen in Bezug auf die Wiederaufnahmemöglichkeiten nach nationalem Recht erfolgt, so dass die Achtung der Menschenrechte eine weitere Prüfung der Beschwerde nicht gebietet.

Art. 40 Öffentliche Verhandlung und Akteneinsicht

(1) **Die Verhandlung ist öffentlich, soweit nicht der Gerichtshof auf Grund besonderer Umstände anders entscheidet.**

(2) **Die beim Kanzler verwahrten Dokumente sind der Öffentlichkeit zugänglich, soweit nicht der Präsident des Gerichtshofs anders entscheidet.**

(1) Hearings shall be in public unless the Court in exceptional circumstances decides otherwise.

(2) Documents deposited with the Registrar shall be accessible to the public unless the President of the Court decides otherwise.

(1) L'audience est publique à moins que la Cour n'en décide autrement en raison de circonstances exceptionelles.

(2) Les documents déposés au greffe sont accessibles au public à moins que le président de la Cour n'en décide autrement.

A. Öffentlichkeit der mündlichen Verhandlung

1 Abs. 1 ordnet die Öffentlichkeit der mündlichen Verhandlungen des Gerichtshofs an. Die Konvention folgt damit einem **wichtigen Grundsatz** jedes gerichtlichen Verfahrens (vgl. auch Art. 6 Abs. 1). Die Entscheidung, ob überhaupt eine mündliche Verhandlung **stattfindet,** steht jedoch im Ermessen der Kammer bzw. des Präsidenten der Großen Kammer (Art. 54 Abs. 5, 59 Abs. 3, 71 Abs. 2 EGMR-VerfO). Vor der Großen Kammer ist dies regelmäßig der Fall, vor den anderen Kammern aber sehr selten (*Meyer-Ladewig/Ebert* in HK-EMRK Art. 40 Rn. 1).

Art. 63 Abs. 2 EGMRVerfO nennt ausdrücklich die **Presse** und die (sonstige) 2
Öffentlichkeit als grundsätzlich Zutrittsberechtigte. **Bild- und Tonaufnahmen**
jeder mündlichen Verhandlung stellt der Gerichtshof selbst auf seiner Website und
auf Antrag einzelnen Pressevertretern zur Verfügung. Im Übrigen sind Kameras in
den Verhandlungen selbst nicht zugelassen, sondern nur im Hof und im Foyer des
Gerichtshofs.

Gemäß Art. 63 Abs. 1 u. 2 EGMRVerfO kann die Kammer die Presse und die 3
Öffentlichkeit **ausschließen,** wenn dies im Interesse der Moral, der öffentlichen
Ordnung oder der nationalen Sicherheit in einer demokratischen Gesellschaft liegt
oder die Interessen von Jugendlichen oder der Schutz der Privatsphäre dies verlangen oder wenn unter anderen besonderen Umständen eine öffentliche Verhandlung die Interessen der Rechtspflege beeinträchtigen würde und der Ausschluss der
Öffentlichkeit daher unbedingt erforderlich ist. Der Ausschluss kann sich auf die
ganze oder nur auf einen Teil der Verhandlung beziehen. Er kann von Amts wegen
oder auf den begründeten Antrag einer Partei oder einer anderen betroffenen Person erfolgen (Art. 63 Abs. 1 u. 3 EGMRVerfO).

Der frühere EGMR (→ Einl. Rn. 14, 22 f.), der in aller Regel mündlich zu ver- 4
handeln hatte (Art. 26, 36 ff. der urspr. EGMRVerfO), hat äußerst selten die Öffentlichkeit ausgeschlossen (s. die Fälle bei *Schabas*, ECHR, 2015, S. 827 Fn. 9, und
EGMR 25. 2. 1997 – 22009/93 Rn. 6 – Z.). Fälle, in denen der heutige EGMR
die Öffentlichkeit ausschließt, sind noch **schwerer vorstellbar,** weil der Gerichtshof auf die mündliche Verhandlung überhaupt verzichten kann (→ Rn. 1). Vor dem
EGMR geht es regelmäßig nur um die Auslegung und Anwendung der Konvention, nicht mehr um Tatfragen, die die genannten Interessen berühren können. Zudem kann der Gerichtshof insbesondere die Privatsphäre der Beschwerdeführer und
die Interessen von Jugendlichen auch durch **Anonymisierungen** schützen (vgl.
Art. 47 Abs. 4 EGMRVerfO und die Practice Direction „Requests for Anonymity"
vom 14. 1. 2010). Gleichwohl hat der EGMR schon in Verfahren, in denen ausnahmsweise Beweis zu erheben war und es um sicherheitsrelevante Informationen
ging, teilweise unter Ausschluss der Öffentlichkeit verhandelt (EGMR 24. 7. 2014 –
28761/11 Rn. 12, 14, 367 – Al Nashiri; EGMR 24. 7. 2014 – 7511/13 Rn. 10, 12,
360 – Husayn (Abu Zubaydah)). Dies soll aber nur „in extremis" in Betracht kommen (EGMR 21. 10. 2013 (GK) – 55508/07 Rn. 215, NJOZ 2014, 1270 – Janowiec ua).

B. Akteneinsichtsrecht

Abs. 2 betrifft das jedermann zustehende Recht, Einsicht in die Akten des Ge- 5
richtshofs zu nehmen (nicht aber die Veröffentlichung der Rechtsprechung und
weiterer Materialien durch den Gerichtshof). Das Recht wird in **Art. 33 EGMR-
VerfO** näher ausgestaltet. Danach sind alle von den Parteien oder Dritten im Zusammenhang mit einer Beschwerde eingereichten Unterlagen öffentlich zugänglich. Ausgenommen sind jedoch Schriftstücke aus Verhandlungen über eine
gütliche Einigung.

Interna des Gerichtshofs sind danach nicht zugänglich. Entscheidungsentwürfe, 6
Berichte und Vermerke sind vertraulich. Eine frühere Regelung, nach der auch die
Entscheidungen der Kammern sowie die – damals nur ausnahmsweise – begründeten Entscheidungen der Ausschüsse der Akteneinsicht unterlagen, die Entscheidungen der Einzelrichter jedoch nicht, ist mit Wirkung vom 1. 1. 2020 auf-

gehoben worden. Nunmehr sind die Entscheidungen der Ausschüsse grundsätzlich zu begründen (Art. 53 Abs. 4 EGMRVerfO). In diesem Fall sind sie, wie die Entscheidungen der Kammern, in der HUDOC-Datenbank verfügbar. Soweit Entscheidungen der Ausschüsse aber ausnahmsweise nur summarisch begründet werden, sind sie – wie die stets nur summarisch begründeten Entscheidungen der Einzelrichter – nicht öffentlich verfügbar, sondern nur Gegenstand eines regelmäßigen Berichts (Art. 104A EGMRVerfO). Dann führt auch die Akteneinsicht nicht weiter.

7 Akteneinsicht kann nur bei dem Gerichtshof genommen werden. Ein besonderes Interesse ist nicht darzulegen. Der Kammerpräsident kann den Zugang jedoch von Amts wegen oder auf den begründeten Antrag einer Partei des betroffenen Verfahrens oder einer anderen betroffenen Person **ausschließen** oder **einschränken** (Art. 33 Abs. 1 u. 3 EGMRVerfO); die nach Art. 33 Abs. 2 EGMRVerfO zulässigen Gründe entsprechen denen des Art. 63 Abs. 2 EGMRVerfO (→ Rn. 3). Eine Einschränkung des Rechts auf Akteneinsicht ist auch die **Anonymisierung** der Beschwerdeführer (Art. 47 Abs. 4 EGMRVerfO; → Rn. 4).

8 Der Präsident des Gerichtshofs verwaltet nunmehr auch die **Archive der EKMR**. Diese sind auf Grund einer Verfügung des letzten Präsidenten der Kommission vom 29.10.1999, die durch eine Verfügung des Präsidenten des EGMR vom 6.12.2007 ergänzt wurde, **grundsätzlich vertraulich.** Öffentlich zugänglich sind nur die Zulässigkeitsentscheidungen und Berichte nach Art. 31 EMRK aF, mit Ausnahme weniger gänzlich geschlossener Akten. Diese Entscheidungen und Berichte finden sich aber in der Regel auch schon in der HUDOC-Datenbank des Gerichtshofs.

Art. 41 Gerechte Entschädigung

Stellt der Gerichtshof fest, dass diese Konvention oder die Protokolle dazu verletzt worden sind, und gestattet das innerstaatliche Recht der Hohen Vertragspartei nur eine unvollkommene Wiedergutmachung für die Folgen dieser Verletzung, so spricht der Gerichtshof der verletzten Partei eine gerechte Entschädigung zu, wenn dies notwendig ist.

If the Court finds that there has been a violation of the Convention or the Protocols thereto, and if the internal law of the High Contracting Party concerned allows only partial reparation to be made, the Court shall, if necessary, afford just satisfaction to the injured party.

Si la Cour déclare qu'il y a eu violation de la Convention ou de ses Protocoles, et si le droit interne de la Haute Partie contractante ne permet d'effacer qu'imparfaitement les conséquences de cette violation, la Cour accorde à la partie lésée, s'il y a lieu, une satisfaction équitable.

Literatur: *Altwicker-Hámori/Altwicker/Peters* Measuring Violations of Human Rights, ZaöRV 2016, 1; *Breuer,* Zur Anordnung konkreter Abhilfemaßnahmen durch den EGMR, EuGRZ 2004, 257; *Buyse,* Lost and Regained? Restitution as a Remedy for Human Rights Violations in the Context of International Law, ZaöRV 2008, 129; *Cohen-Jonathan,* Quelques considérations sur la reparation accordée aux victimes d'une violation de la Convention Européenne des Droits de l'Homme, FS Lambert, 2000, 109; *Fikfak,* Changing State Behaviour: Damages before the European Court of Human Rights, EJIL 2018, 1091; *Fikfak,* Non-pecuniary damages before the European Court of Human Rights: forget the victim; it's all about the state,

Gerechte Entschädigung **Art. 41 EMRK**

Leiden Journal of International Law 2020, 335; *Ichim,* Just Satisfaction under the European Convention on Human Rights, 2015; *Lambert/Özlü,* Just Satisfaction: European Court of Human Rights, Max Planck Encyclopedia of International Procedural Law, April 2019; *Loucaides,* Reparation for Violations of Human Rights under the European Convention and Restitutio in Integrum, EHRLR 2008, 182; *Somers,* The European Convention on Human Rights as an Instrument of Tort Law, 2018; *Tomuschat,* Just Satisfaction under Article 50 of the European Convention on Human Rights, GS Ryssdal, 2000, 1409; *Zwach,* Die Leistungsurteile des Europäischen Gerichtshofs für Menschenrechte, 1996.

Übersicht

	Rn.
A. Art. 41 im System der Konvention	1
B. Voraussetzungen der gerechten Entschädigung	4
I. Feststellung einer Konventionsverletzung	4
II. Unvollkommene Wiedergutmachung nach dem nationalen Recht	5
III. Berechtigte Person	7
IV. Schaden	9
1. Materieller Schaden	11
2. Immaterieller Schaden	13
V. Kausalität	16
VI. Notwendigkeit	18
VII. Antrag	20
C. Bemessung der gerechten Entschädigung	21
I. Feststellung der Konventionsverletzung als hinreichende Wiedergutmachung	23
II. Entschädigung für materielle Schäden	24
III. Entschädigung für immaterielle Schäden	27
D. Kosten und Auslagen	47
I. Tatsächlich angefallene Kosten	48
II. Zusammenhang mit der Konventionsverletzung	49
III. Angemessene Höhe	51
E. Entscheidung über die Entschädigung und Nebenentscheidungen	53
F. Erfüllung des Entschädigungsanspruchs	59
G. Der Entschädigungsanspruch im nationalen Recht	62

A. Art. 41 im System der Konvention

Anders als Art. 63 Abs. 1 der Interamerikanischen Menschenrechtskonvention 1 sieht die EMRK keine generelle Befugnis für den Gerichtshof vor, spezielle Maßnahmen der **Wiedergutmachung** von Konventionsverletzungen anzuordnen. Der Gerichtshof erlässt **Feststellungsurteile;** es obliegt den Staaten, die Mittel zu wählen, um die festgestellten Konventionsverletzungen zu beenden und wiedergutzumachen. Art. 41 stellt eine Ausnahme von diesem Grundsatz dar, indem es dem Gerichtshof ermöglicht, bei Feststellung einer Konventionsverletzung einen finanziellen Ausgleich für die erlittene Konventionsverletzung in Form einer „gerechten Entschädigung" zuzusprechen.

Der Gerichtshof hat es in ständiger Rechtsprechung lange abgelehnt, **andere** 2 **Formen der Wiedergutmachung** anzuordnen (zB die Nichtvollstreckung einer Freiheitsstrafe (EGMR 21.1.1999 – 26103/95 Rn. 42, EuGRZ 1999, 9 – Van

Geyseghem), die Wiederaufnahme eines rechtskräftig abgeschlossenen innerstaatlichen Verfahrens (EGMR 26.6.2003 – 45019/98 Rn. 31 – Pascolini) oder das Zurverfügungstellen der Möglichkeit der künstlichen Befruchtung für einen Häftling (EGMR 4.12.2007 (GK) – 44362/04 Rn. 89, NJW 2009, 971 – Dickson).

3   Neuere Entscheidungen weisen jedoch in eine andere Richtung. Zunächst hat der Gerichtshof bei Verletzungen von Art. 6 EMRK in mehreren Fällen darauf hingewiesen, dass eine Wiederaufnahme eine angemessene Form der Wiedergutmachung darstelle (vgl. zB EGMR 1.3.2006 (GK) – 56581/00 Rn. 126f. – Sejdovic; EGMR 13.10.2005 – 36822/02 Rn. 75 – Bracci). In anderen Entscheidungen hat er ausdrücklich die Maßnahmen ausgesprochen, die der beschwerdegegnerische Staat zur Umsetzung des Urteils ergreifen muss (zB Gewährung eines Umgangsrechts (EGMR 26.2.2004 – 74969/01 Rn. 64, EuGRZ 2004, 700 – Görgülü), Wahrnehmung einer Koordinierungsrolle, um die Beziehung zwischen dem Beschwerdeführer und seiner Tochter wiederherzustellen (EGMR 26.5.2009 – 4023/04 Rn. 107 – Amanalachioai), Umsetzung eines zuvor nicht umgesetzten innerstaatlichen Urteils (EGMR 23.3.2009 – 26004/03 Rn. 48 – Nițescu). Zum Teil hat der EGMR diese Maßnahmen sogar im Tenor angeordnet (zB Verpflichtung des beschwerdegegnerischen Staates, dem durch Bluttransfusionen mit dem HIV-Virus infizierten Beschwerdeführer kostenlose und umfassende medizinische Versorgung bis an sein Lebensende zu gewähren (EGMR 23.3.2010 – 4864/05 Rn. 102 – Oyal), Verpflichtung, den inhaftierten Beschwerdeführer freizulassen (EGMR 8.7.2004 (GK) – 48787/99 Rn. 490, NJW 2005, 1849 – Ilașcu; EGMR 8.4.2004 (GK) – 71503/01, EuGRZ 2004, 268 Rn. 203 – Assanidze), zu angeordneten allgemeinen Maßnahmen bei einem systemischen Problem vgl. EGMR 22.6.2004 (GK) – 31443/96 Rn. 194, EuGRZ 2004, 472 – Broniowski). Die Anordnung konkreter Maßnahmen soll jedoch eine Ausnahme bleiben (EGMR 31.5.2011 – 5829/04 Rn. 270, NJOZ 2012, 1902 – Khodorkovskiy). Diese Entwicklung wird in der Literatur zum Teil kritisch gesehen, wobei die Unzulässigkeit der **Anordnung konkreter Abhilfemaßnahmen** durch den EGMR weniger eine Frage der Auslegung von Art. 41 als der Reichweite der Befugnisse des EGMR zur Feststellung von Konventionsverletzungen nach Art. 46 EMRK ist (vgl. dazu im einzelnen *Breuer* Abhilfemaßnahmen S. 261; *Cohen-Jonathan* Réparation S. 120; *Loucaides* S. 182ff.; *Wenzel* Ilașcu Case MPEPIL Rn. 27ff. sowie → Art. 46 Rn. 6ff.).

B. Voraussetzungen der gerechten Entschädigung

I. Feststellung einer Konventionsverletzung

4   Die Gewährung einer gerechten Entschädigung setzt die **Feststellung einer Konventionsverletzung** voraus. Allerdings sind auch Kosten für das Verfahren vor dem Gerichtshof Teil der nach Art. 41 gewährten Entschädigung (→ Rn. 47). Diese kann der Gerichtshof ausnahmsweise nach Art. 43 Abs. 4 EGMRVerfO auch ohne Feststellung einer Konventionsverletzung zusprechen, wenn er eine Beschwerde aus dem Register streicht (→ Art. 37 Rn. 28).

II. Unvollkommene Wiedergutmachung nach dem nationalen Recht

Stellt der Gerichtshof eine Konventionsverletzung fest, ist der beschwerdegeg- 5
nerische Staat verpflichtet, die Konventionsverletzung zu beenden und ihre Folgen zu beseitigen (EGMR 31.10.1995 – 14556/89 Rn. 34 – Papamichalopoulos et al., → Art. 46 Rn. 4), sei es im Wege der **Naturalrestitution** (*restitutio in integrum;* zum völkerrechtlichen Hintergrund vgl. *Buyse* Restitution S. 130 ff.), oder durch die Gewährung einer Entschädigung. Die Erfüllung dieser Verpflichtung wird durch das Ministerkomitee des Europarates überwacht. Nach dem Text der Konvention, der insoweit Ausdruck des Subsidiaritätsprinzips ist (vgl. *Dörr* in Dörr/Grote/Marauhn Kap. 33 Rn. 13), soll der Gerichtshof nur dann im Urteil eine gerechte Entschädigung gewähren, wenn das innerstaatliche Recht des beschwerdegegnerischen Staates nur eine **unvollkommene Wiedergutmachung** für die Folgen der Konventionsverletzung vorsieht. Entschädigung nach Art. 41 soll also nur insoweit gewährt werden, wie die Folgen der Verletzung nicht anderweitig beseitigt werden können (EGMR 13.7.2000 (GK) – 39221/98 u. 41963/98 Rn. 250, ÖJZ 2002, 74 – Scozzari und Giunta).

In der Praxis sieht der Gerichtshof nur selten von der Gewährung einer gerech- 6
ten Entschädigung ab und zwar allenfalls in den Fällen, in denen das innerstaatliche Recht eine **vollständige Wiedergutmachung** im Sinne der Wiederherstellung des Zustands vor der Konventionsverletzung vorsieht. Das ist zB bei der Wiederaufnahme eines Verfahrens im nationalen Recht der Fall (vgl. EGMR 26.10.1984 – 8692/79 Rn. 11, EuGRZ 1985, 304 – Piersack; EGMR 28.6.1993 – 12489/86, ÖJZ 994, 141 Rn. 11 ff. – Windisch). Sieht das innerstaatliche Recht keine oder nur eine partielle Möglichkeit der Wiedergutmachung vor oder ist aufgrund der Natur der Konventionsverletzung eine *restitutio in integrum* unmöglich, zB bei überlangen Verfahren oder konventionswidrigen Freiheitsentziehungen (vgl. EGMR 10.3.1972 – 2832/66, 2835/66 u. 2899/66 Rn. 20 – De Wilde, Ooms und Versyp; EGMR 21.1.2001 (GK) – 30696/09, EuGRZ 2011, 243 Rn. 410 – M.S.S.), sieht sich der Gerichtshof nicht daran gehindert, eine gerechte Entschädigung zuzusprechen. Das gilt auch dann, wenn der Beschwerdeführer nach nationalem Recht einen Entschädigungsanspruch hat, den er auf dem Rechtsweg durchsetzen könnte. Den Beschwerdeführer erneut auf den Rechtsweg zu verweisen, hält der EGMR angesichts des Zeitaufwands und der Kosten für mit dem effektiven Schutz der Menschenrechte und dem Ziel der Konvention unvereinbar (EGMR 13.6.1994 – 10588/83, 10589/83 u. 10590/83 Rn. 17 – Barberà, Messegué und Jabardo; EGMR 26.10.2004 – 27265/95 Rn. 30 – Terazzi S. R. L.). In einer neueren Entscheidung hat der Gerichtshof allerdings dem Grundsatz der Subsidiarität größere Bedeutung beigemessen und hat davon abgesehen, über die Frage der gerechten Entschädigung zu entscheiden, weil das innerstaatliche Recht eine Entschädigungskommission vorsah, die Entschädigungen in Fällen zuzusprechen kann, in denen der Gerichtshof keine Entscheidung zu Art. 41 EMRK getroffen oder die Entscheidung vertagt hat (EGMR 7.5.2019 – 21104/06 Rn. 73 – Kaynar). Spricht der Gerichtshof trotz Bestehens eines innerstaatlichen Entschädigungsanspruchs eine gerechte Entschädigung zu, so tut er dies aus konventionsrechtlicher Sicht nicht komplementär zu den Ansprüchen nach nationalem Recht, sondern er entscheidet abschließend über alle auf der Konventionsverletzung beruhenden Schäden. Hat der Beschwerdeführer im Zeitpunkt des Urteils bereits einen Entschädigungsanspruch rechtshängig gemacht, vertagt der Gerichtshof nach Art. 75 EGMRVerfO

die Entscheidung nach Art. 41 bis zum Abschluss des nationalen Verfahrens (vgl. zB EGMR 13.1.2011 – 32715/06 Rn. 78, NJW 2011, 3703 – Kübler). Ob der Beschwerdeführer im Anschluss an ein Urteil des Gerichtshofs, das ihm eine gerechte Entschädigung zugesprochen hat, eine darüber hinausgehende Entschädigung vor den nationalen Gerichten geltend machen kann, richtet sich nach dem nationalen Recht (EGMR 6.7.2006 – 13600/02 Rn. 76 – Baybaşın).

III. Berechtigte Person

7   Zur Entschädigung berechtigt ist nach Art. 41 die verletzte Person. Der Begriff der verletzten Person entspricht dem des Opfers iSd Art. 34 EMRK; **entschädigungsberechtigt** ist damit der Beschwerdeführer (*Peukert* in Frowein/Peukert EMRK Art. 41 S. 539; *Dörr* in Dörr/Grote/Marauhn Kap. 33 Rn. 34). Stirbt der Beschwerdeführer während des Verfahrens, können seine **nahen Angehörigen** das Verfahren fortsetzen und gerechte Entschädigung – auch für immaterielle Schäden – fordern; Maßstab für die Festsetzung der Entschädigung bleibt aber der von dem verstorbenen Beschwerdeführer erlittene Schaden (*Dörr* in Dörr/Grote/Marauhn Kap. 33 Rn. 37). Nahe Angehörige einer verschwundenen oder getöteten Person dagegen sind in der Rechtsprechung als verletzte Personen iSd Art. 41 anerkannt; sie können neben dem Opfer bzw. dessen Erben Entschädigung für eigene Schäden verlangen (vgl. zB EGMR 8.7.1999 – 23657/94 Rn. 130, ÖJZ 2000, 474 – Çakıcı). In einer neueren Entscheidung hat der Gerichtshof die früheren Anteilseigner der beschwerdeführenden Gesellschaft, die nach Einreichung der Beschwerde abgewickelt worden war und damit nicht mehr existierte, für entschädigungsberechtigt erklärt (EGMR 31.7.2014 – 14902/04 Rn. 38, NJOZ 2016, 357 – OAO Neftyanaya Kompaniya Yukos).

8   Nicht geklärt war lange Zeit die Frage, ob bei **Staatenbeschwerden** eine Entschädigung für die Individuen zugesprochen werden kann, die Opfer der vom beschwerdeführenden Staat gerügten Konventionsverletzungen sind. Im Fall Zypern ggn. Türkei hat der Gerichtshof zunächst bestätigt, dass Art. 41 EMRK grundsätzlich auch im Verfahren nach Art. 33 EMRK Anwendung findet (EGMR 12.5.2014 (GK) – 25781/94 Rn. 42f., NJOZ 2015, 627 – Türkei/Zypern, s. a. EGMR 31.1.2019 (GK) – 13255/07 Rn. 21ff. – Georgien/Russland (I)). Darüber hinaus hat er klargestellt, dass die Frage, ob eine Entschädigung zuzusprechen ist, von der Art der Beschwerde abhängt (zum folgenden EGMR 12.5.2014 (GK) – 25781/94 Rn. 43f., NJOZ 2015, 627 – Zypern). Betrifft die Beschwerde Probleme allgemeiner Natur wie ein systemisches Defizit oder eine konventionswidrige Verwaltungspraxis, erscheint dem Gerichtshof die Gewährung einer gerechten Entschädigung nicht angemessen, weil es das primäre Ziel des beschwerdeführenden Staates sei, die öffentliche Ordnung in Europa zu wahren. Rügt ein Vertragsstaat jedoch die Verletzung der Menschenrechte seiner Staatsbürger oder anderer Individuen, kommt eine gerechte Entschädigung in Betracht. Da Opfer einer Konventionsverletzung jedoch nur Individuen und nicht Staaten sein können, muss die Entschädigung den verletzten Individuen zu Gute kommen. Das setzt voraus, dass die Opfer hinreichend identifizierbar sind. Gewährt der Gerichtshof wie erstmalig im Fall Zypern ggn. Türkei im Staatenbeschwerdeverfahren eine gerechte Entschädigung, stellt er im Tenor des Urteils die Pflicht des beschwerdegegnerischen Staates fest, für den von den individuellen Opfern der Konventionsverletzung erlittenen Schaden eine Entschädigung an den beschwerdeführenden Staat zu zahlen. Dieser wird – ebenfalls im Tenor – verpflich-

tet, die erhaltene Summe unter Aufsicht des Ministerkomitees innerhalb einer bestimmten Frist an die Opfer zu verteilen.

IV. Schaden

Die Zubilligung einer gerechten Entschädigung setzt weiter voraus, dass dem 9 Beschwerdeführer ein Schaden entstanden ist. Dabei kann es sich um einen **materiellen** wie auch um einen **immateriellen** Schaden handeln. Lässt sich im Einzelfall keine klare Trennlinie zwischen materiellem und immateriellem Schaden ziehen, stellt der Gerichtshof den Schaden global fest (EGMR 6.4.2000 (GK) – 35382/97 Rn. 29 – Comingersoll S. A.). Die Beweislast für den materiellen Schaden liegt beim Beschwerdeführer (*Peukert* in Frowein/Peukert EMRK Art. 41, S. 545 mwN); einen immateriellen Schaden muss der Beschwerdeführer dagegen nicht nachweisen (EGMR 1.6.2006 – 4171/04 Rn. 20 – Gridin; EGMR 16.7.2002 – 42007/98 Rn. 38 – Davies).

Ein **Strafschadensersatz** ist dem Konventionssystem fremd (EGMR 10 23.11.2010 – 60041/08 u. 60054/08 Rn. 97 – Greens und M. T.; EGMR 18.9.2009 (GK) – 16064/90 et al., NJOZ 2011, 516 Rn. 223 – Varnava et al.; vgl. auch Practice Direction, Just Satisfaction Claims; aA zustimmendes Votum der Richter Pinto de Albuquerque und Vučinić in EGMR 12.5.2014 (GK) – 25781/94 Rn. 13ff., NJOZ 2015, 241 – Zypern). Zu missbilligendes Verhalten des beschwerdegegnerischen Staates findet aber in der neueren Rechtsprechung ausdrücklich bei der Bemessung des immateriellen Schadensersatzes Berücksichtigung. So kann die Existenz einer konventionswidrigen Praxis zu einer Erhöhung des Ersatzes für immateriellen Schaden führen, weil sie das Vertrauen der Bürger in ihr Rechtssystem erschüttert (EGMR 15.1.2009 – 33509/04 Rn. 156 – Burdov No. 2). Ebenso kann es zu einer Erhöhung kommen, wenn der Staat ein Urteil des EGMR nicht umsetzt und der Beschwerdeführer noch einmal ein Verfahren vor dem Gerichtshof durchführen muss (EGMR 15.1.2009 – 33509/04 Rn. 156 – Burdov No. 2). Hat Gerichtshof in einem Verfahren eine Konventionsverletzung festgestellt und beendet der Staat nach Rechtskraft dieses Urteils die Verletzung in Parallelfällen nicht sofort, kann dies bei der Bemessung der Entschädigung ebenfalls eine Rolle spielen (EGMR 13.1.2011 – 20008/07 Rn. 71 – Mautes). In der Literatur wird zum Teil vom Gerichtshof gefordert, die gerechte Entschädigung über die beschriebene Praxis hinaus als Mittel einzusetzen, um Staaten zu konventionskonformen Verhalten anzuhalten (*Pinto de Albuquerque/van Aaken* in van Aaken/Motoc, The European Convention on Human Rights and General International Law, 2018, 231; *Fikfak* State Behaviour S. 1125). Es ist jedoch fraglich, ob gerechte Entschädigungen mit Strafcharakter in einem System, das angesichts der fehlenden Vollstreckungsmöglichkeiten letztlich auf dem guten Willen der Staaten zur Umsetzung der Urteile beruht, die beabsichtigte Wirkung zu erzielen vermögen und nicht im Gegenteil die insgesamt gute Erfüllungspraxis in Bezug auf gerechte Entschädigungen gefährden.

1. Materieller Schaden. Ein materieller Schaden liegt vor, wenn der Be- 11 schwerdeführer unfreiwillig eine Einbuße an vermögenswerten Rechtsgütern erleidet (vgl. *Peukert* in Frowein/Peukert EMRK Art. 41, S. 546). Erfasst sind nicht nur **unmittelbare Schäden,** dh Schäden, die unmittelbare Folge der die Konventionsverletzung begründenden Handlung sind, sondern auch Vermögensminderungen, die **mittelbare Folge** der Konventionsverletzung sind. Entschädigt wer-

EMRK Art. 41

den kann zB der Verlust einer enteigneten Sache (EGMR 31.10.1995 – 14556/89 Rn. 34ff. – Papamichalopoulos), die Zahlung einer Geldstrafe aufgrund einer konventionswidrigen Verurteilung (EGMR 8.7.1999 – 23536/94 und 24408/94 Rn. 88, NJW 2001, 1995 – Başkaya und Okçuoğlu), Bestattungskosten nach einer Verletzung des Rechts auf Leben (EGMR 30.11.2004 (GK) – 48939/99 Rn. 167 – Öneryildiz) oder die Kosten der Heilbehandlung bei konventionswidrig beigebrachten Verletzungen oder Folter und unmenschlicher Behandlung (EGMR 27.6.2000 – 22277/93 Rn. 109 – Ilhan).

12 Ersetzt werden auch aufgrund der Konventionsverletzung **nicht realisierte Vermögenszuwächse,** wie entgangenes Einkommen (zB EGMR 12.6.2003 – 46044/99 Rn. 10 – Lallement; EGMR 19.10.2000 – 31107/96 Rn. 37ff. – Iatridis), entgangene Nutzungen (zB EGMR 2.7.2002 – 34049/96 Rn. 19 – Zwierzynski), entgangener Unterhalt (zB EGMR 27.6.2000 (GK) – 21986/93 Rn. 137, NJW 2001, 2001 – Salman), eine entgangene Erbschaft (EGMR 3.10.2000 – 28369/95 Rn. 49f. – Camp und Bourimi) oder entgangene Zinsen (zB EGMR 9.2.1993 – 12742/87 Rn. 14 – Pine Valley Developments Ltd. et al.).

13 2. **Immaterieller Schaden.** Der Gerichtshof gewährt auch Ersatz für **Nichtvermögensschäden** und gleicht so die Auswirkungen einer Konventionsverletzung auf das psychische Wohlbefinden des Beschwerdeführers aus. Dabei berücksichtigt er Traumata, Schmerz und Leiden, Verzweiflung, Angst, Frustrationen, Gefühle von Ungerechtigkeit oder Erniedrigung, den Einschnitt in das Leben und den Verlust von Chancen (vgl. EGMR 18.9.2009 (GK) – 16064/90 Rn. 224 et. al., NJOZ 2011, 516 – Varnava et al.). Wann die Auswirkungen auf das psychische Wohlbefinden des Beschwerdeführers von Art und Ausmaß so schwerwiegend sind, dass eine Entschädigung gerechtfertigt ist, lässt sich der Rechtsprechung abstrakt nicht entnehmen. Der Gerichtshof entscheidet nach Billigkeit, was unter den Umständen des Einzelfalls „gerecht, fair und vernünftig" ist (EGMR 18.9.2009 (GK) – 16064/90 et. al. Rn. 224 – Varnava et al.).

14 Ersatz für immateriellen Schaden kann auch **juristischen Personen** und **nicht rechtsfähigen Personenvereinigungen** gewährt werden (zB einer Religionsgemeinschaft: EGMR 16.9.2010 – 412/03 und 35677/04 Rn. 35 – Holy Synod of the Bulgarian Orthodox Church (Metropolitan Inokentiy) et al., oder einer Partei: EGMR 8.12.1999 (GK) – 23885/94 Rn. 57 – Freedom and Democracy Party (ÖZDEP)). Bei der Bemessung des immateriellen Schadens von Handelsgesellschaften berücksichtigt der Gerichtshof den Ruf der Gesellschaft, die Ungewissheit bei der Entscheidungsplanung, Auswirkungen auf die Führung der Gesellschaft und, allerdings in einem geringeren Grad, Angst und Unannehmlichkeiten auf der Führungsebene (EGMR 6.4.2000 (GK) – 35382/97 Rn. 35 – Comingersoll S.A.; sa EGMR 2.10.2003 – 48553/99 Rn. 78ff. – Sovtransavto).

15 Ersatz für immaterielle Schäden wird regelmäßig bei Verstößen gegen Art. 3 EMRK gewährt, sei es aufgrund von Folter (vgl. zB EGMR 27.8.1992 – 12850/87 Rn. 108, 130, EuGRZ 1994, 101 – Tomasi), der Haftbedingungen (vgl. zB EGMR 19.4.2001 – 28524/95 Rn. 69ff., 88 – Peers) oder der Dauer und Länge von Einzelhaft (vgl. zB EGMR 29.9.2005 – 24919/03 Rn. 227ff. – Mathew). Bei Verletzungen von Art. 6 EMRK wegen überlanger Verfahrensdauer wird regelmäßig Ersatz für immateriellen Schaden wegen der langen Zeit der Ungewissheit über den Verfahrensausgang gewährt. Es besteht nach der Rechtsprechung sogar eine starke – widerlegbare – **Vermutung** dafür, dass überlange Verfahren immateriellen Schaden verursachen (EGMR 29.3.2006 (GK) – 36813/97 Rn. 204, NJW

Gerechte Entschädigung | **Art. 41 EMRK**

2007, 1259 – Scordino No. 1; EGMR 10.4.2008 – 21071/05 Rn. 50 – Wasserman). Diese Vermutung ist besonders stark, wenn es zu erheblichen Verzögerungen bei der Umsetzung von gegen den Staat ergangenen Urteilen kommt (EGMR 15.1.2009 – 33509/04 Rn. 100, 111, 151 – Burdov No. 2). Die gewährte Entschädigung verhält sich dabei proportional zu dem Zeitraum, in dem das Urteil nicht umgesetzt wurde (EGMR 15.1.2009 – 33509/04 Rn. 154 – Burdov No. 2).

V. Kausalität

Ersetzt wird nur der Schaden, der **kausal** auf der Konventionsverletzung beruht 16 (vgl. nur EGMR 28.5.2002 (GK) – 35605/97 Rn. 40 – Kingsley; sa die ausführliche Übersicht über die Rechtsprechung in *Peukert* in Frowein/Peukert EMRK Art. 41, S. 549ff.). Beweisbelastet ist insoweit der Beschwerdeführer (Grabenwarter/Pabel EMRK § 15S. 115 Rn. 7); dies kann jedoch nicht für immaterielle Schäden gelten, die der Beschwerdeführer schon an sich nicht beweisen muss (→ Rn. 9). Schäden, die auch ohne die Konventionsverletzung eingetreten wären, sind damit nicht nach Art. 41 ersetzbar. Nicht kausal durch die konventionswidrige Anordnung der nachträglichen Sicherheitsverwahrung verursacht zB ein materieller Schaden wegen entgangenen Einkommens, wenn der Beschwerdeführer vor der konventionswidrigen Sicherheitsverwahrung bereits 15 Jahre in konventionsrechtlich nicht zu beanstandender Weise in Strafhaft saß und währenddessen keiner Berufstätigkeit nachging, so dass sich die Sicherheitsverwahrung nicht auf eine existierende Einkommensquelle auswirkte (EGMR 13.1.2011 – 27360/04 u. 42225/07 Rn. 91 – Schummer). Stellt der Gerichtshof eine Verletzung von Art. 6 EMRK wegen überlanger Verfahrensdauer fest, so werden nur solche Schäden ersetzt, die gerade durch die Länge des Verfahrens verursacht wurden, nicht aber Nachteile, die ihre Ursache in dem Inhalt der am Ende des Verfahrens getroffenen Entscheidung haben (s. *Dörr* in Dörr/Grote/Marauhn Kap. 33 Rn. 31 mwN). Dementsprechend spricht der Gerichtshof nicht das im innerstaatlichen Verfahren verfolgte Klageziel als gerechte Entschädigung zu, wenn das innerstaatliche Verfahren noch nicht abgeschlossen ist (EGMR 1.3.2002 – 48778/99 Rn. 39 – Kutić).

Bei der **Verletzung von Verfahrensgarantien** kann die Kausalität der Konventionsverletzung für den Schaden oft nur schwer oder gar nicht nachgewiesen 17 werden. Der grundsätzlich beweisbelastete Beschwerdeführer kann häufig nicht aufzeigen, dass das Verfahren ohne den Verfahrensfehler zu seinen Gunsten ausgegangen wäre. Der Gerichtshof lehnt es ab, über den Ausgang des Verfahrens zu spekulieren und gewährt deshalb in vielen Fällen wegen fehlender Kausalität keinen Schadensersatz (vgl. zB in Bezug auf Art. 5 Abs. 3 und 4 EMRK EGMR 25.3.1999 (GK) – 31195/96 Rn. 76, EuGRZ 1999, 320 – Nikolova). In diesen Fällen findet sich häufig die Formulierung, die Feststellung der Konventionsverletzung stelle eine hinreichende Wiedergutmachung dar (→ Rn. 23). Die Linie des Gerichtshofs ist diesbezüglich jedoch nicht einheitlich. Zum Teil operiert er auch mit dem Konzept des **„loss of a real opportunity"** und gewährt auf dieser Grundlage pauschalen Schadensersatz für den Verlust der Chance, in einem ordnungsgemäßen Verfahren besser auf das Verfahren einwirken zu können und so ggf. ein günstigeres Ergebnis zu erzielen (EGMR 23.3.2010 (GK) – 15869/02 Rn. 79 – Cudak; EGMR 12.2.1985 – 9024/80, EuGRZ 1985, 631 Rn. 38 – Colozza). Der Tatsache, dass auf diese Weise letztlich Ersatz für einen vermuteten Schaden gewährt wird, wird durch einen Abschlag bei der Entschädigungssumme Rechnung getragen (*Dörr* in Dörr/Grote/Marauhn Kap. 33 Rn. 32). In welchen Fällen das Konzept des „loss of opportunity" einschlägig ist und in welchen Fällen eine Entschädigung wegen nicht nachgewiesener Kausalität ausscheidet, lässt sich der Rechtsprechung jedoch nicht eindeutig entnehmen (für eine Übersicht über die widersprüchliche Rechtsprechung s. *Tomuschat,* Just Satisfaction, S. 1417 ff.); letztlich entscheidet der Gerichtshof im Einzelfall nach Billigkeitsgesichtspunkten.

VI. Notwendigkeit

18 Das Tatbestandsmerkmal der Notwendigkeit wird als Hinweis darauf verstanden, dass der Gerichtshof nach **billigem Ermessen** entscheidet, ob er eine Entschädigung zuspricht oder nicht (*Dörr* in Dörr/Grote/Marauhn Kap. 33 Rn. 40). Anders als Art. 5 Abs. 5 EMRK (→ Art. 5 Rn. 130ff.; zu den Unterschieden zwischen Art. 41 und Art. 5 Abs. 5 EMRK s. *Dörr* in Dörr/Grote/Marauhn Kap. 33 Rn. 4f.) ist Art. 41 damit keine Anspruchsgrundlage für den Beschwerdeführer, sondern eine **Kompetenznorm** für den Gerichtshof (*Tomuschat,* Just Satisfaction, S. 1413).

19 Selbst wenn ein Schaden eingetreten ist, kann der Gerichtshof damit von einer Entschädigung absehen, wenn er diese **nicht** für **notwendig** hält. So hat er einem Beschwerdeführer, der einen terroristischen Anschlag geplant hatte, keine Entschädigung gewährt (EGMR 27.9.1995 (GK) – 17/1994/464/545 Rn. 219, ÖJZ 1996, 233 – McCann). In anderen Fällen reduziert er die Entschädigungssumme aus Gründen der **Billigkeit,** wenn dem beschwerdegegnerischen Staat sein konventionswidriges Verhalten nur begrenzt vorwerfbar war. So hat er im Fall *A.,* in dem es um die Inhaftierung ausländischer Staatsbürger wegen Terrorismusverdachts in Großbritannien ging, eine geringere Entschädigung als in anderen Fällen der Verletzung von Art. 5 EMRK zugesprochen, weil er berücksichtigt hat, dass nach den terroristischen Anschlägen vom 11.9.2001 ein öffentlicher Notstand im Sinne von Art. 15 EMRK bestand, der Staat verpflichtet war, die Bevölkerung vor terroristischen Angriffen zu schützen und er das angegriffene Gesetz in gutem Glauben erlassen hatte (EGMR 19.2.2009 (GK) – 3455/05 Rn. 252f., NJOZ 2010, 1903 – A. et al.). Ebenso hat der EGMR die Entschädigungssumme bei einer konventionswidrigen Enteignung mit Blick darauf reduziert, dass die Enteignung dazu diente, eine grundlegende Änderung des verfassungsrechtlichen Systems des beschwerdegegnerischen Staates, nämlich den Übergang von einer Monarchie zu einer Republik, zu vollenden (EGMR 28.11.2002 (GK) – 25701/94 Rn. 78, NJW 2003, 1721 – Former King of Greece et al.).

VII. Antrag

20 Der Gerichtshof spricht dem Beschwerdeführer grundsätzlich nur auf **Antrag** eine gerechte Entschädigung zu (vgl. auch Art. 60 Abs. 1 EGMRVerfO). Der Antrag muss beziffert sein (EGMR 7.1.2010 – 40009/04 Rn. 176 – von Koester (Nr. 1)). Er muss alle Schadenspositionen einzeln aufführen, entsprechende Nachweise enthalten (Art. 60 Abs. 2 EGMRVerfO) und innerhalb der gesetzten Frist eingereicht werden. In der Praxis wird dem Beschwerdeführer die erste Stellungnahme des beschwerdegegnerischen Staates mit der Aufforderung zugestellt, zu dieser innerhalb von sechs Wochen Stellung zu nehmen und in derselben Frist die Ansprüche nach Art. 41 zu beziffern. Stellt der Beschwerdeführer keinen Antrag, spricht der Gerichtshof grundsätzlich nicht von Amts wegen eine gerechte Entschädigung zu (EGMR 13.7.1995 – 19465/92 Rn. 49, ÖJZ 1995, 908 – Nasri). Der Gerichtshof spricht von Amts wegen grundsätzlich auch keine über die beantragte Summe hinausgehende Entschädigung zu (Grabenwarter/Pabel EMRK § 15 Rn. 6 S. 115). Ausnahmsweise hat der Gerichtshof jedoch in Einzelfällen bei der Verletzung absoluter Rechte auch ohne Antrag Ersatz für immateriellen Schaden zugesprochen (zB bei der Verletzung von Art. 3 EMRK: EGMR 3.7.2008 – 7188/03 Rn. 77 – Chember; EGMR 20.1.2005 – 63378/00 Rn. 88 – Mayzit). In Bezug auf immaterielle Schäden behält sich der Gerichtshof inzwischen in allgemeiner Form vor, ausnahmsweise auch ohne Antrag eine gerechte Entschädigung zuzusprechen, wenn der Beschwerdeführer, zum Beispiel im Antragsformular, deutlich gemacht hat, dass er eine finanzielle Wiedergutmachung im Rahmen des EGMR-Verfahrens möchte und zwingende Gründe für die Gewährung gerechter Entschädigung durch den EGMR vorliegen (EGMR 30.3.2017 (GK) – 35589/08 Rn. 74 ff. – Nagmetov mwN, vgl. auch die sehr kritischen Sondervoten). Solche sind dann gegeben, wenn die Konventionsverletzung besonders schwer ist oder sich in besonderer Weise auf den Beschwerdeführer auswirkt und es keine Aussichten auf Entschädigung auf nationaler Ebene gibt.

C. Bemessung der gerechten Entschädigung

Den Urteilen lassen sich allgemeine Maßstäbe zur Bemessung der gerechten **21** Entschädigung nur schwer entnehmen, weil der Gerichtshof meist ohne nähere Begründung unter Bezugnahme auf **Billigkeitserwägungen** Summen zuspricht, ohne kenntlich zu machen, welche Schadensposten in welcher Höhe ersetzt werden. Dies gilt in besonderem Maße für die für immaterielle Schäden gewährte Entschädigung. Neuere empirische Studien können Regelmäßigkeiten und Muster nachweisen (*Altwicker-Hámori/Altwicker/Peters* Measuring Violations S. 32 ff.; *Fikfak* Forget the victim S. 335 ff.). Nichtsdestotrotz sind **Differenzen in den Entschädigungssummen** in den Einzelfällen vielfach nicht nachvollziehbar (kritisch auch *Ichim* Just Satisfaction S. 236 ff.). Diese mögen ihren Grund auch in der unterschiedlichen Handhabung in den verschiedenen Sektionen haben. Schließlich darf nicht vergessen werden, dass der Gerichtshof bei der Bemessung der gerechten Entschädigung auch den Lebensstandard in dem beschwerdegegnerischen Staat zu berücksichtigen hat (*Harris/O'Boyle/Warbrick* S. 163). Insgesamt lässt sich nur festhalten, dass die zugesprochenen Entschädigungssummen relativ niedrig sind (*Leach,* Taking a Case to the European Court of Human Rights, 3. Aufl. 2011, S. 467); die häufig überzogenen Erwartungen der Beschwerdeführer (s. dazu *Dörr* in Dörr/Grote/Marauhn Kap. 33 Rn. 49) werden meist enttäuscht.

Um dem Problem der Inkonsistenz und fehlenden Vorhersehbarkeit der Ent- **22** schädigungssummen zu begegnen, hat der Gerichtshof **interne Leitlinien** zur Bemessung der gerechten Entschädigung erarbeitet und eine administrative Einheit in der Kanzlei geschaffen, die für Fragen der gerechten Entschädigung zuständig ist. Er ist wiederholt von den Vertragsstaaten aufgefordert worden, die internen Leitlinien zu veröffentlichen, um die auf der Grundlage von Art. 41 getroffenen Entscheidungen vorhersehbarer zu machen (zB *Lord Woolf,* Review of the Working Methods of the European Court of Human Rights, 2005, S. 41 und CDDH (2010)013 Add. I), hat sich bisher aber stets dagegen ausgesprochen.

I. Feststellung der Konventionsverletzung als hinreichende Wiedergutmachung

23   Gewährt der Gerichtshof keine Entschädigung, findet sich oft die Formulierung, die **Feststellung der Konventionsverletzung** stelle eine **hinreichende Wiedergutmachung** dar (vgl. dazu ausführlich *Zwach* Leistungsurteile S. 180 ff.; *Somers* Tort Law S. 129 ff.). Dies geschieht zum Beispiel bei Beschwerden, bei denen mangels eines nachgewiesenen Kausalzusammenhanges der geltend gemachte Schadensersatz nicht zugesprochen werden kann (vgl. zB EGMR 25.3.1999 (GK) – 31195/96 Rn. 76, EuGRZ 1999, 320 – Nikolova, kritisch das teilweise abweichende Votum der Richter *Bonello* und *Maruste,* → Rn. 17). In anderen Fällen, in denen der Gerichtshof die Formel benutzt, erscheint der geltend gemachte Schaden als zu geringfügig, um eine Entschädigung notwendig zu machen (*Peukert* in Frowein/Peukert EMRK Art. 41 S. 558 ff. mwN). Auch in einigen Fällen, in denen der beschwerdegegnerische Staat die Folgen der Verletzung bereits weitgehend beseitigt hatte, allerdings ohne die Konventionsverletzung anzuerkennen, zB durch die Anrechnung einer überlangen Untersuchungshaft auf die spätere Strafhaft (EGMR 26.6.1991 – 12369/86 Rn. 62, ÖJZ 1991, 789 – Letellier), so dass der Beschwerdeführer die Opfereigenschaft nicht verloren hatte, hat der Gerichtshof auf diese Formel zurückgegriffen (vgl. *Peukert* in Frowein/Peukert EMRK Art. 41 S. 557 f.). In neueren Entscheidungen hat der Gerichtshof die Feststellung der Konventionsverletzung auch in Längeverfahren für hinreichend erachtet, in denen der Gegenstand des nationalen Verfahrens die Anrufung eines internationalen Gerichts seiner Ansicht nach nicht rechtfertigte (EGMR 18.4.2013 – 45823/08 Rn. 43 – Ioannis Anastasiadis ua; vgl. → Art. 35 Rn. 147 zu parallelen Entscheidungen in Bezug auf Art. 35 Abs. 3 lit. b EMRK). Die Rechtsprechung lässt diesbezüglich jedoch keine klare Linie erkennen, so dass es schwer vorhersehbar ist, wann die Feststellung der Konventionsverletzung als hinreichende Wiedergutmachung angesehen wird.

II. Entschädigung für materielle Schäden

24   Die Bemessung des vom Beschwerdeführer erlittenen materiellen Schadens ist dann unproblematisch, wenn der Beschwerdeführer aufgrund der Konventionsverletzung eine **Geldzahlung** vorgenommen hat, zB weil er konventionswidrig zur Zahlung einer Geldstrafe verurteilt worden ist. In diesem Fall ist ihm die gezahlte Summe verzinst zu erstatten (vgl. EGMR 20.5.1999 (GK) – 21980/93 Rn. 77, 83, EuGRZ 1999, 453 – Bladet Tromsø und Stensaas). Umgekehrt ist dem Beschwerdeführer, dem konventionswidrig Geld, auf das er einen Anspruch hatte, nicht ausgezahlt wurde, genau diese Summe, ggf. verzinst, zu erstatten (vgl. EGMR 18.4.2002 – 46352/99 Rn. 9 – Logothetis).

25   Schwierigkeiten kann dagegen die Berechnung der Entschädigung bei dem Verlust von Sachen nach **konventionswidriger Entziehung** bereiten (vgl. im einzelnen *Dörr* in Dörr/Grote/Marauhn Kap. 33 Rn. 51 ff.). Ist eine Sache in konventionswidriger Weise entzogen worden und ist eine Rückgabe unmöglich, so war nach ständiger Rechtsprechung der **Marktwert** der Sache im Zeitpunkt der Entscheidung zu ersetzen (EGMR 31.10.1995 – 14556/89 Rn. 37 f. – Papamichalopoulos; EGMR 29.3.2006 (GK) – 36813/97, NJW 2007, 1259 Rn. 254 – Scordino Nr. 1). Dies galt selbst dann, wenn der Wert ohne Zutun des Beschwerdeführers gesteigert worden war, zB durch die Bebauung eines Grundstücks (29.3.2006 (GK) – 36813/97, NJW 2007, 1259 Rn. 254 – Scordino Nr. 1). Diese Rechtspre-

Gerechte Entschädigung

chung hat der Gerichtshof im Fall *Guiso-Gallisay* aufgegeben. Nunmehr stellt er auf den Wert des Grundstücks im Zeitpunkt der Entziehung ab, zuzüglich Inflationsausgleich und Zinsen (EGMR 22.9.2009 (GK) – 58858/00 Rn. 103, 105 – Guiso-Gallisay). Ist die Konventionswidrigkeit einer Enteignung allein dem Fehlen einer Entschädigung geschuldet, muss die Entschädigung nicht dem vollen Wert des enteigneten Gegenstandes entsprechen; maßgeblich sind dann die im Rahmen des Art. 1 EMRKZusProt entwickelten Kriterien zur Angemessenheit einer Entschädigung (EGMR 28.11.2002 – 25701/94 Rn. 78, NJW 2003, 1721 – Former King of Greece; EGMR 29.3.2006 (GK) – 36813/97, NJW 2007, 1259 Rn. 256 – Scordino Nr. 1; sa EGMR 6.3.2014 (GK) – 66345/09 Rn. 36 – Mihaela Mihai Neagu). Der maßgebliche Wert des Grundstücks kann unter Zuhilfenahme von Sachverständigengutachten bestimmt werden (vgl. zB EGMR 31.10.1995 – 14556/89 Rn. 3 ff. – Papamichalopoulos).

Die Bemessung der Entschädigung bei aufgrund der Konventionsverletzung **nicht realisierten Vermögenszuwächsen** wie entgangenem Gewinn oder entgangenem Unterhalt ist naturgemäß dadurch erschwert, dass hier hypothetisch ermittelt werden muss, wie sich das Vermögen des Beschwerdeführers über eine womöglich sehr lange Zeitspanne hin entwickelt hätte und ggf. entwickeln würde (zur Berechnung im einzelnen vgl. *Dörr* in Dörr/Grote/Marauhn Kap. 33 Rn. 54 ff.). Eine exakte Ermittlung des materiellen Schadens ist wegen dieser Unwägbarkeiten oft unmöglich. In diesen Fällen spricht der Gerichtshof die Entschädigung nach Billigkeitsgesichtspunkten zu (EGMR 31.5.2001 – 23954/94 Rn. 128 – Akdeniz et al.). 26

III. Entschädigung für immaterielle Schäden

Grundsätzlich hängt die Entschädigungssumme bei immateriellen Schäden von der **Schwere der Konventionsverletzung** und ihren **Auswirkungen auf den Beschwerdeführer** ab (*Harris/O'Boyle/Warbrick* S. 168; *Tomuschat*, Just Satisfaction, S. 1425 f.; *Dörr* in Dörr/Grote/Marauhn Kap. 33 Rn. 63 f.; vgl. auch EGMR 25.9.1997 – 23178/94 Rn. 131 – Aydin). Das Verhalten des beschwerdegegnerischen Staates kann die Höhe der zugesprochenen Entschädigung beeinflussen (→ Rn. 10 und *Dörr* in Dörr/Grote/Marauhn Kap. 33 Rn. 60 ff.) wie sich auch das Verhalten des Beschwerdeführers entschädigungsmindernd auswirken kann (vgl. zB EGMR 10.12.2002 – 49771/99 Rn. 51 – Jordan Nr. 2; EGMR 21.4.2015 – 44547/10 Rn. 73 – Piper: Verhalten des Beschwerdeführers hat zur gerügten Länge des Verfahrens mit beigetragen). 27

Bei weitem die größte Zahl der Urteile betrifft Verstöße gegen Art. 6 EMRK wegen **überlanger Verfahrensdauer.** Hier spricht der Gerichtshof in der Regel eine Entschädigung für immaterielle Schäden zu, um der Ungewissheit des Beschwerdeführers über den Verfahrensausgang Rechnung zu tragen (für Beispiele → Rn. 34). Ausgangspunkt für die Bemessung des immateriellen Schadens scheint die Gesamtdauer des Verfahrens und die Zahl der Instanzen zu sein. Daneben wird berücksichtigt, inwieweit der Beschwerdeführer selbst zu der Verzögerung des Verfahrens beigetragen hat und welche Bedeutung das Verfahren für ihn hat. Ist neben Art. 6 EMRK auch Art. 13 EMRK verletzt, weil es keinen innerstaatlichen Rechtsweg für die Rüge der Verfahrenslänge gibt, führt dies zu einem Aufschlag. In der Literatur wird zum Teil die Ansicht vertreten, dass bei der Bemessung der Entschädigung auch die Dauer des Verfahrens vor dem EGMR berücksichtigt werden müsse, jedenfalls dann, wenn sich der beschwerdegegnerische Staat einer gütlichen 28

Wenzel

EMRK Art. 41

Einigung verweigert habe und so dem Beschwerdeführer eine Fortsetzung der Streitigkeit aufgezwungen habe (*Peukert* in Frowein/Peukert EMRK Art. 41 S. 543 f.). Dem hat sich der Gerichtshof bisher jedenfalls nicht ausdrücklich angeschlossen.

29 Exemplarisch sollen im Folgenden einige in jüngster Zeit zugesprochene Entschädigungssummen aufgeführt werden. Soweit wie möglich sind dabei insbesondere gegen Deutschland ergangene Urteile berücksichtigt (für umfassende Übersichten über die Rechtsprechung vgl. *Leach*, Taking a Case to the European Court of Human Rights, 3. Aufl. 2011, S. 465 ff.; *Reid* S. 841 ff.; *Peukert* in Frowein/Peukert EMRK Art. 41 S. 567 ff).

30 **Art. 2 EMRK.** Exzessive Gewaltanwendung durch Polizei, die den Tod des Opfers zur Folge hat und fehlende Untersuchung: jeweils 50.000 EUR für Mutter und Vater des Opfers und je 15.000 EUR für seine Schwestern (EGMR 29.3.2011 – 47357/08 Rn. 122 – Alikaj); exzessive Gewaltanwendung durch die Polizei, die zu einer schwerwiegenden Verletzung des Opfers führt und unzureichende Untersuchung: 40.000 EUR (EGMR 22.2.2011 – 24329/02 Rn. 250 – Soare); angeblicher Selbstmord in Polizeihaft und fehlende Untersuchung: 45.000 EUR (EGMR 14.12.2010 – 74832/01 Rn. 129 – Mižigárová).

31 **Art. 3 EMRK.** Misshandlung in Haft und unzureichende Untersuchung: 20.000 EUR (EGMR 24.7.2008 – 41461/02 Rn. 117 – Vladimir Romanov); zwangsweiser Einsatz von Brechmitteln: 10.000 EUR (EGMR 11.7.2006 (GK) – 54810/00 Rn. 130, EuGRZ 2007, 150 – Jalloh); gynäkologische Untersuchung einer Minderjährigen in Haft ohne Einwilligung: 23.500 EUR (EGMR 1.2.2011 – 36369/06 Rn. 73 – Yazgül Yılmaz); systematisches Anlegen von Handschellen bei Verlassen der Zelle bei zu lebenslanger Haft verurteiltem Häftling: 7.000 EUR (EGMR 20.1.2011 – 891/05 Rn. 56 – Kashavelov); fehlende Verhinderung der systematischen Misshandlung eines Haftinsassen durch Mithäftlinge: 40.000 EUR (EGMR 10.2.2011 – 44973/04 Rn. 128 – Premininy); passives Rauchen eines lungenkranken Häftlings in Haftanstalt und im Gericht: 4.000 EUR (EGMR 25.1.2011 – 38427/05 Rn. 59 – Elefteriadis), fehlender Tuberkulosetest bei Ankunft in Haftanstalt: 12.000 EUR (EGMR 14.12.2010 – 25153/04 Rn. 62 – Dobri); siebentägige Unterbringung eines unbekleideten Häftlings in Sicherheitszelle: 10.000 EUR (EGMR 7.7.2011 – 20999/05 Rn. 65, NJW 2012, 2173 – Hellig); unzureichende Untersuchung behaupteter Polizeiübergriffe gegen Fußballfans: 2.000 EUR (EGMR 9.11.2017 – 47274/15 Rn. 110, NJW 2018, 3763 – Hentschel und Stark).

32 **Art. 4 EMRK.** Fehlen eines angemessenen Rahmens zur Bekämpfung des Menschenhandels und operativer Maßnahmen zum Schutz der Opfer: 40.000 EUR (EGMR 7.1.2010 – 25965/04 Rn. 342, NJW 2010, 3003 – Rantsev).

33 **Art. 5 EMRK.** Verschwindenlassen (bei gleichzeitiger Verletzung von Art. 2 und 13): 35.000 EUR (EGMR 15.1.2009 – 25385/04 Rn. 141 – Medova); 8-jährige konventionswidrige Sicherheitsverwahrung: 50.000 EUR (EGMR 17.12.2009 – 19359/04 Rn. 141, EuGRZ 2010, 25 – M.); willkürliche Inhaftierung von Minderjährigen in Jugendstrafanstalt für 30 Tage: 6.000 EUR (EGMR 21.12.2010 – 28189/04 u. 28192/04 Rn. 53 – Ichin et al); verspätete Entscheidung über die Beschwerde gegen die Einweisung in psychiatrische Anstalt: 8.000 EUR (EGMR 7.3.2006 – 38287/02 Rn. 38 – van Glabeke); strafrechtliche Verurteilung auf der Grundlage von Einlassungen gegenüber der Polizei vor Belehrung: 3.000 EUR (EGMR 18.2.2010 – 39660/02 Rn. 64 – Aleksandr Zaichenko); Festhalten der Besatzung eines auf hoher See angehaltenen Schiffes: 5.000 EUR (EGMR 29.3.2010

Gerechte Entschädigung   **Art. 41 EMRK**

(GK) – 3394/03 Rn. 138, NJOZ 2011, 231 – Medvedyev et al.); 2-jährige konventionswidrige Sicherheitsverwahrung (bei gleichzeitiger Verletzung von Art. 7): 3.000 EUR (EGMR 28.11.2013 – 7345/12 Rn. 135 – Glien); 4-jährige konventionswidrige Sicherheitsverwahrung: 5.000 EUR (EGMR 19.9.2013 – 17167/11 Rn. 126, StV 2017, 594 – H.W.); Festnahme und sechstägiger amtlicher Gewahrsam anlässlich des G8-Gipfels in Heiligendamm (bei gleichzeitiger Verletzung von Art. 11): 3.000 EUR (EGMR 1.12.2011 – 8080/08 u. 8577/08 Rn. 123, EuGRZ 2012, 141 – Schwabe und M.G.); Untersuchungshaft von über drei Jahren: 6.000 EUR (EGMR 9.7.2015 – 8824/09 ua Rn. 106 – El Khoury).

Art. 6 EMRK. Zivilverfahren, Klage gegen Beschwerdeführer auf Zahlung 34 einer Zahnbehandlung, Dauer: 9 Jahre, 7 Monate, 2 Instanzen, erhebliche Klagesumme für mittellosen Beschwerdeführer, der allerdings davon profitierte, dass während des Verfahrens keine Vollstreckung erfolgen konnte: 5.000 EUR (EGMR 13.11.2011 – 34236/06 Rn. 48 – Popovic); familiengerichtliches Verfahren, Scheidung und Sorgerecht, Dauer: 7 Jahre, 3 Monate und 7 Jahre, 9 Monate, 3 Instanzen, überragende Bedeutung des Verfahrens für den Beschwerdeführer, da es um die Beziehung zu seinen Kindern ging, auch wenn während des Verfahrens Kontaktmöglichkeiten mit den Kindern bestanden; zusätzliche Verletzung des Art. 13 EMRK: 10.000 EUR (EGMR 20.1.2011 – 21980/06 Rn. 100 et al., FamRZ 2011, 533 – Kuhlen-Rafsandjani); sozialgerichtliches Verfahren, Klage auf Rente wegen verminderter Erwerbsfähigkeit, Dauer: 6 Jahre, 11 Monate, Widerspruchsverfahren und 2 Instanzen: 5.000 EUR (EGMR 30.3.2010 – 46682/07 Rn. 51 – Sinkovec); Zivilverfahren, Schadensersatzklage des Beschwerdeführers gegen Versicherung nach Autounfall, Dauer: 18 Jahre, 3 Instanzen, zusätzliche Verletzung von Art. 13 EMRK: 20.000 EUR (EGMR 30.3.2010 – 54188/07 Rn. 55 – Volkmer); unzureichende verfahrensrechtliche Gewährleistung der Möglichkeit für den Angeklagten, die Gründe für seine Verurteilung durch eine Jury nachzuvollziehen: 4.000 EUR (EGMR 16.11.2010 (GK) – 926/05 Rn. 106 – Taxquet); Verurteilung auf der Grundlage von zwischenzeitlich zurückgezogenen Zeugenaussagen: 1.800 EUR (EGMR 23.3.2010 – 26437/04 Rn. 46 – Orhan Çaçan); Besserstellung des Staates in Bezug auf Verjährungsfrist in privatrechtlicher Streitigkeit gegen private Gesellschaft: 6.000 EUR (EGMR 28.5.2009 – 48906/06 Rn. 41 – Varnima Corporation International S. A.); Einschränkung des Rechts des Angeklagten, Fragen an den Belastungszeugen zu stellen: 10.000 EUR (EGMR 19.7.2012 – 26171/07 Rn. 58, NJW 2013, 3225 – Hummer); Verwerfung der Berufung im Strafverfahren wegen Abwesenheit des Angeklagten: 1.000 EUR (EGMR 8.11.2012 – 30804/07 Rn. 72 – Neziraj); strafrechtliche Verurteilung nach Tatprovokation: 8.000 EUR (EGMR 23.10.2014 – 54648/09 Rn. 79, NJW 2015, 3631 – Furcht); Absehen von mündlicher Verhandlung im Verfahren nach dem StrRehaG: 3.000 EUR (EGMR 9.6.2016 – 44164/14 Rn. 42 – Madaus); auf der Verletzung der Unschuldsvermutung gegründeter Widerruf einer Strafaussetzung zur Bewährung: 7.500 EUR (EGMR 12.11.2015 – 2130/10 Rn. 70; NJW 2016, 3645 – El Kaada); Verstoß gegen die Unschuldsvermutung durch freisprechendes Urteil: 5.000 (EGMR 15.1.2015 – 48144/09 Rn. 69, NJW 2016, 3225 – Cleve).

Art. 7 EMRK. Unvorhersehbarkeit der Verurteilung wegen des Missbrauchs 35 eines öffentlichen Amtes: 5.000 EUR (EGMR 25.6.2009 – 12157/05 Rn. 114 – Liivik); gesetzlich nicht vorgesehene Beschlagnahme: 10.000 EUR (EGMR 20.1.2009 – 75909/01 Rn. 154 – Sud Fondi SRL et al.); nachträgliche Anordnung der Unterbringung in der Sicherheitsverwahrung nach Unterbringung im psychiatrischen Krankenhaus: 7.000 EUR (EGMR 7.6.2012 – 61827/09 Rn. 93 – K.).

36 **Art. 8 EMRK.** Versagung des Umgangsrechts des biologischen Vaters: 5.000 EUR (EGMR 21.12.2010 – 20578/07 Rn. 77, EuGRZ 2011, 124 – Anayo); Trennung vom Kind und Beschränkung des Umgangsrechts: 15.000 EUR (EGMR 26.2.2004 – 74969/01 Rn. 65, EuGRZ 2004, 700 – Görgülü); Zurkenntnisbringen eines Polizeiberichts, der strafrechtlich relevantes Handeln der Beschwerdeführerin feststellt, an die Versicherung des Opfers, obwohl kein strafrechtliches Verfahren eingeleitet: 1.500 EUR (EGMR 18.1.2011 – 4479/03 Rn. 67 – Mikolajová), Möglichkeit für die Polizei, Personen auch ohne das Vorliegen von Anhaltspunkten für ein unerlaubtes Verhalten anzuhalten und zu durchsuchen: Feststellung der Konventionsverletzung stellt hinreichende Wiedergutmachung dar (EGMR 12.1.2010 – 4158/05 Rn. 94 – Gillan und Quinton); unzureichender Schutz einer Ehefrau vor ihrem gewalttätigen Ehemann: 4.000 EUR (EGMR 30.11.2010 – 2660/03 Rn. 60 – Hajduová); Entzug der elterlichen Sorge ohne hinreichende Gründe: 25.000 EUR (EGMR 14.3.2013 – 18734/09 u. 9424/11 Rn. 61, EuGRZ 2013, 384 – B.B. und F.B.); keine inhaltliche gerichtliche Prüfung der Weigerung, einer gelähmten Patientin den Erwerb eines tödlichen Medikaments zu genehmigen: 2.500 EUR (EGMR 19.7.2012 – 497/09 Rn. 88, EuGRZ 2012, 616 – Koch); Verweigerung des Umgangsrechts des mutmaßlichen biologischen Vaters: 5.000 EUR (EGMR 15.9.2011 – 17080/07 Rn. 112, FamRZ 2011, 1715 – Schneider); Erhebung und Aufbewahrung der Kontoumsätze eines Strafverteidigers in Ermittlungsverfahren gegen dessen Mandanten: 4.000 EUR (EGMR 27.4.2017 – 73607/13 Rn. 67, EuGRZ 2018, 23 – Sommer); dreijährige Aussetzung des Umgangsrechts des Beschwerdeführers mit seinem Sohn und Verfahrensverzögerungen, die zu einer insgesamt fast vierjährigen Beeinträchtigung des Umgangs führten: 10.000 EUR (EGMR 6.10.2016 – 23280/08 et al. Rn. 108, NJW 2017, 3699 – Moog).

37 **Art. 9 EMRK.** Weigerung, buddhistischem Häftling fleischfreie Mahlzeiten zur Verfügung zu stellen: 3.000 EUR (EGMR 7.12.2010 – 18429/06 Rn. 63, NVwZ-RR 2011,961 – Jakóbski); strafrechtliche Verurteilung wegen des Tragens religiöser Kleidung in der Öffentlichkeit: Feststellung der Konventionsverletzung als hinreichende Widergutmachung (EGMR 23.2.2010 – 41135/98 Rn. 56 – Ahmet Arslan et al.); ungerechtfertigte Einmischung des Staates in Führungsstreitigkeit einer gespaltenen Religionsgemeinschaft: 50.000 EUR (EGMR 16.9.2010 – 412/03 et al. Rn. 39 – Holy Synod of the Bulgarian Orthodox Church (Metropolitan Inokentiy)).

38 **Art. 10 EMRK.** Einjährige Freiheitsstrafe wegen Beleidigung des Königs: 20.000 EUR (EGMR 15.3.2011 – 2034/07 Rn. 72, NJOZ 2012, 221 – Otegi Mondragan); zeitweiliges Verbot einer Fernsehnachrichtensendung: Feststellung der Konventionsverletzung als hinreichende Wiedergutmachung (EGMR 29.3.2011 – 50084/06 Rn. 120 – RTBF); strafrechtliche Verurteilung eines Journalisten wegen der Bezeichnung eines prominenten Historikers als Idiot und Faschist: 500 EUR (EGMR 23.6.2009 – 32550/05 Rn. 71 – Bodrozic); Verweigerung der Auskunftserteilung an eine NGO über anhängiges verfassungsrechtliches Verfahren: Feststellung der Konventionsverletzung als hinreichende Wiedergutmachung (EGMR 14.4.2009 – 37374/05 Rn. 43 – Tarsasag A Szabadsagjogokert); einstweilige Verfügung, die Verteilung eines Flugblatts sowie Tatsachenbehauptungen zu unterlassen, die ein Gemeinderatsmitglied als Unterstützer von Neo-Nazi-Organisationen beschreiben: 3.000 EUR (EGMR 17.4.2014 – 5709/09 Rn. 60, NJW 2014, 3501 –

Gerechte Entschädigung **Art. 41 EMRK**

Brosa); Kündigung einer Whistleblowerin: 10.000 EUR (EGMR 21.7.2011 – 28274/08 Rn. 104, EuGRZ 2011, 555 – Heinisch); Verbot der Verbreitung eines Flugblatts im Vorfeld einer Bürgermeisterwahl: 3.000 EUR (EGMR 17.4.2014 – 5709/09 Rn. 60, NJW 2014, 3501 – Brosa).

Art. 11 EMRK. Wiederholte Weigerung, „gay pride" Paraden zu genehmigen: **39** 12.000 EUR (EGMR 21.10.2010 – 4916/07 et al. Rn. 114, NVwZ 2010, 1375 – Alekseyev); strafrechtliche Verurteilung wegen Teilnahme an einer Demonstration: 9.000 EUR (EGMR 30.11.2010 – 3224/03 Rn. 45 – Turan Biçer); Weigerung, eine Stiftung ins staatliche Register einzutragen: 500 EUR (EGMR 6.10.2009 – 35570/02 Rn. 46 – Özbek et al.).

Art. 12 EMRK. Verpflichtung für Einwanderer, Genehmigung für außerhalb **40** der anglikanischen Kirche durchgeführte Eheschließung zu erlangen: 8.500 EUR (EGMR 14.12.2010 – 34848/07 Rn. 124 – O'Donaghue et al.); Verweigerung der Erlaubnis für Häftling zu heiraten: 5.000 EUR (EGMR 5.1.2010 – 22933/02 Rn. 108 – Frasik) bzw. 1.000 EUR (EGMR 5.1.2010 – 24023/03 Rn. 80 – Jaremowicz).

Art. 14 EMRK. Diskriminierende Behandlung eines HIV-positiven Ausländers **41** in Bezug auf seinen Antrag auf eine Aufenthaltsgenehmigung: 15.000 EUR (EGMR 10.3.2011 – 2700/10 Rn. 80, NVwZ 2012, 221 – Kiyutin); religiös motivierte Angriffe von Privatpersonen auf Hare Krishna Mitglieder: 10.000 EUR (EGMR 14.12.2010 – 44614/07 Rn. 107 – Milanović); Diskriminierung eines binationalen Ehepaars bei Wahl des Nachnamens: 10.000 EUR (EGMR 9.11.2010 – 664/06 Rn. 57 – Losonci Rose und Rose); unterschiedliche Behandlung von männlichen und weiblichen Militärangehörigen in Bezug auf Elternzeit: Feststellung der Konventionsverletzung als hinreichende Wiedergutmachung (EGMR 7.10.2010 – 30078/06 Rn. 72 – Konstantin Markin); Weigerung, Sozialleistungen an ausländische Staatsbürger zu gewähren: 1.500 EUR (EGMR 28.10.2010 – 40080/07 Rn. 47, NVwZ-RR 2011, 727 – Fawsie).

Art. 1 EMRKZusProt. Automatischer Verlust von Rentenversicherungsansprü- **42** chen aufgrund strafrechtlicher Verurteilung: 1.000 EUR (EGMR 22.10.2009 – 39574/07 Rn. 47 – Apostolakis), unterschiedliche Verjährungsfristen und unterschiedlicher Beginn des für die Zahlung von Verzugszinsen maßgeblichen Zeitraums: Feststellung der Konventionsverletzung als hinreichende Wiedergutmachung (EGMR 25.6.2009 – 36963/06 Rn. 47 – Zouboulidis Nr. 2; → Rn. 49); unzureichender verfahrensrechtlicher Schutz eines nicht rechtsfähigen Schuldners in der Zwangsvollstreckung: 30.000 EUR (EGMR 16.7.2009 – 20082/02 Rn. 93, ÖJZ 2010, 92 – Zehentner); Pflicht für Grundstückseigentümer, die Jagd auf ihrem Grundstück zu dulden: 5.000 EUR (EGMR 26.6.2012 (GK) – 9300/07 Rn. 123, NJW 2012, 3629 – Herrmann).

Art. 2 EMRKZusProt. Zeitweiliger Ausschluss von Studenten wegen Petition **43** für Einführung freiwilliger Kurdisch-Kurse: 1.500 EUR (EGMR 3.3.2009 – 36458/02 Rn. 52 – İrfan Temel et al.).

Art. 3 EMRKZusProt. Automatischer Entzug des Wahlrechts nach strafrecht- **44** licher Verurteilung: Feststellung der Konventionsverletzung als hinreichende Wiedergutmachung (EGMR 18.1.2011 – 126/05 Rn. 55 – Scoppola Nr. 3); Weigerung, einen ehemaligen Geistlichen als Kandidat für die Parlamentswahl zu registrieren: 7.500 EUR (EGMR 3.12.2009 – 37700/05 Rn. 53 – Seyidzade).

Art. 2 4. EMRKProt. Verbot für ehemaligen Armeeangehörigen, der Zu- **45** gang zu Staatsgeheimnissen hatte, ins Ausland zu reisen: 3.000 EUR (EGMR 10.2.2011 – 4663/05 Rn. 63 – Soltysyak); automatisches, unbegrenztes Verbot für

Schuldner, das Land zu verlassen: 5.000 EUR (EGMR 26.11.2009 – 34383/03 Rn. 62 – Gochev).

46 Art. 4 7. EMRKProt. Verurteilung wegen Ordnungswidrigkeit und anschließende strafrechtliche Verfolgung wegen desselben Sachverhalts: 1.500 EUR (EGMR 10.2.2009 (GK) – 14939/03 Rn. 126, NJOZ 2010, 2630 – Sergey Zolotukhin).

D. Kosten und Auslagen

47 Teil der vom Gerichtshof nach Art. 41 gewährten gerechten Entschädigung sind auch **Kosten und Auslagen** für das Verfahren vor dem Gerichtshof sowie für die in dem beschwerdegegnerischen Staat durchgeführten Verfahren. Voraussetzung ist, dass die Kosten tatsächlich und notwendigerweise angefallen sind, in ihrer Höhe angemessen sind und im Zusammenhang mit der Konventionsverletzung stehen (vgl. nur EGMR 1.6.2010 (GK) – 22978/05 Rn. 196, EuGRZ 2010, 417 – Gäfgen). Zudem muss der Beschwerdeführer Belege für die angefallenen Kosten beibringen. Fehlen diese, scheidet ein Ersatz aus (vgl. zB EGMR 16.12.2010 – 30778/07 et al. Rn. 108 – Dudek; EGMR 23.4.2009 – 1479/08 Rn. 77 – Ballhausen). Ersatz kommt vor allem für Anwaltskosten, nationale Gerichtskosten, Kosten für Sachverständigengutachten, Übersetzungskosten, Photokopierkosten, Reisekosten, Portokosten und Bürokosten in Betracht. Für das Verfahren vor dem Gerichtshof selbst fallen keine Gerichtskosten an (→ Art. 50 Rn. 3).

I. Tatsächlich angefallene Kosten

48 Kosten werden ersetzt, wenn sie **tatsächlich angefallen** sind. An dieser Voraussetzung fehlt es, wenn der Verfahrensbevollmächtigte des Beschwerdeführers das Mandat *pro bono* übernommen hat (EGMR 27.9.1995 – 18984/91 Rn. 221, ÖJZ 1996, 233 – McCann). Hat der Beschwerdeführer die Kosten noch nicht gezahlt, ist er aber vertraglich oder gesetzlich zur Zahlung verpflichtet, können ihm die Kosten ersetzt werden (EGMR 28.9.2004 – 46572/99 Rn. 66 – Sabou und Pircalab). Wurden die Anwaltskosten des Beschwerdeführers von einem Dritten getragen, scheidet ein Ersatz nach Art. 41 aus (EGMR 24.2.1983 – 7525/76 Rn. 21, EuGRZ 1983, 496 – Dudgeon; EGMR 25.3.2010 – 901/05 Rn. 70 – Petermann). Das gilt auch dann, wenn die Kosten von einer Rechtsschutzversicherung getragen werden (EGMR 23.10.1984 – 8544/79 Rn. 8, EuGRZ 1985, 144 – Öztürk). Sagt demgegenüber eine Nichtregierungsorganisation dem Beschwerdeführer Unterstützung bei der Zahlung der Anwaltskosten im Falle des Unterliegens zu, ist der Beschwerdeführer aber selbst vertraglich gegenüber seinem Vertreter verpflichtet, werden seine Kosten nach Art. 41 ersetzt (EGMR 14.9.2010 (GK) – 38224/03 Rn. 110, NJW-RR 2011, 1266 – Sanoma Uitgevers B.V.). Hat der Beschwerdeführer im nationalen Verfahren oder im Verfahren vor dem Gerichtshof **Prozesskostenhilfe** in Anspruch genommen, wird diese angerechnet (für Prozesskostenhilfe im nationalen Verfahren: EGMR 21.12.2010 – 20578/07 Rn. 80, EuGRZ 2011, 124 – Anayo; für das Prozesskostenhilfesystem des EGMR s. EGMR 2.9.2010 – 46344/06 Rn. 82, EuGRZ 2010, 700 – Rumpf).

Gerechte Entschädigung   Art. 41 EMRK

II. Zusammenhang mit der Konventionsverletzung

Die Kosten und Auslagen müssen im **Zusammenhang mit der Konventions-** 49
verletzung stehen, dh sie müssen im Zusammenhang mit Verfahren angefallen
sein, die dazu dienten, die Konventionsverletzung zu verhindern oder wiedergutzumachen (EGMR 24.2.1983 – 7525/76 Rn. 20, EuGRZ 1983, 496 – Dudgeon).
Diese Voraussetzung dient vor allem dazu, Kosten für innerstaatliche Verfahren auszuschließen, die auch ohne die Konventionsverletzung angefallen wären. Begründet die Überlänge eines innerstaatlichen Verfahrens die Konventionsverletzung, so
können Rechtsmittel, die mit Blick auf das inhaltliche Ergebnis des Verfahrens eingelegt wurden, nicht nach Art. 41 ersetzt werden, wohl aber Kosten für Rechtsbehelfe, die zur Beschleunigung des Verfahrens eingelegt wurden (EGMR
3.2.2005 – 37040/02 Rn. 49, ÖJZ 2005, 896 – Riepl), soweit diese Rechtsbehelfe
effektiv sind. Seit der Gerichtshof im Fall *Sürmeli* festgestellt hat, dass die Verfassungsbeschwerde zum deutschen BVerfG kein effektiver Rechtsbehelf in Bezug auf
die Verfahrenslänge ist, können deutsche Beschwerdeführer daher keinen Ersatz für
die Kosten eines mit Blick auf die Verfahrenslänge vor dem BVerfG geführten Beschwerdeverfahrens verlangen (EGMR 25.3.2010 – 30175/07 Rn. 62f. – Wetjen;
EGMR 21.4.2011 – 41599/09 Rn. 64, FamRZ 2011, 1283 – Kuppinger). In
Längeverfahren gewährt der Gerichtshof jedoch häufig eine **pauschale Entschädigung,** die dort berücksichtigt wird, dass ein überlanges Verfahren regelmäßig
eine Kostensteigerung für den Beschwerdeführer zur Folge hat (EGMR
24.6.2010 – 39444/08 Rn. 80, FamRZ 2010, 1721 – Afflerbach: 500 EUR;
EGMR 30.3.2010 – 32338/07 Rn. 54 – Ritter-Coulais: 250 EUR; EGMR
24.6.2010 – 17384/06 Rn. 65, FamRZ 2010, 1723 – Kuchejda: 500 EUR).

War die Beschwerde nicht in allen Punkten erfolgreich, kann dies zu einer **Re-** 50
duzierung des Kostenersatzes führen (vgl. EGMR 1.6.2010 (GK) – 22978/05
Rn. 198, EuGRZ 2010, 417 – Gäfgen).

III. Angemessene Höhe

Kosten und Auslagen werden nur dann ersetzt, wenn sie **angemessen** sind. So 51
soll vor allem der Ersatz von exorbitanten Anwaltskosten ausgeschlossen werden.
Anwaltskosten sind jedoch nicht schon unangemessen, wenn sie die im nationalen
Anwaltsvergütungsrecht vorgesehenen Beträge überschreiten (zum nationalen Anwaltsvergütungsrecht für EGMR-Verfahren → Art. 50 Rn. 5ff.). Das nationale Anwaltsvergütungsrecht bindet den Gerichtshof nicht (EGMR 12.5.1992 – 13770/88
Rn. 34, EuGRZ 1992, 347 – Megyeri), sondern stellt nur einen Anhaltspunkt für
die eigenständige Prüfung des Gerichtshofs dar (EGMR 8.7.1999 (GK) –
23536/94 Rn. 98, NJW 2001, 1995 – Başkaya und Okçuoğlu). Ergeben sich die
Kosten aus einer Honorarvereinbarung, so hindert das die Erstattung nach Art. 41
nicht. Maßgeblich ist auch dann, ob das vereinbarte Honorar angemessen ist. Das
hat der Gerichtshof bei einem Erfolgshonorar in Höhe von 20% der vom Gerichtshof nach Art. 41 zugesprochenen Entschädigungssumme verneint (EGMR
3.11.2009 – 45890/05 Rn. 47 – Adam). Bei Beauftragung mehrerer Rechtsanwälte
werden die Kosten nur bei Vorliegen besonderer Gründe ersetzt (EGMR
19.10.2000 (GK) – 31107/96 Rn. 56 – Iatridis, zB bei einem besonders komplexen Fall. Durch die Beauftragung mehrerer Rechtsanwälte darf es aber nicht zu unnötiger Doppelarbeit kommen (EGMR 27.2.2007 – 11002/05 Rn. 60 – Associated Society of Locomotive Engineers & Firemen (ASLEF)). Vertritt sich der

EMRK Art. 41 Verfahrensrecht

Beschwerdeführer in dem Verfahren vor dem Gerichtshof selbst, so kann er für die Zeit, die er mit der Bearbeitung des Falls verbracht hat, keinen Ersatz verlangen (EGMR 15.2.2005 – 68416/01 Rn. 112, NJW 2006, 1255 – Steel und Morris).

52 Für das Verfahren vor dem Gerichtshof gewährt dieser in **deutschen Fällen** zwischen 2.000 und 5.000 EUR (vgl. zB EGMR 21.10.2010 – 32936/09 Rn. 42, 44 – Träxler: 4.379 EUR bei einem Stundensatz von 115 EUR; EGMR 3.12.2009 – 22028/04 Rn. 70, 72, EuGRZ 2010, 25 – Zaunegger: 3.311 EUR; EGMR 26.11.2009 – 54215/08 Rn. 47, EuGRZ 2009, 563 – Abduvalieva: 2.000 EUR; EGMR 13.1.2011 – 17792/07 Rn. 91, EuGRZ 2011, 255 – Kallweit: 2.500 EUR; EGMR 13.1.2011 – 32715/06 Rn. 83, NJW 2011, 3703 – Kübler: 5.500 EUR; EGMR 26.6.2012 (GK) – 9300/07 Rn. 127, NJW 2012, 3629 – Herrmann: 3.861 EUR; EGMR 15.1.2015 – 62198/11 Rn. 152, NJW 2015, 1433 – Kuppinger: 4.404,13 EUR; EGMR 9.6.2016 – 44164/14 Rn. 46 – Madaus: 2.500 EUR; EGMR 9.11.2017 – 47274/15 Rn. 110, NJW 2018, 3763 – Hentschel und Stark: 3.986,50 EUR).

E. Entscheidung über die Entschädigung und Nebenentscheidungen

53 In der Regel spricht der Gerichtshof in dem Urteil, in dem er die Konventionsverletzung feststellt, auch die gerechte Entschädigung zu. In Einzelfällen kann er jedoch die Entscheidung über die gerechte Entschädigung nach Art. 75 EGMRVerfO **vertagen.** Eine solche Vertagung kommt zum Beispiel in Betracht, wenn im Urteilszeitpunkt ein innerstaatliches Verfahren anhängig ist, in dem der Beschwerdeführer auf der Grundlage des innerstaatlichen Rechts Entschädigung von dem beschwerdegegnerischen Staat einklagt (vgl. zB EGMR 13.1.2011 – 32715/06 Rn. 78, NJW 2011, 3703 – Kübler). In Fällen, in denen die Berechnung des materiellen Schadens besonders schwierig ist, vertagt der Gerichtshof die Entscheidung über die gerechte Entschädigung häufig auch und gibt den Parteien so auch die Gelegenheit, sich zu einigen (vgl. zB EGMR 23.9.2010 – 1602/03 Rn. 81, EuGRZ 2010, 560 – Schüth). Dies geschieht besonders häufig in Fällen, in denen Art. 1 EMRKZusProt verletzt ist (vgl. zB EGMR 3.3.2011 – 57028/00 Rn. 67, ÖJZ 2011, 790 – Klein).

54 Die gerechte Entschädigung setzt der Gerichtshof grundsätzlich in Euro fest (EGMR 11.7.2002 (GK) – 28957/95 Rn. 123, NJW-RR 2004, 289 – Goodwin). Diese **Referenzwährung** ist jedoch nicht notwendigerweise die Währung, in der der beschwerdegegnerische Staat die Entschädigung zahlen muss. Diese ergibt sich vielmehr aus dem Tenor des Urteils. Üblicherweise ordnet der Gerichtshof die Zahlung in einer anderen Währung an, wenn der beschwerdegegnerische Staat nicht Teil der Euro-Zone ist (vgl. zB EGMR 30.9.2004 – 42986/98 – Pramov), wenn der Beschwerdeführer nicht in der Euro-Zone lebt (vgl. zB EGMR 17.1.2006 – 5424/03 – Šroub) oder er durch Verfahrensbevollmächtigte außerhalb der Euro-Zone vertreten ist (vgl. zB EGMR 15.2.2007 – 37850/97 – Aksakal). Der Tenor präzisiert ebenfalls den für den Wechselkurs maßgeblichen Tag, in der Regel der Tag des Urteils (vgl. im einzelnen CM/Inf/DH (2008) 7 final vom 15.1.2009).

55 Der Gerichtshof präzisiert im Tenor die **Zahlungsfrist,** die in der Regel drei Monate nach Endgültigkeit des Urteils beträgt (vgl. zB EGMR 13.1.2011 – 397/07 und 2322/07, NJW 2011, 3352 – Hoffer und Annen). Lässt der beschwer-

Gerechte Entschädigung **Art. 41 EMRK**

degegnerische Staat die Frist verstreichen, muss er **Verzugszinsen** zahlen, üblicherweise zu einem Zinssatz, der dem Spitzenrefinanzierungssatz der Europäischen Zentralbank im Verzugszeitraum zuzüglich drei Prozentpunkten entspricht (vgl. zB EGMR 21.12.2010 – 20578/07 Rn. 81, EuGRZ 2011, 124 – Anayo).

In der überwiegenden Zahl der Fälle bestimmt der Gerichtshof im Tenor, dass 56 die zugesprochene Entschädigungssumme zuzüglich gegebenenfalls zu berechnender **Steuern** zu zahlen ist. Dies soll gewährleisten, dass dem Beschwerdeführer die ausgewiesene Summe auch tatsächlich zur Verfügung steht. Aus diesem Grund wird den Urteilen auch die Verpflichtung des Staates entnommen, für eventuelle **Transaktionskosten** aufzukommen (vgl. CM/Inf/DH (2008) 7 final vom 15.1.2009, Rn. 122).

In einigen Fällen ordnet der Gerichtshof an, dass die Entschädigung nicht an den 57 Beschwerdeführer, sondern an eine **andere Person** zu zahlen ist. So kann der Gerichtshof die Zahlung des Teils der Entschädigung, der auf die Verfahrenskosten vor dem Gerichtshof entfällt, an den Verfahrensbevollmächtigten des Beschwerdeführers anordnen, um sie vor dem Zugriff der Gläubiger des Beschwerdeführers zu schützen (vgl. EGMR 13.7.2000 (GK) – 39221/98 u. 41963/98 Rn. 258, ÖJZ 2002, 74 – Scozzari und Giunta). Ist der Beschwerdeführer minderjährig, hat der Gerichtshof in einigen Fällen ausdrücklich angeordnet, dass die Entschädigung an den Minderjährigen selbst zu zahlen ist, wenn wegen Interessenkonflikten des Vertretungsberechtigten zu befürchten war, dass die Entschädigung dem Minderjährigen nicht zugutekommen würde (vgl. EGMR 13.7.2000 (GK) – 39221/98 u. 41963/98 Rn. 253, ÖJZ 2002, 74 – Scozzari und Giunta). In Fällen von verschwundenen Personen hat der Gerichtshof teilweise ausdrücklich angeordnet, dass der Beschwerdeführer die Entschädigung zur Verfügung der Erben der verschwundenen Personen erhalten muss (vgl. zB EGMR 17.2.2004 – 25760/94 Rn. 224, 234 – İpek).

Sieht der Gerichtshof **Schwierigkeiten bei der Zahlung** der gerechten Ent- 58 schädigung voraus, zB weil sich der Beschwerdeführer aufgrund der Konventionsverletzung an einem unbekanntem Ort in einem anderen Staat befindet, der nicht Vertragsstaat der EMRK ist, verpflichtet er den beschwerdegegnerischen Staat, Kontakt zwischen dem Beschwerdeführer einerseits und dem Ministerkomitee, dem Verfahrensbevollmächtigten des Beschwerdeführers oder einer anderen Person, die den Beschwerdeführer im Umsetzungsprozess vertreten kann, auf der anderen Seite herzustellen (vgl. EGMR 4.11.2010 – 42502/06 Rn. 19 – Muminov).

F. Erfüllung des Entschädigungsanspruchs

Die Erfüllung des Entschädigungsanspruchs durch den beschwerdegegnerischen 59 Staat wird nach Art. 46 EMRK durch das **Ministerkomitee** überwacht (zu der Praxis des Ministerkomitees zu Detailfragen der Erfüllung vgl. das Informationsdokument CM/Inf/DH (2008) 7 final vom 15.1.2009). Das Ministerkomitee geht von der Erfüllung des Anspruchs aus, wenn der beschwerdegegnerische Staat dem Beschwerdeführer die Entschädigungssumme zur Verfügung gestellt hat (EGMR 4.11.2010 – 42502/06 Rn. 10 – Muminov). Die Zahlung an den Verfahrensbevollmächtigten befreit nur dann, wenn er nach dem maßgeblichen innerstaatlichen Recht zur Entgegennahme von Zahlungen bevollmächtigt ist (EGMR 4.11.2010 – 42502/06 Rn. 17 – Muminov). Ob die in dem Beschwerdeformular enthaltene **Vollmacht,** den Beschwerdeführer in dem Verfahren vor dem EGMR und in etwaigen Folgeverfahren nach der EMRK zu vertreten, nach deutschem Recht auch die Entgegennahme der Zahlung der gerechten Entschädigung durch den Verfahrensbevollmächtigten umfasst, ist nicht abschließend geklärt. Die Zahlung der Entschädigung ist nicht mehr Teil des Verfahrens vor dem EGMR und wäre damit nur dann von der Vollmacht erfasst, wenn es sich dabei um ein Folgeverfahren nach der EMRK handeln würde. Nach dem Kontext bezieht sich der Begriff der Folgeverfahren jedoch allein auf gerichtliche Verfahren und deckt die Entgegennahme von Zahlungen nicht ab. Rechtsprechung zu dieser Frage gibt es jedoch bisher soweit ersichtlich nicht. In der Praxis wird die Entschädigung nur bei Vorlage einer ausdrücklich die Entgegennahme der Zahlung abdeckenden Vollmacht an den Verfahrensbevollmächtigten ausgezahlt.

60 In Verfahren gegen die Bundesrepublik Deutschland ist diese Schuldnerin des Erfüllungsanspruchs. Sie ist völkerrechtlich zur Zahlung der Entschädigung verpflichtet. Im Innenverhältnis zwischen Bund und Ländern richtet sich die Kostenteilung nach dem **Lastentragungsgesetz.** Danach werden die Kosten im Verhältnis von Bund und Ländern von derjenigen staatlichen Ebene getragen, in deren innerstaatlichen Zuständigkeits- und Aufgabenbereich die lastenbegründende Pflichtverletzung fällt (§ 1 Abs. 1 LastG). Ist der Grund für die zugesprochene Entschädigung eine konventionswidrige Gerichtsentscheidung, ist das Land lastentragungspflichtig, dessen Instanzgericht die beanstandete Entscheidung getroffen hat (vgl. § 4 Abs. 1 S. 1 LastG). Hat ein Gericht des Bundes die Entscheidung des Gerichts eines Landes bestätigt, tragen der Bund und das betroffene Land die Lasten je zur Hälfte (§ 4 Abs. 1 S. 2 LastG). Bei Verurteilungen wegen überlanger Verfahrensdauer und Anhängigkeit sowohl bei Gerichten des Bundes als auch eines Landes werden die Lasten im Verhältnis der Anteile der beteiligten Gerichte an der Verfahrensdauer getragen (§ 4 Abs. 2 LastG, vgl. dazu BVerwG 26.04.2007 – 3 A 5/05, NVwZ 2008, 86 (88)). Seitdem Verurteilungen Deutschlands wegen überlanger Verfahrensdauer inzwischen in der Regel durch Dreierausschüsse erfolgen, ist die Bestimmung der Lastenverteilung in Anwendung von § 4 Abs. 2 LastG in der Praxis erschwert. Denn die Dreierausschüsse verwenden häufig eine Standardbegründung, die nur sehr eingeschränkt auf die Besonderheiten des Einzelfalls eingeht (vgl. zB EGMR 21.10.2010 – 2651/07 Rn. 29ff. – Schliederer). Ihren Entscheidungen lässt sich nicht immer entnehmen, welche Verfahrensabschnitte moniert werden und welche Gerichte für die Verfahrensverzögerung verantwortlich sind. In diesen Fällen müssen die Lasten dann schematisch nach dem Anteil der beteiligten Gerichte an der Gesamtverfahrensdauer verteilt werden (vgl. BVerwG 26.04.2007 – 3 A 5/05, NVwZ 2008, 86 (87)). Mit Erfüllung des Entschädigungsanspruchs durch den Bund hat dieser nach § 5 Abs. 1, 2 LastG einen Regressanspruch gegen das Land.

61 Das Urteil des EGMR schafft für den Beschwerdeführer einen Anspruch auf Zahlung der zugesprochenen Entschädigungssumme. Allerdings ist das Urteil nach deutschem Recht nicht vollstreckbar (BGH 24.3.2011 – IX ZR 180/10, WM 2011, 756 Rn. 15 f.); es kann auch nicht nach den Vorschriften der ZPO über die Anerkennung und Vollstreckbarerklärung ausländischer Urteile für vollstreckbar erklärt werden. Wird der Anspruch nicht erfüllt, muss der Beschwerdeführer daher auf Erfüllung klagen (*Cremer* in Dörr/Grote/Marauhn Kap. 32 Rn. 109; *Dörr* in Dörr/Grote/Marauhn Kap. 33 Rn. 116; so jetzt auch BGH 24.3.2011 – IX ZR 180/10, WM 2011, 756 Rn. 15 f.). Für diese **Leistungsklage** sind gemäß § 40 Abs. 2 S. 1 Var. 3 VwGO die **ordentlichen Gerichte** zuständig.

G. Der Entschädigungsanspruch im nationalen Recht

Der Gerichtshof hat sich wiederholt gegen die Pfändbarkeit des Entschädigungs- 62
anspruchs in Bezug auf immaterielle Schäden zur Befriedigung von Forderungen
des beschwerdegegnerischen Staates gegen den Beschwerdeführer ausgesprochen,
dabei aber klar gestellt, dass diese Frage auf der Grundlage des jeweiligen nationalen
Rechts entschieden werden muss (vgl. zB EGMR 28.7.1999 (GK) – 25803/94
Rn. 133, NJW 2001, 56 – Selmouni). Zu der Frage der Pfändbarkeit durch private
Gläubiger hat sich der Gerichtshof nicht geäußert.

Für das deutsche Recht wird in der Literatur überwiegend für eine Pfändbarkeit 63
Stellung genommen. Dies wird damit begründet, dass der völkerrechtliche Entschädigungsanspruch genauso behandelt werden müsse wie die pfändbaren Entschädigungsansprüche gegen den Staat nach innerstaatlichem Recht (*Dörr* in Dörr/Grote/Marauhn Kap. 33 Rn. 119; aA *Peukert* in Frowein/Peukert EMRK Art. 41 Rn. 97).

Demgegenüber hat der **Bundesgerichtshof** entschieden, dass der Anspruch auf 64
Entschädigung wegen immateriellen Schadens und der Anspruch auf Ersatz der
Kosten für das Verfahren vor dem Gerichtshof nach deutschem Recht **nicht übertragbar** (§ 399 BGB) und damit auch **nicht pfändbar** (§ 851 Abs. 1 ZPO) sind
(BGH 24.3.2011 – IX ZR 180/10, WM 2011, 756; sa die Vorinstanz KG
20.8.2009 – 22 U 81/08, ZIP 2009, 1873; kritisch *Piekenbrock* LMK 2011,
320475). Die Ansprüche sind **nicht zur Insolvenzmasse** zu erfüllen (§ 36 Abs. 1
InsO). Nach § 394 BGB ist eine **Aufrechnung** gegen die Forderung nicht zulässig.
Als Begründung hat der BGH angeführt, die Entschädigung für erlittene immaterielle Schäden solle die von dem Beschwerdeführer erlittenen persönlichen Beeinträchtigungen und die dadurch bewirkte schwerwiegende Menschenrechtsverletzung ausgleichen. Dieser Ausgleich könne jedoch nicht stattfinden, wenn der
Entschädigungsanspruch gepfändet werden könne. Der gewährte Ersatz für Kosten
des Verfahrens vor dem EGMR diene vorrangig und schwerpunktmäßig der erfolgten Feststellung der Menschenrechtsverletzung und sei damit ebenfalls nicht pfändbar. Etwas anderes gelte jedoch für den zugesprochenen Ersatz für Mehrkosten in
dem innerstaatlichen Verfahren. Zweck dieser Zahlung sei nicht die Kompensation
der Opfereigenschaft des Beschwerdeführers und der Ausgleich höchstpersönlicher
Beeinträchtigungen, sondern die Abdeckung höherer Kosten. Offen ist auch nach
dieser Entscheidung die Frage, ob die nach Art. 41 gewährte Entschädigung für materielle Schäden übertragbar ist. Die Entschädigung für materielle Schäden dient
der Neutralisierung der vermögensrechtlichen Folgen der festgestellten Menschenrechtsverletzung. Diese können durchaus zu Einbußen der Gläubiger des Beschwerdeführers geführt haben, wenn dem Beschwerdeführer zB aufgrund der
Menschenrechtsverletzungen Einkommen entgangen ist, das der Befriedigung der
Gläubiger hätte dienen können. Der Schadensersatzanspruch wegen materieller
Schäden ist nicht derart eng mit der Person des Beschwerdeführers verknüpft wie
der Anspruch auf Ersatz immaterieller Schäden. Es spricht daher viel dafür, dass die
zum Ausgleich materieller Schäden gewährte gerechte Entschädigung übertragbar
und damit auch pfändbar ist.

EMRK Art. 42

Art. 42 Urteile der Kammern*

Urteile der Kammern werden nach Maßgabe des Artikels 44 Absatz 2 endgültig.

Judgments of Chambers shall become final in accordance with the provisions of Article 44 § 2.

Les arrêts des chambres deviennent définitifs conformément aux dispositions de l'article 44 § 2.

1 → Art. 44 Rn. 2.

Art. 43 Verweisung an die Große Kammer*

(1) Innerhalb von drei Monaten nach dem Datum des Urteils der Kammer kann jede Partei in Ausnahmefällen die Verweisung der Rechtssache an die Große Kammer beantragen.

(2) Ein Ausschuss von fünf Richtern der Großen Kammer nimmt den Antrag an, wenn die Rechtssache eine schwerwiegende Frage der Auslegung oder Anwendung dieser Konvention oder der Protokolle dazu oder eine schwerwiegende Frage von allgemeiner Bedeutung aufwirft.

(3) Nimmt der Ausschuss den Antrag an, so entscheidet die Große Kammer die Sache durch Urteil.

(1) Within a period of three months from the date of the judgment of the Chamber, any party to the case may, in exceptional cases, request that the case be referred to the Grand Chamber.

(2) A panel of five judges of the Grand Chamber shall accept the request if the case raises a serious question affecting the interpretation or application of the Convention or the Protocols thereto, or a serious issue of general importance.

(3) If the panel accepts the request, the Grand Chamber shall decide the case by means of a judgment.

(1) Dans un délai de trois mois à compter de la date de l'arrêt d'une chambre, toute partie à l'affaire peut, dans des cas exceptionnels, demander le renvoi de l'affaire devant la Grande Chambre.

(2) Un collège de cinq juges de la Grande Chambre accepte la demande si l'affaire soulève une question grave relative à l'interprétation ou à l'application de la Convention ou de ses Protocoles, ou encore une question grave de caractère général.

(3) Si le collège accepte la demande, la Grande Chambre se prononce sur l'affaire par un arrêt.

Literatur: *Schmaltz*, Die Große Kammer des Europäischen Gerichtshofs für Menschenrechte – eine Annäherung an Abgabe und Verweisungspraxis, EuGRZ 2012, 606.

---

* Der Inhalt dieses Beitrags gibt die Ansichten der Verfasserin und nicht notwendigerweise die der Europäischen Kommission wieder.

Endgültige Urteile **Art. 44 EMRK**

Urteile einer **Kammer** können unter den in Art. 43 genannten Voraussetzungen von der Großen Kammer überprüft werden. Entscheidungen einer Kammer sind hingegen mit sofortiger Wirkung rechtskräftig, selbst wenn die materiellen Voraussetzungen für eine Verweisung an die Große Kammer nach Abs. 2 vorliegen würden. 1

Formelle Voraussetzung ist die rechtzeitige Stellung eines Verweisungsantrags (Abs. 1) und die Zulassung durch einen aus fünf Richtern bestehenden Ausschuss der Großen Kammer (Abs. 3). 2

Der **Antrag** kann von jeder Partei gestellt werden. Rechtzeitig ist er, wenn er innerhalb von drei Monaten nach dem Datum des Urteils der Kammer – also nicht seiner öffentlichen Verkündung oder Zustellung an die Parteien – gestellt wird. Er ist zu begründen. 3

Über den Antrag entscheidet ein **Ausschuss** aus fünf Richtern der Großen Kammer bestehend aus dem Präsidenten des Gerichtshofs, zwei Sektionspräsidenten und zwei weiteren Richtern und Ersatzrichtern, die im Rotationsverfahren bestimmt werden. (Art. 23 Abs. 5 EGMRVerfO). Dabei darf dem Ausschuss kein Richter angehören, der an der Entscheidung über die Zulässigkeit oder Begründetheit mitgewirkt hat. Zusätzlich ist bestimmt, dass der für die beschwerdegegnerische Vertragspartei gewählte Richter oder ein Richter mit der Staatsangehörigkeit dieser Partei nicht Mitglied des Ausschusses sein kann. 4

Der Ausschuss prüft den Antrag allein auf der Grundlage der Akten. Er muss eine ablehnende Entscheidung nicht begründen. Seine Entscheidung ist nicht durch die Große Kammer überprüfbar (siehe EGMR 24.10.2002 – 36732/97, https://hudoc.echr.coe.int/eng#{%22languageisocode%22:[%22ENG%22],%22appno%22:[%2236732/97%22],%22documentcollectionid2%22:[%22GRANDCHAMBER%22],%22itemid%22:[%22001-60706%22]} – Pisano). 5

Materiell ist Voraussetzung, dass die Rechtssache eine schwerwiegende Frage der Auslegung oder Anwendung der Konvention oder der Protokolle dazu oder eine schwerwiegende Frage von allgemeiner Bedeutung aufwirft (Abs. 2). Eine schwerwiegende Frage der Auslegung soll vorliegen bei einer wichtigen vom Gerichtshof noch nicht entschiedenen Frage oder wenn die Entscheidung für die Fortentwicklung der Rechtsprechung von Bedeutung ist oder wenn das Urteil von einem früheren Urteil abweicht. Eine schwerwiegende Frage der Anwendung der Konvention soll vorliegen, wenn ein Urteil zwar eine erhebliche Änderung der innerstaatlichen Rechtsvorschriften oder der Verwaltungspraxis erfordert, aber keine schwerwiegende Frage der Auslegung der Konvention aufwirft. Eine schwerwiegende Frage von allgemeiner Bedeutung könne eine wesentliche politische Frage sein (siehe Erl. Bericht, BT-Drs. 16/42 Rn. 100–102 sowie die weiterführende Fallgruppenbildung bei *Schmalz* EuGRZ 2012, 606). 6

Art. 44 Endgültige Urteile*

(1) **Das Urteil der Großen Kammer ist endgültig.**

(2) **Das Urteil einer Kammer wird endgültig,**

a) wenn die Parteien erklären, dass sie die Verweisung der Rechtssache an die Große Kammer nicht beantragen werden;

---

* Der Inhalt dieses Beitrags gibt die Ansichten der Verfasserin und nicht notwendigerweise die der Europäischen Kommission wieder.

EMRK Art. 44

b) **drei Monate nach dem Datum des Urteils, wenn nicht die Verweisung der Rechtssache an die Große Kammer beantragt worden ist; oder**
c) **wenn der Ausschuss der Großen Kammer den Antrag auf Verweisung nach Artikel 43 abgelehnt hat.**

(3) **Das endgültige Urteil wird veröffentlicht.**

(1) The judgment of the Grand Chamber shall be final.

(2) The judgment of a Chamber shall become final
(a) when the parties declare that they will not request that the case be referred to the Grand Chamber; or
(b) three months after the date of the judgment, if reference of the case to the Grand Chamber has not been requested; or
(c) when the panel of the Grand Chamber rejects the request to refer under Article 43.

(3) The final judgment shall be published.

(1) L'arrêt de la Grande Chambre est définitif.

(2) L'arrêt d'une chambre devient définitif
a) lorsque les parties déclarent qu'elles ne demanderont pas le renvoi de l'affaire devant la Grande Chambre; ou
b) trois mois après la date de l'arrêt, si le renvoi de l'affaire devant la Grande Chambre n'a pas été demandé; ou
c) lorsque le collège de la Grande Chambre rejette la demande de renvoi formulée en application de l'article 43.

(3) L'arrêt définitif est publié.

1   Art. 44 regelt die formelle Rechtskraft. Nach **Abs. 1** sind Urteile der Großen Kammer mit ihrem Erlass rechtskräftig.

2   **Urteile** einer Kammer können von der Großen Kammer unter den in Art. 43 geregelten Voraussetzungen überprüft werden. Nach **Abs. 2** werden Urteile einer Kammer daher erst dann rechtskräftig, wenn klar ist, dass diese Voraussetzungen nicht vorliegen, also bei ausdrücklichem Verzicht der Parteien auf die Stellung eines Verweisungsantrags (lit. a), bei Nichtstellen eins Verweisungsantrags innerhalb von drei Monaten ab dem Datum des Urteils (lit. b) oder bei Ablehnung des Verweisungsantrags durch den zuständigen Ausschuss der Großen Kammer (lit. c).

3   Eine Durchbrechung der Rechtskraft von Urteilen einer Kammer oder Großen Kammer ist in der Konvention selbst nicht vorgesehen, wohl aber in der Verfahrensordnung. Nach Art. 80 EGMRVerfO kann eine Partei bei nachträglichem Bekanntwerden einer entscheidungserheblichen Tatsache innerhalb von sechs Monaten, nachdem sie von der Tatsache Kenntnis erhalten hat, die **Wiederaufnahme** des Verfahrens beantragen. Dies kann etwa bei nachträglichem Bekanntwerden des Versterbens des Beschwerdeführers vor Umsetzung eines Urteils auf Zahlung einer gerechten Entschädigung sinnvoll sein, um die Umschreibung des Zahlungsanspruchs auf den Rechtsnachfolger zu erwirken. Abgelehnt hat der Gerichtshof die Wiederaufnahme etwa in der Rs. Irland gegen Vereinigtes Königreich (EGMR 20.3.2018 – 5310/71, hudoc.echr.coe.int/eng#{"full text":["5310/71"],"document collectianido":[grandchamber"],"chamber"],"item": ["cot-181585"]}). Bei Zweifeln bzgl. der Entscheidungserheblichkeit habe die Rechtssicherheit vorzugehen.

Entscheidungen einer Kammer oder Großen Kammer sind nicht überprüfbar. 4
Sie sind mithin mit ihrem Erlass rechtskräftig.
Zur Rechtskraft der Urteile und Entscheidungen eines Ausschusses und der Ent- 5
scheidungen eines Einzelrichters → Art. 28 Rn. 8 bzw. → Art. 27 Rn. 7.
Zur materiellen Rechtskraft → Art. 46 Rn. 31. 6
Zur Veröffentlichung endgültiger Urteile → Art. 24 Rn. 5. 7

Art. 45 Begründung der Urteile und Entscheidungen*

(1) **Urteile sowie Entscheidungen, mit denen Beschwerden für zulässig oder für unzulässig erklärt werden, werden begründet.**

(2) **Bringt ein Urteil ganz oder teilweise nicht die übereinstimmende Meinung der Richter zum Ausdruck, so ist jeder Richter berechtigt, seine abweichende Meinung darzulegen.**

(1) Reasons shall be given for judgments as well as for decisions declaring applications admissible or inadmissible.

(2) If a judgment does not represent, in whole or in part, the unanimous opinion of the judges, any judge shall be entitled to deliver a separate opinion.

(1) Les arrêts, ainsi que les décisions déclarant des requêtes recevables ou irrecevables, sont motivés.

(2) Si l'arrêt n'exprime pas en tout ou en partie l'opinion unanime des juges, tout juge a le droit d'y joindre l'exposé de son opinion séparée.

→ Art. 27 Rn. 6; → Art. 28 Rn. 6 und 7; → Art. 29 Rn. 5 und → Art. 31 Rn. 2. 1

Art. 46 Verbindlichkeit und Vollzug der Urteile

(1) **Die Hohen Vertragsparteien verpflichten sich, in allen Rechtssachen, in denen sie Partei sind, das endgültige Urteil des Gerichtshofs zu befolgen.**

(2) **Das endgültige Urteil des Gerichtshofs ist dem Ministerkomitee zuzuleiten; dieses überwacht seine Durchführung.**

(3) **Wird die Überwachung der Durchführung eines endgültigen Urteils nach Auffassung des Ministerkomitees durch eine Frage betreffend die Auslegung dieses Urteils behindert, so kann das Ministerkomitee den Gerichtshof anrufen, damit er über diese Auslegungsfrage entscheidet. Der Beschluss des Ministerkomitees, den Gerichtshof anzurufen, bedarf der Zweidrittelmehrheit der Stimmen der zur Teilnahme an den Sitzungen des Komitees berechtigten Mitglieder.**

(4) **Weigert sich eine Hohe Vertragspartei nach Auffassung des Ministerkomitees, in einer Rechtssache, in der sie Partei ist, ein endgültiges Urteil des Gerichtshofs zu befolgen, so kann das Ministerkomitee, nachdem es**

---

* Der Inhalt dieses Beitrags gibt die Ansichten der Verfasserin und nicht notwendigerweise die der Europäischen Kommission wieder.

EMRK Art. 46

die betreffende Partei gemahnt hat, durch einen mit Zweidrittelmehrheit der Stimmen der zur Teilnahme an den Sitzungen des Komitees berechtigten Mitglieder gefassten Beschluss den Gerichtshof mit der Frage befassen, ob diese Partei ihrer Verpflichtung nach Absatz 1 nachgekommen ist.

(5) Stellt der Gerichtshof eine Verletzung des Absatzes 1 fest, so weist er die Rechtssache zur Prüfung der zu treffenden Maßnahmen an das Ministerkomitee zurück. Stellt der Gerichtshof fest, dass keine Verletzung des Absatzes 1 vorliegt, so weist er die Rechtssache an das Ministerkomitee zurück; dieses beschließt die Einstellung seiner Prüfung.

(1) The High Contracting Parties undertake to abide by the final judgment of the Court in any case to which they are parties.

(2) The final judgment of the Court shall be transmitted to the Committee of Ministers, which shall supervise its execution.

(3) If the Committee of Ministers considers that the supervision of the execution of a final judgment is hindered by a problem of interpretation of the judgment, it may refer the matter to the Court for a ruling on the question of interpretation. A referral decision shall require a majority vote of two thirds of the representatives entitled to sit on the Committee.

(4) If the Committee of Ministers considers that a High Contracting Party refuses to abide by a final judgment in a case to which it is a party, it may, after serving formal notice on that Party and by decision adopted by a majority vote of two-thirds of the representatives entitled to sit on the Committee, refer to the Court the question whether that Party has failed to fulfil ist obligation under paragraph 1.

(5) If the Court finds a violation of paragraph 1, it shall refer the case to the Committee of Ministers for consideration of the measures to be taken. If the Court finds no violation of paragraph 1, it shall refer the case to the Committee of Ministers, which shall close its examination of the case.

(1) Les Hautes Parties contractantes s'engagent à se conformer aux arrêts définitifs de la Cour dans les litiges auxquels elles sont parties.

(2) L'arrêt définitif de la Cour est transmis au Comité des Ministres qui en surveille l'exécution.

(3) Lorsque le Comité des Ministres estime que la surveillance de l'exécution d'un arrêt définitif est entravée par une difficulté d'interprétation de cet arrêt, il peut saisir la Cour afin qu'elle se prononce sur cette question d'interprétation. La décision de saisir la Cour est prise par un vote à la majorité des deux tiers des représentants ayant le droit de siéger au Comité.

(4) Lorsque le Comité des Ministres estime qu'une Haute Partie contractante refuse de se conformer à un arrêt définitif dans un litige auquel elle est partie, il peut, après avoir mis en demeure cette partie et par décision prise par un vote à la majorité des deux tiers des représentants ayant le droit de siéger au Comité, saisir la Cour de la question du respect par cette partie de son obligation au regard du paragraphe 1.

(5) Si la Cour constate une violation du paragraphe 1, elle renvoie l'affaire au Comité des Ministres afin qu'il examine les mesures à prendre. Si la Cour constate qu'il n'y a pas eu violation du paragraphe 1, elle renvoie l'affaire au Comité des Ministres, qui décide de clore son examen.

Verbindlichkeit und Vollzug der Urteile **Art. 46 EMRK**

Literatur: *Baumann,* Das Piloturteilsverfahren als Reaktion auf massenhafte Parallelverfahren. Eine Bestandsaufnahme der Rechtswirkungen der Urteile des Europäischen Gerichtshofs für Menschenrechte, 2016; *Breuer,* Zur Anordnung konkreter Abhilfemaßnahmen durch den EGMR. Der Gerichtshof betritt neue Wege im Fall Asanidse gegen Georgien, EuGRZ 2004, 257; *ders.,* Urteilsfolgen bei strukturellen Problemen – Das erste „Piloturteil" des EGMR, EuGRZ 2004, 445; *ders.,* Zur Fortentwicklung der Piloturteilstechnik durch den EGMR, EuGRZ 2012, 1; *ders.* (Hrsg.), Principled Resistance to ECtHR Judgments – A New Paradigm?, 2019; *Cremer,* Rechtskraft und Bindungswirkung von Urteilen des EGMR, EuGRZ 2012, 493; *Kunz,* Richter über internationale Gerichte? Die Rolle innerstaatlicher Gerichte bei der Umsetzung der Entscheidungen von EGMR und IAGMR, 2020; *Mellech,* Die Rezeption der EMRK sowie der Urteile des EGMR in der französischen und deutschen Rechtsprechung, 2012; *Payandeh,* Die Präjudizienwirkung der Entscheidungen des Europäischen Gerichtshofs für Menschenrechte, JÖR nF 68 (2020), 1; *Polakiewicz,* Die Verpflichtungen der Staaten aus den Urteilen des Europäischen Gerichtshofs für Menschenrechte, 1992; *Ress,* Die Europäische Menschenrechtskonvention und die Vertragsstaaten: Die Wirkung der Urteile des Europäischen Gerichtshofs für Menschenrechte im innerstaatlichen Recht und vor innerstaatlichen Gerichten, in I. Maier (Hrsg.), Europäischer Menschenrechtsschutz. Schranken und Wirkungen, 1982, 227; *Rohleder,* Grundrechtsschutz im europäischen Mehrebenen-System. Unter besonderer Berücksichtigung des Verhältnisses zwischen Bundesverfassungsgericht und Europäischem Gerichtshof für Menschenrechte, 2009; *Sauer,* Die neue Schlagkraft der gemeineuropäischen Grundrechtsjudikatur – Zur Bindung deutscher Gerichte an die Entscheidungen des Europäischen Gerichtshofs für Menschenrechte, ZaöRV 65 (2005), 35; *Schmahl,* Piloturteile des EGMR als Mittel der Verfahrensbeschleunigung, EuGRZ 2008, 369; *Uerpmann,* Die Europäische Menschenrechtskonvention und die deutsche Rechtsprechung. Ein Beitrag zum Thema Völkerrecht und Landesrecht, 1993; *Zastrow,* Die Rolle des Ministerkomitees bei der Umsetzung der Urteile des Europäischen Gerichtshofs für Menschenrechte, 2018.

Übersicht

	Rn.
A. Urteilswirkung (Abs. 1)	1
I. Allgemeines	1
II. Urteilsinhalt	5
1. Feststellung eines Konventionsverstoßes	5
2. Anordnung konkreter Maßnahmen	6
3. Piloturteilstechnik	20
4. Entschädigung	30
III. Urteilswirkung aus Sicht der EMRK	31
1. Wirkung im entschiedenen Einzelfall	31
2. Wirkung in Parallelfällen	43
IV. Urteilswirkung aus Sicht der deutschen Rechtsordnung	47
1. Allgemeines	47
2. Wirkungen im Einzelnen	55
B. Urteilsüberwachung (Abs. 2)	75
I. Kompetenzverteilung	75
II. Überwachungsgegenstand	78
III. Überwachungspraxis	81
C. Urteilsauslegung (Abs. 3)	85
D. Weigerung der Urteilsbefolgung (Abs. 4, 5)	87

\# EMRK Art. 46

A. Urteilswirkung (Abs. 1)

I. Allgemeines

1 Die Kompetenz des EGMR, verbindliche Urteile zu fällen, bildet ein wesentliches **Unterscheidungsmerkmal** der EMRK im Vergleich zu anderen menschenrechtlichen Überwachungsmechanismen auf internationaler Ebene. Der Menschenrechtsausschuss beispielsweise, das Vertragsüberwachungsorgan des IPBPR, äußert im (zudem fakultativen) Individualbeschwerdeverfahren nur seine „Auffassungen" („views", Art. 5 Abs. 4 FP I), die als solche nicht rechtsverbindlich sind (zur gleichwohl bestehenden rechtlichen Bedeutung vgl. *Klein/Brinkmeier* VN 2001, 17 (18)). Andererseits bleiben die Kompetenzen des EGMR hinter den Anordnungsmöglichkeiten anderer regionaler Menschenrechtsgerichte zurück, jedenfalls wenn man allein den Text der EMRK zugrunde legt. So kann der Inter-Amerikanische Gerichtshof für Menschenrechte im Falle einer Verletzung der AMRK anordnen, dass „die Folgen der Maßnahme oder Situation, die die Rechtsverletzung beinhaltete, beseitigt werden" (Art. 63 Abs. 1 S. 2 AMRK), eine Kompetenz, von der der Gerichtshof in San José umfassend Gebrauch gemacht hat (näher *Kunz* Richter über internationale Gerichte? S. 53 ff.). Der EGMR hingegen ist erst in seiner jüngsten Rspr. dazu übergegangen, sich die Kompetenz zur Anordnung von Maßnahmen der Urteilsbefolgung selbst zuzusprechen (→ Rn. 8).

2 Für die Beurteilung dieser Rspr.-Entwicklung ist es entscheidend, zwischen den **materiellen Rechtsfolgen** eines EMRK-Verstoßes und der Frage nach der **Kompetenz** des EGMR zur Anordnung bestimmter Maßnahmen zu differenzieren. Da die EMRK ein völkerrechtlicher Vertrag ist, finden im Fall eines Verstoßes hiergegen – vorbehaltlich etwaiger abweichender Regelungen in der EMRK selbst – die völkerrechtlichen Regeln über die Staatenverantwortlichkeit Anwendung. Die diesbezüglichen völkergewohnheitsrechtlichen Grundsätze hat bereits der StIGH in dem Fall *Chorzów* (Factory at Chorzów, Merits, 1928, P.C.I.J., Series A, No. 17, 47) wiedergegeben. Die ILC hat sie in ihren – selbst noch nicht rechtsverbindlichen – Artikeln über die Staatenverantwortlichkeit (ILC-Artikel) kodifiziert (GA Res. 56/83 vom 12.12.2001, abgedruckt in Sartorius II Nr. 6). Danach hat ein Staat im Falle eines Völkerrechtsverstoßes Wiedergutmachung *(reparation)* zu leisten (Art. 31 ILC-Artikel). Diese kann in der Wiederherstellung des ursprünglichen Zustands *(restitutio in integrum)*, in der Zahlung von Entschädigung *(compensation)* sowie in der Leistung von Genugtuung *(satisfaction)* bestehen (Art. 35–37 ILC-Artikel). Davon zu unterscheiden ist die Pflicht, eine noch andauernde Völkerrechtsverletzung zu beenden *(cessation,* Art. 30 lit. a ILC-Artikel), sowie die Zusicherung, den Verstoß nicht zu wiederholen *(guarantee of non-repetition,* Art. 30 lit. b ILC-Artikel).

3 Von allen diesen Rechtsfolgen ermächtigt die EMRK den EGMR ausdrücklich nur zur Zubilligung von Entschädigung (Art. 41), im Übrigen liegt die Überwachung der Urteilsumsetzung in den Händen des Ministerkomitees als des „politischen Arms" des Europarates (Art. 46 Abs. 2). Mit der Anordnung weitergehender Abhilfemaßnahmen durch den EGMR ist daher auch die Frage nach der **Kompetenzverteilung** zwischen EGMR und Ministerkomitee aufgeworfen. Darüber hinaus wird durch eine Anordnung des EGMR zugleich die **Freiheit der EMRK-Staaten** eingeschränkt, über die Art der Urteilsbefolgung selbst zu entscheiden.

4 Das hier beschriebene Zusammenspiel materieller Rechtsfolgen eines Konventionsverstoßes und kompetenzieller Aspekte findet seinen Niederschlag in der

Verbindlichkeit und Vollzug der Urteile **Art. 46 EMRK**

stRspr des EGMR, „dass ein Urteil, in dem der Gerichtshof eine Verletzung der Konvention oder ihrer Zusatzprotokolle feststellt, den beklagten Staat nicht nur rechtlich verpflichtet, den Betroffenen die als gerechte Entschädigung zugesprochene Summe zu zahlen, sondern auch – vorbehaltlich der Überwachung durch das Ministerkomitee – diejenigen allgemeinen und/oder, soweit angemessen, individuellen Maßnahmen zu wählen, die im innerstaatlichen Recht ergriffen werden müssen, um die vom Gerichtshof gefundene Verletzung abzustellen und für die sich hieraus ergebenden Folgen jede erdenkliche Wiedergutmachung zu leisten, so dass die vor der Verletzung bestehende Situation so weit wie möglich wiederhergestellt wird" (EGMR 8.4.2004 (GK) – 71503/01 Rn. 198, EuGRZ 2004, 268 – Assanidze).

II. Urteilsinhalt

1. Feststellung eines Konventionsverstoßes. Seit dem Fall *Marckx* aus dem 5 Jahr 1979 gehört die Formel, seine Urteile hätten „im Wesentlichen Feststellungscharakter", zum ständigen Repertoire des EGMR. Sie überließen, so der Gerichtshof weiter, „dem Staat die Wahl der Mittel in seiner innerstaatlichen Rechtsordnung, um die ihm aus Art. 53 [aF = Art. 46 Abs. 1 nF] obliegende Verpflichtung zu erfüllen" (EGMR 13.6.1979 – 6833/74 Rn. 58, EGMR-E 1, 396 – Marckx).

2. Anordnung konkreter Maßnahmen. Über diesen Rechtszustand ist der 6 EGMR mittlerweile hinausgegangen, ohne dabei freilich den Grundsatz der lediglich deklaratorischen Wirkung seiner Urteile aufzugeben (zum Folgenden *Breuer* EuGRZ 2004, 257 ff.; *Rohleder* Grundrechtsschutz S. 54 ff.). Die Anordnung konkreter Maßnahmen zur Urteilsbefolgung wirft unweigerlich die Frage nach der **Kompetenzgrundlage** des EGMR auf. Die Rspr. des EGMR oszilliert diesbezüglich zwischen Art. 41 und Art. 46. Mittlerweile stützt sich der EGMR allerdings überwiegend auf Art. 46, weshalb in der einschlägigen Lit. Einzelmaßnahmen anordnende Urteile auch als **„Art. 46-Urteile"** bezeichnet werden (*Çalı/Koch* HRLR 14 (2014), 301 (309) mit Fn. 34).

Einen ersten Schritt in die genannte Richtung unternahm der EGMR im Fall 7 *Papamichalopoulos.* Der EGMR ordnete hier erstmals im Urteilstenor eine über die Entschädigung hinausgehende Maßnahme, nämlich die Rückgabe des konventionswidrig enteigneten Grundstücks, an (EGMR 31.10.1995 – 14556/89 Tenor Z. 2 – Papamichalopoulos (Art. 50)). Dies erfolgte in engem Zusammenhang mit der Gewährung von Entschädigung: Der EGMR verurteilte Griechenland zur Zahlung von Entschädigung, allerdings unter der **aufschiebenden Bedingung** der Nichtrückgabe des enteigneten Grundstücks. Vor diesem Hintergrund erscheint es nachvollziehbar, dass der EGMR die genannte Anordnung auf der Grundlage des Art. 41 (früher Art. 50 aF) vornahm, denn das Ausbleiben der Restitution bildete die Voraussetzung für das Entstehen des Entschädigungsanspruchs. Akzeptabel erscheint diese Rspr. ferner auch aus Sicht des betroffenen Staates, weil dessen Umsetzungsspielraum nur unwesentlich eingeschränkt wird: Letztlich hat er die Wahl, ob er das enteignete Grundstück restituiert oder aber Entschädigung zahlt.

Den entscheidenden Schritt darüber hinaus machte der EGMR im Fall *Assa-* 8 *nidze,* indem er – wiederum im Urteilstenor – die Freilassung des konventionswidrig inhaftierten Bf. anordnete (EGMR 8.4.2004 (GK) – 71503/01 Tenor Z. 14 lit. a, EuGRZ 2004, 268 – Assanidze). Ein Zusammenhang mit der Entschädigungszahlung wie noch im Fall *Papamichalopoulos* bestand insoweit nicht. Vielmehr fällt die Anordnung in den Bereich der **Beendigung** eines noch andauernden Völkerrechtsverstoßes, der nach den ILC-Artikeln klar von der Entschädigungsleistung unterschieden ist (Art. 30 lit. a ILC-Artikel einerseits, Art. 36 ILC-Artikel andererseits). Ob es sich bei der Beendigung überhaupt um eine Sekundärpflicht handelt oder ob sie nicht vielmehr Ausdruck der fortwirkenden Primärverpflichtung ist, wird in der Völkerrechtslehre unterschiedlich beurteilt (*Breuer* EuGRZ 2004, 257 (261) mwN). Vor diesem Hintergrund erscheint es dogmatisch zweifelhaft, wenn sich der EGMR gleichwohl für die Anordnung der Freilassung auf Art. 41 stützt (Rn. 203 des Urteils). Zur Begründung führt er aus, das **Ermessen** des verurteilten Staates sei im konkreten Fall **auf Null reduziert** gewesen (Rn. 202 des Urteils). In der Lit. ist demgegenüber versucht worden, die Anordnung über eine „**Annexkompetenz**" zu begründen (*Breuer* EuGRZ 2004, 257 (261); dazu auch *Rohleder* Grundrechtsschutz S. 70ff.; siehe ferner *Haß*, Die Urteile des Europäischen Gerichtshofs für Menschenrechte. Charakter, Bindungswirkung und Durchsetzung, 2006, S. 193ff.).

9   Überblickt man die nachfolgende Rspr., lassen sich folgende **Fallgruppen** identifizieren:

10   a) **Freilassung Gefangener.** Wie schon im Fall *Assanidze,* hat der EGMR mehrfach angeordnet, der verurteilte Staat müsse für die Freilassung des inhaftierten Bf. sorgen. Überwiegend stützte sich der EGMR dabei zunächst auf Art. 41 (EGMR 8.7.2004 (GK) – 48787/99 Rn. 490, NJW 2005, 1849 – Ilaşcu ua; EGMR 13.4.2010 – 46605/07 Rn. 85 – Charahili; EGMR 13.4.2010 – 32940/08 ua Rn. 107 – Tehrani ua), mittlerweile aber eher auf Art. 46 (EGMR 22.4.2010 – 40984/07 Rn. 177, NLMR 2010, 119 – Fatullayev; EGMR 21.10.2013 (GK) – 42750/09 Rn. 139, NJOZ 2014, 1587 – del Río Prada). Zudem erfolgt die Anordnung teils im Urteilstenor (Urteile *Ilaşcu, Charahili, Tehrani, Fatullayev, del Río Prada*), teils beschränkt sich der EGMR darauf, die sofortige Freilassung in den Urteilsgründen lediglich zu empfehlen (EGMR 27.7.2010 – 28221/08 Rn. 59, NLMR 2010, 243 – Gatt). In jüngerer Zeit erfolgt die Anordnung der Freilassung im Urteilstenor vor allem in stark politisierten Fällen (EGMR 10.12.2019 – 28749/18 Tenor Z. 7, NLMR 2019, 491 – Kavala; EGMR 22.12.2020 – 14305/17 Tenor Z. 14 – Selahattin Demirtaş (Nr. 2)).

11   Problematisch erscheint die Anordnung der sofortigen Freilassung unter dem Aspekt eines möglichen **Konflikts mit der Rechtskraft** innerstaatlicher Entscheidungen. Der EGMR geht in stRspr davon aus, dass er keine Kompetenz zur Aufhebung nationaler Gerichtsurteile besitzt (→ Rn. 17). Im Fall *Assanidze* stand dieser Gesichtspunkt der Anordnung des EGMR nicht entgegen, da bereits der Oberste Gerichtshof Georgiens die Freilassung angeordnet hatte und sich lediglich die lokalen Behörden weigerten, diesem Urteil nachzukommen. In den anderen → Rn. 10 genannten Fällen wird dieser Aspekt hingegen nicht immer ausreichend beachtet (befürwortend aber *Rohleder* Grundrechtsschutz S. 75ff.).

12   b) **Bedingungen der Gefangenenunterbringung.** In neuerer Zeit bilden unzureichende Haftbedingungen typischerweise den Gegenstand von Piloturteilen (→ Rn. 29; zur früheren Rspr. → 2. Aufl. 2015, Art. 46 Rn. 12 mwN).

13   c) **Durchsetzung nationaler Gerichtsurteile.** Auch die unzureichende Durchsetzung nationaler Gerichtsurteile wird heute idR im Rahmen von Piloturteilen behandelt (→ Rn. 29; siehe aber EGMR 1.10.2019 – 16332/18 Rn. 71,

BeckRS 2019, 36152 – Orlović ua; zur früheren Rspr. → 2. Aufl. 2015, Art. 46 Rn. 13 mwN).

d) Untersuchung von Todesfällen. Bei Verstößen gegen die Pflicht aus 14 Art. 2, eine effektive Untersuchung von Todesfällen durchzuführen (→ Art. 2 Rn. 41), hat es der EGMR lange Zeit abgelehnt, eine entsprechende Anordnung selbst zu treffen (zB EGMR 1.7.2003 – 29178/95 Rn. 89 – Finucane). Im Fall *Abuyeva,* der ineffektive Untersuchungsmaßnahmen russischer Behörden in Tschetschenien betraf, ist er hiervon erstmals abgewichen und hat zumindest in den Urteilsgründen ausgeführt, dass aus seiner Sicht eine neue, unabhängige Untersuchung unabdingbar sei (EGMR 2.12.2010 – 27065/05 Rn. 243 – Abuyeva ua). In ähnlicher Weise hat er im Fall *Al Nashiri* in den Urteilsgründen auf die Verpflichtung Rumäniens hingewiesen, eine den Standards des Art. 3 entsprechende Untersuchung durchzuführen, konkretere Anordnungen aber unter Verweis auf die Zuständigkeit des Ministerkomitees abgelehnt (EGMR 31.5.2018 – 33234/12 Rn. 742 f., NLMR 2018, 215 – Al Nashiri). Schließlich hat er im Fall *Gasangusenov* in den Urteilsgründen im Zusammenhang mit Art. 46 EMRK abermals sehr deutlich auf die Pflicht zur Durchführung einer effektiven Untersuchung hingewiesen (EGMR 30.3.2021 – 78019/17 – Gasangusenov).

e) Überlange Untersuchungshaft. In Abkehr von seiner bisher geübten Zu- 15 rückhaltung (→ 2. Aufl. 2015, Art. 46 Rn. 15) hat der EGMR im Fall *Şahin Alpay* die Verpflichtung der Türkei ausgesprochen, die Untersuchungshaft des Bf. schnellstmöglich zu beenden; die Anordnung findet sich allerdings nur in den Urteilsgründen wieder, nicht im Tenor (EGMR 20.3.2018 – 16538/17 Rn. 195 – Şahin Alpay). Die fehlende Freilassung aus der Untersuchungshaft bildete ferner den Hintergrund der ersten Anwendung des Art. 46 Abs. 4 im Fall *Ilgar Mammadov* (→ Rn. 91); im Ausgangsurteil hatte der EGMR keine entsprechende Anordnung ausgesprochen.

f) Rückführung. Wird der Bf. von einem EMRK-Staat an einen anderen Staat 16 ausgeliefert oder sonst in dessen Territorium verbracht und droht ihm dort eine gegen Art. 3 verstoßende Behandlung, stellt sich die Frage, ob der EGMR die Verpflichtung aussprechen kann, für die Rückführung des Bf. zu sorgen. Einen dahin gehenden Antrag hat der EGMR im Fall *Iskandarov* ausdrücklich abgelehnt mit dem Argument, eine solche Anordnung impliziere die Einmischung des verurteilten Staates in die inneren Angelegenheiten eines anderen souveränen Staates (EGMR 23.9.2010 – 17185/05 Rn. 161, NLMR 2010, 297 – Iskandarov). Im Fall *Al-Saadoon und Mufdhi* verpflichtete der EGMR das Vereinigte Königreich zwar nicht, wie von den Bf. beantragt, für ihre Rückführung aus dem Irak zu sorgen; jedoch sprach er sich in den Urteilsgründen für eine Verpflichtung des Vereinigten Königreichs aus, alle möglichen Schritte zu unternehmen, um von der irakischen Regierung eine Zusicherung zu erhalten, dass es nicht zur Anwendung der Todesstrafe kommen werde (EGMR 2.3.2010 – 61498/08 Rn. 171, NLMR 2010, 84 – Al-Saadoon und Mufdhi).

g) Neuere Fälle. Zwischenzeitlich hat der EGMR folgende weitere Einzel- 16a maßnahmen angeordnet: Verfügbarmachen von Informationen an die bf. Institution (EGMR 25.6.2013 – 48135/06 Tenor Z. 4, EuGRZ 2014, 520 – Jugendinitiative für Menschenrechte, gestützt auf Art. 46); die schnellstmögliche Einstellung von konventionswidrigen Strafverfolgungsmaßnahmen gegen die Bf. (EGMR 4.3.2014 – 18640/10 ua Tenor Z. 6, NJOZ 2015, 712 – Grande Stevens ua, gestützt auf Art. 46); **Wiedereinsetzung eines Richters** (EGMR 9.1.2013 – 21722/11 Tenor Z. 9, NLMR 2019, 11 – Oleksandr Volkov, gestützt auf Art. 41 und 46). Der Fall *Baka* belegt allerdings, dass die Anordnung keineswegs einen Automatismus darstellt, sondern offenbar stark von den Umständen des konkreten Einzelfalls abhängt. Dort ging es nämlich, ebenso wie im Fall *Oleksandr Volkov,* um die konventionswidrig erfolgte Entfernung eines Richters aus seinem Amt. Gleichwohl erließ der EGMR im Fall *Baka* ein gewöhnliches Feststellungsurteil (EGMR 23.6.2016 (GK) – 20261/12, NVwZ-RR 2017, 833 – Baka).

17   h) **Wiederaufnahme.** Der EGMR betont in stRspr, dass er nicht über die Kompetenz verfüge, nationale Gerichtsentscheidungen aufzuheben oder zu annullieren (zB EGMR 20.9.1993 – 14647/89 Rn. 47, ÖJZ 1994, 322 – Saïdi; EGMR 22.9.1994 – 16737/90 Rn. 44 – Pelladoah; EGMR 2.7.2013 – 17210/09 Rn. 52, BeckRS 2013, 202909 – Hulki Güneş). Damit ist nichts über eine etwaige **materiell-rechtliche** Verpflichtung der EMRK-Staaten zur Durchbrechung der Rechtskraft nationaler Gerichtsurteile ausgesagt (→ Rn. 40ff.), sondern nur über die fehlende Kassationsbefugnis des EGMR (zur Differenzierung → Rn. 2). Diese Rspr. dürfte in erster Linie einen entstehungsgeschichtlichen Hintergrund haben, da in den Vorentwürfen zur EMRK noch eine Kassationskompetenz enthalten war, diese aber später gestrichen wurde (*Polakiewicz* Verpflichtungen S. 11f.). Beschwerden, in denen der Bf. die unzureichende Umsetzung eines EGMR-Urteils mit dem Argument geltend macht, die innerstaatlichen Gerichte hätten eine Wiederaufnahme ihres Falles abgelehnt, werden heutzutage daher vom EGMR für unzulässig erklärt (EGMR 8.7.2003 – 15227/03, EuGRZ 2004, 777 – Lyons ua; EGMR 6.7.2010 – 5980/07, NJW 2010, 3703 – Öcalan; EGMR 4.1.2011 – 8559/98 – Dowsett (Nr. 2); aber → Rn. 76f.).

18   Die sich hieraus ergebenden Implikationen werden vom EGMR allerdings nicht in allen Situationen hinreichend beachtet. Bereits hingewiesen worden ist darauf, dass in Fällen der **Anordnung der Freilassung** des noch inhaftierten Bf. der EGMR nicht immer die entgegenstehende Rechtskraft der innerstaatlichen Entscheidung ausreichend berücksichtigt (→ Rn. 11). Vergleichbares galt im **Fall Sejdovic,** der zunächst von einer Kammer entschieden wurde und wo (sogar im Tenor) jedenfalls *de facto* die Wiederaufnahme des Falles zugunsten des Bf. angeordnet wurde (EGMR 10.11.2004 – 56581/00 Tenor Z. 3, EuGRZ 2004, 779 – Sejdovic; krit. *Breuer* EuGRZ 2004, 782). Die daraufhin angerufene Große Kammer urteilte hingegen zurückhaltender, indem sie lediglich in den Urteilsgründen die Wiederaufnahme empfahl (EGMR 1.3.2006 (GK) – 56581/00 Rn. 125 – Sejdovic). Ein weiterer Fall, in dem auf die Rechtskraft der nationalen Gerichtsentscheidung zu wenig Rücksicht genommen wurde, ist der **Fall Scoppola.** Abgesehen von der dogmatisch fragwürdigen Auslegung des Art. 7 im Sinne einer Pflicht zur rückwirkenden Anwendung milderer Strafgesetze (→ Art. 7 Rn. 2) ordnete der EGMR im Urteilstenor die Umwandlung der lebenslangen Freiheitsstrafe in eine mit den Grundsätzen der EMRK vereinbare Strafe an, ohne sich mit der Rechtskraft des nationalen Strafurteils auseinanderzusetzen (EGMR 17.9.2009 (GK) – 10249/03 Tenor Z. 6 lit. a, NJOZ 2010, 2726 – Scoppola (Nr. 2)).

19   Diese Fälle sind jedoch als unbeabsichtigte Abweichungen zu werten (aA *Frowein* in Frowein/Peukert EMRK Art. 46 Rn. 15; wie hier *Nicolau* FS Jaeger, 2010, 163 (168)). Im Allgemeinen nimmt der EGMR – namentlich in Fällen, in denen eine Verletzung des Art. 6 im nationalen Gerichtsverfahren festgestellt wurde – auf die Rechtskraft ausreichend Rücksicht, indem er lediglich in den Urteilsgründen dar-

Verbindlichkeit und Vollzug der Urteile **Art. 46 EMRK**

auf hinweist, die „**angemessenste Form der Wiedergutmachung**" bilde grds. die Wiederaufnahme des nationalen Verfahrens (EGMR 12.5.2005 (GK) – 46221/99 Rn. 210, EuGRZ 2005, 463 – Öcalan mAnm *Breuer* EuGRZ 2005, 471; EGMR 26.1.2006 – 62710/00 Rn. 56 – Lungoci; EGMR 10.8.2006 – 40476/98 Rn. 90 – Yanakiev; EGMR 27.11.2008 – 36391/02 Rn. 72, NJW 2009, 3707 – Salduz; EGMR 19.6.2014 – 12440/04 Rn. 70 – Shekhov). Sofern das nationale Prozessrecht eine Wiederaufnahme ermöglicht, kann es zudem zu einem erneuten Verfahren in Straßburg kommen, wenn sich der Bf. auf „neue Tatsachen" iSd VgT-Rspr. beruft (→ Rn. 76 f.).

3. Piloturteilstechnik. Die Anordnung konkreter Maßnahmen im Einzelfall 20 bildete einen wichtigen Schritt zur Effektuierung des Konventionssystems. Allerdings ermöglichte dies allein dem EGMR noch nicht, mit dem Problem der sog. **repetetive cases** umzugehen, dh von gleichgelagerten Beschwerden, die in großer Zahl vor den EGMR gelangen und die Funktionsfähigkeit des Konventionsmechanismus ernsthaft zu gefährden drohen. Diesen Schritt hat der EGMR erst mit der Entwicklung der Piloturteilstechnik – der „most impressive and far-reaching of all the Court's procedural innovations" (*Nicolau* FS Jaeger, 2010, 163 (171)) – unternommen.

Die Piloturteilstechnik ist vom EGMR erstmals in dem polnischen Fall *Broniow-* 21 *ski* angewandt worden (EGMR 22.6.2004 (GK) – 31443/96, EuGRZ 2004, 472 – Broniowski; zum Folgenden *Baumann* Piloturteilstechnik S. 92 ff.; *Breuer* EuGRZ 2004, 445 ff.; *Cremer* in Dörr/Grote/Marauhn Kap. 32 Rn. 119 ff.; *Rohleder* Grundrechtsschutz S. 90 ff.; *Schmahl* EuGRZ 2008, 369 ff.). Eine ausdrückliche Grundlage findet sich in der EMRK bis heute nicht. Mittlerweile ist allerdings in die **EGMR-VerfO** eine detaillierte Regelung aufgenommen worden (Art. 61). Ob dies allein als Kompetenzgrundlage genügt, erscheint allerdings fraglich (zum möglichen ultra vires-Charakter dieser Rspr. ausführlich *Baumann* Piloturteilstechnik S. 132 ff.). Die Piloturteilstechnik stellte damit eine zunächst rein richterrechtlich erfolgte Fortentwicklung der EMRK dar, zu deren Legitimation sich der EGMR auf die Entschließung Res(2004)3 des Ministerkomitees vom 12.5.2004 berief (Rn. 190 des Urteils). Darin war der Gerichtshof aufgefordert worden, in seinen Urteilen künftig **strukturelle Probleme** innerhalb der Konventionsstaaten zu benennen, um den Staaten die Urteilsumsetzung und dem Ministerkomitee deren Überwachung zu erleichtern. Der EGMR betont denn auch immer wieder, Hauptziel des Piloturteilsverfahrens sei es, den Vertragsstaaten bei der Erfüllung ihrer Rolle im Konventionssystem zu helfen (EGMR 12.10.2010 – 30767/05 ua Rn. 213 – Maria Atanasiu ua mwN). Aufgrund seines konsensualen Charakters erscheint das Piloturteilsverfahren trotz fehlender konventionsrechtlicher Verankerung im Grundsatz akzeptabel, wenngleich die rechtlich unverbindliche Erklärung des Ministerkomitees als solche keine taugliche Rechtsgrundlage abgibt (*Breuer* EuGRZ 2004, 445 (448)). Der EGMR stützt seine **Kompetenz** in den Pilotfällen ausschließlich auf **Art. 46**.

Das Effektuierungspotenzial des Piloturteilsverfahrens besteht darin, dass der 22 EGMR bei Vorliegen eines strukturellen Problems einen Musterfall auswählt, während die Behandlung der übrigen Beschwerden vertagt wird. Durch die **Kennzeichnung des strukturellen Problems** und die **Anordnung** (soweit möglich) von **Abhilfemaßnahmen im Urteilstenor** (heute Art. 61 Abs. 3 EGMRVerfO) soll sichergestellt werden, dass möglichst schnell auf nationaler Ebene ein Verfahren zur Verfügung gestellt wird, von dem nicht nur der Bf. des Pilotfalles, sondern auch die anderen Betroffenen profitieren. Regelmäßig wird sich der EGMR im Piloturteil die Entscheidung über die gerechte Entschädigung (Art. 41) vorbehalten. Kommt es dann anschließend zwischen dem Bf. und der betroffenen Regierung zu einer **gütlichen Einigung** über die Frage der Entschädigung, kann der EGMR die Beschwerde insoweit im Register streichen, sofern die Achtung der Menschenrechte nicht eine Fortsetzung des Verfahrens erfordert (Art. 37 Abs. 1 S. 1 lit. b, S. 2). Bei der Entscheidung hierüber berücksichtigt der EGMR auch, ob die zwischenzeitlich ergangene Gesetzesänderung die **Interessen der übrigen Bf.** ausreichend wahrt (EGMR 28.9.2005 (GK) – 31443/96 Rn. 37, EuGRZ 2005, 563 – Broniowski (gütl. Einigung)). Die strenge Inter-partes-Wirkung der Urteile ist insoweit gelockert (heute Art. 61 Abs. 7 EGMRVerfO; instruktiv *Baumann* Piloturteilstechnik S. 262 ff.). Zugleich ermöglicht dies dem EGMR, die anderen Bf. nach Abschluss des Pilotfalles auf den nationalen Rechtsweg zu verweisen (EGMR 4.12.2007 – 50003/99, EuGRZ 2008, 126 – Wolkenberg ua; dazu *Breuer* EuGRZ 2008, 121 ff.) und so eine Vielzahl gleichgelagerter Beschwerden ohne eingehende Sachprüfung zu erledigen.

23   Nach einem internen Beschluss des Plenums des EGMR vom 6.12.2004 besteht das Piloturteilsverfahren aus folgenden **Elementen** (*Zagrebelsky* Liber Amicorum Wildhaber, 2007, 521 (527 mit Fn. 16)): (1) einer Entscheidung der Kammer, das Piloturteilsverfahren anzuwenden; (2) der Mitteilung hierüber an den Bf. und die Regierung; (3) der grds. Abgabe der Sache an die Große Kammer; (4) der Vertagung paralleler Beschwerden sowie der Mitteilung hierüber an die jeweiligen Bf.; und (5) der Anordnung der im internen Recht notwendigen allgemeinen Maßnahmen im Tenor des Piloturteils. Das ist allerdings nur eine idealtypische Beschreibung. Wie sogleich zu zeigen sein wird, haben sich in der Praxis des EGMR eine Vielzahl von Varianten („quasi-pilot judgments" – *Garicki* Liber Amicorum Wildhaber, 2007, 177 (186 ff.); ferner *Schmahl* EuGRZ 2008, 369 (375 ff.)) herausgebildet.

24   **a) Abgabe an die Große Kammer.** Der Bedeutung des Pilotfalles – auch für die Parallelfälle – entspricht es am ehesten, dass sogleich die Große Kammer entscheidet (Art. 30). In der Praxis sind jedoch viele Piloturteile auch im Rahmen von bloßen Kammerurteilen ergangen (zB EGMR 6.10.2005 – 23032/02, BeckRS 2005, 157273 – Lukenda; EGMR 22.12.2005 – 46347/99 – Xenides-Arestis). Dabei wird die Piloturteilstechnik vom EGMR bisweilen dazu eingesetzt, einem **„regulären" Feststellungsurteil**, auf das der verurteilte Staat jedoch nicht reagiert hat, zur **Durchsetzung** zu verhelfen (EGMR 2.9.2010 – 46344/06, EuGRZ 2010, 700 – Rumpf (Durchsetzung von EGMR 8.6.2006 (GK) – 75529/01, EuGRZ 2007, 255 – Sürmeli → Rn. 63); EGMR 23.11.2010 – 60041/08 ua, NLMR 2010, 355 – Greens und M.T. (Durchsetzung von EGMR 30.2.2004 – 74025/01, ÖJZ 2005, 195 – Hirst Nr. 2; → Rn. 36 a)). Einer Abgabe an die Große Kammer bedarf es dann nicht, da die eigentliche Rechtsfrage bereits geklärt ist.

25   **b) Anordnung von Abhilfemaßnahmen.** Zur Behebung des aufgezeigten strukturellen Defizits werden regelmäßig gesetzgeberische Maßnahmen erforderlich sein. Die Anordnung von Abhilfemaßnahmen durch den EGMR gelangt hier in ein Spannungsverhältnis zum **Gestaltungsspielraum des demokratisch legitimierten Gesetzgebers.** Im Unterschied zum Fall *Assanidze* (→ Rn. 8) liegt gerade keine Ermessensreduzierung auf Null vor, vielmehr sind regelmäßig mehrere Möglichkeiten denkbar, wie das strukturelle Problem behoben werden kann (deutlich hervorgehoben in EGMR 1.7.2014 – 29920/05 ua Rn. 224 – Gerasimov ua).

Der EGMR hat hierauf im Fall *Broniowski* reagiert, indem er im Urteilstenor alternativ die aus seiner Sicht möglichen Umsetzungsmaßnahmen beschrieben hat (EGMR 22.6.2004 (GK) – 31443/96 Tenor Z. 4, EuGRZ 2004, 472 – Broniowski). In anderen Fällen hat er im Urteilstenor lediglich allgemein **effektive Maßnahmen** angeordnet (EGMR 22.12.2005 – 46347/99 Tenor Z. 5 – Xenides-Arestis; EGMR 2.9.2010 – 46344/06 Tenor Z. 5, EuGRZ 2010, 700 – Rumpf; EGMR 12.10.2010 – 30767/05 ua Tenor Z. 6 – Maria Atanasiu ua), teilweise unter beispielhafter Anführung geeigneter Umsetzungsmaßnahmen in den Urteilsgründen (EGMR 12.10.2010 – 30767/05 Rn. 232 – Maria Atanasiu ua). Bisweilen verlangt er auch nur die **Vorlage eines Gesetzentwurfs** (EGMR 23.11.2010 – 60041/08 ua Tenor Z. 6 lit. a, NLMR 2010, 355 – Greens und M.T.). Heute regelt Art. 61 Abs. 3 EGMRVerfO ausdrücklich, dass der EGMR in einem Piloturteil die „Art der Abhilfemaßnahmen, welche die betroffene Vertragspartei aufgrund des Urteilstenors auf innerstaatlicher Ebene zu treffen hat", bezeichnet. In seiner jüngeren Praxis ist der EGMR dazu übergegangen, für die Abhilfemaßnahmen eine **Frist** zu setzen (Fall *Greens und M.T.*: 6 Monate; Fall *Rumpf*: 1 Jahr; Fall *Maria Atanasiu*: 18 Monate, jeweils ab Rechtskraft des EGMR-Urteils). Auch diese Möglichkeit ist mittlerweile in der EGMRVerfO ausdrücklich normiert (Art. 61 Abs. 4 EGMRVerfO). Bereitet die Einhaltung der Frist dem verurteilten Staat Schwierigkeiten, kann er um eine Fristverlängerung nachsuchen (*Breuer* EuGRZ 2012, 1 (6 mit Fn. 84)).

c) **Behandlung der Parallelfälle.** Im Fall *Broniowski* hatte der EGMR bereits 26 im Hauptsacheurteil die Vertagung der Parallelfälle ausgesprochen (EGMR 22.6.2004 (GK) – 31443/96 Rn. 198, EuGRZ 2004, 472 – Broniowski, heute geregelt in Art. 61 Abs. 6 EGMRVerfO). Nach der Erzielung einer gütlichen Einigung über die Entschädigung (Art. 41) zwischen dem Bf. und dem beklagten Staat wurde die Beschwerde – unter Berücksichtigung der zwischenzeitlich ergangenen Abhilfemaßnahmen allgemeiner Art – im Register gestrichen (EGMR 28.9.2005 (GK) – 31443/96, EuGRZ 2005, 563 – Broniowski (gütl. Einigung)). Da nach Auffassung des EGMR nunmehr auf nationaler Ebene ein effektiver Rechtsbehelf existierte, wurden auch die parallelen Beschwerden gestrichen (EGMR 4.12.2007 – 50003/99, EuGRZ 2008, 126 – Wolkenberg ua; EGMR 23.9.2008 – 50425/99 – E.G.). Das ist nicht unproblematisch, denn der EGMR verfügt nicht über ein freies Annahmeermessen (vgl. Diskussionsbeiträge *Tomuschat* und *Hoffmeister* in Wolfrum/Deutsch, The European Court of Human Rights Overwhelmed by Applications: Problems and Possible Solutions, 2009, S. 78 f.).

Das Piloturteilsverfahren basiert auf der Annahme, durch den aufgebauten po- 27 litischen Druck werde der verurteilte Staat zu einer alsbaldigen Reaktion, vorzugsweise in Form einer Gesetzesänderung, veranlasst werden. Ergreift der Staat allerdings innerhalb einer gewissen Frist keine Abhilfemaßnahmen, kehrt der EGMR zum **regulären Verfahren** der Behandlung jedes Einzelfalls wieder zurück (Art. 61 Abs. 8 EGMRVerfO; so geschehen zB in Reaktion auf die unzureichende Umsetzung des Piloturteils im Fall *Greens und M.T.*: EGMR 12.8.2014 – 47784/09 ua – Firth ua). Allerdings haben sich an diesem Punkt auch schon die **Grenzen der Leistungsfähigkeit** der Piloturteilstechnik gezeigt: So entschied der EGMR als Antwort auf die unzureichende Umsetzung des Piloturteils im Fall *Yuriy Nikolayevich Ivanov* zunächst, die Prüfung der Parallelfälle wieder aufzunehmen (Pressemitteilung ECHR 086 (2012) vom 29.2.2012). Im Fall *Burmych* entschied er dann allerdings, die verbliebenen über 12.000 Beschwerden im Register zu streichen (Art. 37 Abs. 1 lit. c), weil deren Behandlung einen Teil der Umsetzung des *Ivanov*-Urteils darstelle und daher in die Kompetenz des Ministerkomitees falle (EGMR 12.10.2017 (GK) – 46852/13 ua, NJW 2019, 27 – Burmych ua). So verständlich die Einschätzung des EGMR auch war, zur Lösung des Problems im betroffenen Konventionsstaat letztlich nichts mehr beitragen zu können, wurde damit das Beschwerderecht aus Art. 34 doch in bedenklicher Weise relativiert (krit. auch *Meyer-Ladewig/Petzold* NJW 2019, 1787 (1790)).

28 In seiner jüngeren Rspr. differenziert der EGMR bisweilen zwischen Beschwerden, die erst **nach Ergehen des Piloturteils** eingelegt wurden, und solchen, die im Urteilszeitpunkt **bereits anhängig** waren. Während die erste Kategorie von Beschwerden für eine bestimmte Dauer (zB 1 Jahr) vertagt wurde, um den Erlass allgemeiner Reformmaßnahmen abzuwarten, befand es der Gerichtshof für die zweite Kategorie der Bf. als unfair, erneut ein Verfahren auf nationaler Ebene durchlaufen zu müssen. Stattdessen forderte er den beklagten Staat auf, innerhalb eines bestimmten Zeitrahmens (wiederum 1 Jahr) zugunsten der betroffenen Bf. für (individuelle) Abhilfe zu sorgen (EGMR 15.1.2009 – 59498/00 Rn. 142ff. – Burdov (Nr. 2); EGMR 28.7.2009 – 476/07 ua Rn. 59ff. – Olaru ua; EGMR 15.10.2009 – 40450/04 Rn. 95ff. – Yuriy Nikolayevich Ivanov; EGMR 1.7.2014 – 29920/05 ua Rn. 227ff. – Gerasimov ua; näher *Breuer* EuGRZ 2012, 1 (8)).

29 **d) Fallgruppen.** Die Piloturteilstechnik ist zunächst nur in einigen wenigen Fällen zum Einsatz gekommen, allerdings ist seit 2009 eine Zunahme zu verzeichnen. Dabei haben sich gewisse thematische Schwerpunkte herausgebildet (vgl. auch *Baumann* Piloturteilstechnik S. 114ff.). Hierzu zählen Fälle, in denen die innerstaatliche Rechtsordnung keinen **Rechtsbehelf gegen überlange Verfahrensdauer** (→ Art. 13 Rn. 54ff.) bereit hielt (EGMR 6.10.2005 – 23032/02, BeckRS 2005, 157273 – Lukenda; EGMR 2.9.2010 – 46344/06, EuGRZ 2010, 700 – Rumpf; EGMR 21.12.2010 – 50973/08 ua –Vassilios Athanasiou ua; EGMR 10.5.2011 – 37346/05, BeckRS 2011, 144722 – Finger; EGMR 20.3.2012 – 24240/07 – Ümmühan; EGMR 7.7.2015 – 72287/10 ua, NLMR 2015, 350 – Rutkowski ua). Ein weiterer Schwerpunkt war die **fehlende Durchsetzung nationaler Gerichtsentscheidungen** (EGMR 15.1.2009 – 59498/00 – Burdov (Nr. 2); EGMR 28.7.2009 – 476/07 ua – Olaru ua; EGMR 15.10.2009 – 40450/04 – Yuriy Nikolayevich Ivanov; EGMR 1.7.2014 – 29920/05 ua – Gerasimov ua). Gerade in jüngerer Zeit hat der EGMR mit Piloturteilen vermehrt auf **gegen Art. 3 verstoßende Haftbedingungen** reagiert (EGMR 22.10.2009 – 17885/04 – Orchowski; EGMR 10.1.2012 – 42525/07 ua, NVwZ-RR 2013, 284 – Ananyev ua; EGMR 8.1.2013 – 43517/09 ua, NLMR 2013, 6 – Torreggiani ua; EGMR 27.1.2015 – 36925/10 ua – Neshkov ua; EGMR 10.3.2015 – 14097/12 ua, BeckRS 2015, 131337 – Varga ua; EGMR 6.9.2016 – 73548/13, NLMR 2016, 452 – W.D.; EGMR 25.4.2017 – 61467/12, BeckRS 2017, 110183 – Rezmiveș ua; EGMR 30.1.2020 – 14057/17, BeckRS 2020, 486 – Sukachov). Einen isolierten Sonderfall betraf der **Ausschluss Strafgefangener vom Wahlrecht** (EGMR 23.11.2010 – 60041/08 ua, NLMR 2010, 355 – Greens und M.T.). Zudem ist das Piloturteilsverfahren in einer Reihe **eigentumsrechtlicher Fälle** zum Einsatz gekommen (EGMR 22.6.2004 (GK) – 31443/96, EuGRZ 2004, 472 – Broniowski; EGMR 22.12.2005 – 46347/99 – Xenides-Arestis; EGMR 28.4.2008 (GK) – 35014/97, NVwZ 2009, 1419 – Hutten-Czapska; EGMR 12.10.2010 –

Verbindlichkeit und Vollzug der Urteile **Art. 46 EMRK**

30767/05 ua, – Maria Atanasiu ua; EGMR 16.7.2014 – 60642/08, NJOZ 2015, 1984 – Ališić ua).

4. Entschädigung. Neben der Feststellung eines Konventionsverstoßes gehört 30 die Gewährung gerechter Entschädigung gem. Art. 41 seit jeher zum Inhalt der EGMR-Urteile. Insoweit haben sie den Charakter von **Leistungsurteilen**. Zur Frage der innerstaatlichen Vollstreckbarkeit → Rn. 74.

III. Urteilswirkung aus Sicht der EMRK

1. Wirkung im entschiedenen Einzelfall. a) Inter-partes-Wirkung. Ur- 31 teile des EGMR entfalten gem. Art. 46 Abs. 1 Bindungswirkung für die am jeweiligen Verfahren beteiligten Staaten. Art. 46 Abs. 1 verstärkt und ergänzt damit die formelle Rechtskraft, dh die bloße Unanfechtbarkeit (Art. 42, 44), in dem Sinne, dass die Urteile zwischen den Prozessparteien nunmehr auch inhaltlich maßgeblich sind (**materielle Rechtskraft;** *Cremer* in Dörr/Grote/Marauhn Kap. 32 Rn. 69). Seinem Wortlaut nach erstreckt Art. 46 Abs. 1 die Bindungswirkung nur auf den am Verfahren beteiligten Staat; es ist aber davon auszugehen, dass nach allgemeinen Grundsätzen nicht nur der verurteilte Staat, sondern bei Individualbeschwerden auch der am Verfahren beteiligte Bf. an das Urteil gebunden ist (*Rohleder* Grundrechtsschutz S. 38 ff.; *Cremer* in Dörr/Grote/Marauhn Kap. 32 Rn. 73). Durch die Piloturteilstechnik ist die strenge Inter-partes-Wirkung allerdings in gewissem Umfang gelockert worden (→ Rn. 22).

b) Entstehung des Wiedergutmachungsanspruchs. Der EGMR spricht 32 wiederholt von den sich aus Art. 46 ergebenden Pflichten (zB EGMR 8.4.2004 (GK) – 71503/01 Rn. 198, EuGRZ 2004, 268 – Assanidze). Das darf indes nicht in dem Sinne missverstanden werden, dass der materiell-rechtliche Wiedergutmachungsanspruch überhaupt erst durch das Urteil des EGMR entstünde (ebenso *Sauer* JZ 2011, 23 (28 f.)). Dieser Befund wird insbesondere deutlich, wenn der Sinn und Zweck der Rechtswegerschöpfung (Art. 35 Abs. 1) vom EGMR damit erklärt wird, dem betroffenen Staat solle Gelegenheit gegeben werden, eine Konventionsverletzung zu korrigieren, bevor es zum Verfahren in Straßburg komme (EGMR 26.10.2000 (GK) – 30210/96 Rn. 152, EuGRZ 2004, 484 – Kudła). Das setzt voraus, dass bereits vor dem Urteil des EGMR ein Konventionsverstoß existiert, der dann die entsprechende materiell-rechtliche Wiedergutmachungspflicht auslöst. Durch das Urteil des EGMR wird diese Pflicht lediglich mit deklaratorischer Wirkung (→ Rn. 5) konkretisiert.

c) Differenzierung nach Gewalten. Die Urteile des EGMR richten sich stets 33 an den **Staat in seiner Gesamtheit,** nicht an einzelne seiner Gewalten (*Cremer* in Dörr/Grote/Marauhn Kap. 32 Rn. 82 ff.; aA *Polakiewicz* Verpflichtungen S. 225 ff., 231 ff.). Das entspricht völkerrechtlicher Sichtweise (Art. 4 Abs. 1 ILC-Artikel). Gleichwohl erscheint es sinnvoll, die Wirkungen eines Urteils des EGMR auch aus EMRK-Sicht unter dem Aspekt der innerstaatlichen Gewaltenteilung differenziert zu betrachten.

aa) Legislative. Liegt die Ursache des festgestellten Konventionsverstoßes auf 34 legislativer Ebene, ist der innerstaatliche Gesetzgeber verpflichtet, einen konventionskonformen Zustand mittels **Gesetzesänderung** herbeizuführen. Möglich ist allerdings, dass das Einschreiten des Gesetzgebers nicht erforderlich ist, da bereits eine **konventionskonforme Auslegung** die erforderliche Anpassung bewirkt

EMRK Art. 46

(Grabenwarter/Pabel EMRK § 16 Rn. 5). Die **bloße Unanwendbarkeit** EMRK-widrigen Rechts unter Beibehaltung der Rechtsnorm iÜ genügt demgegenüber zur Urteilsbefolgung nicht (*Ress* in Maier S. 227, 235).

35 Was die Erforderlichkeit einer Gesetzesänderung nach einem Urteil des EGMR angeht, wird unter dem Aspekt der Bindungswirkung aus Art. 46 Abs. 1 zT differenziert: Bindung gegenüber dem nationalen Gesetzgeber entfalte das Urteil des EGMR nur in der Fallgruppe, in der die gesetzliche Norm selbst **direkter** Gegenstand der Menschenrechtsbeschwerde war. Wo sich hingegen die Konventionswidrigkeit des Gesetzes nur **indirekt** aus dem Urteil des EGMR ergebe, indem das Gesetz die Ursache eines für konventionswidrig befundenen Einzelakts war, folge die Pflicht zur Anpassung des Gesetzes nicht aus Art. 46 Abs. 1, da präjudizielle Rechtsverhältnisse vom Urteil des EGMR nicht erfasst würden. Vielmehr ergebe sich die Pflicht zur Gesetzesänderung hier aus Art. 1 (*Meyer-Ladewig/Brunozzi* in HK-EMRK Art. 46 Rn. 17). Diese Differenzierung erscheint allzu formal. Sofern der vom EGMR beanstandete Einzelakt auf einem konventionswidrigen Gesetz **beruht,** welches keiner konventionskonformen Auslegung zugänglich ist, ergibt sich die Notwendigkeit zur Anpassung der Gesetzeslage zwangsläufig aus dem Urteil des EGMR, auch wenn dieses nur den Einzelakt zum Gegenstand hatte. Dann erscheint es sachgerecht, die Bindungswirkung des Art. 46 Abs. 1 auch auf den Gesetzgeber zu erstrecken (iE ebenso *Baumann* Piloturteilstechnik S. 168 f.; *Ress* FS Mosler, 1983, 719 (737 f.)).

36 In der Praxis hat die Rspr. des EGMR zahllose Gesetzesänderungen veranlasst (Zusammenstellung in dem Dokument H/Exec (2006)1). Soweit in dem EGMR-Urteil eine bereits existierende Regelung beanstandet wird, erfüllt die Individualbeschwerde zum EGMR die Funktion einer **unechten Normerlassklage.** Freilich kann der Konventionsverstoß auch im gänzlichen Fehlen einer gesetzlichen Regelung bestehen, wie dies in vielen EMRK-Staaten hinsichtlich der fehlenden Beschwerdemöglichkeit wegen überlanger gerichtlicher Verfahrensdauer der Fall war (→ Art. 13 Rn. 54 ff.). Dann kann die Individualbeschwerde die Wirkung einer **echten Normerlassklage** haben. Diese Konstellation bestand etwa im Fall *Rumpf* (EGMR 2.9.2010 – 46344/06, EuGRZ 2010, 700): Die vom EGMR mittels Piloturteil ausgesprochene Verpflichtung, innerhalb eines Jahres einen effektiven Rechtsbehelf gegen überlange Verfahrensdauer zu schaffen, konnte nach den Umständen des Falles lediglich vom deutschen Gesetzgeber erfüllt werden (→ Rn. 63).

36a Die Verurteilung durch den EGMR kann erhebliche **Spannungen mit dem demokratisch legitimierten Gesetzgeber** zur Folge haben. Das britische Parlament hat sich beharrlich geweigert, Urteile des EGMR zum Wahlrecht von Strafgefangenen – das zweite davon ein Piloturteil (EGMR 30.2.2004 – 74025/01, ÖJZ 2005, 195 – Hirst Nr. 2; EGMR 23.11.2010 – 60041/08 ua, NLMR 2010, 355 – Greens und M.T.; EGMR 12.8.2014 – 47784/09 ua – Firth ua) – umzusetzen. Letztlich begnügte sich das Ministerkomitee mit einer minimalen Anpassung auf untergesetzlicher Ebene (CM/ResDH(2018)467; Einschätzung hierzu von *Bates* in Breuer Principled Resistance S. 193 (220 ff.)). Das Argument der direkt(er)en demokratischen Legitimation des Gesetzgebers darf freilich nicht dazu führen, diesen gegenüber der Kontrolle durch den Straßburger Gerichtshof zu immunisieren (*Breuer* ZÖR 68 (2013), 729 (754)).

37 Liegt die Ursache für einen EMRK-Verstoß in einem Gesetz, stellt sich die Frage, ob der Staat eine konventionskonforme Gesetzeslage mit Wirkung **ex tunc** oder aber **ex nunc** herstellen muss (hierzu auch *Ress* in Maier S. 227, 237 ff.). Damit einher geht die Frage nach etwaigen **Auswirkungen auf parallele Fälle,** die sich vor Ergehen des EGMR-Urteils ereignet haben. In dem Fall *Marckx* hat der EGMR auf das Prinzip der Rechtssicherheit als einen inhärenten Bestandteil der Konventionsrechtsordnung verwiesen, um zu begründen, dass der verurteilte Staat das gefundene Ergebnis nicht auf sämtliche vor dem Ergehen des Urteils liegende Sachverhalte erstrecken müsse. Zusätzlich gestützt wurde dies mit der Erwägung, dass auch etliche Verfassungsgerichte im Falle einer gesetzesverwerfenden Entscheidung deren Auswirkungen auf die Zeit nach ihrem Ergehen beschränkten (EGMR 13.6.1979 – 6833/74 Rn. 58, EGMR-E 1, 396 – Marckx). Dementsprechend hat der EGMR im Fall *Urban* die Vorgehensweise des polnischen Verfassungsgerichts gebilligt, welches entschieden hatte, dass der festgestellte Verfassungsverstoß – es ging um die (fehlende) Unabhängigkeit von Gerichtsassessoren – nicht zu einer Wiederaufnahme sämtlicher Urteile, an denen Assessoren beteiligt gewesen waren, führen könne (EGMR 30.11.2010 – 23614/08 Rn. 64ff. – Henryk Urban und Ryszard Urban). Der EGMR hat es sogar akzeptiert, wenn ein Verfassungsgericht eine verfassungswidrige Gesetzeslage für eine Übergangszeit hinnimmt, um dem Gesetzgeber Zeit zur Verabschiedung eines neuen Gesetzes zu geben (EGMR 16.3.2000 – 33916/96 – Walden; EGMR 6.11.2003 – 63343/00 – Roshka; EGMR 22.7.2010 – 18984/02 Rn. 49, NLMR 2010, 240 – P.B. und J.S.; EGMR 12.2.2019 – 57275/17 ua – Frantzeskaki ua). Im Zusammenhang mit der vom BVerfG gewährten Übergangsfrist zur Anpassung der Sicherungsverwahrung (→ Rn. 63a, 72) hat er jedoch angedeutet, dass eine derartige Regelungstechnik bei rein finanziellen Schäden eher hinnehmbar sein möge als bei unwiederbringlichen Schäden wie einer konventionswidrigen Freiheitsentziehung (EGMR 28.11.2013 – 7345/12 Rn. 102, BeckRS 2013, 201553 – Glien). Bzgl. der erbrechtlichen Gleichstellung nichtehelicher Kinder hat der EGMR eine Begrenzung auf die Zeit nach Ergehen des Urteils im Fall *Brauer* wegen fehlender Verhältnismäßigkeit nicht akzeptiert EGMR 9.2.2017 – 29762/10, NLMR 2017, 656 – Mitzinger; EGMR 23.3.2017 – 59752/13 u. 66277/13, EuGRZ 2017, 673 – Wolter und Sarfert, → Rn. 63b). Klare Kriterien fehlen insoweit allerdings noch; im Fall *Urban* stellte der Gerichtshof darauf ab, dass die Beschränkung der zeitlichen Wirkung **nicht willkürlich** gewesen sei (EGMR 30.11.2010 – 23614/08 Rn. 65). Daraus wird man umgekehrt den Schluss ziehen können, dass die Extunc-Wirkung aus Sicht des EGMR den Regelfall bildet. Jedenfalls entzieht eine gesetzgeberische Reaktion anderen Bf. für die Übergangszeit nicht deren Opferstatus (EGMR 23.5.2006 – 32570/03 Rn. 41 – Grant).

Welchen Rang die innerstaatliche Norm, die für konventionswidrig befunden 38 worden ist, innerstaatlich hat, spielt aus Sicht der EMRK – völkerrechtlichen Grundsätzen entsprechend – keine Rolle. Ein Konventionsverstoß kann daher seine Ursache auch in der **Verfassung** selbst haben. Zu dieser – zunächst sehr unwahrscheinlich anmutenden – Konstellation ist es durchaus schon gekommen (→ 2. Aufl. 2015, Art. 46 Rn. 38). Besondere Brisanz erhielt sie zuletzt im Verhältnis zu Russland (hierzu allgemein Mälksoo/Benedek, Russia and the European Court of Human Rights. The Strasbourg Effect, 2017; zum Nachfolgenden umfassend mwN Breuer, Principled Resistance), insbesondere seit das russische VerfG in einem Urteil aus dem Jahr 2015 die Frage der Vollstreckbarkeit internationaler Entscheidungen zu einer Frage erklärt hat, deren Beurteilung dem VerfG selbst obliegt. Dieses vom russischen Gesetzgeber anschließend kodifizierte Verfahren ist bereits zweimal zum Einsatz gekommen: Im Fall *Anchugov und Gladkov* (EGMR 4.7.2013 – 11157/04 u. 15162/05, BeckRS 2013, 202778) erklärte das russische VerfG 2016 die Umsetzung des EGMR-Urteils angesichts der verfassungsrecht-

EMRK Art. 46

lichen Festschreibung des Wahlrechtsausschlusses für Strafgefangene für weitgehend nicht umsetzbar. Letztlich fand man eine gesichtswahrende Lösung, indem das Ministerkomitee Änderungen auf einfachgesetzlicher Ebene als ausreichend akzeptierte, ohne dass der verfassungsrechtliche Grundsatz modifiziert worden wäre (CM/ResDH(2019)240). Schwieriger gestaltet sich der Fall *Yukos,* in dem Russland vom EGMR etwas überraschend zu einer milliardenschweren Entschädigung verurteilt wurde (EGMR 31.7.2014 – 14902/04, NJOZ 2016, 357). Die vom russischen VerfG 2017 hiergegen ins Feld geführten verfassungsrechtlichen Argumente sind wenig überzeugend (*Hartwig* EuGRZ 2017, 1 ff.), zudem ist eine gesichtswahrende Lösung wie im vorangegangenen Fall wegen des Alles-oder-Nichts-Charakters der Entschädigung nur schwer vorstellbar.

39   **bb) Exekutive.** Einer Urteilsbefolgung durch die Exekutive bedarf es regelmäßig in den Fällen, in denen der EGMR eine einzelne Abhilfemaßnahme angeordnet hat (zB Freilassung eines Gefangenen, → Rn. 10). Auch Piloturteile erfordern neben einer legislativen Antwort regelmäßig begleitende Maßnahmen seitens der Exekutive (EGMR 22.6.2004 (GK) – 31443/96 Rn. 194, EuGRZ 2004, 472 – Broniowski). Eine besondere Verantwortung wächst der Exekutive in Fällen zu, in denen Beseitigung eines konventionswidrigen Urteils wegen dessen entgegenstehender Rechtskraft nicht möglich ist (*Ress* in Maier Europäischer Menschenrechtsschutz 227 (242)): Hier bildet das Instrument der **Begnadigung** eine Möglichkeit, um die innerstaatliche Rechtsordnung mit den völkerrechtlichen Anforderungen der EMRK in Übereinstimmung zu bringen. Ferner ist in diesem Zusammenhang an die **Nichtvollstreckung** eines konventionswidrigen Urteils zu denken.

40   **cc) Judikative.** Wegen des Erfordernisses der Erschöpfung des innerstaatlichen Rechtswegs (Art. 35 Abs. 1) sieht sich der EGMR regelmäßig mit auf nationaler Ebene durch rechtskräftiges Urteil abgeschlossenen Fällen konfrontiert. Weitgehend unstreitig ist dabei, dass aus einem festgestellten Konventionsverstoß **keine Pflicht zur Beseitigung des konventionswidrigen Urteils** folgt (anders aber *Ress* EuGRZ 1996, 350 (351 f.)). Mit der fehlenden Kassationskompetenz des EGMR allein (→ Rn. 17) lässt sich dieses Ergebnis freilich nicht begründen. Bei der hier untersuchten Fragestellung geht es nicht um den Aspekt der Kompetenzen, sondern um die sich aus einem EGMR-Urteil ergebenden materiell-rechtlichen Folgen. Die Konventionsstaaten könnten insofern ungeachtet einer fehlenden Kassationskompetenz des Gerichtshofs materiell-rechtlich verpflichtet sein, ein konventionswidriges Urteil (von sich aus) durch Wiederaufnahme zu beseitigen. Dass die EMRK selbst keine Wiederaufnahmepflicht statuiert, wird jedoch an Art. 41 deutlich, indem dieser die Möglichkeit einer nur unvollkommenen Wiedergutmachung in Rechnung stellt und stattdessen die Gewährung gerechter Entschädigung durch den EGMR vorsieht (aA *Baumann* Piloturteilstechnik S. 161 f.). In diesem Zusammenhang hat der Gerichtshof bereits früh entschieden, dass die Bf. nicht wegen der Erlangung von Entschädigung noch einmal verpflichtet sind, den nationalen Rechtsweg zu durchlaufen, sondern dass er selbst sogleich Entschädigung zusprechen kann (EGMR 10.3.1972 – 2832/66 ua Rn. 16, EGMR-E 1, 122 – De Wilde, Ooms und Versyp (Art. 50)).

41   Ist die fehlende Pflicht zur Rechtskraftdurchbrechung somit im Grundsatz unbestritten, ist jedoch zu überlegen, ob nicht in gewissen Fallkonstellationen **Ausnahmen** hiervon geboten sind. Das betrifft insbesondere Fälle, in denen der vom EGMR festgestellte Konventionsverstoß in einer Verletzung der **Verfahrensrechte aus Art. 6 Abs. 1** besteht. Das Problem liegt hier darin, dass nicht ausgeschlossen

Verbindlichkeit und Vollzug der Urteile **Art. 46 EMRK**

werden kann, dass das nationale Gerichtsverfahren auch bei Wahrung der Rechte aus Art. 6 Abs. 1 zu keinem anderen Ergebnis geführt hätte. Mit Rücksicht darauf weigert sich der EGMR in derartigen Fällen, materielle Entschädigung gem. Art. 41 zuzusprechen, da er nicht über den Ausgang des Verfahrens spekulieren könne (zB EGMR 19.7.2007 – 71440/01 Rn. 64, NJW-RR 2009, 141 – Freitag; ferner *Roth* NVwZ 2006, 753 ff., mit dem Vorschlag einer Beweislastumkehr; zur teilweisen Annahme eines „loss of opportunities" → Art. 41 Rn. 17). Unter derartigen Umständen bildet die Wiederaufnahme des Falles grds. die einzige Möglichkeit, um den Konventionsverstoß zu beseitigen. Dem hat das Ministerkomitee in einer **Empfehlung** Rechnung getragen, in der es die Schaffung einer Wiederaufnahmemöglichkeit bei schwerwiegenden Verfahrensfehlern angemahnt hat (Empfehlung Nr. R (2000) 2, EuGRZ 2004, 808). Wenngleich diese Empfehlung als solche nicht rechtsverbindlich ist, bildet sie doch den Hintergrund für die Bewertung der Überwachungspraxis des Ministerkomitees (Art. 46 Abs. 2). Hier lässt sich nun feststellen, dass das Ministerkomitee in Fällen von Verstößen gegen Art. 6 Abs. 1 mehrfach die Überwachung der Urteilsumsetzung erst dann abgeschlossen hat, nachdem eine entsprechende Wiederaufnahmemöglichkeit geschaffen worden war (*Breuer* Staatshaftung für judikatives Unrecht, 2011, S. 580 ff. mwN). Dies kann als nachfolgende Staatenpraxis iSd Art. 31 Abs. 3 lit. b WVK gedeutet werden, durch die die fehlende Pflicht zur Rechtskraftdurchbrechung teilweise modifiziert worden ist (*Breuer* Staatshaftung S. 582 f.). Der EGMR beschränkt sich in diesen Fällen, seiner fehlenden Kassationskompetenz entsprechend, auf die Feststellung, „im Prinzip" bestünde die angemessenste Form der Wiedergutmachung in der Ermöglichung eines neuen Verfahrens (EGMR 12.5.2005 (GK) – 46221/99 Rn. 210, EuGRZ 2005, 463 – Öcalan; EGMR 1.3.2006 (GK) – 56581/00 Rn. 125 – Sejdovic; → Rn. 19).

d) Fälle mit EU-Bezug. Besondere Schwierigkeiten können sich ergeben, **42** wenn der festgestellte Konventionsverstoß seine Ursache auf der Ebene des europäischen Unionsrechts hat. Diese resultieren einerseits aus dem Umstand, dass die **EU** jedenfalls einstweilen (→ Einl. Rn. 154 ff.; → Art. 59 Rn. 5 ff.) noch **nicht Vertragspartei** der EMRK ist, so dass eine direkt gegen die EU gerichtete Menschenrechtsbeschwerde, welche diese dann über Art. 46 Abs. 1 binden würde, derzeit nicht in Betracht kommt. Andererseits aber **bleiben** die EMRK-Staaten auch nach der Übertragung von Hoheitsbefugnissen an eine Internationale Organisation **konventionsrechtlich grds. verantwortlich,** selbst wenn sie lediglich eine sich aus der Mitgliedschaft ergebende Verpflichtung erfüllen (EGMR 30.6.2005 – 45036/98, EuGRZ 2007, 662 Rn. 154 – Bosphorus Hava Yolları Turizm ve Ticaret Anonim Şirket). Hieraus kann sich die Konstellation ergeben, dass ein einzelner EU-Mitgliedstaat vom EGMR verurteilt wird, er für die Urteilsbefolgung aber auf die Mitwirkung der anderen EU-Staaten oder aber der EU-Institutionen angewiesen ist. Dieses Problem stellte sich im **Fall Matthews,** in dem der EGMR in dem Ausschluss der Bevölkerung Gibraltars von den Wahlen zum EP einen Verstoß gegen Art. 3 EMRKZusProt erblickte (EGMR 18.2.1999 (GK) – 24833/94, EuGRZ 1999, 200 – Matthews). Die für die Urteilsumsetzung an sich erforderliche Änderung des Direktwahlakts auf europäischer Ebene kam zunächst aufgrund des Widerstands Spaniens nicht zustande. Daraufhin änderte das vom EGMR verurteilte Vereinigte Königreich einseitig sein nationales Recht für die EP-Wahlen, was von Spanien mit einem Vertragsverletzungsverfahren vor dem EuGH beantwortet wurde (*Giegerich* ZVglRWiss 2005, 163 (167 f.)). Auch wenn dieser im Ergebnis keinen Verstoß feststellte (EuGH 12.9.2006 – C-145/04, Slg. 2006, I-7917 – Spanien/Vereinigtes Königreich), zeigt dieser Fall doch exemplarisch, welche Schwierigkeiten in solchen Konstellationen auftreten können. Später ist der Direktwahlakt dem EGMR-Urteil entsprechend angepasst worden (ABl. 2002 L 283, 1).

43   **2. Wirkung in Parallelfällen.** Urteile des EGMR wirken grds. nur *inter partes* (→ Rn. 31). Eine Erga-omnes-Wirkung, wie sie § 31 Abs. 1 BVerfGG für Entscheidungen des BVerfG statuiert, kennt die EMRK nicht (hierzu *Klein* GS Ryssdal, 2000, 705 ff.; gegen den Rückschluss aus Art. 46 Abs. 1 *Payandeh* JÖR nF 68 (2020), 1 (13 f.), hierzu → Rn. 45).

44   Damit hat es jedoch nicht sein Bewenden. Liegt die Ursache des Konventionsverstoßes in einer **Gesetzesnorm,** wirkt sich die Pflicht zur Anpassung der Gesetzeslage mittelbar auch auf Parallelfälle aus, wobei die Staaten aber uU in zeitlicher Hinsicht Einschränkungen vorsehen können (→ Rn. 37). Auch hat die **Piloturteilstechnik** in gewissem Maße zu einer Ausweitung der Urteilswirkung zugunsten Drittbetroffener geführt (→ Rn. 22). In beiden Fallkonstellationen beschränkt sich die erweiterte Urteilswirkung jedenfalls auf den betroffenen Konventionsstaat.

45   Die Wirkung von EGMR-Urteilen gegenüber **anderen Konventionsstaaten** wird im deutschsprachigen Schrifttum in Anlehnung an das BVerfG regelmäßig als **Orientierungswirkung** bezeichnet (→ Rn. 54), im internationalen Schrifttum ist der Begriff **res interpretata** (im Gegensatz zu *res iudicata*) gebräuchlicher (*Breuer* in Breuer Principled Resistance S. 323 (334 ff.) mwN). Der EGMR selbst hat den Begriff „*interpretative authority*" verwendet (EGMR 28.6.2018 (GK) – 1828/06 ua Rn. 252 – G.I.E.M. Srl. ua). Umstritten ist, ob es sich dabei um eine faktische Wirkung handelt oder ob die EGMR-Rspr. auch gegenüber am Straßburger Verfahren nicht beteiligten Staaten echte Rechtswirkungen entfaltet. Als Ansatzpunkt für eine rechtliche Bindungswirkung wird insbesondere Art. 1 in dem Sinne angeführt, dass die EGMR-Rspr. an der Bindungswirkung der interpretierten Norm teilhat (*Payandeh* JÖR nF 68 (2020), 1 (13 ff., 27 ff.): „normative Bedeutung" jenseits einer selbständigen Beachtenspflicht). Gegen eine Rechtsbindung spricht allerdings, dass dann konsequenterweise der EGMR an seine eigene Rspr. gebunden sein müsste, wovon der Gerichtshof aber nicht ausgeht (EGMR 19.4.2007 (GK) – 63235/00 Rn. 56, NJOZ 2008, 1188 – Vilho Eskelinen; EGMR 15.10.2009 (GK) – 17056/06 Rn. 81 – Micallef). Alternativ käme eine gestufte Bindungswirkung in Betracht, bei der der EGMR nur an die EMRK als solche gebunden wäre, die nationalen Gerichte hingegen an EMRK+EGMR-Rspr. (*Breuer* JIDS (im Erscheinen)). Das überzeugt nicht. Die Wirkung der EGMR-Rspr. gegenüber anderen Konventionsstaaten erschöpft sich daher in einer faktischen Wirkung, die sich einerseits aus der Autorität, die der EGMR bei der Auslegung der EMRK genießt (Art. 32), andererseits aus der Erwartungshaltung, dass der EGMR eine bereits entschiedene Rechtsfrage gegenüber einem anderen Konventionsstaat in einem gleichbleibenden Sinne beantworten wird, speist. Da es im Interesse der Staaten liegt, einer Verurteilung in Straßburg zuvorzukommen, werden sie sich regelmäßig an einer bestehenden Rspr. orientieren, auch wenn diese gegenüber einem anderen EMRK-Staat ergangen ist. Ob es sich hierbei um ein einzelnes Urteil oder aber um eine stRspr handelt, erscheint grds. irrelevant (aA *Rohleder* Grundrechtsschutz S. 242 ff.: Ein einzelnes Urteil begründe nur eine Argumentationslast, während eine gefestigte Rspr. an der Bindung der EMRK selbst teilnehme; ähnlich *Baumann*

Piloturteilstechnik S. 220; *Meyer-Ladewig/Brunozzi* in HK-EMRK Art. 46 Rn. 17). Auch der EGMR lehnt eine Differenzierung zwischen Urteilen der Kammern und der GK im Hinblick auf deren präjudiziellen Wert ab (EGMR 28.6.2018 (GK) – 1828/06 ua Rn. 252 – G.I.E.M. Srl. ua).

In der Lit. wird teilweise vertreten, „zwischen" der Wirkung im entschiedenen **46** Einzelfall und der Orientierungswirkung in Fällen gegen andere Konventionsstaaten liege noch die Wirkung eines EGMR-Urteils in **nationalen Parallelfällen.** Hier sei mehr als nur wahrscheinlich, dass der EGMR über den Parallelfall in der gleichen Weise entscheiden werde. In derartigen Fällen lediglich von der (rechtlich unverbindlichen) Orientierungswirkung auszugehen, sei nicht angemessen. Vielmehr entfalteten die Urteile des EGMR in nationalen Parallelfällen eine echte Bindungswirkung. Als Argument wird die einseitige Formulierung in Art. 46 Abs. 1 angeführt, nach der lediglich die „Hohen Vertragsparteien" sich zur Urteilsbefolgung verpflichten (→ Rn. 31). Daraus wird gefolgert, dass über Art. 46 Abs. 1 eine Bindung nicht nur im entschiedenen Einzelfall, sondern auch in den nationalen Parallelfällen eintritt (*Mückl* Der Staat 2005, 405 (419ff.)). Dem kann indes nicht gefolgt werden. Durch die Formulierung „in allen Rechtssachen, in denen sie Partei sind" kommt in Art. 46 Abs. 1 sehr wohl die Beschränkung der Bindungswirkung auf den entschiedenen Einzelfall zum Ausdruck. Mittelbar ergibt sich zwar, wie gesehen (→ Rn. 45), eine Bindungswirkung über den Einzelfall hinaus, wenn der Verurteilung eine konventionswidrige Gesetzesnorm zugrunde liegt. Jenseits dessen die Bindungswirkung aus Art. 46 Abs. 1 allgemein auf nationale Parallelfälle zu erstrecken, erscheint jedoch nicht angebracht (differenzierend *Rohleder* Grundrechtsschutz S. 273ff.; iE wie hier *Cremer* in Dörr/Grote/Marauhn Kap. 32 Rn. 114ff.).

IV. Urteilswirkung aus Sicht der deutschen Rechtsordnung

1. Allgemeines. Die Wirkung von EGMR-Urteilen im deutschen Recht **47** (→ Einl. Rn. 68ff.) hängt maßgeblich von der Stellung der EMRK in der innerstaatlichen Rechtsordnung ab. Im europäischen Vergleich kommt der EMRK teils Verfassungsrang (Österreich), teils ein Rang zwischen Verfassung und einfachem Gesetz (zB Schweiz), teils auch nur einfacher Gesetzesrang zu (zB Italien) (Grabenwarter/Pabel EMRK § 3 Rn. 2ff. mwN).

Für die **deutsche Rechtsordnung** sind in der Lit. diverse Vorschläge gemacht **48** worden (näher → Einl. Rn. 103ff.). So wurde teils unter Berufung auf Art. 1 Abs. 2 GG der EMRK Verfassungsrang zugewiesen (*Hoffmeister* Der Staat 2001, 349 (367ff.); dagegen jetzt BVerfGE 128, 326 (369f.)), teils wurde unter Verweis auf Art. 25 GG ein Zwischenrang geltend gemacht (*Bleckmann* EuGRZ 1994, 149ff.), bisweilen wurde sogar unter Hinweis auf Art. 24 GG ein Überverfassungsrang postuliert (*Ress* FS Zeidler II, 1987, 1775 (1791f.); *Walter* ZaöRV 59 (1999), 961 (974ff.)). Diese Ansätze haben sich letztlich nicht durchzusetzen vermocht. Nach der stRspr des BVerfG steht die EMRK aufgrund ihrer Inkorporation über Art. 59 Abs. 2 S. 1 GG im Range eines **einfachen Bundesgesetzes** (BVerfGE 74, 358 (370)). Sie hat damit keinen Verfassungsrang, Verletzungen der EMRK können nicht direkt mittels Verfassungsbeschwerde vom BVerfG gerügt werden (BVerfGE 74, 102 (128); 111, 307 (317)). Faktisch hat die EMRK jedoch eine „Hochzonung" erfahren (Begriff nach *Ress* EuGRZ 1996, 350 (353)), indem das BVerfG davon ausgeht, dass bei der Auslegung des GG mit Rücksicht auf dessen Völkerrechtsfreundlichkeit „Inhalt und Entwicklungsstand" der EMRK grds. in Betracht zu ziehen sind (BVerfGE 74, 358 (370); vgl. *Sauer* Staatsrecht III, 6. Aufl.

2020, §7 Rn. 23: „normlogisches Rätsel"). Mittlerweile stützt das BVerfG die verfassungsrechtliche Bedeutung der EMRK – wie auch der Rspr. des EGMR (BVerfGE 111, 307 (317)) – zusätzlich auf Art. 1 Abs. 2 GG (BVerfGE 128, 326 (369)). Allerdings folgt hieraus nicht, dass ähnliche oder sogar gleiche Begriffe – wie etwa der Begriff der „Strafe" in Art. 103 Abs. 2 GG, Art. 7 Abs. 1 EMRK – notwendigerweise auch identisch auszulegen wären: Beide Rechtsordnungen behalten insoweit ihre begriffliche Autonomie, entscheidend ist, dass die deutsche Rechtsordnung im Ergebnis den Anforderungen der EMRK genügt (zutreffend BVerfGE 128, 326 (370, 392); vgl. auch *Breuer* JRP 2010, 223 (229)).

49 Eine zentrale Positionsbestimmung hat die Wirkung von EGMR-Urteilen in der deutschen Rechtsordnung durch den sog. *Görgülü*-Beschluss des BVerfG erfahren (BVerfGE 111, 307). Die Beurteilung dieses Beschlusses fällt ambivalent aus, denn er enthält teils verstärkende, teils aber auch deutlich relativierende Passagen. Eine Verstärkung erfährt die Position des EGMR dadurch, dass über die lediglich den Gesamtstaat betreffende (→ Rn. 33) völkerrechtliche Bindungswirkung hinaus **alle Träger** der deutschen öffentlichen Gewalt mittels des Rechtsstaatsprinzips jedenfalls im Grundsatz an die Entscheidungen des Gerichtshofs gebunden werden (BVerfGE 111, 307 (322 f.)). Es ist daher verfassungsrechtlich unzulässig, wenn ein nationales Gericht ein Urteil des EGMR unter Berufung auf die allein der Bundesrepublik gegenüber bestehende Bindungswirkung ignoriert (so noch OLG Naumburg 30.6.2004 – 14 WF 64/04, EuGRZ 2004, 749). Dies kann mittels Verfassungsbeschwerde vor dem BVerfG beanstandet werden (BVerfGE 111, 307 (330 ff.)).

50 Relativiert wird die Position des EGMR im *Görgülü*-Beschluss hingegen dadurch, dass das BVerfG nicht von einer strikten Bindungswirkung im Sinne einer „Beachtenspflicht" ausgeht. Es spricht vielmehr davon, Urteile des EGMR müssten „berücksichtigt" werden. **„Berücksichtigen"** bedeute dabei, „die Konventionsbestimmung in der Auslegung des Gerichtshofs zur Kenntnis zu nehmen und auf den Fall anzuwenden, soweit die Anwendung nicht gegen höherrangiges Recht, insbesondere gegen Verfassungsrecht verstößt" (BVerfGE 111, 307 (329); → Einl. Rn. 80 ff. sowie *Sauer*, Staatsrecht III, 6. Aufl. 2020, §7 Rn. 24 ff.). Insoweit unterscheidet das BVerfG drei Fallgruppen (*Breuer* NVwZ 2005, 412 (423 f.)):

51 (1) Die Nichtbefolgung eines EGMR-Urteils kann durch eine **„Änderung der tatsächlichen […] Verhältnisse"** bedingt sein (BVerfGE 111, 307 (324)). Das erscheint zutreffend. Insbesondere im Familienrecht, welches den Hintergrund des *Görgülü*-Falles bildete, können nachträgliche Veränderungen tatsächlicher Art zu einer anders gearteten Entscheidung zwingen.

52 (2) Keine Befolgungspflicht besteht dem BVerfG zufolge, wenn durch die Befolgung „gegen **höherrangiges Recht,** insbesondere gegen Verfassungsrecht" **verstoßen** würde (BVerfGE 111, 307 (329)). Das erscheint aus Sicht des BVerfG dogmatisch unausweichlich, vermag aber aus Sicht der EMRK die Nichtbefolgung nicht zu rechtfertigen, da der Rang der innerstaatlichen Norm, die den Konventionsverstoß begründet, irrelevant ist (→ Rn. 38; näher → Rn. 58).

53 (3) Schließlich verneint das BVerfG eine Pflicht zur „schematischen Vollstreckung" (BVerfGE 111, 307 (323 f.)) auch und insbesondere bei sog. **„mehrpoligen Grundrechtsverhältnissen",** bei denen die innerstaatliche Rechtsordnung „widerstreitende Grundrechtspositionen durch die Bildung von Fallgruppen und abgestuften Rechtsfolgen zu einem Ausgleich" bringt (BVerfGE 111, 307 (327); grundlegende Kritik an dieser Fallgruppe bei *Klatt* Die praktische Konkordanz von Kompetenzen, 2014, S. 113 ff.). Hier soll die Aufgabe des Richters darin bestehen,

eine Entscheidung des EGMR in den betroffenen Teilrechtsbereich der nationalen Rechtsordnung „einzupassen", wofür eine „wertende Berücksichtigung" erforderlich sei. Sofern der einfache Richter hier dazu ermächtigt wird, seine eigene Wertung an die Stelle der Wertung des EGMR zu setzen, ist dem BVerfG zu widersprechen (so auch *Klein* JZ 2004, 1176 (1177f.); *Meyer-Ladewig/Brunozzi* in HK-EMRK Art. 46 Rn. 39).

Die vorgenannte *Görgülü*-Rspr. betraf unmittelbar lediglich die Auswirkungen 54 eines EGMR-Urteils in ein und demselben Fall. Damit war jedoch nicht entschieden, ob die vorgenannte „Berücksichtigungspflicht" auch besteht, wenn das Urteil des EGMR in einem anderen Fall ergangen ist, insbesondere in einem **Fall gegen einen sonstigen Konventionsstaat.** In seinem Urteil zur Sicherungsverwahrung führte das BVerfG diesbezüglich aus, es berücksichtige Entscheidungen des EGMR „auch dann, wenn sie nicht denselben Streitgegenstand" beträfen. Dies beruhe auf der „jedenfalls faktischen Orientierungs- und Leitfunktion", die der Rspr. des EGMR für die Auslegung der EMRK auch über den konkret entschiedenen Einzelfall hinaus zukomme (BVerfGE 128, 326 (368)). In der Entscheidung zum Streikverbot für Beamte hat das BVerfG die Orientierungsfunktion weiter konkretisiert, indem es das **Bedürfnis nach einer „Kontextualisierung"** hervorhob (hierzu auch *Kaiser* AöR 142 (2017), 417 (432ff.)). Bei der Berücksichtigung der EGMR-Rspr. jenseits der inter partes-Wirkung gehe es „maßgeblich darum, Aussagen zu Grundwertungen der Konvention zu identifizieren und sich hiermit auseinanderzusetzen" (BVerfGE 148, 296 (354)). Wenngleich diese Aussage vor dem konkreten Hintergrund – es ging um die Übertragbarkeit von EGMR-Urteilen gegen die Türkei auf die Rechtslage in Deutschland (→ 2. Aufl. 2015, Art. 46 Rn. 54) – veranlasst und durchaus auch berechtigt waren, ist die apodiktische Beschränkung der Orientierungsfunktion auf die „Grundwertungen" der EMRK doch zu kritisieren (*Jacobs/Payandeh* JZ 2019, 19 (23); *Hering* ZaöRV 79 (2019), 241 (261ff.); *Hwong* KritV 2019, 376 (385ff.)).

2. Wirkungen im Einzelnen. a) Gesetze. Verstößt ein Gesetz gegen die Vor- 55 gaben eines EGMR-Urteils, ist zunächst an eine **konventionskonforme Auslegung** zu denken (BVerfGE 111, 307 (325)). Diese kann sich in der Aufgabe einer bisherigen stRspr niederschlagen. Dass es für einen solchen Rspr.-Wechsel keiner Anrufung des Großen Senats gem. § 132 GVG bedürfe, begründete der 2. Strafsenat des BGH damit, die Pflicht zur Anpassung der insoweit „überholten" BGH-Rspr. an die Vorgaben des EGMR treffe „alle Strafsenate unmittelbar und gleichermaßen" (BGHSt 60, 276 (301)). Dabei handelte es sich um einen nationalen Parallelfall (→Rn. 46) zu EGMR 23.10.2014 – 54648/09, NJW 2015, 3631 – Furcht (zur Bedeutung dieses Urteils für das deutsche Strafprozessrecht vgl. *Esser* StV 2021, 383ff.). Der 1. Strafsenat war noch zu der Einschätzung gelangt, dass die bisherige BGH-Rspr. den Anforderungen des EGMR genüge (BGHSt 60, 238; zur Divergenz zwischen den Senaten *Jahn/Kudlich* JR 2016, 54ff.; so auch zuvor BVerfG 18.12.2014 – 2 BvR 209/14 ua, NJW 2015, 1083). Eine konventionskonforme Auslegung kann immer nur „im Rahmen methodisch vertretbarer Auslegung" erfolgen (BVerfGE 111, 307 (317); 128, 326 (371)). Wo die **Grenze zulässiger Auslegung** erreicht ist, hilft dieser Weg nicht weiter (→Rn. 56a aE).

Insbesondere kommt eine Nichtanwendung von Gesetzesrecht wie im Falle eines 56 Verstoßes gegen Unionsrecht (Haratsch/Koenig/Pechstein EuropaR, 12. Aufl. 2020, Rn. 202 mwN) bei der EMRK mangels allgemeinen Anwendungsvorrangs grds. nicht in Betracht (BVerfGE 148, 296 (354)). Allerdings hat es der VGH München im **Verfahren des einstweiligen Rechtsschutzes** für zulässig gehalten, die Vorschriften des BJagdG nach der Verurteilung der Bundesrepublik im Fall *Herrmann* (EGMR 26.6.2012 (GK) – 9300/07, NJW 2012, 3629) vorläufig unangewendet zu lassen (VGH München 30.1.2013 – 19 AE 12 2123, DVBl 2013, 461).

56a Indes gelangt man bei der EMRK zu einem dem Anwendungsvorrang zumindest angenäherten Ergebnis: Bei einem Widerspruch zwischen der EMRK und einem zeitlich später erlassenen **Gesetz gleicher Rangstufe** kann der **Lex-posterior-Satz** zugunsten des **Lex-specialis-Grundsatzes** abgeschwächt sein, sofern die EMRK gegenüber dem nationalen Gesetz speziellere Regelungen enthält (*Uerpmann* EMRK S. 86ff.; zur umgekehrten Argumentation – StrRehaG als *lex specialis* gegenüber Art. 6 Abs. 1: OLG Rostock 15.7.2016 – 22 Ws_Reha 43/15, NJ 2016, 394). Wo dies nicht zutrifft, ist die EMRK zumindest bei der Auslegung der *lex posterior* zu berücksichtigen. Es ist nämlich nicht davon auszugehen, der Gesetzgeber habe, sofern er dies nicht klar bekundet hat, von völkerrechtlichen Verpflichtungen der Bundesrepublik Deutschland abweichen oder die Verletzung solcher Verpflichtungen ermöglichen wollen (BVerfGE 74, 358 (370)). Umgekehrt bedeutet dies aber, dass bei einem klar bekundeten Willen des Gesetzgebers die EMRK zurücktritt (BVerfGE 128, 326 (402f.); BGHSt 55, 234 (239); 56, 73 (83f.) (Anfragebeschluss)).

57 Derlei Erwägungen sind nur gegenüber Gesetzesrecht gleicher Rangstufe, dh gegenüber einfachen Bundesgesetzen, relevant. Bei konventionswidrigen **Landesgesetzen** gilt hingegen der Lex-superior-Grundsatz (Art. 31 GG; BVerfGK 10, 234 (239); differenzierend *Dietlein/Schwan*, Pflichtmitgliedschaft in Jagdgenossenschaften, 2009, S. 104ff.). Ein Gericht müsste daher im Kollisionsfall das Verfahren aussetzen und gem. Art. 100 Abs. 1 GG das BVerfG anrufen (*Grupp/Stelkens* DVBl 2005, 133 (142); *Mückl* Der Staat 2005, 405 (424); *Rohleder* Grundrechtsschutz S. 221).

58 Aufgrund ihres einfachgesetzlichen Ranges ist die EMRK andererseits nicht in der Lage, sich **gegenüber dem GG** durchzusetzen (→ Rn. 52). Ein Verzicht auf die „in dem letzten Wort der deutschen Verfassung liegende Souveränität" hat die Einordnung in das Konventionssystem gerade nicht bewirkt (BVerfGE 111, 307 (319)). Eine derartige Kollision hat das BVerfG im Falle des deutschen **Streikverbots für Beamte** zumindest angedeutet. Es spreche viel dafür, dass das „Streikverbot für Beamte als hergebrachter Grundsatz des Berufsbeamtentums und traditionelles Element der deutschen Staatsarchitektur […] zugleich einen (auslegungsfesten) tragenden Grundsatz der Verfassung" darstelle (BVerfGE 148, 296 (379)). Konzeptionell nicht geklärt ist dabei, ob das BVerfG seine aus dem Unionsrecht stammende Verfassungsidentitäts-Rspr. nunmehr auf die EMRK übertragen möchte (*Jacobs/Payandeh* JZ 2019, 19 (25)). In gesamteuropäischer Perspektive gibt es mehrere Ansätze, mit denen versucht wird, den Einfluss des EGMR unter Berufung auf Aspekte nationaler Identität zurückzudrängen (→ Rn. 38). Ob es im Falle des Beamtenstreikrechts zur direkten Konfrontation zwischen BVerfG und EGMR kommen wird, hängt stark davon ab, wie der Gerichtshof mit den vier derzeit anhängigen Beschwerden (59433/18 ua – Humpert ua; der Bundesregierung am 10.9.2019 zur Stellungnahme zugestellt) umgehen wird.

59 Fraglich ist, wie die notwendige „Berücksichtigung" eines EGMR-Urteils insbesondere in Parallelfällen erfolgen kann, wenn ein Gesetz vor der Entscheidung des EGMR vom BVerfG für verfassungskonform befunden worden ist. Probleme ergeben sich namentlich aus der **Erga-omnes-Wirkung** von **BVerfG-Entscheidungen** (§ 31 Abs. 1 BVerfGG), die einer Reaktion auf das Urteil des EGMR zu-

Verbindlichkeit und Vollzug der Urteile **Art. 46 EMRK**

nächst entgegenzustehen scheint. Hier ist zu differenzieren: Im Rahmen bestehender **Auslegungsspielräume** werden die Fachgerichte häufig selbst auf die Rspr. des EGMR reagieren können, ohne gegen § 31 Abs. 1 BVerfGG zu verstoßen. Das gilt namentlich bei den im *Görgülü*-Beschluss angemahnten mehrpoligen Grundrechtsverhältnissen (→ Rn. 53), da hier idR mehrere Schutzkonzepte existieren, um die beteiligten Grundrechte miteinander in Ausgleich zu bringen. Hat das BVerfG in einer solchen Situation **ein** Schutzkonzept für mit dem GG vereinbar erklärt, bedeutet das nicht, dass dieses auch verfassungsrechtlich **geboten** wäre. Vielmehr kann auch ein anderes, den Anforderungen der EGMR-Rspr. Rechnung tragendes Schutzkonzept mit den Vorgaben des GG vereinbar sein (BVerfGE 120, 180 (211); hierzu auch *Klatt*, Konkordanz, 2014, S. 312 ff.). Aus diesem Grund konnte der BGH die rein richterrechtlich entwickelte Figur der „absoluten Person der Zeitgeschichte" iSd § 23 KUG modifizieren, ohne gegen § 31 Abs. 1 BVerfGG zu verstoßen (BGHZ 171, 275 (278 ff.); für eine Bindungswirkung gem. § 31 Abs. 1 BVerfGG noch OLG Hamburg 31.1.2006 – 7 U 81/05, GRUR 2006, 523 f.; für eine „Lockerung" der Bindungswirkung wegen der Völkerrechtsfreundlichkeit des GG KG 29.10.2004 – 9 W 128/04, NJW 2005, 605 (607); ebenso *Cremer* EuGRZ 2004, 683 (697); dagegen *Engels/Jürgens* NJW 2007, 2517 (2520 f.)).

Anders verhält es sich, wenn das Gesetz **keine Auslegung** in dem vom EGMR 60 geforderten Sinne **zulässt** und die Verfassungsmäßigkeit der Norm im Tenor der BVerfG-Entscheidung **positiv festgestellt** worden ist. Dann kommt eine „Berücksichtigung" der EGMR-Rspr. nur unter Überwindung der Rechtskraft der vormaligen BVerfG-Entscheidung in Betracht. Das BVerfG hat dies in seinem Urteil zur Sicherungsverwahrung ausdrücklich zugelassen (BVerfGE 128, 326 (364 f.); → Einl. Rn. 86 ff.): Zwar stelle die Rechtskraft einer Vereinbarkeitserklärung im Tenor für eine erneute Normenkontrolle (im Rahmen einer Verfassungsbeschwerde) grds. ein Prozesshindernis dar. Die nachträglich ergangene Rspr. des EGMR stehe jedoch – ungeachtet ihres rein feststellenden Charakters – einer **rechtserheblichen Änderung** der Rechtslage gleich. Das folge aus dem Grundsatz der Völkerrechtsfreundlichkeit des GG, um dessen willen das BVerfG versuche, Konventionsverstöße nach Möglichkeit zu vermeiden.

Diese Rspr., die unmittelbar nur die gegen eine Gesetzesnorm gerichtete **Ver-** 61 **fassungsbeschwerde** betrifft, muss sinnvollerweise auch für Fälle inzidenter Normenkontrollen im Rahmen des instanzgerichtlichen Verfahrens gelten. Es ergibt keinen Sinn, die Instanzgerichte sklavisch gem. § 31 Abs. 1 BVerfGG an den Entscheidungsinhalt der (alten) BVerfG-Rspr. zu binden, um erst nach Erschöpfung des Rechtswegs eine Korrektur durch das BVerfG zuzulassen. Andererseits kann die Bindungswirkung gem. § 31 Abs. 1 BVerfGG aber nicht so weit gelockert werden, dass die Instanzgerichte befugt wären, von sich aus der Rspr. des EGMR zu folgen (aber → Rn. 56): Dem steht das **Normverwerfungsmonopol** des BVerfG hinsichtlich Parlamentsgesetzen entgegen, und hierin liegt der wesentliche Unterschied zur vorstehend (→ Rn. 59) diskutierten Fallkonstellation. Die Lösung besteht vielmehr darin, den Instanzgerichten eine **konkrete Normenkontrolle** zum BVerfG gem. Art. 100 Abs. 1 GG zu gestatten. § 31 Abs. 1 BVerfGG steht einer erneuten Vorlage an das BVerfG nicht entgegen, da neue Tatsachen oder neue rechtliche Gesichtspunkte eine abermalige Vorlage rechtfertigen können (BVerfGE 70, 242 (249 f.); 82, 198 (205 f.)) und ein nachträglich ergangenes EGMR-Urteil, wie gesehen (→ Rn. 60), als **neuer rechtlicher Gesichtspunkt** zu werten ist (iE wie hier *Mückl* Der Staat 2005, 405 (424)). Die konkrete Normenkontrolle ist auch nicht etwa deswegen unzulässig, weil die EMRK innerstaatlich nur im Rang eines einfachen Gesetzes steht (so aber BGHSt 56, 73 (84) (Anfragebeschluss)). Zwar kann die Vorlage nicht auf einen Verstoß gegen die EMRK, wohl aber gegen die – im Lichte der EGMR-Rspr. auszulegenden (→ Rn. 49) – Bestimmungen des GG gestützt werden.

61a Eine Sonderkonstellation betraf der Fall um die Zugehörigkeit zur jüdischen Gemeinde in Frankfurt. Das BVerwG hatte zunächst den Klägern, die weiterhin zu ihrer jüdischen Heimatgemeinde in Frankreich gehören wollten, Recht gegeben (BVerwG 23.9.2010 – 7 C 22/09, NVwZ-RR 2011, 90). Der Verfassungsbeschwerde der betroffenen jüdischen Gemeinde in Frankfurt gab das BVerfG mittels Kammerbeschluss statt (BVerfG 17.12.2014 – 2 BvR 278/11, EuGRZ 2015, 250) und verwies die Sache zur Neuentscheidung an das BVerwG zurück. Dieses hielt zwar der Sache nach an seiner ursprünglichen Rechtsauffassung fest, sah sich aber durch § 31 Abs. 1 BVerfGG an die Rechtsauffassung des BVerfG gebunden (krit. insoweit *E. Klein* in Benda/Klein, Verfassungsprozessrecht, 4. Aufl. 2020, Rn. 1493 Fn. 30: materielle Rechtskraft entscheidend). Daran anschließend machte das BVerwG – erstmalig – Ausführungen zur Auslegung im Lichte der EMRK, was als Aufforderung an die Adresse der Kläger verstanden werden konnte, den Weg nach Straßburg zu beschreiten, um anschließend unter Berufung auf die Konventionsfreundlichkeit des GG die **BVerfG-Entscheidung korrigieren** zu können (*Breuer* DVBl 2017, 196ff.; *Ehlers* JZ 2017, 198ff.). Der EGMR behandelte den Fall dilatorisch, indem er unter Berufung auf die Subsidiarität des Konventionsmechanismus eine abermalige Entscheidung des BVerfG anmahnte (EGMR 13.6.2017 – 32745/17, BeckRS 2017, 161803 – Perelman).

62 Lässt sich die Gesetzeslage nicht nach den vorstehend dargelegten Grundsätzen mit den Anforderungen der EMRK in der Auslegung des EGMR in Einklang bringen, ist der Gesetzgeber aufgerufen, durch **Gesetzesänderung** einen konventionskonformen Zustand herbeizuführen (BVerwG 27.2.2014 – 2 C 1.13, NVwZ 2014, 736 (741)). Hierbei handelt es sich freilich nicht um eine Verpflichtung des innerstaatlichen Rechts, denn die EMRK ist aufgrund ihres einfachrechtlichen Ranges „nicht geeignet, dem deutschen Gesetzgeber Pflichten aufzuerlegen" (KG 11.11.2005 – 9 U 116/05, NJW 2006, 1292). Diese Aussage trifft allerdings nur für den Bundesgesetzgeber zu, nicht auch gegenüber dem Landesgesetzgeber (*Klein* in Spenlé, Die Europäische Menschenrechtskonvention und die nationale Grundrechtsordnung. Spannungen und gegenseitige Befruchtung, 2007, 11 (12f.)).

63 In der deutschen Praxis ist es zunächst ausgesprochen selten zu Gesetzesänderungen in Befolgung eines EGMR-Urteils gekommen. Noch in diese Frühphase der Konvention fallen Änderungen zur Regelung der **Tragung von Dolmetscherkosten** bei späterer Verurteilung in Straf- (EGMR 28.11.1978 – 6210/73 ua, EGMR-E 1, 344 – Luedicke, Belkacem und Koç; Gesetzesänderung: BGBl. 1980 I 1503) sowie in Ordnungswidrigkeitenverfahren (EGMR 21.2.1984 – 8544/79, EGMR-E 2, 329 – Öztürk; Gesetzesänderung: BGBl. 1989 I 1082). Eine gesetzgeberische Reaktion auf die Verurteilung im Fall *Sürmeli* (EGMR 8.6.2006 (GK) – 75529/01, EuGRZ 2007, 255) scheiterte zunächst an politischen Widerständen (→ Art. 13 Rn. 58), erst nach erneuter Verurteilung der Bundesrepublik im Fall *Rumpf* unter Anwendung der Pilotenurteilstechnik (EGMR 2.9.2010 – 46344/06, EuGRZ 2010, 700) gelang die Schaffung eines **Rechtsbehelfs gegen überlange Verfahrensdauer** (BGBl. 2011 I 2302; → Art. 13 Rn. 61). Speziell für umgangsrechtliche Streitigkeiten hat der deutsche Gesetzgeber auf das Urteil im Fall *Kuppinger* (EGMR 15.1.2015 – 62198/11 Rn. 139ff., FamRZ 2015, 469) mit der Einführung der Beschleunigungsrüge in § 155b FamFG (BGBl. 2016 I 2222) reagiert (→ Art. 13 Rn. 36).

Verbindlichkeit und Vollzug der Urteile   **Art. 46 EMRK**

Große Schwierigkeiten bereitete die Reaktion auf das Urteil des EGMR im **63a**
Fall *M.* (17.12.2009 – 19359/04, EuGRZ 2010, 25) zur Zulässigkeit der **nachträglichen Verlängerung der Sicherungsverwahrung.** Das Eingreifen des BVerfG
führte hier einerseits zu einer innerstaatlichen Verstärkung des EGMR-Ausspruchs
(→ Rn. 71), andererseits räumte das BVerfG dem Gesetzgeber eine Reaktionsfrist
bis zum 31.5.2013 ein (BVerfGE 128, 326 (404)). Der deutsche Gesetzgeber hat auf
das Urteil des EGMR zunächst mit dem Therapieunterbringungsgesetz (ThUG;
BGBl. 2010 I 2300; Überblick *Kinzig* NJW 2011, 177ff.) reagiert und die Vorgaben
des BVerfG zum 1.6.2013 fristgerecht umgesetzt (Gesetz zur bundesrechtlichen
Umsetzung des Abstandsgebotes im Recht der Sicherungsverwahrung (BGBl. 2012
I 2425); Überblick *Peglau* JR 2013, 249ff.). Das BVerfG hat das ThUG in verfassungskonform-einschränkender Auslegung akzeptiert (BVerfGE 134, 33). Mit dem
Urteil der Großen Kammer im Fall *Ilnseher* hat der EGMR nunmehr klargestellt, dass
er die Umsetzungsmaßnahmen in Deutschland als ausreichend betrachtet. Insbesondere führte die Stärkung des Abstandsgebots dazu, dass die Sicherungsverwahrung
nicht mehr als „Strafe" iSd Art. 7 Abs. 1 qualifiziert wurde (EGMR 4.12.2018
(GK) – 10211/12 u. 27505/14, NJOZ 2019, 1445 Rn. 236 – Ilnseher).

Als konventionsrechtlich gleichfalls heikel erwies sich das **Gesetz zur erbrecht-** **63b**
lichen Gleichstellung nichtehelicher Kinder (BGBl. 2011 I 615), mit dem der
Gesetzgeber auf das Urteil im Fall *Brauer* reagiert hatte (EGMR 28.5.2009 –
3545/04, EuGRZ 2010, 167). Die in dem Gesetz vorgesehene Stichtagsregelung
iS einer zeitlichen Beschränkung auf Fälle nach Ergehen des EGMR-Urteils war
zwar vom BVerfG akzeptiert worden (BVerfG 18.3.2013 – 1 BvR 2436/11 u. 1
BvR 3155/11, NJW 2013, 2103), führte jedoch zu neuerlichen Verurteilungen
durch den EGMR, der im Rahmen der Verhältnismäßigkeitsprüfung dem Diskriminierungsverbot einen höheren Stellenwert einräumte als dem Vertrauensschutz (EGMR 9.2.2017 – 29762/10, NLMR 2017, 656 – Mitzinger; EGMR
23.3.2017 – 59752/13 u. 66277/13, EuGRZ 2017, 673 – Wolter und Sarfert). Zu
einer neuerlichen Gesetzesänderung kam es gleichwohl nicht, stattdessen reagierte
der BGH mit einer „teleologischen Erweiterung" (BGH 12.7.2017 – IV ZB 6/15,
FamRZ 2017, 1620; zu den Schwierigkeiten einer möglichen Anpassung des Gesetzes: *Dutta* ZfPW 2018, 129ff.).

Zur Umsetzung des Urteils im Fall *Zaunegger* betreffend das **Sorgerecht von** **63c**
Vätern nichtehelicher Kinder (EGMR 3.12.2009 – 22028/04, EuGRZ 2010,
25) wurde eine Reform der elterlichen Sorge beschlossen (BGBl. 2013 I 795). Das
Umgangsrecht nur-leiblicher Väter wurde gestärkt (BGBl. 2013 I 2176, in Umsetzung von EGMR 21.12.2010 – 20578/07, EuGRZ 2011, 124 – Anayo; EGMR
15.9.2012 – 17080/07, EuGRZ 2011, 565 – Schneider). Zur Befolgung des Urteils
im Fall *Herrmann* zur **Verweigerung der Duldung der Jagd auf dem eigenen**
Grundstück aus Gewissensgründen (EGMR 26.6.2012 (GK) – 9300/07, NJW
2012, 3629) hat der Gesetzgeber das BJagdG geändert (BGBl. 2013 I 1386). Auf das
Urteil im Fall *Neziraj* betreffend die **Rechte abwesender Angeklagter in der Berufungshauptverhandlung** (EGMR 8.11.2012 – 30804/07, BeckRS 2013,
6875) wurde § 329 StPO neu gefasst (BGBl. 2015 I 1332).

Eine Sondersituation betrifft die Änderung des § 34a AsylVfG durch das Gesetz **63d**
vom 28.8.2013 (BGBl. 2013 I 3474). Mit dem darin eingeführten **eingeschränkten, automatisch eintretenden Suspensiveffekt** (→ Art. 13 Rn. 52) reagierte
der deutsche Gesetzgeber nicht auf eine Verurteilung der Bundesrepublik, sondern
auf das gegen Belgien und Griechenland ergangene Urteil im Fall *M.S.S.* (EGMR
21.1.2011 (GK) – 30696/09, EuGRZ 2011, 243).

64 **b) Rechtsverordnungen, Satzungen.** Aufgrund ihres einfachrechtlichen Ranges ist die EMRK Prüfungsmaßstab für Rechtsverordnungen und Satzungen. Im Fall der Kollision mit einem Urteil des EGMR steht der Rechtsweg zu den Verwaltungsgerichten offen (Normenkontrolle gem. § 47 VwGO oder inzidente Überprüfung im Rahmen einer Anfechtungsklage gem. § 42 VwGO), die eine „Berücksichtigungspflicht" iSd BVerfG-Rspr. (→ Rn. 50) trifft.

65 **c) Verwaltungsakte.** Im Hinblick auf die Rücknahme oder den Widerruf eines konventionswidrigen Verwaltungsakts ist wie folgt zu differenzieren: Mit Blick auf den **konkret** vom EGMR **entschiedenen Fall** vermittelt § 51 Abs. 1 Nr. 3 (L)VwVfG iVm § 580 Nr. 8 ZPO dem Betroffenen heutzutage einen **Anspruch auf Wiederaufgreifen** des Verfahrens durch die gem. § 51 Abs. 4 (L)VwVfG zuständige Behörde. Dieser Anspruch steht im Zusammenhang mit dem 2006 neu geschaffenen Restitutionsgrund im Zivilprozess (→ Rn. 70). Er gilt nicht für Verfahren, die vor dem 31.12.2006 rechtskräftig abgeschlossen worden sind (§ 35 EGZPO). Gem. § 51 Abs. 3 (L)VwVfG muss der Antrag binnen drei Monaten ab dem Tag, an dem der Betroffene vom Grund der Wiederaufnahme Kenntnis erhalten hat, gestellt werden.

66 Sofern ein **Parallelfall** betroffen ist, hilft § 51 Abs. 1 Nr. 3 (L)VwVfG iVm § 580 Nr. 8 ZPO nicht weiter, da die zivilprozessuale Wiederaufnahmeklausel auf den vom EGMR konkret entschiedenen Fall beschränkt ist (→ Rn. 70). Auch § 51 Abs. 1 Nr. 1 (L)VwVfG greift in dieser Konstellation nicht, da eine neue Rspr. des EGMR keine Änderung der Rechtslage darstellt (BVerwGE 135, 137 (143f.); BVerwG 24.5.1995 – 1 B 60/95, NVwZ 1995, 1097; aber → Rn. 60f.). Stattdessen ist hier weiter danach zu differenzieren, ob der Verwaltungsakt allein durch Zeitablauf (§§ 70 Abs. 1, 74 Abs. 1 VwGO) bestandskräftig geworden oder ob er durch rechtskräftiges Urteil bestätigt worden ist.

67 Ist die Bestandskraft des Verwaltungsakts allein durch Ablauf der Anfechtungsfristen eingetreten, kommt eine **Rücknahme** gem. **§ 48 (L)VwVfG** in Betracht (*e contrario* BVerwGE 135, 137 (141f.)). Voraussetzung hierfür ist grds., dass der Verwaltungsakt im Zeitpunkt seines Erlasses rechtswidrig war (BVerwGE 121, 226 (229); *Kopp/Ramsauer* 21. Aufl. 2020, VwVfG § 48 Rn. 57; aA *Schenke* DVBl 1989, 433). Da ein nachträglich ergangenes Urteil des EGMR nicht als Änderung, sondern lediglich als Klarstellung der Rechtslage gilt, liegt kein nachträglich rechtswidrig gewordener Verwaltungsakt vor, sondern die Rechtswidrigkeit besteht von Beginn an. Das Rücknahmeermessen dürfte angesichts der völkerrechtlichen Vorgaben regelmäßig auf Null reduziert sein (*Pache* EuR 2004, 393 (403); *Hoffmeister* Der Staat 2001, 349 (374)).

68 Anders verhält es sich, wenn der Verwaltungsakt gerichtlich angefochten und durch rechtskräftiges Urteil bestätigt worden ist. Dann steht die Rechtmäßigkeit des Verwaltungsakts gem. § 121 Nr. 1 VwGO zwischen den Beteiligten und ihren Rechtsnachfolgern – ggf. im Wege der Präjudizialität – fest, so dass eine Anwendung des § 48 (L)VwVfG ausscheidet (BVerwGE 135, 137 (142f.)). Unter diesen Umständen kommt lediglich ein **Wiederaufgreifen iwS** gem. § 51 Abs. 5 (L)VwVfG in Betracht (zur Dogmatik *Traulsen* VerwArch 103 (2012), 337 (349ff.)). Im Unterschied zu § 51 Abs. 1 (L)VwVfG besteht hier kein Anspruch auf Wiederaufgreifen, vielmehr verfügt die Behörde über ein Ermessen. Das Verfahren ist zweistufig angelegt, indem die Behörde zunächst eine neue Entscheidung über das Wiederaufgreifen trifft (Stufe 1) und erst hierdurch ggf. die Rechtskraft durchbrochen und der Weg für eine erneute Sachentscheidung frei wird (Stufe 2). Die

Verbindlichkeit und Vollzug der Urteile **Art. 46 EMRK**

Behörde handelt aber grds. nicht ermessensfehlerhaft, wenn sie das Wiederaufgreifen unter Berufung auf die rechtskräftige Bestätigung des Verwaltungsakts ablehnt. Vielmehr liegt ein Ermessensfehler erst dann vor, wenn die Aufrechterhaltung des rechtswidrigen Verwaltungsakts schlechthin unerträglich wäre (BVerwGE 135, 137 (146)).

d) Urteile. Angesichts des obigen Befundes, dass die EMRK (zumindest im **69** Regelfall) keine Durchbrechung der Rechtskraft in der Form der Wiederaufnahme des Verfahrens verlangt (→ Rn. 40), ist zu überlegen, ob nicht das **deutsche Verfassungsrecht** möglicherweise über die konventionsrechtlichen Anforderungen hinausgehend eine solche fordert. Das BVerfG lehnt dies in stRspr ab (BVerfG 11.10.1985 – 2 BvR 336/85, EuGRZ 1985, 654; BVerfGE 111, 307 (325)). Der Gesichtspunkt der **Völkerrechtsfreundlichkeit** des GG zwingt zu keiner anderen Betrachtung, da eine völkerrechtsfreundliche Interpretation ihrerseits nur an die verbindlichen Vorgaben des Völkerrechts anknüpfen kann (aA *Tomuschat* in Isensee/Kirchhof StaatsR-HdB, Bd. VII, 1992, § 172 Rn. 26; wie hier *Pache/Bielitz* DVBl 2006, 325 (328)). Davon abgesehen kann zwar nach hL die innerstaatliche Rechtskraft eines Urteils gemäß **allgemeinen völkergewohnheitsrechtlichen Grundsätzen** einer Erfüllung der Wiedergutmachungspflichten nicht entgegengehalten werden (Rechtsgedanke des Art. 32 ILC-Artikel; *Polakiewicz* Verpflichtungen S. 58f.; aA *Breuer* Staatshaftung S. 621ff.). Das Völkergewohnheitsrecht fordert nach dieser Sichtweise also die Wiederaufnahme, und ein solcher Rechtssatz wäre dann über **Art. 25 S. 1 GG** Teil der deutschen Rechtsordnung mit Vorrang sogar vor einfachem Recht (Art. 25 S. 2 GG). Durch Art. 41 EMRK wäre eine derartige Regel des Völkergewohnheitsrechts jedoch abbedungen worden. Ungeachtet des nur einfachrechtlichen Ranges der EMRK im innerstaatlichen Recht (→ Rn. 49) würde eine solche Abbedingung von der deutschen Rechtsordnung nachvollzogen werden (BVerfGE 18, 441 (448f.); iE auch *Pache/Bielitz* DVBl 2006, 325 (329f.)).

In Betracht kommt somit nur eine Wiederaufnahme kraft einfachen Rechts. **70** Nachdem der deutsche Gesetzgeber zunächst nur im Strafprozessrecht einen Wiederaufnahmegrund wegen einer Verurteilung durch den EGMR geschaffen hatte (**§ 359 Nr. 6 StPO,** eingeführt durch Gesetz vom 9.7.1998, BGBl. 1998 I 1802), ist mit **§ 580 Nr. 8 ZPO** nunmehr eine umfassende Wiederaufnahmemöglichkeit geschaffen worden (eingeführt durch Art. 10 Nr. 6 des Gesetzes vom 22.12.2006, BGBl. 2006 I 3416; krit. *Braun* NJW 2007, 1622ff.). Der umfassende Charakter des Wiederaufnahmeregimes ergibt sich aus dem Umstand, dass die anderen Prozessordnungen in diesem Punkt auf die ZPO verweisen (§ 79 S. 1 ArbGG; § 179 Abs. 1 SGG; § 153 Abs. 1 VwGO; § 134 FGO; § 48 Abs. 2 FamFG). Der neue Wiederaufnahmegrund findet allerdings auf Verfahren, die vor dem 31.12.2006 formell rechtskräftig abgeschlossen worden sind, gem. § 35 EGZPO keine Anwendung (BAGE 144, 59; bestätigt durch BVerfG 20.4.2016 – 2 BvR 1488/14, NZA 2016, 1163; hierzu auch *Höpfner/Richter* RdA 2016, 149ff.; BGH 19.3.2014 – XII ZB 511/13, FamRZ 2014, 927 (Anschluss)). Das gilt auch für Beschlüsse in Kindschaftssachen, wiewohl diese nicht in materielle Rechtskraft erwachsen (BGH 19.3.2014 – XII ZB 511/13, FamRZ 2014, 927, gegen OLG Frankfurt a. M. 22.8.2013 – 2 UF 23/12, FamRZ 2014, 682, das insoweit § 35 EGZPO teleologisch reduziert hatte). BVerfG und EGMR haben diese Entscheidung gehalten (BVerfG 19.5.2015 – 2 BvR 1170/14, FamRZ 2015, 1263; EGMR 18.10.2018 – 61595/15 – Schneider). Schließlich ermöglicht § 580 Nr. 8 ZPO wie auch schon

EMRK Art. 46 Verfahrensrecht

§ 359 Nr. 6 StPO eine Wiederaufnahme nur für den vom EGMR entschiedenen Fall (BT-Drs. 16/3038, 38ff.; für eine erweiternde Auslegung aber *Esser* StV 2005, 348 (354f.); *Rohleder* Grundrechtsschutz S. 279ff.; *Weigend* StV 2000, 384 (388)). Eine Wiederaufnahme auch in Parallelfällen unter Berufung auf die „Orientierungswirkung" der EGMR-Rspr. (→ Rn. 54) ist damit ausgeschlossen.

70a Eine Wiederaufnahme konnte vor dem Stichtag nach hM auch **nicht** über eine **analoge Anwendung des § 580 Nr. 7 lit. b ZPO** erreicht werden, was vom BVerfG (18.8.2013 – 2 BvR 1380/08, NJW 2013, 3714) nicht beanstandet wurde. Der EGMR akzeptierte dies im Ergebnis ebenfalls, wobei allerdings die Bundesregierung in dem Verfahren eine Erklärung abgab, mit der sie eine Konventionsverletzung anerkannte und der Bf. eine moderate Entschädigung zahlte (EGMR 26.6.2018 – 486/14 – Storck). Die Bundesregierung stellte zwar die Rechtsauffassung zur fehlenden Analogiefähigkeit des § 580 Nr. 7 lit. b ZPO nicht in Frage, sah aber als problematisch an, dass das OLG bereits die Prozesskostenhilfe verweigert und der Bf. so eine Prüfung im Hauptsacheverfahren verwehrt hatte (BMJV, Bericht über die Rspr. des EGMR und die Umsetzung seiner Urteile in Verfahren gegen die Bundesrepublik Deutschland im Jahr 2018, S. 40).

71 Soweit eine Wiederaufnahme wegen der Stichtagsregelung des § 35 EGZPO ausgeschlossen ist, deutete das BAG zunächst an, in arbeitsrechtlichen Fällen könne gleichwohl ein Anspruch auf Wiedereinstellung gegeben sein (BAGE 144, 59 (71f.)). Im Fall *Schüth* (EGMR 23.9.2010 – 1620/03, EuGRZ 2010, 560) sah sich das BAG dann allerdings durch die nationale Zivilrechts- und Zivilverfahrensrechtsdogmatik daran gehindert, einen generellen Wiedereinstellungsanspruch bei Konventionsverletzung richterrechtlich zu schaffen, weil hierdurch die Vertragsabschlussfreiheit als Teil der verfassungsrechtlich verbürgten Privatautonomie sowie die Rechtskraft als tragender Grundsatz des Zivilverfahrensrechts beeinträchtigt würden (BAGE 153, 62 (67); zustimmend *Höpfner/Richter* RdA 2016, 149 (159f.)). Schließlich konnte in dieser Fallkonstellation der Verdienstausfall auch nicht auf dem Umweg über § 826 BGB eingeklagt werden, da die Voraussetzungen der sittenwidrigen Schädigung nicht gegeben waren (BAGE 169, 197).

72 Angesichts des klaren Wortlauts in § 359 Nr. 6 StPO kommt eine Durchbrechung der Rechtskraft nur in Reaktion auf ein die Verletzung der Konvention feststellendes EGMR-Urteil in Betracht. Gelangen hingegen Bf. und Bundesregierung zu einer **gütlichen Einigung gem. Art. 39 EMRK,** kann der Betroffene im Nachgang hierzu nicht mit Erfolg die Wiederaufnahme des Verfahrens betreiben (BVerfG 13.2.2019 – 2 BvR 2136/17, EuGRZ 2019, 147, in Reaktion auf EGMR 24.1.2017 – 62765/15, BeckRS 2017, 163539 – Brinkhofer). Diese Regelung ist rechtspolitisch fragwürdig, da die Bundesregierung typischerweise in Verfahren einigungsbereit sein wird, in denen die Verurteilung durch den EGMR überwiegend wahrscheinlich ist, und man die Bf. auf diese Weise unnötigerweise dazu zwingt, ein Urteil des EGMR zu erstreiten (*Sachs* JuS 2019, 600 (602)). Auch der EGMR hat erkennbar Kritik an der Rechtslage in Deutschland geübt (EGMR 26.7.2018 – 35778/11 Rn. 21ff., NJW 2019, 3051 – Dridi).

73 **e) Andere gerichtliche Entscheidungen.** Besondere Schwierigkeiten bereitete der deutschen Gerichtsbarkeit die Reaktion auf das Urteil des EGMR im Fall *M.* (17.12.2009 – 19359/04, EuGRZ 2010, 25), in dem der **nachträgliche Wegfall der 10-Jahres-Höchstfrist für Sicherungsverwahrte** (§ 673 Abs. 3 StGB aF, BGBl. 1998 I 160) für konventionswidrig befunden wurde. Der Bf. wurde daraufhin aus der Haft entlassen (OLG Frankfurt a. M. 24.6.2010 – 3 Ws 485/10, NStZ

Verbindlichkeit und Vollzug der Urteile **Art. 46 EMRK**

2010, 573), fraglich war jedoch, ob auch in **Parallelfällen** eine Freilassung erfolgen müsse (→ 1. Aufl. 2011, Art. 46 Rn. 72). Gelöst wurde die Situation letztlich durch die Entscheidung des BVerfG, in welcher sich das Gericht im Wesentlichen der Position des EGMR anschloss (BVerfGE 128, 326 (391 ff.)). Eine gewisse Einschränkung bedeutete freilich die Anordnung des BVerfG, dass für eine Übergangszeit (bis 31.5.2013) die bisherige Rechtslage (mit Modifikationen: Tenor Ziff. III) weitergelte (BVerfGE 128, 326 (405 ff.)). Eine solche Weitergeltungsanordnung ist vor dem Hintergrund der maßgeblichen EGMR-Rspr. konventionsrechtlich zwar nicht schlechterdings unzulässig, hat jedoch zu Kritik des Gerichtshofs geführt (→ Rn. 37).

f) **Entschädigungsausspruch.** Der Ausspruch des Urteils, mit dem der 74 EGMR dem Bf. Entschädigung gem. Art. 41 zuspricht, ist ein Leistungsurteil (→ Rn. 30). Im Unterschied zur AMRK (Art. 68 Abs. 2) ist das Urteil des EGMR allerdings nicht aus sich selbst heraus vollstreckbar. Nach hM kommt eine analoge Anwendung der innerstaatlichen Vorschriften über die **Vollstreckbarerklärung** eines ausländischen Titels (§§ 722 f. ZPO) im Falle von EGMR-Urteilen nicht in Betracht (*Polakiewicz,* Verpflichtungen, S. 268 ff.; *Ress* in Maier, Europäischer Menschenrechtsschutz, S. 227, 254; aA *Klein/Breuer* in Soergel, Bd. 12, 13. Aufl. 2005, BGB Anh. § 839 Rn. 477). Soweit ersichtlich, ist es in der Vergangenheit zu keinen Problemen wegen der Auszahlung der Entschädigungssumme gekommen.

B. Urteilsüberwachung (Abs. 2)

I. Kompetenzverteilung

Nach dem lange Zeit vorherrschenden Selbstverständnis des EGMR waren die 75 Aufgaben zwischen ihm und dem Ministerkomitee dergestalt verteilt, dass er selbst nur ein Feststellungsurteil über das Bestehen oder Nichtbestehen einer Konventionsverletzung sprach, während dem Ministerkomitee als einem politischen Organ die Aufgabe der Urteilsüberwachung zukam (→ Rn. 3, 5). Von diesem sehr strikten Rollenverständnis hat sich der EGMR durch die Anordnung konkreter Abhilfemaßnahmen einerseits (→ Rn. 6 ff.) und die Piloturteilstechnik andererseits (→ Rn. 20 ff.) mittlerweile gelöst.

Einen weiteren Schritt in diese Richtung hat der EGMR in dem schweizeri- 76 schen Fall **Verein gegen Tierfabriken** *(VgT)* (Nr. 2) unternommen (EGMR 30.6.2009 (GK) – 32772/02, NJW 2010, 3699). In dem Fall war vom EGMR in einem ersten Verfahren das Verbot eines Werbespots gegen Massentierhaltung als Verstoß gegen Art. 10 gerügt worden (EGMR 28.6.2001 – 24699/94, ÖJZ 2002, 855 – VgT Verein gegen Tierfabriken). Nach dem Urteil des EGMR beantragte der Verein beim schweizerischen Bundesgericht die Wiederaufnahme des innerstaatlichen Verfahrens. Das Ministerkomitee schloss, ohne die Entscheidung hierüber abzuwarten, die Urteilsüberwachung ab (ResDH(2003)125). Aus diesem Grund konnte das Ministerkomitee die ablehnende Entscheidung des Bundesgerichts, an der Sendung des Werbespots bestehe nach fast acht Jahren kein Interesse mehr, nicht berücksichtigen. Der EGMR sah in dieser Begründung eine **neue Tatsache** (EGMR 30.6.2009 (GK) – 32772/02 Rn. 65, NJW 2010, 3699). Aus der Zuständigkeit des Ministerkomitees für die Überwachung der Urteilsumsetzung folge nicht, dass Maßnahmen, die ein Staat zur Wiedergutmachung einer vom EGMR festgestellten Konventionsverletzung getroffen habe, keine neuen Fragen aufwerfen könnten (EGMR 30.6.2009 (GK) – 32772/02 Rn. 62, NJW 2010, 3699). Nach Auffassung vier dissentierender Richter wäre das Problem eher im Rahmen des Ministerkomitees zu lösen gewesen (Sondervotum *Malinverni ua* Rn. 7; krit. auch *Nicolau* FS Jaeger, 2010, 163 (177)).

77 Das Urteil bereitet erhebliche **Abgrenzungsschwierigkeiten** zur bisherigen Rspr., der zufolge der EGMR über keine Kompetenzen zur Anordnung der Wiederaufnahme nationaler Gerichtsurteile verfügt (→ Rn. 17; *Glas* NQHR 37 (2019), 228 ff.). Andererseits kann diese Frage nur in Staaten relevant werden, die sich – wie die Bundesrepublik Deutschland (→ Rn. 70) – für die Einführung einer Wiederaufnahmeklausel entschieden haben; dass es im Wiederaufnahmeverfahren durchaus zu neuen Konventionsverstößen kommen kann, erscheint konsequent. Der EGMR bestimmt den Begriff der „neuen Tatsache" – im Grundsatz folgerichtig – unter Rückgriff auf Art. 35 Abs. 2 lit. b. Die Handhabung im konkreten Einzelfall bereitet aber erhebliche Schwierigkeiten (*Cremer* EuGRZ 2012, 493 (500 ff.)). Der EGMR selbst betont die starke Einzelfallabhängigkeit der Abgrenzung (EGMR 18.9.2012 – 12214/07 Rn. 54 – Egmez (Nr. 2); EGMR 5.2.2015 (GK) – 22251/08 Rn. 34, NJOZ 2016, 395 – Bochan (Nr. 2); EGMR 11.7.2017 (GK) – 19867/12 Rn. 47 lit. d, NLMR 2017, 332 – Moreira Ferreira). Vereinzelt geblieben ist die Praxis, im zweiten Urteil eine Verletzung des Sachrechts „iVm Art. 46" festzustellen (so aber EGMR 11.10.2011 – 5056/10, NLMR 2011, 297 – Emre (Nr. 2)). Später beharrte der EGMR darauf, dass für den Bf. aus Art. 46 Abs. 1 **kein rügefähiges Recht** erwächst (EGMR 23.6.2015 – 50421/08 u. 56213/08 Rn. 103, NLMR 2015, 247 – Sidabras ua).

II. Überwachungsgegenstand

78 Gem. Art. 46 Abs. 2 kann das Ministerkomitee nur die Umsetzung von **Urteilen** überwachen. Das ist der wesentliche Grund dafür, dass bis zum Inkrafttreten des 14. EMRKProt die Streichung einer Beschwerde gem. Art. 39 nach Zustandekommen einer gütlichen Einigung entgegen dem Wortlaut der Norm nicht durch eine Entscheidung (im technischen Sinne), sondern in Urteilsform erging (Art. 43 Abs. 3 EGMRVerfO aF), weil nur so eine Überwachung durch das Ministerkomitee sichergestellt werden konnte (vgl. den Erläuternden Bericht zum 14. EMRKProt, Rn. 94 (Übersetzung: BT-Drs. 16/42, 36)). Nunmehr sieht Art. 39 Abs. 4 eine spezielle Kompetenz des Ministerkomitees zur **Überwachung von Entscheidungen** nach gütlichen Einigungen vor (→ Art. 39 Rn. 11).

79–80 Gleichwohl bleiben nach wie vor gewisse Rechtsschutzlücken. Der EGMR kann nämlich Beschwerden mittels einer Entscheidung (im technischen Sinne) gem. Art. 37 Abs. 1 S. 1 lit. c im Register streichen, wenn die Regierung im Wege einer verbindlichen **einseitigen Erklärung** eine aus Sicht des Gerichtshofs ausreichende Entschädigungssumme angeboten hatte, der Bf. hiermit aber nicht einverstanden war (zB EGMR 12.2.2008 – 27156/05, BeckRS 2008, 7613 – Zingraf; → Art. 37 Rn. 13 ff.). Mangels einer gütlichen Einigung hilft in diesen Fällen auch die Kompetenz des Ministerkomitees aus Art. 39 Abs. 4 nicht weiter. Das Ministerkomitee gibt an, für die Überwachung in derartigen Fällen nicht zuständig zu sein, sondern verweist die Bf. auf die Möglichkeit der Wiedereintragung der Beschwerde gem. Art. 37 Abs. 2 (13th Annual Report of the Committee of Ministers 2019, S. 69; zur Wiedereintragung EGMR 3.9.2019 – 83275/17 Rn. 11 f., BeckRS 2019, 48416 – Calleja mwN).

III. Überwachungspraxis

In der Praxis hat sich das Ministerkomitee lange Zeit damit begnügt zu kontrollieren, dass dem Bf. die entstandenen **Kosten erstattet** wurden (*Ress* EuGRZ 1996, 350 (351)). Dieses Selbstverständnis kommt auch in der Kürze der früheren Verfahrensregeln des Ministerkomitees zur Anwendung des Art. 54 aF zum Ausdruck (abgedruckt in: Frowein/Peukert EMRK, 2. Aufl. 1996, S. 982). Bis zum Jahr 2000 war das Überwachungsverfahren als solches zudem **vertraulich** und nur das Endergebnis, die „Final Resolution" des Ministerkomitees, öffentlich zugänglich (Jahresbericht 2007 (→ Rn. 82)). 81

Die heutigen „Rules of the Committee of Ministers for the supervision of the execution of judgments and of the terms of friendly settlements" (vom 10. 5. 2006 idF vom 18. 1. 2017) weisen demgegenüber eine wesentlich größere Detailgenauigkeit auf. Insbesondere verlangen sie neben Informationen zur Entschädigungszahlung Auskunft über sonstige **individuelle** oder **generelle Maßnahmen** (Regel 6 Abs. 2 lit. b) wie zB Gesetzesänderungen oder die Veröffentlichung des EGMR-Urteils in der Landessprache (näher *Frowein* in Frowein/Peukert EMRK Art. 46 Rn. 16 ff.). Seit 2011 praktiziert das Ministerkomitee das Verfahren der zweispurigen Überwachung **(twin track supervision)**, welches zu einer Konzentration auf wesentliche Fälle geführt hat (zum Folgenden Jahresbericht 2013, 19 ff.). Der sog. **enhanced supervision** unterliegen bedeutsame Fälle – Piloturteile etwa fallen in diese Kategorie, jedoch nicht nur diese. Weniger bedeutende Fälle werden in der sog. **standard supervision** abgearbeitet. Gem. Regel 8 sind die Informationen, die Gegenstand des Überwachungsverfahrens sind, in weitem Umfang **öffentlich.** Mittlerweile hat der Europarat in die HUDOC-Suchmaschine eine eigene Kategorie („HUDOC EXEC") für den Stand der Urteilsumsetzung integriert. Seit dem Jahr 2007 veröffentlicht das Ministerkomitee zudem einen **Jahresbericht** „Supervision of the execution of judgments of the European Court of Human Rights", der ebenfalls im Internet verfügbar ist. Insgesamt ist die **Transparenz** der Überwachungspraxis in den letzten Jahren erheblich gesteigert worden. 82

Große praktische Relevanz für den Prozess der Überwachung der Urteilsumsetzung kommt heute der **Beteiligung von NGOs** zu (*Erken* ECHRLR 1 (2020), 248 ff.). Diese sog. „Rule 9"-Interventionen stehen allen NGOs oder NHRIs offen, und zwar unabhängig davon, ob sie zuvor als Drittintervenienten am Verfahren vor dem EGMR beteiligt waren oder nicht. Sie ermöglichen dem Ministerkomitee eine unabhängige Verifizierung der oftmals einseitigen Informationen der betroffenen Regierung. 2016 wurde das „European Implementation Network" als eine Dachorganisation von NGOs gegründet, das sich speziell im Bereich der Umsetzung von EGMR-Urteilen engagiert. 82a

Abgeschlossen wird die Urteilsüberwachung durch eine **„Final Resolution"** des Ministerkomitees, in der es seine Aufgabe für beendet erklärt (Regel 17). Hält das Ministerkomitee die Urteilsumsetzung hingegen für noch nicht ausreichend, kann es mittels einer **„Interim Resolution"** Druck auf den betroffenen Staat ausüben (Regel 16). Näher zum Verfahren im Ministerkomitee *Çalı/Koch* HRLR 14 (2014), 301 (313 ff.); *Zastrow*, Die Rolle des Ministerkomittees, 2018; zu den Besonderheiten bei Piloturteilen *Glas* HR&ILD 13 (2019), 73 ff. 83

Auch wenn die Befolgung der EGMR-Urteile im Regelfall keine nennenswerten Probleme zu bereiten scheint, bleiben doch bedauerliche Ausnahmen, insbesondere in stark **politisierten Fällen.** So hat es in dem die Nordzypern-Problematik betreffenden Fall *Loizidou* fast fünf Jahre gedauert, bis die Türkei 84 überhaupt nur die vom EGMR ausgeurteilte Entschädigungssumme gezahlt hat (Hauptsacheurteil: EGMR 18.12.1996 (GK) – 15318/89, EuGRZ 1997, 555; Urteil zur Entschädigung (Art. 50 aF): 28.7.1998 (GK); Zahlung von Entschädigung: 2.12.2003). Das Ministerkomitee ist mit dem Fall nach wie vor befasst. Der EGMR hat mit dem zur selben Thematik ergangenen Piloturteil im Fall *Xenides-Arestis* (22.12.2005 – 46347/99) zusätzlichen Druck aufgebaut. Das Problem der Politisierung stellt sich ebenfalls oftmals in **Staatenbeschwerden**. So ist im Fall *Zypern gegen die Türkei* die 2014 ausgeurteilte Entschädigungssumme (EGMR 12.5.2014 (GK) – 25781/94, NJOZ 2015, 627) bis heute nicht ausgezahlt worden. Zur Weigerung des britischen Parlaments, den Urteilen zum Wahlrechtsausschluss Strafgefangener Folge zu leisten → Rn. 36 a.

C. Urteilsauslegung (Abs. 3)

85   Bis zum Inkrafttreten des 14. EMRKProt konnten nur die am Verfahren beteiligten **Parteien** einen Antrag auf Urteilsauslegung durch den EGMR stellen (Art. 79 EGMRVerfO). In der Praxis ist es hierzu nur höchst selten gekommen (EGMR 23.6.1973 – 2614/65, EGMR-E 1, 143 – Ringeisen; EGMR 7.8.1996 – 15175/89, ÖJZ 1997, 115 – Allenet de Ribemont; EGMR 3.7.1997 – 13616/88 – Hentrich). Die Urteilsauslegung konnte (und kann bis heute) nur innerhalb eines Jahres nach der Verkündung des Urteils beantragt werden.

86   Auslegungsfragen hinsichtlich eines Urteils des EGMR können sich aber auch im Rahmen der Urteilsumsetzung für das mit der Überwachung betraute **Ministerkomitee** ergeben. Deshalb sieht der neu geschaffene Art. 46 Abs. 3 nunmehr auch für dieses eine (zeitlich unbefristete) Antragsmöglichkeit vor. Diese ist allerdings mit relativ hohen Hürden versehen, da ein Antrag des Ministerkomitees auf Urteilsauslegung eine 2/3-Mehrheit erfordert. Nach dem Erläuternden Bericht zum 14. EMRKProt soll die neu geschaffene Anrufungsmöglichkeit des EGMR mit dessen fehlender Kompetenz im Bereich der Urteilsumsetzung (→ Rn. 17) nicht kollidieren (Übersetzung: BT-Drs. 16/42, 36 Rn. 97). Das erscheint jedoch fraglich (skeptisch bereits der Bericht der sog. Evaluierungsgruppe, EG Court (2001)1, HRLJ 2001, 308 Rn. 49; siehe auch Grabenwarter/Pabel EMRK § 16 Rn. 19).

D. Weigerung der Urteilsbefolgung (Abs. 4, 5)

87   In den Vorarbeiten zum 14. EMRKPRot war vorgeschlagen worden, dem Ministerkomitee gegenüber umsetzungsunwilligen Staaten die Möglichkeit an die Hand zu geben, den EGMR mit dem Ziel anzurufen, eine Verletzung der Umsetzungspflicht aus Art. 46 Abs. 1 feststellen zu lassen. Zudem sollte der EGMR einen **Pauschalbetrag** wie im Unionsrecht (heute Art. 260 Abs. 2 AEUV) verhängen dürfen (CM(2003)55 vom 8.4.2003, Vorschlag C.4). Der Vorschlag einer finanziellen Sanktion im Falle der Nichtumsetzung wurde jedoch alsbald wieder fallen gelassen. Übrig geblieben ist Art. 46 Abs. 4 und 5 nF, der sich auf die Möglichkeit einer erneuten Anrufung des EGMR beschränkt. Der dadurch ausgeübte politische Druck, so der Erläuternde Bericht, sei ausreichend, um den betroffenen Staat zur Urteilsbefolgung zu veranlassen (Übersetzung: BT-Drs. 16/42, 36 Rn. 99).

Art. 46 EMRK

Mit dem neuen Verfahren nach Art. 46 Abs. 4 und 5 ist die einstmals klare Trennung zwischen Urteilsfällung durch den EGMR und Überwachung der Urteilsumsetzung durch das Ministerkomitee endgültig aufgehoben. Ua aus diesem Grund hatte sich der EGMR im Reformprozess gegen die neue Verfahrensart ausgesprochen (CDDH-GDR(2004)001, Rn. 27ff.). Durch die neuere Rspr. des EGMR dürfte diese Haltung heute überwunden sein. 88

Gleichwohl erscheint das neu eingeführte Verfahren grds. sinnvoll. Nach der bisherigen Rechtslage bestand die einzige Reaktionsmöglichkeit des Ministerkomitees gegenüber einem umsetzungsunwilligen Staat faktisch in der Verabschiedung von Interim Resolutions (→ Rn. 83). Darüber hinaus kamen zwar theoretisch auch die **Aussetzung des Stimmrechts** oder der **Ausschluss aus dem Europarat** in Betracht (Art. 8 Europaratssatzung), derartige Maßnahmen erscheinen jedoch als zu drastisch, ja im Falle des Ausschlusses sogar als kontraproduktiv (Erläuternder Bericht, Rn. 100). 89

Wie bei Art. 46 Abs. 3 erfordert die Anrufung des EGMR auch hier eine 2/3-Mehrheit im Ministerkomitee (Art. 46 Abs. 4). Neben diesen formal hohen Hürden sollte das Ministerkomitee nach dem Erläuternden Bericht von dem Verfahren „nur in Ausnahmefällen Gebrauch machen" (Erläuternder Bericht, Rn. 100). Die Erwartungen an die Effektivität dieses Verfahrens waren in der Literatur daher sehr gedämpft (*de Londras/Dzehtsiariou* ICLQ 66 (2017), 467ff.). 90

Mittlerweile ist es zur **erstmaligen Anwendung** des Verfahrens im Fall *Ilgar Mammadov* gekommen (EGMR 29.5.2019 – 15172/13, NLMR 2019, 232). Dieser Fall ist allerdings durch eine Vielzahl von Besonderheiten gekennzeichnet (*Lambert* EHRLR 2018, 325ff.). Die Besonderheiten bestanden zum einen darin, dass der Inhaftierte *Mammadov* ein prominenter politischer Akteur mit engen Verbindungen zum Europarat war und dass mit Aserbaidschan ein politisch ausgesprochen schwacher Staat betroffen war. Zum anderen war Gegenstand des Verfahrens gem. Art. 46 Abs. 4 nur die Nichtumsetzung des *ersten* EGMR-Urteils, welches die Verhängung der Untersuchungshaft betroffen und in dem der EGMR mit der Feststellung der Verletzung ua des Art. 18 ein starkes politisches Signal ausgesandt hatte (EGMR 22.5.2014 – 15172/13 – Ilgar Mammadov). Im *zweiten* Urteil bzgl. der endgültigen Verurteilung hatte der EGMR zwar ebenfalls eine Verletzung der Konvention, nicht aber des Art. 18 festgestellt (EGMR 16.11.2017 – 919/15, BeckRS 2017, 160671 – Ilgar Mamadov (Nr. 2)). Dies ermöglichte Aserbaidschan das Argument, dass angesichts des noch schwebenden Hauptverfahrens eine Freilassung Mammadovs in Reaktion auf das erste EGMR-Urteil nicht angezeigt gewesen wäre – eine Sichtweise, der sich der EGMR in dem 2019er Urteil im Ergebnis nicht anschloss. Schließlich bestand eine dritte Besonderheit dieses Falles darin, dass der Bf. im Zeitpunkt des Verfahrens gem. Art. 46 Abs. 4 bereits wieder vorläufig freigelassen worden war. Das Ministerkomitee beendete die Überwachung der Urteilsumsetzung Ende 2020 allerdings erst, nachdem der Oberste Gerichtshof die Verurteilung Mammadovs aufgehoben und Haftentschädigung gewährt hatte (CM/Del/Dec(2020)1377bis/H46-3). Angesichts dieser Vielzahl von Besonderheiten erscheint es verfrüht, allgemeine Aussagen zum Wert des Verfahrens zu machen (*Dzehtsiarou* ILM 59 (2020), 35 (36f.)). 91

Art. 47 Gutachten

(1) Der Gerichtshof kann auf Antrag des Ministerkomitees Gutachten über Rechtsfragen erstatten, welche die Auslegung dieser Konvention und der Protokolle dazu betreffen.

(2) Diese Gutachten dürfen keine Fragen zum Gegenstand haben, die den Inhalt oder das Ausmaß der in Abschnitt I dieser Konvention und in den Protokollen dazu anerkannten Rechte und Freiheiten beziehen, noch andere Fragen, über die der Gerichtshof oder das Ministerkomitee auf Grund eines nach dieser Konvention eingeleiteten Verfahrens zu entscheiden haben könnte.

(3) Der Beschluss des Ministerkomitees, ein Gutachten beim Gerichtshof zu beantragen, bedarf der Stimmenmehrheit der zur Teilnahme an den Sitzungen des Komitees berechtigten Mitglieder.

(1) The Court may, at the request of the Committee of Ministers, give advisory opinions on legal questions concerning the interpretation of the Convention and the Protocols thereto.

(2) Such opinions shall not deal with any question relating to the content or scope of the rights and freedoms defined in Section I of the Convention, or with any other question which the Court or the Committee of Ministers might have to consider in consequence of any such proceedings as could be instituted in accordance with the Convention.

(3) Decisions of the Committee of Ministers to request an advisory opinion of the Court shall require a majority vote of the representatives entitled to sit on the Committee.

(1) La Cour peut, à la demande du Comité des Ministres, donner des avis consultatifs sur des questions juridiques concernant l'interprétation de la Convention et de ses Protocoles.

(2) Ces avis ne peuvent porter ni sur questions ayant trait au contenu ou à l'étendue des droits et libertés définis au titre I de la Convention et dans les Protocoles ni sur les autres questions dont la Cour ou le Comité des Ministres pourraient avoir à connaître par suite de l'introduction d'un recours prévu par la Convention.

(3) La décision du Comité des Ministres de demander un avis à la Cour est prise par un vote à la majorité des représentants ayant le droit de siéger au Comité.

A. Bedeutung im innerstaatlichen Bereich

1   Das Gutachtenverfahren des EGMR nach Art. 47–49 (s. a. Art. 82–90 EGMR-VerfO) hat **kaum innerstaatliche Bedeutung.** Antragsberechtigt ist nur das Ministerkomitee (Abs. 1) und der zulässige Antragsgegenstand ist in Abs. 2 eng umgrenzt. Insbesondere kann das Gutachtenverfahren keine Klärung von Fragen des materiellen Rechts der Konvention erbringen. Das Verfahren ist auch bisher nur selten genutzt worden (→ Rn. 6). Ein **neues Gutachtenverfahren,** das das materielle Recht der Konvention zum Gegenstand hat, ist demgegenüber im 16. Zusatzprotokoll vorgesehen. Danach können die höchsten Gerichte der Vertrags-

parteien dem EGMR Grundsatzfragen zu den Rechten und Freiheiten der Konvention vorlegen. Das Zusatzprotokoll ist am 1.8.2018 in Kraft getreten, aber Deutschland ist **nicht Partei** geworden. Inzwischen sind ein Gutachten zu Fragen der Leihmutterschaft (EGMR 10.4.2019 (GK) – P16-2018-001, EuGRZ 2019, 185 – Advisory Opinion) und ein Gutachten zu Blankettverweisungen in Straftatbeständen (EGMR 29.5.2020 (GK) – P16-2019-001 – Advisory Opinion) ergangen. Zwei weitere Anträge liegen dem Gerichtshof vor (Stand Dezember 2020).

B. Gutachterliche Zuständigkeit

Der gutachterlichen Zuständigkeit des EGMR nach Art. 47–49 sind in personeller und materieller Hinsicht **enge Grenzen** gesetzt. Gutachtenanträge kann nur das Ministerkomitee – durch einen mit der Mehrheit seiner Mitglieder (Art. 14 Europarat-Satzung, BGBl. 1950, 263) angenommenen Beschluss (Abs. 3) – stellen. 2

Abs. 2 schließt das **materielle Recht** der Konvention als Gegenstand von Gutachtenanträgen aus. Außerdem ist jede Frage ausgeschlossen, die potenziell in einem Staaten- oder Individualbeschwerdeverfahren durch den EGMR zu klären sein könnte. Damit sind auch Fragen des **Verfahrensrechts,** insbesondere zu Gründen der Unzulässigkeit von Beschwerden, unzulässig. Der EGMR soll so davor bewahrt werden, in einem Gutachtenverfahren die spätere Prüfung einer Rechtsfrage im Rahmen seiner primären Zuständigkeit nach Art. 33, 34 zu präjudizieren (EGMR 2.6.2004 (GK) – A47-2004-001, NJW 2005, 123 Rn. 33 – Decision on the Competence of the Court to Give an Advisory Opinion). Die gutachterliche Zuständigkeit ist subsidiär; potenziell für ein Beschwerdeverfahren wesentliche Fragen sind der Verhandlung dort überlassen. 3

Abs. 2 nimmt auch solche Fragen von der gutachterlichen Zuständigkeit des EGMR aus, die sich dem **Ministerkomitee** stellen könnten. Damit können insbesondere Fragen zur Umsetzung von Urteilen nicht gestellt werden (aber s. das neue Verfahren nach Art. 46 Abs. 4). 4

Der EGMR hat angedeutet, dass die Erteilung des Gutachtens in sein Ermessen gestellt ist, selbst wenn er nach Art. 47 zuständig ist (vgl. EGMR 12.2.2008 (GK) – A47-2008-001, NJW 2009, 2109 Rn. 39 – Advisory Opinion No. 1; wie hier *Schabas,* ECHR, 2015, S. 877). Dies entspräche der stRspr des Internationalen Gerichtshofs zu Art. 65 seines Statuts (BGBl. 1973 II 505). 5

C. Praxis

Bisher ist ein Gutachtenantrag als nach Abs. 2 unzulässig abgelehnt worden (→ Rn. 3). Der EGMR hat zwei Gutachten erteilt (→ Rn. 5; EGMR Gutachten vom 22.1.2010 (GK) – A47-2010-001 – Advisory Opinion No. 2), jeweils zu Fragen des Verfahrens der Richterwahl. 6

Art. 48 Gutachterliche Zuständigkeit des Gerichtshofs

Der Gerichtshof entscheidet, ob ein vom Ministerkomitee gestellter Antrag auf Erstattung eines Gutachtens in seine Zuständigkeit nach Artikel 47 fällt.

EMRK Art. 49

The Court shall decide whether a request for an advisory opinion submitted by the Council of Ministers is within its competence as defined in Article 47.

La Cour décide si la demande d'avis consultatif présentée par le Comité des Ministres relève de sa compétence telle que définie par l'article 47.

1   Art. 48 regelt die Kompetenz des EGMR, über seine Zuständigkeit zur Erteilung des beantragten Gutachtens zu befinden **(Kompetenz-Kompetenz)**. Fällt der Antrag nicht in die Zuständigkeit des EGMR, stellt der Gerichtshof das in der Form einer Entscheidung fest (Art. 87 Abs. 2 EGMRVerfO); andernfalls wird die Frage im Gutachten selbst erörtert.

Art. 49   Begründung der Gutachten

(1) **Die Gutachten des Gerichtshofs werden begründet.**

(2) **Bringt das Gutachten ganz oder teilweise nicht die übereinstimmende Meinung der Richter zum Ausdruck, so ist jeder Richter berechtigt, seine abweichende Meinung darzulegen.**

(3) **Die Gutachten des Gerichtshofs werden dem Ministerkomitee übermittelt.**

(1) Reasons shall be given for advisory opinions of the Court.

(2) If the advisory opinion does not represent, in whole or in part, the unanimous opinion of the judges, any judge shall be entitled to deliver a separate opinion.

(3) Advisory opinions of the Court shall be communicated to the Council of Ministers.

(1) L'avis de la Cour est motivé.

(2) Si l'avis n'exprime pas en tout ou en partie l'opinion unanime des juges, tout juge a le droit d'y joindre l'exposé de son opinion séparée.

(3) L'avis de la Cour est transmis au Comité des Ministres.

1   Vgl. zur Begründungspflicht Art. 45. Auch die Entscheidungen, mit denen sich der EGMR für unzuständig erklärt, werden begründet (Art. 87 Abs. 2 EGMRVerfO). Anders als im Verfahren über Individual- und Staatenbeschwerden (→ Art. 29 Rn. 5; → Art. 31 Rn. 2), sind im Gutachtenverfahren auch bei Entscheidungen, die Anträge für unzulässig erklären, Sondervoten zulässig (Art. 88 Abs. 3 EGMRVerfO); der Begriff des „Gutachtens" in Abs. 2 ist insofern nicht abschließend.

Art. 50   Kosten des Gerichtshofs

Die Kosten des Gerichtshofs werden vom Europarat getragen.

The expenditure on the Court shall be borne by the Council of Europe.

Les frais de fonctionnement de la Cour sont à la charge du Conseil de l'Europe.

Kosten des Gerichtshofs **Art. 50 EMRK**

Literatur: *de Boer-Buquicchio,* Klarstellung zum Status des Europäischen Gerichtshofs für Menschenrechte und seiner Beziehungen zum Europarat, EuGRZ 2003, 561; *Engel,* Status, Ausstattung und Personalhoheit des Inter-Amerikanischen und des Europäischen Gerichtshofs für Menschenrechte, EuGRZ 2003, 122; *Ress,* Die Rechtsstruktur internationaler Gerichte, insbesondere des neuen Europäischen Gerichtshofs für Menschenrechte, FS Seidl-Hohenveldern, 1998, 541; *Wittinger,* Der Europarat: Die Entwicklung seines Rechts und der „europäischen Verfassungswerte", 2005.

A. Europarat und EGMR

Die EMRK enthält zahlreiche organisatorische Anbindungen des EGMR an 1
den Europarat, so etwa in Art. 22, 23, 46 Abs. 2, 47 und insbesondere in Art. 50.
Gleichwohl ist er kein **Organ des Europarats** (*Engel* EuGRZ 2003, 122 (127);
Frowein in Frowein/Peukert EMRK Erl. zu Art. 50; *Meyer-Ladewig/Renger* in HK-
EMRK Art. 50 Rn. 2; → Art. 51 Rn. 7; aA *de Boer-Buquicchio* EuGRZ 2003, 561 f.;
offen *Wittinger,* Europarat, 2005, S. 519; *Breuer* in Schmahl/Breuer, Council of
Europe, 2017, Rn. 38.36: nur *de facto* Organ). Praktische Bedeutung hat das Problem indes nur für die Frage, inwieweit der Europarat über den Haushalt des
EGMR nach eigenem Ermessen entscheiden darf, oder inwieweit der EGMR
eine institutionelle Unabhängigkeit gegenüber dem Europarat genießt und daher
eine eigene **Haushaltsautonomie** hat (dagegen *de Boer-Buquicchio* EuGRZ 2003,
561 f.; dafür *Engel* EuGRZ 2003, 122 (131 f.)). In jedem Fall hat der EGMR weitgehende Mitspracherechte bei der Entscheidung über seinen Haushalt (*de Boer-Buquicchio* EuGRZ 2003, 561 (562)).

Der nach Art. 50 vom Europarat zu finanzierende Haushalt des EGMR bildet in 2
der Praxis nur einen Teil des Gesamthaushalts des Europarats. Das **Ministerkomitee** genehmigt den Haushalt im Ganzen (Art. 16, 38 lit. c Europarat-Satzung,
BGBl. 1950, 263; → Art. 54 Rn. 2). Angesichts der Belastung des Gerichtshofs
wäre es sehr wünschenswert, seine Ausstattung deutlich zu verbessern (*Frowein* in
Frowein/Peukert EMRK Erl. zu Art. 50).

B. Kosten und Gerichtsgebühren

Art. 50 ordnet nicht unmittelbar an, dass die Verfahren des EGMR **gerichts-** 3
kostenfrei sind. Die Norm betrifft vielmehr die Kostenlast für die Unterhaltung
des EGMR, wie sie für die deutschen Gerichte aus Art. 92, 104a Abs. 1 GG folgt
und dort die Länder bzw. den Bund trifft. Die Gebührenfreiheit folgt jedoch aus
dem Umstand, dass keine anderslautenden Regelungen existieren.

Art. 50 steht deshalb Überlegungen, Gerichtsgebühren einzuführen, nicht ent- 4
gegen. Eine solche Änderung ist in der Diskussion (→ Art. 34 Rn. 9), ebenso wie
die Einführung von **Missbrauchsgebühren** (vgl. § 34 Abs. 2 BVerfGG). Auch
diese gibt es derzeit nicht (→ Art. 35 Rn. 132).

C. Rechtsanwaltsgebühren

Art. 50 regelt auch nicht die Frage der Gebühren eines Rechtsanwalts für die 5
Vertretung eines Beschwerdeführers vor dem EGMR. Diese Frage betrifft vielmehr
das Mandatsverhältnis zwischen dem Beschwerdeführer und seinem Rechtsanwalt

Thienel 815

und ist anhand des **RVG** zu beantworten. Das RVG hat dagegen fast **keine Bedeutung** für die **Kostenerstattung**, die der Gerichtshof dem erfolgreichen Beschwerdeführer gemäß Art. 41 zuspricht (→ Art. 41 Rn. 47 ff.), denn der EGMR sieht sich hierbei nicht an innerstaatliche Gebührenordnungen gebunden, sondern entscheidet ausschließlich nach **autonomen Angemessenheitsmaßstäben**, wobei ihm innerstaatliche Regelungen allenfalls als Anregung dienen können (EGMR 21.1.2011 (GK) – 30696/09 Rn. 418, 420 – M.S.S.; → Art. 41 Rn. 51). Die gesetzlichen Gebühren sind daher nur für die **Ansprüche des Rechtsanwalts** gegen seinen Mandanten, den Beschwerdeführer, von Bedeutung, und auch dies nur, wenn keine Vergütungsvereinbarung (§ 3a RVG) vorliegt. Außerdem entstehen gesetzliche Gebühren, wenn ein Rechtsanwalt einen Drittbeteiligten nach Art. 36 Abs. 2 vertritt (vgl. BVerfGE 53, 332 (334); *Mayer* in Mayer/Kroiß, RVG, 7. Aufl. 2018, RVG § 37 Rn. 16), auch hier vorbehaltlich einer Vergütungsvereinbarung.

6   Das RVG gilt allgemein für die Vergütung von Tätigkeiten deutscher Rechtsanwälte (§ 1 RVG) und damit auch für die Tätigkeit vor dem EGMR. Das Gesetz enthielt aber lange keine ausdrücklichen Gebührentatbestände oder Vorschriften über den Gegenstandswert. Das hat sich mit dem Inkrafttreten des **Zweiten Gesetzes zur Modernisierung des Kostenrechts** (BGBl. 2013 I 2586) am 1.8.2013 geändert. § 38a S. 1 RVG verweist nunmehr, ebenso wie § 37 Abs. 2 S. 1 RVG für die Verfassungsbeschwerdeverfahren, auf die Gebührentatbestände in Teil 3 Abschnitt 2 Unterabschnitt 2 des Vergütungsverzeichnisses. Auch die Regelung über den Gegenstandswert in § 38a S. 2 RVG entspricht der Regelung für die Verfassungsbeschwerdeverfahren in § 37 Abs. 2 S. 2 RVG.

7   Für Tätigkeiten vor dem 1.8.2013 hat man sich in der Praxis zumeist mit einer **Vergütungsvereinbarung** beholfen. Dabei wird es vermutlich zumeist bleiben. Wenn keine Vergütungsvereinbarung geschlossen wurde, ist für Leistungen vor dem 1.8.2013 eine entsprechende Anwendung des § 37 Abs. 2 RVG gangbar (→ 1. Aufl. 2011, Art. 50 Rn. 7 f.; *Deumeland* NJ 2012, 195 (197); vgl. auch BT-Drs. 17/11471, 269).

I. Gegenstandswert

8   Gemäß § 38a S. 2 RVG ist der Gegenstandswert unter Berücksichtigung **aller Umstände**, insbesondere der Bedeutung der Angelegenheit, des Umfangs und der Schwierigkeit der anwaltlichen Tätigkeit sowie der Vermögens- und Einkommensverhältnisse des Mandanten und des Haftungsrisikos des Anwalts, nach billigem Ermessen zu bestimmen. Der **Mindestwert** beträgt **5.000 EUR** (krit. zur geringen Höhe *Kleine-Cosack*, Verfassungsbeschwerden und Menschenrechtsbeschwerde, 3. Aufl. 2014, Rn. 1311). Zur Anwendung dieser Maßstäbe haben sich in der Rechtsprechung des BVerfG, die hier entsprechend herangezogen werden kann (*Burhoff* in Gerold/Schmidt, 24. Aufl. 2019, RVG § 38a Rn. 30), gewisse Leitlinien herausgebildet.

9   Danach richtet sich der Gegenstandswert **vorrangig** nach der **subjektiven Bedeutung** der Angelegenheit, also dem Rechtsschutzinteresse des Beschwerdeführers, einschließlich etwaiger Klärungen weiterer Angelegenheiten des Beschwerdeführers durch die Entscheidung (BVerfGE 79, 365 (366 f.)). Daneben ist die **objektive Bedeutung** des Verfahrens zu berücksichtigen. Unter diesem Gesichtspunkt verweist das BVerfG auf seine Funktion der Wahrung, Auslegung und Fortentwicklung des Verfassungsrechts, sowie maßgeblich auf die Bindungswirkung *erga omnes* seiner Entscheidungen (§ 31 Abs. 1 BVerfGG; BVerfGE 79, 365 (367 f.)). Dies

Kosten des Gerichtshofs **Art. 50 EMRK**

lässt sich auf den EGMR nicht unmittelbar übertragen, da seine Urteile nur die Parteien binden (→ Art. 46 Rn. 31). Auch ihm kommt aber die Aufgabe zu, das Recht der EMRK zu erläutern, zu schützen und fortzuentwickeln (EGMR 24.7.2003 – 40016/98 Rn. 26, ÖJZ 2004, 36 – Karner); zudem besitzt er eine normative Leitfunktion für das Recht der Konvention, an der sich alle Vertragsparteien zu orientieren haben (→ Art. 55 Rn. 6). Dies genügt, um auch der Individualbeschwerde zum EGMR eine objektive Bedeutung wie der Verfassungsbeschwerde zuzuerkennen.

Das BVerfG nimmt an, dass der Gesichtspunkt der objektiven Bedeutung des **10** Verfahrens den Gegenstandswert nicht nur erhöhen, sondern auch **ermäßigen** kann. Daher soll der Gegenstandswert nicht über den Mindestwert von (nun) 5.000 EUR hinausgehen können, wenn die Verfassungsbeschwerde nicht zur Entscheidung angenommen werde (BVerfGE 79, 365 (368f.)); auch sei relevant, ob die Kammer oder der Senat entscheide (BVerfGE 79, 365 (369); zum Ganzen krit. *Hartung* in Hartung/Römermann/Schons, Praxiskommentar zum RVG, 2. Aufl. 2006, RVG § 37 Rn. 15). Dies ist durchaus **zweifelhaft,** zumal der Gegenstandswert danach auch gegenüber der innerstaatlichen Fachgerichtsbarkeit reduziert wird. Übertragen auf den **EGMR** wird aber jedenfalls nicht anzunehmen sein, dass bei Zulässigkeitsentscheidungen der Ausschüsse nur sehr geringe Gegenstandswerte in Betracht kommen, denn „unterhalb" dieser Entscheidungsform gibt es beim EGMR schließlich noch die Einzelrichterentscheidung. Im Übrigen wird bei einer Entscheidung oder einem Urteil der Großen Kammer der Gegenstandswert wegen der größeren objektiven Bedeutung der Sache (vgl. Art. 30, 43 Abs. 2) höher sein.

Umfang und Schwierigkeit der anwaltlichen Tätigkeit sind nur unterge- **11** ordnete Gesichtspunkte, weil sie sich in der Regel an der bereits berücksichtigten Bedeutung der Sache orientieren; nur besonders gehaltvolle Arbeit ist gesondert einzustellen (BVerfGE 79, 357 (364); 79, 365 (369f.)). Auch das **Haftungsrisiko** wird selten eine Rolle spielen, denn bei der geringen Erfolgsquote deutscher Beschwerden wird ein Prozessverlust selten auf einen Fehler des Rechtsanwalts zurückzuführen sein (vgl. *Kleine-Cosack,* Verfassungsbeschwerden und Menschenrechtsbeschwerde, 3. Aufl. 2014, Rn. 1317). Die **Vermögens- und Einkommensverhältnisse** des Mandanten sind ebenfalls nur ein Korrektiv (BVerfGE 79, 365 (370)).

II. Gebührentatbestände

Auf der Grundlage des so ermittelten Gegenstandswerts ist gemäß § 38a S. 1 **12** RVG VV Teil 3 Abschnitt 2 Unterabschnitt 2 RVG (ua zur Revision im Zivil- und Verwaltungsprozess) entsprechend anwendbar. Dabei bestimmt sich die **Verfahrensgebühr** nach VV 3206, 3207 RVG; die VV 3208, 3209, 3212, 3213 RVG gelten nicht (*Burhoff* in Gerold/Schmidt, 24. Aufl. 2019, RVG § 38a Rn. 25). Mündliche Verhandlungen sind außer vor der Großen Kammer selten; eine **Terminsgebühr** (VV 3210 RVG) wird daher in der Regel nicht entstehen. Die Einreichung der innerstaatlichen Gerichtsentscheidungen und der Schriftsätze aus den dortigen Verfahren, namentlich der Verfassungsbeschwerde, führt nicht zur Entstehung der **Dokumentenpauschale** nach VV 7000 Nr. 1 lit. d RVG, denn die damit erbrachte Substantiierung der (horizontalen) Rechtswegerschöpfung (→ Art. 35 Rn. 39ff.) ist nicht mehr als pflichtgemäß und die Einreichung daher nicht „zusätzlich" (vgl. BVerfGE 96, 217 (222f.)).

Die Möglichkeit der Verweisung an die **Große Kammer** gemäß Art. 43 findet **13** beim BVerfG keine Entsprechung. Es liegt nahe, insofern einen zweiten „Rechtszug" und damit eine neue Angelegenheit anzunehmen, so dass erneut die Verfahrensgebühr nach VV 3206 RVG entsteht (*Burhoff* in Gerold/Schmidt, 24. Aufl. 2019, RVG § 38a Rn. 18). Der Gegenstandswert wird hier wegen der größeren objektiven Bedeutung der Sache erhöht sein (→ Rn. 10).

Art. 51 Privilegien und Immunitäten der Richter

Die Richter genießen bei der Ausübung ihres Amtes die Vorrechte und Immunitäten, die in Artikel 40 der Satzung des Europarats und den aufgrund jenes Artikels geschlossenen Übereinkünften vorgesehen sind.

The judges shall be entitled, during the exercise of their functions, to the privileges and immunities provided for in Article 40 of the Statute of the Council of Europe and in the agreements made thereunder.

Les juges jouissent, pendant l'exercice de leur fonctions, des privilèges et immunités prévus à l'article 40 du Statut du Conseil de l'Europe et dans les accords conclus au titre de cet article.

Literatur: *Anderson/Wordsworth,* Article 19, in Zimmermann/Tams, The Statute of the International Court of Justice, A Commentary, 3. Aufl. 2019; *Doehring,* Die Rechtsstellung internationaler Richter, FS Rudolf, 2001, 35; *Koster,* Immunität internationaler Richter, 2002.

A. Umfang der Vorrechte und Immunitäten

1   Art. 51 regelt nur die Immunitäten der **Richter** des EGMR. Darüber hinaus bestehen Vorrechte und Immunitäten aufgrund weiterer vertraglicher Bestimmungen auch für die Mitarbeiter der **Kanzlei** (→ Rn. 7) sowie für **Beschwerdeführer** und ihre Vertreter (→ Rn. 8).

I. Die Richter und der Kanzler

2   Zur Sicherung ihrer Unabhängigkeit werden den Richtern des EGMR (einschließlich der Richter *ad hoc,* Art. 27 Abs. 2) sowie dem Kanzler in einer Reihe von Instrumenten Vorrechte und **Immunitäten** eingeräumt. Art. 51 verweist hierzu zunächst auf Art. 40 Europarat-Satzung (BGBl. 1950, 263). Danach genießen die Richter diejenigen Immunitäten, die für die Erfüllung ihrer Aufgabe erforderlich sind, und insbesondere **funktionale Immunität,** dh Immunität hinsichtlich ihrer amtlichen Handlungen (Art. 40 lit. a Europarat-Satzung).

3   Die so allgemein bezeichneten Immunitäten wurden, in Ausführung der Verpflichtung aus Art. 40 lit. b Europarat-Satzung, in mehreren Verträgen näher ausgestaltet. Für den Europarat im Allgemeinen ist das mit dem **Allgemeinen Abkommen** vom 2.9.1949 über die Vorrechte und Befreiungen des Europarats (BGBl. 1954 II 493) geschehen. Speziell für die Richter und den Kanzler des EGMR (nach dem Protokoll Nr. 11 zur EMRK) gilt das **Protokoll Nr. 6** zu dem Allgemeinen Abkommen vom 5.3.1996 (BGBl. 2001 II 564; dazu auch *Meyer-Ladewig/Renger* in HK-EMRK Art. 51 Rn. 2).

4   Dieses Protokoll verweist in seinem Art. 1 zunächst auf die Vorrechte und Immunitäten nach Art. 18 des Allgemeinen Abkommens. Dabei handelt es sich vor allem um eine weitere Regelung zur funktionalen Immunität sowie eine **Steuer-**

Privilegien und Immunitäten der Richter **Art. 51 EMRK**

befreiung für die vom Europarat bezogenen Gehälter und eine Freistellung von ausländerrechtlichen Beschränkungen.

Art. 1 des Protokolls Nr. 6 gewährt den Richtern und dem Kanzler, ihren Ehepartnern und ihren minderjährigen Kindern zudem **diplomatische Immunität** nach Maßgabe des Völkerrechts, heute also insbesondere der Art. 29, 31 des Wiener Übereinkommens vom 18.4.1961 über diplomatische Beziehungen (BGBl. 1964 II 957). Diese Personen genießen daher **absolute** und **persönliche Immunität** im Strafverfahren und gegen Verhaftungen, dh auch hinsichtlich ihrer privaten Handlungen. Im Zivilverfahren sind sie mit wenigen Ausnahmen ebenso immun (Art. 31 des Wiener Übereinkommens). Ob diese Immunität anders als bei Diplomaten auch gegenüber dem **Heimatstaat** gilt, ist unklar (krit. *Doehring* FS Rudolf, 2001, 40; *Ress* in Karl, Internationale Gerichtshöfe und nationale Rechtsordnung, 2005, S. 39, 52); jedenfalls gilt aber die funktionale Immunität (*Koster*, Immunität internationaler Richter, 2002, S. 215ff.). 5

Die Vorrechte und Immunitäten dienen nach Art. 4 des Protokolls Nr. 6 zum Allgemeinen Abkommen ausdrücklich nicht dem persönlichen Vorteil von ihnen erfassten Personen, sondern nur dem Schutz der **richterlichen Unabhängigkeit**. Das Gerichtsplenum kann die Immunität aufheben; es muss dies tun, wenn sonst verhindert würde, dass der Gerechtigkeit Genüge getan wird, und die richterliche Unabhängigkeit nicht berührt ist (Art. 4 S. 2 6. EMRKProt; zur jüngeren Praxis vgl. *Schabas*, ECHR, 2015, S. 892f.). 6

II. Die Mitarbeiter der Kanzlei

Auch die Mitarbeiter der Kanzlei genießen gewisse Vorrechte und Immunitäten, jedoch keine diplomatische Immunität. Hält man den EGMR für ein Organ des Europarats (→ Art. 50 Rn. 1), sind seine Mitarbeiter unproblematisch Beamte des Europarats iSd Art. 18 des Allgemeinen Abkommens (so, zu einer Art. 18 ähnlichen innerstaatlichen Norm, der engl. Court of Appeal, Zoernsch v. Waldock [1964] 2 All ER 256 (259f.) = ILR 41, 438 (442f.)). Jedenfalls wird die Kanzlei aber, unbeschadet der Aufsicht des Gerichtshofs über ihre Arbeit, vom Generalsekretär des Europarats gestellt (Erläuternder Bericht zu Protokoll Nr. 11 zur EMRK, Rn. 66; dazu *Mahoney* HRLJ 2003, 152 (157); aA *Engel* EuGRZ 2003, 122 (132)); ihre Mitarbeiter sind deshalb Beamte des Europarats. So geht auch Art. 5 Abs. 4 6. EMRKProt von der Existenz von Immunitäten der Mitarbeiter der Kanzlei aus, indem er eine Regelung zur Aufhebung der Immunitäten (durch den Generalsekretär des Europarats und den Präsidenten des EGMR) trifft. Zum Inhalt der Rechte nach Art. 18 → Rn. 4. 7

III. Beschwerdeführer und Parteivertreter

Besondere Vorrechte und Immunitäten gelten nach dem Europäischen Übereinkommen über die an Verfahren vor dem EGMR teilnehmenden Personen (BGBl. 2001 II 359) für **Beschwerdeführer,** ihre **Vertreter** und Berater sowie **Zeugen,** Sachverständige und Drittbeteiligte (Art. 36 Abs. 2 EMRK). Sie sind besondere hinsichtlich aller Äußerungen gegenüber dem EGMR immun und genießen Reisefreiheit und freies Geleit für die Reise zum Gerichtshof (Art. 2, 4 Abs. 2). Der EGMR kann die Immunitäten aufheben (Art. 5). Diese sind auch ein Aspekt des Rechts nach Art. 34 S. 2 (→ Art. 34 Rn. 90). 8

Thienel 819

B. Innerstaatliche Anwendbarkeit

9 Die genannten Vorrechte und Immunitäten sind **unmittelbar anwendbares Bundesrecht.** Die Vertragsnormen sind hinreichend bestimmt und geeignet, wie eine innerstaatliche Norm Geltung zu entfalten (vgl. zu diesem Erfordernis BVerfGE 29, 348 (360); 142, 234 (246)). Das Allgemeine Abkommen gilt im Rang eines Bundesgesetzes (vgl. Art. 59 Abs. 2 GG), das Protokoll Nr. 6 jedoch nur im Rang der Rechtsverordnung, durch die es innerstaatlich vollzogen wurde (BGBl. 2001 II 564; vgl. *Rojahn* in v. Münch/Kunig, 6. Aufl. 2012, GG Art. 59 Rn. 61, 86). Zudem verweist **§ 20 Abs. 2 GVG** auf die vorgenannten Immunitäten im Gerichtsverfahren (vgl. *Katholnigg,* Strafgerichtsverfassungsrecht, 3. Aufl. 1999, § 20 Rn. 5).

6. Teil. Schlussvorschriften

Art. 52 Anfragen des Generalsekretärs

Auf Anfrage des Generalsekretärs des Europarats erläutert jede Hohe Vertragspartei, auf welche Weise die wirksame Anwendung aller Bestimmungen dieser Konvention in ihrem innerstaatlichen Recht gewährleistet wird.

On receipt of a request from the Secretary-General of the Council of Europe any High Contracting Party shall furnish an explanation of the manner in which its internal law ensures the effective implementation of any of the provisions of the Convention.

Toute Haute Partie contractante fournira sur demande du Secrétaire général du Conseil de l'Europe les explications requises sur la manière dont son droit interne assure l'application effective de toutes les dispositions de la Convention.

Literatur: *Mahoney,* Does Article 57 of the European Convention on Human Rights serve any useful purpose?, FS Wiarda, 1988, 373.

Der Generalsekretär des Europarats hat bisher nur wenige Anfragen nach Art. 52 gestellt. Das Berichtsverfahren hat daher neben den Beschwerdeverfahren des EGMR keine große **praktische Bedeutung** für die Überwachung der Umsetzung der Konvention erlangt (*Frowein* in Frowein/Peukert EMRK Art. 52 Rn. 2). Jedoch kann der Generalsekretär mit dem Verfahren nach Art. 52 vergleichsweise **schnell** Informationen über die Beachtung der Konvention beschaffen und so auch **präventiv** wirken, während das Individualbeschwerdeverfahren erst nach der Ausschöpfung des innerstaatlichen Rechtswegs zu einer Klärung führen kann (*Meyer-Ladewig/Renger* in HK-EMRK Art. 52 Rn. 1). 1

Die EMRK kennt, anders als etwa die UN-Antifolterkonvention (BGBl. 1990 II 246, Art. 19 Abs. 1), kein System periodischer Staatenberichte. Stattdessen steht es im alleinigen **Ermessen** des Generalsekretärs (dazu *Mahoney* FS Wiarda, 1988, 376 ff.), Berichte über die Beachtung der Konventionsrechte anzufordern. Art. 52 ermächtigt ihn, Anfragen an alle Vertragsstaaten oder, wenn Anlass dazu besteht, an **einzelne Staaten** zu stellen (*Frowein* in Frowein/Peukert EMRK Art. 52 Rn. 1; *Mahoney* FS Wiarda, 1988, 382 f. (385)). Die Anfragen können die Gewährleistung aller Bestimmungen der Konvention in ihrer Gesamtheit oder auch nur **einzelne Bestimmungen** betreffen (vgl. die englische Fassung: „any of the provisions"). Auch darf sich eine Anfrage auf einen **bestimmten Sachverhalt**, etwa ein Gesetz, eine Verwaltungspraxis oder einen Einzelfall, beziehen (*Mahoney* FS Wiarda, 1988, 382). 2

Die Vertragsstaaten sind zur Beantwortung der Anfrage **verpflichtet.** Sie müssen deshalb auch hinreichend **detaillierte** Auskünfte erteilen (Dok. SG/Inf (2006) 5, Rn. 12). Der Generalsekretär ist berechtigt, die Antworten an alle Vertragsparteien und die Parlamentarische Versammlung weiterzuleiten und sie zu **veröffentlichen** (*Mahoney* FS Wiarda, 1988, 389). 3

Mit der Befugnis des Generalsekretärs, nach seinem Ermessen Anfragen zu stellen, geht allerdings keine weitere **Ermittlungsfunktion** einher (*Mahoney* 4

FS Wiarda, 1988, 384). Der Generalsekretär darf jedoch **beurteilen,** ob die Vertragsstaaten ihren Verpflichtungen aus Art. 52 genügt haben, und kann auf Grundlage der erhaltenen Informationen **Empfehlungen** an die Vertragsstaaten richten (vgl. Dok. SG/Inf (2006) 5, Rn. 89 ff., 97 ff.). Hierbei kann er auch Aussagen zum **materiellen Recht** der Konvention treffen. Dabei sollte er sich jedoch an die gesicherte Rechtslage halten, denn er hat keine rechtsprechende Funktion und Art. 52 dient nur der Durchsetzung der Konvention.

5   In der jüngeren **Praxis** hat der Generalsekretär Anfragen zu geheimen Überstellungen von Terrorverdächtigen an die USA („CIA-Flüge") und zum Tschetschenien-Krieg gestellt (*Meyer-Ladewig/Renger* in HK-EMRK Art. 52 Rn. 2). Vgl. iÜ *Frowein* in Frowein/Peukert EMRK Art. 52 Rn. 2, 4; *Schabas,* ECHR, 2015, S. 899 ff.

Art. 53 Wahrung anerkannter Menschenrechte

Diese Konvention ist nicht so auszulegen, als beschränke oder beeinträchtige sie Menschenrechte und Grundfreiheiten, die in den Gesetzen einer Hohen Vertragspartei oder in einer anderen Übereinkunft, deren Vertragspartei sie ist, anerkannt werden.

Nothing in this Convention shall be construed as limiting or derogating from any of the human rights and fundamental freedoms which may be ensured under the laws of any High Contracting Party or under any other agreement to which it is a party.

Aucune des dispositions de la présente Convention ne sera interprétée comme limitant ou portant atteinte aux droits de l'homme et aux libertés fondamentales reconnus conformément aux lois de toute Partie contractante ou à toute autre Convention à laquelle cette Partie contractante est partie.

Literatur: *Alkema,* The enigmatic no-pretext clause: Article 60 of the European Convention on Human Rights, in Klabbers/Lefeber, Essays on the Law of Treaties, FS Vierdag, 1998, 41; *Breuer,* Karlsruhe und die Gretchenfrage: Wie hast du's mit Straßburg?, NVwZ 2005, 412; *Grabenwarter,* Kontrolldichte des Grund- und Menschenrechtsschutzes in mehrpoligen Rechtsverhältnissen, EuGRZ 2006, 487; *Hoffmann-Riem,* Kontrolldichte und Kontrollfolgen beim nationalen und europäischen Schutz von Freiheitsrechten in mehrpoligen Rechtsverhältnissen, EuGRZ 2006, 492; *Klein,* Straßburger Wolken am Karlsruher Himmel – Zum geänderten Verhältnis zwischen Bundesverfassungsgericht und Europäischem Gerichtshof für Menschenrechte seit 1998, NVwZ 2010, 221; *Ludwigs,* Kooperativer Grundrechtsschutz zwischen EuGH, BVerfG und EGMR, EuGRZ 2014, 273; *Ress,* Horizontale Grundrechtskollisionen: Zur Bedeutung von Art. 53 der Europäischen Menschenrechtskonvention, GS Bleckmann, 2007, 313.

A. Bedeutung im innerstaatlichen Bereich

1   Art. 53 betrifft das Verhältnis zwischen der EMRK und den innerstaatlichen Grundrechten. Die Norm stellt klar, dass die Konvention den zahlreichen weitergehenden Gewährleistungen insbesondere des GG und einiger Landesverfassungen nicht entgegensteht. Die Konvention will nur einen europäischen **Mindeststandard** sichern, aber keine Obergrenze des maximal zulässigen Grundrechtsschutzes festschreiben (vgl. EGMR 19.1.2010 – 15371/07 Rn. 25 – Nersesyan; EGMR

15.1.2008 – 17056/06 Rn. 44 – *Micallef*; *Klein* NVwZ 2010, 221 (223); *Ress* GS Bleckmann, 2007, 321). Art. 53 steht damit für eine **ökumenische Philosophie** des Menschenrechtsschutzes (EGMR 21.6.2016 (GK) – 5809/08 Sondervotum *Pinto de Albuquerque* Rn. 71 – Al-Dulimi u. Montana Management Inc.). Gleichwohl können die Mindestrechte der EMRK in **mehrpoligen Grundrechtsverhältnissen** mit innerstaatlichen Grundrechten in Konflikt geraten (→ Rn. 5 ff.).

B. Inhalt und Reichweite des Günstigkeitsprinzips

I. Inhalt des Günstigkeitsprinzips

Die EMRK **ergänzt** und verstärkt den innerstaatlichen Grundrechtsschutz, aber 2 begrenzt ihn nicht (EGMR 30.1.1998 (GK) – 19392/92 Rn. 28 – United Communist Party of Turkey). Das **Günstigkeitsprinzip** des Art. 53 (VfGH 17.12.1998 – B3028/97, VfSlg. 15394/1998 = EuGRZ 1999, 600 (602); *Grabenwarter/Pabel* EMRK § 2 Rn. 14; *Ress* GS Bleckmann, 2007, 321) besagt deshalb ausdrücklich, dass die Konvention nicht so ausgelegt werden darf, als beschränke oder beeinträchtige sie anderweitig verbürgte Grundrechte. Die Konvention soll insbesondere nicht als Vorwand zur Beschränkung anderer Grundrechte dienen können (vgl. *Alkema* FS Vierdag, 1998, 41). Sie kann deshalb auch im Rahmen der **konventionsfreundlichen Auslegung** der Grundrechte des GG nicht zu einer Angleichung „nach unten" auf das Niveau der EMRK führen (BVerfGE 74, 358 (370); 111, 307 (317); 120, 180 (200f.); 148, 296 (351); zu Kollisionsfällen → Rn. 8 f.).

Die EMRK erhebt somit keinen Anspruch auf **Ausschließlichkeit** als alleinige 3 Quelle von Grundrechten. Sie macht auch keine Vorschriften über die Form der Gewährung weiterer Rechte und Freiheiten. Eine enge Auslegung der Begriffe der **„Gesetze"** oder der **„anderen Übereinkunft"** ist deshalb nicht angezeigt. Erfasst sind verfassungsrechtlich geschützte ebenso wie einfachgesetzliche Rechte sowie die völkerrechtlichen Instrumente des Menschenrechtsschutzes (*Grabenwarter/Pabel* EMRK § 2 Rn. 15 f.) einschließlich der Zusatzprotokolle zur EMRK.

II. Nur klarstellende Bedeutung

Art. 53 hat selbst nur klarstellende Bedeutung. Im **innerstaatlichen Recht** 4 können die Grundrechte des GG schon deshalb weiter gehen als die der Konvention, weil das GG der EMRK im innerstaatlichen Rang vorgeht. Art. 53 ist insofern nur für die Grundrechte der Landesverfassungen relevant, die im Rang unter ihr stehen (Art. 59 Abs. 2 iVm Art. 31 GG). Aber auch auf **völkerrechtlicher** Ebene drückt Art. 53 nur Selbstverständliches aus (*Frowein* in Frowein/Peukert EMRK Erl. zu Art. 53). Indem die EMRK Rechte im Verhältnis zwischen den Grundrechtsträgern und dem jeweiligen Staat begründet (hierzu *Behnsen*, Das Vorbehaltsrecht völkerrechtlicher Verträge, 2007, S. 95 ff.), verpflichtet sie die Staaten ersichtlich nicht zugleich im Verhältnis zueinander, keine weiteren Grundrechte anzuerkennen. Zudem spricht bereits die Präambel der EMRK vom „gemeinsame(n) Erbe an … Freiheit und Rechtsstaatlichkeit," das vor allem in den Verfassungen der Vertragsstaaten niedergelegt ist und das die EMRK sicherlich nicht ersetzen sollte (vgl. EGMR 30.1.1998 (GK) – 19392/92 Rn. 28 – United Communist Party of Turkey).

III. Mehrpolige Grundrechtsbeziehungen

5   In den üblichen Fällen der zweipoligen Grundrechtsbeziehung nur zwischen Bürger und Staat stellt sich die Anwendung des Günstigkeitsprinzips des Art. 53 einfach dar. Besondere Fragen stellen sich aber, wenn die Rechte der EMRK mit anderen Grundrechtspositionen **kollidieren** (vgl. zu einer fünfpoligen Grundrechtsbeziehung EGMR 21.12.2010 – 20578/07 Rn. 70, NJW 2011, 3565 – Anayo). Das kann vorkommen, wenn Eingriffe in Rechte der EMRK durch grundrechtliche Schutzpflichten des innerstaatlichen Rechts geboten sind oder – umgekehrt – die EMRK Schutzhandlungen verlangt, die die (innerstaatlichen) Grundrechte Dritter verletzen würden. In diesen Fällen geht die Verwirklichung der grundrechtlich geschützten Interessen eines Privaten zwangsläufig auf Kosten eines anderen Privaten (*Hoffmann-Riem* EuGRZ 2006, 492; vgl. *Breuer* NVwZ 2005, 412 (414); *Grabenwarter* EuGRZ 2006, 487f. (489); *Klein* NVwZ 2010, 221 (223)). Eine für beide Seiten günstigere Gewährleistung gibt es im Kollisionsfall also nicht (*Breuer* NVwZ 2005, 412 (414)). Der Staat gibt dann nicht, sondern nur anderen Grundrechtsschutz als die EMRK (*Meyer-Ladewig* in HK-EMRK, 3. Aufl. 2011, Art. 53 Rn. 3). Das **Günstigkeitsprinzip** des Art. 53 kann deshalb **nicht gelten** (*Alkema* FS Vierdag, 1998, 48; *Breuer* NVwZ 2005, 412 (414); *Buchholtz* NJW 2016, 1038; *Franzius* ZaöRV 2015, 383 (395); *Giegerich* in Dörr/Grote/Marauhn Kap. 2 Rn. 74; *Grabenwarter* EuGRZ 2006, 487 (489f.); *Lindner* EuR 2007, 160 (166f.); *Oeter* VVDStRL 2007, 361 (369); *Ress* GS Bleckmann, 2007, 324; *Sauer* EuGRZ 2011, 195 (197); → Einl. Rn. 108). In drei- oder mehrpoligen Grundrechtsbeziehungen tritt die EMRK daher nicht pauschal zurück. Art. 53 ist also **keine Schrankenbestimmung** (*Klein* NVwZ 2010, 221 (223); *Ress* GS Bleckmann, 2007, 322). Andernfalls stünde der Mindeststandard der EMRK (→ Rn. 1) unter dem Vorbehalt einer Kollision mit anderen Grundrechten, und stünden die Rechte der Konvention damit zur Disposition des innerstaatlichen Gesetzgebers, der sie vielfach durch eine Begründung konfligierender Grundrechtspositionen aushebeln könnte.

6   Die innerstaatlichen (oder sonstigen völkerrechtlichen) Grundrechte bleiben deshalb nur dann unberührt, wenn ihre Beachtung nicht dazu führt, dass Konventionsrechte verletzt werden (*Grabenwarter/Pabel* EMRK § 2 Rn. 16; *Klein* NVwZ 2010, 221 (223); aA *Hoffmann-Riem* EuGRZ 2006, 492 (499); wohl auch *Papier* EuGRZ 2006, 1 (3)). Die **Eingriffsverbote** der EMRK gelten deshalb – ohne dass der EGMR Art. 53 dabei ausdrücklich erwähnen würde – auch, wenn ein Eingriff durch ein innerstaatliches Grundrecht gefordert wird (vgl. EGMR 29.10.1992 – 14234/88 ua, NJW 1993, 773 = EuGRZ 1992, 484 – Open Door and Dublin Well Woman; aA Sondervotum *Blayney*). Auch die **positiven Verpflichtungen** aus der EMRK gelten selbst dann, wenn innerstaatliche Grundrechte das geforderte staatliche Verhalten verbieten (vgl. EGMR 24.6.2004 – 59320/00 Rn. 56ff., NJW 2004, 2647 – von Hannover; dazu *Breuer* NVwZ 2005, 412 (414); *Grabenwarter* EuGRZ 2006, 487 (490); *Ress* GS Bleckmann, 2007, 322). Damit kann aus der EMRK in diesem von Art. 53 nicht erfassten Fall die völkerrechtliche Pflicht folgen, innerstaatliche **Grundrechte nicht** oder anders **anzuwenden.**

7   Das **BVerfG** vertritt insoweit keine andere Ansicht. Das Gericht hat Art. 53 in seinem **Görgülü-Beschluss** (→ Art. 46 Rn. 49ff.) die Bedeutung beigelegt, die Konvention wolle selbst keine Einschränkung oder Minderung des innerstaatlichen Grundrechtsschutzes (BVerfGE 111, 307 (317); so auch BVerfGE 120, 180 (200f.)).

Das ist in Fällen einer nur zweipoligen Grundrechtsbeziehung unzweifelhaft richtig (→ Rn. 1–3; in einem solchen Fall bereits ebenso BVerfGE 74, 358 (370)). Über die Rolle von Art. 53 bei **mehrpoligen Grundrechtsbeziehungen** hat das BVerfG an dieser Stelle nicht gesprochen (aA *Klein* NVwZ 2010, 221 (223) Fn. 24). Es ist auch in dem Beschluss nicht davon ausgegangen, dass die EMRK in einem solchen Fall nach Art. 53 völlig zurücktrete. Vielmehr hat es sich mit der Richtigkeit des vorangegangenen Urteils des EGMR nach der EMRK gar nicht befasst, sondern nur mit dessen Umsetzungsfähigkeit im innerstaatlichen Recht. Hierzu hat es eine **„Einpassung"** von Urteilen des EGMR in die deutsche Rechtsordnung vorgesehen (BVerfGE 111, 307 (327)). Diese kann insbesondere scheitern, wenn das europäische Urteil – selbst unter Berücksichtigung der völkerrechtsfreundlichen Auslegung des GG – nicht mit den Grundrechten des GG vereinbar ist (BVerfGE 111, 307 (329)). Das läge dann aber nicht daran, dass die EMRK nach Art. 53 die kollidierenden deutschen Grundrechte unberührt ließe, sondern an dem innerstaatlichen Vorrang des GG vor der EMRK (→ Einl. Rn. 72 ff.; → Art. 46 Rn. 48 ff.). So dürfte auch das **Sicherungsverwahrung II-Urteil** des BVerfG zu verstehen sein. Dort mag das Gericht zwar (etwas undeutlich) angemerkt haben, dass Art. 53 auch in mehrpoligen Grundrechtsbeziehungen gelte (BVerfGE 128, 326 (371); dazu auch *Giegerich* in Dörr/Grote/Marauhn Kap. 2 Rn. 74); es ging dort aber nur um das für solche Fälle aus dem Grundgesetz folgende Rezeptionshemmnis (s. a. BVerfGE 148, 296 (355)), nicht um die richtige Auslegung der EMRK.

Bei der **Prüfung unter der EMRK** sind die mit einem Konventionsrecht kollidierenden anderen Grundrechte selbstverständlich als **„Rechte anderer"**, ggf. auch als Niederschlag der öffentlichen Moral (vgl. EGMR 29.10.1992 – 14234/88 ua Rn. 63, NJW 1993, 773 – Open Door and Dublin Well Woman), in die Abwägung unter der Konvention einzubeziehen, soweit eine Abwägung vorgesehen ist (vgl. etwa Abs. 2 von Art. 8–11). So kann eine **praktische Konkordanz** zwischen den innerstaatlichen Grundrechten und der EMRK hergestellt werden (vgl. *Hoffmann-Riem* EuGRZ 2006, 492 (499)). Der EGMR prüft insoweit nur, ob der Mitgliedstaat seine **„margin of appreciation"** überschritten hat (*Klein* NVwZ 2010, 221 (223)); je nach der Bedeutung des betroffenen innerstaatlichen Grundrechts kann dieser Spielraum weiter ausfallen. Letztlich wird so der Konflikt zwischen verschiedenen grundrechtlichen Gewährleistungen, den Art. 53 nicht durch ein Zurücktreten der EMRK *auflöst* (→ Rn. 5 f.), im Sinne einer **Korridorlösung** *entschärft* (→ Einl. Rn. 107 ff.; *Ludwigs* EuGRZ 2014, 273 (282 f.); *Sauer* EuGRZ 2011, 195 (198 f.)). Aufgrund der „margin of appreciation" entsteht also ein Korridor konventionsrechtlich zulässiger Lösungen, innerhalb dessen auch die innerstaatlichen Grundrechte die Lösung bestimmen können. Die Abwägung kann und darf jedoch zulasten des innerstaatlichen Grundrechts ausgehen (*Klein* NVwZ 2010, 221 (223); *Ludwigs* EuGRZ 2014, 273 (283); aA *Hoffmann-Riem* EuGRZ 2006, 492 (499): nur verfassungsrechtlich noch zulässige Ergebnisse, ansonsten trete die EMRK nach Art. 53 zurück).

Die Abwägung wird häufig im Ergebnis dazu führen, dass das **Schutzniveau auf beiden Seiten** des Grundrechtskonflikts dem Niveau der EMRK anzunähern sein wird (*Grabenwarter/Pabel* EMRK § 2 Rn. 16; *Ress* GS Bleckmann, 2007, 322 f.). Insofern gilt auch die Maxime der **konventionsfreundlichen Auslegung** der Grundrechte (→ Rn. 2), denn das deutsche Recht sieht sich hier einer menschenrechtlichen Norm (vgl. Art. 1 Abs. 2 GG u. dazu BVerfGE 111, 307 (329); s. a. BVerfGE 141, 1 (32)) ausgesetzt, die die Erhöhung des Schutzes der einen Seite des

EMRK Art. 53

Konflikts und damit zugleich die Absenkung des Schutzniveaus auf der anderen Seite verlangt. Dabei wird es aber selten um die Korrektur abstrakter Rechtssätze, sondern eher um Fragen der Bewertung und Abwägung im Einzelfall gehen (vgl. *Hoffmann-Riem* EuGRZ 2006, 492 (499)). Der **Dialog** zwischen dem EGMR und dem BVerfG und insbesondere die Rezeption der Rspr. des EGMR durch das BVerfG (vgl. etwa BVerfGE 120, 180 (201 ff.); 124, 199 (220), 148, 296 (350 ff.)) sollte Konflikte vermeiden helfen.

10 Selbst wenn die positiven Verpflichtungen unter der EMRK Eingriffe in innerstaatlich gewährleistete Grundrechte verlangen können, kann die EMRK jedoch nicht im Sinne der verfassungsrechtlichen Gesetzesvorbehalte hierzu **ermächtigen**. Sie ist insoweit nicht nur zu unbestimmt; es entspricht auch nicht ihrem Inhalt, Ermächtigungen zu erteilen. Es ist deshalb schwer nachvollziehbar, wenn das BVerfG in einem presserechtlichen Fall neben §§ 22 ff. KUG und § 823 BGB auch Art. 8 EMRK als „allgemeines Gesetz" iSd Art. 5 Abs. 2 GG ansieht (BVerfGE 120, 180 (200); wie hier *Payandeh* JuS 2009, 212 ff.). Der Schutz der Privatsphäre vor Presseveröffentlichungen durch Art. 8 (und Art. 2 Abs. 1 GG iVm Art. 1 Abs. 1 GG) ist in solchen Fällen vielmehr als legitimer Zweck des Eingriffs in die Meinungsfreiheit des Presseorgans, also bei der Verhältnismäßigkeitsprüfung, von Bedeutung.

11 Die Ermächtigungsgrundlage ist daher immer dem innerstaatlichen Recht zu entnehmen. Sie kann jedoch so **konventionsfreundlich ausgelegt** werden, dass sie die nach der EMRK gebotenen (Schutz-) Handlungen umfasst. Der Sache nach ist dies nach dem Urteil des EGMR im *Caroline von Hannover*-Fall (→ Rn. 6) geschehen (vgl. BGH 6.3.2007 – VI ZR 13/06, NJW 2007, 1981, und dazu *Teichmann* NJW 2007, 1917 (1919)).

C. Keine Erweiterung des Prüfungsmaßstabs

12 Art. 53 führt nicht dazu, dass die innerstaatlichen Grundrechte zum Prüfungsmaßstab des EGMR würden. Es kann also zB keine Verletzung von Art. 53 iVm Art. 2 Abs. 1 GG gerügt werden (*Alkema* FS Vierdag, 1998, 44; *Decaux* in Pettiti/Decaux/Imbert, 901; *De Meyer* FS Wiarda, 1988, 125 ff.; *Klein* NVwZ 2010, 221 (223)). Der **EGMR** hat Parteivortrag in diesem Sinne allerdings bisher immer unbeantwortet gelassen (zB EGMR 9.11.2006 – 64772/01 Rn. 87 – *Leempoel ua*; EGMR 14.12.2006 – 36202/03 Rn. 17 – *Martynov*; EGMR 22.5.2007 – 1291/03 – *Volosyuk*). Die **EKMR** dagegen hat zu Recht darauf hingewiesen, dass sie trotz Art. 53 nur die Konvention (und ihre Protokolle) anwenden dürfe (EKMR 9.9.1998 – 34805/97 Rn. 5 – *Skandinavisk Metallförmedling AB*; so auch ohne Bezugnahme auf Art. 53 EGMR 21.7.2005 – 52367/99 Rn. 33 – *Mihailov*; EGMR 4.4.2017 – 36925/07 Rn. 288 – *Güzelyurtlu ua*; vgl. Art. 19, 32 Abs. 1).

D. Anwendung auf die Zusatzprotokolle

13 Nach den übereinstimmenden Schlussbestimmungen der Zusatzprotokolle gelten deren materielle Bestimmungen als Zusatzartikel der Konvention. Deshalb gilt Art. 53 auch für die Rechte der Zusatzprotokolle. Damit stellt Art. 53 auch für diese klar, dass sie nicht so auszulegen sind, als beschränkten sie andere Grundrechtsgewährleistungen. So wie die EMRK nicht die Rechte der Zusatzprotokolle beeinträchtigt (→ Rn. 3), beschränken diese daher nicht die Rechte der EMRK selbst (EGMR 26.5.1988 – 10563/83 Rn. 26 – Ekbatani).

Art. 54 Befugnisse des Ministerkomitees

Diese Konvention berührt nicht die dem Ministerkomitee durch die Satzung des Europarats übertragenen Befugnisse.

Nothing in this Convention shall prejudice the powers conferred on the Committee of Ministers by the Statute of the Council of Europe.

Aucune disposition de la présente Convention ne porte atteinte aux pouvoirs conférés au Comité des Ministres par le Statut du Conseil de l'Europe.

Nach Art. 54 bleiben insbesondere die **Reaktionsmöglichkeiten** des Ministerkomitees auf schwere Menschenrechtsverletzungen durch einen Vertragsstaat von der Konvention unberührt (*Frowein* in Frowein/Peukert EMRK Erl. zu Art. 54; *Meyer-Ladewig/Renger* in HK-EMRK Art. 54 Rn. 1). Nach Art. 8 Europarat-Satzung (BGBl. 1950, 263) kann das Ministerkomitee in einem solchen Fall die Vertretungsrechte des Mitgliedstaats suspendieren, den Mitgliedstaat unter Setzung einer Frist zum Austritt auffordern und nach Fristablauf feststellen, dass der betreffende Staat nicht mehr Mitglied des Europarats ist (→ Art. 46 Rn. 89). 1

Die Konvention (namentlich Art. 50) lässt auch die Befugnis des Ministerkomitees unberührt, über den **Haushalt** des Europarats zu entscheiden (Art. 16, 38 lit. c Europarat-Satzung; *Engel* EuGRZ 2006, 122 (131)). 2

Art. 55 Ausschluss anderer Verfahren zur Streitbeilegung

Die Hohen Vertragsparteien kommen überein, dass sie sich vorbehaltlich besonderer Vereinbarung nicht auf die zwischen ihnen geltenden Verträge, sonstigen Übereinkünfte oder Erklärungen berufen werden, um eine Streitigkeit über eine Auslegung oder Anwendung dieser Konvention einem anderen als den in der Konvention vorgesehenen Beschwerdeverfahren zur Beilegung zu unterstellen.

The High Contracting Parties agree that, except by special agreement, they will not avail themselves of treaties, conventions or declarations in force between them for the purpose of submitting, by way of petition, a dispute arising out of the interpretation or application of this Convention to a means of settlement other than those provided for in this Convention.

Les Hautes Parties contractantes renoncent réciproquement, sauf compromis spécial, à se prévaloir des traités, conventions ou déclarations entre elles, en vue de soumettre, par voie de requête, un différend né de l'interprétation ou de l'application de la présente Convention à un mode de règlement autre que ceux prévus par ladite Convention.

Literatur: *Gaja,* Relationship of the ICJ with Other International Courts and Tribunals, in Zimmermann/Tams, The Statute of the International Court of Justice, A Commentary, 3. Aufl. 2019; *Gragl,* The Accession of the EU to the ECHR, 2013; *Lock,* Das Verhältnis zwischen dem EuGH und internationalen Gerichten, 2010; *Shany,* The Competing Jurisdictions of International Courts and Tribunals, 2003; *Thienel,* The Exclusive Jurisdiction of the ECJ and Its Effect on Other International Courts and Tribunals, in Krzan, Jurisdictional Competition of International Courts and Tribunals, 2012.

1   Art. 55 betrifft nur die Vorlage von Streitigkeiten **zwischen Vertragsstaaten** an eine andere Instanz als den EGMR und damit nur das Verhältnis anderer Streitbeilegungsverfahren zum **Staatenbeschwerde**verfahren nach Art. 33 (*Shany* Jurisdictions S. 191). Das Recht der **Individualbeschwerde** zum EGMR (Art. 34) könnten einzelne Staaten ohnehin nicht ausschließen.

2   Art. 55 war **ursprünglich** im Zusammenhang mit Art. 46 aF zu sehen, wonach die Zuständigkeit des EGMR (nicht aber der EKMR) im Staatenbeschwerdeverfahren optional war. Art. 55 sollte verhindern, dass ein Staat, der die Zuständigkeit des EGMR nicht anerkannt hatte, vor einem anderen Gericht verklagt wird, ohne der gerichtlichen Einklagbarkeit der Rechte der Konvention spezifisch zugestimmt zu haben (*Gragl* Accession S. 181; *Lock* Verhältnis S. 295; *Shany* Jurisdictions S. 190 f.). Diese Zielsetzung kann nicht mehr gelten, da die Zuständigkeit des EGMR nunmehr **zwingend** ist (Art. 32, 33; → Art. 33 Rn. 1).

3   Heute ist Art. 55 so zu verstehen, dass er dem **EGMR** ein grundsätzliches **Monopol** bei der Auslegung der Konvention sichert, nur mit einer engen Ausnahme für eine – durchaus unwahrscheinliche – besondere Vereinbarung der Streitparteien (vgl. EKMR 28.6.1996 – 25781/94, DR 86-A, 104 (138) – Cyprus). Danach kann die Zuständigkeit etwa des Internationalen Gerichtshofs (IGH) für einen Streitfall unter der EMRK weder aus Unterwerfungserklärungen nach Art. 36 Abs. 2 des IGH-Statuts (BGBl. 1973 II 505) noch aus einem allgemeinen Streitbeilegungsvertrag (etwa dem Europäischen Übereinkommen zur friedlichen Beilegung von Streitigkeiten, BGBl. 1961 II 81) folgen (*Gragl* Accession S. 181). Soweit solche allgemeinen Zuständigkeitstitel bestehen, haben die Parteien Streitfälle unter der Konvention hiervon durch Art. 55 implizit ausgenommen (*Gaja* in Zimmermann/Tams Rn. 9 f.).

4   Der Ausschluss anderer Streitbeilegungsverfahren ist jedoch – anders als zB bei Art. 344 AEUV – nicht absolut. Ausnahmsweise ist die Befassung einer anderen Instanz aufgrund einer besonderen Vereinbarung **zwischen den Streitparteien** zulässig (*Lock* Verhältnis S. 294 f.; *Shany* Jurisdictions S. 191). Eine Vereinbarung aller Vertragsstaaten ist nicht erforderlich (*Gragl* Accession S. 180; aA *Frowein* in Frowein/Peukert EMRK Art. 55 Rn. 1). Der Begriff der „besonderen Vereinbarung" fordert ausweislich des Bezugs auf die klassische Terminologie des Völkerprozessrechts („special agreement"/„compromis spécial", vgl. Art. 40 Abs. 1 des IGH-Statuts) einen Bezug auf einen **bestimmten Sachverhalt** (andere oder keine Einschränkung bei *Gragl* Accession S. 181; *Huber,* Der Beitritt der EU zur EMRK, 2008, S. 146 f.; *Ruffert* JZ 1996, 624 (626); *Stock,* Der Beitritt der EU zur EMRK als Gemischtes Abkommen, 2009, S. 303 f.). Es muss daher bei der „besonderen Vereinbarung" einer abweichenden Zuständigkeit um einen konkreten tauglichen Streitgegenstand eines Staatenbeschwerdeverfahrens gehen; das kann ein Einzelfall sein, aber auch etwa eine allgemeine Situation oder eine Praxis eines Mitgliedstaates (→ Art. 33 Rn. 4 ff.). Liegt demnach eine besondere Vereinbarung vor, kann die Zuständigkeit des **EGMR ausgeschlossen** sein (vgl. zum Ganzen EKMR 28.6.1996 – 25781/94, DR 86-A, 104 (138) – Cyprus).

5   Der EuGH hat mit seinem „berüchtigten" (*Polakiewicz/Suominen-Picht* EuGRZ 2018, 383 (387)) Gutachten vom 18.12.2014 – Gutachten 2/13 ECLI:EU:C:2014:2454 – erkennbar prinzipielle Bedenken gegen den Beitritt der EU zur

Räumlicher Geltungsbereich **Art. 56 EMRK**

EMRK geltend gemacht (*Franzius* EuGRZ 2015, 139 (144f.); dazu eingehend → Einl. Rn. 154ff.; → Art. 59 Rn. 5ff.). Wenn trotzdem noch ein Beitrittsabkommen zustande kommen sollte (skeptisch *Wendel* NJW 2015, 921 (926); optimistischer *Polakiewicz/Suominen-Picht* EuGRZ 2018, 383 (387)), werden sich in diesem Zusammenhang auch Probleme mit Blick auf das Auslegungsmonopol ergeben. Mit Blick auf sein Auslegungsmonopol über das Unionsrecht (Art. 344 AEUV), zu dem nach dem Beitritt auch die EMRK gehören würde, hat der EuGH ua angenommen, die **Mitgliedstaaten** der EU dürften nach dem Beitritt der EU im Anwendungsbereich des Unionsrechts weder gegeneinander noch gegen die EU Staatenbeschwerde vor dem EGMR erheben (EuGH 18.12.2014 – Gutachten 2/13 ECLI:EU:C:2014:2454 Rn. 207ff.; → Art. 59 Rn. 23; *Gragl* Accession S. 177f.; *Lock* Verhältnis S. 292f.; *Obwexer* EuR 2012, 115 (121); aA *Huber* Beitritt S. 147ff.; *Stock* Beitritt S. 306ff.). Demnach müsste noch durch einen entsprechenden Unzulässigkeitsgrund im Recht der EMRK sichergestellt werden, dass der EGMR solche Beschwerden ggf. abweisen könnte, denn das Auslegungsmonopol des EuGH wirkt an sich nur unionsintern (*Obwexer* EuR 2012, 115 (137); s. a. EuGH ECLI:EU:C:2014:2454 Rn. 213). Dies müsste durch eine Änderung der Konvention oder in der Übereinkunft zum Beitritt der EU (Art. 218 Abs. 6 UAbs. 2 lit. a Ziff. ii AEUV) geschehen. Art. 55 selbst wäre nicht ausreichend, schon weil die allgemeine Verpflichtung aus Art. 344 AEUV nicht unter Art. 55 fiele (→ Rn. 4). Zugleich wäre – wie im letzten Entwurf der Übereinkunft zum Beitritt der EU vom 5.4.2013 (47+1(2013)008rev2, dort Art. 5) – vorzusehen, dass die Verfahren des EuGH keine anderen Streitbeilegungsverfahren iSd Art. 55 darstellen, so dass aus Sicht der EMRK der EuGH wegen der (unionsrechtlichen) Anwendung der Konvention angerufen werden darf.

Indem Art. 55 die Auslegung der Konvention grds. allein dem EGMR zuweist, **6** unterstreicht er dessen **normative Leitfunktion** zum Recht der EMRK, an der sich die Vertragsparteien zu orientieren haben (vgl. dazu BVerfG 19.9.2006 – 2 BvR 2115/01, NJW 2007, 499 (501); BVerfG 13.12.2006 – 1 BvR 2084/05, NVwZ 2007, 808 (811f.); BVerfG 1.2.2007– 2 BvR 126/04, BVerfGK 10, 234 (239); BVerwGE 110, 203 (210ff.); → Art. 46 Rn. 54; zuletzt nur für eine „jedenfalls faktische Orientierungs- und Leitfunktion" BVerfGE 128, 326 (368); 148, 296 (351f.)). Diese lässt sich auch Art. 19, 32 Abs. 1 entnehmen (vgl. BVerwGE 110, 203 (211)).

Art. 56 Räumlicher Geltungsbereich

(1) **Jeder Staat kann bei der Ratifikation oder jederzeit danach durch eine an den Generalsekretär des Europarats gerichtete Notifikation erklären, dass diese Konvention vorbehaltlich des Absatzes 4 auf alle oder einzelne Hoheitsgebiete Anwendung findet, für deren internationale Beziehungen er verantwortlich ist.**

(2) **Die Konvention findet auf jedes in der Erklärung bezeichnete Hoheitsgebiet ab dem dreißigsten Tag nach Eingang der Notifikation beim Generalsekretär des Europarats Anwendung.**

(3) **In den genannten Hoheitsgebieten wird diese Konvention unter Berücksichtigung der örtlichen Notwendigkeiten angewendet.**

(4) **Jeder Staat, der eine Erklärung nach Absatz 1 abgegeben hat, kann jederzeit danach für eines oder mehrere in der Erklärung bezeichneten**

EMRK Art. 56

Hoheitsgebiete erklären, dass er die Zuständigkeit des Gerichtshofs für die Entgegennahme von Beschwerden von natürlichen Personen, nichtstaatlichen Organisationen oder Personengruppen nach Artikel 34 anerkennt.

(1) Any State may at the time of its ratification or at any time thereafter declare by notification addressed to the Secretary General of the Council of Europe that the present Convention shall, subject to paragraph 4 of this Article, extend to all or any of the territories for whose international relations it is responsible.

(2) The Convention shall extend to the territory or territories named in the notification as from the thirtieth day after the receipt of this notification by the Secretary General of the Council of Europe.

(3) The provisions of this Convention shall be applied in such territories with due regard, however, to local requirements.

(4) Any State which has made a declaration in accordance with paragraph 1 of this article may at any time thereafter declare on behalf of one or more of the territories to which the declaration relates that it accepts the competence of the Court to receive applications from individuals, non-governmental organisations or groups of individuals as provided by Article 34 of the Convention.

(1) Tout Etat peut, au moment de la ratification ou à tout autre moment par la suite, déclarer, par notification adressée au Secrétaire Général du Conseil de l'Europe, que la présente Convention s'appliquera, sous réserve du paragraphe 4 du présent article, à tous les territoires ou à l'un quelconque des territoires dont il assure les relations internationales.

(2) La Convention s'appliquera au territoire ou aux territoires désignés dans la notification à partir du trentième jour qui suivra la date à laquelle le Secrétaire Général du Conseil de l'Europe aura reçu cette notification.

(3) Dans lesdits territoires les dispositions de la présente Convention seront appliquées en tenant compte des nécessités locales.

(4) Tout Etat qui a fait une déclaration conformément au premier paragraphe de cet article, peut, à tout moment par la suite, déclarer relativement à un ou plusieurs des territoires visés dans cette déclaration qu'il accepte la compétence de la Cour pour connaître des requêtes de personnes physiques, d'organisations non gouvernementales ou de groupes de particuliers, comme le prévoit l'article 34 de la Convention.

1 Die Regelung in Art. 56 wird üblicherweise als **„Kolonialklausel"** bezeichnet (vgl. *Frowein* in Frowein/Peukert EMRK Art. 15 Rn. 1). Entsprechende Regelungen sind in Art. 4 EMRKZusProt, Art. 5 4. EMRKProt, Art. 5 6. EMRKProt, Art. 6 7. EMRKProt, Art. 2, 12. EMRKProt und Art. 4 13. EMRKProt enthalten. Anders als seine Überschrift vermuten lässt, ist Art. 56 für den **räumlichen Geltungsbereich** der Konvention nur von **untergeordneter Bedeutung.** Maßgeblich hierfür ist in erster Linie Art. 1 und das darin enthaltene Erfordernis der Ausübung von Jurisdiktion (dazu → Art. 1 Rn. 18 ff.). Art. 56 (ursprünglich Art. 63) wurde in die Konvention aufgenommen, um dem Umstand Rechnung zu tragen, dass es zur Zeit der Verabschiedung der Konvention noch eine Reihe kolonialer Gebiete gab, deren Stand der „Zivilisation" eine vollständige Anwendung der Konvention nach damaliger Vorstellung nicht erlaubte (EGMR 25.4.1978 – 5856/72

Räumlicher Geltungsbereich **Art. 56 EMRK**

Rn. 38, NJW 1979, 1089 – Tyrer). Der EGMR hat anerkannt, dass Art. 56 angesichts der seither erfolgten beträchtlichen Änderung der Situation **nicht mehr zeitgemäß** ist. Er könne die Regelung aber nicht aus eigener Kompetenz im Wege der Auslegung außer Acht lassen. Eine Abschaffung des Systems des Art. 56 sei vielmehr nur im Wege der förmlichen Änderung der Konvention möglich und obliege daher allein den Vertragsparteien (EGMR 19.9.2006 – 15305/06 – Quark Fishing Ltd. vgl. auch EGMR 11.12.2012 – 35622/04 Rn. 74 ff. – Chagos Islanders).

Für **Deutschland** hat Art. 56 gegenwärtig **keine Bedeutung**, da keine Hoheitsgebiete existieren, für deren internationalen Beziehungen Deutschland verantwortlich ist. Die Bundesrepublik hatte allerdings zusammen mit der Ratifikation im Jahr 1952 die – wenn auch nicht ausdrücklich auf Art. 56 (bzw. damals Art. 63) bezogene – Erklärung abgegeben, dass die Konvention auch auf das damalige West-Berlin Anwendung finde (BGBl. 1954 II 14). **Aktuell bedeutsame Erklärungen** nach Art. 56 haben Frankreich, die Niederlande und das Vereinigte Königreich für ihre Überseegebiete abgegeben. Eine Auflistung der einzelnen erfassten Gebiete mit dem jeweiligen Wortlaut der Erklärungen lässt sich im Internet unter http://conventions.coe.int/aufrufen. 2

Fehlt es an einer Erklärung nach Abs. 1, ist eine Vertragspartei für Maßnahmen der **örtlichen Verwaltung** des betreffenden Gebiets nicht nach der Konvention verantwortlich (EGMR 25.11.1999 – 50887/99 – Yonghong; EKMR 12.3.1990 – 16137/90 – Bui Van Thanh ua). Die Konvention ist insoweit unanwendbar **ratione loci** (EGMR 25.11.1999 – 50887/99 – Yonghong; EKMR 12.3.1990 – 16137/90 – Bui Van Thanh ua). Art. 56 steht aber nicht der Anwendbarkeit der Konvention auf das Handeln der **eigenen Organe** einer Vertragspartei entgegen (EKMR 26.5.1974 – 6780/74 und 6950/75, D. R. 2, 125 Rn. 9 ff. – Zypern/Türkei; Grabenwarter/Pabel EMRK § 17 Rn. 11, offengelassen in EGMR 11.12.2012 – 35622/04 Rn. 75 f. – Chagos Islanders). Maßstab für die Anwendbarkeit der Konvention ist insoweit Art. 1 (EGMR 7.7.2011 (GK) – 55721/07 Rn. 140, NJW 2012, 283 – Al-Skeini). Zu beachten ist hierbei allerdings, dass der vom EGMR anerkannte Anknüpfungspunkt der „effektiven Kontrolle" eines Gebiets zur Begründung von Jurisdiktion im Sinne von Art. 1 (dazu → Art. 1 Rn. 23 ff.) in einem Gebiet, das unter Art. 56 fällt, nicht zur Anwendung kommen kann (EGMR 19.9.2006 – 15305/06 – Quark Fishing Ltd.; EGMR 7.7.2011 (GK) – 55721/07 Rn. 140, NJW 2012, 283 – Al-Skeini; vgl. auch EGMR 11.12.2012 – 35622/04 Rn. 73 ff. – Chagos Islanders). Dies folge ua aus dem regionalen Charakter der Konvention, die in erster Linie auf den europäischen „espace juridique" (dazu → Art. 1 Rn. 27) ausgerichtet sei (EGMR 19.9.2006 – 15305/06 – Quark-Fishing Ltd.). 3

Nach Abs. 3 wird die Konvention in Gebieten, für die eine Erklärung nach Abs. 1 abgegeben wurde, unter Berücksichtigung der **örtlichen Notwendigkeiten** angewandt. Beabsichtigt eine Vertragspartei sich hierauf zu berufen, um einen geringeren Schutzstandard der Konventionsrechte zu rechtfertigen, hat sie den **eindeutigen und schlüssigen Nachweis** *(„positive and conclusive proof")* des Bestehens solcher Notwendigkeiten zu erbringen (EGMR 25.4.1978 – 5856/72 Rn. 38, NJW 1979, 1089 – Tyrer; EGMR 18.2.1999 – 24833/94 Rn. 59, NJW 1999, 3107 – Matthews). Es muss sich insoweit um Notwendigkeiten **zwingender** Natur handeln (EGMR 18.2.1999 – 24833/94 Rn. 59, NJW 1999, 3107 – Matthews). Die Rechtfertigung einer Verletzung notstandsfester Rechte gem. Art. 15 Abs. 2 mit örtlichen Notwendigkeiten kommt unter keinen Umständen in Betracht (EGMR 25.4.1978 – 5856/72 Rn. 38, NJW 1979, 1089 – Tyrer). 4

EMRK Art. 57

Art. 57 Vorbehalte

(1) Jeder Staat kann bei Unterzeichnung dieser Konvention oder bei Hinterlegung seiner Ratifikationsurkunde bezüglich bestimmter Vorschriften der Konvention einen Vorbehalt machen, soweit ein zu dieser Zeit in seinem Gebiet geltendes Gesetz nicht mit der betreffenden Vorschrift übereinstimmt. Vorbehalte allgemeiner Art sind nach diesem Artikel nicht zulässig.

(2) Jeder nach diesem Artikel gemachte Vorbehalt muss mit einer kurzen Inhaltsangabe des betreffenden Gesetzes verbunden sein.

(1) Any State may, when signing this Convention or when depositing its instrument of ratification, make a reservation in respect of any particular provision of the Convention to the extent that any law then in force in its territory is not in conformity with the provision. Reservations of a general character shall not be permitted under this article.

(2) Any reservation made under this article shall contain a brief statement of the law concerned.

(1) Tout Etat peut, au moment de la signature de la présente Convention ou du dépôt de son instrument de ratification, formuler une réserve au sujet d'une disposition particulière de la Convention, dans la mesure où une loi alors en vigueur sur son territoire n'est pas conforme à cette disposition. Les réserves de caractère général ne sont pa autorisées aux termes du présent article.

(2) Toute réserve émise conformément au présent article comporte un bref exposé de la loi en cause.

Literatur: *Behnsen,* Das Vorbehaltsrecht völkerrechtlicher Verträge. Vorschlag einer Reform, 2007. Zugl.: Kiel, Univ., Diss., 2005; *Giegerich,* Vorbehalte zu Menschenrechtsabkommen. Zulässigkeit, Gültigkeit und Prüfungskompetenzen von Vertragsgremien; ein konstitutioneller Ansatz, in Zeitschrift für ausländisches öffentliches Recht und Völkerrecht: ZaöRV 1995, Band 55, 713–782; *Martens,* Unzulässige Vorbehalte zu Menschenrechtskonventionen. Anmerkungen zur Diskussion, in Ipsen/Schmidt-Jortzig (Hrsg.), Recht – Staat – Gemeinwohl. FS Dietrich Rauschning, 2001, S. 351–369; *Pellet/Müller,* Reservations to human rights treaties: not an absolute evil, in Fastenrath/Geiger/Khan/Simma (Hrsg.), From bilateralism to community interest. Essays in honour of judge Bruno Simma, 2011, 521–551.

A. Allgemeines

1   Die Europäische Menschenrechtskonvention (EMRK) lässt nach Maßgabe dieses Art. grundsätzlich einseitige Vorbehalte zu. Diese minimieren den menschenrechtlichen Individualrechtsschutz im Hoheitsgebiet eines Vertragsstaates. Die ungleiche Vorbehaltspraxis von Staaten der Konvention führt zu divergierenden Schutzstandards innerhalb des Geltungsbereichs (vgl. *Pellet/Müller* FS Simma, 2011, 521 f.). Dass Staaten von dieser Möglichkeit umfangreich Gebrauch gemacht haben, ist bereits früh als „Systemschwäche" kritisiert worden (*Frowein* in Frowein/Peukert S. 629).

Vorbehalte   **Art. 57   EMRK**

Nach dem Stand 31.12.2020 sind für die **deutschsprachigen Länder** zur 2
EMRK und ihren Zusatzprotokollen folgende Erklärungen zu verzeichnen: Für
Deutschland bestehen keine Vorbehalte. Zum Zusatzprotokoll vom 20.3.1952
gibt es eine seit 13.2.1957 in Kraft befindliche Erklärung, die lautet: „Die Bundesrepublik Deutschland macht sich die Auffassung zu eigen, dass Artikel 2 Satz 2 des Zusatzprotokolls keine Verpflichtung des Staates begründet, Schulen religiösen oder weltanschaulichen Charakters zu finanzieren oder sich an ihrer Finanzierung zu beteiligen, da diese Frage nach der übereinstimmenden Erklärung des Rechtsausschusses der Beratenden Versammlung und des Generalsekretärs des Europarates außerhalb des Rahmens der Konvention über Menschenrechte und Grundfreiheiten sowie dieses Zusatzprotokolls liegt." (vgl. BGBl. 1957 II 226). Außerdem hat Deutschland eine allgemeine Erklärung zum 6. EMRKProt („Abschaffung der Todesstrafe") hinterlegt, die seit 1.8.1989 in Kraft ist. Sie erklärt darin, dass „sich nach ihrer Auffassung die Verpflichtung aus dem Protokoll Nr. 6 in der Abschaffung der Todesstrafe im Geltungsbereich des jeweiligen Staates erschöpfen und nichtstrafrechtliche innerstaatliche Rechtsvorschriften unberührt bleiben. Die Bundesrepublik Deutschland hat ihren Verpflichtungen aus dem Protokoll bereits durch Artikel 102 Grundgesetz genügt." (vgl. BGBl. 1989 II 814). **Lichtenstein** hat zur Konvention bezüglich des Art. 6 („Recht auf ein faires Verfahren") und des Art. 8 („Recht auf Achtung des Privat- und Familienlebens") zwei Vorbehalte erklärt, die beide seit 8.9.1982 in Kraft sind. Eine weitere „Erklärung" hat Lichtenstein zu Art. 2 („Rechtsmittel in Strafsachen") des 7. EMRKProt eingereicht (in Kraft seit 1.5.2005). Zur EMRK selbst hat **Österreich** zwei seit dem 3.9.1958 geltende Vorbehalte zu Art. 5 („Recht auf Freiheit und Sicherheit") und Art. 6 („Recht auf ein faires Verfahren"). Dazu tritt ein Vorbehalt zum Zusatzprotokoll zu Art. 1 (in Kraft seit 3.9.1958) und zu Art. 3 („Verbot der Ausweisung eigener Staatsangehöriger") des 4. Zusatzprotokolls (in Kraft seit 18.9.1969). Für die **Schweiz** sind als Vorbehalte betitelte Erklärungen zu Art. 1 („Verfahrensrechtliche Schutzvorschriften in Bezug auf die Ausweisung von Ausländern") und zu Art. 5 („Gleichberechtigung von Ehegatten") des 7. EMRKProt zu nennen; beide sind seit dem 1.11.1988 in Kraft.

B. Begrifflichkeiten

Ein **Vorbehalt** ist eine Erklärung, durch die der Staat es bezweckt, die Rechts- 3
wirkung einzelner Vertragsbestimmungen in der Anwendung auf diesen Staat auszuschließen oder zu ändern (vgl. die Begriffsbestimmung des Wiener Übereinkommens über das Recht der Verträge vom 23.5.1969, Art. 2 Abs. 1 lit. d). Diesem allgemeinen Verständnis hat sich der Gerichtshof angeschlossen (EGMR 28.4.1988 – 10328/83 Rn. 42 – Belios).

Eine **Interpretationserklärung** schließt ihrer Natur und Zielrichtung nach die 4
Rechtswirksamkeit der Konvention gerade nicht aus (EGMR 28.4.1988 – 10328/83 Rn. 41 – Belios; EGMR 23.6.1973 – 2614/65 – Ringeisen). Sie zielt nicht darauf, diese abzuändern. Erklärungen erschöpfen sich in der Darstellung, wie der Staat eine Konventionsbestimmung versteht. Soweit die Konvention in Form ihrer Protokolle Vorbehalte nicht ausdrücklich ausschließt, ist die Abgrenzung zu der nach der Konvention an sich zulässigen Interpretationserklärung in Bezug auf Art. 57 erforderlich (EGMR 28.4.1988 – 10328/83 Rn. 51ff. – Belios). Bei nicht ausdrücklich als Vorbehalte titulierten Erklärungen beurteilt der Gerichtshof,

ob es sich dennoch um einen Vorbehalt im technischen Sinne handelt. Eine Erklärung ist am Maßstab dieses Art. zu messen (EGMR 28.4.1988 – 10328/83 Rn. 39 – Belios). Der Gerichtshof ermittelt im Wege der Auslegung die hinter der Erklärung stehende Absicht eines Staates (*Meyer-Ladewig/Renger* in HK-EMRK EMRK Art. 57 Rn. 2). Für einen Vorbehalt spricht, wenn der Staat eine Bedingung für das Inkrafttreten der Konvention formulieren wollte (*Frowein* in Frowein/Peukert S. 632 Rn. 4).

C. Zulässigkeitsvoraussetzungen

5 Vier der **Protokolle** schließen Vorbehalte meist mit der Formulierung „Vorbehalte nach Artikel 57 der Konvention zu Bestimmungen dieses Protokolls sind nicht zulässig" ausdrücklich aus. Unzulässig sind Vorbehalte nach dem 6. EMRK-Prot (über die Abschaffung der Todesstrafe) gem. Art. 4, nach dem 13. EMRKProt (über die vollständige Abschaffung der Todesstrafe) nach dessen Art. 3 und nach dem 16. EMRKProt (über die Gutachterfunktion des Gerichts) gemäß Art. 9. Für die übrigen Protokolle gilt die beschränkte Zulässigkeit von Vorbehalten nach Maßgabe des Art. 57. Auch sind Vorbehalte zum 15. EMRKProt (in Kraft seit 1.8.2021) gem. dessen Art. 6 ausgeschlossen.

6 Die Konvention stellt nur formale **Anforderungen** an ihre Zulässigkeit (EGMR 4.3.2014 – 18640/10 Rn. 207 ff. – Grande Stevens). Deren Voraussetzungen legt der Gerichtshof stRspr. – auch nach eigenem Verständnis – restriktiv aus (EGMR 18.7.2013 – 56422/09 Rn. 65 – Schädler-Eberle). Aus der Bestimmung entwickelte er einen differenzierten Prüfmaßstab. Art. 57 setzt keine materielle Grenzen.

7 Die Erklärung muss im **Zeitpunkt** der Unterzeichnung oder bei Hinterlegung der Ratifikationsurkunde ausdrücklich abgegeben worden sein. Den Zeitpunkt bestimmt der Gerichtshof streng formal. Dabei ist ein Rechtsakt, der nach Unterzeichnung oder Hinterlegung ergeht, seiner Überprüfung nicht entzogen, selbst wenn die Erklärung inhaltlich dem Vorbehalt unterliegt. Ein Vorbehalt greift nicht für ein Gesetz, dessen Änderung nachträglich eine Erweiterung auf einen weiteren sachlichen Anwendungsbereich vorsah (EGMR 2.11.2006 – 69966/01 Rn. 36 – Dacosta Silva). Die Argumentation eines Staates, eine Bestimmung sei zwar eine Novellierung, aber inhaltlich identisch mit der dem Vorbehalt unterliegenden Regelung, hat der Gerichtshof nicht gelten lassen (EGMR 26.4.1995 – 16922/90 Rn. 41 – Fischer). Sind dagegen Vorbehalte, was selten der Fall ist, erklärtermaßen zeitlich befristet, ist es widersinnig, sie rückwirkend auf einen nach der Frist noch laufenden Sachverhalt anzuwenden und den Fall doch noch einer Überprüfung zuzuführen (EGMR 31.7.2000 – 34578/97 Rn. 85 – Jecius).

8 Die Erklärung darf überdies nicht allgemeiner Art sein **(Art. 1 S. 2).** Dieses Verbot greift, wenn eine Erklärung sich vager und unbestimmter Begriffe bedient. Als unbestimmt gilt, wenn Bedeutung oder Tragweite *(meaning and scope)* der Erklärung nicht exakt ermittelbar sind (EGMR 28.4.1988 – 10328/83 Rn. 55 – Belios). Erforderlich dagegen sind Präzision und Klarheit (EGMR 4.3.2014 – 18640/10 Rn. 208 – Grande Stevens). Diesem Kriterium kommt insbesondere bei der Abgrenzung zwischen Vorbehalten und Interpretationserklärungen eine praktische Bedeutung zu. Die Darlegung eines eigenen Verständnisses in allgemeiner Form schlägt leicht in eine Erklärung mit Vorbehaltscharakter um (EGMR 28.4.1988 – 10328/83 Rn. 52 – Belios).

Die Erklärung muss sich außerdem auf ein in seinem Hoheitsgebiet **geltendes** 9
Gesetz beziehen. Diese Formulierung verwehrt es dem Konventionsstaat, die Anwendbarkeit der Konvention für Teile seines Staatsgebietes, zB Regionen, auszuschließen. Territoriale Vorbehalte sind unzulässig (vgl. EGMR 8.7.2004 – 48787/99 Rn. 324 – Ilaşcu). Soll sich ein Vorbehalt nicht aus einem nationalen Gesetz, sondern aus einem völkerrechtlichen Vertrag mit einem anderen Staat ergeben, überträgt der Gerichtshof zur Prüfung die von ihm zu Gesetzen entwickelten Grundsätze (EGMR 23.1.2002 – 48321/99 Rn. 61 – Silvenco).

Die Erklärung ist vom Konventionsstaat überdies mit **einer kurzen Darstellung** 10
des Gesetzes zu verbinden **(Abs. 2)**. Dies gilt als praktisch höchste Hürde der Zulässigkeitsprüfung (vgl. Grabenwarter/Pabel EMRK S. 9). Dieses Erfordernis dient Beweisbarkeit und Rechtssicherheit. Die anderen Parteien und die Organe der Konvention sollen im konkreten Fall erkennen können, ob der Sachverhalt vom Schutzbereich der Konvention ausgenommen ist (EGMR 28.4.1988 – 10328/83 Rn. 59 – Belios). Dieser Ansatz trägt nicht zuletzt auch für die Rechteinhaber. Gefordert wird im Hinweis nur die amtliche Fundstelle des Gesetzes. Dabei müssen nicht alle möglichen Bestimmungen im Einzelnen aufgeführt sein, soweit Beweisbarkeit und Rechtssicherheit anders Genüge geleistet ist (EGMR 28.4.1988 – 10328/83 Rn. 57f. – Belios).

D. Rechtswirkungen

Soweit ein Vorbehalt wirksam ist, tritt die **Konventionsbindung** für den Staat 11
materiell-rechtlich nicht ein. Diese Rechtswirkung gleicht dem allgemeinen Völkerrecht. Der Gerichtshof prüft Vorbehalte anlassbezogen und autonom auf Anwendbarkeit und Zulässigkeit (EGMR 3.10.2000 – 29477/95 Rn. 28 – Eisenstecken, EGMR 22.5.1990 – 11034/84 Rn. 37 – Weber). Die eigenständige Prüfkompetenz, die Gültigkeit und Anwendbarkeit betrifft, erwächst bereits seinem Selbstverständnis (vgl. *Behnsen* S. 194f., 231ff.).

Ist der Vorbehalt in Bezug auf den einer Beschwerde zu Grunde liegenden Sach- 12
verhalt wirksam, ist die Beschwerde im Verfahren vor dem Gerichtshof bereits wegen fehlender sachlicher Zuständigkeit *(ratione materiae)* nach Art. 35 **unzulässig**. Stellt die Erklärung dagegen einen unzulässigen Vorbehalt dar, kann das Gericht ihn für nichtig erklären. Insoweit kommt der Belios-Entscheidung die Qualität einer Leitentscheidung zu (EGMR 28.4.1988 – 10328/83 – Belios). Ist der Vorbehalt lediglich für das Verfahren unzutreffend, verwirft das Gericht den vorgebrachten Einwand mangels Anwendbarkeit (EGMR 2.11.2006 – 69966/01 Rn. 38f. – Dacosta Silva). Die inhaltliche Überprüfung des Gesetzes, auf das eine Erklärung Bezug nimmt, ist der gerichtlichen Überprüfbarkeit entzogen (EGMR 31.1.2017 – 46479/10 Rn. 53 – Benavent Diaz).

E. Angedachter Vorbehalt Deutschlands zum (noch) nicht ratifizierten 7. EMRKsProt

Anlässlich der Zeichnung des **7. EMRKProt** am 19.3.1985 hat Deutschland auf 13
Englisch eine Erklärung abgegeben, die die Art. 2 („Rechtsmittel in Strafsachen"), Art. 3 („Recht auf Entschädigung bei Fehlurteilen") und Art. 4 („Recht, wegen

derselben Sache nicht zweimal vor Gericht gestellt oder bestraft zu werden") dieses Protokolls betrifft.

"Declarations made at the time of signature, on 19 March 1985 – Or. Engl. 1. By "criminal offence" and "offence" in Articles 2 to 4 of the present Protocol, the Federal Republic of Germany understands only such acts as are criminal offences under its law. 2. The Federal Republic of Germany applies Article 2.1 to convictions or sentences in the first instance only, it being possible to restrict review to errors in law and to hold such reviews in camera; in addition, it understands that the application of Article 2.1 is not dependent on the written judgement of the previous instance being translated into a language other than the language used in court. 3. The Federal Republic of Germany understands the words ";according to the law or the practice of the State concerned" to mean that Article 3 refers only to the retrial provided for in sections 359 et seq. of the Code of Criminal Procedure. (cf. Strafprozessordnung)."

Da Deutschland das Protokoll bislang nicht ratifiziert hat, ist die Erklärung bislang nicht wirksam geworden. Inhaltlich steht die Literatur dieser Erklärung kritisch gegenüber. Gemessen am Maßstab dieses Art. handelt es sich ihrer Zielrichtung nach um einen lediglich als Erklärung bezeichneten Vorbehalt, dessen Zulässigkeit zu Recht angezweifelt werden muss (überzeugend dazu *Behnsen* → 2. Aufl. 2015, EMRK Art. 57 Rn. 5). Wenn die Bundesrepublik Deutschland hierzu seinerzeit erklärte, sie verstehe unter dem Begriff der Straftat iSd Art. 2–4 des 7. EMRKProt lediglich Straftaten im Sinne des deutschen Strafrechts, wird relativ eindeutig die Reichweite des Schutzbereichs dieser Art quasi zur Disposition des nationalen Gesetzgebers gestellt. Bedeutete dies eine Einschränkung des völkerrechtlich garantierten Schutzbereichs, wäre die Erklärung nach dem Art. dieser Konvention unzulässig.

Art. 58 Kündigung

(1) **Eine Hohe Vertragspartei kann diese Konvention frühestens fünf Jahre nach dem Tag, an dem sie Vertragspartei geworden ist, unter Einhaltung einer Kündigungsfrist von sechs Monaten durch eine an den Generalsekretär des Europarats gerichtete Notifikation kündigen; dieser unterrichtet die anderen Hohen Vertragsparteien.**

(2) **Die Kündigung befreit die Hohe Vertragspartei nicht von ihren Verpflichtungen aus dieser Konvention in Bezug auf Handlungen, die sie vor dem Wirksamwerden der Kündigung vorgenommen hat und die möglicherweise eine Verletzung dieser Verpflichtungen darstellen.**

(3) **Mit derselben Maßgabe scheidet eine Hohe Vertragspartei, deren Mitgliedschaft im Europarat endet, als Vertragspartei dieser Konvention aus.**

(4) **Die Konvention kann in Bezug auf jedes Hoheitsgebiet, auf das sie durch eine Erklärung nach Artikel 56 anwendbar geworden ist, nach den Absätzen 1 bis 3 gekündigt werden.**

(1) A High Contracting Party may denounce the present Convention only after the expiry of five years from the date on which it became a party to it and after six months' notice contained in a notification addressed to the Secretary General of the Council of Europe, who shall inform the other High Contracting Parties.

Kündigung **Art. 58 EMRK**

(2) Such a denunciation shall not have the effect of releasing the High Contracting Party concerned from its obligations under this Convention in respect of any act which, being capable of constituting a violation of such obligations, may have been performed by it before the date at which the denunciation became effective.

(3) Any High Contracting Party which shall cease to be a member of the Council of Europe shall cease to be a Party to this Convention under the same conditions.

(4) The Convention may be denounced in accordance with the provisions of the preceding paragraphs in respect of any territory to which it has been declared to extend under the terms of Article 56.

(1) Une Haute Partie contractante ne peut dénoncer la présente Convention qu'après l'expiration d'un délai de cinq ans à partir de la date d'entrée en vigueur de la Convention à son égard et moyennant un préavis de six mois, donné par une notification adressée au Secrétaire Général du Conseil de l'Europe, qui en informe les autres Parties contractantes.

(2) Cette dénonciation ne peut avoir pour effet de délier la Haute Partie contractante intéressée des obligations contenues dans la présente Convention en ce qui concerne tout fait qui, pouvant constituer une violation de ces obligations, aurait été accompli par elle antérieurement à la date à laquelle la dénonciation produit effet.

(3) Sous la même réserve cesserait d'être Partie à la présente Convention toute Partie contractante qui cesserait d'être membre du Conseil de l'Europe.

(4) La Convention peut être dénoncée conformément aux dispositions des paragraphes précédents en ce qui concerne tout territoire auquel elle a été déclarée applicable aux termes de l'article 56.

Literatur: *Aust,* Treaties, Termination, in Wolfrum (Hrsg.), Max Planck Encyclopedia of Public International Law (http://www.mpepil.com); *Stahn,* Vorbehalte zu Menschenrechtsverträgen, EuGRZ 2001, 607; *Walter,* Die Europäische Menschenrechtskonvention als Konstitutionalisierungsprozess, ZaöRV 59 (1999), 961; *Wittinger,* Der Europarat: Die Entwicklung seines Rechts und der „europäischen Verfassungswerte", 2005.

A. Bedeutung

Die EMRK sieht in Art. 58 ausdrücklich die Möglichkeit einer **Kündigung** vor. 1
Diesem Vorbild sind mit der prominenten Ausnahme des IPBPR und des IPWSKR (*Aust* Rn. 19, 41; *Kälin/Künzli* S. 152 f.; *Joseph/Schultz/Castan* ICCPR Rn. 25, 38) die meisten Menschenrechtsverträge gefolgt. In der Praxis der EMRK gab es bislang erst einen Anwendungsfall, als Griechenland unter der Militärdiktatur 1969 die EMRK kündigte und sie 1974 wieder ratifizierte. In manchen Staaten ist eine mögliche Kündigung der EMRK jedoch Gegenstand der politischen Diskussion gewesen.

Soweit jedenfalls der Kernbestand der EMRK **Völkergewohnheitsrecht** darstellt, kann sich eine Vertragspartei allerdings auch durch Kündigung der EMRK 2
nicht von diesen Bindungen lösen (für eine umfassende Anerkennung als regionales Völkergewohnheitsrecht *Giegerich* in Dörr/Grote/Marauhn Kap. 2 Rn. 56 ff.; *Zuleeg* in AK-GG Art. 24 III/25 Rn. 16, 50; in der Tendenz auch *Pernice* in Dreier GG Art. 25 Rn. 21, 36; einschränkend hingegen Grabenwarter/Pabel EMRK § 3

Arndt/Engels

EMRK Art. 58 Schlussvorschriften

Rn. 7f.; *Walter* ZaöRV 59 (1999), 961 (972); zur Bedeutung dieser Einordnung für die innerstaatliche Geltung vgl. → Einl. Rn. 72ff., → Art. 46 Rn. 48).

B. Voraussetzungen einer Kündigung

3   Eine Kündigung ist nach Abs. 1 frühestens fünf Jahre nach Inkrafttreten der EMRK für die jeweilige Vertragspartei möglich. Sie muss gegenüber dem Generalsekretär des Europarats erklärt werden und wird nach einer **Frist** von sechs Monaten wirksam. Maßgeblich für den Beginn der Frist ist der Eingang der Erklärung beim Generalsekretär des Europarats. Die Kündigung kann sich nur auf die **Konvention als Ganzes** beziehen. Eine Kündigung einzelner **Zusatzprotokolle** ist jedoch zulässig (→ nach Art. 59 Rn. 7ff.).

4   Eine Kündigung ist **unwirksam**, wenn sie dem Zweck dient, bei einem erneuten Beitritt einen **Vorbehalt** anzubringen. Vorbehalte sind nach Art. 57 Abs. 1 spätestens bei Hinterlegung der Ratifikationsurkunde zu erklären, nachträgliche Vorbehalte sind unzulässig. Eine Kündigung, die auf eine Umgehung dieser Bestimmung abzielt, ist rechtsmissbräuchlich und daher unzulässig (*Stahn* EuGRZ 2001, 607 (611); *Aust* Rn. 52f.; im Rahmen des ersten Fakultativprotokolls des IPBPR iE auch VN-MRA 31.12.1999 – 845/1999, EuGRZ 2001, 615 – Kennedy/Trinidad und Tobago).

5   Abs. 4 stellt klar, dass eine Kündigung sich auch nur auf einzelne **abhängige Gebiete** einer Vertragspartei beziehen kann, soweit die EMRK für diese gemäß einer Erklärung nach Art. 56 anwendbar geworden ist. Kein Anwendungsfall dieser Vorschrift liegt vor, wenn ein solches Gebiet selbständig wird (*Frowein* in Frowein/Peukert S. 636). Für Deutschland hat Abs. 4 keine Bedeutung, da sich Art. 56 auf ehemalige Kolonialgebiete bezieht.

C. EMRK und Mitgliedschaft im Europarat

6   Einer Kündigung der EMRK gleichgestellt ist nach Abs. 3 das **Ende der Mitgliedschaft** einer Vertragspartei im **Europarat**. Diese Regelung stellt das Spiegelbild zu Art. 59 Abs. 1 dar, nach dem nur die Mitglieder des Europarats die Konvention unterzeichnen können. Abs. 3 findet sowohl Anwendung auf den Austritt einer Vertragspartei aus dem Europarat (Art. 7 Europarat-Satzung) als auch auf ihren Ausschluss (Art. 8 Europarat-Satzung). Diese Vorschriften sehen **eigene Fristbestimmungen** vor. Dies kann im Vergleich zu Abs. 1 zu einer Verkürzung der Beendigungsfrist führen, wenn die Mitgliedschaft im Europarat bereits vor Ablauf von sechs Monaten endet.

7   Umgekehrt führt eine Kündigung der EMRK nicht automatisch zum Ende der Mitgliedschaft im Europarat. Allerdings dürfte die Kündigung der EMRK kaum mit der Verpflichtung aus Art. 3 Europarat-Satzung vereinbar sein, die Teilhabe an den Menschenrechten und Grundfreiheiten zu gewährleisten (*Wittinger* S. 397; *Giegerich* in Dörr/Grote/Marauhn Kap. 2 Rn. 15). Dafür spricht auch, dass sich eine nach Art. 31 Abs. 3 lit. b WVK relevante Praxis entwickelt hat, nach der die **Aufnahme von Staaten in den Europarat** an ihre **Bereitschaft zur unmittelbaren Unterzeichnung** der EMRK und zu ihrer Ratifikation innerhalb eines Jahres nach Aufnahme geknüpft wird. Hierbei handelt es sich nicht nur um eine politische Forderung, sondern um eine **Rechtspflicht** (ausf. *Wittinger* S. 315ff.). Vergleichbares

Unterzeichnung und Ratifikation **Art. 59 EMRK**

wird für die Bereitschaft angenommen, den wichtigsten Zusatzprotokollen zur EMRK beizutreten. Hierzu werden insbesondere die Zusatzprotokolle Nr. 1, 4, 6 und 7 gezählt (*Wittinger* S. 322 ff.), die jeweils von der ganz überwiegenden Mehrheit der Mitgliedstaaten ratifiziert wurden (→ nach Art. 59 Rn. 11).

Für die **Mitgliedstaaten der EU** errichtet Art. 7 EUV eine weitere Hürde für 8 eine Kündigung der EMRK und ihrer wichtigsten Zusatzprotokole. Eine solche Kündigung dürfte als Indiz für die Gefahr einer **schwerwiegenden Verletzung der Menschenrechte** dienen und jedenfalls eine Anhörung des betroffenen Mitgliedstaates erforderlich machen, an die sich ggf. der Sanktionsmechanismus des Art. 7 EUV anschließt.

D. Auswirkungen auf den zeitlichen Geltungsbereich

Abs. 2 betrifft die Auswirkungen einer Kündigung bzw. des Endes der Mitglied- 9 schaft im Europarat auf den zeitlichen Geltungsbereich der Konvention. Danach entfallen die Verpflichtungen aus der EMRK nur für Handlungen, die nach Wirksamwerden der Erklärung vorgenommen werden. Für frühere Handlungen bleiben die Verpflichtungen aus der EMRK hingegen in vollem Umfang bestehen. Maßgeblich für die Bestimmung des **Zeitpunkts einer Handlung** ist der Eintritt der mit ihr verbundenen Wirkungen, nicht unbedingt die innerstaatliche Rechtskraft einer Entscheidung.

Vor dem Wirksamwerden einer Kündigung vorgenommene Handlungen kön- 10 nen auch nach diesem Zeitpunkt noch Gegenstand eines **Beschwerdeverfahrens** vor dem Gerichtshof sein. Aus Abs. 2 folgt auch, dass sich eine Vertragspartei durch Kündigung nicht von den Verpflichtungen befreien kann, die sich aus einem **Urteil des Gerichtshofs** ergeben. Dies gilt auch für die Verfahren zur **Kontrolle der Umsetzung** eines Urteils durch das Ministerkomitee.

Art. 59 Unterzeichnung und Ratifikation

(1) **Diese Konvention liegt für die Mitglieder des Europarats zur Unterzeichnung auf. Sie bedarf der Ratifikation. Die Ratifikationsurkunden werden beim Generalsekretär des Europarats hinterlegt.**

(2) **Die Europäische Union kann dieser Konvention beitreten.**

(3) **Diese Konvention tritt nach Hinterlegung von zehn Ratifikationsurkunden in Kraft.**

(4) **Für jeden Unterzeichner, der die Konvention später ratifiziert, tritt sie mit der Hinterlegung seiner Ratifikationsurkunde in Kraft.**

(5) **Der Generalsekretär des Europarats notifiziert allen Mitgliedern des Europarats das Inkrafttreten der Konvention, die Namen der Hohen Vertragsparteien, die sie ratifiziert haben, und jede spätere Hinterlegung einer Ratifikationsurkunde.**

Geschehen zu Rom am 4. November 1950 in englischer und französischer Sprache, wobei jeder Wortlaut gleichermaßen verbindlich ist, in einer Urschrift, die im Archiv des Europarats hinterlegt wird. Der Generalsekretär übermittelt allen Unterzeichnern beglaubigte Abschriften.

EMRK Art. 59 — Schlussvorschriften

(1) This Convention shall be open to the signature of the members of the Council of Europe. It shall be ratified. Ratifications shall be deposited with the Secretary General of the Council of Europe.

(2) The European Union may accede to this Convention.

(3) The present Convention shall come into force after the deposit of ten instruments of ratification.

(4) As regards any signatory ratifying subsequently, the Convention shall come into force at the date of the deposit of its instrument of ratification.

(5) The Secretary General of the Council of Europe shall notify all the members of the Council of Europe of the entry into force of the Convention, the names of the High Contracting Parties who have ratified it, and the deposit of all instruments of ratification which may be effected subsequently.

Done at Rome this 4th day of November 1950, in English and French, both texts being equally authentic, in a single copy which shall remain deposited in the archives of the Council of Europe. The Secretary General shall transmit certified copies to each of the signatories.

(1) La présente Convention est ouverte à la signature des membres du Conseil de l'Europe. Elle sera ratifiée. Les ratifications seront déposées près le Secrétaire Général du Conseil de l'Europe.

(2) L'Union européenne peut adhérer à la présente Convention.

(3) La présente Convention entrera en vigueur après le dépôt de dix instruments de ratification.

(4) Pour tout signataire qui la ratifiera ultérieurement, la Convention entrera en vigueur dès le dépôt de l'instrument de ratification.

(5) Le Secrétaire Général du Conseil de l'Europe notifiera à tous les membres du Conseil de l'Europe l'entrée en vigueur de la Convention, les noms des Hautes Parties contractantes qui l'auront ratifiée, ainsi que le dépôt de tout instrument de ratification intervenu ultérieurement.

Fait à Rome, le 4 novembre 1950, en français et en anglais, les deux textes faisant également foi, en un seul exemplaire qui sera déposé dans les archives du Conseil de l'Europe. Le Secrétaire Général du Conseil de l'Europe en communiquera des copies certifiées conformes à tous les signataires.

Literatur: *Krämer,* Änderungen im Grundrechtsschutz durch den Beitritt der Europäischen Union zur EMRK, ZÖR 69 (2014), 235; *Krüger/Polakiewicz,* Vorschläge für ein kohärentes System des Menschenrechtsschutzes in Europa, EuGRZ 2001, 92; *Leutheusser-Schnarrenberger,* Der Beitritt der EU zur EMRK, in Hohmann-Dennhardt ua, FS Jaeger, 2010, 135; *Obwexer,* Der Beitritt der EU zur EMRK: Rechtsgrundlagen, Rechtsfragen und Rechtsfolgen, EuR 2012, 115; *Polakiewicz,* Der Abkommensentwurf über den Beitritt der Europäischen Union zur Europäischen Menschenrechtskonvention, EuGRZ 2013, 472; *Reich,* Beitritt der EU zur EMRK – Gefahr für das Verwerfungsmonopol des EuGH?, EuZW 2010, 641; *Ress,* Konsequenzen des Beitritts der EU zur EMRK, EuZW 2010, 841; *Stein,* Der Beitritt der Europäischen Union zur EMRK im Hinblick auf mögliche Konsequenzen für die Gemeinsame Außen- und Sicherheitspolitik, in Breuer ua, Der Staat im Recht, 2013, S. 655; *Streinz,* EU und EMRK, in Breuer ua, Der Staat im Recht, 2013, S. 687; *Tomuschat* in Wolfrum/Deutsch, The European Court of Human Rights Overwhelmed by Applications, 2009, S. 1; *ders.,* Der Beitritt der Europäischen Union zur EMRK, in Leutheusser-Schnarrenberger, Vom Recht auf Menschenwürde, 2013,

Unterzeichnung und Ratifikation **Art. 59 EMRK**

S. 71; *Uerpmann-Wittzack,* Völkerrechtliche Verfassungselemente, in von Bogdandy/Bast, Europäisches Verfassungsrecht, 2. Aufl. 2009, S. 177; *ders.,* Rechtsfragen und Rechtsfolgen des Beitritts der Europäischen Union zur EMRK, EuR-Beiheft 2012/2, 167; *Wendel,* Der EMRK-Beitritt als Unionsrechtsverstoß, NJW 2015, 921; *Wittinger,* Der Europarat, 2005.

Übersicht

	Rn.
A. Unterzeichnung und Ratifikation (Abs. 1)	1
B. Beitritt der EU (Abs. 2)	5
I. Verfahrensfragen des Beitritts	7
II. Umfang des Beitritts	10
III. Institutionelle Regelungen	12
1. Auf Vorschlag der EU gewählter Richter	12
2. Mitwirkung der EU bei der Wahl der Richterinnen und Richter	14
3. Mitwirkung der EU bei der Überwachung der Urteilsbefolgung	15
4. Einzelrichter	16
IV. Verfahrensregelungen	17
1. Erschöpfung des Rechtswegs und EU-Gerichtsbarkeit	17
2. Der Status als Mitbeschwerdegegner	20
3. Ausschluss der Staatenbeschwerde zwischen der EU und ihren Mitgliedstaaten	22
4. Verhältnis von Gutachtenverfahren nach Protokoll Nr. 16 und Vorabentscheidungsverfahren	23a
V. Finanzielle Beteiligung am Haushalt des EGMR	24
C. Inkrafttreten der EMRK und ihrer Protokolle (Abs. 3 u. 4).	25
I. Notwendige Zahl an Ratifikationen bei den Protokollen zur EMRK	26
II. Verpflichtung zur Ratifikation eines Änderungsprotokolls?	29
III. Zeitpunkt des Inkrafttretens nach Erreichen der notwendigen Zahl an Ratifikationen	32
D. Aufgaben des Verwahrers (Abs. 5)	33
E. Verbindlicher Wortlaut	34

A. Unterzeichnung und Ratifikation (Abs. 1)

Die EMRK steht nach Abs. 1 allen **Mitgliedern des Europarats** offen. Ihre **1** Unterzeichnung ist daher erst möglich, sobald der Beitritt eines Staates zum Europarat wirksam geworden ist. Nach der neueren Praxis sind Staaten, die dem Europarat beitreten, **verpflichtet,** die EMRK zu unterzeichnen und innerhalb eines Jahres zu ratifizieren (ausf. *Wittinger* Der Europarat S. 315 ff., iE zust. *Frowein* Der Staat 46 (2007), 645 (647)). Dementsprechend sind alle 47 Mitgliedstaaten des Europarats Vertragsparteien der EMRK (Stand 1.1.2021). Die Ratifikationsurkunden werden beim Generalsekretär des Europarats hinterlegt, dem die Rolle des Verwahrers der Konvention und ihrer Zusatzprotokolle übertragen worden ist (Art. 59 Abs. 1 S. 3, Abs. 3; zu den Aufgaben des Verwahrers → Rn. 33).

Die **Zusatzprotokolle** liegen für die Mitgliedstaaten des Europarats, die die **2** EMRK unterzeichnet haben, zur Unterzeichnung auf. Sie bedürfen der Ratifikation, Annahme oder Genehmigung (zB Art. 7 6. EMRKProt). Diese Begriffe sind funktional gleichwertig. Sie beschreiben die Erklärung des verbindlichen Einverständnisses, an das Protokoll rechtlich gebunden zu sein (vgl. Art. 16 WVK). Diese Erklärung ist nur möglich, wenn die EMRK für den betreffenden Staat in Kraft ist oder gleichzeitig in Kraft tritt. Ein **eigenständiger Beitritt** zu den Zusatzprotokollen ist somit **nicht möglich**. Dies erklärt sich vor allem daraus, dass die Zusatzprotokolle lediglich zusätzliche Gewährleistungen enthalten und zu ihrer Durchsetzung auf die Mechanismen der EMRK angewiesen sind. Die Beschränkung der Zeichnungsberechtigten auf die Mitgliedstaaten des Europarats führt nicht dazu, dass die EU den Zusatzprotokollen nicht beitreten könnte (→ Rn. 6).

3   Seit Protokoll Nr. 5 folgen die **Schlussvorschriften der Protokolle** einem **Modellentwurf**, der vom Ministerkomitee 1962 angenommen und 1980 überarbeitet wurde (Model Final Clauses for Conventions and Agreements concluded within the Council of Europe, CM 315th meeting).

4   Im Falle der **Staatennachfolge** kann die Bindung an die EMRK und ihre Protokolle auch vor voller Wirksamkeit eines Beitritts zum Europarat bestehen. Beispiele hierfür sind die Auflösung der Tschechoslowakei zum 1.1.1993 (dazu *Zimmermann,* Staatennachfolge in völkerrechtliche Verträge, 2000, S. 569 ff.) und die Sezession Montenegros von Serbien im Jahr 2006. Dies steht im Einklang mit den Regeln des allgemeinen Rechts der Staatennachfolge in menschenrechtliche Verträge (*Zimmermann* S. 572 ff.).

B. Beitritt der EU (Abs. 2)

5   Abs. 2 sieht vor, dass die EU der EMRK beitreten kann. Dies ist unabhängig von einer Mitgliedschaft der EU im Europarat möglich. Obwohl die Vorschrift die Möglichkeit eines Beitritts durch einseitige Erklärung zu eröffnen scheint, ist sowohl aufgrund des Unionsrechts als auch aus praktischen Gründen ein **Beitrittsvertrag** notwendig (Draft revised agreement on the accession of the European Union to the Convention for the Protection of Human Rights and Fundamental Freedoms, 47+1(2013)008rev2, 10.6.2013 (BeitrittAbkEU-E), zuvor bereits *Informal Group on Accession of the EU to the Convention,* Final Version of the Draft Legal Instruments on the Accession of the EU to the ECMR, CDDM-UE (2011) 16, 19.7.2011). Hintergrund hierfür ist, dass ein Beitritt der EU in zahlreichen Aspekten spezielle Regelungen notwendig macht, die eine Änderung der EMRK bedingen (→ Rn. 12 ff., zu einigen dieser Aspekte vgl. bereits *Krüger/Polakiewicz* EuGRZ 2001, 101 ff.). Aus europarechtlicher Sicht legt Art. 6 Abs. 2 EUV fest, dass die EU der EMRK beitreten soll (zur Notwendigkeit einer primärrechtlichen Rechtsgrundlage EuGH 28.3.1996 – Gutachten 2/94, Slg. 1996, I-1759). Diese Bestimmung wird durch das „Protokoll (Nr. 8) zu Artikel 6 Absatz 2 EUV über den Beitritt der Union zur Europäischen Konvention zum Schutze der Menschenrechte und Grundfreiheiten" ergänzt. Zur Vorgeschichte des Beitritts der EU zur EMRK *Leutheusser-Schnarrenberger* FS Jaeger, 2010, 135. Allgemein zum Verhältnis von EU und EMRK → Einl. Rn. 110 ff.

6   Die **Zusatzprotokolle** enthalten keine eigenständige Beitrittsklausel für die EU. Jedoch findet Art. 59 Abs. 2 EMRK über die jeweiligen Vorschriften der Zusatzprotokolle, die das Verhältnis zur Konvention regeln (vgl. nur Art. 5 EMRKZusProt), Anwendung, so dass die EU mit der Wirksamkeit ihres Beitritts zur EMRK den Zusatzprotokollen durch **einseitige Erklärung** beitreten kann (aA *Obwexer* EuR 2012, 122 f.). Art. 59 Abs. 2 in der Fassung des Entwurfs des Beitrittsvertrages soll die Beitrittsmöglichkeit ausdrücklich klarstellen (Art. 1 Abs. 2 BeitrittAbkEU-E).

Unterzeichnung und Ratifikation **Art. 59 EMRK**

I. Verfahrensfragen des Beitritts

Die Verhandlungen mit den Vertragsparteien der EMRK wurden auf Seiten der 7
EU von der **Kommission** geführt. Sie wird dabei durch einen **Sonderausschuss**
aus Vertretern der Mitgliedstaaten unterstützt (Art. 218 Abs. 4 AEUV).

Auf europarechtlicher Seite regelt Art. 218 AEUV das Verfahren für die Ver- 8
handlung und den Abschluss des Beitrittsvertrages zur EMRK. Für die Beschlussfassung im Rat ist **Einstimmigkeit** erforderlich. Der Beschluss zum Abschluss des Beitrittsvertrages bedarf der **Zustimmung des EP** sowie der **Zustimmung der Mitgliedstaaten** im Einklang mit ihren verfassungsrechtlichen Bestimmungen (Art. 218 Abs. 8 AEUV). Insoweit stellt § 3 Abs. 1 IntVG klar, dass die Zustimmung Deutschlands nur auf Grundlage eines Gesetzes nach Art. 23 Abs. 1 GG erfolgen darf. Die Zustimmung der Mitgliedstaaten führt dazu, dass die EMRK unionsrechtlich im Rang des Primärrechts steht (*Uerpmann-Wittzack* in v. Bogdandy/Bast EurVerfassungsR S. 223).

Neben die Zustimmung der Mitgliedstaaten zum Beschluss der EU tritt jeweils 9
ihre **Ratifikation des Beitrittsvertrages** als Vertragspartei der EMRK. Seitens Deutschlands sind somit zwei Zustimmungsakte in Gesetzesform notwendig, die sinnvollerweise in einem Gesetzgebungsverfahren behandelt werden.

Mit Gutachten 2/13 vom 18.12.2014 hat der EuGH festgestellt, dass der Ent- 9a
wurf des Beitrittsabkommens nicht mit Art. 6 Abs. 2 EUV und Protokoll Nr. 8 zu Artikel 6 Absatz 2 EUV vereinbar sei (zur Kritik → Einl. Rn. 157b ff.). Zur Begründung führt er eine Beeinträchtigung von Art. 344 AEUV (→ Rn. 23) und eine Beeinträchtigung des Vorabentscheidungsverfahrens durch Protokoll Nr. 16 (→ Rn. 23a) an. Zudem wird die Ausgestaltung des Mitbeschwerde-Mechanismus gerügt (→ Rn. 20a ff.).

Weiterhin sieht der EuGH den **Grundsatz des gegenseitigen Vertrauens** 9b
zwischen den Mitgliedstaaten gefährdet, wenn die Mitgliedstaaten verpflichtet würden, die Beachtung der Grundrechte durch einen anderen Mitgliedstaat zu prüfen. Hierzu enthalte der Beitrittsvertrag keine hinreichenden Vorkehrungen (EuGH 18.12.2014 – Gutachten 2/13, ECLI:EU:C:2014:2454 Rn. 191 ff.). Praktisch relevant ist diese Frage bereits im **Asylrecht** geworden. Konflikte zwischen EMRK und Unionsrecht in diesem Bereich bestehen aber bereits; sie sind gerade nicht Ergebnis eines möglichen Beitritts der EU (vgl. nur *Wendel* NJW 2015, 921 (925)). Der EGMR hat mittlerweile die Bedeutung des Grundsatzes des gegenseitigen Vertrauens ausdrücklich anerkannt, jedoch auch dessen Grenzen betont (EGMR (GK) 23.5.2017 – 17503/07 Rn. 113–116 – Avotins; 25.3.2021 – 40324/16 ua Rn. 100 ff. – Bivolaru und Moldovan).

Besonders problematisch ist die Ansicht des EuGH, dass der EGMR nicht zur 9c
gerichtlichen Kontrolle von Maßnahmen im Bereich der GASP befugt sein dürfe, wenn diese der Zuständigkeit des EuGH entzogen seien (EuGH 18.12.2014 – Gutachten 2/13, ECLI:EU:C:2014:2454 Rn. 249 ff.). Warum unionsinterne Probleme der Gerichtsorganisation eine Beschränkung der Kontrollkompetenz des EGMR gegenüber der EU und damit eine offene Ungleichbehandlung der Vertragsparteien der EMRK begründen können sollen, erscheint den anderen Vertragsparteien der EMRK jedoch kaum überzeugend vermittelbar und dürfte daher nicht konsensfähig sein. Die Sichtweise des EuGH droht damit die praktische Wirksamkeit der Verpflichtung zum EMRK-Beitritt aus Art. 6 Abs. 2 EUV auszuhöhlen und vermag daher auch unionsrechtlich kaum zu überzeugen. Möglicherweise könnte eine Lösung auf der Zurechnungsebene liegen,

wenn GASP-Maßnahmen unter transparenten Voraussetzungen einem oder mehreren EU-Mitgliedstaaten zugerechnet werden und auf diesem Wege der Kontrolle durch den EGMR unterliegen (vgl. hierzu die Beratungen im 47+1 Format, 47+1(2021)R9, S. 3f.).

9d Nach dem Gutachten 2/13 war der Beitrittsprozess fast fünf Jahre blockiert. Ende Oktober 2019 schlug die EU die Wiederaufnahme von Gesprächen im Format 47+1 vor, um über mögliche Anpassungen des Beitrittsvertrages zu verhandeln. Die Verhandlungen haben im Juni 2020 begonnen (zum Stand https://www.coe.int/en/web/human-rights-intergovernmental-cooperation/accession-of-the-european-union-to-the-european-convention-on-human-rights). Eine **Neuverhandlung** des Beitrittsvertrages mit dem Ziel, sämtliche Anforderungen des EuGH zu erfüllen, dürfte in einer Reihe von Punkten erheblichen Widerstand der anderen Vertragsparteien der EMRK hervorrufen. Dies gilt erkennbar insbesondere für die Bereiche, in denen der EuGH faktisch eine Art Sonderrecht für die EU-Mitgliedstaaten durchsetzen und die EMRK zum Schutz der EU vor unionsrechtswidrigem Handeln ihrer Mitgliedstaaten verpflichten will. Da ein Beitritt der EU ohnehin die Ratifikation aller Mitgliedstaaten voraussetzt, könnte komplementär zur Klarstellung einiger Punkte im Beitrittsvertrag eine **Änderung des EU-Primärrechts** erwogen werden (vgl. *Wendel* NJW 2015, 921 (926)). Aus Sicht der EMRK dürfte sich in der Zwischenzeit die Frage stellen, ob die Prämissen, auf deren Grundlage der EGMR im *Bosphorus*-Urteil seine **Kontrolldichte** gegenüber den Mitgliedstaaten der EU erheblich eingeschränkt hat (→ Einl. Rn. 135 ff., 157e), wenn diese durch Unionsrecht gebunden werden, nicht einer behutsamen Neubewertung bedürfen (vgl. die detailliertere Prüfung in EGMR 25.3.2021 – 40324/16 ua Rn. 117–126 – Bivolaru und Moldovan).

II. Umfang des Beitritts

10 Da für die Annahme des Beitrittsvertrages auf Unionsebene ein einstimmiger Beschluss des Rates notwendig ist, dürfte zunächst nur ein Beitritt zu den **Protokollen** in Betracht kommen, die **für alle Mitgliedstaaten der EU gelten** (Nr. 1, 6 und mittlerweile Nr. 13). Dabei hätte ein Beitritt zu den Protokollen Nr. 6 und 13 lediglich symbolischen Gehalt, da die EU keine Kompetenzen besitzt, zur Einführung der Todesstrafe für bestimmte Delikte zu verpflichten. Rechtlich zwingend erscheint die Beschränkung auf die für alle Mitgliedstaaten geltenden Protokolle allerdings nicht. So hat auch das EP gefordert, allen Zusatzprotokollen beizutreten, deren Gehalt Eingang in die Grundrechte-Charta gefunden hat (EP, P7_TA(2010) 0184, Nr. 4).

11 Mit Blick auf **Vorbehalte,** die einige Mitgliedstaaten der EU gegen Bestimmungen der EMRK angebracht haben, sieht Art. 2 Protokoll Nr. 8 zum EUV vor, dass sicherzustellen sei, dass die besondere Position der betroffenen Mitgliedstaaten unberührt bleibe. Diese Bestimmung verpflichtet die EU nicht, ihrerseits entsprechende Vorbehalte einzulegen. Steht im Zusammenhang mit der Anwendung des Unionsrechts durch mitgliedstaatliche Stellen ein Verstoß gegen die EMRK in Rede, so hängt sowohl die Anwendbarkeit eines Vorbehalts als auch die Verantwortlichkeit für den Verstoß davon ab, welchem Hoheitsträger die Maßnahme zuzurechnen ist. Angesichts der geringen Zahl von Vorbehalten, die Mitgliedstaaten der EU erklärt haben, wird die praktische Bedeutung dieser Frage allerdings begrenzt bleiben.

Unterzeichnung und Ratifikation **Art. 59 EMRK**

III. Institutionelle Regelungen

1. Auf Vorschlag der EU gewählter Richter. Nach Art. 20 entspricht die 12
Zahl der Richter am EGMR derjenigen der Vertragsparteien. Diese Regel bedarf
keiner Anpassung im Zuge eines Beitritts der EU. Ihr Sinn liegt insbesondere darin,
dass ein in der Rechtsordnung einer Vertragspartei ausgebildeter Richter dazu beitragen kann, deren **kulturelle Vorverständnisse** und **besondere Eigenarten**
verständlich zu machen. Die **Rechtsordnung der EU** ist hinreichend eigenständig
und spezifisch, dass diese Aufgabe nicht ohne Weiteres von den Richtern übernommen werden kann, die die Mitgliedstaaten der EU vorgeschlagen haben. Insofern
erscheint es sinnvoll, dass nach einem Beitritt der EU ein von dieser vorgeschlagener
Richter am EGMR tätig wird.

Wird die Eigenständigkeit der europäischen Rechtsordnung als entscheidendes 13
Argument für die Bestimmung eines eigenen Richters angeführt, hat dies Rückwirkungen auf die **Qualifikationsanforderungen** an mögliche Kandidaten. Insoweit erscheint es erstrebenswert, dass Kandidaten ausgewiesene Expertise im Bereich des Europarechts besitzen, möglicherweise sogar aus dem Kreis der Richter
des EuGH und des EuG kommen.

2. Mitwirkung der EU bei der Wahl der Richterinnen und Richter. Die 14
Richterinnen und Richter des EGMR werden von der Parlamentarischen Versammlung des Europarats gewählt (zur legitimatorischen Bedeutung der Richterwahl → Art. 22 Rn. 3). Da die EU auch nach einem Beitritt zur EMRK nicht Mitglied des Europarats werden wird, bedarf es einer ausdrücklichen Regelung, um die
Mitwirkung einer Delegation des EP an der Wahl der Richterinnen und Richter zu
ermöglichen. Zuständig für die Wahl der Richterinnen und Richter des EGMR
wird nach Art. 6 Abs. 1 S. 1 BeitrittAbkEU-E in allen Fällen – nicht nur bei
der Wahl des EU-Richters – eine **erweiterte ER-PV** sein (EP, P7_TA(2010)
0184, Nr. 7). Weiterhin ist die **Größe der EP-Delegation** zu bestimmen. Angesichts des Umstands, dass die Größe einer mitgliedstaatlichen Delegation in der
ER-PV trotz erheblicher Bevölkerungsunterschiede auch der größeren Staaten auf
maximal 18 Delegierte begrenzt ist, erscheint es sachgerecht, dass das EP ebenfalls
18 Delegierte in eine erweiterte Wahlversammlung entsendet (Art. 6 Abs. 1 S. 2
BeitrittAbkEU-E). Verfahrensfragen der erweiterten ER-PV sollen zwischen der
ER-PV und dem EP abgestimmt werden (Art. 6 Abs. 2 BeitrittAbkEU-E).

3. Mitwirkung der EU bei der Überwachung der Urteilsbefolgung. Re- 15
gelungsbedarf besteht auch für die Mitwirkung der EU im **Ministerkomitee** des
Europarats. Art. 7 Abs. 2 BeitrittAbkEU-E sieht deshalb vor, dass die EU bei der
Überwachung der Umsetzung von Urteilen (Art. 46 Abs. 2–5) sowie der Durchführung der Art. 26 Abs. 2 (Zusammensetzung der Kammern des EGMR), Art. 39
Abs. 4 (gütliche Einigung), Art. 47 (Gutachten) und Art. 54 Abs. 1 (Annahme von
Protokollen zur EMRK) mitwirkt. Bei der Annahme von Rechtsinstrumenten
oder Texten, die nicht ausdrücklich in der EMRK genannt sind, aber einen direkten Bezug zum Funktionieren des Konventionssystems aufweisen, soll die EU angehört werden.

Aus Sicht der EMRK ist bei dem Verfahren nach Art. 46 Abs. 2–5 problematisch, 15a
dass die Mitgliedstaaten der EU nach den bislang geltenden Regeln eine effektive
Kontrolle der Umsetzung von Urteilen gegen die EU verhindern könnten,
wenn sie in abgestimmter Weise agieren. Art. 7 Abs. 4 lit. a BeitrittAbkEU-E erkennt
an, dass bei Urteilen, in denen die EU Partei ist, ein koordiniertes Abstimmungs-

Arndt/Engels

verhalten unionsrechtlich vorgegeben ist. Mit Blick auf diese Fälle sollen die Verfahrensregeln des Ministerkomitees so angepasst werden, dass eine **effektive Ausübung der Kontrollaufgabe** sichergestellt wird. Die übliche Praxis, dass Beschlüsse des Ministerkomitees in der Regel im Konsens gefasst werden, soll durch diese Neuregelung nicht berührt werden. Bei der Kontrolle der Befolgung von Urteilen, die nicht gegen die EU ergangen sind, wird klargestellt, dass die Mitgliedstaaten der EU in ihrem Abstimmungsverhalten nicht unionsrechtlich gebunden werden dürfen (Art. 7 Abs. 4 lit. b BeitrittAbkEU-E). Auf Seiten der EU ist zudem zu klären, wer für sie an diesen Sitzungen teilnimmt. Art. 14 Europarat-Satzung, nach dem im Regelfall die Außenminister im Ministerkomitee vertreten sind, steht einer Besetzung unter fachlichen Gesichtspunkten nicht im Wege. Diese Vorschrift ermöglicht ausdrücklich eine Teilnahme eines anderen Regierungsmitglieds, wenn dies wünschenswert erscheint. Da die EU nur an einem höchst spezifischen Aspekt der Arbeit des Ministerkomitees mitwirken würde, entfaltet für sie die Regelvermutung für die Vertretung durch den Außenminister keine praktische Wirkung.

16   **4. Einzelrichter.** Ein Einzelrichter darf keine Beschwerden gegen die Vertragspartei prüfen, für die er gewählt worden ist (Art. 26 Abs. 3). Aufgrund dieses Wortlauts scheint es zunächst nicht ausgeschlossen, dass der für die EU gewählte Richter als Einzelrichter über Beschwerden entscheidet, die gegen den Mitgliedstaat der EU erhoben werden, dessen Staatsangehöriger er ist. Eine solche Auslegung stünde jedoch mit dem Gedanken einer strikten und zweifelsfreien **Unparteilichkeit des Einzelrichters** in einem erheblichen Spannungsverhältnis. Empfehlenswert erscheint daher, dass die Reichweite der **Inkompatibilität** ausdrücklich in diesem Sinne klargestellt wird. Weiterhin könnten Konstellationen problematisch werden, in denen mitgliedstaatliche Stellen funktional als Unionsbehörden agiert haben. In der Praxis dürften dann regelmäßig der jeweilige Mitgliedstaat und die EU Beschwerdegegner sein (zum Beitritt der EU als Mitbeschwerdegegner → Rn. 20 ff.). Der von der EU vorgeschlagene Richter sollte aber unabhängig von der formalen Parteistellung der EU in jedem Fall als Einzelrichter ausgeschlossen sein.

IV. Verfahrensregelungen

17   **1. Erschöpfung des Rechtswegs und EU-Gerichtsbarkeit.** Wenn mitgliedstaatliche Stellen EU-Recht anwenden, sind Situationen denkbar, in denen der EGMR mit der Frage nach der Vereinbarkeit eines Rechtsakts der EU mit der EMRK befasst wird, ohne dass der EuGH zuvor Gelegenheit hatte, über die Rechtmäßigkeit dieses Rechtsakts zu entscheiden (krit. hierzu unter dem Gesichtspunkt der Subsidiarität EuGH, Reflexionspapier zu bestimmten Aspekten des Beitritts der EU zur EMRK, EuGRZ 2010, 366 f.; vgl. dagegen *Reich* EuZW 2010, 641). Nach Art. 35 Abs. 1 sind zwar vor einer Beschwerde an den EGMR alle innerstaatlichen Rechtsbehelfe auszuschöpfen. Dies umfasst jedoch das **Vorabentscheidungsverfahren** vor dem EuGH nicht unmittelbar, da der Beschwerdeführer eine Vorlage nicht erzwingen kann (→ Art. 35 Rn. 24). Allerdings lässt sich aus dem Erfordernis der Rechtsbehelfserschöpfung ableiten, dass ein Beschwerdeführer jedenfalls eine ggf. bestehende Möglichkeit, eine Vorlage formell zu beantragen, nutzen muss.

18   Zudem wird teilweise erwogen, bei Beschwerden, in denen die innerstaatlichen Gerichte eine **Vorlage** trotz substantiierter Grundrechtsrügen **unterlassen haben,** die Entscheidung des EGMR auf die Feststellung einer daraus folgenden Verletzung des Rechts auf ein faires Verfahren (Art. 6) zu beschränken. Dies stünde allerdings in einem gewissen Spannungsverhältnis zum **Willkürmaßstab,** der bisher bei Art. 6 angelegt wird (EGMR 23.3.1999 – 41358/98 – Desmots/FRA; EGMR 4.10.2001 – 60350/00, NJW 2010, 3207 – Calena Santiago/ESP; *Kokott/Henze/ Sobotta* JZ 2006, 633 (637); vgl. dazu aus Sicht des Art. 19 Abs. 4 GG zuletzt BVerfGE 126, 286 (315f.)). Nicht jede Nichtvorlage erfolgt willkürlich, etwa wenn im Lichte neuer Entwicklungen behauptet wird, dass eine Änderung der Rechtsprechung des EuGH angezeigt sei. Weiterhin hätte eine solche Beschränkung auf die Rüge der Vorlagepflicht oftmals eine kaum hinnehmbare **Zeitverzögerung** zur Folge, bis es schließlich zu einer Entscheidung über die eigentliche Grundrechtsbeschwerde kommt. Aus dem gleichen Grund sollte auch die Eröffnung einer Vorlagemöglichkeit des EGMR an den EuGH so ausgestaltet werden, dass die Effektivität des Rechtsschutzes nicht ausgehöhlt wird. Letztlich beruht das Risiko einer Nichtbefassung des EuGH, bevor eine Beschwerde an den EGMR gelangt, auf der innerunionalen Gerichtsorganisation. Diese wird jedoch kaum zu einer Beschränkung der Entscheidungsbefugnis des EGMR führen können. Der Entwurf des Beitrittsvertrages geht mit dem Verfahren der Vorabbefassung (Art. 3 Abs. 6 BeitrittAbkEU-E) einen Mittelweg. Einerseits wird dem EuGH die Möglichkeit eingeräumt, die Vereinbarkeit einer Regelung des EU-Rechts mit der EMRK zu prüfen, während die Beschwerde beim EGMR anhängig ist. Andererseits wird festgelegt, dass dies nicht zu einer unangemessenen Verzögerung führen dürfe und dass die Befugnisse des EGMR durch dieses Verfahren nicht beeinträchtigt werden.

Aus dem Umstand, dass die Befassung der Gerichtsbarkeit der EU unter bestimmten Voraussetzungen zur Erschöpfung des innerstaatlichen Rechtswegs gehören kann, folgt umgekehrt, dass diese nicht unter Art. 35 Abs. 2 lit. b fällt, nach dem sich der EGMR nicht mit Beschwerden befasst, die bereits Verfahrensgegenstand vor einer anderen **internationalen Untersuchungs- oder Vergleichsinstanz** waren. Die Gerichtsbarkeit der EU ist vielmehr Teil der Gerichtsbarkeit einer Vertragspartei und daher keine internationale Gerichtsbarkeit iSv Art. 35 Abs. 2 lit. b. **19**

2. Der Status als Mitbeschwerdegegner. Über die Beteiligungsrechte iSd Art. 36 Abs. 2 hinaus haben die EU und ihre Mitgliedstaaten angestrebt, dass sie wechselseitig als „**Mitbeschwerdegegner**" auftreten dürfen, wenn der **mittelbare Vollzug von Unionsrecht** durch die Mitgliedstaaten Gegenstand eines Beschwerdeverfahrens ist (EP, P7_TA(2010)0184, Nr. 12f.). Dies würde zum einen ermöglichen, dass der EGMR die Frage nach der Vereinbarkeit einer Maßnahme mit der EMRK entscheiden kann, ohne eine Festlegung in der möglicherweise komplizierten Kompetenzaufteilung zwischen EU und Mitgliedstaaten vornehmen zu müssen. Zum anderen könnte auf diese Weise auch die EU die Verweisung einer Beschwerde an die Große Kammer beantragen. Der Entwurf des Beitrittsvertrages sieht einen solchen Mitbeschwerdegegner-Mechanismus in Art. 3 vor. **20**

Mit Blick auf die **Voraussetzungen für die Anwendung des Mitbeschwerdegegner-Mechanismus** hat der EuGH unter Verweis auf Rn. 66 des Erläuternden Berichts zum Entwurf des Beitrittsvertrages angenommen, dass nach Art. 3 Abs. 2 und 6 BeitrittAbkEU-E keine Möglichkeit bestehe, den EuGH im Wege der Vorabbefassung anzurufen, um eine **Auslegung des abgeleiteten EU-Rechts** zu ermöglichen, sondern nur eine Gültigkeitskontrolle vorgesehen sei (EuGH 18.12.2014 – Gutachten 2/13, ECLI:EU:C:2014:2454 Rn. 242f. sowie die Stellungnahme der Generalanwältin Kokott, ECLI:EU:C:2014:2475 Rn. 133). **20a**

EMRK Art. 59 Schlussvorschriften

Die Unterscheidung zwischen Gültigkeitskontrolle und Auslegung in Rn. 66 des Erläuternden Berichts dürfte aber darauf zurückzuführen sein, dass das EU-Primärrecht vom EuGH gerade nicht auf seine Gültigkeit hin überprüft werden kann. Bei jeder EMRK-konformen Auslegung einer Vorschrift des abgeleiteten EU-Rechts steht zunächst die Frage nach der Gültigkeit dieser Vorschrift ebenfalls im Raum. Im Rahmen der Überprüfung der Gültigkeit einer Norm wirkt die EMRK-konforme Auslegung dann im Ergebnis geltungserhaltend. Ist die Konformauslegung daher nur ein Unterfall der Gültigkeitskontrolle, ist eine Unterscheidung zwischen diesen beiden im Kontext des Art. 3 Abs. 2 und 6 BeitrittAbkEU-E fehlgeleitet.

20b Voraussetzung des **Vorabbefassungsverfahrens** nach dem Entwurf des Beitrittsabkommens ist, dass der EuGH bisher die Vereinbarkeit einer unionsrechtlichen Regelung mit den Rechten der EMRK und ihrer Zusatzprotokolle noch nicht geprüft hat. Dies kann im Einzelfall schwierige Abgrenzungsfragen aufwerfen. Der EuGH hat deshalb eine Verfahrensgestaltung angemahnt, bei der alleine das zuständige Unionsorgan verbindlich feststellt, ob eine **hinreichende Befassung des EuGH** bereits vorliegt oder nicht. Notwendig sei daher insbesondere eine vollständige und systematische Unterrichtung der EU über die beim EGMR anhängigen Rechtssachen (EuGH 18.12.2014 – Gutachten 2/13 Rn. 238ff.). Neben den Vorschriften des Beitrittsvertrages hat eine verfahrensrechtliche Ausgestaltung des Vorabbefassungsverfahrens durch Unionsrecht zu erfolgen, insbesondere zu Einleitung, Durchführung und Rechtswirkungen des Verfahrens (*Krämer* ZÖR 2014, 235 (250ff.)).

20c Weiterhin sieht der EuGH bereits in der nach Art. 3 Abs. 5 BeitrittAbkEU-E niedergelegten **Plausibilitätskontrolle,** mit der der EGMR prüft, ob die Voraussetzungen des Mitbeschwerde-Mechanismus vorliegen, einen unzulässigen Eingriff in die Verteilung der Zuständigkeiten zwischen der EU und ihren Mitgliedstaaten (EuGH 18.12.2014 – Gutachten 2/13, ECLI:EU:C:2014:2454 Rn. 222ff.).

21 Nach einem Verfahrensbeitritt der EU als Mitbeschwerdegegner würde die **Bindungswirkung des Art. 46 Abs. 1** unmittelbar auch für die EU eintreten. Dadurch würde klargestellt, dass ggf. die EU verpflichtet ist, an der Vollziehung eines Urteils des EGMR mitzuwirken. Zur bereits jetzt bestehenden Pflicht der Vertragsparteien, einer anderen Vertragspartei die Beachtung eines EGMR-Urteils zu ermöglichen, EGMR 18.2.1999 (GK) – 24833/94, EuGRZ 1999, 200 Rn. 33 – Matthews/UK; EuGH 12.9.2006 – C-145/04, Slg. 2006, I-7917 Rn. 60ff. – Spanien/UK). Art. 3 Abs. 7 BeitrittsAbkEU-E sieht dementsprechend vor, dass Beschwerde- und Mitbeschwerdegegner in der Regel gemeinsam für eine Verletzung der EMRK haften, wenn nicht der EGMR auf der Grundlage des Vorbringens des Beschwerde- und des Mitbeschwerdegegners etwas anderes entschieden. Der EuGH bemängelt dabei zum einen, dass diese Vorschrift nicht hinreichend sicherstelle, dass mitgliedstaatliche Vorbehalte gewahrt werden. Zum anderen dürfe die Haftungsverteilung allein auf der Grundlage des Unionsrechts und unter der alleinigen Kontrolle des EuGH erfolgen (EuGH 18.12.2014 – Gutachten 2/13, ECLI: EU:C:2014:2454 Rn. 226ff.).

22 **3. Ausschluss der Staatenbeschwerde zwischen der EU und ihren Mitgliedstaaten.** Nach Art. 55 sollen bei Streitigkeiten über die Auslegung der EMRK **andere Streitbeilegungsverfahren** als das Beschwerdeverfahren vor dem EGMR nur ausnahmsweise zulässig sein. Ihrem Sinn und Zweck nach ist diese Vorschrift nicht darauf gerichtet, die **Zuständigkeiten des EuGH** für Streitigkeiten zwischen den Mitgliedstaaten bzw. zwischen den Mitgliedstaaten und den Organen

Unterzeichnung und Ratifikation   **Art. 59 EMRK**

der EU zu berühren. Art. 5 BeitrittAbkEU-E enthält insofern eine Klarstellung, die angesichts des weiten Wortlauts von Art. 55 sinnvoll erscheint.

Aus unionsrechtlicher Perspektive wäre es zudem aufgrund von Art. 344 AEUV **23** unzulässig, wenn ein Mitgliedstaat der EU eine **Staatenbeschwerde** gegen einen anderen Mitgliedstaat oder die EU anstrengen würde (Art. 3 des Protokolls Nr. 8 zu Art. 6 Abs. 2 AEUV, vgl. EuGH 30.5.2006 – C-459/03, Slg. 2006, I-4635 – Kommission/Irland). Der EuGH leitet aus Art. 344 AEUV darüber hinaus ab, dass die Möglichkeit einer unionsrechtswidrigen Staatenbeschwerde auch in der EMRK ausgeschlossen werden müsse (EuGH 18.12.2014 – Gutachten 2/13, ECLI:EU: C:2014:2454 Rn. 208 ff.). Ein solcher Übergriff des Unionsrechts in den Vertragstext der EMRK ist zur Sicherung der praktischen Wirksamkeit des Art. 344 AEUV jedoch nicht erforderlich (überzeugend unter Verweis auf die Möglichkeit einer einstweiligen Anordnung im Rahmen eines Vertragsverletzungsverfahrens die Stellungnahme der Generalanwältin *Kokott* 13.6.2014 – Gutachten 2/13, ECLI:EU: C:2014:2475 Rn. 118).

4. Verhältnis von Gutachtenverfahren nach Protokoll Nr. 16 und Vorab- **23a** **entscheidungsverfahren.** Mit dem Gutachtenverfahren des Protokolls Nr. 16 wird den höchsten nationalen Gerichten die Möglichkeit eingeräumt, Gutachten des EGMR zur Auslegung der EMRK einzuholen. Die Gutachten des EGMR sind anders als seine endgültigen Urteile rechtlich nicht bindend. Ihre Wirkung beschränkt sich auf die persuasive Kraft, die mit der Erwartung verbunden ist, dass der EGMR auch in einem Beschwerdeverfahren nicht anders urteilen würde. Auch hier hält der EuGH die theoretische Möglichkeit eines unionsrechtswidrigen Gutachtenantrags unter Umgehung des **Vorabentscheidungsverfahrens** nach Art. 267 AEUV für ausreichend, um eine Beeinträchtigung der Autonomie des Unionsrechts anzunehmen (EuGH 18.12.2014 – Gutachten 2/13, ECLI:EU: C:2014:2454 Rn. 198 f.). Das Problem, das der EuGH hier aufwirft, dürfte bereits neben dem Gegenstand des Gutachtenverfahrens liegen. Ein unionsrechtswidriger Gutachtenantrag ist ohne einen Beitritt der EU zur EMRK prinzipiell in gleicher Weise denkbar und daher keine Folge des Beitritts (Stellungnahme der Generalanwältin *Kokott* 13.6.2014 – Gutachten 2/13, ECLI:EU:C:2014:2475 Rn. 140). Weiterhin gilt auch hier, dass es nicht Aufgabe der EMRK ist, die EU vor unionsrechtswidrigem Verhalten ihrer Mitgliedstaaten zu schützen. Erste Lösungsvorschläge gehen gleichwohl in die Richtung, der EU Gelegenheit zur Stellungnahme zu einem Gutachtenantrag zu geben. Diese könnte der EGMR im Rahmen seines Ermessens, ob er den Antrag annimmt, berücksichtigen.

V. Finanzielle Beteiligung am Haushalt des EGMR

Klärungsbedürftig ist, wie sich die EU als Vertragspartei der EMRK an der **Fi-** **24** **nanzierung des EGMR** beteiligen wird. Bisher sieht Art. 50 vor, dass die Kosten des Gerichtshofs vom Europarat getragen werden. Diese Regelung ist nicht praktikabel, da dann die EU in das Haushaltsverfahren des Europarats eingebunden werden müsste. Daher sollte im Beitrittsverfahren eine Berechnungsformel für einen **pauschalen Beitrag** der EU festgelegt werden. Art. 8 BeitrittAbkEU-E sieht vor, dass die EU eine jährliche zweckgebundene Zahlung leistet, die 34% des höchsten Beitrags eines Mitgliedstaates zum Haushalt des Europarates entspricht. Dieser Prozentsatz kann angepasst werden, wenn sich der Anteil der Ausgaben mit Bezug auf das Funktionieren der EMRK im Vergleich zum Gesamthaushalt des Europarates erheblich verändert. Art. 8 Abs. 3 BeitrittAbkEU-E definiert, wie die Höhe der Ausgaben, die dem Funktionieren der EMRK dienen, bestimmt wird.

C. Inkrafttreten der EMRK und ihrer Protokolle (Abs. 3 u. 4)

25 Abs. 3 regelt das Inkrafttreten der EMRK. Die hierfür notwendige Zahl von zehn Ratifikationen wurde am 3.9.1953 erreicht. Abs. 4 regelt das Inkrafttreten für Vertragsparteien, die zu einem späteren Zeitpunkt beitreten. Derzeit gilt die EMRK in allen 47 Mitgliedstaaten des Europarates (Stand 1.2.2015). Nach dem Zeitpunkt des Inkrafttretens bestimmt sich der **zeitliche Anwendungsbereich** der Konvention. Eine rückwirkende Geltung besteht nicht. Allerdings können **fortdauernde Verletzungen** dazu führen, dass die Konvention anwendbar ist und vor ihrem zeitlichen Anwendungsbereich liegende Umstände in die Würdigung einfließen (EGMR 9.4.2009 (GK) – 71463/01 Rn. 140 ff. mwN – Šilih/SLO; zur Frage, welche Situationen hierfür in Betracht kommen, vgl. Grabenwarter/Pabel EMRK § 17 Rn. 19 ff.).

I. Notwendige Zahl an Ratifikationen bei den Protokollen zur EMRK

26 Mit Blick auf die notwendige Zahl an Ratifikationen bei den Protokollen zur EMRK können zwei Gruppen unterschieden werden.

27 Die erste Gruppe bilden Protokolle, die nach einer geringen Zahl von Ratifikationen in Kraft treten. Eine solche Regelung findet insbesondere bei Protokollen Anwendung, die zusätzliche Rechte festlegen. Sie werden daher oftmals als **Zusatzprotokolle** bezeichnet (→ nach Art. 59 Rn. 1). Die für das Inkrafttreten der Zusatzprotokolle erforderliche Anzahl an Ratifikationen unterscheidet sich von Fall zu Fall. Für das Inkrafttreten des **ersten Zusatzprotokolls** war die Hinterlegung von zehn Ratifikationsurkunden erforderlich. Bedingung für das Inkrafttreten der **Protokolle Nr. 4 und Nr. 6** waren fünf Ratifikationen, **Protokoll Nr. 7** erforderte sieben Ratifikationen. Für die **Protokolle Nr. 12 und 13,** die nach der Erweiterung des Europarats in den 1990er Jahren zur Zeichnung aufgelegt worden sind, war wiederum die Ratifikation durch zehn Staaten Bedingung für das Inkrafttreten.

28 Demgegenüber ist für die zweite Gruppe der **Änderungsprotokolle** die Ratifikation durch alle Vertragsparteien der EMRK erforderlich. Dieses Verfahren kommt regelmäßig zur Anwendung, wenn eine Reform des Gerichtshofs in Rede steht. Dies führte zuletzt zu erheblichen Verzögerungen des Inkrafttretens von Protokoll Nr. 14 (*Tomuschat* in Wolfrum/Deutsch S. 14).

II. Verpflichtung zur Ratifikation eines Änderungsprotokolls?

29 Eine **Verpflichtung zur Ratifikation** eines Änderungsprotokolls besteht nach den allgemeinen Regeln nicht (zur Verpflichtung mit Blick auf bestimmte Zusatzprotokolle → nach Art. 59 Rn. 7 ff.). Die Nichtratifikation eines Änderungsprotokolls durch eine einzelne Vertragspartei kann allerdings die **Funktionsfähigkeit des Kontrollsystems** erheblich beeinträchtigen. Im äußersten Fall könnte dies dazu führen, dass die Nichtratifikation eine Verletzung der aus Art. 3 Europarat-Satzung folgenden Pflicht darstellt, am Schutz der Menschenrechte aufrichtig und tat-

Unterzeichnung und Ratifikation   **Art. 59   EMRK**

kräftig mitzuarbeiten. Dies hätte zur Folge, dass Sanktionen nach Art. 8 Europarat-Satzung in Betracht kommen. Vor möglichen Sanktionen sind allerdings mildere Mittel (→ Rn. 30 f.) anzuwenden.

Die **vorläufige Anwendung** von Teilbereichen eines Änderungsprotokolls ist   30 unter bestimmten Voraussetzungen zulässig. Ist eine solche nicht bereits im Änderungsprotokoll selbst vorgesehen, bedarf es eines nachträglichen Beschlusses aller Vertragsparteien, um sie zu ermöglichen (vgl. dementsprechend die Vereinbarung von Madrid vom 12.5.2009 mit Blick auf die vorläufige Anwendung von Protokoll Nr. 14, http://conventions.coe.int/Treaty/EN/Treaties/Html/194-1.htm). Rechtspolitisch sollte dabei wie in der Vergangenheit berücksichtigt werden, ob eine vorläufige Anwendung mit dem Ziel der EMRK vereinbar ist, einen einheitlichen Mindeststandard zu gewährleisten.

Nicht alle Änderungen, die das Verfahren vor dem EGMR betreffen, bedürfen   31 einer Annahme im Wege eines Änderungsprotokolls. So ermöglichte **Protokoll Nr. 14bis** die vorgezogene Anwendung der Inhalte von Protokoll 14, die auch Gegenstand der vorläufigen Anwendung nach der Madrider Vereinbarung waren (vgl. dazu im Vorfeld *Tomuschat* in Wolfrum/Deutsch S. 27). Protokoll Nr. 16 führt mit dem Gutachtenverfahren eine eigene Verfahrensart ein, die bereits nach der Ratifikation durch zehn Vertragsparteien Anwendung finden wird (Art. 8 16. EMRK-Prot).

III. Zeitpunkt des Inkrafttretens nach Erreichen der notwendigen Zahl an Ratifikationen

Während die EMRK, das Zusatzprotokoll und das Protokoll Nr. 4 unmittelbar   32 mit Erreichen der notwendigen Anzahl an Ratifikationen in Kraft traten, war für die neueren Protokolle zusätzlich der Ablauf einer bestimmten **Frist** notwendig. Die Protokolle Nr. 6 und Nr. 7 traten am ersten Tag des Monats in Kraft, nachdem die jeweils notwendige Zahl an Ratifikationsurkunden hinterlegt worden war. Für die Protokolle Nr. 12 und 13 betrug diese Frist jeweils drei Monate. Gleiches gilt auch für Protokoll Nr. 16. Für das Inkrafttreten der Protokolle bei **späteren Ratifikationen** durch weitere Staaten gelten jeweils die gleichen Fristen. Die Zusatzprotokolle sind dementsprechend wie folgt in Kraft getreten bzw. für Deutschland (DE) verbindlich geworden:
Zusatzprotokoll: 18.5.1954, für DE 13.2.1957.
Protokoll Nr. 4: 2.5.1968, für DE 1.6.1968.
Protokoll Nr. 6: 1.3.1985, für DE 1.8.1989.
Protokoll Nr. 7: 1.11.1988.
Protokoll Nr. 12: 1.4.2005.
Protokoll Nr. 13: 1.7.2003, für DE: 1.2.2005.
Protokoll Nr. 16: 1.8.2018.
Die Protokolle Nr. 7 und 12 hat Deutschland am 19.3.1985 bzw. am 4.11.2000 zwar unterzeichnet, bisher aber nicht ratifiziert. Zu den **politischen Gründen** hierfür vgl. die Antwort auf eine Große Anfrage der Fraktion Bündnis 90/Die Grünen, BT-Drs. 16/6314, Nr. 19 u. 20 sowie die Unterrichtung der BReg., BT-Drs. 17/5315. Hinsichtlich Protokoll Nr. 7 prüft die Bundesregierung, ob die neuere Rechtsprechung zu Art. 4 7. EMRKProt eine Ratifikation erlaubt (Antwort auf die Schriftliche Frage Nr. 33, BT-Drs. 19/7138, 28).

D. Aufgaben des Verwahrers (Abs. 5)

33 Die Aufgaben des Verwahrers der EMRK und ihrer Zusatzprotokolle übernimmt nach Abs. 1 S. 3 und Abs. 5 der **Generalsekretär des Europarats**. Dieser notifiziert allen Mitgliedern des Europarats, also nicht nur den Parteien des betroffenen Vertrages, alle bedeutsamen Handlungen, Notifikationen oder Erklärungen im Zusammenhang mit der Konvention und ihren Zusatzprotokollen (vgl. zB Art. 8 13. EMRKProt). Diese Notifikationen werden in der „Council of Europe Treaty Series" veröffentlicht und sind zudem auf den Seiten des Vertragsbüros des Europarats verfügbar (http://conventions.coe.int/).

E. Verbindlicher Wortlaut

34 Nach den insoweit identischen Schlussklauseln der Konvention und ihrer Zusatzprotokolle sind jeweils die englische und französische Fassung gleichermaßen verbindlich. Diese Sprachen bilden auch die beiden **Amtssprachen** des Gerichtshofs (Art. 34 Abs. 1 EGMRVerfO). Auch im innerstaatlichen Bereich bilden nur die authentischen Sprachfassungen die Grundlage für die Auslegung der EMRK (Grabenwarter/Pabel EMRK § 5 Rn. 2). Zur weiteren Bedeutung der Sprachenfrage für die **Auslegung der Konvention** → Einl. Rn. 55 ff.

Nach Art. 59 [Verhältnis der Zusatzprotokolle zur Konvention]

Die Hohen Vertragsparteien betrachten die Artikel […] dieses Protokolls als Zusatzartikel zur Konvention; alle Bestimmungen der Konvention sind dementsprechend anzuwenden.

As between the High Contracting Parties the provisions of Articles […] of this Protocol shall be regarded as additional articles to the Convention and all the provisions of the Convention shall apply accordingly.

Les Hautes Parties contractantes considéreront les articles […] de ce protocole comme des articles additionnels à la Convention et toutes les dispositions de la Convention s'appliqueront en conséquence.

Literatur: *Djerić,* Admission to Membership of the Council of Europe and Legal Significance of Commitments Entered into by New Member States, ZaöRV 60 (2000), 605; *Weber,* Die Europäische Menschenrechtskonvention und die Türkei, DÖV 2016, 921; *Wittinger,* Der Europarat: Die Entwicklung seines Rechts und der „europäischen Verfassungswerte", 2005.

A. Bedeutung

1 In den Protokollen, die zusätzliche Rechte festlegen, findet sich jeweils eine Vorschrift, die das Verhältnis zur EMRK regelt (Art. 5 EMRKZusProt, Art. 6 4. EMRKProt, Art. 6 6. EMRKProt, Art. 7 7. EMRKProt, Art. 3 12. EMRKProt, Art. 5 13. EMRKProt, Art. 6 16. EMRKProt). Danach sind die Bestimmungen dieser Protokolle zusätzliche Artikel zur Konvention und alle Vorschriften der Konvention müssen dementsprechend angewendet werden. Die Rechte und Freiheiten

aus den Zusatzprotokollen werden daher den ursprünglich in der EMRK enthaltenen Rechten vollständig **gleichgestellt,** soweit nicht ausdrücklich etwas anderes bestimmt ist. Aus der Bezeichnung der inhaltlichen Artikel als Zusatzartikel leitet sich zudem der Begriff des **Zusatzprotokolls** ab. Mit der Einführung des Gutachtenverfahrens (16. EMRKProt) wird nun erstmals eine eigenständige Verfahrensart im Wege eines Zusatzprotokolls geschaffen. Da hiermit keine Veränderung des Prüfungsmaßstabs verbunden ist und Individualbeschwerden nach einem Gutachten zulässig bleiben, dürfte dies nicht zu einer Fragmentierung des Kontrollsystems der EMRK in einem Ausmaß führen, das durchgreifenden Bedenken ausgesetzt wäre.

B. Anwendung des Kontrollsystems

Die Rechte der Zusatzprotokolle unterliegen vollständig der **Gerichtsbarkeit** 2
des EGMR, wie dies in Art. 33, 34 mittlerweile auch ausdrücklich vorgesehen ist. Dementsprechend gilt für die Zusatzprotokolle das gleiche Kontrollsystem wie für die in der Konvention selbst niedergelegten Rechte. Diese Gleichstellung umfasst sowohl das Verfahrensrecht als auch die Regelungen über die Folgen und Bindungswirkung eines Urteils. Ausdrücklich Bezug auf die Protokolle genommen wird hierbei bei Regelung über der Verweisung an die Große Kammer (Art. 41 Abs. 2) und bei Zuerkennung einer gerechten Entschädigung (Art. 41).

C. Anwendung von Vorschriften zum materiellen Anwendungsbereich der EMRK

Die Verpflichtung der Vertragsparteien zur **Achtung der Menschenrechte** 3
(Art. 1) umfasst auch die Rechte der für sie anwendbaren Zusatzprotokolle (*Frowein* in Frowein/Peukert EMRK Art. 1 Rn. 1). Daraus folgt auch, dass die Rechte aus den Zusatzprotokollen grundsätzlich die gleichen Schutzdimensionen aufweisen wie die Rechte der Konvention (→ Art. 1 Rn. 3 ff.).

Die Rechte der Zusatzprotokolle eröffnen auch den Anwendungsbereich der 4
EMRK im Sinne von Art. 14, so dass insoweit das **akzessorische Diskriminierungsverbot** Anwendung findet.

Für **Vorbehalte** zu den in den Zusatzprotokollen niedergelegten Rechte gilt 5
grundsätzlich Art. 57. Vorbehalte können danach bei der Unterzeichnung eines Protokolls oder bei der Hinterlegung der Ratifikationsurkunde unter bestimmten Voraussetzungen angebracht werden (→ Art. 57 Rn. 7 ff.). Art. 4 6. EMRKProt und Art. 3 13. EMRKProt enthalten demgegenüber **spezielle Regelungen,** nach denen Vorbehalte zu diesen Zusatzprotokollen **unzulässig** sind. Gleiches gilt für die Regelungen zum Gutachtenverfahren in 16. EMRKProt (Art. 9 16. EMRKProt).

Auf die Rechte aus den Zusatzprotokollen findet Art. 15 grundsätzlich Anwen- 6
dung, nach dem im Notstandsfall unter bestimmten Voraussetzungen eine **Derogation** von den Pflichten der Konvention möglich ist. Nach Art. 3 6. EMRKProt ist eine Derogation bei diesem Protokoll, das die Todesstrafe in Friedenszeiten abschafft, nicht möglich. Allerdings enthält Art. 2 6. EMRKProt seinerseits eine Ausnahmeregelung für Kriegszeiten bzw. bei unmittelbarer Kriegsgefahr. Keine Derogation ist möglich bei 13. EMRKProt, das die Todesstrafe unter allen Umständen abschafft (Art. 2 13. EMRKProt).

D. Kündigung von Zusatzprotokollen

7 Anwendbar ist auch die Kündigungsregelung der EMRK (Art. 58). Eine Kündigung der EMRK umfasst zwingend auch eine Kündigung aller anwendbaren Zusatzprotokolle. Dies folgt nicht zuletzt aus der den Regelungen über das Inkrafttreten der Zusatzprotokolle, nach denen ein eigenständiger Beitritt zu den Zusatzprotokollen nicht zulässig ist (→ Art. 59 Rn. 2).

8 Art. 58 spricht nach seinem Wortlaut nur von der Kündigung der Konvention, nicht ausdrücklich von der Kündigung eines Zusatzprotokolls. Zudem enthalten die Zusatzprotokolle keine eigenständige Kündigungsregelung. Dies wirft die Frage auf, ob die **isolierte Kündigung** eines Zusatzprotokolls ohne gleichzeitige Kündigung der EMRK möglich ist oder ob ein einmal erreichter Umfang des Schutzes erhalten bleiben muss. Für Zulässigkeit einer isolierten Kündigung wird insbesondere angeführt, dass auch der Beitritt zu einzelnen Zusatzprotokollen möglich sei (Schweizerischer Bundesrat, Botschaft über die Genehmigung der Protokolle Nr. 6, 7 und 8 zur EMRK, BBl. 1986 II 589 (594); iE auch Denkschrift der BReg. zu Protokoll Nr. 6, BT-Drs. 11/1468, 9 (12), *Meyer-Ladewig/Renger* in HK-EMRK Art. 58 Rn. 2). Dies überzeugt vor dem Hintergrund, dass nach einer umfassenden Kündigung ein Beitritt zur EMRK ohne das betreffende Zusatzprotokoll prinzipiell möglich wäre. Dadurch würde das gleiche Ergebnis erzielt wie durch eine isolierte Kündigung. Anknüpfungspunkte für ein rechtsmissbräuchliches Handeln wären dabei anders als bei der nachträglichen Anbringung von Vorbehalten (→ Art. 58 Rn. 4) nicht erkennbar.

9 An der Zulässigkeit einer isolierten Kündigung der Zusatzprotokolle ändert auch der Umstand nichts, dass eine solche möglicherweise gegen die **Pflicht** aus Art. 3 der Europarat-Satzung verstößt, am **Schutz der Menschenrechte** tatkräftig und aufrichtig **mitzuarbeiten.** Dies gilt insbesondere für die Zusatzprotokolle, deren zügige Ratifizierung als Voraussetzung für die Mitgliedschaft im Europarat angesehen wird (→ Rn. 11). Ein solcher Verstoß wäre nach der Satzung des Europarats sanktionierbar, die Kündigung wäre aber gerade nicht unwirksam (aA *Weber* DÖV 2016, 921 (927), der jedoch die politischen Kosten für den Europarat nicht hinreichend würdigt, die einem rechtlich möglichen Ausschluss eines Mitgliedstaates entgegenwirken).

10 Bei einer isolierten Kündigung ist die **Fünfjahresfrist** des Art. 58 ab dem Inkrafttreten des betreffenden Zusatzprotokolls zu berechnen (Schweizerischer Bundesrat, BBl. 1986 II 589 (594)).

E. Zusatzprotokolle und Beitritt zum Europarat

11 Nach der **neueren Praxis** wird von Staaten, die dem Europarat beitreten, erwartet, dass sie die wichtigsten Zusatzprotokolle unterzeichnen und innerhalb eines Jahres ratifizieren. Dazu wurden bisher die Protokolle Nr. 1, 4, 6 und 7 gezählt (*Wittinger* S. 328), auch wenn wie im Fall von Protokoll Nr. 7 bis zu sechs Mitgliedstaaten dies zum Zeitpunkt des letzten Beitritts (Montenegro 2007) nicht ratifiziert hatten. Auch Protokoll Nr. 13 ist mittlerweile von 44 Mitgliedstaaten des Europarats ratifiziert, so dass dieses in Zukunft möglicherweise auch zum **menschenrechtlichen Besitzstand** gezählt werden könnte. Hierzu existiert bisher aber keine Praxis der Organe des Europarats.

Angesichts der nicht einheitlichen Geltung unter den bisherigen Mitgliedern des **12** Europarats lassen sich anders als mit Blick auf die EMRK Zweifel anführen, ob dieser politischen Erwartung eine rechtliche Verpflichtung entspricht. Soweit die Erwartung zur Ratifikation der genannten Zusatzprotokolle durch die Beitrittsstaaten als Rechtspflicht angesehen wird, wirft dies insbesondere die Frage auf, was dies für diejenigen Altmitglieder bedeutet, die eines oder mehrere der betreffenden Zusatzprotokolle nicht ratifiziert haben. Wenn die Beitrittspraxis dazu führt, dass die mit einer **Mitgliedschaft im Europarat verbundenen Pflichten** konkretisiert werden, müsste diese Konkretisierung auch für die Altmitglieder Anwendung finden (*Djerić* ZaöRV 60 (2000), 629).

Auf die Altmitglieder übt die Beitrittspraxis jedenfalls politischen Druck aus, **13** ihrerseits die wichtigsten Zusatzprotokolle zu ratifizieren. So ist Spanien im Jahr 2009 den Protokollen Nr. 4 und Nr. 7 beigetreten, Belgien im Jahr 2012 dem Protokoll Nr. 7 und die Türkei im Jahr 2016 dem Protokoll Nr. 7. Für Deutschland ist dies ebenfalls mit Blick auf Protokoll Nr. 7 relevant (zur Begründung für die bisherige Nichtratifizierung aus Sicht der BReg. s. die Unterrichtung auf BT-Drs. 17/12996, 3). Bevor aus der Nichtratifikation eines Zusatzprotokolls auf eine Verletzung der Pflichten aus Art. 3 der Satzung des Europarats geschlossen wird, wäre allerdings die **tatsächliche Praxis** in den jeweiligen Staaten zu untersuchen. Relevant dürfte auch sein, ob **inhaltsgleiche Bindungen** aus den universellen Menschenrechtspakten bestehen.

Für eine **Differenzierung** zwischen Altmitgliedern und Beitrittskandidaten **14** ließ sich mit Blick auf die Beitrittskandidaten aus den osteuropäischen Transformationstaaten anführen, dass die menschenrechtliche Ausgangssituation unterschiedlich war (vgl. im Ansatz auch *Wittinger* S. 397). Die Bereitschaft zur Unterzeichnung und zur Ratifikation der betreffenden Protokolle konnte insofern als Nachweis dafür angesehen werden, dass der Beitrittskandidat willens und in der Lage ist, die **menschenrechtlichen Mindeststandards** iSv Art. 4 der Europarat-Satzung zu gewährleisten.

F. Anwendung weiterer Vorschriften auf die Zusatzprotokolle

Zum **räumlichen Geltungsbereich** enthalten die Zusatzprotokolle jeweils ei- **15** gene Vorschriften, die funktional aber Art. 56 entsprechen bzw. explizit auf diesen verweisen (→ Art. 56 Rn. 1).

Art. 53, nach dem die Konvention **andere anerkannte Menschenrechte** nicht **16** beschränkt, findet auch auf die Zusatzprotokolle Anwendung (→ Art. 53 Rn. 13). Gleiches gilt für Art. 52, der den **Generalsekretär des Europarates** darüber Auskunft verlangen kann, auf welche Weise eine Vertragspartei die **wirksame Anwendung** der Konvention in seinem innerstaatlichen Recht gewährleistet.

Verfahrensordnung des Europäischen Gerichtshofs für Menschenrechte*

Übersetzung der Schweizerischen Eidgenossenschaft

1. Januar 2020

Inhaltsverzeichnis

	Art.
Begriffsbestimmungen	1

Titel I. Organisation und Arbeitsweise des Gerichtshofs

Kapitel I. Die Richter

Berechnung der Amtszeit	2
Eid oder feierliche Erklärung	3
Unvereinbarkeit	4
Rangordnung	5
Rücktritt	6
Entlassung	7

Kapitel II. Präsidialämter des Gerichtshofs und Rolle des Präsidiums

Wahl des Präsidenten und der Vizepräsidenten des Gerichtshofs sowie der Präsidenten und Vizepräsidenten der Sektionen	8
Aufgaben des Präsidenten des Gerichtshofs	9
Rolle des Präsidiums	9a
Aufgaben der Vizepräsidenten des Gerichtshofs	10
Vertretung des Präsidenten und der Vizepräsidenten des Gerichtshofs	11
Präsidenten der Sektionen und Kammern	12
Ausschluss vom Vorsitz	13
Ausgewogene Vertretung der Geschlechter	14

Kapitel III. Die Kanzlei

Wahl des Kanzlers	15
Wahl der Stellvertretenden Kanzler	16
Aufgaben des Kanzlers	17
Organisation der Kanzlei	18
Nichtrichterliche Berichterstatter	18a
Rechtsgelehrter	18b

Kapitel IV. Die Arbeitsweise des Gerichtshofs

Sitz des Gerichtshofs	19
Sitzungen des Plenums	20

---

* **Hinweis der Kanzlei des Gerichtshofs:** Diese neue Fassung der Verfahrensordnung enthält Änderungen, die vom Plenum des Gerichtshofs am 14. April und 23. Juni 2014 vorgenommen wurden. Die neue Fassung ist am 1. Juli 2014 in Kraft getreten. Weitere Texte und Aktualisierungen werden auf der Website des Gerichtshofs veröffentlicht (www.echr.coe.int).

EGMRVerfO Anh.

Verfahrensordnung

	Art.
Andere Sitzungen des Gerichtshofs	21
Beratungen	22
Abstimmungen	23
Entscheidung durch stillschweigende Zustimmung	23a

Kapitel V. Zusammensetzung des Gerichtshofs

Zusammensetzung der Großen Kammer	24
Bildung der Sektionen	25
Bildung der Kammern	26
Komitees	27
Einzelrichterbesetzung	27a
Verhinderung, Ablehnung, Freistellung	28
Richter ad hoc	29
Interessengemeinschaft	30

Titel II. Das Verfahren

Kapitel I. Allgemeine Vorschriften

Möglichkeit von Abweichungen im Einzelfall	31
Verfahrensanordnungen	32
Öffentlichkeit der Unterlagen	33
Gebrauch der Sprachen	34
Vertretung der Vertragsparteien	35
Vertretung der Beschwerdeführer	36
Mitteilungen, Zustellungen, Ladungen	37
Schriftsätze	38
Prüfung von Verfahrensfragen	38a
Vorläufige Maßnahmen	39
Dringliche Mitteilung über eine Beschwerde	40
Reihenfolge bei der Behandlung der Beschwerden	41
Verbindung und gleichzeitige Prüfung von Beschwerden	42
Streichung und Wiedereintragung im Register	43
Beteiligung Dritter	44
Pflicht zur Zusammenarbeit mit dem Gerichtshof	44a
Nichtbefolgung einer Anordnung des Gerichtshofs	44b
Fehlende Mitwirkung	44c
Unangemessene Stellungnahmen einer Partei	44d
Nichtweiterverfolgung einer Beschwerde	44e

Kapitel II. Die Einleitung des Verfahrens

Unterschriften	45
Inhalt einer Staatenbeschwerde	46
Inhalt einer Individualbeschwerde	47

Kapitel III. Berichterstattende Richter

Staatenbeschwerden	48
Individualbeschwerden	49
Verfahren vor der Großen Kammer	50

	Art.
Kapitel IV. Das Verfahren bei der Prüfung der Zulässigkeit	
Staatenbeschwerden	
Zuweisung von Beschwerden und anschließendes Verfahren	51
Individualbeschwerden	
Zuweisung einer Beschwerde an eine Sektion	52
Einzelrichterverfahren	52a
Verfahren vor einem Komitee	53
Verfahren vor einer Kammer	54
Gemeinsame Prüfung der Zulässigkeit und Begründetheit	54a
Staatenbeschwerden und Individualbeschwerden	
Einreden der Unzulässigkeit	55
Entscheidung der Kammer	56
Sprache der Entscheidung	57
Kapitel V. Das Verfahren nach Zulassung der Beschwerde	
Staatenbeschwerden	58
Individualbeschwerden	59
Ansprüche auf gerechte Entschädigung	60
Piloturteilsverfahren	61
Gütliche Einigung	62
Einseitige Erklärung	62a
Kapitel VI. Die mündliche Verhandlung	
Öffentlichkeit der mündlichen Verhandlung	63
Leitung der mündlichen Verhandlung	64
Nichterscheinen	65
Verhandlungsprotokoll	70
Kapitel VII. Das Verfahren vor der Großen Kammer	
Anwendbarkeit der Verfahrensvorschriften	71
Abgabe der Rechtssache an die Große Kammer	72
Verweisung an die Große Kammer auf Antrag einer Partei	73
Kapitel VIII. Die Urteile	
Inhalt des Urteils	74
Entscheidung über eine gerechte Entschädigung	75
Sprache des Urteils	76
Unterzeichnung, Verkündung und Zustellung des Urteils	77
Aufgehoben	78
Antrag auf Auslegung des Urteils	79
Antrag auf Wiederaufnahme des Verfahrens	80
Berichtigung von Fehlern in Entscheidungen und Urteilen	81

EGMRVerfO Anh.

Verfahrensordnung

Art.

**Kapitel IX. Gutachten nach Art. 47, 48 und 49
der Konvention [Artikel 82 bis 90]**

Kapitel X. Gutachten nach dem Protokoll Nr. 16 zur Konvention

Allgemeines 91
Einreichung eines Antrags auf Erstattung eines Gutachtens 92
Prüfung eines Antrags durch den Ausschuss 93
Verfahren nach Annahme eines Antrags um Erstattung eines Gutachtens durch den
Ausschuss 94
Kosten in Verbindung mit der Erstattung eines Gutachtens und Prozesskostenhilfe 95

**Kapitel XI. Die Verfahren nach Art. 46 Abs. 3, 4 und 5
der Konvention [Artikel 96 bis 104]**

**Kapitel XIa Veröffentlichung der Urteile,
Entscheidungen und Gutachten**

Veröffentlichung in der Rechtsprechungsdatenbank des Gerichtshofs 104a
Richtungsweisende Rechtssachen 104b

Kapitel XII Prozesskostenhilfe [Artikel 105 bis 110]

Titel III. Übergangsbestimmungen

Verhältnis zwischen Gerichtshof und Kommission 111
Verfahren vor einer Kammer und der Großen Kammer 112
Bewilligung der Prozesskostenhilfe 113
Antrag auf Wiederaufnahme des Verfahrens 114

Titel IV. Schlussbestimmungen

Aussetzung der Anwendung von Bestimmungen 115
Änderung der Anwendung von Bestimmungen 116
Inkrafttreten der Verfahrensordnung 117

DER EUROPÄISCHE GERICHTSHOF FÜR MENSCHENRECHTE –
GESTÜTZT auf die Konvention vom 4. November 1950 zum Schutz der Menschenrechte und Grundfreiheiten und deren Protokolle –
ERLÄSST die folgende Verfahrensordnung:

Art. 1. Begriffsbestimmungen. Für die Zwecke dieser Verfahrensordnung bezeichnet, wenn sich aus dem Zusammenhang nichts anderes ergibt:
a) „Konvention" die Konvention zum Schutz der Menschenrechte und Grundfreiheiten und deren Protokolle;
b) „Plenum" den Europäischen Gerichtshof für Menschenrechte in Plenarsitzung;
c) „Grosse Kammer" die Grosse Kammer mit siebzehn Richtern, die nach Artikel 26 Absatz 1 der Konvention gebildet wird;

d) „Sektion" eine Kammer, die vom Plenum nach Artikel 25 Buchstabe b der Konvention für einen bestimmten Zeitraum gebildet wird, und „Sektionspräsident" den Richter, der vom Plenum nach Artikel 25 Buchstabe c der Konvention zum Präsidenten dieser Sektion gewählt wird;
e) „Kammer" eine Kammer mit sieben Richtern, die nach Artikel 26 Absatz 1 der Konvention gebildet wird, und „Kammerpräsident" den Richter, der in einer solchen „Kammer" den Vorsitz führt;
f) „Komitee" einen Ausschuss mit drei Richtern, der nach Artikel 26 Absatz 1 der Konvention gebildet wird;
g) „Einzelrichterbesetzung" einen Einzelrichter, der nach Artikel 26 Absatz 1 der Konvention tagt;
h) „Gerichtshof" gleichermassen das Plenum, die Grosse Kammer, eine Sektion, eine Kammer, ein Komitee, einen Einzelrichter oder den in Artikel 43 Absatz 2 der Konvention und Artikel 2 des Protokolls Nr. 16 zur Konvention erwähnten Ausschuss von fünf Richtern;
i) „Richter *ad hoc*" jede Person, die nach Artikel 26 Absatz 4 der Konvention und Artikel 29 dieser Verfahrensordnung als Mitglied der Grossen Kammer oder einer Kammer benannt wird;
j) „Richter" die Richter, die von der Parlamentarischen Versammlung des Europarats gewählt werden, und die Richter *ad hoc;*
k) „Referent" einen Richter, der mit den in Artikel 48 und 49 vorgesehenen Aufgaben betraut ist;
l) „nicht richterlicher Berichterstatter" einen Angehörigen der Kanzlei, der beauftragt ist, die Einzelrichterbesetzungen nach Artikel 24 Absatz 2 der Konvention zu unterstützen;
m) „Delegierter" einen Richter, den die Kammer zum Mitglied einer Delegation ernennt, und „Delegationsleiter" den Delegierten, den die Kammer zum Leiter ihrer Delegation ernennt;
n) „Delegation" ein Organ, das sich zusammensetzt aus Delegierten, Angehörigen der Kanzlei und jeder anderen Person, welche die Kammer zur Unterstützung der Delegation ernennt;
o) „Kanzler" je nach Zusammenhang den Kanzler des Gerichtshofs oder den Kanzler einer Sektion;
p) „Partei" und „Parteien":
– die beschwerdeführenden oder die beschwerdegegnerischen Vertragsparteien,
– den Beschwerdeführer (natürliche Person, nichtstaatliche Organisation oder Personengruppe), der den Gerichtshof nach Artikel 34 der Konvention anruft;
q) „Drittbeteiligter" jede Vertragspartei oder jede betroffene Person oder den Menschenrechtskommissar des Europarats, die beziehungsweise der nach Artikel 36 Absätze 1, 2 und 3 der Konvention von dem Recht Gebrauch macht oder der beziehungsweis dem Gelegenheit gegeben wird, schriftlich Stellung zu nehmen oder an einer mündlichen Verhandlung teilzunehmen;
r) „mündliche Verhandlung" und „mündliche Verhandlungen" die mündlichen Verfahren, welche die Zulässigkeit und/oder die Begründetheit einer Beschwerde zum Gegenstand haben oder in Zusammenhang mit einem Antrag auf Wiederaufnahme des Verfahrens, auf Auslegung eines Urteils oder auf Erstattung eines Gutachtens, einem Antrag einer Partei oder des Ministerkomitees auf Auslegung eines Urteils oder einer Frage in Bezug auf die mögliche Nichterfül-

lung einer Verpflichtung, mit welcher der Gerichtshof nach Artikel 46 Absatz 4 der Konvention befasst werden kann, durchgeführt werden;
s) „Ministerkomitee" das Ministerkomitee des Europarats;
t) „früherer Gerichtshof" und „Kommission" den Europäischen Gerichtshof und die Europäische Kommission für Menschenrechte nach dem früheren Artikel 19 der Konvention.

Titel I. Organisation und Arbeitsweise des Gerichtshofs

Kapitel I. Die Richter

Art. 2. Berechnung der Amtszeit. (1) Ist der Sitz im Zeitpunkt der Wahl des Richters frei oder findet die Wahl weniger als drei Monate vor dem Tag statt, an dem der Sitz frei wird, so beginnt die Amtszeit mit der Aufnahme der Tätigkeit, spätestens aber drei Monate nach der Wahl.

(2) Findet die Wahl des Richters mehr als drei Monate vor dem Tag statt, an dem der Sitz frei wird, so beginnt die Amtszeit an dem Tag, an dem der Sitz frei wird.

(3) Ein gewählter Richter bleibt nach Artikel 23 Absatz 7 der Konvention im Amt, bis sein Nachfolger den Eid geleistet oder die Erklärung abgegeben hat, die in Artikel 3 dieser Verfahrensordnung vorgesehen sind.

Art. 3. Eid oder feierliche Erklärung. (1) Jeder gewählte Richter hat vor Aufnahme seiner Tätigkeit in der ersten Sitzung des Plenums, an der er nach seiner Wahl teilnimmt, oder nötigenfalls vor dem Präsidenten des Gerichtshofs folgenden Eid zu leisten oder folgende feierliche Erklärung abzugeben:

„Ich schwöre," – oder „Ich erkläre feierlich," – „dass ich mein Amt als Richter ehrenhaft, unabhängig und unparteiisch ausüben und das Beratungsgeheimnis wahren werde."

(2) Hierüber wird ein Protokoll aufgenommen.

Art. 4. Unvereinbarkeit. (1) Nach Artikel 21 Absatz 3 der Konvention dürfen die Richter während ihrer Amtszeit keine politische, administrative oder berufliche Tätigkeit ausüben, die mit ihrer Unabhängigkeit und Unparteilichkeit oder mit den Erfordernissen der Vollzeitbeschäftigung in diesem Amt unvereinbar ist. Jeder Richter hat dem Präsidenten des Gerichtshofs jede Nebentätigkeit anzuzeigen. Bei Meinungsverschiedenheit zwischen dem Präsidenten und dem betroffenen Richter entscheidet das Plenum alle sich stellenden Fragen.

(2) Ein ehemaliger Richter darf, gleichviel in welcher Eigenschaft, eine Partei oder einen Drittbeteiligten in einem Verfahren vor dem Gerichtshof über eine Beschwerde, die vor seinem Ausscheiden aus dem Amt erhoben wurde, nicht vertreten. In Bezug auf danach erhobene Beschwerden darf ein ehemaliger Richter, gleichviel in welcher Eigenschaft, eine Partei oder einen Drittbeteiligten in einem Verfahren vor dem Gerichtshof nicht vor Ablauf von zwei Jahren nach seinem Ausscheiden aus dem Amt vertreten.

des EGMR **Anh. EGMRVerfO**

Art. 5. Rangordnung. (1) Die gewählten Richter folgen im Rang dem Präsidenten und den Vizepräsidenten des Gerichtshofs sowie den Sektionspräsidenten; untereinander bestimmt sich ihr Rang nach dem Tag der Aufnahme ihrer Tätigkeit nach Artikel 2 Absätze 1 und 2 dieser Verfahrensordnung.

(2) Der Rang der Vizepräsidenten des Gerichtshofs, die am selben Tag in dieses Amt gewählt werden, richtet sich nach der Dauer ihrer Amtsausübung als Richter. Bei gleicher Dauer bestimmt sich ihr Rang nach dem Lebensalter. Die gleiche Regelung gilt für die Sektionspräsidenten.

(3) Der Rang der am selben Tag gewählten Richter richtet sich nach ihrem Lebensalter.

(4) Die Richter *ad hoc* folgen im Rang den gewählten Richtern; untereinander bestimmt sich ihr Rang nach dem Lebensalter.

Art. 6. Rücktritt. Die Rücktrittserklärung eines Richters wird an den Präsidenten des Gerichtshofs gerichtet, der sie an den Generalsekretär des Europarats weiterleitet. Vorbehaltlich des Artikels 24 Absatz 4 am Ende und des Artikels 26 Absatz 3 wird durch den Rücktritt der Sitz des Richters frei.

Art. 7. Entlassung. Ein Richter kann nur entlassen werden, wenn die anderen Richter im Plenum mit der Mehrheit von zwei Dritteln der im Amt befindlichen gewählten Richter beschliessen, dass er die erforderlichen Voraussetzungen nicht mehr erfüllt. Der betroffene Richter ist zuvor vom Plenum anzuhören. Jeder Richter kann das Amtsenthebungsverfahren in Gang setzen.

Kapitel II. Präsidialämter des Gerichtshofs und Rolle des Präsidiums

Art. 8. Wahl des Präsidenten und der Vizepräsidenten des Gerichtshofs sowie der Präsidenten und Vizepräsidenten der Sektionen. (1) Das Plenum wählt seinen Präsidenten und seine beiden Vizepräsidenten für eine Amtszeit von drei Jahren und die Sektionspräsidenten für eine Amtszeit von zwei Jahren; diese Amtszeiten können sich jedoch nicht über ihre Amtszeit als Richter hinaus erstrecken.

(2) Ebenso wählt jede Sektion einen Vizepräsidenten für eine Amtszeit von zwei Jahren, die sich jedoch nicht über seine Amtszeit als Richter hinaus erstrecken kann.

(3) Ein nach Absatz 1 oder 2 gewählter Richter kann in ein gleichrangiges Amt nur einmal wieder gewählt werden.

(4) Die Präsidenten und die Vizepräsidenten führen ihre Geschäfte bis zur Wahl ihrer Nachfolger weiter.

(5) Die in Absatz 1 vorgesehenen Wahlen finden in geheimer Abstimmung statt; stimmberechtigt sind nur die anwesenden gewählten Richter. Erreicht kein Bewerber die absolute Mehrheit der abgegebenen Stimmen, so finden ein oder mehrere weitere Wahlgänge statt, bis ein Bewerber die absolute Mehrheit erreicht hat. Nach jedem Wahlgang scheiden alle Bewerber aus, die weniger als fünf Stimmen erhalten haben. Haben mehr als zwei Bewerber mindestens fünf Stimmen erhalten, scheidet derjenige, der die wenigsten Stimmen erhalten hat, ebenfalls aus. Trifft dies

auf mehrere Bewerber zu, so scheidet nur der nach Artikel 5 rangjüngste Bewerber aus. Bei Stimmengleichheit zwischen zwei Bewerbern im letzten Wahlgang wird dem nach Artikel 5 rangälteren Richter der Vorzug gegeben.

Art. 9. Aufgaben des Präsidenten des Gerichtshofs. (1) Der Präsident leitet Arbeit und Verwaltung des Gerichtshofs. Er vertritt den Gerichtshof und nimmt insbesondere dessen Beziehungen zu den Dienststellen des Europarats wahr.

(2) Er hat den Vorsitz in den Sitzungen des Plenums, der Grossen Kammer und des Ausschusses von fünf Richtern.

(3) An der Prüfung der Rechtssachen, die von den Kammern behandelt werden, nimmt der Präsident nicht teil, es sei denn, er ist der für die betroffene Vertragspartei gewählte Richter.

Art. 9a. Rolle des Präsidiums

(1)
a) Der Gerichtshof hat ein Präsidium, bestehend aus dem Präsidenten und den Vizepräsidenten des Gerichtshofs sowie den Sektionspräsidenten. Ist ein Vizepräsident oder ein Sektionspräsident verhindert, an einer Sitzung des Präsidiums teilzunehmen, so wird er durch den Vizepräsidenten der Sektion vertreten, andernfalls durch das Mitglied der Sektion, das ihm in der Rangordnung nach Artikel 5 unmittelbar folgt.
b) Das Präsidium kann jedes andere Mitglied des Gerichtshofs oder jede andere Person, deren Anwesenheit es für erforderlich hält, zu seinen Sitzungen laden.

(2) Das Präsidium wird vom Kanzler und von den Stellvertretenden Kanzlern unterstützt.

(3) Aufgabe des Präsidiums ist die Unterstützung des Präsidenten bei der Erfüllung seiner Aufgabe, Arbeit und Verwaltung des Gerichtshofs zu leiten. Zu diesem Zweck kann der Präsident das Präsidium mit jeder Verwaltungs- oder aussergerichtlichen Angelegenheit befassen, die in seinen Zuständigkeitsbereich fällt.

(4) Das Präsidium erleichtert ferner die Abstimmung zwischen den Sektionen des Gerichtshofs.

(5) Der Präsident kann das Präsidium konsultieren, bevor er nach Artikel 32 Verfahrensanordnungen praktischer Natur erlässt oder die nach Artikel 17 Absatz 4 vom Kanzler vorbereitete allgemeine Weisung genehmigt.

(6) Das Präsidium kann dem Plenum zu jeder Frage Bericht erstatten. Es kann dem Plenum ferner Vorschläge unterbreiten.

(7) Über jede Sitzung des Präsidiums wird ein Protokoll in den beiden Amtssprachen des Gerichtshofs aufgenommen und an die Richter verteilt. Der Sekretär des Präsidiums wird vom Kanzler im Einvernehmen mit dem Präsidenten bestimmt.

Art. 10. Aufgaben der Vizepräsidenten des Gerichtshofs. Die Vizepräsidenten des Gerichtshofs unterstützen den Präsidenten des Gerichtshofs. Sie vertreten ihn, wenn er verhindert oder das Amt des Präsidenten nicht besetzt ist oder wenn er darum ersucht. Die Vizepräsidenten sind auch als Sektionspräsidenten tätig.

Art. 11. Vertretung des Präsidenten und der Vizepräsidenten des Gerichtshofs. Sind der Präsident und die Vizepräsidenten des Gerichtshofs gleichzeitig verhindert oder sind ihre Ämter gleichzeitig nicht besetzt, so werden die Amtspflichten des Präsidenten von einem der Sektionspräsidenten oder, falls keiner von ihnen verfügbar ist, von einem anderen gewählten Richter entsprechend der in Artikel 5 festgelegten Rangordnung wahrgenommen.

Art. 12. **Präsidenten der Sektionen und Kammern.** Die Sektionspräsidenten haben den Vorsitz in den Sitzungen der Sektion und der Kammern, deren Mitglieder sie sind, und leiten die Arbeit der Sektion. Die Vizepräsidenten der Sektionen vertreten sie im Verhinderungsfall oder wenn das Amt des Sektionspräsidenten nicht besetzt ist oder auf dessen Ersuchen hin. Andernfalls vertreten die Richter der Sektion und der Kammern den Sektionspräsidenten entsprechend der in Artikel 5 festgelegten Rangordnung.

Art. 13. **Ausschluss vom Vorsitz.** Die Richter des Gerichtshofs sind vom Vorsitz in Rechtssachen ausgeschlossen, in denen eine Vertragspartei, deren Staatsangehörige sie sind oder für die sie gewählt wurden, Partei ist, oder an denen sie als nach Artikel 29 Absatz 1 Buchstabe a oder Artikel 30 Absatz 1 benannte Richter mitwirken.

Art. 14. **Ausgewogene Vertretung der Geschlechter.** Bei den nach diesem und dem folgenden Kapitel vorzunehmenden Ernennungen verfolgt der Gerichtshof eine Politik, die auf eine ausgewogene Vertretung der Geschlechter gerichtet ist.

Kapitel III. Die Kanzlei

Art. 15. **Wahl des Kanzlers.** (1) Das Plenum wählt den Kanzler des Gerichtshofs. Die Bewerber müssen hohes sittliches Ansehen geniessen und über die juristischen, administrativen und sprachlichen Kenntnisse sowie die Erfahrung verfügen, die zur Ausübung dieser Tätigkeit erforderlich sind.

(2) Der Kanzler wird für eine Amtszeit von fünf Jahren gewählt und kann wieder gewählt werden. Er kann seines Amtes nur enthoben werden, wenn die Richter in Plenarsitzung mit der Mehrheit von zwei Dritteln der im Amt befindlichen gewählten Richter beschliessen, dass er die erforderlichen Voraussetzungen nicht mehr erfüllt. Er ist zuvor vom Plenum anzuhören. Jeder Richter kann das Amtsenthebungsverfahren in Gang setzen.

(3) Die in diesem Artikel vorgesehenen Wahlen finden in geheimer Abstimmung statt; stimmberechtigt sind nur die anwesenden gewählten Richter. Erreicht kein Bewerber die absolute Mehrheit der abgegebenen Stimmen, so finden ein oder mehrere weitere Wahlgänge statt, bis ein Bewerber die absolute Mehrheit erreicht hat. Nach jedem Wahlgang scheiden alle Bewerber aus, die weniger als fünf Stimmen erhalten haben. Haben mehr als zwei Bewerber mindestens fünf Stimmen erhalten, scheidet derjenige, der die wenigsten Stimmen erhalten hat, ebenfalls aus. Bei Stimmengleichheit wird, sofern vorhanden, der Bewerberin der Vorzug gegeben, sonst der älteren Person.

(4) Vor Aufnahme seiner Tätigkeit hat der Kanzler vor dem Plenum oder nötigenfalls vor dem Präsidenten des Gerichtshofs folgenden Eid zu leisten oder folgende feierliche Erklärung abzugeben:

„Ich schwöre, " – oder „Ich erkläre feierlich, " – „dass ich meine Aufgaben als Kanzler des Europäischen Gerichtshofs für Menschenrechte mit grösster Pflichttreue, Verschwiegenheit und Gewissenhaftigkeit erfüllen werde."

Hierüber wird ein Protokoll aufgenommen.

Art. 16. **Wahl der Stellvertretenden Kanzler.** (1) Das Plenum wählt ausserdem einen oder mehrere Stellvertretende Kanzler unter den Voraussetzungen, nach dem Verfahren und für die Amtszeit, die in Artikel 15 vorgeschrieben sind. Das für die Amtsenthebung des Kanzlers vorgesehene Verfahren findet auch für die Amtsenthebung der Stellvertretenden Kanzler Anwendung. Der Gerichtshof hört in beiden Fällen zuvor den Kanzler an.

(2) Vor Aufnahme ihrer Tätigkeit haben die Stellvertretenden Kanzler vor dem Plenum oder nötigenfalls vor dem Präsidenten des Gerichtshofs entsprechend den für den Kanzler geltenden Vorschriften einen Eid zu leisten oder eine feierliche Erklärung abzugeben. Hierüber wird ein Protokoll aufgenommen.

Art. 17. **Aufgaben des Kanzlers.** (1) Der Kanzler unterstützt den Gerichtshof bei der Erfüllung seiner Aufgaben. Er trägt die Verantwortung für Organisation und Tätigkeit der Kanzlei, wobei er dem Präsidenten des Gerichtshofs untersteht.

(2) Der Kanzler bewahrt das Archiv des Gerichtshofs; die beim Gerichtshof aus- und eingehende Korrespondenz und die Zustellungen betreffend die beim Gerichtshof anhängigen oder anhängig zu machenden Rechtssachen werden über ihn geleitet.

(3) Soweit es mit der ihm durch sein Amt auferlegten Schweigepflicht vereinbar ist, erteilt der Kanzler Auskunft auf Anfragen über die Tätigkeit des Gerichtshofs, insbesondere gegenüber der Presse.

(4) Die Arbeit der Kanzlei wird durch eine vom Kanzler vorbereitete und vom Präsidenten des Gerichtshofs genehmigte allgemeine Weisung geregelt.

Art. 18. **Organisation der Kanzlei.** (1) Die Kanzlei besteht aus ebenso vielen Sektionskanzleien wie der Gerichtshof Sektionen bildet, sowie aus den Stellen, die erforderlich sind, um die vom Gerichtshof benötigten rechtlichen und administrativen Dienstleistungen zu erbringen.

(2) Der Sektionskanzler unterstützt die Sektion bei der Erfüllung ihrer Aufgaben. Dabei kann ihm ein Stellvertretender Sektionskanzler zur Seite stehen.

(3) Die Kanzleibediensteten werden vom Kanzler unter Aufsicht des Präsidenten des Gerichtshofs eingestellt. Die Ernennung des Kanzlers und der Stellvertretenden Kanzler erfolgt nach den Artikeln 15 und 16.

Art. 18a. **Nicht richterliche Berichterstatter.** (1) Wenn der Gerichtshof in Einzelrichterbesetzung tagt, wird er von nicht richterlichen Berichterstattern unterstützt, die ihre Aufgaben unter der Aufsicht des Präsidenten des Gerichtshofs ausüben. Sie gehören der Kanzlei des Gerichtshofs an.

(2) Die nicht richterlichen Berichterstatter werden vom Präsidenten des Gerichtshofs auf Vorschlag des Kanzlers bestimmt. Die Sektionskanzler und Stellvertretenden Sektionskanzler nach Artikel 18 Absatz 2 dieser Verfahrensordnung sind von Amts wegen als nicht richterliche Berichterstatter tätig.

Art. 18b. **Rechtsgelehrter.** Um die Qualität und Einheitlichkeit seiner Rechtsprechung zu gewährleisten, wird der Gerichtshof von einem Rechtsgelehrten unterstützt. Er gehört der Kanzlei an. Der Rechtsgelehrte erteilt Gutachten und Auskünfte, insbesondere für die Spruchkörper und Mitglieder des Gerichtshofs.

Kapitel IV. Die Arbeitsweise des Gerichtshofs

Art. 19. **Sitz des Gerichtshofs.** (1) Der Gerichtshof hat seinen Sitz in Strassburg, dem Sitz des Europarats. Der Gerichtshof kann jedoch, wenn er es für zweckmässig hält, seine Tätigkeit an einem anderen Ort im Hoheitsgebiet der Mitgliedstaaten des Europarats ausüben.

(2) Der Gerichtshof kann in jedem Stadium der Prüfung einer Beschwerde beschliessen, dass es notwendig ist, selbst oder durch eines oder mehrere seiner Mitglieder an einem anderen Ort eine Untersuchung vorzunehmen oder jede andere Aufgabe zu erledigen.

Art. 20. **Sitzungen des Plenums.** (1) Der Präsident beruft den Gerichtshof zu einer Plenarsitzung ein, sobald es die dem Gerichtshof nach der Konvention und dieser Verfahrensordnung obliegenden Aufgaben erfordern. Der Präsident beruft eine Plenarsitzung ein, wenn mindestens ein Drittel der Mitglieder des Gerichtshofs es verlangt, jedenfalls aber einmal im Jahr zur Erörterung von Verwaltungsfragen.

(2) Für die Beschlussfähigkeit des Plenums ist die Anwesenheit von mindestens zwei Dritteln der im Amt befindlichen gewählten Richter erforderlich.

(3) Wird die für die Beschlussfähigkeit erforderliche Zahl nicht erreicht, so vertagt der Präsident die Sitzung.

Art. 21. **Andere Sitzungen des Gerichtshofs.** (1) Die Grosse Kammer, die Kammern und die Komitees tagen ständig. Der Gerichtshof legt jedoch jedes Jahr auf Vorschlag seines Präsidenten Sitzungsperioden fest.

(2) In dringenden Fällen kann der Präsident die Grosse Kammer und die Kammern auch ausserhalb dieser Sitzungsperioden einberufen.

Art. 22. **Beratungen.** (1) Der Gerichtshof berät in nichtöffentlicher Sitzung. Seine Beratungen bleiben geheim.

(2) Nur die Richter nehmen an den Beratungen teil. Der Kanzler oder die als sein Vertreter bestimmte Person sowie diejenigen weiteren Kanzleibediensteten und Dolmetscher, deren Hilfe für erforderlich erachtet wird, sind bei den Beratungen anwesend. Die Zulassung anderer Personen bedarf einer besonderen Entscheidung des Gerichtshofs.

(3) Vor jeder Abstimmung über eine Frage, die dem Gerichtshof vorgelegt wird, fordert der Präsident die Richter auf, ihre Meinung zu äussern.

Art. 23. **Abstimmungen.** (1) Die Entscheidungen des Gerichtshofs werden von den anwesenden Richtern mit Stimmenmehrheit getroffen. Bei Stimmengleichheit wird erneut abgestimmt, und liegt weiterhin Stimmengleichheit vor, so gibt die Stimme des Präsidenten den Ausschlag. Dieser Absatz gilt, soweit diese Verfahrensordnung nichts anderes bestimmt.

(2) Die Entscheidungen und Urteile der Grossen Kammer und der Kammern werden von den jeweils tagenden Richtern mit Stimmenmehrheit getroffen. Bei den Schlussabstimmungen über Zulässigkeit und Begründetheit einer Beschwerde sind Enthaltungen nicht zulässig.

(3) In der Regel erfolgen die Abstimmungen durch Handzeichen. Der Präsident kann eine namentliche Abstimmung durchführen, und zwar in umgekehrter Reihenfolge der Rangordnung.

(4) Jede Frage, über die abzustimmen ist, wird genau formuliert.

Art. 23a. **Entscheidung durch stillschweigende Zustimmung.** Hat der Gerichtshof ausserhalb einer angesetzten Sitzung über eine Verfahrensfrage oder eine andere Frage zu entscheiden, so kann der Präsident anordnen, dass den Richtern die Entscheidung im Entwurf zuzuleiten und für ihre Stellungnahme eine Frist zu setzen ist. Erheben die Richter keine Einwände, so gilt der Vorschlag nach Ablauf der Frist als angenommen.

Kapitel V. Zusammensetzung des Gerichtshofs

Art. 24. **Zusammensetzung der Grossen Kammer.** (1) Die Grosse Kammer besteht aus 17 Richtern und mindestens drei Ersatzrichtern.

(2)

a) Der Grossen Kammer gehören der Präsident und die Vizepräsidenten des Gerichtshofs sowie die Sektionspräsidenten an. Ist ein Vizepräsident des Gerichtshofs oder ein Sektionspräsident an der Teilnahme an einer Sitzung der Grossen Kammer verhindert, so wird er durch den Vizepräsidenten der betreffenden Sektion vertreten.

b) Der für die betroffene Vertragspartei gewählte Richter oder gegebenenfalls der nach Artikel 29 oder Artikel 30 benannte Richter ist nach Artikel 26 Absätze 4 und 5 der Konvention von Amts wegen Mitglied der Grossen Kammer.

c) In Rechtssachen, die nach Artikel 30 der Konvention an die Grosse Kammer abgegeben werden, gehören der Grossen Kammer auch die Mitglieder der Kammer an, welche die Sache abgegeben hat.

d) In Rechtssachen, die nach Artikel 43 der Konvention an die Grosse Kammer verwiesen werden, gehört der Grossen Kammer kein Richter an, welcher der Kammer angehörte, die das Urteil in der der verwiesenen Rechtssache fällte, mit Ausnahme des Präsidenten jener Kammer und des Richters, der ihr für die betroffene Vertragspartei angehörte, ebenso wenig ein Richter, welcher der oder den Kammern angehörte, die sich über die Zulässigkeit der Beschwerde aussprachen.

e) Die Richter und Ersatzrichter, welche die Grosse Kammer jeweils in einer ihr vorgelegten Rechtssache vervollständigen sollen, werden aus dem Kreis der verbleibenden Richter vom Präsidenten des Gerichtshofs im Beisein des Kanzlers durch das Los bestimmt. Die Einzelheiten des Losverfahrens werden unter gebührender Berücksichtigung der Notwendigkeit einer geographisch ausgewo-

genen Zusammensetzung, die den unterschiedlichen Rechtssystemen der Vertragsparteien Rechnung trägt, vom Plenum festgelegt.
f) Bei der Prüfung eines Antrags auf Erstattung eines Gutachtens nach Artikel 47 der Konvention wird die Grosse Kammer nach Absatz 2 Buchstaben a und e gebildet.

(3) Sind Richter verhindert, so werden sie durch Ersatzrichter vertreten, die in der Reihenfolge nach Absatz 2 Buchstabe e bestimmt werden.

(4) Die so bestimmten Richter und Ersatzrichter bleiben für die Prüfung der Rechtssache Mitglieder der Grossen Kammer, bis das Verfahren abgeschlossen ist. Sie setzen ihre Tätigkeit in einer Rechtssache auch nach Ablauf ihrer Amtszeit fort, wenn sie an der Prüfung der Begründetheit teilgenommen haben. Diese Bestimmungen gelten auch für das Verfahren zur Erstattung von Gutachten.

(5)
a) Der Ausschuss von fünf Richtern der Grossen Kammer, der einen nach Artikel 43 der Konvention vorgelegten Antrag zu prüfen hat, besteht aus:
  – dem Präsidenten des Gerichtshofs; ist der Präsident des Gerichtshofs verhindert, so wird er durch den rangälteren Vizepräsidenten des Gerichtshofs vertreten;
  – zwei Sektionspräsidenten, die im Rotationsverfahren bestimmt werden; ist ein so bestimmter Sektionspräsident verhindert, so wird er durch den Vizepräsidenten der Sektion vertreten;
  – zwei Richtern, die im Rotationsverfahren aus dem Kreis der Richter bestimmt werden, die von den verbleibenden Sektionen zur Mitwirkung im Ausschuss für sechs Monate gewählt wurden;
  – mindestens zwei Ersatzrichtern, die im Rotationsverfahren aus dem Kreis der Richter bestimmt werden, die von den Sektionen zur Mitwirkung im Ausschuss für sechs Monate gewählt wurden.
b) Prüft der Ausschuss einen Antrag auf Verweisung, so gehört ihm kein Richter an, der an der Prüfung der Zulässigkeit oder der Begründetheit der betreffenden Rechtssache teilgenommen hat.
c) Ein Richter, der für eine von einem Antrag auf Verweisung betroffene Vertragspartei gewählt wurde oder Staatsangehöriger einer solchen ist, kann nicht Mitglied des Ausschusses sein, wenn der Ausschuss diesen Antrag prüft. Ein gewählter Richter, der von der betroffenen Vertragspartei nach Artikel 29 oder 30 benannt worden ist, ist von der Prüfung eines solchen Antrags ebenfalls ausgeschlossen.
d) Ist ein Mitglied des Ausschusses aus einem unter Buchstabe b oder c genannten Grund verhindert, so wird es durch einen Ersatzrichter vertreten, der im Rotationsverfahren aus dem Kreis der Richter bestimmt wird, die von den Sektionen zur Mitwirkung im Ausschuss für sechs Monate gewählt wurden.
e) Wird der Ausschuss gestützt auf Artikel 1 des Protokolls Nr. 16 zur Konvention mit einem Antrag auf Erstattung eines Gutachtens befasst, so wird er nach den Bestimmungen von Artikel 93 dieser Verfahrensordnung zusammengesetzt.

Art. 25. **Bildung der Sektionen.** (1) Die in Artikel 25 Buchstabe b der Konvention vorgesehenen Kammern (in dieser Verfahrensordnung als „Sektionen" bezeichnet) werden auf Vorschlag des Präsidenten vom Plenum gebildet, und zwar für drei Jahre, von der Wahl der in Artikel 8 dieser Verfahrensordnung genannten Inhaber der Präsidialämter an gerechnet. Es werden mindestens vier Sektionen gebildet.

EGMRVerfO Anh. Verfahrensordnung

(2) Jeder Richter ist Mitglied einer Sektion. Die Zusammensetzung der Sektionen soll sowohl in geographischer Hinsicht als auch in Bezug auf die Vertretung der Geschlechter ausgewogen sein und den unterschiedlichen Rechtssystemen der Vertragsparteien Rechnung tragen.

(3) Scheidet ein Richter vor Ablauf des Zeitabschnitts, für den die Sektion gebildet wurde, aus dem Gerichtshof aus, so wird er durch seinen Nachfolger beim Gerichtshof als Mitglied der Sektion ersetzt.

(4) Wenn es die Umstände erfordern, kann der Präsident des Gerichtshofs ausnahmsweise die Zusammensetzung der Sektionen ändern.

(5) Auf Vorschlag des Präsidenten kann das Plenum eine zusätzliche Sektion bilden.

Art. 26. Bildung der Kammern. (1) Die Kammern mit sieben Richtern, die in Artikel 26 Absatz 1 der Konvention für die Prüfung der beim Gerichtshof anhängig gemachten Rechtssachen vorgesehen sind, werden wie folgt aus den Sektionen gebildet:
a) Der Kammer gehören vorbehaltlich des Absatzes 2 sowie des Artikels 28 Absatz 4, letzter Satz, für jede Rechtssache der Sektionspräsident und der für eine betroffene Vertragspartei gewählte Richter an. Ist der Letztere nicht Mitglied der Sektion, der die Beschwerde nach Artikel 51 oder 52 dieser Verfahrensordnung zugeteilt wurde, so gehört er der Kammer nach Artikel 26 Absatz 4 der Konvention von Amts wegen an. Ist dieser Richter verhindert oder befangen, so findet Artikel 29 dieser Verfahrensordnung Anwendung.
b) Die anderen Mitglieder der Kammer werden vom Sektionspräsidenten im Rotationsverfahren aus dem Kreis der Mitglieder der Sektion bestimmt.
c) Die Mitglieder der Sektion, die nicht auf diese Weise bestimmt wurden, sind in der betreffenden Rechtssache Ersatzrichter.

(2) Der für eine betroffene Vertragspartei gewählte Richter oder gegebenenfalls der nach Artikel 29 oder 30 benannte gewählte Richter oder Richter *ad hoc* kann vom Kammerpräsidenten von der Teilnahme an Sitzungen, die der Vorbereitung oder Verfahrensfragen gewidmet sind, befreit werden. Für die Zwecke solcher Sitzungen nimmt der erste Ersatzrichter teil.

(3) Auch nach Ende ihrer Amtszeit bleiben die Richter in den Rechtssachen tätig, in denen sie an der Prüfung der Begründetheit teilgenommen haben.

Art. 27. Komitees. (1) Nach Artikel 26 Absatz 1 der Konvention werden Komitees aus drei derselben Sektion angehörenden Richtern gebildet. Die Zahl der Komitees wird vom Präsidenten des Gerichtshofs nach Anhörung der Sektionspräsidenten bestimmt.

(2) Die Komitees werden im Rotationsverfahren aus dem Kreis der Mitglieder jeder Sektion mit Ausnahme ihres Präsidenten für zwölf Monate gebildet.

(3) Sektionsmitglieder einschließlich des Sektionspräsidenten, die nicht Mitglieder eines Komitees sind, können gegebenenfalls berufen werden zu tagen. Sie können ebenfalls verhinderte Mitglieder ersetzen.

(4) Komiteepräsident ist das innerhalb der Sektion jeweils rangälteste Mitglied.

Art. 27a. Einzelrichterbesetzung. (1) Nach Artikel 26 Absatz 1 der Konvention wird eine Einzelrichterbesetzung eingeführt. Nach Anhörung des Präsidiums bestimmt der Präsident des Gerichtshofs die Zahl der zu benennenden Einzelrichter und nimmt die Benennungen für eine oder mehrere Vertragsparteien vor.

(2) Als Einzelrichter tagen ebenfalls:
a) die Sektionspräsidenten, wenn sie ihre Zuständigkeiten nach Artikel 54 Absätze 2 Buchstabe b und 3 dieser Verfahrensordnung ausüben;
b) die Vizepräsidenten der Sektion, die für die Entscheidung über die Anträge auf vorläufige Massnahmen nach Artikel 39 Absatz 4 dieser Verfahrensordnung bestimmt werden.

(3) Nach Artikel 26 Absatz 3 der Konvention darf ein Richter nicht als Einzelrichter eine Beschwerde gegen die Vertragspartei, für die er gewählt worden ist, prüfen. Ferner darf ein Richter nicht als Einzelrichter eine Beschwerde gegen eine Vertragspartei, deren Staatsangehöriger er ist, prüfen.

(4) Die Einzelrichter werden für eine Amtszeit von zwölf Monaten benannt. Sie nehmen weiterhin ihre anderen Aufgaben innerhalb der Sektionen wahr, denen sie nach Artikel 25 Absatz 2 angehören.

(5) Nach Artikel 24 Absatz 2 der Konvention wird jeder Einzelrichter bei seinen Entscheidungen von einem nicht richterlichen Berichterstatter unterstützt.

Art. 28. **Verhinderung, Ablehnung, Freistellung.** (1) Jeder Richter, der verhindert ist, an Sitzungen teilzunehmen, zu denen er einberufen wurde, hat dies umgehend dem Kammerpräsidenten mitzuteilen.

(2) Ein Richter darf an der Prüfung einer Rechtssache nicht teilnehmen:
a) wenn er an der Rechtssache ein persönliches Interesse hat, zum Beispiel wegen einer ehelichen, elterlichen oder sonstigen engen verwandtschaftlichen, persönlichen oder beruflichen Beziehung oder eines Unterordnungsverhältnisses zu einer der Parteien;
b) wenn er an der Rechtssache vorher mitgewirkt hat, sei es als Prozessbevollmächtigter, Rechtsbeistand oder Berater einer Partei oder einer an der Sache interessierten Person, sei es als Mitglied eines anderen Gerichts oder einer Untersuchungskommission auf nationaler oder internationaler Ebene oder in anderer Eigenschaft;
c) wenn er als Richter *ad hoc* oder als ehemaliger gewählter Richter, der nach Artikel 26 Absatz 3 weiter tätig ist, eine politische oder administrative Tätigkeit oder eine mit seiner Unabhängigkeit und Unparteilichkeit unvereinbare berufliche Tätigkeit aufnimmt;
d) wenn er über die Medien, schriftlich, durch öffentliches Handeln oder in anderer Weise in der Öffentlichkeit Ansichten geäussert hat, die objektiv geeignet sind, seine Unparteilichkeit zu beeinträchtigen;
e) wenn aus einem anderen Grund berechtigte Zweifel an seiner Unabhängigkeit oder Unparteilichkeit bestehen.

(3) Ist ein Richter aus einem der genannten Gründe befangen, so teilt er dies dem Kammerpräsidenten mit; dieser stellt ihn von der Teilnahme an der Rechtssache frei.

(4) Hat der betroffene Richter oder der Kammerpräsident Zweifel, ob einer der in Absatz 2 genannten Ablehnungsgründe vorliegt, so entscheidet die Kammer. Nach Anhörung des betroffenen Richters berät die Kammer und stimmt ab; dabei ist der betroffene Richter nicht anwesend. Für die Zwecke der Beratungen und der Abstimmung der Kammer über diese Frage wird er durch den ersten Ersatzrichter

der Kammer vertreten. Dasselbe gilt, wenn der Richter der Kammer für eine betroffene Vertragspartei nach den Artikeln 29 und 30 angehört.

(5) Die Absätze 1 bis 4 gelten auch für die Mitwirkung eines Richters in einer Kammer oder in einem Komitee; in diesem Fall ist die nach Absatz 1 oder 3 vorgeschriebene Mitteilung an den Sektionspräsidenten zu richten.

Art. 29. Richter *ad hoc*

(1)
a) Wenn der für eine betroffene Vertragspartei gewählte Richter verhindert ist, in einer Kammer zu tagen, wenn er befangen oder freigestellt ist oder wenn es einen solchen Richter nicht gibt, benennt der Kammerpräsident einen nach Artikel 28 zur Teilnahme an der Prüfung der Rechtssache geeigneten Richter *ad hoc* aus einem vorab von der Vertragspartei unterbreiteten Verzeichnis mit den Namen von drei bis fünf Personen, die die Voraussetzungen nach Absatz 1 Buchstabe c erfüllen und von ihr für eine verlängerbare Amtszeit von vier Jahren als mögliche Richter *ad hoc* bezeichnet wurden.
Das Verzeichnis muss Personen beiderlei Geschlechts umfassen, und es sind ihm biografische Angaben zu den Personen beizufügen, deren Namen in der Liste erscheinen. Diese dürfen, gleichviel in welcher Eigenschaft, eine Partei oder einen Drittbeteiligten in einem Verfahren vor dem Gerichtshof nicht vertreten.
b) Das Verfahren nach Absatz 1 Buchstabe a gilt, wenn die benannte Person verhindert oder befangen ist.
c) Ein Richter *ad hoc* muss die in Artikel 21 Absatz 1 der Konvention vorgeschriebenen Voraussetzungen erfüllen und muss in der Lage sein, den in Absatz 5 vorgesehenen Erfordernissen in Bezug auf Verfügbarkeit und Anwesenheit zu entsprechen. Ein Richter *ad hoc* darf während seiner Amtszeit, gleichviel in welcher Eigenschaft, eine Partei oder einen Drittbeteiligten in einem Verfahren vor dem Gerichtshof nicht vertreten.

(2) Der Kammerpräsident benennt einen anderen gewählten Richter, der als Richter *ad hoc* an dem Verfahren mitwirkt, wenn:
a) die betroffene Vertragspartei in dem Zeitpunkt, in dem die Beschwerde nach Artikel 54 Absatz 2 Buchstabe b zur Kenntnis gebracht wird, dem Kanzler das in Absatz 1 Buchstabe a dieses Artikels bezeichnete Verzeichnis nicht unterbreitet hat; oder
b) er der Ansicht ist, dass weniger als drei der im Verzeichnis aufgeführten Personen die Voraussetzungen nach Absatz 1 Buchstabe c dieses Artikels erfüllen.

(3) Der Kammerpräsident kann beschliessen, einen Richter *ad hoc* nach Absatz 1 Buchstabe a oder Absatz 2 erst dann zu benennen, wenn der Vertragspartei die Beschwerde nach Artikel 54 Absatz 2 zur Kenntnis gebracht wird. Bis zur Entscheidung des Kammerpräsidenten nimmt der erste Ersatzrichter an den Sitzungen teil.

(4) Zu Beginn der ersten Sitzung in der betreffenden Rechtssache nach seiner Benennung leistet der Richter *ad hoc* den Eid oder gibt die feierliche Erklärung ab, die in Artikel 3 vorgesehen sind. Hierüber wird ein Protokoll aufgenommen.

(5) Richter *ad hoc* müssen sich zur Verfügung des Gerichtshofs halten und vorbehaltlich des Artikels 26 Absatz 2 an den Sitzungen der Kammer teilnehmen.

(6) Auf das Verfahren vor einem Ausschuss der Grossen Kammer betreffend einen Antrag auf Erstattung eines Gutachtens gestützt auf Artikel 1 des Protokolls

Nr. 16 zur Konvention sowie auf das Verfahren vor der Grossen Kammer zur Prüfung der vom Ausschuss zugelassenen Anträge sind die Bestimmungen dieses Artikels entsprechend anzuwenden.

Art. 30. Interessengemeinschaft. (1) Haben zwei oder mehr beschwerdeführende oder beschwerdegegnerische Vertragsparteien ein gemeinsames Interesse, so kann der Kammerpräsident sie auffordern, sich untereinander über die Benennung nur eines der für sie gewählten Richter als Richter der Interessengemeinschaft zu verständigen; dieser wird von Amts wegen zum Kammermitglied berufen. Kommt eine Einigung nicht zustande, so bestimmt der Präsident den Richter der Interessengemeinschaft aus der Zahl der von diesen Parteien vorgeschlagenen Richter durch das Los.

(2) Der Kammerpräsident kann beschliessen, die betroffenen Vertragsparteien zu einer Benennung nach Absatz 1 erst dann aufzufordern, wenn die Beschwerde den beschwerdegegnerischen Vertragsparteien nach Artikel 54 Absatz 2 zur Kenntnis gebracht worden ist.

(3) Besteht Streit über das Vorliegen einer Interessengemeinschaft oder über eine damit zusammenhängende Frage, so entscheidet die Kammer, nötigenfalls nach Einholung schriftlicher Stellungnahmen der betroffenen Vertragsparteien.

Titel II. Das Verfahren

Kapitel I. Allgemeine Vorschriften

Art. 31. Möglichkeit von Abweichungen im Einzelfall. Der Gerichtshof kann im Einzelfall bei der Prüfung einer Rechtssache von den Vorschriften dieses Titels abweichen; wenn es angezeigt ist, hört er zuvor die Parteien an.

Art. 32. Verfahrensanordnungen. Der Präsident des Gerichtshofs kann Verfahrensanordnungen praktischer Natur erlassen, insbesondere hinsichtlich des Erscheinens zu mündlichen Verhandlungen und der Einreichung von Schriftsätzen oder sonstigen Unterlagen.

Art. 33. Öffentlichkeit der Unterlagen. (1) Alle bei der Kanzlei von den Parteien oder Drittbeteiligten im Zusammenhang mit einer Beschwerde eingereichten Unterlagen mit Ausnahme derjenigen, die im Rahmen von Verhandlungen über eine gütliche Einigung nach Artikel 62 vorgelegt werden, sind der Öffentlichkeit nach den vom Kanzler bestimmten Regelungen zugänglich, soweit nicht der Kammerpräsident aus den in Absatz 2 genannten Gründen anders entscheidet, sei es von Amts wegen, sei es auf Antrag einer Partei oder einer anderen betroffenen Person.

(2) Der Zugang der Öffentlichkeit zu Unterlagen oder Teilen davon kann eingeschränkt werden, wenn dies im Interesse der Moral, der öffentlichen Ordnung oder der nationalen Sicherheit in einer demokratischen Gesellschaft liegt, wenn die Interessen von Jugendlichen oder der Schutz des Privatlebens der Parteien oder anderer betroffener Personen es verlangen oder – soweit der Kammerpräsident es für

unbedingt erforderlich hält – wenn unter besonderen Umständen die Öffentlichkeit von Unterlagen die Interessen der Rechtspflege beeinträchtigen würde.

(3) Anträge auf Vertraulichkeit nach Absatz 1 sind zu begründen; dabei ist anzugeben, ob sämtliche Unterlagen oder nur ein Teil davon der Öffentlichkeit nicht zugänglich sein sollen.

Art. 34. Gebrauch der Sprachen. (1) Die Amtssprachen des Gerichtshofs sind Englisch und Französisch.

(2) Wird eine Beschwerde nach Artikel 34 der Konvention erhoben, so erfolgen, solange diese Beschwerde noch keiner Vertragspartei nach dieser Verfahrensordnung zur Kenntnis gebracht worden ist, die Kommunikation mit dem Beschwerdeführer oder seinem Vertreter sowie die mündlichen und schriftlichen Stellungnahmen des Beschwerdeführers oder seines Vertreters, soweit nicht in einer der Amtssprachen des Gerichtshofs, in einer der Amtssprachen der Vertragsparteien. Wird nach Massgabe dieser Verfahrensordnung eine Vertragspartei über eine Beschwerde informiert oder eine Beschwerde ihr zur Kenntnis gebracht, so sind ihr die Beschwerde und alle beigefügten Unterlagen in der Sprache zu übermitteln, in der sie vom Beschwerdeführer bei der Kanzlei eingereicht wurden.

(3)
a) Die Kommunikation mit dem Beschwerdeführer oder seinem Vertreter sowie die mündlichen und schriftlichen Stellungnahmen des Beschwerdeführers oder seines Vertreters in Bezug auf eine mündliche Verhandlung oder nachdem einer Vertragspartei die Beschwerde zur Kenntnis gebracht worden ist, erfolgen in einer der Amtssprachen des Gerichtshofs, wenn nicht der Kammerpräsident den weiteren Gebrauch der Amtssprache einer Vertragspartei erlaubt.
b) Wird diese Erlaubnis erteilt, so trifft der Kanzler die notwendigen Vorkehrungen dafür, dass die mündlichen und schriftlichen Stellungnahmen des Beschwerdeführers ganz oder teilweise ins Englische oder Französische gedolmetscht beziehungsweise übersetzt werden, soweit dies nach Auffassung des Kammerpräsidenten im Interesse einer ordnungsgemässen Durchführung des Verfahrens ist.
c) Ausnahmsweise kann der Kammerpräsident die Erteilung der Erlaubnis davon abhängig machen, dass der Beschwerdeführer die dadurch entstehenden Kosten ganz oder teilweise trägt.
d) Wenn der Kammerpräsident nichts anderes bestimmt, gilt eine Entscheidung nach diesem Absatz auch für alle späteren Verfahrensabschnitte, einschliesslich derer, die durch Anträge auf Verweisung der Rechtssache an die Grosse Kammer oder durch Anträge auf Auslegung des Urteils oder Wiederaufnahme des Verfahrens nach Artikel 73, 79 beziehungsweise 80 ausgelöst werden.

(4)
a) Die Kommunikation mit einer Vertragspartei, die in der Rechtssache Partei ist, sowie die mündlichen und schriftlichen Stellungnahmen einer solchen Vertragspartei erfolgen in einer der Amtssprachen des Gerichtshofs. Der Kammerpräsident kann der betreffenden Vertragspartei den Gebrauch einer ihrer Amtssprachen für mündliche und schriftliche Stellungnahmen erlauben.
b) Wird diese Erlaubnis erteilt, so hat die ersuchende Vertragspartei:
  i) innerhalb einer vom Kammerpräsidenten zu bestimmenden Frist eine Übersetzung ihrer schriftlichen Stellungnahmen in einer der Amtssprachen des Gerichtshofs einzureichen. Reicht diese Vertragspartei innerhalb dieser Frist die Übersetzung nicht ein, so kann der Kanzler auf Kosten der er-

suchenden Vertragspartei die notwendigen Vorkehrungen für diese Übersetzung treffen;
ii) die Kosten für das Dolmetschen ihrer mündlichen Stellungnahmen ins Englische oder Französische zu tragen. Der Kanzler ist dafür verantwortlich, die notwendigen Vorkehrungen für das Dolmetschen zu treffen.
c) Der Kammerpräsident kann anordnen, dass eine Vertragspartei, die in der Rechtssache Partei ist, innerhalb einer bestimmten Frist eine englische oder französische Übersetzung oder Zusammenfassung aller oder bestimmter Anlagen zu ihren schriftlichen Stellungnahmen oder anderer einschlägiger Unterlagen oder von Auszügen daraus vorzulegen hat.
d) In Bezug auf die Beteiligung Dritter nach Artikel 44 dieser Verfahrensordnung und den Gebrauch einer Sprache, die nicht eine der Amtssprachen ist, durch Drittbeteiligte sind die Buchstaben a bis c entsprechend anzuwenden.

(5) Der Kammerpräsident kann die beschwerdegegnerische Vertragspartei auffordern, eine Übersetzung ihrer schriftlichen Stellungnahmen in einer ihrer Amtssprachen vorzulegen, um dem Beschwerdeführer das Verständnis dieser Stellungnahmen zu erleichtern.

(6) Zeugen, Sachverständige und andere Personen, die vor dem Gerichtshof auftreten, können sich ihrer eigenen Sprache bedienen, wenn sie keine der beiden Amtssprachen hinreichend beherrschen. In diesem Fall trifft der Kanzler die notwendigen Vorkehrungen für die mündliche und schriftliche Übersetzung.

(7) Der dem Gerichtshof nach Artikel 1 des Protokolls Nr. 16 zur Konvention und in Erfüllung der Voraussetzungen nach Artikel 92 dieser Verfahrensordnung eingereichte Antrag auf Erstattung eines Gutachtens kann in der innerstaatlichen Amtssprache verfasst werden, die im innerstaatlichen Verfahren verwendet wird. Ist die entsprechende Sprache nicht eine Amtssprache des Gerichtshofs, so ist innert einer vom Präsidenten des Gerichtshofs zu bestimmenden Frist eine englische oder französische Übersetzung des Antrags einzureichen.

Art. 35. **Vertretung der Vertragsparteien.** Die Vertragsparteien werden durch Prozessbevollmächtigte vertreten, die zu ihrer Unterstützung Rechtsbeistände oder Berater hinzuziehen können.

Art. 36. **Vertretung der Beschwerdeführer.** (1) Die in Artikel 34 der Konvention genannten natürlichen Personen, nichtstaatlichen Organisationen und Personengruppen können eine Beschwerde zunächst selbst oder durch einen Vertreter einreichen.

(2) Sobald der beschwerdegegnerischen Vertragspartei die Beschwerde nach Artikel 54 Absatz 2 Buchstabe b zugestellt ist, muss der Beschwerdeführer nach Absatz 4 vertreten sein, wenn der Kammerpräsident nichts anderes bestimmt.

(3) Auf diese Weise muss der Beschwerdeführer in jeder von der Kammer beschlossenen mündlichen Verhandlung vertreten sein, wenn der Kammerpräsident ihm nicht ausnahmsweise erlaubt, seine Interessen selbst zu vertreten, falls erforderlich mit Unterstützung eines Rechtsbeistands oder einer anderen zugelassenen Person.

(4)
a) Der nach den Absätzen 2 und 3 im Namen des Beschwerdeführers handelnde Vertreter muss ein in einer Vertragspartei zugelassener Rechtsbeistand mit

EGMRVerfO Anh. Verfahrensordnung

Wohnsitz im Hoheitsgebiet einer Vertragspartei sein oder aber eine andere Person, die der Kammerpräsident zulässt.

b) Unter aussergewöhnlichen Umständen kann der Kammerpräsident, wenn er der Meinung ist, dass die Umstände oder das Verhalten des Rechtsbeistands oder der anderen Person, die nach dem vorangehenden Buchstaben bestellt wurden, es rechtfertigen, zu jedem Zeitpunkt des Verfahrens bestimmen, dass der Rechtsbeistand oder diese Person den Beschwerdeführer nicht mehr vertreten oder unterstützen darf und dieser einen anderen Vertreter suchen muss.

(5)

a) Der Rechtsbeistand oder der andere zugelassene Vertreter des Beschwerdeführers oder der Beschwerdeführer selbst, der darum ersucht, seine Interessen selbst vertreten zu dürfen, muss, auch wenn ihm eine Erlaubnis nach Buchstabe b erteilt wird, eine der Amtssprachen des Gerichtshofs hinreichend verstehen.

b) Verfügt der Betreffende nicht über hinreichende Kenntnisse, um sich in einer der Amtssprachen des Gerichtshofs auszudrücken, so kann ihm der Kammerpräsident nach Artikel 34 Absatz 3 den Gebrauch einer der Amtssprachen der Vertragsstaaten erlauben.

Art. 37. Mitteilungen, Zustellungen, Ladungen. (1) Mitteilungen und Zustellungen an die Prozessbevollmächtigten oder die Rechtsbeistände der Parteien gelten als an die Parteien gerichtet.

(2) Hält der Gerichtshof für eine Mitteilung, Zustellung oder Ladung, die an eine andere Person als die Prozessbevollmächtigen oder Rechtsbeistände der Parteien gerichtet ist, die Mitwirkung der Regierung des Staates für erforderlich, in dessen Hoheitsgebiet die Mitteilung, Zustellung oder Ladung Wirkung entfalten soll, so wendet sich der Präsident des Gerichtshofs unmittelbar an diese Regierung, um die notwendige Unterstützung zu erhalten.

Art. 38. Schriftsätze. (1) Schriftsätze und andere Unterlagen können nur innerhalb der Frist eingereicht werden, die je nach Fall vom Kammerpräsidenten oder vom Berichterstatter nach Massgabe dieser Verfahrensordnung hierfür bestimmt wird. Schriftsätze und andere Unterlagen, die nach Ablauf dieser Frist oder unter Missachtung einer nach Artikel 32 ergangenen Verfahrensanordnung eingereicht werden, finden keinen Eingang in die Verfahrensakten, wenn der Kammerpräsident nichts anderes bestimmt.

(2) Für die Berechnung der in Absatz 1 genannten Frist ist das belegte Datum der Absendung des Schriftstücks oder, falls ein solches Datum fehlt, das Datum des Eingangs bei der Kanzlei massgebend.

Art. 38a. Prüfung von Verfahrensfragen. Von der Kammer zu entscheidende Verfahrensfragen werden gleichzeitig mit der Prüfung der Rechtssache beraten, wenn der Kammerpräsident nichts anderes bestimmt.

Art. 39. Vorläufige Massnahmen. (1) Die Kammer oder gegebenenfalls der Sektionspräsident oder ein nach Absatz 4 benannter Dienst habender Richter kann auf Antrag einer Partei oder jeder anderen betroffenen Person sowie von Amts wegen gegenüber den Parteien vorläufige Massnahmen bezeichnen, die im Interesse der Parteien oder eines ordnungsgemässen Verfahrensablaufs ergriffen werden sollten.

des EGMR **Anh. EGMRVerfO**

(2) Gegebenenfalls ist das Ministerkomitee umgehend über die in einer Rechtssache ergriffenen Massnahmen zu informieren.

(3) Die Kammer oder gegebenenfalls der Sektionspräsident oder ein nach Absatz 4 benannter Dienst habender Richter können von den Parteien Informationen zu Fragen der Durchführung der vorläufigen Massnahmen anfordern.

(4) Der Präsident des Gerichtshofs kann Vizepräsidenten der Sektionen als Dienst habende Richter für die Entscheidung über Anträge auf vorläufige Massnahmen bestimmen.

Art. 40. Dringliche Mitteilung über eine Beschwerde. In dringenden Fällen kann der Kanzler vorbehaltlich anderer verfahrensrechtlicher Massnahmen mit Erlaubnis des Kammerpräsidenten eine betroffene Vertragspartei durch jedes verfügbare Mittel über die Erhebung einer Beschwerde informieren und ihr zusammenfassende Angaben über deren Gegenstand machen.

Art. 41. Reihenfolge bei der Behandlung der Beschwerden. Bei der Bestimmung der Reihenfolge, in der die Beschwerden zu behandeln sind, berücksichtigt der Gerichtshof anhand von ihm festgelegter Kriterien die Bedeutung und Dringlichkeit der aufgeworfenen Fragen. Die Kammer oder ihr Präsident kann jedoch von diesen Kriterien abweichen und eine bestimmte Beschwerde vorrangig behandeln.

Art. 42. Verbindung und gleichzeitige Prüfung von Beschwerden *(bisheriger Art. 43)*. (1) Die Kammer kann auf Antrag der Parteien oder von Amts wegen die Verbindung mehrerer Beschwerden anordnen.

(2) Der Kammerpräsident kann unbeschadet der Entscheidung der Kammer über die Verbindung der Beschwerden nach Anhörung der Parteien die gleichzeitige Prüfung von Beschwerden anordnen, die derselben Kammer zugeteilt werden.

Art. 43. Streichung und Wiedereintragung im Register *(bisheriger Art. 44)*.
(1) Der Gerichtshof kann jederzeit während des Verfahrens entscheiden, eine Beschwerde nach Artikel 37 der Konvention in seinem Register zu streichen.

(2) Teilt eine beschwerdeführende Vertragspartei dem Kanzler ihre Absicht mit, ihre Beschwerde nicht weiterzuverfolgen, so kann die Kammer diese Beschwerde nach Artikel 37 der Konvention im Register streichen, wenn die andere betroffene Vertragspartei oder die anderen betroffenen Vertragsparteien mit der Nichtweiterverfolgung einverstanden sind.

(3) Im Fall einer gütlichen Einigung nach Artikel 39 der Konvention wird die Beschwerde durch eine Entscheidung im Register des Gerichtshofs gestrichen. Diese Entscheidung ist nach Artikel 39 Absatz 4 der Konvention dem Ministerkomitee zuzuleiten; dieses überwacht die Umsetzung der gütlichen Einigung, wie sie in der Entscheidung festgehalten wird. In den anderen Fällen nach Artikel 37 der Konvention wird die Beschwerde, wenn sie für zulässig erklärt wurde, durch ein Urteil und, wenn sie für unzulässig erklärt wurde, durch eine Entscheidung im Register gestrichen. Wurde die Beschwerde durch ein Urteil im Register gestrichen, so übermittelt der Kammerpräsident dieses, sobald es endgültig ist, dem Ministerkomitee, damit dieses nach Artikel 46 Absatz 2 der Konvention die Erfüllung von Verpflichtungen überwachen kann, die gegebenenfalls zur Bedingung für die

Nichtweiterverfolgung der Beschwerde, die gütliche Einigung oder die Beilegung der Streitigkeit gemacht worden sind.

(4) Wird eine Beschwerde nach Artikel 37 der Konvention im Register gestrichen, so befindet der Gerichtshof über die Kostenfrage. Ergeht die Kostenentscheidung im Rahmen einer Entscheidung, mit der eine nicht für zulässig erklärte Beschwerde im Register gestrichen wird, so übermittelt der Kammerpräsident die Entscheidung dem Ministerkomitee.

(5) Wird eine Beschwerde nach Artikel 37 der Konvention im Register gestrichen, so kann der Gerichtshof die Wiedereintragung in das Register beschliessen, wenn er dies wegen aussergewöhnlicher Umstände für gerechtfertigt hält.

Art. 44. Beteiligung Dritter

(1)

a) Wird eine nach Artikel 33 oder 34 der Konvention erhobene Beschwerde der beschwerdegegnerischen Vertragspartei nach Artikel 51 Absatz 1 oder 54 Absatz 2 Buchstabe b zur Kenntnis gebracht, so übermittelt der Kanzler gleichzeitig eine Kopie der Beschwerde jeder anderen Vertragspartei, deren Staatsangehörigkeit ein Beschwerdeführer besitzt. Ebenso unterrichtet er diese Vertragsparteien über eine Entscheidung, in dieser Rechtssache eine mündliche Verhandlung durchzuführen.

b) Möchte eine Vertragspartei von ihrem Recht auf schriftliche Stellungnahme oder auf Teilnahme an mündlichen Verhandlungen nach Artikel 36 Absatz 1 der Konvention Gebrauch machen, so hat sie dies dem Kanzler spätestens zwölf Wochen nach der Übermittlung oder Unterrichtung nach Buchstabe a schriftlich anzuzeigen. Der Kammerpräsident kann ausnahmsweise eine andere Frist bestimmen.

(2) Möchte der Menschenrechtskommissar des Europarats von seinem Recht nach Artikel 36 Absatz 3 der Konvention Gebrauch machen, schriftliche Stellungnahmen abzugeben oder an einer mündlichen Verhandlung teilzunehmen, so hat er dies dem Kanzler spätestens zwölf Wochen nach Übermittlung der Beschwerde an die beschwerdegegnerische Vertragspartei oder nach Unterrichtung der beschwerdegegnerischen Vertragspartei über die Entscheidung, eine mündliche Verhandlung durchzuführen, schriftlich anzuzeigen. Der Kammerpräsident kann ausnahmsweise eine andere Frist bestimmen.

Ist der Menschenrechtskommissar verhindert, selbst an dem Verfahren vor dem Gerichtshof teilzunehmen, so benennt er die Person oder Personen aus seinem Büro, die er als Vertreter benannt hat. Die Unterstützung durch einen Rechtsbeistand ist zulässig.

(3)

a) Ist eine Beschwerde der beschwerdegegnerischen Vertragspartei nach Artikel 51 Absatz 1 oder 54 Absatz 2 Buchstabe b zur Kenntnis gebracht worden, so kann der Kammerpräsident im Interesse der Rechtspflege, wie in Artikel 36 Absatz 2 der Konvention vorgesehen, jede Vertragspartei, die nicht Beschwerdeführer ist, oder jede betroffene Person, die nicht Beschwerdeführer ist, auffordern oder ermächtigen, schriftlich Stellung zu nehmen oder, falls aussergewöhnliche Umstände vorliegen, an der mündlichen Verhandlung teilzunehmen.

b) Anträge auf eine solche Ermächtigung müssen mit einer gebührenden Begründung versehen und spätestens zwölf Wochen, nachdem die Beschwerde der beschwerdegegnerischen Vertragspartei zur Kenntnis gebracht worden ist, schriftlich nach Artikel 34 Absatz 4 in einer der Amtssprachen eingereicht werden. Der Kammerpräsident kann ausnahmsweise eine andere Frist bestimmen.

(4)
a) In Rechtssachen, die von der Grossen Kammer zu prüfen sind, beginnen die in den Absätzen 1 und 2 bestimmten Fristen mit der Zustellung der Entscheidung der Kammer, die Rechtssache nach Artikel 72 Absatz 1 an die Grosse Kammer abzugeben, oder der Entscheidung des Ausschusses der Grossen Kammer nach Artikel 73 Absatz 2, den Antrag einer Partei auf Verweisung der Rechtssache an die Grosse Kammer anzunehmen, an die Parteien.
b) Die in diesem Artikel bestimmten Fristen können vom Kammerpräsidenten ausnahmsweise verlängert werden, wenn hinreichende Gründe angeführt werden.

(5) Die Aufforderung oder Ermächtigung nach Absatz 2 Buchstabe a ist auch hinsichtlich der Beachtung von Fristen an die vom Kammerpräsidenten festgelegten Bedingungen geknüpft. Werden diese Bedingungen nicht eingehalten, so kann der Präsident beschliessen, die Stellungnahmen nicht in die Verfahrensakten aufzunehmen oder die Teilnahme an der mündlichen Verhandlung zu beschränken, soweit er dies für angebracht hält.

(6) Schriftliche Stellungnahmen nach diesem Artikel müssen nach Artikel 34 Absatz 4 in einer der Amtssprachen abgefasst sein. Der Kanzler übermittelt die Stellungnahmen den Parteien; diese können unter Einhaltung der vom Kammerpräsidenten bestimmten Bedingungen, einschliesslich der Fristen, schriftlich oder gegebenenfalls in der mündlichen Verhandlung darauf erwidern.

(7) Auf das Verfahren zur Erstattung eines Gutachtens durch die Grosse Kammer nach Artikel 2 des Protokolls Nr. 16 zur Konvention sind die Bestimmungen dieses Artikels entsprechend anzuwenden. Der Präsident der Grossen Kammer bestimmt die Fristen für die Drittbeteiligten.

Art. 44a. **Pflicht zur Zusammenarbeit mit dem Gerichtshof.** Die Parteien sind verpflichtet, bei der Durchführung des Verfahrens mit dem Gerichtshof in vollem Umfang zusammenzuarbeiten und insbesondere alle Massnahmen, soweit sie in ihrer Macht stehen, zu treffen, die der Gerichtshof für eine geordnete Rechtspflege für erforderlich hält. Diese Verpflichtung gilt erforderlichenfalls auch für eine Vertragspartei, die in dem Verfahren nicht Partei ist.

Art. 44b. **Nichtbefolgung einer Anordnung des Gerichtshofs.** Befolgt eine Partei eine Anordnung des Gerichtshofs in Bezug auf die Durchführung des Verfahrens nicht, so kann der Kammerpräsident alle Massnahmen treffen, die er für angebracht hält.

Art. 44c. **Fehlende Mitwirkung.** (1) Bringt eine Partei vom Gerichtshof erbetene Beweise oder Informationen nicht bei oder gibt sie sachdienliche Informationen nicht von sich aus weiter oder lässt sie es in anderer Weise an einer Mitwirkung in dem Verfahren fehlen, so kann der Gerichtshof daraus die ihm angebracht erscheinenden Schlüsse ziehen.

(2) Unterlässt oder verweigert eine beschwerdegegnerische Vertragspartei in dem Verfahren die Mitwirkung, so ist dies für sich genommen kein Grund für die Kammer, die Prüfung der Beschwerde einzustellen.

Art. 44d. **Unangemessene Stellungnahmen einer Partei.** Gibt der Vertreter einer Partei missbräuchliche, leichtfertige, schikanöse, irreführende oder weitschweifige Stellungnahmen ab, so kann der Kammerpräsident unbeschadet des Artikels 35 Absatz 3 der Konvention diesen Vertreter von dem Verfahren ausschliessen, die Annahme der Stellungnahmen ganz oder teilweise verweigern oder eine andere ihm angebracht erscheinende Anordnung treffen.

Art. 44e. **Nichtweiterverfolgung einer Beschwerde.** Beabsichtigt eine beschwerdeführende Vertragspartei oder ein Individualbeschwerdeführer nicht, die Beschwerde weiterzuverfolgen, so kann die Kammer im Einklang mit Artikel 37 Absatz 1 Buchstabe a der Konvention die Beschwerde nach Artikel 43 dieser Verfahrensordnung im Register streichen.

Kapitel II. Die Einleitung des Verfahrens

Art. 45. **Unterschriften.** (1) Beschwerden nach Artikel 33 oder 34 der Konvention müssen schriftlich eingereicht und vom Beschwerdeführer oder seinem Vertreter unterzeichnet werden.

(2) Wird eine Beschwerde von einer nichtstaatlichen Organisation oder einer Personengruppe eingereicht, so ist sie von den zur Vertretung dieser Organisation oder Gruppe berechtigten Personen zu unterzeichnen. Die zuständige Kammer oder das zuständige Komitee entscheidet über Fragen zur Berechtigung der Unterzeichner.

(3) Wird ein Beschwerdeführer nach Artikel 36 vertreten, so ist von seinem Vertreter oder seinen Vertretern eine schriftliche Vollmacht vorzulegen.

Art. 46. **Inhalt einer Staatenbeschwerde.** Jede Vertragspartei, die dem Gerichtshof eine Rechtssache nach Artikel 33 der Konvention vorlegen will, reicht bei der Kanzlei eine Beschwerde ein, die folgende Angaben enthält:
a) den Namen der Vertragspartei, gegen die sich die Beschwerde richtet;
b) eine Darstellung des Sachverhalts;
c) eine Darstellung der behaupteten Verletzungen der Konvention mit Begründung;
d) eine Darstellung betreffend die Erfüllung der Zulässigkeitskriterien nach Artikel 35 Absatz 1 der Konvention (Erschöpfung der innerstaatlichen Rechtsbehelfe und Einhaltung der Sechsmonatsfrist);
e) den Gegenstand der Beschwerde sowie gegebenenfalls allgemeine Angaben zu Ansprüchen auf eine gerechte Entschädigung nach Artikel 41 der Konvention zugunsten der angeblich verletzten Partei oder Parteien;
f) den Namen und die Adresse der zu(m) Prozessbevollmächtigten bestimmten Person oder Personen;
beizufügen sind
g) Kopien aller einschlägigen Unterlagen, insbesondere der gerichtlichen oder sonstigen Entscheidungen, die sich auf den Gegenstand der Beschwerde beziehen.

Art. 47. **Inhalt einer Individualbeschwerde.** (1) Beschwerden nach Artikel 34 der Konvention sind unter Verwendung des von der Kanzlei zur Verfügung

gestellten Formulars einzureichen, wenn der Gerichtshof nichts anderes bestimmt. Die Beschwerde hat alle in den einschlägigen Abschnitten des Beschwerdeformulars verlangten Auskünfte mit folgenden Angaben zu enthalten:
a) den Namen, das Geburtsdatum, die Staatsangehörigkeit und die Adresse des Beschwerdeführers und, sofern es sich beim Beschwerdeführer um eine juristische Person handelt, den vollständigen Namen, das Datum der Errichtung oder der Eintragung im Register, die amtliche Registernummer (sofern vorhanden) und ihre offizielle Adresse;
b) gegebenenfalls den Namen, die Adresse, die Telefon- und Telefaxnummern und die E-Mail-Adresse seines Vertreters;
c) wenn der Beschwerdeführer einen Vertreter hat, das Datum und die Originalunterschrift des Beschwerdeführers im Feld des Beschwerdeformulars zur Vollmacht; die Originalunterschrift des Vertreters, mit der er seine Bereitschaft bestätigt, im Namen des Beschwerdeführers zu handeln, ist ebenfalls in diesem Feld anzubringen;
d) die Vertragspartei oder Vertragsparteien, gegen die sich die Beschwerde richtet;
e) eine gedrängte und verständliche Darstellung des Sachverhalts;
f) eine gedrängte und verständliche Darstellung der behaupteten Verletzungen der Konvention mit Begründung; und
g) eine gedrängte und verständliche Darstellung, in der die Erfüllung der Zulässigkeitskriterien nach Artikel 35 Absatz 1 der Konvention durch den Beschwerdeführer bestätigt wird.

(2)
a) Alle in Absatz 1 Buchstaben e–g bezeichneten Informationen sind im einschlägigen Abschnitt des Beschwerdeformulars derart ausreichend aufzuführen, dass der Gerichtshof die Art und den Gegenstand der Beschwerde bestimmen kann, ohne Einsicht in weitere Unterlagen zu nehmen.
b) Der Beschwerdeführer kann diese Informationen jedoch ergänzen, indem er dem Beschwerdeformular ein Schriftstück von höchstens zwanzig Seiten beifügt und zusätzliche Angaben zum Sachverhalt und zu den geltend gemachten Verletzungen der Konvention mit Begründung macht.

(3.1) Das Beschwerdeformular ist vom Beschwerdeführer oder seinem Vertreter zu unterzeichnen; beizufügen sind:
a) Kopien der Unterlagen in Bezug auf die gerügten gerichtlichen oder sonstigen Entscheidungen oder Massnahmen;
b) Kopien der Unterlagen und Entscheidungen, die belegen, dass der Beschwerdeführer die innerstaatlichen Rechtsbehelfe ausgeschöpft und die in Artikel 35 Absatz 1 der Konvention vorgeschriebene Frist beachtet hat;
c) gegebenenfalls Kopien der Unterlagen in Bezug auf andere internationale Untersuchungs- oder Schlichtungsverfahren;
d) sofern es sich beim Beschwerdeführer wie nach Absatz 1 Buchstabe a vorgesehen um eine juristische Person handelt, ein oder mehrere Dokumente, die belegen, dass die Person, die die Beschwerde einreicht, zur Vertretung des Beschwerdeführers befugt ist oder eine entsprechende Vollmacht innehat.

(3.2) Die zur Unterstützung der Beschwerde eingereichten Unterlagen müssen in chronologischer Reihenfolge mit fortlaufenden Nummern in einem Verzeichnis aufgeführt und eindeutig zu identifizieren sein.

(4) Ein Beschwerdeführer, der nicht wünscht, dass seine Identität offen gelegt wird, hat dies mitzuteilen und die Gründe darzulegen, die eine Abweichung von

der gewöhnlichen Regel rechtfertigen, nach der das Verfahren vor dem Gerichtshof öffentlich ist. Der Kammerpräsident kann dem Beschwerdeführer erlauben, anonym zu bleiben, oder von Amts wegen Anonymität gewähren.

(5.1) Die Nichteinhaltung der Verpflichtungen nach den Absätzen 1–3 führt dazu, dass die Beschwerde vom Gericht nicht geprüft wird, es sei denn:
a) der Beschwerdeführer hat eine angemessene Erklärung für die Nichteinhaltung vorgetragen;
b) die Beschwerde betrifft einen Antrag, eine vorläufige Massnahme zu ergreifen;
c) der Gerichtshof entscheidet von Amts wegen oder auf Antrag eines Beschwerdeführers anders.

(5.2) Der Gerichtshof kann einen Beschwerdeführer jederzeit ersuchen, innerhalb einer bestimmten Frist zweckdienliche Informationen oder Unterlagen in einer für angemessen erachteten Form und Weise beizubringen.

(6)
a) Für die Zwecke des Artikels 35 Absatz 1 der Konvention ist als Datum der Beschwerdeerhebung in der Regel das Datum anzusehen, zu dem ein Beschwerdeformular beim Gerichtshof eingereicht worden ist, das den Erfordernissen nach diesem Artikel entspricht; als Absendetag gilt das Datum des Poststempels.
b) Der Gerichtshof kann jedoch entscheiden, dass ein anderes Datum gilt, wenn er dies für gerechtfertigt hält.

(7) Der Beschwerdeführer hat den Gerichtshof über jede Änderung seiner Adresse und jeden für die Prüfung seiner Beschwerde erheblichen Umstand zu informieren.

Kapitel III. Die Referenten

Art. 48. **Staatenbeschwerden.** (1) Bei einer Anrufung des Gerichtshofs nach Artikel 33 der Konvention benennt die zur Prüfung der Beschwerde gebildete Kammer nach Eingang der Schriftsätze der betroffenen Vertragsparteien eines oder mehrere ihrer Mitglieder als Referenten und beauftragt diese, einen Bericht über die Zulässigkeit vorzulegen.

(2) Der oder die Referenten legen der Kammer die Berichte, Textentwürfe und anderen Unterlagen vor, die der Kammer und ihrem Präsidenten bei der Erfüllung ihrer Aufgaben nützlich sein können.

Art. 49. **Individualbeschwerden.** (1) Wird schon aus dem vom Beschwerdeführer vorgelegten Material hinreichend deutlich, dass die Beschwerde unzulässig ist oder im Register gestrichen werden sollte, so wird die Beschwerde von einem Komitee geprüft, sofern nicht ein besonderer Grund dagegen spricht.

(2) Wird der Gerichtshof nach Artikel 34 der Konvention mit einer Beschwerde befasst und erscheint ihre Prüfung durch die Kammer gerechtfertigt, so benennt der Präsident der Sektion, der die Beschwerde zugewiesen wird, einen Richter, der die Beschwerde als Referenten prüfen soll.

(3) Im Rahmen seiner Prüfung:
a) kann der Referent die Parteien ersuchen, innerhalb einer bestimmten Frist Auskünfte bezüglich des Sachverhalts zu erteilen und Unterlagen oder anderes Material vorzulegen, soweit er dies für zweckdienlich hält;

b) entscheidet der Referent, ob die Beschwerde von einem Komitee oder einer Kammer geprüft wird, wobei der Sektionspräsident die Prüfung durch eine Kammer anordnen kann;
c) legt der Referent die Berichte, Textentwürfe und anderen Unterlagen vor, die der Kammer oder ihrem Präsidenten bei der Erfüllung ihrer Aufgaben nützlich sein können.

Art. 50. Verfahren vor der Grossen Kammer. Wird eine Rechtssache nach Artikel 30 oder 43 der Konvention an die Grosse Kammer verwiesen, so bestellt der Präsident der Grossen Kammer eines, bei einer Staatenbeschwerde eines oder mehrere ihrer Mitglieder als Referenten.

Kapitel IV. Das Verfahren bei der Prüfung der Zulässigkeit

Staatenbeschwerden

Art. 51. Zuweisung von Beschwerden und anschliessendes Verfahren. (1) Wird eine Beschwerde nach Artikel 33 der Konvention erhoben, so bringt sie der Präsident des Gerichtshofs umgehend der beschwerdegegnerischen Vertragspartei zur Kenntnis und weist sie einer der Sektionen zu.

(2) Die für die beschwerdeführende und die beschwerdegegnerische Vertragspartei gewählten Richter gehören der für die Prüfung der Rechtssache gebildeten Kammer nach Artikel 26 Absatz 1 Buchstabe a von Amts wegen an. Wird die Beschwerde von mehreren Vertragsparteien erhoben oder werden von mehreren Vertragsparteien erhobene Beschwerden gleichen Gegenstands nach Artikel 42 verbunden, so findet Artikel 30 Anwendung.

(3) Sobald die Rechtssache einer Sektion zugewiesen ist, bildet der Sektionspräsident nach Artikel 26 Absatz 1 die Kammer und fordert die beschwerdegegnerische Vertragspartei auf, ihren Schriftsatz zur Zulässigkeit der Beschwerde vorzulegen. Der Kanzler übermittelt den Schriftsatz der beschwerdeführenden Vertragspartei; diese kann darauf schriftlich erwidern.

(4) Vor der Entscheidung über die Zulässigkeit der Beschwerde kann die Kammer oder ihr Präsident beschliessen, die Parteien zur Abgabe weiterer schriftlicher Stellungnahmen aufzufordern.

(5) Eine mündliche Verhandlung über die Zulässigkeit findet statt, wenn eine oder mehrere der betroffenen Vertragsparteien es beantragen oder wenn es die Kammer von Amts wegen beschliesst.

(6) Der Kammerpräsident hört die Parteien an, bevor er das schriftliche und gegebenenfalls das mündliche Verfahren bestimmt.

Individualbeschwerden

Art. 52. Zuweisung einer Beschwerde an eine Sektion. (1) Der Präsident des Gerichtshofs weist jede nach Artikel 34 der Konvention erhobene Beschwerde einer Sektion zu; er achtet dabei auf eine gerechte Verteilung der Arbeitslast auf die Sektionen.

(2) Der Präsident der betroffenen Sektion bildet nach Artikel 26 Absatz 1 dieser Verfahrensordnung die in Artikel 26 Absatz 1 der Konvention vorgesehene Kammer mit sieben Richtern.

(3) Bis die Kammer nach Absatz 2 gebildet ist, werden die Befugnisse, die diese Verfahrensordnung dem Kammerpräsidenten überträgt, vom Sektionspräsidenten ausgeübt.

Art. 52a. Einzelrichterverfahren. (1) Nach Artikel 27 der Konvention kann ein Einzelrichter eine nach Artikel 34 der Konvention erhobene Beschwerde für unzulässig erklären oder im Register streichen, wenn eine solche Entscheidung ohne weitere Prüfung getroffen werden kann. Die Entscheidung ist endgültig. Sie wird summarisch begründet. Sie wird dem Beschwerdeführer mitgeteilt.

(2) Trifft der Einzelrichter keine Entscheidung nach Absatz 1, so übermittelt er die Beschwerde zur weiteren Prüfung an ein Komitee oder eine Kammer.

Art. 53. Verfahren vor einem Komitee. (1) Nach Artikel 28 Absatz 1 Buchstabe a der Konvention kann das Komitee durch einstimmigen Beschluss in jedem Stadium des Verfahrens eine Beschwerde für unzulässig erklären oder im Register streichen, wenn eine solche Entscheidung ohne weitere Prüfung getroffen werden kann.

(2) Ist das Komitee in Anbetracht der nach Artikel 54 Absatz 2 Buchstabe b eingegangenen Stellungnahmen der Parteien überzeugt, dass die Rechtssache nach dem Verfahren des Artikels 28 Absatz 1 Buchstabe b der Konvention zu prüfen ist, so fällt es durch einstimmigen Beschluss ein Urteil, das seine Entscheidung über die Zulässigkeit sowie gegebenenfalls über eine gerechte Entschädigung umfasst.

(3) Ist der für die betroffene Vertragspartei gewählte Richter nicht Mitglied des Komitees, so kann er von Letzterem in jedem Stadium des Verfahrens vor dem Komitee durch einstimmigen Beschluss eingeladen werden, den Sitz eines Mitglieds im Komitee einzunehmen; das Komitee hat dabei alle erheblichen Umstände einschliesslich der Frage, ob diese Vertragspartei der Anwendung des Verfahrens nach Artikel 28 Absatz 1 Buchstabe b der Konvention entgegengetreten ist, zu berücksichtigen.

(4) Entscheidungen und Urteile nach Artikel 28 Absatz 1 der Konvention sind endgültig. Sie werden begründet. Die Entscheidungen können summarisch begründet werden, wenn sie nach Übermittlung durch einen Einzelrichter nach Artikel 52a Absatz 2 getroffen worden sind.

(5) Der Kanzler teilt dem Beschwerdeführer und der betroffenen Vertragspartei oder den betroffenen Vertragsparteien die Entscheidung des Komitees mit, soweit sie zuvor nach dieser Verfahrensordnung an der Beschwerde beteiligt wurden.

(6) Trifft das Komitee keine Entscheidung oder erlässt es kein Urteil, so übermittelt es die Beschwerde der Kammer, die nach Artikel 52 Absatz 2 zur Prüfung der Rechtssache gebildet wurde.

(7) Die Artikel 42 Absatz 1 und 79–81 finden auf Verfahren vor einem Komitee entsprechende Anwendung.

Art. 54. **Verfahren vor einer Kammer.** (1) Die Kammer kann die Beschwerde sofort für unzulässig erklären oder im Register streichen. Die Entscheidung der Kammer kann die Beschwerde insgesamt oder teilweise betreffen.

(2) Andernfalls kann die Kammer oder der Sektionspräsident:
a) die Parteien ersuchen, Auskünfte bezüglich des Sachverhalts zu erteilen und Unterlagen oder anderes Material vorzulegen, welche die Kammer oder ihr Präsident für zweckdienlich hält;
b) der beschwerdegegnerischen Vertragspartei die Beschwerde oder einen Teil der Beschwerde zur Kenntnis bringen und diese auffordern, schriftlich Stellung zu nehmen, und nach Eingang der Stellungnahme den Beschwerdeführer auffordern, darauf zu erwidern;
c) die Parteien auffordern, weitere schriftliche Stellungnahmen abzugeben.

(3) Der Sektionspräsident kann bei der Ausübung seiner Zuständigkeiten nach Absatz 2 Buchstabe b als Einzelrichter einen Teil der Beschwerde sofort für unzulässig erklären oder im Register streichen. Die Entscheidung ist endgültig. Sie wird von einer summarischen Begründung begleitet. Sie wird dem Beschwerdeführer und der betroffenen Vertragspartei oder den betroffenen Vertragsparteien mit einem Brief zur Kenntnis gebracht, in dem die Begründung dargelegt wird.

(4) Absatz 2 gilt auch für die Vizepräsidenten der Sektionen, die nach Artikel 39 Absatz 4 als Dienst habende Richter für die Entscheidung über die Anträge auf vorläufige Massnahmen bestimmt werden. Eine Entscheidung, mit der eine Beschwerde für unzulässig erklärt wird, wird von einer summarischen Begründung begleitet. Sie wird dem Beschwerdeführer mit einem Brief zur Kenntnis gebracht, in dem die Begründung dargelegt wird.

(5) Bevor die Kammer über die Zulässigkeit entscheidet, kann sie auf Antrag einer Partei oder von Amts wegen beschliessen, eine mündliche Verhandlung durchzuführen, wenn sie der Auffassung ist, dass dies zur Erfüllung ihrer Aufgaben nach der Konvention erforderlich ist. In diesem Fall werden die Parteien auch aufgefordert, sich zur Begründetheit der Beschwerde zu äussern, wenn die Kammer nicht ausnahmsweise etwas anderes bestimmt.

Art. 54a. **Gemeinsame Prüfung der Zulässigkeit und Begründetheit.**
(1) Wenn die Kammer der beschwerdegegnerischen Vertragspartei die Beschwerde nach Artikel 54 Absatz 2 Buchstabe b zur Kenntnis bringt, kann sie nach Artikel 29 Absatz 3 der Konvention auch beschliessen, die Zulässigkeit und Begründetheit gleichzeitig zu prüfen. In diesem Fall werden die Parteien aufgefordert, sich in ihren Stellungnahmen auch zur Frage einer gerechten Entschädigung zu äussern und gegebenenfalls Vorschläge für eine gütliche Einigung zu unterbreiten. Die Voraussetzungen nach den Artikeln 60 und 62 gelten entsprechend.

(2) Erzielen die Parteien keine gütliche Einigung und auch keine andere Lösung und ist die Kammer in Anbetracht der Stellungnahmen der Parteien überzeugt, dass die Rechtssache zulässig und für eine Entscheidung über die Begründetheit reif ist, so fällt sie sofort ein Urteil, das die Entscheidung der Kammer über die Zulässigkeit umfasst.

(3) Soweit die Kammer dies für angebracht hält, kann sie nach Unterrichtung der Parteien sofort ein Urteil fällen, das die Entscheidung über die Zulässigkeit umfasst, ohne zuvor das Verfahren nach Absatz 1 durchzuführen.

Staatenbeschwerden und Individualbeschwerden

Art. 55. Einreden der Unzulässigkeit. Einreden der Unzulässigkeit müssen, soweit ihre Natur und die Umstände es zulassen, von der beschwerdegegnerischen Vertragspartei in ihren nach Artikel 51 oder 54 abgegebenen schriftlichen oder mündlichen Stellungnahmen zur Zulässigkeit der Beschwerde vorgebracht werden.

Art. 56. Entscheidung der Kammer. (1) In der Entscheidung der Kammer ist anzugeben, ob sie einstimmig oder durch Mehrheitsbeschluss getroffen wurde; sie ist zu begründen.

(2) Der Kanzler teilt die Entscheidung der Kammer dem Beschwerdeführer mit. Sie wird auch der oder den betroffenen Vertragspartei(en) und jedem Drittbeteiligten, auch dem Menschenrechtskommissar des Europarates, mitgeteilt, soweit diesen zuvor die Beschwerde nach dieser Verfahrensordnung zur Kenntnis gebracht wurde. Im Fall einer gütlichen Einigung wird die Entscheidung, eine Beschwerde im Register zu streichen, nach Artikel 43 Absatz 3 dem Ministerkomitee zugeleitet.

Art. 57. Sprache der Entscheidung. Der Gerichtshof erlässt seine Entscheidungen in englischer oder französischer Sprache, wenn er nicht beschliesst, eine Entscheidung in beiden Amtssprachen zu erlassen. Die Entscheidungen der Grossen Kammer jedoch werden in beiden Amtssprachen erlassen, wobei beide Sprachversionen gleichermassen verbindlich sind.

Kapitel V. Das Verfahren nach Zulassung der Beschwerde

Art. 58. Staatenbeschwerden. (1) Hat die Kammer eine nach Artikel 33 der Konvention erhobene Beschwerde zugelassen, so bestimmt der Kammerpräsident nach Anhörung der betroffenen Vertragsparteien die Fristen für die Einreichung der schriftlichen Stellungnahmen zur Begründetheit und für die Vorlage zusätzlicher Beweismittel. Der Präsident kann jedoch mit Einverständnis der betroffenen Vertragsparteien auf die Durchführung eines schriftlichen Verfahrens verzichten.

(2) Eine mündliche Verhandlung über die Begründetheit findet statt, wenn eine oder mehrere der betroffenen Vertragsparteien dies beantragen oder wenn die Kammer es von Amts wegen beschliesst. Der Kammerpräsident bestimmt das Verfahren.

Art. 59. Individualbeschwerden. (1) Sobald eine nach Artikel 34 der Konvention erhobene Beschwerde für zulässig erklärt ist, kann die Kammer oder ihr Präsident die Parteien auffordern, weitere Beweismittel oder schriftliche Stellungnahmen vorzulegen.

(2) Soweit nicht anders entschieden, wird jeder Partei für ihre Stellungnahme dieselbe Frist eingeräumt.

(3) Die Kammer kann auf Antrag einer Partei oder von Amts wegen beschliessen, eine mündliche Verhandlung über die Begründetheit durchzuführen, wenn sie der Auffassung ist, dass dies zur Erfüllung ihrer Aufgaben nach der Konvention erforderlich ist.

(4) Der Kammerpräsident bestimmt gegebenenfalls das schriftliche und das mündliche Verfahren.

Art. 60. Ansprüche auf gerechte Entschädigung. (1) Ein Beschwerdeführer, der will, dass ihm der Gerichtshof nach Artikel 41 der Konvention eine gerechte Entschädigung zuspricht, falls er eine Verletzung seiner Rechte aus der Konvention feststellt, muss einen entsprechenden Anspruch ausdrücklich geltend machen.

(2) Soweit der Kammerpräsident nicht etwas anderes anordnet, muss der Beschwerdeführer innerhalb der Frist, die für seine Stellungnahme zur Begründetheit bestimmt wurde, alle Ansprüche unter Beifügung einschlägiger Belege beziffert und nach Rubriken geordnet geltend machen.

(3) Erfüllt der Beschwerdeführer die in den Absätzen 1 und 2 genannten Anforderungen nicht, so kann die Kammer die Ansprüche ganz oder teilweise zurückweisen.

(4) Die Ansprüche des Beschwerdeführers werden der Vertragspartei zur Stellungnahme übermittelt.

Art. 61. Piloturteilsverfahren. (1) Der Gerichtshof kann beschliessen, ein Piloturteilsverfahren durchzuführen, und ein Piloturteil fällen, wenn sich aus dem Sachverhalt, der einer vor dem Gerichtshof erhobenen Beschwerde zugrunde liegt, ergibt, dass in der betroffenen Vertragspartei ein strukturelles oder systembedingtes Problem oder ein vergleichbarer sonstiger Missstand besteht, das beziehungsweise der zu entsprechenden weiteren Beschwerden Anlass gegeben hat oder zu geben geeignet ist.

(2)
a) Bevor der Gerichtshof beschliesst, ein Piloturteilsverfahren durchzuführen, fordert er die Parteien auf, zu der Frage Stellung zu nehmen, ob der zu prüfenden Beschwerde ein solches Problem oder ein solcher Missstand in der betroffenen Vertragspartei zugrunde liegt und ob die Beschwerde sich für dieses Verfahren eignet.
b) Der Gerichtshof kann die Durchführung eines Piloturteilsverfahrens von Amts wegen oder auf Antrag einer Partei oder beider Parteien beschliessen.
c) Beschwerden, bei denen die Durchführung eines Piloturteilsverfahrens beschlossen wurde, werden nach Artikel 41 vorrangig behandelt.

(3) Der Gerichtshof bezeichnet in seinem Piloturteil die Art des von ihm festgestellten strukturellen oder systembedingten Problems oder sonstigen Missstands sowie die Art der Abhilfemassnahmen, welche die betroffene Vertragspartei aufgrund des Urteilsdispositivs auf innerstaatlicher Ebene zu treffen hat.

(4) Der Gerichtshof kann im Dispositiv seines Piloturteils für die Ergreifung der in Absatz 3 erwähnten Massnahmen eine bestimmte Frist setzen, wobei er der Art der geforderten Massnahmen und der Geschwindigkeit, mit der dem festgestellten Problem auf innerstaatlicher Ebene abgeholfen werden kann, Rechnung trägt.

(5) Wenn der Gerichtshof ein Piloturteil fällt, kann er die Frage der gerechten Entschädigung ganz oder teilweise offenhalten, bis die beschwerdegegnerische Vertragspartei die im Urteil bezeichneten individuellen und allgemeinen Massnahmen getroffen hat.

(6)
a) Der Gerichtshof kann die Prüfung aller vergleichbaren Beschwerden gegebenenfalls zurückstellen, bis die im Dispositiv des Piloturteils bezeichneten Abhilfemassnahmen getroffen worden sind.
b) Die betroffenen Beschwerdeführer werden in geeigneter Form von der Zurückstellung unterrichtet. Sie werden gegebenenfalls von jeder neuen Entwicklung unterrichtet, die ihre Rechtssache betrifft.
c) Der Gerichtshof kann eine zurückgestellte Beschwerde jederzeit prüfen, wenn dies im Interesse einer geordneten Rechtspflege geboten ist.

(7) Erzielen die Parteien einer Pilotrechtssache eine gütliche Einigung, so muss diese eine Erklärung der beschwerdegegnerischen Vertragspartei über die Durchführung der im Urteil bezeichneten allgemeinen Massnahmen und der Abhilfemassnahmen, die den anderen tatsächlichen oder möglichen Beschwerdeführern zu gewähren sind, umfassen.

(8) Befolgt die betroffene Vertragspartei nicht das Dispositiv des Piloturteils, so nimmt der Gerichtshof, wenn er nicht anders entschieden, die Prüfung der nach Absatz 6 zurückgestellten Beschwerden wieder auf.

(9) Das Ministerkomitee, die Parlamentarische Versammlung des Europarats, der Generalsekretär des Europarats und der Menschenrechtskommissar des Europarats werden jedes Mal unterrichtet, wenn ein Piloturteil oder ein anderes Urteil ergeht, in dem der Gerichtshof auf das Bestehen eines strukturellen oder systembedingten Problems in einer Vertragspartei hinweist.

(10) Über den Beschluss, eine Beschwerde im Wege des Piloturteilsverfahrens zu behandeln, den Erlass und die Umsetzung eines Piloturteils sowie den Abschluss des Verfahrens wird auf der Website des Gerichtshofs informiert.

Art. 62. Gütliche Einigung. (1) Sobald eine Beschwerde für zulässig erklärt ist, nimmt der Kanzler nach den Weisungen der Kammer oder ihres Präsidenten nach Artikel 39 Absatz 1 Buchstabe b der Konvention Kontakt mit den Parteien auf, um eine gütliche Einigung zu erreichen. Die Kammer trifft alle geeigneten Massnahmen, um eine solche Einigung zu erleichtern.

(2) Die im Hinblick auf eine gütliche Einigung geführten Verhandlungen sind nach Artikel 39 Absatz 2 der Konvention vertraulich und erfolgen unbeschadet der Stellungnahmen der Parteien im streitigen Verfahren. Im Rahmen dieser Verhandlungen geäusserte schriftliche oder mündliche Mitteilungen, Angebote oder Eingeständnisse dürfen im streitigen Verfahren nicht erwähnt oder geltend gemacht werden.

(3) Erfährt die Kammer durch den Kanzler, dass die Parteien eine gütliche Einigung erreicht haben, so streicht sie die Rechtssache nach Artikel 43 Absatz 3 im Register, nachdem sie sich vergewissert hat, dass diese Einigung auf der Grundlage der Achtung der Menschenrechte getroffen wurde, wie sie in der Konvention und ihren Protokollen anerkannt sind.

(4) Auf das Verfahren nach Artikel 54a sind die Absätze 2 und 3 entsprechend anzuwenden.

Art. 62a. Einseitige Erklärung. (1)
a) Lehnt ein Beschwerdeführer die nach Artikel 62 vorgeschlagene Regelung für eine gütliche Einigung ab, so kann die betroffene Vertragspartei beim Gerichts-

hof beantragen, die Beschwerde nach Artikel 37 Absatz 1 der Konvention im Register zu streichen.
b) Einem solchen Antrag ist eine Erklärung beizufügen, in der klar anerkannt wird, dass im Fall des Beschwerdeführers eine Konventionsverletzung vorliegt, und in der gleichzeitig zugesichert wird, dass angemessene Wiedergutmachung geleistet und gegebenenfalls notwendige Abhilfemassnahmen getroffen werden.
c) Eine Erklärung nach Buchstabe b muss in einem öffentlichen und kontradiktorischen Verfahren abgegeben werden, das gesondert von dem Verfahren über eine gütliche Einigung und unter Wahrung der Vertraulichkeit nach Artikel 39 Absatz 2 der Konvention sowie Artikel 62 Absatz 2 dieser Verfahrensordnung durchgeführt wird.

(2) Wenn aussergewöhnliche Umstände dies rechtfertigen, kann ein Antrag nebst Erklärung beim Gerichtshof auch eingereicht werden, ohne dass zuvor versucht wurde, eine gütliche Einigung zu erzielen.

(3) Ist der Gerichtshof überzeugt, dass die Erklärung eine hinreichende Grundlage für die Feststellung bietet, dass die Achtung der Menschenrechte, wie sie in der Konvention und den Protokollen dazu definiert sind, keine weitere Prüfung der Beschwerde durch den Gerichtshof erfordert, so kann er die Beschwerde ganz oder teilweise im Register streichen, auch wenn der Beschwerdeführer die weitere Prüfung der Beschwerde wünscht.

(4) Dieser Artikel ist auf das Verfahren nach Artikel 54a entsprechend anzuwenden.

Kapitel VI. Die Mündliche Verhandlung

Art. 63. Öffentlichkeit der mündlichen Verhandlung. (1) Die mündliche Verhandlung ist öffentlich, soweit nicht die Kammer nach Absatz 2 aufgrund besonderer Umstände anders entscheidet, sei es von Amts wegen, sei es auf Antrag einer Partei oder einer anderen betroffenen Person.

(2) Presse und Öffentlichkeit können während der ganzen oder eines Teiles einer mündlichen Verhandlung ausgeschlossen werden, wenn dies im Interesse der Moral, der öffentlichen Ordnung oder der nationalen Sicherheit in einer demokratischen Gesellschaft liegt, wenn die Interessen von Jugendlichen oder der Schutz des Privatlebens der Prozessparteien es verlangen oder – soweit die Kammer es für unbedingt erforderlich hält – wenn unter besonderen Umständen eine öffentliche Verhandlung die Interessen der Rechtspflege beeinträchtigen würde.

(3) Anträge auf Ausschluss der Öffentlichkeit nach Absatz 1 sind zu begründen; dabei ist anzugeben, ob dies für die mündliche Verhandlung insgesamt oder teilweise gelten soll.

Art. 64. Leitung der mündlichen Verhandlung. (1) Der Kammerpräsident organisiert und leitet die mündliche Verhandlung und bestimmt die Reihenfolge, in der den vor der Kammer auftretenden Personen das Wort erteilt wird.

(2) Jeder Richter kann jeder vor der Kammer auftretenden Person Fragen stellen.

Art. 65. **Nichterscheinen.** Erscheint eine Partei oder eine andere Person, die erscheinen sollte, nicht oder weigert sie sich zu erscheinen, so kann die Kammer die mündliche Verhandlung gleichwohl durchführen, wenn ihr dies mit einer geordneten Rechtspflege vereinbar erscheint.

Art. 66–69. *Aufgehoben*

Art. 70. **Verhandlungsprotokoll.** (1) Wenn der Kammerpräsident dies anordnet, wird über die mündliche Verhandlung unter der verantwortlichen Leitung des Kanzlers ein Protokoll angefertigt. Das Protokoll enthält:
a) die Zusammensetzung der Kammer;
b) die Liste der erschienenen Personen;
c) den Wortlaut der abgegebenen Stellungnahmen, gestellten Fragen und erhaltenen Antworten;
d) den Wortlaut aller während der Verhandlung verkündeten Entscheidungen.

(2) Ist das Protokoll insgesamt oder teilweise nicht in einer der Amtssprachen abgefasst, so sorgt der Kanzler für die Übersetzung in eine der Amtssprachen.

(3) Die Vertreter der Parteien erhalten eine Kopie des Protokolls, um dieses berichtigen zu können, wobei sie Sinn und Tragweite des in der Verhandlung Gesagten nicht ändern dürfen; die Berichtigung wird vom Kanzler oder Kammerpräsidenten überprüft. Der Kanzler bestimmt auf Anweisung des Kammerpräsidenten die Frist für die Berichtigung.

(4) Nach dieser Berichtigung wird das Protokoll vom Kammerpräsidenten und vom Kanzler unterzeichnet und ist dann für seinen Inhalt beweiskräftig.

Kapitel VII. Das Verfahren vor der Grossen Kammer

Art. 71. **Anwendbarkeit der Verfahrensvorschriften.** (1) Auf das Verfahren vor der Grossen Kammer sind die für die Kammern geltenden Vorschriften entsprechend anzuwenden.

(2) Die Befugnisse, die einer Kammer nach den Artikeln 54 Absatz 3 und 59 Absatz 3 in Bezug auf die Durchführung einer mündlichen Verhandlung übertragen sind, können in Verfahren vor der Grossen Kammer auch vom Präsidenten der Grossen Kammer ausgeübt werden.

Art. 72. **Abgabe der Rechtssache an die Grosse Kammer.** (1) Wirft eine bei einer Kammer anhängige Rechtssache eine schwerwiegende Frage der Auslegung der Konvention oder ihrer Protokolle auf, so kann die Kammer diese Sache jederzeit, bevor sie ihr Urteil gefällt hat, an die Grosse Kammer abgeben, wenn nicht eine Partei nach Absatz 4 widerspricht.

(2) Kann die Entscheidung einer der Kammer vorliegenden Frage zu einer Abweichung von einem früheren Urteil des Gerichtshofs führen, so gibt die Kammer diese Sache an die Grosse Kammer ab, wenn nicht eine Partei nach Absatz 4 widerspricht.

(3) Die Entscheidung, die Sache abzugeben, braucht nicht begründet zu werden.

(4) Der Kanzler teilt den Parteien die Absicht der Kammer mit, die Rechtssache abzugeben. Die Parteien haben danach einen Monat Zeit, um der Kanzlei schriftlich ihren gebührend begründeten Einspruch zu unterbreiten. Ein Einspruch, der diese Voraussetzungen nicht erfüllt, wird von der Kammer als unwirksam angesehen.

Art. 73. Verweisung an die Grosse Kammer auf Antrag einer Partei.
(1) Nach Artikel 43 der Konvention kann jede Partei in Ausnahmefällen innerhalb von drei Monaten nach dem Datum der Verkündung des Urteils einer Kammer bei der Kanzlei schriftlich einen Antrag auf Verweisung der Rechtssache an die Grosse Kammer stellen; sie hat dabei die schwerwiegende Frage der Auslegung oder Anwendung der Konvention oder ihrer Protokolle oder die schwerwiegende Frage von allgemeiner Bedeutung darzulegen, die ihrer Meinung nach eine Prüfung durch die Grosse Kammer rechtfertigt.

(2) Ein nach Artikel 24 Absatz 5 gebildeter Ausschuss von fünf Richtern der Grossen Kammer prüft den Antrag ausschliesslich auf der Grundlage der Akten. Er nimmt den Antrag nur an, wenn er der Auffassung ist, der Fall werfe eine solche Frage auf. Die Entscheidung, den Antrag abzulehnen, braucht nicht begründet zu werden.

(3) Nimmt der Ausschuss den Antrag an, so entscheidet die Grosse Kammer durch Urteil.

Kapitel VIII. Die Urteile

Art. 74. Inhalt des Urteils. (1) Urteile nach den Artikeln 28, 42 und 44 der Konvention enthalten:
a) die Namen des Präsidenten und der anderen Richter, aus denen sich die Kammer zusammensetzt, sowie den Namen des Kanzlers oder des Stellvertretenden Kanzlers;
b) den Tag, an dem es gefällt, und den Tag, an dem es verkündet wird;
c) die Bezeichnung der Parteien;
d) die Namen der Prozessbevollmächtigten, Rechtsbeistände und Berater der Parteien;
e) die Darstellung des Prozessverlaufs;
f) den Sachverhalt;
g) eine Zusammenfassung des Vorbringens der Parteien;
h) die Entscheidungsgründe;
i) das Dispositiv[1];
j) gegebenenfalls die Kostenentscheidung;
k) die Zahl der Richter, die die Mehrheit gebildet haben;
l) gegebenenfalls die Angabe, welche Sprachfassung massgebend ist.

(2) Jeder Richter, der an der Prüfung der Rechtssache mitgewirkt hat, ist berechtigt, dem Urteil entweder eine Darlegung seiner zustimmenden oder abweichenden persönlichen Meinung oder die blosse Feststellung seines abweichenden Votums beizufügen.

---

[1] Deutschland und Österreich: den Urteilstenor.

Art. 75. **Entscheidung über eine gerechte Entschädigung.** (1) Stellt die Kammer eine Verletzung der Konvention oder ihrer Protokolle fest, so entscheidet sie im selben Urteil über die Anwendung des Artikels 41 der Konvention, wenn ein entsprechender Anspruch nach Artikel 60 ausdrücklich geltend gemacht wurde und die Frage spruchreif ist; andernfalls behält sich die Kammer die Beurteilung der Frage ganz oder teilweise vor und bestimmt das weitere Verfahren.

(2) Bei der Entscheidung über die Anwendung des Artikels 41 der Konvention tagt die Kammer möglichst in der gleichen Besetzung wie bei der Prüfung der Begründetheit. Ist dies nicht möglich, so ergänzt oder bildet der Präsident des Gerichtshofs die Kammer durch das Los.

(3) Spricht die Kammer eine gerechte Entschädigung nach Artikel 41 der Konvention zu, so kann sie beschliessen, dass die zugesprochenen Beträge zu verzinsen sind, wenn die Zahlung nicht innerhalb der Frist erfolgt, die sie setzt.

(4) Wird der Gerichtshof davon unterrichtet, dass zwischen der in ihren Rechten verletzten Partei und der verantwortlichen Vertragspartei eine Einigung erzielt worden ist, so prüft er, ob die Einigung billig ist, und streicht bejahendenfalls die Rechtssache nach Artikel 43 Absatz 3 im Register.

Art. 76. **Sprache des Urteils.** Der Gerichtshof erlässt seine Urteile in englischer oder französischer Sprache, wenn er nicht beschliesst, ein Urteil in beiden Amtssprachen zu erlassen. Die Urteile der Grossen Kammer jedoch werden in beiden Amtssprachen erlassen, wobei beide Sprachversionen gleichermassen verbindlich sind.

Art. 77. **Unterzeichnung, Verkündung und Zustellung des Urteils.** (1) Das Urteil wird vom Kammer- oder Komiteepräsidenten und vom Kanzler unterzeichnet.

(2) Das Urteil einer Kammer kann vom Kammerpräsidenten oder einem von ihm beauftragten anderen Richter in öffentlicher Sitzung verkündet werden. Den Prozessbevollmächtigten und Vertretern der Parteien wird der Termin der Verkündung rechtzeitig mitgeteilt. Wenn das Urteil nicht in öffentlicher Sitzung verkündet wird und im Fall der Urteile der Komitees gilt die Übermittlung nach Absatz 3 als Verkündung.

(3) Das Urteil wird dem Ministerkomitee zugeleitet. Der Kanzler übermittelt den Parteien, dem Generalsekretär des Europarats, den Drittbeteiligten, auch dem Menschenrechtskommissar des Europarates, und allen anderen unmittelbar betroffenen Personen eine Kopie. Das ordnungsgemäss unterzeichnete Original wird im Archiv des Gerichtshofs verwahrt.

Art. 78. *Aufgehoben*

Art. 79. **Antrag auf Auslegung des Urteils.** (1) Jede Partei kann die Auslegung eines Urteils innerhalb eines Jahres nach der Verkündung beantragen.

(2) Der Antrag ist bei der Kanzlei einzureichen. Der Teil des Dispositivs, dessen Auslegung begehrt wird, ist darin genau anzugeben.

(3) Die ursprüngliche Kammer kann selbständig beschliessen, den Antrag abzuweisen, wenn kein Grund eine Prüfung rechtfertigt. Ist es nicht möglich, die ur-

sprüngliche Kammer zusammenzusetzen, so bildet oder ergänzt der Präsident des Gerichtshofs die Kammer durch das Los.

(4) Weist die Kammer den Antrag nicht ab, so übermittelt ihn der Kanzler den anderen betroffenen Parteien und gibt ihnen Gelegenheit, innerhalb der vom Kammerpräsidenten bestimmten Frist schriftlich Stellung zu nehmen. Der Kammerpräsident bestimmt auch den Termin der mündlichen Verhandlung, wenn die Kammer beschliesst, eine solche durchzuführen. Die Kammer entscheidet durch Urteil.

Art. 80. **Antrag auf Wiederaufnahme des Verfahrens.** (1) Wird eine Tatsache bekannt, die geeignet gewesen wäre, einen massgeblichen Einfluss auf den Ausgang einer bereits entschiedenen Rechtssache auszuüben, so kann eine Partei, wenn diese Tatsache zum Zeitpunkt des Urteils dem Gerichtshof unbekannt war und der Partei nach menschlichem Ermessen nicht bekannt sein konnte, innerhalb von sechs Monaten, nachdem sie von der Tatsache Kenntnis erhalten hat, beim Gerichtshof die Wiederaufnahme des Verfahrens beantragen.

(2) Der Antrag muss das Urteil bezeichnen, auf das sich der Wiederaufnahmeantrag bezieht, und die Angaben enthalten, aus denen sich ergibt, dass die Voraussetzungen nach Absatz 1 erfüllt sind. Dem Antrag ist eine Kopie aller zur Begründung dienenden Unterlagen beizufügen. Der Antrag und die Unterlagen sind bei der Kanzlei einzureichen.

(3) Die ursprüngliche Kammer kann selbständig beschliessen, den Antrag abzuweisen, wenn kein Grund eine Prüfung rechtfertigt. Ist es nicht möglich, die ursprüngliche Kammer zusammenzusetzen, so bildet oder ergänzt der Präsident des Gerichtshofs die Kammer durch das Los.

(4) Weist die Kammer den Antrag nicht ab, so übermittelt ihn der Kanzler den anderen betroffenen Parteien und gibt ihnen Gelegenheit, innerhalb der vom Kammerpräsidenten bestimmten Frist schriftlich Stellung zu nehmen. Der Kammerpräsident bestimmt auch den Termin der mündlichen Verhandlung, wenn die Kammer beschliesst, eine solche durchzuführen. Die Kammer entscheidet durch Urteil.

Art. 81. **Berichtigung von Fehlern in Entscheidungen und Urteilen.** Unbeschadet der Bestimmungen über die Wiederaufnahme des Verfahrens und die Wiedereintragung von Beschwerden im Register kann der Gerichtshof Schreib- oder Rechenfehler sowie offensichtliche Unrichtigkeiten von Amts wegen oder wenn eine Partei dies innerhalb eines Monats nach Verkündung der Entscheidung oder des Urteils beantragt, korrigieren.

Kapitel IX. Gutachten nach Art. 47, 48 und 49 der Konvention

Art. 82. Im Verfahren zur Erstattung von Gutachten, die vom Ministerkomitee beantragt werden, wendet der Gerichtshof neben den Artikeln 47, 48 und 49 der Konvention die folgenden Bestimmungen an. Er wendet ferner die übrigen Bestimmungen dieser Verfahrensordnung an, soweit er dies für angebracht hält.

Art. 83. Der Antrag auf Erstattung eines Gutachtens ist beim Kanzler einzureichen. Er muss die Frage, zu der das Gutachten des Gerichtshofs angefordert wird, vollständig und genau bezeichnen; ferner sind anzugeben:

a) der Tag, an dem das Ministerkomitee den Beschluss nach Artikel 47 Absatz 3 der Konvention gefasst hat;
b) Name und Adresse der Personen, die vom Ministerkomitee benannt worden sind, um dem Gerichtshof alle benötigten Erläuterungen zu geben.

Dem Antrag sind alle Unterlagen beizufügen, die zur Klärung der Frage dienen können.

Art. 84. (1) Nach Eingang des Antrags übermittelt der Kanzler allen Mitgliedern des Gerichtshofs eine Kopie des Antrags sowie der beigefügten Unterlagen.

(2) Er teilt den Vertragsparteien mit, dass sie zu dem Antrag schriftlich Stellung nehmen können.

Art. 85. (1) Der Präsident des Gerichtshofs bestimmt die Fristen für die Einreichung der schriftlichen Stellungnahmen oder sonstigen Unterlagen.

(2) Die schriftlichen Stellungnahmen oder sonstigen Unterlagen sind beim Kanzler einzureichen. Der Kanzler übermittelt allen Mitgliedern des Gerichtshofs, dem Ministerkomitee und jeder Vertragspartei eine Kopie.

Art. 86. Nach Abschluss des schriftlichen Verfahrens entscheidet der Präsident des Gerichtshofs, ob den Vertragsparteien, die schriftlich Stellung genommen haben, Gelegenheit gegeben werden soll, ihre Stellungnahmen in einer zu diesem Zweck anberaumten mündlichen Verhandlung zu erläutern.

Art. 87. (1) Für die Behandlung des Antrags auf Erstattung eines Gutachtens wird eine Grosse Kammer gebildet.

(2) Ist die Grosse Kammer der Auffassung, dass der Antrag nicht in ihre Zuständigkeit nach Artikel 47 der Konvention fällt, so stellt sie dies in einer begründeten Entscheidung fest.

Art. 88. (1) Begründete Entscheidungen und Gutachten werden von der Grossen Kammer mit Stimmenmehrheit beschlossen. Die Zahl der Richter, welche die Mehrheit gebildet haben, ist darin anzugeben.

(1B) Begründete Entscheidungen und Gutachten werden in beiden Amtssprachen des Gerichtshofs erlassen, wobei beide Sprachversionen gleichermassen verbindlich sind.

(2) Jeder Richter kann, wenn er dies wünscht, der begründeten Entscheidung oder dem Gutachten des Gerichtshofs entweder eine Darlegung seiner zustimmenden oder abweichenden persönlichen Meinung oder die blosse Feststellung seines abweichenden Votums beifügen.

Art. 89. Die begründete Entscheidung oder das Gutachten kann in öffentlicher Sitzung vom Präsidenten der Grossen Kammer oder von einem von ihm beauftragten anderen Richter in einer der beiden Amtssprachen verlesen werden, nachdem das Ministerkomitee und alle Vertragsparteien benachrichtigt worden sind. Andernfalls gilt die Übermittlung nach Artikel 90 als Verkündung des Gutachtens oder der begründeten Entscheidung.

Art. 90. Das Gutachten oder jede begründete Entscheidung wird vom Präsidenten der Grossen Kammer und vom Kanzler unterzeichnet. Die ordnungsgemäss unterzeichnete Urschrift wird im Archiv des Gerichtshofs verwahrt. Der Kanzler übermittelt dem Ministerkomitee, den Vertragsparteien und dem Generalsekretär des Europarats eine beglaubigte Kopie.

Kapitel X. Gutachten nach dem Protokoll Nr. 16 zur Konvention

Art. 91. **Allgemeines.** In den Verfahren betreffend die Anträge auf Erstattung eines Gutachtens der von den Vertragsparteien nach Artikel 10 des Protokolls Nr. 16 der Konvention bezeichneten Gerichte wendet der Gerichtshof neben den Bestimmungen dieses Protokolls folgende Bestimmungen an. Er wendet ferner die übrigen Bestimmungen dieser Verfahrensordnung an, soweit er dies für angebracht hält.

Art. 92. **Einreichung eines Antrags auf Erstattung eines Gutachtens.** (1) Nach Artikel 1 des Protokolls Nr. 16 zur Konvention können bestimmte Gerichte der Vertragsparteien dieses Protokolls den Gerichtshof um Gutachten zu Grundsatzfragen der Auslegung oder Anwendung der in der Konvention oder den Protokollen dazu bestimmten Rechte und Freiheiten ersuchen. Anträge auf Erstattung eines Gutachtens sind beim Kanzler einzureichen.

(2.1) Der Antrag ist zu begründen; dabei ist Folgendes anzugeben:
a) der Gegenstand der innerstaatlichen Rechtssache sowie die massgeblichen rechtlichen und tatsächlichen Umstände;
b) die massgeblichen innerstaatlichen Rechtsvorschriften;
c) die massgeblichen Fragen zur Konvention, insbesondere die betroffenen Rechte und Freiheiten;
d) falls dies erheblich ist, eine Zusammenfassung der Argumente der Parteien des innerstaatlichen Verfahrens zur Frage; und
e) falls dies möglich und sachdienlich ist, eine Darstellung des um Erstattung eines Gutachtens ersuchenden Gerichts, in der es seine eigene Auffassung betreffend die Frage einschliesslich allfälliger eigener Analysen zur Frage darlegt.

(2.2) Das ersuchende Gericht unterbreitet alle einschlägigen Unterlagen zu den rechtlichen und tatsächlichen Umständen der anhängigen Rechtssache.

(2.3) Zieht das ersuchende Gericht seinen Antrag zurück, so teilt es dies dem Kanzler mit. Bei Erhalt der entsprechenden Mitteilung schliesst der Gerichtshof das Verfahren ab.

Art. 93. **Prüfung eines Antrags durch den Ausschuss.** (1.1) Der Antrag auf Erstattung eines Gutachtens wird durch einen Ausschuss von fünf Richtern der Grossen Kammer geprüft. Der Ausschuss setzt sich zusammen aus:
a) dem Präsidenten des Gerichtshofs; ist der Präsident des Gerichtshofs verhindert, so wird er durch den rangälteren Vizepräsidenten des Gerichtshofs vertreten;
b) zwei Sektionspräsidenten, die im Rotationsverfahren bestimmt werden; ist ein so bestimmter Sektionspräsident verhindert, so wird er durch den Vizepräsidenten der Sektion vertreten;

c) einem Richter, der im Rotationsverfahren aus dem Kreis der Richter bestimmt wird, die von den verbleibenden Sektionen zur Mitwirkung im Ausschuss für sechs Monate gewählt wurden;
d) dem Richter, der für die betroffene Vertragspartei gewählt wurde, deren Hoheitsgewalt das ersuchende Gericht untersteht, oder gegebenenfalls einem Richter, der nach Artikel 29 benannt wird;
e) mindestens zwei Ersatzrichtern, die im Rotationsverfahren aus dem Kreis der Richter bestimmt werden, die von den Sektionen zur Mitwirkung im Ausschuss für sechs Monate gewählt wurden.

(1.2) Ein Richter, der im Ausschuss mitwirkt, wirkt weiterhin mit, wenn er an der Prüfung eines Antrags auf Erstattung eines Gutachtens teilgenommen hat und nach Ablauf des Zeitabschnitts, für den er zur Mitwirkung im Ausschuss benannt worden ist, noch keine endgültige Entscheidung getroffen worden ist.

(2) Anträge auf Erstattung eines Gutachtens sind nach Artikel 41 vorrangig zu behandeln.

(3) Der Ausschuss der Grossen Kammer nimmt den Antrag an, wenn er der Auffassung ist, dass er die Anforderungen nach Artikel 1 des Protokolls Nr. 16 erfüllt.

(4) Die Ablehnung des Ausschusses, einen Antrag anzunehmen, wird begründet.

(5) Die Ablehnung oder Annahme des Antrags durch den Ausschuss wird dem ersuchenden Gericht und der Vertragspartei, deren Hoheitsgewalt es untersteht, mitgeteilt.

Art. 94. Verfahren nach Annahme eines Antrags um Erstattung eines Gutachtens durch den Ausschuss. (1) Nimmt der Ausschuss einen Antrag um Erstattung eines Gutachtens nach Artikel 93 an, so wird nach Artikel 24 Absatz 2 Buchstabe h eine Grosse Kammer gebildet, um den Antrag zu prüfen und ein Gutachten zu erstatten.

(2) Der Präsident der Grossen Kammer kann das ersuchende Gericht auffordern, dem Gerichtshof alle weiteren Informationen mitzuteilen, die erforderlich sind, um den Gegenstand des Antrags oder die Auffassung des betreffenden Gerichts zur im Antrag aufgeworfenen Frage näher zu bestimmen.

(3) Der Präsident der Grossen Kammer kann die Parteien des innerstaatlichen Verfahrens auffordern, schriftlich Stellung zu nehmen und gegebenenfalls an einer mündlichen Verhandlung teilzunehmen.

(4) Die schriftlichen Stellungnahmen oder sonstigen Unterlagen sind innerhalb der vom Präsidenten der Grossen Kammer bestimmten Fristen beim Kanzler einzureichen.

(5) Eine Kopie der nach den Bestimmungen von Artikel 44 eingereichten schriftlichen Stellungnahmen wird dem ersuchenden Gericht zugeleitet, das zu den betreffenden Stellungnahmen Bemerkungen anbringen kann.

(6) Nach Abschluss des schriftlichen Verfahrens entscheidet der Präsident der Grossen Kammer, ob eine mündliche Verhandlung durchzuführen ist.

(7) Die Gutachten werden von der Grossen Kammer mit Stimmenmehrheit beschlossen. Die Zahl der Richter, welche die Mehrheit gebildet haben, ist darin anzugeben.

(7B) Die Gutachten werden in beiden Amtssprachen des Gerichtshofs abgefasst, wobei beide Sprachversionen gleichermassen verbindlich sind.

(8) Jeder Richter kann, wenn er dies wünscht, dem Gutachten des Gerichtshofs entweder eine Darlegung seiner zustimmenden oder abweichenden persönlichen Meinung oder die blosse Feststellung seines abweichenden Votums beifügen.

(9) Das Gutachten wird vom Präsidenten der Grossen Kammer und vom Kanzler unterzeichnet. Die ordnungsgemäss unterzeichnete Urschrift wird im Archiv des Gerichtshofs verwahrt. Der Kanzler übermittelt dem ersuchenden Gericht und der Vertragspartei, deren Hoheitsgewalt es untersteht, eine beglaubigte Kopie.

(10) Eine Kopie des Gutachtens wird ebenfalls den Drittbeteiligten übermittelt, die am Verfahren nach Artikel 3 des Protokolls Nr. 16 zur Konvention und Artikel 44 dieser Verfahrensordnung beteiligt waren.

Art. 95. **Kosten in Verbindung mit der Erstattung eines Gutachtens und Prozesskostenhilfe.** (1) Hat der Präsident der Grossen Kammer nach Artikel 44 Absatz 7 und Artikel 93 Absatz 3 eine Partei des innerstaatlichen Verfahrens aufgefordert, sich am Verfahren zur Erstattung eines Gutachtens zu beteiligen, wird die von dieser Partei aufgeworfene Frage der Kostenerstattung nicht vom Gerichtshof entschieden, sondern gemäss dem Recht und der Praxis der Hohen Vertragspartei geregelt, deren Hoheitsgewalt das ersuchende Gericht untersteht.

(2) Die Bestimmungen des Kapitels XII gelten entsprechend, wenn der Präsident der Grossen Kammer nach Artikel 44 Absatz 7 und 94 Absatz 3 eine Partei des innerstaatlichen Verfahrens aufgefordert hat, sich am Verfahren zur Erstattung eines Gutachtens zu beteiligen, und die Partei nicht über ausreichende Mittel verfügt, um die anfallenden Kosten ganz oder teilweise zu begleichen.

Kapitel XI. Die Verfahren nach Art. 46 Abs. 3, 4 und 5 der Konvention

Das Verfahren nach Art. 46 Abs. 3 der Konvention

Art. 96 *(bisheriger Art. 91).* Anträge auf Auslegung nach Artikel 46 Absatz 3 der Konvention sind beim Kanzler einzureichen. Der Antrag muss die Art und den Ursprung der Auslegungsfrage, welche die Umsetzung des im Antrag genannten Urteils behindert hat, vollständig und genau bezeichnen; beizufügen sind:
a) gegebenenfalls Angaben zum Verfahren vor dem Ministerkomitee betreffend die Umsetzung des Urteils;
b) eine Kopie des in Artikel 46 Absatz 3 der Konvention genannten Beschlusses;
c) Name und Adresse der Personen, die vom Ministerkomitee benannt worden sind, um dem Gerichtshof alle angeforderten Erläuterungen zu geben.

Art. 97 *(bisheriger Art. 92).* (1) Der Antrag auf Auslegung wird von der Grossen Kammer, der Kammer oder dem Komitee, welche beziehungsweise welches das betreffende Urteil gefällt hat, geprüft.

(2) Ist es nicht möglich, die ursprüngliche Grosse Kammer oder Kammer oder das ursprüngliche Komitee zusammenzusetzen, so ergänzt oder bildet der Präsident des Gerichtshofs die Grosse Kammer, die Kammer oder das Komitee durch das Los.

EGMRVerfO Anh.

Art. 98 *(bisheriger Art. 93)*. Die Entscheidung des Gerichtshofs über die Auslegungsfrage, mit der das Ministerkomitee ihn befasst hat, ist endgültig. Die Richter dürfen eine persönliche Meinung hierzu nicht abgeben. Kopien der Entscheidung werden dem Ministerkomitee und den betroffenen Parteien sowie jedem Drittbeteiligten, auch dem Menschenrechtskommissar des Europarats, zugeleitet.

Das Verfahren nach Art. 46 Abs. 4 und 5 der Konvention

Art. 99 *(bisheriger Art. 94)*. Wird der Gerichtshof mit der Frage befasst, ob eine Vertragspartei ihrer Verpflichtung nach Artikel 46 Absatz 1 der Konvention nachgekommen ist, so wendet er ausser den Artikeln 31 Buchstabe b und 46 Absätze 4 und 5 der Konvention die folgenden Bestimmungen an. Er wendet ferner die übrigen Bestimmungen dieser Verfahrensordnung an, soweit er dies für angebracht hält.

Art. 100 *(bisheriger Art. 95)*. Anträge nach Artikel 46 Absatz 4 der Konvention sind zu begründen und beim Kanzler einzureichen. Beizufügen sind:
a) das betreffende Urteil;
b) Angaben zum Verfahren vor dem Ministerkomitee betreffend die Umsetzung des Urteils, gegebenenfalls einschliesslich schriftlicher Stellungnahmen der betroffenen Parteien und Mitteilungen in diesem Verfahren;
c) Kopien der Mahnung, die der beschwerdegegnerischen Vertragspartei oder den beschwerdegegnerischen Vertragsparteien zugegangen sind, und des in Artikel 46 Absatz 4 der Konvention genannten Beschlusses;
d) Name und Adresse der Personen, die vom Ministerkomitee benannt worden sind, um dem Gerichtshof alle angeforderten Erläuterungen zu geben;
e) Kopien aller anderen Unterlagen, die zur Klärung der Frage dienen können.

Art. 101 *(bisheriger Art. 96)*. Für die Prüfung der dem Gerichtshof vorgelegten Frage wird eine Grosse Kammer nach Artikel 24 Absatz 2 Buchstabe g gebildet.

Art. 102 *(bisheriger Art. 97)*. Der Präsident der Grossen Kammer teilt dem Ministerkomitee und den betroffenen Parteien mit, dass sie zu der vorgelegten Frage schriftlich Stellung nehmen können.

Art. 103 *(bisheriger Art. 98)*. (1) Der Präsident der Grossen Kammer bestimmt die Fristen für die Einreichung der schriftlichen Stellungnahmen oder sonstigen Unterlagen.

(2) Die Grosse Kammer kann beschliessen, eine mündliche Verhandlung durchzuführen.

Art. 104 *(bisheriger Art. 99)*. Die Grosse Kammer entscheidet durch Urteil. Kopien des Urteils werden dem Ministerkomitee und den betroffenen Parteien sowie jedem Drittbeteiligten, auch dem Menschenrechtskommissar des Europarats, zugeleitet.

Kapitel XIa Veröffentlichung der Urteile, Entscheidungen und Gutachten

Art. 104a. **Veröffentlichung in der Rechtsprechungsdatenbank des Gerichtshofs.** Alle Urteile, Entscheidungen und Gutachten werden unter der Verantwortung des Kanzlers in der Rechtsprechungsdatenbank HUDOC des Gerichtshofs veröffentlicht. Dies gilt jedoch nicht für Entscheidungen, die nach Artikel 52*a* Absatz 1 von einem Einzelrichter getroffen werden, für Entscheidungen, die nach Artikel 54 Absätze 3 und 4 von einem Sektionspräsidenten oder Vizepräsidenten der Sektion in seiner Eigenschaft als Einzelrichter getroffen werden, oder für Entscheidungen eines Komitees, die nach Artikel 52*a* Absatz 2 nur summarisch begründet werden; der Gerichtshof macht der Öffentlichkeit in regelmässigen Abständen allgemeine Informationen über diese Entscheidungen zugänglich.

Art. 104b. **Richtungsweisende Rechtssachen.** Darüber hinaus kennzeichnet der Kanzler in geeigneter Weise die Urteile, Entscheidungen und Gutachten die gemäss dem Präsidium in Verbindung mit richtungsweisenden Rechtssachen stehen.

Kapitel XII. Prozesskostenhilfe

Art. 105 **(bisheriger Art. 100).** (1) Der Kammerpräsident kann einem Beschwerdeführer, der eine Beschwerde nach Artikel 34 der Konvention erhoben hat, auf dessen Antrag oder von Amts wegen für die Verfolgung seiner Sache Prozesskostenhilfe bewilligen, nachdem die beschwerdegegnerische Vertragspartei nach Artikel 54 Absatz 2 Buchstabe b dieser Verfahrensordnung zur Zulässigkeit der Beschwerde Stellung genommen hat oder die Frist hierfür abgelaufen ist.

(2) Wird einem Beschwerdeführer für die Verfolgung seiner Sache vor der Kammer Prozesskostenhilfe bewilligt, so gilt die Bewilligung vorbehaltlich des Artikels 96 im Verfahren vor der Grossen Kammer weiter.

Art. 106 *(bisheriger Art. 101).* Prozesskostenhilfe kann nur bewilligt werden, wenn der Kammerpräsident feststellt:
a) dass die Bewilligung dieser Hilfe für die ordnungsgemässe Prüfung der Rechtssache vor der Kammer notwendig ist;
b) dass der Beschwerdeführer nicht über ausreichende finanzielle Mittel verfügt, um die anfallenden Kosten ganz oder teilweise zu begleichen.

Art. 107 *(bisheriger Art. 102).* (1) Um festzustellen, ob der Beschwerdeführer über ausreichende finanzielle Mittel verfügt, um die anfallenden Kosten ganz oder teilweise zu begleichen, wird er aufgefordert, ein Erklärungsformular auszufüllen, aus dem sein Einkommen, sein Kapitalvermögen und seine finanziellen Verpflichtungen gegenüber Unterhaltsberechtigten sowie alle sonstigen finanziellen Verpflichtungen hervorgehen. Diese Erklärung muss von der oder den zuständigen innerstaatlichen Behörde(n) bestätigt sein.

EGMRVerfO Anh. Verfahrensordnung

(2) Der Kammerpräsident kann die betroffene Vertragspartei auffordern, schriftlich Stellung zu nehmen.

(3) Nach Eingang der in Absatz 1 genannten Unterlagen entscheidet der Kammerpräsident, ob Prozesskostenhilfe bewilligt oder abgelehnt wird. Der Kanzler informiert die betroffenen Parteien.

Art. 108 *(bisheriger Art. 103).* (1) Honorare dürfen nur einem Rechtsbeistand oder einer anderen nach Artikel 36 Absatz 4 bestellten Person gezahlt werden. Gegebenenfalls können auch mehreren Vertretern Honorare gezahlt werden.

(2) Die Prozesskostenhilfe kann ausser den Honoraren auch die Fahrt- und Aufenthaltskosten sowie andere notwendige Auslagen umfassen, die dem Beschwerdeführer oder der zu seinem Vertreter bestellten Person entstehen.

Art. 109 *(bisheriger Art. 104).* Nach Bewilligung der Prozesskostenhilfe bestimmt der Kanzler:
a) die Höhe der Honorare entsprechend den geltenden Tarifen;
b) den Betrag der zu zahlenden Kosten.

Art. 110 *(bisheriger Art. 105).* Der Kammerpräsident kann die Bewilligung der Prozesskostenhilfe jederzeit rückgängig machen oder ändern, wenn er feststellt, dass die Voraussetzungen nach Artikel 92 nicht mehr erfüllt sind.

Titel III. Übergangsbestimmungen

Art. 111. Verhältnis zwischen Gerichtshof und Kommission *(bisheriger Art. 106).* (1) In Rechtssachen, die dem Gerichtshof nach Artikel 5 Absätze 4 und 5 des Protokolls Nr. 11 vorgelegt werden, kann der Gerichtshof die Kommission bitten, eines oder mehrere ihrer Mitglieder für die Teilnahme an der Prüfung der Rechtssache vor dem Gerichtshof zu entsenden.

(2) In Rechtssachen nach Absatz 1 berücksichtigt der Gerichtshof den von der Kommission nach dem früheren Artikel 31 der Konvention angenommenen Bericht.

(3) Wenn der Kammerpräsident nichts anderes bestimmt, sorgt der Kanzler so bald wie möglich nach der Anrufung des Gerichtshofs für die Veröffentlichung des Berichts.

(4) Im Übrigen bleibt in Rechtssachen, die dem Gerichtshof nach Artikel 5 Absätze 2–5 des Protokolls Nr. 11 vorliegen, die Verfahrensakte der Kommission, einschliesslich aller Schriftsätze und Stellungnahmen, vertraulich, wenn der Kammerpräsident nichts anderes bestimmt.

(5) In Rechtssachen, in denen die Kommission Beweise erhoben hat, aber nicht in der Lage war, einen Bericht nach dem früheren Artikel 31 der Konvention anzunehmen, berücksichtigt der Gerichtshof die Protokolle und Unterlagen sowie die Meinungen, welche die Kommissionsbeauftragten im Anschluss an die Beweiserhebung geäussert haben.

des EGMR **Anh. EGMRVerfO**

Art. 112. Verfahren vor einer Kammer und der Grossen Kammer *(bisheriger Art. 107)*. (1) Wird eine Rechtssache dem Gerichtshof nach Artikel 5 Absatz 4 des Protokolls Nr. 11 zur Konvention vorgelegt, so entscheidet ein nach Artikel 24 Absatz 6 dieser Verfahrensordnung gebildeter Ausschuss der Grossen Kammer, ob der Fall von einer Kammer oder von der Grossen Kammer geprüft wird; der Ausschuss entscheidet ausschliesslich auf der Grundlage der Akten.

(2) Wird die Rechtssache von einer Kammer entschieden, so ist ihr Urteil nach Artikel 5 Absatz 4 des Protokolls Nr. 11 endgültig, und Artikel 73 dieser Verfahrensordnung findet keine Anwendung.

(3) Rechtssachen, die dem Gerichtshof nach Artikel 5 Absatz 5 des Protokolls Nr. 11 übertragen sind, werden der Grossen Kammer vom Präsidenten des Gerichtshofs vorgelegt.

(4) Bei jeder Rechtssache, die der Grossen Kammer nach Artikel 5 Absatz 5 des Protokolls Nr. 11 vorliegt, wird die Grosse Kammer durch Richter einer der in Artikel 24 Absatz 3 dieser Verfahrensordnung bezeichneten Gruppen ergänzt, die im Rotationsverfahren bestimmt werden; beide Gruppen werden abwechselnd herangezogen.

Art. 113. Bewilligung der Prozesskostenhilfe *(bisheriger Art. 108)*. Ist einem Beschwerdeführer in Rechtssachen, die dem Gerichtshof nach Artikel 5 Absätze 2–5 des Protokolls Nr. 11 zur Konvention vorliegen, im Verfahren vor der Kommission oder dem früheren Gerichtshof Prozesskostenhilfe bewilligt worden, so gilt die Bewilligung im Verfahren vor dem Gerichtshof weiter; Artikel 101 dieser Verfahrensordnung bleibt vorbehalten.

Art. 114. Antrag auf Wiederaufnahme des Verfahrens *(bisheriger Art. 109)*. (1) Anträge einer Partei auf Wiederaufnahme eines Verfahrens des früheren Gerichtshofs werden vom Präsidenten des Gerichtshofs je nach Fall nach Artikel 51 oder 52 einer Sektion zugewiesen.

(2) Ungeachtet des Artikels 80 Absatz 3 bildet der Präsident der betroffenen Sektion für die Behandlung des Antrags eine neue Kammer.

(3) Dieser Kammer gehören von Amts wegen folgende Mitglieder an:
a) der Sektionspräsident
sowie, unabhängig davon, ob sie der betroffenen Sektion angehören;
b) der für die betroffene Vertragspartei gewählte Richter oder, wenn dieser verhindert ist, ein Richter, der nach Artikel 29 benannt wird;
c) die Mitglieder des Gerichtshofs, die der ursprünglichen Kammer des früheren Gerichtshofs, die das Urteil gefällt hat, angehört haben.

(4)
a) Der Sektionspräsident bestimmt die übrigen Mitglieder der Kammer aus dem Kreis der Mitglieder der betroffenen Sektion durch das Los.
b) Die Mitglieder der Sektion, die nicht auf diese Weise bestimmt wurden, tagen als Ersatzrichter.

Titel IV. Schlussbestimmungen

Art. 115. Aussetzung der Anwendung von Bestimmungen *(bisheriger Art. 110)*. Die Anwendung von Bestimmungen, welche die interne Arbeitsweise des Gerichtshofs betreffen, kann auf Vorschlag eines Richters sofort ausgesetzt werden, vorausgesetzt, dass die betroffene Kammer den Vorschlag einstimmig annimmt. Die Aussetzung ist nur für den konkreten Fall wirksam, für den sie vorgeschlagen wurde.

Art. 116. Änderung der Anwendung von Bestimmungen *(bisheriger Art. 111)*. (1) Änderungen von Bestimmungen dieser Verfahrensordnung können von der Mehrheit der in Plenarsitzung tagenden Richter auf vorherigen Vorschlag hin angenommen werden. Der schriftliche Änderungsvorschlag muss dem Kanzler spätestens einen Monat vor der Sitzung zugehen, in der er geprüft werden soll. Erhält der Kanzler einen solchen Vorschlag, so setzt er so bald wie möglich alle Mitglieder des Gerichtshofs davon in Kenntnis.

(2) Der Kanzler informiert die Vertragsparteien über die Vorschläge des Gerichtshofs zur Änderung der Bestimmungen der Verordnung, die unmittelbar die Durchführung von Verfahren vor ihm betreffen, und gibt ihnen die Gelegenheit zur schriftlichen Stellungnahme zu den betreffenden Vorschlägen. Ebenso gibt er den Organisationen mit Erfahrung in der Vertretung der Beschwerdeführer vor dem Gerichtshof sowie den Anwaltsverbänden die Gelegenheit, zu den Vorschlägen Stellung zu nehmen.

Art. 117. Inkrafttreten der Verfahrensordnung *(bisheriger Art. 112[2])*. Diese Verfahrensordnung tritt am 1. November 1998 in Kraft.

---

[2] Die am 8. Dez. 2000 angenommenen Änd. sind sofort in Kraft getreten.
Die am 17. Juni und 8. Juli 2002 angenommenen Änd. sind am 1. Okt. 2002 in Kraft getreten.
Die am 7. Juli 2003 angenommenen Änd. sind am 1. Nov. 2003 in Kraft getreten.
Die am 13. Dez. 2004 angenommenen Änd. sind am 1. März 2005 in Kraft getreten.
Die am 4. Juli 2005 angenommenen Änd. sind am 3. Okt. 2005 in Kraft getreten.
Die am 7. Nov. 2005 angenommenen Änd. sind am 1. Dez. 2005 in Kraft getreten.
Die am 29. Mai 2006 angenommenen Änd. sind am 1. Juli 2006 in Kraft getreten.
Die am 14. Mai 2007 angenommenen Änd. sind am 1. Juli 2007 in Kraft getreten.
Die am 11. Dez. 2007, 22. Sept. und 1. Dez. 2008 angenommenen Änd. sind am 1. Jan. 2009 in Kraft getreten.
Die am 29. Juni 2009 angenommenen Änd. sind am 1. Juli 2009 in Kraft getreten.
Die am 16. Nov. 2009 angenommenen Änd. sind am 1. Dez. 2009 in Kraft getreten.
Die am 13. Nov. 2006 und 14. Mai 2007 angenommenen Änd. betreffend das Protokoll Nr. 14 zur Konvention sind am 1. Juni 2010 in Kraft getreten.
Die am 21. Feb. 2011 angenommenen Änd. sind am 1. April 2011 in Kraft getreten.
Die am 16. Jan. 2012 angenommenen Änd. sind am 1. Feb. 2012 in Kraft getreten.
Die am 6. Feb. 2012 angenommenen Änd. sind am 1. Mai 2012 in Kraft getreten.
Die am 2. April 2012 angenommenen Änd. sind am 1. Sept. 2012 in Kraft getreten.
Die am 14. Jan. und 6. Feb. 2013 angenommenen Änd. sind am 1. Mai 2013 in Kraft getreten.
Die am 6. Mai 2013 angenommenen Änd. sind am 1. Juli 2013 und 1. Jan. 2014 in Kraft getreten.
Die am 14. April und 23. Juni 2014 angenommenen Änd. sind am 1. Juli 2014 in Kraft getreten.

Einige der am 1. Juni 2015 angenommenen Änd. sind sofort in Kraft getreten.
Die am 1. Juni und 5. Okt. 2015 angenommenen Änd. an Art. 47 sind am 1. Jan. 2016 in Kraft getreten.
Die am 19. Sept. 2016 angenommenen Änd. an Art. 8 sind am selben Datum in Kraft getreten.
Die am 14. Nov. 2016 angenommenen Änd. sind am selben Datum in Kraft getreten.
Die am 16. April 2018 angenommenen Änd. an Art. 29 sind am selben Datum in Kraft getreten.
Die am 19. Sept. 2016 angenommenen Änd. sind am 1. Aug. 2018 in Kraft getreten.
Die am 3. Juni 2019 angenommene Änd. an Art. 29 Abs. 1 ist am selben Datum in Kraft getreten.
Die am 9. Sept. 2019 angenommenen Änd. an Art. 27*a* und 52*a* sind am selben Datum in Kraft getreten
Die am 4. Nov. 2019 angenommenen Änd. sind am 1. Jan. 2020 in Kraft getreten.

Sachverzeichnis

Die Verweise beziehen sich auf Artikel (fett gedruckt) und Randnummern (mager gedruckt).
Artikel ohne Bezeichnung entstammen der EMRK. Mit Einl und Präamb wird auf die
Randnummern zur Einleitung und zur Präambel vor Art. 1 verwiesen.

Abhörmaßnahmen 8 21, 77
Abschiebehaft 5 81 ff.
Abschiebung 1 22; **2** 21; **3** 24 ff.; **8** 84; **1
13. EMRKProt 4** ff.
– Beweislast **3** 25a
– Freiheit, Recht auf **5** 16
– Rechtsschutz **3** 28
**Abschiebungs- und Auslieferungsfälle
34** 71 f., 102; **35** 109 f., 112
– Wegfall der Opfereigenschaft **34** 86 ff.
Abschreckende Wirkung 10 57, 64, 83
Absetzbewegungen Einl 88, 114; **Präamb**
14
– Großbritannien **Einl** 114; **Präamb** 14
– Russland **Einl** 88; **Präamb** 14
Absorption 13 19
Abtreibung s. *Schwangerschaftsabbruch*
Abwesenheitsverfahren 6 80, 118, 136 f.
Administrative Praxis 33 7
Adoption 8 17, 43, 72; **12** 15; **35** 112
Agent provocateur 1 11; **6** 163 ff.
– Beweisanforderungen **6** 169 f.
– materielle Zulässigkeitsprüfung **6** 164
– neuralgische Abgrenzung **6** 166
– Prädisponiertheit **6** 165
– prozessualer Test **6** 170
– Strafzumessungslösung **6** 171
– Verfahrenshindernis **6** 169, 171 f.
– Verwertungsverbot **6** 169, 171 f.; *s. auch dort*
– Voraussetzungen **6** 163 ff.
Akteneinsichtsrecht 6 110, 123 ff., 199 f.;
40 5 ff.
– Beschränkbarkeit **6** 135, 138, 200
– e-Evidence **6** 199
– Umfang **6** 123 f., 134, 199
– Wahrnehmung d. Betroffenen **6** 139, 142
Aktivlegitimation 33 3
– konventionsrechtliche **34** 1; **35** 1, 92
Aktualitätsdruck 10 14, 88
Akustische Überwachung 8 37, 88 f.; *s. auch Abhörmaßnahme*
Akzessorietät 13 2, 69
Alkoholabhängige
– Freiheitsentziehung **5** 73 f.
Alkoholtest 8 65, 101

Allgemeine Erklärung der Menschenrechte Einl 4; **Präamb** 4
Allgemeine Grundsätze des Völkerrechts Einl 73; **1 EMRKZusProt** 46 ff.
Allgemeine Kontrolle 1 24
Allgemeine Rechtsgrundsätze des Unionsrechts Einl 122, 124
**Allgemeiner Justizgewährungsanspruch
13** 3, 5
Allgemeinheit der Wahl s. *Recht auf freie Wahlen*
Allgemeininteresse 1 EMRKZusProt 36, 38
Altersgrenze
– Wahlrecht **3 EMRKZusProt** 18, 29
Amerikanische Menschenrechtskonvention – AMRK 46 1
Amicus curiae 36 9, 13 f.
Amtliche Dokumente 10 90, 98
Amtssprachen 34 8; **59** 34
Amtsträger 2 7. EMRKProt 12
Änderungsprotokoll Einl 13
**Anerkennung von Abschlüssen 2
EMRKZusProt** 11
Angehörige von Opfern 3 20
Anhörungsrüge s. *Erschöpfung des innerstaatlichen Rechtswegs*
Anonymisierung 40 4, 7
Anonymität einer Beschwerde 35 67 ff.
Anordnungskompetenz des EGMR 46 2, 6 ff.
– Aufhebung nationaler Gerichtsurteile **46** 11
– Beendigung des EMRK-Verstoßes **46** 8
– Durchsetzung nationaler Gerichtsurteile **46** 13
– Freilassung Gefangener **46** 8 f., 18
– Haftbedingungen **46** 12
– Rückführung **46** 16
– überlange Untersuchungshaft **46** 15
– Untersuchung von Todesfällen **46** 14
– Wiederaufnahme **46** 17 ff.
– Wiedereinsetzung eines Richters **46** 16a
Ansehensschutz 10 50
Ansprüche s. *Forderungen*

Sachverzeichnis

Ansteckende Krankheiten
- Freiheitsentziehung **5** 78 ff.

Antisemitismus 10 10; **17** 5, 7

Anwalt s. *Rechtsanwalt*

Anwaltszwang
- EGMR s. *Individualbeschwerde, Anwaltszwang*
- im innerstaatlichen Recht **35** 121

Anwendbarkeit ratione loci 1 1, 18

Anwendbarkeit ratione personae 1 1, 18

Anwendungsbereich, Art. 6 EMRK 35 109

Anwendungsbereich, EMRK 35 89 f.; s. auch *Unvereinbarkeit*

Anwesenheitsrecht 6 116 ff., 217, 225 ff.
- Beschränkbarkeit **6** 122 ff.
- Folgen der Abwesenheit des Angeklagten **6** 218 f.
- im Rechtsmittelverfahren **6** 120
- spezielle Vorkehrungen **6** 119
- im Strafrecht **6** 118
- Verzicht **6** 217
- im Zivilrecht **6** 117

Arbeit, Recht auf 35 112

Arbeitgeber 10 12
- Staat als **1** 11

Arbeitnehmer 10 62, 77

Arbeitszwang s. *Zwangsarbeit*

Arrest, persönlicher 5 47

Asyl, politisches 35 112

Asylpolitik Einl 70, 145

Asylverfahren 3 18, 29, 34; **13** 9, 49 ff.
- Dublin II-VO **13** 50
- Dublin III-VO **13** 53
- Schutz vor Abschiebung **13** 49
- Suspensiveffekt **13** 51 f.

Audiovisuelle Inhalte 10 17, 105

Aufenthaltsbeendende Maßnahmen 4 7. EMRKProt 11

Aufenthaltsrecht 8 84, 112, 122

Aufführung 10 23
- Aufführungsverbot **10** 35

Aufmerksamkeitsschub für die EMRK Einl 69

Aufnahme
- verdeckte **10** 99

Aufrechterhaltung der Ordnung 10 49

Aufruhr 2 28

Aufstand 2 28; **15** 5

Ausbildung 2 EMRKZusProt 6, 11

Ausbürgerung 35 112

Auschwitz-Lüge 17 6; s. auch *Leugnung des Holocaust*

Äußerungsfreiheit 10 1, 31, 34

Äußerungsverbote 10 31

Ausgangsverbot 5 11

Ausgestaltungsspielraum 2 7. EMRKProt 8, 15 ff.

Auskunfts- u. Herausgabepflichten
- Sportgerichtsbarkeit **6** 148

Auslagen, Ersatz für s. *Kosten, Ersatz für*

Ausländer 8 22, 54, 73 f., 84, 107 f., 121 f.; **16** 2; s. auch *Abschiebung*, s. auch *Aufenthaltsrecht*, s. auch *Ausweisung*

Auslandseinsätze 1 2; **15** 2; s. auch *Bundeswehr*

Auslegung Einl 41, 45, 56, 58 f., 78 ff., 86 f., 89, 93, 99, 102, 105, 116, 123, 151; **Präamb** 1, 8; s. auch *margin of appreciation*
- autonom **Einl** 48
- Divergenzen **Einl** 151
- dynamisch **Einl** 50
- einheitlich **Einl** 52, 151
- im Einklang mit anderen völkerrechtlichen Grundsätzen **Einl** 51, 151
- gleich **Einl** 53
- innerstaatlichen Verfahrensrechts s. *Erschöpfung des innerstaatlichen Rechtswegs*
- Konsensmethode **Einl** 47
- „living instrument" **Einl** 47, 49
- objektiv **Einl** 45, 52
- Präambel **Einl** 50; **Präamb** 1
- Sprachenfrage **59** 34
- teleologisch **Einl** 49
- Wille des Konventionsgebers **Einl** 46
- wirksam **Einl** 48
- Wortlaut **Einl** 55

Auslieferung 1 22; **2** 21; **3** 24 f.; **1 13. EMRKProt** 4 ff.
- Auslieferungshaft s. *dort*
- Freiheit, Recht auf **5** 16
- Rechtsschutz **3** 28

Auslieferungs- und Abschiebungshindernis
- real risk **6** 176
- Spruchpraxis **6** 175

Auslieferungshaft 1 28; **5** 81 ff.

Ausschuss, Dreier-Ausschuss
- Entscheidungsentwurf **34** 27
- Verfahren **34** 26 f.
- Zustellung an die Regierung **34** 27
- Zuweisung an **34** 24

Ausschuss für in Zypern vermisste Personen 35 87

Ausschüsse
- Befugnisse **28** 1 ff.
- Gläubigerausschuss s. *dort*
- Zusammensetzung **26** 4

Ausstellung 10 35

Ausweisung 2 21; **8** 84, 107 ff., 121; **3 4. EMRKProt** 1 ff.; **1 13. EMRKProt** 4 ff.
- Begriff **1 7. EMRKProt** 2

Sachverzeichnis

- eigene Staatsangehörige 3 4. **EMRKProt** 1 ff.
- Entzug der Staatsangehörigkeit 3 4. **EMRKProt** 3
- Kollektivausweisung 4 4. **EMRKProt** 1 ff.
- Recht auf Rückkehr 3 4. **EMRKProt** 4
- rechtmäßiger Aufenthalt 1 7. **EMRKProt** 3
- Schutz durch Verfahren 1 7. **EMRKProt** 1 ff.
- Verfahrensgarantien 1 7. **EMRKProt** 5 ff.

Authority and control 1 28
Autorität und Unparteilichkeit der Rechtsprechung 10 51, 102

Bagatellverfahren s. *Missbrauch des Beschwerderechts*
Beamte 10 7, 62, 74, 77; s. auch *Koalitionsfreiheit*, s. auch *Vereinigungsfreiheit*, s. auch *Versammlungsfreiheit*
- Entzug des Beamtenstatus 10 11

Befugnisse, delegierte 1 14
Begründung 45 1
- der Ausschussentscheidungen 28 6
- der Einzelrichterentscheidungen 27 6
- Erfordernis 10 65
- der Urteile der Großen Kammer 31 2
- der Urteile einer Kammer 29 5
- der Urteile eines Ausschusses 28 7

Behandlung
- erniedrigende 3 5, 8
- unmenschliche 3 5, 8

Behinderung 8 16
- Recht auf Bildung s. *inklusiver Unterricht*

Behinderungsverbot 34 18, 89 ff., 93 ff.
- Beispielsfälle 34 95 f.
- Inhalt 34 93 f.
- Strafgefangene 34 95
- Untersuchungshaft 34 95
- Verteidigung 34 95, 97

Behörden, örtliche 1 23
Beitritt der EU zur EMRK Einl 114, 147, 149, 152 f., 163 f.; 59 5 ff.
- Anpassungen auf EMRK-Seite **Einl** 157; 59 12 ff., 20 ff., 24
- Beitrittsverhandlungen **Einl** 157a
- Beitrittsvertrag 59 5
- Beitrittsvoraussetzungen **Einl** 155
- Beteiligung der EU **Einl** 156, 158a
- Entwurf einer Beitrittsübereinkunft **Einl** 157 a ff.
- EU-Mitgliedstaaten **Einl** 19, 112, 122, 155, 161, 163
- Kontrolle der GASP 59 9c
- Mitbeschwerde-Mechanismus **Einl** 158d; 59 20 ff.

- Nachjustierungen **Einl** 158
- Perspektive **Einl** 149, 153; 59 9d
- Rangstufe **Einl** 160; 59 8
- Rechtsgrundlage **Einl** 154 f.; 59 5
- Richter **Einl** 158b; 59 12 f.
- Sicht des BVerfG **Einl** 162
- Umfang 59 10 f.
- Verfahren 59 7 ff.
- Vorbefassung des EuGH **Einl** 159; 59 20b
- Wahl der Richter 59 14
- Wahrung der Besonderheiten des Unionsrechts **Einl** 156
- Zuständigkeiten **Einl** 156

Beitrittsübereinkunft, Entwurf Einl 157 a ff.
- Gutachtenverfahren vor dem EuGH **Einl** 157 b ff.; 59 23a

Beiziehung von Akten nationaler Behörden und Gerichte 35 124
Bekenntnisschule s. *Gemeinschaftsschule*
Beleidigung 10 31 f.
Belgischer Sprachenfall 14 18, 20, 32, 36, 38
Benachteiligung 14 9, 21, 38, 47
Berichterstatter 34 23
- nicht-richterlicher 24 6 ff.; 27 6; 34 25
- richterlicher 26 9; 28 7; 29 4 f.

Berichterstattungsinteresse 10 104; s. auch *Informationsinteresse*, s. auch *öffentliches Interesse*
Berücksichtigungspflicht Einl 80, 83, 91, 96 ff., 102; 10 4; 14 7
Beruf 8 21
Berufsfreiheit 1 **EMRKZusProt** 2, 23; 35 112
Berufskammern s. *Vereinigung*
Berufsrechtliche Sanktionen 10 25
Beschleunigungsgebot 6
- Angemessenheit 6 86 f.
- Bedeutung 6 82 ff.
- Bemessungszeitraum 6 84
- Beschränkbarkeit 6 83
- Bewertungskriterien 6 88 ff.
- Entschädigungsklage 6 96
- Gesamtbetrachtung 6 88 ff., 93
- Kompensation 6 95 ff.; s. auch *Vollstreckungslösung*
- Rechtsbehelf **6**; s. *Kompensation*
- Rechtsnatur 6 83
- Revision 6 103 ff.
- unangemessene Dauer, Begriff 6 100
- Verfahrenshindernis 6 101

Beschleunigungsgrundsatz
- Untersuchungshaft 5 126 f.

Beschuldigtenfotos 10 101
Beschwer s. *Opfereigenschaft*, *Beschwer*

907

Sachverzeichnis

Beschwerde s. Individualbeschwerde
Beschwerdeakte
- Öffentlichkeit der **34** 7
- Vertraulichkeit der **34** 7

Beschwerdeformular s. Individualbeschwerde
Beschwerdefrist s. Sechsmonatsfrist
Beschwerdeführer
- Erben **34** 54; s. auch Individualbeschwerde, Fortsetzung durch Dritte
- funktionale Immunität **51** 8
- Tod des **37** 9
- verfahrensrechtliche Mitwirkungspflichten **37** 10

Beschwerdegegenstand s. Individualbeschwerde, Beschwerdegegenstand
Bestimmtheitsgrundsatz 7 15 ff.; **10** 39, 41
Betroffene
- Akteneinsichtsrecht **6** 139 ff.
- Beschuldigtenwille **6** 153
- Beteiligungsrechte **6** 76
- Recht auf Gehör **6** 111 ff.
- Recht auf persönliche Teilnahme **6** 116 ff.
- Verzicht auf Rechte **6** 69, 79 f.

Betroffenheit 1 29; s. auch Opfereigenschaft, Betroffenheit
Beugehaft 5 39 ff., 47; **1** 4. EMRKProt 4
Beurteilungsspielraum Einl 14a, 60, 62, 66, 109; **Präamb** 9, 13; **2** 2, 9, 13; **10** 54 ff.; **14** 34, 38 f.; **15** 4, 10
- Abgrenzung Tatschenbehauptung/Meinungsäußerung **10** 68
- keine innerstaatliche Geltung **10** 55
- Kodifizierung **Einl** 67
- Transparenz **Präamb** 13
- Umfang **10** 56
- weites Verständnis **Einl** 67

Bewaffneter Konflikt 1 18, 32
- internationaler **15** 5
- nicht-internationaler **15** 5

Beweis 38
- Beweisaufnahme **38** 6 ff.
- Beweislast **10** 69; **14** 30 f., 44, 46; **38** 9
- Beweislastumkehr **38** 10 ff.
- Beweismaß **38** 3
- Beweiswürdigung **38** 9
- Gegenstand **38** 2
- prima-facie-Beweis **33** 7

Beweisantragsrecht
- Waffengleichheit **6** 253 ff.

Beweiswürdigung
- Willkürprüfung **6** 240

Bildberichterstattung 10 15, 93, 95, 103
Bindung staatlicher Organe 1 10
Blasphemie 9 47
Blutentnahme 8 65

Bombardierung 1 29
Bosphorus Einl 127, 135, 144 f., 150 f., 164; s. auch EU-Rechtsprechung des EGMR
Botschaftsgebäude 1 8
Brechmitteleinsatz 3 17; **6** 11, 150
Brighton-Erklärung Präamb 10
Brighton-Konferenz Präamb 10
Brüsseler Pakt Einl 5
Bundestag
- Ratifikation der EMRK **Einl** 8 f.

Bundesverfassungsgericht Einl 8, 68, 71, 74, 76 f., 96, 108, 138, 162 f.
- Abweichungsvorbehalt **Einl** 104
- Auslegungshilfe **Einl** 79, 89
- keine Beachtungspflicht **Einl** 81
- Berücksichtigungspflicht **Einl** 80, 83, 91, 96 ff., 102
- Bestimmung des Schutzbereichs **Einl** 84
- Bindung **Einl** 82, 86, 91
- Fehlertoleranz **Einl** 106
- Gefahrenpotenzial **Einl** 101
- Görgülü-Beschluss **13** 26; **46** 49 ff.
- Grenzen der Berücksichtigungspflicht **Einl** 97
- Grenzen der Völkerrechtsfreundlichkeit **Einl** 88
- konventionsgemäße Auslegung **Einl** 99
- Konventionsverstoß **Einl** 83, 87, 92 ff., 100
- Kritik an der EMRK-Rspr. **Einl** 101 f.
- mehrpolige Grundrechtsverhältnisse **Einl** 90, 108
- normhierarchischer Schwebezustand **Einl** 103
- normhierarchisches Rätsel **Einl** 102 f.
- Prüfungsmaßstab **Einl** 78, 98
- rechtsdogmatische Herleitung **Einl** 91
- Schreiben des Allgemeinen Registers **34** 4; **35** 25, 50
- und übergeordnete Stellung der EMRK **Einl** 79
- Verhältnis zum EGMR **Einl** 71
- Verhältnismäßigkeitsprüfung **Einl** 85
- Völkerrechtsfreundlichkeit **Einl** 87 f., 91, 98, 103

Bundeswehr 2 23; **15** 2
Bürgerkrieg 1 8; **3** 24a; s. auch bewaffneter Konflikt, nicht-internationaler
Burka 9 38, 46; s. auch Kleidung, religiöse; Kopftuch
Burka-Verbot Einl 70
Büro 8 57; s. auch Geschäftsräume
BVerfG s. Bundesverfassungsgericht

Charta der Grundrechte der EU Einl 46, 125, 151 f., 160; **13** 22

Sachverzeichnis

CIA-Flüge s. *Gefangenentransporte, geheime*
Co-respondent mechanism s. *Drittbeteiligte, Europäische Union*
Common law 10 42, 51
Contempt of Court 10 51
COVID-19
– Freiheitsentziehung **5** 80
Crown immunities 13 21

Darlegungslast 18 4
Datafizierung 6 129 f.
Datenschutz 8 28 ff.
Dayton-Abkommen 1 15
DDR Einl 11, 70
De minimis non curat praetor 35 2, 142, 147; **37** 19
Death row phenomenon 1 13. EMRKProt 6
Demokratie 3 EMRKZusProt 1; **17** 1, 4 f.
– wehrhafte s. *Wehrhafte Demokratie*
Demokratische Gesellschaft 9 39 f., 44
Demonstration s. *Versammlung*
Derogation 15 1 ff.
– Unterrichtungspflicht **15** 13
– Verhältnismäßigkeit **15** 10
Deutschsprachige Fassung Einl 57
Differenzierungsgebot 14 23
Differenzierungskriterium
– Behinderung **14** 20, 49
– Geburt **14** 10, 27, 40
– Geschlecht **14** 27, 40
– Heirat **14** 12, 28, 41
– Herkunft **14** 27, 41
– Rasse **14** 27, 31, 41, 45 ff.
– Religion **14** 27, 41
– sexuelle Orientierung **14** 10, 12, 28, 41
Digitalisierung 6 129 f.
Diplomatisches Personal 1 21
Disappearance-Fälle s. *Verschwindenlassen*
Diskriminierung 4 36 f.; **2 EMRKZusProt**
– ausländischer Religiöser **9** 30
– wegen bestimmter persönlicher Eigenschaften **14** 26 ff.
– indirekte Diskriminierung s. *dort*
– mittelbare **14** 45 f.
– positive **14** 47; **1 12. EMRKProt** 4
– rassistische **14** 12, 23, 31, 48 f.
– Recht auf Bildung **2 EMRKZusProt** 1, 6, 10, 12 ff., 16
– aus religiösen Gründen **9** 2, 7, 13, 25 f., 49 f., 52
Diskriminierungsverbot, Akzessorietät 35 107
Distanzierung 10 91

Disziplinarmaßnahmen 5 29; **4 7. EMRKProt** 11; s. auch *schulische Disziplinarmaßnahmen*
– militärische **5** 11
Disziplinarverfahren 7 8; **2 7. EMRKProt** 3
DNA-Probe 8 78
Dokumente
– vertrauliche **10** 98
Doppelbestrafung 4 7. EMRKProt 1, 7
– parallele Verfahren **4 7. EMRKProt** 4
Doppelte Stimmabgabe
– Verbot der **3 EMRKZusProt** 32a
Doppelverfolgung 4 7. EMRKProt 1, 7
Dorfwächter 1 11
Dreier-Ausschuss s. *Ausschuss, Dreier Ausschuss*
Dreipolige Grundrechtsverhältnisse s. *Mehrpolige Grundrechtsverhältnisse*
Dringendes soziales Bedürfnis 10 52
Drittbeteiligte
– betroffene Personen **36** 9 ff.
– Europäische Union **36** 2
– internationale Organisationen **36** 9 f.
– Menschenrechtskommissar des Europarates **36** 14 ff.
– Nichtregierungsorganisationen **36** 9
– Privatpersonen **36** 10 f.
– und Prozesskostenhilfe **36** 11
– Staaten **36** 3 ff., 8
– verfahrensrechtliche Position **36** 6, 13, 17
Drittbeteiligung
– Form **36** 6, 12 f.
– Frist **36** 5, 12, 16
– Recht auf Beteiligung **36** 3, 7
– Spruchkörper **36** 1
– Voraussetzungen **36** 5, 7 ff., 14 ff.
Drittstaaten 1 11
– Gewährleistungspflichten gegenüber **1** 7
– Schutzpflichten gegenüber s. *Schutzpflichten*
Drittwirkung 1 9
– mittelbare **14** 48; **1 12. EMRKProt** 1, 4
– unmittelbare **14** 48
Drogen 9 21
Drogenabhängige
– Freiheitsentziehung **5** 75
Drogentest 8 65, 101
Druckwerke 10 14
Durchsuchung 8 37, 123; **10** 85

e-Evidence 6 129 f., 199
Effektive Kontrolle
– Gebiet **1** 23 ff.; **56** 3
– Internationale Organisation **1** 15

Sachverzeichnis

EGMR s. *Europäischer Gerichtshof für Menschenrechte*
Ehe 8 48; **12** 3, 10; **5 7. EMRKProt** 6;
s. auch gleichgeschlechtliche Partnerschaft,
s. auch nichteheliche Lebensgemeinschaft,
s. auch Scheidung
- Ehefähigkeitszeugnis **12** 18
- Eheschließung **5 7. EMRKProt** 7
- Eheschließungsfreiheit **12** 3, 18
- Geistige Reife **11** 8
- religiöse Ehe **12** 4
- Zwangsehe **12** 3, 21
Ehrenrührige Äußerungen 10 66 ff., 83
Ehrschutzklagen 10 32
Eid 9 6, 24 ff.
Eigenrecherche 10 89
Eigentum
- Begriff **1 EMRKZusProt** 11 ff.
- Eingriffstatbestände **1 EMRKZusProt** 29 ff.
- positive Handlungsverpflichtungen **1 EMRKZusProt** 49 ff.
- Schranken **1 EMRKZusProt** 36 ff.
- verfahrensrechtliche Verpflichtungen **1 EMRKZusProt** 49, 52 f.
Eigentumsentziehung 1 EMRKZusProt 2, 28 ff., 46 f.
- De facto-Enteignung **1 EMRKZusProt** 30, 32
- Entschädigung **1 EMRKZusProt** 2, 41 ff., 47, 54
- formelle Enteignung **1** 8; **1 EMRKZusProt** 30 f.
Eigentumsgarantie 1 EMRKZusProt 4 ff.
Eilversammlung s. *Versammlung*
Einbürgerung 35 112
Eingehungsbetrug 1 4. EMRKProt 5
Eingriffe 10 25 ff.
- durch Gesetz **10** 29
- mittelbare Eingriffe **10** 27 f.
- unmittelbare Eingriffe **10** 26
- durch Unterlassen **10** 30
Einrichtungsgarantie 2 EMRKZusProt
- Recht auf Bildung **2 EMRKZusProt** 1, 16; s. auch dort
Einschätzungsspielraum s. *Beurteilungsspielraum*
Einseitige Erklärung 32 4; **37** 13 ff.
- und Ausnahmeklausel **37** 22 ff.
- Erklärung von Interlaken **37**
- inhaltliche Anforderungen **37** 16
- Kodifizierung **37** 17
- und Scheitern der Vergleichsverhandlungen **39** 7
- Wiederaufnahme im nationalen Recht **37** 18

Einseitige Erledigterklärung 46 79
Einstweilige Anordnungen s. *vorläufiger Rechtsschutz*
Einzelhaft 3 14
Einzelrichter 26 2; **27** 1 ff.
- Entscheidungsentwurf **34** 25
- EU **59** 16
- Verfahren **34** 25
- Zuweisung an **34** 22
Elternrecht s. *religiöse Erziehung*
Embryonenschutz 2 2, 11
Enteignung s. *Eigentumsentziehung*
Entschädigung bei Fehlurteilen 3 7. EMRKProt
- keine Anspruchsnorm **3 7. EMRKProt** 7
- Begnadigung **3 7. EMRKProt** 3
- Beweis eines Fehlurteils **3 7. EMRKProt** 5
- neue Tatsachen **3 7. EMRKProt** 4
- rechtskräftige Verurteilung **3 7. EMRKProt** 2
- Verschulden gegen sich selbst **3 7. EMRKProt** 9
Entschädigungsklage
- Erschöpfung des innerstaatlichen Rechtswegs **35** 38
Entscheidung
- Begründung s. *dort*
- Rechtskraft s. *dort*
Erben des Beschwerdeführers 34 54; s. auch Individualbeschwerde, Fortsetzung durch Dritte; Beschwerdeführer
Erbrecht 8 56; **1 EMRKZusProt** 4, 16, 55
Erfolgschancengleichheit 3 EMRKZusProt 32
Erklärung von Interlaken s. *Interlaken Konferenz*
- und einseitige Erklärung **37** 17, 27; s. auch dort
Ermessennorm 10 42
Ermessensspielraum s. *Beurteilungsspielraum*
Ermittlungspflicht 2 3, 41; **3** 31 f.; **10** 4; **13** 39 ff.
- Beweislast **3** 32
Ermittlungsverfahren
- Anwendbarkeit Art. 6 **6** 46, 132, 138, 200, 208; s. auch dort
- Anwesenheit des Verteidigers **6** 220
- Konfrontationsrecht **6** 242
- Zugang zu Anwalt **6** 206 ff.
Ersatzfreiheitsstrafe 5 30, 48; **1 4. EMRKProt** 2
Erschöpfung des innerstaatlichen Rechtswegs 33 6 ff.; **35** 7 ff.
- als allgemeines völkerrechtliches Prinzip **35** 8
- Anhörungsrüge **35** 27

Sachverzeichnis

- Anträge auf Wiederaufnahme **35** 23
- außerordentliche Rechtsbehelfe **35** 23
- Auslegung innerstaatlichen Verfahrensrechts **35** 45
- Auslegung und Anwendung **35** 8, 11
- Befreiung vom Erfordernis der **35** 14 ff.
- Darlegungs- und Beweislast **35** 12, 23; **38** 14
- Effektivität eines Rechtsbehelfs **35** 23
- Einrede der Regierung **35** 13, 16 f.
- einstweiliger Rechtsschutz **35** 30a
- Ermessensentscheidungen **35** 24
- bei fortdauernden Verletzungen **35** 33; *s. auch fortdauernde Verletzungen*
- Gegenvorstellung **35** 23, 27
- Geltendmachung der Konventionsverletzung **35** 40 ff.
- Gnadengesuche **35** 23
- horizontale **35** 39 ff.
- innerstaatliche Form- und Verfahrensvorschriften **35** 39, 41, 45 ff.
- konkrete Normenkontrolle **35** 24
- Konventionsverletzung **35** 23b
- Landesverfassungsbeschwerde **35** 26
- maßgeblicher Zeitpunkt **35** 18 f.
- mehrere gleich geeignete Rechtsbehelfe **35** 30
- nachträglich eingeführte Rechtsbehelfe **35** 19 ff.
- neue Umstände **35** 33
- Ombudsmann **35** 23
- Österreich **35** 27a
- Petitionen **35** 23
- „Pinto-Gesetz" **35** 19; *s. auch dort*
- Prüfung in der Sache **35** 49 f.
- Prüfung von Amts wegen **35** 12, 16
- Prüfungskompetenz der innerstaatlichen Gerichte **35** 44
- Rechtsbehelfe nach EU-Recht **35** 28, 88
- Rechtsschutzziel **35** 30
- Rücknahme zunächst erhobener Beschwerdepunkte **35** 43
- Schadensersatzklagen **35** 31 f.
- Schiedsgerichte **35** 29
- bei schwerwiegenden Menschenrechtsverletzungen **35** 32
- staatshaftungsrechtliche Ansprüche **35** 31
- Subsidiarität **35** 9, 39, 44
- Suspensiveffekt **35** 23a
- überlange Verfahrensdauer **35** 19a f., 33 ff.
- Umkehr der Beweislast **35** 13 f.
- und unangemessene Beschränkungen des Zugangs zu Gericht **35** 48
- Untätigkeitsklage **35** 36
- Verfahrensdauer des Ermittlungsverfahrens **35** 37
- Verfassungsbeschwerde **35** 21, 25 ff., 41
- vertikale **35** 21 ff.
- Vorabentscheidungsverfahren **35** 24; **59** 17
- Widerspruchsverfahren **35** 36
- Zugänglichkeit eines Rechtsbehelfs **35** 24

Erziehung 5 59
Erzwingungshaft 5 39 ff., 47 f.; **1 4. EMRKProt** 4
Espace juridique 1 27; **56** 3
Ethik-Unterricht 2 EMRKZusProt 7 f., 25a; *s. auch Religionsunterricht*
EU *s. Europäische Union*
EU-Asylpolitik Einl 70, 145
EU-Grundrechteagentur Einl 166 f.
- Zuständigkeiten **Einl** 167

EU-Kommission, Beteiligung am EGMR-Verfahren Einl 126, 150
EU-Rechtsprechung des EGMR
- andere überstaatliche Einrichtungen **Einl** 128
- „äquivalenter" Grundrechtsschutz **Einl** 127, 137, 140
- Avotins **Einl** 144b
- Boivin **Einl** 141
- Bosphorus **Einl** 135
- C.F.D.T/Dufay **Einl** 129
- Cantoni **Einl** 131
- Connolly **Einl** 142
- doppelte Standards **Einl** 140
- eigene Rechtspersönlichkeit **Einl** 127, 141, 148
- Emesa Sugar **Einl** 134
- fehlender Handlungsspielraum **Einl** 144b
- Matthews **Einl** 132
- Melchers & Co. **Einl** 130
- Michaud **Einl** 144a
- Mitgliedstaatliche Verantwortlichkeit **Einl** 144, 146
- Nederlandse Kokkelvisserij **Einl** 143
- Primärrecht **Einl** 132 f., 143, 146
- Resolution des UN-Sicherheitsrates **Einl** 136
- Respekt **Einl** 126
- Senator Lines **Einl** 133
- Solange-Vorbehalt **Einl** 138, 164
- Umsetzungs- und Vollzugsspielraum **Einl** 145
- Umsetzungsspielraum **Einl** 144a
- Unionsrechtliche Akte **Einl** 147
- Widerlegung der Vermutung **Einl** 139, 144
- Zurechnung **Einl** 127, 134, 148

Eurocontrol 1 13
Europaflagge Einl 112
Europahymne Einl 112

Sachverzeichnis

Europäische Gemeinschaft 1 13
Europäische Kommission 35 87
Europäische Kommission für Menschenrechte Einl 7, 22; **19** 2
Europäische Patentorganisation 1 13
Europäische Union 16 4
- Beitritt zur EMRK *s. Beitritt der EU zur EMRK*
- als Drittbeteiligte *s. Drittbeteiligte, Europäische Union*
- Sonderrolle *s. Sonderrolle der EU*
- Zuständigkeit des EuGH/EGMR nach Beitritt der EU **55** 5

Europäischer Gerichtshof für Menschenrechte Einl 7, 12, 14, 16, 18f., 21, 24, 35, 40, 44, 54, 63, 80, 115f., 151
- Ad hoc-Richter **20** 4; **22** 14
- Amtssprachen **Einl** 35
- Anordungskompetenz *s. dort*
- Aufgabe **Einl** 21ff.
- Ausschüsse **Einl** 27f.
- Begründungspflicht **48** 1
- Bindung an Parteivortrag **32** 3
- Deutsche Richter **20** 3
- EGMR-Entscheidungen **Einl** 70
- Einzelrichter **Einl** 27; *s. auch dort*
- Feststellungsurteile **Einl** 39
- Große Kammer **Einl** 30, 41; *s. auch dort*
- Kammer **Einl** 27, 29f., 38, 40f.; *s. auch dort*
- Kosten *s. Kosten des EGMR*
- Leistungsfähigkeit **Einl** 16
- normative Leitfunktion **55** 6
- obligatorische Gerichtsbarkeit **Einl** 1, 23; **Präamb** 4
- Organisation **Einl** 25f.
- Plenum **Einl** 30
- Reform **Einl** 14a f.; **20** 5
- Reichweite der Zuständigkeit des **32** 1
- Richter **Einl** 23, 26ff., 158, 158b; *s. auch Richter des EGMR*
- Sektionen **Einl** 29
- Sitz **19** 4
- Ständiger Gerichtshof **19** 3
- Statut **Einl** 14b
- Streit über die Zuständigkeit des **32** 1
- VerfO **Einl** 35
- Verhältnis zum EuGH nach Beitritt der EU **55** 5
- Zahl der Richter **20** 1
- Zuständigkeit **32** 1ff.

Europäischer Haftbefehl 3 24; **6** 35
Europäisches Komitee zur Verhütung von Folter und unmenschlicher oder erniedrigender Behandlung oder Strafe 35 87

Europäisches Parlament 16 5
- gesetzgebende Körperschaft **3 EMRKZusProt** 5
- Sitzverteilung **3 EMRKZusProt** 40 f.

Europäisches Übereinkommen über die an Verfahren vor dem EGMR teilnehmenden Personen 34 90

Europarat Einl 1, 5 f., 8, 20 f., 25 f., 32, 110 ff., 119, 121 f., 158, 158a, 167; **Präamb** 2
- Beitrittsvoraussetzungen **59** 1; **nach 59** 11 ff.
- Kostentragung **50** 1 f.
- Kündigung der EMRK **58** 6 f.
- Ministerkomitee *s. dort*
- Satzung **Einl** 5
- Verhältnis zum EGMR **50** 1; **51** 6
- Verwaltungstribunal **1** 13

Europawahlrecht
- Einheitlichkeit **3 EMRKZusProt** 28 ff.
- Sperrklausel **3 EMRKZusProt** 34 ff.
- Verlust des Wahlrechts **3 EMRKZusProt** 30
- Wahlalter **3 EMRKZusProt** 29

Extraordinary rendition flights *s. Gefangenentransporte, geheime*

Extraterritoriale Geltung 1 20 ff.; *s. auch Jurisdiktion*

Extremismus 10 10; **17** 3

Fact-finding mission 38 6 f.
Faires Verfahren 6 1 ff.; **10** 103; **4 7. EMRKProt**
- Abwägungsjudikatur **6** 21; *s. auch öffentliches Recht*
- allgemeines Recht **6** 110 ff.
- angemessene Verfahrensdauer *s. Beschleunigungsgebot*
- Anwendungsbereich, sachlich **6** 13, 15 ff., 22, 24 ff., 138
- Anwendungsbereich, zeitlich **6** 13, 22 f., 44 ff., 132
- arbeitsrechtliche Streitigkeiten **6** 21
- Auswirkungsjudikatur **6** 14 f.; *s. auch öffentliches Recht*
- beamtenrechtliche Streitigkeiten **6** 20 f.; *s. auch öffentliches Recht*
- bemakelte Aussage **6** 248 f.
- Beschränkung des Zugangs zu Gericht **6** 33 ff.
- Beschuldigtenbegriff **6** 45
- Beweisrecht, -verfahren **6** 8, 112 ff., 127, 132, 152, 158, 179, 199, 201, 225 f., 238 f., 263, 269 f.

Sachverzeichnis

- Dolmetscher *s. unentgeltliche Beiziehung eines Dolmetschers, s. Unterrichtung über die Anklage*
- effektiver Vollzug **6** 107 ff.
- Einziehung von Vermögensgegenständen **6** 31
- Engel-Kriterien **6** 24 ff.; *s. auch strafrechtliche Anklage*
- Ermittlungsmaßnahmen **6** 4, 46, 151, 180
- EU-Recht **6** 12
- Fernwirkung **6** 270
- Folgen eines Verstoßes **6** 265 ff., 269 f.
- Folgenbeseitigung **6** 272
- Geldsanktionen **6** 27, 93; *s. auch strafrechtliche Anklage*
- Gesamtbetrachtung **6** 7, 247, 265 ff.; *s. auch Gesamtbetrachtungslösung des BGH*
- Gesamtbewertung **6** 271
- Gesamtrecht **6** 5, 7
- auf Gesetz beruhendes Gericht **6** 48 ff.
- Grundrechte in der EU **6** 12
- Immunität **6** 66
- innerstaatliche Bedeutung **6** 9 ff.
- innerstaatliche Heilungsversuche **6** 266
- interne Ermittlungen **6** 39
- juristische Personen **6** 6, 48, 133
- Kartellverfahren **6** 33
- kirchenrechtliche Streitigkeiten **6** 18
- Kollision m. nat. Verfahrensrecht **6** 10 ff.; *s. auch innerstaatliche Bedeutung*
- Konfrontationsrecht *s. dort*
- Medienübertragung **6** 72
- Mündliche Verhandlung **6** 70 ff., 74; *s. auch Verhandlung, mündliche*
- Mündlichkeit **6** 70
- Nemo-tenetur-Grundsatz **6** 140 ff.; *s. dort*
- Nichtvorlage an EuGH **6** 62
- Öffentliche Verhandlung **6** 70 ff.; *s. Öffentlichkeit der Verhandlung*
- öffentliches Recht **6** 14 f., 18
- Öffentlichkeit d. Entscheidungsbekanntgabe **6** 81
- Öffentlichkeitsgrundsatz **6** 70
- Ordnungsgewalt **6** 34
- Ordnungswidrigkeiten **6** 28, 259
- Organisationsgarantien **6** 2, 49
- Privatklage **6** 38
- Prozesskostenhilfe **6** 67
- Recht auf Gehör **6** 111 ff.; *s. dort*
- Recht auf persönliche Teilnahme **6** 116 ff., 122 ff.
- Rechtshilfe **6** 35
- Rechtsmittel, Rechtsmittelverfahren **6** 61 f., 65, 75 ff., 85, 120
- Religionsfreiheit, *s. dort*
- Revision **6** 103 ff.
- Rundfunkveranstaltung **10** 106
- Schiedsgerichte **6** 54
- Schiedszwang **6** 69
- sozialrechtliche Streitigkeiten **6** 21; *s. auch öffentliches Recht*
- Sportgerichtsbarkeit **6** 69
- Steuerverfahren **6** 32
- strafrechtliche Anklage **6** 13, 24 ff., 28, 35, 39, 44 f., 85
- Strafvollzug **6** 37
- Strafzumessung **6** 47
- Tatprovokation *s. Agent provocateur*
- Teilgarantien und -rechte, Rechtsnatur d. **6** 5, 7, 110
- Teilnahmerecht *s. Recht auf persönliche Teilnahme*
- Überprüfungsbefugnis, effektive **6** 61
- Unabhängiges, unparteiisches Gericht *s. auch richterliche Unabhängigkeit*
- ungeschriebene, allgemeine Teilrechte **6** 110 ff.
- ungeschriebene Verteidigungsrechte *s. Verteidigung*
- Unschuldsvermutung *s. dort*
- Unterrichtung über die Anklage *s. dort*
- Untersuchungshaft **6** 37
- Verdeckte Ermittlungen *s. Nemo-tenetur-Grundsatz*
- Verfahrenshindernis **6** 269; *s. dort*
- Verfahrensrechte **6** 2
- Verfahrensverzögerung *s. Beschleunigungsgebot*
- Verfassungsbeschwerde **6** 38
- Verhandlung in angemessener Frist *s. Beschleunigungsgebot*
- Verteidigung *s. dort*
- Verteidigungsrechte, spezifische **6** 189 ff.
- Verwertungsverbot **6** 270 f.
- Verwertungsverbote *s. dort*
- Verzicht auf Zugang zu Gericht **6** 69
- Vielfalt d. Verfahrenssysteme **6** 8
- Vorbereitung der Verteidigung *s. dort*
- Vorlagepflicht EuGH **6** 62
- vorläufiger Rechtsschutz **6** 23
- Waffengleichheit **6** 126 ff.; *s. dort*
- Wiederaufnahme **6** 37, 272
- Willkür **6** 271
- Willkürkontrolle **6** 3, 62, 68, 272
- zivilrechtliche Streitigkeiten **6** 15 ff.
- Zugang zu auf Gesetz beruhendem Gericht **6** 50 ff.
- Zurechnungsvoraussetzungen **6** 40
- Zwangsvollstreckung **6** 23

Fakultativprotokoll Einl 13
Familie 8 3, 17, 40 ff., 72
Familiengründung 12 22

Sachverzeichnis

Festnahme s. Freiheitsentziehung
Festnahme, vorläufige s. Untersuchungshaft
Feststellungsurteil 46 5
Feuerwehrabgabe 14 8, 16
Fingerabdruck 8 78
Flüchtlingseigenschaft
– Recht auf Bildung **2 EMRKZusProt** 7
Flüchtlingsrecht 15 11; s. auch Recht auf Asyl; Asylverfahren
Flugzeuge 1 21
Föderalisten Einl 2; **Präamb** 3
Folgenbeseitigungspflicht 3 33
Folter 6 150, 270; s. auch Nemo-tenetur-Grundsatz
– Androhung **3** 7
– Begriff **3** 7
– Fernwirkung **6** 144
– UN-Übereinkommen gegen Folter **3** 7
Folterverbot
– Bedeutung **3** 1, 3f., 34
– Mechanismen zur Durchsetzung **3** 2
– Verbot der Abwägung **3** 4
– Verbot von Ausnahmen **3** 1, 4
Forderungen 1 EMRKZusProt 17ff.
Forschungsergebnisse 10 24
Forschungstätigkeit 10 24
Fortdauernde Verletzungen 35 33, 54, 77, 103
Fortpflanzung 12 13ff.
– künstliche Fortpflanzung **8** 72, 106; **12** 15
Fortsetzung der Beschwerde durch Dritte 34 51ff.
– allgemeine Bedeutung **34** 58
– berechtigtes Interesse **34** 54ff.
Fourth Instance Doctrine 6 3; s. auch Vierte-Instanz-Beschwerden
Freiheit, Recht auf s. Recht auf Freiheit
Freiheitsentziehung 5 6ff.; s. auch Inhaftierung
– Alkoholabhängige **5** 73f.
– ansteckende Krankheiten **5** 78ff.
– Bösgläubigkeit **5** 23
– COVID-19 **5** 80
– Definition **5** 6; **1 4. EMRKProt** 1
– Drittstaaten, Involvierung von **5** 26f.
– Drogenabhängige **5** 75
– Entschädigung **5** 130ff.; s. auch Haftentschädigung
– Gefahrenabwehrmaßnahmen **5** 10b
– gesetzliche Grundlage **5** 18f., 22
– Gesetzmäßigkeit **5** 20ff.
– grenzüberschreitende **5** 26f.
– Haftgründe **5** 28ff.
– Infektionsschutz **5** 78ff.
– Landstreicher **5** 76f.
– Minderjährige **5** 58ff., 89a

– Mitteilung über Gründe **5** 91ff.
– Motivation **5** 10a
– periodische Überprüfung **5** 67, 100
– durch Private **5** 13f.
– Private, Involvierung von **5** 26f.
– räumlicher Bereich **5** 7
– Recht auf Information **5** 91ff.
– Rechtfertigung **5** 17ff.
– Rechtmäßigkeit **5** 20ff.
– Schutzpflicht **5** 14
– Verfahrensrechte **5** 99ff., 110ff.
– Verhältnismäßigkeit **5** 24, 31, 44ff., 54, 65ff., 74, 77, 79, 88f.; s. auch dort
– zeitliche Dauer **5** 8
– Zwang/Einwilligung **5** 9f.
Freiheitsstrafe 5 29ff.
– Ersatzfreiheitsstrafe s. dort
– Jugendarrest s. dort
– lebenslange **5** 34
– Strafvollstreckung **5** 33a
– unbestimmte **5** 34
Freispruch 2 7. **EMRKProt** 4, 10f.; **4 7. EMRKProt** 5
Freizügigkeit 5 4; **2 4. EMRKProt** 1ff.
– Ausreisefreiheit **2 4. EMRKProt** 12
– Bewegungsfreiheit **2 4. EMRKProt** 5
– Niederlassungsfreiheit **2 4. EMRKProt** 5
– Recht auf Rückkehr **2 4. EMRKProt** 8
– Rechtfertigung **2 4. EMRKProt** 13ff.
– Unionsrecht **2 4. EMRKProt** 4
– verfahrensrechtliche Sicherung **2 4. EMRKProt** 16
– Wohnsitzauflage **2 4. EMRKProt** 10
Friedenstruppe der Vereinten Nationen in Zypern s. United Nations Peacekeeping Force in Cyprus – UNFICYP

G8-Gipfel Einl 70
G 10 13 7, 22, 66
Gebühren
– EGMR **50** 3f.
– Rechtsanwalt **50** 5ff.
Gedankenfreiheit 9 1, 11
Gefangenentransporte 1 7
Gefangener 8 11, 55, 85, 128; **12** 9
Gegendarstellung 10 32
Gegendemonstration s. Versammlung
Geheimdienstinformationen 10 48
Geistiges Eigentum s. auch Immaterialgüterrechte
Geltendmachung „der Sache nach" („in substance") 34 16; **35** 40, 76, 111
Geltungsbereich 1 1ff.
– räumlicher **56** 1
Gemeinschaftsschule 2 EMRKZusProt 7
Generalklauseln 10 42

Sachverzeichnis

Generalsekretär des Europarats
– Anfragen zur Umsetzung der EMRK **52**
– Verhältnis zur Kanzlei **51** 6
Gerechte Entschädigung 10 32, 43; **41**
– Antrag **41** 20
– Bemessung **41** 21 ff.
– Bemessung bei immateriellen Schäden **41** 27 ff.
– Bemessung bei materiellen Schäden **41** 24 ff.
– billiges Ermessen **41** 18
– Entschädigungsberechtigte **41** 7 f., 14
– bei Fehlurteilen *s. Entschädigung bei Fehlurteilen*
– Feststellung der Konventionsverletzung als hinreichende Wiedergutmachung **41** 23
– Geltendmachung **34** 13, 29
– und innerstaatlicher Entschädigungsanspruch **41** 6
– interne Leitlinien zur Bemessung **41** 22
– Kostenteilung zwischen Bund und Ländern **41;** *s. Lastentragungsgesetz*
– Notwendigkeit **41** 19
– Referenzwährung **41** 54
– Schuldner des Entschädigungsanspruchs **41** 60
– und Steuern **41** 56
– und Transaktionskosten **41** 56
– bei überlanger Verfahrensdauer **41** 15 f., 28, 34, 49
– Übertragbarkeit und Pfändbarkeit des Entschädigungsanspruchs **41** 62 ff.
– Überwachung der Erfüllung des Entschädigungsanspruchs **41** 59
– Vertagung der Entscheidung **41** 53
– Verzugszinsen **41** 55
– Vollstreckbarkeit des Entschädigungsanspruchs **41** 61
– Voraussetzungen **41** 4 ff.
– Zahlung an den Verfahrensbevollmächtigten **41** 59
– Zahlung an eine andere Person als an den Beschwerdeführer **41** 57
– Zahlungsfrist **41** 55
Gerichte Einl 24, 54, 57, 78, 81 ff., 95, 98, 101, 117; **2 7. EMRKProt** 5
– Militär- und Sondergerichte **6** 54
– Überlastung **6** 92
– Überprüfungsbefugnis **6** 61 ff.
– Unabhängigkeit und Unparteilichkeit **6** 49, 53 ff.; *s. auch Unabhängigkeit, richterliche*
– Verzicht auf Zugang **6** 69
– Zugang **6** 61 ff.
– Zugangsbeschränkungen **6** 63 ff.
– Zusammensetzung **6** 51
– Zuständigkeit **6** 51

Gerichtsberichterstattung **10** 102 f.
Gerichtsgebühren 50 3 f.
Gerichtshof *s. Europäischer Gerichtshof für Menschenrechte*
Gerichtskosten, EGMR *s. Individualbeschwerde, Kosten*
Geringfügigkeit 3 6; **2 7. EMRKProt** 13 f.
Gesamtbetrachtungslösung d. BGH 6 247, 268
– Beschleunigungsgebot **6** 88 ff., 93
– Konfrontationsrecht **6** 247
Gesamtkontext 10 53
Geschäftsfähigkeit
– Haftprüfung **5** 100a
Geschäftslizenzen 1 EMRKZusProt 25
Geschäftsräume 8 57; *s. auch Büro*
Gesetz über den Rechtsschutz bei überlangen Gerichtsverfahren und strafrechtlichen Ermittlungsverfahren 34 83 ff.; **35** 19a, 34 ff., 57
Gesetze 33 5
– Auslegung **7** 15 ff.
– Beschwerde gegen **34** 70
– Zugänglichkeit **10** 39 f.
Gesetzesbegriff 7 12; **10** 37
– autonomer **10** 37
– materieller **10** 37
Gesetzeskraft Einl 76
Gesetzgebende Körperschaft 3 EMRKZusProt 4 f.
Gesetzgeber 7 5
Gesetzlichkeitsprinzip 7 1, 4, 11
Gesetzmäßigkeitsprinzip 1 EMRKZusProt 37
Gestaltungsspielraum *s. Beurteilungsspielraum*
Gesundheitsschutz 10 49
Gesundheitswesen 2 39b
Gewaltaufruf 10 57, 78, 80 ff.; **17** 4
Gewaltverbot, völkerrechtliches 15 6
Gewerkschaft 9 32; **11** 28; *s. auch Koalitionsfreiheit*
– „closed-shop" **11** 52
– Mitgliedschaft **11** 54, 59
– Monopol **11** 52
– Sanktionen **11** 54, 59
– Selbstverwaltung **11** 52
– Streikrecht **11** 53
– Streikverbot **11** 54, 56 f.
– Sympathiestreik **11** 53, 55
– Tarifeinheit **11** 58
– Tarifverhandlungen **11** 52
– Zwangsmitgliedschaft **11** 54
Gewissensfreiheit 9 1, 6, 12 f., 29, 33; *s. auch Wehrdienst, Verweigerung*
Gläubigerausschuss 1 51

Sachverzeichnis

Gleichbehandlung
- in der EMRK **14** 1, 3
- im Grundgesetz **14** 2

Gleichgeschlechtliche Partnerschaft 8 49; **12** 5

Gleichheit der Wahl *s. Recht auf freie Wahlen*

Gleichheitsrecht
- akzessorisches **14** 3, 14 ff.
- allgemeines **14** 1 ff.; **1 12.** EMRKProt 1, 3
- Erfolgschancengleicheit *s. dort*
- Verhältnis zu den Freiheitsrechten **14** 19

Gleichstellung 14 1 f., 12, 47; **1 12.** EMRKProt 4

Global formula 35 116 f.

Goodwill 1 EMRKZusProt 23 f.

Görgülü Einl 70, 77, 108

Griechenland Einl 70, 145

Große Kammer
- Abgabe an **30** 1 ff.
- Befugnisse **31** 1
- Verweisung an **43**
- Zusammensetzung **26** 6

Grundrechtecharta *s. Charta der Grundrechte der EU*

Grundrechtskollisionen *s. mehrpolige Grundrechtsverhältnisse*

Grundrechtsschutzstandard Einl 32, 68, 71, 106, 109, 114, 121, 137, 139 f., 160, 164

Grundwerte der Konvention 10 78; **17** 4

Günstigkeitsprinzip 53 2

Gurtpflicht 8 15

Gutachten
- Bedeutung **47** 1
- Praxis **47** 6
- Zulässigkeit **47** 2 ff.; **48**

guter Ruf
- Schutz **8** 115b

Gütliche Einigung 39
- Inhalt **39** 8 ff.
- Kritik **39** 3
- non-contentious phase **39** 3a
- und Piloturteil **39** 10
- Überprüfung der Umsetzung **39** 11 ff.
- Vereinbarkeit mit der Achtung der Menschenrechte **39** 9 f.

Haager Kongress Einl 3, 5 f.

Habeas corpus 5 99 ff.

Haft *s. auch Inhaftierung*
- Isolationshaft *s. dort*
- Ordnungshaft *s. dort*
- Überhaft *s. dort*
- Untersuchungshaft *s. dort*

Haftbedingungen 3 12 ff.; **5** 12, 26, 60, 68, 87, 89a
- Anordnungskompetenz des EGMR **46** 12
- Piloturteilstechnik **46** 29

Hafteinrichtungen, geheime 1 7

Haftentschädigung 5 130 ff.
- Höhe **5** 133
- innerstaatlich **5** 134 ff.
- Schaden **5** 132

Haftprüfung 5 67, 99 ff.
- Effektivität **5** 107
- Frist **5** 106
- Gericht **5** 101
- Geschäftsfähigkeit **5** 100a
- humanitäres Völkerrecht **5** 105 f.
- Prüfungsumfang **5** 102
- Rechtsmittel **5** 108
- Verfahrensanforderungen **5** 103 ff.

Haftrichter 5 112

Handelskammer *s. Vereinigung*

Hassrede 10 78 ff.; **17** 4, 8

Hausarrest 5 11

Haushalt
- Beteiligung der EU **59** 24
- Inkrafttreten **59** 4, 25 ff., 32

Heimerziehung 5 60

Herrschaftsgewalt *s. Jurisdiktion*

High Level Conference on the Future of the European Court of Human Rights
- Brighton **Präamb** 10

Hinterbliebenengeld 2 50

Hirntod *s. Todesbegriff*

Hochschule *s. Universität, Recht auf Bildung*

Hochschulprüfungen und berufsqualifizierende Bewertungen betreffende Verfahren 35 109

Hoheitsbefugnisse, Übertragung 1 12

Hoheitsgebiet *s. Staatsgebiet*

Hoheitsgewalt *s. Jurisdiktion*

Hoher Repräsentant in Bosnien und Herzegowina 1 14 f.

Home schooling 2 EMRKZusProt 7 f., 18; *s. auch Schulpflicht; Unterricht, zuhause*

Homosexualität 8 11, 103; **9** 41, 53

Hörfalle 6 11, 143, 151 ff., 155 ff.; *s. auch Nemo-tenetur-Grundsatz*

Humanitäres Völkerrecht *s. Kriegsvölkerrecht*
- und Freiheitsentziehung **5** 28c, 105 f.

Identifizierende Berichterstattung 10 101

Identität 8 24, 75, 113; *s. auch Name*
- der Beschwerdeparteien **35** 74
- der Beschwerdepunkte **35** 76
- des Sachverhalts **35** 77 f.

Sachverzeichnis

ILC-Artikel zur Staatenverantwortlichkeit 46 2, 8, 33, 69
ILO-Ausschuss für Vereinigungsfreiheit 35 86
Immaterialgüterrechte 1 EMRKZusProt 14 f.
Immaterieller Schadensersatz *s. Schaden immaterieller; überlange Verfahrensdauer*
Immunität 6 66
– der Beschwerdeführer und Parteivertreter 51 8
– der Mitarbeiter der Kanzlei 51 6
– Richter 51 1 ff.
Immunitäten 6 66
Indirekte Diskriminierung
– Beweislast 38 13
Indirekte Sanktionen 10 27
Individualbeschwerde Einl 7, 22, 31 f.
– Anonymisierung 34 7; 35 69
– Anonymität *s. Anonymität einer Beschwerde*
– Anwaltszwang 34 10
– befolgen **Einl** 44
– Beiziehung von Akten *s. dort*
– Beschwerdeeinlegung 34 2 a ff.
– Beschwerdeformular 34 3 ff.; 35 67 f.
– Beschwerdefrist *s. dort*
– Beschwerdegegenstand 34 15 ff.
– Beschwerdenummer 34 21
– in derselben Sache anhängige Staatenbeschwerde 35 75
– Einbringungsdatum 34 6 ff.; 35 61; *s. auch Sechsmonatsfrist, Unterbrechung*
– einstweilige Anordnungen *s. vorläufiger Rechtsschutz*
– Entschädigung **Einl** 14, 40
– Erledigung 37 5 ff.
– Erledigung auf dem Verwaltungsweg 34 5; 35 67, 80, 96 a, 125
– Erschöpfung des innerstaatlichen Rechtswegs *s. dort*
– gegen EU-Rechtsakte 35 98
– Feststellungsurteile **Einl** 39
– Form und Verfahren 34 2 a ff.
– Formular **Einl** 36
– Fortsetzung durch Dritte *s. dort*
– Hinweise und Informationen 34 14; 35 80
– gegen internationale Organisationen 35 96; *s. auch Rechtsakte internationaler Organisationen*
– gegen „interne Rechtsakte" internationaler Organisationen 35 98
– konfuse 35 131
– Kosten 34 9
– mündliche Verhandlung **Einl** 38
– neuer Sachvortrag 35 40, 77
– Partei- und Prozessfähigkeit 34 31 ff.; *s. auch dort*
– gegen Privatpersonen 35 96
– und Propagandazwecke 35 144
– Prozesskostenhilfe **Einl** 43; 34 12
– Prozessvertretung 34 10, 49, 59 ff., 97; 35 68
– querulatorische 35 143 f.
– Rechte **Einl** 12, 14, 20, 24, 32, 34, 48, 61, 67, 73, 105, 108
– rechtliche Einordnung erhobener Rügen 34 19
– gegen Rechtsakte Dritter 35 96 ff.
– gegen Rechtsakte internationaler Organisationen 35 98
– Rücknahme 37 3
– Rücknahme einzelner Beschwerdepunkte 34 20
– Rügeobliegenheiten 34 16 ff.
– Sondervoten **Einl** 42
– Subsdiarität **Einl** 32
– Substantiierung 34 4; 35 123 ff.
– Tod des Beschwerdeführers 34 50 ff.; *s. auch Individualbeschwerde, Fortsetzung durch Dritte*
– unsubstanziierte 35 123 ff.
– Unterlagen **Einl** 37
– über die unzureichende Umsetzung eines Urteils des Gerichtshofs 35 106
– „Vierte Instanz"-Beschwerden *s. dort*
– Wiederaufnahme des Verfahrens 34 57; 35 79, 157
– Zulässigkeitsvoraussetzungen **Einl** 33, 35 ff., 101; 35 1 ff.
– Zustellung an die Regierung 34 8, 12, 27, 29; 35 4 f., 12 f.
– Zuweisung an den zuständigen Spruchkörper 34 21 ff.
Individualbeschwerderecht
– Behinderungsverbot *s. dort*
– Inhalt und Bedeutung 34 1 f., 58
– Missbrauch *s. Missbrauch des Beschwerderechts*
– als verfahrensrechtliche Garantie 34 89 ff.
Individualrechte Einl 12, 14, 20, 24, 32, 34, 48, 61, 67, 73, 105, 108
Indoktrinierungsverbot 9 1, 3, 11, 16, 27; *s. auch Religionsfreiheit und Schule*
Infektionsschutz
– Freiheitsentziehung 5 78 ff.
Information, Recht auf
– Freiheitsentziehung 5 91 ff.
Informationsempfang 10 20
Informationsfreiheit 10 8
– aktive 10 20, 34
– Eingriffe 10 34

917

Sachverzeichnis

- passive **10** 20, 34
- Schutz der **10** 110
- Schutzbereich **10** 20 ff.
Informationsinteresse 10 86; *s. auch Berichterstattungsinteresse, s. auch öffentliches Interesse*
Informationszugang 10 21
Ingewahrsamnahme 1 28
Inhaftierung 1 28; *s. auch Freiheitsentziehung; Haft*
- betagte Personen **3** 15
- Gewaltanwendung **3** 11, 22
- Haftbedingungen **3** 12; *s. auch dort*
- Kinder **3** 15
- körperliche Untersuchung **3** 16
- Schutzpflichten **3** 22
- Überbelegung einer Vollzugsanstalt **3** 13
Inhalte
- nutzergenerierte **10** 92
- urheberrechtlich geschützte **10** 100
Inhärente Schranke 13 68
Inklusiver Unterricht 2 EMRKZusProt 15
Inkorporation der EMRK 13 25; *s. auch Umsetzungspflicht*
Innerstaatliche Grundrechte
- kein Prüfungsmaßstab des EGMR **53** 12
- Verhältnis zur Konvention **53**
Innerstaatliche Instanz 13 22 ff.
Innerstaatliche Kontrolle 10 60
Instanzenzug 13 28 ff.
Integration Einl 6, 50, 110; **Präamb** 3
Interlaken Konferenz 34 2; **35** 2, 142
Internationale Organisationen 1 2, 12 ff.; *s. auch Zurechnung*
Internationaler Pakt über bürgerliche und politische Rechte – IPbpR 3 7. **EMRKProt** 1; **15** 7, 11; **35** 86; **46** 1
Internationaler Strafgerichtshof für das ehemalige Jugoslawien 1 14 f.
Internet 1 35; *s. auch Überwachung*
Interparlamentarische Union 35 87
Interpretationserklärung 57 4
Intervention, humanitäre 15 6
Interventionsverbot 15 6
Interviews 10 15, 91
Intoleranz 10 80
IPbpR *s. Internationaler Pakt über bürgerliche und politische Rechte – IPbpR*
Islam 17 6
Isolationshaft 13 23
Iura novit curia 34 19; **35** 42; *s. auch Beweis, Gegenstand*
Ius ad bellum 15 6, 12; *s. auch Gewaltverbot, völkerrechtliches*
Ius in bello 15 6, 12; *s. auch Kriegsvölkerrecht*

Jagdgenossenschaft *s. Vereinigung*
Jagdvereinigung *s. Vereinigung*
Journalistische Betätigung 10 13
Journalistische Darstellungsform 10 15
Journalistische Sorgfalt 10 70, 88 ff.
Jugendarrest 5 29 ff., 60
Jugendstrafe 5 29 ff., 60
Jurisdictional link 1 33 f.
Jurisdiktion 1 18 ff.
- extraterritoriale **1** 20 ff.
- jurisdictional link **1** 30 f.
Juristische Personen 1 17; **1 EMRKZusProt** 4, 26; **2 EMRKZusProt**
- faires Verfahren **6** 6, 48, 146; *s. auch dort*
- des öffentlichen Rechts **1 EMRKZusProt** 27
- Partei- und Prozessfähigkeit **34** 41 f., 47
- Recht auf Bildung **2 EMRKZusProt** 9, 23; *s. auch dort*
Justizgewährungsanspruch *s. Allgemeiner Justizgewährungsanspruch*
Justizgrundrechte 6 12

Kabeleinspeisung 10 18
Kammer
- Befugnisse **29** 1 ff.
- Entscheidungsentwurf **34** 30
- Verfahren **34** 28 ff.
- Zusammensetzung **26** 5
- Zustellung an die Regierung **34** 29
- Zuweisung an **34** 24
Kammern der freien Berufe *s. Berufskammer*
Kampf gegen den Terror 1 7
Kanzlei 24 1 ff.
Kanzlei des EGMR 34 2a f., 14, 21, 30; **35** 124, 136, 139
Kapitel VII UN-Charta *s. Vereinte Nationen*
Karikatur 10 23
Katastrophendienste *s. Notstandsdienste*
Katheterisierung 3 17
Kettenabschiebungen 3 26
KFOR 1 15
Kindesmissbrauch 3 30
Kindeswohl 5 7. **EMRKProt** 14
Kirche *s. Religionsgemeinschaft*
Kirchensteuer 9 8, 17, 24, 26, 43, 45
Klagerzwingungsverfahren 2 4
Kleidung, religiöse 9 20, 41; *s. auch Burka; Kopftuch*
Koalitionsfreiheit 11 51 ff.; *s. auch Gewerkschaft, s. auch Vereinigungsfreiheit*
- Anwendungsbereich, sachlicher **11** 51 ff.
- Ausländer **11** 11, 35, 55
- Beamte **11** 55 f.
- Eingriffe **11** 54

Sachverzeichnis

- positive Verpflichtungen **11** 59
- Rechtfertigung von Eingriffen **11** 55 ff.
- Religionsgemeinschaft **11** 51, 57
- Sanktionen **11** 54, 59
- Staatsdienst **11** 11, 51, 55 f.
- Streikrecht **11** 53
- Streikverbot **11** 54, 56 f.
- Tarifeinheit **11** 58
- Tarifverhandlungen **11** 52

Kodifizierung
- Rechtsprechung des EGMR **Präamb** 12

Koedukativer (Sport-) Unterricht 2 EMRKZusProt 18

Kollektivausweisung 4 4. EMRKProt; *s. Ausweisung*

Kolonialgebiete 56 1

Kolonialklausel 1 1; **35** 99; **56** 1

Konfrontationsrecht 6 225 ff.
- abwesender Zeuge **6** 241
- adversatorische Auseinandersetzung **6** 227
- adversatorische Befragung **6** 242
- Ausgleichsmaßnahmen **6** 241 ff.
- Beweiswert, Bestimmung u. Beschränkung d. **6** 238 f.
- Einschränkungsvoraussetzungen **6** 234 ff., 242
- Gebot sorgfältiger Beweiswürdigung **6** 238 f.
- Gesamtbetrachtungslösung **6** 247
- Gesamtwürdigung **6** 242
- Rechtsprechung EuGH **6** 242
- Stufentheorie d. BGH **6** 247
- Zeugenbegriff **6** 226

Konsularbeamte *s. Konsularisches Personal*

Konsularisches Personal 1 21

Kontrolldichte Einl 60; **10** 54; **14** 10, 38 ff.
- common ground **Einl** 63 ff.
- hohe, reduzierte **Einl** 64
- Kritik **Einl** 67
- Margin of Appreciation **Einl** 60 ff., 109
- Rechtfertigung **Einl** 62
- umstrittene Fragen **Einl** 65
- weitere Kriterien **Einl** 66
- zunehmende Einengung **Einl** 67

Konventionskonforme Auslegung 46 34, 55

Konventionsverletzung
- Abhilfe **Einl** 17, 40, 44, 92 ff., 100
- Behauptung **13** 10 f.
- Feststellung als hinreichende Wiedergutmachung **41** 23; *s. auch gerechte Entschädigung*
- Folge *s. Konventionsverletzung, Folge*
- Zeitpunkt **35** 101

Konventionsverletzung, Folge Einl 17, 40, 44, 92

- innerstaatliche Gerichtsentscheidung **Einl** 100
- Rechtsnorm **Einl** 93
- Verwaltungsakt **Einl** 94
- Verwaltungspraxis **Einl** 95

Kopftuch 9 4, 19, 22, 27, 36, 43 f.; *s. auch Burka; Kleidung, religiöse*

Kopftuchverbot 2 EMRKZusProt 1, 12

Körperliche Züchtigung 2 EMRKZusProt 16 f., 24

Körperstrafe *s. körperliche Züchtigung*

Körperverletzung 8 6 ff., 63 ff., 101

Korrespondenz 8 3, 59, 88 f.; *s. auch akustische Überwachung*

Korridorlösung Einl 102, 109

Kosten, Ersatz für 41 47 ff.
- Angemessenheit der Kosten **41** 51
- Berücksichtigung von Prozesskostenhilfe **41** 48
- Pauschalersatz **41** 49
- tatsächlich angefallene Kosten **41** 48
- Voraussetzungen **41** 48 ff.
- Zusammenhang der Kosten mit der Konventionsverletzung **41** 49 f.

Kosten des EGMR
- Finanzierung durch den Europarat **50** 1 f.
- Gerichtskostenfreiheit **50** 3 f.

Kreuz Einl 70; **2 EMRKZusProt** 3, 16, 19

Krieg 15 5; *s. auch bewaffneter Konflikt*

Kriegsgefangenschaft 15 6

Kriegshandlungen 15 5 f., 9, 12

Kriegsverbrechen 10 49; **17** 5

Kriegsvölkerrecht 15 5, 11

Kriegszustand 15 6

Kruzifix *s. Kreuz*

Kündigung
- Frist **58** 3, 6
- Mitgliedschaft im Europarat **58** 6 f.
- Unwirksamkeit **58** 4
- Voraussetzungen **58** 3 ff.
- Zusatzprotokolle **nach 59** 7 ff.

Kunstfreiheit 10 8, 22 f.
- Eingriffe **10** 35
- Schutzbereich **10** 22 f.

Kunstwerke 10 23
- Beschlagnahme **10** 35

Laizismus 9 38, 42 f., 45 f.

Landstreicher
- Freiheitsentziehung **5** 76 f.

Lärm 8 80, 116, 125

Lastentragungsgesetz – LastG 41 60

Leben 2
- Recht auf **2** 1 ff.; *s. auch Schutzpflicht für das Recht auf Leben*
- ungeborenes **2** 7, 9 f.

Sachverzeichnis

Leben der Nation, Bedrohung des 15 6
Lebensgrundlage, Zerstörung der 3 19
Legalitätsprinzip s. *Gesetzmäßigkeitsprinzip*
Legislative Maßnahme 33 8
Lehrplan 2 EMRKZusProt 8, 17, 25
Leibeigenschaft 4 8 ff.
Leistungsfähigkeit des EGMR Einl 16 ff.
Leistungsurteil 46 30, 74
Leugnung des Holocaust 10 10, 79; 17 5; s. *auch Auschwitz-Lüge*
Litis pendens 35 70 ff., 81 ff.
– Antrag auf Aussetzung des Verfahrens 35 83
– ausschlaggebender Zeitpunkt 35 82
– Sinn und Zweck 35 70
– Untersuchungs- und Vergleichsinstanz, andere internationale 35 84 f.
Lockdown 5 11
Lockspitzel s. *agent provocateur*
Luftfahrzeuge s. *Flugzeuge*

Margin of appreciation Einl 60 ff., 109; 9 44 ff.
Maßregeln der Besserung und Sicherung 5 29, 35 ff., 69 ff.; 7 22
Massenmedien 10 105
Mauerschützen-Prozesse 7 21, 28
MdEP 16 5
Medienübertragung 6 72
Medizinische Eingriffe zu Beweiszwecken 3 17
Mehrdeutigkeit 10 68
Mehrpolige Grundrechtsverhältnisse Einl 90, 108; 10 59; 53 5 ff.
Meinungsäußerungen 10 9, 67
– politische 10 57
– Rechtmäßigkeit 10 72 ff.
– tatsächliche Grundlage 10 72
Meinungsfreiheit 10 8
Meldepflicht 5 11
Mensch 2 6 f., 10
Menschenhandel 4 21 ff.
Menschenrechtskammer für Bosnien-Herzegowina 35 87
Menschenrechtslage in Europa Einl 20
Menschenrechtsschutzsystem Einl 163
Menschenrechtsschutzsystem, überstaatliches Einl 1, 32, 52, 163
Menschenwürde 10 80
Menschenwürde, Subjektqualität 3 3
Milderung der Strafandrohung 7 2
Militär(ersatz)dienst 4 17
Militärische Besetzung 1 8, 19, 23, 25
Minderheiten 8 16; s. *auch Behinderung*
– religiöse 9 49 f.
Minderheitenschutz 14 49

Minderjährige
– Freiheitsentziehung 5 58 ff., 89a
– Partei- und Prozessfähigkeit 34 34
Mindeststandard Einl 105 f.; 53 1, 5
Ministerkomitee 46 3, 21, 41, 75 f., 78 ff., 86 ff.
– Anrufung des EGMR Einl 44
– Gutachtenantrag 47 2
– Jahresbericht 46 82
– Kosten des EGMR 50 2; 54 2
– Mitwirkung der EU 59 15
Missbrauch des Beschwerderechts 35 132
– anstößige und beleidigende Eingaben 35 136 f.
– Bagatellverfahren 35 141 f.
– Begriff und Bedeutung 35 132 f.
– Kategorien 35 134 ff.
– Rechtsanwälte 35 135a
– unwahre und irreführende Angaben 35 134 f.
– Verletzung der Vertraulichkeit von Vergleichsverhandlungen 35 138 ff.
Missbrauchsgebühren 35 15a; 50 4
Missbrauchsverbot 9 29; 17 1 ff.; 35 104a
Missionieren 9 3, 18, 21 f., 38, 41, 43, 46
Mitbeschwerde-Mechanismus Einl 158d; 59 20 ff.
Moral 10 50, 58
Mündliche Verhandlung vor dem EGMR 40 1; 50 13
Mündlichkeit 6 70
Mündlichkeit der Verhandlung 6 70 ff.
– Einschränkungen 6 74 ff.
– Heilung 6 77

Nachkriegseuropa Einl 2 ff.; Präamb 3
Nachteil, kein erheblicher 35 142, 145 ff.
– bisherige Rspr. 35 150 ff.
– Erforderlichkeit einer Prüfung der Begründetheit 35 152
– Fehlen eines erheblichen Nachteils 35 149 ff.
– finanzielle Bedeutung 35 149a
– Prüfung von Amts wegen 35 146
– Sicherungsklauseln 35 146, 152
– Sinn und Zweck 35 146
Name 8 27, 76, 114
– Doppelname 8 114
Nasciturus s. *Leben, ungeborenes*
Nationale Sicherheit 10 48, 57
NATO 1 13
Naturalrestitution s. *restitutio in integrum*
Natürliche Personen 1 17; 1 EMRKZusProt 26
Nebenfolge 7 10

Sachverzeichnis

Nebenstrafe 7 10
Negative Pflichten 4 24
Negative Verpflichtungen s. *Verpflichtungen, negative*
Nemo-tenetur-Grundsatz 6 110, 140 ff.
– Auskunfts- u. Herausgabepflichten **6** 146 f.
– Behandlung juristischer Personen **6** 140
– Beschränkbarkeit **6** 143 ff.
– Grenzen für heimliches Vorgehen **6** 153
– heimliche Ausforschung **6** 151 ff.
– materielles Strafrecht **6** 162
– Mitwirkungsfreiheit **6** 142
– Prozesssubjektsqualität **6** 155
– Rechtsdogmatik **6** 140
– Schweigerecht **6** 141, 143, 158 ff.
– Selbstbelastungsfreiheit **6** 142, 147, 149 f., 153 f., 156
– strafprozessuale Ermittlungsmaßnahmen **6** 149 f.
– Täuschungsverbot **6** 153 ff.
– Verwaltungsverfahren **6** 146
– Zwangsmittel **6** 144 f., 149
Neugier 10 75, 94
Neutralität 9 14, 21 f., 31, 48 f.; *s. auch Diskriminierung aus religiösen Gründen; Indoktrinierungsverbot*
Nichteheliche Lebensgemeinschaft 8 49
Nichtregierungsorganisation 2 46
Nichtstaatliche Organisationen 10 6, 14
– Partei- und Prozessfähigkeit *s. dort*
Nichtvermögensschäden *s. Schaden, immaterieller*
non-contentious phase 39 3a
Normenkontrolle
– abstrakte **34** 61
– konkrete **35** 24
– keine Pflicht zur Einführung **13** 16
Normerlassanspruch 13 71
Notstand, öffentlicher 2 22; **3 EMRKZusProt** 16; **15** 3
– Verkündung, amtliche **15** 7
Notwehr 2 25
Notwendigkeit in einer demokratischen Gesellschaft 10 47 ff., 52 ff.
Notwendigkeiten, örtliche 56 4
Numerus clausus 2 EMRKZusProt 13
Nutzungsregelung 1 EMRKZusProt 17, 33 f.
– Entschädigung **1 EMRKZusProt** 42

Objektive Verpflichtungen *s. Verpflichtungen*
Öffentlich-rechtliche Handlungsform 1 11
Öffentlich-rechtliche Rundfunkanstalten 10 6

Öffentlicher Dienst, Zugang 10 11
Öffentlicher Wachhund 10 13, 94
Öffentliches Interesse 10 75, 94 f., 98, 110; **1 EMRKZusProt** 38, 45 f., 51
Öffentlichkeit der Verhandlung 6 70 ff.
– Ausschluss v. Presse u. Öffentlichkeit **6** 78
– vor dem EGMR **40** 1 ff.
– Verzicht **6** 79 f.
Öffentlichkeitsgrundsatz 6 70; **10** 102
One way autonomy 10 38
Online-Archive 10 15, 104
Operative Pflichten 4 29 ff.
Opfereigenschaft 34 61 ff.
– in Abschiebungs- und Auslieferungsfällen **34** 71 f.
– Beschwer **34** 65
– bei Beschwerden gegen gesetzliche Bestimmungen **34** 70
– Bestimmung **34** 63
– Betroffenheit **34** 65
– bevorstehende Konventionsverletzungen **34** 69
– direkte **34** 65 ff.
– fehlende **34** 64
– indirekte **34** 51, 73 ff.
– Parteien des innerstaatlichen Verfahrens **34** 68
– potentielle **34** 69 ff.
– relevanter Zeitpunkt **34** 66
– Unvereinbarkeit ratione personae **35** 93
– Wegfall der *s. dort*
– zeitweilige Auswirkungen **34** 67
Ordnungshaft 5 29, 47 f.
Ordnungswidrigkeiten 7 8
Orientierungswirkung *s. Urteilswirkung*

Parlamentarische Versammlung 16 1
– Mitwirkung der EU **59** 14
Parlamentsgesetz 10 37
Partei
– religiöse **9** 29
Partei- und Prozessfähigkeit 33 3; **34** 31 ff.
– Gebietskörperschaften **34** 46
– Geschäftsunfähiger **34** 36
– Gewerkschaften **34** 43
– juristischer Personen des öffentlichen Rechts **34** 41, 47
– juristischer Personen des Privatrechts **34** 42
– Kirchen und religiöser Vereinigungen **34** 45
– Minderjähriger **34** 34
– nasciturus **34** 37
– natürlicher Personen **34** 33 ff.
– nichtstaatlicher Organisationen **34** 39 ff.

921

Sachverzeichnis

- Parteien, politischer **34** 44
- Personengruppen **34** 48f.
- in Sorgerechtsstreitigkeiten **34** 35
- Strafgefangener **34** 38
- Unvereinbarkeit ratione personae **35** 93

Parteien, politische 10 5; **11** 28, 40ff.; s. auch Vereinigung, s. auch Vereinigungsfreiheit
- Anerkennung **11** 34, 40
- Deregistrierung **11** 34, 49af.
- europäische **11** 34, 40, 46, 49af.
- Finanzierung **11** 34, 41
- Mitgliedschaft **11** 33, 36f.
- Partei- und Prozessfähigkeit s. dort
- passives Wahlrecht **3 EMRKZusProt** 8
- Rechtfertigung von Eingriffen **11** 35ff.
- Spenden **11** 34, 41
- Verbot **11** 42ff.

Parteiverbot s. Parteien, politische
Passivlegitimation 33 3
Passivlegitimation, konventionsrechtliche 34 1; **35** 1, 92
Personen des öffentlichen Lebens 10 74
Personenvereinigungen 1 17
persönliche Daten 8 115
Pflegekind 8 43
Pflichtarbeit 4 11ff.; s. Zwangsarbeit
Piloturteil 37
- und einseitige Erklärung **37** 25
- und Erledigung der Beschwerde **37** 6
- und gütliche Einigung **39** 10

Piloturteilstechnik 13 8; **46** 20ff.
- Abgabe an Große Kammer **46** 23f.
- kein Annahmeermessen **46** 26
- Anordnung von Abhilfemaßnahmen im Urteilstenor **46** 22, 25
- Behandlung von Parallelfällen **46** 23, 26
- Durchsetzung nationaler Gerichtsurteile **46** 29
- eigentumsrechtliche Fälle **46** 29
- Fristsetzung **46** 25
- gütliche Einigung **46** 22
- Haftbedingungen **46** 29
- Kompetenz des EGMR **46** 21
- Konflikt mit nationalem Gesetzgeber **46** 25
- „quasi-pilot judgments" **46** 23, 29
- repetitive cases **46** 20
- strukturelles Problem **46** 21
- überlange Verfahrensdauer **46** 29
- Verfahrensablauf **46** 22f.

Pilotverfahren Präamb 12
Pinto–Gesetz 13 59; s. auch Erschöpfung des innerstaatlichen Rechtswegs
PKH s. Prozesskostenhilfe
Plenum 25 1ff.

Pluralismus 9 16, 31, 40, 44, 48ff.; **10** 2, 19, 33, 80, 106ff.; **17** 4f.
Politiker 10 74
Politische Rechte, Verfahren betreffend 35 109
Polizeikessel 5 28af.
Popularklage 2 EMRKZusProt; 34 61
- Recht auf Bildung **2 EMRKZusProt** 23

Positive Gewährleistungsgehalte 5 2
Positive obligations 13 21; s. auch positive Verpflichtungen
Positive Pflichten 4 25ff.
Positive Verpflichtungen 1 5ff.; **10** 12, 30; **14** 48f.; **1 EMRKZusProt** 49ff.
- Allgemeine Äußerungsfreiheit **10** 12
- Beurteilungsspielraum **10** 59
- Koalitionsfreiheit **11** 59
- Pressefreiheit **10** 16
- Rundfunkfreiheit **10** 19
- Vereinigungsfreiheit **11** 50; s. auch dort
- Versammlungsfreiheit **11** 25f.; s. auch dort

Präambel Einl 50, 110; **Präamb** 1
- Akteure der EMRK **Präamb** 3
- Allgemeine Erklärung der Menschenrechte **Einl** 4; **Präamb** 4
- Beurteilungsspielraum **Einl** 14a, 67; **Präamb** 9, 13
- Ergänzung **Präamb** 10
- Gemeinsames Erbe **Präamb** 6
- Kollektive Garantie **Präamb** 8
- rechtliche Bedeutung **Präamb** 5
- Subsidiaritätsprinzip **Einl** 14a; **Präamb** 9, 11
- Wiederherstellung des Friedens **Präamb** 7
- Zielsetzung der EMRK **Präamb** 2
- Zusatzprotokoll XV **Präamb** 9

Practice Directions s. Individualbeschwerde, Hinweise und Informationen
Präimplantationsdiagnostik 2 11
Pränatales Leben 2 9ff.; s. Leben, ungeborenes
Präventivhaft s. Unterbindungsgewahrsam
Pressefreiheit 10 8, 13ff., 17, 32, 83ff.
- besonderer Schutz **10** 83ff.
- eingeschränkter Beurteilungsspielraum **10** 57
- Eingriffe **10** 32
- Schutzbereich **10** 13ff.

Pressing social need 10 52
Primärrechtsschutz 13 32ff.
Prior restraint 10 26
Private Einrichtungen 1 11
Privatleben 8 3
Privatpersonen 1 11
Privatrechtliche Handlungsform 1 11

Sachverzeichnis

Privatschule **1** 11; **2** EMRKZusProt 16, 23, 26
Privatsphäre **10** 64, 93 ff.
Privilegierte Quelle 10 90
Prostitution 8 11
Protokoll Nr. 16
– Verhältnis zu Art. 267 AEUV **59** 23a
Prozessberichterstattung 10 102 f.
Prozessfähigkeit s. Partei- und Prozessfähigkeit
Prozesskostenhilfe 6 47, 67 f.
– Verfahren **35** 109
Prozesskostenhilfe, EGMR s. Individualbeschwerde, Prozesskostenhilfe
Prozessvollmacht, EGMR s. Vollmachtsformular
Psychiatrische Behandlung 3 23
Psychische Krankheit
– Freiheitsentziehung **5** 38, 63 ff., 69 ff.
Psychische Störung s. psychische krankheit
Publikationsverbote 10 26

Quellen, allgemeinzugängliche 10 21, 34
Quellenschutz 10 15, 85 ff.
– Gesetzesvorbehalt bei Eingriffen **10** 44

Rang der EMRK Einl 78, 103, 120; **13** 26; **46** 47 ff.
Rassismus 10 81; **17** 5, 7
Ratifikation Einl 7 ff., 34, 57, 72, 74, 76, 79, 91, 157, 162
– der EMRK in Deutschland **Einl** 8, 57
– Verpflichtung s. Verpflichtung zur Ratifikation
Recherche 10 15
Recht 7 12
Recht am eigenen Bild 8 115a
Recht auf Asyl 13 49; s. auch Asylverfahren; Flüchtlingsrecht
Recht auf Bildung
– Behinderung s. inklusiver Unterricht
– Diskriminierung **2** EMRKZusProt 1, 6, 10, 12 ff., 16
– Einrichtungsgarantie **2** EMRKZusProt 1, 16
– Flüchtlingseigenschaft **2** EMRKZusProt
– juristische Personen **2** EMRKZusProt 9, 23
– Popularklage **2** EMRKZusProt 23
– Religionsgemeinschaft **2** EMRKZusProt 9, 23; s. auch dort
– Roma **2** EMRKZusProt 15
– Schutzpflicht **2** EMRKZusProt 16
– Sorgerecht **2** EMRKZusProt 9, 22
– Strafrecht **2** EMRKZusProt 12
– Teilhaberecht **2** EMRKZusProt 1, 6, 10 ff.

– Universität **2** EMRKZusProt 1, 6, 11 f.
– Untersuchungshaft **2** EMRKZusProt 12
– Wohnsitz **2** EMRKZusProt 13; s. auch dort
Recht auf freie Wahlen
– Allgemeinheit der Wahl **3** EMRKZusProt 17 ff.
– Gleichheit der Wahl **3** EMRKZusProt 31 ff.
– Schranken **3** EMRKZusProt 10 f., 17 ff., 23 ff., 32
– Sperrklausel **3** EMRKZusProt 33 ff.
– Verlust des Wahlrechts **3** EMRKZusProt 23 ff.
Recht auf Freiheit 5 4
– Abschiebung **5** 16
– Auslieferung **5** 16
– und humanitäres Völkerrecht **5** 28c
– mittelbare Drittwirkung **5** 14
– Schranken-Schranken **5** 17 ff.; s. auch dort
– Untersuchungspflicht **5** 15
– Verfahrensdimension **5** 15
Recht auf Gehör 6 110 ff.
– Begründungspflicht **6** 111, 113 f.
– Beweiserhebung u. -würdigung **6** 112 ff.
– Verstoß **13** 20
– wirksame Verhandlung **6** 111
Recht auf Leben 2 1 ff.; s. auch Leben
Rechte, nicht gewährleistete 35 110 ff.
Rechtliches Vakuum 1 27
Rechtsakte
– extraterritoriale **35** 100
– internationaler Organisationen **35** 98
Rechtsanwalt 10 62; s. auch Verteidigung
– Gebühren **50** 5 ff.
Rechtsanwender 7 6
Rechtsbehelfsbelehrung, fehlende 35 121
Rechtschreibreform 2 EMRKZusProt 18
Rechtsfolgen eines EMRK-Verstoßes 46 2, 17
Rechtsfortbildung, richterliche 7 13
Rechtshängigkeit, anderweitige 35 70 ff., 81 ff.; s. auch litis pendens
Rechtshilfe
– Anwendbarkeit Art. 6 **6** 35; s. auch dort
– Auslieferung **6** 35
– Auslieferungs- und Abschiebungshindernis **6** 174 ff.
– Rechtsnatur **6** 35
– Zurechnung v. Verstößen **6** 35, 92
Rechtskraft 35 70, 79
Rechtskraft, formelle
– von Einzelrichterentscheidungen **27** 7

923

Sachverzeichnis

- von Entscheidungen und Urteilen einer Kammer oder der Großen Kammer **42; 44** 1 ff.
- von Entscheidungen und Urteilen eines Ausschusses **28** 8

Rechtsmissbrauch s. *Missbrauch des Beschwerderechts*
Rechtsmittel 2 7. **EMRKProt** 6 f.
Rechtsmittelausschluss 35 121
Rechtsnatur Einl 12
Rechtsprechungsänderung 35 2a
Rechtsprechungsdivergenzen im Mehrebenensystem Einl 107, 151
- Korridorlösung **Einl** 102, 109
- mehrpolige Grundrechtsverhältnisse **Einl** 90, 108

Rechtsprechungswechsel 13 72
Rechtsschutz
- gegen Exekutivakte **13** 18
- infiniter **13** 30
- gegen Judikativakte **13** 19 f.
- gegen Legislativakte **13** 16 f.
- nichtgerichtlicher Rechtsbehelf **13** 22
- präventiver **13** 36
- Primär- oder Sekundärrechtsschutz? **13** 32 ff.
- prozessuale Überholung **13** 48
- gegen Rechtsverletzungen Privater **13** 21
- Suspensiveffekt **13** 36, 51 f.
- bei Wahlen **3 EMRKZusProt** 45 ff.

Rechtsschutzanspruch 13 31
Rechtsschutzniveau 2 7. **EMRKProt** 2
Rechtsstaatlichkeit, gesamteuropäische 6 1 ff., 109, 153
Rechtsstaatsprinzip Einl 97 f.
Rechtswegausschluss 13 64
Rechtswegerschöpfung s. *Erschöpfung des innerstaatlichen Rechtswegs*
Redaktionsgeheimnis 10 85
Redaktionsräume 10 85
Referenden 3 EMRKZusProt 6
Reformprozess 34 2, 2b
Regierung 10 74
Regionales Völkergewohnheitsrecht 10 3
Religion 9 14 f.; **10** 58
Religionsfreiheit 10 64
- Abwägung mit gegenläufigen Rechtsgütern **9** 39 ff.
- und Arbeitsrecht **9** 4, 6 f., 9, 22, 32
- in der Armee **9** 22, 41
- Bedeutung des Unionsrechts **9** 10
- Bedeutung für die deutsche Rechtsordnung **9** 8 f., 26
- Bedeutung in der Konventionsrechtsprechung **9** 7
- Bekenntnis **9** 18 ff.
- Drittwirkung s. *Religionsfreiheit im Privatrechtsverhältnis*
- Eingriff **9** 22 f.
- Einmischungsverbot **9** 6 f., 31
- faires Verfahren **9** 2
- forum externum **9** 17 ff.
- forum internum **9** 3, 12, 16, 24, 29, 35
- im Gefängnis **9** 8, 36, 52
- Glockengeläut **9** 41
- Gottesdienst **9** 18, 41
- Grundrechtsfähigkeit **9** 28 f.
- individuelle **9** 3, 16 ff.
- und kirchliches Dienst- und Arbeitsrecht **9** 9, 32
- kollektive **9** 6, 28 ff.
- korporative s. *Religionsfreiheit, kollektive*
- negative **9** 5, 9, 24 ff.; s. *auch religiöse Symbole im öffentlichen Raum*
- und Planungsrecht **9** 47
- positive Verbürgungen **9** 51 ff.
- Praktizieren **9** 18, 41
- im Privatrechtsverhältnis **9** 34, 53; s. *auch Religionsfreiheit und Arbeitsrecht*
- Rechtfertigung von Eingriffen **9** 4, 35 ff.
- Religionsausübung s. *Religionsfreiheit, Bekenntnis; Religionsfreiheit, Praktizieren*
- religiöse Erziehung s. *religiöse Erziehung*
- religiöse Feiertage s. *religiöse Feiertage*
- und Schule **9** 2, 7 f., 11, 16, 19 f., 25, 27, 32, 35, 41, 52; s. *auch Indoktrinierungsverbot; religiöse Erziehung; Religionsunterricht*
- Schutzbereich **9** 3, 14 ff.
- Schutzpflicht **9** 53
- staatliche Organisationsverantwortung **9** 52
- und Strafrecht **9** 4, 21 f., 30, 36, 46 f., 50
- tatbestandsimmanente Schranken **9** 3, 19 ff.
- Träger **9** 28 f.
- Vergleich mit Art. 4 Abs. 1, 2 GG **9** 3 ff.
- Wechsel **9** 17

Religionsgemeinschaft 2 EMRKZusProt 24 f.; **34** 45; **35** 68; s. *auch Religionsfreiheit, kollektive*
- Anerkennung **9** 9, 30
- Autonomie s. *Selbstbestimmungsrecht*
- Besteuerung **9** 34, 45
- Finanzierung **9** 45
- Koalitionsfreiheit s. *auch dort*
- Körperschaftsstatus **9** 9, 30
- öffentlich-rechtliche **9** 9, 28, 52
- Partei- und Prozessfähigkeit **34** 45
- und private Lebensführung **9** 32
- Privilegierungen **9** 30, 46
- Recht auf Bildung **2 EMRKZusProt** 9, 23; s. *auch dort*

Sachverzeichnis

- Rechtsfähigkeit **9** 29f., 42
- und Rechtsschutz **9** 32
- Registrierung *s. Vereinigungsfreiheit*
- Selbstbestimmungsrecht **9** 31f., 42
- Vereinigungsfreiheit **9** 29f., 42, 46; *s. auch Vereinigung, s. auch Vereinigungsfreiheit*

Religionsunterricht 9 25ff., 50, 52; **2** EMRKZusProt 25; *s. auch Indoktrinierungsverbot; religiöse Erziehung; Religionsfreiheit, Schule und Ethik-Unterricht*

Religionsverfassungsrecht 9 4, 45

Religiöse Erziehung 9 2f., 7, 15, 18, 29, 32, 50; *s. auch Indoktrinierungsverbot; Religionsunterricht; Religionsfreiheit und Schule*

Religiöse Feiertage 9 2, 4, 12, 20f., 41

Religiöse Kleidung 9 38, 46, 53

Religiöse Symbole im öffentlichen Raum 9 7, 27, 45f.; *s. auch Religionsfreiheit, negative*

Repetitive cases 46 20

Res iudicata 35 70ff., 79ff.
- Sinn und Zweck **35** 70

Resozialisierung 10 104

Restitutio in integrum 41 5f.

Restitution 1 EMRKZusProt 10, 20, 28, 45

Rettungsschuss 2 35

Reziprozität *s. Verpflichtungen, gegenseitige*

Richter 10 102; **26** 7
- Einzelrichter **27** 1ff.
- Immunität *s. dort*

Richter des EGMR *s. auch Europäischer Gerichtshof für Menschenrechte*
- Altersgrenze **21** 3
- Amtsantritt **23** 2
- Amtszeit **23** 1ff.
- Änderungen durch den Beitritt der EU **22** 15
- Anforderungen **21** 1ff.
- beratendes Expertengremium für die Richterwahl **22** 7
- demokratische Legitimation **22** 3
- Entlassung **23** 5
- Geschlechtergerechtigkeit **22** 11
- Qualifikationsanforderungen **59** 13
- Unabhängigkeit **21** 4ff.
- Wahl **22** 1ff.
- Wahlverfahren **22** 4ff.

Richterliche Unabhängigkeit *s. Unabhängigkeit, richterliche*

Richterrecht 7 12; **10** 37

Roma
- Recht auf Bildung **2** EMRKZusProt 15

Rückwirkungsverbot Einl 9, 74; **7** 18ff.
- Ausnahme **7** 26f.
- Vorbehalt der Bundesrepublik **7** 29

Rügeobliegenheiten *s. Individualbeschwerde, Rügeobliegenheiten*

Rundfunkfreiheit 10 8
- besonderer Schutz **10** 105ff.
- Eingriffe **10** 33
- Schutzbereich **10** 17ff.

Rundfunkveranstalter 10 5

Rundfunkveranstaltung 10 18, 106

Rundfunkzulassung 10 33

Sachverhaltsermittlung 38 4ff.
- durch den Gerichtshof **38** 6
- Mitwirkungspflichten der Parteien **38** 8, 11

Sammelklagen 34 3c, 48

Schächten 9 18, 45, 50

Schaden 41 9ff.
- Beweislast **41** 9
- immaterieller **41** 9
- kausal auf der Konventionsverletzung beruhender **41** 16f.
- loss of a real opportunity **41** 17
- materieller **41** 9, 11f.
- Schadensvermutung **41** 15
- Strafschadensersatz **41** 10

Schadensersatz 10 32, 43; *s. auch gerechte Entschädigung*

Schadstoffe 8 39, 80

Scheidung 12 10; **5 7. EMRKProt** 10

Schengener Durchführungsübereinkommen – SDÜ 4 7. EMRKProt 6

Schiedsgerichte 6 54

Schiedsverfahren
- Auskunfts- u. Herausgabepflichten **6** 148

Schiedszwang 6 69

Schiffe 1 21

Schmähkritik 10 73

Schmerzensgeld *s. Schaden, immaterieller*

Schockschaden 2 50

Schranken 10 36
- bei faktischen Eingriffen **10** 46

Schranken-Schranken
- Freiheit, Recht auf **5** 17ff.

Schrankenvorbehalt
- Instrumentalisierung **18** 2

Schulausschluss 2 EMRKZusProt 17; *s. auch schulische Disziplinarmaßnahmen*

Schulgebete 2 EMRKZusProt 19

Schulgebühren 2 EMRKZusProt 13

Schulische Disziplinarmaßnahmen 2 EMRKZusProt 17, 25
- körperliche Züchtigung **2** EMRKZusProt 16f., 24
- Körperstrafe *s. körperliche Züchtigung*
- Schulausschluss **2** EMRKZusProt 17
- Unterrichtsausschluss **2** EMRKZusProt 17, 25

Sachverzeichnis

Schulpflicht 2 EMRKZusProt 2, 7f., 18; **35** 121; *s. auch home schooling*
Schuluniform 8 15
Schuman-Erklärung Einl 5f.
Schutz, diplomatischer 36 3f.
Schutz vor Diskriminierung 4 36f.
Schutzbereichsbegrenzung 17 10
Schutzkonzept, abgestuftes 10 97
Schutzpflichten 3 21ff.; **13** 40; **2 EMRKZusProt**
– gegenüber Drittstaaten **1** 7
– gegenüber Privatpersonen **1** 7
– Recht auf Bildung **2 EMRKZusProt** 16; *s. auch dort*
– für das Recht auf Leben **2** 1, 3, 30ff.
– Roma **2 EMRKZusProt** 16
Schwangerschaft 8 9
Schwangerschaftsabbruch 2 2, 9; **8** 9, 67; **10** 49
Scientology 2 EMRKZusProt 8f., 23
SDÜ *s. Schengener Durchführungsübereinkommen – SDÜ*
Sechsmonatsfrist 33 9; **34** 16; **35** 51ff.
– Abschiebungs- und Auslieferungsfälle **35** 54a
– außerordentliche Rechtsbehelfe **35** 53
– Berechnung und Dauer **35** 58ff.
– Beschwerdeformular **35** 61ff.
– Einbringungsdatum **35** 65
– und Erfordernis der Rechtswegerschöpfung **35** 52
– Erhebung neuer Beschwerdepunkte **35** 64
– erstes Schreiben des Beschwerdeführers **34** 6; **35** 62
– Erweiterung der Beschwerde **35** 63
– Fehlen effektiver Rechtsbehelfe **35** 54
– Feiertagsregelung **35** 59
– fortdauernde Verletzungen **35** 54; *s. auch dort*
– Fristbeginn **35** 52ff.
– Hemmung des Fristlaufs **35** 60
– Kenntnis von der Ineffektivität eines Rechtsbehelfs **35** 56
– Klagezustellung an ausländischen Staat **35** 57a
– nicht effektive Rechtsbehelfe **35** 53
– Prüfung von Amts wegen **35** 6, 66
– Sinn und Zweck **35** 51
– überlange Verfahrensdauer **35** 56f.
– Unterbrechung **35** 61ff.
– Verfassungsbeschwerde **35** 56f.
– Verkündung der letzten innerstaatlichen Entscheidung **35** 58
– Verkürzung auf vier Monate (15. EMRK-Prot) **35** 51a

– vermeintlich effektive Rechtsbehelfe **35** 55
– Versäumung **35** 66
– Zustellung der letzten innerstaatlichen Entscheidung **35** 58
– Zuwarten des Beschwerdeführers **35** 54
Sektionen 26 3
Sekundärrechtsschutz 13 32ff.
Selbstbelastungsfreiheit *s. Nemo-tenetur-Grundsatz*
Selbstbindung des EGMR 46 45
Selbsttötung *s. Tod, Recht auf*
Selbstverteidigung, kollektive 15 6
Selbstvollziehende Norm 10 29
Separatismus 10 48
Servitude 4 8ff.
Sexualerziehung *s. Sexualkundeunterricht*
Sexualität 8 11, 68; *s. auch Homosexualität, s. auch Prostitution, s. auch Transsexualität*
Sexualkundeunterricht 2 EMRKZusProt 2, 7, 16ff., 24, 25a
Sicherheit, Recht auf 5 5
Sicherheitsrat *s. Vereinte Nationen*
Sicherungsverwahrung Einl 70, 77, 108; **3** 10; **5** 35ff., 69ff.; **7** 3, 22ff., 26; **4 7. EMRKProt** 12
Sitzblockade *s. Versammlung*
Sklaverei 4 1ff., 7
Social watchdog 10 14
Soering-Fall 3 24
Solange-Rechtsprechung 1 13
Soldaten 10 7, 62, 77; *s. auch Bundeswehr*
Sonderrolle der EU Einl 164
Sonderschule 2 EMRKZusProt 15
Sonderstatusverhältnisse 10 7
– Beamte **10** 7
– Häftlinge **10** 7
– Lehrer **10** 7
– Soldaten **10** 7
Sonstige eigentumsrelevante Maßnahme 1 EMRKZusProt 29, 35
Sorgerecht 8 53, 118f.; **2 EMRKZusProt**; **5 7. EMRKProt** 14
– Recht auf Bildung **2 EMRKZusProt** 9, 22; *s. auch dort*
Sorgfaltsanforderungen 10 70, 88
Souveränität Einl 75, 87, 163
Sperrklauseln *s. Recht auf freie Wahlen*
Spezialität 13 19
Spontanversammlung *s. Versammlung*
Sportgerichtsbarkeit 6 69
– Auskunfts- u. Herausgabepflichten **6** 148
Sportschiedsverfahren 6 69
Sprachenfrage Einl 35, 55
– authentische Fassungen **Einl** 56, 58

Sachverzeichnis

- konsolidierte deutschsprachige Fassung **Einl** 57
- und Sinn und Zweck des Vertrags **Einl** 58
- Wortlaut des Art. 6 EMRK **Einl** 59

Sprachfassung, authentische *s. Wortlaut, verbindlicher*
Staat und Religion *s. Religionsverfassungsrecht*
Staatenbeschwerde Einl 31, 158c; **33** 1 ff.
- EU **59** 22 f.
- Frist **33** 9
- Missbrauch **33** 10
- offensichtliche Unbegründetheit **33** 11
- Verhältnis zu anderen Streitbeilegungsverfahren **55** 1 ff.

Staatenlose 1 16
Staatennachfolge 59 4
Staatsangehörigkeit 1 16; **33** 1; **35** 109, 112
Staatsangehörigkeit, doppelte 3 EMRKZusProt 17
Staatsfreiheit des Rundfunks 10 19
Staatsgebiet 1 19
Staatskirche 9 7, 45 f.
Staatsverstärkte Kriminalität 7 3, 29
Statut des EGMR Einl 14b
Sterbehilfe 2 2, 13 f.; **34** 52
Steuerrechtliche Verfahren 35 109
Stiefkind 8 43
Stiftung Polnisch-Deutsche Aussöhnung 1 11
Strafbare Handlung, dieselbe 4 7. EMRKProt 8 ff.
Strafe
- Begriff **7** 7 ff.
- erniedrigende **3** 5, 8
- Freiheitsstrafe *s. dort*
- Jugendstrafe *s. dort*
- lebenslange **3** 10
- Nebenstrafe *s. dort*
- rückwirkende Erhöhung **7** 20
- Todesstrafe *s. dort*
- unmenschliche **3** 5, 8
- Unverhältnismäßigkeit **3** 10

Strafgefangene
- Behinderungsverbot **34** 95
- Partei- und Prozessfähigkeit **34** 38
- Wahlrecht **3 EMRKZusProt** 24

Strafhaft
- Recht auf Bildung **2 EMRKZusProt** 12
Strafprozess 10 102
Straftat 7 8; **2 7. EMRKProt** 3
Straftäter 10 104; *s. auch Resozialisierung*
Strafverfahren 2 7. EMRKProt 1; **4 7. EMRKProt** 2 f.
Strafverfolgung, Anspruch auf 2 3, 44 f.

Strafverfolgungsentschädigungsgesetz – StrEG 5 137; **3 7. EMRKProt** 1
Strafverfolgungsmaßnahmen gegen Dritte 35 109, 112
Strafvollstreckungsrechtliche Verfahren 35 109
Strafzumessungslösung 6 171; *s. auch Überlange Verfahrensdauer*
StrEG *s. Strafverfolgungsentschädigungsgesetz – StrEG*
Streichung aus dem Register
- bei Tod des Beschwerdeführers **34** 53
- bei Wegfall der Opfereigenschaft **34** 80, 87

Streichung der Beschwerde 37
- Ausnahmeklausel **37** 20 ff.
- bei einseitiger Erklärung *s. dort*
- Fallgruppen **37** 3 ff.
- Form **37** 26 f.
- Kostenentscheidung **37** 7, 28
- Überwachung der Umsetzung **37** 26 f.
- Wiedereintragung **37** 7, 30

Streikrecht *s. Koalitionsfreiheit*
Streikverbot *s. Koalitionsfreiheit*
Streitgegenstand *s. Individualbeschwerde, Beschwerdegegenstand*
Studiengebühren 2 EMRKZusProt 13
Stufentheorie d. BGH 6 247
Subsequent punishment 10 26
Subsidiärer Charakter der EMRK Präamb 12
Subsidiarität Einl 54; **10** 54; **13** 1, 17, 44; **34** 62; **35** 9, 39
Subsidiaritätsprinzip Einl 14a; **Präamb** 9, 11
- Rechtsetzung **Präamb** 11
Suizid 8 66
Superrevisionsinstanz 35 127
Supranationale Organisationen 1 2, 12 ff.
Suspensiveffekt 13 36, 51 f.

Tabakwerbung 10 49
Tarifverhandlungen *s. Koalitionsfreiheit*
Taschenkontrollen 5 10b
Tatsachenbehauptungen 10 9, 67 f.
- Rechtmäßigkeit **10** 69 ff.
- unzutreffende **10** 10
- wahre **10** 71
- Wahrheitsbeweis **10** 69
- wertungsgeprägte **10** 67
Tatverdacht 5 50
Teilhaberecht
- Recht auf Bildung **2 EMRKZusProt** 1, 6, 10 ff.; *s. auch dort*
Telefonüberwachung 8 36
Telekommunikation 1 35; *s. auch Überwachung*

Sachverzeichnis

Territoriale Unversehrtheit 10 48
Terrorismusabwehr 3 4, 34; 10 49
Testamentsvollstrecker 34 55
Therapieunterbringungsgesetz 5 36, 70f.; 7 23, 25
Tod, Recht auf 2 13
Tod des Beschwerdeführers s. Individualbeschwerde, Tod des Bf.
Todesbegriff 2 12
Todesfall außerhalb der Jurisdiktion 1 33
Todesschuss s. Rettungsschuss
Todesstrafe 2 24; 3 10; 1 13. EMRKProt 1 ff.
– Abschaffung 1 6. EMRKProt
– in Friedenszeiten 1 13. EMRKProt 2
– in Kriegszeiten 2 6. EMRKProt; 1 13. EMRKProt 3
– Todeszellensyndrom s. dort
– Verfahrensfairness 1 13. EMRKProt 10
Todeszellensyndrom 1 13. EMRKProt 6; 34 102
Toleranz 9 31, 48
Torschin-Gesetzesinitiative Einl 88; Präamb 14
Tötung
– Ermittlungspflicht s. dort
– Rettungsschuss s. dort
– Selbsttötung s. Tod, Recht auf
– Sterbehilfe s. dort
– Todesschuss s. Rettungsschuss
– Untersuchungspflicht s. Ermittlungspflicht
Transitbereich 5 82
transnationale Geltungsdimension 6 12
Transsexualität 8 13; 12 7

Übereinstimmung von Beschwerden 35 71 ff.; s. auch Identität
Überhaft 5 12
Überlange Verfahrensdauer 13 8, 20, 34, 38, 54 ff.; s. auch gerechte Entschädigung
– Amtshaftung 13 6, 44
– außerordentliche Untätigkeitsbeschwerde 13 57
– Beschleunigungsrechtsbehelf 13 56 ff.
– Dienstaufsichtsbeschwerde 13 44
– Entschädigung 41 15 f., 28, 34, 49; s. auch gerechte Entschädigung
– Gesetz über den Rechtsschutz bei überlanger Verfahrensdauer 13 61 f.
– Gesetzentwurf zur Untätigkeitsbeschwerde 13 58
– Höhe der Entschädigung 13 59
– immaterieller Schadensersatz 13 37 f., 58, 60
– Kompensation im Strafrecht 13 62
– Richterspruchprivileg 13 60

– Sechsmonatsfrist s. dort
– Strafzumessungslösung 13 62
– Überlastung der Justiz 13 60
– Untätigkeitsbeschwerde 13 44, 56 ff.
– Vollstreckungslösung 13 62
Überlastung des Gerichtshofs 34 2; 35 2
Überstaatliche Zusammenarbeit Einl 1, 110, 165
– Anwendungsvorrang des Unionsrechts Einl 119, 161 f.
– Brücken- und Klammerfunktion Einl 114
– EGMR Einl 115 ff., 126 ff., 131 ff., 137 ff.
– EuGH Einl 106, 115 f., 143 f., 148, 150 ff., 159, 162 f.
– EuGH und EMRK Einl 123
– Konventionsrecht und Unionsrecht Einl 118, 126, 148, 162
– Missverständnisse Einl 111
– Qualität des Unionsrechts Einl 117 f., 121
– Rechtserkenntnisquelle Einl 122, 124
– Wirkmodus der Entscheidungen Einl 115, 117
Überwachung 1 35; s. auch Internet, s. auch Telekommunikation
Umgangsrecht 8 53, 118 f.
Umsetzungspflicht s. Verpflichtung zur Ratifikation
Umweltinformationen 10 21
Umweltrecht 2 39a
Umweltverschmutzung 8 38, 116 f.; s. auch Lärm, s. auch Schadstoffe
UN s. Vereinte Nationen
UN-Arbeitsgruppe für Fälle von verschwundenen Personen 35 87
UN-Arbeitsgruppe für willkürliche Inhaftierungen 35 86
UN-Hochkommissar für Menschenrechte 35 87
UN-Menschenrechtsausschuss 35 78, 86
UN-Zivilpakt s. Internationaler Pakt über bürgerliche und politische Rechte – IPbpR
Unabhängigkeit, richterliche Einl 26, 96; 13 24, 56 f., 60
Unbegründetheit, offensichtliche 35 114 ff.
– Anwendungsbereich 35 118 f.
– Begriff und Bedeutung 35 115 f., 119
– und „global formula" 35 116
– und Vertretbarkeit des Anspruchs 13 12 ff.
– vorgezogene Sachprüfung 35 115
Unentgeltliche Beiziehung eines Dolmetschers 6 257 ff.
– Kommunikation m. Verteidiger 6 262
– Kosten 6 263
– Positive Schutzpflicht 6 257
– Prozesssubjektsqualität 6 261

Sachverzeichnis

- Schutzzweck **6** 260
- Unbeschränkbarkeit **6** 259
- Verzichtbarkeit **6** 264
UNFICYP *s. United Nations Peacekeeping Force in Cyprus – UNFICYP*
Ungeborenes Leben *s. Leben, ungeborenes*
Ungleichbehandlung 14 2, 20 ff.; **1** 12. **EMRKProt** 2 f.; *s. auch Diskriminierung*
Unionisten Einl 2; **Präamb** 3
Unionsbürger, Wahlrecht 3 EMRKZusProt 7, 28, 35
Unionsbürgerschaft 16 4 f.
Unionsrecht Einl 118, 126, 148, 162
- Anwendungsvorrang des Unionsrechts **Einl** 119, 161 f.
- EU-Rechtsprechung des EGMR **Einl** 126 ff., 164; *s. auch dort*
- Konventionsrecht **Einl** 118, 124, 126, 148, 158c, 162
- Qualität des Unionsrechts **Einl** 117 f., 121
- Vollumfängliche Überprüfung des EU-Rechts **Einl** 165
United Nations Interim Administration Mission in Kosovo – UNMIK 1 15
United Nations Peacekeeping Force in Cyprus – UNFICYP 1 15
Universität
- Recht auf Bildung **2 EMRKZusProt** 1, 6, 11 f.
UNMIK *s. United Nations Interim Administration Mission in Kosovo – UNMIK*
Unmittelbar geltendes Recht Einl 72, 121
Unschuldsvermutung 6 56, 177 ff.; **10** 64, 101; *s. auch Gerichtsberichterstattung, s. auch Verdachtsberichterstattung*
- Anwendungsbereich **6** 178
- Bewährungswiderruf **6** 188
- Beweislastverteilung **6** 179
- Disziplinarverfahren **6** 187
- Folgeentscheidungen **6** 186 f.
- Sicherheitsmaßnahmen **6** 180
- Sozialhilferechtliche Verfahren **6** 187
- Strafzumessung **6** 188
- Unvoreingenommenheit **6** 180
- Vorverurteilung **6** 182 ff.
- zivilrechtliche Streitigkeiten, Einfluss auf **6** 187
Untätigkeitsbeschwerde *s. Überlange Verfahrensdauer*
Unterbindungsgewahrsam 5 41a, 47, 56
Unterbringung *s. Freiheitsentziehung*
- nach BGB **5** 60, 72
- nach PsychKG **5** 72
Unterlassung 10 32

Unterlassungspflichten 3 9 ff.
Unterlassungsverfügungen 10 84
Unternehmensbeteiligungen 1 EMRKZusProt 21 f.
Unterricht
- Ausschluss **2 EMRKZusProt** 17, 25; *s. auch schulische Disziplinarmaßnahmen*
- Befreiung **2 EMRKZusProt** 7, 25
- Ethikunterricht **2 EMRKZusProt** 8
- inklusiver **2 EMRKZusProt** 2a, 15, 15a
- koedukativer **2 EMRKZusProt** 18
- Religionsunterricht **9** 25 ff., 50, 52; **2 EMRKZusProt** 25; *s. auch Indoktrinierungsverbot; religiöse Erziehung; Religionsfreiheit und Schule; Ethikunterricht*
- Sexualkundeunterricht **2 EMRKZusProt** 2, 7, 16 ff., 24, 25a
- Sportunterricht **2 EMRKZusProt** 18
- Unterrichtsplan *s. Lehrplan*
- zuhause *s. home schooling*
Unterrichtsausschluss 2 EMRKZusProt 17, 25; *s. auch schulische Disziplinarmaßnahmen; Unterricht*
Unterrichtsbefreiung 2 EMRKZusProt 7, 25
Unterrichtsplan *s. Lehrplan*
Unterrichtung über die Anklage 6 191 ff.
- Beschränkbarkeit **6** 195
- Nachtragsanklage **6** 194
- notwendiger Inhalt **6** 191 ff.
- Übersetzung **6** 191
- Veränderung rechtl. Gesichtspunkte **6** 194
Unterrichtungspflicht *s. Derogation*
Untersuchungs- und Vergleichsinstanz, andere internationale *s. litis pendens*
Untersuchungsgrundsatz 38 1, 4
Untersuchungshaft 5 33, 49 ff., 109 ff.
- Behinderungsverbot **34** 95; *s. auch dort*
- Beschleunigungsgrundsatz **5** 126 f.
- Fluchtgefahr **5** 118
- Haftdauer **5** 55, 115 ff., 124 ff., 128 f.
- Haftgründe **5** 54, 117 ff.
- Haftrichter **5** 112
- Haftverschonung **5** 123
- Kaution **5** 123
- Prüfungsmaßstab **5** 122
- Recht auf Bildung **2 EMRKZusProt** 12
- spezifische Rechte **5** 109 ff.
- Tatverdacht **5** 50, 117
- Verdunkelungsgefahr **5** 119
- Verhältnismäßigkeit **5** 54, 116 ff.
- Vorführung **5** 110 f., 113 f.
- Wiederholungsgefahr **5** 56, 120
Untersuchungspflicht *s. Ermittlungspflicht*
Unterzeichnung Einl 6; **59** 1 f.

929

Sachverzeichnis

Unvereinbarkeit 35 89 ff.
- Begriff **35** 89 f.
- Einreden der Regierung **35** 91
- Prüfung von Amts wegen **35** 91
- ratione loci (örtliche) **35** 99 ff.
- ratione materiae (sachliche) **35** 104 ff.
- ratione personae (persönliche) **35** 92 ff.
- ratione temporis (zeitliche) **35** 101 ff.

Unverfügbarkeit 3 1, 3 f., 34; **7** 1; **4 7. EMRKProt** 1

Unzulässigkeitsentscheidung
- durch Ausschuss **34** 26; **35** 155
- durch Einzelrichter **34** 25; **35** 154
- durch Kammer **34** 28; **35** 156
- de plano **34** 28; **35** 4, 12, 156
- teilweise **35** 153
- Verfahren und Form **35** 153 ff.
- Zeitpunkt **35** 158 ff.

Ursache und Wirkung 1 29

Urteil
- Begründung *s. dort*
- Rechtskraft *s. dort*
- Umsetzung **35** 106
- Zugang zu **10** 21

Urteilsauslegung 46 85 f.

Urteilsüberwachung 46 3, 75 ff.
- Ausschluss aus Europarat **46** 89
- Aussetzung des Stimmrechts **46** 89
- einseitige Erledigterklärung **46** 77
- Entscheidungen **46** 78
- Festsetzung eines Pauschalbetrags **46** 87
- Final Resolution **46** 83
- generelle Maßnahmen **46** 82
- Interim Resolution **46** 83
- Jahresbericht des Ministerkomitees **46** 82
- Konsequenzen bei Nichtbefolgung **46** 87 ff.
- Kostenerstattung **46** 81
- neue Tatsachen **46** 76
- politisierte Fälle **46** 84
- Übersetzung des EGMR-Urteils **46** 82

Urteilswirkung 46 31 ff., 47 ff.
- gegenüber anderen EMRK-Staaten **46** 45, 54
- Anspruch auf Wiederaufgreifen **46** 65
- Begnadigung **46** 39
- begriffliche Autonomie **46** 48
- Berücksichtigungspflicht **46** 50
- corespondent mechanism **46** 42a
- echte Normerlassklage **46** 36
- im einstweiligen Rechtsschutz **46** 56
- in EU-Fällen **46** 42
- Feststellungscharakter **46** 5
- formelle Rechtskraft des EGMR-Urteils **46** 31
- Gesetzesänderung **46** 34, 44, 62 f.

- gegenüber GG **46** 58
- gütliche Einigung **46** 72
- Inter-partes-Wirkung **46** 31, 43
- klar bekundeter Wille des Gesetzgebers **46** 56a
- konventionskonformer Auslegung **46** 34, 55
- gegenüber Landesgesetzen **46** 57, 62
- gegenüber Landesverfassungen **46** 58
- Lex-posterior-Satz **46** 56a
- Lex-specialis-Satz **46** 56a
- materiell-rechtlicher Wiedergutmachungsanspruch **46** 32, 40
- materielle Rechtskraft des EGMR-Urteils **46** 31
- mehrpolige Grundrechtsverhältnisse **46** 53, 59
- Minarettverbot **46** 38
- neues Schutzkonzept **46** 59
- Nichtvollstreckung **46** 39
- Normverwerfungsmonopol des BVerfG **46** 61
- Orientierungswirkung **46** 45
- in Parallelfällen **46** 43 ff.
- rechtserhebliche Änderung **46** 60 f.
- Rechtskraft nationaler Gerichtsurteile **46** 11
- Rechtskraftdurchbrechung **46** 39 ff.
- Rechtsverordnungen **46** 64
- Rücknahme eines VA **46** 67
- Satzungen **46** 64
- Sicherungsverwahrung **46** 73
- Spannung zum demokratisch legitimierten Gesetzgeber **46** 36a
- Streikverbot für Beamte **46** 58
- ex tunc **46** 37
- Unanwendbarkeit von EMRK-widrigem Recht **46** 34
- unechte Normerlassklage **46** 36
- Verfassungsänderung **46** 36
- Verpflichtung des Staates insgesamt **46** 33
- gegenüber Verwaltungsakten **46** 65 ff.
- Völkerrechtsfreundlichkeit des GG **46** 69
- Vollstreckbarkeit **46** 74
- vorübergehende Fortgeltung EMRK-widrigen Rechts **46** 37
- Wiederaufgreifen i. w. S. **46** 68
- Wiederaufnahme *s. Wiederaufnahme nach EGMR-Urteil*

Vaterschaftsanfechtung 8 24
Veranstaltermonopol 10 106
Verbrechen gegen die Menschlichkeit 7 14, 27; **10** 79
Verbreiterhaftung 10 15, 91 f.
Verdachtsberichterstattung 10 101

Sachverzeichnis

Verein
- ausländischer religiöser **9** 9
- religiöser **9** 29

Vereine 10 5

Vereinigung
- Arbeitsweise **11** 39a
- Auflösung **11** 33, 39 f.
- Austritt **11** 32
- Begriff **11** 27 ff.
- Beitritt **11** 31
- Berufskammer **11** 30
- Eintragung **11** 33
- Gründung **11** 31, 39 f., 50
- Handelskammer **11** 30
- Jagdvereinigung **11** 30, 38
- Mitgliedschaft **11** 33, 36 ff.
- Nichtzulassung **11** 39
- Öffentlich-rechtliche **11** 29 f.
- Rechtsform **11** 31
- religiöse **11** 27, 35, 50, 57
- Sanktionen **11** 33
- Tätigkeit **11** 31, 33, 50
- Verbot **11** 33, 39
- wirtschaftliche **11** 27
- Zwangsmitgliedschaft **11** 33, 38

Vereinigungsfreiheit 11 27 ff.; *s. auch Koalitionsfreiheit, s. auch Parteien, politische, s. auch Vereinigung*
- Anwendungsbereich, sachlicher **11** 27 ff.
- Ausländer **11** 11, 35
- Beamte **11** 36 f.
- Eingriffe **11** 33 f.
- positive Verpflichtungen **11** 50
- Rechtfertigung von Eingriffen **11** 35 ff.
- Religionsgemeinschaft **11** 50
- Staatsdienst **11** 11, 36 f.

Vereinte Nationen
- Kapitel VII UN-Charta **1** 14
- Resolutionen **1** 14
- Sicherheitsrat **1** 14

Verfahren vor dem EGMR Einl 14 ff., 25, 31, 40, 43 f., 83, 92, 115, 134, 144, 150, 159
- anhängige und unerledigte **Einl** 18 f.
- gegen Deutschland **Einl** 17

Verfahrensbevollmächtigte der Mitgliedstaaten 34 11

Verfahrensdauer, überlange
- Beschwerden über **34** 4, 17, 83 ff.; **35** 19 a f., 33 ff., 56 f., 77, 121, 142
- Entschädigungsklage **34** 83 ff.; **35** 34 ff.
- Verzögerungsrüge **34** 83 ff.; **35** 34 ff.

Verfahrenshilfe *s. Prozesskostenhilfe*

Verfahrenshindernis 6 95, 101, 169 ff., 269

Verfahrensrecht 7 9

Verfahrensrechtliche Pflichten 4 33

Verfassungsbeschwerde
- Beschwerden über die Länge des Verfassungsbeschwerdeverfahrens **35** 57
- BVerfG **35** 7, 21, 25 f., 41, 56 f.
- bei Landesverfassungsgerichten **35** 26
- gegen Legislativakte **13** 17
- Nichtannahme ohne Angabe von Gründen **35** 50, 121
- Substantiierung **35** 41, 47
- Unzulässigkeit mangels hinreichender Substantiierung **35** 47
- Unzulässigkeit ohne Angabe von Gründen **35** 46

Verfassungsrang der EMRK Einl 78, 103, 120

Verfolgungspflicht 3 30

Vergleich *s. gütliche Einigung*

Vergleichbarkeit 14 24 f., 30

Vergleichsverhandlungen 39 4 ff.
- Rolle des Gerichtshofs **39** 4 f.
- Scheitern **39** 7
- Verletzung der Vertraulichkeit von **35** 138 ff.
- Vertraulichkeit **39** 6

Verhaltensrechte 17 12

Verhältnis der europäischen Höchstgerichte zueinander Einl 149 ff.

Verhältnismäßigkeit Einl 85; **1 EMRKZusProt** 39 ff., 47 f.
- Derogation *s. dort*
- Freiheitsentziehung **5** 24, 31, 44 ff., 54, 65 ff., 74, 77, 79, 88 f.
- der Ungleichbehandlung **14** 32 f., 35 ff.
- Untersuchungshaft *s. auch dort*

Verhandlung, mündliche *s. Mündlichkeit der Verhandlung, mündliche Verhandlung vor dem EGMR*
- Ausschluss der Öffentlichkeit **34** 7
- faires Verfahren **6** 70 ff., 74; *s. auch dort*
- Individualbeschwerde **Einl** 38; *s. dort*

Verhandlungsfähigkeit 6 121

Verhütung von Straftaten 10 49

Verjährung 6 64

Verkündung, amtliche (Notstand) *s. Notstand, öffentlicher*

Verletzung innerstaatlichen Rechts 10 45

Verlust des Wahlrechts *s. Recht auf freie Wahlen*

Vernachlässigung 3 30

Vernehmungsbegriff 6 154, 156 f., 208

Veröffentlichungsverbote 10 84

Verpflichtung zur Ratifikation 1 3; **59** 1, 29

Verpflichtungen
- Adressat **1** 10 ff.
- Berechtigte **1** 16 ff.

931

Sachverzeichnis

- bilaterale **1** 4
- gegenseitige **1** 4
- negative **1** 5
- objektive **1** 4; **33** 1, 4
- positive *s. positive Verpflichtungen*
- unmittelbare **1** 3

Verringerung des Strafmaßes 34 82a

Versammlung *s. auch Versammlungsfreiheit*
- Anmeldung **11** 10, 18, 20
- Auflagen **11** 9
- Auflösung **11** 9, 18
- Beschränkungen **11** 9
- Durchführung **11** 8
- Eilversammlung **11** 10, 18
- Gegendemonstration **11** 7, 17, 19, 25
- Genehmigung **11** 10, 20
- Ingewahrsam von Teilnehmern **11** 19
- Privateigentum **11** 26
- Sanktionen **11** 9, 20
- Sitzblockade **11** 7
- Spontanversammlung **11** 10, 18
- Teilnahme **11** 8
- Verbot **11** 9, 17
- Vorbereitung **11** 8

Versammlungsfreiheit 10 64; *s. auch Versammlung*
- Ausländer **11** 11
- Beamte **11** 11, 21 ff.
- Eingriffe **11** 9 f.
- Notstandsfall **11** 11
- Polizei **11** 11, 21 ff.
- positive Verpflichtungen **11** 25 f.
- Rechtfertigung von Eingriffen **11** 11 ff.
- Staatsdienst **11** 11, 21 ff.
- Streitkräfte **11** 11, 21 ff.

Verschwindenlassen 2 20; **5** 5, 15

Verteidigung *s. auch Rechtsanwalt*
- Akteneinsicht durch Verteidiger **6** 139
- Anwesenheit des Angeklagten **6** 218 f.
- Anwesenheit des Verteidigers **6** 118, 207, 218 f.
- Anwesenheit des Verteidigers b. Vernehmung **6** 118, 207
- Belehrung **6** 207
- Beschränkbarkeit **6** 209, 222
- Konfrontationsrecht *s. dort*
- Pflichtverteidiger **6** 202 ff., 262
- Recht auf Selbstrepräsentation **6** 202
- Schlechtverteidigung **6** 223 f.
- Schutz verfügbarer Zeugen **6** 250 ff.
- durch sich selbst oder einen Anwalt **6** 202 ff.
- Sexual- und Misshandlungsdelikte **6** 252
- Unentgeltlichkeit **6** 205
- Unfaire Restriktion **6** 213
- Verfahrensbeschleunigung **6** 215
- Verteidigerwahl **6** 204
- Verzicht **6** 243
- Verzichtbarkeit **6** 209, 216
- Vorbereitung *s. dort*
- Wirksamkeit der Verteidigung **6** 221 f., 224
- Zugang zu Anwalt **6** 206 ff.
- Zwingende Gründe **6** 210 ff.

Vertrag, multilateraler Einl 12

Vertrag von Lissabon Einl 114, 116, 152 f., 155

Vertraulichkeitsschutz 10 51, 98

Verurteilung 5 29 ff.; **2** 7. EMRKProt 4

Verwahrer 59 33

Verwaltung, örtliche 56 3

Verwaltungsstrafe 5 29

Verwaltungsvorschriften 10 38

Verwertungsverbote 6 144 f., 169 f., 207, 241, 247, 270 f.; *s. auch faires Verfahren*

Videoaufnahmen 8 29

Vielfaltsauftrag 10 19, 107

Vierte Instanz-Beschwerden 10 45; **35** 127 ff.; *s. auch forth instance doctrine*
- Begriff und Bedeutung **35** 127, 130
- Prüfungsmaßstab des EGMR **35** 128 f.

Völkergewohnheitsrecht 58 2

Völkerrecht 7 14, 26 f.; **10** 64

Völkerrechtsfreundlichkeit Einl 87 f.

Vollmachtsformular 34 10, 49, 59a

Vollstreckungslösung 6 98; **13** 39 ff.; *s. auch Beschleunigungsgebot*

Vorabbefassungsverfahren 59 18, 20b

Vorabentscheidungsverfahren Einl 159; **35** 24, 52
- Erschöpfung des Rechtsweges **59** 17

Vorbehalt 32 4; **33** 4; **35** 104, 113; **58** 4
- zu Art. 7 Abs. 2 EMR **Einl** 9; **7** 29

Vorbehalte 57 1 ff.
- allgemein **57** 1 f.
- Begriff **57** 3
- Deutschland **57** 13
- Interpretationserklärung **57** 4
- Rechtwirkung **57** 11 f.
- Zulässigkeit **57** 5 ff.

Vorbereitung der Verteidigung 6 196 ff.
- Aktenzugang **6** 199 f.
- Beweissammlung **6** 201
- Mindestfristen und -maßnahmen **6** 196 ff.

Vorbeugehaft *s. Unterbindungsgewahrsam*

Vorhersehbarkeit 10 41
- Spezialkenntnisse **10** 41
- Wegfall **10** 41

Vorläufige Anwendung 59 30

Vorläufiger Rechtsschutz 34 99 ff.
- Antrag **34** 99
- Anwendungsbereich **34** 101 ff.

Sachverzeichnis

- Missachtung einstweiliger Anordnungen **34** 106
- Sinn und Zweck **34** 105
- in Verfahren gegen Deutschland **34** 100
- Wegfall der Opfereigenschaft **34** 88

Vorlesung 10 24
Vorrang Einl 9, 50, 74, 98, 104, 119, 161 f.
Vorträge 10 24
Vorverurteilung 10 51, 101

Waffengleichheit 6 110, 126 ff.
- Akteneinsichtsrecht *s. dort*
- Beschränkbarkeit **6** 132
- Beweismittel u. Vortrag d. Gegenseite **6** 127
- Datafizierung **6** 129 f.
- Digitalisierung **6** 129 f.
- e-Evidence **6** 129 f.
- Konfrontation d. Beweisführung **6** 128
- legislative Eingriffe **6** 131
- Präsentation eigener Beweise **6** 128
- rechtlicher Gehalt **6** 126 f.
- Verfahrensrecht **6** 128

Wahlbeobachter 3 EMRKZusProt 43
Wahlperiode 3 EMRKZusProt 15 f.
Wahlprüfung 3 EMRKZusProt 48
Wahlrecht *s. Recht auf freie Wahlen*
Wahlrechtsgrundsätze *s. Recht auf freie Wahlen*
Wahlsystem 3 EMRKZusProt 31, 37 ff.
Wahrheitsbeweis 10 70 f.
Wegfall der Beschwer
- Abgrenzung zur Erledigung **37** 7

Wegfall der Opfereigenschaft 34 64, 79 ff.
- bei aufenthaltsbeendenden Maßnahmen **34** 86 ff.
- bei Beschwerden über die Länge strafrechtlicher Verfahren **34** 84a
- bei Beschwerden über die Länge zivilrechtlicher Verfahren **34** 83 f.
- bei schwerwiegenden Menschenrechtsverletzungen **34** 85

Wehrdienst, Verweigerung 9 6, 13, 30
Wehrhafte Demokratie 17 1; *s. auch Missbrauchsverbot*
Weiter Beurteilungsspielraum 1 EMRKZusProt 2, 4, 38 f.
Weltanschauung, Begriff 9 14 f.
Werbeverbote 10 31, 109
Werbung 10 58, 77
Werturteil 10 67 f., 72 ff.; *s. auch Meinungsäußerung*
West-Berlin 56 2
Whistle-blowing 10 9
Widerruf 10 32
Wiederaufnahme 6 272

Wiederaufnahme des Verfahrens 4 7. **EMRKProt** 13
- nach EGMR-Urteil **13** 27; *s. auch überlange Verfahrensdauer und Individualbeschwerde*

Wiederaufnahme innerstaatlicher Verfahren 35 109, 112
Wiedergutmachung 41 1 ff.
- Anordnung konkreter Abhilfemaßnahmen **41** 3
- unvollkommene **41** 5
- vollständige **41** 6

Wiedergutmachungsansprüche in Bezug auf vor Inkrafttreten der Konvention erfolgte Verletzungen 35 102
Wiener Übereinkommen über das Recht der Verträge – WVK 35 102
Willkür 35 129
Wirksamkeit des nationalen Rechtsbehelfs 13 42 ff.; **46** 17 ff., 40 ff., 69 f.
- mehrere Rechtsbehelfe **13** 44
- Prüfungsintensität **13** 47
- Unabhängigkeit der Stelle **13** 46
- Willkürmaßstab **13** 47
- zügiger Rechtsbehelf **13** 45

Wissenschaftsfreiheit 10 8, 22, 24, 35
Wohnsitz
- Recht auf Bildung **2 EMRKZusProt** 13

Wohnung 8 3, 57; *s. auch Büro, s. auch Geschäftsräume*
- Ferienwohnung **8** 57

Wortlaut, verbindlicher 59 34
WVK *s. Wiener Übereinkommen über das Recht der Verträge – WVK*

Zeitlicher Geltungsbereich 58 9 f.; **59** 25
Zeugenbegriff 6 226
Ziel, legitimes 14 34
Zitate 10 15, 91
Zivilrechtliche Ansprüche
- prozessuale Überholung **13** 48

Zollkontrollen 5 10b
Zugang zu Gericht
- Erschöpfung des innerstaatlichen Rechtswegs **35** 48; *s. auch dort*
- unangemessene Beschränkung durch innerstaatliches Verfahrensrecht **35** 48

Zugänglichkeit 10 39 f.
Zulässigkeitsvoraussetzungen 35 1 ff.
- Auslegung **35** 2
- Darlegungs- und Beweislast **35** 4
- Einreden der Regierung **35** 5 f.
- Prüfung von Amts wegen **35** 6
- Prüfungsreihenfolge **35** 3
- Umkehr der Beweislast **35** 5

Zurechenbarkeit, konventionsrechtliche 35 97

Sachverzeichnis

Zurechnung der Handlungen internationaler Organisationen 1 15
Zusatzprotokolle Einl 13 ff., 61
- 14. EMRKProt **13** 4 f.
- 15. EMRKProt **Einl** 14a; **Präamb** 9
- 16. EMRKProt **Einl** 14a
- Beitritt zum Europarat **nach 59** 11 ff.
- Kündigung **58** 3; **nach 59** 7 ff.
- Ratifikation **Einl** 15
- Ratifkationen Deutschlands **Einl** 15
- Verhältnis zur EMRK **53** 3
- Verhältnis zur Konvention **53** 13; **nach 59**

Zuständigkeit
- des Gerichtshofs **35** 89
- der Spruchkörper **26** 8 ff.; *s. auch Unvereinbarkeit*

Zustellung einer Beschwerde an die Regierung *s. Individualbeschwerde, Zustellung an die Regierung*
Zwangsarbeit 4 11 ff.
Zwangshaft 5 39 ff., 47
Zwangsmitgliedschaft *s. Vereinigung*
Zwangsprostitution 9 1